D1663735

NEUES GROSSES WÖRTERBUCH

RECHT-SCHREIBUNG

Über 150.000 zuverlässige Angaben

Buch und Zeit Verlagsgesellschaft mbH · Köln

© 2008 Genehmigte Sonderausgabe
Alle Rechte vorbehalten. Nachdruck, auch auszugsweise,
nur mit ausdrücklicher Genehmigung des Verlages gestattet.

Umschlaggestaltung: Inga Koch
ISBN 978-3-8166-0588-1

Inhaltsverzeichnis

Vorwort	5
Hinweise für den Benutzer	6
Die wichtigsten Neuerungen der Rechtschreibung	7
Regelkästen	9
Abkürzungsverzeichnis	10
Wörterverzeichnis von A–Z	11

Vorwort

Das vorliegende Wörterbuch zur deutschen Rechtschreibung ist ein praxisorientiertes Nachschlagewerk, das sich durch seine besondere Benutzerfreundlichkeit auszeichnet. Es stellt eine zuverlässige Informationsquelle mit allen wichtigen Angaben zu Schreibweise, Silbentrennung, Bedeutung und Zeichensetzung dar. Mit seinen rund 150.000 Angaben erfasst es den bei Weitem größten Teil des aktuellen deutschen Wortschatzes.

Das Werk berücksichtigt die neuesten amtlichen Regeln. Es führt zuverlässig alle neuen Schreibungen und die erlaubten Varianten an. Wichtig ist im Hinblick auf die nun endgültig eingeführten neuen Schreibweisen der Regelteil des Buches. In den Benutzerhinweisen, die dem eigentlichen Stichwortteil vorangestellt sind, findet sich eine Überblicksdarstellung der wichtigsten Änderungen in Schreibung und Zeichensetzung.

Detailliertere Erläuterungen zu den 26 häufigsten Fehlerquellen sind alphabetisch unter ihrem Stichwort (z. B.»Doppelpunkt«) zwischen die anderen Einträge eingereiht. Neben leicht verständlichen Erklärungen enthalten sie zahlreiche Beispiele zur Veranschaulichung. Zur leichteren Auffindbarkeit sind diese Hinweise durch Umrandungen hervorgehoben.

Die Verknüpfung von zuverlässigem Nachschlagewerk und übersichtlicher und verständlicher Darstellung der neuen Rechtschreibregeln macht dieses Wörterbuch zu einem idealen Hilfsmittel in Schule, Studium, Beruf und allen weiteren Bereichen, in denen es auf gute Orthografiekenntnisse ankommt.

Hinweise für den Benutzer

Die Sonderausgabe dieses Wörterbuchs folgt vollständig der neuesten amtlichen Rechtschreibung, wobei alle gültigen Schreibweisen mitberücksichtigt worden sind. Auf den folgenden Seiten sind die wichtigsten Neuerungen in der Orthografie zusammengefasst; genauere Informationen zu den einzelnen Bereichen der Rechtschreibung finden sich in den jeweiligen Regelkästen unter dem dazugehörigen Stichwort im Wörterbuchteil.

Innerhalb dieser Regelkästen finden sich Querverweise auf verwandte Regelkomplexe. Hinter jedem Stichwort finden sich grammatische Angaben in runden Klammern, wobei folgende besonders relevant sind:

1. **Es gibt vier Kategorien des Verbs:**
   a) (V.) für ein schwaches Verb mit hat-Partizip (Normalfall bei schwachen Verben). Beispiele: schauen (schaute, hat geschaut); versuchen (versuchte, hat versucht).
   b) (V., ist) für ein schwaches Verb mit ist-Partizip. Beispiel: spazieren (spazierte, ist spaziert).
   c) (V., Form des Präteritums, ist- bzw. hat-Partizip) für ein starkes Verb. Beispiele: schlafen (schlief, hat geschlafen); gehen (ging, ist gegangen).
   d) (V., refl.) für ein reflexives (rückbezügliches) Verb. Beispiel: benehmen (benimmt sich, hat sich benommen).

2. **Jedes Substantiv erhält drei Informationen:**
   a) Artikel (Geschlechtswort): der, die, das.
   b) Genitivform (Wesfall).
   c) Pluralform (Mehrzahl).
Bei der Genitiv- und Pluralform wird eine vom Grundwort abweichende Trennung bzw. Umlautung (z. B. Haus/Häuser) berücksichtigt. Beispiel: Wort (das, -s/-es, -e/Wörter): das Wort, des Wort(e)s, die Worˈte/Wörˈter; Haus (das, -es, Häuˈser): das Haus, des Hauˈses, die Häuˈser; Mutˈter (die, -, Mütˈter): die Mutˈter, der Mutˈter, die Mütˈter; Fliˈbusˈtiˈer (der, -s, -): des Fliˈbusˈtiˈer, des Fliˈbusˈtiˈers, die Fliˈbusˈtiˈer.

Die wichtigsten Neuerungen
der Rechtschreibung im Überblick

1. Vereinfachung bzw. Angleichung von Schreibweisen

Zahlreiche Schwierigkeiten mit der Rechtschreibung entstanden dadurch, dass sich Schreibweisen von Ableitungen und von ihren Herkunftswörtern unterscheiden. Hier wurden einige Schreibweisen denen der Herkunftswörter angeglichen, z. B. nummerieren *statt* numerieren *wegen* Nummer; platzieren *statt* plazieren *wegen* Platz; Stängel *statt* Stengel *wegen* Stange. Ferner fällt in Zusammensetzungen beim Zusammentreffen dreier Konsonanten vor einem Vokal der dritte Konsonant nicht mehr weg. Brennnessel *statt* Brennessel; Stalllaterne *statt* Stallaterne. Das ß wird nach einem kurzen Vokal zu ss, nach einem langen Vokal oder einem Diphthong bleibt es dagegen erhalten. dass *statt* daß; Fass *statt* Faß, *aber:* Fuß; außen (→ Neue Schreibweisen). Auch die Schreibungen von geläufigen Fremdwörtern wurden vereinfacht, z. B. potenziell *statt* potentiell *wegen* Potenz; Känguru *statt* Känguruh *wegen* Gnu, (→ Fremdwörter).

2. Groß- und Kleinschreibung

Die Frage der Groß- oder Kleinschreibung von Wörtern anderer Wortarten, die als Substantive verwendet werden, hat immer Probleme verursacht. Sie werden jetzt in den meisten Fällen großgeschrieben, z. B. im Folgenden *statt* im folgenden; etw. auf Französisch sagen *statt* etw. auf französisch sagen; als Erster gehen *statt* als erster gehen usw. (→ Groß- und Kleinschreibung).

3. Zusammen- und Getrenntschreibung

Schwierigkeiten mit der Zusammen- und Getrenntschreibung treten insbesondere bei Zusammensetzungen aus Adjektiv und Verb auf. Viele von ihnen dürfen jetzt wieder zusammengeschrieben werden. glatt hobeln *oder* glatthobeln, klein schneiden *oder* kleinschneiden. (→ Zusammen- und Getrenntschreibung).

4. Silbentrennung

Auch hier wurde einiges vereinfacht. Wörter werden jetzt eher nach Sprech- als nach Sprachsilben getrennt, auch st darf nun getrennt werden, ck wird nicht mehr in k-k aufgelöst. Kis-te *statt* Ki-ste; Glu-cke *statt* Gluk-ke; Prob-lem *neben* Pro-blem; ei-nan-der *neben* ein-an-der. Einzelvokale am Wortanfang/-ende werden jedoch nicht abgetrennt. über, ober-halb, Bio-ton-ne. (→ Silbentrennung).

5. Bindestrich

Bindestriche dürfen jetzt freier gesetzt werden. Man darf sie z. B. setzen, um einen Wortteil besonders hervorzuheben oder um Zusammensetzungen aus mehreren Wortteilen übersichtlicher zu gestalten. Ist-Zustand; der Kaninchenzüchter-Vereinsvorstand. Zusammensetzungen mit Ziffern werden jetzt in der Regel mit Bindestrich geschrieben. 10-mal; 32-jährig; die 90er-Jahre (*auch:* 90er Jahre). Wieder erlaubt ist. 8fach (*neben* 8-fach), das 8fache (*neben* das 8-Fache). (→ Bindestrich).

6. Zeichensetzung

Schwierigkeiten mit der Zeichensetzung treten am häufigsten im Zusammenhang mit der Kommasetzung auf. Durch die Rechtschreibreform sind viele Muss-Regeln zu Kann-Regeln geworden. Es wird jetzt in vielen Fällen dem Schreibenden überlassen, ob er ein Komma setzen will oder nicht. Wird eine Infinitivgruppe mit *um, ohne, statt, anstatt, außer* oder *als* eingeleitet, muss sie mit Komma abgegrenzt werden. Die Kinder gehen in den Garten, um zu spielen. Hängt die Infinitivgruppe von einem Substantiv, einem Korrelat oder einem Verweiswort ab, steht ebenfalls ein Komma. Bei dem Versuch, den Baum hinaufzuklettern, verletzte sich Hans. Rita liebt es, im See zu schwimmen. Jetzt kommt es darauf an, die Zähne zusammenzubeißen (→ Komma).

Apikultur   38   **Apostolikum**

Api|kul|tur (die, -, -en) (lat.) Imkerei.
Ap|la|nat (das, -s, -e) (griech.) optische Linse zur Korrektur der Aberration.
Ap|la|sie (die, -, -n) (griech.) angeborenes Fehlen eines Organs.
APO (*auch:* Apo) (Abk.) außerparlamentarische Opposition.
Apo|ga|mie (die, -, kein Plural) (griech.) ungeschlechtliche Fortpflanzung (z. B. von Farnen).
Apo|ka|lyp|se (die, -, -n) (griech.) Weltuntergang. Adjektiv: apokalyptisch.
Apo|ko|pe (die, -, -n) (griech.) Auslautschwund; z. B. »ich würd« statt »ich würde«.
apo|ko|pie|ren (V.) (griech.) durch Apokope verkürzen.
apo|kryph (Adj.) 1. zu den Apokryphen gehörig. 2. unecht; später hinzugefügt.
Apo|kry|phe (die, -, -n) (griech.) nicht anerkannte, den biblischen Büchern hinzugefügte Schrift.
apo|li|tisch (Adj.) (griech.) unpolitisch.

Apoll (der, -s, kein Plural) (lat.) = Apollo.
apol|li|nisch (Adj.) (griech.) 1. wie Apollo, der griech.-röm. Gott der Künste. 2. ausgeglichen, maßvoll.
Apol|lo (der, -s, -s) (griech.) 1. griech.-röm. Gott. 2. schöner, junger Mann. 3. ein Tagfalter. 4. Name einer Raumkapsel.
Apo|lo|get (der, -en, -en) (griech.) 1. jmd., der seine Auffassung verteidigt. 2. Verteidiger der christlichen Lehre.
Apo|lo|ge|tik (die, -, -en) (griech.) Rechtfertigungskunst (der Kirche).
Apo|lo|gie (die, -, -n) (griech.) Verteidigungsrede, -schrift.
Apo|ph|theg|ma (das, -s, -ma|ta/-men) Denkspruch.
Apo|s|tel (der, -s, -) (griech.) Anhänger. Gesundheitsapostel.
a pos|te|ri|o|ri (lat.) nachträglich.
Apo|s|to|li|kum (das, -s, kein Plural) das Apostolische Glaubensbekenntnis. apostolisch.

Apostroph

1. Der Apostroph (Auslassungszeichen) markiert weggelassene Buchstaben, wenn Wörter ohne eine Kennzeichnung schwer lesbar oder missverständlich sind: 's (das); 'n (ein); 'ne (eine) etc. Gibst du mir 'ne Scheibe Brot rüber? So 'n Sauwetter. *Wichtig:* Am Satzanfang wird ein verkürztes Wort kleingeschrieben. 's geht schon auf 'n Herbst zu. *Beachte:* Ein verkürztes Wort beansprucht den normalen Wortzwischenraum. Noch 'n Bier. *Ausnahmen:* geht's; sich's etc. Geht's gut? Mach's besser! Er lässt sich's liefern. *Besonderheit:* 'nauf, 'nüber, 'naus etc. werden immer mit Apostroph geschrieben, während Kürzungen, die auf r anlauten, im Allgemeinen ohne geschrieben werden: rein, runter, rüber, raus etc. Gehst du rein oder raus? Nein, ich geh 'naus. Ebenfalls ohne Apostroph: mal (einmal); was (etwas). Komm mal her, ich zeige dir was!

2. Kein Apostroph wird in der Regel bei einer Verbindung aus Präposition und Artikel gesetzt. Geh ans Telefon! Unterm Tisch liegt es. Ich gehe übern Steg zurück.

3. Kein Apostroph steht am Wortende bei Auslassung des -e bei Substantiven und den Verbformen der 1. Pers. Sing. Hos; Nas; Straß; Näh etc. Ich geh nach Haus. Ich fass es nicht!
Ebenfalls steht kein Apostroph beim Imperativ (Befehlsform). Pass doch auf! Bring den Müll raus!

4. Im Wortinnern steht der Apostroph
   a) wenn Teile eines Namens weggelassen werden. Ku'damm (Kurfürstendamm).
   b) bei Ableitungen von Personennamen. Brecht'sche Dramen (*auch:* brechtsche Dramen, (→ Groß- und Kleinschreibung); die Grimm'schen Märchen (*auch:* die grimmschen Märchen).

5. Der Genitiv von Namen mit den Endungen -s, -ss, -ß, -tz, -z, -x wird durch Apostroph markiert. Novalis' Gedichte; Strauß' Symphonien. *Aber:* Goethes Werk! *Wichtig:* Auch bei der Abkürzung dieser Namen im Genitiv erscheint der Apostroph! N.' Gedichte; *aber:* G.s Werk; des Lkws!

Allerdings kann in einigen Fällen ein Apostroph zwischen die Grundform des Namens und das Genitiv-s gesetzt werden, wenn der Name hervorgehoben werden soll. Kurt's Imbiss. Renate's Reiterstübchen.

Antisemit   37   **Aphte**

tiquarisch; Antiquiertheit; antiquiert; Antiquität; Antiquitätensammler.

An'ti'se'mit (der, -en, -en) Judenfeind. Antisemitismus; antisemitisch.

An'ti'sep'ti'kum (das, -s, -ka) keimtötendes Wundmittel. Adjektiv: antiseptisch.

An'ti'se'rum (das, -s, -ren/-ra) Gegengift.

An'ti'the'se (die, -, -n) (griech.) Gegenbehauptung. Antithetik; antithetisch.

an'ti'zy'k'lisch (Adj.) (griech.-lat.) unregelmäßig (wiederkehrend).

An'ti'zy'k'lo'ne (die, -, -n) (griech.) Hochdruckgebiet.

Ant'litz (das, -es, -e) Gesicht.

An'to'nym (das, -s, -e) (griech.) Wort entgegengesetzter Bedeutung, z. B. kalt zu warm. antonym; antonymisch.

An'trag (der, -s, -trä'ge) Gesuch; Bitte. *Beachte:* Mit der Präposition »auf« (nicht »um« oder »nach«!) Antrag auf Erstellung eines Antragsformulars. Antragsteller.

an'trau'en (V.) verheiraten. meine Angetraute (Ehefrau).

an'trei'ben (V., trieb an, hat angetrieben) drängen; bewegen; anschwemmen. Antreiber.

An'trieb (der, -s, -e) Tatkraft; Initiative; Bewegung. Antriebskraft; Antreiber.

An'tritt (der, -s, -e) Anfang. Antrittsgeschwindigkeit; Antrittsbesuch.

Antw. (Abk.) Antwort.

Ant'wort (die, -, -en) Erwiderung. Antwortschein; antworten.

Anus (der, -, Ani) (lat.) After.

an'ver'trau'en (V.) abgeben; im Vertrauen mitteilen.

an'vi'sie'ren (V.) zielen auf.

An'walt (der, -s, -wäl'te) Rechtsanwalt. Anwaltschaft; Anwältin.

an'wan'deln (V.) erfassen; ergreifen. Anwand(e)lung.

An'wär'ter (der, -s, -) Bewerber. Anwartschaft.

an'wei'sen (V., wies an, hat angewiesen) anordnen; überweisen. Anweisung.

an'wen'den (V., wendete/wandte an, hat angewendet/angewandt) gebrauchen. Anwendbarkeit; anwendbar.

an'wen'der'freund'lich (Adj.) bedienerfreundlich; leicht anwendbar.

an'wen'der'ori'en'tiert (Adj.) auf den Anwender zugeschnitten. ein anwenderorientiertes Textverarbeitungsprogramm.

An'we'sen (das, -s, -) Haus; Grundstück.

An'we'sen'heit (die, -, kein Plural) Dasein; Dabeisein. Anwesenheitsliste; alle Anwesenden; geehrte Anwesende! (*nicht:* Anwesenden!); anwesend.

an'wi'dern (V.) ekeln.

An'zahl (die, -, kein Plural) Menge; Zahl. Eine Anzahl Stühle stand/standen im Zimmer. Eine Anzahl runde/runder Tische. Anzahlung; Anzahlungsrate; anzahlen.

An'zei'chen (das, -s, -) Ankündigung; Hinweis.

An'zei'ge (die, -, -n) Inserat; Meldung. Anzeiger; Anzeigepflicht; anzeigepflichtig; anzeigen.

an'zet'teln (V.) verursachen; anstiften. Anzettelung; Anzettler.

an'zie'hen (V., zog an, hat angezogen) ankleiden; heranziehen. Anziehung; Anziehungskraft; anziehend.

An'zug (der, -s, -zü'ge) Kleidungsstück; Heranziehen. Ein Gewitter ist im Anzug (nähert sich). Anzugskraft; Anzugsstoff.

An'züg'lich'keit (die, -, -en) Anspielung. Adjektiv: anzüglich.

an'zün'den (V.) anbrennen. Anzünder.

an'zwei'feln (V.) in Frage stellen. Anzweiflung.

AOK (Abk.) Allgemeine Ortskrankenkasse.

Äon (der, -s, -en) (griech.) unendlicher Zeitraum; Weltalter.

Aor'ta (die, -, -ten) (griech.) Hauptschlagader.

AP (Abk.) Associated Press (amerikanische Nachrichtenagentur).

Apa'na'ge (die, -, -n) (franz.) Unterhaltszahlung an einen nicht regierenden Fürsten.

apart (Adj.) (franz.) anmutig; reizvoll. Sie hat etwas Apartes an sich. Apartheit.

Apart'heid (die, -, kein Plural) Rassentrennung. Apartheidsregime.

Apart'ment (das, -s, -s) (engl.) kleine Wohnung.

Apa'thie (die, -, -n) (griech.) Gleichgültigkeit. Adjektiv: apathisch.

Apa'tit (der, -s, -e) (griech.) ein Mineral.

Ape'ri'tif (der, -s, -s) (franz.) alkoholischer Appetitanreger.

Ap'fel (der, -s, Äp'fel) Frucht. Apfelsine; apfelförmig.

Aph'ä're'se (die, -, -n) (griech.) Anlautschwund; z. B. »'s« für »das«.

Apha'sie (die, -, -n) (griech.) 1. Sprachverlust. 2. Urteilsenthaltung.

Apho'ris'mus (der, -, -men) (griech.) Sinnspruch; Lebensweisheit. Adjektiv: aphoristisch.

Aph'ro'di'si'a'kum (das, -s, -ka) (griech.) den Geschlechtstrieb steigerndes Mittel.

aph'ro'di'sisch (Adj.) 1. zur Liebe, zu Aphrodite (griechische Göttin der Liebe) gehörig. 2. den Geschlechtstrieb steigernd.

Aph'the (die, -, -n) (griech.) Bläschenausschlag der Mundschleimhaut.

Anstieg 36 Antiquar

An'stieg (der, -s, -e) Steigung; Aufschwung.

an'stif'ten (V.) anregen; anstacheln. Anstiftung; Anstifter.

an'sto'ßen (V., stieß an, hat/ist angestoßen) anschlagen; ärgern. Wir haben auf das neue Jahr angestoßen. Er ist bei seinem Vermieter angestoßen. Anstoß nehmen an. Anstößigkeiten; anstößig.

an'strah'len (V.) beleuchten; anlächeln. Anstrahlung.

an'stre'ben (V.) zu erreichen suchen. Adjektiv: anstrebenswert.

an'strei'chen (V., strich an, hat angestrichen) anmalen. Anstreicher; Anstrich.

an'stren'gen (V., refl.) sich bemühen. Anstrengung; anstrengend.

An'sturm (der, -s, -stür'me) Angriff; Andrang. Verb: anstürmen.

An't'a'ci'dum (das, -s, -da) (griech.-lat.) Medikament gegen übersäuerten Magen.

An't'a'go'nist (der, -en, -en) (griech.) Gegner. Antagonismus; antagonistisch.

Ant'ark'tis (die, -, kein Plural) (griech.) Gebiet um den Südpol. Adjektiv: antarktisch.

Ant'ark'tis'ver'trag (der, -es, kein Plural) Vertrag über die Nutzung der Antarktis.

an'tas'ten (V.) berühren; verletzen.

an'te (Präp.) (lat.) vor.

An'teil (der, -s, -e) Teil. Anteilnahme; anteilig; anteilsmäßig.

An'ten'ne (die, -, -n) (lat.) Sende- oder Empfangsvorrichtung für elektromagnetische Wellen. Antennenkabel.

An'te'pen'di'um (das, -s, -di'en) (lat.) Verkleidung des Altarunterbaus.

An'tho'lo'gie (die, -, -n) (griech.) Gedichtsammlung.

An'tho'zo'on (das, -s, -zo'en) Korallentier.

An'th'rax (die, -, kein Plural) (griech.) Milzbrand, bakterieller Infekt.

an'th'ra'zit (Adj.) schwarzgrau. Anthrazit; anthrazitfarben.

An'th'ro'po'lo'gie (die, -, -n) (griech.) Menschenkunde. Anthropologe; anthropologisch.

An'th'ro'po'so'phie (die, -, kein Plural) Weltanschauung (Rudolf Steiner). Anthroposoph; anthroposophisch.

An'ti'al'ko'ho'li'ker (der, -s, -) Alkoholgegner.

an'ti'au'to'ri'tär (Adj.) Autorität ablehnend.

An'ti'ba'by'pil'le (die, -, -n) Empfängnisverhütungsmittel.

an'ti'bak'te'ri'ell (Adj.) (griech.) gegen Bakterien wirkend.

An'ti'bi'o'ti'kum (das, -s, -ka) (griech.) antibakterielles Arzneimittel.

An'ti'blo'ckier'sys'tem (das, -s, -e) (griech.-franz.) Vorrichtung, die das Blockieren von Kfz-Rädern verhindert (Abk. ABS).

an'ti'cham'b'rie'ren (V.) (franz.) im Vorzimmer warten; um Gunst bemüht sein (veraltet).

an'ti'de'mo'kra'tisch (Adj.) (griech.) die Demokratie ablehnend.

An'ti'dot (das, -s, -e) (griech.) Gegengift.

An'ti'fa'schis'mus (der, -, kein Plural) Gegnerschaft gegen den Nationalsozialismus und Faschismus. Antifaschist; antifaschistisch.

An'ti'gen (das, -s, -e) (griech.) Stoff, der die Bildung von Antikörpern bewirkt.

An'ti'gua (ohne Art., -s, kein Plural) Karibikinsel.

an'tik (Adj.) (lat.) altertümlich. Antike; Antikensammlung.

An'ti'ken (nur Plural) (franz.) antike Kunstwerke.

an'ti'ki'sie'ren (V.) antik gestalten.

an'ti'kle'ri'kal (Adj.) (griech.) kirchenfeindlich. Antiklerikalismus.

An'ti'kli'max (die, -, -e) (griech.) vom stärkeren zum schwächeren Ausdruck (Stilmittel).

an'ti'kli'nal (Adj.) (griech.) sattelförmig.

an'ti'kon'zep'ti'o'nell (Adj.) (griech.-lat.) empfängnisverhütend.

an'ti'kom'mu'nis'tisch (Adj.) den Kommunismus ablehnend.

An'ti'kör'per (die, nur Plural) körpereigene Abwehrstoffe.

An'ti'lo'pe (die, -, -n) (franz.) Huftier.

An'ti'ma'te'rie (die, -, kein Plural) aus Antiteilchen bestehende Materie.

An'ti'mon (das, -s, -e) (griech.) ein Metall.

An'ti'neu'r'al'gi'kum (das, -s, -ka) (griech.) Schmerzmittel.

An'ti'no'mie (die, -, -n) (griech.) Widerspruch zwischen zwei begründeten Behauptungen. Adjektiv: antinomisch.

An'ti'pas'to (der, -/-s, -ti) (ital.) Vorspeise.

An'ti'pa'thie (die, -, -n) (griech.) Widerwille; Abneigung.

an'ti'phlo'gis'tisch (Adj.) (griech.) entzündungshemmend.

An'ti'phon (die, -, -en) (griech.) liturgischer Wechselgesang.

An'ti'po'de (der, -n, -n) (griech.) Gegner.

an'tip'pen (V.) berühren.

An'ti'py're'ti'kum (das, -s, -ka) (griech.-lat.) fiebersenkendes Mittel.

An'ti'qua (die, -, kein Plural) (lat.) lateinische Druckschrift.

An'ti'quar (der, -s, -e) einer, der mit Antiquitäten oder alten Büchern handelt. Antiquariat; an-

Ansage   35   **ansteuern**

An'sa'ge (die, -, -n) Mitteilung; Weisung. Ansagedienst; Ansager/-in; ansagen.
an'sam'meln (V.) anhäufen. Ansammlung.
an'säs'sig (Adj.) heimisch; hiesig. Ansässigkeit; Ansässiger.
An'satz (der, -es, -sät'ze) Anfang; Gleichung. Ansatzpunkt; Ansatzstück.
an'sau'gen (V.) saugen, einsaugen.
an'schaf'fen (V.) (ugs.) erwerben; beauftragen; sich prostituieren.
An'schaf'fung (die, -, -en) Kauf; Erwerb. Anschaffungskosten. Verb: anschaffen.
an'schal'ten (V.) einschalten.
an'schau'en (V.) ansehen, betrachten. Anschauung; Anschauungsmaterial; Anschaulichkeit; anschaulich.
An'schein (der, -s, kein Plural) Aussehen; Vorspiegelung. allem Anschein nach.
an'schei'nend (Adv.) offenbar. *Beachte:* Nicht mit dem Adjektiv »scheinbar« verwechseln! Mit »anscheinend« wird eine Vermutung ausgedrückt, mit »scheinbar« ein nichtrealer Sachverhalt. Du hast mich anscheinend missverstanden. Das Herz stand scheinbar still.
an'schi'cken (V., refl.) beginnen. *Beachte:* mit Infinitiv! Er schickte sich an ins Bett zu gehen.
an'schie'ßen (V., schoss an, hat angeschossen) verwunden.
An'schiss (der, -schis'ses, -schis'se) (ugs.) Tadel.
An'schlag (der, -s, -schlä'ge) das Anschlagen; Aushang; Attentat. Anschlagtafel; Fingeranschlag; anschlagen.
an'schlei'chen (V., refl.) anpirschen.
an'schlie'ßen (V., schloss an, hat angeschlossen) verbinden; sichern. *Beachte:* In der Bedeutung »sichern« steht immer der Dativ! Schließ dein Mofa am Straßenschild an. Anschluss; Anschlusskabel; Anschlusstreffer; anschließend.
an'schmie'gen (V., V., refl.) anpassen; hindrücken. Anschmiegsamkeit; anschmiegsam.
an'schmie'ren (V.) beschmutzen; betrügen.
an'schnal'len (V.) angurten. Anschnallpflicht.
an'schnei'den (V., schnitt an, hat angeschnitten) abschneiden; ansprechen. Anschnitt.
An'scho'vis (die, -, -) = Anchovis.
an'schrei'ben (V., schrieb an, hat angeschrieben) informieren; Kredit nehmen.
An'schrift (die, -, -en) Adresse.
an'schul'di'gen (V.) anklagen. Anschuldigung.
an'schwär'zen (V.) schwärzen; verleumden.
an'schwel'len (V., schwoll an, ist angeschwollen) anwachsen; sich vergrößern. Anschwellung.

an'schwem'men (V.) anspülen.
an'schwin'deln (V.) belügen.
an'se'hen (V., sah an, hat angesehen) anschauen; beurteilen. Du siehst ihn wohl als guten Freund an! Ansehen.
an'sehn'lich (Adj.) bemerkenswert; stattlich. Ansehnlichkeit.
an sein (V., war an, ist an gewesen) eingeschaltet sein; angezündet sein. Muss der Fernseher immer an sein!
an'set'zen (V.) anstückeln; beginnen.
An'sicht (die, -, -en) Anblick; Meinung. Ansichtskarte; Ansichtssache.
an'sie'deln (V.) sich niederlassen. Ansiedler; Ansied(e)lung.
An'sin'nen (das, -s, -) Forderung.
an'sons'ten (Adv.) im Übrigen.
an'span'nen (V.) straffen; anstrengen. Anspannung.
an'spie'len (V.) zuspielen; in Verbindung bringen. Anspielung.
An'sporn (der, -s, kein Plural) Ermunterung; Auftrieb. Verb: anspornen.
an'spre'chen (V., sprach an, hat angesprochen) anreden; gefallen. Ansprache; ansprechbar; Ansprechpartner; ansprechend.
an'sprit'zen (V.) nass machen.
An'spruch (der, -s, -sprü'che) Anrecht; Forderung. Anspruch auf/an. Anspruchslosigkeit; anspruchslos; anspruchsvoll.
an'spu'cken (V.) bespucken.
an'sta'cheln (V.) aufhetzen; anspornen.
An'stalt (die, -, -en) Heim; Einrichtung. Anstaltsleiter; Anstalten machen (etwas tun wollen).
An'stand (der, -s, kein Plural) Höflichkeit; Benehmen. Anständigkeit; Anstandsregel; anständig; anstandshalber.
an'star'ren (V.) hinschauen; stieren.
an'statt 1. (Konj.) anstelle von. dunkel anstatt hell. Er schlief anstatt zu arbeiten. 2. (Präp., Gen.) an Stelle. Er nahm anstatt seines Vaters an der Konferenz teil (*falsch:* anstatt seinem Vater).
an'ste'chen (V., stach an, hat angestochen) öffnen; zapfen.
an'ste'cken (V.) anheften; infizieren; anzünden. Anstecknadel; Ansteckungsgefahr; ansteckend.
an'stel'le (*auch:* an Stelle) (Präp., Gen.) anstatt. Ich nehme die Platte anstelle/an Stelle des Buchs.
an'stel'len (V.) beschäftigen; in der Schlange stehen; sich benehmen. Anstellung. Anstellungsvertrag.
an'steu'ern (V.) auf etwas zugehen.

Annonce   34   ans

An|non|ce (die, -, -n) (franz.) Inserat. Verb: annoncieren.

an|nul|lie|ren (V.) ungültig machen. Annullierung.

Ano|de (die, -, -n) (griech.) Pluspol. Anodenspannung.

an|öl|den (V.) langweilen.

an|o|mal (Adj.) (griech.) abnorm; unregelmäßig. Anomalie.

an|o|nym (Adj.) (griech.) unbekannt, ohne Namensnennung. Anonymität.

An|o|ny|mus (der, -, -mi/-men) anonymer Künstler.

An|o|phe|les (die, -, -) (griech.) Malariamücke.

An|o|pie (*auch:* An|o|spie) (die, -, -n) (griech.) Untätigkeit gesunder Netzhaut (beim Schielen).

Ano|rak (dcr, -s, -s) (eskim.) Kapuzenjacke.

an|ord|nen (V.) bestimmen; einteilen. Anordnung.

an|or|ga|nisch (Adj.) (griech.) unbelebt. anorganische Chemie.

anor|mal (Adj.) abnorm. Anormalität.

an|pa|cken (V.) fassen; in Angriff nehmen.

an|pas|sen (V.) angleichen.

an|pei|len (V.) ansteuern. Anpeilung.

an|pfei|fen (V., pfiff an, hat angepfiffen) den Anfang (eines Spiels) signalisieren; zurechtweisen. Anpfiff.

An|pflan|zung (die, -, -en) Anbau; Plantage. Verb: anpflanzen.

an|pö|beln (V.) beleidigen, belästigen. Anpöbelei; Anpöbelung.

An|prall (der, -s, kein Plural) heftiger Stoß. Verb: anprallen.

an|pran|gern (V.) kritisieren. Anprangerung.

an|prei|sen (V., pries an, hat angepriesen) anbieten; rühmen. Anpreisung.

An|pro|be (die, -, -n) Probieren eines Kleidungsstücks. Verb: anprobieren.

an|pum|pen (V.) (ugs.) sich Geld leihen.

an|quat|schen (V.) (ugs.) ansprechen.

an|ra|ten (V., riet an, hat angeraten) empfehlen. auf Anraten der Polizei.

an|rau|en (V.) rau machen. Adj.: angeraut.

an|rech|nen (V.) gutschreiben. Das ist Ihnen hoch anzurechnen. Anrechnung; in Anrechnung bringen/stellen.

An|recht (das, -s, -e) Anspruch. Anrechtsschein.

an|re|den (V.) ansprechen. Mit der Präposition »auf«! Ich habe ihn auf Englisch angeredet; mit Du/Sie anreden.

An|re|de → Regelkasten

an|re|gen (V.) animieren; aufmuntern. Anregung; Anregungsmittel; anregend.

an|rei|chern (V.) anhäufen; sättigen. Anreicherung.

an|rei|hen (V.) beifügen; in Verbindung bringen. Anreihung; anreihend.

An|rei|se (die, -, -n) Hinfahrt; Ankunft. Anreisetermin. Verb: anreisen.

an|rei|ßen (V., riss an, hat angerissen) einreißen; vorskizzieren.

An|reiz (der, -es, -e) Zauber; Verlockung. Verb: anreizen.

an|rem|peln (V.) anstoßen. Anremp(e)lung.

An|rich|te (die, -, -n) Buffet; Kredenz. Verb: anrichten.

an|rü|chig (Adj.) anstößig; verrufen. Anrüchigkeit.

an|rü|cken (V.) näher kommen.

An|ruf (der, -s/-es, -e) Telefonat; Appell. Anrufbeantworter; Anrufung; anrufen.

ans (Präp., Akk.) an das. bis ans Ende der Welt. *Beachte:* Die Verbindung aus »an« und »das« steht ohne Apostroph!

Anrede

1. Die Anrede wird durch Komma vom Restsatz abgetrennt. Können Sie mir helfen, Herr Müller?
   Wichtig: Auch am Briefanfang Abtrennung durch Komma (Ausrufezeichen nicht mehr üblich). Sehr geehrte Damen und Herren, ich möchte mich um die von Ihnen angebotene Arbeitsstelle bewerben.

2. Die Anredepronomen »Sie« und »Ihnen« und die dazugehörigen Possessivpronomen schreibt man immer groß.

Ich möchte mich bei Ihnen herzlich für Ihre Mühe bedanken. Nehmen Sie Zucker in den Kaffee?

3. Die Pronomen »du«, »ihr«, »dein«, »euer« schreibt man klein, in Briefen und Widmungen auch groß. Liebe Karin, wie geht es dir/Dir? Vielen Dank für deinen/Deinen Brief.

4. Auch die Pronomen »alle« und »beide« schreibt man immer klein. Kommt mal alle her! Ich danke euch allen, euch beiden jedoch besonders!

Anker   33   Anno

An'ker (der, -s, -) schwerer Eisenhaken zur Befestigung von Schiffen. Ankerkette; Ankerplatz; Ankerwinde. Verb: ankern.

an'ket'ten (V.) an die Kette legen.

an'kla'gen (V.) beschuldigen. Er war des Mordes angeklagt; er war wegen Mordes angeklagt. Anklage; Ankläger; Anklageschrift; auf der Anklagebank sitzen.

an'klam'mern (V.; V., refl.) befestigen; sich festhalten.

An'klang (der, -s, -klän'ge) Ähnlichkeit; Anerkennung. Anklang finden.

an'kle'ben (V.) festkleben.

an'klei'den (V.) anziehen. Ankleidekabine.

an'klin'gen (V., klang an, ist angeklungen) ähneln; sich andeuten.

an'klop'fen (V.) an die Tür klopfen; bitten.

an'knip'sen (V.) einschalten.

an'knüp'fen (V.) zusammenbinden; sich auf etwas beziehen. Anknüpfung; Anknüpfungspunkt.

an'kom'men (V., kam an, ist angekommen) eintreffen; Wert auf etwas legen; Erfolg haben; abhängen von. Er will es unbedingt darauf ankommen lassen; sie kommt allgemein gut an; auf dich kommt es an. Ankömmling.

an'kop'peln (V.) verbinden. Ankoppelung.

an'krei'den (V.) übel nehmen.

an'kreu'zen (V.) markieren.

an'kün'di'gen (V.) anzeigen; kundtun. Ankündigung.

An'kunft (die, -, -künf'te) Eintreffen. Ankunftszeit.

an'kur'beln (V.) in Schwung bringen. Ankurbelung.

An'ky'lo'se (die, -, -n) Gelenkversteifung.

an'la'chen (V.) zulachen; Appetit anregen.

An'la'ge (die, -, -n) Anlegen; Park; Apparat; Talent; Beilage. Anlageberater; Anlagevermögen.

An'la'ge'rung (die, -, -en) chemische Verbindung. Verb: anlagern.

an'lan'gen (V.) anfassen; ankommen; betreffen. Was mich anlangt (auch: anbelangt).

Anlass (der, -las'ses, -läs'se) Motiv; Grund.

an'las'sen (V., ließ an, hat angelassen) starten; anbehalten; nicht ausschalten; beginnen. Anlasser.

an'läss'lich (Präp., Gen.) aus Anlass. anlässlich der Einweihung.

an'las'ten (V.) verübeln; zuschreiben.

An'lauf (der, -s, -läu'fe) Schwung; Versuch. Ich nehme jetzt einen neuen Anlauf. Anlaufgeschwindigkeit. Verb: anlaufen.

An'laut (der, -s, -e) Anfangssilbe. Verb: anlauten.

an'le'gen (V.) festmachen; investieren; zielen. Anleger; Anlegestelle.

an'leh'nen (V.) abstützen; lehnen. Anlehnung; anlehnungsbedürftig.

an'lei'ern (V.) (ugs.) ankurbeln.

An'lei'he (die, -, -n) langfristige Geldaufnahme. Anleihepapier.

an'lei'ten (V.) lehren; führen. Anleitung.

an'ler'nen (V.) ausbilden. Anlernzeit.

an'lie'fern (V.) zustellen. Anlieferung.

an'lie'gen (V., lag an, hat angelegen) eng am Körper haften; angrenzen. Anlieger; Anliegerverkehr; anliegend.

An'lie'gen (das, -s, -) Wunsch.

an'lo'cken (V.) ködern.

an'lü'gen (V., log an, hat angelogen) belügen.

Anm. (Abk.) Anmerkung.

an'ma'len (V.) anstreichen.

An'marsch (der, -es, -mär'sche) Herweg. auf dem Anmarsch sein; im Anmarsch sein. Verb: anmarschieren.

an'ma'ßen (V., refl.) sich herausnehmen. Anmaßung; anmaßend.

an'mel'den (V.) ankündigen; vormerken lassen. Anmeldung; Anmeldegebühr; Anmeldepflicht.

an'mer'ken (V.) ergänzen; ansehen. Anmerkung.

an'mie'ten (V.) mieten. Anmietung.

an'mon'tie'ren (V.) befestigen.

An'mut (die, -, kein Plural) Liebenswürdigkeit; Charme. Adjektive: anmutig; anmutsvoll.

an'mu'ten (V.) erscheinen. *Beachte:* Mit Akk.! Das mutet mich (*nicht:* mir) vertraut an.

an'nä'hern (V., refl.) näher kommen (räumlich); näherkommen (Bez.). Annäherung; Annäherungsversuch; annähernd; annäherungsweise.

An'nah'me (die, -, -n) Entgegennahme; Vermutung; Billigung. Annahmeschluss; Annahmeverweigerung.

An'na'len (die, nur Plural) (lat.) Jahrbücher.

an'neh'men (V., nahm an, hat angenommen) voraussetzen; entgegennehmen; akzeptieren. Adjektiv: annehmbar.

An'nehm'lich'keit (die, -, -en) Bequemlichkeit; Genuss.

an'nek'tie'ren (V.) (lat.) sich gewaltsam aneignen. Annektierung; Annexion.

An'nex (der, -es, -e) (lat.) Anhang.

An'ni'hi'la'ti'on (die, -, -ti'o'nen) Nichtigkeitserklärung.

An'ni'ver'sar (das, -s, -e) (lat.) jährliche Gedächtnisfeier (der kath. Kirche).

An'no (*auch:* an'no) (lat.) im Jahre. Anno Domini.

angliedern 32 **Ankauf**

steht entweder der Dativ oder die Präposition »an«! Er glich sich dem Tempo an; er glich sich an das Tempo an. Angleichung.
an'glie'dern (V.) hinzufügen. Angliederung.
an'g'li'ka'nisch (Adj.) (nlat.) zur englischen Staatskirche gehörig; anglikanische Kirche. Anglikanismus.
An'g'list (der, -en, -en) jmd., der sich mit Anglistik beschäftigt.
An'gli'zis'mus (der, -, -men) Übertragung englischer Spracheigenheiten auf eine andere Sprache.
an'glot'zen (V.) (ugs.) anschauen.
An'go'la (ohne Art., -s; kein Plur.) afrikanischer Staat. Angolaner.
An'go'ra'kat'ze (die, -, -n) langhaarige Katzenart.
An'go'ra'wol'le (die, -, kein Plural) weiche, langfaserige Wolle.
An'gos'tu'ra (der, -s, -s) (span.) Bitterlikör.
an'grei'fen (V., griff an, hat angegriffen) attackieren; anpacken. Angreifer; Angriff; angegriffen (müde); angreifbar.
an'gren'zen (V.) benachbart sein, anstoßen. Angrenzung.
An'griff (der, -s/-es, -e) Angreifen; Kritik. Morgen nehme ich die Arbeit in Angriff. Angriffsfläche; Angriffskrieg; Angriffspunkt; Angriffsspieler. Adjektiv: angriffslustig. Adverb: angriffsweise.
an'grin'sen (V.) grinsend ansehen.
Angst (die, -, Ängs'te) Furcht, Schrecken. Ich habe Angst, *aber:* Mir ist angst; in Angst und Schrecken versetzen; in tiefen Ängsten leben; ich habe es mit der Angst zu tun bekommen/gekriegt; aus Angst; vor Angst; er macht mir Angst und Bange. Angstgefühl; Ängstlichkeit; Angsthase; Angstschweiß; ängstlich; angsterfüllt; angstvoll.
ängs'ti'gen (V., refl.) Angst haben, sich fürchten.
Ång's'tröm (das, -/-s, -) (schwed.) frühere Maßeinheit der Wellenlänge.
an'gu'lar (Adj.) (lat.) winklig; eckig; zu einem Winkel gehörend.
an'gur'ten (V.) anschnallen.
Anh. (Abk.) Anhang.
an'ha'ben (V., hatte an, hat angehabt) Kleider tragen; antun. Die Eiseskälte konnte uns nichts anhaben.
an'hal'ten (V., hielt an, hat angehalten) stehen bleiben; dauern; erziehen. Anhalt; Anhalter; Anhaltspunkt; anhaltend; um die Hand anhalten; zum Lernen anhalten.

an'hand (Präp., Gen.) mithilfe. anhand der Teilnehmerliste (*auch:* anhand von Teilnehmerlisten).
an'hän'gen (V., hing/hängte an, hat angehangen/angehängt) befestigen; hinzufügen; verleumden. Anhang; Anhänger; Anhängerschaft; anhängig; anhänglich; Anhänglichkeit; Anhängsel; anhangsweise.
an'hau'chen (V.) anblasen, behauchen. Anhauch.
an'hau'en (V.) anstoßen; anreden.
an'häu'fen (V.) ansammeln. Anhäufung.
an'he'ben (V., hob/hub an, hat angehoben) hochheben; beginnen; steigern. Anhebung.
an'hef'ten (V.) befestigen. *Beachte:* Mit Dativ auf die Frage »Wo?«: Sie heftet den Sticker am Pullover an. Mit Akkusativ auf die Frage »Wohin?«: Sie heftet den Sticker an den Pullover.
an'heim (Adv.) (nur in) anheimfallen, zuteil werden; anheimgeben, abgeben; anheimstellen, überlassen.
an'hei'meln (V.) vertraut vorkommen. Adjektiv: anheimelnd.
an'hei'zen (V.) schüren, anfachen.
an'herr'schen (V.) zurechtweisen.
An'hieb (nur in dem Ausdruck) auf Anhieb (sofort).
an'him'meln (V.) (ugs.) schwärmen für.
An'hö'he (die, -, -n) kleine Erhebung.
an'hö'ren (V.) zuhören; prüfen. Anhörung.
An'hy'd'rid (das, -s, -e) (griech.) durch Wasserentzug entstehendes Oxid.
An'hy'd'rit (der, -s, -e) (griech.) ein Mineral.
Ani'lin (das, -s, kein Plural) chemischer Grundstoff für Farbstoffe und Arzneimittel. Anilinfarbe; Anilinleder.
ani'ma'lisch (Adj.) (lat.) tierisch. Animalismus.
ani'ma'to (Adv.) (ital.) beseelt (Musikstücke).
ani'mie'ren (V.) (franz.) anregen. Animateur; Animiermädchen.
Ani'mis'mus (der, -, kein Plural) (lat.) religiöse Vorstellung von einer beseelten Natur.
Ani'mo (das, -/-s, kein Plural) (österr.) Schwung.
Ani'mo'si'tät (die, -, -en) (lat.) Feindseligkeit.
An'ion (das, -s, -en) (griech.) negativ geladenes elektrisches Teilchen.
Anis (der, -es, -e) Gewürz. Anisette (Anislikör).
an'isot'rop (Adj.) (griech.) richtungsabhängig.
An'kauf (der, -s, -käu'fe) Erwerb. Ankaufsrecht; Ankäufer. Verb: ankaufen.

| **anfechten** | 31 | **angleichen** |

an'fech'ten (V., focht an, hat angefochten) bestreiten; Widerspruch einlegen; betreffen. Das ficht mich nicht an. Anfechtbarkeit; Anfechtung; anfechtbar.

an'fein'den (V.) bekämpfen.

an'fer'ti'gen (V.) herstellen, bauen. Anfertigung.

an'feuch'ten (V.) nass machen. Anfeuchter.

an'feu'ern (V.) anheizen; anspornen. Anfeuerung.

an'fle'hen (V.) bitten.

an'flie'gen (V., flog an, hat angeflogen) auf etwas zufliegen. Anflug.

an'for'dern (V.) bestellen. Anforderung (auch: Ansprüche).

An'fra'ge (die, -, -n) Frage. Anfrage wegen; Anfrage bezüglich. Verb: anfragen.

an'freun'den (V., refl.) Freundschaft schließen; sich vertraut machen.

an'fü'gen (V.) hinzufügen. Anfügung.

an'füh'ren (V.) leiten; erwähnen; necken. Anführer; Anführung.

An'füh'rungs'zei'chen → Regelkasten.

an'ge'ben (V., gab an, hat angegeben) anführen; prahlen. Angabe; Angeberei; Angeber; angeberisch.

an'geb'lich (Adj.) vermeintlich.

an'ge'bo'ren (Adj.) von Geburt her.

An'ge'bot (das, -s, -e) Vorschlag; Warenangebot. Angebot und Nachfrage. Sind die Erdbeeren noch im Angebot (verbilligt)? das Angebot von/an/in.

an'ge'bracht (Adj.) passend; schicklich.

an'ge'bun'den (Adj.). Sie war wieder so kurz angebunden (brüsk, abweisend).

an'ge'grif'fen (Adj.) angeschlagen; erschöpft. Angegriffenheit.

an'ge'hei'tert (Adj.) angesäuselt.

an'ge'hen (V., ging an, ist angegangen) beginnen; betreffen; anfragen. Heute gehen die Ferien an. Das geht dich nichts an! Dauernd geht er mich um Zigaretten an. Adjektiv: angehend (künftig).

an'ge'hö'ren (V.) dazugehören. Angehörige. Angehörigkeit. Adjektiv: angehörig. einem Volk angehören.

An'ge'klag'te (der, -n, -n) ein vor Gericht Beschuldigter. Aber: ein Angeklagter; die Angeklagten; aber: Zwei Angeklagte; ihm als Angeklagtem/Angeklagten; ihr als Angeklagten/Angeklagter; einige Angeklagte; aber: alle Angeklagten.

An'gel (die, -, -n) Fischfanggerät; Tür- oder Fensterzapfen. die Welt aus den Angeln heben; zwischen Tür und Angel; Angelpunkt; Angelrute. Verb: angeln.

An'ge'le'gen'heit (die, -, -en) Problem; Belang. Verb: angelegen, nur in der Wendung: sich etwas angelegen sein lassen (etwas wichtig nehmen). Adverb: angelegentlich (eingehend).

An'ge'li'ka (die, -, -s/-ken) (lat.) Engelwurz.

an'ge'mes'sen (Adj.) gebührend; entsprechend. Angemessenheit.

an'ge'nehm (Adj.) liebenswürdig; willkommen. Das Angenehme mit dem Nützlichen verbinden. Adverb: angenehmerweise.

an'ge'nom'men (Adj.) akzeptiert. unter der Annahme, dass. Sollten wir, angenommen(,) dass er kommt, ein Essen vorbereiten?

An'ger (der, -s, -) Wiese.

an'ge'regt (Adj.) beschwingt. Angeregtheit.

An'ge'schul'dig'te (der, -n, -n) Beschuldigter.

an'ge'se'hen (Adj.) geachtet; populär.

An'ge'sicht (das, -s, -e/-er) Gesicht. Im Schweiß meines Angesichts.

an'ge'sichts (Präp., Gen.) in Anbetracht; im Hinblick auf. angesichts dieses Schuldenbergs; angesichts des Todes (aber: im Angesicht des Todes).

an'ge'stammt (Adj.) eingesessen, bodenständig; ererbt.

an'ge'staubt (Adj.) antiquiert.

An'ge'stell'te (der, -n, -n) Arbeitnehmer. Angestellter sein; ein Angestellter; aber: Angestellte; alle Angestellten; aber: einige Angestellte; das Gehalt leitender Angestellter. Angestelltenversicherungsgesetz (Abk.: AVG).

an'ge'tan (Adj.) von etwas begeistert sein. Diese Sache hat es mir angetan; ich bin davon ganz angetan.

an'ge'trun'ken (Adj.) beschwipst.

an'ge'wie'sen (Adj.) abhängig. Er ist auf mich vollkommen angewiesen.

an'ge'wöh'nen (V., refl.) zur Gewohnheit machen. Angewohnheit; Angewöhnung.

an'ge'wur'zelt (Adj.) starr, steif. Wie angewurzelt saß er auf dem Stuhl.

an'gie'ßen (V., goss an, hat angegossen) zum ersten Mal gießen (Pflanze); durch Guss verbinden. Er blieb wie angegossen (starr) stehen.

An'gi'na (die, -, -gi'nen) (lat.) Mandelentzündung. Angina Pectoris.

An'gio'gra'fie (auch: An'gio'gra'phie) (die, -, -n) (griech.) Röntgendarstellung der Blutgefäße.

An'gio'sper'men (die, nur Plural) (griech.) eine Pflanzengruppe, Bedecktsamer.

An'g'lai'se (die, -, -n) (franz.) Gesellschaftstanz des 18./19. Jahrhunderts.

an'glei'chen (V., glich an, hat angeglichen) anpassen. Beachte: Nach »sich angleichen«

Anführungszeichen

1. Anführungszeichen (Gänsefüßchen) stehen immer vor und hinter folgenden Sätzen bzw. Satzteilen:
   a) Direkte Rede: Ein ganzer Satz wird wörtlich wiedergegeben. Der Polizist sagte:»Sie können hier nicht parken.« Die direkte Rede kann auch unterbrochen sein.»Sprechen Sie doch lauter«, bat er den Redner.»Man kann Sie kaum verstehen.«
   b) Wörtlich zitierte Textteile: In meinem Buch ist der Satz»Weh dem, der lügt« rot unterstrichen.»Saurer Regen«, so war im Bericht der Kommission zu lesen,»ist nur eine der Ursachen für das Waldsterben.«
   c) Hervorhebung von einzelnen Satzteilen (Begriffe, Titel etc.): In der»Süddeutschen« konnte man es nachlesen. Das Buch»Die Kunst der Lebensführung« war ein echter Renner. Ein zu einem Titel gehörender Artikel muss dann aus den Anführungszeichen herausgenommen werden, wenn der Kasus vom Nominativ verschieden ist. Ich habe das Interview in der»Zeit« gelesen. *Aber:* Ich kaufe»Die Zeit« immer am Kiosk.
2. Wenn innerhalb eines Satzes, der in Anführungszeichen steht, noch einmal Anführungszeichen vorkommen sollen, so werden diese zur besseren Unterscheidung nur einfach gesetzt:»Ich gehe heute in den Film ›Der Name der Rose‹«, erzählte er mir am Telefon.
3. Bei der Verwendung von Satzzeichen muss beachtet werden:
   a) Nach dem Satz in Anführungszeichen steht immer ein Komma, wenn der Satz nicht mit einem Punkt endet.»Das ist ja hervorragend«, meinte er. *Beachte:* Ein zitierter Satz verliert seinen Punkt, wenn er Teil eines Aussagesatzes ist, der nach dem Zitat weitergeführt wird. Ebenso beim Satzgefüge: Er verkündete:»Ich fahre nach Hause.« *Aber:* Er verkündete,»ich fahre nach Hause«, ging zum Wagen und fuhr los. Das Komma wird auch nach Frage- und Ausrufezeichen in wörtlicher Rede gesetzt.»Komm sofort her!«, kreischte sie.»Was genau meinst du denn damit?«, fragte er.
   b) Nach einem Satz in Anführungszeichen, der mit Punkt, Frage- oder Ausrufezeichen endet, steht weder Punkt noch Komma, wenn der einleitende Satz ein Aussagesatz ist. Sie stellte fest:»Hier gefällt es mir.« Er sagte kurz und bündig:»Hinaus!« *Aber:* Wenn der einleitende Satz eine Frage, ein Befehl oder eine Aufforderung ist, so steht ein Schlusszeichen. Hat er dir versichert:»Du kriegst das Geld bestimmt!«? Sag nicht dauernd:»Warum?«!
   c) Nach einem Satzteil oder Titel in Anführungszeichen, der selbst kein Satzzeichen hat, steht ein Schlusszeichen außerhalb der Anführungszeichen. Das ist doch aus dem»Faust«!

Ane|mo|ne (die, -, -n) Windröschen.

an|er|bie|ten (V., refl., anerbot, hat anerboten) sich anbieten, empfehlen. das Anerbieten; Anerbietung.

An|er|gie (die, -, -n) (griech.) 1. Energielosigkeit 2. Reizunempfindlichkeit. 3. Energieverlust.

an|er|gisch (Adj.) (griech.) 1. energielos. 2. reizunempfindlich.

an|er|ken|nen (V., erkannte an, hat anerkannt) gutheißen; billigen. Anerkennung; Anerkenntnis. Adjektiv: anerkennenswert.

Ane|ro|id (das, -s, -e) (griech.) Dosenbarometer.

An|eu|rin (das, -s, kein Plural) (Kurzw.) Vitamin B_1

An|eu|rys|ma (das, -s, -men/-ma|ta) (griech.) örtliche Arterienerweiterung.

an|fa|chen (V.) entzünden; anregen. Er facht das Feuer an.

an|fah|ren (V., fuhr an, hat/ist angefahren) losfahren; anstoßen; anschreien.

An|fahrt (die, -, -en) Weg zum Zielort. *Beachte:* Zusammensetzungen mit Fugen-s! Anfahrtsstrecke; Anfahrtskosten.

An|fall (der, -s, -fäl|le) Angriff; Anwandlung. Verb: anfallen.

an|fäl|lig (Adj.) nicht widerstandsfähig. Anfälligkeit.

An|fang (der, -s, -fän|ge) Beginn. Anfang nächsten Jahres; Anfang Mai; am Anfang; von Anfang an; zu Anfang; von Anfang bis Ende; einen Anfang machen; *aber:* anfangs (Adv.). Anfänger/-in; anfänglich; anfangen.

anbehalten 29 Anemometer

an|be|hal|ten (V., behielt an, hat anbehalten) angezogen lassen.

an|bei (Adv.) beiliegend. *Beachte:* Es folgt Nominativ oder Akkusativ! anbei gewünschter Prospekt; anbei gewünschten Prospekt.

an|bei|ßen (V., biss an, hat angebissen) (ugs.) abbeißen; sich locken lassen. Sie war zum Anbeißen. Er hat angebissen.

an|be|lan|gen (V.) betreffen.

an|be|rau|men (V.) festsetzen; planen. Anberaumung.

an|be|ten (V.) vergöttern. Anbeter; Sonnenanbeter; Anbetung.

An|be|tracht nur noch gebräuchlich als: in Anbetracht der Tatsache, dass ... (hinsichtlich).

an|bie|dern (V., refl.) sich aufdrängen; sich einschmeicheln. Anbiederung.

an|bie|ten (V., bot an, hat angeboten) anpreisen; darreichen; geben.

an|bin|den (V., band an, hat angebunden) befestigen.

An|bin|dung (die, -, kein Plural) Bindung an etwas. Verkehrsanbindung.

an|bli|cken (V.) anschauen. Anblick.

an|bra|ten (V., briet an, hat angebraten) kurz anbräunen.

an|bre|chen (V., brach an, ist angebrochen) abbrechen; anfangen. bei Anbruch des Tages.

an|brin|gen (V., brachte an, hat angebracht) festmachen, befestigen; loswerden. Mit Präposition »an«: ein Bild an der Wand anbringen.

ANC (der, -, kein Plural) Abk. für »African National Congress«, polit. Partei der Schwarzen in Südafrika.

An|cho|vis (*auch:* An|scho|vis) (die, -, -) Sardelle.

An|ci|en Ré|gime (das, - -, kein Plural) absolutistische Regierung im 17./18. Jahrhundert (in Frankreich).

An|dacht (die, -, -en) Gebet; Meditation. Andachtsstunde; andächtig; andachtsvoll.

an|dan|te (Adv.) (ital.) mäßig langsam (bei Musikstücken).

an|dan|ti|no (Adv.) (ital.) etwas schneller als andante.

an|dau|ern (V.) anhalten, währen. Adjektiv: andauernd (immer).

An|den|ken (das, -s, -) Erinnerung; Erinnerungsstück.

an|de|r(e) (Indefinitpron.) ein anderer; der eine und der andere; etwas anderes/etwas Anderes (= Andersartiges); kein anderer als du; das und nichts anderes; das und anderes mehr (Abk.: u. a. m.); ich möchte gern von etwas anderem reden; ein und das andere Mal.

an|de|rer|seits (Adv.) hingegen.

an|der|mal (Adv.) ein anderes Mal. Wir sehen uns ein andermal!

än|dern (V.) abändern, umgestalten; wechseln.

an|dern|falls (Adv.) (*auch:* an|de|ren|falls) sonst.

an|dern|orts (Adv.) (*auch:* an|de|ren|orts) anderswo.

an|dern|tags (Adv.) (*auch:* an|de|ren|tags) am Tag darauf.

an|dern|teils (Adv.) (*auch:* an|de|ren|teils) andererseits.

an|ders (Adv.) abweichend; andersartig; sonst. er ist anders als die andern; irgendwo anders; so und nicht anders; wo anders? (aber: woanders); heute ist alles ganz anders. *Zusammensetzungen:* Andersartigkeit; anderssprachig; andersherum; das Anderssein; anderswohin. *Aber:* andersdenkend (*auch:* anders denkend).

an|dert|halb (Zahlw.) eineinhalb. in anderthalb Stunden; anderthalb so viel; anderthalbfach (*aber:* das Anderthalbfache).

Än|de|rung (die, -, -en) Wechsel; Neuerung. Änderungsantrag; Änderungsschneider.

an|der|wär|tig (Adj.) an einem anderen Platz gelegen. Adverb: anderwärts.

an|der|wei|tig (Adj./Adv.) sonstig; auf andere Weise.

an|deu|ten (V.) durchblicken lassen; anzeigen. Andeutung; andeutungsweise.

an|dich|ten (V.) nachsagen. Sie haben ihm manch Schlechtes angedichtet.

an|din (Adj.) (nlat.) zu den Anden gehörig.

An|dor|ra (ohne Art., -s, kein Plural) Pyrenäenstaat. Andorraner; andorranisch.

An|drang (der, -s, kein Plural) Ansturm; Gedränge.

an|dre|hen (V.) festdrehen; aufschwatzen. Er drehte ihr einen alten Staubsauger an.

an|dro|hen (V.) drohen; ankündigen. Androhung.

An|d|ro|id (der, -en, -en) (griech.) künstlicher Mensch.

An|druck (der, -s, -dru|cke) Probedruck. Verb: andrucken.

an|ecken (V., ist) anstoßen; Missbilligung erregen.

an|ei|n|an|der (Adv.) gegenseitig. aneinander denken; aneinander vorbeigehen. *Aber:* aneinandergeraten; aneinanderreihen.

An|ek|do|te (die, -, -n) kurze Erzählung einer charakteristischen Begebenheit. Adjektive: anekdotenhaft; anekdotisch.

an|ekeln (V.) anwidern, abstoßen.

Ane|mo|me|ter (das, -s, -) (griech.) Windmesser.

Amplitude 28 **Anbeginn**

Am|pli|tu|de (die, -, -n) Schwingungsweite (Physik).
Am|pul|le (die, -, -n) (griech.) Glasröhrchen.
Am|pu|ta|ti|on (die, -, -ti|o|nen) operative Abtrennung eines Körpergliedes. Beinamputation. Verb: amputieren.
Am|sel (die, -, -n) Singvogel.
Ams|ter|dam (kein Artikel, -s, kein Plural) Hauptstadt der Niederlande. Amsterdamer (*nicht:* Amsterdammer!).
Amt (das, -s/-es, Äm|ter) Verwaltungsstelle; Beruf; Stellung. Postamt; Amtmann; Amtsdeutsch; Amtsgerichtsrat; in Amt und Würden; von Amts wegen; kraft meines Amtes. Adjektive: amtlich; amtshalber; amtsärztlich. Verb: amtieren.
Amu|lett (das, -s, -e) (lat.) Schmuckanhänger; Talisman.
amü|sant (Adj.) (franz.) erheiternd, unterhaltsam. Amüsement. Verb: sich amüsieren.
amu|sisch (Adj.) (griech.) ohne Kunstverständnis.
an 1. (Präp., Dat./Akk.) am Baum lehnen, *aber:* an den Baum lehnen (Dativ auf die Frage »Wo?«, Akkusativ auf die Frage »Wohin?«); an und für sich; er hat etwas an sich; es ist an der Zeit; es ist an ihm sich zu melden; an Ostern; am Montag. 2. (Adv.) der Herd ist an; sie hat nichts an; an die 500 Stück; ab und an.
Ana|bo|li|kum (das, -s, -ka) (griech.) muskelstärkendes Medikament.
Ana|chro|nis|mus (der, -, -men) (griech.) falsche historische Zuordnung. Adjektiv: anachronistisch.
an|ae|rob (Adj.) (griech.) ohne Sauerstoff lebend.
Ana|gramm (das, -s, -e) (griech.) Umstellung von Buchstaben zu neuem Wortsinn; z. B. Horst – Stroh.
ana|gram|ma|tisch (Adj.) wie ein Anagramm.
An|a|ko|luth (das/der, -s, -e) (griech.) Durchbrechung der üblichen Satzkonstruktion; Satzbruch (als Stilmittel).
Ana|kon|da (die, -, -s) (indian.) südamerikanische Riesenschlange.
Ana|kre|on|tik (die, -, kein Plural) (griech.) Wein, Liebe und Lebensgenuss als Literaturthematik.
anal (Adj.) (lat.) den After betreffend. Analphase.
Ana|lek|ten (nur Plural) (griech.) gesammelte Auszüge aus Dichterwerken.
Ana|lep|ti|kum (das, -s, -ka) Belebungsmittel.
ana|lep|tisch (Adj.) (griech.) belebend.

An|al|ge|ti|kum (das, -s, -ka) Schmerzmittel.
ana|log (Adj.) annähernd; entsprechend. analog (zu) den Vorschriften. Analogie; Analogrechner (EDV).
An|al|pha|bet (der, -en, -en) (griech.) Schreib- und Leseunkundiger. Analphabetentum.
Ana|ly|se (die, -, -n) (griech.) Untersuchung; Zergliederung. die Analyse des Satzes; die Analyse von Sätzen (*Falsch:* die Analyse über ...). Analyseergebnis; Analysand; Analysator. Verb: analysieren.
Ana|ly|sis (die, -, kein Plural) (griech.) Teil der Mathematik.
Ana|lyst (der, -en, -en) Spezialist für Entwicklungen an der Börse.
Ana|ly|tik (die, -, kein Plural) Analyseverfahren. Analytiker. Adjektiv: analytisch; analytische Chemie.
An|ä|mie (die, -, -n) (griech.) Blutarmut.
an|ä|misch (Adj.) (griech.) blutarm.
An|am|ne|se (die, -, -n) (griech.) Krankheitsvorgeschichte.
ana|m|nes|tisch/ana|m|ne|tisch (Adj.) die Vorgeschichte einer Krankheit betreffend.
Ana|nas (die, -, -/-nas|se!) tropische Frucht.
Anan|kas|mus (der, -, -men) (griech.) eine Zwangsneurose.
Ana|päst (der, -s, -e) (griech.) Versfuß aus zwei unbetonten Silben und einer betonten Silbe.
Ana|pher (die, -, -n) (griech.) Wiederholung des Anfangswortes (als Stilmittel); z. B. Das Wasser rinnt, das Wasser spinnt.
Ana|pho|ra (die, -, -pho|rä) = Anapher.
ana|pho|risch (Adj.) wie eine Anapher.
An|ar|chie (die, -, -n) (griech.) Herrschaftslosigkeit; Chaos. Anarchismus; anarchisch; Anarchist; Anarcho; anarchistisch.
An|äs|the|sie (die, -, -n) (griech.) Narkose. Anästhesist; Anästhetikum; anästhesieren/anästhetisieren.
Ana|the|ma (das, -, -ma|ta) (griech.) Kirchenbann.
Ana|to|mie (die, -, -n) (griech.) Körperbaulehre von Lebewesen. Adjektiv: anatomisch.
an|ba|cken (V., ist) kurz backen; ankleben.
an|bah|nen (V., refl.) beginnen, einleiten. Anbahnung.
an|bän|deln (V.) (ugs.) anknüpfen, beginnen (Liebeskontakt; Streit).
An|bau (der, -s, kein Plural) (Plural nur für Gebäudeteile: Anbauten) Anpflanzung; Nebengebäude. Anbaufläche; Anbauschrank; anbaufähig; anbauen.
An|be|ginn (der, -s, kein Plural) Anfang. seit Anbeginn; von Anbeginn (an).

Amaryllis 27 Amplifikation

Ama|ryl|lis (die, -, -len) (griech.) eine Zierpflanze.

Ama|teur (der, -s, -e) (franz.) jmd., der eine Tätigkeit aus Liebhaberei (nicht beruflich) betreibt. Amateurfilmer; Amateursportler; Amateurstatus.

Ama|zo|nas (der, -, kein Plural) südamerikanischer Fluss.

Ama|zo|ne (die, -, -n) kriegerisches Frauenvolk in der griechischen Sage; Turnierreiterin. Amazonenspringen.

Am|bi|en|te (das, -, kein Plural) (ital.) Atmosphäre; Milieu.

Am|bi|gu|i|tät (lat.) (die, -, -en) Zweideutigkeit. Adjektiv: ambig.

Am|bi|ti|on (lat.) (die, -, -ti|o|nen) Ehrgeiz; Bestreben. Adjektiv: ambitioniert.

Am|bi|va|lenz (lat.) (die, -, -en) Doppeldeutigkeit; Doppelwertigkeit; Zwiespältigkeit. Adjektiv: ambivalent.

Am|bo (der, -s, -s) (griech.) Lesepodest (Kirche).

Am|boss (der, -bos|ses, -bos|se) Schmiedeblock.

Am|bra (die, -, -s) Duftstoff.

Am|b|ro|sia (die, -, kein Plural) Unsterblichkeit verleihende Speise griechischer Götter.

am|b|ro|sisch (Adj.) (griech.) göttlich; köstlich.

Am|bu|lanz (die, -, -en) (lat.) Rettungswagen; Behandlungsraum für erste Hilfe. Adjektiv: ambulant.

Amei|se (die, -, -n) Insekt. Ameisenbär; Ameisenhaufen; Ameisensäure.

Ame|li|o|ra|ti|on (die, -, -ti|o|nen) (franz.) Bodenverbesserung.

ame|li|o|rie|ren (V.) den Boden verbessern.

amen (Adv.) (hebr.) Schlusswort im Gebet. *Aber:* Zu allem Ja und Amen (*auch:* ja und amen) sagen (mit allem einverstanden sein); er sagte wie Amen dazu; so sicher wie das Amen in der Kirche.

Ame|ri|ka (ohne Artikel, -s, -s) Kontinent. Amerikaner; amerikanisch; Amerikanisierung; amerikanisieren; Amerikanismus (Plural: -men); Amerikanistik.

Ames-Test (der, -s, -s) (engl.) Schnelltest zur Untersuchung der mutagenen (Krebs erzeugenden) Wirkung eines Stoffes.

ame|tho|disch (Adj.) planlos, unsystematisch.

Ame|thyst (der, -s, -e) (griech.) Halbedelstein.

Ame|t|rie (die, -, -n) (griech.) Missverhältnis. Adjektiv: ametrisch.

Ami (der, -s, -s) (Kurzw.) US-Amerikaner.

Amin (das, -s, -e) Derivat des Ammoniaks (Stickstoffverbindung).

Ami|no|säu|re (die, -, -n) Eiweißbaustein.

Am|me (die, -, -n) Ziehmutter.

Am|men|mär|chen (das, -s, -) Lügengeschichte.

Am|mer (die, -, -n und der, -s, -n) Finkenart.

Am|mo|ni|ak (das, -s, kein Plural) (ägypt.) Stickstoff-Wasserstoff-Gas. Ammoniaksalz (Ammoniumsalz). Adjektiv: ammoniakalisch.

Am|mo|nit (der, -en, -en) (ägypt.) Versteinerung.

Am|ne|sie (die, -, -n) (griech.) Gedächtnisstörung, -verlust.

Am|nes|tie (die, -, -n) (griech.) Begnadigung. Verb: amnestieren. Amnesty International (Abk.: ai; internationale Menschenrechtsorganisation).

Amö|be (die, -, -n) (griech.) Einzeller.

Amok (der, -s, kein Plural) blindes Handeln. Amok laufen; Amok fahren; Amokfahrt; Amokschütze.

a-Moll (das, -, kein Plural) Tonart. a-Moll-Tonleiter; ein Klavierstück in a-Moll spielen.

amo|ra|lisch (Adj.) (lat.) unmoralisch.

Amo|ret|te (die, -, -n) nackte, geflügelte Knabendarstellung.

Amor fa|ti (lat.) Liebe zum Schicksal.

amo|ro|so (Adv.) (ital.) schmachtend (bei Musikstücken).

amorph (Adj.) (griech.) ohne feste Gestalt. Amorphie.

Amor|ti|sa|ti|on (die, -, -ti|o|nen) (lat.) Schuldtilgung; Unkostendeckung. Adjektiv: amortisabel. Verb: amortisieren.

amou|rös (Adj.) (franz.) verliebt. Amouren (Liebschaften).

Am|pel (die, -, -n) Verkehrssignal.

Am|pere (das, -/-s, -) (franz.) Maßeinheit der elektrischen Stromstärke (Abk.: A). Amperemeter; Amperesekunde; Amperestunde (Ah).

Amp|fer (der, -s, -) Pflanze. Sauerampfer.

Am|phe|t|a|min (das, -s, -e) Aufputschmittel.

Am|phi|bie (die, -, -n) gleichzeitig Wasser- und Landtier. Adjektiv: amphibisch. Amphibienfahrzeug; Amphibienflugzeug.

Am|phi|the|a|ter (das, -s, -) (griech.) Freilufttheater.

Am|pho|re (die, -, -n) (griech.) antike Vase mit zwei Henkeln.

am|pho|ter (Adj.) (griech.) basisch oder sauer reagierend.

Am|p|li|fi|ka|ti|on (die, -, -ti|o|nen) (lat.) Erweiterung; Ausschmückung. Verb: amplifizieren.

Altbundeskanzler 26 Amaryl

Alt|bun|des|kanz'ler (der, -s, -) ehemaliger Bundeskanzler. Altbundespräsident.

alt|ehr|wür|dig (Adj.) verehrungswürdig.

alt|ein|ge|ses|sen (Adj.) seit Langem einheimisch.

Alt|ei|sen (das, -s, kein Plural) Eisenabfall.

Al'ten|heim (das, -s, -e) Wohnheim für alte Menschen.

Al'ten|hil|fe (die, -, kein Plural) Sozialhilfe für alte Menschen.

Al'ten|pfle|ger (der, -s, -) Betreuer alter Menschen.

Al'ter (das, -s, -) Zeitraum; Lebensalter.

al'tern (V., ist) alt werden. *Aber:* das Altern.

Al'ter|na'ti|on (die, -, -ti|o|nen) (lat.) Wechsel; Auftreten von Varianten.

Al'ter|na'ti|ve (die, -, -n) Entscheidung; Wahlmöglichkeit. Ich stellte ihn vor die Alternative, entweder mitzukommen oder hier zu bleiben. Zur Atomenergie gibt es verschiedene Alternativen. Alternativbewegung; Alternativenergie; alternativ.

al'ter|nie|ren (V.) abwechseln. alternierend.

al'ters (Adv.) schon immer. seit alters; von alters her. *Falsch:* die Kombination »seit alters her«.

al'ters|be|dingt (Adj.) wegen hohen Alters.

Al'ters|gren|ze (die, -, -n) Pensionsalter.

Al'ters|schwä|che (die, -, kein Plural) altersbedingte Körperschwächung. Adjektiv: altersschwach.

Al'ters|ü|ber|gangs|geld (das, -es, kein Plural) Abfindung für jmd., der in eine freiwillige Frühpension einwilligt.

Al'ters|ver|sor|gung (die, -, -en) Rente.

Al'ter|tum (das, -s, kein Plural) ältester Zeitraum einer Kultur; klassisches Altertum (Griechen und Römer).

Al'ter|tü|mer (nur Plural) (die) antike, antiquierte Gegenstände. Adjektiv: altertümlich.

Äl'tes|ten|rat (der, -s, kein Plural) Parlamentsausschuss.

alt|ge|dient (Adj.) bewährt.

alt|ge|wohnt (Adj.) vertraut; bekannt.

Alt|glas (das, -es, kein Plural) Glasabfall.

Al'thee (die, -, -n) (griech.) ein Malvengewächs; schleimhaltige Arzneipflanze.

alt|her|ge|bracht, alt|her|kömm|lich (Adj.) gewohnt.

alt|hoch|deutsch (Adj.) älteste Sprachstufe des Deutschen (bis etwa 1100). *Beachte:* in Althochdeutsch sprechen; *aber:* althochdeutsch übersetzen.

alt|klug (Adj.) vorlaut. Altklugheit.

Alt|last (die, -, -en) immer noch Unerledigtes.

Alt|me|tall (das, -s, -e) Schrott.

alt|mo|disch (Adj.) unmodern; rückständig.

Al'to|cu|mu|lus (der, -, -li) (lat.) Haufenwolke mittlerer Höhe.

Al'tos|tra'tus (*auch:* Al'to|stra'tus) (der, -, -ti) (lat.) Schichtwolke mittlerer Höhe.

Alt|pa|pier (das, -s, kein Plural) Papierabfall. Altpapiersammlung.

Alt|phi|lo|lo|gie (die, -, -n) Sprach- und Literaturwissenschaft des klassischen Altertums. Altphilologe; altphilologisch.

Alt-Rom (kein Artikel, -s, kein Plural) Altstadt von Rom. *Aber:* altrömische Vasen.

alt|ro|sa (Adj.) dunkelrosé.

Al'tru|is|mus (der, -, kein Plural) Uneigennützigkeit. Altruist; altruistisch.

Alt|stadt (die, -, -städ'te) historischer Stadtteil. Altstadtfest; Altstadtsanierung.

alt|tes|ta|men|ta|risch (Adj.) das Alte Testament (Abk.: AT) betreffend.

alt|über|lie|fert (Adj.) seit Langem tradiert.

alt|ver|traut (Adj.) gut bekannt.

Alt|wa|ren (nur Plural) (die) gebrauchte Gegenstände. Altwarenhändler.

Alt|was|ser (das, -s, -) ehemaliger Flussarm mit stehendem Gewässer.

Alt|wei|ber|fast|nacht (die, -, kein Plural) Faschingsdonnerstag.

Alt|wei|ber|som|mer (der, -s, -) sommerlich warmer Herbst.

Alu (die, -, kein Plural) (Kurzw.) Aluminium. Alufolie.

Alu|mi|ni|um (das, -s, kein Plural) chemisches Element; Leichtmetall.

Al'veo|lar (der, -s, -e) mit der Zungenspitze am Zahndamm der oberen Schneidezähne gebildeter Konsonant; z. B. »d« und »t«.

Alz|hei|mer|krank|heit (die, -, kein Plural) fortschreitender Gedächtnisschwund.

am (Präp., lok.) an dem; beim. Frankfurt am (Abk.: a.) Main; am Abend; am Montag, dem/den 30. Mai; am besten; ich bin am Schreiben/am Arbeiten; ich bin am Überlegen.

a. m. (Abk.) (lat.) 1. ante meridiem; vormittags. 2. ante mortem; kurz vor dem Tod.

ama|bi|le (Adv.) lieblich (bei Musikstücken).

Amal|gam (das, -s, -e) Quecksilberlegierung. Verb: amalgamieren.

Ama|rant (der, -s, -e) (griech.) 1. eine rote Zierpflanze. 2. Violettholz. 3. ein Prachtfink.

Ama|rel|le (die, -, -n) eine Sauerkirschsorte.

Ama|ryl (der, -s, -e) (griech.) künstlicher grüner Korund.

Allomorph   25   **altbewährt**

Al|lo|morph (das, -s, -e) (griech.) Morphemvariante (z. B. das stimmhafte und stimmlose »s« im Deutschen).

Al|lo|mor|phie (die, -, -n) (griech.) = Allotropie.

Al|lon|ge|pe|rü|cke (die, -, -n) (franz.) langlockige Männerperücke.

Al|l|o|nym (das, -s, -e) (griech.) Name eines anderen als Pseudonym.

Al|lo|pa|thie (die, -, -n) Schulmedizin. Adjektiv: allopathisch.

Al|lo|t|ria (die, nur Plural/heute meist als Sing.: das, -/-s) (griech.) Unsinn.

All|rad|an|trieb (der, -s/-es, -e) Vierradantrieb.

all right! (engl.) in Ordnung.

All|roun|der (der, -s, -) (engl.) Alleskönner. Allroundman; Allroundsportler.

all|sei|tig/all|seits (Adj.) überall.

All|tag (der, -s, -e) gewöhnlicher Tagesablauf. Alltäglichkeit; Alltagsmief. *Kleinschreibung:* alltäglich; alltags; alltags wie feiertags.

all' un|ghe|re|se (ital.) nach ungarischer Art (bei Musikstücken).

Al|lü|re (die, -, -n) (franz.) auffallende Gewohnheit; Gehabe.

all|zu (Adv.) zu sehr. *Beachte:* immer getrennt vom nachfolgenden Wort! allzu viel; allzu bald; allzu früh; allzu oft; allzu selten; allzu langes Warten; die Aufgabe ist allzu schwer. *Aber:* allzumal.

All|zweck|tuch (das, -s, -tü|cher) Papierserviette.

Alm (die, -, -en) Bergweide; Berghütte.

Al|ma Ma|ter (die, - -, kein Plural) (lat.) Universität (als durch Wissen nährende Mutter).

Al|ma|nach (der, -s, -e) Jahrbuch.

Al|man|din (der, -s, -e) (nlat.) dunkelrotes Mineral, Schmuckstein.

Al|mo|sen (das, -s, -) (griech.) Spende.

Aloe (die, -, -n) (hebr.-griech.) südafrikan. Liliengewächs.

alo|gisch (Adj.) (griech.) nicht logisch.

Alp (*auch:* Alb) (der, -s, -e) Kobold, geisterhaftes Wesen. Alpdruck (*auch:* Albdruck)

Alp (die, -, -en) Alm.

Al|pa|ka (das, -s, kein Plural) (indian.-span.) 1. Lama; Wolle. 2. eine versilberte Legierung (für Bestecke).

al pa|ri (ital.) zum Nennwert (bei Aktien).

Al|pen (die, nur Plural) Gebirge. Alpenrose; Alpenvorland.

Al|pen|tran|sit|stre|cke (die, kein Plural) Fernstraße über die Alpen.

Al|pen|tran|sit|ver|kehr (der, -s/-es, kein Plural) Fernreiseverkehr über die Alpen (z. B. von Deutschland nach Italien).

Al|pha (das, -/-s, -s) (semit.-griech.) erster Buchstabe des griechischen Alphabets (A, α).

Al|pha|bet (das, -s, -e) das Abc. Adjektiv: alphabetisch. Verb: alphabetisieren.

Al|pha|strah|len (die, -) (α-Strahlen) radioaktive Strahlen.

Al|pi|nis|mus (der, -, kein Plural) (lat.) Bergsteigen im Hochgebirge. Alpinist; alpin.

Alp|traum (*auch:* Alb|traum) (der, -s, -träu|me) Angsttraum.

als 1. (Konj., temp.) zu der Zeit, da. Als er eintrat, sahen ihn alle an. Wir sprachen miteinander, als wir uns gestern trafen. 2. (Konj., mod.) Im Vergleich steht bei Ungleichheit immer »als« (nicht »wie«!). größer als; kleiner als. *Dagegen:* so groß wie; so klein wie; er ist so klug wie sein Vater (bei Gleichheit!). Weitere Fügungen: niemand anderes als du; er tat so, als ob er es wüsste; so viel als möglich (*auch:* so viel wie möglich); insofern als das stimmt; insoweit als ich das absehen kann; du als mein Freund; sie gilt als vertrauenswürdig; die Regierungsbezirke Bayerns, als da sind Schwaben, Franken ... *Beachte:* Vergleichssätze mit »als« werden durch Komma abgetrennt! Sie ist zurückhaltender, als ich erwartet hatte (*aber:* Sie ist zurückhaltender als erwartet). *Zusammensetzungen* (Adverbien): alsbald; alsdann.

als dass (Konj.) Das Wetter ist viel zu schön, als dass ich noch im Bett bleibe.

al sec|co (ital.) auf die trockene Kalkwand, Verputzfläche (gemalt).

al se|g|no (ital.) bis zum Zeichen (bei Wiederholung von Musikstücken).

al|so (Adv.) folglich; alsdann. Er lachte, also schien es ihm nichts auszumachen. Also, gehen wir jetzt! Also, bis später! *Beachte:* »also« wird mit Komma abgetrennt!

alt (Adj., älter, älteste) nicht mehr jung/neu. Der alte Mann (*aber:* der Alte); hier trifft sich Alt und Jung (jedermann); zwischen Alt und Jung (den Generationen) war keine Harmonie; aus Alt mach Neu; alles beim Alten lassen; er ist der älteste von uns Brüdern (*aber:* mein Ältester); von alters her; Altes und Neues; etwas Altes. *Beachte:* Großschreibung, wenn »alt« Bestandteil eines Namens! der Alte Fritz; mein Alter Herr; das Alte Testament.

Alt (der, -s, -e) (lat.) tiefe Frauenstimme.

Al|tar (der, -s, -ä|re) (lat.) Gebets- und Opfertisch. Altarbild.

alt|ba|cken nicht mehr frisch; bieder.

Alt|bau (der, -s, -bau|ten) altes Haus. Altbauwohnung; Altbausanierung.

alt|be|kannt (Adj.) längst bekannt.

alt|be|währt (Adj.) zuverlässig.

Alk (der, -s/-es/-en, -e/-en) (skandin.) nordischer Tauchvogel.

Al'ka'li (das, -s, -li|en) (arab.) chemische Verbindung (laugenartig). Alkalimetall; alkalisch.

Al'kan'na (die, -, kein Plural) (arab.) 1. ein Raublattgewächs. 2. roter Naturfarbstoff.

Al'ka'zar (der, -s, -e) (arab.-span.) spanische Burganlage.

Al'ko'hol (der, -s, -e) (arab.). *Beachte:* »Alkohole« für organische Verbindungen; »Alkoholika« für alkoholische Getränke! Alkoholiker; Alkoholismus; Alkoholspiegel; Alkoholvergiftung; alkoholisch; alkoholfrei; alkoholabhängig; alkoholisiert. Verb: alkoholisieren.

Al'ko'ven (der, -s, -) (arab.-franz.) 1. Bettnische. 2. kleiner Nebenraum.

all, al'le, al'les (Pron.) *Beachte:* wird immer kleingeschrieben! all und jeder; all das Gute; vor allem; allen Ernstes; aller guten Dinge sind drei; diese alle; alle zwei; alle können kommen; sie grüßte uns alle; all die Anstrengung; alle vier Minuten; alles und jedes; alles in allem; alles oder nichts; alles, was; alles Übrige. *Zusammenschreibung:* allabendlich/allabends; alljährlich; allüberall; allumfassend; allseits; allseitig; allwissend; allbekannt; all(e)dem (*aber:* von all dem, was ...); allemal (*aber:* ein für alle Male); allenfalls; allenthalben; allerallerletzte; allerlei Interessantes; allerart Sprachen (*aber:* Sprachen aller Art); allerbeste; am allerbesten (*aber:* das Allerbeste, was ...); allerdings; allerenden (überall); allerfrühestens; allerhand Krimskrams; allerliebst (*aber:* mein Allerliebstes); allerortes/allerorts; allerseits; allerspätestens; allesamt; allezeit.

All (das, -s, kein Plural) Weltraum.

al'la bre've (ital.) in beschleunigter Taktart (bei Musikstücken).

Al'lah (kein Artikel, -s, kein Plural) (arab.) Gott.

al'la mar'cia (ital.) marschmäßig (bei Musikstücken).

al'la po'lac'ca (ital.) in der Art einer Polonäse (bei Musikstücken).

al'la pri'ma (ital.) mit nur einer Farbschicht, ohne Untermalung oder Lasur.

Al'lasch (lett.) (der, -s, -e) ein Kümmellikör.

al'la te'des'ca (ital.) nach Art eines deutschen Tanzes (bei Musikstücken).

al'la tur'ca (ital.) nach Art der türkischen Janitscharenmusik.

al'la zin'ga're'se (ital.) in der Art von Zigeunermusik.

Al'lee (die, -, -n) (franz.) von Bäumen gesäumte Straße.

Al'le'go'rie (die, -, -n) (griech.) Sinnbild. Adjektiv: allegorisch. Verb: allegorisieren.

al'le'g're't'to (Adj.) (ital.) mäßig schnell (Musik). Allegretto.

al'le'g'ro (Adv.) (ital.) schnell (Musik). Allegro.

al'lein 1. (Adj.) für sich. *Getrenntschreibung:* allein sein; allein stehen; allein leben; allein lassen. *Aber:* (Substantivierung) der allein Erziehende (*auch:* der Alleinerziehende). *Beachte:* von allein (von selbst). Alleinunterhalter; Alleinerzieher; Alleinverdiener; Alleingang. 2. (Adv.) ausschließlich; schon. Er allein ist verantwortlich; allein bei diesem Gedanken wurde sie schon nervös. 3. (Konj., advers.) aber. Ich wollte mit ihm sprechen, allein er hörte nicht zu. *Beachte:* vor »allein« als Konjunktion steht immer ein Komma!

Al'l'er'gen (das, -s, -e) (griech.) zu Allergie führender Stoff (z. B. Pollen).

Al'l'er'gie (die, -, -n) (griech.) Überempfindlichkeit gegen körperfremde Stoffe. Allergiker; allergisch. Allergie erregend, eine Allergie auslösend.

Al'l'er'gie'ver'ur'sa'cher (der, -s, -) = Allergen. Allergie verursachend.

Al'ler'hei'li'gen (ohne Artikel, undeklinierbar) katholischer Feiertag (1. November). das Allerheiligste.

Al'ler'wer'tes'te (der, -n, -n) (ugs.) Gesäß.

Al'les'kle'ber (der, -s, -) Klebstoff für sämtliche Materialien.

All'fi'nanz'un'ter'neh'men (das, -s, -) Anbieter von Bank- und Versicherungsgeschäften.

all'ge'mein (Adj.) generell, gewöhnlich. allgemeine Rechte; allgemeingültig (*auch:* allgemein gültig); allgemein verständlich (*auch:* allgemeinverständlich). *Aber:* im Allgemeinen; vom Allgemeinen auf das Besondere schließen. *Beachte:* Großschreibung, wenn »allgemein« Bestandteil eines Namens ist. Allgemeine Ortskrankenkasse (Abk.: AOK); Frankfurter Allgemeine Zeitung (Abk.: FAZ). Allgemeinbildung; Allgemeingut; Allgemeinarzt; Allgemeinwohl.

All'ge'walt (die, -, -en) Allmacht. Adjektiv: allgewaltig.

Al'li'anz (franz.) (die, -, -en) Bündnis. Heilige Allianz.

Al'li'ga'tor (lat.) (der, -s, -en) Krokodil.

al'li'ie'ren (V., refl.) sich verbünden. Alliierte.

Al'li'te'ra'ti'on (die, -, -ti'o'nen) (nlat.) Stabreim. z. B. Haus und Hof; Mann und Maus.

al'li'te'rie'ren (V.) (nlat.) stabend reimen.

Al'li'um (das, -s, kein Plural) (lat.) ein Lauchgewächs; Knoblauch.

All'macht (die, -, kein Plural) Universalmacht. der Allmächtige (Gott); allmächtig.

aktualisieren 23 **Alizarin**

ak`tu`a`li`sie`ren (V.) (lat.) auf den neuesten Stand bringen. Aktualisierung; Aktualität.

Aku`pres`sur (die, -, -en) (lat.) Druckheilbehandlung.

aku`punk`tie`ren (V.) (lat.) mit Akupunkturnadeln behandeln. Akupunktur.

Akus`tik (die, -, kein Plural) Klangeffekt. Adjektiv: akustisch.

akut (Adj.) (lat.) dringend; unvermittelt heftig auftretend.

AKW (Abk.) Atomkraftwerk

**Ak`ze`le`ra`ti`on** (die, -, -ti`o`nen) Beschleunigung.

Ak`ze`le`ra`tor (der, -s, -en) (lat.) Beschleuniger.

ak`ze`le`rie`ren (V.) beschleunigen.

Ak`zent (der, -s/-es, -e) (lat.) Betonung; Aussprache. Akzentuierung; akzentuieren; akzentfrei.

Ak`zept (das, -s, -e) 1. Annahmeerklärung auf einem Wechsel. 2. angenommener Wechsel.

Ak`zep`tanz (die, -, -en) Annahme; Brauchbarkeit. Akzeptierung; akzeptieren; akzeptabel.

**Ak`zess** (der, -zes`ses, -zes`se) (österr.) (lat.) 1. Zutritt. 2. Zulassung zu einem Amt.

**Ak`zes`si`on** (die, -, -si`o`nen) (lat.) 1. Zugang; Erwerb. 2. Beitritt (zu einem Staatsvertrag).

ak`zes`so`risch (Adj.) (lat.) 1. hinzutretend. 2. nebensächlich.

**ak`zi`den`tell** (*auch:* ak`zi`den`ti`ell) (Adj.) nebensächlich; zufällig.

Al (Abk.) Aluminium (chemisches Zeichen).

AL (Abk.) Alternative Liste.

à la (franz.) nach Art von; à la carte (Speisekarte); à la mode (neueste Mode).

Ala`bas`ter (der, -s, -) (griech.) marmorähnliche Gipsart. alabasterfarbig.

Alarm (der, -s/-es, -e) Warnung. Alarmanlage; Alarmstufe; alarmbereit; alarmieren.

Alb (der, -s/-es, -en) mythische Figur aus der german. Sagenwelt.

Alb (die, -, kein Plural) Gebirgszug. Schwäbische Alb.

Al`ba (die, -, -ben) (lat.) langes, weißes Gewand (von Geistlichen).

**Al`ba`t`ros** (der, -, -tros`se) Sturmvogel.

Al`ba`ni`en (ohne Art., -s, kein Plural) Balkanstaat. Albaner; albanisch.

Al`be`rei (die, -, -en) Unfug. Albernheit. Adjektiv: albern. Verb: albern.

Al`ber`go (das, -s, -s oder -ghi) (german.-ital.) italienisches Gasthaus.

Al`bi`nis`mus (lat.) (der, -, kein Plural) fehlende Farbstoffbildung. Albino; albinotisch.

**Alb`traum** (*auch:* Alp`traum) (der, -s, -träu`me) Angsttraum.

Al`bum (das, -s, -ben) (lat.) Sammelbuch. Poesiealbum; Plattenalben.

Al`bu`men (das, -s, kein Plural) (lat.) Eiweiß (von Vogeleiern).

Al`bu`min (das, -s, -e) (lat.) Eiweißstoff (in der Körperflüssigkeit von Menschen und Tieren, sowie in Eiern und in Milch).

al`bu`mi`no`id (Adj.) (lat.-griech.) eiweißähnlich.

al`bu`mi`nös (Adj.) (nlat.) eiweißhaltig.

Al`che`mie (*auch:* Al`chi`mie) (die, -, kein Plural) (arab.) mythische Goldmacherkunst. Alchemist/Alchimist; alchemistisch/alchimistisch.

Al`de`hyd (der, -s, -e) organischer Alkohol ohne Wasserstoff. Aldehydgruppe (-CHO).

al den`te (ital.) bissfest, nicht zu weich (bei Nudeln).

Al`der`man (der, -s, -men) (engl.) Ratsherr (in angelsächs. Ländern).

Ale (das, -s, kein Plural) (engl.) helles englisches Bier.

alea iac`ta est (lat.: der Würfel ist gefallen) es ist entschieden.

alert (Adj.) (ital.-franz.) flink, munter.

Ale`u`te (der, -n, -n) Bewohner der Inselgruppe Aleuten.

ale`u`tisch (Adj.) zu den Aleuten gehörig.

Ale`x`an`d`ri`ner (der, -s, -) (griech.-franz.) zwölfsilbiger jambischer Reimvers. Einwohner Alexandrias.

Ale`x`an`d`rit (der, -s, -e) (nlat.) grüner, bei Kunstlicht roter Schmuckstein.

al fres`co (*auch:* a fresco) (ital.) auf die feuchte Kalkwand, Verputzfläche (gemalt).

Al`ge (die, -, -n) (lat.) Seegras.

Al`ge`b`ra (die, -, kein Plural) (arab.) mathematische Gleichungslehre. algebraisch.

Al`ge`ri`en (ohne Art., -s, kein Plural) nordafrikanischer Staat. Algerier; algerisch.

ALGOL (Kunstw.: Algorithmic Language) Programmiersprache (EDV).

Al`go`lo`gie (die, -, kein Plural) (lat.-griech.) Wissenschaft von den Algen.

Al`go`rith`mus (die, -, -men) (arab.) mathematische Rechenart.

ali`as (Adv.) auch ... genannt. Michael Groß alias Albatros.

Ali`bi (das, -s, -s) Nachweis der Abwesenheit und Unschuld (Verbrechen). Alibifunktion.

Ali`men`te (die, nur Plural) Unterhaltszahlung. Verb: alimentieren.

ali`quant (Adj.) (lat.) nur mit Rest teilend.

ali`quot (Adj.) (lat.) ohne Rest teilend.

Ali`za`rin (das, -s, kein Plural) (arab.-franz.) Krapprot (Farbstoff).

Ägypten 22 Aktrice

Ägyp'ten (ohne Artikel, -s, kein Plural) arabischer Staat. Ägypter; Ägyptisch (Sprache); ägyptisch.

Ägyp'to'lo'gie (die, -, kein Plural) (nlat.) Wissenschaft vom ägyptischen Altertum.

Ah (Abk.) Amperestunde.

ah! (Interj.) ah so! ah was! äh! *Aber:* Durcheinander von Ahs und Ohs.

aha! (Interj.) *Aber:* Ahaerlebnis (*auch:* Aha-Erlebnis)

Ahas'ver (der, -, -s/-e) (hebr.) ruhelos Umherirrender.

ahd. (Abk.) althochdeutsch.

ahis'to'risch (Adj.) ungeschichtlich.

Ahn (nicht trennbar!) (der, -s/-en, -en) Vorfahr. Ahnengalerie; Ahnenforschung.

ahn'den (V.) verfolgen, strafen. Ahndung.

äh'neln (V.) ähnlich sein.

ähn'lich (Adj.) zum Teil gleich. *Großschreibung:* und Ähnliches (u. Ä.); hast du einen Kugelschreiber oder Ähnliches (o. Ä.)?. etwas/ nichts Ähnliches. Ähnlichkeit. *Aber:* ähnlich gutes Wetter.

Ah'nung (die, -, -en) Vermutung; Vorstellung. Ahnungslosigkeit; ahnungslos, ahnungsvoll. Verb: ahnen.

Ahorn (der, -s, -e) Laubbaum. Ahornblatt.

Äh're (die, -, -n) Blütenstand bei Gräsern und Getreide. Ährenfeld; Ährenlese. Adjektive: langährig; kurzährig.

Ai (das, -/-s, -s) Dreizehenfaultier.

Aids (nicht trennbar) (meist ohne Artikel, kein Plural) (engl.: Acquired Immune Deficiency Syndrome) Infektionskrankheit. Aidshilfe.

Ai'ki'do (das, -s, kein Plural) (jap.) Kampfsport.

Air'bag (der, -s, -s) (engl.) Sicherheitsluftkissen (im Auto).

Air'con'di'tio'ner (*auch:* Air-Conditioner) (engl.) (der, -s, -) Klimaanlage.

Air'mail (die, -, kein Plural) (engl.) Luftpost.

Air'port (der, -s, -s) (engl.) Flughafen.

Aka'de'mie (die, -, -n) (griech.) Forschungsanstalt. Akademiker/-in; akademisch.

Aka'de'mi'ker'schwem'me (die, -, kein Plural) Überangebot an Akademikern auf dem Arbeitsmarkt.

Aka'zie (die, -, -n) (griech.) tropischer Strauch bzw. Baum.

Ake'lei (die, -, -en) ein Hahnenfußgewächs.

Akk. (Abk.) Akkusativ.

Ak'kla'ma'tion (die, -, -ti⁰nen) (lat.) Beifall; Zuruf. Verb: akklamieren.

Ak'kli'ma'ti'sa'tion (die, -, -ti⁰nen) (lat.) Gewöhnung; Anpassung. Akklimatisierung; akklimatisieren.

Ak'ko'la'de (die, -, -n) (franz.) 1. feierliche Umarmung (bei Ordensverleihungen). 2. geschweifte Klammer.

ak'ko'mo'die'ren (V.) sich anpassen. Substantiv: Akkomodation.

Ak'kord (der, -s, -e) (lat.) 1. Zusammenklang (von drei oder mehr Tönen). 2. Stücklohn. Akkordarbeit. Verb: akkordieren (zusammenstimmen, vereinbaren).

Ak'kor'de'on (das, -s, -s) Ziehharmonika.

ak'kre'di'tie'ren (V.) (franz.) Kredit geben; bevollmächtigen. Akkreditiv.

Ak'ku (der, -s, -s) (Kurzw.) Akkumulator.

Ak'ku'mu'la'ti'on (die, -, -ti⁰nen) Anhäufung. Verb: akkumulieren.

Ak'ku'ra'tes'se (die, -, -n) (franz.) Genauigkeit. Adjektiv: akkurat.

Ak'ku'sa'tiv (der, -s, -e) (lat.) Wenfall (vierter Fall). Akkusativobjekt.

Ak'ne (die, -, -n) (griech.) Hautausschlag.

Ako'ni'tin (das, -s, -e) (griech.) Gift des Blauen Eisenhuts.

Akon'to'zah'lung (die, -, -en) Abschlagszahlung. *Dagegen:* a conto.

ak'qui'rie'ren (V.) (lat.) Kunden werben. Akquisiteur; Akquisition.

Ak'ri'bie (die, -, kein Plural) (griech.) Genauigkeit. Adjektiv: akribisch.

Ak'ro'bat (der, -en, -en) (griech.) Turner. Akrobatik; akrobatisch.

Ak'ro'nym (das, -s, -e) Kurzwort aus den Anfangsbuchstaben mehrerer Wörter; z. B. Laser.

Ak'ro'po'lis (die, -, kein Plural) Stadtburg von Athen.

Ak'ros'ti'chon (griech.) (das, -s, -chen/-cha) Gedicht, dessen Zeilenanfangsbuchstaben einen Sinn ergeben.

Akt (der, -s/-es, -e) (lat.) Handlung; Aufzug (Theater); Aktmalerei. Akteur.

Ak'te (die, -, -n) Schriftstück. Aktei; Aktenordner; Aktenzeichen; aktenkundig.

Ak'tie (die, -, -n) Anteilrecht. Aktiengesellschaft (AG); Aktienkurs; Aktionär.

Ak'ti'nie (die, -, -n) (griech.) Seeanemone.

Ak'ti'on (die, -, -ti⁰nen) (lat.) 1. Handlung. 2. Sonderangebot.

Ak'ti'ons'zen't'rum (das, -s, -zent'ren/-zen'tren) 1. Ort, von dem Aktionen ausgehen. 2. Gebiet typischen Luftdrucks; z. B. das Azorenhoch.

ak'tiv (Adj.) (lat.) unternehmungslustig; tätig. aktives Wahlrecht. *Aber:* Aktiv (Tätigkeitsform der Verben!). Aktiva; Aktivität. Verb: aktivieren.

Ak't'ri'ce (die, -, -n) (franz.) Schauspielerin.

Afghani   21   Aguti

Af'gha'ni (der, -s, -s) afghanische Währungseinheit, 100 Pul.

Af'gha'nis'tan (ohne Art., -s, kein Plural) asiatischer Staat. Afghane.

Af'la'to'xin (das, -s, -e) (Kunstw.) Schimmelpilzgift (besonders in Nüssen, Getreide).

AFN (der, -, kein Plural) (engl.) Abk. für »American Forces Network«, Rundfunksender der US-Streitkräfte.

à fonds per'du (franz.) auf Verlustkonto.

a fres'co (Adv.) (ital.) auf den noch feuchten Putz. (Maltechnik).

Af'ri'ka (ohne Art., -s, kein Plural) Kontinent. Afrikaner. Adjektiv: afrikanisch.

Af'ri'kaans (das, -, kein Plural) Sprache der Buren in Südafrika.

Af'ri'ka'nis'tik (die, -, kein Plural) Wissenschaft von den Sprachen und Kulturen Afrikas. Afrikanistin.

Af'ro'look (der, -s, kein Plural) Haarkrause.

Af'ter'shave'lo'tion (auch: After-Shave-Lotion) (die, -, -s) Rasierwasser zum Gebrauch nach der Rasur.

Ag (Abk.) Silber (chemisches Zeichen).

AG (Abk.) Aktiengesellschaft; Amtsgericht.

Ägä'is (die, -, kein Plural) Teil des Mittelmeers. das Ägäische Meer.

Aga'me (die, -, -n) (karib.) tropische Echse.

Aga'mie (die, -, kein Plural) (griech.) Ehelosigkeit.

Aga'pe (die, -, -n) (griech.) 1. schenkende Liebe Gottes. 2. Liebesmahl gemeinsam mit Armen (in frühchristl. Gemeinden).

Agar-Agar (das, -, kein Plural) (malai.) Verdickungsmittel aus Algen.

Aga've (die, -, -n) (griech.) subtropische Pflanze.

Agen'da (die, -, -den) (lat.) 1. Zusammenstellung von Verhandlungspunkten. 2. Vormerkkalender. 3. Liste zu erledigender Dinge.

Agen'de (die, -, -n) (lat.) Zusammenstellung der Texte für die Gottesdienstordnung.

Agent (der, -en, -en) Spion. Agentenaustausch.

Agent Oran'ge (ohne Artikel) (engl.) ein Entlaubungsmittel, das im Vietnamkrieg eingesetzt wurde.

Agent pro'vo'ca'teur (auch: Agent Provocateur) (der, - -, -s -s) (franz.) Lockspitzel.

Agen'tur (die, -, -en) (lat.) Geschäftsstelle; Vermittlungsstelle.

Ag'glo'me'rat (das, -s, -e) (lat.) Zusammenschmelzung; Ablagerung.

Ag'glo'me'ra'ti'on (lat.) (die, -, -ti'o'nen) Anhäufung. Bevölkerungsagglomeration. Verb: agglomerieren.

Ag'glu'ti'na'ti'on (die, -, -ti'o'nen) (lat.) 1. Verklumpung; Verklebung. 2. Anhängung von Affixen an den Wortstamm.

ag'glu'ti'nie'ren (V.) (lat.) Affixe an den Wortstamm anhängen; das Finnische ist eine agglutinierende Sprache.

Ag'gre'gat (lat.) (das, -s, -e) Anhäufung; Zusammenschluss von Maschinen (Stromaggregat). Aggregation; Aggregatzustand.

Ag'gres'si'on (die, -, -si'o'nen) (lat.) Angriff. Aggressor; Aggressivität; aggressiv.

agie'ren (V.) (lat.) handeln; wirken als.

agil (Adj.) (lat.) beweglich, flink, wendig. Agilität.

Agio'ta'ge (die, -, -n) (ital.-franz.) Spekulationsgeschäft, das Kursschwankungen an verschiedenen Börsen ausnutzt.

Agi'ta'ti'on (die, -, -ti'o'nen) (lat.) Propaganda; Werbung. Agitator; agitatorisch. Verb: agitieren.

agi'ta'to (Adv.) (ital.) sehr bewegt (bei Musikstücken).

Agit'prop (die, -, kein Plural) (Kunstw.) Agitation und Propaganda.

Ag'nos'ti'ker (der, -s, -) jmd., der den Agnostizismus vertritt.

Ag'nos'ti'zis'mus (der, -, kein Plural) (griech.) philosophische Lehre von der Unerkennbarkeit Gottes oder der Wahrheit.

ag'nos'zie'ren (V.) (lat.) 1. anerkennen. 2. identifizieren.

Ag'nus Dei (das, - -, kein Plural) (lat.) 1. Lamm Gottes (Bez. für Jesus); 2. Gebet; 3. Geweihtes Wachstäfelchen.

Ago'nie (die, -, -n) (griech.) Todeskampf.

Ag'raf'fe (die, -, -n) (franz.) 1. Gewandschließe, Schmuckspange. 2. Wundklammer. 3. Zierklammer vom Scheitel eines Rundbogens zum darüber laufenden Gesims.

Agram'ma'tis'mus (der, -, -tis'men) (griech.-lat.) beeinträchtigtes grammatisches Verständnis (als Sprachstörung).

Ag'ra'ri'er (der, -s, -) (lat.) Landwirt. Adjektiv: agrarisch. Agrarpolitik. Agrarprodukt. Agrarreform.

Ag'ree'ment (das, -s, -s) (engl.) Übereinkommen. Gentlemen's Agreement.

Ag'ré'ment (das, -s, -s) (franz.) Billigung eines ausländischen Diplomaten durch die Regierung.

Ag'ri'kul'tur (die, -, -en) (lat.) Landwirtschaft, Ackerbau.

Ag'ro'no'mie (die, -, -n) (griech.) Landwirtschaftswissenschaft. Agronom; agronomisch.

Agu'ti (das, -s, -s) (indianisch) etwa hasengroßes, hochbeiniges Nagetier Südamerikas.

ad notam   20   **Affront**

ad no|tam (lat.) (in der Wendung: a. n. nehmen) zur Kenntnis nehmen.
Ado|be (der, -, -s) (span.) luftgetrockneter Lehmziegel.
ad ocu|los (lat.) (in der Wendung: a. o. demonstrieren) vor Augen führen.
ado|les|zent (Adj.) in der Adoleszenz befindlich.
Ado|les|zenz (die, -, kein Plural,) (lat.) Reifungsphase des Jugendalters.
Ado|nai (kein Artikel, kein Plural, nur Anrede) (hebr.) Name Gottes (im Alten Testament).
Ado|nis (der, -, -nis|se) (griech.) 1. schöner Mann (scherzhaft). 2. ein Hahnenfußgewächs; Adonidis herba: das Adonisröschen (als Heilpflanze).
ad|op|tie|ren (V.) (lat.) annehmen. Adoption. Adoptiveltern, Adoptivkind.
Ad|o|ra|ti|on (die, -, -ti|o|nen) (lat.) Anbetung; Huldigung.
Adr. (Abk.) Adresse.
ad rem (lat.) zur Sache.
Ad|re|na|lin (das -s, kein Plural) Hormon des Nebennierenmarks. Adrenalinausstoß.
Ad|res|se (die, -, -n) Anschrift. Adressenverzeichnis; Adressant (Absender); Adressat (Empfänger). Verb: adressieren.
ad|rett (Adj.) (franz.) hübsch; nett.
Ad|ria (die, -, kein Plural!) Teil des Mittelmeers. das Adriatische Meer.
Ad|rio (das, -s, -s) Bratwurst.
ad spec|ta|to|res (lat.) Äußerung, die eine Dramenfigur an die Zuschauer richtet (z. B. als Stilmittel im epischen Theater).
adult (Adj.) (lat.) erwachsen; geschlechtsreif (bei Tieren).
A-Dur (das, -, kein Plural) Tonart. A-Dur-Tonleiter. *Aber:* a-Moll.
ad usum (lat.) zum Gebrauch von.
ad va|lo|rem (lat.) dem Wert entsprechend.
Ad|van|tage (der, -s, -s) (engl.) erster gewonnener Punkt nach dem Einstand (beim Tennis).
Ad|vent (der, -s, kein Plural) Vorweihnachtszeit. Adventskalender; Adventskranz; Adventssonntag.
Ad|verb (das, -s, -bi|en) Umstandswort. Adverbial (Umstandsbestimmung); adverbial; adverbiell.
ad|ver|sa|tiv (Adj.) gegensätzlich.
Ad|ver|ti|zing (das, -s, -s) (engl.) Werbung (durch Annoncen).
Ad|vo|ca|tus Dei (der, - -, -ti -) (lat.) Fürsprecher (im Heiligsprechungsprozess der katholischen Kirche).

Ad|vo|ca|tus Di|a|bo|li (der, - -, -ti -) (lat.) die Einwände Vorbringender (im kath. Heiligsprechungsprozess).
Ad|vo|kat (der, -en, -en) (lat.) Fürsprecher; Rechtsanwalt (früher).
ae|rob (Adj.) (griech.) Luftsauerstoff benötigend; ~e Bakterien.
Ae|ro|bic (das, -s, kein Plural) (engl.) Tanzgymnastik.
Ae|ro|dy|na|mik (die, -, kein Plural) Luftwiderstand. Adjektiv: aerodynamisch.
Ae|ro|lo|gie (die, -, kein Plural) (griech.) Höhenwetterkunde.
Ae|ro|no|mie (die, -, kein Plural) (griech.) Teilgebiet der Meteorologie, das höchste Luftschichten untersucht.
Ae|ro|pha|gie (die, -, -n) (griech.) krankhaftes Luftschlucken.
Ae|ro|phon (das, -s, -e) (griech.) Blasinstrument.
Ae|ro|sol (das, -s, -e) (griech.-lat.) 1. feinst verteilte Schwebstoffe in Gasen. 2. so beschaffenes Heilmittel (zum Einatmen).
Ae|ro|sta|tik (die, -, kein Plural) (griech.) Wissenschaft von den Gleichgewichtszuständen der Gase.
Af|fä|re (die, -, -n) (franz.) Vorfall; Liebesabenteuer.
Af|fe (der, -n, -n) menschenähnliches Säugetier. Mich laust der Affe; vom wilden Affen gebissen sein. Affenliebe; Affentheater; Affenzahn. Verb: äffen. Adjektive (ugs.): affengeil; affig; äffisch.
Af|fekt (der, -s, -e) starke Erregung. Affekthandlung; Affektstau. Adjektiv: affektiv (gefühlsbetont).
af|fek|tiert (Adj.) gekünstelt. Affektiertheit.
af|fet|tu|o|so (ital.) bewegt, leidenschaftlich (bei Musikstücken).
Af|fi|che (die, -, -n) (franz.) Anschlag; kleines Plakat.
Af|fi|da|vit (das, -s, -s) (lat.-engl.) 1. beeidigte Erklärung. 2. Bürgschaft.
Af|fi|ni|tät (die, -, -en) Anziehung; Verwandtschaft. Adjektiv: affin.
Af|fir|ma|ti|on (die, -, -ti|o|nen) Zustimmung; Bekräftigung. Adjektiv: affirmativ. Verb: affirmieren.
Af|fix (das, -es, -e) Vorsilbe (Präfix) oder Nachsilbe (Suffix).
Af|fo|dill (der, -s, -e) (griech.) ein Liliengewächs.
Af|fri|ka|ta (die, -, -ten) Verschlusslaut in Verbindung mit einem Reibelaut, z. B. »pf«, »ts«.
Af|fri|ka|te (die, -, -n) = Affrikata.
Af|front (der, -s, -s) (franz.) Kränkung, Schmähung.

Achtzylinder   19   adnominal

Acht'zy'lin'der (der, -s, -) (*auch:* mit Ziffern: 8-Zylinder) Motor mit acht Zylindern. achtzylindrig.

Achy'lie (die, -, kein Plural) (griech.) Fehlen des Magensaftes; Fehlen der Salzsäure im Magensaft.

äch'zen (V.) stöhnen.

Aci'di'me't'rie (die, -, -n) (lat.-griech.) chemische Bestimmung des Säuregehalts.

Aci'di'tät (die, -, kein Plural) (lat.) Säuregehalt; Säurestärke.

Aci'do'se (die, -, -n) (lat.) Säurevergiftung; zu starke Säurebildung im Blut.

Acker (der, -s, Äcker) Feld. Ackerbau. Verb: ackern.

Ack'ja (der, -/s, -s) (finn.) Rentierschlitten; Rettungsschlitten der Bergwacht.

Ac'me = Akme (die, -) (griech.) Höhepunkt einer Krankheit.

à con'di'ti'on (franz.) unter Vorbehalt der Rückgabe (im Buchhandel).

a con'to (ital.) auf Rechnung von. *Aber:* Akontozahlung (Teilzahlung).

Ac'ryl... (lat.) mit Acrylsäure (als Ausgangsstoff); z. B. Acrylfarben.

Ac'tion (die, -, -s) (engl.) ereignisreiche Handlung; lebhaftes Tun (Szenensprache).

Ac'tion'pain'ting (*auch:* Ac'tion-Pain'ting) (das, -s, kein Plural) (engl.) moderne Richtung in der abstrakten Malerei der Vereinigten Staaten.

a d. (Abk.) a dato.

a. d. (Abk.) an der. Neustadt a. d. Donau.

a. D. (Abk.) außer Dienst.

A. D. (Abk.) (lat.) Anno Domini (im Jahre des Herrn).

ad ab'sur'dum (lat.) etwas ad absurdum führen (eine Widersinnigkeit aufdecken).

ADAC (Abk.) Allgemeiner Deutscher Automobil-Club.

ad ac'ta (lat.) zu den Akten; (in der Wendung: a.a. legen) als erledigt betrachten.

ada'gio (Adv.) (ital.) langsam, ruhig (bei Musikstücken).

ada'gis'si'mo (ital.) äußerst langsam (Anweisung in der Musik).

Ad'ap'ti'on (die, -, -ti'o'nen) Anpassung; Umarbeitung. Verb: adaptieren. Adapter.

ad'ä'quat (Adj.) (lat.) angemessen; entsprechend. Adäquatheit.

a da'to (lat.) vom Tag der Ausstellung an.

ad'die'ren (V.) zusammenzählen. Addition.

Ad'di'tiv (das, -s, -e) Zusatz. Adj.: additiv.

Ade (das, -s, -s) Adieu. Ade (*auch:* ade sagen)

Ade'bar (der, -s, -e) Storch.

Adel (der, -s, kein Plural) von adeliger Herkunft; Würde. Adelstitel; Adelsstand; Adelung; Adeliger; adelig. Verb: adeln.

Ade'nom (das, -s, -e) (griech.) Drüsengeschwulst.

Ad'ept (der, -en, -en) (lat.) 1. Eingeweihter (z. B. in die Alchemie). 2. sein Schüler.

Ader (die, -, -n) Blutbahn. Aderlass. Adjektive: ad(e)rig, äd(e)rig.

Ades'po'ta (nur Plural) Werke unbekannter Verfasser (besonders bei Kirchenliedern).

à deux mains (franz.) mit zwei Händen (bei Klavierstücken).

Ad'hä'si'ons'kraft (die, -, -kräf'te) Anziehungskraft.

Ad'hä'si'ons'ver'schluss (der, -schlus'ses, -schlüs'se) Klebeverschluss für Drucksachen.

ad hoc (lat.) hierfür; direkt aus der Situation heraus. Ad-hoc-Entscheidung.

ad ho'mi'nem (lat.) auf den Menschen, die Person abgestimmt.

Ad'hor'ta'tiv (der, -s, -e) (lat.) der zu einer gemeinsamen Tat auffordernde Imperativ.

Ädil (der, -s/-en, -en) (lat.) hoher altrömischer Beamter, der für die Polizeiaufsicht, die Lebensmittelversorgung und die Ausrichtung der öffentlichen Spiele verantwortlich war.

ad in'fi'ni'tum (lat.) bis ins Unendliche.

Adi'nol (der, -s, -e) (griech.-lat.) feinkörniges Gestein.

adi'pös (Adj.) (lat.) fettleibig.

Adi'po'si'tas (lat.) (die, -, kein Plural) Dick-, Fettleibigkeit.

Ad'jek'tiv (das, -s, -e) Eigenschaftswort. Adjektiv: adjektivisch.

Ad'junkt (der, -s, -e) (lat.) Gehilfe. Amtsgehilfe.

ad'jus'tie'ren (V.) (lat.) genau einstellen; normen; eichen.

Ad'ju'tant (der, -en, -en) (lat.) Hilfsoffizier eines Kommandanten.

Ad'ju'tor (der, -s, -en) Helfer, Gehilfe.

Ad'la'tus (der, -, -ten/-ti) (lat.) Helfer (heute meist scherzhaft).

Ad'ler (der, -s, -) Raubvogel. Adlerblick; Adlernase.

ad lib. (Abk.) ad libitum (nach Belieben).

Ad'mi'nis't'ra'ti'on (die, -, -ti'o'nen) (lat.) Verwaltung; administrativ. Verb: administrieren.

Ad'mi'ral (der, -s, -e/-rä'le) Marineoffizier. Admiralität; Admiralsstab.

ad'no'mi'nal (Adj.) (lat.) dem Nomen zugeordnet; (z. B. das Adjektiv »schön« in »die schöne Frau«, das Possessivpronomen »sein« in »sein Buch«).

abweichen 18 achtzig

ab'wei'chen (V., wich ab, ist abgewichen) abkommen; sich unterscheiden; ablösen. Abweichung; Abweichler.

ab'wen'den (V., wandte/wendete ab, hat abgewandt/abgewendet) wegdrehen; abwehren. Abwendung; abwendbar.

ab'we'send (Adj.) nicht da; zerstreut. Abwesenheit; alle Abwesenden.

ab'wi'ckeln (V.) abrollen; erledigen. Abwicklung/Abwickelung (T. -wick'lung/-wi'cke'lung).

ab'wie'geln (V.) herunterspielen. Abwiegler.

ab'wie'gen (V., wog ab, hat abgewogen) wiegen.

ab'wim'meln (V.) (ugs.) abschütteln.

ab'wra'cken (V.) verschrotten. abgewrackt (heruntergekommen).

Abys'sal (das, -s, kein Plural) (griech.) Tiefsee (über 3000 Meter Tiefe).

abys'sisch (Adj.) zum Abyssal gehörig; in großer Tiefe; abgrundtief.

ab'zap'peln (V., refl.) sich abmühen.

Ab'zei'chen (das, -s, -) Kennzeichen; Medaille.

ab'zeich'nen (V.; V., refl.) abmalen; sich zeigen, erweisen.

ab'zie'hen (V., zog ab, hat abgezogen) subtrahieren; wegziehen; verschwinden. Abziehbild.

Ab'zug (der, -s, -zü'ge) Kopie; Rückzug; Ermäßigung; Entlüftung. Verb: abziehen.

ab'züg'lich (Präp., Gen.) abgerechnet. abzüglich der Spesen; abzüglich der Mehrwertsteuer; abzüglich fünf Prozent.

ab'zwa'cken (V.) (ugs.) abziehen; wegnehmen.

a c. (Abk.) a conto.

Aca'de'my-Award (der, -s, -s) jährlich verliehener Preis für besondere Leistungen im amerikanischen Film = Oscar.

a cap'pel'la (ital.) ohne Begleitung von Musikinstrumenten (ein- oder) mehrstimmig im Chor gesungen.

ac'ce'le'ran'do (Adv.) (ital.) langsam schneller werdend (bei Musikstücken).

Ac'cent ai'gu (der, - -, -s -s) französisches Aussprachezeichen für geschlossenes e; z. B. bébé.

Ac'cent cir'con'flexe (der, - -, -s -s) französisches Aussprachezeichen für gedehnten Vokal; z. B. crêpe.

Ac'cent grave (der, - -, -s -s) französisches Aussprachezeichen für offenes e; z. B. crème.

Ac'ces'soire (das, -s, -s) (franz.) modisches Zubehör.

Ac'com'pa'g'na'to (das, -s, -s/-ti) (ital.) vom Orchester begleiteter rhythmisierter Sprechgesang.

Ace'ro'la (die, -, -s) (arab.-span.) südamerikanische Frucht mit hohem Vitamin-C-Gehalt.

Ace'tat (das, -s, -e) (lat.) 1. Salz oder Ester der Essigsäure. 2. dehnbare Chemiefaser.

Ace'to Bal'sa'mi'co (der, - -, kein Plural) (ital.) toskanischer Essig, der wie ein Sherry in Eichenfässern gelagert wird und in hohen Jahrgängen als Aperitif getrunken werden kann.

Ace'ton (das, -s, kein Plural) (lat.) organische Verbindung, Lösungsmittel.

Ace'ty'len (das, -s, kein Plural) (lat.) ein Kohlenwasserstoff, farbloses Gas.

ach! (Interj.) ach so! ach, wie schön! *Großschreibung:* Ach und Weh klagen. mit Ach und Krach; mit Ach und Weh.

Achä'ne (die, -, -n) (griech.) Schließfrucht, bei der Frucht- und Samenschale fest miteinander verwachsen sind (bei Korbblütlern).

Achat (der, -s, -e) (griech.) Schmuckstein, Mineral mit verschiedenfarbiger Bänderung.

Achro'ma't'op'sie (griech.) (die, -, kein Plural) völlige Farbenblindheit.

Ach'se (die, -, -n) Drehpunkt; Mittellinie. Achsbruch/Achsenbruch.

Ach'sel (die, -, -n) Schulter; Achselhöhle. Achselzucken; achselzuckend.

acht (Zahlw.) acht Uhr; achtmal (8-mal; bei bes. Betonung: acht Mal); achtfach (8fach, 8-fach); um Viertel nach acht; wir waren zu acht; die Uhr schlägt acht; Schlag acht. *Großschreibung:* die Ziffer Acht; eine Acht (ein Achter) im Rad; der Achte; am Achten des Monats. Achtstundentag; Achttausender.

Acht (die, -, kein Plural) gib Acht (*auch:* acht)!; achtgeben (*auch:* Acht geben); achthaben (*auch:* Acht haben); außer Acht lassen; sich in Acht nehmen. aus der Acht lassen; große Acht geben. *Wichtig:* Nach »sich vor etwas in Acht nehmen« darf ein abhängiger Satz nicht verneint werden! Nimm dich in Acht davor, zu spät zu kommen (*Falsch:* ... nicht zu spät zu kommen). *Dagegen:* Nimm dich in Acht, dass du nicht zu spät kommst! achtsam; achtlos; Achtsamkeit; Achtlosigkeit.

ach'tel (Bruchz.) ein achtel Liter; *aber:* ein Achtelliter; ein Achtel Wein.

ach'ten (V.) schätzen. beachten, achten auf; achtbar.

Ach'tung (die, -, kein Plural) Anerkennung; Aufmerksamkeit. Achtung vor Steinschlag! Sie hatte Achtung vor ihm. Achtung gebietend (*auch:* achtunggebietend); achtungsvoll.

acht'zig (Zahlw.) achtzig werden; Achtzigerjahre (*auch:* achtziger Jahre); 80er-Jahre (*auch:* 80er Jahre); Tempo achtzig; seinen Achtziger feiern; eine Achtziger (Motorrad).

abschmecken 17 Abwehr

ab'schme'cken (V.) würzen.
Ab'schnitt (der, -s, -e) Teilstück. in Abschnitten; abschnittsweise.
ab'schöp'fen (V.) wegnehmen. Abschöpfung.
ab'schre'cken (V.) erschrecken; abkühlen. Abschreckung; Abschreckungsstrategie.
Ab'schrift (die, -, -en) Duplikat.
Ab'schuss (der, -schus'ses, -schüs'se) Schuss; Erlegen. Abschussrampe.
ab'schüs'sig (Adj.) steil.
ab'schwä'chen (V.) dämpfen; vermindern. Abschwächung.
ab'schwel'len (V., schwoll ab, ist abgeschwollen) abnehmen.
ab'seh'bar (Adj.) voraussehbar; in absehbarer (nicht zu langer) Zeit.
ab'seits (Adv./Präp., Gen.) abgelegen. abseits von jeder Zivilisation; abseits der Straße. *Beachte:* das Abseits. Abseitsfalle.
Ab'sence (die, -, -n) (franz.) 1. plötzliche, vorübergehende Aufhebung des Bewusstseins (bei Epilepsie). 2. Geistesabwesenheit.
ab'sen'den (V., sandte/sendete ab, hat abgesandt/abgesendet) abschicken. Absender; Absendung.
ab'sent (Adj.) (lat.) nicht anwesend.
ab'sen'tie'ren (V.) (franz.) sich entfernen.
Ab'senz (die, -, -en) (lat.) Abwesenheit.
ab'set'zen (V.; V., refl.) absetzen; verschwinden; sich abheben. absetzbar.
Ab'sicht (die, -, -en) Vorhaben. Absichtserklärung; absichtlich (vorsätzlich).
Ab'sinth (der, -s, -e) (griech.) grünlicher Branntwein aus der Wermutpflanze.
Ab'sin'this'mus (der, -, kein Plural) Vergiftung nach chronischem Absinthgenuss.
ab'so'lut (Adj.) völlig; unbedingt.
Ab'so'lu'ti'on (die, -, -ti'o'nen) Freisprechung. Dispens.
Ab'so'lu'tis'mus (der, -, -men) Alleinherrschaft. Adjektiv: absolutistisch.
ab'sol'vie'ren (V.) abschließen. Absolvent.
ab'son'dern (V.; V., refl.) abkapseln. Adjektiv: absonderlich (seltsam).
ab'sor'bie'ren (V.) aufsaugen. Absorption.
ab'spa'ren (V., refl., sparte ab, hat abgespart) mühsam etwas sparen.
ab'spei'chern (V.) sichern (EDV).
ab'spie'geln (V.) widerspiegeln. Abspiegelung.
Ab'spra'che (die, -, -n) Vereinbarung. Verb: absprechen.
ab'sprin'gen (V., sprang ab, ist abgesprungen) herunterspringen. Absprung.
ab'spü'len (V.) abwaschen.
Ab'stand (der, -s, -stän'de) Zwischenraum.

ab'ste'chen (V., stach ab, hat abgestochen) abtrennen; töten; hervorstechen.
Ab'ste'cher (der, -s, -) kurzer Ausflug.
ab'stel'len (V.) hinstellen; beenden. *Beachte:* Nach »abstellen auf/in/unter« folgt der Dativ! Er stellte den Koffer im Schließfach ab.
ab's'ti'nent (Adj.) enthaltsam. Abstinenz; Abstinenzler, in Bezug auf Alkohol.
Ab'stoß (der, -es, -stö'ße) Anstoß. Verb: abstoßen. abstoßend.
ab's'tra'hie'ren (V.) verallgemeinern. Adjektiv: abstrakt. Abstraktion; Abstraktum.
ab'strei'ten (V., stritt ab, hat abgestritten) leugnen.
ab's't'rus (Adj.) (lat.) verworren; wenig verständlich.
ab'stür'zen (V., ist) in die Tiefe fallen. Absturz.
ab'surd (Adj.) widersinnig. Absurdität.
Ab's'zess (der, -zes'ses, zes'se) eitrige Geschwulst.
Ab's'zis'se (die, -, -n) (lat.) Waagrechte in einem zweidimensionalen Koordinatensystem, x-Achse.
Abt (der, -s, Äb'te) Klostervorsteher. Abtei. Äbtissin.
Abt. (Abk.) Abteilung.
ab'tei'len (V.) abtrennen. Abteil; Abteilung.
ab'träg'lich (Adj.) schädlich.
ab'trei'ben (V., trieb ab, ist/hat abgetrieben) sich entfernen; heruntertreiben; Fötus abtöten.
Ab'trei'bungs'pil'le (die, -, -n) Medikament, das einen Abort auslöst.
ab'tren'nen (V.) ablösen; absondern. Abtrennung; abtrennbar.
ab'trock'nen (V.; V., ist) trocken werden/machen. Die Straße hat/ist schnell abgetrocknet.
ab'trün'nig (Adj.) untreu. Abtrünnigkeit.
ab'tun (V., tat ab, hat abgetan) herunterspielen; etwas als einen Scherz abtun.
Abu'lie (die, -, -n) (griech.) krankhafte Willenlosigkeit, Unentschlossenheit.
ab'usiv (Adj.) (lat.) missbräuchlich.
Ab'usus (der, -, -) (lat.) Missbrauch (besonders von Arzneimitteln).
ab'wä'gen (V., wog/wägte ab, hat abgewogen/abgewägt) überlegen. Abwägung.
ab'wärts (Adv.) hinab. abwärtsgehen; abwärtsfahren; abwärtssteigen. Abwärtstrend.
Ab'was'ser (das, -s, -wäs'ser) Kloake.
Ab'wechs'lung (*auch:* Ab'wech'se'lung) (die, -, -en) Ablösung; Veränderung. Verb: abwechseln. abwechslungsreich; abwechselnd.
Ab'wehr (die, -, kein Plural) Verteidigung. Zurückweisung. Abwehrverhalten; Abwehrreaktion. Verb: abwehren.

ab|murk|sen (V.) (ugs.) umbringen.

ab|na|beln (V.) entbinden; trennen. Abnabelung.

ab|nä|hen (V.) enger machen. Abnäher.

Ab|nah|me (die, -, kein Plural) Verringerung. Verb: abnehmen.

Ab|neh|mer (der, -s, -) Käufer.

Ab|nei|gung (die, -, -en) Antipathie. *Beachte:* eine Abneigung gegen etwas haben (nicht: vor etwas)!

ab|norm (Adj.) abweichend. Abnormität.

ab|nut|zen (*auch:* ab|nüt|zen) (V.) verschleißen. Abnutzung/Abnützung.

ab|o|lie|ren (V.) 1. abschaffen. 2. begnadigen; freilassen.

A-Bom|be (die, -, -n) (Abk.) Atombombe.

Abon|ne|ment (das, -s, -s) Dauerbestellung. Verb: abonnieren.

Ab|ort (der, -s, -e) 1. Toilette. 2. Fehlgeburt; Schwangerschaftsabbruch.

ab|pa|cken (V.) verpacken.

ab|pas|sen (V.) auflauern.

ab|per|len (V.) abtropfen.

ab|pfei|fen (V., pfiff ab, hat abgepfiffen) beenden (z. B. ein Fußballspiel). Abpfiff.

ab|pflü|cken (V.) pflücken.

ab|pral|len (V., ist) zurückgestoßen werden. Abprall.

ab|put|zen (V.) reinigen.

ab|qua|li|fi|zie|ren (V.) abwerten.

ab|ra|ckern (V., refl.) sich aufarbeiten.

Ab|ra|si|on (die, -, -si|o|nen) (lat.) 1. Ausschabung der Gebärmutter (zur Entnahme von Schleimhaut). 2. Abtragung (einer Küste durch die Brandung).

ab|ra|ten (V., riet ab, hat abgeraten) nicht empfehlen. *Beachte:* Nach »abraten« darf ein Nebensatz oder eine Infinitivgruppe nicht verneint sein. Ich rate dir davon ab, es zu tun (*Falsch:* ... es nicht zu tun).

ab|re|a|gie|ren (V., refl.) sich austoben.

ab|rech|nen (V.) Bilanz ziehen; sich rächen. Abrechnung.

Ab|re|de (die, -, -n) Abkommen. Er hat es wiederholt in Abrede gestellt (geleugnet).

ab|re|gen (V., refl.) (ugs.) sich beruhigen.

ab|rei|ben (V., rieb ab, hat abgerieben) säubern; verprügeln. Abreibung.

Ab|rei|se (die, -, kein Plural) Abfahrt. Verb: abreisen.

Ab|reiß|block (der, -s, -s) (*selten:* -blö|cke) Notizblock.

ab|rei|ßen (V.) (riss ab, hat abgerissen) abbrechen.

ab|rich|ten (V.) dressieren.

Ab|rieb (der, -s, -e) Materialverschleiß. Reifenabrieb.

ab|rie|geln (V.) verschließen. Abriegelung.

ab|rin|gen (V.; V., refl.) gewinnen; sich abquälen.

Ab|riss (der, -ris|ses, -ris|se) Skizze; Abbruch.

Ab|ro|ga|ti|on (die, -, -ti|o|nen) (lat.) 1. Abschaffung, Aufhebung (eines Gesetzes). 2. Zurücknahme (eines Auftrages).

ab|rü|cken (V., ist) sich entfernen; Abstand nehmen.

Ab|ruf (der, -s, kein Plural) Rückberufung. Ich bin hier auf Abruf. Verb: abrufen. abrufbereit.

ab|rupt (Adj.) plötzlich.

ab|rüs|ten (V.) den Waffenbestand mindern. Abrüstung; Abrüstungsgespräche.

ABS (Abk.) Antiblockiersystem.

Abs. (Abk.) Absender; Absatz.

ab|sa|cken (V., ist) sinken.

Ab|sa|ge (die, -, -n) Ablehnung. Verb: absagen. Leider müssen wir Ihnen eine Absage erteilen.

ab|sah|nen (V.) Gewinn machen.

Ab|satz (der, -es, -sät|ze) Abschnitt; Verkauf; Schuhabsatz.

ab|sau|fen (V., soff ab, ist abgesoffen) (ugs.) untergehen, ertrinken.

ab|schaf|fen (V.) beseitigen. Abschaffung.

ab|schal|ten (V.) ausmachen; sich erholen.

ab|schät|zen (V.) beurteilen.

ab|schät|zig (Adj.) verächtlich.

Ab|scheu (der/die, -, kein Plural) Abneigung.

ab|scheu|lich (Adj.) abstoßend; widerlich.

ab|schi|cken (V.) absenden.

ab|schie|ben (V., schob ab, hat abgeschoben) ausweisen; wegschieben. Abschiebehaft.

Ab|schied (der, -s, -e) Weggang. den Abschied nehmen; ein schöner Abschied.

ab|schir|men (V.) verdunkeln; beschützen. Abschirmung.

ab|schlach|ten (V.) massakrieren. Abschlachtung.

ab|schlaf|fen (V., ist) (ugs.) müde werden.

Ab|schlag (der, -s, -schlä|ge) Rabatt. Abschlagszahlung.

ab|schla|gen (V., schlug ab, hat abgeschlagen) trennen; ablehnen. Adjektiv: abschlägig (abweisend).

ab|schlep|pen (V.) abtransportieren. Abschleppdienst.

ab|schlie|ßen (V., schloss ab, hat abgeschlossen) versperren; beenden.

Ab|schluss (der, -schlus|ses, -schlüs|se) Ende; Beendigung. das Abschlussgespräch.

abkonterfeien   15   **abmühen**

ab|kon|ter|fei|en (V.) jemanden abmalen, abzeichnen, porträtieren.

ab|kön|nen (V., konnte ab, hat abgekonnt) (nordd.) ertragen; mögen.

ab|kop|peln (V.) losmachen.

ab|krie|gen (V.) abbekommen, zu spüren bekommen.

ab|küh|len (V.) kälter werden. Abkühlung.

Ab|kunft (die, -, kein Plural) Abstammung, Herkunft.

ab|kup|fern (V.) (ugs.) unerlaubt abschreiben.

ab|kür|zen (V.) verkürzen.

Ab|kür|zung → Regelkasten

Ab|kür|zungs|ver|zeich|nis (das, -nis|ses, -nis|se) Liste der verwendeten Abkürzungszeichen.

ab|la|den (V., lud ab, hat abgeladen) entladen; entleeren. Ablader; Abladung.

ab|la|gern (V.) deponieren. Ablagerung; das Abgelagerte.

Ab|lak|ta|ti|on (die, -, kein Plural) (lat.) Aufhören zu stillen; Entwöhnung (Muttermilch).

Ab|la|ti|on (die, -, -ti|o|nen) (lat.) 1. Abschmelzen (von Gletschern, Schneemassen). 2. Abtragung (von Feststoffen).

Ab|la|tiv (der, -s, -e) Beugungsfall des Substantivs.

Ab|lauf (der, -es, -läu|fe) Entwicklung; Abfluss. Verb: ablaufen.

Ab|laut (der, -es, -e) (gramm.) systematischer Wechsel bestimmter Vokale etymologisch verwandter Wörter (fahren, fuhr, Gefährt).

Ab|le|ben (das, -s, kein Plural) Tod. Verb: ableben (sterben).

ab|le|cken (V.) abschlecken.

ab|le|gen (V.) beiseite legen; abgewöhnen. Ableger (Pflanzensprössling).

ab|leh|nen (V.) von sich weisen. Ablehnung.

ab|leis|ten (V.) erfüllen.

ab|lei|ten (V.) wegführen; nachweisen. Ableitung.

ab|len|ken (V.) abbringen; zerstreuen. Ablenkung.

ab|lich|ten (V.) fotokopieren.

ab|lie|fern (V.) abgeben. Ablieferung.

Ab|lö|se (die, -, -n) Entschädigung. Ablösesumme.

ab|lö|sen (V.) trennen; ersetzen; auszahlen. Ablösung.

ab|luch|sen (V.) etwas abspenstig machen.

ab|ma|chen (V.) vereinbaren; loslösen. Abmachung.

ab|ma|gern (V.) an Körpergewicht verlieren. Abmagerung; Abmagerungskur.

Ab|marsch (der, -es, -mär|sche) Aufbruch. Verb: abmarschieren.

ab|mes|sen (V., maß ab, hat abgemessen) bemessen. Abmessung.

ab|mon|tie|ren (V.) abbauen.

ab|mü|hen (V., refl.) sich plagen.

Abkürzungen

1. Mit Punkt: Das abgekürzte Wort wird ganz ausgesprochen: v. a. (vor allem); d. h. (das heißt); s. o. (siehe oben). *Ausnahmen:* a. D.; K.o.

2. Ohne Punkt: Nur die Abkürzung wird gesprochen: Pkw; AG; TÜV. *Ausnahmen:* Maße und Gewichte (cm, kg); Himmelsrichtungen (SW, N); Münzbezeichnungen (ct, EUR).

3. Am Satzanfang: Großschreibung: I. A. (im Auftrag) der Geschäftsleitung. *Ausnahme:* Adelsprädikat »von«. v. Weizsäcker war auch da.

4. Am Satzende: Eine Abkürzung mit Punkt ersetzt den Schlusspunkt.

5. Mit Bindestrich in Wort- oder Abkürzungsverbindungen: EDV-gestützt; Dipl.-Ing.

6. Wiedergabe der Beugungsendung: sowohl im Singular als auch im Plural mit oder ohne -s möglich: des Pkw/Pkws; die AKW/AKWs. *Ausnahme:* weibliche Pluralformen immer mit -s: die GmbHs.
Auch bei Abkürzungen, die im vollen Wortlaut gesprochen werden, kann die Beugung angezeigt sein: die Bde. (Bände). *Wichtig:* Endet eine Abkürzung nicht mit dem letzten Buchstaben des abgekürzten Wortes, so wird die Beugungsendung nach dem Abkürzungspunkt angehängt: die Jh.e (Jahrhunderte). *Ausnahme:* Pluralkennzeichnung durch Buchstabenverdoppelung: Jgg. (Jahrgänge); ff. (folgende Seiten).

Abgeltungssteuer   14   abkömmlich

Ab'gel'tungs'steu'er (die, -, -n) besondere Form der Besteuerung von Zinseinkünften.
ab'ge'neigt (Adj.) dagegen sein. Ich bin nicht abgeneigt es zu tun.
Ab'ge'ord'ne'te (der, -n, -n) Abgesandter. *Beachte* den Dativ Singular: Diesem Abgeordneten (!) habe ich vertraut. Sie diskutierten mit Herrn/Frau Abgeordneten Müller. *Aber:* Sie diskutierten mit Abgeordnetem/Abgeordneter Müller.
ab'ge'schie'den (Adj.) einsam, entfernt. in aller Abgeschiedenheit.
ab'ge'schmackt (Adj.) taktlos; fade.
ab'ge'se'hen von/da'von (Fügung) außer; ausgenommen. Abgesehen vom Lärm war das Zimmer in Ordnung. Abgesehen davon(,) dass es furchtbar laut war, war das Zimmer in Ordnung. *Beachte:* vor »dass« kann hier ein Komma stehen!
ab'ge'spannt (Adj.) müde.
ab'ge'tan (Adj.) erledigt.
ab'ge'wo'gen (Adj.) ausgeglichen, harmonisch. Abgewogenheit.
ab'ge'wöh'nen (V.) ablegen; entwöhnen.
ab'gie'ßen (V., goss ab, hat abgegossen) weggießen; nachformen (Abguss).
Ab'glanz (der, -es, kein Plural) Widerschein, Spiegelung.
ab'glei'chen (V., glich ab, hat abgeglichen) ausgleichen; ebnen; vergleichen.
ab'glei'ten (V., glitt ab, ist abgeglitten) ausrutschen.
Ab'gott (der, -s/-es, -göt'ter) Götze; Idol. Adjektiv: abgöttisch. Sie liebte ihn abgöttisch.
ab'gra'ben (V., grub ab, hat abgegraben) abtragen; wegleiten. einem das Wasser abgraben (die Lebensgrundlage entziehen).
ab'gren'zen (V.) begrenzen.
Ab'grund (der, -s, -grün'de) Tiefe. Adjektive: abgründig; abgrundtief.
ab'gu'cken (V.) abschauen.
Ab'guss (der, -gus'ses, -güs'se) Abdruck.
Abh. (Abk.) Abhandlung.
ab'ha'cken (V.) abtrennen.
ab'ha'ken (V.) als erledigt ansehen.
ab'hal'ten (V., hielt ab, hat abgehalten) hindern; veranstalten. *Wichtig:* keine Verneinung im abhängigen Satz! Wir konnten ihn nicht davon abhalten, zu ihr zu fahren (*Falsch:* ... nicht zu ihr zu fahren).
ab'han'deln (V.) behandeln.
ab'han'den (Adv.) weg; verloren. abhandenkommen (verloren gehen/verlorengehen).
Ab'hand'lung (die, -, -en) Artikel; Erörterung.
Ab'hang (der, -s, -hän'ge) Hügel.

ab'hän'gen (V., hing ab, hat abgehängt/hat abgehangen) wegnehmen; hinter sich lassen; zusammenhängen mit. Adjektiv: abhängig. Abhängigkeit.
ab'här'ten (V.) widerstandsfähig machen. Abhärtung.
ab'hau'en (V., hieb ab/haute ab, hat abgehauen/ist abgehauen) abtrennen; weglaufen.
ab'he'ben (V., hob ab, hat abgehoben) wegnehmen; hinweisen; sich unterscheiden.
ab'hef'ten (V.) ablegen. *Beachte:* nach »abheften in« steht der Dativ. Heften Sie diese Unterlagen im grünen Ordner ab.
ab'hel'fen (V., half ab, hat abgeholfen) beseitigen; ändern. Diesem Problem kann abgeholfen werden.
ab'het'zen (V.; V., refl.) jagen; sich sehr beeilen.
Ab'hil'fe (die, -, -n) Erleichterung; Lösung. *Beachte:* nach »Abhilfe« kein Genitiv! (*Falsch:* die Abhilfe eines Problems).
ab'hol'zen (V.) Bäume fällen. das Abholzen; die Abholzung.
ab'hö'ren (V.) heimlich belauschen; abfragen. Abhörgerät.
ab'hus'ten (V.) husten.
Abio'ge'ne'se (die, -, kein Plural) Urzeugung.
Abi'o'se (die, -, kein Plural) (griech.) Leblosigkeit. abiotisch.
ab'iso'lie'ren (V.) abdichten; (fachspr.) die Isolierhülle eines Kabels entfernen.
Ab'i'tur (das, -s, -e) Abschlussprüfung am Gymnasium. Abi (Kurzw.); Abiturient/-in.
Abk. (Abk.) Abkürzung.
ab'käm'men (V.) ein Gelände durchsuchen.
ab'kan'zeln (V.) unhöflich und scharf tadeln.
ab'kap'seln (V.) sich isolieren. Abkapselung.
ab'kas'sie'ren (V.) Geld einsammeln.
ab'kau'fen (V.) kaufen; glauben.
Ab'kehr (die, -, kein Plural) Abwendung. Verb: abkehren.
ab'klap'pern (V.) (ugs.) absuchen.
ab'klä'ren (V.) klar, durchschaubar werden.
Ab'klatsch (der, -es/-s, -e) Nachahmung; Klischee. Verb: abklatschen.
ab'klin'gen (V., klang ab, ist abgeklungen) schwächer werden.
ab'knab'bern (V.) kleine Stücke abbeißen.
ab'kni'cken (V.) umbiegen.
ab'knöp'fen (V.) (ugs.) jmdm. (betrügerisch) Geld abnehmen.
ab'kom'man'die'ren (V.) abordnen.
Ab'kom'me (der, -n, -n) Nachfahre. Abkömmling. Abkommenschaft.
Ab'kom'men (das, -s, -) Übereinkunft.
ab'kömm'lich (Adj.) entbehrlich.

Abendstunde 13 abgelegen

Abend|stun|de (die, -, -n) Zeitpunkt am Ende des Tages. zu dieser späten ~. die schönen Abendstunden.

Abend|vor|stel|lung (die, -, -en) Abendaufführung (im Theater).

Abend|zeit (die, -, kein Plural) die Abendstunden.

Aben|teu|er (das, -s, -) Wagnis. *Beachte:* Aben|teu|e|rin oder Aben|teu|re|rin! Adjektiv: abenteuerlich.

Aben|teu|er|lich|keit (die, -, -en) Unwahrscheinlichkeit; unverantwortliches Wagnis.

Aben|teu|er|lust (die, -, kein Plural) Abenteuerfreude.

Aben|teu|er|ro|man (der, -s, -e) Unterhaltungsroman.

Aben|teu|er|spiel|platz (der, -es, -plät|ze) Spielplatz mit spannenden Spielmöglichkeiten.

Aben|teu|rer|na|tur (die, -, -en) jmd. mit Sinn für Abenteuer. Er war eine ~.

aber 1. (Konj., advers.) jedoch. Das Konzert war gut, aber viel zu laut. Ich grüßte ihn, aber er erkannte mich nicht/er aber erkannte mich nicht. *Beachte:* Vor »aber« steht immer ein Komma, auch wenn es nicht am Anfang des Satzes steht, den es mit dem vorangehenden verbindet. 2. (Adv.) wieder; viele. Aber und abermals (immer wieder) versuchte er es. abertausend/Abertausend (viele tausend) waren gekommen (*auch:* abertausende / Abertausende waren gekommen).

Aber (das, -s, -) ohne Wenn und Aber; ein Aber bleibt noch offen.

Aber|deen|rind (das, -s, -er) hornlose schottische Rinderrasse, die nach der schottischen Stadt Aberdeen benannt ist.

Aber|glau|be (der, -ns, kein Plural) Irrglaube. Adjektiv: abergläubisch.

ab|er|ken|nen (V., erkannte ab, hat aberkannt) absprechen. *Beachte:* die Verbvorsilbe »ab-« wird nachgestellt. Man erkannte ihm den Adelstitel ab.

aber|ma|lig (Adj.), **aber|mals** (Adv.) wiederholt; noch einmal. Das Adjektiv darf nur attributiv verwendet werden und nicht als Adverb! eine abermalige Entgleisung; er entgleiste abermals (*Falsch:* abermalig).

Abes|si|ni|en (das, -s, kein Plural) ehemaliger Name von Äthiopien.

Abf. (Abk.) Abfahrt.

ab|fah|ren (V., fuhr ab, ist abgefahren) losfahren. Abfahrt.

Ab|fall (der, -s, -fäl|le) Abnahme; Müll; (ohne Plural) Verrat. Verb: abfallen. Adjektiv: abfällig.

Ab|fall|ab|ga|be (die, -, -n) Gebühr für Abfall.

Ab|fall|tren|nung (die, -, kein Plural) Trennen von Müll in Altglas, Altpapier, Kunststoffe, Kompost usw., um das Recycling zu ermöglichen.

ab|fan|gen (V., fing ab, hat abgefangen) aufhalten.

ab|fär|ben (V.) Farbe verlieren bzw. übertragen; beeinflussen.

ab|fas|sen (V.) verfassen.

ab|fer|ti|gen (V.) fertig machen. Abfertigung.

ab|feu|ern (V.) schießen.

ab|fin|den 1. (V., fand ab, hat abgefunden) entschädigen. 2. (V. refl.) hinnehmen. Abfindung.

ab|flau|en (V.) nachlassen.

ab|flie|gen (V., flog ab, ist abgeflogen) wegfliegen.

Ab|flug (der, -s, -flü|ge) Start. *Beachte:* kein Fugen-s bei Zusammensetzungen! Abflugtag; Abflughalle; Abfluggeschwindigkeit; Abflugterminal.

Ab|fluss (der, -flus|ses, -flüs|se) Ablauf, Rohr.

Ab|fol|ge (die, -, -en) Reihenfolge.

ab|fra|gen (V.) abhören.

ab|fres|sen (V., fraß ab, hat abgefressen) kahl fressen; leer fressen.

ab|frie|ren (V., fror ab, ist abgefroren) erfrieren.

ab|trot|tie|ren (V.) abtrocknen.

Ab|fuhr (die, -, -en) Zurückweisung. Sie hat ihm eine Abfuhr erteilt.

ab|füh|ren (V.) wegführen, festnehmen.

ab|fül|len (V.) umfüllen.

Ab|füt|te|rung (die, -, -en) Fressenszuteilung (bei Tieren).

Abg. (Abk.) Abgeordnete(r).

Ab|ga|be (die, -, -n) Ausgabe; Steuer. abgabenfrei, abgabenpflichtig.

Ab|gang (der, -s, -gän|ge) Verlust; Abtreten.

Ab|gas (das, -es, -e) entweichendes Gas. Abgasentgiftung; Abgaskatalysator; Abgasuntersuchung (AU).

Ab|gas|grenz|wert (der, -s, -e) zugelassene Höchstmenge von (Auto-)Abgasen.

ab|ge|ben (V., gab ab, hat abgegeben) weggeben; abliefern.

ab|ge|brannt (Adj.) verbrannt; pleite.

ab|ge|brüht (Adj.) gerissen; unempfindlich.

ab|ge|dro|schen (Adj.) abgenutzt; banal.

ab|ge|hackt (Adj.) stockend.

ab|ge|hen (V., ging ab, ist abgegangen) fehlen; sich entfernen. Er ging von der Schule ab. Sie geht mir ab.

ab|ge|kar|tet (Adj.) heimlich vereinbart. Das ist ein abgekartetes Spiel.

ab|ge|klärt (Adj.) besonnen; geklärt.

ab|ge|le|gen (Adj.) entlegen.

abblocken   12   Abendstille

ab'blo'cken (V.) abwehren.
ab'blü'hen (V., blühte ab, ist abgeblüht) verblühen.
ab'brau'sen (V.) duschen; schnell verschwinden.
ab'bre'chen 1. (V., brach ab, hat abgebrochen) zerbrechen, (ohne Abschluss) beenden. 2. (V., refl.) (ugs.) »sich einen abbrechen«, sich abmühen.
ab'brem'sen (V.) Geschwindigkeit verringern.
ab'bren'nen (V., brannte ab, ist abgebrannt) verbrennen.
ab'bre'vi'ie'ren (V.) (lat.) abkürzen (von Wörtern). Abbreviatur.
ab'brin'gen (V., brachte ab, hat abgebracht) wegmachen; ablenken. Er hat mich davon abgebracht.
ab'brö'ckeln (V., ist) abfallen.
Ab'bruch (der, -s, -brü'che) Abtragung; Beendigung.
ab'brü'hen (V.) verbrühen. (bildl.) ein abgebrühter Kerl.
ab'brum'men (V.) ableisten.
ab'bu'chen (V.) Geld vom Konto abbuchen. Abbuchung.
ab'bürs'ten (V.) abputzen.
ab'bus'seln (V.) (ugs.) abküssen.
ab'bü'ßen (V.) verbüßen. Abbüßung.
Abc (das, -, -) Alphabet. Abc-Schütze.
ABC- (Abk.) 1. ABC-Staaten (Argentinien, Brasilien, Chile). 2. ABC-Waffen (atomare, biologische und chemische Waffen).
ab'che'cken (V.) überprüfen.
ab'däm'men (V.) abdichten; dämmen.
ab'damp'fen (V., ist) (ugs.) abfahren.
ab'dämp'fen (V.) mildern.
ab'dan'ken (V.) den Dienst quittieren. Abdankung.
ab'de'cken (V.) abnehmen, wegnehmen.
Ab'de'cker (der, -s, -) Tierverwerter; Schinder. Abdeckerei.
Ab'de'rit (der, -en, -en) einfältiger Mensch (nach den Bewohnern der altgriechischen Stadt Abdera).
ab'de'ri'tisch (Adj.) einfältig; schildbürgerhaft.
ab'dich'ten (V.) verschließen. Abdichtung.
ab'ding'bar (Adj.) verzichtbar.
ab'din'gen (V.) (ein Zugeständnis) abringen.
ab'di'zie'ren (V.) (lat.) abdanken; auf den Thron verzichten. Abdikation.
Ab'do'men (das, -s, -/-mi'na) (lat.) 1. Unterleib, Bauch (eines Menschen). 2. Hinterleib (eines Insekts, eines Krebstiers). abdominal.
ab'drän'gen (V.) wegschieben.
ab'dre'hen (V.) abbrechen; zudrehen; Kurs wechseln.
ab'dros'seln (V.) zurückdrehen.

Ab'dros'se'lung (die, -, -en) das Abdrehen (eines Motors). Abdrosslung.
Ab'druck (der, -s/-es, -e) Kopie, Nachbildung; Spur (Plural: Abdrü'cke). Fossilienabdrücke.
ab'drü'cken (V.) Schuss auslösen.
abds. (Abk.) abends.
ab'dun'keln (V.) verdunkeln.
ab'du'schen (V.) abbrausen.
ab'du'zie'ren (V.) 1. (Med.) abspreizen; von der Körperachse wegbewegen. 2. (Logik) von einem Ergebnis auf die Ursache schließen. Abduktion; Abduktor.
ab'eb'ben (V., ebbte ab, ist abgeebbt) schwächer werden. Die Flut ebbte ab.
Abel'mo'schus (der, -, -schus'se) Bisameibisch, eine aromatische Tropenpflanze, die zu den Malvengewächsen gehört.
Abend (der, -s, -e) *Großschreibung:* am Abend; gegen Abend; Guten (*auch:* guten) Abend sagen; zu Abend essen; gestern Abend; *Zusammenschreibung:* Mittwochabend; eines Mittwochabends; mittwochabends; *Kleinschreibung:* mittwochs abends; von morgens bis abends.
aben'de'lang (Adv.) Wir saßen abendelang vor dem Computer. *Aber:* Wir saßen viele Abende lang zusammen.
Abend'es'sen (das, -s, -) Abendmahlzeit.
abend'fül'lend (Adj.) den ganzen Abend dauernd.
Abend'ge'sell'schaft (die, -, -en) abendliche Veranstaltung in festlichem Rahmen.
Abend'gar'de'ro'be (die, -, kein Plural) festliche Kleidung.
Abend'kas'se (die, -, -n) Kartenverkauf kurz vor (Konzert-)Beginn.
Abend'kleid (das, -s, -er) festliches Kleid.
Abend'kurs (der, -es, -e) Abendschule.
Abend'land (das, -es, kein Plural) Europa; das christliche Abendland. abendländisch.
abend'lich (Adj.) abends stattfindend. die abendliche Stille.
Abend'mahl (das, -s, kein Plural) christliches Sakrament. das ~ empfangen. das ~ spenden. Abendmahlsgottesdienst. Abendmahlswein.
Abend'mahl'zeit (die, -, -en) Abendessen.
Abend'pro'gramm (das, -s, -e).
Abend'rot (das, -s, kein Plural) Sonnenuntergang.
Abend'rö'te (die, -, kein Plural) Abendrot. Sonnenuntergang.
Abend'schu'le (die, -, -n) Schule, die Abendkurse anbietet. Abendschüler.
Abend'stern (der, -s, kein Plural) Venus.
Abend'stil'le (die, -, kein Plural) friedlicher Abend.

A

A 1. (das, -, -) (bildl.) Anfang. Wer A sagt, muss auch B sagen; das A und O; von A bis Z. *Aber:* das a in Hand (der Buchstabe a). 2. (Abk.) Ampere (Stromstärke).
à (Präp., mod.) zu je. Zehn Zeilen à 30 Anschläge.
a. (Abk.) am. Weil a. Rhein.
A. (Abk.) Anno (lat.: im Jahre).
AA (Abk.) Auswärtiges Amt.
Aal (der, -s, -e) (nicht trennbar!) schlangenförmiger Speisefisch. Aal grün; Aal blau.
aal|en (V., refl.) sich wohlig rekeln.
aal|glatt (Adj.) glitschig; (bildl.) gerissen, raffiniert.
Aal|sup|pe (die, -, -n) Suppe mit Aal.
a.a.O. (Abk.) am angegebenen Ort (Verweis auf ein bereits zitiertes Werk).
Aas (das, -es, -e/Äser) toter, verfaulender Tierkörper; auch als Schimpfwort; (ugs.) kein Aas (niemand).
aa|sen (V.) (nordd.) verschwenden.
Aas|gei|er (der, -s, -) Raubvogel; raffgieriger Mensch.
aa|sig (Adj.) faulig; ekelhaft.
ab 1. (Adv.) ab und zu, ab und an (gelegentlich); (ugs.) von Montag ab (besser: von Montag an); ab und zu nehmen wir ein Taxi; *aber:* ab- und zunehmender Mond. Also: Getrenntschreibung, wenn »ab« Adverb; Zusammenschreibung, wenn »ab« Verbvorsilbe. *Wichtig:* keine attributive Verwendung möglich! (*Falsch:* Er wollte die abe Armlehne wieder anleimen.) 2. (Präp., lok., Dat.) ab Bremen, ab unserem Auslieferungslager. 3. (Präp., temp., Dat./Akk.) ab erstem/ersten April; ab 18 Jahren/Jahre. 4. (Präp., mod., Dat./Akk.) ab 50 Litern/Liter.
Aba|chi (das, -/-s, kein Plural) ein westafrikanisches Nutzholz.
Aba|de (der, -s, -s) nach einer iranischen Stadt benannter Teppich mit der Grundfarbe Elfenbein.
Aba|ka (der, -s, kein Plural) (malai.) Manilahanf.
Aba|kus (der, -, -) (griech.-lat.) 1. antikes Rechenbrett. 2. Deckplatte des Säulenkapitells.
Aba|lo|ne (die, -, -n) (span.) essbare amerikanische Meeresschnecke.
ab|än|der|bar (Adj.) veränderbar.
ab|än|der|lich (Adj.) veränderbar.
ab|än|dern (V.) ändern, verändern. Abänderung; Abänderungsantrag; Abänderungsklage; Abänderungsvorschlag.
aban|don|nie|ren (V.) abtreten; aufgeben; das Abandonnement erklären.
ab|ar|bei|ten (V.; V., refl.) eine Schuld abarbeiten; sich abmühen.
Ab|art (die, -, -en) Abweichung, Variante.
ab|ar|tig (Adj.) ungewöhnlich. Abartigkeit.
Aba|te (der, -/-n, -n/-ti) (ital.) italienischer Pfarrer.
Aba|tis (der/das, -, kein Plural) (lat.-franz.) Gänse- oder Truthahnklein wie Flügel, Innereien, Hals.
Aba|ton (das, -s, -ta) (griech.) das Allerheiligste; Altarraum (in orthodoxen Kirchen).
a bat|tu|ta nach vorheriger freier Partie im Takt spielen.
Abb. (Abk.) Abbildung.
Ab|ba|si|de (der, -n, -n) Angehöriger eines in Bagdad ansässigen Kalifengeschlechts.
ab|bau|en (V.) beseitigen.
Ab|bau (der, -es/s, Ab|baue) Beseitigung. Gewinnung von Mineralien.
Ab|bé (der, -s, -s) (franz.) französischer Pfarrer.
ab|be|hal|ten (V., behielt ab, hat abbehalten) (einen Hut) nicht aufsetzen.
ab|bei|ßen (V., biss ab, hat abgebissen) herunterbeißen.
ab|bei|zen (V.) Farbe, Beize entfernen.
ab|be|kom|men (V., bekam ab, hat abbekommen) abkriegen.
ab|be|ru|fen (V., berief ab, hat abberufen) versetzen (beruflich).
Ab|be|ru|fung (die, -, -en) Versetzung.
ab|be|stel|len (V.) widerrufen.
Ab|be|stel|lung (die, -, -en) Widerruf.
ab|bet|teln (V., bettelte ab, hat abgebettelt).
ab|be|zah|len (V.) begleichen (meist in Raten).
ab|bie|gen (V.) Richtung ändern.
Ab|bild (das, -s, -er) Kopie. Abbildung.
Ab|bil|dung (die, -, -en) bildliche Wiedergabe.
ab|bin|den (V., band ab, hat abgebunden) losbinden; Blutung stillen.
Ab|bit|te (die, -, -n) Entschuldigung. Abbitte leisten/tun. Verb: abbitten.
ab|bla|sen (V., blies ab, hat abgeblasen) absagen.
ab|blät|tern (V., ist) abfallen.
ab|blei|ben (V., blieb ab, ist abgeblieben) sich aufhalten.
ab|blend|bar (Adj.) abdunkelbar.
Ab|blen|de (die, -, -n) Verdunkelung.
ab|blen|den (V.) abdunkeln. Abblendlicht.
ab|blit|zen (V., ist) erfolglos sein.

Abkürzungsverzeichnis

Abk.	Abkürzung
Adj.	Adjektiv (Eigenschaftswort)
Adv.	Adverb (Umstandswort)
advers.	adversativ (gegensätzlich)
afrikan.	afrikanisch
ägypt.	ägyptisch
Akk.	Akkusativ (Wenfall)
altgriech.	altgriechisch
altnord.	altnordisch
amerik.	amerikanisch
aram.	aramäisch
angelsächs.	angelsächsisch
arab.	arabisch
Art.	Artikel (Geschlechtswort)
austral.	australisch
aztek.	aztekisch
bes.	besonders
Bez.	Bezeichnung
bildl.	bildlich
Bio.	Biologie
Bot.	Botanik
breton.	bretonisch
Bruchz.	Bruchzahl
Bw.	Bewohner
bzw.	beziehungsweise
chines.	chinesisch
dän.	dänisch
Dat.	Dativ (Wemfall)
demonstr.	demonstrativ (hinweisend)
d. h.	das heißt
dt.	deutsch
engl.	englisch
eskim.	eskimoisch
etc.	et cetera
Ew.	Einwohner
f.	für
fachspr.	fachsprachlich
finn.	finnisch
franz.	französisch
Gastr.	Gastronomie
Gen.	Genitiv (Wesfall)
Geol.	Geologie
german.	germanisch
Ggs.	Gegensatz
gramm.	grammatikalisch
griech.	griechisch
hebr.	hebräisch
hist.	historisch
i. Ggs.	im Gegensatz
ind.	indisch
indef.	indefinit (unbestimmt)
indian.	indianisch
interj.	Interjektion (Ausruf)
interrog.	interrogativ (fragend)
ir.	irisch
iran.	iranisch
isländ.	isländisch
ital.	italienisch
jap.	japanisch
Jh.	Jahrhundert
jidd.	jiddisch
jmd.	jemand
jmdm.	jemandem
karib.	karibisch
kath.	katholisch
kaus.	kausal (ursächlich zusammenhängend, begründend)
kelt.	keltisch
kirgis.	kirgisisch
Konj.	Konjunktion (Bindewort)
kreol.	kreolisch
Kunstw.	Kunstwort
Kurzw.	Kurzwort
lat.	lateinisch
lok.	lokal (örtlich)
MA	Mittelalter
malai.	malaiisch
Math.	Mathematik
Med.	Medizin
mhd.	mittelhochdeutsch
mod.	modal (Art und Weise bezeichnend)
mong.	mongolisch
neugriech.	neugriechisch
niederdt.	niederdeutsch
niederl.	niederländisch
nlat.	neulateinisch
nordd.	norddeutsch
norw.	norwegisch
österr.	österreichisch
Part. Perf.	Partizip Perfekt (2. Vergangenheit)
pers.	persisch
person.	personal (persönlich)
Philos.	Philosophie
Phys.	Physik
Plur.	Plural (Mehrzahl)
Pluralw.	Pluralwort
poln.	polnisch
polyn.	polynesisch
portugies.	portugiesisch
possess.	possessiv (besitzanzeigend)
Präp.	Präposition (Verhältniswort)
Pron.	Pronomen (Fürwort)
Psychol.	Psychologie
Rechtsw.	Rechtswissenschaft
refl.	reflexiv (rückbezüglich)
relat.	relativ (bezüglich)
roman.	romanisch
rumän.	rumänisch
russ.	russisch
s.	siehe
sanskr.	sanskritisch
schwed.	schwedisch
schweiz.	schweizerisch
semit.	semitisch
serbokroat.	serbokroatisch
Sing.	Singular (Einzahl)
singhales.	singhalesisch
skand.	skandinavisch
slaw.	slawisch
span.	spanisch
südd.	süddeutsch
tibet.	tibetisch
T.	Trennung
temp.	temporal (zeitlich)
tschech.	tschechisch
türk.	türkisch
u. a.	und andere; unter anderem
ugs.	umgangssprachlich
ungar.	ungarisch
V.	Verb (Zeitwort)
Vors.	Vorsilbe
Wz.	Warenzeichen
Zahlw.	Zahlwort
zw.	zwischen

Regelkästen

Folgende Hauptprobleme der Rechtschreibung und Zeichensetzung werden anhand zahlreicher Beispiele näher behandelt (jeweils an passender Stelle im Alphabet):

1. Abkürzungen 15
2. Anführungszeichen 20
3. Anrede 34
4. Apostroph 38
5. Ausrufezeichen 52
6. Berufsbezeichnungen 67
7. Bindestrich 74
8. Datum 96
9. Direkte Rede 106
10. Doppelpunkt 109
11. Farben 146
12. Fragezeichen 158
13. Fremdwörter 159
14. Gedankenstrich 168
15. Groß- und Kleinschreibung 189
16. Klammer 259
17. Komma 268
18. Konjunktiv 273
19. Neue Schreibweisen (Laut-Buchstaben-Zuordnung) 347
20. Schrägstrich 461
21. Semikolon (Strichpunkt) 471
22. Silbentrennung 477
23. Sonderzeichen 484
24. Unterführungszeichen 555
25. Zahlen und Ziffern 597
26. Zusammen- und Getrenntschreibung 605

Apostroph · 39 · Araukarie

Apo'st'roph (der, -s, -e) (griech.) → Regelkasten

Apo'st'ro'phe (die, -, -n) (griech.) Anrede; Hinwendung des Redners zum Publikum oder zu Abwesenden.

apo'st'ro'phie'ren (V.) (griech.) jmd. anreden; bezeichnen als; nennen. Apostrophierung.

Apo'the'ke (die, -, -n) (griech.) Arzneimittelgeschäft. Apotheker; Apothekenhelferin; apothekenpflichtig.

Ap'pa'rat (der, -s/-es, -e) (lat.) Gerät; Vorrichtung. Apparatur.

Ap'pa'rat'schik (der, -s, -s) (lat.-russ.) sturer Funktionär.

Ap'par'te'ment (auch: Apart'ment) (das, -s, -s) (franz.) kleine Wohnung.

ap'pas'si'o'na'to (Adv.) (ital.) leidenschaftlich (bei Musikstücken).

Ap'peal (der, -s, kein Plural) Anziehungskraft. Sexappeal.

Ap'pease'ment (das, -, kein Plural) (engl.) nachgiebige Haltung; Beschwichtigungspolitik.

Ap'pell (der, -s, -e) (franz.) Aufruf; Antreten. Verb: appellieren.

Ap'pen'd'ek'to'mie (die, -, -n) (lat.-griech.) Blinddarmoperation.

Ap'pen'dix (der, -/-es, -e/-di'zes) (lat.) 1. Anhang; Anhängsel. 2. Blinddarmwurmfortsatz.

Ap'pen'di'zi'tis (die, -, -ti'den) (lat.-griech.) Entzündung des Appendix.

Ap'pe'tenz (die, -, -en) (lat.) Suchverhalten.

Ap'pe'tit (der, -s, -e) Esslust. Appetithappen; Appetitzügler; Appetitlosigkeit; appetitlos; appetitlich; appetitanregend (abe*r:* den Appetit anregend).

Ap'pe'ti'zer (der, -s, -) (engl.) Aperitif.

Ap'plaus (der, -es, -e) (lat.) Beifall; Anerkennung. Verb: applaudieren.

Ap'pli'ka'ti'on (die, -, -ti'o'nen) (lat.) medizinische Anwendung; aufgenähter Stoff. Verb: applizieren.

ap'por'tie'ren (V.) (franz.) herbeibringen. Apport; Apportierhund.

Ap'po'si'ti'on (die, -, -ti'o'nen) (lat.) Beifügung. Adjektiv: appositionell.

Ap'pro'ba'ti'on (die, -, -ti'o'nen) (lat.) Zulassung zum Arzt oder Apotheker. Verb: approbieren.

Ap'pro'xi'ma'ti'on (die, -, -ti'o'nen) (lat.) Annäherung, Näherung (in der Mathematik).

ap'pro'xi'ma'tiv (Adj.) (lat.) angenähert.

Ap'rès-Ski (das, -, kein Plural) (franz.) Kleidung bzw. Geselligkeit nach dem Skilaufen. Après-Ski-Mode.

Ap'ri'ko'se (die, -, -n) (lat.) Frucht.

Ap'ril (der, -/-s, -e) (lat.) vierter Monat. Aprilscherz; Aprilwetter.

a pri'o'ri von vornherein; nicht aus Erfahrung.

ap'ro'pos (Adj.) übrigens.

Ap'si'de (die, -, -n) (griech.) Punkt größter oder geringster Entfernung (der Umlaufbahn von Gestirnen).

Ap'sis (die, -, -si'den) (griech.) halbrunde Überwölbung (eines Kirchenraumes).

Aquä'dukt (das, -s, -e) (lat.) antike Wasserleitung, Brücke.

Aqua'kul'tur (die, -, -en) Gewässernutzung.

Aqua'ma'rin (der, -s, -e) Edelstein. Adjektiv: aquamarinblau.

Aqua'pla'ning (das, -s, -s) Wasserglätte.

Aqua'rell (das, -s, -e) mit Wasserfarben gemaltes Bild. Aquarellfarbe; aquarellieren.

Aqua'ris'tik (die, -, kein Plural) Aquarienkunde.

Aqua'ri'um (das, -s, -ri'en) Glasbehälter für Zierfische und Wassertiere.

Aqua'tin'ta (die, -, -tin'ten) (ital.) grafische Ätztechnik auf Metalldruckplatten.

aqua'tisch (Adj.) (lat.) zum Wasser gehörig.

Äqua'tor (der, -s, kein Plural) (lat.) größter Breitenkreis der Erde. Äquatortaufe; äquatorial.

Aqua'vit (der, -s, -e) (lat.) skandinavischer Kornschnaps.

Äqui'nok'ti'um (das, -s, … ien) (lat.) Tagundnachtgleiche.

äqui'va'lent (Adj.) (lat.) gleich; gleichwertig. Äquivalent; Äquivalenz.

äqui'vok (Adj.) (lat.) mehrdeutig.

Ar (der/das, -s, -e) (lat.) Flächenmaß; chemisches Zeichen für Argon.

Ara (der, -s, -s) Papagei.

Ära (die, -, Ären) Zeitabschnitt; Zeitalter. die Wilhelminische Ära.

Ara'ber (der, -s, -) Bewohner Arabiens. Arabien; Arabisch (Sprache); arabisch; Arabische Liga.

ara'besk (Adj.) (franz.) heiter; bunt. Arabeske.

Arach'no'lo'gie (die, -, kein Plural) (griech.) Spinnenkunde.

Ara'lie (die, -, -n) (viell. indian.) ein Efeugewächs, Zimmerpflanze.

Aran'ci'ni (die, nur Plural) (pers.-österr.-ital.) kandierte Orangenschalen.

Arä'o'me'ter (das, -s, -) (griech.) Dichtenmesser für Flüssigkeiten.

Ara'pai'ma (der, -/-s, -s) (indian.) südamerikanischer Riesenfisch, größter Süßwasserfisch.

Arau'ka'rie (die, -, -n) (nlat.) Nadelbaum der südlichen Südhalbkugel.

Ar·beit (die, -, -en) Tätigkeit; Beruf; Mühe. Arbeiter; Arbeitsamt; Arbeitgeber; Arbeitsbeschaffungsmaßnahme (Abk.: ABM); Arbeitsfähigkeit; Arbeitslohn; Arbeitslosengeld; Arbeitssuchende; Arbeitsvermittlung; Arbeitszeitverkürzung; arbeitsam; arbeitsintensiv; arbeitslos; Arbeit suchend (auch: arbeitsuchend); arbeiten.

Ar·beits·lo·se (der, -n, -n) Erwerbslose.

Ar·beits·lo·sen·ra·te (die, -, -n) Anzahl der Arbeitslosen in einem Land im Verhältnis zu den Erwerbstätigen.

Ar·beits·lo·sen·ver·si·che·rung (die, -, -en) Versicherung für den Fall der Arbeitslosigkeit.

Ar·beits·markt (der, -es, -märk·te) Angebot von Arbeitssuchenden und freien Stellen.

Ar·beits·schutz (der, -es, kein Plural) Maßnahmen zur Sicherheit am Arbeitsplatz.

Ar·beits·spei·cher (der, -s, -) Teil eines Computers, der dem Prozessor aktuelle Daten zuführt.

ar·bi·t·rär (Adj.) willkürlich; nach Ermessen.

ARCD (Abk.) Auto- u. Reiseclub Deutschland

ar·cha·isch (Adj.) frühzeitlich; altertümlich. Verb: archaisieren.

Ar·chä·o·p·te·ryx (der, -/-es, -e/-ry·ges) (griech.) Urvogel.

Ar·che (die, -, -n) (lat.) kastenförmiges Schiff. Arche Noah.

Ar·che·typ (der, -s, -en) (griech.) Urform; Muster; Grunderfahrung. Archetypus; archetypisch; archetypisches Verhalten.

Ar·chi·di·a·kon (der, -s, -e) (griech.) erster Diakon.

Ar·chi·le·xem (das, -s, -e) (griech.) Wort als Oberbegriff eines Wortfeldes; z. B. ist »Rind« das A. für »Kalb«, »Kuh« und »Stier«.

Ar·chi·man·d·rit (der, -en, -en) (griech.) Abt (in der Ostkirche).

ar·chi·me·disch (Adj.) (griech.) von Archimedes ausgehend.

Ar·chi·pel (der, -s, -e) Inselgruppe.

Ar·chi·tekt (der, -en, -en) (griech.) Bauplaner; Baumeister. Architektur; Architektonik; architektonisch.

Ar·chi·t·rav (der, -s, -e) (ital.-lat.) Steinbalken über antiken Säulen.

Ar·chiv (das, -s, -e) geordnete Sammlung. Bildarchiv; Tonarchiv; Archivar; Archivbild; archivalisch; archivieren.

Ar·chi·vol·te (die, -, -n) (ital.) gestalteter, eingefasster Rundbogen (in der Baukunst).

Ar·chon (der, -s, -chon·ten) (griech.) oberster Beamter (im antiken Athen).

ARD (Abk.) Arbeitsgemeinschaft der öffentlich-rechtlichen Rundfunkanstalten der Bundesrepublik Deutschland.

Areal (das, -s, -e) Gelände, Gebiet

Are·ka·nuss (die, -, -nüs·se) Betelnuss.

Are·na (die, -, -nen) (lat.) Sportplatz; Rennbahn; Manege.

Are·o·pag (der, -s, kein Plural) (griech.) höchster Gerichtshof (im antiken Athen).

arg (Adj.) schlimm; sehr. ein arger Fehler; die Sache liegt im Argen; das Ärgste war, dass er nicht mehr rauchen durfte; er war aufs ärgste/aufs Ärgste (sehr) gespannt. Jetzt kommt es zum Ärgsten; vor dem Ärgsten bewahren; nichts Arges vermuten; ohne Arg.

Ar·gen·tan (das, -s, kein Plural) (lat.) Neusilber.

Ar·gen·ti·ni·en (ohne Art., -s, kein Plural) südamerikanischer Staat. Argentinier.

Ar·gen·tit (der, -s, kein Plural) (lat.) ein Silbererz.

Ar·gen·tum (das, -/-s, kein Plural) (lat.) Silber.

Är·ger (der, -s, kein Plural) Verstimmung; Verdruss. Ärgernis; ärgerlich; ärgern.

Arg·list (die, -, kein Plural) Hinterlist; Tücke. Adjektiv: arglistig.

arg·los (Adj.) vertrauensselig; ehrlich; guten Muts. Arglosigkeit.

Ar·gon (das, -s, kein Plural) (griech.) ein Edelgas.

Ar·gu·ment (das, -s, -e) (lat.) Begründung. Argumentation; argumentativ; argumentieren.

Ar·gus·au·gen (nur Plural) (die, -) Wachsamkeit. Er hat wahre Argusaugen. argusäugig.

arg·wöh·nen (V.) ahnen, anzweifeln. Argwohn; argwöhnisch.

Ari·a·ne (die, -, -n) Name eines europäischen Trägerraketentyps.

arid (Adj.) (lat.) trocken; wüstenhaft. Aridität; arides Klima.

Arie (die, -, -n) (ital.) Sologesang.

Ari·er (der, -s, -) (sanskr.) Angehöriger eines indogermanischen Volks (Frühgeschichte); (im Nationalsozialismus: Nichtjude). Adjektiv: arisch.

Ari·o·so (das, -s, -si/-s) (ital.) arienhaftes Lied, Instrumentalstück.

Aris·to·krat (der, -en, -en) (griech.) Adeliger. Aristokratie; aristokratisch.

Arith·me·tik (die, -, kein Plural) (griech.) Zahlenlehre. Arithmetiker; arithmetisch.

Ar·ka·de (die, -, -n) (franz.) Bogen; Bogengang

Ar·ka·di·en (ohne Artikel, -s, kein Plural) Idylle; Land des Glücks. Arkadier; arkadisch.

Ar·ko·se (die, -, kein Plural) (franz.) feldspatreicher Sandstein.

Ark·tis (die, -, kein Plural) (griech.) Gebiet um den Nordpol. Adjektiv: arktisch.

Ar·kus (der, -, -) (lat.) Winkelkreisbogen.

arm (Adj.; ärmer, ärmste) mittellos; bedauernswert. arme Menschen; *Großschreibung:* hier trifft sich Arm und Reich (jedermann). Die Konflikte zwischen Arm und Reich (zwischen Armen und Reichen); die Armen haben immer das Nachsehen; du Armer! (*aber:* Du armer Mensch!)

Arm (der, -s, -e) Körperteil; Ärmel. Arm in Arm; Armbanduhr; Armbrust; Armleuchter; armamputiert; armdick, *aber:* einen Arm dick; armlang, *aber:* einen Arm lang. zwei Arm voll (*auch:* Armvoll) Brennholz (Mengenangabe). *Aber:* Er hat den Arm voll Brennholz.

Ar'ma'da (die, -, -den/-s) (span.) Flotte; Schwarm.

Ar'ma'ged'don (das, -, kein Plural) = Harmageddon.

Ar'mag'nac (der, -/-s, -s) ein französischer Weinbrand.

Ar'ma'tur (die, -, -en) (lat.) Ausrüstung; Bedienungstafel. Armaturenbrett.

Arm'brust (die, -, -brüs'te) Schusswaffe.

Ar'mee (die, -, -n) (franz.) Heer; große Menge.

Är'mel (der, -s, -) Armteil eines Kleidungsstücks. Ärmellänge; ärmelig; hemdsärm(e)lig; ärmellos.

Är'mel'ka'nal (der, -s, kein Plural) Meerenge zwischen England und Frankreich.

Ar'men'für'sor'ge (die, -, kein Plural) staatliche Hilfe für Arme.

Ar'me'ni'en (ohne Art., -s, kein Plural) Armenier.

Ar'men'recht (das, -s, kein Plural) Befreiung von den Gerichtskosten.

Ar'men'vier'tel (das, -s, -) Slum.

ärm'lich (Adj.) kümmerlich; elend. Ärmlichkeit.

arm'se'lig (Adj.) dürftig; ärmlich. Armseligkeit.

Ar'mut (die, -, kein Plural) Not; Mittellosigkeit. Armutszeugnis.

Ar'ni'ka (die, -, -s) (griech.) Heilpflanze. Arnikatinktur.

Aro'ma (das, -s, -men/-ma'ta) (griech.) Geschmack. Adjektiv: aromatisch. Verb: aromatisieren.

ar'peg'gio (Adv.) schnell nacheinander Akkorde anschlagen, spielen.

Ar'peg'gio (das, -s, -s/peg'gi'en) arpeggio gespieltes Musikstück.

Ar'rak (der, -s, -e/-s) (arab.) Branntwein aus Reismaische, Palmsaft oder Melasse.

Ar'ran'ge'ment (das, -s, -s) (franz.) Zusammenstellung; Anordnung. Arrangeur; arrangieren.

Ar'rest (der, -s, -e) (lat.) Haft; Nachsitzen. Arrestant; Arrestzelle.

ar're'tie'ren (V.) anhalten; sperren; einsperren. Arretierung.

Ar'rhyth'mie (der, -, -n) (griech.) Störung des Rhythmus (besonders des Herzschlags); Unregelmäßigkeit. Adjektiv: arrhythmisch.

ar'ri'viert (Adj.) (franz.) erfolgreich; angesehen. Arrivierte; Arriviertheit; arrivieren.

ar'ro'gant (Adj.) eingebildet. Arroganz.

ar'ron'die'ren (V.) (franz.) abrunden, zusammenlegen (Grundbesitz).

Ar'ron'dis'se'ment (das, -s, -s) (franz.) französischer Verwaltungsbezirk; Untergliederung eines Départements oder einer Großstadt.

Ar'row'root (das, -s, kein Plural) (engl.) Stärkemehl aus der tropischen Pfeilwurz.

Ars an'ti'qua (die, - -, kein Plural) (lat.) mehrstimmige Musik des 12./13. Jahrhunderts.

Arsch (der, -es, Är'sche) (ugs.) Gesäß.

Ar'sen (das, -s, kein Plural) (griech.) chemischer Stoff (Abk.: As); Gift. Arsenik.

Ars no'va (die, - -, kein Plural) mehrstimmige Musik des 14./15. Jahrhunderts.

Art (die, -, -en) Weise; Gattung. Art und Weise; nach Art des Hauses; sie trug eine Art arabische Pluderhose (Akkusativ), eine Art arabischer Pluderhose (Genitiv), eine Art von arabischer Pluderhose (»von« + Dativ). *Aber:* Er war derart blau (so blau), dass ...; allerart Pflanzen.

Art. (Abk.) Artikel.

Art dé'co (der/die, - -, kein Plural) (franz.) Stil der 20er Jahre.

Art'di'rec'tor (der, -s, -s) (engl.) künstlerischer Leiter einer Werbeagentur.

Ar'te'fakt (das, -s, -e) (lat.) vorgeschichtlicher Gegenstand; Kunsterzeugnis.

Ar'te'mi'sia (die, -, kein Plural) (griech.) Beifuß (als Heilpflanze).

ar'ten (V., ist) aussehen wie. Mit Präposition »nach«. Wem artet er denn nach? Artenreichtum; arterhaltend.

Ar'ten'schutz (der, -es, kein Plural) Maßnahmen zur Erhaltung vom Aussterben bedrohter Tierarten.

Ar'te'rie (die, -, -n) Schlagader. Arterienverkalkung (Arteriosklerose); arteriell.

Ar'te'ri'o'skle'ro'se (die, -, -n) (griech.) Arterienverkalkung. arteriosklerotisch.

art'fremd (Adj.) der Art nicht entsprechend; wesensfremd.

Ar'th'ri'tis (die, -, -ti'den) Gelenkentzündung. Adjektiv: arthritisch.

Ar'th'ro'se (die, -, -n) (griech.) nichtentzündliches Gelenkabnutzungsleiden.

ar'ti'fi'zi'ell (Adj.) (franz.) künstlich.

Artigkeit   42   **assibilieren**

Ar'tig'keit (die, -, -en) Anstand. Adjektiv: artig.

Ar'ti'kel (der, -s, -) (lat.) Geschlechtswort (der, die, das); schriftlicher Beitrag; Absatz; Produkt. Artikelserie.

ar'ti'ku'lie'ren (V.) aussprechen; formulieren. Artikulation; artikulatorisch.

Ar'til'le'rie (die, -, -n) (franz.) schweres Geschütz; Truppeneinheit. Artillerist.

Ar'ti'scho'cke (die, -, -n) (ital.) Gemüse- und Zierpflanze.

Ar'tist (der, -en, -en) Varieté- oder Zirkuskünstler. Artistin; Artistik; artistisch.

Art nou'veau (der/das, - -, kein Plural) (franz.) Jugendstil.

Ar'to'thek (die, -, -en) (lat.-griech.) Einrichtung, die Kunstwerke verleiht.

Ar'tung (die, -, -en) Aussehen; Charakter.

art'ver'wandt (Adj.) ähnlich.

Arz'nei (die, -, -en) Medikament. Arzneimittel; Arzneimittelkunde.

Arzt (der, -es, Ärz'te) Mediziner. Arzthelferin; Ärzteschaft; Ärztin; ärztlich.

Ärz'te'schwem'me (die, -, -n) Überangebot an Ärzten.

ASA (das, -/-s, -) (engl. Kurzw.) Einheit der Lichtempfindlichkeit fotografischer Schichten.

Asa foe'ti'da (*auch:* Asa fö'ti'da) (die, - -, kein Plural) = Asant.

Asant (der, -s, kein Plural) (lat.) eingetrockneter Milchsaft (der tiermedizinisch bei Koliken u.a. verwendet wird).

As'best (der, -s, -e) (griech.) Faserstoff. Asbestplatte; asbesthaltig.

As'best'ver'seu'chung (die, -, -en) Verseuchung mit Asbest. asbestverseucht.

asch'blond (Adj.) graublond.

Asche (die, -, -n) Verbrennungsrückstand. Aschenbecher; Aschenbahn; Aschenputtel; aschenhaltig.

Ascher (der, -s, -) (ugs.) Aschenbecher.

Ascher'mitt'woch (der, -s, kein Plural) Tag nach Faschingsdienstag.

asch'fahl (Adj.) grau wie Asche.

Asch'ke'na'sim (nur Plural) (hebr.) mittel- und osteuropäische Juden.

Asch'ram (der, -s, -s) (sanskr.) Meditationslager in Indien.

ASEAN (die, -, kein Plural) (engl.) Abk. für »Association of South East Asian Nations«, Verband südostasiatischer Nationen.

äsen (V.) fressen (Wild).

Asep'sis (die, -, kein Plural) (griech.) Keimfreiheit.

asep'tisch (Adj.) (griech.) keimfrei.

Aser'bai'd'schan (ohne Art., -s, kein Plural) GUS-Staat. Aserbaidschaner; aserbaidschanisch.

ase'xu'ell (*auch:* ase'xu'al) geschlechtslos; gefühllos. Asexualität.

Asi'at (der, -en, -en) Bewohner Asiens. Asien; asiatisch.

Asi'a'ti'ka (die, nur Plural) Werke über Asien.

As'ka'ri (der, -s, -s) (arab.) Eingeborenensoldat (in Deutsch-Ostafrika).

As'ke'se (die, -, kein Plural) (griech.) entsagende Lebensart. Asket; Asketik; asketisch.

As'kor'bin'säu're (die, -, kein Plural) Vitamin C.

aso'zi'al (Adj.) gesellschaftsunfähig; Asozialer; Asozialität.

As'pa'ra'gus (der, -, kein Plural) (griech.) Spargel; Spargelkraut.

As'pekt (der, -s, -e) (lat.) Gesichtspunkt, grammat. Kategorie.

As'per'gill (das, -s, -e) (lat.) Weihwasserwedel.

As'phalt (der, -s, -e) (griech.) Straßenbelag. Asphaltstraße; asphaltieren.

As'pik (der/das, -s, -e) Gelatine.

As'pi'rant (der, -en, -en) Bewerber; Anwärter.

As'pi'ra'ta (die, -, -ten) (lat.) behauchter Verschlusslaut; z. B. das Rho im Altgriechischen.

As'pi'ra'ti'on (die, -, -ti'o-nen) 1. das Aspirieren. 2. das Einsaugen (von Flüssigkeit, Luft u. a.).

as'pi'rie'ren (V.) 1. behaucht aussprechen. 2. sich bewerben (österr.); auf einen Posten aspirieren.

Ass (das, As'ses, As'se) (franz.) Spielkarte; der Beste; unerreichbarer Aufschlag (Tennis).

Ass. (Abk.) Assessor.

as'sai (Adv.) (ital.) sehr, ziemlich (bei einer musikalischen Tempobezeichnung).

As'se'ku'ranz (die, -, -en) (ital.) Versicherung; Versicherungsgesellschaft.

As'sel (die, -, -n) Krebstierchen. Kellerassel.

As'sem'b'ler (der, -s, kein Plural) (engl.) maschinengebundene Programmiersprache; Übersetzungsprogramm.

As'sem'b'ling (das, -s, -s) (engl.) Zusammenschluss von Industriebetrieben.

As'ser'ti'on (die, -, -en) (lat.) bestimmte Behauptung.

As'ses'sor (der, -s, -en) (lat.) Beamtenanwärter (höherer Staatsdienst). Assessorin; assessoral; assessorisch.

as'si'bi'lie'ren (V.) einen Explosivlaut mit nachfolgendem Zischlaut aussprechen; z. B. das »t« zu »ts« assibilieren.

Assimilation   43   **a tempo**

As|si|mi|la|ti|on (die, -, -ti|o|nen) (lat.) Anpassung; Angleichung. Assimilierung; assimilieren.

As|sis|tent (der, -en, -en) (lat.) Mitarbeiter. Assistentin; Assistenz; Assistenzarzt; assistieren.

As|so|nanz (die, -, -en) (lat.) unvollständiger Reim, Vokalreim; z. B. fegen – geben.

as|sor|tie|ren (V.) (franz.) mit Waren versehen.

as|so|zi|ie|ren (V.) (franz.) verknüpfen; sich anschließen. Mit den Präpositionen »bei« und »mit«! Bei/mit der Farbe Grün assoziiert man Hoffnung. Bei »sich assoziieren« folgen die Präpositionen »mit« und »an«. Unsere Gruppe assoziierte sich mit/an der Partei. Assoziation; Assoziierung; assoziativ.

As|sum|ti|on (die, -, -ti|o|nen) (lat.) Himmelfahrt der Jungfrau Maria.

As|sun|ta (die, -, -ten) (ital.) Darstellung der Assumtion.

As|sy|rio|lo|gie (die, -, kein Plural) (nlat.) Wissenschaft von der Sprache und Kultur Assyriens und Babylons.

Ast (der, -s, Äste) Zweig. Astgabel.

AStA (Abk.) (der, -/-s, -/-s) Allgemeiner Studentenausschuss.

as|ta|tisch (Adj.) (griech.) 1. unruhig. 2. gegen elektromagnetische Feldeinwirkung geschützt.

As|ter (die, -, -n) (griech.) Blume.

As|te|ro|id (der, -en, en) Planetoid.

As|the|nie (die, -, -n) (griech.) Körperschwäche; Entkräftung.

As|the|ni|ker (der, -s, -) (griech.) jmd., der schmächtig und zartgliedrig ist.

as|the|nisch (Adj.) wie ein Astheniker.

Äs|thet (der, -en, -en) Schöngeist. Ästhetik; Ästhetiker; Ästhetizismus; ästhetisch; ästhetisieren.

Asth|ma (das, -s, kein Plural) (griech.) anfallsweise auftretende Atemnot. Asthmatiker; Asthmaanfall; asthmatisch.

As|tig|ma|tis|mus (der, -, kein Plural) Sehschwäche; optischer Abbildungsfehler. Adjektiv: astigmatisch.

äs|ti|mie|ren (frz.) schätzen.

As|t|ra|chan (der, -s, -s) Fell südrussischer Lämmer (nach der gleichnamigen Stadt).

as|t|ral (Adj.) die Sterne betreffend. Astralleib.

as|t|rein (Adj.) (ugs.) toll, tadellos. Die Sache ist nicht ganz astrein (ist anrüchig).

As|t|ro|graf (auch: As|t|ro|graph) (der, -en, -en) Gerät zum Fotografieren von Sternen, zum Zeichnen von Sternkarten. Astrografie (auch: Astrographie).

As|t|ro|la|bi|um (das, -s, -bi|en) (griech.) altes astronomisches Winkelmessgerät.

As|t|ro|lo|gie (die, -, kein Plural) Sterndeutung. Astrologe; astrologisch.

As|t|ro|naut (der, -en, -en) Raumfahrer. Astronautik; astronautisch.

As|t|ro|no|mie (die, -, kein Plural) Sternkunde. Astronom; astronomisch (ugs.) (sehr groß; eine astronomische Summe).

As|t|ro|phy|sik (die, -, kein Plural) Teilgebiet der Astronomie, das sich mit den physikalischen Gegebenheiten der Gestirne befasst. astrophysikalisch.

Äs|tu|ar (das, -s, -ri|en) (lat.) trichterförmige Flussmündung.

ASU (Abk.) Abgassonderuntersuchung.

Asyl (das, -s, -e) (griech.) Zuflucht; Unterkunft. Asylant; Asylrecht.

Asyl|be|wer|ber (der, -s, -) jmd., der einen Asylantrag stellt.

Asyl|ge|setz|ge|bung (die, -, -en) Regelungen der Asylfragen.

Asym|me|t|rie (die, -, -n) (griech.) Ungleichmäßigkeit. Adjektiv: asymmetrisch.

Asym|p|to|te (die, -, -n) (griech.) Gerade, die eine Kurve erst im Unendlichen berührt. asymptotisch.

asyn|chron (Adj.) (griech.) nicht gleichzeitig.

asyn|de|tisch (Adj.) (griech.) nicht durch ein Bindewort verbunden.

Asyn|de|ton (das, -s, -ta) (griech.) Aneinanderreihung ohne Bindewort (als Stilmittel), z. B.: Er kam, sah, siegte.

As|zen|dent (der, -en, -en) (lat.) Vorfahr; Aufgangspunkt eines Gestirns. Aszendenz; aszendieren.

As|ze|tik (die, -, kein Plural) in der kath. Kirche Lehre vom Streben nach Vollkommenheit.

A. T. (Abk.) Altes Testament.

Ata|man (der, -s, -e) (russ.) Kosakenführer.

Ata|ra|xie (die, -, kein Plural) (griech.) Seelenruhe, Unerschütterlichkeit.

Ata|vis|mus (der, -, -men) (lat.) 1. Wiederauftreten alter entwicklungsgeschichtlicher Merkmale, z. B. Körperfellbildung beim Menschen. 2. Rückfall in einen überwunden geglaubten Zustand.

ata|vis|tisch (Adj.) zum Atavismus gehörig.

Ate|li|er (das, -s, -s) (franz.) Künstlerwerkstatt; Raum für Fotoaufnahmen u. a.

Atem (der, -s, kein Plural) Atmung; Hauch. Atemholen; außer Atem sein; Atemnot; Atemzug; atemberaubend; atemlos.

a tem|po (ital.) 1. wieder im vorausgegangenen Tempo (bei Musikstücken). 2. (ugs.) sofort.

Äthan 44 auf

Äthan (das, -s, kein Plural) (griech.) Heizgas.

Atha'na'sie (die, -, kein Plural) (griech.) Unsterblichkeit.

Athe'is'mus (der, -, kein Plural) Gottlosigkeit. Atheist; atheistisch.

Äther (der, -s, kein Plural) (griech.) Himmel; Luft; Narkosemittel. Adjektiv: ätherisch.

Äthi'o'pi'en (ohne Art., -s, kein Plural) afrikanischer Staat. Äthiopier.

Ath'let (der, -en, -en) (griech.) Wettkämpfer. Athletik; Athletiker; athletisch.

Äthyl'al'ko'hol (der, -s, kein Plural) Alkohol; Weingeist.

At'lant (der, -en, -en) (griech.) Männerfigur, die Gebäudeteile stützt.

At'lan'tik (der, -s, kein Plural) Weltmeer. Atlantischer Ozean; atlantisch.

At'las (der, -,-las'ses, -las'se/-lan'ten) geographische Kartensammlung.

at'men (V.) ein- und ausatmen. Atmung; atmungsaktiv.

At'mo'sphä're (die, -, -n) (griech.) Lufthülle; Stimmung; Umwelt. Adjektiv: atmosphärisch.

Atoll (das, -s, -e) ringförmige Koralleninsel.

Atom (das, -s, -e) kleinstes Teilchen eines chemischen Elements. Atombombe; Atomenergie; Atomkraftwerk (Abk.: AKW); Atommüll; Atommeiler; Atomreaktor; Atomstrom; Atomzeitalter; atomar; atomwaffenfrei.

Ato'mi'seur (der, -s, -e) (franz.) Zerstäuber.

Atom'kof'fer (der, -s, -) kompakter Computerkoffer zur Eingabe von Dechiffriercodes, mit denen der Befehl für den Atomschlag gegeben werden kann; »roter Knopf«.

ato'nal (Adj.) ohne Ordnung nach Tonarten.

Ato'na'list (der, -en, -en) jmd., der sich mit atonaler Musik beschäftigt.

Ato'na'li'tät (die, -, kein Plural) atonale Kompositionsweise.

Ato'nie (die, -, -n) Muskelerschlaffung.

ato'nisch (Adj.) (griech.) erschlafft.

Atout (franz.) (der/das, -s, -s) Trumpf.

ato'xisch (Adj.) (griech.) ungiftig.

At'ri'um (das, -s, -ri'en) (lat.) nach oben geöffneter Innenhof.

At'ro'pin (das, -s, kein Plural) Gift der Tollkirsche.

ätsch! (Interj.) Ausruf der Schadenfreude.

at'tac'ca (Adv.) (ital.) sofort anzuschließen (bei Musikstücken).

At'ta'ché (der, -s, -s) (franz.) Diplomat; Anwärter des diplomatischen Dienstes.

At'ta'cke (die, -, -n) Angriff; Anfall. Verb: attackieren.

At'ten'tat (das, -s, -e) (franz.) Anschlag. Attentäter.

At'ten'tis'mus (der, -, kein Plural) (franz.) opportunistisches Zurückhalten der Entscheidung.

At'test (das, -s, -e) (lat.) Zeugnis. Verb: attes'tieren.

At'ti'tü'de (die, -, -n) (franz.) Einstellung; Haltung.

At'trak'ti'on (die, -, -ti'o'nen) (lat.) Anziehungskraft, Hauptattraktion; Attraktivität; attraktiv.

At'tri'but (das, -s, -e) (lat.) Beifügung. Adjektiv: attributiv. Verb: attribuieren.

aty'pisch (Adj.) untypisch.

ät'zen (V.) etwas mit Säure behandeln. Ätzmittel; ätzend; (ugs.) echt ätzend (sehr schlecht/ sehr gut).

au! (auch: aua!) (Interj.) Ausruf bei Schmerz. autsch! auweh! auwei! au Backe!

Au 1. (Abk.) Gold (chemisches Zeichen). 2. (die, -, -en) Wiesengrund. Auwald; Auenlandschaft.

Au'ber'gi'ne (die, -, -n) (franz.) Frucht. die Farbe Aubergine; aber: auberginefarben.

auch (Adv.) außerdem; ebenfalls. Beachte: »auch wenn« wird mit Komma wie einfaches »wenn«, je nach Betonung, abgetrennt: Sie freut sich auch, wenn du morgen kommst. Aber: Sie freut sich, auch wenn du (erst) morgen kommst.

Au'di'enz (die, -, -en) Empfang; Unterredung. Audienzzimmer.

Au'di'max (das, -, kein Plural) (Kurzw.) Auditorium maximum (größter Hörsaal).

Au'dio'me'ter (das, -s, -) Hörmessgerät.

Au'dio-Vi'deo-Tech'nik (die, -, -en) Bild- und Tonübertragung.

Au'dio'vi'si'on (die, -, kein Plural) Ton- und Bildtechnik. Adjektiv: audiovisuell.

au'di'tiv (Adj.) (lat.) auf das Hören bezogen.

Au'di'to'ri'um (das, -s, -ri'en) (lat.) Zuhörerschaft; Hörsaal.

Au'er'hahn (der, -s, -häh'ne) großer Waldvogel.

Au'er'och'se (der, -n, -n) ausgestorbenes Urrind.

auf 1. (Präp., lok., Dat./Akk.) Beachte: Auf die Frage »Wo«? folgt Dativ, auf die Frage »Wohin?« folgt Akkusativ; auf dem Mond landen; auf den Mond schauen. 2. (Präp., temp., Akk.) auf fünf Jahre; auf längere Zeit; auf immer und ewig; auf einmal; von heute auf morgen. 3. (Präp., mod., Akk.) auf Biegen und Brechen; auf Teufel komm raus; sich auf Englisch

aufaddieren   45   **Aufgang**

unterhalten. 4. (Präp., final, Akk.) auf dein Wohl; auf Tauben schießen; die Mannschaft spielte nur noch auf Zeit. 5. (Präp., kaus., Akk.) auf Bitte; auf ihre Einladung; auf Initiative. 6. (Adv.) auf und davon; auf, los geht's! *Getrenntschreibung:* wenn »auf« selbstständiges Adverb! Sie wirkte nervös, während sie auf und ab ging. *Aber:* Zusammenschreibung, wenn »auf« Verbzusatz! Er ist gleich auf- und weggesprungen. *Großschreibung:* das Auf und Ab im Leben; ein ewiges Auf und Nieder.
auf|ad|die|ren (V.) zusammenzählen.
auf|ar|bei|ten (V.) nachholen; sich kaputtarbeiten. Aufarbeitung.
auf|at|men (V.) tief Luft holen; erleichtert sein. ein Aufatmen der Erleichterung.
auf|bah|ren (V.) den Sarg mit dem Toten öffentlich ausstellen. Aufbahrung.
Auf|bau (der, -s, kein Plural) *(Beachte:* Der Plural »Aufbauten« bezeichnet die Bauten und Anlagen auf dem Oberdeck eines Schiffs!) Organisation; Errichtung; Struktur. Aufbauleiter; Aufbauschule; aufbauen.
auf|bäu|men (V., refl.) sich auflehnen.
auf|bau|schen (V.) übertreiben.
auf|be|geh|ren (V.) protestieren.
auf|be|hal|ten (V., behielt auf, hat aufbehalten) nicht abnehmen.
auf|be|kom|men (V., bekam auf, hat aufbekommen) aufkriegen; zur Erledigung bekommen (Hausaufgaben).
auf|be|rei|ten (V.) vorbereiten; auffrischen. Aufbereitung; Wiederaufbereitungsanlage (Abk.: WAA).
auf|bes|sern (V.) verbessern. Aufbesserung.
auf|be|wah|ren (V.) zurücklegen; sammeln. Aufbewahrung.
auf|bie|ten (V., bot auf, hat aufgeboten) aufwenden. Aufbietung; unter Aufbietung.
auf|bla|sen (V., blies auf, hat aufgeblasen) Luft hineinblasen; sich brüsten. Adjektiv: aufblasbar; aufgeblasen.
auf|blei|ben (V., blieb auf, ist aufgeblieben) nicht zu Bett gehen; geöffnet bleiben.
auf|blen|den (V.) anstrahlen; Blende öffnen (fotografieren).
auf|bli|cken (V.) aufschauen.
auf|blo|cken (V.) hochstellen.
auf|blü|hen (V., ist) sprießen; gedeihen.
auf|brau|chen (V.) verbrauchen.
auf|brau|sen (V., ist) hochsteigen; sich entrüsten. Adjektiv: aufbrausend.
auf|brin|gen (V., brachte auf, hat aufgebracht) öffnen können; aufhetzen; beschaffen. Aufbringung; aufgebracht.

Auf|bruch (der, -s, -brü|che) Abfahrt. Aufbruch(s)stimmung; aufbrechen.
auf|brum|men (V.) (ugs.) erteilen; aufzwingen. Er brummte uns eine Strafe auf.
auf|bür|den (V.) aufhalsen; beladen. Aufbürdung.
auf|de|cken (V.) abdecken; enthüllen. Aufdeckung.
auf|don|nern (V., refl.) (ugs.) auftakeln; herausputzen.
auf|drän|gen (V.; V., refl.) aufnötigen; zudringlich sein.
auf|dring|lich (Adj.) lästig; unverschämt. Aufdringlichkeit.
Auf|druck (der, -s, -e) Aufschrift. Verb: aufdrucken.
auf|drü|cken (V.) öffnen.
auf|ei|n|an|der (Adv.) übereinander; gegenseitig. aufeinanderfolgen *(auch:* aufeinander folgen); aufeinander böse sein; aufeinander aufpassen. *Aber:* aufeinanderprallen; aufeinanderstapeln. Aufeinanderfolge.
Auf|ent|halt (der, -s, -e) Pause; Station. Aufenthaltsgenehmigung.
auf|er|le|gen (V.) aufzwingen.
auf|er|ste|hen (V., erstand auf, ist auferstanden) aufstehen; auffrischen. Auferstehung.
auf|es|sen (V., aß auf, hat aufgegessen) aufbrauchen.
auf|fah|ren (V., fuhr auf, ist aufgefahren) hinauffahren; sich ereifern. Auffahrt; Auffahrtsstraße; Auffahrunfall.
auf|fal|len (V., fiel auf, ist aufgefallen) aufprallen; Aufsehen erregen. Auffälligkeit; auffallend; auffällig.
auf|fan|gen (V., fing auf, hat aufgefangen) fangen; aufnehmen; aufschnappen. Auffanglager.
auf|fas|sen (V.) verstehen; begreifen. Auffassung; Auffassungsgabe; Auffassungssache.
auf|for|dern (V.) mahnen; erinnern. Aufforderung.
auf|fors|ten (V.) neuen Wald anpflanzen. Aufforstung.
auf|fri|schen (V.) aufleben; erneuern. Auffrischung.
auf|füh|ren (V.; V., refl.) vorführen; sich gebärden. Aufführung; aufführbar.
auf|fül|len (V.) vollmachen. Auffüllung.
Auf|ga|be (die, -, -n) Auftrag; Problem; Verzicht (ohne Plural). Aufgabenbereich; Aufgabenstellung.
Auf|ga|ben|ge|biet (das, -s, -e) Aufgabenbereich.
Auf|gang (der, -s, -gän|ge) Aufstieg. Aufgangspunkt (Astron.).

aufgeben 46 Aufnahme

auf'ge'ben (V., gab auf, hat aufgegeben) kapitulieren; Aufgabe stellen. Aufgabe.
Auf'ge'bot (das, -s, -e) Auflage; Bekanntgabe der Eheschließung; Menge.
auf'ge'dun'sen (Adj.) aufgeschwemmt.
auf'ge'hen (V., ging auf, ist aufgegangen) wachsen; sich öffnen; klar werden; sich entfalten (*Beachte:* mit Dativ; im Beruf aufgehen); sich auflösen (*Beachte:* mit Akkusativ; in schwarzen Rauch aufgehen).
auf'ge'kratzt (Adj.) (ugs.) fröhlich.
auf'ge'legt (Adj.) gelaunt sein zu.
auf'ge'räumt (Adj.) ausgelassen; Aufgeräumtheit.
auf'ge'schlos'sen (Adj.) zugänglich; empfänglich. Aufgeschlossenheit.
auf'ge'schmis'sen (Adj.) (ugs.) verloren.
auf'ge'schos'sen (Adj.) groß.
auf'ge'weckt (Adj.) agil; intelligent. Aufgeweckheit.
auf'gie'ßen (V., goss auf, hat aufgegossen) nachfüllen; aufbrühen. Aufguss.
auf'glie'dern (V.) aufteilen; zerlegen. Aufgliederung.
auf'glim'men (V., glimmte/glomm auf, hat aufgeglimmt/aufgeglommen) aufglühen.
auf'grei'fen (V., griff auf, hat aufgegriffen) fangen; auflesen.
auf'grund (*auch:* auf Grund) (Präp., Gen.) wegen. Aufgrund der Tatsache, dass sie kam, wusste ich Bescheid.
auf'ha'ben (V.) auf dem Kopf haben; offen haben; aufgetragen bekommen. *Beachte:* Zusammenschreibung im Infinitiv und zweiten Partizip! Er hat den Mund immer aufgehabt.
auf'hal'sen (V.) aufbürden.
auf'hal'ten (V., hielt auf, hat aufgehalten) hindern; offen (hin)halten. Aufhaltung.
auf'häu'fen (V.) ansammeln. Aufhäufung.
auf'he'ben (V., hob auf, hat aufgehoben) hochheben; aufbewahren; eliminieren. Aufhebung; Aufheben; viel Aufhebens machen (wichtig nehmen).
auf'hei'tern (V.) aufmuntern; schöner werden (Wetter). Aufheiterung.
auf'hel'len (V.) heller machen; aufklären (Wetter). Aufheller; Aufhellung.
auf'het'zen (V.) anstacheln. Aufhetzung.
auf'ho'len (V.) einholen. Aufholjagd.
auf'hö'ren (V.) beenden.
auf'klap'pen (V.) öffnen. Adjektiv: aufklappbar.
auf'klä'ren (V.) klarlegen; unterrichten in Sexualkunde; aufheitern (Wetter). Aufklärer; Aufklärung; Aufklärungsflugzeug; aufklärerisch.

auf'klin'ken (V.) öffnen.
auf'kna'cken (V.) aufbrechen.
auf'knüp'fen (V.) Knoten lösen; (ugs.) hängen. Aufknüpfung.
Auf'kom'men (das, -s, -) Leistung; Ertrag. Verb: aufkommen für.
auf'krat'zen (V.) verletzen.
auf'krem'peln (V.) aufrollen.
auf'krie'gen (V.) (ugs.) aufbekommen.
auf'kün'di'gen (V.) kündigen; beenden. Aufkündigung.
Aufl. (Abk.) Auflage.
auf'la'den (V., lud auf, hat aufgeladen) beladen; belasten.
Auf'la'ge (die, -, -n) Druckreihe; Unterlage; Bedingung (mit der Auflage). Auflagenhöhe; auflagenstark, auflagenschwach (Buch).
auf'las'ten (V.) aufhalsen.
auf'lau'ern (V.) abpassen. Mit Dativ!
Auf'lauf (der, -s, -läu'fe) Getümmel; Mehlspeise. Auflaufform; Menschenauflauf. Verb: auflaufen.
auf'le'ben (V.) erstarken; sich erholen.
auf'le'gen (V.) darauf legen; veröffentlichen. Aufleger.
auf'leh'nen (V., refl.) sich entgegenstellen. Auflehnung.
auf'le'sen (V., las auf, hat aufgelesen) sammeln; aufheben.
auf'lich'ten (V.) auflockern; erhellen.
auf'lie'gen (V., lag auf, hat aufgelegen) auf etwas liegen; zur Ansicht ausliegen; sich wund liegen.
auf'lis'ten (V.) aufzählen. Auflistung.
auf'lo'ckern (V.) lockern; freundlicher gestalten. Auflockerung.
auf'lö'sen (V.) lösen; klären. Auflösung; Auflösungserscheinung; Auflösbarkeit; auflösbar.
auf'ma'chen (V.) öffnen; ausschmücken; sich auf den Weg machen. Aufmachung; Aufmacher.
Auf'marsch (der, -es, -mär'sche) Festzug; Aufstellung. Aufmarschplatz; aufmarschieren.
auf'mei'ßeln (V.) aufschlagen.
auf'mer'ken (V.) Acht geben. Aufmerksamkeit; aufmerksam.
auf'mö'beln (V.) (ugs.) erneuern; aufmuntern.
auf'mot'zen (V.) (ugs.) zurechtmachen.
auf'mu'cken (V.) aufbegehren.
auf'mun'tern (V.) aufheitern; Mut machen. Aufmunterung.
auf'müp'fig (Adj.) trotzig. Aufmüpfigkeit.
Auf'nah'me (die, -, -n) Bild; Aufzeichnung; Beginn; Zulassung. Aufnahmefähigkeit; Aufnahmeleiter; Aufnahmeprüfung; aufnahmefähig; aufnehmen.

Aufnahmetechnik   47   **auf sein**

Auf|nah|me|tech|nik (die, -, -en) Verfahren zur Bild- und/oder Tonaufzeichnung.

auf|nö|ti|gen (V.) aufdrängen.

auf|op|fern (V., refl.) sich hingeben. Aufopferung; aufopfernd; aufopferungsvoll.

auf|pa|cken (V.) beladen.

auf|päp|peln (V.) pflegen; aufziehen.

auf|pas|sen (V.) aufmerken. Aufpasser.

auf|peit|schen (V.) erregen; aufwühlen.

auf|pep|pen (V.) auffrischen.

auf|plus|tern (V., refl.) (bildl.) angeben.

auf|po|lie|ren erneuern; verschönern.

Auf|prall (der, -s, -e) Aufschlag. Aufprallgeschwindigkeit; aufprallen.

Auf|preis (der, -es, -e) Mehrpreis.

auf|pum|pen (V.) Luft hineinblasen.

auf|put|schen (V.; V., refl.) aufhetzen; sich stärken. Aufputschmittel.

auf|put|zen (V.; V., refl.) säubern; etwas schmücken; sich auftakeln. Aufputz.

auf|raf|fen (V.; V., refl.) aufheben; sich zusammenreißen.

auf|rap|peln (V., refl.) sich aufraffen.

auf|rau|en (V.) rau machen.

auf|räu|men (V.) wegräumen; ordnen; beenden. Aufräumung; Aufräumungsarbeiten.

auf|rech|nen (V.) verrechnen. Aufrechnung.

auf|recht (Adj.) gerade; aufrichtig. *Getrenntschreibung:* aufrecht sitzen (nicht krumm); sich aufrecht halten. *Aber:* Zusammenschreibung, wenn »aufrecht« Verbzusatz (in der Bedeutung: bestehen lassen) ist! die Meinung/Freundschaft aufrechterhalten. Aufrechterhaltung.

auf|re|gen (V.) erregen; ärgern. Aufregung; aufregend.

auf|rei|ben (V., rieb auf, hat aufgerieben) wund reiben; abmühen; sich anstrengen. Adjektiv: aufreibend.

auf|rei|hen (V.) aneinanderreihen.

auf|rei|ßen (V., riss auf, hat aufgerissen) öffnen; zeichnen. Aufriss.

auf|rei|zend (Adj.) erregend. Verb: aufreizen.

auf|rich|ten (V.) errichten; ermuntern; sich aufrappeln; sich erheben. Aufrichtung.

auf|rich|tig (Adj.) ehrlich. Aufrichtigkeit.

auf|rol|len (V.) aufwickeln; aufdecken. Aufrollung.

auf|rü|cken (V., ist) nachrücken; aufschließen.

Auf|ruf (der, -s, -e) Appell; Ruf. aufrufen.

Auf|ruhr (der, -s, -e) Aufstand. Aufrührer; aufrührerisch; aufrühren.

auf|rüs|ten (V.) die Rüstung verstärken. Aufrüstung; Aufrüstungsmaßnahmen.

auf|rüt|teln (V.) wachrütteln; ermuntern. Aufrütt(e)lung.

aufs (Präp. mit Artikel) auf das. *Beachte:* Nie mit Apostroph! aufs Neue; aufs Beste warten, *aber:* aufs Beste (*auch:* beste) bewirtet werden. aufs Eindringlichste; aufs Äußerste. Aufs Geratewohl.

auf|sa|gen (V.) kündigen; hersagen.

auf|säs|sig (Adj.) trotzig; aufmüpfig. Aufsässigkeit.

Auf|satz (der, -es, -sät|ze) Erhöhung; Artikel; Beitrag. Aufsatzthema.

auf|sau|gen (V., saugte/sog auf; hat aufgesaugt/aufgesogen) absorbieren; erschöpfen.

auf|schau|en (V.) aufblicken.

auf|schäu|men (V.) sprudeln.

auf|scheu|chen (V.) verjagen; stören.

auf|scheu|ern (V., V., refl.) aufreiben.

auf|schich|ten (V.) stapeln. Aufschichtung.

auf|schie|ben (V., schob auf, hat aufgeschoben) hinausschieben; vertagen. Aufschiebung.

Auf|schlag (der, -s, -schlä|ge) Kostensteigerung; das Aufschlagen. Aufschläger; Aufschlagfehler; aufschlagen.

auf|schlie|ßen (V., schloss auf, hat aufgeschlossen) öffnen; aufrücken. Aufschließung.

Auf|schluss (der, -schlus|ses, -schlüs|se) Auskunft. Adjektiv: aufschlussreich.

auf|schlüs|seln (V.) aufteilen. Aufschlüsselung; Aufschlüsslung.

auf|schnei|den (V., schnitt auf, hat aufgeschnitten) öffnen; zerschneiden; prahlen. Aufschnitt; Aufschneider; aufschneiderisch.

auf|schre|cken (V., schrak/schreckte auf, ist/hat aufgeschreckt) erschrecken. aufgeschreckt.

Auf|schrei (der, -s, -e) Schrei. Verb: aufschreien.

auf|schrei|ben (V., schrieb auf, hat aufgeschrieben) schreiben; verzeichnen.

Auf|schrift (die, -, -en) Beschriftung; Etikett.

Auf|schub (der, -s, -schü|be) Frist. Verb: aufschieben.

auf|schüt|ten (V.) auffüllen. Aufschüttung.

auf|schwat|zen (V.) (ugs.) andrehen.

auf|schwel|len (V., schwoll/schwellte auf, ist aufgeschwollen/hat aufgeschwellt) dicker werden; aufblähen. Aufschwellung.

auf|schwin|gen (V., refl.) sich hochziehen; sich aufraffen.

Auf|schwung (der, -s, -schwün|ge) Konjunktur; Auftrieb.

Auf|se|hen (das, -s, kein Plural) Aufblicken; Aufmerksamkeit. Aufsehen erregen; aufsehenerregend (*auch:* Aufsehen erregend), Aufseherin.

auf sein (V., war auf, ist auf gewesen) offen sein; wach sein; aufgestanden sein. Die Kleine wollte noch auf sein, aber sie ist gestern schon zu lange auf gewesen.

aufsei|ten (*auch:* auf Seiten) (Präp., Gen.) auf der Seite. Aufseiten der Opposition herrschte Uneinigkeit.

auf|set|zen (V.) anbringen; auf den Kopf setzen; entwerfen; landen. *Beachte:* mit Akkusativ auf die Frage »Wohin?«: Sie setzte einen Flicken auf das Loch auf. Mit Dativ auf die Frage »Wo?«: Der Fallschirmspringer setzte hart auf dem Boden auf. Aufsetzer.

Auf|sicht (die, -, -en) Beaufsichtigung; Überwachung. Mit der Präposition »über«: Er führte die Aufsicht über die Schicht. Aufsichtsrat; Aufsichtspflicht; Aufsicht führend (*auch:* aufsichtführend); der Aufsichtführende (*auch:* Aufsicht Führende); aufsichtslos.

auf|sit|zen (V., saß auf, hat aufgesessen) besteigen. Du hast mich ganz schön aufsitzen lassen (im Stich gelassen). Ich bin ihm aufgesessen (auf ihn hereingefallen). Aufsitzer.

auf|spal|ten (V.) zerteilen. Aufspaltung.

auf|spa|ren (V.) reservieren, aufheben. Aufsparung.

auf|sper|ren (V.) aufschließen.

auf|spie|len (V., refl.) angeben; aufschneiden.

auf|spie|ßen (V.) durchbohren.

auf|split|tern (V.; V., ist) sich in Teile auflösen. Aufsplitterung.

auf|spray|en (V.) aufsprühen.

auf|spren|gen (V.) aufbrechen.

auf|sprin|gen (V., sprang auf, ist aufgesprungen) hochspringen; aufkommen; sich öffnen. Aufsprung.

auf|spü|ren (V.) ausfindig machen. Aufspürung.

auf|sta|cheln (V.) aufhetzen. Aufstach(e)lung.

Auf|stand (der, -s, -stän|de) Rebellion; Auflehnung. Aufständische; aufständisch.

auf|stau|en (V.) ansammeln. Aufstau.

auf|ste|cken (V.) befestigen; (ugs.) aufgeben.

auf|ste|hen (V., stand auf, ist aufgestanden) sich erheben. Aufstand.

auf|stei|gen (V., stieg auf, ist aufgestiegen) ansteigen; emporkommen. Aufsteiger; Aufstieg.

Auf|stieg (der, -s, -e) Anstieg; Karriere. Aufstiegsmöglichkeit; aufsteigen.

auf|stö|bern (V.) ausfindig machen.

auf|sto|cken (V.) erhöhen. Aufstockung.

auf|stö|ren (V.) aufschrecken.

auf|sto|ßen (V., stieß auf, ist/hat aufgestoßen) aufmachen; rülpsen. Die Sache stößt mir auf (gefällt mir nicht).

auf|stre|ben (V., ist) aufsteigen. Adjektiv: aufstrebend.

Auf|strich (der, -s, -e) Belag. Brotaufstrich. Verb: aufstreichen.

auf|stu|fen (V.) höherstufen. Aufstufung.

auf|stüt|zen (V.) abstützen.

auf|su|chen (V.) besuchen.

auf|sum|mie|ren (V.) addieren oder subtrahieren (EDV).

auf|ta|keln (V., refl.) (ugs.) sich aufputzen.

Auf|takt (der, -s, -e) Beginn.

auf|tau|chen (V., ist) erscheinen.

auf|tau|en (V.) schmelzen (Eis); wärmer werden.

auf|tei|len (V.) verteilen. Aufteilung.

auf|ti|schen (V.) bewirten.

Auf|trag (der, -s, -trä|ge) Befehl; Bestellung. Auftragsformular; Auftraggeber; Auftragsrückgang; in Auftrag geben; auftragsgemäß; auftragen.

auf|tref|fen (V., traf auf, ist aufgetroffen) aufschlagen. *Beachte:* Nach »auftreffen« steht immer der Akkusativ (nie der Dativ)! Hagelkörner trafen auf das Dach auf.

auf|trei|ben (V., trieb auf, hat aufgetrieben) finden.

auf|tre|ten (V., trat auf, ist aufgetreten) erscheinen; sich geben. Auftritt; Auftreten.

Auf|trieb (der, -s, -e) Hinauftreiben; Ermunterung. Almauftrieb; Auftriebskraft.

auf|trump|fen (V.) überlegen sein.

auf|tun (V., refl., tat auf, hat aufgetan) sich eröffnen.

auf|tür|men (V.) stapeln; aufhäufen.

auf und ab auf und ab rennen. *Aber:* auf- und abspringen. *Beachte:* ein ewiges Auf und Ab; ihr Aufundabgehen machte mich nervös; das Aufsteigen ist schwieriger als das Absteigen.

auf|wach|sen (V., wuchs auf, ist aufgewachsen) heranwachsen.

Auf|wand (der, -s, kein Plural) Einsatz; Ausgaben. Aufwandsentschädigung; aufwenden. aufwändig (*auch:* aufwendig).

auf|wärts (Adv.) nach oben. auf- und abwärts gehen; mit Verben immer getrennt! Er will aufwärts kommen. Mit der Firma wird es bald wieder aufwärts gehen. Aufwärtstrend.

auf|wei|sen (V., wies auf, hat aufgewiesen) zeigen; erkennen lassen. Aufweis.

auf|wen|den (V., wendete/wandte auf, hat aufgewendet/aufgewandt) aufbringen; aufbrauchen. Aufwendung; aufwendig (*auch:* aufwändig).

auf|wer|fen (V., warf auf, hat aufgeworfen) vorlegen; sich erheben.

auf|wer|ten (V.) erhöhen. Aufwertung.

auf|wi|ckeln (V.) aufrollen. Aufwick(e)lung.

auf|wie|geln (V.) aufhetzen. Aufwiegelei; Aufwieg(e)lung; Aufwiegler; aufwieglerisch.

Aufwind 49 auseinander

Auf'wind (der, -s, -e) aufsteigende Luft; Auftrieb.

auf'zäh'len (V.) anführen; angeben. Aufzählung.

Auf'zäh'lung (die, -, -en) Aneinanderreihung. *Beachte:* Aufzählungen werden durch Komma getrennt, wenn sie nicht durch »und«, »oder«, »sowie« verbunden sind! Er kaufte Bonbons, Schokolade, Spielzeug und einen Blumenstrauß.

auf'zeh'ren (V.) verbrauchen.

auf'zeich'nen (V.) aufnehmen; notieren. Aufzeichnung.

auf'zie'hen (V., zog auf, hat aufgezogen) erziehen; hegen; necken. Aufzucht.

Auf'zug (der, -s, -zü'ge) Lift; Festzug; Aufmachung. Aufzug(s)schacht.

Aug'ap'fel (der, -s, -äp'fel) Auge.

Au'ge (das, -s, -n) Sehorgan. Augendeckel; Augenlid; Augen-Make-up; Augenmaß; Augenzeuge; augenblicklich; augenfällig; augenscheinlich; augenzwinkernd.

äu'gen (V.) schauen. Adjektiv: blauäugig.

Au'gur (der, -en/-s, -en) (lat.) Wahrsager.

Au'gust (der, -s, -e) (lat.) 1. achter Monat. 2. männl. Vorname. der dumme August.

Auk'ti'on (die, -, -ti'o'nen) (lat.) Versteigerung. Auktionator; auktionieren.

Au'la (die, -, -len/-s) (lat.) Festsaal.

au pair (Adj.) (franz.) ohne Bezahlung (nur gegen Unterkunft und Verpflegung). Au-pair-Mädchen.

Au'ra (die, -, -ren) (lat.) Ausstrahlung.

Au'ri'kel (die, -, -n) (lat.) gelbe Alpenprimel.

au'ri'ku'lar (Adj.) (lat.) zum Ohr gehörig.

Au'ri'pig'ment (das, -s, kein Plural) (lat.) ein Mineral; Rauschgelb.

Au'rum (das, -/-s, kein Plural) (lat.) Gold.

aus 1. (Präp., Dat.) hinaus; heraus; von. aus sich heraus; wir sind aus Bayern; aus dem Glas; aus aller Herren Länder. 2. (Adv.) vorbei; zu Ende. Es ist aus; aus und ein gehen; *aber:* aus- und eingehende Post. *Beachte:* den Ball ins Aus spielen (über die Auslinie).

aus'ar'bei'ten (V.) verfassen; sich anstrengen. Ausarbeitung.

aus'ar'ten (V.) verschlimmern; entarten. Ausartung.

aus'ba'den (V.) (ugs.) büßen.

aus'bal'lan'cie'ren (V.) ausgleichen.

aus'bau'en (V.) erweitern. Ausbau; ausbaufähig.

aus'bes'sern (V.) korrigieren. Ausbesserung; ausbesserungsbedürftig.

aus'beu'len (V.) ausdehnen; reparieren (Auto).

Aus'beu'te (die, -, -n) Gewinn.

aus'beu'ten (V.) ausplündern. Ausbeuter; Ausbeuterei; Ausbeutung; ausbeuterisch.

aus'bil'den (V.) schulen. Ausbildende; Ausbilder; Auszubildende (Abk.: Azubi).

aus'bit'ten (V., refl., bat aus, hat ausgebeten) verlangen.

aus'blei'ben (V., blieb aus, ist ausgeblieben) nicht kommen. *Beachte:* Wenn »ausbleiben« verneint ist, darf ein abhängiger dass-Satz nicht verneint sein! Es konnte nicht ausbleiben, dass bei dieser Sache etwas schief ging (*nicht:* nichts schief ging!)

aus'blei'chen (V., bleichte/blich aus, ist ausgebleicht/ausgeblichen) bleich machen; bleich werden.

Aus'blick (der, -s, -bli'cke) Aussicht. Verb: ausblicken.

aus'boo'ten (V.) verdrängen; vom Schiff ans Land bringen. Ausbootung.

aus'bor'gen (V., refl.) ausleihen.

aus'bre'chen (V., brach aus, ist ausgebrochen) fliehen; beginnen. Ausbrecher; Ausbruch; ausbruchssicher.

aus'brei'ten (V., refl.) vergrößern; um sich greifen. Ausbreitung.

aus'buch'ten (V.) sich wölben. Ausbuchtung.

aus'bud'deln (V.) (ugs.) ausgraben.

aus'bü'geln (V.) glätten; bereinigen.

Aus'bund (der, -s, kein Plural) Inbegriff. Ein Ausbund an Lächerlichkeit.

aus'bür'gern (V.) die Staatsangehörigkeit aberkennen. Ausbürgerung.

Aus'dau'er (die, -, kein Plural) Durchhaltevermögen; Beharrlichkeit. Adjektiv: ausdauernd.

aus'deh'nen (V.) erweitern; sich ausbreiten. Ausdehnung.

aus'deu'ten (V.) interpretieren. Ausdeutung.

aus'dis'ku'tie'ren (V.) völlig klären.

aus'dör'ren (V.) austrocknen.

aus'dre'hen (V.) ausmachen.

Aus'druck (der, -s, -drü'cke) Wort; Ausdrucksweise; Kennzeichen; Miene. Ausdruckslosigkeit; Ausdrucksweise; ausdruckslos; ausdrucksvoll. Verb: ausdrücken.

aus'dru'cken (V.) drucken. Ausdruck (Plural: Ausdrucke).

aus'drü'cken (V.) auspressen; sich äußern; zeigen.

aus'drück'lich (Adj.) betont; mit Nachdruck.

aus'düns'ten (V.) Geruch abgeben. Ausdünstung.

aus'ei'n'an'der (Adv.) das Auseinandergehen. Zusammenschreibung mit dem Verb, wenn auseinander den Hauptakzent trägt. auseinanderfallen; sich auseinandersetzen. *Aber:* auseinander sein.

Auseinandersetzung 50 **ausholen**

Aus|ei|n|an|der|set|zung (die, -, -en) Meinungsverschiedenheit.
aus|er|ko|ren (Adj.) auserwählt.
aus|er|le|sen (Adj.) kostbar; ausgesucht.
aus|er|wäh|len (V.) aussuchen. Auserwählte; Auserwählung; auserwählt.
Aus|fahrt (die, -, -en) Ausgang; Ausfahren. Ausfahrtstraße; Ausfahrtserlaubnis. Verb: ausfahren.
Aus|fall (der, -s, -fäl|le) Lücke; Beleidigung. Ausfallserscheinung; ausfällig; ausfallen.
aus|fer|ti|gen (V.) ausstellen; ausarbeiten. Ausfertigung.
aus|flag|gen (V.) ein Schiff in einem ausländischen Register eintragen, um Vorteile aus der Gesetzgebung dieses Staates zu ziehen.
aus|fin|dig (Adv.) ausfindig machen (aufstöbern). Das Ausfindigmachen seiner Adresse war schwierig.
aus|flie|ßen (V., floss aus, ist ausgeflossen) herausfließen; ausströmen.
aus|flip|pen (V., ist) (ugs.) Nerven verlieren; begeistert sein.
Aus|flucht (die, -flüch|te) Vorwand.
Aus|flug (der, -s, -flü|ge) Wanderung; Vergnügungsfahrt. Ausflügler; Ausflugsverkehr.
aus|for|mu|lie|ren (V.) deutlich und genau ausarbeiten. Ausformulierung.
aus|fra|gen (V.) fragen; aushorchen.
aus|fran|sen (V., ist) sich auflösen.
Aus|fuhr (die, -, -en) Export. Ausfuhrbeschränkung; Ausfuhrverbot; ausführbar; ausführen.
aus|füh|ren (V.) erledigen; spazieren führen; exportieren; vollenden. Ausführlichkeit; ausführlich; ausführbar.
Ausg. (Abk.) Ausgabe.
Aus|ga|be (die, -, -n) Herausgabe; Kosten. Ausgabenpolitik; Ausgabetermin. Verb: ausgeben.
Aus|gang (der, -s, -gän|ge) Tür; Ende. Ausgangsbasis; Ausgangspunkt; Ausgangssperre. *Beachte:* »ausgangs« (Präposition) mit Genitiv! Wir standen ausgangs der Kurve.
aus|ge|ben (V., gab aus, hat ausgegeben) verbrauchen; spendieren; sich anstrengen.
aus|ge|bucht (Adj.) voll besetzt.
aus|ge|bufft (Adj.) (ugs.) raffiniert.
Aus|ge|burt (die, -, -en) Ausbund.
aus|ge|dient (Adj.) alt; unbrauchbar.
aus|ge|fal|len (Adj.) ungewöhnlich.
aus|ge|gli|chen (Adj.) harmonisch; gleichmäßig; Ausgeglichenheit.
aus|ge|hun|gert (Adj.) sehr hungrig.
aus|ge|kocht (Adj.) (ugs.) raffiniert.
aus|ge|las|sen (Adj.) fröhlich. Ausgelassenheit.

aus|ge|macht (Adj.) verabredet; riesig. ein ausgemachter Schwachsinn.
aus|ge|nom|men (Konj.) außer. Ihr bleibt alle noch eine Stunde da, ausgenommen du (auch ..., du ausgenommen). *Beachte:* ausgenommen(,) dass; ausgenommen(,) wenn.
aus|ge|prägt (Adj.) markant. Ausgeprägtheit.
aus|ge|pumpt (Adj.) (ugs.) völlig erschöpft.
aus|ge|rech|net (Adv.) gerade. Ausgerechnet Bananen!
aus|ge|schlos|sen (Adj.) unmöglich. Das ist völlig ausgeschlossen!
aus|ge|spro|chen (Adj.) sehr; besonders. Adverb: ausgesprochenermaßen.
aus|ge|stal|ten (V.) ausarbeiten; arrangieren. Ausgestaltung.
aus|ge|wo|gen (Adj.) ausgeglichen. Ausgewogenheit.
aus|ge|zeich|net (Adj.) sehr gut.
aus|gie|big (Adj.) reichlich. Ausgiebigkeit.
aus|gie|ßen (V., goss aus, hat ausgegossen) ausschütten. Ausgießer.
Aus|gleich (der, -s, -e) Angleichung; Entschädigung. Ausgleichsfond; Ausgleichstreffer; ausgleichen.
aus|glei|ten (V., glitt aus, ist ausgeglitten) ausrutschen.
aus|gra|ben (V., grub aus, hat ausgegraben) freilegen; finden. Ausgrabung.
Aus|guck (der, -s, -gu|cke) Aussichtspunkt. Verb: ausgucken.
Aus|guss (der, -gus|ses, -gus|se) Spülbecken; Öffnung. Verb: ausgießen.
aus|hal|ten (V., hielt aus, hat ausgehalten) ertragen. Die Musik war nicht zum Aushalten.
aus|han|deln (V.) vereinbaren.
aus|hän|di|gen (V.) herausgeben. Aushändigung.
Aus|hang (der, -s, -hän|ge) Anschlag. Aushängeschild; aushängen.
aus|har|ren (V.) durchhalten.
aus|hau|chen (V.) ausatmen; sterben (sein Leben aushauchen).
aus|he|ben (V., hob aus, hat ausgehoben) herausheben; ausschaufeln. Ausheber; Aushebung; Aushub.
aus|he|cken (ugs.) ausbrüten.
aus|hei|len (V.) vollständig gesund werden lassen. Ausheilung.
aus|hel|fen (V., half aus, hat ausgeholfen) unterstützen. Aushilfe; Aushilfskraft; aushilfsweise.
aus|höh|len (V.) auswaschen; hohl machen. Aushöhlung.
aus|ho|len (V.) ausgreifen; ausschweifen.

aushorchen   51   Aussage

aus|hor|chen (V.) ausfragen.
aus|keh|ren (V.) sauber machen.
aus|ken|nen (V., refl., kannte sich aus, hat sich ausgekannt) Bescheid wissen.
aus|kip|pen (V.) ausschütten.
aus|klam|mern (V.) ausschließen. Ausklammerung.
aus|kla|mü|sern (V.) (ugs.) tüfteln.
Aus|klang (der, -s, -klän|ge) Abschluss. Verb: ausklingen.
aus|klap|pen (V.) auseinanderklappen. Adjektiv: ausklappbar.
aus|klei|den (V.) ausziehen.
aus|klü|geln (V.) austüfteln. Adjektiv: ausgeklügelt.
aus|knip|sen (V.) ausschalten.
aus|kom|men (V., kam aus, ist ausgekommen) reichen; verstehen. Auskommen; auskömmlich.
aus|ku|geln (V.) ausrenken.
aus|küh|len (V.) kalt werden. Auskühlung.
Aus|kul|ta|ti|on (die, -, -ti|o|nen) Abhorchen der Körpergeräusche mit dem Stethoskop.
aus|kul|tie|ren (V.) durch Auskultation prüfen.
aus|kund|schaf|ten (V.) ausspionieren. Auskundschafter.
Aus|kunft (die, -, -künf|te) Angabe; Antwort. Auskunftsstelle; Auskunft geben.
aus|ku|rie|ren (V.) ausheilen.
aus|la|chen (V.) verspotten.
aus|la|den (V., lud aus, hat ausgeladen) entladen; leeren; eine Einladung rückgängig machen. Ausladung.
aus|la|dend (Adj.) breit; weitschweifig.
Aus|land (das, -s, kein Plural) fremdes Land, fremde Länder. Ausländer; Auslandsbeziehungen; Auslandskorrespondent; Auslandsschutzbrief; ausländisch; ausländerfeindlich.
aus|las|sen (V., ließ aus, hat ausgelassen) freilassen; weglassen; verpassen. Auslassung; Auslassungszeichen (Apostroph).
Aus|las|sungs|punk|te (die, nur Plural) *Beachte:* Eine abgebrochene Rede wird durch drei Auslassungspunkte markiert. *Wichtig:* Hinter Auslassungszeichen folgt am Satzende kein Schlusspunkt mehr! Sie können mich mal …
aus|las|ten (V.) ausnutzen. Auslastung.
aus|lau|fen (V., lief aus, ist ausgelaufen) sich ergießen; zu Ende gehen. Ausläufer; Auslauf.
aus|lee|ren (V.) entleeren. Ausleerung.
aus|le|gen (V.) deuten; ausbreiten. Ausleger; Auslegeware; Auslegung.
Aus|lei|he (die, -, -n) Bücherausgabe in Bibliotheken. Ausleihung; ausleihen.

Aus|le|se (die, -, -n) Auswahl; Elite. Verb: auslesen.
aus|lie|fern (V.) liefern; aushändigen. Auslieferung.
aus|lö|schen (V.) ausmachen; beseitigen. Auslöschung; auslöschbar.
aus|lö|sen (V.) verursachen; loskaufen. Auslösung; Auslöser; auslösbar.
aus|lo|ten (V.) ermessen; abwägen.
aus|ma|len (V.) anstreichen; veranschaulichen. Ausmalung.
Aus|maß (das, -es, -e) Umfang; Größe.
aus|mer|zen (V.) beseitigen.
aus|mis|ten (V.) ausräumen.
aus|mus|tern (V.) aussortieren. Ausmusterung (Militärdienst).
Aus|nah|me (die, -, -n) Abweichung. Ausnahmefall; Ausnahmezustand; ausnahmslos; ausnahmsweise; ausnehmend (sehr); ausnehmen.
aus|nut|zen (*auch:* ausnützen) (V.) ganz nutzen; rücksichtslos benutzen. Ausnutzung/Ausnützung.
aus|pa|cken (V.) ausladen; Geheimnisse verraten.
aus|pfei|fen (V., pfiff aus, hat ausgepfiffen) ablehnen.
Au|s|pi|zi|um (das, -s, -zi|en) (lat.) 1. Wahrsagung (durch die Auguren). 2. Vorbedeutung. 3. Obhut.
Aus|prä|gung (die, -, -en) Ausdruck. Adjektiv: ausgeprägt. Verb: ausprägen.
Aus|puff (der, -s, -e) Abgasableitung (Auto). Auspufftopf.
aus|quar|tie|ren (V.) auslagern. Ausquartierung.
aus|ran|gie|ren (V.) aussondern.
aus|räu|men (V.) leer machen; beseitigen.
Aus|re|de (die, -, -n) Ausflucht.
aus|re|den (V.) zu Ende sprechen; abbringen.
aus|rei|chen (V.) auskommen. Die Gesamtnote war »ausreichend«.
Aus|rei|se (die, -, -n) Grenzübertritt. Ausreisegenehmigung; ausreisen.
aus|rei|ßen (V., riss aus, hat/ist ausgerissen) herausreißen; abhauen. Ausreißer.
aus|rich|ten (V.) erreichen; übermitteln; ordnen. Ausrichtung.
aus|rot|ten (V.) vernichten. Ausrottung.
Aus|ruf (der, -s, -e) Schrei. Ausrufesatz; Ausrufezeichen; Ausrufung; ausrufen.
Aus|ru|fe|zei|chen → Regelkasten
aus|rüs|ten (V.) ausstatten. Ausrüstung.
aus|rut|schen (V., ist) ausgleiten. Ausrutscher.
Aus|sa|ge (die, -, -n) Bericht; Gehalt. Aussagekraft; Aussagesatz; aussagen.

aussagekräftig   52   außerhalb

Ausrufezeichen

Das Ausrufezeichen markiert einen Satz oder Satzteil, der besonders betont werden soll.
1. Nach Aufforderung, Wunsch, Befehl oder Verbot. Kommen Sie mal her! Wäre ich doch nicht so voreilig gewesen! Verlassen Sie sofort den Gefahrenbereich! Das Baden ist hier verboten! Auch verkürzte Sätze stehen mit Ausrufezeichen: Halt! Herzlichen Glückwunsch! Parken verboten! *Beachte:* Kein Ausrufezeichen steht, wenn die Aufforderung, der Befehl, der Wunsch oder das Verbot in Abhängigkeit von einem anderen Satz steht. Ich sage Ihnen, hier ist das Baden verboten. Dass dies nur nicht das Ende sei, wünschte sie sich.
2. Nach Ausrufesätzen, Ausrufewörtern und Ausrufelauten. Das kommt doch überhaupt nicht in Frage! »Wie gemein!«, entrüstete sie sich. Ausgezeichnet! Ui! Au! *Beachte:* Auch ein Ausruf kann als abhängiger Satz stehen – allerdings ohne Ausrufezeichen! Sie entrüstete sich, wie gemein dies sei.
3. Nach Fragesätzen, die Ausrufcharakter haben. Geht denn das nicht schneller! Müssen Sie so laut werden! *Beachte:* Wenn ein Satz sowohl als Frage als auch als Ausruf fungiert, stehen beide Satzzeichen. Muss das jetzt sein?!
4. Ein eingeklammertes Ausrufezeichen nach einem Wort drückt eine Skepsis gegenüber der Angabe oder eine besondere Betonung des Wortes aus. Der Finanzminister erklärte, dass die Steuern um 10 % (!) gesenkt würden.
5. *Wichtig:* Nach der Briefanrede wird heute das Ausrufezeichen durch das Komma ersetzt!

---

aus¦sa¦ge¦kräf¦tig (Adj.) überzeugend.
aus¦schau¦en (V.) aussehen; erwarten. Er hielt Ausschau nach mir.
Aus¦schlag (der, -s, -schlä¦ge) Hautveränderung; Schwingen. Adjektiv: ausschlaggebend. Verb: ausschlagen.
aus¦schlie¦ßen (V., schloss aus, hat ausgeschlossen) ausklammern; fernhalten. Ausschließlichkeit; Ausschließung; Ausschluss; ausschließlich.
aus¦schließ¦lich 1. (Präp., Gen.) ohne; außer. Der Betrag ausschließlich der Mehrwertsteuer. 2. (Adj.) alleinig; uneingeschränkt. Er hatte die ausschließliche Erlaubnis. 3. (Adv.) nichts als; nur. Sie war ausschließlich Hausfrau.
aus¦schöp¦fen (V.) leer schöpfen; voll ausnutzen. Ausschöpfung.
aus¦schrei¦ben (V., schrieb aus, hat ausgeschrieben) ausfertigen; bekannt geben. öffentliche Ausschreibung.
Aus¦schrei¦tung (die, -, -en) gewalttätige Auseinandersetzungen. Verb: ausschreiten.
Aus¦schuss (der, -schus¦ses, -schüs¦se) Kommission; fehlerhafte Ware. Ausschusssitzung; Ausschusssware.
Aus¦schüt¦tung (die, -, -en) Auszahlung von Gewinnanteilen. Verb: ausschütten.
aus¦schwei¦fen (V.) über die Stränge schlagen. Ausschweifung; ausschweifend.
aus¦se¦hen (V., sah aus, hat ausgesehen) wirken; sich zeigen. Aussehen.

aus sein (V., war aus, ist aus gewesen) zu Ende sein; abzielen. Der Film muss gleich aus sein. Er ist auf eine Heirat aus gewesen.
Au¦ßen¦wirt¦schaft (die, -, kein Plural) wirtschaftliche Beziehungen eines Landes mit dem Ausland.
au¦ßen (Adv.) außerhalb; auf der Außenseite. von innen nach außen; von außen gesehen. *Aber:* Innen und Außen (das Außen!) sind bei diesem Gebäude ganz verschieden gestaltet. Außendienst; Außenminister; Außenstehende (*auch:* außen Stehende); außendienstlich; außen liegend (*auch:* außenliegend); außenpolitisch.
au¦ßer 1. (Präp., Dat./Akk.) abgesehen von; außerhalb. keiner außer ihm; außer Acht lassen; außerstande/außer Stande sein; außer Haus; außer Rand und Band; außer Zweifel; außer Dienst (Abk.: a. D.). *Wichtig:* Wenn »außer« eine nachgestellte nähere Bestimmung einleitet, steht ein Komma! Immer, außer am Samstag. 2. (Konj.) ausgenommen. Ich gehe nicht mehr in den Garten(,) außer wenn/dass die Sonne scheint. Er ging nicht mehr aus dem Haus, außer um das Notwendigste zu besorgen. *Beachte:* Vor »außer« als Konjunktion steht immer ein Komma. Äußerlichkeit; Äußere; Außerkraftsetzung; außerdienstlich; außergewöhnlich; außerordentlich; außerplanmäßig. äußerlich. Adverb: außerdem (überdies).
au¦ßer¦halb 1. (Präp., Gen.) nicht innerhalb (eines Raums/Zeitraums). Ich will außerhalb

äußern   53   **Autobiografie**

der Stadt wohnen. 2. (Adv.) draußen. Ich will außerhalb wohnen.
äu|ßern (V.) aussprechen. Äußerung.
äu|ßerst 1. (Adv.) sehr. Ich war äußerst gespannt. 2. (Adj.) am weitesten/stärksten/schlimmsten. Aufs Äußerste gespannt; bis zum Äußersten erregt. *Beachte:* Kleinschreibung möglich, wenn man die Wortbedeutung mit »Wie?« erfragen kann! *Aber:* Großschreibung: aufs Äußerste gefasst sein; bis zum Äußersten gehen; das Äußerste befürchten; bis zum Äußersten fähig sein. Adverb: äußerstenfalls.
au|ßer|stan|de (*auch:* au|ßer Stan|de) sein (V., war außerstande, bin außerstande gewesen) unfähig sein.
aus|set|zen (V.) pausieren; beanstanden; allein lassen. Aussetzung; Aussetzer.
Aus|sicht (die, -, -en) Rundblick; Möglichkeit. Aussichtspunkt; Aussichtslosigkeit; aussichtslos; aussichtsreich; aussichtsvoll.
aus|sie|deln (V; V., ist) umsiedeln. Aussiedler.
aus|söh|nen (V., refl.) sich versöhnen. Aussöhnung.
aus|span|nen (V.) ausbreiten; sich erholen; (ugs.) abspenstig machen.
aus|spa|ren (V.) frei lassen. Aussparung.
aus|sper|ren (V.) ausschließen. Aussperrung.
Aus|spra|che (die, -, -n) Artikulation; Auseinandersetzung. Ausspracheregel; Ausspruch; aussprechbar; aussprechen.
aus|staf|fie|ren (V.) einrichten; ausrüsten. Ausstattung.
aus|ste|hen (V.) etwas nicht ausstehen können.
aus|stei|gen (V., stieg aus, ist ausgestiegen) verlassen. Aussteiger; Ausstieg.
aus|stel|len (V.) anbieten; anfertigen; kündigen. Ausstellung; Ausstellungsstück; ausstellbar.
aus|ster|ben (V., starb aus, ist ausgestorben) verschwinden.
Aus|stieg (der, -s, -e) Öffnung; Aussteigen; Austritt. Verb: aussteigen.
aus|tau|schen (V.) wechseln; ersetzen. Austausch; Austauschmotor; austauschbar.
Aus|ter (die, -, -n) genießbare Meeresmuschel. Austernbank; Austernfischer; Austernzucht.
aus|tra|gen (V., trug aus, hat ausgetragen) liefern; abwickeln. Austräger; Austragung; Austragungsmodus.
Aus|t|ral (der, -s, -e) (lat.-span.) argentinische Währungseinheit, 100 Centavos.
aus|t|ra|lid (Adj.) (lat.) zur Rassengruppe der Australier gehörig.
Aus|t|ra|li|en (ohne Art., -s, kein Plural) Kontinent. Australier. australisch.

Aus|tritt (der, -s, -e) Verlassen. Austrittserklärung; austreten.
aus|tüf|teln (V.) ersinnen. Austüft(e)lung.
aus|üben (V.) betreiben; machen. Ausübung.
Aus|ver|kauf (der, -s, -käu|fe) Billigpreise. Ausverkaufsgedränge; ausverkauft; ausverkaufen.
aus|wan|dern (V.) emigrieren. Auswanderer; Auswanderung.
aus|wär|tig (Adj.) am/vom anderen Ort; ausländisch. Auswärtiges Amt (Abk.: AA); *aber:* auswärtiger Dienst.
aus|wärts (Adv.) außerhalb; nach außen. Wir essen heute auswärts; auswärts laufend.
Aus|weg (der, -s, -e) Lösung; Rettung. Ausweglosigkeit; ausweglos.
aus|wei|sen (V., wies aus, hat ausgewiesen) hinauswerfen; legitimieren. Ausweis; Ausweiskontrolle; Ausweisung.
aus|wen|dig (Adv.) aus dem Gedächtnis. das Auswendiglernen; aber: auswendig lernen; auswendig wissen.
aus|wer|ten (V.) ausnutzen. Auswertung.
aus|wir|ken (V., refl.) Folgen haben. Auswirkung.
Aus|wuchs (der, -es, -wüch|se) Übertreibung; Unsitte. Verb: auswachsen.
aus|zah|len (V.) entlohnen; lohnen. Auszahlung.
Aus|zeich|nung (die, -, -en) Ehrung; Anerkennung; Preisangabe. Verb: auszeichnen. Adjektiv: ausgezeichnet.
aus|zie|hen (V., zog aus, hat/ist ausgezogen) vergrößern; entkleiden; umziehen. Auszug; ausziehbar.
Aus|zu|bil|den|de (der, -n, -n) (Abk.: Azubi) Lehrling.
Aus|zug (der, -s, -zü|ge) Verlassen; Extrakt. Auszugsmehl; auszugsweise; ausziehen.
au|t|ark (Adj.) (griech.) unabhängig. Autarkie.
Au|then|ti|zi|tät (die, -, kein Plural) (griech.) Echtheit. Adjektiv: authentisch.
Au|tis|mus (der, -, kein Plural) (griech.) extreme Selbstversunkenheit (Krankheit).
Au|tist (der, -en, -en) jmd., der an Autismus leidet.
au|tis|tisch (Adj.) zum Autismus gehörig, daran leidend.
Au|to (das, -s, -s) (griech.) (Kurzw.) Automobil; Automobilclub, Autobahn, Auto fahren.
Au|to|bahn|ge|bühr (die, -, -en) Maut für die Benutzung einer Autobahn.
Au|to|bi|o|gra|fie (*auch:* Au|to|bi|o|gra|phie) (die, -, -n) (griech.) Selbstbeschreibung. Adjektiv: autobiografisch (*auch:* autobiographisch).

Autocar   54   azyklisch

Au'to'car (der, -s, -s) (griech.-engl.) Omnibus für Gesellschaftsreisen (schweiz.).

au'to'ch'thon (Adj.) (griech.) alteingesessen; bodenständig.

Au'to'da'fé (das, -s, -s) (portugies.) 1. Ketzerverbrennung. 2. Bücherverbrennung.

au'to'di'dak'tisch (Adj.) (griech.) sich selbst unterrichtend. Autodidakt.

au'to'freie Stadt (die, -n -, -n Städ'te) Einschränkung des Autoverkehrs durch Sperrung des Stadtzentrums.

au'to'gen (Adj.) (griech.) selbsttätig. autogenes Training.

Au'to'gramm (das, -s, -e) (griech.) Unterschrift.

au'to'ke'phal (Adj.) (griech.) mit eigenem Oberhaupt (bei orthodoxen Nationalkirchen).

Au'to'klav (der, -s, -en) (griech.) Gefäß für Arbeiten bei hohem Druck und hoher Temperatur.

Au'to'krat (der, -en, -en) (griech.) unumschränkter Alleinherrscher.

Au'to'kra'tie (die, -, -n) (griech.) unumschränkte Alleinherrschaft.

au'to'kra'tisch (Adj.) (griech.) unumschränkt herrschend.

Au'to'ly'se (die, -, -n) (griech.) Selbstauflösung (abgestorbenen Körpergewebes).

Au'to'mat (der, -en, -en) (griech.) selbsttätige Maschine. Automatik; Automation; Automatisierung; automatisch; automatisieren.

au'to'nom (Adj.) (griech.) unabhängig; selbstständig. Autonomie.

au'to'no'me Grup'pe (die, -n -, -n -n) das Gesellschaftssystem ablehnende, gewaltbereite Gruppierung.

Au'to'plas'tik (die, -, -en) (griech.) Verpflanzung körpereigenen Gewebes.

Au't'op'sie (die, -, -n) (griech.) Leichenöffnung; Prüfung durch Augenschein.

Au'tor (der, -s, -en) (lat.) Verfasser.

Au'to're'cy'c'ling (das, -s, kein Plural) Aufbereitung und Rückführung von verschrotteten Autos in die Autoproduktion.

Au'to're'verse (das, -, kein Plural) (engl.) Umschaltautomatik.

au'to'ri'siert (Adj.) allein berechtigt.

Au'to'ri'tät (die, -, -en) Ansehen (ohne Plural); Persönlichkeit. Adjektive: autoritär; autoritätsgläubig.

Au'to'skoo'ter (der, -s, -) (engl.) elektrisches Jahrmarktsauto.

Au'to'stra'da (die, -, -s) (ital.) italienische Autobahn.

Au'to'sug'ges'ti'on (die, -, -ti'o'nen) (griech.-lat.) Selbstbeeinflussung.

Au'to'to'mie (die, -, -n) (griech.) Abwerfen eines Körperteils (bei Gefahr); z. B. das Schwanzabwerfen bei Eidechsen.

Au'to'to'xin (das, -s, -e) (griech.) im eigenen Körper entstandenes Gift.

Au'to'ty'pie (die, -, -n) (griech.) Buchdruckverfahren, bei dem gerasterte Negative auf Platten kopiert werden.

Au'xi'li'ar'verb (das, -s, -en) (lat.) Hilfszeitwort; z. B. haben, sein.

Aval (der, -s, -e) Wechselbürgschaft.

Avant'gar'de (die, -, -n) (franz.) Vorreiter. Adjektiv: avantgardistisch.

Ave-Ma'ria (das, -/-s, -/-s) (lat.) ein katholisches Gebet.

Aven'tu'rin (der, -s, -e) (ital.) schillernder Quarz; Schmuckstein.

Ave'nue (die, -, -n) (franz.) Prachtstraße, breite Allee.

Avers (der, -es, -e) (franz.) Münzvorderseite.

Aver'si'on (die, -, -si'o'nen) Widerwillen; Abneigung.

Avis (der/das, -, -) (franz.) Ankündigung; Benachrichtigung.

avi'sie'ren (V.) (franz.) ankündigen.

Avi't'a'mi'no'se (die, -, -n) (griech.-lat.) Vitaminmangelkrankheit.

Avo'ca'do (die, -, -s) Frucht.

AWACS (Abk.) (Airborne early Warning and Control System) Frühwarnsystem (Nato).

Axi'om (das, -s, -e) (griech.) Grundlehrsatz. Adjektiv: axiomatisch.

Axo'lotl (der, -s, -) mexikanischer Molch, der bereits als Larve fortpflanzungsfähig ist.

Axon (das, -s, -e/-en) Erregungsleiter der Nervenzelle.

Axt (die, -, Äx'te) Beil.

Aya'tol'lah (der, -s, -s) (pers.) schiitischer Würdenträger.

Aye-Aye (das, -s, -s) madegassischer Halbaffe.

AZ (*auch*: Az.) (Abk.) Aktenzeichen.

a. Z. (Abk.) auf Zeit.

Aza'lee (die, -, -n) (griech.) ein Heidekrautgewächs, Zierstrauch.

Aze'tat (das, -s, -e) = Acetat.

Azi'mut (der/das, -s, -e) (arab.) Winkel eines Höhenkreises mit dem Meridian.

azi'mu'tal (Adj.) den Azimut betreffend.

Az'te'ke (der, -n, -n) Angehöriger des mexikanischen Indianervolkes.

az'te'kisch (Adj.) zu den Azteken gehörig.

Azu'bi (der, -s, -s) (Kurzw.) Auszubildender.

Azur (das, -s, kein Plural) Himmelsblau. Aber: azurblaues Meer.

azy'k'lisch (Adj.) (griech.) unregelmäßig.

B

B (Abk.) Bundesstraße. Stau auf der B 12!
b. (Abk.) bei; beim. Pfungstadt b. Darmstadt.
Ba (Abk.) Barium (chemisches Zeichen).
Baas (der, -es, -e) (niederl.) Herr; Meister; Aufseher.
bab'beln (V.) (ugs.) reden; schwatzen.
Ba'bel (das, -s, -) (griech.-lat.-hebr.) 1. Ort des Sittenverfalls. 2. Ort, in dem viele Sprachen gesprochen werden.
Ba'bi'rus'sa (der, -s, -s) (malai.) Hirscheber auf Celebes.
Ba'bu (der, -s, -s) 1. indischer Titel. 2. Inhaber des Titels.
Ba'busch'ka (die, -, -s) (russ.) alte Frau; Kosename für Großmutter in Russland.
Ba'by (das, -s, -s) (engl.) Säugling; Kleinkind. Babyjahr; Babysitter; babysitten (*Beachte:* nur im Infinitiv!).
Ba'by'doll (das, -s, -s) (engl.) leichtes, kurzes Nachthemd mit kurzem Höschen.
ba'by'lo'nisch (Adj.) zu Babylonien gehörig.
Bac'cha'nal (das, -s, -e/-na'li'en) (lat.) Trinkgelage (mit Wein).
Bac'chant (der, -en, -en) (lat.) Weinzecher.
bac'chan'tisch (Adj.) (lat.) ausgelassen; weintrunken.
Bach (der, -s, Bä'che) Flüsschen. Bachstelze.
Ba'che (die, -, -n) weibliches Wildschwein.
Bach'fo'rel'le (die, -, -n) Forelle.
Bach'stel'ze (die, -, -n) Vogelart.
Ba'che'lor (der, -s, -s) (engl.) angelsächsischer Magister.
Bach'ti'a'ri (der, -s, -s) (pers.) geknüpfter Teppich.
Back'bord (das, -, -e) links (Schiff). Adjektiv: backbord(s).
Ba'cke (die, -, -n) Wange. Backenbart; Backenzahn; Backpfeife; pausbäckig.
ba'cken (V., buk/backte, hat gebacken) garen; braten. Backobst; Bäcker; Bäckerei.
Back'blech (das, -s, -e) Backform; Ofenblech.
Back'erb'se (die, -, -n) Backerbsensuppe.
Bä'cker'ge'sel'le (der, -n, -n) gelernter Bäcker.
Bä'cker'lehr'ling (der, -s, -e) Auszubildender in einer Bäckerei.
Bä'cker'la'den (der, -s, -lä'den) Bäckerei.
Bä'cker'meis'ter (der, -s, -) Bäcker mit Meisterbrief.
Bä'ckers'frau (die, -, -en) Frau eines Bäckers.

back'fer'tig (Adj.) bereit zum Backen.
Back'fett (das, -s, -e) Fett zum Backen.
Back'fisch (der, -es, -e) 1. gebackener Fisch. 2. Teenager.
Back'form (die, -, -en) geformtes Backblech. Kuchenform.
Back'gam'mon (das, -s, kein Plural) (engl.) Brettspiel.
Back'ground (der, -s, -s) (engl.) Hintergrund.
Back'ofen (der, -s, -öfen) Backherd.
Back'pfei'fe (die, -, -n) Ohrfeige.
Back'pflau'me (die, -, -n) gedörrte Pflaume.
Back'rohr (das, -es, -e) Backofen.
Back'spin (der, -/-s, -s) (engl.) mit Rückwärtsdrall geschlagener Ball (Golf, Tennis, Tischtennis).
Back'stein (der, -s, -e) Ziegel.
Back'stu'be (die, -, -n) Raum, in dem gebacken wird.
Back'trog (der, -s, -trö'ge) Behälter für Backteig.
Back'vor'schrift (die, -, -en) Backanweisung.
Back'wa'ren (Pluralwort) (die) gebackene Teigwaren.
Back'werk (das, -s, kein Plural) Gebäck.
Back'zeit (die, -, -en) Dauer des Backens.
Ba'con (der, -s, kein Plural) englischer Frühstücksspeck.
Bad (das, -s, Bä'der) Badezimmer; Baden; Heilbad. *Beachte:* Heilbäder immer ohne Bindestrich! Bad Wörishofen. Badeanstalt; Bademeister; Badesaison; baden.
Ba'de'an'stalt (die, -, -en) öffentliches Bad.
Ba'de'an'zug (der, -es, -zü'ge) Badebekleidung. Einteiler.
Ba'de'gast (der, -es, -gäs'te) Kunde in einem öffentlichen Bad.
Ba'de'ge'le'gen'heit (die, -, -en) Waschgelegenheit.
Ba'de'hand'tuch (das, -s, -tü'cher) Handtuch zum Baden.
Ba'de'hau'be (die, -, -n) Badekappe.
Ba'de'ho'se (die, -, -n) Hose zum Baden.
Ba'de'kap'pe (die, -, -n) Bademütze.
Ba'de'man'tel (der, -s, -män'tel) leichter Mantel aus Handtuchstoff.
Ba'de'mat'te (die, -, -n) Unterlage für das Ruhen nach dem Bad.
Ba'de'müt'ze (die, -, -n) Badehaube.
Ba'de'ni'xe (die, -, -n) Meerweib.
Ba'den-Würt'tem'berg (ohne Art., -s, kein Plural) deutsches Bundesland.
Ba'de'sa'chen (die, nur Plural) Dinge, die zum Baden mitgenommen werden.
Ba'de'salz (das, -es, kein Plural) Mittel zur Anreicherung des Badewassers.

Ba|de|schaum (der, -s, kein Plural) Pulver oder Seifenlauge, das Badewasser zum Schäumen bringt.

Ba|de|was|ser (das, -s, kein Plural) Wasser zum Baden. das Badewasser einlassen.

Ba|de|zeug (das, -s, kein Plural) Badesachen.

Ba|de|zu|satz (der, -es, -sät|ze) Badesalz; Badeschaum.

Bad|min|ton (das, -, kein Plural) (engl.) sportlicher Federball.

baff (Adv.) verblüfft. Da war er aber baff!

BA|föG (auch: Ba|fög) (Abk.) Bundesausbildungsförderungsgesetz.

Ba|ga|ge (die, -, -n) (franz.) 1. Reisegepäck (veraltet). 2. Gesindel; Pack.

Ba|ga|tel|le (die, -, -n) (franz.) Kleinigkeit. Bagatellsache; Bagatellschaden. bagatellisieren.

Bag|ger (der, -s, -) Baumaschine; unteres Zuspiel (Volleyball). Baggerführer. baggern.

Ba|guet|te (die/das, -s, -s) (franz.) Stangenweißbrot.

Ba|ha|mas (die, nur Plural) Bahamainseln. Bahamaer. bahamisch.

Ba|ha|sa In|do|ne|sia (die, - -, kein Plural) (malai.) die Staatssprache Indonesiens.

Bahn (die, -, -en) Weg; Schienenfahrzeug; Streifen. Bahnbrecher; Bahnhof; Bahnübergang; Stoffbahn; bahnenweise.

Bahn|an|schluss (der, -schlus|ses, -schlüs|se) Verkehrsverbindung zu einer Bahnstrecke.

Bahn|ar|bei|ter (der, -s, -) Arbeiter auf einer Gleisstrecke.

Bahn|be|triebs|werk (das, -s, -e) Depot.

bahn|bre|chend (Adj.) neue Wege eröffnend. eine bahnbrechende Erfindung. Bahnbrechendes leisten.

Bahn|damm (der, -s, -däm|me) aufgeschüttetes Gleisbett.

bah|nen (V.) einen Weg schaffen, sich einen Weg bahnen. eine Schneise bahnen.

Bahn|fahrt (die, -, -en) Reise mit der Bahn.

Bahn|fracht (die, -, en) mit der Bahn transportierte Güter.

Bahn frei! (Interj.) Macht den Weg frei!

Bahn|ge|län|de (das, -s, kein Plural) Betriebsgelände der Bahngesellschaft.

Bahn|gleis (das, -es, -e) Schienenstrang. Vom Bahngleis zurückbleiben!

Bahn|hofs|gast|stät|te (die, -, -n) Restaurant am oder im Bahnhof.

Bahn|hofs|hal|le (die, -, -n) überdachter Schalterbereich.

Bahn|hofs|mis|si|on (die, -, -si|o|nen) kirchliche Anlaufstelle für Hilfe suchende Reisende.

Bahn|hofs|platz (der, -es, -plät|ze) Verkehrsknotenpunkt vor einem Bahnhof.

Bahn|hofs|po|li|zei (die, -, kein Plural) Behörde zum Schutz des Bahnhofsgeländes. Bahnhofspolizist.

Bahn|hofs|vor|stand (der, -es, -stän|de) Stationsvorsteher.

Bahn|kör|per (der, -s, -) Eigentum einer Bahngesellschaft. Das Beschädigen des Bahnkörpers ist verboten!

Bahn|li|nie (die, -, -n) Zug mit festgelegter Strecke.

Bahn|schran|ke (die, -, -n) Absperrung eines Bahnübergangs.

Bahn|steig (der, -s, -e) Haltestelle. Bahnsteigkarte.

Bahn|stre|cke (die, -, -n) Gleisstrecke.

Bahn|trans|port (der, -, -e) Beförderung mit der Bahn.

Bahn|wär|ter (der, -s, -) Streckenwärter. Bahnwärterhäuschen.

Bah|rain (ohne Art., -s, kein Plural) Golfstaat. Bahrainer; bahrainisch.

Bah|re (die, -, -n) Trage.

Baht (der, -, -) thailändische Währungseinheit; 100 Stangs.

Ba|hu|w'ri|hi (das, -, -) (sanskr.) Wortzusammensetzung, die nach einer kennzeichnenden Eigenschaft benennt; z. B. Dickwanst.

Bai (die, -, -en) (niederl.) Meeresbucht.

Bai|ao (der, -, kein Plural) moderner Tanz in Lateinamerika.

Bai|ram (der, -s, -s) türkische Bezeichnung zweier wichtiger islamischer Feste.

bai|risch (Adj.) Sprache Bayerns betreffend. Aber: eine bayerische Stadt.

Bai|ser (das, -s, -s) (franz.) überbackener Eischaum.

Bais|se (die, -, -n) (franz.) Kurspreisverfall (Börse).

Ba|ja|de|re (die, -, -n) (portugies.-franz.) indische Tempeltänzerin.

Ba|jaz|zo (der, -s, -s) (ital.) Narr.

Ba|jo|nett (das, -[e]s, -e) Seitengewehr.

Ba|jo|nett|ver|schluss (der, -schlus|ses, -schlüs|se) Schnellverschluss.

Ba|ju|wa|re (der, -n, -n) Bayer.

Ba|ke|lit (das, -s, kein Plural) (niederl.-nlat.) ein Kunststoff.

Bak|ka|lau|re|at (das, -s, -e) französisches Abitur. Bakkalaureus.

Bak|ka|rat (das, -s, kein Plural) (franz.) ein Kartenglücksspiel.

Bak|ken (der, -/-s, -) (norw.) Skisprungschanze.

Bak|la|va (die, -, -s) (türk.) öliges türkisches Strudelgebäck.

Bakschisch — 57 — Band

Bak'schisch (das, -/-s/-es, -e) (pers.) Almosen; Trinkgeld.
Bak'te'rie (die, -, -n) (*auch:* Bak'te'ri'um) (das, -s, -ri'en) Krankheitserreger. Bakterienträger. Bakteriologie; bakteriologisch; bakteriell.
Bak'te'rio'pha'ge (der, -n, -n) (griech.) Bakterien fressendes Virus.
bak'te'ri'zid (Adv.) keimtötend. Bakterizid.
Ba'la'lai'ka (die, -, -ken/-s) (russ.) Saiteninstrument.
Ba'lan'ce (die, -, -n) (franz.) Gleichgewicht. Balanceakt; balancieren.
Ba'la'tum (das, -s, kein Plural) filzartiger Bodenbelag.
Bal'boa (der, -/-s; -/-s) Währungseinheit von Panama; 100 Centesimos.
bald (Adv.) in Kürze; fast. Auf bald! Bis bald! Ich hätte es bald vergessen. *Beachte:* Steigerungsformen: bald, eher, am ehesten.
bald – bald (Konj.) einmal – einmal. Bald war er hier, bald war er dort. *Beachte:* Vor dem zweiten (und jedem weiteren) bald steht ein Komma!
Bal'da'chin (der, -s, -e) Stoffhimmel.
Bäl'de (nur in der Verbindung) in Bälde (bald). Adjektive: baldig; baldigst; baldmöglichst (*besser:* möglichst bald/so bald wie möglich).
Bal'd'ri'an (der, -s, -e) Beruhigungsmittel. Baldriantropfen.
Balg 1. (der, -s, Bäl'ge) Tierhaut. 2. (der/das, -s, Bäl'ger) (ugs.) freches Kind.
bal'gen (V., refl.) raufen. Balgerei.
Bal'gen (der, -s, -) ausziehbares Verbindungsteil (Fotoapparat). Balgengerät.
Bal'kan (der, -s, kein Plural) Südosteuropa. Balkanhalbinsel (*auch:* Balkan-Halbinsel); Balkanländer. Adjektiv: balkanisch. Verb: balkanisieren (chaotische Zustände hervorrufen).
Bal'ken (der, -s, -) 1. vierkantiger Holzpfosten. Querbalken. 2. Strich; Uniformstreifen. 3. Joch einer Balkenwaage.
Bal'ken'kon's't'ruk'ti'on (die, -, -ti'o'nen) Hausbau mit Balken als Stütze.
Bal'ken'über'schrift (die, -, -en) große Überschrift in Fettdruck.
Bal'ken'waa'ge (die, -, -n) Waage mit feinem Joch, an dem zwei Auflagen für Gewicht und Gegengewicht hängen.
Bal'kon (der, -s, -e/-s) offener Vorbau. Balkonpflanze.
Ball (der, -s, Bäl'le) Spiel- und Sportgerät; Tanzveranstaltung. Ball spielen, *aber:* Das Ballspielen war ihm zu langweilig. Ballgefühl; Balljunge; Ballkleid; Balllokal.
Bal'la'de (die, -, -n) (griech.) dramatisches Erzählgedicht. Balladenstoff; balladenhaft; balladesk.

Bal'last (der, -s, -e) Beschwerung; Bürde. Ballaststoffe.
Bal'la'watsch (der, -s/-es, kein Plural) (österr.) Durcheinander.
bal'len (V.) zusammendrücken; sich zusammendrängen. Ballen; Ballung.
Bal'le'ri'na (die, -, -nen) (ital.) Balletttänzerin. Primaballerina.
bal'lern (V.) (ugs.) schießen; knallen. Ballerei; Ballermann.
Bal'lett (das, -s, -e) (ital.) Bühnentanz; Tanzgruppe. Fernsehballett. Balletttänzerin (*auch:* Ballett-Tänzerin); Balletteuse.
Bal'lis'tik (die, -, kein Plural) Lehre von den Wurfgeschossen und ihren Flugbahnen (Kriminalistik). Ballistiker; ballistisch.
Bal'lon (der, -s, -e/-s) mit Gas gefüllte ballonartige Hülle. Luftballon; Fesselballon.
Bal'lung (die, -, -en) Verdichtung. Ballungsgebiet. Verb: ballen.
Bal'me (die, -, -n) (kelt.) Felsnische.
Bal'neo'lo'gie (die, -, kein Plural) (griech.) Heilquellenkunde.
Bal pa'ré (der, - -, -s -s) (franz.) Gala-Ballveranstaltung.
Bal'sa (das, -s, kein Plural) (span.) ein besonders leichtes Holz.
Bal'to'lo'gie (die, -, kein Plural) (nlat.) Wissenschaft von baltischer (altpreußischer, lettischer, litauischer) Sprache und Kultur.
Bal'sam (der, -s, -e) (hebr.) Heilmittel; Erquickung. Balsamierung, balsamieren.
Bal'lus't'ra'de (die, -, -n) (franz.) Brüstung; Geländer.
Bal'lus'ter (der, -s, -) (griech.-ital.) kleine Säule (als Geländerstütze).
Balz (die, -, -en) Liebeswerben. Balzruf; balzen.
Bam'bi (das/der, -s, -s) kleines Reh; Filmpreis.
Bam'bi'no (der, -s, -s/-ni) (ital.) kleiner Junge; Kind.
Bam'bus (der, -/-ses, -se) tropisches Gras. Bambusrohr.
Ba'mi'go'reng (das, -/-s, -s) (malai.) indonesisches Nudelgericht.
Bam'mel (der, -s, kein Plural) (ugs.) Angst.
bam'meln (V.) (ugs.) baumeln.
ba'nal (Adj.) (franz.) gewöhnlich; platt. Banalität.
Ba'na'ne (die, -, -n) tropische Pflanze und Frucht. Bananenrepublik; Bananensplit; Bananenstecker.
Ba'nau'se (der, -n, -n) (griech.) Stümper; Nichtskönner. Banausentum; banausenhaft.
Band 1. (der, -es/-s, Bän'de) Buch. Adjektive: mehrbändig; dreibändig. 2. (das, -es/-s, Bän-

| Bandage | 58 | Barrakuda |

der) Streifen. am laufenden Band; auf Band sprechen; Bandbreite; Fließband; Bandscheiben; Bandwurm. 3. (das, -es, -e) Bindung. außer Rand und Band. 4. (die, -, -s) (engl.) Musikgruppe. Bandleader.

Ban'da'ge (die, -, -n) (franz.) Verband. Verb: bandagieren.

Ban'de (die, -, -n) Einfassung; Gruppe. Bandenwerbung.

Ban'de'ro'le (die, -, -n) (franz.) Spruchband; Steuerband.

bän'di'gen (V.) zähmen. Bändiger.

Ban'dit (der, -en, -en) (ital.) Verbrecher.

Ban'do'ne'on (*auch:* Ban'do'ni'on) (das, -s, -s) Musikinstrument.

Ban'du'ra (die, -, -s) (griech.-slaw.) ukrainisches Zupfinstrument.

bang (*auch:* bange) (Adj.) (banger/bänger, bangste/bängste) angstvoll. Mir ist nicht bange. *Aber:* nur keine Bange. Es macht mir Angst und Bange. Bangemachen (*auch:* Bange machen) gilt nicht. Da kann einem angst und bange werden. Bangigkeit; bangen.

Ban'gla'desch (ohne Art., -s, kein Plural) asiatischer Staat. Bangladescher, bangladeschisch.

Ban'jo (das, -s, -s) (engl.) Saiteninstrument.

Bank 1. (die, -, Bän'ke) Sitzgelegenheit. Parkbank. 2. (die, -, -en) Geldinstitut. Bankbeamte; Bankgeheimnis; Bankkonto; Bankräuber; Banküberfall.

Ban'kert (der, -s, -e) uneheliches Kind.

Ban'kett (das, -s, -e) Festmahl; Randstreifen (Straße).

Ban'kier (der, -s, -s) (franz.) Bankbesitzer oder Vorstandsmitglied.

bank'rott (Adj.) (ital.) zahlungsunfähig. Bankrott; Bankrotterklärung; Bankrott machen. *Aber:* bankrott sein; bankrottieren.

Bann (der, -s, -e) Ächtung. Bannbruch; Bannmeile; Bannwald; bannen.

Ban'ner (das, -s, -er) Fahne; Werbung im Internet.

Ban'ner'trä'ger (der, -s, -) Fahnenträger; Vorreiter.

Ban'tam'ge'wicht (das, -s, -e) niedrige Körpergewichtsklasse (Schwerathletik).

Ban'zai (ohne Artikel) japanischer Hochruf.

Ba'o'bab (der, -s, -s) (afrikan.) Affenbrotbaum.

Bap'tis'mus (der, -, kein Plural) (griech.-lat.) protestant. Freikirchenbewegung mit Erwachsenentaufe; Baptist.

Bap'tis'te'ri'um (das, -s, -ri'en) (griech.-lat.) Taufkirche; Taufbecken.

bar (Adj.) mit Bargeld bezahlen; pur; unbedeckt; ohne. Ich zahle bar/in bar; *aber:* per Bar-

zahlung; Bargeld. Das ist barer Unsinn; barfüßig; barfuß; bar jeglichen Respekts.

Bar 1. (das, -s, -s) (griech.) Maßeinheit für den Luftdruck. Beachte: wird als Maßangabe kleingeschrieben: bar; millibar. 2. (die, -, -s) (engl.) Kneipe; Nachtlokal. Bardame; Barhocker; Barmixer.

Bär (der, -en, -en) Pelztier. der Kleine und der Große Bär (Sternbild). Bärennatur; Bärenhunger; bärenstark; bärenruhig.

Ba'ra'cke (die, -, -n) (franz.) Behelfsbau. Barackenlager.

Bar'ba'dos (ohne Art., -, kein Plural) Karibikinsel; Barbadier; barbadisch.

Bar'bar (der, -en, -en) (griech.) Grobian; ungebildeter Mensch. Barbarei; Barbarismus; barbarisch.

Bar'be'cue (das, -s, -s) (engl.) Grillfest. Barbecuesoße.

bär'bei'ßig (Adj.) grimmig; brummig. Bärbeißigkeit.

Bar'bi'tu'rat (das, -s, -e) Schlaf- und Beruhigungsmittel.

Bar'bu'da (ohne Art., -, kein Plural) Karibikinsel.

bar'bu'sig (Adv.) oben ohne.

Bä'ren'dienst (der, -s/-es, -e) (ugs.) schlechter Dienst.

Ba'rett (das, -s, -e) (ital.-franz.) flache, randlose Mütze.

bar'fuß (Adv.) mit nackten Füßen. Barfüßler; barfuß gehen; barfüßig.

Bar'geld (das, -s/-es, kein Plural) Münzen und Geldscheine. Adjektiv: bargeldlos.

Ba'ri'ton (der, -s, -e) (ital.) tiefe männliche Singstimme; Sänger.

Ba'ri'um (das, -s, kein Plural) (griech.-nlat.) ein Erdalkalimetall.

Bark (die, -, -en) (griech.-engl.) Segelschiff (mit drei bis fünf Masten).

Bar'ka'ro'le (die, -, -n) (ital.) Ruderboot.

Bar'kas'se (die, -, -n) (niederl.) kleines Motorboot.

Bar'ke (die, -, -n) Kahn.

Bar'kee'per (der, -s, -) (engl.) Barmann; jmd., der Cocktails mixt.

barm'her'zig (Adj.) mildtätig; gütig. *Aber:* Barmherzige Schwestern/Brüder. Barmherzigkeit.

Ba'rock (der/das, -s/-, kein Plural) Kunststil. Barockzeit; barock.

Ba'ro'me'ter (das, -s, -) Luftdruckmesser. Barometerstand.

Ba'ron (der, -s, -e) (franz.) Freiherr. Baronesse (*auch:* Baroness); Baronin.

Bar'ra'ku'da (der, -s, -s) (span.) Raubfisch.

Barras   59   **Bauchbinde**

Bar'ras (der, -, kein Plural) Militär; Militärdienst.

Bar'ré (das, -s, -s) (franz.) Querlegen des (Zeige-)Fingers über alle oder mehrere Saiten (beim Gitarrenspiel).

Bar'rel (das, -s, -s) (engl.) Fass; Maßeinheit für Rohöl.

Bar'ren (der, -s, -) 1. gegossenes Edelmetall. 2. Turngerät.

Bar'ri'e're (die, -, -n) (franz.) Hindernis.

Bar'ri'ka'de (die, -, -n) (franz.) Absperrung; Hindernis. auf die Barrikaden gehen (protestieren).

barsch (Adj.) schroff. Barschheit.

Barsch (der, -es, -e) Fisch.

Bar'soi (der, -s, -s) russischer Windhund.

Bar'sor'ti'ment (das, -s, -e) Buchhandelsbetrieb zwischen Buchhandlung und Verlag.

Bart (der, -s/-es, Bär'te) Kinnhaare. Barthaare; Bartstoppeln; bartlos; bärtig; Bärtigkeit.

Ba'rut'sche (die, -, -n) zweirädrige Kutsche.

Ba'ry'on (das, -s, -en) (griech.) jedes der schweren Elementarteilchen.

Ba'ry'sphä're (die, -, kein Plural) (griech.) Erdkern.

Ba'ry'ton (das, -s, -e) gambenähnliches Streichinstrument.

Ba'salt (der, -s/-es, -e) (griech.) Gestein. Adjektive: basaltig; basaltisch.

Ba'sal'tem'pe'ra'tur (die, -, -en) regelmäßig am Morgen gemessene Körpertemperatur der Frau.

Ba'se (die, -, -n) 1. chemische Verbindung (basisch). 2. Cousine.

Base'ball (das, -s, kein Plural) (engl.) Ballspiel.

Ba'se'dow'krank'heit (*auch:* Ba'se'dow-Krank'heit) (die, -, kein Plural) Schilddrüsenüberfunktion, die u. a. zur Kropfbildung führt.

BASIC (das, -s, kein Plural) (engl.) (Kurzw.: Beginner's All Purpose Symbolic Instruction Code) Programmiersprache.

Ba'sic Eng'lish (das, -, kein Plural) vereinfachtes Grundenglisch.

ba'sie'ren (V.) beruhen (nur mit Dativ!); gründen (mit Dativ oder Akkusativ).

Ba'si'li'ka (die, -, -ken) (griech.) Kirchenbau.

Ba'si'li'kum (das, -s, -s/-ken) Gewürz.

Ba'si'lisk (der, -en, -en) (griech.-lat.) 1. Drachenungeheuer mit tödlichem Blick und Hauch. 2. ein südamerikanischer Leguan.

Ba'sis (die, -, Ba'sen) Grundlage; Ausgangspunkt; Volk. Basisdemokratie; an der Basis arbeiten.

Bas'ket'ball 1. (der, -s, -bäl'le) Ball. 2. (das, -s, kein Plural) (meist ohne Artikel) Ballspiel.

Bass (der, Bas'ses, Bäs'se) (ital.) tiefe Männergesangsstimme; Sänger. Kontrabass; Bassist; Bassschlüssel.

Bas'set (der, -s, -s) (franz.-engl.) kurzbeiniger Jagdhund mit Schlappohren.

Bas'sett'kla'ri'net'te (die, -, -n) (ital.) Klarinette mit einigen zusätzlichen tiefen Tönen.

Bas'sin (das, -s, -s) (franz.) Wasserbecken.

Bast (der, -s/-es, -e) Faserstoff. Adjektiv: bastfarben.

bas'ta! (Interj.) (ital.) Schluss!

Bas'tard (der, -s, -e) (franz.) Mischling. Bastardierung; bastardieren.

Bas'tei (die, -, -en) (lat.) vorspringender Festungsteil.

bas'teln (V.) sich hobbymäßig mit kleinen handwerklichen Tätigkeiten beschäftigen. Bastelarbeit; Bastelei; Bastler.

Bas'til'le (die, -, kein Plural) (franz.) 1789 erstürmtes Staatsgefängnis in Paris.

Bas'ti'on (die, -, -ti'o'nen) (ital.) Bollwerk.

Bas'to'na'de (die, -, -n) (ital.-franz.) Schläge auf die Fußsohlen (orientalische Prügelstrafe).

BAT (Abk.) Bundesangestelltentarif.

Ba'tail'lon (das, -s, -e) Truppenabteilung (Abk.: Bat.). Bataillonskommandeur.

Ba'tik (der/die, -s/-, -en) Färben von Stoff. Batikdruck; batiken.

Ba'tist (der, -s/-es, -e) (franz.) feiner Stoff. Adjektiv: batisten.

Bat'te'rie (die, -, -n) 1. Truppenteil; 2. Stromspeicher; 3. Vielzahl.

Bau 1. (der, -s, -ten) Gebäude. Bauaufsichtsbehörde; Baudenkmal; Bauerwartungsland; Baufälligkeit; baufällig; baureif; baulich; Bausparer (*aber:* bausparen); Bauunternehmer; Bauzaun; bauen; in/im Bau. 2. (der, -s, -e) Erdhöhle. Fuchsbau.

Bau'ab'nah'me (die, -, -n) Prüfung eines Bauprojekts.

Bau'ab'schnitt (der, -s, -e) Teil eines Bauprojekts.

Bau'amt (das, -s, -äm'ter) Bauaufsichtsamt.

Bau'ar'beit (die, -, -en) Arbeit an einem Bauprojekt. Bauarbeiter.

Bau'aus'füh'rung (die, -, -en) Umsetzung eines Bauplans.

Bau'boom (der, -s, kein Plural) (dt.-engl.) Anstieg der Bauvorhaben.

Bauch (der, -s/-es, Bäu'che) Leibesfülle; Magen. Bauchladen; Bauchlandung; Bauchredner (*aber:* bauchreden); Bauchtanz (*aber:* bauchtanzen); Bauchweh.

Bauch'an'satz (der, -es, -sät'ze) Veranlagung zum Dickwerden.

Bauch'bin'de (die, -, -n) Kummerbund.

Bauchdecke   60   Bausatz

Bauch|de|cke (die, -, -n) Außenwand der Bauchhöhle.

Bauch|fell (das, -s, -e) Hautschicht an der Bauchinnenwand. Bauchfellentzündung.

Bauch|ge|gend (die, -, -en) Bauchraum. Schmerzen in der Bauchgegend.

Bauch|grim|men (das, -s, kein Plural) Bauchschmerzen.

Bauch|höh|le (die, -, -n) Bauchinneres.

Bauch|höh|len|schwan|ger|schaft (die, -, -en) Schwangerschaft in der Bauchhöhle.

bau|chig (Adj.) ausladend. ein bauchiges Gefäß.

Bauch|klat|scher (der, -s, -) (ugs.) Bauchlandung ins Wasser.

bäuch|lings (Adv.) mit dem Bauch voraus. bäuchlings ins Wasser fallen.

Bauch|mus|kel (der, -s, -n) Muskeln in der Bauchgegend. Bauchmuskeltraining; Bauchmuskelzerrung.

Bauch|na|bel (der, -s, -) Nabel.

bauch|pin|seln (V.) (ugs.) jmd. umschmeicheln.

Bauch|schuss (der, -schus|ses, -schüs|se) Treffer in den Bauch.

Bauch|speck (der, -s, -spe|cke) Fettgewebe über dem Bauch.

Bauch|spei|chel|drü|se (die, -, -n) Pankreas.

Bauch|wand (die, -, -wän|de) Wand der Bauchhöhle.

Baud (das, -s, -) (franz.) Einheit für die Schrittgeschwindigkeit (Datenübertragung), ein Bit pro Sekunde.

Bau|er 1. (der, -s, -) Erbauer. 2. (der, -n, -n) Landwirt; Schachfigur. Bäuerin; bäuerlich; Bauernfängerei; Bauernhaus; Bauernschläue. 3. (der/das, -s, -) Vogelkäfig.

Bau|ern|auf|stand (der, -s, -stän|de) (hist.) Aufstand abhängiger Bauern gegen die Obrigkeit.

Bau|ern|brot (das, -s, -bro|te) Brotsorte.

Bau|ern|bur|sche (der, -n, -n) Bauernjunge.

Bau|ern|mäd|chen (das, -s, -) Mädchen aus einem Bauernhaushalt.

Bau|ern|dorf (das, -s, -dör|fer) kleines Dorf.

Bau|ern|früh|stück (das, -s, -stü|cke) Frühstück mit Speck, Eiern und Kartoffeln.

Bau|ern|ka|len|der (der, -s, -) Almanach.

Bau|ern|krie|ge (die, nur Plural) (hist.) Bauernaufstände im Spätmittelalter.

Bau|fir|ma (die, -, -men) Bauunternehmen.

Bau|ge|neh|mi|gung (die, -, -en) Erteilung der Bauerlaubnis.

Bau|haus (das, -es, kein Plural) Architekturstil Anfang des 20. Jahrhunderts.

Bau|herr (der, -en, -en) Auftraggeber eines Bauprojekts.

Bau|jahr (das, -es, -e) Jahr der Fertigstellung eines Bauwerks.

Bau|kas|ten (der, -s, -käs|ten) Bausatz für Kinder. Baukastensystem.

Bau|klotz (der, -es, -klöt|ze) Bauteil aus Holz oder anderem Material in Baukästen. Bauklötze staunen.

Bau|kos|ten (die, -, -) Kosten für ein Bauvorhaben. Baukostenzuschuss.

Bau|land (das, -es, kein Plural) zum Bebauen freigegebenes Grundstück. als Bauland ausgewiesen.

Bau|lei|tung (die, -, -en) Leitung eines Bauvorhabens. Bauleiter.

Baum (der, -s, Bäu|me) Holzgewächs. Baumkrone; Baumstamm; Baumsterben; baumlang; baumreich; baumstark.

Bau|markt (der, -s, -märk|te) Geschäft für Baubedarf.

Bau|ma|schi|ne (die, -, -n) Gerät, das bei einem Bauvorhaben benötigt wird.

Bau|ma|te|ri|al (das, -s, -ri|a|li|en).

Baum|be|stand (der, -es, -stän|de) Bestand an Bäumen.

Bäum|chen (das, -s, -) kleiner Baum.

Bau|meis|ter (der, -s, -) Architekt.

bau|meln (V.) (ugs.) hängen.

bäu|men (V., refl.) sich auflehnen.

Baum|gren|ze (die, -, -n) bestimmte Höhe über dem Meer, ab der keine Bäume wachsen können.

Baum|grup|pe (die, -, -n) eng zusammenstehende Bäume.

Baum|kro|ne (die, -, -n) Baumwipfel.

baum|lang (Adj.) hoch gewachsen. ein baumlanger Kerl.

Baum|rie|se (der, -n, -n) sehr hoher Baum. die Baumriesen des Urwalds.

Baum|rin|de (die, -, -n) äußerste Holzschicht des Baums.

Baum|schu|le (die, -, -n) Baumzüchtungsbetrieb.

Baum|stumpf (der, -es, -stümp|fe) abgestorbene Wurzel eines Baumes.

Baum|wip|fel (der, -s, -) Baumspitze.

Baum|wol|le (die, -, kein Plural) Webstoff. Adjektiv: baumwollen.

Bau|ord|nung (die, -, -en) behördliche Vorgabe für das Bauen.

Bau|plan (der, -s, -plä|ne) Plan für ein Bauvorhaben. Bauplanung.

Bau|platz (der, -es, -plät|ze) Baustelle.

Bau|preis (der, -es, -e) Baukosten.

Bau|recht (das, -es, -e) Bauvorschriften.

Bau|satz (der, -es, -sät|ze) fertige Teile eines Ganzen zum Zusammenbauen.

Bausch (der, -es, -e/Bäu|sche) Wulst; Knäuel. Er hat meinen Vorschlag in Bausch und Bogen (rundweg) abgelehnt; bauschig; bauschen.
Bau|schlos|ser (der, -s, -) spez. Bauarbeiter.
Bau|schutt (der, -s, kein Plural) Müll, der beim Bauen anfällt.
Bau|stel|le (die, -, -n) Bauplatz.
Bau|stil (der, -es, -e) Art, etwas zu bauen.
Bau|stoff (der, -es, -e) Baumaterial.
Bau|stopp (der, -s, -s) verhängtes Bauverbot. einen Baustopp verordnen. Ein Baustopp besteht.
Bau|sum|me (die, -, -n) Gesamtkosten eines Bauvorhabens.
Bau|tä|tig|keit (die, -, -en) Bauvorgang. die Bautätigkeit einstellen. Es herrscht eine rege Bautätigkeit.
Bau|teil (das, -s, -e) Teil eines Gebäudes.
Bau|trä|ger (der, -s, -) Baufirma.
Bau|vo|lu|men (das, -s, -mi|na) Größe eines Bauvorhabens.
Bau|vor|ha|ben (das, -s, -) Bauprojekt.
Bau|wei|se (die, -, -n) Bauart. Fertigbauweise.
Bau|werk (das, -s, -e) Gebäude.
Bau|xit (der, -s, -e) Mineral zur Aluminiumherstellung.
Ba|va|ria (die, -, kein Plural) (lat.) weibliche Symbolfigur Bayerns.
Ba|va|roise (die, -, kein Plural) (franz.) geschlagene Creme aus Milch, Zucker, Eiern und Gelatine, die mit Sahne und auf Eis gestürzt serviert wird.
Bay|ern (ohne Art., -s, kein Plural) (dt.) Bundesland; Bayer; bayerisch.
Ba|zil|lus (der, -, -zil|len) (lat.) Krankheitserreger.
BBC (Abk.) (engl.) British Broadcasting Corporation; Britische Rundfunkgesellschaft.
Bd. (Abk.) Band. Plural: Bde.
B-Dur (das, -, kein Plural) Tonart. B-Dur-Tonleiter.
Be (Abk.) Beryllium (chemisches Zeichen).
BE (Abk.) Broteinheit.
be|ab|sich|ti|gen (V.) abzielen auf; vorhaben.
be|ach|ten (V.) ernst nehmen; berücksichtigen. Beachtung; beachtlich; beachtenswert.
Be|am|te (der, -n, -n) Staatsdiener. einige Beamte; alle Beamten; Beamtin; Beamtenbeleidigung; Beamtete (aber: beamtet).
be|ängs|ti|gend (Adj.) beklemmend.
be|an|spru|chen (V.) fordern; benutzen. Beanspruchung; beanspruchen.
be|an|stan|den (V.) bemängeln. Beanstandung.

be|an|tra|gen (V.) Antrag stellen; vorschlagen. Beantragung.
be|ant|wor|ten (V.) erwidern; Auskunft geben. Beantwortung.
be|ar|bei|ten (V.) sich befassen mit; beeinflussen. Bearbeitung; Sachbearbeiter.
be|arg|wöh|nen (V.) misstrauen.
Bé|ar|naise (die, -, kein Plural) (franz.) kalte Soße (Weißwein, Butter, Eigelb, Estragon).
Beat (der, -/-s, kein Plural) (engl.) Musikrichtung. Beatmusik; Beatgeneration; Beatles; Beatlemähne; Beatnik.
Be|a|ti|fi|ka|ti|on (die, -, -ti|o|nen) Seligsprechung.
be|a|ti|fi|zie|ren (V.) selig sprechen.
be|at|men (V.) Sauerstoff zuführen. Beatmung; Beatmungsgerät.
Beau (der, -, -s) (franz.) Schönling.
Beau|fort|ska|la (die, -, kein Plural) (engl.-ital.) 17-teilige Skala der Windstärken.
be|auf|sich|ti|gen (V.) überwachen. Beaufsichtigung.
be|auf|tra|gen (V.) ermächtigen; befehlen. Beauftragte.
be|äu|gen (V.) anschauen.
Beau|jo|lais (der, -, -) (franz.) Rotwein.
Beau|ty (auch: Beau|té) (die, -, -s) (engl.) schöne Frau. Beautyfarm.
be|bau|en (V.) anbauen; bauen; Bebauung; Bebauungsplan.
be|ben (V.) zittern; bangen. Beben; Erdbeben.
be|bil|dern (V.) illustrieren. Bebilderung.
Be|bop (der, -/-s, -s) Jazzstil der 40er-Jahre (Saxophon, Klavier, Trompete, Schlagzeug und Bass in Quintettbesetzung).
be|brillt (Adj.) mit Brille.
Bé|cha|mel|so|ße (die, -, -n) weiße Soße. Béchamelkartoffeln.
Be|cher (der, -s, -) Trinkgefäß. V.: bechern.
be|cir|cen (auch: bezirzen) (V.) betören; verführen.
Be|cken (das, -s, -) 1. Wasserbehälter. 2. Mulde. 3. Knochenring.
Bec|que|rel (das, -s, -) (Zeichen: Bq) Maßeinheit für Radioaktivität.
be|dacht (Adj.) besonnen. Er ist auf gute Kleidung bedacht (achtet auf). mit Bedacht; Bedachtsamkeit; bedachtsam.
be|däch|tig (Adj.) langsam; sacht. Bedächtigkeit.
be|dan|ken (V., refl.) danken.
Be|darf (der, -s, -e) Erfordernis; Nachfrage; Anspruch. Bedarfsartikel; im Bedarfsfall; bedarfsgerecht; bedürfen.
be|dau|ern (V.) bemitleiden. Bedauern; bedauerlich; bedauerlicherweise; bedauernswert.

bedecken 62 **befruchten**

be¦de¦cken (V.) zudecken. Der Himmel ist bedeckt. Bedeckung.
be¦den¦ken (V., bedachte, hat bedacht) durchdenken. Bedenken; Bedenklichkeit; Bedenkzeit; bedenkenlos; bedenklich.
be¦deu¦ten (V.) meinen; besagen. Bedeutung; Bedeutungslosigkeit; Bedeutsamkeit; bedeutsam; bedeutungsvoll; bedeutungslos.
be¦deu¦tend 1. (Adj.) beträchtlich; groß. 2. (Adv.) sehr. Die Preise sind um ein Bedeutendes (sehr) gestiegen. etwas/nichts/viel/wenig Bedeutendes; nichts von Bedeutung; an Bedeutung gewinnen.
be¦die¦nen (V.) behilflich sein; sich zunutze machen. Bedienung; Bedienstete; Bedienungsanleitung.
be¦dingt (Adj.) eingeschränkt.
Be¦din¦gung (die, -, -en) Voraussetzung; Vereinbarung. Adjektive: bedingungslos; bedingungsweise.
be¦drän¦gen (V.) belagern; belästigen. Bedrängnis; Bedrängte; Bedrängung.
be¦dro¦hen (V.) drohen; gefährden. Bedrohung; Bedrohlichkeit; bedrohlich.
be¦drü¦cken (V.) bedrängen; betrüben. Bedrückung; bedrückend.
Be¦du¦i¦ne (der, -n, -n) (arab.) arabischer Wüstenbewohner.
be¦dür¦fen (V., bedurfte, hat bedurft) brauchen. *Beachte:* mit Genitiv! Er bedarf meiner Unterstützung. Bedürfnis; bedürfnislos; Bedürftigkeit; bedürftig.
be¦du¦seln (V., refl.) (ugs.) sich betrinken.
Beef¦steak (das, -s, -s) Stück Rindfleisch.
be¦ei¦den (*auch:* beeidigen) (V.) beschwören.
be¦ei¦len (V., refl.) rasch machen. Beeilung.
be¦ein¦dru¦cken (V.) imponieren. Adjektiv: beeindruckend.
be¦ein¦flus¦sen (V.) bestimmen; einwirken. Beeinflussung; Beeinflussbarkeit; beeinflussbar.
be¦ein¦träch¦ti¦gen (V.) behindern; verschlechtern. Beeinträchtigung.
Beel¦ze¦bub (der, -, kein Plural) (hebr.) Teufel.
be¦en¦den (*auch:* be¦en¦di¦gen) (V.) abschließen. Beendigung.
be¦en¦gen (V.) einengen; einschränken. Beengtheit; Beengung.
be¦er¦ben (V.) ein Erbe antreten. Ich allein habe meine Tante beerbt.
be¦er¦di¦gen (V.) bestatten; begraben. Beerdigung.
Bee¦re (die, -, -n) Frucht. Beerenwein; Beeren tragend; beerenförmig.

Beet (das, -s/-es, -e) Blumen- oder Gemüseanpflanzung. Gartenbeete, *aber:* Rote Beete/Bete.
Bee¦te (*auch:* Be¦te) (die, -e, -n) Rübe.
be¦fä¦hi¦gen (V.) ermöglichen; erlauben. Befähigung.
be¦fah¦ren (V., befuhr, hat befahren) fahren auf. Befahrbarkeit; befahrbar.
be¦fal¦len (V., befiel, hat befallen) erfassen. Befall.
be¦fan¦gen (Adj.) scheu; parteiisch. Befangenheit; wegen Befangenheit.
be¦fas¦sen (V., refl.) sich beschäftigen mit.
Be¦fehl (der, -s, -e) Anordnung. Befehlsgewalt; Befehlston; Befehlsform (Imp.); befehlsgemäß; befehlswidrig; befehlen; befehligen.
be¦fein¦den (V.) bekämpfen.
be¦fes¦ti¦gen (V.) fest machen; stärken. Befestigung; Befestigungsanlage.
be¦feuch¦ten (V.) anfeuchten. Befeuchtung.
be¦feu¦ern (V.) heizen; beschießen. Befeuerung.
be¦fin¦den (V., befand, hat befunden) einschätzen; bestimmen; sich aufhalten; sich fühlen. Befinden; befindlich. *Wichtig:* befindlich nicht mit »sich« verbinden! Das im Tresor befindliche Geld (*falsch:* ... sich befindliche Geld!).
be¦fin¦gern (V.) (ugs.) betasten.
be¦flag¦gen (V.) mit Fahnen schmücken. Beflaggung.
be¦fle¦cken (V.) beschmutzen. Befleckung; unbefleckt.
be¦flei¦ßi¦gen (V., refl.) sich anstrengen. *Beachte:* mit Genitiv! Er befleißigte sich einer deutlichen Aussprache.
be¦flis¦sen (Adj.) strebsam; eifrig. Beflissenheit; beflissentlich; kunstbeflissen.
be¦flü¦geln (V.) beleben; beschleunigen.
be¦fol¦gen (V.) beachten; gehorchen. Befolgung.
be¦för¦dern (V.) transportieren; höher stufen. Beförderung; Beförderungsmittel; beförderbar.
be¦frach¦ten (V.) beladen. Befrachtung.
be¦frackt (Adj.) mit Frack.
be¦fra¦gen (V.) erfragen; untersuchen. Befragung.
be¦frei¦en (V.) freilassen; sich entledigen. Befreier; Befreiung; Befreiungskampf.
be¦frem¦den (V.) verwundern. Befremden; Befremdung; befremdlich; befremdend.
Be¦frie¦di¦gung (die, -, -en) Genugtuung; Zufriedenheit. Adjektiv: befriedigend. Verb: befriedigen.
be¦fris¦ten (V.) beschränken. Befristung.
be¦fruch¦ten (V.) zeugen; anregen. Befruchtung.

Befugnis 63 Beherrschungsvertrag

Be'fug'nis (die, -, -se) Erlaubnis. Adjektiv: befugt. Verb: befugen.

Be'fund (der, -s/-es, -e) Endergebnis.

be'fürch'ten (V.) fürchten; ahnen. Befürchtung.

be'für'wor'ten (V.) unterstützen. Befürworter; Befürwortung.

be'gabt (Adj.) talentiert. Begabte; Begabtenförderung; Begabung.

be'gat'ten (V.) befruchten. Begattung.

be'ge'ben (V., refl., begab, hat begeben) geschehen; gehen. Begebenheit.

be'geg'nen (V., ist) treffen; zustoßen. Begegnung.

be'ge'hen (V., beging, hat begangen) betreten; feiern; tun. Begehung; Begehbarkeit; begehbar.

be'geh'ren (V.) benötigen; verlangen. Begehren; Begehrlichkeit; begehrenswert; begehrlich; Begierde.

be'geis'tern (V.) hinreißen; Begeisterung empfinden. Begeisterung; begeisterungsfähig.

Be'gier'de (die, -, -n) Verlangen. Adjektiv: begierig.

be'gin'nen (V., begann, hat begonnen) anfangen. Beginn; Beginnen.

be'glau'bi'gen (V.) bezeugen; garantieren. Beglaubigung. eine beglaubigte Kopie.

be'glei'chen (V., beglich, hat beglichen) bezahlen. Begleichung.

be'glei'ten (V.) geleiten; musikalisch unterstützen. *Beachte:* mit Akkusativ! Sie begleitete mich in die Stadt. Mit Präposition »auf« auch Dativ möglich: Begleitest du ihn auf seiner Fernostreise? Begleiter; Begleiterin; Begleiterscheinung; Begleitumstand (*aber:* die begleitenden Umstände); Begleitung.

be'glück'wün'schen (V.) gratulieren. Beglückwünschung.

be'gna'det (Adj.) begabt.

Be'gna'di'gung (die, -, -en) Straferlass. Verb: begnadigen.

be'gnü'gen (V., refl.) sich zufrieden geben.

Be'go'nie (die, -, -n) Zierpflanze.

Be'gräb'nis (das, -ses, -se) Bestattung. Verb: begraben.

be'gra'di'gen (V.) gerade machen; ausgleichen. Begradigung.

be'grap'schen (V.) (ugs.) gierig betasten.

be'grei'fen (V., begriff, hat begriffen) verstehen; berühren. Adjektiv: begreiflich; begreiflicherweise.

be'gren'zen (V.) beschränken; einfassen. Begrenzung; Begrenztheit; begrenzt.

Be'griff (der, -s, -e) Bedeutungsinhalt; Vorstellung. Begriffsbestimmung; begriffsmäßig; begriffsstutzig; begrifflich; begreifen. Der Rhein ist im Begriff völlig umzukippen; der Rhein ist im völligen Umkippen begriffen.

be'grün'den (V.) Grundlage haben; belegen. Begründung; Begründer; begründend.

be'grü'nen (V.) bepflanzen. Begrünung.

be'grü'ßen (V.) willkommen heißen; befürworten. Begrüßung; begrüßenswert. Ich möchte Sie herzlich als neuen Kollegen (*nicht:* als neuer Kollege!) begrüßen!

be'güns'ti'gen (V.) unterstützen; bevorzugen. Begünstigung.

be'gut'ach'ten (V.) prüfen. Begutachtung; Begutachter.

be'gü'tert (Adj.) reich.

be'hä'big (Adj.) träge; schwerfällig. Behäbigkeit.

be'ha'gen (V.) gefallen. Behagen; Behaglichkeit; behaglich.

Be'häl'ter (*auch:* Be'hält'nis) (der, -s, -) Gefäß. Verb: behalten.

be'häm'mert (Adj.) (ugs.) verrückt.

be'han'deln (V.) bearbeiten; kurieren. Behandlung.

be'hän'de (*auch:* be'händ) (Adj.) flink. Behändigkeit.

be'hän'gen (V.) verhängen; schmücken. Behang.

be'har'ren (V.) bestehen; festhalten. *Beachte:* mit der Präposition »auf« immer mit Dativ! Ich beharre auf meinem Recht. Beharrlichkeit; beharrlich.

be'haup'ten (V.) erklären; bestehen. Behauptung.

Be'hau'sung (die, -, -en) Wohnung; Unterkunft. Verb: behausen.

Be'ha'vi'o'ris'mus (der, -, kein Plural) (engl.-nlat.) Lehre, die alles Verhalten auf Reiz und Reaktion zurückführt.

be'he'ben (V., behob, hat behoben) beseitigen. Behebung.

be'hei'ma'tet (Adj.) ansässig. Beheimatung; beheimaten.

Be'helf (der, -s, -e) Notlösung. Behelfsunterkunft; behelfsmäßig; sich behelfen (mit Akkusativ!) Ich behalf mich (*nicht:* mir!) mit einem Draht.

be'hel'li'gen (V.) belästigen. Behelligung.

be'her'ber'gen (V.) unterbringen. Beherbergung.

be'herr'schen (V.) unterdrücken; können. Beherrscher; Beherrschbarkeit; Beherrschung; Beherrschtheit.

Be'herr'schungs'ver'trag (der, -es, -trä'ge) Vertrag, durch den ein Unternehmen seine Leitung einem anderen Unternehmen unterstellt.

be|her|zi|gen (V.) beachten. Beherzigung.
be|herzt (Adj.) entschlossen. Beherztheit.
be|hilf|lich (Adj.) dienlich.
be|hin|dern (V.) erschweren; hemmen. Behinderte (*aber:* geistig behindert); Behinderung.
Be|hör|de (die, -, -n) Amt. Behördendeutsch; behördlich.
be|hü|ten (V.) schützen. Behütung; Behüt euch Gott!
be|hut|sam (Adj.) vorsichtig; sacht. Behutsamkeit.
bei 1. (Präp., lok., Dat.) nahe; neben. bei München; beim Bäcker. 2. (Präp., temp., Dat.) Angabe des Zeitpunkts. bei Sonnenaufgang; beim Mittagessen. 3. (Präp., mod., Dat.) Angabe des Umstands. bei Aquaplaning; bei dieser Kälte; bei Weitem (*auch:* bei weitem). bei all(e)dem. **Bei** (der, -s, -s) türkischer Titel.
bei|be|hal|ten (V., behielt bei, hat beibehalten) festhalten; bewahren. Beibehaltung.
Bei|boot (das, -s/-es, -e) Rettungsboot.
bei|brin|gen (V., brachte bei, hat beigebracht) lehren; erklären.
Beich|te (die, -, -n) Geständnis; Bekenntnis. Beichtgeheimnis; Beichtstuhl; beichten.
bei|de (Indefinitpron./Zahlw.) alle zwei. Wird immer klein geschrieben! wir beide; die beiden; mit euer beider Hilfe; beidarmig; beidbeinig; beidemal/beide Mal; beiderlei; beiderseitig; beiderseits (mit Genitiv!), beidfüßig, beidhändig (*aber*: Beidhänder); beidseitig.
bei|ei|n|an|der (Adv.) nahe zusammen. beieinanderstehen; beieinanderbleiben. *Aber:* beieinander sein.
Bei|fah|rer (der, -s, -) Mitfahrer, Beifahrersitz.
Bei|fall (der, -s, kein Plural) Applaus; Zustimmung. Beifallsbekundung; Beifallssturm; Beifall heischend; beifallsfreudig; beifällig.
bei|fü|gen (V.) hinzufügen. Beifügung.
Bei|fuß (der, -es, kein Plural) Gewürzpflanze.
Bei|ga|be (die, -, -n) Zugabe.
beige (Adj.) (franz.) sandfarben. ein beige Pulli (ugs. auch: ein beigefarbener Pulli); beigefarbig; *aber:* ein Pulli in Beige.
bei|ge|ben (V., gab bei, hat beigegeben) hinzufügen. klein beigeben (sich fügen).
Bei|ge|schmack (der, -s, kein Plural) Nebengeschmack.
Bei|g|net (der, -s, -s) (franz.) ölgebackenes Fruchtstück in Teig.
Bei|hil|fe (die, -, -n) Unterstützung. wegen Beihilfe zum Diebstahl verurteilt.
bei|kom|men (V., kam bei, ist beigekommen) gewachsen sein.
beil. (Abk.) beiliegend.
Bei|la|ge (die, -, -n) Beiblatt; Zutat.

bei|läu|fig (Adj.) nebenbei. Beiläufigkeit.
bei|le|gen (V.) dazulegen; beenden. Beilegung.
bei|lei|be (Adv.) (nur verneint!) Ich bin beileibe nicht (wirklich nicht) geizig.
Bei|leid (das, -s, kein Plural) Anteilnahme. Beileidsbezeigung/-bezeugung.
bei|lie|gend (Adj.) beigefügt. *Aber:* das Beiliegende.
beim (Präp. + Art.) bei dem. *Wichtig:* immer ohne Apostroph!
bei|men|gen (V.) beifügen. Beimengung.
bei|mes|sen (V., maß bei, hat beigemessen) zuschreiben.
bei|mi|schen (V.) beifügen. Beimischung.
Bein (das, -s, -e) Gliedmaße; Stütze. Beinbruch; Beinprothese; X-Beine; O-Beine; Stuhlbein; beinamputiert (*aber:* der Beinamputierte); beinhart; jmdm. ein Bein stellen; die Beine in die Hand nehmen; sich kein Bein ausreißen; alles, was Beine hat.
bei|ord|nen (V.) zuordnen; koordinieren. Beiordnung; beiordnend.
bei|pflich|ten (V.) zustimmen.
Bei|rat (der, -s, -rä|te) Gremium; Vertretung. Elternbeirat.
be|ir|ren (V.) verwirren.
bei|sam|men (Adv.) beieinander; zusammen; *Beachte:* außer in Verbindung mit »sein« stets Zusammenschreibung. Sie wollten immer beisammen sein. *Aber:* Zusammenschreibung, wenn eine neue Wortbedeutung entsteht! Wenn wir alles beisammenhaben, gehen wir. Er soll nicht mehr richtig beisammen sein (bei Verstand sein). Unser Beisammensein währte nicht lange.
Bei|schlaf (der, -s, kein Plural) Geschlechtsverkehr. Verb: beischlafen.
Bei|sein (das, -s, kein Plural) Anwesenheit (nur in den Wendungen) im Beisein von jemandem (Dativ!); in jemandes (Genitiv!) Beisein.
bei|sei|te (Adv.) seitlich; weg. *Wichtig:* in Verbindung mit anderen Wörtern immer zusammen! beiseitegehen; beiseitestellen; beiseitebringen.
bei|set|zen (V.) beerdigen. Beisetzung.
Bei|spiel (das, -s, -e) Fall; Vorbild. Beispielsfall; Beispielsatz; beispielgebend; beispielshalber; beispielsweise; zum Beispiel (Abk.: z. B.).
bei|ßen (V., biss, hat gebissen) mit den Zähnen zupacken; kauen. Beißerchen; Beißkorb; Beißzange; Biss; bissig.
Bei|stand (der, -es, -stän|de) Helfer. Beistandsverpflichtung. Verb: beistehen.
bei|steu|ern (V.) hinzugeben.
bei|stim|men (V.) beipflichten.
bei|tra|gen (V., trug bei, hat beigetragen) hinzutun. Groß- oder Kleinschreibung der Prono-

men in den Wendungen das Seine/seine und das Seinige/seinige (seinen Teil) beitragen. Beitrag.
bei|tre|ten (V., trat bei, ist beigetreten) eintreten. Beitritt; Beitrittserklärung.
bei|woh|nen (V.) dabei sein. *Beachte:* mit Dativ! einem Vortrag beiwohnen.
Bei|ze (die, -, -n) Färbe- und Gerbemittel. Verben: beizen; abbeizen.
bei|zei|ten (Adv.) frühzeitig; rechtzeitig.
be|ja|hen (V.) zustimmen. Bejahung.
be|jahrt (Adj.) alt.
be|jam|mern (V.) jammern; klagen. Adjektiv: bejammernswert.
be|ju|beln (V.) applaudieren; feiern.
be|kämp|fen (V.) anfeinden; eindämmen. Bekämpfung.
be|kannt (Adj.) öffentlich; berühmt; nicht neu. bekannt geben (*auch:* bekanntgeben); bekannt machen (*auch:* bekanntmachen) (veröffentlichen), jemanden bekannt machen (*auch:* bekanntmachen) (vorstellen); bekannt werden (*auch:* bekanntwerden) (an die Öffentlichkeit dringen). Häufig verwendete Präpositionen: bekannt wegen (mit Genitiv!); bekannt für/durch (mit Akkusativ!). Bekannte; die Bekannten meiner Eltern; zwei mir Bekannte; alle Bekannten; einige Bekannte; Bekanntheit; bekanntermaßen; bekanntlich.
be|kannt ge|ben (*auch:* be|kannt|ge|ben) (V., gab bekannt, hat bekannt gegeben) öffentlich mitteilen. Bekanntgabe.
be|kannt ma|chen (*auch:* be|kannt|ma|chen) (V.) veröffentlichen. vorstellen. Bekanntmachung.
be|kannt wer|den (*auch:* be|kannt|wer|den) (V., wurde bekannt, ist bekannt geworden) an die Öffentlichkeit dringen; berühmt werden.
Be|kas|si|ne (die, -, -n) (franz.) Schnepfenart.
be|keh|ren (V.) überzeugen; umkehren. Bekehrung; Bekehrte.
be|ken|nen (V., bekannte, hat bekannt) gestehen; bekunden. Farbe bekennen; Bekenntnis; Bekenner; Bekennerbrief.
be|kla|gen (V.) bedauern; sich beschweren. Beklagte; beklagenswert.
be|klei|den (V.) anziehen; innehaben. Bekleidung.
be|klem|men (V.) beengen; bedrücken. Beklemmung; Beklemmnis.
Be|klom|men|heit (die, -, kein Plural) Ängstlichkeit. Adjektiv: beklommen.
be|kloppt (Adj.) (ugs.) blöd.
be|knackt (Adj.) (ugs.) blöd.
be|knien (V.) anflehen.
be|kom|men (V., bekam, hat bekommen) erhalten; kriegen; günstig sein. Hunger bekommen; das ist mir schlecht bekommen.

be|kömm|lich (Adj.) wohltuend. ein leicht bekömmliches (*auch:* leichtbekömmliches) Essen. Bekömmlichkeit.
be|kräf|ti|gen (V.) bestätigen; bestärken. Bekräftigung.
be|krän|zen (V.) mit einem Kranz schmücken. (*Nicht verwechseln mit:* begrenzen!)
be|kreu|zi|gen (V.) das Kreuzzeichen machen. Bekreuzigung.
be|krie|gen (V.) bekämpfen.
be|krit|teln (V.) bemängeln. Bekritt(e)lung.
be|küm|mern (V.) betrüben; angehen. Bekümmernis; bekümmert.
be|kun|den (V.) ausdrücken. Bekundung.
Be|lag (der, -s, -lä|ge) Überzug.
be|la|gern (V.) umringen; bestürmen. Belagerung; Belagerungszustand.
Bel|la|mi (der, -/-s, -s) (franz.) Frauenliebling.
be|läm|mert (Adj.) (ugs.) betreten; unangenehm.
Be|lang (der, -s, -e) Bedeutung; Interesse. Das ist nicht von Belang (nicht wichtig); Belanglosigkeit; belanglos; belangvoll.
be|lan|gen (V.) betreffen; verklagen. Was ihn belangt, so möchte ich mich nicht äußern. Belangung.
be|las|sen (V., beließ, hat belassen) lassen. Alles beim Alten belassen.
be|las|ten (V.) beschweren; bedrücken; beschuldigen. Belastung; Belastungs-EKG; Belastungszeuge; Belastbarkeit; belastbar; belastend.
be|läs|ti|gen (V.) stören; bedrängen. Belästigung.
be|lau|ern (V.) beobachten; spionieren. Belauerung.
be|lau|fen (V., refl., belief, hat belaufen) betragen. Mit Präposition »auf«!
be|le|ben (V.) erfrischen; stärken. Belebung; Belebtheit; belebt.
Be|leg (der, -s, -e) Nachweis. Belegexemplar; belegen.
be|le|gen (V.) besetzen; nachweisen. Belegung; belegt; belegbar.
Be|leg|schaft (die, -, -en) Gesamtheit der Betriebsangehörigen.
be|leh|ren (V.) informieren. Belehrung. Ich belehrte ihn eines anderen, *aber:* Ich belehrte ihn eines Besseren.
be|leibt (Adj.) dick. Beleibtheit.
be|lei|di|gen (V.) kränken. Beleidigung; beleidigt.
be|le|sen (Adj.) gebildet. Belesenheit.
be|leuch|ten (V.) erhellen; darstellen. Beleuchtung.
Bel|gi|en (ohne Art., -s, kein Plural) europäischer Staat. Belgier; belgisch.

be|lich|ten (V.) dem Licht aussetzen. Belichtung; Belichtungszeit.
Be|lie|ben (das, -s, kein Plural) Wunsch; Ermessen. Erledige dies nach Belieben! Verb: belieben.
be|lie|big 1. (Adj.) irgendein. jeder Beliebige; alles Beliebige; jeder x-Beliebige. etwas Beliebiges (*auch:* nach Ihrem Belieben). 2. (Adv.) nach Wunsch, Wahl. beliebig lang; beliebig viel; beliebig oft.
be|liebt (Adj.) angesehen; populär. Beliebtheit.
Bel|kan|to (*auch:* Bel|can|to) (der, -s, kein Plural) italienischer Kunstgesang; »schöner Gesang«.
Bel|la|don|na (die, -, kein Plural) (ital.) = Atropin.
bel|len (V.) kläffen; laut husten.
Bel|le|t|rist (der, -en, -en) jmd., der Belletristik verfasst.
Bel|le|t|ris|tik (die, -, kein Plural) (franz.) Unterhaltungsliteratur.
Belle|vue (die, -, -n) (franz.) schöne Aussicht (besonders als Name).
be|lo|bi|gen (V.) loben; würdigen. Belobigung.
be|loh|nen (V.) anerkennen; honorieren. Belohnung.
Bel Pa|e|se (der, -, -) (ital.) ein italienischer Weichkäse.
Belt (der, -s/-es, -e) Meerenge. der Große Belt, der Kleine Belt.
Be|lu|ga (die/der, -/-s, -s/-) (russ.) 1. kleine Walart; Weißwal. 2. (kein Plural) Hausenkaviar.
be|lü|gen (V., belog, hat belogen) täuschen; anlügen.
Bel|ve|de|re (das, -s, -s) (ital.) Aussichtspunkt; schöner Ausblick (besonders als Name).
be|mäch|ti|gen (V., refl.) erlangen; in die Gewalt bekommen. Bemächtigung.
be|mä|keln (V.) (ugs.) bemängeln. Bemäkelung.
be|ma|len (V.) anstreichen; färben. Bemalung.
be|män|geln (V.) beanstanden. Bemängelung.
be|mer|ken (V.) entdecken; hinweisen. Bemerkung; bemerkenswert; bemerkbar; sich bemerkbar machen (auf sich aufmerksam machen).
be|mes|sen (V., bemaß, hat bemessen) abschätzen; abmessen. Bemessung; die Zeit ist viel zu kurz bemessen.
be|mit|lei|den (V.) bedauern; mitfühlen. Bemitleidung; bemitleidenswert.
be|mo|geln (V.) (ugs.) betrügen.
be|mü|hen (V.) sich anstrengen; ersuchen. Bemühung; bemüht.
be|mut|tern (V.) umsorgen. Bemutterung.
be|nach|bart (Adj.) angrenzend.

be|nach|rich|ti|gen (V.) verständigen. Benachrichtigung.
be|nach|tei|li|gen (V.) zurücksetzen. Benachteiligung.
be|ne|beln (V.) verwirren; trüben. Benebelung; benebelt.
Be|ne|dik|ti|on (die, -, -ti|o|nen) (lat.) Segnung; kirchliche Weihe. Verb: benedizieren.
Be|ne|fiz (das, -es, -e) (lat.) Wohltätigkeitsveranstaltung. Benefizkonzert.
be|neh|men (V., refl., benahm, hat benommen) sich betragen. Benehmen.
be|nei|den (V.) neidisch sein. Adjektiv: beneidenswert.
Be|ne|lux (Kurzw.) Belgien, Niederlande, Luxemburg (Zollunion). Beneluxstaaten.
be|nen|nen (V., benannte, hat benannt) bezeichnen. Benennung; benannt (nach).
be|net|zen (V.) anfeuchten. Benetzung.
Ben|gel (der, -s, -) (ugs.: Plural »Bengels«) frecher Junge.
be|ni|g|ne (Adj.) gutartig (bei Geschwülsten).
Be|ni|g|ni|tät (die, -, kein Plural) (lat.) Gutartigkeit (einer Geschwulst).
Be|nimm (der, -s, kein Plural) (ugs.) Manieren. Verb: benehmen.
Ben|ja|min (der, -s, -e) (hebr.) Jüngster einer Gruppe.
be|nom|men (Adj.) betäubt; durcheinander. Benommenheit.
be|no|ten (V.) bewerten. Benotung.
be|nö|ti|gen (V.) brauchen.
Ben|thal (das, -s, kein Plural) (griech.) Meeresboden (als Lebensraum).
be|nut|zen (*auch:* be|nüt|zen) (V.) verwenden; gebrauchen. Benutzer/Benützer; Benutzung/Benützung; benutzbar/benützbar.
Ben|zin (das, -s, -e) (arab.) Treibstoff. Benzinkanister; Benzinpreis; Benzinverbrauch.
Ben|zoe (die, -, kein Plural) (arab.-franz.) ein tropisches Harz.
Ben|zol (das, -s, -e) Lösungsmittel.
Beo (der, -s, -s) (malai.) asiat. Star; Käfigvogel.
be|ob|ach|ten (V.) betrachten; überwachen. beachten. Beobachtung; Beobachter; Beobachtungsgabe.
be|pflan|zen (V.) anpflanzen. Bepflanzung.
be|pflas|tern (V.) pflastern; bekleben. Bepflasterung.
be|quas|seln (V.) (ugs.) bereden.
be|quat|schen (V.) (ugs.) besprechen.
be|quem (Adj.) angenehm; langsam. Bequemlichkeit; sich bequemen.
be|rap|pen (V.) (ugs.) bezahlen.
be|ra|ten (V., beriet, hat beraten) behilflich sein; beratschlagen. Beratung; Beratungsstelle.

Be·ra·tungs·pflicht (die, -, -en) Verpflichtung, den Klienten zu beraten.
be·rau·ben (V.) rauben; entziehen. Beraubung.
be·rau·schen (V.) begeistern; sich betrinken. Berauschung; Berauschtheit; berauschend; berauscht.
Ber·be·rit·ze (die, -, -n) (lat.) Zierstrauch.
be·rech·nen (V.) errechnen; kalkulieren. Berechnung; Berechenbarkeit; berechenbar; berechnend.
Be·rech·ti·gung (die, -, -en) Erlaubnis; Anrecht. Berechtigte; Berechtigung; berechtigt; berechtigterweise; berechtigen.
be·red·sam (Adj.) gesprächig; redegewandt. Beredsamkeit; Beredtheit; Beredung; beredt; *beachte:* aufs beredteste/aufs Beredteste (eindringlichst); bereden.
Be·reich (der, -s, -e) Gebiet.
be·rei·chern (V.) erweitern; reich machen. Bereicherung.
be·reift (Adj.) mit Reif bedeckt; mit Reifen versehen. 8-fach/achtfach bereift.
be·rei·ni·gen (V.) klären. Bereinigung.
be·reit (Adj.) fertig; vorbereitet; willig. *Beachte:* sich bereit erklären (*auch:* bereiterklären); bereit sein; *aber:* etwas bereitstellen, (sich) bereithalten, bereitliegen.
be·rei·ten 1. (V.) zubereiten. Zubereitung. 2. (V., beritt, hat beritten) zureiten.
be·reit·hal·ten (V., hielt bereit, hat bereitgehalten) zur Verfügung halten. Soll ich dir die Sache bereithalten? Ich werde mich bereithalten.
be·reits (Adv.) schon.
Be·reit·schaft (die, -, -en) Bereitsein (ohne Plural); Einsatztruppe. Bereitschaftsdienst; Bereitschaftspolizei.
be·reit·wil·lig (Adj.) anstandslos; freundlich. Bereitwilligkeit.
be·reu·en (V.) bedauern.
Berg (der, -s/-es, -e) Erhöhung; Gebirge; Haufen. Bergbahn; Bergführer; Bergkristall; Bergmann; Bergpredigt; Bergrutsch; Bergschuh; Bergsteigen; Berg-und-Tal-Bahn; Bergwacht; bergab; bergauf; berghoch; bergeweise; bergmännisch; bergsteigerisch; bergauf steigen; bergab steigen; *aber:* bergsteigen (das Bergsteigen).
Ber·ga·mot·te (die, -, -n) (türk.-franz.) 1. eine kleinasiatische Zitrusfrucht, deren Schalen ausgepresst werden, um Bergamottöl zu gewinnen. 2. eine Birnensorte.
Ber·ga·mott·öl (das, -s, -e) Parfümrohstoff aus Bergamotte (1.); das ~ ist in Earl Grey und Kölnischwasser enthalten.
ber·gen (V., barg, hat geborgen) retten; verstecken; enthalten. Bergung.

Be·ri·be·ri (die, -, kein Plural) (singhales.) Vitamin-B_1-Mangelkrankheit.
be·rich·ten (V.) mitteilen; schildern. Mit den Präpositionen »über« (mit Akkusativ!) und »von« (mit Dativ!). Bericht; Berichterstatter (*aber:* Bericht erstatten).
be·rich·ti·gen (V.) richtigstellen; verbessern. Berichtigung.
be·rie·seln (V.) besprühen; unmerklich beeinflussen. Berieselung.
Ber·kel·li·um (das, -s, kein Plural) (engl.-nlat.) ein künstliches radioaktives Element.
Ber·lin (ohne Art., -s, kein Plural) (dt.) Stadt und Bundesland; Berliner.
Ber·mu·das (die, nur Plural) Inseln im Atlantik. Bermudashorts.
Bern·har·di·ner (der, -s, -) Hunderasse.
Bern·stein (der, -s, -e) fossiles Harz; Schmuck. Bernsteinkette; bernsteine(r)n.
Ber·ser·ker (der, -s, -) tobender Mensch. Adjektiv: berserkerhaft.
bers·ten (V., barst, hat/ist geborsten) brechen. Bersten; Berstschutz.
be·rüch·tigt (Adj.) bekannt; verrufen. Mit den Präpositionen »wegen« (mit Genitiv!) und »durch/für« (mit Akkusativ!)
be·rück·sich·ti·gen (V.) beachten. Berücksichtigung.
Be·ruf (der, -s/-es, -e) Arbeit; Tätigkeit. Berufsaussichten; Berufsberatung; Berufsbezeichnung; Berufserfahrung; Berufssportler; Berufstätige; Berufswechsel; beruflich; berufs-

---

Berufsbezeichnungen

1. Ohne Artikel wird nicht die Berufsbezeichnung dekliniert, sondern der Name. Rechtsanwalt Müllers Beratung war hilfreich.

2. Mit Artikel wird die Berufsbezeichnung dekliniert, nicht der Name. Die Beratung des Rechtsanwalts Müller war hilfreich.

3. Adjektive bei Berufsbezeichnungen werden kleingeschrieben: freier Mitarbeiter; höherer Beamter; technischer Redakteur. *Aber:* Im Briefkopf oder auf der Visitenkarte kann ein Adjektiv bei der Berufsbezeichnung auch großgeschrieben werden (→ Titel).

bedingt; berufsbegleitend; berufserfahren; berufslos; berufsmäßig; berufstätig.
be'ru'fen (V., berief, hat berufen) abordnen; sich beziehen auf. Berufung; in die Berufung gehen; Berufungsinstanz.
Be'rufs'be'zeich'nun'gen → Regelkasten
be'ru'hen (V.) gründen. Wir lassen es auf sich beruhen (wir hören auf damit).
be'ru'hi'gen (V.) besänftigen; ruhig werden. Beruhigung; Beruhigungsmittel.
be'rühmt (Adj.) bekannt; angesehen. Mit den Präpositionen »wegen« (Genitiv!) und »durch/ für« (Akkusativ!). Berühmtheit; berühmt-berüchtigt.
be'rüh'ren (V.) anfassen; anstoßen; betreffen. Berührung; Berührungspunkt.
Be'ryll (der, -s, -e) (ind.-griech.) ein Mineral; Schmuckstein.
Be'ryl'li'um (das, -s, kein Plural) (ind.-griech.-nlat.) ein Leichtmetall von hellgrauer Farbe.
bes. (Abk.) besonders.
be'sa'gen (V.) aussagen. Das besagt überhaupt nichts.
Be'sa'mung (die, -, -en) künstliche Befruchtung. Besamungsstation; besamen.
Be'san (der, -s, -e) (arab.-niederl.) Gaffelsegel am hinteren Mast.
be'sänf'ti'gen (V.) beruhigen.
Be'sat'zung (die, -, -en) Mannschaft; militärische Kontrolle. Besatzungsmacht.
be'sau'fen (V., refl., besoff, hat besoffen) (ugs.) sich betrinken. Besäufnis.
be'schä'di'gen (V.) ramponieren. Beschädigung.
be'schaf'fen (V.) besorgen; geartet. Beschaffenheit; Beschaffung.
be'schäf'ti'gen (V., refl.;V.) sich befassen; anstellen. Beschäftigung; Beschäftigte; Beschäftigungstherapie.
Be'schäf'ti'gungs'ge'sell'schaft (die, -, -en) Unternehmensform, die bei Kurzarbeit mit Fortbildung kombiniert wird, um Arbeitslosigkeit vorzubeugen.
be'schä'men (V.) bloßstellen; demütigen. Beschämung; beschämend; beschämenderweise.
be'schat'ten (V.) einen Schatten werfen; bespitzeln. Beschattung.
Be'schau (die, -, kein Plural) Untersuchung. Fleischbeschau; beschauen.
be'schau'lich (Adj.) ruhig; friedlich. Beschaulichkeit.
Be'scheid (der, -s, -e) Nachricht. *Beachte:* wird grundsätzlich immer groß- und getrennt geschrieben! Bescheid geben; Bescheid sagen; Bescheid wissen.

be'schei'den (Adj.) zurückhaltend; anspruchslos. Bescheidenheit; sich bescheiden.
be'schei'ni'gen (V.) bestätigen; quittieren. Bescheinigung.
be'schen'ken (V.) ein Geschenk machen. Beschenken.
be'sche'ren (V.) schenken (Weihnachten); bringen. Bescherung.
be'scheu'ert (Adj.) (ugs.) dumm.
be'schie'ßen (V., beschoss, hat beschossen) schießen auf. Beschießung; Beschuss.
be'schil'dern (V.) kennzeichnen. Beschilderung.
be'schimp'fen (V.) beleidigen. Beschimpfung.
be'schir'men (V.) beschützen. Beschirmer.
Be'schiss (der, -schis'ses, kein Plural) (ugs.) Betrug. Adjektiv: beschissen. Verb: bescheißen.
Be'schlag (der, -s, -schlä'ge) Metallverbindungsstück; Verzierung. Sie nahm ihn vollkommen in Beschlag (beanspruchte ihn ganz für sich); mit Beschlag belegen. Adjektiv: beschlagen. Verb: beschlagen.
be'schla'gen (Adj.) bewandert; erfahren. Beschlagenheit.
be'schlag'nah'men (V.) wegnehmen. Beschlagnahme; Beschlagnahmung.
be'schlei'chen (V., beschlich, hat beschlichen) heranschleichen; überkommen.
be'schleu'ni'gen (V.) schneller werden; schneller machen. Beschleunigung.
Be'schleu'ni'gungs'ge'setz (das, -es, kein Plural) Gesetz, das die Planungszeit für den Straßenbau verkürzt.
be'schlie'ßen (V., beschloss, hat beschlossen) entscheiden; beenden. Beschluss; Beschlussfähigkeit; beschlossen; beschlossenermaßen; beschlussfähig.
be'schmie'ren (V.) beschmutzen; bemalen.
be'schmut'zen (V.) verunreinigen. Beschmutzung.
be'schnei'den (V., beschnitt, hat beschnitten) stutzen; beschränken; Vorhaut entfernen. Beschneidung.
be'schnüf'feln (V.) riechen; untersuchen.
be'schnup'pern (V.) beriechen.
be'schö'ni'gen (V.) schönfärben. Beschönigung.
be'schrän'ken (V.) einschränken. Beschränkung; beschränkt.
be'schränkt (Adj.) engstirnig; dumm.
be'schrei'ben (V., beschrieb, hat beschrieben) schildern. Beschreibung; beschreibbar.
be'schrei'en (V., beschrie, hat beschrien) unken; berufen.
be'schrif'ten (V.) kennzeichnen. Beschriftung.

be|schul|di|gen (V.) anklagen. Beschuldigte; Beschuldigung.
be|schum|meln (V.) (ugs.) betrügen.
be|schüt|zen (V.) behüten; bewahren. Nur mit der Präposition »vor«! Sie beschützte ihn vor seiner eigenen Dummheit. Beschützer.
be|schwat|zen (V.) (ugs.) überreden.
Be|schwer|de (die, -, -n) Leiden; Anstrengung; Klage. Beschwerdeführer; beschwerdefrei; sich beschweren.
be|schwer|lich (Adj.) schwierig; mühsam. Beschwerlichkeit.
be|schwich|ti|gen (V.) besänftigen. Beschwichtigung; Beschwichtigungspolitik.
be|schwin|deln (V.) betrügen; belügen.
be|schwingt (Adj.) beflügelt; heiter. Beschwingtheit.
be|schwipst (Adj.) (ugs.) leicht betrunken. einen Schwips haben.
be|schwö|ren (V., beschwor, hat beschworen) beeiden; anflehen. Beschwörung; Beschwörer.
be|see|len (V.) beleben; anregen. Beseeltheit; Beseelung; beseelt.
be|sei|ti|gen (V.) abschaffen; entfernen. Beseitigung.
Be|sen (der, -s, -) Putzgerät. Besenbinder; Besenstiel.
be|ses|sen (Adj.) eingenommen; wahnsinnig. Besessenheit.
be|set|zen (V.) belegen; einnehmen. Besetzung; Besetztzeichen; besetzt.
be|sich|ti|gen (V.) anschauen. Besichtigung.
be|sie|geln (V.) bekräftigen; entscheiden. Besieg(e)lung.
be|sie|gen (V.) bezwingen; erobern. Besiegte.
be|sin|nen (V., refl., besann, hat besonnen) erinnern; bedenken. meist mit Präposition »auf«! Ich kann mich nicht mehr auf sein Aussehen besinnen; sich eines andern besinnen; sich anders besinnen, *aber:* sich eines Besseren/Bessren besinnen. Besinnung.
be|sinn|lich (Adj.) nachdenklich; beschaulich. Besinnlichkeit.
be|sin|nungs|los (Adj.) bewusstlos. Besinnungslosigkeit.
Be|sitz (der, -es, -e) Vermögen; Eigentum. Besitzanspruch; Besitzbürgertum; Besitzergreifung; Besitzlose; Besitzverhältnisse; besitzanzeigend; besitzlos; besitzen.
be|sof|fen (Adj.) (ugs.) betrunken. Besoffenheit.
be|sol|den (V.) entlohnen. Besoldung
be|son|de|re(-r/-s) (Adj.) eigenartig; außergewöhnlich. Ein besonderes Ereignis; im Besonderen; insbesondere; das Besondere; etwas/ nichts Besonderes; Besonderheit.

be|son|ders (Adv.) getrennt; vor allem; sehr. *Beachte:* Vor »besonders« steht ein Komma, wenn es eine Ergänzung einleitet! Er mochte Blumen, besonders Rosen und Nelken. *Beachte* bei »besonders wenn«: Soll das Wort »besonders« betont werden, so steht das Komma dazwischen; er lachte besonders, wenn der Clown auf die Bühne kam; wird »besonders wenn«, »besonders weil«, »besonders da« usw. jedoch als feste Fügung verstanden, so steht das Komma vor »besonders«: Er geht gern ins Kino, besonders wenn Abenteuerfilme laufen.
be|son|nen (Adj.) überlegt; vernünftig. Besonnenheit.
be|sor|gen (V.) holen; erledigen; befürchten. Besorgung; Besorgnis; Besorgtheit; besorgniserregend (*auch:* Besorgnis erregend).
be|spie|len (V.) aufnehmen; spielen auf. Bespielbarkeit; bespielbar.
be|spit|zeln (V.) überwachen. Bespitzelung.
be|spre|chen (V., besprach, hat besprochen) sich beraten; erörtern. Besprechung.
be|spren|gen (V.) besprühen.
be|sprü|hen (V.) befeuchten. Besprühung.
be|spu|cken (V.) anspucken.
bes|ser (Adj.) mehr als gut. besser gehen (gesundheitlich); Sie kann jetzt wieder besser gehen. Du solltest das Glas (lieber) abstellen. *Aber:* Der Staat will die Familien besserstellen (finanz.). *Großschreibung:* etwas/ nichts Besseres; jemanden eines Besseren belehren; sich eines Besseren besinnen; Besseres wäre zu tun. Bessergestellte (*auch:* besser Gestellte); Besserwisser; besserwisserisch.
bes|sern (V.) verbessern. Besserung.
be|stal|len (V.) einsetzen. Bestallung.
Be|stand (der, -es, -stän|de) Dauer (ohne Plural);Vorrat; Bestandsaufnahme; Bestandteil.
be|stän|dig (Adj.) dauernd; beharrlich. Beständigkeit.
be|stär|ken (V.) unterstützen; ermutigen. Bestärkung.
be|stä|ti|gen (V.) bescheinigen; zustimmen. Bestätigung.
be|stat|ten (V.) beerdigen. Bestattung; Bestattungsinstitut.
be|stau|nen (V.) bewundern.
bes|te(-r/-s) (Adj.) sehr gut. am besten; jemanden zum Besten halten; eine Anekdote zum Besten geben; aufs beste/Beste (sehr gut); er war aufs das Beste scharf; dieses Lied war das beste; das Beste wäre, wenn …; gut, besser, am besten; der erste/nächste Beste; der Erstbeste; ich halte es für das Beste, wenn … Er nimmt sich nur vom Besten; das Beste, was ich je gesehen habe;

hoffen wir das Beste; das Beste vom Besten; sein Bestes geben; das Beste aus einer Sache machen; das Beste ist gerade gut genug; der Beste im Turnen. Adjektive: bestinformiert; bestausgebildet; bestmöglich (nicht: bestmöglichst!); bestrenommiert; bestvorbereitet. Bestform; Bestleistung; Bestmarke; Bestseller.
be'ste'chen (V., bestach, hat bestochen) schmieren; wirken. Bestechung; Bestechlichkeit; Bestechungsskandal; bestechlich; bestechend.
Be'steck (das, -s, -e) Esswerkzeuge. Besteckkasten.
be'ste'hen (V., bestand, hat bestanden) standhalten; existieren; beharren (mit Präposition »auf«); sich zusammensetzen (mit Präposition »aus«). Bestehen; bestehen bleiben; bestehen lassen.
be'stei'gen (V., bestieg, hat bestiegen) erklettern; hineinsteigen. Besteigung.
be'stel'len (V.) in Auftrag geben; ausrichten. Bestellung; Bestellliste.
bes'ten'falls (Adv.) im besten Fall.
bes'tens (Adv.) sehr gut.
be'sternt (Adj.) mit Sternen bedeckt.
be'steu'ern (V.) mit Steuer belegen. Besteuerung; besteuerbar.
bes'ti'a'lisch (Adj.) (lat.) kaltblütig; roh. Bestialität; Bestie.
be'stim'men (V.) festlegen; anordnen; beeinflussen. Bestimmung; Bestimmungsort; Bestimmtheit; bestimmt; bestimmbar; bestimmungsgemäß.
be'stirnt (Adj.) mit Sternen bedeckt.
be'stra'fen (V.) ahnden; verurteilen. Bestrafung.
be'strah'len (V.) erhellen; mit Strahlen behandeln. Bestrahlung; Bestrahlungsdosis.
be'stre'ben (V.; V., refl.) wünschen; sich bemühen. Bestreben; Bestrebung; bestrebt.
be'strei'ten (V., bestritt, hat bestritten) leugnen; finanzieren. Bestreitung.
be'streu'en (V.) bedecken; verteilen. Bestreuung.
Best'sel'ler (der, -s, -) (engl.) Verkaufsschlager.
be'stü'cken (V.) ausstatten. Bestückung.
be'stür'men (V.) belagern; bedrängen; bitten. Bestürmung.
be'stür'zen (V.) erschüttern. Bestürzung; Bestürztheit; bestürzend; bestürzt.
Be'such (der, -s/-es, -e) Aufenthalt; Teilnahme; Gast. Besucher; Besuchserlaubnis; besuchen.
be'su'deln (V.) verunreinigen; schmähen. Besud(e)lung.
Be'ta (das, -s, -s) zweiter Buchstabe des griechischen Alphabets (B, β).

be'tagt (Adj.) alt. Betagtheit.
be'tas'ten (V.) greifen; berühren. Betasten; Betastung.
Be'ta'strah'len (auch: β-Strahlen) (die, -) radioaktive Strahlen. Betastrahler; Betastrahlung.
be'tä'ti'gen (V.) sich beschäftigen; bedienen. Betätigung; Betätigungsfeld.
be'tat'schen (V.) (ugs.) gierig berühren.
be'täu'ben (V.) narkotisieren; hemmen. Betäubung; betäubt; ohrenbetäubender Lärm.
Be'te (auch: Beete) (die, -, -n) Rübe.
be'tei'li'gen (V.) teilnehmen; Anteil geben. Beteiligte; Beteiligung; Beteiligtsein.
be'ten (V.) ein Gebet sprechen. Beter.
be'teu'ern (V.) versichern. Beteuerung.
be'ti'teln (V.) benennen. Betit(e)lung.
Be'ton (der, -s, -s/-e) (franz.) Baustoff. Betonblock; Betonmischmaschine; betonieren.
be'to'nen (V.) unterstreichen; hervorheben. Betonung; betont; betontermaßen.
be'tö'ren (V.) bezaubern; blenden. Betörer; Betörung; betörend.
betr. (Abk.) betreffend; betreffs.
Betr. (Abk.) Betreff. In modernen Geschäftsbriefen wird die Ankündigung »Betreff« nicht mehr angeführt!
Be'tracht (der) Erwägung (nur in den Wendungen) in Betracht kommen; in Betracht ziehen; außer Betracht bleiben.
be'trach'ten (V.) ansehen, halten für (mit Präposition »als«!); ansehen (mit Präposition »für«!). Betrachter; Betrachtung; Betrachtungsweise; beträchtlich.
be'trächt'lich (Adj.) erheblich; beachtlich. Um ein Beträchtliches war er besser als die anderen.
Be'trag (der, -s, -trä'ge) Summe; Preis. Verb: betragen.
be'trau'ern (V.) trauern um.
Be'treff (der, -s, -e) Inhalt; Hinsicht. Betreffende; betreffs; betreffend; betreffen.
be'tref'fend (Adj.) hinsichtlich; in Bezug auf. Beachte: »betreffend« steht oft mit Komma, besonders in längeren Einschüben: Wir haben uns, Ihre Einwände betreffend, nochmals Gedanken gemacht. Das Komma muss aber nicht stehen!
be'trei'ben (V., betrieb, hat betrieben) ausüben; führen. Betreiben; Betreibung; auf sein Betreiben hin habe ich die Stelle angenommen.
be'tre'ten 1. (V., betrat, hat betreten) treten; eintreten. Betreten. 2. (Adj.) verlegen; betroffen. Betretenheit.
be'treu'en (V.) hegen; verwalten. Betreuer; Betreuung.

Be|trieb (der, -s/-es, -e) Firma; Arbeiten; Trubel. eine Anlage in Betrieb nehmen; Betriebsangehörige; Betriebsausschuss; Betriebsferien; Betriebskapital; Betriebsanleitung; Betriebsnudel; Betriebsratsmitglied; Betriebsschutz; Betriebsunfall; Betriebswirtschaftslehre; betrieblich; betriebsam; betriebsbereit; betriebsintern; betriebssicher.
Be|triebs|ge|fahr (die, -, -en) grundsätzliche Gefahr, die z. B. ein Auto bedeutet.
be|trin|ken (V., refl. betrank, hat betrunken) sich einen Rausch antrinken.
be|troffen (Adj.) bestürzt; berührt; betroffen sein. Betroffenheit; einige Betroffene; alle Betroffenen; die von der Krankheit Betroffenen.
be|trü|ben (V.) traurig machen. Betrübtheit; Betrübnis; betrüblich; betrübt.
Be|trug (der, -s, Be|trü|ge|rei|en) Schwindel; Täuschung. Betrüger; betrügerisch; betrügen.
be|trun|ken (Adj.) berauscht. Betrunkene; Betrunkenheit; sich betrinken.
Bett (das, -s/-es, -en) Schlafmöbel. Bettbezug; Bettdecke; Bettfedern; Betthupferl; Bettlaken; Bettnässer; Bettruhe; Betttuch (*auch:* Bett-Tuch), das Bettenmachen (*aber:* die Betten machen); bettlägerig; sich betten.
Bett|ler (der, -s, -) Almosenempfänger. Bettelei; Bettelstab; betteln.
be|tucht (Adj.) (ugs.) reich. Betuchte.
Be|tu|la (die, -, kein Plural) (lat.) Birke; Betula folium: Birkenblätter (als Heilmittel).
be|tu|lich (Adj.) entgegenkommend; gemächlich. Betulichkeit.
beu|gen (V.) biegen; sich fügen; flektieren. Beuge; Beugung; Beugungsendung; Beugehaft; beugsam.
Beu|le (die, -, -n) Delle; Schwellung. Verb: sich beulen.
be|un|ru|hi|gen (V.) aufregen. Beunruhigung.
be|ur|kun|den (V.) beglaubigen. Beurkundung.
be|ur|lau|ben (V.) freigeben; in Urlaub schicken. Beurlaubung.
Beurre d'an|chois (die, - -, kein Plural) (franz.) Sardellenbutter.
be|ur|tei|len (V.) abschätzen; bewerten. Beurteilung; Beurteiler.
Beu|te (die, -, kein Plural) Diebesgut; Fang. Beutegut; beutegierig; beutelüstern.
Beu|tel (der, -s, -) Sack; Tasche. Geldbeutel; Beutelschneider.
beu|teln (V.) schlagen; schütteln.
be|völ|kern (V.) bewohnen; belegen. Bevölkerung; Bevölkerungsdichte; Bevölkerungsschicht; Bevölkerungsstatistik.
be|voll|mäch|ti|gen (V.) ermächtigen; berechtigen. alle Bevollmächtigten; einige Bevollmächtigte; Bevollmächtigung; bevollmächtigt.
be|vor (Konj.) ehe; früher als.
be|vor|mun|den (V.) gängeln; belehren. Bevormundung.
be|vor|ste|hen (V., stand bevor, hat bevorgestanden) sich nähern; drohen.
be|vor|zu|gen (V.) begünstigen; favorisieren. Bevorzugung.
be|wa|chen (V.) beschützen. Bewachung; Bewacher.
be|wach|sen (Adj.) übersät; bedeckt.
be|waff|nen (V.) mit Waffen ausstatten. Bewaffnung; Bewaffnete.
be|wah|ren (V.) behüten; verwahren. *Beachte:* keine Verneinung eines Nebensatzes oder einer Infinitivgruppe, wenn diese von »bewahren« abhängen! Sie bewahrte ihn davor, dass er etwas Falsches tat (*falsch:* dass er nichts Falsches tat). Bewahrer; Bewahrung.
be|wäh|ren (V., refl.) eine Probe bestehen; sich auszeichnen. Bewährung; Bewährungshelfer; Bewährungsprobe; Bewährtheit; bewährt.
be|wahr|hei|ten (V., refl.) sich bestätigen. Bewahrheitung.
be|wal|det (Adj.) mit Wald bedeckt. Bewaldung; bewalden.
be|wäl|ti|gen (V.) meistern; erledigen; besiegen. Bewältigung.
be|wan|dert (Adj.) kenntnisreich; erfahren.
Be|wandt|nis (die, -, -se) Beschaffenheit; Umstand. Verb: bewenden.
be|wäs|sern (V.) befeuchten. Bewässerung; Bewässerungsanlage.
be|we|gen 1. (V.) verändern. Beweglichkeit; Bewegung; Bewegungstherapie; beweglich; bewegt; bewegungsunfähig. 2. (V., bewog, hat bewogen) veranlassen. Beweggrund; Bewegung; Bewegtheit.
be|weih|räu|chern (V.) übermäßig hervorheben. Beweihräucherung.
Be|weis (der, -es, -e) Beleg; Argument. unter Beweis stellen; Beweisaufnahme; Beweisbarkeit; Beweismittel; beweisbar; beweisen; beweiskräftig; bewiesen.
be|wen|den (V.) (in der Verbindung) bewenden lassen. Wir wollen es dabei bewenden lassen. *Aber:* Es hat dabei sein Bewenden.
Be|werb (der, -s, -e) Ausscheidung. Bewerber; Bewerbung; Bewerbungsunterlagen; sich bewerben (um).
be|werk|stel|li|gen (V.) bewältigen; erreichen. Bewerkstelligung.
be|wer|ten (V.) beurteilen. Bewertung.
be|wil|li|gen (V.) genehmigen. Bewilligung.
be|wir|ken (V.) erreichen.

be|wir|ten (V.) bedienen. Bewirtung.
be|wirt|schaf|ten (V.) leiten; bearbeiten. Bewirtschaftung.
be|woh|nen (V.) wohnen in/auf. Bewohner; Bewohnbarkeit; bewohnbar.
be|wöl|ken (V., refl.) finster werden. Bewölkung; Bewölkungsauflockerung; bewölkt.
Be|wuchs (der, -es, kein Plural) Pflanzendecke.
be|wun|dern (V.) verehren; staunen. Bewunderer; Bewunderung; bewundernswert; bewunderungswert.
be|wusst (Adj.) absichtlich; klar. Mit Genitiv! Ich bin mir der Fehler bewusst. Bewusstheit; Bewusstmachung; Bewusstlosigkeit; Bewusstsein; Bewusstseinsbildung; Bewusstwerdung; bewusstlos; bewusst machen (*auch:* bewusstmachen) (klarmachen), *aber:* etwas bewusst (absichtlich) machen.
bez. 1. (*auch:* bez oder bz) (Abk.) bezahlt. 2. (Abk.) bezüglich.
Bez. 1. (Abk.) Bezeichnung. 2. (*auch:* Bz.) (Abk.) Bezirk.
be|zah|len (V.) zahlen; büßen. Bezahlung; bezahlt; gut bezahlt (*auch:* gutbezahlt); das macht sich bezahlt.
be|zäh|men (V.) bändigen. Bezähmung; bezähmbar.
be|zau|bern (V.) reizen; entzücken. Bezauberung; bezaubernd.
be|zecht (Adj.) betrunken.
be|zeich|nen (V.) markieren; nennen. Bezeichnung (Abk.: Bez.); bezeichnend; bezeichnenderweise.
be|zeu|gen (V.) bestätigen; zeigen. Bezeugung.
be|zich|ti|gen (V.) beschuldigen. Bezichtigung.
be|zie|hen (V., bezog, hat bezogen; V., refl.) bespannen; erhalten; in Verbindung bringen; sich bedecken; etw. beziehen auf (in Verbindung setzen mit). Beziehung; Beziehungskiste; beziehbar; beziehungsreich; beziehungsweise. sich auf eine Sache beziehen.
be|zie|hungs|wei|se (Konj.) (Abk.: bzw.) oder; vielmehr. *Beachte:* Zwischen zwei Hauptsätzen kann vor bzw. ein Komma stehen: Er konnte nicht schreiben, bzw. er wollte nicht. Sonst ohne Komma; Sie hatten sich zerstritten bzw. getrennt.
be|ziffern (V.) nummerieren; betragen. Der ganze Schaden beziffert sich auf eine Million. Bezifferung.
Be|zirk (der, -s/-es, -e) Kreis; Gebiet. (Abk. Bez.) Bezirksliga; bezirksweise.
be|zir|zen (V.) → be|cir|cen.
Be|zug (der, -s, -zü|ge) Überzug; Bezugnahme. mit Bezug auf; auf etwas Bezug nehmen; in Bezug auf (bezüglich). Bezugnahme; Bezugsperson; Bezüglichkeit; bezüglich (*Beachte:* mit Genitiv!).
be|zu|schus|sen (V.) unterstützen. Bezuschussung.
be|zwe|cken (V.) beabsichtigen.
be|zwei|feln (V.) infrage stellen. *Beachte:* Nach »bezweifeln« muss ein Nebensatz mit »dass« (nicht mit »ob«) beginnen! Ich bezweifle, dass das richtig ist. Bezweif(e)lung.
be|zwin|gen (V., bezwang, hat bezwungen) besiegen; bewältigen. Bezwingung; Bezwinger; bezwingbar.
Bf. (Abk.) Bahnhof; Brief.
BfA (Abk.) Bundesversicherungsanstalt für Angestellte.
bfn. (Abk.) brutto für netto.
Bg. (Abk.) Bogen (Papier).
BGB (Abk.) Bürgerliches Gesetzbuch.
BGS (Abk.) Bundesgrenzschutz.
BH (Abk.) Büstenhalter.
Bhag|wan (der, -s, -s) (sanskr.) Ehrentitel eines Gurus.
Bhf. (Abk.) Bahnhof.
bi (Kurzw.) (ugs.) bisexuell.
Bi|ath|lon (das, -s, -s) Sportart: Skilanglauf und Schießen. Biathlet.
bib|bern (V.) zittern.
Bi|bel (die, -, -n) (griech.) Heilige Schrift. Bibelkonkordanz; Bibelspruch; bibelfest; biblisch; *aber:* die Biblische Geschichte.
Bi|ber (der, -s, -) Nagetier. Biberpelz; Biberschwanz.
Bi|be|ret|te (die, -, -n) (dt.-franz.) biberfellähnlicher Mohairplüsch; Kaninchenfell auf Biber zugerichtet.
Bi|ber|nel|le (die, -, -n) ein Doldengewächs.
Bi|b|lio|gra|fie (*auch:* Bi|b|lio|gra|phie) (die, -, -n) (griech.) Bücherverzeichnis. Bibliograf (*auch:* Bibliograph); bibliografisch (*auch:* bibliographisch), *aber:* das Bibliographische Institut; bibliografieren (*auch:* bibliographieren).
Bi|b|lio|ma|ne (der, -n, -n) (griech.) Büchernarr. Bibliomanie.
Bi|b|lio|phi|le (die, -, kein Plural) (griech.) Bücherliebhaberei. Bibliophile; bibliophil.
bi|b|lio|phob (Adj.) (griech.) bücherfeindlich.
Bi|b|lio|thek (die, -, -en) (griech.) Bücherei; Büchersammlung. Bibliothekar/-in; bibliothekarisch.
Bi|det (das, -s, -s) (franz.) Sitzbecken für Unterleibswaschungen.
bie|der (Adj.) rechtschaffen; brav. Biederkeit; Biedermann; Biedermeier; Biedermeierstil; biedermeierlich.

bie|gen (V., bog, hat gebogen) krümmen. Biegung; Biegsamkeit; auf Biegen und Brechen; biegbar; biegsam.
Bie|ne (die, -, -n) Insekt. Bienenhonig; Bienenkönigin; Bienenstich; Bienenwachs; bienenfleißig.
Bi|en|na|le (die, -, -n) (ital.) Kunst- und Filmfestival.
Bier (das, -s/ -es, -e) Getränk. Bierbauch; Biereifer; Bierfass; Bierleiche; Bierruhe; Bierzelt; dunkles Bier (*aber:* Dunkles); bierernst; bierselig.
Biest (das, -s, -er) Tier; Schimpfwort. Adjektiv: biestig.
bie|ten (V., bot, hat geboten) anbieten; zeigen; zumuten.
Bi|fur|ka|ti|on (die, -, -ti|o|nen) (lat.) Gabelung in zwei Teile. Bifurkationstheorie (in der Sprachwissenschaft).
Bi|ga|mie (die, -, -n) Doppelehe. Bigamist; bigamistisch.
Big|band (*auch:* Big Band) (die, -, -s) (engl.) Tanzorchester.
Big|busi|ness (*auch:* Big Busi|ness) (das, -, kein Plural) (engl.) Geschäftswelt; großes Geschäft.
bi|gott (Adj.) (franz.) scheinheilig; frömmelnd. Bigotterie.
Bi|ki|ni (der, -s, -s) zweiteiliger Badeanzug.
bi|la|bi|al (Adj.) (lat.) beidlippig; ~e Laute.
Bi|la|bi|al (der, -s, -e) bilabial gebildeter Laut; z. B. »b, p«.
Bi|lanz (die, -, -en) (ital.) 1. Gegenüberstellung von Vermögen und Schulden. 2. Gegenüberstellung von Ergebnissen.
Bild (das, -s/ -es, -er) Gemälde; Fotografie; Abbild; Anblick. Ich bin vollkommen im Bilde; von der Bildfläche verschwinden; Bildarchiv; Bildberichterstatter; Bilderbuchlandung; Bilderrahmen; Bildhaftigkeit; Bildhauer; Bildschirmtext; Bildstörung; bilderreich; bildhaft; bildhübsch; bildlich; bildnerisch; bildende (*auch:* Bildende) Künste; bilden.
Bild|te|le|fon (das, -s, -e) Telefon mit Ton- und Bildübertragung.
Bil|dung (die, -, -en) Entstehung; Form; Allgemeinwissen. Bildungsbürgertum; Bildungschancen; Bildungslücke; Bildungsreise; Bildungsroman; bildungsbeflissen; bildungsfeindlich; sich bilden.
Bil|dungs|po|li|tik (die, -, kein Plural) Planung der staatlichen Bildungsausgaben.
Bil|dungs|re|fe|rent (der, -en, -en) Schulungsreferent.

Bil|dungs|so|zio|lo|gie (die, -, kein Plural) Zweig der Soziologie, der sich mit den Zusammenhängen zwischen Bildung und Gesellschaft beschäftigt.
Bil|ge (die, -, -n) (engl.) Schiffsbodenraum für Leck- und Schwitzwasser.
Bil|har|zie (die, -, -n) (nlat.) tropischer Saugwurm, der durch die Haut eindringt.
Bil|har|zi|o|se (die, -, -n) durch Bilharzien verursachte Krankheit.
bi|lin|gu|al (Adj.) (lat.) zweisprachig.
Bil|lard (das, -s, -e) Kugelspiel. Billardkugel; Billardtisch; Billardqueue.
Bil|le|teur (der, -s, -e) 1. Platzanweiser im Theater (österr.). 2. Schaffner (schweiz.).
Bil|lett (das, -s, -e/-s) (franz.) 1. Eintrittskarte; Fahrkarte. 2. Mitteilungszettelchen.
Bil|li|ar|de (die, -, -n) (franz.) tausend Billionen (10^{15}). ein billiardstel Teil; das Billiardstel.
bil|lig (Adj.) preiswert; gerecht; dürftig. Deine Ansprüche sind zu hoch und billig! Billigkeit; Billigung; Billigpreis; etwas/nichts Billiges; das Billigste; billige Ausrede; billigenswert; billigen.
Bil|li|on (die, -, -en) (franz.) tausend Milliarden (10^{12}). ein billionstel Gramm; das Billionstel.
Bi|me|tall (das, -s, -e) Doppelmetall. Adjektiv: bimetallisch.
Bi|me|tal|lis|mus (der, -, kein Plural) (nlat.) auf Gold und Silber gestütztes Währungssystem.
Bim|mel (die, -, -n) Glocke. Bimmelbahn. Verb: bimmeln.
bi|när (*auch:* bi|nar; bi|na|risch) (Adj.) zweiteilig. Binärschritt; Binärziffer (EDV).
bin|den (V., band, hat gebunden) festmachen; verbinden. Binde; Bindegewebe; Bindung.
Bin|de|strich → Regelkasten
bin|nen (Präp., Gen./Dat.) innerhalb. binnen zwei Jahren/zweier Jahre; binnen Kurzem; binnen kurzer Zeit; Binnenmeer; Binnensee.
Bin|nen|markt (der, -es, -märk|te) freier Verkehr innerhalb eines gemeinsamen Wirtschaftsraumes. europäischer Binnenmarkt.
Bi|no|kel (das, -s, -) (schweiz.-franz.) 1. mit beiden Augen zu benutzendes optisches Gerät. 2. ein Kartenspiel.
bi|no|misch (Adj.) zweigliedrig. Binom; Binomialkoeffizient; binomischer Lehrsatz.
Bin|se (die, -, -n) Gras. Binsenweisheit; Binsenwahrheit; in die Binsen gehen.
bio|ak|tiv (Adj.) biologisch aktiv.
Bio|che|mie (die, -, kein Plural) Lehre von den chemischen Vorgängen im Organismus. Biochemiker; biochemisch.
Bio|chip (der, -/-s, -s) Computerbaustein aus gentechnisch hergestellten Eiweißmolekülen.

Bindestrich

1. Der Bindestrich markiert eine Auslassung; er ersetzt ein zu ergänzendes Wortteil. Sommer- und Wintermode; Eisen- und Stahlindustrie; Hausplanung und -finanzierung; groß- oder kleingeschrieben; ein- oder zweibändig; fünf- bis zehnmal (5- bis 10-mal); rauf- und runterspringen.
Zwei dreiteilige Wörter können dann mit Bindestrichen verkürzt werden, wenn ihre Anfangs- und Schlussteile identisch sind. Der frühere Bundeswirtschafts- und -finanzminister Schiller; Warenex- und -importgesellschaft. *Beachte:* kein Ergänzungsbindestrich bei getrennt geschriebenen Fügungen! innere und Allgemeinmedizin (*aber:* Allgemein- und innere Medizin).
Schlechter Stil: Fröhlich- und Traurigkeit. Wortteile, die keine selbstständige Bedeutung vermitteln, können nicht durch den Bindestrich ergänzt werden (-heit, -schaft etc.)!

2. Man *kann* einen Bindestrich setzen, wenn:

   a) die Zusammenschreibung des Wortes zu einer Doppeldeutigkeit oder Unklarheit führt. Druckerzeugnis: Druck-Erzeugnis, *aber:* Drucker-Zeugnis; Musiker-Leben, *aber:* Musik-Erleben.

   b) drei gleiche Buchstaben in einem zusammengesetzten Wort aufeinander treffen. Kaffee-Extrakt; Klee-Ernte; Papp-Plakat; Bett-Tuch; Schiff-Fahrt. hochseeerprobt (*besser nicht:* Hochsee-erprobt); tiefschneeerfahren (*besser nicht:* Tiefschnee-erfahren).

   c) man einzelne Worteile hervorheben will. Ich-Erzähler; dass-Satz; der Ist-Stand.

   d) die Zusammensetzung aus mehr als drei Wortteilen besteht und daher zu unübersichtlich werden kann. Brieftaubenzucht-Vereinsvorstand; Mehrzweckhallen-Nutzungsplan, das römisch-katholische Glaubensbekenntnis (*Aber:* kein Bindestrich, wenn das zweite Adjektiv durch das erste näher bestimmt wird! schmerzverzerrtes Gesicht; neunmalklug).

   e) Zusammensetzungen mit -fach vorliegen. 4-fach (*auch:* 4fach).

3. Man *muss* einen Bindestrich setzen bei Zusammensetzungen:

   a) einzelner Buchstaben mit einem Wort. i-Tüpfelchen; Doppel-p; G-Dur.

   b) mit Abkürzungen und Initialwörtern. Kfz-Meister; Fußball-EM; UV-bestrahlt; Dipl.-Ing.

   c) mit Ziffern. 28-jährig; 4-Zylinder.

   d) von Suffixen mit einem Einzelbuchstaben. das x-te Mal, die n-te Potenz. *Aber:* 99%ig; ein 20stel; ein ÖVPler.

   e) von Ziffern und Suffixen mit einem weiteren Wort. eine 10er-Karte (*aber:* die Zehnerkarte).

   f) die substantivisch verwendet werden; dies gilt insbesondere für substantivisch gebrauchte Infinitive, die aus mehr als zwei Infinitiven zusammengesetzt sind. das Als-ob; das Entweder-oder. Das ist doch zum In-die-Luft-Gehen!

   g) die schon eine Wortgruppe oder eine Zusammensetzung mit Bindestrich enthalten. Hals-Nasen-Ohren-Arzt; Rhein-Main-Donau-Kanal; 30-kg-Sack; 100-Liter-Bottich; 200-m-Lauf; Mund-zu-Mund-Beatmung; Katz-und-Maus-Spiel; Trimm-dich-Pfad.

   h) die einen Eigennamen oder einen geografischen Eigennamen als Bestandteil enthalten. Herr Müller-Lüdenscheidt; Auto-Huber; Sachsen-Anhalt; rheinland-pfälzisch; die kant-laplacesche oder Kant-Laplace'sche Theorie (die Theorie von Kant und Laplace); Albert-Einstein-Gymnasium. *Aber:* Wird die Zusammensetzung mit einem Eigennamen als Gattungsbegriff verwendet, dann setzt man keinen Bindestrich. Heulsuse; Meckerfritze.

bio|dy|na|misch (*auch:* biologisch-dynamisch) (Adj.) nur mit organischer Düngung.
Bio|feed|back (das, -s, -s) (griech.-engl.) Selbststeuerung biologischer Prozesse im Körper.
Bio|gas (das, -es, -e) (griech.) Faulgas.
bio|gen (Adj.) von Lebewesen stammend.
Bio|ge|ne|se (die, -, -n) Entwicklungsgeschichte der Lebewesen.
Bio|gra|fie (*auch:* Bio|gra|phie) (die, -, -n) Lebensbeschreibung. Adjektiv: biografisch (*auch:* biographisch).
Bio|in|di|ka|tor (der, -s, -en) (griech.-lat.) Lebewesen, das den Zustand eines Ökosystems anzeigt; z. B. sind Algen im Hochmoor ein ~ für dessen Überdüngung.
Bio|la|den (der, -s, -läden) Naturkostladen.
Bio|lith (der, -s/-en, -e/-en) (griech.) Sedimentgestein, das aus Lebewesen entstanden ist, z. B. Muschelkalk.
Bio|lo|gie (die, -, kein Plural) Lehre vom Leben und von den Lebewesen.
bio|lo|gisch (Adj.) 1. die Lebewesen betreffend; biologische Untersuchung. 2. mit geringem chemischem Einsatz; biologischer Anbau. 3. mit Einsatz von Krankheitserregern. biologische Waffe; biologische Kampfstoffe.
bio|lo|gisch-dy|na|misch (Adj.) (griech.) ohne künstliche Düngung und Biozide.
Bi|om (das, -s, -e) (griech.) großer Lebensraum, seine Tiere und Pflanzen; z. B. die Tundra.
Bio|mas|se (die, -, -n) (griech.-lat.) Gesamtgewicht von Lebewesen eines Lebensraums; z. B. die Biomasse in der Nadelstreu eines Fichtenwalds.
Bio|nik (die, -, kein Plural) Lösung technischer Probleme nach biologischen Vorbildern.
Bio|phy|sik (die, -, kein Plural) Physik der biologischen Vorgänge.
Bio|plas|tik (das, -, kein Plural) biologisch abbaubarer Kunststoff.
Bi|op|sie (die, -, -n) (griech.) Gewebeentnahme aus dem lebenden Organismus.
Bio|sen|sor (der, -s, -en) Messfühler aus organischen Materialien zur Feststellung von chemischen u. biologischen Substanzen.
Bio|sphä|re (die, -, kein Plural) Gesamtheit des irdischen Lebensraums.
Bio|sta|bi|li|sa|tor (der, -s, -en) (griech.-lat.) Stoff, der Weichmacher und Zusätze in Kunststoffen vor Bakterien schützt.
Bio|syn|the|se (die, -, -n) (griech.) Aufbau eines Naturstoffes durch die lebende Zelle; z. B. die Biosynthese von Eiweißen.
Bio|tech|no|lo|gie (die, -, -n) (griech.) technologische Anwendung biologischer Vorgänge; z. B. von künstlichem Algenwachstum zur Eiweißproduktion.
bio|tisch (Adj.) (griech.) belebt.
Bio|top (der/das, -s, -e) abgegrenzter Lebensraum einer Tier- und Pflanzengemeinschaft.
Bio|treib|stoff (der, -s, -e) Kraftstoff, der ganz oder teilweise aus Pflanzen gewonnen wird (Raps, Nüsse).
Bio|zid (das, -s, -e) (griech.-lat.) Tiere und Pflanzen tötender Giftstoff (besonders Pestizid).
Bi|pe|die (die, -, kein Plural) (lat.) Zweifüßigkeit; das menschliche Laufen.
bi|po|lar (Adj.) zweipolig. Bipolarität.
Bir|die (der, -s, -s) (engl.) Spielen eines Loches mit einem Schlag weniger als festgelegt (beim Golf).
Bir|ke (die, -, -n) Laubbaum.
Bir|ne (die, -, -n) Frucht. Birnbaum; birnenförmig.
Birr (der, -, -) äthiopische Währungseinheit; 100 Cents.
bis 1. (Präp., Akk.) bis nach Moskau; bis heute; bis zu zehn Stück; bis auf Weiteres/weiteres; bis ins Kleinste; bis ins Letzte. 2. (Adv.) bis über die Ohren; bis zum Morgen. 3. (Konj.) drei bis vier Stunden; warte, bis ich komme; er soll nicht hereinkommen, bis ich ihn rufe (*falsch:* bis ich ihn nicht rufe).
Bi|sam (der, -s, -e) (hebr.) 1. Fell der Bisamratte. 2. (kein Plural) = Moschus (veraltet).
Bi|schof (der, -s, -schöfe) Geistlicher. Bischofsstab; bischöflich; bischofslila.
Bi|schofs|kon|fe|renz (die, -, -en) Rat der evangelischen Bischöfe eines Landes.
bi|se|xu|ell (Adj.) (lat.) zweigeschlechtig. Bisexualität.
bis|her (Adv.) bis jetzt. alles bisher Erwähnte/Gesagte; im Bisherigen; alles, das Bisherige. Adjektiv: bisherig.
Bis|kot|te (die, -, -n) (österr.) Löffelbiskuit.
Bis|kuit (der/das, -s, -s/-e) (franz.) leichtes Gebäck. Biskuitteig.
bis|lang (Adv.) bisher.
Bis|mu|tum (das, -, kein Plural) (nlat.) Wismut.
Bi|son (der, -s, -s) Büffel.
Biss (der, Bis|ses, Bis|se) Bisswunde; Bissgurke; beißen.
biss|chen (Indefinitpron.) wenig. *Beachte:* wird immer kleingeschrieben und nie gebeugt! ein/kein bisschen; ein kleines bisschen; nicht ein bisschen; ach du liebes bisschen! mit ein/einem bisschen Gefühl. *Aber:* das Bisschen (kleiner Bissen)!
Bis|sen (der, -s, -) Happen. Adjektiv: bissenweise.

bis|sig (Adj.) gehässig; verletzend. Bissigkeit.
Bis|t|ro (das, -s, -s) (franz.) Kneipe.
Bis|tum (das, -s, -tü|mer) bischöflicher Amtsbezirk.
bis|wei|len (Adv.) manchmal.
bi|syl|la|bisch (Adj.) zweisilbig.
Bit (das, -/-s, -/-s) (engl.) (Kurzw.: BInary digiT) Informationseinheit (EDV).
bit|te (Adv.) sei/seien Sie so freundlich; gern. *Beachte:* »bitte« steht nur dann mit Komma, wenn es besonders betont werden soll (sonst ohne Komma)! Lassen Sie, bitte, auch mich einen Blick darauf werfen! Lassen Sie mich bitte durch. Da musst du aber schön bitte/Bitte sagen; bitte schön! Bitte deutlich schreiben! Bitte, warten Sie! Bitte warten! Kann ich das haben? Bitte sehr! Na bitte! *Aber:* Er antwortete mit einem freundlichen Bitteschön.
bit|ten (V., bat, hat gebeten) ersuchen. *Beachte:* Wir bitten Sie(,) die Fenster zu öffnen. Bitte; Bitten; Bittbrief; Bittsteller.
bit|ter (Adj.) herb; schmerzlich; sehr. Heute ist es bitterkalt; bitterernst; bitterböse; bittersüß. Bitterkeit; Bitternis; bitterlich.
Bi|tu|men (das, -s, -) (lat.) klebrig zäher Erdölbestandteil; bituminös.
bi|va|lent (Adj.) zweiwertig. Bivalenz.
Bi|wa (die, -, -s) japanische Laute.
bi|wa|kie|ren (V.) im Freien übernachten. Biwak.
bi|zarr (Adj.) (franz.) grotesk; wild.
Bi|zeps (der, -/-es, -e) (lat.) Oberarmmuskel.
Bl. (Abk.) Blatt.
Black-out (*auch:* Black|out) (der/das, -/-s, -s) (engl.) Aussetzer; Gedächnislücke.
blä|hen (V.) anschwellen; aufblasen. Blähung; Blähbauch.
bla|ma|bel (Adj.) (franz.) beschämend. Blamage; sich blamieren.
blan|chie|ren (V.) (franz.) abbrühen.
blank (Adj.) glänzend; rein; bloß. blank reiben (*auch:* blankreiben); blank putzen (*auch:* blankputzen); blank geputztes (*auch:* blankgeputztes) Messing. Blankvers.
blan|ko (Adv.) (ital.) unbeschrieben; leer. Blankoscheck.
Blank|vers (der, -es, -e) reimloser fünffüßiger Jambus.
bla|sen (V., blies, hat geblasen) wehen; blähen; musizieren. Blase; Blasenkatarrh (*auch:* Blasenkatarr); Blasebalg (Plural: Bälge) Blasinstrument; Bläser.
bla|siert (Adj.) (franz.) eingebildet; hochnäsig. Blasiertheit.
Blas|phe|mie (die, -, -n) (griech.) Gotteslästerung. Adjektive: blasphemisch; blasphemistisch. Verb: blasphemieren.

blass (Adj., blasser/blässer, blasseste/blässeste) bleich; farblos. Blässe; Blässhuhn (*auch:* Blesshuhn); blassblau; blassrosa; blässlich.
Blatt (das, -es, Blät|ter) Laub; Papier; Zeitung. Blattschuss; Blätterteig; Blattwerk; Blattgold; blätt(e)rig; blattgrün; blattlos; blattweise; blättern.
blau (Adj.) Farbe. Da wird er sein blaues Wunder erleben; der Blaue Planet; blauer (*auch:* Blauer) Brief; die blaue Blume; blauer Montag. *Aber:* die Farbe Blau; auf/in/mit Blau; ein helles/dunkles/zartes Blau; die Fahrt ins Blaue; der Blaue Reiter. *Beachte:* (etwas) blau machen (anmalen), aber: blaumachen (krankfeiern); blaugrün; blauweißrot (*auch:* blau-weiß-rot) (→ Bindestrich). Blaubart; Bläue; Himmelsbläue; Blaukraut; Blaulicht; Blausäure; Blaustrumpf; blauäugig; blaublütig; blaugrau; bläulich; bläulich grau; blaustichig; bläuen (färben).
Blau|helm (der, -s, -e) UNO-Soldat. Blauhelm-Mission; Blauhelm-Aktion.
Bla|zer (der, -s, -) (engl.) Jackett.
Blech (das, -s/-es, -e) Metallplatte. Blechbüchse; Blechmusik; Blechschaden.
ble|chen (V.) (ugs.) zahlen.
ble|cken (V.) fletschen.
Blei (das, -s, -e) Metall. Bleistift; Bleifuß; Bleigießen; bleifrei; bleihaltig; bleischwer; bleiern; bleien.
blei|ben (V., blieb, ist geblieben) verharren. bleiben lassen. sitzen bleiben (auch für nicht versetzt werden); stehen bleiben (nicht weitergehen); liegen bleiben. Bleibe.
bleich (Adj.) blass. Bleichgesicht; Bleichmittel; bleichen.
blen|den (V.) die Sicht nehmen; blind machen; täuschen. Blende; Blendung; Blendwerk; Blendenautomatik; blendend weiße Zähne; blendfrei.
Bles|se (die, -, -n) weißer Stirnfleck bei Säugetieren.
bles|sie|ren (V.) (franz.) verwunden; verletzen. Blessur.
bleu (Adj.) (franz.) grünstichiges Blau. in/mit Bleu; bleufarben.
Blick (der, -s/-es, Bli|cke) Ausblick; Augenausdruck. Blickfang; blicken.
blind (Adj.) ohne Augenlicht; unüberlegt. Blinde; Blindheit; Blinddarm; Blindekuh; Blindgänger; Blindwütigkeit; blinder Passagier; blindlings; blindwütig; blind sein; blind fliegen (Flugzeug); blind schreiben (Schreibmaschine); blind spielen (Schach).
Bli|ni (die, Pluralwort) (russ.) kleine Buchweizenpfannkuchen.

blin|ken (V.) leuchten. Blinker; Blinklicht; blink; blink und blank.
blin|zeln (V.) zwinkern.
Blitz (der, -es, -e) elektrische Entladung (Gewitter). Blitzableiter; Blitzlicht; Blitzkrieg; Blitzschach; Blitzesschnelle, *aber:* blitzschnell; blitzartig; blitz(e)blank; blitzsauber.
Bliz|zard (der, -s, -s) (engl.) Schneesturm.
Block (der, -s/-es, Blö|cke) Klotz; Verband. Felsblock; Häuserblock; Notizblock; Militärblock; Blockade; Blockbildung; Blockflöte; Blockhaus; Blockierung; Blockschokolade; Blockschrift; blockfrei; blockieren; blocken.
blöd (Adj.) dumm; schwachsinnig (meist: blöde). Blödheit; Blödelei; Blödian; Blödmann; Blödsinn; Blödsinnigkeit; blödsinnig; blödeln.
blö|ken (V.) schreien.
blond (Adj.) hellhaarig. Blonde, *aber:* ein kühles Blondes (Weißbier); Blondine; Blondkopf; blond gefärbt (*auch:* blondgefärbt).
bloß 1. (Adj.) nackt; alleinig. Blöße; Bloßstellung; bloßfüßig; bloßlegen (enthüllen); bloß liegen (*auch:* bloßliegen); bloßstellen. 2. (Adv.) nur. Mach mir bloß keine Sorgen!
Blou|son (der/das, -/-s, -s) (franz.) Windjacke.
Blow-up (*auch:* Blow|up) (das, -s, -s) (engl.) Vergrößerung.
blub|bern (V.) sprudeln; glucksen.
Blue Ba|by (das, - -s, - -s) (engl.) »blaues Baby«, Neugeborenes mit Herzfehler.
Blue|back (*auch:* Blue Back) (der, -s, -s) (engl.) Pelz der Klappmütze (Robbenart).
Blue|jeans (die, nur Plural) Hose.
Blues (der, -, -) Musikart.
Bluff (der, -s, -s) (engl.) Täuschung. Verb: bluffen.
blü|hen (V.) in Blüte stehen; florieren. Adjektiv: blühend.
Blu|me (die, -, -n) Pflanze. Blumenbeet; Blumenkohl; Blumenstrauß; blumig.
blü|me|rant (Adj.) (franz.) flau.
Blu|se (die, -, -n) Hemd. Adjektiv: blusig.
Blut (das, -s/-es, kein Plural) rote Körperflüssigkeit; Abstammung. Blutader; Blutarmut; Blutbad; Blutbild; Blutdruck; Blutegel; Bluter; Bluterguss; Blutgerinnsel; Blutgruppe; Blutkörperchen; Blutorange; Blutsbruder; Blutspender; Blutsverwandtschaft; Bluttat; Blutung; Blutvergiftung; Blutwurst; blutarm; Blut bildend; blutdürstig; blutig; warmblütig; blutjung; blutleer; blutüberströmt; blutunterlaufen; blutverschmiert; bluten.
b-Moll (das, -, kein Plural) Tonart. b-Moll-Tonleiter.

BMX-Rad (das, -s/-es, -rä|der) (engl.) (Kurzw.: bicycle motocross) geländegängiges Fahrrad.
BND (Abk.) Bundesnachrichtendienst.
Bö(e) (die, -, -en) Windstoß. Adjektiv: böig.
Boa (die, -, -s) Riesenschlange; Federumhang.
Bob (der, -s, -s) (engl.) (Kurzw.: Bobsleigh) Rennschlitten. Bobbahn; Bobfahrer.
Bob|by (der, -s, -s) (engl.) Polizist.
Bob|tail (der, -s, -s) (engl.) zottiger, grauweißer englischer Schäferhund.
Boc|cia (das/die, -/-s, -s) ein italienisches Kugelwurfspiel.
Bock (der, -s, Bö|cke) männliches Tier; Stützgestell; Turngerät. Bockbier; Bockkäfer; Bockmist; Bocksbeutel; jemanden ins Bockshorn jagen; Bockspringen; Bockwurst; bockig; bockbeinig; bocken.
Bo|de|ga (die, -, -s) spanische Weinstube.
Bo|den (der, -s, Bö|den) Erde; Grund; Speicher. Bodenerosion; Bodenfreiheit; Bodenfrost; Bodenhaftung; Bodennebel; Bodenschätze; Bodenturnen; Dachboden; Talboden; bodenständig; bodenlos.
Bo|do|ni (die, -, kein Plural) (ital.) eine Antiqua-Druckschrift.
Bo|dy|buil|ding (das, -s, -s) (engl.) Muskeltraining. Bodybuilder.
Bo|dy|check (der, -s, -s) (engl.) Stoß (Eishockey)
Bo|dy|guard (der, -s, -s) (engl.) Leibwächter.
Bo|dy|sto|cking (*auch:* Bo|dy|suit) (der, -s, -s) einteilige Frauenunterwäsche.
Bo|gen (der, -s, -) Krümmung; Papierblatt; Waffe. Bogenlampe; Bogenschütze; biegen.
Bo|gey (der, -s, -s) (engl.) Spielen eines Loches mit einem Schlag mehr als festgelegt (beim Golfspiel).
Bo|heme (die, -, kein Plural) Künstlermilieu. Bohemien.
Boh|le (die, -, -n) starkes Brett (*aber:* Bowle!)
Boh|ne (die, -, -n) Pflanze; Frucht. Bohnenkaffee; Bohneneintopf; Bohnenstange; er ist dumm wie Bohnenstroh.
boh|nern (V.) putzen; blank reiben. Bohner; Bohnerwachs.
boh|ren (V.) aushöhlen; drängen. Bohrer; Bohrinsel; Bohrmaschine; Bohrung.
Boi|ler (der, -s, -) (engl.) Durchlauferhitzer.
Bo|jar (der, -en, -en) (russ.) 1. altrussischer Adliger. 2. altrumänischer adliger Großgrundbesitzer.
Bo|je (die, -, -n) Schwimmkörper.
Bok|mål (das, -/-s, kein Plural) vom Dänischen beeinflusste Variante der beiden Schriftsprachen Norwegens.

Bo′la (die, -, -s) (span.) Schleuderkugelwaffe der Pampasindianer und Gauchos.
Bo′le′ro (der, -s, -s) 1. spanischer Volkstanz. 2. Jäckchen.
Bo′li′vi′en (ohne Art., -s, kein Plural) südamerikanischer Staat. Bolivianer; bolivianisch.
Böl′ler (der, -s, -) Knallkörper. Verb: böllern.
Boll′werk (das, -s, -e) Bastion; Befestigung.
Bo′lo′g′ne′se (Adj.) nach Art der Küche Bolognas (mit Hackfleisch); Spaghetti Bolognese. bolonesisch.
Bo′lo′g′ne′ser (der, -s, -) (ital.) 1. Einwohner Bolognas. 2. eine Zwerghundrasse mit langen weißen Haaren.
Bo′lo′me′ter (das, -s, -) (griech.) Gerät zum Messen geringer Wärmestrahlung.
Bol′sche′wik (der, -en, -en/-i) (russ.) Mitglied der Kommunistischen Partei der ehemaligen Sowjetunion (bis 1952); bolschewisieren; Bolschewismus; Bolschewist; bolschewistisch.
bol′zen (V.) (ugs.) Fußball spielen. Bolzplatz.
Bol′zen (der, -s, -) Holz- oder Metallstift. Adjektiv: bolzengerade.
Bom′ba′ge (die, -, -n) Aufwölbung (einer Konserve mit verdorbenem Inhalt).
bom′bar′die′ren (V.) (franz.) beschießen; überhäufen. Bombardement; Bombardierung.
Bom′bar′don (das, -s, -s) (franz.) eine frühe Form der Basstuba.
bom′bas′tisch (Adj.) riesig. Bombast.
Bom′be (die, -, -n) (franz.) Sprengkörper. Bombenangriff; Bombenerfolg; Bombenform; Bombenschuss; Bombenstimmung; Bomber; bombenfest; bombensicher; bombig (ausgezeichnet); bomben.
Bon (der, -s, -s) (franz.) Gutschein; Kassenzettel. Kassenbon; bongen.
Bon′bon (der/das, -s,-s) (franz.) Süßigkeit. Bonbonniere (*auch:* Bonboniere); bonbonfarben.
bon′gen (V.) (ugs.) Kassenzettel ausstellen. Die Sache ist gebongt (erledigt).
Bon′go (die/das, -s, -s) Trommel. Bongospieler.
Bon′homme (der, -s, -s) (franz.) argloser, gutmütiger Mensch.
Bo′ni′fi′ka′ti′on (die, -, -ti′o′nen) Vergütung.
bo′ni′fi′zie′ren (V.) vergüten.
Bo′ni′tät (die, -, -en) Güte; Sicherheit. Bonitierung; bonitieren.
Bo′ni′to (der, -s, -s) (span.) ein Thunfisch.
Bon′mot (das, -s, -s) (franz.) geistreich-witziger Ausspruch.
Bon′sai (der/das, -s, -s) (jap.) Zwergbaum; Kunst der Zwergbaumzucht.
Bo′nus (der, -/-es, -se/Bo′ni) (lat.) Rabatt; Pluspunkt.

Bon′vi′vant (der, -s, -s) (franz.) Lebemann; »Salontiger«.
Bon′ze (der, -n, -n) (ugs.) Reicher. Bonzentum.
Boo′gie-Woo′gie (der, -/-s, -s) (engl.) Tanz; Musikrichtung.
Boom (der, -s, -s) (engl.) Aufschwung; Hausse.
Boos′ter (der, -s, -) (engl.) Zusatzverstärker.
Boot 1. (das, -s/-es, -e) kleines Schiff. Bootsbau; Bootsmann; Bootssteg; Bootsverleih; ausbooten. 2. (der, -s, -s) (engl.) Stiefel. Moonboots.
Bor (das, -s, kein Plural) chemischer Stoff (Abk.: B). Borsalbe; Borsäure.
Bo′ra (die, -, -s) (ital.) kalter Adriawind.
Bo′rax (der, -/-es, kein Plural) (pers.-lat.) ein farbloses Pulver, Natriumtetraborat.
Bord (der/das, -s, -e) Schiffsdeck; Wandbrett. Bordbuch; Bordcase; über Bord gehen; Bordkante; Bordstein; Bordfunker; Bücherbord.
bor′deaux (Adj.) weinrot. die Farbe Bordeaux; der Bordeaux (Weinsorte); bordeauxrot.
Bor′dell (das, -s, -e) Puff.
Bor′dun (der, -s, -e) (franz.) 1. mitklingender Basston. 2. tiefes Orgelregister.
Bor′dü′re (die, -, -n) (franz.) Besatz.
Bo′re′as (der, -, kein Plural) (griech.) kalter Nordwind (in der Ägäis).
bor′gen (V.) leihen. Borgerei; borgweise; etwas auf Borg kaufen.
Bor′ke (die, -, -n) Rinde. Borkenkäfer; borkig.
bor′niert (Adj.) (franz.) begriffsstutzig; dumm. Borniertheit.
Bor′retsch (der, -s/-es, kein Plural) (arab.-franz.) Gurkenkraut.
Borschtsch (der, -s, kein Plural) (russ.) Eintopf aus roten Rüben, Weißkraut, saurer Sahne u. a. (als polnische oder russische Spezialität).
Bör′se (die, -, -n) 1. Beutel. 2. Wertpapiermarkt; Warenmarkt. Börsenagent; Börsengeschäft; Börsenkurs; Börsenspekulation; Börsenschluss; Börsenverein; Börsianer.
Bors′te (die, -, -n) starkes Haar. Borstenvieh; Borstenpinsel; Borstigkeit; borstig.
Bor′te (die, -, -n) Verzierung; Besatz.
Bo′rus′sia (die, -, kein Plural) weibliche Figur, Sinnbild Preußens. Borusse.
Bö′schung (die, -, -en) Abhang.
bö′se (*auch:* bös) (Adj.) schlecht; wütend; schlimm. *Großschreibung:* im Bösen wie im Guten; im Bösen auseinandergehen; Gut und Böse (die Guten und die Bösen); Gutes mit Bösem vergelten; etwas/nichts Böses ahnen; sich zum Bösen wenden; jenseits von Gut und Böse; das war das Böseste, was mir jemals pas-

siert ist; *aber:* Der heutige Tag war der böseste in meinem Leben. Bösartigkeit; Bösewicht; Boshaftigkeit; Bosheit; Böswilligkeit; bösartig; boshaft; böswillig.
Bos'kop (der, -s, -) Apfelsorte.
Boss (der, -es, -e) (engl.) Chef.
Bos'sa no'va (der, - -, - -s) Tanz.
Bo'ta'nik (die, -, kein Plural) Pflanzenkunde. Botaniker; botanisch; *aber:* der Botanische Garten in München; botanisieren.
Bo'te (der, -n, -n) Kurier; Anzeichen. Frühlingsbote; Botengang.
bot'mä'ßig (Adj.) ergeben; gehorsam. Botmäßigkeit.
Bot'schaft (die, -, -en) Nachricht; diplomatische Vertretung. Botschafter; Botschaftsrat; die Deutsche Botschaft.
Bo't'su'a'na (ohne Art., -s, kein Plural) afrikanischer Staat. Botsuaner; botsuanisch.
Bot'tich (der, -s, -e) Fass; Behälter.
Bot'tle'neck (das, -s, -s) (engl.) 1. Gitarrenspielweise mit über einen Finger gestülptem Flaschenhals. 2. Engpass.
Bot'tle'par'ty (*auch:* Bot'tle Par'ty) (die, -s, -s) (engl.) Party, bei der jeder Gast ein Getränk mitbringt.
Bou'c'lé (*auch:* Bu'k'lee) (das, -s, -s) (franz.) Schlingengarn; Gewebe, Teppich aus Bouclé.
Bou'doir (das, -s, -s) (franz.) elegantes Damenzimmer.
Bou'gain'vil'lea (die, -, -le'en) (franz.-lat.) Kletterstrauch; Zierpflanze.
Bouil'la'baisse (die, -, -s) (franz.) Fischsuppe.
Bouil'lon (die, -, -s) (franz.) Fleischbrühe. Bouillonwürfel.
Boule (das, -s, kein Plural) (franz.) Kugelspiel.
Bou'le'vard (der, -s, -s) (franz.) Prachtstraße. Boulevardpresse; Boulevardtheater; Boulevardzeitung.
Bou'quet (*auch:* Bu'kett) (das, -s, -s) (franz.) Blumengebinde.
Bou'qui'nist (der, -en, -en) (franz.) Straßenbuchhändler.
Bour'geois (der, -, -) (franz.) Großbürger. Bourgeoisie; bourgeois.
Bou'tique (die, -, -n) (franz.) kleines Modegeschäft.
Bou'ton (der, -s, -s) (frz.) Anstecker.
Bow'den'zug (der, -s, -zü'ge) Zugseil.
Bo'wie'mes'ser (das, -s, -) Jagdmesser.
Bow'le (die, -, -n) (engl.) Mischgetränk (Wein, Sekt, Früchte).
Bow'ler (der, -s, -s) (engl.) 1. ein Herrenhut; »Melone«. 2. Kricketspieler.

Bow'ling (das, -s, -s) (engl.) Kegeln. Bowlingbahn.
Box (die, -, -en) (engl.) Schachtel; Pferdestall; Garage. Boxenstopp.
bo'xen (V.) mit den Fäusten kämpfen. Boxer; Boxhandschuh; Boxernase; Boxermotor; Boxsport; boxerisch.
Boy (der, -s, -s) (engl.) Laufjunge (Hotel).
Boy'kott (der, -s, -s/-e) (engl.) Ausschluss; Weigerung. Boykotterklärung; boykottieren.
Boy'scout (*auch:* Boy-Scout) (der, -/-s, -s) (engl.) Pfadfinder.
bpi (Abk.) bits per inch (Maß für die Speicherfähigkeit; EDV).
bps (Abk.) bits per second (Maß für die Übertragungsleistung einer Nachrichtenstrecke; EDV).
Bq (Abk.) → Becquerel.
Br (Abk.) Brom (chemisches Zeichen).
BR (Abk.) Bayerischer Rundfunk.
brab'beln (V.) (ugs.) undeutlich sprechen.
brach (Adv.) unbestellt. Brachfeld; brachliegen.
bra'chi'al (Adj.) (griech.) mit Gewalt. Brachialgewalt.
bra'chy'ke'phal (Adj.) (griech.) rundköpfig.
Brack (das, -s, -s/Bra'cken) Altwasser. Brackwasser; brackig.
Brah'ma (das, -s, -s) (ind.-engl.) eine großwüchsige Hühnerrasse.
Brain'stor'ming (das, -s, kein Plural) Geistesblitz; Ideensuche.
Brain'trust (der, -s, -s) (engl.) hochqualifizierter Beraterausschuss.
brai'sie'ren (V.) (franz.) in einer gut schließenden Stielkasserolle schmoren; dünsten.
Bra'mar'bas (der, -, -se) (span.) Prahler.
bra'mar'ba'sie'ren (V.) prahlen; aufschneiden (wie ein Bramarbas).
Bran'che (die, -, -n) Fachgebiet. Branchenerfahrung; Branchenverzeichnis; branchenfremd; branchenkundig; branchenüblich; branchenspezifisch.
Brand (der, -s/-es, Brän'de) Feuer; Brennen; Durst (ugs.). Brandbombe; Brandherd; Brandmal; Brandsohle; Brandstiftung; Brandwunde; brandaktuell; brandeilig; brandheiß; brandig; brandneu; brandschatzen.
Bran'den'burg (ohne Art., -s, kein Plural) deutsches Bundesland.
Bran'dung (die, -, -en) Brechen der Wellen am Strand. Verb: branden.
Brannt'wein (der, -s, -e) alkoholisches Getränk. Branntweinsteuer.
Bra'sil (die, -, -/-s) (portugies.) Zigarre aus brasilianischem Tabak.

Bra׀si׀li׀en (ohne Art., -s, kein Plural) südamerikanischer Staat. Brasilianer; brasilianisch.
Brass׀band (*auch:* Brass-Band) (die, -, -s) (engl.) Marschkapelle aus Blechblasinstrumenten.
Bras׀se (die, -, -n) (franz.) schweres Tau (zum Festhalten der Segel).
Bras׀se׀lett (das, -s, -e) (franz.) Armband.
bra׀ten (V., briet, hat gebraten) schmoren. Braten; Bratenduft; Bratensoße (*auch:* Bratensauce); Bratapfel; Brathähnchen; Bratkartoffeln; Bratspieß; Bratwurst; Bratpfanne.
Brä׀ter (der, -s, -) Brattopf.
Brät׀ling (der, -s, -ge) Pilz.
Brat׀sche (die, -, -n) Streichinstrument. Bratschist.
Brauch (der, -s, Bräu׀che) Gewohnheit; Sitte. Brauchtum; Brauchtumspflege.
brau׀chen (V.) benötigen; benutzen. Für diese Aufgabe braucht man keinerlei Vorkenntnisse. Du brauchst gar nicht erst anzufangen/anfangen. Das hättest du nicht zu sagen brauchen (*falsch:* zu sagen gebraucht!). Brauchbarkeit; brauchbar.
Braue (nicht trennbar!) (die, -, -n) Augenbraue.
brau׀en (V.) Bier herstellen. Brauer; Brauerei; Brauhaus; Braumeister.
braun (Adj.) Farbe. Braun; in/mit/auf Braun; braun gebrannt (*auch:* braungebrannt); bräunlich rot; braunäugig; Braunbär; Braunkohle; Bräunung; Bräune; Bräunungsstudio; bräunen.
Braus (der) (nur in der Wendung) in Saus und Braus (verschwenderisch) leben.
Brau׀se (die, -, -n) Dusche; Limonade. Brausebad; Brausepulver; Brausetablette; Brausen; brausen.
brau׀sen (V.) brodeln; rauschen; duschen. Brausen.
Braut (die, -, Bräu׀te) Frau an ihrem Hochzeitstag; Verlobte; Geliebte. Brautführer; Brautgeschenk; Brauteltern; Brautkleid; Brautpaar; Brautmutter; Brautschau.
brav (Adj.) artig; tüchtig; bieder. *Beachte:* Die Vergleichsformen lauten: braver, bravste (*nicht:* bräver, brävste)! Bravheit.
bra׀vo! (Interj.) (ital.) sehr gut! Steigerung: bravissimo! *Aber:* Mit Bravorufen wurde er verabschiedet.
Bra׀vour (*auch:* Bra׀vur) (die, -, -en) (franz.) Geschicklichkeit; Meisterschaft; Kühnheit. Bravourstück; bravourös; er löste die Aufgabe mit Bravour.
BRD (Abk.) Bundesrepublik Deutschland.
Break (der, -s, -s) (engl.) 1. das Durchbrechen des gegnerischen Aufschlags (Tennis). 2. Durchbruch eines Spielers durch die gegnerische Verteidigungslinie. 3. Zwischensolo (im Jazz).
Break׀dance (der, -/-s, kein Plural) akrobatischer Tanz. Breakdancer.
Break׀even׀point (*auch:* Break-even-Point) (der, -/-s, -s) wirtschaftlicher Durchbruch.
bre׀chen (V., brach, hat/ist gebrochen) zerbrechen; abprallen; sich übergeben. Brecheisen; Brechmittel; Brechstange; Brechung; Brechungsvermögen; Brechungsfehler; Wellenbrecher; brechbar.
Bre׀douil׀le (die, -, -n) (ugs.) Schlamassel.
Bree׀ches (die, nur Plural) (engl.) oben weite, kniewärts eng geschnittene Reithose.
Brei (der, -s/-es, -e) Mus. Adjektiv: breiig.
breit (Adj.) seitlich ausgedehnt; groß. lang und breit; groß und breit; weit und breit; die Langen und Breiten (ausführlich, umständlich). das Breiteste, was; in die Breite gehen. sich breitmachen (ausbreiten), breit machen (verbreitern). *aber:* sich breitschlagen lassen; breittreten (über etwas lang und breit erzählen), *aber:* breit treten (*auch:* breittreten) (austreten). Breite; Breitensport; Breitenwirkung; Breitseite; Breitwandfilm. Adjektive: breitbeinig; breit gefächert (*auch:* breitgefächert); breitschultrig; breitspurig.
Brek׀zie (die, -, -n) (ital.) Sedimentgestein aus kantigen, verkitteten Trümmern.
Bre׀men (ohne Art., -s, kein Plural) (dt.) Stadt und Bundesland.
Brem׀se (die, -, -n) 1. Fahrzeugteil zur Verlangsamung der Geschwindigkeit; Hemmung. 2. Stechfliege. Bremsbacke; Bremsflüssigkeit; Bremsklotz; Bremsspur; Bremsweg; Bremsung; Bremsenstich.
bren׀nen (V., brannte, hat gebrannt) in Flammen stehen; heiß sein; schmerzen. Brennbarkeit; Brenndauer; Brennelement; Brennglas; Brennholz; Brennnessel (*auch:* Brenn-Nessel); Brennpunkt; Brennweite; brennbar.
bren׀nend (Adj.) sehr wichtig; sehr.
Brenn׀stoff׀zel׀le (die, -, -n) Batterie, die unter ständiger Zufuhr von Brennstoff chemische Energie in elektrische umwandelt.
brenz׀lig (Adj.) gefährlich.
Bre׀sche (die, -, -n) (franz.) Einschnitt; Lücke. Für jemanden in die Bresche springen (einspringen).
Brett (das, -s/-es, -er) flaches Holzstück; im Plural: Bühne; Ski. Bretterbude; Bretterzaun; Brettspiel; brettern.
Bre׀vier (das, -s, -e) Gebetbuch; Zitatensammlung; Leitfaden.
Bre׀ze (*auch:* Bre׀zel) (die, -, -n) Laugengebäck.

Bridge (das, -, kein Plural) (engl.) Kartenspiel. Bridgepartie.
Brie (der, -/-s, -s) ein französischer Weichkäse.
Brief (der, -s/-es, -e) Schriftstück (Abk.: Bf.). *Wichtig:* Im Brief steht nach der Anrede ein Komma und es wird klein weitergeschrieben! Sehr geehrter Herr Hurtig, (Absatz) vielen Dank für die schnelle Erledigung. *Außerdem:* Die moderne Briefanschrift beginnt ohne »An«, »An den/die/das« etc.; auch der Zusatz »Firma« ist altmodisch! Richtig schreibt man zum Beispiel: Compact Verlag GmbH Züricher Straße 29 81476 München *Und:* Das Briefdatum steht mit Komma nach der Ortsangabe: München, (den) 30. 11. 2005. Briefbeschwerer; Briefkasten; Brieffreund; Briefmarke; Brieftasche; Brieftaube; Briefumschlag; Briefwahl; brieflich.
Brie|kä|se (der, -s, -) französischer Rahmkäse.
Bri|ga|de (die, -, -n) (franz.) Truppeneinheit. Brigadier; Brigadegeneral.
Bri|gant (der, -en, -en) (ital.) Straßenräuber.
Bri|gan|ti|ne (die, -, -n) 1. leichtes zweimastiges Segelschiff. 2. Schuppenpanzerhemd.
Brigg (die, -, -s) (engl.) Segelschiff.
Bri|kett (das, -s, -s/-e) (franz.) Kohle. Verb: brikettieren.
bril|lant (Adj.) (franz.) hervorragend; glänzend. Brillant; Brillanz; brillieren.
Bril|lan|ti|ne (die, -, kein Plural) (franz.) öliges Haarpflegemittel, das Glanz und Festigkeit gibt.
Bril|le (die, -s, -n) Augengläser; Klosettbrille. Brillenetui; Brillenfutteral; Brillenschlange; Brillenträger.
Brim|bo|ri|um (das, -s, kein Plural) (lat.) (ugs.) Umschweife; Aufheben.
Brim|sen (der, -, -) (österr.-rumän.) ein Schafskäse.
brin|gen (V., brachte, hat gebracht) befördern; übergeben; begleiten; einbringen; veröffentlichen. Das bringt's überhaupt nicht (es kommt nichts dabei heraus)!
Bri|oche (die, -, -s) (franz.) feines Gebäck.
bri|sant (Adj.) gefährlich; hochaktuell. Brisanz.
Bri|se (die, -, -n) (franz.) Wind. *Aber:* eine Prise Salz!
Bri|so|let|te (die, -, -n) (franz.) gebratenes Kalbfleischklößchen.
Bri|te (der, -n, -n) Einwohner Großbritanniens. Britin; Britannien; britannisch; britisch; das britische Königshaus, *aber:* die Britischen Inseln.
Broad|way (der, -s, kein Plural) (engl.) Theaterstraße in New York.

Broc|co|li → Brokkoli.
Bro|ché (der, -s, -s) (franz.) Gewebe mit stickereiartigen Mustern.
Broi|ler (der, -s, -) (engl.) Brathähnchen.
brö|ckeln (V.) zerfallen; zerbrechen. Bröck(e)ligkeit; bröck(e)lig.
Bro|cken (der, -s, -) Bissen; Bruchstück. Bröckchen; bröckchenweise; brockenweise; brocken.
bro|deln (V.) aufwallen; kochen.
Bro|kat (der, -s/-es, -e) (ital.) schwerer gemusterter Seidenstoff. Adjektiv: brokaten.
Bro|ker (der, -s, -) (engl.) Börsenmakler.
Brok|ko|li (*auch:* Broc|co|li) (Plural) (*auch:* der, -s, -s) (ital.) Spargelkohl.
Brom (das, -s, kein Plural) chemisches Element (Abk.: Br). Bromsäure; Bromsilber; bromhaltig.
Brom|bee|re (die, -, -n) Frucht. Brombeerstrauch.
Bron|chie (die, -, -n) (griech.) Ast der Luftröhre. Bronchitis; Bronchialasthma; Bronchialkatarrh (*auch:* Bronchialkatarr): bronchial.
Bron|to|sau|rus (der, -, -ri|er) (griech.) ein Dinosaurier der Kreidezeit.
Bron|ze (die, -, -n) Metall; Plastik aus Bronze; Farbe. Bronzezeit; Bronzemedaille; Bronze gewinnen; er gewann die Bronzene; bronzefarben; bronzefarbig; bronzen (aus Bronze); bronzieren.
Bro|sche (die, -, -n) (franz.) Ansteckschmuck.
Bro|schü|re (die, -, -n) dünne Druckschrift. Verb: broschieren (heften).
Brö|sel (der, -s, -) Brotkrumen. Adjektiv: brös(e)lig. Verb: bröseln.
Brot (das, -s/-es, -e) Gebäck; Unterhalt. Brotaufstrich; Broteinheit (Abk.: BE); Broterwerb; Brotgeber; Brotkorb; Brotlaib (*aber:* der Leib!); Brotscheibe; Brotzeit; Brötchen; brotlos.
BRT (Abk.) Bruttoregistertonne.
Bruch (der, -s, Brü|che) Zerbrechen; Trennung; Teilung. Bruchbude; Bruchfestigkeit; Brüchigkeit; Bruchrechnen; Bruchstelle; Bruchteil; ein Bruchteil einer Sekunde; Bruchzahl; brüchig; bruchfest; bruchsicher; bruchstückhaft; bruchlanden; bruchrechnen.
Bruch|zahl (die, -, -en) gebrochene Zahl. *Beachte:* Bruchzahlen werden bei üblichen Maß- und Mengenangaben zusammengeschrieben: ein Viertelpfund; eine Viertelstunde; ein Achtelliter. *Aber:* ein halber Zentner; ein viertel Kilo; eine tausendstel Sekunde. Als Substantiv wird die Bruchzahl großgeschrieben: ein Drittel verlieren; fünf Hundertstel; drei Tausendstel.
Brü|cke (die, -, -n) Überführung; Steg; Zahnverbindung. Brückenkopf; Brückenpfeiler; Brückenschlag.

Bru'der (der, -s, Brü'der) männliches Geschwister; Mönch. Bruderherz; Bruderkrieg; Brudermord; Bruderschaft; Brüderlein; Brüderlichkeit; brüderlich.
brü'hen (V.) kochen; aufbrühen. Brühe; Brühwürfel; brühwarm.
brül'len (V.) laut schreien. Brüllaffe.
brum'men (V.) tief tönen; murren; schmerzen. Brummbär; Brummschädel; Brummer.
Brum'mi (der, -s, -s) Lkw; Brummigkeit; brummig.
Brunch (der, -s/-es, -es/-e) (engl.) großes Frühstück. Verb: brunchen.
brü'nett (Adj.) braunhaarig. Brünette.
Brunft (*auch:* Brunst) (die, -, Brünf'te) Paarungszeit. Brunfthirsch; Brunftzeit (Brunstzeit); Brunftschrei; brunftig (brünstig); brunften (brunsten).
Brun'nen (der, -s, -) Zisterne; Quelle. Brunnenkresse; Brunnenvergifter; Brunnenwasser; Brünnlein.
brüsk (Adj.) kurz angebunden; unfreundlich. Brüskierung. brüskieren.
Brust (die, -, Brüs'te) vorderer Oberkörper; Busen. Brustfell; Brustkorb; Brustkrebs; Brusttee; das Brustschwimmen; Verb: brustschwimmen (*auch:* Brust schwimmen).
brüs'ten (V., refl.) angeben; prahlen.
Brüs'tung (die, -, -en) Geländer.
Brut (die, -, -en) Ausbrüten; Jungtiere. Brutapparat; Bruthitze; Brutkasten; Brutpflege; Brüter (Atomreaktor); brütend heiß; brüten.
bru'tal (Adj.) (lat.) grob; grausam. Brutalität; Brutalisierung; brutalisieren.
brut'to (Adj.) (ital.) mit Verpackung; ohne Abzug (Abk.: btto.) Bruttoeinkommen; Bruttogewicht; Bruttosozialprodukt; brutto für netto (Abk.: bfn.).
Bru'yère (das, -s, kein Plural) (franz.) schön gemasertes, rotbraunes Holz der Baumheide (für Tabakpfeifen).
Bryo'lo'gie (die, -, kein Plural) (griech.) Moospflanzenkunde.
btto. (Abk.) brutto.
Btx (Abk.) Bildschirmtext.
Bub (der, -en, -en) Junge. Bube (Spielkarte); Bubenstreich; Bubikopf (Frisur); Büblein; bubenhaft; bübisch.
Buch (das, -s/-es, Bü'cher) Schriftstück; Druckwerk; Band. Das schlägt zu Buche; über etwas Buch führen; Buch führende (*auch:* buchführende) Sekretärin. Buchbinder; Buchdruckerei; Buchführung; Buchhaltung; Buchhändler; Bücherbord; Bücherei; Bücherschrank. Verb: buchen.
Bu'cha'ra (der, -/-s, -s) Teppich aus der usbekischen Oasenstadt Buchara.

Bu'che (die, -, -n) Baumart. Buchecker; Buchfink; Buchweizen; Buchenholz.
bu'chen (V.) eintragen; vorbestellen. Buchung; Buchungstermin.
Buchs'baum (der, -s, -bäu'me) Strauch mit ledrigen Blättern.
Büch'se (die, -, -n) Dose; Gewehr. Büchsenfleisch; Büchsenmilch; Büchsenöffner; Büchsenmacher.
Buch'sta'be (der, -n, -n) Schriftzeichen. Buchstabenkombination; buchstabengetreu; buchstäblich; das Wort ist dreibuchstabig (3-buchstabig); buchstabieren.
Bucht (die, -, -en) Meerbusen.
Bu'ckel (der, -s, -) Berg; Rücken; Höcker. Bucklige; Buckelrind; Buckelhand; buck(e)lig; buckeln.
bü'cken (V., refl.) sich niederbeugen.
Bück'ling (der, -s, -e) 1. Räucherhering; 2. Verbeugung.
Buck'ram (der/das, -s, kein Plural) (engl.) glattes Leinwandgewebe (für Bucheinbände).
Buck'skin (der, -s, -s) (engl.) ein Gewebe (für Herrenanzüge).
Bud'del (die, -, -n) (ugs.) Flasche. Buddelschiff.
bud'deln (V.) (ugs.) wühlen; graben. Buddler; Buddelei.
Bud'dhis'mus (der, -, kein Plural) Religion. Buddhist; Buddha; buddhistisch.
Bu'de (die, -, -n) Verkaufsstand; Zimmer, Wohnung. Budenzauber.
Bud'get (das, -s, -s) Haushaltsplan; Finanzrahmen. Budgetberatung; Budgetvorlage; budgetieren.
Bu'do (das, -s, kein Plural) die japanischen Kampfsportarten.
Bu'do'gi (das, -s, kein Plural) die beim Budo getragene vorschriftsmäßige Wettkampfkleidung.
Bü'fett (*auch:* Buf'fet) (das, -s, -s/-e) (franz.) Anrichte. Büfettier; Büfettmamsell.
Büf'fel (der, -s, -) Rinderart. Büffelherde; Büffelfell; Büffelgras; Büffelkuh.
büf'feln (V.) (ugs.) lernen. Büffelei.
Buf'fo (der, -s, -s/-fi) (ital.) Sänger komischer Opernpartien.
buf'fo'nesk (Adj.) wie ein Buffo.
Bug (der, -s, -e) Schiffsvorderteil. Bugwelle; Bugspriet.
Bü'gel (der, -s, -) Aufhänger; Griff. Bügelbrett; Bügeleisen; Kleiderbügel; bügelfrei; bügelfest; bügeln.
Bug'gy (der, -s, -s) (engl.) offenes Auto.

bug|sie|ren (V.) (niederl.) schleppen; lotsen.
bu|hen (V.) lautstark ablehnen. Er erntete nur Buhs; buh! Buhrufe; Buhmann.
buh|len (V.) werben. Nebenbuhler.
Büh|ne (die, -, -n) Spielfläche; Theater. Bühnenbild; bühnenreif.
Bu|hurt (der, -s, -e) mittelalterliches Kampfspiel (zwischen zwei Ritterscharen).
Bu|ka|ni|er (der, -s, -) französischer Seeräuber (in der Karibik).
Bu|kett (*auch:* Bou|quet) (das, -s, -s/-e) (franz.) Blumengebinde; Duft (Wein).
Bu|ki|nist (der, -en, -en) Bouquinist.
Bu|k|lee (*auch:* Bou|c|lé) (das, -s, -s) (franz.) Schlingengarn; Gewebe, Teppich aus Bouclé.
bu|ko|lisch (Adj.) idyllisch.
Bül|bül (der, -s, -s) (arab.) drosselähnlicher Singvogel, »persische Nachtigall«.
Bu|let|te (die, -, -n) (franz.) gebratenes Fleischklößchen. Frikadelle.
Bul|ga|ri|en (ohne Art., -s, kein Plural) Balkanstaat. Bulgarier; bulgarisch.
Bull|au|ge (das, -, -n) Schiffsfenster.
Bull|dog (der, -s, -s) (engl.) Traktor.
Bull|dog|ge (die, -, -n) Hunderasse.
Bull|do|zer (der, -s, -) (engl.) Raupenfahrzeug.
Bul|le (der, -n, -n) Stier; (ugs.) Polizist. Bullenhitze; bullenstark; bullig.
Bul|le|tin (das, -s, -s) (franz.) Verlautbarung; Krankenbericht.
Bull|ter|ri|er (der, -s, -) Hunderasse.
Bul|ly (das, -s, -s) (engl.) Anstoß (Eishockey).
Bu|me|rang (der, -s, -e/-s) (engl.) Wurfholz. Bumerangeffekt.
bum|meln (V.) trödeln; schlendern. Bummel; Bummelant; Bummelei; Bummelstreik; Bummelzug; bummelig.
bum|sen (V.) (ugs.) anstoßen; dröhnen; Geschlechtsverkehr haben. Bumslokal; bums! Da tat es einen Bums; bumsvoll.
Bund 1. (der, -es, Bün|de) Vereinigung; Hosenbund. der Dritte im Bunde. 2. (das, -es, -e) Gebinde. Bundesangestelltentarif (Abk.: BAT); Bundesausbildungsförderungsgesetz (Abk.: BAföG); Bundesbürger; Bundesdeutsche, *aber:* bundesdeutsch; Bundesgebiet; Bundeskanzler; Bundeskriminalamt (Abk.: BKA); Bundesliga; Bundespresseamt; Bundesrepublik Deutschland; Bundesstaat; Bundeswehr; bundesweit.
bün|deln (V.) zusammenbinden. Bündel.
bün|dig (Adj.) kurz gefasst; anschaulich; eben. Bündigkeit; kurz und bündig.

Bünd|nis (das, -ses, -se) Vereinbarung; Zusammenschluss. Bündnistreue; Bündnispartner.
Bünd|nis 90/Die Grü|nen (ohne Art.) Parteizusammenschluss aus Bündnis 90 und Die Grünen.
Bun|ga|low (der, -s, -s) (engl.) Wohnhaus mit Flachdach. Bungalowstil.
Bun|ker (der, -s, -) Schutzraum; Sammelbehälter. Verb: bunkern.
Bun|sen|bren|ner (der, -s, -) in Laboratorien gebräuchlicher Gasbrenner.
bunt (Adj.) in verschiedenen Farben; ungeordnet. das bunt gestreifte (*auch:* buntgestreifte) Kleid; bunt gefärbt (*auch:* buntgefärbt); bunt gefiedert (*auch:* buntgefiedert); bunt gemischt (*auch:* buntgemischt); kunterbunt. *Beachte:* etwas/nichts/viel/wenig Buntes; heute ganz in Bunt! Buntdruck; Buntpapier; Buntsandstein; Buntspecht; Buntstift; Buntwäsche.
Bür|de (die, -, -n) Last.
Bu|re (der, -n, -n) (niederl.) Einwohner Südafrikas von niederländischer Abstammung. burisch.
Burg (die, -, -en) Festung. Burgverlies; Burggraf.
Bür|ge (der, -n, -n) Garant; Zeuge. Bürgschaft; bürgen.
Bur|gen|land (ohne Art., -s, kein Plural) österreichisches Bundesland.
Bür|ger (der, -s, -) Bewohner einer Stadt oder eines Staats. Bürgerin; Bürgerhaus; Bürgerinitiative; Bürgerkrieg; das Bürgerliche Gesetzbuch (Abk.: BGB); Bürgermeister; Bürgerpflicht; Bürgerrechtler; Bürgersteig; Bürgertum; bürgerlich; bürgernah.
Bur|ki|na Fa|so (ohne Art., --s, kein Plural) (ehem. Obervolta) Burkiner; burkinisch.
Bur|lak (der, -en -en) (russ.) Wolgakahntreidler.
bur|lesk (Adj.) (franz.) komisch; bizarr. Burleske.
Bur|nus (der, -/-ses, -se) (arab.) Kapuzenmantel.
Bü|ro (das, -s, -s) (franz.) Arbeitsraum; Geschäftsstelle. Bürokraft; Büroklammer; Büromöbel; Büroschluss.
bü|ro|kra|tisch (Adj.) (griech.) kleinlich; pedantisch; Bürokrat; Bürokratie; Bürokratismus; bürokratisch; bürokratisieren.
Bur|sche (*auch:* Bursch) (der, -n, -n) Knabe; junger Mann. Bürschchen; Burschenschaft.
bur|schi|kos (Adj.) ungezwungen. Burschikosität.
Bur|si|tis (die, -, -ti|den) (griech.-lat.) Schleimbeutelentzündung.

Bürs|te (die, -, -n) Reinigungsgerät. Bürstenbinder; Bürstenhaarschnitt; bürsten.
Bu|run|di (ohne Art., -s, kein Plural) afrikanischer Staat. Burundier; burundisch.
Bus (der, -ses, -se) Fahrzeug. Omnibus; Schulbus; Busfahrer; Bushaltestelle.
Busch (der, -es, Bü|sche) Strauch; Dickicht. Buschhemd; Buschmann; Buschwerk; Buschwindröschen; buschig.
Bü|schel (das, -s, -) Bündel. Haarbüschel; büsch(e)lig; büschelweise; büscheln.
Bu|sen (der, -s, -) weibliche Brust. Busenfreund; Meerbusen; busig; busenfrei.
Busi|ness (das, -, kein Plural) (engl.) Geschäft. Businessman.
Bus|sard (der, -s, -e) (franz.) Raubvogel.
Bu|ße (die, -, -n) Reue; Strafe. Büßer; Bußfertigkeit; Bußgeld; Bußzettel; Buß- und Bettag; bußfertig; büßen.
Büs|te (die, -, -n) Brust; Brustbild. Büstenhalter (Abk.: BH).
Bu|su|ki (die, -, -s) (griech.) Saiteninstrument; Tanz.
Bu|tan (das, -s, kein Plural) (griech.) gasförmiger Kohlenwasserstoff. Butangas.
But|ler (der, -s, -) (engl.) Diener.
Butt (der, -s/-es, -e) Fisch.
Bütt (die, -, -en) Fass; Rednerpult. Büttenredner; Büttenpapier.
But|ter (die, -, kein Plural) Speisefett. Butterblume; Butterbrotpapier; Buttercreme (auch: Butterkrem, Butterkreme); Butterberg; Buttermilch; Butterpilz; buttergelb; butt(e)rig; butterweich; buttern.
But|ter|fly (der, -/-s, kein Plural) (engl.) Schwimmstil.
But|ton (der, -s, -s) (engl.) Ansteckbutton; Sticker.
But|ze|mann (der, -s, -män|ner) Kobold.
But|zen (der, -s, -) Kerngehäuse; Verdickung (Glas). Apfelbutzen; Butzenscheibe.
Büx (auch: Bu|xe) (die, -, -en) (nordd.) Hose.
BVG (Abk.) Bundesversorgungsgesetz.
b. w. (Abk.) bitte wenden!
BWV (Abk.) Bach-Werke-Verzeichnis.
bye-bye! (Abk.) (engl.) tschüss! auf Wiedersehen!
By|pass (der, -es, -päs|se) (engl.) Gefäßtransplantation. Bypassoperation.
Byte (das, -/-s, -/-s) (engl.) kleinste Recheneinheit einer EDV-Anlage (gleich 8 Bits).
by|zan|ti|nisch (Adj.) 1. zum Byzantinischen Reich gehörig. 2. unterwürfig. Byzanz.
By|zan|ti|nis|tik (die, -, kein Plural) Wissenschaft von der Geschichte und Kultur des Byzantinischen Reichs.
bzw. (Abk.) beziehungsweise.

C (Abk.) Kohlenstoff; Celsius (°C); Coulomb; römisches Zahlenzeichen für 100.
ca. (Abk.) circa (zirka).
Cab (das, -s, -s) (engl.-amerik.) 1. einspännige Droschke. 2. amerikanisches Kurzwort für Taxi.
Ca|bal|le|ro (der, -s, -s) 1. spanischer Edelmann. 2. spanische Anrede, Herr.
Ca|ba|let|ta (die, -, -s) (ital.) kleine Arie.
Ca|ba|nos|si (die, -, -) grobe, gewürzte Wurst.
Ca|ba|ret (auch: Ka|ba|rett) (das, -s, -s) (franz.) Kleinkunstbühne.
Ca|b|le|trans|fer (auch: Ca|b|le-Trans|fer) (der, -s, -s) (engl.) telegrafische Geldüberweisung.
Ca|bo|chon (der, -s, -s) (franz.) rund geschliffener Edelstein.
Ca|bo|c|lo (der, -s, -s) (indian.-portugies.) Abkömmling eines Weißen und einer Indianerin (in Brasilien).
Ca|b|rio (auch: Ka|b|rio) (das, -/-s, -s) (franz.) (Kurzw.) Cabriolet/Kabriolett; PKW mit Verdeck. Cabriolimousine.
Ca|b|ri|o|let (auch: Ka|b|ri|olett) (das, -s, -s) (franz.) offener Wagen mit aufklappbarem Verdeck.
Cac|cia (die, -, -s) (lat.-ital.) zweistimmiger Kanon.
Ca|che|nez (das, -, -) (franz.) Halstuch.
Ca|che|sexe (auch: Ca|che-Sexe) (das, -, -) (franz.) Slip, der nur die Geschlechtsteile bedeckt.
Ca|che|te|ro (der, -s, -s) (lat.-span.) Stierkämpfer, der den Gnadenstoß gibt.
CAD (das, -, kein Plural) (engl.) Abk. für »Computer Aided Design«, computerunterstützte Konstruktion.
Cad|die (der, -s, -s) (engl.) Junge, der einem Golfspieler die Tasche trägt; Einkaufswagen, Transportkarre für Golfschläger.
Cad|mi|um (auch: Kad|mi|um) (das, -s, kein Plural) chemisches Element; (Abk.: Cd).
Ca|fé (das, -s, -s) (franz.) Kaffeehaus. Cafeteria.
Ca|fu|so (der, -s, -s) Abkömmling einer Verbindung Indianer(in)–Schwarze(r) (in Brasilien).
Cais|son (der, -s, -s) (franz.) Senkkasten für Unterwasserarbeiten.
Cake|walk (der, -s, -s) (engl.) Gesellschaftstanz um 1900.
cal. (Abk.) Kalorie.

Ca'la'mus (der, -, -mi) Rotangpalme. antikes Schreibrohr.
cal'lan'do (Adv.) (ital.) ruhiger, schwächer werdend, nachlassend (bei Musikstücken).
Cal'cit (der, -s, -e) (lat.) Kalkspat.
Cal'de'ra (die, -, -ren) (span.) Kraterkessel eines Vulkans.
Cal'lem'bourg (der, -s, -s) (franz.) fauler Wortwitz, Kalauer.
Cal'len'du'la (die, -, -lae) (nlat.) Ringelblume (z. B. als Bestandteil von Kosmetika).
Cal'li'for'ni'um (das, -s, kein Plural) ein künstliches radioaktives Element.
Call'girl (das, -s, -s) (engl.) Prostituierte. Callboy.
Cal'va'dos (der, -, -) Apfelbranntwein.
Cal'vi'nis'mus (*auch:* Kal'vi'nis'mus) (der, -, kein Plural) Glaubenslehre. Calvinist (*auch:* Kalvinist); calvinisch (*auch:* kalvinisch); calvinistisch (*auch:* kalvinistisch).
Cal'lyp'so (der, -s, -s) Gesang; Tanz.
CAM (das, -, kein Plural) (engl.) Abk. für »Computer Aided Manufacturing«, computerunterstützte Herstellung und Simulation von Arbeitsvorgängen.
Ca'mem'bert (der, -s, -s) (franz.) Weichkäse.
Ca'mor'ra (*auch:* Ka'mor'ra) (die, -, kein Plural) (ital.) Geheimbund.
Ca'mou'fla'ge (die, -, -n) (franz.) Tarnung; Täuschung.
Camp (das, -s, -s) (engl.) Lager.
cam'pen (V.) (engl.) zelten. Camper; Camping; Campingausrüstung; Campingbus; Campingplatz.
Cam'pe'si'no (der, -s, -s) (span.) Landarbeiter, Kleinbauer.
Cam'pi'lit (das, -s, kein Plural) (griech.) starkes Nervengift.
Cam'pus (der, -, -) (engl.) Universitätsgelände.
Ca'nail'le (*auch:* Ka'nail'le) (die, -, -n) Schurke.
Ca'nas'ta (das, -s, kein Plural) (span.) Kartenspiel.
Can'can (der, -s, -s) (franz.) Tanz.
Can'cer (der, -s, -s) (lat.-engl.) Krebsgeschwulst.
Can'de'la (die, -, -) (lat.) Maßeinheit der Lichtstärke.
Can'dle-Light-Din'ner (das, -s, -s) (engl.) gepflegtes romantisches Abendessen bei Kerzenschein.
Can'na'bis (der, -, kein Plural) Hanf; Haschisch.
Can'nel'lo'ni (die, nur Plural) (ital.) gefüllte Nudeln.
Ca'ñon (der, -s, -s) (span.) Schlucht.
Ca'nos'sa'gang (*auch:* Ka'nos'sa'gang) (der, -s, -gän'ge) Demütigung; Bußgang.

Ca'no'tier (der, -s, -s) (franz.) flacher Strohhut.
can'ta'bi'le (Adv.) (ital.) ausdrucksvoll (bei Musikstücken).
can'tan'do (Adv.) (ital.) singend (bei Musikstücken).
Can'to (der, -s, -s/-ti) (ital.) Gesang.
Can'tus fir'mus (der, - -, - -mi) (lat.) Hauptmelodie.
Ca'pa (die, -, s) (span.) das im Stierkampf verwendete rote Tuch.
Cape (das, -s, -s) (engl.) Umhang.
Ca'pe'a'dor (der, -s, -es) (span.) Torero, der mit der Capa am Stier arbeitet.
Cap'puc'ci'no (der, -s, -s) (ital.) Kaffee mit aufgeschäumter Milch.
Ca'p'ric'cio (das, -s, -s) (ital.) launiges Prosa-, Musikstück.
ca'p'ric'cio'so (Adv.) (ital.) launig (bei Musikstücken).
Ca'p'ri'ce (*auch:* Ka'p'ri'ce) (die, -, -n) (franz.) Laune. Adjektiv: kapriziös. Verb: kaprizieren.
Cap'si'cum (das, -, kein Plural) (griech.-lat.) spanischer Pfeffer (als Heilpflanze).
Cap'ta'tio Be'ne'vo'len'ti'ae (die, - -, kein Plural) (lat.) Trachten nach Wohlwollen (des Lesers).
Ca'pu'chon (der, -s, -s) (franz.) Damen-Kapuzenmantel.
Ca'ra'bi'ni'e're (*auch:* Ka'ra'bi'ni'e're) (der, -s, -nie'ri) (ital.) Polizist.
Ca'ram'ba! (Interj.) (span.) Fluch. Donnerwetter! Teufel!
Ca'ram'bo'la (die, -, -s) (span.) gelbe, fünfeckige Frucht, die, quer aufgeschnitten, sternförmige Scheibchen ergibt (als Verzierung für Cocktails).
Ca'ra'van (der, -s, -s) (span.) Wohnwagen.
Car'bid (das, -s, -e) (nlat.) eine Kohlenstoff-Metall-Verbindung.
Car'bo'nat (*auch:* Kar'bo'nat) (das, -s, -e) Kohlensäuresalz.
CARE (engl.) Kurzw. für Cooperative for American Remittances to Europe; Hilfsorganisation der USA für Europa nach dem Zweiten Weltkrieg.
care of (engl.) wohnhaft bei (in Adressen, Abk. c/o).
Car'go (*auch:* Kar'go) (der, -s, -s) (span.) Schiffsladung.
Ca'ri'tas (die, -, kein Plural) (lat.) ein Wohlfahrtsverband.
Car'ma'g'no'le (die, -, -n) 1. (kein Plural) ein französisches Revolutionslied. 2. kurzes Jakobinerjäckchen.
Ca'ro'tin (*auch:* Ka'ro'tin) (das, -s, kein Plural) Farbstoff; Vitamin.

Car|pac|cio (der, -, kein Plural) (ital.) hauchdünn geschnittenes kaltes Rinderfilet, das roh gegessen wird.
car|pe di|em (lat.) »pflücke den Tag«, mach das Beste aus dem Tag.
Car|sha|ring (*auch:* Car-Sha|ring) (das, -s, kein Plural) (engl.) Initiative, bei der sich mehrere Benutzer einen Pkw teilen.
Car|toon (der/das, -s, -s) (engl.) Karikatur; kurzer Comic. Cartoonist.
Ca|sa|no|va (der, -s, -s) (ital.) Frauenheld.
cä|sa|risch (Adj.) 1. diktatorisch, kaiserlich. 2. selbstherrlich (wie Cäsar).
Cä|sa|ris|mus (der, -, kein Plural) (nlat.) Alleinherrschaft.
Ca|se|in (das, -s, kein Plural) ein Milcheiweißstoff; Käsestoff.
Cash (das, -, kein Plural) Bargeld; Barzahlung. Cash-and-carry-Klausel; cash and carry.
Ca|shew|nuss (die, -, -nüs|se) Nusssorte.
Cash|flow (der, -s, kein Plural) (engl.) Überschuss (eines Unternehmens), Reingewinn und Abschreibungen.
Cä|si|um (das, -s, kein Plural) (lat.) ein Alkalimetall (mit radioaktiven Isotopen).
Cas|sa|ta (die, -, -s) italienisches Eis mit Nüssen und kandierten Früchten.
Cas|sia (die, -, kein Plural) (griech.) die Sennespflanze; ihre Blätter (als Heilmittel).
Cas|sis (der, -, -) französischer Likör aus schwarzen Johannisbeeren.
Cas|sou|let (das, -s, -s) französischer Eintopf aus weißen Bohnen und Hammel oder Gans, der im Ofen überbacken wird.
Cast (das, -s, -s) (engl.) Mitwirkende, Filmtruppe. Casting.
Cas|tel|la|no (das, -, kein Plural) die kastilische (= spanische) Sprache.
Cas|ti|ze (der, -n, -n) (span.) ein Mischling, Mestize/Weißer.
Ca|sus Bel|li (der, - -, - -) (lat.) Kriegsfall, -grund.
Catch-as-catch-can (das, -, kein Plural) (engl.) Freistilringen. Catcher; catchen.
Ca|te|ring (das, -s, -s) (lat.-ital.-franz.-engl.) Verpflegungsbeschaffung.
Ca|ter|pil|lar (der, -s, -s) (engl.) Raupenfahrzeug.
Cau|se|rie (die, -, -n) (franz.) Plauderei. Causeur; Causeuse.
Ca|yenne|pfef|fer (der, -s, -) scharfer Pfeffer.
CB (Abk.) Citizen-Band (Privatfunk). CB-Funk.
cbkm (Abk.) Kubikkilometer.
cbm (Abk.) Kubikmeter.
CC (Abk.) Corps consulaire (Konsularisches Korps).
ccm (Abk.) Kubikzentimeter.
Cd (Abk.) Cadmium (chemisches Zeichen).
CD 1. (Abk.) Corps diplomatique (Diplomatisches Korps). 2. (Abk.) Compact Disc. CD-Player; CD-Platte.
CDU (Abk.) Christlich-Demokratische Union.
C-Dur (das, -, kein Plural) Tonart. C-Dur-Tonleiter.
Ce|di (der, -, -) ghanesische Währung, 100 Pesewas.
Ce|dil|le (die, -, -n) (span.-franz.) Häkchen unter dem »c«, wenn das »c« wie »ss« ausgesprochen wird; z. B. in Façon.
Ce|les|ta (die, -, -s/-s|ten) (ital.) ein Stahlplattenklavier.
Cel|list (der, -en, -en) jmd., der Cello spielt.
Cel|lo (das, -s, -s/-li) Musikinstrument, Kurzform von Violoncello.
Cel|lo|phan (das, -s, -e) durchsichtige Folie. Zellglas.
Cel|lu|li|tis (*auch:* Zel|lu|li|tis) (die, -, -tiden) Orangenhaut.
Cel|lu|loid (*auch:* Zel|lu|loid) (das, -/-s, kein Plural) Kunststoff.
Cel|lu|lo|se (*auch:* Zel|lu|lo|se) (die, -, -n) (lat.) Zellstoff.
Cel|si|us (ohne Artikel) Temperatureinheit (Abk.: °C).
Cem|ba|list (der, -en, -en) jmd., der Cembalo spielt.
Cem|ba|lo (das, -s, -s/-li) (ital.) ein altes, klavierähnliches Tasteninstrument.
Cent (der, -/-s, -s) (lat.) Untereinheit von Dollar und Euro.
Cen|tau|ri|um (das, -/-s, kein Plural) (griech.-lat.) Tausendgüldenkraut (als Heilpflanze); Centaurii herba: Blätter des Tausendgüldenkrauts (als Heilmittel).
Cen|ta|vo (der, -s, -s) (portugies.-span.) kleinste Währungseinheit (u.a. in Brasilien, Portugal).
Cen|ter (das, -/-s, -s) (engl.) Geschäftszentrum; Mittelpunkt.
Cen|te|si|mo (der, -/-s, -s/-mi) kleinste italienische Währungseinheit.
Cen|té|si|mo (der, -/-s, -s) (span.) kleinste Währungseinheit (u.a. in Uruguay).
Cen|time (der, -s, -s) (franz.) kleinste Währungseinheit (Frankreich, Belgien).
Cén|ti|mo (der, -/-s, -s) (span.) kleinste Währungseinheit (in Spanien, Paraguay).
Cen|tre|court (*auch:* Cen|tre-Court) (der, -s, -s) (engl.) Hauptplatz beim Tennis.
CEPT (franz.) (die, -, kein Plural) Abk. für »Conférence Européenne des Administrations pour la Poste et la Télécommunication«, europäische Organisation zur Verbesserung der

ce'ri'se (Adj.) (griech.-lat.-franz.) kirschrot.
Cer'to'sa (die, -, -sen) (ital.) italienisches Kartäuserkloster.
Cer'to'sa'mo'sa'ik (das, -s, -en) Mosaik aus Elfenbein in der italienischen Renaissance.
Cer've'lat (der, -s, -s) (franz.) Brühwurst.
Cer'vix (die, -, -ices) (lat.) 1. Nacken, Hals. 2. halsähnlicher Bereich eines Organs.
C'est la guerre (franz.) nichts zu ändern; »so ist halt der Krieg«.
C'est la vie (franz.) »so ist nun mal das Leben«.
Ce'vap'ci'ci (*auch:* Ćevapčići) (die, nur Plural) (die, -) (serbokroat.) Hackfleischröllchen.
Cha'b'lis (der, -, -) (franz.) trockener Weißwein.
Cha-Cha-Cha (der, -, -s) Tanz.
Cha'g'rin (das, -s, kein Plural) (pers.-franz.) ein Leder mit künstlich erhöhtem Narbenmuster Verb: cha'g'ri'nie'ren.
Chair'man (der, -, -men) (engl.) Vorsitzender.
Chai'se'lon'gue (die, -, -s) (franz.) Liegesofa.
Cha'let (das, -s, -s) (franz.) schweizerische Sennhütte, Ferien-, Landhaus.
Cha'ly (der, -s, kein Plural) (franz.) seidiger oder wollener Stoff, der dem Musselin ähnlich ist.
Chal'ze'don (das, -s, kein Plural) (griech.) ein Mineral, Schmuckstein.
Cha'mä'le'on (das, -s, -s) (griech.) Echse; Mensch, der oft seine Ansichten ändert.
Cha'mä'phyt (der, -en, -en) (griech.-lat.) kleinwüchsige Strauchart.
Cham'ber'tin (der, -s, kein Plural) (franz.) Wein aus Burgund.
Cham'pa'g'ner (der, -s, -) (franz.) Schaumwein. Adjektiv: champagnerfarben.
Cham'pi'g'non (der, -s, -s) (franz.) Pilz.
Cham'pion (der, -s, -s) (engl.) Sieger; Meister einer Sportart.
Cham'pi'o'nat (das, -s, -e) (franz.) Meisterschaft.
Cham'sin (der, -s, -e) heißer Wüstenwind (in Ägypten).
Chan'ce (die, -, -n) (franz.) günstige Gelegenheit; Möglichkeit. Im Plural: Aussicht auf Erfolg. Chancengleichheit.
Change (der, -, kein Plural) (engl.) Geldwechsel.
Chan'geant (der, -s, -s) (franz.) farbig schillernder Stoff.
Chan'son (das, -s, -s) (franz.) Lied. Chansonette; Chansonnier (*auch:* Chansonier).
Chan'ta'ge (die, -, -n) (franz.) erpresserische Drohung, etwas zu veröffentlichen.
Cha'nuk'ka (die, -, kein Plural) (hebr.) im Dezember stattfindendes Fest der Juden zur Tempelweihe.

Cha'os (das, -, kein Plural) Durcheinander. Chaot; chaotisch.
Cha'pa'da (die, -, -s) (port.) brasilianische Hochebene.
Cha'peau claque (der, - -, Cha'peaux claques) (franz.) Klappzylinder.
Cha'pe'ron (der, -s, -s) (lat.-franz.) eng anliegende Kapuze im Mittelalter.
cha'pe'ro'nie'ren (V.) (lat.-franz.) eine Dame beschützend begleiten.
Cha'pe'to'nes (der, nur Plural) (span.) Neueinwanderer nach Südamerika.
Cha'pi'teau (das, -, -x) (lat.-franz.) Zirkuszelt, Kuppel des Zirkuszeltes.
Chap'li'na'de (die, -, -n) burleskes Ereignis, grotesk-komisches Geschehen nach der Art Charlie Chaplins.
Cha'par'ral (der, -s, kein Plural) (span.) Gestrüpplandschaft (im südwestlichen Nordamerika).
Cha'ra'de (*auch:* Scha'ra'de) (die, -, -n) (franz.) Worträtsel.
Cha'rak'ter (der, -s, -e) (griech.) Wesensart; Eigenschaft. Charakteranlage; Charakterfehler; Charakterisierung; Charakteristik; Charakteristikum; Charakterkopf; Charakterlosigkeit; Charakterschwäche; Charakterzug; charakterfest; charakteristisch; charakterlich; charakterlos; charaktervoll; charakterisieren.
Char'cu'te'rie (die, -, -en) (franz.) (schweiz.) Metzgerei.
Char'ge (die, -, -n) (franz.) Rang; Nebenrolle. Verb: chargieren.
Char'gier'te (der, -n, -n) ein Vorsitzender einer Studentenverbindung.
Cha'ris'ma (das, -s, -men/-ma'ta) Ausstrahlung. Adjektiv: charismatisch.
Cha'ri'té (die, -, -s) (lat.-franz.) Krankenhaus.
Cha'ri'ten (die, nur Plural) (griech.) Göttinnen der Anmut.
Cha'ri'va'ri (das, -s, -s) (franz.) Trachtenschmuck.
Charles'ton (der, -, -s) (engl.) Tanz.
char'mant (*auch:* schar'mant) (Adj.) (franz.) bezaubernd; entzückend. Charme (*auch:* Scharm); Charmeur.
Char'ta (die, -s) (lat.) Verfassungsurkunde. Magna Charta.
Char'ter (der, -s, -s) (engl.) Frachtvertrag. Charterflug; Chartergesellschaft; Chartermaschine; chartern.
Charts (die, nur Plural) (franz.-engl.) Hitlisten.
Cha'ryb'dis (die, -, kein Plural) ein Meeresungeheuer der griechischen Sage.
Chas'sis (das, -, -) (franz.) Fahrgestell.
Cha'san (der, -s, -e) (hebr.) Synagogenvorbeter.

Chas|si|dim (die, -, nur Plural) Anhänger des Chassidismus.
Chas|si|dis|mus (der, -, kein Plural) (hebr.-nlat.) eine ostjüdische Glaubensbewegung.
Cha|teau (*auch:* Château) (das, -s, -s) (lat.-franz.) Herrenhaus.
Cha|teau|bri|and (das, -/-s, -s) (franz.) gebratenes Rindsfilet.
Chau|deau (das, -/-s, -s) (franz.) süße Weinschaumsoße.
Chauf|feur (der, -s, -e) (franz.) Fahrer. Verb: chauffieren.
Chaus|see (die, -, -n) (franz.) Landstraße. Chausseebaum.
Chau|vi|nis|mus (der, -, kein Plural) (franz.) übersteigerter Nationalismus; übersteigertes Männlichkeitsgefühl. Chauvinist; Chauvi; chauvinistisch.
Cha|wer (der, -s, -n) (hebr.) 1. Ehrentitel für Rabbiner. 2. Kamerad, Freund.
Check (der, -s, -s) Rempeln; Kontrolle. Checkliste; Checkpoint; checken.
Check|point (der, -s, -s) (engl.) Kontrollpunkt (an Grenzen).
Ched|dar (der, -s, -s) ein englischer Hartkäse.
Che|der|schu|le (die, -, -n) (hebr.- dt.) traditionelle Grundschule der Juden.
chee|rio! (Interj.) (engl.) Trinkspruch.
Cheese|bur|ger (der, -s, -) (engl.) Hamburger mit Käse.
Chef (der, -s, -s) (franz.) Leiter; Vorgesetzter. Chefarzt; Chefetage; Chefideologe; Chefredakteur; Cheftrainer.
Che|li|do|ni|kum (das, -, kein Plural) (griech.-lat.) Schöllkraut (als Heilpflanze).
Chel|sea|por|zel|lan (das, -s, kein Plural) (engl.) englisches, bemaltes Porzellan aus dem 18. Jahrhundert.
Che|mie (die, -, kein Plural) (arab.) Wissenschaft von den chemischen Stoffen. Chemiearbeiter; Chemiefaser; Chemikalie; Chemiker/in; chemische Keule; Chemotherapie; chemisch; chemisch-technisch; chemotherapeutisch.
Che|mi|gra|fie (*auch:* Che|mi|gra|phie) (die, -, -n) (griech.) Metallätzung; so hergestellte Druckplatte.
Che|mise (die, -, -n) (franz.) Hemdkleid.
Che|mi|sett (das, -s, -s/-e) (franz.) Hemdbrust; latzähnlicher Einsatz (an Kleidern).
Che|nil|le (die, -, -n) (franz.) raupenähnliches Garn.
Cher|chez la femme! (franz.) »sucht die Frau (die dahinter steckt).«
Che|rub (*auch:* Ke|rub) (der, -s, -im/inen) Engel, der das Paradies bewacht. cherubinisch.

Ches|ter|field (der, -s, -s) (engl.) eleganter Herrenmantel.
Ches|ter|kä|se (der, -s, -) (engl.) Käsesorte.
Che|vi|ot (der, -s, -s) (engl.) ein englischer Wollstoff.
Che|v|reau (das, -s, -s) (franz.) Ziegenleder.
Che|v|ron (der, -s, -s) (franz.) Wollstoff mit Fischgrätmusterung; franz. Dienstgradzeichen.
Chew|ing|gum (*auch:* Chew|ing-Gum) (der, -s, -s) (engl.) Kaugummi.
Chi (das, -s, -s) (griech.) griech. Buchstabe (X, χ).
Chi|an|ti (der, -, kein Plural) (ital.) Rotwein.
Chi|as|mus (der, -, -men) (griech.-nlat.) Kreuzstellung von Sinneinheiten (in einem Satz); z. B. Sie liebt Gesang, Musik liebt sie.
chic (*auch:* schick) (Adj.) (franz.) modern; hübsch. *Beachte:* Beugung nur in der deutschen Schreibung möglich! ein schickes Kleid (*falsch:* ein chices Kleid!). Schick.
Chi|chi (das, -/-s, kein Plural) (franz.) 1. unnützer Kram. 2. Getue.
Chi|co (der, -s, -s) (span.) kleiner Junge.
Chi|co|rée (*auch:* Schi|ko|ree) (der/die, -/-s, kein Plural) Gemüse, Salat.
Chif|fon (der, -s, -s) (franz.) Seidenstoff.
Chif|fo|na|de (die, -, -n) (franz.) streifenförmige Gemüseeinlage in Suppen.
Chif|fo|nie|re (franz.) (die, -, -n) 1. Nähtisch. 2. Kleiderschrank.
Chif|f|re (die, -, -n) (franz.) Ziffer; Kennwort. Chiffreschrift; Chiffrierkunst; Chiffreanzeige; chiffrieren.
Chif|f|reur (der, -s, -e) (arab.-lat.-franz.) jmd., der Chiffren entschlüsselt.
Chi|g|non (der, -s, -s) (lat.-franz.) Haarknoten in Nackenhöhe.
Chi|hu|a|hua (der, -s, -s) (span.) Hunderasse.
Chi|la|na (die, -, kein Plural) Wolle aus China.
Chi|li (der, -s, kein Plural) (span.) scharfes Gewürz.
Chi|li|a|de (die, -, -n) Folge von tausend.
Chi|le (ohne Art., -s, kein Plural) Staat in Südamerika. Chilene; chilenisch.
Chi|mä|re (die, -, -n) (griech.) Ungeheuer; Schreckbild.
Chi|na (ohne Art., -s, kein Plural) Chinese; chinesisch.
Chi|na|kohl (der, -s, -e) Salat.
Chin|chil|la (die, -, -s) (indian.-span.) ein südamerikanisches Nagetier mit hellgrauem Fell.
chin-chin! (Interj.) (chines.-engl.) prost!
Chi|né (der, -s, -s) (franz.) Gewebe mit verschwommenen Farbmusterkonturen.
Chi|nin (das, -s, kein Plural) Fiebermittel.

Chi|nois (die, nur Plural) (franz.) kandierte Zwergorangen.
Chi|noi|se|rie (die, -, -n) (franz.) kunstgewerblicher Gegenstand im chinesischen Stil (zur Zeit des Rokoko).
Chi|nook (der, -/-s, kein Plural) (indian.) föhnähnlicher Fallwind an der Ostseite der Rocky Mountains.
Chintz (der, -, -e) glänzender Baumwollstoff.
Chip (der, -s, -s) (engl.) 1. Spielmarke. 2. in Öl gebackene Kartoffelscheibe. 3. Halbleiterplättchen (EDV).
Chip|kar|te (die, -, -n) Plastikkarte mit eingebautem elektronischen Speicher (z. B. als Telefonkarte).
Chip|pen|dale|stil (der, -s, -e) (engl.) Möbelstil.
Chi|ro|prak|tik (die, -, kein Plural) (griech.) Heilmethode in der Orthopädie.
Chi|r|urg (der, -en, -en) Facharzt für Operationen. Chirurgie; chirurgisch.
Chi|tin (das, -s, kein Plural) (griech.) harter Stoff im Außenskelettpanzer (der Insekten, Krebstiere).
Chla|mys (die, -, -) altgriechischer Umhang.
Chlor (das, -s, kein Plural) chemischer Stoff (Abk.: Cl). Chlorid; Chloroform; Clorophyll; Chlorung; chlorhaltig; chlorig; chloren; chlorieren; chloroformieren.
Chlo|ro|phyll (das, -s, kein Plural) (griech.) Blattgrün.
Chlo|ro|se (die, -, -n) (griech.) Bleichsucht.
Cho|cal|ho (das, -/-s, -s) (portugies.) zylinderförmiges Schüttelrohr, gefüllt mit Samenkörnern oder Perlen.
Choke (der, -s, -s) (engl.) Kaltstarthilfe.
Cho|le|ra (die, -, kein Plural) (griech.) Infektionskrankheit.
cho|le|risch (Adj.) leicht reizbar; aufbrausend. Choleriker.
Cho|les|te|rin (das, -s, kein Plural) Fett. Cholesterinspiegel.
Chol|iam|bus (der, -, -ben) (griech.) unvollständiger Jambus.
Chop|su|ey (das, -/-s, s-) ein chinesisches Reisgericht mit Fleischstückchen, Gemüsen und Sojasoße.
Chor (der, -s, Chö|re) (griech.) Singgruppe; mehrstimmiger Gesang; Kirchenschiff. Choral; Chorknabe; Chorleiter; Chorus.
Chor|di|tis (die, -, -ti|den) (griech.) Stimmbänderentzündung.
Cho|reo|gra|fie (auch: Cho|reo|gra|phie) (die, -, -n) Gestaltung. Choreograf/in (auch: Choreograph/in); choreografieren (auch: choreographieren).

Cho|se (auch: Scho|se) (die, -, -n) (ugs.) (franz.) Sache, Angelegenheit.
Chow-Chow (der, -s, -s) Hunderasse.
Christ (der, -en, -en) (griech.) Anhänger des Christentums. Christbaum; Christdemokrat; Christenheit; Christentum; Christianisierung; Christkind; Christmette; Christus; christlich; christianisieren.
Chrom (das, -s, kein Plural) (griech.) chemisches Element; Metall. Adjektiv: chromblitzend.
Chro|ma|tik (die, -, kein Plural) Farbenlehre; Grundtonveränderung (Musik). Adjektiv: chromatisch.
Chro|mo|som (das, -s, -en) (griech.) Erbgut. Chromosomenzahl; chromosomal.
Chro|nik (die, -, -en) (griech.) historische Darstellung. Chronist; Chronologie; chronologisch.
Chro|nique scan|da|leuse (die, - -, -s -s) (franz.) Skandalgeschichte.
chro|nisch (Adj.) (griech.) dauernd; langwierig.
Chro|no|me|ter (das, -s, -) (griech.) Uhr. Chronometrie; chronometrisch.
Chry|s|an|the|me (die, -, -n) (griech.) großblütige Zierpflanze.
Chry|so|p|ras (der, -es, -e) (griech.) ein lauchgrüner Schmuckstein.
chtho|nisch (Adj.) (griech.) 1. Erd... 2. unterirdisch.
Chur|ras|co (der, -s, -s) nach brasilianischer Art am Spieß gebratenes Fleisch.
Chut|ney (das, -/-s, -s) (Hindi-engl.) indische Würzpaste.
Chuz|pe (die, -, kein Plural) (hebr.) Unverschämtheit.
CIA (der/die) (Abk.) Central Intelligence Agency; Geheimdienst der USA.
ciao! (auch: Tschau!) (Interj.) (ital.) Gruß.
Ci|d|re (der, -s, kein Plural) (franz.) Apfelwein.
cif (Abk.) cost insurance freight (einschließlich Fracht/Versicherung/Verladekosten).
CIM Abk. für Computer Integrated Manufacturing. computerintegrierte Herstellung. computergesteuerte Verknüpfung von Arbeitsschritten einer Fabrik.
Ci|ne|ast (der, -en, -en) (griech.) Kinoliebhaber.
Ci|ne|ma|scope (das, -, kein Plural) (engl.) Breitwandfilm.
CIP (Abk.) Cataloguing In Publishing (Neuerscheinungssofortdienst der Deutschen Bibliothek).
cir|ca (auch: zir|ka) (Adv.) (lat.) ungefähr (Abk.: ca.).
Cir|ce (die, -, -n) (griech.) Verführerin. Verb: becircen.

Cir|cuit|trai|ning (*auch:* Cir|cuit-Trai|ning) (das, -s, kein Plural) (engl.) Rundumtraining an im Kreis aufgestellten Geräten.
Cir|cu|lus vi|ti|o|sus (der, - -, -li -si) (lat.) Teufelskreis.
Cir|cus (*auch:* Zir|kus) (der, -, -se) Artisten- und Dressurvorführung.
Ci|t|rin (der, -s, -e) (franz.) ein gelbes Mineral, Schmuckstein.
Ci|ty (die, -, -s) (engl.) Innenstadt.
Ci|vet (das, -s, -s) (franz.) Hasenragout.
cl (Abk.) Zentiliter.
Cl (Abk.) Chlor (chemisches Zeichen).
c. l. (Abk.) (lat.) citato loco (am angeführten Ort).
Claim (das, -/-s, -s) (engl.) Besitzanspruch (auf eine Goldmine).
Clai|ron (das, -s, -s) (franz.) 1. Signalhorn. 2. Bachtrompete.
Clan (der, -s, -s) Sippe. Familienclan.
Cla|queur (der, -s, -e) (franz.) bezahlter Beifallsklatscher.
Cla|ri|no (das, -s, -s/-ni) (ital.) 1. Clairon. 2. ein Orgelregister.
Cla|ves (die, nur Plural) (span.) zwei Hartholzstäbchen, die mit zwei Händen gegeneinandergeschlagen werden; Rumbastäbchen.
clean (Adj.) (engl.) nicht mehr rauschgiftsüchtig, »sauber« (Jargon).
Clea|ring (das, -s, -s) (engl.) Verrechnungsverfahren.
Cle|ma|tis (*auch:* Kle|ma|tis) (die, -, -) (griech.) Kletterpflanze.
cle|ver (Adj.) (engl.) klug; geschickt. Cleverness.
Cli|ché (*auch:* Kli|schee) (das, -s, -s) Abklatsch.
Clinch (der, -es, kein Plural) (engl.) Streit.
Clip (der, -s, -s) 1. (*auch:* Clips; Klipp; Klips) Schmuck am Ohr. 2. kurzer Videofilm.
Cli|que (die, -, -n) Gruppe; Freundeskreis. Cliquenwirtschaft.
Clo|chard (der, -s, -s) (franz.) Stadtstreicher; Penner.
Cloque (der, -s, -s) (engl.) Holzpantoffel.
Clou (der, -s, -s) (franz.) Gipfel; Höhepunkt.
Clown (der, -s, -s) (engl.) Spaßmacher. Clownerie; clownesk.
Club (*auch:* Klub) (der, -s, -s) Verein.
cm (Abk.) Zentimeter.
cm² (Abk.) Quadratzentimeter.
cm³ (Abk.) Kubikzentimeter.
cmm (Abk.) Kubikmillimeter.
c-Moll (das, -, kein Plural) Tonart.
cm/s (Abk.) Zentimeter pro Sekunde.
c/o (Abk.) care of (wohnhaft bei; in Briefanschriften).

Co (Abk.) Cobaltum (chemisches Zeichen).
Co. (Abk.) Kompagnie.
Coach (der, -(s), -s) (engl.) Trainer. Verb: coachen.
COBOL (das, -s, kein Plural) (engl.) (Kunstwort: Common Business Oriented Language) Programmiersprache (EDV).
Co|ca (das/die, -, -) (engl.) koffeinhaltiges Getränk. Cola; Coke.
Co|ca|in (*auch:* Ko|ka|in) (das, -s, kein Plural) Rauschgift.
Co|cker|spa|ni|el (der, -s, -s) (engl.) Hunderasse.
Cock|ney (das, -(s), kein Plural) (engl.) Londoner Mundart (der Unterschicht).
Cock|pit (das, -s, -s) (engl.) Pilotenkabine; Fahrersitz.
Cock|tail (der, -s, -s) (engl.) Mixgetränk. Cocktailkleid; Cocktailparty.
Co|da (*auch:* Ko|da) (die, -, -s) (ital.) Schlussteil (Musik).
Code (*auch:* Kode) (der, -s, -s) Zuordnung von Zeicheninventaren; Sprachverwendung. Codierung (*auch:* Kodierung); codieren (*auch:* kodieren).
Code ci|vil (der, - -, kein Plural) französisches Zivilrecht.
Co|de|in (*auch:* Ko|de|in) (das, -s, kein Plural) (griech.) Hustenmittel.
Co|dex (*auch:* Ko|dex) (der, -, -e/-di|zes) Normierung; Verhaltensregeln; Verzeichnis.
Cof|fe|in (*auch:* Kof|fe|in) (das, -s, -e) anregender Stoff.
Cog|nac (*auch:* Ko|g|nak) (der, -s, -s) (franz.) französischer Weinbrand. Adjektiv: cognacfarben.
Coif|feur (der, -s, -e) (franz.) Frisör. Coiffeursalon.
Co|i|tus (*auch:* Ko|i|tus) (der, -, -se) (lat.) Geschlechtsakt.
Co|la (die/das, -/-s, -s) koffeinhaltiges Getränk.
col|la des|t|ra (ital.) mit der rechten Hand zu spielen (bei Musikstücken).
Col|la|ge (die, -, -n) (franz.) Klebearbeit (Bild).
col|la si|nis|t|ra (ital.) mit der linken Hand zu spielen (bei Musikstücken).
Col|lege (das, -s, -s) (engl.) höhere Schule; Universitätsinstitut.
Col|lie (der, -s, -s) (engl.) Hunderasse.
Col|lier (*auch:* Kol|lier) (das, -s, -s) (franz.) Halsschmuck.
Co|lo|nel (der, -s, -s) (engl.) Oberst.
Co|lor... (lat.) Farb... Colorfilm; Colormonitor; Colorverglasung.
Colt (der, -s, -s) (engl.) Revolver.

Com|bo (die, -, -s) kleine Tanzband.
Come-back (*auch:* Come|back) (das, -, -s) (engl.) erfolgreiches Wiederauftreten eines Künstlers etc.
COMECON (der/das) (Abk.) COuncil for Mutual ECONomic Assistance/Aid (Rat für gegenseitige Wirtschaftshilfe der ehem. Ostblockstaaten).
co|me stà (ital.) ohne musikalische Verzierungen (so, wie es dasteht) zu spielen.
Co|mes|ti|b|les (die, nur Plural) (schweiz.) Delikatessen, Feinkost.
Co|mic (der, -s, -s) (engl.) (Kurzw.: Comicstrip) Bildergeschichte. Comicfigur.
comme ci, comme ça (franz.) leidlich, nicht besonders.
Com|mer|cial Pa|per (das, - -s, - -s) (engl.) Schuldverschreibung eines Unternehmens an eine Bank als Mittel der Geldbeschaffung.
Com|mon|sense (*auch:* Com|mon Sense) (der, - -, kein Plural) (engl.) gesunder Menschenverstand.
Com|mon|wealth (das, -, kein Plural) (engl.) Britisches Königreich.
co|mo|do (Adv.) (ital.) behaglich, gemächlich (bei Musikstücken).
Com|pact Disc (*auch:* Com|pact Disk) (die, -, -s) Schallplatte im Digitalverfahren (Abk.: CD).
Com|pi|ler (der, -s, -) (engl.) Zusatzgerät (EDV).
Com|po|ser (der, -s, -) (engl.) elektrische Schreibmaschine.
Com|pu|ter (der, -s, -) (engl.) Rechner; elektronische Datenverarbeitungsmaschine. Computergeneration; Computerkriminalität; Computerfachmann; Computerspiel; computergesteuert; computergestützt; computerlesbar; computerisieren.
Con|cer|ti|no (das, -s, -s/-ni) (ital.) kleines Konzert.
Con|cer|to (das, -s, -ti) (ital.) Konzert.
Con|cer|to gros|so (das, - -, -ti -si) (ital.) barockes Konzert für Orchester und Soloinstrumente.
Con|ci|erge (die, -, -s) französische Hausmeisterin.
conf. (Abk.) confer (vergleiche!).
Con|fi|se|rie (*auch:* Kon|fi|se|rie) (die, -, -n) (franz.) Süßwarengeschäft. Confiseur.
Con|fi|te|or (das, -, kein Plural) (lat.) Sündenbekenntnis (im kath. Gottesdienst).
Con|foe|de|ra|tio Hel|ve|ti|ca (die, - -, kein Plural) (lat.) Schweizerische Eidgenossenschaft.
con for|za (lat.-ital.) mächtig, mit Kraft (Vortragsanweisung in der Musik).

con fu|o|co (lat.-ital.) heftig, schnell (Vortragsanweisung in der Musik).
Con|ga (die, -, -s) (span.) 1. ein aus Kuba stammender Gesellschaftstanz. 2. große Handtrommel, die beim Spielen zwischen den Knien gehalten wird.
con mo|to (lat.-ital.) mit Bewegung, etwas beschleunigt (Vortragsanweisung in der Musik).
Con|nec|tion (die, -, -s) (ugs.) (engl.) Beziehung, günstige Verbindung.
Con|se|cu|tio Tem|po|rum (die, - -, - -) (lat.) Zeitenfolge in Haupt- und Nebensätzen (Sprachwissenschaft).
Con|seil (der, -s, -s) (lat.-franz.) Rat, Ratsversammlung als Bezeichnung für verschiedene Institutionen in Frankreich.
Con|so|la|tio (die, -, -i|o|nes) (lat.) Trostschrift, Trostgedicht in der altrömischen Literatur.
Con|som|mé (*auch:* Kon|som|mee) (die/das, -/-s, -s) (franz.) Fleischbrühe.
Con|sul|ting (das, -s, kein Plural) Beratung in unternehmerischen Fragen. Consulting Firma.
Con|tai|ner (der, -s, -) (engl.) großer Behälter. Containerschiff; Containerbahnhof.
Con|te|nance (die, -, kein Plural) (franz.) Fassung, das An-sich-halten-Können.
Con|tes|sa (die, -, -sen/-se) italienische Gräfin.
con|t|ra (*auch:* kon|t|ra) (Präp.) gegen, entgegengesetzt.
Con|t|rol|ling (das, -s, kein Plural) (engl.) Überwachung; Überprüfung.
Con|val|la|ria (die, -, kein Plural) (lat.) Maiglöckchen (als Heilpflanze).
cool (Adj.) (engl.) gelassen; ruhig. Cooljazz (*auch:* Cool Jazz).
Co|pi|lot (*auch:* Ko|pi|lot) (der, -en, -en) zweiter Pilot.
Co|py|right (das, -s, -s) (engl.) Urheberrecht (Zeichen: ©).
Cord (*auch:* Kord) (der, -s, -e) (engl.) gerippter Stoff. Cordhose; Cordsamt.
Cor|do|ba (der, -/-s, -/-s) (span.) Währungseinheit in Nicaragua.
Cor|don bleu (das, - -, - -) (franz.) Schnitzel, mit Käse und Schinken gefüllt.
Cor|ned|beef (*auch:* Cor|ned Beef) (das, -s, kein Plural) eingesalzenes Rindfleisch.
Cor|ner (*auch:* Kor|ner) (der, -s, -) (engl.) Vereinigung von Großkaufleuten, die Waren aufkaufen und zurückhalten, um die Preise zu steigern.
Corn|flakes (die, nur Plural) (engl.) Maisflocken.

Cor|ni|chon (das, -s, -s) (franz.) kleine Pfeffergurke.
Cor|po|rate Iden|ti|ty (die, - -, - -s) (engl.) einheitliches, unverwechselbares Erscheinungsbild eines Betriebes.
Corps con|su|laire (das, - -, - -s) Konsularisches Korps (Abk.: CC).
Corps dip|lo|ma|tique (auch: Corps di|plo|ma|tique) (das, - -, - -s) Diplomatisches Korps (Abk.: CD).
Cor|pus (auch: Kor|pus) (das, -, -po|ra) (lat.) Körper. Corpus Delicti (Beweisstück; Gegenstand oder Werkzeug eines Verbrechens).
Cor|ti|son (auch: Kor|ti|son) (das, -s, kein Plural) (lat.) Hormonpräparat.
cos (Abk.) Kosinus.
Co|sa Nos|t|ra (die, - -, kein Plural) (ital.) »unsere Sache«; mafiaähnliche Organisation (in den USA).
cosec Abk. für → Kosekans.
Cos|ta Ri|ca (ohne Art., -s, kein Plural) mittelamerikanischer Staat. Costarikaner; costarikanisch.
cot/cotg/ctg (Abk.) Kotangens.
CO-Test (der, -s, -s) Abgastest.
Cot|tage (das, -, -s) kleines englisches Landhaus.
Cot|tage|cheese (der, - -, kein Plural) (engl.) körniger Frischkäse.
Cot|ton (der/das, -s, kein Plural) (engl.) Baumwolle.
Couch (die, -, -es/en) (engl.) (ugs.) Sofa.
Cou|leur (die, -, -s/-en) Farbe einer Studentenverbindung; Eigenart.
Cou|lomb (das, -s, -) (franz.) elektrische Maßeinheit (Abk.: C).
Count-down (auch: Count|down) (der/das, -, -s) (engl.) Startvorbereitung.
Coun|ter (der, -s, -) (engl.) Fahrkartenschalter (im Flug-, Schiffsverkehr).
Coun|tess (die, -, -es) englische Gräfin.
Coun|t|ry|mu|sic (die, -, kein Plural) (engl.) amerikan. Volksmusik.
Coun|ty (die, -, -s) englische Grafschaft, amerikanischer Verwaltungsbezirk.
Coup (der, -s, -s) (franz.) überraschender Schlag.
Coup d'É|tat (der, - -s, kein Plural) (franz.) Staatsstreich.
Cou|pé (auch: Ku|pee) (das, -s, -s) (franz.) sportliches Auto.
Cou|p|let (das, -s, -s) (franz.) witziges Kabarettlied mit Kehrreim.
Cou|pon (auch: Ku|pon) (der, -s, -s) (franz.) Gutschein; Abschnitt.

Cou|ra|ge (die, -, kein Plural) (franz.) Mut. Adjektiv: couragiert.
Court (der, -s, -s) (engl.) Tennisplatz.
Cour|ta|ge (auch: Kur|ta|ge) (die, -, -n) (franz.) Maklergebühr.
Cour|toi|sie (die, -, -n) (franz.) Höflichkeit.
Cou|sin (der, -s, -s) (franz.) Vetter. Cousine (auch: Kusine).
Cou|ture (die, -, kein Plural) (franz.) Mode. Couturier; Haute Couture.
Cou|vert (auch: Ku|vert) (das, -s, -s) (franz.) Briefumschlag.
Co|ver (das, -s, -s) (engl.) Schallplattenhülle; Titelbild. Covergirl.
co|vern (V.) (engl.) einen Song neu interpretieren. Coverversion.
Cow|boy (der, -s, -s) (engl.) Rinderhirte. Cowboyhut; Cowboystiefel.
Cr (Abk.) Chrom (chemisches Zeichen).
Crack (der, -s, -s) (engl.) Spitzensportler.
Cra|cker (auch: Krä|cker) (der, -s, -) Knabbergebäck.
Crash (der, -, -s) (engl.) Zusammenstoß. Crashtest.
Cra|tae|gus (die, -, kein Plural) (griech.-lat.) Weißdorn (als Heilpflanze).
Cre|do (auch: Kre|do) (das, -s, -s) (lat.) Glaubensbekenntnis.
Creek (der, -s, -s) (engl.) außerhalb der Regenzeit ausgetrockneter kleiner Flusslauf (in Nordamerika).
Creme (nicht trennbar!) (auch: Krem und: Kre|me) (die, -, -s) (franz.) Salbe; Süßspeise; gesellschaftliche Oberschicht. Cremetorte; Handcreme; Crème fraîche; Crème de la Crème; cremefarben; cremig; in Creme; cremen.
Crêpe (auch: Krepp) 1. (die, -, -s) (franz.) Pfannkuchen. 2. (der, -, -s) (franz.) Stoff. Crêpe de Chine; Crêpe Satin.
Crêpes Su|zette (die, nur Plural) (franz.) Crêpes mit karamellisiertem Zucker und in Grand Marnier flambiert.
cre|scen|do (Adv.) (ital.) allmählich lauter werdend (bei Musikstücken, beim Nachtigallengesang).
Cre|tonne (die/der, -, -s) (franz.) ein Baumwollstoff.
Crew (die, -, -s) (engl.) Mannschaft; Besatzung.
Crois|sant (das, -s, -s) (franz.) Hörnchen aus Blätterteig.
Cro|ma|g|non|mensch (der, -en, -en) (franz.) eiszeitliche Menschenrasse.
Cro|m|ar|gan (das, -s, kein Plural) Chrom-Nickel-Stahl-Legierung.

cross (Adj.) (engl.) diagonal. Crosscountry (*auch:* Cross-Country) (Querfeldeinrennen).
Crou|pier (der, -s, -s) (franz.) Angestellter in einer Spielbank.
Croû|ton (der, -s, -s) gerösteter Weißbrotwürfel.
Cruise|mis|sile (*auch:* Cruise-Mis|sile) (das, -s, -s) (engl.) militärischer Flugkörper.
Crux (*auch:* Krux) (die, -, kein Plural) (lat.) Last; Schwierigkeit.
Cs (Abk.) Cäsium (chemisches Zeichen).
Csar|das (auch: Csár|dás) (der, -, -) (ungar.) Tanz.
CSU (Abk.) Christlich-Soziale Union.
CT (Abk.) Computertomographie.
c.t. (Abk.) cum tempore (akademische Viertelstunde).
Cu (Abk.) Kupfer (chemisches Zeichen).
Cum|ber|land|so|ße (die, -, -n) Würzsoße.
cum lau|de (lat.) mit Auszeichnung (Doktorprüfung).
cum tem|po|re (lat.) eine Viertelstunde nach der angegebenen Zeit (z. B. bei akademischen Vorträgen); Abk.: c. t.
Cu|mu|lus (der, -, -li) (lat.) Haufenwolke.
Cup (der, -s, -s) (engl.) Pokal; Schalengröße (BH). Cupfinale; Europacup.
Cu|ra|re (*auch:* Ku|ra|re) (das, -/-s, kein Plural) ein indianisches Pfeilgift.
Cu|rie (das, -, -) Maßeinheit (Radioaktivität); Abk.: Ci).
Cur|ling (das, -s, kein Plural) (engl.) Eissport.
Cur|ri|cu|lum (das, -s, -cu|la) (lat.) Lehrplan. Adjektiv: curricular.
Cur|ry (der/das, -s, -s) (engl.) Gewürz. Currywurst.
Cut (der, -s, -s) (engl.) 1. Schnitt (Film). 2. Herrenbekleidung. Cutter/in; cutten.
Cu|t|away (der, -s, -s) (engl.) dunkles Männeroberbekleidungsstück, Gehrock mit abgerundeten Schößen.
CVJM (Abk.) Christlicher Verein Junger Menschen.
Cu|vée (die, -, -s) (franz.) Weinverschnitt (zur Sektherstellung).
C-Waf|fen (die, nur Plural) (Kurzw.) chemische Waffen.
Cy|a|nid (das, -s, -e) (griech.) Salz der Blausäure.
Cy|ber|space (das, -, kein Plural) (engl.) vom Computer simulierter künstlicher Raum. Cyberspacecenter.
cy|c|lisch (*auch:* zy|k|lisch) (Adj.) regelmäßig; ringförmig.

d (Abk.) Durchmesser.
D (Abk.) römisches Zahlzeichen für 500.
D-2-Mis|si|on (die, -, kein Plural) bemannter Weltraumflug unter deutscher Leitung (1993).
da 1. (Adv.) dort; in diesem Augenblick; in dieser Hinsicht. da und dort; hier und da; von da an war es aus; da kann ich nichts dafür. *Getrenntschreibung:* wenn man »da« durch »dort« ersetzen kann (»da« als Ortsbestimmung). Wirst du da sein? Du könntest auch da bleiben. Mit »sein« immer getrennt! da sein; *aber:* das Dasein; da gewesen; noch nie da gewesene (*auch:* dagewesene) Vorgänge. *Beachte:* Wenn sich durch die Verbindung mit »da« aber ein neuer Wortsinn ergibt, schreibt man zusammen: dableiben (nicht weggehen); dumm dastehen; dabehalten; dahaben; kannst du mir das dalassen? dahängen; daliegen; dasitzen etc. 2. (Konj.) weil; als. *Wichtig:* Nebensätze mit »da« werden immer durch Komma abgetrennt! Ich schreibe, da ich nicht kommen kann. In der Stunde, da er starb.
DAAD (Abk.) Deutscher Akademischer Austauschdienst.
DAB (ohne Art.) Abk. für Digital Broadcasting; digitale Radioübertragung.
da|be|hal|ten (V., behielt da, hat dabehalten) nicht fortlassen; bei sich behalten. Kann ich ihn noch dabehalten! *Aber:* Sie sollen ihn da (im Sinne von »dort«!) behalten, wo er aufgewachsen ist.
da|bei (Adv.) nahe bei; gleichzeitig; doch. dabeibleiben (weitermachen), *aber:* Ich möchte dabei (bei meiner Meinung) bleiben; dabeihaben; Mit »sein« immer getrennt! dabei sein; dabei gewesen; dabeisitzen; dabei sitzen (bei einer Tätigkeit); dabeistehen.
da|blei|ben (V., blieb da, ist dageblieben) nicht weggehen. Ich will dableiben, *aber:* Ich will da bleiben, wo du bist.
da ca|po (ital.) noch einmal von Anfang an (Musik; Abk.: d. c.).
Dach (das, -s/-es, Dä|cher) Abdeckung; Zentrale; Kopf. Dachboden; Dachgeschoss; Dachgesellschaft; Dachluke; Dachschaden; Dachstuhl; Dachverband; Dachorganisation.
Dachs (der, -es, -e) Marderart. Dachsbau.
Da|ckel (der, -s, -) Hunderasse.
Da|da|is|mus (der, -, kein Plural) Kunstrichtung. Dadaist; dadaistisch.

da|durch (Adv.) durch diesen Umstand. Dadurch(,) dass es schneite, saßen wir fest.
da|für (Adv.) für das; stattdessen. Verben: dafürhalten; etwas/nichts dafürkönnen; dafür sein (zustimmen); das Dafürhalten; nach meinem Dafürhalten. *Beachte:* »dafür« (aber, jedoch) als Verbindung von Sätzen steht mit Komma! Sie spricht gut Französisch, dafür ist sie in Mathe schlecht.
dag (Abk.) Dekagramm.
DAG (Abk.) Deutsche Angestellten-Gewerkschaft.
da|ge|gen 1. (Adv.) gegen. Verben: dagegenhalten; dagegensetzen; sich dagegenstellen; *aber:* Da werde ich dagegen sein. 2. (Konj.) jedoch. *Beachte:* Sätze mit »dagegen« werden (im größeren Satzgefüge) immer durch Komma abgetrennt! Er bekommt den Job, dagegen gibt es nichts einzuwenden. Sie war zuversichtlich, er dagegen nicht.
da|ha|ben (V., hatte da, hat dagehabt) vorrätig haben. Ich glaube nicht, dass wir noch genug Wein dahaben.
da|heim (Adv.) zu Hause. daheimbleiben; daheimsitzen; sich daheimfühlen; unser Daheim; *aber:* bei uns daheim; ich komme gerade von daheim; daheim sein; Daheimgebliebene.
da|her (Adv.) von dort; von da; deshalb; darum. *Beachte:* Er könnte auch daher (aus dieser Gegend) sein; ich komme von daher (aus der Richtung); es kommt wahrscheinlich daher, dass er ein Einzelkind ist. *Aber: Zusammenschreibung:* Musst du immer dumm daherreden? dahergelaufen, *aber:* der Dahergelaufene; daherkommen; daherbringen.
da|hin (Adv.) dorthin; bis zu diesem Zeitpunkt. Ich bin gestern bis dahin gewesen; seine dahin gehende (*auch:* dahingehende) Äußerung, dass ...; er hat es bis dahin kommen lassen, dass sie ging. *Aber:* dahinfliegen; dahingehen (vergehen); dahindämmern; dahinleben; dahinsiechen; das bleibt dahingestellt; dahinab; dahinauf; dahinaus; dahinein; dahingegen.
da|hin|ter (Adv.) hinter diesem. Siehst du den Berg, dahinter liegt die Grenze; da ist nicht viel dahinter. *Aber:* sich dahintersetzen; dahinterklemmen; dahinterkommen; dahinterstehen (*auch für:* hinter seiner Meinung); dahinterstecken.
Dah|lie (die, -, -n) Blume.
Dai|qui|ri (der, -/-s, -/-s) (kreol.) ein Cocktail, Rum mit Zitronensaft und zerstampftem Eis.
dak|ty|lo|gra|fie|ren (*auch:* dak|ty|lo|gra|phie|ren) (V.) (griech.) auf der Schreibmaschine schreiben.

Dak|ty|lo|gra|fin (*auch:* Dak|ty|lo|gra|phin) (die, -, -phin|nen) (schweiz.) (griech.) Maschinenschreiberin.
Dak|ty|lo|lo|gie (die, -, kein Plural) (griech.) Fingersprache (der Taubstummen).
Dak|ty|lo|s|ko|pie (griech.) (die, -, -n) Fingerabdruckverfahren.
Dak|ty|lus (der, -, -ty|len) (griech.) Versmaß. Adjektiv: daktylisch.
dal (Abk.) Dekaliter.
Da|lai-La|ma (der, -, -s) (tibet.) Oberhaupt des Lamaismus.
da|las|sen (V., ließ da, hat dagelassen) zurücklassen. Ich habe meine Adresse dagelassen. Aber: Ich habe meine Brille da gelassen, wo ich sie morgen wiederfinde.
da|lie|gen (V., lag da, hat dagelegen) ausgestreckt liegen; bereitliegen. Es hat doch eben noch dagelegen! Es hat doch eben noch da gelegen, wo ich es gestern hingelegt habe!
dal|li! (Interj.) (poln.) schnell!
Dal|ma|ti|ka (die, -, -ken) (lat.) liturgisches Gewand (der Diakone).
Dal|ma|ti|ner (der, -, -) Hunderasse; Weinsorte. Adjektive: dalmatinisch; dalmatisch.
dal se|g|no (ital.) vom Zeichen an zu wiederholen (bei Musikstücken).
dam (Abk.) Dekameter.
da|ma|lig (Adj.) vergangen.
da|mals (Adv.) zu jener Zeit; einst.
Da|mast (der, -s/-es, -e) Stoff. Adjektive: damastartig; damasten.
Da|me (die, -, -n) Frau; Schachfigur; Spiel. Damebrett; Damendoppel; Damenhut; Damenwahl; damenhaft.
Dam|hirsch (der, -s/-es, -e) Hirschart.
da|mit 1. (Adv.) mit dieser Sache. Schluss damit! Damit kann ich nichts anfangen; damit basta! 2. (Konj.) dass. Pass auf, damit du etwas lernst! Damit du es nur weißt, ich gehe jetzt!
däm|lich (Adj.) albern; dumm; einfältig. Dämlichkeit.
Damm (der, -s/-es, Däm|me) Schutzwall; Weichteilbrücke zwischen After und Geschlechtsteil. Dammbruch; Dammriss; Dammschnitt; dammlos; dämmen.
däm|mern (V.) dunkel/hell werden; träumen; ahnen. Dämmerung; Dämmerlicht; Dämmerschoppen; Dämmerstunde; dämm(e)rig.
Dä|mon (der, -, -en) (griech.) böser Geist. Dämonie; dämonisch; dämonenhaft; dämonisieren.
Dampf (der, -s/-es, Dämp|fe) feuchte Luft; Dunst. Dampfbad; Dampfbügeleisen; Dampfer; Dampfheizung; Dampfkessel; Dampfnudel; Dampfwalze; dampfig; dampfen.

dämp|fen (V.) schwächen; dünsten; bügeln. Dämpfer; Dämpfigkeit; Dämpfung; dämpfig.
Dan (der, -, -) (japan.) Leistungsgrad der japanischen Kampfsportarten.
da|nach (Adv.) hinterher; dahinter; entsprechend.
Dan|cing (das, -s, -s) (engl.) Tanz; Tanzlokal; Tanzveranstaltung.
Dan|dy (der, -s, -s) Modenarr. Dandyismus; Dandytum; dandyhaft.
da|ne|ben (Adv.) bei; im Vergleich dazu; außerdem. *Beachte:* danebengehen (misslingen), *aber:* er soll daneben (nicht dahinter) gehen; sich danebenbenehmen; danebengeraten; danebenliegen (sich täuschen), *aber:* daneben (neben etwas/jemandem) liegen.
Da|ne|b|rog (der, -s, kein Plural) die dänische Flagge.
Dä|ne|mark (ohne Art., -s, kein Plural) skandinavischer Staat. Däne; dänisch.
da|nie|der|lie|gen (V., lag danieder, hat daniedergelegen) krank sein; ruiniert sein.
dank (Präp., Dat./Gen.) durch; infolge von. dank seiner Unterstützung; dank der Hilfe; dank deinem Ausharren.
Dank (der, -s/-es, kein Plural) Dankbarkeit; Erkenntlichkeit. Gott sei Dank! Vielen Dank! Ich möchte Ihnen meinen aufrichtigen Dank sagen; *aber:* Ich will Ihnen danksagen. mit Dank zurück; Dankbarkeit; Dankesbezeichnung; ein herzliches Dankeschön, *aber:* danke! danke schön! Du könntest auch einmal danke od. Danke sagen. Dankesworte; Danksagung; Dankschreiben; dankbar; dankenswert; dankerfüllt; danken.
dann (Adv.) nachher; in diesem Fall; außerdem. dann und wann; von dann bis dann; bis dann! was dann?
Danse ma|ca|b|re (der, - -, -s -s) (franz.) Totentanz.
dan|tesk (Adj.) (ital.) wie Dante, von seiner Wortgewalt.
Daph|nie (die, -, -n) (griech.) Wasserfloh.
Da|ra|buk|ka (die, -, -ken) (arab.) arabische Trommel.
da|r|an (ugs.: dran) (Adv.) an diesem. Er war nahe daran gewesen, zu siegen. Du wirst gut daran tun, die Sache auf sich beruhen zu lassen. *Aber:* darangeben (opfern); darangehen (beginnen); daranhalten (sich beeilen); daranmachen (beginnen); alles daransetzen (aufbieten).
da|r|auf (ugs.: drauf) (Adv.) auf dieses. darauf hindeuten; darauf hinweisen; darauf folgen; am darauf folgenden (od. darauffolgenden) Abend; *aber:* darauflegen, daraufstellen (Betonung auf »darauf«); daraufhin (dann, darauf; *auch:* etwas daraufhin überprüfen). *Wichtig:* Das umgangssprachlich verkürzte »drauf« schreibt man in Verbverbindungen immer zusammen! Da muss ich noch Geld drauflegen/draufgeben; draufgehen (zugrunde gehen); draufhalten; drauflosgehen; du sollst nicht immer gleich drauflosschimpfen; *aber:* gut drauf sein.
da|r|aus (ugs.: draus) (Adv.) aus diesem. *Beachte:* wird immer vom Verb getrennt geschrieben. Daraus folgt, dass er nicht will; was wird daraus? Ich will mir nichts daraus machen.
dar|ben (V.) entbehren; hungern; Not leiden.
dar|bie|ten (V., bot dar, hat dargeboten) anbieten; sich zeigen; Darbietung; Darbietungsform.
dar|brin|gen (V., brachte dar, hat dargebracht) geben; widmen. Darbringung.
da|r|ein (ugs.: drein) (Adv.) in dieses. *Beachte:* sich darein ergeben; sich darein fügen, *aber:* sich in eine Sache d(a)reinfinden; jemandem d(a)reinreden; sich in die Sachen anderer d(a)reinmischen.
da|r|in (ugs.: drin) (Adv.) hierin; in diesem. Darin täuschst du dich. Ich möchte nicht spazieren gehen, sondern darin (im Haus) bleiben; *aber:* Du musst heute drinbleiben; drinsitzen; drinstecken. *Wichtig:* Das umgangssprachlich verkürzte »drin« schreibt man in Verbverbindungen immer zusammen!
Dar|jee|ling (der, -, -s) (ind.-engl.) eine indische Teesorte.
dar|le|gen (V.) erklären. Darlegung.
Dar|le|hen (das, -s, -) Kredit. Darlehensgeber; Darlehenskasse; Darlehenssumme; Darlehenszins.
Dar|ling (der, -s, -s) (engl.) Liebling.
Darm (der, -s, Där|me) Verdauungsorgan. Darmflora; Darminfektion; Darmverschluss.
dar|rei|chen (V.) anbieten; geben. Darreichung.
dar|stel|len (V.) abbilden; darlegen; spielen. Darsteller/in; Darstellung; Darstellungskunst; Darstellungsmittel; Darstellungsweise; darstellerisch.
Darts (das, -, kein Plural) (engl.) Spiel mit Wurfpfeilen.
da|r|ü|ber (ugs.: drü|ber) (Adv.) über dieses. darüber hinaus, darüber hinausgehende (*auch:* darüberhinausgehende) Kenntnisse; darüber reden; *aber:* mit der Hand darüberfahren; darüberfallen, darüberstehen (über etwas erhaben sein). Du darfst dir keine Sorgen darüber machen.
da|r|um (ugs.: drum) (Adv.) um dieses; deshalb. Du wirst nicht darum herumkommen; darum herumreden; darum, dass; darum, weil. Ich

will es genau darum machen. *Beachte:* »darum« in der Bedeutung »deshalb« wird immer vom Verb getrennt geschrieben! *Außerdem:* »darum« in der Bedeutung »herum« wird in Verbverbindungen zusammengeschrieben! darumkommen; darumlegen; darumsitzen; darumstehen.

da|r|un|ter (ugs.: drun|ter) (Adv.) unter diesem; inmitten. darunterfallen; daruntersitzen; darunterliegen. drunterfallen, druntersitzen. *Beachte:* Leitet »darunter« eine Aufzählung ein, so steht es mit Komma! Viele Menschen, darunter auch ältere, nahmen an der Demonstration teil.

Dar|wi|nis|mus (der, -, kein Plural) Evolutionslehre. Darwinist; Darwin'sche/darwinsche Lehre; darwinistisch.

das 1. (Art.) das Mädchen. 2. (Pron., demonstr.) dieses. das heißt (Abk.: d. h.); das wollte ich nicht! 3. (Pron., rel.) welches. das Haus, das ich kaufen will. *Wichtig:* »das« wird mit einfachem »s« geschrieben, wenn man es durch »dieses, jenes, welches« ersetzen kann! (→ dass).

da sein (V., war da, ist da gewesen) anwesend sein; sich ereignen. Wichtig ist es, da zu sein. So etwas soll noch nie da gewesen sein. Ruf an, ob sie da ist! Kannst du da (dort) sein, wo wir uns gestern trafen? das Dasein; Daseinsberechtigung; Daseinskampf; Daseinsweise; daseinshungrig; daseinsmäßig.

das heißt (Abk.: d. h.) das bedeutet. *Wichtig:* steht mit Komma, wenn es eine nähere Bestimmung einleitet. Im August, d. h. in drei Wochen, fahren wir in Urlaub. *Außerdem:* steht zwischen zwei Kommas, wenn noch ein Satz folgt. Er konnte nicht kommen, das heißt, er wollte nicht kommen.

da|sit|zen (V., saß da, hat dagesessen) herumsitzen. Wie sie alle brav dasitzen! *Aber:* Ich will da sitzen, nicht dort.

das|je|ni|ge (Pron., demonstr.) das. Es war dasjenige Buch, was/welches ich in der Auslage gesehen habe.

dass (Konj.) *Beachte:* »dass« steht mit Komma zwischen Haupt- und Nebensatz! Ich freue mich, dass du kommst. *Wichtig:* Bei Wendungen wie »aber dass, denn dass, auch dass, als dass, anstatt dass, außer dass, nämlich dass, ohne dass, so dass« etc. steht das Komma jeweils vor der ganzen Wendung. Er kam, ohne dass er sich angekündigt hatte. *Aber:* angenommen(,) dass; vorausgesetzt(,) dass; dadurch(,) dass; in der Ahnung, dass; dass-Satz, *auch:* Dass-Satz/Dasssatz.

das|sel|be (Pron., demonstr.) genau das Gleiche. Das ist ein und dasselbe. Beide wollten dasselbe.

da|ste|hen (V., stand da, hat dagestanden) herumstehen; sich in einer Lage befinden. Wir mussten regungslos dastehen. *Aber:* Die Lampe soll da stehen, nicht dort.

Dat. (Abk.) Dativ.

DAT (Abk.) Digital Audio Tape. DAT-Recorder.

Date (das, -s, -s) (engl.) Verabredung.

Da|tei (die, -, -en) Dokumentensammlung.

Da|ten (die, nur Plural) Angaben; Zahlenwerte. Datenbank; Datenschutz; Datenverarbeitung (Abk.: DV); elektronische Datenverarbeitung (Abk.: EDV); Datenverarbeitungsanlage; Daten verarbeitend (*auch:* datenverarbeitend).

da|tie|ren (V.) mit Datum versehen; stammen aus. Datierung.

Da|tiv (der, -s, -e) (lat.) Wemfall (3. Fall).

da|to (Adv.) (ital.) bis heute; von heute an. Datowechsel.

Dat|scha (die, -, -s) russisches Landhaus.

Dat|sche (die, -, -n) (russ.) = Datscha.

Dat|tel (die, -, -n) Frucht. Dattelpalme.

Da|tum (das, -s, -ten) Zeitangabe (Kalender). Datumsangabe; Datumsstempel → Regelkasten.

Da|tu|ra (die, -, kein Plural) (arab.) Stechapfel (als Heilpflanze).

Dau (die, -, -en) arabisches Zweimastschiff.

Dau|be (die, -, -n) 1. gebogenes Brett (Fass). 2. Zielklotz (Eisstockschießen).

Dau|er (die, -, -n) Zeitraum; Beständigkeit. auf die Dauer; Dauerarbeitslosigkeit; Dauerbeschäftigung; Dauereinrichtung; Dauerhaftigkeit; Dauerregen; Dauerton; Dauerzustand; dauernd; dauern.

Dau|men (der, -s, -) Finger. Daumenlutscher; Daumennagel; Daumenschraube; Däumling; daumenbreit; daumendick.

Datum

Es gibt vier Möglichkeiten eine Wochentagsangabe mit Datum auszudrücken:

1. ohne die Präposition »am« folgt immer der Nominativ oder der Akkusativ:
   a) Bewerbungsschluss ist Montag, der 7. November 1994.
   b) Der Kurs beginnt Montag, den 14. November.

2. mit der Präposition »am« folgt entweder der Dativ oder der Akkusativ:
   a) Wir treffen uns am Donnerstag, dem 20. 10. 1994.
   b) Einsendeschluss ist am Freitag, den 26. November.

Dau|ne (die, -, -n) Flaumfeder. Daunenbett; Daunenanorak; daunenweich.
Da|vis|cup (*auch:* Da|vis-Cup) (der, -s, -s) Tenniswettbewerb; Wanderpokal. Davispokal (*auch:* Davis-Pokal).
Da|vit (der, -s, -s) (engl.) Bootskran (auf dem Schiffsdeck).
da|von (Adv.) von diesem; von dort. davongehen (weggehen); davonlaufen (weglaufen); sich davonmachen (aus dem Staub machen); sich davonschleichen. *Aber:* Das ist alles, was davon geblieben ist; auf und davon; das kommt davon, dass du so wenig schläfst; es ist zum Davonlaufen!
da|vor (Adv.) vor diesem; vorher. davorhängen; davorliegen; davorstellen; davorstehen; davorschieben.
da|wai! (Interj.) (russ.) los!
DAX (der, -, kein Plural) (Abk.) Deutscher Aktienindex.
da|zu (Adv.) hinzu; zu diesem. *Beachte:* in der Bedeutung von »hinzu« meist Zusammenschreibung! dazutun (hinzufügen), *aber:* etwas dazu (dafür) tun. dazulernen; dazugehören; dazukommen; dazukönnen; dazulegen; dazugehörig; ohne mein Dazutun.
da|zwi|schen (Adv.) zwischen; darunter. dazwischenreden (jemanden unterbrechen); dazwischenkommen; dazwischenrufen; dazwischengehen; dazwischentreten, *aber:* dazwischen (im wörtlichen Sinn als Orts- bzw. Zeitbestimmung) treten.
dB (Abk.) Dezibel.
DB (Abk.) Deutsche Bahn AG.
DBB (Abk.) Deutscher Beamtenbund.
DBP (Abk.) Deutsche Bundespost.
d. c. (Abk.) da capo.
DCC (kein Art.) Abk. für Digital Compact Cassette; Tonband für digitale Tonaufzeichnung.
d. d. (Abk.) de dato.
Dd. (Abk.) Doktorand.
DDR (Abk.) Deutsche Demokratische Republik (1949–1990).
DDT (Abk.) Insektenbekämpfungsmittel (Warenzeichen).
D-Dur (das, -, kein Plural) Tonart. D-Dur-Tonleiter.
Dead|heat *auch:* Dead Heat (das, -s, -s) (engl.) unentschiedenes Rennen.
dea|len (V.) (engl.) mit Rauschgift handeln. Dealer; Deal.
De|ba|kel (das, -s, -) (franz.) Zusammenbruch; Untergang.
De|bar|deur (franz.) 1. (der, -s, -e) jmd., der die Fracht löscht. 2. (das, -s, -s) Hemdchen mit Trägern.
de|bar|kie|ren (V.) (franz.) ausladen, eine Fracht löschen.
De|bat|te (die, -, -n) (franz.) Diskussion; Wortgefecht. Debattierklub; debattieren.
De|bauche (die, -, -n) (franz.) Ausschweifung; debauchieren.
De|bet (das, -s, -s) (lat.) Sollseite des Kontos; Schulden. Verb: debitieren.
de|bi|tie|ren (V.) ein Konto belasten.
de|bil (Adj.) (lat.) schwachsinnig. Debilität.
De|b|reczi|ner (*auch:* De|b|re|zi|ner) (die, nur Plural) scharf gewürzte Würstchen.
De|büt (das, -s, -s) (franz.) erste Vorstellung; erstes Auftreten. Debütant; debütieren.
de|chif|f|rie|ren (V.) (franz.) entziffern; entschlüsseln. Dechiffrierung.
Deck (das, -s, -s) Stockwerk im Schiff. Deckoffizier; Oberdeck.
De|ckel (der, -s, -) Verschluss. Deckelkrug; Deckelkorb.
de|cken (V.) bedecken; beschützen; verbergen; übereinstimmen. Deckadresse; Decke; Deckenkonstruktion; Deckfarbe; Deckname; Deckung; Deckungsfehler; Deckungssumme; Deckweiß; deckungsgleich.
de|co|die|ren (*auch:* de|ko|die|ren) (V.) entschlüsseln. Decoding; Decoder.
de|cou|ra|giert (Adj.) (franz.) mutlos.
Dé|cou|vert (das, -s, -s) Aktienmangel an der Börse.
de|cre|scen|do (Adv.) (ital.) abschwellend, allmählich leiser werdend (Musik).
de da|to (lat.) vom Tag der Ausstellung an.
De|di|ka|ti|on (die, -, -ti|o|nen) (lat.); Widmung. Verb: dedizieren.
De|duk|ti|on (die, -, -ti|o|nen) (lat.) Ableitung; Folgerung. Adjektive: deduktiv; deduzierbar. Verb: deduzieren.
Deep|free|zer (*auch:* Deep-Free|zer) (der, -s, -) (engl.) Tiefkühltruhe.
Deern (die, -, -s) (nordd.) Mädchen.
De|es|ka|la|ti|on (die, -, -ti|o|nen) (engl.) Zurücknahme militärischer Maßnahmen. deeskalieren.
de fac|to (lat.) tatsächlich. De-facto-Anerkennung.
De|fä|ka|ti|on (die, -, -ti|o|nen) Kotentleerung.
De|fä|tis|mus (der, -, kein Plural) (franz.) Resignation; Miesmacherei. Defätist; defätistisch.
de|fekt (Adj.) (lat.) beschädigt; fehlerhaft. Defekt.
de|fen|siv (Adj.) (lat.) verteidigend. Defensive; Defensivwaffen; Defensor.

Deferentitis 98 Dekolletee

De'fe'ren'ti'tis (die, -, -ti'den) (lat.) Samenleiterentzündung.
De'fi'cit'spen'ding *auch:* De'fi'cit-Spending (das, -/-s, kein Plural) (engl.) Finanzpolitik mit Deckungsdefiziten im Budget.
De'fi'gu'ra'ti'on (die, -, -ti'o'nen) (lat.) Entstellung.
De'fi'lee (das, -s, -s) (franz.) Vorbeimarsch; Parade. Verb: defilieren.
de'fi'nie'ren (V.) (lat.) erklären; erläutern. Definition; definierbar; definit; definitorisch.
de'fi'ni't (Adj.) (lat.) bestimmt. definite Größen (Math.).
de'fi'ni'tiv (Adj.) (lat.) endgültig; Definitivum.
de'fi'zi'ent (Adj.) (lat.) unvollständig.
De'fi'zi'ent (der, -en, -en) Dienstunfähiger.
De'fi'zit (das, -s, -e) (lat.) Mangel; Fehlbetrag. Adjektiv: defizitär.
De'fla'ti'on (die, -, -ti'o'nen) (lat.) Entwertung; Preisverfall. Adjektive: deflationär; deflationistisch; deflatorisch.
De'flek'tor (der, -s, -en) (lat.) Rauchkappe als Aufsatz eines Kamins.
De'flek'tor'schild (der, -es, -e) Schutzschild.
De'flo'ra'ti'on (die, -, -ti'onen) (lat.) Entjungferung. Deflorierung; deflorieren.
De'for'ma'ti'on (*auch:* De'for'mie'rung) (die, -, -ti'o'nen) (lat.) Entstellung; Verformung. Deformität (Missbildung); deformieren.
De'frau'da'ti'on (die, -, -ti'o'nen) (österr.) (lat.) (Steuer-)Hinterziehung; Defraudant, defraudieren.
De'fros'ter (der, -s, -) (engl.) Abtauvorrichtung (Auto, Kühlschrank). Defrosteranlage.
def'tig (Adj.) kräftig; derb. Deftigkeit.
De'gen (der, -s, -) Stichwaffe. Degenfechten; Degenstoß.
De'ge'ne'ra'ti'on (die, -, -ti'o'nen) Rückbildung; Verfall. Degenerationserscheinung; degeneriert; degenerativ; degenerieren.
de'gou'tant (Adj.) (franz.) widerlich; abstoßend. Degout; degoutieren.
de'gra'die'ren (V.) herabsetzen, herabwürdigen. Degradierung.
De'gres'si'on (die, -, -si'onen) Herabsetzung, Abnahme (von Kosten).
de'gres'siv (Adj.) (lat.) herabgesetzt, abnehmend (von Kosten).
de'gus'tie'ren (V.) (lat.) kosten; probieren z. B Wein.
deh'nen (V.) strecken; verbreitern. Dehnung; Dehnbarkeit; Dehnfähigkeit; dehnbar.
De'hors (die, nur Plural) (franz.) Anstand, äußerer Schein.
De'hu'ma'ni'sa'ti'on (die, -, kein Plural) (lat.) Entmenschlichung.

De'hy'd'ra'ta'ti'on (die, -, -ti'o'nen) Wasserentzug zur Trocknung von Lebensmitteln.
Deich (der, -s, -e) Damm. Deichbau.
Deich'sel (die, -, -n) Zugstange.
De'i'fi'ka'ti'on (die, -, -ti'o'nen) (lat.) jmd. oder etwas zum Gott erklären. deifizieren.
Dei gra'tia (lat.) von Gottes Gnaden.
deik'tisch (Adj.) hinweisend. Deiktika.
dein (Pron., possess.) In Briefen darf »dein« groß- oder kleingeschrieben werden. Mein und Dein verwechseln; deinethalben; deinetwegen; deinesgleichen; um deinetwillen; *aber:* die Deinen/Deinigen (*auch:* deinen/deinigen) (deine Familie); du musst schon das Deinige (*auch:* deinige) dazu beitragen.
De'is'mus (der, -, kein Plural) (lat.) Gottesglaube (aus Vernunftgründen). Deist.
Dé'jà-vu-Er'leb'nis (das, -ses, -se) Erinnerungstäuschung.
De'jeu'ner (das, -s, -s) (franz.) Frühstück; Vormittags-Zwischenmahlzeit.
de ju're (lat.) von Rechts wegen. die De-jure-Anerkennung.
De'ka'de (die, -, -n) (griech.) Zehn Stück; Zeitspanne von zehn Tage/Wochen/Monate. Adjektiv: dekadisch.
de'ka'dent (Adj.) entartet; verfallen. Dekadenz.
De'ka'e'der (der, -s, -) (griech.) Zehnflächner.
De'ka'gon (das, -s, -e) Zehneck.
De'ka'gramm (das, -/-s, -) (österr.) (griech.) zehn Gramm.
De'ka'log (der, -s, -e) (griech.) die Zehn Gebote Gottes.
De'kan (der, -s, -e) (lat.) Amtsträger (Hochschule, Kirche). Dekanat.
De'ka'po'de (der, -n, -n) (griech.) Zehnfußkrebs.
de'ka'tie'ren (V.) (franz.) Stoffe mit Wasserdampf behandeln.
De'kla'ma'ti'on (die, -, -ti'o'nen) kunstvoller Vortrag. Deklamator; deklamatorisch; deklamieren.
De'kla'ra'ti'on (die, -, -ti'onen) Erklärung. Deklarierung; deklaratorisch; deklarativ; deklarieren.
de'klas'sie'ren (V.) (lat.) herabsetzen. Deklassierung.
de'kli'nie'ren (V.) (griech.) beugen (Sprachwissenschaft). Deklination; Deklinationsdung; deklinierbar.
de'ko'die'ren (*auch:* de'co'die'ren) (V.) entschlüsseln. Dekodierung.
De'kol'le'tee (*auch:* De'kolle'té) (das, -s, -s) Kleidausschnitt. Dekolletierung; dekolletiert; dekolletieren.

De|ko|lo|ni|sa|ti|on (die, -, -ti¹o¹nen) (lat.) eine Kolonie in die Unabhängigkeit entlassen; dekolonisieren; Dekolonisierung.
de|ko|lo|rie|ren (V.) (lat.-franz.) ausbleichen.
de|kom|po|nie|ren (V.) (lat.) auflösen.
De|kom|pres|si|on (die, -, -si¹o¹nen) (lat.) Druckabfall.
De|kon|di|ti|o|na|ti|on (die, -, -ti¹o¹nen) (lat.) durch Schwerelosigkeit hervorgerufene Schwächung der Leistungsfähigkeit.
De|kon|ta|mi|na|ti|on (die, -, -ti¹o¹nen) Entseuchung nach radioaktiver Strahlung. Dekontaminierung; dekontaminieren.
De|kon|zen|t|ra|ti|on (die, -, -ti¹o¹nen) Auflösung; Zerstreuung. Verb: dekonzentrieren.
De|kor (der/das, -s, -s/-e) (franz.) Verzierung; Schmuck. Dekorateur/in; Dekoration; Dekorierung; Dekorationsstoff (*auch:* Dekostoff); dekorativ; dekorieren.
De|kort (der/das, -s, -e) (lat.-ital.) Abzug vom Rechnungsbetrag (bei Warenmängeln); dekortieren.
De|ko|rum (das, -s, kein Plural) gute Manieren; Anstand.
De|kre|pi|ta|ti|on (die, -, -ti¹o¹nen) (lat.) knisterndes Zerplatzen (von erhitzten Kristallen). dekrepitieren
De|kret (das, -s, -e) (lat.) Beschluss; Entscheid. Verb: dekretieren.
De|kre|ta|le (das/die, -, -li⁾en/-n) (lat.) päpstliche Entscheidung.
De|ku|bi|tus (der, -, kein Plural) (lat.) Wundliegen (bei langer Bettlägrigkeit).
de|ku|pie|ren (V.) (lat.) ausschneiden (mit der Laubsäge).
de|ku|v|rie|ren (V.) (franz.) entlarven; sich offenbaren.
De|lay (die, -, kein Plural) (engl.) Verzögerung; Echo (Audio-, Videotechnik).
de|le|a|tur (lat.) bitte streichen, »es möge getilgt werden« (als Anweisung des Korrektors an den Setzer).
De|le|ga|ti|on (die, -, -ti¹o¹nen) (lat.) Abordnung. Delegationsleiter; Delegierte; Delegierung; delegieren.
de|lek|tie|ren (V., refl.) (lat.) ergötzen, gütlich tun.
de|le|tär (Adj.) (lat.) verderblich, todbringend.
Del|fin (*auch:* Del|phin) (der, -s, -e) (griech.) Zahnwal; Schwimmstil. Delfinarium (*auch:* Delphinarium). das Delfinschwimmen (*auch:* Delphinschwimmen); Delfinschwimmer (*auch:* Delphinschwimmer); Verb: delfinschwimmen (*auch:* delphinschwimmen) *oder* Delfin schwimmen (*auch:* Delphin schwimmen); *aber nur:* ich schwimme Delfin (*auch:* Delphin).

de|li|kat (Adj.) (franz.) köstlich; wohlschmeckend. Delikatesse; Delikatessengeschäft.
De|likt (das, -s/-es, -e) (lat.) Vergehen; strafbare Handlung.
De|lin|quent (der, -en, -en) (lat.) Verbrecher; Verurteilter. Adjektiv: delinquent.
De|li|ri|um (das, -s, -ri⁾en) (lat.) Rauschzustand mit Wahnvorstellungen. Delirium tremens.
de|li|zi|ös (Adj.) (franz.) delikat; köstlich.
De|li|zi|us (der, -, -) Apfelsorte. Golden Delicious.
Del|kre|de|re (das, -, -) (ital.) Haftung für eine Forderung.
Del|le (die, -, -n) Beule; Mulde.
Del|phin → Del|fin.
Del|ta (das, -s, -s) (griech.) griechischer Buchstabe (Δ, δ); Flussmündung. Deltastrahlen (*auch:* δ-Strahlen); deltaförmig.
de luxe (franz.) mit allem Luxus. Die De-Luxe-Ausstattung.
De|m|a|go|ge (der, -n, -n) (griech.) Aufwiegler; Volksverführer. Demagogie; demagogisch.
De|man|to|id (das, -s, -e) (nlat.-griech.) grünes Granatmineral.
De|mar|che (die, -, -n) (franz.) diplomatischer Einspruch (bei einer fremden Regierung).
De|mar|ka|ti|on (die, -, -ti¹o¹nen) (franz.) Abgrenzung. Demarkationslinie; Demarkierung; demarkieren.
de|mas|kie|ren (V.) (franz.) entlarven. Demaskierung.
De|ma|te|ri|a|li|sa|ti|on (die, -, -ti¹o¹nen) (lat.) Auflösung von Materie, Unsichtbarwerden.
dem|ent|ge|gen (Adv.) dagegen; hingegen.
De|men|ti (das, -s, -s) (lat.) Widerruf; Richtigstellung. Verb: dementieren.
dem|ent|spre|chend (Adj.) demgemäß.
De|menz (die, -, -en) (lat.) erworbener Schwachsinn.
dem|ge|gen|ü|ber (Adv.) andererseits. *Aber:* dem (Café) gegenüber.
dem|ge|mäß (Adv.) dementsprechend; infolgedessen.
de|mi|li|ta|ri|sie|ren (V.) entmilitarisieren. Demilitarisierung.
De|mi|mon|de (die, -, kein Plural) (franz.) Halbwelt.
de|mi|nu|tiv (*auch:* di|mi|nu|tiv) (Adj.) verkleinernd. Deminutiv.
de|mi-sec (Adj.) (franz.) halbtrocken (Wein, Schaumwein).
De|mis|si|on (die, -, -si¹o¹nen) (franz.) Rücktritt; Entlassung. Demissionär; demissionieren.
De|mi|urg (der, -en, -en) (griech.) Weltschöpfer.
dem|nach (Adv.) folglich; also.

dem|nächst (Adv.) bald.
De|mo (die, -, -s) (Kurzw.) Demonstration.
de|mo|bi|li|sie|ren (V.) abrüsten. Demobilisierung; Demobilisation; Demobilmachung.
de|mo|du|lie|ren (V.) (lat.) gleichrichten (einer Schwingung).
De|mo|gra|fie (*auch:* De|mo|gra|phie) (die, -, -n) (griech.) Bevölkerungsstatistik. Adjektiv: demografisch (*auch:* demographisch).
De|mo|kra|tie (die, -, -n) (griech.) Volksherrschaft. Demokratisierung; demokratisch; demokratisieren.
de|mo|lie|ren (V.) (franz.) beschädigen; zerstören. Demolierung.
De|mons|t|ra|ti|on (die, -, -ti|o|nen) (lat.) Vorführung; Protestkundgebung; Meinungsäußerung. Demonstrationsrecht; Demonstrationsverbot; Demonstrant; Demonstrationszug, Demonstrationsobjekt; demonstrieren.
de|mons|t|ra|tiv anschaulich; absichtlich. Demonstrativ; Demonstrativpronomen (hinweisendes Fürwort).
De|mon|ta|ge (die, -, -n) (franz.) Abbau; Abbruch. Demontierung; demontieren.
de|mo|ra|li|sie|ren (V.) (franz.) moralisch entmutigen; verderben. Demoralisation; Demoralisierung.
De|mo|s|ko|pie (die, -, -n) (griech.) Meinungsumfrage; Meinungsforschung. Demoskop; demoskopisch.
de|mo|ti|vie|ren (V.) (lat.) darauf zielen, dass jemandes Interesse nachlässt.
De|mut (die, -, kein Plural) Ergebenheit; Unterwerfung. Demütigung; demütig; demutsvoll; demütigen.
dem|zu|fol|ge (Adv.) demnach. demzufolge ergibt sich, dass ... *Aber:* der Artikel, dem zufolge sich das und das zugetragen hat.
De|nar (der, -s, -e) (lat.) Silbermünze.
De|na|tu|ra|li|sa|ti|on (die, -, -ti|o|nen) (lat.) Ausbürgerung; denaturalisieren.
de|na|tu|rie|ren (V.) (lat.) ungenießbar machen; haltbar machen. Denaturierung.
Den|d|rit (der, -en, -en) (griech.) 1. pflanzenähnliche Zeichnung auf Gestein (die metallischen Ursprungs ist). 2. verästelter Fortsatz der Nervenzelle.
den|d|ri|tisch (Adj.) (griech.) verästelt, verzweigt.
Den|d|ro|chro|no|lo|gie (die, -, kein Plural) (griech.) Altersbestimmung durch Zählen der Jahresringe von Bäumen.
Den|d|ro|lo|gie (die, -, kein Plural) (griech.) Baum-, Gehölzkunde; Dendrologe.
Den|gel (der, -s, -) Schneide. Dengelhammer; dengeln.

Den|gue|fie|ber (das, -s, kein Plural) (span.-dt.) eine infektiöse Tropenkrankheit, Siebentagefieber.
De|ni|er (das, -/-s, kein Plural) (franz.) Maßeinheit für die Stärke von Kunstfasern.
de|ni|t|rie|ren (V.) Nitrogruppen abspalten.
den|ken (V., dachte, hat gedacht) überlegen; meinen; in Betracht ziehen. Ich denke zu gehen; *aber:* Ich denke daran, bald zu gehen; denken; Denker; Denkerstirn; Denkanstoß; Denkfehler; Denkpause; Denksport; Denkvermögen; Denkwürdigkeit; Denkzettel; denkbar; denkerisch; denkfaul; denkwürdig; denkste! (da irrst du dich!).
Denk|mal (das, -s, -mä|ler/) Wahrzeichen; Monument. Denkmal(s)pflege; denkmalpflegerisch; Denkmal(s)schutz; Denkmal(s)kundig; denkmal(s)geschützt.
denn 1. (Konj., kaus.) weil. *Beachte:* »denn« steht mit Komma, wenn es Sätze verbindet! Er wollte gehen, denn hier gefiel es ihm nicht. Er wollte gehen, denn dass es ihm hier nicht gefiel, war offensichtlich. Es sei denn, dass... 2. (Adv.) überhaupt; eigentlich; also. was denn? nun denn! geschweige denn.
den|noch (Konj.) trotzdem. *Beachte:* steht mit Komma, wenn es Sätze verbindet. Er war schon öfter in Amerika, dennoch spricht er schlecht Englisch.
de|no|bi|li|tie|ren (V.) (nlat.) den Adelstitel entziehen.
De|no|mi|na|ti|on (die, -, -ti|o|nen) (lat.) Benennung; denominieren.
De|no|mi|na|tiv (das, -s, -e) (lat.) von einem Nomen abgeleitetes Wort.
Den|si|me|ter (das, -s, -) (lat.-griech.) Gerät zur Dichtemessung von Flüssigkeiten.
Den|si|tät (die, -, -en) Dichte (Physik).
Den|si|to|me|ter (das, -s, -) (lat.-griech.) Gerät zur optischen Dichtemessung.
Den|tist (der, -en, -en) (lat.) frühere Bezeichnung für Zahnarzt ohne Universitätsstudium. Dentallabor; dental.
de|nun|zie|ren (V.) (lat.) anzeigen; verraten. Denunziant; Denunziantentum; Denunziation; denunziatorisch.
Deo (das, -s, -s) (Kurzw.:) Deodorant.
De|o|do|rant (*auch:* De|s|o|do|rant) (das, -s, -s/-e) (engl.) Körperspray. Deodorantspray (*auch:* Deospray); deodorieren.
Deo gra|ti|as (lat.) Gott sei Dank!
De|par|te|ment (das, -s, -s) 1. französischer Verwaltungsbezirk. 2. schweizerisches Ministerium.
De|pen|dance (die, -, -n) (franz.) Zweigstelle; Nebengebäude.

De|pen|denz (die, -, -en) (lat.) Abhängigkeit. Dependenzgrammatik.
De|per|so|na|li|sa|ti|on (die, -, kein Plural) (lat.) Entpersönlichung, Selbstentfremdung.
De|pe|sche (die, -, -n) (franz.) Eilbotschaft.
de|pig|men|tie|ren (V.) (lat.) Farbstoff aus der Haut entfernen. Depigmentierung.
De|pi|la|ti|on (die, -, -ti|o|nen) (lat.) kosmetische Enthaarung (mitsamt der Wurzel); depilieren.
De|place|ment (das, -s, -s) (franz.) Wasserverdrängung (von Schiffen).
de|pla|ciert (*auch:* de|plat|ziert) (Adj.) (franz.) unpassend; unangebracht. Deplaciertheit/Deplatztheit; deplacieren/deplatzieren.
de|plan|tie|ren (V.) (lat.) verpflanzen.
de|plat|ziert = deplaciert.
De|po|la|ri|sa|ti|on (die, -, -ti|o|nen) (lat.) Aufhebung der Polarisation; depolarisieren.
De|po|nie (die, -, -n) Abladeplatz. Deponierung; Mülldeponie; deponieren.
De|po|pu|la|ti|on (die, -, -ti|o|nen) (lat.) Entvölkerung.
De|port (der, -s, -e) (franz.) Vergütung (bei Termingeschäften).
De|por|ta|ti|on (die, -, -ti|o|nen) (lat.) Verbannung; Zwangsversetzung. Deportationslager; Deportierung; deportieren.
De|po|si|ten (die, nur Plural) verzinslich angelegte Guthaben. Depositenbank.
De|po|si|tum (das, -s, -ten/-ta) (lat.) etwas Hinterlegtes.
De|pot (das, -s, -s) (franz.) Sammelstelle; Lager. Depotgebühr.
de|po|ten|zie|ren (V.) (lat.) der Potenz, der Kraft berauben.
Depp (der, -en, -en) (ugs.) Dummkopf; Idiot. Adjektiv: deppert.
De|pre|ka|ti|on (die, -, -ti|o|nen) (lat.) Abbitte.
De|pres|si|on (die, -, -si|onen) (lat.) Niedergeschlagenheit; Flaute. Depressivität; depressiv.
de|pri|miert (Adj.) (franz.) mutlos; niedergedrückt. Verb: deprimieren.
De|pri|va|ti|on (die, -, -ti|onen) (lat.) Entbehrung; Liebesentzug.
De|pu|ta|ti|on (die, -, -ti|o|nen) (lat.) Abordnung. Deputiertenkammer; deputieren.
der 1. (Art.) der Mann. 2. (Pron., demonstr.) Der war es(,) und kein anderer! 3. (Pron., relat.) Ein Mann, der fremd ist.
der|art (Adv.) so.
der|ar|tig (Adj.) so beschaffen. Derartiges; etwas Derartiges.
derb (Adj.) ungehobelt; plump. Derbheit; derbkomisch.
Der|by (das, -s, -s) (engl.) Pferderennen; Wettkampf. Lokalderby.

De|re|gu|lie|rung (die, -, -en) (lat.) der Abbau oder Aufhebung von Vorschriften, Regeln etc.
der|einst (Adv.) später; einst.
de|rent|hal|ben, de|rent|we|gen, de|rent|wil|len (Adv.) der zuliebe.
der|ge|stalt (Adv.) derart; so.
der|glei|chen (Pron., demonstr.) (Abk.: dgl.) solches; Ähnliches ... und dergleichen mehr.
De|ri|vat (das, -s, -e) (lat.) Ableitung. Derivation; Derivativ; derivativ; derivieren.
der|je|ni|ge (Pron., relat.) der. Er war derjenige, der/welcher die Sache überblickte.
der|lei (Pron., demonstr.) dergleichen; solch; etwas.
der|ma|ßen (Adv.) derart; so.
Der|ma|to|lo|ge (der, -n, -n) (griech.) Hautarzt. Dermatologie; Dermatitis (Hautentzündung); dermatisch; dermal.
Der|ma|to|my|ko|se (die, -, -n) (griech.) Hautpilzerkrankung.
Der|ma|to|plas|tik (die, -, -en) (griech.) Hautverpflanzung.
Der|ma|to|se (die, -, -n) (griech.) Hautkrankheit.
Der|ma|to|zo|on (das, -s, -zo|en) (griech.) Hautschmarotzer (z.B. Milbe).
Der|ni|er Cri (der, - -, -s -s) (franz.) neueste Mode (letzter Schrei).
De|ro|ga|ti|on (die, -, -ti|o|nen) (lat.) Aufhebung, Abänderung (von Gesetzesbestimmungen); derogativ.
De|rou|te (die, -, -n) (franz.) 1. überstürzte Flucht. 2. Kurs-, Preissturz.
der|sel|be (Pron., demonstr.) genau der; der Gleiche. *Wichtig:* wird immer zusammengeschrieben; Er war ein und derselbe geblieben; *aber:* Er ist immer noch der Gleiche.
Der|wisch (der, -s, -e) (pers.) islamischer Mönch. Derwischtanz.
der|zeit (Adv.) gegenwärtig. Adjektiv: derzeitig.
des|ar|mie|ren (V.) (franz.) entwaffnen (beim Fechten).
De|sas|ter (das, -s, -) (franz.) Unglück; Zusammenbruch.
de|sas|t|rös verhängnisvoll, kathastrophal.
de|sa|vou|ie|ren (V.) (franz.) bloßstellen; verleugnen; nicht anerkennen. Desavouierung.
de|sen|si|bi|li|sie|ren (V.) (lat.) weniger empfindlich machen. Desensibilisierung.
De|ser|teur (der, -s, -e) (franz.) Überläufer. Desertion; desertieren.
De|ser|ti|fi|ka|ti|on (die, -, kein Plural) Wüstenbildung durch menschlichen Einfluss.
des|glei|chen (Adv.) (Abk.: desgl.) ebenso; ebenfalls.

des|halb (Adj.) darum.
de|si|de|ra|bel (Adj.) (lat.) wünschenswert. Desiderat.
De|sign (das, -s, -s) (engl.) Entwurf; Muster. Designer/in.
de|si|g|nie|ren (V.) (lat.) bestimmen. Designation.
des|il|lu|si|o|nie|ren (V.) (franz.) ernüchtern; enttäuschen. Desillusion; Desillusionierung.
Des|in|fek|ti|on (die, -, -ti|o|nen) (lat.) Entkeimung. Desinfektionsmittel; Desinfizierung; desinfizieren.
Des|in|for|ma|ti|on (die, -, -ti|o|nen) (lat.) fehlende oder falsche Information.
Des|in|te|g|ra|ti|on (die, -, -ti|o|nen) (lat.) Auflösung; Zerstreuung.
Des|in|te|r|es|se (das, -s, kein Plural) Gleichgültigkeit. Adjektiv: desinteressiert.
Des|in|ves|ti|ti|on (die, -, -en) (lat.) Verringerung des Güterbestandteils für spätere Verwendung.
de|skrip|tiv (Adj.) (lat.) beschreibend. Deskription.
Desk|top-PC (der, - -s, - -s) (engl.) Computer, der auf einem Schreibtisch Platz findet.
Desk|top|pu|b|li|shing (auch: Desk|top-Pu|b|li|shing) (das, -s, kein Plural) Verfahren zur Planung und Herstellung druckfertiger Vorlagen für Publikationen mit dem Computer. Abk.: DTP.
De|s|o|do|rant (auch: De|o|do|rant) (das, -s, -s) Körperspray. Desodorierung; desodorieren.
de|so|lat (Adj.) (lat.) trostlos; miserabel.
Des|or|ga|ni|sa|ti|on (die, -, -ti|o|nen) (franz.) Auflösung; Unordnung. Verb: desorganisieren.
des|ori|en|tiert (Adj.) unwissend; verwirrt. Desorientierung; desorientieren.
Des|oxy|ri|bo|nuk|le|in|säu|re (die, -, -n) Zellkernbestandteil. Abk.: DNS, auch: DNA.
de|s|pek|tier|lich (Adj.) (lat.) geringschätzig; verächtlich.
De|s|pe|ra|do (der, -s, -s) (span.) Bandit; politischer Aktivist.
de|s|pe|rat (Adj.) (lat.) verzweifelt; aussichtslos.
Des|pot (der, -en, -en) (griech.) Tyrann. Despotie; Despotismus; despotisch.
des|sent|wil|len (Adv.) dem zuliebe; wegen dem. *Beachte:* nur in der Verbindung mit »um«! Das Haus, um dessentwillen sie sich so verschuldet haben, brannte ab.
des|sen un|ge|ach|tet (des ungeachtet) (Adv.) trotzdem.
Des|sert (das, -s, -s) (franz.) Nachtisch. Dessertlöffel; Dessertteller.

Des|sin (das, -s, -s) (franz.) Muster; Zeichnung; Entwurf.
Des|sous (das, -, -) (franz.) Damenunterwäsche.
de|sta|bi|li|sie|ren (V.) (lat.) unbeständig machen; aus dem Gleichgewicht bringen. Destabilisierung.
des|til|lie|ren (V.) (lat.) klären; scheiden. Destillation; Destillat; Destillierapparat; destilliertes Wasser.
De|s|ti|na|ti|on (die, -, -ti|o|nen) (lat.) Bestimmung.
des|to (Konj.) umso. je länger, desto besser. *Aber:* nichtsdestoweniger; (ugs.) nichtsdestotrotz.
Des|to|se (die, -, kein Plural) Süßstoff aus Stärkesirup.
de|s|t|ruk|tiv (Adj.) (lat.) zerstörend. Destruktion; Destruktivität; destruieren.
de|sul|to|risch (Adj.) (lat.) unbeständig, sprunghaft.
des|we|gen (Adv.; Konj.) deshalb. Deswegen kommst du zu mir? *Beachte:* steht mit Komma, wenn es zwei Sätze verbindet! Er ist traurig, deswegen ist er so still.
De|s|zen|dent (der, -en, -en) (lat.) Nachkomme; Untergangspunkt eines Gestirns. Deszendenz; deszendent; deszendieren.
De|tail (das, -s, -s) (franz.) Ausschnitt; Einzelheit. Detailfrage; detailliert.
De|tek|tiv (der, -s, -e) (engl.) privater Ermittler. Detektivbüro; Detektei; detektivisch.
De|tek|tor (der, -en, -en) (engl.) Suchgerät. Lügendetektor.
de|ter|mi|nie|ren (V.) (lat.) bestimmen; festlegen. Determination; Determinante; Determiniertheit; Determinismus; determinativ; deterministisch.
de|tes|ta|bel (Adj.) (lat.-franz.) verabscheuungswürdig.
De|to|na|ti|on (die, -, -ti|o|nen) (lat.) Erschütterung; Explosion. Verb: detonieren.
De|us ex Ma|chi|na (der, -, kein Plural) (lat.: Gott aus der Maschine) überraschende Lösung; unerwarteter Ausweg.
deu|ten (V.) zeigen; auslegen. Deutung; Deutelei; Deuterei; mehrdeutig; deutbar; deuteln.
deut|lich (Adj.) klar; ausdrücklich. *Beachte:* in Verbindung mit Verben immer getrennt! etwas deutlich machen; aufs deutlichste (auch: aufs Deutlichste); Deutlichkeit; deutlichkeitshalber.
deutsch (Adj.) (Abk.: dt.) Deutschland betreffend. Wie heißt das auf Deutsch? auf gut Deutsch; auf Deutsch gesagt; deutsch reden; Tag der Deutschen Einheit; die deutsche Frage;

Devalvation 103 Diaphora

die deutsche Sprache. Er spricht Deutsch, Englisch und Französisch; sie hat in Deutsch gute Noten; das Buch ist in Deutsch und Französisch erschienen; Deutsch ist ihre Muttersprache; sein Deutsch ist hervorragend; etwas ins Deutsche übersetzen; das moderne Deutsch; die Deutschen; Deutsche Bahn AG (Abk.: DB); Deutscher Fußball-Bund (Abk.: DFB); der Deutsche Bundestag; Deutsche Mark; Deutschamerikaner; Deutschland; Deutschlehrer; Deutschunterricht; deutschamerikanisch (auch: deutsch-amerikanisch); deutsch-deutsch; deutschkundlich; deutschsprachig; deutsch (auch: Deutsch) sprechend (auch: deutschsprechend); deutschstämmig.

De׀val׀va׀ti׀on (die, -, -ti׀o׀nen) (nlat.) Abwertung (von Geld); devalvationistisch; devalvatorisch; devalvieren.

de׀ves׀tie׀ren (V.) der Würde entkleiden.

De׀vi׀se (die, -, -n) (franz.) Motto; Prinzip; (nur im Plural): ausländisches Zahlungsmittel. Devisenausgleich; Devisenverkehr.

de׀vi׀tal (Adj.) (lat.) abgestorben, leblos.

de׀vol׀vie׀ren (V.) (lat.) auf einen anderen übergehen lassen (einen Besitz, ein Recht).

de׀vo׀rie׀ren (V.) (lat.) verschlucken.

de׀vot (Adj.) (lat.) unterwürfig; ergeben. Devotion.

Dex׀t׀ro׀se (die, -, kein Plural) (lat.) Traubenzucker.

De׀zem׀ber (der, -, -) (lat.) (Abk.: Dez.) zwölfter Monat.

De׀zen׀ni׀um (das, -s, -ni׀en) (lat.) Jahrzehnt.

de׀zent (Adj.) (lat.) unaufdringlich; gedämpft.

de׀zen׀t׀ral (Adj.) verteilt; außerhalb der Mitte. Dezentralisierung; Dezentralisation; dezentralisieren.

De׀zer׀nat (das, -s, -e) (lat.) Sachgebiet; Geschäftsbereich. Dezernent.

De׀zi׀bel (das, -s, -) (Abk.: dB) $1/10$ Bel.

de׀zi׀die׀ren (V.) (lat.) entscheiden.

de׀zi׀diert (Adj.) (lat.) entschieden; bestimmt.

De׀zi׀gramm (das, -s, -) (Abk.: dg) $1/10$ Gramm.

De׀zi׀li׀ter (der, -s, -) (Abk.: dl) $1/10$ Liter.

De׀zi׀ma׀le (auch: De׀zi׀mal׀stel׀le, De׀zi׀mal׀zahl) (die, -, -n) rechts vom Komma eines Dezimalbruchs stehende Zahl. z. B. $0,1 = 1/10$. Dezimalrechnung; Dezimalsystem; Dezimalisierung; dezimal; dezimalisieren.

De׀zi׀me׀ter (der, -s, -) (Abk.: dm) $1/10$ Meter.

de׀zi׀mie׀ren (V.) (lat.) vermindern. Dezimierung; dezimiert.

de׀zi׀siv (Adj.) (lat.) entscheidend; bestimmt.

De׀zi׀ton׀ne (die, -, -n) (Abk.: dt) 100 Kilogramm.

DFB (Abk.) Deutscher Fußball-Bund.

DGB (Abk.) Deutscher Gewerkschaftsbund.

dgl. (Abk.) dergleichen.

d. Gr. (Abk.) der Große.

d. h. (Abk.) das heißt.

d'hondtsch das d'hondtsche oder d'Hondt'sche Sys׀tem (das, -n -s, kein Plural), Auszählungsverfahren bei Wahlen.

Dho׀ti (der, -s, -s) (Hindi-engl.) ind. Lendentuch.

d. i. (Abk.) das ist.

Dia (das, -s, -s) (Kurzw.) Diapositiv.

Di׀a׀be׀tes (der, -, kein Plural) (griech.) Zuckerkrankheit. Diabetiker; diabetisch.

di׀a׀bo׀lisch (Adj.) (griech.) teuflisch. Diabolus; Diabolik.

dia׀chron (Adj.) (griech.) geschichtlich. Diachronie; diachronisch.

Di׀a׀dem (das, -s, -e) (griech.) Kopfschmuck.

Di׀a׀do׀che (der, -n, -n) (griech.) Nachfolger Alexanders des Großen; eines anderen bedeutenden Herrschers.

Di׀a׀g׀no׀se (die, -, -n) (griech.) Krankheitsbestimmung; Beurteilung. Diagnosezentrum; Diagnostik; Diagnostiker; diagnostisch; diagnostizieren.

dia׀go׀nal (Adj.) (griech.) quer; schräg. Diagonale; Diagonalreifen.

Dia׀gramm (das, -s, -e) (griech.) Schaubild.

Di׀a׀ko׀nie (die, -, kein Plural) Sozialdienst (evangelische Kirche). Diakon/in; Diakonisse; Diakonissin; Diakonissenhaus; diakonisch.

Dia׀kri׀se (die, -, -n) (griech.) Entscheidung (im Krankheitsverlauf).

dia׀kri׀tisch (Adj.) unterscheidend.

Di׀a׀lekt (der, -s, -e) (griech.) Mundart. Dialektologie; Dialektdichtung; dialektfrei; dialektal; dialektologisch.

Di׀a׀lek׀tik (die, -, kein Plural) (griech.) Redekunst; Gegensätzlichkeit; philosophische Beweisführung. Dialektiker; dialektisch.

Di׀a׀log (der, -s, -e) (griech.) Unterhaltung. Dialogform; dialogisch; dialogisieren.

Dia׀ly׀se (die, -, -n) (griech.) Trennung von chemischen Stoffen; Blutwäsche. Dialysestation; dialytisch; dialysieren.

Di׀a׀mant (der, -en, -en) Edelstein. Diamantbohrer; Diamantring; diamanten.

Dia׀me׀ter (der, -s, -) (griech.) Durchmesser. Adjektive: diametrisch; diametral (entgegengesetzt).

Di׀a׀pa׀son (der, -s, -s/-e) (griech.) 1. Kammerton. 2. Stimmgabel.

di׀a׀phan (Adj.) (griech.) durchscheinend. Diaphanbild.

Di׀a׀pho׀ra (die, -) (griech.) Rhetorische Betonung des Unterschieds zweier Dinge.

Di׀a׀pho׀re׀se (die, -, kein Plural) (griech.) das Schwitzen.
Di׀a׀pho׀re׀ti׀kum (das, -s, -ka) (griech.-nlat.) schweißtreibendes Mittel.
Dia׀phrag׀ma (das, -s, -men) (griech.) Zwerchfell; Scheidewand; Empfängnisverhütungsmittel.
Dia׀po׀si׀tiv (*auch:* Dia) (das, -s, -e) Lichtbild. Diaprojektor; Diavortrag.
Di׀ä׀re׀se (die, -, -n) (griech.) 1. zweisilbige Aussprache nebeneinander stehender Vokale (z. B. in Citroën). 2. Einschnitt im Vers. 3. Begriffsteilung.
Di׀a׀ri׀um (das, -s, -ri׀en) (lat.) Tagebuch.
Di׀ar׀rhö (die, -, -en) (griech.) Durchfall. Adjektiv: diarrhöisch.
Di׀a׀s׀po׀ra (die, -, kein Plural) (griech.) konfessionelle oder nationale Minderheit bzw. das Gebiet, in dem sie lebt.
Di׀ät (die, -, Di׀ä׀ten) (griech.) Schonkost; Fastenkur. Diätplan; Diätistin; Diätkost; Diätkur; Diätetik; diätetisch; diätisch.
Di׀ä׀ten (die, nur Plural) (lat.) Abgeordnetengehälter; Spesen. Diätenerhöhung.
Dia׀thek (die, -, -en) (griech.) Sammlung von Dias.
Dia׀ther׀mie (die, -, kein Plural) (griech.) Wärmebehandlung, Durchwärmung.
Dia׀the׀se (die, -, -n) (griech.) Krankheitsempfänglichkeit.
Di׀a׀to׀mee (die, -, -n) (griech.) Kieselalge.
Dia׀to׀nik (die, -, kein Plural) (griech.) Tonleitersystem mit Dur- und Molltönen, siebenstufige Tonleiter.
Di׀cho׀to׀mie (die, -, -n) (griech.) Zweiteilung. Adjektive: dichotom; dichotomisch.
di׀chro׀ma׀tisch (Adj.) (griech.) in der Optik: zweifarbig; dichromatische Gläser.
dicht (Adj.) zusammengedrängt; undurchlässig. ein dicht bebautes (*auch:* dichtbebautes) Grundstück; dicht gedrängte (*auch:* dichtgedrängte) Menschenmenge; dicht besiedeltes (*auch:* dichtbesiedeltes) Land; dicht behaart (*auch:* dichtbehaart). Er hat die Fenster dicht gemacht (*auch:* dichtgemacht) (abdichten). *Aber:* Du musst auch wirklich dichthalten (nichts verraten)! Das Geschäft hat dichtgemacht (geschlossen). Dichte; Dichtheit; Dichtung; Dichtungsring; Dichtungsmasse; dichtauf; dichtmaschig; dichten.
dich׀ten (V.) abdichten; Literatur verfassen. Dichter/in; Dichterlesung; Dichtkunst; Dichtung; Dichtungsgattung; dichterisch.
dick (Adj.) massig; korpulent; groß. durch dick und dünn; dickbauchig; dickfellig; dickflüssig; dickköpfig; dicklich; dickleibig; Dickdarm;

Dicke; Dickhäuter; Dickicht; Dickkopf; Dickmacher; Dickmilch; Dicksein; Dickwanst.
Di׀dak׀tik (die, -, -en) (griech.) Erziehungswissenschaft; Unterrichtslehre. Didaktiker; didaktisch.
die 1. (Art.) die Frau. 2. (Pron., demonstr.) diese. die hat es ihm angetan. 3. (Pron., relat.) welche. die Frau, die er verehrte.
Dieb (der, -s/-es, -e) Straßenräuber; Einbrecher. Dieberei; Diebesgut; Diebstahl; diebessicher; diebisch.
Di׀e׀ge׀se (die, -, -n) (griech.) weit ausholende Erörterung; Erzählung.
Die׀le (die, -, -n) Holzfußboden; Flur. Dielenboden; dielen.
die׀nen (V.) helfen; nützlich sein. Diener/in; Dienerschaft; dienlich.
Dienst (der, -s/-es, -e) Arbeit; Beruf; Gefälligkeit. Chef vom Dienst; zu Diensten stehen; in Dienst stellen; außer Dienst (Abk.: a. D.); Dienstälteste; Dienstbereitschaft; Dienstgrad; Dienstgruppe; der Diensthabende *aber:* der Dienst habende (*auch:* diensthabende) Beamte; Dienstleistungsgewerbe; Dienstpersonal; Dienstreise; Dienststelle; Dienstwohnung; dienstbeflissen; dienstbereit; diensteifrig; dienstfertig; dienstlich; dienstpflichtig; diensttauglich; dienstunfähig.
Diens׀tag (der, -s, -e) Wochentag. Am Dienstag; am Dienstagabend haben wir den Stammtisch; dienstagabends/dienstags abends haben wir den Stammtisch. in der (nächsten) Dienstagnacht; jeden Dienstagmorgen; dienstags; dienstägig; dienstäglich.
dies (Pron., demonstr.) dieses Mal, *aber:* diesmal; diesmalig; dieses und jenes; diesjährig; diesseits; dieserart; diesbezüglich.
Di׀es a׀ca׀de׀mi׀cus (der, - -, kein Plural) (lat.) vorlesungsfreier Tag (Universität).
Die׀sel (der, -, -) (Kurzw.) Dieselmotor; Dieselkraftstoff; Dieselokomotive; Dieselöl; dieseln.
die׀ser (Pron., demonstr.) diese, dieses. diese selbe Situation, *aber:* dieselbe Situation, dieserart, *aber:* Augenblicke dieser Art.
die׀sig (Adj.) trüb; neblig. Diesigkeit.
dies׀seits (Adv.) auf dieser Seite. *Beachte:* mit Genitiv! diesseits der Mauer. Diesseitigkeit; Diesseits; Diesseitsglaube; diesseitig.
dif׀fa׀mie׀ren (V.) (lat.) verunglimpfen; verleumden. Diffamation; Diffamie; Diffamierung; diffamatorisch.
Dif׀fe׀renz (die, -, -en) (lat.) Unterschied; Streit. Differenzbetrag; Differenzierung; Differenziertheit; different; differenziert; differenzieren.

Dif|fe|ren|zi|al (*auch:* Dif|fe|ren|ti|al) (das, -s, -e) (Kurzw.) Differenzialgetriebe (*auch:* Differentialgetriebe) (Fahrzeug). differenziell (*auch:* differentiell)

dif|fi|zil (Adj.) (franz.) schwierig; problematisch.

dif|fus (Adj.) (lat.) zerstreut; wirr. Diffusion; diffundieren.

Di|gest (der/das, -s, -s) (engl.) Auswahl aus Zeitschriften, Büchern. Reader's Digest.

Dig|ger (der, -s, -) (engl.) Goldgräber.

Di|git (das, -s, -s) (lat.-engl.) elektronische Anzeigeneinheit (z.B. eine Ziffer).

di|gi|tal (Adj.) (lat.) mit dem Finger; mittels Ziffern (EDV). Digit; Digitalrechner; Digitaluhr; Digitalaufnahme; Digitaltechnik; digitalisieren.

Di|g|ni|tät (die, -, -en) (lat.) Würde; hohes Amt.

DIHT (Abk.) Deutscher Industrie- und Handelstag.

Di|jam|bus (der, -, -ben) (griech.-lat.) doppelter Jambus.

di|ju|di|zie|ren (V.) (lat.) urteilen, etwas entscheiden.

dik|tie|ren (V.) vorsprechen; aufzwingen; befehlen. Diktat; Diktafon (*auch:* Diktaphon); Diktiergerät; Diktion; Diktum; Diktator; diktatorisch.

Di|la|ta|ti|on (die, -, -ti|o|nen) (lat.) Ausdehnung; Erweiterung. dilatabel.

Di|la|ti|on (die, -, -ti|o|nen) (lat.) Aufschub, Verzögerung.

Di|lem|ma (das, -s, -s/-ta) (griech.) Bedrängnis; Zwiespalt.

Di|let|tant (der, -en, -en) (ital.) Laie; Stümper. Dilettantismus; dilettantenhaft; dilettantisch; dilettieren.

Dill (der, -s, -e) Gewürzpflanze. Dillkraut.

Dime (der, -/-s, -/-s) (franz.-engl.) 10 Cent (in den USA).

Di|men|si|on (die, -, -si|o|nen) (lat.) Umfang; Größe. Adjektiv: dimensional. Verb: dimensionieren.

Di|me|ter (der, -s, -) (griech.) Vers aus zwei gleichen Metren.

di|mi|nu|en|do (Adv.) (ital.) langsam leiser werdend (bei Musikstücken).

di|mi|nu|tiv (*auch:* de|mi|nu|tiv) (Adj.) (lat.) verkleinernd. Diminutiv; Diminutivform; Diminution; diminuieren.

Dim|mer (der, -s, -) (engl.) Lichtstärkeregler.

di|morph (Adj.) (griech.) zweigestaltig.

Di|mor|phie (die, -, -n) (griech.) Zweigestaltigkeit (chemischer Verbindungen).

Di|mor|phis|mus (der, -, -men) (griech.-nlat.) Zweigestaltigkeit (bei Lebewesen).

DIN (Abk.) Deutsche Industrie-Norm(en). DIN-Format; DIN-A4); DIN-A4-Seite.

Di|nar (der, -s, -/-e) (lat.) eine Währungseinheit (u. a. in Rest-Jugoslawien, Algerien).

Di|ner (das, -s, -s) (franz.) Essen; Festmahl. Verb: dinieren.

Ding (das, -s, -e/ (ugs.) -er) Sache; Angelegenheit. Ich bin guter Dinge; aller guten Dinge sind drei; unverrichteter Dinge musste ich abreisen; diese jungen Dinger (Mädchen); Dingwort; Dinglichkeit; Dingsbums; Dingsda; Dingskirchen; dingfest; dinglich; neuerdings; schlechterdings.

Din|gi (das, -s, -s) (Hindi) kleines Boot; Beiboot.

Din|go (der, -s, -s) wilder Hund.

Din|ner (das, -s, -/-s) (engl.) Abendessen.

Di|no|sau|ri|er (der, -s, -) (griech.) ausgestorbene Riesenechse.

Di|o|de (die, -, -n) (griech.) Halbleiterbauelement.

Di|o|len (das, -s, kein Plural) Kunstfaser.

Di|o|ny|si|en (die, nur Plural) Weinfest zu Ehren des altgriechischen Gottes Dionysos; rauschhaftes Fest; dionysisch.

Di|op|sid (der, -s, -e) (griech.-lat.) ein Mineral.

Di|op|tas (der, -, -e) (griech.-lat.) ein Mineral.

Di|op|t|rie (die, -, -n) (griech.) (Abk.: dpt/dptr./ Dptr.) Maßeinheit für den Brechwert optischer Linsen. Adjektiv: dioptrisch.

Di|o|ra|ma (das, -s, -men) (griech.) plastischer (originalgroßer) Schaubildkasten.

Di|o|rid (der, -s, kein Plural) eine Kunstfaser.

Di|o|rit (der, -s, -e) (griech.) ein Gestein.

Di|oxin (das, -s, -e) (griech.) hochgiftige chemische Verbindung. Dioxinvergiftung.

Di|ö|ze|se (die, -, -n) (griech.) Bistum.

Dip (der, -s, -s) (engl.) Tunke. Verb: dippen.

Di|pep|tid (das, -s, -e) (griech.-lat.) Eiweißkörper.

Diph|the|rie (die, -, -n) (griech.) Infektionskrankheit. Adjektiv: diphtherisch.

Di|ph|thong (der, -s, -e) (griech.) Doppellaut. Diphthongierung; diphthongisch; diphthongieren. z. B. »ou«, »ei«.

Di|ple|gie (die, -, -n) (griech.-lat.) doppelseitige Lähmung.

Di|p|lo|do|kus (der, -, -ken) (griech.-lat.) ausgestorbene Riesenechse.

di|p|lo|id (Adj.) (griech.) mit doppeltem Chromosomensatz.

Di|p|lom (das, -s, -e) (griech.) Auszeichnung; Zeugnis. Diplomat; Diplomarbeit; Diplomchemiker (*auch:* Diplom-Chemiker) (Abk.: Dipl.-Chem.); Diplomdolmetscher (*auch:* Diplom-Dolmetscher) (Abk.: Dipl.-Dolm.);

Diplomingenieur (*auch:* Diplom-Ingenieur) (Abk.: Dipl.-Ing.); Diplomkaufmann (*auch:* Diplom-Kaufmann) (Abk.: Dipl.-Kfm.).
Di|p|lo|ma|tie (die, -, -n) (griech.) Außenpolitik; Geschick. Diplomat; Diplomatenkoffer; Diplomatenpass; Diplomatisches Korps; diplomatisch.
Di|p|lo|ma|tik (die, -, kein Plural) Urkundenlehre. Diplomatiker.
Di|p|lont (der, -en, -en) (griech.-lat.) tierischer oder pflanzlicher Organismus.
Di|p|noi (die, nur Plural) (griech.-lat.) Knochenfische, die mit Kiemen und Lunge atmen.
Di|po|die (die, -, -n) (griech.) Metrum mit zwei gleichen Versfüßen; dipodisch.
Di|pol (der, -s, -e) (griech.) Gegenpol. Dipolantenne; Dipolmoment.
Di|p|ty|chon (das, -s, -chen) (griech.) 1. zusammenklappbares Schreibtäfelchen. 2. zweiteiliges Altarbild.
Dir. (Abk.) Direktor.
Di|rect|cos|ting (*auch:* Di|rect Cos|ting) (das, -/-s, -s) (engl.) Sammelbegriff für verschiedene Teilkostenrechnungen.
Di|rect Mai|ling (das, -/-s, -s) (engl.) Direktwerbung durch Zusenden von Werbematerial mit Rückantwortkarte.
di|rekt 1. (Adj.) (lat.) gerade; unmittelbar. Direktflug; Direktheit; Direktmandat; Direktübertragung. 2. (Adj.) geradezu.
di|rek|te Re|de → Regelkasten
Di|rek|ti|on (die, -, -ti|o|nen) (lat.) Richtung; Leitung. Adjektiv: direktionslos.
Di|rek|ti|ve (die, -, -n) (lat.) Weisung; Richtlinie. Adjektiv: direktiv.

Di|rekt|man|dat (das, -s, -e) persönlich im Wahlkreis errungenes Mandat.
Di|rek|tor (der, -s, -en) (lat.) (Abk.: Dir.) Leiter; Vorstand. Direktorin; Direktorat; Direktorzimmer; Direktorium; Direktrice; direktoral.
Di|ret|tis|si|ma (die, -, -s) (ital.) direkte Route zum Berggipfel.
Di|rex (der, -, -en) (lat.) (ugs.) Kürzel für Direktor einer Schule.
Dir|ham (der, -/-s, -/-s) (griech.-arab.) Währungseinheit (u.a. in Marokko, Kuwait).
Di|ri|gent (der, -en, -en) (lat.) Leiter eines Orchesters. Dirigentenpult; Dirigentenstab; dirigieren.
Di|ri|gis|mus (der, -, kein Plural) staatliche Lenkung der Wirtschaft. Adjektiv: dirigistisch.
Dirndl (das, -s, -) (südd.) Mädchen; Trachtenkleid. Dirndlkleid.
Dir|ne (die, -, -n) Prostituierte. Adjektiv: dirnenhaft.
Dis|agio (das, -s, kein Plural) (ital.) Unterschiedbetrag zwischen Nenn- und Kurswert (bei Aktien).
dis|am|bi|gu|ie|ren (V.) (lat.) sprachlich eindeutig machen (z. B. »Tor ... Tor« durch Hinzufügen des Artikels »der Tor – das Tor«).
Disc|jo|ckey (*auch:* Disk|jo|ckey) (engl.) (der, -s, -s) Moderator; Plattenaufleger.
Dis|co (*auch:* Dis|ko) (die, -, -s) (engl.) (Kurzw.) Discothek; Tanzlokal. Discomode; Discomusik; Discolook; Discoroller.
Dis|count|la|den (der, -s, -lä|den) Selbstbedienungsgeschäft mit Billigwaren. Discountpreis.
Dis-Dur (das, -, kein Plural) Tonart. Dis-Dur-Tonleiter.

Direkte Rede

Die direkte Rede (wörtliche Rede) ist die originalgetreue Wiedergabe einer Äußerung. Sie steht immer in Anführungszeichen (Gegensatz: indirekte Rede).
1. Zur Ankündigung einer direkten Rede wird der Doppelpunkt gesetzt. Sie sagte zu mir: »Hab keine Angst.«
2. Wenn der einleitende Satz weitergeführt werden soll, darf die direkte Rede nicht mit einem Punkt enden. Endet die direkte Rede ohne Satzzeichen, so wird ein Komma gesetzt. Er rief: »Ich gehe jetzt«, und nahm seine Sachen.
3. Wenn die direkte Rede mit einem Ausrufe- oder Fragezeichen endet, so wird nach dem zweiten Anführungszeichen ebenfalls ein Komma gesetzt. »Helft mir doch!«, rief er und gestikulierte wild. »Fährst du schon morgen?«, fragte sie.

Beachte: Eine kurze direkte Rede steht ohne Doppelpunkt und Komma, wenn sie den Satzfluss nicht unterbricht und das Prädikat des Satzes nachfolgt. Während er uns »Ich habe noch Hoffnung« zurief, wussten wir bereits, dass die Angelegenheit gegen ihn entschieden war.

Disengagement 107 Distichon

Dis|en|gage|ment (das, -s, -s) (engl.) militärisches Auseinanderrücken der Großmächte.
Dis|har|mo|nie (die, -, -n) Missklang; Meinungsverschiedenheit. Adjektiv: disharmonisch. Verb: disharmonieren.
Dis|junk|ti|on (die, -, -ti|o|nen) (lat.) Trennung; Absonderung. Adjektiv: disjunktiv.
Dis|kant (der, -s, -e) (lat.) höchste Stimmlage.
Dis|ket|te (die, -, -n) Magnetplatte (EDV). Diskettenlaufwerk.
Disk|ka|me|ra (die, -, -s) Fotoapparat mit scheibenförmigem Film.
Dis|ko → Disco.
Dis|kont (der, -s, -e) (ital.) Zinsabzug. Diskontgeschäft; Diskonterhöhung; Diskontbank; Diskontsatz; diskontieren.
dis|kon|ti|nu|ier|lich (Adj.) (lat.) unterbrochen. Diskontinuität.
Dis|ko|pa|thie (die, -, -n) (griech.-lat.) Bandscheibenleiden.
dis|kor|dant (Adj.) (lat.) nicht übereinstimmend.
Dis|kor|danz (die, -, -en) (lat.) Missklang; Unstimmigkeit. Adjektiv: diskordant.
dis|kre|di|tie|ren (V.) (lat.) verleumden. Diskredit.
Dis|kre|panz (die, -, -en) (lat.) Unstimmigkeit; Widerspruch; Missverhältnis. Adjektiv: diskrepant.
dis|kret (Adj.) (lat.) zurückhaltend; rücksichtsvoll. Diskretion.
dis|kri|mi|nie|ren (V.) herabsetzen; benachteiligen. Diskriminierung; diskriminierend.
dis|kul|pie|ren (V.) (lat.-franz.) entschuldigen, rechtfertigen.
Dis|kurs (der, -es, -e) (lat.) Unterhaltung; Verhandlung. Adjektiv: diskursiv.
Dis|kus (der, -/-ses, -ken/-se) (griech.) Wurfscheibe. Diskuswerfer; Diskuswerfen; Diskuswurf.
Dis|kus|her|nie (die, -, -n) (griech.-lat.) Bandscheibenvorfall.
Dis|kus|si|on (die, -, -si|o|nen) (lat.) Debatte; Besprechung. Diskussionsbeitrag; Diskussionsgrundlage; Diskussionsrunde; Diskussionsthema; diskutabel; diskutierbar; diskutieren.
Dis|lo|ka|ti|ons|be|ben (das, -s, -) (lat.) durch tektonische Verschiebungen verursachtes Erdbeben.
Dis|mem|b|ra|ti|on (die, -, -ti|o|nen) (lat.) 1. Landzerstückelung bei Erbschaften. 2. Zerfall eines Staates.
Dis|mem|b|ra|tor (der, -s, -en) (lat.) Zerkleinerer.
dis-Moll (das, -, kein Plural) Tonart. dis-Moll-Tonleiter.

Dis|pa|che (die, -, -n) (ital.-franz.) Schadensverteilung (bei Havarie).
Dis|pa|cheur (der, -s, -e) Sachverständiger für Dispachen.
dis|pa|chie|ren (V.) eine Dispache machen.
Dis|pa|ri|tät (die, -, -en) (lat.) Verschiedenheit; Abweichung. Adjektiv: disparat.
Dis|pat|cher (der, -s, -) (engl.) Produktionsplaner, -überwacher.
Dis|pens (der, -es, -e) (lat.) Befreiung, Aufhebung. Dispensation; Dispensierung; dispensieren.
di|s|pers (Adj.) (lat.) fein verteilt.
Di|s|per|sants (die, nur Plural) (lat.-engl.) Beimengungen zum Schmieröl, die Ablagerungen verhindern.
Di|s|per|si|on (die, -, -si|o|nen) (lat.) Zerstreuung; Verteilung. Dispersionsfarbe.
Dis|play (das, -s, -s) (engl.) Datensichtgerät (EDV); werbewirksame Warenplatzierung.
dis|po|nie|ren (V.) (lat.) planen; einteilen. Disponent/in; Disponibilität; zur Disposition stehen (zur Verfügung); Dispositionskredit; disponiert; dispositiv; dispositionsfähig.
dis|pro|por|ti|o|niert (Adj.) (lat.) unverhältnismäßig; schlecht proportioniert. Disproportion; Disproportionalität.
Dis|put (der, -s, -e) (lat.) Wortstreit; Meinungsverschiedenheit. Disputation; disputabel.
dis|qua|li|fi|zie|ren (V.) (lat.) ausschließen; unfähig sein für. Disqualifikation; Disqualifizierung.
Dis|sens (der, -es, -e) (lat.) Meinungsverschiedenheit. Verb: dissentieren.
Dis|ser|ta|ti|on (die, -, -ti|o|nen) (lat.) wissenschaftliche Arbeit (Doktorarbeit). Dissertant; dissertieren.
Dis|si|dent (der, -en, -en) (lat.) Abweichler. Verb: dissidieren.
Dis|si|di|en (die, nur Plural) (lat.) Streitpunkte.
Dis|si|mu|la|ti|on (die, -, -ti|o|nen) (lat.) bewusstes Verheimlichen einer Krankheit. dissimulieren.
Dis|so|nanz (die, -, -en) (lat.) Missklang; Uneinigkeit. Adjektiv: dissonant. Verb: dissonieren.
dis|so|zi|al (Adj.) (lat.-franz.-engl.) unfähig, sich in die Gesellschaft einzuordnen.
dis|so|zi|ie|ren (V.) (lat.) auflösen; trennen. Dissoziation.
Dis|stress (der, -stres|ses, -stres|se) (griech.-engl.) Überstress.
Di|s|tanz (die, -, -en) (lat.) Entfernung; Abstand. Distanzierung; distanziert.
Dis|tel (die, -, -n) Pflanze. Distelfink.
Di|s|ti|chon (das, -s, -chen) (griech.) ein Verspaar (aus Hexameter und Pentameter).

dis|tin|gu|iert (Adj.) (lat.) hervorgehoben; vornehm. Distinguiertheit.
di|s|tinkt (Adj.) deutlich unterschieden. Distinktion; distinktiv.
Dis|tor|si|on (die, -, -si|o|nen) (lat.) Verstauchung.
Dis|trak|ti|on (die, -, en) Zerstreuung; Streckverband bei Knochenbrüchen.
Dis|tri|bu|ti|on (die, -, -ti|onen) (lat.) Verteilung; Auflösung. Distributivzahl; distributiv; distribuieren.
Di|s|t|rikt (der, -s, -e) (lat.) Bezirk; Gebiet. Distriktvorsteher.
Dis|zi|p|lin (die, -, -en) (lat.) Zucht; Ordnung; Fachgebiet; Sportart. Disziplinargewalt; Disziplinarstrafe; Diszipliniertheit; Disziplinlosigkeit; disziplinär; disziplinarisch; diszipliniert; disziplinlos; disziplinieren.
di|to (Adv.) gleichfalls; ebenso (Abk.: do./dto.).
Di|ur|nal (das, -s, -e) (lat.) katholisches Gebetbuch, das die täglichen Gebete enthält.
Di|va (die, -, -s/Di|ven) (ital.) gefeierte Künstlerin.
di|ver|gent (Adj.) (lat.) entgegengesetzt; abweichend. Divergenz; divergieren.
di|ver|se (Adj.) (lat.) verschiedene; mehrere. Diverses.
Di|ver|ti|men|to (das, -s, -s/-men|ti) (ital.) Potpourri.
Di|vi|den|de (die, -, -n) Gewinnanteil (Aktie). Dividendenausschüttung.
di|vi|die|ren (V.) (lat.) teilen. Division.
Di|vi|di|vi (die, nur Plural) (indian.-span.) gerbstoffreiche Schlehdornschoten.
Di|vis (das, -es, -e) (lat.) Bindestrich; Trennungszeichen.
di|vi|si (Adj.) (lat.) Vortragsanweisung in der Musik für die Streichergruppe.
Di|vi|si|on (die, -, -si|o|nen) (lat.) Teilung; Abteilung. Divisor; Divisionskommandeur.
Di|vi|si|o|nis|mus (der, -, kein Plural) (lat.) Kunstrichtung in der modernen französischen Malerei. Divisionist.
Di|vus (lat.) römischer Kaisertitel (der Göttliche).
Di|wan (der, -s, -e) (pers.) Sofa.
Di|xie (der, -s, kein Plural) (engl.) (Kurzw.) Dixieland. Dixielandjazz/Dixieland-Jazz.
d. J. (Abk.) dieses Jahres; der Jüngere.
DJH (Abk.) Deutsche Jugendherberge.
DKP (Abk.) Deutsche Kommunistische Partei.
dl (Abk.) Deziliter.
DLF (Abk.) Deutschlandfunk.
DLG (Abk.) Deutsche Landwirtschafts-Gesellschaft.

DLRG (Abk.) Deutsche Lebens-Rettungs-Gesellschaft.
dm (Abk.) Dezimeter.
dm² (Abk.) Quadratdezimeter.
dm³ (Abk.) Kubikdezimeter.
DM (Abk.) Deutsche Mark. Bis 2002 gültige deutsche Währung. z. B. 1 DM; DM 1; D-Mark.
d. M. (Abk.) dieses Monats.
d-Moll (das, -, kein Plural) Tonart. d-Moll-Tonleiter.
DNS (Abk.) Desoxyribo(se)nukleinsäure (Träger der Erbinformation).
do. (Abk.) dito.
d. O. (Abk.) der Obige.
Do (das, -, -) (ital.) der Ton C.
Do|ber|mann (der, -s, -män|ner) Hunderasse.
doch (Adv.; Konj.) ja/nein; dennoch; wirklich. Nicht doch! Also doch; Doch, ich war da! *Beachte:* Vor »doch« steht ein Komma oder Strichpunkt, wenn es Sätze verbindet. Der Urlaub war schön, doch teuer. Er rief laut nach ihr, doch sie antwortete nicht.
Docht (der, -s/-es, -e) Brennfaden einer Kerze.
Dock (das, -s, -s/-e) (engl.) Reparaturanlage (Schiffe). Trockendock; Dockhafen; Docker; docken.
Do|cking (das, -s, -s) (engl.) Ankopplung an ein Raumschiff. Dockingmanöver.
Do|de|ka|e|der (das, -s, -) (griech.) Zwölfflächner.
Do|de|ka|pho|nie (die, -, kein Plural) (griech.) Zwölftonmusik; dodekaphonisch.
Doe|len|stück (das, -es, -e) (niederl.) Gemälde niederländischer Maler des 16. und 17. Jahrhunderts, die eine festliche Schützengesellschaft darstellen.
Doe|skin (der, -/-s, kein Plural) (engl.) ein kräftiger Wollstoff (für glatte Mäntel).
Dog|cart (der, -s, -s) (engl.) zweirädriger, leichter Einspänner.
Do|ge (der, -n, -n) (ital.) Herzog. Dogenpalast.
Dog|ge (die, -, -n) (engl.) Hunderasse.
Dog|ger 1. (der, -s, kein Plural) (engl.) eine Formation der Erdgeschichte, Braunjura. 2. (der, -s, -) zweimastiges Fischerboot (an der niederländischen Nordseeküste).
Dog|ma (das, -s, -men) (griech.) Glaubenssatz; Prinzip. Dogmatik; Dogmatiker; Dogmatismus; Dogmengeschichte; dogmatisch.
Dog|skin (das, -s, kein Plural) (engl.) aus festem Schaffell produziertes Leder.
Doh|le (die, -, -n) Rabenvogel.
do it your|self! (engl.) Mach es selbst! (handwerkliche Selbsthilfe). Do-it-yourself-Anleitung.

Dok|tor (der, -s, -en) (lat.) akademischer Titel; Arzt (Abk.: Dr.). Doktorand/in; Doktorarbeit; Doktorat; Doktorgrad; Doktortitel; Doktorvater; doktern; doktorieren.
Dok|t'rin (die, -, -en) (lat.) Lehre; Grundsatz. Doktrinär; doktrinär.
Do|ku|ment (das, -s/-es, -e) (lat.) Schriftstück; Urkunde; Beleg. Dokumentarfilm; Dokumentation; Dokumentenmappe; dokumentarisch; dokumentieren.
Dol|by-Sys|tem (das, -s, -e) Rauschunterdrückung (Tonträger).
dol|ce (Adv.) süß (bei Musikstücken).
Dol|ce|far|ni|en|te (das, -, kein Plural) (ital.) süßes Nichtstun.
Dol|ce|vi|ta (auch: Dol|ce Vi|ta) (die/das, -, kein Plural) (ital.) süßes Leben.
Dolch (der, -s/-es, -e) Stichwaffe. Dolchspitze; Dolchstoßlegende.
Dol|de (die, -, -n) Blütenstand. Blütendolde; Doldengewächs; doldenförmig; doldig.
doll (Adj.) (nordd.) toll.
Dol|lar (der, -s, -s) (engl.) Währung; Zeichen: $ (USA, Kanada, Australien). Dollarkurs.
Dol|ly (die, -s, -s) (engl.) fahrbares Stativ oder fahrbarer Wagen für Filmkamera.
Dol|ma (das, -s, -s) (türk.) türkisches Nationalgericht aus Kohl, Weinblättern, Hammel und Reis.
Dol|man (der, -s, -e) (türk.) kurze ungarische Husarenjacke.
Dol|men (der, -s, -) (breton.-franz.) vorgeschichtliche Grabkammer; »Steintisch«.
Dol|met|scher (der, -s, -) Übersetzer. Dolmetscherin; Dolmetscherschule; dolmetschen.
Do|lo|mit (der, -s, -e) Mineral. *Beachte:* Dolomiten (Teil der Südalpen).
do|lo|ro|so (Adv.) (ital.) klagend (bei Musikstücken).
Dom (der, -s, -e) (lat.) Kirche. Domchor; Domherr; Dompfaff; Domspatz.
Do|mä|ne (die, -, -n) (lat.) Besitz; Spezialgebiet. Adjektiv: domanial.
do|mes|ti|zie|ren (V.) (lat.) zähmen. Domestik(e); Domestikation.
Do|mi|na (die, -, -nae) (lat.) Herrin; Stiftsvorsteherin; Prostituierte.
do|mi|nant (Adj.) (lat.) vorherrschend; überwiegend. Dominanz; dominieren.
Do|mi|ni|ka|ner (der, -s, -) Ordensbruder. Dominikanermönch; Dominikanerkloster.
Do|mi|no 1. (der, -s, -s) Maskenkostüm. 2. (das, -s, -s) Spiel. Dominostein.
Do|mi|zil (das, -s, -e) (lat.) Wohnsitz.
Dom|ka|pi|tel (das, -s, -) alle Geistlichen einer Bischofskirche (als Gremium).

Dom|ka|pi|tu|lar (der, -s, -e) Mitglied des Domkapitels, Domherr.
Domp|teur (der, -s, -re) (franz.) Tierbändiger. Dompteuse (*falsch:* Dompteurin).
Do|na|rit (der, -s, kein Plural) (lat.) Ammoniumnitrat enthaltender Sprengstoff.
Do|nau (die, -, kein Plural) europäischer Strom. Donauschifffahrt; Donauebene.
Dong (der, -/-s, -/-s) vietnamesische Währungseinheit.
Don Ju|an (der, -s, -s) (span.) großer Frauenverführer.
Don|na (die, -, -s/-nen) Frau, Fräulein (bei italienischen Adelsfamilien).
Don|ner (der, -s, -) Dröhnen (Gewitter). Donnerlittchen; Donner und Doria; Donnerwetter; Donnerkeil! Donnerschlag; donnern.
Don|ners|tag (der, -s, -e) Wochentag (Abk.: Do). am Donnerstag; am Donnerstagabend; der Donnerstagmorgen; Donnerstagnacht; *aber:* donnerstags in der Nacht; donnerstags; donnerstags abends; donnerstagabends.
Don|qui|chot|te|rie (die, -, -n) (span.-franz.) weltfremdes Unterfangen; »Windmühlenkampf«.

Doppelpunkt

1. Kündigt die direkte Rede an. Cäsar sagte: »Ich kam, sah und siegte!« Doppelpunkt auch dann, wenn der ankündigende Satz nach der direkten Rede weitergeführt wird. Er sagte: »Ich muss fort!«, und ging.
2. Kündigt Aufzählungen an. Folgende Artikel sind bestellt: Kugelschreiber, Zirkel und Heftumschläge. *Ausnahmen:* Kein Doppelpunkt, wenn die Aufzählung durch »nämlich«, »d. h.«, »z. B.« etc. eingeleitet wird. *Wichtig:* Vor der einleitenden Abkürzung steht ein Komma. Für den Obstsalat verwende ich verschiedene Früchte, z. B. Orangen und Erdbeeren.
3. Kündigt eine Zusammenfassung oder Folgerung an. Das Haus, das Land und das Geld: Alles hat sie verloren.
4. Großschreibung nach dem Doppelpunkt: bei direkter Rede oder selbstständigem Satz. Kleinschreibung: bei Aufzählung oder unvollständigem Satz. Der Mantel hat einen Webfehler: Ich will ihn umtauschen. Auf dem Beipackzettel steht: nicht mehr als drei Tabletten täglich.

doo|deln (V.) (engl.) bei einer Tätigkeit oder in Gedanken nebenbei kritzeln, Strichmännchen malen etc.
doof (Adj.) dumm; albern.
Dope (nicht trennbar!) (das, -s, kein Plural) (engl.) Rauschgift. Doping; Dopingkontrolle; dopen.
Dop|pel (das, -s, -) Duplikat; Mannschaft aus zwei Spielern. Doppelagent; Doppelbock; Doppelbett; Doppeldecker; Doppelgänger; Doppelhochzeit; Doppelkinn; Doppelleben; Doppelmoral; Doppelname; Doppelpass; Doppelpunkt (→ Regelkasten); Doppelung; Doppelverdiener; Doppelzentner; Doppelzimmer; doppeldeutig; doppelseitig; doppelsinnig; doppelzüngig; doppelt; doppelt gemoppelt (auch: doppeltgemoppelt); doppelt so groß; doppelt so viel; ums Doppelte größer; das Doppelte an Fehlern.
Dop|pel|nel|son (der, -s, -s) doppelter Nackenhebel beim Ringen oder als Rettungsgriff beim Schwimmen.
Dop|pel|punkt → Regelkasten.
dop|pio mo|vi|men|to (ital.) doppelt so schnell (Vortragsanweisung in der Musik).
Do|ra|de (die, -, -n) (lat.-franz.) Goldmakrele.
Dorf (das, -s/-es, Dör|fer) ländliche Siedlung. Dorfälteste; Dorfbewohner; Dorfcharakter; Dörfler, Dorfschönheit; Dorfstraße; Dorfteich; Dorftrottel; olympisches Dorf; dörfisch; dörflich.
Dor|mi|to|ri|um (das, -s, -ri|en) (lat.) Klosterschlafsaal.
Dorn (der, -s, -en) Stachel; Spitze. Dornbusch; Dornenkrone; Dornröschen; dornenreich; dornig; dornenvoll.
dör|ren (V.) austrocknen; dürren. Dörre; Dörrfleisch; Dörrobst; Dörrpflaume.
Dorsch (der, -es, -e) Fisch.
dort (Adv.) da. dorthinab; dorther; dorthin; dorthinaus; ich war enttäuscht bis dorthinaus; wir fuhren da- und dorthin; dortig; dortzulande (auch: dort zu Lande). dortbleiben; dortbehalten. Aber: Er wird dort wohnen.
DOS (Abk.) Disc Operating System. Betriebssystem für Computer.
Do|se (die, -, -n) Büchse. Dosenöffner; Dosenbier; Dosenmilch; dosenfertig.
dö|sen (V.) schlummern. Adjektiv: dösig.
Dös|kopp (der, -s, -köp|pe) (ugs.) Dummkopf.
do|sie|ren (V.) (franz.) bemessen.
Do|si|me|ter (das, -s, -) (griech.) Strahlenmessgerät.
Do|sis (die, -, -sen) (griech.) Arzneigabe, -menge; abgemessene, messbare Menge (einer Arznei, Strahlung).

Dos|si|er (das, -s, -s) (franz.) Akte; Schriftstück.
do|tie|ren (V.) (lat.) geben; ausstatten. Dotierung; Dotation.
Dot|ter (der/das, -s, -) Eigelb. Dotterblume; dottergelb; dott(e)rig.
Dou|b|le (das, -s, -s) (franz.) Ersatzschauspieler; Stuntman. Verb: doubeln.
Dou|b|lé (auch: Du|b|lee) (das, -s, -s) Metall mit Edelmetallüberzug; Doppelschlag (Fechten). Verb: doublieren (auch: dublieren).
Dou|b|le|face (der/das, -, kein Plural) (engl.) zweiseitig verschieden gefärbter Stoff.
Dove-Award (der, -s, -s) (engl.) amerikanischer Musikpreis für Gospel- und christliche Rockmusik.
Dow-Jones-In|dex (der, -, kein Plural) gemittelter Index aus einem Aktienbündel ausgewählter Firmen (New Yorker Börse).
Dow|las (das, -, kein Plural) (franz.-engl.) ein kräftiger Baumwollstoff.
down (Adj.) (ugs.) (engl.) erschöpft, niedergeschlagen.
down|loa|den (V.) (engl.) herunterladen von Dateien.
Do|xo|lo|gie (die, -, -n) (griech.) christliche Lobpreisung.
Doy|en (der, -s, -s) (franz.) Rangältester, Wortführer im diplomatischen Korps.
Do|zent (der, -en, -en) (lat.) Hochschullehrer. Dozentin; Dozentur; dozieren.
dpa (Abk.) Deutsche Presse-Agentur.
dpt (auch: dptr.) (Dptr.) (Abk.) Dioptrie.
Dr. (Abk.) Doktor.
d. R. (Abk.) der Reserve; des Ruhestandes.
Dra|che (der, -n, -n) Lindwurm; Ungeheuer. Drachenblut; Drachenbaum.
Dra|chen (der, -, -) Papiervogel; Fluggerät; streitbare Frau. Drachenfliegen.
Drach|me (die, -, -n) 1. griechische Währungseinheit, 1 Drachme = 100 Lepta. 2. altes Apothekergewicht, 3,75 Gramm.
Dra|gee (auch: Dra|gée) (das, -s, -s) (franz.) Tablette; Süßigkeit.
Dra|go|ner (der, -s, -) leichter Reiter, Kavallerist.
Draht (der, -s, Dräh|te) Metallfaden; Kabel. Drahtbürste; Drahtesel; Drahtgeflecht; Drahtkorb; Drahtseilbahn; Drahtverhau; Drahtzieher; drahthaarig; drahtig; drahtlos.
Drai|na|ge (auch: Drä|na|ge) (die, -, -n) (franz.) Kanalisation; Entwässerung. Verb: drainieren (auch: dränieren).
Drai|si|ne (die, -, -n) (franz.) kleines Schienenfahrzeug.
dra|ko|nisch (Adj.) (griech.) überaus streng.

Drakontiasis 111 **Drift**

Dra|kon|ti|a|sis (die, -, kein Plural) (griech.-lat.) durch Fadenwurm verursachte Wurmkrankheit des Menschen.
drall (Adj.) dick; rund. Drallheit.
Drall (der, -s, -e) Drehbewegung. Linksdrall; Rechtsdrall.
Dra|lon (das, -s, kein Plural) künstliche Faser auf Polyacrylbasis.
Dra|ma (das, -s, -men) Theaterstück; Unglück. Dramatik; Dramatiker; Dramatisierung; Dramaturg; Dramaturgie; dramatisch; dramaturgisch; dramatisieren.
dran (Adv.) (ugs.) daran. drauf und dran; *aber:* das Drum und Dran; dran sein (an der Reihe sein); dran glauben müssen; drangeben; drangehen (beginnen); dranhalten; drankommen; drankriegen (überlisten); dransetzen.
Drang (der, -s, Drän|ge) Bedürfnis; Druck; Ansturm. Drangperiode; Drangsal; Drängelei; Sturm und Drang; drangvoll; drängeln; drängen.
drang|sa|lie|ren (V.) quälen; schikanieren. Drangsal.
Drä|nung (die, -, -en) Entwässerung. Dränierung; Dränage (*auch:* Drainage).
Dra|pé (*auch:* Dra|pee) (der, -s, -s) (franz.) Stoff. Draperie; Drapierung; drapieren.
dras|tisch (Adj.) (griech.) deutlich; stark; einschneidend. Drastik; Drastikum.
drauf (Adv.) (ugs.) darauf. drauf und dran sein; drauf sein (gut/schlecht gelaunt sein); draufgeben; draufgehen (sterben); drauflegen; drauflosgehen; draufmachen; draufschlagen; draufstehen; draufzahlen; draufgängerisch; drauflos; Draufgabe; Draufgänger; Draufgeld; Draufsicht.
draus (Adv.) (ugs.) daraus. drausbringen (verwirren); drauskommen (abgelenkt werden).
drau|ßen (Adv.) im Freien; außen; außerhalb; weit weg.
Dra|zä|ne (die, -, -n) (griech.-lat.) Drachenbaum.
drech|seln (V.) formen; drehen (Holz). Drechsler; Drechslerei; Drechselei; Drechselbank.
Dreck (der, -s, kein Plural) Schmutz; (ugs.) Zeug. Dreck(s)arbeit; Dreckfink; Dreckhaufen; Dreck(s)kerl; Drecknetz; Drecksau; Dreckschleuder; Dreckspatz; dreckig; dreckfrech.
Dred|sche (die, -, -n) (engl.) Schleppnetz für Austernfang.
Dreh (der, -s, -e/-s) Drehung; Trick. Drehbank; Drehbewegung; Drehbuch; Drehbuchautor; Drehbühne; Dreher; Drehmoment; Drehorgel; Drehscheibe; Drehstrom; Drehtür; Drehung; Drehwurm; Drehzahlmesser; drehbar; drehen.

drei (Zahlw.) wir drei; sie sind zu dritt/dreien; wer von euch dreien; die Kinder der drei Mütter, *aber:* die Kinder dreier Mütter (Beugung, wenn vor »drei« kein Artikel oder Pronomen!); aller guten Dinge sind drei; er kann nicht bis drei zählen; die drei Weisen, *aber:* die Heiligen Drei Könige; drei und drei ist (*falsch:* sind!) sechs; um drei Uhr; dreimal (3-mal); dreimal so groß; dreimal so viel; er ist gerade drei Jahre alt; halb drei; drei(und)einhalb. *Großschreibung:* die Zahl/Note Drei; er hatte im Zeugnis nur Dreien; mit (einer) Drei-Komma-fünf bestanden; *aber:* Die Durchschnittsnote war drei Komma fünf; Dreiachteltakt ($^3/_8$-Takt); Dreidimensionalität; Dreieck; Dreiecksgeschichte; Dreieinigkeit; Dreierkombination; in Dreierreihen; das kostet das Dreifache; Dreifaltigkeit; Dreifuß; Dreikäsehoch; Dreikönige; Dreiländereck; Dreimeilenzone; Dreimeterbrett; Dreiphasenstrom; Dreirad; Dreisatz; Dreispänner; Dreisprung; Dreistufenplan; Dreizack; Dreizimmerwohnung. dreiarmig; dreibändig; dreiblätt(e)rig; dreidimensional; dreieckig; dreieinhalb; dreierlei; dreifach; dreifarbig; dreihundert; dreijährig; dreimalig; dreimillionenmal, *aber:* drei Millionen Male; dreisilbig, dreispaltig; dreißigjährig, *aber:* der Dreißigjährige Krieg; dreitausend, *aber:* einen Dreitausender besteigen; dreiteilig; dreiunddreißig; dreizig, *aber:* die schwarze Dreizehn.
drei vier|tel (Zahlw.) drei von vier (in Ziffern: $^3/_4$). Es ist drei viertel drei; in einer Dreiviertelstunde, *aber:* in drei viertel Stunden (*auch:* drei Viertelstunden); drei Viertel der Einwohner Münchens; zu drei viertel; dreiviertellang; Dreivierteliterflasche ($^3/_4$-Liter-Flasche); Dreiviertelmehrheit; Dreiviertelstunde; Dreivierteltakt.
Dres. (Abk. für doctores) Doktoren. Den Artikel verfassten Dres. Müller und Kunert.
dre|schen (V., drosch, hat gedroschen) schlagen. Dresche; Dreschflegel.
Dress (der, -/Dres|ses, Dres|se) (engl.) Sportbekleidung. Dressman.
dres|sie|ren (V.) abrichten; schulen. Dressur; Dresseur; Dressurnummer; Dressurreiten.
Dres|sing (das, -s, -s) (engl.) Salatsoße.
Dress|man (der, -s, Dress|men) (engl.) männliches Mannequin.
Dr. habil. (Abk.) habilitierter Doktor.
Dr. h. c. (Abk.) Doktor honoris causa (lat.) Ehrendoktor.
drib|beln (V.) (engl.) den Ball vor sich hertreiben (Fußball). Dribbeln; Dribbling.
Drift (die, -, -en) Strömung. Verb: driften → Trift.

Drill (der, -s, -e) (engl.) Disziplin. Verb: drillen.
Drillich (der, -s, -e) dicker Leinenstoff; Arbeitsanzug.
Drilling (der, -s, -e) eines von drei Drillingsgeschwistern; Jagdgewehr.
drin (Adv.) (ugs.) darin. drin sein; drinsitzen; drinstecken; drinstehen.
Dr.-Ing. (Abk.) Doktoringenieur; Doktor der Ingenieurwissenschaften.
dringen (V., drang, hat gedrungen) eindringen; drängen; einwirken. Dringlichkeit; Dringlichkeitsstufe; dringend; dringlich; auf das, aufs Dringendste (*auch:* dringendste).
Drink (der, -s, -s) (engl.) alkoholisches Getränk.
drinnen (Adv.) innerhalb; darin.
dritt (Zahlw.) der dritte Tag; jeder Dritte; wir waren zu dritt/dreien; der Drittbeste; drittens; dritthöchste; die/der/das Drittletzte; der Dritte im Bunde; ein Dritter sollte seine Meinung dazu sagen; einem Dritten gegenüber; das Dritte wäre noch anzuführen; das Dritte Reich, die Dritte Welt, ein Drittel; zu/mit zwei Drittel(n); Drittinteresse; Drittschuldner. Verb: dritteln.
Drive (der, -s, -s) (engl.) Dynamik; Schlag (Golf, Tennis).
Drive-in-Kino (das, -s, -s) Autokino.
Drive-in-Restaurant (das, -s, -s) Schnellimbiss mit Bedienung am Auto.
Dr. jur. (Abk.) Doktor der Rechte.
DRK (Abk.) Deutsches Rotes Kreuz.
Dr. med. (Abk.) Doktor der Medizin.
Dr. med. dent. (Abk.) Doktor der Zahnmedizin.
Dr. med. vet. (Abk.) Doktor der Tiermedizin.
droben (Adv.) oben; dort oben.
Dr. oec. (Abk.) Doktor der Betriebswirtschaft.
Dr. oec. publ. (Abk.) Doktor der Volkswirtschaft.
Droge (die, -, -n) (franz.) Rauschgift. Drogenabhängige; Drogenkonsum; Drogenszene; drogenabhängig; drogensüchtig.
Drogerie (die, -, -n) (franz.) Parfümerie- und Arzneimittelgeschäft. Drogist/in.
drohen (V.) bedrohen; einschüchtern; bevorstehen. Das Haus drohte einzustürzen. Er drohte(,) ihr die Freundschaft zu kündigen. Drohung; Drohgebärde; Drohwort; Bedrohung; Drohbrief.
Drohne (die, -, -n) männliche Biene. Drohnendasein.
dröhnen (V.) lärmen; erschüttern.
drollig (Adj.) witzig; komisch. Drolligkeit.
Dromedar (das, -s, -e) (griech.) Kamel (einhöckerig).
Dropkick (der, -s, -s) (engl.) Schuss (Fußball).
Drop-out (*auch:* Dropout) (der, -s, -s) (engl.) Aussteiger; Signalausfall (EDV).
Drops (der/das, -, -) (engl.) Bonbon.
Droschke (die, -, -n) (russ.) Pferdekutsche.
Drosophila (die, -, -lae) (griech.) Essigfliege (als Versuchstier der Genforschung).
Drossel (die, -, -n) Singvogel.
drosseln (V.) abschwächen; blockieren. Drosselklappe; Drosselspule; Drosselung (*auch:* Drosslung).
Dr. paed. (Abk.) Doktor der Pädagogik.
Dr. pharm. (Abk.) Doktor der Pharmazie.
Dr. phil. (Abk.) Doktor der Philosophie.
Dr. rer. nat. (Abk.) Doktor der Naturwissenschaften.
Dr. rer. oec. (Abk.) Doktor der Wirtschaftswissenschaften.
Dr. rer. pol. (Abk.) Doktor der Staatswissenschaften.
Dr. theol. (Abk.) Doktor der Theologie.
drüben (Adv.) auf der anderen Seite.
drüber (Adv.) (ugs.) darüber. drüberlegen; drüberschreiben.
drucken (V.) publizieren. Druck; Druckbogen; Drucker; Druckerei; Druckerschwärze; Druckerzeugnis (*auch:* Druck-Erzeugnis); Druckfahne; Druckfehler; Druckmuster; Drucksache; Druckschrift; Druckverfahren; druckfertig; druckfrisch; druckreif.
drücken (V.) belasten; pressen; sich entziehen. Drücker; Drückeberger; Druckabfall; Druckausgleich; Druckkessel; Druckluftbremse; Druckpunkt; Druckstelle; Druckwelle; druckempfindlich; drückend; druckfest.
drucksen (V.) (ugs.) zögern; stottern.
Drude (die, -, -n) Zauberin. Drudenfuß.
Drugstore (der, -s, -s) (engl.) Gemischtwarenhandlung.
Druide (der, -n, -n) keltischer Priester.
drum (Adv.) (ugs.) darum. drum herum; *aber:* das ganze Drumherum; das ganze Drum und Dran.
Drum (die, -, -s) (engl.) Trommel. Drums (Schlagzeug); Drummer.
drunten (Adv.) (ugs.) dort unten; da unten.
drunter (Adv.) (ugs.) darunter. Bei uns geht es drunter und drüber; *aber:* das Drunter und Drüber.
Drüse (die, -, -n) Körperorgan zur Sekretausscheidung. Drüsenfunktion; Drüsenschwellung; Drüsenfieber; drüsig.
dry (Adj.) (engl.) trocken; herb.
Dschibuti (ohne Art., -s, kein Plural) afrikanischer Staat.
Dschihad (der, -, kein Plural) (arab.) der heilige Krieg im Islam.

Dschinn (der, -s, -/-en) (arab.) Dämon (im islamischen Volksglauben).
Dschun|gel (der, -s, -) Urwald. Dschungelbuch; Dschungelpfad.
Dschun|ke (die, -, -n) Segelschiff.
DSR (ohne Art.) Abk. für Digital Satellite Radio; digitaler Hörfunk über Satellit.
dt. (Abk.) deutsch.
DTB (Abk.) Deutscher Turnerbund.
dto. (Abk.) dito.
DTP Abk. für Desktop-Publishing. DTP-Setzer.
Dtzd. (Abk.) Dutzend.
du (Pron., pers.) *Beachte:* in Briefen klein- oder großgeschrieben! Jemandem das Du anbieten; Du (*auch:* du) zueinander sagen; ich stehe mit ihm auf Du und Du; du und ich; sich duzen; er ist mein Duzfreund.
Du|a|lis|mus (der, -, kein Plural) (lat.) Zweiheit; Polarität. Dualist; dualistisch.
Du|a|li|tät (die, -, kein Plural) (lat.) Zweiheit; Vertauschbarkeit; Wechselseitigkeit. Dualsystem.
Du|bas|se (die, -, -n) (russ.) flaches Ruderboot.
Dü|bel (der, -s, -) Zapfen zur Verankerung von Schrauben. Verb: dübeln.
du|bi|os (*auch:* du|bi|ös) (Adj.) (lat.) zweifelhaft. Dubiosen; dubitativ.
Du|b|lee (*auch:* Dou|b|lé) (das, -s, -s) (franz.) Billardstoß; Metall mit Edelmetallüberzug. Dubleegold.
Du|b|let|te (die, -, -n) (franz.) Doppelstück; Imitation. Verb: dublieren.
Du|cen|to (das, -/-s, kein Plural) das 13. Jahrhundert in Italien als Epoche der Kunstgeschichte.
Du|chesse (die, -, -n) (franz.) 1. französische Herzogin. 2. glänzender, schwerer, aber feinfädiger Seidenstoff (für Kleider und Futterstoffe).
du|cken (V., refl.) sich beugen; gehorchen. Duckmäuser; duckmäuserisch.
du|deln (V.) auf einem Blasinstrument vor sich hin spielen. Dudelei; Dudler; Dudelsack.
Du|ell (das, -s, -e) (franz.) Herausforderung; Zweikampf. Duellant; duellieren.
Du|en|ja (die, -, -s) Anstandsdame, Erzieherin.
Du|ett (das, -s, -e) (ital.) zweistimmiger Gesang.
Düf|fel (der, -s, -) (niederl.) schwerer, stark angerauter Stoff (für das Innenfutter).
Duf|fle|coat (der, -s, -s) (engl.) halblanger Kapuzenmantel aus dickem Stoff.
Duft (der, -s, Düfte) Geruch. Duftnote; Duftstoff; Duftwasser; Duftmarke; Düftchen; duftig; duften.
duf|te (Adj.) (ugs.) prima; fein.

Du|gong (der, -s, -s) (malai.) Gabelschwanzseekuh.
Du|ka|ten (der, -en, -en) (ital.) Goldmünze.
dul|den (V.) zulassen; ertragen. Dulder; Duldung; Duldsamkeit; duldsam.
Dult (die, -, -en) (süddt.) Jahrmarkt.
Dum|dum|ge|schoss (das, -schosses, -schosse) Geschoss mit abgesägter Spitze.
dumm (Adj., dümmer, dümmsten) unintelligent; unerfahren; töricht. Dummerchen; Dummheit; Dummian; Dummkopf; Dummejungenstreich (*auch:* Dumme-Jungen-Streich); dummdreist; dümmlich; dummerweise; verdummen.
Dum|my (der, -s, -s) (engl.) Attrappe; Menschenpuppe (für Verkehrstests).
dumpf (Adj.) gedämpft; abgestumpft; undeutlich. Dumpfheit; dumpfig.
Dum|ping (das, -s, -s) (engl.) Marktpreisunterbietung. Dumpingpreis.
Dü|ne (die, -, -n) Sandhügel. Dünensand.
Dung (der, -es, kein Plural) Mist; Dünger. Dunggrube; Dunghaufen.
dün|gen (V.) mit Dünger versetzen. Dünger; Düngung; Düngemittel.
dun|kel (Adj.) dunkel; finster; tief; zwielichtig. *Großschreibung:* im Dunkeln (in der Finsternis); im Dunkeln ist gut munkeln; er leuchtet mit der Taschenlampe ins Dunkle; im Dunkeln tappen; sie ließen uns im Dunkeln; ihre Spur verlor sich im Dunkeln. Dunkelheit; Dunkelkammer; Dunkelmänner; Dunkelziffer; dunkelhäutig; dunkelhaarig; dunkelblond; dunkelgrau; dunkeläugig; dunkeln; dunkel färben (*auch:* dunkelfärben).
Dün|kel (der, -s, -) Eitelkeit; Arroganz. Adjektiv: dünkelhaft.
dün|ken (V.) scheinen; wähnen; sich einbilden.
dünn (Adj.) schmal; schlank; spärlich. Mit dem gehe ich durch dick und dünn! *Beachte:* Getrenntschreibung, wenn »dünn« selbständiges Adjektiv ist! Wir mussten uns ganz dünn machen, um durchzukommen. Du solltest die Scheiben sehr dünn schneiden. *Aber:* Zusammenschreibung bei neuer Verbbedeutung! Dein Freund hat sich wie immer dünn(e)gemacht (ist weggelaufen). Dünndarm; Dünndruck; Dünnpfiff; Dünnschliff; Dünnung; dünnbeinig; dünnflüssig; dünnwandig; dünn bevölkert (*auch:* dünnbevölkert).
Dunst (der, -es, Dünste) Dampf; Nebel. Dunstglocke; Dunstschicht; Dunstwolke; dunstig; dunsten; dünsten.
Duo (das, -s, -s) (ital.) Musikstück für zwei Instrumente.
Duo|de|nal|ul|kus (lat.) Geschwür am Zwölffingerdarm (Med.).
Duo|de|num (das, -s, -na) (lat.) Zwölffingerdarm.

Duo|dez (das, -/-es, kein Plural) (lat.) ein kleines Buchformat, Zwölftelbogen.
Duo|dez|fürst (der, -en, -en) (lat.) Herrscher eines sehr kleinen unbedeutenden Fürstentums in der Epoche der Territorialstaaten. Duodezstaat.
duo|de|zi|mal (Adj.) (lat.-griech.) Duodezimalsystem; Zwölfersystem.
Duo|de|zi|me (die, -, -n) (lat.) zwölfter Ton in der diatonischen Tonleiter.
Duo|dra|ma (das, -s, -men) Drama, in dem nur zwei Personen auftreten.
Duo|kul|tur (die, -, -en) Doppelanbau von Kulturpflanzen auf demselben Feld.
Du|o|le (die, -, -n) Aufteilung eines Dreierrhythmus in zwei aufeinander folgende gleichwertige Noten.
Du|o|lit (das, -s, kein Plural) Ungeziefervernichtungsmittel.
dü|pie|ren (V.) (franz.) täuschen; narren. Düpierung.
du|pli|zie|ren (*auch:* du|plie|ren) (V.) (lat.) verdoppeln. Duplikat; Duplikation; Duplikatur; Duplizität.
Dur (das, -, kein Plural) (lat.) Tongeschlecht.
Beachte: Dur-Tonarten werden mit einem großen Buchstaben bezeichnet (die Moll-Tonarten dagegen mit einem kleinen Buchstaben)! B-Dur, *aber:* b-Moll.
du|ra|bel (Adj.) (lat.) dauerhaft. Durabilität.
du|ra|tiv (Adj.) (lat.) dauernd.
durch 1. (Präp., lok./mod., Akk.) hindurch; mitten durch; mittels; infolge von. durchs Land reisen; durch deine Hilfe. 2. (Adv.) hindurch; während. Es war uns durch und durch (völlig) kalt; das ganze Jahr durch (während des ganzen Jahres).
durch|ackern (V.) durchpflügen; durcharbeiten.
durch|ar|bei|ten (V.) bearbeiten; bis zum Morgen arbeiten.
durch|at|men (V.) tief atmen.
durch|aus (Adv.) völlig; zweifellos.
durch|ba|cken (V.) gar machen.
durch|be|ben (V.) durchzittern; erregen.
durch|bei|ßen (V., biss durch, hat durchgebissen) trennen; zerbeißen; (refl.) sich durchkämpfen.
durch|be|kom|men (V., bekam durch, hat durchbekommen) (ugs.) durchbringen.
durch|beu|teln (V.) schütteln.
durch|bie|gen (V., bog durch, hat durchgebogen) durchhängen; drücken.
durch|blät|tern (V.) durchschauen; überfliegen.
durch|bli|cken (V.) durchschauen; Bescheid wissen. Durchblick.
durch|blu|ten (V.) mit Blut versorgen; mit Blut durchtränken. Durchblutung; Durchblutungsstörung.
durch|boh|ren (V.) ein Loch bohren; durchdringen. Durchbohrung.
durch|bo|xen (V., refl.) sich durchsetzen; sich behaupten.
durch|bra|ten (V., briet durch, hat durchgebraten) gar machen.
durch|brau|sen (V.) schnell fahren; heftig wehen.
durch|bre|chen (V., brach durch, hat/ist durchgebrochen) zerbrechen; durchdringen; sich durchsetzen.
durch|bren|nen (V., brannte durch, ist durchgebrannt) verglühen; ausreißen.
durch|brin|gen (V., brachte durch, hat durchgebracht) hindurchschaffen; versorgen; sich durchsetzen; verschleudern.
Durch|bruch (der, -s, -brü|che) Zerteilung; Erfolg. Durchbruchsarbeit.
durch|che|cken (V.) prüfen.
durch|dacht (Adj.) klug; überlegt.
durch|den|ken (V., dachte durch, hat durchdacht) überdenken; durchkonstruieren.
durch|dis|ku|tie|ren (V.) gründlich besprechen.
durch|dre|hen (V.) zerkleinern; die Nerven verlieren.
durch|drin|gen (V., drang durch, hat durchdrungen/ist durchgedrungen) durchbrechen; Beachtung finden; erfüllen. Durchdringung.
durch|drü|cken (V.) durchsetzen.
durch|drun|gen (Adj.) erfüllt.
durch|ei|n|an|der (Adv.) wirr; ungeordnet. durcheinanderbringen; durcheinanderschwatzen; durcheinanderwühlen; durcheinanderschütteln; durcheinanderlaufen; *aber:* alles durcheinander sagen; durcheinander sein (verwirrt sein). das Durcheinander.
durch|ex|er|zie|ren (V.) ausprobieren; wiederholen.
durch|fah|ren (V., fuhr durch, hat durchfahren/ist durchgefahren) befahren; bis zum Morgen fahren. Durchfahrt; Durchfahrtsstraße; Durchfahrtsrecht.
Durch|fall (der, -s, -fäl|le) Darmgrippe, Diarrhö; Misserfolg. Verb: durchfallen.
durch|fech|ten (V., focht durch, hat durchgefochten) sich energisch einsetzen.
durch|fe|gen (V.) sauber machen; heftig wehen.
durch|fei|ern (V.) bis zum Morgen feiern.
durch|fei|len (V.) zertrennen.
durch|feuch|ten (V.) durchnässen.
durch|fil|zen (V.) durchsuchen.

durch'fin'den (V., fand durch, hat durchgefunden) sich zurechtfinden.
durch'flie'gen (V., flog durch, hat durchflogen/ist durchgeflogen) hindurchfliegen; durcheilen; durchfallen. Durchflug.
durch'flie'ßen (V., floss durch, hat durchflossen/ist durchgeflossen) durchqueren; durchlaufen. Durchfluss.
durch'flu'ten (V.) erfüllen; durchdringen.
durch'for'schen (V.) untersuchen; durchsuchen. Durchforschung.
durch'fors'ten (V.) ausholzen; durchsuchen. Durchforstung.
durch'fres'sen (V., fraß durch, hat durchgefressen) zerfressen; zerstören; (ugs., refl.) sich durchessen.
durch'frie'ren (V., fror durch, ist durchgefroren) kalt werden; zu Eis werden.
durch'füh'ren (V.) hindurchbringen; ausführen; erledigen; verwirklichen. Durchfuhr; Durchführung; Durchführungsverordnung; durchführbar.
durch'furcht (Adj.) gepflügt; voller Falten.
durch'füt'tern (V.) verköstigen.
Durch'ga'be (die, -, -n) Übermittlung. Verb: durchgeben.
Durch'gang (der, -s, -gän'ge) Öffnung; Passage; Abschnitt. Durchgangsbahnhof; Durchgangszug (Abk.: D-Zug); durchgängig.
durch'ge'hen (V., ging durch, ist durchgegangen) hindurchbewegen; Erfolg haben; ausreißen. Adverb: durchgehend.
durch'geis'tigt (Adj.) geistvoll; abwesend.
durch'glie'dern (V.) unterteilen. Durchgliederung.
durch'glü'hen (V.) verglühen; erfüllen.
durch'grei'fen (V., griff durch, hat durchgegriffen) Ordnung schaffen. Adjektiv: durchgreifend.
durch'hal'ten (V., hielt durch, hat durchgehalten) ausharren; aushalten. Durchhaltevermögen.
durch'hän'gen (V., hing durch, hat durchgehangen) sich durchbiegen; erschöpft sein. Durchhänger.
durch'hau'en (V.) zerteilen; verprügeln.
durch'he'cheln (V.) klatschen; bekritteln.
durch'ja'gen (V.) hetzen.
durch'käm'men (V.) kämmen; durchsuchen. Durchkämmung.
durch'kämp'fen (V.) durchsetzen; überwinden.
durch'kau'en (V.) gründlich kauen; ausführlich besprechen.
durch'klin'gen (V., klang durch, hat/ist durchgeklungen) übertönen; anklingen; erfüllen.
durch'klop'fen (V.) (ugs.) verhauen.

durch'kom'men (V., kam durch, ist durchgekommen) überstehen; durchdringen.
durch'kos'ten (V.) probieren; genießen; erleiden.
durch'kreu'zen (V.) durchstreichen; vereiteln. Durchkreuzung.
durch'la'den (V., lud durch, hat durchgeladen) eine Waffe schussbereit machen.
durch'las'sen (V., ließ durch, hat durchgelassen) vorbeilassen; zulassen. Durchlass.
durch'läs'sig (Adj.) undicht; porös. Durchlässigkeit.
Durch'laucht (die, -, kein Plural) Anrede für Fürsten. *Beachte:* Großschreibung des Pronomens! Eure Durchlaucht.
durch'lau'fen (V., lief durch, hat durchlaufen/ist durchgelaufen) durchqueren; durchfließen. Durchlauf; Durchlauferhitzer.
durch'la'vie'ren (V., refl.) sich geschickt weiterbringen.
durch'leuch'ten (V.) scheinen; röntgen. Durchleuchtung.
durch'lö'chern (V.) durchbohren; schwächen.
durch'lot'sen (V.) hindurchführen.
durch'lüf'ten (V., durchgelüftet/durchlüftet) auslüften; belüften. Durchlüftung; Durchlüfter.
durch'ma'chen (V.) erleiden; durchfeiern.
Durch'marsch (der, -es, -mär'sche) Durchzug; (ugs.) Durchfall. Verb: durchmarschieren.
durch'mes'sen (V., maß durch/durchmaß, hat durchgemessen/durchmessen) abmessen; durchschreiten. Durchmesser (Abk.: d).
durch'mo'geln (V., refl.) (ugs.) durchschwindeln.
durch'mus'tern (V., durchgemustert/durchmustert) prüfen; durchsuchen.
durch'n (ugs.) durch den. *Beachte:* immer mit Apostroph!
durch'näs'sen (V.) nass machen.
durch'neh'men (V., nahm durch, hat durchgenommen) durcharbeiten. Durchnahme.
durch'or'ga'ni'sie'ren (V.) gründlich vorbereiten.
durch'pau'sen (V.) abbilden; abzeichnen.
durch'pflü'gen (V.) ackern; prüfen; durchsuchen.
durch'pul'sen (V.) durchströmen; durchfluten.
durch'que'ren (V.) durchdringen; durchkreuzen. Durchquerung.
durch'ras'seln (V.) (ugs.) durchfallen (Prüfung).
durch'reg'nen (V.) hereinregnen; ununterbrochen regnen.
Durch'rei'che (die, -, -n) Öffnung zwischen Küche und Essraum. Verb: durchreichen.

durch'rei'sen (V., ist durchgereist/hat durchreist) weiterfahren; bereisen. auf der Durchreise; Durchreisende.
durch'rin'gen (V., refl., rang durch, hat durchgerungen) sich endlich entschließen.
durch'ros'ten (V., ist) durch Rost löchrig werden.
durch'rut'schen (V., ist) (ugs.) durchkommen (Prüfung).
durchs (ugs.) durch das. *Beachte:* immer ohne Apostroph!
Durch'sa'ge (die, -, -n) Mitteilung. Verb: durchsagen.
durch'schau'en (V.) hindurchsehen; verstehen; erkennen. Adjektiv: durchschaubar.
durch'schei'nen (V., schien durch, hat durchgeschienen) durchschimmern; durchleuchten. Adjektiv: durchscheinend.
durch'scheu'ern (V.) auflösen; wund reiben.
durch'schie'ßen (V., durchschoss, hat durchgeschossen/durchschossen) durchlöchern. Durchschuss.
durch'schim'mern (V., durchgeschimmert/ durchschimmert) durchbrechen; durchscheinen.
durch'schla'gen (V., schlug durch/durchschlug, hat durchgeschlagen/hat durchschlagen) hindurchdringen; urteilen; wirksam werden. Durchschlag; Durchschlagpapier; Durchschlagskraft; durchschlägig; durchschlagend.
durch'schlän'geln (V.) sich geschickt durchmanövrieren.
durch'schleu'sen (V.) geleiten.
durch'schlüp'fen (V., ist) hindurchschlüpfen; entkommen. Durchschlupf.
durch'schnei'den (V., schnitt durch/durchschnitt, hat durchgeschnitten/durchschnitten) zertrennen; durchkreuzen. Durchschneidung; Durchschnitt; Durchschnittsgeschwindigkeit; Durchschnittsleistung; Durchschnittsbürger; Durchschnittsmensch; durchschnittlich.
durch'schnüf'feln (V., durchgeschnüffelt/ durchschnüffelt) durchsuchen; kontrollieren.
Durch'schrift (die, -, -en) Zweitschrift. Durchschreibeblock (Plural: -blocks!); durchschreiben.
durch'schrei'ten (V., schritt durch/durchschritt, hat durchgeschritten/durchschritten). durchgehen; durchqueren.
durch'schwär'men (V.) sich amüsieren; durchsuchen.
durch'schwim'men (V., schwamm durch, hat durchschwommen) hindurchschwimmen; ohne Unterbrechung schwimmen.
durch'schwit'zen (V.) nass schwitzen.
durch'se'geln (V., ist) hindurchsegeln; (ugs.) durchfallen (Prüfung).

durch'se'hen (V., sah durch, hat durchgesehen) hindurchschauen; prüfen. Durchsicht; Durchsichtigkeit; durchsichtig.
durch sein (V., war durch, ist durch gewesen) gar sein; vorbei sein; entzwei sein; durchgekommen sein.
durch'set'zen (V.) erreichen; sich behaupten; vermischen. Durchsetzung; Durchsetzungskraft.
Durch'set'zungs'ver'mö'gen (das, -s, kein Plural) Durchsetzungskraft.
durch'si'ckern (V., ist) ausfließen; bekannt werden.
durch'spre'chen (V., sprach durch, hat durchgesprochen) durchgehen; diskutieren.
durch'star'ten (V., ist) beschleunigen.
durch'ste'chen (V., stach durch/durchstach; hat durchgestochen/durchstochen) durchgraben; durchbohren. Durchstich.
durch'ste'hen (V., stand durch, hat durchgestanden) aushalten.
durch'stei'gen (V., durchstieg/stieg durch, hat durchstiegen, ist durchgestiegen) durchqueren; hindurchkommen; verstehen (ugs.). Durchstieg.
durch'sto'ßen (V., stieß durch/durchstieß, hat durchgestoßen/durchstoßen) durchdringen; durchlöchern. Durchstoß.
durch'strei'chen (V., strich durch/durchstrich, hat durchgestrichen/durchstrichen) ausstreichen; durchwandern.
durch'strei'fen (V.) durchwandern; absuchen.
durch'strö'men (V.) durchfließen.
durch'su'chen (V., suchte durch/durchsuchte, hat durchgesucht/ durchsucht) absuchen; durchstöbern.
durch'stür'men (V., stürmte durch/durchstürmte, ist durchgestürmt/hat durchstürmt) durchrennen; heftig wehen.
durch'trai'niert (Adj.) (körperlich) fit. Verb: durchtrainieren.
durch'tren'nen (V., trennte durch/durchtrennte; hat durchgetrennt/ durchtrennt) zerteilen.
durch'tre'ten (V., trat durch/durchtrat, hat durchgetreten/durchtreten) hindurchtreten; durchdrücken. Durchtrittsstelle.
durch'trie'ben (Adj.) verschlagen; hinterlistig. Durchtriebenheit; durchtreiben.
durch'wach'sen (Adj.) durchzogen von; durchsetzt mit. Verb: durchwachsen.
durch'wäh'len (V.) ohne Vermittlung telefonieren. Durchwahl; Durchwahlnummer.
durch'wal'ken (V., walkte durch/durchwalkte, hat durchgewalkt/durchwalkt) kneten; (ugs.) verprügeln.
durch'wär'men (V.) warm werden; wärmen.
durch'weg (*auch:* durch'wegs) (Adv.) gänzlich; überall.

durch'wei'chen (V.) weich werden; weich machen. Adjektiv: durchweicht.
durch'win'den (V., wand durch, hat durchgewunden) durchziehen; durchzwängen.
durch'wir'ken (V.) kneten; einweben.
durch'wit'schen (V.) (ugs.) entwischen.
durch'wüh'len (V., wühlte durch/durchwühlte, hat durchgewühlt/durchwühlt) durchgraben; durchsuchen.
durch'wurs'teln (*auch:* durch'wursch'teln) (V., refl.) (ugs.) mühsam zurechtkommen.
durch'zie'hen (V., zog durch/durchzog, ist durchgezogen/hat durchzogen) durchmarschieren; durchdringen; hindurchstecken. Durchzug; durchzogen.
durch'zu'cken (V.) durchbeben; durchziehen.
durch'zwän'gen (V.) sich hindurchdrücken.
dür'fen (V., durfte, hat gedurft) Erlaubnis, Befugnis haben.
dürf'tig (Adj.) ärmlich; knapp. Dürftigkeit.
dürr (Adj.) trocken; mager. Dürre; Dürrfutter; Dürrekatastrophe; Dürrsein.
Dur'ra (die, -, kein Plural) (arab.) eine tropische Getreideart, Mohrenhirse.
durs'ten (*auch:* dürs'ten) (V.) Durst haben; heftig verlangen. Durst; Durststrecke; durstig; durststillend.
du'schen (V.) brausen. Dusche; Duschbad.
Dü'se (die, -, -n) Spitzrohr; Antriebssystem. Düsenantrieb; Düsenjäger; Düsentriebwerk; düsen.
Du'sel (der, -s, kein Plural) (ugs.) Glück; Benommenheit. Duselei; dus(e)lig; duseln.
Dus'sel (der, -s, -) (ugs.) Dummkopf. Dusseligkeit (*auch:* Dussligkeit); Dusselei; dusselig.
Dust (der, -s, kein Plural) (engl.) Teestaub.
düs'ter Adj.) finster; mürrisch. Düsterheit (*auch:* -keit); Düsternis; düstern.
Dutt (der, -s, -s/-e) Haarknoten.
Du'ty-free-Shop (der, -s, -s) (engl.) Laden mit zollfreien Waren.
Dut'zend (das, -s, -e) (Abk.: Dtzd.) zwölf Stück. zwei Dutzend Äpfel; Dutzende (*auch:* dutzende) von Büchern; zu Dutzenden; viele dutzend/Dutzend Mal(e); dutzendmal; einige dutzende/Dutzende Mal(e); dutzendfach; dutzendweise.
Du'um'vir (der, -n, -n) (lat.) einer von zwei Beamten einer doppelt besetzten altrömischen Behörde.
Du'um'vi'rat (das, -s, -e) Amt, Würde der Duumvirn.
Du'vet (das, -s, -s) (schweiz.) (franz.) Federbett.
Du've'ti'ne (der, -s, -s) (franz.) samtähnlicher Stoff.

Dux 1. (der, Ducis, Duces) (lat.) der Herr; Feldherr. 2. (der, -, Duces) (lat.) einstimmiges Fugenthema in der Haupttonart.
du'zen (V.) du sagen. Duzfreund.
DV (Abk.) Datenverarbeitung.
DVD (die, -, -s) (engl.) (Abk.) digital versatile disc. Datenträger.
Dy'a'de (die, -, -n) (griech.) Paar, Verknüpfung aus zwei Einheiten.
dy'na'misch (Adj.) schwungvoll; lebendig; kraftvoll. Dynamik.
Dy'na'mit (das, -s, kein Plural) Sprengstoff.
Dy'na'mo (der, -s, -s) Generator. Dynamomaschine; Dynamometer.
Dy'nas'tie (die, -, -n) (griech.) Herrschergeschlecht. Dynast; dynastisch.
Dys'a'ku'sis (die, -, kein Plural) (griech.-lat.) 1. krankhafte Überempfindlichkeit gegen bestimmte Töne. 2. Schwerhörigkeit (Med.).
Dys'ar'th'rie (die, -, -n) (griech.-lat.) mühsames Sprechen, Stammeln (Med.).
Dys'ba'sie (die, -, -n) (griech.-lat.) durch Durchblutungsstörungen verursachte Gehstörung (Med.).
Dys'bu'lie (die, -, kein Plural) (griech.-lat.) Willensschwäche.
Dy's'en'te'rie (die, -, -n) (griech.) eine Darmkrankheit, Ruhr.
Dys'funk'ti'on (die, -, -ti'o'nen) (griech.-lat.) gestörte Tätigkeit von Organen.
Dys'kra'sie (die, -, -n) fehlerhafte Säftezusammensetzung.
Dys'me'lie (die, -, -n) (griech.) angeborene Gliedmaßenfehlbildung.
Dys'me'nor'rhö (*auch:* Dys'me'nor'rhöe) (die, -, -en) (griech.) Menstruationsbeschwerden.
Dys'on'to'ge'nie (die, -, -n) (griech.-lat.) Fehlbildung, fehlerhafte Entwicklung.
Dys'pep'sie (die, -, -n) Verdauungsstörung. dyspeptisch.
Dys'pho'rie (die, -, -n) (griech.) krankhafte Verstimmtheit.
Dys'pla'sie (die, -, -n) (griech.) Fehlbildung (des Körpers).
Dys'pnoe (die, -, -n) (griech.) Atemnot.
Dys'pro'si'um (das, -s, kein Plural) (griech.) ein Seltenerdmetall.
Dys'tro'phie (die, -, -n) Ernährungsstörung. dys'troph.
Dys'u'rie (die, -, kein Plural) (griech.) Harnzwang.
dz (Abk.) Doppelzentner.
dz. (Abk.) derzeit.
D-Zug (der, -s, -Zü'ge) (Kurzw.) Schnellzug; Durchgangszug. D-Zug-Wagen; D-Zug-artig.

E

E (Abk.) Eilzug; Europastraße.
E 605 (das) hochgiftiges Pflanzenschutzmittel.
Ea|g|le (der, -s, -s) (engl.) US-amerikanische Goldmünze.
EAN-Code (der, -s, -s) (Kurzw.) Europäischer Artikelnummer-Code (computerlesbarer Strichcode auf Waren).
Earl (der, -s, -s) (engl.) englischer Graf.
Earl Grey (der, - -s, kein Plural) (engl.) eine Teesorte mit Bergamottöl.
ea|sy (Adj.) (engl.) leicht.
Ea|sy Ri|der (der, -s, -) (engl.) Fahrer eines Motorrades mit hohem, geteiltem Lenker und hoher Rückenlehne.
Eat-Art (die, -, kein Plural) (engl.) künstlerische Richtung, die essbare Kunstgegenstände hervorbringt.
Eau de Co|lo|g|ne (das, - - -, Eaux - -) (franz.) Kölnischwasser. Eau de Parfum.
Eau de Toi|lette (franz.) (das, - - -, Eaux - -) (franz.) ein Duftwasser in der Stärke zwischen Eau de Cologne und Parfum.
Eb|be (die, -, -n) Tiefwasser; Flaute. Ebbestrom; ebben.
ebd. (Abk.) ebenda.
eben 1. (Adj.) flach; gleich. Ebene; Ebenheit; Ebenbild; Ebenbürtigkeit; Ebenmaß; Ebenmäßigkeit; ebenbürtig; ebenerdig; ebenmäßig. 2. (Adv.) soeben; deswegen; nun einmal. Ich gehe eben in den Keller. Das ist es ja eben! Eben, das ist es, was ich meine! ebenda; ebendaher; ebendann; ebendarum; ebenderselbe; ebendeshalb; ebendieser; ebendort; ebenfalls.
Eben|holz (das, -es, -höl|zer) Edelholz.
eben|so (Adv.) *Getrenntschreibung:* ebenso oft; ebenso viel; ebenso wenig; ebenso gut; ebenso lange; ebenso sehr; ebenso gern.
Eber (der, -s, -) männliches Schwein.
eb|nen (V.) glatt machen; gleichmachen. Ebnung.
Ebul|li|o|s|kop (das,-s, -e) (lat.-griech.) Vorrichtung für die Ebullioskopie.
Ebul|li|o|s|ko|pie (die, -, kein Plural) Molekularbestimmung.
Ec|ce-Ho|mo (das, -/-s, -/-s) (lat.) Andachtsbild, das den dornengekrönten Jesus darstellt.
Ec|cle|sia (die, -, kein Plural) (griech.) die christliche Kirche.
Ec|cle|si|o|lo|gie (die, -, -n) (griech.) Lehre von der Kirche.
echauf|fie|ren (V., refl.) (franz.) sich aufregen. Adjektiv: echauffiert.
Eche|ve|ria (die, -, -ri|en) (lat.) südamerikanisches Blattgewächs.
Echi|nit (der, -s/-en, -en) (griech.-lat.) versteinerter Seeigel.
Echi|no|kak|tus (der, -, -te|en) Igelkaktus.
Echi|no|kok|ko|se (die, -, -n) (griech.) Erkrankung durch den Hundebandwurm (beim Menschen).
Echi|no|kok|kus (der, -, -ken) Bandwurm der Hunde.
Echi|nus (der, -, -) (griech.-lat.) 1. Seeigel. 2. Kapitellwulst an dorischen Säulen.
Echo (das, -s, -s) (griech.) Widerhall; Resonanz. Echolot; echoen.
Ech|se (die, -, -n) Kriechtier.
echt (Adj.) authentisch; charakteristisch; wahr. *Beachte:* eine echtgoldene, *auch:* echt goldene Kette; ein echtamerikanischer *auch:* echt amerikanischer Brauch. aus Echtgold; etwas/nichts Echtes; Echtes und Falsches trennen; Echtheit; Echthaarperücke. *Wichtig:* »echtblau« wird immer zusammengeschrieben (fachsprachlich)!
Ecke (die, -, -n) Winkel; Vorsprung; Spitze. Eckball; Eckbank; Eckensteher; Eckfahne; Eckhaus; Eckigkeit; Eckpfeiler; Eckstoß; Eckzahn; eckenlos; eckig; ecken.
Ecker (die, -, -n) Buchecker.
Ec|lair (das, -s, -s) (franz.) Gebäck mit Cremefüllung.
Eco|no|mi|ser (der, -s, -) (engl.) Speisewasservorwärmer (Dampfkessel).
Eco|no|my|klas|se (*auch:* Eco|no|my|class/Eco|no|my-Class) (die, -, -n) Billigklasse (Flugzeug).
Ecos|sai|se (*auch:* Ekos|sai|se) (die, -, -n) (franz.) schottischer Tanz (in der Kunstmusik).
Ec|ra|sé (das, -s, -s) (german.-franz.) grob genarbtes (Ziegen-)Leder.
Ecu (*auch:* ECU) (der, -/-s, -/-s) Europäische Währungseinheit.
Ecu|a|dor (ohne Art., -s, kein Plural) Staat in Südamerika. Ecuadorianer; ecuadorisch.
ed. (Abk.) edidit (lat.): herausgegeben hat es ...
Ed. (Abk.) Edition.
Eda|mer (der, -s, -) Käsesorte.
edd. (Abk.) ediderunt (lat.): herausgegeben haben es ...
edel (Adj.) erlesen; kostbar; großherzig. Edelgas; Edelmann; Edle (Adelstitel); Edelmetall; Edelmut; Edelstahl; Edelstein; Edeltanne; Edelweiß; edelmütig.
Eden (das, -s, kein Plural) (hebr.) Paradies. Garten Eden.

edie'ren (V.) (lat.) herausgeben. Edition; Editor; Editorial; editorisch.
Edikt (das, -s/-es, -e) (lat.) Verordnung; Erlass; öffentliche Bekanntmachung.
Edukt (das, -s, -e) (lat.) Auszug.
E-Dur (das, -, kein Plural) Tonart. E-Dur-Tonleiter.
EDV (Abk.) Elektronische Datenverarbeitung.
EEG (das, -s, -s) = Elektroenzephalogramm.
Efen'di (*auch:* Ef'fen'di) (der, -s, -s) (griech.-türk.) Herr (als frühere türkische Anrede).
Efeu (der, -s, kein Plural) Kletterpflanze. Adjektiv: efeuberankt.
Eff'eff (das) (nur in der Verbindung) etwas aus dem Effeff (gründlich) können/verstehen/beherrschen.
Effekt (der, -s, -e) (lat.) Wirkung; Erfolg. Effekthascherei; Effektlack; Effektlicht; effektvoll.
Ef'fek'ten (die, nur Plural) Wertpapiere. Effektenbörse; Effektenhandel; effektuieren.
ef'fek'tiv (Adj.) (lat.) wirkungsvoll; tatsächlich. Effektivität; Effektivbestand; Effektivlohn; Effektivverzinsung.
effe'mi'niert (Adj.) (lat.) verweiblicht. Verb: effeminieren.
Ef'fet (der, -s, -s) (franz.) Wirkung; Drall; Drehung des Balles.
effet'tu'o'so (Adv.) (ital.) wirkungsvoll (bei Musikstücken).
Ef'fi'cien'cy (die, -, kein Plural) (engl.) Wirtschaftlichkeit.
effi'lie'ren (V.) (franz.) Haare gleichmäßig ausdünnen. Effilierschere.
effi'zi'ent (Adj.) (lat.) wirkungsvoll; wirtschaftlich. Effizienz.
Ef'flo'res'zenz (die, -, -en) (lat.) 1. Hautausschlag. 2. Salzausblühung (z. B. auf Böden).
EFTA (Abk.) European Free Trade Association (Europäische Freihandelszone).
eG (*auch:* e. G.) (Abk.) Eingetragene Genossenschaft.
EG (Abk.) Europäische Gemeinschaft.
egal (Adj.) gleichartig; gleichgültig. Egalisierung; Egalität; egalisieren.
Egel (der, -s, -) Wurm. Blutegel.
Eger'ling (der, -s, -e) Champignon.
Eg'ge (die, -, -n) Ackergerät. Verb: eggen. Der Acker muss noch geeggt (!) werden.
E-Gi'tar're (die, -, -n) elektrische Gitarre.
EGmbH (*auch:* eGmbH) (Abk.) Eingetragene Genossenschaft mit beschränkter Haftpflicht.
EGmuH (*auch:* eGmuH) (Abk.) Eingetragene Genossenschaft mit unbeschränkter Haftpflicht.

Ego'is'mus (der, -, -men) (lat.) Ichbezogenheit; Eigenliebe. Ego; Egoist; Egotrip; Egozentrik; Egozentriker; egoistisch; egozentrisch.
Ego'tis'mus (der, -, kein Plural) (lat.-engl.) Neigung, sich selbst in den Vordergrund zu stellen.
eh. (*auch:* e. h.) (Abk.) ehrenhalber.
E. h. (Abk.) Ehren halber. Dr. phil. e. h.
eh (Adv.) sowieso. Er ist eh schon weg.
ehe (Konj.) bevor. seit eh und je (schon immer)
Ehe (die, -, -n) Lebensgemeinschaft. Eheberatung; Ehebrecher; Ehebruch; Ehefrau; Eheglück; Ehekrach; Eheleute; Ehepaar; Ehering; Ehescheidung; Ehestreit; Eheversprechen; ehelich; ehelos; eherechtlich; ehewidrig; ehelichen; ehebrechen.
ehe'dem (Adv.) damals; einst.
ehe'ma'lig (Adj.) einstig; früher.
eher (Adv.) früher; lieber; leichter. nicht eher als; nicht eher bis; je eher, desto besser; umso eher; eher geht die Welt unter, als dass sich etwas ändert.
ehern (Adj.) eisern; unbeugsam.
ehes'te/-r/-s (Adj.) frühest; schnellst. Bei ehester Gelegenheit treffen wir uns; am ehesten geht es morgen.
Eh're (die, -, -n) Ruhm; Anerkennung; Auszeichnung. Ehrbarkeit; Ehrbegriff; Ehrenamt; zu Ehren (mit Genitiv!); Ehrendoktor; Ehrengast; Ehrenhaftigkeit; Ehrenkodex; Ehrenmal (Plural: -male oder -mäler); Ehrenpreis; Ehrenrettung; Ehrenrunde; Ehrensache; Ehrentitel; Ehrentribüne; Ehrenwort; Ehrerbietung; Ehrfurcht; Ehrgefühl; Ehrgeiz; Ehrlichkeit; Ehrlosigkeit; Ehrsamkeit; Ehrung; Ehrwürden; Ehrwürdigkeit; ehrbar; ehrenamtlich; ehrenhaft; ehrenhalber; Ehrfurcht gebietend (*auch:* ehrfurchtgebietend); ehrenvoll; ehrenwert; ehrgeizig; ehrlich; ehrlicherweise; ehrlos; ehrsam; ehrvergessen; ehrwürdig.
Eh'ren'bür'ger (der, -s, -) ausgezeichneter Einwohner. der Ehrenbürger der Stadt. Ehrenbürgerbrief; Ehrenbürgerrecht; Ehrenbürgerauszeichnung.
Eh'ren'dok'tor'wür'de (die, -, -n) Auszeichnung zum Ehrendoktor. Abk.: Dr. h. c.
Eh'ren'er'klä'rung (die, -, -en) öffentliche Entschuldigung vor Gericht über den guten Leumund eines anderen.
Eh'ren'gar'de (die, -, -n) Ehrenwache.
Eh'ren'ge'leit (das, -s, -e) ehrenvolle Begleitung.
eh'ren'haft (Adj.) angesehen; mit Ehrgefühl. ein ehrenhafter Mensch; Ehrenhaftigkeit.
Eh'ren'lo'ge (die, -, -n) Loge für Ehrengäste.

Eh|ren|mann (der, -es, -män|ner) ein Mann von Ehre.
Eh|ren|mit|glied (das, -s, -er) von einer Gruppe besonders ausgezeichnetes Mitglied. Ehrenmitgliedschaft.
Eh|ren|na|me (der, -ns, -n) Name, der für den Träger eine Ehre bedeutet.
Eh|ren|pflicht (die, -, -en) Aufgabe, deren Erfüllung eine Ehre bedeutet.
Eh|ren|platz (der, -es, -plät|ze) Stelle, die etwas besonders zur Geltung bringt.
Eh|ren|recht (das, -s, -e) Bürgerrecht.
eh|ren|rüh|rig (Adj.) beleidigend, diffamierend.
Eh|ren|schuld (die, -, -en) Schuld, deren Begleichung eine Ehrensache ist.
Eh|ren|tag (der, -s, -e) Tag besonderer Auszeichnung. Ihr 75. Geburtstag sollte ein Ehrentag werden.
Eh|ren|ur|kun|de (die, -, -n) Urkunde mit besonderer Auszeichnung. Bei den Bundesjugendspielen gewann sie eine Ehrenurkunde.
Ei (das, -s, -er) Hühnerei; befruchtete Keimzelle. Eidotter; Eierbecher; Eierkopf; Eierlikör; Eierlaufen; Eierpfannkuchen; Eierspeise; Eieruhr; Eigelb; Eiklar; Eileiter; Eischnee; Eisprung; Eiweiß; Eizelle; eiförmig; eiweißarm; eiweißhaltig; eiern.
Ei|be (die, -, -n) Nadelbaum. Adjektiv: eiben (aus Eibenholz).
Ei|bisch (der, -es, -e) Heilkraut.
Ei|che (die, -, -n) Laubbaum; Eichung. Adjektiv: eichen (aus Eichenholz). Eichenholz; Eichenlaub.
Ei|chel (die, -, -n) 1. Frucht der Eiche. 2. Spielkarte. 3. vorderer Teil des männlichen Gliedes.
ei|chen (V.) auf Maß oder Gewicht prüfen. Eichamt; Eicher; Eichmaß; Eichmeter; Eichstempel; Eichung.
Eich|hörn|chen (auch: Eich|kätz|chen) (das, -s, -) Nagetier.
Eid (der, -s, -e) Schwur. an Eides statt, aber: eidesstattlich; Eidbruch; Eidesformel; Eidgenosse; eidbrüchig; eidgenössisch (Abk.: eidg.); eidlich.
Ei|dech|se (die, -, -n) Kriechtier.
Ei|de|tik (die, -, kein Plural) (griech.) Fähigkeit zu bildhaft-realer Vorstellung. Adjektiv: eidetisch.
Ei|fel (die, -, kein Plural) deutsches Mittelgebirge. Aber: der Eiffelturm!
Ei|fer (der, -s kein Plural) Bestreben; Beflissenheit; Schaffenslust. Eiferer; eifrig; eifern.
Ei|fer|sucht (die, -, kein Plural) Misstrauen; Neid. Eifersüchtelei; Eifersuchtstragödie; eifersüchtig; eifern.

Eif|fel|turm (der, -s, kein Plural) Wahrzeichen von Paris.
ei|gen (Adj.) persönlich; eigentümlich. etwas/nichts Eigenes besitzen; er verlor sein ganzes Eigen (Besitztum); etwas sein Eigen nennen; sich etwas zu eigen machen; sein Vater gab ihm das Grundstück zu eigen. Eigenart; Eigenbedarf; Eigenbrötler; Eigenfinanzierung; Eigenheim; Eigenkapital; Eigenleben; Eigenmächtigkeit; Eigennutz; Eigenschaftswort (Adjektiv); Eigensinnigkeit; Eigenständigkeit; Eigentor; Eigentum; Eigenwille; eigenartig; eigenhändig; eigenmächtig; eigennützig; eigens; eigensinnig; eigenständig; eigentlich (Abk.: eigtl.); eigentümlich; eigenverantwortlich; eigenwillig.
ei|gen|ar|tig (Adj.) sonderbar. Das Eigenartigste ist, dass ich ihn mag. Sein Aufzug war das Eigenartigste, was ich je gesehen habe. Eigenartigkeit.
Ei|gen|bau (der, -s, kein Plural) eigene Herstellung. ein Haus Marke Eigenbau.
Ei|gen|be|richt (der, -es, -e) Bericht von einem Berichterstatter aus dem Haus der berichtenden Zeitung.
Ei|gen|be|we|gung (die, -, -en) Bewegung, die etwas von sich aus durchführt.
Ei|gen|dy|na|mik (die, -, -en) eigene Kraftentwicklung. Die Vorgänge entwickelten eine Eigendynamik, die beängstigend war.
Ei|gen|in|i|ti|a|ti|ve (die, -, -n) selbstständiges Handeln. Eigeninitiative entwickeln.
Ei|gen|tums|fra|ge (die, -, -n) Unklarheit über Eigentumsverhältnisse. Die Eigentumsfrage ist noch zu klären.
eig|nen (V.) besitzen; (V., refl.) tauglich, fähig sein für. Eignung; Eignungsprüfung; Eigner.
eigtl. (Abk.) eigentlich.
Ei|land (das, -s, -e) Insel.
ei|len (V.) hetzen; sich beeilen; dringend sein. Eile; in Eile sein; in aller Eile; aber: eile mit Weile! Eilbrief; Eilbote; Eilfertigkeit; Eiltempo; Eilzug; Eilzustellung; eilig; aber: nichts Eiliges auf dem Schreibtisch haben; er hatte nichts Eiligeres zu tun, als ...; eilends; eilfertig; eiligst.
Ei|mer (der, -s, -) Kübel. (ugs.) im Eimer sein, entzwei sein. Adjektiv: eimerweise.
ein 1. (Art.) ein Hund; eine Katze; ein anderer; ein jeder; Verneinung: kein (-e/-). 2. (Zahlw.) Wenn einer von euch zu spät kommt! eine soll kommen, nicht zwei; in einem fort; in einer Woche; ein und derselbe Mann; das läuft auf eins hinaus; der Hund war sein Ein und Alles; eineinhalb; ein für alle Male/alle Mal; ein oder mehrmals in der Woche. 3. (Pron., indef.) derselbe; jemand. Wenn einer dagegen ist, soll er

sich melden! Wenn das einer erfährt! einer, der klug ist; einer von euch; unsereiner; einen heben; ihm eins verpassen; sie sollen einen schlafen lassen; einer nach dem anderen; die einen ... die anderen; von einem zum andern. 4. (Adv.) hinein. Er geht bei mir ein und aus. Wir wussten nicht ein noch aus. *Aber:* ein- und aussteigen. Einfamilienhaus; Einmannbetrieb; Einmaleins; Eineurostück; Einpersonenhaushalt; Einsitzer; Einspänner; Einsprachigkeit; Eintagsfliege; Einzahl (Singular); Einzimmerwohnung; einarmig; einäugig; einbändig; einbeinig; eineiig; einfarbig; einfärbig; eingeschossig; eingleisig; einjährig, *aber:* der Einjährige; einsitzig; einsprachig; einstimmig; einstufig; eintürig; einwertig; einzeilig.
Ein|ach|ser (der, -s, -) Anhänger mit einer Achse. Adjektiv: einachsig.
Ein|ak|ter (der, -s, -) Theaterstück mit nur einem Akt. Adjektiv: einaktig.
ei|n|an|der (Adv.) (sich) gegenseitig.
ein|ar|bei|ten (V.) sich vertraut machen. Einarbeitung.
ein|ä|schern (V.) verbrennen. Einäscherung; Einäscherungshalle.
ein|at|men (V.) inhalieren.
Ein|bahn|stra|ße (die, -, -n) Straße mit Verkehrsführung in nur einer Richtung. Adjektiv: einbahnig.
ein|bal|sa|mie|ren (V.) konservieren. Einbalsamierung.
Ein|band (der, -s, -bän|de) Schutzumschlag.
ein|bau|en (V.) einrichten; einfügen. *Beachte:* mit Akkusativ! Wir bauten eine Schrankwand in den Flur ein. Einbau; Einbaumöbel; Einbauschrank; Einbauküche.
Ein|baum (der, -s, -bäu|me) Boot.
ein|be|grif|fen (*auch:* in|be|grif|fen) (Adj.) eingeschlossen; eingerechnet.
ein|be|hal|ten (V., behielt ein, hat einbehalten) zurückbehalten.
ein|be|rech|nen (V.) einkalkulieren.
ein|be|ru|fen (V., berief ein, hat einberufen) zusammenrufen; ankündigen. Einberufung; Einberufungsbefehl; Einberufungsbescheid.
ein|bet|ten (V.) einlagern; einfügen. Einbettung.
ein|be|zie|hen (V., bezog ein, hat einbezogen) hinzuzählen; mitrechnen. Einbeziehung.
ein|bie|gen (V., bog ein, hat/ist eingebogen) krümmen; abbiegen. Einbiegung.
ein|bil|den (V., refl.) vorstellen; sich brüsten. Einbildung; Einbildungskraft.
ein|bin|den (V., band ein, hat eingebunden) umwickeln; einschnüren; verwickeln. Einbindung.
ein|bläu|en (V.) blau machen; einhämmern, einprägen.
ein|blen|den (V.) einschalten; einschieben. Einblendung.
Ein|blick (der, -s, -bli|cke) Kenntnis; Einsicht.
ein|bre|chen (V., brach ein, hat/ist eingebrochen) eindringen; einstürzen; scheitern. Einbrecher; Einbruch; Einbruchstelle; einbruch(s)sicher.
ein|bren|nen (V., brannte ein, hat eingebrannt) brennen; einprägen; bräunen. Einbrennsuppe; Einbrennlackierung.
ein|brin|gen (V., brachte ein, hat eingebracht) Gewinn bringen; lohnen. Adjektiv: einbringlich (ertragreich).
ein|bro|cken (V.) (ugs.) eintauchen; Schwierigkeiten machen.
ein|buch|ten (V.) (ugs.) einsperren. Einbuchtung; Delle.
ein|bud|deln (V.) (ugs.) eingraben.
ein|bun|kern (V.) (ugs.) einsperren.
ein|bür|gern (V.) Staatsangehörigkeit verleihen; heimisch werden. Einbürgerung; Einbürgerungsantrag.
Ein|bu|ße (die, -, -n) Verlust; Schaden. Verb: einbüßen.
ein|däm|men (V.) abschwächen; dämpfen. Eindämmung.
ein|de|cken (V.) versorgen.
ein|del|len (V.) (ugs.) einbeulen.
ein|deu|tig (Adj.) klar; unmissverständlich. Eindeutigkeit.
ein|di|men|si|o|nal (Adj.) einseitig; geradlinig.
ein|dö|sen (V.) (ugs.) einschlummern.
ein|dre|schen (V., drosch ein, hat eingedroschen) (ugs.) einschlagen.
ein|drin|gen (V., drang ein, ist eingedrungen) hineingelangen; einbrechen; bedrohen. *Beachte:* immer mit Akkusativ! Eindringlichkeit; Eindringling; eindringlich.
Ein|druck (der, -s, drü|cke) Wirkung; Empfindung; Abdruck. Eindrücklichkeit; eindrucksvoll; eindrucksfähig; eindruckslos.
ein|du|seln (V., ist) (ugs.) schlummern.
ein|eb|nen (V.) flach machen; ausgleichen. Einebnung.
ein|ein|deu|tig (Adj.) umkehrbar eindeutig. Eineindeutigkeit.
ein|ein|halb (Zahlw.) in Ziffern: 1$^1/_2$. eineinhalbmal so viel; ein(und)einhalb Wochen; *aber:* eine und eine halbe Woche.
ein|en|gen (V.) beschränken; beschneiden. Einengung.
Ei|ner (der, -s, -) Sportboot.

ei|ner|lei (Adv.) egal; gleichgültig. *Aber:* das ewige Einerlei.
ei|ner|seits (Adv.) auf der einen Seite. *Beachte:* einerseits ..., andererseits ...
ei|nes|teils (Adv.) einerseits. *Beachte:* einesteils ..., anderteils ...
ein|fach (Adj.) einmal; leicht; unkompliziert; schlicht. am einfachsten; das Einfachste wäre zu bleiben; etwas/nichts Einfaches; das Einfachste der Welt; *aber:* die einfachste der Rechenaufgaben; der Einfachheit halber.
ein|fä|deln (V., refl.) vorbereiten; sich einordnen. Einfäd(e)lung.
ein|fah|ren (V., fuhr ein, hat/ist eingefahren) hineinfahren; einbringen; sich einspielen. Einfahrt; Einfahrtsignal; Einfahrtserlaubnis.
Ein|fall (der, -s, -fäl|le) Idee; Geistesblitz; Angriff. Einfallslosigkeit; Einfallsreichtum; Einfallswinkel; einfallslos; einfallsreich; einfallen.
Ein|falt (die, -, kein Plural) Naivität; Einfachheit. Einfältigkeit; Einfaltspinsel; einfältig.
ein|fas|sen (V.) umschließen; umsäumen; begrenzen. Einfassung.
ein|fin|den (V., refl., fand ein, hat eingefunden) eintreffen; erscheinen.
ein|flech|ten (V., flocht ein, hat eingeflochten) einbinden; erwähnen.
ein|flie|gen (V., flog ein, hat eingeflogen) hineinfliegen; transportieren. Einflug; Einflugschneise.
ein|flö|ßen (V.) zu trinken geben; hervorrufen.
Ein|fluss (der, -flus|ses, -flüs|se) Einwirkung; Macht; Geltung. Einflussbereich; Einflussnahme; einflussreich.
ein|flüs|tern (V.) tuscheln; zureden. Einflüsterung.
ein|för|mig (Adj.) eintönig; gleichförmig. Einförmigkeit.
ein|frie|ren (V., fror ein, hat eingefroren) gefrieren. Einfrierung.
ein|fü|gen (V.) sich einordnen; einpassen. Einfügung.
ein|füh|len (V., refl.) nachempfinden. Einfühlung; Einfühlungsvermögen; Einfühlungsgabe; einfühlsam.
Ein|fuhr (die, -, -en) Import. Einfuhrbeschränkung; Einfuhrland; Einführung; Einführungsveranstaltung; Einführungspreis;
ein|füh|ren (V.) neu herausbringen.
Ein|gang (der, -s, -gän|ge) Öffnung; Zugang. Eingangshalle; Eingangsstempel.
ein|gän|gig (Adj.) leicht verstehbar.
ein|gangs (Adv.; Präp.) zu Beginn; am Anfang; vorher.
ein|ge|ben (V., gab ein, hat eingegeben) geben; einreichen; speichern. Eingabe.

ein|ge|bil|det (Adj.) überheblich.
ein|ge|bo|ren (Adj.) einheimisch; einzig. Eingeborene; Eingeborenensprache.
Ein|ge|bung (die, -, -en) Einfall; Erleuchtung.
ein|ge|denk (Adv.) (nur in der Wendung:) einer Sache (Genitiv!) eingedenk sein/bleiben (stets daran denken).
ein|ge|fleischt (Adj.) überzeugt.
ein|ge|hen (V., ging ein, ist eingegangen) schrumpfen; sterben; schließen; Schaden haben. Adjektiv: eingehend.
Ein|ge|mach|te (das, -n, kein Plural) eingekochtes Obst etc.
ein|ge|mein|den (V.) angliedern. Eingemeindung.
ein|ge|nom|men (Adj.) angetan; begeistert; vereinnahmt. Eingenommenheit.
ein|ge|schlos|sen (Adj.) inbegriffen; eingesperrt. Die Nebenkosten sind in diesem/diesen Preis eingeschlossen (Dativ oder Akkusativ!).
ein|ge|ste|hen (V., gestand ein, hat eingestanden) zugeben; bekennen. Eingeständnis; eingestandenermaßen.
ein|ge|tra|gen (Adj.) registriert. Eingetragener Verein (Abk.: E. V.; *auch:* e. V.)
Ein|ge|wei|de (die, nur Plural) innere Organe.
ein|gie|ßen (V., goss ein, hat eingegossen) einschenken.
ein|glie|dern (V.) einordnen; anpassen. Eingliederung.
ein|gra|vie|ren (V.) einritzen.
ein|grei|fen (V., griff ein, hat eingegriffen) einschreiten. Eingriff.
ein|gren|zen (V.) begrenzen; beschränken.
ein|ha|ken (V.) verbinden; sich einhängen; sich einmischen.
ein|halb|mal (Adv.) mit der Hälfte multipliziert.
ein|hal|ten (V., hielt ein, hat eingehalten) erfüllen; festhalten; aufhören. Einhalt; Einhaltung.
ein|han|deln (V.) erwerben.
ein|hän|gen (V.) befestigen; einhaken; auflegen.
ein|hau|en (V., haute/hieb ein, hat eingehaut/eingehauen) einschlagen; verprügeln.
ein|hei|misch (Adj.) ansässig. Einheimische.
ein|heim|sen (V.) ernten; erlangen.
Ein|heit (die, -, -en) Zusammengehörigkeit; Eintracht; Maß; Verband. Einheitlichkeit; Einheitsmaß; Einheitspreis; Einheitspartei; Einheitswert; Tag der Deutschen Einheit (3. Oktober); einheitlich.
Ein|heits|ta|rif (der, -es, -e) festgelegter Tarif. Einheitstarifvertrag.
ein|hel|lig (Adj.) einmütig; einträchtig. Einhelligkeit.

ein|her (Adv.) daher; heran. *Beachte:* Zusammenschreibung! einherfahren; einhergehen; einherschlendern.
Ein|he|ri|er (der, -s, -) (island.) gefallener Held, der in Walhall eingegangen ist.
ein|ho|len (V.) erreichen; einziehen. Einholung.
Ein|horn (das, -s, kein Plural) Fabeltier.
ein|hül|len (V.) einwickeln; bedecken. *Beachte:* mit Akkusativ! Einhüllung.
ein|hun|dert (Zahlw.) einhundert Meter (100 m); 100-m-Lauf.
ei|nig (Adj.) übereinstimmend; einhellig. Wir waren uns einig; einiggehen (übereinstimmen).
ei|ni|ge (Pron., indef.) mehrere, einige Mal/ einige Male; einige wenige; einige Tage; einige Tausend (*auch:* tausend) Demonstranten; einige Zeit kosten; einiges Neues.
ein|igeln (V.) sich zurückziehen. Einigelung.
ei|ni|gen (V.) einig machen; übereinstimmen. Einigung; Einigkeit; Einigungsbestreben; einig; einig gehen.
ei|ni|ger|ma|ßen (Adv.) ziemlich; leidlich.
ein|imp|fen (V.) einflößen; einprägen. Einimpfung.
ein|kap|seln (V.) einschließen; absondern. Einkaps(e)lung.
ein|kas|sie|ren (V.) einziehen. Einkassierung.
ein|kau|fen (V.) besorgen. Einkauf; Einkäufer; Einkaufsbummel; Einkaufszentrum.
Ein|kehr (die, -, kein Plural) Rast; Insichgehen. Einkehr halten; einkehren.
ein|ker|ben (V.) einschneiden. Einkerbung.
ein|ker|kern (V.) einsperren. Einkerkerung.
ein|kes|seln (V.) einschließen. Einkesselung.
ein|kla|gen (V.) fordern.
ein|klam|mern (V.) in Klammern setzen. Einklammerung.
Ein|klang (der, -s, -klän|ge) Übereinstimmung. in/im Einklang stehen.
ein|klem|men (V.) festklemmen; einkeilen.
ein|kni|cken (V.) umbiegen; zusammensinken.
ein|ko|chen (V.) eindicken; haltbar machen. Einkochtopf.
Ein|kom|men (das, -s, -) Gehalt; Verdienst. Einkommensgrenze; Einkommensteuer; Einkommen(s)steuererklärung; einkommensschwach; einkommensstark.
ein|krei|sen (V.) umzingeln; umstellen. Einkreisung; Einkreisungspolitik.
Ein|künf|te (die, nur Plural) Einnahmen.
ein|la|den (V., lud ein, hat eingeladen) verstauen; auffordern. Einladung; Einladungsschreiben; einladend.
Ein|la|ge (die, -, -n) Stütze; Beifügung; Einsatz (Geld).

Ein|lass (der, -las|ses, -läs|se) Eintritt; Öffnung. Einlassung; Einlasskarte; einlassen.
ein|lau|fen (V., lief ein, ist eingelaufen) ankommen; eingehen. Einlauf; Einlaufsuppe.
ein|le|gen (V.) einfügen; hineinlegen. Einlegearbeit; Einlegesohle.
ein|lei|ten (V.) eröffnen; einführen; vorbereiten. Einleitung.
ein|len|ken (V.) einbiegen; nachgeben.
ein|leuch|ten (V.) überzeugen; verständlich sein. Adjektiv: einleuchtend.
ein|lie|fern (V.) hinbringen; abgeben. *Beachte:* immer mit Akkusativ! Einlieferung; Einlieferungstermin.
Ein|lie|ger|woh|nung (die, -, -en) zusätzlich abgeschlossene Wohnung.
ein|lo|chen (V.) den Ball ins Loch spielen (Golf); (ugs.) einsperren.
ein|lö|sen (V.) zurückgeben; ausgleichen. Einlösung; Einlösesumme; einlösbar.
ein|lul|len (V.) (ugs.) einschläfern; beruhigen.
ein|mal (Adv.) ein einziges Mal. einmal und nie wieder; ein- bis zweimal (1- bis 2-mal); nicht noch einmal; noch einmal so viel; auf einmal; ein für alle Mal/alle Male; nur das eine Mal; ein ums andere Mal; das Einmaleins beherrschen. Einmaligkeit; einmalig.
ein|mi|schen (V.) einmengen; sich beteiligen. Einmischung.
ein|mot|ten (V.) (mottensicher) lagern.
ein|mün|den (V.) einfließen. Einmündung.
ein|mü|tig (Adj.) einstimmig; einträchtig. Einmütigkeit.
Ein|nah|me (die, -, -n) Ertrag, Gewinn. Einnahmequelle; einnehmend; einnehmen.
ein|ne|beln (V.) einhüllen. Einneb(e)lung; eingenebelt.
ein|ni|cken (V.) einschlafen.
ein|nis|ten (V., refl.) sich einquartieren; sesshaft werden. Einnistung.
Ein|öde (die, -, -n) Einsamkeit; Abgeschiedenheit. Einödbauer.
ein|ord|nen (V.) einfügen; sich anpassen. Einordnung.
ein|pa|cken (V.) einwickeln; verpacken. Da kannst du einpacken (wirst du keinen Erfolg haben). Einpackung.
ein|pen|deln (V.) ins Gleichgewicht kommen; stabil werden.
ein|pfer|chen (V.) einschließen; zusammendrängen. Einpferchung.
ein|pla|nen (V.) berücksichtigen. Einplanung.
ein|prä|gen (V.) einpressen; sich gut merken. Einprägung; Einprägsamkeit; einprägsam.
ein|pro|gram|mie|ren (V.) eingeben; einplanen.

einquartieren — **Einsicht**

ein|quar|tie|ren (V.) unterbringen; sich einmieten. Einquartierung.
ein|rah|men (V.) umrahmen; umgeben. Einrahmung.
ein|räu|men (V.) einrichten; einordnen; zugestehen. Einräumung.
ein|re|den (V.) zureden.
ein|rei|chen (V.) abgeben; einbringen. Einreichung.
ein|rei|hen (V.) einordnen. Einreihung; einreihig.
ein|rei|sen (V., ist) in ein fremdes Land reisen. Einreise; Einreisegenehmigung.
ein|rei|ßen (V., riss ein, hat eingerissen) abreißen; um sich greifen. Einriss.
ein|ren|ken (V.) einrichten; bereinigen.
ein|rich|ten (V.) ausstatten; einrenken. Einrichtung; Einrichtungshaus.
ein|ros|ten (V., ist) starr werden; alt werden.
ein|rü|cken (V.) einziehen; Abstand lassen. Einrückung.
eins 1. (Zahlw.) die Uhr zeigt eins; fünf Minuten vor eins; wir trafen uns gegen eins; das Essen war eins a (ausgezeichnet). *Aber:* Die Note »Eins« wird großgeschrieben! eine Eins schreiben; fünf Einsen im Zeugnis; mit Eins abschließen. 2. (Adv.) gleichgültig; einig; dasselbe. Wir sind uns eins geworden; das kommt auf eins heraus; das war mir völlig eins. 3. (Pron., indef.) etwas. Wir wollen eins singen. Eins will ich dir sagen.
ein|sa|gen (V.) vorsagen; einflüstern. Einsager.
ein|sam (Adj.) allein; abgelegen. Einsamkeit.
ein|sam|meln (V.) auflesen; sammeln. Einsammlung.
Ein|satz (der, -es, -sät|ze) Pfand; Dienst; eingesetztes Stück. Einsatzbefehl; Einsatzbereitschaft; Einsatzleiter; Einsatzwagen; einsatzbereit; einsatzfähig; einsatzfreudig.
ein|säu|men (V.) einfassen.
ein|schal|ten (V.) anmachen; eingreifen. Einschaltquote; Einschaltung.
ein|schär|fen (V.) einprägen.
ein|schar|ren (V.) vergraben.
ein|schät|zen (V.) bewerten; beurteilen. Einschätzung; Einschätzungsvermögen.
ein|schen|ken (V.) eingießen. *Beachte:* die Schenke (*auch:* Schänke).
ein|sche|ren (V.) einbiegen.
ein|schie|ben (V., schob ein, hat eingeschoben) dazwischenschieben; einstecken. Einschiebung; Einschiebsal.
einschl. (Abk.) einschließlich.
ein|schlä|fern (V.) müde machen; betäuben; töten. Einschläferung; einschläfernd.
ein|schla|gen (V., schlug ein, hat eingeschlagen) zerschlagen; einwickeln; wählen; Erfolg haben. Einschlag; einschlägig.
ein|schlei|chen (V., schlich ein, hat eingeschlichen) eindringen; auftauchen.
ein|schlie|ßen (V., schloss ein, hat eingeschlossen) einsperren; einbeziehen. Einschließung; Einschluss.
ein|schließ|lich (Präp., Gen.) eingeschlossen; einbegriffen.
ein|schlum|mern (V., ist) einschlafen.
ein|schmei|cheln (V., refl.) sich beliebt machen. Einschmeichler; Einschmeich(e)lung.
ein|schmel|zen (V., schmolz ein, hat/ist eingeschmolzen) flüssig machen; flüssig werden. Einschmelzung.
ein|schnap|pen (V.; V., ist) schließen; beleidigt sein.
ein|schnei|den (V., schnitt ein, hat eingeschnitten) einkerben; eindrücken. Einschnitt; einschneidend.
ein|schnü|ren (V.) zusammenbinden; einengen. Einschnürung.
ein|schrän|ken (V.) einengen; sparsam sein. Einschränkung.
ein|schrei|ben (V., schrieb ein, hat eingeschrieben) eintragen. Einschreiben; Einschreibebrief; Einschreibung.
ein|schrei|ten (V., schritt ein, ist eingeschritten) eingreifen.
ein|schrump|fen (V., ist) kleiner werden; austrocknen.
Ein|schub (der, -s, -schü|be) Ergänzung.
ein|schüch|tern (V.) scheu machen; bedrohen. Einschüchterung.
ein|schu|len (V.) zur Schule anmelden. Einschulung.
Ein|schuss (der, -schus|ses, -schüs|se) Einschlag.
ein|schwen|ken (V.) einbiegen; die Richtung ändern.
ein|schwö|ren (V., schwor ein, hat eingeschworen) verpflichten.
ein|seg|nen (V.) weihen. Einsegnung.
ein|se|hen (V., sah ein, hat eingesehen) hineinschauen; verstehen. ein Einsehen (Verständnis) haben.
ein|sei|tig (Adj.) auf einer Seite; parteiisch. Einseitigkeit.
ein|sen|den (V.) einschicken. Einsender; Einsendung; Einsendeschluss.
ein|set|zen (V.) einfügen; beschäftigen; anstrengen; beginnen. Einsetzung; Einsatz.
Ein|sicht (die, -, -en) Einblick; Vernunft. Einsichtigkeit; Einsichtnahme; einsichtslos; einsichtsvoll; einsichtig.

Ein|sie|de|lei (die, -, -en) abgelegenes Haus. Einsiedler; einsiedlerisch.
ein|sil|big (Adj.) aus einer Silbe bestehend; schweigsam. Einsilbigkeit.
ein|sin|ken (V., sank ein, ist eingesunken) versinken.
ein|sit|zen (V., saß ein, hat eingesessen) in Haft sein.
ein|span|nen (V.) befestigen; arbeiten lassen. Einspänner; einspännig.
ein|spa|ren (V.) sparen. Einsparung.
ein|sper|ren (V.) einschließen; inhaftieren.
ein|spie|len (V., refl.) einüben; in Ordnung kommen.
ein|sprin|gen (V., sprang ein, hat/ist eingesprungen) aushelfen.
Ein|sprit|zer (der, -s, -) (Kurzw.) Einspritzmotor. Verb: einspritzen.
Ein|spruch (der, -s, -sprü|che) Widerspruch; Einwand. Einspruchsfrist.
einst (Adv.) früher; künftig. *Aber:* das Einst (Vergangenheit) und Jetzt.
ein|stamp|fen (V.) zerdrücken. Einstampfung.
Ein|stand (der, -s, -stän|de) Dienstantritt; gleicher Punktstand (Tennis). Einstandsfeier.
ein|ste|chen (V., stach ein, hat eingestochen) durchstechen; einstoßen. Einstich.
ein|ste|cken (V.) mitnehmen; ertragen.
ein|ste|hen (V., stand ein, hat eingestanden) bürgen.
ein|stei|gen (V., stieg ein, ist eingestiegen) zusteigen; mitmachen. Einsteiger; Einstieg; Einstiegsmöglichkeit.
ein|stel|len (V.) unterstellen; beschäftigen; beenden; justieren. Einstellung; Einstellplatz; einstellbar.
ein|stim|men (V.) vorbereiten; mitmachen. Einstimmung.
einst|mals (Adv.) früher.
ein|strei|chen (V., strich ein, hat eingestrichen) streichen; einkassieren.
ein|stu|die|ren (V.) einüben. Einstudierung.
ein|stür|zen (V., ist) zusammenbrechen. Einsturz; Einsturzgefahr.
einst|wei|len (Adv.) inzwischen; vorläufig. Adjektiv: einstweilig.
ein|tä|to|wie|ren (V.) einritzen.
ein|tei|len (V.) aufgliedern. Einteilung.
ein|tö|nig (Adj.) langweilig. Eintönigkeit.
Ein|topf (der, -es, kein Plural) dicke Gemüsesuppe.
Ein|tracht (die, -, kein Plural) Einheit; Einklang. Adjektiv: einträchtig.
ein|tra|gen (V., trug ein, hat eingetragen) einschreiben; einbringen. Eintrag; Eintragung; Einträglichkeit; einträglich.

ein|träu|feln (V.) einflößen; eintröpfeln. Einträuf(e)lung.
ein|trei|ben (V., trieb ein, hat eingetrieben) einziehen; hineinschlagen. Eintreibung.
ein|tre|ten (V., trat ein, hat/ist eingetreten) hineingehen; passieren; kaputttreten; unterstützen. Eintritt; Eintrittskarte.
ein|trich|tern (V.) einprägen; einüben.
ein|tru|deln (V., ist) (ugs.) langsam ankommen.
ein|tun|ken (V.) eintauchen.
ein|üben (V.) einstudieren. Einübung.
ein|ver|lei|ben (V.) essen; aufnehmen. Einverleibung.
Ein|ver|neh|men (das, -s, kein Plural) Einigung; Übereinstimmung. Adjektiv: einvernehmlich. Verb: einvernehmen.
Ein|ver|ständ|nis (das, -ses, -se) Zustimmung; Billigung. Adverb: einverstanden.
Ein|wand (der, -s, -wän|de) Einspruch; Protest. Adjektiv: einwandfrei. Verb: einwenden.
ein|wan|dern (V., ist) einreisen; übersiedeln. Einwanderung; Einwanderungsbehörde; Einwanderer.
ein|wärts (Adv.) nach innen. einwärts gebogen; einwärts gehen; einwärts stehen; einwärts stellen; einwärts laufen.
ein|wech|seln (V.) eintauschen. Einwechs(e)lung; Einwechselspieler.
ein|we|cken (V.) einmachen. Einweckglas, *aber:* Einwegglas!
Ein|weg|fla|sche (die, -, -n) Wegwerfflasche.
ein|wei|hen (V.) eröffnen; anvertrauen. Einweihung; Einweihungsfeier.
ein|wei|sen (V., wies ein, hat eingewiesen) einliefern; anleiten. Einweisung.
ein|wen|den (V., wendete/wandte ein; hat eingewendet/eingewandt) erwidern; kritisieren. Einwendung; Einwand.
ein|wer|fen (V., warf ein, hat eingeworfen) zerschlagen; hineinwerfen; einwenden. Einwurf.
ein|wi|ckeln (V.) umhüllen; beschwatzen. Einwicklung.
ein|wil|li|gen (V.) zustimmen. Einwilligung.
ein|wir|ken (V.) beeinflussen. Einwirkung.
Ein|woh|ner (der, -s, -) Bewohner. Einwohnermeldeamt; Einwohnerzahl; einwohnen.
Ein|zahl (die, -, kein Plural) Singular.
ein|zah|len (V.) überweisen. Einzahler; Einzahlung.
Ein|zel (das, -s, -) Wettkampf mit zwei Einzelspielern (z. B. Tennis).
Ein|zel... etwas Einzelnes, Gesondertes. Einzelabteil; Einzelerscheinung; Einzelfall; Einzelgänger; Einzelhandel; Einzelkämpfer; Einzelkind; Einzelperson; Einzelstehende; Einzelstimme; Einzelzimmer.

Einzeller (der, -s, -) aus nur einer Zelle bestehendes Lebewesen.
ein'zeln (Adj.) gesondert; allein; vereinzelt. der Einzelne; jeder Einzelne von uns; ein Einzelner kann hier nichts ausrichten; alle Einzelnen waren sich einig; Einzelnes war nicht schlecht; bis ins Einzelne erläutern; im Einzelnen recht gut; vom Einzelnen aufs Ganze schließen.
ein'zie'hen (V., zog ein, hat/ist eingezogen) einfügen; eindringen; beziehen; konfiszieren; einberufen. Einzug; Einzugsgebiet; Einzugsermächtigung; Einzugstermin.
ein'zig 1. Adj.) alleinig; unvergleichlich. *Beachte:* keine Steigerung möglich *(falsch:* das Einzigste); der/die Einzige; als Einziges bleibt nur warten; kein Einziger war zu sehen; als Einziger verstand er das Problem. unser Sohn ist unser Einziger. 2. (Adv.) allein; ausschließlich; einzigartig. einzig und allein; das ist einzig wahr; sie ist einzig in ihrer Begabung; ein einzig stattfindendes Ereignis.
ein'zig'ar'tig (Adj.) unvergleichlich. etwas/ nichts Einzigartiges; das Einzigartige daran ist, dass es wahr ist. Einzigartigkeit.
Eis (das, -es, -) gefrorenes Wasser; Speiseeis. Eisbär; Eisberg; Eisbecher; Eisblume; Eisbrecher; Eiscafé/Eiskaffee; Eiscreme/Eiskrem/Eiskreme; Eiseskälte; Eisglätte; Eisheilige; Eishockey; Eiskunstlauf; Eismänner; Eismeer; Eisrevue; Eisschießen; Eisschrank; Eisstadion; Eisstock; Eisvogel; Eiswürfel; Eiszapfen; Eiszeit; eisfrei; eisgekühlt; eisblau; eiskalt; eisig; eiszeitlich; eisen; eislaufen; das Eisschießen.
Ei'sen (das, -s, -) Metall (Abk.: Fe). Eisenbahn; Eisenbahner; Eisenguss; Eisenindustrie; Eisenverarbeitung; eisenhaltig; eisenhart; Eisen verarbeitend *(auch:* eisenverarbeitend); eisern.
ei'sern (Adj.) aus Eisen; hart; unerbittlich. *Beachte:* Großschreibung: der Eiserne Vorhang; Eisernes Kreuz; Eisernes Tor.
ei'tel (Adj.) eingebildet. Eitelkeit.
Ei'ter (der, -s, kein Plural) Flüssigkeitsabsonderung bei Entzündungen. Eiterbeule; Eiterherd; Eiterpickel; Eiterung; eit(e)rig; eitern.
Eja'ku'la'ti'on (die, -, -ti'o'nen) Samenerguss. Ejakulat; ejakulieren.
Ejek'tor (der, -s, -en) (lat.) mechanischer Auswerfer (von Patronenhülsen).
EKD (Abk.) Evangelische Kirche in Deutschland.
Ekel (der, -s, -) Widerwille; Abneigung. Adjektive: ekelhaft; ekelig. *Aber:* das Ekel (unangenehmer Mensch). ein Ekel erregender *(auch:* ekelerregender) Geruch. Verb: ekeln; mir/mich ekelt.
EKG *(auch:* Ekg) (Abk.) Elektrokardiogramm.

Ek'lat (der, -s, -s) (franz.) Aufsehen; Skandal. Adjektiv: eklatant.
ek'lek'tisch (Adj.) (griech.) unschöpferisch; imitierend. Eklektiker; Eklektizismus; eklektizistisch.
Ek'lip'se (die, -, -n) (griech.) Sonnen-, Mondfinsternis. Adjektiv: ekliptisch.
Ek'pho'rie (die, -, -n) Erinnerungsvorgang.
Ek'ra'sit (das, -s, kein Plural) (griech.-nlat.) ein Sprengstoff.
ek'rü *(auch:* ec'rü) (Adj.) (franz.) naturfarben, roh (von Textilien).
Ek's'ta'se (die, -, -n) (griech.) höchste Verzückung; Rausch; Enthusiasmus. Ekstatiker; ekstatisch.
Ek'to'mie (die, -, -n) (griech.) operative Ausschneidung.
Ek'to'pie (die, -, -n) (griech.) Organverlagerung (z. B. Wanderniere).
Ek'zem (das, -s, -e) (griech.) Hautausschlag.
ek'ze'ma'tisch (Adj.) wie ein Ekzem, durch Ekzeme bewirkt.
Ela'bo'rat (das, -s, -e) (lat.) 1. Ausarbeitung. 2. Machwerk.
Elan (der, -s, kein Plural) (franz.) Schwung; Begeisterung. Adjektiv: elanvoll.
elas'tisch (Adj.) (griech.) dehnbar; flexibel. Elastik; Elastizität.
Elas'ti'zi'täts'mo'dul (der, -s, -n) (griech.-lat.) Kennwert für elastische Materialeigenschaft.
Ela'tiv (der, -s, -e) (lat.) absoluter Superlativ, der nicht durch einen Vergleich entsteht (z.B. schnellste, das heißt »sehr schnelle« Verbindung).
Elch (der, -s, -e) Hirschart.
El'do'ra'do *(auch:* Do'ra'do) (das, -s, -s) (span.) Paradies.
Ele'fant (der, -en, -en) (griech.) großes Rüsseltier. Elefantengras; Elefantenzahl.
Ele'fan'ti'a'sis (die, -, -ti'a'sen) (griech.) riesige Gliedmaßenverdickung durch Lymphstau.
ele'gant (Adj.) (franz.) modisch; geschmackvoll. Eleganz.
Ele'gie (die, -, -n) (griech.) Klagegedicht. Adjektiv: elegisch.
Elei'son (das, -s, -s) (griech.) gottesdienstlicher Gesang, »erbarme dich«.
elek'tiv (Adj.) (lat.) auswählend, *auch:* selektiv.
Elek'to'rat (das, -s, -e) (lat.) Kurfürstenwürde.
Elek't'ra'komp'lex (der, -es, -e) (griech.-lat.) extreme Vaterbindung (bei Mädchen).
elek't'risch (Adj.) mit Strom betrieben. Elektrifizierung; Elektriker; Elektrizität; Elektrizitätslehre; Elektrizitätswerk; Elektroindustrie; Elektroherd; Elektromagnet; Elektroauto;

Elektrorasierer; Elektroschock; Elektrotechnik; Elektrische; elektrotechnisch; elektrifizieren; elektrisieren.

Elek|t|ro|de (die, -, -n) Stromleiter.

Elek|t|ro|dy|na|mik (die, -, kein Plural) Wissenschaft von den elektromagnetischen Feldern; Adjektiv: elektrodynamisch.

Elek|t|ro|en|ze|pha|lo|gramm (das, -s, -e) (griech.) Aufzeichnung der Hirnstromkurve. (Abk. EEG).

Elek|t|ro|gra|fie (*auch:* Elek|t|ro|gra|phie) (die, -, -n) galvanisches Ätzverfahren.

Elek|t|ro|kar|dio|gramm (das, -s, -e) (griech.) Aufzeichnung der Herzstromkurve. (Abk. EKG, Ekg).

Elek|t|ro|kar|dio|gra|fie (*auch:* Elek|t|ro|kar|dio|gra|phie) (die, -, -n) (griech.) Messung der Herzströme.

Elek|t|ro|kaus|tik (die, -, kein Plural) Entfernung kranken Gewebes durch Hochfrequenzstrom.

Elek|t|ro|kau|ter (der, -s, -) Gerät zur Elektrokaustik.

Elek|t|ro|ly|se (die, -, -n) Zersetzung chemischer Verbindungen durch elektrischen Strom. Elektrolyt; elektrolytisch; elektrolysieren.

Elek|t|ron (das, -s, -en) (griech.) negativ geladenes Elementarteilchen. Elektronenblitzgerät; Elektronengehirn; Elektronenmikroskop; Elektrone; Elektroniker.

Elek|t|ro|nen|volt (das, -/-s, -) (griech.-nlat.) eine Maßeinheit der Kernphysik; Zeichen e.V.

Elek|t|ro|nik (die, -, kein Plural) (griech.) 1. technische Anwendung der Elektronen. 2. elektronische Ausstattung.

elek|t|ro|nisch (Adj.) zur Elektronik gehörig, mit ihrer Hilfe, durch Elektronen betätigt.

elek|t|ro|phob (Adj.) neigt nicht zur Anlagerung von elektrischer Ladung.

Elek|t|ro|pho|re|se (die, -, kein Plural) (griech.) Bewegung geladener, gelöster Teilchen im elektrischen Feld zweier Elektroden. elektrophoretisch.

Elek|t|ro|schock (der, -s, -s) Schockbehandlung durch elektrischen Strom (in der Psychiatrie).

Elek|t|ro|schrott (der, -s, kein Plural) Schrott aus elektronischen Geräten.

Elek|t|ros|kop (das, -s, -e) (griech.) Gerät zum Nachweis elektrischer Ladungen.

Elek|t|ro|smog (der, -s, kein Plural) von Elektroinstallationen ausgehende elektromagnetische Strahlenbelastung.

Elek|t|ro|sta|tik (die, -, kein Plural) Wissenschaft von ruhenden (statischen) elektrischen Ladungen.

Elek|t|ro|to|mie (die, -, -n) (griech.) Chirurgie mithilfe elektrisch aufgeheizter Schneidgeräte, z. B. zur Entfernung von Gewebewucherungen.

Ele|ment (das, -s, -e) (lat.) Grundstoff; Körper; Wesen. Elementargewalt; Elementarteilchen; Elementarunterricht; elementar.

Ele|mi (das, -s, kein Plural) (arab.-span.) ein tropisches Harz.

Elen (das, -s, -) (litau.) Elch.

elend (Adj.) ärmlich; bedauerlich; kränklich. Elend; Elendsviertel; elendiglich.

Ele|va|ti|on (die, -, -ti|o|nen) (lat.) das Aufheben, Erhöhung.

Ele|va|tor (der, -s, -en) (lat.) Güteraufzug; Förderwerk.

Ele|ve (der, -n, -n) (franz.) Zögling; Schüler (z. B. ein Ballettanfänger, ein künftiger Forstwirt).

elf (Zahlw.) Wir sind zu elft (zu elfen); elffach, *aber:* das Elffache; elfmal; elfmalig; elfmeterreif; der elfte Tag, *aber:* Heute ist der Elfte; der Elfer (Elfmeter); ein Elftel; die Elf (Fußballmannschaft); Elferwette; Elfmeterpunkt.

El|fe (die, -, -n) Fee. Adjektiv: elfisch; Elfentanz.

El|fen|bein (das, -s, -e) Elefantenzahn. Elfenbeinküste; Elfenbeinschnitzerei; Elfenbeinturm; elfenbeinern; elfenbeinfarben.

eli|mi|nie|ren (V.) (lat.) entfernen; beseitigen. Eliminierung; Elimination.

Eli|te (die, -, -n) (franz.) Auslese; die Elite. Elitetruppe; Eliteschule; elitär.

Eli|xier (das, -s, -e) (griech.-arab.) Heiltrank.

El|le (die, -, -n) Unterarmknochen; altes Längenmaß. Ell(en)bogen; Ell(en)bogenfreiheit; Ell(en)bogengesellschaft; Ellenmaß; ellenlang.

El|lip|se (die, -, -n) (griech.) Kegelschnitt; Auslassung. Ellipsenbahn; elliptisch; ellipsenförmig.

El|lip|so|id (das, -s, -e) (griech.) Körper, der entsteht, wenn eine Ellipse um eine ihrer Achsen gedreht wird.

E-Lok (die, -, -s) (Kurzw.) elektrische Lokomotive.

Elo|ge (die, -, -n) (franz.) Lobrede; Schmeichelei.

elo|quent (Adj.) (lat.) beredsam; sprachgewandt. Eloquenz.

El Sal|va|dor (ohne Art., -s, kein Plural) mittelamerikanischer Staat. Salvadorianer; salvadorianisch.

Els|ter (die, -, -n) Vogelart.

El|tern (die, nur Plural) Vater und Mutter. Elter (das/der); Elternbeirat; Elterninitiative; Elternteil; elterlich.

Ely'si'um (das, -s, kein Plural) (lat.) Paradies. Adjektiv: elysisch.
em. (Abk.) emeritiert.
E-Mail (die/das, -, -s) (engl.) elektronische Post.
Email (*auch:* Email'le) (das, -s, -s) (franz.) Schmelzüberzug. Emailfarbe; Emaillack; emaillieren.
Ema'na'ti'on (die, -, -ti'o'nen) (lat.) 1. das Ausströmen, Ausstrahlung. 2. (nur Sing.) radioaktives Edelgas. Verb: emanieren.
Eman'zi'pa'ti'on (die, -, -ti'o'nen) (lat.) Gleichberechtigung der Frau. Emanze; Emanzipationsbewegung; Emanzipierung; emanzipatorisch; emanzipiert; emanzipieren.
Em'bar'go (das, -s, -s) (span.) Ausfuhrverbot; Einfuhrverbot.
Em'b'lem (das, -s, -e) (franz.) Markenzeichen; Sinnbild. Emblematik; emblematisch.
Em'bo'lie (die, -, -n) (griech.) Verstopfung einer Blutader.
Emb'ryo (der, -s, -s/-y'o'nen) (griech.) Ungeborenes; Fötus. Embryologie; Embryonalzeit; embryonal; embryonisch.
Emen'da'ti'on (die, -, -ti'o'nen) (lat.) Berichtigung (eines falsch überlieferten Textes). Verb: emendieren.
Eme'ri'tie'rung (die, -, -en) (lat.) Pensionierung eines Hochschullehrers. Emeritus; emeritiert (Abk.: em.); emeritieren.
Emer'si'on (die, -, -si'o'nen) (lat.) das Auftauchen (von Neuland durch Absinken des Meeresspiegels).
Eme'ti'kum (das, -s, -ti'ka) (griech.-nlat.) Brechmittel. Adjektiv: emetisch.
emi'g'rie'ren (V.) (lat.) auswandern. Emigration; Emigrant; Emigrantenliteratur.
Emin'cé (das, -s, -s) (franz.) Geschnetzeltes; z. B. Emincé à la zurichoise: Züricher Kalbsgeschnetzeltes.
emi'nent (Adj.) (lat.) außerordentlich; hervorragend. Eminenz.
Emi'rat (das, -s, -e) (arab.) Fürstentum. Emir.
Emis'sär (der, -s, -e) (franz.) Abgesandter.
Emis'si'on (die, -, -si'o'nen) (lat.) Aussendung; Ausstrahlung; Schadstoffabgabe. Emissionsstopp; Emissionsgesetz; emittieren.
Emit'tent (der, -en, -en) Wertpapierausgeber.
emit'tie'ren (V.) (lat.) ausgeben, in Umlauf bringen.
Em'men'ta'ler (der, -s, -) Käsesorte.
e-Moll (das, -, kein Plural) Tonart. e-Moll-Tonleiter.
Emo'ti'on (die, -, -ti'o'nen) (lat.) Erregung; Gefühl. Emotionalität; emotional; emotionell; emotionalisieren.

Em'pa'thie (die, -, kein Plural) (griech.) Einfühlungsvermögen.
emp'fan'gen (V., empfing, hat empfangen) entgegennehmen; begrüßen. Empfang; Empfänger; Empfänglichkeit; Empfängnis; Empfängnisverhütung; Empfangsdame; Empfangsstörung; empfänglich; empfängnisverhütend; empfangsberechtigt.
emp'feh'len (V., empfahl, hat empfohlen) anpreisen; sich verabschieden. Empfehlung; Empfehlungsschreiben; empfehlenswert.
emp'fin'den (V., empfand, hat empfunden) fühlen; verspüren. Empfindung; Empfinden; Empfindlichkeit; Empfindsamkeit; empfindbar; empfindsam; empfindungslos; empfindlich.
Em'pha'se (die, -, -n) (griech.) Nachdruck. Adjektiv: emphatisch.
em'pha'tisch (Adj.) mit Emphase; nachdrücklich.
Em'phy'sem (das, -s, -e) (griech.) Gas-, Luftaufblähung (besonders in der Lunge).
Em'pi're 1. (das, -/-s, kein Plural) (franz.) ein klassizistischer Kunststil (von 1800 bis 1830). 2. (das, -/-s, kein Plural) (franz.-engl.) das britische Weltreich.
Em'pi'rie (die, -, kein Plural) (griech.) Erkenntnis aus Erfahrung. Empirismus; Empiriker; Empirist; empiristisch.
Em'p'lo'yé (der, -s, -s) (franz.) Angestellter.
em'por (Adv.) nach oben; aufwärts. *Beachte:* in Verbindung mit Verben immer zusammengeschrieben! emporkommen; emporarbeiten; emporfliegen; emporragen; emporschwingen; emporsteigen; emporwachsen; Emporkömmling.
em'pö'ren (V.) entrüsten; auflehnen. Empörung; Empörer; empörerisch; empörend.
Em'py'em (das, -s, -e) (griech.) Eiteransammlung (z. B. in der Brusthöhle).
em'py're'isch (Adj.) zum Empyreum gehörig, lichtüberstrahlt.
Em'py're'um (das, -s, kein Plural) (griech.-lat.) oberster Feuerhimmel, Lichtreich (nach alter philosophischer Auffassung).
em'sig (Adj.) fleißig, flink. Emsigkeit.
Emu (der, -s, -s) Straußenvogel.
Emu'la'ti'on (die, -, -ti'o'nen) (lat.) Anpassung von Betriebssystemen (EDV). Emulationsprogramm.
emul'gie'ren (V.) (lat.) aufschwemmen; verteilen. Emulsion; Emulgator.
E-Mu'sik (die, -, kein Plural) (Kurzw.) ernste Musik.
En'an'them (das, -s, -e) (griech.) Schleimhautausschlag.

en bloc (franz.) im Ganzen. die En-bloc-Annahme.
en|co|die|ren (V.) = enkodieren.
En|co|ding (das, -s, -s) (engl.) Nachrichtenverschlüsselung.
En|coun|ter (das/der, -s, -) (engl.) psychologisches Gruppentraining.
En|de (das, -s, -n) Schluss; Ausgang. Am Ende; bis zum bitteren Ende; Ende des Jahres; Ende nächster Woche; Ende März; gegen Ende; letzten Endes; von Anfang bis Ende; Ende dieses/ diesen Jahres. Endabrechnung; Endvierziger; Endeffekt; Endergebnis; Endgültigkeit; Endlagerung (aber: die Entsorgung!); Endlichkeit; Endlosigkeit; Endphase; Endspiel; Endung; Endverbraucher; Endzeit; endgültig; aber: nichts Endgültiges; endlich; endlos; endungslos; endzeitlich; enden.
En|de|mie (die, -, -n) (griech.) auf eine bestimmte Gegend beschränkte Krankheit. Ortsseuche. Adjektiv: endemisch. Endemismus.
En|de|mit (der, -en, -en) endemisches Lebewesen.
en dé|tail (franz.) im Einzelnen.
En|di|vie (die, -, -n) Salatpflanze. Endiviensalat.
end|lich 1. (Adv.) schließlich; zuletzt. na endlich! 2. (Adj.) vergänglich; begrenzt. Endlichkeit.
En|do|ga|mie (die, -, -n) (griech.) Heirat innerhalb einer bestimmten Gruppe (z. B. einer Kaste).
en|do|gen (Adj.) (griech.) von innen heraus (entstanden, kommend).
En|do|s|kop (das, -s, -e) (griech.) optisches Gerät zur Untersuchung von Körperhöhlen und zur Gewebsentnahme (z. B. Magenspiegel).
En|do|s|ko|pie (die, -, -n) Untersuchung mit dem Endoskop.
en|do|therm (Adj.) (griech.) Wärme benötigend, bindend (von chemischen Reaktionen).
En|du|ro (die, -, -s) (span.) Geländemotorrad.
Ener|ge|tik (die, -, kein Plural) (griech.) 1. physikalische Energielehre. 2. Denklehre, die die Energie als Grundlage allen Geschehens ansetzt. Adjektiv: energetisch.
Ener|gie (die, -, -n) (griech.) Kraft; Ausdauer; Arbeitsleistung. Energiebedarf; Energiekrise; Energielosigkeit; Energieträger; Energieverbrauch; energiearm; energiegeladen; energielos; energiereich; energisch.
Ener|gie|steu|er (die, -, -n) Klimaschutzsteuer.
ener|vie|ren (V.) entnerven; entkräften. Enervierung.
En|fant ter|ri|b|le (das, - -, -s -s) (franz.) jmd., der oft von einer Norm stark abweicht.

eng (Adj.) knapp; vertraut. aufs engste/ Engste; etwas/nichts Enges; in die Enge treiben; zwei eng befreundete (auch: engbefreundete) Familien; eng anliegend (auch: enganliegend); eng beschrieben (auch: engbeschrieben); engherzig; engmaschig; engstirnig; eng verwandt (auch: engverwandt); Enge; Engherzigkeit; Engpass; Engstirnigkeit.
En|ga|ge|ment (das, -s, -s) (franz.) Verpflichtung; Interesse. Engagiertheit; engagiert; engagieren.
En|gel (der, -s, -) Helfer; Retter; Schönheit; überirdisches Wesen. Engel(s)kopf; Engelshaar; Engelsgeduld; Engelszungen; engel(s)gleich; engelhaft; engelrein; engelschön.
eng|lisch (Adj.) sich englisch unterhalten; Aber: sich auf Englisch unterhalten; das Buch ist in Englisch geschrieben; mein Englisch ist schlecht; er kann kein Wort Englisch; er spricht Englisch; die Übersetzung ist in Englisch. Beachte: englische Sprache; englische Dogge; englische Krankheit. Aber: Englischer Garten (in München); Englisches Fräulein. England; Engländer.
Eng|lish|waltz (auch: English Waltz) (der, -, -) langsamer Walzer.
En|go|be (die, -, -n) (franz.) aufgebrannter farbiger Überzug (Keramik); Angussfarbe.
en|go|bie|ren (V.) mit Engobe überziehen.
en gros (franz.) im Großen. Engroshändler.
En|jam|be|ment (das, -s, -s) (franz.) Übergreifen eines Satzes in die nächste Verszeile, Zeilensprung.
En|kaus|tik (die, -, kein Plural) (griech.) eine antike Maltechnik, bei der heiße Wachsfarben verschmolzen werden.
En|kel (der, -s, -) Kindeskind. Enkelin; Enkelkinder.
En|kla|ve (die, -, -n) (franz.) vom eigenen Gebiet umschlossenes fremdes (Staats-) Gebiet.
En|kli|se (die, -, -n) (griech.) Anlehnung eines unbetonten Wortes an ein vorausgehendes, betontes (z. B. »zu« + »der« → »zur«).
en|ko|die|ren (auch: en|co|die|ren) (V.) (engl.) Nachricht verschlüsseln. Enkodierung.
en masse (franz.) gehäuft; massenhaft.
en mi|ni|a|ture (franz.) im Kleinen.
en|nu|yant (Adj.) (franz.) anödend, lästig.
enorm (Adj.) (franz.) riesig; ansehnlich; sehr viel. Enormität.
en pas|sant (franz.) beiläufig.
En|que|te (die, -, -n) (franz.) Umfrage; Untersuchung. Enquetekommission.
en route (franz.) unterwegs.
En|sem|b|le (das, -s, -s) (franz.) Ganzes; Künstlergruppe.

en suite (franz.) im Folgenden; ununterbrochen.
ent'ar'ten (V.) abweichen; degenerieren. Entartung; entartet.
ent'äu'ßern (V.) weggeben; aushändigen. Entäußerung.
ent'beh'ren (V.) verzichten, vermissen (mit Akkusativ!); nicht haben (mit Genitiv!). Diese Aussage entbehrt jeglicher Wahrheit. Entbehrlichkeit; Entbehrung; entbehrlich; entbehrungsreich.
ent'bin'den (V., entband, hat entbunden) befreien; gebären. Entbindung; Entbindungsstation.
ent'blö'ßen (V.) enthüllen; berauben. Entblößung.
ent'bren'nen (V., entbrannte, ist entbrannt) entflammen; begeistern.
ent'de'cken (V.) finden. Entdeckung; Entdecker; Entdeckerfreude; Entdeckungsreise; entdeckerisch.
En'te (die, -, -n) 1. Gänsevogel. 2. Falschmeldung. Ententeich; Enterich; Zeitungsente.
ent'eh'ren (V.) entwürdigen; demütigen. Entehrung; entehrend.
ent'eig'nen (V.) beschlagnahmen. Enteignung.
En'ten'te (die, -, -n) (franz.) Einverständnis, Bündnis.
En'te'ri'tis (die, -, -ti'den) (griech.) Dünndarmentzündung.
en'tern (V.) erobern. Enterung; Enterhaken.
En'te'ro's'kop (das, -s, -e) (griech.) Dickdarm-Endoskop.
En'te'ro's'to'mie (die, -,-n) (griech.) Anlegen eines künstlichen Darmausganges.
En'ter'tai'ner (der, -s, -) (engl.) Alleinunterhalter.
ent'fa'chen (V.) entflammen; erregen. Entfachung.
ent'fal'len (V., entfiel, ist entfallen) vergessen; wegfallen.
ent'fal'ten (V.) öffnen; ausbreiten; sich entwickeln. Entfaltung; Entfaltungsmöglichkeit; entfaltbar.
ent'fär'ben (V.) bleichen. Entfärber.
ent'fer'nen (V.) wegschaffen; abweichen. Entfernung; entfernt.
ent'fes'seln (V.) befreien; auslösen. Entfesselung.
ent'flam'men (V.) anfachen; erregen. Entflammung; entflammbar.
ent'flech'ten (V.) entwirren; lösen. Entflechtung.
ent'frem'den (V.) fremd machen. Entfremdung.

ent'fros'ten (V.) auftauen. Entfroster; Entfrostung.
ent'füh'ren (V.) rauben. Entführer; Entführung.
ent'ge'gen 1. (Präp., Dat.) im Gegensatz zu. entgegen meinem Vorsatz. entgegen unserer Vorstellung. 2. (Adv.) in Richtung auf; entgegengesetzt; zuwider. *Beachte:* in Verbindung mit Verben immer Zusammenschreibung! entgegenbringen; entgegenarbeiten; entgegeneilen; entgegengehen; entgegenhalten; entgegenkommen; entgegennehmen; entgegenstemmen; entgegentreten; Entgegnung; Entgegenkommen; Entgegengesetzte, *aber:* in die entgegengesetzte Richtung; entgegengesetzt; entgegenkommend; entgegensetzend; entgegnen.
ent'geis'tert (Adj.) überrascht; sprachlos; fassungslos.
Ent'gelt (das, -s, -e) Bezahlung; Lohn. Adjektiv: entgeltlich. Verb: entgelten.
ent'glei'sen (V., ist) aus dem Gleis kommen; taktlos sein. Entgleisung.
ent'hal'ten (V., enthielt, hat enthalten) beinhalten; sich ausschließen; zurückhalten. Enthaltung; Enthaltsamkeit; enthaltsam.
ent'haup'ten (V.) köpfen. Enthauptung.
ent'he'ben (V., enthob, hat enthoben) befreien; absetzen. *Beachte:* mit Akkusativ (für die Person) und mit Genitiv (für die Sache)! Sie haben ihn sämtlicher Rechte enthoben.
ent'hem'men (V.) frei machen. Enthemmung; Enthemmtheit.
ent'hül'len (V.) aufdecken; entblößen. Enthüllung.
En'thu'si'as'mus (der, -, kein Plural) (griech.) Begeisterung; Eifer. Enthusiast.
ent'ideo'lo'gi'sie'ren (V.) von einer Ideologie befreien. Entideologisierung.
En'ti'tät (die, -, -en) (lat.) das Dasein (eines Dinges gegenüber seiner Wesenheit).
ent'jung'fern (V.) deflorieren. Entjungferung.
ent'kal'ken (V.) von Kalk befreien. Entkalkung.
ent'kei'men (V.) desinfizieren; sterilisieren. Entkeimung.
ent'klei'den (V.) ausziehen. Entkleidung.
ent'kom'men (V.) entkam, ist entkommen) fliehen.
ent'kräf'ten (V.) schwächen; erschöpfen. Entkräftung.
ent'kramp'fen (V.) lockern; lösen. Entkrampfung.
ent'la'den (V., entlud, hat entladen) entleeren; losbechen. Entladung.
ent'lang (Präp.; Adv.) längs. Die Mauer entlang (Akkusativ!); dem Meerufer entlang (Dativ!);

entlang der Mauer (Genitiv!) *Beachte:* Zusammenschreibung auf die Frage »Wo?«! die Straße entlanglaufen (Wo?); *aber:* die Straße entlang laufen (statt gehen – Wie?); entlangfahren; entlanggehen; entlangschlendern.

ent'lar'ven (V.) aufdecken. Entlarvung.
ent'las'sen (V., entließ, hat entlassen) kündigen; verabschieden. Entlassung; Entlassungsfeier; Entlassungsschein.
ent'las'ten (V.) beistehen; entbürden. Entlastung; Entlastungsmaterial; Entlastungszeuge.
ent'lau'fen (V., entlief, ist entlaufen) weglaufen; fliehen.
ent'le'di'gen (V., refl.) befreien. Entledigung.
ent'le'gen (Adj.) abseits; fern. Entlegenheit.
ent'leh'nen (V.) ausleihen; übernehmen. Entlehnung.
ent'loh'nen (V.) bezahlen. Entlohnung.
ent'lüf'ten (V.) Frischluft zuführen. Entlüfter; Entlüftung; Entlüftungsschacht.
ent'mach'ten (V.) stürzen. Entmachtung.
ent'man'nen (V.) kastrieren. Entmannung.
ent'mi'li'ta'ri'sie'ren (V.) entwaffnen; Truppen abziehen. Entmilitarisierung.
ent'mün'di'gen (V.) rechtlos machen. Entmündigung.
ent'mu'ti'gen (V.) mutlos machen; demoralisieren. Entmutigung.
ent'neh'men (V., entnahm, hat entnommen) herausnehmen; folgern. Ich entnahm es (aus) der Zeitung. Entnahme.
ent'nervt (Adj.) nervlich erschöpft. Entnervung; entnerven.
En'to'mo'lo'gie (die, -, kein Plural) (griech.) Insektenkunde. Adjektiv: entomologisch.
ent'pflich'ten (V.) entbinden; entlassen. Entpflichtung.
ent'pup'pen (V., refl.) sich entwickeln; zeigen. Entpuppung.
ent'rät'seln (V.) ergründen; entziffern.
En't're'akt (der, -s/-es, -e) (franz.) Zwischenakt; Zwischenspiel (-musik).
En't're'cote (das, -s, -s) (franz.) Rippenstück vom Rind.
En't'ree (das, -s, -s) (franz.) 1. Eintritt(sgeld). 2. Eintritt(sraum). 3. Vorspeise. 4. Vorspiel (im Ballett).
ent'rei'ßen (V., entriss, hat entrissen) wegnehmen; befreien.
En't're'lacs (das, -, -) (franz.) Ornament aus verschlungenen Linien und Bändern.
En't're'mets (das, -, -) (franz.) leichtes Gericht zwischen den Gängen.
en't're nous (franz.) unter uns; ungezwungen.
En't're'pot (das, -, -s) (frz.) Speicher, Lagerraum für Waren beim Zoll.

ent'rich'ten (V.) bezahlen. Entrichtung.
ent'rin'nen (V., entrann, ist entronnen) entfliehen; entgehen. Entrinnen.
En'tro'pie (die, -, -n) (griech.) 1. Zustandsgröße der Thermodynamik, Grad der »Unordnung« eines abgeschlossenen Systems. 2. mittlerer Informationsgehalt einer Zeichenmenge. 3. Ungewissheitsgrad.
ent'ros'ten (V.) von Rost befreien. Entroster; Entrostung.
ent'rüm'peln (V.) ausräumen. Entrümp(e)lung.
ent'rüs'ten (V., refl.) empören. Entrüstung.
ent'sa'gen (V.) verzichten. Entsagung; entsagungsvoll.
ent'schä'di'gen (V.) abfinden. Entschädigung.
ent'schär'fen (V.) ungefährlich machen; entspannen. Entschärfung.
ent'schei'den (V., entschied, hat entschieden) entschließen; bestimmen. *Beachte:* »sich entscheiden« mit der Präposition »für«! Sie hat sich für (nicht »zu«!) diese Stelle entschieden. Entscheidung; Entscheid; Entscheidungsfreiheit; Entscheidungsspiel; entscheidend.
Ent'schei'dungs'fä'hig'keit (die, -, -en) Fähigkeit zu entscheiden.
Ent'schei'dungs'fin'dung (die, -, -en) Entscheidungsprozess. Der Weg der Entscheidungsfindung muss kürzer werden.
Ent'schei'dungs'freu'dig'keit (die, -, -en) Fähigkeit, schnell zu entscheiden. Entschlussfreudigkeit.
ent'schie'den (Adj.) energisch; entschlossen. auf das Entschiedenste/entschiedenste; Entschlussfreudigkeit.
ent'schla'cken (V.) reinigen. Entschlackung.
ent'schla'fen (V., entschlief, ist entschlafen) sterben.
ent'schlei'ern (V.) lüften; aufdecken. Entschleierung.
ent'schlie'ßen (V., entschloss, hat entschlossen) entscheiden. *Beachte:* mit der Präposition »zu«! Hast du dich zum (*falsch:* »für«!) Kauf entschlossen? Entschließung; Entschluss; Entschlussfähigkeit; Entschlussfreudigkeit; Entschlusslosigkeit; Entschlossenheit; entschlossen; entschlussfähig; entschlusslos.
ent'schlüs'seln (V.) entziffern. Entschlüsselung (*auch:* Entschlüsslung).
ent'schul'di'gen (V.) verzeihen; rechtfertigen. *Beachte:* »sich entschuldigen« mit den Präpositionen »wegen/für«! Er entschuldigte sich für seine/wegen seiner Unhöflichkeit. Entschuldigung; Entschuldbarkeit; Entschuldigungsgrund; entschuldbar; entschulden.
ent'schwe'feln (V.) von Schwefel befreien. Entschwef(e)lung.

ent'schwin'den (V., entschwand, ist entschwunden) verschwinden; entfallen.
ent'seelt (Adj.) tot.
ent'sen'den (V., entsendete/entsandte, hat entsendet/entsandt) abordnen; beauftragen. Entsendung.
ent'set'zen (V., refl.) erschrecken. Entsetzen; Entsetzensausruf; entsetzlich; entsetzt. Entsetzen erregend (*auch:* entsetzenerregend).
ent'seu'chen (V.) desinfizieren. Entseuchung.
ent'sin'nen (V., refl., entsann, hat entsonnen) erinnern. Ich kann mich meiner Kindheit/an meine Kindheit kaum noch entsinnen.
ent'sor'gen (V.) Müll beseitigen und lagern. Entsorgung.
ent'span'nen (V.) lösen; sich beruhigen. Entspannung; Entspannungspolitik; Entspannungsübung; entspannend.
ent'spre'chen (V., entsprach, hat entsprochen) übereinstimmen; erfüllen. Entsprechung; etwas/nichts Entsprechendes; Entsprechendes veranlassen; entsprechend; dementsprechend. *Beachte:* »entsprechend« mit Dativ (nicht mit Genitiv)! entsprechend unseren (*nicht:* unserer!) Vorstellungen.
ent'sprin'gen (V., entsprang, ist entsprungen) hervorquellen; sich entwickeln.
ent'stam'men (V., ist) herkommen; sich ableiten.
ent'ste'hen (V., entstand, ist entstanden) erscheinen; folgen. Entstehung; Entstehungsgeschichte.
ent'stel'len (V.) verunstalten; verfälschen. Entstellung; entstellt.
ent'stö'ren (V.) Empfangsstörungen beseitigen. Entstörung.
ent'ta'bu'i'sie'ren (V.) von Tabus befreien. Enttabuisierung (*auch:* Enttabuierung).
ent'tar'nen (V.) aufdecken. Enttarnung.
ent'täu'schen (V.) Erwartungen nicht erfüllen. Enttäuschung; enttäuscht.
ent'thro'nen (V.) stürzen. Entthronung.
ent'wach'sen (V., entwuchs, ist entwachsen) sich entwickeln; erwachsen werden.
ent'waff'nen (V.) Waffen beseitigen; verblüffen. Entwaffnung.
ent'wäs'sern (V.) trockenlegen. Entwässerung; Entwässerungskanal.
ent'we'der (Konj.; Adv.) (nur in der Wendung:) entweder ... oder (wenn nicht ... dann). *Beachte:* Vor »oder« muss kein Komma stehen, wenn damit zwei Hauptsätze verbunden werden! Entweder du folgst jetzt oder ich bringe dich ins Bett! Er ist entweder hier oder dort.
ent'wei'chen (V., entwich, ist entwichen) ausströmen; entfliehen. Entweichung.

ent'wen'den (V.) stehlen. Entwendung.
ent'wer'fen (V., entwarf, hat entworfen) skizzieren; planen. Entwurf.
ent'wer'ten (V.) den Wert mindern; abstempeln. Entwertung; Entwerter.
ent'wi'ckeln (V.) sich entfalten; ausdenken. Entwicklung; Entwicklungshelfer; Entwicklungsland; Entwicklungsstufe; Entwickler; entwicklungsgeschichtlich; entwicklungsfähig.
ent'win'den (V., entwand, hat entwunden) wegnehmen.
ent'wir'ren (V.) lösen. Entwirrung; entwirrbar.
ent'wi'schen (V., ist) (ugs.) entkommen.
ent'wöh'nen (V.) abgewöhnen. Entwöhnung.
ent'wür'di'gen (V.) entehren; erniedrigen. Entwürdigung.
ent'wur'zeln (V.) haltlos machen. Entwurz(e)lung.
ent'zie'hen (V., entzog, hat entzogen) wegnehmen; sich fernhalten. Entziehung; Entziehungskur; Entzug; Entzugserscheinung.
ent'zif'fern (V.) entschlüsseln. Entzifferung; entzifferbar.
ent'zü'cken (V.) gefallen; erfreuen. Entzücken; Entzückung; entzückend.
ent'zün'den (V.) anzünden; reizen. Entzündung; Entzündlichkeit; entzündlich; entzündungsfördernd.
ent'zwei (Adj.) zerbrochen. Verben: entzweien; entzweigehen; entzweibrechen; entzweischlagen. Entzweiung.
Enu'me'ra'ti'on (die, -, -ti'o'nen) (lat.) Aufzählung.
En'vi'ron'ment (das, -s, -s) (engl.) gestalteter Raum als Kunstobjekt.
en vogue (franz.) aktuell.
En'ze'pha'li'tis (die, -, -ti'den) (griech.) Gehirnentzündung.
En'ze'pha'lo'gramm (das, -s, -e) (griech.-lat.) Röntgenbild der Gehirnkammern (Med.).
En'ze'pha'lo'gra'fie (*auch:* En'ze'pha'lo'gra'phie) (die, -, -n) (griech.) Darstellung des Gehirns (durch Aufzeichnung der Gehirnströme oder Röntgenbild).
En'zi'an (der, -s, -e) Gebirgsblume; Schnaps. Adjektiv: enzianblau.
En'zy'kli'ka (die, -, -ken) (griech.) päpstlicher Erlass.
en'zy'klisch (Adj.) (griech.-lat.) einen Kreis durchlaufend.
En'zy'klo'pä'die (die, -, -n) (griech.) Nachschlagewerk; Lexikon. Enzyklopädist. Adjektiv: enzyklopädisch.
En'zym (das, -s, -e) (griech.) organische Verbindung. Adjektiv: enzymatisch.
eo ip'so (lat.) von sich aus.

Eo|li|thi|kum (das, -s, kein Plural) (griech.-lat.) vermeintlich früheste Kulturstufe.
Eo|sin (das, -s, kein Plural) (griech.-nlat.) ein roter Farbstoff, Färbemittel. Verb: eosinieren.
Eo|zän (das, -s, kein Plural) (griech.) zweitältester Abschnitt des Tertiärs. Adjektiv: eozän.
ep|a|go|gisch (Adj.) (griech.) zum Allgemeinen führend.
Ep|arch (der, -en, -en) (griech.) Bischof (in der griechisch-orthodoxen Kirche).
Ep|ar|chie (die, -, -n) Bereich eines Eparchen.
Epau|lett (das, -s, -s) = Epaulette.
Epau|let|te (die, -, -n) (franz.) Achselklappe, Schulterstück (an Uniformen).
Ep|en|the|se (die, -, -the|sen) (griech.-lat.) Lauteinschub zur Erleichterung der Aussprache.
eph|e|mer (Adj.) (griech.) kurzlebig; nur einen Tag dauernd; vorübergehend.
Eph|e|me|ra (die, nur Plural) (griech.-lat.) Eintagesfieber (Med.).
Epi|de|mie (die, -, -n) (griech.) Seuche. Adjektiv: epidemisch.
Epi|der|mis (die, -, -men) (griech.) Oberhaut; äußere Zellschicht.
Epi|dot (der, -s, -e) (griech.) ein Mineral.
Epi|go|ne (der, -n, -n) (griech.) Nachahmer. Epigonentum; epigonenhaft.
Epi|graf (*auch:* Epi|graph) (das, -en, -en) (griech.) Inschrift (auf Stein, Ton u.a.).
Epi|gra|fik (*auch:* Epi|gra|phik) (die, -, kein Plural) (griech.) Inschriftenkunde.
Epi|gra|fi|ker (*auch:* Epi|gra|phi|ker) (der, -s, -) (griech.-lat.) Inschriftenforscher.
Epi|gramm (das, -s, -e) (griech.) Inschrift; Sinn-, Spottgedicht. Epigrammatiker; Adj.: epigrammatisch.
Epik (die, -, kein Plural) (griech.) erzählende Dichtung. Epiker; episch.
Epi|k|le|se (die, -, -n) (griech.) Anrufung des Heiligen Geistes (beim Abendmahl) in der orthodoxen Kirche.
Epi|k|ri|se (die, -, -n) (griech.) Endbeurteilung (eines Krankheitsfalles).
Epi|ku|re|er (der, -s, -) (griech.) Genussmensch. Adjektiv: epikureisch.
Epi|la|ti|on (die, -, -ti|o|nen) (lat.) kosmetische Enthaarung. epilieren.
Epi|lep|sie (die, -, -n) (griech.) Krankheit. Epileptiker; epileptisch.
Epi|log (der, -s, -e) (griech.) Nachwort.
Epin|g|lé (der, -s, -s) (franz.) ein gerippter Stoff (für Kleider, Möbelbezüge).
Epi|pha|nie (die, -, -n) (griech.) Erscheinung. Dreikönigsfest. Epiphanias.
Epi|pher (die, -, -n) (griech.-lat.) rhetorische Figur der Wiederholung eines oder mehrerer Wörter am Ende aufeinander folgender Sätze oder Satzteile.
Epi|s|kop (das, -s, -e) (griech.) Projektor für undurchsichtige Bilder (z. B. Druckvorlagen).
Epi|s|ko|pa|lis|mus (der, -, kein Plural) (griech.-lat.-nlat.) Kirchenleitung durch Bischöfe. episkopal.
Epi|s|ko|pat (der/das, -s, -e) (griech.-lat.) 1. Bischofsamt, -würde. 2. alle Bischöfe (eines Landes).
Epi|s|ko|pus (der, -, -skopi) (griech.-lat.) Bischof. episkopal.
Epi|so|de (die, -, -n) (griech.) Begebenheit; Geschichte. Adjektiv: episodenhaft; episodisch.
Epis|tel (die, -, -n) (griech.) 1. langer Brief; Sendschreiben. 2. Strafpredigt.
Epi|taph (das, -s, -e) (griech.) Grabinschrift; Erinnerungsmal mit Inschrift.
Epi|zen|t|rum (das, -s, -tren) (griech.) Mittelpunkt (Erdbeben).
Epo|che (die, -, -n) (griech.) Zeitabschnitt. Epochenwandel; epochal.
Ep|o|nym (das, -s, -e) (griech.) auf einen Personennamen zurückgehende Gattungsbezeichnung.
Ep|si|lon (das, -s, -s) griechischer Buchstabe.
Equa|li|zer (der, -s, -) (engl.) Klangbildregler.
Equi|pa|ge (die, -, -n) (franz.) 1. elegante Kutsche. 2. Offiziersausrüstung (veraltet).
Equi|pe (die, -, -n) (franz.) Mannschaft, (Arbeits-)gruppe.
er|ach|ten (V.) halten für. Erachten; meines Erachtens (m. E.).
er|ar|bei|ten (V.) erwerben; aneignen. Erarbeitung.
er|bar|men (V., refl.) Mitleid haben, erregen. *Beachte:* mit Genitiv! Erbarme dich meiner! Erbarmen; Erbärmlichkeit; Erbarmung; Erbarmungslosigkeit; erbarmenswert; erbarmungslos; erbarmungswürdig; erbärmlich.
er|bau|en (V.) errichten; sich erfreuen. Erbauung; Erbauer; Erbaulichkeit; erbaulich.
Er|be 1. (der, -n, -n) Erbschaftsnehmer. 2. (das, -s, kein Plural) Erbschaft. Erbengemeinschaft; Erbfaktor, Erbfeind; Erbfolge; Erbin; Erbkrankheit; Erblast; Erbmasse; Erbonkel; Erbpacht; Erbrecht; Erbschaft(s)steuer; Erbschleicher; Erbstück; Erbsünde; Erbwesen; erbberechtigt; erbeigen; erbfähig; erblich; erbmäßig; erben.
er|beu|ten (V.) als Beute erringen. Erbeutung.
er|bie|ten (V., erbot, hat erboten) sich anbieten. Erbieten.
er|bit|ten (V. erbat, hat erbeten) sich wünschen.
er|bit|tern (V.) verärgern; erbittert (hartnäckig).

er'blei'chen (V., ist) erblassen.
er'bli'cken (V.) wahrnehmen.
er'blin'den (V.) blind werden. Erblindung.
er'bo'sen (V.) aufregen; erzürnen.
er'bre'chen (V., erbrach, hat erbrochen) aufbrechen; sich übergeben.
Erb'se (die, -, -n) Hülsenfrucht. Erbsenbrei; Erbsensuppe; Erbswurst.
Erd'bee're (die, -, -n) Frucht. Erdbeereis; erdbeerfarben (*auch:* -farbig).
Er'de (die, -, -n) Welt; Boden. Erdachse; Erdapfel; Erdarbeiten; Erdball; Erdbeben; Erdbeere; Erdboden; Erdenbürger; Erdenrund; Erdgas; Erdgeschichte; Erdhöhle; Erdkruste; Erdkunde; Erdmännchen; Erdnuss; Erdöl; Erdreich; Erdrutsch; Erdstoß; Erdteil; Erdung; Erdzeitalter; erdbraun; erdfarben (*auch:* -farbig); erdig; erdkundlich; erdumspannend; erden.
er'den'ken (V., erdachte, hat erdacht) ersinnen; erfinden. Adjektiv: erdenkbar; erdenklich.
Erdg. (Abk.) Erdgeschichte; Erdgeschoss.
Erd'öl (das, -s, -e) Rohstoff. Erdölvorkommen; Erdöl exportierend (*auch:* erdölexportierend).
er'dreis'ten (V., refl.) sich unterstehen.
er'dros'seln (V.) erwürgen. Erdrosselung.
er'drü'cken (V.) belasten; zerquetschen. Erdrückung; erdrückend.
Erd'wär'me (die, -, -n) geothermische Energie.
er'ei'fern (V., refl.) sich aufregen. Eiferung.
er'eig'nen (V., refl.) geschehen. Ereignis; ereignislos; ereignisreich.
Erek'ti'on (die, -, -ti'o'nen) (lat.) Aufrichtung; Anschwellung. erektil; erigieren.
Ere'mit (der, -en, -en) (griech.) Einsiedler. Eremitage.
Ere'mu'rus (der, -, -) (griech.-lat.) Steppenkerze; Lilienschweif, asiatische Zierpflanze.
Erep'sin (das, -s, kein Plural) (griech.) Bauchspeicheldrüsen-, Dünndarmenzym.
ere'thisch (Adj.) (griech.) krankhaft reizbar.
ERF (Abk.) Evangeliumsrundfunk.
er'fah'ren (V., erfuhr, hat erfahren) erleben; unterrichtet werden. Erfahrung; Erfahrungsaustausch; Erfahrungstatsache; Erfahrungswert; Erfahrenheit; erfahrbar; erfahrungsgemäß.
er'fas'sen (V.) ergreifen; begreifen; berücksichtigen. Erfassung; erfassbar.
er'fin'den (V., erfand, hat erfunden) ausdenken; ersinnen. Erfinder; Erfindung; Erfindungsgabe; Erfindungsgeist; erfinderisch; erfindungsreich.
er'fol'gen (V.) geschehen; resultieren. Erfolg; Erfolgsaussicht; Erfolgsserie; Erfolglosigkeit; erfolglos; erfolgreich; erfolgssicher; Erfolg versprechend (*auch:* erfolgversprechend).
er'for'dern (V.) benötigen; verlangen. Erfordernis; erforderlich; erforderlichenfalls.

er'for'schen (V.) untersuchen; ergründen. Erforschung; Erforscher; erforschbar.
er'fra'gen (V.) zu erfahren suchen. Erfragung.
er'freu'en (V.) genießen; Freude machen. Adjektiv: erfreulich; *aber:* Viel Erfreuliches war nicht dabei. Adverb: erfreulicherweise.
er'frie'ren (V., erfror, ist erfroren) gefrieren; vor Kälte sterben. Erfrierung.
er'fri'schen (V.) beleben; sich frisch machen. Erfrischung; Erfrischungsraum; Erfrischungstrunk.
er'fül'len (V.) ausfüllen; erledigen; wahr werden. Erfüllung; Erfülltheit; erfüllbar.
erg. (Abk.) ergänze!
er'gän'zen (V.) hinzufügen; vervollständigen. Ergänzung; Ergänzungsabgabe.
er'gat'tern (V.) (ugs.) sich verschaffen.
er'gau'nern (V.) durch Betrügerei erhalten.
Erg.-Bd. (Abk.) Ergänzungsband.
er'ge'ben 1. (V., ergab, hat ergeben) erfolgen; zeigen; sich fügen. 2. (Adj.) demütig; treu. Ergebenheit; Ergebnis; Ergebnislosigkeit; Ergebung; ergebnislos; ergebnisreich; ergebungsvoll.
er'ge'hen (V., erging, hat/ist ergangen) spazieren gehen; widerfahren. Ergehen.
er'gie'big (Adj.) ausgiebig; ertragreich. Ergiebigkeit.
er'go (Konj.) (lat.) folglich.
Er'go'lo'gie (die, -, kein Plural) (griech.) Wissenschaft von Arbeitsgebräuchen und -gerät.
Er'go'me'ter (das, -s, -) (griech.) fest montiertes Fahrradgerät zum Messen der Leistungskraft.
Er'go'no'mie (die, -, kein Plural) Arbeitswissenschaft. Adjektiv: ergonomisch.
er'go'trop (Adj.) (griech.-lat.) leistungssteigernd (Med.).
er'göt'zen (V.) erfreuen. Ergötzen; Ergötzung; ergötzlich.
er'grau'en (V.) grau werden; alt werden.
er'grei'fen (V., ergriff, hat ergriffen) erfassen; beeindrucken; festnehmen. Ergreifung; Ergriffenheit; Ergriffensein; ergreifend; ergriffen.
er'grün'den (V.) erforschen. Ergründung; ergründbar.
er'ha'ben (Adj.) erhöht; überlegen; würdevoll. Erhabenheit; erheben.
er'hal'ten (V., erhielt, hat erhalten) bekommen; bewahren. Erhaltung; Erhalt; erhältlich.
er'hän'gen (V.) töten.
er'här'ten (V.) bekräftigen; festigen. Erhärtung.
er'he'ben (V., erhob, hat erhoben) aufrichten; revoltieren; beginnen. Erhebung; Erhabenheit; erhebend; erheblich; erhaben.
er'hei'schen (V.) begehren.
er'hei'tern (V.) amüsieren. Erheiterung.

er'hel'len (V.) beleuchten; hell werden; aufklären. Erhellung.
er'hit'zen (V.) heiß machen, werden; erregen. Erhitzer; Erhitzung.
er'hö'hen (V.) steigern; höher machen. Erhöhung.
er'ho'len (V., refl.) ausspannen. Erholung; Erholsamkeit; Erholungskur; Erholungsgebiet; Erholung suchend (auch: erholungsuchend); Erholungsurlaub; erholsam; erholungsbedürftig.
eri'gie'ren (V., ist) (lat.) sich aufrichten. Erektion; erigibel.
Eri'ka (die, -, -ken) (griech.) Heidekraut.
er'in'nern (V.) sich entsinnen; mahnen. Erinnerung; Erinnerungsvermögen; Erinnerungsfoto; erinnerungslos.
Erin'nye (die, -, -n) griechische Rachegöttin.
Eris (die, -, kein Plural) griechische Göttin der Zwietracht (die durch einen geworfenen Apfel Streit entfacht).
Eris'ap'fel (der, -s) (griech.) Zankapfel, Gegenstand eines Streites.
Eri't'rea (ohne Art., -s, kein Plural) afrikanischer Staat (ehemalige Provinz Äthiopiens). Eritreer; eritreisch.
er'käl'ten (V., refl.) eine Erkältung bekommen. Erkältung; Erkältungskrankheit.
er'ken'nen (V., erkannte, hat erkannt) wahrnehmen; verstehen; sich erinnern. Erkenntnis; Erkenntnisfähigkeit; Erkenntnistheorie; Erkennung; Erkennungsdienst; erkenntnistheoretisch.
er'kennt'lich (Adj.) dankbar. Erkenntlichkeit.
Er'ker (der, -s, -) Vorbau.
er'klä'ren (V.) erläutern; offenbaren. Erklärung; Erklärbarkeit; erklärlich; erklärlicherweise; erklärt.
er'kran'ken (V.) krank werden. Erkrankung; Erkrankungsbild; Erkrankte.
er'kun'den (V.) auskundschaften. Erkundung; Erkundungsfahrt.
er'kun'di'gen (V., refl.) fragen. Erkundigung.
er'lah'men (V.) müde werden. Erlahmung.
er'lau'ben (V.) gestatten; sich herausnehmen. Erlaubnis.
er'läu'tern (V.) erklären. Erläuterung.
Er'le (die, -, -n) Laubbaum.
er'le'ben (V.) erfahren; durchmachen; verspüren. Erleben; Erlebnis; Erlebnisfähigkeit; erlebnisfähig; erlebnisreich.
er'le'di'gen (V.) besorgen; töten. Erledigung; erledigt.
er'leich'tern (V.) lindern; entlasten. Erleichterung; erleichtert.
er'lei'den (V., erlitt, hat erlitten) erdulden; erfahren.
er'le'sen (Adj.) ausgewählt. Erlesenheit.
er'leuch'ten (V.) erhellen. Erleuchtung.
er'lie'gen (V., erlag, ist erlegen) unterliegen. Unsere Arbeit kam völlig zum Erliegen (zum Stillstand).
Er'lös (der, -es, -e) Gewinn.
er'lö'schen (V., erlosch, ist erloschen) ausgehen; zu Ende gehen. Erlöschen.
er'lö'sen (V.) befreien. Erlösung; Erlöser; Erlösungstat; erlöserhaft.
er'mäch'ti'gen (V.) bevollmächtigen. Ermächtigung.
er'man'geln (V.) fehlen. Beachte: die Person im Dativ, die Sache im Genitiv! Ihm ermangelte es jeglicher Bereitschaft. Ermang(e)lung.
er'mat'ten (V.) ermüden. Ermattung.
er'mes'sen (V., ermaß, hat ermessen) einschätzen. Ermessen; nach meinem Ermessen (falsch: meines Ermessens nach!); es liegt in seinem Ermessen; Ermessensfrage; ermessbar.
er'mit'teln (V.) nachforschen; feststellen. Ermitt(e)lung; Ermittlungsbeamte; Ermittlungsrichter.
er'mor'den (V.) töten. Ermordung.
er'mü'den (V.) müde machen; müde werden. Ermüdung; Ermüdungserscheinung; ermüdbar.
er'mun'tern (V.) beleben; ermutigen. Ermunterung.
er'näh'ren (V.) versorgen. Ernährung; Ernährer; Ernährungsbasis; Ernährungsforscher; Ernährungswissenschaft.
er'nen'nen (V.) bestimmen. Ernennung; Ernennungsurkunde.
er'neu'ern (auch: er'neu'en) (V.) ersetzen; renovieren; bekräftigen. Erneuerung; Erneuung; erneuerungsbedürftig; erneut.
er'nied'ri'gen (V.) niedriger machen; herabsetzen. Erniedrigung; erniedrigend.
ernst (Adj.) finster; streng; gewichtig; aufrichtig; bedrohlich. allen Ernstes; Ernst machen; mir ist Ernst damit; etwas/nichts Ernstes; eine Sache ernst nehmen, aber: einen Scherz für Ernst nehmen; ernst gemeinte (auch: ernstgemeinte) Ratschläge; eine ernst zu nehmende (auch: ernstzunehmende) Sache. Ernstfall; Ernsthaftigkeit; ernsthaft; ernstlich.
Ern'te (die, -, -n) Ertrag. Erntedankfest; ernten.
Ern'te'aus'fall (der, -s, -fäl'le) Vernichtung des Saatguts durch Naturkatastrophen vor der Ernte.
er'nüch'tern (V.) nüchtern machen; Illusionen nehmen. Ernüchterung.
er'obern (V.) gewinnen; bezwingen. Eroberung; Eroberer; Eroberungskrieg.
ero'die'ren (V.) (lat.) geologischer Begriff für den Vorgang des Auswaschens und der Zerstörung.

er'öff'nen (V.) öffnen; beginnen; mitteilen. Eröffnung; Eröffnungsfeier.
ero'gen (Adj.) (griech.) erregbar.
ero'li'co (Adj.) (griech.-lat.-ital.) heldenmäßig, heldisch (Vortragsanweisung in der Musik).
er'ör'tern (V.) besprechen; erläutern. Erörterung.
Eros (der, -, kein Plural) (griech.) Liebe. Eroscenter.
Ero'si'on (die, -, -si'o'nen) (griech.) Abtragung; Auswaschung. Bodenerosion.
Ero'tik (die, -, kein Plural) (griech.) Sinnlichkeit; Sexualität. Erotika; erotisch; erotisieren.
er'picht (Adj.) begierig.
er'pres'sen (V.) nötigen; drohen. Erpressung; Erpresser; Erpressbarkeit; erpressbar.
er'pro'ben (V.) prüfen. Erprobung; erprobt; erprobterweise.
er'qui'cken (V.) beleben. Erquickung; erquicklich.
Er'ra'ta (die, -, Plural) (lat.) Druckfehler; Irrtümer.
Er'ra'tum (das, -s, -ta) (lat.) Druckfehler.
er're'gen (V.) reizen; aufregen; verursachen. Erregung; Erreger; Erregbarkeit; Erregtheit; erregbar; Schwindel erregend (*auch:* schwindelerregend); Abscheu erregend (*auch:* abscheuerregend).
er'rei'chen (V.) erlangen; bewirken. Erreichung; Erreichbarkeit; erreichbar.
er'ret'ten (V.) retten; bewahren. *Beachte:* mit den Präpositionen »von/vor«! Errettung; Erretter.
er'rin'gen (V., errang, hat errungen) erlangen. Erringung; Errungenschaft.
Er'satz (der, -es, kein Plural) Entschädigung; Aushilfe; Reserve. Ersatzbank; Ersatzbefriedigung; Ersatzdienst; Ersatzkasse; Ersatzspieler; Ersatzteillager; ersatzdienstpflichtig; ersatzgeschwächt; ersatzlos; ersatzpflichtig; ersatzweise; ersetzen.
er'sau'fen (V., ersoff, ist ersoffen) (ugs.) ertrinken.
er'schal'len (V., ist) ertönen.
er'schei'nen (V., erschien, ist erschienen) sich zeigen; veröffentlicht werden; wirken. Erscheinung; Erscheinungsbild; Erscheinungsjahr; Erscheinungsort.
er'schie'ßen (V., erschoss, hat erschossen) töten. Erschießung.
er'schlaf'fen (V.) schwächen; müde werden. Erschlaffung.
er'schlei'chen (V., erschlich, hat erschlichen) sich erschmeicheln.
er'schlie'ßen (V., erschloss, hat erschlossen) öffnen; nutzbar machen; folgern. Erschließung; Erschließungskosten.
er'schöp'fen (V.) ermüden; entkräften. Erschöpfung; Erschöpfungszustand; erschöpfbar.
er'schre'cken (V., erschreckte/erschrak, hat erschreckt/ist erschrocken) Angst einjagen; Angst bekommen. Erschrockenheit; erschreckend.
er'schüt'tern (V.) erbeben; ergreifen. Erschütterung; erschütternd.
er'schwe'ren (V.) behindern; schwieriger machen. Erschwernis; Erschwerniszulage; Erschwerung.
er'schwing'lich (Adj.) bezahlbar. Erschwinglichkeit; erschwingen.
er'set'zen (V.) auswechseln; vertreten. Ersetzbarkeit; Ersetzung; ersetzbar.
er'sicht'lich (Adj.) erkennbar. Verb: ersehen.
er'sin'nen (V., ersann, hat ersonnen) ausdenken. Adjektiv: ersinnlich.
er'spa'ren (V.) sparen; verschonen. Ersparung; Ersparnis; Erspartes.
er'sprieß'lich (Adj.) nutzbringend. Ersprießlichkeit; ersprießen.
erst (Adv.) zuerst; zunächst; gerade.
er'star'ren (V., ist) starr werden; leblos werden. Erstarrung.
er'stat'ten (V.) ersetzen. Erstattung.
er'stau'nen (V., ist) überraschen; verwundern. Erstaunen; erstaunlich; erstaunenswert.
ers'te (Zahlw.) er war der Erste, der es wusste; das Erste, was ich mache; der erstbeste Bewerber, *aber:* der Erstbeste; der erste Beste; die Ersten wurden geehrt; mein Erstes war mich hinzulegen; fürs Erste ist es genug; zum ersten und zum letzten Mal; zum Ersten möchte ich sagen, dass ...; Ersteres ist falsch; erster Klasse; Erste (*auch:* erste) Hilfe. Karl der Erste; der Erste Mai; der Erste Weltkrieg; die Ersten werden die Letzten sein; der Erste/Letzte seines Stammes; am Ersten (des Monats). Erstausgabe; Erstbesteigung; Erste(r)-Klasse-Abteil; Erstgeborene; Erstklässler; Erstklassigkeit; Erstkommunion; Erstmaligkeit; Erstrangigkeit; Erstschlag; Erstveröffentlichung; Erstzulassung; erstgeboren; erstklassig; erstmalig; erstmals; erstrangig; erstaufführen; erstveröffentlichen.
er'ste'hen (V., erstand, hat/ist erstanden) kaufen; entstehen. Entstehung.
er'stei'gern (V.) erhandeln. Ersteigerung.
er'stel'len (V.) anfertigen; errichten. Erstellung.
er'sti'cken (V.) die Luft nehmen; unterdrücken. Erstickung; Erstickungstod.
er'stre'ben (V.) zu erlangen suchen.
er'stre'cken (V., refl.) dauern; reichen. Erstreckung.

er'stür'men (V.) einnehmen; erobern. Erstürmung.
er'tap'pen (V.) überraschen; erwischen.
er'tas'ten (V.) fühlen.
er'tei'len (V.) gewähren; geben. Erteilung.
Er'trag (der, -s, -trä'ge) Gewinn; Ergebnis. Ertragfähigkeit; Ertragsaussichten; Ertragssteigerung; ertragfähig; ertraglos; ertragreich; ertragssicher.
er'tra'gen (V., ertrug, hat ertragen) aushalten. Erträglichkeit; erträglich.
er'träu'men (V.) sich wünschen.
er'trin'ken (V., ertrank, ist ertrunken) im Wasser sterben. Ertrinken; Ertrinkende; Ertrunkene; ertrunken.
er'üb'ri'gen (V.) überflüssig sein; übrig lassen. Erübrigung.
eru'ie'ren (V.) (lat.) ermitteln. Eruierung.
Erup'ti'on (die, -, -ti'o'nen) (lat.) Ausbruch. Adjektiv: eruptiv.
er'wach'sen 1. (V., erwuchs, ist erwachsen) entstehen. 2. (Adj.) volljährig. Erwachsene; Erwachsenenbildung; Erwachsensein.
er'wä'gen (V., erwog, hat erwogen) überlegen; in Betracht ziehen. Erwägung; erwägenswert.
er'wäh'nen (V.) anführen; bemerken. Erwähnung; erwähnenswert.
er'wär'men (V.) warm machen; warm werden; sich begeistern. Erwärmung.
er'war'ten (V.) warten auf; erhoffen. Erwartung; erwartungsgemäß; erwartungsvoll.
er'we'cken (V.) aufwecken; hervorrufen. Erweckung.
er'wei'chen (V.) überreden; weich machen. Erweichung.
er'wei'sen (V., erwies, hat erwiesen) beweisen; zeigen; leisten. Erweisung; erweislich; erwiesen; erwiesenermaßen.
er'wei'tern (V.) ausdehnen. Erweiterung.
er'wer'ben (V., erwarb, hat erworben) kaufen; aneignen. Erwerb; Erwerbsfähigkeit; Erwerbslosigkeit; Erwerbsquelle; Erwerbstätige; Erwerbung; erwerbsfähig; erwerbslos; erwerbstätig; erwerbsunfähig.
er'wi'dern (V.) antworten; entgegnen. Erwiderung.
er'wi'schen (V.) (ugs.) ertappen; erlangen.
er'wür'gen (V.) erdrosseln. Erwürgung.
Ery'thea (die, -, -the'en) (lat.) mittelamerikanische Gattung von Palmen.
Ery'si'pel (das, -s, kein Plural) (griech.) Wundrose.
Ery'th'rin (das, -s, -e) (griech.-nlat.) Mineral, Kobaltblüte.
Ery'th'ro'zyt (der, -en, -en) (griech.) rotes Blutkörperchen.

Erz (das, -es, -e) Mineral. Erzbau; Erzgebirge; Erzgießerei; erzen; erzhaltig.
Erz... (griech.) Verstärkung/Steigerung in Titeln und Rängen. Erzbischof; Erzdiözese; Erzengel; Erzfeind; Erzherzog; Erzlump; Erzspitzbube; erzböse; erzdumm; erzfaul; erzkonservativ.
er'zäh'len (V.) berichten. Erzähler; Erzählung; erzählerisch; erzählenswert.
er'zeu'gen (V.) hervorbringen; bewirken. Erzeuger; Erzeugnis; Erzeugungsland.
er'zie'hen (V., erzog, hat erzogen) ausbilden. Erzieher/in; Erziehung; Erziehungsberatung; Erziehungsberechtigte; Erziehungsheim; erziehbar; erzieherisch.
Er'zie'hungs'geld (das, -es, kein Plural) finanzielle Hilfe des Staates nach der Geburt eines Kindes für den Erzieher.
Er'zie'hungs'ur'laub (der, -es, -e) gesetzlich geregelte Freistellung vom Arbeitsplatz nach der Geburt eines Kindes.
er'zie'len (V.) erreichen. Erzielung.
er'zür'nen (V.) zornig machen, werden. Erzürnung.
er'zwin'gen (V., erzwang, hat erzwungen) gewaltsam durchsetzen. Erzwingung; erzwungenermaßen.
es (Pron.) *Beachte:* die Verkürzung mit Apostroph! So war's; 's geht gut.
ESA (Abk.) European Space Agency (Europäische Weltraumorganisation).
Es'ca'lo'pes (die, nur Plural) (franz.) dünne Scheiben gebratenen Fleisches, Geflügels oder Fisches.
Es'cha'to'lo'gie (die, -, kein Plural) Lehre vom Endschicksal der Welt.
es'cha'to'lo'gisch (Adj.) zur Eschatologie gehörig; endzeitlich.
Esche (die, -, -n) Laubbaum. Eschenholz; eschen.
Es'cu'do (der, -s, -s) (portugies.) ehem. Währungseinheit.
Es-Dur (das, -, kein Plural) Tonart. Es-Dur-Tonleiter.
Esel (der, -s, -) Huftier. Eselei; Eselsohren; Eselsbrücke.
Es'ka'la'ti'on (die, -, -ti'o'nen) (engl.) Zuspitzung. Eskalierung; eskalieren.
Es'ka'pa'de (die, -, -n) (franz.) Abenteuer.
Es'ka'pis'mus (der, -, kein Plural) (engl.-nlat.) Wirklichkeitsflucht.
es'ka'pis'tisch (Adj.) (engl.-nlat.) 1. vor der Wirklichkeit in eine Traumwelt flüchtend. 2. vergnügungssüchtig.
Es'ki'mo (der, -s, -s) (indian.-engl.) Bewohner der Arktis. Adjektiv: eskimoisch.

es|ki|mo|tie|ren (V.) (indian.-engl.) nach Eskimoart mit dem Kanu unter dem Wasser durchdrehen und in die Normallage zurückkehren.
Es|kor|te (die, -, -n) (franz.) Geleit. Eskortierung; eskortieren.
Es|me|ral|da (die, -, -s) spanischer Tanz.
es-Moll (das, -, kein Plural) Tonart. es-Moll-Tonleiter.
Eso|te|rik (die, -, -en) (griech.) Geheimlehre. Esoteriker; esoterisch.
Es|pa|da (der, -s, -s) (lat.-span.) spanischer Stierkämpfer.
Es|pa|d|ril|le (die, -, -s) (span.-franz.) Leinenschuh mit einer Sohle aus Espartogras.
Es|pa|g|no|le (die, -, -n) (franz.) spanischer Tanz.
Es|pa|g|no|let|te (die, -, -n) (franz.) Drehstangenverschluss (für Fenster).
Es|par|set|te (die, -, -n) (franz.) ein Schmetterlingsblütler. Futterpflanze.
Es|par|to (der, -s, -s) (span.) ein Süßgras; Flecht-, Papierrohstoff.
Es|par|to|gras (das, -es, -grä|ser) (span.-dt.) 1. Steppengras in Spanien und Algerien. 2. zur Papierfabrikation verwendetes Blatt des Espartograses.
Es|pe (die, -, -n) Zitterpappel. Espenlaub; espen (aus Espenholz).
Es|pe|ran|to (das, -s, kein Plural) künstliche Weltsprache.
es|pi|ran|do (Adv.) (ital.) ersterbend (bei Musikstücken).
Es|p|la|na|de (die, -, -n) (ital.-franz.) freier Platz (anstelle einer geschleiften Festungsanlage).
es|pres|si|vo (Adj.) (ital.) ausdrucksvoll (bei Musikstücken).
Es|pres|so (der, -/-s, -s/-pres|si) (ital.) starker Kaffee. Espressobar; Espressotasse.
Es|p|rit (der, -s, kein Plural) (franz.) Witz; Geist. Adjektiv: espritvoll.
Es|say (der/das, -s, -s) (engl.) kurze Abhandlung. Essayist; essayistisch.
Es|se (die, -, -n) Kamin; offener Herd einer Schmiede.
es|sen (V., aß, hat gegessen) Nahrung aufnehmen. beim/zum Essen; etwas/nichts zu essen haben; zu Mittag/Abend essen; ich esse, du isst; Esser; Essbares; Essecke; Essensausgabe; Essen(s)marke; Essenszeit; Esslöffel; Esszimmer; essbar; esslöffelweise.
Es|sen|tials (die, nur Plural) (engl.) Grundbedürfnisse.
Es|sen|ti|a|li|en (die, nur Plural) (lat.) wesentliche Bestandteile (in der Juristensprache).

Es|senz (die, -, -en) (lat.) Wesentliches; Kern; Konzentrat. Adjektiv: essenziell (*auch:* essentiell).
Es|sig (der, -s, -e) Würzmittel. Essiggurke; Essigsäure; essigsauer.
Es|ta|b|lish|ment (das, -s, -s) (engl.) herrschende, konservative Gesellschaftsschicht.
Es|tan|zia (die, -, -s) (span.) südamerikanisches Landgut (mit Rinderzucht).
Es|ter (der, -s, -) Verbindung aus Alkohol und organischer Säure (z. B. einer Frucht).
es|tin|gu|en|do (Adv.) (ital.) verlöschend, ausgehend (Vortragsanweisung in der Musik).
Est|land (ohne Art., -s, kein Plural) baltischer Staat. Estländer; estländisch. *Aber:* die estnische Sprache.
Es|t|ra|de (die, -, -n) (franz.) erhöhter Fußboden; Podium.
Es|t|ra|gon (der, -s, kein Plural) (arab.) Gewürz.
Est|rich (der, -s, -e) zementierter Fußboden.
Eta (das, -/-s, -s) griechischer Buchstabe.
eta|b|lie|ren (V.) (franz.) sich niederlassen; Ansehen verschaffen; gründen. Etablierung; etabliert.
Eta|b|lis|se|ment (das, -s, -s) (franz.) Geschäft; Lokal; Bordell.
Eta|ge (die, -, -n) (franz.) Stockwerk. Etagenbett; Etagenheizung; Etagenwohnung.
et alii (lat.) und andere; Abk.: et al.
Etap|pe (die, -, -n) (franz.) Teilstrecke. Etappensieg; etappenweise.
Etat (der, -s, -s) (franz.) Haushalt. Etatposten; Etatbericht; etatmäßig.
etc. (Abk.) et cetera (und so weiter). et cetera pp. (und so weiter und so weiter; Abk.: etc. pp.).
ete|pe|te|te (Adj.) (ugs.) zimperlich; überempfindlich.
Eter|nit (das, -s, kein Plural) (lat., Kunstwort) Asbestzement in Plattenform (Warenzeichen).
Etha|no|graph (der, -en, -en) (griech.) Gerät zur Messung des Alkoholspiegels im Blut.
Ethik (die, -, -en) (griech.) Sittenlehre. Adjektiv: ethisch.
Eth|no|lo|gie (die, -, -n) (griech.) Völkerkunde. Adjektiv: ethnologisch.
Eth|no|zen|t|ris|mus (der, -, kein Plural) (griech.-lat.) nationalistische Anschauung, wonach das eigene Volk als Mittelpunkt und anderen Völkern überlegen eingeschätzt wird.
Ethos (das, -, kein Plural) (griech.) sittliches Bewusstsein.
Eti|kett (das, -s, -s/-e/-en) (franz.) Aufkleber; Preisschild. Etikettierung; etikettieren.
Eti|ket|te (die, -, -n) (franz.) Umgangsformen.

et|li|che (Pron., indef.; Zahlw.) einige; mehrere. etliche Minuten; er berichtete etliches; etliche Male; etliche Mal.
Etü|de (die, -, -n) (franz.) Übungsstück.
Etui (das, -s, -s) (franz.) Futteral.
et|wa (Adv.) ungefähr; beispielsweise; vielleicht. Er will in etwa fünf Stunden hier sein. Nehmen wir etwa Amerika. Hast du etwa keine Lust? Adjektiv: etwaig.
et|was (Pron., indef.) etwas/nichts etc. *Beachte:* Adjektive in Verbindung mit »etwas« werden immer großgeschrieben! etwas Schönes; das gewisse Etwas, *aber:* irgendetwas. *Wichtig:* Komma zwischen »etwas« und »das/was«! etwas, das mich erstaunt.
Ety|mo|lo|gie (die, -, -n) (griech.) Wortherkunftslehre. Etymologe; etymologisch; etymologisieren.
EU (Abk.) Europäische Union.
Eu|bi|o|tik (die, -, kein Plural) (griech.) Lehre von einer gesunden Lebensweise.
euch (Pron.) *Beachte:* Klein- und Großschreibung in Briefen!
Eu|cha|ris|tie (die, -, -n) (griech.) Abendmahl. Eucharistiefeier; eucharistisch.
eu|er (Pron., possess.) Klein- und Großschreibung in Briefen und Widmungen, Großschreibung bei Titeln; Euer Hochwürden; Euer Ehren; Ihr könnt das Eurige/eurige dazutun; wo bleiben die Eurigen/Euren (*auch:* eurigen/euren)? *Aber: immer* Kleinschreibung, wenn auf ein vorangehendes oder nachstehendes Substantiv Bezug genommen wird! Wem gehören die Taschen? Sind es die euren? Zusammensetzungen: eurerseits; euresgleichen; euretwegen; euretwillen.
Eu|ge|nik (die, -, kein Plural) (griech.) Erbgesundheitsforschung; Erbhygiene.
Eu|ka|lyp|tus (der, -, -/-ten) (griech.) Baumart. Eukalyptusöl.
Eu|kra|sie (die, -, kein Plural) (griech.) ideale Mischung der Körpersäfte (antike Heilkunde).
Eu|le (die, -, -n) Nachtvogel. Eulenruf; eulenäugig; eulenhaft.
Eu|len|spie|gel (der, -s, kein Plural) Schelm.
Eu|nuch(e) (der, -en, -en) (griech.) Kastrat. Adjektiv: eunuchenhaft.
Eu|phe|mis|mus (der, -, -men) (griech.) beschönigende Umschreibung. Adjektiv: euphemistisch.
Eu|pho|rie (die, -, -n) (griech.) Begeisterung; Hochstimmung. Adjektiv: euphorisch. Verb: euphorisieren.
Eu|pho|ri|kum (das, -s, -ka) (griech.) Rauschmittel, das euphorische Wirkung hervorruft.
Eu|ra|si|er (der, -s, -) 1. Bewohner Eurasiens. 2. Mischling aus einem europäischen (»weißen«) und einem indischen (asiatischen) Elternteil.
eu|ra|sisch (Adj.) zu Europa und Asien (Eurasien) gehörig.
Euro (der, -(s), -s) europ. Währungseinheit; Zeichen €.
Eu|ro|be|triebs|rat (der, -es, kein Plural) Informations- und Konsultationsgremium der Arbeitnehmer in multinationalen Konzernen innerhalb der EU.
Eu|ro|cheque (der, -s, -s) Scheck. Eurocheque-Karte (*auch:* Eurochequekarte).
Eu|ro|korps (das, -, kein Plural) militärischer Verband der WEU.
Eu|ro|pa (ohne Artikel, -s, -s) Erdteil. Europaparlament; Europameisterschaft; Europastraße (Abk.: E); Europäer; europäisch; europäische Staaten; *aber:* die Europäische Union (Abk.: EU).
Eu|ro|pä|i|sche Uni|on (die, -n -, kein Plural) politischer Zusammenschluss der EU-Staaten zu einem Staatenbund.
eu|ro|pä|i|sie|ren (V.) der europäischen Lebensart angleichen.
Eu|ro|pa|rat (der, -es, kein Plural) Rat der Regierungschefs der EU.
eu|ro|pa|weit (Adj.) in ganz Europa.
Eu|ro|pi|de (der, -n, -n) (griech.) Angehöriger der »weißen« Großrasse (z. B. Araber, Inder, Skandinavier).
Eu|ro|pi|um (das, -s, kein Plural) (griech.-nlat.) ein Seltenerdmetall.
Eu|ro|vi|si|on (die, -, kein Plural) Zusammenschluss europäischer Fernsehanstalten. Eurovisionssendung.
Eu|stress (der, -es|ses, -es|se) (griech.) positiv anregender Stress; lebensnotwendiger Stress.
Eu|ter (das, -s, -) Milchdrüse.
Eu|tha|na|sie (die, -, kein Plural) (griech.) Sterbehilfe.
Eu|thy|mie (die, -, kein Plural) (griech.) Heiterkeit; Frohsinn.
eu|troph (Adj.) (griech.) überdüngt (Gewässer).
Eu|tro|phie (die, -, kein Plural) (griech.) Wohlgenährtheit (bei Säuglingen).
eV (Abk.) Elektronvolt.
E. V. (*auch:* e. V.) (Abk.) eingetragener Verein.
ev. (Abk.) evangelisch.
Ev. (Abk.) Evangelium.
eva|ku|ie|ren (V.) (lat.) räumen; umsiedeln. Evakuierung.
Eva|lu|a|ti|on (die, -, -ti|o|nen) (franz.) Bewertung. Adjektiv: evaluativ. Verb: evaluieren.
eva|lu|a|tiv (Adj.) (lat.-franz.) wertend.
eva|lu|ie|ren (V.) bewerten; beurteilen.

Evan|ge|li|ar (das, -s, -e/-ri|en) (griech.-lat.) Buch, das alle vier Evangelien enthält.
evan|ge|li|kal (Adj.) gemäß dem Evangelium, seine Autorität vertretend.
Evan|ge|li|sa|ti|on (die, -, -ti|o|nen) Verkündigung der christlichen Botschaft. evangelisieren.
evan|ge|lisch (Adj.) 1. zum Evangelium gehörig. 2. protestantisch.
Evan|ge|list (der, -en, -en) 1. Evangelienverfasser. 2. Prediger des Evangeliums.
Evan|ge|li|um (das, -s, -li|en) (griech.) die ersten vier Bücher des Neuen Testaments; Botschaft Christi; Heilsbotschaft. Evangelist; Evangeliarium; evangelisch; evangelisch-lutherisch (Abk.: ev.-luth.); evangelisieren.
Eva|po|ra|ti|on (die, -, -ti|o|nen) Verdunstung.
Eva|po|ra|tor (der, -s, -en) (lat.) Verdampfer, der Süßwasser aus Meerwasser erzeugt.
eva|po|rie|ren (V.) (lat.) verdunsten; durch Eindampfen dickflüssig machen.
Eva|si|on (die, -, -si|o|nen) (lat.) das Entweichen.
Evas|kos|tüm (das, -s, -e) (in der Wendung:) im Evaskostüm (nackt).
Eve|ne|ment (das, -s, -s) (franz.) 1. Ereignis. 2. Erfolg.
Even|tu|a|li|tät (die, -, -en) (franz.) Möglichkeit.
even|tu|ell 1. (Adj.) möglicherweise eintretend. 2. (Adv.) womöglich; vielleicht.
Ever|green (der, -s, -s) (engl.) Erfolgsschlager; Dauerbrenner.
evi|dent (Adj.) (lat.) einleuchtend; erwiesen. Evidenz.
ev.-luth. (Abk.) evangelisch-lutherisch.
Evo|lu|ti|on (die, -, -ti|o|nen) (lat.) Entwicklung; Fort-, Höherentwicklung. Evolutionstheorie; Evolutionismus; evolutionär.
evo|zie|ren (V.) (lat.) hervorrufen; bewirken. Evokation; evokativ.
ev.-ref. (Abk.) evangelisch-reformiert.
evtl. (Abk.) eventuell.
Ev|zo|ne (der, -n, -n) griechischer Nationalgardist mit Fes und kurzem, weißem Faltenrock.
E-Werk (das, -s, -e) (Kurzw.) Elektrizitätswerk.
ewig (Adj.) unendlich; endlos. Das wird für immer und ewig so bleiben. Die Stelle behalte ich auf ewig; ein ewiges Einerlei; ich finde das ewig (sehr) schade; ewiges Leben; ewiger Friede; ewiges Eis; *Aber:* das Ewige Licht; die Ewige Stadt (Rom); der Ewige Jude (Ahasver); das Ewigweibliche; der/die Ewiggestrige. Ewigkeit.
EWS (Abk.) Europäisches Währungssystem.
EWU (die, -, kein Plural) Abk. für Europäische Währungsunion.

ex (Adv.) (lat.) heraus; vorbei. Ex und hopp; Auf ex!
Ex (die/das, -, -/-en) (Kurzw., ugs.) Extemporale; Ehemalige.
Ex... (lat.) ehemalig. Exminister; Exbundeskanzler; Exkönig; Exweltmeister.
Ex|ag|ge|ra|ti|on (die, -, -ti|o|nen) Übertreibung. Verb: exaggerieren.
ex|akt (Adj.) (lat.) genau; präzise; pünktlich. Exaktheit.
ex|al|tiert (Adj.) (lat.) überzogen; hysterisch; überspannt. Exaltiertheit; Exaltation; exaltieren.
Ex|a|men (das, -s, -/-mi|na) (lat.) Prüfung. Examensangst; Examensarbeit; Examensvorbereitung; examinieren.
Ex|an|them (das, -s, -e) (griech.) Hautausschlag.
Ex|arch (der, -en, -en) (griech.) geistlicher Würdenträger. Exarchat.
Ex|change (die, -, -n) (engl.) Geldwechsel; Kurs.
Ex|e|ge|se (die, -, -n) (griech.) (Bibel-)erklärung, Auslegung. Exeget; Exegetik; exegetisch.
ex|e|ku|tie|ren (V.) (lat.) ausführen; hinrichten. Exekutive; Exekutivgewalt; Exekution; exekutorisch.
Ex|em|pel (das, -s, -) (lat.) Beispiel. ein Exempel statuieren; die Probe aufs Exempel machen; Exemplifikation; exemplifikatorisch; exemplifizieren.
Ex|em|p|lar (das, -s, -e) (lat.) (Abk.: Expl.) Einzelstück; Muster; Individuum. Adjektiv: exemplarisch.
Ex|em|ti|on (die, -, -ti|o|nen) (lat.) Pflichtbefreiung; (gesetzliche) Freistellung.
Exe|qua|tur (das, -s, -en) (lat.) 1. Erlaubnis zur Amtsausübung (eines Konsuls). 2. Vollstreckbarkeitserklärung eines ausländischen Zivilurteils.
Exe|qui|en (die, nur Plural) (lat.) katholische Begräbnisriten.
ex|er|zie|ren (V.) (lat.) üben; drillen. Exerzierplatz; Exerzitien.
Ex|ha|la|ti|on (die, -, -ti|o|nen) (lat.) Aushauchung, Ausströmung (vulkanische Dämpfe, Gase). Verb: exhalieren.
Ex|haus|tor (der, -s, -en) Absaugventilator.
Ex|hi|bi|ti|o|nist (der, -en, -en) (lat.) jemand, der seine Geschlechtsteile öffentlich zur Schau stellt, um sich geschlechtlich zu erregen. Exhibition; Exhibitionismus; exhibitionistisch; exhibieren.
ex|hu|mie|ren (V.) (lat.) eine schon bestattete Leiche wieder ausgraben. Exhumierung.

Exil (das, -s, -e) (lat.) Verbannungsort; Zufluchtsort. Exilant; Exilliteratur; exiliert.
Exil|re|gie|rung (die, -, -en) Schattenregierung von Exilanten.
ex|i|mie|ren (V.) (lat.) entpflichten; einer Pflicht entheben.
exis|tie|ren (V.) (lat.) bestehen; vorhanden sein; leben. Existenz; Existenzangst; Existenzgrundlage; Existenzkampf; Existenzminimum; existent; existenzfähig; existenziell/existentiell (*auch:* existenzial/existential).
Exis|ten|zi|a|lis|mus (*auch:* Exis|ten|ti|a|lis|mus) (der, -, kein Plural) (franz.) philosophische Richtung. Existenzialist/Existentialist; existenzialistisch/existentialistisch.
Ex|i|tus (der, -, kein Plural) (lat.) Tod.
exkl. (Abk.) exklusive (ausgeschlossen).
Ex|kla|ve (die, -, -n) (franz.) vom fremden (Staats-)Gebiet umschlossenes eigenes Gebiet. Vgl. Enklave.
ex|klu|siv (Adj.) anspruchsvoll; vornehm; vorzüglich; unnahbar. Exklusivbericht; Exklusivität; Exklusivvertrag.
ex|klu|si|ve (Präp., Gen.) ausschließlich; ausgenommen. Die Miete beträgt 500 € exklusive aller Nebenkosten. *Beachte:* keine Beugung eines nach »exklusive« allein stehenden stark deklinierten Substantivs! exklusive Porto.
ex|kom|mu|ni|zie|ren (V.) (lat.) aus der Kirchengemeinschaft ausschließen. Exkommunikation.
Ex|kre|ment (das, -s/-es, -e) (lat.) Ausscheidungsprodukt.
Ex|kul|pa|ti|on (die, -, -ti¹o¹nen) (lat.) Rechtfertigung; Schuldentlastung. Verb: exkulpieren.
Ex|kurs (der, -es, -e) (lat.) Zusatzinformation; Ausschweifung.
Ex|kur|si|on (die, -, -si¹o¹nen) (lat.) Lehrausflug.
Ex|li|b|ris (das, -, -) (lat.) Namenszettel in Büchern.
ex|ma|t|ri|ku|lie|ren (V.) (lat.) eine Hochschule verlassen. Exmatrikulation; Exmatrikel.
Ex|o|dus (der, -, kein Plural) (griech.) Auszug; Verlassen.
Exo|ga|mie (die, -, -n) (griech.) Heirat außerhalb der eigenen Gruppe (z. B. einer Kaste).
exo|gen (Adj.) (griech.) von außen (verursacht, kommend).
Exo|karp (das, -s, -e) (griech.) Außenwandschicht (bei Früchten).
ex|or|bi|tant (Adj.) (lat.) außerordentlich; übertrieben. Exorbitanz.
Ex|or|zis|mus (der, -, -men) (griech.) Teufelsaustreibung; Geisterbeschwörung. Exorzist; exorzieren.

exo|te|risch (Adj.) (griech.) allgemein verständlich, nicht esoterisch.
exo|therm (Adj.) (griech.) Wärme abgebend (von chemischen Reaktionen).
exo|tisch (Adj.) (griech.) fremdländisch; ausgefallen. Exot/in; Exotik.
Ex|pan|der (der, -s, -) (engl.) Trainingsgerät.
ex|pan|die|ren (V.) (lat.) ausdehnen; ausbreiten. Expansion; Expansionspolitik; Expansivkraft; expansiv; expansibel; expansionistisch.
Ex|pa|t|ri|a|ti|on (die, -, -ti¹o¹nen) Ausbürgerung. Verb: expatriieren.
Ex|pe|di|ent (der, -en, -en) (lat.) kaufmännischer Angestellter im Versand. Expedition; expedieren.
Ex|pe|di|ti|on (die, -, -ti¹o¹nen) (lat.) Forschungsreise; Versandabteilung. Expeditionsteilnehmer.
Ex|pek|to|rans (das, -, -ran¹tia/-ran¹zi¹en) (lat.) schleimlösende, das Aushusten fördernde Arznei.
ex|pen|siv (Adj.) (lat.) kostspielig.
Ex|pe|ri|ment (das, -s/-es, -e) (lat.) Versuch. Experimentierfreude; Experimentierbühne; Experimentalphysik; experimentell; experimentierfreudig.
Ex|per|te (der, -n, -n) (lat.) Sachverständiger. Expertin; Expertengutachten.
Ex|per|ti|se (die, -, -n) (franz.) Gutachten.
Expl. (Abk.) Exemplar.
ex|pli|zit (Adj.) (lat.) ausdrücklich; ausführlich. Explizitheit; explizite (Adv.); explizieren.
ex|plo|die|ren (V., ist) (lat.) zerplatzen; aufbrausen. Explosion; Explosionsgefahr; Explosivität; Explosivstoff; explosibel; explosiv; explosionsartig.
Ex|plo|i|ta|ti|on (die, -, -ti¹o¹nen) (franz.) Ausbeutung. Verb: exploitieren.
Ex|plo|ra|ti|on (die, -, -ti¹o¹nen) (lat.) 1. Erforschung. 2. gezielte Befragung.
Ex|plo|siv (der, -s, -e) (lat.) Sprenglaut (z.B. »b, p«).
Ex|po|nat (das, -s/-es, -e) (lat.) Ausstellungsstück. Adjektiv: exponiert. Verb: exponieren.
Ex|po|nent (der, -en, -en) hochrangiger Vertreter; Hochzahl. Exponentialfunktion; exponentiell.
Ex|port (der, -s/-es, -e) (engl.) Ausfuhr. Exportartikel; Exporthandel; Exportkaufmann; Exporteur; exportieren.
Ex|po|see (*auch:* Ex¹po¹sé) (das, -s, -s) (franz.) Plan; Darlegung; Bericht; Denkschrift.
Ex|po|si|ti|on (die, -, -ti¹o¹nen) (lat.) 1. Einführung, vorbereitender Teil (eines Dramas, einer Sonate oder Fuge). 2. Gesamtheit der

äußeren Einwirkungen, denen ein Organismus (oder Stoff) ausgesetzt ist.
Ex|press (der, -pres|ses, -zü|ge) (Kurzw.) Expresszug. Expressgut; per Express.
Ex|pres|si|on (die, -, -si|o|nen) (lat.) gesteigerter Ausdruck.
Ex|pres|si|o|nis|mus (der, -, kein Plural) Kunstrichtung. Expressionist; expressionistisch.
ex|pres|sis ver|bis (lat.) ausdrücklich; mit ausdrücklichen Worten.
ex|pres|siv (Adj.) ausdrucksfähig; ausdrucksstark. Expressivität.
Ex|pro|p|ri|a|ti|on (die, -, -ti|o|nen) (franz.) Enteignung.
ex|pro|p|ri|ie|ren (V.) (franz.) enteignen.
Ex|pul|si|on (die, -, -si|o|nen) (lat.) Austreibung, Entfernung.
ex|pul|siv (Adj.) (lat.) abführend.
ex|qui|sit (Adj.) (lat.) ausgesucht; erlesen.
ex|spek|ta|tiv (Adj.) (lat.) abwartend.
Ex|spi|ra|ti|on (die, -, kein Plural) (lat.) Ausatmung.
ex|spi|ra|to|risch (Adj.) 1. zur Exspiration gehörig. 2. nachdrücklich, stark betont.
ex|spi|rie|ren (V.) (lat.) ausatmen; aushauchen; sterben.
Ex|stir|pa|ti|on (die, -, -ti|o|nen) (lat.) Totalentfernung (eines Organs).
ex|stir|pie|ren (V.) eine Exstirpation vornehmen.
Ex|tem|po|ra|le (das, -s, -li|en) (lat.) Stegreifaufgabe.
ex tem|po|re (lat.) aus dem Stegreif. Verb: extemporieren.
Ex|ten|der (der, -s, -) (engl.) billiger Zusatzstoff, Streckungsmittel.
ex|ten|siv (Adj.) (lat.) 1. ausgedehnt; z. B. eine ~e Wahlkampfbeeinflussung. 2. weiträumig, aber nicht intensiv; z. B. die frühere ~e Landwirtschaft.
ex|ten|si|vie|ren (V.) (lat.) ausdehnen, in die Breite wirken lassen.
Ex|te|ri|eur (das, -s, -s/-e) (franz.) das Äußere; Außenansicht.
ex|tern (Adj.) (lat.) außen liegend; auswärtig. Externe.
ex|ter|ri|to|ri|al (Adj.) (lat.) außerhalb der Gerichtsbarkeit eines Landes. Exterritorialität.
Ex|tink|ti|on (die, -, -ti|o|nen) (lat.) 1. Verminderung der Strahlungshelligkeit (eines Sterns). 2. Erlöschen (von Gelerntem).
ex|t|ra 1. (Adj., nicht beugbar!) (südd.) anspruchsvoll; wählerisch. 2. (Adv.) zusätzlich; gesondert; eigens. Das können Sie extra bezahlen; etwas extra Gutes; extra scharf; ich bin extra wegen dir aufgeblieben; etwas Extraes (ugs.: Besonderes). *Beachte:* Zusammenschreibung, wenn »extra« betont ist! extradünne Scheiben, *aber:* extra dünn geschnitten (beide Wörter sind gleich betont!).
ex|t|ra.../Ex|t|ra... (lat.) außerordentlich; Sonder... Extrablatt; Extraklasse; Extratour; Extrawurst; extratrocken; extraleicht; extramild; extrafein.
ex|t|ra|ga|lak|tisch (Adj.) (lat.-griech.) außerhalb unserer Galaxis, nicht in unserem Milchstraßensystem gelegen.
Ex|trakt (der, -s/-es, -e) (lat.) Auszug. Extraktion; extraktiv; extrahieren.
ex|t|ra|or|di|när (Adj.) (franz.) außergewöhnlich; außerordentlich.
Ex|t|ra|or|di|na|ri|us (der, -, -ri|en) (lat.) außerordentlicher Professor.
ex|t|ra|po|lie|ren (V.) etwas nicht direkt Nachweisbares näherungsweise erschließen. Extrapolation.
ex|t|ra|ter|rest|risch (Adj.) (lat.) außerhalb der Erde gelegen.
ex|t|ra|va|gant (Adj.) (franz.) aus dem Rahmen fallend; überspannt. Extravaganz.
ex|t|ra|ver|tiert (*auch:* extrovertiert) (Adj.) (lat.) für außen offen; zugänglich. Extravertiertheit.
ex|t|rem (Adj.) (lat.) äußerst; radikal. Extrem; das geht ins Extreme; Extremfall; Extremismus; Extremist; extremistisch.
Ex|t|re|mi|tä|ten (die, nur Plural) (lat.) Gliedmaßen.
Ex|ul|ze|ra|ti|on (die, -, -en) (lat.) (med.) Geschwürbildung. exulzerieren.
ex usu (lat.) aus der Erfahrung; durch Übung.
Exz. (Abk.) Exzellenz.
ex|zel|lent (Adj.) (lat.) hervorragend; ausgezeichnet.
Ex|zel|lenz (die, -, -en) (lat.) Anrede für hohe Beamte. Eure Exzellenz.
ex|zen|t|risch (Adj.) (lat.) ausgefallen; überspannt; außerhalb des Mittelpunktes. Exzentrik; Exzentriker; Exzentrizität.
ex|zep|ti|o|nell (Adj.) (franz.) ausnahmsweise eintretend; außergewöhnlich. Exzeption; exzeptiv.
Ex|zerpt (das, -s/-es, -e) (lat.) Auszug. Verb: exzerpieren.
Ex|zess (der, -zes|ses, -zes|se) (lat.) Ausschreitung; Ausschweifung. Adjektiv: exzessiv.
Eye|li|ner (der, -s, -) (engl.) kosmetischer Farbstift.
Ey|rir (der/das, -/-s, Au|rar) (isländ.) kleinste isländische Währungseinheit.

F

F (Abk.) Fahrenheit (°F); Fluor.
f. (Abk.) folgende (Seite); für.
Fa. (Abk.) Firma. *Beachte:* In Briefanschriften wird Fa. oder Firma nicht mehr geschrieben, wenn aus dem Namen hervorgeht, dass es sich um eine Firma handelt!
Fa'bel (die, -, -n) moralisierende Tiergeschichte; Erfundenes. Fabeltier; Fabelwelt; Fabelei; Fabulant; Fabulierkunst; fabelhaft; fabeln; fabulieren.
Fa'b'rik (die, -, -en) Betrieb. *Beachte:* Zusammensetzungen mit Fabrik ohne Fugen-s! Fabrikanlage; Fabrikarbeiter; Fabrikgelände; Fabrikware; Fabrikat; Fabrikant; Fabrikationsfehler; Fabrikationsprozess; fabrikmäßig; fabrikneu; fabrizieren.
Face'lifting (das, -s, -s) (amerik.) Gesichtsoperation, bei der Hautstreifen herausgeschnitten werden, um die Haut glatt erscheinen zu lassen.
Fa'cet'te (*auch:* Fas'set'te) (die, -, -n) (franz.) geschliffene Ecke (Edelstein, Glas). Facettenglas (*auch:* Fassettenglas); Facettenschliff (*auch:* Fassettenschliff); Facettenauge (*auch:* Fassettenauge); facettenartig (*auch:* fassettenartig); facettieren (*auch:* fassettieren).
Fach (das, -s, Fä'cher) Unterteiltes; Abteil; Gebiet. Facharbeiter; Fachabitur; Facharzt; Fachausdruck; Fachgebiet; Fachgeschäft; Fachhandel; Fachkraft; Fachmann (Plural: -männer/-leute!); Fachschaft; Fachsimpelei; Fachsprache; Fachwerkhaus; Fachzeitschrift; fachärztlich; fachfremd; fachkundig; fachkundlich; fachlich; fachmännisch; fachsprachlich; fachübergreifend; fachsimpeln (es wurde gefachsimpelt).
...fach dreifach (3fach/3-fach); n-fach; ein dreifaches Hoch, *aber:* um ein Dreifaches hoch.
Fach'do'zent (der, -en, -en) Hochschullehrer für ein wissenschaftliches Gebiet. Dr. Wöllstein, Fachdozent für germanistische Linguistik.
fä'cheln (V.) wehen; blasen. Fächer; Fächerpalme; Fächerung; fächerig; fächerförmig.
Fach'idi'ot (der, -en, -en) einseitig gebildeter Mensch.
Fach're'fe'rent (der, -en, -en) Experte für ein spezielles Aufgabengebiet.
Fa'ckel (die, -, -n) Leuchte. Fackelschein; Fackellauf.
fa'ckeln (V.) (ugs.) zögern.
Fac'to'ring (das, -s, kein Plural) (engl.) Absatzfinanzierung.
Facts (die, nur Plural) (engl.) Tatsachen.
fa'de (*auch:* fad) (Adj.) (franz.) langweilig; geschmacklos. Fadheit.
Fa'den (der, -s, Fä'den) (*Beachte:* Pluralform Faden ist ein Längenmaß!) gedrehte Faser (Stoff, Metall). Fadenende; Fadenkreuz; Fadennudel; Fadenwurm; fadendünn; fädig; kurzfädig.
Fa'ding (das, -s, -s) (engl.) Schwund; Aus- und Einblenden.
Fa'ga'ra'sei'de (die, -, -n) (arab.-lat.; dt.) eine Wildseide.
Fa'gott (das, -s, -e) Holzblasinstrument. Fagottist.
fä'hig (Adj.) begabt; tüchtig; imstande. *Beachte:* mit Genitiv! eines Mordes fähig; fähig sein, etwas zu tun; Zusammensetzungen: arbeitsfähig; lebensfähig; leistungsfähig; ausbaufähig; strapazierfähig; Fähigkeit.
fahl (Adj.) bleich; farblos. Fahlheit; fahlgrau.
fahn'den (V.) suchen. Fahnder; Fahndung; Fahndungsliste.
Fah'ne (die, -, -n) Flagge; (ugs.) nach Alkohol riechender Atem. Fahneneid; Fahnenflucht; Fahnenstange; fahnenflüchtig.
Fähn'rich (der, -s, -e) Fahnenträger; Feldwebel.
Fäh're (die, -, -n) Boot. Fährmann; Fährschiff.
fah'ren (V., fuhr, hat/ist gefahren) fortbewegen; steuern. Ski fahren; ich fahre Ski; Auto fahren; ich fahre Auto; Fahrrad fahren; ich fahre Rad; Rad fahren; spazieren fahren; fahren lassen (*auch:* fahrenlassen); die Fahrenden. Fahrdienstleiter; Fahrbahn; Fahrer; Fahrerflucht; Fahrerlaubnis; Fahrgast; Fahrgestell; Fahrkarte; Fahrplan; Fahrprüfung; Fahrschule; Fahrstuhl; Fahrt; Fahrt_dauer; Fahrtenschreiber; Fahrtrichtung; Fahrtüchtigkeit; Fahrwasser; Fahrwind; Fahrzeug; fahrerisch; fahrplanmäßig; fahrtüchtig.
Fah'ren'heit (ohne Art., kein Gen., -) Maßeinheit (Thermometer; Abk.: F; °F).
fah'ren las'sen, fah'ren'las'sen (V., ließ fahren, hat fahren lassen/fahrenlassen, *selten:* fahren gelassen) verzichten; loslassen; erlauben zu fahren.
fah'rig (Adj.) zerstreut; schusselig; nervös. Fahrigkeit.
Fahr'läs'sig'keit (die, -, kein Plural) Unachtsamkeit; Pflichtvergessenheit. Adjektiv: fahrlässig.
Fähr'te (die, -, -n) Spur. Fährtensucher.
Fai'b'le (das, -s, -s) (franz.) Vorliebe; Neigung; Schwäche für etwas.
fair (Adj.) (engl.) ehrlich; gerecht; anständig. Fairness; Fairplay (*auch:* Fair Play).

Fäkalien 144 Familienforschung

Fä'ka'li'en (die, nur Plural) menschliche Ausscheidungen. Fäkaliensprache; fäkal.
Fa'kir (der, -s, -e) (arab.) Asket; Gaukler.
Fak'si'mi'le (das, -s, -s) (lat.) getreue Nachbildung einer Vorlage. Faksimiledruck; Faksimileausgabe; faksimilieren.
Fakt (*auch:* Fak'tum) (der/das, -s, -en/-s) Tatsache. Faktenwissen; Faktenmaterial; Faktizität; faktisch.
Fak'tor (der, -s, -en) (lat.) Ursache; Gesichtspunkt; Multiplikator; technischer Leiter (Buchdruck).
Fak'to'tum (das, -s, -ten) (lat.) Helfer; Mädchen für alles.
Fak'tur (die, -, -en) (lat.) Lieferschein. Fakturist/-in; Fakturiermaschine; fakturieren.
Fa'kul'tät (die, -, -en) (lat.) Hochschulabteilung; mathematischer Ausdruck.
fa'kul'ta'tiv (Adj.) beliebig; nach Wahl.
Fal'ke (der, -n, -n) Raubvogel. Falkenauge; Falkner; Falknerei; Falkenjagd.
Fa'lan'ge (die, -, kein Plural) (griech.-span.) faschistische Staatspartei Spaniens unter dem Diktator Franco.
Fa'lan'gist (der, -en, -en) Mitglied der Falange.
Fall (der, -s, Fäl'le) Fallen; Sturz; Untergang; Angelegenheit; Kasus. *Beachte:* wird immer großgeschrieben! gesetzt den Fall, dass ...; im Falle(,) dass ...; von Fall zu Fall; in keinem Falle; jemanden in Fall bringen; die vier Fälle; im Fall (Angelegenheit) Müller; Knall auf Fall (plötzlich); für alle Fälle. Fallbeil; Fallgeschwindigkeit; Fallgrube; Falllinie; Fallobst; Fallrückzieher; Fallschirm; Falltür; Fallwind. *Kleinschreibung:* bestenfalls; gegebenenfalls; nötigenfalls; keinesfalls; jedenfalls; allenfalls; fallen.
Fal'le (die, -, -n) Hinterhalt; Fanggerät; (ugs.) Bett. Fallensteller.
fal'len (V., fiel, ist gefallen) stürzen; sinken.
fäl'len (V.) umhauen; treffen.
fal'len las'sen (*auch:* fal'len'las'sen) (V., ließ fallen, hat fallen gelassen/fallen lassen od. fallenlassen) aufgeben; verzichten; äußern; *aber nur:* den Hut fallen lassen.
Fal'li'bi'li'tät (die, -, -en) (lat.) Fehlbarkeit.
fäl'lig (Adj.) anstehend; erforderlich; befristet. Fälligkeit; Fälligkeitsdatum.
fal'lit (Adj.) (ital.) zahlungsunfähig.
Fall-out (*auch:* Fall'out) (der, -s, -s) (engl.) radioaktiver Niederschlag.
falls (Konj.) wenn; im Falle, dass. falls möglich; falls nötig. *Beachte:* kann mit oder ohne Komma stehen! Falls nötig(,) rufe ich dich.
Fa'lott (der, -en, -en) (österr.) (ital.) Gauner.

falsch (Adj.) verkehrt; fehlerhaft; gefälscht; hinterlistig. falschspielen (beim Kartenspiel betrügen), auf der Geige falsch spielen. *Großschreibung:* nichts/etwas Falsches; ohne Falsch und Tadel; da bist du an den Falschen/Richtigen geraten; das Falscheste, was du tun kannst, ist, die Sache aufzugeben; das Falscheste wäre, wenn du die Sache aufgibst. Falsches und Echtes; Falsch und Richtig unterscheiden; falscher Hase; falscher Fuffziger; unter falscher Flagge; aber: Falscher Safran (Großschreibung bei Namen!). Falschaussage; Falschgeld; Falschheit; Falschmeldung; Falschspieler; Fälschung; fälschlich; fälschlicherweise; fälschungssicher; fälschen.
Fal'sett (das, -s, kein Plural) (ital.) hoher Tonbereich der Männerstimme, Kopfstimme mit Brustresonanz.
fal'set'tie'ren (V.) im Falsett singen; mit Falsettstimme singen.
Fal'set'tist (der, -en, -en) Falsettsänger.
fal'si'fi'zie'ren (V.) (lat.) als falsch nachweisen. Falsifikation.
Falstaff (der, -s, -s) Schlemmer, Prahlhans (nach einer komischen Figur Shakespeares).
fal'ten (V.) zusammenlegen; umknicken; runzeln. Falte; Faltblatt; Faltboot; Faltengebirge; Faltenrock; Faltung; gefaltet; faltenlos; faltenreich; faltig.
...fäl'tig ...fach. vielfältig; mehrfältig; tausendfältig.
fal'zen (V.) falten. Falz; Falzung; Falzhobel; Falzmaschine; falzig.
Fa'ma (die, -, kein Plural) (lat.) Gerücht; z. B. es geht die Fama.
Fa'mi'lie (die, -, -n) (lat.) Eltern und Kinder; Verwandtschaft. Familiarität; Familienangelegenheit; Familienbetrieb; Familienfeier; Familienministerin; Familienname; Familienplanung; Familienvater; Familienzusammenführung; Familienzuwachs; familiär.
Fa'mi'li'en'an'ge'hö'ri'ge (der/die, -n, -n) Mitglied einer Familie.
Fa'mi'li'en'an'schluss (der, -schlus'ses, -schlüs'se) Eingliederung in eine Familie.
Fa'mi'li'en'an'zei'ge (die, -, -n) Bekanntmachung von Familiennachrichten (Geburt, Hochzeit etc.).
Fa'mi'li'en'bad (das, -es, -bä'der) Bad für die ganze Familie; familienfreundliches Bad.
Fa'mi'li'en'be'sitz (der, -es, -e) gesamter Besitz der Familie.
Fa'mi'li'en'buch (das, -es, -bü'cher) öffentliches Register für Familieneintragungen. Familienstammbuch.
Fa'mi'li'en'for'schung (die, -, -en) Genealogie.

Fa|mi|li|en|grab (das, -es, -grä|ber) Grab, in dem mehrere Mitglieder einer Familie beerdigt sind.
Fa|mi|li|en|gruft (die, -, -grüf|te) Grabgewölbe einer Familie.
Fa|mi|li|en|kreis (der, -es, -e) die ganze Familie. im engsten Familienkreis.
Fa|mi|li|en|le|ben (das, -s, kein Plural) das Zusammensein der Familie.
Fa|mi|li|en|mit|glied (das, -s, -er) Teil der Familie.
Fa|mi|li|en|nach|richt (die, -, -en) persönliche Bekanntmachung aus der Familie.
Fa|mi|li|en|o|ber|haupt (das, -es, -häup|ter) Leiter und Vertreter der Familie nach außen.
Fa|mi|li|en|pa|ckung (die, -, -en) Großpackung eines Produkts.
Fa|mi|li|en|pass (der, -pas|ses, -päs|se) ermäßigter (Fahr-)Ausweis für eine Familie.
Fa|mi|li|en|po|li|tik (die, -, kein Plural) staatliche Maßnahmen zum Schutz der Familie.
Fa|mi|li|en|rat (der, -es, -rä|te) Versammlung der ganzen Familie, um wichtige Entscheidungen zu besprechen.
Fa|mi|li|en|recht (das, -es, kein Plural) gesetzliche Vorschriften über Verlöbnis, Ehe, Verwandtschaft etc. im BGB.
Fa|mi|li|en|se|rie (die, -, -n) Fortsetzungsserien in Rundfunk und Fernsehen über den Alltag einer Familie.
Fa|mi|li|en|sinn (der, -es, kein Plural) Begeisterung für das Familienleben. Er zeigte viel Familiensinn.
Fa|mi|li|en|stand (der, -es, kein Plural) Personenstand (ledig, verheiratet, verwitwet, geschieden). *Achtung:* »verlobt« gilt nicht als Familienstand.
Fa|mi|li|en|the|ra|pie (die, -, -n) Gruppentherapie für eine Familie.
Fa|mi|li|en|un|ter|halt (der, -es, kein Plural) Lebenskosten einer Familie. den Familienunterhalt verdienen.
Fa|mi|li|en|ver|band (der, -es, -bän|de) Organisation zur Familienförderung.
Fa|mi|li|en|ver|hält|nis (das, -ses, -se) Verwandtschaftsbeziehung. Stehen Sie mit ihm in einem Familienverhältnis?
Fa|mi|li|en|ver|hält|nis|se (die, nur Plural) Geburts- und Lebensumstände. Aus welchen Familienverhältnissen kommen Sie?
Fa|mi|li|en|ver|si|che|rung (die, -, -en) Form der Lebensversicherung zugunsten der Familie.
Fa|mi|li|en|vor|stand (der, -es, -stän|de) Familienoberhaupt.
Fa|mi|li|en|zu|la|ge (die, -, -n) Ergänzung des Gehalts für Angestellte mit Familie.

fa|mos (Adj.) (lat.) ausgezeichnet; großartig.
Fa|mos|schrift (die, -, -en) Schmähschrift in der Zeit des Humanismus und der Reformation.
Fa|mu|la|tur (die, -, -en) (lat.) Krankenhauspraktikum eines Medizinstudenten. Famulant.
Fan (der, -s, -s) (engl.) begeisterter Anhänger.
Fa|nal (das, -s, -e) (griech.-franz.) weithin sichtbares (»Feuer«-)Zeichen (als Ankündigung einer Wende).
fa|na|tisch (Adj.) (lat.) blindwütig; versessen. Fanatiker; Fanatismus; fanatisieren.
Fan|dan|go (der, -s, -s) (span.) Tanz.
Fan|fa|re (die, -, -n) (franz.) Trompetensignal; Trompete. Fanfarenbläser; Fanfarenzug.
fan|gen (V., fing, hat gefangen) ergreifen; das seelische Gleichgewicht wiederfinden; (ugs.) Ohrfeige bekommen. Fang; Fangarm; Fänger; Fangfrage; Fanggerät; Fangleine; Fangzahn; Fangen spielen; fangfrisch; fangsicher.
Fan|ta|sie (*auch:* Phan|ta|sie) (die, -, -n) (griech.) Vorstellungskraft; Einbildung. Fantasiebild (*auch:* Phantasiebild); Fantasieblume (*auch:* Phantasieblume); Fantasiegebilde (*auch:* Phantasiegebilde); Fantasiekostüm (*auch:* Phantasiekostüm); Fantasielosigkeit (*auch:* Phantasielosigkeit); Fantasievorstellung (*auch:* Phantasievorstellung); Fantast (*auch:* Phantast); Fantasterei (*auch:* Phantasterei); Fantastik (*auch:* Phantastik); fantasiearm (*auch:* phantasiearm); fantasiebegabt (*auch:* phantasiebegabt); fantasielos (*auch:* phantasielos); fantasiereich (*auch:* phantasiereich); fantasieren (*auch:* phantasieren); fantastisch (*auch:* phantastisch).
Fan|ta|sy (die, -, kein Plural) (engl.) Gattung von Romanen, Filmen, Spielen u. Ä., die märchenhafte und mythische Welten entwickeln und darstellen.
FAO (die, -, kein Plural) (engl.) Abk. für »Food and Agriculture Organization«, Ernährungs- und Landwirtschaftsorganisation der UNO.
Fa|rad (das, -(s), -) elektrische Maßeinheit. Faradisation: Faradaykäfig/Faraday-Käfig; faradisch; faradisieren.
Far|be (die, -, -n) → Regelkasten. Färbung; Farbstoff. Farbabstimmung; Farbband; Farbdruck; Färbemittel; Farbenblindheit; Farbkasten; Farbenpracht; Färber; Färberei; Farbfernsehen; Farbfilm; Farbigkeit; Farbkomponente; Farblosigkeit; Farbstift; Farbton; Färbung; farbecht; ...farben; zitronenfarben; braunfarben; ...farbig; zitronenfarbig; braunfarbig; farbenblind; farbenfroh; farbenprächtig; farbig; *aber:* Wir sahen den Film in Farbig/Farbe; der Farbige; farblich; farblos; färben.

Farben

1. Farbadjektive, die Substantiven entlehnt (z. B. olive, orange) oder fremdsprachigen Ursprungs (z. B. lila, rosé, bleu) sind, können weder gesteigert noch gebeugt werden. Ein orange Pulli (*falsch:* ein orangener Pulli!), eine rosa Bluse (*falsch:* eine rosane Bluse!). Die stilistisch eleganteste Lösung: ein orangefarbener Pulli, eine rosafarbene Bluse.
2. Zusammensetzungen von Farbadjektiven werden in der Regel ohne Bindestrich geschrieben. Ein blaugrünes Hemd, eine schwarzweiße Kuh. Wird die Zusammensetzung als unübersichtlich empfunden, dann kann ein Bindestrich gesetzt werden. Die blau-weiß-rote Trikolore. Dabei ist es unerheblich, ob eine Farbabstufung oder eine Farbkombination gemeint ist. *Achtung:* Eine Farbbezeichnung, deren erster Bestandteil auf -lich endet, wird getrennt geschrieben. bläulich rot; gelblich grün (→ Zusammen- und Getrenntschreibung).
3. Großschreibung der Farbadjektive
a) Eigennamen: das Rote Kreuz; der Blaue Planet (die Erde); die Goldenen Zwanziger. Bei Verbindungen mit einer neuen idiomatisierten Gesamtbedeutung ist nun die Großschreibung zulässig. Blauer (*auch:* blauer) Brief; Weißer (*auch:* weißer) Tod.
b) Substantivierungen: Heute fahren wir ins Grüne; ins Blaue hineinreden; die Ampel schaltet gleich auf Gelb; haben Sie das Kleid auch in Rot?

Farce (die, -, -n) (franz.) Posse; Belanglosigkeit; Schnickschnack; Fleischfüllung. Verb: farcieren.
Farin (der, -s, kein Plural) (lat.) nicht raffinierter Zucker; Puderzucker. Farinzucker; Farinade.
Farm (die, -, -en) (engl.) landwirtschaftlicher Betrieb. Farmer.
Farn (der, -s, -e) Pflanze. Farnkraut; Farnwedel.
Fasan (der, -s, -e) Hühnervogel. Fasanerie.
Faschierte (das, -n, kein Plural) (österr.) Gehacktes, Hackfleisch.
Fasching (der, -s, -s/-e) Karneval. Faschingsball; Faschingsdienstag; Faschingskrapfen; Faschingsprinzessin.
faschisieren (V.) faschistisch machen, durchsetzen.
Faschisierung (die, -, -en) (lat.-ital.) Zunahme faschistischer Tendenzen und Anschauungen in einer Gruppe, einem Staat oder Ähnlichem.
Faschismus (der, -, kein Plural) (ital.) rechtsradikale politische Bewegung. Faschist; faschistisch; faschistoid.
faseln (V.) Unsinn reden. Faselei; Fasler; faselig.
Faser (die, -, -n) Faden. Fasergewebe; Faserpflanze; Faserschreiber; fas(e)rig; fasernackt; fasern.
Fashion (die, -, kein Plural) (engl.) Mode; guter Lebensstil. Adj.: fashionable.

Fasnacht (*auch:* Fastnacht) (die, -, kein Plural) Fasching.
Fass (das, Fasses, Fässer) bauchiger Behälter. fünf Fässer/Fass Wein. Fassbinder; Fassbier; Fassreifen; Fasswein; fassweise, fässerweise.
Fassade (die, -, -n) (franz.) Vorderseite; Äußeres. Fassadenreinigung; Fassadenkletterer.
fassen (V., ich fasse, du fasst) ergreifen; umfassen; sich beruhigen. Fasslichkeit; Fassbarkeit; Fassung; Fassungsvermögen; fasslich; fassbar.
fassungslos (Adj.) sprachlos; bestürzt. Fassungslosigkeit.
Fasson 1. (die, -, -s) (franz.) Art; Form. Fassonschnitt; fassonieren. 2. (das, -s, -s) (franz.) Revers.
fast (Adv.) beinahe.
fasten (V.) Diät halten. Fasten; Fasttage; Fastenkur; Fastenzeit; Fastnacht.
Fastfood (*auch:* Fast Food) (das, -, kein Plural) (engl.) Fertiggericht; Gericht aus einem Schnellrestaurant. Fastfoodrestaurant; Fastfoodkette.
Faszination (die, -, -tionen) (lat.) Anziehungskraft; Bezauberung; fesselnde Wirkung. faszinierend; faszinieren.
fatal (Adj.) (lat.) verhängnisvoll; schicksalhaft. Fatalismus; Fatalist; Fatalität; fatalistisch; fatalerweise.
Fata Morgana (die, - -, - -s/-nen) (ital.) Sinnestäuschung.

Fatum (das, -s, -ta) (lat.) Schicksal.
Fatz|ke (der, -s/-n, -s/-n) (ugs.) arroganter Mensch.
fau|chen (V.) schnauben; zischen; keifen.
faul (Adj.) träge; verdorben; verdächtig. Faulenzer; Faulheit; Fäule; Fäulnis; Faulpelz; Faultier; faulig; faulen; faulenzen.
Faun (der, -s, -e) Waldgeist; Lüstling. Adjektiv: faunisch.
Fau|na (die, -, -nen) (lat.) Tierwelt. Faunenkunde.
Faust (die, -, Fäus|te) geballte Hand. *Aber:* der Faust (Goethes!). Faustball; Fausthandschuh; Faustkampf; Faustrecht; Faustschlag; Fäustling; faustdick; faustgroß.
Fau|teuil (der, -s, -s) (franz.) Lehnsessel.
Faux|pas (der, -, -) (franz.) Taktlosigkeit; Fehlgriff.
Fa|ve|la (die, -, -s) (portugies.) brasilianischer Slum.
fa|vo|ri|sie|ren (V.) (franz.) begünstigen. Favorit; Favoritenrolle.
fa|xen (V.) Kurzform für das Verb telefaxen.
Fa|xen (die, nur Plural) Streiche; Späße. Mach keine Faxen (Umstände)!
Fa|yence (die, -, -n) (franz.) feine Tonware. Fayenceteller.
Fa|zen|da (die, -, -s) (portugies.) brasilianisches Landgut.
Fa|zit (das, -s, -s/-e) (lat.) Quintessenz; Folgerung.
FBI (Abk.) (das) Federal Bureau of Investigation (Kriminalpolizei der USA); der FBI-Agent.
FCKW Abk. für Fluorchlorkohlenwasserstoff(e). »Treibhausgas«.
FDP (Abk.) Freie Demokratische Partei Deutschlands. FDPler.
F-Dur (das, -, kein Plural) Tonart. F-Dur-Tonleiter.
Fe (Abk.) Ferrum (chemisches Zeichen für Eisen).
Fea|ture (das, -s, -s) (engl.) Dokumentarbericht.
Febr. (Abk.) Februar.
fe|b|ril (Adj.) (lat.) fieberhaft; mit Fieber einhergehend.
Fe|b|ris (die, -, kein Plural) (lat.) Fieber (Med.).
Fe|b|ru|ar (der, -s, -e) (lat.) zweiter Monat; Hornung.
Fech|ser (der, -s, -) Setzling.
fech|ten (V., focht, hat gefochten; ich fechte, du fichtst) mit einem Degen o.Ä. kämpfen; betteln. Fechtbruder (Bettler); Fechter; Fechthieb; Fechtkunst; Fechtsport.
Fe|da|jin (der, -s, -) (arab.) Freischärler, Untergrundkämpfer.

Fe|der (die, -, -n) Flaum; Gefieder; Schreibfeder; Springfeder. Federball; Federbett; Federfuchser; Federgewicht; Federhalter; Federkernmatratze; Federstrich; Federvieh; Federzeichnung; federführend; fed(e)rig; federleicht; federn.
Fe|der|an|trieb (der, -es, -e) Antrieb durch Aufziehen einer Metallfeder.
Fe|der|füh|rung (die, -, kein Plural) Leitung. Wir arbeiteten unter der Federführung von Herrn Kriechbaum.
Fe|der|de|cke (die, -, -n) Federbett.
Fe|der|kas|ten (der, -s, -käs|ten) kleiner Kasten für Schreibsachen.
Fe|der|kiel (der, -es, -e) Schreibgerät aus einer großen Gänsefeder.
Fe|der|kis|sen (das, -s, -) mit Daunen gefülltes Kissen.
Fe|der|kleid (das, -s, -er) Gefieder.
Fe|der|krieg (der, -es, -e) Schreibkrieg.
Fe|der|le|sen (das, -s, kein Plural) Umstände. (Nur in den Wendungen:) nicht viel Federlesen(s) machen; ohne viel Federlesen(s).
Fe|der|mäpp|chen (das, -s, -) Tasche für Schreibzeug.
Fe|der|mes|ser (das, -s, -) kleines Taschenmesser.
Fe|der|mil|be (die, -, -n) Juckreiz und Federausfall verursachende Milbenart.
Fe|der|mü|cke (die, -, -n) Zuckmücke.
Fe|der|wei|ße(r) (der, -n, -n) gärender Weinmost.
Fee (die, -, -n) (franz.) weibliche Märchengestalt. Feenmärchen; Feenreigen; Feenreich; feenhaft.
Feed-back (*auch:* Feed|back) (das, -s, -s) (engl.) Rückkopplung, -beeinflussung; erwartete Reaktion (um zu sehen, ob etwas Anklang gefunden hat); Widerhall.
Fee|ling (das, -s, kein Plural) (engl.) Einfühlungsvermögen, Gespür, Verständnis.
fe|gen (V.) kehren; heftig blasen; sausen. Feger; Feg(e)feuer.
Feh|de (die, -, -n) Streit. Fehdehandschuh.
Fehl|be|set|zung (die, -, -en) Einsetzen eines Bewerbers, der sich als ungenügend erweist. Tobias Schneider war als Tenor eine Fehlbesetzung. Der Posten war fehlbesetzt.
Fehl|di|a|g|no|se (die, -, -n) falsche Diagnose.
Fehl|deu|tung (die, -, -en) falsche Auslegung.
Fehl|druck (der, -s, -dru|cke) Druckfehler (in Schrift, Farbe oder Form); die Briefmarke mit dem Druckfehler.
feh|len (V.) weg sein; mangeln; sich irren. Fehl; ohne Fehl und Tadel; Fehlanzeige; Fehlbetrag; Fehlentscheidung; Fehler; Fehlerquelle; Fehl-

geburt; Fehlinformation; Fehlkonstruktion; Fehlleitung; Fehlplanung; Fehlschlag; Fehlschuss; Fehlstart; Fehltritt; Fehlzündung; fehl am Platz/Ort; fehlbar; fehlerfrei; fehlerhaft; fehlerlos. *Beachte:* Zusammenschreibung in Verbindung mit Verben! fehlbesetzen; fehlgehen; fehlinterpretieren; fehlleiten; fehlschlagen; fehltreten.
Feh'ler'gren'ze (die, -, -n) bestimmte Anzahl von Fehlern. Bei vier Fehlern war die Fehlergrenze für die Note 2.
Fehl'far'be (die, -, -n) 1. Farbe im Kartenspiel, die nicht Trumpf ist oder einem Spieler fehlt. 2. Schönheitsfehler einer Zigarre.
Fehl'griff (der, -es, -e) 1. falscher Griff. Er tat einen Fehlgriff und fiel hin. 2. Fehlentscheidung. Der Kauf des Hauses war ein Fehlgriff, denn es regnet durch das Dach.
Fehl'in'ter'pre'ta'ti'on (die, -, -ti'o'nen) Fehldeutung.
Fehl'in'ves'ti'ti'on (die, -, -ti'o'nen) Ausgabe, die sich im Nachhinein als unsinnig erweist. Das Auto war eine Fehlinvestition, denn es war nicht groß genug.
Fehl'kon's't'ruk'ti'on (die, -, -ti'o'nen) unbrauchbares Produkt. Das Auto war eine Fehlkonstruktion. Man hatte den Anlasser vergessen.
Fehl'leis'tung (die, -, -en) Versagen.
Fehl'pass (der, -pas'ses, -päs'se) Schuss, der sein Ziel nicht erreicht (im Ballsport).
Fehl're'ak'ti'on (die, -, -ti'o'nen) falsche Reaktion.
Fehl'spe'ku'la'ti'on (die, -, -ti'o'nen) verlustreiche Spekulation.
Fehl'ur'teil (das, -s, -e) falsches Urteil.
Fehl'ver'hal'ten (das, -s, kein Plural) falsches oder unerwartetes Verhalten.
Fehl'ver'such (der, -es, -e) Versuch, der gescheitert ist.
Fehl'wurf (der, -es, -wür'fe) misslungener Wurf.
Fehn (*auch:* Fenn) (das, -s, -e) (niederl.) Moor; Sumpf. Fehnkolonie; Fehnkultur.
fei'en (V.) unverwundbar machen; schützen. Er ist gegen alles gefeit.
Fei'er (die, -, -n) Fest; Jubiläum. Feierabend; Feierlichkeit; Feierstunde; Feiertag; an Sonn- und Feiertagen, *aber:* sonn- und feiertags; feierlich; feiertäglich; feiertags; feiern.
fei'ge (Adj.) ängstlich; hinterhältig. Feigheit; Feigherzigkeit; Feigling; feigherzig.
Fei'ge (die, -, -n) Frucht. Feigenbaum; Feigenblatt.
Fei'le (die, -, -n) Raspel. Feilspäne; Feilstaub; feilen.
feil'schen (V.) handeln.

fein (Adj.) vornehm; dünn; vorzüglich; nett. fein gehackte Petersilie. Feinabstimmung; Feinarbeit; Feinfühligkeit; Feingefühl; Feingold; Feinmechaniker; Feinschmecker; Feinwaschmittel; feinfühlig; fein gemahlen (*auch:* feingemahlen); fein geschnitten (*auch:* feingeschnitten); feinglied(e)rig; feinkörnig; feinporig; feinsinnig; sich fein machen (*auch:* feinmachen); fein mahlen (*auch:* feinmahlen).
Feind (der, -s/-es, -e) Gegner; Widersacher. Feindberührung; Feindesland; Feindlichkeit; Feindschaft; Feindseligkeit; feindlich; feindselig; jemandem feind sein, der Feind von jemandem/etwas sein.
feist (Adj.) dick; prall. Feistheit; Feistigkeit.
fei'xen (V.) (ugs.) hämisch grinsen.
Feld (das, -s/-es, -er) Acker; Fläche; Gebiet. Elektrisches Feld; Feldarbeit; Feldbett; Feldforschung; Feldherr; Feldjäger; Feldmarschall; Feldmaus; Feldsalat; Feldspieler; Feldstecher; Feldverweis; Feldwebel; Feldzug; feldein; feldaus; querfeldein.
Feld'ahorn (der, -s, kein Plural) Ahornart.
Feld'ar'bei'ter (der, -s, -) Erntearbeiter.
Feld'arzt (der, -es, -ärz'te) Militärarzt an der Front.
Feld'be'steck (das, -s, -be'ste'cke) zusammenschiebbares Besteck für unterwegs.
Feld'blu'me (die, -, -n) wilde Blume.
Feld'ener'gie (die, -, -n) Energieladung, die ein Feld erzeugt.
Feld'fla'sche (die, -, -n) umhängbarer Trinkbehälter.
Feld'frucht (die, -, -früch'te) durch Ackerbau erwirtschaftete Nutzpflanze, z. B. Kartoffeln.
Feld'geist'li'che (der, -n, -n) Militärpfarrer.
Feld'gen'dar'me'rie (die, -, kein Plural) Feldjäger. Feldgendarm.
Feld'ge'päck (das, -s, kein Plural) Marschgepäck.
Feld'ge'schrei (das, -s, kein Plural) Kampfruf.
Feld'got'tes'dienst (der, -es, -e) Gottesdienst auf Militärgelände oder an der Front.
Feld'krä'he (die, -, -n) Krähe.
Feld'kü'che (die, -, -n) fahrbare Küche.
Feld'ler'che (die, -, -n) Lerche.
Feld'li'nie (die, -, -n) Richtung und Stärke eines Energiefelds.
Feld'post (die, -, kein Plural) Militärpost. Feldpostbrief; Feldpostnummer.
Fel'ge (die, -, -n) Radteil; Turnübung. Felgaufschwung; Felgenbremse.
Fell (das, -s, -e) Pelz. Fellmütze.
Fels (der, -ens, -en) Gestein. Felsblock; Felsen; Fels(en)schlucht; Fels(en)vorsprung; Felszeichnung; felsig; felsenfest; felsenhart.

Fe|lu|ke (die, -, -n) (arab.-franz.) zweimastiges Mittelmeer-Küstenschiff.
Fe|me (die, -, -n) Selbstjustiz. Fememord; Femegericht.
fe|mi|nin (Adj.) weiblich; weibisch. Femininum; Feminismus; Feministin; feministisch; feminieren.
Femme fa|ta|le (die, - -, -s -s) (franz.) Verführerin; Verderberin.
Fem|to... (dän.-nlat.) das 10^{-15} fache, ein Billiardstel (bei Maßeinheiten); z. B. ein Femtofarad.
Fen|chel (der, -s, kein Plural) Kräuterpflanze. Fenchelöl; Fencheltee.
Fen|der (der, -s, -) (lat.-engl.) Puffer, Schutzpolster (an Schiffsaußenwänden).
Fe|nek = Fennek.
Fenn (das, -s, -e) Moor; Sumpf.
Fen|nek (der, -s, -s) (arab.) großohriges, nordafrikanisches Wüstenfüchschen.
Fens|ter (das, -s, -) Raumöffnung. Fensterbank; Fensterkreuz; Fensterladen (Plural: -laden/-läden); Fensterputzer; Fensterscheibe; Fenstersturz; fensterlos; großfenstrig.
Fenz (die, -, -en) (lat.-franz.-engl.) Zaun; Begrenzung; Einfriedung.
fen|zen (V.) einfrieden; umzäunen.
Fe|ri|en (Pluralwort) (die) Urlaub. Ferienhaus; Ferienheim; Ferienlager; Ferienreise; Ferienwohnung; Ferienzeit.
Fer|kel (das, -s, -) junges Schwein; (ugs.) unsauberer Mensch. Ferkelei; Ferkelzucht; ferkeln.
Fer|man (der, -s, -e) (türk.-pers.) Herrschererlass (in islamischen Ländern).
Fer|ma|te (die, -, -n) (ital.) Ruhepunkt (Musik).
Fer|ment (das, -s, -e) (lat.) Enzym. Fermentbildung; Fermentmangel; Fermentation; fermentativ; fermentieren.
fern 1. (Adj.) weit entfernt. 2. (Präp., Dat.) entfernt. fern jeglicher Zivilisation. *Kleinschreibung:* von nah und fern; von fern her; unter ferner liefen; fernher; fernab. *Aber:* des Ferneren; aus der Ferne; in die Ferne schweifen; das Ferne suchen; der Ferne Osten; der Ferne Orient. Fernamt; Fernfahrer; Ferngespräch; Fernglas; Fernleihe; Fernmeldeamt; Fernost; Fernschreiber; Fernseher; Fernsichtigkeit; Fernsprecher; Fernsteuerung; Fernstraße; Fernverkehr; Fernweh; fernerhin; ferner; ferngesteuert; fernmündlich; fernöstlich; fernbleiben; fernsehen; fernhalten; fernliegen; fernstehen; fernsteuern.
Fern|wär|me (die, -, kein Plural) in einem Kraftwerk erzeugte Wärme, die in Form von warmem Wasser an die Verbraucher transportiert wird.

Fer|ra|gos|to (der, -, kein Plural) Mariä Himmelfahrt; Betriebsferien (in Italien um den 15. August).
Fer|rit (das, -s, -e) (nlat.) 1. feinste Eisenkristalle. 2. eisenoxidhaltiger Werkstoff.
fer|ro|mag|ne|tisch (*auch:* fer|ro|ma|gne|tisch) (Adj.) zum Ferromagnetismus gehörig.
Fer|ro|mag|ne|tis|mus (*auch:* Fer|ro|ma|gne|tis|mus) (der, -, kein Plural) (nlat.) starker Magnetismus (u. a. bei Eisen, Nickel, Kobalt).
Fer|se (die, -, -n) hinterer Teil des Fußes. Fersengeld. (*Aber:* Verse!)
fer|tig (Adj.) vollendet; beendet; abgeschlossen; erschöpft. Ich hoffe, dass Sie mit der Arbeit fertig werden (*auch:* fertigwerden). Ich hoffe, dass Sie die Arbeit fertig bringen (*auch:* fertigbringen). fertig machen (*auch:* fertigmachen), *aber nur:* jem. fertigmachen; fix und fertig; fertigen. Fertiggericht; Fertighaus; Fertigstellung; Fertigung; Fertigungsverfahren.
Fer|tig|keit (die, -, -en) Fähigkeit; Geschicklichkeit. Verb: fertigen.
fer|til (Adj.) (lat.) fruchtbar.
Fer|ti|li|sa|ti|on (die, -, -ti|o|nen (lat.) Befruchtung.
fer|vent (Adj.) (lat.) eifrig; hitzig.
Fes (*auch:* Fez) (der, -/-es, -/-e) (türk.) Kopfbedeckung.
fesch (Adj.) (südd.) charmant; hübsch.
Fes|sel (die, -, -n) Schnur; Kette; Teil des Fußes. Fessellosigkeit; Fesselung; Fesselgelenk; Fesselballon; fesselnd; fessellos; fesseln.
fest (Adj.) hart; dicht; stabil. eine fest geschnürte (*auch:* festgeschnürte) Schlinge; die fest umrissene (*auch:* festumrissene) Aufgabe, festmachen; festzurren; fest binden (anbinden); fest binden (die Schleife fest binden); festverzinsliche Wertpapiere. *Beachte:* immer Zusammenschreibung, wenn ein neuer Begriff entsteht! festfahren; festlegen (bestimmen); feststehen (sicher, gewiss sein). Festiger; Festigkeit; Festigkeitslehre; Festigung; Festkörper; Festland; Festland(s)sockel; Festlegung; Festnahme; Festpreis; Festsetzung; Feststellung; Festung; fest gefügt (*auch:* festgefügt); festkochend; fest angestellt (*auch:* festangestellt).
Fest (das, -s/-es, -e) Feier. Festakt; Festaufführung; Festbankett; Festessen; Festivität; Festlichkeit; Festmahl; Festredner; Festschrift; Festspiel; Feststimmung; Festzelt; festlich.
fest|ba|cken (V.) festkleben. *Aber:* Der Tortenboden ist fest (trocken, ganz durch) gebacken.
fest|bei|ßen (V., refl., biss fest, hat festgebissen) verbeißen; sich vertiefen. *Aber:* Der Hund hat mich (sehr) fest gebissen.

fest'bin'den (V., band fest, hat festgebunden) anbinden. *Aber:* eine Schleife fest (streng) binden.

fest'fah'ren (V., fuhr fest, ist festgefahren) stecken bleiben; nicht weiterkommen. *Aber:* Da musst du fest (schnell) fahren.

fest'fres'sen (V., refl., fraß fest, hat festgefressen) sich verklemmen; festsetzen.

fest'hal'ten (V., hielt fest, hat festgehalten) aufzeichnen; beharren. *Aber:* Du musst das Brett fest (stark) halten.

fest'hef'ten (V.) befestigen.

Fes'ti'val (das, -s, -s) (engl.) Festspiel.

fes'ti'vo (Adj.) (lat.-ital.) festlich, feierlich (Vortragsanweisung in der Musik).

fest'kle'ben (V.) haften; befestigen.

fest'le'gen (V.) anordnen; sich binden. Festlegung.

fest'lie'gen (V., lag fest, hat festgelegen) nicht weiterkommen; feststehen.

fest'ma'chen (V.) befestigen; vereinbaren. *Aber:* Das musst du fest (intensiv) machen.

Fest'me'ter (der, -s, -) Maßeinheit für Holz (Abk.: fm).

fest'na'geln (V.) annageln; festlegen.

fest'neh'men (V., nahm fest, hat festgenommen) verhaften. Festnahme.

fest'ren'nen (V., refl., rannte fest, hat festgerannt) nicht weiterkommen; sich verrennen.

fest'set'zen (V.) festlegen; sich ansammeln (mit Dativ!); einsperren. In allen (*falsch:* alle!) Ecken setzte sich Staub fest. Festsetzung.

fest'sit'zen (V., saß fest, hat/ist festgesessen) haften; stecken bleiben.

fest'ste'cken (V., hat/ist festgesteckt) befestigen; stecken bleiben.

fest'ste'hen (V., stand fest, hat festgestanden) geregelt sein; gewiss sein.

fest'stel'len (V.) ermitteln; aussprechen. Feststellung. *Aber:* fest stellen (unbeweglich machen); Feststellbremse.

Fes'tung (die, -, -en) Burg. Festungswall.

fest'wach'sen (V., wuchs fest, ist festgewachsen) fest anwachsen. *Aber:* Der Bub muss noch fest (sehr) wachsen.

Fe'te (die, -, -n) (ugs.) Fest.

Fe'ti'schis'mus (der, -, kein Plural) kultische Verehrung von Gegenständen; sexuelle Perversion. Fetisch; Fetischist; fetischistisch; fetischieren.

fett (Adj.) fettreich; sehr dick. fettglänzend; *aber:* die fett gedruckte (*auch:* fettgedruckte) Überschrift. Fett; Fettauge; Fettbauch; Fettfleck; Fettgewebe; Fettheit; Fetthenne; Fettigkeit; Fettleibigkeit; Fettnäpfchen; Fettstift; Fetttopf (*auch:* Fett-Topf); Fetttropfen (*auch:* Fett-Tropfen); fettarm; fettfrei; fettglänzend; fetthaltig; fettig; fettleibig; fetttriefend; fetten.

Fe'tus (*auch:* Fö'tus) (der, -/-ses, -ten/ -se) (lat.) Leibesfrucht (vom dritten Monat an). Adjektiv: fetal (*auch:* fötal).

Fet'zen (der, -s, -) Lumpen; Stück. Fetzelchen; fetzig; fetzen.

feucht (Adj.) nass. Feuchte; Feuchtigkeit; Feuchtraum; feuchtfröhlich; feuchtheiß; feuchtkalt; feuchtwarm; feuchten.

feu'dal (Adj.) vornehm; reich; aristokratisch. Feudalgesellschaft; Feudalismus; Feudalität; Feudalstaat; feudalistisch.

Feu'er (das, -s, -) 1. Brand. 2. Flamme. 3. Beschuss; Begeisterung. Feueralarm; Feuerbestattung; Feuereifer; Feuerfresser; Feuerholz; Feuerpolizei; Feuersalamander; Feuersbrunst; Feuerstein; Feuerstuhl; Feuerwasser; Feuerwehrmann (Plural: -männer/-leute!); Feuerwerk; Feuerwerkskörper; Feuerzangenbowle; Feuerzeug; feuerbeständig; feuerfest; feuergefährlich; feuerpolizeilich; feurig; feurio!; feuerrot; Feuer speiend (*auch:* feuerspeiend); feuerverzinkt; feuern; feuerwerken.

Feuil'le'ton (das, -s, -s) (franz.) Kulturteil der Zeitung. Feuilletonist; Feuilletonstil; feuilletonistisch.

Fex (der, -es/-en, -e/-en) (südd.) Geck; Narr. Bergfex.

Fez 1. (der, -es, kein Plural) (ugs.) Spaß, Unsinn. 2. = Fes.

ff (Abk.) sehr fein; fortissimo.

ff. (Abk.) folgende (Seiten).

FH (Abk.) Fachhochschule.

Fi'a'ker (der, -s, -) (franz.-österr.) Pferdekutsche; Pferdekutscher.

Fi'a'le (die, -, -n) (ital.) schlankes Spitztürmchen (auf gotischen Streben, Fenstern u. a.).

Fi'an'chet'to (das, -/-s, -chet'ti) (ital.) Eröffnung einer Schachpartie mit den Springerbauern.

Fi'as'ko (das -s, -s) (ital.) Misserfolg; Zusammenbruch.

Fi'bel (die, -, -n) Lehrbuch; Spange.

Fi'ber (die, -, -n) (lat.) Faser. Fibrelle; Fibrin; fibrös.

Fi'brin (das, -s, kein Plural) (nlat.) die Blutgerinnung bewirkender Eiweißstoff.

Fi'che 1. (die, -, -s) (franz.) Spielmarke. 2. (der/das, -s, -s) Datenträger. Mikrofiche.

Fich'te (die, -, -n) Nadelbaum. Fichtelgebirge; Fichtenholz; Fichtennadelholz; fichten.

fi'cken (V.) (ugs.) Geschlechtsakt ausführen.

fi'cke'rig (*auch:* fick'rig) (Adj.) nervös; unruhig; aufgeregt.

fi'del (Adj.) (lat.) vergnügt; lustig. Fidelität.

Fi'del (die, -, -n) Streichinstrument.
Fi'di'bus (der, -/-ses, -se) gefalteter Papierstreifen zum Pfeifenanzünden.
Fi'd'schi (ohne Art., -s, kein Plural) Inselstaat im Pazifik. Fidschianer; fidschianisch; Fidschiinseln (*auch:* Fidschi-Inseln).
Fie'ber (das, -s, -) erhöhte Körpertemperatur; Erregung; Leidenschaft. Fieberanfall; Fiebermesser; Fiebererreger; Fieberfrost; Fieberhitze; Fieberphantasien/Fieberfantasien; Fieberthermometer; Fieberwahn; fieberfrei; fieberhaft; fieb(e)rig; fiebern.
Fie'del (die, -, -n) (ugs.) Geige. Fiedler; fiedeln.
fie'de'rig (*auch:* fied'rig) (Adj.) gefiedert. Fiederung.
Field're'search (engl.) (das, -s, kein Plural) Feldforschung.
Field'work (das, -s, kein Plural) (engl.) persönliche Befragung (Meinungsforschung).
fie'pen (V.) piepsen.
Fi'e'rant (der, -en, -en) (österr.) Markthändler.
fi'e'ro (Adj.) (lat.-ital.) wild, heftig (Vortragsanweisung in der Musik).
fies (Adj.) (ugs.) gemein; ekelhaft. Fiesling.
Fi'es'ta (die, -, -s) (span.) Volksfest.
FIFA (*auch:* Fi'fa) (die, -, kein Plural) (franz.) (Kurzw.: Fédération Internationale de Football Association) Internationaler Fußballverband.
fif'ty-fif'ty (engl.) (ugs.) halb und halb.
Fi'ga'ro (der, -s, -s) (ital.) Friseur (scherzhaft).
figh'ten (V.) (engl.) kämpfen (Boxsport).
Fi'gur (die, -, -en) (lat.) Körperform; Abbildung; Erscheinungsbild. wie Figura zeigt (wie klar vor Augen liegt); Figuralmusik; figural; figurativ; figurig; figürlich; figurieren.
Fik'ti'on (die, -, -ti'o'nen) (lat.) Vorstellung; Erdachtes. Adjektiv: fiktiv.
Fi'let (das, -s, -s) (franz.) Lendenstück; Netzstoff. Filetarbeit; Filetspitze; Filetsteak; filiert; filetieren; filieren.
Fi'li'a'le (die, -, -n) Zweigstelle. Filialist; Filialleiter.
Fi'li'al'ge'ne'ra'ti'on (die, -, -ti'o'nen) (lat.) Tochtergeneration (in der Genetik).
Fi'li'bus'ter (der, -s, -) (franz.-engl.) Marathonredner (im US-Parlament).
Fi'li'gran (das, -s, -e) (ital.) feine Flechtarbeit (Goldschmiedekunst). Filigranarbeit; Filigranschmuck; filigran.
Fi'li'us (der, -, -lii/-se) (lat.) Sohn.
Film (der, -s, -e) (engl.) dünne Schicht; Fotomaterial; Spielfilm. Ölfilm; Fettfilm; Filmapparat; Filmarchiv; Filmball; Filmemacher; Filmfestspiele; Filmindustrie; Filmkunst; Filmothek; Filmproduzent; Filmstar; Filmverleih; Filmwoche; filmisch; filmen.

Fil'mo'thek (die, -, -en) (engl.-griech.)
1. Sammlung von Filmen, die einen wissenschaftlichen oder künstlerischen Wert haben.
2. Gebäude, in dem diese Filmsammlung aufbewahrt und betreut wird.
Fi'lou (der, -s, -s) (franz.) Spitzbube; Gauner, Betrüger.
Fil'ter (der/das, -s, -) Trennvorrichtung; Trennmaterial. Filterpapier; Kaffeefilter; Filterung; Filtertüte; Filterzigarette; Filtrat; Filtrierpapier; filtrieren.
Filz (der, -es, -e) Stoff; Verflochtenheit. Filzhut; Filzlaus; Filzokratie; Filzpantoffel; Filzstift.
fil'zen (V.) (ugs.) durchsuchen.
Fim'mel (der, -s, -) (ugs.) Leidenschaft; Tick. Putzfimmel.
fi'nal (Adj.) (lat.) abschließend; zweckbestimmt. Finale; Finalist; Finalität; Finalsatz.
fi'nan'zie'ren (V.) (franz.) mit Geld versorgen. Finanzier (*auch:* Financier); Finanzen; Finanzamt; Finanzierung; Finanzkrise; Finanzminister; Finanzpolitik; Finanzwesen; finanziell.
fin'den (V., fand, hat gefunden) entdecken; empfinden. Findelkind; Finder; Finderlohn; Findigkeit; Findling; findig.
Fin de Siè'c'le (das, - - -, kein Plural) (franz.) Ende des 19. Jahrhunderts; Dekadenz; gesellschaftlich-kultureller Verfall.
Fi'nes Her'bes (die, nur Plural) (franz.) fein gehackte, gedünstete Kräuter (mit Pilzen).
Fi'nes'se (die, -, -n) (franz.) Kniff; Feinheit.
Fin'ger (der, -s, -) Teil der Hand. Fingerabdruck; Fingerfertigkeit; Fingerhakeln; Fingerhandschuh; Fingerhut; Fingerkuppe; Fingerspitzengefühl; Fingerübung; Fingerzeig; ein fingerbreiter Abstand; *aber:* Der Abstand ist einen Finger breit; *aber:* einen Fingerbreit (Maßangabe); schmalfing(e)rig; fingerlang; alle fingerlang (alle Augenblicke); fingern.
fin'gie'ren (V.) (lat.) vortäuschen; erfinden.
Fi'nis (das, -, kein Plural) (lat.) Ende.
Fi'nish (das, -s, -s) (engl.) Endspurt; Vollendung.
fi'nit (Adj.) (lat.) bestimmt. finite Verbform (Gegensatz: unbestimmte Verbform wie Infinitiv und Partizip).
Fink (der, -en, -en) Singvogel.
Finn-Din'gi (das, -s, -s) (engl.) Einmannjolle.
Fin'ne (die, -, -n) Bandwurmlarve; Rückenflosse (Hai, Wal); Hautkrankheit. (*Aber:* der Finne!).
Finn'land (ohne Art., -s, kein Plural) skandinavischer Staat. Finne; finnisch.
Fin'no'u'g'ris'tik (die, -, kein Plural) (nlat.) Wissenschaft von den finnougrischen Sprachen (z. B. vom Finnischen und Ungarischen).

Fi|noc|chio (der, -/-s, -noc|chi) (ital.) Salat-, Gemüsefenchel.
fins|ter (Adj.) dunkel; zwielichtig; unfreundlich. im Finstern tappen (*auch für:* im Ungewissen bleiben); auf der Suche nach seiner Herkunft tappten die Behörden lange im Finstern. Finsterkeit; Finsternis.
Fin|te (die, -, -n) (ital.) Scheinangriff; List. Adjektiv: fintenreich.
fip|sig (Adj.) (ugs.) klein; unbedeutend. Fipsigkeit; Fips.
fip|sen (V.) schnipsen; schnalzen. Fips.
Fir|le|fanz (der, -es, kein Plural) (ugs.) Kinderei; Kitsch.
firm (Adj.) (lat.) fest; sicher; beschlagen; bewandert.
Fir|ma (die, -, -men) (ital.) Betrieb (Abk.: Fa.). Firmenbuch; Firmenschild; Firmenzeichen; firmieren.
Fir|ma|ment (das, -s, kein Plural) (lat.) Himmel.
Fir|mung (die, -, -en) (lat.) kathol. Sakrament. Firmling; Firmpate; firmen.
Firn (der, -s, -e) Altschnee; Gletscher. Firneis; Firnschnee; Firnbrücke; firnig.
Fir|ne (die, -, -n) Reife des Weins.
Fir|nis (der, -ses, -se) (franz.) Schutzanstrich (Malerei). Verb: firnissen.
First (der, -s/-es, -e) Dachgiebel. Firstbalken.
first class (Adj.) (engl.) erstklassig. First-Class-Hotel.
First La|dy (die, - -, - -s) (engl.) Frau eines Staatsoberhauptes.
FIS (*auch:* Fis) (die, -, kein Plural) (Kurzw.: Fédération Internationale de Ski) Internationaler Skiverband. FIS-Rennen.
Fisch (der, -es, -e) Wassertier. (ugs.) faule Fische (Ausreden); (ugs.) kleine Fische (Kleinigkeiten). Fischadler; Fischauge; Fischbesteck; Fischbraterei; Fischer; Fischerei; Fischereihafen; Fischerstechen; Fischfang; Fischgericht; Fischgräte; Fischlaich; Fischreiher; Fischstäbchen; Fischzug; fischarm; fischäugig; fischig; fischen; fischeln (nach Fisch riechen).
Fis-Dur (das, - -, kein Plural) Tonart. Fis-Dur-Tonleiter.
Fi|sett|holz (das, -es, kein Plural) Holzart.
Fi|si|ma|ten|ten (die, nur Plural) (ugs.) Ausflüchte; Faxen.
Fis|kus (der, -, -se/-ken) (lat.) Staatskasse. Adjektiv: fiskalisch.
fis-Moll (das, - -, kein Plural) Tonart. fis-Moll-Tonleiter.
Fi|so|le (die, -, -n) (österr.) (ital.) grüne Bohne.
fis|sil (Adj.) (lat.) spaltbar.
Fis|si|li|tät (die, -, kein Plural) Spaltbarkeit.

Fis|si|on (die, -, -si|o|nen) (lat.) Spaltung, Teilung (eines Atomkerns, Zellkerns).
Fis|sur (die, -, -en) (lat.) Einriss (in einem Knochen, in der Schleimhaut).
Fis|tel (die, -, -n) 1. Geschwür. 2. Fistelstimme; fisteln.
Fis|tu|la (die, -, -lae) (lat.) 1. Rohr-, Panflöte. 2. Orgelpfeife.
fis|tu|lie|ren (V.) (lat.) mit Kopfstimme artikulieren; mit hoher, unangenehmer Stimme sprechen (bei Männern).
fit (Adj.) (engl.) durchtrainiert; leistungsfähig. Fitness; Fitnesscenter; Fitnesstest.
Fit|tich (der, -s, -e) Flügel. jemanden unter seine Fittiche nehmen.
Fitz|chen (*auch:* Fit|zel|chen) (das, -s, -) Kleinigkeit.
fix (Adj.) fest; schnell. fixe Idee (Zwangsvorstellung); fix und fertig; Fixum; Fixstern; fixieren.
fi|xen (V.) (engl.) 1. Drogen spritzen; 2. auf eine Baisse hin spekulieren. Fixer; Fixerbesteck.
Fi|xing (das, -s, kein Plural) (engl.) amtlich festgesetzter Tageskurs für Aktien oder Devisen.
Fjell (der, -s, -s) (norweg.) waldfreie Hochfläche (in Skandinavien).
Fjord (der, -s/-es, -e) (skand.) Meeresbucht.
FKK (Abk.) Freikörperkultur. FKKler; FKK-Strand.
flach (Adj.) eben; niedrig; oberflächlich. Flachbau; Flachdach; Flachzange; flachbrüstig; flachen; abflachen.
Flä|che (die, -, -n) Ebene; Oberfläche. Flächenbrand; Flächenmaß; Flächennutzungsplan; flächenhaft; flächig; großflächig; flächendeckend.
flach|fal|len (V., fiel flach, ist flachgefallen) (ugs.) ausfallen.
Flachs (der, -es, kein Plural) 1. Pflanze; 2. Neckerei. Flachsgarn; Flachshaar; Flachskopf; flachsblond; flachsen (necken).
fla|ckern (V.) unruhig brennen; lodern. Flackerfeuer; flack(e)rig.
Fla|den (der, -s, -) Pfannkuchen; flaches Brot; Kuhfladen. Fladenbrot; Flädle (schwäbische Suppeneinlage).
Fla|gel|lant (der, -en, -en) (lat.) 1. mittelalterlicher Asket, der durch Selbstgeißelung öffentlich Buße tat; Geißelbruder. 2. jmd., der im Flagellantismus seine Sexualneurose auslebt; Sadomasochist. Flagellantentum.
Fla|gel|lan|tis|mus (der, -, kein Plural) (lat.) sexuelle Aktivität durch Peitschen oder Gepeitschtwerden.
Fla|gel|lat (der, -en, -en) (lat.) Geißeltierchen.
Fla|gel|la|ti|on (die, -, -ti|o|nen) Ausübung des Flagellantismus.

Fla|geo|lett (das, -s, -e/-s) (franz.) 1. kleine Schnabelflöte. 2. (hohes) Flötenregister der Orgel. 3. flötenähnlicher Oberton (Streichinstrumente).
Flag|ge (die, -, -n) Fahne. Flaggengruß; Flaggenparade; Flaggenstange; Flaggoffizier; Flaggschiff; flaggen.
fla|g|rant (Adj.) (lat.) offenkundig; deutlich. Man erwischte sie in flagranti.
Flair (das, -s, kein Plural) (franz.) Atmosphäre. Spürsinn.
Flak (die, -, -s) (Kurzw.:) Flugzeugabwehrkanone. Flakhelfer; Flakgeschütz.
Fla|kon (der/das, -s, -s) (franz.) Parfümfläschchen.
Flam|bee (das, -s, -s) (franz.) flambierte Speise.
flam|bie|ren (V.) (franz.) Speisen mit Alkohol übergießen und anzünden.
Fla|men|co (der, -s, -s) (span.) Tanz.
Fla|min|go (der, -s, -s) (span.) Wasservogel.
Flam|me (die, -, -n) Feuer; (ugs.) Geliebte. Flammenmeer; Flammenschwert; Flammenwerfer; Flammofen; Flammpunkt; flammig; flammen.
Flam|me|ri (der, -s, -s) (engl.) kalter Grießbrei.
Fla|nell (der, -s, -e) (franz.) Stoffart. Flanellanzug; Flanellhose; Adjektiv: flanellen.
fla|nie|ren (V.) (franz.) herumspazieren. Flaneur.
Flan|ke (die, -, -n) (franz.) 1. Seite. 2. Zuspiel (Fußball). Flankenangriff; Flankenhieb; Flankendeckung; flanken; flankieren.
Flansch (der, -es, -e) Rohrverbindung. Flanschendichtung; flanschen.
flap|sig (Adj.) (ugs.) unreif; albern.
Fla|sche (die, -, -n) 1. Glasbehälter. 2. Nichtskönner. Flaschenbier, *aber:* zehn Flaschen Bier; Flaschengärung; Flaschenkind; Flaschenöffnung; Flaschenpost; Flaschenzug; flaschengrün.
Flasch|ner (der, -s, -) (südd.) Klempner.
Flash (der, -s, -s) (engl.) 1. kurze Einblendung. 2. Moment, in dem ein Rauschgift zu wirken beginnt.
Flash|back (der, -s, -s) (engl.) Nachrausch.
flat|tern (V., ist) fliegen; wehen. Über Nacht machten sie die Flatter (ugs.: verschwanden sie); Flattergeist; Flatterhaftigkeit; Flattermann (ugs.: Brathähnchen); Flattersatz; flatterhaft; flatt(e)rig.
flau (Adj.) schlecht; übel; schwach. Flauheit.
Flaum (der, -s, kein Plural) feine Federn; feines Haar. Flaumbart; Flaumfeder; Flaumhaar; flaumig; flaumweich.
flau|schig (Adj.) weich. Flausch.

Flau|sen (die, nur Plural) (ugs.) Unsinn; Ausreden. Flausenmacher.
Flau|te (die, -, -n) Windstille; Ruhe.
flä|zen (V., refl.) (ugs.) sich hinlümmeln. Fläz; fläzig.
Flech|se (die, -, -n) Sehne. Adjektiv: flechsig.
Flech|te (die, -, -n) 1. Zopf. 2. Pflanze. 3. Hautausschlag. Schuppenflechte; flechten.
flech|ten (V., flocht, hat geflochten; er flicht!) verknüpfen. Flechtarbeit; Flechtwerk.
Fleck (*auch:* Fle|cken) (der, -s, -e/-en) 1. Verschmutzung. 2. Stelle; Ort. Fleckenwasser; Fleckerlteppich; Fleckfieber; Fleckigkeit; Fleckvieh; fleckenlos; fleckig; flecken.
fled|dern (V.) (ugs.) ausplündern. Fledderer; Leichenfledderer.
Fle|der|maus (die, -, -mäu|se) Flugtier. Fledermausärmel.
Fle|gel (der, -s, -) Erntewerkzeug; Lümmel. Flegelei; Flegelhaftigkeit; Flegeljahre; flegelhaft; flegelig; sich flegeln.
fle|hen (V.) dringend bitten. Adjektiv: flehentlich. Flehen.
Fleisch (das, -es, kein Plural) Muskelgewebe; Körperlichkeit des Menschen. *Beachte:* Zusammensetzungen ohne Fugen-s; Fleischbank; Fleischbeschau; Fleischbrühe; Fleischer; Fleischklößchen; Fleischvergiftung; Fleischwerdung; Fleischwolf; Fleischwunde. *Ausnahme:* Fleischeslust! Adjektive: fleischern; fleischfarben; fleischfarbig; fleischig; fleischlich; fleischlos; Fleisch fressend (*auch:* fleischfressend).
Fleiß (der, -es, kein Plural) Arbeitseifer. Fleißarbeit; fleißig, *aber:* das Fleißige Lieschen (Blume).
flek|tie|ren (V.) beugen (deklinieren, konjugieren). Flexion; flektierbar.
flen|nen (V.) (ugs.) weinen; heulen. Flennerei.
Fletz (das/der, -es, -e) (südd.) Flur.
fle|xi|bel (Adj.) (lat.) elastisch; geschmeidig. Flexibilität; Flexion; flexionsfähig; flexionslos; flexivisch.
Fli|bus|ti|er (der, -s, -) (niederl.-franz.) westindischer Seeräuber (des 17./18. Jahrhunderts); Freibeuter.
Flic (der, -s, -s) (franz.) (ugs.) Polizist.
fli|cken (V.) ausbessern; nähen. Flicken; Flickarbeit; Flickkorb; Flickschuster; Flickwerk; Flickenteppich.
Flick|flack (der, -s, -s) (franz.) Turnübung.
Flie|der (der, -s, -) Zierstrauch. Fliederbeere (= Holunderbeere) Fliederblüte; Fliederbusch; fliederfarben; fliederfarbig.
Flie|ge (die, -, -n) Insekt. Fliegenfänger; Fliegengewicht; Fliegenpilz.

flie|gen (V., flog, hat/ist geflogen) schweben; reisen; lenken; flattern; geworfen werden. Flieger; Fliegeralarm; Fliegerei; Flug; fliegerisch; fliegend. *Beachte:* der Fliegende Holländer.
flie|hen (V., floh, hat/ist geflohen) meiden; davonlaufen. Fliehkraft; Flucht; fliehend.
Flie|se (die, -, -n) Wand-, Bodenplatte. Fliesenleger; fliesen.
flie|ßen (V., floss, ist geflossen) rinnen; strömen; laufen. Fließband; Fließheck; Fließpapier; fließend.
flim|mern (V.) leuchten; flirren. Flimmer; Flimmerkiste.
flink (Adj.) schnell; geschickt. Flinkheit.
Flint (der, -s/-es, -e) Feuerstein. Flintstein.
Flin|te (die, -, -n) Gewehr. Flintenkugel.
Flinz (der, -es, -e) Mineral.
Flip (der, -s, -s) (engl.) Cocktail.
Flip|flop (der, -s, -s) (engl.) Kippschaltung. Flipflopschaltung.
Flip|per (der, -s, -) Spielautomat. Verb: flippern.
Flip|pie (der, -s, -s) (ugs.) Ausgeflippter; Aussteiger. Adjektiv: flippig.
flir|ren (V.) flimmern.
Flirt (der, -s, -s) (engl.) Liebesbeziehung; Liebelei. Verb: flirten.
Flitt|chen (das, -s, -) (ugs.) Prostituierte; leichtlebiges Mädchen.
Flit|ter (der, -s, -) unechter Schmuck, Glanz. Flitterglanz; Flittergold; Flitterwochen; flittern.
flit|zen (V., ist) (ugs.) rennen; sausen. Flitzbogen; Flitzer.
floa|ten (V.) Wechselkurse nach Angebot und Nachfrage schwanken lassen.
Floa|ting (das, -s, -s) (engl.) das Floaten, Freigabe der Wechselkurse.
Flo|cke (die, -, -n) Flaum; Stückchen. Flockung; Flockseide; Haferflocken; Schneeflocken; flockenweise; flockig; flocken.
Floh (der, -s, Flö|he) Insekt. Flohmarkt; Flohzirkus (*auch:* Flohcircus); flöhen.
Flo|ka|ti (der, -s, -s) (neugriech.) langhaariger Teppich.
Flop (der, -s, -) (engl.) Fehlschlag; Reinfall.
Flop|py Disc (*auch:* Flop|py Disk) (die, -, -s) (engl.) Datenspeicher (EDV).
Flor (der, -s, -e) Blüte; Schmuck; Schleier. Florband; Trauerflor; florieren.
Flo|ra (die, -, -ren) (lat.) Pflanzenwelt. Florengeschichte; Florist/-in.
Flo|ren|ti|ner (der, -s, -s) 1. Einwohner von Florenz. 2. flachrundes Mandel-Honig-Gebäck mit Schokoladenüberzug auf einer Seite. 3. breitkrempiger Damenstrohhut.

Flo|res|zenz (die, -, -en) (lat.) 1. Blütenstand. 2. Blütezeit.
Flo|rett (das, -s, -e) (franz.) Degen. Florettfechten; Florettband.
flo|rett|tie|ren (V.) (lat.-ital.-franz.) mit dem Florett fechten.
Flo|rett|sei|de (die, kein Plural) Abfall der Naturseide.
flo|rie|ren (V.) (lat.) sich gut entwickeln (bes. von Geschäften); »blühen«.
Flos|kel (die, -, -n) (lat.) leere Redewendung. Adjektiv: floskelhaft.
Floß (das, -es, Flö|ße) Wasserfahrzeug. Floßfahrt; Flößer; flößbar; flößen.
Flos|se (die, -, -n) Steuer- und Fortbewegungsorgan bei Wassertieren. Flossenfüßer; Schwimmflosse; großflossig.
Flö|te (die, -, -n) Blasinstrument; Sektglas. Flötenspiel, aber: beim Flötespielen; Flötist/in; flöten.
flö|ten ge|hen (V., ging flöten, ist flöten gegangen) (ugs.) verloren gehen.
flott (Adj.) rasch; flink; chic; leichtlebig. eine Arbeit flott (schnell) machen, *aber:* ein Schiff flottmachen (fahrbereit machen); flottkriegen.
Flot|te (die, -, -n) Schiffsverband. Flottenabkommen; Flottenkommando; Flottille; flottieren.
Flow|er|pow|er (engl.) Gewaltlosigkeit; Humanisierung durch Blumen (als »Schlagwort« der Hippie-Bewegung).
Flöz (das, -es, -e) abbaufähige Mineralien.
Flu|at (das, -s, -e) (Kurzw.: Fluorosilikat) Kieselflusssäureverbindung (z. B. zum Oberflächenschutz im Baugewerbe).
Fluch (der, -s/-es, Flü|che) Verwünschung; Unheil. Adjektiv: fluchbeladen. Verb: fluchen.
Flucht 1. (die, -, kein Plural) (Plural: Ausflüchte; Zufluchtsorte) Entfliehen. Fluchtgefahr; Fluchthelfer; Flüchtigkeit; Flüchtling; Fluchtversuch; flüchtig; fluchtartig; flüchten. 2. (die, -, -en) Reihe; Linie. Fluchtlinie; Fluchtpunkt; fluchtig; fluchten.
Flug (der, -s/-es, Flü|ge) Fliegen. Flugbahn; Flugball; Flugblatt; Fluggast; Flughafen; Fluglotse; Flugverkehr; Flugzeug; flugbereit; flugtauglich; fliegen.
Flü|gel (der, -s, -) Schwingen; Tragwerk; Anbau; Klavier. Flügelaltar; Flügelmann (Plural: -männer/-leute!); Flügelschlag; Flügelstürmer; Flügeltür; einflügelig; flügellahm; flügelschlagend.
flüg|ge (Adj.) flugfähig; selbstständig.
flugs (Adv.) schnell; geschwind.
flu|id (Adj.) (lat.) flüssig.
Flu|i|dum (das, -s, -da) (lat.) 1. Flüssigkeit. 2. Wirkung. Fluid; fluid.

Fluk|tu|a|ti|on (die, -, -ti|o|nen) (lat.) Schwankung. Verb: fluktuieren.
Flun|der (die, -, -n) Fisch.
flun|kern (V.) lügen. Flunkerei.
Flu|or (das, -s, kein Plural) (lat.) chemischer Stoff (Abk.: F).
flu|o|res|zie|ren (V.) leuchten. Fluoreszenz.
Flu|o|rid (das, -s, -e) (nlat.) Flusssäuresalz.
Flu|o|rit (der, -s, -e) (nlat.) Flussspat.
Flur 1. (der, -s, -e) Hausgang. Flurgarderobe. 2. (die, -, -en) Feld; Wiese. Flurbereinigung; Flurschaden.
Flush (der, -s, kein Plural) (engl.) 1. plötzliche Hautrötung (z. B. Sexualflush). 2. fünf Spielkarten gleicher Farbe (beim Pokern) 3. Blattaustrieb; Pflückung (beim Tee).
Flu|se (die, -, -n) Fussel.
Fluss (der, Flus|ses, Flüs|se) Strom; Fließen. Flussarm; Flussbett; Flusspferd; Flussufer; Abfluss; flussaufwärts; flussabwärts; fließen.
flüs|sig (Adj.) wässrig; geschmolzen. Flüssiggas; Flüssigkeit; Mittel/Geld flüssig machen (bereitstellen); Wachs flüssig machen (schmelzen).
flüs|tern (V.) leise sprechen. Flüsterpropaganda; Flüsterstimme; Flüstertüte.
Flut (die, -, -en) Ansteigen des Wassers; große Menge. Flutkatastrophe; Flutlicht; Flutwelle; fluten.
Flu|xus (der, -, kein Plural) (lat.) 1. das Fließen (z. B. von Eiter). 2. eine Kunstrichtung, die versucht, verschiedene Kunstformen in Spontanaktionen zu vereinen.
Fly|er (der, -s, -) (engl.) 1. Prospektblatt unter fünf Gramm, das Postsendungen beigelegt wird. 2. Flügelspinnmaschine. 3. Arbeiter an einer solchen Spinnmaschine.
fm (Abk.) Festmeter.
fob (Abk.) free on board (frei an Bord); fob Bremen.
Fock (die, -, Fo|cken) Vorsegel. Fockmast; Focksegel.
fö|de|ra|tiv (auch: fö|de|ral) (Adj.) bundesmäßig. Föderalismus; Föderalist; Föderation; Föderativstaaten; föderiert; föderalistisch.
Foh|len (auch: Fül|len) (das, -s, -) junges Pferd. Verb: fohlen.
Föhn (der, -s, -e) 1. warmer Alpenwind. 2. auch für: Haartrockner (falsch: Fön). Föhnkrankheit; Föhnwind; föhnig. das Haar föhnen.
Föh|re (die, -, -n) Kiefer. Föhrenwald; Adj.: föhren.
Fo|kus (der, -, -se) (lat.) 1. Brennpunkt; 2. Bakterienherd. Adjektiv: fokal. Verb: fokussieren.
Fol|ge (die, -, -n) Wirkung; Serie, Reihe. Folgeerscheinung; Folgekosten; Folgenschwere; Folgerichtigkeit; Folgerung; folgenreich; folgerichtig; folgenschwer; folgewidrig; folglich; folgend; infolge; zufolge; demzufolge; aber: Folge leisten; zur Folge haben; in der Folge von; nicht ohne Folgen bleiben; folgen; folgern.
fol|gen (V.) nachkommen; gehorchen. Folgsamkeit; folgsam.
fol|gend (Adj.) nachkommend. das/alles Folgende (dieses); im Folgenden (weiter unten im Text); Folgendes (dieses); das Folgende (dieses; das, was anschließend geschah); der Folgende (der, der jemandem hinterhergeht). Adverbien: folgendermaßen; folgendergestalt.
Fo|li|ant (der, -en, -en) (lat.) großformatiges (altes) Buch.
Fo|lie (die, -, -n) dünne Metall- oder Plastikhaut. Verb: foliieren.
Fo|lio (das, -s, -li|en) Buchformat (Abk.: Fol.) Folioblatt; Folioformat; in Folio.
Folk (der, -s, kein Plural) (engl.) volkstümliche Musik. Folksong.
Folk|lo|re (die, -, kein Plural) Volkskunde; Brauchtum; Volksmusik. Folklorist; Folkloristik; folkloristisch.
Fol|li|kel (der, -s, -) (lat.) Eizellenhülle; Lymphbläschen. Follikelsprung (Eisprung); follikular.
Fol|ter (die, -, -n) Misshandlung; Marter; Qual. Folterung; Folterkammer; Folterbank; foltern.
Fond (der, -s, -s) (franz.) Hintergrund; Autorücksitz; Fleischsaft.
Fonds (der, -, -) (franz.) 1. Geldmittel. 2. Anleihe. 3. Geldfonds; Spendenfonds.
Fon|due (das, -s, -s) (franz.) Käse- oder Fleischgericht. Fondueteller; Fonduebesteck.
Fon|tä|ne (die, -, -n) (franz.) Springbrunnen.
Fon → Phon.
Fo|nem → Phonem.
Fo|ne|tik → Phonetik.
fo|nisch → phonisch.
Fo|no|dik|tat → Phonodiktat.
Fo|no|gramm → Phonogramm.
fo|no|gra|fisch → phonografisch.
Fo|no|kof|fer → Phonokoffer.
Fo|no|lo|gie → Phonologie.
Fo|no|me|ter → Phonometer.
Fo|no|thek → Phonothek.
Fo|no|ty|pis|tin → Phonotypistin.
Fon|ta|nel|le (die, -, -n) (ital.) Stelle am Oberkopf eines Säuglings, an der die Schädelknochen noch nicht zusammengewachsen sind.
Foot (der, -, Feet) (engl.) Längenmaß.
Foot|ball (der, -, kein Plural) (engl.) amerikanisches Ballspiel.
fop (Abk.) free on plane (frei an Bord des Flugzeugs).
fop|pen (V.) necken. Fopperei.

for|cie|ren (V.) (franz.) vorantreiben; beschleunigen; erzwingen. Forcierung; forciert.
För|de (die, -, -n) Meeresbucht.
for|dern (V.) verlangen; brauchen. Forderung.
för|dern (V.) unterstützen; begünstigen; hervorbringen. Förderer; Förderband; Förderkreis; Förderkurs; Förderung; Förderungsmaßnahme; Förderpreis; Förderturm; förderlich.
Fore|che|cking (das, -s, -s) (engl.) aggressive Verteidigung (Eishockey).
Fore|hand (die, -, -s) (engl.) Vorhand (im Tennis).
Fo|rel|le (die, -, -n) Fisch. Forelle blau; Forellenzucht.
Fo|rint (der, -/-s, -s) (ital.-ungar.) ungarische Währungseinheit.
For|ke (die, -, -n) (nordd.) Heugabel.
Form (die, -, -en) Gestalt; Zustand; Möglichkeit. Er war gut in Form; in Form von Tabletten; pro forma (vorgeblich). Formanstieg; Formbarkeit; Formblatt; Formenlehre; Formenreichtum; Formfehler; Formsache; Formung; formbar; formbeständig; formenreich; formgewandt; formlos; formschön; formvollendet; formal, *aber:* formell (förmlich); formalrechtlich; formen.
Form|al|de|hyd (*auch:* For|ma|lin) (der, -s, kein Plural) gesundheitsschädliches Gas, Bindemittel.
For|ma|lie (*auch:* For|ma|li|tät) (die, -, -n) Förmlichkeit. Adverb: formaliter.
For|ma|lin (das, -s, kein Plural) wässrige Lösung des Formaldehyds.
for|ma|li|sie|ren (V.) (franz.) in Form bringen; darstellen. Formalismus; Formalist; formalistisch.
For|mat (das, -s/-es, -e) (lat.) 1. Norm; Größe; Maß. 2. Persönlichkeit. Sie war eine Frau von Format.
For|ma|ti|on (die, -, -ti|o|nen) (lat.) Aufstellung; Gliederung; Abfolge. Formationstanz; Formationsflug.
For|mel (die, -, -n) (lat.) 1. Redensart. 2. mathematischer Satz. Formelhaftigkeit; Formel-1-Wagen; formelhaft.
for|mell (Adj.) offiziell; förmlich.
for|mi|da|bel (Adj.) (franz.) großartig; ausgezeichnet.
for|mie|ren (V.) formen; gestalten. Formation; Formierung.
förm|lich (Adj.) formell; steif; geradezu. Förmlichkeit.
For|mu|lar (das, -s, -e) (lat.) Formblatt; Vordruck. Formularblock.
for|mu|lie|ren (V.) ausarbeiten; sprachlich ausdrücken. Formulierung.

forsch (Adj.) (lat.) energisch; resolut. Forschheit.
for|schen (V.) erkunden; untersuchen. Forscher; Forschung; Forschergeist; Forschungsauftrag; Forschungsmethode; Forschungszentrum; forscherisch.
Forst (der, -s/-es, -e/-en) Wald. Forstamt; Forstrat; Forstrevier; Forstwirt; Forstwissenschaft; Förster; Försterei; forstlich.
For|sy|thie (die, -, -n) Zierstrauch.
fort (Adv.) weg; weiter. und so fort (Abk.: usf.); in einem fort. *Aber:* immerfort; fortab; fortan; forthin; fortwährend; fortdauernd. *Beachte:* immer Zusammenschreibung in Verbverbindungen! fortfahren; fortfliegen; fortjagen; forttragen.
Fort (das, -s, -s) (franz.) befestigte Anlage.
fort|be|ste|hen (V., bestand fort, hat fortbestanden) andauern. Fortbestand.
fort|be|we|gen (V.) wegbringen; vorankommen. Fortbewegung; Fortbewegungsmittel.
fort|bil|den (V.) weiterbilden. Fortbildung; Fortbildungsseminar.
fort|blei|ben (V., blieb fort, ist fortgeblieben) wegbleiben.
fort|brin|gen (brachte fort, hat fortgebracht) wegbringen; sich durchschlagen.
fort|dau|ern (V.) andauern. Fortdauer; fortdauernd.
for|te (ital.) stark; laut (Musik; Abk.: f).
for|te for|tis|si|mo (Adv.) (ital.) äußerst laut (bei Musikstücken).
fort|ent|wi|ckeln (V.) weiterentwickeln. Fortentwicklung.
For|te|pi|a|no (das, -s, -s) (franz.) 1. (nur Plural) starkes Einsetzen und sofort darauf folgende leise Tonstücke. 2. Klavier (veraltet).
fort|fah|ren (V., fuhr fort, ist fortgefahren) wegfahren; weitermachen.
fort|flie|gen (V., flog fort, ist fortgeflogen) wegfliegen.
fort|füh|ren (V.) wegführen; fortsetzen. Fortführung.
fort|ge|hen (V., ging fort, ist fortgegangen) weggehen; andauern. Fortgang.
for|tis|si|mo (Adv.) (ital.) sehr laut, stark (bei Musikstücken).
fort|ja|gen (V.) wegtreiben; wegrennen.
fort|kom|men (V., kam fort, ist fortgekommen) vorwärtskommen; wegkommen. Fortkommen.
fort|kön|nen (V., konnte fort, hat fortgekonnt) weggehen können.
fort|lau|fen (V., lief fort, ist fortgelaufen) weglaufen. Adjektiv: fortlaufend (aufeinander folgend).
fort|le|ben (V.) weiterleben.

fort'ma'chen (V.) (ugs.) weitermachen; verschwinden.
fort'müs'sen (V., musste fort, hat fortgemusst) weggehen müssen.
fort'pflan'zen (V.) sich vermehren. Fortpflanzung; Fortpflanzungsorgan.
FORTRAN (das, -s, kein Plural) (engl.) (Kurzw.: Formula Translator) Programmiersprache (EDV).
fort'rei'ßen (V., riss fort, hat fortgerissen) wegreißen; mitreißen.
fort'ren'nen (V., rannte fort, ist fortgerannt) weglaufen.
Fort'satz (der, -es, -sät'ze) Verlängerung. Knochenfortsatz; Wurmfortsatz.
fort'schaf'fen (V.) entfernen.
fort'sche'ren (V., refl.) verschwinden.
fort'schi'cken (V.) wegschicken.
fort'schrei'ten (V., schritt fort, ist fortgeschritten) weitergehen; Fortschritte machen. Fortgeschrittene; Fortschritt; Fortschrittsglaube; Fortschrittlichkeit; fortgeschritten; fortschreitend; fortschrittlich; fortschrittsgläubig.
fort'set'zen (V.) fortfahren; weitergehen. Fortsetzung; Fortsetzungsreihe; Fortsetzungsroman.
fort'steh'len (V., refl., stahl fort, hat fortgestohlen) sich wegschleichen.
fort'tra'gen (V., trug fort, hat fortgetragen) wegbringen.
For'tu'na (die, -, kein Plural) (lat.) Glücksgöttin; Schicksal.
For'tü'ne (auch: For'tune) (die, -, kein Plural) (franz.) Glück; Erfolg.
fort'wäh'ren (V.) andauern. Adjektiv: fortwährend.
fort'wer'fen (V., warf fort, hat fortgeworfen) wegwerfen.
fort'zie'hen (V., zog fort, hat/ist fortgezogen) wegziehen; umziehen.
Fo'rum (das, -s, -ren/-ra) (lat.) Öffentlichkeit; öffentliche Diskussion. Forumsdiskussion.
Fos'bu'ry'flop (auch: Fos'bu'ry-Flop) (der, -s, -s) (engl.) Hochsprungtechnik.
Fos'sil (das, -s, -i'en) (lat.) Versteinerung urzeitlicher Pflanzen und Tiere. Adjektiv: fossil, fossile Brennstoffe.
fö'tal (auch: fe'tal) (Adj.) → Fetus.
foto.../Foto... (auch: pho'to.../Pho'to...) (griech.) licht.../Licht...
Fo'to (auch: Pho'to) (das, -s, -s) (griech.) (Kurzw.:) Fotografie (auch: Photographie).
Fo'to-CD (die, - -, - -s) Compact Disc, auf der Fotos digital festgehalten werden.
Fo'to'che'mie (auch: Pho'to'che'mie) (die, -, -) (griech.) Lehre der Lichtwirkung. Adjektiv: fotochemisch (auch: photochemisch).

Fo'to'elek't'ri'zi'tät (auch: Pho'to'elek't'ri'zi'tät) (die, -, -en) (griech.) durch Licht erzeugte Elektrizität. Fotoelektron (auch: Photoelektron); fotoelektronisch (auch: photoelektronisch).
Fo'to'gramm (auch: Pho'to'gramm) (das, -s, -e) (griech.) Messbild.
Fo'to'ko'pie (auch: Pho'to'ko'pie) (die, -, -n) Ablichtung. Verb: fotokopieren (auch: photokopieren).
Fo'to'me'ter (auch: Pho'to'me'ter) (das, -s, -) Lichtmessgerät. Adjektiv: fotometrisch (auch: photometrisch).
Fo'to'mon'ta'ge (auch: Pho'to'mon'ta'ge) (die, -, -n) (griech.-franz.) Zusammensetzung von Teilen verschiedener Fotografien zu einem neuen Bild.
Fo'ton (auch: Pho'ton) (das, -s, -en) (griech.) Lichtquant.
Fo'to'satz (auch: Pho'to'satz) (der, -es, kein Plural) Lichtsatz.
Fo'to'syn'the'se (auch: Pho'to'syn'the'se) (die, -, -n) (griech.) Energieumwandlung (Pflanze).
Fo'to'vol'ta'ik (auch: Pho'to'vol'ta'ik) (die, -, kein Plural) direkte Energiegewinnung aus Licht durch Solarzellen.
foul (Adj.) (engl.) unfair; regelwidrig. Foul; Foulelfmeter; Foulspiel; foulen.
Fou'lard (der, -s, -s) (franz.) leichtes (Kunst-)Seidengewebe, farbig gemusterter Seidenstoff (für Krawatten).
Fou'lé (der, -(s), -s) (franz.) ein weicher Anzugstoff.
Four'gon (der, -s, -s) (schweiz.-franz.) Militärlastwagen.
Fox (der, -es, -e) (Kurzw.) Foxterrier; Foxtrott.
Fox'ter'ri'er (der, -s, -) (engl.) Hunderasse.
Fox'trott (der, -s, -s/-e) (engl.) Tanz.
Fo'yer (das, -s, -s) (franz.) Wandelhalle; Vorraum.
fr. (Abk.) frei.
Fr. (Abk.) Frau.
Fra (ohne Art.) (ital.) Mönch; Bruder (Anrede in Verbindung mit einem Vornamen).
Fracht (die, -, -en) Ladung; Ware. Frachtbrief; Frachtgut; Frachtraum; Frachtzettel; Frachter; frachtfrei; frachten.
Frack (der, -s, -s/Frä'cke) (engl.) knielange Anzugjacke. Frackhemd.
Fra'ge (die, -, -n) Erkundigung; Problem. Das kommt überhaupt nicht infrage/in Frage, dass du dies infrage/in Frage stellst. Das steht außer Frage. Fragebogen; Fragenkatalog; Fragerei; Fragesatz; Fragestunde; Frage-und-Antwort-Spiel; Fraglichkeit; Fraglosigkeit; Fragwürdigkeit; fraglich; fraglos; fragwürdig; fragen.

Fragezeichen

1. Nach einem direkten (unabhängigen) Fragesatz. Wann kommst du? Wie groß ist ihre neue Wohnung? Nach einem zitierten Fragesatz steht ein Komma! »Wieso bist du so wütend?«, wollte er wissen. *Aber:* kein Fragezeichen nach indirekten (abhängigen) Fragesätzen. Er erkundigte sich, wann das Konzert stattfinden solle. *Außerdem:* kein Fragezeichen bei Sätzen, die der Verbstellung nach Fragecharakter haben, aber als Ausruf gebraucht werden. Kommst du endlich! Reicht es dir jetzt!
2. Nach Einwortfragen (auch im Satzzusammenhang). Woher? Womit? Zufrieden? Tatsächlich? Auf die Frage »Warum?« gab ich ihm keine Antwort.
3. Ein eingeklammertes Fragezeichen nach einem Wort kennzeichnet einen Zweifel an der Angabe. Die sehenswertesten (?) Filme werden alljährlich in Cannes vorgestellt. (→ Ausrufezeichen)

Fra'ge'zei'chen → Regelkasten.
fra'gil (Adj.) (lat.) zerbrechlich. Fragilität.
Frag'ment (das, -s, -e) (lat.) Bruchstück. Adjektiv: fragmentarisch.
frais (*auch:* frai'se) (Adj.) (franz.) erdbeerfarben. *Wichtig:* nicht beugbar! Sie trug ein frais(e) Kleid.
Frak'ti'on (die, -, -ti'o'nen) (lat.) parlamentarischer Zusammenschluss; Teil. Fraktionsausschuss; Fraktionsführer; Fraktionszwang; fraktionell; fraktionieren.
frak'ti'ons'ü'ber'grei'fend (Adj.) mehrere Fraktionen betreffend.
Frak'tur (die, -, -en) (lat.) Knochenbruch; Schrifttyp. Frakturschrift.
Franc (der, -/-s, -s) eine Währungseinheit (früher u. a. in Frankreich, Belgien).
Fran'çai'se (die, -, -n) (franz.) Tanz.
Fran'chi'se (die, -, kein Plural) (franz.) Tragen von Bagatellschäden durch den Versicherten, ohne die Versicherung zu beanspruchen.
frank (Adj.) frei; offen. frank und frei.
Frank'fur'ter (der, -s, -) Bewohner Frankfurts; (Plural:) Würstchen.
fran'kie'ren (V.) (ital.) freimachen. Frankiermaschine; Frankierung.
fran'ko (Adj.) (ital.) portofrei; gebührenfrei. *Beachte:* nicht beugbar! Frankobrief.

fran'ko'fon (*auch:* fran'ko'phon) (Adj.) französischsprachig. Frankofonie (*auch:* Frankophonie).
fran'ko'phil (Adj.) franzosenfreundlich.
Fran'se (die, -, -n) Faden. Fransenteppich; fransig; fransen.
Franz'brannt'wein (der, -s, kein Plural) Einreibemittel.
fran'zö'sisch (Adj.) auf/in Französisch; sie hielt die Rede in Französisch. Sie spricht Französisch, Englisch und Deutsch. Er spricht ein schlechtes Französisch. aus dem Französischen übersetzt; die französische Regierung; *aber:* die Französische Revolution. Franzose; Französin; Frankreich; Französisch (Sprache); französieren; französisieren.
frap'pant (*auch:* frap'pie'rend) (Adj.) (franz.) auffallend; überraschend. Verb: frappieren.
Frap'pee (*auch:* Frap'pé) (der/das, -s, -s) Stoff; Drink.
Fras'ca'ti (der, -s, -s) ein kräftiger italienischer Weißwein.
Frä'se (die, -, -n) Maschine zur Holzbearbeitung. Fräser; Fräsmaschine; fräsen.
Fraß (der, -es, kein Plural) (ugs.) Futter; schlechtes Essen. Verb: fressen.
Fra'ter'ni'tät (die, -, -en) (lat.) Brüderlichkeit; Verbrüderung. Verb: fraternisieren.
Fra'ter'ni'té (die, -, kein Plural) (franz.) Brüderlichkeit (als Schlagwort der Französischen Revolution).
Fratz (der, -es, -e) nettes, auch ungezogenes Kind.
Frat'ze (die, -, -n) Grimasse. Fratzengesicht; fratzenhaft.
Frau (die, -, -en) weiblicher erwachsener Mensch; Ehefrau (Abk.: Fr.). Frau Ministerin; Frau Rechtsanwältin; Frauenarzt; Frauenbewegung; Frauenfrage; Frauenhaus; Frauenheld; Frauenrechtlerin; Frauensperson; Frauenzimmer; Fraulichkeit; frauenfeindlich; frauenhaft; fraulich.
Frau'en'be'auf'trag'te (die, -n, -n) Ansprechpartnerin für Frauen, welche die Gleichstellung der Frau sicherstellen soll. Die Frauenbeauftragte der Fakultät.
Frau'en'haus (das, -es, -häu'ser) Fürsorgestelle für in Not geratene Frauen.
Frau'en'quo'te (die, -, -n) Vorgabe, dass ein bestimmter Anteil an Frauen sichergestellt wird.
Frau'en'schuh (der, -s, kein Plural) geschützte heimische Blume.
Fräu'lein (das, -s, -) unverheiratete Frau; Anrede (Abk.: Frl.). *Beachte:* In Briefanschriften schreibt man immer »Frau«! Fräuleinwunder.
frdl. (Abk.) freundlich.
Freak (der, -s, -s) (engl.) Aussteiger.

frech (Adj.) unverschämt; vorlaut. Frechdachs; Frechheit.
Free|sie (die, -, -n) Blume.
Fre|gat|te (die, -, -n) (franz.) Kriegsschiff; (ugs.) aufgeputzte Frau. Fregattenkommandeur.
frei (Adj.) ungebunden; offen; unbelegt; ohne Hilfsmittel. freie Wahlen; freie Plätze; *aber:* Freie Hansestadt Bremen; Freie Universität; Sender Freies Berlin (Abk.: SFB); aus dem Freien; im Freien; ins Freie; Freie und Gefangene; nichts/etwas Freies. *Beachte:* Zusammenschreibung, wenn »frei« Verbvorsilbe und ein neues Wort entsteht! jmdn. freihalten; einen Brief freimachen; jmdn. freisprechen. *Aber:* eine Rede frei (aus dem Stegreif) halten; frei (ohne abzulesen) sprechen; der Platz muss frei bleiben. Freibad; Freibank; Freibetrag; Freibeuter; Freibier; Freidenker; Freier; Freigabe; Freigelassene; Freihafen; Freihandel; Freiheit; Freiheitsstatue; Freiherr (Abk.: Frhr.); Freikarte; Freikörperkultur (Abk.: FKK); Freilassung; Freilichtbühne; Freimaurer; Freimütigkeit; Freiraum; Freischwimmer; Freistil; Freistoß; Freitod; Freiwild; Freiwillige; Freizeichen; Freizeit; Freizügigkeit. Adjektive: freibleibend; freigebig (*auch:* freigiebig); freihändig; freiheitlich; freimütig; freischaffend; freisinnig; freistehend (*auch:* frei stehend); freiwillig; freizügig; frei lebend (*auch:* freilebend). Adverbien: freiweg; freilich.
frei|be|kom|men (V., bekam frei, hat freibekommen) befreien; Freizeit bekommen.
frei|en (V.) werben; heiraten.
frei|ha|ben (*auch:* frei haben) (V., hatte frei, hat freigehabt) Urlaub haben.
frei|hal|ten (V., hielt frei, hat freigehalten) einladen.
frei|kom|men (V., kam frei, ist freigekommen) entlassen werden; loskommen.
frei|las|sen (*auch:* frei lassen) (V., ließ frei, hat freigelassen) entlassen. Freilassung.
frei|le|gen (*auch:* frei legen) (V.) entblößen; entfernen. Freilegung.
frei|ma|chen (V.) frankieren; Freimachung; *aber:* den Oberkörper frei machen (*auch:* freimachen).
frei|schwim|men (V., schwamm frei, hat freigeschwommen) den Freischwimmer (Schwimmprüfung) machen; selbstständig werden. Freischwimmer.
frei|spre|chen (V., sprach frei, hat/ist freigesprochen) für nicht schuldig befinden. Freisprechung; Freispruch.

Fremdwörter

Die Schreibweise von Fremdwörtern, die häufig verwendet werden, kann der deutschen angeglichen werden. In einigen Fällen ist dies schon geschehen (Telefon *statt* Telephon), in anderen Fällen können zwei Schreibweisen nebeneinander stehen (Fotografie/Photographie).

1. Fremdwörter (zumeist französischer Herkunft), die auf -é enden, können in vielen Fällen der deutschen Schreibweise -ee für einen langen Vokal (Fee, Schnee usw.) angeglichen werden, die alte Schreibweise ist dann jedoch noch immer zulässig. Dekolletee/Dekolleté; Varietee/Varieté.
2. Fremdwörter, die eine im Deutschen unübliche Schreibweise für einen Vokal oder Diphthong haben, können angeglichen werden. Majonäse/Mayonnaise; Nugat/Nougat.
3. Fremdwörter aus dem Englischen, die im Singular auf -y enden und im Plural auf -ies, bekommen im Plural ein -s. Babys *statt* Babies; Partys *statt* Parties.
4. Die Schreibweise von Fremdwörtern, die häufig verwendet werden und mit Konsonanten oder Konsonantengruppen geschrieben werden, die im Deutschen unüblich sind, wird angeglichen. Hierbei ist jedoch die alte Schreibweise teilweise noch die Hauptvariante. Spaghetti, *auch:* Spagetti; Delphin, *auch:* Delfin; potenziell (von Potenz), *auch:* potentiell.
5. Fremdwörter, die Substantive sind, werden großgeschrieben. das Know-how; der Drink.
6. Zusammengesetzte Fremdwörter werden zusammengeschrieben. Airbag; Mountainbike; Bestseller. Ist der erste Teil ein Adjektiv, kann man sie auch getrennt schreiben. Big Band.
7. Aneinanderreihungen werden mit Bindestrichen gekoppelt. Go-go-Girl; Walkie-Talkie.
8. Feste fremdsprachliche adverbiale Fügungen, die als Ganzes ins Deutsche übernommen worden sind, werden kleingeschrieben. de facto; in puncto.

frei|ste|hen (V., stand frei, hat freigestanden) erlaubt sein.
frei|stel|len (V.) erlauben; entlassen. Freistellung.
Frei|tag (der, -s, -e) Wochentag. am Freitag; am Freitagabend; freitags; freitags abends.
Frei|zeit|aus|gleich (der, -s/-es, -e) Überstundenvergütung durch freie Zeit an anderen Tagen.
fremd (Adj.) ausländisch; unbekannt. Fremde (der/die); etwas/nichts Fremdes; Fremdartigkeit; Fremdeinwirkung; Fremdenführer; Fremdenzimmer; Fremdheit; Fremdling; Fremdsprache; Fremdwort; Fremdwörterbuch; fremdartig; fremdländisch; fremdsprachig; fremdsprachlich; fremdeln; fremdgehen (untreu sein).
fre|ne|tisch (Adj.) (franz.) rasend.
fre|quen|tie|ren (V.) (lat.) häufig besuchen; verkehren. Frequenz; Frequenzmesser; Frequentation; frequent.
Fres|ko (auch: die Fres|ke) (das, -s, -ken) (ital.) Wandmalerei. Freskogemälde.
Fres|sa|li|en (die, nur Plural) (ugs.) Lebensmittel.
Fres|se (die, -, -n) (ugs.) Mund.
fres|sen (V., fraß, hat gefressen; ich fresse, du frisst!) essen; zerstören. Fressen; Fresserei; Fresskorb.
Frett|chen (das, -s, -) (niederl.) Wiesel.
Freu|de (die, -, -n) Fröhlichkeit; Spaß. Freudenbotschaft; Freudenhaus; Freudlosigkeit; Freudensprung; Freudenträne; Freudigkeit; freudlos; freudenreich; freudestrahlend; freudig; sich freuen.
Freund (der, -s/-es, -e) Kamerad; Lebensgefährte. Wir werden immer gut freund sein. jemandem freund (freundlich gesinnt) sein. Freundin; Freundeskreis; Freund-Feind-Denken; Freundlichkeit; Freundschaft; Freundschaftsspiel; freundlich (Abk.: frdl.); freundschaftlich; freundlicherweise.
Fre|vel (der, -s, -) Verstoß. Frevelhaftigkeit; Frevelmut; Frevler; Jagdfrevel; frevel; frevelhaft; frevlerisch; freveln.
Frhr. (Abk.) Freiherr.
Frie|de (auch: Frie|den) (der, -ns, -n) Waffenstillstand; Ruhe; Harmonie. Friedensbewegung; Friedenslager; Friedensnobelpreis; Friedenspfeife; Friedensvertrag; Friedfertigkeit; Friedlichkeit; Friedlosigkeit; friedliebend; friedfertig; friedlos; friedvoll.
Frie|dens|mis|si|on (die, -, -si|o|nen) militärischer Einsatz, der humanitären Zielen dient (z. B. Lazarettaufbau, Lebensmittelversorgung etc.).
Fried|hof (der, -s, -hö|fe) Begräbnisplatz. Friedhofsruhe.

frie|ren (V., fror, hat gefroren) kalt sein; Kälte fühlen. Ich friere an den Händen; es friert mich an den Händen.
Fries (der, -es, -e) (franz.) Wollgewebe; Wandsims.
Frie|se (der, -n, -n) Einwohner Frieslands. Friesennerz; Friesland; friesisch; friesländisch.
fri|gi|de (auch: fri|gid) (Adj.) (lat.) gefühlskalt. Frigidität.
Fri|ka|del|le (die, -, -n) Bulette.
Fri|kas|see (das, -s, -s) (franz.) Fleischgericht (Huhn, Kalb). Verb: frikassieren.
fri|ka|tiv (Adj.) (lat.) durch Reibung erzeugt (von Lauten).
Fri|ka|tiv (der, -s, -e) (lat.) Reibelaut (z. B. »f«).
Frik|ti|on (die, -, -ti|o|nen) Reibung; Einreibung.
Fris|bee (das, -, -s) (engl.) Wurfscheibe.
frisch (Adj.) neu; sauber; lebhaft; kühl. etwas/nichts Frisches; etwas frisch halten; sich frisch machen (auch: frischmachen); die frisch gewaschenen (auch: frischgewaschenen) Hemden; die frisch gestrichene (auch: frischgestrichene) Bank; die frisch gebackenen (auch: frischgebackenen) Semmeln; sie sind ein frischgebackenes Ehepaar. Frische; Frischblut; Frischgemüse; Frischhaltefolie; Frischmilch; Frischzellentherapie; frischbacken; frisch-fröhlich.
frisch|auf! (Interj.) Gruß.
Frisch|ling (der, -s, -e) Wildschweinjunges; Neuling.
frisch|weg (Adv.) munter.
Fri|seur (auch: Fri|sör) (der, -s, -e) (franz.) Haarschneider. Friseuse; Friseursalon; frisieren.
fri|sie|ren (V.) das Haar in Form bringen; (ugs.) verändern. Frisierkommode; Frisiersalon; Frisur.
Frist (die, -, -en) Aufschub; Zeitspanne. Fristenregelung; Fristüberschreitung; fristlos; fristgemäß; fristen.
Frit|ta|te (die, -, -n) (ital.) Eierkuchen.
Frit|teu|se (die, -, -n) (franz.) Frittiergerät. Frittüre; frittieren.
fri|vol (Adj.) (franz.) leichtsinnig; schamlos. Frivolität.
Frl. (Abk.) Fräulein.
froh (Adj.) fröhlich; zufrieden. Ich war frohen Mutes. Aber: die Frohe Botschaft (Evangelium). Fröhlichkeit; Frohnatur; Frohsinn; fröhlich; frohsinnig; frohgemut; froh gelaunt (auch: frohgelaunt); frohlocken.
fromm (Adj.; frommer/frömmer, frommste/frömmste) religiös; brav. Frommheit; Frömmigkeit; Frömmelei; frommherzig; lammfromm.
Fron (die, -, -en) Herrendienst; Zwangsarbeit. Fronarbeit; Frondienst; Fronleichnam; Fronleichnamsprozession, fronen; frönen.

Front 161 **Fund**

Front (die, -, -en) (franz.) Vorderseite; Kampfgebiet. Frontalangriff; Frontantrieb; Frontkämpfer; Frontlager; Frontsoldat; Frontwechsel; frontal.
Fron'tis'piz (das, -es, -e) (franz.) Titelblatt; Vordergiebel.
Frosch (der, -es, Frö'sche) Froschlurch. Froschklemme; Froschkönig; Froschlaich; Froschmann; Froschnatur; Froschperspektive; Froschschenkel.
Frost (der, -s, Frös'te) Eiseskälte. Frostbeule; Froster; Frostgefahr; Frostigkeit; Frostschutzmittel; fröst(e)lig; frostig; frostklar; frosten; frösteln.
Frot'tee (*auch:* Frot'té) (der/das, -s, -s) (franz.) Stoff. Frotteekleid; Frotteehandtuch; Frottiertuch; frottieren.
frot'zeln (V.) (ugs.) necken. Frotzelei.
Frou'frou (das/der, -, kein Plural) (franz.) das Rascheln von seidenen Unterröcken (der Damenmode um 1900).
Frucht (die, -, Früch'te) Keim; Ertrag. Fruchtbarkeit; Fruchtblase; Früchtebrot; Fruchtfleisch; Fruchtlosigkeit; Fruchtpresse; Fruchtsaft; Fruchtzucker; fruchtbar; fruchtreich; fruchtig; fruchtlos; fruchten (Verneinung mit »nichts« oder »nicht«! Die Nachhilfe hat nicht/nichts gefruchtet).
Fruc'to'se (die, -, kein Plural) (lat.) Fruchtzucker.
fru'gal (Adj.) (lat.) kärglich; einfach. Frugalität.
früh 1. (Adj.) zeitig; am Anfang liegend; vorzeitig. 2. (Adv.) morgens. *Beachte:* in Verbindung mit Wochentagen immer getrennt geschrieben! am Montag früh; von früh bis spät; frühestmöglich; zum frühestmöglichen Termin; morgen früh (*auch:* Früh); frühmorgens, *aber:* morgens früh. *Großschreibung:* in der/aller Frühe; bis in die Frühe zusammensitzen. Frühaufsteher; Frühe; Früherkennung; Frühgeburt; Frühjahr; Frühjahrsmüdigkeit; Frühreife; Frührentner; Frühschicht; Frühstart; Frühstück; Frühwarnsystem; frühreif; frühzeitig. Adverbien: frühauf (von Kindheit an); früher; frühestens; frühjahrs wie winters; frühmorgens. Verb: frühstücken.
Früh'ling (der, -s, -e) Jahreszeit. Frühlingsanfang; Frühlingsfest; Frühlingsrolle; frühlingshaft; frühlings.
Frust (der, -s, kein Plural) (Kurzw.) Frustration; Enttäuschung. Frustrierung; frustriert; frustrieren.
Frut'ti di Ma're (die) (nur Plural) (ital.) Meeresfrüchte (z. B. Muscheln).
Fuchs (der, -es, Füch'se) Raubtier. Füchsin; Fuchsjagd; Fuchsbau; Fuchspelz; Fuchsschwanz; fuchsig; fuchsrot; fuchsteufelswild.

fuch'sen (V., refl.) (ugs.) sich ärgern.
Fuch'sie (die, -, -n) Pflanze.
Fuch'sin (das, -s, kein Plural) (nlat.) ein roter Teerfarbstoff.
Fuch'tel (die, -, -n) Degen. unter jemandes Fuchtel stehen. Adjektiv: fuchtig (zornig). Verb: fuchteln.
Fu'der (das, -s, -) Fuhre. Adjektiv: fuderweise.
fu'dit (lat.) hat gegossen (als Vermerk hinter einem Metallgießernamen).
Fuff'zi'ger (der, -s, -) (ugs.) (in der Wendung:) falscher Fuffziger (falscher Mensch).
Fug (der) (nur in der Wendung) mit Fug und Recht (berechtigt).
fu'ga'to (Adv.) (ital.) fugenartig (Musik).
Fu'ge (die, -, -n) Ritze; streng gegliedertes Musikstück. Fugenstil; Fugenzeichen; Fugen-s; fugenlos; fugen.
fü'gen (V.) verbinden; gehorchen. Fügsamkeit; Fügung; füglich; fügsam.
Fu'get'te (die, -, -n) kleine Fuge.
füh'len (V.) wahrnehmen; empfinden. *Beachte:* Er hat es so kommen fühlen/gefühlt. Fühler; Fühllosigkeit; Fühlung; auf Tuchfühlung gehen; fühllos; fühlbar.
Fuh're (die, -, -n) Ladung. Fuhrmann; Fuhrpark; Fuhrunternehmer; Fuhrwerk; fuhrwerken (eifrig hantieren).
füh'ren (V.) leiten; befehlen; durchführen. Führung; Führer; Führerschein; Führungstor; Führungszeugnis; führerlos; führig (*auch:* geführig).
Füh'rungs'po'si'ti'on (die, -, -ti'o'nen) Führungsrolle.
Ful'gu'rit (der, -s, -e) (nlat.) durch Blitzschlag röhrenartig verschmolzene Gesteine oder Mineralien, Blitzröhre.
Full'dress (*auch:* Full Dress) (der, -, kein Plural) (engl.) Gesellschaftsanzug; Abendrobe.
fül'len (V.) voll machen; voll werden. Fülle. Füllung; Füller; Füllhorn; Füllsel; füllig.
Fül'len (das, -s, -) Fohlen.
Full'time'job (*auch:* Fulltime-Job) (der, -s, -s) (engl.) Ganztagsbeschäftigung.
Ful'mar (der, -s, -e) (altnord.) Eissturmvogel.
ful'mi'nant (Adj.) (lat.) großartig.
Fu'ma'ro'le (die, -, -n) (ital.) vulkanische Dampfquelle.
Fu'mé (der, -s, -s) (franz.) Rußfarbabzug (eines Holzschnitts); Probeabzug.
Fum'mel (der, -s, -) (ugs.) Kleidung.
fum'meln (V.) (ugs.) betasten; unsachgemäß hantieren. Fummelei; Fummler.
Fund (der, -s/-es, -e) Auffindung; Entdeckung. Fundamt; Fundgrube; Fundort; Fundsache; fündig; finden.

Fun|da|ment (das, -s/-es, -e) (lat.) Grundmauer; Basis. Fundamentalist; Fundamentalsatz; Fundamentierung; fundamental; fundamentieren.
Fun|di (der, -s, -s) (ugs.) (Kurzw.) Fundamentalist.
fun|die|ren (V.) (lat.) begründen; finanziell unterstützen. Fundus; fundiert.
Fun|dus (der, -, -) Grundlage; Grundbestand. Grundstock; (im Theater:) Bestand an Kostümen und Requisiten.
fu|ne|b|re (Adj.) (franz.) düster (bei Musikstücken).
fu|ne|ra|le (Adj.) (lat.-ital.) traurig; ernst (Vortragsanweisung in der Musik).
Fu|ne|ra|li|en (Pluralwort) (die) (lat.) Begräbnisfeierlichkeiten.
fünf (Zahlw.) fünf Uhr; fünfmal (5-mal); fünf Jahre alt; um halb fünf; zu fünft/fünfen; fünfeinhalb; alle fünf(e) gerade sein lassen. *Aber:* die Zahl Fünf; am Fünften (des Monats), aber: am fünften März; der Fünfte (auch zur Bezeichnung der Reihenfolge) die Fünftagewoche; Fünfeck; das Fünffache; Fünfkampf; Fünflinge; Fünfmarkstück (5-Mark-Stück); Fünfprozentklausel (5%-Klausel); Fünftel; Fünftonner (5-Tonner); Fünfuhrtee; Fünfzimmerwohnung (5-Zimmer-Wohnung); fünfeckig; fünferlei; fünffach, *aber:* um das Fünffache so viel; fünfhundert; fünfmal; fünfmalig; fünfstellig; fünftens; fünfunddreißig; fünfzigjährig.
fun|gie|ren (V.) (lat.) ausüben; wirksam sein. Adjektiv: fungibel.
Funk 1. (der, -s, kein Plural) drahtlose Übertragung. Funkanlage; Funkbild; Rundfunk; Hörfunk; Funkgerät; Funker; Funkspruch; Funkstille; Funkstreife; Funkturm; Funkverbindung. funken; funkentstören. 2. (der, -/-s, kein Plural) (engl.) rhythmisch stimmungsvolle Mischung aus Soul- und Rockmusik.
fun|keln (V.) blinkern. Funkelfeuer; funkelnagelneu.
Fun|ken (*auch:* Fun|ke) (der, -, -) glimmendes Teilchen; Geistesblitz; Winzigkeit. kein Funken Verstand; Funkenflug; funken; Funken sprühend (*auch:* funkensprühend); funkeln.
Fun|kie (die, -, -n) Liliengewächs.
Funk|ti|on (die, -, -ti|o|nen) (lat.) Aufgabe; Wirksamkeit; Zweck; mathematische Zuordnung. Funktionalismus; Funktionär; Funktionsfähigkeit; Funktionsgleichung; Funktionsstörung; Funktionswechsel; funktional (*auch:* funktionell); funktionsfähig; funktionslos; funktionalisieren; funktionieren.
Fun|zel (*auch:* Fun|sel) (die, -, -n) Öllampe; trübes Licht.

für (Präp., Akk.) das Für und Wider, *aber:* Wir waren einmal für und einmal wider die Sache; ein für alle Mal; für nichts und wieder nichts; an und für sich; für sich allein. *Beachte:* »fürs« immer ohne Apostroph! Fürs Erste reicht es.
Fu|ra|ge (die, -, kein Plural) (german.-franz.) 1. Lebensmittel, Verpflegung, Mundvorrat. 2. Futter für Militärpferde (Militär).
fu|ra|gie|ren (V.) (german.-franz.) Furage beschaffen; Verpflegung organisieren (Militär).
Für|bit|te (die, -, -n) Gebet; Bitte. Fürbitter; Fürbitten; fürbitten (kommt nur im Infinitiv vor!).
Fur|che (die, -, -n) Rinne; Falte. Furchung; furchig; furchen.
fürch|ten (V.) Furcht haben; besorgt sein. Furcht; Furchtbarkeit; Furchtlosigkeit; Furchtsamkeit; furchtbar; Furcht einflößend (*auch:* furchteinflößend); fürchterlich; furchterregend (*auch:* Furcht erregend); furchtlos; furchtsam.
für|ei|n|an|der (Adv.) für den anderen. *Beachte:* in Verbindung mit Verben immer Getrenntschreibung! füreinander da sein; füreinander geradestehen. Ihre Ehe war ein einziges Miteinander und Füreinander.
Fu|rie (die, -, -n) (lat.) wütende Frau. Adjektiv: furios.
fu|ri|o|so (Adv.) (ital.) leidenschaftlich, wild (bei Musikstücken).
Fur|nier (das, -s, -e) (franz.) dünnes Deckblatt aus Holz. Furnierholz; Furnierung; furnieren.
Fu|ro|re (die/das, -/s, kein Plural) (ital.) (in der Wendung:) Furore machen (Aufsehen erregen; erfolgreich sein).
Für|sor|ge (die, -, kein Plural) Unterstützung; Sozialhilfe. Fürsorgeempfänger; Fürsorgerin; Fürsorgeunterstützung; Fürsorglichkeit; fürsorgerisch; fürsorglich.
Für|spra|che (die, -, -n) Bitte; Empfehlung. Fürsprecher.
Fürst (der, -en, -en) Adeliger. Fürstenhaus; Fürstbischof; Fürstentum; Fürstinmutter; Fürstlichkeit; fürstlich.
Fürst-Pück|ler (das, -s, kein Plural) Eistorte.
Furt (die, -, -en) Übergang; flache Stelle.
Fu|run|kel (der/das, -s, -) (lat.) Geschwür. Eiterbeule.
Für|wort (das, -s, -wör|ter) Pronomen. Adjektiv: fürwörtlich.
Furz (der, -es, Für|ze) Blähung. Verb: furzen.
Fu|sel (der, -s, -) (ugs.) billiger Alkohol.
Fü|si|lier (der, -s, -e) (schweiz.-franz.) Flintenträger (früher Infanterieschütze).
fü|si|lie|ren (V.) standrechtlich erschießen.

Füsilade (*auch:* Füsillade) (die, -, -n) (franz.) (veraltet) Massenerschießung standrechtlich Verurteilter.

Fusion (die, -, -sionen) (lat.) Zusammenschluss; Verschmelzung. Fusionierung; Fusionsreaktor; Fusionsvertrag; fusionieren; Kernfusion.

Fusit (der, -s, kein Plural) faseriger Gefügebestandteil der Kohle.

Fuß (der, -es, Füße) unterster Teil des Beines; Sockel; Stütze. zu Fuß gehen; gut zu Fuß sein; zwei Fuß (Längenmaß) lang, *aber:* ein fußlanger Schleier; ich gehe keinen Fußbreit (*auch:* Fuß breit) mehr weiter, *aber:* Der Spalt war gerade fußbreit. Fußabstreifer; Fußball; Fußballbundestrainer; Fußball-Länderspiel (*auch:* Fußballländerspiel); Fußbodenheizung; Fußende; Fußfehler; Fußmarsch; Fußmatte; Fußnote; Fußpilz; Fußstapfen; Fußtritt; Fußvolk; Fußweg; Vierfüßler; fußballerisch; fußbreit; zweifüßig; fußgerecht; fußhoch; fußlang; fußleidend; fußtief; Fußball spielen, aber: das Fußballspielen kann er gut; füßeln; fußen auf (mit Dativ!).

Fußballkrawall (der, -s, -e) Radau bei einem und um ein Fußballspiel, verursacht von Fußballrowdys.

Fussel (die/der, -s/-, -/-n) Wollfädchen; Faserstückchen. Adjektiv: fusslig. Verb: fusseln.

Fußfall (der, -s, -fälle) Kniefall. Adjektiv: fußfällig (veraltet).

Fußgänger (der, -s, -) jmd., der zu Fuß geht. Fußgängerüberweg; Fußgängerzone.

Fustanella (die, -s, -len) (griech.-ital.) der kurze Männerrock in der griechischen Nationaltracht.

Fusti (die, nur Plural) (ital.) 1. unbrauchbare Warenbeimischung. 2. Preisnachlass dafür.

Futhark (das, -s, -e) (germ.) Runenalphabet.

Futon (der, -s, -s) (jap.) hart gepolsterte Matte als Matratze.

futsch (Adj.) (ugs.) verloren; weg. futschikato.

Futter (das, -s, kein Plural) Tiernahrung; Innenstoff. Futtermittel; Futterneid; Futterrübe; Futterseide; Futterstoff; Fütterung; futtern; füttern.

Futteral (das, -s, -e) Hülle; Etui.

Futteralien (nur Plural) (ugs.) Lebensmittel; Reiseproviant.

Futur (das, -s, -e) (lat.) Zukunft. Futurismus; Futurist; Futurologie; futuristisch; futurisch; futurologisch.

Fuzzylogik (*auch:* Fuzzy Logik) (die, -, kein Plural) (engl.) mathematische Theorie, die nicht nur zwischen wahren und falschen Aussagen unterscheidet, sondern auch Annäherungswerte zulässt.

g (Abk.) Gramm. *Beachte:* immer kleingeschrieben und ohne Punkt!

Ga (Abk.) Gallium (chemisches Zeichen).

Gabardine (der/die, -/-s, kein Plural) (span.-franz.) ein stark gerippter Stoff.

Gabbro (der, -s, -s) (ital.) ein dunkles Tiefengestein.

Gabe (die, -, -n) Spende; Geschenk; Begabung. Gabentisch.

Gabel (die, -, -n) 1. Essgerät. 2. Forke. 3. Verzweigung. Gabelfrühstück; Gabelstapler; Gab(e)lung; gab(e)lig; gabelförmig; gabeln.

Gabun (ohne Art., -s, kein Plural) afrikanischer Staat; Gabuner; gabunisch.

gackern (V.) schreien; schnattern.

Gadolinit (der, -s, kein Plural) (nlat.) ein Berylliummineral.

Gadolinium (das, -s, kein Plural) (nlat.) ein Seltenerdmetall.

gaffen (V.) anschauen; starren. Gaffer; Gafferei.

Gag (der, -s, -s) (engl.) komischer Einfall; Überraschungseffekt; Besonderheit.

Gagaku (das, -s, kein Plural) (jap.) Orchester- oder Chormusik am japanischen Kaiserhof des Mittelalters.

Gagat (der, -s, -e) (griech.) harte, glänzende Kohlensubstanz (z. B. für Trauerschmuck).

Gage (die, -, -n) (franz.) Bezahlung; Honorar.

Gagman (der, -s, Gagmen) jmd., der die Gags (für einen Film, ein Bühnenstück) erfindet.

gähnen (V.) vor Müdigkeit tief Luft holen; offen stehen. Gähnerei.

Gaillard (der, -s, -s) (franz.) französische Bezeichnung für »Bruder Lustig«.

Gaita (die, -, -s) (span.) Sammelbezeichnung für verschiedene spanische Blasinstrumente.

Gal (das, -s, -) (ital.) (Kurzw.) Maßeinheit der Erdbeschleunigung (früher).

Gala (die, -, kein Plural) (span.) Festkleidung; Pomp. Galaabend; Galakonzert; Galanummer; Galavorstellung; Galauniform; galamäßig.

Galabiya (die, -, -s) (arab.) weites Wollgewand der ärmeren Bevölkerung arabischer Länder.

Galago (der, -s, -s) kleiner afrikanischer Halbaffe.

Galaktagogum (das, -s, -ga) (griech.) milchförderndes Mittel für Wöchnerinnen.

Ga|lak't|o|me|ter (das, -s, -) (griech.) Dichtemessgerät zur Bestimmung des Milchfettgehalts.
Ga|lak|tor|rhö (die, -, -en) (griech.) Milchfluss nach der Stillzeit.
Ga|lak|to|se (die, -, -n) (griech.) Milchzucker.
ga|lant (Adj.) (franz.) höflich; liebenswürdig. Galanterie; Galan.
Ga|la|xie (die, -, -n) (griech.) Sternsystem. Galaxis (Milchstraße); galaktisch.
Gä|le (der, -n, -n) keltischer Einwohner Irlands und Schottlands.
Ga|le|as|se (die, -, -n) (ital.-franz.) kleiner Ostsee-Frachtsegler.
Ga|lee|re (die, -, -n) (ital.) Ruderschiff. Galeerensklave; Galeerensträfling.
Ga|le|nik (die, -, kein Plural) Lehre von natürlichen pflanzlichen Heilmitteln.
Ga|le|nit (der, -s, -e) ein Mineral, Bleiglanz.
Ga|le|o|ne (die, -, -n) (niederl.) Segelschiff.
Ga|le|ot (der, -en, -en) (griech.-lat.-roman.) Galeerensklave.
Ga|le|o|te (die, -, -n) (griech.-lat.-roman.) kleines Küstenfahrzeug, der Galeasse ähnlich.
Ga|le|rie (die, -, -n) (ital.) oberster Rang (Theater); Gemäldesammlung; Gemäldeausstellung. Galerist/in; Galeriewohnung.
Ga|let|te (die, -, -n) (franz.) flacher Blätterteigkuchen.
Gal|gant (der, -s, -e) (arab.-lat.) ein asiatisches Ingwergewächs; Gewürz; Magenmittel.
Gal|gen (der, -s, -) Hinrichtungsvorrichtung; Hebebaum. Galgenfrist; Galgenhumor; Galgenvogel.
Ga|li|on (das, -s, -s) (niederl.) Vorbau am Bug eines Schiffes. Galionsfigur.
Gal|li|pot (der, -s, kein Plural) (franz.) Kiefernharz (als Rohstoff).
gä|lisch (Adj.) inselkeltisch.
Gal|li|va|ten (die, nur Plural) (engl.) Transportschiffe in Indien.
Gal|le (die, -, -n) 1. Verdauungssekret. 2. Geschwulst (Tiere). Gift und Galle speien (wütend sein); die Galle läuft mir über; Gallenblase; Gallensteine; Gallensäure; Gallapfel; Gallwespe; gallig; galle(n)bitter.
Gal|lert (das, -s/-es, -e) Gelatine. Gallertmasse; gallertartig; gallertig.
Gal|li|er (der, -s, -) Einwohner Galliens; Kelte im Gebiet des späteren Frankreichs.
gal|lisch (Adj.) zu Gallien gehörig; Frankreich verkörpernd.
gal|li|sie|ren (V.) (lat.) bei der Weinproduktion dem Traubensaft eine Zuckerlösung beimengen, um den Alkoholgehalt zu erhöhen oder den Säuregehalt zu senken.

Gal|li|um (das, -s, kein Plural) (nlat.) ein Element, Weichmetall.
Gal|li|zis|mus (der, -, -men) (nlat.) französische Spracheigentümlichkeit (in einer Kontaktsprache).
Gal|lo|ma|ne (der, -n, -n) (lat.-griech.) Bezeichnung für jmd., der alles Französische wie besessen bewundert und imitiert.
Gal|lo|ma|nie (die, -, kein Plural) (griech.-lat.) besessene Imitation alles Französischen.
Gal|lo|ne (die, -, -n) (engl.) altes Hohlmaß.
gal|lo|phil (Adj.) (lat.-griech.) = frankophil.
Gal|mei (der, -s, -e) Zinkerz (in der Technik).
Ga|lon (der, -s, -s) (franz.) glänzendes, schmales Zierband (an den Hosenseitennähten).
ga|lo|nie|ren (V.) mit Galons versehen.
ga|lop|pie|ren (V., ist) schnell reiten. Galopp; Galopper; Galopprennen.
Ga|lo|sche (die, -, -n) (franz.) (ugs.) ausgetretener Pantoffel.
galt (Adj.) (südd.) unfruchtbar; keine Milch gebend (Vieh). Galtvieh.
gal|va|ni|sie|ren (V.) durch Elektrolyse mit Metall überziehen. Galvanisation; Galvaniseur; Galvanismus; Galvanisierung; Galvanometer; Galvanoskop; galvanisch.
Ga|man|der (der, -s, -) (griech.) Heilpflanze.
Ga|ma|sche (die, -, -n) (arab.) Fuß-, Beinbekleidung.
Gam|ba|de (die, -, -n) (lat.-ital.-franz.) 1. Luftsprung. 2. Kapriole. 3. schneller Entschluss.
Gam|be (die, -, -n) (ital.) Streichinstrument. Gambist.
Gam|bia (ohne Art., -s, kein Plural) afrikanischer Staat. Gambier; gambisch.
Gam|bit (das, -s, -s) (span.) Eröffnungsvariante (Schach).
Ga|me|lan (das, -s, -s) (malai.) indonesisches Orchester mit xylophonähnlichen Instrumenten und Gongs.
Ga|met (der, -en, -en) (griech.) Geschlechtszelle (z. B. Ei- oder Samenzelle beim Menschen).
Gam|ma (das, -s, -s) (griech.) griechischer Buchstabe (Γ, γ).
Gam|ma|glo|bu|lin (das, -s, -e) (griech.-nlat.) ein Blutserum-Eiweißkörper, der (immunisierende) Schutzstoffe bildet.
Gam|ma|rus (der, -, kein Plural) (griech.-lat.) Flohkrebs.
Gam|ma|strah|len (*auch:* γ-Strah|len) (die, nur Plural) radioaktive Strahlen; Röntgenstrahlen.
Gam|me (die, -, -n) (griech.-lat.-franz.) Tonleiter; Skala.
gam|meln (V.) (ugs.) herumlungern; faulenzen. Gammler/in; Gammelei; gamm(e)lig.
ga|mo|phob (Adj.) (griech.) ehescheu.

ga'mo'trop (Adj.) (griech.) die Geschlechtsorgane schützend (Bot.).
Gams (auch: Gäm'se) (der/die/das, -, -en) Bergwild. Gamsbart/Gämsbart; Gamsbock/Gämsbock; Gamsleder/Gämsleder; Gamswild/Gämswild.
Ga'na'che (die, -, kein Plural) (franz.) süße Nachspeise aus Sahne und Schokolade.
gang (nur in Verbindung:) gang und gäbe sein (üblich sein).
Gang 1. (der, -s, Gän'ge) Gehen; Weg; Ablauf. im Gange sein; in Gang bringen/halten/setzen, aber: das Ingangsetzen der Maschine; Gangart; Gangbarkeit; Gangschaltung; gangbar. 2. (die, -, -s) (engl.) Verbrecherbande.
gän'geln (V.) bevormunden. Gängelband; Gängelei; Gängelung.
gän'gig (Adj.) gebräuchlich; gangbar. Gängigkeit.
Gan'gli'en'blo'cker (der, -s, -) (griech.-engl.) Arzneimittel, das die Impulsübertragung in den Ganglien unterbricht (zur Blutdrucksenkung).
Gan'gli'om (das, -s, -e) (griech.-lat.) bösartige Geschwulst (Med.).
Gan'gli'on (das, -s, -li'en) (griech.) Nervenknoten. Ganglienzelle.
Gan'grä'ne (die, -, -n) (griech.-lat.) Gewebebrand, Knochenbrand, Absterben des Gewebes (Med.).
gan'grä'nes'zie'ren (V.) (griech.-lat.) brandig werden, absterben.
gan'grä'nös (Adj.) (griech.-franz.) zu einer Gangräne gehörig; brandig.
Gang'spill (das, -es, -e) (niederl.) Ankerwinde.
Gangs'ter (der, -s, -) (engl.) Verbrecher. Gangsterboss.
Gang'way (die, -, -s) (engl.) Lauftreppe (Flugzeug, Schiff).
Ga'no've (der, -n, -n) (jidd.) Gauner.
Gans (die, -, Gän'se) Schwimmvogel; Schimpfwort. dumme Gans; Gänseblümchen; Gänsebraten; Gänsebrust; Gänsefeder; Gänsefett; Gänsefüßchen (Anführungszeichen); Gänsehaut; Gänsekeule; Gänsekiel; Gänseklein; Gänseleber; Gänsemarsch; Gänserich; Gänseschmalz; Gänsewein.
Gan'ser (der, -s, -) (südd.) Gänserich.
Gant (die, -, -en) (südd.) Versteigerung; Konkurs. auf die Gant kommen.
Gan'ter (der, -s, -) (nordd.) Gänserich.
ganz (Adj.) alle; gesamt; vollständig; ziemlich. ganz und gar. *Großschreibung:* im Großen und Ganzen; im Ganzen gefällt mir die Sache recht gut; im Ganzen genommen/gesehen; das Ganze war schlecht; als Ganzes; nichts Halbes und nichts Ganzes; in Gänze; er ging aufs Ganze; wenn es ums Ganze geht, kann man sich auf ihn verlassen. *Beachte:* Zusammenschreibung, wenn beide Adjektive das dazugehörige Substantiv näher bestimmen! Wir haben ganzjährig geöffnet; ein ganztägiges Seminar; ganzheitlich; ganzledern; ganzleinen; ganzseitig; ganztags; Ganzheit; Ganzheitsmethode; Ganzleinen; Ganztagsschule; gänzlich.
gar 1. (Adj.) fertig gekocht; (südd.) aufgebraucht. Wir aßen gegartes Gemüse, aber: das Gemüse muss erst gar kochen (auch: garkochen). Das Fleisch war gargekocht (auch: gar gekocht). 2. (Adv.) ganz; sehr; sogar. gar nicht; gar kein; ganz und gar; gar sehr; gar wohl.
Ga'ra'ge (die, -, -n) (franz.) Unterstellplatz (Fahrzeuge). Garagentor; Garagenwagen.
Ga'ra'mond (die, -, kein Plural) (engl.) eine Antiquadruckschrift.
ga'ran'tie'ren (V.) (franz.) versichern; haften. Garant; Garantie; Garantieschein; garantiert.
Ga'r'aus (der) (nur in der Wendung:) jemandem den Garaus machen (töten).
Gar'be (die, -, -n) 1. Getreidebündel; 2. Lichtbündel; 3. Schüsse. Garbenbinder; Maschinengewehrgarbe.
Gar'çon (der, -s, -s) (franz.) Kellner (meist scherzhaft).
Gar'çon'ni'è're (die, -, -n) (österr.) Einzimmerwohnung.
Gar'de (die, -, -n) (franz.) Leibwache; Elitetruppe. Gardekorps; Gardeoffizier; Garderegiment; Gardist.
Gar'de'nie (die, -, -n) (engl.-nlat.) ein Rötegewächs, Zierpflanze.
Gar'de'ro'be (die, -, -n) (franz.) Kleiderablage; Umkleideraum; Kleidung. Garderobenfrau; Garderobenständer; Garderobier/e.
Gar'di'ne (die, -, -n) (niederl.) Vorhang. Gardinenstange; Gardinenpredigt.
ga'ren (V.) gar kochen. Garküche; Garzeit; gar kochen.
gä'ren (V., gärte/gor, hat/ist gegärt/gegoren) schäumen, unruhig werden. Gärung; Gärstoff; Gärungsprozess.
Gar'ga'ris'ma (das, -s, -ma'ta) (griech.-lat.) Mittel zum Gurgeln (Med.).
Ga'ri'gue (die, -, kein Plural) (franz.) Felsheide (im Mittelmeerraum).
Garn (das, -s, -e) Faden; Netz. Garnknäuel; Garnspule.
Gar'ne'le (die, -, -n) Krebstier.
gar'nie'ren (V.) (franz.) verzieren; schmücken. Garnierung.
Gar'ni'son (die, -, -en) (franz.) Truppe; Truppenquartier. Garnisonsstadt; garnisonieren.

Gar|ni|tur (die, -, -en) (franz.) Ausschmückung; Ausrüstung; Set.
Gar|rot|te (die, -, -n) Halswürgeeisen (als Hinrichtungsgerät in Spanien).
gar|rot|tie|ren (V.) mit der Garrotte hinrichten.
gars|tig (Adj.) hässlich; ungezogen.
Gar|ten (der, -s, Gär|ten) Erholungsgelände; Anpflanzung. Gartenarbeit; Gartenfest; Gartenlaube; Gartenparty; Gartenschlauch; Gartenzaun; Gartenzwerg; Gärtner; Gärtnerei; Forelle nach Gärtnerinart; gärtnerisch; gärtnern. *Beachte:* englischer Garten, aber: der Englische Garten (in München); Garten Eden.
Gas (das, -es, -e) luftförmiger Stoff. Gasanstalt; Gasauto; Gasexplosion; Gasfeuerzeug; Gasflasche; Gashahn; Gasherd; Gaskocher; Gasleitung; Gas-Luft-Gemisch; Gasmaske; Gasometer; Gaspedal; Gaspistole; Gaswerk; Gaszähler; gasförmig; gasen.
Gas|ko|na|de (die, -, -n) (franz.) Aufschneiderei, Angeberei, Prahlerei.
Gas|ödem (das, -s, -e) (griech.) schwere Infektion, die durch Gasbrandbazillen hervorgerufen wird.
Ga|so|lin (das, -s, kein Plural) Leichtbenzin.
Gas|se (die, -, -n) enge Straße. Gässchen; Gassenhauer; Gassenjunge.
Gas|si (nur in Verbindung:) Gassi gehen (den Hund ausführen).
Gast (der, -s/-es, Gäs|te) Besucher; Eingeladener; Kunde. Gastarbeiter; Gastdozent; Gastfreundlichkeit; Gastgeber; Gastgeschenk; Gasthof; Gastlichkeit; Gastredner; Gastspiel; Gaststättengewerbe; Gastwirt. *Aber:* Gästebuch; Gästehandtuch; Gästezimmer. Adjektiv: gastfreundlich; gastlich. Verb: gastieren.
gas|t|ral (Adj.) (griech.) zum Magen gehörig.
Gas|t|ral|gie (die, -, -n) (griech.) Magenkrampf.
Gas|t|rek|to|mie (die, -, -n) (griech.) operative Magenentfernung.
gas|t|risch (Adj.) = gastral. Vom Magen ausgehend. Gastrisches Fieber.
Gas|t|ri|tis (die, -, -ti|den) (griech.) Magenschleimhautentzündung.
Gas|t|ro|en|te|ri|tis (die, -, -ti|den) (griech.) Magen- und Darmentzündung.
gas|t|ro|gen (Adj.) vom Magen ausgehend.
Gas|t|ro|nom (der, -en, -en) (griech.) Gastwirt mit gastronomischen Kenntnissen. Gastronomie; gastronomisch.
GATT (das, -, kein Plural) (engl.) Abk. für »General Agreement on Tariffs and Trade«, Allgemeines Zoll- und Handelsabkommen; Organisation der UNO zum Abbau von Handelsschranken.

Gat|te (der, -n, -n) Ehemann. Gattin; Gattenmord; sich gatten.
Gat|ter (das, -s, -) Zaun; Gitter. Gattersäge.
gat|tie|ren Materialien für das Gießen von Gusseisen zusammenstellen.
Gat|tung (die, -, -en) Art; Familie. Gattungsbegriff; Gattungsname; gattungsmäßig.
GAU (der, -s, -s) (Kurzw.) größter anzunehmender Unfall (in einem Atomkraftwerk). Super-GAU.
Gau (*auch:* das Gäu) (der/das, -s/-es, -e) Bezirk. Gaufest; Allgäu.
Gau|be (*auch:* Gau|pe) (die, -, -n) Dachfenster.
Gau|cho (der, -s, -s) (span.) Viehhirt.
Gau|di (die/das, -, kein Plural) (Kurzw.) Gaudium. Gaudiwurm.
Gau|di|um (das, -s, kein Plural) (lat.) Spaß; Ausgelassenheit; Freude.
Gau|f|ra|ge (die, -, -n) (franz.) Musterung von Papier und Geweben.
Gau|f|ré (das, -s, -s) (franz.) Gewebe mit eingepresstem Muster.
gau|f|rie|ren (V.) (franz.) mit einer Prägevorrichtung Muster aufbringen (bei Leder, Stoffen, Papier).
Gauk|ler (der, -s, -) Zauberer. Gaukelei; Gaukelspiel; Gauklerfamilie; gauklerhaft; gaukelhaft; gauklerisch; gaukeln.
Gaul (der, -s, Gäu|le) (abwertend) Pferd.
Gaul|lis|mus (der, -, kein Plural) (franz.-nlat.) vom französischen Staatspräsidenten de Gaulle hervorgebrachtes neues Großmachtstreben Frankreichs.
Gaul|list (der, -en, -en) Anhänger des Gaullismus.
gaul|lis|tisch (Adj.) (franz.) den Gaullismus betreffend, darauf basierend.
Gau|men (der, -s, -) Trennwand zwischen Mund- und Nasenhöhle; Geschmack. Gaumenlaut; Gaumenkitzel; Gaumenschmaus; Gaumensegel; Gaumenzäpfchen.
Gau|ner (der, -s, -) Betrüger. Gaunerei; Gaunersprache; gaunerisch; gaunern.
Gau|pe (*auch:* Gau|be) (die, -, -n) Dachfenster.
Gaur (der, -s, -e) (Hindi) hochrückiges, großes Wildrind des südostasiat. Dschungels.
Gaut|sche (die, -, -n) Papierpresse; (südd.) Schaukel. Gautscher; gautschen.
Ga|vi|al (der, -s, -e) indisches Krokodil mit lang ausgezogener flachgedrückter Schnabelschnauze.
Ga|vot|te (die, -, -n) (franz.) ein heiterer Tanz des 17./18. Jahrhunderts; Satz der Suite.
gay (Adj.) (engl.) 1. fröhlich. 2. homosexuell.
Gay (der, -s, -s) (engl.) Homosexueller (im Jargon).

Ga'yal (der, -s, -e) (Hindi) Haustierform des Gaurs.
Ga'ze (die, -, -n) (pers.) durchsichtiger Stoff; Verbandsstoff.
Ga'zel'le (die, -, -n) Antilopenart.
Gaz'pa'cho (der, -s, -s) (span.) kalte andalusische Gemüsesuppe.
GBl. (Abk.) Gesetzblatt.
G-Dur (das, -, kein Plural) Tonart. G-Dur-Tonleiter.
Ge (Abk.) Germanium (chemisches Zeichen).
Ge'äch'ze (das, -s, kein Plural) Stöhnen; Ächzen.
Ge'äder (das, -s, kein Plural) Adernetz; Maserung. Adjektiv: geädert.
ge'ar'tet (Adj.) beschaffen; veranlagt. Geartetheit.
Ge'äse (das, -s, -) Äsung; Äser.
Ge'äst (das, -s/-es, kein Plural) Astwerk.
geb. (Abk.) 1. geboren(e) (Zeichen: *). Maria Müller(,) geb. Maier. 2. gebunden (Bücher).
Ge'bab'bel (das, -s, kein Plural) (ugs.) Geplapper.
Ge'bäck (das, -s, -bä'cke) Backwerk; Plätzchen. Gebäckdose.
Ge'bal'ge (das, -s, kein Plural) Prügelei; Streiten.
Ge'bäl'ke (*auch:* Ge'bälk) (das, -s, kein Plural) Balkenwerk.
ge'bär'den (V., refl.) sich verhalten. Gebärde; Gebärdensprache.
ge'ba'ren (V., refl.) sich benehmen; verhalten. Gebaren.
ge'bä'ren (V., gebar, hat geboren) zur Welt bringen; hervorbringen. Gebärerin; Gebärmutter; Gebärstuhl; gebärfähig.
ge'bauch'kit'zelt (*auch:* ge'bauch'pin'selt) (Part. Perf.) (kommt nur in dieser Verbform vor!) geehrt; geschmeichelt. Er fühlte sich gebauchkitzelt.
Ge'bäu'de (das, -s, -) Haus; Bauwerk. Gebäudekomplex.
Ge'bäu'lich'keit (die, -, -en; meist Plural) (südd.) Gebäude; Baulichkeiten.
Ge'bein (das, -s, -e) Knochengerüst eines Toten.
ge'ben (V., gab, hat gegeben; ich gebe, du gibst) aushändigen; schenken; erteilen; vorhanden sein; sich verhalten. Geber; Geberlaune; gebefreudig.
Ge'ber'land (das, -s, -län'der) Staat, der anderen Kredite gibt.
Ge'bet (das, -s/-es, -e) Anrufung Gottes. Gebetbuch; Gebetsmühle; Gebetsteppich; beten.
Ge'biet (das, -s, -e) Bereich; Fläche. Gebietsanspruch; Gebietskörperschaft; gebietlich.

ge'bie'ten (V., gebot, hat geboten) befehlen. Gebieter/in; gebieterisch; gebietend.
Ge'bil'de (das, -s, -) Form; Erzeugnis.
Ge'bim'mel (das, -s, kein Plural) helles Läuten.
Ge'bin'de (das, -s, -) Bündel; Strauß. Blumengebinde.
Ge'bir'ge (das, -s, -) Berge; Berggruppe. Gebirgigkeit; Gebirgler; Gebirgsbach; Gebirgsjäger; Gebirgsmassiv; Gebirgsstock; gebirgig; gebirgskundig.
Ge'biss (das, -es, -e) Zähne.
Ge'blä'se (das, -s, -) Windzeuger.
Ge'blö'del (das, -s, kein Plural) (ugs.) Unsinn.
Ge'blö'ke (*auch:* Ge'blök) (das, -s, kein Plural) Blöken; Geschrei.
ge'blümt (Adj.) mit Blumenmustern.
Ge'blüt (das, -s/-es, kein Plural) Herkunft; Geschlecht.
ge'bo'ren (Adj.) Angabe des elterlichen Namens (Abk.: geb., *). Sie ist eine geborene von Kühl. Frau Müller(,) geb. von Kühl.
Ge'bor'gen'heit (die, -, kein Plural) Schutz; Behütetsein. Adjektiv: geborgen. Verb: bergen.
Ge'bot (das, -s/-es, -e) Vorschrift; Grundsatz. Das fünfte Gebot, *aber:* die Zehn Gebote; Gebotsschild.
Gebr. (Abk.) Gebrüder.
ge'brand'markt (Adj.) bloßgestellt; kritisiert. (*Aber:* Es hat gebrannt!).
Ge'bräu (das, -s, -e) Mischung.
Ge'brauch (der, -s, -bräu'che) Sitte; Gewohnheit; Anwendung. Gebrauchsanweisung; Gebrauchsgegenstand; Gebrauchtwagen; Gebräuchlichkeit; gebrauchsfertig; gebräuchlich; gebrauchen.
Ge'bre'chen (das, -s, -) körperlicher Schaden. Gebrechlichkeit; gebrechlich.
Ge'brü'der (die, nur Plural) Brüder (Abk.: Gebr.).
Ge'brüll (das, -s, kein Plural) Brüllen; Geschrei.
Ge'brum'me (*auch:* Ge'brumm; Ge'brum'mel) (das, -s, kein Plural) Brummen; Gemurmel.
Ge'bühr (die, -, -en) Abgabe; Betrag; Angemessenheit. Gebührenerhöhung; Gebührenordnung; Gebührenzähler; gebührend; gebührendermaßen; gebührenpflichtig; gebührenfrei.
Ge'burt (die, -, -en) 1. Entbindung. 2. Abstammung. Geburtenkontrolle; Geburtenrückgang; Geburtenüberschuss; Geburtenzuwachs; Geburtsanzeige; Geburtsfehler; Geburtshelferin; Geburtsjahr; Geburtstag; Geburtsurkunde; geburtenschwach; geburtenstark; gebürtig.
Ge'büsch (das, -s/-es, -e) Gestrüpp; Dickicht.
Geck (der, -en, Ge'cken) Modenarr; Angeber. Geckenhaftigkeit; geckenhaft.

Gedankenstrich

Der Gedankenstrich wird als Gliederungsmittel, Pausenzeichen, Stilmittel und als Ersatz für ausgelassene Wörter oder Satzteile eingesetzt:
1. Zwischen vollständigen Sätzen:
   a) um einen gedanklichen Einschub abzutrennen. Die Weihnachtsfeier soll in diesem Jahr besonders festlich gestaltet werden. – Für mich bedeutet Weihnachten allerdings nur Stress und Rummel.
   b) um einen Sprecherwechsel anzuzeigen. »Hast du es gefunden?« – »Warum hilfst du mir nicht?« – »Ich frage ja nur.«
2. Im Satz zur Markierung längerer Sprech- bzw. Gedankenpausen:
   a) wenn mehrere Themen oder Überschriften aneinandergereiht sind. Das Thesenpapier war eingeteilt in: Einleitung – Themenerörterung – Lösungsvorschläge – Schlusswort.
   b) bei Kommandos: auf die Plätze – fertig – los!
   c) wenn eine Spannung erzeugt werden soll (z. B. es folgt ein unerwartetes Ereignis). Ich sah ihn nur von hinten, lief ihm hinterher und rief nach ihm, er drehte sich um, und es war – ein Fremder.
   d) wenn ein Gedanke nicht zu Ende geführt wird. »Es ist doch alles –!«, schimpfte er.
   e) bei einem Gedankeneinschub. Der Mann behauptet – entgegen den Äußerungen eines Zeugen, der ihn mit Sicherheit gesehen haben will – zum fraglichen Zeitpunkt nicht am Bahnhof gewesen zu sein.
3. Der Gedankenstrich lässt sich mit Kommas, Ausrufezeichen, Fragezeichen und Doppelpunkt kombinieren. *Wichtig:* Auch wenn der zwischen den zwei Gedankenstrichen stehende Einschub ein vollständiger Satz ist, steht kein Punkt!
   a) mit Komma: Die reguläre Kommasetzung wird trotz Einschub beibehalten. Er ging – ein Eigenbrötler wie er ist –, weil ihm die Gesellschaft anderer unerträglich war. *Aber:* ohne Komma: Er ging – ein Eigenbrötler wie er ist – als Erster nach Hause.
   b) mit Ausrufezeichen (vor dem zweiten Gedankenstrich): Mir kam – o Wunder! – ein rettender Gedanke.
   c) mit Fragezeichen (vor dem zweiten Gedankenstrich): Ich fragte sie – warum auch nicht? –, ob sie mit mir einen Kaffee trinken wolle.
   d) mit Doppelpunkt, aber: nach dem zweiten Gedankenstrich! Er säuselte – und dabei sah er ihr tief in die Augen –: »Du allein!«

Ge|cko (der, -s, -s/-nen) tropische Eidechse.
Ge|dächt|nis (das, -nis|ses, -nis|se) Erinnerungsvermögen; Andenken. Gedächtnisfeier; Gedächtnishilfe; Gedächtnislücke; Gedächtnisschwund; Gedächtnisstütze; gedächtnisschwach.
Ge|dan|ke (*auch:* Ge|dan|ken) (der, -ns, -n) Überlegung; Vorstellung. Gedankenaustausch; Gedankenblitz; Gedankengut; Gedankenlesen; Gedankenlosigkeit; Gedankensprung; Gedankenstrich →Regelkasten; Gedankenübertragung; gedankenlos; gedankenschnell; gedankenverloren; gedanklich.
Ge|där|me (*auch:* Ge|därm) (das, -s, -) Eingeweide.
Ge|deck (das, -s, -de|cke) Geschirr und Besteck; Menü.
ge|dei|hen (V., gedieh, ist gediehen) wachsen; vorankommen. auf Gedeih und Verderb (ganz und gar); Gedeihen; Gedeihlichkeit; gedeihlich.
ge|den|ken (V., gedachte, hat gedacht) beabsichtigen; sich erinnern. *Beachte:* Er gedachte(,) nach Hause zu gehen; Er gedachte nach langem Hin und Her(,) doch nach Hause zu fahren. Gedenken; Gedenkminute; Gedenkstunde; Gedenkstätte.
Ge|dicht (das, -s, -e) Lyrik; Reim. Gedichtband; Gedichtsammlung.
ge|die|gen (Adj.) echt; dauerhaft; solide; (ugs.) wunderlich. Gediegenheit.
Ge|don|ner (das, -s, kein Plural) Donnern; Gedröhne.
Ge|drän|ge (das, -s, kein Plural) Drängen; Fülle. Gedrängel; Gedrängtheit; gedrängt.
Ge|dröh|ne (*auch:* Ge|dröhn) (das, -s, kein Plural) Dröhnen; Lärmen.
Ge|drückt|heit (die, -, kein Plural) Niedergeschlagenheit. Adjektiv: gedrückt.
ge|drun|gen (Adj.) untersetzt; klein. Gedrungenheit.

Geduld   Gegenkonditionierung

Ge'duld (die, -, kein Plural) Ausdauer; Gelassenheit; Gutmütigkeit. Geduldsfaden; Geduldsprobe; Geduldsspiel; geduldig; sich gedulden.
ge'dun'sen (Adj.) aufgeschwemmt; schwammig. Gedunsenheit.
ge'eig'net (Adj.) passend.
Geest (die, -, -en) hoch gelegenes Küstenland. Geestland.
gef. (Abk.) gefallen (Zeichen: X).
Ge'fahr (die, -, -en) drohendes Unheil. Gefahr laufen; Gefährdung; Gefahrenbereich; Gefahrenherd; Gefahrenmoment; Gefahrenquelle; Gefahrenzone; Gefahrlosigkeit; Gefahr bringend (*auch:* gefahrbringend); gefahrvoll; gefährlich; gefahrlos; gefährden.
Ge'fährt (das, -s, -e) Wagen.
Ge'fähr'te (der, -n, -n) Begleiter, Freund. Gefährtin; Spielgefährte; Lebensgefährte.
Ge'fäl'le (das, -s, -) Höhenunterschied; Abschüssigkeit. Gefällemesser.
ge'fal'len (V., gefiel, hat gefallen) zusagen; erfreuen. Lass dir das nicht gefallen (dulde das nicht)! Gefallen; Gefälligkeit; Gefallsucht; gefällig; gefallsüchtig.
ge'fäl'ligst (Adv.) dringend; freundlicherweise.
ge'fan'gen (Adj.) festgenommen; verhaftet. gefangen nehmen; gefangen genommen (*auch:* gefangengenommen); gefangen halten; gefangen gesetzt (*auch:* gefangengesetzt). Gefangene; Gefangenenbefreiung; Gefangenenlager; Gefangenenwärter. *Aber:* Gefangennahme; Gefangenschaft. Gefängnis; Gefängnisstrafe.
Ge'fa'sel (das, -s, kein Plural) (ugs.) zusammenhangloses Gerede.
Ge'fäß (das, -es, -e) 1. Flüssigkeitsbehälter. 2. Ader. Gefäßchirurgie; Gefäßerweiterung; Gefäßverengung; gefäßreich.
ge'fasst (Adj.) vorbereitet; beherrscht. Gefasstheit.
Ge'fecht (das, -s/-es, -e) Kampf. Gefechtsbereitschaft; Gefechtspause; Gefechtsstand; gefechtsklar; gefechtsbereit.
Ge'feil'sche (das, -s, kein Plural) Handeln.
ge'feit (Adj.) geschützt; sicher; bewahrt. Verb: feien.
Ge'fie'der (das, -s, -) Federkleid. Adjektiv: gefiedert.
Ge'fil'de (das, -s, -) Gegend; Gebiet.
Ge'fla'cker (das, -s, kein Plural) Flackern.
Ge'flat'ter (das, -s, kein Plural) Flattern.
Ge'flecht (das, -s/-es, -e) Flechtwerk.
ge'fleckt (Adj.) gemustert. gelb gefleckt (*auch:* gelbgefleckt); schwarz und weiß gefleckt.
Ge'flen'ne (das, -s, kein Plural) (ugs.) Weinen.
Ge'flis'sen'heit (die, -, kein Plural) Fleiß. Adjektiv: geflissentlich.

Ge'flü'gel (das, -s, kein Plural) Federvieh. Geflügelfarm; Geflügelsalat; Geflügelzucht; geflügelt.
Ge'flun'ker (das, -s, kein Plural) Lügen.
Ge'fol'ge (das, -s, kein Plural) Begleitung. Gefolgschaft; Gefolgsmann.
ge'fragt (Adj.) begehrt.
ge'frä'ßig (Adj.) unersättlich im Essen. Gefräßigkeit.
Ge'frei'te (der, -n, -n) Soldat. einige Gefreite; manche Gefreiten.
ge'frie'ren (V., gefror, hat/ist gefroren) zu Eis werden. Gefrierfach; Gefrierfleisch; Gefrierpunkt; Gefrierschrank; Gefriertruhe; Gefrierverfahren; gefriergetrocknet.
Ge'fro're'ne (*auch:* Ge'fror'ne) (das, -n, kein Plural) (südd.) Speiseeis.
Ge'fü'ge (das, -s, -) Aufbau; Ordnung.
ge'fü'gig (Adj.) gehorsam. Gefügigkeit.
Ge'fühl (das, -s, -e) Empfindung; Gespür. Gefühllosigkeit; Gefühlsduselei; Gefühlsmensch; Gefühlssache; gefühllos; gefühlsarm; gefühlskalt; gefühlsbetont; gefühlvoll.
ge'füh'rig (Adj.) günstig zum Skilaufen (Schnee). Geführigkeit.
Ge'fum'mel (das, -s, kein Plural) (ugs.) Fummeln; Begrapschen.
ge'ge'ben (Adj.) sinnvoll; vorhanden. das Gegebene wird sein, …; Wir konnten all das Gegebene (Geschenke) nicht annehmen. Gegebenheit; gegebenenfalls (Abk.: ggf.).
ge'gen 1. (Präp., Akk.) dagegen; wider. Er fuhr gegen den Baum. 2. (Adv.) ungefähr. Ich komme gegen zwei Uhr. Gegendarstellung; Gegendruck; Gegenfahrbahn; Gegenfrage; Gegengerade; Gegengewicht; Gegenleistung; Gegenlichtaufnahme; Gegenmittel; Gegenpol; Gegenprobe; Gegensatz; Gegensätzlichkeit; Gegenschlag; Gegenspieler; Gegenstand; Gegenständlichkeit; Gegenteil; Gegentor; Gegenverkehr; Gegenwart; Gegenwartssprache; Gegenwehr; Gegenwind. Adjektive: gegenläufig; gegensätzlich; gegenseitig; gegenständlich; gegenstandslos; gegenteilig; gegenwärtig; gegenwartsbezogen; gegenwartsfremd; gegenwartsnah(e). Verben: gegenlenken; gegensteuern; gegenzeichnen.
Ge'gend (die, -, -en) Gebiet.
ge'gen'ei'n'an'der (Adv.) einer gegen den anderen. gegeneinandersetzen; gegeneinanderstehen; gegeneinanderlehnen; gegeneinanderstellen; wir sollten das nicht gegeneinander (gegenseitig) aufrechnen.
Ge'gen'kon'di'ti'o'nie'rung (die, -, -en) (lat.) Lernvorgang, durch den ein konditioniertes Verhalten in sein Gegenteil verkehrt werden soll.

Ge|gen|kul|tur (die, -, -en) (dt.-lat.) von einzelnen Gruppierungen entwickelte eigene Kulturformen, die im Gegensatz zu denen der bürgerlichen Gesellschaft stehen und diese ablehnen.
Ge|gen|re|for|ma|ti|on (die, -, kein Plural) (dt.-lat.) innere Erneuerung und Ausbreitung des Katholizismus im 16. und 17. Jahrhundert als Gegenbewegung zur Reformation.
ge|gen|über (Präp., Dat.) entgegengesetzt; gegen; im Vergleich zu. *Beachte:* »gegenüber« als Verbzusatz: sich gegenüberstehen; gegenüberliegen; gegenübersitzen; gegenüberstellen. *Aber:* (als Präposition): gegenüber (auf der anderen Seite) liegen zwei Bauernhöfe. das Gegenüber; Gegenüberstellung.
ge|gen|zeich|nen (V., zeichnete gegen, hat gegengezeichnet) unterschreiben. Gegenzeichnung.
Geg|ner (der, -s, -) Feind; Gegenspieler. Gegnerschaft; gegnerisch.
gegr. (Abk.) gegründet.
Ge|grö|le (das, -s, kein Plural) (ugs.) Geschrei.
Ge|ha|be(n) (das, -s, kein Plural) Verhalten; eigenwilliges Benehmen. Verb: gehaben.
Ge|hack|te (das, -n, kein Plural) Hackfleisch.
Ge|halt 1. (der, -s, -e) Inhalt. Gehaltlosigkeit; gehaltarm; gehaltlos; gehaltreich; gehaltvoll. 2. (das, -s, -häl|ter) Bezahlung; Verdienst. Gehaltserhöhung; Gehaltskonto; Gehaltsstufe; Gehaltszulage.
ge|han|di|kapt (Adj.) (engl.) behindert.
Ge|hän|ge (das, -s, -) Behang; Schmuck.
ge|häs|sig (Adj.) bösartig; feindselig. Gehässigkeit.
Ge|häu|se (das, -s, -) Hülle.
Ge|hel|ge (das, -s, -) Jagdrevier; eingezäuntes Gebiet.
ge|heim (Adj.) verborgen; heimlich. *Großschreibung:* etwas/nichts/viel/wenig Geheimes; das Geheime; in der Schachtel hatte sie ihr Geheimstes versteckt; sie freute sich im Geheimen (heimlich); geheim halten (verbergen); geheimtun (mit etwas); das muss geheim bleiben. Geheimabkommen; Geheimagent; Geheimdienst; Geheimnis; Geheimnistuer; Geheimnummer; Geheimratsecken; Geheimtipp; Geheimtür. Adjektive: geheimnistuerisch; geheimnisvoll.
Ge|heiß (das, -es, kein Plural) Befehl; Anordnung. auf Geheiß der Regierung.
ge|hen (V., ging, ist gegangen) zu Fuß laufen; weggehen; reichen; befreundet sein. sich gehen lassen (*auch:* gehenlassen) (unbeherrscht sein); wir haben ihn gehen lassen (nicht zurückgehalten); er lässt es sich gut gehen; er kann mit seinen Skistiefeln nicht gut gehen; baden gehen;

schlafen gehen; essen gehen; es ist ein Kommen und Gehen; wir sind zum Gehen bereit. Geher; Gehfalte; Gehgips; Gehrock; Gehverband; Gehsteig; Gehweg; gehbar; gehbehindert.
ge|hen las|sen (*auch:* ge|hen|las|sen) (V., ließ gehen, hat gehen (ge)lassen) in Ruhe lassen; sich vernachlässigen. Man muss den Vorteil 20 Minuten gehen lassen (*auch:* gehenlassen).
Ge|het|ze (das, -s, kein Plural) große Eile; Aufwiegeln.
ge|heu|er (Adj.) (nur verneint gebraucht!) Die Sache ist mir nicht geheuer (ist unheimlich).
Ge|heul (das, -s, kein Plural) Heulen; Weinen; Wehklagen.
Ge|hil|fe (der, -n, -n) Geselle; Komplize; Helfer. Gehilfin; Gehilfenbrief.
Ge|hirn (das, -s, -e) Organ mit den wichtigsten Schalt- und Steuerungszentren des Körpers; Verstand. Gehirnchirurgie; Gehirnerschütterung; Gehirnhautentzündung; Gehirnwäsche.
Ge|höft (das, -s, -e) Bauernhof; Anwesen.
Ge|höh|ne (das, -s, kein Plural) Spott.
Ge|hölz (das, -es, -e) Wald; Gebüsch.
Ge|hör (das, -s, kein Plural) 1. das Hören. 2. Beachtung. Er schenkt mir kein Gehör. Gehörfehler; Gehörlose; Gehörlosenschule; Gehörlosensprache; Gehörlosigkeit; Gehörsinn; gehörlos; gehörgeschädigt.
ge|hö|ren (V.) jemandes Besitz sein; dabei sein; passen zu; nötig sein; sich schicken. Das gehört sich nicht!
ge|hö|rig (Adj.) gehörend; gründlich.
ge|hor|sam (Adj.) fügsam; folgsam. Gehorsam; Gehorsamkeit; Gehorsamsverweigerung.
Geh|rung (die, -, -en) schräger Zuschnitt von Brettern oder Leisten. Gehrungswinkel.
Gei|er (der, -s, -) Raubvogel. Geiernase; Geierschnabel.
Gei|fer (der, -s, kein Plural) Speichel; Zorn; Bissigkeit. Geiferer; geifern.
Gei|ge (die, -, -n) Streichinstrument. Geigenbauer; Geigenkasten; Geigensaite; Geiger; geigen.
Gei|ger|zäh|ler (*auch:* Gei|ger-Zäh|ler) (der, -s, -) Messgerät für radioaktive Strahlen.
geil (Adj.) lüstern; wollüstig; toll (Jugendsprache). Geilheit.
Gei|sel (die, -, -n) Gefangener; Menschenpfand. (*aber:* die Geißel!) Geiseldrama; Geiselnahme; Geiselnehmer.
Gei|sha (die, -, -s) (jap.) Unterhalterin (japanisches Teehaus).
Gei|son (das, -s, -s/-sa) (griech.) Abschluss eines antiken Giebels; Kranzgesims.
Geiß (die, -, -en) (südd.) Ziege. Geißbart; Geißbock; Geißhirt; die sieben Geißlein.

Geißel (die, -, -n) Peitsche. Geiß(e)lung; Geißelbruder; geißeln.
Gei'ßel'tier'chen (das, -s, -) Einzeller.
Geist (der, -s/-es, -er) Verstand; Witz; Gesinnung; Genie; Gespenst. Geistesabwesenheit; Geistesblitz; Geistesgegenwart; Geistesgeschichte; Geisteskranke; Geistesgestörte; Geisteswissenschaft; Geistigkeit; Geisterbahn; Geisterfahrer; Geisterhand; Geisterstadt; Geisterstunde; geistesabwesend; geistesgegenwärtig; geistesgestört; geisteskrank; geistig; geistigseelisch; geistreich; geisterhaft; geistern.
Geist'li'che (der, -n, -n) Pfarrer. viele Geistliche; alle Geistlichen; Geistlichkeit; geistlich.
Geiz (der, -es, kein Plural) Sparsamkeit; Habgier. Geizkragen; Geizhals; geizig; geizen.
Ge'jauch'ze (das, -s, kein Plural) Jubeln.
Ge'jau'le (das, -s, kein Plural) Heulen.
Ge'kei'fe (das, -s, kein Plural) Schimpfen; Nörgeln.
Ge'kläff (das, -s, kein Plural) Bellen.
Ge'klim'per (das, -s, kein Plural) Missklang.
Ge'klüft (das, -s/-es, -e) Schlucht.
Ge'kra'kel (das, -s, kein Plural) schlechte Handschrift.
Ge'kreisch (das, -es, kein Plural) Geschrei.
Ge'krit'zel (das, -s, kein Plural) kleine unleserliche Schrift.
Ge'krö'se (das, -s, -) Gedärme; Innereien.
Gel (das, -s, -e) (Kurzw.) Gelatine. Haargel.
Ge'la'ber (das, -s, kein Plural) langweiliges Geschwätz.
Ge'läch'ter (das, -s, kein Plural) Lachen; Heiterkeit.
ge'lack'mei'ert (Adj.) (ugs.) betrogen. Gelackmeierte.
ge'la'den (Adj.) (ugs.) wütend.
Ge'la'ge (das, -s, -) üppiges Gastmahl; Festessen.
ge'lähmt (Adj.) bewegungsunfähig. Gelähmte; Gelähmtheit.
Ge'län'de (das, -s, -) Gebiet; Grundstück. Geländefahrzeug; Geländelauf; Geländemarsch; Geländeübung; geländegängig.
Ge'län'der (das, -s, -) Stütze.
ge'lan'gen (V., ist) erreichen.
Ge'las'ma (das, -s, -ma'ta) (griech.) Lachkrampf (Med.).
ge'las'sen (Adj.) gefasst; ruhig. Gelassenheit.
Ge'la'ti'ne (die, -, -n) (franz.) Gallert. Gelatineblatt; gelatineartig; gelatinös; gelatinieren.
ge'läu'fig (Adj.) bekannt; oft verwendet. Geläufigkeit.
ge'launt (Adj.) gestimmt. gut gelaunt; schlecht gelaunt; ein übel gelaunter Chef.

gelb (Adj.) Farbe. gelbe Rüben; gelbes Trikot (*auch:* Gelbes Trikot); gelbgrün; sie trug ein gelbgrün/gelb-grün gestreiftes Kleid; etwas gelb machen (färben). *Aber:* auf/in/mit Gelb; das Bild war in einem hellen zarten Gelb gehalten; bei Gelb über die Ampel fahren. Gelbfieber; Gelbsucht; Gelbwurst; gelblich; gelblich grün; gelbsüchtig.
Geld (das, -s/-es, -er) Zahlungsmittel. Geldadel; Geldautomat; Geldbeutel; Geldgeber; Geldhahn; Geldsack; Geldquelle; Geldschrank; Geldsorgen; Geldstrafe; Geldwechsel; Geldwirtschaft; geldgierig; geldlich, *aber:* unentgeltlich!
Geld'po'li'tik (die, -, kein Plural) Kontrolle der Geldmenge, die jährlich von der Zentralbank ausgegeben wird.
Geld'um'lauf (der, -s, -läu'fe) Geldkreislauf.
ge'leckt (Adj.) (ugs.) sauber.
Ge'lee (der/das, -s, -s) (franz.) eingedickter Fruchtsaft. Geleezucker; gelieren.
Ge'lée ro'ya'le (das, - -, kein Plural) (franz.) dicklicher, weißer Saft, mit dem Arbeitsbienen die künftige Königin ernähren; Weiselfuttersaft (als Stärkungsmittel).
Ge'le'ge (das, -s, -) Eiablage; Laich.
ge'le'gen (Adj.) liegend; passend. Gelegenheit; Gelegenheitsarbeiter; Gelegenheitskauf; gelegentlich.
ge'lehrt (Adj.) gebildet; klug. Gelehrte; Gelehrigkeit; Gelehrsamkeit; Gelehrtheit; gelehrig; gelehrsam.
Ge'lei'er (das, -s, kein Plural) monotoner Klang.
Ge'lei'se (*auch:* Gleis) (das, -s, -) Schienen. Die Strecke war vierg(e)leisig ausgebaut.
Ge'leit (das, -s/-es, -e) 1. Schutz. 2. Begleitung; Einführung. Geleitschutz; Geleitwort; geleiten.
Ge'lenk (das, -s, -e) Knochenverbindung. Gelenkentzündung; Gelenkigkeit; Gelenkkapsel; Gelenkrheumatismus; Gelenkwelle (Kardanwelle); gelenkig.
Ge'lieb'te (der/die, -n, -n) Freund/in.
ge'lie'fert (Adj.) (ugs.) verloren.
ge'lie'ren (V.) (franz.) zu Gelee werden. Gelierzucker.
ge'lin'de (*auch:* ge'lind) (Adj.) mild; lieblich. Das war gelinde (zurückhaltend) gesagt eine mäßige Vorstellung.
ge'lin'gen (V., gelang, ist gelungen) glücken. Gelingen.
gell? (*auch:* gelt?) (Interj.) (südd.) nicht wahr?
gel'len (V.) schallen.
ge'lo'ben (V.) versprechen. Gelöbnis.
ge'löst (Adj.) entspannt. Gelöstheit.
Ge'lo'trip'sie (die, -, -n) (lat.-griech.) punktuelle Massage zur Behandlung von Muskelverhärtungen.

gel|ten (V., galt, hat gegolten; ich gelte, du giltst!) wert sein; gehalten werden für. Sein Vater galt als jähzornig. *Beachte:* geltend machen; gelten lassen. Geltendmachung; Geltung; Geltungsbedürfnis; Geltungsbereich.
Ge|lüb|de (das, -s, -) Versprechen.
Ge|lüs|te (*auch:* Ge|lüst; Ge|lüs|ten) (das, -s, -) Wunsch; Verlangen. Verb: gelüsten.
gem. (Abk.) gemäß.
GEMA (die, -, kein Plural) (Kurzw.) Gesellschaft für musikalische Aufführungs- und mechanische Vervielfältigungsrechte.
Ge|mach (das, -s, -mä|cher) Zimmer.
ge|mäch|lich (Adj.) gemütlich; langsam. Gemächlichkeit.
Ge|mahl (der, -s, -e) Ehemann. Gemahlin.
Ge|mäl|de (das, -s, -) Bild. Gemäldeausstellung; Gemäldesammlung.
Ge|ma|ra (die, -, kein Plural) (aram.) zweiter Teil des Talmuds.
ge|ma|sert (Adj.) gemustert (Holz).
ge|mäß (Präp., Dat.) entsprechend. gemäß seinem Schulabschluss; ordnungsgemäß; standesgemäß; zeitgemäß.
ge|mä|ßigt (Adj.) maßvoll; zurückhaltend.
Ge|mäu|er (das, -s, -) Mauerwerk.
Ge|mau|schel (das, -s, kein Plural) (ugs.) Tuschelei.
Ge|me|cker (das, -s, kein Plural) Nörgeln. Gemeck(e)re.
ge|mein (Adj.) schlecht; ordinär; ärgerlich; gemeinsam. Das Gemeinste wäre, wenn er nicht käme. auf das (aufs) gemeinste (*auch:* Gemeinste); etwas/nichts/viel/wenig Gemeines; Gemeineigentum; Gemeinheit; Gemeingefährlichkeit; Gemeinnützigkeit; Gemeinsamkeit; Gemeinschaft; Gemeinschaftsgeist; Gemeinschaftsraum; Gemeinsinn; Gemeinwesen; Gemeinwohl; gemeingefährlich; gemeinnützig; gemeinschaftlich; gemeinverständlich.
Ge|mein|de (die, -, -n) Kommune; Pfarrei. Gemeindeamt; Gemeindeordnung; Gemeinderätin; Gemeindesekretär; Gemeindesteuer; Gemeindewahl; Gemeindezentrum; gemeindeeigen; gemeindlich.
ge|mein|hin (Adv.) gewöhnlich; meistens.
ge|meint (Adj.) gedacht. Das war doch nur ein gut gemeinter (*auch:* gutgemeinter) Ratschlag.
Ge|men|ge (das, -s, -) Mischung; Durcheinander. Handgemenge.
ge|mes|sen (Adj.) würdig; ruhig. Gemessenheit.
Ge|met|zel (das, -s, -) Blutbad.
Ge|mi|na|te (die, -, -n) (lat.) doppelt oder lang gesprochener Konsonant (z. B. in italienisch »grosso« oder finnisch »paikka«).

Ge|mi|na|ti|on (die, -, -ti|o|nen) Bildung der Geminate.
ge|mi|nie|ren (V.) die Geminate bilden.
Ge|misch (das, -s/-es, -e) Gemenge; Mischung. Gemischtbauweise; Gemischtwarenhandlung; gemischt; gemischtsprachig.
Gem|me (die, -, -n) (ital.) Schmuckstein mit eingeschnittenem Bild.
gem|mo|lo|gisch (Adj.) (griech.-lat.) die Edelsteinkunde betreffend.
Gem|mo|s|kop (das, -s, -e) (griech.-lat.) Mikroskop mit zwei Okularen zum Untersuchen von Schmucksteinen.
Gem|mu|la (die, -, -lae) (lat.) Fortpflanzungskörper der Schwämme (Bot.).
Ge|mun|kel (das, -s, kein Plural) Klatsch.
Ge|mur|mel (das, -s, kein Plural) leises Reden.
Ge|mü|se (das, -s, -) Pflanzenkost. Gemüseanbau; Gemüsebeet; Gemüsegarten; Gemüsehändler; Gemüsesuppe.
ge|mus|tert (Adj.) mit Muster.
Ge|müt (das, -s/-es, -er) Empfindung; Seelenleben; Charakter. Gemütlichkeit; Gemütsart; Gemütsbewegung; Gemütskrankheit; Gemütsmensch; Gemütsruhe; gemütlich; gemütsarm; gemütskrank, *aber:* gemütvoll.
gen (Präp., Akk.) gegen.
Gen (das, -s, -e) (griech.) Erbträger. Genmanipulation; Genmutation; Gentechnologie.
gen. (Abk.) genannt.
Gen. (Abk.) Genitiv; Genossenschaft.
ge|nant (Adj.) (franz.) sich leicht genierend; peinlich.
ge|nau 1. (Adj.) exakt; übereinstimmend; gründlich. auf das (aufs) genaueste (*auch:* Genaueste) (sehr genau) prüfen; den Genaueren etwas genau nehmen; etwas Genaues erfahren; Genauigkeit. 2. (Adv.; Interj.) gerade; stimmt!
ge|nau ge|nom|men (Adv.) streng genommen; eigentlich. Genau genommen müsste es so heißen. Du hast es aber genau (exakt) genommen.
ge|nau|so (Adv.) ebenso; genauso oft; genauso gut. Ich kann genauso gut erst morgen kommen. Ich kann es genauso gut wie du. genauso viele/wenige gute Dinge; genausoviel mal (*auch:* genauso viel Mal).
Gen|bank (die, -, -en) Sammel- und Konservierungsstelle für Erbmaterial von Lebewesen.
Gen|darm (der, -en, -en) (franz.) Polizist. Gendarmerie.
Ge|nea|lo|gie (die, -, -n) (griech.) Stammbaumforschung; Familienkunde. Genealoge; genealogisch.
ge|nehm (Adj.) angenehm.
ge|neh|mi|gen (V.) bewilligen. Genehmigung; genehmigungspflichtig.

ge|neigt (Adj.) gesinnt; wohlwollend. Geneigtheit.
Ge|ne|ral (der, -s, -e/-rä|le) (lat.) Offizier. Generalsrang; Generalmajor; Generalleutnant.
Ge|ne|ral... Allgemein...; Haupt... Generalabsolution; Generalagent; Generalangriff; Generalbevollmächtigte; Generaldirektor; Generalgouverneur; Generalintendant; Generalkonsulat; Generalprobe; Generalstaatsanwalt; Generalstreik; Generalüberholung; Generalvertreter; generalüberholen.
Ge|ne|ral|ab|so|lu|ti|on (die, -, -ti|o|nen) (lat.) sakramentale Lossprechung von allen Sünden ohne vorherige Beichte in Notfällen, vollkommener Sündenablass sowie Erlass der Strafe, verbunden mit den Sakramenten der Buße und Eucharistie für Sterbende oder Ordensmitglieder (katholische Religion).
Ge|ne|rallat (das, -s, -e) Amt, Würde eines Generals.
ge|ne|ra|li|sie|ren (V.) (lat.) verallgemeinern. Generalisation; Generalisierung; Generalist; Generalität; generaliter (im Allgemeinen).
Ge|ne|ra|lis|si|mus (der, -, -si|mi/-mus|se) (ital.-lat.) Höchstkommandierender (mit Regierungsgewalt).
Ge|ne|ra|li|tät (die, -, -en) alle Generale (eines Landes).
Ge|ne|ral|se|kre|tär (der, -s, -e) (franz.) Geschäftsführer (z. B. einer Partei oder eines Wirtschaftsverbandes).
Ge|ne|ra|ti|a|nis|mus (der, -, kein Plural) (lat.) altchristliche Lehre von der Entstehung der Seele durch die elterliche Zeugung.
Ge|ne|ra|ti|on (die, -, -ti|o|nen) (lat.) Menschenalter; Geschlechterfolge.
Ge|ne|ra|ti|ons|kon|flikt (der, -s, -e) Konflikt zwischen Personen verschiedener Altersstufen.
ge|ne|ra|tiv (Adj.) (lat.) 1. zur geschlechtlichen Fortpflanzung gehörig. 2. grammatikalisch richtige Sätze erzeugend (z. B. in der generativen Semantik).
Ge|ne|ra|tor (der, -s, -en) Stromerzeuger.
ge|ne|rell (Adj.) allgemein.
ge|ne|rie|ren (V.) (lat.) hervorbringen; erzeugen. Genese; generisch.
Ge|ne|rie|rung (die, -, -en) das Generieren von sprachlichen Äußerungen (Sprachwissenschaft).
Ge|ne|ri|kum (das, -s, -ka) (lat.-franz.-engl.) Arzneipräparat, das einem bereits als Markenzeichen eingetragenen Mittel gleicht, billiger angeboten und mit der chemischen Kurzbezeichnung benannt wird.
ge|ne|risch (Adj.) das Genus betreffend.
ge|ne|rös (Adj.) (franz.) großzügig; großmütig. Generosität.

Ge|ne|se (die, -, -n) (griech.) Entstehung; Entwicklung.
ge|ne|sen (V., genas, ist genesen) gesund werden. Genesung; Genesungswünsche.
Ge|ne|sis (die, -, kein Plural) (griech.) Ursprung; (1. Buch Mosis mit der) Schöpfungsgeschichte (Bibel).
Ge|ne|tic En|gi|nee|ring (das, - -, kein Plural) (engl.) = Genmanipulation.
Ge|ne|tik (die, -, kein Plural) (griech.) Vererbungslehre. Adjektiv: genetisch.
Ge|ne|ti|ker (der, -s, -) (griech.-lat.) Wissenschaftler auf dem Gebiet der Genetik.
Ge|net|te (die, -, -n) (arab.-franz.) eine Schleichkatze; Ginsterkatze.
Ge|ne|ver (der, -s, -) (niederl.) Wacholderschnaps.
ge|ni|al (Adj.) (lat.) hochbegabt; schöpferisch. Genialität; Genie; Geniestreich; genialisch.
Ge|nick (das, -s, -ni|cke) Nacken. Genickschuss; Genickstarre.
Ge|nie|korps (das, -, -) (schweiz.-franz.) Pioniertruppe.
ge|nie|ren (V.) (franz.) sich schämen.
ge|nie|ßen (V., genoss, hat genossen) sich einem Genuss hingeben; schlemmen; schwelgen. Genießer; Genießbarkeit; genießbar; genießerisch.
Ge|ni|sa (die, -, -s) (hebr.) Raum in der Synagoge, in dem schadhafte Handschriften und Kultgegenstände aufbewahrt werden.
Ge|ni|ta|li|en (die, nur Plural) (lat.) Geschlechtsorgane. Adjektiv: genital.
Ge|ni|ta|li|tät (die, -, kein Plural) (lat.) Stufe der Sexualität, die mit dem Eintritt in die genitale Phase beginnt.
Ge|ni|tiv (der, -s, -e) (lat.) Wesfall (zweiter Fall: »Genitiv«) (Abkz.: Gen.). Genitivobjekt.
ge|ni|ti|visch (Adj.) (lat.) zum Genitiv gehörend.
Ge|ni|tiv|ob|jekt (das, -es, -e) (lat.) Ergänzung eines Verbs im zweiten Fall.
Ge|ni|us (der, -, -ni|en) (lat.) Schutzgeist; Genie.
Gen|ma|ni|pu|la|ti|on (die, -, -ti|o|nen) (griech.-lat.) gezielte Veränderung von Erbfaktoren im Rahmen der Gentechnologie.
Ge|nom (das, -s, -e) (griech.) Erbgut.
Ge|nom|ana|ly|se (die, -, -n) (griech.-lat.) Untersuchung der Erbanlagen von Lebewesen.
Ge|nos|se (der, -n, -n) Freund; Gesinnungsgefährte. Genossenschaft; Genossenschaftler; Genossenschaftsbank; Genossin; genossenschaftlich.
Ge|no|typ (der, -s, -en) (griech.) alle Erbanlagen in den Chromosomen.

ge|no|ty|pisch (Adj.) (griech.) zum Genotyp gehörig.
Ge|no|ty|pus (der, -, -ty|pen) = Genotyp.
Ge|no|zid (der, -s, -e) (griech.) Völkermord.
Gen|pool (der, -s, -s) alle Gene der Lebewesen eines Lebensraumes.
Gen|re (das, -s, -s) (franz.) Art; Wesen. Genrebild; Genremalerei; genrehaft.
Gen|ro (der, -, kein Plural) vom Kaiser in Japan installierter Staatsrat.
Gens (die, -, Gen|tes) (lat.) Sippe (im alten Rom).
Gent (der, -s, -s) (engl.) Modenarr, Stutzer.
Gen|tech|no|lo|gie (die, -, -n) technologisches Verfahren, Gene gezielt zu verändern (in der Pflanzen-, Tierzucht).
Gen|ti|a|na (die, -, kein Plural) (lat.) Enzian (als Heilpflanze); z. B. Gentianae radix: Wurzel des Gelben Enzians.
Gen|ti|len (die, nur Plural) (lat.) die Angehörigen der altrömischen Gentes.
Gen|til'homme (der, -s, -s) (franz.) = Gentleman.
Gen|t|le|man (der, -s, -men) (engl.) vornehmer Mann. gentlemanlike.
Gen|t|le|man's Ag|ree|ment (*auch:* -men's) (das, - -, - -s) (engl.) Vereinbarung auf Treu und Glauben ohne formalen Vertrag.
Gen|t|ry (die, -, kein Plural) (franz.-engl.) niederer englischer Adel.
Ge|nua (die, -, kein Plural) großes Vorsegel.
ge|nug (Adv.) genügend. *Beachte:* »genug« steht immer hinter dem Adjektiv! Beim Substantiv kann es davor oder dahinter stehen! Er ist schon reich genug. Es gibt genug Armut/Armut genug. *Zusammenschreibung:* Die Kinder konnten sich nicht genugtun (nicht aufhören) zuzuschauen. *Aber:* Du hast jetzt genug getan. zur Genüge; Genugtuung; genügen.
ge|nüg|sam (Adj.) anspruchslos. Genügsamkeit.
ge|nu|in (Adj.) (lat.) angeboren; natürlich.
Ge|nus (das, -, Ge|ne|ra) (lat.) Gattung; Geschlecht. Genus Verbi; generisch.
Ge|nuss (der, -nus|ses, -nüs|se) Genießen; Schwelgen. Genussmittel; Genusssucht (*auch:* Genuss-Sucht); Genüssling; genussfreudig; genusssüchtig; genussvoll; genüsslich; genießen.
Ge|nus Ver|bi (das, - -, Ge|ne|ra -) (lat.) Aktionsform des Verbs, Aktiv oder Passiv.
Geo|bio|lo|gie (die, -, kein Plural) (griech.) die Wissenschaft, die sich mit dem Verhältnis zwischen Geosphäre und Mensch befasst.
Geo|bi|ont (der, -en, -en) Lebewesen im Erdboden.

Geo|bo|ta|nik (die, -, kein Plural) Wissenschaft von der Pflanzenverbreitung.
Geo|dä|sie (die, -, kein Plural) (griech.) Vermessungskunde.
Geo|dät (der, -en, -en) (griech.) Landvermesser.
Geo|de (die, -, -n) (griech.) vollständige Ausfüllung eines Gesteinshohlraumes.
Geo|drei|eck (das, -s, -e|cke) Zeichengerät; transparentes Dreieck zum Ausmessen und Zeichnen von Winkeln o. Ä.
Geo|ge|ne|se (die, -, kein Plural) (griech.-lat.) Wissenschaft von der Entstehung der Erde.
Geo|ge|nie = Geogenese.
Geo|go|nie = Geogenese.
Geo|gra|fie (*auch:* Geo|gra|phie) (die, -, kein Plural) (griech.) Erdkunde. Geograf (*auch:* Geograph); geografisch (*auch:* geographisch).
Geo|id (das, -s, -e) (griech.) wirkliche (nicht genau kugelförmige) Erdfigur.
Geo|lo|gie (die, -, kein Plural) (griech.) Lehre von der Erdgeschichte. Geologe; geologisch.
Geo|man|tie (die, -, kein Plural) (griech.) eine Orakelform. Erdweissagung.
Geo|man|tik (die, -, kein Plural) = Geomantie.
Geo|me|t|rie (die, -, kein Plural) (griech.) Gebiet der Mathematik. Adjektiv: geometrisch; geometrisches Mittel.
Geo|mor|pho|lo|gie (die, -, kein Plural) (griech.) Wissenschaft von den Formen der Erdrinde und ihrer Entstehung.
Geo|nym (das, -s, -e) (griech.) Pseudonym, das aus einem geographischen Namen oder Hinweis gebildet wird.
Geo|phy|sik (die, -, kein Plural) (griech.) Wissenschaft von den natürlichen physikalischen Erscheinungen auf der Erde.
Geo|plas|tik (die, -, -en) (griech.-lat.) räumliche Darstellung der Erdoberfläche.
Geo|po|li|tik (die, -, kein Plural) (griech.-lat.) die Wissenschaft, die die Einwirkungen geografischer Faktoren auf politische Vorgänge und Kräfte untersucht.
Ge|or|gi|en (ohne Art., -s, kein Plural) GUS-Staat. Georgier; georgisch.
Geo|ta|xis (die, -, -ta|xen) (griech.) Orientierungsbewegung bestimmter Tiere und Pflanzen, die in ihrer Richtung durch die Schwerkraft der Erde bestimmt ist.
Geo|the|ra|pie (die, -, -n) (griech.) klimatische Heilbehandlung (Med.).
geo|ther|misch (Adj.) (griech.) zur Erdwärme gehörig; z. B. die geothermische Energie ausnutzen.
geo|trop (Adj.) zum Geotropismus gehörig; durch ihn bewirkt.

Geo'tro'pis'mus (der, -, kein Plural) (griech.) Fähigkeit (mancher Pflanzen), eine durch die Schwerkraft bestimmte Wachstumsrichtung einzunehmen.
Geo'wis'sen'schaf'ten (die, nur Plural) (griech.-dt.) alle Wissenschaftszweige, die sich mit der Erforschung der Erde beschäftigen.
geo'zen't'risch (Adj.) auf den Erdmittelpunkt/die Erde als Mittelpunkt bezogen.
Geo'zoo'lo'gie (die, -, kein Plural) (griech.) Wissenschaft, die sich mit der geografischen Verbreitung der Tiere beschäftigt, Zoogeografie.
geo'zy'k'lisch (Adj.) den Umlauf der Erde betreffend.
Ge'päck (das, -s, kein Plural) Reiseausrüstung. Gepäckabfertigung; Gepäckaufbewahrung; Gepäckstück; Gepäcknetz; Gepäckträger.
Ge'pard (der, -s, -e) (franz.) Raubkatze.
ge'pfef'fert (Adj.) (ugs.) derb; sehr hoch.
ge'pflegt (Adj.) gut erhalten; qualitätvoll. Gepflegtheit.
Ge'pflo'gen'heit (die, -, -en) Gewohnheit.
Ge'phy'ro'pho'bie (die, -, -n) (griech.-lat.) Angstgefühl vor dem Betreten einer Brücke.
Ge'plän'kel (das, -s, -) Wortgefecht.
Ge'plärr (*auch:* Ge'plär're) (das, -s, kein Plural) Geschrei.
Ge'pol'ter (das, -s, kein Plural) Lärm; Schelten.
Ge'prä'ge (das, -s, kein Plural) Prägung; Stil.
Ge'prän'ge (das, -s, kein Plural) Pracht; Pomp; Prunk.
ge'punk'tet (Adj.) mit Punkten versehen. Er schenkte mir einen roten, weiß gepunkteten (*auch:* weißgepunkteten) Schal.
Ge'quas'sel (das, -s, kein Plural) Geschwätz.
Ge'quen'gel (das, -s, kein Plural) Nörgelei.
Ger (der, -s, -e) Wurfspieß.
ge'ra'de 1. (Adj.) nicht krumm; nicht schief. *Beachte:* Getrenntschreibung immer dann, wenn »gerade« im Sinne von »nicht krumm« gebraucht wird! sich gerade halten; gerade sitzen; gerade richten; gerade stehen. Zusammenschreibung, wenn ein neuer Begriff entsteht: etwas geradebiegen (wieder einrenken); für etwas geradestehen (einstehen). *Aber:* »gerade« im Sinne von »jetzt/soeben« wird vom folgenden Verb getrennt geschrieben! Ich bin gerade gekommen. 2. (Adv.) soeben; direkt; knapp; genau; besonders. *Beachte:* geradeaus; geradeheraus (freimütig); geradewegs; geradeso (ebenso); geradeso gut; geradezu. Gerade; Geradheit; Geradlinigkeit; geradlinig; geradsinnig; geradläufig.
ge'rä'dert (Adj.) (ugs.) erschöpft.

ge'ram'melt (Adv.) (ugs.; nur in der Wendung:) gerammelt voll (überfüllt).
Ge'ran'gel (das, -s, kein Plural) Kampf; Streit.
Ge'ra'nie (die, -, -n) (griech.) Zierpflanze.
Ge'ran'ke (das, -s, kein Plural) Rankenwerk.
Ge'rant (der, -en, -en) (schweiz.-franz.) Geschäftsführer.
Ge'rät (das, -s, -e) Werkzeug; Instrument; Maschine. Geräteschuppen; Geräteturnen; Gerätschaften.
ge'ra'ten 1. (V., geriet, ist geraten) gelingen; gelangen. 2. (Adj.) ratsam.
Ge'ra'te'wohl (das) (nur in Verbindung:) aufs Geratewohl (auf gut Glück).
Ge'räu'cher'te (die, -n, kein Plural) geräucherter Schinken, Speck.
ge'raum (Adj.) (nur in den Wendungen:) geraume (längere) Weile/Zeit.
ge'räu'mig (Adj.) groß. Geräumigkeit.
Ge'räusch (das, -es, -e) Ton; Laut. Geräuschkulisse; Geräuschlosigkeit; Geräuschpegel; geräuscharm; geräuschempfindlich; geräuschlos; geräuschvoll.
ger'ben (V.) zu Leder verarbeiten. Gerber; Gerberei; Gerbung; Gerbsäure.
ge're'gelt (Adj.) geordnet; festgelegt.
Ger'be'ra (die, -, -/-s) Blume.
ge'rech'net (Adj.) gezählt. *Beachte:* Es sind(,) grob gerechnet(,) 25 Prozent.
ge'recht (Adj.) richtig; objektiv; verdient. Gerechtigkeit; Gerechtigkeitssinn.
Ge're'de (das, -s, kein Plural) Rederei; Geschwätz.
Ge'reizt'heit (die, -, -en) Nervosität. Adjektiv: gereizt.
Ge're'nuk (der, -s, -s) (Somali) Gazellenart.
Ge'ri'a'ter (der, -s, -) (griech.-lat.) Facharzt auf dem Gebiet der Altersheilkunde. geriatrisch.
Ge'ri'a't'rie (die, -, kein Plural) (griech.) Altersheilkunde.
Ge'ri'a't'ri'kum (das, -s, -ka) (griech.-lat.) Mittel zur Behandlung von Alterserscheinungen.
Ge'richt (das, -s, -e) Gerichtsbarkeit; Rechtsprechung; Speise. Gerichtsbeschluss; Gerichtshof; Gerichtsmediziner; Gerichtssaal; Gerichtsstand; Gerichtsverhandlung; Gerichtsvollzieher; gerichtlich.
ge'rie'ren (V.) (lat.) sich aufführen; sich benehmen; gebärden als; z. B. er geriert sich als Wissenschaftler.
ge'ring (Adj.) klein; wenig; unbedeutend. Das geht Sie nicht das Geringste (gar nichts) an. ein Geringes (wenig); es war um ein Geringes zu niedrig; nicht im Geringsten (gar nicht); es war kein Geringerer als der Minister selbst; nichts Geringeres als; das Geringste, was ich von dir

verlange; wir beschränken uns auf ein Geringes. gering achten (*auch:* geringachten); gering schätzen (*auch:* geringschätzen). Geringfügigkeit; Geringschätzung; geringfügig; geringschätzig; geringstenfalls.

ge|rin|nen (V., gerann, ist geronnen) ausflocken; stocken. Gerinnung; Gerinnsel; gerinnungsfähig.

Ge|rip|pe (das, -s, -) Skelett. Adj.: gerippt.

ge|ris|sen (Adj.) schlau. Gerissenheit.

ge|ritzt (Adj.) (ugs.) in Ordnung.

Germ (der/die, -s/-, kein Plural) (südd.) Hefe. Germknödel.

Ger|ma|ne (der, -n, -n) Angehöriger einer ehemaligen indogermanischen Völkergruppe. Germanin; germanisch.

Ger|ma|nia (die, -, kein Plural) weibliches Sinnbild Deutschlands.

ger|ma|ni|sie|ren (V.) (nlat.) eindeutschen.

Ger|ma|nis|mus (der, -, -men) (nlat.) deutsche Spracheigentümlichkeit in einer fremden Sprache (z. B. die Vorsilbe »ge-« im Schwedischen).

Ger|ma|nis|tik (die, -, kein Plural) deutsche Sprach- und Literaturwissenschaft. Germanist/-in; germanistisch.

Ger|ma|ni|um (das, -s, kein Plural) chemischer Stoff (Abk.: Ge).

ger|ma|no|phil (Adj.) (nlat.-griech.) alles Deutsche liebend.

ger|ma|no|phob (Adj.) (nlat.-griech.) deutschfeindlich.

ger|mi|nal (Adj.) (lat.) zum Pflanzenkeim gehörig.

Ger|mi|nal (der, -s, -s) (lat.-franz.) der siebte Monat im Revolutionskalender der Französischen Staatsleben).

Ger|mi|na|ti|on (die, -, -ti|o|nen) (lat.) Keimbildungsperiode (der Pflanzen).

Ger|misch (das, -, kein Plural) (engl.) (ugs.) übermäßig mit Anglizismen, Amerikanismen durchsetztes Deutsch.

gern (*auch:* ger|ne) (Adv.; lieber, am liebsten) freudig; mit Vorliebe. Man muss die Kleine einfach gernhaben (lieb haben). Das würde ich gar zu gern tun. Sie waren gern gesehene (*auch:* gerngesehene) Kunden. Gernegroß; Gerneklug.

Ge|ro|der|ma (das, -s, -ma|ta) (griech.-lat.) schlaffe, welke Haut.

Ge|röll (das, -s, -e) lockeres Gestein. Geröllhalde; Geröllschutt.

Ge|ront (der, -en, -en) Ältester (im altgriechischen Staatsleben).

Ge|ron|to|lo|gie (die, -, kein Plural) (griech.) Altersforschung.

Gers|te (die, -, -n) Getreidesorte. Gerstenkorn; Gerstensaft; Gerstensuppe.

Ge|ruch (der, -s, -rü|che) 1. Geruchssinn. 2. Duft. Geruchsbelästigung; Geruchsfilter; Geruchsorgan; Geruchsvermögen. *Aber:* ohne Fugen-s: Geruchlosigkeit; geruchlos; geruch(s)frei.

Ge|rücht (das, -s, -e) Klatsch; Gerede. Gerüchteküche; Gerüchtemacher; gerüchtweise.

ge|rührt (Adj.) bewegt; erschüttert.

ge|ruh|sam (Adj.) behaglich; ruhig. Geruhsamkeit.

Ge|rüm|pel (das, -s, kein Plural) Kram, Müll.

Ge|rund (das, -s, -di|en) = Gerundium.

Ge|run|di|um (das, -s, -di|en) Beugungsform des Infinitivs (im Lateinischen, z. B. »legendi« in »ars libros legendi« = die Kunst, Bücher zu lesen).

Ge|run|div (das, -s, -e) (lat.) grammatische Form, welche die Notwendigkeit ausdrückt; Partizip des Passivs des Futurs (= Gerundivum).

ge|run|di|visch (Adj.) (lat.) in der Art des Gerundivs; das Gerundiv betreffend.

Ge|run|di|vum (das, -s, -di|va) Partizip des passivischen Futurs (im Lateinischen, z. B. Proband »ein zu Erprobender«).

Ge|ru|sia (die, -, kein Plural) (griech.) Rat der Geronten.

Ge|rüst (das, -s, -e) Stütz-, Arbeitsgestell.

Ger|vais (der, -, -) (franz.) Weichkäse.

ge|sagt (Adj.) genannt. *Beachte:* das weiter oben Gesagte. Ich finde das(,) offen gesagt(,) eine Unverschämtheit. Er hatte(,) wie gesagt(,) das Wichtigste vergessen.

ge|sal|zen (Adj.) gewürzt; (ugs.) sehr hoch.

ge|samt (Adj.) zusammengenommen; ganz. *Beachte:* im Gesamten sehr gut. Gesamtausgabe; Gesamteindruck; Gesamtheit; Gesamtnote; Gesamtsumme; gesamtdeutsch; insgesamt.

Ge|sand|te (der, -n, -n) Vertreter; Abgeordneter. Gesandtschaft; gesandtschaftlich.

Ge|sang (das, -s, -sän|ge) Singen, Lied. Gesangbuch; Gesanglehrer; Gesangstunde; Gesangverein. *Aber:* mit Fugen-s: Gesangskunst.

Ge|sa|rol (das, -s, kein Plural) Pflanzenschutzmittel.

Ge|säß (das, -es, -e) Hintern; Popo. Gesäßmuskel; Gesäßtasche.

gesch. (Abk.) geschieden.

Ge|schäft (das, -es, -e) Gewerbe; Laden; Arbeitsstelle. Geschäftemacher; Geschäftigkeit; Geschäftsabschluss; Geschäftsfrau; Geschäftsgeheimnis; Geschäftsleitung; Geschäftspartner; Geschäftsschluss; Geschäftsstelle; Geschäftszeit; geschäftig; geschäftlich; geschäftsfähig; geschäftskundig; geschäftsmäßig; geschäftsschädigend; geschäftstüchtig.

ge|scheckt (Adj.) gefleckt. ein bunt geschecktes Füllen.

ge|sche|hen (V., geschah, ist geschehen) passieren. Geschehen; Geschehnis.
ge|scheit (Adj.) klug; (südd.) tüchtig.
Ge|schenk (das, -s, -e) Gabe. Geschenkartikel; Geschenkpapier; geschenkweise.
Ge|schich|te (die, -, -n) Geschehen; Historie; Entwicklung; Erzählung. *Beachte:* Zusammensetzungen mit Fugen-s in der Bedeutung »Historie«, aber mit »-en« in der Bedeutung »Erzählung«! Geschichtsbewusstsein; Geschichtsbuch; Geschichtsforschung; Geschichtsphilosophie; Geschichtsschreibung; Geschichtsverständnis; Geschichtswissenschaft; geschichtlich. *Aber:* Geschichtenerzähler; Geschichtenbuch.
Ge|schick (das, -s, -schi|cke) Fähigkeit; Geschicklichkeit; Schicksal. Geschicklichkeitsspiel; Geschicktheit; geschickt.
ge|schie|den (Adj.) getrennt (Abk.: gesch.). Geschiedene.
Ge|schirr (das, -s, -e) Porzellanwaren; Zugseil (Pferd). Geschirrspüler; Geschirrreiniger *(auch:* Geschirr-Reiniger); Geschirrtuch.
Ge|schlecht (das, -s, -er) weibliche oder männliche Merkmale; Art; Familie; Genus; Geschlechtsteil. Geschlechterfolge; Geschlechterrolle; Geschlechtlichkeit; Geschlechtsakt; Geschlechtskrankheit; Geschlechtsmerkmal; Geschlechtsreife; Geschlechtstrieb; Geschlechtsverkehr; geschlechtlich; geschlechtskrank; geschlechtsreif; geschlechtsspezifisch; verschiedengeschlechtlich.
Ge|schmack (der, -s, -schmä|cke/-schmä|cker) Geschmackssinn; ästhetisches Empfinden. Geschmacklosigkeit; Geschmackssache; Geschmacksempfindung; Geschmacksnerv; Geschmacksrichtung; Geschmacksverirrung; geschmacklich; geschmacklos; geschmacksbildend; geschmackvoll.
Ge|schmei|de (das, -s, -) kostbarer Halsschmuck.
ge|schmei|dig (Adj.) gelenkig; elastisch. Geschmeidigkeit.
Ge|schmeiß (das, -es, kein Plural) (ugs.) Ungeziefer; Gesindel.
Ge|schnet|zel|te (das, -n, kein Plural) Fleischgericht.
ge|schnie|gelt (Adj.) fein gemacht. Er war geschniegelt und gebügelt.
Ge|schöpf (das, -s/-es, -e) Lebewesen; Kreatur.
Ge|schoss (das, -schos|ses, -schos|se) Kugel; Stockwerk. Geschosshagel; ein fünfgeschossiges Haus.
ge|schraubt (Adj.) (ugs.) gekünstelt. Geschraubtheit.

Ge|schütz (das, -es, -e) Abschussvorrichtung. Geschützfeuer; Geschützrohr.
Ge|schwa|der (das, -s, -) Flugzeug-, Schiffsverband.
Ge|schwa|fel (das, -s, kein Plural) dummes Geschwätz.
Ge|schwätz (das, -es, kein Plural) Schwatzen; Gerede. Geschwätzigkeit; geschwätzig.
ge|schwei|ge (Konj.) (meist in der Wendung:) geschweige denn (noch viel weniger). *Beachte:* folgt nur auf verneinte oder eingeschränkte Aussagen! Er kann nicht einmal lesen, geschweige denn schreiben. Er kann nicht einmal lesen, geschweige denn(,) dass er schreiben kann. Ich hoffe nicht, dass er anruft, geschweige(,) dass er kommt.
ge|schwind (Adj.) schnell. Geschwindigkeit; Geschwindigkeitsbegrenzung; Geschwindigkeitsüberschreitung.
Ge|schwis|ter (das, -s, -) (meist Plural) Geschwisterteil. Geschwisterkind; Geschwisterpaar; geschwisterlich.
ge|schwol|len (Adj.) (ugs.) prahlerisch; eingebildet. Geschwollenheit.
Ge|schwo|re|ne (der, -n, -n) Schöffe; Laienrichter. Geschworenengericht.
Ge|schwulst (die, -, -schwüls|te) Tumor.
Ge|schwür (das, -s, -e) Entzündung. Geschwürbildung; Eitergeschwür; geschwürig.
Ge|sei|re (das, -s, kein Plural) (jidd.) Gejammer.
Ge|selch|te (das, -n, kein Plural) (südd.) geräuchertes Fleisch.
Ge|sel|le (der, -n, -n) 1. Handwerker. 2. Kerl. Gesellenbrief; Gesellenprüfung; Gesellenstück.
ge|sel|lig (Adj.) leutselig. Geselligkeit.
Ge|sell|schaft (die, -, -en) 1. Öffentlichkeit. 2. Vereinigung. Gesellschaft mit beschränkter Haftung (Abk.: GmbH); Gesellschafter; Gesellschaftsdame; Gesellschaftsform; Gesellschaftsordnung; Gesellschaftssystem; Gesellschaftswissenschaft (Sozialwissenschaft); gesellschaftlich; gesellschaftsfähig; gesellschaftspolitisch.
Ge|setz (das, -es, -e) Recht; Grundsatz; Regel. Gesetzblatt (Abk.: GBl.); Gesetzbuch; Gesetzentwurf; Gesetzessammlung; Gesetzeshüter; Gesetzgebung; Gesetzlichkeit; Gesetzlosigkeit; Gesetzmäßigkeit; gesetzgebend; gesetzlich; gesetzlos; gesetzmäßig; gesetzwidrig.
Ge|setzt (Adj.) ernst, würdevoll; angenommen. Gesetztheit. gesetzt (den Fall)(,) dass ...; gesetztenfalls.
ges. gesch. (Abk.) gesetzlich geschützt.
Ge|sicht (das, -s, -er) Antlitz; Miene. Gesichtsausdruck; Gesichtsfeld; Gesichtspunkt; Gesichtszug.

Gesims　　　　　　　　　　　　Gesundheitsreform

Ge|sims (das, -es, -e) Mauervorsprung.
Ge|sin|de (das, -s, kein Plural) Dienerschaft. Gesindestube.
Ge|sin|del (das, -s, kein Plural) Pack.
ge|sinnt (Adj.) eingestellt. gleich gesinnt; anders gesinnt; gutgesinnt; *aber:* dieser Mensch ist mir gut/schlecht gesinnt. Gesinnung; Gesinnungsgenosse; Gesinnungslosigkeit; Gesinnungstäter; Gesinnungswandel; gesinnungslos.
ge|sit|tet (Adj.) sittsam; kultiviert. Gesittung.
Ge|socks (das, -, kein Plural) (nordd.) Gesindel.
Ge|söff (das, -s, -e) schlechtes Getränk.
Ge|span (der, -es, -e) (ung.) Beamter in der ungarischen Verwaltung.
Ge|spann (das, -s, -e) Zugtiere; Wagen.
ge|spannt (Adj.) neugierig; erwartungsvoll. Gespanntheit.
Ge|span|schaft (die, -, -en) Amtsbereich eines Gespans. Grafschaft.
Ge|spenst (das, -s/-es, -er) Geist. Gespensterstunde; Gespenstergeschichte; Gespensterroman; gespenstig; gespenstisch.
Ge|spinst (das, -es, -e) Gesponnenes. Hirngespinst.
Ge|spött (das, -es, kein Plural) Hohn; Spott; Gegenstand des Spottes.
Ge|spräch (das, -es, -e) Unterhaltung; Diskussion. Gesprächigkeit; Gesprächspartner; Gesprächsrunde; Gesprächsstoff; gesprächig; gesprächsbereit; gesprächsweise.
ge|spreizt (Adj.) geziert; künstlich. Gespreiztheit.
ge|spren|kelt (Adj.) gefleckt.
Ge|spritz|te (der, -n, -n) (südd.) Wein-Sprudel-Mischung.
Ge|spür (das, -s, kein Plural) Gefühl.
Gest (der/die, -es/-s/-, kein Plural) (nordd.) Hefe.
gest. (Abk.) gestorben.
Ge|sta|de (das, -s, -) Ufer; Strand.
Ges|ta|gen (das, -s, -e) (lat.-griech.) weibliches Hormon, Gelbkörperhormon.
Ge|stalt (die, -, -en) Figur; Erscheinung; Aussehen. Gestalter/in; Gestaltung; Gestaltungskraft; gestaltbar; gestaltenreich; gestalterisch; gestaltlos; wohlgestaltet. *Beachte:* dergestalt (so); gestalten.
Ge|stam|mel (das, -s, kein Plural) Stottern.
ge|stän|dig (Adj.) Schuld anerkennend; einsichtig. Geständnis.
Ge|stän|ge (das, -s, -) Stangengefüge.
Ge|stank (der, -s, kein Plural) übler Geruch.
Ge|sta|po (die, -, kein Plural) (Kurzw.) Geheime Staatspolizei (Nationalsozialismus).

Ges|ta Ro|ma|no|rum (die, nur Plural) (lat.) Titel einer lateinischen Novellensammlung aus dem Mittelalter.
ge|stat|ten (V.) erlauben.
Ges|te (die, -, -n) (lat.) Gebärde. Gestik; Gestikulation; gestenreich; gestisch; gestikulieren.
Ge|steck (das, -s, -ste|cke) Gebinde.
ge|ste|hen (V., gestand, hat gestanden) zugeben.
Ge|stein (das, -s, -e) Mineralienverbindung; Fels. Gesteinsblock; Gesteinskunde; Gesteinsprobe; Gesteinsschicht.
Ge|stell (das, -s, -e) Stütze, Träger.
ges|tern (Adv.) der gestrige Tag. bis/erst/seit gestern; ich bin doch nicht von gestern; gestern Abend/früh (*auch:* Früh)/Mittag/Morgen; gestern und heute, *aber:* das Gestern und das Heute; vorgestern; gestrig. *Großschreibung:* alles Gestrige; das Gestrige habe ich längst vergessen; das Gestern.
ge|stie|felt (Adj.) mit Stiefeln. *Aber:* der Gestiefelte Kater.
Ges|ti|on (die, -, -ti|o|nen) (lat.) Führung. Verwaltung.
Ge|stirn (das, -s, -e) Stern. Adjektiv: gestirnt.
Ge|stö|ber (das, -s, -) Schneetreiben.
Ges|to|se (die, -, -n) (lat.-griech.) schwangerschaftsbedingte Erkrankung.
ge|streift (Adj.) mit Streifenmuster. Der Schal ist grün gestreift (*auch:* grüngestreift).
gest|rig (Adj.) von gestern; rückständig. Er ist ein Ewiggestriger geblieben.
Ge|strüpp (das, -s, -e) Dickicht.
Ges|tus (der, -, kein Plural) (lat.) Gebärde; Gestik.
Ge|stüt (das, -s, -e) Pferdezuchtbetrieb. Gestüthengst; Gestütsbrand (Brandzeichen).
Ge|such (das, -s/-es, -e) schriftliche Bitte; Anliegen.
ge|sucht (Adj.) gekünstelt. Gesuchtheit.
ge|sund (Adj.) wohlauf; kräftig. Es ist das Gesündeste (am gesündesten) lange Spaziergänge zu machen. *Beachte:* Zusammenschreibung mit einem Verb, wenn eine neue Verbbedeutung entsteht! gesundschrumpfen; gesundstoßen; sich gesundmachen (bereichern); *aber:* jemanden gesund machen (*auch:* gesundmachen). gesundbeten. Du wirst dich bald wieder gesund fühlen. Gesundbrunnen; Gesunde; Gesundheitsamt; Gesundheitsapostel; Gesundung; Gesundheitszeugnis; gesundheitlich; gesundheitsschädigend; gesundheitsschädlich; gesunden.
Ge|sund|heits|re|form (die, -, kein Plural) Gesetz zur Neuregelung des Gesundheitswesens.

Ge|tä|fel (das, -s, kein Plural) Täfelung. Adjektiv: getäfelt.
ge|ti|gert (Adj.) gestreift.
Ge|to|be (das, -s, kein Plural) ausgelassenes Treiben.
Ge|tö|se (*auch:* Ge|tös) (das, -s, kein Plural) Lärm.
ge|tra|gen (Adj.) ernst; langsam.
Ge|tränk (das, -s, -e) Erfrischung; Trank. Getränkeautomat; Getränkesteuer.
Ge|tratsch (*auch:* Ge|trat|sche) (das, -es, kein Plural) Klatsch.
ge|trau|en (V., refl.) sich zutrauen; wagen. Was, du getraust dich (nicht: dir!) nicht?
Ge|trei|de (das, -s, -) Ährenpflanze; Korn. Getreideanbau; Getreideernte; Getreidemühle; Getreidespeicher.
ge|trennt (Adj.) geteilt; auseinander. *Beachte:* Die Wörter muss man getrennt schreiben. ein getrennt lebendes (*auch:* getrenntlebendes) Ehepaar. getrenntgeschlechtig. Getrenntschreibung (→ Zusammen- oder Getrenntschreibung!).
ge|treu (Adj.) zuverlässig; genau. *Beachte:* mit Dativ! Getreu meinem Vorsatz. Getreue; getreulich.
Ge|trie|be (das, -s, -) Maschinenteil zur Bewegungsübertragung; Betriebsamkeit. Getriebeschaden; getrieben.
Ge|tril|ler (das, -s, kein Plural) Pfeifen.
ge|trost (Adj.) zuversichtlich; ruhig.
Get|ter (der, -s, -) (engl.) Fangstoff, um Gase in Röhren zu binden.
get|tern (V.) Gase durch Getter binden; etwas mit einem Getter versehen.
Get|te|rung (die, -, -en) Bindung von Gasen durch Getter.
Get|to (*auch:* Ghet|to) (das, -s, -s) (ital.) abgesperrter Bezirk; Isolation. Verb: gettoisieren.
Ge|tue (das, -s, kein Plural) Aufhebens.
Ge|tüm|mel (das, -s, kein Plural) Menge; Tumult.
ge|tüp|felt (*auch:* ge|tupft) (Adj.) mit Tupfen.
Ge|viert (das, -s, -e) Viereck; Quadrat. Adjektiv: geviertteilt.
Ge|wächs (das, -es, -e) Pflanze. Gewächshaus.
ge|wagt (Adj.) gefährlich; anstößig. Gewagtheit.
ge|wahr (Adj.) (nur in der Wendung:) einer/eine Sache gewahr werden (bemerken). Er ging an mir vorüber ohne meiner/mich gewahr zu werden.
Ge|währ (die, -, kein Plural) Garantie; Sicherheit. Gewähr bieten/geben/leisten; ohne Gewähr; Gewährfrist; Gewährsmann; Gewährleistung; gewährleisten.
ge|wah|ren (V.) bemerken.
ge|wäh|ren (V.) bewilligen. Gewährung.
Ge|wahr|sam 1. (der, -s, -e) Haft; Verwahrung. 2. (das, -s, -e) Gefängnis.
Ge|walt (die, -, -en) Staatsmacht; Brutalität; Härte. Gewaltakt; Gewaltenteilung; Gewaltherrschaft; Gewaltigkeit; Gewaltlosigkeit; Gewaltmarsch; Gewaltsamkeit; Gewalttätigkeit; Gewaltverbrecher; Gewaltverzicht; gewaltig; gewaltlos; gewalttätig.
Ge|wand (das, -s, -wän|der) Kleidung. Gewandhaus; gewanden.
ge|wandt (Adj.) geschickt; wendig. Gewandtheit.
ge|wär|ti|gen (V.) auf etwas gefasst sein. Adjektiv: gewärtig.
Ge|wäs|ser (das, -s, -) Wasseransammlung; Wasserlauf. Gewässerreinigung; Gewässerkunde.
Ge|we|be (das, -s, -) Stoff; Zellgefüge. Gewebebreite; Gewebelehre; Gewebsflüssigkeit; Gewebstherapie; Gewebsverpflanzung.
ge|weckt (Adj.) aufgeschlossen. Gewecktheit.
Ge|wehr (das, -s, -e) Schusswaffe. Gewehrkolben; Gewehrfeuer.
Ge|weih (das, -s, -e) Horn (Wild). Geweihtrophäe; Hirschgeweih.
Ge|wer|be (das, -s, -) berufliche Tätigkeit; Berufszweig; Betrieb. Gewerbeaufsichtsamt; Gewerbefreiheit; Gewerbegebiet; Gewerbekammer; Gewerbeordnung; Gewerbeschein; Gewerbesteuer; Gewerbetreibende; gewerbetreibend; gewerblich; gewerbsmäßig.
Ge|werk|schaft (die, -, -en) Arbeitnehmervereinigung. Gewerkschaft(l)er; Gewerkschaftsbund; Gewerkschaftsführer; Gewerkschaftsmitglied; gewerkschaftlich.
Ge|wicht (das, -s/-es, -e) Schwere; Masse. Gewichtheben; Gewichtigkeit; Gewichtsklasse; Gewichtsverlust; Gewichtung; gewichtig; gewichten.
ge|wieft (Adj.) (ugs.) schlau.
Ge|wim|mel (das, -s, kein Plural) Durcheinander.
Ge|win|de (das, -s, -) Rille; Geflecht. Gewindegang; Gewindeschneider.
Ge|winn (der, -s, -e) Ertrag; Preis; Sieg. Gewinnanteil; Gewinner; Gewinnklasse; Gewinnsatz; Gewinnspanne; Gewinnnummer (*auch:* Gewinn-Nummer); Gewinn- und Verlustrechnung; Gewinnung; Gewinnzahl; gewinnbringend (*auch:* Gewinn bringend, *aber nur:* eine großen Gewinn bringende Investition; gewinnend; gewinnsüchtig; gewinnreich; gewinnen.
Ge|win|sel (das, -s, kein Plural) Jammern.
Ge|wirr (das, -s, kein Plural) Durcheinander.

Ge|wis|per (das, -s, kein Plural) Flüstern.
ge|wiss 1. (Adj.) unbestimmt; gering. Eine gewisse Frau Meier wollte sich noch vorstellen. ein gewisser anderer. *Aber:* ein gewisser Jemand; er hat ein gewisses Etwas; nichts Gewisses weiß man. 2. (Adv.) sicherlich. Gewissheit; gewisslich; gewissermaßen.
Ge|wis|sen (das, -s, -) moralisches Bewusstsein. Gewissenhaftigkeit; Gewissenlosigkeit; Gewissensbisse; Gewissensfrage; Gewissenskonflikt; Gewissenswurm; gewissenhaft; gewissenlos.
Ge|wit|ter (das, -s, -) Unwetter. Gewitterfront; Gewitterschwüle; Gewitterstimmung; Gewitterwand; gewitt(e)rig; gewittern.
ge|witzt (Adj.) schlau. Gewitztheit.
GewO (Abk.) Gewerbeordnung.
ge|wo|gen (Adj.) wohlgesonnen; freundlich. Gewogenheit.
ge|wöh|nen (V.) vertraut machen/werden. Gewohnheit; Gewohnheitsrecht; Gewohnheitstier; Gewöhnung; gewohnheitsmäßig; gewohnt (geübt, erfahren); gewöhnt (vertraut). Ich bin es gewöhnt, früh aufzustehen.
Ge|wöl|be (das, -s, -) Deckenrund. Gewölbepfeiler; Himmelsgewölbe.
Ge|wölk (das, -s, kein Plural) Wolkenverband.
Ge|wühl (das, -s, kein Plural) Durcheinander.
Ge|würz (das, -es, -e) Aromamittel. Gewürzgurke; Gewürzkräuter; Gewürzessig; Gewürzkuchen; gewürzig.
Gey|sir (der, -s, -e) (isländ.) heiße Quelle.
gez. (Abk.) gezeichnet.
Ge|zänk (das, -s, kein Plural) Streiterei.
Ge|zei|ten (die, nur Plural) Ebbe und Flut. Gezeitenkraftwerk; Gezeitenwechsel.
Ge|ze|ter (das, -s, kein Plural) Jammern; Wehklagen.
ge|zie|mend (Adj.) gebührend. Verb: geziemen.
ge|ziert (Adj.) gespreizt, gekünstelt. Geziertheit.
Ge|zwit|scher (das, -s, kein Plural) Vogelgesang.
ge|zwun|gen (Adj.) geziert; gekünstelt. Gezwungenheit; gezwungenermaßen.
GG (Abk.) Grundgesetz.
ggf. (Abk.) gegebenenfalls.
g.g.T. (*auch:* ggT) (Abk.) größter gemeinsamer Teiler (Mathematik).
Gha|na (ohne Art., -s, kein Plural) afrikanischer Staat. Ghanaer; ghanesisch.
Ghet|to → Getto.
Ghi|bel|li|ne (*auch:* Gi|bel|line) (der, -n, -n) (ital.) italienischer Anhänger der Hohenstauferkaiser und Gegner der Guelfen.

Ghi|b|li (*auch:* Gi|b|li) (der, -, -) (arab.-ital.) trockenheißer libyscher Wüstenwind, der Staub und Sand mit sich führt.
Ghost|wri|ter (der, -s, -) (engl.) Autor, der im Namen einer Persönlichkeit schreibt.
GI (der, -s, -s) (Kurzw.: Government Issue) (ugs.) amerikanischer Soldat.
Gi|aur (der, -s, -s) (arab.-türk.) Nichtmuslim.
Gib|bon (der, -s, -s) (franz.) Affenart.
Gicht (die, -, kein Plural) Stoffwechselkrankheit. Gichtknoten; gichtisch; gichtkrank.
Gie|bel (der, -s, -) obere Schmalseite eines Gebäudes.
Gien (das, -s, -e) schweres Takel (Seemannssprache).
Gie|per (der, -s, kein Plural) (nordd.) (ugs.) Begierde; Appetit. Giep(e)rigkeit; giep(e)rig; giepern.
Gier (die, -, kein Plural) Verlangen; Begierde; Drang. Gierigkeit; Gierschlund; gierig; gieren.
gie|ßen (V., goss, hat gegossen) ausschütten; bewässern; schmelzen und formen. Gießer; Gießerei; Gießblech; Gießform; Gießkanne.
Gift (das, -s, -e) Schadstoff; Ärger. Gift und Galle; Giftgas; Giftigkeit; Giftmischer; Giftmord; Giftmüll; Giftnudel; Giftschlange; Giftspritze; Giftstoff; Giftzwerg; giftgrün; giftig.
Gift|müll|ex|port (der, -s, -e) Auslagerung von Giftmüll in ausländische Deponien.
Gig (engl.) 1. (der, -s, -s) offener Einspänner. 2. (die, -, -s) Ruderboot. 3. (der, -s, -s) Auftritt (Musik).
Gi|ga... (griech.) das Milliardenfache (Abk.: G). Gigameter (10^9 m); Gigawatt (10^9 W; Abk.: GW).
Gi|gant (der, -en, -en) (griech.) Riese. Gigantismus.
gi|gan|tesk (Adj.) (griech.-lat.) ins Riesige übersteigert; riesengroß; übertrieben.
Gi|g|an|thro|pus (der, -, -pi) (griech.-lat.) Form der Urmenschen mit übergroßen Körpermaßen.
Gi|g|an|to|ma|nie (die, -, kein Plural) Größenwahn (in der Gestaltung von Bauwerken).
Gi|go|lo (der, -s, -s) (franz.) jmd., der in einem Tanzlokal als Tanzpartner angestellt ist; Mann, der sich aushalten lässt (ugs.); Eintänzer (früher).
Gigue (die, -, -n) (franz.) ein schneller Tanz des 17. Jahrhunderts; Satz der Suite.
Gi|la (die, -, -s) giftiges mexikanisches Reptil, Krustenechse (nach einem Flussnamen).
Gil|de (die, -, -n) Bund; Vereinigung. Gildemeister; Gildenschaft.
Gil|den|so|zi|a|lis|mus (der, -, kein Plural) Anfang des 20. Jahrhunderts in England ent-

standene Lehre von der Verwirklichung eines praktischen Sozialismus.
Gi'let (das, -s, -s) (franz.) Weste.
Gil'ka (der, -s, -s) ein Kümmellikör.
Gim'mick (der/das, -s, -s) (engl.) Werbegag; Werbegeschenk.
Gim'pel (der, -s, -) Singvogel.
Gin (der, -s, -s) (engl.) Wacholderbranntwein.
Ginfizz (*auch:* Gin-Fizz); Gin Tonic.
Gin'ger (der, -s, -) (engl.) Ingwer; z. B. Gingerbread: Plätzchen mit Ingwer.
Gin'ger'ale (*auch:* Gin'ger-Ale) (das, -s, kein Plural) Erfrischungsgetränk.
Gin'gi'vi'tis (die, -, -ti'den) (lat.-griech.) Zahnfleischentzündung.
Gin'ko (*auch:* Gink'go) (der, -s, -s) Zierbaum.
Gin'seng (der, -s, -s) (chin.) Heilwurzel.
Gins'ter (der, -s, -) Strauch. Ginsterblüte.
gio'co'so (Adv.) (ital.) scherzend (bei Musikstücken).
Gip'fel (der, -s, -) Spitze; Höhepunkt. Gipfelbuch; Gipfelkonferenz; Gipfelkreuz; Gipfelpunkt; Gipfelstürmer; Gipfeltreffen; gipf(e)lig; gipfeln.
Gips (der, -es, -e) (griech.) Kalk. Gipsabdruck; Gipsbein; Gipskopf; Gipsmaske; Gipsverband; gipsern; gipsen.
Gi'raf'fe (die, -, -n) (arab.) Steppenhuftier mit langem Hals. Giraffenhals.
Gi'ral'geld (das, -es, -er) (griech.-lat.-ital.-dt.) Buchgeld des bargeldlosen Giroverkehrs.
Gi'ran'do'la (die, -, -do'len) = Girandole.
Gi'ran'do'le (die, -, -n) (ital.-franz.) 1. ein Feuerwerkskörper, Feuerrad. 2. mehrarmiger (Barock-)Leuchter.
Gi'rant (der, -en, -en) (ital.) jmd., der ein Orderpapier durch Giro überträgt.
Gi'ra'tar (der, -s, -e) (ital.) jmd., der ein Orderpapier durch Giro empfängt.
gi'rie'ren (V.) (ital.) in Umlauf bringen (von Orderpapieren).
Girl (das, -s, -s) (engl.) Mädchen.
Gir'lan'de (die, -, -n) (franz.) Dekorationskette.
Gir'litz (der, -es, -e) Singvogel.
Gi'ro (das, -s, -s) (ital.) Wechsel- und Scheckverkehr. Girobank; Girokasse; Girokonto; Giroverkehr; girieren.
Gi'ro d'lta'lia (der, - -, kein Plural) (ital.) Italienrundfahrt der Radprofis.
Gi'ron'dist (der, -en, -en) gemäßigter Republikaner in der Französischen Revolution.
gir'ren (V.) gurren; lachen.
Gischt (der, -es, -e/die, -, -en) aufschäumendes Wasser. Gischt sprühend. Verb: gischten.
Gi'ta'na (die, -, kein Plural) (span.) mit Kastagnetten begleiteter Tanz der Zigeuner.

Gi'tar're (die, -, -n) Saiteninstrument. Gitarrensolo; Gitarrenspieler; Gitarrist.
Git'ter (das, -s, -) Zaun; Absperrung; Geflecht. Gitterbrett; Gitterfenster; Gitternetz; Gitterrost; Gitterzaun; gittern.
gius'to (Adj.) (lat.-ital.) angemessen; richtig (Vortragsanweisung in der Musik).
Gla'cé (*auch:* Gla'cee) (der, -/-s, -s) (franz.) glänzendes Gewebe. Gla'céhandschuh; Glacéleder.
gla'cie'ren (V.) (franz.) mit Guss überziehen. Glace.
Gla'cis (das, -, -) (franz.) Festungsvorfeld.
Gla'di'a'tor (der, -s, -en) (lat.) altrömischer Kämpfer. Gladiatorenkampf.
Gla'di'o'le (die, -, -n) Liliengewächs.
Gla'go'li'za (die, -, kein Plural) (serbokroat.) altkirchenslawische Schrift.
Gla'mour (der/das, -s, kein Plural) (engl.) Glanz; Aufmachung. Glamourgirl.
glan'du'lär (Adj.) (lat.) zu einer Drüse gehörig.
Glans (die, -, Glan'des) (lat.) Eichel (des Schwellkörpers).
Glanz (der, -es, kein Plural) Schein; Pracht. Glanzbürste; Glanznummer; Glanzpapier; Glanzpunkt; Glanzstück; glänzend. glänzend schwarze Haare. Adjektive: glanzlos, glanzvoll.
Glas (das, -es, Glä'ser) harter, durchsichtiger Stoff; Gefäß. *Beachte:* keine Beugung, wenn »Glas« Maßbezeichnung! Sie tranken vier Glas Bier; ein Glas voll. Glasauge; Glasbläser; Glaserei; Glasfaser; Glashütte; Glasmaler; Glasscheibe; Glassplitter; Glaspalast; Glaswand; Glaswolle; glasartig; gläsern; glashart; glasig; glasklar; glasweise.
Glas'fa'ser'ka'bel (das, -s, -) leistungsfähige Datenleitung.
gla'sie'ren (V.) mit Glasur überziehen. Glasur.
Glas'nost (die, -, kein Plural) (russ.) Offenheit; Gorbatschows Reformkurs, der das Ende der Sowjetunion einleitete.
glatt (Adj.) eben; rutschig; problemlos; offensichtlich. Glätte; Glatteis; Glättung; glatterdings; glattweg; glätten. glatt hobeln (*auch:* glatthobeln); glatt streichen (*auch:* glattstreichen). *aber:* glattmachen (ugs. bezahlen); glattgehen (problemlos gelingen).
Glat'ze (die, -, -n) Kahlkopf. Glatzkopf; glatzköpfig.
glau'ben (V.) meinen; von etwas überzeugt sein; gläubig sein. Ich glaube, dass er nicht kommt. Sie glaubte(,) sich verhört zu haben. Sie glaubte wirklich(,) sich verhört zu haben. Glaube; er schenkte mir Glauben; *aber:* Er wollte mich glauben machen, dass ...; Glaubensbekenntnis; Glaubenssache; Glaubhaftigkeit; Gläubige; Gläubigkeit; Glaubwürdigkeit; glau-

bensstark; glaubhaft; gläubig; glaublich; glaubwürdig.
Glau'ber'salz (das, -es, -e) Abführmittel.
Glau'kom (das, -s, -e) (griech.) grüner Star (Augenkrankheit).
gla'zi'al (Adj.) (lat.) eiszeitlich. Glazialfauna; Glazialsee; Glaziallandschaft; Glazialzeit.
Gla'zi'al (das, -s, -e) (lat.) Eiszeit.
Gla'zio'lo'gie (die, -, kein Plural) (griech.-lat.) Gletscherkunde.
Glee (der, -s, -s) (engl.) einfaches Lied in englischen Männerklubs des 17. bis 19. Jahrhunderts für drei oder mehr Stimmen.
Gle'fe (die, -, -n) (lat.-franz.) 1. mittelalterliches Stangenschwert mit einer Schneide. 2. kleinste Einheit eines Ritterheeres im Mittelalter. 3. in der Heraldik obere Hälfte einer Lilie.
Glei'bo'den (der, -s, -bö'den) Lehmboden.
gleich 1. (Adj.) übereinstimmend; vergleichbar; unverändert. Gleich einem Derwisch (Dativ) stürmte er davon. 2. (Adv.) sofort; eben; bloß. Ich komme gleich. Wie ging das gleich? *Großschreibung:* der/die/das Gleiche (der-/die-/dasselbe); das läuft doch aufs Gleiche hinaus; ich sage dir, er wird immer der Gleiche bleiben; und das Gleiche gilt auch für dich; ich hoffe, wir können das ins Gleiche (ins Lot) bringen; Gleich und Gleich gesellt sich gern; er galt als Gleicher unter Gleichen; ein Gleiches; etwas/nichts Gleiches; *Beachte:* Getrenntschreibung, wenn »gleich« die Bedeutung von »nicht verschieden/nicht anders« und von »sofort« hat! Wir beide sind gleich alt. *aber:* gleichaltrig; gleich groß/gut/viel/viele/weit. Es ist schön, dass wir gleich denken. Es sind Silben, die gleich lauten; gleich bleiben (sich nicht verändern). *Aber:* Bei Wortverbindungen, die eine neue Bedeutung ergeben, wird zusammengeschrieben! gleichkommen (entsprechen); gleichmachen (angleichen); gleichschalten (vereinheitlichen); gleichsehen (sich ähneln); gleichsetzen (vergleichen); gleichstellen (angleichen); gleichtun (nachahmen); gleichziehen. Gleichartigkeit; Gleichberechtigung; Gleichförmigkeit; Gleichgewicht; Gleichgewichtsstörung; Gleichgültigkeit; Gleichheit; Gleichheitsprinzip; Gleichklang; Gleichmacherei; Gleichmäßigkeit; Gleichmut; Gleichnamigkeit; Gleichnis; Gleichschritt; Gleichseitigkeit; Gleichsetzung; Gleichstand; Gleichstellung; Gleichstrom; Gleichung; Gleichwertigkeit; Gleichzeitigkeit; gleichalt(e)rig; gleichartig; gleichauf; gleichbedeutend; gleichberechtigt; gleichermaßen; gleicherweise, *aber:* in gleicher Weise; gleichfalls; gleichförmig; gleich gesinnt (*auch:* gleichgesinnt); gleichgültig; gleichlautend (*auch:* gleich lautend); gleichmäßig; gleichmütig; gleichnamig; gleichrangig; gleichsam(,) als ob/wenn; gleichschenk(e)lig; gleichseitig; gleichviel(,) ob, *aber:* Wir hatten gleich viel auf dem Teller; gleichwertig; gleichwohl, *aber:* Sie waren alle gleich wohlauf; gleichzeitig.
Gleich'stel'lungs'be'auf'trag'te (die, -n, -n) Frauenbeauftragte.
Gleis (*auch:* Ge'lei'se) (das, -es, -e) Schienen. Gleisbau; Gleisarbeiten; eine eingleisige Strecke; gleislos.
glei'ßen (V.) glänzen; schimmern.
Gleit'bom'be (die, -, -n) computergesteuerte Bombe.
glei'ten (V., glitt, ist geglitten) rutschen; segeln. Gleitbahn; Gleiter; Gleitfläche; Gleitflug; Gleitschutz; Gleitzeit; gleitsicher.
Glen'check (der, -s, -s) (engl.) Stoff mit groß kariertem (»Schotten«-)Muster.
Glet'scher (der, -s, -) Eisfeld. Gletscherbrand; Gletscherspalte; Gletscherwasser; Gletscherzunge; gletscherartig.
Gle've = Glefe.
Gley (der, -s, kein Plural) (russ.) nasser Mineralboden.
Glia (die, -, kein Plural) (griech.) Stütz- und Nährgewebe der Gehirnnervenzellen.
Glib'ber (der, -s, kein Plural) (nordd.) Schmiere; glitschige Masse. Adjektiv: glibberig.
Gli'der (der, -s, -) (engl.) Lastensegler ohne eigenen Motorantrieb.
Glied (das, -es, -er) 1. Teil. 2. Körperteil. 3. Penis. Gliederlähmung; Gliederpuppe; Gliederreißen; Gliedmaßen; Gliedsatz; eingliedr(e)rig; gliederlahm; gliedweise; in Reih und Glied.
glie'dern (V.) unterteilen. Gliederung.
Gli'ma (die, -, kein Plural) traditionelle, heute noch übliche Form des Ringkampfs in Island.
glim'men (V., glimmte/glomm, hat geglimmt/geglommen) glühen. Glimmlampe; Glimmstängel; glimmrig; glimmern.
Glim'mer (der, -s, -) Mineral. Glimmerschiefer.
glimpf'lich (Adj.) gemäßigt; mild; schadlos. Glimpflichkeit.
Gli'om (das, -s, -e) (griech.) Geschwulst im Nervenstützgewebe.
Glis'sa'de (die, -, -n) (franz.) Gleitschritt in der Tanzkunst.
glis'san'do (Adv.) (ital.) gleitend; eine Tonfolge überstreichend (bei Musikstücken).
Glis'son'schlin'ge (die, -, -n) Vorrichtung zur Streckung der Wirbelsäule bei der Behandlung von Wirbelsäulenerkrankungen.
glit'schig (Adj.) rutschig. Verb: glitschen.
glit'zern (V.) funkeln. Glitzer; glitz(e)rig.
glo'bal (Adj.) (lat.) weltweit; umfassend.

Glo|be|trot|ter (der, -s, -) (engl.) Weltreisender.
Glo|bi|ge|ri|ne (die, -, -n) (lat.) Meerschlamm bildende Foraminifere.
Glo|bin (das, -s, kein Plural) (lat.) Eiweißbestandteil.
Glo|bu|le (die, -, -n) (lat.) kugelförmiger Dunkelnebel (als angenommenes Anfangsstadium eines Sterns).
Glo|bu|lin (das, -s, -e) (nlat.) kugelförmiger Eiweißstoff (im Blutplasma).
Glo|bu|lus (der, -, -li) (lat.) Arzneimittel in Kugelform (Med.).
Glo|bus (der, -, -ben/-bus|se) (lat.) Weltkugel.
Glo|cke (die, -, -n) Schallkörper; Klingel. Glockenblume; Glockengeläut; Glockenklang; Glockenschlag; Glockenturm; Glöckner; Glöckchen; glockenförmig; glockenhell.
Glo|ria (die/das, -, kein Plural) (lat.) Glanz, Herrlichkeit (vergangener Monarchien).
Glo|ria in ex|cel|sis Deo (lat.) Ehre sei Gott in der Höhe.
Glo|rie (die, -, -n) (lat.) Ruhm; Heiligenschein. Glorienschein; glorios; glorreich.
glo|ri|fi|zie|ren (V.) (lat.) verherrlichen. Glorifikation; Glorifizierung.
Glo|ri|o|le (die, -, -n) (lat.) Heiligenschein.
Glos|sar (das, -s, -e) (griech.) Wörterverzeichnis.
Glos|sa|tor (der, -s, -en) (griech.-lat.) Verfasser von Glossen.
Glos|se (die, -, -n) (griech.) kurzer (oft ironischer) Kommentar. Verb: glossieren.
Glos|so|gra|fie (*auch:* Glos|so|gra|phie) (die, -, -n) Erläuterung durch Glossen.
Glos|so|la|lie (die, -, -n) (griech.) Stammeln in religiöser Verzückung; Zungenreden.
glot|tal (Adj.) (griech.) in der Stimmritze gebildet (von Lauten).
Glot|tal (der, -s, -s) (griech.) Stimmritzenlaut, Knacklaut (z. B. im Dänischen).
Glot|tis (die, -, -ti|des) Stimmritze.
glot|zen (V.) (ugs.) starren. Glotzauge; Glotze.
Glo|xi|nie (die, -, -n) (nlat.) eine Zimmerpflanze mit großen Glockenblüten.
Glück (das, -s, kein Plural) günstige Fügung; Zufall; Schicksal; Zufriedenheit. Glückssache; Glücksbringer; Glückseligkeit; Glücksfee; Glückskäfer; Glückspfennig; Glückspilz; Glücksschwein; Glückssträhne; Glückstreffer; Glückwunsch; Glück bringend (*auch:* glückbringend); glücklich; glücklos; glückselig; glückstrahlend; Glück verheißend (*auch:* glückverheißend); glücklicherweise; glücken.
Glu|cke (die, -, -n) Bruthenne. Gluckhenne; glucken.

Glu|co|se (*auch:* Glu|ko|se) (die, -, kein Plural) (griech.) Traubenzucker.
glü|hen (V.) leuchten; glimmen; heiß sein; begeistert sein. Glühbirne; Glühlampe; Glühwein; Glühwürmchen; glühend; ein glühend heißes Eisen; ein glühender Verehrer.
glup|schen (*auch:* glub|schen) (V.) (nordd.) starren. Glupschaugen.
Glut (die, -, -en) glimmendes Feuer; Hitze; Leidenschaft. Gluthitze; glutrot.
Glu|t|a|mat (das, -s, -e) Salz der Glutaminsäure; Natriumsalz dieser Säure; Würzpulver für Konserven und Suppen.
Glu|t|a|min (das, -s, kein Plural) eine Aminosäure. Glutaminsäure.
Glu|ten (das, -s, kein Plural) (lat.) Eiweißstoff in (Weizen-)Körnern. Getreidekleber.
Glu|tin (das, -s, kein Plural) (nlat.) ein Eiweißstoff, wesentlicher Bestandteil der Gelatine.
Gly|ce|rin (*auch:* Gly|ze|rin) (das, -s, kein Plural) (griech.) Alkohol.
Gly|k|ä|mie (die, -, kein Plural) (griech.) normaler Zuckergehalt des Blutes.
Gly|ko|gen (das, -s, kein Plural) (griech.) ein Polysaccharid; Leberstärke.
Gly|ko|koll (das, -s, kein Plural) (griech.) Aminoessigsäure.
Gly|kol (das, -s, kein Plural) Alkohol; Frostschutzmittel; Lösungsmittel.
Gly|ko|ne|us (der, -, -ne|en) (griech.-lat.) antikes achtsilbiges Versmaß.
Gly|ko|se (die, -, kein Plural) Traubenzucker (veraltet).
Gly|ko|s|u|rie (die, -, -n) (griech.) übermäßige Zuckerausscheidung im Harn (Med.).
Glyp|te (die, -, -n) (griech.) geschnittener Stein.
Glyp|tik (die, -, kein Plural) (griech.) Steinschneidekunst; Bildhauerei.
Glyp|to|don (das, -s, -o|don|ten) (griech.) ausgestorbenes Riesengürteltier.
Glyp|to|thek (die, -, -en) (griech.) antike Skulpturensammlung.
Gly|ze|rin → Glycerin.
Gly|zi|nie (die, -, -n) (nlat.) ein ostasiatischer Schmetterlingsblütler. Zierkletterpflanze.
G-Man (der, -/-s, G-Men) (engl.) (Kurzwort: government man) Geheimagent (FBI).
GmbH (Abk.) Gesellschaft mit beschränkter Haftung. *Beachte:* Bei Firmennamen richtet sich der Artikel nach dem Grundwort der Firmenbezeichnung, z. B. der Compact Verlag GmbH.
GMD (Abk.) Generalmusikdirektor.
g-Moll (das, -, kein Plural) Tonart. g-Moll-Tonleiter.

Gna|de (die, -, kein Plural) 1. Barmherzigkeit; 2. Straferlass. Euer Gnaden; Gnadenakt; Gnadenbrot; Gnadenfrist; Gnadenstoß; gnadenlos; gnadenreich; gnadenvoll.
Gneis (der, -es, -e) Gestein.
Gnoc|chi (die, nur Plural) (ital.) Klößchen; kleine Nockerl.
Gnom (der, -s, -e) Kobold; Zwerg. Adjektiv: gnomenhaft.
Gno|me (die, -, -n) (griech.-lat.) belehrender Sinnspruch in Vers oder Prosa.
Gno|mi|ker (der, -s, -) (griech.) Verfasser von Gnomen.
gno|misch (Adj.) die Gnome betreffend, in der Art und Weise der Gnome.
Gno|mo|lo|gie (die, -, -n) (griech.) Sammlung von Lehr- und Weisheitssprüchen; Anekdotensammlung.
gno|mo|lo|gisch (Adj.) die Gnomologie betreffend.
Gno|mon (der, -, -e) (griech.) antiker Sonnenhöhenmesser; Sonnenuhr(zeiger).
Gno|sis (die, -, kein Plural) (griech.) Gotteserkenntnis. Gnostik; Gnostiker; Gnostizismus; gnostisch.
Gno|to|phor (das, -s, -e) (griech.) keimfrei zur Welt gebrachtes und aufgezogenes Versuchstier, das mit Mikroorganismen infiziert wird.
Gnu (das, -s, -s) Steppenhuftier.
Go (das, -, kein Plural) (jap.) Brettspiel.
Goal (das, -s, -s) (engl.) Tor; Treffer. Goalgetter; Goalkeeper.
Go|bel|let (der, -s, -s) (franz.) Becher oder Pokal mit Gold-, Silber- oder Glasfuß.
Go|be|lin (der, -s, -s) (franz.) Wandteppich.
Go|ckel (der, -s, -) (südd.) Hahn.
Go|de (der, -n, -n) Priester und Vorsteher im alten Island und Skandinavien.
Go|det (das, -s, -s) (franz.) Keil, der in ein Kleidungsstück eingesetzt wird.
go|d|ro|nie|ren (V.) (franz.) ausschweifen, fälteln.
Go-go-Girl (das, -s, -s) (engl.) Tänzerin.
Goi (der, -/-s, Go|jim) (hebr.) Nichtjude.
Go|kart (das, -s, -s) (engl.) kleiner unverkleideter Rennwagen.
Go|lat|sche (die, -, -n) (österr.-tschech.) ein Hefegebäck. Quarktasche.
Gold (das, -s/-es, kein Plural) chemischer Grundstoff (Abk.: Au); Edelmetall. in/mit/aus/auf Gold; die Sache ist Gold wert; die Büste war aus einem hellen Gold. Goldbarren; Golddoublé; Goldfisch; Goldgrube; Goldhamster; Goldkrone; Goldmedaille; Goldmine; Goldpapier; Goldrausch; Goldring; Goldschmied; Goldstück; Goldzahn; echtgolden, *aber:* ein echt goldener Schmuck; die goldene Hochzeit, *aber:* die Goldene Stadt (Prag); golden; goldfarben; goldfarbig; goldblond; goldgelb; goldig; goldrichtig.
Gol|den De|li|cious (der, - -, - -) (engl.) Apfelsorte.
Gold|re|gen (der, -s, -) strauchartiger Baum.
Go|lem (der, -s, kein Plural) (hebr.) künstlicher Mensch aus Lehm (jüdische Volkssage).
Golf 1. (der, -s, -e) (griech.) Meeresbucht. Golfstrom. 2. (das, -s, kein Plural) (engl.) Rasensport. Golfer; Golfplatz; Golfschläger.
Gol|ga|tha (*auch:* Gol|go|ta) (kein Artikel, -s, kein Plural) (aram.) »Schädelstätte«; Kreuzigungsstätte Jesu.
Go|li|ar|de (der, -n, -n) (franz.) umherziehender französischer Kleriker und Scholar des 13. Jahrhunderts.
Go|li|ath (der, -s, -s) (hebr.) Riese.
Go|lil|la (die, -, -s) (span.) kleiner, runder, steifer Männerkragen des 17. Jahrhunderts.
Gon (das, -s, -e) (griech.) hundertster Teil eines rechten Winkels.
Go|na|de (die, -, -n) (griech.) Keimdrüse.
Gon|del (die, -, -n) (ital.) Ruderboot. Gondoliere; gondeln.
Gon|do|li|e|ra (die, -, -ren) italienisches Schifferlied.
Gond|wa|na (ohne Artikel, -s, kein Plural) Urkontinent auf der Südhalbkugel.
Gong (der, -s, -s) Schlaginstrument. Gongschlag; Gongzeichen; gongen.
Gon|go|ris|mus (der, -, kein Plural) literarischer Stil im Spanien des 17. Jahrhunderts, der durch zahlreiche Analogien und Anspielungen auf die antike Mythologie gekennzeichnet ist.
Gon|go|rist (der, -en, -en) Vertreter des Gongorismus.
Go|nio|me|ter (das, -s, -) (griech.) Winkelmesser.
Go|nio|me|t|rie (die, -, kein Plural) (griech.) Winkelmessung.
gön|nen (V.) zugestehen; sich leisten. Gönner; Gönnerhaftigkeit; Gönnermiene; gönnerhaft.
Go|no|kok|kus (der, -s, -kok|ken) (griech.) Gonorrhöbakterium.
Go|nor|rhö (die, -, -en) (griech.) Tripper. Adjektiv: gonorrhoisch.
good|bye! (Interj.) (engl.) auf Wiedersehen!
Good|will (der, -s, kein Plural) (engl.) Wohlwollen. Goodwillreise.
Go|pak (der, -s, -s) schneller Tanz für einen oder mehrere Tänzer in der Ukraine und Weißrussland.
Go|ral (der, -s, -e) (viell. ind.) zottig behaarte Wildziege; asiatisches Hochgebirge.

Göre (*auch:* das Gör) (die, -, -n) (nordd.) freches Kind.
gor'disch (Adj.) unlösbar; schwierig. *Aber:* der Gordische Knoten, *auch:* ein gordischer Knoten.
Gor'go (die, -, -go'nen) weibliches Ungeheuer der altgriechischen Mythologie mit Schlangenhaaren und versteinerndem Blick.
Gor'gon'zo'la (der, -s, -s) (ital.) Käsesorte.
Go'ril'la (der, -s, -s) 1. Menschenaffe; (ugs.) 2. Leibwächter.
Go'rod'ki (die, nur Plural) russisches Kegelspiel.
Gösch (die, -, -en) (franz.-niederl.) 1. kleine Landesflagge, die an Feiertagen im Hafen gesetzt wird. 2. andersfarbige obere Ecke am Flaggenstock als Teil der Landesflagge.
Go-slow (der/das, -s, -s) (engl.) Bummelstreik, Dienst nach Vorschrift im Flugwesen.
Gos'pel (das, -s, -s) (engl.) religiöses Lied. Gospelsong; Gospelsänger.
Gos'po'din (der, -s, -po'da) (russ.) Herr (als Anrede).
Gos'se (die, -, -n) 1. Abflussrinne; 2. Verkommenheit.
Go'tik (die, -, kein Plural) (franz.) Kunststil. Gotische; gotisch.
Got'lan'di'um (das, -s, kein Plural) = Silur.
Gott (der, -es, Göt'ter) übernatürliches Wesen. Gott sei Dank! um Gottes willen! in Gottes Namen; gottbewahre! Gott bewahre uns davor! gottlob! Grüß Gott! weiß Gott! Gotterbarmen; Götterbote; Götterdämmerung; Göttergatte; Gottesacker; Gottesbeweis; Gottesdienst; Gottesfurcht; Gotteshaus; Gotteslästerung; Gottessohn; Gottesurteil; Göttlichkeit; Gottlosigkeit; Gottmensch; Gottseligkeit; Gottvater; Gottvertrauen; gottbegnadet; gottgeben; göttergleich; gottesfürchtig; gottgefällig; gottgewollt; gottgläubig; göttlich; gottlos; gottserbärmlich; gottverdammt; gottverlassen.
Göt'ter'spei'se (die, -, -n) Wackelpudding.
Göt'ze (der, -n, -n) Abgott. Götzenbild; Götzendienst.
Gou'ache (die, -, -n) (franz.) Malerei mit Wasserdeckfarben; Bild in dieser Maltechnik.
Gou'da (der, -s, -s) (niederl.) Käsesorte.
Gour'met (der, -s, -s) (franz.) Feinschmecker.
Gout (der, -s, -s) (franz.) Geschmack, Wohlgefallen.
gou'tie'ren (V.) (franz.) probieren; gutheißen.
Gou'ver'nan'te (die, -, -n) (franz.) Erzieherin (früher).
Gou'ver'ne'ment (das, -s, -s) (franz.) 1. Regierung. 2. Verwaltungsbezirk. Gouverneur.
Gr. (Abk.) Greenwich.

Grab (das, -s, Grä'ber) Begräbnisstätte. Grabbeigabe; Gräberfeld; Grabesstille; Grabesstimme; Grabhügel; Grabkammer; Grabmal; Grabschändung; Grabstätte; Grabstein.
gra'ben (V., grub, hat gegraben) ausheben; ausschürfen. Graben; Grabung.
Gracht (die, -, -en) (niederl.) Wasserstraße.
Gra'cio'so (der, -s, -s) (lat.-span.) komische Person in der spanischen Komödie, meist der lustige, seinen Herrn parodierende Bedienstete.
grad. (Abk.) graduiert.
Grad (der, -es, -e) 1. Maßeinheit (Temperatur, Winkel). 2. Maß; Stärke. (*Aber:* der Grat!) drei Grad Celsius; 3 °C (bei Temperaturangaben: Zwischenraum zwischen Zahl und Gradzeichen!); *aber:* ein Winkel von 90°; Gradeinteilung; Gradmesser; Gradunterschied; gradmäßig; eine fünfgradige Temperaturerhöhung; gradual; graduell; gradweise.
gra'da'tim (Adv.) (lat.) stufenweise; schrittweise.
Gra'da'ti'on (die, -, -ti'o'nen) (lat.) 1. Abstufung. 2. Steigerung.
Gra'di'ent (der, -en, -en) Gefälle; Anstieg.
gra'die'ren (V.) (lat.) 1. konzentrieren, verstärken. 2. abstufen. 3. in Grade einteilen.
gra'du'al (Adj.) (lat.) gradmäßig.
gra'du'ie'ren (V.) in Grade einteilen; akademische Würde verleihen. Graduierte; Graduierung.
Grae'cum (das, -s, kein Plural) (lat.) abschließende Griechischprüfung.
Graf (der, -en, -en) Adelstitel. Grafentitel; Gräfin; Grafschaft; gräflich.
Graf (*auch:* Graph) 1. (der, -en, -en) grafische (*auch:* graphische) Darstellung. Grafik (*auch:* Graphik); Grafiker (*auch:* Graphiker). 2. (das, -s, -e) Schriftzeichen. Grafologie (*auch:* Graphologie); Grafologe (*auch:* Graphologe); grafologisch (*auch:* graphologisch).
Gra'fe'ma'tik (*auch:* Graphematik) (die, -, kein Plural) (griech.) in der Sprachwissenschaft die Wissenschaft von den Grafemen und ihrer Bedeutung innerhalb des Alphabets.
gra'fe'ma'tisch (*auch:* gra'phe'ma'tisch) (Adj.) die Grafematik betreffend.
Gra'fe'mik (*auch:* Gra'phe'mik) (die, -, kein Plural) (griech.) = Grafematik.
gra'fe'misch (*auch:* gra'phe'misch) (Adj.) die Grafemik betreffend.
Gra'fe'o'lo'gie (*auch:* Gra'phe'o'lo'gie) (die, -, kein Plural) (griech.) Wissenschaft von der Verschriftung von Sprache und von den Systemen der Schreibung.
Graf'fi'a'to (der, -s, -ti) (german.-ital.) Schmuckverzierung an Tongefäßen, wobei in eine angegossene Farbschicht ein Ornament eingegraben wird.

Graffiti   186   **Graphie**

Graf|fi|ti (das, -s, -s) (engl.) Wandmalerei.
Graf|fi|to (das/der, -s, -ti) (ital.) in eine Mauer geritzte Inschrift.
Gra|fie (*auch:* Gra|phie) (die, -, -n) (griech.) Schreibung. Schreibweise.
Gra|fik (*auch:* Gra|phik) (die, -, -en) Schreib- und Zeichenkunst. Grafikdesign (*auch:* Graphikdesign); grafisch (*auch:* graphisch).
Gra|fit (*auch:* Gra|phit) (der, -s, -e) Mineral. Grafitstab (*auch:* Graphitstab); grafitgrau (*auch:* graphitgrau).
gra|fi|tie|ren (*auch:* gra|phi|tie|ren) (V.) etwas mit Grafit überziehen.
gra|fi|tisch (*auch:* gra|phi|tisch) (Adj.) aus Grafit bestehend.
Gra|ham|brot (das, -s, -e) Brotsorte.
Grain (das, -s, -s) (engl.) ein angelsächsisches Feingewicht, rund 0,06 Gramm.
grai|nie|ren (V.) (franz.) einseitig aufrauen; körnen (von Papier).
Grä|ko|ma|ne (der, -n, -n) (griech.-lat.) besessener Imitator, Liebhaber und Bewunderer alles Griechischen.
Grä|ko|ma|nie (die, -, kein Plural) übersteigerte Vorliebe für (das alte) Griechenland.
Gral (der, -s, kein Plural) wundersamer Stein, Kelch (mittelalterliche Mythologie). der Heilige Gral; Gralsburg; Gralshüter; Gralsritter.
Gram (der, -s, kein Plural) Kummer; Traurigkeit. Adjektive: gram; gramerfüllt; grämlich; gramvoll. V.: grämen; jemandem gram sein.
Gra|mi|ne|en (die, nur Plural) (lat.) zusammenfassende systematische Bezeichnung der Gräser.
Gramm (das, -s, -e) (griech.) Gewichtseinheit (Abk.: g – *beachte:* ohne »r« und ohne Punkt!). 250 Gramm (250 g) Aufschnitt; 10 Gramm Safran; der Preis eines Gramms/Gramm Safran/s; 500 Gramm sind (*nicht:* »ist«!) mir zu viel.
Gram|ma|tik (die, -, -en) (griech.) Sprachlehre. Grammatikübung; grammatikalisch; grammatisch.
Gram|ma|ti|ka|li|sa|ti|on (die, -, -ti|o|nen) (griech.-lat.) das Absinken eines Wortes mit selbstständiger Bedeutung zu einem reinen grammatischen Hilfsmittel.
Gram|mo|fon (*auch:* Gram|mo|phon) (das, -s, -e) (griech.) altertümlicher Plattenspieler.
Gram|my (der, -s, -s) amerikanischer Schallplattenpreis.
gram|ne|ga|tiv (Adj.) sich rot färbende Bakterien (nach dem gramschen Färbeverfahren) (Med.).
Gra|mo|la|ta (die, -, -s) (ital.) halb gefrorene Limonade.

gram|po|si|tiv (Adj.) sich dunkelblau färbende Bakterien (nach dem gramschen Färbeverfahren) (Med.).
Gran (das, -s, -e) (lat.) altes Apothekergewicht, rund 65 Milligramm.
Grän (das, -s, -e) (lat.-franz.) altes Gewicht für Edelmetalle, $1/12$ Karat.
Gra|na|da (ohne Art., -s, kein Plural) spanische Provinz.
Gra|nat (der, -s, -e) (niederl.) Krabbe; (lat.) Halbedelstein. Granatschmuck.
Gra|nat|ap|fel (der, -s, -äp|fel) subtropische Frucht.
Gra|na|te (die, -, -n) (ital.) Sprengladung; Geschoss. Granatfeuer; Granatsplitter; Granatwerfer.
Grand (der, -, kein Plural) 1. (nordd.) Kies. 2. (franz.) höchstes Spiel im Skat.
Gran|de (der, -n, -n) Angehöriger des spanischen Hochadels.
Gran|dez|za (die, -, kein Plural) (ital.) Würde.
Grand|ho|tel (das, -s, -s) (franz.) großes Luxushotel.
gran|di|os (Adj.) (ital.) großartig.
Gran|di|o|si|tät (die, -, kein Plural) überwältigende Großartigkeit; unvorstellbare Pracht. Erhabenheit.
Grand Mal (der, - -, kein Plural) (franz.) großer epileptischer Anfall.
Grand Prix (der, - -, - -) großer Preis (Wettbewerb).
Grand|sei|gneur (der, -s, -s/-e) (franz.) vornehmer gewandter Mann.
gra|nie|ren (V.) (lat.) aufrauen (der Metallplatte für den Kupferstich).
Gra|nit (der, -s, -e) (ital.) Gestein.
gra|ni|ten (Adj.) (lat.-ital.) hart wie Granit; aus Granit.
gra|ni|tisch (Adj.) (lat.-ital.) den Granit betreffend.
Gran|ny Smith (der, - -, - -) (engl.) Apfelsorte.
gran|tig (Adj.) schlecht gelaunt. Grantigkeit.
Gra|nu|lat (das, -s, -e) (lat.) körnige Substanz. Adjektiv: granulös. Verben: granieren; granulieren.
Gra|nu|lom (das, -s, -e) (lat.) Geschwulst aus feinkörnigem Bindegewebe.
Grape|fruit (die, -, -s) (engl.) Zitrusfrucht; Pampelmuse.
Graph → Graf.
Gra|phe|ma|tik → Grafematik.
gra|phe|ma|tisch → grafematisch.
Gra|phe|mik → Grafemik.
gra|phe|misch → grafemisch.
Gra|phe|o|lo|gie → Grafeologie.
Gra|phie → Grafie.

Gra|phik → Grafik.
Gra|phit → Grafit.
gra|phi|tie|ren → grafitieren.
gra|phi|tisch → grafitisch.
Grap|pa (der, -s, -s) (ital.) Branntwein.
grap|schen (*auch:* grab|schen) (V.) (ugs.) greifen; raffen.
Gras (das, -es, Grä|ser) Wiesenpflanze; Rasen; (ugs.) Marihuana. Grasbahnrennen; Grasdecke; Grasfläche; Grashüpfer; Grasnarbe; Gräschen; grasartig; grasbewachsen; grasgrün; grasen.
gras|sie|ren (V.) (lat.) um sich greifen; wüten.
gräss|lich (Adj.) fürchterlich; scheußlich. Grässlichkeit.
Grat (der, -s/-es, -e) Kante; Bergkamm. Gratwanderung.
Grä|te (die, -, -n) Fischknochen. Grätenfisch; grätenlos; grätig.
Gra|ti|fi|ka|ti|on (die, -, -ti|o|nen) (lat.) Sonderzulage. Weihnachtsgratifikation.
gra|ti|fi|zie|ren (V.) vergüten.
Gra|tin (das, -s, -s) (franz.) Überbackenes. Kartoffelgratin; gratinieren.
gra|tis (Adv.) (lat.) kostenlos; frei. *Beachte:* gratis und franko (unentgeltlich und portofrei). Gratisbeilage; Gratisprobe.
Grät|sche (die, -, -n) Haltung mit gespreizten Beinen. Grätschstellung; grätschen.
gra|tu|lie|ren (V.) (lat.) beglückwünschen. Gratulation; Gratulant; Gratulationscour.
grau (Adj.) Farbe. *Kleinschreibung:* der Tag war grau in grau; graugrün; die Zukunft in grau malen; lass dir keine grauen Haare wachsen; gräulich; grauer Star; eine graue (*auch:* Graue) Eminenz. *Großschreibung:* auf/in/mit Grau; die Farbe Grau; ein dunkles/helles/zartes Grau; die Grauen Panther (Seniorenschutzbund). Graubart; Graubrot; Graugans; Grauschleier; Grauschimmel; Grauspecht; Grauzone; graubärtig; grauhaarig; grau meliert (*auch:* graumeliert).
Gräu|el (das, -s, -) Abscheu; Grässlichkeit. Gräuelmärchen; Gräuelnachricht; Gräueltat; gräulich.
grau|en (V.) Furcht haben. *Beachte:* unpersönlich gebraucht! Mir (Dativ!) graut vor dir. Grauen; grauenerregend (*auch:* Grauen erregend), *aber nur:* ein höchst grauenerregender Vorfall, grauenvoll.
Grau|pe (die, -, -n) Korn. Graupensuppe.
Grau|pel (die, -, -n) Hagelkorn. Graupelschauer; graupeln.
grau|sam (Adj.) brutal; unmenschlich. Grausamkeit.
grau|sen (V.) sich fürchten. *Beachte:* unpersönlich gebraucht! Man sah ihm an, wie ihm (Dativ!) grauste. Grausen; Graus; grausig.

Gra|ven|stei|ner (der, -s, -) Apfelsorte.
Gra|veur (der, -s, -e) jmd., der (beruflich) graviert (z. B. ein Stempelschneider).
Gra|vi|di|tät (die, -, -en) (lat.) Schwangerschaft. Adjektiv: gravid.
gra|vie|ren (V.) (franz.) einritzen; einschneiden. Gravierarbeit; Graveurarbeit; Graveur/in; Gravur; Gravierung.
gra|vie|rend (Adj.) (lat.) belastend; erschwerend.
Gra|vi|me|t|rie (die, -, kein Plural) 1. Schwerkraftmessung. 2. chemische Gewichtsanalyse.
Gra|vis (der, -, -) (lat.) Betonungszeichen.
Gra|vi|ta|ti|on (die, -, kein Plural) (lat.) Schwerkraft; Anziehungskraft. Gravitationsfeld; Gravitationsgesetz; gravitieren.
gra|vi|tä|tisch (Adj.) würdevoll.
Gra|zie (die, -, -n) (lat.) Anmut. die drei Grazien; graziös.
gra|zil (Adj.) schlank; zierlich; geschmeidig. Grazilität.
gra|zi|o|so (Adj.) (ital.) anmutig; lieblich (bei Musikstücken).
grä|zi|sie|ren (V.) (lat.) griechisch machen (z. B. in den Familiennamen Schwarzerd zu Melanchthon ~).
Grä|zis|mus (der, -, -men) (nlat.) altgriechische Spracheigentümlichkeit in einer anderen Sprache.
Grä|zist (der, -en, -en) (nlat.) Kenner altgriechischer Sprache und Literatur.
Grä|zis|tik (die, -, kein Plural) (griech.-lat.) die Wissenschaft von der altgriechischen Sprache und Kultur.
grä|zis|tisch (Adj.) 1. die Gräzistik betreffend. 2. nach dem Vorbild des Altgriechischen.
Grä|zi|tät (die, -, kein Plural) (griech.-lat.) das Wesen der altgriechischen Sprache und Gepflogenheiten.
Green|horn (das, -s, -s) (engl.) Neuling; Unerfahrener.
Green|peace (kein Artikel, -, kein Plural) (engl.) internationale Umweltorganisation, die sich mit riskanten und aufsehenerregenden Aktionen gegen den Walfang, Atomwaffentests und die Umweltverschmutzung durch Giftmüll einsetzt.
Green|wich (Abk.: Gr.) Londoner Stadtteil. Greenwicher Zeit (westeuropäische Zeit).
Gre|ga|ri|nen (die, nur Plural) (lat.) tierische Parasiten, die sich im Innern von wirbellosen Tieren einnisten.
Gre|go|ri|a|nik (die, -, kein Plural) (griech.) einstimmiger Kirchenchorgesang ohne instrumentale Begleitung in lateinischer Sprache. gregorianischer Gesang.

gre|go|ri|a|nisch (Adj.) zur Gregorianik gehörig.
gre|go|ri|a|ni|sie|ren (V.) (lat.) in der Art des gregorianischen Gesangs komponieren.
Greif (der, -s, -en/-e) Fabeltier. Greifvogel.
grei|fen (V., griff, hat gegriffen) fassen; packen. Die Brutalität greift immer mehr um sich. *Aber:* Die Berge waren zum Greifen nahe. Greifzange; Greifer.
Greis (der, -es, -e) alter Mann. Greisin; Greisenalter; Greisenhaftigkeit; Greisenhaupt; greis.
grell (Adj.) sehr hell; schrill. das grell beleuchtete (*auch:* grellbeleuchtete) Haus. *Aber:* Ihr Kleid war grellgrün. *Aber:* Das Kleid war in einem grellen Grün. Grelle.
Gre|mi|um (das, -s, -mi|en) (lat.) Ausschuss.
Gre|na|da (ohne Art., -s, kein Plural) Staat in der Karibik.
Gre|na|dier (der, -s, -e) (franz.) Infanteriesoldat.
Gre|na|dil|le (die, -, -n) (span.) Frucht der tropischen Passionsblume.
Gre|na|din (der/das, -s, -s) (lat.-ital.-franz.) kleine gebratene Fleischschnitte.
Gre|na|di|ne (die, -, kein Plural) (franz.) Granatapfelsirup (für Mixgetränke).
gren|zen (V.) benachbart sein; nahekommen. Grenze; Grenzbaum; Grenzbeamte; Grenzer; Grenzenlosigkeit; Grenzgänger; Grenzkontrolle; Grenzschutz; Grenzverkehr; Grenzwert; Grenzzwischenfall; grenzenlos; grenzend.
Grey|hound (der, -s, -s) (engl.) Windhund; amerikanischer Überlandbus.
Gri|b|let|te (die, -, -n) (franz.) kleine gespickte Fleischschnitte.
Grie|be (die, -, -n) Speckwürfel. Griebenschmalz.
Grie|che (der, -n, -n) Bewohner Griechenlands. Griechin; Griechisch (Sprache!), *aber:* die griechische Kultur; griechisch-orthodox; griechisch-römisch.
Gries|gram (der, -s, -e) mürrischer, missmutiger Mensch. Griesgrämigkeit; griesgrämig.
Grieß (der, -es, -e) geschrotetes Getreide. Grießbrei; Grießkloß; Grießmehl; Grießsuppe; grießig; grießlich.
Griff (der, -s, -e) Henkel; Zugriff. Griffbrett; Grifftechnik; griffbereit; grifffest; griffig; grifflos.
Grif|fon (der, -s, -s) (franz.) eine rauhaarige Vorstehhundrasse.
Grill (der, -s, -s) (engl.) Bratrost. Grillfest; Grillsoße; Grillroom; Grillplatz; grillen.
Gril|la|de (die, -, -n) Rostbratstück.
Gril|le (die, -, -n) Laune; Insekt. Grillenfänger; Grillenhaftigkeit; grillenhaft.

gril|len (V.) (lat.-franz.-engl.) auf dem Rost braten.
Gri|mas|se (die, -, -n) (franz.) Fratze; verzerrtes Gesicht. Grimassenschneider; grimassieren.
Grim|bart (der, -s, kein Plural) Dachs (Tierfabel).
Grimm (der, -s, kein Plural) Zorn; Wut. Grimmigkeit; grimmig.
Grim|men (das, -s, kein Plural) Bauchweh.
Grind (der, -s, -e) Krustenbildung; Hautausschlag. Adjektiv: grindig.
Grin|go (der, -s, -s) (span.) verächtliche Bezeichnung für Weiße in Lateinamerika.
grin|sen (V.) lächeln.
grip|pal (Adj.) zur Grippe gehörig; grippeähnlich.
Grip|pe (die, -, -n) (franz.) Erkältungskrankheit. Grippeepidemie; Grippevirus; Grippewelle; grippal; grippös.
Grips (der, -es, -e) (ugs.) Verstand.
Gri|saille (die, -, -n) (franz.) Malerei in Grautönen.
Gri|set|te (die, -, -n) (franz.) leichtlebiges Pariser Mädchen (früher).
Gris|si|ni (die, nur Plural) (ital.) fingerdicke, knusprige Gebäckstangen.
Grizz|ly|bär (*auch:* Gris|li|bär) (der, -en, -en) großer Bär.
gr.-kath. (Abk.) griechisch-katholisch.
grob (Adj.; -er, gröbste) derb; schlimm; nicht fein. aufs Gröbste/gröbste (sehr stark); grob fahrlässig handeln. *Aber:* grobkörnig. Großschreibung: etwas/nichts Grobes; aus dem Gröbsten heraus sein. *Beachte:* Es sind(,) grob gerechnet(,) 25 Prozent. Gröbe; Grobheit; Grobian; Grobschnitt; grobknochig; gröblich; grobmaschig; grobschlächtig; grob gemahlen (*auch:* grobgemahlen).
Grog (der, -s, -s) (engl.) heißes Rumgetränk.
grog|gy (Adj.) (engl.) erschöpft; kaputt.
grö|len (V.) (ugs.) schreien; lärmen. Grölerei.
Groll (der, -s, kein Plural) Ärger; versteckter Zorn. Verb: grollen.
Grön|land (ohne Artikel, -s, kein Plural) Insel. Grönländer; Grönlandwal; grönländisch.
Groom (der, -s, -s) (engl.) Reitknecht; Diener; Page.
groo|ven (V.) (engl.) Stimmung machen. Das groovt! beim Blues mitgrooven; eine groovige Stimmung.
Gros 1. (das, -, -) (franz.) Großteil. Wir kaufen unser Gemüse en gros (im Großen) vom Bauern. 2. (das, Gros|ses, Gros|se) (niederl.) altes Zählmaß (12 Dutzend).

Groß- und Kleinschreibung

1. Das erste Wort eines Ganzsatzes schreibt man groß. Dies gilt auch nach einem Doppelpunkt und bei wörtlicher Rede. Das Kochrezept lautet: Man putze zuerst das Gemüse, danach ... Er sagte: »Ich komme heute Abend etwas später.« Zu dieser Regel gibt es nur zwei Ausnahmen. Kleingeschrieben werden am Satzanfang:
   a) Wörter, die am Wortanfang mit Apostroph verkürzt sind. 's gab keinen Zweifel.
   b) das abgekürzte Adelsprädikat »von«. v. Weizsäcker begann zu reden.
2. Substantive werden immer großgeschrieben. Dies gilt auch, wenn sie mit nicht substantivischen Wörtern zusammengesetzt oder aneinandergereiht werden. das In-den-Tag-hinein-Leben; die y-Achse; eine 3-Zimmer-Wohnung.
   a) Substantive, die Bestandteile fester Fügungen sind, aber mit deren anderen Bestandteilen nicht zusammengeschrieben werden, werden ebenfalls großgeschrieben. in/mit Bezug auf; zu Hilfe eilen.
   b) Zahlsubstantive werden großgeschrieben. ein Dutzend; eine Million; ein Paar (aber ein paar = einige) Schuhe.
   c) Bezeichnungen für Tageszeiten nach den Adverbien »vorgestern«, »gestern«, »heute«, »morgen« und »übermorgen« werden großgeschrieben. gestern Abend; heute Morgen; morgen Mittag.
   d) Angst, Bange, Gram, Leid, Schuld und Pleite schreibt man in Verbindung mit den Verben sein, bleiben und werden klein, da sie als Adjektive empfunden werden: bange werden; schuld sein.
   e) in der Funktion anderer Wortarten Kleinschreibung.
   – Adverb: Ich gehe mittags. Er geht morgen. Wir treffen uns dienstags abends.
   – Präposition: Ich schaffte es dank seiner Hilfe.
   – unbestimmtes Zahlwort: Warte ein bisschen. Es dauert nur ein paar (einige) Minuten.
3. Wörter aus anderen Wortarten, die als Substantive verwendet werden, schreibt man groß.
   a) Substantivierte Adjektive und Partizipien. es ist das Beste; im Folgenden; Jung und Alt; sie las den Satz auf Französisch vor; auf dem Laufenden halten.
   b) Substantivierte Zahlwörter oder Pronomen. Er kam als Erster an die Reihe; du bist die Nächste; jeder Einzelne ist dazu aufgerufen; das vertraute Du; sie hat eine Zwei in Biologie.
   c) Substantivierte Verben. Das Hören macht mir Schwierigkeiten; wir versuchten es mit lautem Klopfen; er kam mit seinem Reden ins Stocken; diese Sache ist ein Muss.
   d) Substantivierte Adverbien, Präpositionen, Konjunktionen und Interjektionen. Es gibt ein Morgen; im Voraus; der Ball landete im Aus; dein ständiges Aber stört; sie gaben ein vielstimmiges Oh von sich.
4. Adjektive, Partizipien und Pronomen, die zwar formal wie Substantivierungen erscheinen, schreibt man klein, wenn
   a) sie sich auf ein vorangehendes oder nachstehendes Substantiv beziehen. Sie liebte kleine Katzen, besonders die getigerten. Er war der beste von meinen Schülern.
   b) Superlative mit »am« oder »aufs/auf das«, nach denen mit »Wie?« gefragt werden kann, können kleingeschrieben werden. Dieser Weg ist am längsten. *Aber:* Wir wurden aufs Beste (*auch:* aufs beste) bewirtet.
   c) Feste Verbindungen aus Präposition und Adjektiv ohne vorangehenden Artikel. In diesen Fällen ist aber nun auch Großschreibung zulässig: von Weitem (*auch:* weitem); von Neuem (*auch:* neuem); bis auf Weiteres (*auch:* weiteres).
   d) Pronomen, auch wenn sie als Stellvertreter von Substantiven verwendet werden. Das hat schon mancher versucht.
   e) Die Zahladjektive »viel«, »wenig«, (»der«, »die«, »das«) »eine«, (»der«, »die«, »das«) »andere« mit all ihren Flexionsformen. Das sagen viele; es ist nur noch weniges übrig geblieben; die einen meinten dies, die anderen meinten das. *Beachte:* Wenn allerdings herausgestellt werden soll, dass das Zahladjektiv eine andere Bedeutung als ein Zahlwort haben soll, dann kann es auch großgeschrieben werden. Sie möchte etwas ganz Anderes (= Andersartiges) machen.
   f) Kardinalzahlen unter eine Million. Er kam heute Morgen um neun; wir zwei gehören zusammen; Opa ist schon neunundachtzig geworden.

5. Eigennamen schreibt man groß.
a) Enthält ein Eigenname nicht substantivische Bestandteile, so schreibt man das erste Wort und auch alle anderen Wörter außer Artikel, Präpositionen und Konjunktionen groß. Heinrich der Achte; Walther von der Vogelweide. Gleiches gilt für
– geografische Eigennamen. das Kap der Guten Hoffnung; die Holsteinische Schweiz.
– Eigennamen von Himmelskörpern, bestimmten Bauwerken, Auszeichnungen, Institutionen, Verbänden, Firmen, Zeitungen, inoffiziellen Eigennamen usw. Kleiner Bär; der Schiefe Turm von Pisa; Deutscher Bundestag; Vereinte Nationen, Deutsche Bahn; Die Zeit; Schwarzer Kontinent.
b) Geographische Eigennamen, die abgeleitet sind und auf -er enden, schreibt man groß. die Bremer Stadtmusikanten; die Münchner Bevölkerung.
6. Ableitungen von Eigennamen, die auf -(i)sch enden, werden kleingeschrieben (→ Apostroph). die schillerschen (auch Schiller'schen) Werke; französischer Wein.
7. Adjektive in substantivischen Wortgruppen, die zu festen Gefügen geworden sind, aber keine Eigennamen darstellen bzw. keine idiomatisierte Gesamtbedeutung haben, schreibt man klein. das große Los; die innere Medizin; schwarzer Humor.
a) In folgenden Fällen schreibt man die Adjektive hingegen groß:
– Bestandteile eines botanischen oder zoologischen Namens: Weißer Flieder, Großer Ameisenbär.
– Titel, Ehrenbezeichnungen etc.: der Erste Bürgermeister; die Königliche Hoheit.
– besondere Kalendertage: der Heilige Abend; der Erste Mai.
– einige historische Ereignisse und Epochen: der Zweite Weltkrieg; die Jüngere Steinzeit.
– bei bestimmten festen Verbindungen, die eine neue, idiomatisierte Einheit bilden, wird die Großschreibung empfohlen: das Blaue Band des Ozeans, die Erste Hilfe, das Gelbe Trikot, das Schwarze Brett.
8. Groß- oder Kleinschreibung nach Satzzeichen:
a) Großschreibung nach Doppelpunkt: direkte Rede oder vollständiger Satz. Er rief uns zu: »Haltet den Dieb!« Warnung: Sichern Sie es vor Kindern! Aber Kleinschreibung bei einer Aufzählung oder einem unvollständigen Satz: Er besaß nur drei Dinge: seinen Anzug, eine Taschenuhr und ein Foto.
b) In Anführungszeichen wird das erste Wort eines selbstständigen Satzes großgeschrieben! Das Seminar mit dem Thema »Ist die Rechtsstaatlichkeit noch gewahrt?« fand großen Anklang. Ebenso: zitierte Buchtitel etc. Schillers »Die Räuber« sind ausverkauft.
9. Künftig ist die Großschreibung der Anredepronomen »du/Du« und »ihr/Ihr« mit ihren entsprechenden Possessivpronomen »dein/Dein« und »euer/Euer« in Briefen als Ausdruck der Höflichkeit erlaubt.

Gro|schen (der, -s, -) Münze. Groschenheft; groschenweise.
groß (Adj.) umfangreich; erwachsen; beträchtlich; bedeutend. *Kleinschreibung:* auf großer Fahrt sein; die großen Ferien; das große Einmaleins; auf großem Fuß leben; das große Los. *Großschreibung:* Groß und Klein (jedermann) traf sich hier; im Großen und Ganzen; im Großen wie im Kleinen; die Großen und die Kleinen; etwas/nichts/viel/wenig Großes; Ali ist der Größte, *aber:* der größte der Schüler; Alexander der Große; der Große Bär; der Große Teich (ugs. für Atlantischer Ozean). *Beachte:* Zusammenschreibung mit Verben nur, wenn eine neue Bedeutung entsteht; großtun (prahlen); großschreiben (für wichtig halten), *aber auch:* dieses Wort wird großgeschrieben; großziehen (aufziehen). Großalarm; Großartigkeit; Großaufnahme; Großbrand; Großbuchstabe; Großeltern; Größenwahn; Großfahndung; Großformat; Großhändler; Großherzigkeit; Großmacht; Großmarkt; Großmut; Großraumbüro; Großreinemachen; Großspurigkeit; Großstadt; Großteil; Großwetterlage; Großzügigkeit. Adjektive: eine groß angelegte (*auch:* großangelegte) Fahndung; großartig; größenwahnsinnig; groß gewachsen (*auch:* großgewachsen); großherzig; großkalibrig; großkotzig; großmächtig; großmütig; großräumig; großstädtisch; größtmöglich; großzügig. Adverbien: größtenteils. Großtun; großtuerisch; großtun; großzielen.
Groß|bri|tan|ni|en (ohne Art., -s, kein Plural) europäischer Inselstaat. Brite; britisch.
Groß- und Klein|schrei|bung → Regelkasten.

Gröstl (das, -s, -) (südd.) Bratkartoffeln. Tiroler Gröstl.
gro|tesk (Adj.) (franz.) lächerlich; wunderlich. Groteske; groteskerweise.
Grot|te (die, -, -n) (ital.) Höhle. Grottenolm.
Grou|pie (das, -s, -s) (engl.) weiblicher Fan von Rockmusikern.
Grüb|chen (das, -s, -) Kinn-, Wangenvertiefung.
Gru|be (die, -, -n) Loch; Aushöhlung. Grubenarbeiter; Grubenbau; Grubengas; Grubenlampe.
grü|beln (V.) nachdenken. Grübelei; Grübler; grüblerisch.
Gruft (die, -, Grüf|te) Grabgewölbe.
Grum|met (das, -s, kein Plural) zweite Heumahd.
grün (Adj.) Farbe. *Kleinschreibung:* ach du grüne Neune! Sie saßen zwei Tage am grünen (*auch:* Grünen) Tisch; die grüne Welle haben; der Englische Garten ist die grüne (*auch:* Grüne) Lunge Münchens; er ist doch noch ein grüner Junge; grünblau, grüngelb; grünlich; grünlich blau; rotgrünblind; grünen. *Großschreibung:* die Ampel zeigt/steht auf Grün; auf/in/mit Grün; ein helles/dunkles/zartes Grün; wir könnten heute ins Grüne fahren; es war dasselbe in Grün (ganz dasselbe); die Grüne Insel (Irland); die Grünen (Partei). Grünanlage; Gründonnerstag; Grünenabgeordnete; Grünfutter; Grünkohl; Grünland; Grünrotblindheit; Grünschnabel; Grünspan; Grünstreifen; Grünzeug.
Grund (der, -s/-es, Grün|de) Ursache; Grundstück; Boden. Grund und Boden; aufgrund (*auch:* auf Grund); im Grunde hätten wir uns das sparen können; das muss von Grund auf verbessert werden; das Schiff lief auf Grund; im Grunde genommen war die Sache nicht schlecht. *Beachte:* zugrunde, (*auch:* zu Grunde) gehen/legen/liegen/richten. grundlegend. Grundausbildung; Grundbedeutung; Grundbegriff; Grundbuch; Grundeigentümer; Grunderwerb; Grundfarbe; Grundform; Grundgesetz; Grundkurs; Grundlagenforschung; Grundlinie; Grundlosigkeit; Grundmauer; Grundnahrungsmittel; Grundrecht; Grundsatzerklärung; Grundschule; Grundstein; Grundsteuer; Grundstück; Grundton; Grundwasser; Grundwert; Grundzahl; Grundzins. Adjektive: grundanständig; grundehrlich; grundfalsch; grundlegend; grundlos; grundsätzlich; im Grundsätzlichen bin ich dafür; grundverschieden.
grün|deln (V.) unter Wasser Nahrung suchen (Enten).
grün|den (V.) Grundlage schaffen; bilden; sich stützen auf. Gründer; Gründerjahre; Gründung; Gründungsfeier; Gründungsmitglied.
Grun|die|rung (die, -, -en) Grundfarbe. Verb: grundieren.
gründ|lich (Adj.) ordentlich; umfassend.
Gründ|ling (der, -s, -e) Karpfen.
grun|zen (V.) Grunzton ausstoßen; knurren.
Grup|pe (die, -, -n) Ansammlung; Einheit; Abteilung. Eine Gruppe Jugendlicher/Jugendliche reiste nach Moskau. Gruppenbild; Gruppendynamik; Gruppenführung; Gruppensex; Gruppensieg; Gruppierung; Grüppchen; gruppenpsychologisch; gruppendynamisch; gruppenweise; grüppchenweise; gruppieren.
Grup|pen|dy|na|mik (die, -, kein Plural) (dt.-griech.-lat.) 1. Wissenschaft von der Gruppendynamik. 2. gegenseitige, abgestimmte Steuerung des Verhaltens der Individuen in einer Gruppe zum Zwecke therapeutischer Lernprozesse.
gru|seln (V.) schaudern; grausen. *Beachte:* mit Dativ oder Akkusativ! Mir gruselt; mich gruselt; ich grus(e)le mich. Gruselei; Gruselmärchen; grus(e)lig.
Gruß (der, -es, Grü|ße) Begrüßungsformel; Gedenken. Grußadresse; Grußformel; Grußwort (Plural: -worte!); grußlos; grüßen. Ich will nur schnell grüß Gott sagen.
Grüt|ze (die, -, -n) Haferbrei; Süßspeise; (ugs.) Verstand. Grützmühle; Grützkopf.
Gru|y|ère (der, -s, -s) (franz.) würziger Schweizer Hartkäse, Greyerzer.
Gschaftl|hu|ber (*auch:* Ge|schaftl|hu|ber) (der, -s, -) (südd.) Wichtigtuer.
gscha|mig (*auch:* ge|scha|mig) (Adj.) (südd.) verschämt.
gschert (*auch:* ge|schert) (Adj.) (südd.) derb; unfreundlich.
G-Schlüs|sel (der, -s, -) Violinschlüssel.
Gstan|z(e)l (das, -s, -n) (südd.) Lied.
Gu|a|ja|kol (das, -s, kein Plural) (indian.-nlat.) ein aromatischer Alkohol (u. a. als fiebersenkendes Mittel).
Gu|a|ja|ve (die, -, -n) (indian.-span.) rundliche, gelbrote Tropenfrucht.
Gu|a|na|ko (das, -s, -s) (Ketschua). Wildform des Lamas und Alpakas.
Gu|a|nin (das, -s, kein Plural) (Ketschuan-lat.) eine der vier Nucleobasen der Desoxyribonucleinsäure.
Gu|a|no (der, -s, kein Plural) (Ketschua) südamerikanischer und südafrikanischer Seevogelkot als Dünger.
Gu|a|ra|ni 1. (das, -s, kein Plural) eine Indianersprache (neben Spanisch Staatssprache in Paraguay). 2. (der, -/-s, -/-s) Währungseinheit in Paraguay.
Gu|ar|dia ci|vil (die, - -, kein Plural) (span.) spanische Polizei.

Gu|ar|ne|ri (die, -, -s) wertvolle Geige aus der Werkstatt der Geigenbauerfamilie Guarneri aus Cremona.

Gu|a|te|ma|la (ohne Art., -s, kein Plural) mittelamerikanischer Staat. Guatemalteke; guatemaltekisch.

gu|cken (V.) schauen. Gucker; Guckfenster; Guckindieluft; Guckkasten; Guckloch.

Gu|el|fe (der, -n, -n) (ital.) italienische Anhänger der gegen den Hohenstaufenkaiser gerichteten Politik des Papstes und Gegner der Ghibellinen.

Gue|ril|la 1. (die, -, -s) (span.) Kleinkrieg; Partisanenkrieg. 2. (der, -s, -s) Partisan. Guerillakrieg; Guerillero.

Gu|gel|hupf (der, -s/-es, -e) (südd.) Napfkuchen.

Guide (der, -s, -s) (engl.) 1. Fremdenführer. 2. Reisehandbuch.

Gui|g|nol (der, -s, -s) (franz.) die Figur des Kasperle im französischen Puppentheater.

Guil|loche (die, -, -n) (franz.) verschlungene Linienmusterung (auf Banknoten, Wertpapieren).

Guil|lo|cheur (der, -s, -e) jmd., der beruflich guillochiert.

guil|lo|chie|ren (V.) mit einer Guilloche mustern.

Guil|lo|ti|ne (die, -, -n) (franz.) Fallbeil. Verb: guillotinieren.

Gui|nea (ohne Art., -s, kein Plural) Äquatorial-Guinea; Guinea-Bissau (afrikanische Staaten); Guineer; guineisch.

Gui|nea (die, -, -s) alte englische Goldmünze; davon abgeleitete Rechnungseinheit.

Gu|lag (der, -/-s, kein Plural) russisches Kurzwort für die Hauptverwaltung des Straflagersystems in der Sowjetunion unter der Herrschaft Stalins.

Gu|lasch (das, -es, -e) Fleischeintopf.

Gul|den (der, -s, -) niederländische Währungseinheit (Abk.: hfl).

Gül|le (die, -, kein Plural) Jauche. Güllenfass; güllen.

Gul|ly (der, -s, -s) (engl.) Abfluss; Einlaufschacht für Straßenabwässer.

Gum|ma (das, -s, -ma|ta/Gum|men) (nlat.) Gummigeschwulst bei Syphilis.

Gum|mi (der/das, -s, -s) 1. elastisches Material; Kautschuk. 2. (ugs.) Präservativ. Gummiband; Gummiball; Gummibärchen; Gummihandschuh; Gummiparagraf (auch: Gummiparagraph); Gummistiefel; Gummizelle; Radiergummi; gummiweich; gummieren.

Gum|mi|ara|bi|kum (das, -s, kein Plural) (lat.) Binde-, Klebemittel aus Akazienmilchsaft.

Gum|mi|gutt (das, -s, kein Plural) (nlat.-malai.) ein asiatisches Gummiharz (z. B. als Abführmittel).

Gum|pe (die, -, -n) natürliches, durch Auswaschung entstandenes Wasserbecken.

Gun|del|re|be (die, -, -n) Unkraut.

Gunst (die, -, kein Plural) Wohlwollen; Bevorzugung. Er steht nicht in meiner Gunst; das ging zu seinen Gunsten aus. *Aber:* zugunsten *(auch:* zu Gunsten); zuungunsten *(auch:* zu Ungunsten). Gunstbezeigung; Gunstbeweis; Günstling; günstig; günstigenfalls; günstigstenfalls.

Gup|py (der, -s, -s) (engl.) Zierfisch.

Gu|ra|mi (der, -s, -s) (malai.) südostasiatischer Labyrinthfisch. Aquarienfisch.

Gur|gel (die, -, -n) Kehle. Gurgelwasser; gurgeln.

Gur|ke (die, -, -n) Gemüse. Gurkensalat; Gurkenkraut; Gurkentopf.

gur|ken (V.) (ugs.) fahren.

Gur|kha (der, -/-s, -/-s) 1. Angehöriger des Hauptvolkes in Nepal. 2. Elitesoldat aus diesem Volk (im britischen Kolonialreich).

gur|ren (V.) rufen; locken.

Gurt (der, -s, -e) Riemen; Band. Gurtmuffel; Gurtpflicht; gurten.

Gür|tel (der, -s, -) Riemen. Gürtellinie; Gürtelreifen.

Gür|tel|ro|se (die, -, kein Plural) Krankheit.

Gu|ru (der, -s, -s) (sanskr.) spiritueller Meister.

GUS (die, -, kein Plural) Abk. für Gemeinschaft Unabhängiger Staaten (ehemalige Sowjetunion).

Gus|la (die, -, -s/-len) (serbokroat.) südslawisches Streichinstrument.

Gus|lar (der, -en, -en) (serbokroat.) Guslaspieler.

Gus|le (die, -, -s/-n) = Gusla.

Gus|li (die, -, -s) (russ.) harfenähnliches Klavichord, russisches Instrument des 18. Jahrhunderts.

Guss (der, Gus|ses, Güs|se) Gießen von Metall; Gießereierzeugnis; Gebäcküberzug; Regenschauer; Gussform; gusseisern.

gus|tie|ren (V.) (lat.-ital.) = goutieren.

gus|ti|ös (Adj.) (österr.) appetitanregend; lecker.

Gus|to (der, -s, -s) Geschmack; Appetit.

gut (Adj.; besser, beste) qualitätsvoll; wertvoll; anständig; angenehm; reichlich. *Kleinschreibung:* Er ist so gut wie tot; ich nehme ein gut Teil davon; das waren gut und gern tausend Leute; so weit, so gut; lass es doch gut sein; guten/gute, *(auch:* Guten/Gute) Abend/Morgen/Nacht sagen. *Großschreibung:* Ich sage es dir im Guten; im

Guten wie im Bösen; es war um ein Gutes besser; ich nehme nur vom Guten; alles/etwas/viel/wenig/nichts/nur Gutes; Hab und Gut; das war des Guten zu viel; Gutes und Böses; das Unternehmen war jenseits von Gut und Böse; es hat alles sein Gutes; ich denke, es wird sich noch zum Guten wenden; der Gute Hirte (Jesus); Kap der Guten Hoffnung. gut gehen (*auch:* gutgehen); gutheißen (befürworten); gutmachen (bereinigen), *aber:* Ich will die Sache gut machen; gutschreiben (anrechnen); guttun (wohltun). Man kann nicht immer gut sein. Gutachten; Gutartigkeit; Gutenachtkuss; Gutgläubigkeit; Guthaben; Gutheit; Gutherzigkeit; Gutmütigkeit; Gutschein. Adjektive: gutartig; gut aussehend (*auch:* gutaussehend); gut bezahlt (*auch:* gutbezahlt); eine gutbürgerliche Küche, *aber:* Sie waren alle gut bürgerlich; ein gut gelauner (*auch:* gutgelauner) Chef; gut gemeint (*auch:* gutgemeint); gutgläubig; gutherzig; gutmütig; gutnachbarlich; gut situiert (*auch:* gutsituiert); gut sitzend (*auch:* gutsitzend); gut unterrichtet (*auch:* gutunterrichtet); gutwillig. Verben: guthaben (ausstehend bleiben); zugutehalten; zugutekommen.
Gut (das, -s, Gü'ter) Besitz; Wert; Ware; landwirtschaftlicher Betrieb. Güterabfertigung; Güterbahnhof; Gütertrennung; Güterzug; Gutsbesitzer; Gutshof; Gutsverwalter.
Gü'te (die, -, kein Plural) Großherzigkeit; Milde; Qualität. Güteklasse; Gütezeichen.
güt'lich (Adj.) im Guten.
Gut'ta'ti'on (die, -, -ti'o'nen) (lat.) selbsttätige Wasserausscheidung (bei Pflanzen).
gut'tie'ren (V.) (lat.) das Wasserausscheiden bei Pflanzen.
Gut'ti'o'le (die, -, -n) (lat.) Tropfflasche, Fläschchen zum Einträufeln von Medizin.
gut'tu'ral (Adj.) (lat.) zur Kehle gehörig; kehlig.
Gu(')ya'na (ohne Art., -s, kein Plural) südamerikanischer Staat. Gu(a)yaner; gu(a)yanisch.
Gym'na'si'arch (der, -en, -en) (griech.-lat.) Bezeichnung für den Leiter eines antiken Gymnasiums.
Gym'na'si'um (das, -s, -si'en) (griech.) Oberschule. Gymnasiallehrer; Gymnasiast.
Gym'nast (der, -en, -en) (griech.) Trainer der Athleten in der altgriechischen Gymnastik.
Gym'nas'tik (die, -, kein Plural) (griech.) Bewegungsübung. Gymnastikstunde; gymnastisch.
gym'nas'ti'zie'ren (V.) die Muskeln von Pferd und Reiter systematisch durchbilden, um höchsten Anforderungen zu genügen.

Gym'no'lo'gie (die, -, kein Plural) (griech.-lat.) Wissenschaft von der Leibeserziehung, des Sports, der Rekreation und Therapie der Bewegungen.
Gym'no'so'phist (der, -en, -en) (griech.) Asket der indischen Priesterkaste der Brahmanen.
Gym'no'sper'me (die,-, -n) (griech.) Nacktsamer (Samenanlagen frei an Samenblättern, primitiver und älter als Decksamer).
Gy'nae'ce'um (*auch:* Gy'nä'ze'um) (das, -s, -ce'en) (griech.-lat.) Gesamtmenge der weiblichen Blütenorgane einer Pflanze.
Gy'nä'ko'kei'on (das, -s, ...keien) (griech.) Frauengemach.
Gy'nä'ko'kra'tie (die, -, -n) (griech.) Gesellschaftsordnung, in der die Frau die beherrschende Position in Staat und Familie einnimmt und in der die soziale Position und der Erbgang der weiblichen Linie folgt; Frauenherrschaft. Matriarchat.
Gy'nä'ko'lo'ge (der, -n, -n) (griech.) Frauenarzt. Gynäkologie; gynäkologisch.
Gy'nä'ko'mas'tie (die, -, -n) (griech.-lat.) weibliche Brustbildung bei Männern, hormonelle Ursache z. B. in Unterentwicklung der Keimdrüsen oder Leberzirrhose (Med.).
Gy'nä'ko'pho'bie (die, -, kein Plural) (griech.-lat.) Angst vor allem Weiblichen.
Gy'nä'ko'sper'mi'um (das, -s, -mi'en) (griech.-lat.) ein ein X-Chromosom enthaltender Samenfaden, wodurch das Geschlecht als weiblich definiert wird.
Gy'n'an'd'rie (die, -, kein Plural) (griech.) Nebeneinander bzw. Nacheinander männlicher und weiblicher Geschlechtsmerkmale an einem Lebewesen.
gy'n'an'd'risch (Adj.) zur Gynandrie gehörig; scheinzwittrig.
Gy'n'an'd'ris'mus (der, -, kein Plural) = Gynandrie.
Gy'n'an'd'ro'mor'phis'mus (der, -, kein Plural) (griech.-nlat.) = Gynandrie.
Gy'ri (die, nur Plural) (lat.) ausschließlich im Gehirn höherer Wirbeltiere und des Menschen vorkommende Hirnwindungen.
Gy'ro'i'de (die, -, -n) (griech.) Drehspiegelachse (bei Kristallsymmetrie).
Gy'ros (das, -, -) (griech.) Gericht aus am senkrechten Drehspieß gebratenem Fleisch.
Gy'ro's'kop (das, -s, -e) (griech.) Messgerät, das die Achsendrehung der Erde nachweist.
Gytt'ja (die, -, -jen) (schwed. »Halbfaulschlamm«) faulender organischer Schlamm am Seegrund, Ursache: eingeschränkter Sauerstoffzutritt und Verwesung der Ablagerungen.

h (Abk.) Hekto; Stunde. 12 h (12 Stunden; 12 Uhr); 12ʰ (12 Uhr).
H (Abk.) Wasserstoff (chemisches Zeichen).
ha (Abk.) Hektar.
Haar (das, -s/-es, -e) Frisur, Faser. Haarausfall; das war um ein Haarbreit (*auch:* Haar breit) zu wenig, oder: das war um Haaresbreite zu wenig, *aber:* um eines Haares Breite wäre die Sache gescheitert; Haarfarbe; Haarfestiger; Haargel; Haarkranz; Haarpracht; Haarschnitt; Haarspalterei; Haarspray; Haarwasser; Haarwuchsmittel. *Aber:* das Härchen! Adjektive: haarfein; haargenau; haarig; haarklein; haarscharf; haarsträubend. Verb: haaren.
Ha'ba'ne'ra (die, -, -s) (span.) Tanz.
Hab'da'la (die, -, -s) (hebr.) Gebet am Ausgang des Sabbats, mit dem der Hausherr einer jüdischen Familie den Herrn lobpreist.
Ha'be'as cor'pus (lat.) Floskel am Anfang eines mittelalterlichen Haftbefehls (»du habest den Körper«).
Ha'be'as-Cor'pus-Ak'te (die, -, kein Plural) (lat.) englisches Gesetz zum Schutz der persönlichen Freiheit Verhafteter von 1679.
ha'be'mus Pa'pam (lat.) vorgeschriebener Ausruf nach vollzogener Papstwahl (»wir haben einen Papst«).
ha'ben (V., hatte, hat gehabt) besitzen; bekommen. Habe; Soll und Haben; Hab und Gut; Habenseite; Habenichts; Habseligkeit; Habschaft; habhaft werden (mit Genitiv!). Trotz großer Bemühungen wurde man seiner (!) nicht habhaft (konnte man ihn nicht festnehmen).
Ha'ber'feld'trei'ben (das, -s, -) Selbstjustiz.
Hab'gier (die, -, kein Plural) Habsucht; Geiz. Adjektiv: habgierig.
Ha'bicht (der, -s, -e) Raubvogel. Habichtsnase.
ha'bil (Adj.) (lat.) fähig, gewandt.
ha'bi'li'ta'tus (Adj.) (lat.) mit Lehrberechtigung an einer Hochschule oder Universität.
ha'bi'li'tie'ren (V.; refl.) die Lehrberechtigung an einer Hochschule erwerben/erteilen. Habilitand; Habilitation; Habilitationsschrift; Titel: Dr. habil.
Ha'bit 1. (der/das, -s, -e) (franz.) Kleidung. 2. (der/das, -s, -s) (engl.) Gewohnheit; Erlerntes. Habituation; habituell; habitualisieren.
Ha'bi'tat (das, -s, -e) (lat.) bestimmter Lebensraum (einer Tier- oder Pflanzenart).

ha'bi'tu'a'li'sie'ren (V.) (lat.) zur Gewohnheit machen, werden.
Ha'bi'tu'a'ti'on (die, -, -ti'o'nen) (lat.) Gewöhnung; Reaktionsermüdung hinsichtlich eines zu oft erfolgten Reizes.
ha'bi'tu'ell (Adj.) ständig.
Ha'bi'tus (der, -, kein Plural) (lat.) äußeres Erscheinungsbild; Charakteristikum; Benehmen, Gebaren.
Hab'sucht (die, -, kein Plural) Habgier. Adjektiv: habsüchtig.
Há'ček (das, -s, -s) (tschech.) ein Aussprachezeichen (z. B. č = tsch) (im Tschechischen).
Ha'ché (*auch:* Ha'schee) (das, -s, -s) (franz.) Hackfleischgericht.
Hach'se (*auch:* Ha'xe) (die, -, -n) Unterschenkel von Kalb oder Schwein.
Ha'ci'en'da = Hazienda.
Ha'ci'en'de'ro (der, -s, -s) (span.) Besitzer einer Hacienda (auch Hazienda).
Hack (das, -s, kein Plural) (Kurzw.) Hackfleisch.
Ha'cke (*auch:* der Ha'cken) (die, -, -n) Beil; Ferse. Hackentrick.
ha'cken (V.) schlagen; zerhauen. Hackbank; Hack(e)beil; Hackbraten; Hackbrett; Hackepeter; Hacke; Hackfleisch; Hackordnung; Hackstock.
Ha'cking (das, -s, -s) Computer-»Piraterie«. Hacker.
Häck'sel (der/das, -s, kein Plural) zerkleinertes Heu, Stroh. Häcksler; Häckselmaschine.
Ha'dal (das, -s, kein Plural) (griech.-nlat.) die Tiefsee unterhalb von 5000 Metern.
Ha'der (der, -s, -/-n) Zank; Streit; (südd.) Lumpen, Putztuch. Verb: hadern (streiten).
Ha'der'lump (der, -en, -en) (südd.) Gauner.
Ha'des (der, -, kein Plural) (griech.) Unterwelt (Mythologie).
Ha'd'schar (der, -s, kein Plural) (arab.) der schwarze Stein in der Kaaba, den die Mekkapilger küssend verehren.
Ha'd'schi (der, -s, -s) (*auch:* Hudschadsch) (arab.) Mekkapilger.
Hae'm'oc'cult-Test (der, -s, -s) (griech.-lat.-engl.) Test auf Vorhandensein nicht sichtbaren Blutes im Kot.
Ha'fen (der, -s, Hä'fen) 1. Schiffsanlegeplatz. 2. (südd.) Topf. Hafenarbeiter; Hafenkneipe; Hafenrundfahrt; Hafenviertel.
Ha'fer (der, -s, kein Plural) Getreidepflanze. Haferbrei; Haferflocken; Haferschleim.
Ha'fer'l'schuh (der, -s, -e) (südd.) fester Halbschuh.
Haff (das, -s, -e/-s) Küstensee; Küstenbucht. Halffischer.

Ha′fis (der, -, kein Plural) (arab.) Ehrentitel des Mannes, der den Koran auswendig kennt.
Haf′lin′ger (der, -s, -) Pferderasse.
Haf′ner (*auch:* Häfner) (der, -s, -) Töpfer; Ofensetzer. Hafnerei.
Haft (die, -, kein Plural) Gefängnis; Verantwortung; Haftstrafe; Haftanstalt; Haftbarmachung; Haftbefehl; Haftentlassung; Häftling; Haftpflichtversicherung; Haftrichter; Haftstrafe; Haftung; haftbar; haftpflichtig; haften (verantwortlich sein).
Haf′ta′ra (die, -, -roth) (hebr.) beim jüdischen Gottesdienst die Lesung aus den Propheten als Schluss des Wochenabschnitts.
haf′ten (V.) kleben. Haftung; Haftreifen; Haftschalen; haftfähig.
haften blei′ben (*auch:* haf′ten′blei′ben) (V., blieb haften, ist haften geblieben) hängen bleiben.
Hag (der, -s, -e) Hecke; Gebüsch. Haglandschaft; Hagedorn; Hagebuche; Hagestolz.
Ha′ga′na (die, -, kein Plural) (hebr.) jüdische militärische Organisation in Palästina, aus der die reguläre Armee Israels entstand.
Ha′ge′but′te (die, -, -n) Frucht. Hagebuttenmarmelade.
Ha′gel (der, -s, kein Plural) Eisregen. Hagelkorn; Hagelschlag; Hagelschaden; Hagelzucker; hageln.
ha′ger (Adj.) mager; dürr. Hagerkeit.
Hag′ga′da (die, -, kein Plural) (hebr.) erzählender Teil der mündlichen jüdischen Überlieferung (Legenden, Sprichwörter u. a.).
Ha′gio′gra′fen (*auch:* Ha′giogra′phen) (die, nur Plural) (griech.) späteste Schriften des Alten Testaments.
Ha′gio′gra′fie (*auch:* Ha′gio′gra′phie) (die, -, -n) (griech.) Lebensbeschreibung eines Heiligen, Literatur über einen Heiligen.
Ha′gio′la′t′rie (die, -, -n) (griech.) Heiligenverehrung.
Hä′her (der, -s, -) Vogel. Eichelhäher.
Hahn (der, -s, Häh′ne) männliches Huhn; Leitungsverschluss. Hahnenfeder; Hahnenfuß; Hahnenkamm; Hahnenschrei; Hahnentritt. *Aber:* das Hähnchen.
Hai (der, -s/-es, -e) (niederl.) Raubfisch. Haifisch; Haifischflossensuppe; Haifischzahn.
Hain (der, -s, -e) kleiner Wald. Hainbuche.
Hair′sty′list (der, -en, -en) (engl.) Frisör.
Ha′i′ti (ohne Art., -s, kein Plural) mittelamerikanische Insel. Haitianer; haitianisch.
Ha′i′ti′a′ner (der, -s, -) Bewohner Haitis. Haitianerin; haitisch; haitianisch.
hä′keln (V.) handarbeiten. Häkelarbeit; Häkelgarn; Häkelnadel.

Ha′ken (der, -s, -) 1. Befestigung. 2. Schwierigkeit. 3. Faustschlag. Er schlug Haken wie ein Hase (lief im Zickzack); mit Haken und Ösen (mit allen Mitteln); Hakenkreuz; Hakennase; hakenförmig; hakig.
Ha′kim (der, -s, -s) (arab.) Arzt.
Hal′la′li (das, -s, -/-s) (franz.) Jagdruf.
halb (Adj.) zur Hälfte; abgeschwächt. *Beachte:* Als Uhrzeit-, Mengen- und Maßangabe wird »halb« getrennt geschrieben! Es ist fünf nach halb sechs (Uhr); ein halbes Dutzend Mal; zwei und ein halb, *aber:* zweieinhalb; anderthalb; alle halbe Stunde; alle halbe(n) Stunden; alle halbe(n) Jahre. *Außerdem:* Getrenntschreibung in der Bedeutung »teils«! halb lachend; halb weinend. Er machte ein halb freundliches, halb trauriges Gesicht.
Zusammen schreibt man Wörter, die eine neue/übertragene Bedeutung erhalten oder wenn das »halb« die Bedeutung des Wortes abschwächt! halbbitter (Geschmacksrichtung); halblang machen (nicht übertreiben). halbdunkel; halbseiden. *Aber:* halbe-halbe machen (teilen). *Großschreibung:* Etwas Halbes mache ich nicht; nichts Halbes und nichts Ganzes; eine Halbe (ein halber Liter Bier). Halbblut; Halbdunkel; Halbedelstein; Halbfinale; Halbgott; Halbierung; Halbinsel; Halbjahr; Halbleinen; Halbleiter; Halbmond; Halbpension; Halbschatten; Halbschlaf; Halbstarke; einige Halbstarke, *aber:* alle Halbstarken; Halbtagsarbeit; Halbwahrheit; Halbwertszeit; Halbwüchsige; Halbzeit. Adjektive: halbfett; halbherzig; halbjährlich; halblang; halblaut; die Fahnen auf halbmast setzen; halbkreisförmig; halbseitig; halbstündig; halbstündlich; halbwüchsig; *aber:* halb fertig (*auch:* halbfertig; halb nackt (*auch:* halbnackt); halb rechts (*auch:* halbrechts); halb tot (*auch:* halbtot); halb voll (*auch:* halbvoll); halb wach (*auch:* halbwach); Adverbien: halbwegs; halber; seinethalben; allenthalben. Verben: halbe-halbe machen; halbieren.
hal′ber (Präp., Gen.) wegen. *Beachte:* immer nachgestellt und getrennt vom Substantiv! *Ausnahmen:* beispielshalber; umständehalber.
Hal′de (die, -, -n) Abhang; Aufschüttung. Schutthalde.
Hälf′te (die, -, -n) halber Teil; Teil. zwei Apfelhälften; gib mir die kleinere Hälfte; die Hälfte der Regeln war ihm unbekannt; meine bessere Hälfte (Ehefrau/-mann). Verb: hälften.
Half′ter (der/das, -s, -) 1. Zaum. 2. Pistolentasche. Verb: halftern.
Hal′le (die, -, -n) großer Raum. Hallenbad; Hallensport; Hallentennis.

hal|le|lu|ja! (Interj.) (hebr.) lobet den Herrn!
hal|len (V.) widertönen; schallen. Hall; Widerhall; Halleffekt.
Hal|ley-Ko|met (auch: Hal|ley|sche Ko|met) (der, -en, kein Plural) Komet mit »Schweif«.
Hal|lig (die, -, -en) Marschlandinsel.
Hal|li|masch (der, -es, -e) honiggelber Blätterpilz.
hal|lo (Interj.) Ausruf; Begrüßung. Es gab ein großes Hallo.
Hal|lo|d'ri (der, -s, -s) (südd.) Luftikus.
Hal|lo|ween (das, -s, -s) (engl.) der Tag vor Allerheiligen, der besonders in den Vereinigten Staaten gefeiert wird.
Hal|lu|zi|nant (der, -en, -en) (lat.) jmd., der an Halluzinationen leidet.
Hal|lu|zi|na|ti|on (die, -, -ti|o|nen) (lat.) Sinnestäuschung. Halluzinogen; halluzinativ; halluzinieren.
hal|lu|zi|na|to|risch (Adj.) zu einer Halluzination gehörig; in Form einer Sinnestäuschung.
hal|lu|zi|no|gen (Adj.) (lat.-griech.) Halluzinationen hervorrufend, fördernd.
Hal|lu|zi|no|gen (das, -s, -e) (lat.-griech.) Halluzinationen erzeugendes Rauschgift (z. B. LSD).
Halm (der, -s, -e) Stängel; Stiel. Halmfrucht; Grashalm; Hälmchen; kurzhalmig.
Hal|ma (das, -s, kein Plural) (griech.) Brettspiel.
Ha|lo (der, -s, -s/-lo|nen) (griech.) ringförmige Lichterscheinung, »Hof« (z. B. um den Mond herum).
ha|lo|gen (Adj.) Salz bildend. Halogenlampe; Halogenscheinwerfer; halogenieren.
Ha|lo|gen (das, -s, -e) (griech.) ein Element der siebenten Gruppe des Periodensystems, Salzbildner (Fluor, Chlor, Brom, Jod und Astat).
Ha|lo|ge|nid (das, -s, -e) salzartige Verbindung eines Halogens mit einem Metall.
Ha|lo|gen|lam|pe (die, -, -n) mit Edelgas gefüllte, sehr helle Glühlampe.
ha|lo|phil (Adj.) (griech.) einen salzreichen Lebensraum bevorzugend; z. B. Bakterien, Küstenpflanzen können ~ sein.
Ha|lo|phyt (der, -en, -en) (griech.) Salz liebende Pflanze.
Hals (der, -es, Häl|se) 1. Körperteil. 2. oberer Teil einer Flasche. 3. Säule. Er verließ Hals über Kopf (fluchtartig) den Raum; Halsabschneider; Halsband; Halsentzündung; Halskette; Hals-Nasen-Ohren-Arzt (Abk.: HNO-Arzt); Halsschlagader; Halsstarrigkeit; Hals- und Beinbruch! Halsweh; Halswirbel. Adjektive: halsbrecherisch; dickhalsig; halsstarrig. Verb: halsen.
halt! (Interj.) stopp!

Halt (der, -s/-es, -e) Anhalten; Stütze; Standhaftigkeit. Halt suchen/finden/bieten. haltmachen (auch: Halt machen) (stehen bleiben); wir haben in Köln haltgemacht (auch: Halt gemacht). Haltbarkeit; Haltegriff; Haltepunkt; Halterung; Haltestelle; Halteverbot; Haltlosigkeit; haltbar; haltlos; halten; haltern.
hal|ten (V., hielt, hat gehalten) anhalten; festhalten; stützen; besitzen; sich verhalten. Haltung; Haltungsfehler.
...hal|tig (Adj.) etwas enthaltend; z. B. erzhaltig; eisenhaltig.
Ha|lun|ke (der, -n, -n) Gauner.
Hal|wa (die, -, -s) eine orientalische Süßigkeit aus gerösteten Sesamkörnern, Zucker u. a.
Häm (das, -s, kein Plural) (griech., Kurzwort) Farbstoff des Hämoglobins.
Ha|ma|dan (der, -s, -s) aus Kamelwolle handgeknüpfter Teppich mit stilisierten Mustern.
Ha|ma|me|lis (die, -, kein Plural) (griech.) winterblütiger Zierstrauch; Zaubernuss.
Ham and Eggs (die, nur Plural) (engl.) Spiegeleier und gebratener Schinken (als Frühstück).
Hä|man|gi|om (das, -s, -e) (griech.) Blutgefäßgeschwulst.
Ha|mar|tie (die, -, -n) (griech.) 1. in der antiken Tragödie der Irrtum oder die Sünde, die die Verwicklungen verursachen. 2. lokaler Defekt des Gewebes infolge embryonaler Fehlentwicklung des Keimgewebes (Med.).
Ha|ma|sa (die, -, -s) (arab.) Titel berühmter arabischer Anthologien.
Hä|ma|tit (der, -s, -e) (griech.-nlat.) ein Mineral, (schwarz-)rotes Eisenoxid.
hä|ma|to|gen (Adj.) (griech.) blutbildend.
Hä|ma|to|lo|gie (die, -, kein Plural) (griech.) Lehre vom Blut. Hämatom (Bluterguss).
Hä|ma|tor|rhö (die, -, -) (griech.) Blutsturz.
Hä|ma|t|u|rie (die, -, -n) (griech.) Blutharnen.
Ham|burg (ohne Art., -s, kein Plural) (dt.) Stadt und Bundesland.
Ham|bur|ger (die, -, -) Hamburger; hamburgisch. Hackfleischbrötchen.
Hä|me (die, -, kein Plural) Gehässigkeit.
Hä|min (das, -s, kein Plural) ein Bestandteil des Hämoglobins.
hä|misch (Adj.) schadenfroh. Häme.
Ha|mit (auch: Ha|mi|te) (der, -en, -en) (hebr.-nlat.) Angehöriger einer überwiegend nord-(ost)afrikanischen Völkergruppe (z. B. Berber, Haussa, Somali). hamitisch.
Ham|ma|da (die, -, -s) (arab.) Fels-, Steinwüste (in Nordafrika).
Ham|mal (der, -s, -s) (arab.) Lastenträger im Vorderen Orient.

Ham|mel (der, -s, -) kastrierter Schafbock; (ugs.) Dummkopf. Hammelbeine; Hammelkeule.
Ham|mel|sprung (der, -s, kein Plural) Abstimmungsverfahren (Parlament).
Ham|mer (der, -s, Häm|mer) Schlagwerkzeug; Gehörknöchelchen; Wurfgerät. Hammerschlag; Hammerschmied; Hammerwerfen; hämmern.
Ham|mond|or|gel (die, -, -n) elektronische Orgel.
Hä|mo|blast (der, -en, -en) (griech.) blutbildende Knochenmarkzelle.
Hä|mo|glo|bin (das, -s, kein Plural) (griech.-lat.) roter Blutfarbstoff (Abk.: Hb).
Hä|mo|ly|se (die, -, -n) (griech.) krankhafte Auflösung der roten Blutkörperchen.
Hä|mo|phi|lie (die, -, kein Plural) Bluterkrankheit.
Hä|mor|rha|gie (die, -, -n) (griech.) Blutung (im Körperinnern).
hä|mor|r|i|dal (*auch:* hä|mor|rho|i|dal) (Adj.) zu den Hämorriden gehörig, von ihnen ausgehend.
Hä|mor|ri|de (*auch:* Hä|mor|rho|i|de) (die, -, -n) (griech.) Mastdarmkrampfader. Hämorridalleiden (*auch:* Hämorrhoidalleiden).
Hä|mo|zyt (der, -en, -en) (griech.) Blutkörperchen.
ham|peln (V.) zappeln. Hampelmann.
Hams|ter (der, -s, -) Nagetier. Hamsterbacke; Hamsterer; Hamsterkauf; hamstern.
Hand (die, -, Hän|de) Körperteil. anhand der Unterlagen; etwas an der Hand haben; du könntest ruhig mit Hand anlegen; Hand in Hand gehen; rechter/linker Hand sehen Sie das Deutsche Museum; der Einbruch war von langer Hand vorbereitet; kann ich dir zur Hand gehen; das Flugblatt ging von Hand zu Hand; etwas von der Hand weisen; zu Händen (Abk.: z. Hd.). ich verkaufe den Schmuck unter der Hand; *Kleinschreibung:* das ist allerhand; er verließ uns kurzerhand; der Schlüssel ist mir abhandengekommen; die Arbeitslosigkeit wird immer mehr überhandnehmen. Handarbeit; Handball; Handbesen; Handbreit; Handbremse; Händchenhalten, Händchen haltend (*auch:* händchenhaltend); Handcreme (*auch:* Handkrem(e)); Händedruck; Händeringen; Handfertigkeit; Handfeuerwaffe; Handgebrauch; Handgemenge; Handgepäck; Handgranate; Handgreiflichkeit; Handgriff; Handkäse; Handkuss; Handlanger; Handlichkeit; Handschellen; Handschrift; Handschuh; Handspiel; Handstand; Handstreich; im Handumdrehen; eine Handvoll (*auch:* Hand voll); Handwerk; Handwerkskammer; Handwerkszeug; Handzeichen; Handzettel. Adjektive: handbreit; händeringend; handfest; handgearbeitet; handgeschrieben; handgestrickt; handgreiflich; der Fleck war handgroß, *aber:* ein zwei Hand großes Stück; handlich; handsam; handschriftlich; handsigniert; handwarm; handwerklich. Verben: handarbeiten; ich habe den ganzen Tag gehandarbeitet, *aber:* Ich beschäftige mich den ganzen Tag mit Handarbeiten.
Hand|breit (*auch:* Hand breit) (die, -, -) Maßeinheit. eine Handbreit (*auch:* Hand breit), *aber immer:* Das Regal ist eine Hand breit.
Han|del 1. (der, -s, kein Plural) Warengeschäft. Handelsabkommen; Handelsbilanz; Handelsembargo; Handelsgesetzbuch (Abk.: HGB); Handelsklasse; Handelspolitik; Handelsreisende; Handelsvertreter; Händler/in; handelseinig; handelsüblich; Handel treibend (*auch:* handeltreibend); handeln. 2. (der, -s, Hän|del) Streit. Händelsucht; händelsüchtig.
han|deln (V.) etwas tun; Handel treiben. Handlung; Handlungsbevollmächtigte; Handlungsfreiheit; Handlungsreisende; Handlungsweise; handlungsunfähig.
hand|ha|ben (V.) gebrauchen; anwenden. Handhabung; Handhabe; Handhabbarkeit; handhabbar.
Han|di|cap (*auch:* Han|di|kap) (das, -s, -s) (engl.) Nachteil; Behinderung. Ausgleichsvorgabe im Sport. Verb: handicapen (*auch:* handikapen).
Hand|ling (das, -s, -s) (engl.) Handhabung. Benutzung.
Hand|out (*auch:* Hand-out) (das, -s, -s) (engl.) Informationsunterlage; Begleitpapier.
Han|d'schar (der, -s, -e) (arab.) orientalische Waffe in der Art eines Messers.
Hand|voll (*auch:* Hand voll) (die, -, -) Maßeinheit. eine Handvoll; etliche Handvoll.
Han|dy (das, -s, -s) Mobiltelefon.
Han|dy|man (der, -s, -men) (engl.) Bastler, Heimwerker.
ha|ne|bü|chen (Adj.) unglaublich.
Hanf (der, -s/-es, kein Plural) Pflanze. Hanfgarn; Hanföl; hanfen.
Hang (der, -s/-es, Hän|ge) Abhang; Neigung; Vorliebe. Hanglage; hangabwärts; hangaufwärts; der Hang zum Dickwerden.
Han|gar (der, -s, -s) (franz.) Flugzeughalle.
hän|gen 1. (V., hing, hat gehangen) baumeln; erhängen; festsitzen. 2. (V., hängte, hat gehängt) aufhängen; befestigen. mit Hängen und Würgen; Hängebauch; Hängebrücke; Hängematte; Hänger; Hängeschrank. am Zaun hängen bleiben (*auch:* hängenbleiben). du wirst sehen, er

wird dich nicht hängen lassen (*auch:* hängenlassen).
Hang-over (*auch:* Hang'over) (der, -s, kein Plural) (engl.) Katerstimmung nach übermäßigem Konsum von Alkohol oder Drogen, Durchhänger.
Hans'dampf (der, -s, -e) überagiler Mensch. Er war Hansdampf in allen Gassen.
Han'se (die, -, kein Plural) Städtebund. Hanseat; Hanseatengeist; Hansebund; Hansestadt; hanseatisch; hansisch.
hän'seln (V.) necken. Hänselei.
Hans'wurst (der, -s/-es, -e) Narr.
Han'tel (die, -, -n) Trimmgerät. Verb: hanteln.
han'tie'ren (V.) (niederl.) umgehen; handhaben. Hantierung.
ha'pa'xanth (Adj.) (griech.-lat.) einmal blühend und dann absterbend (Bot.).
ha'pa'xan'thisch (Adj.) = hapaxanth.
ha'pern (V.) fehlen; mangeln. *Beachte:* unpersönlich gebraucht! Es hapert an vielem.
Ha'ph'al'ge'sie (die, -, kein Plural) (griech.-lat.) außergewöhnliche Schmerzempfindlichkeit der Haut (Med.).
ha'p'lo'id (Adj.) (griech.) mit einfachem Chromosomensatz.
Hap'pen (der, -s, -) Bissen; Kleinigkeit. Häppchen.
Hap'pe'ning (das, -s, -s) (engl.) Kunstaktion.
hap'pig (Adj.) (nordd.) gierig; (ugs.) stark, übertrieben, schwierig.
hap'py (Adj.) (engl.) glücklich. Happy End (*auch:* Happyend).
Hap'py Few (*auch:* Hap'py'few) (die, nur Plural) (engl.) die glückliche Minderheit.
Hap'tik (die, -, kein Plural) (griech.) Wissenschaft vom Tastsinn.
hap'tisch (Adj.) (griech.) zum Tastsinn gehörig.
Hap'to'nas'tie (die, -, -n) (griech.-lat.) Pflanzenbewegung, die durch einen Berührungsreiz ausgelöst wird.
Ha'ra'ki'ri (das, -/-s, -s) (jap.) Selbstmord.
Ha'ram (der, -s, -s) (arab.) heiliger und verbotener Bezirk im islamischen Orient.
Ha'rass (der, -ras'ses, -ras'se) (franz.) Lattenkiste (zum Verpacken zerbrechlichen Guts).
Hard'core'por'no (der, -s, -s) harter Pornofilm.
Hard'co'ver (das, -s, -s) (engl.) Buch mit festem Einband.
Hard'li'ner (der, -s, -) jmd., der einen unnachgiebigen (»harten«) Kurs verfolgt.
Hard'rock (*auch:* Hard Rock) (der, - -s, kein Plural) (engl.) Rockmusik. Hardrocker.
Hard'top (der/das, -s, -s) (engl.) abnehmbares Dach von Sportwagen.

Hard'ware (die, -, -s) (engl.) technischer, apparativer Teil einer EDV-Anlage.
Ha'rem (der, -s, -s) (arab.) 1. Frauengemächer; 2. Ehefrauen eines islamischen Mannes. Haremswächter.
Hä're'si'arch (der, -en, -en) (griech.) Begründer und geistliches Oberhaupt einer von der offiziellen Kirchenlehre abweichenden Meinung.
Hä're'sie (die, -, -n) (griech.) Ketzerei. Häretiker; häretisch.
Har'fe (die, -, -n) Saiteninstrument. Harfenklang; Harfenspiel; Harfenist/in; harfen.
Ha'ri'cots (die, nur Plural) grüne Bohnen.
Har'ke (die, -, -n) (nordd.) Rechen. Verb: harken.
Har'le'kin (der, -s, -e) (ital.) Narr. Harlekinade; harlekinisch.
Har'ma'ged'don (das, -, kein Plural) (hebr.) Ort der letzten Schlacht zwischen den Königen der Welt und Gott (nach Apokalypse 16); Weltuntergang.
här'men (V., refl.) sich grämen. Harm.
harm'los (Adj.) arglos; ungefährlich. Harmlosigkeit.
Har'mo'nie (die, -, -n) (griech.) Gleichklang; Eintracht. Harmonielehre; Harmonik; Harmonisierung; harmonisch; harmonisieren; harmonieren.
Har'mo'nie'leh're (die, -, -n) (griech.-lat.) 1. Teilgebiet der Musikwissenschaft, das sich mit den harmonischen Verbindungen von Tönen und Akkorden in einem musikalischen Satz befasst. 2. sich mit den harmonischen Verbindungen von Tönen und Akkorden befassende Theorie, die von einem Musikwissenschaftler oder Komponisten aufgestellt wird.
Har'mo'ni'ka (die, -, -s/-ken) Musikinstrument.
har'mo'ni'kal (Adj.) den Gesetzen der Harmonie entsprechend, folgend, sie einhaltend.
Har'mo'ni'um (das, -s, -ni'en/-s) Tasteninstrument.
Harn (der, -s, kein Plural) Urin. Harnblase; Harnleiter; Harnsäure; harntreibend; harnen.
Har'nisch (der, -s/-es, -e) Brustpanzer.
Har'pu'ne (die, -, -n) (niederl.) Pfeilgeschoss. Harpunier; harpunieren.
Har'py'ie (die, -, -n) 1. griechischer Sturmdämon in Gestalt eines (hässlichen) Mädchens mit Vogelflügeln. 2. große Greifvogelart Mittel- und Südamerikas.
har'ren (V.) warten; hoffen auf.
harsch (Adj.) hart; krustig. Harsch (Schnee); harschig; harschen.
hart 1. (Adj.) fest; streng; anstrengend. 2. (Adv.) dicht; knapp. Wir segelten hart am Wind. hart gebrannter (*auch:* hartgebrannter)

Ton; hart gefroren (*auch:* hartgefroren); hart gekocht (*auch:* hartgekocht). Härte; Härtefall; Härtegrad; Härtetest; Hartfaserplatte; Hartgeld; Hartgummi; Hartherzigkeit; Hartkäse; Hartmetall; Hartnäckigkeit; Hartplatz; Härtung; Hartweizen. Adjektive: hartgesotten; hartherzig; harthörig; hartnäckig; hartschalig. Verben: härten; hart kochen (*auch:* hartkochen); hartlöten; hart machen (*auch:* hartmachen).
Hart'schier (der, -s, -e) (ital.) königlich bayrischer Leibgardist.
Har'tung (die, -s, -e) die alte Bezeichnung für: Januar.
Ha'ru's'pex (der, -, -e/-spi'zes) (lat.) altrömischer Wahrsager, Eingeweideschauer.
Ha'ru's'pi'zi'um (das, -s, -ien) (lat.) Wahrsagung aus den Eingeweiden.
Harz (das, -es, -e) Baumabsonderung. (*Aber:* der Harz; das Harzgebirge!) Harzer; Harzfluss; harzig; harzen.
Ha'sard (das, -s, kein Plural) (franz.) (Kurzw.) Hasardspiel; Glücksspiel. Hasardeur; hasardieren.
Hasch (das, -s, kein Plural) (ugs.) Haschisch. Hascher; haschen.
Ha'schee (*auch:* Ha'ché) (das, -s, -s) (franz.) Hackfleischgericht. Verb: haschieren.
ha'schen (V.) fangen; (ugs.) Haschisch rauchen. Haschen.
Ha'scherl (das, -s, -n) (südd.) bedauernswerter Mensch.
Ha'schisch (das/der, -s, kein Plural) (arab.) Rauschgift.
Ha'se (der, -n, -n) Nagetier. Hasenbraten; Hasenfuß; Hasenscharte; Häsin; Häslein; hasenfüßig; hasenherzig.
ha'sen'rein (Adj.) *Beachte:* nur verneint! Die Angelegenheit war nicht ganz hasenrein (war verdächtig).
Has'pe (die, -, -n) Türangel; Fensterhaken.
has'peln (V.) hastig sprechen; aufwickeln. Haspel.
Hass (der, Has'ses, kein Plural) Abneigung; Feindschaft. *Beachte:* mit der Präposition »auf« oder »gegen«! Hasser; Hassliebe; hassenswert; hasserfüllt; hassen.
häss'lich (Adj.) unschön; Hässlichkeit.
has'ten (V.) eilen. Hast, hastig.
hat'schen (V.) (südd.) (ugs.) gehen; hinken.
Hat'trick (der, -s, -s) (engl.) dreimaliger Torerfolg durch denselben Sportler in unmittelbarer Folge (Fußball).
Hatz (die, -, -en) Hetzjagd. Hatzhund.
Hau'be (die, -, -n) Kopfbedeckung; Schutzbedeckung. Haubenlerche; Haubentaube; Häubchen; Kühlerhaube; Trockenhaube.

Hau'bit'ze (die, -, -n) (tschech.) Geschütz
Hauch (der, -s, -e) Atem; Luftzug; Atmosphäre. Adjektive: hauchfein; hauchdünn; hauchzart. Verb: hauchen.
hau'en 1. (V., hieb, hat gehauen) abschlagen; schlagen (mit einer Waffe). 2. (V., haute, hat gehauen) schlagen; prügeln. Haue; Haudegen; Hauklotz.
Hau'fen (der, -s, -) Anhäufung; Menge. *Beachte:* Ein Haufen Bücher lag/lagen auf dem Speicher. Ein Haufen demonstrierende/demonstrierender Studenten. Haufenwolke; Häufigkeit; ein Häuflein Elend; Häufung; haufenweise; häufig; häufeln; sich häufen.
Haupt (das, -s/-es, Häup'ter) Kopf; Leiter Hauptaugenmerk; Hauptbahnhof (Abk.. Hbf.); Hauptdarsteller; Hauptfach; Hauptgebäude; Haupthaar; Häuptling; Hauptmann (Plural: -leute!); Hauptperson; Hauptprobe; Hauptsache; Hauptsaison; Hauptsatz; Hauptschule; Hauptstadt (Abk.: Hptst.); Hauptstraße; Haupttreffer; Hauptverkehrszeit; Hauptwort (Substantiv); Hauptziel. Adjektive: hauptamtlich; hauptberuflich; hauptsächlich (nicht steigerbar!)
hau ruck! (Interj.) Ermunterung. Mit einem gemeinsamen Hauruck schafften wir es.
Haus (das, -es, Häu'ser) 1. Gebäude. 2. Familie. nach Hause (*auch:* nachhause); im/außer Haus; wir kommen von zu Hause (*auch:* zuhause); das war von Haus aus so ausgemacht. *Aber:* mein Zuhause liegt weit entfernt. Hausangestellte; Hausarzt; Hausaufgaben; Hausbesetzer; Hausbesitzer; Hausdame; Hausdurchsuchung; Häuserblock; Häusermeer; Häuschen; Hausfrau; Hausfreund; Hausgebrauch; Haushalt; Haushalt(s)plan; Haushälterin; Haushalt(s)debatte; Haushalt(s)waren; Hausherr; Hausleute; Häuslichkeit; Hausmann; Hausmannskost; Hausmeister; Hausmusik; Hausratversicherung; Hausschlüssel; Hausschuh; Hausstand; Haustier; Hausverbot; Hauswirt. Adjektive: hausbacken; hauseigen; hausfraulich; hausgemacht; haushoch; hausintern; häuslich. Verben: haushalten. *Beachte:* ich halte/hielt Haus, er hat Haus gehalten.
hau'sie'ren (V.) an der Haustür verkaufen. Hausierer.
Hausse (die, -, -en) (franz.) kräftiges Ansteigen der Börsenkurse. Haussier.
Haus'tre (die, -, -n) (lat.) durch Muskelzusammenziehung entstehender Dickdarmabschnitt.
Haut (die, -, Häu'te) Körperoberfläche; Hülle; Schicht. Sein Vortrag war zum Aus-der-Haut-Fahren. Hautarzt; Hautausschlag; Hautfarbe; Hautjucken; Hautklinik; Hautkrebs; Hautpflege;

Hautsäuremantel; Hauttransplantation; Häutung; Häutchen. Adjektive: hauteng; hautfreundlich; hautnah; hautschonend; hautsympathisch; häutig. Verb: sich häuten.
Haute Coif'fure (die, - -, kein Plural) (franz.) die Mode bestimmende Frisierkunst.
Haute Cou'ture (die, -, kein Plural) (franz.) die Mode bestimmende Schneiderkunst. Haute-Couturier; Haute-Couture-Modell.
Haute'fi'nance (die, -, kein Plural) (franz.) Geldaristokratie.
Haute'vo'lee (die, -, kein Plural) (franz.) »bessere« Gesellschaft.
Haut'gout (der, -s, kein Plural) (franz.) 1. Geschmack, Geruch lange genug abgehangenen Wildbrets. 2. Anrüchigkeit.
Haut'krem (*auch:* Haut'kre'me, Haut'creme) Pflegemittel für die Haut.
Haut're'li'ef (das, -s, -s/-e) (franz.) Hochrelief.
Haut-Sau'ternes (der, -, kein Plural) (franz.) ein weißer Bordeaux wein.
Ha'van'na 1. (ohne Artikel) kubanische Hauptstadt; 2. (die, -, -s) Zigarre.
Ha'va'rie (die, -, -n) (arab.) Unfall von Flugzeugen oder Schiffen.
ha'va'rie'ren (V.) (arab.-franz.) 1. durch eine Havarie beschädigt werden. 2. einen Autounfall haben (österr.).
ha'va'riert (Adj.) durch eine Havarie beschädigt; durch einen Unfall beschädigt.
Ha'va'rist (der, -en, -en) Eigner eines durch Havarie geschädigten Schiffes.
Ha've'llock (der, -s, -s) (engl.) Herrenmantel.
Ha'waii (ohne Artikel) Insel. Hawaiianer; Hawaiigitarre. Hawaii-Inseln. Adjektiv: hawaiisch.
Ha'xe (*auch:* Hach'se) (die, -, -n) (südd.) Unterschenkel von Schwein und Kalb. Schweinshaxe.
Ha'zi'en'da (die, -, -s/-en'den) (span.) Farm.
Hb (Abk.) Hämoglobin.
Hbf. (Abk.) Hauptbahnhof.
H-Bom'be (die, -, -n) (Kurzw.) Wasserstoffbombe.
h. c. (Abk.) honoris causa (ehrenhalber). Dr. h. c. Jungweber.
HDTV (das, -s, kein Plural) (engl.) Abk. für »High Definition Television«. Fernsehen mit höherer Bild- und Tonqualität.
H-Dur (das, -, kein Plural) Tonart. H-Dur-Tonleiter.
He (Abk.) Helium (chemisches Zeichen).
Head'line (die, -, -s) (engl.) Schlagzeile.
Hea'ring (das, -, -s) (engl.) öffentliche Anhörung.
Hea'vy Me'tal (das, -, kein Plural) (engl.) Hardrock.
Heb'am'me (die, -, -n) Geburtshelferin.

He'bel (der, -s, -) Kraftüberträger; Werkzeug. Hebelarm; Hebelkraft; hebeln.
he'ben (V., hob, hat gehoben) hochheben; hochbefördern; steigern; (ugs.) trinken. Hebebaum; Hebebühne; Hebefeier; Hebewerk; Hebung; einen heben.
He'be'phre'nie (die, -, -n) Jugendirresein.
He'b'rä'er (der, -s, -) Jude. die hebräische Kultur, aber: Hebräisch sprechen.
He'b'ra'i'cum (das, -s, kein Plural) (lat.) Prüfung in der hebräischen Sprache (für Theologiestudenten erforderlich).
He'b'ra'ist (der, -en, -en) Hebraistikwissenschaftler.
He'b'ra'is'tik (die, -, kein Plural) Wissenschaft von hebräischer Sprache und Kultur.
He'b'ri'den (die, -, -) schottische Inselgruppe; Äußere und Innere Hebriden; die Neuen Hebriden (Inselgruppe im Pazifik; jetzt Vanuatu).
he'cheln (V.) schnell atmen; spotten. Hechelei; Hechel.
Hecht (der, -s, -e) Fisch. Hechtrolle; Hechtsprung; Hechtsuppe; hechtgrau; hechten.
Heck (das, -s/-es, -e/-s/He**l**cke) hinterer Teil. Heckantrieb; Heckflosse; Heckklappe; Heckmotor; Heckscheibe; hecklastig.
Hel**cke** (die, -, -n) Strauch; Umzäunung; Brutplatz. Heckenrose; Heckenschere; Heckenschütze.
Heck'meck (der, -s, kein Plural) (ugs.) Geschwätz; Umstände.
He'do'nik (die, -, kein Plural) (griech.) = Hedonismus.
He'do'ni'ker (der, -s, -) (griech.) Anhänger des Hedonismus.
He'do'nis'mus (der, -, kein Plural) (griech.) philosophische Anschauung; Lustprinzip. Hedonist; hedonistisch.
He'dsch'ra (die, -, kein Plural) (arab.) der Weggang Mohammeds von Mekka nach Medina; Beginn islamischer Zeitrechnung (622 n. Chr.).
Heer (das, -s/-es, -e) 1. Streitkräfte; 2. große Menge. Ein Heer gefräßiger/gefräßige Heuschrecken überfiel/überfielen das Land. Heeresgruppe; Heerführer; Heerschar; Heerzug.
He'fe (die, -, -n) Gärmittel. Hefebrot; Hefekranz; Hefekuchen; Hefepilz; Hefeteig; hefig.
Heft (das, -s/-es, -e) gebundenes Papier; dünnes Buch. Hefter; Heftfaden; Heftklammer.
hef'ten (V.) ankleben. Heftpflaster.
hef'tig (Adj.) stark; ungestüm. Heftigkeit.
He'ge'li'a'ner (der, -s, -) (nlat.) Anhänger der Philosophie Hegels.
He'ge'mo'nie (die, -, -n) (griech.) Vormachtstellung. Hegemoniestreben; hegemonial; hegemonisch.

he|gen (V.) pflegen; schützen; aufziehen. Hege; Heger; Hegezeit; Gehege.
He|gu|me|nos (der, -, -oi) (griech.) Vorsteher eines orthodoxen Klosters.
Heh|ler (der, -s, -) Helfershelfer. Hehl; wir haben daraus kein(en) Hehl gemacht (nicht verheimlicht); Hehlerei; Hehlerware; hehlen.
hehr (Adj.) erhaben.
Heia (die, -, -s) (ugs.) Bett. Heiabett. *Aber:* heia machen.
Hei|de 1. (der, -n, -n) Ungläubiger. Heidin; Heidentum; Heidenvolk; heidnisch. 2. (die, -, -n) flache Landschaft. Heidekraut; Heideland; Heiderlerche; Heideröslein.
Hei|del|bee|re (die, -, -n) Frucht.
Hei|den... (im Sinne von:) groß; sehr; viel. Heidenangst; Heidenarbeit; Heidengeld; Heidenlärm; Heidenschreck; Heidenspaß; Heidenspektakel; heidenmäßig.
Heid|schnu|cke (die, -, -n) kleinwüchsiges Schaf.
Hei|duck (der, -en -du|cken) ungarischer Söldner, Freischärler; ungarischer Hofbeamter. Heiduckenbeil.
hei|kel (Adj.) wählerisch; schwierig.
hei|len (V.) gesund machen, werden. Heil; Ski Heil! Heiland; Heilanstalt; Heilbarkeit; Heilerde; Heilgymnastik; Heilkraft; Heilkraut; Heilkunde; Heilmittel; Heilpraktiker; Heilsalbe; Heilsarmee; Heilschlaf; Heilsgeschichte; Heilslehre; Heilung; Heilwirkung; heil; heilbar; Heil bringend (*auch:* heilbringend); heilklimatisch; heilkundig; heillos; heilsam.
Heil|butt (der, -s, -e) Fisch.
hei|lig (Adj.) göttlich; unantastbar. *Kleinschreibung:* heilige Taufe; heiliger Zorn; der heilige Paulus; das heilige Abendmahl; die heilige Messe. *Aber: Großschreibung, wenn »heilig« Bestandteil eines Namens!* der Heilige Abend; die Heilige Allianz; die Heilige Dreifaltigkeit; die Heilige Familie; der Heilige Geist; die Heiligen Drei Könige; der Heilige Krieg; die Heilige Stadt (Jerusalem); die Heilige Schrift; der Heilige Vater (Papst). *Beachte: Zusammenschreibung mit Verben!* heiligsprechen; den Sonntag heilighalten, *aber:* jmdn. für heilig halten. Heiligabend; Heilige; Heiligenbild; Heiligenschein; Heiliggeistkirche; Heiligkeit; Heiligsprechung; Heiligtum; heiligen.
Heim (das, -s, -e) Zuhause; Anstalt. Heimarbeit; Heimcomputer; Heimfahrt; Heimgang; Heimkehr; Heimkino; Heimkunft; Heimleiter; Heimmannschaft; Heimreise; Heimsieg; Heimsuchung; Heimtrainer; Heimvorteil; Heimweg; Heimweh; Heimwerker; heimelig; heimgegangen (gestorben); heimisch; heimwärts; heimzu.

Hei|mat (die, -, kein Plural) Zuhause; Vaterland. Heimaterde; Heimatfest; Heimatfilm; Heimatkunde; Heimatland; Heimatlose; Heimatmuseum; Heimatvertriebene; heimatkundlich; heimatlich; heimatlos; beheimaten.
heim|be|ge|ben (V., refl., begab sich heim, hat sich heimbegeben) nach Hause gehen.
heim|brin|gen (V., brachte heim, hat heimgebracht) nach Hause bringen.
Heim|chen (das, -s, -) Grille.
heim|fah|ren (V., fuhr heim, ist heimgefahren) nach Hause fahren. Heimfahrt.
heim|ge|hen (V., ging heim, ist heimgegangen) nach Hause gehen. Heimgang (*auch:* Tod); Heimgegangener (Verstorbener).
heim|gei|gen (V.) (ugs.) abweisen.
heim|keh|ren (V., ist) nach Hause zurückkommen. Heimkehr; Heimkehrer.
heim|lich (Adj.) verborgen. Heimlichkeit; Heimlichtuer; Heimlichtuerei; heimlich tun; verheimlichen.
heim|su|chen (V.) aufsuchen; betroffen sein. Heimsuchung.
heim|tü|ckisch (Adj.) hinterlistig; gefährlich. Heimtücke.
heim|zah|len (V.) vergelten.
Hein|zel|männ|chen (das, -s, -) guter Hausgeist.
Hei|rat (die, -, -en) Eheschließung. Heiratsantrag; Heiratsanzeige; Heiratsbüro; Heiratsgut; Heiratsmarkt; Heiratsschwindler; Heiratsurkunde; heiratsfähig; heiratslustig; heiraten.
hei|schen (V.) fordern.
hei|ser (Adj.) mit rauer Stimme. Heiserkeit.
heiß (Adj.) sehr warm; hitzig; leidenschaftlich. ein heißes Eisen anpacken; ein heißer Draht; heiße Höschen; heißer Ofen; einem die Hölle heißmachen. ein heiß ersehnter (*auch:* heißersehnter) Tag; heiß geliebte (*auch:* heißgeliebte) Frau; heiß umstrittener (*auch:* heißumstrittener) Bau; heiß begehrtes (*auch:* heißbegehrtes) Mädchen. kochend heißes Wasser; nichts Heißes. Heißhunger; Heißluft; Heißluftballon; Heißsporn; Heißwasserbehälter; heißhungrig; heißspornig; heißblütig.
hei|ßen (V., hieß, hat geheißen) sich nennen, bezeichnen; befehlen. *Beachte:* Sie haben mich kommen heißen (Infinitiv ohne »zu«!).
heiß lau|fen (V., lief heiß, ist heißgelaufen) heiß werden.
Heis|ter (der, -s, -) junger Laubbaum.
hei|ter (Adj.) 1. fröhlich. 2. sonnig. Heiterkeit; Heiterkeitsausbruch; erheitern.
hei|zen (V.) erwärmen. Heizer; Heizanlage; Heizdecke; Heizkissen; Heizkörper; Heizöl; Heizplatte; Heizsonne; Heizung; Heizungsmonteur; heizbar.

He|ka|tom|be (die, -, -n) (griech.) riesige (Verlust-)Menge.
hekt... hek|to... (Zahlw.) (griech.) hundert. Hektometer (Abk.: hm); Hektopascal (Abk.: hPa); Hektowatt (Abk.: hW).
Hek|t|ar (der/das, -s, -e) (griech., lat.) Flächenmaß (Abk.: ha). 5 Hektar Land.
Hek|tik (die, -, kein Plural) (griech.) Eile; Hast. Hektiker; hektisch.
Hek|to|gramm (das, -s, -e) (griech.) 100 Gramm (Abk.: hg).
Hek|to|graf (auch: Hek|to|graph) (der, -en, -en) (griech.) Vervielfältigungsapparat. Hektografie (auch: Hektographie); hektografieren (auch: hektographieren).
Hek|to|li|ter (der, -s, -) 100 Liter (Abk.: hl).
He|lan|ca (das, -s, kein Plural) Nylonfaser.
he|lau! (Interj.) Karnevalsruf.
Held (der, -en, -en) Hauptperson; Sieger; Draufgänger. Heldin; Heldenepos; Heldenmut; Heldentat; Heldentod; Heldensage; Heldentum; heldenhaft; heldenmütig; heldisch.
hel|fen (V., half, hat geholfen) unterstützen; behilflich sein; nützen. Helfer/in; Helfershelfer; Hilfe.
He|li|an|thus (der, -, -then) (griech.) Sonnenblume.
He|li|kon (das, -s, -s) (griech.) ein Blechblasinstrument (in der Militärmusik), gewundene Kontrabasstuba.
He|li|ko|p|ter (der, -s, -) (griech.) Hubschrauber. Helikopterskiing.
He|lio|dor (der, -s, -e) (griech.) Edelstein.
He|lio|graf (auch: He|lio|graph) (der, -en, -en) (griech.) Signalgerät; Blinkgerät. Adjektiv: heliografisch (auch: heliographisch).
he|lio|phil (Adj.) (griech.) Sonnenlicht, -wärme bevorzugend. z. B. Eidechsen sind ~e Tiere.
He|lio|s|kop (das, -s, -e) (griech.) Sonnenfernrohr.
He|lio|the|ra|pie (die, -, kein Plural) (griech.) Heilbehandlung mit Sonnenlicht.
He|lio|trop (das, -s, -e) (griech.) Zierpflanze; Sonnenspiegel; Edelstein. Adjektiv: heliotropisch.
He|li|um (das, -s, kein Plural) (griech.) Edelgas; chemisches Element (Abk.: He).
He|lix (die, -, -li|ces) (griech.) Molekülstruktur.
hell (Adj.) licht; klar; klug. Beachte: hellauf (fröhlich), aber: sie lachte hell auf. helläugig; hellgelb; hellblond; helldunkel; hellhaarig; hellhörig; hell leuchtend (auch: hellleuchtend); helllicht; helllila; ein helllila Tuch (nicht: helllilanes!); hell lodernd (auch: hellodernd); hellseherisch; hellsichtig; hell strahlend (auch: hellstrahlend); hellwach. etwas/nichts Helles; Helldunkel; die Helle, aber: ein Helles (Bier); Helligkeit; Helligkeitsregler; Hellseherin; Hellseherei; Hellsichtigkeit. Verben: hellen; hell machen (auch: hellmachen); hellsehen aber nur: hell scheinen; hell strahlen; hell leuchten.
Hel|le|ne (der, -n, -n) (griech.) Grieche. Hellenin; Hellenentum; Hellenismus; Hellenistik; hellenisch; hellenistisch.
Hel|le|no|phi|lie (die, -, kein Plural) (griech.) Vorliebe für die hellenistische Kultur.
Hel|ler (der, -s, -) Münze. auf Heller und Pfennig.
Helm (der, -s, -e) Kopfschutz; Werkzeugstiel; Kuppel. Helmbusch; Helmdach.
He|lo|kre|ne (die, -, -n) (griech.) Quellsumpf.
He|lot (der, -en, -en) (griech.) Unterdrückter. Helotentum.
He|lo|tis|mus (der, -, kein Plural) (griech.-lat.) eine Ernährungsgemeinschaft zwischen Tier und Pflanze, aus der ein Teil mehr Nutzen hat als der andere.
hel|ve|tisch (Adj.) zum keltischen Alpenvolk der Helvetier gehörig; die Schweiz als Staat betreffend.
Hel|ve|tis|mus (der, -, -ti|s|men) (nlat.) schweizerische Spracheigentümlichkeit.
Hemd (das, -s/-es, -en) Kleidungsstück. Hemdbluse; Hemdkragen; Hemdchen; Hemdsärmel; hemdsärmelig.
he|mi.../He|mi... (griech.) halb... /Halb...
He|mi|ple|gie (die, -, -n) (griech.) halbseitige Lähmung.
He|mi|sphä|re (die, -, -n) (griech.) Halbkugel; Erdhälfte; Himmelshalbkugel. Adjektiv: hemisphärisch.
he|mi|zy|k|lisch (Adj.) (griech.) halbkreisförmig.
Hem|lock|tan|ne (die, -, -n) Tannenart. Auch: Schierlingstanne oder Tsuga.
hem|men (V.) bremsen; behindern. Hemmnis; Hemmschuh; Hemmklotz; Hemmschwelle; Hemmung; Hemmungslosigkeit; Hemmstoff; hemmungslos.
Hen|de|ka|gon (das, -s, -e) (griech.) Elfeck.
Hendl (das, -s, -) (südd.) Brathuhn.
Hen|di|a|dy|oin (auch: Hen|di|a|dys) (das, -s, -e) (griech.) Erhöhung der Ausdruckskraft durch zwei gleichbedeutende Wörter; Stilfigur (z. B. Simone lief und rannte).
Hengst (der, -es, -e) männliches Pferd. Hengstfohlen.
Hen|kel (der, -s, -) Griff. Henkelglas; Henkelkorb; Henkelkrug; henkelig.
hen|ken (V.) hinrichten. Henker; Henkersknecht; Henkersmahlzeit.

Hen|na (die/das, -s, kein Plural) Farbstoff. Hennastrauch.
Hen|ne (die, -, -n) 1. Huhn. 2. Vogelweibchen.
Hen|nin (der/das, -s, -s) (franz.) hohe Frauenhaube in der Form eines Kegels, an deren Spitze ein Schleier angebracht war.
He|no|the|is|mus (der, -, kein Plural) Verehrung eines höchsten Gottes unter anderen Göttern.
Hen|ry (das, -, -) (engl.) Maßeinheit der Induktivität.
He|par (das, -s, -pa|ta) (griech.) Leber.
he|pa|tisch (Adj.) (griech.) zur Leber gehörig.
He|pa|ti|tis (die, -, -ti|ti|den) Leberentzündung.
Hep|ta|gon (das, -s, -e) (griech.) Kohlenwasserstoffverbindung.
Hep|ta|me|ter (der, -s, -) (griech.) siebenfüßiger Vers.
Hep|tan (das, -s, kein Plural) (griech.) ein Kohlenwasserstoff mit sieben Kohlenstoffatomen.
her (Adj.) hierher; bis heute; seit. von weit her; das ist weit hergeholt; sie liefen hin und her, *aber:* nach langem Hin und Her. *Beachte:* Zusammenschreibung in Verbindung mit Verben! herbemühen; herbitten; herbringen; herfahren; herführen; hergehören; herholen; herhören; herlaufen; herleiten; herreisen; herschauen; herschieben; *aber:* her sein.
he|r|ab (Adv.) herunter. *Beachte:* Zusammenschreibung in Verbindung mit Verben! herabhängen; herabführen; herablassen; herabsehen; herabsteigen; herabnehmen.
he|r|ab|las|sen (V., refl., ließ sich herab, hat sich herabgelassen) sich bequemen. Herablassung; herablassend.
he|r|ab|set|zen (V.) ermäßigen; mindern; beleidigen. Herabsetzung.
he|r|ab|wür|di|gen (V.) kränken; herabsetzen. Herabwürdigung.
He|ral|dik (die, -, kein Plural) (franz.) Wappenkunde. Heraldiker; heraldisch.
he|r|an (Adv.) hierher; näher. *Beachte:* Zusammenschreibung in Verbindung mit Verben! heranbilden; heranbringen; heranfahren; herankommen; herandrücken; heranschaffen; herantasten; herantreten; heranwagen; heranziehen; *aber:* heran sein.
he|r|an|ar|bei|ten (V., refl.) sich mühsam nähern.
he|r|an|ma|chen (V., refl.) sich nähern; beginnen.
he|r|an sein (V., war heran, ist heran gewesen) da sein.
he|r|an|tra|gen (V., trug heran, hat herangetragen) vorbringen.

he|r|an|wach|sen (V., wuchs heran, ist herangewachsen) groß werden. Heranwachsende.
he|r|auf (Adv.) von unten nach (hier) oben. *Beachte:* Zusammenschreibung in Verbindung mit Verben! heraufbringen; heraufbitten; heraufdürfen; heraufführen; heraufhelfen; heraufkommen; heraufrufen; heraufschauen; heraufziehen.
he|r|auf|be|schwö|ren (V.) verursachen; sich vorstellen.
he|r|auf|set|zen (V.) erhöhen; steigern.
he|r|aus (*auch:* her|aus) (Adv.) aus dem Innern nach außen. *Beachte:* Zusammenschreibung in Verbindung mit Verben! herausdringen; herausbitten; herausfallen; herausgehen; heraushalten; heraushauen; herausholen; herauskommen; herausplatzen; herausragen; herausrücken; herausziehen; *aber:* heraus sein.
he|r|aus|ar|bei|ten (V.) formen; deutlich machen; befreien. Herausarbeitung.
he|r|aus|be|kom|men (V., bekam heraus, hat herausbekommen) erfahren; beseitigen.
he|r|aus|bil|den (V.) sich entwickeln. Herausbildung.
he|r|aus|for|dern (V.) zum Kampf/Wettbewerb auffordern. Herausforderer; Herausforderung.
he|r|aus|ge|ben (V., gab heraus, hat herausgegeben) ausliefern; veröffentlichen; schlagfertig sein. Herausgabe; Herausgeber (Abk.: Hg. und Hrsg.).
he|r|aus|ge|hen (V., ging heraus, ist herausgegangen) offen/unbefangen sein. Du musst mehr aus dir herausgehen.
he|r|aus|ha|ben (V., hatte heraus, hat herausgehabt) Bescheid wissen; geschickt sein; etwas gelöst haben.
he|r|aus|kris|tal|li|sie|ren (V., refl.) deutlich werden; sich ergeben.
he|r|aus|neh|men (V., refl., nahm sich heraus, hat sich herausgenommen) sich erlauben.
he|r|aus|stel|len (V.) betonen; hervorheben. Es hat sich herausgestellt, dass ...
he|r|aus|wach|sen (V., wuchs heraus, ist herausgewachsen) zu groß/alt werden für ... Er ist aus dem Anzug herausgewachsen; *aber:* Ihr Selbstvertrauen ist aus den Erfahrungen heraus gewachsen.
herb (Adj.) bitter; unfreundlich. Herbe; Herbheit; herbsüß.
Her|ba|ri|um (das, -s, -ri|en) (lat.) Trockenpflanzensammlung.
her|bei (Adv.) hierher. *Beachte:* Zusammenschreibung in Verbindung mit Verben! herbeieilen; herbeiholen; herbeikommen; herbeilaufen; herbeirufen; herbeischaffen; herbeiströmen; herbeiwünschen.
her|bei|füh|ren (V.) bewirken.

Her|ber|ge (die, -, -n) Unterkunft. Herbergsvater; Herbergsleiter; beherbergen.
Her|bi|vo|re (der, -n, -n) (lat.) Pflanzenfresser.
Her|bi|zid (das, -s, -e) (lat.) Pflanzenvernichtungsmittel.
Herbst (der, -es, -e) Jahreszeit. Herbstanfang; Herbstblume; Herbstmode; Herbstnebel; Herbstsonne; Herbststurm; Herbstzeitlose. Verb: herbste(l)n.
Herd (der, -s/-es, -e) Ofen. Herdfeuer; Herdplatte.
Her|de (die, -, -n) 1. Gruppe von Tieren. 2. Schar; Menge. Herdenmensch; Herdentier; Herdentrieb; herdenweise.
he|re|di|tär (Adj.) (franz.) erblich.
he|re|die|ren (V.) (lat.) erben.
He|re|di|tät (die, -, -en) (lat.) 1. Erbschaft. 2. Erbfolge.
he|r|ein (Adv.) von außen nach drinnen. *Beachte:* Zusammenschreibung in Verbindung mit Verben! hereinbringen; hereinfahren; hereinkommen; hereinlassen; hereinplatzen; hereinspazieren; hereintreten.
he|r|ein|be|kom|men (V., bekam herein, hat hereinbekommen) erhalten. Das Buch haben wir heute hereinbekommen.
he|r|ein|bre|chen (V., brach herein, ist hereingebrochen) unvermutet beginnen; überfallen.
he|r|ein|fal|len (V., fiel herein, ist hereingefallen) betrogen werden; enttäuscht werden. (ugs.) auf etwas/jmd. hereinfallen.
he|r|ein|le|gen (V.) täuschen; betrügen.
he|r|ein|ras|seln (V.) (ugs.) betrogen werden; in eine prekäre Situation geraten.
he|r|ein|schnei|en (V., ist) (ugs.) plötzlich auftauchen.
her|fal|len (V., fiel her, ist hergefallen) überfallen; beschimpfen. über jemanden herfallen.
her|ge|ben (V., gab her, hat hergegeben) geben; bieten; sich verschreiben. Hergabe.
her|ge|hen (V., ging her, ist hergegangen) sich ereignen. Hergang.
Her|ge|lau|fe|ne (der, -n, -n) Landstreicher.
her|hal|ten (V., hielt her, hat hergehalten) büßen.
He|ring (der, -s, -e) Fisch. Beachte: Zusammensetzungen mit Fugen-s! Heringsfilet; Heringssalat; Heringsfang.
He|ri|ta|bi|li|tät (die, -, kein Plural) (franz.) Erblichkeitsgrad (in der Genetik).
her|kom|men (V., kam her, ist hergekommen) kommen; entstehen durch; stammen. Herkommen; Herkunft; Herkunftsort; herkömmlich; herkömmlicherweise.

Her|ku|les (der, -, -se) 1. Kraftmensch; 2. Sternbild (ohne Plural). 3. lat. Form von Herakles. Herkulesarbeit.
her|ma|chen (V., refl., machte sich her, hat sich hergemacht) herfallen.
Her|m|a|ph|ro|dit (der, -en, -en) (griech.) Zwitter. Hermaphrodismus; Hermaphroditismus; hermaphroditisch.
Her|me (die, -, -n) (griech.) Büstensäule; Kultbild.
Her|me|lin 1. (das, -s, -e) Wiesel. 2. (der, -s, -e) Pelz.
Her|me|neu|tik (die, -, kein Plural) (griech.) Deutung; Auslegekunst. Adjektiv: hermeneutisch.
Her|mes (ohne Artikel, -, kein Plural) (griech.) Götterbote, Gott des Handels; Totenführer.
Her|me|tik (die, -, kein Plural) (griech.-lat.-engl.) 1. Alchimie, Magie (veraltet). 2. luftdichte Apparatur.
her|me|tisch (Adj.) (griech.) luft- und wasserdicht; abgeschlossen.
her|me|ti|sie|ren (V.) (griech.-lat.) luft- und wasserdicht verschließen.
Her|me|tis|mus (der, -, -men) 1. Stilrichtung der modernen italienischen lyrischen Dichtkunst. 2. eine vieldeutige, mysteriöse Aussage als Hauptmerkmal einer modernen Poesie.
her|nach (Adv.) nachher; später.
her|neh|men (V., nahm her, hat hergenommen) benutzen; beanspruchen.
Her|nie (die, -, -n) (lat.) Eingeweidebruch.
her|nie|der (Adv.) herunter.
He|roe (der, -n, -n) (griech.) Held. die Heroin; Heroenkult; Heroismus; heroisch; heroisieren.
He|ro|i|de (die, -, -n) (griech.) Heldenbrief, Liebesbrief eines Heroen oder einer Heroin als Gattung der Literatur.
He|ro|ik (die, -, kein Plural) (griech.) Heldenhaftigkeit.
He|ro|in (das, -s, kein Plural) Rauschgift. Heroinsüchtig; heroinsüchtig.
He|ro|on (das, -, -roa) (griech.) Heldenkultstätte. Grabmal.
He|ros (der, -, -ro|en) 1. griechischer Halbgott. 2. Held.
He|ro|s|t|rat (der, -en, -en) (griech.) Verbrecher aus Ruhm-, Geltungssucht.
he|ro|s|t|ra|tisch (Adj.) wie ein Herostrat; ruhmsüchtig.
Her|pes (der, -, kein Plural) (griech.) Bläschenausschlag.
Her|pe|to|lo|gie (die, -, kein Plural) (griech.) Wissenschaft von den Amphibien und Reptilien.

Herr (der, -n, -en) Anrede für Männer; Herrscher; Gott. *Beachte:* »Herr« wird vor Namen und Titeln immer gebeugt; Wir begegneten Herrn Müllers Frau. aus aller Herren Länder. wir werden seiner schon noch Herr werden. Herrenabend; Herrenbekleidung; Herrendoppel; Herrenmagazin; Herrenreiter; Herrenzimmer; Herrgott; in aller Herrgottsfrühe; Herrgottswinkel; Herrin; herrisch.
her'rich'ten (V.) reparieren; zurechtmachen. Herrichtung.
herr'lich (Adj.) großartig; sehr schön. Herrlichkeit.
herr'schen (V.) regieren; vorhanden sein. Herrschaft; Herrschaftsform; Herrschbegierde; Herrscher; Herrscherhaus; Herrschsucht; herrschaftlich; herrschbegierig; herrschend; herrschsüchtig.
her'rüh'ren (V.) gründen; herstammen.
her'sa'gen (V.) aufsagen; auswendig sprechen.
her sein (V., war her, ist her gewesen) zurückliegen; stammen. Es ist fünf Jahre her gewesen, dass wir uns zuletzt sahen. Mir war nicht bewusst, dass es schon fünf Jahre her ist.
her'stel'len (V.) erzeugen; produzieren. Hersteller; Herstellung; Herstellungskosten.
Hertz (das, -, -) Frequenzmaßeinheit (Abk.: Hz).
he'rü'ber (Adv.) von der anderen Seite auf diese Seite. *Beachte:* Zusammenschreibung in Verbindung mit Verben! herüberbitten; herüberbringen; herüberkommen; herüberschauen; herüberwollen; herüberziehen.
he'rum (Adv.) umher; ringsum. *Beachte:* Zusammenschreibung in Verbindung mit Verben! sich herumärgern; herumführen; um etwas herumkommen; herumlaufen; herumlungern; herummeckern; herumreisen; herumwerfen; herumziehen; *aber:* herum sein.
he'rum'dok'tern (V.) (ugs.) ausprobieren; laienhaft zu heilen versuchen.
he'rum'drü'cken (V.) (ugs.) sich herumtreiben; etwas ungenau.
he'rum'fuhr'wer'ken (V.) (ugs.) wild und planlos hantieren.
he'rum'krie'gen (V.) (ugs.) umstimmen; überreden.
he'rum'schla'gen (V., refl., schlug sich herum, hat sich herumgeschlagen) abmühen; sich quälen.
he'rum'spre'chen (V., refl., sprach sich herum, hat sich herumgesprochen) bekannt werden.
he'rum'trei'ben (V., refl., trieb sich herum, hat sich herumgetrieben) vagabundieren. Herumtreiber.

he'r'un'ter (Adv.) von oben nach unten. *Beachte:* Zusammenschreibung mit Verben! herunterbitten; herunterbrennen; herunterfallen; herunterhelfen; herunterlassen; herunterreißen; herunterziehen; *aber:* herunter sein.
he'r'un'ter'ge'hen (V., ging herunter, ist heruntergegangen) sinken; fallen; entfernt werden.
he'r'un'ter'ge'kom'men (Adj.) verwahrlost; verkommen.
he'r'un'ter'kom'men (V., kam herunter, ist heruntergekommen) nach unten kommen; verwahrlosen.
he'r'un'ter'spie'len (V.) abschwächen; verharmlosen.
her'vor (Adv.) nach vorn; von innen heraus. *Beachte:* Zusammenschreibung mit Verben! hervorbrechen; hervordrängen; hervorgehen; hervorheben; hervorholen; hervorkehren; hervorleuchten; hervorragen; hervorspringen; hervortreten; hervorziehen.
her'vor'brin'gen (V., brachte hervor, hat hervorgebracht) erzeugen.
her'vor'ge'hen (V., ging hervor, ist hervorgegangen) folgen.
her'vor'he'ben (V., hob hervor, hat hervorgehoben) betonen.
her'vor'ra'gend (Adj.) ausgezeichnet.
her'vor'ru'fen (V., rief hervor, hat hervorgerufen) bewirken.
her'vor'tun (V., refl., tat sich hervor, hat sich hervorgetan) sich auszeichnen; sich wichtig machen.
Herz (das, -ens, -en) 1. Organ. 2. Gefühlszentrum. 3. Innerstes. Das ging zu Herzen; sich etwas zu Herzen nehmen; Hand aufs Herz! es liegt mir am Herzen; nimm das, es kommt von Herzen! Herzanfall; Herzattacke; Herzass; Herzblut; Herzbube; Herzdame; Herzensbedürfnis; Herzensbrecher; Herzenslust; Herzenswunsch; Herzfehler; Herzhaftigkeit; Herzinfarkt; Herzklappe; Herzkirsche; Herzklopfen; Herz-Kreislauf-Erkrankung; Herzlichkeit; Herzlosigkeit; Herz-Lungen-Maschine; Herzmassage; Herzrhythmusstörung; Herzschrittmacher; Herzstillstand; Herztransplantation; Herzversagen. Adjektive: herzallerliebst; herzbrechend; herzensgut; eine herzerfreuende Angelegenheit, *aber:* eine das Herz erfreuende Angelegenheit; herzerfrischend; herzergreifend; herzerquickend; herzförmig; herzhaft; herzig; herzkrank; herzlich; auf das Herzlichste/herzlichste; herzlos; herzstärkend; herzzerreißend. Verb: herzen.
her'zie'hen (V., zog her, hat hergezogen) nachziehen; tratschen. Er ist/hat über sie hergezogen, *aber:* Es hat von der Tür her gezogen.

Her|zog (der, -s, -e/-zö|ge) Adeliger. Herzogin; Herzoginmutter; Herzogtum; herzoglich.
Hes|pe|ri|de (die, -, -n) (griech.) Nymphe, die im Land gen Westen einen Baum voll goldener Äpfel hütet.
Hes|sen (ohne Art., -s, kein Plural) (dt.) Bundesland. Hesse; hessisch. *Aber:* Hessisch (Dialekt).
He|tä|re (die, -, -n) (griech.) Geliebte/Freundin bedeutender Männer in der Antike.
he|te|ro.../He|te|ro... (griech.) anders.../Anders...; fremd.../Fremd...
He|te|ro|au|xin (das, -s, kein Plural) (griech.-lat.) bedeutendster Wachstumsstoff der höheren Pflanzen.
he|te|ro|dox (Adj.) (griech.) andersgläubig.
He|te|ro|ga|mie (die, -, -n) (griech.-lat.) Ungleichartigkeit der Partner bei der Partnerwahl.
he|te|ro|gen (Adj.) (griech.) verschiedenartig; andersartig. Heterogenität.
He|te|ro|ge|ne|se (die, -, kein Plural) (griech.-lat.) anormale Gewebebildung (Med.).
He|te|ro|ge|ni|tät (die, -, kein Plural) das Heterogensein.
He|te|ro|go|nie (die, -, kein Plural) (griech.-lat.) 1. die Entstehung aus Andersartigem. 2. die Entstehung aus anderen Wirkungen als den eigentlich beabsichtigten. 3. spezielle Form des Generationswechsels bei Tieren, wobei sich geschlechtlich fortpflanzende Generationen mit sich aus unbefruchteten Eiern entwickelnden Generationen abwechseln.
he|te|ro|morph (Adj.) (griech.) verschiedengestaltig.
he|te|ro|nom (Adj.) (griech.) unselbstständig; nicht autonom.
He|te|ro|no|mie (die, -, -n) (griech.-lat.) 1. von außen bezogene Gesetzgebung; Fremdgesetzlichkeit. 2. Abhängigkeit von anderen als der eigenen sittlichen Gesetzlichkeit. 3. Ungleichwertigkeit; Ungleichartigkeit.
He|te|ro|phyl|lie (die, -, kein Plural) (griech.) verschiedenartige Ausbildung der Blätter (einer Pflanzenart).
He|te|ro|plas|tik (die, -, -en) (griech.) Verpflanzung tierischen Gewebes auf den Menschen.
he|te|ro|se|xu|ell (Adj.) (griech.) verschiedengeschlechtlich. Heterosexualität.
he|te|ro|zy|got (Adj.) (griech.) mischerbig.
He|te|ro|zy|go|tie (die, -, kein Plural) (griech.) Mischerbigkeit.
he|te|ro|zy|k|lisch (Adj.) (griech.-lat.) außer Kohlenstoff noch andere Elemente als Ringglieder enthaltend (bei organischen Verbindungen).
Het|man (der, -s, -e) (dt.-poln.) oberster Kosakenführer.
Het|sche|petsch (die, -, -) Hagebutte.
het|zen (V.) jagen; sich beeilen; aufstacheln. Hetze; Hetzer; Hetzerei; Hetzjagd; Hetzhund; Hetzkampagne; hetzerisch.
Heu (das, -s, kein Plural) getrocknetes Gras. Heuboden; Heuernte; Heufieber; Heugabel; Heumahd; Heupferd; Heuschnupfen; Heuschober; Heuschrecke; Heustadel.
heu|cheln (V.) sich verstellen; vortäuschen. Heuchler; Heuchelei; heuchlerisch.
heu|er (Adv.) (südd.) in diesem Jahr.
Heu|er (die, -, -n) Lohn; Anstellung (Seemann). Heuerbüro; anheuern.
heu|len (V.) weinen, laut tönen. Heulboje; Heulkrampf; Heulsuse (ugs.); Heulerei; Heulton.
heu|re|ka! (Interj.) (griech.) Ich hab's (gefunden; gelöst)!
heu|rig (Adv.) (südd.) diesjährig. Heurige (Wein; Weinlokal).
Heu|ris|tik (die, -, kein Plural) (griech.) die Kunst, neue Erkenntnisse zu finden.
heu|te (Adv.) an diesem Tag; gegenwärtig. bis/erst/seit/von heute; heute Abend/früh (*auch:* Früh)/Mittag/Morgen/Nacht; hier und heute; von heute auf morgen; zwischen heute und morgen; heutigentags; heutig; heutzutage; gestern und heute. *Aber:* das Gestern und das Heute; das Heute (Gegenwart).
He|vea (die, -, -ve|en) (Ketschua-nlat.) der Kautschukbaum.
He|xa|eder (das, -s, -) (griech.) Würfel. Adjektiv: hexaedrisch.
He|xa|gon (das, -s, -e) (griech.) Sechseck. Adjektiv: hexagonal.
He|xa|gramm (das, -s, -e) (griech.) sechseckiger Stern aus zwei ineinander geschobenen gleichseitigen Dreiecken; Davidstern.
He|xa|me|ter (der, -s, -) (griech.) Versform. Adjektiv: hexametrisch.
He|xan (das, -s, kein Plural) (griech.) ein Kohlenwasserstoff mit sechs Kohlenstoffatomen.
He|xa|po|de (der, -n, -n) (griech.) Insekt.
He|xe (die, -, -n) Zauberin; böse Frau. Hexenjagd; Hexenkessel; Hexenküche; Hexenmeister; Hexenverbrennung; Hexer; Hexerei; hexen.
hfl (Abk.) holländischer Gulden.
hg (Abk.) Hektogramm.
Hg (Abk.) Quecksilber (chemisches Zeichen).
HGB (Abk.) Handelsgesetzbuch.
Hi|a|tus (der, -, -) (griech.) Spalt; Lücke.
Hi|ber|na|ti|on (die, -, -ti|o|nen) (lat.) Winterschlaf.
Hi|bis|kus (der, -, -ken) (griech.) Pflanze; Eibisch.
hic et nunc (lat.) hier und jetzt.

Hick|hack (das, -s, -s) (ugs.) Streiterei.
Hi|cko|ry 1. (der, -s, -s) Walnussbaum. 2. (das, -s, kein Plural) Hickoryholz.
hick|sen (V.) (ugs.) Schluckauf haben.
Hi|dal|go (der, -s, -s) 1. niederer spanischer Adliger. 2. mexikanische Goldmünze.
Hi|d|ro|se (die, -, kein Plural) (griech.) die Schweißabsonderung.
Hi|d|ro|ti|kum (das, -s, -ka) (griech.-nlat.) schweißtreibendes Mittel.
hie (Adv.) (nur in der Wendung:) hie und da (ab und zu).
Hieb (der, -s/-es, -e) Schlag. Adjektiv: hiebfest. ein hieb- und stichfestes Argument.
hier (Adv.) an dieser Stelle. von hier aus; hier oben; hier unten; hierauf; hieraufhin; heraus; hierher gehörig; hierherum; hierin; hierdurch; hierherein; hierher; hierherauf; hierorts; hierüber; hierum; hierinnen; hier und da; hiervon; hierzulande. hierbehalten; hierbleiben, hierherkommen; hierlassen; *Beachte:* hier sein.
Hi|e|r|ar|chie (die, -, -n) (griech.) (pyramidenförmige) Rangfolge; Rangordnung. Hierarchisierung; hierarchisch.
hie|ra|tisch (Adj.) (griech.) priesterlich.
Hi|e|ro|du|le (der/die, -/-n, -n) Tempelsklave, -sklavin im alten Griechenland.
Hi|e|ro|gly|phe (die, -, -n) (griech.) 1. altägyptisches Schriftzeichen. 2. unleserliche Schrift. Adjektiv: hieroglyphisch.
Hi|e|ro|kra|tie (die, -, -n) (griech.) Priesterherrschaft.
Hi|e|ro|mant (der, -en, -en) (griech.-lat.) Seher, der aus geopferten Tieren weissagt.
Hi|e|ro|man|tie (die, -, kein Plural) (griech.) Weissagung aus der Beschaffenheit von Eingeweiden geopferter Tiere.
Hi|e|ro|nym (das, -s, -e) (griech.-lat.) heiliger Name, der dem neuen Mitglied einer Kultgemeinschaft beim Eintritt verliehen wird.
Hi|e|ro|ny|mie (die, -, kein Plural) (griech.-lat.) Namenswechsel beim Eintritt in eine Kultgemeinschaft.
Hi|e|ro|phant (der, -en, -en) altgriechischer Oberpriester.
hie|sig (Adj.) einheimisch. Hiesige.
hie|ven (V.) eine Last hochziehen; heben.
Hi-Fi (Abk.) High Fidelity. Hi-Fi-Anlage; Hi-Fi-Turm.
high (Adj.) (engl.) in Hochstimmung; rauschhaft.
High Fi|de|li|ty (die, -, kein Plural) (engl.) Gütebezeichnung für möglichst getreue Wiedergabe von Musik (Abk.: Hi-Fi).
High|life (*auch:* High Life) (das, -s, kein Plural) (engl.) exklusives Leben.
High|light (das, -s, -s) (engl.) glanzvoller Höhepunkt.
High|noon (*auch:* High Noon) (der, -s, kein Plural) (engl.) entscheidender Höhepunkt; Spannungspunkt.
High So|ci|e|ty (die, -, -) (engl.) die »oberen Zehntausend«.
High|tech (der, -s, kein Plural) (engl.) (Kurzw.: High Technology) Spitzentechnologie. Hightechindustrie.
High|way (der, -s, -s) (engl.) Fernstraße.
Hi|ja|cker (der, -s, -) (engl.) Luftpirat.
Hil|fe (die, -, -n) Unterstützung; Hilfskraft. zu Hilfe kommen; mithilfe (*auch:* mit Hilfe) von; Erste (*auch:* erste) Hilfe. Hilfeleistung; Hilferuf; Hilfestellung; Hilflosigkeit; Hilfsarbeiter; Hilfsbereitschaft; Hilfsmittel; Hilfsmotor; Hilfsschule; Hilfssheriff; Hilfsverb; Hilfswissenschaft. das Hilfe bringende (*auch:* hilfebringende) Schiff; Hilfe suchende (*auch:* hilfesuchende) Menschen; die Hilfesuchenden (*auch:* Hilfe Suchenden). Adjektive: hilflos; hilfreich; hilfsbedürftig; hilfsbereit; hilfsweise. Verb: helfen.
Hilfs|gel|der (die, nur Plural) staatliche finanzielle Hilfen.
Hill|bil|ly|mu|sic (*auch:* Hill|bil|li|mu|sik) (die, -, kein Plural) (engl.) amerikanische Volksmusik.
Hi|lus (der, -, Hi|li) (lat.) Ein- oder Austrittsstelle der Gefäße, Nerven usw. an einem Organ (Med.).
Hi|ma|la|ja (der, -s, kein Plural) Gebirge in Zentralasien.
Him|bee|re (die, -, -n) Frucht. Himbeergeist; Himbeereis; himbeerfarben; himbeerfarbig.
Him|mel (der, -s, -) Firmament; Baldachin. Himmelbett; Himmeldonnerwetter! Himmelfahrt; Himmelfahrtskommando; Himmelreich; Himmelskörper; Himmelsleiter; in alle Himmelsrichtungen; Himmel(s)schlüssel; Himmel(s)stürmer; Himmelszelt; himmelangst; himmelblau; himmelhoch; himmelweit; himmlisch; himmelwärts; himmelan; himmeln.
hin (Adv.) nach; entlang; in Hinsicht; hin und wieder; bis hier hin (da), *aber:* bis hierhin und nicht weiter; über die ganze Strecke hin; gegen Mittag hin; nach langem Hin und Her; hin und her laufen (ziellos), *aber:* hin- und herlaufen (hin und zurück!); vor sich hin brummen/träumen/lachen, *aber:* (bei neuer/übertragener Bedeutung: Zusammenschreibung!): sich hingeben; auf etwas hinarbeiten. Außerdem: »hin« als Verbvorsilbe: hinbringen; hindürfen; hinfahren; hinfallen; hinfinden; hingehen; hingucken; hinhocken; hinknien; hinlegen; hinreisen; hinschauen; hinschicken; hinsetzen; hintragen; hintreten; hinwerfen; hinzielen, *auch:* hin sein.

Hin- und Rückfahrt; Hin- und Rückflug; Hin- und Herweg; Hin- und Herreise; Hin- und Herfahrt, *aber:* das ewige Hin-und-her-Fahren; das Hin-und-her-Gerede.

hi'n'ab (Adv.) hinunter. *Beachte:* Zusammenschreibung in Verbindung mit Verben! hinabblicken; hinabsteigen; hinabstürzen; hinabtreiben.

hin'ar'bei'ten (V.) anstreben. Wir haben lange auf diesen Erfolg hingearbeitet. *Aber:* auf Aufforderung hin arbeiten.

hi'n'auf (Adv.) von unten nach oben. *Beachte:* Zusammenschreibung in Verbindung mit Verben! hinaufblicken; hinaufgehen; hinaufhelfen; hinaufklettern; hinaufreichen; hinaufziehen.

hi'n'auf'schrau'ben (V.) erhöhen.

hi'n'aus (Adv.) von innen nach außen. *Beachte:* Zusammenschreibung in Verbindung mit Verben! hinausbeugen; hinausekeln; hinausfahren; hinauslassen; hinausschieben; hinaustreiben; hinauswollen; *aber:* hinaus sein.

hi'n'aus'ge'hen (V., ging hinaus, ist hinausgegangen) nach draußen gehen; überschreiten. Alles darüber Hinausgehende musste selbst bezahlt werden.

hi'n'aus'ka'ta'pul'tie'ren (V.) nach draußen schleudern.

hi'n'aus'lau'fen (V., lief hinaus, ist hinausgelaufen) hinausrennen; enden; zum Ziel haben.

hi'n'aus sein (V., war hinaus, ist hinaus gewesen) überschritten haben; überwunden haben.

Hi'n'aus'stel'lung (die, -, -en) Ausschluss; Platzverweis (Sport). Verb: hinausstellen.

Hi'n'aus'wurf (der, -s, ...würfe) Rausschmiss; Kündigung.

hin'be'ge'ben (V., refl., begab sich hin, hat sich hinbegeben) hinbewegen; hinfahren; hingehen.

hin'bie'gen (V., bog hin, hat hingebogen) (ugs.) in Ordnung bringen.

Hin'blick (der, -s, kein Plural) (in der Wendung:) im/in Hinblick auf (unter dem Gesichtspunkt).

hin'dern (V.) abhalten; hemmen. *Beachte:* Ein von »hindern« abhängiger Satz darf nicht verneint werden! Der Nebel hinderte uns nicht daran, noch weiter spazieren zu gehen. Hindernis; Hindernislauf; Hinderung; Hinderungsgrund; hinderlich.

hin'deu'ten (V.) zeigen; ankündigen.

Hin'di (das, -/-s, kein Plural) neuindische (Staats-)Sprache.

Hin'din (die, -, -nen) (fachspr.) Hirschkuh; *auch:* Hinde.

Hin'du'is'mus (der, -, kein Plural) indische Religion. Hindu; hinduistisch.

Hin'du'kusch (der, -(s), kein Plural) zentralasiatisches Hochgebirge.

hin'durch (Adv.) durch; während. Zusammenschreibung: hindurcharbeiten; hindurchgehen; hindurchzwängen.

Hin'dus'ta'ni (das, -/-s, kein Plural) (pers.) die Verkehrssprache Hindi oder Urdu.

hi'n'ein (Adv.) von draußen nach drinnen. *Beachte:* Zusammenschreibung in Verbindung mit Verben: hineinbitten; hineingehen; hineingeraten; hineinrennen; hineinsteigern; hineintreten.

hi'n'ein'ver'set'zen (V., refl.) hineindenken; mitfühlen.

hin'fäl'lig (Adj.) ungültig; kraftlos. Hinfälligkeit.

hin'ge'ben (V., V., refl., gab hin, hat hingegeben) verschenken; sich aufopfern; genießen. *Beachte:* Er hat sich ausschließlich seinem Beruf hingegeben. *Aber:* auf sein Bitten hin geben. Hingabe; Hingebung; hingabefähig; hingebend; hingebungsvoll.

hin'ge'gen (Konj.) dagegen.

hin'ge'ris'sen (Adj.) entzückt; begeistert. Hingerissenheit.

hin'hän'gen (V.) aufhängen; verraten.

hin'hal'ten (V., hielt hin, hat hingehalten) hinstrecken; einstehen für. Hinhaltung; Hinhaltetaktik.

hin'hau'en (V.) (ugs.) 1. glücken. 2. sich schlafen legen. 3. schlagen.

hin'hor'chen (V.) zuhören.

hin'ken (V.; V., ist) Fuß nachziehen; nicht zutreffen. Er hat schon als Kind gehinkt. Er ist hinter uns hergehinkt. Der Vergleich hinkt. Hinkebein; Hinkefuß.

Hin'kel (das, -s, -) Huhn.

Hin'kel'stein (der, -s, -e) großer Fels.

hin'krie'gen (V.) (ugs.) zustande bringen.

hin'läng'lich (Adv.) ausreichend; genügend.

hin'neh'men (V., nahm hin, hat hingenommen) ertragen. Hinnahme.

hin'rei'chend (Adj.) genügend. Verb: hinreichen.

hin'rei'ßen (V., riss hin, hat hingerissen) 1. begeistern. 2. verleiten lassen. Adjektive: hinreißend; hingerissen.

hin'rich'ten (V.) 1. zurechtlegen. 2. töten. Hinrichtung.

Hin'run'de (die, -, -n) Vorrunde (Sport).

hin'schlep'pen (V.) mühsam vorankommen; sich verzögern.

hin sein (V., war hin, ist hin gewesen) (ugs.) erschöpft sein; tot sein; kaputt sein; begeistert sein. Das Radio wird doch nicht hin sein!

hin'sicht'lich (Präp., Gen.) betreffend. *Beachte:* in Hinsicht auf.

Hin'spiel (das, -s, -e) erstes Spiel (Sport).

hin'stel'len (V.) absetzen; sich bezeichnen.
hint'an (Adv.) zurück... hintansetzen; hintanstellen. Hintansetzung; Hintanstellung.
hin'ten (Adv.) auf der Rückseite; an letzter Stelle. *Beachte:* hintendrauf; hintenherum; hintenhin; hintenüber; hintenüberkippen; hintenüberstürzen.
hin'ter (Präp., Dat./Akk.) auf der Rückseite. Der Baum steht hinter dem Haus (»Wo?« Dativ). Sie gingen hinter das Haus (»Wohin?« Akkusativ). *Beachte:* hinterdrein; hinterher; hinterrücks; die Rechnung lag zu hinterst; der Hinterste. Hinterachse; Hinterausgang; Hintereingang; Hintergedanke; Hinterglasmalerei; Hinterhand; Hinterhaus; Hinterhof; Hinterkopf; Hinterland; Hintermann; Hintern; Hinterrad; Hinterteil; ins Hintertreffen kommen; Hintertreppe; Hintertür; Hinterwäldler.
Hin'ter'blie'be'ner (der, -n, -n) Angehöriger eines Verstorbenen. Hinterbliebenenrente; hinterblieben.
hin'ter'brin'gen (V., hinterbrachte, hat hinterbracht) überbringen. Hinterbringung.
hin'ter'drein'lau'fen (V., lief hinterdrein, ist hinterdreingelaufen) hinterherlaufen.
hin'ter'ei'n'an'der (Adv.) einer hinter dem anderen; der Reihe nach. Die Mannschaften sollen hintereinanderstehen. hintereinanderschalten; *aber:* hintereinander ankommen; sich hintereinander aufstellen; hintereinander hergehen.
hin'ter'fot'zig (Adj.) (ugs.) hinterlistig. Hinterfotzigkeit.
hin'ter'fra'gen (V.) nach den Hintergründen forschen. Hinterfragung.
hin'ter'ge'hen (V., hinterging, hat hintergangen) täuschen; betrügen. Hintergehung.
hin'ter'grün'dig (Adj.) schwer durchschaubar. Hintergründigkeit; Hintergrund; Hintergrundwissen.
hin'ter'las'sen (V., hinterließ, hat hinterlassen) vererben. Hinterlassenschaft; Hinterlassung.
hin'ter'le'gen (V.) aufbewahren lassen; als Pfand lassen. Hinterlegung.
hin'ter'lis'tig (Adj.) hinterhältig; falsch. Hinterlistigkeit; Hinterlist.
hin'term (Präp.) (ugs.) hinter dem.
hin'ter'rücks (Adv.) von hinten.
hin'ters (Präp.) (ugs.) hinter das.
hin'ter'sin'nig (Adj.) schwermütig. Hintersinnigkeit; sich hintersinnen (schweiz.).
hin'ter'trei'ben (V., hintertrieb, hat hintertrieben) vereiteln.
hin'ter'zie'hen (V., hinterzog, hat hinterzogen) unterschlagen. Hinterziehung.

hi'n'ü'ber (Adv.) von dieser Seite auf die andere Seite. *Beachte:* Zusammenschreibung in Verbindung mit Verben: hinüberbringen; hinübergehen; hinüberlaufen; hinüberreichen; hinüberretten; hinüberschauen. *Aber:*
hi'n'ü'ber sein (V., war hinüber, ist hinüber gewesen) (ugs.) verbraucht sein; defekt sein; tot sein.
hi'n'un'ter (Adv.) von oben nach unten. *Beachte:* Zusammenschreibung in Verbindung mit Verben: hinunterbegleiten; hinunterbringen; hinunterfallen; hinunterklettern; hinunterreichen; hinunterreißen.
hin'wärts (Adv.) auf dem Hinweg.
hin'weg (Adv.) weg; fort. *Beachte:* Zusammenschreibung in Verbindung mit Verben: hinwegfegen; hinweggehen; hinweggraffen.
hin'weg'ge'hen (V., ging hinweg, ist hinweggegangen) nicht beachten.
hin'weg'kom'men (V.) kam hinweg, ist hinweggekommen) überwinden.
hin'weg'se'hen (V., sah hinweg, hat hinweggesehen) nicht beachten.
hin'weg sein (V., war hinweg, ist hinweg gewesen) überwunden haben.
hin'weg'set'zen (V.) außer Acht lassen.
hin'wei'sen (V., wies hin, hat hingewiesen) verweisen; auf etwas zeigen. Hinweis; Hinweisung; Hinweisschild; hinweisendes Fürwort (Demonstrativpronomen).
hin'wen'den (V., refl., wandte sich hin, hat sich hingewandt) zuwenden. Hinwendung.
hin'zie'hen (V., refl., zog sich hin, hat sich hingezogen) lange dauern.
hin'zu (Adv.) dazu. *Beachte:* Zusammenschreibung in Verbindung mit Verben: hinzukommen; hinzunehmen; hinzutreten; hinzuzählen; hinzuziehen.
hin'zu'fü'gen (V.) ergänzen.
hin'zu'ge'sel'len (V., refl.) sich anschließen.
hin'zu'kom'men (V., kam hinzu, ist hinzugekommen) dazukommen. *Aber:* Getrenntschreibung: hinzu kommt, dass ...
hin'zu'tun (V., tat hinzu, hat hinzugetan) hinzufügen. Ohne sein Hinzutun hätten wir es nicht geschafft.
Hi'obs'bot'schaft (die, -, -en) Unglücksnachricht.
Hip-Hop (das, -s, kein Plural) (*auch:* Hip'hop). Musikrichtung, die Rap und Funk verbindet.
Hip'pi'a'trie (die, -, kein Plural) = Hippiatrik.
Hip'pi'a't'rik (die, -, kein Plural) (griech.) Pferdeheilkunde.
Hip'pie (der, -s, -s) (engl.) »Blumenkind«; Anhänger einer antibürgerlichen friedlichen Bewegung.

Hip|po|drom (das, -s, -e) (griech.) Reitbahn.
hip|po|kra|tisch (Adj.) (griech.) zur Lehre des altgriechischen Arztes Hippokrates gehörig. hippokratischer Eid: zu ärztlicher Ethik verpflichtender Eid.
Hip|po|kre|ne (die, -, kein Plural) (griech.) durch Hufschlag des Pegasus entstandene (Musen-)Quelle.
Hip|po|lo|ge (der, -n, -n) (griech.) Pferdekundler.
Hip|po|lo|gie (die, -, kein Plural) (griech.) Pferdekunde.
hip|po|lo|gisch (Adj.) (griech.) pferdekundlich.
Hip|po|po|ta|mus (der, -, -) (griech.) Flusspferd.
Hip|pu|rit (der, -en, -en) fossile Muschel.
Hi|ra|ga|na (die, -, kein Plural) japanische Silbenschrift.
Hirn (das, -s, -e) 1. Gehirn. 2. (ugs.) Verstand. Hirnblutung; Hirngespinst; Hirnhautentzündung; Hirnrinde; hirnlos; hirnrissig; hirnverbrannt; hirnverletzt.
Hirn|holz (das, -es, -hölzer) Holzzuschnitt mit sichtbaren Jahresringen.
Hirsch (der, -es, -e) Wild. Hirschfänger; Hirschgarten; Hirschhornsalz; Hirschkäfer; Hirschkuh; Hirschsprung; hirschledern.
Hir|se (die, -, -n) Korn. Hirsebrei; Hirsekorn.
Hir|su|tis|mus (der, -, kein Plural) (lat.) übermäßige Körperbehaarung (bei Frauen).
Hir|te (der, -n, -n) 1. Tierhüter. 2. Geistlicher. Hirtenamt; Hirtenbrief; Hirtenflöte; Hirtenstab; Hirtenvolk.
Hi|ru|din (das, -s, kein Plural) (lat.) gerinnungshemmender Wirkstoff in den Speicheldrüsen der Blutegel.
His|bol|lah (die, -, kein Plural) schiitische radikale Partei mit dem Ziel, einen islamistisch-fundamentalistischen Staat zu errichten (arab. für »Partei Gottes«).
His|pa|ni|dad (die, -, kein Plural) (span.) Spaniertum; das Bewusstsein aller Spanisch sprechenden Völker um ihre gemeinsame Kultur, ihre gemeinsamen Wurzeln.
His|pa|nis|mus (der, -, -men) eine bewusst oder fälschlicherweise vorgenommene Übertragung einer für die spanische Sprache charakteristischen Eigenschaft oder Erscheinung auf eine nichtspanische Sprache in lexikalischer oder syntaktischer Hinsicht.
His|pa|nist (der, -en, -en) Bezeichnung für jemanden, der sich wissenschaftlich mit der Hispanistik befasst.
His|pa|nis|tik (die, -, kein Plural) die Wissenschaft von der spanischen Sprache und Literatur.
His|pa|ni|tät (die, -, kein Plural) = Hispanidad.
his|sen (V.) (Flagge, Segel) hochziehen. Hissung.
His|t|a|min (das, -s, -e) (griech.-nlat.) ein Gewebshormon.
His|to|ge|ne|se (die, -, kein Plural) (griech.) Gewebsentstehung.
His|to|gramm (das, -s, -e) (griech.) Säulendiagramm zur Darstellung statistischer Häufigkeiten.
His|to|lo|gie (die, -, kein Plural) (griech.) Gewebelehre. Adjektiv: histologisch.
His|to|ly|se (die, -, -n) (griech.) Gewebeauflösung.
His|to|rie (die, -, -n) (griech.) Geschichte, Erzählung. Historienmalerei, Historik, Historiker; Historismus; historisch, historistisch; historisieren.
His|to|rio|graf (*auch:* His|to|rio|graph) (der, -en, -en) (griech.) Geschichtsschreiber.
His|to|rio|gra|fie (*auch:* His|to|rio|gra|phie) (die, -, kein Plural) (griech.) Geschichtsschreibung.
His|to|rio|lo|gie (die, -, kein Plural) (griech.-lat.) Studium und Kenntnis der Geschichte.
His|to|ris|mus (der, -, -men) (griech.-nlat.) 1. Geschichtlichkeit. Geschichtsverständnis aus den Zusammenhängen heraus. 2. Baustil der Jahrhundertwende) mit einer Vielzahl übernommener historischer Stilformen.
His|to|rist (der, -en, -en) (griech.-lat.) Vertreter des Historismus.
his|to|ris|tisch (Adj.) zum Historismus gehörig.
His|to|ri|zis|mus (der, -, kein Plural) (griech.-nlat.) Überbetonung des Geschichtlichen.
His|to|ri|zi|tät (die, -, kein Plural) (griech.-lat.) Geschichtsbewusstsein; Geschichtlichkeit.
His|t|ri|o|ne (der, -n, -n) (lat.) altrömischer Schauspieler.
Hit (der, -s, -s) (engl.) erfolgreicher Schlager; Verkaufsschlager. Hitliste; Hitparade.
hitch|hi|ken (V.) (engl.) per Anhalter fahren.
Hitch|hi|ker (der, -s, -) (engl.) Tramper.
Hit|ze (die, -, kein Plural) 1. große Wärme. 2. Erregung; Leidenschaft. Hitzeferien; Hitzewelle; Hitzkopf; Hitzschlag; Hitze abweisend (*auch:* hitzeabweisend); hitzebeständig; hitzeempfindlich; Hitze frei (*auch:* hitzefrei) haben; *aber immer:* kein Hitzefrei bekommen; hitzig.
Hi|wi (der, -s, -s) (Kurzw.: Hilfswilliger) Hilfskraft.
hl (Abk.) Hektoliter.

hl. (Abk.) heilig.
H-Milch (die, -, -) (Kurzw.: hoch erhitzte Milch) haltbar gemachte Milch.
h-Moll (das, -, kein Plural) Tonart. h-Moll-Tonleiter.
HNO-Arzt (Abk.) Hals-Nasen-Ohren-Arzt. Der HNO-ärztliche Befund war negativ.
Hob׀by (das, -s, -s) (engl.) Steckenpferd. Hobbykeller; Hobbyschriftsteller.
Ho׀bel (der, -s, -) Werkzeug. Hobelbank; Hobelmaschine; Hobelspan; hobeln.
Hob׀bock (der, -s, -s) (engl.) verschließbares Versandgefäß aus Blech (z. B. für Fett).
Ho׀bo (der, -s, -s) (amerik.) auf der Suche nach Jobs herumwandernder Arbeiter in den Vereinigten Staaten zu Beginn des 20. Jahrhunderts.
hoch (Adj., höher, am höchsten) oben; groß. ein Hoch aussprechen; ein Hoch erstreckt sich; in die Höhe halten. Hochadel; Hochbahn; Hochbetrieb; Hochblüte; Hochburg; Hochdruckgebiet; Hochebene; Hochfinanz; Hochform; Hochgebirge; Hochgefühl; Hochgenuss; Hochglanz; Hochhaus; Hochherzigkeit; Hochkonjunktur; Hochkultur; Hochland; Hochleistungssport; Hochmoor; Hochmütigkeit; Hochnäsigkeit; Hochnebel; Hochofen; Hochrechnung; Hochruf; Hochsaison; Hochschätzung; Hochschule; Hochsicherheitstrakt; Hochspannung; Hochsprache; Hochsprung; Hochtal; Hochtemperaturreaktor; Hochtour; Hochverrat; Hochwald; Hochwasser; Hochwürden; Hochzahl. Adjektive: hochachtungsvoll, *aber:* Hochachtungsvoll (Grußformel am Briefende); ein hochaktuelles Thema, *aber:* Das Thema war hoch aktuell; hochanständig; hochbegabt (*auch:* hoch begabt), hochbeinig; hochbetagt; hoch bezahlt (*auch:* hochbezahlt); hochdeutsch, *aber:* das Hochdeutsche, auf Hochdeutsch; hoch dotiert (*auch:* hochdotiert); hochempfindlich; die hocherfreuten Eltern, *aber:* die Eltern waren hoch erfreut; hochexplosiv; hochfein; hochgebildet; hochgeboren, *aber:* Euer Hochgeboren; hochgeehrt (*auch:* hoch geehrt); hochgelehrt; hochgemut; hochgeschlossen; hochgesteckt; hochgestellt; hochgestochen (eingebildet); hochgiftig; hochglänzend; hochglanzpoliert; hochgradig; hochhackige Schuhe; hochherrschaftlich; hoch industrialisiert (*auch:* hochindustrialisiert); hochinteressant; hochkarätig; hochländisch; hochlöblich; hochmodern; hochmütig; hochnäsig; hochprozentig; hoch qualifiziert (*auch:* hochqualifiziert); hochrot; hochschwanger; hochsprachlich; hochtönend; hochtourig; hochtrabend; hochverdient; hochverehrt; hochwertig; hochwirksam; hochwohlgeboren, *aber:* Euer Hochwohlgeboren. Adverb:

hochkant. Verben: Getrenntschreibung, wenn »hoch« die Bedeutung »nicht niedrig« hat, *aber:* Zusammenschreibung, wenn »hoch« die Bedeutung »in die Höhe« hat oder wenn eine neue übertragene Bedeutung entsteht! hocharbeiten; hochbekommen; hochbinden; hochbringen; hochdrehen; hochheben; hochholen; hochklettern; hochkommen; hochlegen, *aber:* die Füße hoch (nicht niedrig) legen; hochpreisen; hochschlagen; hochschrecken; hochspringen, *aber:* Ich kann nicht so hoch springen wie du; hochstellen; hochwirbeln; hochziehen.
hoch ach׀ten (*auch:* hoch׀ach׀ten) (V.) schätzen; verehren. Hochachtung; hochachtungsvoll.
hoch׀auf׀lö׀send (Adj.) besonders fein (in der Fernsehtechnik).
Hoche׀pot (das, -, kein Plural) (franz.) Eintopfgericht.
hoch׀fah׀ren (V., fuhr hoch, ist hochgefahren) aufschrecken.
hoch׀flie׀gen (V., flog hoch, ist hochgeflogen) auffliegen; entdeckt werden. Die Sache ist hochgeflogen. *Aber:* Das Flugzeug ist nicht sehr hoch geflogen. Adjektiv: hochfliegend (ehrgeizig), *aber:* ein hoch fliegender Vogel.
hoch׀ge׀hen (V., ging hoch, ist hochgegangen) steigen; aufbrausen; explodieren; entdeckt werden.
hoch׀hal׀ten (V., hielt hoch, hat hochgehalten) in die Höhe halten; verehren. Er hat seine Eltern immer hochgehalten. *Aber:* Kannst du das Bild mal nicht so hoch (etwas tiefer) halten?
hoch׀ja׀gen (V.) 1. aufscheuchen. 2. Motor auf hohe Drehzahl bringen.
hoch׀ju׀beln (V.) übermäßig loben; in die Höhe bringen.
hoch׀le׀ben (V.) (nur in der Verbindung:) hochleben lassen (feiern). *Aber:* Er lebe hoch!
hoch׀neh׀men (V., nahm hoch, hat hochgenommen) 1. necken. 2. auffliegen lassen. 3. in die Höhe halten.
hoch׀päp׀peln (V.) 1. aufziehen; 2. gesund machen.
hoch׀rap׀peln (V., refl.) wieder aufraffen.
hoch׀rech׀nen (V.) statistisch abschätzen. Das lässt sich schlecht hochrechnen. *Aber:* Das sind(,) hoch gerechnet(,) (höchstens) 20 Prozent. Hochrechnung; Hochrechnungsergebnis.
hoch schät׀zen (*auch:* hoch׀schät׀zen) (V.) verehren. Einen Lehrer hoch schätzen.
höchst (Adv.) sehr; überaus; äußerst. als das Höchste (sehr); das höchste der Gefühle; im höchsten Maße; der höchste Wolkenkratzer. *Aber:* das ist das Höchste; nach dem Höchsten streben. der Höchstbietende; im Höchstfall; Höchstform; Höchstleistung; Höchstpreise;

Höchststand; Höchststrafe; Höchststufe; Höchstwert. Adjektive: höchsteigen; höchstmöglich (*falsch:* höchstmöglichst!); höchstzulässig. Adverbien: höchstpersönlich, *aber:* ein höchst persönlicher Brief; höchstwahrscheinlich; höchstens.
hoch'sta'peln (V.) vortäuschen; vorspiegeln. Hochstapelei; Hochstapler.
hoch'sti'li'sie'ren (V.) hochjubeln.
Hoch'zeit (die, -, -en) Heirat. Hochzeiter/in; silberne/goldene/diamantene Hochzeit; Hochzeitsfeier; Hochzeitskleid; Hochzeitsnacht; Hochzeitsreise; Hochzeitstag.
Ho'cke (die, -, -n) geduckte Stellung; Turnübung. Hockstellung; hocken.
Ho'cker (der, -s, -) Schemel.
Hö'cker (der, -s, -) Buckel. Höckerschwan; höckerig.
Ho'ckey (das, -s, kein Plural) (engl.) Sportart. Hockeyschläger
Ho'den (der, -s, -) männliche Keimdrüse. Hodenbruch; Hodenentzündung; Hodensack.
Ho'd'scha (der, -s, -s) (pers.-türk.) 1. geistlicher Lehrer. 2. Zweig der Ismailiten unter Aga Khan.
Hof (der, -s/-es, Hö'fe) 1. Innenplatz. 2. landwirtschaftlicher Betrieb; Hofstaat. Hofdame; Hoffähigkeit; Hoffenster; Hofhaltung; Höfling; Hofmeister; Hofnarr; Hofschranze; Hoftor; hoffähig; höfisch; hofmännisch; hofmeisterlich; Hof halten; hofieren.
Hof'fart (die, -, kein Plural) Hochmut. Hoffärtigkeit; hoffärtig.
hoffen (V.) wünschen; erwarten.
höf'lich (Adj.) taktvoll; fein. Höflichkeit; Höflichkeitsfloskel; höflichkeitshalber.
ho'he (Adj.) hoch. auf hoher See; es ist hohe Zeit; das hohe C; auf dem hohen Ross sitzen; das Hohe Haus; die Hohe (*auch:* hohe) Schule, das Hohe Lied (*auch:* Hohelied); der Hohepriester (*auch:* Hohe Priester), *aber immer:* des/dem/den Hohen Priester(s); die Hohe Tatra; etwas/nichts Hohes. Höhe; Höhenangst; Höhenflug; Höhenluft; Höhenmesser; Höhensonne; Höhenstrahlung; Höhenzug; Höhepunkt; Hoheit; Hoheitsgebiet; Hoheitsgewässer; Hoheitszeichen; hoheitlich; hoheitsvoll.
hö'her (Adj.) Steigerung von hoch. *Beachte:* höhere Gewalt; höhere Mathematik; höhere Macht. *Aber:* die Höhere Handelsschule in München. Höherentwicklung; Höherstufung; Höherversicherung; höhergestellt; höherrangig; höhererseits; höhergruppieren; höherschrauben; höherstufen. etwas höher achten; das lässt die Herzen höherschlagen.

hohl (Adj.) leer; ausgehöhlt; dumpf. Höhle; Höhlenbewohner; Höhlenmalerei; Höhlenmensch; Höhlung; Hohleisen; Hohlheit; Hohlkugel; Hohlraum; Hohlspiegel; Hohlweg; höhlen; hohlschleifen; hohläugig; hohlwangig.
Hohn (der, -s, kein Plural) Spott. Hohngelächter; Hohnlächeln; höhnisch; höhnen; Hohn lachen (*auch:* hohnlachen); ich lache Hohn.
Ho'jal'd're (der, -s, -s) spanischer Mürbeteigkuchen.
Ho'ke'tus (der, -, kein Plural) (lat.) eine besondere Art der Komposition vom 12. bis zum 15. Jahrhundert, wobei die Melodie auf verschiedene Stimmen verteilt wird.
Hok'ko (der, -s, -s) (indian.) Baum bewohnender südamerikanischer Hühnervogel.
Ho'kus'po'kus (der, -, kein Plural) (engl.) Beschwörungsformel; fauler Zauber; Unfug.
hold (Adj.) günstig gesinnt; anmutig. Holdseligkeit; holdselig.
Hol'der (der, -s, -) Holunder. Holderbaum.
Hol'ding (die, -, -s) (engl.) Beteiligungsgesellschaft ohne eigene Produktion. Holdinggesellschaft.
ho'len (V.) herbringen; verschaffen; sich zuziehen.
Hol'län'der (der, -s, -) Einwohner Hollands. Der Fliegende Holländer; Holländer Käse; holländisch, *aber:* Holländisch sprechen.
Höl'le (die, -, -n) Fegefeuer; Qual. Höllenangst; Höllenfahrt; Höllenhund; Höllenlärm; Höllenmaschine; Höllenspektakel; Höllenqual; höllisch.
Hol'ly'wood'schau'kel (die, -, -n) Gartenmöbel.
Holm (der, -s, -e) Längsträger; Griffstange; Flussinsel.
Hol'mi'um (das, -s, kein Plural) (schwed.-nlat.) ein Seltenerdmetall.
Ho'lo'caust (der, -s, -s) (griech.) Völkermord; Massenvernichtung der Juden unter den Nationalsozialisten. *Auch:* atomarer Holocaust.
Ho'lo'gra'fie (*auch:* Ho'lo'gra'phie) (die, -, kein Plural) dreidimensionales Bild (Laserstrahlen). Hologramm; holografisch (*auch:* holographisch); holografieren (*auch:* holographieren).
Ho'lo'me'ta'bo'lie (die, -, kein Plural) (griech.) vollständige Verwandlung (eines Insekts in der Puppenruhe).
Ho'lo'thu'rie (die, -, -n) (griech.) Seewalze.
Ho'lo'zän (das, -s, kein Plural) (griech.) Abschnitt der Erdgeschichte seit der Eiszeit; geologische Gegenwart.
holp'rig (*auch:* hol'pe'rig) (Adj.) uneben.
Hols'ter (das, -s, -) (niederl.-engl.) 1. offene Ledertasche, um eine Handfeuerwaffe griffbe-

reit mit sich tragen zu können. 2. Jagdtasche in der Jägersprache.
Hol|un|der (der, -s, -) Strauch. Holundertee.
Holz (das, -es, -e/Hölzer) feste Baumsubstanz; Wald. Holzart; Holzbein; Holzbock; Hölzchen; Holzfäller; Holzhacker; Holzhammer; Holzhaus; Holzklotz; Holzknecht; Holzkohle; Holzscheit; Holzschuh; Holzschutzmittel; Holzstoß; Holzweg; Holzwolle; Holzwurm. Adjektive: hölzern; holzfrei; holzig; Holz verarbeitend (*auch:* holzverarbeitend); holzverkleidet. Verb: holzen.
Holz|wirt|schaft (die, -, kein Plural) Forstwirtschaft.
Home|land (das, -s, -s) (engl.) Siedlungsgebiet der farbigen Bevölkerung Südafrikas.
Ho|me|ri|de (der, -n, -n) (griech.-lat.) 1. Mitglied einer altgriechischen Sängervereinigung auf der Insel Chios, die sich von Homer herleitete. 2. Rhapsode, der die homerischen Werke vortrug.
Home|rule (die, -, kein Plural) (engl.) für »Selbstregierung« als Schlagwort der irischen Unabhängigkeitsbewegung.
Home|spun (das, -s, -s) (engl.) ein grobes Streichgarngewebe.
Home|trai|ner (der, -s, -) (engl.) Trimmgerät.
Ho|mi|let (der, -en, -en) (griech.) Prediger. Predigtlehrer.
Ho|mi|le|tik (die, -, kein Plural) (griech.) Predigtlehre (als Teil der praktischen Theologie).
Ho|mi|ni|de (der, -n, -n) (lat.) Angehöriger der Menschenrassen.
Ho|mi|ni|sa|ti|on (die, -, kein Plural) (lat.) Menschwerdung; stammesgeschichtliche Entwicklung zum Menschen.
ho|mi|ni|sie|ren (V.) (lat.) sich zum Menschen entwickeln.
Ho|mi|nis|mus (der, -, kein Plural) (lat.) die philosophische Lehre, die jegliche Erkenntnis nur in Beziehung zum Menschen akzeptiert, nicht als eventuelle Wahrheit an sich.
ho|mi|nis|tisch (Adj.) (lat.) 1. den Hominismus betreffend; auf ihm basierend. 2. auf den Menschen bezogen; nur für den Menschen geltend.
Hom|mage (die, -, -n) (franz.) Würdigung.
Ho|mo (der, -s, -s) (Kurzw.) Homosexueller.
ho|mo.../Ho|mo... (griech.) gleich.../Gleich...
Ho|mo|ark|ton (das, -s, -ta) (griech.-lat.) Figur in der Rede, bei der die Anfänge aufeinander folgender Wörter gleich oder ähnlich klingen.
Ho|mo|chro|nie (die, -, -n) (griech.-lat.) gleichzeitiges Auftreten oder gleichzeitiger Beginn eines Phänomens an verschiedenen Punkten der Erde.

ho|mo|dont (Adj.) (griech.-lat.) mit gleichartigen Zähnen versehen.
Ho|mo|emo|ti|o|na|li|tät (die, -, kein Plural) (griech.-lat.) das gefühlsmäßige Angezogensein zum gleichen Geschlecht.
ho|mo|fon (*auch:* ho|mo|phon) (Adj.) (griech.) gleichlautend. Homofonie (*auch:* Homophonie).
Ho|mo|ga|mie (die, -, kein Plural) (griech.-lat.) 1. gleichzeitige Reifung von männlichen und weiblichen Blütenorganen bei zwittrigen Blüten (Bot.). 2. Gleichartigkeit der Partner bei der Partnerwahl.
ho|mo|gen (Adj.) (griech.) gleichartig.
Ho|mo|ge|ni|sie|rung (die, -, -en) (griech.-lat.) Vermischung prinzipiell verschiedener Teile und Elemente.
Ho|mo|go|nie (die, -, -n) (griech.-lat.) Entstehung aus Gleichartigem (in der Philosophie).
Ho|mo|grad (Adj.) (griech.-lat.) auf qualitative Unterschiede achtend.
Ho|mo|gramm (das, -s, -e) (griech.-lat.) Bezeichnung für ein Wort, das sich in der Aussprache von einem anderen unterscheidet, obwohl beide gleich geschrieben werden.
Ho|mo|graf (*auch:* Ho|mo|graph) (das, -s, -e) (griech.-lat.) = Homogramm.
ho|mo|log (Adj.) (griech.) entsprechend; übereinstimmend. Homologie; homologieren.
Ho|mo|lo|ga|ti|on (die, -, -ti|o|nen) (griech.-lat.) Regel, wonach die Einstufung in eine bestimmte Wettbewerbskategorie bei Rennen für Automobilmodelle von der Produktion einer bestimmten Mindeststückzahl des betreffenden Modells abhängt.
ho|mo|lo|gie|ren (V.) (griech.-lat.) 1. einen Serienwagen in die internationale Zulassungsliste zur Einteilung in Klassen für Automobilrennen aufnehmen. 2. eine Skirennstrecke nach bestimmten Normen festlegen.
ho|mo|morph (Adj.) (griech.-lat.) Homomorphismus aufweisend.
Ho|mo|mor|phis|mus (der, -, -men) (griech.-lat.) spezielle Abbildung einer algebraischen Ordnung in oder auf eine andere algebraische Ordnung.
ho|mo|nom (Adj.) (griech.-lat.) gleichwertig im Sinne der Homonomie.
Ho|mo|no|mie (die, -, kein Plural) (griech.-lat.) gleichartige Aufteilung eines Gliedertierkörpers mit gleichwertigen Segmenten (Bot.).
Ho|m|o|nym (das, -s, -e) (griech.-lat.) gleichlautendes Wort. homonym.
Ho|möo|pa|thie (die, -, -n) (griech.) Naturheilkunde. Homöopath; homöopathisch.
Ho|möo|pla|sie (die, -, -n) eine organähnliche Neubildung.

ho|möo|po|lar (Adj.) (griech.-lat.) gleichartig elektrisch geladen.

Ho|möo|pro|pho|ron (das, -s, -ra) (griech.-lat.) rhetorische Figur, bei der aufeinanderfolgende Wörter gleich oder ähnlich klingende Laute aufweisen.

Ho|möo|p|to|ton (das, -s, -ta) (griech.-lat.) rhetorische Figur, bei der aufeinanderfolgende Wörter die gleiche Kasusendung aufweisen.

Ho|möo|s|ta|se (die, -, -n) (griech.-lat.) Gleichgewicht der physiologischen Körperfunktionen, Stabilität von Blutdruck, Temperatur etc.

Ho|möo|s|tat (der, -en, -en) (griech.-lat.) technisches System, das in seiner Stabilität nicht von den Umweltbedingungen abhängt (Kybernetik).

ho|möo|s|ta|tisch (Adj.) (griech.-lat.) die Homöostase betreffend; zur Homöostase gehörend.

ho|möo|therm (Adj.) (griech.-lat.) warmblütig; gleichbleibend warm.

Ho|möo|ther|mie (die, -, kein Plural) (griech.-lat.) Warmblütigkeit (Zoologie).

ho|mo|phag (Adj.) (griech.-lat.) 1. nur pflanzliche oder tierische Nahrung fressend. 2. auf einem Wirtsorganismus schmarotzend.

ho|mo|phil (Adj.) (griech.) homosexuell. Homophilie.

ho|mo|phob (Adj.) (griech.) die Homophobie betreffend.

Ho|mo|pho|bie (die, -, -n) (griech.) krankhafte Abneigung gegen und Angst vor Homosexualität.

ho|mo|phon → ho|mo|fon

ho|m|or|gan (Adj.) (griech.-lat.) mit dem gleichen Artikulationsorgan gebildet (Lautlehre).

Ho|mo sa|pi|ens (der, - -, kein Plural) (griech.) Mensch.

Ho|mo|se|xu|a|li|tät (die, -, kein Plural) (lat.) gleichgeschlechtliche Liebe. Homosexuelle; homosexuell.

Ho|mo|u|si|a|ner (*auch:* Ho|mö|u|si|a|ner) (der, -s, -) (griech.-lat.) Anhänger der Homöusie.

Ho|mö|u|sie (die, -, kein Plural) (griech.) Wesensähnlichkeit von Gottvater und Gottsohn.

ho|mo|zen|t|risch (Adj.) (griech.-lat.) von einem Punkt ausgehend und in einem Punkt zusammentreffend.

Ho|mo|zy|go|tie (die, -, kein Plural) (griech.) Reinerbigkeit.

ho|mo|zy|got (Adj.) (griech.) (Bio.) reinerbig.

Ho|mun|ku|lus (der, -, -se/-li) (lat.) künstlich erzeugter Mensch.

Ho|nan (ohne Art., -s, kein Plural) chinesische Provinz. Honanseide.

Hon|du|ras (ohne Art., -s, kein Plural) mittelamerikanischer Staat; Honduraner; honduranisch.

ho|nett (Adj.) (franz.) ehrenhaft; rechtschaffen, anständig.

Ho|ney (der, -s, -s) (engl.) 1. Honig. 2. Liebling; Schatz.

Ho|ney|moon (der, -s, -s) (engl.) Flitterwochen.

Ho|ni soit qui mal y pense (franz.) ein Schuft, der Arges dabei denkt (als Wahlspruch des Hosenbandordens).

Ho|nig (der, -s, kein Plural) Bienennektar. Honigbiene; Honigglas; Honigklee; Honigkuchenpferd; Honiglecken; Honigmelone; Honigschleuder; Honigwabe; Honigwein; honiggelb; honigsüß; honigfarben.

Hon|ky|tonk (das, -, -s) (engl.) Kneipe; Spelunke (in der Musik gespielt wird; in den USA); z. B. ...-Piano.

Hon|neurs (die, nur Plural) (franz.) Gästeempfang.

ho|no|ra|bel (Adj.) (franz.) ehrenwert.

Ho|no|rant (der, -en, -en) (lat.) derjenige, der einen Wechsel anstelle des Bezogenen annimmt und bezahlt.

Ho|no|rar (das, -s, -e) (lat.) Bezahlung. Honorarprofessor; Honorierung; honorieren.

Ho|no|ra|ti|o|ren|de|mo|kra|tie (die, -, -n) (griech.-lat.) Bezeichnung für eine Demokratie, in der die Politiker hauptsächlich dem Besitz- oder Bildungsbürgertum entstammen.

Ho|no|ra|ti|o|ren|par|tei (die, -, -en) (griech.-lat.) Bezeichnung für eine Partei, in der sowohl Mitglieder wie Führungskräfte hauptsächlich dem Besitz- oder Bildungsbürgertum entstammen.

ho|no|rig (Adj.) (lat.) ehrenhaft; freigebig. Honoratioren.

ho|no|ris cau|sa (lat.) ehrenhalber (Abk.: h. c.).

Hook (der, -s, -s) (engl.) 1. Haken beim Boxen; spezieller Schlag beim Golf, bei dem der Ball in einer Kurve fliegt, die der Schlaghand entgegengesetzt ist. 2. hakenartiger Handersatz an künstlichen Armen zum Greifen und Halten.

hooked (Adj.) (engl.) süchtig (ugs.).

Hoo|li|gan (der, -s, -s) (engl.) Randalierer bei Massenveranstaltungen.

Hop|fen (der, -s, -) (engl.) Kletterpflanze.

Ho|p|lit (der, -en, -en) Fußsoldat mit schweren Waffen im antiken Griechenland.

hop|peln (V.) hüpfen. hopphopp! hoppla!

hopp|neh|men (*auch:* hopps|neh|men) (V., nahm hopp(s), hat hopp(s)genommen) (ugs.) verhaften.

hop|sen (V.) hüpfen. Hopser; Hopserei; hopsa.
hops|ge|hen (V., ging hops, ist hopsgegangen) (ugs.) 1. verloren gehen; 2. kaputt sein; 3. sterben.
Ho|ra (die, -, -ren) (lat.) 1. Gebetsstunde in der katholischen Kirche. 2. kirchliches Gebet zu verschiedenen Tageszeiten. 3. (die, -, -s) (griech.) jüdischer Volkstanz. 4. rumänischer Volkstanz. 5. ländliche Tanzveranstaltung mit rumänischer Musik.
Ho|ra|ri|um (das, -s, -rien) (lat.) Gebetbuch für Laien. Stundenbuch.
Hor|de|in (das, -s, kein Plural) (lat.) Eiweißkörper in der Gerste.
Hor|de|o|lum (das, -s, -la) (lat.) Abszess am Augenlid. Gerstenkorn.
hö|ren (V.) vernehmen; zu Ohren kommen. *Beachte:* Wir haben ihn nicht schreien hören/gehört. Hörapparat; Hörbild; vom Hörensagen; Hörer/in; Hörerschaft; Hörfehler, Hörfunk; Hörgerät; Hörmuschel; Hörorgan; Hörrohr; Hörsaal; Hörspiel; Hörsturz; außer Hörweite; hörbar; hörenswert; hörgeschädigt.
hor|chen (V.) lauschen. Horcher; Horchgerät.
Hor|de (die, -, -n) wilde Schar; Lattenrost. Hordenführer; hordenweise.
hö|rig (Adj.) abhängig. Hörigkeit; Hörige.
Ho|ri|zont (der, -s/-es, -e) (griech.) 1. Gesichtskreis; 2. Grenzlinie zwischen Himmel und Erde.
Ho|ri|zon|ta|le (die, -, -n) Waagerechte. Adjektiv: horizontal.
ho|ri|zon|tie|ren (V.) (griech.-lat.) geologisch fachsprachliche Bezeichnung für das Einmessen der verschiedenen Höhenlagen eines Horizonts.
hor|misch (Adj.) (griech.-engl.) triebhaft zielgerichtet.
Hor|mon (das, -s, -e) (griech.) körpereigener Wirkstoff. Hormonbehandlung; Hormonhaushalt; Hormonpräparat; Hormonumstellung; hormonal.
Hor|mon|im|plan|ta|ti|on (die, -, -ti|o|nen) (griech.-lat.) das Einpflanzen von Hormontabletten unter die Haut (Med.).
Hor|mon|the|ra|pie (die, -, -n) (griech.-lat.) medizinische Behandlung mit Hormonpräparaten, um überschüssige oder mangelnde eigene Hormone zu egalisieren.
Horn (das, -[e]s, Hör|ner) 1. Stirnauswuchs. 2. Blasinstrument. Hornbrille; Hörnchen; Hornhaut; Hornist; Hornochse; Hornsignal; Jagdhorn; Nashorn; Nebelhorn; hornig; hörnen; Adjektiv: hörnern.
Horn|back (das/der, -s, -s) (engl.) der verhornte Rücken einer Krokodilhaut, deren Maserung zum Vorschein kommt, wenn sie abgeschliffen wird.
Hor|nis|se (die, -, -n) Insekt. Hornissenstich.
Hor|ni|to (der, -s, -s) (span.) Aufwölbung in der Form eines Kegels über den Austrittsstellen von Lava.
Horn|pipe (die, -, -s) (engl.) 1. Schalmeienart. 2. traditioneller englischer Tanz.
Ho|ro|log (das, -s, -e/-ien) (griech.) liturgisches Buch der orthodoxen Kirche, das die Texte für die Stundengebete enthält.
Ho|ro|s|kop (das, -s, -e) (griech.) Sterndeutung zu astrologischen Vorhersagen.
hor|rend (Adj.) (lat.) übermäßig; sehr; schrecklich.
Hor|ror (der, -s, kein Plural) (lat.) Schrecken; Abscheu. Horrorfilm; Horrortrip.
Hors|d'œu|v|re (das, -, -s) (franz.) Vorspeise.
Horst (der, -s/-es, -e) großes Vogelnest; Strauchwerk. Verb: horsten.
Hort (der, -s, -e) 1. Tagesheim. 2. Schutz. 3. Schatz. Hortung; Hortnerin; horten.
Hor|ta|tiv (der, -s, -e) (lat.) zu einer gemeinsamen Tat auffordernder Imperativ.
Hor|ten|sie (die, -, -n) (franz.-nlat.) ein Zierstrauch.
Hor|ti|kul|tur (die, -, -en) (lat.) Gartenbau.
Ho|se (die, -, -n) Beinkleid. Hosenanzug; Hosenboden; Hosenbund; Hosenlatz; Hosenmatz; Hosenrolle; Hosenträger.
ho|si|an|na! (Interj.) (hebr.) Freudenruf.
Hos|pi|tal (das, -s, -e/-pi|tä|ler) (lat.) Krankenhaus. Hospitalismus; hospitalisieren.
Hos|pi|ta|lis|mus (der, -, kein Plural) (lat.) 1. zusätzliche Erkrankung durch Ansteckung im Krankenhaus. 2. psychische Störung bei Kindern in Pflegeheimen (z. B. dauernde Bewegungsunruhe; auch bei Zootieren).
Hos|pi|ta|li|ter (der, -s, -) (lat.) Mitglied einer religiösen Gemeinschaft im Mittelalter, die sich der Krankenpflege widmete.
Hos|pi|tanz (die, -, -en) »Gastarbeit« in einer Zeitungsredaktion oder parlamentarischen Fraktion ohne Bezahlung. Hospitant; hospitieren.
Hos|pi|tes|se (die, -, -n) (lat.) als Krankenschwester und Sozialarbeiterin ausgebildete Frau, die in Krankenhäusern zur Betreuung bestimmter Gruppen von Patienten eingesetzt wird.
Hos|piz (das, -es, -e) (lat.) Fremdenheim; Einrichtung zur Pflege und Betreuung Sterbender.
Hos|tess (die, -, -en) (engl.) Betreuerin bei Messen oder auf Flughäfen.
Hos|tie (die, -, -n) (lat.) geweihte Abendmahlsoblate.
Hos|ti|li|tät (die, -, -en) (lat.) Feindseligkeit.

Hot (der, -s, -s) (engl.) (Kurzw.) Hot Jazz.
Hot'dog (*auch:* Hot Dog) (der/das, - -s, - -s) (engl.) Brötchen mit heißer Wurst und Ketchup.
Ho'tel (das, -s, -s) (franz.) Unterkunft; Gasthaus. Hotelbesitzer; Hotelbetrieb; Hotelgewerbe; Hotelfachschule; Hotelier; Hotel garni (Übernachtung mit Frühstück); Hotelzimmer.
Hot Jazz (der, - -, kein Plural) (engl.) Jazzrichtung.
Hot'mo'ney (*auch:* Hot Mo'ney) (das, - -, kein Plural) (engl.-amerik.) von Land zu Land transferiertes Geld, womit Währungsgewinne erzielt werden.
Hot'pants (*auch:* Hot Pants) (die, nur Plural) »heiße Höschen«; Damenshorts.
Hot'ten'tot'te (der, -n, -n) Angehöriger eines schwarzafrikanischen Volks. Adjektiv: hottentottisch.
Houppe'lande (die, -, -s) (franz.) langes glockenförmiges Männeroberkleid des 14. Jahrhunderts.
Hour'di (der, -s, -s) (franz.) Hohlstein aus gebranntem Ton.
hPa (Abk.) Hektopascal.
Hptst. (Abk.) Hauptstadt.
Hr. (Abk.) Herr.
HR (Abk.) Hessischer Rundfunk.
Hrn. (Abk.) Herrn (Dativ/Akkusativ!).
hrsg. (*auch:* hg.) (Abk.) herausgegeben.
Hrsg. (*auch:* Hg.) Herausgeber.
Hs. (Abk.) Handschrift (Plural: Hss.).
HTL (Abk.) Höhere Technische Lehranstalt.
Hub (der, -s, Hüb'be) Heben; Hebebewegung. Hubbrücke; Hubhöhe; Hubraum; Hubschrauber; Hubvolumen.
Hub'bel (der, -s, -) Unebenheit; Hügelchen. Adjektiv: hubbelig.
hü'ben (Adv.) auf dieser Seite. hüben und drüben.
hübsch (Adj.) schön; Hübschheit.
Hu'chen (der, -s, -) Raubfisch.
Hu'cke (die, -, -n) Rückenlast. einem die Hucke volllügen/hauen. Huckepackverkehr; huckepack nehmen/tragen.
hu'deln (V.) (ugs.) schludern; pfuschen. Hudelei; Hudler; hud(e)lig.
Hu'er'ta (die, -, -s) künstlich bewässertes Anbaugebiet (in Spanien).
Huf (der, -s/-es, -e) Hornteil des Fußes. Hufeisen; Hufschlag; Hufschmied; Huftier; hufeisenförmig.
Huf'lat'tich (der, -s, -e) Heilpflanze.
Hüf'te (die, -, -n) seitliche Beckenpartie. Hüftgelenk; Hüfthalter; Hüftknochen; Hüftleiden.

Hü'gel (der, -s, -) Anhöhe; Berg. Hügelgrab; Hügelkette; Hügelland; hügelig; hügelabwärts; hügelan; hügelaufwärts.
Hu'ge'not'te (der, -n, -n) (franz.) Kalvinist. Adjektiv: hugenottisch.
Huhn (das, -s, Hüh'ner) Geflügel. Hühnerauge; Hühnerbrühe; Hühnerbrust; Hühnerei; Hühnerfrikassee; Hühnerleiter; Hühnerstiege; Hühnchen.
hu'hu! (Interj.) Zuruf.
hui! (Interj.) Ausruf. außen hui und innen pfui! *Aber:* Mit einem Hui sauste er davon.
Huk (die, -, -en) (niederl.) in der Seemannssprache die Bezeichnung für eine Landzunge, die einen geradlinigen Küstenverlauf unterbricht.
Hu'ker (*auch:* Huk'boot) (der, -s, -) (niederl.) Fischereiboot.
Hu'la (die, -, -s/die, -s, -s) hawaiischer Tanz. Hula-Hula; Hulamädchen (*auch:* Hula-Mädchen); Hula-Hoop-Reifen (*auch:* Hula-Hopp-Reifen).
hul'di'gen (V.) preisen; ergeben sein. Huld; Huldigung; huldreich; huldvoll.
Hül'le (die, -, -n) Umhüllung. Hüllwort; hüllenlos; hüllen.
Hulk (die, -, -en/der, -es, -en) (engl.) abgetakelter Schiffskörper.
Hul'man (der, -s, -s) großer Schlankaffe.
Hül'se (die, -, -n) Hülle; Schale. Hülsenfrucht; Hülsenwurm; hülsig; hülsen.
hu'man (Adj.) (lat.) menschlich. Humangenetik; Humanisierung; Humanismus; Humanist; Humanität; Humanmedizin; humanistisch; humanitär; humanisieren.
Hu'man'bio'lo'ge (der, -n, -n) (lat.) auf dem Gebiet der Humanbiologie tätiger Wissenschaftler.
hu'man'bio'lo'gisch (Adj.) (lat.) die Humanbiologie betreffend.
Hu'man'ge'ne'tik (die, -, kein Plural) (griech.-lat.) Abteilung der Genetik, die sich der Vererbung körperlicher, geistiger und seelischer Merkmale und Eigenschaften des Menschen widmet.
Hu'man'ge'ne'ti'ker (der, -s, -) (griech.-lat.) auf dem Gebiet der Humangenetik tätiger Wissenschaftler.
hu'man'ge'ne'tisch (Adj.) (griech.-lat.) die Humangenetik betreffend.
Hu'ma'ni'o'ra (die, nur Plural) (lat.) Bezeichnung für das griechisch-römische Altertum als Bildungsgut und Grundlage von Lehr- und Prüfungsfächern (veraltet).
Hu'ma'ni'ta'ris'mus (der, -, kein Plural) (lat.) Bezeichnung für eine menschenfreundliche Gesinnung.

Hu|man|me|di|zi|ner (der, -s, -) (lat.) Arzt der Humanmedizin.
hu|man|me|di|zi|nisch (Adj.) (lat.) die Humanmedizin betreffend; auf ihr basierend.
Hu|man|öko|lo|ge (der, -n, -n) (lat.) auf dem Gebiet der Humanökologie tätiger Wissenschaftler.
Hu|man|öko|lo|gie (die, -, kein Plural) (lat.) Bereich der ökologischen Forschung, in dem man sich mit dem Verhältnis Mensch–Umwelt auseinander setzt.
hu|man|öko|lo|gisch (Adj.) (lat.) die Humanökologie betreffend; auf ihr basierend.
Hu|man|phy|sio|lo|gie (die, -, kein Plural) (lat.) Wissenschaft von den normalen Lebensvorgängen beim Menschen.
Hu|man|psy|cho|lo|ge (der, -n, -n) (lat.) auf dem Gebiet der Humanpsychologie tätiger Wissenschaftler.
Hu|man|psy|cho|lo|gie (die, -, kein Plural) (lat.) Wissenschaft, die sich mit der Psyche des Menschen beschäftigt.
hu|man|psy|cho|lo|gisch (Adj.) (lat.) die Humanpsychologie betreffend; auf ihr basierend.
Hu|man|wis|sen|schaft (die, -, -en) (lat.) allgemeine Bezeichnung für jede Einzelwissenschaft, die sich mit dem Menschen befasst, wie Soziologie, Psychologie etc.
Hum|bug (der, -s, kein Plural) (engl.) Täuschung; Schwindel.
Hu|me|ra|le (das, -s, -lia/-li|en) (lat.) Schul|tertuch des katholischen Geistlichen.
hu|mid (Adj.) (lat.) feucht; nass. Humidität.
Hu|mi|fi|ka|ti|on (die, -, -ti|o|nen) (lat.) Humusbildung. Humifizierung; humifizieren.
Hu|mi|li|a|ten (die, nur Plural) (lat.) Anhänger einer Bußbewegung im 11. und 12. Jahrhundert.
Hum|mel (die, -, -n) Insekt. Hummelfliege; Hummelnest.
Hum|mer (der, -s, -) Speisekrebs.
Hu|mor (der, -s, -e) (engl.) Heiterkeit. Humoreske; Humorist; Humorlosigkeit; humorig; humoristisch; humorlos; humorvoll.
hu|mos (Adj.) aus Humus bestehend; humusreich.
Hüm|pel (der, -s, -) (nordd.) Gruppe; Haufen.
hum|peln (V.) hinken. Humpelei; hump(e)lig.
Hum|pen (der, -s, -) Trinkgefäß.
Hu|mus (der, -, kein Plural) (lat.) fruchtbares Erdreich. Humusboden; Humusbildung; humusreich; humos.
Hund (der, -s/-es, -e) 1. Haustier. 2. Schimpfwort. Hundeart; Hundebandwurm; Hundefänger; Hundehütte; Hundekälte; Hundekuchen; Hundeleben; Hundeleine; Hundemarke; Hunderasse; Hundesalon; Hundeschlitten; Hundesteuer; Hundewetter; Hündin; Hundstage; hundeelend; hundekalt; hundemüde; hündisch; hundsgemein; hundsmiserabel; hundsmüde.
hun|dert (Zahlw.) Tempo hundert fahren; Drückt »hundert« eine unbestimmte Menge aus, so ist Groß- oder Kleinschreibung möglich! viele hundert/Hundert. Menschen, viele/einige Hunderte/hunderte; viele Hundert/hundert Mal/Male; zu Hunderten/hunderten; vom Hundertsten ins Tausendste kommen; das Hundertstel, fünf Hundertstel Gramm; fünf von hundert (5%). Drückt »hundert« eine genaue Zahl aus, so wird kleingeschrieben! Es sind (genau) hundert Zuschauer hier. dreihundert; hundert(und)eine Deutsche Mark; Hunderter; Hundertfache; Hundertjahrfeier (auch: Hundert-Jahr-Feier); (100-Jahr-Feier); Hundertmarkschein (auch: Hundert-Mark-Schein); (100-Mark-Schein); Hundertmeterlauf (auch: Hundert-Meter-Lauf) (100-m-Lauf); Hundertschaft; Hundertstel; es fehlte eine Hundertstelsekunde (100stel-Sekunde). Adjektive: hunderterlei; hundertfach; hundertmal; hundertprozentig; hundertjähriges Jubiläum, der Hundertjährige Kalender; er war der Hundertste, aber: er war der hundertste Läufer; hunderttausend.
Hü|ne (der, -n, -n) großer Mann; Riese. Hünengestalt; Hünengrab; hünenhaft.
Hun|ga|ri|ka (die, nur Plural) (lat.) Schriften über Ungarn.
Hun|ga|ris|tik (die, -, kein Plural) (lat.) Wissenschaft von der ungarischen Sprache und Literatur.
Hun|ger (der, -s, kein Plural) Appetit; Verlangen. Hungergefühl; Hungerkünstler; Hungerkur; Hungerleider; Hungerlohn; Hungersnot; Hungerstreik; Hungerturm; hungrig; hungern.
Hun|ne (der, -n, -n) Nomade; Barbar. Hunnenkönig; hunnisch.
Hu|pe (die, -, -n) Warnsignal. Huperei; Hupkonzert; hupen.
hüp|fen (V., ist) springen. Hüpfer; Hüpferling.
Hür|de (die, -, -n) Hindernis; Flechtwerk. Hürdenlauf; Hürdenrennen.
Hur|dy|gur|dy (die, -, -s) (engl.) ein Musikinstrument. Drehleier.
Hu|re (die, -, -n) Prostituierte. Hurenbock; Hurensohn; Hurenhaus; Hurerei; huren.
Hur|ling (das, -s, kein Plural) (engl.) in Irland gespieltes Schlagballspiel.
hur|ra! (Interj.) Freudenschrei. hurra/Hurra rufen; Hurraruf; ein vielstimmiges Hurra.
Hur|ri|kan (der, -s, -e/-s) (engl.) Wirbelsturm.

hur'tig (Adj.) geschwind; flink. Hurtigkeit.
Hu'sar (der, -en, -en) (ungar.) Reiter. Husarenstreich; Husarenstück; Husarenritt.
hu'schen (V.) leise eilen; auf einen Husch (kurz) zu Besuch kommen; Husche (Regenschauer); huschelig (flüchtig); husch!
Hus'ky (der, -s, -s) (engl.) Schlittenhund, Eskimohund.
Hus'sit (der, -en, -en) (lat.) Anhänger der religiösen aufständischen Bewegung des Jan Hus im 15. und 16. Jahrhundert in Böhmen.
Hus'si'tis'mus (der, -, kein Plural) (lat.) 1. Lehre der Hussiten. 2. Bewegung der Hussiten.
Hus'ten (der, -s, kein Plural) Erkältungskrankheit der Atemwege. Hustenanfall; Hustenbonbon; Hustensaft; husten; hüsteln.
Hustle (der, -s, -s) (germ.-engl.) moderner Tanz, bei dem die Tänzer in Reihen stehen.
Hus'tler (der, -s, -) (germ.-engl.) den Hustle Tanzender.
Hut 1. (der, -s/-es, Hü'te) Kopfbedeckung. Hutband; Hutnadel; Hutschachtel; Hutkrempe; Hutschnur; Hütchen; hutlos. 2. (die, kein Plural) Schutz; Aufsicht. auf der Hut sein; Hüter; hüten. *Beachte:* nach »sich hüten« keine Verneinung im abhängigen Satz! Wir hüteten uns davor, vorschnell zu urteilen *(falsch:* nicht vorschnell zu urteilen!).
Hut'sche (die, -, -n) (südd.) Schaukel. Hutschpferd; hutschen.
Hüt'te (die, -, -n) kleines Haus; Anlage zur Metallgewinnung. Hüttenarbeiter; Hüttenindustrie; Hüttenkäse; Hüttenkunde; Hüttenschuh; Hüttenwerk; Hüttchen.
Hut'zel (die, -, -n) Dörrfrucht. Hutzelbrot; Hutzelmännchen; Hutzelweib; hutz(e)lig; hutzeln.
Hy'a'den (die, nur Plural) (griech.-lat.) 1. in der griechischen Mythologie eine Gruppe von Nymphen. 2. Anhäufung von Sternen im Sternbild des Stiers.
hy'a'lin (Adj.) (griech.) glasartig; durchscheinend.
Hy'a'lit (der, -s, -e) (griech.) durchsichtiger Quarz; Glasopal.
Hy'a'lo'plas'ma (das, -s, kein Plural) (griech.) flüssige, durchscheinende Grundsubstanz des Zellplasmas.
Hy'ä'ne (die, -, -n) (griech.) Raubtier.
Hy'a'zinth (der, -s, -e) (griech.) Edelstein; schöner junger Mann.
Hy'a'zin'the (die, -, -n) (griech.) Pflanze.
hy'b'rid (Adj.) (griech.) 1. hochmütig; übermütig. 2. von zweierlei Herkunft; zwitterartig. Hybris.
Hy'b'ri'de (die, -, -n/der, -n, -n) (lat.) Bastard. Hybridzüchtung; Hybridrechner.

Hy'b'rid'fahr'zeug (das, -s, -e) Pkw mit kombiniertem Antrieb aus Verbrennungs- und Elektromotor für den Stadtverkehr.
hy'b'ri'disch (Adj.) (lat.) sich auf eine Kreuzung, eine Mischung beziehend; eine Kreuzung betreffend.
hy'b'ri'di'sie'ren (V.) (griech.) (Bio.) kreuzen.
Hy'b'rid'ra'ke'te (die, -, -n) Rakete, die sowohl durch festen als auch flüssigen Brennstoff angetrieben wird.
Hy'b'rid'rech'ner (der, -s, -) aus einer Mischung aus Analog- und Digitalrechner bestehender elektronischer Rechner.
Hy'b'ris (die, -, kein Plural) (griech.) frevelhafter Übermut.
Hy'd'ar'th'ro'se (die, -, -n) (griech.) Gelenkwassersucht.
hydr.../Hydr... (griech.) wasser.../Wasser...
Hy'd'ra (die, -, -dren) (griech.) Süßwasserpolyp; Seeungeheuer.
Hy'd'ra'go'gum (das, -s, -ga) (griech.) die Wasserausscheidung anregendes Mittel.
Hy'd'r'ä'mie (die, -, -n) (griech.) erhöhter Wassergehalt des Blutes.
Hy'd'rant (der, -en, -en) Wasserzapfstelle.
Hy'd'rar'gy'rum (das, -s, kein Plural) Quecksilber (chemisches Element) (Abk.: Hg).
Hy'd'rat (das, -s, -e) Verbindung chemischer Stoffe mit Wasser. Verb: hydratisieren. Hydra(ta)tion.
Hy'd'rau'lik (die, -, kein Plural) technisches Gerät zur Krafterzeugung oder -übertragung (Flüssigkeitsdruck). Lehre von der Flüssigkeitsbewegung. Adjektiv: hydraulisch.
Hy'd'ra'zin (das, -s, -e) (griech.) chemische Verbindung mit Stickstoff mit Wasserstoff.
Hy'd'rid (das, -s, -e) (griech.) Verbindung von Wasserstoff und einem anderen chemischen Element.
Hy'd'rie'rung (die, -, kein Plural) Wasserstoffanlagerung (Chemie). Hydrierbenzin; Hydrierverfahren; hydrieren.
Hy'd'ro'bio'lo'gie (die, -, kein Plural) (griech.) Wissenschaft von den im Wasser lebenden Pflanzen und Tieren.
Hy'd'ro'chi'non (das, -s, -e) (griech.) eine chemische Verbindung, meist als fotografischer Entwickler.
Hy'd'ro'cho'rie (die, -, kein Plural) (griech.) Verbreitung von Samen und Früchten durch Wasser.
Hy'd'ro'dy'na'mik (die, -, kein Plural) (griech.) Strömungslehre. Adjektiv: hydrodynamisch.
hy'd'ro'ener'ge'tisch (Adj.) (griech.) durch Wasserkraft angetrieben; auf Wasserkraft beruhend.

Hy|dro|ga|mie (die, -, kein Plural) (griech.) Übertragung des Blütenpollens durch Wasser als Transportmittel; Wasserbestäubung (z. B. beim Seegras).
Hy|dro|gel (das, -s, -e) (griech.-lat.) aus wässriger, fein zerteilter Lösung ausgeschiedener Stoff.
Hy|dro|gen (*auch:* Hydrogenium) (das, -s, kein Plural) (griech.) Wasserstoff (Abk.: H).
Hy|dro|geo|lo|gie (die, -, kein Plural) (griech.) Grundwasserkunde.
Hy|dro|gra|fie (*auch:* Hy|dro|gra|phie) (die, -, kein Plural) Gewässerkunde. Adjektiv: hydrografisch (*auch:* hydrographisch).
Hy|dro|kul|tur (die, -, kein Plural) (griech.) Wasserkultur; Pflanzenzucht in einer Nährlösung ohne Erde.
Hy|dro|lo|gie (die, -, kein Plural) (griech.) Lehre vom Wasser. Adjektiv: hydrologisch.
Hy|dro|ly|se (die, -, -n) Spaltung chemischer Verbindungen durch Wasser. Adjektiv: hydrolytisch.
Hy|dro|man|tie (die, -, kein Plural) (griech.-lat.) Zukunftsdeutung aus Erscheinungen in und auf glänzendem Wasser (bes. im Vorderen Orient).
Hy|dro|me|cha|nik (die, -, kein Plural) (griech.) Technik der Anwendung von strömenden und ruhenden Flüssigkeiten.
Hy|dro|me|te|ore (die, nur Plural) durch Verdichtung von Wasserdampf in der Atmosphäre entstehende Niederschläge (Tau, Regen etc.).
Hy|dro|me|ter (das, -s, -) Messgerät (Fließgeschwindigkeit). Adjektiv: hydrometrisch.
Hy|dro|me|trie (die, -, kein Plural) (griech.) Messung der Geschwindigkeit strömenden Wassers.
Hy|dro|pa|thie (die, -, kein Plur.) (griech.) Wasserheilkunde. Hydropath; hydropathisch.
hy|dro|phil (Adj.) (griech.) wasserliebend. Hydrophilie.
Hy|dro|phob (Adj.) (griech.) wassermeidend. Hydrophobie; hydrophobieren (imprägnieren).
Hy|dro|ph|thal|mus (der, -, kein Plural) (griech.) durch Wasseransammlung vergrößerter Augapfel.
Hy|dro|phyt (der, -en, -en) Wasserpflanze.
hy|dro|pneu|ma|tisch (Adj.) mit Luft und Wasser betrieben (Technik).
Hy|drop|sie (die, -, kein Plural) (griech.) Wassersucht. Adjektiv: hydropisch.
Hy|dro|sphä|re (die, -, kein Plural) (griech.) Gesamtheit der Gewässer und des Grundwassers der Erde.
Hy|dro|sta|tik (die, -, kein Plural) (griech.) Wissenschaft von den ruhenden Flüssigkeiten und dem Gleichgewicht ihrer Kräfte.
hy|dro|sta|tisch (Adj.) auf der Hydrostatik beruhend.
Hy|dro|tech|nik (die, -, kein Plural) (griech.) Technik des Wasserbaues.
Hy|dro|the|ra|pie (die, -, -n) (griech.) Heilbehandlung mit Wasser. Adjektiv: hydrotherapeutisch.
Hy|dro|tho|rax (der, -/-es, kein Plural) (griech.) Brustwassersucht.
Hy|dro|xid (*auch:* Hy|d|roxyd) (das, -s, -e) (griech.) Wasserstoff-Sauerstoff-Verbindung.
Hy|dro|xyl|grup|pe (die, -, -n) (griech.) Wasserstoff-Sauerstoff-Gruppe (einer chemischen Verbindung).
Hy|dro|ze|le (die, -, -n) (griech.) Wasseransammlung in Gewebsschichten.
Hy|dro|ze|pha|lus (der, -, -len/-li) (griech.-lat.) infolge Wasseransammlung vergrößerter Schädel; Wasserkopf.
Hy|dro|zo|on (das, -s, -zo|en) (griech.) im Wasser lebendes Nesseltier.
Hy|e|to|gra|fie (*auch:* Hy|e|to|gra|phie) (die, -, kein Plural) (griech.) Messung der Niederschläge und Beschreibung ihrer Verteilung.
Hy|gi|e|ne (die, -, kein Plural) (griech.) Gesundheitslehre; Gesundheitspflege. Hygieniker; hygienisch.
Hy|g|ro|cha|sie (die, -, kein Plural) das Sichöffnen von Fruchtständen bei Befruchtung durch Regen oder Tau, das die Verbreitung der Sporen oder Samen ermöglicht (Bot.).
Hy|g|ro|gramm (das, -s, -e) (griech.) Aufzeichnung eines Hygrometers.
Hy|g|rom (das, -s, -e) wässerige oder schleimige Geschwulst bei Schleimbeutelentzündung.
Hy|g|ro|me|ter (das, -s, -) (griech.) Luftfeuchtigkeitsmesser.
hy|g|ro|phil (Adj.) (griech.) einen feuchten Standort liebend (von Pflanzen).
Hy|g|ro|phyt (der, -en, -en) (griech.) einen feuchten Standort liebende Pflanze.
Hy|g|ros|kop (das, -s, -e) (griech.) Gerät zur ungefähren Messung der Luftfeuchtigkeit. Adjektiv: hygroskopisch.
Hy|g|ro|s|tat (der, -en, -en) (griech.) Gerät zur Aufrechterhaltung einer bestimmten Luftfeuchtigkeit.
Hyk|sos (die, nur im Plural) asiatisches Eroberervolk im alten Ägypten.
Hy|le|mor|phis|mus (der, -, kein Plural) (griech.-lat.) philosophische Anschauung bei Aristoteles, wonach alle körperlichen Substanzen aus Stoff und Form bestehen.
Hy|li|ker (der, -s, -) (griech.) Angehöriger derjenigen Klasse von Menschen, die auf niederster

Stufe stehen und denen die Erlösung versagt bleiben wird (in der Gnosis).
hy'lisch (Adj.) (griech.) stofflich; materiell; körperlich.
Hy'lis'mus (der, -, kein Plural) (griech.-lat.) philosophische Anschauung, wonach der Stoff die einzige Substanz der Welt ist.
hy'lo'trop (Adj.) (griech.-lat.) bei gleichbleibender chemischer Konstellation in andere Formen überführbar.
Hy'lo'tro'pie (die, -, kein Plural) (griech.-lat.) Überführbarkeit eines Stoffes in einen anderen, ohne seine chemische Zusammensetzung zu verändern.
Hy'le (die, -, kein Plural) Urstoff; Ursubstanz (in der altgriechischen Naturphilosophie).
Hy'lo'zo'is'mus (der, -, kein Plural) Lehre von der ursprünglichen Belebtheit aller Materie (in der altgriechischen Naturphilosophie).
hy'lo'zo'is'tisch (Adj.) (griech.) den Hylozoismus betreffend.
Hy'men (das/der, -s, -) (griech.) Jungfernhäutchen.
hy'me'nal (Adj.) (griech.-lat.) zum Hymen gehörend, es betreffend (Med.).
Hym'na'ri'um (das, -s, -rien) (griech.-lat.) liturgisches Buch, das die kirchlichen Hymnen beinhaltet.
Hym'ne (die, -, -n) (griech.) Festgesang; Preislied. Hymnus; Hymnik; hymnisch.
Hym'ni'ker (der, -s, -) (griech.-lat.) Hymnendichter.
Hym'no'die (die, -, kein Plural) (griech.) Hymnendichtung.
Hym'no'graf (*auch:* Hym'no'graph) (der, -en, -en) (griech.) Hymnenschreiber in der Antike.
Hym'no'lo'ge (der, -n, -n) (griech.-lat.) sich auf dem Gebiet der Hymnologie betätigender Wissenschaftler.
Hym'no'lo'gie (die, -, kein Plural) (griech.) Wissenschaft von den kirchlichen Hymnen.
hym'no'lo'gisch (Adj.) (griech.-lat.) die Hymnologie betreffend.
Hy'pal'bu'mi'no'se (die, -, -n) (griech.) verminderter Eiweißgehalt des Blutes.
Hy'päs'the'sie (die, -, kein Plural) (griech.) herabgesetzte Empfindlichkeit (bes. der Haut).
hy'per.../Hy'per... (griech.) über..../Über... hyperkorrekt; hyperkritisch; hypermodern; hypersensibel.
hy'per'al'ge'tisch (Adj.) (griech.) schmerzüberempfindlich. Hyperalgesie.
Hy'per'äs'the'sie (die, -, kein Plural) (griech.) erhöhte Empfindlichkeit (bes. der Haut).
Hy'per'bel (die, -, -n) (griech.) 1. Übertreibung. 2. Kegelschnitt (Mathematik). Adjektiv: hyperbolisch.
Hy'per'bel'funk'ti'on (die, -, -ti'o'nen) (griech.-lat.) die mathematische Größe, die aus der Summe oder der Differenz zweier Exponentialfunktionen entwickelt wird.
Hy'per'bo'li'ker (der, -s, -) (griech.-lat.) Person, die in ihrem Ausdruck zu extremen Übertreibungen neigt.
Hy'per'bo'lo'id (der, -s, -e) aus der Drehung einer Hyperbel um ihre Achse entstehender Körper.
Hy'per'bo're'er (der, -s, -) (griech.) Angehöriger eines sagenhaften, im hohen Norden lebenden Volkes (nach altgriechischer Anschauung).
hy'per'bo're'isch (Adj.) (griech.) im hohen Norden lebend.
Hy'per'bu'lie (die, -, kein Plural) (griech.-lat.) krankhafter Drang, sich zu betätigen (besonders bei psychischen Erkrankungen).
Hy'per'cha'rak'te'ri'sie'rung (die, -, -en) (griech.-lat.) der Vorgang, etwas durch mehr als ein spezifisches Merkmal zu charakterisieren.
Hy'per'dak'ty'lie (die, -, -n) (griech.) angeborene Bildung überzähliger Finger oder Zehen.
Hy'per'funk'ti'on (die, -, -ti'o'nen) (griech.-lat.) Überfunktion eines Organs.
Hy'per'ga'mie (die, -, kein Plural) (griech.-lat.) Bezeichnung in der Soziologie für die Heirat einer Frau aus der niederen Schicht mit einem Mann aus einer höheren Schicht.
Hy'per'ge'ni'ta'lis'mus (der, -, kein Plural) (griech.-lat.) übermäßige und frühzeitige Entwicklung der Geschlechtsorgane (Med.).
Hy'per'geu'sie (die, -, -n) (griech.-lat.) extrem und abnorm verfeinerter Geschmackssinn (Med.).
Hy'per'gly'k'ä'mie (die, -, -n) (griech.-lat.) vermehrter Blutzuckergehalt.
Hy'per'he'do'nie (die, -, kein Plural) (griech.-lat.) Bezeichnung in der Psychologie für ein ins Krankhafte übersteigertes Lustgefühl (Med.).
Hy'per'hi'dro'se (die, -, -n) (griech.) übermäßiges Schwitzen.
Hy'per'kul'tur (die, -, kein Plural) (griech.-lat.) überfeinerte Kultur, Überfeinerung.
Hy'per'me't'ro'pie (die, -, kein Plural) (griech.) Weitsichtigkeit, Übersichtigkeit. Adjektiv: hypermetropisch.
Hy'pe'ron (das, -s, -ro'nen) (griech.) Elementarteilchen, dessen Masse größer ist als die eines Neutrons.
Hy'pe'r'o'nym (das, -s, -e) (griech.) übergeordneter Begriff.
Hy'per'pla'sie (die, -, -n) (griech.) Vergrößerung (von Organen und Geweben) durch krankhaft gesteigerte Zellvermehrung.

hy|per|sen|si|bi|li|sie|ren (V.) (griech.-lat.) übermäßig empfindlich machen.
Hy|per|so|mie (die, -, kein Plural) (griech.) Riesenwuchs.
Hy|per|ten|si|on (die, -, kein Plural) (griech.-lat.) = Hypertonie.
Hy|per|to|nie (die, -, kein Plural) (griech.) 1. gesteigerte Muskelspannung. 2. erhöhter Augendruck. 3. erhöhter Blutdruck.
Hy|per|to|ni|ker (der, -s, -) (griech.) jmd., der an zu hohem Blutdruck leidet.
hy|per|troph (Adj.) (griech.) 1. zu stark vergrößert (von Organen, Geweben). 2. übermäßig selbstbewusst.
Hy|per|tro|phie (die, -, -n) (griech.) 1. übermäßige Vergrößerung (von Organen, Geweben). 2. übersteigertes Selbstbewusstsein.
Hy|per|vi|t|a|mi|no|se (die, -, -n) (griech.) Erkrankung infolge übermäßiger Aufnahme von Vitaminen.
Hy|phe (die, -, -n) (griech.) haarförmiger Zellfaden (von Pilzen).
Hyp|no|se (die, -, -n) (griech.) Schlafzustand durch Suggestion. Hypnotik; Hypnotikum; Hypnotiseur; Hypnotismus; hypnotisch; hypnotisieren.
hy|po.../Hy|po... (griech.) unter.../Unter...
Hy|po|äs|the|sie (die, -, kein Plural) (griech.) herabgesetzte Empfindlichkeit (bes. der Haut).
Hy|po|chon|der (der, -s, -) (griech.) eingebildeter Kranker. Hypochondrie; hypochondrisch.
Hy|po|dak|ty|lie (die, -, -n) (griech.) angeborenes Fehlen von Fingern oder Zehen.
Hy|po|funk|ti|on (die, -, -ti|o|nen) (griech.-lat.) Unterfunktion (eines Organs).
Hy|po|glos|sus (der, -, -glos|sae) (griech.) Zungenmuskelnerv.
Hy|po|gly|k|ä|mie (die, -, -n) (griech.) zu geringer Blutzuckergehalt.
Hy|po|gas|t|ri|um (das, -s, -stri|en) Unterleib.
hy|po|gyn (Adj.) (griech.) unter dem Fruchtknoten stehend; unterständig (von Blüten).
Hy|po|kaus|tum (das, -s, -sten) (griech.-lat.) Fußbodenheizung (in der Antike und im Mittelalter).
Hy|po|krit (der, -en, -en) (griech.) Heuchler. Hypokrisie; hypokritisch.
Hy|po|lim|ni|on (griech.) (das, -s, -ni|en) (griech.) untere Schicht eines stehenden Gewässers (und die darin lebenden Organismen).
Hy|po|nym (das, -s, -e) (griech.) untergeordneter Begriff.
Hy|po|phy|se (die, -, -n) (griech.) Hirnanhangdrüse.
Hy|po|pla|sie (die, -, -n) (griech.) Unterentwicklung von Organen und Geweben.

Hy|po|so|mie (die, -, -n) (griech.) Kümmerwuchs.
Hy|po|s|ta|se (die, -, -n) (griech.) 1. Grundlage; Unterlage. 2. Stoff; Gegenstand (einer Abhandlung). 3. Personifizierung einer göttlichen Eigenschaft oder religiösen Vorstellung. 4. Absinken des Blutes in tiefergelegene Körperteile (z. B. bei Bettlägrigen); Blutstauung. 5. Übergang eines Wortes in eine andere Wortart (z. B. teilnehmen in Teilnehmer).
Hy|po|ta|xe (die, -, -n) (griech.) Unterordnung von Satzgliedern oder Sätzen. Adjektiv: hypotaktisch.
Hy|po|te|nu|se (die, -, -n) (griech.) die dem rechten Winkel gegenüberliegende Seite eines Dreiecks.
Hy|po|thal|la|mus (der, -, -la|mi) (griech.) Zwischenhirnteil.
Hy|po|thek (die, -, -en) (griech.) Recht an Grund- und Wohnungseigentum. Hypothekar; Hypothekenbank; Hypothekenbrief; Hypothekenzinsen; hypothekarisch.
Hy|po|ther|mie (die, -, -en) (griech.) abnormal niedrige Körpertemperatur (Med.).
Hy|po|the|se (die, -, -n) (griech.) Annahme. Adjektiv: hypothetisch.
Hy|po|to|nie (die, -, -n) (griech.) niedriger Blutdruck; verminderte Muskelspannung.
Hy|po|troph (Adj.) (griech.) zu wenig entwickelt (von Organen, Geweben).
Hy|po|tro|phie (die, -, -n) (griech.) mangelhafte Entwicklung (von Organen, Geweben; Unterentwicklung).
Hy|po|vi|t|a|mi|no|se (die, -, -n) (griech.) Vitaminmangelkrankheit.
Hy|po|x|ä|mie (die, -, -n) (griech.) Sauerstoffmangel im Blut.
Hy|po|zen|t|rum (das, -s, -tren) (griech.-lat.) Erdbebenherd.
Hyp|si|pho|bie (die, -, -n) (griech.) Höhenangst, Schwindelgefühl in großer Höhe.
Hyp|so|me|ter (das, -s, -) (griech.) Höhenmesser.
Hys|te|r|ek|to|mie (die, -, -n) (griech.) operative Entfernung der Gebärmutter.
Hys|te|rie (die, -, -n) (griech.) nervöse Beunruhigung; Übererregtheit. Hysteriker; hysterisch.
Hys|te|ro|p|to|se (die, -, -n) (griech.) Gebärmuttervorfall; Gebärmuttersenkung.
Hys|te|ro|s|ko|pie (die, -, -n) (griech.) Untersuchung der Gebärmutter mit dem Gebärmutterspiegel.
Hys|te|ro|to|mie (die, -, -n) (griech.) Gebärmutterschnitt.
Hz (Abk.) Hertz.

I

I (Zahlw.) römisches Zahlzeichen für 1.
i. (Abk.) in; im. Holzkirchen i. Oberbayern.
Ia (*auch:* eins a) (ugs.) sehr gut; prima. Das Spiel war Ia.
i. A. (Abk.) im Auftrag. *Beachte:* Großschreibung, wenn die Abkürzung nach einem abgeschlossenen Text oder allein vor der Unterschrift steht! Wir erwarten Ihre Anwort. I. A. Schneider.
IAEA (die, -, kein Plural) (engl.) Abk. für »International Atomic Energy Agency«, Internationale Atomenergiebehörde; Organisation der UNO zur Kontrolle kerntechnischer Anlagen.
ia|hen (V.) wie ein Esel schreien.
i. Allg. (Abk.) im Allgemeinen.
iAO (Abk.) internationale Arbeitsorganisation.
Ia|t|rik (die, -, kein Plural) (griech.) Heilkunst.
ia|t|risch (Adj.) (griech.) zur Heilkunst gehörend (Med.).
ia|t|ro|gen (Adj.) (griech.-lat.) durch Maßnahmen des Arztes entstanden (Med.).
ia|t|ro|lo|gisch (Adj.) (griech.-lat.) die Iatrologie betreffend.
ib. (*auch:* ibd.) (Abk.) ibidem (ebenda).
Ibe|ris (die, -, -) (griech.-lat.) Schleifenblume; Zierpflanze mit zahlreichen Arten.
ibe|risch (Adj.) (griech.-lat.) die Pyrenäenhalbinsel betreffend.
Ibe|ro|ame|ri|ka (kein Artikel, -s, kein Plural) Lateinamerika, das von Spanien und Portugal aus kolonisiert worden ist.
ibe|ro|ame|ri|ka|nisch (Adj.) Iberoamerika betreffend.
Ibis (der, Ibis|ses, Ibis|se) (ägypt.) ein Schreitvogel.
Ibi|za (kein Art., -, kein Plural) eine Baleareninsel.
Ib|rik (der/das, -s, -s) (pers.) orientalische Wasserkanne.
IC (Abk.) Intercity-Zug.
ICE (Abk.) Intercity-Express (Hochgeschwindigkeitszug).
ich (Pron., pers.) *Beachte:* ich und er waren sehr enttäuscht. *Aber:* ich oder er wird enttäuscht sein. das Ich; mein anderes Ich; Ichform; Ichgefühl; Ichheit; Ichroman (*auch:* Ich-Roman); Ichsucht; ichbezogen.
Ich|neu|mon (der/das, -s, -e/-s) (griech.) eine nordafrikanische Schleichkatze.

Ichor (der, -s, kein Plural) (griech.) 1. bei Homer das Blut der Götter. 2. in der Medizin blutige Absonderungen von Geschwüren. 3. granitische Lösung, die beim Aufschmelzen von Gestein entsteht (Geol.).
Ich|thyo|lith (der, -s/-en, -e/-en) (griech.) versteinerter Fisch(rest).
Ich|thyo|lo|ge (der, -n, -n) Wissenschaftler der Ichthyologie.
Ich|thyo|lo|gie (die, -, kein Plural) Fischkunde.
Ich|thyo|sau|ri|er (der, -s, -) fossiles Kriechtier.
Ich|thy|o|se (die, -, -n) (griech.) Fischschuppenkrankheit.
Icing (das, -s, -s) (engl.) Befreiungsschlag (Eishockey).
id. (Abk.) idem (lat.) (derselbe; dasselbe).
i. d. (Abk.) in der. Neumarkt i. d. Oberpfalz.
ide|a|gen (Adj.) (griech.-lat.) durch Vorstellung ausgelöst.
ide|al (Adj.) (lat.) musterhaft; vollkommen; herrlich. Ideal; Idealbild; Idealfall; Idealfigur; Idealgewicht; Idealisierung; Idealismus; Idealist; Idealität; Ideallösung; Idealtypus; Idealvorstellung; Idealwert; Idealzustand; idealistisch; idealiter; idealisieren.
Idee (die, -, -n) Leitgedanke; Einfall. Die Hose ist um eine Idee (ein wenig) zu kurz. Ideenarmut; Ideengeschichte; Ideenlehre; Ideenlosigkeit; Ideenreichtum; ideell; ideenarm; ideenreich.
Idée fi|xe (die, - -, -s -s) (franz.) 1. Zwangsvorstellung. 2. Grundgedanke eines musikalischen Werkes.
Ide|en|as|so|zi|a|ti|on (die, -, -ti|o|nen) (griech.-lat.) unbewusst hervorgerufene und unwillkürlich sich einstellende Gedankenverbindung.
Ide|en|dra|ma (das, -s, -men) (griech.-lat.) Drama mit einer von einer allgemeingültigen Idee oder Weltanschauung bestimmten Dramenhandlung.
Iden (die, nur Plural) (lat.) Monatsmitte (römischer Kalender).
iden|ti|fi|zie|ren (V.) (lat.) wiedererkennen; gleichsetzen; hineinversetzen. Identifizierung; Identifikation; identifizierbar.
Iden|ti|tät (die, -, kein Plural) (lat.) Übereinstimmung; Gleichheit. Identitätskrise; Identitätsnachweis; identisch.
ideo|gen (Adj.) (griech.-lat.) durch Vorstellung ausgelöst.
Ideo|gra|fie (*auch:* Ideo|gra|phie) (die, -e, -n) (griech.) Begriffschrift. Adjektiv: ideografisch (*auch:* ideographisch).
Ideo|gramm (das, -s, -e) (griech.) Begriffszeichen.

Ideo|ki|ne|se (die, -, -n) (griech.-lat.) von einer korrekten Vorstellung ausgehende Bewegung, die aufgrund krankhafter Nervenbahnen falsch ausgeführt wird. (Med.).
Ideo|lo|gem (das, -s, -e) (griech.-lat.) Gedankengebilde; Vorstellung.
Ideo|lo|gie (die, -, -n) (griech.) Weltanschauung. Ideologe; Ideologiekritik; Ideologisierung; ideologisch; ideologisieren.
Ideo|lo|gie|kri|tik (die, -, kein Plural) 1. in der soziologischen Wissenschaft das Hinweisen auf die materielle Relativität einer Ideologie. 2. bei Textinterpretationen die Kritik an den gesellschaftlichen Prämissen.
idio.../Idio... (griech.) eigen.../Eigen...
Idio|blast (der, -en, -en) (griech.) Zelle oder Zellgruppe mit besonderen Aufgaben, die in eine andersartige Zelle oder Zellgruppe eingelagert ist.
idio|chro|ma|tisch (Adj.) (griech.-lat.) eigenfarbig, ohne Fremdfärbung.
idio|gra|fisch (*auch:* idio|gra|phisch) (Adj.) (griech.) eigenhändig geschrieben.
Idio|gramm (das, -s, -e) (griech.) eigenhändige Unterschrift.
Idio|ki|ne|se (die, -, -n) (griech.-lat.) Veränderung der Erbmasse durch Umwelteinflüsse.
Idio|la|t|rie (die, -, kein Plural) (griech.) Selbstvergötterung.
Idio|lekt (der, -s, -e) (griech.) individueller Sprachgebrauch.
Idi|om (das, -s, -e) (griech.) Mundart; feststehende Redewendung. Idiomatik, idiomatisch; idiomatisieren.
idio|pa|thisch (Adj.) (griech.-lat.) selbstständig; von sich aus entstanden (Med.).
Idio|phon (*auch:* Idio|fon) (das, -s, -e) (griech.-lat.) selbstklingendes Musikinstrument wie Glocke, Triangel etc.
Idio|plas|ma (das, -s, kein Plural) Keimplasma.
Idio|rhyth|mie (die, -, kein Plural) (griech.) etwas freiere, nicht so streng reglementierte Form des orthodoxen Mönchtums.
idio|rhyth|misch (Adj.) (griech.) nach eigenem Maß; nach privatem Rhythmus.
Idio|syn|kra|sie (die, -, -n) (griech.) Überempfindlichkeit; Allergie. Adjektiv: idiosynkratisch.
Idi|ot (der, -en, -en) (griech.) Schwachsinniger. Idiotenhügel; Idiotie; Idiotin; Idiotismus; idiotensicher; idiotisch.
Idi|o|ti|kon (das, -s, -ken/-ka) (griech.) Mundartwörterbuch.
idio|ty|pisch (Adj.) (griech.-lat.) durch das Erbgut determiniert.
Idio|ty|pus (der, -, -pen) (griech.-lat.) das gesamte Erbgut.
Idio|va|ri|a|ti|on (die, -, -ti|o|nen) (griech.- lat.) Veränderung der Erbmasse, Genmutation.
Ido (das, -s, kein Plural) künstliche Weltsprache.
Idol (das, -s, -e) (griech.) Wunschbild; Vorbild; Schwarm, Gegenstand der Verehrung. Idolisierung; idolisieren.
Ido|la|t|rie (*auch:* Ido|lo|la|trie) (die, -, kein Plural) (griech.) kultische Verehrung von Götzenbildern, Götzendienst.
Ido|nei|tät (die, -, kein Plural) (lat.) 1. Tauglichkeit. 2. passender Zeitpunkt.
i. d. R. (Abk.) in der Regel.
Idyl|le (*auch:* das Idyll) (die, -, -n) (griech.) ländlich-friedliche Beschaulichkeit. Idyllik; idyllisch.
i. e. (Abk.) id est (das heißt).
I. E. (auch IE) (Abk.) Internationale Einheit (Medizin).
i. f. (Abk.) ipse fecit (selbst gemacht).
IG (Abk.) Industriegewerkschaft.
Iga|pó (der, -(s), -s) (indian.) in Regenzeiten überschwemmter Sumpfwald Amazoniens.
Igel (der, -s, -) Stacheltier. Igelkaktus; Igelkopf; Igelstellung.
igitt! (Interj.) Ausruf des Abscheus. igittigitt!
Ig|lu (der/das, -s, -s) Schneehaus der Eskimos.
ig|no|rie|ren (V.) (lat.) nicht beachten. Ignorant; Ignorantentum; Ignoranz; ignorant.
Igu|a|na (die, -, -nen) (indian.-span.) großer Leguan der tropischen Gebiete Amerikas.
Igu|a|n|o|don (das, -s, -s/-odonten) (griech.) ein Pflanzen fressender Dinosaurier der Kreidezeit, der auf den Hinterbeinen lief.
i. H. (Abk.) im Haus.
IHK (Abk.) Industrie- und Handelskammer.
ihr (Pron., pers./possess.) *Beachte:* Großschreibung in Höflichkeitsanrede und in Verbindung mit Titeln. Zeigen Sie mir bitte Ihre Papiere. Ihre Majestät. In Briefen kann »ihr« als Anrede groß- oder kleingeschrieben werden. Hallo, ihr/Ihr Lieben! *Beachte:* ihrige; ihresgleichen. Adverbien: ihrerseits; ihrethalben; ihretwegen; ihretwillen.
IHS (Abk.) Jesus (griech.).
i. J. (Abk.) im Jahre.
Ika|ri|er (der, -s, -) (griech.) Mitglied einer Gruppe von Artisten, die auf dem Rücken liegend mit den Füßen ihre Partner durch die Luft wirbeln.
Ika|rus (der, -, -rus|se) (griech.) Sagengestalt; Flugkünstler.
Ike|ba|na (das, -s, -s) (jap.) Kunst des Blumensteckens.
Ikon (das, -s, -e) (griech.) stilisierte Abbildung eines Gegenstandes.

Iko|ne (die, -, -n) (griech.) Heiligenbild; Abbild. Ikonenmalerei; Ikonografie (*auch:* Ikonographie).
iko|no|gra|fisch (*auch:* iko|no|gra|phisch) (Adj.) zur Ikonografie gehörig; mit ihrer Hilfe.
Iko|no|klas|mus (der, -, kein Plural) (griech.-nlat.) Zerstörung von Heiligenbildern; Bildersturm.
Iko|no|klast (der, -en -en) (griech.) Bilderstürmer.
iko|no|klas|tisch (Adj.) (griech.) bilderstürmerisch, den Ikonoklasmus betreffend.
Iko|no|sta|se (die, -, -n) mit Ikonen bedeckte, dreitürige Wand zwischen Altar- und Gemeinderaum (in griech.-orthodoxen Kirchen).
Iko|sa|eder (das, -s, -) (griech.) von 20 Flächen begrenzter Körper; Zwanzigflächner.
IKRK (Abk.) Internationales Komitee vom Roten Kreuz.
Ik|te|rus (der, -, kein Plural) (griech.) Gelbsucht. Adjektiv: ikterisch.
Ik|tus (der, -, -/-ten (griech.) Stoß; Versbetonung; Krankheitssymptom.
Ilang-Ilang → Ylang-Ylang.
Il|chan (der, -s, -e) (mong.-türk.) Titel der mongolischen Herrscher in Persien im 13. und 14. Jahrhundert.
Ilex (die, -, -) (lat.) Stechpalme.
Ile|um (das, -s, kein Plural) (lat.) unterer Teil des Dünndarms; Krummdarm.
Ile|us (der, -, le|en) (lat.) Darmverschluss.
Ili|as (die, -, kein Plural) (griech.) Heldensage.
il|la|tiv (Adj.) (lat.) folgernd; konsekutiv.
il|le|gal (Adj.) (lat.) gesetzwidrig. Illegalität.
il|le|gi|tim (Adj.) (lat.) unrechtmäßig; unehelich. Illegitimität.
il|li|be|ral (Adj.) nicht liberal; kleinlich. Illiberalität.
il|li|quid (Adj.) (lat.) zahlungsunfähig. Illiquidität.
Il|li|te|rat (der, -en, -en) (lat.) Ungebildeter.
il|li|mi|tiert (Adj.) (lat.) unbeschränkt; ohne Grenzen.
Il|lo|ku|ti|on (die, -, -ti|o|nen) (lat.) Sprechakt. Adjektiv: illokutiv.
il|loy|al (Adj.) (lat.) falsch; unehrlich. Illoyalität.
Il|lu|mi|nat (der, -en, -en) (lat.) 1. Mitglied einer geheimen Loge; eines Ordens. 2. Angehöriger des Illuminatenordens.
Il|lu|mi|na|ti|on (die, -, -ti|o|nen) (lat.) Festbeleuchtung; Ausmalung. Illuminator; Illuminierung; illuminieren.
Il|lu|si|on (die, -, -si|o|nen) (lat.) Wunschvorstellung; Selbsttäuschung. Illusionismus; Illusionist; Illusionsbühne; illusionär; illusionistisch; illusionslos; illusorisch.

il|lus|ter (Adj.) (lat.) glänzend; erlesen; vornehm.
il|lus|t|rie|ren (V.) (lat.) veranschaulichen; bebildern. Illustration; Illustrator; Illustrierung. Illustrierte; *beachte:* kaufe einige Illustrierte, *aber:* kaufe nicht alle Illustrierten! illustrativ; illustriert.
Il|ly|rist (der, -en, -en) (lat.) auf dem Gebiet der Illyristik tätiger Wissenschaftler.
Il|ly|ris|tik (die, -, kein Plural) (lat.) Wissenschaft, die sich mit den illyrischen Sprachresten im Namengut Europas beschäftigt.
Il|me|nit (der, -s, -e) (nlat.) ein Mineral; Titaneisen.
ILS (Abk.) Instrument Landing System (Navigationsverfahren für Flugzeuge).
Il|tis (der, -ti|s|ses, -ti|s|se) Mardertier.
im (Präp.) in dem. *Großschreibung:* im Allgemeinen (Abk.: i. Allg.); im Besonderen; im Einzelnen; im Großen und Ganzen; nicht im Geringsten; nicht im Mindesten; im Reinen sein; im Argen liegen; im Nachhinein ; im Übrigen; im Voraus; im Vorhinein, man muss sich darüber im Klaren sein. im Grunde genommen; im Falle, dass; im Begriff sein etwas zu tun; im Auftrag.
I. M. (Abk.) Ihre Majestät.
Image (das, -/-s, -s) (engl.) Bild; Ruf. Imagepflege.
Image|trans|fer (der, -s, kein Plural) (engl.) Versuch, das gute Image eines Produkts auf ein neues zu übertragen (z. B. Sportwagen-Design auf Sonnenbrillen).
ima|gi|nal (Adj.) (lat.) das vollständig ausgebildete Insekt betreffend (Bio.).
Ima|gi|nal|sta|di|um (das, -s, -di|en) (lat.) Stadium (eines Insekts) nach abgeschlossener Entwicklung.
Ima|gis|mus (der, -, kein Plural) (lat.-engl.) dichterische Schule in England und Amerika, die auch in der Lyrik den Gebrauch der Alltagssprache forderte.
Ima|gist (der, -en, -en) (lat.-engl.) Verfechter des Imagismus.
ima|gis|tisch (Adj.) (lat.) den Imagismus betreffend; zum Imagismus gehörend.
Ima|gi|na|ti|on (die, -, -ti|o|nen) (lat.) Einbildungskraft. Imaginationskraft; imaginabel; imaginär; imaginativ; imaginieren.
Ima|go (die, -, Ima|gi|nes) (lat.) fertiges Insekt; unterbewusste Vorstellung.
Imam (der, -s, -s/-e) (arab.) Vorbeter; Prophet.
Im|ba|lance (die, -, -s) (engl.) gestörtes Gleichgewicht. Ungleichgewicht (Chemie) (Med.).
im|be|zil (*auch:* im|be|zill) (Adj.) (lat.) an einer mittelschweren Form von Schwachsinn leidend.

Imbezillität (die, -, kein Plural) (lat.) mittelschwerer Schwachsinn.
Imbiss (der, -es, -e) kleine Mahlzeit. einen Imbiss nehmen. Imbissraum; Imbissstand (auch: Imbiss-Stand); Imbissstube (auch: Imbiss-Stube).
Imbroglio (das, -s, -s/-brogli) (ital.) 1. Verwirrung; Unordnung. 2. Vermischung mehrerer Taktarten (in der Musik).
Imitat (das, -es, -e) (lat.) Kurzform für Imitation.
Imitation (die, -, -tionen) (lat.) Nachahmung; Fälschung. Imitator; imitatorisch; imitiert; imitieren.
imitativ (Adj.) (lat.) nachahmend; nacheifernd.
Imitativ (das, -s, -e) (lat.) sprachwissenschaftliche Bezeichnung für ein Verb des Nachahmens (z. B. watscheln = gehen wie eine Ente).
Imker (der, -s, -) Bienenzüchter. Imkerei; imkern.
Immaculata (die, -, kein Plural) (lat.) Unbefleckte, d. h. die unbefleckt Empfangene (in der katholischen Kirche Beiname Marias).
immanent (Adj.) (lat.) in einer Sache enthalten. Immanenz.
immateriell (Adj.) (franz.) nicht stofflich; geistig. Immaterialismus.
Immatrikulation (die, -, -tionen) (lat.) Hochschulanmeldung. Immatrikulationsbescheinigung; immatrikulieren (refl.); Immatrikulierung.
Imme (die, -, -n) Biene. Immenstock.
immediat (Adj.) (lat.) unmittelbar (der höchsten Behörde, dem Staatsoberhaupt unterstehend).
immediatisieren (V.) (lat.) unmittelbar dem König unterstellen, reichsunmittelbar machen. Immediatgesuch.
immens (Adj.) (lat.) unermesslich; unendlich.
immensurabel (Adj.) (lat.) unmessbar. Immensurabilität.
immer (Adj.) ständig; stets. *Beachte:* immer wieder; immer mehr; immer besser; immer noch; für immer; wann immer; wo immer. *Aber:* immerdar; immerfort; immergrün, *aber:* das Immergrün; immerhin; immerwährend (*auch:* immer während); immerzu.
Immersion (die, -, -sionen) (lat.) 1. Eintauchen; Untertauchen. 2. Einbettung eines Körpers in einen Stoff mit bestimmten physikalischen Eigenschaften. 3. Eintritt eines Himmelskörpers in den Schatten eines anderen. 4. lang andauerndes Bad (in der Medizin).
Immigrant (der, -en, -en) (lat.) Einwanderer. Immigration; immigrieren.
imminent (Adj.) (lat.) drohend.

Immission (die, -, -sionen) (lat.) Einwirken von Schadstoffen auf Menschen, Tiere und Pflanzen. Immissionsschutz; Immissionsgesetz.
immobil (Adj.) (lat.) unbeweglich. Immobilität.
Immobilien (die, nur Plural) Grundstück; Grundbesitz. Immobilienhändler; Immobiliarversicherung; immobilisieren.
Immobilisation (die, -, kein Plural) (lat.) das Ruhigstellen von Gelenken oder Gliedern als medizinische Maßnahme.
Immobilisator (der, -s, -en) (lat.) Gerät, um Gelenke oder Glieder ruhig zu stellen.
Immobilismus (der, -, kein Plural) (lat.) Unbeweglichkeit; Unflexibilität als geistige Einstellung.
immoralisch (Adj.) (lat.) unsittlich. Immoralismus; Immoralität; Immoralist.
Immortalität (die, -, kein Plural) (lat.) Unsterblichkeit.
Immortelle (die, -, -n) (franz.) Strohblume.
immun (Adj.) (lat.) unempfindlich gegen Ansteckung; unbeeinflussbar; vor Strafverfolgung geschützt. Immunität; Immunisierung; Immunkörper; Immunologie; immunologisch; immunisieren.
Immundefekt (der, -es, -e) Schwäche im Immunsystem.
immungenetisch (Adj.) (lat.) die Entstehung und Entwicklung einer Immunität betreffend.
Immutabilität (die, -, kein Plural) (lat.) Unveränderlichkeit.
Imp (der, -s, -) (südd.) Biene.
Impact (der, -s, -s) (lat.-engl.) Eindruck. Wirkung (einer Werbemaßnahme); Werbewirksamkeit.
impair (Adj.) (franz.) ungerade Zahlen (Roulettespiel).
Impakt (der, -s, -s) (lat.-engl.) der Einschlag eines Meteoriten.
Impala (die, -, -s) (Suaheli) mittelgroße Gazelle der ostafrikanischen Savannen; Schwarzfersenantilope.
Imparität (die, -, kein Plural) (lat.) Ungleichheit.
Impasto (das, -s, -s/-sti) (ital.) dicker Farbauftrag (in der Malerei).
Impeachment (das, -s, -s) (engl.) Anklage gegen einen hohen Staatsbeamten wegen Amtsmissbrauchs vor dem Senat in den USA.
Impediment (das, -es, -e) (lat.) ein rechtliches Hindernis (etwas zu tun).
impenetrabel (Adj.) (lat.) undurchdringlich.
imperativ (Adj.) (lat.) befehlend; bindend; zwingend.

Im|pe|ra|tiv (der, -s, -e) Befehlsform (Verbform: z. B. bleib! geh! sitz! sei!); moralische Forderung. Imperativsatz; imperativ; imperatives (bindendes) Mandat; imperativisch.
Im|pe|ra|tor (der, -s, -en) (lat.) Feldherr; Kaiser. Adjektiv: imperatorisch.
Im|per|fekt (das, -s, -e) (lat.) erste Vergangenheit (Verbform; z. B. lag, ging, sah, war).
im|per|fek|ti|bel (Adj.) (lat.-griech.) zur Vervollkommnung unfähig; unbildsam.
Im|per|fek|ti|bi|li|tät (die, -, kein Plural) (lat.-griech.) Unfähigkeit zur Vervollkommnung.
im|per|fek|tisch (Adj.) (lat.) das Imperfekt betreffend.
Im|pe|ri|a|lis|mus (der, -, kein Plural) (lat.) Streben eines Staates nach Erweiterung seines Machtgebietes. Imperialist; imperialistisch.
Im|pe|ri|um (das, -s, -ri|en) (lat.) Weltmacht; Weltreich.
im|per|me|a|bel (Adj.) (lat.) undurchlässig. Impermeabilität.
im|per|ti|nent (Adj.) (lat.) unverschämt; frech. Impertinenz.
im|per|zep|ti|bel (Adj.) (lat.) nicht wahrnehmbar.
im|pe|tu|o|so (Adj.) (lat.) heftig; ungestüm; stürmisch (Vortragsanweisung in der Musik).
Im|pe|tus (der, -, kein Plural) (lat.) Schwung; Drang.
imp|fen (V.) Impfstoff spritzen. Impfarzt; Impfling; Impfpass; Impfpistole; Impfschein; Impfstoff; Impfung; Impfzwang.
Im|pi|e|tät (die, -, kein Plural) (lat.) Gottlosigkeit. Lieblosigkeit.
Im|plan|ta|ti|on (die, -, -ti|o-nen) (lat.) Gewebseinpflanzung (Medizin). Implantat; implantieren.
Im|ple|ment (das, -es, -e) (lat.) Erfüllung. Ergänzung.
im|ple|men|tie|ren (V.) (lat.-engl.) einsetzen; einbauen; einführen.
Im|ple|men|tie|rung (die, -, -en) (lat.-engl.) das Implementieren.
Im|pli|kat (das, -es, -e) (lat.) in etwas anderes Einbezogenes.
Im|pli|ka|ti|on (die, -, -ti|onen) (lat.) Einbeziehung (einer Sache in eine andere unter einer bestimmten Bedingung).
im|pli|zie|ren (V.) (lat.) einbeziehen; beinhalten; einschließen. Implikation; implizit; implizite.
im|plo|die|ren (V.) (lat.) durch Druck von außen zerstört werden.
Im|plo|si|on (die, -, -si|onen) (lat.) Zerstörung (eines Hohlkörpers od. Gefäßes) durch Überdruck von außen.

Im|plu|vi|um (das, -s, -vi|en) (lat.) Becken zum Auffangen des Regenwassers (im Hof des altrömischen Hauses).
Im|pon|de|ra|bi|li|en (die, nur Plural) (lat.) Unwägbarkeiten; Gefühlsstimmungen. Imponderabilität; imponderabel.
im|po|nie|ren (V.) (lat.) Eindruck machen; Achtung hervorrufen. Imponiergehabe.
Im|port (der, -s/-es, -e) (lat.) Wareneinfuhr. Im- und Export; Importbeschränkung; Importhandel; Importeur; Importware; importieren.
im|por|tant (Adj.) (lat.-griech.) wichtig; bedeutend.
Im|por|tanz (die, -, -en) (lat.-griech.) Bedeutung; Wichtigkeit.
im|po|sant (Adj.) (franz.) eindrucksvoll; stattlich.
im|pos|si|bel (Adj.) (lat.) unmöglich.
Im|pos|si|bi|li|tät (die, -, -en) (lat.) Unmöglichkeit.
im|po|tent (Adj.) (lat.) zum Geschlechtsverkehr unfähig; unschöpferisch. Impotenz.
im|präg|nie|ren (V.) (lat.) wasserundurchlässig machen. Imprägnierung.
im|prak|ti|ka|bel (Adj.) (lat.-franz.) nicht anwendbar; nicht durchführbar.
Im|pre|sa|rio (der, -s, -s/-sa|ri) (ital.) Theater-, Konzertagent.
Im|pres|si|on (die, -, -si|o|nen) (lat.) Eindruck; Empfindung. Impressionist; Impressionismus; impressionistisch; impressionabel.
Im|pres|sum (das, -s, -sen) (lat.) Vermerk in Druckschriften über Verleger, Drucker etc.
Im|pri|ma|tur (das, -s, kein Plural) (lat.) Druckerlaubnis. Verb: imprimieren.
Im|pri|mé (der, -s, -s) (franz.) bedruckter Seidenstoff.
im|pri|mie|ren (V.) (lat.) für druckfertig erklären; zum Druck freigeben.
Im|promp|tu (das, -s, -s) (franz.) frei gestaltetes Musikstück (bes. für Klavier).
Im|pro|vi|sa|ti|on (die, -, -ti|o|nen) (ital.) Stegreifvortrag, -handlung. Improvisationstalent; Improvisator; improvisieren.
Im|puls (der, -es, -e) (lat.) Anstoß; Anregung. Impulsgenerator; Impulstechnik; Impulsivität; impulsiv.
Im|pu|ta|bi|li|tät (die, -, kein Plural) (lat.) Zurechnungsfähigkeit.
im|pu|ta|tiv (Adj.) (lat.) eine ungerechtfertigte Beschuldigung enthaltend.
im|pu|tie|ren (V.) (lat.) ungerechtfertigt beschuldigen.
im|stan|de (*auch:* im Stan|de) (Adv.) fähig. Ich bin heute nicht imstande/im Stande früh auf-

zustehen. Ich bin dazu imstande/im Stande gewesen.
in 1. (Präp., Dat./Akk.) an einem Ort; in eine Richtung; innerhalb. Ich wohne (»Wo?«) im ersten Stock (Dativ!). Ich fahre (»Wohin?«) in die Stadt (Akkusativ!). *Beachte:* das In-den-April-Schicken; das In-den-Tag-hinein-Leben; in Anbetracht der Tatsache; in der Annahme, dass ...; in Bälde; in Erwägung ziehen; in Gänze; in Hinblick auf; in dieser Hinsicht; in Kraft treten; in Kürze. in Bezug auf; in bar; in Betreff; in etwa. 2. (Adv.) (engl.) aktuell; modern. Sie will immer in sein.
in ab|s|t|rac|to (lat.) im Allgemeinen betrachtet; rein begrifflich.
in|ad|äquat (Adj.) (lat.) unpassend; nicht entsprechend. Inadäquatheit.
in ae|ter|num (lat.) auf ewig.
in|ak|ku|rat (Adj.) (lat.) ungenau.
in|ak|tiv (Adj.) (lat.) untätig; unwirksam. Inaktivierung; Inaktivität; inaktivieren.
in|ak|zep|ta|bel (Adj.) (lat.) unannehmbar.
in|a|li|e|na|bel (Adj.) (lat.) nicht übertragbar; unveräußerlich.
in|an (Adj.) (lat.) nichtig; leer; hohl.
In|a|ni|tät (die, -, kein Plural) (lat.) Leere. Eitelkeit. Nichtigkeit.
In|an|spruch|nah|me (die, -, -n) Zugriff; Anforderung. *Aber:* in Anspruch nehmen.
in|ar|ti|ku|liert (Adj.) (lat.) undeutlich
In|au|gen|schein|nah|me (die, -, -n) Betrachtung. *Aber:* in Augenschein nehmen.
In|au|gu|ral|dis|ser|ta|ti|on (die, -, -ti|o|nen) (lat.) Doktorarbeit. Inauguration; inaugurieren.
In|be|griff (der, -s/-es, -e) Idealbild; Verkörperung.
in|be|grif|fen (Adj.) eingeschlossen.
In|be|sitz|nah|me (die, - -n) Einnehmen, Übernehmen von etwas/jemandem.
In|be|trieb|nah|me (*auch:* In|be|trieb|set|zung) (die, -, -n) erstmaliges In-Gang-Setzen. *Aber:* in Betrieb nehmen/setzen.
In|bild (das, -s, -er) Ideal.
In|brunst (die, -, kein Plural) Leidenschaft. Adjektiv: inbrünstig.
In|bus|schlüs|sel (der, -s, -) Werkzeug.
Inc. (Abk.) Incorporated (eingetragen).
Inch (der, -, -es) (engl.) Längenmaß (Abk.: in.).
In|ci|si|vi (die, nur Plural) (lat.) die Schneidezähne.
incl. (*auch:* inkl.) (Abk.) inklusive.
In|clu|se (die, -, -n) (lat.) Einschluss eines Lebewesens oder von Teilen davon in fossilem Harz; z. B. ein Insekt als Incluse in Bernstein.
in con|cert (engl.) in einem öffentlichen Konzert (aufgenommen).

in con|cre|to (lat.) tatsächlich.
I. N. D. (Abk.) in nomine Dei; in nomine Domini (im Namen Gottes).
in|de|ci|so (Adj.) (lat.-ital.) unbestimmt (Vortragsanweisung in der Musik).
in|de|fi|ni|bel (Adj.) (lat.) unerklärbar; nicht bestimmbar; nicht definierbar.
in|de|fi|nit (Adj.) (lat.) unbestimmt (bes. in der Grammatik).
In|de|fi|nit|pro|no|men (das, -s, -) (lat.) unbestimmtes Fürwort (z. B. jeder, viele, jemand, alle).
in|de|kli|na|bel (Adj.) (lat.) nicht beugbar (Wörter; z. B. Adverbien).
in|de|li|kat (Adj.) (lat.-griech.) unfein; unzart.
in|dem (Konj.) (lat.) während; dadurch, dass. Ich schlief, indem (während) er aufräumte. *Aber:* Das Zimmer, in dem ich schlief.
in|dem|ni|sie|ren (V.) (lat.-griech.) entschädigen; vergüten.
In|dem|ni|tät (die, -, kein Plural) (lat.) Straflosigkeit (Abgeordnete).
In|de|pen|denz (die, -, -en) (lat.) Unabhängigkeit. *Aber:* Independence Day (Unabhängigkeitstag der USA, 4. Juli).
in|des (*auch:* in|des|sen) 1. (Konj.) während; dagegen. Indes, er konnte nichts dafür. 2. (Adv.) inzwischen; aber. Er konnte indes nichts dafür.
In|de|ter|mi|na|ti|on (die, -, kein Plural) (lat.) Unbestimmtheit; Unentschlossenheit. Indeterminismus; indeterminabel; indeterminiert.
In|dex (der, -es, -e/In|di|zes) (lat.) Register; Verzeichnis; hoch-, tiefgestellter Buchstabe/Zahl.
in|de|zent (Adj.) (lat.) nicht dezent; unanständig; unschicklich.
In|de|zenz (die, -, -en) indezentes Verhalten. Unschicklichkeit.
In|di|a|ca (das, -s, kein Plural) ein aus Südamerika stammendes, dem Volleyball ähnliches Spiel, bei dem der (einem Federball ähnliche) Ball mit der Hand geschlagen wird.
In|di|a|ner (der, -s, -) Ureinwohner Amerikas. Indianerbuch; Indianergeschichte; Indianerhäuptling; Indianerreservat; Indianerreservation; Indianerstamm; Indianersommer (Altweibersommer); Indianist; indianisch.
In|di|en (ohne Art., -s, kein Plural) asiatischer Subkontinent. Inder; indisch.
In|dienst|nah|me (*auch:* In|dienst|stel|lung) (die, -, -n) Anstellung. *Aber:* in Dienst nehmen/stellen.
in|dif|fe|rent (Adj.) (lat.) gleichgültig. Indifferenz; Indifferentismus.
in|di|gen (Adj.) (lat.) einheimisch.
in|di|g|niert (Adj.) (lat.) entrüstet. Indignation; indignieren.

In|di|go (der/das, -s, -s) (span.) blauer Farbstoff. Indigopapier; Indigopflanze; Indigoblau, *aber:* die Jeans war indigoblau.
In|di|ka|ti|on (die, -, -ti|o|nen) (lat.) Heilanzeige; Erlaubnis zum Schwangerschaftsabbruch. Indikationsmodell; Indikator.
In|di|ka|tiv (der, -s, -e) (lat.) Wirklichkeitsform (Verbform; z. B. ich gehe, ich laufe, wir lesen). Adjektiv: indikativisch.
In|di|ka|t|rix (die, -, kein Plural) (lat.) 1. Hilfsmittel zur Feststellung der Krümmung einer Fläche (in der Mathematik). 2. Maß zur Feststellung der Verzerrung einer gekrümmten Fläche bei der Abbildung (in der Kartografie).
In|dik|ti|on (die, -, -ti|o|nen) (lat.) 1. Zeitraum von 15 Jahren (im alten Rom zur Berechnung der Steuern); Römerzinszahl. 2. kirchliches Aufgebot; Ansage, Ankündigung.
In|dio (der, -s, -s) (span.) lateinamerikanischer Indianer.
in|di|rekt (Adj.) (lat.) mittelbar; abhängig. Indirektheit; indirekte Rede (→ Konjunktiv).
in|dis|kret (Adj.) (franz.) taktlos; neugierig. Indiskretion.
in|dis|ku|ta|bel (Adj.) (lat.) nicht in Frage kommend.
in|dis|po|niert (Adj.) (lat.) in schlechter Verfassung; unpässlich. Indisposition; indisponibel.
in|dis|pu|ta|bel (Adj.) (lat.) unbestreitbar; nicht zu disputieren.
in|di|vi|du|ell (*auch:* in|di|vi|du|al) (Adj.) (lat.) eigentümlich; persönlich. Individualisierung; Individualist; Individualität; Individualpsychologie; Individualsphäre; Individualverkehr; individualistisch; individualisieren.
in|di|vi|du|ie|ren (V.) (lat.) eine individuelle Persönlichkeit werden; eine persönliche Struktur bekommen.
In|di|vi|du|ie|rung (*auch:* In|di|vi|du|a|ti|on) (die, -, -en) (lat.) Entwicklung der Einzelpersönlichkeit; Vereinzelung.
in|di|vi|si|bel (Adj.) (lat.) unteilbar.
In|diz (das, -es, -di|zien) (lat.) Anzeichen; Verdacht. Indizienbeweis; Indiziensammlung; Indizierung; indiziert; indizieren.
In|do|ger|ma|ne (*auch:* In|do|eu|ro|pä|er) (der, -n, -n) Angehöriger der indoeuropäischen Sprachfamilie. Indogermanist; Indogermanistik; indogermanisch (Abk.: idg.).
In|dokt|ri|na|ti|on (die, -, -ti|o|nen) (lat.) ideologische Beeinflussung. Indoktrinierung; indoktrinieren.
in|do|lent (Adj.) (lat.) gleichgültig; unempfindlich. Indolenz.
In|do|lo|ge (der, -n, -n) Wissenschaftler der Indologie.
In|do|lo|gie (die, -, kein Plural) (nlat.-griech.) Wissenschaft von den indischen Sprachen und Kulturen.
in|do|lo|gisch (Adj.) zur Indologie gehörig.
In|do|ne|si|en (ohne Art., -s, kein Plural) asiatischer Inselstaat. Indonesier; indonesisch.
in|do|pa|zi|fisch (Adj.) um dem Indischen und Pazifischen Ozean gelegen.
In|dos|sa|ment (das, -s, -e) (ital.) Giro. Indossierung; Indosso; indossieren.
In|d|ri (der, -s, -s) madegassischer Halbaffe, größte Lemurenart.
in du|bio (lat.) im Zweifelsfall. in dubio pro reo (im Zweifel für den Angeklagten).
In|duk|ti|on (die, -, -ti|o|nen) (lat.) 1. Regelherleitung (von Einzelnem zu Allgemeinem). 2. Stromerzeugung durch bewegte Magnetfelder. Induktor; Induktionsbeweis; Induktionsstrom; induktiv; induzieren.
in|dul|gent (Adj.) (lat.) nachsichtig. Indulgenz.
In|dult (der/das, -es, -e) (lat.) 1. Fristeinräumung für den Schuldner bei Zahlungsverzug. 2. völkerrechtlich verbindliche Frist bei Kriegsausbruch, innerhalb derer sich feindliche Handelsschiffe in Sicherheit bringen können. 3. zeitlich begrenzte Befreiung von einer gesetzlichen Verpflichtung im katholischen Kirchenrecht.
In|du|si|um (das, -s, -si|en) (lat.) häutiges Organ von Farnen, das den Sporenbehälter bedeckt.
in|dus|t|ri|a|li|sie|ren (V.) (franz.) Industrie ansiedeln. Industrialisierung; Industrialismus.
In|dus|t|rie (die, -, -n) Großgewerbe; Produktionszweig. Industrieanlage; Industrieausstellung; Industriegebiet; Industriedesign; Industriegewerkschaft (Abk.: IG); Industrieland; Industrielle; Industriemüll; Industriestaat; Industrie- und Handelskammer (Abk.: IHK); Industriezentrum; industriell.
In|dus|t|rie|me|la|nis|mus (der, -, kein Plural) (nlat.) Umfärben heller Populationen zu dunklen Formen (z. B. des weißlichen Birkenspanners zu schwarzgrauen Individuen).
in|du|zie|ren (V.) (lat.) 1. vom speziellen Einzelfall auf das Allgemeine schließen und damit eine Gesetzmäßigkeit erstellen. 2. durch bewegte Magnetfelder elektrische Ströme und Spannungen erzeugen.
In|edi|tum (das, -s, -ta) (lat.) noch nicht herausgegebene Schrift.
in|ef|fek|tiv (Adj.) (lat.) unwirksam. Ineffektivität.
in|ef|fi|zi|ent (Adj.) (lat.) unwirksam; unrentabel. Ineffizienz.
in|egal (Adj.) (lat.-griech.) ungleich.

ineinander 229 **Infraktion**

in|ei|n|an|der (Adv.) einer in dem/im anderen. Sie waren ineinander (gegenseitig) verschlungen. Eine Liebe, wo beide ineinander (einer im andern) aufgehen. ineinanderfließen; ineinanderfügen; ineinandergreifen.
In|eins|set|zung (die, -, -en) Gleichsetzung. *Aber:* in eins setzen.
in|ert (Adj.) (lat.) (veraltet) untätig; träge; unbeteiligt.
in|es|sen|zi|ell (*auch:* in|es|sen|ti|ell) (Adj.) (lat.) unwesentlich.
in|ex|akt (Adj.) (lat.) ungenau.
in|exis|tent (Adj.) (lat.) nicht vorhanden. Inexistenz.
in|ex|plo|si|bel (Adj.) (lat.) nicht explodierend.
in ex|ten|so (lat.) ausführlich; in allen Einzelheiten.
in fac|to (lat.) in Wirklichkeit; tatsächlich.
in|fal|li|bel (Adj.) (lat.) unfehlbar.
In|fal|li|bi|list (der, -en, -en) (lat.) Anhänger des Dogmas von der Unfehlbarkeit des Papstes in der katholischen Kirche.
In|fal|li|bi|li|tät (die, -, kein Plural) (lat.) Unfehlbarkeit.
in|fam (Adj.) (lat.) niederträchtig; gemein; Infamie.
In|fant (der, -en, -en) (lat.-span.) Titel der spanischen und portugiesischen königlichen Prinzen (früher).
In|fan|te|rie (die, -, -n) (franz.) Fußsoldaten. Infanterist; Infanterieregiment; infanteristisch.
in|fan|til (Adj.) (lat.) kindlich; unreif. Infantilität; Infantilismus.
in|fan|ti|li|sie|ren (V.) (lat.) jmd. in seiner geistigen Entwicklung auf dem Stand eines Kindes halten; bevormunden.
In|farkt (der, -s/-es, -e) (lat.) Gefäßverschluss. Herzinfarkt.
in|far|zie|ren (V.) (in einem Gewebestück) einen Infarkt hervorrufen.
In|fek|ti|on (die, -, -ti|o|nen) (lat.) Ansteckung. Infekt; Infektionsgefahr; Infektionskrankheit; Infizierung; infektiös; infizieren.
In|fe|ri|o|ri|tät (die, -tät, kein Plural) (lat.) Minderwertigkeit; Unterlegenheit. Adjektiv: inferior.
In|fer|no (das, -s, kein Plural) Hölle; Unterwelt.
in|fer|til (Adj.) (lat.) nicht fertil; unfruchtbar.
In|fer|ti|li|tät (die, -, kein Plural) mangelnde Fertilität; Unfruchtbarkeit.
In|fight (der, -(s), -s) (engl.) Schlagabtausch aus geringster Entfernung (beim Boxen).
in|fil|t|rie|ren (V.) (lat.) eindringen; beeinflussen; durchsetzen. Infiltration; Infiltrationsversuch; Infiltrierung.

in|fi|nit (Adj.) (lat.) unbestimmt. infinitesimal (ins unendlich Kleine gehend); Infinitum; ad infinitum (bis ins Unendliche).
in|fi|ni|te|si|mal (Adj.) (lat.) ins unendlich Kleine gehend. Infinitesimalrechnung (Differential-, Integralrechnung).
In|fi|ni|tiv (der, -s, -e) Verbgrundform (infinite Verbform; z. B. singen, sein, bleiben, geblieben sein). Infinitivsatz; Infinitivkonstruktion.
In|fir|mi|tät (die, -, kein Plural) (lat.) Gebrechlichkeit (Med.).
In|fix (das, -es, -e) (lat.) in den Wortstamm oder zwischen zwei Wortteile eingeschobenes sprachliches Element (z. B. das s in hoffnungsvoll).
in|fi|zie|ren (V.) (lat.) anstecken; mit Krankheitserregern verunreinigen.
in fla|g|ran|ti (lat.) auf frischer Tat. In flagranti ertappen.
in|flam|ma|bel (Adj.) (lat.) entzündbar.
in|flam|mie|ren (V.) (lat.) in Begeisterung versetzen.
In|fla|ti|on (die, -, -ti|o|nen) (lat.) Geldentwertung. Inflationsrate; inflationär; inflatorisch; inflationistisch; inflationieren.
In|fla|ti|o|nis|mus (der, -, kein Plural) (lat.) Beeinflussung der Wirtschaft durch Erhöhung der umlaufenden Geldmenge.
in|fle|xi|bel (Adj.) (lat.) unveränderlich; unbiegsam. Inflexibilität.
In|flu|enz (die, -, -en) (lat.) Einfluss; Beeinflussung. Influenzelektrizität.
In|flu|en|za (die, -, kein Plural) (ital.) Grippe.
In|fo (das, -s, -s) (Kurzw.) Information; Informationsschrift. Infostand.
in|fol|ge (Präp., Gen.) wegen. infolge der Informationssperre. Adverb: infolgedessen.
In|for|ma|ti|on (die, -, -ti|o|nen) (lat.) Auskunft; Nachricht. Informant (gibt Informationen); Informand (will Informationen); Informationsaustausch; Informationsbüro; Informationsmaterial; Informationszentrum; Informiertheit; Informierung; informationell; informativ; informieren.
In|for|ma|tik (die, -, kein Plural) Computerwissenschaft. Informatiker.
in|for|mell (Adj.) (lat.) nicht offiziell.
In|fo|thek (die, -, -en) (lat.-griech.) Speicher für Informationen.
in|frage (*auch:* in Fra|ge). infrage (*auch:* in Frage) kommen/stehen/stellen; die infrage (*auch:* in Frage) kommenden Lösungen; *aber:* das Infragestellen.
In|frak|ti|on (die, -, -ti|o|nen) (lat.) unvollständiger Knochenbruch.

in'fra'rot (Adj.) ultrarot (Physik.) Infrarot (Wärmestrahlen); Infrarotfilm; Infrarotlampe; Infrarotfilter.
In'fra'struk'tur (die, -, -en) wirtschaftliche und organisatorische Einrichtungen und Anlagen (z. B. Verkehrsnetz, Krankenhäuser). Adjektiv: infrastrukturell.
In'ful (die, -, -n) (lat.) weiße Stirnbinde (der Priester im alten Rom); die Mitra mit den herabhängenden Bändern (der Priester in der katholischen Kirche).
in'fun'die'ren (V.) mittels Infusion in den Körper einbringen.
In'fu'si'on (die, -, -si'o'nen) (lat.) Flüssigkeitseinführung.
In'fu'so'ri'um (das, -s, -ri'en) (lat.) einzelliges Wimpertierchen, das sich in Pflanzenaufgüssen entwickelt; Aufgusstierchen.
Ing. (Abk.) Ingenieur.
In'gang'hal'tung (die, -, kein Plural) Inganghalten. *Aber:* etwas in Gang halten/setzen.
In'ge'brauch'nah'me (die, -, -n) Verwendung. *Aber:* etwas in Gebrauch nehmen.
in ge'ne're (lat.) im Allgemeinen.
In'ge'ni'eur (der, -s, -e) (franz.) Techniker mit Hochschulabschluss (Abk.: Ing.). Ingenieurbau; Ingenieurbüro; Ingenieurin; Ingenieurschule.
in'ge'ni'ös (Adj.) (lat.) scharfsinnig; erfinderisch. Ingeniosität.
In'ge'ni'um (das, -s, -ni'en) (lat.) natürliche Begabung.
In'ge'nu'i'tät (die, -, kein Plural) (lat.) 1. der natürliche Status eines Freigeborenen; Freiheit. 2. Freimut; Offenheit.
In'ges'ti'on (die, -, kein Plural) (lat.) Nahrungsaufnahme.
Ing. (grad.) (Abk.) graduierter Ingenieur.
In'got (der, -s, -s) (engl.) gegossener Metallbarren oder -block; Gussform dafür.
In'grain'pa'pier (das, -s, -e) (engl.) raues Zeichenpapier.
In'gre'di'en'zen (Pluralwort) (die) Bestandteile; Zutaten.
In'gres'si'on (die, -, -si'o'nen) (lat.) langsames Eindringen des Meeres in eine Senke des Festlandes.
In'grimm (der, -s, kein Plural) unterdrückter Zorn. Adjektiv: ingrimmig.
in gros'so (ital.) im Großen.
Ing'wer (der, -s, -) (sanskr.) Gewürz. Ingwerbier; Ingwerschnaps.
Inh. (Abk.) Inhaber.
In'ha'ber (der, -s, -) Eigentümer; Besitzer. Inhaberin; Inhaberpapier.
in'haf'tie'ren (V.) verhaften. Inhaftierung; Inhaftnahme.
in'ha'lie'ren (V.) (lat.) einatmen. Inhalation; Inhalationsmittel; Inhalatorium.
In'halt (der, -s, -e) Innere; Gehalt. Inhaltsangabe; Inhaltsverzeichnis; inhaltlich, inhaltsleer; inhaltslos; inhaltsreich; inhaltsschwer.
in'hä'rent (Adj.) (lat.) innewohnend; anhaftend. Inhärenz; inhärieren.
in'hi'bie'ren (V.) (lat.) etwas verhindern; Einhalt gebieten.
In'hi'bi'tor (der, -s, -en) (lat.) Hemmstoff. inhibitorisch.
in'ho'mo'gen (Adj.) (lat.-griech.) nicht gleichartig. Inhomogenität.
in ho'no'rem (lat.) zu Ehren.
in'hu'man (Adj.) (lat.) unmenschlich. Inhumanität.
in'in'tel'li'gi'bel (Adj.) (lat.) unverständlich; nicht verstehbar; nicht erkennbar.
In'i'qui'tät (die, -, kein Plural) (lat.) Härte, Unbilligkeit.
Ini'ti'al... (lat.) Anfangs... Initialbuchstabe; Initialsprengstoff; Initialwort; Initialzündung.
Ini'ti'a'le (die, -, -n) (lat.) Anfangsbuchstabe.
Ini'ti'and (der, -en, -en) (lat.) jmd., der in eine Gemeinschaft aufgenommen der eingeweiht werden soll.
Ini'ti'ant (der, -en, -en) jmd., der die Initiative ergreift.
Ini'ti'a'ti'on (die, -, -ti'o'nen) (lat.) Einführung; Einweihung. Initiationsriten; Initiand (Einzuweihender), *aber:* Initiant (ergreift die Initiative!); Initien; initiieren.
Ini'ti'a'ti've (die, -, -n) (franz.) Entschlusskraft; Unternehmungsgeist. Initiativrecht; Bürgerinitiative; Initiator/-in; initiieren.
In'jek'ti'on (die, -, -ti'o'nen) (lat.) Einspritzung. Injektionsspritze; injizieren.
in'jun'gie'ren (V.) (lat.) zur Pflicht machen; jmd. etwas anbefehlen.
In'junk'ti'on (die, -, -ti'o'nen) (lat.) Befehl; Vorschrift.
In'ju'ri'ant (der, -en, -en) (lat.) Beleidiger; Ehrabschneider.
In'ju'ri'at (der, -en -en) (lat.) Beleidigter.
In'ju'rie (die, -, -n) (lat.) Unrecht; Beleidigung. Verbalinjurien.
in'ju'ri'ie'ren (V.) (lat.) beleidigen.
in'ju'ri'ös (Adj.) (lat.). beleidigend; ehrenrührig.
In'ka (der, -s, -s) Angehöriger eines altperuanischen Volksstammes.
In'kar'nat (das, -s/-es, kein Plural) (lat.) Fleischfarbe; zartrosa Farbe.
In'kar'na'ti'on (die, -, -ti'o'nen) (lat.) Fleischwerdung; Menschwerdung. Inkarnationslehre; inkarnieren.

Inkarzeration 231 **innen**

In|kar|ze|ra|ti|on (die, -, -ti|o|nen) (lat.) Einklemmung (bes. in der Medizin).
in|kar|ze|rie|ren (V.) (lat.) einklemmen.
In|kas|so (das, -s, -s) (ital.) Einziehung von ausstehenden Zahlungen. Inkassobüro; Inkassovollmacht.
In|kauf|nah|me (die, -, kein Plural) Hinnahme. *Aber:* etwas in Kauf nehmen.
inkl. (*auch:* incl.) (Abk.) inklusive.
In|kli|na|ti|on (die, -, -ti|o|nen) (lat.) 1. Neigung; Vorliebe. 2. Neigung; Anfälligkeit (für eine Krankheit). 3. Neigung der Ebene einer Planeten- oder Kometenbahn zur Ebene der Erdbahn.
in|kli|nie|ren (V.) eine Inklination haben.
in|klu|die|ren (V.) (lat.) einschließen; beinhalten.
In|klu|si|on (die, -, -si|o|nen) (lat.) Einschluss; Einschließung.
in|klu|si|ve (Präp., Gen.) (lat.) einschließlich; inbegriffen. *Beachte:* inklusive der Verpackungskosten, *aber:* inklusive Porto; inklusive Mehrwertsteuer.
in|ko|g|ni|to (Adv.) (ital.) unerkannt; unter falschem Namen; z. B. inkognito reisen. Inkognito.
in|ko|hä|rent (Adj.) (lat.) zusammenhanglos. Inkohärenz.
in|kom|men|su|ra|bel (Adj.) (lat.) nicht vergleichbar.
in|kom|mo|die|ren (V.) (lat.) belästigen. Mühe, Unbequemlichkeit bereiten; Bitte ~ Sie sich nicht! Bitte machen Sie sich nicht so viel Mühe!
In|kom|mo|di|tät (die, -, -en) (lat.) Unbequemlichkeit; Lästigkeit.
in|kom|pa|ra|bel (Adj.) (lat.) nicht vergleichbar; nicht steigerbar (in der Grammatik).
in|kom|pa|ti|bel (Adj.) (lat.) nicht zusammenpassend; unverträglich. Inkompatibilität.
in|kom|pe|tent (Adj.) (lat.) nicht zuständig; nicht befugt; unfähig. Inkompetenz.
in|kom|plett (Adj.) (franz.) unvollständig.
in|kon|gru|ent (Adj.) (lat.) nicht deckungsgleich. Inkongruenz.
in|kon|se|quent (Adj.) (lat.) widersprüchlich; unbeständig. Inkonsequenz.
in|kon|sis|tent (Adj.) (lat.) nicht dauerhaft; unhaltbar. Inkonsistenz.
in|kons|tant (Adj.) (lat.) unbeständig; veränderlich. Inkonstanz.
In|kon|ve|ni|enz (die, -, -en) (griech.-lat.) Unschicklichkeit; Ungehörigkeit.
in|kon|ver|ti|bel (Adj.) (lat.) nicht umtauschbar (Währungen).
in|kon|zi|li|ant (Adj.) nicht konziliant; nicht entgegenkommend.
In|kon|zi|li|anz (die, -, kein Plural) Mangel an Konzilianz; Mangel an Entgegenkommen.

in|kor|po|rie|ren (V.) (lat.) einverleiben; eingemeinden. Inkorporierung; Inkorporation; inkorporal.
in|kor|rekt (Adj.) (lat.) ungenau; unzulässig. Inkorrektheit.
In|kraft|set|zung (die, -, -en) Gültigmachen. *Aber:* in Kraft setzen/treten.
In|kraft|tre|ten (das, -s, kein Plural) Beginn der Gültigkeit.
In|kre|ment (das, -s/-es, -e) (lat.) Zunahme; Zuwachs; Betrag, um den etwas zunimmt.
In|kret (das, -s, -e) (lat.) von Drüsen mit innerer Sekretion in den Körper abgegebener Stoff (Hormon).
in|kri|mi|nie|ren (V.) (lat.) beschuldigen; anklagen.
In|krus|ta|ti|on (die, -, -ti|o|nen) (lat.) 1. Krustenbildung; Überzug mit einer Kruste (in der Geologie). 2. farbige Verzierung durch Einlagen aus anderem Material.
in|krus|tie|ren (V.) (lat.) 1. mit einer Kruste überziehen; überkrusten. 2. mit Einlagen aus anderem Material farbig verzieren.
In|ku|ba|ti|on (die, -, -ti|o|nen) (lat.) Ansteckung. Inkubationszeit.
In|ku|ba|tor (der, -s, -en) (lat.) 1. Behälter mit medizinischen Einrichtungen zum Aufziehen zu früh geborener Kinder; Brutkasten. 2. Behälter zum Bebrüten von Fischeiern. 3. Behälter für Bakterienkulturen.
in|ku|lant (Adj.) (franz.) nicht entgegenkommend. Inkulanz.
In|ku|na|bel (die, -, -n) (lat.) aus dem 15. Jahrhundert (dem Jh. der Erfindung der Buchdruckerkunst) stammendes Buch; Wiegendruck.
In|laid (der, -s, -e) (schweiz.-engl.) farbig gemustertes Linoleum.
In|land (das, -s, kein Plural) eigenes Land. Inländer/-in; Inland(s)flug; Inlandsmarkt; Inlandsnachfrage; Inlandsreise; inländisch.
In|lay (das, -s) (engl.) Zahnfüllung.
In|lett (das, -s, -s/-e) Bettüberzug.
in me|di|as res (lat.) unmittelbar zur Sache.
in me|mo|ri|am (lat.) zum Andenken.
in|mit|ten (Präp., Gen.) in der Mitte von.
in na|tu|ra (lat.) leibhaftig.
in|ne|ha|ben (V., hatte inne, hat innegehabt) besitzen; bekleiden.
in|ne|hal|ten (V., hielt inne, hat innegehalten) stocken; unterbrechen.
in|nen (Adv.) drinnen. *Beachte:* innen und außen; von innen nach außen. Innenarchitekt; Innenausstattung; Innendienst; Innenkurve; Innenleben; Innenministerium; Innenpolitik; Innenseite; Innenstürmer; Innentemperatur; Innenwelt; innenpolitisch.

in|ne|re (Adj.) innen gelegen; geistig; seelisch. *Beachte:* innere Medizin; innere Angelegenheit; innerer Monolog, *aber:* die Innere Mission; Innere Mongolei. Innere; Innereien; Innerste; innerbetrieblich; innerdeutsch; innerlich; innerpolitisch; innerstaatlich.
in|ner|halb (Präp., Gen.) begrenzt; binnen. Innerhalb der Absperrung; innerhalb zweier Monate; innerhalb von zwei Monaten.
in|ner|vie|ren (V.) (lat.) anregen; reizen. Innervation.
in|ne sein (V., war inne ist inne gewesen) erkennen. *Beachte:* mit Genitiv! Er war sich seines Fehlers sehr wohl inne.
in|ne|wer|den (V., wurde inne, ist innegeworden) erkennen; bewusst werden. *Beachte:* mit Genitiv! Er wurde sich seines Fehlers sehr wohl inne.
in|ne|woh|nen (V.) enthalten sein.
in|nig (Adj.) eng; herzlich. Innigkeit; inniglich; innigst.
in no|mi|ne (lat.) im Namen; im Auftrag.
in no|mi|ne Dei (lat.) im Namen Gottes.
in no|mi|ne Do|mi|ni (lat.) im Namen des Herrn.
In|no|va|ti|on (die, -, -ti^{l}o|nen) (lat.) Erneuerung. Innovationsdrang; innovativ; innovatorisch.
In|nu|en|do (das, -s, -s) (engl.) Anspielung; versteckte Andeutung.
In|nung (die, -, -en) Handwerkervereinigung. Innungsmeister.
in|of|fen|siv (Adj.) (lat.) nicht angriffslustig.
in|of|fi|zi|ell (Adj.) (franz.) nicht amtlich; vertraulich.
in|of|fi|zi|ös (Adj.) widerrechtlich; ungebührlich.
in|op|por|tun (Adj.) (lat.) ungünstig. Inopportunität.
in per|so|na (lat.) persönlich.
in pet|to (ital.) (nur in der Wendung:) etwas in petto haben (bereit haben).
in ple|no (lat.) vollzählig.
in punc|to (lat.) hinsichtlich.
In|put (der/das, -s, -s) (engl.) Dateneingabe (EDV); eingesetzte Produktionsmittel. Input-Output-Analyse.
In|qui|si|ti|on (die, -, -ti^{l}o|nen) (lat.) Untersuchung; Ketzergericht. Inquisitionsgericht; Inquisitor; inquisitorisch; inquirieren.
I. N. R. I. (Abk.) Jesus Nazarenus Rex Judaeorum (Jesus von Nazareth, König der Juden).
ins (Präp.) in das. *Beachte:* immer ohne Apostroph!
In|sas|se (der, -n, -n) Bewohner; Mitfahrer. Insassin; Insassenversicherung.
ins|be|son|de|re (Adv.) vor allem. *Beachte:* insbesondere(,) wenn/weil es schneit.

In|schrift (die, -, -en) Aufschrift. Inschriftensammlung; inschriftlich.
In|sekt (das, -s, -en) (lat.) Kerbtier. Insektenbekämpfung; Insektengift; Insektenkunde; Insektenpulver; Insektenstich; Insektenvertilgungsmittel; Insektizid; insektenfressend (*auch:* Insekten fressend).
In|sek|ti|vo|re (der, -n, -n) (lat.) insektenfressendes Tier; insektenfressende Pflanze.
In|sel (die, -, -n) Eiland. Inselbewohner; Inselgruppe; Inselreich; Inselvolk; Inselwelt.
In|se|mi|na|ti|on (die, -, -ti^{l}o|nen) (lat.) künstliche Befruchtung.
in|sen|si|bel (Adj.) (lat.) unempfindlich. Insensibilität.
In|se|rat (das, -s, -e) Zeitungsanzeige. Inseratenteil; Inserent; inserieren.
In|sert (das, -s, -s) (engl.) Einblendung.
ins|ge|heim (Adv.) heimlich.
ins|ge|samt (Adv.) im Ganzen.
In|si|der (der, -s, -) (engl.) Eingeweihte; Zugehörige. Insiderlokal.
In|sig|ni|en (die, nur Plural) (lat.) Abzeichen, Symbole von (staatlicher oder ständischer) Macht und Würde. z. B. Reichsapfel).
in|sig|ni|fi|kant (Adj.) (lat.) unbedeutend; unwichtig.
in|sis|tie|ren (V.) (lat.) auf etwas bestehen. Adjektiv: insistent (beharrlich).
In|skrip|ti|on (die, -, -ti^{l}o|nen) (lat.) Einschreibung; Eintragung. Verb: inskribieren.
in|so|fern (*auch:* in|so|weit) 1. (Adv.) in dieser Hinsicht. Du hast insofern Recht, als sich die Lage geändert hat. 2. (Konj.) falls; wenn. Ich fahre gerne mit(,) insofern(,) als ihr noch Platz habt.
in|so|lent (Adj.) (lat.) unverschämt; anmaßend. Insolenz.
in|sol|vent (Adj.) (lat.) zahlungsunfähig. Insolvenz.
In|som|nie (die, -, kein Plural) (lat.) Schlaflosigkeit (Med.).
in Son|der|heit (Adv.) besonders; insbesondere.
in|so|weit → insofern.
in spe (lat.) zukünftig; z. B. meine Schwiegermutter in spe.
In|spek|ti|on (die, -, -ti^{l}o|nen) (lat.) Aufsicht; Überwachungsbehörde; Dienststelle. Inspekteur; Inspektionsfahrt; Inspektor/in.
In|spi|ra|ti|on (die, -, -ti^{l}o|nen) (lat.) Einfall; Eingebung; Anregung. Inspirator; inspirieren.
in|spi|zie|ren (V.) (lat.) prüfen; beaufsichtigen. Inspizient; Inspizierung.
in|sta|bil (Adj.) nicht stabil; unsicher.
In|sta|bi|li|tät (die, -, kein Plural) mangelnde Stabilität. Unsicherheit.

in|stal|lie|ren (V.) (lat.) einrichten; einbauen. Installateur; Installation.
In|stand|be|set|zer (der, -s, -) Hausbesetzer. Verb: instand besetzen (*auch:* in Stand besetzen); instand setzen (*auch:* in Stand setzen).
In|stand|hal|tung (die, -, -en) Pflege. Instandhaltungskosten. *Aber:* ein Haus instand/in Stand halten.
in|stän|dig (Adj.) eindringlich. Inständigkeit.
In|stand|set|zung (die, -, -en) Renovierung; Reparatur. Instandsetzungsmaßnahme. *Aber:* instand/in Stand setzen.
in|stant (Adj.) (engl.) sofort löslich. Instantkaffee; Instantpulver.
In|stanz (die, -, -en) (lat.) Dienstweg; zuständige Behörde. Instanzenweg.
in|sti|gie|ren (V.) (lat.) anregen; anstacheln; antreiben.
In|stil|la|ti|on (die, -, -ti|onen) tropfenweises Einbringen von Arzneimitteln in den Körper (Med.).
in|stil|lie|ren (V.) (lat.) tropfenweise in den Körper einbringen; einträufeln.
In|stinkt (der, -s/-es, -e) (lat.) angeborenes Verhalten. Instinkthandlung; Instinktlosigkeit; instinkthaft; instinktlos; instinktiv; instinktsicher.
In|sti|tut (das, -s/-es, -e) (lat.) Einrichtung; Forschungsanstalt. Institution; Institutionalisierung; Institutsbibliothek; Institutsleiter; institutionalisieren; institutionell.
in|st|ru|ie|ren (V.) (lat.) unterrichten; anweisen. Instruktion; Instrukteur; instruktiv.
In|st|ru|ment (das, -s/-es, -e) (lat.) Gerät; Werkzeug; Musikinstrument. Instrumentalbegleitung; Instrumentalmusik; Instrumentarium; Instrumentenbau; Instrumentierung; Instrumentation; instrumental; instrumentell; instrumentieren.
In|sub|or|di|na|ti|on (die, -, -ti|onen) (lat.) Gehorsamsverweigerung; mangelnde Unterordnung (beim Militär).
in|suf|fi|zi|ent (Adj.) (lat.) ungenügend. Insuffizienz.
In|su|la|ner (der, -s, -) (lat.) Inselbewohner. Adjektiv: insular.
In|su|lin (das, -s, kein Plural) Hormon. Insulinmangel; Insulinschock; Insulinpräparat.
In|sult (der, -s/-es, -e) (lat.) 1. Beleidigung; Beschimpfung. 2. Anfall (in der Medizin).
in|sul|tie|ren (V.) (lat.) beleidigen; beschimpfen.
in sum|ma (lat.) insgesamt.
in|sur|gie|ren (V.) (lat.) zum Aufstand aufwiegeln; einen Aufstand anzetteln.
In|sur|rek|ti|on (die, -, -ti|onen) (lat.) Aufstand; Aufruhr.

In|sze|nie|rung (die, -, -en) (lat.) künstlerische Gestaltung einer Aufführung. Adjektiv: inszenatorisch. Verb: inszenieren.
in|takt (Adj.) (lat.) unversehrt. Intaktheit; Intaktsein.
In|tar|sie (die, -, -n) (ital.) Einlegearbeit. Intarsienmalerei.
in|te|ger (Adj.) (lat.) makellos; redlich. Integrität.
in|te|g|ral (Ad).) (lat.) vollständig; für sich bestehend. Integral; Integralgleichung; Integralhelm; Integralrechnung.
in|te|g|rie|ren (V.) (lat.) ergänzen; einfügen. Integration; Integrierung; integrierbar; integrativ.
In|te|gu|ment (das, -s, -e) (lat.) Körperdecke; Haut; Fell. Hülle der Samenanlage (bei Pflanzen).
In|tel|lekt (der, -s, kein Plural) (lat.) Verstand. Intellektualismus; Intellektuelle; intellektuell.
In|tel|li|gence Ser|vice (der, - -, kein Plural) (engl.) der britische Geheimdienst.
in|tel|li|gent (Adj.) (lat.) klug; begabt. Intelligenz; Intelligenzbestie; Intelligenzgrad; Intelligenzquotient (Abk.: IQ); Intelligenztest; intelligibel.
In|ten|die|ren (V.) (lat.) beabsichtigen. Intention; intentional.
In|ten|si|me|ter (das, -s, -) (lat.-griech.) Messgerät (bes. für Röntgenstrahlen).
In|ten|si|on (die, -, -si|onen (lat.) Anspannung; Sinn. Adjektiv: intensional.
In|ten|siv (Adj.) (lat.) kräftig; wirksam. Intensität; Intensivität; Intensivierung; Intensivkurs; Intensivstation; intensivieren.
In|ter|ak|ti|on (die, -, -ti|onen) (lat.) Wechselwirkung.
in|ter|al|li|iert (Ad).) mehrere Verbündete betreffend; zu mehreren Verbündeten gehörig.
In|ter|ci|ty (der, -s, -s) (engl.) Schnellzug (Abk.: IC). Intercityzug.
In|ter|de|pen|denz (die, -, -en) (lat.) gegenseitige Abhängigkeit. Adjektiv: interdependent.
In|ter|dik|ti|on (die, -, -ti|onen) (lat.) Entmündigung; Untersagung; Verbot.
in|ter|dis|zi|pli|när (Adj.) mehrere Disziplinen umfassend; zwischen mehreren Disziplinen bestehend.
in|ter|di|zie|ren (V.) (lat.) untersagen; verbieten; entmündigen.
In|te|r|es|se (das, -s, -n) (lat.) Aufmerksamkeit; Anteilnahme. Interessengemeinschaft; Interesselosigkeit; Interessantheit; Interessenkonflikt; Interessent; Interessentenkreis; Interessiertheit; interessant; interesselos; interessiert; interessanterweise; interessehalber; interessieren.

Beachte: Ich interessiere mich für diese Stelle. *Aber:* Ich bin an dieser Stelle interessiert.

In|ter|face (das, -, -s) (engl.) Schnittstelle (EDV).

In|ter|fe|renz (die, -, -en) (lat.) 1. Überlagerung mehrerer Schwingungen, die von derselben Quelle ausgehen. 2. Beeinflussung eines biologischen Vorgangs durch einen gleichartigen anderen. 3. Einwirkung einer vertrauten Sprache auf eine andere, zu erlernende (z. B. Verwechslung von Wörtern oder Lauten).

in|ter|fe|rie|ren (V.) (lat.) überlagern; überschneiden.

In|ter|fe|ro|me|ter (das, -s, -) (griech.-lat.) Gerät zum Messen von Licht- oder Schallwellen, das die Interferenz ausnützt.

In|ter|fe|ron (das, -s, -e) (lat.) von Körperzellen zur Abwehr von Viren gebildetes Eiweiß.

in|ter|frak|ti|o|nell (Adj.) (lat.) zwischen den Fraktionen.

in|ter|ga|lak|tisch (Adj.) (griech.-lat.) zwischen den Galaxien.

in|ter|gla|zi|al (Adj.) (lat.) zwischen zwei Eiszeiten.

In|te|ri|eur (das, -s, -s/-e) (franz.) Innenausstattung.

In|te|rim (das, -s, -s) (lat.) Zwischenzeit. Interimslösung; Interimsregelung; interimistisch.

In|ter|jek|ti|on (die, -, -ti|o|nen) (lat.) Ausruf; Ausrufewort; Empfindungswort (z. B. aua! hui! ach! pfui!)

in|ter|ka|lar (Adj.) (lat.) in der Zählung eingeschoben (von Schaltjahren).

in|ter|kom|mu|nal (Adj.) (lat.) zwischen den Gemeinden.

in|ter|kon|fes|si|o|nell (Adj.) (lat.) das Verhältnis zwischen Konfessionen betreffend.

in|ter|kon|ti|nen|tal (Adj.) (lat.) Kontinente verbindend. Interkontinentalrakete.

In|ter|li|ne|ar|ver|si|on (die, -, -si|o|nen) (lat.) Übersetzung Wort für Wort (die in alten Texten zwischen die Zeilen geschrieben wurde).

In|ter|lu|di|um (das, -s, -di|en) (lat.) Zwischenspiel (in einem größeren Musikstück).

In|ter|lu|ni|um (das, -s, -ni|en) (lat.) Zeit des Neumondes.

in|ter|me|di|är (Adj.) (lat.) zwischen zwei Dingen oder Vorgängen (befindlich, sich abspielend); ein Zwischenglied bildend.

In|ter|mez|zo (das, -s, -s/-zi) (ital.) Zwischenspiel; Zwischenfall.

in|ter|mit|tie|rend (Adj.) (lat.) zeitweilig aussetzend.

in|ter|mo|le|ku|lar (Adj.) zwischen den Molekülen (befindlich, sich abspielend).

in|tern (Adj.) (lat.) innerlich; vertraulich. Internum; Interna.

in|ter|na|li|sie|ren (V.) (lat.) in sich aufnehmen und als gültig anerkennen, verinnerlichen; in sein Inneres einschließen; z. B. einen Konflikt ~.

In|ter|nat (das, -s, -e) Schülerwohnheim. Interne; Internatsleitung.

in|ter|na|ti|o|nal (Adj.) (lat.) zwischenstaatlich. *Beachte:* internationales Abkommen, *aber:* Internationales Olympisches Komitee (Abk.: IOK); Internationales Rotes Kreuz (Abk.: IRK); die Internationale; Internationalisierung; Internationalismus; internationalisieren.

In|ter|na|ti|o|na|le (die, -, kein Plural) 1. Internationale Arbeiterassoziation; Vereinigung sozialistischer und sozialdemokratischer Parteien. 2. Kampflied dieser Vereinigung.

In|ter|ne (der/die, -n, -n) Schüler(in) eines Internats.

in|ter|nie|ren (V.) verhaften; isolieren. Internierte; Internierungslager; Internierung.

In|ter|nist (der, -en, -en) (lat.) Facharzt für innere Krankheiten.

in|ter|par|la|men|ta|risch (Adj.) die Parlamente mehrerer Staaten betreffend.

In|ter|pel|la|ti|on (die, -, -ti|o|nen) parlamentarische Anfrage. Interpellant; interpellieren.

in|ter|pla|ne|tar (*auch:* in|ter|pla|ne|ta|risch) zwischen den Planeten.

In|ter|pol (die, -, kein Plural) (Kurzw.) Internationale Kriminalpolizeiliche Organisation.

In|ter|po|la|ti|on (die, -, -ti|o|nen) (lat.) 1. Errechnung von Werten, die zwischen bekannten Werten liegen (in der Mathematik). 2. nachträgliches (unberechtigtes) Einfügen von Wörtern in einen Text.

in|ter|po|lie|ren (V.) eine Interpolation vornehmen.

in|ter|pre|tie|ren (V.) deuten; auslegen. Interpretation; Interpret/-in; interpretatorisch; interpretativ.

In|ter|punk|ti|on (die, -, -ti|o|nen) (lat.) Zeichensetzung. Interpunktionsregel; Interpunktionszeichen; interpunktieren.

In|ter|rail (ohne Art., -s, kein Plural) ermäßigte Bahnkarte für Jugendliche. Interrailkarte.

In|ter|re|g|num (das, -s, -reg|nen) (lat.) vorläufig eingesetzte Regierung; Zeitraum, in dem eine vorläufige Regierung tätig ist; Zeitraum ohne Regierung.

in|ter|ro|ga|tiv (Adj.) (lat.) fragend. Interrogativpronomen (Fragefürwort; z. B. wer? was? wozu? wann?); Interrogativsatz.

In|ter|ro|ga|tiv|ad|verb (das, -s, -bi|en) fragendes Adverb (z. B. warum? wozu? wann?).

In|ter|rup|tio (die, -, -ti|o|nen) (lat.) Schwangerschaftsabbruch.

in·ter·se·xu·ell (Adj.) (lat.) zwischengeschlechtlich. Intersexualität.
In·ter·shop (der, -s, -s) (engl.) Devisenladen in der ehemaligen DDR.
in·ter·stel·lar (Adj.) (lat.) zwischen den Fixsternen (befindlich).
in·ter·sti·ti·ell (Adj.) (lat.) in Zwischenräumen (bes. zwischen Organen) liegend (von Körpergewebe oder Gewebsflüssigkeiten).
In·ter·sti·ti·um (das, -s, -ti·en) (lat.) 1. Zwischenraum (bes. zwischen Organen). 2. vorgeschriebener Zeitraum zwischen dem Empfang zweier geistlicher Weihen.
in·ter·sub·jek·tiv (Adj.) (lat.) zwei oder mehreren Personen gemeinsam; von ihnen gleichermaßen nachvollziehbar.
in·ter·ter·ri·to·ri·al (adj.) (lat.) zwei oder mehrere Staaten umfassend, betreffend; zwischenstaatlich.
In·ter·tri·go (die, -, -gi·nes) (lat.) eine Hauterkrankung, »Wolf«.
In·ter·vall (das, -s, -e) Zwischenraum; Abstand. Intervalltraining.
In·ter·ve·ni·ent (der, -en, -en) jmd., der interveniert.
in·ter·ve·nie·ren (V.) (lat.) sich einmischen; einschreiten. Intervention; Interventionskrieg.
In·ter·view (das, -s, -s) (engl.) Befragung. Interviewer; Interviewte; interviewen.
In·ter·vi·si·on (die, -, kein Plural) (lat., Kurzwort) Organisation osteuropäischer Fernsehanstalten zum Austauch oder gemeinsamen Ausstrahlen von Programmen.
in·ter·zel·lu·lar (Adj.) zwischen den Zellen (befindlich).
in·ter·zel·lu·lär (Adj.) (lat.) = interzellular.
in·ter·zo·nal (Adj.) (lat.-griech.) zwischen den Zonen. Interzonenverkehr; Interzonenzug.
in·tes·ta·bel (Adj.) (lat.) rechtlich nicht fähig, als Zeuge vor Gericht auszusagen oder ein Testament zu machen.
In·tes·ti·num (das, -s, -nen/-na) (lat.) Eingeweide; Darm.
In·thro·ni·sa·ti·on (die, -, -ti·o·nen) Thronerhebung; feierliche Einsetzung. Inthronisierung; inthronisieren.
In·ti·fa·da (die, -, kein Plural) (arab.) »Volkserhebung«.
in·tim (Adj.) (lat.) eng vertraut; sexuell. Intima; Intimus; Intimbereich; Intimität; Intimsphäre.
In·ti·mi·da·ti·on (die, -, -ti·o·nen) (lat.) Einschüchterung.
In·tim·spray (das, -s, -s) (lat.-engl.) Deodorant.
in·to·le·rant (Adj.) (lat.) unduldsam. Intoleranz.
in·to·nie·ren (V.) (lat.) anstimmen; einstimmen. Intonierung; Intonation.

in to·to (lat.) im Ganzen.
In·to·xi·ka·ti·on (die, -, -ti·o·nen) (lat.) Vergiftung.
In·tra·de (*auch:* In·tra·da) (die, -, -n) (lat.) festliches musikalisches Einleitungsstück (z. B. in der Suite).
in·tra·ku·tan (Adj.) (lat.) in der Haut (befindlich); in die Haut hinein.
in·tra·mo·le·ku·lar (Adj.) (lat.) in einem Molekül (sich abspielend).
in·tra mu·ros (lat.) »innerhalb der Mauern«; geheim; nicht öffentlich
in·tra·mus·ku·lär (Adj.) (lat.) in einem Muskel (befindlich); in einen Muskel hinein (von Einspritzungen).
in·tran·si·gent (Adj.) (lat.) zu keinem Entgegenkommen bereit; nicht zu Verhandlungen geneigt; unversöhnlich.
In·tran·si·genz (die, -, kein Plural) (lat.) das Intransigentsein. Intrasingent.
in·tran·si·tiv (Adj.) (lat.) intransitive Verben: erfordern kein Akkusativobjekt und bilden kein Passiv (z. B. schlafen, helfen). Intransitiv; Intransitivum.
in·tra·ute·rin (Adj.) (lat.) in der Gebärmutter; im Uterus (befindlich).
in·tra·ve·nös (Adj.) (lat.) in eine(r) Vene. Intravenöse Injektion.
in·tri·gie·ren (V.) (lat.) hinterlistig sein. Intrigant/-in; Intrige; Intrigenspiel; intrigant.
in·tri·kat (Adj.) (lat.) verwickelt; verfänglich; verworren.
in·trin·sisch (Adj.) (lat.) von innen her; aus eigenem Antrieb.
In·tro·duk·ti·on (die, -, -ti·o·nen) (lat.) Einführung; Einleitungsstück; Vorspiel. Verb: introduzieren.
In·tro·i·tus (der, -, -) (lat.) 1. Chorgesang beim Eintritt des Priesters (in der katholischen Kirche); den Gottesdienst einleitendes Lied (in der evangelischen Kirche); einleitender Satz (einer Orgelkomposition). 2. Eingang eines Hohlorgans (bes. der Scheide).
In·tro·s·pek·ti·on (die, -, -ti·o·nen) (lat.) 1. Einsicht in das Körperinnere (in der Med.). 2. Selbstbeobachtung; Selbstanalyse in der Psychol.).
in·tro·s·pek·tiv (Adj.) (lat.) durch Selbstbeobachtung (in der Psychol.).
in·tro·ver·tiert (Adj.) (lat.) nach innen gerichtet. Introversion; Introvertierte (in der Psychol.).
In·tru·der (der, -s, -) (engl.) zur schnellen Information von Flugzeugträgern eingesetztes Aufklärungsflugzeug.
In·tru·si·on (die, -, -si·o·nen) (lat.) Eindringen von Magma in die Erdkruste.

Intubation — Iridologie

In|tu|ba|ti|on (die, -, -ti|o|nen) (lat.) Einführung eines Röhrchens durch den Mund in die Luftröhre (bei Erstickungsgefahr oder zum Einbringen eines Heilmittels).
In|tu|i|ti|on (die, -, -ti|o|nen) (lat.) Eingebung; spontanes Erkennen; unmittelbare Erkenntnis ohne vorangegangenes Nachdenken. Adjektiv: intuitiv.
in|tus (Adj.) (lat.) innen. etwas intus haben (ugs.: etwas gegessen, getrunken haben).
Inu|it (die, nur Plural) (eskim.) »Menschen«; Bezeichnung der Eskimos für sich selbst.
In|un|da|ti|on (die, -, -ti|onen) (lat.) totale Überflutung von Land.
In|va|gi|na|ti|on (die, -, -ti|o|nen) (lat.) Einstülpung eines Darmteils in den nächsten.
In|va|li|de (der, -n, -n) (franz.) Arbeitsunfähiger. Invalidenrente; Invalidenversicherung; Invalidität; Invalidisierung; invalid(e); invalidisieren.
in|va|ri|a|bel (Adj.) (lat.) unveränderlich. Invariante; Invarianz.
in|va|ri|ant (Adj.) (lat.) unverändert bleibend (von Messgrößen).
In|va|si|on (die, -, -si|o|nen) (lat.) feindlicher Truppeneinfall. Invasor.
In|vek|ti|ve (die, -, -n) (lat.) beleidigende Äußerung.
In|ven|tar (das, -s, -e) (lat.) Einrichtung. Inventaraufnahme; Inventarrecht; Inventarverzeichnis; Inventarisation; Inventarisierung; Inventur; inventarisieren.
in|vers (Adj.) (lat.) umgekehrt. Inversion; Inversionslage.
In|ver|te|b|rat (*auch:* Ever|te|b|rat) (der, -en, -en) (lat.) wirbelloses Tier.
in|ver|tie|ren (V.) (lat.) umkehren. Adjektiv: invertiert.
in|ves|tie|ren (V.) (lat.) Kapital anlegen; in ein Amt einweisen. Investierung; Investition; Investitionsgüter; Invenstitionsmittel; Investitur; Investivlohn; Investment; Investmentfonds; Investmentgesellschaft; Investmenttrust; Investor.
In-vit|ro-Fer|ti|li|sa|ti|on (die, -, -ti|o|nen) (lat.) künstliche Befruchtung außerhalb des Körpers.
In|vo|ka|ti|on (die, -, -ti|o|nen) (lat.) Anrufung (Gottes und der Heiligen).
In|vo|lu|ti|on (die, -, -ti|o|nen) (lat.) Rückbildung (von Organen; z. B. der Gebärmutter nach der Entbindung oder im Alter).
in|vol|vie|ren (V.) (lat.) verwickeln; enthalten. Involvierung.
in|wen|dig (Adj.) im Innern. Ich kenne seine Argumente in- und auswendig.
in|wie|fern (Konj.; Adv.) in welchem Maße.
In|zah|lung|nah|me (die, -, -n) Inzahlungnehmen. *Aber:* ein Auto in Zahlung nehmen.

In|zest (der, -s/-es, -e) (lat.) Inzucht. Inzesttabu; inzestuös.
in|zi|die|ren (V.) (lat.) einschneiden; einen Einschnitt (in etwas) machen.
In|zi|si|on (die, -, si|o|nen) (lat.) Einschnitt; Öffnung durch Schnitt (z. B. eines Geschwürs).
In|zi|siv (der, -s, -en) (lat.) Schneidezahn.
In|zi|sur (die, -, -en) (lat.) Einbuchtung; Einsenkung an Knochen oder Organen.
In|zucht (die, -, kein Plural) Fortpflanzung zwischen Verwandten.
in|zwi|schen (Adv.) unterdessen.
IOK (Abk.) Internationales Olympisches Komitee *auch:* Abk. IOC.
Ion (das, -s, -en) (griech.) elektrisch geladenes Teilchen. Ionenantrieb; Ionenwanderung; Ionisation; Ionisierung; ionisieren.
Io|no|me|ter (das, -s, -) (griech.) Gerät zum Messen der Ionisation.
Io|no|sphä|re (die, -, kein Plural) die ionisierte oberste Schicht der Erdatmosphäre.
i-Punkt (der, -s, -e) i-Tüpfelchen.
IQ (Abk.) Intelligenzquotient.
IR. (Abk.) Infanterieregiment.
i. R. (Abk.) im Ruhestand.
IRA (Abk.) Irisch-Republikanische Armee.
Irak (der, -s, kein Plural) vorderasiatischer Staat. Iraker; irakisch.
Iran (der, -s, kein Plural) asiatischer Staat. Iraner; iranisch.
Ira|nist (der, -en, -en) Wissenschaftler der Iranistik.
Ira|nis|tik (die, -, kein Plural) Wissenschaft von der Sprache und Kultur des Iran.
ira|nis|tisch (Adj.) zur Iranistik gehörig.
Ir|bis (der, -ses, -se) (mong.) Schneeleopard.
ir|den (Adj.) aus Ton. Irdengeschirr.
ir|disch (Adj.) die Erde betreffend; weltlich.
Ire|nik (die, -, kein Plural) (griech.) theologische Lehre vom Frieden, die nach Verständigung und Aussöhnung der verschiedenen Konfessionen strebt.
ire|nisch (Adj.) zur Irenik gehörig; friedlich; friedfertig.
ir|gend (Pron.) irgendwer; irgendetwas; irgendein; irgendwann; irgendwas; irgendwelche; irgendwer; irgendwohin; irgendeinmal; irgendjemand; irgend so ein; kommen Sie bitte bald, wenn irgend möglich!
Iri|dek|to|mie (die, -, -n) (griech.) operative Entfernung eines Teils der Iris (Regenbogenhaut) des Auges.
Iri|di|um (das, -s, kein Plural) ein Element; Edelmetall (Abk.: Ir).
Iri|do|lo|gie (die, -, kein Plural) (griech.) Diagnose von Krankheiten aufgrund von Verän-

derungen des Augenhintergrundes. Augendiagnose.
Iris (die, -, -) Regenbogenhaut; Blume.
Irish Coffee (der, -, -s) (engl.) Kaffee mit etwas Whiskey, Zucker und Schlagsahne.
Irish Stew (das, - -(s), - -s) (engl.) klein geschnittenes gekochtes Hammelfleisch mit Weißkohl und Kartoffelstückchen.
iri'sie'ren (V.) (griech.) in den Regenbogenfarben schimmern.
Iri'tis (die, -, -ti'den) Entzündung der Iris des Auges. Regenbogenhautentzündung.
IRK (Abk.) Internationales Rotes Kreuz.
Ir'land (ohne Art., -s, kein Plural) nordwesteuropäische Insel und Staat. Ire; irisch; Nordirland.
Iro'ke'se (der, -n, -n) Angehöriger eines nordamerikanischen Indianerstammes.
Iro'ko (das, -s, kein Plural) (Yoruba) mittelhartes afrikanisches Nutzholz.
Iro'nie (die, -, -n) (griech.) Spott. Adjektiv: ironisch. Verb: ironisieren.
Iro'nym (das, -s, -e) (lat.) eine ironische Wendung als Pseudonym verwenden.
Ir'ra'di'a'ti'on (die, -, -ti'o'nen) (lat.) 1. Ausstrahlung von Schmerzen über den betroffenen Körperteil hinaus. 2. optische Täuschung, bei der eine dunkle Figur auf hellem Grund kleiner erscheint als eine gleich große helle Figur auf dunklem Grund.
ir'ra'di'ie'ren (V.) (lat.) ausstrahlen.
ir'ra'ti'o'nal (Adj.) (lat.) vernunftwidrig; unberechenbar. Irrationalismus; Irrationalzahl.
ir're 1. (Adj.) geistesgestört; großartig. 2. (Adv.) sehr. Es war irre teuer. Irrenanstalt; Irresein; Irrfahrt; Irrgarten; Irrglaube; Irrlehre; Irrsinn; Irrtum; Irrweg; irrenhausreif; irrig; irrsinnig; irrtümlich; irrwitzig; irrsinnigerweise; irrtümlicherweise; irren. *Beachte:* Zusammenschreibung mit Verben! irreführen; irregehen; irreleiten; irremachen; irrewerden. *Aber:* irre sein.
ir're'al (Adj.) (lat.) unwirklich. Irrealität; Irrealis (→ Konjunktiv II!).
ir're'füh'ren (V.) täuschen. Irreführung; *aber:* der Weg führt in die Irre.
ir're'ge'hen (V., ging irre, ist irregegangen) sich täuschen.
ir're'gu'lär (Adj.) (lat.) unregelmäßig. Irregularität.
ir're'lei'ten (V.) falsch leiten; verleiten.
ir're'le'vant (Adj.) (lat.) unbedeutend; unerheblich. Irrelevanz.
ir're'li'gi'ös (Adj.) nicht gläubig. Irreligiosität.
ir're'ma'chen (V.) verwirren.
ir're'pa'ra'bel (Adj.) (lat.) nicht wiederherstellbar.

ir're'ver'si'bel (Adj.) (lat.) nicht umkehrbar. Irreversibilität.
Ir'ri'ga'ti'on (die, -, -ti'o'nen) (lat.) Darmspülung; Einlauf.
Ir'ri'ga'tor (der, -s, -en) (lat.) Spülkanne für Einläufe.
ir'ri'tie'ren (V.) (lat.) verwirren; reizen. Irritation; Irritabilität; irritabel; irritiert.
Irr'wisch (der, -s/-es, -e) Irrlicht; lebhafter Mensch.
Isa'go'gik (die, -, kein Plural) (griech.) Kunst der Einführung (in eine Wissenschaft oder Lehre).
ISBN (Abk.) Internationale Standardbuchnummer.
Is'chä'mie (die, -, -n) (griech.) Blutleere (in einem Organ).
Is'chi'as (der/das, -, kein Plural) (griech.) Hüftschmerzen. Ischiasnerv.
ISDN (Abk.) Integrated Services Digital Network (digitales Datennetz).
Ise'grim (der, -s, -e) Wolf (Fabel); mürrischer Mensch.
Is'lam (der, -s, kein Plural) (arab.) Religion. Islamismus; Islamit; islamisch; islamitisch; islamisieren.
Is'land (ohne Art., -s, kein Plural) Isländer; isländisch.
Is'mus (der, -, -men) eine bloße Theorie; eine der vielen auf -ismus endenden Theorien.
ISO (Abk.) International Organization for Standardization (Internationaler Normenausschuss).
iso.../Iso... (griech.) gleich.../Gleich...
Iso'ba're (die, -, -n) (griech.) Verbindungslinie zwischen Orten mit gleichem Luftdruck (Meteorologie).
Iso'bu'tan (das, -s, kein Plural) (griech.-lat.) ein gesättigter Kohlenwasserstoff.
Iso'chro'ma'sie (die, -, kein Plural) (griech.) gleiche Farbempfindlichkeit (bei fotografischen Schichten).
iso'chro'ma'tisch (Adj.) (griech.) gleich empfindlich für alle Farben (von fotografischen Schichten).
Iso'chro'ne (die, -, -n) (griech.) Verbindungslinie zwischen Orten, an denen eine Naturerscheinung zur gleichen Zeit auftritt.
iso'cyc'lisch (Adj.) (griech.-lat.) ringförmig und nur Kohlenstoffatome aufweisend (von organischen Verbindungen).
Iso'ga'me'ten (die, nur Plural) gleich gestaltete weibliche und männliche Geschlechtszellen.
Iso'ga'mie (die, -, kein Plural) (griech.) Vereinigung von gleich gestalteten männlichen und weiblichen Geschlechtszellen.

Iso|glos|se (die, -, -n) (griech.) Linie, die das Gebiet begrenzt, in dem gleiche sprachliche oder mundartliche Wörter oder Erscheinungen auftreten.
Iso|gon (das, -s, -e) (griech.) regelmäßiges Vieleck.
iso|go|nal (Adj.) (griech.) mit gleichen Winkeln versehen.
Iso|he|lie (die, -, -n) Verbindungslinie zwischen Orten mit gleicher Sonneneinstrahlung.
Iso|hy|e|te (die, -, -n) (griech.) Verbindungslinie zwischen Orten mit gleicher Niederschlagsmenge.
Iso|hyp|se (die, -, -n) (griech.) Verbindungslinie zwischen Orten, die in gleicher Höhe über dem Meeresspiegel liegen. Höhenlinie.
iso|lie|ren (V.) (franz.) abdichten; absondern. Isolation; Isolationismus; Isolationist; Isolationshaft; Isolierung; Isolierstation; Isoliermaterial; Isoliertheit; Isolierzelle; isolationistisch; isoliert.
Iso|li|nie (die, -, -n) (griech.) Verbindungslinie zwischen Orten, die gleiche physikalische, geografische, meteorologische usw. Werte aufweisen oder an denen Naturerscheinungen gleichzeitig auftreten.
iso|mer (Adj.) Isomerie aufweisend.
Iso|me|re (das, -n, -n) (griech.) chemische Verbindung, die trotz gleicher Anzahl gleicher Atome gegenüber anderen Verbindungen infolge abweichender Anordnung der Teilchen eine andere Struktur hat.
Iso|me|rie (die, -, kein Plural) abweichendes chemisches und physikalisches Verhalten eines Isomeren.
Iso|me|t|rie (die, -, -n) (griech.) Längengleichheit. Adjektiv: isometrisch.
iso|morph (Adj.) (griech.) gleichförmig. Isomorphie; Isomorphismus.
Iso|pren (das, -s, kein Plural) (Kunstw.) chemischer Stoff zur Herstellung von synthetischem Kautschuk.
Iso|seis|te (die, -, -n) Verbindungslinie zwischen Orten mit gleicher Erdbebenstärke.
is|os|mo|tisch (Adj.) (griech.) gleichen osmotischen Druck aufweisend (von Lösungen).
Iso|s|ta|sie (die, -, kein Plural) (griech.) Zustand des Gleichgewichts zwischen einzelnen Teilen der Erdkruste.
iso|therm (Adj.) (griech.) gleiche Temperatur aufweisend.
Iso|ther|me (die, -, -n) (griech.) Verbindungslinie zwischen Orten mit gleicher Temperatur zur gleichen Zeit.
Iso|ton (das, -s, -e) (griech.) Atomkern, der gegenüber einem anderen die gleiche Anzahl von Neutronen, aber eine andere Anzahl von Protonen besitzt.
Iso|top (das, -s, -e) (griech.) chemisches Element mit gleicher Ordnungszahl, aber verschiedener Masse. Isotopentherapie; Isotopentrennung; isotop.
Iso|t|ron (das, -s, -e) (griech.) Gerät zum Trennen von Isotopen.
iso|trop (Adj.) (griech.) nach allen Richtungen hin die gleichen physikalischen Eigenschaften aufweisend.
Is|ra|el (ohne Art., -s, kein Plural) Nahoststaat. Israeli; Israelit; israelisch; israelitisch.
Ist|auf|kom|men (auch: Ist-Auf|kom|men) (das, -s, -) tatsächlicher Steuerertrag.
Ist|be|stand (auch: Ist-Be|stand) (der, -s, -stän|de) Kassenbestand.
Isth|mus (der, -, -men) (griech.) Landenge. Adjektiv: isthmisch.
Ist|stär|ke (auch: Ist-Stär|ke) (die, -, -n) Truppengröße.
Ist|wert (auch: Ist-Wert) (der, -s, -e) tatsächlicher Wert (Physik, Mathematik).
it. (Abk.) item (ebenso).
Itai-Itai (das, -, kein Plural) (jap.) durch Einwirkung von Cadmiumsulfat verursachte Krankheit, bei der es zu Nierenschäden und einer Entkalkung des Skeletts kommt.
Ita|la (die, -, kein Plural) älteste, um 200 in Italien entstandene lateinische Bibelübersetzung.
Ita|li|a|nist (der, -en, -en) (lat.) Italienspezialist innerhalb der Romanistik; die italienische Sprache und Literatur erforschender Wissenschaftler. Italianistik.
Ita|li|e|ner (der, -s, -) Einwohner Italiens. *Beachte:* die italienische Schweiz; italienischer Salat. *Aber:* die Italienische Republik; das Italienische (Sprache), *aber:* italienisch (nicht deutsch) sprechen.
ita|lisch (Adj.) (lat.) das antike Italien betreffend.
Ita|lo|wes|tern (der, -, -) Western unter italienischer Regie.
ite|ra|tiv (Adj.) (lat.) wiederholend. Iterativ; Iteration; iterieren.
i. Tr. (Abk.) in der Trockenmasse.
i-Tüp|fel|chen (das, -s, -) i-Punkt; Vollendung.
i. V. (Abk.) in Vertretung; in Vollmacht. *Beachte:* Großschreibung, wenn die Abkürzung nach einem abgeschlossenen Text oder allein vor der Unterschrift steht!
i wo! (Interj.) (ugs.) keinesfalls.
Iw|rith (das, -/-s, kein Plural) Neuhebräisch; Amtssprache in Israel.
Izi|ki (die, nur Plural) (jap.) tiefschwarze, fadendünne Algen (in der Vollwertküche).

J

J (Abk.) Jod (chemisches Zeichen); Joule.
ja (Adv.) Zustimmung; doch; tatsächlich; unbedingt. ja und nein; Ja sagen (*auch:* ja sagen); Ja und Amen sagen (*auch:* ja und amen sagen); ja doch; na ja; ach ja; ja freilich; jawohl. mit einem klaren Ja antworten; mit Ja stimmen. Jasager; Jastimme; Jawort; bejahen.
Jab (der, -s, -s) (engl.) Schlag (Boxen).
Ja'bot (das, -s, -s) (franz.) Rüsche; Spitze.
Jacht (*auch:* Yacht) (die, -, -en) (niederl.) Segelschiff. Jachtclub (*auch:* Yachtclub).
Ja'cke (die, -, -n) Kleidungsstück. Das ist Jacke wie Hose; Jackentasche.
Ja'cket'kro'ne (die, -, -n) Zahnersatz.
Ja'ckett (das, -s, -s) (franz.) Herrenjacke. Jacketttasche (*auch:* Jackett-Tasche).
Jack'pot (der, -s, -s) (engl.) erhöhte Gewinnmöglichkeit (Glücksspiel).
Jac'quard (der, -s, -s) (franz.) Stoff. Jacquardmuster.
Jac'que'rie (die, -, kein Plural) (franz.) Bauernaufstand im Frankreich des 14. Jahrhunderts.
Ja'de (der/die, -, kein Plural) Mineral; Schmuckstein. Adjektiv: jadegrün.
Ja'de'it (der, -s, kein Plural) ein grünes Mineral.
Jagd (die, -, -en) Jagen von Wild; Wettlauf. Jagdaufseher; Jagdbeute; Jagdberechtigung; Jagdbomber; Jagdfieber; Jagdhaus; Jagdgewehr; Jagdgründe; Jagdhorn; Jagdmesser; Jagdrevier; Jagdschloss; Jagdtrophäe; Jägerei; jagdbar; jagdlich; jagdgerecht; jagen.
Jä'ger (der, -s, -) Weidmann; Verfolger. Jägerlatein; Jägerei; Jägerschnitzel; Jägersmann.
Ja'ger'tee (der, -s, -s) (südd.) Tee mit Alkohol.
Ja'gu'ar (der, -s, -s) Raubkatze.
jäh (Adj.) plötzlich; rasch; steil. Jähheit; jählings.
Jahr (das, -s/-es, -e) zwölf Monate; Lebensjahr. Jahr für Jahr; laufenden/nächsten/vorigen/dieses Jahres; Kinder ab sechs Jahre/Jahren; nicht unter 18 Jahren; es ist/sind vier Jahre her; von Jahr zu Jahr; vier Jahre lang. *Aber:* jahrelang; jahraus, jahrein; jahrhundertelang; sechsjährig; 6-jährig; ein Achtzehnjähriger; ein 18-Jähriger; die dreißiger Jahre (*auch:* Dreißigerjahre); die 30er Jahre (*auch:* 30er-Jahre); alljährlich; vierteljährlich; jahrzehntelang. Jahrbuch; Jahresabonnement; Jahresbericht; Jahresbestzeit; Jahresringe; Jahrestag; Jahreswagen; Jahreswende; Jahreszahl; Jahreszeit; Jahrgang; Jahrhundert; Jahrhundertwende; Jahrmarkt; Jahrmillionen; Jahrtausend; Jahrzehnt; Jährchen; jahreszeitlich; sich jähren.
Jah've (*auch:* Jah'we) (ohne Artikel, -s, kein Plural) (hebr.) Gott im A.T.; Jehova (durch Vokaländerung).
Jäh'zorn (der, -s, kein Plural) Wutanfall. Adjektiv: jähzornig.
Jak → Yak.
Ja'ko (der, -s, -s) (franz.) afrikan. Graupapagei.
Ja'ko'bi'ner (der, -s, -) 1. Mitglied der wichtigsten politischen Vereinigung während der Französischen Revolution. 2. (selten) Bezeichnung für französische Dominikaner.
Ja'ko'bi'ner'müt'ze (die, -, -n) die rote Wollmütze der Jakobiner während der Französischen Revolution, die zum Symbol der Freiheit wurde.
ja'ko'bi'nisch (Adj.) die Jakobiner betreffend; zu den Jakobinern gehörend.
Ja'ku'te (der, -n, -n) Angehöriger eines Turkvolkes in Sibirien.
Ja'leo (der, -s, -s) (span.) lebhafter, traditioneller spanischer Tanz.
Ja'lou'set'te (die, -, -n) (franz.) leichte Jalousie (aus Kunststofflamellen).
Ja'lou'sie (die, -, -n) (franz.) Rollladen. Jalousieschrank.
Jam (das, -s, -s) (engl.) Marmelade.
Ja'mai'ka (ohne Art., -s, kein Plural) Karibikinsel und Staat. Jamaikaner; jamaikanisch; Jamaikarum (*auch:* Jamaika-Rum).
Jam'bus (der, -, -ben) (griech.) Versfuß. Adjektiv: jambisch.
James Grieve (der, - -, - -) (engl.) Apfelsorte.
jam'mern (V.) klagen; Mitleid erregen. über etwas jammern; *aber:* Er jammert mich. Jammer; Jammerbild; Jammergestalt; Jammerlappen; Jämmerlichkeit; Jammertal; jämmerlich; jammerschade; jammervoll.
Jams (das, -, -) (pers.-arab.) eine tropische Kletterpflanze mit essbaren Wurzeln.
Jam'ses'sion (*auch:* Jam-Ses'sion) (die, -, -s) (engl.) Zusammenkunft von Jazzmusikern zum gemeinsamen improvisierenden Spiel.
Jan. (Abk.) Januar.
Ja'ni't'schar (der, -en, -en) vom 14. bis zum 17. Jahrhundert Soldat der aus christlichen Kriegsgefangenen und ihren Nachkommen gebildeten türkischen Kerntruppe.
Jan'ker (der, -s, -) (südd.) dicke Trachtenjacke.
Jan'maat (der, -s/-es, -e/-en) (niederl.) scherzhafte Bezeichnung für Matrose.
Jän'ner (der, -/-s, -) (lat.) Januar (bes. in Süddeutschland, Österreich und der Schweiz).

Jan|se|nis|mus (der, -, kein Plural) (lat.) katholisch-theologische Richtung im Frankreich des 17. und 18. Jahrhunderts, die gegen Rom feindlich eingestellt war.
Jan|se|nist (der, -en, -en) (lat.) Anhänger des Jansenismus.
jan|se|nis|tisch (Adj.) (lat.) die Jansenisten betreffend; zu den Jansenisten gehörend.
Ja|nu|ar (der, -s, -e) (lat.) erster Monat (Abk.: Jan.). Januartag.
Ja|nus|kopf (der, -s/-es, -köp|fe) Doppelgesicht. Janusgesicht; janusköpfig.
Ja|pan (ohne Art., -s, kein Plural) asiatischer Inselstaat. Japaner; japanisch.
Ja|pa|no|lo|ge (der, -n, -n) Wissenschaftler der Japanologie.
Ja|pa|no|lo|gie (die, -, kein Plural) Wissenschaft von der japanischen Sprache und Kultur.
jap|sen (V.) (ugs.) nach Luft schnappen. Japser.
Jar|di|ni|e|re (die, -, -n) (franz.) Schale oder Korb für Pflanzen mit Wurzeln.
Jar|gon (der, -s, -s) (franz.) Umgangssprache; Slang. Beamtenjargon.
Jarl (der, -s, -s) (altnord.) königlicher Statthalter (in Skandinavien im Mittelalter); normannischer Edelmann.
Jar|mul|ke (die, -, -s/-ka) (poln.-jidd.) das Samtkäppchen der Juden.
Ja|ro|wi|sa|ti|on (die, -, -ti|o|nen) (russ.-lat.) künstliche Kältebehandlung von Samen und Keimlingen zum Zwecke der Entwicklungsbeschleunigung.
ja|ro|wi|sie|ren (V.) (russ.-lat.) Saatgut einer künstlichen Kältebehandlung aussetzen.
Jasch|mak (der, -s, -s) (türk.) Schleier der wohlhabenden türkischen Frauen.
Jas|min (der, -s, -e) (pers.) Zierstrauch. Jasminblüte.
Jas|per|wa|re (die, -, -n) (engl.) Steingut.
Jas|pis (der, -/-ses, -se) (griech.) Halbedelstein.
Jass (der, Jas|ses, kein Plural) (südd.) Kartenspiel. Jasser; jassen.
Jas|tik (der, -s, -s) (türk.) Vorleger oder als Sitzbelag verwendeter orientalischer Teppich.
Ja|ta|gan (der, -s, -e) türkischer Krummsäbel.
jä|ten (V.) Unkraut herausreißen; beseitigen.
Jau|che (die, -, -n) flüssiger Stalldünger. Jauche(n)fass; Jauche(n)grube; jauchig; jauchen.
jauch|zen (V.) jubeln. Jauchzer.
jau|len (V.) heulen; winseln.
Jau|se (die, -, -n) (südd.) Zwischenmahlzeit. Jausenbrot; Jausenstation; jausen.
Jazz (der, -, kein Plural) (engl.) Musikstil. Jazzband; Jazzfan; Jazzfestival; Jazzgymnastik; Jazzkonzert; Jazzmusik; Jazzrhythmus; Jazzrock; Jazzer, jazzig; jazzen.
je 1. (Adv.) einmal; jeweils. immer, jemals. mehr als je zuvor; seit eh und je. 2. (Präp., Akk.) pro. drei Mark je Person. 3. (Konj.) je … desto; je … umso; je … je. je länger, je lieber. je mehr, desto/umso besser. je nachdem(,) ob/wie. Ich werde ankommen (,) je nachdem wie die Züge fahren.
Jeans (die, nur Plural) (engl.) Baumwollhose. Bluejeans; Jeansrock; Jeansstoff.
Jeck (der, -en, Je|cken) Narr. Adjektiv: jeck (verrückt).
je|den|falls (Adv.) gewiß; wie auch immer.
je|de/-r/-s (Pron., indef.) jeder Einzelne; alle. Das Geld wird am 15. jedes/jeden Monats überwiesen, aber: am 15. eines/jeden Monats. alles und jedes; ein jeder; der/wer; jederart, aber: von jeder Art; jeder gegen jeden; jeder Zehnte; jedermann; jederzeit, aber: zu jeder Zeit; jedesmals, aber: jedes Mal; auf jeden Fall, aber: jedenfalls; ein jeder hat das Recht dazu.
je|doch (Konj.; Adv.) aber; indessen. *Beachte:* Vor »jedoch« steht ein Komma, wenn es als Konjunktion Sätze oder Satzteile verbindet. Er beeilte sich, jedoch erreichte er den Zug nicht mehr. *Aber:* Er kam jedoch zu spät. *Außerdem:* Leitet »jedoch« einen Satz ein, so kann das Komma durch einen Strichpunkt oder Punkt ersetzt werden! Er beeilte sich; jedoch er erreichte den Zug nicht mehr.
Jeep (der, -s, -s) (engl.) kleiner, geländegängiger Kraftwagen mit starkem Motor und Vierradantrieb.
jeg|li|cher (Pron., indef.) jeder.
je|her (Adv.) (nur in der Wendung:) von/seit jeher (schon immer).
Je|ho|va (ohne Artikel, -s, kein Plural) (hebr.) Gott im A. T.
jein (Adv.) (ugs.) halb ja, halb nein.
je|mals (Adj.) irgendwann.
je|mand (Pron., indef.) irgendeiner. jemandes Freund sein; irgendjemand, aber: ein gewisser Jemand; sonst jemand; jemand anders, aber: jemand Fremdes.
Je|men (ohne Art., -s, kein Plural) asiatischer Staat. Jemenit; jemenitisch.
je|mi|ne! (Interj.) (in der Fügung:) o jemine!
je|ne/-r/-s (Pron., demonstr.) diese/-r/-s. mit jenem jungen (nicht: jungem!) Mann. dieses und jenes; dieser und jener; bald dieser, bald jener. über dieses und jenes sprechen; in jener Stunde.
jen|seits (Präp., Gen.) auf der anderen Seite. jenseits der Mauer; Jenseits; Jenseitsglaube; Jenseitigkeit; jenseitig.

Je|rez (der, -, kein Plural) (span.) bernsteinfarbener süßer Wein. Sherry.
Jer|sey 1. (der, -s, -s) (engl.) Stoff. 2. (das, -s, -s) (engl.) Trikot.
Je|su|it (der, -en, -en) katholischer Gelehrter.
Je|sus Peo|ple (die, nur Plural) Anhänger einer religiösen Jugendbewegung.
Jet (der, -s, -s) (engl.) Flugzeug. Jetliner; Jetstream; jetten; sie sind nach Hawaii gejettet.
Jet|lag (das, -s, kein Plural) Erschöpfung durch Zeitverschiebung bei Interkontinentalflügen.
Je|ton (der, -s, -s) (franz.) Spielmarke.
Jet|schwung (der, -s, -schwün|ge) Drehschwung (Skifahren).
Jet|set (der, -s, kein Plural) Gesamtheit von Angehörigen reicher Gesellschaftsschichten (die in Jets durch die Welt reisen).
Jett (der, -s, kein Plural) harte, oft zu Schmucksteinen verarbeitete Braunkohle.
jetzt (Adv.) gegenwärtig; nun. erst jetzt; von jetzt an; jetzig; das Hier und Jetzt; Jetztzeit (Gegenwart).
Jeu (das, -s, -s) (franz.) Glücksspiel, Kartenspiel.
jeu|en (V.) (franz.) in einem Casino, einer Spielbank spielen.
je|wei|lig (Adj.) augenblicklich.
je|weils (Adv.) immer; zu einem bestimmten Zeitpunkt.
Jg. (Abk.) Jahrgang (Plural: Jgg.).
Jh. (Abk.) Jahrhundert.
Jid|disch (das, -/-s, kein Plural) Sprache. Jiddistik; jiddisch.
Jig|ger (der, -s, -) (engl.) 1. kleines Segel am hintersten Mast von Viermastern; damit ausgerüstetes Fischerboot. 2. ein Golfschläger. 3. Färbemaschine (Warenzeichen). 4. Flüssigkeitsmaß für Cocktails.
Jin|gle (der, -s, -s) (engl.) Werbemelodie.
Jin|go|is|mus (der, -, kein Plural) (engl.) englische Bezeichnung für Chauvinismus.
Jit|ter|bug (der, -/-s, kein Plural) (engl.) ein Modetanz (um 1945) mit akrobatischen Figuren (zu Boogie-Woogie).
Jiu-Jit|su (das, -/-s, kein Plural) (jap.) Selbstverteidigung.
Jive (der, -, -s) (engl.) Musikrichtung.
Job (der, -s, -s) (engl.) Beschäftigung; Gelegenheitsarbeit; Arbeitseinheit (EDV). Jobber; Jobkiller; Jobsharing; jobben.
Joch (das, -s/-es, -e) Geschirr; Unterwerfung; Stütze. Jochbein; Jochbogen.
Jo|cket|te (die, -, -n) weiblicher Jockey.
Jo|ckey (auch: Jo|ckei) (der, -s, -s) (engl.) Rennreiter.

Jod (das, -s, kein Plural) (griech.) chemischer Grundstoff (Abk.: J). Jodat; Jodid; Jodoform; Jodquelle; Jodsalz; Jodtinktur; Jodvergiftung; jodhaltig; jodieren.
jo|deln (V.) singen im Wechsel zwischen Kopf- und Bruststimme. Jodler.
Jo|dis|mus (der, -, kein Plural) Jodvergiftung.
Jo|ga → Yo|ga
jog|gen (V.) (engl.) laufen. Jogger; Jogging.
Jo|ghurt (auch: Jo|gurt) (der, -s, -e) Sauermilch. Joghurtbecher (auch: Jogurtbecher); Joghurtpilz (auch: Jogurtpilz).
Jo|gi → Yo|gi
Jo|han|nis|bee|re (die, -, -n) Frucht. Johannisbeerstrauch.
Jo|han|nis|feu|er (das, -s, -) Sonnwendfeuer.
Jo|han|nis|kä|fer (der, -s, -) Leuchtkäfer.
joh|len (V.) schreien. Gejohle.
Joint (der, -s, -s) (engl.) Haschischzigarette.
Joint Ven|ture (das, -s, -s) (engl.) Zusammenschluss von Unternehmen auf internationaler Ebene für die gemeinsame Durchführung eines Projektes.
Jo-Jo (auch: Yo-Yo) (das, -s, -s) (engl.) Geschicklichkeitsspiel.
Jo|ker (der, -s, -) (engl.) Spielkarte; Überraschungseffekt.
Jo|ku|la|tor (der, -s, -en) (lat.) umherziehender Sänger und Spaßmacher (im Mittelalter).
Jo|kus (der, -, kein Plural) (lat.) Spaß; Jux; Ulk.
Jol|le (die, -, -n) kleines Boot.
Jom Kip|pur (der, - -, kein Plural) (hebr.) Versöhnungsfest; hoher jüdischer Feiertag.
Jon|g|leur (der, -s, -e) (franz.) Geschicklichkeitskünstler. Verb: jonglieren.
Jop|pe (die, -, -n) Jacke. Jöppchen.
Jor|da|ni|en (ohne Art., -s, kein Plural) Nahoststaat. Jordanier; jordanisch.
Jo|ru|ri (das, -/-s, -s) (jap.) japanisches Puppenspiel mit Musik.
Jo|ta (auch: Io|ta) (das, -s, -s) (griech.) Buchstabe (I, ι). Wir geben um kein Jota (kein bisschen) nach.
Joule (das, -/-s, -) Energiemaßeinheit (Abk.: J).
Jour (der, -s, -s) (franz.) Empfangstag (früher). Jour fixe: festgesetzter Tag, an dem man sich regelmäßig trifft.
Jour|dienst (der, -s/-es, -e) Bereitschaftsdienst.
Jour fixe (der, - -, -s -s) (franz.) regelmäßiges Treffen an einem bestimmten Wochentag.
Jour|nail|le (die, -, kein Plural) verantwortungslose Journalisten.
Jour|nal (das, -s, -e) (franz.) Zeitschrift; Rechnungsbuch. Journalnummer (Abk.: J.-Nr.).
Jour|na|lis|mus (der, -, kein Plural) Pressewesen. Journalist; Journalistik; journalistisch.

jo|vi|al (Adj.) (lat.) leutselig; gutmütig. Jovialität.
Joy|stick (der, -s, -s) (engl.) Steuerhebel (Computerspiele).
jr. (*auch:* jun.) (Abk.) junior.
ju|beln (V.) sich lautstark freuen. Jubel; Jubelschrei; alle Jubeljahre (selten); Jubelpaar; Jubilar/in; Jubiläum; Jubiläumsausgabe; Jubiläumsfeier; jubilieren.
juch|he! (Interj.) Freudenschrei. juchhei! juchheirassa! juchheißa! *Aber:* mit einem freudigen Juchhe.
Juch|ten (der/das, -s, kein Plural) (russ.) feines Leder. Juchtenleder; Adj.: juchten.
juch|zen (V.) jauchzen. Juchzer.
ju|cken (V.) kribbeln; kratzen; reizen. *Beachte:* Es juckt mich am Kopf. *Aber:* Der Kopf juckt mir/mich. Es juckte ihm/ihn in den Fingern. Jucken; Juckpulver; Juckreiz.
Ju|da|i|ka (die, nur Plural) Bücher. Bilder über das Judentum.
Ju|da|is|mus (der, -, kein Plural) (nlat.) jüdische Religion; streng am mosaischen Gesetz orientierte Richtung im Urchristentum.
Ju|da|is|tik (die, -, kein Plural) (nlat.) Wissenschaft von der jüdischen Geschichte und Kultur.
Ju|das (der, -, -se) Verräter. Judaskuss; Judaslohn.
Ju|de (der, -n, -n) Hebräer; Israelit. Jüdin; der Ewige Jude; Judengegner; Judenheit; Judenstern; Judentum; Judenverfolgung; jüdisch.
Ju|di|ka|ti|ve (die, -, kein Plural) richterliche Gewalt.
Ju|di|ka|tur (die, -, -en) Rechtsprechung.
Ju|do 1. (der, -s, -s) (Kurzw.) Jungdemokrat. 2. (das, -/-s, kein Plural) (jap.) Kampfsport. Judogriff; Judoka.
Ju|gend (die, -, kein Plural) Lebensphase, junge Leute. Jugendamt; Jugendarbeitslosigkeit; Jugendbewegung; Jugenderinnerung; Jugendfreund; Jugendherberge; Jugendkriminalität; Jugendliche; Jugendlichkeit; Jugendliebe; Jugendorganisation; Jugendschutz; Jugendstil; Jugendsünde; Jugendzentrum. Adjektive: jugendfrei; jugendgefährdend; jugendlich.
Ju|gend|bild (das, -s, -er) Porträt aus der Jugendzeit.
Ju|gend|bri|ga|de (die, -, -n) sozialistische Jugendgruppe.
Ju|gend|buch (das, -s, -bü|cher) Literatur für Jugendliche.
Ju|gend|buch|ver|lag (der, -s, -e) Verlag für Jugendbücher.
Ju|gend|elf (die, -, -en) Jugendmannschaft mit elf Spielern.
Ju|gend|funk (der, -es, kein Plural) Rundfunkprogramm für Jugendliche.
Ju|gend|für|sor|ge (die, -, -n) Jugendamt.
Ju|gend|ge|richt (das, -s, -e) Gericht für jugendliche Straftäter.
Ju|gend|grup|pe (die, -, -n) Jugendkreis.
Ju|gend|heim (das, -s, -e) Jugendclub; Erziehungsheim; Wohnheim für Jugendliche.
Ju|gend|her|ber|ge (die, -, -n) meist sehr einfach ausgestattete Unterkunftsstätte, bes. für Jugendliche auf Wanderungen und Reisen.
Ju|gend|her|bergs|mut|ter (die, -, -müt|ter) Leiterin einer Jugendherberge.
Ju|gend|her|bergs|va|ter (der, -s, -vä|ter) Leiter einer Jugendherberge.
Ju|gend|her|bergs|ver|band (der, -es, -bän|de) Zusammenschluss der Jugendherbergen.
Ju|gend|jah|re (die, -, kein Plural) Jugendzeit.
Ju|gend|li|te|ra|tur (die, -, kein Plural) Bücher für Jugendliche.
Ju|gend|mann|schaft (die, -, -en) Mannschaft mit jugendlichen Spielern.
Ju|gend|schrift|stel|ler (der, -s, -) Autor, der für Jugendliche schreibt.
Ju|gend|sen|dung (die, -, -en) Programm in TV oder Radio für Jugendliche.
Ju|gend|stra|fe (die, -, -n) vermindertes Strafmaß aufgrund des jungen Alters des Verurteilten.
Ju|gend|traum (der, -s, -träu|me) großer Wunsch, den man als Jugendlicher hat. die Erfüllung seines Jugendtraums.
Ju|gend|ver|band (der, -s, -bän|de) Jugendorganisation; Untergruppierung eines Verbandes für Jugendliche.
Ju|gend|vor|stel|lung (die, -, -en) Vorstellung für Jugendliche.
Ju|gend|wei|he (die, -, -n) feierliche Veranstaltung beim Eintritt Jugendlicher in das Erwachsenenalter.
Ju|gend|wohn|heim (das, -s, -e) Wohnheim für Jugendliche.
Ju|gos|la|wi|en (ohne Art., -s, kein Plural) ehem. Balkanstaat. Jugoslawe; jugoslawisch.
Juice (der/das, -, -s) (engl.) Saft.
Juke|box (die, -, -es) (engl.) Schallplattenautomat.
Jul (das, -s, kein Plural) (altnord.) 1. germanisches Fest der Wintersonnenwende. 2. Weihnachtsfest in Skandinavien.
Ju|lep (der/das, -s, -s) (pers.-arab.-griech.-engl.) besonders in den angelsächsischen Ländern beliebtes alkoholisches Erfrischungsgetränk.

Jul'fest (das, -s/-es, -e) Fest zur Wintersonnenwende (Weihnachten in Skandinavien).
Ju'li (der, -/-s, -s) (lat.) siebenter Monat. Julirevolution.
Jul'klapp (der, -s, kein Plural) (schwed.) skandinavische Sitte, am Weihnachtsabend verpackte Geschenke ins Zimmer zu werfen und dazu »Julklapp!« zu rufen, ohne sich zu zeigen; das Geschenk selbst.
Jum'bo (der, -s, -s) (engl.) Großraumflugzeug. Jumbojet.
Ju'me'lage (die, -, -n) (franz.) Städtepartnerschaft zwischen Städten verschiedener Länder.
jum'pen (V.) (engl.) springen. Jumpsuit.
jun. *(auch:* jr.) (Abk.) junior.
jung (Adj.; jünger, am jüngsten) nicht alt; jugendlich; neu; frisch. Alt und Jung (alle, jedermann), Junge und Alte; die jüngste meiner Töchter, *aber:* meine Jüngste; von jung an/auf; alle Jungen; alle Jüngeren. Jungbrunnen; Jungdemokrat; (der/das) Junge; Jungenhaftigkeit; Jungenstreich; Jungholz; Jüngling; Jünglingsalter; Jungpflanze; Jungsozialist; Jungtier; Jungverheiratete, *aber:* ein jung verheiratetes *(auch:* jungverheiratetes) Paar; Jungvolk; Jungwähler. Adjektive: jungenhaft; jüngling(s)haft; in jüngster Zeit, *aber:* das Jüngste Gericht; der Jüngste Tag; jüngstvergangen.
Jün'ger (der, -s, -) Anhänger. Jüngerin; Jüngerschaft.
Jung'frau *(auch:* Jung'fer) (die, -, -en) sexuell unberührte Frau. Jungfräulichkeit; Jungfernfahrt; Jungfernflug; Jungfernhäutchen; Jungfernkranz; jungfräulich; jüngferlich; jungfernhaft.
Jung'ge'sel'le (der, -n, -n) unverheirateter Mann. Junggesellendasein; Junggesellenwirtschaft.
Jung're'dak'teur (der, -s, -e) Anfänger als Redakteur.
Jung'stein'zeit (die, -, kein Plural) Neolithikum.
Jung'un'ter'neh'mer (der, -s, -) Neuling als Unternehmer.
Ju'ni (der, -(s), -s) (lat.) sechster Monat. Junikäfer.
Ju'ni'or (der, -s, -en) (lat.) der Jüngere; Sohn; Jugendlicher. Juniorchef; Juniorenmannschaft; Juniorenmeisterschaft; Juniorin; Juniorpartner; junior (Abk.: jun./jr.).
Ju'ni'pe'rus (die, -, kein Plural) (lat.) Wacholder (als Heilpflanze).
Jun'ker (der, -s, -) Adeliger. Junkerschaft; Junkertum; junkerlich; junkerhaft.
Junk'art (die, -, -s) (engl.) moderne Kunstform.
Junk'food (das, -, -) (engl.) nährstoffarmes Essen.

Jun'kie (der, -s, -s) (engl.) Drogenabhängiger.
Junk'tim (das, -s, -s) (lat.) Verknüpfung von politischen Vorhaben. Junktimsvorlage.
ju'no'nisch (Adj.) (lat.) von erhabener Schönheit; von stattlicher Schönheit, wie die altrömische Göttin Juno.
Jun'ta (die, -, -ten) (span.) Regierungsausschuss. Militärjunta.
Ju'pi'ter (der, -s, kein Plural) Planet. Jupitermonde.
Ju'pon (der, -s, -s) (schweiz.-franz.) knöchellanger Unterrock; Unterrock.
Ju'ra 1. (der, -s, kein Plural) geologisches Zeitalter; Gebirge. Juraformation; jurassisch. 2. (ohne Artikel) (lat.) Rechte; Rechtswissenschaft. Jurastudent; Jurastudium.
Ju'ris'dik'ti'on (die, -, -ti'o'nen) (lat.) Rechtsprechung.
Ju'ris'pru'denz (die, -, kein Plural) (lat.) Rechtswissenschaft.
Ju'rist (der, -en, -ris'ten) (lat.) Rechtsgelehrter. Juristerei; Juristendeutsch; juristisch.
Jur'te (die, -, -n) (türk.) rundes Filzzelt mittelasiatischer Nomaden.
Ju'ry (die, -, -s) (franz.) Sachverständigenausschuss; Preisgericht. Juror; juryfrei.
Jus (die, -, kein Plural) (schweiz.) Soßengrundlage aus eingekochten Kalbsknochen; Fruchtsaft.
Ju'so (der, -s, -s) (Kurzw.) Jungsozialist.
just (Adv.) eben; gerade.
jus'tie'ren (V.) (lat.) einstellen; einpassen. Justierer; Justierung; Justierschraube; Justierwaage.
jus'ti'fi'zie'ren (V.) (lat.) rechtfertigen. Justifikation; Justifikatur.
Jus'ti'zi'ar *(auch:* Jus'ti'ti'ar) (der, -s, -e) (lat.) Rechtsbeistand. Justiziariat *(auch:* Justitiariat).
Jus'tiz (die, -, kein Plural) (lat.) Rechtspflege. Justizbeamte; Justizirrtum; Justizminister; Justizmord; Justizpalast; Justizvollzugsanstalt.
Ju'te (die, -, kein Plural) Bastfaser. Jutespinnerei; Jutesack.
ju've'na'lisch (Adj.) (lat.) satirisch; spöttisch.
ju've'nil (Adj.) (lat.) jugendlich.
Ju'wel (der/das, -s, -en) Edelstein; Schmuckstück; Kostbarkeit. Juwelenraub; Juwelier; Juweliergeschäft.
Jux (der, -es, -e) (lat.) Spaß; Scherz. Verb: juxen.
Jux'ta (die, -, -ten) (lat.) Kontrollstreifen (Wertpapier; Lotterielos).
Jux'ta'po'si'ti'on (die, -, -ti'o'nen) (lat.) 1. Anlagerung kleinster Teilchen an Kristalle. 2. Zusammenrückung, enge Nebeneinanderstellung von Wörtern (z. B. Hans Guckindieluft).

K

k (Abk.) Karat.
K (Abk.) Kalium (chemisches Zeichen); Kelvin (Maßeinheit).
Ka'a'ba (die, -, kein Plural) (arab.) islamisches Heiligtum (Mekka).
Ka'ba'che (die, -, -n) (russ.) 1. Hütte ohne Komfort. 2. anrüchiges Lokal; Kneipe.
Ka'ba'le (die, -, -n) (hebr.) Intrige.
Ka'ba'list (der, -en -en) (hebr.-franz.) Intrigant; hinterlistiger Gegner.
Ka'ba'nos'si (die, -, -) (ital.) Wurst.
Ka'ba'rett (auch: Ca'ba'ret) (das, -s, -s) (franz.) Kleinkunstbühne. Kabarettist; kabarettistisch.
Ka'ba'rett'ti'er (der, -s, -s) (franz.) Inhaber oder Leiter eines Kabaretts.
Ka'bäus'chen (das, -s, -) kleines Haus, Zimmer.
Kab'ba'la (die, -, kein Plural) (hebr.) jüdische Mystik. Adjektiv: kabbalistisch.
Kab'ba'list (der, -en, -en) Anhänger, Kenner der Kabbala.
Kab'ba'lis'tik (die, -, kein Plural) Lehre der Kabbala.
kab'beln (V.) (nordd.) streiten. Kabbelei; Kabbelung.
Ka'bel (das, -s, -) Leitung; Drahtseil. Kabelanschluss; Kabelfernsehen; Kabelleitung; Kabeltrommel; kabeln.
Ka'bel'jau (der, -s, -s/-e) (niederl.) Fisch.
Ka'bi'ne (die, -, -n) (franz.) kleiner Raum; Gondel. Kabinenbahn; Kabinenroller.
Ka'bi'nett (das, -s, -e) (franz.) Nebenraum; Ministerrat. Kabinettsbeschluss; Kabinettskrise; Kabinettssitzung; Kabinettsumbildung; Kabinettstück; Kabinettwein.
Ka'bo'ta'ge (die, -, kein Plural) (franz.) 1. Küstenschifffahrt zwischen den Häfen desselben Staates. 2. Luftverkehr im Hoheitsgebiet eines fremden Staates.
Ka'b'rio → Ca'b'rio.
Ka'buff (das, -s, -s/-e) (ugs.) dunkler Raum.
Ka'bu'ki (das, -/-s, -/-s) japanisches Volksschauspiel mit Musik und Tanz.
Ka'bü'se (die, -, -n) (nordd.) Kammer.
Ka'by'le (der, -n, -n) Angehöriger eines Berbervolkes.
Ka'ch'ek'ti'ker (der, -s, -) jmd., der an Kachexie leidet.

Ka'chel (die, -, -n) Fliese. Kachelofen; kacheln.
Ka'ch'e'xie (die, -, -n) (griech.) allgemeiner Kräfteverfall.
Ka'cke (die, -, kein Plural) (ugs.) Kot. Kacker; kacken.
Ka'da'ver (der, -s, -) (lat.) Aas. Kadavergehorsam.
Ka'da've'rin (auch: Ca'da've'rin) (das, -s, kein Plural) (lat.) Leichengift.
Ka'denz (die, -, -en) (ital.) Akkordfolge; Improvisation. Verb: kadenzieren.
Ka'der (der, -s, -) (franz.) Mannschaft; Truppe; Elite. Kaderpartei.
Ka'dett (der, -en, -en) (franz.) Offiziersanwärter; (ugs.) Kerl. Kadettenschule.
Ka'di (der, -s, -s) (arab.) Richter; Gericht.
Kad'mi'um (auch: Cad'mi'um) (das, -s, kein Plural) chemischer Grundstoff (Abk.: Cd). Kadmiumvergiftung; kadmieren.
ka'du'zie'ren (V.) (lat.) bei Zahlungsverzug geleistete Einlagen und Bürgschaften als verfallen erklären (Rechtsw.).
Ka'du'zie'rung (die, -, -en) (lat.) Verfallserklärung getätigter Einlagen bei Zahlungsverzug (Rechtsw.).
Kä'fer (der, -s, -) Insekt; (ugs.) Volkswagen.
Kaff (das, -s, -s/-e) (ugs.) Dorf.
Kaffee (der, -s, -s) Getränk; Frucht. Kaffeebohne; Kaffee-Ernte (auch: Kaffeeernte); Kaffee-Ersatz (auch: Kaffeeersatz); Kaffee-Extrakt (auch: Kaffeeextrakt); Kaffeefilter; Kaffeekanne; Kaffeelöffel; Kaffeemaschine; Kaffeesorte; Kaffeestrauch; Kaffeetasse; Kaffeewärmer.
Kaf'fer 1. (der, -n, -n) (arab.) Angehöriger eines südafrikanischen Bantuvolkes. 2. (der, -s, -) (jidd.) Dummkopf; Trottel.
Kaf'fern'büffel (der, -s, -) afrikanisches Rind.
Kä'fig (der, -s, -e) Gehege; Vogelbauer. Käfighaltung; faradayscher Käfig.
Ka'fil'ler (der, -s, -) (hebr.-jidd.) Schinder; Abdecker in der Gaunersprache.
Ka'fil'le'rei (die, -, kein Plural) (hebr.-jidd.) Abdeckerei in der Gaunersprache.
Ka'fir (der, -s, -en) (arab.) Einer, der nicht dem islamischen Glauben angehört.
kaf'ka'esk (Adj.) unerklärlich; rätselhaft; unheimlich; bedrohlich; im Stil Kafkas.
Kaf'tan (der, -s, -e) (pers.) langes Obergewand.
kahl (Adj.) leer; glatzköpfig. Kahlfraß; Kahlheit; Kahlhieb; Kahlkopf; Kahlschlag; kahlköpfig; kahl sein/werden; kahl fressen (auch: kahlfressen); kahl scheren (auch: kahlscheren); kahl schlagen (auch: kahlschlagen).
Kahn (der, -s, Käh'ne) Boot. Kahnfahrt, aber: Kahn fahren; Kähnchen.

Kai (der, -s, -s/-e) (niederl.) Schiffsanlegestelle; Uferdamm. Kaimauer.
Ka'ik (der, -s, -s) (türk.) Ruderboot; leichtes Küstenfahrzeug.
Kai'man (der, -s, -e) (indian.) Krokodil.
Kains'mal (*auch:* Kains'zei'chen) (das, -s, -e) Zeichen der Schuld.
kai'ro'phob (Adj.) (griech.) Situationsangst empfindend (Psychol., Med.).
Kai'ro'pho'bie (die, -, -n) (griech.) Situationsangst (Psychol., Med.).
Kai'ros (der, -, -roi) (griech.) 1. günstiger Moment; entscheidender Augenblick; richtiger Zeitpunkt (Philos.). 2. Zeitpunkt der Entscheidung.
Kai'ser (der, -s, -) Herrscher. Kaiseradler; Kaiserfleisch; Kaiserin; Kaiserinmutter; Kaiserjäger; Kaiserkrone; Kaisermantel; Kaiserreich; Kaisersemmel; Kaisertum; kaiserlich; kaiserlich-königlich (Abk.: k. k.).
Kai'ser'ling (der, -s, -e) Pilz.
Kai'ser'schmar'ren (der, -s, -) (südd.) Mehlspeise.
Kai'ser'schnitt (der, -s, -e) operative Entbindung.
Ka'jak (der/das, -s, -s) Paddelboot. Kajakeiner; Kajakzweier.
Ka'je (die, -, -n) (niederl.) Uferbefestigung. Schutzwall gegen Überschwemmungen.
Ka'jü'te (die, -, -n) Schiffswohnraum. Kajütboot; Kajütdeck.
Ka'ka'du (der, -s, -s) Papagei.
Ka'kao (der, -s, -s) (span.) Getränk; Frucht. Kakaobaum; Kakaobutter; Kakaogetränk; Kakaopulver.
Ka'ke'mo'no (das, -s, -s) (jap.) Seiden-, Papiermalerei.
Ka'ker'lak (der, -s/-en, -en) *auch:* Ka'ker'lake (die, -, en) (niederl.) Küchenschabe.
Ka'ki (*auch:* Kha'ki) (das/der, -, kein Plural) (pers.) Erdfarbe; Stoff. Kakijacke (*auch:* Khakijacke); Kakiuniform (*auch:* Khakiuniform); kakibraun (*auch:* khakibraun), *aber:* eine Bluse in Kakibraun (*auch:* Khakibraun); kakifarben (*auch:* khakifarben); kakifarbig (*auch:* khakifarbig).
Ka'k'id'ro'se (die, -, -n) (griech.-lat.) stinkende Schweißsekretion.
Ka'ko'fo'nie (*auch:* Ka'ko'pho'nie) (die, -, -n) (griech.) schlecht klingende Folge von Tönen oder Lauten; Missklang.
Kak'ta'ze'en (die, nur Plural) (griech.-lat.) Pflanzenfamilie der Kaktusgewächse.
Kak'tus (*auch:* Kak'tee) (der, -, -te'en) eine (sub)tropische Pflanze. Kaktusfeige; Kaktusblüte; Kakteenerde.

Ka'la-Azar (die, -, kein Plural) (Hindi) tropische Infektionskrankheit.
Ka'la'b're'se (der, -n, -n) Einwohner von Kalabrien; Kalabrier.
Ka'la'b're'ser (der, -s, -) (ital.) breitkrempiger Filzhut mit spitzem Kopf.
Ka'la'fa'ti (der, -, kein Plural) (ital.) Ringelspielfigur (Wiener Prater).
Ka'la'mai'ka (die, -, -ken) (russ.) Tanz.
Ka'la'mit (der, -en, -en) (griech.) baumhoher Schachtelhalm des Karbons.
Ka'la'mi'tät (die, -, -en) (lat.) Notlage; Verlegenheit.
Ka'lan'der (der, -s, -) (franz.) Walzenmaschine. Verben: kalandern; kalandrieren.
Ka'la'sche (die, -, -n) (russ.) Schläge, eine Tracht Prügel.
ka'la'schen (V.) (russ.) prügeln.
Ka'lasch'ni'kow (die, -, -s) eine Maschinenpistole russischer Bauart.
Ka'la'si'ris (die, -, -) (ägypt.-griech.) Frauen- und Männergewand im antiken Griechenland und Ägypten.
Ka'lau'er (der, -s, -) (franz.) Wortspiel; Witz. Verb: kalauern.
Kalb (das, -s/-es, Käl'ber) Jungrind. Kälbchen; Kalb(s)fell; Kalbfleisch; Kalbsbraten; Kalbsbrust; Kalbshachse; Kalbsleberwurst; Kalb(s)leder; Kalbsmedaillon; Kalbschnitzel; Kalbssteak; Kälbermagen; kalben.
kal'bern (V.) herumalbern.
Kal'da'ri'um (das -s, -ri'en) (lat.) 1. heißes Bad im antiken Rom. 2. (veraltet) warmes Gewächshaus.
Kal'dau'ne (die, -, -n) (lat.) Innereien; Eingeweide.
Ka'le'bas'se (die, -, -n) (span.-franz.) aus einem ausgehöhlten Flaschenkürbis hergestelltes Gefäß.
Ka'lei'do's'kop (das, -s, -e) (griech.) Spielzeug mit optischen Effekten; Bilderfolge. Adjektive: kaleidoskopisch.
Ka'lei'ka (das, -s, kein Plural) (poln.) Umstand. Aufheben.
Ka'len'der (der, -s, -) Zeitrechnung. Kalenderblatt; Kalendergeschichte; Kalenderjahr; Kalendermonat; Kalenderspruch; Kalenderuhr; Adventskalender; der hundertjährige Kalender; der gregorianische Kalender; Kalendarium; kalendarisch.
Ka'le'sche (die, -, -n) (poln.) leichte, vierrädrige Kutsche.
Kal'fak'ter (*auch:* Kal'fak'tor) (der, -s, -) (lat.) Hilfsdiener; Denunziant.
kal'fa'tern (V.) (niederl.) Fugen abdichten. Kalfaterung; Kalfathammer.

Ka|li (das, -s, -s) (arab.) Kaliumsalze. Kalidünger; Kalibergbau; Kaliindustrie; Kalilauge; Kalisalpeter; Kalisalz.
Ka|li|an (der/das, -s, -e) (pers.) Wasserpfeife.
Ka|li|ban (der, -s, -e) grober, primitiver Mensch; Rohling.
Ka|li|ber (das, -s, -) (griech.) Durchmesser; (ugs.) Art. Kalibermaß; großkalibrig; kalibrieren.
Ka|lif (der, -en, -en) (arab.) Herrscher. Kalifat; Kalifentum.
Ka|li|ko (der, -s, -s) dichter Baumwollstoff (nach der ostindischen Stadt Kalikut).
Ka|li|um (das, -s, kein Plural) chemischer Grundstoff (Abk.: K). Kaliumbromid; Kaliumchlorat; Kaliumhydroxid; Kaliumkarbonat; Kaliumsulfat; Kaliumverbindung; Kaliumzyanid (Zyankali).
Ka|li|um|per|man|ga|nat (das, -s, kein Plural) übermangansaures Kalium.
Ka|lix|ti|ner (der, -s, -) (lat.) den Kelch beim Abendmahl fordernder Anhänger der gemäßigten Fraktion der Hussiten.
Kalk (der, -s, -e) Gestein; Baustoff. Kalkalpen; Kalkboden; Kalkgrube; Kalkfarbe; Kalkmangel; Kalkmörtel; Kalkofen; Kalkstein; Kalkwasser; kalkig; kalkweiß; kalken.
Kal|kül (der/das, -s, -e) (franz.) Berechnung; Überlegung. etwas ins Kalkül ziehen.
kal|ku|la|bel (Adj.) kalkulierbar; berechenbar.
Kal|ku|la|ti|on (die, -, -ti|o|nen) (lat.) Kostenberechnung. Kalkulator; kalkulatorisch; kalkulierbar; kalkulieren.
Kal|li|graf (auch: Kal|li|graph) (der, -en, -en) (griech.) Schönschreiber. Kalligrafie (auch: Kalligraphie); kalligrafisch (auch: kalligraphisch).
kal|lös (Adj.) auf einem Kallus beruhend; von Kallus überzogen.
Kal|lus (der, -, -lus|se) (lat.) an Wundrändern von Pflanzen und an heilenden Knochenbrüchen neu entstandenes Gewebe.
Kal|mar (der, -s, -e) (griech.-lat.) Kopffüßer. Tintenfisch.
Kal|me (die, -, -n) (franz.) Windstille. Kalmengürtel; Kalmenzone.
kal|mie|ren (V.) (franz.) beruhigen.
Kal|mück (der, -en, -mü|cken) Angehöriger eines westmongolischen Volkes.
Kal|mus (der, -, -mus|se) (griech.-lat.) ein Aronstabgewächs; Zier- und Heilpflanze.
Ka|lo|rie (die, -, -n) (lat.) Maßeinheit (Abk.: cal). Kaloriengehalt; Kalorienbedarf; kalorienarm; kalorienbewusst.
Ka|lo|rik (die, -, kein Plural) (lat.) Wärmelehre. Kalorimeter; Kalorimetrie; kalorisch; kalorisieren.
Ka|lo|ri|me|ter (das, -s, -) (lat.-griech.) Gerät zum Messen von Wärmemengen.
Ka|lo|ri|me|t|rie (die, -, kein Plural) (lat.-griech.) das Messen von Wärmemengen. Adjektiv: kalorimetrisch.
ka|lo|ri|sie|ren (V.) (lat.) mit einem Mittel gegen Rost und Korrosion überziehen.
Ka|lot|te (die, -, -n) (franz.) Käppchen; Kuppel; Schädeldach.
Kal|pak (der, -s, -s) (türk.) Lammfellmütze.
kalt (Adj.; kälter, kälteste) von niedriger Temperatur; gefühlsarm. kalte Küche; der Kalte Krieg; jemandem die kalte Schulter zeigen; mein Zahn reagiert auf kalt und warm; das Wetter soll kalt bleiben; kannst du den Sekt kalt (ins Kalte) stellen (auch: kaltstellen). *Aber immer:* Zusammenschreibung, wenn eine neue, übertragene Bedeutung entsteht! kaltbleiben (sich nicht aufregen); kaltlassen (nicht beeindrucken); kaltmachen (töten); kaltstellen (handlungsunfähig machen); kaltschweißen; kaltwalzen. Kaltblut; Kaltblütigkeit; Kälte; Kälteeinbruch; Kältegrad; Kälteperiode; Kältesturz; Kaltfront; Kaltherzigkeit; Kaltluft; Kaltmamsell; Kaltmiete; Kaltschale; Kaltschnäuzigkeit; Kaltstart; Kaltwasserbehandlung. Adjektive: kaltblütig; kaltgeschlagen (auch: kalt geschlagen); kaltgeschleudert (auch: kalt geschleudert); kaltherzig; kaltlächelnd (auch: kalt lächelnd); kaltschnäuzig.
Ka|lu|met (das, -s, -s) (franz.) Friedenspfeife (der nordamerikanischen Indianer).
Kal|va|ri|en|berg (der, -s, -e) Wallfahrtshügel; Kreuzigungsgruppe.
Kal|vi|nis|mus → Cal|vi|nis|mus.
Ka|ly|kan|thus (der, -, kein Plural) (griech.) ein Gartenzierstrauch. Gewürzstrauch.
Ka|lyp|t|ra (die, -, -tren) (griech.) Hülle um die Wurzelspitze (Farn- und Samenpflanzen); Hülle der Sporenkapsel (Laubmoose).
Kal|ze|o|la|rie (die, -, -n) (lat.) Pantoffelblume.
kal|zi|fi|zie|ren (V.) (lat.) verkalken.
Kal|zi|um (auch: Cal|ci|um) (das, -s, kein Plural) chemischer Grundstoff (Abk.: Ca). Kalziumkarbonat; Kalziumchlorid; Kalziumkarbid; Kalziumphosphat (Düngemittel); Kalziumsulfat (Gips); Kalzinierung; Kalzinierofen; Kalzit (Kalkspat); kalzinieren.
Ka|ma|ril|la (die, -, kein Plural) (span.) Günstlingspartei in der Umgebung eines Herrschers mit schädlichem Einfluss.
Ka|ma|su|t|ra (das, -, kein Plural) (sanskr.) Liebeslehre.
Kam|bi|um (das, -s, -bi|en) (lat.) das Dickenwachstum der Pflanzen veranlassendes Bildungsgewebe.

Kam'bo'd'scha (ohne Art., -s, kein Plural) asiatischer Staat. Kambodschaner; kambodschanisch.
Kam'b'rik (der, -s, kein Plural) (engl.) Gewebe. Kambrikbatist.
kam'b'risch (Adj.) zum Kambrium gehörig.
Kam'b'ri'um (das, -s, kein Plural) (kelt.) unterste Formation des Paläozoikums.
Ka'mee (die, -, -n) (franz.) Halbedelstein mit erhaben geschnittenem Bild.
Ka'mel (das, -s, -e) (griech.) Höckertier. Kamelgarn; Kamelhaar; Kameltreiber.
Ka'me'lie (die, -, -n) Pflanze.
Ka'mel'le (die, -, -n) Karamellbonbon. Er erzählt nur alte/olle Kamellen (Altbekanntes, Überholtes).
Ka'me'lott (der, -s, -e) (franz.) Wollstoff.
Ka'me'ra (die, -, -s) (lat.) Fotoapparat; Filmgerät. Kameraauge; Kameraeinstellung; Kameraführung; Kamerafrau; Kameramann; Kamerateam.
Ka'me'rad (der, -en, -en) (franz.) Gefährte; Freund. Kameradin; Kameradschaft; Kameradschaftlichkeit; Kameradschaftsehe; Kameradschaftsgeist; kameradschaftlich.
Ka'me'run (ohne Art., -s, kein Plural) afrikanischer Staat; Kameruner; kamerunisch.
ka'mie'ren (V.) ausweichen (Fechten).
Ka'mi'ka'ze (der, -, -) (jap.) Selbstmordkommando. Kamikazepilot.
Ka'mil'le (die, -, -n) (griech.) Heilpflanze. Kamillenblüte; Kamillentee.
Ka'min (der, -s, -e) (griech.) Schornstein; offene Feuerstelle; Felsspalt. Kaminfeger; Kaminfeuer; Kaminkehrer; kaminieren.
Ka'mi'sol (das, -s, -e) (franz.) Weste.
Kamm (der, -s, Käm'me) Frisiergerät. Hautlappen (Hahn); Bergrücken. Kammgarn; Kammgras; Kammlage; Kammweg; Kämmmaschine; Kammmacher; kämmen.
Kam'mer (die, -, -n) Raum; Vereinigung; Parlament. Kammerchor; Kammerdiener; Kämmerei; Kämmerer; Kammerfrau; Kammerherr; Kammerjäger; Kammerjungfer; Kammerkonzert; Kammermusik; Kammerorchester; Kammersänger; Kammerspiel; Kammerzofe; Kämmerchen; Kämmerlein.
Ka'mö'ne (die, -, -n) (lat.) italienische Quellnymphe. Muse.
Ka'mor'ra → Ca'mor'ra.
Kamp (der, -s, Käm'pe) (lat.) (nordd.) Stück Land.
Kam'pa'g'ne (die, -, -n) (franz.) Aktion. Wahlkampagne.
Kam'pa'la (kein Artikel, kein Plural) Hauptstadt von Uganda.
Kam'pa'ni'le (der, -, -) (ital.) Glockenturm.
Käm'pe (der, -n, -n) Kämpfer.
kam'peln (V., refl.) sich streiten. Kampelei.
Kampf (der, -s/-es, Kämp'fe) Auseinandersetzung; Wettkampf. Kampfabstimmung; Kampfansage; Kampfanzug; Kampfbahn; Kampfeslust; Kampffähigkeit; Kampffisch; Kampfflieger; Kampfflugzeug; Kampfgericht; Kampfhandlung; Kampfkraft; Kampfmoral; Kampfplatz; Kampfpause; Kampfrichter; Kampfstoff; Kampfunfähigkeit; Kampfwagen; Kämpferin; Kämpfernatur. Adjektive: kampfbegierig; kampfbereit; kampfbetont; kämpferisch; kampflustig; kampffähig; kampflos; kampfstark; kampfunfähig. Verben: kämpfen; bekämpfen; niederkämpfen.
Kamp'fer (der, -s, kein Plural) (sanskr.-lat.) aus dem Holz eines ostasiatischen Baumes hergestelltes Heil- und Desinfektionsmittel.
kam'pie'ren (V.) (franz.) im Freien übernachten.
Kam'put'sche'a'ner (der, -s, -) = Kambodschaner.
Kam'sin (der, -s, -e) (arab.) heißer Wüstenwind (in Ägypten).
Ka'muf'fel (das, -s, -) (ugs.) Dummkopf.
Ka'na'da (ohne Art., -s, kein Plural) nordamerikanischer Staat. Kanadier; kanadisch.
Ka'na'da'bal'sam (der, -s, kein Plural) Harz.
Ka'na'di'er (der, -s, -) Einwohner Kanadas; Kanu.
Ka'nail'le (die, -, -n) (franz.) Schurke; Gesindel.
Ka'na'ke (der, -, -n) (polynes.) Bewohner der polynesischen und Südseeinseln.
Ka'nal (der, -s, -nä'le) künstlicher Wasserlauf; Frequenzbereich; Informationsweg. Kanalarbeiter; Kanalbau; Kanaldeckel; Kanalratte; Kanalräumer; Kanalschacht; Kanalschleuse; Kanalwähler.
Ka'na'li'sa'ti'on (die, -, -ti'o'nen) System der Abwasserbeseitigung. Kanalisierung; Kanalisationskosten; kanalisieren.
Ka'nal'tun'nel (der, -s, kein Plural) Tunnel unter dem Ärmelkanal.
Ka'na'pee (das, -s, -s) (franz.) Sofa.
Ka'na'ri (der, -s, -) (südd.) (Kurzw.) Kanarienvogel.
Ka'na'ri'en'vo'gel (der, -s, -vö'gel) Ziervogel.
Kan'da'har'-Ren'nen (das, -s, -) Skirennen.
Kan'da're (die, -, -n) (ung.) Teil des Zaumzeugs. Du sollst ihn besser an die Kandare nehmen (strenger behandeln).
Kan'de'la'ber (der, -s, -) (franz.) Leuchter; Kerzenständer.
Kan'del'zu'cker (der, -s, kein Plural) Kandiszucker.

Kan|di|dat (der, -en, -en) (lat.) Amtsbewerber; Prüfling. Kandidatur; Kandidatenaufstellung; Kandidatenliste; Kandidatenvorstellung; kandidieren.
kan|di|del (Adj.) (nordd.) fröhlich; lustig. Verb: kandideln (sich betrinken).
kan|die|ren (V.) (arab.) mit Zucker überziehen. Kanditen.
Kan|dis (der, -, kein Plural) (arab.) (Kurzw.) Kandiszucker.
Ka|neel (der, -s, -e) Zimtsorte. Kaneelblume; Kaneelstein (Mineral).
Ka|ne|pho|re (die, -, -n) (griech.) weibliche Säulenfigur (→ Karyatide).
Ka|ne|vas (der, -/-vas|ses, -/-vas|se) (franz.) Leinenstoff. Adjektiv: kanevassen.
Kän|gu|ru (das, -s, -s) Beuteltier.
Ka|nin (das, -s, -e) Kaninchenfell.
Ka|nin|chen (das, -s, -) Nagetier. Kaninchenjagd; Kaninchenstall; Kaninchenzüchter.
Ka|nis|ter (der, -s, -) Flüssigkeitsbehälter. Benzinkanister.
Kan|ker (der, -s, -) (griech.) Weberknecht (Spinne).
Kann|be|stim|mung (*auch:* Kann-Be|stim-mung) (die, -, -en) nicht bindende Vorschrift.
Kan|ne (die, -, -n) Gefäß. *Beachte:* eine Kanne Tee (*nicht:* Tees!); *aber:* mit zwei Kannen heißem Kaffee/heißen Kaffees. Kännchen; kannenweise.
Kan|ne|gie|ßer (der, -s, -) politisierender Schwätzer. Kannegießerei; kannegießern.
kan|ne|lie|ren (V.) (franz.) mit senkrechten Rillen versehen.
Kan|ne|lü|re (die, -, -n) (franz.) Rillen (Säulenschaft).
Kan|ni|ba|le (der, -n, -n) (span.) Menschenfresser; roher Mensch. Kannibalismus; kannibalisch.
Kann|vor|schrift (*auch:* Kann-Vor|schrift) (die, -, -en) nicht bindende Vorschrift.
Ka|non (der, -s, -s) (lat.) Leitfaden; mehrstimmiger Gesang; kirchliche Rechtsvorschrift; Heiligenverzeichnis. Kanonik; Kanoniker; Kanonist.
Ka|no|na|de (die, -, -n) (franz.) Geschützfeuer.
Ka|no|ne (die, -, -n) (ital.) Geschütz; (ugs.) Könner. Der Bericht war unter aller Kanone (ugs.: sehr schlecht). Kanonenboot; Kanonenbootpolitik; Kanonendonner; Kanonenfeuer; Kanonenfutter; Kanonenkugel; Kanonenrohr; Kanonenschlag; Kanonenschuss; Kanonier; Sportskanone; kanonieren.
Ka|no|ni|sa|ti|on (die, -, -ti|o|nen) (lat.) Heiligsprechung. Kanonisierung; kanonisieren.
Ka|nos|sa|gang → Ca|nos|sa|gang.

Kä|no|zo|i|kum (das, -s, kein Plural) (griech.) jüngstes Zeitalter der Erdgeschichte, Tertiär und Quartär.
kan|ta|bel (Adj.) (lat.) gut zu singen; sanglich.
Kan|ta|bi|le (das, -, -) (ital.) getragenes Musikstück.
Kan|ta|te (die, -, -n) (lat.) Gesangsstück. Kantatenwerk.
Kan|te (die, -, -n) Rand. Kantholz; kantig; kanten.
Kan|te|le (die, -, -n) (finn.) finnisches Zupfinstrument mit 5 bis 30 Saiten.
Kan|ten (der, -s, -) (nordd.) Stück Brot.
Kan|ter (der, -s, -) (engl.) Galopp. Verb: kantern.
Kan|ter|sieg (der, -s, -e) leicht errungener Sieg.
Kan|ti|le|ne (die, -, -n) (ital.) fließend, gebunden zu singende oder zu spielende Tonfolge.
Kan|ti|ne (die, -, -n) (franz.) Speiseraum. Kantinenessen; Kantinenwirt.
Kan|ton (der, -s, -e) (franz.) Bundesland (Schweiz); Bezirk (Frankreich, Belgien). Kantonsverfassung; Kantonsrat; kantonal.
Kan|to|nist (der, -en, -en) (franz.) ausgehobener Rekrut. ein unsicherer Kantonist (unzuverlässiger Gesinnungsgenosse).
Kan|to|rei (die, -, -en) Kirchenchor. Kantor; Kantorat; Kantorenamt.
Kant|schu (der, -s, -s) (türk.-slaw.) Riemenpeitsche.
Kant|stein (der, -s, -e) (nordd.) Bordstein.
Kan|tus (der, -, -tus|se) (lat.) Gesang. *Beachte:* Cantus firmus.
Ka|nu (das, -s, -s) Boot. Kanute.
Ka|nü|le (die, -, -n) (franz.) Hohlnadel; Röhrchen.
Ka|nu|te (der, -n, -n) Kanufahrer.
Kan|zel (die, -, -n) erhöhter Predigtplatz; Cockpit. Kanzelmissbrauch; Kanzelton.
kan|ze|ro|gen (Adj.) (lat.) krebserregend.
Kan|ze|ro|lo|ge (der, -n, -n) (lat.-griech.) Facharzt für die Diagnostizierung und Behandlung von Krebserkrankungen (Med.).
Kan|ze|ro|lo|gie (die, -, kein Plural) (lat.-griech.) Lehre von der Erkennung und Behandlung bösartiger Tumore (Med.).
Kan|ze|ro|pho|bie (die, -, -n) (lat.-griech.) Angst, an Krebs erkrankt zu sein (Med.).
kan|ze|rös (Adj.) (lat.) krebsartig.
Kanz|lei (die, -, -en) Büro; Verwaltungsbüro. Kanzleibeamte; Kanzleistil; kanzleimäßig.
Kanz|ler (der, -s, -) Regierungschef. Kanzleramt; Kanzlerbonus; Kanzlerdemokratie; Kanzlerkandidatur; Kanzlerschaft.
Kan|zo|ne (die, -, -n) (lat.) provenzalische und französische lyrische Gedichtform; Lied oder Instrumentalstück.

Kan|zo|net|te (die, -, -n) kleine Kanzone.
Ka|o|lin (der/das, -s, -e) (franz.) weißer Ton. Kaolinerde; Kaolinit.
Kap (das, -s, -s) (niederl.) Küstenzunge; Vorgebirge. Kapwein; Kap der Guten Hoffnung; Kap Canaveral.
Kap. (Abk.) Kapitel.
ka|pa|bel (Adj.) (lat.-franz.) fähig; begabt; befähigt; qualifiziert.
Ka|paun (der, -s, -e) kastrierter Masthahn. Verben: kapaunen; kapaunisieren.
Ka|pa|zi|tät (die, -, -en) (lat.) Fassungsvermögen; Umfang; Experte. Kapazitätserweiterung; kapazitiv.
Ka|pee (franz.) (nur in der Wendung:) schwer von Kapee sein (begriffsstutzig sein).
Ka|pe|lan (der, -s, -e) (franz.) Lachsfisch.
Ka|pel|le (die, -, -n) (lat.) kleine Kirche; Musikgruppe. Kapellmeister.
Ka|per 1. (der, -s, -) (niederl.) privates Schiff, das im Handelskrieg berechtigt war, feindliche Schiffe zu erbeuten. 2. (die, -, -n) (pers.-lat.) Blütenknospe des Kapernstrauches (als Gewürz).
ka|pern (V.) erbeuten; sich aneignen. Kaperbrief; Kaperfahrt; Kaperkrieg; Kaperschiff; Kaperung.
ka|pie|ren (V.) (lat.) begreifen; verstehen; schnallen.
Ka|pil|la|re (die, -, -n) (lat.) Haargefäß; Haarröhrchen. Kapillaranalyse; Kapillargefäß; Kapillarmikroskopie; Kapillarwirkung; kapillar.
ka|pi|tal (Adj.) (lat.) hauptsächlich; grundlegend; sehr stark. ein kapitaler Hirsch; ein kapitaler Fehler.
Ka|pi|tal (das, -s, -e/-lien) Vermögen; Wertanlage; Größe. Kapitalbedarf; Kapitalbuchstabe; Kapitalerhöhung; Kapitalertragssteuer; Kapitalfehler; Kapitalflucht; Kapitalgesellschaft; Kapitalinvestition; Kapitalisation; Kapitalisierung; Kapitalismus; Kapitalist; Kapitalkraft; Kapitalsteuer; Kapitalverbrechen; Kapitalzinsen. Adjektive: kapitalintensiv; kapitalistisch; kapitalkräftig; kapitalschwach.
Ka|pi|täl|chen (das, -s, -) (lat.) Großbuchstabe in der Höhe der Kleinbuchstaben.
Ka|pi|ta|le (die, -, -n) (lat.) 1. Hauptstadt. 2. = Kapitalis.
Ka|pi|ta|lis (die, -, kein Plural) (lat.) altrömische Schrift mit nur großen Buchstaben.
ka|pi|ta|li|sie|ren (V.) zu Kapital, zu Geld machen.
Ka|pi|tän (der, -s, -e) Kommandant (Schiff, Flugzeug). Kapitänleutnant; Kapitänskajüte; Kapitänsmütze.

Ka|pi|tel (das, -s, -) (lat.) Abschnitt (Abk.: Kap.); Angelegenheit. ein schwieriges/trauriges Kapitel. Kapiteleinteilung; Kapitelüberschrift.
ka|pi|tel|fest (Adj.) bibelfest; kenntnissicher.
Ka|pi|tell (das, -s, -e) Säulenkopf.
Ka|pi|tol (das, -s, -e) (lat.) Stadtburg (Rom); Parlamentsgebäude (USA). Adjektiv: kapitolinisch. *Aber:* der Kapitolinische Hügel (in Rom).
Ka|pi|tu|lar (der, -s, -e) Mitglied eines geistlichen Kapitels.
ka|pi|tu|lie|ren (V.) (lat.) sich ergeben; aufgeben. Kapitulant; Kapitulation; Kapitulationsverhandlungen.
Kap|lan (der, -s, -e) (lat.) Hilfsgeistlicher.
Ka|po (der, -s, -s) (ital.) Anführer; Häftling eines Konzentrationslagers, der ein Arbeitskommando leitete.
Ka|po|das|ter (der, -s, -) (ital.) aufsetzbarer Bund (Gitarre).
Ka|pok (der, -s, kein Plural) (malai.) Samenfaser des Kapokbaumes (zum Füllen von Polstern).
Ka|pon|nie|re (der, -, -n) (lat.-span.-ital.-franz.) bombensicherer Gang in einer Festung.
ka|po|res (Adj.) (jidd.) (ugs.) kaputt.
Ka|pot|te (die, -, -n) (franz.) kleiner, unter dem Kinn mit Band zu befestigender Damenhut (im 19. Jahrhundert).
Kap|pa (das, -/-s, -s) (griech.) griechischer Buchstabe (K, κ).
Kap|pe (die, -, -n) Mütze; Deckel. Das nehme ich auf meine Kappe (ich übernehme die Verantwortung). Käppchen; Käppi.
kap|pen (V.) abhauen; trennen. Kappbeil; Kappung; Kappnaht (doppelte Naht).
Kap|pes (der, -, -) (nordd.) Kohl; Unsinn. Kappes reden.
Ka|p|ri|o|le (die, -, -n) (ital.) Luftsprung; besonderer Sprung in der Hohen Schule (Reitsport); verrückte Idee. Verb: kapriolen.
Ka|p|ri|ce → Ca|p|ri|ce.
ka|p|ri|zi|ös (Adj.) (lat.-ital.-franz.) eigenwillig; launenhaft (→ Caprice).
Kap|sel (die, -, -n) Behälter; Umhüllung. Kapselfrucht; Käpselchen; kapselförmig.
Kap|si|kum (das, -s, kein Plural) (lat.) Paprikagewürz.
Kap|ta|ti|on (die, -, -ti|o|nen) (lat.) Erbschleicherei.
kap|ta|tiv (Adj.) (lat.) etwas haben wollend; etwas zu besitzen wünschend.
kap|ta|to|risch (Adj.) (lat.) erschleichend (veraltet).
Käp|ten (der, -s, -) (nordd.) Kapitän.
Kap|ti|on (die, -, -ti|o|nen) (lat.) verfänglicher Trugschluss; verfängliche Fragestellung.

kap'ti'vie'ren (V.) (lat.) gefangen nehmen; für sich gewinnen.
Kap'ti'vi'tät (die, -, kein Plural) (lat.) Gefangenschaft.
Ka'put (der, -s, -e) (lat.) Mantel. Soldatenmantel (vornehmlich in der Schweiz).
ka'putt (Adj.) zerstört; funktionsuntüchtig; müde. kaputt sein/werden; kaputt drücken (*auch:* kaputtdrücken); kaputtgehen; sich kaputtlachen; kaputt machen (*auch:* kaputtmachen); kaputt schlagen (*auch:* kaputtschlagen); kaputt treten (*auch:* kaputttreten).
Ka'pu'ze (die, -, -n) (ital.) Kopfbedeckung. Kapuzenanorak.
Ka'pu'zi'ner (der, -s, -) Ordensmitglied. Kapuzinermönch; Kapuzinerorden; Kapuzinerpredigt.
Ka'pu'zi'ner'kres'se (die, -, -n) Kletterpflanze.
Kap'ver'dier (der, -s, -) (portugies.) Einwohner des westafrikanischen Inselstaates Kap Verde.
Kar (das, -s/-es, -e) Gebirgsmulde; Felskar.
Ka'ra'bi'ner (der, -s, -) (franz.) Gewehr; Haken. Karabinerhaken.
Ka'ra'bi'ni'e're → Ca'ra'bi'ni'e're.
Ka'ra'cho (das, -, kein Plural) (span.) (ugs.) große Geschwindigkeit.
Ka'raffe (die, -, -n) Glasflasche.
Ka'ra'kal (der, -s, -s) (türk.) Wüstenluchs.
Ka'ra'kul (das, -s, -e) (türk.) Fettschwanzschaf; dessen Fell.
Ka'ram'bo'la'ge (die, -, -n) (franz.) Zusammenstoß; Treffer (Billard). Karambole; karambolieren.
Ka'ra'mell (der, -s, kein Plural) (franz.) erhitzter Zucker. Karamellbier; Karamellbonbon; Karamelle; Karamellpudding; Karamellzucker; karamellisieren.
Ka'ra'o'ke (das, -, kein Plural) (jap.) Veranstaltung, bei der die Teilnehmer ihre Lieblingssänger nachahmen.
Ka'rat (das, -s/-es, -) (griech.) Gewichtsmaß (Edelsteine, Abk.: k). Zwölfkaräter (12-Karäter); zwölfkarätig (12-karätig).
Ka'ra'te (das, -, kein Plural) (jap.) Selbstverteidigung. Karateka.
Ka'rau'sche (die, -, -n) karpfenartiger Fisch.
Ka'ra'vel'le (die, -, -n) (franz.) Segelschiff.
Ka'ra'wa'ne (die, -, -n) (pers.) Fahrzeugkolonne; Reisegruppe (auf Kamelen). Karawanenstraße; Karawanserei.
Kar'bat'sche (die, -, -n) (türk.) Peitsche.
Kar'bid (das, -s, kein Plural) Kohlenstoff-Metall-Verbindung. Karbidlampe.
kar'bo.../Kar'bo... (griech.) kohlen.../Kohle...
Kar'bo'li'ne'um (das, -s, kein Plural) Teeröl.

Kar'bol'säu're (die, -, kein Plural) Desinfektionsmittel.
Kar'bon (das, -s, kein Plural) Steinkohlezeit. Karbonisation; karbonisch; karbonisieren.
Kar'bo'na'de (die, -, -n) (franz.) Kotelett.
Kar'bo'nat (das, -s, -e) Salz.
Kar'bon'pa'pier (das, -s, -e) Kohlepapier.
Kar'bun'kel (der, -s, -) (lat.) Geschwür.
Kar'da'mom (der/das, -s, -e) (griech.) Ingwergewürz.
kar'da'nisch (Adj.) frei beweglich (Aufhängung). Kardanantrieb; Kardangelenk; Kardantunnel; Kardanwelle.
Kar'dät'sche (die, -, -n) (ital.) grobe Bürste. Verb: kardätschen.
Kar'de (die, -, -n) (lat.) Unkraut; Spinnmaschine. Kardendistel; Kardengewächs; kardieren; karden.
kar'di.../Kar'di... (griech.) herz.../Herz...
Kar'di'a'kum (das, -s, -ka) (griech.-lat.) Mittel zum Anregen der Herztätigkeit.
kar'di'al (Adj.) (griech.) das Herz betreffend.
kar'di'nal (Adj.) (lat.) hauptsächlich; grundlegend. Kardinalfehler; Kardinalfrage; Kardinalproblem; Kardinalpunkt; Kardinaltugend; Kardinalzahl (Grundzahl).
Kar'di'nal (der, -s, -nä'le) (lat.) katholischer Würdenträger. Kardinalshut; Kardinalskollegium; Kardinalskongregation.
Kar'dio'gramm (das, -s, -e) (griech.) grafische Darstellung der Herzbewegungen. Kardiograf (*auch:* Kardiograph) (Aufzeichnungsgerät).
Kar'dio'lo'gie (die, -, kein Plural) (griech.) Lehre von den Herzkrankheiten. Kardiologe; kardiologisch.
Kar'dio'spas'mus (der, -, -spas'men) (griech.) Magenkrampf.
Ka'renz (die, -, -en) (lat.) Wartezeit; Sperrfrist. Karenztag; Karenzzeit.
ka'res'sie'ren (V.) (lat.-ital.-franz.) 1. schmeicheln; liebkosen. 2. ein heimliches Liebesverhältnis haben.
Ka'ret'te (die, -, -n) (franz.) Meeresschildkröte.
Kar'fi'ol (der, -s, kein Plural) (ital.-südd.) Blumenkohl.
Kar'frei'tag (der, -s, -e) Freitag vor Ostern.
Kar'fun'kel (der, -s, -) Edelstein. Karfunkelstein; karfunkelrot.
karg (Adj.; karger/kärger, kargste/kärgste) ärmlich; spärlich. Kargheit; Kärglichkeit; kärglich; kargen.
Kar'ga'deur (der, -s, -e) (lat.-span.-franz.) Begleiter und Überwacher einer Schiffsladung, der bis zur Übergabe an den Empfänger dabei ist.

Kargo 251 Kartoffel

Kar'go → Car'go.
Ka'ri'be (der, -n, -n) Angehöriger eines mittelamerikanischen Indianervolkes.
Ka'ri'bik (die, -, kein Plural) Karibisches Meer. Adjektiv: karibisch.
Ka'ri'bu (der, -s, -s) Rentier.
ka'rie'ren (V.) mit Karos oder sich rechtwinklig schneidenden Streifen mustern.
ka'riert (Adj.) mit Karos; gewürfelt. ein grün karierter (*auch:* grünkarierter) Stoff.
Ka'ri'es (die, -, kein Plural) (lat.) Zahnfäule. Adjektiv: kariös.
ka'ri'ka'tiv (Adj.) (lat.-ital.) komisch verzerrt, in der Art einer Karikatur; übertreibend.
Ka'ri'ka'tur (die, -, -en) (ital.) Spottbild. Karikaturenzeichner; Karikaturist; karikaturistisch; karikieren.
ka'rio'gen (Adj.) (lat.) Karies verursachend.
ka'ri'ta'tiv (Adj.) (lat.) wohltätig; mildtätig. Karitas (*auch:* Caritas).
Kar'kas'se (die, -, -n) (franz.) 1. Unterbau eines Gummireifens. 2. im Mittelalter eine metallgerippte Brandkugel. 3. Geflügelrumpf (Gastr.).
Kar'ma (*auch:* Kar'man) (das, -s, kein Plural) (sanskr.) Schicksal (Buddhismus, Hinduismus).
Kar'me'li'ter (der, -s, -) Ordensmitglied. Karmeliterin; Karmeliterorden; Karmelitergeist (Melissengeist).
Kar'men (das, -s, -mi'na) (lat.) festliches Lied, Gedicht.
Kar'min (das, -s, kein Plural) (franz.) roter Farbstoff. Karminsäure; karminrot.
Kar'ne'ol (der, -s, -e) (ital.) Schmuckstein.
Kar'ne'val (der, -s, -s/-e) (ital.) Fasching. Karnevalist; Karnevalsprinz; Karnevalsverein; Karnevalszug; karnevalistisch.
Kar'ni'ckel (das, -s, -) Kaninchen. Karnickelpass; Karnickelstall.
Kar'nies (das, -, -e) (griech.-franz.) Verzierung am Gesims mit s -förmigem Querschnitt.
Kar'ni'vo're (lat.) 1. (der, -n, -n) sich überwiegend von Fleisch ernährendes Tier. 2. (die, -, -n) fleischfressende Pflanze.
Kärn'ten (ohne Art., -s, kein Plural) (österr.) Bundesland.
Ka'ro (das, -s, -s) (franz.) Viereck; Raute; Spielkartenfarbe. Karoass; Karomuster.
Ka'ro'shi (der, -, kein Plural) (jap.) Tod durch Überarbeitung.
Ka'ros'se (die, -, -n) (franz.) Prunkwagen.
Ka'ros'se'rie (die, -, -n) (franz.) Wagenaufbau. Karosseriebau; Karosserieschaden; karossieren.
Ka'ro'ti'de (die, -, -n) (griech.) Halsschlagader.
Ka'ro'tin (*auch:* Ca'ro'tin) (das, -s, kein Plural) (lat.) gelber Pflanzenfarbstoff.

Ka'ro'tis (die, -, -ti'den) (griech.) Halsschlagader.
Ka'rot'te (die, -, -n) (niederl.) Möhre. Karottengemüse; Karottenform; Karottensaft.
Kar'pell (das, -s, -e) (griech.-nlat.) weibliches Geschlechtsorgan der Blüte; Fruchtblatt.
Karp'fen (der, -s, -) Fisch. Karpfenfisch; Karpfenteich; Karpfenzucht.
Kar're (die, -, -n) Fahrzeug (südd.: der Karren). Verb: karren.
Kar'ree (das, -s, -s) (franz.) Viereck.
Kar're'te (die, -, -n) schlechter, alter Wagen.
Kar'ret'te (die, -, -n) (schweiz.-ital.) Schubkarren; schmalspuriges Transportfahrzeug für Gebirgstruppen; kleiner, zweirädriger Einkaufswagen.
Kar'ri'e're (die, -, -n) (franz.) Laufbahn; Aufstieg. Karrieremacher; Karrierefrau; Karrierismus; Karrierist; karrieristisch.
kar'ri'o'len (V.) unsinnig und schnell fahren.
Kar'sams'tag (der, -s,-e) Samstag vor Ostern.
Karst (der, -s/-es, -e) 1. Kalkgebirge. 2. Hacke. Karsthöhle; Karstlandschaft; karstig.
kart. (Abk.) kartoniert.
Kar'tät'sche (die, -, -n) Geschütz; Maurerwerkzeug. Verb: kartätschen.
Kar'tau'ne (die, -, -n) (ital.) schweres Geschütz.
Kar'tau'se (die, -, -n) Kloster. Kartäuser; Kartäusermönch; Kartäusernelke; Kartäuserorden.
Kar'te (die, -, -n) festes Papier; (Kurzw. für:) Postkarte; Fahrkarte; Eintrittskarte; Visitenkarte; Speisekarte; Spielkarte; Karteikarte; Landkarte; die Gelbe (*auch:* gelbe)/Rote (*auch:* rote) Karte. Kartenhaus; Kartenlegen; Kartenlegerin; Kartenspiel, *aber:* Karten spielen; Kartenvorverkauf; Kärtchen; karten (ugs.: Karten spielen).
Kar'tei (die, -, -en) Register; Zettelkasten. Karteikarte; Karteikasten; Karteileiche.
Kar'tell (das, -s, -e) (franz.) Zusammenschluss von Wirtschaftsunternehmen. Kartellamt; Kartellgesetz; Kartellträger; Kartellierung; Kartellverband; kartellieren.
Kar'te'si'a'nis'mus (der, -, kein Plural) Lehre des französischen Philosophen und Mathematikers René Descartes (1596–1650).
Kar'tha'min (das, -s, kein Plural) (arab.) roter Farbstoff.
Kar'ting (das, -s, kein Plural) (engl.) Gokartsport.
Kar'tof'fel (die, -, -n) Erdfrucht. Kartoffelacker; Kartoffelbrei; Kartoffelfeuer; Kartoffelchips; Kartoffelernte; Kartoffelkäfer; Kartoffelkloß; Kartoffelmehl; Kartoffelpulver; Kartoffelpüree; Kartoffelsalat; Kartoffelschnaps; Kartoffelstärke; Kartoffelsuppe.

Kar|to|gra|fie (*auch:* Kar|to|gra|phie) (die, -, kein Plural) Herstellung von Landkarten. Kartograf (*auch:* Kartograph); kartografisch (*auch:* kartographisch); kartografieren (*auch:* kartographieren).
Kar|to|gramm (das, -s, -e) Landkarte mit statistischen Darstellungen.
Kar|to|man|tie (die, -, kein Plural) (ital.) Kartenlegekunst.
Kar|to|me|ter (der, -s, -) Kurvenmesser. Kartometrie; kartometrisch.
Kar|ton (der, -s, -s/-e) (franz.) Pappe; Schachtel. *Beachte:* Ich nehme drei Karton(s) Wein (*nicht:* Weins!). Kartonage; Kartonagearbeit; Kartonagenfabrik; Kartonstich; kartoniert (Abk.: kart.); kartonieren.
Ka|ru|be (die, -, -n) (arab.-lat.-franz.) Johannisbrot.
Kar|to|thek (die, -, -en) Sammlung von Karten.
Kar|tu|sche (die, -, -n) (franz.) Metallhülse; Ornament.
Ka|run|kel (die, -, -n) (lat.) Warze.
Ka|rus|sell (das, -s, -s/-e) (franz.) Ringelspiel. das Karussellfahren, *aber:* Karussell fahren.
Kar|wo|che (die, -, -n) Woche vor Ostern.
Ka|ry|a|ti|de (die, -, -n) (griech.) gebälktragende Säule in Form einer weiblichen Gestalt.
Ka|ry|o|lo|gie (die, -, kein Plural) (griech.) Wissenschaft vom Zellkern.
Ka|ry|o|plas|ma (das, -s, kein Plural) (griech.) Plasma des Zellkerns.
Kar|zer (der, -s, -) (lat.) Arrest.
kar|zi|no|gen (Adj.) (griech.) krebserregend. Karzinogen.
Kar|zi|no|lo|gie (die, -, kein Plural) (griech.) Wissenschaft von den Karzinomen.
Kar|zi|nom (das, -s, -e) Krebsgeschwulst (Abk.: Ca.). Karzinose; Karzinologie; karzinologisch; karzinomatös.
Ka|sach (der, -/-s, -s) handgeknüpfter Teppich.
Ka|sachs|tan (ohne Art., -s, kein Plural) GUS-Staat. Kasache; kasachisch.
Ka|sack (der, -s, -s) (türk.) Bluse.
Ka|sa|t|schock (*auch:* Ka|sa|t|schok) (der, -s, -s) (russ.) Volkstanz.
Kas|bah (die, -, -s) (arab.) Schloss; Burg (in Marokko); arabisches Viertel (in afrikanischen Städten).
Käsch (das, -/-s, -/-s) (tamil.) chinesisches Münzgewicht; durchlochte chinesische Münze; Kleingeld (ugs.).
Ka|scha (die, -, kein Plural) russische Buchweizengrütze.
Ka|schan (der, -s, -s) (pers.) Perserteppich.
Ka|schem|me (die, -, -n) zwielichtiges Lokal.
ka|schen (V.) (ugs.) fangen; verhaften.
Ka|scheur (der, -s, -e) (lat.-franz.) Bühnendekorateur, der plastische Teile des Bühnenbildes mit Holz, Pappe, Gips etc. baut.
ka|schie|ren (V.) (franz.) verdecken; kleben. Kaschierung; Kaschiermaschine; Kaschiermassen.
Ka|schi|ri (das, -, kein Plural) (indian.) aus den Wurzelknollen des Manioks gewonnenes berauschendes Getränk der Indianer.
Kasch|mir (der, -s, -e) weiche Wolle. Kaschmirschal; Kaschmirseide; Kaschmirwolle; Kaschmirziege.
Ka|scho|long (der, -s, -s) (mongol.) Halbedelstein.
Ka|schu|be (der, -n, -n) Angehöriger eines westslawischen Volksstammes.
ka|schu|bisch (Adj.) zu den Kaschuben gehörig.
Kä|se (der, -s, -) (lat.) 1. Milchprodukt. 2. (ugs.) Unsinn. Käseaufschnitt; Käseblatt; Käsefüße; Käseglocke; Käsekuchen; Käsemesser; Käser; Käserei; Käserinde; Käsesahne; Käsestange; Käsetorte. Adjektiv: käseweiß.
Ka|se|in (das, -s, kein Plural) Eiweiß; Käsestoff. Kaseinfarbe; Kaseinmalerei.
Ka|sel (die, -, -n) (lat.) Messgewand.
Ka|se|mat|te (die, -, -n) (franz.) Schutzraum. Verb: kasemattieren.
Ka|ser (der, -, -n) (südd.) Sennhütte.
Ka|ser|ne (die, -, -n) Truppenunterkunft. Kasernenhof; Kasernenhofton; Kasernenschliff; Kasernierung; kasernieren.
Ka|si|no (das, -s, -s) (ital.) Offizierskantine; Spielkasino.
Kas|ka|de (die, -, -n) (franz.) 1. künstlicher Wasserfall. 2. Sprung. Kaskadenbatterie; Kaskadenschaltung; Kaskadenstrahlung; Kaskadeur; kaskadenförmig.
Kas|kett (das, -s, -e) (franz.) Schutzhelm.
Kas|ko (der, -s, -s) (span.) 1. Schiffsrumpf. 2. Fahrzeug. 3. Kartenspiel. Kaskoversicherung; kaskoversichert; vollkaskoversichert.
Kas|per (der, -s, -) 1. Puppe. 2. lustiger Mensch. Kasperl; Kasperle; Kasperltheater; Kasperlpuppe; kaspern.
Kas|sa (die, -, Kas|sen) (ital.) (österr.) Kasse. Kassabuch; Kassageschäft; Kassazahlung.
Kas|san|d|ra (die, -, -dren) (griech.) pessimistische Seherin, die Unheil verkündende Warnungen von sich gibt.
Kas|san|d|ra|ruf (der, -s, -e) Unheil verheißende Warnung.
Kas|sa|ti|on (die, -, -ti|o|nen) (lat.) 1. Ungültigkeitserklärung; Urteilsaufhebung. 2. Instrumentalstück. Kassationshof; kassatorisch.

Kasse (die, -, -n) (ital.) 1. Geldkasten. 2. Zahlschalter. 3. Geld. 4. Krankenkasse. Kassenbestand; Kassenbon; Kassenbuch; Kassenerfolg; Kassenmagnet; Kassenpatient; Kassenschalter; Kassenschlager; Kassenschrank; Kassensturz; Kassenzettel.
Kassler (*auch:* Kasseler) (das, -, -) Schweinerippe.
Kasserolle (die, -, -n) (franz.) 1. Schmortopf, -pfanne.
Kassette (die, -, -n) 1. Kästchen; Schmuckkasten. 2. Täfelung. 3. Tonband. 4. Schutzhülle. Kassettendeck; Kassettenrekorder (*auch:* Kassettenrecorder); kassettieren.
Kassia (die, -, Kassien) (griech.) Heilpflanze. Kassiabaum; Kassiaöl.
Kassiber (der, -s, -) (jidd.) heimliche Botschaft.
Kasside (die, -, -n) (arab.) Gedichtgattung in Arabien.
kassieren (V.) einnehmen; hinnehmen; (ugs.) verhaften. Kassierer/in; Kassierung.
Kassiopeia (die, -, kein Plural) (griech.) Sternbild.
Kastagnette (die, -, -n) (span.) Rhythmusinstrument.
Kastanie (die, -, -n) Baumfrucht. Kastanienbaum; Kastanienblüte; Rosskastanie; Edelkastanie; kastanienbraun.
Kaste (die, -, -n) (portugies.) Gesellschaftsschicht. Kastengeist; Kastenwesen.
kasteien (V., refl.) enthaltsam leben. Kasteiung.
Kastell (das, -s, -e) (lat.) Burg; befestigtes Lager. Festung; Kastellan.
kästeln (V.) in Karos aufteilen.
Kasten (der, -s, Kästen) Behälter; Schrank. *Beachte:* das Gewicht eines Kastens Bier (*nicht:* Biers!). Kastenbrot; Kastenwagen.
Kastigation (die, -, -tionen) (lat.) Züchtigung (veraltet).
Kastigator (der, -s, -en) (lat.) Korrektor in der Frühzeit des Buchdrucks.
kastigieren (V.) (lat.) züchtigen (veraltet).
Kastor (der, -s, kein Plural) 1. Stern. 2. Wolltuch.
Kastoröl (das, -s, kein Plural) Rizinusöl.
kastrieren (V.) (lat.) entmannen. Kastrat; Kastration; Kastrierung.
kasual (Adj.) (lat.) zufällig; nicht vorhersehbar.
Kasualien (die, nur Plural) (lat.) geistliche Amtshandlungen (Taufe, Trauung etc.).
Kasuar (der, -s, -e) Straußenvogel.
kasuell (Adj.) (lat.-franz.) den Kasus betreffend.

Kasuistik (die, -, kein Plural) Morallehre; Rechtsverfahren; Haarspalterei. Kasuist; kasuistisch.
Kasus (der, -, -) (lat.) Fall. Kasusbestimmung; Kasusendung. *Beachte:* Im Deutschen gibt es vier Kasus: Nominativ (Werfall; der Mann), Genitiv (Wessenfall; des Mannes), Dativ (Wemfall; dem Mann), Akkusativ (Wenfall; den Mann).
Kat 1. (der, -s, -s) (Kurzw.) Katalysator. 2. (das, -, kein Plural) Blätter einer afrikanischen Pflanze, die als Rauschmittel gekaut werden.
Katabolie (die, -, kein Plural) (griech.) Abbau der Stoffe (im Körper durch den Stoffwechsel).
Katabolismus (der, -, kein Plural) = Katabolie.
Katachrese (die, -, -n) (griech.) Vermischung von nicht zusammenpassenden bildlichen Ausdrücken; Stilblüte.
Katafalk (der, -s, -e) (franz.) Aufbahrungsgerüst.
Katakana (die/das, -, kein Plural) (jap.) japanische Silbenschrift.
Katakaustik (die, -, kein Plural) (griech.) Brennfläche (statt des Brennpunktes) auf Hohlspiegeln beim Einfall paralleler Lichtstrahlen. Adjektiv: katakaustisch. katakaustische Fläche (Brennfläche) (Optik).
Kataklysmus (der, -, -men) (griech.-nlat.) erdgeschichtliche Katastrophe.
Katakombe (die, -, -n) (ital.) unterirdische Gräber.
Katalane (der, -n, -n) Einwohner von Katalonien.
katalanisch (Adj.) zu Katalonien gehörig.
Katalekten (die, nur Plural) (griech.) Fragmente. Katalexe; katalektisch.
Katalepsie (die, -, -n) (griech.) Starrkrampf. Adjektiv: kataleptisch.
Katalog (der, -s, -e) (griech.) Verzeichnis. Katalogisierung; katalogisieren.
Katalysator (der, -s, -en) (griech.) chemischer Stoff zur Reaktionsbeschleunigung; Schadstofffilter. Katalysatorauto; Katalysatorumrüstung; Katalyse; katalytisch; katalysieren.
Katamaran (der, -s, -e) zweirumpfiges Segelboot.
Katamnese (die, -, -n) (griech.) Krankenbericht.
Kataphorese (die, -, -n) (griech.) Kationenwanderung (Elektrolyse).
Kataplasie (die, -, -n) (griech.) Rückbildung (von Körpergewebe).
kataplektisch (Adj.) von Kataplexie befallen.
Kataplexie (die, -, -n) (griech.) plötzliche Lähmung der Muskeln vor Schreck.

ka|ta|pul|tie|ren (V.) (griech.) schleudern. Katapult; Katapultflugzeug; Katapultstart.
Ka|ta|rakt 1. (der, -s, -e) (griech.) Wasserfall; Stromschnelle. 2. (die, -, -e) (griech.) grauer Star.
Ka|tarrh (*auch:* Ka|tarr) (der, -s, -e) (griech.) Schnupfen. Adjektive: katarrhalisch (*auch:* katarralisch); katarrhartig (*auch:* katarrartig).
Ka|tas|ter (der/das, -s, -) (ital.) Grundbuch. Katasteramt; Katasterauszug; Katastersteuern; katastrieren.
Ka|ta|s|t|ro|phe (die, -, -n) (griech.) Unglück. Katastrophenalarm; Katastrophendienst; Katastrophenfall; Katastrophengebiet; Katastrophenmedizin; Katastrophenschutz; Katastrophentheorie; Katastrophismus; katastrophenartig; katastrophal.
Ka|ta|to|nie (die, -, -n) (griech.) Schizophrenie. Adjektiv: katatonisch.
Ka|te (die, -, -n) (nordd.) Hütte.
Ka|te|che|se (die, -, -n) (griech.) Religionslehre. Katechet/in; Katechetik; Katechisation; Katechismus; Katechist; katechistisch; katechisieren.
Ka|te|chu|me|nat (das, -s, -e) (griech.) vorbereitender Unterricht für die Erwachsenentaufe.
Ka|te|chu|me|ne (der, -n, -n) (griech.) Konfirmand. Katechumenenunterricht.
Ka|te|go|rie (die, -, -n) (griech.) Begriffsklasse; Begriffsart. Adjektiv: kategorial. Verb: kategorisieren.
ka|te|go|risch (Adj.) (lat.) unbedingt gültig; energisch.
Ka|ter (der, -s, -) 1. männliche Katze. 2. Alkoholnachwirkung. Katerfrühstück; Katerstimmung.
kat|exo|chen (Adj.) im eigentlichen Sinne; beispielhaft.
Kat|gut (das, -s, kein Plural) (engl.) Faden zum Vernähen von Operationswunden (der sich im Körper auflöst).
kath. (Abk.) katholisch.
Ka|thar|sis (die, -, kein Plural) (griech.) seelische Reinigung. Adjektiv: kathartisch.
Ka|the|der (der/das, -s, -) (griech.) Pult; Kanzel. Katederblüte (Stilblüte); Katederweisheit.
Ka|the|d|ra|le (die, -, -n) (griech.) Kirche. Kathedralglas.
Ka|the|d|ral|ent|schei|dung (die, -, -en) päpstliche Entscheidung.
Ka|the|te (die, -, -n) (griech.) jede der Seiten, die im rechtwinkligen Dreieck den rechten Winkel bilden.
Ka|the|ter (der, -s, -) (griech.) Einführröhrchen. Verb: kathetern; katheterisieren.

Ka|tho|de (die, -, -n) (griech.) Minuspol (Elektrode). Kathodenstrahl; Kathodenzerstäubung; kathodisch.
Ka|tho|li|kos (der, -, kein Plural) (griech.) Titel des Oberhauptes einiger Ostkirchen.
Ka|tho|li|zis|mus (der, -, kein Plural) (griech.) Lehre des katholischen Glaubens. Katholik/in; Katholikentag; Katholizität; katholisch (Abk.: kath.); katholisieren.
ka|ti|li|na|risch (Adj.) (lat.) unberechenbar.
Kat|ion (das, -s, -en) (griech.) positives Ion.
Katt|an|ker (der, -s, -) Hilfsanker. Verb: katten (hochziehen).
Kat|tun (der, -s, -e) (arab.) Baumwollstoff. Kattunhemd; kattunen.
katz|bal|gen (V., refl.) (ugs.) sich necken. Katzbalgerei. Sie haben sich gekatzbalgt.
katz|bu|ckeln (V.) (ugs.) schmeicheln.
Kat|ze (die, -, -n) Haustier. Das war alles für die Katz (umsonst); Katz und Maus spielen; wie Hund und Katze sein; Katzenauge; Katzenbuckel; Katzendreck; Katzenfell; Katzengold; Katzenjammer; Katzenmusik; Katzenpfötchen; Katzensprung; Katzenwäsche; Katzenzunge; Kätzchen; katzenfreundlich (ugs.: heuchlerisch); katzengleich; katzenhaft.
Kat|zel|ma|cher (der, -s, -) (ital.) (südd.) zwielichtiger Mensch; Betrüger.
Kau|der|welsch (das, -, kein Plural) unverständliche Ausdrucksweise. Adjektiv: kauderwelsch. Verb: kauderwelschen.
kau|en (V.) zerbeißen; essen. Kaubewegung; Kaumuskel; Kautabak; Kauwerkzeuge.
kau|fen (V.) erwerben. Kauf; etwas in Kauf nehmen; Käufer; Kaufhaus; Kaufmann (Plural: -leute!); Kaufmannssprache; Kaufpreis; Kaufvertrag; Kaufwert; Kaufzwang. Adjektive: kaufenswert; kaufkräftig; käuflich; kauflustig; kaufmännisch.
Kauf|kraft (die, -, kein Plural) Stärke einer Währung. Liquidität.
Kau|gum|mi (der, -s, -s) Kaumasse. Kaugummiautomat.
Kau|ka|si|er (der, -s, -) Einwohner des Kaukasus.
kau|ka|sisch (Adj.) zum Kaukasus gehörig.
Kaul|barsch (der, -es, -e) Fisch.
Kau|le (die, -, -n) (lok.) Grube; Loch.
kau|li|flor (Adj.) (griech.-lat.) unmittelbar am Stamm oder Ast ansetzend (von Blüten).
Kaul|quap|pe (die, -, -n) Froschlarve.
kaum (Adv.) fast nicht; schwerlich. *Beachte:* Wenn »kaum« einen Nebensatz einleitet, wird es mit Komma abgetrennt! *Aber:* Zwischen »kaum« und »dass« steht nur dann ein Komma, wenn »kaum« besonders betont werden soll!

Kaum(,) dass die beiden zusammentrafen, fingen sie an sich zu streiten. *Wichtig:* Auf jeden Fall steht das Komma vor dem »dass«, wenn »dass« einen Nebensatz einleitet! Ich glaube kaum, dass ich vor Sonntag zurück bin.
Kau|ma|zit (der, -s, -e) (griech.) Braunkohlenkoks.
kau|peln (V.) (lok.) tauschen; handeln. Kaupelei.
Kau|ri (der, -s, -s) (Hindi) Porzellanschnecke. Kaurimuschel; Kaurischnecke.
kau|sal (Adj.) (lat.) ursächlich; begründend. Kausalgesetz; Kausalität; Kausalitätsprinzip; Kausalkette; Kausalnexus (Kausalzusammenhang); Kausalsatz; Kausalprinzip; Kausativ; kausativ.
Kau|s|al|gie (die, -, -n) brennender, durch Nervenverletzung hervorgerufener Schmerz.
Kau|sal|ne|xus (der, -, kein Plural) (lat.) Kausalzusammenhang.
kaus|tisch (Adj.) ätzend; spöttisch. Kaustik; Kaustikum.
Kau|ter (der, -s, -) (griech.) Instrument zum Ausbrennen von Gewebe. Glühbrenner (in der Medizin) Kauterisation; Kauterium; kauterisieren.
Kau|ti|on (die, -, -ti|o|nen) (lat.) Sicherheitsleistung; Bürgschaft. Kautionssumme; kautionsfähig.
Kau|t|schuk (der, -s, -e) (span.) Rohstoff für die Gummiherstellung. Kautschukmilch; Kautschukparagraf (*auch:* Kautschukparagraph); Kautschukplantage; kautschutieren.
Kauz (der, -es, Käu|ze) 1. Eule. 2. Sonderling. Käuzchen; kauzig.
Ka|va|lier (der, -s, -e) (franz.) höflicher Mann. Kavaliersdelikt; Kavalierstart; kavaliermäßig.
Ka|val|ka|de (die, -, -n) (franz.) Reiterzug.
Ka|val|le|rie (die, -, kein Plural) (franz.) Reiterei; Reitertruppe. Kavallerist.
Ka|va|ti|ne (die, -, -n) (ital.) kurze Arie; liedhafter Instrumentalsatz.
Ka|ve|ling (die, -, -en) (niederl.) Mindestabnahme (Auktion).
Ka|ver|ne (die, -, -n) (lat.) Hohlraum; Höhle. Kavernenkraftwerk; Kavernom; Kavität; Kavitation; kavernös.
Ka|vi|ar (der, -s, -e) (türk.) Störeier.
Ka|vi|tät (die, -, -en) (lat.) Hohlraum (Med.).
Ka|wa (die, -, kein Plural) Getränk (Polynesien). Kawapfeffer, Kawastrauch.
Ka|wass (der, -en, -was|sen) (arab.-türk.) Polizist. Ehrenwache (im vorderen Orient).
Ka|wi (das, -, kein Plural) (sanskr.) Kawisprache (alte Schriftsprache auf Java).
KByte (Abk.) Kilobyte (Maßeinheit, EDV).

kcal. (Abk.) Kilokalorie.
Ke|bab (der, -s, kein Plural) (türk.) Fleischspieß.
Kebs|weib (das, -es, -er) Nebenfrau. Kebsfrau; Kebsehe.
keck (Adj.) frech; munter. Keckheit.
Kee|per (der, -s, -) (engl.) Torhüter.
Keep|smi|ling (das, -, kein Plural) (engl.) Optimismus. Keepsmiling! (Bleib heiter und gelassen!).
Kees (das, -es, -e) (südd.) Gletscher.
Ke|fir (der, -s, kein Plural) (türk.) Dickmilch.
Ke|gel (der, -s, -) Konus; Holzfigur. Kegelbahn; Kegelbruder; Kegelklub; Kegelkugel; Kegelmantel; Kegelscheiben (südd.); Kegelschieben; Kegelschnitt; Kegelsport; Kegler; kegelförmig; keg(e)lig; kegeln; Kegel scheiben (südd./österr.); Kegel schieben, ich schob Kegel, er hat Kegel geschoben.
Keh|le (die, -, -n) Gurgel. Kehlkopf; Kehlkopfkrebs; Kehlkopflaut; Kehlkopfmikrofon; kehlig; kehlen (aushöhlen).
Kehr|aus (der, -, kein Plural) letzter Tanz; letzte Faschingsveranstaltung.
keh|ren (V.) fegen; wenden. Er kehrte sich nicht (kümmerte sich nicht um) an das Gelächter *(falsch:* an dem Gelächter!). Kehrbesen; Kehre (Kurve); Kehricht; Kehrichteimer; Kehrichtschaufel; Kehrmaschine; Kehrreim; Kehrseite; Kehrtwendung; Kehrwert; kehrtmachen (umkehren).
kei|fen (V.) schimpfen. Keiferei.
Keil (der, -s, -e) 1. Spaltgerät. 2. Zwickel. Keilabsatz; Keilhose; Keilpolster; Keilschrift; keilförmig.
kei|len (V.) spalten; sich prügeln. Keilerei; Keile (Prügel) bekommen.
Kei|ler (der, -s, -) männliches Wildschwein.
Keim (der, -s, -e) 1. Trieb. 2. Krankheitserreger. 3. Anfang. Keimdrüse; Keimling; Keimfähigkeit; Keimplasma; Keimträger; Keimzelle; keimfähig; keimfrei; keimtötend; keimen.
kein (Pron., indef.) nicht ein; niemand. in keinem Fall; auf keinen Fall; keiner von beiden; keinerlei; keinerseits; keinesfalls; keineswegs; einmal ist keinmal, *aber:* kein einziges Mal; er war keiner, der gleich aufgibt; es kommt kein anderer in Frage als er; in keinster Weise; ich habe keinen/nicht einen Pfennig.
Keks (der/das, -/-es, -/-e) (engl.) Gebäck. Keksdose.
Kelch (der, -s, -e) 1. Trinkgefäß. 2. Blütenhülle. ein bitterer Kelch (schweres Schicksal). Kelchblatt; Kelchglas; kelchförmig.
Ke|lim (der, -s, -s) (türk.) Webteppich. Kelimstich.

Kel|le (die, -, -n) 1. Maurerwerkzeug. 2. Schöpflöffel. Suppenkelle.
Kel|ler (der, -s, -) Untergeschoss. Kellerassel; Kellerei; Kellerkind; Kellerfenster; Kellermeister; Kellertreppe; Kellerwohnung.
Kell|ner (der, -s, -) männliche Bedienung. Kellnerin; kellnern.
Kelt (der, -s, -e) (engl.) Wollgewebe.
Kel|te (der, -n, -n) Angehöriger einer alten Völkergruppe in Mittel-, West- und Südeuropa.
kel|tern (V.) Wein pressen. Kelter; Kelterei; Kelterer.
kel|tisch (Adj.) zu den Kelten gehörig.
Kel|tis|tik (die, -, kein Plural) = Keltologie.
Kel|to|lo|ge (der, -n, -n) Wissenschaftler der Keltologie.
Kel|to|lo|gie (die, -, kein Plural) Wissenschaft von den keltischen Sprachen und Literaturen.
Kel|vin (das, -s, -) Maßeinheit (Temperatur; Abk.: K). Kelvinskala.
Ke|ma|lis|mus (der, -, kein Plural) politische Richtung (Türkei). Kemalist.
Ke|me|na|te (die, -, -n) Frauengemach.
Ken (das, -, -) (jap.) Verwaltungsbezirk.
Ken|do (das, -, kein Plural) (jap.) Fechtkunst.
Ken|do|gi (das, -/-s, kein Plural) vorschriftsmäßige Wettkampfkleidung beim Kendo.
Ke|nia (ohne Art., -s, kein Plural) afrikanischer Staat. Kenianer; kenianisch.
Ken|nel (der, -s, -) (engl.) Zwinger für die Hunde der Parforcejagd.
ken|nen (V., kannte, hat gekannt) bekannt sein mit; wissen. Kenner; Kennerblick; Kennermiene; Kenndaten; Kennfarbe; Kennkarte; Kennmarke; Kennung; Kennwort; Kennzahl; Kennziffer; Kenntlichmachung; kennerisch; kenntlich; kennenlernen (*auch:* kennen lernen); etwas kenntlich machen (etwas markieren); sich erkenntlich zeigen (danken); kennengelernt (*auch:* kennen gelernt).
Kennt|nis (die, -, -nis|se) Wissen; Erfahrung. etwas zur Kenntnis nehmen; jmd. in Kenntnis setzen; gute Kenntnisse in Fremdsprachen. Kenntnisnahme; kenntnisreich.
kenn|zeich|nen (V.) markieren. Kennzeichnung; Kennzeichen; kennzeichnend; kennzeichnenderweise.
Ke|no|taph (*auch:* Ze|no|taph) (der, -s, -e) (griech.) Gedächtnismal.
Ken|taur (*auch:* Zen|taur) (der, -en, -en) (griech.) Sagengestalt: halb Pferd, halb Mensch.
ken|tern (V., ist) umkippen. Kenterung.
Ke|ra|mik (die, -, -en) (griech.) Töpfereierzeugnis. Keramiker/in; Keramikwaren; Keramikfarben; keramisch.
Ke|ra|tin (das, -s, -e) (griech.) Hornstoff.

Ke|ra|ti|tis (die, -, -ti|den) (griech.) Hornhautentzündung (des Auges).
Ke|ra|tom (das, -s, -e) (griech.) hornige Geschwulst der Haut.
Ke|ra|to|se (die, -, -n) (griech.) krankhafte Verhornung der Haut.
Kerb (die, -, -en) (lok.) Kirchweih.
Ker|be (die, -, -n) Einschnitt. Kerbholz; etwas auf dem Kerbholz haben (etwas verbrochen haben); Kerbschnitt; Kerbschnitzerei; Kerbtier (Insekt); Kerbung; gekerbt; kerben.
Ker|bel (der, -s, kein Plural) Gewürzpflanze. Kerbelkraut.
Kerb|holz (das, -, -) (nur in der Wendung:) etwas auf dem Kerbholz (dem Gewissen) haben.
Kerf (der, -s, -e) Insekt, Kerbtier.
Ker|ker (der, -s, -) Gefängnis. Kerkermeister; Kerkerstrafe.
Kerl (der, -s, -e) Mann; Junge. Kerlchen.
Ker|mes (die, -, kein Plural) roter Farbstoff. Kermesbeere; Kermeseiche; Kermesschildlaus.
Kern (der, -s, -e) 1. innerer Teil. 2. Fruchtstein. 3. das Wesentliche. 4. Mittelpunkt. Kernfrage; Kernfrucht; Kerngedanke; Kerngehäuse; Kernholz; Kernobst; Kernproblem; Kernpunkt; Kernseife; Kernspruch; Kernstück; Kerntruppe; kerngesund; kernig; kernlos.
Kern|bei|ßer (der, -s, -) Vogel.
Kern|ener|gie (die, -, -n) Atomenergie. Kernexplosion; Kernforschung; Kernfusion; Kernkraftgegner; Kernkraftwerk; Kernphysik; Kernreaktion; Kernreaktor; Kernspaltung; Kerntechnik; Kernteilung; Kernverschmelzung; Kernwaffen; kernphysikalisch; kernwaffenfrei.
Ke|ro|sin (das, -s, kein Plural) Treibstoff (Petroleum).
Ke|rub → Che|rub.
Ker|we (die, -, -n) (lok.) Kirchweih.
Ke|ryg|ma (das, -s, kein Plural) (griech.) Verkündigung (Evangelium). Adjektiv: kerygmatisch.
Ker|ze (die, -, -n) 1. Lichtquelle. 2. Turnübung. Kerzenbeleuchtung; Kerzenhalter; Kerzenlicht; Kerzenschein; Kerzenständer; Kerzenwachs; Kerzenzieher; kerzengerade.
Ke|scher (der, -s, -) Fangnetz.
kess (Adj; kesser, kesseste) frech; flott.
Kes|sel (der, -s, -) 1. Flüssigkeitsbehälter. 2. Tal. 3. Umzingelung. Kesselblech; Kesselboden; Kesselexplosion; Kesselfleisch; Kesselflicker; Kesselhaus; Kesseljagd; Kesselschmied; Kesselstein; Kesseltreiben; Kesselwagen.
Ket|ch|up (*auch:* Ket|sch|up) (der/das, -s, -s) Würzsoße. Tomatenketchup.
Ke|ton (das, -s, -e) chemische Verbindung. Ketonharz; Ketonsäure.

Ketsch (die, -, -en) (engl.) Segeljacht.
Ket'schua (*auch:* Que'chua) (das, -, kein Plural) Sprache eines südamerikanischen Indianervolkes in Peru.
Kett'car (das, -s, -s) (engl.) Kinderfahrzeug.
Ket'te (die, -, -n) 1. Gliederband. 2. Schmuckstück. 3. Reihe. Kettenbrief; Kettenbruch; Kettenglied; Kettenhund; Kettenpanzer; Kettenrad; Kettenraucher/in; Kettenreaktion; Kettenschutz; Kettchen.
Ket'ten'blu'me (die, -, -n) Löwenzahn.
Ket'zer (der, -s, -) Häretiker; Abweichler. Ketzerei; Ketzergericht; Ketzerverfolgung; ketzerisch; ketzern.
keu'chen (V.) schwer atmen. Keuchhusten.
Keu'le (die, -, -n) 1. dicker Stock. 2. Turngerät. 3. Oberschenkel (Tiere). Keulenschlag; Keulenschwingen; chemische Keule; keulenförmig.
keu'len (V.) (an einer Seuche) erkrankte Tiere töten.
Keu'per (der, -s, kein Plural) Buntsandstein.
keusch (Adj.) schüchtern; enthaltsam. Keuschheit; Keuschheitsgelübde; Keuschheitsgürtel.
Key'board (das, -s, -s) (engl.) elektronisches Tasteninstrument. Keyboarder.
Kfz (Abk.) Kraftfahrzeug. Kfz-Fahrer; Kfz-Brief; Kfz-Versicherung.
kg (Abk.) Kilogramm. 10-kg-Sack.
KG (Abk.) Kommanditgesellschaft.
KGaA (Abk.) Kommanditgesellschaft auf Aktien.
KGB (der, -s, kein Plural) sowjetischer Geheimdienst.
kgl. (Abk.) königlich. *Beachte:* wird im Titel großgeschrieben! Kgl. Hofbäcker.
K-Grup'pe (die, -, -n) (Kurzw.) kommunistische Organisation (in der BRD).
k. g. V. (*auch:* kgV) (Abk.) kleinstes gemeinsames Vielfaches.
k. H. (*auch:* kh.) (Abk.) kurzerhand.
Khan (der, -s, -e) Herrschertitel. Khanat.
Khe'di've (der, -n, -n) (pers.-türk.) Titel für den Vizekönig von Ägypten (1867–1914).
Khmer (der, -, -) Angehöriger eines Volksstammes in Kambodscha. die Roten Khmer.
Kho'i'sa'ni'de (der, -n, -n) (afrikan.-nlat.) Angehöriger einer menschlichen Großrasse; Buschmann; Hottentotte.
kHz (Abk.) Kilohertz.
Kib'buz (der, -, -e/-im) (hebr.) Siedlung und Arbeitskollektiv (Israel). Kibbuznik.
Ki'bit'ka (die, -, -s) (russ.) 1. Jurte. 2. einfacher, überdachter russischer Bretterwagen oder Schlitten.

Ki'b'la (die, -, kein Plural) (arab.) die Richtung nach Mekka, in die sich die Moslems beim Gebet verneigen.
ki'chern (V.) leise lachen. Kicherei; Kichererbse.
Kick (der, -s, -s) (engl.) Tritt; Stoß. Kicker; kicken (Fußball spielen).
Kick-down (*auch:* Kick'down) (der, -s, -s) (engl.) starkes Durchtreten des Gaspedals (Automatikgetriebe).
Kick-off (*auch:* Kick'off) (der, -s, -s) (engl.) Anstoß (beim Fußball; schweiz.).
Kick'star'ter (der, -s, -) Fußhebel als Anlasser (Motorrad).
Kick'xia (die, -, -xi'en) (niederl.-nlat.) ein westafrikanisches Hundsgiftgewächs, das Kautschuk liefert.
Kid 1. (das, -s, -s) (engl.) feines Leder von Kalb, Lamm, Zickel. 2. (das, -s, -s, meist Plural) Kind. Die Kids sind unterwegs.
kid'nap'pen (V.) (engl.) entführen; Kidnapper; Kidnapping.
Kids (die, nur Plural) (engl.) (ugs.) Kinder; Jugendliche.
kie'big (Adj.) (nordd.) zänkisch; frech.
Kie'bitz (der, -es, -e) Vogel; Zuschauer beim Kartenspiel. Kiebitzei; kiebitzen.
Kie'fer 1. (die, -, -n) Nadelbaum. Kiefernholz; Kiefernwald; Kiefernzapfen; kiefern. 2. (der, -s, -) Gebissknochen. Ober- und Unterkiefer; Kieferanomalie; Kieferhöhle; Kieferhöhlenentzündung; Kieferknochen; Kieferorthopädie; Kiefersperre.
kie'ken (V.) (nordd.) schauen. Kieker (Ausguck); Kiekindiewelt.
Kiel (der, -s, -e) 1. mittlerer Balken des Schiffsrumpfs. 2. Schaft (Vogelfeder). Kielfeder; Kielboot; Kiellinie; Kielraum; Kielschwert; Kielwasser; kieloben; kielholen.
Kie'me (die, -, -n) Atmungsorgan (Wassertiere). Kiemenatmung; Kiemenbogen; Kiemenflusskrebs; Kiemenspalte.
Kien (der, -s, kein Plural) Kiefernholz. Kienapfel; Kienholz; Kienspan; Kienzapfen; kienig.
Kies (der, -es, -e) 1. feines Gestein. 2. (ugs.) Geld. Kiesgrube; Kieshaufen; Kiesofen; Kiesweg; kiesig.
Kie'sel (der, -s, -) kleiner Stein. Kieselalge; Kieselerde; Kieselsäure; Kieselstein; kieseln.
Kiez (der, -es, -e) 1. Stadtteil. 2. Prostituiertengegend.
kif'fen (V.) (engl.) Haschisch rauchen. Kiffer.
Ki'ke'ri'ki (das, -s, -s) Hahnenschrei. Der Hahn schreit kikeriki.
kil'le'kil'le (Interj.) (in der Wendung:) killekille machen (kitzeln).

kil|len (V.) (engl.) (ugs.) töten. Killer; Killersatellit.
Kiln (der, -s, -e) (engl.) Hochofen.
ki|lo.../Ki|lo... (griech.) tausend.../Tausend...; das Tausendfache.
Ki|lo|gramm (das, -s, -) tausend Gramm (Abk.: kg). *Beachte:* Zehn Kilogramm frische/frischer Äpfel werden benötigt.
Ki|lo|hertz (das, -, -) tausend Hertz (Frequenz; Abk.: kHz).
Ki|lo|joule (das, -, -) tausend Joule.
Ki|lo|ka|lo|rie (die, -, -n) tausend Kalorien.
Ki|lo|me|ter (der, -s, -) tausend Meter (Abk.: km). Wir standen in einem Stau von acht Kilometern (*aber:* von acht Kilometer Länge). Nach fünf Kilometern (*aber:* in fünf Kilometer Entfernung) müsst ihr rechts abbiegen. Kilometergeld; Kilometergeldpauschale; Kilometermarke; Kilometerstand; Kilometerstein; Kilometertarif; Kilometerzähler; Kilometrierung; Stundenkilometer (Abk.: km/h); kilometerlang; kilometerweit; kilometrisch; kilometrieren.
Ki|lo|ohm (das, -, -) tausend Ohm (elektrischer Widerstand; Abk.: kΩ).
Ki|lo|volt (das, -s, -) tausend Volt (Abk.: kV). Kilovoltampere (Abk.: kVA).
Ki|lo|watt (das, -s, -) tausend Watt (Abk.: kW). Kilowattstunde (Abk.: kWh).
Kilt (der, -s, -s) (engl.) Schottenrock.
Kimm (die, -, kein Plural) Horizontlinie zwischen Meer und Himmel. Kimmung.
Kim|me (die, -, -n) Kerbe. Kimmhobel.
Ki|mo|no (der, -s, -s) (jap.) weites Gewand. Kimonoärmel; Kimonobluse.
Ki|nä|de (der, -n, -n) (griech.) Päderast.
Kind (das, -s/-es, -er) junger Mensch. an Kindes statt; von Kind auf; sie hat sich bei meiner Mutter lieb Kind gemacht (eingeschmeichelt); der Film ist für Kinder bis zu zehn Jahren/bis zehn Jahre nicht geeignet. Kindbett; Kinderarbeit; Kinderarzt; Kinderbett; Kinderbuch; Kinderdorf; Kinderei; Kindererziehung; Kinderfest; Kinderfrau; Kindergarten; Kindergärtnerin; Kindergeld; Kinderheilkunde; Kinderheim; Kinderhort; Kinderkrankheit; Kinderkriegen; Kinderlähmung; Kinderlosigkeit; Kindermädchen; Kindermörder; Kinderschreck; Kinderschutz; Kinderspiel; Kindersprache; Kinderstube; Kinderschwester; Kindersterblichkeit; Kinderwagen; Kinderzimmer; Kindesalter; von Kindesbeinen an; Kindeskind; Kindesraub; Kindfrau; Kindheit; Kindlein; Kindlichkeit; Kindskopf; Kindsmord; Kind(s)taufe. Adjektive: kinderfeindlich; kinderfreundlich; kinderleicht; kinderlieb; kinderlos; kinderreich; kindfremd; kindgemäß; kindhaft; kindisch; kindlich; kindsköpfig.

Kin|der|frei|be|trag (der, -es, -trä|ge) steuerliche Vergünstigung.
Kin|der|han|del (der, -s, kein Plural) illegale Adoptionsvermittlung.
Kin|der|por|no|gra|fie (*auch:* Kin|der|por|no|gra|phie) (die, -, kein Plural) sexueller Missbrauch von Kindern für pornografische (*auch:* pornographische) Zwecke.
Kin|des|miss|hand|lung (die, -, -en) Folter von Kindern.
Ki|ne|ma|thek (die, -, -en) (griech.) Filmarchiv.
Ki|ne|ma|tik (die, -, kein Plural) (griech.) Bewegungslehre. Adjektiv: kinematisch.
Ki|ne|ma|to|graf (*auch:* Ki|ne|ma|to|graph) (der, -en, -en) (griech.) Filmapparat. Kinematografie (*auch:* Kinematographie); kinematografisch (*auch:* kinematographisch).
Ki|ne|tik (die, -, kein Plural) (griech.) Bewegungslehre (Physik). Adjektiv: kinetisch.
King|size (das, -, kein Plural) (engl.) Großformat.
Kin|ker|litz|chen (die, nur Plural) (franz.) Unsinn; Nichtigkeit.
Kinn (das, -s, -e) Teil des Unterkiefers. Kinnbacke; Kinnbackenbart; Kinnhaken; Kinnlade; Kinnriemen.
Ki|no (das, -s, -s) Filmtheater; Filmvorstellung. Kinobesucher; Kinofilm; Kinokarte; Kinoprogramm; Kinoreklame; Kinostück.
Kin|topp (der/das, -s, -s/-töp|pe) (ugs.) Kino; Film.
Ki|osk (der, -s, -e) (pers.) Verkaufsstand. Zeitungskiosk; Kioskverkäuferin.
Kipf (der, -s, -e) (südd.) Brotlaib.
Kip|ferl (das, -s, -n) (südd.) Gebäck.
Kip|pe (die, -, -n) Kante; Turnübung; Zigarettenstummel. Kipper; Kippfenster; Kippkarren; Kipplader; Kipplore; Kippschalter; Kippschaltung; kipp(e)lig; kippen.
kip|peln (V.) (ugs.) wackeln.
Kir|be (die, -, -n) (südd.) Kirchweih.
Kir|che (die, -, -n) Gotteshaus; Religionsgemeinschaft; Gottesdienst. Kirchenälteste, Kirchenamt; Kirchenbau; Kirchenchor; Kirchendiener; Kirchengeschichte; Kirchenglocke; Kirchenjahr; Kirchenlehrer; Kirchenlied; Kirchenmaus; Kirchenmusik; Kirchenschiff; Kirchensteuer; Kirchentag; Kirchenuhr; Kirchgänger; Kirchhof; Kirchhofsmauer; Kirchlichkeit; Kirchsprengel; Kirchturm; Kirchturmpolitik; Kirchweih; kirchlich.
Kir|chen|asyl (das, -s, -e) Gewährung von Asyl hinter Kirchenmauern.

Kir|gi|si|en (ohne Art., -s, kein Plural) GUS-Staat. Kirgise; kirgisisch.
Kir|mes (die, -, -mes|sen) (nordd.) Kirchweih. Kirmeskuchen.
kir|re (Adj.) zutraulich; gefügig; verrückt. jemanden kirre machen (*auch:* kirremachen); kirren.
Kir|sche (die, -, -n) Frucht. Kirschbaum; Kirschblüte; Kirschgeist; Kirschkern; Kirschkuchen; Kirschsaft; Kirschwasser; kirschrot.
Kir|tag (der, -s, -e) (südd.) Kirchweih.
Kis|met (das, -s, kein Plural) (arab.) Schicksal.
Kis|sen (das, -s, -) Polster; Bettzeug. Kissenbezug; Kissenfüllung; Kissenschlacht.
Kis|te (die, -, Kis|ten) 1. Behälter; (ugs.) 2. Fahrzeug, Flugzeug. Apfelsinenkiste; kistenweise.
Ki|su|a|he|li = Suaheli.
Ki|tha|ra (die, -, -s/-tha|ren) ein altgriechisches Zupfinstrument.
Ki|tha|r|ö|de (der, -n, -n) (griech.) Sänger und Spieler der Kithara (im alten Griechenland).
Kitsch (der, -es, kein Plural) geschmacklose Kunst; Stillosigkeit. Adjektiv: kitschig.
Kitt (der, -s, -e) Klebstoff; Dichtstoff. Fensterkitt; kitten.
Kitt|chen (das, -s, -) (ugs.) Gefängnis.
Kit|tel (der, -s, -) Arbeitsmantel. Kittelschürze.
Kitz (das, -es, -e) junges (Wild). Kitzchen; Kitzlein; Rehkitz.
kit|zeln (V.) reizen; jucken. Kitzel; Nervenkitzel; Kitzler; kitz(e)lig.
Ki|wi 1. (der, -s, -s) Straußenvogel. 2. (die, -, -s) Frucht.
kJ (Abk.) Kilojoule.
k. J. (Abk.) künftigen Jahres.
k. k. (Abk.) kaiserlich-königlich. *Beachte:* wird im Titel großgeschrieben!
KKW (Abk.) Kernkraftwerk.
Kl. (Abk.) Klasse.
kla|bas|tern (V.) (ugs.) trampeln; poltern.
Kla|bau|ter|mann (der, -s, -män|ner) Schiffskobold.
kla|cken (V.) ein klatschendes Geräusch von sich geben. Das macht klack!
Klacks (der, -es, -e) (ugs.) Klatschen; Kleinigkeit. Das ist ein Klacks!
Klad|de|ra|datsch (der, -es, -e) 1. Geklirr. 2. Skandal.
klaf|fen (V.) offen stehen. Klaffmuschel.
kläf|fen (V.) bellen. Kläffer.
Klaf|ter (der, -s, -) Raummaß; altes Längenmaß. Klafterholz; klafterlang, *aber:* Der Gang war fünf Klafter lang; klaftertief; klaftern.

Klammern

1. Runde Klammern
a) Verwendung: Sie werden ähnlich wie Gedankenstriche gesetzt. Sie kennzeichnen Einschübe, Zusätze und Buchstaben bzw. Wortteile, die man weglassen kann. Der Mann behauptet (entgegen den Äußerungen eines Zeugen), zur fraglichen Zeit nicht am Bahnhof gewesen zu sein.
Bahnhof(s)straße; Rinder(schmor)braten.
Auch ein eingeschobener vollständiger Satz (Parenthese) kann in Klammern stehen! Die Klammern ersetzen dabei die Kommas. Gestern früh (ich war gerade aufgestanden) wurden endlich die Möbel geliefert.
b) Klammer kombiniert mit anderen Satzzeichen: Nach der schließenden Klammer steht immer das Satzzeichen, das auch ohne die Klammer gesetzt werden müsste. Wir sind ein junges Paar (26 und 28 Jahre alt). Ich möchte einmal feststellen (und das mit allem Nachdruck): So kann es nicht weitergehen!
Vor der schließenden Klammer kann man das Satzzeichen setzen, das der eingeklammerte Satz oder Satzteil erfordert. Ihre Bewerbung sollte bis zum 15. Januar bei uns eingetroffen sein (Passfoto nicht vergessen!).
Beachte: Das Schlusszeichen des eingeklammerten Satzes steht vor der letzten Klammer, nicht dahinter! Dieses Buch handelt von der Rechtschreibung. (Gleichzeitig wird im selben Verlag ein Fremdwörterbuch erscheinen.)
2. Eckige Klammern
Eckige Klammern setzt man in Textteilen, die schon durch runde Klammern eingeschlossen sind. AI (Abkürzung für [engl.] Amnesty International) hat morgen seine Jahreshauptversammlung.
Beachte: Einschübe in Zitate werden in eckige Klammern gesetzt, um anzuzeigen, dass der Zusatz kein Teil des Originalzitates ist. »Ich kann Thomas [d. i. der Bruder seiner Freundin] nicht leiden«, sagte er.

kla'gen (V.) 1. jammern. 2. gerichtlich vorgehen. *Beachte:* Er klagte über (beschwerte sich über) die Nachbarn. *Aber:* Er klagt (gerichtlich) gegen die Firma. Klage; Klagbarkeit; Klagegeschrei; Klagelied; Klagemauer; Kläger; Klageschrift; Klägerschaft. Adjektive: klagbar; klägerisch; klaglos; klägerischerseits.
kläg'lich (Adj.) jämmerlich; dürftig; verächtlich. Kläglichkeit.
Kla'mauk (der, -s, kein Plural) (ugs.) Lärm; Unsinn.
klamm (Adj.) steif; feucht.
Klamm (die, -, -en) Felsschlucht.
Klam'mer (die, -, -n) 1. Heftgerät. 2. Schriftzeichen. Klammeraffe; Klammerhaken; klammern.
Klammer → Regelkasten
klamm'heim'lich (Adj.) ganz heimlich.
Kla'mot'te (die, -, -n) 1. Kleidung (nur Plural). 2. Schwank. Klamottenkiste.
kla'mü'sern (V.) (nordd.) nachdenken; grübeln.
Klan (*auch:* Clan) (der, -s, -) (engl.) Sippschaft; Familie.
Klang (der, -s, Klän'ge) Ton. Klangbild; Klangeffekt; Klangfarbe; Klangkörper; Klangwirkung; klanglich; sang- und klanglos; klangrein; klangschön; klangvoll; klingen.
Klap'pe (die, -, -n) 1. Deckel. 2. (ugs.) Bett. 3. (ugs.) Mund.
klap'pen (V.) 1. umschlagen; umdrehen. 2. gelingen. Klappbett; Klappentext; Klappfahrrad; Klappfenster; Klappmesser; Klappstuhl.
klap'pern (V.) aufeinanderschlagen. Klapper; Klapperkasten; Klapperkiste; Klapperschlange; Klapperstorch.
Klaps (der, -es, -e) 1. leichter Schlag. 2. Schrulle. Klapsmann; Klapsmühle; klapsig; klapsen.
klar (Adj.) durchsichtig; deutlich; rein; scharfsinnig; gewiss. na klar; sich über etwas im Klaren/Unklaren sein; klar wie Kloßbrühe. Zusammenschreibung mit Verb, wenn sich eine neue, übertragene Bedeutung ergibt! klargehen (in Ordnung gehen); klarkommen (zurechtkommen); klarlegen (erklären); klarmachen (deutlich machen); klarsehen (*auch für:* durchschauen); klarstellen (richtig stellen); *aber:* klar werden (*auch:* klarwerden) (*auch für:* verständlich werden). Klarblick; Klare; Klarheit; Klarschiff; Klarschriftleser (EDV); Klarsichtfolie; Klarstellung; Klartext. Adjektiv: klar denkend (*auch:* klardenkend).
klä'ren (V.) 1. klar machen. 2. reinigen. Kläranlage; Klärbecken; Klärmittel; Klärschlamm; Klärung; geklärt.
Kla'rett (der, -s, -s/-e) (franz.) gewürzter Rotwein.

kla'rie'ren (V.) (lat.) verzollen.
Kla'ri'net'te (die, -, -n) (ital.) Blasinstrument.
Kla'ris'se (die, -, -n) (lat.) Angehörige eines kath. Nonnenordens.
klas'se (Adj.) großartig. ein klasse Mädchen; er hat klasse gespielt; die Ferien waren klasse. *Aber:* Das ist große Klasse!
Klas'se (die, -, -n) 1. Gruppe. 2. Kategorie. 3. Gesellschaftsschicht; Schulklasse. Klassenarbeit; Klassenbewusstsein; Klassenbuch; Klassenhass; Klassenkamerad; Klassenkampf; Klassenleiter; Klassenlotterie; Klassensieger; Klassensprecher; Klassentreffen; Klassenziel; Klassenzimmer; Erstklässler; Adjektive: klassenweise; erstklassig; drittklassig.
Klas'se'ment (das, -s, -s) (schweiz.-franz.) Einteilung; Ordnung; Rangliste (im Sport).
klas'si'fi'zie'ren (V.) (lat.) einteilen; gliedern. Klassifizierung; Klassifikation.
Klas'sik (die, -, kein Plural) Kultur der Antike; Blütezeit. Klassiker; Klassikerausgabe; Klassizismus; Klassizität; klassisch; klassizistisch.
Kla'ter (der, -s, -n) (nordd.) Lumpen; Schmutz (ohne Plural). Adjektiv: klat(e)rig.
Klatsch (der, -es, -e) Geschwätz. Klatschbase; Klatschhaftigkeit; Klatschkolumnist; Klatschmaul; Klatschspalte; Klatschsucht; Klatschtante; Klatschweib.
klat'schen (V.) 1. applaudieren. 2. tratschen. 3. schlagen.
klatsch'nass (Adj.) durchnässt.
klau'ben (V.) zusammensuchen; sammeln. Klauber; Klauberei.
Klaue (die, -, -n) 1. Kralle. 2. (ugs.) Hand. 3. (ugs.) Handschrift. Klauenseuche.
klau'en (V.) (ugs.) stehlen.
Klau'se (die, -, -n) 1. Einsiedelei. 2. Zelle. 3. Schlucht. Klausner.
Klau'sel (die, -, -n) (lat.) Bedingung; Vorbehalt. 5%-Klausel; klausulieren.
Klaus'ner (der, -s, -) (lat.) Einsiedler; (mönchischer) Bewohner einer Klause.
Klaus'tro'phi'lie (die, -, kein Plural) (griech.) Drang, sich abzusondern; sich einzuschließen.
Klaus'tro'pho'bie (die, -, -n) (lat., griech.) Platzangst, krankhafte Angst vor dem Aufenthalt in geschlossenen Räumen.
Klau'sur (die, -, -en) (lat.) 1. Einsamkeit; schriftliche Arbeit. 2. Klausurarbeit; Klausurtagung.
Kla'vi'a'tur (die, -, -en) (lat.) Tasten eines Klaviers; Tastbrett.
Kla'vier (das, -s, -e) Tasteninstrument. Klavierabend; Klavierbegleitung; Klavierkonzert; Kla-

kleben 261 **Klimax**

viersonate; Klavierspiel, *aber:* Klavier spielen; Klavierspieler; Klavierstuhl; Klavierstunde; Klavierunterricht; Klavichord.

kle|ben (V.) haften; befestigen. Klebebindung; Klebemittel; Kleber; Klebrigkeit; Kleb(e)streifen; Klebstoff; Klebung; klebrig; kleben bleiben (festhängen; ugs.: sitzen bleiben).

kle|ckern (V.) 1. Flecken machen; beschmutzen. 2. mühsam vorwärtskommen. Kleckerfritze; Kleckerkram; kleckerweise.

Klecks (der, -es, -e) Fleck. Kleckser; Kleckserei; klecksig; klecksen.

Klee (der, -s, kein Plural) Pflanze. Kleeblatt; Klee-Ernte (*auch:* Kleeernte); Kleegras; Kleesalz.

Klei (der, -s, kein Plural) Lehmboden. Kleiboden.

Kleid (das, -s/-es, -er) Kleidungsstück. Kleiderbad; Kleiderbügel; Kleiderhaken; Kleiderschrank; Kleidchen; Kleidsamkeit; Kleidung; Kleidungsstück; kleidsam; kleiden.

Kleie (die, -, kein Plural) Getreideschale. Weizenkleie; kleiig.

klein (Adj.) 1. gering. 2. jung. 3. unbedeutend. *Kleinschreibung:* klein, aber oho/fein; von klein auf; ihr Schneemann war am kleinsten; kleine Fische (Kleinigkeiten); das kleine Latinum; der kleine Mann. *Aber:* Großschreibung, wenn das Adjektiv wie ein Substantiv gebraucht wird! im Kleinen wie im Großen; alle Kleinen; Klein und Groß (jedermann); bis ins Kleinste; die Kleinsten unter ihnen; um ein Kleines (wenig); die süße Kleine (Kind); der Kleine; die Kleinen und die Großen; etwas/nichts/viel/wenig Kleines; etwas Kleingedrucktes (*auch:* klein Gedrucktes); es war uns ein Kleines (kleine Mühe), das für dich zu erledigen; Klein Susi; der Kleine Bär (Sternbild). Kleinaktionär; Kleinanzeige; Kleinasien; Kleinbetrieb; Kleinbildkamera; Kleinbürgertum; Kleineleutemilieu; Kleinfamilie; Kleinformat; Kleingarten; Kleingedruckte; Kleingeld; Kleinhandel; Kleinheit; Kleinhirn; Kleinholz; Kleinigkeit; Kleinkind; Kleinkraftwagen; Kleinwohnung. kleinbürgerlich; kleindenkend; klein gedruckt (*auch:* kleingedruckt); klein gemustert (*auch:* kleingemustert); klein gewachsen (*auch:* kleingewachsen); kleinherzig; kleinkalibrig; kleinkariert (engstirnig), *aber:* der klein karierte (*auch:* kleinkarierte) Rock; kleinlaut; kleinstädtisch; kleinstmöglich (falsch: kleinstmöglichst!). Adverb: kleiner(e)nteils. Verben: Zusammenschreibung, wenn sich eine neue, übertragene Bedeutung ergibt! kleinbekommen, kleinkriegen, *aber:* klein beigeben (nachgeben); klein anfangen; klein bleiben/werden/sein/halten; sich kleinmachen; alles kurz und klein schlagen; klein hacken (*auch:* kleinhacken); klein schneiden (*auch:* kleinschneiden); kleinschreiben (mit kleinem Anfangsbuchstaben schreiben, *auch:* nicht wichtig nehmen), *aber:* klein schreiben (in kleiner Schrift).

Kleis|ter (der, -s, -) Kleber; Leim. Kleistertopf; kleistrig; kleistern.

kleis|to|gam (Adj.) sich selbst befruchtend in der Art der Kleistogamie.

Kleis|to|ga|mie (die, -, kein Plural) (griech.) Selbstbefruchtung (von zweigeschlechtigen Pflanzen) bei geschlossener Blüte.

Kle|ma|tis (die, -, -) (griech.) Kletterpflanze.

Kle|men|ti|ne (die, -, -n) (franz.) kernlose Mandarinensorte.

klem|men (V.) 1. zusammendrücken. 2. hängen bleiben. 3. befestigen. in der Klemme sitzen; Klemmlampe; Klemmappe (*auch:* Klemm-Mappe) Klemmschraube.

Klemp|ner (der, -s, -) Installateur. Klempnerei; Klempnerladen; Klempnermeister; Klempnerwerkstatt; klempnern.

Klep|per (der, -s, -) (ugs.) altes Pferd.

Klep|per|boot (das, -s, -e) Faltboot.

Klep|per|man|tel (der, -s, -män|tel) Gummimantel.

Klep|sy|d|ra (die, -, -syd|ren) (griech.) Uhr, bei der die Zeit durch langsam auslaufendes Wasser gemessen wird. Wasseruhr.

Klep|to|ma|ne (der, -n, -n) (griech.) jmd., der krankhaft stiehlt. Kleptomanin; Kleptomanie; kleptomanisch.

Kle|rus (der, -, kein Plural) (griech.) Geistlichkeit. Klerikalismus; Kleriker; klerikal.

Klet|te (die, -, -n) 1. Pflanze. 2. (ugs.) lästiger Mensch. Klettverschluss; Klettenkraut; Klettenwurzel.

klet|tern (V.; V., ist) besteigen; hochsteigen. Kletterei; Kletterer; Klettergerüst; Klettermaxe; Kletterpflanze; Kletterseil; Kletterrose; Kletterstange; Klettertour.

Klet|ze (die, -, -n) (südd.) getrocknete Birne.

kli|cken (V.) hell klingen. klick!

Kli|cker (der, -s, -) (lok.) Murmel. Verb: klickern.

Kli|ent (der, -en, -en) (lat.) Kunde. Klientel; Klientin.

Kliff (das, -s, -e) (nordd.) durch Abrasion entstandene Steilküste. Klippe. Felsenkliff.

Kli|ma (das, -s, -s/-ma|te) (griech.) Witterung; Atmosphäre. Klimaanlage; Klimakammer; Klimaschwankung; Klimatisierung; Klimatologie; Klimawechsel; klimatisch; klimatisieren.

Kli|mak|te|ri|um (das, -s, kein Plural) (griech.) Wechseljahre. Adjektiv: klimakterisch.

Kli|max (die, -, -e) (lat.) Steigerung; Höhepunkt.

Klim|bim (der, -s, kein Plural) (ugs.) Kram; Unsinn; Aufregung.
klim|men (V., klomm, ist geklommen) hinaufklettern. Klimmzug.
klim|pern (V.) ein Musikinstrument schlecht spielen; klingen lassen. Klimperei; Klimperkasten.
Klin|ge (die, -, -n) Schneide. Messerklinge; Degenklinge.
klin|geln (V.) läuten; herbeirufen. Nach der Nachtschwester klingeln. Klingelbeutel; Klingelknopf; Klingelzeichen.
klin|gen (V., klang, hat geklungen) 1. tönen. 2. wirken. Klingklang; Klang; kling! klingeling!
Kli|nik (die, -, -en) (griech.) Krankenhaus. Kliniker; Klinikum (Plural: Klinika/Kliniken); klinisch.
Klin|ke (die, -, -n) Türgriff. Klinkenputzer; Türklinke; klinken.
Klin|ker (der, -s, -) Ziegel. Klinkerbau; Klinkerstein.
Kli|no|me|ter (das, -s, -) (griech.) Neigungsmesser.
Kli|no|mo|bil (das, -s, -e) (griech.-lat.) Notarztwagen.
klipp 1. (nur in der Wendung:) klipp und klar (eindeutig). 2. (Interj.) Klappergeräusch; klipp, klapp! das Klippklapp der Mühle.
Klipp (auch: Klips) → Clip.
Klip|pe (die, -, -n) Felsenriff; Hindernis. Klippenrand; klippig.
Klip|per (der, -s, -) (engl.) Schnellsegelschiff.
Klipp|fisch (der, -es, -e) luftgetrockneter Kabeljau oder Schellfisch.
Klipp|schu|le (die, -, -n) (nordd., abwertend) Grundschule.
klir|ren (V.) hell klingen. Klirrfaktor.
Kli|schee (das, -s, -s) (franz.) Abklatsch. Klischeevorstellung; Klischeewort; klischeehaft; klischieren.
Klis|ter (der, -s, kein Plural) weiches Skiwachs für Firnschnee.
Klis|tier (das, -s, -e) (griech.) Einlauf. Klistierspritze; klistieren.
Kli|to|ris (die, -, -/-ri|des) (griech.) Kitzler.
Klit|sche (die, -, -n) (poln.) kleines, wenig ertragreiches Landgut.
klit|schig (Adj.) klebrig; feucht. Klitsch; klitsch(e)nass; klitsch, klatsch! klitschen.
klitze|klein (Adj.) winzig klein.
Klo (das, -s, -s) (Kurzw.) Klosett. Klobrille. Klofrau.
Klo|a|ke (die, -, -n) (lat.) Abwasserkanal; gemeinsamer Ausgang für Darm-, Harn- und Geschlechtswege (Zool.). Kloakentier.
Klo|ben (der, -s, -) Holzklotz. Klobenholz; klobig.
klo|nen (V.) ungeschlechtlich fortpflanzen und dabei erbgleiche Einzelwesen erzeugen. Klon.
klo|nisch (Adj.) in der Art eines Klonus; krampfartig.
Klo|nus (der, -s, -ni) (griech.-nlat.) rasche, krampfartige Zuckungen.
klop|fen (V.) pochen; schlagen. Klopfer; Klopfzeichen; klopffest.
Klop|pe (die, -, kein Plural) (nordd.) Prügel. Klopperei; kloppen.
klöp|peln (V.) Spitzen flechten. Klöppelei; Klöppelkissen; Klöppelspitze; Klöpplerin; Spitzenklöpplerin.
Klops (der, -es, -e) Fleischkloß.
Klo|sett (das, -s, -s/-e) (engl.) Toilette. Klosettbürste; Klosettfrau; Klosettpapier.
Kloß (der, -es, Klö|ße) Knödel. Kloßbrühe; Klößchen; Kartoffelkloß.
Klos|ter (das, -s, Klö|ster) Gemeinschaft von Mönchen oder Nonnen; Klosterbau. Klosterbibliothek; Klosterbruder; Klosterfrau; Klostergarten; Klosterkirche; Klosterschule; Klosterschwester; klösterlich.
Klotz (der, -es, Klöt|ze) 1. großes Holzstück; Keil. 2. grober Mensch. Klötzchen; klotzig; klotzen.
Klub (auch: Club) (der, -s, -s) (engl.) Verein. Klubgarnitur; Klubhaus; Klubjacke; Klubmitglied; Klubraum; Klubsessel.
Kluft 1. (die, -, -en) (jidd.) Kleidung; Uniform. 2. (die, -, Klüfte) Spalte. Adjektiv: zerklüftet.
klug (Adj.) klüger, klügste) schlau; vernünftig. Das Klügste (aber: am klügsten) ist, wenn du schweigst. Der Klügere/Klügste gibt nach. Klugheit; Klugredner; Klugscheißer; Klugschwätzer; klugerweise, aber: auf kluge Weise; klug sein/werden/reden.
Klum|pen (der, -s, -) Brocken. Klumpfuß; Klumphand; Klümpchen; klumpfüßig; klumpig; klumpen.
Klün|gel (der, -s, -) Cliquenwirtschaft. Klüngelei; klüngeln.
Klun|ker (der, -s, -/die, -, -n) Kugel; (ugs.) Schmuckstück. Adjektiv: klunk(e)rig.
Klup|perl (das, -s, -) (südd.) Wäscheklammer; (ugs.) Finger.
Klü|se (die, -, -n) (niederl.) Loch (in der Schiffswand für Ketten oder Taue).
Klü|ver (der, -s, -) (niederl.) Vorsegel. Klüverbaum.
Kly|s|tron (das, -s, -s/-ro|ne/ro|ne) (griech.) Elektronenröhre zum Erzeugen und Verstärken kurzwelliger elektromagnetischer Strahlung.
k. M. (Abk.) künftigen Monats.

km (Abk.) Kilometer. km² (Quadratkilometer); km³ (Kubikkilometer); km/h (Kilometer pro Stunde); km-Zahl.
knab'bern (V.) nagen; abbeißen. Knabberei.
Kna'be (der, -n, -n) Junge. Knabenalter; Knabenhaftigkeit; Knabenliebe; Knäblein; knabenhaft.
kna'cken (V.) aufbrechen; lösen; krachen. Knack; Knacklaut; Knackmandel; Knacks; Knackwurst; Knäckebrot; knackfrisch; knackig; knacks! knacksen.
Kna'cker (der, -s, -) Knackwurst; (ugs.) alter Mann.
Kna'cki (der, -s, -s) (ugs.) Häftling. Verb: verknacken.
Knall (der, -s, -e) heftiger Laut; (ugs.) Verrücktheit. Knall und Fall (unerwartet) verschwinden; Knallbonbon; Knalleffekt; Knallerbse; Knallerei; Knallfrosch; Knallgas; Knallkopf; Knallkörper; knallbunt; knallblau; knallhart; knallig; knallvoll.
knapp (Adj.) wenig; eng; kaum. Wir haben getrunken und das nicht zu knapp (ziemlich viel)! Knappheit; knapp werden/sitzen, *aber:* knapphalten (wenig Geld geben).
Knap'pe (der, -n, -n) Bergmann. Knappschaft; Knappschaftskasse; knappschaftlich.
knap'sen (V.) (ugs.) knausern.
knar'ren (V.) knarzen.
Knar're (die, -, -n) (ugs.) Gewehr.
Knast (der, -s, Knäs'te) (jidd.) Gefängnis. Knastbruder.
Knas'ter (der, -s, -) (niederl.) schlechter Tabak.
Knatsch (der, -es, kein Plural) Streit; Ärger. Adjektiv: knatschig. Verb: knatschen.
knat'tern (V.) rattern.
Knäu'el (der/das, -s, -) 1. Kugel. 2. Menschenmenge. 3. Wirrwar. Knäuelgras; Wollknäuel; knäueln.
Knauf (der, -s, Knäu'fe) Griff. Stockknauf; Türknauf.
knau'sern (V.) geizen; sparen. Knauser; Knauserei; Knaus(e)rigkeit; knaus(e)rig.
knaut'schen (V.) zerdrücken; knittern. Knautschlack; Knautschzone; knautschig.
kne'beln (V.) den Mund verstopfen; fesseln. Knebel; Knebelbart; Knebelholz; Kneb(e)lung.
Knecht (der, -s, -e) Bauerngehilfe; Unterdrückter. Knecht Ruprecht; Knechtschaft; Knechtung; knechtisch; geknechtet.
knei'fen (V., kniff, hat gekniffen) zwicken; ausweichen. *Beachte:* Sie kniff dem/das Kind in die Backe (Dativ oder Akkusativ!). Kneifen; Kneifer; Kneifzange.
Knei'pe (die, -, -n) Bierlokal. Kneipabend; Kneipbruder; Kneipenwirt; Kneiperei; kneipen.
kneip'pen (V.) eine Kneippkur machen.

Knes'set(h) (die, -, kein Plural) (hebr.) Parlament (in Israel).
Kne'te (die, -, kein Plural) 1. Plastilin. 2. (ugs.) Geld. Knetgummi; Knetmasse; Knetmaschine; knetbar; kneten.
Knick (der, -s, Kni'cke) 1. Kurve; Falz. 2. Hecke (Plural: Knicks!). Knickfuß; Knickung; knicken.
Kni'cke'bein (der, -s, kein Plural) Eierlikör (als Füllung in Pralinen).
Kni'cker'bo'cker (der, -/-s, -/-s) (engl.) alkoholisches Getränk; (nur Plural:) Bundhose.
kni'ckern (V.) (ugs.) geizig sein.
Knicks (der, -es, -e) Kniebeugung. Verb: knicksen.
Knie (das, -s, -) 1. Beingelenk. 2. Biegung. auf die Knie fallen, *aber:* auf den Knien rutschen. Kniebeuge; Kniebundhose; Kniefall; Kniegelenk; Kniekehle; Knieriemen; Kniescheibe; Knieschoner; Knieschützer; Kniestrumpf; Kniestück; Kniewärmer. Adjektive: kniefällig; kniefrei; kniehoch; knielang; knielings (kniend); knietief. Verb: knien.
Knies (der, -es, kein Plural) (nordd.) Schmutz; Streit.
Kniff (der, -s, -e) Trick; Falz. Kniffligkeit (Schwierigkeit); kniff(e)lig; kniffen.
Knilch (*auch:* Knülch) (der, -s, -e) (ugs.) komischer Mensch.
knip'sen (V.) 1. lochen. 2. fotografieren. Knipser; Knipszange; knips!
Knirps (der, -es, -e) 1. kleiner Junge. 2. Taschenschirm. Adjektiv: knirpsig.
knir'schen (V.) ein reibendes Geräusch von sich geben. Zähneknirschen.
knis'tern (V.) rascheln. Es knistert im Gebälk (Gefahr droht).
Knit'tel (der, -s, -) Knüppel. Knittelvers.
knit'tern (V.) zerdrücken. Knitter; Knitterfalte; knitterarm; knitterfest; knitterfrei; knitt(e)rig.
kno'beln (V.) 1. würfeln. 2. nachdenken. Knobel; Knobelbecher.
Knob'lauch (der, -s, kein Plural) Gewürzpflanze. Knoblauchwurst; Knoblauchzehe.
Knö'chel (der, -s, -) Fußknöchel; Fingerknöchel. Knöchelchen; knöchellang.
Kno'chen (der, -s, -) Teil des Skeletts; Schraubenschlüssel. Knochenarbeit; Knochenbau; Knochenbruch; Knochenfraß; Knochengerüst; Knochenhaut; Knochenmark; Knochenschwund; Knochensplitter; Knochigkeit; Knöchelchen. Adjektive: knochenhart (sehr hart); knochentrocken (sehr trocken); knöchern; knochig; knöch(e)rig.
Knock-down (*auch:* Knock'down) (der/das, -s, -s) (engl.) Schlag, der den Gegner zu

Boden zwingt; das Niederschlagen (beim Boxen).
Knock-out (*auch:* Knock'out)(der,-s,-s)(engl.) Niederschlag (Boxen). Abk.: K.o.; Knock-out-Schlag (*auch:* Knockoutschlag); jemanden knock-out (*auch:* knockout) schlagen.
Knö'del (der, -s, -) (südd.) Kloß.
Knol'le (die, -, -n) 1. Klumpen. 2. Knoten. Knollenblätterpilz; Knollengewächs; Knollenfrucht; Knollennase; Knöllchen; knollig; knollenförmig.
Knopf (der, -s/-es, Knöp'fe) Verschluss; Knauf; Drücker. Knopfauge; Knöpfchen; Knopfdruck; Knopfloch; Knöpfschuh; knöpfen.
Knor'pel (der, -s, -) Bindegewebe. Adjektiv: knorp(e)lig.
knor'rig (Adj.) krumm; astreich; zäh. Knorren.
Knos'pe (die, -, -n) Pflanzenspross. Knospung; knospig; knospenförmig; knospen.
Kno'ten (der, -s, -) 1. Schlinge; Verdickung. 2. Schiffsgeschwindigkeit (Abk.: kn). Knotenpunkt; Knotenseil; Knötchen; knotenförmig; knotig; knoten.
Know-how (*auch:* Know'how) (das, -, kein Plural) (engl.) das Gewusst-wie für technische, praktische Anwendungen.
Knub'bel (der, -s, -) Verdickung.
knub'beln (V., refl.) (ugs.) sich drängen.
knud'deln (V.) umarmen; drücken.
knuf'fen (V.) (ugs.) stoßen; puffen. Knuff (Plural: Knüffe!).
knül'len (V.) zerknittern.
Knül'ler (der, -s, -) Sensation; Erfolgsschlager.
knüp'fen (V.) Knoten machen; verbinden. Knüpfarbeit; Knüpfteppich; Knüpfung; Knüpfwerk.
Knüp'pel (der, -s, -) Keule; Stock; Hebel. Knüppelausdemsack; Knüppelschaltung; knüppeldick; knüppelhart; knüppeln.
knur'ren (V.) murren; brummen. Knurrhahn; Knurrigkeit; Knurren; Knurrlaut; Magenknurren; knurrig.
knusp'rig (*auch:* knus'pe'rig) (Adj.) rösch; frisch. Knusperhäuschen; Knusperflocken; knuspern.
Knu'te (die, -, -n) (russ.) 1. Peitsche. 2. Gewalt. Verb: knuten (knechten).
knut'schen (V.) (ugs.) Küssen. Knutscherei; Knutschfleck.
k. o. (Abk.) knock-out. *Beachte:* k. o. gehen; k. o. sein. *Aber:* Sieg durch K. o.; K.-o.-Schlag.
kΩ (Abk.) Kiloohm.
Ko'ad'ju'tor (der, -s, -en) (lat.) Gehilfe eines katholischen Geistlichen (mit dem Recht der Nachfolge).

Ko'agu'lans (das, -, -lan'tia/-lan'zi'en) (lat.) die Blutgerinnung förderndes Mittel.
Ko'agu'la'ti'on (die, -, -ti'o'nen) (lat.) Gerinnung; Ausflockung.
ko'agu'lie'ren (V.) (lat.) gerinnen; ausflocken. Koagulum.
Ko'la'la (der, -s, -s) Beutelbär (Australien).
Ko'a'li'ti'on (die, -, -ti'o'nen) (lat.) Regierungsbündnis; Staatenbündnis. Koalitionsfreiheit; Koalitionspartei; Koalitionsregierung; koalieren; koalisieren.
Ko'au'tor (der, -s, -en) Mitverfasser.
ko'axi'al (Adj.) (lat.) mit einer gemeinsamen Achse. Koaxialkabel.
Kob (der, -s, -s) (Kurzw.) Kontaktbereichsbeamte.
Ko'balt (*auch:* Co'balt) (das, -s, kein Plural) chemischer Grundstoff (Abk.: Co). Kobaltbombe; Kobaltglanz; Kobaltlegierung; kobaltblau.
Ko'ben (der, -s, -) Verschlag; Käfig; Stall.
Ko'bold (der, -s, -e) Geist. koboldhaft.
ko'bol'zen (*auch:* Kobolz schießen) (V.) Purzelbäume schlagen.
Kob'ra (die, -, -s) (portugies.) Brillenschlange.
Koch (der, -s, Kö'che) Küchenchef. Kochbuch; Kochbeutel; Köchin; Kocherei; Kocher; Kochgelegenheit; Kochkunst; Kochlöffel; Kochnische; Kochrezept; Kochsalz; Kochtopf; Kochwäsche; kochfertig; kochfest; kochecht; kochend heiß; kochen.
Köchel'ver'zeich'nis (das, -nis'ses, -nis'se) Verz. des Gesamtwerks Mozarts (Abk.: KV).
Kö'cher (der, -s, -) Pfeilbehälter.
Ko'da → Co'da.
kod'de'rig (*auch:* kodd'rig) (Adj.) (ugs.) schlecht; unverschämt; frech. Kodderschnauze.
Kode (*auch:* Code) (nicht trennbar!) (der, -s, -s) (engl.) Zeichenschlüssel; verabredetes Zeichen. Kodewort; Kodierung; Kodifikation; Kodifizierung; kodieren; kodifizieren.
Kö'der (der, -s, -) Lockmittel. Köderwurm; ködern.
Ko'dex (der, -/-es, -e/-di'zes) (lat.) Gesetzessammlung.
Ko'di'fi'ka'ti'on (die, -, -ti'o'nen) das Kodifizieren.
ko'di'fi'zie'ren (V.) (lat.) in einem Gesetzbuch zusammenfassen.
Ko'edu'ka'ti'on (die, -, -ti'o'nen) (lat.) Gemeinschaftserziehung von Jungen und Mädchen (in Schulen).
Ko'ef'fi'zi'ent (der, -en, -en) (lat.) Faktor; Beiwert (Mathematik).
ko'er'zi'bel (Adj.) (lat.) verdichtbar; verflüssigbar.

Ko|exis|tenz (die, -, -en) (lat.) gleichzeitiges Nebeneinander, Vorhandensein. Verb: koexistieren.
Ko|fel (*auch:* Ko|gel) (der, -s, -) (südd.) Bergkuppe.
Kof|fe|in (das, -s, kein Plural) (arab.) anregender Wirkstoff (Tee, Kaffee). Adjektiv: koffeinfrei.
Kof|fer (der, -s, -) Reisebehälter. Kofferdeckel; Kofferradio; Kofferschreibmaschine; Kofferraum; Köfferchen.
Ko|gel (der, -s, -) (südd.) → Kofel.
Kog|ge (die, -, -n) bauchiges Segelschiff der Hanse.
Ko|g|nak (*auch:* Co|g|nac) (der, -s, -s) (franz.) Weinbrand. Kognakbohne; Kognakglas; Kognakschwenker.
Ko|g|nat (der, -en, -en) (lat.) Blutsverwandter der weiblichen Linie.
Kog|na|ti|on (*auch:* Ko|gna|ti|on) (die, -, -ti|o|nen) (lat.) Blutsverwandtschaft der weiblichen Linie.
ko|g|na|tisch (Adj.) (lat.) den Kognaten betreffend.
ko|g|ni|tiv (Adj.) (lat.) erkenntnismäßig. Kognition.
Ko|g|no|men (das, -s, -/-gno|mi|na) (lat.) Beiname im antiken Rom.
Ko|go (das, -s, -s) (jap.) kleines getöpfertes Behältnis für Räucherwerk.
Ko|ha|bi|ta|ti|on (die, -, -ti|o|nen) (lat.) Beischlaf. Verb: kohabitieren.
ko|hä|rent (Adj.) (lat.) zusammenhängend. Kohärenz; kohärieren.
Ko|hä|si|on (die, -, -si|o|nen) (lat.) Zusammenhalt (Anziehungskraft). Adjektiv: kohäsiv.
Kohl (der, -s, -e) 1. Gemüse. 2. (ugs.) Unsinn. Kohlkopf; Kohlrabi; Kohlraupe; Kohlroulade; Kohlrübe; Kohlsuppe; Rosenkohl; verkohlen.
Kohl|dampf (der, -s, kein Plural) (ugs.) Hunger.
Koh|le (die, -, -n) 1. Brennstoff. 2. (ugs.) Geld. Kohlefaden; Kohleherd; Kohleimport; Kohlekraftwerk; Kohlenbergwerk; Kohlendioxid (*auch:* Kohlendioxyd); Kohlenflöz; Kohlenhalde; Kohlenheizung; Kohlenhydrat; Kohlenmonoxid (*auch:* Kohlenmonoxyd); Kohlenpott (ugs.: Ruhrgebiet); Kohlensäure; Kohlenstoff (Abk.: C); Kohlenwasserstoff; Kohlepapier; Kohlestift; Kohlezeichnung. Adjektiv: kohlehaltig; kohlensauer; kohlschwarz. Kohle führend (*auch:* kohleführend). Verb: kohlen.
Kohl|le|pfen|nig (der, -es, -e) Abgabe zur Unterstützung des Kohleabbaus.
Kohl|mei|se (die, -, -n) Vogel.
Kohl|ra|be (der, -n, -n) Kolkrabe. Adjektiv: kohlrabenschwarz.

Kohl|weiß|ling (der, -s, -e) Schmetterling.
Ko|hor|te (die, -, -n) (lat.) Truppeneinheit (im alten Rom); zehnter Teil einer Legion.
Koi|ne (die, -, kein Plural) aus den altgriechischen Dialekten entstandene Umgangssprache; Vorstufe des Neugriechischen.
Koi|non (das, -s, kein Plural) (griech.) 1. politischer oder sakraler Zusammenschluss im antiken Griechenland. 2. Bundesstaat oder Staatenbund im Zeitalter des Hellenismus.
Ko|in|zi|denz (die, -, kein Plural) (lat.) Zusammentreffen. Adjektiv: koinzident.
Ko|i|tus (der, -, -/-se) (lat.) Geschlechtsverkehr. Verb: koitieren.
Ko|je (die, -, -n) (niederl.) Bett; Schlafraum (Schiff).
Ko|jo|te (die, -n, -n) (span.) Präriewolf.
Ko|ka (der, -, -) (span.) Strauch. Kokapflanze; Kokastrauch; Kokain (Rauschgift); Kokainsucht.
Ko|kar|de (die, -, -n) (franz.) Abzeichen.
ko|keln (V.) zündeln.
ko|ken (V.) Koks (Brennstoff) herstellen.
Ko|ke|rei (die, -, -en) Kokswerk. Koker.
ko|kett (Adj.) (franz.) gefallsüchtig; reizvoll. Koketterie; Kokette; kokettieren.
Kok|ke (*auch:* Kok|kus) (die, -, -n) (griech.) Kugelbakterie.
Ko|ko|lo|res (der, -, kein Plural) (ugs.) Unsinn; Umstände.
Ko|kon (der, -s, -s) (franz.) Puppe (Insekt). Kokonfaser; kokonartig.
Ko|kos (die, -, -) (Kurzw.:) Kokospalme; Kokosfrucht. Kokosfaser; Kokosfett; Kokosflocken; Kokosmatte; Kokosmilch; Kokosnuss; Kokosöl.
Ko|kot|te (die, -, -n) (franz.) Edelprostituierte.
Koks (der, -es, -e) (engl.) 1. Brennstoff. 2. (ugs.) Kokain. 3. (jidd.) steifer Hut. Kokser; Koksofen; Koksstaub; Kokswerk; koksen.
Kok|zi|die (die, -, -n) (griech.) schmarotzendes Sporentierchen. Krankheitserreger.
Kok|zi|di|o|se (die, -, -n) durch Kokzidien verursachte Krankheit.
Ko|la (die, -, kein Plural) Kolanuss.
Kol|ben (der, -s, -) 1. Maschinenteil. 2. Glasgefäß. 3. Gewehrteil. 4. Blütenstand. Kolbenfresser; Kolbenmaschine; Kolbenhieb; Kolbenstange; kolbig.
Kol|cho|se (die, -, -n) (russ.) landwirtschaftliche Produktionsgenossenschaft (Sowjetunion). Kolchos; Kolchosbauer.
Ko|li|bak|te|ri|um (das, -s, -ri|en) (griech.) Bakterium der Darmflora.
Ko|li|b|ri (der, -s, -s) (franz.) sehr kleiner Vogel.

Kolik (die, -, -en) (griech.) Leibkrämpfe. Gallenkolik; Nierenkolik.
Kolitis (die, -, -tiden) (griech.) Dickdarmentzündung.
Kolk (der, -s/-es, -e) (nordd.) Wasserloch.
Kolkrabe (der, -n, -n) Vogel.
kollabieren (V.) (lat.) zusammenbrechen. Kollaps.
Kollaboration (die, -, -tionen) (franz.) Zusammenarbeit mit dem Feind. Kollaborateur; kollaborieren.
Kollagen (das, -s, -e) (griech.) Eiweißstoff.
Kollar (das, -s, -e) (lat.) Halskragen.
kollateral (Adj.) (lat.) seitlich.
Kollation (die, -, -tionen) (lat.) 1. Vergleich (zwischen Urschrift und Abschrift). 2. Zusammentragen der Druckbogen (eines Buches). 3. Ausgleich (zwischen Erben). 4. leichte Mahlzeit (an Fasttagen).
kollationieren (V.) (lat.) vergleichen (auf die Richtigkeit hin); zusammentragen in der richtigen Reihenfolge; zusammenstellen (von Druckbogen).
Kollaudation (die, -, -tionen) (lat.) amtliche Prüfung und abschließende Genehmigung (eines Baues; schweiz.).
kollaudieren (V.) (schweiz.-lat.) prüfen und abschließend genehmigen.
Kolleg (das, -s, -s/-gien) (lat.) Vorlesung; Institut. Kollegmappe; Kollegheft; Kollegstufe.
Kollege (der, -n, -n) (lat.) Mitarbeiter. Kollegin; Kollegenkreis; Kollegenschaft; Kollegialität; Kollegium; kollegial.
Kollektaneen (die, nur Plural) (lat.) Auszüge aus literarischen oder wissenschaftlichen Werken; Lesefrüchte.
Kollekte (die, -, -n) (lat.) Sammlung freiwilliger Spenden (in der Kirche nach dem Gottesdienst).
Kollektion (die, -, -tionen) (lat.) Musterauswahl.
Kollektiv (das, -s, -e) (lat.) Team; Produktionsgemeinschaft (sozialistische Länder). Kollektivarbeit; Kollektivbewusstsein; Kollektiveigentum; Kollektivierung; Kollektivismus; Kollektivität; Kollektivschuld; Kollektivum (Sammelbezeichnung); Kollektivwirtschaft; kollektiv; kollektivistisch; kollektivieren.
Kollektivum (das, -s, -va/-ven) (lat.) Wort, das eine Gruppe gleichartiger Lebewesen oder Dinge zusammenfasst (z. B. Vieh, Gebirge, Gebüsch).
Kollektor (der, -s, -en) (lat.) Stromabnehmer.
Kollenchym (das, -s, -e) (griech.) dehnungs- und wachstumsfähiges Festigungsgewebe von wachsenden Pflanzen.

Koller (der, -s, -) 1. Schulterpasse. 2. Wutanfall.
kollern (V.) rollen; kullern.
kollidieren (V.) (lat.) zusammenstoßen; sich überschneiden. Kollision; auf Kollisionskurs gehen.
Kollier → Collier.
Kollimation (die, -, -tionen) Zusammenfallen zweier Linien (bei optischen oder Messgeräten); Übereinstimmung eines Winkels mit der Einstellung auf dem Winkelmessgerät.
Kollo (das, -s, -s/Kolli) (ital.) Frachtstück.
Kollodium (das, -s, kein Plural) (griech.-nlat.) zähflüssige Lösung (z. B. zum Verschließen von Wunden).
Kolloid (das, -s, -e) (griech.) sehr feine, in Wasser oder Gas gelöste Teilchen.
kolloidal (Adj.) die Eigenschaft eines Kolloids besitzend.
Kolloquium (das, -s, -quien) (lat.) mündliche Prüfung; wissenschaftliche Diskussion.
Kollusion (die, -, -sionen) (lat.) Verschleierung einer Straftat. Verb: kolludieren.
Kolmation (die, -, -tionen) (ital.) Erhöhung des Bodens mithilfe sinkstoffreichen Wassers; Auflading.
Kölnischwasser (auch: kölnisch Wasser) (das, -s, -) Erfrischungsparfum.
Kolobom (das, -s, -e) (griech.) angeborene Spaltbildung in der Regenbogenhaut oder im Gaumen.
Kolon (das, -s, -s/Kola) (griech.) 1. Doppelpunkt. 2. Dickdarm.
Kolonie (die, -, -n) (lat.) auswärtiger Staatsbesitz; Siedlung. Kolonialgebiet; Kolonialherrschaft; Kolonialismus; Kolonialkrieg; Kolonialstil; Kolonialwaren; Kolonisation; Kolonisierung; Kolonist; Kolonisator; kolonial; kolonisatorisch; kolonisieren.
Kolonnade (die, -, -n) (franz.) Säulengang.
Kolonne (die, -, -n) (franz.) 1. Formation. 2. Fahrzeugschlange. Kolonnenfahren; Kolonnenspringer.
Kolophonium (das, -s, kein Plural) (griech.) beim Erhitzen von Harz entstehender Stoff (für Lacke, Leime u. a.).
Koloratur (die, -, -en) (ital.) Trillergesang. Koloratursängerin; Koloratursopran.
kolorieren (V.) färben; bemalen. Kolorierung; Kolorimeter; Kolorimetrie; Kolorist; Kolorit; kolorimetrisch; koloristisch.
Koloss (der, -losses, -losse) (griech.) Riese; gigantisches Gebilde. Kolossalfigur; Kolossalfilm; Kolossalstatue; kolossalisch.
kolossal (Adj.) riesig; gewaltig.
Kolosseum (das, -s, kein Plural) Amphitheater (Rom).

Ko|lo|to|mie (die, -, -n) (griech.) operative Öffnung des Dickdarms.
Kol|pi|tis (die, -, -ti|den) (griech.) Entzündung der weiblichen Scheide.
Kol|por|ta|ge (die, -, -n) (franz.) literarisch Minderwertiges; Gerüchteküche. Kolportageliteratur; Kolportageroman; Kolporteur; kolportagehaft; kolportieren.
Kölsch (das, -/-s, -) Biersorte; Kölner Dialekt.
Kol|ter (das, -s, -) Messer an der Pflugschar.
Ko|lum|ba|ri|um (das, -s, -ri|en) (lat.) Urnenhalle.
Ko|lum|bi|en (ohne Art., -s, kein Plural) südamerik. Staat. Kolumbianer; kolumbianisch.
Ko|lum|ne (die, -, -n) (lat.) Druckspalte; Leitartikel. Kolumnentitel; Kolumnist; kolumnenweise.
Ko|ma (das, -s, -s/-ta) (griech.) tiefe Bewusstlosigkeit. Adjektiv: komatös.
kom|bat|tant (Adj.) (lat.-franz.) kämpferisch.
Kom|bat|tant (der, -en, -en) (franz.) Angehöriger einer kämpfenden Truppe.
Kom|bi... (lat.) kombiniert. Kombischrank; Kombiwagen; Kombizange.
Kom|bi (der, -/-s, -s) (Kurzw.) Kombiwagen.
Kom|bi|nat (das, -s, -e) Zusammenschluss von Industriebetrieben (im Sozialismus).
Kom|bi|na|to|rik (die, -, kein Plural) (lat.) Kunst, Begriffe oder Dinge zu einem System zusammenzustellen. Gebiet der Mathematik, das sich mit den Anordnungsmöglichkeiten einzelner Elemente befasst.
kom|bi|nie|ren (V.) (lat.) verbinden; zusammenstellen; überlegen; zusammenspielen (Sport). Kombination; Kombinationsgabe; Kombinationsspiel; Kombinationsvermögen; Kombinierer; Kombinierung; kombinatorisch; kombinierbar.
Kom|bi|ne (die, -, -n) (engl.) Mähdrescher.
Kom|bü|se (die, -, -n) Schiffsküche.
kom|bus|ti|bel (Adj.) (lat.) leicht verbrennbar.
Kom|bus|ti|bi|li|en (die, nur Plural) (lat.) Brennstoffe.
Kom|bus|ti|on (die, -, -ti|o|nen) (lat.) Verbrennung (Med.).
Ko|me|do (der, -s, -do|nen) (lat.) Mitesser (in der Haut).
Ko|met (der, -en, -en) (griech.) Schweifstern. Kometenbahn; Kometenschweif; kometenhaft.
Kom|fort (der, -s, kein Plural) (engl.) Behaglichkeit; Luxus. Adjektiv: komfortabel, aber: eine komfortable Einrichtung.
Ko|mik (die, -, kein Plural) (griech.) Komisches, das zu Heiterkeit anregt. Komiker; komisch.

ko|misch (Adj.) lustig; seltsam. Adverb: komischerweise (seltsamerweise).
Ko|mi|tee (das, -s, -s) (franz.) Ausschuss. Organisationskomitee.
Kom|ma (das, -s, -s/-ta) (griech.) Beistrich. Kommaregel; Kommasetzung.
Komma → Regelkasten
kom|man|die|ren (V.) (franz.) befehlen; befehligen. Kommandant; Kommandantur; Kommandeur; Kommando; Kommandobrücke; Kommandokapsel; Kommandosache; Kommandostab; Kommandostimme; Kommandotechnik (EDV); Kommandoturm; Kommandozentrale.
Kom|man|di|tär (der, -s, -e) (schweiz.-franz.) Kommanditist.
Kom|man|dit|ge|sell|schaft (die, -, -en) Handelsgesellschaft (mindestens ein Gesellschafter haftet mit seinem Privatvermögen; Abk.: KG). Kommanditgesellschaft auf Aktien (Abk.: KGaA); Kommanditist.
Kom|mas|sa|ti|on (die, -, -ti|o|nen) (lat.) Zusammenlegung von Grundstücken. Flurbereinigung. Kommassierung; kommassieren.
kom|men (V., kam, ist gekommen) eintreffen; sich zeigen; geschehen; gelangen; herstammen. Das kommt mir/mich noch teuer zu stehen. Sie kam bei dem Sturz glücklicherweise nicht auf den Rücken (falsch: dem Rücken) zu liegen. Er hat uns sein Kommen angekündigt. Es war ein einziges kommen und Gehen. Das ist stark im Kommen.
Kom|men|sa|le (der, -n, -n) (lat.) Schmarotzer, der sich von seinem Wirt ernährt, ihm aber nicht schadet.
kom|men|su|ra|bel (Adj.) (lat.) vergleichbar. Kommensurabilität.
Kom|ment (der, -s, -s) (franz.) Gesamtheit der Sitten und Gebräuche (in einer Gemeinschaft, bes. Studentenverbindungen); einzelner Brauch.
Kom|men|tar (der, -s, -e) (lat.) Erläuterung; Erklärung. Kommentator; Kommentierung; Kommentation; kommentarlos; kommentieren.
Kom|mers (der, -es, -e) (franz.) Trinkabend in feierlichem Rahmen (in Studentenverbindungen).
Kom|merz (der, -es, kein Plural) (lat.) Handel; Verkehr. Kommerzialrat; kommerziell.
kom|mer|zi|a|li|sie|ren (V.) (lat.) gewinnbar machen; in den Handel bringen. Kommerzialisierung.
Kom|mi|li|to|ne (der, -n, -n) (lat.) Studienkollege. Kommilitonin.
Kom|miss (der, -mis|ses, kein Plural) (lat.) (ugs.) Heer. Kommissbrot; Kommissstiefel; Kommisszeit.

Komma

I. Ein Komma *muss* gesetzt werden:

1. zur Abgrenzung von gleichrangigen Teilsätzen, Wortgruppen oder Wörtern, die nicht durch Konjunktionen wie »und« oder »oder« miteinander verbunden sind. Er wollte fernsehen, sie wollte spazieren gehen. Ich kam nach Hause, er war nicht da. Für dieses Rezept brauchen Sie Mehl, Zucker, Butter, Eier, Milch. Der Zauberer trug einen blauen, breitkrempigen Hut. *Beachte:* Vorsicht bei Adjektiven! Oft bildet ein Adjektiv mit einem Substantiv einen festen Begriff (z. B. französischer Wein; blaues Auge); hier wird in einer Aufzählung zwischen die letzten beiden Adjektive kein Komma gesetzt. Sie tranken einen ausgezeichneten, sehr alten französischen Wein (nicht: sehr alten und französischen Wein, sondern: französischen Wein, der sehr alt war). Durch das Setzen eines Kommas zwischen zwei Adjektiven werden Bedeutungsunterschiede deutlich: ein neues, umweltfreundliches Verfahren = ein Verfahren, das sowohl neu als auch umweltfreundlich ist. Ein neues umweltfreundliches Verfahren = ein umweltfreundliches Verfahren, das neu ist.
2. vor gegenstellende Konjunktionen wie »aber«, »(je)doch« oder »sondern«. Der Tag war sonnig, aber kalt. Das Haus war nicht groß, sondern riesig.
3. zur Abgrenzung von Nebensätzen. Das Komma steht zwischen Haupt- und Nebensatz; eingeschobene Nebensätze werden durch Kommas eingeschlossen. Als wir nach Hause kamen, war es schon zu spät. Dass es dir besser geht, freut mich sehr. Sie kann, wenn sie will, auch nett sein. Ich weiß nicht, was ich machen soll. Ich sah den Kindern zu, die auf der Wiese ihre Drachen steigen ließen. *Beachte:* Bei formelhaften Nebensätzen kann das Komma jedoch weggelassen werden. Wie bereits gesagt(,) verhielt sich die Sache anders. Ich komme(,) wenn nötig(,) noch bei dir vorbei. Besteht die Einleitung eines Nebensatzes aus einer Konjunktion, so setzt man das Komma vor die ganze Gruppe. Er rannte, *als ob* der Teufel hinter ihm her sei, den Weg entlang.
4. vor Infinitivgruppen, die mit »als«, »anstatt/statt«, »außer«, »ohne«, »um« eingeleitet werden oder von einem Substantiv oder einem Korrelat oder einem Verweiswort abhängen. Wir konnten nichts tun, außer abzuwarten. Sie ging in die Küche, um Milch zu holen. Sie fasste den Entschluss, endlich abzunehmen. Kinder mögen es, lange aufzubleiben. Bei Verwendung des bloßen Infinitivs ist die Abtrennung durch Komma freigestellt. Ralf dachte nicht daran(,) zu gehen.
5. zur Abgrenzung von Zusätzen, Einschüben (paariges Komma) oder Nachsätzen.
   a) Parenthesen (eingeschobener Satz oder Satzteil)
   Gestern früh, ich war gerade aufgestanden, wurden endlich die Möbel geliefert. (Die Parenthese kann anstatt der Kommas auch durch Gedankenstriche oder Klammern abgetrennt werden.)
   b) Appositionen (Zusätze, die ein vorher genanntes Substantiv näher beschreiben; auch Titel, Berufsbezeichnungen u. Ä.)
   Herr Müller, der Abteilungsleiter, wird Sie in Ihren neuen Arbeitsbereich einführen. *Aber:* Folgt der Eigenname der Apposition, dann kann das Komma auch weggelassen werden. Der Abteilungsleiter(,) Herr Müller(,) wird Sie in Ihren neuen Arbeitsbereich einführen. *Beachte:* Bestandteile von mehrteiligen Eigennamen und vorangestellte Titel ohne Artikel sind weder Zusätze noch Nachträge: Prof. Dr. med. Eisenbart gilt als guter Arzt.
   c) Orts-, Wohnungs-, Zeit- und Literaturangaben. *Beachte:* Das schließende Komma kann weggelassen werden. Erna Klein, Hamburg, Gartenstraße 1(,) hat den zweiten Preis gewonnen. Die Verlosung findet am Mittwoch, (den) 1. April(,) statt.
   d) Nachgestellte Erläuterungen, die durch »also«, »besonders«, »das heißt (d. h.)«, »das ist (d. i.)«, »genauer«, »insbesondere«, »nämlich«, »und das«, »und zwar«, »vor allem«, »zum Beispiel (z. B.)« eingeleitet werden.
   Die Frau liebt Katzen, besonders schwarze. Die Prüfung beginnt am ersten Juli, d. h. übermorgen.
   e) angekündigte Wörter oder Wortgruppen (auch Partizipial-, Adjektiv- und

Infinitivgruppen). Gleiches gilt, wenn Wörter oder Wortgruppen wieder aufgenommen werden. Er, der Gärtner, kommt allein als Täter in Frage. Darauf, die Sache auf sich beruhen zu lassen, wollte sie sich nicht einlassen.
Werden sie als Nachtrag in die Gesamtkonstruktion eingefügt, so sind sie mit paarigem Komma einzugrenzen: Sie, statt die Frau anzusprechen, ging schweigend davon.

6. Anreden, Ausrufe oder Ausdrücke einer Stellungnahme, die besonders hervorgehoben werden sollen, grenzt man mit (paarigem) Komma ab.
a) Anreden
Kinder, seid ihr alle da? Ich wünsche dir, liebe May, alles Gute. Sehr geehrte Frau Fröhlich, ich freue mich, Ihnen heute mitteilen zu können, dass . . .
b) Ausrufe (Interjektionen)
Au, das tut doch weh! Oh, ist das Kätzchen süß! Ach, hätte ich doch nur auf meine Mutter gehört! *Aber:* Ohne Hervorhebung: Ach lass mich doch in Ruhe!
c) Ausdrücke einer Stellungnahme (Bejahung, Verneinung u. dgl.)
Das hat er gesagt, leider. Ja, so sehe ich das auch. Nein, so geht das nicht!

7. Der Kommentarsatz wird immer (auch nach Frage- und Ausrufezeichen) mit einem Komma von der wörtlichen Rede getrennt: »Ich reise morgen«, verkündete er. »Ja, ich will!«, rief sie begeistert.

II. Ein Komma wird *nicht* gesetzt:

1. wenn gleichrangige Teilsätze, Wortgruppen oder einzelne Wörter, die eng zusammengehören, durch
– »und«, »oder«, »beziehungsweise/bzw.«, »sowie«
– »entweder . . . oder«, »nicht . . . noch«, »sowohl . . . als (auch)«, »sowohl . . . wie«, »weder . . . noch«
verbunden sind.
Es war nicht selten, dass er seine Freunde besuchte und dass sie bis spät in die Nacht feierten. Der Nachbar hatte versprochen die Blumen zu gießen und auch zu lüften.
2. bei Vergleichen mit »als« oder »wie«.
Früher als erwartet kam er nach Hause.

Aber: Er kam früher, als wir erwartet hatten. Er ist genauso groß wie sie.

III. Ein Komma *kann* gesetzt werden:

1. bei selbstständigen Sätzen, die durch »und«, »oder« u. dgl. verbunden sind, um die Gliederung des Ganzsatzes deutlich zu machen.
Das Feuer brannte endlich(,) und sie machten es sich gemütlich.
2. bei Nebensätzen, die durch
– »angenommen(,) dass/wenn«
– »geschweige (denn)(,) dass«
– »gleichviel(,) ob«
– »je nachdem(,) ob«
eingeleitet werden, kann zwischen die Bestandteile der einleitenden Wortgruppe auch ein Komma gesetzt werden.
3. bei Infinitiv-, Partizip- oder Adjektivgruppen bzw. entsprechenden Wortgruppen, um die Gliederung des Ganzsatzes deutlich zu machen.
Sie ist bereit(,) bei dieser Sache mitzumachen. Durch eine Tasse Kaffee gestärkt(,) setzten wir die Arbeit fort. Ich rate(,) ihm(,) zu helfen.
4. wenn der Schreibende mit dem Komma etwas als Zusatz oder Nachtrag kennzeichnen will.
a) Gefüge mit Präpositionen
Sie hatte(,) trotz aller guten Vorsätze(,) wieder zu rauchen angefangen. Der Kranke hatte(,) entgegen ärztlichem Rat(,) das Bett verlassen.
b) Gefüge mit »wie«
Ihre Ausgaben(,) wie Fahrt- und Übernachtungskosten(,) werden Ihnen ersetzt.
c) Infinitiv-, Partizip- oder Adjektivgruppen
Er hatte den Vertrag(,) ohne ihn vorher gelesen zu haben(,) sofort unterschrieben. Sein Wunsch(,) eine Familie zu gründen(,) war groß. Das Kind saß(,) über und über mit Dreck beschmiert(,) in der Pfütze. Sie lief(,) außer sich vor Kummer(,) auf mich zu und umarmte mich.
d) Eigennamen, die einem Titel, einer Berufsbezeichnung und dgl. folgen
Der Angeklagte(,) Peter Meier(,) verweigerte die Aussage.

Kommissar — 270 — Komponente

Kom|mis|sar (der, -s, -e) Dienstrang; Staatsbeauftragter. Kommissariat; Kommissariatsleitung; kommissarisch.
Kom|mis|sär (der, -s, -e) (schweiz.) Kommissar.
Kom|mis|si|on (die, -, -si̱o̱nen) (lat.) Ausschuss; Auftrag. in Kommission geben; Kommissionsgeschäft; Kommissionsware; Kommissionär; kommissionieren.
kom|mit|tie|ren (V.) (lat.) beauftragen; bevollmächtigen. Kommittent.
kom|mod (Adj.) (franz.-österr.) bequem; angenehm.
Kom|mo|de (die, -, -n) Schränkchen. Kommodenschublade.
Kom|mu|nar|de (der, -n, -n) 1. Angehöriger der Pariser Kommune. 2. Mitglied einer Wohngemeinschaft.
Kom|mu|ne (die, -, -n) 1. Gemeinde. 2. Wohngemeinschaft. Kommunalbeamte; Kommunalbehörde; Kommunalisierung; Kommunalpolitik; Kommunalverwaltung; Kommunalwahl; kommunal.
Kom|mu|ni|ka|ti|on (die, -, -ti̱o̱nen) (lat.) Verständigung; Meinungsaustausch; Verkehr; kommunizieren.
Kom|mu|ni|on (die, -, -ni̱o̱nen) (lat.) Abendmahl. Kommunionbank; Kommunionkind.
Kom|mu|ni|qué (auch: Kom|mu|ni|kee) (das, -s, -s) (franz.) amtliche Verlautbarung.
Kom|mu|nis|mus (der, -, kein Plural) Gesellschafts- und Wirtschaftsordnung. Kommunist/in; kommunistisch.
Kom|mu|ni|tät (die, -, -en) (lat.) Gemeinschaft; Gemeingut.
kom|mu|ta|bel (auch: kom|mu|ta|tiv) (Adj.) (lat.) veränderlich; vertauschbar. Kommutation; Kommutierung; kommutieren.
kom|mu|ta|tiv (Adj.) (lat.) umstellbar, veränderlich.
Ko|mö|die (die, -, -n) (griech.) Lustspiel. Komödiant/in; Komödiantentum; Komödiendichter; komödienhaft; komödiantisch.
Ko|mo|ren (die, nur Plural) Inselgruppe Ostafrikas. Komorer; komorisch.
Komp. (auch: Co.; Co (Abk.) Kompanie.
Kom|pa|g|non (der, -s, -s) (franz.) Teilhaber; Mitinhaber.
kom|pakt (Adj.) (franz.) fest; dicht. Kompaktheit; Kompaktbauweise; Kompaktkassette; Kompaktschallplatte (CD).
Kom|pa|nie (die, -, -n) (ital.) militärische Einheit; Handelsgesellschaft. Kompanieführer; Kompaniegeschäft.
kom|pa|ra|bel (Adj.) (lat.) vergleichbar; steigerungsfähig (in der Grammatik).

Kom|pa|ra|ti|on (die, -, -ti̱o̱nen) (lat.) Steigerung. Komparativ (erste Steigerungsform; z.b. schneller, höher, weiter); Komparativsatz.
Kom|pa|ra|tis|tik (die, -, kein Plural) vergleichende Literatur- oder Sprachwissenschaft.
kom|pa|ra|tiv (Adj.) (lat.) vergleichend; steigernd (in der Grammatik).
Kom|pa|ra|tor (der, -s, -oren) Gerät zum Vergleichen von Ländermaßen.
Kom|par|se (die, -n, -n) (franz.) Statist. Komparsin; Komparserie.
Kom|pass (der, -pas|ses, -pas|se) (ital.) Magnetnadel zur Bestimmung der Himmelsrichtung. Kompassnadel; Kompassrose.
kom|pa|ti|bel (Adj.) (franz.) zusammenpassend; miteinander vereinbar. Kompatibilität.
Kom|pen|di|um (das, -s, -di̱en) (lat.) Abriss; Handbuch. Adjektiv: kompendiös.
kom|pen|sie|ren (V.) (lat.) ausgleichen; verrechnen. Kompensation; Kompensationsgeschäft; Kompensator; kompensatorisch.
kom|pe|tent (Adj.) (lat.) sachverständig; fähig; zuständig. Kompetenz; Kompetenzbereich; Kompetenzfrage; Kompetenzkonflikt; Kompetenzstreitigkeit.
kom|pi|lie|ren (V.) (lat.) sammeln; zusammenstellen. Kompilation; Kompilator.
Kom|pi|lie|rung (auch: Com|pi|lie|rung) (die, -, -en) Programmübersetzung (EDV). Verb: kompilieren (auch: compilieren).
Kom|ple|ment (das, -s, -e) Ergänzungsstück. (Aber: das Kompliment!) Komplementärfarbe; Komplementierung; Komplementwinkel; komplementär; komplementieren.
Kom|plet 1. (das, -/-s, -s) (franz.) Kostüm aus Mantel und Kleid. 2. (die, -, -e) (lat.) Abendgebet.
kom|ple|tiv (Adj.) (lat.) ergänzend.
kom|plett (Adj.) (franz.) vollständig. Komplettierung; komplettieren.
Kom|plex (der, -es, -e) (lat.) 1. Gesamtheit. 2. Gruppe. 3. Ichschwäche. Komplexität; Komplexauge; komplex.
Kom|pli|ka|ti|on (die, -, -ti̱o̱nen) (lat.) Erschwernis; Schwierigkeit. Adjektiv: komplikationslos.
Kom|pli|ment (das, -s, -e) (franz.) Schmeichelei; Anerkennung.
Kom|pli|ze (auch: Kom|pli|ce) (der, -n, -n) (franz.) Mitschuldiger; Mittäter. Komplizin; Komplizenschaft.
kom|pli|ziert (Adj.) (lat.) schwierig; erschwert. Kompliziertheit; Komplizierung; komplizieren.
Kom|plott (das, -s, -e) (franz.) Anschlag; Verschwörung.
Kom|po|nen|te (die, -, -n) (lat.) Bestandteil.

komponieren — Konfetti

kom|po|nie|ren (V.) (lat.) 1. zusammenstellen. 2. Musikstücke schreiben. Komponist; Komposition; kompositorisch.
Kom|po|si|tum (das, -s, -si'ta) (lat.) Wortzusammensetzung (z. B. Winterschuhe).
Kom|po|si|te (die, -, -n) (meist Plural) Korbblütler (Bot.)
Kom|post (der, -s, -e) (franz.) natürlicher Dünger (Pflanzenabfall). Komposterde; Komposthaufen; Kompostierung; kompostieren.
Kom|pott (das, -s, -e) gekochtes Obst.
Kom|pre|hen|si|on (die, -, kein Plural) (lat.) Zusammenfassen von Mannigfaltigem zu einem Ganzen; Begreifen von Mannigfaltigem als Einheit.
kom|press (Adj.) (lat.) zusammengedrängt; dicht ohne Durchschuss (in der Typografie).
Kom|pres|se (die, -, -n) (franz.) feuchter Wickel; Mullverband.
kom|pres|si|bel (Adj.) (franz.) zusammendrückbar; verdichtbar.
Kom|pres|si|bi|li|tät (die, -, kein Plural) (franz.) Zusammendrückbarkeit; Verdichtbarkeit.
Kom|pres|si|on (die, -, -si'o'nen) (lat.) Verdichtung; Zusammendrückung. Kompressionsdiagramm; Kompressionspumpe; Kompressionsverband; Kompressor; komprimieren; komprimiert.
kom|pri|mie|ren (V.) (lat.) zusammendrücken; verdichten. Komprimierung; komprimiert.
Kom|pro|miss (der, -mis'ses, -mis'se) (lat.) Verständigung; Einigung. Kompromissbereitschaft; Kompromisslösung; Kompromissvorschlag; kompromissbereit; kompromisslos.
kom|pro|mit|tie|ren (V.) (lat.) bloßstellen.
Kom|so|mol (der, -, kein Plural) (russ.; Kurzw.) kommunistische Jugendorganisation (in der ehem. UdSSR).
Kom|so|mol|ze (der, -n, -n) Mitglied des Komsomol.
Kom|tess (auch: Kom|tes|se) (die, -, -tes|sen) (franz.) Grafentochter.
Kom|tur (der, -s, -e) (lat.) Ordensritter; Inhaber eines Ordens höherer Klasse.
Ko|nak (der, -s, -e) (türk.) 1. Amtsgebäude; vornehmes Wohnhaus. 2. Schloss (in der Türkei).
Kon|che (die, -, -n) (griech.-lat.) 1. Apsis; Halbkugel über der Apsis; Muschelschale. 2. muschelähnlicher Teil eines Organs.
kon|chi|form (Adj.) (lat.) muschelförmig.
Kon|cho|i|de (die, -, -n) (lat.-griech.) aus zwei getrennten Zweigen bestehende, einer Muschel ähnliche Kurve (in der Mathematik).
Kon|chy|lie (die, -, -n) (griech.-lat.) Schale der Weichtiere.

Kon|dem|na|ti|on (die, -, -ti'o'nen) (lat.) Verdammung; Verurteilung; gerichtliche Verfügung, ein seeuntüchtig gewordenes Schiff zu verkaufen.
kon|den|sie|ren (V.) (lat.) verflüssigen; verdichten; flüssig, dicht werden. Kondensat; Kondensation; Kondensationskern; Kondensationspunkt; Kondensator; Kondensierung; Kondensmilch; Kondensor; Kondensstreifen; Kondenswasser.
Kon|di|ti|on (die, -, -ti'o'nen) (lat.) 1. Bedingung. 2. körperliche Leistungsfähigkeit. Konditionalsatz; Konditionierung; Konditionsschwäche; Konditionstraining; konditioniert; konditional; konditionieren.
Kon|di|to|rei (die, -, -en) Zuckerbäckerei. Konditor; Konditorware; konditern (ugs.).
Kon|do|lenz (die, -, -en) (lat.) Beileid; Beileidsbezeugung. Kondolenzbesuch; Kondolenzbuch; Kondolenzschreiben; kondolieren.
Kon|dom (der/das, -s, -e) (engl.) Präservativ.
Kon|do|mi|nat (auch: Kon|do|mi|ni|um) von mehreren Staaten beherrschtes Gebiet.
Kon|dor (der, -s, -e) (span.) große Geierart in Südamerika.
Kon|dot|tie|re (der, -s, -ri) (ital.) italienischer Söldnerführer (im 14./15. Jahrhundert).
Kon|dukt (der, -s, -e) (lat.) Geleit; Trauerzug; Leichenzug.
Kon|duk|teur (der, -s, -e) (franz.) (südd.) Schaffner.
Kon|duk|to|me|trie (die, -, kein Plural) (lat.-griech.) Bestimmung der Zusammensetzung einer chemischen Verbindung durch Messen der sich ändernden Leitfähigkeit während des Verlaufs bestimmter Reaktionen.
Kon|duk|tor (der, -s, -en) (lat.) elektrischer Leiter; Übertrager.
Kon|dy|lom (das, -s, -e) (Med.) Wucherung der Haut (bes. an feuchten Körperstellen); Feigwarze.
Kon|fek|ti|on (die, -, -ti'o'nen) (franz.) Bekleidungsindustrie; Kleidung. Konfektionär; Konfektioneuse; Konfektionierung; Konfektionsanzug; Konfektionsgröße; konfektionieren.
Kon|fe|renz (die, -, -en) (lat.) Verhandlung; Sitzung. Konferenzpause; Konferenzschaltung; Konferenzsendung; Konferenztisch; Konferenzzimmer; konferieren.
Kon|fes|si|on (die, -, -si'o'nen) (lat.) Glaubensgemeinschaft. Konfessionalismus; Konfessionslosigkeit; Konfessionsschule; konfessionell; konfessionslos.
Kon|fet|ti (die, nur Plural/heute meist das, -/-s, kein Plural) (ital.) bunte Papierschnitzelchen. Konfettiparade; Konfettiregen.

Kon|fi|gu|ra|ti|on (die, -, -ti|o|nen) (lat.) Stellung; Anordnung; Hardware (EDV).
Kon|fir|ma|ti|on (die, -, -ti|o|nen) Aufnahme Jugendlicher in die evangelische Gemeinde. Konfirmand/in; Konfirmandenunterricht; Konfirmationsanzug; konfirmieren.
Kon|fi|se|rie → Confiserie.
kon|fis|zie|ren (V.) (lat.) beschlagnahmen; enteignen. Konfiskation.
Kon|fi|tü|re (die, -, -n) (franz.) Marmelade.
Kon|flikt (der, -s, -e) (lat.) Streit; Zwiespalt. in Konflikt geraten. Konfliktherd; Konfliktsituation; Konfliktstoff; konfliktfähig; konfliktlos; konfliktreich.
Kon|flu|enz (die, -, -en) (lat.) Zusammenfluss (zweier gleich großer Flüsse).
kon|flu|ie|ren (V.) (lat.) zusammenfließen (z. B. von zwei Gletschern).
Kon|fö|de|ra|ti|on (die, -, -ti|o|nen) (lat.) Staatenbund. Konföderierte; konföderieren.
kon|fo|kal (Adj.) (lat.) denselben Brennpunkt aufweisend.
kon|form (Adj.) übereinstimmend; einig. Konformismus; Konformist; Konformität; konformistisch; konform gehen (*auch:* konformgehen).
Kon|fra|ter (der, -s, -) (lat.) Amtsbruder (in der kath. Kirche).
Kon|fron|ta|ti|on (die, -, -ti|o|nen) (lat.) Auseinandersetzung; Gegenüberstellung. Konfrontierung; konfrontieren.
kon|fus (Adj.) (lat.) unklar; verwirrt. Konfusion.
Kon|fu|zi|a|nis|mus (der, -, kein Plural) chinesische Staats- und Sittenlehre. Adjektiv: konfuzianistisch; konfuzianisch, *aber:* die konfuzianischen Aussprüche.
kon|ge|ni|al (Adj.) (lat.) geistig ebenbürtig. Kongenialität.
kon|ge|ni|tal (Adj.) (lat.) angeboren.
Kon|ges|ti|on (die, -, -ti|o|nen) (lat.) Blutandrang.
kon|ges|tiv (Adj.) auf Kongestion beruhend, sie bewirkend.
Kon|glo|me|rat (das, -s, -e) (lat.) Gemisch; Sedimentgestein.
Kon|glu|ti|na|ti|on (die,-, -ti|o|nen) Zusammenballung; Verklebung (roter Blutkörperchen).
kon|glu|ti|nie|ren (V.) (lat.) sich zusammenballen; verkleben.
Kon|go (der, -(s), ohne Plural) 1. Staat in Mittelafrika. 2. Demokratische Republik Kongo (früher: Zaire). 3. Strom in Mittelafrika. Kongolese; kongolesisch.
Kon|gre|ga|ti|on (die, -, -ti|o|nen) (lat.) Vereinigung; Versammlung (religiös). Kongregationist; kongregieren.

Kon|gress (der, -res|ses, -res|se) (lat.) 1. Tagung. 2. Parlament (USA). Kongresshalle; Kongresssaal (*auch:* Kongress-Saal); Kongressstadt.
Kon|gru|enz (die, -, -en) Übereinstimmung. Kongruenzsatz; kongruent; kongruieren.
Ko|ni|die (die, -, -n) (griech.) unmittelbar aus Pflanzengewebe entstandene Fortpflanzungszelle (bei vielen Pflanzen).
Ko|ni|fe|re (die, -, -n) (lat.) Nadelbaum.
Ko|ni|fe|ren (Pluralwort) (die) Nadelhölzer.
Kö|nig (der, -s, -e) (lat.) Herrscher. die Heiligen Drei Könige, Königin, Königinmutter; Königreich; Königshaus; Königskrone; Königskuchen; Königssohn; Königsthron; Königtum; königlich; königsblau, *aber:* Der Mantel war in einem intensiven Königsblau; königstreu.
Kö|nigs|stuhl (der, -(e)s, kein Plural) Kreidefelsen auf Rügen.
ko|nisch (Adj.) (griech.) kegelförmig.
Konj. (Abk.) Konjunktiv.
Kon|jek|tur (die, -, -en) (lat.) Vermutung; vermutlich richtige Textverbesserung; vermutlich richtige Lesart.
kon|ju|gie|ren (V.) (lat.) beugen (Formveränderung der Verben nach Person, Zeit, Modus, Einzahl oder Mehrzahl, Aktiv oder Passiv). Konjugation; Konjugationsendung; konjugierbar.
Kon|junk|ti|on (die, -, -ti|o|nen) (lat.) Bindewort (z. B. und, oder, weil). Konjunktionalsatz.
Kon|junk|tiv → Regelkasten
Kon|junk|ti|va (die, -, -ti|vae) (lat.) Bindehaut (des Auges).
Kon|junk|ti|vi|tis (die, -, -ti|den) (lat.) Bindehautentzündung.
Kon|junk|tur (die, -, -en) (lat.) Wirtschaftslage; Geschäftslage. Konjunkturbericht; Konjunkturlage; Konjunkturpolitik; Konjunkturprogramm; Konjunkturschwankung; Konjunkturspritze; Konjunkturzuschlag; konjunkturbedingt; konjunkturell; konjunkturpolitisch.
kon|kav (Adj.) (lat.) nach innen gewölbt. Konkavglas; Konkavspiegel; Konkavität.
Kon|kla|ve (das, -, -n) (lat.) Kardinalsversammlung (Papstwahl).
Kon|klu|si|on (die, -, -si|onen) (lat.) Schlussfolgerung. Adjektive: konkludent; konklusiv. Verb: konkludieren.
Kon|kor|danz (die, -, -en) (lat.) Übereinstimmung; Verzeichnis. Bibelkonkordanz. Adjektiv: konkordant.
Kon|kor|dat (das, -s, -e) (lat.) Übereinkunft; Vertrag zwischen Staat und Kirche.
Kon|kre|ment (das, -s/-es, -e) (lat.) körniges, aus einer Körperflüssigkeit sich abscheidendes Gebilde in einem Hohlorgan (z. B. Gallenstein).

Konjunktiv

Der Konjunktiv ist die Ausdrucksweise des Verbs für alles, was man wünscht bzw. als möglich erachtet und fühlt.
1. Verwendung des Konjunktivs I (Konjunktiv Präsens; z. B. habe, laufe, fange, sei):
a) zur Wiedergabe der indirekten Rede. Sie sagte, sie habe sich über die Sache fürchterlich geärgert. Er erzählte, dass sie nächste Woche mit der Arbeit fertig seien.
b) zur Distanzierung von einer Meinung, einem Gefühl, einer Aufforderung, einer Befürchtung.
Wichtig: Zeitfolgen spielen dabei überhaupt keine Rolle, d. h., die Sätze sind zeitlich nicht voneinander abhängig! Auch Vergangenes und Zukünftiges wird im Konjunktiv Präsens ausgedrückt.
Sie sagt, sie sei beschäftigt. Sie sagte, sie sei beschäftigt. Sie hat gesagt, sie sei beschäftigt. Sie hatte gesagt, sie sei beschäftigt. Sie wird sagen, sie sei beschäftigt.
2. Verwendung des Konjunktivs II (Konjunktiv Imperfekt/Irrealis; z. B. hätte, liefe, finge, wäre):
Der Konjunktiv II wird dann verwendet, wenn etwas nicht stattgefunden hat (irreal ist). Wenn er es gesagt hätte (er hat es nicht gesagt!), dann . . . Wenn er gekommen wäre (er ist nicht gekommen!), dann . . .
Beachte: Oft steht »als (ob)« beim Konjunktiv II! Ihm war oft, als bliebe die Zeit stehen/als ob die Zeit stehen bliebe. *Ausnahme:* Der Konjunktiv II wird in der indirekten Rede verwendet, wenn die Konjunktiv-I-Form mit dem Indikativ verwechselt werden kann. Er sagte, ich habe etwas vergessen. Eindeutig Konjunktiv: Er sagte, ich hätte etwas vergessen.

---

kon'kret (Adj.) (lat.) greifbar; gegenständlich. Konkretheit; Konkretisierung; Konkretum; Konkretion; konkretisieren.
Kon'ku'bi'nat (das, -s, -e) (lat.) wilde Ehe.
Kon'ku'bi'ne (die, -, -n) (lat.) Geliebte, Mätresse.
Kon'ku'pis'zenz (die, -, -en) (lat.) Begierde; Begehrlichkeit; sündiger Trieb (in der katholischen Lehre).
Kon'kur'renz (die, -, -en) (lat.) Wettbewerb; Rivalentum. Konkurrent/in; Konkurrenzbetrieb; Konkurrenzkampf; Konkurrenzklausel; konkurrenzfähig; konkurrenzlos; konkurrieren.
Kon'kurs (der, -es, -e) (lat.) Zahlungsunfähigkeit. Konkurseröffnung; Konkursgläubiger; Konkursmasse; Konkursverfahren.
kön'nen (V., konnte, hat gekonnt) imstande sein; Möglichkeit haben; dürfen; fähig sein. Ich habe das nicht gekonnt. *Aber:* Ich habe es nicht glauben können. Können; Könner; Könnerschaft.
Kon'nex (der, -es, -e) (lat.) Verbindung; Kontakt. Konnexion.
Kon'ni'venz (die, -, -en) konniventes Verhalten; Duldsamkeit; Nachsicht.
Kon'nos'se'ment (das, -s, -e) (ital.) Frachtbrief.
Kon'no'ta'ti'on (die, -, -ti'o'nen) (lat.) assoziative Wortbedeutung; Begriffsinhalt. Adjektiv: konnotativ.
Ko'no'id (der, -s, -e) kegelähnlicher Körper.
Kon'quis'ta'dor (der, -en, -en) (span.) Eroberer Mittel- und Südamerikas im 16. Jahrhundert.
Kon'rek'tor (der, -s, -en) (lat.) stellvertretender Rektor.
Kon'se'kra'ti'on (die, -, -ti'o'nen) Weihe von Personen oder Gegenständen (in der katholischen Kirche). Wandlung von Brot und Wein.
kon'se'krie'ren (V.) (lat.) weihen.
kon'se'ku'tiv (Adj.) (lat.) folgernd. Konsekutivsatz.
Kon'sens (*auch:* Kon'sen'sus) (der, -es, -e) (lat.) Übereinstimmung; Einwilligung.
kon'se'quent (Adj.) (lat.) folgerichtig; zielbewusst. Konsequenz.
kon'ser'va'tiv (Adj.) (lat.) Überliefertes und Bestehendes erhaltend. Konservativismus; Konservatismus; Konservative; Konservativität.
Kon'ser'va'to'ri'um (das, -s, -ri'en) (ital.) Musikhochschule. Konservatorist; konservatorisch.
Kon'ser've (die, -, -n) (lat.) haltbare Dosennahrung. Konservendose; Konservierung; Konservierungsmittel; konservieren.
Kon'si'g'nant (der, -en, -en) (lat.) jmd., der etwas in Kommission gibt; Versender (im Überseehandel).

Kon|si|g|na|tar (der, -s, -e) jmd., der etwas in Kommission nimmt; Empfänger (im Überseehandel).
Kon|si|g|na|ti|on (die, -, -ti|o|nen) (lat.) Übergabe oder Übernahme in Kommission (im Überseehandel).
kon|si|g|nie|ren (V.) (lat.) 1. in Kommission übergeben (im Überseehandel). 2. mit besonderem Auftrag absenden. 3. beglaubigen; urkundlich niederlegen.
Kon|si|li|ar|arzt (der, -es, -ärz|te) (lat.) zur Beratung hinzugezogener Arzt.
Kon|si|li|um (das, -s, -li|en) (lat.) Beratung; Gutachten (Medizin). Konsiliarius.
Kon|sis|tenz (die, -, kein Plural) (lat.) Struktur; Festigkeit. Adjektiv: konsistent.
Kon|sis|to|ri|um (das, -s, -ri|en) (lat.) kirchliche Verwaltungsbehörde; Versammlung von Papst und Kardinälen. Konsistorialrat.
Kon|sol (der, -s, -s) (engl.) Staatsanleihe.
Kon|so|le (die, -, -n) (franz.) Wandsims.
kon|so|li|die|ren (V.) (lat.) sichern; vereinigen; festigen. Konsolidation; Konsolidierung.
Kon|som|mee (die, -, -s/das, -s, -s) → Consommé.
Kon|so|nant (der, -en, -en) (lat.) Mitlaut. Konsonantenschwund; konsonantisch.
Kon|so|nanz (die, -, -en) (lat.) Zusammenklang (Musik). Adjektiv: konsonant.
Kon|sor|ten (die, nur Plural) (lat.) Beteiligte; Mitschuldige.
Kon|sor|ti|um (das, -s, -ti|en) (lat.) Genossenschaft; Unternehmenszusammenschluss.
Kon|s|pi|rant (der, -en, -en) Verschwörer. Konspiration; konspirieren.
kon|s|pi|ra|tiv (Adj.) (lat.) verschwörerisch. Konspiration; konspirieren.
Kon|s|tab|ler (der, -s, -) 1. Geschützmeister (auf Kriegsschiffen); Büchsenmeister im Rang eines Unteroffiziers (früher). 2. Polizist (in England und den USA).
kon|s|tant (Adj.) (lat.) beständig; beharrlich. Konstante; Konstanz.
kon|s|ta|tie|ren (V.) (franz.) feststellen. Konstatierung.
Kon|s|tel|la|ti|on (die, -, -ti|o|nen) (lat.) Lage; Stellung.
kon|s|ter|niert (Adj.) (lat.) bestürzt; betroffen. Verb: konsternieren.
Kon|s|ti|pa|ti|on (die, -, -ti|o|nen) (lat.) Darmverstopfung.
Kon|s|ti|tu|en|te (die, -, -n) (lat.) Bestandteil; Element. Konstituentenstrukturgrammatik (Abk.: KS-Grammatik).
Kon|s|ti|tu|ti|on (die, -, -ti|o|nen) (lat.) körperliche Verfassung; Staatsverfassung. Konstituierung; Konstitutionalismus; Konstitutionstyp; konstitutionell; konstitutiv; konstituieren.
Kon|s|t|rik|ti|on (die, -, -ti|o|nen) (lat.) Zusammenschnürung; Zusammenpressung; Abschnürung.
Kon|s|t|rik|tor (der, -s, -to|ren) Schließmuskel.
kon|s|t|rin|gie|ren (V.) zusammenschnüren, -pressen; abschnüren; sich zusammenziehen.
kon|s|t|ru|ie|ren (V.) (lat.) gestalten; entwerfen; erfinden. Konstrukt; Konstrukteur; Konstruktion; Konstruktionsfehler; Konstruktionszeichnung; Konstruktivismus; Konstruktivist; konstruktiv; konstruktivistisch.
Kon|s|t|rukt (das, -s/-es, -e) (lat.) gedankliche Konstruktion als Hilfsmittel zur Beschreibung von Erscheinungen, die nur aus Daten erschlossen werden können; Arbeitshypothese.
Kon|s|t|ruk|teur (der, -s, -e) (franz.) Erbauer, Erfinder, Gestalter.
Kon|s|t|ruk|ti|vis|mus (der, -, kein Plural) Richtung der bildenden Kunst und der Architektur um 1920.
Kon|sul (der, -s, -n) (lat.) ständiger Vertreter eines Staates im Ausland. Konsularagent; Konsulat; Konsulatsgebäude; konsularisch, *aber:* das Konsularische Korps (Abk.: CC).
Kon|sul|ta|ti|on (die, -, -ti|o|nen) (lat.) Beratung; Befragung. Adjektiv: konsultativ. Verb: konsultieren.
Kon|sum (der, -s, kein Plural) (ital.) Verbrauch. Konsumartikel; Konsument; Konsumgesellschaft; Konsumgüter; Konsumierung; Konsumtion; Konsumverein; Konsumzwang; konsumtiv.
Kon|sum|ti|bi|li|en (die, nur Plural) (franz.) Verbrauchsgüter.
Kon|ta|gi|on (die, -, -gi|o|nen) (lat.) Ansteckung.
kon|ta|gi|ös (Adj.) (lat.) ansteckend.
Kon|takt (der, -s/-es, -e) Verbindung; Berührung. Kontaktanzeige; Kontaktarmut; Kontaktaufnahme; Kontaktbereichsbeamte (Abk.: KOB); Kontaktlinsen; Kontaktmann; Kontaktperson; Kontaktschalen; Kontaktschwäche; Kontaktsperre; Kontaktstecker. Adjektive: kontaktarm; kontaktfreudig; kontaktlos; kontaktscheu. Verb: kontaktieren.
Kon|takt|me|ta|mor|pho|se (die, -, -n) (lat.-griech.) Umwandlung (von Gestein) durch aufsteigendes Magma.
Kon|takt|stu|di|um (das, -s, -di|en) weitere Ausbildung nach abgeschlossenem Studium zum Kennenlernen neuer Forschungsergebnisse.
Kon|ta|mi|na|ti|on (die, -, -ti|o|nen) (lat.) Verseuchung (durch meist radioaktive Stoffe). Verb: kontaminieren.

kon'tant (Adj.) (ital.) bar. Kontanten (Geldsorten).
kon'tem'pla'tiv (Adj.) (lat.) beschaulich. Kontemplation.
kon'tem'po'rär (Adj.) (lat.) zeitgenössisch; gleichzeitig.
Kon'ten'tiv'ver'band (der, -s, -bän'de) Stützverband.
Kon'ter (der, -s, -) Gegenangriff (Sport). Konterangriff; kontern.
Kon'ter'ad'mi'ral (der, -s, -rä'le) Marineoffizier im Rang eines Generalmajors.
Kon'ter'ban'de (die, -, kein Plural) Schmuggelware.
Kon'ter'fei (das, -s, -s) (franz.) Abbild. Verb: konterfeien.
kon'ter'ka'rie'ren (V.) (franz.) hintertreiben; behindern.
Kon'ter'mi'ne (die, -, -n) (franz.) 1. von Belagerten gelegte Mine zur Abwehr (im Festungswesen). 2. Gegenmaßnahme. 3. Börsenspekulation, die mit dem Fallen der Kurse rechnet.
kon'tern (V.) einen Gegenangriff starten; schlagfertig antworten.
Kon'ter're'vo'lu'ti'on (die, -, -ti'o'nen) (lat.) Gegenrevolution. Konterrevolutionär; konterrevolutionär.
Kon'text (der, -s, -e) (lat.) Zusammenhang; Umgebung. Adjektiv: kontextfrei; kontextuell.
kon'tie'ren (V.) (ital.) auf ein Konto verbuchen.
Kon'ti'gu'i'tät (die, -, kein Plural) (lat.) zeitliches Zusammentreffen; Zusammenfall; Berührung.
Kon'ti'nent (der, -s, -e) (lat.) Erdteil; Festland. Kontinentaleuropa; Kontinentalklima; Kontinentalsockel; Kontinentalverschiebung; kontinental.
Kon'ti'nenz (die, -, kein Plural) (lat.) Fähigkeit, Harn und Stuhlgang zurückzuhalten.
Kon'tin'gent (das, -s, -e) (lat.) Beitrag; Menge. Kontingentierung; Kontingent(s)zuweisung; kontingentieren.
kon'ti'nu'ier'lich (Adj.) (lat.) fortlaufend. Kontinuität; Kontinuum.
Kon'to (das, -s, -s/Kon'ten/Kon'ti) (ital.) Bankkonto; Rechnung. Kontoauszug; Kontoinhaber; Kontokorrent (laufende Rechnung); Kontonummer; Kontenplan; Kontenrahmen.
Kon'tor (der, -s, -e) (niederl.) Büro. Kontorist/in.
Kon'tor'si'on (die, -, -si'o'nen) (lat.) Verrenkung.
kon'tra (auch: con'tra) (Präp., Akk.; Adv.) gegen; entgegengesetzt. *Aber:* jemandem Kontra geben (widersprechen); das Pro und Kontra.

Kon'tra'bass (der, -bas'ses, -bäs'se) Bassgeige. Kontrabassist.
Kon'tra'dik'ti'on (die, -, -ti'o'nen) (lat.) Widerspruch (Philos.). Adjektiv: kontradiktorisch.
Kon'tra'fak'tur (die, -, -en) (Literaturw.) geistliche Nachdichtung eines weltlichen Liedes (und umgekehrt) unter Beibehaltung der Melodie.
Kon'tra'hent (der, -en, -en) (lat.) Widersacher. Verb: kontrahieren.
Kon'tra'in'di'ka'ti'on (die, -, -ti'o'nen) (lat.) Gegenanzeige (Medizin).
Kon'trakt (der, -s, -e) (lat.) Vertrag; Abmachung. Kontraktabschluss; Kontraktbruch; kontraktlich; kontraktbrüchig.
Kon'trak'ti'on (die, -, -ti'o'nen) (lat.) Zusammenziehung; Verkürzung. Kontraktur; Kontraktilität; kontraktil.
Kon'tra'post (der, -s/-es, -e) (lat.) unterschiedliche Gestaltung der beiden Körperhälften in Bewegung und Ruhe (in der bildenden Kunst).
Kon'tra'punkt (der, -s, -e) Setzen einer Gegenstimme zur Melodie; Gegenpol. Kontrapunktik; kontrapunktisch.
kon'trär (Adj.) (franz.) gegensätzlich; widrig.
Kon'trast (der, -s, -e) (franz.) Gegensatz. Kontrastbrei; Kontrastfarbe; Kontrastmittel; Kontrastprogramm; kontrastiv; kontrastreich; kontrastieren.
Kon'tra'zep'ti'on (die, -, kein Plural) Empfängnisverhütung. Kontrazeptiv; kontrazeptiv.
Kon'tre (der, -s, -s) (franz.) Tanz mit zwei oder vier einander gegenüberstehenden Paaren; Kontretanz.
Kon'tri'bu'ti'on (die, -, ti'o'nen) (lat.) von einem besiegten Land an den Sieger zu zahlende Geldsumme; Beitrag (zum Unterhalt von Besatzungstruppen oder zu einer gemeinsamen Sache).
Kon'trol'le (die, -, -n) (franz.) Überwachung; Prüfung; Beherrschung. Kontroller; Kontrolleur; Kontrollierbarkeit; Kontrollliste (*auch:* Kontroll-Liste); Kontrollkommission; Kontrollorgan; Kontrollpunkt; Kontrollstation; Kontrollturm; kontrollierbar; kontrollieren.
kon'tro'vers (Adj.) (lat.) strittig; gegeneinander gerichtet. Kontroverse.
Kon'tur (die, -, -en) (franz.) Umriss. Konturenschärfe; Konturenstift; konturieren.
Ko'nus (der, -, -se) (griech.) Kegel.
Kon'va'les'zenz (die, -, -en) (lat.) Genesung. Konvaleszent.
Kon'vek'ti'on (die, -, -ti'o'nen) (lat.) überwiegend auf- oder abwärts gerichtete Luftströmung; Transport von elektrischer Ladung oder

Energie durch kleinste Teilchen in einer Strömung.
kon'vek'tiv (Adj.) auf Konvektion beruhend.
Kon'vek'tor (der, -s, -en) (lat.) Heizkörper.
kon've'nie'ren (V.) erlaubt sein; schicklich sein; den gesellschaftlichen Normen entsprechen; bequem, angenehm, zuträglich sein.
Kon've'ni'enz (die, -, -en) (lat.) Herkommen; Schicklichkeit; Bequemlichkeit.
Kon'vent (der, -s, -e) (lat.) Zusammenkunft; Versammlung. Konventikel.
Kon'ven'ti'kel (das, -s, -) heimliche Zusammenkunft; private religiöse Versammlung.
Kon'ven'ti'on (die, -, -ti'o'nen) (lat.) Vereinbarung; Brauch; Sitte. Konventionalstrafe; konventionell (herkömmlich, üblich).
kon'ven'ti'o'nal (Adj.) auf einer Konvention beruhend.
kon'ven'ti'o'nell (Adj.) (franz.) den gesellschaftlichen Gepflogenheiten entsprechend; herkömmlich; förmlich; mit herkömmlichen Mitteln hergestellt.
Kon'ven'tu'a'le (der, -n, -n) stimmberechtigtes Mitglied eines Konvents.
kon'ver'gent (Adj.) (lat.) übereinstimmend, zusammenlaufend. Konvergenz; Konvergenztheorie; konvergieren.
Kon'ver'sa'ti'on (die, -, -ti'o'nen) (lat.) Unterhaltung; Gespräch. Konversationslexikon; Konversationsstück.
Kon'ver'si'on (die, -, -si'o'nen) (lat.) 1. Umwandlung. 2. Religionswechsel. Verb: konvertieren.
Kon'ver'ter (der, -s, -) (lat.-engl.) Vorrichtung zur Erhöhung der Brennweite eines Teleobjektivs.
kon'ver'ti'bel (Adj.) (franz.) frei austauschbar. Konvertibilität.
kon'ver'tie'ren (V.) (lat.) umwandeln; die Religion wechseln; umtauschen. Konvertierbarkeit; Konvertierung; Konvertit; Konvertitentum; konvertierbar.
Kon'ver'tit (der, -en, -en) jmd., der zu einer anderen Konfession konvertiert ist.
kon'vex (Adj.) (lat.) nach außen gewölbt. Konvexlinse; Konvexspiegel.
Kon'vikt (das, -s/-es, -e) (österr.-lat.) Wohnheim für katholische Schüler und Theologiestudenten; Internat.
Kon'voi (der, -s, -s) (engl.) 1. Geleitzug. 2. Schiffsverband.
Kon'vo'lut (das, -s, -e) (lat.) Sammelband.
Kon'vul'si'on (die, -, -si'o'nen) Zuckung. Schüttelkrampf.
kon'vul'si'visch (Adj.) (lat.) krampfhaft; z. B. konvulsivische Zuckungen.

kon'ze'die'ren (V.) (lat.) zugestehen; einräumen.
kon'zen't'rie'ren (V.) (lat.) zusammenziehen; vereinigen; verstärken; sich geistig anspannen. Konzentrat; Konzentration; Konzentrationsfähigkeit; Konzentrationsmangel; Konzentrationsschwäche; Konzentriertheit; Konzentrierung; konzentriert.
Kon'zen't'ra'ti'ons'la'ger (das, -s, -) Arbeitslager für politisch, rassisch oder religiös Verfolgte; Massenvernichtungslager (Nationalsozialismus). KZ (Kurzw.).
kon'zen't'risch (Adj.) (lat.) mit einem gemeinsamen Mittelpunkt. Konzentrizität; konzentrische Kreise.
Kon'zept (das, -s, -e) (lat.) Entwurf; Plan. Konzeption; Konzeptionslosigkeit; Konzeptpapier; konzeptionslos; konzeptionell; konzeptualisieren.
Kon'zern (der, -s, -e) (engl.) Unternehmenszusammenschluss. Konzernierung; Industriekonzern.
Kon'zert (das, -s, -e) (ital.) Musikaufführung; Musikstück. Konzertabend; Konzertagentur; Konzertflügel; Konzertmeister; Konzertprogramm; Konzertreise; Konzertsaal; Konzertsänger; Konzerttournee; konzertant; konzertreif; konzertieren.
Kon'zer'ti'na (die, -, -s) sechseckige Handharmonika.
Kon'zes'si'on (die, -, -si'o'nen) (lat.) Zugeständnis; Genehmigung. Konzessionär; Konzessionsbereitschaft; Konzessionsinhaber; Konzessivsatz (Einräumungssatz); konzessiv; konzessionieren.
Kon'zil (das, -s, -e) (lat.) Kirchenversammlung. Konzilsvater.
kon'zi'li'ant (Adj.) (lat.) versöhnlich; umgänglich. Konzilianz.
kon'zi'pie'ren (V.) 1. entwerfen. 2. schwanger werden. Konzept.
kon'zis (Adj.) (lat.) kurzgefasst; bündig.
Koog (der, -s, Kö'ge) (nordd.) dem Meer abgewonnenes, eingedeichtes Land; Polder.
ko'ope'rie'ren (V.) (lat.) zusammenwirken; zusammenarbeiten. Kooperation; Kooperationsbereitschaft; Kooperative; kooperationsbereit; kooperativ.
Ko'op'ta'ti'on (die, -, -ti'o'nen) (lat.) Wahl neuer Mitglieder (durch die alten).
ko'op'tie'ren (V.) (lat.) hinzuwählen (zur Ergänzung).
ko'or'di'nie'ren (V.) (lat.) aufeinander abstimmen; neben-, beiordnen; einfügen. Koordinierung; Koordinate; Koordination; Koordinator.

Kop. (Abk.) Kopeke.
Ko|pal (der, -s, -e) (span.) Harz. Kopalfichte; Kopalharz; Kopallack.
Ko|pe|ke (die, -, -n) (russ.) russische Münze (Abk.: Kop.).
Kö|pe|ni|cki|a|de (die, -, -n) Husarenstück.
Kopf (der, -s/-es, Köp|fe) Haupt; oberer Teil; Anführer. *Beachte:* Hals über Kopf davonrennen; von Kopf bis Fuß; auf dem Kopf stehen; Kopf-an-Kopf-Rennen. Kopfarbeit; Kopfballtor; Kopfbedeckung; Köpfchen; Kopfende; Kopfgeld; Kopfgrippe; Kopfhörer; Kopfjäger; Kopfkissen; Kopflastigkeit; Kopflosigkeit; Kopfnicken; Kopfputz; Kopfrechnen; Kopfsalat; Kopfschmerz; Kopfschmuck; Kopfschuss; Kopfschütteln; Kopfschutz; Kopfsprung; Kopfstand; Kopfstehen; Kopfsteinpflaster; Kopfstoß; Kopfteil; Kopftuch; Kopfverletzung; Kopfweh; Kopfzahl; Kopfzerbrechen; Pro-Kopf-Einkommen. Adjektive: großköpfig; kopflastig; kopflos; kopfschüttelnd; kopfüber; kopfunter. Verben: köpfen; kopfstehen, alles steht kopf, *aber:* auf dem Kopf stehen.
Ko|pie (die, -, -n) (lat.) Vervielfältigung; Abzug. Kopierer; Kopiergerät; Kopierpapier; Kopierstift; Kopist; kopieren.
Ko|pi|lot (der, -en, -en) zweiter Pilot.
ko|pi|ös (Adj.) (lat.-franz.) reichlich; in Fülle; zahlreich (in der Medizin).
Kop|pel (das, -s, -) 1. Gürtel, 2. Riemen; (die, -, -n) Weide. Koppelwirtschaft.
kop|peln (V.) verbinden. Kopp(e)lung; Koppelschloss; Kopp(e)lungsmanöver.
kopp|heis|ter (Adv.) (nordd.) kopfüber.
Kop|ra (die, -, kein Plural) zerkleinertes und getrocknetes Kokosnussmark.
Ko|pro|duk|ti|on (die, -, -ti|o|nen) (engl.) Gemeinschaftsproduktion. Koproduzent; koproduzieren.
Ko|p|ro|la|lie (die, -, kein Plural) (griech.) Ausdrucksweise, in der häufig Wörter und Wendungen gebraucht werden, die mit den menschlichen Ausscheidungen und Ausscheidungsorganen zusammenhängen.
Ko|p|ro|lith (der, -en, -en) (griech.) versteinerter Kot (urweltlicher Tiere); Gebilde aus verhärtetem Kot und Mineralsalzen (im Darm).
ko|p|ro|phag (Adj.) (Biol.) kotfressend.
Kops (der, -es, -e) (engl.) aus aufgewickeltem Garn gebildete Rolle.
Kop|te (der, -n, -n) (arab.) christlicher Nachkomme der alten Ägypter (mit arabischer Sprache und eigener Kirche).
kop|tisch (Adj.) zu den Kopten gehörig
Ko|pu|la (die, -, -s/-lae) (lat.) konjugierte Form des Hilfsverben. Kopulativum; kopulativ.
ko|pu|lie|ren (V.) verbinden; begatten. Kopulation.
Ko|rah (nur in der Fügung) (hebr.) eine Rotte Korah: eine wilde, zügellose Bande.
Ko|ral|le (die, -, -n) (griech.) Meerestier; Schmuckstein aus dem Skelett der Koralle. Korallenbank; Korallenbaum; Korallenfisch; Koralleninsel; Korallenkette; Korallenriff; korallen; korallenrot.
Ko|ran (der, -s, -e) (arab.) heilige islamische Schrift. Koransure.
Korb (der, -s/-es, Kör|be) 1. geflochtener Behälter. 2. Ablehnung. Er kam mit einem Korb frischem Gemüse *(falsch:* frischen Gemüses!). Korbball; Korbblütler; Körbchen; Korbflechter; Korbsessel; Korbwaren; Korbwurf; korbweise; jmd. einen Korb geben.
Kord → Cord.
Kor|del (die, -, -n) Schnur.
kor|di|al (Adj.) (lat.) umgänglich; herzlich; freundschaftlich.
Kor|di|a|li|tät (die, -, kein Plural) kordiales Verhalten.
kor|die|ren (V.) (franz.) aufrauen; durch Ritzen mit schnurartigen Linien verzieren; Kordiermaschine.
Kor|don (der, -s, -s) (franz.) 1. Schnur; Band. 2. Spalierbaum. 3. Postenkette.
Kor|do|nett|sei|de (die, -, -n) (franz.) aus mehreren Fäden gedrehter Seidenfaden.
Kor|du|an (der, -s, kein Plural) (span.) feines Ziegen- oder Schafsleder.
Ko|re (die, -, -n) (griech.) Frauenstatue (Gebälkträgerin).
Ko|rea (ohne Art., -s, kein Plural) asiatischer Staat. Koreaner; koreanisch.
Ko|re|fe|rent *(auch:* Kor|re|fe|rent) (der, -en, -en) zweiter Referent, Gutachter. Koreferat; koreferieren.
Ko|re|gis|seur (der, -s, -e) zweiter Regisseur.
kö|ren (V.) auswählen (Zucht). Körgesetz; Körhengst.
Kor|fi|ot (der, -en, -en) Einwohner von Korfu.
Ko|ri|an|der (der, -s, -) (griech.) Gewürzpflanze. Korianderöl; Korianderschnaps.
Ko|ri|an|do|li (das, -s/-, -) (österr.) Konfetti.
Ko|rin|the (die, -, -n) Rosine. Korinthenbrot; Korinthenkacker (ugs.: kleinlicher Mensch). Adj.: korinthisch.
Kork (der, -s, -e) Baumrinde. Korkeiche; Korkgeld *(auch:* Korkengeld); Korkholz; Korksohle; Korkweste; Korkzieher.
Kor|ken (der, -s, -) Flaschenverschluss. Korkenzieher; korkig; korken.

Kor|mo|phyt (der, -en, -en) (griech.) aus Wurzel, Stängel und Blättern bestehende Farn- oder Samenpflanze; Sprosspflanze.
Kor|mo|ran (der, -s, -e) (lat.) Vogelart.
Kor|mus (der, -, kein Plural) (griech.-lat.) in Wurzel, Sprossachse und Blätter gegliederter Pflanzenkörper.
Korn 1. (das, -s, Kör|ner) Getreide. Kornähre; Kornblume; Kornfeld; Kornkammer; Kornspeicher; Körnchen; Körnerfresser; Körnerfutter; kornblumenblau; körnig. 2. (das, -s, -e) Visierteil. Kimme und Korn. 3. (der, -s, kein Plural) Schnaps. Kornbranntwein.
Kör|ner (der, -s, -) Stahlstift zum Vorbohren. Körnung; körnen.
Kor|nett (das, -s, -e/-s) (franz.) Blasinstrument. Kornettist.
Ko|rol|le (die, -, -n) (griech.) Blumenkrone.
Ko|ro|na (die, -, -nen) (griech.-lat.) Kranz; Heiligenschein; (ugs.) fröhliche Runde.
Ko|ro|nar|ge|fäß (das, -es, -e) Herzkranzgefäß. Koronarinsuffizienz; Koronarsklerose; koronar.
Kör|per (der, -s, -) Leib; Gebilde. Körperbau; Körperbeherrschung; Körperbehinderte; Körperbewegung; Körperbewusstsein; Körpererziehung; Körperfülle; Körpergewicht; Körperhaltung; Körperkraft; Körperkult; Körperkultur; Körperlichkeit; Körperpflege; Körperschaft; Körperschaft(s)steuer; Körpersprache; Körperstrafe; Körperteil; Körperverletzung; Körperwärme. Adjektive: körperbehindert; körpereigen; körperhaft; körperlich; körperlos; körperschaftlich. Verb: verkörpern.
Kor|po|ral (der, -s, -e) (franz.) Unteroffizier. Korporalschaft.
Kor|po|ra|le (das, -s, -) (lat.) Tuch als Unterlage für Hostie und Kelch (in der katholischen Kirche bei der Messe).
Kor|po|ra|ti|on (die, -, -ti|o|nen) (lat.) Körperschaft; Studentenverbindung. Korporationsrecht; korporativ; korporiert.
Kor|po|ra|tis|mus (der, -, -men) Beteiligung gesellschaftlicher Gruppen an politischen Entscheidungsprozessen; korporatistisch.
Korps (das, -, -) (franz.) Truppenverband; Verbindung. Korpsbruder; Korpsstudent.
kor|pu|lent (Adj.) (lat.) dick. Korpulenz.
Kor|pus 1. (der, -, -se) (lat.) Körper; Christus (am Kreuz). 2. (das, -, Kor|po|ra) (lat.) Textgrundlage; Klangkörper.
Kor|pus|kel (das/die, -/-s, -n) (lat.) kleinstes Teilchen (der Materie); Elementarteilchen.
Kor|ral (der, -s, -e) (span.) Gehege.
Kor|ra|si|on (die, -, -si|o|nen) (lat.) Abschleifen; Abtragung (von Gestein durch Flugsand).

Kor|re|fe|rat (*auch:* Ko|re|fe|rat) (das, -s/-es, -e) (lat.) ergänzendes Referat zu einem Referat.
Kor|re|fe|rent (*auch:* Ko|re|fe|rent) (der, -en, -en) jmd., der ein Korreferat hält.
kor|re|fe|rie|ren (*auch:* ko|re|fe|rie|ren) (V.) ein Korreferat halten.
kor|rekt (Adj.) (lat.) richtig; ordnungsbeflissen. Korrektheit; korrekterweise.
kor|rek|tiv (Adj.) verbessernd; ausgleichend.
Kor|rek|tiv (das, -s, -e) (lat.) Mittel zum Verbessern, zum Berichtigen, Ausgleichen.
Kor|rek|tur (die, -, -en) (lat.) Verbesserung. Korrekturbogen; Korrekturfahne; Korrekturlesen; Korrekturzeichen; Korrektiv; Korrektor; korrigieren.
Kor|re|lat (das, -s, -e) (lat.) Ergänzung; Wechselbeziehung. Korrelation; korrelat; korrelativ; korrelieren.
kor|re|pe|tie|ren (V.) (lat.) am Klavier mit einem Opernsänger dessen Gesangsrolle einstudieren.
Kor|re|pe|ti|ti|on (die, -, -ti|o|nen) das Korrepetieren.
Kor|re|pe|ti|tor (der, -s, -en) (lat.) Musiker, der am Klavier mit Opernsängern deren Gesangsrolle einstudiert; Assistent des Dirigenten.
kor|res|pon|die|ren (V.) (lat.) in Verbindung stehen; in Briefwechsel stehen; übereinstimmen. Korrespondent/in; Korrespondenz; Korrespondenzbüro.
Kor|ri|dor (der, -s, -e) (ital.) Flur.
Kor|ri|gen|da (die, nur Plural) (lat.) Druckfehler; Fehlerverzeichnis.
Kor|ri|gens (das, -, -gen|tia/-gen|zi|en) (lat.) geschmacksverbessernder Zusatz (zu Arzneien).
kor|ri|gie|ren (V.) (lat.) verbessern; ausgleichen.
Kor|ro|si|on (die, -, -si|o|nen) (lat.) Zersetzung; Rost. Korrosionsschutz; korrosionsbeständig; korrosionsfest; korrosionsverhütend; korrosiv; korrodieren.
kor|rum|pie|ren (V.) (lat.) bestechen; verleiten. Korrumpierung; korrumpiert.
Kor|rup|tel (die, -en) (lat.) verderbte Stelle in einem Text.
Kor|rup|ti|on (die, -, -ti|o|nen) (lat.) Bestechung; Verfall. Korruptionsaffäre; korrupt; korrumpieren.
Kor|sa|ge (die, -, -n) (franz.) Oberteil eines Kleids.
Kor|sar (der, -en, -en) (ital.) Pirat; Piratenschiff.
Kor|se (der, -n, -n) Einwohner Korsikas.
Kor|sett (das, -s, -s/-e) (franz.) Mieder. Korsettverschnürung.

Kor|si|ka (ohne Art., -s, kein Plural) französische Mittelmeerinsel.
Kor|so (der, -s, -s) (ital.) Umzug. Blumenkorso.
Kor|te|ge (das, -s, -s) (ital.-ital.-franz.) Gefolge; Ehrengeleit.
Kor|tex (der, -/-es, Kor|ti|zes) (lat.) Rinde; Hirnrinde. Adjektiv: kortikal.
Kor|ti|son (auch: Cor|ti|son) (das, -s, kein Plural) entzündungshemmendes Präparat.
Ko|rund (der, -s, -e) (sanskr.) ein Mineral; Edelstein.
Kor|vet|te (die, -, -n) (franz.) Segelschiff; kleines Kriegsschiff. Korvettenkapitän.
Ko|ry|bant (der, -en, -en) (griech.) Priester der kleinasiatischen Göttin Kybele.
ko|ry|ban|tisch (Adj.) (griech.) ausgelassen; wild.
Ko|ry|phäe (die, -, -n) (griech.) Persönlichkeit; Fachmann.
Ko|sak (der, -en, -en) (russ.) Reiter. Kosakenmütze; Kosakenpferd.
Ko|sche|nil|le (die, -, kein Plural) aus einer Schildlaus gewonnener roter Farbstoff.
ko|scher (Adj.) (jidd.) einwandfrei; rein.
Ko|se|kans (die, -, -) Winkelfunktion (Abk.: cosec).
ko|sen (V.) streicheln. Koseform; Kosename; Kosewort.
Ko|si|nus (der, -, -/-se) (lat.) Seitenverhältnis im Dreieck (Abk.: cos).
Kos|me|tik (die, -, kein Plural) (griech.) Schönheitspflege. Kosmetikerin; Kosmetiksalon; Kosmetiktasche; Kosmetikum (Plural: Kosmetika); kosmetisch.
Kos|mo|bio|lo|ge (der, -n, -n) (griech.-lat.) auf dem Gebiet der Kosmobiologie forschender Wissenschaftler.
Kos|mo|bio|lo|gie (die, -, kein Plural) (griech.-lat.) die Wissenschaft, die die Lebensbedingungen im Weltraum sowie die Einflüsse des Weltraums auf alles irdische Leben erforscht.
kos|mo|bio|lo|gisch (Adj.) (griech.-lat.) die Kosmobiologie betreffend.
Kos|mo|drom (das, -s, -e) (russ.) Raketenstartgelände.
Kos|mo|graf (auch: Kos|mo|graph) (der, -en, -en) (griech.-lat.) Verfasser einer Kosmografie (auch: Kosmographie).
Kos|mo|gra|fie (auch: Kos|mo|gra|phie) (die, -, -n) (griech.-lat.) 1. Beschreibung der Entstehung und Entwicklung des Kosmos. 2. mittelalterliche Bezeichnung für Geografie.
kos|mo|gra|fisch (auch: kos|mo|gra|phisch) (Adj.) (griech.-lat.) die Kosmografie (auch: Kosmographie) betreffend.

Kos|mo|kra|tor (der, -s, kein Plural) (griech.) in der Kunst dargestellte Vorstellung von Christus als Weltbeherrscher, auf einer Weltkugel thronend.
Kos|mo|naut (der, -en, -en) (russ.) Weltraumfahrer. Kosmonautin; Kosmonautik.
Kos|mo|po|lit (der, -en, -en) (griech.) Weltbürger. Kosmopolitismus; kosmopolitisch.
Kos|mos (der, -, kein Plural) (griech.) Weltall. Kosmogonie (Weltentstehungslehre); Kosmologie; kosmogonisch; kosmologisch; kosmisch.
kost|bar (Adj.) wertvoll. Kostbarkeit.
kos|ten (V.) probieren; wert sein. Kost; Kosten; das ging auf Kosten der Sicherheit; Kostenvoranschlag; Kostendämpfung; Kostenerstattung; Kostenfrage; Kosten-Nutzen-Analyse; Kostenpunkt; Kostensenkung; Kostensteigerung; Kostgänger; Kostgeber; Kostgeld; Kostprobe; Kostverächter. Adjektive: kostensparend (auch: Kosten sparend); kostendeckend (auch: Kosten deckend); kostenfrei; kostengünstig; kostenintensiv; kostenlos; kostenneutral; kostenpflichtig.
köst|lich (Adj.) vorzüglich; erheiternd. Köstlichkeit.
Kos|tüm (das, -s, -e) (franz.) Kleidung; Maske. Kostümbildnerin; Kostümfest; Kostümfilm; Kostümierung; Kostümprobe; Kostümverleih; sich kostümieren.
Kos|tü|mier (der, -s, -s) (lat.-ital.-franz.) 1. Theaterschneider. 2. Aufseher der Theatergarderoben.
K.-o.-System (das, -s, -e) Austragungsmodus.
Kot (der, -s, -s/-e) Exkremente; Schmutz. Adjektiv: kotig.
Ko|tan|gens (der, -, -) (lat.) Seitenverhältnis im Dreieck (Abk.: cot).
Ko|tau (der, -s, -s) (chines.) Kniefall mit Verbeugung bis zur Erde (früher bei den Chinesen); vor jmdn. ~ machen: sich vor jmdm. demütigen.
Ko|te (die, -, -n) (franz.) durch Höhenmessung ermittelte Höhe eines Geländepunktes.
Kö|tel (der, -s, -) (nordd.) Hundekot.
Ko|te|lett (das, -s, -s) (franz.) Rippenfleischstück.
Ko|te|let|ten (die, nur Plural) Backenbart. die Koteletten ausrasieren.
Kö|ter (der, -s, -) (abwertend) Hund.
Ko|te|rie (die, -, -n) (franz.) sich gegenseitig fördernde Gruppe; Klüngel.
Kot|flü|gel (der, -s, -) Radkasten (Kfz).
Ko|thurn (der, -s, -e) (griech.) Schuh mit sehr dicker Sohle (von den Schauspielern der altgriechischen Tragödie getragen); auf Kothurnen schreiten: sich sehr erhaben gebärden.

ko'tie'ren (V.) (lat.-franz.) zum Handel an der Börse zulassen (von Wertpapieren).
Ko'tie'rung (die, -, -en) (lat.-franz.) die Zulassung eines Wertpapiers zur Notierung an der Börse.
Ko'til'lon (der, -s, -s) (franz.) Spiel in Form eines Gesellschaftstanzes, bei dem kleine Geschenke zu gewinnen sind.
Ko'to (das, -s, -s/die, -, -s) (jap.) Saiteninstrument.
Ko'ton (der, -s, -s) (franz.) Baumwolle; Baumwollstoff. Kotonisierung; kotonisieren.
Kot'ter (der, -s, -) (nordd.) Hütte; Kate. Kötter.
Ko'ty'le'do'ne (die, -, -n) (griech.) 1. Keimblatt (der Samenpflanzen). 2. Zotte der Plazenta (bei Wiederkäuern). 3. Saugwarze.
Kot'ze (die, -, -n) (südd.) 1. Umhang; Wolldecke. 2. (ugs.) Erbrochenes.
kot'zen (V.) (ugs.) sich übergeben. Kotzbrocken (ekelhafter Mensch); Kotze; kotzjämmerlich; kotzlangweilig; kotzübel.
kp (Abk.) Kilopond.
KPD (Abk.) Kommunistische Partei Deutschlands.
kpm (Abk.) Kilopondmeter.
kr (Abk.) Krone (Münze).
Kr (Abk.) Krypton (chemisches Zeichen).
Kr. (*auch:* Krs.) (Abk.) Kreis.
Kraal (*auch:* Kral) (der, -s, -e) afrikanisches Runddorf.
Krab'be (die, -, -n) Krebs. Krabbenfischer; Krabbencocktail; Krabbentaucher.
krab'beln (V.) kriechen; kitzeln. Krabbelalter; Krabbelgruppe; krabb(e)lig.
Krach (der, -s, kein Plural) Lärm; Streit (Plural: Kräche). Er bestand die Prüfung mit Ach und Krach (mit Müh und Not); Krach schlagen. Kracher; Krachmandel; krachig; krach! krachen.
Kra'cherl (das, -s, -n) (südd.) Limonade.
Krach'le'der'ne (die, -n, -n) (südd.) kurze Lederhose.
kräch'zen (V.) heiser sein. Krächzer.
Krä'cker → Cracker.
Krad (das, -s, Kräder) (Kurzw.) Kraftrad. Kradfahrer; Kradmelder.
kraft (Präp., Gen.) aufgrund; durch. Er tat es kraft seines Amtes.
Kraft (die, -, Kräfte) 1. Stärke; Fähigkeit; Gewalt. 2. Mitarbeiter. Das Gesetz soll am 1. Januar in Kraft treten. *Aber:* das Inkrafttreten. etwas außer Kraft setzen. Kraftakt, Kraftanstrengung; Kraftausdruck; Kraftbrühe; Kräfteparallelogramm; Kräfteverhältnis; Kräfteverfall; Kraftfeld; Kraftfutter; Kräftigkeit; Kräftigung; Kräftigungsmittel; Kraftloserklärung; Kraftlosigkeit; Kraftmeier; Kraftprobe; Kraftprotz; Kraftrad (Krad); Kraftsport; Kraftstoff; Kraftstoffverbrauch; Kraftstrom; Kraftübertragung; Kraftverkehr, Kraftwagen; Kraftwerk; Kraftwort. Adjektive: kräftig; kraftlos; saft- und kraftlos; kraftraubend (*auch:* Kraft raubend); kraftsparend (*auch:* Kraft sparend); kraftstrotzend; kraftvoll. Verb: kräftigen.
Kraft'fahr'zeug (das, -s, -e) Auto (Abk.: Kfz). Kraftfahrer; Kraftfahrzeugbrief; Kraftfahrzeug-Haftpflichtversicherung; Kraftfahrzeughalter; Kraftfahrzeugreparaturwerkstatt; Kraftfahrzeugschein; Kraftfahrzeugsteuer; Kraftfahrzeugversicherung.
Kra'ge (die, -, -n) Konsole.
Kra'gen (der, -s, -/Krägen) 1. Hemdteil. 2. Hals (Geflügel). Hemdkragen; Kragenbär; Kragenknopf; Kragenweite.
Krä'he (die, -, -n) Rabenvogel. Krähennest.
krä'hen (V.) schreien.
Krä'hen'fü'ße (die, nur Plural) Augenfältchen; Gekritzel.
Krä'hen'nest (das, -s, -er) Ausguck (Schiff).
Kräh'win'kel (das, -s, -) spießbürgerliche Kleinstadt.
Kra'kau'er (die, -, -) Wurst.
Kra'ke (die, -n, -n) (norw.) großer Tintenfisch; sagenhaftes Seeungeheuer.
kra'kee'len (V.) (ugs.) lärmen; streiten. Krakeel; Krakeeler; Krakeelerei.
kra'ke'lie'ren (V.) (franz.) die Oberfläche von Keramiken oder Gläsern mit Craquelés, feinen Rissen, verzieren.
kra'keln (V.) (ugs.) kritzeln. Krakel; Krakelei; krak(e)lig.
Kra'ke'lü're (die, -, -n) (franz.) feiner Riss (auf alten Gemälden).
Kra'ko'wi'ak (der, -s, -s) polnischer Nationaltanz.
Kral'le (die, -, -n) scharfer Zehennagel. Krallenaffe; Krallenfrosch; krallig; krallen.
Kram (der, -s, kein Plural) Plunder; Zeug; Sachen. Kramerei; Kramladen; Krammarkt; kramen.
kra'men (V.) durchsuchen; aufräumen.
Krä'mer (der, -s, -) Lebensmittelhändler. Krämerei; Krämergeist; Krämerin; Krämerladen; Krämerseele.
Kram'met (der, -s, -s) Wacholder. Krammetsbeere; Krammetsvogel.
Kram'pe (die, -, -n) Metallhaken. Verb: krampen.
Krampf (der, -s, Krämp'fe) 1. Muskelverhärtung. 2. (ugs.) Unsinn. Krampfader; Krampfhusten; Lachkrampf; krampfartig; krampfhaft; krampfstillend; krampfig; krampfen.
Kram'pus 1. (der, -, -pi) Muskelkrampf. 2. (der, -/-ses, -se) (südd.) Knecht Ruprecht.

Kran (der, -s, Krä|ne) Hebevorrichtung. Kranführer; Kranwagen; Kranwinde; kranbar; kranen.
kra|ni|al (Adj.) (griech.) zum Schädel gehörig.
Kra|nich (der, -s, -e) Vogel.
Kra|nio|lo|gie (die, -, kein Plural) (griech.) Wissenschaft vom menschlichen Schädel.
Kra|nio|met|rie (*auch:* Kra|nio|me|trie) (die, -, kein Plural) (griech.) Schädelmessung.
krank (Adj.) nicht gesund. Kranke; Krankenbericht; Krankenbesuch; Krankenbett; Krankengeld; Krankengeschichte; Krankengymnastik; Krankenhaus; Krankenkasse; Krankenpfleger; Krankenschein; Krankenschwester; Krankenversicherung; Krankenwagen; Krankenzimmer; Krankhaftigkeit; Krankheit; Krankheitsbild; Krankheitserreger; Krankmeldung; Kränklichkeit. Adjektive: krankenhausreif; krankenversichert; krankenversicherungspflichtig; krankhaft; krankheitserregend; krankheitshalber; kränklich. Verben: kranken; krank sein; krank werden; sich krank fühlen; weil die Gefühle mich krank machen (*auch:* krankmachen); *Aber:* Zusammenschreibung: der Arzt soll mich krankschreiben; du kannst dich doch krankmelden; krankfeiern; sich kranklachen; krankmachen (krankfeiern).
krän|ken (V.) verletzen; beleidigen. Kränkung; kränkend.
Kranz (der, -es, Krän|ze) Gewinde. Kranzgefäß; Kranzjungfer; Kranzkuchen; Kranzniederlegung; Kränzchen; kränzen.
Krap|fen (der, -s, -) Schmalzgebäck. Faschingskrapfen.
krass (Adj.; krasser, krasseste) sehr stark; extrem; scharf. Krassheit.
Kra|ter (der, -s, -) Vulkantrichter. Kraterlandschaft; Kratersee.
Kra|to|gen (das, -s, kein Plural) (griech.) fester, nicht mehr verformbarer Teil der Erdkruste.
Kratt (das, -s, -e) (nordd.) Eichengestrüpp.
Kratz|bee|re (*auch:* Kro|atz|bee|re) (die, -, -n) Brombeere.
kratz|bürs|tig (Adj.) widerspenstig. Kratzbürstigkeit; Kratzbürste.
krat|zen (V.) reiben; scheuern. Kratzer; Kratze; Kratzeisen; Kratzspur; kratzig.
Krät|ze (die, -, kein Plural) Hautkrankheit. Krätzmilbe; krätzig.
krau|len (V.) 1. im Kraulstil schwimmen. 2. streicheln. Kraul; Krauler; Kraulschwimmen; Kraulstaffel.
kraus (Adj.) gelockt; faltig; wirr. Krause; Kraushaar; Krauskopf; kraushaarig; krausköpfig; krausen.
kräu|seln (V.) ringeln; runzeln. Kräuselgarn; Kräuselkrepp; Kräuselung.

Kraut (das, -s, Kräu|ter) Pflanze; Gemüse. Kräuterbuch; Kräuterbutter; Kräuteressig; Kräuterfrau; Kräuterkissen; Kräutertee; Krautgarten; Krautkopf; Kräutlein; krautartig.
Kraut|wi|ckel (der, -s, -) (südd.) Kohlroulade.
Kra|wall (der, -s, -e) Lärm; Aufruhr. Krawallmacher.
Kra|wat|te (die, -, -n) (franz.) Schlips. Krawattennadel; Krawattenträger.
kray|on|nie|ren (V.) (lat.-franz.) etwas mit Kohle oder Kreide zeichnen oder abzeichnen.
Kra|xe (die, -, -n) (südd.) Rückentraggestell.
kra|xeln (V.) (ugs.) klettern. Kraxelei; Kraxler.
Kre|as (das, -, kein Plural) (span.) ungebleichte Leinwand.
Kre|a|tin (das, -s, kein Plural) (griech.) Eiweißstoff.
Kre|a|ti|on (die, -, -ti|o|nen) (lat.) Modeschöpfung; Schöpfung. Kreierung; kreieren.
Kre|a|tor (der, -s, -en) (lat.) Schöpfer.
Kre|a|ti|vi|tät (die, -, kein Plural) (lat.) Schöpfungskraft. Kreativitätstest; Kreativitätstraining; Kreativurlaub; kreativ; kreieren.
Kre|a|tur (die, -, -en) (lat.) Lebewesen; Geschöpf. Kreatürlichkeit; kreatürlich.
Krebs (der, -es, -e) 1. Krebstier. 2. Karzinom. Krebsgang; Krebsforschung; Krebsfrüherkennung; Krebsgeschwulst; Krebsschaden; Krebsschere; Krebssuppe; Krebsvorsorge; Krebszelle; krebsartig; krebserregend (*auch:* Krebs erregend); krebserzeugend (*auch:* Krebs erzeugend); krebsig; krebskrank; krebsrot; krebsen.
kre|den|zen (V.) anbieten; einschenken. Kredenz.
Kre|dit 1. (der, -s, -e) (franz.) Darlehen. Kreditbank; Kreditbrief; Kreditgeber; Kredithilfe; Kreditierung; Kreditkarte; Kreditkauf; Kreditnehmer; Kreditwürdigkeit; kreditwürdig; kreditieren. 2. (das, -s, -s) (lat.) Habenseite.
kre|di|tär (Adj.) (lat.-ital.-franz.) Kredite oder das Kreditwesen betreffend.
Kre|di|tiv (das, -s, -e) (lat.-ital.-franz.) Vollmacht, Beglaubigung(sschreiben).
Kre|do → Credo.
kre|gel (Adj.) (nordd.) gesund; munter.
Krei|de (die, -, -n) 1. Kalkstein. 2. Erdzeitalter. 3. Schreibgerät. Kreidefelsen; Kreideformation; Kreidepapier; Kreidestrich; Kreidezeichnung; Kreidezeit; kreidebleich; kreideweiß; kreidig.
kre|ie|ren (V.) (lat.) schaffen; gestalten. Kreierung.
Kreis (der, -es, -e) Rund; Ring; Bezirk; Gruppe. Kreisamt; Kreisarzt; Kreisbahn; Kreisbogen; Kreislauf; Kreislaufkollaps; Kreislaufstörung; Kreissäge; Kreisschere; Kreisstadt; Kreisumfang; Kreisverkehr; Kreiswehrersatz-

kreischen — Krieg

amt. Adjektive: kreisförmig; kreisfrei; kreisrund. Verb: kreisen.
kreiʹschen (V.) schrill schreien. Gekreische.
Kreiʹsel (der, -s, -) Drehkörper; Spielzeug. Kreiselkompass; Kreiselpumpe; Kreiselverdichter; kreiseln.
kreiʹßen (V.) gebären. Kreißsaal.
Krem (*auch:* Kreʹme) → Creme.
Kreʹmaʹtoʹriʹum (das, -s, -riʹen) (lat.) Einäscherungshalle. Kremation.
kreʹmieʹren (V.) im Krematorium verbrennen; einäschern.
Kreml (der, -/-s, kein Plural) (russ.) Burg; russischer Regierungssitz in Moskau.
Kremʹpe (die, -, -n) Hutrand.
Kremʹpel (der, -s, kein Plural) (ugs.) Plunder; Kram.
kremʹpeln (V.) umschlagen.
Kremʹser (der, -s, -) offener Wagen mit Verdeck.
Kren (der, -s, kein Plural) (südd.) Meerrettich. Apfelkren.
kreʹnelʹlieʹren (V.) (franz.) eine Burg mit Zinnen bestücken.
Kreʹoʹdonʹten (die, nur Plural) (griech.-lat.) ausgestorbene Urraubtiere.
Kreʹoʹle (der, -n, -n) Nachkomme europäischer Einwanderer; Farbiger. Kreolin; Kreolsprache; kreolisch.
Kreʹoʹlin (das, -s, kein Plural) (lat.) Desinfektionsmittel, das aus Teer gewonnen wird.
Kreʹoʹsot (das, -s, kein Plural) (griech.) aus Holzteer gewonnenes Arzneimittel.
kreʹpieʹren (V.) (ital.) platzen; (ugs.) sterben.
Kreʹpiʹtaʹtiʹon (die, -, -tiʹoʹnen) (lat.) knirschendes Geräusch beim Aneinanderreiben rauer Flächen (z. B. bei Knochenbrüchen); rasselndes Atemgeräusch (bei Lungenentzündung).
Krepp (der, -s, -s/-e) (franz.) raues Gewebe. Krepppapier (*auch:* Krepp-Papier); Kreppflor; Kreppgummi; Kreppsohle; kreppartig; kreppen.
Kreʹsol (das, -s, kein Plural) ein aromatischer Kohlenwasserstoff; Desinfektionsmittel.
Kresʹse (die, -, -n) Salatpflanze.
Kressʹling (der, -s, -e) Fisch.
Kresʹzenz (die, -, -en) Wachstum; Herkunft (Wein).
Kreʹta (ohne Art., -s, kein Plural) griechische Insel im Mittelmeer.
kreʹtaʹzeʹisch (Adj.) (lat.) zur Kreide, der jüngsten Form des Mesozoikums, gehörig; kretazeische Formation: Kreideformation (in der Geologie).
Kreʹter (der, -s, -) Einwohner von Kreta.
Kreʹthi und Pleʹthi (ohne Artikel, nur Plural) (hebr.-dt.) jedermann; alle Welt (abwertend).

Kreʹtin (der, -s, -s) (franz.) Schwachsinniger. Kretinismus; kretinoid.
kreʹtisch (Adj.) zu Kreta gehörig.
Kreuz (das, -es, -e) 1. gekreuzte Linien, Balken. 2. Kreuzung. 3. Spielkartenfarbe. 4. Rücken. 5. Belastung. das Rote Kreuz; das Eiserne Kreuz; wir wanderten in die Kreuz und in die Quere, *aber:* Wir liefen kreuz und quer durch die Stadt. Kreuzband; Kreuzbein; Kreuzestod; Kreuzfahrer; Kreuzfeuer; Kreuzgang; Kreuzgewölbe; Kreuzass; Kreuzigung; Kreuzschlitzschraube; Kreuzschlüssel; Kreuzschmerzen; Kreuzspinne; Kreuzstich; Kreuzundquerfahrt; Kreuzung; Kreuzungspunkt; Kreuzverband; Kreuzverhör; Kreuzweg; Kreuzworträtsel; Kreuzzeichen; Kreuzzug. Adjektive: kreuzbrav; kreuzehrlich; kreuzfidel; kreuzförmig; kreuzlahm; kreuzunglücklich; kreuzungsfrei; kreuzweise. Verben: kreuzen; kreuzigen.
Kreuʹzer (der, -s, -) 1. Münze. 2. Schiff.
Kreuzʹotʹter (die, -, -n) Schlange.
Kreuzʹschnaʹbel (der, -s, -) Vogel.
Kreʹvetʹte (die, -, -n) (franz.) Garnele.
kribʹbeln (V.) jucken; prickeln. Kribbeln; Kribbelkrankheit; kribb(e)lig.
Kriʹckel (das, -s, -/-n) (südd.) Gemsenhorn. Krickelwild.
kriʹckeln (V.) streiten; kritzeln. Krickelkrakel.
Krickʹenʹte (*auch:* Kriekʹenʹte) (die, -, -n) Wildente.
Kriʹcket (das, -s, kein Plural) (engl.) Ballspiel. Kricketspieler; Kricketschläger.
Kriʹda (die, -, kein Plural) (österr.) (lat.) betrügerischer Konkurs.
Kriʹdar (der, -s, -e) Konkursschuldner.
Krieʹche (*auch:* das Krieʹcherl) (die, -, -n) Pflaumenart. Kriecherlbaum.
krieʹchen (V., kroch, ist gekrochen) sich am Boden bewegen; langsam vorankommen; schlüpfen; unterwürfig sein. Kriecher; Kriecherei; Kriechblume; Kriechspur; Kriechstrom; Kriechtempo; Kriechtier; kriecherisch.
Krieg (der, -s, -e) bewaffneter Kampf; Feindschaft. Krieger; Kriegerdenkmal; Kriegerwitwe; Kriegführung; Kriegsausbruch; Kriegsbeginn; Kriegsbeil; Kriegsberichterstatter; Kriegsbeschädigter; Kriegsblinder; Kriegsdienst; Kriegsdienstverweigerer; Kriegserklärung; Kriegsführung; Kriegsfuß; Kriegsgefangenschaft; Kriegsgericht; Kriegsgräberfürsorge; Kriegshafen; Kriegshinterbliebene; Kriegsinvalide; Kriegsindustrie; Kriegskunst; Kriegslist; Kriegsmarine; Kriegsminister; Kriegsopfer; Kriegspfad; Kriegsrat; Kriegsschauplatz; Kriegsschiff; Kriegsspiel; Kriegsteilnehmer; Kriegsverbrecher; Kriegsverletzung; Kriegs-

versehrte; Kriegswaise; Kriegswirren; Kriegszug; Kriegszustand. Adjektive: kriegerisch; kriegsbedingt; kriegsbeschädigt; kriegsblind; Krieg führend (auch: kriegführend); kriegsgefangen; kriegsverwendungsfähig (Abk.: kv.). Verb: bekriegen.
krie'gen (V.) (ugs.) bekommen.
Krim (die, -, kein Plural) Halbinsel am Schwarzen Meer. Krimkrieg; Krimsekt.
Kri'mi (der, -s, -s) (Kurzw.) Kriminalroman, Kriminalfilm.
Kri'mi'na'li'tät (die, -, kein Plural) (lat.) Straffälligkeit; Verbrechen. Kriminalbeamte; Krimineler; Kriminalfilm; Kriminalgeschichte; Kriminalist; Kriminalistik; Kriminalkommissar; Kriminalpolizei (Kurzw.: Kripo); Kriminalpsychologie; Kriminalrecht; Kriminalroman; Kriminalstück; Kriminelle; Kriminologie; kriminalistisch; kriminell; kriminalisieren.
Krim'mer (der, -s, -) Fell des Fettschwanzschafes von der Krim; dem Fell ähnliches Wollgewebe.
Krims'krams (der, -, kein Plural) (ugs.) Kram; wertloses Zeug.
Krin'gel (der, -s, -) kleiner Kreis; Schnörkel; Zuckerbrezel. Adjektiv: kringelig. Verb: kringeln.
Kri'no'li'ne (die, -, -n) (franz.) Reifrock.
Kri'po (die, -, kein Plural) (Kurzw.) Kriminalpolizei. Kripochef.
Krip'pe (die, -, -n) 1. Futterraufe. 2. Kinderhort; Weihnachtskrippe. Krippenfigur; Krippenspiel.
Kri'se (die, -, -n) (griech.) Störung; Schwierigkeit. Krisenherd; Krisenmanagement; Krisensituation; Krisenstab; Krisenzeit; krisenanfällig; krisenfest; krisenhaft; kriseln.
Kri'sis (die, -, Kri'sen) (griech.) Höhepunkt; Wendepunkt (Krankheit).
Kris'tall 1. (der, -s, -e) (griech.) Mineral. Kristallchemie; Kristallgitter; Kristalllinse; Kristallisation; Kristallisationspunkt; Kristallisierung; Kristallografie (auch: Kristallographie); Kristallphysik; Kristallzucker; kristallartig; kristallin; kristallinisch; kristallisch; kristallisierbar; kristallklar; kristallografisch (auch: kristallographisch); kristallisieren. 2. (das, -s, kein Plural) (griech.) geschliffenes Glas. Kristallleuchter (auch: Kristall-Leuchter); Kristalllüster (auch: Kristall-Lüster); Kristallvase; kristallen.
Kris'tall'nacht (die, -, kein Plural) Judenpogrom (Nationalsozialismus).
Kris'tal'lo'id (der, -s, -e) kristallähnlicher Körper.
Kri'te'ri'um (das, -s, -ri'en) (griech.) 1. Merkmal. 2. Prüfstein; Wertungsrennen (Radsport).

Kri'tik (die, -, -en) (griech.) Wertung; Beurteilung; Tadel; Missfallen. Kritiker/in; Kritikfähigkeit; Kritiklosigkeit; Kritikpunkt; Kritikaster; Kritizismus; kritiklos; kritikfähig; kritisch; kritisieren.
kri'ti'ka'bel (Adj.) (griech.-lat.-franz.) der Kritik unterworfen; einer Kritik zu unterziehen.
Kri'ti'ka'li'tät (die, -, -en) in der Kernphysik das Kritischwerden eines Reaktors, das Erreichen des gefährlichen Punktes, wonach eine Kettenreaktion nicht mehr abreißt.
Kri'ti'kas'ter (der, -s, -) jmd., der kleinliche Kritik übt.
Kri'ti'kus (die, -, -kus'se) (griech.-lat.) 1. Kritiker. 2. kritischer Zug beim Kunstschach.
krit'teln (V.) (ugs.) pingelig sein; mäkeln. Krittelei; Krittler; Krittelsucht; kritt(e)lig.
krit'zeln (V.) unleserlich schreiben. Kritzelei; Kritzelschrift; kritz(e)lig.
Kro'a'ti'en (ohne Art., -, kein Plural) Balkanstaat. Kroate; kroatisch.
Kro'atz'bee're (die, -, -n) (auch: Kratz'bee're) (südd.) Brombeere; Brombeerlikör.
Kro'cket (das, -s, kein Plural) (engl.) Rasenspiel. Verb: krockieren.
Kro'kant (der, -s, kein Plural) (franz.) Süßigkeit mit Mandel- oder Nusssplittern. Krokantplätzchen.
Kro'ket'te (die, -, -n) (franz.) frittiertes Kartoffelbällchen.
Kro'ki (das, -s, -s) (franz.) Skizze; Kartenzeichnung. Krokizeichnung; krokieren.
Kro'ko (das, -s, -s) (Kurzw.) Krokodilleder. Krokotasche; Krokoleder.
Kro'ko'dil (das, -s, -e) Reptil. Krokodilleder; Krokodilsträne; Krokodilwächter.
Kro'kus (der, -, -/-kus'se) (griech.) Blume.
Krom'lech (der, -s, -s/-e) (kelt.) jungsteinzeitliche Grab- und Kultstätte aus kreisförmig aufgestellten Steinen.
Kro'ne (die, -, -n) 1. Kopfschmuck. 2. oberer Teil; Höhepunkt. 3. Monarch. 4. Münze. Baumkrone; Kronengold; Kron(en)korken; Kronenmutter; Kronenorden; Kronerbe; Krongelenk; Kronkolonie; Kronjuwel; Kronleuchter; Kronprinz; Kronprinzessin; Kronschatz; Krönung; Krönungsfeier; Kronzeuge; kronprinzesslich; kronprinzlich; krönen.
Krons'bee're (die, -, -n) (nordd.) Preiselbeere.
Kropf (der, -s, Kröp'fe) Schilddrüsenvergrößerung. Kröpfchen; Kropftaube; Kröpfung; Kröpfer; kropfig; kröpfig; kröpfen.
kross (Adj.; krosser, krosseste) knusprig.
Krö'sus (der, -/-sus'ses, -sus'se) 1. König von Lydien. 2. (ugs.) sehr reicher Mann.

Krö|te (die, -, -n) Froschlurch; (nur Plural:) Geld. Krötenechse; Krötenfrosch; Krötenmaul; Krötensteine; Krötentest.
Kro|ton (der, -s, -e) (griech.) ein tropisches Wolfsmilchgewächs.
Krü|cke (die, -, -n) Stütze. Krückstock.
krud (*auch:* kru|de) (Adj.) grob; derb. Krudität.
Krug (der, -s, Krü|ge) Gefäß; (nordd.) Wirtshaus. Krügelchen.
Kru|ke (die, -, -n) (nordd.) 1. Tonkrug. 2. Sonderling.
Kru|me (die, -, -n) Brotbröckchen; Ackerboden.
Krü|mel (der, -s, -) Brösel. Krümelchen; Krümelzucker; krüm(e)lig; krümeln.
krumm (Adj.) 1. nicht gerade; gebogen. 2. unehrlich. Krumme Finger machen (stehlen); krumme Geschäfte. Krummbein; Krümmer; Krummholz; Krummhorn; Krummmesser; Krümmung; Krummsäbel; Krummstab; krummbeinig; krummlinig. Verben: krumm sein; etwas krumm biegen (*auch:* krummbiegen); etwas krumm schlagen (*auch:* krummschlagen). Das Unternehmen darf nicht krummgehen (misslingen). Wir haben uns krummgelacht. Er hat sich jahrelang krummgelegt (war sehr sparsam). Das will ich dir nicht krummnehmen (verübeln).
krum|peln (V.) (ugs.) zerknittern. Adjektiv: krump(e)lig.
Krupp (der, -s, kein Plural) (engl.) Kinderkrankheit. Adjektiv: kruppös.
Krüp|pel (der, -s, -) Körperbehinderter. Adjektive: krüpp(e)lig; krüppelhaft.
Krus|te (die, -, -n) harte Rinde; harter Überzug. Krustentier; Krustung; krustig.
Krux (*auch:* Crux) (die, -, kein Plural) (lat.) Last; Schwierigkeit; Kreuz.
Kru|zi|fe|re (die, -, -n) (lat.) Pflanze mit kreuzweise angeordneten Blütenblättern. Kreuzblütler.
Kru|zi|fix (das, -es, -e) (lat.) Darstellung Christi am Kreuz. Kruzifixus.
Kryo|lith (der, -s, -) (griech.) ein Mineral.
Kryo|me|ter (das, -s, -) (griech.) Thermometer für sehr tiefe Temperaturen.
kryp|tisch (Adj.) (griech.) versteckt; unklar. Kryptogramm; Kryptografie (*auch:* Kryptographie).
Kryp|to|ga|me (die, -, -n) (griech.) blütenlose Pflanze; Sporenpflanze.
kryp|to|gen (Adj.) (griech.) von unbekannter Entstehung.
kryp|to|mer (Adj.) (griech.) mit bloßem Auge nicht erkennbar.
Kryp|ton (das, -s, kein Plural) chemischer Grundstoff (Abk.: Kr).

Kryp|to|nym (das, -s, -e) (griech.) Deckname, der in mehreren Wörtern verborgen ist oder der nur aus einigen Buchstaben des wirklichen Namens besteht.
Kryp|tor|chis|mus (der, -, -men) (griech.) abnormes Zurückbleiben eines oder beider Hoden in der Bauchhöhle oder im Leistenkanal.
KSZE (Abk.) Konferenz über Sicherheit und Zusammenarbeit in Europa.
Kt. (Abk.) Kanton.
Kto. (Abk.) Konto.
Kte|ni|di|um (das, -s, -di|en) (griech.) kammartiges Atmungsorgan mancher Weichtiere. Kammkieme.
kte|no|id (Adj.) (griech.) kammartig.
Ku|ba (ohne Art., -s, kein Plural) mittelamerikanischer Inselstaat. Kubaner; kubanisch.
Ku|ba|tur (die, -, -en) (lat.) 1. Erhebung in die dritte Potenz. 2. Berechnung des Rauminhalts.
Kub|ba (die, -, -ben) (arab.) Kuppel; Grabbau mit Kuppel (in der islamischen Baukunst).
Ku|be|be (die, -, -n) (arab.) getrocknete Frucht eines indonesischen Pfeffergewächses.
Kü|bel (der, -s, -) Eimer. Kübelwagen.
kü|beln (V.) (ugs.) sich erbrechen; viel Alkohol trinken; ausleeren.
ku|bie|ren (V.) (lat.) in die dritte Potenz erheben. Kubierung. Kubikdezimeter (Abk.: dm³); Kubikkilometer (Abk.: km³); Kubikmaß; Kubikmeter (Abk.: m³); Kubikmillimeter (Abk.: mm³); Kubikwurzel; Kubikzahl; Kubikzentimeter (Abk.: cm³).
Ku|bis|mus (der, -, kein Plural) Kunstrichtung. Kubist; kubistisch.
Ku|bus (das, -, Ku|ben) (griech.) Würfel; dritte Potenz. Adjektiv: kubisch.
Kü|che (die, -, -n) Kochraum; Kochkunst; Speise. Küchenabfall; Küchenbüfett (*auch:* -buffet); Küchenchef; Küchenfee; Küchenherd; Küchenhilfe; Küchenjunge; Küchenlatein; Küchenmesser; Küchenschrank; Küchenschabe; Küchentisch; Küchentuch; Küchenwaage.
Kü|chel (der, -s, -) (südd.) Schmalzgebäck.
Ku|chen (der, -s, -) Gebäck. Geburtstagskuchen; Kuchenblech; Kuchenform; Kuchengabel; Kuchenteig; Streuselkuchen.
Kü|chen|schel|le (die, -, -n) Anemone.
ku|cken (V.) (nordd.) schauen.
Ku|ckuck (der, -s, -e) 1. Vogel. 2. Siegel (Gerichtsvollzieher). Hol dich der Kuckuck! jemanden zum Kuckuck (weit fort) wünschen. Kuckucksblume; Kuckucksei; Kuckucksuhr; kuckuck!
Ku'|damm (der, -s, kein Plural) (Kurzw.) Kurfürstendamm (Berlin).

Kuddelmuddel 285 kündigen

Kud|del|mud|del (der/das, -s, kein Plural) (ugs.) Durcheinander.
Ku|du (der, -s, -s) eine afrikanische Antilope.
Ku|fe (die, -, -n) 1. Schiene. 2. Bottich. Küfer; Küferei.
Ku|gel (die, -, -n) runder Körper; Geschoss. Eine ruhige Kugel schieben (sich nicht anstrengen müssen). Kugelblitz; Kügelchen; Kugelfang; Kugelgelenk; Kugelform; Kugelkopf; Kugellager; Kugelregen; Kugelschreiber; Kugelstoßen; kug(e)lig; kugelfest; kugelförmig; kugelrund; kugelsicher; kugeln; kugelstoßen.
Kuh (die, -, Kü|he) 1. weibliches Rind. 2. Muttertier. 3. Schimpfwort. Kuhauge; Kuhdorf (Kaff); Kuheuter; Kuhfladen; Kuhglocke; Kuhhandel; Kuhhaut; das geht auf keine Kuhhaut (das ist zu viel)! Kuhhirt; Kuhmilch; Kuhmist; Kuhreigen; Kuhstall; kuhwarm.
kühl (Adj.) frisch; gefühlsarm; steif. Kühle; im Kühlen; sich ins Kühle begeben; Kühlaggregat; Kühlanlage; Kühler; Kühlerfigur; Kühlerhaube; Kühlraum; Kühlrippe; Kühlschrank; Kühltasche; Kühltruhe; Kühlturm; Kühlung; Kühlwagen; Kühlwasser; kühl stellen (*auch:* kühlstellen).
Kuh|le (die, -, -n) Grube; Mulde.
kühn (Adj.) mutig; gewagt. Kühnheit. Verb: sich erkühnen.
k. u. k. (Abk.) kaiserlich und königlich.
Kü|ken (das, -s, -) junges Huhn; scherzhaft für kleines Mädchen.
Ku-Klux-Klan (der, -/-s, kein Plural) rassistischer Geheimbund (USA).
Ku|ku|mer (die, -, -n) (lat.) (südd.) Gurke.
Ku|ku|ruz (der, -es, kein Plural) (österr.-rumän.) Mais.
Ku|lak (der, -en, -en) Großbauer (im zaristischen Russland).
ku|lant (Adj.) (franz.) entgegenkommend; geschäftlich großzügig. Kulanz.
Ku|li (der, -s, -s) 1. Lastenträger. (Kurzw.) 2. Kugelschreiber.
ku|li|na|risch (Adj.) (lat.) erlesen; fein (Kochkunst).
Ku|lis|se (die, -, -n) (franz.) Bühnendekoration. hinter den Kulissen (heimlich). Kulissenschieber.
kul|lern (V.) rollen. Kulleraugen.
kul|mi|nie|ren (V.) (lat.) gipfeln; den Höhepunkt erreichen. Kulmination; Kulminationspunkt.
Kult (der, -s, -e) (lat.) Verehrung; religiöser Ritus. Kultfilm; Kulthandlung; Kultstätte; Kultus; kultisch.
Kul|te|ra|nist (der, -en, -en) (lat.) Vertreter des Kultismus.

Kul|tis|mus (der, -, kein Plural) (lat.) spanischer literarischer Stil des 17. Jahrhunderts, der durch Fremdwörter, lateinische Syntax, Metaphern und vielfältige Anspielungen auf die antike Mythologie gekennzeichnet ist.
kul|ti|vie|ren (V.) (lat.) urbar machen; verfeinern (Sitten). Kultivator; Kultivierung; kultiviert.
Kul|tur (die, -, -en) (lat.) 1. schöpferische Leistungen (Ideen, Kunst, Politik etc.) eines Volks. 2. Anbau. Kulturabkommen; Kulturattaché; Kulturaustausch; Kulturbeutel; Kulturdenkmal; Kulturfilm; Kulturgeschichte; Kulturgut; Kulturlandschaft; Kulturleben; Kulturlosigkeit; Kulturmagazin; Kulturpflanze; Kulturpolitik; Kulturrevolution; Kulturschock; Kulturstufe; Kulturvolk; Kulturzentrum; Kultusministerium. Adjektive: kulturell; kulturlos; kulturgeschichtlich; kulturpolitisch; kulturschaffend.
Küm|mel (der, -s, -) 1. Gewürz. 2. Schnaps. Kümmelbranntwein; Kümmelbrot; kümmeln.
Kum|mer (der, -s, kein Plural) Sorge. Kummerspeck; Kümmernis; kummervoll.
küm|mer|lich (Adj.) armselig; zurückgeblieben. Kümmerling; kümmern.
küm|mern (V.) verkümmern; betreffen; helfen.
Kum|met (das, -s, -s/-e) Pferdegeschirr.
Kü|mo (das, -s, -s) (Kurzw.) Küstenmotorschiff.
Kum|pan (der, -s, -e) (ugs.) Gefährte; Helfer. Kumpanei.
Kum|pel (der, -s, -/-s) Bergmann.
Kum|quat (die, -, -s) (chines.) kleine ostasiatische Orange.
ku|mu|lie|ren (V.) (lat.) anhäufen; steigern. Kumulation; Kumulierung; Kumulus (Haufenwolke); kumulativ.
Ku|mys (*auch:* Ku|myss) (der, -, kein Plural) (russ.) Getränk aus vergorener Stutenmilch (in Innerasien).
kund (Adj.) (nur in der Wendung:) etwas kund und zu wissen tun (mitteilen). Beachte: kundtun; kundgeben.
Kun|de 1. (der, -n, -n) Käufer. Kundenberatung; Kundenbetreuung; Kundendienst; Kundenfang; Kundenkreis; Kundenwerbung; Kundin; Kundschaft. Stammkunde. 2. (die, -, -n) Nachricht. Kundgabe; Kundgebung; Kundige; Kundmachung; Kundschafter; kundig.
kund|ge|ben (V., gab kund, hat kundgegeben) mitteilen. Ich muss das noch kundgeben. *Aber:* Ich gebe es kund. Kundgebung.
kün|di|gen (V.) Arbeitsvertrag lösen; auflösen. *Beachte:* Ich kündige hiermit das Abonnement (Akkusativ!). *Aber:* Die Firma kündigte dem Abteilungsleiter (Dativ bei Personen!). Kündi-

gung; Kündigungsfrist; Kündigungsschreiben; Kündigungsschutz; Kündigungstermin; Kündbarkeit. Adjektiv: kündbar. Verb: aufkündigen.
kund'ma'chen (V.) bekannt geben. Kundmachung.
kund'schaften (V.) erforschen. Kundschafter.
kund'tun (V., tat kund, hat kundgetan) bekannt geben.
kund'wer'den (V., wurde kund; ist kundgeworden) bekannt werden.
ku'ne'i'form (Adj.) (lat.) keilförmig.
künf'tig 1. (Adj.) zukünftig. *Beachte:* künftigen Jahres (Abk.: k. J.); künftigen Monats (Abk.: k. M.); künftighin. 2. (Adv.) von jetzt an.
kun'geln (V.) (ugs.) heimliche, unlautere Geschäfte abschließen; Kungelei.
Kung-Fu (das, -, kein Plural) alte chinesische Kampfkunst (mit der Hand oder mit Waffen).
Kunst (die, -, Künste) schöpferische Gestaltung; Fertigkeit. Kunstakademie; Kunstausstellung; Kunstdenkmal; Kunstdruck; Kunstdünger; Kunsteisbahn; Kunsterzieher; Kunstfaser; Kunstfehler; Kunstfertigkeit; Kunstflug; Kunstgeschichte; Kunstgewerbe; Kunstgriff; Kunsthandlung; Kunsthandwerk; Kunstharz; Kunsthonig; Kunstkritik; Künstler/in; Künstlerleben; Künstlerkneipe; Künstlermähne; Künstlername; Künstlerpech; Künstlertum; Künstlichkeit; Kunstlicht; Kunstmaler; Kunstpause; Kunstprosa; Kunstsammlung; Kunstseide; Kunstsprache; Kunststoff; Kunststück; Kunststudent; Kunstturnen; Kunstverlag; Kunstverstand; Kunstwerk; Kunstwissenschaft; Kunstwort. Adjektive: kunstfertig; kunstgemäß; kunstgerecht; kunstgewerblich; künstlerisch; künstlich; kunstlos; kunstreich; kunstverständig; kunstvoll; gekünstelt. Verb: künsteln.
kun'ter'bunt (Adj.) durcheinander. Kunterbunt; Kunterbuntheit.
Kunz (nur in der Wendung:) Hinz und Kunz (jedermann).
Ku'pee → Coupé.
Kup'fer (das, -s, kein Plural) Metall; chemischer Grundstoff (Abk.: Cu). Kupferdruck; Kupfererz; Kupfergeld; Kupfergold; Kupfergrün; Kupferkessel; Kupfermünze; Kupferschmied; Kupfertiefdruck; Kupfervergiftung; Kupferzeit; kupferfarben; kupferfarbig; kupf(e)rig; kupfern; kupferrot. Verb: abkupfern (ugs.: abschreiben).
Ku'pi'di'tät (die, -, -en) (lat.) Lüsternheit; Geilheit; Begierde.
Ku'pi'do (die, -, kein Plural) (lat.) Verlangen; sinnliche Begierde.
ku'pie'ren (V.) (franz.) stutzen (Ohren, Schwanz bei Pferden, Hunden).

Ku'pon → Coupon.
Kup'pe (die, -, -n) Hügel. Fingerkuppe; Bergkuppe.
Kup'pel (die, -, -n) (lat.) Wölbung. Kuppelbau; Kuppelgrab; Kuppelofen.
kup'peln (V.) verbinden; verkuppeln; Kupplung treten. Kuppelei; Kuppellohn; Kuppelmutter; Kuppelpelz; Kuppler/in; kupplerisch.
kup'pen (V.) stutzen; abschlagen.
Kupp'lung (die, -, -en) Maschinenteil. Kupplungspedal; Kupplungsscheibe; Kupplungsspiel.
Ku'p'ris'mus (der, -, kein Plural) (Med.) Kupfervergiftung.
Kur (die, -, -en) (lat.) Heilverfahren. Kuranstalt; Kuraufenthalt; Kurgast; Kurhaus; Kurkapelle; Kurklinik; Kurkonzert; Kurlaub; Kurmittelhaus; Kurorchester; Kurort; Kurpromenade; Kurschatten; Kurtaxe; Kurverwaltung. Verb: kuren.
Kür (die, -, -en) Wahl; freie Übung (Sport). Kürlauf; Kürturnen; Kürübung; Kür laufen, *aber:* beim Kürlaufen; küren.
ku'ra'bel (Adj.) (lat.) heilbar.
ku'rant (Adj.) (lat.) gängig; umlaufend; gültig (von Währungen, Münzen).
Ku'rant (der, -en, -en) (schweiz.) Kurgast.
Ku'ra're (das, -/-s, kein Plural) (span.) Pfeilgift; Narkotikum.
Kü'rass (der, -ras'ses, -ras'se) Harnisch.
Kü'ras'sier (der, -s, -e) (franz.) Reiter mit Küraß; schwerer Reiter (früher).
Ku'ra'tel (die, -, -en) (lat.) Vormundschaft; Pflegschaft; z. B. unter Kuratel stehen.
ku'ra'tiv (Adj.) (lat.) heilend.
Ku'ra'to'ri'um (das, -s, -ri'en) (lat.) Aufsichtsbehörde. Kurator.
Kur'bel (die, -, -n) Drehhebel. Kurbelei; Kurbelgetriebe; Kurbellager; Kurbelstange; Kurbelwelle; kurbeln.
Kür'bis (der, -, -bis'se) Pflanze; Frucht. Kürbisbaum; Kürbisflasche; Kürbiskern. Adjektiv: kürbisgroß.
Kur'de (der, -n, -n) Angehöriger eines iranischen Volkes in Vorderasien. Kurdistan; kurdisch.
Kü'ret'ta'ge (die, -, -n) (franz.) Ausschabung (der Gebärmutter).
Kü'ret'te (die, -, -n) (franz.) Instrument zur Ausschabung der Gebärmutter.
Kur'fürst (der, -en, -en) ehemaliger Herrschertitel. Kurfürstentum; Kurprinz; Kurfürstendamm; kurfürstlich; kurprinzlich.
ku'ri'al (Adj.) zur Kurie gehörig.
Ku'ri'a'len (die, nur Plural) die geistlichen und weltlichen Beamten der Kurie.

Ku'rie (die, -, kein Plural) (lat.) päpstliche Behörde. Kurienversammlung.
Ku'rier (der, -s, -e) (franz.) Bote im Militär- oder Staatsdienst. Kurierdienst; Kuriergepäck.
ku'rie'ren (V.) (lat.) heilen. Adjektive: kurabel; kuriert.
ku'ri'os (Adj.) (lat.) sonderbar; merkwürdig. Kuriosität; Kuriositätenhändler; Kuriositätenkabinett; Kuriosum.
Kur'ku'ma (die, -, -ku'men) (arab.) Gewürz. Kurkumagelb.
Kur'pfu'scher (der, -s, -) schlechter Arzt. Kurpfuscherei; kurpfuschen.
Kur'ren'da'ner (der, -s, -) Mitglied einer Kurrende.
Kur'ren'de (die, -, -n) (lat.) Schülerchor, der in der Adventszeit, bei Begräbnissen u. a. gegen kleine Spenden vor den Häusern geistliche Lieder sang (früher); Jugendchor (einer evangelischen Kirche).
Kurs (der, -es, -e) 1. Richtung; Strecke. 2. Preis. 3. Lehrgang. Kursabschlag; Kursabweichung; Kursänderung; Kursanstieg; Kursbuch; Kursgewinn; Kurskorrektur; Kursleiter; Kursrückgang; Kurssteigerung; Kurssturz; Kursteilnehmer; Kurswagen; Kurswechsel; Kurszettel.
Kürsch'ner (der, -s, -) Pelzverarbeiter. Kürschnerei; Kürsch.
kur'sie'ren (V.) (lat.) im Umlauf sein. Adjektiv: kursorisch.
kur'siv (Adj.) schräg; laufend. Kursivdruck; Kursive; Kursivschrift.
Kur'sus (der, -, Kur'se) (lat.) Lehrgang. Kursusbeginn; Kursusteilnehmer.
Kur'ta'ge → Courtage.
Kur'ta'xe (die, -, -n) Steuer für Kurgäste.
Kur'ti'ne (die, -, -n) (lat.-franz.) 1. Hauptwall einer Festungsanlage. 2. in Österreich die Bezeichnung für den Mittelvorhang auf der Theaterbühne.
Kur'ti'san (der, -s, -e) (lat.-ital.-franz.) Liebhaber; Höfling.
Kur'ti'sa'ne (die, -, -n) (franz.) Geliebte; Mätresse.
Kurt'scha'to'vi'um (*auch:* Kur'tscha'to'vi'um) (das, -s, kein Plural) (russ.) ein Element; Transuran; (Abk.: Ku).
Kur've (die, -, -n) Krümmung; Biegung. Kurvendiskussion; Kurvenlineal; Kurvenmesser; Kurventechnik; Kurvimeter; kurvig.
kurz (Adj., kürzer, kürzeste) nicht lang; knapp. auf das Kürzeste; binnen/seit/vor/ Kurzem (*auch:* kurzem); den Kürzeren ziehen; über kurz oder lang; kurz und bündig antworten; kurz und gut, das war nichts; ich könnte alles kurz und klein schlagen; hast du Angst, zu kurz zu kommen?; kurz angebunden sein; kurzentschlossen; kurzerhand. *Aber:* in aller Kürze. Kurzarbeit; Kurzatmigkeit; Kurzbericht; Kurzbiografie; Kürze; Kürzel; Kurzfassung; Kurzfilm; Kurzgeschichte; Kurzlebigkeit; Kurznachricht; Kurzprogramm; Kurzschlusshandlung; Kurzschrift (Stenografie); Kurzsichtigkeit; Kurzstreckenlauf; Kürzung; Kurzwarenhandlung; Kurzweil; Kurzwort; Kurzzeitgedächtnis. Adjektive: kurzärm(e)lig; kurzatmig; kurzfristig; kurz gefasst (*auch:* kurzgefasst); kurz geschnittene (*auch:* kurzgeschnittene) Fingernägel; kurzhaarig; kurzlebig; kurzsichtig; kurzweilig; kurzwellig; kurzzeitig. Adverbien: kurzerhand; kürzlich; kurzweg; kurzum. Verben: Du sollst dich kurzfassen. Soll ich die Haare kurz schneiden (*auch:* kurzschneiden)? *Aber immer:* Zusammenschreibung, wenn sich eine neue, übertragene Bedeutung ergibt! kurzarbeiten (weniger arbeiten); kurzhalten (*auch für:* einschränken); kurzschließen (Stromkreis schließen, Verbindung herstellen); kurztreten (*auch für:* sich zurückhalten).
ku'scheln (V.) sich anschmiegen. Kuscheltier; kusch(e)lig; kuschelweich.
ku'schen (V.) (ugs.) sich ducken; sich fügen.
Ku'si'ne → Cousin.
Kus'kus (auch: Cous'cous) (der/das, -, -) (arab.) afrikanische Speise.
küs'sen (V.) einen Kuss geben. Abschiedskuss; Handkuss; Kuss; Kusshand; Küsschen; Kusshändchen; kussecht.
Küs'te (die, -, -n) unmittelbar ans Meer angrenzender Streifen Festland. Küstenschifffahrt; Küstenstrich.
Küs'ter (der, -s, -) Kirchendiener. Küsterei.
Kus'to'de (die, -, -n) 1. Zahl oder Buchstabe zur Kennzeichnung der einzelnen Lage einer Handschrift (früher). 2. Wort am Ende einer Buch- oder Briefseite, das auf die folgende Seite hinweist (früher). 3. (*auch:* Kustos) (der, -n, -n) wissenschaftlicher Sachbearbeiter.
ku'tan (Adj.) (lat.) zur Haut gehörig.
Kut'sche (die, -, -n) Pferdewagen. Kutschbock; Kutscher; Kutschkasten; kutschieren.
Kut'ter (der, -s, -) (engl.) Schiff.
Kü'vel'la'ge (die, -, -n) (franz.) wasserdichter Ausbau eines Schachtes mit gusseisernen Ringen.
Ku'vert (das, -s, -s) (franz.) 1. Briefumschlag. 2. Gedeck für eine Person. Verb: kuvertieren.
Ku'ver'tü're (die, -, -n) (franz.) Überzug für Kuchen, Gebäck u. Ä.
Kü'vet'te (die, -, -n) (franz.) 1. Abzugsgraben für Regenwasser (im Festungsbau). 2. flache Glasschale für Laboruntersuchungen.

ku|v|rie|ren (V.) (lat.-franz.) bedecken; verbergen.
Ku|wait (*auch:* Ku|weit) (ohne Art., -s, kein Plural) Golfstaat. Kuwaiter (*auch:* Kuweiter).
Kux (der, -es, -e) (tschech.-nlat.) börsenmäßig gehandelter Bergwerksanteil.
kv. (Abk.) kriegsverwendungsfähig.
kV (Abk.) Kilovolt.
kVA (Abk.) Kilovoltampere.
kW (Abk.) Kilowatt.
Kwass (der, -/Kwas|ses, kein Plural) russisches, leicht alkoholisches Getränk aus gegorenem Mehl, Salz und Brotbrei.
kWh (Abk.) Kilowattstunde.
ky|a|ni|sie|ren (V.) (engl.) mit einer Quecksilberchloridlösung imprägnieren.
Ky|a|thos (der, -, -) antiker Becher.
Ky|ber|ne|tik (die, -, kein Plural) (griech.) Lehre von der Regelung, Informationsübertragung und -verarbeitung. Kybernetiker; kybernetisch.
Ky|ma|ti|on (das, -s, -ti|en) (griech.) Ornament aus stilisierten Blattformen (am griechischen Tempel).
Ky|mo|graf (*auch:* Ky|mo|graph) (der, -en, -en) (griech.) Gerät zum Aufzeichnen rhythmischer Bewegungen (z. B. des Pulses).
Ky|mo|gra|fie (*auch:* Ky|mo|gra|phie) (die, -, kein Plural) (griech.) Verfahren zur Darstellung sich bewegender Organe mittels Röntgenstrahlen.
ky|mo|gra|fie|ren (*auch:* ky|mo|gra|phie|ren) (V.) ein Kymogramm (von etwas) herstellen.
Ky|mo|gramm (das, -s, -e) (griech.) Röntgenbild eines sich bewegenden Organs.
Kym|re (der, -n, -n) keltischer Bewohner von Wales.
kym|risch (Adj.) zu den Kymren gehörig.
Ky|ni|ker (der, -s, -) Angehöriger einer griechischen Philosophenschule im 3./4. Jahrhundert v. Chr., die absolute Bedürfnislosigkeit erstrebte.
Ky|no|lo|gie (die, -, kein Plural) (griech.) Wissenschaft von Züchtung und Dressur des Hundes.
Ky|pho|se (die, -, -n) (griech.) Wirbelsäulenverkrümmung nach hinten.
Ky|rie elei|son (das, - -, kein Plural) (griech.) Herr, erbarme dich! (Bittruf am Anfang der katholischen Messe bzw. der evangelischen Liturgie).
ky|ril|lisch (Adj .) ~e Schrift: kirchenslawische Schrift.
Ky|ril|li|za (die, -, kein Plural) (slaw.) kyrillische Schrift.
KZ (das, -s, -s) (Kurzw.) Konzentrationslager. KZ-Häftling.

l (Abk.) Liter.
L (römisches Zeichen für:) 50.
£ (Zeichen) Pfund Sterling.
l. (Abk.) links.
LA (Abk.) Lastenausgleich.
Lab (das, -s, -e) Ferment. Labferment; Labmagen.
La Bam|ba (die, -, -s) (portugies.-brasilianisch) lateinamerikanischer rhythmischer Modetanz.
lab|be|rig (*auch:* labb|rig) (Adj.) (nordd.) weichlich; wässrig.
La|bel (das, -s, -) (engl.) Etikett; Aufkleber. Schallplattenfirma.
la|ben (V., refl.) sich erfrischen; genießen. Labsal; Labung.
La|ber|dan (der, -s, -e) (niederl.) gepökelter Kabeljau.
la|bern (V.) (ugs.) ständig reden; schwätzen. Laberfritze.
la|bi|al (Adj.) (lat.) die Lippen betreffend. Labial; Labiallaut; Labialpfeife; labiodental.
la|bil (Adj.) (lat.) unsicher; schwankend. Labilität.
la|bi|li|sie|ren (V.) (lat.) labil werden lassen; etwas labil machen.
La|bi|li|sie|rung (die, -, kein Plural) das Labilisieren.
La|bi|um (das, -s, -bi|en) (lat.) 1. Lippe. 2. Schamlippe. 3. Lippe (der Lippenblütler). 4. Unterlippe (der Insekten). 5. schräge Kante (am Oberteil der Blockflöte und der Labialpfeife der Orgel).
La|bor (das, -s, -s/-e) (lat.) (Kurzw.) Laboratorium. Laborant/in; Laborversuch.
la|bo|rie|ren (V.) (lat.) leiden. Er laboriert schon ein ganzes Jahr an seinen Magenbeschwerden.
La Bos|tel|la (die, - -, - -s) lateinamerikanischer rhythmischer Gruppentanz.
La|bour Par|ty (die, - -, kein Plural) (engl.) englische Arbeiterpartei.
La|b|ra|dor (der, -s, -e) 1. Hunderasse. 2. Mineral; ein Schmuckstein. 3. Kanadische Halbinsel.
La|b|rum (das, -s, La|bren) (lat.) Oberlippe (der Insekten).
Labs|kaus (das, -, kein Plural) (engl.) Eintopf.
La|by|rinth (das, -s, -e) (griech.) Irrgarten; Durcheinander. Adjektiv: labyrinthisch.
La|by|rin|thi|tis (die, -, -ti|den) (lat.) Entzündung des Innenohrs (Med.).

Labyrinthodon — Lakai

La|by|rin|th|o|don (das, -s, -don|ten) (lat.) gepanzertes Kriechtier, das inzwischen ausgestorben ist.
La|by|rinth|or|gan (das, -s, kein Plural) (lat.) zur Atmung notwendige Kiemenhöhle der Labyrinthfische.
La|che (die, -, -n) Gelächter; Pfütze.
la|chen (V.) lautstark heiter sein. Du hast gut lachen! *Aber:* Das ist ja zum Lachen. Lacher; Lacherfolg; Lachfalten; Lachgas; Lachkrampf; Lachsalve; lachhaft; lächeln.
lä|cher|lich (Adj.) komisch; unsinnig; geringfügig. etwas ins Lächerliche ziehen. Das war das Lächerlichste, was ich je gesehen habe. Lächerlichkeit; lächerlicherweise.
Lachs (der, -es, -e) Fisch. Lachsbrötchen; Lachsfang; Lachsschinken; lachsfarben; lachsfarbig; lachsrot.
la|cie|ren (V.) (franz.) mit Band durchflechten.
Lack (der, -es, La|cke) (sanskr.) Oberflächenschutz; Farbe. Lackarbeit; Lackierer; Lackierung; Lackierwerkstatt; Lackleder; Lackmantel; Lackschaden; lackglänzend; lackieren.
Lack|af|fe (der, -n, -n) (ugs.) Geck.
Lack|mus (der/das, -, kein Plural) (niederl.) Indikatorfarbstoff. Lackmuspapier.
la|c|ri|mo|so (Adv.) (ital.) traurig; klagend (bei Musikstücken).
Lac|tam (das, -s, -e) (lat.) eine organisch-chemische Verbindung.
Lac|to|se (*auch:* Lak|to|se) (die, -, kein Plural) (lat.) Milchzucker.
La|da|num (das, -s, kein Plural) (griech.-lat.) wohlriechendes, aus Zistrosen hergestelltes Harz (für Räuchermittel und Parfüme).
La|de (die, -, -n) 1. Schublade. 2. Fensterlade. 3. Truhe.
la|den (V., lud, hat geladen) verstauen; mit Munition versehen; elektrisch aufladen; Programm eingeben (EDV); auffordern zu kommen. Ladebaum; Ladefläche; Ladegewicht; Ladehemmung; Ladeplatz; Laderampe; Laderaum; Ladung.
La|den (der, -s, Lä|den) 1. Geschäft; 2. Fensterladen. Ladendieb; Ladenhüter; Ladenkette; Ladenschlussgesetz; Ladenstraße; Ladentisch; Ladenzentrum.
lä|die|ren (V.) verletzen; beschädigen. Lädierung; lädiert.
La|di|ner (der, -s, -) Angehöriger eines rätoromanischen Volkes in Südtirol.
la|di|nisch (Adj.) zu den Ladinern gehörig.
La|di|no (der, -s, -s) 1. Mischling aus einem indianischen und einem weißen Elternteil (in Mittelamerika). 2. (nur Sing.) ein jüdisch-spanischer Dialekt.
La|dy (die, -, -s) (engl.) Dame. Ladykiller; ladylike.
La|fet|te (die, -, -n) (franz.) fahrbares Gestell (eines Geschützes).
la|fet|tie|ren (V.) (lat.-franz.) ein Geschütz auf eine Lafette montieren.
Laf|fe (der, -n, -n) Geck.
LAG (Abk.) Lastenausgleichsgesetz.
La|ge (die, -, -n) 1. Umstand. 2. Schicht; Höhe. 3. (ugs.) Runde (Getränke). Lagebericht; Lagebesprechung; Lagenschwimmen; Lagenstaffel; Lageplan; Lageskizze; lagenweise.
La|ger (das, -s, -/Lä|ger) 1. Vorrat; Vorratsraum. 2. Ruheplatz. 3. Unterbringung. 4. Maschinenteil. Lagerbier; Lagerfeuer; Lagerhalle; Lagerhaltung; Lagerist; Lagerkoller; Lagerobst; Lagerraum; Lagerstätte; Lagerung; Lagerverwalter; lagerfähig; lagerfest; gelagert; lagern.
La|gu|ne (die, -, -n) (ital.) umgrenzter Meeresteil. Lagunenstadt; Lagunenriff.
La|har (der, -s, -s) (malai.) Schlammstrom aus Asche und Wasser, der bei Vulkanausbrüchen austritt.
lahm (Adj.) gelähmt; träge; langweilig. Lahmheit; Lahmlegung; Lähmung; Lähmungserscheinung; lahmarschig; lahmen; lahmlegen; lähmen.
Lahn (der, -s, -s) breit gewalzter Metalldraht.
Lai (das, -s, -s) (franz.) zum Saitenspiel gesungenes Lied (im MA); französische und provenzalische Verserzählung (im Mittelalter).
Laib (der, -s, -e) großes Stück. ein Laib Brot.
Laich (der, -s, -e) Fischeier; Amphibieneier. Laichplatz; Laichwanderung; Laichzeit; laichen.
Laie (der, -n, -n) (griech.) Nichtfachmann. Laienbruder; Laienbühne; Laienchor; Laiendarsteller; Laienkunst; Laienrichter; Laienspiel; laienhaft.
La|i|sie|rung (die, -, -en) (griech.-lat.) das Laisieren; Rückversetzung in den Laienstand.
Lais|ser-al|ler (das, -, kein Plural) (franz.) das Sichgehenlassen.
Lais|ser-faire (das, -, kein Plural) (franz.) Gewährenlassen.
La|i|zis|mus (der, -, kein Plural) (griech.-lat.) die strikte Trennung von Kirche und Staat fordernde Weltanschauung.
La|i|zist (der, -en, -en) (griech.-lat.) Verfechter des Laizismus.
la|i|zis|tisch (Adj.) (griech.-lat.) 1. den Laizismus betreffend; auf dem Laizismus basierend. 2. das Laientum in der katholischen Kirche hervorhebend.
La|kai (der, -s, -en) (franz.) 1. Diener. 2. Kriecher. Adjektiv: lakaienhaft.

Lake (die, -, -n) Salzlösung.
Laken (das, -s, -) Betttuch; Tuch.
lakonisch (Adj.) (griech.) wortkarg; kurz und treffend. Lakonismus.
Lakritze (die, -, -n) (griech.) Süßigkeit. Lakritzensaft; Lakritz(en)stange.
Laktation (die, -, -tionen) (lat.) Milchabsonderung; Stillzeit. Verb: laktieren.
Laktose (*auch:* Lactose) (die, -, kein Plural) (lat.) Milchzucker.
Lakune (die, -, -n) (lat.) 1. Hohlraum (im Körpergewebe). 2. Lücke (in einem Text). 3. kleiner Defekt in der Hirnsubstanz.
lala (Adv.) (ugs., nur in der Wendung:) so lala (einigermaßen).
Lallem (das, -s, -e) (griech.) durch die Artikulation bestimmte Sprecheinheit.
lallen (V.) undeutlich sprechen. Lallperiode; Lallwort.
Lallopathie (die,-,-n) (griech.) Sprachstörung.
L. A. M. (Abk.) Liberalium Artium Magister.
Lama 1. (das, -s, -s) (span.) Schafkamel; Gewebe. 2. (der, -/-s, -s) buddhistischer Priester. Lamaismus; lamaistisch.
Lamantin (der, -s, -e) (karib.) Seekuh der amerikanischen Tropen.
Lamarckismus (der, -, kein Plural) von Lamarck entwickelte Abstammungslehre.
Lambada (der, -s, kein Plural) lateinamerikanischer Tanz.
Lambda (das, -, -s) griechischer Buchstabe (Λ, λ). Lambdanaht; Lambdasonde; Lambdazismus.
Lambrequin (der, -s, -s) (franz.) mit Fransen besetzter Querbehang (an Fenstern u. a.); ähnliche Verzierung aus Stein, Stuck.
Lambris (*auch:* Lambries) (der, -, -) (österr.-franz.) Wandverkleidung aus Holz, Marmor oder Stuck.
Lambrusco (der, -, kein Plural) (ital.) italienischer Rotwein.
Lambskin (das, -s, -s) (engl.) Lammfellimitation aus Plüsch.
Lambswool (die, -, kein Plural) (engl.) Lammwolle.
Lamé (*auch:* Lamee) (der, -s, -s) (franz.) Seidengewebe mit Metallfäden. Adjektiv: lamé (*auch:* lamee).
Lamelle (die, -, -n) (franz.) dünnes Blättchen; Streifen. Lamellenkühler; lamellar; lamellenförmig.
lamentabel (Adj.) (lat.) bedauernswert; beweinenswert; jämmerlich.
Lamentation (die, -, -tionen) (lat.) Jammern; Wehklagen. Klagelied (bes. die Klagelieder [~en] des Jeremias im Alten Testament).
lamentieren (V.) (lat.) jammern. Lamento.

lamentoso (Adj.) (lat.-ital.) traurig; wehklagend (Vortragsanweisung in der Musik).
Lametta (das, -s, kein Plural) (ital.) Christbaumschmuck.
Lamina (die, -, -nae) (lat.) 1. Fläche des Blattes; Blattspreite (in der Botanik). 2. blattförmiger Teil eines Organs. 3. dünnes Metallplättchen.
Laminat (das, -s/-es, -e) (lat.) Beschichtung. Adjektiv: laminar. Verb: laminieren.
Lamm (das, -s, Lämmer) junges Schaf. Lammbraten; Lämmchen; Lammsgeduld; Lammfell; Lammfleisch; Lammkotelett; lammfromm; lammen.
Lampas (der, -, -) (franz.) schwerer Damast (als Möbelbezug).
Lampassen (die, nur Plural) (franz.) Längsstreifen (an den Seiten von Uniformhosen).
Lampe 1. (die, -, -n) Lichtquelle. Lampenfieber; Lampenschein; Lampenschirm; Lämpchen. 2. (der, -, kein Plural) Hase (Tierfabel). Meister Lampe.
Lampion (der/seltener: das, -s, -s) (franz.) Papierlaterne.
Lamprete (die, -, -n) (lat.) ein fischähnliches Wirbeltier; Neunauge.
Lançade (die, -, -n) (franz.) Sprung des auf die Hinterbeine aufgerichteten Pferdes nach vorn (in der Hohen Schule).
lancieren (V.) (franz.) fördern; bekannt machen.
Land (das, -s/-es, Länder) Grund; Festland; Staat. Sie kamen aus aller Herren Länder(n); außer Landes gehen; zu Wasser und zu Lande, bei euch zu Lande (daheim), *aber:* hierzulande (*auch:* hier zu Lande). Landadel; Landarbeiter; Landarzt; Landaufenthalt; Landbesitz; Landbevölkerung; Ländchen; Ländereien; Länderkampf; Länderspiel; Landesamt; Landesbank; Landesbischof; Landesfarben; Landesfürst; Landesgrenze; Landeshauptstadt; Landesherr; ins Landesinnere; Landeskirche; Landeskunde; Landesmeisterschaft; Landesparlament; Landesrecht; Landesregierung; Landessprache; Landesvater; Landesverräter; Landesverteidigung; Landeswährung; Landflucht; Landfrau; Landfriede(n); Landfriedensbruch; Landgericht (Abk.: LG); Landgewinnung; Landhaus; Landkarte; Landklima; Landkreis; Landleben; Ländlichkeit; Landluft; Landmaschine; Landpartie; Landplage; Landpomeranze; Landratte; Landregen; Landschaft; Landschaftsgärtner; Landschaftsschutzgebiet; Landschulheim; Landsmann; Landsmannschaft; Landstraße; Landstreicher; Landstrich; Landtag; Landtagswahl; Landurlaub; Landvermesser; Land-Wasser-Tier; Landwehr; Landwein; Landwirt; Land-

wirtschaft; Landwirtschaftsausstellung; Landwirtschaftsminister; Landzunge. Adjektive: länderkundig; länderkundlich; landesflüchtig; landesfremd; landeskundig; landeskundlich; landesüblich; landesverwiesen; landesweit; landläufig; ländlich; landschaftlich; landsmännisch; landsmannschaftlich; landwirtschaftlich. Adverbien: landauf und landab (überall); landaus und landein (überall); landwärts; landeinwärts.
lan'den (V.) 1. an Land bringen; aufsetzen. 2. (ugs.) ankommen; (ugs.) Erfolg haben. Landebahn; Landeerlaubnis; Landeklappe; Landemanöver; Landepiste; Landeplatz; Landeverbot; Landung; Landungsboot; Landungsbrücke.
Land'ro'ver (der, -s, -) (engl.) Geländefahrzeug.
Land'ser (der, -s, -) (ugs.) Soldat.
lang (Adj.; länger, längste) lang dauernd; groß. *Beachte:* Wir haben des Langen und des Breiten (ausführlich) darüber diskutiert; du weißt das seit Langem (*auch:* langem); über kurz oder lang. *Aber:* In die Oper gehe ich im Lang (ugs: Abendkleid). *Zusammenschreibung:* meterlang; tagelang; jahrelang; monatelang; langhin. *Aber:* zwei Zentimeter lang, zwei Tage lang; allzu lang. Länge; Längengrad; Längenkreis; Längenmaß; Langhaardackel; Langholz; Langlauf; Langlebigkeit; Langohr; Längsachse; Langseite; Langspielplatte (Abk.: LP); Langstreckenflug; Langstreckenlauf; Langwelle; Langzeitgedächtnis; Langzeitprogramm. Adjektive: langärm(e)lig; langarmig; langatmig; langbeinig; längerfristig; lang gehegt (*auch:* langgehegt); lang gestreckt (*auch:* langgestreckt); lang gezogen (*auch:* langgezogen); langhaarig; langjährig; langlebig; länglich; langmähnig; langnasig; langstielig; langwierig. Adverbien: lang(e); langelang (der Länge nach) hinfallen; langhin; längstens. Verben: langlaufen (Skisport); einem die Hammelbeine lang ziehen (*auch:* langziehen) (ugs.: tadeln).
lan'gen (V.) (ugs.) 1. greifen. 2. ausreichen. eine ~ (Ohrfeige geben).
Lan'get'te (die, -, -n). 1. Schlingenstich (an Stoffrändern, damit sie nicht ausfransen). 2. Trennungswand zwischen zwei Schornsteinen.
Lan'ge'wei'le (die, -, kein Plural) Eintönigkeit. Langweiler; Langweiligkeit; langweilig. sich langweilen.
Lang'fin'ger (der, -s, -) Dieb.
lang'ge'hen (V., ging lang, ist langgegangen) (ugs.) entlanggehen.
Lang'mut (die, -, kein Plural) Geduld; Nachsicht. Langmütigkeit; langmütig.

längs (Präp., Gen.) entlang; der Länge nach; (ugs.) vorbei. Wir gingen längs des Weges (*auch:* dem Wege). Längsachse; Längslinie; Längsrichtung; Längsschnitt; Längsseite; Längsstreifen; ein längs gestreifter (*auch:* längsgestreifter) Rock; längsdeck(s); längsschiffs; längsseit(s).
längst (Adv.) schon lange; seit Langem.
längs'tens (Adv.) höchstens; spätestens.
Lan'gus'te (die, -, -n) (franz.) Krebs.
La'no'lin (das, -s, kein Plural) (lat.) Salbengrundstoff.
Lan'than (das, -s, kein Plural) (griech.) ein Element; Seltenerdmetall (Abk.: La).
La'nu'go (das, -, -nu'gi'nes) (lat.) Flaumhaar (des Embryos und Neugeborenen).
Lan'ze (die, -, -n) Stichwaffe. Lanzenfarn; Lanzenreiter; Lanzenspitze; Lanzenstich; Lanzenstoß.
Lan'zett'bo'gen (der, -s, -bö'gen) Spitzbogen. Lanzettfenster.
Lan'zet'te (die, -, -n) (franz.) kleines, zweischneidiges Operationsmesser.
La'os (ohne Art., kein Plural) demokratische Volksrepublik in Hinterindien. Laote; laotisch.
La'pa'ro'skop (das, -s, -e) (griech.) (Med.) Gerät zum Untersuchen der Bauchhöhle.
La'pa'ro'sko'pie (die, -, -n) (griech.) Untersuchung der Bauchhöhle.
La'pa'ro'to'mie (die, -, -n) (griech.) operative Öffnung der Bauchhöhle.
la'pi'dar (Adj.) (lat.) kurz; einfach. Lapidarschrift; Lapidarstil.
La'pi'där (der, -s, -e) (lat.) Schleif- und Poliermaschine.
La'pi'da'ri'um (das, -s, -ri'en) (lat.) Sammlung von Steindenkmälern.
La'pil'li (die, nur Plural) (lat.) kleine, beim Vulkanausbruch ausgeworfene Lavastücke.
La'pis'la'zu'li (der, -, -) Halbedelstein.
Lap'pa'lie (die, -, -n) (lat.) Kleinigkeit; Nichtigkeit.
Lap'pen (der, -s, -) 1. Putztuch. 2. Hautteil. 3. (ugs.) Geldschein. Er darf uns nicht durch die Lappen gehen (entwischen). Putzlappen; lappig.
läp'pern (V.) 1. zusammenkommen. 2. (ugs.) schlürfen. Das läppert sich zusammen (sammelt sich).
läp'pisch (Adj.) kindisch; lächerlich.
Lap'sus (der, -, -) (lat.) Fehler; Versehen. Lapsus Calami (Schreibfehler); Lapsus Linguae (Versprecher); Lapsus Memoriae (Gedächtnisfehler).
Lap'top (der, -s, -s) (engl.) Kurzwort aus »lapsize computer«. tragbarer Computer im Gegensatz zu Desktop PC.
Lär'che (die, -, -n) Nadelbaum. (*Aber:* Lerche!). Lärchenholz; Lärchenschwamm.

larghetto 292 **Latifundium**

lar'ghet'to (Adv.) (ital.) etwas langsam und getragen (bei Musikstücken).
lar'go (Adv.) (ital.) langsam und getragen (bei Musikstücken).
Lar'go (das, -s, -s/-ghi) (ital.) largo zu singender oder zu spielender Teil eines Musikstücks.
La'ri'fa'ri (das, -s, kein Plural) (ugs.) Unsinn. Kasperl Larifari.
Lärm (der, -s, kein Plural) Krach. Lärmpegel; Lärmschutz; Lärmschutzzaun; lärmempfindlich; lärmen.
lar'mo'yant (Adj.) (franz.) weinerlich; rührselig. Larmoyanz.
Lar'nax (die, -, -na'kes) (griech.) archäologische Bezeichnung für eine Urne oder einen kleinen Sarkophag.
L'art pour l'art (das, - - -, kein Plural) (franz.) Kunst als Selbstzweck.
Lar've (die, -, -n) (lat.) 1. Maske; 2. Entwicklungsstadium (Insekten). Adjektiv: larval.
La'ryn'gal (der, -s, -e) (griech.) Stimmritzen-, Kehlkopflaut.
La'ryn'gi'tis (die, -, -gi'ti'den) (griech.) Kehlkopfentzündung.
La'ryn'go'lo'gie (die, -, kein Plural) (griech.) Lehre vom Kehlkopf.
La'ryn'gos'kop (das, -s, -e) (griech.) Gerät zum Untersuchen des Kehlkopfs; Kehlkopfspiegel.
La'ryn'go'to'mie (die, -, -n) Kehlkopfschnitt.
La'rynx (der, -, -ryn'gen) (griech.) Kehlkopf.
La'sa'gne (die, -, -n) (ital.) italienisches Nudelgericht.
lasch (Adj.) schlaff. Laschheit.
La'sche (die, -, -n) Zunge (Schuh); Verbindungsstück; Verschluss. laschen.
La'ser (der, -s, -) (engl.) Lichtverstärkung durch Strahlenbündelung. Laserstrahl; Laserkanone; Lasertechnik.
La'sie'rung (die, -, -en) (pers.) Lacküberzug. Lasur; Lasurfarbe; Lasurstein; lasieren.
Lä'si'on (die, -, -si'o'nen) (lat.) Verletzung.
las'sen (V., ließ, hat gelassen) veranlassen; erlauben; aufhören; zurücklassen. *Beachte:* Wir haben die Ausweise zu Hause liegen lassen (*auch:* liegenlassen); etwas bleiben lassen (*auch:* bleibenlassen); *aber nur:* die Kinder bleiben lassen.
läs'sig (Adj.) ungezwungen. Lässigkeit.
läss'lich (Adj.) geringfügig. Lässlichkeit.
Las'so (das, -s, -s) (span.) Wurfschlinge.
Last (die, -, Las'ten) Gewicht; Fracht; Bürde. *Beachte:* zulasten/zu Lasten von; das geht zu Ihren Lasten. Lastauto; Lastenaufzug; Lastenausgleichsgesetz; Laster; Lastesel; Lastigkeit; Lastkahn; Lastkraftwagen (Abk.: Lkw); Last-

pferd; Lastschrift; Lasttier; Lastträger; Lastwagen. Adjektive: lastenfrei; hecklastig. Verb: lasten.
Las'ter 1. (der, -s, -) (ugs.) Lastkraftwagen. 2. (das, -s, -) Fehler; schlechte Gewohnheit. Lasterhaftigkeit; Lasterhöhle; Lasterleben; lasterhaft.
läs'tern (V.) fluchen; kritisieren. Lästerei; Lästerer; Lästerlichkeit; Lästermaul; Lästerung; Lästerzunge; lästerlich.
Las'tex (das, -, kein Plural) elastisches Gewebe. Lastexhose.
läs'tig (Adj.) aufdringlich; unbequem. Lästigkeit.
last, (but) not least (engl.) schließlich (an letzter Stelle genannt), aber nicht zu vergessen.
La'sur (die, -, -en) (lat.) durchscheinende Lack- oder Farbschicht.
las'ziv (Adj.) (lat.) sinnlich; unanständig. Laszivität.
La'tein (das, -s, kein Plural) lateinische Sprache. Ich war mit meinem Latein am Ende (wusste nicht mehr weiter). Lateinisch (Sprache); Lateinamerika; Lateinschule; Jägerlatein; lateinamerikanisch; lateinisch.
La-Tène-Kul'tur (die, -, kein Plural) (franz.) Kultur der mitteleuropäischen Eisenzeit.
la'tent (Adj.) (lat.) verborgen; nicht offen erkennbar. Latenz; Latenzperiode; Latenzzeit.
la'te'ral (Adj.) (lat.) seitlich.
la'te'ra'li'sie'ren (V.) (lat.) 1. seitlich verschieben, verlagern (Med.). 2. die Zuordnung von Gehirnhälften zu psychischen Funktionen sich entwickeln lassen.
La'te'ra'li'tät (die, -, kein Plural) (lat.) die Dominanz einer Körperseite wie Rechts- oder Linkshändigkeit.
La'te'ral'plan (der, -s/-es, -plä'ne) Fläche des Längsschnittes des unter Wasser liegenden Schiffteils.
La'te'ran (der, -s, kein Plural) (lat.) päpstlicher Palast. Laterankonzil; Lateranpalast.
la'te'rie'ren (V.) (lat.) seitenweise zusammenzählen (veraltet).
La'te'ri'sa'ti'on (die, -, -ti'o'nen) (lat.) die Entstehung von Laterit.
La'te'rit (der, -s, -e) (lat.) unfruchtbarer Boden. Lateritboden.
La'ter'na ma'gi'ca (die, - -, -nae -cae) (lat.) Projektionsapparat.
La'ter'ne (die, -, -n) Lichtquelle. Laternenanzünder; Laternenpfahl; Laternenzug.
La'tex (der, -, kein Plural) (griech.) Kautschuksaft. Verb: latexieren.
La'ti'fun'di'um (das, -s, -di'en) (lat.) Großgrundbesitz. Latifundienwirtschaft.

La|ti|ner (der, -s, -) Einwohner der antiken mittelitalischen Landschaft Latium.
la|ti|ni|sie|ren (V.) der lateinischen Sprachform angleichen.
La|ti|nis|mus (der, -, -men) in eine andere Sprache übernommene lateinische Spracheigentümlichkeit.
La|ti|nist (der, -en, -en) (lat.) Wissenschaftler, der sich mit der lateinischen Sprache und Literatur beschäftigt.
La|tin Lo|ver (*auch:* La|tin|lo|ver) (der, - -s, - -s) (engl.) südländischer Liebhaber; Papagallo.
La|ti|num (das, -s, kein Plural) (lat.) Lateinprüfung.
La|t|rie (die, -, kein Plural) (griech.-lat.) die Gott und Christus allein zustehende Verehrung und Anbetung.
La|t|ri|ne (die, -, -n) (lat.) Abort. Latrinengerücht; Latrinenparole.
Lat|sche (die, -, -n) 1. alter Schuh. 2. Bergkiefer. Latschengebüsch; Latschenkiefer; Latschenöl.
lat|schen (V.) schleppend gehen. Adjektiv: latschig.
Lat|te (die, -, -n) Brett. Lattenholz; Lattenkiste; Lattenkreuz; Lattenrost; Lattenschuss; Lattenzaun.
Lat|tich (der, -s, -e) Unkraut.
Latz (der, -es, Lät|ze) Kleidungsteil. Lätzchen; Latzhose; Hosenlatz; Latzschürze.
lau (Adj.) lind; mild; Lauheit; lauwarm.
Laub (das, -s/-es, kein Plural) trockene Blätter. Laubbaum; Laubfall; Laubfärbung; Laubfrosch; Laubholz; Laubsäge; Laubwald; laubig; laubtragend (*auch:* Laub tragend).
Lau|be 1. (die, -, -n) Gartenhäuschen. Laubengang; Laubenkolonie. 2. (der, -n, -n) Fisch.
Lauch (der, -s, -e) Gemüse. Adj.: lauchgrün.
Lau|da|tio (die, -, -ti|o|nes) (lat.) Lobrede.
lau|die|ren (V.) (lat.) 1. loben. 2. einen Zeugen nennen; vorschlagen (in der Rechtswissenschaft).
Lau|dis|ten (die, nur Plural) (lat.) Psalmen- und Hymnensänger des 13. bis 16. Jahrhunderts.
lau|ern (V.) auf der Lauer liegen; versteckt warten. Lauer; Lauerstellung.
lau|fen (V., lief, ist gelaufen) rennen; gehen; bewegen; fließen; verlaufen. *Beachte:* auf dem Laufenden halten; am laufenden Band; laufender Meter/laufenden Meters (Abk.: lfd. m); laufendes Jahr/laufenden Jahres (Abk.: lfd. J.); laufender Monat/laufenden Monats (Abk.: lfd. M.); laufende/laufenden Nummer (Abk.: lfd. Nr.); beim/im/unter dem Laufen; im Laufe der Zeit. Läufer/in; Laufbursche; Lauferei; Lauffeuer; Laufgitter; Laufkäfer; Laufkundschaft; Laufmasche; Laufpensum; Laufrichtung; Laufstall; Laufsteg; Laufwettbewerb; Laufzeit; Laufzettel. Adjektive: läuferisch; lauffreudig. Verb: laufen lassen (*auch:* laufenlassen).
läu|fig (Adj.) brünstig (Hündin). Läufigkeit.
Lauf|pass (der) (nur in der Wendung:) jemandem den Laufpass geben (Absage erteilen; Liebschaft beenden).
Lau|ge (die, -, -n) alkalische Lösung. Seifenlauge; Laugenbad; Laugenbrezel; Laugenwasser; gelaugt; laugenartig; laugen.
Lau|ne (die, -, -n) Gemütsstimmung. Launenhaftigkeit; launenhaft; launig; launisch.
Lau|rus (der, -/-ses, -/-se) (Adj.) Lorbeerbaum.
Laus (die, -, Läu|se) Ungeziefer. Ist dir eine Laus über die Leber gelaufen (hast du schlechte Laune)?; Läusebefall; Läusekraut; Läuslein; lausen.
Laus|bub (der, -en, -en) frecher Junge. Lausbüberei; Lausebengel; Lausejunge; Lausepack; Lauser; Lauserei; lausbübisch.
lau|schen (V.) horchen; zuhören. Lauscher; Lauschangriff; Lauschaktion.
lau|schig (Adj.) gemütlich; abgeschieden.
lau|sig (Adj.) (ugs.) schlecht; unangenehm.
laut 1. (Adj.) geräuschvoll. Laut; Lautarchiv; Lautbildung; Lautgesetz; Lautlehre; Lautlosigkeit; Lautmalerei; Lautschrift; Lautsprecher; Lautstärke; Lautstärkeregler; Lautung; Lautveränderung; Lautverschiebung; Lautwechsel; Lautzeichen. Adjektive: lautbar werden; lauthals; lautlich; lautlos; lautmalend; lautimitierend; lautstark; lauttreu. 2. (Präp., Gen./Dat.) laut (= gemäß) Ihrem Befehl.
Lau|te (die, -, -n) (arab.) Saiteninstrument. Lautenspiel; Lautenspieler.
lau|ten (V.) heißen; klingen. *Beachte:* mit der Präposition »auf«! Die Strafe lautet auf drei Jahre Gefängnis.
läu|ten (V.) klingen; klingeln; ertönen lassen. Läut(e)werk; Geläut.
Lau|te|nist (der, -en, -en) (lat.) berufsmäßiger Lautenspieler.
lau|ter (Adj.) rein; ehrlich; (ungebeugt:) nur. Lauterkeit.
läu|tern (V.) klären; bessern. Läuterung.
La|va (die, -, La|ven) (ital.) Vulkanschmelze; Vulkangestein. Lavastrom.
La|va|bel (der, -s, -) (franz.) weicher, waschbarer Seiden- oder Kunstseidenkrepp.
La|va|bo (das, -/-s, -s) (lat.) priesterliche Handwaschung.
La|ven|del (der, -s, -) Pflanze. Lavendelduft; Lavendelöl; Lavendelwasser; lavendelfarbig; lavendelfarben.

la|vie|ren 1. (V., refl.) (niederl.) sich geschickt hindurchschlängeln. 2. (V.) (ital.) Farben verwischen.

lä|vo|gyr (Adj.) (lat.-griech.) die Ebene des polarisierten Lichts nach links drehend.

Lä|vu|lo|se (die, -, kein Plural) (lat.) Fruchtzucker.

Law and Or|der (engl.) Gesetz und Ordnung.

La|wi|ne (die, -, -n) Schneebrett. Lawinengefahr; Lawinenkatastrophe; Lawinenschutz; Lawinensuchhund; Lawinensuchtrupp; lawinenartig; lawinensicher.

Lawn|ten|nis (*auch:* Lawn-Ten|nis) (das, -, kein Plural) (engl.) Rasentennis.

Law|ren|ci|um (das, -s, kein Plural) (nlat.) ein Element; Transuran (Abk.: Lr).

lax (Adj.) (lat.) schlaff; disziplinlos. Laxheit.

La|xa|tiv (*auch:* La|xa|ti|vum) (das, -s, -e) (lat.) Abführmittel. Verb: laxieren.

Lay|out (*auch:* Lay-out) (das, -s, -s) (engl.) Skizze zur Bild- und Textgestaltung. Layouter.

La|za|rett (das, -s, -e) (franz.) Militärkrankenhaus. Lazarettschiff; Lazarettzug.

La|ze|ra|ti|on (die, -, -ti|o|nen) (lat.) Einriss (im Körpergewebe).

La|zer|te (die, -, -n) Eidechse.

La|zu|lith (der, -s, -) (lat.) Mineral.

l. c. (Abk.) loco citato (am angegebenen Ort).

LCD-An|zei|ge (die, -, -n) Flüssigkristallanzeige.

Lead (das, -, kein Plural) (engl.) Führungsstimme. Leader (Bandleader); Leadgitarrist; Leadgitarre.

lea|sen (V.) (engl.) mieten, pachten. Leasing; Leasingvertrag; Leasingfirma; ein geleastes Auto.

le|ben (V.) existieren; wohnen; ein Leben führen. Seine Devise war: leben und leben lassen. Lebedame; ein vielstimmiges Lebehoch, *aber:* sie lebe hoch! Lebemann; Leben; ein Leben lang, *aber:* lebenslang; Lebendgewicht; Lebendigkeit; Lebensabend; Lebensalter; Lebensangst; Lebensart; Lebensauffassung; Lebensaufgabe; Lebensbaum; Lebensbejahung; Lebensbereich; Lebensdauer; Lebenselixier; Lebensende; Lebenserfahrung; Lebenserwartung; Lebensfähigkeit; Lebensfreude; Lebensgefahr; Lebensgefährtin; Lebensgeister; Lebensgemeinschaft; Lebensgröße; Lebenshaltungskosten; Lebenshilfe; Lebensinhalt; Lebensjahr; Lebenskraft; Lebenskünstler; Lebenslauf; Lebenslust; Lebensmittel; Lebensmittelvergiftung; Lebensnerv; Lebensphilosophie; Lebensraum; Lebensretter; Lebensstandard; Lebensstil; Lebensunterhalt; Lebensversicherung; Lebenswandel; Lebensweg; Lebensweisheit; Lebenswerk; Lebenswille; Lebenszeichen; auf Lebenszeit; Lebensziel; Lebenszweck; Lebewesen; ein leises Lebewohl, *aber:* leb wohl! Lebhaftigkeit; Leblosigkeit; zu Lebzeiten. Adjektive: lebemännisch; lebensbejahend; lebendig; Leben gebend; lebensfähig; lebensfern; lebensfremd; lebensfroh; lebensgefährlich; lebensgroß; lebenslang; lebenslänglich; lebenslustig; lebensmüde; lebensnah; lebensnotwendig; Leben spendend (*auch:* lebenspendend); lebensprühend; lebenstüchtig; lebensüberdrüssig; lebenswert; lebenswichtig; Leben zerstörend (*auch:* lebenzerstörend); lebhaft; langlebig; leblos.

Le|ber (die, -, -n) Organ. Leberentzündung (Hepatitis); Leberfleck; Leberknödel; Leberkrebs; Leberleiden; Lebertran; Leberwurst; Leberzirrhose.

Le|ber|blüm|chen (das, -s, -) Anemone.

Le|ber|käse (der, -, kein Plural) (südd.) Fleischgericht.

Leb|ku|chen (der, -s, -) Pfefferkuchen.

Leb|zel|ten (der, -s, -) (südd.) Lebkuchen.

lech|zen (V.) begierig sein.

Le|ci|thin (*auch:* Le|zi|thin) (das, -s, kein Plural) (griech.) nervenstärkendes Mittel.

leck (Adj.) undicht. Leck; leckschlagen (*auch:* leck schlagen); lecken.

le|cken (V.) schlecken; leck sein.

le|cker (Adj.) appetitlich. Leckerbissen; Leckermaul; Leckerei.

led. (Abk.) ledig.

Le|der (das, -s, -) gegerbte Tierhaut. Lederball; Lederband; Ledereinband; Ledergürtel; Lederhandschuh; Lederhaut; Lederhose; Lederjacke; Ledermantel; Lederpolster; Lederschuh; Ledersessel; Ledersohle; Ledersofa; Ledertasche; Lederwaren; lederartig; lederbraun; lederfarben; lederfarbig; led(e)rig; ledern; Leder verarbeitend (*auch:* lederverarbeitend).

le|dig (Adj.) unverheiratet; frei. Ledige.

le|dig|lich (Adv.) nur.

Lee (die/das, -/-s, kein Plural) die dem Wind abgekehrte Seite. Leeseite; leewärts.

leer (Adj.) ohne Inhalt; frei. Leere (*aber:* die Lehre!); Leergewicht; Leergut; Leerheit; Leerlauf; Leerstelle (*aber:* die Lehrstelle!); Leertaste; Leerung; leer stehend (*auch:* leerstehend). Verben: leeren (leer machen/leermachen). den Motor/ein Gefäß leerlaufen lassen; die Schüssel leer essen (*auch:* leeressen); leer räumen (*auch:* leerräumen).

Lef|ze (die, -, -n) Lippe (Tiere).

le|gal (Adj.) (lat.) gesetzmäßig; erlaubt. Legalisation; Legalisierung; Legalität; Legalitätsprinzip; legalistisch; legalisieren.

Le|ga|lis|mus (der, -, kein Plural) (lat.) strikte Befolgung von Gesetzen, Regeln, Paragraphen und Vorschriften.

Le|gas|the|nie (die, -, -n) (griech.) Lese- und Rechtschreibschwäche. Legastheniker; legasthen; legasthenisch.
Le|gat (der, -en, -en) (lat.) päpstlicher Gesandter. Legation; Legationsrat.
le|ga|to (Adv.) (ital.) gebunden (zu singen oder zu spielen).
le|gen (V.) hinlegen; zur Ruhe kommen. Lege; Legehenne; Leger; Legezeit.
le|gen|där (Adj.) (lat.) sagenhaft; unwahrscheinlich. Legende; Legendenspiel; legendenhaft.
le|ger (Adj.) (franz.) ungezwungen.
Leg|gings (*auch:* Leg|gins) (die, nur Plural) (engl.) hosenähnliches, aus Leder gefertigtes Kleidungsstück der nordamerikanischen Indianer.
Leg|gins = Leggings.
Le|gie|rung (die, -, -en) (ital.) Metallgemisch. Verb: legieren.
Le|gi|on (die, -, -en) (lat.) Heer; große Menge. Legionär; Legionssoldat; Fremdenlegion.
Le|gis|la|ti|ve (die, -, -n) (lat.) gesetzgebende Gewalt. Adjektiv: legislativ.
Le|gis|la|tur (die, -, -en) Gesetzgebung. Legislaturperiode; legislatorisch.
le|gi|tim (Adj.) (lat.) gesetzlich anerkannt; rechtmäßig. Legitimation; Legitimationskarte; Legitimationspapier; Legitimierung; Legitimität; legitimieren (sich ausweisen).
Le|gu|an (der, -s, -e) Baumeidechse.
Le|gu|men (das, -s, -) (lat.) Hülsenfrucht.
Le|gu|min (das, -s, kein Plural) (lat.) Eiweiß der Hülsenfrüchte.
Leg|war|mer (der, -s, -/-s) (engl.) Wadenwärmer.
Le|hen (das, -s, -) an Verpflichtungen gebundener Grundbesitz. Lehnsherr; Leh(e)nswesen; Lehnsmann; Lehnsgut; Lehnsträger.
Lehm (der, -s) Tonerde. Lehmboden; Lehmerde; lehmfarben; lehmfarbig; lehmgelb; lehmig.
Leh|ne (die, -, -n) Stütze. Lehnsessel; Lehnstuhl; Lehnübersetzung; Lehnwort; lehnen.
Leh|re (die, -, -n) 1. Wissenschaft; Schlussfolgerung; Lehrzeit. 2. Messwerkzeug.
leh|ren (V.) unterrichten; beibringen. *Beachte:* Ich will den Kleinen das Schwimmen lehren. *Aber:* Ich lehre ihn schwimmen. Lehre (*aber:* Leere!); Lehramt; Lehrauftrag; Lehrbefähigung; Lehrberuf; Lehrbrief; Lehrbuch; Lehrdichtung; Lehrer/in; Lehrerausbildung; Lehrerkollegium; Lehrerkonferenz; Lehrerschaft; Lehrerzimmer; Lehrfach; Lehrfilm; Lehrgang; Lehrgeld; Lehrherr; Lehrjahr; Lehrjunge; Lehrkörper; Lehrkraft; Lehrling; Lehrlingsheim; Lehrmädchen; Lehrmeinung; Lehrmeister; Lehrmethode; Lehrmittelfreiheit; Lehrplan; Lehrprobe; Lehrsatz; Lehrstelle; Lehrstoff; Lehrstück; Lehrstuhl; Lehrtätigkeit; Lehrvertrag; Lehrwerkstatt; Lehrzeit. Adjektive: lehrbar; lehrerhaft; lehrhaft; lehrreich.
Leib (der, -s/-es, -er) Körper; Bauch. *Beachte:* Er ist recht gut bei Leibe (wohlgenährt). *Aber:* Er ist beileibe (wahrlich) nicht wohlgenährt. Dem Problem werden wir schnell zu Leibe rücken. Leibarzt; Leibeigene; Leibeigenschaft; Leibeserziehung; Leibesfrucht; Leibesfülle; er schrie aus Leibeskräften; Leibesübung; Leibesumfang; Leibesvisitation; Leibgarde; Leibgardist; Leibgericht; Leibhaftige; Leibkoch; Leiblichkeit; Leibrente; Leibschmerzen; Leib-Seele-Problem; Leibspeise; Leibwache; Leibwächter; Leibwäsche; Leibwickel. Adjektive: leibeigen; leibhaftig; dickleibig; leiblich. Verb: leiben (nur in der Wendung: Das war der Moser, wie er leibt und lebt).
Lei|che (die, -, -n) toter Körper. Leichenacker; Leichenbeschauer; Leichenfledderei; Leichenhaus; Leichenöffnung (Obduktion); Leichenrede; Leichenschändung; Leichenschauhaus; Leichenschmaus; Leichenstarre; Leichentuch; Leichenverbrennung; Leichenzug; Leichnam; leichenblass; leichenfahl.
leicht (Adj.) nicht schwer; einfach; bekömmlich. Das Leichteste ist zu schweigen. Das Leichteste, was ich zu tragen habe. Es ist mir ein Leichtes, das abzuholen. Es war für mich nichts Leichtes, mich bei dir zu entschuldigen. ein leicht verdauliches (*auch:* leichtverdauliches) Essen. Zum Glück waren es leicht verständliche (*auch:* leichtverständliche) Texte. etwas leichtnehmen (nicht ernst nehmen); das wird dir leichtfallen (keine Mühe machen); sie hat es sich aber sehr leicht gemacht (*auch:* leichtgemacht) (wenig Mühe gegeben). Das lässt sich leicht (problemlos) machen. Leichtathlet; Leichtathletik; Leichtbauweise; Leichtbenzin; Leichtbeton; Leichtbewaffnete; Leichtfertigkeit; Leichtfuß (leichtsinniger Mensch); Leichtfüßigkeit; Leichtgewicht; Leichtgläubigkeit; Leichtgut; Leichtheit; mit Leichtigkeit; Leichtlebigkeit; Leichtlohngruppe; Leichtmatrose; Leichtmetall; Leichtöl; Leichtverletzte (*auch:* leicht Verletzte); Leichtverwundete (*auch:* leicht Verwundete). Adjektive: leichtathletisch; leicht beschwingt; leicht bewaffnet (*auch:* leichtbewaffnet); leicht entzündlich (*auch:* leichtentzündlich); leichtfertig; leichtfüßig; leichtgläubig; leichtherzig; leichtlebig; leicht verderblich (*auch:* leichtverderblich); leicht verletzt (*auch:* leichtverletzt). Adverb: leichthin. Verben: Die Prüfung ist mir leichtgefallen; leichtnehmen.

leicht'sin'nig (Adj.) unvorsichtig; sorglos. Leichtsinnigkeit; Leichtsinnsfehler.
Leid (das, -s/-es, kein Plural) Kummer; Unglück. *Beachte:* in Freud und Leid (ohne Apostroph!); jemandem etwas zuleid(e) (*auch:* zu Leid(e)) tun; es tut mir leid; es wird Ihnen noch leidtun, *aber:* ich bin es nun leid. Leideform (Passiv); Leiden; Leidende; Leidensfähigkeit; Leidensgefährte; Leidensgenossin; Leidensgeschichte; Leidensmiene; Leidensweg; Leidenszeit; Leidtragende; zu unserem Leidwesen. Adjektive: leidend; leidensfähig; leidgeprüft; leidtragend; leidvoll. Verben: leiden; leidtun.
Lei'den'schaft (die, -, -en) Begierde; Begeisterung. Leidenschaftlichkeit; leidenschaftlich; leidenschaftslos.
lei'der (Adv.) bedauerlicherweise. leider Gottes.
lei'dig (Adj.) lästig; unangenehm.
leid'lich (Adj.) erträglich; einigermaßen gut.
Lei'er (die, -, -n) (griech.) Saiteninstrument.
lei'ern (V.) drehen; monoton sprechen. Leierei; Leierkasten; Leierkastenmann.
lei'hen (V., lieh, hat geliehen) borgen. Leihamt; Leihauto; Leihbibliothek; Leihgabe; Leihgebühr; Leihe; Leihhaus; Leihmutter; Leihschein; Leihwagen; leihweise.
Lei'kauf (der, -s, -käu'fe) (lok.) Umtrunk.
Leim (der, -s, -e) Klebstoff. Leimfarbe; Leimring; Leimrute; Leimtopf; leimig; leimen.
Leim'sie'der (der, -s, -) (ugs.) langweiliger Mensch.
Leim'zu'cker (*auch:* Leim'süß) (der, -s, -) Glykol.
Lein (der, -s, -e) Flachs. Leinacker; Leinen; Leineneinband (Abk.: Ln., Lnbd.); Leinenbindung; Leineneinband; Leinengarn; Leinenkleid; Leinenweberei; Leinenzeug; Leinkuchen; Leinöl; Leinsamen; Leintuch; Leinwand; leinen.
Lei'ne (die, -, -n) Strick. Hundeleine; leinen (an die Leine nehmen).
lei'se (*auch:* leis) (Adj.) nicht laut; unmerklich; leicht. Wir glaubten nicht im Leisesten daran. Leisetreter; leisetreterisch.
Leis'te (die, -, -n) 1. Latte. 2. Beuge (Hüfte). Leistenbeuge; Leistenbruch; Leistengegend; Leistenhoden.
Leis'ten (der, -s, -) Schuhspanner.
Leis'tung (die, -, -en) Anstrengung; Vollbrachtes; Arbeit. Leistungsabfall; Leistungsanstieg; Leistungsdruck; Leistungsfähigkeit; Leistungsgesellschaft; Leistungsgrenze; Leistungskurs; Leistungsmesser; Leistungsprinzip; Leistungsprüfung; Leistungsschau; Leistungssport; Leistungssteigerung; Leistungsvergleich; Leistungsvermögen; Leistungszentrum. Adjektive: leistungsfähig; leistungsgerecht; leistungsstark. Verb: leisten.
lei'ten (V.) führen; lenken; durchlassen (Physik). Leitartikel; Leitbarkeit; Leitbild; Leitbündel; Leitende; Leiter/in; Leitfaden; Leitfähigkeit; Leitfigur; Leitfossil; Leitgedanke; Leithammel; Leitidee; Leitlinie; Leitmotiv; Leitplanke; Leitsatz; Leitschnur; Leitspruch; Leitstrahl; Leittier; Leitton; Leitung; Leitungsdraht; Leitungsmast; Leitungsrohr; Leitungswasser (ohne Plural); Leitungswiderstand; Leitvermerk; Leitvermögen; Leitwerk; Leitzahl. Adjektive: leitend; leitfähig.
Lei'te (die, -, -n) (südd.) Berghang.
Lei'ter 1. (die, -, -n) Steigvorrichtung. Leiterbaum; Leitersprosse; Leiterwagen; leiterartig. 2. (der, -s, -) Chef; Vorsteher; Direktor; Führungskraft.
Lek'ti'on (die, -, -ti'o'nen) (lat.) Lehrstunde; Abschnitt; Belehrung.
Lek'to'rat (das, -s/-es, -e) (lat.) 1. Gutachten eines Lektors. 2. Stelle eines Lektors. 3. Verlagsabteilung, in der Manuskripte gelesen und bearbeitet werden.
lek'to'rie'ren (V.) (lat.) Manuskript prüfen. Lektor/in. Lektorat.
Lek'tü're (die, -, -n) (franz.) Lesen; Lesestoff. Lektüreauswahl.
Le'ky'thos (der, -, -then) (griech.) altgriechisches Gefäß mit Henkel, Ausguss und Fuß.
Lem'ma (das, -s, -ma'ta) (griech.) Stichwort; Annahme. Verb: lemmatisieren.
Lem'ming (der, -s, -e) (dän.) Wühlmaus.
Lem'nis'ka'te (die, -, -n) (griech.) algebraische Kurve.
le'mu'ren'haft (Adj.) (lat.) gespenstisch.
Le'mu'ria (die, -, kein Plural) (lat.) Landmasse, die von den Geologen für die Triaszeit zwischen Vorderindien und Madagaskar angenommen wird.
le'mu'risch (Adj.) (lat.) zu den Lemuren gehörend; lemurenhaft.
Len'de (die, -, -n) Körperteil; Fleisch (Tier). Lendenbraten; Lendenschmerz; Lendenschurz; Lendenstück; Lendenwirbel; lendenlahm.
Leng (der, -s, -e) Schellfisch. Lengfisch.
Le'ni'nis'mus (der, -, kein Plural) politische Lehre nach Lenin. Leninist; leninistisch.
len'ken (V.) führen, leiten. Lenkachse; Lenkbarkeit; Lenker; Lenkgetriebe; Lenkrad; Lenkradschloss; Lenksäule; Lenkstange; Lenkung; lenkbar; lenksam.
len'ti'ku'lar (Adj.) (lat.) linsenförmig; zur Augenlinse gehörig.

len|to (Adj.) (ital.) langsam (bei Musikstücken).
Lenz (der, -es, -e) Frühling; (Plural:) Jahre. Lenzmonat; Lenzmond (März); Lenztag; lenzen (Frühling werden).
Le|o|ni|den (die, nur Plural) Sternschnuppen (im November).
Le|o|pard (der, -en, -en) (lat.) Wildkatze. Leopardenfell.
Le|po|rel|lo (das, -s, -s) ziehharmonikaartig gefaltetes Papier. Leporellobaum; Leporellobuch.
Le|p|ra (die, -, kein Plural) (griech.) Aussatz. Leprakranke; Leprosorium; leprös (auch: lepros).
Le|p|rom (das, -s, -e) durch Lepra entstandener Knoten in der Haut.
Lep|ton 1. (das, -s, Lep|ta) (griech.) griechische Münze. 2. (das, -s, -en) (griech.) Elementarteilchen.
lep|to|som (Adj.) (griech.) schmächtig; schmalwüchsig. Leptosome.
Ler|che (die, -, -n) Singvogel. (Aber: die Lärche!)
ler|nen (V.) Kenntnisse, Fähigkeiten erwerben. schreiben und lesen lernen. kennenlernen (auch: kennen lernen); lieben lernen; schätzen lernen. Lernbegierde; Lerneifer; Lerner; Lernmittel; Lernmittelfreiheit; Lernprogramm; Lernprozess; Lernschritt; Lernstoff; Lernziel; lernbar; lernbegierig; lernbehindert; lernfähig.
Les|be (die, -, -n) (Kurzw.) Lesbierin (homosexuelle Frau). Adjektiv: lesbisch.
le|sen (V., las, hat gelesen) entziffern; lehren; aufsammeln. Leseabend; Lesart; Lesbarkeit; Lesebrille; Lesebuch; Leseecke; Lesegerät; Leselampe; Leseprobe; Lesepult; Leser/in; Leserbrief; Leserkreis; Leserlichkeit; Leserschaft; Lesesaal; Lesestoff; Lesestück; Lesewut; Lesezeichen; Lesezirkel; Lesung; Lese (Weinlese). Adjektive: lesbar; lesenswert; leserlich.
le|tal (Adj.) (lat.) tödlich. Letalfaktor; Letalität.
Le|thar|gie (die, -, kein Plural) (griech.) gleichgültige Trägheit; Schlafsucht. Adjektiv: lethargisch.
Le|the (die, -, kein Plural) (griech.) Strom der Unterwelt (Mythologie); Vergessenheit.
Let|kiss (der, -, kein Plural) (finn.-engl.) Kettentanz mit Hüpfschritten im Polkarhythmus, bei dem man sich häufig küssen muss (bes. um 1964).
Let|ten (der, -s, -) Ton; Lehm.
Let|ter (die, -, -n) (lat.) Druckbuchstabe. Letterngießmaschine.

Lett|land (ohne Art., -s, kein Plural) baltischer Staat. Lette; lettländisch. Aber: das Lettische (Sprache).
letz|te/-r/-s (Adj.) beendend; abschließend; vorig. Beachte: bis ins Letzte (ganz genau); sich bis zum Letzten (erschöpfend, ganz und gar) anstrengen; das war das Allerletzte; beim letzten Mal; das war das letzte Mal; ich sage es jetzt zum letzten Mal; das bleibt das erste und das letzte Mal; ich war der Letzte in der Reihe; als Letztes bleibt noch zu erwähnen; den Letzten beißen die Hunde; als Letzter ankommen; fürs Letzte; die letzten zwei Wochen; der letzte Schrei; die letzte Ehre. zu guter Letzt; bis zum Letzten des Monats; muss ich bis zum Letzten (Äußersten) gehen? der Letzte seines Geschlechts; das Erste und das Letzte (Anfang und Ende); es geht ans Letzte; sein Letztes geben; ein Letztes sei noch erwähnt; die Ersten werden die Letzten sein; der Letzte (auch: letzte) Wille; die Letzte Ölung. Letztgenannte; letztendlich; letztgenannt; letzthin; letztjährig; letztlich; letztmals; letztmalig; letztmöglich.
Leu (der, -en, -en) Löwe; (ohne Plural:) rumänische Währung (Abk.: 1).
leuch|ten (V.) strahlen; glänzen. Leuchtboje; Leuchtbombe; Leuchte; Leuchter; Leuchtfarbe; Leuchtfeuer; Leuchtkäfer; Leuchtkraft; Leuchtkugel; Leuchtpistole; Leuchtrakete; Leuchtreklame; Leuchtröhre; Leuchtsignal; Leuchtschrift; Leuchtspur; Leuchtturm; Leuchtziffer; leuchtend; ein leuchtend blauer Himmel.
leug|nen (V.) bestreiten; abstreiten. Leugner; Leugnung.
Leu|k|ä|mie (die, -, -n) (griech.) Blutkrebs. Adjektiv: leukämisch.
Leuk|an|ä|mie (die, -, kein Plural) (griech.-lat.) Mischform zwischen Leukämie und Blutarmut.
Leu|ko|der|mie (die, -, kein Plural) (griech.) Albinismus.
Leu|kom (das, -s, -e) (griech.) weißer Fleck oder weiße Narbe auf der Hornhaut des Auges.
Leu|ko|plast 1. (das, -es, -en) (griech.) Teil der Pflanzenzelle. 2. (das, -s, -e) Heftpflaster.
Leu|ko|zyt (der, -en, -en) (griech.) weißes Blutkörperchen. Leukozytose.
Leu|mund (der, -s, kein Plural) Ruf. Leumundszeugnis.
Leu|te (die, nur Plural) Menschen; Bevölkerung. Leuteschinder; Leutchen; leutescheu.
Leut|nant (der, -s, -s/-e) (franz.) Offizier (Abk.: Lt.). Leutnantsrang; Leutnantsuniform.
leut|se|lig (Adj.) umgänglich; gesellig. Leutseligkeit.
Leu|zit (der, -s, -e) (griech.) Mineral.

Le|va|de (die, -, -n) (franz.) Aufrichten des Pferdes auf die Hinterbeine (in der Hohen Schule).
Le|van|te (die, -, kein Plural) (lat.-ital.) die östlich von Italien liegenden Mittelmeerländer.
le|van|ti|nisch (Adj.) (lat.-ital.) die Levante oder die Levantiner betreffend.
Le|van|ti|ner (der, -s, -) Mischling aus einem europäischen und einem orientalischen Elternteil (in der Levante).
Le|vel (der, -s, -s) (engl.) Niveau; Höhe.
Le|vi|a|than (der, -s, -e) (hebr.) 1. Meeresungeheuer; Riesenschlange. 2. Wal. 3. Maschine zum Waschen und Entfetten von Rohwolle.
Le|vi|rat (das, -s, -e) Ehe mit der Witwe des verstorbenen Bruders. Leviratsehe.
Le|vi|ta|ti|on (die, -, -ti|o|nen) (lat.) freies Schweben (Parapsychologie).
Le|vi|ten (die, nur Plural) (nur in der Wendung:) jemandem die Leviten lesen (zurechtweisen).
Lev|koie (*auch:* Lev|ko|je) (die, -, -n) (griech.) Zierpflanze.
Lex (die, -, Le|ges) (lat.) Gesetz; Gesetzesantrag.
Le|xem (das, -s, -e) (griech.) Wort; lexikalische Einheit. Adjektiv: lexematisch.
Le|xe|ma|tik (die, -, kein Plural) Lehre von den Lexemen.
Le|xik (die, -, -en) (griech.) Wortschatz (einer Sprache oder Fachsprache). lexisch.
Le|xi|kon (das, -s, -ka/-ken) (griech.) Wörterbuch; Nachschlagewerk. Lexik; Lexikograf (*auch:* Lexikograph); Lexikografie (*auch:* Lexikographie); Lexikologie; Lexikonformat; lexikal; lexikalisch; lexigrafisch (*auch:* lexigraphisch); lexikalisiert; lexikografisch (*auch:* lexikographisch); lexikologisch.
le|xisch (Adj.) zur Lexik gehörig.
Le|zi|thin (das, -s, kein Plural) (griech.) → Lecithin.
lfd. (Adj.) laufend. lfd. m. (laufender Meter); lfd. Nr. (laufende Nummer).
lg (Abk.) Logarithmus.
LG (Abk.) Landgericht.
Li (das, -, -) altes chinesisches Längenmaß; chinesisches Münzgewicht; durchlochte chinesische Kupfermünze.
Li (Abk.) Lithium (chemisches Zeichen).
Li|ai|son (die, -, -s) (franz.) Verbindung; Liebschaft.
Li|a|ne (die, -, -n) (franz.) Schlingpflanze. Kletterpflanze.
Li|as (der/die, -, kein Plural) (franz.-engl.) untere Abteilung des Juras.
li|as|sisch (Adj.) zum Lias gehörig; aus ihm stammend.

Li|bel|le (die, -e, -n) (lat.) 1. Insekt. 2. Teil der Wasserwaage. Libellenwaage.
Li|ber (das, -s, -) (schweiz.) Fünffrankenstück.
li|be|ral (Adj.) (lat.) freiheitlich. Liberale; Liberalisierung; Liberalismus; Liberalität; liberalistisch; liberalisieren.
Li|be|ra|li|um Ar|ti|um Ma|gis|ter (der, -s, kein Plural) (lat.) Magister der freien Künste (Abk.: L. A. M.).
Li|be|ria (ohne Art., -s, kein Plural) afrikanischer Staat. Liberier; liberisch.
Li|be|ro (der, -s, -s) (ital.) freier Verteidiger, der sich auch in den Angriff einschalten kann (beim Fußball).
Li|ber|té, Éga|li|té, Fra|ter|ni|té (franz.) Freiheit, Gleichheit, Brüderlichkeit.
Li|ber|tin (der, -s, -s) (franz.) Freigeist, Freidenker; ausschweifend lebender Mensch.
Li|ber|ti|na|ge (die, -, kein Plural) (franz.) Zügellosigkeit; Ausschweifung.
Li|ber|ti|nis|mus (der, -, kein Plural) (lat.) Zügellosigkeit.
Li|bi|do (die, -, kein Plural) (lat.) Begierde; Geschlechtstrieb. Libidinist; libidinös.
Li|bret|to (das, -s, -s/-ti) (ital.) Opern-, Operettentext. Librettist.
Li|by|en (ohne Art., -s, kein Plural) nordafrikanischer Staat. Libyer, libysch.
Li|chen (der, -s, -) (griech.-lat.) 1. stark juckende Hautkrankheit mit Knötchenbildung; Knötchenflechte. 2. Flechte (in der Botanik).
Li|che|no|lo|gie (die, -, kein Plural) (griech.-lat.) Wissenschaft von den Flechten.
licht (Adj.) hell; durchflutet; spärlich bewachsen. eine lichte Schonung, *aber:* im Lichten (Hellen). lichte Weite; lichte Höhe; Lichtung.
Licht (das, -es, -er) Leuchtkörper; Beleuchtung. Lichtanlage; Lichtbehandlung; Lichtbild; Lichtbildervortrag; Lichtblick; Lichtbogen; Lichtbrechung; Lichtchen; Lichte; Lichtechtheit; Lichteffekt; Lichtempfindlichkeit; Lichterbaum; Lichterglanz; Lichtermeer; Lichtfilter; Lichtgeschwindigkeit; Lichthof; Lichthupe; Lichtjahr; Lichtkreis; Lichtmangel; Lichtmaschine; Lichtmessung; Lichtpause; Lichtquelle; Lichtreklame; Lichtschacht; Lichtschalter; Lichtschimmer; Lichtschranke; Lichtschutzfaktor; Lichtsignal; Lichtspiel; Lichtspielhaus; Lichtstärke; Lichtstrahl; Lichtwelle; Lichtzeit. Adjektive: lichtbeständig; lichtblau, *aber:* in einem lichten Blau; lichtblond; lichtbrechend; ein lichtdurchfluteter Raum, der Raum war lichtdurchflutet; lichtdurchlässig; lichtecht; lichtempfindlich; lichterloh; lichtgrau; lichtlos; lichtscheu; lichttechnisch; lichttrunken; lichtvoll. Verb: lichten.

lich|ten (V.) licht machen, werden; leeren; anheben (Anker).
Licht|mess (ohne Artikel) Mariä Lichtmess (katholisches Fest).
Lid (das, -s, -er) Augendeckel. (*aber:* das Lied!). Lidentzündung; Lidkrampf; Lidrand; Lidschatten; Lidschwäche; Lidstrich.
Li|do (der, -s, -s) (ital.) Landstreifen, der einen flachen Meeresteil vor der Küste vom offenen Meer trennt.
lieb (Adj.) herzlich; freundlich; geschätzt; angenehm. Du bist mir die Liebste von allen. Das Liebste wäre mir, wenn du gehst. Er wollte sich bei mir lieb Kind machen. Das mache ich nur dir zuliebe. etwas/nichts/viel/wenig Liebes; alles Liebe zum Geburtstag; hallo, ihr Lieben; meine Liebste (Geliebte); sie ist meine Liebe, *aber:* meine liebe Lisa. Verben: liebäugeln; lieben; lieb haben (*auch:* liebhaben); lieb gewinnen (*auch:* liebgewinnen); liebkosen. Das Kind wird dir lieb sein/werden. Liebchen; Liebe; alles Lieb und Leid; Liebediener; Liebelei; Liebende; Liebesabenteuer; Liebesaffäre; Liebesakt; Liebesbrief; Liebesbeziehung; Liebesdienst; Liebesentzug; Liebeserklärung; Liebesfilm; Liebesgedicht; Liebesgeschichte; Liebesglück; Liebesgott; Liebeskummer; Liebesleben; Liebeslied; Liebesmüh(e); Liebesnest; Liebespaar; Liebesroman; Liebesszene; Liebesverhältnis; Liebeszauber; Liebhaber; Liebhaberei; Liebhaberpreis; Liebhaberwert; Liebkosung; Lieblichkeit; Liebling; Lieblingsbuch; Lieblingsfarbe; Lieblingsbeschäftigung; Lieblingsspeise; Lieblosigkeit; Liebreiz; Liebschaft; Liebste. Adjektive: liebebedürftig; liebedienerisch; liebenswert; liebestoll; liebestrunken; liebevoll; lieb gewordene (*auch:* liebgewordene) Umgebung, lieblich; lieblos; liebreich; liebreizend.
lieb|äu|geln (V.) etwas gern tun wollen; flirten. Ich habe lange mit dem Plan geliebäugelt.
lieb be|hal|ten (*auch:* lieb|be|hal|ten) (V., behielt lieb, hat lieb behalten) Zuneigung bewahren.
lie|be|die|nern (V.) unterwürfig sein; schmeicheln. Liebedienerei; Liebediener; liebedienerisch.
lie|bens|wür|dig (Adj.) freundlich; höflich. *Beachte:* mit der Präposition »zu«! Er war sehr liebenswürdig zu (*nicht:* gegen!) meinen Eltern. Liebenswürdigkeit; liebenswürdigerweise.
lie|ber (Adv.) Steigerung von »gern«; gern; lieber; am liebsten.
Lie|bes|per|len (die, nur Plural) Zuckerperlen (Gebäckverzierung).
Lie|bes|tö|ter (der, -s, -) (ugs.) lange Unterhose.
Lieb|frau|en|milch (die, -, kein Plural) Weinsorte.

lieb ge|win|nen (*auch:* lieb|ge|win|nen) (V., gewann lieb, hat lieb gewonnen) lieben lernen.
lieb ha|ben (*auch:* lieb|ha|ben) (V., hatte lieb, hat lieb gehabt) lieben; gern haben. Liebhaber; Liebhaberei.
lieb|ko|sen (V.) streicheln; zärtlich sein. *Beachte:* Er hat sie liebkost/geliebkost. Liebkosung.
Lieb|stö|ckel (der/das, -s, -) Gewürzpflanze.
Liech|ten|stein (ohne Art., -s, kein Plural) europäischer Kleinstaat. Liechtensteiner; liechtensteinisch.
Lied (das, -s/-es, -er) Gesangsstück; Gesang. Liedchen; Liederabend; Liederbuch; Liedermacher; Liedertafel; liedhaft; liederreich.
lie|der|lich (Adj.) unordentlich, unmoralisch. Liederlichkeit; Liederjan (*auch:* Liedrian).
lie|fern (V.) zustellen; erbringen. Lieferant; Lieferfirma; Lieferfrist; Lieferschein; Lieferstopp; Liefertermin; Lieferung; Lieferwagen; Lieferzeit; lieferbar; lieferungsweise.
lie|gen (V., lag, hat/ist gelegen) ausgestreckt sein; sich befinden; entsprechen. *Beachte:* Ich habe das Buch noch im Auto liegen. Ich habe das Buch liegen lassen (*auch:* liegenlassen). Die Kinder haben alles liegen und stehen lassen. Der gemeine Kerl hat mich einfach links liegen lassen (*auch:* liegenlassen) (nicht beachtet). Liege. Liegeplatz; Liegesitz; Liegesofa; Liegestatt; Liegestuhl; Liegewagen; Liegewiese; liegend; im Bett liegen bleiben, *aber:* die Arbeit wird liegen bleiben (*auch:* liegenbleiben).
Lie|gen|schaft (die, -, -en) Grundstück; Grundbesitz.
Lie|ge|stütz (der, -, -e) Turnübung.
Liek (das, -s, -en) (nordd.) Tauwerk als Segeleinfassung.
Lift (der, -s, -s/-e) Aufzug. Liftboy; Liftjunge; Liftkurs.
Lif|ten (das, -s, kein Plural) (engl.) kosmetisch-chirurgischer Eingriff; Hautstraffung. Verb: liften.
Li|ga (die, -, -gen) (span.) 1. Bund. 2. Spielklasse (Sport). Ligist; Bundesliga; Bundesligist.
Li|ga|ment (das, -s/-es, -e) (lat.) Band aus Bindegewebe.
Li|ga|tur (die, -, -en) (lat.) 1. Verbindung zweier Buchstaben zu einer Drucktype; Verbindung zweier Noten durch Bogen (in der Musik); 2. Abbinden eines Blutgefäßes.
Light|show (die, -, -s) (engl.) Beleuchtungseffekte.
Li|gnin (das, -s, -e) (lat.) Holzstoff.
Li|gnit (der, -s, -e) (lat.) Braunkohle mit Holzstruktur.
Li|gro|in (das, -s, kein Plural) (Kunstw.) Bestandteil des Erdöls; Leichtöl.

Li|gus|ter (der, -s, -) (lat.) Strauch. Ligusterhecke; Ligusterschwärmer.
li|ie|ren (V.) (franz.) verbinden; ein Liebesverhältnis haben. Liierung; Liierte, Liaison.
Li|kör (der, -s, -e) (franz.) Branntwein (aromatisiert und mit Zucker versetzt). Likörflasche; Likörglas.
li|la (Adj.) (franz.) Farbe. *Beachte:* keine Steigerung und Beugung möglich, ein lila Hut *(falsch:* ein lilaner Hut!). die Farbe Lila. die lila gefärbten Kleider sind verkauft. Adjektive: lilafarben; lilafarbig.
Li|lie (die, -, -n) (lat.) Blume. Liliengewächs; lilienweiß.
Li|li|pu|ta|ner (der, -s, -) kleiner Mensch. Liliput; Liliputbahn; liliputanisch.
lim (Abk.) Limes (Grenzwert).
lim. (auch: Lim.) (Abk.) limited.
Li|ma|ko|lo|gie (die, -, kein Plural) (lat.-griech.) Schneckenkunde.
Lim|ba (das, -s, kein Plural) Furnierholz.
Lim|bo (der, -s, -s) Tanz.
Lim|bur|ger (der, -s, -) Käsesorte.
Lim|bus 1. (der, -, kein Plural) (lat.) Unterwelt; Vorhölle. 2. (der, -, -bi) Gradkreis.
Li|me|rick (der, -s, -s) (engl.) ironischer Fünfzeiler.
Li|mes (der, -, -) Grenzwert (Abk.: lim); (ohne Plural:) Grenzwall.
Li|met|te (die, -, -n) (pers.) Zitrusfrucht. Limettensaft.
Li|mi|ko|le (die, -, -n) (lat.) Strandläufer; Wattvogel.
Li|mit (das, -s, -s/-e) (engl.) Obergrenze. Limitation; Limitierung; limited (mit beschränkter Haftung; Abk.: Ltd., lim.); limitieren.
Lim|ni|me|ter (das, -s, -) (griech.) Wasserstandsanzeiger (für Seen).
Lim|no|lo|gie (die, -, kein Plural) (griech.) Binnengewässerlehre. Adjektiv: limnologisch.
Li|mo (die/das, -, -/-s) (Kurzw.) Limonade.
Li|mo|na|de (die, -, -n) Erfrischungsgetränk. Limonadenautomat.
Li|mo|ne (die, -, -n) Zitrone.
Li|mo|nit (der, -s, -e) (griech.) Mineral.
li|mos (*auch:* li|mös) (Adj.) (lat.) schlammig; sumpfig.
Li|mou|si|ne (die, -, -n) (franz.) Auto.
lim|pid (Adj.) (lat.) durchsichtig; durchscheinend.
lind (Adj.) weich; mild. Lindheit.
Lin|de (die, -, -n) Baum. Lindenallee; Lindenbaum; Lindenblatt; Lindenblüte; Lindenblütentee; Lindenhonig; linden; lindgrün.
lin|dern (V.) mildern. Linderung.

Lind|wurm (der, -s, kein Plural) Drache (Mythologie).
Li|ne|al (das, -s, -e) (lat.) Zeichengerät. Verben: linieren; liniieren.
li|ne|ar (Adj.) (lat.) geradlinig; linienförmig. Linearbeschleuniger; Linearzeichnung.
Li|ne|a|tur (die, -, -en) (lat.) Heftlinierung.
Li|ner (der, -s, -) (engl.) Linienschiff; Schreibstift. Fineliner.
Li|net|te (die, -, kein Plural) (franz.) dem Linon ähnliches Gewebe.
Lin|ge|rie (die, -, -n) (schweiz.-franz.) Wäschekammer; betriebseigene Wäscherei.
Lin|gu|al (der, -s, -e) (lat.) Zungenlaut. Linguallaut; lingual.
Lin|gu|is|tik (die, -, kein Plural) (lat.) Sprachwissenschaft. Linguist; linguistisch.
Li|ni|a|tur (die, -, -en) Liniensystem; Gesamtheit von Linien.
Li|nie (die, -, -n) (lat.) Strich; Reihe; Richtung. Linienblatt; Linienbus; Liniendampfer; Linienflug; Linienführung; Liniennetz; Linienpapier; Linienrichter; Linienschiff; Linienspektrum; Linienverkehr; Linierung; linientreu; geradlinig; linieren; liniieren.
link (Adj.) (ugs.) anrüchig; hinterhältig.
lin|ke/-r/-s (Adj.) auf der linken Seite. *Beachte:* linker Hand; linkerseits. *Aber:* die Linke; zur Linken; Linkehandregel.
links (Adv.) links von uns; von links nach rechts gehen; im Straßenverkehr gilt rechts vor links; das mache ich mit links; jemanden links liegen lassen (nicht beachten). Linksabbieger; Linksaußen, *aber:* links außen spielen. Linksdrall; Linksdrehung; Linksextremismus; Linksgewinde; Linkshänder; Linkshändigkeit; Linksintellektuelle; Linkskurve; Linksradikale; Links-rechts-Kombination; Linksverkehr. Adjektive: linksbündig; links außen; linksdrehende Schraube, *aber:* eine nach links drehende Schraube; linksextrem; linksgerichtet; linkshändig; linksher, *aber:* der Wind weht von links her; linksherum, *aber:* sich nach links herumdrehen; linkshin, *aber:* wir stellen den Tisch nach links hin; links-lastig; linksliberal; linksradikal; linksrheinisch; linksseitig; (politisch) links stehend (*auch:* linksstehend); linksum machen (wenden).
Lin|nen (das, -s, -) Leinen. Linnentuch; linnen.
Li|no|le|um (das, -s, kein Plural) (lat.) Fußbodenbelag. Linoleumfußboden.
Li|nol|schnitt (der, -s, -e) Kunstdruckverfahren.
Li|non (der, -s, -s) (franz.) Baumwollgewebe.
Lin|se (die, -, -n) 1. Gemüse. 2. Haftschalen. 3. optisches Gerät. Linsenfehler; Linsengericht;

Linsensuppe; Linsentrübung; linsenförmig; dreilinsig (3-linsig).
lin|sen (V.) (ugs.) schauen; aufpassen.
Li|num (das, -s, kein Plural) (lat.) Lein (als Heilpflanze); Lini semen: Leinsamen.
Li|p|ä|mie (die, -, -n) (griech.) erhöhter Fettgehalt des Blutes.
li|p|ä|misch (Adj.) an Lipämie leidend.
Li|pa|rit (der, -s, -e) (ital.) ein Ergussgestein.
Li|pa|se (die, -, kein Plural) (griech.) Fett spaltendes Enzym.
Lip|gloss (das, -, -) (engl.) Lippenfettstift; Lippenkosmetikprodukt mit Glanzeffekt..
Li|pid (das, -s, -e) (griech.) fettähnlicher Stoff.
Li|pi|do|se (die, -, -n) (griech.) Störung des Fettstoffwechsels.
Li|piz|za|ner (der, -s, -) Pferderasse.
li|po|id (Adj.) (griech.) fettartig. Lipoid.
Li|po|ly|se (die, -, -n) (griech.) Fettspaltung; Fettverdauung.
Li|pom (das, -s, -e) (griech.) gutartige Fettgeschwulst.
li|po|phil (Adj.) (griech.) in Fett löslich; zu Fettansatz neigend.
li|po|phob (Adj.) (griech.) nicht in Fett löslich.
Lip|pe (die, -, -n) Mundrand. Lippenbekenntnis; Lippenlaut; Lippenstift; Lippensynchronisation; lippensynchron; schmallippig.
Lip|tau|er (der, -s, -) Schafskäse.
Li|p|u|rie (die, -, -n) (griech.) krankhafte Ausscheidung von Fett im Urin.
Liq. (Abk.) Liquor (Flüssigkeit).
Li|que|fak|ti|on (die, -, -ti|o|nen) (lat.) Umwandlung eines festen Stoffes in eine Flüssigkeit; Verflüssigung.
li|quid (Adj.) (lat.) flüssig; zahlungsfähig. Liquidität; Liquidlaut; Liquor.
Li|qui|da (die, -, -dä/-den) (lat.) Laut, bei dem die ausströmende Atemluft durch Verengung des Mundkanals in Schwingungen versetzt wird. (z. B. »r«).
li|qui|die|ren (V.) (lat.) auflösen; berechnen; töten. Liquidation; Liquidationsverhandlung; Liquidator; Liquidierung.
Li|ra 1. (die, -, Li|re) italienische Währungseinheit (Abk.: L; Lit). 2. (die, -, -) türkische Währungseinheit (Abk.: TL).
Li|se|ne (die, -, -n) (franz.) flacher Mauerstreifen (zur Gliederung einer Fläche).
lis|peln (V.) beim Sprechen mit der Zunge anstoßen. Lispelton.
List (die, -, -en) Täuschung; Schlauheit. mit List und Tücke. Listigkeit; listenreich; listig, listigerweise.
Lis|te (die, -, -n) Tabelle; Verzeichnis. Listenpreis; Listenwahl; listen.

Li|ta|nei (die, -, -en) (griech.) Wechselgebet; monotones Reden; sehr lange Aufzählung.
Li|tau|en (ohne Art., -s, kein Plural) baltischer Staat. Litauer; litauisch.
Li|ter (der, -s, -) (griech.) Flüssigkeitsmaß (Abk.: 1). *Beachte:* zwei Liter Bier; ein halber Liter (1/2 1); ein viertel Liter (1/4 1), (*auch:* Viertelliter); Literflasche; Literleistung; literweise.
Li|te|ra|tur (die, -, -en) (lat.) Schrifttum. Literaturangabe; Literaturbeilage; Literaturdenkmal; Literaturgeschichte; Literaturhistoriker; Literaturkritik; Literaturpreis; Literatursprache; Literaturwissenschaft; Literaturverzeichnis; Literaturzeitschrift; Literat; Literatentum. Adjektive: literarisch; literaturgeschichtlich; literaturhistorisch; literaturwissenschaftlich.
Li|tew|ka (die, -, -ken) (poln.) bequemer, zweireihiger Uniformrock mit Umlegekragen.
Lit|faß|säu|le (die, -, -n) Plakatsäule nach E. Litfaß.
Li|th|al|go|gum (das, -s, -ga) (griech.) Mittel zum Abführen von Gallen-, Nieren- und Blasensteinen.
Li|thi|la|sis (die, -, -thi|la|sen) (griech.) Steinbildung (in inneren Organen).
Li|thi|um (das, -s, kein Plural) (griech.) chemischer Grundstoff (Abk.: Li).
Li|tho|gra|fie (*auch:* Li|tho|gra|phie) (die, -, -n) (griech.) Flachdruckverfahren; Steindruck. Lithograf (*auch:* Lithograph); lithografisch (*auch:* lithographisch); lithografieren (*auch:* lithographieren).
Li|tho|klast (der, -en, -en) (griech.) Gerät zum Zertrümmern von Blasensteinen.
Li|tho|lo|gie (die, -, -n) (griech.) Gesteinskunde. Lithologe.
Li|tho|ly|se (die, -, -n) (griech.) Auflösung von Gallen-, Nieren-, Blasensteinen mithilfe von Medikamenten.
li|tho|phag (Adj.) (griech.) Gesteine auflösend; sich in Gesteine hineinfressend (von Tieren; z. B. Bohrmuscheln).
Li|tho|phyt (der, -en, -en) (griech.) Pflanze, die auf felsigem Boden gedeiht.
Li|tho|sphä|re (die, -, kein Plural) (griech.) oberste, aus Gesteinen bestehende Schicht der Erde; Erdkruste.
Li|tho|trip|sie (die, -, -n) (griech.) Zertrümmerung von Blasensteinen mittels eines Lithoklasten.
Li|th|ur|gik (die, -, kein Plural) (griech.) Gesteinsverarbeitungslehre. (*aber:* die Liturgik).
Li|to|ral (das, -s, -e) (lat.) Uferzone. Litoralfauna; Litoralflora; litoral.
Li|to|ra|le (das, -s, -s) Küstenstrich; Uferzone.

Li|to|ri|na (die, -, -nen) (nlat.) eine Strandschnecke.
Lit|schi (die, -, -s) (chines.) pflaumengroße Frucht.
Li|tur|gie (die, -, -n) (griech.) christlicher Gottesdienst. Liturg; Liturgiensammlung; Liturgik; liturgisch.
Lit|ze (die, -, -n) Borte; Besatz.
live (Adj.) (engl.) direkt gesendet. Livesendung (*auch:* Live-Sendung); Liveübertragung (*auch:* Live-Übertragung); Liveshow (*auch:* Live-Show).
Li|v|ree (die, -, -n) (franz.) Uniform (Dienerschaft). Adjektiv: livriert.
Li|zenz (die, -, -en) (lat.) Genehmigung; Erlaubnis. Lizenzausgabe; Lizenzgeber; Lizenzgebühr; Lizenzinhaber; Lizenzspieler; Lizenzvertrag; lizenzieren.
Li|zi|tant (der, -en, -en) (lat.) bei Versteigerungen Mitbietender; Meistbietender.
Li|zi|ta|ti|on (die, -, -ti|o|nen) (lat.) Versteigerung.
li|zi|tie|ren (V.) (lat.) versteigern.
Lj (Abk.) Lichtjahr.
Lkw (*auch:* LKW) (Abk.) Lastkraftwagen. Drei Lkws fuhren vor uns.
Lla|no (der, -s, -s) (span.) steppenartige Ebene in Südamerika.
lm (Abk.) Lumen (Lichteinheit). lmh (Lumenstunde).
Ln. (*auch:* Lnbd.) (Abk.) Leinenband.
Lob 1. (das, -s, -e) Anerkennung. Lobeshymne; Lobgesang; Lobhudelei; Loblied; Lobpreisung; Lobrede; Lobspruch; lobenswert; lobenswürdig; löblich; lobrednerisch; loben; lobhudeln (übertrieben loben); lobpreisen (rühmen); lobsingen. 2. (der, -/-s, -s) (engl.) hoher Ball (Tennis). Lobball (*auch:* Lob-Ball).
Lob|by (die, -, -s) (engl.) 1. Interessengruppe; 2. Vorraum des Parlaments. Lobbyismus; Lobbyist.
Lo|be|lie (die, -, -n) (nlat.) eine Zierpflanze mit glockigen Blüten.
Loch (das, -s, Lö|cher) Vertiefung; Hohlraum; Lücke. Löchelchen; Locher; Lochkamera; Lochkarte; Lochkartenmaschine; Lochlehre; Lochsäge; Lochstickerei; Lochstreifen; Lochung; Lochzange; lochen; löch(e)rig; löchern.
Lo|cke (die, -, -n) geringeltes Haar. Löckchen; Lockenhaar; Lockenkopf; Lockenpracht; Lockenwickler; lockenköpfig; lockig; gelockt; locken.
lo|cken (V.) lockig machen; anlocken; reizen. Lockente; Lockmittel; Lockruf; Lockspeise; Lockung; Lockvogel.

lo|cker (Adj.) nicht fest; wackelig; zwanglos; leichtfertig. Lockerheit; Lockerung; Lockerungsübung. *Beachte:* Zusammenschreibung mit Verben, wenn eine neue Verbbedeutung entsteht! Nur nicht lockerlassen (nachgeben)! Kannst du etwas Geld lockermachen (bereitstellen)? *Aber:* Ich muss die Schnürsenkel locker machen (*auch:* lockermachen) (lockern).
lo|co (lat.) am Ort; vorrätig; greifbar. *Aber:* Lokogeschäft; Lokoverkehr; Lokoware.
lo|co ci|ta|to (lat.) am angegebenen Ort (Abk.: l. c.).
Lo|den (der, -s, -) Wollstoff. Lodenmantel; Lodenstoff.
lo|dern (V.) aufflammen; glühen.
Löf|fel (der, -s, -) 1. Essgerät. 2. (ugs.) Ohr. Löffelbagger; Löffelbiskuit; Löffelente; Löffelreiher; Löffelstiel; löffelweise; löffeln.
Loft (der, -s, -s) (engl.) 1. Fabrik oder Fabriketage als Wohnung. 2. Neigungsgrad der Schlagfläche eines Golfschlägers.
log (Abk.) Logarithmus.
Log (das, -s, -e) (engl.) Fahrgeschwindigkeitsmesser (Schiffahrt). Logbuch; Loggast; Logglas; Logleine; loggen.
Lo|ga|rith|mus (der, -, -men) (griech.) mathematische Größe (Abk.: log). Logarithmentafel; logarithmisch; logarithmieren.
Lo|ge (die, -, -n) (franz.) 1. Theaterplatz. 2. Geheimbund. Logenbruder; Logenplatz; Logenschließer.
Log|gia (die, -, -gi|en) (ital.) Bogenhalle; überdachter Balkon.
log|gen (V.) mit dem Log messen.
Log|ger (der, -s, -) (niederl.) Fischerboot mit Motor und Hilfssegel.
Lo|gi|cal (das, -s, -s) (engl.) Logikrätsel.
lo|gie|ren (V.) (franz.) wohnen. Logierbesuch; Logiergast; Logierzimmer; Logis.
Lo|gik (die, -, kein Plural) (griech.) Denklehre; Folgerichtigkeit. Logiker; Logismus; Logistik; Logistiker; logisch; logistisch; logischerweise.
Lo|gis (das, -, -) (franz.) 1. Wohnung; Unterkunft. 2. Mannschaftsraum (auf Schiffen).
lo|go (Adv.) (ugs.) logisch; selbstverständlich.
Lo|go|griph (der, -s/-en, -en) (griech.) Rätsel, bei dem aus einem Wort durch Wegnehmen, Hinzufügen oder Ändern von Buchstaben ein neues Wort entstehen soll.
Lo|go|pä|die (die, -, kein Plural) (griech.) Sprachheilkunde. Logopäde; logopädisch.
Lo|gos (der, -, -goi) (griech.) Wort; Sprache; Vernunft.
Lo|he (die, -, -n) 1. Flamme; Glut. 2. Gerbstoff. Lohbad; Lohblüte; Lohbrühe; Lohgerbung; Lohgrube; Lohmühle; lichterloh; lohgar; lohen.

Lohn (der, -s, Löh|ne) Bezahlung; Belohnung. Lohnabhängige; Lohnabzug; Lohnarbeit; Lohnausfall; Lohnausgleich; Lohnbuchhalter; Lohnbüro; Lohnempfänger; Lohnerhöhung; Lohnforderung; Lohnfortzahlung; Lohngruppe; Lohnkürzung; Lohn-Preis-Spirale; Lohnsatz; Lohnsteuerjahresausgleich; Lohnkarte; Lohnstopp; Lohntüte; Löhnung; Lohnverhandlung; Lohnzettel. Adjektive: lohnabhängig; lohnintensiv. Verben: lohnen (im Sinne von »rechtfertigen« mit Akkusativ!); es lohnt den Aufwand nicht; löhnen.
Loi|pe (die, -, -n) (norw.) Langlaufspur.
Lok (die, -, -s) (Kurzw.) Lokomotive.
lo|kal (Adj.) (lat.) örtlich. Lokalanästhesie; Lokalaugenschein; Lokalbahn; Lokalbericht; Lokalderby; Lokalität; Lokalkolorit; Lokalmatador; Lokalpatriotismus; Lokalpresse; Lokalredaktion; Lokalreporter; Lokaltermin; Lokalzeitung.
Lo|kal (das, -s, -e) (lat.) Raum; Gaststätte.
lo|ka|li|sie|ren (V.) (lat.) den Ort ausmachen; beschränken. Lokalisation; Lokalisierung.
Lo|ka|tiv (der, -s, -e) (lat.) den Ort bezeichnender Kasus (z. B. im Lateinischen).
Lo|ko|mo|ti|ve (die, -, -n) Eisenbahn; Dampfmaschine. Lokomotivführer.
Lo|kus (der, -/-ses, -/-se) (lat.) (ugs.) Toilette.
Lo|li|ta (die, -, -s) frühreife Kindfrau.
Lol|li (der, -s, -s) (engl.) (ugs.) Lutscher.
Lom|bard (der/das, -s, -e) Kredit. Lombardgeschäft; Lombardliste; Lombardsatz; lombardieren.
Lom|bar|de (der, -n, -n) Einwohner der Lombardei.
Lom|ber (das, -s, kein Plural) (franz.) Kartenspiel. Lomberspiel.
Long|drink (auch: Long Drink) (der, -s, -s) (engl.) Mischgetränk. Longdrinkglas.
Lon|ge (die, -, -n) (franz.) Laufleine; Sicherheitsleine. Verb: longieren.
Lon|gi|met|rie (die, -, kein Plural) (lat.-griech.) Längenmessung.
lon|gi|tu|di|nal (Adj.) (lat.) in der Länge. Longitudinalschwingung; Longitudinalwelle.
long|line (Adv.) (en) (engl.) entlang der Seitenlinie (Tennis). Longline; Longlinepass.
Long|sel|ler (der, -s, -) (engl.) Dauerbrenner.
Look (der, -s, -s) (engl.) Modestil; Aussehen. Afrolook.
Loo|ping (der/das, -s, -s) (engl.) senkrechter Überschlag. Loopingbahn.
Lor|beer (der, -s, -en) (lat.) Baum; Gewürz. Lorbeerbaum; Lorbeerblatt; Lorbeerkranz; Lorbeerkirsche; Lorbeerzweig; lorbeergrün.
Lor|chel (der, -, -n) Pilz.

Lord (der, -s, -s) (engl.) Adelstitel. Lordkanzler (Großkanzler); Lord Mayor (Oberbürgermeister); Lordship.
Lor|do|se (die, -, -n) (griech.) Wirbelsäulenverkrümmung nach vorn.
Lo|re (die, -, -n) offener Eisenbahngüterwagen.
Lo|re|ley (auch: Lo|re|lei) (die, -, kein Plural) Rheinnixe. Loreleyfelsen.
Lor|g|net|te (die, -, -n) (franz.) Stielbrille. Lorgnon; lorgnettieren.
Lo|ri (der, -s, -s) Papagei; Halbaffe.
Lo|ro|kon|to (das, -s, -s) (ital.) Konto, das eine Bank bei einer anderen Bank führt.
los 1. (Adj.) nicht fest; verloren. Beachte: Getrenntschreibung bei dem Verb »sein« (ansonsten Zusammenschreibung)! Der Löwe ist los. Der Knopf ist los. Nichts ist los gewesen. Ich glaube, dass ich die Sache bald los bin. Aber: Sie soll in Mathematik viel loshaben (viel davon verstehen). 2. (Adv.) weg. Auf die Plätze, fertig, los! Los, weg hier!
Los (das, -es, -e) 1. Schicksal. 2. Lotterieschein. das große Los; Losentscheid; Loskauf; Losnummer; Lostrommel; losen.
los|be|kom|men (V., bekam los, hat losbekommen) freibekommen; losbringen.
los|bin|den (V., band los, hat losgebunden) Fesseln lösen.
los|bre|chen (V., brach los, hat/ist losgebrochen) abbrechen; plötzlich beginnen.
lö|schen (V.) 1. Feuer beseitigen; ausschlagen. 2. streichen. 3. Feuchtigkeit aufsaugen. 4. ausladen (Schiff). Löschapparat; Löscharbeit; Löschblatt; Löschboot; Lösche; Löscheimer; Löschfahrzeug; Löschgerät; Löschkalk; Löschkopf; Löschmannschaft; Löschpapier; Löschtaste; Löschung; Löschzug; Feuerlöscher; löschbar.
lo|se (Adj.) nicht fest; locker; leichtfertig. Loseblattausgabe.
los|ei|sen (V., eiste los, hat losgeeist) lösen; sich befreien.
lö|sen (V.) aufbinden; lockern; auflösen. Lösbarkeit; Lösegeld; Lösemittel; Löslichkeit; Lösung; Lösungsmittel; Lösungsversuch; lösbar; löslich.
los|fah|ren (V., fuhr los, ist losgefahren) abfahren.
los|ge|hen (V., ging los, ist losgegangen) weggehen; beginnen.
los|ha|ben (V., hatte los, hat losgehabt) (ugs.) geschickt sein, aber: das Brett bald los haben.
los|hau|en (V., haute/hieb los, hat losgehauen/losgehaut) wegschlagen; einschlagen.
los|kau|fen (V., kaufte los, hat losgekauft) freikaufen. Loskauf.

los|kom|men (V., kam los, ist losgekommen) wegkommen; sich befreien.
los|krie|gen (V., kriegte los, hat losgekriegt) losbekommen.
los|las|sen (V., ließ los, hat losgelassen) freilassen.
los|le|gen (V., legte los, hat losgelegt) (ugs.) beginnen.
los|lö|sen (V., löste los, hat losgelöst) ablösen; sich lösen. Loslösung.
los|ma|chen (V., machte los, hat losgemacht) entfernen; sich befreien. Mach endlich los (beeile dich)!
los|rei|ßen (V., riss los, hat losgerissen) abreißen; trennen.
Löss (auch: Löß) (der, Lös|ses, Lös|se) Lehm. Lössboden (auch: Lößboden); Lösslandschaft (auch: Lößlandschaft); Lössschicht/Löss-Schicht (auch: Lößschicht/Löß-Schicht); lössig (auch: lößig).
los|sa|gen (V., sagte los, hat losgesagt) trennen; Abstand nehmen. Lossagung.
los|schie|ßen (V., schoss los, hat losgeschossen) plötzlich schießen; (ugs.) plötzlich loslaufen.
los|schla|gen (V., schlug los, hat losgeschlagen) 1. zu kämpfen beginnen. 2. entfernen.
los|spre|chen (V., sprach los, hat losgesprochen) freisprechen. Lossprechung.
los|steu|ern (V., steuerte los, hat losgesteuert) zielbewusst ansteuern.
Lost (der, -s, kein Plural) Senfgas (Kampfgas).
Lost Ge|ne|ra|tion (auch: Lost ge|ne|ra|tion) (die, - -, kein Plural) (engl.) 1. Bezeichnung für die Gruppe der jungen amerikanischen Schriftsteller der 1920er Jahre, die durch die Erlebnisse des Ersten Weltkriegs desillusioniert und pessimistisch waren. 2. Die junge amerikanische und europäische Generation nach dem Ersten Weltkrieg.
Lo|sung (die, -, -en) Leitspruch; Kennwort. Losungswort.
los|wer|den (V., wurde los, ist losgeworden) sich befreien; verkaufen. Meine alten Sachen bin ich gut losgeworden. Ob ich die alten Sachen wohl loswerde?
los|zie|hen (V., zog los, ist losgezogen) weggehen; beschimpfen.
Lot (das, -s, -e) 1. Senkblei. 2. Ordnung. Du solltest das wieder ins rechte Lot bringen. Lotrechte; Lotung; lotrecht; lotweise; loten.
lö|ten (V.) Metallteile verbinden. Lötfuge; Lötkolben; Lötlampe; Lötmetall; Lötnaht; Lötofen; Lötstelle; Lötung; Lötwasser; Lötzinn; lötbar.
Lo|ti|on (die, -, -ti|o|nen) (engl.) Hautpflegemittel. Bodylotion.

Lo|tos (der, -, -) (griech.) Wasserrose. Lotosblume; Lotosblüte.
lot|sen (V.) leiten; verführen. Lotse; Lotsenboot; Lotsendienst; Lotsenstation; Schülerlotse.
Lot|te|rei (die, -, -en) (ugs.) Faulenzerei. Lotterbett; Lotterbube; Lotterigkeit; Lotterleben; Lotterwirtschaft; lott(e)rig; lottern.
Lot|te|rie (die, -, -n) (niederl.) Glücksspiel; Auslosung. Lotterieeinnehmer; Lotterielos; Lotteriespiel.
Lot|to (das, -s, -s) (ital.) Glücksspiel; Kinderspiel. Lottoannahmestelle (auch: Lotto-Annahmestelle); Lottoblock; Lottofee; Lottogewinn; Lottoschein; Lottospiel; Lottozahlen.
Lo|tus (der, -, -) (griech.) Hornklee.
Lou|is|dor (der, -s, -e) französische Goldmünze (im 17. Jahrhundert).
Lounge (die, -, -s) (engl.) Halle; Aufenthaltsraum.
Loup de mer (der, -, -s) (franz.) ein Speisefisch. Seewolf.
Lou|v|re (der, -/-s, kein Plural) ein berühmtes Museum (Paris).
Love|sto|ry (die, -, -s) (engl.) Liebesgeschichte.
Lö|we (der, -n, -n) (griech.) Raubtier. Löwenanteil (ugs.: Hauptanteil); Löwenbändiger; Löwenherz; Löwenjagd; Löwenkäfig; Löwenmähne; Löwenmut; Löwin; löwenstark.
Lö|wen|maul (das, -s, kein Plural) Gartenpflanze.
Lö|wen|zahn (der, -s, kein Plural) Wiesenblume.
Lo|xo|dro|me (die, -, -n) (griech.) Linie, die alle Längenkreise der Erde unter dem gleichen Winkel schneidet.
lo|xo|go|nal (Adj.) (griech.) schiefwinklig.
Lo|ya|li|tät (die, -, -en) (franz.) Redlichkeit; Anständigkeit; Treue. Loyalitätserklärung; loyal.
LP (Abk.) Langspielplatte.
LPG (Abk.) landwirtschaftliche Produktionsgenossenschaft der ehemaligen DDR.
LSD (Abk.) Lysergsäurediäthylamid (Rauschgift).
LSG (Abk.) Landessozialgericht.
lt. (Abk.) laut.
Lt. (Abk.) Leutnant.
Ltd. (Abk.) limited.
Luchs (der, -es, -e) Raubkatze. Luchsauge; luchsäugig; luchsen (ugs.: scharf aufpassen).
Lucht (die, -, -en) (niederl.) (nordd.) Dachboden.
Lü|cke (die, -, -n) Zwischenraum; Öffnung. Lückenbüßer; Lückenhaftigkeit; Lückenlosigkeit; Lückentest; lückenhaft; lückenlos.

Lu'der (das, -s, -) 1. Aas. 2. liederlicher Mensch (Schimpfwort). Luderleben; ludern.
Lu'es (die, -, kein Plural) (lat.) = Syphilis.
Luf'fa (die, -, -s) (arab.) Kürbis. Luffaschwamm.
Luft (die, -, Lüf'te) 1. Atmosphäre. 2. Gas. 3. Freiraum. Luftabwehr; Luftalarm; Luftangriff; Luftaufnahme; Luftbad; Luftballon; Luftbild; Luftblase; Luft-Boden-Rakete; Luftbrücke; Lüftchen; Luftdruck; Luftelektrizität; Lüfter; Luftfahrt; Luftfeuchtigkeit; Luftfilter; Luftflotte; Luftgewehr; Lufthauch; Lufthoheit; Lufthülle; Luftigkeit; Luftkampf; Luftkissen; Luftklappe; Luftkrieg; Luftkühlung; Luftkurort; Luftlinie; Luftloch; Luftmangel; Luftmasche; Luftmasse; Luftmatratze; Luftpirat; Luftpost; Luftpumpe; Luftraum; Luftröhre; Luftschaukel; Luftschiff; Luftschifffahrt (auch: Luftschiff-Fahrt); Luftschlacht; Luftschlange; Luftschloss; Luftschutzbunker; Luftspiegelung; Luftsprung; Luftstützpunkt; Lufttemperatur; Lüftung; Lüftungsschacht; Luftveränderung; Luftverkehr; Luftverschmutzung; Luftwaffe; Luftweg; Luftwiderstand; Luftzufuhr; Luftzug. Adjektive: luftdicht; luftdurchlässig; luftgekühlt; luftgeschützt; luftgetrocknet; luftig; luftleer; lufttüchtig. Verb: lüften.
Luf'ti'kus (der, -ses, -se) (ugs.) leichtsinniger Mensch.
Lüftl'ma'le'rei (die, -, -en) (südd.) Fassadenmalerei.
Lug 1. (der, -s, kein Plural) Lüge (in der Wendung): alles Lug und Trug. 2. (der, -s, -e) Ausguck. Lugaus; Luginsland; lugen (spähen).
Lü'ge (die, -, -n) Unwahrheit; Täuschung. Lügenbold; Lügendetektor; Lügendichtung; Lügengeschichte; Lügengespinst; Lügenhaftigkeit; Lügenmaul; Lügerei; Lügner/in; lügenhaft; lügnerisch; lügen.
Lu'i'ker (der, -s, -) jmd., der an Lues leidet.
lu'isch (Adj.) auf Lues beruhend; an Lues leidend.
Lu'kar'ne (die, -, -n) (franz.) (nordd.) Dachfenster.
Lu'ke (die, -, -n) kleines Fenster; Öffnung.
lu'kra'tiv (Adj.) (lat.) gewinnbringend.
lu'kul'lisch (Adj.) (lat.) schmackhaft; üppig.
Lu'latsch (der, -es, -e) (ugs.) langer Mann.
lul'len (V.) leise singen.
Lum'ba'go (die, -, kein Plural) (lat.) Hexenschuss.
lum'bal (Adj.) (lat.) zu den Lenden gehörig; von ihnen ausgehend.
lum'be'cken (V.) klebebinden. Meine Doktorarbeit wurde gelumbeckt. Lumbeckverfahren.
Lum'ber'jack (der, -s, -s) (engl.) Jacke.

Lu'men (das, -s, -/-mi'na) (lat.) Lichtstromeinheit (Abk.: lm). Lumenstunde (Abk.: lmh); luminös.
lu'mi'nes'zie'ren (V.) (lat.) kalt leuchten. Lumineszenz.
Lu'mi'no'phor (der, -s, -e) (lat.-griech.) Stoff, der nach Bestrahlung mit Licht einige Zeit leuchtet. Leuchtstoff.
lu'mi'nös (Adj.) (lat.) 1. leuchtend. 2. lichtvoll; vortrefflich (veraltet).
Lum'me (die, -, -n) Polarente.
Lüm'mel (der, -s, -) frecher Kerl. Lümmelei; lümmelhaft; lümmeln.
Lump (der, -en, -en) Gauner. Lumpazius; Lumpazivagabundus (Landstreicher); Lumpengesindel; Lumpenkerl; Lumpenpack; Lumperei; lumpig; lumpen; wir lassen uns nicht lumpen (sind großzügig).
Lum'pen (der, -, -) Lappen; alte Kleidung. Lumpenhändler; Lumpensack; Lumpensammler.
lu'nar (auch: lu'na'risch) (Adj.) den Mond betreffend. Lunarium.
Lu'na'tis'mus (der, -, kein Plural) (lat.) Mondsüchtigkeit. Lunatiker; lunatisch.
Lunch (der, -es, -es/-e) (engl.) leichtes Mittagessen. Lunchpaket; Lunchzeit; lunchen.
Lund (der, -s, -e) Wasservogel.
Lü'net'te (die, -, -n) (franz.) 1. halbmondförmiges Feld (über Fenstern, Türen u. a.). 2. Vorrichtung an Maschinen zum Unterstützen langer Werkstücke.
Lun'ge (die, -, -n) Atmungsorgan; grüne Lunge (Grünfläche). Lungenbläschen; Lungenentzündung; Lungenfisch; Lungenflügel; Lungenheilstätte; Lungenkrankheit; Lungenkrebs; Lungenödem; Lungenschwindsucht; Lungenspitzenkatarrh (auch: Lungenspitzenkatarr); Lungen-Tbc; Lungentumor; Lungenzug; lungenkrank; lungenleidend.
lun'gern (V.) (ugs.) herumlungern; sich herumtreiben.
Lun'te (die, -, -n) Zündschnur. Luntenschnur.
Lu'nu'la (die, -, -lä/-len). (lat.) 1. halbmondförmiger bronzezeitlicher Halsschmuck. 2. halbmondförmiger Hostienbehälter. 3. halbmondförmiger weißer Fleck (an Finger- u. Zehennägeln).
Lu'nu'lar (Adj.) (lat.) halbmondförmig.
Lu'pe (die, -, -n) (franz.) Vergrößerungsglas. Adjektiv: lupenrein.
lüp'fen (auch: lup'fen) (V.) hochheben; anheben.
Lu'pi'ne (die, -, -n) (lat.) ein Schmetterlingsblütler. Futter- und Zierpflanze.
Lu'pi'no'se (die, -, -n) Vergiftung (von Wiederkäuern) bei Fütterung mit bitteren Lupinen.

lu'pös (Adj.) von Lupus befallen.
Lu'pu'lin (das, -s, kein Plural) (lat.) Bierwürze.
Lu'pus (der, -, -/-se) (lat.) tuberkulöse Hauterkrankung mit Knötchen- und Narbenbildung; Wolf.
Lurch (der, -s, -e) Amphibie.
Lu'rex (das, -, kein Plural) (Kunstw.) Gewebe mit metallischen Fasern.
lu'sin'gan'do (Adv.) (ital.) schmeichelnd; zart; spielerisch (bei Musikstücken).
Lust (die, -, Lüs'te) Begierde; Bedürfnis; Freude. Lüsternheit; Lustgarten; Lustgefühl; Lusthaus; Lüstling; Lustlosigkeit; Lustmolch; Lustmord; Lustobjekt; Lustprinzip; Lustschloss; Lustspiel; lustbetont; lüstern; lustlos; lustvoll; lustwandeln; wir sind auf König Ludwigs Spuren gelustwandelt.
Lüs'ter (*auch:* Lus'ter) (der, -s, -) (franz.) Kronleuchter. Lüsterfarbe; Lüsterglas.
lus'tig (Adj.) fröhlich; heiter. Lustigkeit.
Lus't'ra'ti'on (die, -, -ti'o'nen) (lat.) feierliche Reinigung durch Sühneopfer (Religion). Lustrum; lustrieren.
lüs't'rie'ren (V.) glänzend machen (Baumwolle und Leinstoffe).
Lu'te'in (das, -s, kein Plural) (lat.) Farbstoff.
Lu'te'om (das, -s, -e) (lat.) Eierstockgeschwulst.
Lu'te'ti'um (das, -s, kein Plural) (lat.) ein Element; Seltenerdmetall; (Abk.: Lu).
lut'schen (V.) schlecken; saugen. Lutscher.
lütt (Adj.) (nordd.) klein. Lütte.
Lutz (der, -, -) Drehsprung (Eiskunstlauf).
Luv (die, -, kein Plural) die dem Wind zugewandte Seite. Luvseite; luvwärts; luven.
Lux (das, -, -) (lat.) Beleuchtungsstärkeeinheit (Abk.: lx). Luxmeter.
Lu'xa'ti'on (die, -, -ti'o'nen) (lat.) Verrenkung. Verb: luxieren.
Lu'xem'burg (ohne Art., -s, kein Plural) europäischer Kleinstaat. Luxemburger; luxemburgisch.
Lu'xus (der, -, kein Plural) (lat.) Prunk; Komfort. Luxusartikel; Luxusausgabe; Luxusdampfer; Luxushotel; Luxusjacht; Luxuslimousine; Luxussteuer; Luxusvilla; Luxuswagen; Luxuswohnung; luxuriös.
Lu'zer'ne (die, -, -n) (franz.) Futterpflanze. Luzernenheu.
lu'zid (Adj.) (lat.) klar; einleuchtend. Luzidität.
Lu'zi'fer (der, -s, kein Plural) (lat.) Teufel. Adjektiv: luziferisch.
Lu'zi'fe'rin (das, -s, kein Plural) (lat.) Leuchtstoff (z. B. Glühwürmchen).

LVA (Abk.) Landesversicherungsanstalt.
lx (Abk.) Lux.
Ly'c'ra (das, -/-s, kein Plural) elastische Kunstfaser.
Lyd'dit (das, -s, kein Plural) ein Sprengstoff.
Ly'di'en (ohne Art., -s, kein Plural) antiker Name einer Landschaft in Kleinasien. Lyder; lydisch.
Ly'ko'po'di'um (das, -s, -di'en) (griech.) artenreiche Sporenpflanzengruppe. Bärlapp.
Lymph'ade'ni'tis (lat.-griech.) Lymphknotenentzündung.
Lymph'ade'nom (das, -s, -e) = Lymphom.
Lymph'an'gi'om (das, -s, -e) (griech.) gutartige Lymphgefäßgeschwulst.
Lymph'an'gi'tis (die, -, -ti'den) (lat.-griech.) Lymphgefäßentzündung.
lym'pha'tisch (Adj.) die Lymphe, Lymphknoten und -gefäße betreffend; von ihnen ausgehend.
Lym'phe (die, -, -n) (griech.-lat.) Gewebsflüssigkeit. Lymphbahn; Lymphdrüse; Lymphgefäß; Lymphknoten; lymphatisch; lymphogen; lymphoid.
Lym'phom (das, -s, -e) (griech.-lat.) Lymphknotengeschwulst.
Lym'phos'ta'se (die, -, -n) (griech.-lat.) Lymphstauung.
Lym'pho'zyt (der, -en, -en) (griech.-lat.) Form des weißen Blutkörperchens (in Milz und Lymphknoten gebildet). Lymphozytose.
lyn'chen (V.) (engl.) ungesetzlich töten. Lynchjustiz; Lynchmord.
Ly'ra (die, -, -ren) (griech.) Leier (Saiteninstrument).
Ly'rik (die, -, kein Plural) Dichtkunst; Gedicht. Lyriker/in; lyrisch.
ly'si'gen (Adj.) (griech.-lat.) durch Auflösung entstanden.
Ly'sin (das, -s, -e) Stoff, der körperfremde Zellen und Krankheitserreger auflösen kann.
Ly'sis (die, -, Ly'sen) (griech.) 1. allmählicher Rückgang des Fiebers. 2. Auflösung von körperfremden Zellen und Krankheitserregern.
Ly'sol (das, -s, kein Plural) (griech., lat.) Desinfektionsmittel.
Lys'sa (die, -, kein Plural) (griech.-lat.) Tollwut.
Lys'so'pho'bie (die, -, kein Plural) (griech.-lat.) krankhafte Angst an Tollwut zu erkranken bzw. erkrankt zu sein.
ly'ze'al (Adj.) (griech.-lat.) das Lyzeum betreffend; zum Lyzeum gehörend.
Ly'ze'um (das, -s, -ze'en) höhere Mädchenschule (früher).
LZB (Abk.) Landeszentralbank.

M

m (Abk.) Meter; Milli…; m² (Quadratmeter); m³ (Kubikmeter).
M (Abk.) Mark; römisches Zahlzeichen für 1000; Mille; Mega…
M. (Abk.) Monsieur (Plural: MM.).
mA (Abk.) Milliampere.
MA (Abk.) Mittelalter. ma. (mittelalterlich).
M. A. (Abk.) Magister Artium (akademischer Grad, wird hinter dem Namen geführt).
Mä'an'der (der, -s, -) (lat.) Flussbiegung. Mäanderlinie; mäandrisch; mäandern; mäandrieren.
Maar (das, -s, -e) wassergefüllte Mulde.
Maat (der, -s, -e(n)) Schiffsunteroffizier.
Mac (vor schottischen und irischen Familiennamen) Sohn des … (z. B. Mackenzie).
Mac'chia (*auch:* Mac'chie) (die, -, Mac'chi'en) (ital.) immergrünes Gewächs.
Ma'chan'del (der, -s, -) (nordd.) Wacholder; Wacholderschnaps. Machandelbaum.
ma'chen (V.) tun; erzeugen; bewirken. Mach schon (beeile dich)! Mach, dass du verschwindest! Sie machte mich weinen. Sie hat mich weinen gemacht. Machart; Machbarkeit; Mache; Machenschaften; Macher; Machwerk; machbar.
Ma'che'te (die, -, -n) (span.) Buschmesser.
Ma'che'tik (die, -, kein Plural) (griech.) Kampflehre; Gefechtslehre.
Ma'chi'a'vel'lis'mus (der, -, kein Plural) politische Lehre, Machtpolitik (nach Machiavelli). Adjektiv: machiavellistisch.
Ma'chi'na'ti'on (die, -, -ti'o'nen) (lat.) Machenschaften; Kniff.
Ma'cho (der, -s, -s) (span.) Mann, der sich übersteigert männlich gibt. Machismo.
Ma'chor'ka (der, -s, -s) (russ.) russischer Tabak.
Macht (die, -, Mäch'te) Gewalt; Kraft; Staat. Wir haben alles in unserer Macht Stehende getan. Das steht nicht in unserer Macht. Machtanspruch; Machtbereich; Machtblöcke; Machtergreifung; Mächtgruppierung; Machtfrage; Machthaber; Mächtigkeit; Mächtigkeitsspringen; Machtkampf; Machtlosigkeit; Machtmittel; Machtpolitik; Machtprobe; Machtstellung; Machtstreben; Machtübernahme; Machtwechsel; Machtwort. Adjektive: mächtig; machtlos; machtvoll.
ma'chul'le (Adj.) (jidd.) (ugs.) bankrott; erschöpft.
Ma'cke (die, -, -n) (jidd.) (ugs.) Fehler; Tick.

Ma'cker (der, -s, Ma'cker) (ugs.) Anführer; Freund.
mack'lich (nordd.) ruhig, behaglich. (Seemannsspr.) ruhig im Wasser liegen.
MAD (Abk.) Militärischer Abschirmdienst (Geheimdienst).
Ma'da'gas'kar (ohne Art., -s, kein Plural) Insel und Staat östlich von Afrika. Madagasse; madagassisch.
Ma'dam (die, -, -s/-en) (franz.) (ugs.) gnädige Frau. Madamchen.
Mäd'chen (das, -s, -) weibliches Kind; junge Frau; Hausangestellte; (ugs.) Freundin. Mädchenhaftigkeit; Mädchenhandel; Mädchenklasse; Mädchenname; Mädchenschule.
Ma'de (die, -, -n) Insektenlarve. Madenwurm; madig. *Beachte:* Sie hat dich bei mir madig gemacht (schlechtgemacht). Das hast du mir ganz schön madig gemacht (verleidet).
made in … (engl.) in … hergestellt. Made in Japan.
Ma'dei'ra (*auch:* Ma'de'ra) (der, -s, -s) süßer Wein. Madeirawein.
Ma'de'moi'selle (die, -e, Mes'de'moi'selles) (franz.) Fräulein (Abk.: Mlle.; Plur.: Mlles.)
Ma'd'jar (*auch:* Ma'g'yar) (der, -en, -en) (ungar.) Ungar. Madjarenreich; Madjarisierung; madjarisch; madjarisieren.
Ma'don'na (die, -, -nen) (ital.) Mutter Gottes. Madonnenbild; Madonnengesicht; Madonnenkult; madonnenhaft.
Ma'd're'po're (die, -, -n) (ital.) (Bio.) Steinkoralle.
Ma'd'ri'gal (das, -s, -) (ital.) Gesangsstück. Madrigalchor; Madrigalstil.
ma'd'ri'ga'lesk (Adj.) (ital.) im Stil eines Madrigals.
Ma'd'ri'ga'list (der, -en, -en) (ital.-lat.) Komponist eines Madrigals.
Ma'd'ri'ga'lis'tik (die, -, kein Plural) (ital.-lat.) die Kunst, die Lehre der Madrigalkomposition.
Ma'es'tà (die, -, kein Plural) (ital.) Darstellung der thronenden Madonna (in der Kunst).
ma'es'to'so (Adj.) (ital.) majestätisch (bei Musikstücken).
Ma'es't'ro (der, -s, -s/-stri) (ital.) 1. Meister. 2. Musiker.
Ma'fia (*auch:* Maf'fia) (die, -, -s) (ital.) Verbrecherorganisation. Mafioso.
Mag. (Abk.) (österr.) Magister.
Ma'ga'zin (das, -s, -e) (arab.) 1. Lagerraum. 2. Patronenkammer. 3. Zeitschrift; Rundfunk-, Fernsehsendung. Magazingewehr; Magazinsendung; magazinieren.
Magd (die, -, Mägde) Dienstbotin; Landarbeiterin. Mägd(e)lein; Mägdestube.

Mag|da|lé|ni|en (das, -s, kein Plural) (franz.) Stufe der jüngeren Altsteinzeit.
Ma|gen (der, -s, Mä|gen) Verdauungsorgan. Magenausgang; Magenbeschwerden; Magen-Darm-Katarrh (auch: Magen-Darm-Katarr); Magenentzündung; Magengegend; Magengeschwür; Magengrube; Magenknurren; Magenkrampf; Magenkrebs; Magenoperation; Magensaft; Magensäure; Magenschleimhautentzündung; Magenschmerzen; Magensonde; Magenspiegelung; Magenstein; magenkrank; magenleidend.
Ma|gen|bit|ter (der, -s, -) Kräuterlikör.
Ma|gen|ta (das, -s, kein Plural) (ital.) roter synthetischer Farbstoff.
ma|ger (Adj.) dünn; kärglich. Magerkeit; Magermilch; Magerquark; Magersucht; abmagern.
mag|gi|o|re (ital.) = Dur.
Ma|gh|reb (der, -, kein Plural) (arab.) 1. der Westen. 2. die im westlichen Teil der arabisch-islamischen Welt angesiedelten Staaten Tunesien, Nordalgerien, Marokko.
ma|gh|re|bi|nisch (Adj.) (arab.) nordafrikanisch; zum Westen gehörig.
Ma|gie (die, -, kein Plural) (pers.) Zauberkunst. Magier; magisch.
Ma|gis|ter (der, -s, -) (lat.) akademischer Titel (Abk.: Mag.). Magister Artium (Abk.: M. A.); Magister der Philosophie (Abk.: Mag. phil.); Magister der Naturwissenschaften (Abk.: Mag. rer. nat.).
ma|gis|t|ral (Adj.) (lat.) bereitet nach ärztlicher Anweisung.
Ma|gis|t|ra|le (die, -, -n) 1. (lat.) die Hauptdurchgangsstraße; Hauptverkehrslinie einer Großstadt. 2. (lat.-russ.) repräsentative Einkaufsstraße mit Geschäften, Gaststätten etc.
Ma|gis|t|rat (der, -s, -e) (lat.) Stadtverwaltung. Inhaber eines öffentlichen Amtes. Magistratsbeschluss.
Mag|ma (das, -s, -men) (griech.) Vulkanschmelze. Adjektiv: magmatisch.
ma|gna cum lau|de (lat.) Prüfungsprädikat (mit großem Lob).
Ma|g|nat (der, -en, -en) (lat.) Großindustrieller. Stahlmagnat.
Ma|g|ne|sia (die, -, kein Plural) 1. Magnesiumoxid. 2. Landschaft Thessaliens.
Ma|g|ne|sit (der, -s, -e) Mineral.
Ma|g|ne|si|um (das, -s, kein Plural) chemischer Grundstoff (Abk.: Mg). Magnesiumlegierung.
Ma|g|net (der, -en/-s, -e/-en) (griech.) Eisen anziehender Stoff; Mensch oder Sache mit großer Anziehungskraft. Magnetband; Magnetberg; Magnetfeld; Magnetiseur; Magnetisierung; Magnetismus; Magnetit; Magnetkern; Magnetnadel; Magnetometer; Magnetograf (auch: Magnetograph); Magnetpol; Magnetspule; Magnettongerät; Magnetzündung; magnetisch; magnetisieren.
Ma|g|ne|tit (der, -s, -e) ein Mineral; Magnetiteisenerz.
Ma|g|ne|t|ron (das, -s, -s/-e) eine Elektronenröhre, die magnetische Energie verwendet.
Ma|g|ni|fi|kat (das, -s, -e) (lat.) 1. Lobgesang (im Lukasevangelium). 2. auf diesen Text komponiertes Chorwerk.
Ma|g|ni|fi|kus (der, -, ...fizi) Hochschulrektor.
Ma|g|ni|fi|zenz (die, -, -en) (lat.) Hochschulrektor (Titel).
Ma|g|no|lie (die, -, -n) (franz.) Zierstrauch. Magnoliengewächs.
Ma|g|yar (der, -en, -en) (ungar.) → Madjar.
Ma|ha|go|ni (das, -s, kein Plural) (indian.) Edelholz. Mahagoniholz; Mahagonischrank.
Ma|ha|ra|d|scha (der, -s, -s) (sanskr.) indischer Herrschertitel.
Ma|ha|ra|ni (die, -, -s) Ehefrau eines Maharadschas.
Ma|hat|ma (der, -s, -s) indischer Ehrentitel für geistig hochstehenden Mann.
Mahd (die, -, -en) Mähen; abgemähtes Gras. eine zweimähdige Wiese.
Mah|di (der, -s, kein Plural) von den Moslems vor dem Jüngsten Gericht erwarteter Erneuerer des Werkes Mohammeds.
mä|hen (V.) abschneiden; »mäh« schreien. Mähbinder; Mähdrescher; Mäher; Mähmaschine.
Mahl (das, -s, -e/Mäh|ler) Essen. (Aber: das Mal!) Mahlgeld; Mahlzeit; Abendmahl.
mah|len (V.) zerkleinern; zerreiben. (Aber: malen!). Mahlgang; Mahlstein; Mahlzahn.
Mäh|ne (die, -, -n) lange Haare. Mähnenwolf; mähnenartig; mähnig.
mah|nen (V.) erinnern; auffordern. Mahnbescheid; Mahnbrief; Mahner; Mahngebühr; Mahnmal; Mahnschreiber; Mahnung; Mahnverfahren; Mahnwache; Mahnzeichen.
Mäh|re (die, -, -n) altes Pferd.
Mai (der, -/-s,-en/-e) (lat.) fünfter Monat. im Wonnemonat Mai; der Erste Mai. Maiandacht; Maibaum; Maiblümchen; Maibowle; Maidemonstration; Maifeier; Maiglöckchen; Maikäfer; Maikätzchen; Maikönigin; Maikraut (Waldmeister); Maikundgebung; Mailuft; Mainacht; maienhaft; maien.
Mai|den (das, -s, -) (engl.) junges, bei Rennen noch nicht erprobtes Rennpferd.
Mail|box (die, -, -en/-es) (engl.) papierlose Nachrichtenübermittlung (von Büro zu Büro) über Postleitung; elektronischer Briefkasten.

Mailing (das, -s, kein Plural) (amerik.) fachsprachliche Bezeichnung für das Versenden von Werbematerial auf dem postalischen Weg.
Mail|or|der (*auch:* Mail-Or|der) (die, -, kein Plural) (engl.) Vertrieb von Waren nach Bestellung aufgrund von Prospekten.
Main|stream (der, -/-s, kein Plural) (engl.) Hauptrichtung; z. B. Mainstreamrock: Rockmusik in der jeweiligen Moderichtung (ohne Neues).
Mais (der, -es, -e) (span.) Getreidepflanze. Maisbrei; Maisbrot; Maiskolben; Maismehl; Maisstärke; Maisstroh; maisgelb.
Mais|bir|ne (die, -, -n) Trainingsgerät (Boxen).
Mai|sche (*auch:* der Maisch) (die, -, -n) Gemisch (Bier-, Weinherstellung). Maischbottich; maischen.
Mai|so|nette (die, -, -s) (franz.) Wohnung über mehrere Stockwerke. Maisonettewohnung.
Ma|jes|tät (die, -, -en) (lat.) Titel; Anrede. Seine Majestät (Abk.: S. M.); Ihre Majestät (Abk.: I. M.); Euer/Eure Majestät (Abk.: Ew. M.). Majestätsbeleidigung; Majestätsverbrechen; majestätisch.
Ma|jo|nä|se → Mayonnaise.
Ma|jor (der, -s, -e) (lat.-span.) Offizier. Majorsrang.
Ma|jo|ran (der, -s, -e) (lat.) Gewürzpflanze.
Ma|jo|rat (das, -s, -e) (lat.) Ältestenrecht (Erbe). Majoratsgut; Majoratsherr.
Ma|jor|do|mus (der, -, -) (lat.) oberster Hofbeamter; Befehlshaber des Heeres (bei den fränkischen Königen).
Ma|jo|ri|tät (die, -, -en) (lat.) (Stimmen-)Mehrheit. Majoritätsbeschluss; Majoritätsprinzip; Majoritätsträger; Majoritätswahl; majorisieren.
Ma|jus|kel (die, -, -n) (lat.) Großbuchstabe. Majuskeltheorie.
ma|ka|ber (Adj.) (franz.) grausig; frivol.
Ma|ka|dam (der/das, -s, -e) (nach dem schott. Ingenieur McAdam) Straßenbelag.
ma|ka|da|mi|sie|ren (V.) mit Makadam versehen.
Ma|kak (der, -s/-en, -en) (portugies.) ein meerkatzenartiger Affe (z. B. der Rhesus).
Ma|ka|me (die, -, -n) alte arabische Stegreifdichtung.
Ma|kao (der, -s, -s) Papagei.
Ma|kel (der, -s, -) Fehler; Schandfleck. Makellosigkeit; makellos.
mä|keln (V.) (ugs.) nörgeln. Mäkelei; mäk(e)lig.
Ma|ket|te (*auch:* Ma|quet|te) (die, -, -n) (franz.) Skizze; Entwurf.
Make-up (das, -s, -s) (engl.) kosmetische Verschönerung; Gesichtscreme.

Ma|ki (der, -s, -s) Halbaffe.
Ma|ki|mo|no (das, -s, -s) (jap.) Bildrolle.
Mak|ka|ro|ni (die, nur Plural) (ital.) lange röhrenförmige Nudeln.
Mak|ler (der, -s, -) Geschäftsvermittler. Grundstücksmakler; Börsenmakler; Maklergebühr; Maklerprovision; makeln.
Ma|ko (der, -s, -s) Baumwolle.
Ma|ko|ré (das, -s, kein Plural) (franz.) Hartholz.
Ma|k|ra|mee (das, -, -s) (arab.) Knüpfarbeit.
Ma|k|re|le (die, -, -n) (niederl.) Fisch.
ma|k|ro.../Ma|k|ro... (griech.) lang...; groß.../ Lang...; Groß...
Ma|k|ro|bi|o|se (die, -, kein Plural) (griech.) Langlebigkeit.
Ma|k|ro|bi|o|tik (die, -, kein Plural) (griech.) biologische Ernährungsweise. Adjektiv: makrobiotisch.
Ma|k|ro|kli|ma (das, -s, kein Plural) (griech.) Klima eines größeren Gebietes.
Ma|k|ro|kos|mos (*auch:* Ma|k|rokos|mus) (der, -, kein Plural) (griech.) Weltall.
Ma|k|ro|me|lie (die, -, kein Plural) Riesenwuchs.
Ma|k|ro|ne (die, -, -n) (ital.) Gebäck.
Ma|k|ro|po|de (der, -n, -n) (griech.) ein Labyrinthfisch; Aquarienfisch.
ma|k|ro|s|ko|pisch (Adj.) (griech.) mit freiem Auge erkennbar.
Ma|k|ro|so|mie (die, -, kein Plural) (griech.) Riesenwuchs.
Ma|k|ro|struk|tur (die, -, -en) (griech.) Struktur, die ohne Vergrößerung erkennbar ist.
Ma|k|ro|vi|rus (der, -, -n) Computervirus, der sich über E-Mail verbreitet.
ma|k|ro|ze|phal (Adj.) (griech.) mit abnorm großem Kopf versehen.
Ma|ku|la|tur (die, -, -en) (lat.) Fehldruck; Altpapier. Makulatur reden (ugs.: dummes Zeug reden); makulieren.
mal (Adv.) multipliziert mit; (ugs.) einmal. Geh mal weg! noch mal (*auch:* nochmal); öfter mal was Neues. *Großschreibung:* das Mal; das erste/ein letztes Mal; sein erstes Mal; nur dieses eine Mal; dieses Mal, *aber:* diesmal; manches Mal, *aber:* manchmal; ein Mal über das andere; ein ums andere Mal; von Mal zu Mal. *Beachte:* zum ersten Mal/Male; mit einem Male, *aber:* auf einmal; zum letzten Mal/Male; mehrere Male; viele Tausend (*auch:* tausend) Male, *aber:* tausendmal probiert; ein paar Male, *aber:* ein paarmal; ein Dutzend Male; ein Dutzend Mal; das x-te Mal; ein für alle Mal/Male, *aber:* allemal; ein oder zwei Male, *aber:* ein- bis zweimal; x-mal; zum x-ten Mal(e), fünf Millionen Mal(e); vier- bis fünfmal (4- bis 5-mal;

4-5-mal); noch einmal; noch einmal so viel; sovielmal (*auch:* so viel Mal); keinmal; manchmal; wievielmal (*auch:* wie viel Mal); allemal; jedes Mal; unzählige Mal(e); diesmal. Verb: malnehmen (multiplizieren).
Mal (das, -s, -e/Mä'ler) Zeichen; Fleck; Monument. Denkmal; Merkmal; Brandmal; Muttermal; Malzeichen.
Ma'la'chit (der, -s, -e) (griech.) Mineral. Malachitschale; malachitgrün.
ma'la'de (Adj.) (franz.) (ugs.) krank; unpässlich.
Ma'la'ga (der, -s, -s) süßer Wein. Malagawein.
Ma'la'gas'si (das, -, kein Plural) die malaiische Sprache Madagaskars; madagassische Sprache.
Ma'la'gue'ña (die, -, -s) (span.) spanischer Tanz, wobei der Sänger innerhalb eines ständig wiederholten Themas frei improvisieren kann.
Ma'lä'se (*auch:* Ma'lai'se) (die, -, -n) (franz.) Missstimmung; Unbehagen.
Ma'la'ko'lo'gie (die, -, kein Plural) (griech.) Wissenschaft von den Weichtieren.
Ma'la'ria (die, -, kein Plural) (ital.) Infektionskrankheit. Malariaerreger; Malarialogie; Malariamücke; malariakrank.
Ma'la'ya'lam (*auch:* Ma'la'ja'lam)(das, -s, kein Plural) eine drawidische Sprache Südindiens.
Ma'lay'sia (ohne Art., -s, kein Plural) Malaysier; malaysisch.
Ma'la'zie (die, -, -n) (griech.) Erweichung (von Gewebe, bes. der Knochen).
Ma'le'di'ven (die, nur Plural) Malediver; maledivisch.
Ma'le'fiz'kerl (der, -s, -e) (ugs.) Draufgänger.
ma'len (V.) zeichnen; streichen. (*Aber:* mahlen!) Malbuch; Maler; Malerei; Malerfarbe; Malerleinwand; Malermeister; malerisch; Malkasten; Maltechnik; Malutensilien; malern.
Ma'le'sche (die, -, -n) (franz.) (nordd.) Misere; Unannehmlichkeit.
Mal'heur (das, -s, -e/-s) (franz.) Unglück; Missgeschick.
mal'ho'nett (Adj.) (lat.-franz.) unredlich; unfein.
ma'li'zi'ös (Adj.) (franz.) boshaft.
mall (Adj.) (nordd.) verkehrt; verrückt. Mallung; mallen.
mal'neh'men (V., nahm mal, hat malgenommen) multiplizieren.
Ma'lo'che (die, -, kein Plural) (jidd.) (ugs.) (harte) Arbeit. Verb: malochen.
Ma'los'sol (der, -s, kein Plural) (russ.) schwach gesalzener Kaviar.
Mal'ta (ohne Art., -s, kein Plural) Inselstaat im Mittelmeer.
Mal'te'ser (der, -s, -) 1. Einwohner Maltas; 2. Schoßhündchen; 3. Mitglied des Malteserordens. Malteser-Hilfsdienst; Malteserkreuz; Malteserorden; Malteserritter; maltesisch.
Mal'to'se (die, -, kein Plural) Malzzucker.
mal't'rä'tie'ren (V.) (franz.) quälen; misshandeln. Malträtierung.
Ma'lus (der, -/-ses, -/-se) (lat.) Punktenachteil; erhöhter Versicherungsbeitrag (Kfz-Versicherung).
Mal'va'sier (der, -s, kein Plural) griechischer Wein.
Mal'zei'chen (das, -, -) Zeichen für die Multiplikation.
Mal've (die, -, -n) (ital.) Pflanze. Adjektiv: malvenfarbig.
Malz (das, -es, kein Plural) unausgekeimtes Getreide. Malzbier; Malzbonbon; Mälzer; Mälzerei; Malzextrakt; Malzkaffee; Malzzucker; mälzen.
Ma'ma (*auch:* Ma'mi) (die, -, -is) (ugs.) Mutter. Mamachen.
Mam'ba (die, -, -s) Giftschlange.
Mam'bo (der, -s, -s) Tanz.
Ma'me'luck (der, -en, lu'cken) (arab.) 1. türkischer Sklave am persischen und ägyptischen Hof (früher). 2. Angehöriger eines ägyptischen Herrschergeschlechts (vom 13. bis Anfang des 16. Jahrhunderts).
Ma'mil'la (die, -, -len) (lat.) Brustwarze.
Mam'ma (die, -, -mae) (lat.) Brustdrüse.
Mam'ma'lia (die, nur Plural) (lat.) Säugetiere.
Mam'mo'gra'fie (*auch:* Mam'mo'gra'phie) (die, -, -n) (lat.) Röntgenuntersuchung der weiblichen Brust.
Mam'mon (der, -s, kein Plural) (aram.) Reichtum; Geld. der schnöde Mammon; Mammonismus (Geldgier, -herrschaft).
Mam'mut (das, -s, -s/-e) (russ.) eiszeitlicher Elefant. Mammuthöhle; Mammutknochen; Mammutskelett; Mammutzahn.
Mam'mut... Riesen... Mammutbaum; Mammutfilm; Mammutprogramm; Mammutprozess; Mammutunternehmen; Mammutveranstaltung.
mamp'fen (V.) (ugs.) Essen in sich hineinstopfen.
Mam'sell (die, -, -en/-s) (franz.) Kurzform für Mademoiselle; Fräulein. Kaltmamsell (Büffetdame).
man 1. (Pron., indef.) jemand; jedermann. *Beachte:* nicht beugbar! Der Dativ wird durch »einem« und der Akkusativ durch »einen« ersetzt! Das kann man machen, wie es einem gefällt. Das kann einen zum Nachdenken bringen. 2. (Adv.) (nordd.) nur. Das lass man gut sein.
m.A.n. (Abk.) meiner Ansicht nach.

Ma|nage|ment (das, -s, -s) (engl.) Unternehmensleitung. Manager; Managerkrankheit; Verb: managen.
Ma|nage|ment-Buy-out (*auch:* Ma|nage|ment-Buy|out) (das, -s, kein Plural) (engl.) Übernahme einer Aktiengesellschaft durch die Unternehmensführung mithilfe von Aktienkäufen.
manch (Pron., indef.) einer; (Plural) einige. *Beachte:* In manchem sind wir uns einig; es gibt so manches zu tun; manch einer weiß das nicht; es gibt manche, die (*falsch:* welche!) das nicht glauben; mancher gute Wille, *aber:* manch guter Wille; manchmal, *aber:* manches Mal; manchenorts; mancherorts; mancherorten; mancherlei; manche, mancher, manches.
Man|ches|ter 1. (ohne Art., -s, kein Plural) Stadt in England. 2. (der, -s, kein Plural) (engl.) Stoffgewebe. Manchesterhose.
Man|da|la (das, -s, -s) (sanskr.) Meditationsbild.
Man|dant (der, -en, -en) (lat.) Auftraggeber; Klient. Mandantin.
Man|da|rin (der, -s, -e) (portugies.) europäische Bezeichnung für hohen chinesischen Beamten (früher).
Man|da|ri|ne (die, -, -n) (franz.) apfelsinenähnliche Frucht. Mandarinenbaum.
Man|dat (das, -s, -e) (lat.) Auftrag; Abgeordnetenamt. Mandatsgebiet; Mandatsverlust.
Man|da|tum (das, -s, -ta) (lat.) in der katholischen Religion die Fußwaschungszeremonie am Gründonnerstag.
Man|del (die, -, -n) 1. Frucht. 2. Gaumenmandel. Mandelauge; Mandelbaum; Mandelblüte; Mandelentzündung; Mandelgebäck; Mandelkleie; Mandelöl; Mandeloperation; Mandelseife; Mandelstein; mandeläugig; mandelförmig.
Man|di|bel (die, -, -n) (lat.) 1. Unterkieferknochen (bei Wirbeltieren und beim Menschen). 2. ~n: (die, nur Plural) erstes Paar der Mundwerkzeuge (bei Insekten und Krebsen).
Mandl (das, -s, -n) (südd.) 1. Männlein. 2. Vogelscheuche. 3. Wegzeichen.
Man|do|la (die, -, -len) (ital.) Zupfinstrument.
Man|do|li|ne (die, -, -n) (franz.) Saiteninstrument.
Man|dor|la (die, -, -len) (ital.) mandelförmiger Heiligenschein um die ganze Gestalt (in der Kunst).
Man|d|rill (der, -s, -e) (engl.) Affe.
Man|d|schu 1. (der, -s, -) Angehöriger eines tungusischen Volksstammes. 2. (das, -s, kein Plural) dessen Sprache.
Ma|ne|ge (die, -, -n) (franz.) Zirkusrund; Reitbahn.

mang (Präp.) (nordd.) unter; dazwischen. mittenmang.
Man|ga|be (die, -, -n) (afrikan.) ein meerkatzenartiger afrikanischer Affe.
Man|gan (das, -s, kein Plural) (griech.) Metall; chemischer Grundstoff (Abk.: Mn). Manganat; Manganeisen; Manganerz.
Man|ga|nit (der, -s, -e) (griech.-nlat.) ein Mineral.
Man|gel 1. (die, -, -n) Wäschemangel. jemanden durch die Mangel drehen/in die Mangel nehmen (streng prüfen; zurechtweisen). Mangelwäsche; Manglerin; mangeln. 2. (der, -s, Män|gel) Fehler; Knappheit. Mangelberuf; Mangelerscheinung; Mangelhaftigkeit; Mangelkrankheit; Mängelrüge; Mangelware; mangelfrei; mangelhaft; mangeln.
man|gels (Präp., Gen.) aus Mangel an. *Beachte:* mangels Beweises (*falsch:* mangels einem Beweis!).
Man|go (die, -, -s/-go|nen) Frucht. Mangobaum; Mangopflaume.
Man|gold (der, -s, -e) Blattgemüse.
Man|g|ro|ve (die, -, -n) (engl.) immergrüner Laubwald am Wasser (Tropen). Mangrovenbaum.
Man|gus|te (die, -, -n) (Marathi) in Südeurasien u. Afrika heimische Schleichkatze.
Ma|ni|chi|no (der, -s, -s) (franz.-ital.) Gliederpuppe (für Kleiderentwürfe).
Ma|nie (die, -, -n) (griech.) krankhafte Leidenschaft.
Ma|nier (die, -, -en) (franz.) Eigenart; Stil; (Plural) Benehmen. Manieriertheit; Manierismus; Manierist; maniert (gekünstelt); manieristisch; manierlich (wohlerzogen).
Ma|ni|fest (das, -s, -e) (lat.) Grundsatzerklärung; Kundgebung. Manifestation; manifest; manifestieren.
Ma|ni|kü|re (die, -, -n) (lat.) Nagelpflege; Nagelpflegeset; Hand-, Nagelpflegerin; Verb: maniküren.
Ma|ni|ok (der, -s, -s) (indian.) Pflanze. Maniokmehl; Maniokwurzel.
Ma|ni|pel (lat.) 1. (die, -, -) Abteilung einer Kohorte (im alten Rom). 2. (der/die, -s/-, -/-n) gesticktes, über dem linken Unterarm getragenes Band des Messgewandes.
ma|ni|pu|lie|ren (V.) (lat.) beeinflussen; steuern; verfälschen; hantieren. Manipulation; Manipulant; Manipulator; Manipulierbarkeit; Manipulierung; manipulativ; manipulierbar.
ma|nisch (Adj.) (griech.) krankhaft übersteigert. Manie; manisch-depressiv.
Ma|nis|mus (der, -, kein Plural) (lat.) Ahnen-, Totenkult.

Manitu (der, -s, kein Plural) (indian.) »Großer Geist«.

Man'ko (das, -s, -s) (ital.) Mangel; Fehler.

Mann (der, -s/-es, Män'ner) männlicher Erwachsener; Ehemann. hundert Mann. Er wird doch Manns genug sein, die Sache zu erledigen. Mannbarkeit; Männchen; Manndeckung; Männerbekanntschaft; Männerchor; auf Männerfang gehen; Männerfreundschaft; Männersache; Männerstimme; Mannesalter; Manneskraft; Mannesstärke; Mannestreue; Mannhaftigkeit; Männlein; Männlichkeit; Mannsbild; in Mannshöhe; Mannsleute; Mannsperson; Mannsvolk; Mannweib. Adjektive: mannbar; mannhaft; männlich; mannsdick; mannshoch; mannstoll.

Man'na (das/die, -, kein Plural) (hebr.) Himmelsbrot; Honigtau. Mannaesche; Mannzucker.

Män'ne'ken (das, -s, -) (nordd.) Männchen.

Man'ne'quin (das, -s, -s) (franz.) Modell.

man'nig'fach (Adj.) vielfach.

man'nig'fal'tig (Adj.) vielfältig; formenreich. Mannigfaltigkeit.

Man'nit (der, -s, -e) ein in Manna, Oliven, Sellerie vorkommender, süßer Alkohol.

Mann'schaft (die, -, -en) Gruppe; Team. Mannschaftsaufstellung; Mannschaftsgeist; Mannschaftsraum; Mannschaftswagen; Mannschaftswertung; mannschaftlich.

ma'no des'tra (ital.) mit der rechten Hand zu spielen (in der Musik).

Ma'no'me'ter (das, -s, -) (griech.) Druckmesser. Adjektiv: manometrisch.

ma non tan'to (ital.) aber nicht so sehr (in der Musik); z. B. allegro.

ma non trop'po (ital.) aber nicht sehr (in der Musik).

ma'no si'nis't'ra (lat.-ital.) mit der linken Hand zu spielen (bei Musikstücken).

Ma'nö'ver (das, -s, -) (franz.) Truppenübung; Kunstgriff. Manöverkritik; Manöverschaden; Manövrierfähigkeit; manövrierfähig; manövrieren.

Man'sar'de (die, -, -n) (franz.) Dachzimmer, -wohnung. Mansardenwohnung; Mansardenzimmer.

Mansch (der, -es, kein Plural) (ugs.) Matsch. Manscherei; manschen (mischen).

Man'schet'te (die, -, -n) (franz.) Ärmelaufschlag; Hülle; Dichtung. Manschettenknopf; Manschettendichtung.

Man'tel (der, -s, Män'tel) Kleidungsstück; Umhüllung. Mantelgeschoss; Mantelgesetz (Rahmengesetz); Mantelkragen; Manteltarif; Manteltasche; Mäntelchen.

Man'tik (die, -, kein Plural) (griech.) Wahrsagekunst.

Man'til'le (die, -, -n) (span.) dreieckiger Spitzenschleier.

Man'tis'se (die, -, -n) (lat.) Zahl hinter dem Komma (Logarithmen).

Ma'nu'al (das, -s, -e) 1. Tagebuch (veraltet). 2. (lat.) Tastenreihe, die mit den Händen gespielt wird (an Orgel und Cembalo). 3. (das, -s, -s) (engl.) Handbuch.

ma'nu'ell (Adj.) (lat.) von Hand.

Ma'nu'fak'tur (die, -, -en) (engl.) Handarbeit. Manufakturbetrieb; Manufakturwaren; manufakturieren.

Ma'nu'skript (das, -s, -e) (lat.) Niederschrift; Vorlage. Manuskriptseite; Manuskriptunterlagen.

Man'za'nil'la (der, -s, kein Plural) (span.) ein nach Kamille duftender Süßwein.

Mao'is'mus (der, -, kein Plural) politische Lehre. Maoist; maoistisch.

Ma'o'ri 1. (der, -s, -/-s) Eingeborener Neuseelands. 2. (das, -/-s, kein Plural) Sprache.

Map'pe (die, -, -n) Tasche.

Mär (auch: Mä're) (die, -, -en) Kunde; Sage.

Ma'ra'bu (der, -s, -s) (arab.) Vogel.

Ma'ra'ca (die, -, -s) (portugies.) mit Körnchen gefüllte, gestielte Kugelrassel (als rhythmisches Begleitinstrument in der lateinamerikanischen Musik).

Ma'ra'cu'ja (die, -, -s) Frucht der Passionsblume.

ma'ran'tisch (Adj.) (griech.) abgezehrt; verfallen; schwach.

Ma'ras'chi'no (der, -s, -s) (ital.) Kirschlikör.

Ma'ras'mus (der, -, kein Plural) (griech.) körperlicher und geistiger Kräfteverfall.

Ma'ra'thon 1. (der, -s, -s) (Kurzw.) Marathonlauf. Verb: Marathon laufen (auch: marathonlaufen) 2. (das, -s, -s) etwas lang Dauerndes. Marathonsitzung.

mar'ca'to (ital.) markant; deutlich hervorgehoben, betont (zu spielen; bei Musikstücken).

Mär'chen (das, -s, -) Erzählung; Geschichte. Märchenbuch; Märchenerzähler; Märchenfigur; Märchenfilm; Märchenforschung; Märchenland; Märchenonkel; Märchenoper; Märchenprinz; Märchenstunde; Märchentante; märchenhaft.

Mar'che'se (der, -, -n) (ital.) Adelstitel. Marchesa.

Mar'der (der, -s, -) Raubtier. Marderfell.

Ma're (das, -, -/Ma'ria) (lat.) dunkle Ebene auf der Oberfläche von Himmelskörpern (z. B. des Mondes).

Ma'ren'de (die, -, -n) (schweiz.-ital.) Nachmittagsmahlzeit; Vesper.

Ma'ren'go (der, -s, kein Plural) Stoffart. Adjektiv: marengofarben.

Mar|ga|ri|ne (die, -, kein Plural) Speisefett. Margarinefabrik; Margarineherstellung; Margarinewürfel.
Mar|ge|ri|te (die, -, -n) (franz.) Blume. Margeritenstrauß.
mar|gi|nal (Adj.) (lat.) am Rande; beiläufig. Marginalbemerkung; Marginalglosse; Marginalie.
Mar|gi|na|lis|mus (der, -, kein Plural) (lat.) eine nicht von absoluten Werten, sondern von Grenzwerten ausgehende Theorie der Volkswirtschaft.
Mar|gi|na|li|tät (die, -, kein Plural) (franz.) Existenz am Rande einer gesellschaftlichen Gruppe oder zwischen zwei Gruppen. Marginalexistenz.
Ma|ria (Name) Mutter Jesu. Marienbild; Marienfest; Marienkirche; Marienkult; Marienlegende; Marienverehrung.
Ma|ri|a|ge (die, -, -n) (franz.) 1. Ehe; Heirat (veraltet). 2. Zusammentreffen von König und Dame (im Kartenspiel).
ma|ri|a|nisch (Adj.) zur Jungfrau Maria gehörig.
Ma|ri|en|kä|fer (der, -s, -) Insekt.
Ma|ri|hu|a|na (das, -s, kein Plural) (span.) Rauschgift.
Ma|ril|le (die, -, -n) (ital.) Aprikose. Marillenknödel; Marillenlikör; Marillenmarmelade; Marillenschnaps.
Ma|rim|ba (die, -, -s) Musikinstrument. Marimbafon.
Ma|ri|na|de (die, -, -n) (franz.) Soße. Verb: marinieren.
Ma|ri|ne (die, -, -n) (franz.) Flotte. Marineartillerie; Marineattaché; Marinemaler; Marineoffizier; Marinesoldat; Marinestützpunkt; Marinestreitkräfte.
Ma|ri|o|lo|gie (die, -, kein Plural) (hebr.-griech.) Lehre von der Jungfrau Maria.
Ma|ri|o|net|te (die, -, -n) (franz.) 1. Gliederpuppe; 2. unselbstständiger Mensch. Marionettenbühne; Marionettenregierung; Marionettentheater; marionettenhaft.
ma|ri|tim (Adj.) (lat.) Meer, Schifffahrt betreffend.
Mark 1. (die, -, -/Markstücke) alte Währungseinheit (Abk.: M). Deutsche Mark (Abk.: DM). Das Fleisch kostet acht Mark. Ich besaß noch drei Markstücke (*auch:* drei Mark). Markstück; ein fünfmarkstückgroßer Fleck. 2. (die, -, -en) Grenzland; Grenzgebiet. Markgraf; Markgrafschaft; Markstein; Markscheide; markgräflich. 3. (das, -s, kein Plural) Innengewebe. Knochenmark; markdurchdringend; markerschütternd. Markigkeit; Markklößchen; Markknochen; markig; marklos.

mar|kant (Adj.) (franz.) auffallend.
Mar|ka|sit (der, -s, -e) (arab.) Mineral.
Mar|ke (die, -, -n) Zeichen; Sorte; Wertschein; Markenartikel; Markenfabrikat; Markenerzeugnis; Markenname; Markenschutz; Markenware; Markenzeichen.
Mar|ker (der, -s, -/-s) (engl.) Markierstift.
Mar|ke|ten|der (der, -s, -) (ital.) Händler. Marketenderei; Marketenderin; Marketenderware.
Mar|ke|te|rie (die, -, -n) (franz.) Einlegearbeit.
Mar|ke|ting (das, -s, kein Plural) (engl.) Maßnahmen zur Verbesserung der Absatzmöglichkeiten. Marketingabteilung.
mar|kie|ren (V.) 1. kennzeichnen; 2. (ugs.) vortäuschen. Markierung; Markierungspunkt; Markierstein.
Mar|ki|se (die, -, -n) (franz.) Sonnendach. (*Aber:* die Marquise!) Markisenstoff.
Mar|ki|set|te (*auch:* Mar|qui|set|te) (der/die, -, kein Plural) (franz.) gitterartiger Gardinenstoff.
Mark|ka (die, -, -) Finnmark (Abk.: mk). *Beachte:* fünf Markkaa.
Mar|kör (der, -s, -e) (franz.) Punktezähler (Billard).
Markt (der, -s/-es, Märk|te) Verkaufsplatz; Absatzgebiet; Warenverkehr. Marktabsprache; Marktanalyse; Marktanteil; Marktbude; Marktflecken; Marktforschung; Marktfrau; Markthalle; Marktlage; Marktlücke; Marktordnung; Marktplatz; Marktpotenzial (*auch:* Marktpotential); Marktpreis; Marktrecht; Marktschreier; Markttag; Marktweib; Marktwert; Marktwirtschaft. Adjektive: marktbeherrschend; marktfähig; marktgängig; marktschreierisch; marktwirtschaftlich. Verb: markten (handeln).
Mar|me|la|de (die, -, -n) (span.) Konfitüre. Marmeladenbrot; Marmeladenglas; Marmeladenherstellung.
Mar|mor (der, -s, -e) (griech.) Gestein. Marmorblock; Marmorbruch; Marmorbüste; Marmorfußboden; Marmorierung; Marmorkuchen; Marmorplatte; Marmorsäule; marmorartig; marmorn; marmorfarben; marmorieren.
Ma|ro|cain (der, -s, -s) (franz.) krepppartiges Gewebe.
ma|ro|de (*auch:* ma|rod) (Adj.) (franz.) müde; krank; kaputt.
Ma|ro|deur (der, -s, -e) (franz.) plündernder Nachzügler einer (kämpfenden) Truppe.
Ma|rok|ko (ohne Art., -s, kein Plural) Marokkaner; marokkanisch.
Ma|ro|ne (die, -, -n/-ni) (franz.) 1. Esskastanie; 2. Pilz. Maronenpilz; Maroniverkäufer.
Ma|ro|quin (das, -s, kein Plural) weiches marokkanisches Ziegen- oder Schafleder.
Ma|rot|te (die, -, -n) (hebr.) Schrulle.

Mar'quess (der, -, -) Angehöriger des englischen Adels zwischen Graf und Herzog.
Mar'quis (der, -, -) (franz.) Adelstitel. Marquise.
Mars (der, -, kein Plural) (griech.) Planet. Marsmensch, Marssonde.
Mar'sa'la (der, -s, -s) (ital.) süßer Wein. Marsalawein.
Marsch 1. (der, -es, Mär'sche) lange Strecke (zu Fuß); Musikstück. Marschbefehl; Marschbereitschaft; Marschflugkörper; Marschgepäck; Marschkolonne; Marschkompass; Marschlied; Marschmusik; Marschordnung; Marschrichtung; Marschroute; Marschschritt; Marschtempo; Marschverpflegung; marschbereit; marschfertig; marschmäßig; marsch! marschieren. 2. (die, -, -en) Schwemmland. Marschboden; Marschland.
Mar'schall (der, -s, -schäl'le) hoher Offizier. Marschall(s)stab; Marschall(s)würde.
Mar'seil'lai'se (die, -, kein Plural) französische Nationalhymne.
Mar'stall (der, -s, -stäl'le) Pferdestall; Pferdehaltung.
Mar'ter (die, -, -n) (griech.) Folter; Qual. Marterbank; Marterinstrument; Marterknecht; Marterpfahl; Martertod; Marterung; Marterwerkzeug; Marterwoche (Karwoche); martervoll; martern.
Mar'terl (das, -s, -n) (südd.) Wegkreuz.
mar'ti'a'lisch (Adj.) (lat.) kriegerisch; wild.
Mar'tins'horn (das, -s, -hör'ner) Blaulicht; Signal.
Mär'ty'rer (der, -s, -) (griech.) Opfer; Dulder. Märtyrerin; Märtyrerkrone; Märtyrertod; Märtyrertum; Martyrium; Martyrologium (Märtyrerverzeichnis).
Ma'run'ke (die, -, -n) Pflaume.
Mar'xis'mus (der, -, kein Plural) politische Lehre (nach K. Marx). Marxist/in; Marxismus-Leninismus; marxistisch.
März (der, -es, -e) (lat.) dritter Monat. März(en)becher (Frühlingsblume); Märzenbier; Märznacht; Märzrevolution; Märzsonne; märzlich.
Mar'zi'pan (der/das, -s, -e) (arab.) Süßigkeit. Marzipankartoffel; Marzipanriegel; Marzipanschweinchen.
Mas'ca'ra (die, -, -s) (ital.) Wimperntusche.
Ma'sche (die, -, -n) 1. Schlinge. 2. Lücke. 3. Trick. Maschendraht; Maschenmode; Maschennetz; Maschenwerk; maschig.
Ma'schi'ne (die, -, -n) (franz.) Apparat; Motor; Fahrzeug. Maschinenbau; Maschinenfabrik; Maschinengewehr (Abk.: MG); Maschinenhaus; Maschinenkunde; Maschinenmeister; Maschinenöl; Maschinenpistole (Abk.: MP, MPi); Maschinensatz; Maschinenschaden; Maschinenschreiben (Abk.: Masch.-Schr.); Maschinenschrift; Maschinenzeitalter; Maschinerie; Maschinist. Adjektive: maschine(n)geschrieben; maschinell; maschinengestrickt; maschinenlesbar (EDV); maschinenmäßig; maschinenschriftlich. Verb: Maschine schreiben (mit der Schreibmaschine), *aber:* das Maschinenschreiben fällt mir leicht, ich schreibe gut Maschine.
Ma'ser 1. (die, -, -n) Fleck; Holzzeichnung. Maserholz; Maserung; maserig; gemasert; masern. 2. (der, -s, -) (engl.) Molekularverstärker (Physik).
Ma'sern (die, nur Plural) Kinderkrankheit mit anschließender Immunität.
Mas'ka'ron (der, -s, -e) (franz.) Maske.
Mas'ke (die, -, -n) (franz.) 1. Larve; Verkleidung; 2. Raster (EDV). Maskenball; Maskenbildner/in; Maskenfest; Maskenkostüm; Maskenspiel; Maskenverleih; Maskerade; Maskierung; maskenhaft; maskieren.
Mas'kott'chen (das, -s, -) (franz.) Glücksbringer.
mas'ku'lin (Adj.) (lat.) männlich. Maskulinum (männliches Substantiv); maskulinisch.
Ma'so'chis'mus (der, -, -men) sexuelle Erregung durch Schmerz. Masochist; masochistisch.
Maß 1. (das, -es, -e) Messeinheit; Messgerät; Menge; Angemessenheit. Wir sollten zuerst richtig Maß nehmen. *Aber:* das Maßnehmen dauert nicht lange. Er verfügt über ein hohes Maß an/von Allgemeinwissen. Sie verehrte ihn über alle Maßen. Maßanalyse; Maßangabe; Maßanzug; Maßarbeit; Maßband; Maßbezeichnung; Maßeinheit; Maßeinteilung; Maßhaltigkeit; Maßkonfektion; Maßlosigkeit; Maßnehmen; Maßregel; Maßreg(e)lung; Maßschneider; Maßstab; Maßwerk. Adjektive: maßanalytisch; maßgerecht; maßgeschneidert; ein maßhaltender (*auch:* Maß haltender) Mensch; maßhaltig; maßlos; maßstäblich; maßstabsgetreu; maßvoll. Adverb: einigermaßen. Verben: maßhalten (*auch:* Maß halten); er hält maß (*auch:* Maß); Disziplin und Maß halten; Maß nehmen, maßregeln. 2. (*auch:* Mass) (die, -, -) (südd.) ein Liter Bier. fünf Maß (*auch:* Mass) Bier; Maßkrug.
Mas'sa'ge (die, -, -n) (franz.) Heilbehandlung. Massageinstitut; Masseur/in; Massagesalon (*auch für:* Bordell); Masseuse; Massagepraxis; massieren.
Mas'sai (der, -s, -/-s) Angehöriger eines ostafrikanischen Volksstammes.
Mas'sa'ker (das, -s, -) (franz.) Blutbad. Massakrierung; massakrieren.

Mas|se (die, -, -n) Gewicht; große Menge. Massenandrang; Massenarbeitslosigkeit; Massenartikel; Massenaufgebot; Massenausgleich; Massenbedarf; Massenbeförderungsmittel; Massendrucksache; Massenentlassung; Massenerzeugnis; Massenfabrikation; Massengesellschaft; Massengrab; Massenhinrichtung; Massenkarambolage; Massenkommunikationsmittel; Massenkundgebung; Massenmord; Massenmedien; Massenpsychologie; Massensport; Massensterben; Massentourismus; Massenverkehrsmittel; Massenveranstaltung; Massenversammlung; Massenwirkung; Massenzahl; Massigkeit; Adjektive: masselos; massenhaft; massenweise; massig (Gaunerspr.).
Mas|sel (der, -s, kein Plural) (jidd.) Glück.
Maß|ga|be (die, -, kein Plural) (in der Wendung) nach Maßgabe (entsprechend).
maß|ge|bend (Adj.) entscheidend, maßgeblich.
mä|ßig (Adj.) zurückhaltend; nicht sehr gut. Mäßigkeit; Mäßigung; sich mäßigen.
mas|siv (Adj.) (franz.) schwer; grob; stark. Massiv; Massivbau; Massivbauweise; Massivholz. Massivität. Massivwerden (*auch:* massiv werden).
maß|lei|dig (Adj.) (südd.) verdrossen.
Maß|lieb|chen (das, -s, -) (niederl.) Blume.
Maß|nah|me (die, -, -n) zweckorientierte Handlung; Anweisung.
Mast 1. (der, -s, -e/-en) Holzstange. Mastbaum; Mastkorb; Mastspitze. 2. (die, -, -en) Mästung. Mastente; Mastfutter; Mastgans; Mastkur; Mastochse; Mastschwein; Mastvieh; mastig; mästen.
Mast|darm (der, -s, -där|me) Enddarm. Mastdarmentzündung.
Mas|ter (der, -s, -) (engl.) akademischer Grad (Abk.: M.A.); Meister.
Mas|tiff (der, -s, -s) (engl.) große, schwere englische Hunderasse.
Mas|ti|ka|tor (der, -s, -en) Knetmaschine.
Mas|ti|tis (die, -, -ti|den) (griech.) Brustdrüsenentzündung.
Mas|tix (der, -/-es, kein Plural) Harz. Mastixstrauch.
Mas|to|don (das, -s, -don|ten) (griech.) ausgestorbener Elefant.
Mas|tur|ba|ti|on (die, -, -ti|o|nen) (lat.) sexuelle Selbstbefriedigung. Verb: masturbieren.
Ma|sur|ka (*auch:* Ma|zur|ka) (die, -, -s/ -ken) (poln.) Tanz.
Ma|ta|dor (der, -s/-en, -e/-en) (span.) Stierkämpfer; Hauptperson.
Match (das, -es/-s, -e/-s) (engl.) Wettkampf; Spiel. Matchball; Matchbeutel; Matchsack; Matchstrafe.

Ma|te 1. (der, -, kein Plural) Tee. Matetee; Matestrauch; Mateblatt. 2. (die, -, -n) Stechpalme.
Ma|te|ri|al (das, -s, -li|en) Stoff; Unterlagen; Hilfsmittel. Materialausgabe; Materialbedarf; Materialbeschaffung; Materialeinsparung; Materialermüdung; Materialfehler; Materialiensammlung; Materialprüfung; Materialschlacht; material.
Ma|te|ri|a|li|sa|ti|on (die, -, -ti|o|nen) Verkörperung; Erscheinung (Spiritismus). Verb: materialisieren.
Ma|te|ri|a|lis|mus (der, -, kein Plural) philosophische Lehre; Besitzdenken. Materialist; materialistisch.
Ma|te|rie (die, -, -n) Stoff; fassbare Wirklichkeit. Adjektiv: materiell.
Ma|ter|ni|tät (die, -, kein Plural) (lat.) Mutterschaft. Adjektiv: matern.
Math. (Abk.) Mathematik.
Ma|the (die, -, kein Plural) (Kurzw.) Mathematik.
Ma|the|ma|tik (die, -, kein Plural) (griech.) Zahlenlehre (Abk.: Math.). Mathematiker; mathematisch; mathematisieren.
Ma|ti|nee (die, -, -n) (franz.) Vormittagsvorstellung (Kino, Theater, Fernsehen).
Mat|jes|he|ring (der, -s, -e) (niederl.) junger Hering.
Ma|trat|ze (die, -, -n) Bettpolster. Matratzenfeder; Matratzenlager; Federkernmatratze.
Mä|tres|se (die, -, -n) (franz.) Geliebte. Mätressenwirtschaft.
Ma|tri|ar|chat (das, -s, -e) (griech.-lat.) Mütterherrschaft; Mutterrecht. Adjektiv: matriarchalisch.
Ma|tri|kel (die, -, -n) (lat.) Verzeichnis. Matrikelnummer.
ma|tri|li|ne|al (Adj.) (lat.) mutterrechtlich; bezüglich der Erbfolge der mütterlichen Seite folgend.
ma|tri|li|ne|ar (Adj.) (lat.) = matrilineal.
Ma|tri|lo|ka|li|tät (die, -, -en) (lat.) in matrilinealen Kulturkreisen die Übersiedlung des Mannes in die Familie der Frau.
ma|tri|mo|ni|al (Adj.) (lat.) ehelich, zur Ehe gehörend; die Ehe betreffend.
ma|tri|sie|ren (V.) (lat.-franz.) Papier anfeuchten (Buchwissenschaft).
Ma|trix (die, -, -tri|zes/tri|zen/tri|ces) Größensystem; Keimschicht. Matrixsatz.
Ma|tri|ze (die, -, -n) (franz.) Form; Folie.
Ma|tro|ne (die, -, -n) (lat.) würdevolle ältere Frau. Adjektiv: matronenhaft.
Ma|trosch|ka (*auch:* Matr|josch|ka) (die, -, -s) (russ.) ineinandergesetzte, traditionelle kleine Holzpuppen.

Ma'tro'se (der, -n, -n) (niederl.) Seemann. Matrosenanzug; Matrosenkragen; Matrosenmütze; Matrosenuniform.
matsch (Adj.) (ital.) (ugs.) verdorben; müde; besiegt. Matsch.
Matsch (der, -es, kein Plural) (ugs.) Schmutz; Schlamm. Matsch-und-Schnee-Reifen (Abk.: M-und-S-Reifen); Matschschnee; Matschwetter; matschig; matschen.
matt (Adj.) (arab.) erschöpft; trübe; besiegt (Schach). Jemanden matt setzen (*auch:* mattsetzen). Schach matt! *Aber:* Das war ein schnelles Matt. Mattglas; Mattgold; Mattheit; Mattierung; Mattigkeit; Mattlack; Mattscheibe; Mattscheibe haben (ugs.: begriffsstutzig sein); mattgolden; mattieren.
Mat'te (die, -, -n) 1. Unterlage. 2. Almwiese. Mattenrichter (Ringkampf).
Matz (der, -es, -e/Mät'ze) (ugs.) kleiner Kerl. Hosenmatz.
Mat'ze (die, -, kein Plural) (hebr.) ungesäuertes Brot (beim jüdischen Passahfest).
Mätz'chen (die, nur Plural) Unsinn; Ausflüchte. Mach keine Mätzchen!
mau (Adj.) (ugs.) schlecht.
Mau'er (die, -, -n) Wand. Mauerassel; Mauerbau; Mauerblümchen; Mäuerchen; Mauerhaken; Mauerkelle; Mauerläufer; Mauerloch; Mauerritze; Mauersegler; Mauervorsprung; Mauerwerk; mauern.
Maul (das, -s, Mäu'ler) Mund. Maulaffen feilhalten (mit offenem Mund herumstehen); Mäulchen; Maulheld; Maulkorb; Maulkorbgesetz; Maulschelle; Maulsperre; Maul- und Klauenseuche (Abk.: MKS); Maulwerk; maulfaul; maulen.
Maul'bee're (die, -, -n) Frucht. Maulbeerbaum.
Maul'e'sel (der, -s, -) Pferd-Esel-Kreuzung. Maultier.
Maul'ta'schen (die, nur Plural) Nudelteigtäschchen.
Maul'trom'mel (die, -, -n) Musikinstrument.
Maul'wurf (der, -s, -wür'fe) Erdtier. Maulwurfsgrille; Maulwurfshügel.
Mau-Mau (das, -, kein Plural) Kartenspiel.
Mau're (der, -n, -n) Berber (in der Antike); Berber-Araber (im MA); arabisch-berberischer Einwohner von Mauretanien (heute).
Mau'rer (der, -s, -) Handwerker. Maurerarbeit; Maurergeselle; Maurerhandwerk; Maurerkelle; Maurermeister; Maurerpolier; Maurerzunft; maurern.
Mau'res'ke (*auch:* Mo'res'ke) (die, -, -n) (franz.) Ornament.
Mau're'ta'ni'en (ohne Art., -s, kein Plural) afrikanischer Staat. Mauretanier; mauretanisch.

Mau'ri'ti'us (ohne Art., -s', kein Plural) Mauritier; mauritisch.
Maus (die, -, Mäu'se) 1. Nagetier. 2. Eingabegerät (EDV). 3. (Plural, ugs.:) Geld. Mäuschen; Mäusebussard; Mausefalle; Mäusegift; Mauseloch; Mäusenest; Mäuseplage; Mäuserich; Mäuseturm; mucksmäuschenstill; mausetot; mausfarben; mausfarbig; mausgrau.
mau'scheln (V.) (ugs.) unverständlich reden; heimlich absprechen. Mauschelei; Mauscheln (Glücksspiel).
mau'sen (V.) Mäuse fangen; (ugs.) stehlen.
Mau'ser (die, -, kein Plural) Federwechsel. Mauserung; mausern.
mau'sern (V., refl.) Federn wechseln; sich positiv entwickeln.
mau'sig (Adj.) (nur in der Wendung:) sich mausigmachen (vorlaut sein).
Mau'so'le'um (das, -s, -le'en) (griech.) Grabmal.
Maut (die, -, -en) (südd.) Straßenzoll. Mautgebühr; Mautstelle; Mautstraße.
mauve (Adj.) (franz.) malvenfarbig.
m.a.W. (Abk.) mit anderen Worten.
ma'xi (Adj.) (lat.) knöchellang (Kleidung). das/der Maxi (Maxikleid); Maximode; Maxirock.
Ma'xil'la (die, -, -lae/-len) (lat.) 1. Oberkiefer (der Wirbeltiere). 2. Maxillen (die, nur Plural) zweites und drittes Paar der Mundwerkzeuge (von Insekten und Krebsen).
ma'xil'lar (Adj.) zur Maxilla gehörig.
ma'xi'mal (Adj.) (lat.) sehr groß; höchst. Maximalbetrag; Maximaldosis; Maximalforderung; Maximalgewicht; Maximalhöhe; Maximalleistung; Maximalstrafe; Maximalwert; Maximierung; Maximum; maximieren.
Ma'xi'me (die, -, -n) (lat.) Leitsatz.
Ma'xi'sing'le (die, -, -s) (engl.) Schallplatte mit überlangem Musikstück.
Ma'ya (der, -/-s, -/-s) Angehöriger eines indianischen Kulturvolks in Mittelamerika. Mayakultur.
May'day (engl.) internationaler Funknotruf.
Ma'yon'nai'se (*auch:* Ma'jo'nä'se) (die, -, -n) (franz.) dicke Soße (Eigelb).
MAZ (die, -, kein Plural) (Kurzw.) Magnetaufzeichnung.
Mä'zen (der, -s, -e) (lat.) Gönner; Kunstfreund. Mäzenatentum; mäzenatisch.
Ma'ze'ra'ti'on (die, -, -ti'o'nen) (lat.) 1. Erweichung von menschlichem und tierischem Gewebe unter Luftabschluss durch Wasser (z. B. bei Wasserleichen). 2. Verfahren zum Auflösen von tierischem Gewebe. 3. Gewinnung von Extrakten durch Auslaugen von Pflanzenteilen in Wasser bei Zimmertemperatur.

ma|ze|rie|ren (V.) Mazeration (bei etwas) durchführen; erweichen; auflösen; auslaugen.
Ma|zis (der, -, kein Plural) (franz.) Muskatnuss. Mazisblüte.
Ma|zur|ka (die, -, -s/-ken) → Masurka.
mb (Abk.) Millibar.
mbH (Abk.) mit beschränkter Haftung.
MD (Abk.) Musikdirektor.
Md. (auch: Mrd.) (Abk.) Milliarde(n).
mdal. (Abk.) mundartlich.
M. d. B. (auch: MdB) (Abk.) Mitglied des Bundestages.
M. d. L. (auch: MdL) (Abk.) Mitglied des Landtags.
m. E. (Abk.) meines Erachtens.
Me|cha|nik (die, -, -en) (griech.) Kräftelehre; Maschinenkunde. Mechaniker; Mechanisierung; Mechanisierungsprozess; Mechanismus; mechanisch; mechanistisch; mechanisieren.
me|ckern (V.) (ugs.) kritisieren; lachen. Meckerei; Meckerer; Meckerfritze; Meckerstimme; Meckerziege.
Meck|lenburg-Vor|pom|mern (ohne Art., -s, kein Plural) (dt.) Bundesland.
Me|dail|le (die, -, -n) Münze; Auszeichnung. Medaillengewinner; Medaillenspiegel; Medailleur.
Me|dail|lon (das, -s, -s) (franz.) Schmuckanhänger.
Me|dia (die, -, -diä/-di|en) (lat.) 1. stimmhafter Verschlusslaut (z. B. »d«, »b«). 2. mittlere Schicht der Wand von Blut- und Lymphgefäßen.
me|di|al (Adj.) (lat.) in der Mitte; mit den Eigenschaften eines Mediums.
me|di|an (Adj.) (lat.) in der Körpermitte. Medianebene.
Me|di|an|te (die, -, -n) (ital.) Mittelton, dritte Stufe der Tonleiter; Dreiklang über der dritten Stufe (Musik).
Me|di|a|ti|on (die, -, -ti|o|nen) (lat.) Vermittlung; vermittelndes Dazwischentreten.
me|di|a|ti|sie|ren (V.) (lat.) aus der reichsunmittelbaren Stellung herausnehmen und einem Landesherrn unterstellen.
Me|di|ä|vis|tik (die, -, kein Plural) (lat.) Wissenschaft über das Mittelalter. Mediävist; mediäval.
Me|di|en (die, nur Plural) Film, Funk, Fernsehen, Presse. Medienverbund; Massenmedien.
Me|di|ka|ment (das, -s, -e) (lat.) Heilmittel. Medikamentenmissbrauch; Medikation; medikamentös.
Me|di|kas|ter (der, -s, -) (ital.) Kurpfuscher.
me|dio/Me|dio (lat.) in der Mitte. Mediowechsel.

me|di|o|ker (Adj.) (franz.) mittelmäßig. Mediokrität.
Me|di|ta|ti|on (die, -, -ti|o|nen) (lat.) geistige Sammlung. Meditationskurs; Meditationsübung; meditativ; meditieren.
me|di|ter|ran (Adj.) (lat.) zum Mittelmeerraum gehörend. Mediterranklima.
me|di|um (Adj.) (engl.) halb durchgebraten.
Me|di|um (das, -s, -di|en) (lat.) Kommunikationsmittel; Verbindungsperson (Spiritismus). Mediumismus.
Me|di|zin (die, -, -en) (griech.) Heilkunde; Heilmittel. Medizinalrat; Medizinalwesen; Mediziner/in; Medizinmann; Medizinschrank; Medizinstudent; Medizinstudium; medizinisch; medizinisch-technische Assistentin (Abk.: MTA).
Me|di|zin|ball (der, -s, -bäl|le) großer, schwerer Turnball.
Med|ley (das, -s, -s) (engl.) bunte Folge von Melodien; Potpourri.
Mé|doc (der, -s, -s) Rotwein aus der südwestfranzösischen Landschaft Médoc.
Me|d|re|se (auch: Me|d|res|se) (die, -, -n) (arab.) Koranschule.
Me|du|se (auch: Me|du|sa) (die, -, kein Plural) (griech.) 1. weibliches Ungeheuer; 2. Qualle (Plural: -n). Medusenblick; medusisch.
Meer (das, -s/-es, -e) 1. große Wasserfläche; 2. große Anzahl. Meeraal; Meerbusen; Meerenge; Meeresalge; Meeresarm; Meeresbiologie; Meeresboden; Meeresbucht; Meeresfauna; Meeresflora; Meeresfrüchte; Meeresgrund; Meereshöhe; Meeresklima; Meereskunde; Meeresleuchten; Meeresspiegel; 300 Meter über dem Meeresspiegel (Abk.: ü.d.M.); Meeresstrand; Meeresstraße; Meeresströmung; Meerjungfrau; Meersalz; Meerspitze; Meerungeheuer; Meerwasser; Blumenmeer; wir erstickten förmlich in einem Meer von Briefen. Adjektive: meergrün; meerumschlungen; meerwärts.
Meer|kat|ze (die, -, -n) Affe.
Meer|ret|tich (der, -s, -e) Gewürzpflanze. Meerrettichsoße.
Meer|schaum (der, -s, kein Plural) Mineral. Meerschaumpfeife.
Meer|schwein|chen (das, -s, -) Nagetier.
Mee|ting (das, -s, -s) (engl.) Treffen; Zusammenkunft.
me|fi|tisch (Adj.) aus Schwefelquellen stammend; übel riechend.
me|ga.../Me|ga... (griech.) groß.../Groß...; das Millionenfache. Megabyte (Abk. MB); Megaelektronenvolt (Abk.: MeV); Megahertz (Abk.: MHz); Megaohm (Abk.: MΩ); Megatonne (Abk.: Mt); Megavolt (Abk.: MV); Megawatt (Abk.: MW).

Me|ga|chip (das, -s, -s) (griech.-engl.) ein elektronisches Bauelement, das eine große Menge elektrischer Schaltungen trägt.
Me|ga|fon (*auch:* Me|ga|phon) (das, -s, -e) (griech.) Sprachrohr.
Me|ga|lith (der, -s/-en, -e/-en) (griech.) Steinblock. Megalithgrab; Megalithkultur; megalithisch.
Me|ga|li|thi|ker (der, -s, -) Angehöriger der Megalithkultur.
me|ga|lo|man (Adj.) (griech.) größenwahnsinnig.
Me|ga|lo|ma|nie (die, -, -n) (griech.) Größenwahn.
Me|gä|re (die, -, -n) (griech.) böse Frau.
Me|ga|star (der, -s, -s) (griech.- engl.) Steigerung von Superstar; herausragender Star.
Me|ga|the|ri|um (das, -s, -ri|en) (griech.) ausgestorbenes südamerikanisches Riesenfaultier.
Mehl (das, -s, -e) gemahlenes Getreide. Mehlbeere; Mehlbrei; Mehlkäfer; Mehlkleister; Mehlpapp; Mehlsack; Mehlschwitze; Mehlsorte; Mehlspeise; mehlig; mehlartig.
Mehl|tau (der, -s, kein Plural) Pilzbefall (Pflanzen). (*Aber:* der Meltau).
mehr (Pron., indef.; Zahlw.; Adv.) in größerer Anzahl; eher; weiter. Das war mehr oder weniger erfolgreich. Umso mehr ich arbeite, umso weniger esse ich. Er war mehr denn je glücklich. Ich kann nicht mehr. Ich kann nicht mehr als arbeiten. *Aber:* ein Mehr an Aufwand; das Mehr oder Weniger. Mehrarbeit; Mehraufwand; Mehrbelastung; Mehrbetrag; Mehrdeutigkeit; Mehrdimensionalität; Mehreinnahme; Mehrerlös; das Mehrfache; Mehrfachsprengkopf; Mehrfamilienhaus; Mehrheit; Mehrheitsbeschluss; Mehrheitswahlrecht; Mehrkämpfer; Mehrkosten; Mehrleistung; Mehrling; Mehrphasenstrom; Mehrsprachigkeit; Mehrstimmigkeit; Mehrstufenrakete; Mehrteiler; Mehrung; Mehrverbrauch; Mehrvölkerstaat; Mehrwert; Mehrwertsteuer (Abk.: Mw.-St.; MwSt.); Mehrzahl (Plural); Mehrzweckgerät; Mehrzweckraum; Mehrzylinder. Adjektive: mehrdeutig; mehrdimensional; mehrfach; mehrfarbig; mehrgliedrig; mehrheitlich; mehrheitsfähig; mehrjährig; mehrmalig; mehrmals; mehrsilbig; mehrsprachig; mehrstimmig; mehrstufig; mehrstündig; mehrteilig; mehrwöchig; mehrzeilig. Verb: mehren.
meh|re|re (Pron., indef.) einige. *Beachte:* mehrere jüngere Schüler/jüngerer Schüler; mehreres; mehrerlei.
mei|den (V., mied, hat gemieden) ausweichen; sich fernhalten.
Mei|e|rei (die, -, -en) Molkerei.
Mei|le (die, -, -n) Längenmaß. Meilenstein; Meilenstiefel; meilenlang, *aber:* eine Meile lang; meilenweit, *aber:* eine Meile weit.
Mei|ler (der, -s, -) Kernreaktor. Atommeiler.
mein (Pron., possess.) *Beachte:* Mein und Dein unterscheiden können; das Meine; das Kind ist mein Ein und Alles; meiner Ansicht nach (Abk.: m.A.n.); meinerseits; meines Erachtens (Abk.: m.E.); meinesgleichen; meinesteils; meines Wissens (Abk.: m.W.); meinethalben; meinetwegen; um meinetwillen.
Mein|eid (der, -s, -e) Falscheid. meineidig.
mei|nen (V.) glauben; äußern; vorstellen. Meinung; Meinungsäußerung; Meinungsaustausch; Meinungsbildung; Meinungsforschung; Meinungsforschungsinstitut; Meinungsfreiheit; Meinungstest; Meinungsumfrage; Meinungsverschiedenheit.
Mei|o|se (die, -, -n) (griech.) Reduktionsteilung (Keimzellen). Meiosestadium.
Mei|se (die, -, -n) Vogel. Meisenknödel.
Mei|ßel (der, -s, -) Werkzeug. Meißelung; Meißler; meißeln.
meist 1. (Adv.) meistens. 2. (Pron., indef.; Zahlw.) der größte Teil. die meiste Zeit; in den meisten Fällen; am meisten; die meisten (*auch:* Meisten) denken; das meiste (*auch:* Meiste) konnte ich nicht verstehen. Meistbegünstigung; Meistbegünstigungsklausel; Meistbietende; Meistgebot; meistbegünstigt; meistbeteiligt; meistbietend; meistenorts; meistenteils; meistgebräuchlich; meist-gefragt; meistgekauft; meistgenannt.
meis|tens (Adv.) fast immer.
Meis|ter (der, -s, -) Könner; Handwerksmeister; Lehrer; Künstler. Meisterbrief; Meisterdieb; Meistergesang; Meisterhand; Meisterin; Meisterklasse; Meisterleistung; Meistermacher; Meisterprüfung; Meistersänger; Meisterschaft; Meisterschaftsspiel; Meisterschaftstitel; Meisterschüler; Meisterschuss; Meistersinger; Meisterstück; Meistertitel; Meisterung; Meisterwerk; Meisterwürde. Adjektive: meisterhaft; meisterlich. Verb: meistern.
Mek|ka (das, -s, -s) heilige Stätte des Islam; Ort mit großer Attraktivität.
Me|la|min|harz (das, -es, -e) Kunstharz.
Me|lan|cho|lie (die, -, -n) (griech.) Schwermütigkeit. Melancholiker; melancholisch.
Me|lan|ge (die, -, -n) (franz.) Mischung; (südd.) Milchkaffee.
Me|la|nin (das, -s, -e) (griech.) Farbstoff.
Me|la|nis|mus (der, -, kein Plural) (griech.) 1. krankhafte Dunkelfärbung der Haut. 2. Auftreten von dunkelfarbigen Exemplaren innerhalb einer hellen Art (bei Tieren).

Me|la|nit (der, -s, -e) (griech.) Mineral.
Me|la|nom (das, -s, -e) (griech.) Hautgeschwulst.
Me|la|no|se (die, -, kein Plural) = Melanismus (1).
Me|las|ma (das, -s, -men) (griech.) krankhafte Bildung schwärzlicher Flecken auf der Haut.
Me|las|se (die, -, -n) (franz.) Zuckersirup.
mel|den (V.) mitteilen; anzeigen; sich vorstellen. Meldeamt; Meldebüro; Meldefahrer; Meldefrist; Meldegänger; Meldehund; Meldepflicht; Melder; Meldeschein; Meldeschluss; Meldestelle; Meldewesen; Meldung.
me|liert (Adj.) (franz.) gemischt; angegraut. grau meliert (*auch:* graumeliert). Verb: melieren.
Me|lik (die, -, kein Plural) (griech.) gesungene Lyrik.
Me|li|nit (der, -s, kein Plural) (griech.) Gelberde.
Me|li|o|ra|ti|on (die, -, -ti|o|nen) (lat.) Bodenverbesserung. Adjektiv: meliorativ. Verb: meliorieren.
Me|li|o|ra|ti|vum (das, -s, -va) (lat.) Bezeichnung in der Sprachwissenschaft für ein Wort, dessen Bedeutung sich ins Positive gewandelt hat.
Me|lis (der, -, kein Plural) (griech.) Zucker.
Me|lis|ma (das, -s, -men) (griech.) Koloratur. Melismatik, melismatisch.
Me|lis|ma|tik (die, -, kein Plural) (griech.) Kunst, Stil der Verzierung einer Melodie.
me|lis|ma|tisch (Adj.) (griech.) verziert; melismatischer Gesang: Gesang, bei dem eine Silbe auf mehrere Noten verteilt wird.
Me|lis|se (die, -, -n) (griech.) Heilpflanze. Melissengeist; Melissentee.
mel|ken (V., melkte/molk, hat gemolken/gemelkt) Milch gewinnen; ausnehmen. Melkeimer; Melker; Melkkübel; Melkkuh; Melkmaschine; Melkschemel.
Me|lo|die (die, -, -n) (griech.) Tonfolge. Melodienfolge; Melodik; melodiös; melodisch.
Me|lo|dra|ma (*auch:* Me|lo|dram) (das, -s, -men) Schauspiel mit musikalischer Untermalung; Rührstück. Melodramatik; melodramatisch.
Me|lo|ma|ne (der/die, -n, -n) (griech.-lat.) ein von der Musik Besessener.
Me|lo|ma|nie (die, -, -n) (griech.-lat.) Musikbesessenheit.
Me|lo|mi|mik (die, -, kein Plural) (griech.-lat.) die Umsetzung des Inhalts eines Musikstückes in einen Tanz oder Ähnliches.
Me|lo|ne (die, -, -n) Frucht; Kürbisgewächs; (ugs.) Herrenhut. Melonenbaum; Melonenkern; melonenartig.
Mel|tau (der, -s, kein Plural) Honigtau. (*Aber:* Mehltau!)

Me|lu|si|ne (die, -, -n) (franz.) Meerjungfrau; Fee. Melusinensage.
Mem|b|ran (*auch:* Mem|b|rane) (die, -, -en) Häutchen; Schwingblättchen.
Me|men|to (das, -s, -s) (lat.) 1. Erinnerung; Mahnung; Mahnruf. 2. Fürbitte (in der kath. Messe).
Me|men|to mo|ri! (lat.) Gedenke des Todes! Denke an den Tod!
Mem|me (die, -, -n) (ugs.) Feigling. Memmenhaftigkeit; memmenhaft.
Me|mo (das, -s, -s) (Kurzw.) Memorandum.
Me|moi|ren (die, nur Plural) (franz.) Lebenserinnerungen.
Me|mo|ra|bi|li|en (die, nur Plural) (lat.) Denkwürdigkeiten.
Me|mo|ran|dum (das, -s, -den/-da) (lat.) Denkschrift.
Me|mo|ri|al (engl.) 1. (das, -s, -e/-lien) Tagebuch, Notizbuch; Bittschrift; Gedenkfest (für einen Toten). 2. (das, -s, -s) (lat.-engl.) sportlicher Wettkampf zum Gedenken an einen Toten. 3. Gedächtnisstätte; das Lincoln-Memorial.
me|mo|rie|ren (V.) (lat.) auswendig lernen. Memorierstoff.
Me|na|ge (die, -, -n) (franz.) Gewürzständer. Verb: menagieren.
Me|na|ge|rie (die, -, -n) (franz.) Zoo; Tierschau.
Me|n|ar|che (die, -, kein Plural) (griech.) Beginn der ersten Regelblutung.
Men|de|le|vi|um (das, -s, kein Plural) (russ.) ein Element; Transuran.
men|deln (V.) den Vererbungsgesetzen folgen. Mendelismus; mendelsche Regeln.
Men|di|kant (der, -en, -en) (lat.) Bettelmönch. Mendikantenorden.
Me|ne|te|kel (das, -s, -) (aram.) Warnzeichen. Verb: menetekeln.
Men|ge (die, -, -n) Masse; Anzahl; Menschen. *Beachte:* Die Menge drohte aufzubegehren. *Aber:* Eine Menge (viele) wollen an der Prüfung teilnehmen. Mengenangabe; Mengenlehre; Mengenpreis; Mengenrabatt; Mengenrechnung; mengenmäßig.
men|gen (V.) vermischen; sich einmischen. Gemenge; Mengfutter; Mengkorn.
Men|hir (der, -s, -e) kultischer Steinblock.
Me|nin|gi|tis (die, -, -ti|den) (griech.) Hirnhautentzündung.
Me|nis|kus (der, -, -ken) (griech.) Knorpel (Kniegelenk). Meniskusoperation; Meniskusriss.
Men|ni|ge (die, -, kein Plural) Rostschutzfarbe. Mennigrot.
Men|no|nit (der, -en, -en) (dt.-nlat.) Angehöriger einer evangelischen Freikirche.

Me|no|pau|se (die, -, -n) (griech.) Ausbleiben der Regel (Wechseljahre der Frau).
Me|no|ra (die, -, -) (hebr.) siebenarmiger Leuchter.
Me|nor|rha|gie (die, -, -n) (griech.) zu starke und zu lange Menstruation.
Me|nor|rhö (*auch:* Me|nor|rhöe) (die, -, -n) (griech.) Menstruation. Adjektiv: menorrhöisch.
Me|no|s|ta|se (die, -, -n) (griech.) Ausbleiben der Menstruation.
Men|sa (die, -, -s/-sen) (lat.) Universitätskantine. Mensaessen.
Mensch (der, -en, -en) menschliches Lebewesen; Einzelwesen. Menschenaffe; Menschenalter; Menschenauflauf; Menschenfeind; Menschenfeindlichkeit; Menschenfleisch; Menschenfresser; Menschenfreund; seit Menschengedenken; Menschengeschlecht; Menschengewühl; von Menschenhand; Menschenhandel; Menschenhass; Menschenherz; Menschenkenner; Menschenkenntnis; Menschenkette; Menschenkunde (Anthropologie); Menschenleben; Menschenliebe; Menschenmenge; Menschenopfer; Menschenrasse; Menschenrechte; Menschenrechtsverletzung; man sah keine Menschenseele; Menschensohn; Menschentum; Menschenverachtung; Menschenverstand; Menschenwerk; Menschenwürde; Menschheit; Menschheitsgeschichte; Menschheitstraum; Allzumenschliches; Menschlichkeit; Menschwerdung. Adjektive: menschenarm; menschenfreundlich; menschenleer; alles Menschenmögliche tun; menschenscheu; menschenunwürdig; menschenwürdig; menschheitlich; menschlich. Verb: menscheln.
Mens|t|ru|a|ti|on (die, -, -ti|o|nen) (lat.) Regelblutung. Menstrualblutung; menstrual; menstruieren.
men|su|ra|bel (Adj.) (lat.) messbar. Mensurabilität; Mensur; Mensuralmusik.
Men|su|ral|no|ta|ti|on (die, -, kein Plural) Notenschrift, in der die Dauer der Töne (gemäß der Mensur) festgelegt ist (13. Jh. bis 1600).
men|su|riert (Adj.) (lat.) in bestimmten Maßverhältnissen zueinander stehend.
men|tal (Adj.) (lat.) geistig; in Gedanken.
Men|ta|li|tät (die, -, -en) (lat.) Denkweise; Anschauung.
Men|tha (die, -, kein Plural) (griech.) Minze (als Heilpflanze).
Men|thol (das, -s, kein Plural) (lat.) Substanz des Pfefferminzöls.
Men|tor (der, -s, -en) (griech.) Berater; Erzieher.
Me|nü (das, -s, -s) (franz.) 1. Speisefolge; 2. Programmauswahl (EDV). Menütechnik.

Me|nu|ett (das, -s, -e) (franz.) Tanz; Musikstück.
me|phis|to|phe|lisch (Adj.) teuflisch; böse.
Mer|chan|di|sing (das, -s, kein Plural) (engl.) verkaufssteigernde Maßnahmen.
mer|ci! (franz.) danke!
Mer|gel (der, -s, -) Sedimentgestein. Mergelboden; merg(e)lig.
Me|ri|di|an (der, -s, -e) (lat.) Längengrad. Meridiankreis; meridional.
Me|ri|no (der, -s, -s) (span.) Schafsrasse. Merinoschaf; Merinowolle.
Me|ri|ten (die, nur Plural) (lat.) Verdienste.
Me|ri|to|kra|tie (die, -, -n) (lat.-griech.) die Vorherrschaft einer durch Leistung und Verdienst definierten Schicht in einer leistungsorientierten Gesellschaft; Verdienstadel.
me|ri|to|kra|tisch (Adj.) (griech.-lat.) die Meritokratie betreffend.
Merk (der, -s, -e) Pflanze.
mer|kan|til (*auch:* mer|kan|ti|lisch) (Adj.) (lat.) kaufmännisch. Merkantilismus; Merkantilist; Merkantilsystem; merkantilistisch.
mer|ken (V.) 1. erkennen; 2. nicht vergessen. Merkblatt; Merkbuch; Merkheft; Merkhilfe; Merkmal; Merksatz; Merkspruch; Merkvers; Merkwort; Merkzeichen; Merkzettel.
Mer|kur (der, -s, kein Plural) (lat.) 1. Planet; 2. (*auch:* das) Quecksilber (Alchimie). Merkurialismus.
Mer|ku|ri|a|lis|mus (der, -, kein Plural) (lat.) Quecksilbervergiftung.
merk|wür|dig (Adj.) eigenartig; wunderlich. Merkwürdigkeit; merkwürdigerweise.
Mer|lan (der, -s, -e) (franz.) Schellfisch.
Mer|le (die, -, -n) (lat.) Amsel.
Mer|lin (der, -s, -e) (engl.) Falke; (ohne Artikel) Zauberer.
Mer|lot (franz.) 1. (die, -, kein Plural) Traubensorte; Rotwein-Rebsorte; 2. (der, -(s), -s) ein Rotwein.
Mer|ze|ri|sa|ti|on (die, -, -ti|o|nen) (engl.) Veredelungsverfahren (Baumwolle). Merzerisierung; merzerisieren.
Merz|vieh (das, -s, kein Plural) zur Zucht nicht geeignetes Vieh.
Me|s|al|li|ance (die, -, -n) (franz.) Missheirat; nicht standesgemäße Ehe. Mesallianceverbindung.
me|schug|ge (Adj.) (jidd.) (ugs.) verrückt.
Me|s|en|chym (das, -s, -e) (griech.) embryonales Gewebe, aus dem sich alle Bindegewebe entwickeln.
Me|se|ta (die, -, -ten) (span.) Hochebene.
Mes|ka|lin (das, -s, kein Plural) (span.) Rauschgift.

Mes|me|ris|mus (der, -, kein Plural) auf Magnetismus beruhendes Heilverfahren. Mesmerianer.
Mes|ner (*auch:* Mess|ner) (der, -s, -) Kirchendiener. Mesnerei/Messnerei.
me|so.../Me|so... (griech.) mittel.../mitten.../ Mittel.../Mitten...
Me|so|karp (das, -s, -e) (griech.) fleischiges Gewebe der Steinlaus.
Me|so|li|thi|kum (das, -s, kein Plural) (griech.) Mittelsteinzeit. Adjektiv: mesolithisch.
Me|son (das, -s, -en) (griech.) unstabiles Elementarteilchen.
Me|so|sphä|re (die, -, kein Plural) (griech.) Schicht der Erdatmosphäre in ca. 50–80 km Höhe.
me|so|ze|phal (Adj.) (griech.) mit mittellanger Kopfform versehen.
Me|so|ze|pha|lie (die, -, kein Plural) (griech.) mittellange Kopfform.
Me|so|zo|i|kum (das, -s, kein Plural) (griech.) Erdmittelalter. Adjektiv: mesozoisch.
Mes|sage (die, -, -s) (engl.) Information; Nachricht, Botschaft.
Mes|se (die, -, -n) Gottesdienst; Ausstellung; Schiffskantine. Messbuch; Messdiener; Messeausweis; Messebesucher; Messegelände; Messehalle; Messelesen; Messeschlager; Messestadt; Messestand; Messgewand; Messopfer.
mes|sen (V., maß, hat gemessen) ein Maß feststellen; ein bestimmtes Maß haben; prüfen; sich vergleichen. gemessenen Schrittes (bedächtig, würdig) verließ er den Raum. Messbarkeit; Messbecher; Messdaten; Messgerät; Messglas; Messinstrument; Messlatte; Messsatz (*auch:* Mess-Satz); Messschnüre (*auch:* Mess-Schnüre); Messstab (*auch:* Mess-Stab); Messtechnik; Messtisch; Messung; Messverfahren; Messwert; Messzylinder; messbar.
Mes|ser 1. (das, -s, -) Schneideinstrument. Messerheld; Messerklinge; Messerkopf; Messerrücken; Messerschmied; auf Messers Schneide stehen; Messerschnitt; Messerspitze; Messerstecherei; Messerstich; Messerwerfer. 2. (der, -s, -) Messgerät.
Mes|si|as (der, -, kein Plural) (hebr.) Jesus Christus. Adjektiv: messianisch.
Mes|sing (das, -s, kein Plural) Kupfer-Zink-Legierung. Messingdraht; Messinggießerei; Messinggriff; Messingschild; messingen.
Mes|ti|ze (der, -n, -n) (span.) weißindianischer Mischling. Mestizin.
MESZ (Abk.) mitteleuropäische Sommerzeit.
Met (der, -s, kein Plural) Honigwein.
Me|ta|bo|lie (die, -, -n) (griech.) Umwandlung, Veränderung (in der Biologie).
Me|ta|bo|lis|mus (der, -, kein Plural) (griech.) Stoffwechsel. Adjektiv: metabol; metabolisch.
Me|ta|ge|ne|se (die, -, -n) (griech.) Wechsel zwischen einer sich geschlechtlich und einer sich ungeschlechtlich fortpflanzenden Generation. Generationswechsel.
Me|ta|kom|mu|ni|ka|ti|on (die, -, -ti|o|nen) (griech.-lat.) erweiterte Kommunikationsform.
Me|ta|kri|tik (die, -, kein Plural) (griech.) Kritik der Kritik.
Me|tall (das, -s, -e) (griech.) chemischer Grundstoff. Metallarbeiter; Metallblock; Metallfarbe; Metallgeld; Metallguss; Metallhaltigkeit; Metalliclackierung; Metallindustrie; Metallisation; Metallisierung; Metallkleber; Metallkunde; Metalllegierung (*auch:* Metall-Legierung); Metallleiter (*auch:* Metall-Leiter); Metallogie; Metallurg; Metallurgie; Metallverarbeitung. Adjektive: metallen; metallhaltig; metallic; metallisch; metallurgisch; Metall verarbeitend (*auch:* metallverarbeitend). Verb: metallisieren.
Me|ta|mor|pho|se (die, -, -n) (griech.) Verwandlung. Metamorphismus; metamorph; metamorphisch; metamorphisieren.
Me|ta|pher (die, -, -n) (griech.) übertragene Wortbedeutung; bildlicher Ausdruck. Metaphorik; metaphorisch.
Me|ta|phra|se (die, -, -n) (griech.) Umschreibung. Adjektiv: metaphrastisch.
Me|ta|phy|sik (die, -, -en) (griech.) philosophische Lehre. Metaphysiker; metaphysisch.
Me|ta|spra|che (die, -, -n) (griech.) Beschreibungssprache. Adjektiv: metasprachlich.
Me|tas|ta|se (die, -, -n) (griech.) Tochtergeschwulst. Adjektiv: metastatisch. Verb: metastasieren.
Me|ta|the|o|rie (die, -, -n) Theorie über eine Theorie.
Me|ta|the|se (die, -, -n) (griech.) Umstellung von Lauten bei der Übernahme des Wortes in eine andere Sprache oder Sprachstufe oder -ebene (z. B. Brigitte gegenüber Birgit).
Me|ta|zen|t|rum (das, -s, -tren) (griech.-lat.) Schnittpunkt der vertikalen Achse (eines geneigten Schiffes) und der Auftriebsrichtung.
Me|ta|zo|on (das, -s, -zo|en) vielzelliges Tier.
Me|te|or (der/das, -s, -e) kosmischer Körper; Sternschnuppe. Meteoreisen; Meteorit; Meteorstein; meteorisch; meteoritisch.
Me|te|o|ro|lo|gie (die, -, kein Plural) (griech.) Wetterkunde. Meteorologe.
Me|te|o|ro|tro|pis|mus (der, -, kein Plural) (griech.) Wetterfühligkeit.
Me|ter (der, -s, -) (griech.) Längenmaß (Abk.: m). Das Grundstück hat eine Länge von 100 Meter/Metern; ein Grundstück von 100 Me-

ter/Metern Länge; ein/einen Meter lang; zehn Meter lang; laufender Meter (Abk.: lfd. M.); 400-m-Lauf. Meterlatte; Metermaß; Meterware; Zentimeter; meterdicke Wände, *aber:* die Wände sind drei Meter dick; meterhoher Sand, *aber:* der Sand lag zwei Meter hoch; meterlang, *aber:* ein(en) Meter lang; meterweit, *aber:* zwei Meter weit; meterweise.
Me'than (das, -s, kein Plural) (griech.) Gas. Methangas; Methanol.
Me'tho'de (die, -, -n) (griech.) Verfahren; Arbeitsplan. Methodenlehre; Methodik; Methodiker; Methodologie; methodisch; methodologisch; methodisieren.
Me'tho'dis'mus (der, -, kein Plural) aus der anglikanischen Kirche hervorgegangene Bewegung mit dem Ziel der religiösen Erneuerung.
Me'tho'dist (der, -en, -en) (griech.) Anhänger des Methodismus.
me'tho'dis'tisch (Adj.) zum Methodismus gehörig.
Me'tho'ma'nie (die, -, kein Plural) (griech.) Säuferwahnsinn.
Me'thu'sa'lem (der, -/-s, -s) Greis.
Me'thyl (das, -s, kein Plural) (griech.) chemische Verbindung. Methylalkohol (Methanol).
Me'thyl'la'min (das, -s, kein Plural) leicht nach Ammoniak riechendes, brennbares Gas.
Me'tier (das, -s, -s) (franz.) Fachgebiet; Beruf.
Me'tist (der, -en, -en) (ital.) an einem Metageschäft Beteiligter.
Me'tö'ke (der, -n, -n) (griech.) zugewanderter Einwohner (einer altgriechischen Stadt), der freier Bürger war, aber keine politischen Rechte hatte.
Me'to'ny'mie (die, -, -n) (griech.) übertragene Bedeutung. Adjektiv: metonymisch.
Me'to'pe (die, -, -en) (griech.) Zwischenfeld in einem Tempelfries der Antike.
Me'trik (die, -, -en) (griech.) Vers-, Taktlehre. Metriker; metrisch.
Me'tro (die, -, -s) (franz.) Untergrundbahn.
Me'tro'nom (das, -s, -e) (griech.) Taktmesser.
Me'tro'po'le (die, -, -n) (griech.) Weltstadt.
Me'tro'po'lit (der, -en, -en) (griech.) Erzbischof. Metropolitankirche.
Me'tror'rha'gie (die, -, -n) (griech.) Blutung aus der Gebärmutter außerhalb der Menstruation.
Me'trum (das, -s, -tren/-tra) (griech.) Versmaß; Takt.
Mett (das, -s, kein Plural) (nordd.) Schweinehack. Mettwurst.
Met'ta'ge (die, -, -n) (franz.) Zusammenstellung des Schriftsatzes zu einer Buch- oder Zeitungsseite; Umbruch.

Met'te (die, -, -n) (lat.) Nachtmesse. Christmette.
Met'teur (der, -s, -e) Schriftsetzer, der den Schriftsatz zu Seiten zusammenstellt.
met'zeln (V.) schlachten; morden. Metzelei.
Metz'ger (der, -s, -) Fleischer. Metzgerei; Metzgermeister.
meu'cheln (V.) heimtückisch ermorden. Meuchelmord; Meuchelmörder; meuchlerisch; meuchlings.
Meu'te (die, -, -n) Horde; Bande.
meu'tern (V.) sich auflehnen; widersprechen. Meuterei; Meuterer.
MeV (Abk.) Megaelektronenvolt.
Me'xi'ko (ohne Art., -s, kein Plural) Mexikaner; mexikanisch.
MEZ (Abk.) mitteleuropäische Zeit.
Mez'za'nin (das, -s, -e) (ital.) Zwischengeschoss. Mezzaninwohnung.
mez'za vo'ce (ital.) mit halber Stimme; halblaut (singen).
mez'zo'for'te (Adj.) (ital.) halbstark (Musik; Abk.: mf).
mez'zo'pi'a'no (Adj.) halbleise (Musik; Abk.: mp).
Mez'zo'so'p'ran (der, -s,-e) (ital.) mittlere Frauenstimmlage. Mezzosopranistin.
Mez'zo'tin'to (das, -s, -s/-ti) (ital.) 1. (kein Plural) Art des Kupferstichs, bei der die Zeichnung in der aufgerauten Platte mit dem Schabeisen glatt geschabt wird, sodass sie heller hervortritt; Schabkunst. 2. Erzeugnis dieses Verfahrens; Schabkunstblatt.
mf (Abk.) mezzoforte.
mg (Abk.) Milligramm.
μg (Abk.) Mikrogramm.
Mg (Abk.) Magnesium (chemisches Zeichen).
MG (das, -s, -s) (Kurzw.) Maschinengewehr. MG-Schütze.
MHz (Abk.) Megahertz.
Mia. (Abk.) Milliarde(n).
mi'au'en (V.) maunzen.
mi'cke'rig (*auch:* mick'rig) (Adj.) (ugs.) schwach; kümmerlich. Mick(e)rigkeit.
Mi'cky'maus (die, -, -mäu'se) (engl.) Trickfilmfigur.
mi'di (Adj.) halblang. Midikleid.
Mid'life'cri'sis (*auch:* Mid'life-Cri'sis) (die, -, kein Plural) (engl.) Krise in der Mitte des Lebens.
Mi'd'rasch (der, -, -schim) (hebr.)1. Auslegung des Alten Testaments nach den Verfahren der jüdischen Schriftgelehrten. 2. Sammlung dieser Schriftauslegungen.
Mid'ship'man (der, -, -men) (engl.) 1. Leutnant zur See (in der britischen Marine). 2. Offi-

Mieder 323 **mikrozephal**

ziersanwärter; Oberfähnrich (in der Marine der USA).
Mie|der (das, -s, -) Leibchen; Unterwäsche. Miederhose; Miedertuch; Miederwaren.
Mief (der, -s, kein Plural) (ugs.) schlechte Luft. Adjektiv: miefig. Verb: miefen.
Mie|ne (die, -, -n) Gesichtsausdruck. (*Aber:* die Mine!) Mienenspiel.
Mie|re (die, -, -n) Pflanzenname.
mies (Adj.) (jidd.) (ugs.) schlecht; hässlich. Miesepeter; Miesigkeit; Miesmacher; Miesmacherei; miesepet(e)rig; miesmachen.
Mies (das, -es, -e) (südd.) Moor; Sumpf.
Mie|se (die, nur Plural) (ugs.) Schulden; Minuspunkte. Ich bin schon wieder in den Miesen.
Mies|mu|schel (die, -, -n) essbare Muschel.
Mie|te (die, -, -n) 1. Mietpreis; 2. Vorratsgrube. Mietausfall; Mietauto; Mietbetrag; Mietenregelung; Mieter; Mieterhöhung; Mieterschutz; Mietfinanzierung; Mietgesetz; Mietkauf; Mietpreis; Mietrecht; Mietshaus; Mietskaserne; Mietspiegel; Miet(s)steigerung; Miet(s)verhältnis; Mietung; Mietverlust; Mietvertrag; Mietwagen; Mietwohnung; Mietzahlung; Mietzins; mietfrei; vermietet; mieten.
Mie|ze (die, -, -n) Katze. Miezekatze.
Mi|fri|fi (Kurzw.) mittelfristige Finanzplanung.
MiG (die, -, -/-s) Bezeichnung für Flugzeugtypen der ehem. Sowjetunion (benannt nach den beiden Konstrukteuren Mikojan und Gurewitsch).
Mi|g|no|nette (die, -, -s) schmale Zwirnspitze.
Mi|g|nonfas|sung (die, -, -en) Glühlampenfassung.
Mi|g|rä|ne (die, -, -n) (griech.) Kopfschmerz.
Mi|g|ra|ti|on (die, -, -ti|o|nen) (lat.) Wanderung (Vögel).
Mijn|heer (der, -s, -s) (niederl.) ›mein Herr‹; ohne Artikel niederländische Anrede; auch scherzhaft für Holländer.
Mi|ka|do (das, -s, -s) (jap.) Geschicklichkeitsspiel.
Mi|ko (der, -, -s) (Kurzw. ugs.) Minderwertigkeitskomplex.
Mik|rat (das, -s, -e) (griech.) sehr stark verkleinertes, nur durch ein Mikroskop lesbares Schriftstück.
mi|k|ro... / **Mi|k|ro...** (griech.) klein .../ Klein ...; ein Millionstel einer Einheit (Abk.: μ).
Mi|k|ro|a|na|ly|se (die,-, -n) Analyse kleinster Stoffmengen.
Mi|k|ro|bar (das, -s, -) ein millionstel Bar.
Mi|k|ro|be (die, -, -n) (griech.) Mikroorganismus. Adjektiv: mikrobiell.
Mi|k|ro|che|mie (die, -, kein Plural) Chemie kleinster Mengen.

Mi|k|ro|chip (der, -s, -s) (engl.) elektronisches Schaltplättchen (EDV).
Mi|k|ro|chi|r|ur|gie (die, -, kein Plural) Gebiet der Chirurgie, das auf Operationen unter dem Mikroskop spezialisiert ist.
Mi|k|ro|com|pu|ter (der, -s, -) (engl.) kleiner Computer.
Mi|k|ro|fa|rad (das, -s, -) ein millionstel Farad.
Mi|k|ro|fiche (der, -s, -s) (engl.) Mikrofilm.
Mi|k|ro|film (der, -s, -e) schmaler Fotofilm.
Mi|k|ro|fon (*auch:* Mi|k|ro|phon) (das, -s, -e) (griech.) Aufnahmegerät.
Mi|k|ro|gramm (das, -s, -) ein millionstel Gramm (Abk.: μg).
Mi|k|ro|kli|ma (das, -s, kein Plural) Klima in einem räumlich begrenzten Gebiet (bes. in Bodennähe).
Mi|k|ro|ko|pie (die, -, -n) mittels Fotografie stark verkleinerte Text- oder Bildvorlage.
Mi|k|ro|kos|mos (der, -, -men) (griech.) Lebensraum der Kleinlebewesen; Menschenwelt.
Mi|k|ro|me|ter (das, -s, -) Feinmessgerät; ein millionstel Meter (Abk.: μm). Mikrometerschraube.
Mi|k|ro|ne|si|en (ohne Art., -s, kein Plural) Mikronesier; mikronesisch.
Mi|k|ro|or|ga|nis|mus (der, -, -men) (griech.) Kleinlebewesen.
Mi|k|ro|phon → Mikrofon.
Mi|k|ro|phy|sik (die, -, kein Plural) Physik der Moleküle und Atome.
Mi|k|ro|phyt (das, -en, -en) (griech.) pflanzliche Mikrobe.
Mi|k|ro|pro|zes|sor (der, -s, -en) Computerbaustein.
Mi|k|ro|ra|dio|me|ter (das, -s, -) Strahlenmessgerät.
Mi|k|ro|s|kop (das, -s, -e) (griech.) Vergrößerungsgerät. Adjektiv: mikroskopisch. Verb: mikroskopieren.
Mi|k|ro|s|ko|pie Untersuchung mit dem Mikroskop.
Mi|k|ro|so|mie (die, -, kein Plural) Zwergwuchs.
Mi|k|ro|thek (die, -, -en) (griech.) Sammlung von Mikrokopien; Behälter dafür.
Mi|k|ro|tom (das, -s, -e) (griech.) Gerät zur Herstellung feinster Gewebeschnitte.
Mi|k|ro|wel|le (die, -, -n) elektromagnetische, sehr kurze Welle. Mikrowellenherd; Mikrowellengerät.
Mi|k|ro|zen|sus (der, -, -) (griech.) Befragung eines repräsentativ ausgewählten Personenkreises.
mi|k|ro|ze|phal (Adj.) (griech.) mit abnorm kleinem Kopf versehen.

Mi|k|ro|ze|pha|lie (die, -, kein Plural) (griech.) abnorm kleine Kopfform.
Mik|ti|on (die, -, -ti|o|nen) (lat.) Harnlassen; Wasserlassen.
Mi|lan (der, -s, -e) (franz.) Greifvogel.
Mi|la|ne|se (der, -n, -n) Einwohner von Mailand.
Mil|be (die, -, -n) Spinnentier. Adjektiv: milbig.
Milch (die, -, kein Plural) Nahrungsmittel; Pflanzensaft; Kosmetikum. Milchbar; Milchbart; Milchbrätling; Milchbrei; Milchbrötchen; Milchdrüse; Milcheis; Milcheiweiß; Milchfieber; Milchflasche; Milchgebiss; Milchgesicht; Milchglas; Milchhof; Milchkaffee; Milchkanne; Milchkuh; Milchmädchenrechnung; Milchmixgetränk; Milchprodukt; Milchpulver; Milchreis; Milchsäure; Milchschokolade; Milchtüte; Milchwirtschaft; Milchzahn; Milchzucker. Adjektive: milchen; milchig; milchweiß.
Milch|stra|ße (die, -, kein Plural) Sternsystem.
mild (Adj.) weich; gütig; lau. Milde; Mildherzigkeit; Mildtätigkeit; mildherzig; mildtätig.
mil|dern (V.) lindern; vermindern. Milderung; Milderungsgrund.
Mi|li|ar|tu|ber|ku|lo|se (die, -, -n) (lat.) bes. schwere Tuberkulose mit hirsekorngroßen Tuberkeln, die den ganzen Körper ergreifen kann.
Mi|li|eu (das, -s, -s) (franz.) Umgebung. Milieuforschung; Milieuschilderung; Milieutheorie; Milieuwechsel; milieugeschädigt.
mi|li|tant (Adj.) gewalttätig; kämpferisch.
Mi|li|tär (das, -s, kein Plural) Heer; Wehrmacht. Militärakademie; Militärarzt; Militärattaché; Militärbündnis; Militärdienst; Militärdiktatur; Militärgefängnis; Militarisierung; Militarismus; Militarist; Militärjunta; Militärmarsch; Militärmusik; Militärpflicht; Militärpflichtige; Militärputsch; Militärregierung; Militärschule; Militärzeit. Adjektive: militärisch; militaristisch; militärpflichtig.
Mi|li|ta|ria (die, nur Plural) (lat.) das Militär betreffende Angelegenheiten (veraltet); Bücher, Bilder über das Militär.
Mi|li|ta|ry (die, -, -s) (engl.) Reitprüfung. Militaryreiter.
Mi|li|ta|ry Po|li|ce (die, -, kein Plural) (engl.) Militärpolizei (Abk.: MP).
Mi|li|um (das, -s, kein Plural) (lat.) Ansammlung von kleinen, harten Knötchen unter der Oberfläche der Haut im Gesicht; Hautgrieß.
Mi|liz (die, -, -en) (lat.) Truppe; Polizei. Milizheer; Milizionär; Milizsoldat.
Mill. (*auch:* Mio.) (Abk.) Million(en).
Mil|le (das, -, -) (lat.) Tausend (Abk.: M); (ugs.) tausend Mark.

Mil|le|fi|o|ri|glas (das, -es, -glä|ser) Mosaikglas.
Mille|fleurs (der, -, kein Plural) (franz.) Stoff mit Streublumenmuster.
Mil|le Mig|lia (die, nur Plural) (ital.) größtes Langstreckenrennen für Sportwagen in Italien.
mil|le|nar (Adj.) (lat.) tausendfach.
Mil|len|ni|um (das, -s, -ni|en) Zeitraum von tausend Jahren.
Mil|li... (lat.) ein Tausendstel einer Einheit. Milliampere (Abk.: mA).
Mil|li|bar (Abk.: mbar).
Mil|li|gramm (Abk.: mg).
Mil|li|li|ter (Abk.: ml).
Mil|li|me|ter (Abk.: mm); Millimeterarbeit; Millimeterpapier.
Milz (die, -, -en) Organ. Milzbrand; Milzriss.
Mi|me|se (die, -, -n) (lat.) schützende äußere Ähnlichkeit von Tieren mit leblosen Gegenständen ihrer Umgebung.
Mi|me|sis (die, -, -me|sen) (griech.) Nachahmung. Adjektiv: mimetisch.
Mi|mik (die, -, kein Plural) (griech.) Mienenspiel; Gebärden. Mimiker; Mime; mimisch; mimen.
Mi|mi|k|ry (die, -, kein Plural) (engl.) Anpassung (im Tierreich).
Mi|mo|se (die, -, -n) (griech.) 1. Zierpflanze. 2. überempfindlicher Mensch. Adjektiv: mimosenhaft.
Mi|mus (der, -, -men) (griech.) Posse; Possenreißer.
min (*auch:* Min.) (Abk.) Minute.
Mi|na|rett (das, -s, -e/-s) (arab.) Moscheeturm.
min|der (Adj.; Adv.) weniger; geringer. Minderbegabte; Minderbemittelte; Minderheit; Minderheitenfrage; Minderheitenschutz; Minderheitsregierung; Minderjährigkeit; Minderwertigkeitskomplex; in der Minderzahl sein; minderbegabt; minderbemittelt; minderjährig; minderwertig. *Aber:* Die Prüfung war minder gut. Verb: mindern.
min|des|te (Adj.) geringste; wenigste. *Beachte:* Zum Mindesten (*auch:* mindesten) hättest du anrufen können; ich wusste nicht das Mindeste (*auch:* mindesten); sie dachte nicht im Mindesten (*auch:* mindesten) daran. Mindestabstand; Mindestalter; Mindestbeitrag; Mindestbetrag; Mindestbietende; Mindestforderung; Mindestgeschwindigkeit; Mindestlohn; Mindestmaß; Mindestpreis; Mindestsatz; Mindeststrafe; Mindestumtausch; Mindestzahl; Mindestzeit; mindestens.
Mi|ne (die, -, -n) (franz.) Sprengladung; Stollen; Metallstift (Kugelschreiber). Minenfeld; Minenleger; Minenräumboot; Minenstollen; Minensucher; Minenwerfer; minieren.

Mi|ne|ral (das, -s, -e/-li|en) (franz.) Erzgestein. Mineralbad; Mineralbrunnen; Mineraldünger; Mineraliensammlung; Mineralisation; Mineralogie; Mineralöl; Mineralölindustrie; Mineralquelle; Mineralsalz; Mineralstoff; Mineralwasser; mineralisch; mineralogisch.
Mi|ne|ra|lo|ge (der, -n, -n) Wissenschaftler der Mineralogie.
Mi|nes|t|ro|ne (die, -, -n) (ital.) Gemüsesuppe.
Mi|neur (der, -s, -e) (franz.) 1. Bergarbeiter (früher). 2. für das Minenlegen ausgebildeter Soldat (früher).
Mi|net|te (die, -, -n) (franz.) Eisenerz.
mi|ni (Adj.) sehr klein. Minibikini; Minicar; Minicomputer; Minidiskette; Minigolf; Minikleid; Minimode; Minipille; Minirock; Minislip; Minispion.
Mi|ni|a|tor (der, -s, -en) (lat.) Maler; Zeichner von Miniaturen; Buchmaler.
Mi|ni|a|tur (die, -, -en) (lat.) kleines Bild; Verkleinerung. Miniaturausgabe; Miniaturbild; Miniaturmaler; Miniaturisierung; miniaturisieren.
mi|ni|mal (Adj.) sehr klein; winzig. Minimalbetrag; Minimalforderung; Minimalgewicht; Minimalkonsens; Minimallohn; Minimalpreis; Minimalprogramm; Minimalwert; Minimal Art; Minimal Music; Minimalismus; Minimalist; minimalistisch; Minimum; Minimierung. Verb: minimieren.
Mi|ni|max-The|o|rem (das, -s, kein Plural) math. Lehrsatz aus der Spieltheorie.
Mi|nis|ter (der, -s, -) (lat.) Regierungsmitglied. Ministerialbeamter; Ministerialdirektor; Ministerialrat; Ministerin; Ministerium; Ministerpräsident; ministerial; ministeriell.
Mi|nis|te|ri|a|le (der, -n, -n) (lat.) 1. unfreier Dienstmann im Hof- und Kriegsdienst. 2. Angehöriger des niederen Adels (im 14./15. Jh.).
Mi|nis|t|rant (der, -en, -en) (lat.) Messdiener. Verb: ministrieren.
Mink (der, -s, -e) (engl.) Nerz. Minkfell.
Min|ne (die, -, kein Plural) (mhd.) Liebe. Minnedienst; Minnegesang; Minnelied; Minnesänger; minnen.
Mi|no|rat (das, -s, -e) Jüngstenrecht.
Mi|no|rit (der, -en, -en) (lat.) Franziskaner; Minderbruder.
Mi|no|ri|tät (die, -, -en) (lat.) Minderheit. Minoritätsträger; Minoritätsgutachten.
Mi|no|tau|rus (auch: Mi|no|taur) (der, -, kein Plural) (griech.) Ungeheuer.
Mins|t|rel (der, -s, -s) (engl.) Spielmann im Dienst eines Adligen (in England im Mittelalter).
Mi|nu|end (der, -en, -en) (lat.) Zahl, von der eine andere Zahl abgezogen werden soll.

mi|nus (Adj.; Adv.; Präp.; Gen.) abzüglich; weniger; negativ. Die Miete beträgt minus der Heizungskosten 1000 €. Die Miete minus Heizungskosten beträgt 1000 €. Vier minus vier gibt/macht (falsch: geben/machen!) null. Minus; Minusbetrag; Minuspol; Minuspunkt; Minuszeichen.
Mi|nus|kel (die, -, -n) (lat.) Kleinbuchstabe.
Mi|nu|te (die, -, -n) Zeiteinheit (Abk.: min; Min.). Sie kamen auf die Minute (pünktlich). Er wartete bis zur letzten Minute. Minutenzeiger; minutenlang, aber: fünf Minuten lang; ein dreiminütiges (auch: 3-minütiges) Gespräch; minütlich (jede Minute); in dreiminütlichem (auch: 3-minütlichem) Abstand.
mi|nu|zi|ös (auch: mi|nu|ti|ös) (Adj.) (franz.) bis ins Kleinste; peinlich genau.
Min|ze (die, -, -n) Pflanze. Pfefferminze.
Mio (auch: Mill.) (Abk.) Million(en).
Mio|zän (das, -s, kein Plural) (griech.) zweitjüngste Abteilung des Tertiärs.
mir (Pron., pers.) (Dativ) Beachte: Er sagte dies so mir nichts, dir nichts (unvermittelt). Von mir aus (meinetwegen)! Wie du mir, so ich dir.
Mi|ra (die, -, kein Plural) (lat.) Stern.
Mi|ra|bel|le (die, -, -n) (franz.) kleine Pflaume. Mirabellenschnaps.
Mi|rage (die, -, -s) (franz.) Jagdbomber.
Mi|ra|kel (das, -s, -) (lat.) Wunder. Mirakelspiel; mirakulös.
Mi|s|an|th|rop (der, -en, -en) (griech.) Menschenfeind. Misanthropie; misanthropisch.
mi|schen (V.) vermengen; vereinigen; sich einmischen. Mischbatterie; Mischbrot; Mischehe; Mischer; Mischfarbe; Mischform, Mischfutter; Mischgarn; Mischgas; Mischgemüse; Mischgetränk; Mischgewebe; Mischkalkulation; Mischkultur; Mischling; Mischmasch; Mischmaschine; Mischpult; Mischröhre; Mischtrommel; Mischung; Mischungsverhältnis; Mischvolk; Mischwald. Adjektive: mischfarben; mischfarbig; gemischt.
Misch|po|ke (auch: Misch|po|che) (die, -, kein Plural) (jidd.) (ugs.) Verwandtschaft; Sippschaft.
mi|se|ra|bel (Adj.) (franz.) schlecht; elend.
Mi|se|re (die, -, -n) (franz.) Elend; Not.
Mi|se|re|re (das, -s, kein Plural) (lat.) 1. Anfangswort (und Bezeichnung) des 51. Psalms; Bußpsalm. 2. Kotbrechen (bei Darmverschluss).
Mi|se|ri|kor|die (die, -, -n) (lat.) kleiner, oft geschnitzter Vorsprung an der Unterseite der Klappsitze im Chorgestühl (als Stütze beim längeren Stehen).
Mi|so (das, -/-s, kein Plural) (jap.) aus Sojabohnen, Getreide und Salz gewonnenes Würzmittel.

Mi|so|ga|mie (die, -, kein Plural) (griech.) Ehescheu.
Mi|so|gyn (der, -s/-en, -e/-en) (griech.) Frauenfeind. Misogynie; misogyn.
Mi|so|lo|gie (die, -, -n) (griech.-lat.) Feindschaft gegenüber sachlicher, vernunftgeregelter Auseinandersetzung; Ablehnung von Logik und Vernunft.
Mi|so|pä|die (die, -, -n) (griech.-lat.) krankhafter Hass auf die eigenen Nachkommen.
Miss (die, -, kein Plural) (engl.) Fräulein; Schönheitskönigin. Miss Germany; Misswahl.
miss|ach|ten (V.) verachten; nicht beachten. Missachtung.
Mis|sal (das, -s, -e) (lat.) Buch mit den Lesungen für die katholische Messe. Messbuch.
miss|ar|tet (Adj.) schlecht geraten.
Miss|be|ha|gen (das, -s, kein Plural) Unbehagen. Adjektiv: missbehaglich. Verb: missbehagen.
Miss|bil|dung (die, -, -en) Fehlentwicklung; Anomalie. Adjektiv: missgebildet.
miss|bil|li|gen (V.) kritisieren; ablehnen. Missbilligung.
miss|brau|chen (V.) falsch gebrauchen; vergewaltigen. Missbrauch; missbräuchlich.
miss|deu|ten (V.) falsch interpretieren.
mis|sen (V.) entbehren.
Miss|er|folg (der, -s, -e) Misslingen.
Miss|ern|te (die, -, -n) 1. schlechte Ernte; 2. Misserfolg.
Mis|se|tat (die, -, -en) Vergehen; Verbrechen. Missetäter.
Miss|fal|len (das, -s, kein Plural) Abneigung; Missbilligung. Missfallensäußerung; Missfallenskundgebung; missfällig.
Miss|ge|burt (die, -, -en) Fehlgeburt; Misserfolg.
miss|ge|launt (Adj.) schlecht gelaunt. Missgelauntheit.
Miss|ge|schick (das, -s, -schi|cke) Unglück; Ärgernis.
miss|ge|stal|tet (Adj.) hässlich. Missgestalt; missgestalten.
miss|ge|stimmt (Adj.) schlecht gelaunt.
miss|glü|cken (V., ist) fehlschlagen. Die Generalprobe ist missglückt.
miss|gön|nen (V.) beneiden.
Miss|griff (der, -s, -e) Fehler; Fehltritt.
Miss|gunst (die, -, kein Plural) Neid. Adjektiv: missgünstig.
miss|han|deln (V.) quälen. Misshandlung.
miss|hel|lig (Adj.) uneinig. Misshelligkeit.
Mis|sile (das, -s, -s) (engl.) (Kurzw.) Cruiseemissile (*auch:* Cruise-Missile).

Mis|sing Link (das, -, kein Plural) (engl.) fehlende Übergangsform vom Affen zum Menschen.
Mis|si|on (die, -, -si|o|nen) (lat.) 1. Auftrag; 2. Glaubensverbreitung; Botschaft. Missionar; Missionierung; Missionschef; Missionshaus; Missionsschule; Missionsschwester; Missionswissenschaft; missionarisch; missionieren.
Miss|klang (der, -s, -klän|ge) Misston; Unstimmigkeit.
Miss|kre|dit (der, -s, -e) schlechtes Ansehen; Verruf. jemanden in Misskredit bringen.
miss|lau|nig (Adj.) schlecht gelaunt.
miss|lei|ten (V., missleitete, hat missgeleitet/missleitet) verleiten; in die Irre führen. Missleitung.
miss|lich (Adj.) ungünstig; schlimm. Misslichkeit.
miss|lie|big (Adj.) unbeliebt. Missliebigkeit.
miss|lin|gen (V., misslang, ist misslungen) scheitern; missglücken. Misslingen.
Miss|ma|nage|ment (das, -s, -s) (engl.) Misswirtschaft.
Miss|mut (der, -s, kein Plural) Ärger; Verdrossenheit. Adjektiv: missmutig.
miss|ra|ten (V., missriet, ist missraten) scheitern; nicht gelingen.
Miss|stand (*auch:* Miss-Stand) (der, -s, -stän|de) schlechter Zustand.
Miss|stim|mung (*auch:* Miss-Stimmung) (die, -, -en) Meinungsverschiedenheit; Zwiespalt.
Miss|ton (der, -s, -tö|ne) Missklang; Uneinigkeit. Adjektive: misstönend; misstönig.
Miss|trau|en (das, -s, -) Zweifel; Verdacht. Misstrauensantrag; Misstrauensvotum; misstrauisch; misstrauen.
Miss|ver|gnü|gen (das, -s, kein Plural) Enttäuschung. Adjektiv: missvergnügt.
Miss|ver|hält|nis (das, -ses, -se) Ungleichgewicht.
miss|ver|ste|hen (V., verstand miss, hat missverstanden) falsch verstehen; verkennen. Missverständnis; missverständlich.
Miss|wahl (die, -, -en) Schönheitswettbewerb.
Miss|wirt|schaft (die, -, kein Plural) schlechte Geschäftsführung; Schlamperei.
Miss|wuchs (der, -es, -wüch|se) Fehlbildung.
Mist (der, -s, kein Plural) 1. Dung; Kot. 2. (ugs.) Unsinn. Mistbeet; Mistfink; Mistgabel; Misthaufen; Mistigkeit; Mistkäfer; Mistkarren; Miststück; Mistvieh; mistig; misten.
Mis|tel (die, -, -n) Pflanze. Mistelzweig.
Mis|ter (die, -, -) (engl.) in englischsprachigen Ländern Anrede für Herr (in Verbindung mit dem Namen).

Mis|t|ral (der, -s, -e) (franz.) Wind.
Mis|zel|len (die, nur Plural) Vermischtes; kurze Zeitungsartikel.
mit (Präp., Dat.) zusammen; gemeinsam; einschließlich; mittels; versehen mit; zu einer Zeit; betreffend; gegeneinander. Mitinhaber; Mitkämpfer; Mitmensch; Mitschüler; Mitspieler; Mitverschulden; Mitwelt.
mit|ar|bei|ten (V., arbeitete mit, hat mitgearbeitet) sich beteiligen. in der Redaktion mitarbeiten (als Mitarbeiter); *aber:* Könnte ich doch nur (einmal) in der Redaktion mit arbeiten. Mitarbeiter/in; Mitarbeiterstab.
mit|be|kom|men (V., bekam mit, hat mitbekommen) erhalten; verstehen.
Mit|be|nut|zung (die, -, -en) gemeinsame Benutzung. Verb: mitbenutzen.
Mit|be|sit|zer (der, -s, -) Teilhaber. Mitbesitz.
Mit|be|stim|mung (die, -, kein Plural) gemeinsame Entscheidung. Mitbestimmungsrecht; Mitbestimmungsgesetz; mitbestimmen.
Mit|be|wer|ber (der, -s, -) Konkurrent; Rivale.
Mit|be|woh|ner (der, -s, -) Hausgenosse; Mitbürger.
mit|brin|gen (V., brachte mit, hat mitgebracht) bringen; schenken. Mitbringsel.
Mit|bür|ger (der, -s, -) Mitmensch.
mit|ei|n|an|der (Adv.) zusammen; gemeinsam. *Beachte:* Getrenntschreibung vom Verb, wenn beide Wörter gleichermaßen betont werden! ein gutes Miteinander.
mit|emp|fin|den (V., empfand mit, hat mitempfunden) bemitleiden; Anteil nehmen. Mitempfinden.
Mit|es|ser (der, -s, -) Hautpickel.
Mit|fah|rer (der, -s, -) Fahrgast; Beifahrer. Mitfahrgelegenheit; Mitfahrzentrale; mitfahren.
mit|füh|len (V., fühlte mit, hat mitgefühlt) bemitleiden. Mitgefühl; mitfühlend.
mit|ge|nom|men (Adj.) erschöpft; lädiert.
Mit|gift (die, -, -en) Heiratsgut; Aussteuer.
Mit|glied (das, -s, -er) Teilnehmer; Angehöriger. Mitgliederversammlung; Mitgliederzahl; Mitgliedsausweis; Mitgliedsbeitrag; Mitgliedschaft; Mitgliedskarte; Mitglied(s)staaten; mitgliederschwach; mitgliederstark.
mit|hal|ten (V., hielt mit, hat mitgehalten) sich beteiligen; bestehen. Keiner konnte mit ihm mithalten.
Mit|hil|fe (die, -, kein Plural) Unterstützung; Beihilfe. mithilfe (*auch:* mit Hilfe) der Polizei. Mithelfer; mithelfen.
mit|hin (Adv.) folglich; somit.
mit|kom|men (V., kam mit, ist mitgekommen) begleiten; verstehen.

Mit|läu|fer (der, -s, -) passiv Beteiligter. Mitläufertum; mitlaufen.
Mit|laut (der, -s, -e) Konsonant.
Mit|leid (das, -s, kein Plural) Mitgefühl; Anteilnahme. Mitleidsbekundung; Mitleid erregend (*auch:* mitleiderregend) mitleidig; mitleid(s)voll; mitleiden.
Mit|lei|den|schaft (die) (nur in der Wendung:) jemanden/etwas in Mitleidenschaft ziehen (beeinträchtigen).
mit|ma|chen (V., machte mit, hat mitgemacht) sich beteiligen; (ugs.) erleiden.
mit|mensch|lich (Adj.) zwischenmenschlich. Mitmensch; Mitmenschlichkeit.
mit|mi|schen (V., mischte mit, hat mitgemischt) (ugs.) mitmachen.
mit|neh|men (V., nahm mit, hat mitgenommen) wegnehmen; aufregen. Mitnahme; Mitnahmepreis.
mit|nich|ten (Adv.) keineswegs.
Mi|to|se (die, -, -n) (griech.) Zellkernteilung. Adjektiv: mitotisch.
Mit|ra (die, -, -tren) (griech.) Bischofsmütze.
Mi|t|rail|leu|se (die, -, -n) (franz.) französisches Schnellfeuergeschütz; Vorläufer des Maschinengewehrs.
mit|rei|ßen (V., riss mit, hat mitgerissen) mit sich reißen; begeistern. Adjektiv: mitreißend.
mit|sam|men (Adv.) zusammen.
mit|samt (Präp., Dat.) zusammen mit. Die Kinder wollten mitsamt dem Wellensittich verreisen.
Mit|schnitt (der, -s, -e) Tonbandaufnahme. Verb: mitschneiden.
Mit|schuld (die, -, kein Plural) Teilschuld. Mitschuldige; mitschuldig.
mit|schwin|gen (V., schwang mit, hat mitgeschwungen) schwingen; erkennbar werden.
Mit|spra|che (die, -, kein Plural) Anteil an einer Entscheidung. Mitspracherecht; mitsprechen.
mit|ste|no|gra|fie|ren (*auch:* mit|ste|no|graphie|ren) (V., stenografierte mit, hat mitstenografiert) in Kurzschrift mitschreiben.
Mit|tag (der, -s, -e) Mittagessen; Mittagspause; Mittagszeit. *Beachte:* am Mittag, jeden Mittag; des Mittags; zu Mittag essen; vor Samstagmittag (samstags mittags/samstagmittags) bin ich nicht zu Hause; über Mittag kannst du mich erreichen; eines Mittags rief sie an; vom Mittag bis zum Abend. *Aber:* von mittags bis abends; gestern/heute/morgen Mittag; um zwölf Uhr mittags; am Samstagmittag. Mittagbrot; Mittagessen; Mittagsruhe; Mittagsschlaf; Mittagssonne; Mittagstisch; Mittagszeit. Adjektive: mittägig; mittäglich. Adverb: mittags.

Mit'tä'ter (der, -s, -) Komplize. Mittäterschaft.
Mit'te (die, -, -n) Mittelpunkt; Gruppe. Mitte März sind wir fertig; Mitte der Zwanziger; sie ist Mitte vierzig; Mittachtziger; Mittvierziger.
mit'tei'len (V., teilte mit, hat mitgeteilt) benachrichtigen; informieren; sich anvertrauen. Mitteilsamkeit; Mitteilung; Mitteilungsbedürfnis; mitteilsam.
Mit'tel (das, -s, -) 1. Mitte. 2. Durchschnitt; Hilfe; Heilmittel. 3. (Plural) Gelder. Mittelalter; Mittelblau; Mittelding; Mitteleuropa; Mittelfeld; Mittelfeldspieler; Mittelfinger; Mittelfuß; Mittelgebirge; Mittelhochdeutsch (Sprache); Mittelklasse; Mittelklassewagen; Mittelkreis; Mittellinie; Mittelmeer; Mittelmeerraum; Mittelohr; Mittelohrentzündung; Mittelpunkt; Mittelscheitel; Mittelschiff; Mittelschule; Mittelstand; Mittelstrecke; Mittelstreckenlauf; Mittelstreckenläufer; Mittelstreckenrakete; Mittelstreifen; Mittelstück; Mittelstürmer; Mittelung; Mittelweg; Mittelwert; Mittelwort (Partizip). Adjektive: mittelalt; mittelalterlich (ma.); mitteleuropäisch; mittelgroß; mittelgut; mittelhochdeutsch (mhd.); mittelländisch; mittelmeerisch; mittelprächtig; mittelschwer; mittelständisch; mittig. *Beachte:* mittlere Reife; mittlerer Dienst, *aber:* der Mittlere Osten!
mit'tel'bar (Adv.) indirekt.
mit'tel'fris'tig (Adj.) eine mittlere Dauer habend.
mit'tel'los (Adj.) besitzlos; arm. Mittellosigkeit.
mit'tel'mä'ßig (Adj.) durchschnittlich. Mittelmaß; Mittelmäßigkeit.
mit'tels (Präp., Gen.) mit; durch. mittels eines Schraubenziehers; *besser:* mit einem Schraubenzieher. *Aber:* mittels Sonnenenergie.
Mit'tels'mann (der, -es, -män'ner) Vermittler.
mit'ten (Adv.) in der Mitte. *Beachte:* mittendrein; mittendrin; mittendrunter; mittendurch, *aber:* mitten durch die Wüste gehen; der Teller brach mitten durch; mitteninne.
Mit'ter'nacht (die, -, kein Plural) zwölf Uhr nachts. Mitternachtsmesse; Mitternachtssonne; Mitternachtsstunde; mitternächtlich; mitternachts, *aber:* des Mitternachts ist Geisterstunde; mitternachtsblau.
Mitt'ler (der, -s, -) Vermittler; Agent. Mittlerrolle.
mitt'ler'wei'le (Adv.) inzwischen.
Mitt'woch (der, -s, -e) Wochentag. am Mittwoch; am (nächsten) Mittwochabend, *aber:* immer mittwochabends (*auch:* mittwochs abends); Mittwochnacht; mittwochs; Mittwochslotto.
mit'un'ter (Adv.) manchmal.

mit'wir'ken (V., wirkte mit, hat mitgewirkt) mitarbeiten; dabei sein. Mitwirkung.
Mit'wis'ser (der, -s, -) Eingeweihter. Mitwisserschaft.
mit'zäh'len (V., zählte mit, hat mitgezählt) zählen; berücksichtigen.
Mixed (das, -s/-, -s/-) (engl.) gemischtes Tennisdoppel.
Mixed Grill (der, -s, -s) (engl.) Gericht aus mehreren verschiedenen, gegrillten Fleischstücken und Würstchen.
Mixed-Me'dia-Show (die, -, kein Plural) (engl.) künstlerische Veranstaltung, die verschiedene Kunstzweige umfasst (Musik, Theater, Film, Tanz usw.).
mi'xen (V.) (engl.) mischen. Mixbecher; Mixer; Mixgetränke; Mixtur; Mixpickles (*auch:* Mixpickles/Mixed Pickles).
mk (Abk.) Markka (Finnmark).
MKS (Abk.) Maul- und Klauenseuche.
ml (Abk.) Milliliter.
MLF (Abk.) Multilateral Force (Multilaterale Atommacht).
Mlle. (Abk.) Mademoiselle (Plural: Mlles.).
mm (Abk.) Millimeter. mm^2 (Quadratmillimeter), mm^3 (Kubikmillimeter).
μm (Abk.) Mikrometer.
Mme. (Abk.) Madame (Plural: Mmes.).
Mn (Abk.) Mangan (chemisches Zeichen).
Mne'me (die, -, kein Plural) (griech.) 1. Gedächtnis; Erinnerung. 2. das Vermögen, wichtige Informationen im Gedächtnis zu speichern.
Mne'mis'mus (der, -, kein Plural) (griech.-lat.) die Anschauung, dass alle lebenden Organismen eine Mneme haben.
Mne'mo'nik (die, -, kein Plural) (griech.) das Verfahren, durch bestimmte systematische Übungen die Gedächtnisleistung zu optimieren, sich etwas leichter einzuprägen.
Mne'mo'ni'ker (der, -s, -) jmd., der die Mnemonik beherrscht.
mne'mo'nisch (Adj.) (griech.) die Mnemonik betreffend.
Mne'mo'tech'nik (die, -, -en) = Mnemonik.
Mne'mo'tech'ni'ker (der, -s, -) = Mnemoniker.
mne'mo'tech'nisch (Adj.) (griech.) = mnemonisch.
mnes'tisch (Adj.) (griech.) die Mneme betreffend.
MΩ (Abk.) Megaohm.
Mob (der, -s, kein Plural) (engl.) Pack; Gesindel. Mobster.
Mob'bing (das, -s, kein Plural) (engl.) 1. Angriffsverhalten von Vogelgruppen gegenüber Greifen, Eulen (Verhaltensforschung). 2. heimtückisches Schlechtmachen.

Möbel (das, -s, -) Einrichtungsgegenstand; Ausstattung. Möbelfabrik; Möbelfirma; Möbelhändler; Möbelpacker; Möbelpolitur; Möbelstück; Möbelwagen; Mobiliar; Mobiliarvermögen; Möblierung; möbliert; möblieren.
mo|bil (Adj.) (lat.) beweglich. Mobile; Mobilität; Mobilisation; Mobilisierung; Mobilmachung; mobilisieren; mobilmachen (kampfbereit machen).
Möch|te|gern (der, -s, -s/-e) Prahler. Möchtegernpolitiker.
Mo|da|li|tät (die, -, -en) (lat.) Art und Weise; Umstand. Modalbestimmung; Modalsatz; Modalverb (z. B. können, wollen, sollen, dürfen); modal.
Mo|dal|no|ta|ti|on (die, -, kein Plural) Notenschrift, die nur den ungefähren Rhythmus festlegt (Vorläufer der Mensuralnotation).
Mo|de (die, -, -n) (franz.) Zeitgeschmack; Stil; Sitte. Das ist in Mode. Modeartikel; Modecenter; Modedesigner; Modefarbe; Mode(n)haus; Modekrankheit; Modenschau; Modepuppe; Modesalon; Modeschmuck; Modetanz; Modeware; Modewort; Modezeichner; modebewusst; modisch.
Mo|del 1. (der, -s, -) (lat.) Backform. Modelung; Modeldruck; modeln. 2. (das, -s, -s) (engl.) Fotomodell. (*Aber:* das Modell!)
Mo|dell (das, -s, -e) (ital.) 1. Miniatur; Muster; Vorbild; 2. Mannequin. Modellbaukasten; Modelleisenbahn; Modellfall; Modellflugzeug; Modellierer; Modelliermasse; Modellierung; Modellkleid; Modellpuppe; Modellschreiner; Modellversuch; modellhaft; modellieren.
Mo|del|leur (der, -s, -e) Facharbeiter, der Modelle entwirft. Musterformen.
Mo|der (der, -s, kein Plural) Fäulnis. Modergeruch; mod(e)drig; modern.
mo|de|rat (Adj.) (lat.) maßvoll.
mo|de|ra|to (Adj.) (ital.) mäßig schnell; mäßig bewegt (in der Musik).
Mo|de|ra|tor (der, -s, -en) Kommentator; Diskussionsleiter. Moderation; moderieren.
mo|dern (Adj.) zeitgemäß; modisch. Moderne; Modernisierung; Modernität; modernisieren.
Mo|der|nis|mus (der, -, kein Plural) 1. liberale, wissenschaftlich-kritische Richtung innerhalb der katholischen Kirche (von Papst Pius X. 1907 verurteilt). 2. Bejahung alles Modernen; Streben nach Modernem.
mo|der|nis|tisch (Adj.) zum Modernismus gehörig; von ihm ausgehend.
Mo|dern Jazz (der, -, kein Plural) nach 1945 entstandener Jazzstil.
Mo|di|fi|ka|ti|on (die, -, -ti|o|nen) (lat.) Veränderung; Abwandlung. Modifizierung; modifizieren.

Mo|dis|tin (die, -, -nen) (franz.) Herstellerin von Damenhüten; Putzmacherin.
Mo|dul 1. (der, -s, -en) (lat.) Verhältniszahl. 2. (das, -s, -e) komplexes Geräteteil.
mo|du|lie|ren (V.) (lat.) abwandeln; Tonart wechseln. Modulation; Modulator; modulationsfähig; modulierbar.
Mo|dus (der, -, -di) (lat.) Art und Weise; Aussageweise des Verbs (Indikativ, Konjunktiv, Imperativ). Modus Vivendi (Einigung; Verständigung).
Mo|fa (das, -s, -s) (Kurzw.) Motorfahrrad. Mofafahrer.
mo|geln (V.) schwindeln; betrügen. Mogelei; Mogelpackung; Mogler.
mö|gen (V., mochte, hat gemocht) gern wollen; gern haben.
mög|lich (Adj.) machbar; denkbar. *Beachte:* alles Mögliche (allerlei). Ich werde mein Möglichstes tun. Kürzen Sie, wo möglich (wenn/wo es möglich ist); *aber:* womöglich (eventuell). Ich komme so schnell wie möglich. Wir versuchten alles Mögliche (alles, was irgend möglich war). Die Kosten sollten im Rahmen des Möglichen bleiben. das Mögliche und das Unmögliche. Möglichkeit; Möglichkeitsform (Konjunktiv); möglichenfalls; möglicherweise; möglichst wenige Fehler machen.
Mo|gul (der, -s, -n) (pers.) Angehöriger eines islamischen Herrschergeschlechts in Indien.
Mo|hair (*auch:* Mo|här) (der, -s, -e) (arab.) Angorawolle.
Mo|ham|me|da|ner (der, -s, -) Moslem. Adjektiv: mohammedanisch.
Mo|hi|ka|ner (der, -s, -) Angehöriger eines ausgestorbenen nordamerikanischen Indianerstammes.
Mohn (der, -s, -e) Pflanze; Samen. Mohnblume; Mohnbrötchen; Mohngewächs; Mohnkuchen; Mohnöl; Mohnsamen; Mohnstrudel.
Mohr (der, -en, -en) (hist.) Neger. Mohrenkopf; Mohrenwäsche; Mohrin.
Möh|re (*auch:* Mohr|rü|be) (die, -, -n) Karotte; Möhrensaft.
Moi|ré (der/das, -s, -s) (franz.) gemusterter Stoff. Adjektiv: moiriert (geflammt). Verb: moirieren.
mo|kant (Adj.) (franz.) spöttisch. Verb: sich mokieren.
Mo|kas|sin (der, -s, -s/-e) Lederhalbschuh.
Mo|kick (das, -s, -s) (Kurzw.) Moped mit Kickstarter.
Mok|ka (der, -s, -) Kaffeesorte. Mokkalöffel; Mokkatasse.
Mol (das, -s, -e) Gewichtseinheit (Grammmolekül, Abk.: mol). Adjektiv: molar.

Mo|lar (der, -s, -en) (lat.) Backenzahn. Molarzahn.
Mo|las|se (die, -, kein Plural) (franz.) Gesteinsschicht.
Molch (der, -s, -e) Lurch. Molchfisch.
Mol|da|wi|en (ohne Art., -s, kein Plural) Moldawier; moldawisch.
Mo|le (die, -, -n) 1. Hafendamm. 2. Missgeburt.
Mo|le|kül (das, -s, -e) (franz.) kleinstes Teilchen (chemische Verbindung). Molekularbiologie; Molekulargenetik; Molekulargewicht; Molekularkraft; Molekularverstärker; molekular.
Mol|ke (die, -, kein Plural) Milchflüssigkeit; Käsewasser. Molkenkur; Molkerei; Molkereibutter; Molkereigenossenschaft; Molkereiprodukt; molkig.
Moll (das, -, kein Plural) (lat.) Tonart. *Beachte:* e-Moll (*aber:* E-Dur!); e-Moll-Tonleiter. Mollakkord; Molltonart.
möl|lern (V.) mischen. Möllerung; Möller.
mol|lig (Adj.) warm; rundlich.
Mol|lus|ke (die, -, -n) (lat.) Weichtier. Adjektiv: molluskenartig.
Mo|loch (der, -s, -e) Unersättliches; Schrecken.
Mo|lo|tow|cock|tail (*auch:* Mo|lo|tow-Cocktail) (der, -s, -s) (engl.) Sprengkörper.
mol|to (Adj.) (ital.) sehr (in der Musik); z. B. ~ allegro.
Mol|ton (der, -s, -s) (franz.) weiches, beidseitig gerautes Baumwollgewebe.
Mol|to|pren (das, -s, -e) Schaumstoff.
Mo|lyb|dän (das, -s, kein Plural) (griech.) Metall; chemischer Grundstoff (Abk.: Mo).
Mo|ment 1. (der, -s, -e) (lat.) Augenblick. Momentaufnahme; momentan. 2. (das, -s, -e) (lat.) Umstand; Merkmal; Kraftwirkung (Physik).
Mo|ment mu|si|cal (das, - -, -s mu|si|caux) (franz.) kurzes, stimmungsvolles Musikstück (bes. für Klavier).
Mo|na|co (ohne Art., -s, kein Plural) Staat.
Mo|na|de (die, -, -n) (griech.) Einfaches; Unteilbares; Einheit. Monadenlehre; Monadologie.
Mo|n|arch (der, -en, -en) (griech.) Herrscher. Monarchie; Monarchin; Monarchismus; Monarchist; monarchisch; monarchistisch.
Mo|nas|te|ri|um (das, -s, -ri|en) (griech.) Kloster.
mo|nas|tisch (Adj.) (lat.) mönchisch.
Mo|nat (der, -s, -e) Zeitraum. *Beachte:* alle vier Monate; dieses Monats (Abk.: d. M.); laufenden Monats (Abk.: lfd. M.); künftigen Monats (Abk.: k. M.); nächsten Monats (Abk.: n. M.); vorigen Monats (v. M.) Monatsanfang; Monatsblutung; Monatsende; Monatserste; Monatsgehalt; Monatshälfte; Monatskarte; Monatsletzte; Monatslohn; Monatsname; Monatsrate; Monatsschrift. Adjektive: monatelang, *aber:* drei Monate lang; allmonatlich; ein zweimonatiges (2-monatiges) Praktikum; monatsweise.
mo|n|au|ral (Adj.) (griech.-lat.) 1. (nur) ein Ohr betreffend; für nur ein Ohr bestimmt. 2. einkanalig (in der Technik).
Mo|na|zit (der, -s, -e) (griech.) Mineral.
Mönch (der, -s, -e) (griech.) Ordensbruder. Mönchskloster; Mönchskutte; Mönchslatein; Mönchsorden; Mönch(s)turm; Mönchswesen; mönchisch.
Mond (der, -s, -e) Himmelskörper. Mondaufgang; Mondauto; Mondbahn; Mondenschein; Mondfähre; Mondfleck; Mondflug; Mondfinsternis; Mondjahr; Mondkalb; Mondkrater; Mondmobil; Mondnacht; Mondoberfläche; Mondphase; Mondpreis; Mondrakete; Mondscheibe; Mondscheintarif; Mondsee; Mondsichel; Mondsonde; Mondstein; Mondsüchtigkeit; Mondumlaufbahn; Monduntergang; Mondwechsel. Adjektive: mondförmig; mondhell; mondsüchtig.
Mon|da|min (das, -s, kein Plural) Speisestärke (Wz.).
mon|dän (Adj.) (franz.) sehr elegant; welterfahren.
Mon|di|al (Adj.) (lat.) weltweit; weltumspannend.
Mon|di|al (das, -s) (lat.) Bezeichnung für eine künstliche Weltsprache.
Mo|ne|gas|se (die, -n, -n) Einwohner Monacos. Monegassin; monegassisch.
mo|ne|tär (Adj.) (lat.) geldlich; finanziell. Monetarismus.
Mo|ne|ta|ris|mus (der, -, kein Plural) (lat.) die Theorie in der Wirtschaftswissenschaft, wonach die Wirtschaft hauptsächlich über die Geldmenge gesteuert werden solle, weil ihr eine besondere Bedeutung zukomme.
Mo|ne|ta|rist (der, -en, -en) (lat.) Verfechter des Monetarismus.
mo|ne|ta|ris|tisch (Adj.) (lat.) den Monetarismus betreffend; auf dieser Theorie beruhend.
Mo|ne|ten (die, nur Plural) (ugs.) Geld.
mo|ne|ti|sie|ren (V.) zu Geld machen; in Bargeld umwandeln; z. B. Grundstücke monetisieren.
Mo|ne|ti|sie|rung (die, -, kein Plural) (lat.) die Umwandlung in Geld.
Mon|gol|le (der, -n, -n) Angehöriger einer Völkergruppe in Asien. Einwohner der Mongolei. Mongolin.
Mon|go|lei (die, -, kein Plural) Mongole; mongolisch.

Mon|go|lis|mus (der, -, kein Plural) angeborene Behinderung (Downsyndrom). Mongoloide; mongoloid.
mo|nie|ren (V.) (lat.) beanstanden; mahnen. Monierung.
Mo|ni|lia (die, -, kein Plural) (lat.) ein Schlauchpilz. Erreger von Pflanzenkrankheiten.
Mo|nis|mus (der, -, kein Plural) (lat.) Lehre, dass alles auf ein einheitliches Grundprinzip zurückzuführen sei.
Mo|nist (der, -en, -en) (griech.-lat.) Anhänger des Monismus.
mo|nis|tisch (Adj.) zum Monismus gehörig; auf ihm beruhend.
Mo|ni|tor (der, -s, -e) (engl.) Bildschirm; Strahlenmessgerät.
Mo|ni|tum (das, -s, -ta) (lat.) Tadel; Rüge; Beanstandung.
mo|no (Adj.) (Kurzw.) monophon. Mono; Monoaufnahme.
mo|no.../Mo|no... (griech.) allein.../Allein...
Mo|no|chord (das, -s, -e) (griech.) altgriechisches Musikinstrument zur Bestimmung von Tonhöhen und Intervallen.
mo|no|chrom (Adj.) (griech.) einfarbig.
mo|n|o|disch (Adj.) (griech.) einstimmig. Monodie.
Mo|no|dra|ma (das, -s, -men) (griech.) Drama mit nur einer handelnden und sprechenden Person.
Mo|no|fil (das, -s, -e) (griech.-lat.) Kunststofffaser.
Mo|no|ga|mie (die, -, kein Plural) (griech.) Einehe. Adjektive: monogam; monogamisch.
Mo|no|ge|ne|se (auch: Mo|no|go|nie) (die, -, kein Plural) (griech.) ungeschlechtliche Fortpflanzung. Adjektiv: monogen.
Mo|no|gra|fie (auch: Mo|no|gra|phie) (die, -, -n) (griech.) Einzeldarstellung. Adjektiv: monografisch (auch: monographisch).
Mo|no|gramm (das, -s, -e) (griech.) Namenszeichen.
mo|no|hy|b|rid (Adj.) (griech.) sich nur in einer einzigen Erbanlage unterscheidend.
Mo|no|hy|b|ri|de (der, -n, -n) Bastard, der aus der Kreuzung eines monohybriden Elternpaares hervorgegangen ist.
Mo|n|o|kel (das, -s, -) (franz.) Einglas.
mo|no|klin (Adj.) (griech.) monoklines Kristallsystem: Kristallsystem, das zwei senkrecht aufeinanderstehende Achsen und eine nicht im rechten Winkel dazu stehende Achse aufweist.
Mo|no|ko|ty|le|do|ne (die, -, -n) (griech.) einkeimblättrige Pflanze.
Mo|no|kul|tur (die, -, -en) (griech.-lat.) einseitige Feldwirtschaft.

Mo|no|lith (das, -s/-en, -e/-en) (griech.) Steinblock; Denkmal. Adjektiv: monolithisch.
Mo|no|log (der, -s, -e) (griech.) Selbstgespräch. Adjektiv: monologisch. Verb: monologisieren.
Mo|nom (das, -s, -e) (griech.) aus nur einem Glied bestehende mathematische Größe.
mo|no|man (Adj.) an Monomanie leidend; von einer fixen Idee besessen.
Mo|no|ma|ne (der, -n, -n) jmd., der an Monomanie leidet; von einer fixen Idee besessen ist.
Mo|no|ma|nie (die, -, -n) (griech.) fixe Idee. Adjektiv: monoman.
mo|no|mer (Adj.) (griech.) aus einzelnen, selbstständigen Molekülen bestehend.
mo|no|misch (Adj.) (griech.) eingliedrig. Monom.
mo|no|phag (Adj.) (griech.) sich von nur einer Pflanzen- oder Tierart ernährend.
Mo|no|pha|ge (der, -n, -n) monophag lebendes Tier.
Mo|no|pha|gie (die, -, kein Plural) (griech.) Ernährung nur von einer einzigen Pflanzen- oder Tierart.
Mo|no|pho|bie (die, -, kein Plural) Angst vor dem Alleinsein (Psych.).
mo|no|phon (auch: mo|no|fon) (Adj.) einkanalig. Monophonie (auch: Monofonie).
Mo|no|ph|thong (der, -s, -e) (griech.) einzelner Vokal. Verb: monophthongieren.
Mo|no|po|di|um (das, -s, kein Plural) einheitliche Hauptachse von Verzweigungen bei Pflanzen (Bot.).
Mo|no|pol (das, -s, -e) (lat.) Vorrecht; Marktbeherrschung. Monopolinhaber; Monopolisierung; Monopolist; Monopolkapital; Monopolkapitalismus; Monopolstellung; monopolistisch; monopolkapitalistisch; monopolisieren.
Mo|no|po|ly (das, -, kein Plural) Spiel.
Mo|no|p|te|ros (der, -, -ren) (griech.) Rundtempelchen.
Mo|no|the|is|mus (der, -, kein Plural) (griech.) Glaube an einen einzigen Gott. Monotheist; monotheistisch.
mo|no|ton (Adj.) griech) eintönig; langweilig. Monotonie.
Mo|n|o|xid (auch: Mo|n|o|xyd) (das, -s, -e) (griech.) Sauerstoffverbindung (nur ein Sauerstoffatom).
Mo|no|zel|le (die, -, -n) (griech.) Batterie.
Mo|n|ö|zie (die, -, kein Plural) (griech.) Vorkommen weibl. und männl. Blüten auf einer Pflanze; Einhäusigkeit.
Mo|no|zyt (der, -en, -en) (griech.) weißes Blutkörperchen. Monozytose.
Mon|sei|g|neur (der, -s, -e/-s) (franz.) Prinz; hoher Geistlicher (franz. Titel).

Mon|sieur (der, -/-s, Mes|sieurs) (franz.) Herr (Abk.: M.; Plural: MM.).
Mon|si|g|no|re (der, -/-s, -ri) (ital.) hoher geistlicher Würdenträger in Italien (Titel).
Mons|ter (das, -s, -) (engl.) Ungeheuer; Riesiges. Monsterfilm; Monsterkonzert; Monsterprogramm; Monsterschau; Monstrum; Monstrosität; monströs.
Mons|t|ranz (der, -, -en) (lat.) Hostiengefäß.
Mon|sun (der, -s, -e) (arab.) Wind. Monsunregen; Monsunwald; monsunisch.
Mon|tag (der, -s, -e) Wochentag. *Beachte:* am Montag; am (nächsten) Montagabend, *aber:* immer montagabends (*auch:* montags abend); Montagmorgen; Montagnacht; montags, montäglich; montägig. Montagsausgabe; Montagsproduktion.
Mon|ta|ge (die, -, -n) (franz.) Zusammenbau; Zusammenfügung. Montageband; Montagebauweise; Montagehalle; Montagezeit; montieren.
Mon|tan|in|du|s|t|rie (die, -, -n) Bergbau und Hüttenwesen. Montangesellschaft; Montanunion; Montanwerte; montan.
Mont|bre|tie (die, -, -n) (franz.) ein südafrikanisches Schwertliliengewächs.
Mont|gol|fi|e|re (die, -, -n) (franz.) Heißluftballon.
mon|tie|ren (V.) (franz.) aufbauen; zusammenbauen. Monteur; Montierung.
Mon|tur (die, -, -en) (franz.) (ugs.) Arbeitskleidung.
Mo|nu|ment (das, -s, -e) (lat.) Denkmal.
mo|nu|men|tal (Adj.) (lat.) gewaltig; riesig; denkmalartig. Monumentalausgabe; Monumentalbau; Monumentalgebäude; Monumentalität; Monumentalschrift.
Moon|boot (der, -s, -s) (engl.) Winterstiefel.
Moor (das, -s, -e) Sumpfland. Moorbad; Moorboden; Moorhuhn; Moorkohle; Moorkolonie; Moorkultur; Moorkur; Moorleiche; Moorsiedlung; moorig; moorbaden (nur im Infinitiv).
Moos (das, -es, -e) 1. Sumpf; Pflanze (Plural *auch:* Möser). 2. (ugs., ohne Plural) Geld. Moosart; Moosbeere; moosartig; moosbedeckt; moosgrün; moosig.
Mo|ped (das, -s, -s) leichtes Motorrad. Mopedfahrer.
Mopp (der, -s, -s) (engl.) Staubbesen. Verb: moppen.
Mop|pel (der, -s, -) (ugs.) kleiner, dicker Mensch.
Mops (der, -es, Möp|se) Hunderasse. Mopsgesicht; Möpschen; mopsig; mopsfidel.
mop|sen (V.) (ugs.) stehlen; sich langweilen.
Mo|ral (die, -, kein Plural) (lat.) Sittlichkeit. Moralbegriff; Moralgesetz; Moralkodex; Morallehre; Moralpauke; Moralphilosophie; Moralpredigt; Moralprinzip; Moraltheologie; Moralismus; Moralist; Moralität; moralisch; moralistisch; moralisieren.
Mo|ra|lin (das, -s, kein Plural) spießbürgerliche Sittlichkeit. Adjektiv: moralinsauer.
Mo|rä|ne (die, -, -n) (franz.) Geröllablagerung. Moränenlandschaft; Endmoräne.
Mo|rast (der, -s, -e/-räs|te) Schlamm; Sumpf. Morastboden; morastig.
Mo|ra|to|ri|um (das, -s, -ri|en) (lat.) Zahlungsaufschub; Verzug.
mor|bid (Adj.) (lat.) kränklich; verfallend. Morbidität.
Mor|chel (die, -, -n) Pilz.
Mord (der, -s, -e) Tötung. Mordanschlag; Morddrohung; Mörder/in; Mördergrube; Mörderhand; Mordfall; Mordgeschichte; Mordgier; Mordinstrument; Mordkommission; Mordprozess; Mordtat; Mordverdacht; Mordversuch; Mordwaffe; mörderisch; mordgierig; morden.
Mor|dent (der, -s, -e) (ital.) einmaliger Wechsel mit dem nächst tieferen Ton; Pralltriller.
mords.../Mords... (ugs.) stark; groß. Mordsarbeit; Mordsding; Mordsdurst; Mordsgaudi; Mordshitze; Mordshunger; Mordskerl; Mordskrach; Mordsschreck(en); Mordsspaß; Mordsspektakel; mordsmäßig; mordswenig.
Mo|rel|le (die, -, -n) Sauerkirsche.
Mo|ren|do (das, -s, -s/-di) (lat.-it.) erlöschend, hinsterbend (musik. Vortragsanw.).
Mo|res (ohne Artikel, nur Plural) (lat.) Anstand; gutes Benehmen. jemanden (Akkusativ!) Mores lehren (zurechtweisen).
Mo|res|ca (die, -, res|che) (ital.) maurischer Tanz (im 15./17. Jh.)
Mo|res|ke (die, -, -n) (franz.) → Maureske.
mor|gen (Adv.) am nächsten Tag; morgens; künftig. morgen Abend/früh (*auch:* Früh) Nachmittag/Nacht; bis morgen; frühmorgens; morgens; morgendlich; die Generation von morgen; am Morgen; des Morgens; guten Morgen! das Heute und das Morgen; Morgendämmerung; Morgenfrühe; Morgengrauen; Morgengymnastik; Morgenlicht; Morgenluft; Morgenmantel; Morgennebel; Morgenrock; Morgenrot, Morgenröte; Morgensonne; Morgenspaziergang; Morgenstern; Morgenstunde; Morgenzeitung; morgig; morgenfrisch.
Mor|gen|duft (der, -s, kein Plural) Apfelsorte.
Mor|gen|land (das, -s, kein Plural) Orient. Morgenländer; morgenländisch.
mo|ri|bund (Adj.) (lat.) kurz vor dem Tode stehend; dem Sterben nahe; todgeweiht.
Mo|ris|ke (der, -n, -n) nach dem Ende der arabischen Herrschaft in Spanien zurückgebliebener Maure, der sich hatte taufen lassen. Moriskentänzer.

Mo|ri|tat (die, -, -en) Bänkellied. Moritatensänger.
Mor|phem (das, -s, -e) (griech.) kleinster Bedeutungsträger (Sprache).
Mor|phe|ma|tik (die, -, kein Plural) Wissenschaft von den Morphemen.
Mor|phin (das, -s, kein Plural) (griech.) Schmerzmittel. Morphinist; Morphinismus; Morphium; Morphiumspritze; Morphiumsucht; morphiumsüchtig.
Mor|phi|nis|mus (der, -, kein Plural) Vergiftung durch Gewöhnung an Morphin. Morphiumsucht.
Mor|phi|nist (der, -en, -en) jmd., der an Morphinismus leidet.
Mor|pho|ge|ne|se (auch: Morphogenesis) (die, -, ...nesen) Ursprung und Entwicklung von Geweben oder Organen eines pflanzlichen oder tierischen Organismus. Morphogenie; morphogenetisch.
Mor|pho|lo|gie (die, -, kein Plural) (griech.) Formenlehre; Gestaltlehre. morphologisch.
morsch (Adj.) brüchig; alt. Morschheit; morschen.
mor|sen (V.) Morsezeichen senden. Morsealphabet (auch: Morse-Alphabet); Morseapparat (auch: Morse-Apparat); Morsezeichen.
Mör|ser (der, -s, -) 1. Gefäß. 2. Granatwerfer. Mörserstößel; mörsern.
Mor|ta|del|la (die, -, -s) (ital.) Wurst.
Mor|ta|li|tät (die, -, kein Plural) (lat.) Sterblichkeitsrate.
Mör|tel (der, -s, -) Baustoff. Mörtelkelle; Mörtelpfanne; mörteln.
Mor|ti|fi|ka|ti|on (die, -, kein Plural) das Mortifizieren.
mor|ti|fi|zie|ren (V.) (lat.) 1. absterben lassen; abtöten; z. B. Körpergewebe mortifizieren; Begierden mortifizieren. 2. für ungültig erklären.
Mo|ru|la (die, -, kein Plural) (lat.) maulbeerähnlicher Verband von Zellen; früheste Entwicklungsstufe des Embryos, Maulbeerkeim.
Mo|sa|ik (das, -s, -e/-en) (griech.) Ornament. Mosaikarbeit; Mosaikbild; Mosaikfußboden; Mosaikglas; Mosaikstein; mosaikartig.
mo|sa|isch (Adj.) von Moses stammend.
Mo|sam|bik (ohne Art., -s, kein Plural) Staat in Ostafrika. Mosambikaner; mosambikanisch.
Mo|schee (die, -, -n) (arab.) islamisches Gebetshaus.
Mo|schus (der, -, kein Plural) (sanskr.) Duftstoff. Moschusgeruch; Moschusochse; Moschustier; moschusartig.
mo|sern (V.) (jidd.) (ugs.) schimpfen; nörgeln.
Mos|ki|to (der, -s, -s) (span.) Stechmücke. Moskitonetz; Moskitostich.

Mos|lem (auch: Mus|lim) (der, -s, -s) (arab.) Mohammedaner. Moslembruderschaft; Moslime; moslemisch.
mos|so (Adv.) (ital.) lebhaft, bewegt, rasch (bei Musikstücken).
Most (der, -s, -e) Obstwein; Fruchtsaft.
Most|rich (der, -s, kein Plural) (nordd.) Senf.
Mo|tel (das, -s, -s) (engl.) Autobahnhotel.
Mo|tet|te (die, -, -n) (ital.) mehrstimmiger Choralgesang. Motettenstil.
Mo|ti|li|tät (die, -, kein Plural) (lat.) Beweglichkeit (Muskeln).
Mo|ti|on (die, -, -ti|o|nen) (lat.) Bewegung.
Mo|tiv (das, -s, -e) (lat.) Beweggrund; Melodie; Thema. Motivation; Motivforschung; Motivierung; Motivik; Motivsammler; Motivsuche; motivisch; motivieren.
Mo|to|cross (auch: Mo|to-Cross) (das, -, -e) (engl.) Geländefahren (Motorrad).
Mo|tor (der, -s, -en) (lat.) Antriebsmaschine. Motorblock; Motorboot; Motorenlärm; Motorfahrzeug; Motorgeräusch; Motorhaube; Motorisierung; Motoröl; Motorrad; Motorradfahrer; Motorroller; Motorsäge; Motorschiff; Motorschlitten; Motorsegler; Motorsport; einmotorig; motorisiert; motorisieren.
Mo|to|rik (die, -, kein Plural) (lat.) Bewegungslehre. Motoriker; motorisch.
Mot|te (die, -, -n) Insekt. Mottenfraß; Mottenkiste; Mottenkugel; Mottenpulver; mottenecht; mottenfest; einmotten.
Mot|to (das, -s, -s) (ital.) Leitspruch; Losung.
mot|zen (V.) (ugs.) schimpfen. Adj.: motzig.
mouil|lie|ren (V.) (franz.) Konsonanten mouillieren: weich aussprechen, beim Aussprechen ein »j« nachklingen lassen.
Mou|la|ge (die, -, -n) (franz.) Abguss; Abdruck; farbiges Wachsmodell (z. B. eines Organs).
Mou|li|ne (der, -s, -s) (franz.) Zwirn; Stoff. Verb: moulinieren.
Mousse (nicht trennbar) (die, -, -s) (franz.) Schokoladenschaumspeise. Verb: moussieren.
Mous|seux (der, -, -) (franz.) Schaumwein.
mous|sie|ren (V.) (franz.) prickeln; schäumen; perlen.
Mous|té|ri|en (das, -s, kein Plural) (franz.) Stufe der jüngeren Altsteinzeit.
Mo|vens (das, -, kein Plural) (lat.) treibende Kraft; Antriebskraft.
Mo|vie (das, -s, -s) (lat.-franz.-engl.-amerik.) Bezeichnung für einen Kinofilm.
mo|vie|ren (V.) (lat.) 1. ein Wort nach dem jeweiligen Geschlecht abwandeln. 2. zu einer maskulinen Personenbezeichnung die feminine Bezeichnung bilden.

Movierung

Mo|vie|rung (die, -, -en) (lat.) das Movieren.
Mo|vi|men|to (das, -s, -ti) (lat.-ital.) das Zeitmaß; das Tempo (in der Musik).
Mö|we (die, -, -n) Seevogel. Möwenei; Möwenschrei.
Moz|ara|ber (der, -s, -) (arab.) christlicher Einwohner Spaniens während der arabischen Herrschaft, der die maurische Sprache und Kultur angenommen hatte.
Mo|zart|ku|gel (die, -, -n) Praline.
MP (auch: MPi) (die, -, -s) (Abk.) Maschinenpistole; Military Police.
Mr (Abk.) Mister.
Mrd. (Abk.) Milliarde(n).
Mrs (Abk.) Missis; Mistress.
MS (Abk.) Motorschiff.
Ms. (auch: Mskr.) (Abk.) Manuskript (Plural: Mss.).
m/s (Abk.) Meter pro Sekunde.
Mt (Abk.) Megatonne.
MTA (Abk.) medizinisch-technische Assistentin.
Mü|cke (die, -, -n) Insekt. Mückenplage; Mückenstich.
Mu|cke|fuck (der, -s, kein Plural) (ugs.) dünner Kaffee.
mu|cken (V.) sich leise bewegen; aufbegehren. Mucker (Duckmäuschen); Muckertum.
Mucks (auch: Muck|ser) (der, -es, -e) kaum hörbarer Laut. Adjektiv: mucksmäuschenstill. Verb: mucksen.
Mu|cor (der, -s, kein Plural) ein Schimmelpilz.
mü|de (Adj.) schläfrig; erschöpft; matt, überdrüssig (mit Genitiv!). Ich bin der Streitereien müde. Auch: Ich bin es müde zu streiten. Müdigkeit.
Mu|de|jar (der, -s, -en) (arab.-span.) nach der arabischen Herrschaft in Spanien zurückgebliebener Maure.
Mud|scha|hed|din (die, nur Plural) (arab.) Sammelbezeichnung für moslemische Rebellengruppen in Afghanistan (eigentlich: Kämpfer im Dschihad); Mudschahed.
Mu|ez|zin (der, -s, -s) (arab.) Gebetsrufer.
Muff 1. (der, -s, kein Plural) (nordd.) Modergeruch; Schimmel. Muffigkeit; muffig. 2. (der, -s, -e) (niederl.) Handwärmer.
Muf|fe (die, -, -n) Rohrverbindung. (ugs.) Angst. Muffensausen.
Muf|fel (der, -s, -) (ugs.) mürrischer Mensch. Muffigkeit; muff(e)lig; muffig; muffeln.
Muf|fin (das, -s, -s) (engl.) brötchenartiges Kleingebäck aus Hefe- oder Mürbteig.
Muff|lon (der, -s, -s) (franz.) wildes Schaf.
Muf|ti (der, -s, -s) (arab.) Rechtsgelehrter (Islam).

multiplizieren

Mü|he (die, -, -n) Anstrengung. mit Müh und Not; sich Mühe geben. Mühelosigkeit; Mühsal; Mühsamkeit; Mühseligkeit; mühelos; mühevoll; mühsam; mühselig; sich mühen.
mu|hen (V.) brüllen (Kuh).
Müh|le (die, -, -n) Mahlwerk; Brettspiel. Dieser Vorfall war Wasser auf seine Mühlen (bestärkt seine Meinung). Mühlespiel; Mühlrad; Mühlstein; Mühlwehr; Mühlwerk.
Mu|lat|te (der, -n, -n) (span.) Mischling. Mulattin.
Mul|de (die, -, -n) Senke. Adjektiv: muldenförmig.
Mu|le|ta (die, -, -s) (span.) rotes Tuch (Stierkampf).
Mu|li (das, -s, -s) (südd.) Maulesel.
Mull (der, -s, -e) 1. Baumwollgewebe. 2. Humus. Mullbinde; Mullläppchen (auch: Mull-Läppchen); Mullgardine; Mullwindel.
Müll (der, -s, kein Plural) Abfall. Müllabfuhr; Müllablageplatz; Müllauto; Müllbeutel; Mülldeponie; Mülleimer; Müllgrube; Müllhaufen; Müllkippe; Müllmänner; Müllschlucker; Mülltonne; Müllverbrennung; Müllverbrennungsanlage; Müllwagen.
Mul|lah (der, -s, -s) (arab.) islamischer Geistlicher, Gelehrter.
Mül|ler (der, -s, -) Handwerker; Mühlenarbeiter. Müllerbursche; Müllerei; Müllerin; auf/nach Müllerinart.
mul|mig (Adj.) (ugs.) gefährlich; unbehaglich.
mul|ti.../Mul|ti... (lat.) (Vorsilbe) viel.../Viel...
Mul|ti (der, -s, -s) (lat.) (Kurzw.) (ugs.) multinationaler Konzern.
mul|ti|funk|ti|o|nal (lat.) mehrfunktional.
mul|ti|la|te|ral (Adj.) (lat.) mehrseitig. Multilateralismus.
mul|ti|me|di|al (Adj.) (lat.) verschiedene Medien verwendend; für mehrere Medien bestimmt.
Mul|ti|me|dia (das, -[s]) Multimediasystem; Multimediaveranstaltung; Multimediashow.
Mul|ti|mil|li|o|när (der, -s, -e) mehrfacher Millionär.
mul|ti|na|ti|o|nal (Adj.) (lat.) mehrere Staaten umfassend.
mul|ti|pel (Adj.) mehrfach, vielfältig.
Mul|ti|ple-Choice-Ver|fah|ren (das, -s, -) Prüfungsverfahren.
Mul|ti|pli|kand (der, -en, -en) (lat.) Zahl, die mit einer anderen multipliziert werden soll (z. B. die 6 in 3 x 6).
mul|ti|pli|ka|tiv (Adj.) (lat.) vervielfachend.
Mul|ti|pli|ka|tor (der, -s, -en) (lat.) die multiplizierende Zahl (z. B. die 3 in 3 x 6).
mul|ti|pli|zie|ren (V.) vervielfachen, malnehmen. Multiplikand; Multiplikationen.

Mul·ti·tas·king (das, -(s), kein Plural) gleichzeitiges Ausführen mehrerer Aufgaben, Tätigkeiten (in einem Computer).
mul·ti·va·lent (Adj.) (lat.) mehrwertig. Multivalenz.
Mul·ti·vi·si·on (die, -, -si·o·nen) (lat.) gleichzeitige Projektion von Dias. Multivision(s)show; Multivisionswand.
Mu·mie (die, -, -n) (arab.) einbalsamierte Leiche. Mumienporträt; Mumiensarg; Mumifikation; Mumifizierung; mumienhaft; mumifizieren.
Mumm (der, -s, kein Plural) (ugs.) Mut.
Mum·me (die, -, -n) Larve; Maske. Mummenschanz.
Müm·mel·mann (der, -s, -män·ner) (ugs.) Hase.
Mum·pitz (der, -es, kein Plural) (ugs.) Unsinn; Blödsinn.
Mumps (der/die, -, kein Plural) (engl.) Infektionskrankheit.
Mund (der, -s/-es, Mün·der) Gesichtsöffnung. Munddusche; Mundfäule; Mundflora; Mundgeruch; Mundharmonika; Mundhöhle; Mundkommunion; Mündlichkeit; Mundpartie; Mundpflege; Mundpropaganda; Mundraub; Mundschenk; Mundschleimhaut; Mundschutz; Mundstück; Mundtuch; nimm doch ein paar Mund voll (*auch:* Mundvoll) Suppe; den Mund voll nehmen (prahlen); Mundwerk; Mundwerkzeug; Mundwinkel; Mund-zu-Mund-Beatmung. Adjektive: mundfaul; mundfertig; mundgerecht; mundgeblasen; mündlich; mundtot. Verb: munden.
Mund·art (die, -, -en) Dialekt. Mundartdichter; Mundartforschung; Mundartsprecher; Mundartwörterbuch; mundartlich (Abk.: mdal.).
Mün·del (das, -s, -) Minderjährige(r). Mündelgeld. Mündelsicherheit; mündelsicher.
mün·dig (Adj.) volljährig. Mündigkeit; Mündigkeitserklärung; Mündigsprechung; mündig sprechen (*auch:* mündigsprechen); sie sprachen ihn mündig.
M-und-S-Rei·fen (der, -s, -) (Kurzw.) Matsch-und-Schnee-Reifen.
Mün·dung (die, -, -en) Öffnung; Einlauf (Fluss, Straße). Mündungsfeuer; münden.
Mun·go (der, -s, -s) (engl.) Schleichkatze; Gewebe.
Mu·ni·ti·on (die, -, -ti·o·nen) (franz.) Schießmaterial. Munitionierung; Munitionsdepot; Munitionsfabrik; Munitionslager; munitionieren.
mu·ni·zi·pal (Adj.) (lat.) städtisch.
mun·keln (V.) (ugs.) flüstern; heimlich verbreiten. Ich munk(e)le. Im Dunkeln ist gut munkeln. Munkelei.
Müns·ter (das, -s, -) Klosterkirche. Münsterbau; Münsterturm.
mun·ter (Adj.) lebhaft; frisch. Munterkeit; Muntermacher.
Mün·ze (die, -, -n) Geldstück. Münzamt; Münzautomat; Münzensammlung; Münzfernsprecher; Münzgewicht; Münzkunde; Münzprägung; Münzprobe; Münzrecht; Münztank; Münztechnik; Münzverbrechen; Münzwechsler; Münzwesen; Münzwissenschaft; Münzzähler; münzen; das war nicht auf dich gemünzt (damit habe ich nicht dich gemeint).
Mu·rä·ne (die, -, -n) (griech.) Fisch.
mürb (*auch:* mür·be) (Adj.) weich; locker, zermürbt. Mürbe; Mürbeteig; Mürbheit.
Mu·re (die, -, -n) Schlamm-, Gesteinslawine. Murbruch; Murgang; murig.
mu·ri·a·tisch (Adj.) (lat.) Kochsalz enthaltend (von Heilquellen).
Mu·ring (die, -, -e) (engl.) Vorrichtung zum Auswerfen zweier Anker.
Mur·mel (die, -, -n) Kügelchen (Kinderspielzeug). Murmelspiel.
mur·meln (V.) leise sprechen.
Mur·mel·tier (das, -s, -e) Nagetier.
mur·ren (V.) sich beschweren; schlecht gelaunt sein. Mürrischkeit; mürrisch.
Mus (das, -es, -e) Brei. Apfelmus; musartig.
Mu·sa·get (der, -en, -en) (griech.-lat.) Freund der Musen; Gönner von Kunst und Wissenschaft.
Mus·ca·det (der, -s, -s) (franz.) trockener Weißwein.
Mu·schel (die, -, -n) Schalentier. Muschelbank; Muschelgeld; Muschelkalk; Muschelkrebs; Muschelschale; musch(e)lig; muschelförmig.
Mu·schik (der, -s, -s) (russ.) Bauer im zaristischen Russland.
Mu·schir (der, -s, -e) (arab.) türkischer Feldmarschall (früher).
Mu·se (die, -, -n) (griech.) künstlerische Tätigkeit. (*Aber:* die Muße!) Musenalmanach; Musentempel; musisch.
Mu·sel·mann (der, -s, -män·ner) (ugs.) Moslem.
Mu·sette (die, -, -s/-n) (franz.) Tanz.
Mu·se·um (das, -s, -se·en) Kunstsammlung. Museumsaufseher; Museumsbauten; Museumsführer; Museumskatalog; Museumsstück; museumsreif; museal.
Mu·si·cal (das, -s, -s) (engl.) Musiktheater.
Mu·sik (die, -, -en) (griech.) Tonkunst; Musikstück. Musikakademie; Musikalien; Musikalienhandlung; Musikalität; Musikant; Musikantentreffen; Musikautomat; Musikbox; Musikdirektor (Abk.: MD); Musiker/in; Musikerziehung; Musikhochschule; Musikinstrument; Musikkapelle; Musikkassette; Musikkritiker; Musiklehrer; Musikologie; Musikpreis;

Musikologe — Mykorrhiza

Musiktheater; Musikunterricht; Musikus; Musikwissenschaft; Musikwerk; Musikzeitschrift; Musizierstil. Adjektive: musikalisch; musikantisch; Musik liebend (*auch:* musikliebend); musikverständig; musisch. Verb: musizieren.
Mu'si'ko'lo'ge (der, -n, -n) (lat.-griech.) Musikwissenschaftler.
mu'si'visch (Adj.) (griech.) mosaikartig. Musivarbeit; Musivgold; Musivsilber.
Mus'kat (der, -s, -e) (sanskr.) Gewürz. Muskatblüte; Muskatnuss; Muskatnussbaum.
Mus'ka'tel'ler (der, -s, -) (ital.) Wein.
Mus'kel (der, -s, -n) (lat.) Bindegewebsfaser. Muskelfaser; Muskelkater; Muskelkraft; Muskelkrampf; Muskelmann; Muskelprotz; Muskelriss; Muskelschmerz; Muskelschwund; Muskelzerrung; Muskulatur; muskulär; muskulös.
Mus'ke'te (die, -, -n) (franz.) Gewehr.
Mus'ke'tier (der, -s, -e) (franz.) Fußsoldat. Die drei Musketiere.
Mus'ko'vit (der, -s, -e) (lat.) ein Mineral.
Müs'li (das, -s, -) Haferflockengericht. Müsliriegel.
Mus'lim (der, -s, -e) Moslem. Muslime; muslimisch.
Mu'ße (die, -, kein Plural) Freizeit; Ruhe. Mußestunde.
Mus'se'lin (der, -s, -e) (ital.-franz.) feines Woll- oder Baumwollgewebe.
müs'sen (V., musste, hat gemusst) gezwungen sein; notwendig sein. *Beachte:* Es ist ein absolutes Muss; Mussbestimmung (*auch:* Muss-Bestimmung); Mussehe; Mussheirat; Mussvorschrift (*auch:* Muss-Vorschrift).
Mus'se'ron (der, -s, -s) (franz.) nach Knoblauch riechender Pilz.
mü'ßig (Adj.) untätig, unnütz. Müßiggang; Müßigkeit; müßiggängerisch; müßiggehen; ich sah mich gemüßigt (veranlasst), mich bei der Vorbereitung zu beteiligen.
Mus'tang (der, -s, -s) (engl.) Wildpferd.
Mus'ter (das, -s, -) 1. Vorlage; Probe; 2. Verzierung. Musterbeispiel; Musterbetrieb; Musterbild; Mustergatte; Mustergültigkeit; Musterhaftigkeit; Musterkarte; Musterknabe; Musterkoffer; Musterkollektion; Musterprozess; Musterschüler; Musterstück; Musterzeichnung. Adjektive: mustergültig; musterhaft; gemustert. Verben: mustern; ausmustern.
mus'tern (V.) prüfen; auf Wehrdiensttauglichkeit hin untersuchen; verzieren. Musterung; Ausmusterung; Musterungsbescheid; Nachmusterung.
Mut (der, -s, kein Plural) Kühnheit; Gewagtheit; Tapferkeit. Ich bin guten Mut(e)s; Mutlosigkeit; Mutprobe; mutlos; muterfüllt; mutig.

mu'ta'bel (Adj.) (lat.) veränderlich. Mutabilität; Mutant; Mutation; mutieren.
mu'ta'gen (Adj.) (lat.-griech.) Mutationen hervorrufend.
mu'ta'tis mu'tan'dis (lat.) mit gewisser Abänderung nur ungefähr passend (bei Vergleichen).
Mu'ti'la'ti'on (die, -, -ti'o'nen) (lat.) Verstümmelung.
mu'ti'lie'ren (V.) (lat.) verstümmeln.
Mu'tis'mus (der, -, kein Plural) (lat.) krankhafte, seelisch begründete Stummheit.
Mu'tist (der, -en, -en) jmd., der an Mutismus leidet.
mut'ma'ßen (V.) vermuten. Mutmaßung; mutmaßlich.
Mut'ter 1. (die, -, Müt'ter) weiblicher Elternteil. Mütterberatungsstelle; Mütterchen; Muttererde; Mutterfreuden; Mütter-Genesungswerk; Muttergesellschaft; Mutter Gottes (*auch:* Muttergottes); Mütterherz; Mutterkuchen (Plazenta); Mutterleib; Mütterlichkeit; Mutterliebe; Muttermilch; Mutterpflanze; Mutterrecht; Mutterschaft; Mutterschaftshilfe; Mutterschiff; Mutterschutzgesetz; Muttersöhnchen; Muttersprache; Muttertag; Muttertier; Mutti. Adjektive: mütterlich; mutterlos; mutterseelenallein; mütterlicherweise. Verb: bemuttern. 2. (die, -, -n) Schraubenmutter. Mutternfabrik; Mutterschlüssel; Radmutter.
Mut'ter'mal (der, -s, -e) Hautfleck.
mu'tu'al (*auch:* mu'tu'ell) (Adj.) (lat.) wechselseitig. Mutualität.
Mu'tu'a'lis'mus (der, -, kein Plural) (lat.) 1. gegenseitige Duldung. 2. nicht lebensnotwendige, aber für beide Partner nützliche Wechselbeziehung (zwischen Pflanzen oder Tieren).
mut'wil'lig (Adj.) absichtlich. Mutwille; Mutwilligkeit.
Müt'ze (die, -, -n) Kopfbedeckung. Mützchen; Schirmmütze.
MV (Abk.) Megavolt.
m. W. (Abk.) meines Wissens.
MW (Abk.) Megawatt.
MwSt. (*auch:* Mw.-St.) (Abk.) Mehrwertsteuer. zzgl. MwSt. (zuzüglich Mehrwertsteuer).
µW (Abk.) Mikrowellen.
My 1. (das, -, -s) (griech.) griech. Buchstabe. (M, µ). 2. (ohne Artikel) (Kurzw.) Mikron.
My'al'gie (die, -, -n) (griech.) Muskelschmerz.
My'e'li'tis (die, -, -li'ti'den) (griech.) Rückenmarkentzündung.
My'ko'lo'gie (die, -, kein Plural) (griech.) Wissenschaft von den Pilzen.
My'kor'rhi'za (die, -, -zen) (griech.) Lebensgemeinschaft zwischen den Wurzeln höherer Pflanzen und Pilzen.

My'ko'se (die, -, -n) (griech.) durch Pilze hervorgerufene Erkrankung.
My'la'dy (die, -s, -s) Lady, Dame (als engl. Anrede).
My'lord (engl.) Lord (als Anrede).
Myo'kard (das, -s, kein Plural) (griech.) Herzmuskel.
Myo'kard'in'farkt (der, -s, -e) (griech.) Herzinfarkt.
Myo'kar'di'tis (die, -, -di'ti'den) (griech.) Herzmuskelentzündung.
Myo'lo'gie (die, -, kein Plural) (griech.) Wissenschaft von den Muskeln.
My'om (das, -s, -e) (griech.) Muskelgewebsgeschwulst.
Myo'pa'thie (die, -, -n) (griech.) Muskelerkrankung.
My'o'pie (die, -, -n) (griech.) Kurzsichtigkeit. Adj.: myopisch.
My'o'sin (das, -s, kein Plural) (griech.) Muskelprotein.
Myo'to'mie (die, -, -n) (griech.) chirurgische Muskeldurchtrennung.
My'ri'a'de (die, -, -n) (griech.) Zehntausend; Unzahl. Myriagramm; Myriameter.
My'rio'po'de (der, -n, -n) (griech.) Tausendfüßler.
Myr'rhe (*auch:* Myr're) (die, -, -n) (griech.) Räucherharz. Myrrhenöl (*auch:* Myrrenöl); Myrrhentinktur (*auch:* Myrrentinktur).
Myr'te (die, -, -n) (griech.) Strauch. Myrtenkranz; Myrtenzweig.
mys'te'ri'ös (Adj.) (franz.) rätselhaft; geheimnisvoll. Mysterium.
Mys'tik (die, -, kein Plural) (griech.) Geheimlehre; religiöse Versenkung. Mystiker; Mystizismus; Mystifikation; mystisch; mystizistisch; mystifizieren.
My'thos (*auch:* My'thus) (der, -, -then) (griech.) Götter-, Heldensage; Legende. Mythenbildung; Mythenforschung; Mythologie; mythenhaft; mythisch; mythologisch; mythologisieren.
My'ti'lus (die, -, kein Plural) (griech.-lat.) essbare Muschel nordeuropäischer Meere; Miesmuschel.
Myx'ödem (das, -s, -e) (griech.) auf Unterfunktion der Schilddrüse beruhende körperliche und geistige Erkrankung mit starken Hautschwellungen.
My'xom (das, -s, -e) (griech.) gutartige Geschwulst aus Schleim bildendem Gewebe.
My'zel (das, -s, -li'en) (griech.) meist zu einem Geflecht verwachsene Gesamtheit der Pilzfäden höherer Pilze.
My'ze'li'um (das, -s, -li'en) (griech.-lat.) = Myzel.

N

n (Abk.) Neutron; Nano...
N (Abk.) Norden; Stickstoff (chemisches Zeichen); Newton (Maßeinheit); Nahschnellverkehrszug.
'n (Art.) (ugs.) ein; einen. Gib mir 'n Apfel.
Na (Abk.) Natrium (chemisches Zeichen).
na! (Interj.) nun; (südd.) nein. Na und? Na ja! Na also!
Na'be (die, -, -n) Radteil. Nabenbohrer; Radnabe.
Na'bel (der, -s, -) 1. kleine Vertiefung (Bauch). 2. Mittelpunkt. Diese Stadt ist der Nabel der Welt. Nabelbinde; Nabelbruch; Nabelschau; Nabelschnur.
Na'bob (der, -s, -s) (arab.) Statthalter einer indischen Provinz (früher); reicher Mann.
nach 1. (Präp., lok./temp./mod., Dat.) in Richtung; später; gemäß. Wir fahren nach Berlin; nach dem Krieg; nach meiner Meinung. 2. (Adv.) (in den Wendungen:) Mir nach! nach und nach (allmählich); nach wie vor (immer noch). Nachbeben; Nachbehandlung; Nachernte; Nachkriegserscheinung; Nachkriegszeit; Nachkur; Nachmieter; Nachporto; Nachsaison; Nachsatz; Nachschöpfung; Nachsilbe; Nachsommer; Nachspeise; Nachtisch; Nachtrupp; Nachuntersuchung; Nachwahl; Nachwelt; Nachzeitigkeit; Nachzucht. Verben: nachbehandeln; nachblicken; nacheilen; nachfärben; nachlaufen; nachjagen; nachrennen; nachschicken; nachstürzen; nachtrauern; nachwachsen; nachwerfen; nachwinken; nachwürzen.
nach'äf'fen (V., äffte nach, hat nachgeäfft) verspotten; nachahmen. Nachäfferei; Nachäffung.
nach'ah'men (V., ahmte nach, hat nachgeahmt) nachmachen; imitieren; fälschen. Nachahmer; Nachahmung; Nachahmungstrieb; nachahmenswert; nachahmenswürdig.
nach'ar'bei'ten (V., arbeitete nach, hat nachgearbeitet) aufarbeiten; aufholen.
Nach'bar (der, -n/-s, -n) Anwohner; Person nebenan. Nachbardorf; Nachbargarten; Nachbarhaus; Nachbarin; Nachbarland; Nachbarort; Nachbarschaft; Nachbarschaftshilfe; Nachbarsfamilie; Nachbarsfrau; Nachbarwissenschaft; nachbarlich; nachbarschaftlich.
nach'be'rei'ten (V., bereitete nach, hat nachbereitet) sich nachträglich mit etwas beschäftigen; vertiefen. Nachbereitung.

nach|bes|sern (V., besserte nach, hat nachgebessert) ausbessern, verbessern. Nachbesserung (*auch:* Nachbessrung).
nach|be|ten (V., betete nach, hat nachgebetet) kritiklos nachmachen. Nachbeter.
nach|bil|den (V., bildete nach, hat nachgebildet) abbilden; nachahmen. Nachbildung.
nach|boh|ren (V., bohrte nach, hat nachgebohrt) nochmals bohren; intensiv nachforschen.
nach|christ|lich (Adj.) nach Christi Geburt (Abk.: n. Chr.). Wir leben in einer nachchristlichen Epoche.
nach|dem (Konj.) später als; da. Zwei Tage nachdem wir uns getroffen hatten, sah ich ihn wieder. *Beachte:* »Zwei Tage nachdem« gilt als Zeiteinheit und wird daher nicht durch Komma getrennt! *Aber:* Nachdem (da) ich ihn zwei Tage nicht mehr gesehen hatte, nahm ich an, dass er schon abgereist war. Je nachdem(,) ob/wie ich Zeit habe.
nach|den|ken (V., dachte nach, hat nachgedacht) überlegen. Nachdenklichkeit; nachdenklich.
Nach|druck (der, -s, -drucke) Abdruck; Betonung. Er sagte dies mit Nachdruck. Nachdruckerlaubnis; Nachdrücklichkeit; Nachdruckverfahren; nachdrücklich; nachdrucksvoll.
nach|dun|keln (V., dunkelte nach, hat/ist nachgedunkelt) dunkler werden.
nach|ei|fern (V., eiferte nach, hat nachgeeifert) nachstreben. Nacheiferung; nacheifernswert.
nach|ei|n|an|der (Adv.) hintereinander. *Beachte:* Getrenntschreibung von Verben, wenn beide Wörter gleichermaßen betont werden! nacheinander starten. das Nacheinander.
nach|emp|fin|den (V., empfand nach, hat nachempfunden) nachfühlen. Nachempfindung.
nach|ent|rich|ten (V., entrichtete nach, hat nachentrichtet) nachzahlen.
Nach|er|be (der, -n, -n) Erbberechtigte. Nacherbschaft.
nach|er|zäh|len (V., erzählte nach, hat nacherzählt) wiederholen. Nacherzählung.
Nachf. (*auch:* Nchf.) (Abk.) Nachfolger/in.
Nach|fahr (*auch:* Nach|fah|re) (der, -en, -en) Nachkomme. Nachfahrenschaft.
nach|fah|ren (V., fuhr nach, ist nachgefahren) folgen; verfolgen.
nach|fol|gen (V., folgte nach, hat/ist nachgefolgt) nachkommen; folgen. Nachfolge; Nachfolgeorganisation; Nachfolger/in; Nachfolgerschaft; das Nachfolgende, Nachfolgendes (Folgendes), im Nachfolgenden (im Folgenden).
nach|for|dern (V., forderte nach, hat nachgefordert) zusätzlich verlangen. Nachforderungsantrag.

nach|for|men (V., formte nach, hat nachgeformt) abbilden.
nach|for|schen (V., forschte nach, hat nachgeforscht) erkunden; untersuchen. Nachforschung.
Nach|fra|ge (die, -, -n) Anfrage; Bedarf; Kaufinteresse. Verb: nachfragen.
nach|füh|len (V., fühlte nach, hat nachgefühlt) verstehen; nachempfinden. Adjektiv: nachfühlend.
nach|ge|ben (V., gab nach, hat nachgegeben) klein beigeben; sich biegen; sich dehnen.
Nach|ge|bühr (die, -, -en) Strafporto.
Nach|ge|burt (die, -, -en) Abstoßen des Mutterkuchens.
nach|ge|hen (V., ging nach, ist nachgegangen) folgen; sich widmen; untersuchen; nachwirken; zu langsam gehen (Uhr).
nach|ge|ra|de (Adv.) allmählich; geradezu.
nach|ge|ra|ten (V., geriet nach, ist nachgeraten) jemandem ähnlich sein.
Nach|ge|schmack (der, -s, kein Plural) Beigeschmack; schlechte Erinnerung.
nach|gie|big (Adj.) gefügig; willig; gutmütig. Nachgiebigkeit.
nach|grü|beln (V., grübelte nach, hat nachgegrübelt) intensiv nachdenken.
nach|gu|cken (V., guckte nach, hat nachgeguckt) (ugs.) nachschauen.
Nach|hall (der, -s, -e) Echo; Wirkung. Verb: nachhallen.
nach|hal|tig (Adj.) anhaltend; lange dauernd. Nachhaltigkeit.
nach|hän|gen (V., hing nach, hat nachgehangen) nachtrauern; nachdenklich sein.
Nach|hau|se|weg (der, -s, -e) Heimweg. nach Haus(e) (*auch:* nachhause) gehen.
nach|hel|fen (V., half nach, hat nachgeholfen) unterstützen.
nach|her (Adv.) später.
Nach|hil|fe (die, -, -n) Privatunterricht. Nachhilfeschüler; Nachhilfestunde; Nachhilfeunterricht.
Nach|hi|n|ein (in der Wendung:) im Nachhinein (südd.: hinterher).
nach|hin|ken (V., hinkte nach, hat nachgehinkt) zurückbleiben; nicht mitkommen; hinterherhinken.
nach|ho|len (V., holte nach, hat nachgeholt) nacharbeiten; aufholen. Nachholbedarf; Nachholspiel.
Nach|hut (die, -, -en) Nachtrupp.
nach|klin|gen (V., klang nach, hat nachgeklungen) nachhallen; nachwirken. Nachklang.
Nach|kom|me (der, -n, -n) Nachfahre. Nachkommenschaft; Nachkömmling.

nach'kom'men (V., kam nach, ist nachgekommen) hinterherkommen; erfüllen (mit Dativ!). Er ist all seinen Verpflichtungen nachgekommen.
Nach'lass (der, -las'ses, -läs'se) 1. Ermäßigung; 2. Erbe. Nachlasser; Nachlassgericht; Nachlasspfleger; Nachlassung; Nachlassverwalter.
nach'las'sen (V., ließ nach, hat nachgelassen) schwächer werden; herabsetzen.
nach'läs'sig (Adj.) unachtsam; schlampig. Nachlässigkeit; nachlässigerweise.
nach'lau'fen (V., lief nach, ist nachgelaufen) hinterherlaufen; sich aufdrängen. Nachläufer.
Nach'le'se (die, -, -n) Nachernte; Nachtrag. Verb: nachlesen.
nach'lö'sen (V., löste nach, hat nachgelöst) nachträglich zahlen (Fahrkarte).
nachm. (*auch:* nm.) (Abk.) nachmittags.
nach'ma'chen (V., machte nach, hat nachgemacht) (ugs.) nachahmen.
Nach'mit'tag (der, -s, -e) Tageszeit. *Beachte:* am Nachmittag; jeden Nachmittag; des Nachmittags. gestern/heute/morgen Nachmittag; nächsten Samstagnachmittag; um drei Uhr nachmittags. Nachmittagskaffee; Nachmittagsschlaf; Nachmittagssonne; Nachmittagsstunde; Nachmittagsvorstellung; nachmittägig; nachmittäglich.
Nach'nah'me (die, -, -n) Nachnahmesendung. (*Aber:* der Nachname).
Nach'na'me (der, -n, -n) Familienname.
nach'prü'fen (V., prüfte nach, hat nachgeprüft) erneut prüfen; überprüfen. Nachprüfbarkeit; Nachprüfung; nachprüfbar.
Nach're'de (die, -, -n) Abfälligkeit; Epilog. Verb: nachreden.
nach'rei'chen (V., reichte nach, hat nachgereicht) nachsenden.
Nach'richt (die, -, -en) Mitteilung. (Plural:) Nachrichtenagentur; Nachrichtenbüro; Nachrichtendienst; Nachrichtenmagazin; Nachrichtensatellit; Nachrichtensendung; Nachrichtensprecher/in; Nachrichtentechnik; Nachrichtenübermittlung; Nachrichtenwesen; nachrichtlich.
nach'rü'cken (V., rückte nach, ist nachgerückt) folgen.
Nach'ruf (der, -s, -e) Würdigung; Grabrede; Danksagung.
nach'rüs'ten (V., rüstete nach, hat nachgerüstet) Rüstung erweitern. Nachrüstung; Nachrüstungsbeschluss; Nachrüstungsstopp.
nach'sa'gen (V., sagte nach, hat nachgesagt) wiederholen; über jemanden etwas äußern.
Nach'satz (der, -es, -sät'ze) Nachtrag; Schluss.
nach'schen'ken (V., schenkte nach, hat nachgeschenkt) nachfüllen.

nach'schla'gen (V., schlug nach, hat nachgeschlagen) suchen; ähnlich sein. Nachschlagewerk.
nach'schmei'ßen (V., schmiss nach, hat nachgeschmissen) (ugs.) nachwerfen; zum Schleuderpreis verkaufen.
Nach'schrift (die, -, -en) Nachtrag; Diktat (Abk.: NS). Verb: nachschreiben.
Nach'schub (der, -s, kein Plural) Versorgung. Nachschubkolonne; Nachschubtrupp; Nachschubweg.
Nach'schuss (der, -schus'ses, -schüs'se) zusätzliche Zahlung; erneuter Torschuss.
nach'se'hen (V., sah nach, hat nachgesehen) nachschauen; prüfen; verzeihen. das Nachsehen haben (nichts mehr bekommen).
nach'sen'den (V., sendete/sandte nach, hat nachgesendet/nachgesandt) nachschicken. Nachsendung; Nachsendeauftrag.
nach'set'zen (V., setzte nach, hat nachgesetzt) (mit Dativ!) verfolgen.
Nach'sicht (die, -, kein Plural) Verzeihen; Milde. Nachsichtigkeit; nachsichtig; nachsichtsvoll; nachsehen.
nach'sin'nen (V., sann nach, hat nachgesonnen) grübeln.
nach'sit'zen (V., saß nach, hat nachgesessen) länger bleiben müssen (Schulstrafe).
Nach'sor'ge (die, -, -n) Nachbehandlung. Nachsorgeklinik.
Nach'spann (der, -s, -e) Filmende.
Nach'spiel (das, -s, -e) Zusatz; unangenehme Folgen. Das wird ein Nachspiel haben.
nach'spie'len (V., spielte nach, hat nachgespielt) imitieren; nachholen.
nach'spü'ren (V., spürte nach, hat nachgespürt) erforschen; suchen.
nächst (Präp., Dat.) neben; hinter; gleich nach.
nächs'te/-r/-s (Adj.) räumlich, zeitlich folgend. der Nächste, bitte! Sie waren am nächsten dran; fürs Nächste ist es genug; das Nächste; das nächstbeste Kleid; nächstbesser; nächstfolgend; nächstgelegen; nächsthöher; nächstliegend; als Nächstes komme ich dran; nächstes Mal; beim nächsten Mal; zum nächstmöglichen Termin; wir fragten den nächstbesten Einheimischen. der Nächste (Mitmensch); Nächstenliebe; das Nächstliegende; das Nächstbeste; der Nächstfolgende; der Nächsthöhere. Adverbien: nächstdem; nächstens.
nach'ste'hen (V., stand nach, hat nachgestanden) unterlegen sein; benachteiligt werden. im Nachstehenden (im Folgenden). das Nachstehende (das Folgende).
nach'stei'gen (V., stieg nach, ist nachgestiegen) (ugs.) folgen.

nachstellen — näher

nach|stel|len (V., stellte nach, hat nachgestellt) einstellen; nach hinten setzen; (mit Dativ!) verfolgen.
nach|su|chen (V., suchte nach, hat nachgesucht) um etwas bitten. Nachsuchung; Er suchte um Verlegung des Termins nach.
Nacht (die, -, Näch|te) Dunkelheit. *Beachte:* des/eines Nachts, *aber:* nachts; gestern/heute/morgen Nacht; um drei Uhr nachts. *Aber:* in der Nacht; jede Nacht; Tag und Nacht geöffnet; über Nacht; Gute Nacht sagen (*auch:* gute Nacht sagen); bei Nacht und Nebel; es wird rasch Nacht; über die Nacht, *aber:* nachtsüber. Nachtarbeit; Nachtausgabe; Nachtbar; Nachtblindheit; Nachtdienst; Nachteule; Nachtfalter; Nachtfrost; Nachtgebet; Nachtgespenst; Nachtgewand; Nachtkästchen; Nachtklinik; Nachtkühle; Nachtlager; Nachtleben; Nachtlicht; Nachtlokal; Nachtmahl; Nachtmusik; Nachtportier; Nachtquartier; Nachtruhe; Nachtschattengewächs; Nachtschicht; Nachtschlaf; Nachtschränkchen; Nachtschwärmer; Nachtschwester; Nachtstrom; Nachttopf; Nacht-und-Nebel-Aktion; Nachtwache; Nachtwächter; Nachtwandler; zur Nachtzeit; Nachtzug; Nachtzuschlag. Adjektive: nachtaktiv; nachtblau; nachtblind; nachtdunkel; nächtelang, *aber:* fünf Nächte lang; nachtfarben; nächtlich; zu nachtschlafender Zeit; nachtwandlerisch. Adverb: nächtlicherweile. Verben: nächtigen; nachtwandeln; übernachten.
Nach|teil (der, -s, -e) Schaden. Adjektiv: nachteilig.
Nach|ti|gall (die, -, -en) Singvogel.
nach|tra|gen (V., trug nach, hat nachgetragen) hinterhertragen; ergänzen; übel nehmen. Nachtrag; nachtragend sein; nachträglich.
nach|tun (V., tat nach, hat nachgetan) nacheifern (mit Dativ!).
nach|voll|zie|hen (V., vollzog nach, hat nachvollzogen) verstehen. Adjektiv: nachvollziehbar.
Nach|we|hen (die, nur Plural) Wehen nach der Geburt; unangenehme Nachwirkungen.
Nach|weis (der, -es, -e) Beweis. Adjektive: nachweisbar; nachweislich. Adverb: nachgewiesenermaßen. Verb: nachweisen.
Nach|wir|kung (die, -, -en) Folge. Verb: nachwirken.
Nach|wort (das, -s, -e) Schlusswort.
Nach|wuchs (der, -es, kein Plural) Kinder; junge Leute. Nachwuchsautor; Nachwuchskraft; Nachwuchsmangel; Nachwuchsspieler; nachwachsen.
Nach|züg|ler (der, -s, -) Verspäteter; Spätgeborener. Adjektiv: nachzüglerisch. Verb: nachzügeln.

Na|cken (der, -s, -) Genick. Nackenhaar; Nackenschlag; Nackenrolle; Nackenschutz; Nackenstarre; Nackenstütze; kurznackig.
nackt (Adj.) unbekleidet; kahl; unverhüllt. Nacktbaden, *aber:* nackt baden; Nacktbadestrand; Nacktfoto; Nacktfrosch; Nacktheit; Nacktkultur; Nacktmodell; Nacktschnecke; Nackttänzerin; Nackedei; nackend; nackig; nacktarmig.
Na|del (die, -, -n) 1. Handarbeitswerkzeug; Stift; 2. Baumnadel. Nadelarbeit; Nadelbaum; Nadelgehölz; Nadelholz; Nadelkissen; Nadelkopf; Nadelloch; Nadelöhr; Nadelspitze; Nadelstich; Nadelstreifen; Nadelwald. Adjektive: nadelfein; nadelfertig; nadelförmig; nad(e)lig. Verb: nadeln.
Na|dir (der, -s, kein Plural) (arab.) dem Zenit gegenüberliegender Punkt auf der Himmelskugel; Fußpunkt.
Nae|vus (der, -, -vi) (lat.) Mal, Muttermal.
Na|gai|ka (die, -, -s) (russ.) Peitsche.
Na|ga|na (die, -, kein Plural) (Zulu) fiebrige Seuche bei Haustieren in Afrika, die von der Tsetsefliege übertragen wird.
Na|gel (der, -s, Nä|gel) Metallstift; Hornteil. Nagelbett; Nagelbürste; Nägelchen; Nagelfalz; Nagelfeile; Nagelhaut; Nägelkauen; Nagelkopf; Nagellack; Nagellackentferner; Nagelpflege; Nagelprobe; Nagelreiniger; Nagelschere; Nagelwurzel. Adjektive: niet- und nagelfest; nagelneu. Verb: nageln.
na|gen (V.) abbeißen; quälen. Nager; Nagetier.
nah (*auch:* na|he) (Adj.; näher, am nächsten) nicht weit weg; eng; fast; bald. von nah und fern; von nahem (*auch:* von Nahem); nahebei; nahe bei der Stadt; nächstens; nahezu; ich war nahe dran zu fahren; bin ich dir zu nahe getreten; ein naher Freund von mir; ein nahe liegendes (*auch:* naheliegendes) Geschäft; ein nahe stehendes (*auch:* nahestehendes) Haus; nahe verwandt (*auch:* nahverwandt). *Beachte:* i. d. R. Zusammenschreibung bei übertragener Bedeutung! nahestehend (vertraut); nahekommen (sich annähern); nahegehen (stark treffen), *aber:* nahe gehen (in der Nähe gehen). der nahe Osten; die Nähe; in der Nähe; Nahaufnahme; Nahbrille; Naheinstellungen; Naherholungsgebiet; Nahkampf; Nahkampfmittel; in Nahost; Nahschnellverkehrszug (Abk.: N); Nahverkehr; Nahziel; nahöstlich. Verb: nahen.
nä|hen (V.) mit Nadel und Faden arbeiten. Näherei; Näherin; Nähfaden; Nähgarn; Nähkasten; aus dem Nähkästchen plaudern (Geheimnisse preisgeben); Nähkissen; Nähkorb; Nähmaschine; Nähnadel; Nähseide; Nähtisch; Nähzeug.
nä|her (Adj.) weniger weit; genauer. sich des Näheren über etwas unterhalten. Näheres erfahren,

nähren alles Nähere beim nächsten Mal. Näherung; Näherungswert. i. d. R. Zusammenschreibung bei übertragener Bedeutung! näherkommen (in engere Beziehung treten), *aber:* näher kommen (in größere Nähe kommen); näherstehen (in engerer Beziehung stehen), *aber:* die näher stehenden (*auch:* näherstehenden) Häuser.
näh'ren (V.) füttern; ernähren; hegen. Nährboden; Nährcreme; Nährhefe; Nährlösung; Nährmittel; Nährsalz; Nährstoff; Nährwert; nahrhaft; nährstoffarm; nährstoffreich.
Nah'rung (die, -, -en) Essen. Nahrungsaufnahme; Nahrungskette; Nahrungsmangel; Nahrungsmittel; Nahrungsmittelindustrie; Nahrungsmittelvergiftung; Nahrungsquelle; Nahrungssuche.
Naht (die, -, Näh'te) Genähtes; Verbindung. Nahtband; Nahtstelle; nahtlos.
Na'hua (die, nur Plural) altindianische Stämme in Mexiko (Azteken, Nicarao u. a.); *Sprache:* Nahuatl.
Na'im (*auch:* Na|in) bibl. Ort in Galiläa.
Nai'ro'bi Hauptstadt von Kenia.
na'iv (Adj.) (franz.) kindlich unbefangen; arglos. Naive; Naivität; Naivling.
Na'ja'de (die, -, -n) (griech.) 1. in Quellen lebende Nymphe (in der griechischen Mythologie). 2. eine Süßwassermuschel; Flussmuschel.
Na'liw'ka (die, -, -ki) (russ.) russischer Branntwein aus Früchten.
Nal'ma (der, -(s), (-s)) Angehöriger eines afrikanisches Stammes. Namaland.
Na'mas (das, -, kein Plural) (pers.-türk.) das fünfmalige tägliche Stundengebet der Mohammedaner.
Na'me (der, -ns, -n) Benennung; Bezeichnung; Ruf. *Beachte:* im Namen Gottes; mit Namen Müller. *Aber:* namens und im Auftrag von. Namenbuch; Namenforschung; Namengebung; Namengedächtnis; Namenkunde; Namenliste; Namenlose; Namenlosigkeit; Namenregister; Namensänderung; Namensnennung; Namensschild; Namenstag; Namensvetter; Namenszeichen; Namenszug; Namenverwechslung; Namenverzeichnis. Adjektive: namenkundlich; namenlos. *Wichtig:* Namen in Briefen, besonders in der Anschrift, sollte man grundsätzlich nie trennen!
na'ment'lich 1. (Adj.) mit Namen genannt. 2. (Adv.) besonders; vor allem. Die Wildfütterung, namentlich im Winter/namentlich wenn es schneit, sollte unterbleiben.
nam'haft (Adj.) berühmt; ansehnlich. Namhaftmachung.
Na'mi'bia (ohne Art., -s, kein Plural) Republik in Afrika; Namibier; Namibierin; namibisch.

näm'lich 1. (Adj.) der-, die-, dasselbe. es ist die nämliche Person; *aber:* der Nämliche. 2. (Adv.; Konj.) denn; und zwar. *Beachte:* mit Komma, wenn »nämlich« eine nähere Erklärung einleitet! Sie ist eine Bekannte, nämlich die Schwester meines Freundes. Wir müssen leise sein, nämlich wenn er uns hört, ist es aus mit der Überraschung.
Nan'du (der, -s, -s) (span.) Straußenvogel.
Na'nis'mus (der, -, kein Plural) (griech.) Zwergwuchs.
Nan'king (der, -s, -e/-s) glatter Baumwollstoff, der meist als Futter verwendet wird.
Na'no... (griech.) ein Milliardstel einer Einheit. Nanofarad (Abk.: nF); Nanometer (10^{-9} m; Abk: nm); Nanosekunde (Abk.: ns).
Na'no'cu'rie (das, -/-s, -) ein milliardstel Curie (in Österreich für Becquerel).
Na'no'plank'ton (das, -s, kein Plural) (griech.-lat.) feines Plankton, das durch Zentrifugieren gewonnen wird.
na'nu! (Interj.) Ausruf der Überraschung.
Na'palm (das, -s, kein Plural) (engl.) Kampfstoff. Napalmbombe.
Napf (der, -s, Näp'fe) Schale. Näpfchen; Napfkuchen.
Naph'tha (das, -s, kein Plural) (griech.) Schwerbenzin. Naphthalin.
Naph'then (das, -s, -e) (nlat.) eine gesättigte organische Verbindung.
Na'po'le'on'dor (der, -s, -e) französische Goldmünze zur Zeit Napoleons I. und III.
Na'po'li'tain (das, -s, -s) (franz.) kleines Schokoladentäfelchen.
Na'po'li'taine (die, -, kein Plural) flanellähnliches Wollgewebe.
Nap'pa (das, -s, -s) (Kurzw.) Nappaleder.
Nar'be (die, -, -n) Wundmal. Narbenbildung; Narbenleder; Narbenseite; narbig; narben.
Nar'de (die, -, -n) (griech.) Pflanze. Nardenöl.
Nar'gi'leh (die/das, -/-s, -s) (türk.) orientalische Wasserpfeife.
Nar'ko'se (die, -, -n) (griech.) Betäubung. Narkosearzt; Narkosemaske; Narkosemittel; Narkotikum; narkotisch; narkotisieren.
Narr (der, -en, -en) dummer Mensch; Tor. Narrenfreiheit; Narrenhaus; Narrenkappe; Narrenposse; Narrenstreich; Narrenzepter; Narretei; Narrheit; Närrin; narrenhaft; narrensicher; närrisch; narren.
Nar'ra'ti'on (die, -, -ti|o|nen) (lat.) Erzählung; Bericht.
nar'ra'tiv (Adj.) (lat.) erzählend.
Nar'ra'ti'vik (die, -, kein Plural) (lat.) die Wissenschaft, die sich mit der Kunst des Erzählens beschäftigt; die Erzählstrukturen erforscht.

Nar·ra·tor (der, -s, -en) (lat.) Erzähler; Romancier.
nar·ra·to·risch (Adj.) 1. den Erzähler betreffend. 2. die Erzählung betreffend. 3. erzählerisch.
Nar·wal (der, -s, -e) ein grauweißer, dunkel gefleckter Wal des nördlichen Eismeers mit langem Stoßzahn (beim Männchen).
Nar·zis·se (die, -, -n) Pflanze. Narzissenblüte; Narzissenstrauß.
Nar·ziss·mus (der, -, kein Plural) (griech.) Eigenliebe. Narziss; narzisstisch.
NASA (die, -, kein Plural) (Kurzw.) Nationale Luft- und Raumfahrtbehörde (USA).
na·sal (Adj.) (lat.) durch die Nase; näselnd. Nasal; Nasalierung; Nasallaut; Nasalvokal; nasalieren.
na·schen (V.) Süßigkeiten essen. Nascher; Nascherei; Naschhaftigkeit; Naschkatze; Naschsucht; Naschwerk; naschhaft; naschsüchtig.
NASDA (die, -, kein Plural) (jap.) (Kurzw.) japanische Raumfahrtbehörde.
Na·se (die, -, -n) Geruchsorgan; Vorsprung. Nasenbär; Nasenbein; Nasenbluten; Nasenflügel; um Nasenlänge; Nasenloch; Nasen-Rachen-Raum; Nasenring; Nasenscheidewand; Nasenschleimhaut; Nasenspitze; Nasenstüber; Nasentropfen; Naserümpfen; Naseweis. Adjektive: nasenlang; alle nasenlang (immer wieder); naserümpfend; naseweis; langnasig; hochnäsig. Verb: nasführen.
Nas·horn (das, -s, -hör·ner) Rhinozeros. Nashornvogel.
Na·si·go·reng (das, -/-s, -s) Reisgericht (Indonesien).
Na·si·rä·er (der, -s, -) (hebr.-griech.) Israelit im Alten Testament, der ein spezielles Gelübde zur Enthaltsamkeit abgelegt hat.
nass (Adj.) (nässer, nasseste/nässeste) feucht, voll Wasser. Nass; Nässe; Nass-in-Nass-Druck; Nassrasierer; Nassschnee; Nasswäsche; Nasszelle; nassfest; nass geschwitzt (*auch:* nassgeschwitzt); nasskalt; nässlich; nässen; sich nass machen (*auch:* nassmachen).
Nas·tie (die, -, -n) (griech.) durch Reiz ausgelöste Bewegung von festgewachsenen Pflanzen (wobei die Richtung des Reizes gleichgültig ist).
nas·zie·rend (Adj.) (lat.) im Werden seiend, entstehend.
Nas·zi·tu·rus (der, -, -ri) (lat.) ungeborene Leibesfrucht, die zwar erbfähig, aber nicht rechtsfähig ist (in der Rechtswissenschaft).
Na·ta·li·tät (die, -, kein Plural) (lat.) Geburtenrate.
Na·ti·on (die, -, -ti·o·nen) (lat.) Volk; Staat. Nationalbewusstsein; Nationalcharakter; Nationaldenkmal; Nationalelf; Nationalfarben; Nationalfeiertag; Nationalflagge; Nationalgericht; Nationalgetränke; Nationalheld; Nationalhymne; Nationalisierung; Nationalismus; Nationalist; Nationalität; Nationalitätenfrage; Nationalitätsprinzip; Nationalkonvent; Nationalmannschaft; Nationalpark; Nationalrat; Nationalsozialismus; Nationalsozialist; Nationalspieler; Nationalsport; Nationalsprache; Nationalstolz; Nationaltanz; Nationaltheater; Nationaltracht; Nationalversammlung. Adjektive: national, aber: Nationales Olympisches Komitee (Abk.: NOK); nationalbewusst; nationaldemokratisch; nationalistisch; nationalliberal; nationalsozialistisch; nationalstaatlich. Verb: nationalisieren.
Na·ti·o·nal·ö·ko·no·mie (die, -, kein Plural) (lat.-griech.) Volkswirtschaftslehre.
na·tiv (Adj.) (lat.) 1. angeboren. 2. auf natürliche Weise entstanden; im Naturzustand befindlich.
NATO (*auch:* Na·to) (die, -, kein Plural) (Kurzwort) Nordatlantisches Verteidigungsbündnis.
Na·tri·um (das, -s, kein Plural) chemischer Grundstoff (Abk.: Na). Natriumchlorid (Kochsalz); Natron; Natronlauge.
Na·tron (das, -s, kein Plural) (arab.) doppeltkohlensaures Natrium.
Nat·té (der, -s, -s) (lat.-franz.) feines, glänzendes Gewebe in Panama- oder Würfelbindung, das für Wäsche, Damenkleider oder Vorhänge verwendet wird.
Nat·ter (die, -, -n) Schlange. Natternbrut; Natterngezücht.
Na·tur (die, -, -en) (lat.) Urwüchsigkeit; Materie; Landschaft; Charakter. Naturalisation; Naturalisierung; Naturalismus; Naturalist; Naturapostel; Naturbeobachtung; Naturbeschreibung; Naturbursche; Naturerscheinung; Naturfaser; Naturforscher; Naturfreund; Naturgeschichte; Naturgesetz; Naturheilkunde; Naturkatastrophe; Naturkraft; Naturkunde; Natürlichkeit; Naturmensch; Naturnähe; Naturpark; Naturprodukt; Naturschauspiel; Naturschutz; Naturschutzgebiet; Naturtalent; Naturverbundenheit; Naturwissenschaft, Naturwissenschaftler; Naturwüchsigkeit; Naturwunder. Adjektive: naturalistisch; naturbelassen; naturblond; naturfarben; naturgegeben; naturgemäß; naturgeschichtlich; naturgetreu; naturkundlich; natürlich; naturrein; naturverbunden; naturwidrig; naturwissenschaftlich; naturwüchsig. Adverb: natürlicherweise. Verb: naturalisieren.
Na·tu·ra·li·en (die, nur Plural) Lebensmittel; Naturprodukte. Naturalbezüge; Naturaliensammlung; Naturallohn; Naturalwirtschaft.

Naturalisation 343 neben

Na|tu|ra|li|sa|ti|on (die, -, -ti|o|nen) (lat.) 1. Einbürgerung; Verleihung der Staatsbürgerschaft. 2. allmähliche Anpassung (von Tieren und Pflanzen) an einen Lebensraum. 3. Ausstopfen (von Tierbälgen).
na|tu|ra|li|sie|ren (V.) (lat.) einbürgern; (jmdm.) die Staatsbürgerschaft gewähren. 2. ausstopfen (Tierbälge). 3. sich ~: sich an einen Lebensraum anpassen.
Na|tu|ral|res|ti|tu|ti|on (die, -, -ti|o|nen) (lat.) Wiederherstellung des ursprünglichen Zustandes; Schadensersatz.
Na|tu|rell (das, -s, -e) (franz.) Wesensart; Gemütsart; er hat ein heiteres ~.
Na|tu|ris|mus (der, -, kein Plural) Freikörperkultur. Naturist.
Nau|arch (der, -en, -en) (griech.) Flottenführer im alten Griechenland.
'nauf (Präp.) (ugs.) hinauf.
Nau|ma|chie (die, -, -n) (griech.-lat.) 1. Seeschlacht im antiken Griechenland. 2. Darstellung einer Seeschlacht in den römischen Amphitheatern.
Nau|pli|us (der, -, -pli|en) (griech.-lat.) frei schwimmende Larve niederer Krebstiere.
Na|u|ru|er (der, -s, -) Einwohner des ozeanischen Inselstaates Nauru.
Nau|sea (die, -, kein Plural) (griech.-lat.) Übelkeit (bes. bei Seekrankheit).
Nau|te (die, -, kein Plural) (hebr.-jidd.). Süßigkeit aus Mohn, Nüssen und Honig, das von jüdischen Familien am Tag des Purimfestes gegessen wird.
Nau|tik (die, -, kein Plural) (griech.) Schifffahrtskunde. Nautiker; nautisch.
Nau|ti|lus (die, -, -/-lus|se) (lat.) Tintenfisch.
Na|vel|oran|ge (die, -, -n) kernlose Orange.
Na|vets (die, nur Plural) (franz.) weiße Rübchen.
Na|vi|cert (das, -s, -s) (lat.-engl.) Unbedenklichkeitszeugnis für neutrale Handelsschiffe, das von Konsulaten einer Krieg führenden Nation ausgestellt wird.
Na|vi|cu|la (die, -, -lae) (lat.) Gefäß in der katholischen Kirche, in dem der Weihrauch aufbewahrt wird.
Na|vi|ga|ti|on (die, -, kein Plural) (lat.) See-, Luftfahrt; Kursbestimmung. Navigationsfehler; Navigationsinstrumente; Navigator; navigatorisch; navigieren.
Nay (der, -s, -s) (pers.-arab.) flötenähnliches Blasinstrument in Persien und den arabischen Ländern.
Na|za|rä|er (der, -s, -) (hebr.-griech.-lat.) 1. Beiname Jesu. 2. Mitglied der ersten Christen. 3. Mitglied der syrischen Judenchristen.

Na|za|re|ner (der, -s, -) 1. Einwohner von Nazareth. 2. (nur Singular) der ~: Jesus Christus. 3. Angehöriger einer Gruppe deutscher Maler, die eine Erneuerung ihrer Kunst im Sinne der mittelalterlichen Maler erstrebte.
Na|zi (der, -s, -s) (Kurzw.) Nationalsozialist. Nazidiktatur; Naziherrschaft; Nazipartei; Naziregime; Nazismus; Nazizeit; nazistisch.
NB (Abk.) notabene.
n. Br. (Abk.) nördliche Breite.
NC (Abk.) Numerus clausus; Numerical Control (EDV).
Nchf. (auch: Nachf.) (Abk.) Nachfolger.
n. Chr. (Abk.) nach Christus; n. Chr. G. (nach Christi Geburt).
nd. (Abk.) niederdeutsch.
NDB (Abk.) Neue Deutsche Biographie.
NDR (Abk.) Norddeutscher Rundfunk.
Ne (Abk.) Neon (chemisches Zeichen).
ne! (auch: nee!) (Interj.) (ugs.) nein.
'ne (Art.) (ugs.) eine.
Ne|an|der|ta|ler (der, -s, -) vorgeschichtlicher Mensch.
Ne|a|po|li|ta|ner (der, -s, -) Einwohner von Neapel; gefüllte Waffel.
ne|a|po|li|ta|nisch (Adj.) zu Neapel gehörig; von dort stammend.
Ne|ark|tis (die, -, kein Plural) Grönland, Kanada, Nordamerika und Mexiko umfassender Bereich in der Tier- und Pflanzengeographie).
ne|ark|tisch (Adj.) zur Nearktis gehörig.
Ne|ar|thro|se (die, -, -n) (griech.) 1. krankhafte Bildung eines Gelenks (z. B. an den Bruchstellen eines Knochens). 2. chirurgische Neubildung eines Gelenks.
neb|bich! (jidd.) 1. wenn schon! was tut's? 2. schade!
Neb|bich (der, -s, -e) (jidd.) ein Niemand; ein Unbedeutender.
Ne|bel (der, -s, -) Wasserdampf; Trübheit. Nebelbank; Nebelbildung; Nebelfeld; Nebelkrähe; Nebellampe; Nebelscheinwerfer; Nebelschleier; Nebelschlussleuchte; Nebelschwaden; Nebelwand; nebelgrau; neb(e)lig; nebelverhangen; nebeln.
ne|ben (Präp., Dat./Akk.) seitlich; bei; außer. *Beachte:* Er stand neben mir (Dativ!). Er stellte sich neben mich (Akkusativ!). Nebenabsicht; Nebenanschluss; Nebenarbeit; Nebenbedeutung; Nebenberuf; Nebenbeschäftigung; Nebenbuhler; Nebeneffekt; Nebeneinkünfte; Nebenerscheinung; Nebenerwerb; Nebenfach; Nebenform; Nebenfrau; Nebengeräusch; Nebengleis; Nebenhöhle; Nebenkläger; Nebenkosten; Nebenmann; Nebennniere; Nebennutzung; Nebenprodukt; Nebenraum; Nebenrolle; Ne-

bensache; Nebensächlichkeit; Nebensatz; Nebenschaltung; Nebenstelle; Nebenstraße; Nebentisch; Nebenverdienst; Nebenwirkung; Nebenzimmer; Nebenzweck. Adjektive: nebenamtlich; nebenberuflich; nebensächlich; nebenstehend; *aber:* das Nebenstehende. Adverbien: nebenan; nebenbei; nebenher; nebenhin. Verben: nebenherfahren; nebenhergehen; nebenherlaufen; nebenordnen; nebenschalten.
ne|ben|ei|n|an|der (Adv.) einer neben dem anderen. *Beachte:* Zusammenschreibung mit dem folgenden Verb, wenn nebeneinander den Hauptakzent trägt! nebeneinanderlegen; nebeneinandersitzen; nebeneinanderstellen; *aber:* sich nebeneinander aufstellen; nebeneinander hergehen.
nebst (Präp., Dat.) außer; einschließlich. Der Opa nebst seinem Enkel.
ne|bu|lös *(auch:* ne|bu|los) (Adj.) (lat.) unklar; undurchsichtig.
Ne|ces|saire *(auch:* Nes|ses|sär) (das, -s, -s) (franz.) Nähzeugbeutel; Kosmetiktäschchen.
Neck 1. (der, -s, -s) (engl.) vulkanischer Schlot, durch Abtragung offen gelegt. 2. (der, -en, Ne|cken) *(auch:* Nöck) Wassergeist.
ne|cken (V.) hänseln. Neckerei; neckisch.
Need (das, -s, kein Plural) (engl.) in der Psychologie die Bezeichnung für die Gesundheit von Bedürfnissen, Wünschen und Haltungen etc.
Neer (die, -, -en) (nordd.) Wasserstrudel. Neerstrom.
Ne|fas (das, -, kein Plural) (lat.) den Menschen von den Göttern auferlegtes Verbot (in der römischen Antike).
Nef|fe (der, -n, -n) Schwester-/Brudersohn.
ne|gie|ren (V.) (lat.) verneinen; abstreiten. Negation; Negierung; negativ.
Ne|ga|tiv (der, -s, -e) (lat.) Kehrbild.
Ne|ga|ti|vis|mus (der, -, kein Plural) 1. negative, ablehnende Haltung. 2. Widerstand gegen Beeinflussung von außen sowie gegen den eigenen Trieb (bei Geisteskranken).
Ne|ga|ti|vi|tät (die, -, kein Plural) (lat.) verneinendes, ablehnendes Verhalten.
Ne|ger (der, -s, -) *(abwertend)* Dunkelhäutiger.
Ne|ger|kuss (der, -kus|ses, -küs|se) Süßigkeit.
Ne|g|li|gee *(auch:* Ne|g|li|gé, Né|g|li|gé) (das, -s, -s) (franz.) Morgenrock.
Ne|g|li|genz (die, -, -en) (lat.-franz.) Nachlässigkeit; Sorglosigkeit; Unachtsamkeit.
ne|g|li|gie|ren (V.) (lat.-franz.) vernachlässigen.
ne|go|zi|a|bel (Adj.) (lat.-roman.) handelsfähig (Ökonomie).

Ne|go|zi|ant (der, -en, -en) (lat.-roman.) Geschäftsmann; Kaufmann.
Ne|go|zi|a|ti|on (die, -, -ti|o|nen) (lat.-roman.) 1. Verkauf von Wertpapieren. 2. Verkauf oder Verwertung eines Wechsels.
ne|go|zi|ie|ren (V.) (lat.-roman.) Handel treiben.
Ne|g|ri|de (die, -n, -n) (lat.) dunkelhäutiger Afrikaner. Adjektiv: negrid.
Ne|g|ri|to (der, -s, -s) (span.) Angehöriger eines kleinwüchsigen negroiden Volkes auf den Philippinen, Andamanen und auf Malakka.
Né|g|ri|tu|de (die, -, kein Plural) (franz.) aus der Rückbesinnung der Schwarzen auf ihre afrikanische Kulturtradition entstandene Einstellung.
ne|g|ro|id (Adj.) (lat.) den Negroiden ähnlich. Negroide.
Ne|g|ro|spi|ri|tu|al (der/das, -s, -s) (engl.) religiöses Lied der Schwarzen im Süden der USA.
neh|men (V., nahm, hat genommen; ich nehme, du nimmst) ergreifen; wählen; benutzen; einnehmen. *Beachte:* Das Leben ist ein einziges Geben und Nehmen. Nehmer; Nehmerqualitäten.
Neh|rung (die, -, -en) Landzunge.
Neid (der, -s, kein Plural) Missgunst. Neider; Neidhammel; Neidlosigkeit; neiderfüllt; neidig; neidisch; neidlos; neidvoll; neiden.
Nei|ge (die, -, -n) 1. Abhang; 2. Rest. Der Tag geht zur Neige (zu Ende).
Nei|gung (die, -, -en) 1. Abhang; Schräge; 2. Vorliebe; Begabung. Neigungsehe; neigen.
nein (Adv.) ablehnende Antwort. Nein sagen *(auch:* nein sagen); das Neinsagen; das Ja und das Nein; er antwortete mit einem klaren Nein. Neinsager; Neinstimme.
'nein (Adv.) (ugs.) hinein.
Ne|k|ro|log (der, -s, -e) (griech.) Nachruf.
Ne|k|ro|man|tie (die, -, kein Plural) (griech.) Geister-, Totenbeschwörung. Nekromant.
Ne|k|ro|pha|ge (der, -n, -n) (griech.) Tier, das sich nur von toten Organismen ernährt.
Ne|k|ro|phi|lie (die, -, kein Plural) (griech.) auf Tote ausgerichteter Sexualtrieb. Adjektiv: nekrophil.
Ne|k|ro|pho|bie (die, -, kein Plural) (griech.) krankhafte Furcht vor Toten oder vor dem Tod.
Ne|k|rop|sie (die, -, -n) (griech.) Leichenschau; Leichenöffnung.
Ne|k|ro|se (die, -, -n) (griech.) Absterben von Zellen oder Gewebe; Gewebstod.
ne|k|ro|tisch (Adj.) auf Nekrose beruhend; abgestorben.
Nek|tar (der, -s, kein Plural) (griech.) Getränk; Blütenabsonderung. Adj.: nektarisch.
Nek|ta|ri|ne (die, -, -n) Pfirsichart.

Nek|ta|ri|um (das, -s, -ri|en) (griech.-lat.) Honigdrüse (der Blüten).
nek|tie|ren (V.) (lat.) verknüpfen; verbinden.
Nek|ti|on (die, -, -ti|o|nen) (lat.) Verknüpfung mehrerer gleichartiger Satzteile oder Sätze (Sprachwissenschaft).
Nek|ton (das, -s, kein Plural) (griech.) Gesamtheit der sich aus eigener Kraft fortbewegenden Tiere im Wasser.
Nel|ke (die, -, -n) Blume; Gewürz. Nelkenöl; Nelkenstrauß; Nelkenwurz; Nelkenzimt.
Nel|son (der, -s, -s) (engl.) am Nacken ansetzender Griff (beim Ringen), benannt nach nordamerik. Ringkämpfer, Nackenhebel.
Ne|ma|to|de (der, -n, -n) (griech.) Fadenwurm.
Ne|me|sis (die, -, kein Plural) (griech.) strafende Gerechtigkeit.
NE-Me|tall (Abk.) Nichteisenmetall.
'nen (Art.) (ugs.) einen.
nen|nen (V., nannte, hat genannt) erwähnen; bezeichnen. Nennbetrag; Nenner; Nennform (Grundform, Infinitiv); Nennung; Nennwert; Nennwort (Nomen); nennenswert.
neo.../Neo... (griech.) neu.../Neu... Neoklassizismus; Neokolonialismus; Neoliberalismus; Neomarxismus; neoklassizistisch.
Neo|dym (das, -s, kein Plural) (griech.) chemisches Element. Seltenerdmetall.
Neo|fa|schis|mus (der, -, kein Plural) wieder aufkommende rechtsradikale Bewegung. Neofaschist; neofaschistisch.
Neo|gen (das, -s, kein Plural) (griech.) jüngere Abteilung des Tertiärs; Jungtertiär.
Neo|klas|si|zis|mus (der, -, kein Plural) an den Klassizismus anknüpfender Kunststil (des 20. Jh.).
Neo|li|thi|kum (das, -s, kein Plural) (griech.) Jungsteinzeit. Adjektiv: neolithisch.
Neo|lo|gis|mus (der, -, -gis|men) (griech.) neue Wortbildung (z. B. Alpha-Entspannung).
Ne|on (das, -s, kein Plural) Edelgas (chemischer Grundstoff; Abk.: Ne). Neonfisch; Neonlampe; Neonlicht; Neonreklame; Neonröhre.
Neo|na|zi (der, -s, -s) Rechtsradikaler. Neonazismus; Neonazist; neonazistisch.
Neo|phyt (der, -en, -en) 1. jmd., der getauft und in die Gemeinde neu aufgenommen worden ist (im Urchristentum). 2. in einen Geheimbund Aufgenommener. 3. Pflanze, die in historischer Zeit in ein fremdes Gebiet gebracht wurde und sich dort eingebürgert hat.
Neo|plas|ma (das, -s, -plas|men) (griech.) anomale Gewebsbildung. Geschwulst.
Neo|te|nie (die, -, -n) (griech.) Fähigkeit, sich bereits im Larvenstadium fortzupflanzen (z. B. beim Axolotl).

Neo|ve|ris|mus (der, -, kein Plural) (griech.-lat.) von Italien ausgehende Kunstströmung zur Erneuerung des Verismus nach dem Zweiten Weltkrieg.
Neo|vi|ta|lis|mus (der, -, kein Plural) Lehre von der Eigengesetzlichkeit des Lebendigen, begründet von Hans Driesch.
Neo|zo|i|kum (das, -s, kein Plural) (griech.) jüngstes Zeitalter der Erdgeschichte; Känozoikum; Erdneuzeit.
Ne|pal (ohne Art., -s, kein Plural) Nepaler; Nepalese; nepalisch; nepalesisch.
Ne|per (das, -s, -) Maßeinheit (Physik; Abk.: Np).
Ne|phe|lin (der, -s, -e) (griech.) Mineral.
Ne|pho|me|ter (das, -s, -) (griech.) Gerät zum Messen der Dichte und Zuggeschwindigkeit von Wolken.
Ne|pho|s|kop (das, -s, -e) (griech.) Gerät zum Bestimmen der Richtung und Geschwindigkeit des Wolkenzuges.
Ne|ph|rit (der, -s, -e) (griech.) Mineral.
Ne|ph|ri|tis (die, -, -phri|ti|den) (griech.) Nierenentzündung.
Ne|ph|rom (das, -s, -e) (griech.) Nierengeschwulst.
Ne|ph|ro|se (die, -, -n) (griech.) nichtentzündliche Nierenerkrankung mit Gewebszerstörung.
Ne|po|te (der, -n, -n) (lat.) 1. Neffe. 2. Enkel. 3. Vetter. 4. Verwandter.
ne|po|ti|sie|ren (V.) nahe Verwandte begünstigen.
Ne|po|tis|mus (der, -, kein Plural) (lat.) Vetternwirtschaft.
Nepp (der, /-s, kein Plural) (ugs.) Betrug. Nepper; Nepperei; Nepplokal; neppen.
Nep|tun (der, -s, kein Plural) Planet. Adjektiv: neptunisch.
Nep|tu|ni|um (das, -s, kein Plural) (griech.) chemischer Grundstoff (Abk.: Np).
Ne|re|i|de (die, -, -n) 1. Meerjungfrau. 2. frei schwimmender Borstenwurm des Meeres.
ne|ri|tisch (Adj.) (griech.) zum Küstengewässer/zum Flachmeer gehörig.
Nerv (der, -s, -en) (lat.) Reizleiter; Blattader. Nervenanspannung; Nervenarzt; Nervenbelastung; Nervenbündel; Nervenchirurgie; Nervenentzündung; Nervenfaser; Nervengas; Nervengift; Nervenheilanstalt; Nervenkitzel; Nervenklinik; Nervenknoten; Nervenkostüm; Nervenkraft; Nervenkrankheit; Nervenkrieg; Nervenleiden; Nervennahrung; Nervenprobe; Nervensache; Nervensäge; Nervenschock; Nervenschwäche; Nervenstärke; Nervensystem; Nervenzelle; Nervenzusammenbruch; Nervosität. Adjektive: nervenaufreibend, nervenberu-

higend; nervenkrank; nervenschwach; nervenstark; nervig (sehnig); nervlich; nervös; nervtötend. Verb: nerven (ugs.: nervös machen, reizen).
ner'val (Adj.) zur Tätigkeit der Nerven gehörig; durch sie bewirkt.
Ner'va'tur (die, -, -en) Gesamtheit der Nerven (im Blatt oder Insektenflügel).
Nerz (der, -es, -e) Pelztier; Pelz. Nerzfarm; Nerzfell; Nerzkragen; Nerzmantel.
Nes'sel 1. (die, -, -n) Pflanze. Nesselausschlag; Nesselfieber; Nesselpflanze; Nesselsucht. 2. (der, -s, -) Stoff. Nesselfaser; Nesselstoff.
Nest (das, -s/-es, Nes'ter) 1. Vogelbrutstätte; 2. (ugs.) Bett; 3. (ugs.) Dorf. Nestbau; Nestbeschmutzer; Nestchen; Nestei; Nestflüchter; Nesthäkchen; Nesthocker; Nestjunge; Nestling; Nesttreue; Nestwärme; nestwarm.
nes'teln (V.) knüpfen; herumfingern.
Nes'tor (der, -s, -to'ren) (griech.) 1. Ältester (in einer Gemeinschaft oder auf einem Wissensgebiet). 2. weiser alter Mann; kluger, alter Berater.
Net'su'ke (die, -, -s) oder (das, -s, -s) (jap.) kleine Plastik aus Holz oder Elfenbein am Gürtel, die, einem Knopf ähnlich, zum Befestigen kleinerer Gegenstände dient.
nett (Adj.) freundlich; angenehm. Nettigkeit; netterweise.
net'to (Adv.) ohne Verpackung, Steuern oder Abzug. Nettoeinkommen; Nettoertrag; Nettogewicht; Nettogewinn; Nettolohn; Nettopreis; Nettoraumzahl (Abk.: NRZ); Nettoregistertonne (Abk.: NRT); Nettoverdienst.
Netz (das, -es, -e) Maschenwerk; Verkehrssystem; Leitungssystem. Netzanschluss; Netzanschlussgerät; Netzauge; Netzflügler; Netzgerät; Netzgewebe; Netzhaut; Netzhautentzündung; Netzhemd; Netzkarte; Netzplan; Netzspannung; Netzstecker; Netzstoff; Netzwerk. Adjektive: netzartig; netzförmig.
net'zen (V.) feucht machen.
neu (Adj.) seit Kurzem da; frisch; unerfahren. Das Neueste ist, dass er spät nach Hause kommt. Versuchen wir es auf ein Neues. aufs Neue; seit Neuestem (*auch:* neuestem); aus alt mach neu; von Neuem (*auch:* neuem); ein gutes neues Jahr! die Neuen (*auch:* neuen) Medien. etwas/nichts/viel/wenig Neues; das Neueste vom Neuesten; das Neueste, was es auf dem Markt gibt; das Alte und Neue; die Neue Welt; das Neue Testament (Abk.: NT). Neuanfertigung; Neuankömmling; Neuanschaffung; Neuartigkeit; Neuauflage; Neubau; Neubauwohnung; Neubearbeitung; Neubeginn; Neubildung; Neubürger; Neudruck; Neueinstellung; Neueinstudierung; Neuentwicklung; Neueröffnung; Neuerscheinung; Neuerung; Neufassung; Neufestsetzung; Neugeborene; Neugestaltung; Neugliederung; das Neugriechische; Neugründung; Neuheit; das Neuhochdeutsche; Neuigkeit; Neuinszenierung; Neukonstruktion; Neuland; Neuling; Neumond; Neuordnung; Neuorganisation; Neuphilologie; Neuregelung; Neuromantiker; Neuschnee; Neusilber; Neutestamentler; Neutöner; Neuvermählte; Neuverschuldung; Neuwagen; Neuwahl; Neuwert; Neuwort; Neu-Wien; Neuzulassung. Adjektive: neuartig; neudeutsch; neugeboren; neugriechisch; neuhochdeutsch (Abk.: nhd.); neumodisch; neureich; neuromantisch; neusilbern; neusprachlich; neutestamentlich; neuwertig; neuzeitfeindlich; neuzeitlich. *Beachte:* Getrenntschreibung in Verbindung mit Verben! neu bearbeiten. Getrennt- oder Zusammenschreibung in Verbindung mit adjektivisch gebrauchtem Partizip! das neu bearbeitete (*auch:* neubearbeitete) Buch. Adverbien: neuerdings; neuerlich; neuestens; neulich.
neu'apos'to'lisch (Adj.) der neuapostolischen Religionsgemeinschaft angehörend, dem neuapostolischen Bekenntnis entsprechend.
Neu'fund'län'der (der, -s, -) Hund.
neu'gie'rig (Adj.) begierig auf Neues; erwartungsvoll. Neugier; Neugierde.
Neu'jahr (das, -s, kein Plural) Jahreswechsel. Neujahrsansprache; Neujahrsfest; Neujahrsglückwünsche; Neujahrstag.
Neu'me (die, -, -n) (griech.-lat.) Notenhilfszeichen im Mittelalter vor der Erfindung der Notenschriftzeichen.
neu'mie'ren (V.) (griech.-lat.) 1. ein Musikstück in Neumen niederschreiben. 2. einen Text mit Neumen versehen.
Neu'mi'nu'te (die, -, -n) (dt.; lat.) der hundertste Teil eines Gons in der Mathematik.
neun (Adj.) Zahl. *Beachte:* alle neune; um neun Uhr; neunmal (9-mal); neunfach (9fach/9-fach); jetzt ist es halb neun (Uhr); neununddreißig; neunzehn; neunzig; neuntens; zu neunt; neuntausend; neunbändig; neuneckig; neunerlei verschiedene Sorten; neunhundert; neunmalig; neunschwänzig; eine neunstellige Zahl; ein neunstöckiges Haus; ein neunstündiges Programm; neuntägig. *Aber:* die Neun; der Neuner; das Neunfache; ein Neuntel; ich war der Neunte, den sie fragte.
Neun'au'ge (das, -s, -n) Fisch.
Neun'tö'ter (der, -s, -) Singvogel.
neu'ral (Adj.) (griech.-lat.) Nerven betreffend; von den Nerven ausgehend.
Neu'r'al'gie (die, -, -n) (griech.) Nervenschmerz. Neuralgiker; neuralgisch (*auch:* anfällig).

Neue Schreibweisen (Laut-Buchstaben-Zuordnung)

In der Schreibung des Deutschen kommt es immer wieder zu Problemen, da nicht jeder Sprachlaut einem einzigen Buchstaben zugeordnet ist. Im Zuge der Rechtschreibreform hat man versucht diese Probleme zu verringern. (→ Fremdwörter)
1. Drei aufeinanderfolgende Buchstaben werden ausgeschrieben. Bisher fiel der dritte aus, wenn nach ihm ein Vokal (Selbstlaut) folgte. Flanelllappen *statt* Flanellappen; Schifffahrt *statt* Schiffahrt; Flusssenke *statt* Flußsenke. (→ Bindestrich)
2. Das ß wird nach einem kurzen Vokal zu ss. dass *statt* daß; bisschen *statt* bißchen; Schloss *statt* Schloß. *Aber:* Nach langem Vokal oder Diphthong bleibt das ß erhalten: Schoß; Maß; beißen; außen.
3. Nach einem kurzen betonten Vokal wird der Konsonant (Mitlaut) bei einigen Wörtern verdoppelt. nummerieren *statt* numerieren; Ass *statt* As; Tollpatsch *statt* Tolpatsch. *Beachte:* Die meisten einsilbigen Wörter aus dem Englischen bleiben in ihrer Grundform erhalten. Wenn jedoch Ableitungen gebildet werden, dann verdoppelt sich der Konsonant. Job, *aber:* jobben; Jet, *aber:* jetten.
4. Für ein kurzes e schreibt man ä statt e, wenn es eine Grundform mit a gibt. aufwändig/aufwendig wegen Aufwand/aufwenden; belämmert wegen Lamm; Stängel wegen Stange.
5. Das Gleiche gilt für den Diphthong eu, der zu äu wird, wenn es eine Grundform mit au gibt. schnäuzen *statt* schneuzen wegen Schnauze; verbläuen *statt* verbleuen wegen blau.
6. Sonstige Fälle:
a) Besonderheiten beim Prinzip der Konsonantenverdopplung (s. 3.): Statt kk schreibt man ck, statt zz schreibt man tz (Das gilt nicht für Fremdwörter! Mokka; Pizza etc.). Daher künftig auch platzieren *statt* plazieren wegen Platz; Stuckateur *statt* Stukkateur.
b) Das Adjektiv rau wird wie andere Adjektive auf -au ohne h geschrieben.
c) Känguru *statt* Känguruh wegen Gnu, Kakadu.
d) Das Dehnungs-h vor -heit soll nicht mehr ausgelassen werden (*Ausnahme:* Hoheit). Rohheit *statt* Roheit; Zähheit *statt* Zäheit.
e) Neue Schreibweisen sind ferner: Föhn mit h in allen Bedeutungen; Zierrat *statt* Zierat; selbstständig neben selbständig; Albtraum neben Alptraum.

Neu|ra|sthe|nie (die, -, -n) (griech.) Nervenschwäche. Neurastheniker; neurasthenisch.
Neu|r|ek|to|mie (die, -, -n) (griech.) chirurgische Entfernung eines Nervenstücks.
Neu|rin (das, -s, kein Plural) (griech.) in faulendem Fleisch entstehendes, starkes Gift.
Neu|rit (der, -en, -en) (griech.) lang gestreckter, der Reizleitung dienender Fortsatz der Nervenzelle.
Neu|ri|tis (die, -, -ri|ti|den) (griech.) Nervenentzündung.
Neu|ro|chi|r|ur|gie (die, -, -n) (griech.) Nervenchirurgie. neurochirurgisch.
Neu|ro|der|ma|to|se (die, -, -n) (griech.) nervöse Hauterkrankung.
Neu|ro|der|mi|tis (die, -, -mi|ti|den) entzündliche, von Nerven ausgehende Hauterkrankung mit starkem Juckreiz, zu den Ekzemen gehörig. Juckflechte.
neu|ro|gen (Adj.) (griech.) von den Nerven ausgehend.
Neu|ro|lo|ge (der, -n, -n) (griech.) Nervenarzt. Neurologie; neurologisch.
Neu|rom (das, -s, -e) (griech.) Geschwulst aus wuchernden Nervenfasern und -zellen.
Neu|ron (das, -s, -e/-en) (griech.) Nervenzelle.
Neu|ro|pa|thie (die, -, -n) Nervenleiden. Erkrankung des Nervensystems.
Neu|ro|pa|tho|lo|gie (die, -, kein Plural) (griech.) Wissenschaft von den Nervenerkrankungen.
Neu|ro|se (die, -, -n) (griech.) krankhaftes Fehlverhalten mit seelischen und körperlichen Störungen; Verhaltensanomalie. Neurotiker; neurotisch.
Neu|ro|to|mie (die, -, -n) (griech.) chirurgische Durchtrennung eines Nervs. Nervenschnitt.

Neu|ro|to|xin (das, -s, -e) (griech.) die Nerven angreifendes Gift.
Neu|see|land (ohne Art., -s, kein Plural) Neuseeländer; neuseeländisch.
neu|t|ral (Adj.) (lat.) unparteiisch; unauffällig. Neutralisation; Neutralisierung; Neutralismus; Neutralist; Neutralität; Neutralitätsabkommen; Neutralitätserklärung; Neutralitätspolitik; Neutralitätsverletzung; neutralistisch; neutralisieren.
Neu|t|ron (das, -s, -en) (lat.) Elementarteilchen ohne elektrische Ladung (Abk.: n). Neutronenbombe; Neutronenstrahlen; Neutronenwaffe.
Neu|t|rum (das, -s, -tra/-tren) (griech.) sächliches Substantiv (z. B. das Fenster).
New|co|mer (der, -s, -) (engl.) Neuling.
New Look (der/das, -, kein Plural) (engl.) neuer Stil.
New-Or|leans-Jazz (der, -, klein Plural) Jazzstil.
News (die, nur Plural) (engl.) Nachrichten, Neuigkeit.
News|let|ter (der, -(s), -(s)) regelmäßig zu beziehende elektronische Post.
New|ton (das, -s, -) Krafteinheit (Abk.: N). Newtonmeter (Abk.: Nm).
Ne|xus (der, -, -) (lat.) Zusammenhang; Verbindung.
Ne|zes|si|tät (die, -, -en) (lat.) Notwendigkeit.
nF (Abk.) Nanofarad.
NF (Abk.) Niederfrequenz.
N. F. (Abk.) Neue Folge.
Ngo|ro|ngo|ro|kra|ter (der, -s, kein Plural) Kraterhochland in Tansania.
NH, N. H. (Abk.) Normalhöhepunkt.
nhd. (Abk.) neuhochdeutsch.
Ni (Abk.) Nickel (chemisches Zeichen).
nib|beln (V.) (engl.) abschneiden. Nibbler.
ni|beln (V.) (südd.) fein regnen.
Ni|be|lun|gen (die, nur Plural) Sagengeschlecht. Nibelungenhort; Nibelungenlied; Nibelungensage.
Ni|ca|ra|gua (*auch:* Ni|ka|ra|gua) (ohne Art., -s, kein Plural) Nicaraguaner (*auch:* Nikaraguaner).
nicht (Adv.) Verneinung. *Beachte:* nicht nur, sondern auch; ich gehe nicht eher, bis du fertig bist; nicht wahr? Nicht rauchen! nicht im Geringsten; mitnichten; ich will nicht mehr als hundert Euro ausgeben; nicht weniger als; nicht doch! Das glaube ich ganz und gar nicht; komm mir nur nicht zu spät! eine nicht öffentliche (*auch:* nichtöffentliche) Veranstaltung; *aber:* die Veranstaltung kann nicht öffentlich stattfinden; etwas zunichte machen. *Wichtig:* Ist »dass« die Einleitung eines Nebensatzes, so steht ein Komma! Sie wollte nicht, dass er geht. *Aber:* kein Komma in Wendungen wie: nicht dass ich wüsste; nicht dass du meinst, ich würde mich darüber freuen. Nichtachtung; Nichtanerkennung; Nichtangriffspakt; Nichtbeachtung; Nichtbefolgung; Nichtberufstätige (*auch:* nicht Berufstätige); Nichtchrist; Nichteinhaltung; Nichteinmischung; Nichterfüllung; Nichterscheinen; Nichtfachmann; bei Nichtgefallen Geld zurück! Nichtgewünschtes (*auch:* nicht Gewünschtes) bitte ankreuzen; der Nichtgeschäftsfähige (*auch:* nicht Geschäftsfähige); Nicht-Ich; Nichtinanspruchnahme; Nichtmetall; Nichtmitglied; Nichtraucher; Nichtraucherabteil; Nichtschwimmer; das Sein oder Nichtsein; Nichttänzer; Nichtwissen; Nichtzulassung; Nicht-zustande-Kommen (*auch:* Nicht-zu-Stande-Kommen); Nichtzutreffendes (*auch:* nicht Zutreffendes) bitte anstreichen! Adjektive: eine nicht amtliche (*auch:* nichtamtliche) Verordnung; nicht berufstätige (*auch:* nichtberufstätige) Mütter; die Mütter, die nicht berufstätig sind; nicht christlich (*auch:* nichtchristlich); nicht ehelich (*auch:* nichtehelich); nicht kommunistisch (*auch:* nichtkommunistisch); nicht rostend (*auch:* nichtrostend); nicht selbstständig (*auch:* nichtselbstständig) *oder:* nicht selbständig (*auch:* nichtselbständig).
Nicht|ei|sen|me|tall (das, -s, -e) Buntmetall. Nichteisenmetallwirtschaft.
nicht|flek|tier|bar (*auch:* nicht flek|tier|bar) (Adj.) nicht beugbar. ein nichtflektierbares/ nicht flektierbares Wort. Das Wort ist nicht flektierbar/nichtflektierbar.
nich|tig (Adj.) unbedeutend; ungültig. Der Vertrag ist nunmehr null und nichtig. Nichtigkeit; Nichtigkeitserklärung; Nichtigkeitsklage; Nichtigkeitsurteil; etwas für null und nichtig erklären.
Nicht|lei|ter (der, -s, -) Isolator. Adjektiv: nichtleitend/nicht leitend.
nichts (Pron., indef.) nicht etwas. *Beachte:* das führt zu nichts; das ist nichts Neues; er verschwand so mir nichts, dir nichts (ohne Weiteres); er hat es zu gar nichts gebracht; um nichts und wieder nichts; das jetzige Problem unterscheidet sich in nichts vom letzten; die Probleme lösen sich in nichts auf (*aber:* sich im Nichts auflösen); ich werde heuer wieder nichts tun; viel Lärm um nichts; nichts weniger als; nichts Schlimmes ahnend; nichts ahnend (*auch:* nichtsahnend). *Aber:* das Nichts; aus dem Nichts kommen; vor dem Nichts stehen; er ist ein Nichts. Nichtskönner; Nichtsnutz; Nichtsnutzigkeit; Nichtstuer; das Nichtstun; Nichtswürdigkeit. Adjektive: nichtsnutzig; nichts sagend (*auch:* nichtssagend); nichtstuerisch; nichtswürdig. Adverbien: nichtsdestoweniger; nichtsdestotrotz.

nicht'zie'lend (*auch:* nicht zie'lend) (Adj.) intransitiv (Verben).
Ni'ckel 1. (der, -s, Nickel) Wassermann; (ugs.) eigensinniger Mensch; Nickelmann. 2. (das, -s, kein Plural) Metall; chemisches Element (Abk.: Ni). Nickelbrille; Nickelerz; Nickelhochzeit.
ni'cken (V.) zustimmen; schlummern. Nicker; Nickerchen.
Ni'cki (der, -s, -s) Baumwollpullover.
Ni'co'tin (das, -s, kein Plural) → Nikotin.
Ni'da'ti'on (die, -, -ti'o'nen) (lat.) Einnistung des befruchteten Eies in die Gebärmutterschleimhaut (bei Säugetieren und Menschen).
nie (Adv.) zu keiner Zeit; niemals. *Beachte:* Das mache ich nie mehr; nie wieder! nie und nimmer kann das klappen! nie im Leben! jetzt oder nie!
nie'der 1. (Adj.) niedrig. von niederer Herkunft. 2. (Adv.) hinab; zu Boden. Nieder mit dir! auf und nieder.
nie'der'beu'gen (V., refl., beugte sich nieder, hat sich niedergebeugt) bücken.
nie'der'bre'chen (V., brach nieder, hat niedergebrochen) abbrechen; zusammenstürzen.
nie'der'bü'geln (V., bügelte nieder, hat niedergebügelt) mundtot machen; überstimmen.
nie'der'drü'cken (V., drückte nieder, hat niedergedrückt) herunterdrücken; bedrücken. Niederdruck; Niederdruckheizung; niederdrückend; niedergedrückt.
nie'der'fal'len (V., fiel nieder, ist niedergefallen) herunterfallen; auf die Knie fallen.
nie'der'fre'quent (Adj.) mit niedriger Frequenz. Niederfrequenz; Niederfrequenzinduktionsofen.
nie'der'ge'hen (V., ging nieder, ist niedergegangen) landen; herunterkommen; stürzen. Niedergang.
nie'der'ge'schla'gen (Adj.) bedrückt. Niedergeschlagenheit.
Nie'der'holz (das, -es, kein Plural) Unterholz.
nie'der'kämp'fen (V., kämpfte nieder, hat niedergekämpft) bezwingen.
nie'der'kau'ern (V., refl., kauerte sich nieder, hat sich niedergekauert) sich ducken.
nie'der'knal'len (V., knallte nieder, hat niedergeknallt) (ugs.) erschießen.
nie'der'knüp'peln (V., knüppelte nieder, hat niedergeknüppelt) (ugs.) niederschlagen.
Nie'der'kunft (die, -, -künf'te) Geburt. Verb: niederkommen.
Nie'der'la'ge (die, -, -n) Besiegtwerden; Misserfolg.
Nie'der'lan'de (die, nur Plural) Niederländer; niederländisch; Niederländisch (Sprache).
nie'der'las'sen (V., refl., ließ sich nieder, hat sich niedergelassen) hinsetzen; ansiedeln; (nicht reflexiv:) herunterlassen. *Beachte:* sich auf dem Land (Dativ!) niederlassen; sich auf das Bett (Akkusativ!) niederlassen. Niederlassung.
nie'der'le'gen (V., legte nieder, hat niedergelegt) hinlegen; festlegen; unterbrechen; beenden. *Beachte:* Sie legte das Buch in dem Schrank/in den Schrank nieder. Niederlegung.
nie'der'ma'chen (V., machte nieder, hat niedergemacht) töten.
nie'der'mä'hen (V., mähte nieder, hat niedergemäht) mähen; töten.
nie'der'met'zeln (V., metzelte nieder, hat niedergemetzelt) morden.
nie'der'pras'seln (V., prasselte nieder, ist niedergeprasselt) heftig herunterkommen.
nie'der'rei'ßen (V., riss nieder, hat niedergerissen) abreißen; zerstören.
nie'der'rin'gen (V., rang nieder, hat niederrungen) bezwingen.
Nie'der'sach'sen (ohne Art., -s, kein Plural) deutsches Bundesland.
nie'der'schie'ßen (V., schoss nieder, hat niedergeschossen) erschießen; im Sturzflug fliegen.
nie'der'schla'gen (V., schlug nieder, hat niedergeschlagen) zu Boden schlagen; bezwingen; senken; sich absetzen. Niederschlag (*auch:* Regen, Schnee); Niederschlagsmenge; Niederschlagung; niederschlagsarm; niederschlagsfrei; niederschlagsreich.
nie'der'schmet'tern (V., schmetterte nieder, hat niedergeschmettert) niederschlagen; erschüttern.
nie'der'schrei'ben (V., schrieb nieder, hat niedergeschrieben) aufschreiben. Niederschrift.
nie'der'schrei'en (V., schrie nieder, hat niedergeschrien) mundtot machen.
nie'der'set'zen (V., setzte nieder, hat niedergesetzt) absetzen; sich hinsetzen.
nie'der'sto'ßen (V., stieß nieder, hat niedergestoßen) umwerfen; niederstechen.
nie'der'stre'cken (V., streckte nieder, hat niedergestreckt) zu Boden strecken; sich hinlegen.
nie'der'tou'rig (Adj.) langsam drehend.
Nie'der'tracht (die, -, kein Plural) Bosheit; Gemeinheit. Niederträchtigkeit; niederträchtig.
nie'der'tre'ten (V., trat nieder, hat niedergetreten) umtreten; abnützen.
Nie'de'rung (die, -, -en) Ebene. die Niederungen des Lebens (Alltäglichkeiten).
nie'der'wärts (Adv.) hinunter; hinab.
nie'der'wer'fen (V., warf nieder, hat niedergeworfen) umwerfen; besiegen; sich auf die Knie werfen. Niederwerfung.
nied'lich (Adj.) klein; hübsch. Niedlichkeit.

nied'rig (Adj.) nicht hoch; gering. *Beachte:* in niedriger Höhe; Hoch und Niedrig (jedermann). Niedrighaltung; Niedrigkeit; Niedriglohn; Niedrigwasser; niedrigprozentig; niedrig stehend (*auch:* niedrigstehend).
Ni'el'lo (das, -/-s, -s/-el'len/-el'li) (ital.) Graviertechnik (Goldschmiedekunst). Nielloarbeit.
nie'mals (Adv.) nie.
nie'mand (Pron., in def.) keiner. *Beachte:* mit niemand(em); ich sah niemand(en); niemand anders, *aber:* niemand Fremdes; niemand spricht so gut wie er; niemand kann es besser als er. *Aber:* ein Niemand sein. Niemandsland.
Nie're (die, -, -n) Organ. Das geht mir an die Nieren; die künstliche Niere. Nierenbeckenentzündung; Nierenentzündung; Nierenkolik; Nierensenkung; Nierenstein; Nierentisch; Nierentransplantation; nierenförmig.
nie'seln (V.) leicht regnen. Nieselregen; Nieselwetter.
nie'sen (V.) Luft geräuschvoll ausstoßen (Reizung der Nasenschleimhaut). Niespulver; Niesreiz; Nieswurz.
Nie'te (die, -, -n) 1. Metallbolzen. 2. Fehllos. 3. (ugs.) Versager. *Beachte:* niet- und nagelfest. Nietenhose; Niethammer; Nietkopf; Nietnagel; Nietnaht; Nietung; nieten.
Ni'fe (das, -, kein Plural) metallener Erdkern (aus Nickel und Eisen). Nifekern.
ni'gel'na'gel'neu (Adj.) (ugs.) ganz neu.
Ni'ger (ohne Art., -s, kein Plural) Nigrer; nigrisch.
Ni'ge'ria (ohne Art., -s, kein Plural) Nigerianer; nigerianisch.
Nig'ger (der, -s, -) (engl.) Schwarzer (Schimpfwort).
Night'club (der, -s, -s) (engl.) Nachtlokal.
Ni'g'ro'sin (das, -s, -e) (lat.) Farbstoff.
Ni'hi'lis'mus (der, -, kein Plural) (lat.) Verneinung aller Normen und Wertvorstellungen. Nihilist; nihilistisch.
Ni'ko'tin (*auch:* Ni'co'tin) (das, -s, kein Plural) Giftstoff des Tabaks. Nikotingehalt; Nikotinhaltigkeit; Nikotinvergiftung; nikotinarm.
Nil'pferd (das, -(e)s, -e) Flusspferd.
Nim'bo'stra'tus (der, -, kein Plural) (lat.) dichte, tief herabhängende, gleichmäßig dunkle Regenwolke.
Nim'bus (der, -, -bus'se) (lat.) Heiligenschein; Ansehen.
nim'mer (Adv.) nie; (südd.) nicht mehr. *Beachte:* nie und nimmer. Nimmerleinstag; Nimmersatt; auf Nimmerwiedersehen; nimmermehr.
Nim'rod (der, -s, -e) (hebr.) passionierter Jäger.
Nin'ja (der, -s, -s) vermummter japanischer (Schwert-)Kämpfer. Schattenkrieger.

Ni'ob (das, -s, kein Plural) ein Element; hellgrau glänzendes Schwermetall.
Nip'pel (der, -s, -) Verbindungsstück.
nip'pen (V.) wenig trinken; probieren.
Nip'pes (ohne Artikel, nur Plural) (franz.) Zierfiguren (Porzellan). Nippsachen.
Nipp'flut (die, -, -en) (nordd.) mäßige Flut.
nir'gends (Adv.) nirgendwo. *Beachte:* nirgend(s)her; nirgend(s)hin; nirgend(s)wo; nirgend(s)woher; nirgend(s)wohin.
Ni'ros'ta (der, -s, kein Plural) (Kurzw.) nicht rostender Stahl.
Nir'wa'na (das, -/-s, kein Plural) endgültiger Ruhezustand (Buddhismus).
Ni'sche (die, -, -n) (franz.) Winkel; Vertiefung. Nischenaltar.
Nis'se (die, -, -n) 1. Ei der Laus; 2. Verfilzung. Adjektiv: nissig.
Nis'sen'hüt'te (die, -, -n) Wellblechbaracke, benannt nach dem engl. Offizier Nissen.
nis'ten (V.) ein Nest bauen. Nisthöhle; Nistkasten; Nistplatz; Nistzeit.
Ni'sus (der, -, kein Plural) (lat.) Trieb (Med.).
Ni'trat (das, -s, -e) Salz der Salpetersäure. Nitrifikation; Nitrifizierung; Nitrit; Nitrum; nitrieren; nitrifizieren.
Ni't'rid (das, -s, -e) (lat.) Verbindung aus Stickstoff und Metall.
Ni't'ri'fi'ka'ti'on (die, -, -ti'o'nen) (lat.) Oxidation von Ammoniak durch Bodenbakterien.
Ni't'ro'ge'ni'um (*auch:* Ni't'ro'gen) (das, -s, kein Plural) (griech.) Stickstoff (Abk.: N). Nitrolack; Nitrophosphat.
Ni't'ro'gly'ze'rin (das, -s, -e) (griech.) Sprengstoff.
nit'sche'wo! (Interj.) (russ.) macht nichts!
ni'val (Adj.) (lat.) zum Schnee gehörig; im Schnee lebend.
Ni'val (das, -s, kein Plural) (lat.) Bezeichnung für ein Gebiet, das ständig oder über lange Zeiträume mit Schnee und Eis bedeckt ist.
Ni'veau (das, -s, -s) (franz.) Ebene; Stufe; geistiger Rang. Niveaudifferenz; Niveaufläche; Niveaugefälle; Niveaulinie; Niveauunterschied; Niveauübergang; niveaufrei; niveaugleich; niveaulos; niveauvoll.
ni'vel'lie'ren (V.) (lat.) gleichmachen; ebnen. Nivellierung; Nivelliergerät; Nivellierinstrument; Nivellierlatte; Nivellierwaage.
nix (Pron., indef.) (ugs.) nichts.
Nix (der, -es, -e) Wassergeist.
Ni'xe (die, -, -n) Meerjungfrau. Nixchen; nixenhaft.
n. J. (Abk.) nächsten Jahres.
nkr (Abk.) norwegische Krone.
nm (Abk.) Nanometer.

Nm (Abk.) Newtonmeter.
n. M. (Abk.) nächsten Monats.
NN (Abk.) Normalnull.
N. N. (Abk.) Name unbekannt.
NNO (Abk.) Nordnordost(en).
NNW (Abk.) Nordnordwest(en).
NO (Abk.) Nordost(en).
No (das, -/-s, -/-s) nach strengen Regeln aufgebautes altjapanisches Singspiel.
no|bel (Adj.) (franz.) vornehm; großzügig. Nobelhotel.
No|bel (der, -s, kein Plural) Löwe (Tierfabel).
No|be|li|um (das, -s, kein Plural) (schwed.-nlat.) chemisches Element; ein Transuran.
No|bel|preis (der, -es, -e) jährlich verliehene Auszeichnung. Nobelpreisträger; Nobelstiftung.
No|bi|les (die, nur Plural) (lat.) die Angehörigen des Amtsadels im antiken Rom.
No|bi|li|tät (die, -, -en) (lat.) Adel. Verb: nobilitieren.
No|bi|li|ta|ti|on (die, -, -ti|o|nen) (lat.) die Erhebung in den Adelsstand.
No|b|les|se (die, -, kein Plural) (franz.) 1. Vornehmheit; Edelmut; Adel. 2. Großzügigkeit; Freigebigkeit.
no|b|lesse o|b|lige (franz.) Adel verpflichtet.
No|bo|dy (der, -s, -s) (engl.) ein Niemand.
noch 1. (Adv.) bis jetzt; außerdem; schließlich; schon. *Beachte:* noch immer; noch mehr; noch einmal; noch mal (*auch:* nochmal). *Aber:* nochmals; nochmalig; noch und noch. 2. (Konj.) auch nicht. weder hier noch da.
Nöck (*auch:* Neck) (der, -s, Nö|cke) Wassermann.
No|cken (der, -s, -) Maschinenteil. Nockenwelle.
No|ckerl (das, -s, -n) (südd.) Grießklößchen. Salzburger Nockerl; Nockerlsuppe; Grießnockerl.
Noc|ti|lu|ca (die, -, kein Plural) Geißeltierchenart, verursacht das Meeresleuchten.
No|dus (der, -, No|di) (lat.) 1. Knoten (z. B. Gicht-, Lymphknoten). 2. verdickte Ansatzstelle (des Blattes). 3. Verdickung; Knauf.
No|e|tik (die, -, kein Plural) (griech.) Lehre vom Denken und Erkennen.
no fu|ture (engl.) keine Zukunft (Slogan). No-Future-Generation.
no iron (engl.) bügelfrei.
Noi|set|te (die, -, -s) (franz.) Nussschokolade. Noisetteschokolade.
NOK (Abk.) Nationales Olympisches Komitee.
Nok|t|am|bu|lis|mus (der, -, kein Plural) (lat.) Nachtwandeln; Schlafwandeln.

Nok|tur|ne (die, -, -n) (franz.) Nachtmusik; Klavierstück.
nö|len (V.) (nordd.) jammern. Nölpeter.
no|lens vo|lens (lat.) wohl oder übel.
No|li|me|tan|ge|re (das, -, -) (lat.) 1. Kraut, das seine Samen bei Berührung wegschleudert; Springkraut; Rührmichnichtan. 2. Worte des auferstandenen Christus zu Maria Magdalena, als er ihr am Grab erscheint; Darstellung dieser Szene (in der Kunst).
Nom. (Abk.) Nominativ.
No|ma|de (der, -n, -n) (griech.) Angehöriger eines Wandervolks. Nomadendasein; Nomadenleben; Nomadenvolk; nomadenhaft; nomadisch; nomadisieren.
No|ma|dis|mus (der, -, kein Plural) (griech.-lat.) 1. nomadische Gesellschafts-, Lebens- und Wirtschaftsform. 2. fortwährende Wanderung von Tierarten in größeren Verbänden zum Zwecke der Nahrungssuche oder zur Befriedigung des Bewegungsdranges.
No|men (das, -s, -/No|mi|na) (lat.) Substantiv (Hauptwort). Nominalform; Nominalphrase; Nominalist; nominal; nominalisieren.
no|men est omen (lat.) der Name weist schon darauf hin.
No|men|kla|tur (die, -, -en) (lat.) Verzeichnis von Fachausdrücken.
no|mi|nal (Adj.) (lat.) das Nomen betreffend; zum Namen gehörend; den Nennwert betreffend. Nominalbetrag; Nominaldaten; Nominallohn; Nominalwert.
No|mi|na|tiv (der, -s, -e) (lat.) Werfall (erster Fall; Abk.: Nom.). Nominativ Singular (z. B. der Baum, eine Brücke, kein Tag); Nominativ Plural (z. B. die Bäume, einige Brücken).
no|mi|nie|ren (V.) (lat.) benennen, aufstellen. Nominierung; nominell.
No|mo|gramm (das, -s, -e) (griech.) Grafik.
No|mo|gra|phie (*auch:* No|mo|gra|fie) (die, -, kein Plural) (griech.) Verfahren, mithilfe von Nomogrammen mathematische Probleme zu lösen.
No|na|gon (das, -s, -e) (lat.-griech.) Neuneck.
No-Name-Pro|dukt (*auch:* No|name|pro|dukt) (das, -s, -e) (engl.) Billigware ohne Firmenbezeichnung.
Non|cha|lance (die, -, kein Plural) (franz.) Ungezwungenheit; Lässigkeit. Adjektiv: nonchalant.
No|ne (die, -, -n) (lat.) 1. neunter Ton der diatonischen Tonleiter. 2. Intervall von neun Tönen. 3. Gebet zur neunten Stunde des Tages (etwa 3 Uhr nachmittags; in der katholischen Kirche).
No|nett (das, -s, -e) (ital.) Musikstück für neun Instrumente; die neun Spieler der Instrumente.

non|fi|gu|ra|tiv (Adj.) (lat.) ungegenständlich (in der Malerei).
Non-Food-Ab|tei|lung (auch: Non|food-|ab|tei|lung) (die, -, -en) (engl.) Warenabteilung ohne Lebensmittel.
Non|kon|for|mis|mus (der, -, kein Plural) (lat.) eigenständige Haltung. Nonkonformist; nonkonformistisch.
Non|ne (die, -, -n) 1. Klosterfrau; 2. Dachziegel. Nonnenhaube; Nonnenkloster; Nonnenorden; Nonnenziegel; nonnenhaft.
Non|plus|ul|t|ra (das, -, kein Plural) (lat.) Unvergleichliches.
Non|pro|li|fe|ra|ti|on (die, -, kein Plural) (engl.) Nichtweitergabe (von Kernwaffen).
Non|sens (der, -, kein Plural) (engl.) Unsinn. Nonsensdichtung.
non|stop (Adv.) (engl.) ohne Pause. Nonstopflug (auch: Non|stop-Flug); Nonstopkino (auch: Non|stop-Kino).
Non|va|leur (der, -s, -s) (franz.) 1. wertlos gewordenes oder wertlos erscheinendes Wertpapier. 2. unrentable Investition. 3. veraltete, unverkäufliche Waren.
non|ver|bal (Adj.) (lat.) nicht mündlich.
Nop|pe (die, -, -n) Wollknoten; Höcker. Noppeisen; Noppengarn; Noppengewebe; Noppenstoff; Noppzange; noppig; noppen.
Nord/Nor|den (der, -s, kein Plural) Himmelsrichtung (Abk.: N); von/aus Norden; Nord und Süd; der Wind kommt aus Nord; Autobahnausfahrt Frankfurt Nord (auch: Frankfurt-Nord). Nordafrika; Nordamerika; Nordatlantikpakt; Norddeutschland; Nordeuropa; Nordhang; Nordist; Nordkap; Nordküste; Nordländer; Nordlandreise; Nordlicht; der Wind kommt aus Nordnordost (Abk.: NNO); der Nordnordosten von Kanada; Nordnordwest (Abk.: NNW); Nordnordwesten; Nordost (Abk.: NO); Nordosten; Nord-Ostsee-Kanal; Nordostwind; Nordpol; Nordpolarmeer; Nordrhein-Westfalen; Nordsee; Nordseite; Nord-Süd-Gefälle; Nordterritorium; Nordwand; Nordwest (Abk.: NW); Nordwesten; Nordwestterritorium; Nordwestwind; Nordwind. Adjektive: nordamerikanisch; norddeutsch, aber: die Norddeutsche Tiefebene; nordisch; nordländisch; nördlich (beachte: mit Genitiv oder mit »von«: nördlich von München; nördlich der Alpen); nördlicher Breite (Abk.: n(ördl.) Br.); nordöstlich; nordrhein-westfälisch; nordsüdlich; nordwestlich; nordwärts.
Nord|rhein-West|fa|len (ohne Art., -s, kein Plural) deutsches Bundesland.
nör|geln (V.) unzufrieden sein. Nörgler; Nörgelei; Nörgelfritze; Nörglertum; nörg(e)lig; nörglerisch.

Norm (die, -, -en) Regel; Durchschnitt; Standard. Normalien; Normblatt; Normenausschuss; Normenkontrolle; Normenkontrollklage; Normierung; Normung; normativ; normen; normieren.
nor|mal (Adj.) (lat.) üblich; durchschnittlich; gesund. Normalbedingung; Normalbenzin; Normaldruck; Normale; Normalfall; Normalfilm; Normalhöhenpunkt (N.H.); Normalität; Normalmaß; Normalnull (Abk.: NN); Normalprofil; Normalspur; Normaltemperatur; Normalton; Normaluhr; Normalverbraucher; Normalzeit; Normalzustand. Adjektive: normalspurig; normalsichtig. Adverb: normalerweise.
Nor|man|ne (der, -n, -n) 1. Wikinger. 2. Einwohner der Normandie.
Nor|we|gen (ohne Art., -s, kein Plural) Norweger; norwegisch; Norwegisch (Sprache).
No|so|gra|fie (auch: No|so|gra|phie) (die, -, kein Plural) (griech.) Beschreibung der Krankheiten.
No|so|lo|gie (die, -, kein Plural) (griech.) systematische Einordnung und Kennzeichnung der Krankheiten.
Nos|t|al|gie (die, -, -n) (griech.) Sehnsucht. Nostalgiker; nostalgisch.
nos|t|ri|fi|zie|ren (V.) (lat.) einbürgern. Nostrifikation.
Nos|t|ro|kon|to (das, -s, -kon|ten) (ital.) Eigenguthaben (Bank).
Not (die, -, Nö|te) Elend; Schwierigkeit; Notwendigkeit. Beachte: zur Not; in Not/Nöten sein; er hatte seine liebe Not damit; viele Menschen leiden Not; es ist Not am Mann. es wird nottun; Not sein; Not werden; aber: es wird vonnöten sein. Notanker, Notarzt; Notarztwagen; Notaufnahme; Notaufnahmelager; Notausgang; Notausrüstung; Notbehelf; Notbeleuchtung; Notbiwak; Notbremse; Notdienst; Notdurft; im Notfall; Notfeuer; Notgebiet; Notgemeinschaft; Notgroschen; Nothelfer; Nothilfe; Notlage; Notlandung; Notleidende (auch: Not Leidende); Notlösung; Notlüge; Notoperation; Notpfennig; Notruf; Notrufnummer; Notrufsäule; Notschlachtung; Notschrei; Notsituation; Notstand; Notstandsgebiet; Notstromaggregat; Nottaufe; Nottür; Notunterkunft; Notverband; Notverordnung; Notwehr; Notwendigkeit; Notzeichen. Adjektive: notdürftig; Not leidend (auch: notleidend); notvoll. Adverbien: notfalls; notgedrungen. Verben: notlanden; notschlachten; nottaufen; notwassern.
no|ta|bel (Adj.) (lat.-franz.) bemerkenswert; merkwürdig.
No|ta|beln (die, nur Plural) (lat.) 1. die führende Oberschicht (in Frankreich vom 14. Jh. bis 1789). 2. gebildete, angesehene Personen.

no·ta·be·ne (Adv.) (lat.) übrigens; wohlgemerkt (Abk.: NB). Notabene.
No·ta·bi·li·tät (die, -, -en) (lat.-franz.) 1. Vornehmheit. 2. vornehme Persönlichkeit.
No·tar (der, -s, -e) (lat.) Jurist. Notariat; Notariatsgehilfe; notariell.
No·ta·ti·on (die, -, -ti·o·nen) (lat.) Aufzeichnung (Musikstück).
No·te (die, -, -n) (lat.) Musikzeichen; Beurteilung; Stil. *Beachte:* die Note »sehr gut«, *aber:* die Note »Eins«. Notenaustausch; Notenbank; Notenblatt; Notendurchschnitt; Notenheft; Notenlinien; Notensatz; Notenschlüssel; Notenschrift; Notenständer; Notensystem; Notenwechsel.
Note·book (das, -s, -s) (engl.) tragbarer Computer im DIN-A4-Format.
Note·pad (das, -s, -s) (engl.) auch Pencomputer, auf dessen Bildschirm Daten mit einem elektronischen Stift eingegeben werden.
no·tie·ren (V.) aufschreiben; festsetzen (Börse). *Beachte:* Ich notiere mir das Datum in meinem/meinen Kalender. Notierung.
No·ti·fi·ka·ti·on (die, -, -ti·o·nen) (lat.) 1. Anzeige; Benachrichtigung. 2. Übergabe einer diplomatischen Note; offizielle, mit Rechtsfolgen verbundene Benachrichtigung im Völkerrecht.
nö·tig (Adj.) notwendig. *Beachte:* das Nötigste; alles Nötige veranlassen; es fehlt am Nötigsten. Es ist das Nötigste (am nötigsten), jetzt Ruhe zu bewahren. Ich hielt es für nötig, dich sofort zu unterrichten. Ich glaube nicht, dass ich das nötig habe; nötigenfalls.
nö·ti·gen (V.) zwingen. Nötigung.
No·tiz (die, -, -en) (lat.) Vermerk; Beachtung. von etwas Notiz nehmen (beachten). Notizblock; Notizbuch; Notizzettel.
no·to·risch (Adj.) (lat.) offenkundig; gewohnheitsmäßig.
Not·tur·no (das, -s, -s/-tur·ni) (ital.) träumerisches Musikstück; Nachtstück.
not·wen·dig (Adj.) erforderlich; dringend. *Beachte:* nur das Notwendigste tun; alles Notwendige erledigen. Notwendigkeit; notwendigenfalls; notwendigerweise.
Not·zucht (die, -, kein Plural) Vergewaltigung. Verb: notzüchtigen.
Nou·velle Cui·sine (die, - -, kein Plural) (franz.) moderne Kochkunst.
Nov. (Abk.) November.
No·va (die, -, No·vä/No·vae) (lat.) 1. neuer Stern. 2. plötzlich stark aufleuchtender Fixstern.
No·ve·cen·to (das, -s, kein Plural) (ital.) künstlerische Stilepoche in Italien nach 1900.
No·vel·le (die, -, -n) (ital.) Erzählung. Novellenband; Novellendichter; Novellenform; Novellensammlung; Novellist; novellenartig; novellistisch.
No·vel·let·te (die, -, -n) kleine Novelle.
No·vel·lie·rung (die, -, -en) (lat.) Gesetzesänderung, -ergänzung. Adjektiv: novelliert. Verb: novellieren.
No·vem·ber (der, -s, -) (lat.) Monat (Abk.: Nov.). Novembernebel; Novemberrevolution; Novembertag; novemberhaft.
No·vi·tät (die, -, -en) (lat.) Neuheit; Neuerscheinung.
No·vi·ze (der, -n, -n) (lat.) junger Mönch oder Nonne in der Probezeit. Novizin; Noviziat; Noviziatjahr.
No·vum (das, -s, No·va) (lat.) Neuerung; Neuheit.
No·xe (die, -, -n) (lat.) Ursache einer Krankheit; schädigender Umstand.
Nr. (Abk.) Nummer (Plural: Nrn.).
NRT (Abk.) Nettoregistertonne.
NRZ (Abk.) Nettoraumzahl.
NS (Abk.) Nachschrift; Nachsatz; Nationalsozialismus.
n. St. (Abk.) neuen Stils.
N. T. (Abk.) Neues Testament.
nu (Adv.) nun. *Beachte:* im Nu (sofort; sehr schnell).
Nu·an·ce (die, -, -n) (franz.) Feinheit; Kleinigkeit; feiner Unterschied. Nuancierung; nuancenreich; nuancieren.
'nü·ber (Adv.) (ugs.) hinüber.
Nu·buk (das, -s, kein Plural) (engl.) Kalbsleder. Nubukleder.
nüch·tern (Adj.) mit leerem Magen; nicht betrunken; sachlich. Nüchternheit.
nu·ckeln (V.) (ugs.) saugen.
Nu·cle·o·ba·se (die, -, -n) (lat.-griech.) organische Stickstoffverbindung als Bestandteil der in den Zellkernen vorkommenden Nucleinsäuren.
Nu·del (die, -, -n) Teigware. Nudelbrett; Nudelholz; Nudelsalat; Nudelsuppe; Nudelteig; nudeldick; nudeldünn; nudeln.
Nu·dist (der, -en, -en) Anhänger der Freikörperkultur. Nudistin; Nudismus.
Nu·gat (*auch:* Nou·gat) (der/das, -s, -s) (franz.) Süßigkeit aus Mandeln und Nüssen. Nugatfüllung (*auch:* Nougatfüllung).
Nug·get (das, -s, -s) Goldklumpen.
nu·kle·ar (Adj.) (lat.) Atomkern, Kernenergie bzw. Kernwaffen betreffend. Nuklearmacht; Nuklearmedizin; Nuklearwaffe.
Nu·kle·in (das, -s, -e) Eiweißkörper (Zellkern). Nukleinsäure.
Nu·kle·on (das, -s, -leo·nen) Baustein des Atomkerns; Proton; Neutron.
Nu·kle·us (der, -, lei) (lat.) Zellkern.

null (Zahlw.) kein; nichts. sie hat null Ahnung; das Thermometer zeigt null Grad; null Komma drei (0,3); das Spiel steht fünf zu null (5 : 0); nullachtfünfzehn, *aber:* das war eine Nullachtfünfzehn-Antwort; null Bock haben (keine Lust); null Uhr; null und nichtig. *Beachte:* die Temperatur fiel auf null; es hat zwanzig Grad über/unter null; der Erfolg war gleich null; drei Nullen; in null Komma nichts (sofort); die Stunde null; *aber:* er ist einfach eine Null. Null-Bock-Generation; Nullfehlerritt (*auch:* Null-Fehler-Ritt); Nulllinie (*auch:* Null-Linie); Nullmenge; Nulllösung (*auch:* Null-Lösung); die Stimmung ist auf dem Nullpunkt; zum Nulltarif; Nullwachstum. Verb: nullen; nullifizieren.
Nul'li'pa'ra (die, -, -ren) (lat.) Frau, die noch kein Kind geboren hat.
Nul'li'tät (die, -, -en) 1. (nur Singular) Wertlosigkeit. 2. (nur Singular) Ungültigkeit. 3. Nichtigkeit; unbedeutende Sache; unbedeutende Person.
Null'la'ge (*auch:* Null-La'ge) (die, -, kein Plural) Nullstellung bei Messgeräten.
Null'ope'ra'ti'on (die, -, -ti'o'nen) (lat.) Eingabe in einen Computer, die keinen Rechenvorgang bewirkt, sondern Speicherkapazität freihält.
Null ou'vert (der, -s, -s) (franz.) Spiel, bei dem der Spieler seine Karten vor dem ersten Stich (nach älterer Regel: nach dem ersten Stich) offen hinlegen muss (beim Skat).
Null'punkt (der, -s/-es, -e) Wert null angebender Punkt.
Null'se'rie (die, -, -n) versuchsweise hergestellte Serie (vor Beginn der Serienproduktion).
Null'ta'rif (der, -s, -e) Tarif von null Euro; z. B. eine Fahrt zum ~: eine unentgeltliche Fahrt.
Nul'pe (die, -, -n) (ugs.) Dummkopf.
Nu'me'ra'le (das, -s, -ra'li'en) (lat.) Zahlwort.
nu'me'risch (*auch:* nummerisch) (Adj.) (lat.) zahlenmäßig; aus Ziffern bestehend. Numerik.
Nu'me'rus (der, -, -ri) (lat.) Zahlform (Einzahl/Singular, Mehrzahl/Plural); Zahl.
Nu'me'rus clau'sus (der, - -, kein Plural) (lat.) Zulassungsbeschränkung (Hochschule).
nu'mi'nös (Adj.) (lat.) göttlich; heilig.
Nu'mis'ma'tik (die, -, kein Plural) (griech.) Münzkunde. Numismatiker; numismatisch.
Num'mer (die, -, -n) 1. Zahl; Größe; 2. Darbietung. *Beachte:* Er wohnt auf Nummer zehn; die Nummer eins sein; auf Nummer sicher gehen; laufende Nummer (Abk.: lfd.Nr.). Nummerngirl; Nummernkonto; Nummernscheibe; Nummernschild; Nummernstempel.
num'me'rie'ren (*auch:* numerieren) (V.) (lat.) beziffern. Nummerierung (*auch:* Numerierung); Numero (Abk.: No.).

Num'mu'lit (der, -en, -en) (lat.) versteinertes einzelliges Meerestier des Tertiärs.
nun (Adv.) jetzt; also. *Beachte:* von nun an; was ist nun? nunmehr; nunmehrig (jetzig).
'nun'ter (Adv.) (ugs.) hinunter.
Nun'ti'us (der, -, -ti'en) (lat.) päpstlicher Botschafter. Nuntiatur.
nur (Adv.) lediglich; bloß. *Beachte:* nur mehr.
nu'scheln (V.) (ugs.) undeutlich reden.
Nuss (die, -, Nüs'se) Fruchtkern. Nussbaum; Nussgebäck; Nussknacker; Nusskuchen; Nussschale (*auch:* Nuss-Schale); Nussschokolade (*auch:* Nuss-Schokolade); Nusstorte; nussbraun.
Nüs'ter (die, -, -n) Nasenloch (Pferd).
Nut (*auch:* Nu'te) (die, -, -en) Rinne; Furche. Nuteisen; Nuthobel; Nut- und Federbrett; nuten.
Nu'tria (die, -, -s) (span.) Nagetier Südamerikas; Biberratte; Sumpfbiber; dessen Pelz.
nu'tri'e'ren (V.) (lat.) ernähren.
Nu'tri'ment (das, -s, -e) (lat.) Nahrungsmittel.
Nu'tri'ti'on (die, -, -en) (lat.) Ernährung.
nu'tri'tiv (Adj.) (lat.) nahrhaft.
Nut'te (die, -, -n) Prostituierte.
Nut'zen (der, -s, kein Plural) Gewinn; Vorteil. *Beachte:* das bringt mir keinen Nutzen; das wird mir von Nutzen sein; aus etwas Nutzen ziehen; von etwas Nutzen haben. *Aber:* zu nichts nutz sein; sich etwas zunutze (*auch:* zu Nutze) machen. Nutzanwendung; Nutzbarkeit; Nutzbarmachung; Nutzbauten; Nutzeffekt; Nutzen-Kosten-Analyse; Nutzer; Nutzfahrzeug; Nutzfläche; Nutzholz; Nutzlast; Nützlichkeit; Nutzlosigkeit; Nutznießer; Nutznießung; Nutzpflanze; Nutzung; Nutzungsrecht. Adjektive: etwas nutzbar machen; nutzbringend; nützlich; unnütz; nutzlos; nutznießerisch. Verben: nutzen; nützen (südd.); nutznießen.
n.V. (Abk.) nach Verlängerung; nach Vereinbarung.
NW (Abk.) Nordwest(en).
Ny (das, -, -s) griechischer Buchstabe (N, ν).
Nyk'ti'nas'tie (die, -, -n) (griech.) Schlafbewegung der Pflanzen; z. B. das Zusammenklappen der Blätter beim Sauerklee).
Nyk'ti'tro'phie (die, -, -n) (griech.) Nyktinastie.
Ny'lon (das, -, kein Plural) (engl.) synthetische Faser. Nylonstrumpf.
Nym'phe (die, -, -n) (griech.) weibliche Naturgottheit; Larve. Adjektiv: nymphenhaftig, nymphenartig.
Nym'phen'sit'tich (der, -s, -e) Papagei.
Nym'pho'ma'nie (die, -, kein Plural) (griech.) gesteigerter Geschlechtstrieb bei Frauen. Nymphomanin; nymphoman.
Nys'tag'mus (der, -, kein Plural) (griech.-lat.) Zittern des Augapfels.

o (Interj.) (nur in Verbindung mit anderen Wörtern) o Gott! o doch! o weh! *Beachte:* Steht die Interjektion allein, wird sie mit »-h« geschrieben! Oh, wie schrecklich! Oh! Das ist eine Überraschung! Oha! Oho! Oje!
O (Abk.) Ost(en); Sauerstoff (chemisches Zeichen).
o. a. (Abk.) oben angeführt.
o. Ä. (Abk.) oder Ähnliches.
OAS (die, -, kein Plural) (engl.) (Abk. für »Organization of American States«, Organisation amerikanischer Staaten.
Oa'se (die, -, -n) (griech.) Wasserstelle; Idylle. Oasenlandschaft.
OAU (die, -, kein Plural) (engl.) Abk. für »Organization for African Unity«, Organisation für afrikanische Einheit.
ob 1. (Konj.) *Beachte:* Nebensätze, die mit »ob« eingeleitet werden, stehen mit Komma! Ich weiß nicht, ob ich kommen kann. ob arm, ob reich; und ob! (gewiss). 2. (Präp., Gen.) wegen. sie beschwerte sich ob seiner Unpünktlichkeit. *Aber:* Rothenburg ob der Tauber.
OB (Abk.) Oberbürgermeister.
o. B. (Abk.) ohne Befund.
Ob'acht (die, -, kein Plural)Aufmerksamkeit. *Beachte:* Obacht! (Vorsicht); Obacht geben (aufpassen).
Ob'dach (das, -s, kein Plural) Unterkunft; Wohnung. Obdachlose; Obdachlosenasyl; Obdachlosenheim; obdachlos.
Ob'duk'ti'on (die, -, -ti'o'nen) (lat.) Leichenöffnung, um die Todesursache zu klären. Obduktionsbefund; obduzieren.
Ob'du'ra'ti'on (die, -, -ti'o'nen) (lat.) Verhärtung von Körpergewebe (Med.).
ob'du'rie'ren (V.) (lat.) verhärten (Med.).
Ob'du'zent (der, -en, -en) jmd., der eine Obduktion vorzunehmen hat.
ob'du'zie'ren (V.) (lat.) eine Leiche (zur Feststellung der Todesursache) öffnen.
Ob'e'di'enz (die, -, kein Plural) (lat.) 1. Gehorsam (eines Geistlichen gegenüber seinem Vorgesetzten). 2. Anhängerschaft eines Kandidaten (für die Papst- oder Bischofswahl).
O-Bei'ne (die, nur Plural) Säbelbeine. Adjektiv: o-beinig/O-beinig.
Obe'lisk (der, -en, -en) (griech.) Säule. Obeliskenform; obeliskenförmig.

oben (Adv.) in der Höhe; auf der Oberseite. *Beachte:* von oben bis unten voll Schmutz; nach oben hin/zu; von oben herab; alles Gute kommt von oben; ich wusste nicht mehr, was oben und was unten war; oben ohne, *aber:* der Oben-ohne-Badeanzug; das oben Erwähnte/Obenerwähnte; der oben genannte/obengenannte Fall; oben stehen; Obenstehendes/ oben Stehendes; im Obenstehenden/oben Stehenden; obenan liegen; obenauf sein; obendrauf sitzen; obendrein; obendrüber; obendurch; obenher laufen, *aber:* von oben her kommen; obenherein, *aber:* von oben herein; obenherum; obenhin, *aber:* nach oben hin; obenhinaus, *aber:* bis nach oben hinaus.
Ober (der, -s, -) 1. Spielkarte. 2. Kellner.
ober.../Ober... weiter oben; höchst. Oberarm; Oberarzt; Oberaufsicht; Oberbayern; Oberbefehlshaber; Oberbegriff; Oberbekleidung; Oberbett; Oberbürgermeister (Abk.: OB); Oberdeck; Oberdeutsch (Sprache); Oberfläche; Oberflächenspannung; Oberflächenstruktur; Oberförster; Oberfranken; Obergefreite; Obergeschoss; Obergrenze; Oberhand; Oberhaupt; Oberhaus; Oberherrschaft; Oberhitze; Oberhoheit; Oberingenieur (Abk.: Ob.-Ing.); Oberitalien; Oberkante; Oberkellner; Oberkiefer; Oberkommando; Oberkörper; Oberland; Oberlandesgericht (OLG); Oberlänge; Oberlauf; Oberleder; Oberlehrer; Oberleib; Oberleitung; Oberleitungsbus; Oberleutnant; Oberlicht; Oberliga; Oberlippe; Oberpfalz; Oberpostdirektion (Abk.: OPD); Oberpriester; Oberprima; Oberrat; Oberrealschule; Oberregierungsrat; Oberschenkel; Oberschicht; Oberschule; Oberschwester; Oberseite; Oberstaatsanwalt; Oberstabsarzt; Oberstimme; Oberstock; Oberstübchen (ugs.: Gehirn); Oberstudiendirektor; Oberstufe; Oberteil; Oberverwaltungsgericht; Oberwasser haben (ugs.: im Vorteil sein); Oberweite; Oberwelt. Adjektive: oberdeutsch; oberfaul; oberlastig.
ober'fläch'lich (Adj.) an der Oberfläche; nicht gründlich; leichtfertig. Oberflächlichkeit.
ober'halb (Präp., Gen.) über. oberhalb des Dorfes.
Obe'rin (die, -, -nen) Oberschwester.
Obers (das, -, kein Plural) (südd.) Sahne. Schlagobers.
Oberst (der, -s/-en, -bers'te/-bers'ten) Offiziersrang. *Aber:* zuoberst; im obersten Stockwerk; der Oberste Gerichtshof.
ob'gleich (Konj.) obwohl. *Beachte:* steht wie »obwohl« mit Komma! Ich gehe mit dir ins Kino, obgleich ich keine Lust habe.

Ob|hut (die, -, kein Plural) Schutz. Wir haben den Kleinen in Obhut genommen.
Obi (der/das, -s, -s) (jap.) 1. breiter Kimonogürtel aus Seide. 2. Gürtel der Kampfbekleidung beim Judo.
obig (Adj.) oben genannt. *Beachte:* im Obigen; Obiges. das Obige.
Ob|jekt (das, -s, -e) (lat.) 1. Gegenstand. 2. Satzergänzung (Genitivobjekt, Dativobjekt, Akkusativobjekt, Präpositionalobjekt). Objektemacher; Objektglas; Objektkunst; Objektsatz; Objektschutz; Objektsprache; Objektsteuer; Objekttisch; Objektträger.
Ob|jekt|e|ro|tik (die, -, kein Plural) (lat.) Befriedigung des Sexualtriebes an einem Gegenstand.
Ob|jek|ti|on (die, -, -ti|o|nen) (lat.) Übertragung einer Empfindung auf einen Gegenstand, Sachverhalt oder eine Erscheinung (z. B. die Empfindung eines Hauses als düster).
ob|jek|tiv (Adj.) gegenständlich; sachlich. Objektivation; Objektivierung; Objektivismus; Objektivität; objektivistisch; objektivieren.
Ob|jek|tiv (das, -s, -e) (lat.) Linse.
Ob|jek|ti|va|ti|on (die, -, -ti|o|nen) (lat.) das Objektivieren; Vergegenständlichung.
Ob|last (die, -, -e) (russ.) Verwaltungsbezirk (in der ehemaligen UdSSR).
Ob|la|te (die, -, -n) (lat.) 1. kleine, dünne Scheibe aus Weizenmehl (als Unterlage für Kleingebäck). 2. noch nicht geweihte Hostie. 3. dünne Waffel.
Ob|la|ti|on (die, -, -ti|o|nen) (lat.) 1. = Offertorium. 2. Opfergabe der Gläubigen in der Eucharistiefeier; Kollekte.
ob|lie|gen (V., oblag/lag ob, hat obgelegen/ obliegen) zur Pflicht haben; erfüllen. Obliegenheit.
Ob|li|ga|ti|on (die, -, -ti|onen) (lat.) 1. Verpflichtung; Verbindlichkeit. 2. festverzinsliches Wertpapier.
ob|li|ga|to|risch (Adj.) (lat.) verpflichtend; bindend. Obligo; ohne Obligo (ohne Gewähr, Abk.: o. O.); obligat.
ob|li|te|rie|ren (V.) (lat.) 1. löschen; tilgen. 2. verstopfen; ausfüllen; z. B. ein Blutgefäß ~.
Oblt. (Abk.) Oberleutnant.
Ob|mann (der, -s, -män|ner/-leu|te) Vorsitzender; Vertrauensmann. Landesobmann.
Oboe (die, -, -n) (ital.) Blasinstrument. Oboist; Oboebläser.
Obo|lus (der, -, -/-se) (griech.) Spende.
Ob|rig|keit (die, -, -en) Regierung. Obrigkeitsdenken; Obrigkeitsstaat; obrigkeitlich.
Ob|rist (der, -en, -en) veraltet für Oberst; Mitglied einer Militärjunta.
ob|schon (Konj.) obwohl.

ob|ser|va|bel (V.) (lat.) bemerkenswert; beachtenswert.
Ob|ser|vant (der, -en, -en) (lat.) Mönch, der der strengeren Richtung (von zweien) eines Ordens angehört.
Ob|ser|vanz (die, -, -en) (lat.) 1. die strengere von zwei vorhandenen Regeln oder Richtungen (bes. eines Mönchsordens). 2. Gewohnheitsrecht.
Ob|ser|va|ti|on (die, -, -en) wissenschaftliche Beobachtung; Überwachung.
Ob|ser|va|tor (der, -s, ...oren) wissenschaftlicher Beobachter an einem Observatorium.
Ob|ser|va|to|ri|um (das, -s, ...ien) wissenschaftliche Beobachtungsstation.
ob|ser|vie|ren (V.) (lat.) 1. wissenschaftlich beobachten. 2. polizeilich überwachen. Observant; Observanz; Observation; Observator; Observatorium.
Ob|ses|si|on (die, -, -si|o|nen) (lat.) Zwangsvorstellung.
ob|ses|siv (Adj.) (lat.) in der Art einer Zwangsvorstellung.
Ob|si|di|an (der, -s, -e) (lat.) schwarzes, glasiges Gestein vulkanischen Ursprungs, kieselsäurehaltig. Lavaglas.
ob|sie|gen (V., obsiegte/siegte ob, hat obgesiegt/obsiegt) besiegen; überwinden.
ob|s|kur (Adj.) (lat.) dunkel; zweifelhaft; verdächtig. Obskurität.
Ob|s|ku|rant (der, -en, -en) (lat.) Dunkelmann (veraltet).
Ob|s|ku|ran|tis|mus (der, -, kein Plural) (lat.) der Versuch, anderen bewusst Wissen und Informationen vorzuenthalten, selbstständiges Denken zu behindern und sie an Übernatürliches glauben zu lassen.
ob|s|ku|ran|tis|tisch (Adj.) (lat.) dem Obskurantismus entsprechend.
Ob|so|les|zenz (die, -, kein Plural) (lat.) das Veralten.
ob|so|les|zie|ren (V.) (lat.) veralten; ungebräuchlich werden; aus der Mode kommen.
ob|so|let (Adj.) (lat.) veraltet; nicht mehr gebräuchlich.
Obst (das, -s/-es, kein Plural) Früchte. Obstbau; Obstbaum; Obstblüte; Obsternte; Obstgarten; Obsthändler; Obstkuchen; Obstler; Obstmesser; Obstmost; Obstpflücker; Obstplantage; Obstsaft; Obstsalat; Obsttag; Obsttorte; Obstwein. Adjektiv: obstbaulich; obstreich.
Ob|s|ta|kel (das, -s, -) (lat.) Hindernis.
Ob|s|te|t|rik (die, -, kein Plural) (lat.) die Wissenschaft von der Geburtshilfe.
ob|s|ti|nat (Adj.) (lat.) widerspenstig; eigensinnig.

Obstination   357   offerieren

Ob·s·ti·na·ti·on (die, -, kein Plural) (lat.) Eigensinn; Starrsinnigkeit; Widerspenstigkeit.
Ob·s·ti·pa·ti·on (die, -, -ti·o·nen) (lat.) Verstopfung.
ob·s·ti·pie·ren (V.) (lat.) verstopfen; die Verdauung hemmen; obstipiert sein: an Verstopfung leiden.
ob·s·t·ru·ie·ren (V.) (lat.) hemmen; verhindern. Obstruktion; Obstruktionspolitik; obstruktionsaktiv; obstruktiv.
ob·s·zön (Adj.) (lat.) schamlos; unanständig. Obszönität.
Obus (der, -ses, -se) (Kurzw.) Oberleitungsomnibus.
ob·wal·ten (V., obwaltete/waltete ob, hat obgewaltet/obwaltet) wirksam sein; herrschen. Adjektiv: obwaltend.
ob·wohl (Konj.) obgleich; wenn auch. *Beachte:* steht mit Komma, wenn es einen Nebensatz einleitet! Er ging ins Büro, obwohl er keine große Lust dazu hatte. *Wichtig:* »obwohl« kann, im Gegensatz zu → »trotzdem«, am Anfang des Satzes stehen und sich auf etwas beziehen, was erst folgt! Obwohl er keine Lust hatte, ging er mit ins Kino *(nicht:* Trotzdem er keine Lust hatte …).
Och·se (der, -n, -n) kastrierter Stier; (ugs.) Dummkopf. Wir standen da wie der Ochs vorm Berg (ratlos). Ochsenauge; Ochsenbrust; Ochsenfleisch; Ochsenfrosch; Ochsenmaulsalat; Ochsenschwanz; Ochsenschwanzsuppe; Ochsentour; Ochsenzunge; Ochserei; ochsig! ochsen (ugs.: schwer arbeiten).
Öchs·le (das, -s, -) Maßeinheit (Wein). Öchslegrad.
Ocker (der/das, -s, -) (griech.) Tonerde. Ockerfarbe; ockerbraun; ockerfarben; ockergelb; ockerhaltig.
od. (Abk.) oder.
Odal (das, -s, -e) (altnord.) Boden- und Grundbesitz eines adligen germanischen Familienverbandes.
Odal·is·ke (die, -, -n) (türk.-franz.) weiße Sklavin in einem türkischen Harem (früher).
Odds (die, nur Plural) (engl.) 1. Wette mit ungleichen Einsätzen. 2. Vorgabe (im Sport).
Ode (die, -, -n) (griech.) stimmungsvolles Gedicht.
öde *(auch:* öd) (Adj.) einsam; leer; langweilig. Öde; Ödheit; Ödland; Ödnis; öden.
Odem (der, -s, kein Plural) Atem.
Ödem (das, -s, -e) (griech.) Geschwulst. Adjektive: ödematös; ödemartig.
Ode·on (das, -s, -s) (griech.) 1. rundes Gebäude für künstlerische Aufführungen (in der Antike). 2. (Name für) Tanz-, Theatersaal, Vergnügungsstätte.

oder (Konj.) andernfalls. *Beachte:* entweder sie oder keine; oder Ähnliches (Abk.: o.Ä.). → Regelkasten Komma
Odeur (das, -s, -s/-e) (franz.) Duft, auffallender Geruch.
Ödi·pus·kom·plex (der, -es, -e) starke Mutterbindung. Adjektiv: ödipal.
Odi·um (das, -s, Odi·en) (lat.) 1. übler Beigeschmack. 2. Makel; unangenehme Note.
odon·to·gen (Adj.) von den Zähnen ausgehend; meist in Zusammenhang mit Krankheiten.
Odon·to·lo·gie (die, -, kein Plural) (griech.) Zahnheilkunde. Adjektiv: odontologisch.
Odor (der, -s, Odo·res) (lat.) Geruch.
odo·rie·ren (V.) (lat.) nicht riechende Stoffe mit riechenden Substanzen anreichern.
Odo·rie·rung (die, -, -en) (lat.) das Odorieren.
Odys·see (die, -, -n) (griech.) Irrfahrt. Adjektiv: odysseeisch.
OECD (Abk.) Organization for Economic Cooperation and Development (Organisation für wirtschaftl. Zusammenarbeit u. Entwicklung).
Œuv·re (das, -, -s) (franz.) Gesamtwerk. Œuvreverzeichnis.
OEZ (Abk.) osteuropäische Zeit.
Ofen (der, -s, Öfen) Heizanlage; Herd. Ofenbank; Ofenecke; Ofenheizung; Ofenrohr; Ofensetzer; ofenfrisch.
Off (das, -, kein Plural) (engl.) nicht sichtbarer Sprecher (Fernsehen, Film). aus dem Off/im Off sprechen. Offsprecher *(auch:* Off-Sprecher); Offstimme *(auch:* Off-Stimme).
of·fen (Adj.) nicht geschlossen; frei; aufgeschlossen; ehrlich. *Beachte:* auf offener Straße; immer eine offene Hand haben; du solltest endlich mit offenen Karten spielen; Tag der offenen Tür; offene Handelsgesellschaft (Abk.: OHG). offen gesagt; offen gestanden; das offen gebliebene *(auch:* offengebliebene) Fenster; offen (geöffnet/ehrlich) sein. das Fenster muss offen bleiben; alle Möglichkeiten offenhalten; kannst du die Tür offen lassen; ein Geheimnis offenlegen; Offenheit; Offenherzigkeit; Offenkundigkeit; Offenlegung; Offensichtlichkeit; offenherzig; offenkundig; offensichtlich.
of·fen·ba·ren (V.) sich zeigen; bekennen. Offenbarung; Offenbarungseid; offenbar.
of·fen·siv (Adj.) (lat.) angriffslustig. Offensivbündnis; Offensive; Offensivkrieg; Offensivverteidigung; Offensivwaffe.
Öf·fent·lich·keit (die, -, kein Plural) Allgemeinheit. Öffentlichkeitsarbeit; öffentlich; öffentlich-rechtlich.
Of·fe·rent (der, -en, -en) (lat.) derjenige, der jemandem eine Offerte anbietet.
of·fe·rie·ren (V.) (lat.) anbieten. Offerte.

Of´fice (das, -, -s) (engl.) Büro.
Offi´zi´al (der, -s, -e) (lat.) bischöflicher Vertreter. Offizialakt.
Offi´zi´a´lat (das, -s, -e) (lat.) bischöfliche Gerichtsbehörde (in der katholischen Kirche).
Offi´zi´al´de´likt (*auch:* Of´fi´zi´al´ver´ge´hen) (das, -s, -e) Straftat, die von Amts wegen verfolgt wird. Offizialverteidiger.
Offi´zi´ant (der, -en, -en) (lat.) den Gottesdienst haltender Geistlicher (in der katholischen Kirche).
offi´zi´ell (Adj.) (franz.) amtlich; förmlich.
Of´fi´zier (der, -s, -e) militärischer Rang. Offiziersanwärter; Offizierskasino; Offizierskorps; Offizierslaufbahn; Offiziersmesse; Offizierspatent; Offiziersrang; Offiziersschule.
offi´zi´nal (*auch:* of´fi´zi´nell) (Adj.) (lat.) arzneilich.
offi´zi´ös (Adj.) (lat.) halbamtlich.
Of´fi´zi´um (das, -s, -zi´en) (lat.) 1. Obliegenheit; Dienstpflicht (veraltet). 2. Gottesdienst (der katholischen Kirche).
off li´mits (engl.) Eintritt verboten.
off´line (engl.) getrennt von einer EDV-Anlage arbeitend.
öff´nen (V.) aufmachen; aufgehen; Öffner; Öffnung; Öffnungswinkel; Öffnungszeiten.
Off´set´druck (der, -s, -dru´cke) Flachdruckverfahren. Offsetdruckmaschine.
Off´shore´boh´rung (*auch:* Off-Shore-Bohrung) (die, -, -en) Öl- oder Gasbohrung (Bohrinsel).
o-för´mig (*auch:* O-för´mig) (Adj.) in der Form eines O.
oft (Adv.; öf´ter, am öf´tes´ten) häufig; mehrmals. *Beachte:* wie schon so oft; des Öfteren; öfters; oftmalig; oftmals.
Oger (der, -s, -) (franz.) Menschenfresser.
oh! (Interj.) → o.
OHG (Abk.) offene Handelsgesellschaft.
oh, là, là! (franz.) Ausruf (Verwunderung, Anerkennung).
Ohm (das, -s, -) Einheit (elektrischer Widerstand; Abk.: Ω). ohm'sches Gesetz (*auch:* Ohm'sches Gesetz); Ohmmeter.
O. H. M. S. (Abk.) On His (Her) Majesty's Service (im Dienste Seiner/Ihrer Majestät).
oh´ne (Präp., Akk.) frei von. *Beachte:* ohne Zögern, *aber:* ohne zu zögern; oben ohne; ohne mein Einverständnis; ohne dass ich mein Einverständnis gab; zweifelsohne; ohne weiteres (*auch:* Weiteres); nicht ohneeinander leben können; ohnedies; ohnegleichen; ohnehin; ohne Ort und Jahr (Abk.: o.O.u.J.); ohne Befund (Abk.: o.B.); Ohne-mich-Standpunkt.

Ohn´macht (die, -, -en) Bewusstlosigkeit; Hilflosigkeit. Ohnmachtsanfall; ohnmächtig.
Ohr (das, -s, -en) Hörorgan. Öhrchen; Ohrenarzt; Ohrenbeichte; Ohrenheilkunde; Ohrenklappe; Ohrenklipp; Ohrensausen; Ohrenschmalz; Ohrenschmaus; Ohrenschmerzen; Ohrenschützer; Ohrensessel; Ohrgehänge; Ohrläppchen; Ohrmuschel; Ohrschmuck; Ohrspülung; Ohrwurm. Adjektive: ohrenbetäubend; ohrenfällig; ohrenkrank; großohrig; langohrig.
Öhr (das, -s, -e) Nadelloch.
Ohr´fei´ge (die, -, -n) Watsche; Backpfeife. Ohrfeigengesicht; ohrfeigen.
o. J. (Abk.) ohne Jahr.
oje! (Interj.) Ausruf (Erschrecken). ojemine!
o. k. (*auch:* O.K.) (Abk.) okay.
Oka´pi (das, -s, -s) Giraffenart.
Oka´ri´na (die, -, -s/-nen) (ital.) Blasinstrument.
okay (Adv.; Adj.) (engl.) in Ordnung. *Beachte:* das Okay erhalten.
Oke´a´ni´de (die, -, -n) (griech.-lat.) Meeresnymphe.
Ok´ka´si´on (die, -, -si´o´nen) (schweiz.) Gelegenheit (veraltet); Gebrauchtwagen.
ok´ka´si´o´nell (Adj.) (franz.) gelegentlich.
Ok´ki´ar´beit (die, -, -en) (ital.) Handarbeit.
ok´klu´die´ren (V.) (lat.) abschließen; hemmen. Okklusion; okklusiv.
ok´kult (Adj.) (lat.) Okkultismus; Okkultist; okkultistisch; okkult belastet.
Ok´ku´pa´ti´on (die, -, -ti´o´nen) (lat.) militärische Besetzung. Okkupant; Okkupationsheer; okkupatorisch; okkupieren.
Ok´kur´renz (die, -, -en) (lat.-engl.) Bezeichnung in der Sprachwissenschaft für das Vorkommen einer sprachlichen Einheit in einem Text oder einem Kommunikationsakt.
ok´no´phil (Adj.) (griech.) aus Verlustangst den Partner mit seiner Liebe erdrückend.
Öko´la´den (der, -s, -lä´den) Naturkostladen. Bioladen.
Öko´lo´gie (die, -, -n) (griech.) Wissenschaft von der Wechselbeziehung zwischen Lebewesen und ihrer Umwelt. Ökologe; Ökopaxbewegung; Ökosystem; ökologisch.
Öko´no´mie (die, -, -n) (griech.) Wirtschaftswissenschaft; Sparsamkeit. Ökonom; Ökonomierat; Ökonomik; ökonomisch.
öko´no´mi´sie´ren (V.) (griech.-lat.) auf eine wirtschaftliche, sparsame Grundlage stellen; wirtschaftlich gestalten.
Öko´no´mis´mus (der, -, kein Plural) Betrachtung nur vom ökonomischen Standpunkt aus.
öko´no´mis´tisch (Adj.) auf Ökonomismus beruhend, einseitig ökonomisch.

Öko|sys|tem (das, -s, -e) natürliche, konstante Einheit, bestehend aus Organismen und unbelebter Umwelt.
Öko|top (das, -s, -e) (griech.) in den Beziehungen zwischen Lebewesen und ihrem Lebensraum ausgeglichen gestaltetes Gebiet.
Öko|tro|pho|lo|ge (der, -n, -n) (griech.) Haushalts- und Ernährungswissenschaftler.
Öko|tro|pho|lo|gie (die, -, kein Plural) (griech.) Wissenschaft von Haushalt und Ernährung.
Öko|ty|pus (der, -, -pen) (griech.-lat.) einem bestimmten Lebensraum angepasste Tier- oder Pflanzengruppe.
Ok|ra (die, -, -s) (griech.) gelbgrüne Gemüseschote der südöstlichen Mittelmeerländer.
Ok|rosch|ka (die, -, -) (russ.) eine Kaltschale aus Fleisch, Eiern und Rahm.
Okt. (Abk.) Oktober.
Ok|ta|chord (das, -es, -e) (griech.-lat.) achtsaitiges Instrument.
Ok|ta|e|der (das, -s, -) (griech.) Achtflächner. Adjektiv: oktaedrisch.
Ok|tan (das, -s, -e) (lat.) ein gesättigter Kohlenwasserstoff.
Ok|tav 1. (das, -s, kein Plural) (lat.) Buchformat. Großoktav; Oktavband; Oktavbogen; Oktavformat. 2. (die, -, -en) katholische Feier.
Ok|ta|ve (die, -, -n) (lat.) Intervall von acht Tönen. Verb: oktavieren.
Ok|tett (das, -s, -e) (ital.) achtstimmiges Musikstück.
Ok|to|ber (der, -s, -) (lat.) Monat (Abk.: Okt.). Oktoberfest; Oktoberrevolution.
Ok|to|gon (das, -s, -e) (griech.) Achteck. Adjektiv: oktogonal.
ok|t|ro|yie|ren (V.) (franz.) aufzwingen. aufoktroyieren.
oku|lar (Adj.) (lat.) das Auge betreffend. Okular.
Oku|la|ti|on (die, -, -ti|o|nen) das Okulieren.
oku|lie|ren (V.) (lat.) durch Einsetzen des Auges eines Pfropfreises in die eingeschnittene Rinde (einer anderen Pflanze) veredeln.
Öku|me|ne (die, -, -n) (griech.) Gesamtheit der Christen. Adjektiv: ökumenisch.
Öku|me|nis|mus (der, -, kein Plural) (griech.-lat.) Versuch der katholischen Kirche seit dem 2. Vatikanischen Konzil, alle christlichen Konfessionen zusammenzuführen.
Ok|zi|dent (der, -s, kein Plural) (lat.) Abendland; Westen. Adjektive: okzidental; okzidentalisch.
ok|zi|pi|tal (Adj.) (lat.) zum Hinterhaupt gehörig.
ö. L. (Abk.) östlicher Länge.

Öl (das, -s, -e) flüssiges Fett. Ölalarm; Ölbaum; Ölberg; Ölbild; Ölbohrung; Öldruck; Öldruckbremse, Ölfarbe; Ölfarbenbild; Ölfeuerung; Ölfilm; Ölfleck; Ölförderung; Ölfrucht; Ölgemälde; Ölgötze; Ölhaut; Ölheizung; Ölindustrie; Ölkanne; Ölkrise; Öllampe; Ölleitung; Ölluftpumpe; Ölmalerei; Ölmühle; Ölofen; Ölpalme; Ölpest; Ölpflanze; Ölquelle; Ölraffinerie; Ölsardine; Ölscheich; Ölschicht; Öltanker; Ölvorkommen; Ölwanne; Ölwechsel; Ölzeug; Ölzweig. Adjektiv: ölig. Verb: ölen.
Ol|die (der, -s, -s) (engl.) alter Schlager; alter Film.
Old|ti|mer (der, -s, -) (engl.) altes Auto; alter Mann. Oldtimertreffen.
olé (Interj.) (span.) bravo! los!
Ole|an|der (der, -s, -) (ital.) Strauch. Oleanderblüte; Oleanderschwärmer.
Ole|as|ter (der, -s, kein Plural) (griech.-lat.) wild wachsende Variante des Ölbaums.
Ole|at (das, -s, -e) (griech.) Salz (Ölsäure).
Ole|fin (das, -s, -e) (griech.) ungesättigter Kohlenwasserstoff. Adjektiv: olefinreich.
Ole|in (das, -s, -e) (griech.) Ölsäure.
Ole|um (das, -s, Olea) (lat.) 1. Öl. 2. rauchende Schwefelsäure.
ol|fak|to|risch (Adj.) (lat.) zum Olfaktorius gehörig; den Geruchssinn betreffend.
Ol|fak|to|ri|um (das, -s, -ri|en) Riechstoff.
Ol|fak|to|ri|us (der, -, kein Plural) (lat.) Riechnerv.
OLG (Abk.) Oberlandesgericht.
Oli|ba|num (das, -s, kein Plural) (lat.) Weihrauch.
Oli|fant (das, -s, -e) (griech.-franz.) elfenbeinernes Jagd- und Trinkhorn des MA.
Oli|g|ä|mie (die, -, -n) (griech.) Blutarmut (infolge Verminderung der Blutmenge).
Oli|g|ar|chie (die, -, -n) (griech.) Herrschaft einer kleinen Gruppe. Oligarch; oligarchisch.
oli|go|phag (Adj.) (griech.) sich von nur wenigen Futterpflanzen oder Beutetieren ernährend.
Oli|go|pha|ge (der, -n, -n) oligophag lebendes Tier.
Oli|go|pha|gie (die, -, kein Plural) (griech.) Ernährungsweise von nur wenigen Futterpflanzen oder Beutetieren.
oli|go|troph (Adj.) (griech.) humus-, nährstoffarm; z. B. ein ~es Gewässer.
Oli|go|zän (das, -s, kein Plural) (griech.) Erdzeitalter. Adjektiv: oligozän.
Olim (nur in der Wendung) seit/zu Olims Zeiten (seit jeher).
oliv (Adj.) (lat.) olivenfarben. *Beachte:* ein oliver Pulli; *aber:* ein Pulli in Oliv; olivenfarbig; olivgrau; olivgrün.

Oli|ve (die, -, -n) (griech.) Frucht. Olivenbaum; Olivenernte; Olivenöl.
Oli|vin (der, -s, -e) (griech.) Mineral.
oll (Adj.) (nordd.) alt; hässlich. *Beachte:* olle Kamellen; Oller.
Olm (der, -s, -e) Lurch. Grottenolm.
Ölung (die, -, -en) ölen. die Letzte Ölung.
Olymp (der, -s, kein Plural) 1. Wohnsitz der Götter (in der griechischen Mythologie). 2. der oberste Rang im Theater (ugs., scherzhaft).
Olym|pia (das, -s, kein Plural) (griech.) 1. altgriechische Kultstätte auf dem Peloponnes. 2. Olympische Spiele.
Olym|pi|a|de (die, -, -n) (griech.) Olympische Spiele. Olympiabeste; Olympiadorf; Olympiajahr; Olympiakämpfer; Olympiamannschaft; Olympiamedaille; Olympianorm; Olympiasieg; Olympiasieger/in; Olympiastadion; Olympiastadt; Olympiateilnehmer; Olympionike (-ni|kin); olympiareif; olympisch; aber: Nationales Olympisches Komitee (Abk.: NOK).
Om (sanskr.) magische Silbe im Brahmanismus, Konzentrationshilfe; während einer Meditation gesprochen.
Oma (*auch:* Omi) (die, -, -s) (ugs.) Großmutter. Omama.
Oman (ohne Art., -s, kein Plural) Omaner; omanisch.
Om|b|ré (der, -s, -s) (lat.-franz.) farblich schattierendes Textil.
om|b|riert (Adj.) (lat.-franz.) schattiert.
Om|b|ro|graf (*auch:* Om|b|ro|graph) (der, -en, -en) (griech.) Gerät zum Aufzeichnen der Regenmenge, Regenwasser.
Om|b|ro|me|ter (das, -s, -) = Ombrograf.
Om|buds|mann (der, -s, -män|ner/-leu|te) (schwed.) Vertrauensperson.
Ome|ga (das, -s, -s) griechischer Buchstabe (Ω, ω).
Ome|lett (*auch:* Ome|lette) (das, -s, -e/-s) (franz.) Eierkuchen.
Omen (das, -s, -/Omi|na) (lat.) Vorzeichen. Adjektiv: ominös.
Omer|ta (die, -, kein Plural) (ital.) das Gesetz des Schweigens (in der Mafia).
Omi|k|ron (das, -s, -s) griechischer Buchstabe (O, o).
omi|nös (Adj.) (lat.) 1. von schlimmer Vorbedeutung (veraltet). 2. bedenklich; anrüchig.
Omis|siv|de|likt (das, -s, -e) (lat.) strafbare Unterlassung (z. B. einer Hilfeleistung).
Om|ni|bus (der, -ses, -se) (franz.) Autobus. Omnibusbahnhof; Omnibusfahrt; Omnibuslinie.
om|ni|po|tent (Adj.) (lat.) allmächtig. Omnipotenz.
om|ni|prä|sent (Adj.) (lat.) allgegenwärtig. Omnipräsenz.
Om|ni|um (das, -s, -ni|en) Mehrkampf (Radsport); Galopprennen.
Om|ni|vo|re (der, -n, -n) (lat.) Tier, das sich von Pflanzen und Tieren ernährt; Allesfresser.
On (das, -, kein Plural) (engl.) sichtbarer Sprecher. Im On sein.
on (Adv.) (engl.) 1. angeschaltet (Vermerk auf elektrischen oder elektronischen Geräten). 2. auf der Leinwand; auf dem Bildschirm sichtbar.
Ona|ger (der, -s, -) (lat.) Halbesel.
Ona|nie (die, -, kein Plural) Selbstbefriedigung. Onanist; onanistisch, onanieren.
On|dit (das, -, -s) (franz.) Gerücht.
on|du|lie|ren (V.) (franz.) mit der Brennschere wellen (Haar). Ondulation; Ondulierung.
One-Night-Stand (der, -s, -s) (engl.) flüchtiges sexuelles Abenteuer.
One|stepp (der, -s, -s) (engl.) Tanz.
Oni|o|ma|nie (die, -, kein Plural) (griech.-lat.) krankhafter Kauftrieb (Med.).
On|kel (der, -s, -) Mutter-, Vaterbruder. Adjektiv: onkelhaft.
On|ko|lo|gie (die, -, kein Plural) (griech.) Wissenschaft von den Geschwülsten.
on|line (engl.) direkt mit einer EDV-Anlage verbunden. Onlinebetrieb.
ONO (Abk.) Ostnordost(en).
Öno|lo|gie (die, -, kein Plural) (griech.) Weinbaukunde. Önometer.
Ono|ma|si|o|lo|gie (die, -, kein Plural) (griech.) Zweig der Sprachwissenschaft, der untersucht, welche Wörter für jeweils einen Begriff gebraucht werden oder gebraucht worden sind; Bezeichnungslehre.
Ono|mas|tik (die, -, kein Plural) Wissenschaft von den Namen. Namenkunde.
Ono|ma|to|lo|gie (die, -, kein Plural) (griech.) = Onomastik.
ono|ma|to|po|e|tisch (Adj.) in der Art der Onomatopöie; laut-, klang-, schallnachahmend; lautmalend.
on the road (engl.) unterwegs.
on the rocks (engl.) mit Eiswürfeln.
On|to|ge|ne|se (*auch:* On|to|ge|nie) (die, -, kein Plural) (griech.) Entwicklung. Adjektiv: ontogenetisch.
On|to|lo|gie (die, -, kein Plural) (griech.) Lehre vom Sein. Adjektiv: ontologisch.
Onyx (der, -es, -e) (griech.) Halbedelstein.
o.O. (Abk.) ohne Ort (Buchzitat).
Oo|ge|ne|se (die, -, -n) (griech.) Bildung; Entwicklung der Eizelle.
oo|ge|ne|tisch (Adj.) auf Oogenese beruhend.

Oo|go|ni|um (das, -s, -ni|en) (lat.) Entstehungsort einer Eizelle (Biol.).
Oo|lith (der, -s/-en, -e/-en) (griech.) aus kleinen Kalkkügelchen bestehendes Gestein; Rogenstein.
Oo|lo|gie (die, -, kein Plural) (griech.) Lehre von den Vogeleiern.
o. ö. Prof. (Abk.) ordentlicher öffentlicher Professor.
o. O. u. J. (Abk.) ohne Ort und Jahr (Buchzitat).
op. (Abk.) opus.
o. P. (Abk.) ordentlicher Professor.
OP (Abk.) Operationssaal. OP-Schwester.
Opa *(auch:* Opi) (der, -s, -s) (ugs.) Großvater. Opapa.
opak (Adj.) (lat.) undurchsichtig. Opakglas; Opazität.
Opal (der, -s, -e) (sanskr.) Halbedelstein. Opalglas; Opaleszenz; opalen; opalisieren; opalisieren.
Opan|ke (die, -, -n) Sandale.
Op-Art (die, -, kein Plural) (engl.) (Abk.:) Optical Art; moderne Kunstrichtung.
Opa|zi|tät (die, -, kein Plural) opake Beschaffenheit. Trübheit.
OPD (Abk.) Oberpostdirektion.
OPEC (Abk.) Organization of the Petroleum Exporting Countries (Organisation der Erdöl exportierenden Länder).
Open-Air-Fes|ti|val (das, -s, -s) (engl.) große Musikveranstaltung im Freien. Open-Air-Konzert.
Open End (das, -s, -s) (engl.) kurz für Veranstaltung mit offenem Ende. Open-End-Diskussion; Open-End-Veranstaltung.
Oper (die, -, -n) musikalisches Bühnenstück; Festspielhaus. Opernarie; Opernball; Opernfilm; Opernführer; Opernglas; Operngucker; Opernhaus; Opernmelodie; Opernmusik; Opernsänger/in; opernhaft.
Ope|ra|ti|on (die, -, -ti|o|nen) (lat.) chirurgischer Eingriff; Unternehmen. Operateur; Operationsbasis; Operationsforschung; Operationssaal (Abk.: OP); Operationsschwester; Operationstisch; operativ; operabel; operieren.
Ope|ra|tor (der, -s, -s/-en) (engl.) Bediener von EDV-Anlagen. Operatorin; operabel.
Ope|ret|te (die, -, -n) (ital.) Singspiel. Operettenfilm; Operettenkomponist; Operettenmelodie; Operettenmusik; Operettensänger/in; operettenhaft.
Op|fer (das, -s, -) Spende; Verzicht; Leidtragender. Opferbereitschaft; Opferfreudigkeit; Opfergabe; Opfergang; Opferlamm; Opfermut; Opferstock; Opfertier; Opfertod; Opferung; Opferwille; Opferwilligkeit; opferbereit; opferwillig; opfern.
Ophir (ohne Artikel, -s, kein Plural) (hebr.-griech.-lat.) sagenhaftes Goldland im Alten Testament.
Ophit (der, -en, -en) (griech.) Schlangenanbeter.
Oph|thal|mi|a|t|rie (die, -, kein Plural) Wissenschaft vom Auge und von den Augenkrankheiten; Augenheilkunde.
Oph|thal|mo|s|kop (das, -s, -e) (griech.) Gerät zum Untersuchen des Auges. Augenspiegel.
Oph|thal|mo|s|ko|pie (die, -, -n) Untersuchung mit dem Ophthalmoskop.
Opi|at (das, -s, -e) (griech.) Droge.
Opi|um (das, -s, kein Plural) (lat.) Rauschgift; Schmerzmittel. Opiumgesetz; Opiumhandel; Opiumkrieg; Opiumpfeife; Opiumschmuggel; Opiumsucht; opiumhaltig.
Opos|sum (das, -s, -s) Beutelratte.
op|po|nie|ren (V.) (lat.) sich widersetzen; widersprechen. Opponent.
Op|por|tu|nis|mus (der, -, kein Plural) (lat.) schnelle Anpassung; zweckmäßiges Handeln. Opportunist; Opportunität; Opportunitätsprinzip; opportun; opportunistisch.
op|po|si|tär (Adj.) (lat.) gegensätzlich; einen Gegensatz ausdrückend.
Op|po|si|ti|on (die, -, -ti|o|nen) (lat.) Gegensatz; Parteien, die nicht an der Regierung beteiligt sind. Oppositionsführer; Oppositionsgeist; Oppositionspartei; Oppositionswort (Antonym); oppositionell.
Op|pres|si|on (die, -, -si|o|nen) (lat.) 1. Bedrückung; Unterdrückung. 2. Beklemmung.
op|pres|siv (Adj.) (lat.) drückend; unterdrückend (Med.).
Op|pro|ba|ti|on (die, -, -ti|o|nen) (lat.) Beschimpfung; Tadel; Verweis.
Op|tant (der, -en, -en) jmd., der optiert, der die Möglichkeit zu optieren hat.
op|ta|tiv (Adj.) im Optativ stehend, einen Wunsch ausdrückend.
Op|ta|tiv (der, -s, -e) (lat.) Verbform, die einen Wunsch ausdrückt (im Deutschen durch den Konjunktiv wiedergegeben).
op|tie|ren (V.) (lat.) 1. für jmdn., für einen Staat ~: sich für jmdn., für die Zugehörigkeit zu einem Staat entscheiden. 2. auf etwas ~: vom Vorkaufsrecht für etwas Gebrauch machen.
Op|tik (die, -, -en) (griech.) Lehre vom Licht. Optiker; optisch.
op|ti|mal (Adj.) (lat.) bestmöglich. Optimierung; Optimum; optimieren.
Op|ti|mis|mus (der, -, kein Plural) (lat.) Zuversicht. Optimist; optimistisch.

Op|ti|mum (das, -s, -ti|ma) (lat.) günstigstes Verhältnis; günstigstes Ergebnis; Bestes; Höchstmaß.
Op|ti|on (die, -, -ti|o|nen) (lat.) Vorrecht, eine Sache zu kaufen oder zu erhalten. Optant; optieren.
Op|to|me|t|rie (die, -, kein Plural) (griech.) Sehkraftbestimmung. Optometer.
opu|lent (Adj.) (lat.) üppig; reichhaltig. Opulenz.
Opun|tie (die, -, -n) (griech.) Feigenkaktus.
Opus (das, -, Ope|ra) (lat.) Werk; Kunstwerk (Abk.: op.).
Ora|kel (das, -s, -) (lat.) Weissagung. Orakelspruch; orakelhaft; orakeln.
oral (Adj.) (lat.) durch den Mund.
oran|ge (Adj.) (franz.) Farbe. *Beachte:* orangefarben; orangefarbig; orangerot. *Aber:* ein Pulli in einem leuchtenden Orange. ein orange (*nicht:* orangener!) Pulli.
Oran|ge (die, -, -n) (franz.) Apfelsine. Orangenbaum; Orangenblüte; Orangenmarmelade; Orangensaft; Orangenschale; Orangerie; orangefarben; orangefarbig; orangen.
Oran|gea|de (die, -, -n) (franz.) Erfrischungsgetränk.
Oran|geat (das, -s, -e) (franz.) kandierte Orangenschale.
Orang-Utan (der, -s, -s) Menschenaffe.
ora|to|risch (Adj.) (lat.) rednerisch; mitreißend.
Ora|to|ri|um (das, -s, -ri|en) (lat.) Gebetsraum; Musikkomposition.
Or|bis (der, -, kein Plural) (lat.) Erdkreis.
Or|bit (der, -s, -s) (engl.) Umlaufbahn. Orbitalbahn; Orbitalbombe; Orbitalrakete; Orbitalstation; orbital.
Or|bi|ta (die, -, -tae) (lat.) Augenhöhle.
Or|bi|tal (das, -s, -e) (lat.) bestimmte, energetisch bedingte Umlaufbahn eines Elektrons, das sich um einen Atomkern bewegt.
Or|ches|ter (das, -s, -) (griech.) Musikerensemble. Orchesterbegleitung; Orchestergraben; Orchesterleiter; Orchestrierung; orchestral; orchestrieren.
Or|ches|t|ri|on (das, -s, -s|t|ri|en) (griech.) Musikinstrument.
Or|chi|dee (die, -, -n) (griech.) Zierpflanze. Orchideenart; Orchideenblüte.
Or|chis (griech.) 1. (der, -, -) Hoden. 2. (die, -, -) eine Orchidee; Knabenkraut.
Or|chi|tis (die, -, -chi|ti|den) (griech.) Hodenentzündung.
Or|den (der, -s, -) (lat.) Vereinigung; Auszeichnung. Ordensband; Ordensbruder; Ordensfrau; Ordensregel; Ordensritter; Ordensschwester; Ordensstern; Ordenstracht; Ordensverleihung; ordengeschmückt.
or|dent|lich (Adj.) sorgfältig; ordnungsgemäß; (ugs.) kräftig. Ordentlichkeit; ordentlicherweise.
Or|der (die, -, -n/-s) (franz.) Auftrag; Bestellung; Befehl. Orderbuch; Ordereingang; Orderpapier; ordern.
Or|di|nal|zahl (die, -, -en) (lat.) Ordnungszahl (z. B. erste, zweite, dritte).
or|di|när (Adj.) (lat.) gewöhnlich; unanständig.
Or|di|na|ri|at (das, -s, -e) (lat.) Lehrstuhl. Ordinarius.
Or|di|na|ri|um (das, -s, -ri|en) (lat.) 1. Staats-, Gemeindehaushalt. 2. handschriftlich aufgezeichnete Gottesdienstordnung (in der kath. Kirche).
Or|di|när|preis (der, -es, -e) Ladenpreis (Buchhandel).
Or|di|na|ten|ach|se (die, -, -n) senkrechte Achse (Koordinatensystem). Ordinate.
Or|di|na|ti|on (die, -, -ti|o|nen) (lat.) 1. ärztliche Sprechstunde. 2. Priesterweihe. Ordinationshilfe; Ordinationszimmer; ordinieren.
ord|nen (V.) regeln; aufräumen; sortieren. Ordner; Ordnung; Ordnungsamt; Ordnungshüter; Ordnungsliebe; Ordnungsprinzip; Ordnungsruf; Ordnungssinn; Ordnungsstrafe; Ordnungswidrigkeit; Ordnungszahl (Ordinalzahl); ordnungsgemäß, *aber:* gemäß der Ordnung; ordnungshalber, *aber:* der Ordnung halber; ordnungsliebend.
Or|don|nanz (*auch:* Or|do|nanz) (die, -, -en) (franz.) Melder. Ordonnanzoffizier (*auch:* Ordonanzoffizier).
Or|do|vi|zi|um (das, -s, kein Plural) (kelt.-nlat.) eine Formation des Paläozoikums.
Öre (das/die, -s/-, -) Währung, Dänemark, Norwegen, Schweden).
Ore|ga|no (*auch:* Ori|ga|no) (der, -/-s, kein Plural) (lat.) Dost; wilder Majoran.
ORF (Abk.) Österreichischer Rundfunk.
Or|fe (die, -, -n) (griech.) Fisch.
Or|gan (das, -s, -e) (griech.) 1. Körperteil. 2. Stimme. 3. Einrichtung. Organbank; Organempfänger; Organentnahme; Organismus; Organkonservierung; Organographie (*auch:* Organografie); Organologie; Organspender; Organstrafverfügung; Organtherapie; Organverpflanzung; organisch; organismisch; organogen; organographisch (*auch:* organografisch); organologisch.
Or|gan|dy (der, -s, -s) (franz.) festes, durchscheinendes Baumwollgewebe.
Or|ga|nell (das, -s, -en) (griech.) einem Organ ähnliches Teil eines einzelligen Lebewesens.

Or|ga|nik (die, -, kein Plural) (griech.) Wissenschaft von den Organismen.
Or|ga|ni|sa|ti|on (die, -, -ti|o|nen) (franz.) Planung; Gestaltung; Vereinigung. Organisationsbüro; Organisationsfehler; Organisationsform; Organisationsplan; Organisationstalent; Organisator; Organisierung; organisatorisch; organisiert; organisieren.
or|ga|nis|misch (Adj.) zu einem Organismus gehörend; in der Art eines Organismus.
Or|ga|nist (der, -en, -en) (griech.) Orgelspieler. Organistin.
or|ga|no|gen (Adj.) (griech.) aus organischen Stoffen; aus Organismen gebildet, entstanden; aus organischen Stoffen bestehend.
or|ga|no|id (Adj.) (griech.) organähnlich.
Or|ga|no|lo|gie (die, -, kein Plural) (griech.) 1. Wissenschaft von den Organen. 2. Lehre vom Bau der Musikinstrumente.
Or|ga|non (das, -s, kein Plural) (griech.) 1. Gesamtheit der logischen Schriften des Aristoteles. 2. logische Schrift.
Or|gas|mus (der, -, -men) (griech.) sexueller Höhepunkt. Adjektiv: orgastisch.
Or|gel (die, -, -n) (griech.) Musikinstrument. Orgelbauer; Orgelpunkt; Orgelregister; Orgelspiel; orgeln.
or|gi|as|tisch (Adj.) (lat.) ausschweifend; wild. Orgie; Orgiasmus.
Ori|ent (der, -s, kein Plural) (lat.) östliche Welt; Morgenland. Orientale; Orientalin; Orientalist; Orientalistik; Orientexpress (*auch:* Orient-Express); Orientkunde; Orientreise; Orientteppich; orientalisch; orientalistisch.
ori|en|tie|ren (V.) sich zurechtfinden; Bescheid geben; zum Vorbild nehmen. Orientierung; Orientierungshilfe; Orientierungslauf; Orientierungssinn; Orientierungsstufe; Orientierungsvermögen.
ori|gi|nal (Adj.) (lat.) echt; ursprünglich. Original; Originalaufnahme; Originalausgabe; Originalbezeichnung; Originaldruck; Originalfassung; Originalität; Originalsprache; Originaltext; Originalton; original französisch; originalgetreu; originär; originell.
Ori|on (der, -, kein Plural) Sternbild. Orionnebel.
Or|kan (der, -s, -e) sehr starker Sturm. Orkanböe; Orkanstärke; orkanartig.
Or|kus (der, -, kein Plural) (lat.) Unterwelt.
Or|na|ment (das, -s, -e) (lat.) Verzierung. Ornamentenform; Ornamentenstich; Ornamentenstil; Ornamentik; ornamental; ornamentartig; ornamentieren.
Or|nat (der/das, -s, -e) (lat.) feierliche Amtstracht (Kirche).

Or|nis (die, -, kein Plural) (griech.) Vogelwelt; Gesamtheit der Vögel (z. B. einer Landschaft).
Or|ni|tho|ga|mie (die, -, kein Plural) (griech.) Bestäubung (von Blüten) durch Vögel.
Or|ni|tho|lo|ge (der, -n, -n) Wissenschaftler; Kenner der Ornithologie.
Or|ni|tho|lo|gie (die, -, kein Plural) (griech.) Vogelkunde. Ornithologe; ornithologisch.
Or|ni|tho|phi|lie (die, -, kein Plural) (griech.) = Ornithogamie.
Or|ni|tho|se (die, -, -n) (griech.) von Vögeln auf Menschen übertragbare Krankheit. Papageienkrankheit.
oro|gen (Adj.) (griech.) gebirgsbildend.
Oro|ge|ne|se (die, -, -n) (griech.) Gebirgsbildung.
oro|ge|ne|tisch (Adj.) zur Orogenese gehörig; auf ihr beruhend.
Oro|gra|fie (*auch:* Oro|gra|phie) (die, -, kein Plural) (griech.) Beschreibung der Geländeformen der Erdoberfläche.
Or|phe|um (das, -s, -phe|en) (griech.-lat.) Konzertsaal.
or|phisch (Adj.) (griech.) geheimnisvoll. Orphik; Orphiker.
Or|ping|ton (engl.) 1. (die, -, -s) zur Mast geeignete Entenrasse. 2. (das, -s, -s) eine Haushuhnrasse.
Or|p|lid (das, -s, kein Plural) Wunsch-, Märcheninsel.
Ort (der, -s/-es, -e/Ör|ter) Stelle; Ortschaft. *Beachte:* an Ort und Stelle; am angegebenen Ort (Abk.: a.a.O.); allerorten; allerorts. Örtchen; Örtlichkeit; Ortsangabe; Ortsausgang; Ortsbestimmung; Ortschaft; Ortseingang; Ortsgespräch; Ortskenntnis; Ortsklasse; Ortskrankenkasse; Ortskunde; Ortsname; Ortsnetz; Ortsnetzkennzahl; Ortsteil; Ortsumgehung; Ortsverkehr; Ortswechsel; Ortszeit; Ortszuschlag. Adjektive: örtlich; ortsansässig; ortsfremd; ortskundig; ortsüblich. *Beachte:* Adjektive von Ortsnamen, die auf -er enden, werden grundsätzlich groß geschrieben! ein Hamburger Fischgeschäft; eine Göttinger Straße; ein Münchner Café.
or|ten (V.) bestimmen. Ortung; Ortungskarte.
Or|tho|chro|ma|sie (die,-,kein Plural) (griech.) Empfindlichkeit für alle Farben (außer Rot).
Or|tho|don|tie (die, -, -n) (griech.) kieferorthopädische Zahnregulierung.
or|tho|dox (Adj.) (griech.) strenggläubig
or|tho|drom (*auch:* or|tho|drom) (Adj.) in der Art einer Orthodrome.
Or|tho|dro|me (die, -, -n) (griech.) kürzeste Verbindungslinie zwischen zwei Punkten auf der Erdoberfläche.

Or'tho'epie (die, -, kein Plural) (griech.) der Hochsprache entsprechende richtige Aussprache der Wörter.
Or'tho'gon (das, -s, -e) (griech.) Rechteck.
or'tho'go'nal (Adj.) (griech.) rechtwinklig.
Or'tho'gra'fie (auch: Or'tho'gra'phie) (die, -, -n) (griech.) Rechtschreibung. Adjektiv: orthografisch (auch: orthographisch).
Or'tho'klas (der, -es, -e) (griech.) ein Mineral. Kalifeldspat.
Or'tho'pä'die (die, -, kein Plural) (griech.) Medizin der Bewegungsorgane. Orthopäde; Orthopädiemechaniker; Orthopädieschuhmacher; Orthopädist; orthopädisch.
Or'th'op'tik (die, -, kein Plural) (griech.) Behandlung von Fehlern der Augenmuskeln.
Or'th'op'tis'tin (die, -, -tin'nen) (griech.) Helferin des Augenarztes, die Sehschärfenprüfungen, Augenmuskeltraining u. a. durchführt.
Or'tho's'kop (das, -s, -e) (griech.) Mikroskop zur Untersuchung von Kristallen.
Or'tho's'ko'pie (die, -, kein Plural) (griech.) unverzerrte Wiedergabe durch Linsen.
Or'tho'to'nie (die, -, kein Plural) (griech.) richtige Betonung (musik.).
or'tho'ze'phal (Adj.) (griech.) mit mittelhoher Kopfform versehen.
Or'tho'ze'pha'lie (die, -, -n) (griech.) mittelhohe Kopfform.
Or'to'lan (der, -s, -e) (ital.) ein Singvogel; Gartenammer.
Os (Abk.) Osmium (chemisches Zeichen).
Os'car (der, -s, -s) (engl.) Filmpreis.
Öse (die, -, -n) Metallring. mit Haken und Ösen arbeiten (mit allen Mitteln).
Os'ma'ne (der, -n, -n) türkischer Einwohner des ehemaligen Osmanischen Reiches.
Os'mi'um (das, -s, kein Plural) (griech.) Metall; chemischer Grundstoff (Abk.: Os).
Os'mo'se (die, -, kein Plural) Übergang eines Lösungsmittels durch eine halb durchlässige Membran. Adjektiv: osmotisch.
OSO (Abk.) Ostsüdost(en).
Öso'pha'gus (der, -, -gi) (griech.) Speiseröhre.
Os'sa'ri'um (das, -s, -ri'en) (lat.) 1. Urne zum Aufbewahren von Gebeinen (in der Antike). 2. Raum, Gebäude zur Aufbewahrung von Gebeinen; Beinhaus (auf Friedhöfen).
Os'si'fi'ka'ti'on (die, -, -ti'o'nen) (lat.) 1. Knochenbildung. 2. Verknöcherung (von Gewebe).
os'si'fi'zie'ren (V.) (lat.) verknöchern.
Os'tal'gie (die, -, kein Plural) Sehnsucht nach der DDR. ostalgisch.
Os'ten (der, -s, kein Plural) Himmelsrichtung (Abk.: O). Beachte: in Ost und West; Ostafrika; Ostasien; Ostberlin; der Ostberliner; Ostblock; Ostblockland; Ostblockstaat; Ostchina; Ostdeutschland; der Ferne/Nahe Osten; der Mittlere Osten; Osteuropa; Ostfriesland; Ostkirche; Ostküste; Ostnordost (Abk.: ONO); Ostpolitik; Ostpreußen; Ostrom; Ostsee; Ostseite; Ostsüdost (Abk.: OSO); Ostung; Ost-West-Verhandlungen; Ostwind. Adjektive: ostasiatisch; ostdeutsch; osteuropäisch; ostfriesisch; östlich der Mauer; östlicher Länge (Abk.: ö.L.); ostpreußisch; ostwärts; ostwestlich.
os'ten'si'bel (Adj.) auffällig.
os'ten'ta'tiv (Adj.) (lat.) betont, offensichtlich, herausfordernd.
Os'teo'ek'to'mie (die, -, -n) (griech.) Herausmeißeln eines Knochenstücks.
os'teo'gen (Adj.) (griech.) von den Knochen ausgehend.
Os'teo'ge'ne'se (die, -, -n) (griech.) Knochenbildung.
os'teo'id (Adj.) (griech.) knochenähnlich.
Os'teo'lo'gie (die, -, kein Plural) (griech.) Wissenschaft von den Knochen.
Os'teo'ly'se (die, -, -n) (griech.) Auflösung von Knochengewebe.
Os'teo'ma'la'zie (die, -, kein Plural) (griech.) Knochenerweichung.
Os'teo'my'e'li'tis (die, -, -li'ti'den) (griech.) Knochenmarksentzündung.
Os'teo'plas'tik (die, -, -en) (griech.) Knochenersatz.
Os'teo'po'ro'se (die, -, -n) (griech.) Knochenschwund.
Os'te'ria (die, -, -ri'en) (ital.) Gaststätte, Gastwirtschaft.
Os'tern (das, -, -) Beachte: nächste(s) Ostern, auch: nächstes Jahr Ostern; Frohe Ostern! Osterbrauch; Osterei; Osterfest; Osterfeuer; Osterglocke; Osterhase; Osterlamm; Ostermarsch; Ostermesse; Ostermonat; Ostermontag; Ostersonntag; Osterverkehr; Osterwoche; österlich.
Ös'ter'reich (ohne Art., -s, kein Plural) Österreicher; österreichisch; österreichisch-ungarisch; Österreich-Ungarn; Niederösterreich; Oberösterreich.
Os'ti'a'ri'us (der, -, -ri'er) (lat.) Türhüter; unterster Vertreter der katholischen Kirche mit niederen Weihen.
os'ti'nat (Adj.) (ital.) ständig wiederholt; immer wiederkehrend (in der Musik).
Os'ti'tis (die, -, Os'ti'ti'den) (griech.) Knochenentzündung.
Os't'ra'zis'mus (der, -, kein Plural) (griech.) Scherbengericht. Ostrakon.
Ös't'ro'gen (das, -s, -e) (griech.) weibliches Sexualhormon.

Oszillation 365 **Ozonosphäre**

Os|zil|la|ti|on (die, -, -ti|o|nen) (lat.) Schwingung. Oszillator; Oszillogramm; Oszillograph (*auch:* Oszillograf); oszillieren.
Ot|al|gie (die, -, -n) (griech.) Ohrenschmerz.
Oti|tis (die, -, Oti|ti|den) (griech.) Ohrentzündung.
Oto|lith (der, -en, -en) (griech.) Steinchen als Teil des Gleichgewichtsorgans im Ohr.
Oto|lo|gie (die, -, kein Plural) (griech.) Wissenschaft vom Ohr; Ohrenheilkunde.
O-Ton (Abk.) Originalton. O-Ton-Hörspiel; O-Ton-Aufnahme.
Oto|skle|ro|se (die, -, -n) (griech.) Verknöcherung des Mittelohres.
Oto|s|kop (das, -s, -e) (griech.) Gerät zur Untersuchung des Innenohres. Ohrenspiegel.
Oto|s|ko|pie (die, -, -n) Untersuchung mit dem Otoskop.
ot|ta|va (ital.) in der Oktave (zu spielen); ottava alta: eine Oktave höher; ottava bassa: eine Oktave tiefer.
Ot|ter 1. (der, -s, -) Marder. Fischotter. 2. (die, -, -n) Schlange. Otternbrut; Otterngezücht.
Ot|to|ma|ne (die, -, -n) (franz.) breites Ruhebett (veraltet).
Ot|to|mo|tor (der, -s, -en) Vergasermotor, benannt nach seinem Erfinder Nicolaus Otto.
out (Abk.) (engl.) außerhalb; unmodern. Out; im Out sein; Outlinie.
Out|cast (der, -s, -s) (engl.) jmd., der von seiner Gesellschaft nicht anerkannt wird; Paria.
Out|fit (das, -s, -s) (engl.) Kleidung.
Out|law (der, -/-s, -s) (engl.) Verbrecher.
Out|put (der, -s, -s) (engl.) Abgabe von Daten, elektrischen Impulsen oder Waren.
Out|si|der (der, -s, -) (engl.) Außenseiter.
Ou|ver|tü|re (die, -, -n) (franz.) Eröffnung; Vorspiel.
Ou|vrée (die, -, kein Plural) (franz.) zu Garn verarbeitete Rohseide.
Ou|zo (der, -, -s) (griech.) Anisschnaps.
oval (Adj.) (lat.) länglich rund. Oval.
ova|ri|al (Adj.) zum Ovarium gehörig; von ihm ausgehend; in ihm stattfindend.
Ova|ri|ek|to|mie (die, -, -n) (lat.-griech.) operative Entfernung eines Eierstocks (oder beider).
Ova|ti|on (die, -, -ti|o|nen) (lat.) jubelnder Beifall.
Over|all (der, -s, -s) (engl.) Arbeitsanzug.
over|dressed (Adj.) (engl.) zu fein angezogen.
Over|drive (der, -s, -s) (engl.) Spargang.
Over|flow (der, -s, kein Plural) (engl.) Überschreitung der Speicherkapazität (eines Rechners).

Over|head|pro|jek|tor (der, -s, -en) Tageslichtprojektor.
Over|kill (der, -s, kein Plural) (engl.) Überrüstung.
Over|ride (der, -/-s, -s) (engl.) Vorrichtung zur Vergrößerung der Vorschubgeschwindigkeit (beim Computer).
Ovi|dukt (der, -s/-es, -e) (lat.) Kanal zwischen Eierstock und Gebärmutter. Eileiter.
ovi|par (Adj.) (lat.) Eier legend.
Ovi|pa|rie (die, -, kein Plural) (lat.) Fortpflanzung durch Ablage von Eiern, die außerhalb des Mutterleibes oder während der Ablage befruchtet werden.
ovo|id (*auch:* ovo|i|disch) (Adj.) (lat.-griech.) eiförmig.
Ovu|la|ti|on (die, -, -ti|o|nen) (lat.) Follikelsprung. Ovulationshemmer.
Ovum (das, -s, Ova) (lat.) Eizelle.
Oxa|lat (das, -s, -e) (griech.-lat.) Salz der Oxalsäure.
Oxer (der, -s, -) (engl.) Hindernis; Zaun.
Oxid (*auch:* Oxyd) (das, -s, -e) (griech.) Sauerstoffverbindung. Oxidation; Oxidierung (*auch:* Oxydierung); oxidisch (*auch:* oxydisch); oxidieren (*auch:* oxydieren).
Oxi|di|me|t|rie (die, -, kein Plural) (griech.) Bestimmen der Menge einer Substanz mithilfe von Oxidationsvorgängen.
Oxy|gen (*auch:* Oxy|ge|ni|um) (das, -s, kein Plural) (griech.) Sauerstoff (Abk.: O).
Oxy|mo|ron (das, -s, -ra) (griech.) Redefigur aus zwei sich widersprechenden Begriffen; z. B. alter Knabe; weißer Rabe.
Oze|an (der, -s, -e) (griech.) Weltmeer. Ozeandampfer; Ozeanien; ozeanisch.
Oze|a|na|ri|um (das, -s, -ri|en) (griech.-lat.) großes Aquarium mit Meerwasser.
Oze|a|nis|tik (die, -, kein Plural) Wissenschaft von der Kultur der Völker Ozeaniens.
oze|a|nis|tisch (Adj.) zur Ozeanistik gehörig.
Oze|a|no|gra|fie (*auch:* Oze|a|no|gra|phie) (die, -, kein Plural) (griech.) Wissenschaft von den Ozeanen; Meereskunde.
Oze|a|no|lo|gie (die, -, kein Plural) (griech.) = Ozeanographie.
Ozel|le (die, -, -n) (lat.) primitives Lichtsinnesorgan (niederer Tiere).
Oze|lot (der, -s, -e) 1. katzenartiges Raubtier. 2. Pelz dieses Tieres.
Ozon (der/das, -s, kein Plural) (griech.) Gas. Ozongehalt; Ozonschicht; ozonhaltig; ozonreich; ozonisieren.
Ozo|no|s|phä|re (die, -, kein Plural) (griech.) Schicht der Erdatmosphäre mit starkem Ozongehalt.

p (Abk.) Penny; Pico; Pond; Proton, piano.
P (Abk.) Phosphor (chemisches Zeichen).
p. (auch: pag.) (Abk.) Pagina (Seite).
P. (Abk.) Pastor; Pater.
Pa (Abk.) Pascal (physikalische Einheit des Drucks).
P. a. (Abk.) pro anno.
p. A. (Abk.) per Adresse.
paar (Pron., indef.) einige. *Beachte:* ein paar Seiten, *aber:* ein Paar Handschuhe; ein paar dutzend/Dutzend Male, ein paarmal; ein paar Mal (bei besonderer Betonung); auf die paar Euro kommt es nicht an.
Paar (das, -s, -e) zwei zusammengehörende Menschen, Dinge. *Beachte:* ein Paar alte/alter Bücher. Paarbildung; Paarhufer; Paarigkeit; Paarlauf; Paarung; Paarzeher; paarig; paarungsbereit; paarweise; paarlaufen; sich paaren.
Pace (die, -, kein Plural) (engl.) Passgang; Renntempo (Reitsport). Pacer.
Pace|ma|ker (der, -s, -) (engl.) 1. Tempo bestimmendes, führendes Pferd bei einem Rennen. 2. Schrittmacherzelle der Muskulatur. 3. Schrittmacher, z. B. für das Herz.
pach|ten (V.) mieten. Pacht; Pächter/in; Pachtgeld; Pachtgut; Pachthof; Pachtsumme; Pachtung; Pachtvertrag; Pachtzins. Adverb: pachtweise.
Pa|chul|ke (der, -n, -n) (poln.) ungehobelter, grober Mensch.
Pa|chy|ak|rie (die, -, n) (griech.-lat.) Finger- und Zehenverdickung (Med.).
Pa|ci|fi|ca|le (das, -s, kein Plural) (lat.) lateinische Bezeichnung für das mit Darstellungen Christi, Mariens oder anderer Heiliger verzierte Täfelchen, das früher zur Weitergabe des liturgischen Friedenskusses dienen sollte.
Pack 1. (der, -s, /Pa|cke/Pä|cke) Bündel. 2. (das, -s, kein Plural) Gesindel.
Pa|ckage|tour (die, -, -s) (engl.) Autorundreise.
Pack|eis (das, -es, kein Plural) Schlolleneis.
pa|cken (V.) (österr.) heimlich verabreden. Packelei.
pa|cken (V.) fassen; einpacken; beeindrucken. Päckchen; Packen; Packer/in; Packerei; Packesel; Packkiste; Packpapier; Packraum; Packset; Packtisch; Packsattel; Packung; Packwagen; Packwerk; Packzettel.

Pack|fong (das, -s, kein Plural) (chines.) eine Kupfer-Zink-Nickel-Legierung, die im 18. Jahrhundert aus China eingeführt wurde.
Pä|d|a|go|ge (der, -n, -n) (griech.) Erzieher; Lehrer. Pädagogik; Pädagogikstudium; Pädagogikum; Pädagogin; pädagogisch.
pä|d|a|go|gi|sie|ren (V.) (griech.-lat.) etwas unter pädagogischen Gesichtspunkten betrachten; für pädagogische Zwecke auswerten.
Pä|d|a|tro|phie (die, -, kein Plural) (griech.-lat.) ernste Ernährungsstörung bei Kleinkindern (Med.).
Pa|dauk (das, -s, kein Plural) (engl.) hartes Edelholz eines in Afrika und Asien beheimateten Baumes.
Pad|del (das, -s, -) (engl.) freihändig zu führendes Ruder mit Blatt an einem oder an beiden Enden.
pad|deln (V., hat/ist gepaddelt) rudern; schwimmen. Paddel; Paddelboot; Paddler.
Pad|dock (der, -s, -s) (engl.) Gehege; umzäunter Laufgang für Pferde.
Pad|dy (der, -s, -s) (engl.) ungeschälter Reis.
Pä|d|e|rast (der, -en, -en) (griech.) Homosexueller mit Vorliebe für Jugendliche oder Kinder. Päderastie.
Pä|d|i|a|t|rie (die, -, kein Plural) (griech.) Kinderheilkunde. Pädiater; pädiatrisch.
Pa|di|schah (der, -s, -s) (pers.) Herrschertitel (früher).
Pä|do|au|di|o|lo|ge (der, -n, -n) (griech.-lat.) Spezialist auf dem Gebiet der Pädoaudiologie.
Pä|do|au|di|o|lo|gie (die, -, kein Plural) (griech.-lat.) 1. Wissenschaft vom Hören und den Hörstörungen im Kindesalter. 2. Hörerziehung des Kindes.
pä|do|au|di|o|lo|gisch (Adj.) (griech.-lat.) die Pädoaudiologie betreffend; auf der Pädoaudiologie basierend.
Pä|do|ge|ne|se (die, -, kein Plural) (griech.) ungeschlechtliche Fortpflanzung im Larvenstadium.
pä|do|ge|ne|tisch (Adj.) (griech.-lat.) sich im Larvenstadium fortpflanzend.
Pä|do|lo|ge (der, -n, -n) (griech.-lat.) im Bereich der Pädologie Forschender.
Pä|do|lo|gie (die, -, kein Plural) (griech.) Kinder- und Jugendpsychologie.
pä|do|lo|gisch (Adj.) (griech.-lat.) die Pädologie betreffend; auf der Pädologie basierend.
Pä|do|phi|lie (die, -, kein Plural) (griech.) auf Kinder gerichteter Sexualtrieb.
Pa|douk (das, -s, kein Plural) hell- bis dunkelbraunes Edelholz.
Pa|d|re (der, -s, -dri) (ital.) Vater; Geistlicher.

Pa|d'ro|ne (der, -s, -ni) (ital.) Wirt; Chef.
Pa|du|a|na (die, -, -nen) (ital.) 1. weitverbreiteter Tanz des 16. Jahrhunderts. 2. = Pavane.
Pa|el|la (die, -, -s) (span.) Reisgericht.
Pa|fe|se (die, -, -n) (österr.) (ital.) in Milch eingeweichte, in Fett gebackene Weißbrotscheibe.
paf|fen (V.) (ugs.) rauchen.
pag. (*auch:* p.) (Abk.) Pagina (Seite).
Pa|gaie (die, -, -n) (malai.) Paddel mit Blatt an nur einem Ende.
Pa|ga|nis|mus (der, -, kein Plural) (lat.) Heidentum.
Pa|gat (der, -s, -e) (ital.) Tarockkarte.
pa|ga|to|risch (Adj.) (lat.-ital.) Zahlungen betreffend; auf verrechnungsmäßigen Buchungen basierend.
Pa|ge (der, -n, -n) (franz.) Hoteldiener. Pagenfrisur; Pagenkopf.
Pa|ge|rie (die, -, -) (franz.) Ausbildungsanstalt für Pagen.
pa|gi|nie|ren (V.) (lat.) mit Seitenzahlen versehen. Paginiermaschine; Pagina.
Pa|go|de (die, -, -n) buddhistischer Tempel; Götterfigur. Pagodendach.
pah! (Interj.) Ausruf (Verachtung, Abwertung).
Pai|di|bett (das, -es, -en) (griech.; dt.) Kinderbett mit verstellbarem Boden.
pail|le (Adj.) (lat.-franz.) strohfarben; strohgelb.
Pail|let|te (die, -, -n) (franz.) Metallblättchen.
Pain (der/das, -s, -s) (lat.-franz.) Fleischkuchen.
pair (Adj.) (franz.) gerade (Roulett).
Pair (der, -s, -s) (franz.) Angehöriger des Hochadels (früher in Frankreich).
Pai|rie (die, -, kein Plural) Würde eines Pairs.
Pak (die, -, -s) (Kurzw.) Panzerabwehrkanone.
Pa|ka (das, -s, -s) (indian.-span.) südamerikanisches Nagetier.
Pa|ket (das, -s, -e) Schachtel; Bündel. Paketadresse; Paketiermaschine; Paketkarte; Paketpost; Paketschalter; Paketzustellung.
Pa|kis|tan (ohne Art., -s, kein Plural) Pakistani; pakistanisch.
Pa|ko|til|le (die, -, -n) (niederl.-span.-franz.) den Seeleuten gehörendes frachtfreies Gepäck auf einem Schiff.
Pakt (der, -s, -e) (lat.) Vertrag; Bündnis. Verb: paktieren.
Pa|lä|an|th|ro|po|lo|ge (der, -n, -n) (griech.-lat.) Wissenschaftler, der sich mit der Abstammung und Entwicklung des Menschen beschäftigt.
Pa|lä|an|th|ro|po|lo|gie (die, -, kein Plural) (griech.) Wissenschaft von der Abstammung und Entwicklung des Menschen.

pa|lä|an|th|ro|po|lo|gisch (Adj.) (griech.-lat.) die Paläanthropologie betreffend; auf der Paläanthropologie basierend.
Pa|lä|ark|tis (die, -, kein Plural) (griech.) Bereich, der Europa und Teile von Asien und Afrika umfasst (in der Tier- und Pflanzengeografie).
pa|lä|ark|tisch (Adj.) zur Paläarktis gehörig.
Pa|la|din (der, -s, -e) (lat.) 1. jeder der zwölf Begleiter Karls des Großen. 2. treuer Gefolgsmann.
Pa|lais (das, -, -) (franz.) Palast; Schloss.
pa|lä|ne|g|rid (Adj.) (griech.-lat.-span.) die Merkmale eines bestimmten afrikanischen Rassentyps habend.
Pa|lan|kin (der, -s, -e/-s) (sanskr.) Sänfte.
pa|läo.../Pa|läo... (griech.) alt.../ur.../ Alt.../Ur... Paläobiologie; Paläobotanik; Paläographie (auch: Paläografie); Paläozoologie.
pa|läo|ark|tisch (Adj.) (griech.) = paläarktisch.
Pa|läo|bio|lo|gie (die, -, kein Plural) (griech.-lat.) Forschungsbereich, der sich mit fossilen Organismen und ihren Relationen zur Umwelt beschäftigt.
Pa|läo|lith (der, -en, -en) (griech.) Steinwerkzeug.
Pa|läo|li|thi|kum (das, -s, kein Plural) (griech.) Altsteinzeit. Adjektiv: paläolithisch.
Pa|lä|on|to|lo|gie (die, -, kein Plural) (griech.) Wissenschaft von ausgestorbenen Lebewesen und Pflanzen. Paläontologe; paläontologisch.
Pa|läo|zän (das, -s, kein Plural) (griech.) Erdzeitalter.
Pa|läo|zo|i|kum (das, -s, kein Plural) (griech.) Erdaltertum. Adjektiv: paläozoisch.
Pa|las (der, -, -se) (lat.-franz.) Haupthaus einer Ritterburg.
Pa|last (der, -s, -läs|te) Schloss. Palastdame; Palastrevolution; Palastwache; palastartig.
Pa|läs|ti|nen|ser (der, -s, -) Einwohner Palästinas. Adjektiv: palästinensisch.
pa|la|tal (Adj.) (lat.) den Gaumen betreffend. Palatal; Palatallaut.
Pa|la|tin (der, -s, -e) (lat.) 1. Pfalzgraf (früher). 2. Stellvertreter des Königs (in Ungarn bis 1848).
Pa|la|ti|ne (die, -, -n) (lat.-franz.) 1. Umrandung für den Halsausschnitt aus Pelz, Stoff oder Spitze. 2. Hals- oder Brusttuch.
Pa|lat|schin|ke (die, -, -n, meist Plural) (ungar.) gefüllter Eierkuchen.
Pa|la|ver (das, -s, -) (lat.-port.-engl.) 1. Ratsversammlung afrikanischer Stämme. 2. ugs. abwertend für endloses Gerede und Verhandeln, oft ohne rechte Ergebnisse.

pa|la|vern (V.) diskutieren; verhandeln. Palaver.
Pa|laz|zo (der, -s, -zi) (ital.) Palast.
Pa|le (die, -, -n) (nordd.) Schote. Verb: palen.
Pale Ale (das, - -, kein Plural) (engl.) helles Bier.
Pa|le|tot (der, -s, -s) (franz.) 1. zweireihiger, leicht taillierter Herrenmantel (früher). 2. dreiviertellanger (Damen- oder Herren-) Mantel.
Pa|let|te (die, -, -n) (franz.) reiche Auswahl; Transportuntersatz; Mischbrett. Verb: palettieren.
pa|let|ti (Adj.) (in der Wendung:) alles paletti (alles in Ordnung).
Pa|li|la|lie (die, -, -n) (griech.-lat.) krankhafte Wiederholung von Wörtern oder Sätzen (Med.).
Pa|lim|ne|se (die, -, -n) (griech.-lat.) Wiedererinnerung an etwas bereits Vergessenes (Med.).
Pa|lim|p|sest (das, -s, -e) (griech.) beschriebenes Pergament, das schon einmal beschrieben und wieder gereinigt worden war (in der Antike und im MA).
Pa|lin|drom (das, -s, -e) (griech.) Wort oder Satz, das bzw. der vorwärts und rückwärts gelesen werden kann und den gleichen oder einen anderen Sinn ergibt; z. B. Reittier; leg in eine so helle Hose nie 'n Igel.
Pa|lin|ge|ne|se (die, -, -n) 1. Wiedergeburt (Religion). 2. Auftreten von Merkmalen stammesgeschichtlicher Vorfahren während der Keimesentwicklung (Biologie).
Pa|li|sa|de (die, -, -n) (franz.) Pfahl; Zaun. Palisadenpfahl; Palisadenwand.
Pa|li|san|der (der, -s, -) (franz.) wertvolle, brasilianische Holzart. Palisanderholz; palisandern (aus Palisanderholz).
Pal|la|di|um (das, -s, -di|en) (griech.) Schutzbild; (ohne Plural:) chemischer Grundstoff (Abk.: Pd).
Pal|lasch (der, -s, -e) (ungar.) Säbel.
Pal|la|watsch (auch: Bal|la|watsch) (der, -, kein Plural) (ugs.) Unsinn.
pal|li|a|tiv (Adj.) (lat.) die Beschwerden einer Krankheit lindernd; schmerzlindernd.
Pal|li|a|tiv (das, -s, -e) (lat.) Mittel, das die Beschwerden, aber nicht die Ursache einer Krankheit beseitigt; schmerzlinderndes Mittel.
Pal|li|no (der, -/-s, -s) (ital.) kleine Setzkugel (beim Boccia).
Pal|li|um (das, -s, -li|en) (lat.) 1. mantelartiger Umhang (im alten Rom). 2. Kaisermantel (im MA). 3. lange, mit Kreuzen verzierte, über Brust, Schultern und Rücken reichende Binde (des päpstlichen und bischöflichen Ornats). 4. Großhirnrinde.

Palm (der, -s, -e) (lat.) Weidenzweig. Palmart; Palmblatt; Palmkätzchen; Palmsonntag; Palmweide; Palmwein; Palmzweig.
Pal|me (die, -, -n) Baum. Palmenart; Palmenblatt; Palmenhain; Palmenwedel; Palmenzweig; palmenartig.
Pal|met|te (die, -, -n) einem Palmenblatt ähnliche, fächerförmige Verzierung.
Pal|mi|tat (das, -es, -e) (franz.) Salz der Palmitinsäure.
Pal|mi|tin (das, -s, kein Plural) (franz.) Fett. Palmitinsäure.
Palm|top (der, -s, -s) (engl.) ungefähr handtellergroßer Computer.
Pa|lo|lo|wurm (der, -es/-s, -wür|mer) (polynes.-dt.) in der Südsee heimischer Borstenwurm.
pal|pa|to|risch (Adj.) (lat.) befühlend; abtastend.
Pal|pe (die, -, -n) (lat.) fühlerartiger, mit Sinnesorganen ausgestatteter Anhang (der Mundwerkzeuge von Insekten).
pal|pie|ren (V.) (lat.) mit den Fingerspitzen betastend; beklopfend untersuchen.
Pal|pi|ta|ti|on (die, -, -ti|o|nen) (lat.) beschleunigter Puls; Herzklopfen.
pal|pi|tie|ren (V.) schlagen; klopfen (Med.).
Pa|lu|da|ri|um (das, -s, -rien) (lat.) Anlage zur Haltung von Moor- und Sumpfpflanzen und -tieren.
Pa|ly|no|lo|gie (die, -, kein Plural) (griech.-lat.) Wissenschaftszweig der Botanik, der die Blütenpollen erforscht.
Pa|mir|schaf (das, -es, -e) Wildschaf im Hochland des Pamir.
Pamp (auch: Pampf) (der, -s, kein Plural) (ugs.) dicker Brei. Pampe; pampig.
Pam|pa (die, -, -s) Grassteppe. Pampa(s)gras; Pampa(s)hase.
Pam|pel|mu|se (die, -, -n) (niederl.) Zitrusfrucht.
Pam|pe|ro (der, -s, -s) (indian.-span.) kalter und stürmischer Wind in der Pampa Argentiniens.
Pam|ph|let (das, -s, -e) (franz.) Streitschrift. Pamphletist.
Pa|na|ché (auch: Pa|na|schee) (das, -s, -s) (franz.) Kompott; mehrfarbiges Eis.
Pa|na|de (die, -, -n) (franz.) Weißbrotfüllung. Panat.
pan|af|ri|ka|nisch (Adj.) (griech.-lat.) alle afrikanischen Staaten, den Panafrikanismus betreffend; auf ihm basierend.
Pan|af|ri|ka|nis|mus (der, -, kein Plural) (griech.-lat.) der Versuch, die ökonomische und politische Kooperation aller afrikanischen Staaten zu fördern.

Pan'agia (die, -, -gi^len) (griech.) 1. der Beiname Marias. 2. liturgisches Marienmedaillon des Bischofs. 3. Marienbild in der dreitürigen Bilderwand im Altarraum. 4. Brotsegnung zu Ehren Marias.
Pa'na'ma (ohne Art., -s, kein Plural) Panamaer; Panamahut (*auch:* Panama-Hut); panamaisch; Panamakanal (*auch:* Panama-Kanal).
Pan'a'me'ri'ka (ohne Artikel, -s, kein Plural) Gesamtamerika. Panamerikanismus; panamerikanisch.
Pa'na'ri'ti'um (das, -s, -ti^len) (lat.) Fingerentzündung.
Pa'nasch (der, -s, -e) (franz.) Federbusch.
Pa'na'schee (das, -s, -s) = Pa^lna^lché.
pa'na'schie'ren (V.) bei der Wahl seine Stimme für unterschiedliche Kandidaten abgeben.
Pa'na'schier'sys'tem (das, -s, -e) Wahlsystem. Panaschierung; panaschieren.
Pa'nax (der, -, -) (griech.-lat.) Araliengewächs, auch als Ginseng geläufig.
Pan'da (der, -s, -s) Bär.
Pan'da'ne (die, -, -n) Zierpflanze.
Pan'de'mie (die, -, -n) (griech.) weltweite Seuche. Adjektiv: pandemisch.
Pan'der'mit (der, -s, -e) (lat.) seltenes Mineral.
Pan'de'ro (der, -s, -s) (span.) Schellentrommel der Basken.
Pan'dit (der, -s, -s) (sanskr.) Gelehrter (indischer Titel).
Pan'do'ra (die, -, kein Plural) (griech.-lat.) Frau in der griechischen Mythologie, die Hüterin des Unheils.
Pand'sch'a'bi 1. (der, -/-s, -/-s) Einwohner des Pandschabs. 2. (das, -/-s, kein Plural) dessen Sprache.
Pan'dur (der, -en, -en) bewaffneter ungarischer Diener; ungarischer Infanterist (17./18. Jh.).
Pa'neel (das, -s, -e) (niederl.) Wandtäfelung. Verb: paneelieren.
Pa'ne'gy'ri'ker (der, -s, -) (griech.-lat.) Verfasser von Panegyriken.
Pa'ne'gy'ri'kon (das, -s, -ka/-ken) (griech.) liturgisches Buch der orthodoxen Kirche mit Lobreden auf die Heiligen.
pa'ne'gy'risch (Adj.) (griech.) lobrednerisch; den Panegyrikon betreffend.
Pa'nel (das, -s, -s) (engl.) repräsentative Personengruppe (Meinungsforschung). Paneltechnik.
Pan'en'the'is'mus (der, -, kein Plural) (griech.-lat.) philosophische Lehre, dass das Weltall, die Natur in Gott eingeschlossen seien.
pan'en'the'is'tisch (Adj.) (griech.-lat.) den Panentheismus betreffend; auf ihm basierend.
Pa'net'to'ne (der, -s, -ni) (ital.) italienischer Hefekuchen mit kandierten Früchten.

Pan'eu'ro'pa (ohne Artikel, -s, kein Plural) vereinigtes Europa.
Pan'flö'te (die, -, -n) Hirtenflöte.
pan'hel'le'nisch (Adj.) (griech.-lat.) alle Griechen betreffend; zu ihnen gehörend.
Pan'hel'le'nis'mus (der, -, kein Plural) (griech.-lat.) der Versuch, alle griechischen Länder in einem großen Reich zu vereinigen.
Pa'ni (die, -, -s) (poln.) Bezeichnung für Herrin, Frau.
pa'nie'ren (V.) in einer Mischung aus Ei, Mehl und Semmelbröseln wenden. Panier; Paniermehl; Panierung.
Pa'nik (die, -, -en) (franz.) Schrecken; Massenhysterie. Panikmache; Panikstimmung; panikartig; panisch.
Pan'kar'di'tis (die, -, -ti^lden) (griech.) Entzündung aller Schichten der Herzwand.
Pan'k'ra'ti'on (das, -s, kein Plural) (griech.) Verbindung von Ring- und Faustkampf (im alten Griechenland).
Pan'k're'as (das, -, kein Plural) (griech.) Bauchspeicheldrüse.
Pan'lo'gis'mus (der, -, kein Plural) (griech.) philosophische Lehre.
Pan'ne (die, -, -n) Schaden; Missgeschick. Pannenhilfe; Pannenkoffer; Pannenkurs.
Pan'ni'ku'li'tis (die, -, -ti^lden) (lat.) Entzündung des Unterhautfettgewebes (Med.).
Pan'ny'chis (die, -, kein Plural) (griech.) nächtliche Vorfeier hoher Feste der Ostkirche.
Pa'n'op'ti'kum (das, -s, -ti^lken) (griech.) Wachsfigurenkabinett; Kuriositätensammlung.
Pa'n'o'ra'ma (das, -s, -men) (griech.) Ausblick; Rundbild. Panoramaaufnahme; Panoramabus; Panoramafenster; Panoramafernrohr; Panoramascheibe; Panoramaspiegel.
Pan'pho'bie (die, -, -n) (griech.-lat.) krankhafte Furcht vor allen Ereignissen in der Außenwelt (Med.).
Pan'ple'gie (die, -, -n) (griech.-lat.) vollständige Lähmung der Muskulatur (Med.).
Pan'psy'chis'mus (der, -, kein Plural) (griech.-lat.) die philosophische Anschauung, wonach alle Natur, auch die nichtbelebte, beseelt ist.
pan'schen (*auch:* pant'schen) (V.) (ugs.) mixen; planschen. Panscher (*auch:* Pantscher); Panscherei (*auch:* Pantscherei).
Pan'sen (der, -s, -) Magenteil (Wiederkäuer).
Pan'si'nu'si'tis (die, -, -ti^lden) (griech.-lat.) Entzündung der Nasennebenhöhlen (Med.).
Pan'sla'wis'mus (der, -, kein Plural) (griech.-lat.) der Versuch, alle slawischen Länder in einem großen slawischen Reich zu vereinigen.

Panslawist

Pan|sla|wist (der, -en, -en) (griech.-lat.) Anhänger des Panslawismus.
pan|sla|wis|tisch (Adj.) (griech.-lat.) den Panslawismus betreffend; auf ihm basierend.
Pan|so|phie (die, -, kein Plural) (griech.) Gesamtwissenschaft.
Pan|ta|le|on (das, -s, -s) Hackbrett mit Darm- und Drahtsaiten sowie einem doppelten Resonanzboden.
Pan|ta|lons (die, nur Plural) (franz.) lange Männerhosen (die während der Franz. Revolution in Mode kamen).
pan|ta rhei (griech.) alles fließt (Heraklit), das Sein ist ein ewiges Werden.
Pan|ter (*auch:* Pan|ther) (der, -s, -) (griech.) Leopard. Panterfell (*auch:* Pantherfell); Panterkatze (*auch:* Pantherkatze).
Pan|the|is|mus (der, -, kein Plural) (griech.) Lehre von der Einigkeit Gottes mit der Natur. Pantheist; pantheistisch.
Pan|the|on (das, -s, -s) (griech.) Tempel.
Pan|ti|ne (die, -, -n) (niederl.) Holzschuh.
Pan|tof|fel (der, -s, -) Hausschuh. Pantoffelblume; Pantöffelchen; Pantoffelkino; Pantoffeltierchen.
Pan|to|graf (*auch:* Pan|to|graph) (der, -en, -en) (griech.) 1. Gerät zum vergrößernden oder verkleinernden Übertragen von Zeichnungen; 2. Storchschnabel.
Pan|to|gra|fie (*auch:* Pan|to|gra|phie) (die, -, -n) (griech.-lat.) mit einem Pantografen gefertigtes Bild.
Pan|to|kra|tor (der, -s, -en) (griech.) 1. (nur Singular) Allesbeherrscher (Bez. für Gott oder den auferstandenen Christus). 2. Darstellung des thronenden Christus (in der Kunst).
Pan|to|let|te (die, -, -n) (franz.) leichte Sommersandale.
Pan|to|me|ter (das, -s, -) (griech.) ein Winkelmessgerät.
Pan|to|mi|me 1. (die, -, -n) (griech.) Gebärdenspiel. Pantomimik; pantomimisch. 2. (der, -n, -n) Darsteller einer Pantomime.
pan|to|phag (Adj.) (griech.) pflanzliche und tierische Nahrung verdauend (Zoologie).
Pan|to|pha|ge (der, -n, -n) (griech.) Tier, das sich von Pflanzen und Tieren ernährt; Allesfresser.
Pan|to|pha|gie (die, -, kein Plural) (griech.-lat.) Allesfresserei (Zoologie).
Pan|t|ry (die, -, -s) (engl.) Speisekammer (Schiff).
Pan|ty (die, -, -s) (engl.) Miederhöschen.
Pä|n|ul|ti|ma (die, -, -mä/-men) (lat.) vorletzte Silbe eines Wortes (in der lat. Grammatik).
Pan|zen (der, -s, -) (ugs.) Dickbauch.

Papilionazeen

Pan|zer (der, -s, -) Kampffahrzeug; Ritterrüstung; Schutzhülle. Panzerabwehr; Panzerabwehrkanone; Panzerdivision; Panzerechse; Panzerfaust; Panzerglas; Panzergrenadier; Panzerhemd; Panzerkampfwagen; Panzerkreuzer; Panzerplatte; Panzerschiff; Panzerschrank; Panzerspähwagen; Panzersperre; Panzerung; Panzerwagen; gepanzert; panzern.
Pä|o|nie (die, -, -n) (griech.) Pfingstrose.
Pa|pa (der, -s, -s) Vater; Papst (Abk.: P.). Papachen; Papi.
Pa|pa|bi|li (die, nur Plural) (lat.-ital.) Bezeichnung für die Kardinäle, die potentielle Papstkandidaten sind.
Pa|pa|gal|lo (der, -s, -li) (ital.) Italiener auf Touristinnenfang.
Pa|pa|gay|os (die, nur Plural) (span.) kalte Fallwinde in den Anden.
Pa|pa|gei (der, -en/-s, -en) (franz.) Vogel. Papageiengrün; Papageienkrankheit; Papageifisch; papageienhaft.
pa|pal (Adj.) (lat.) päpstlich. Papat.
Pa|pa|list (der, -en, -lis|ten) (griech.-lat.) Anhänger des Papalismus.
pa|pa|lis|tisch (Adj.) (griech.-lat.) im Sinne des Papalismus; den Papalismus betreffend.
Pa|pa|raz|zo (der, -s, -zi) (ital.) aufdringlicher Fotoreporter; Skandaljournalist.
Pa|pa|in (das, -s, kein Plural) (span.-lat.) pflanzliches Enzym, das Eiweiß spaltet.
Pa|pa|ve|ra|zee (die, -, -n) (lat.) Mohngewächs.
Pa|pa|ve|rin (das, -s, kein Plural) (lat.) ein Alkaloid des Opiums; Schlafmittel; krampflösendes Mittel.
Pa|pa|ya (die, -, -s) (span.) Frucht.
Pa|per (das, -s, -s) (engl.) Schriftstück.
Pa|per|back (das, -s, -s) (engl.) kartoniertes Taschenbuch.
Pa|pe|te|rie (die, -, -n) (franz.) Papierwarengeschäft.
Pa|pe|te|rist (der, -en, -en) (griech.-lat.-franz.) schweizerische Bezeichnung für einen Schreibwarenhändler.
Pa|pier (das, -s, -e) Pack-, Schreibmaterial; Schriftstück; (Plural:) Ausweis. Papierbahn; Papierbogen; Papierdeutsch; Papierfabrik; Papierfetzen; Papiergeld; Papierindustrie; Papierkorb; Papierkram; Papierkrieg; Papierlaterne; Papiermaschee (*auch:* Papiermaché); Papiermühle; Papierschere; Papierschlange; Papierschnipsel; Papierserviette; Papiertaschentuch; Papiertiger; Papierverarbeitung; Papierwährung. Adjektive: papieren; Papier verarbeitend (*auch:* papierverarbeitend).
Pa|pi|lio|na|ze|en (die, nur Plural) (lat.) Familie der Schmetterlingsblütler (Botanik).

Papille 371 Paraguay

Pa|pil|le (die, -, -n) (lat.) Warze. Papillargeschwulst; Papillom; papillar.
Pa|pil|lar|li|ni|en (die, nur Plural) Hautlinien.
Pa|pis|mus (der, -, kein Plural) (griech.) Papsttum.
papp (nur in der Wendung:) nicht mehr papp sagen können (ugs.: sehr satt sein).
Papp (der, -s, kein Plural) (ugs.) Brei; Klebstoff. Pappschnee; pappig; pappen.
Pap|pe (die, -, -n) Karton. Pappband; Pappbecher; Papp(en)deckel; Pappkamerad; Pappkarton; Pappmaschee (*auch:* Pappmaché); Pappnase; Pappplakat/Papp-Plakat; Pappschachtel; Pappteller.
Pap|pel (die, -, -n) (lat.) Laubbaum. Pappelallee; Pappelholz; Pappelspinner; pappeln (aus Pappelholz).
Pap|pen|blu|me (die, -, -n) (nordd.) Löwenzahn.
Pap|pen|hei|mer (der, -s, -) (in der Wendung:) Ich kenne meine Pappenheimer (ugs.: Ich weiß Bescheid).
Pap|pen|stiel (der, -s, -e) (ugs.) Kleinigkeit; Wertloses.
pap|per|la|papp! (Interj.) Unsinn.
Pa|pri|ka (der, -s, -/-s) (ungar.) Gemüse; Gewürz. Paprikaschnitzel; Paprikaschote; paprikascharf; paprizieren.
Papst (der, -es, Päps|te) (griech.) Oberhaupt der katholischen Kirche. Papstfamilie; Papstkatalog; Papstname; Papsttum; Papsturkunde; Papstwahl; päpstlich.
Pa|pua (der, -s, -s) Einwohner von Papua-Neuguinea; papua-neuguineisch; papuanisch; Papuasprache.
Pa|py|rin (das, -s, kein Plural) (griech.) Pergamentpapier.
Pa|py|ro|lo|ge (der, -n, -n) (griech.-lat.) Wissenschaftler auf dem Gebiet der Papyrologie.
Pa|py|rus (der, -, -ri) (lat.) 1. Pflanze; 2. Papier. Papyrusrolle; Papyrusstaude; Papyrologie.
Par (das, -, -s) (engl.) festgelegte Zahl von Schlägen (Golf).
Pa|ra (der, -, -) (pers.) Währungseinheit (Jugoslawien; Abk.: p).
Pa|ra|bel (die, -, -n) (griech.) Gleichnis; mathematische Kurve. Paraboloid; parabolisch; parabolisieren.
Pa|ra|bell|um|pis|to|le (die, -, -n) Selbstladepistole.
Pa|ra|bi|ont (der, -en, -en) Lebewesen, das in Parabiose lebt.
Pa|ra|bi|o|se (die, -, -n) (griech.) Zusammenleben zweier gleichartiger, miteinander verwachsener Lebewesen (z. B. von siamesischen Zwillingen).

Pa|ra|bol|an|ten|ne (die, -, -n) Antenne, die Ultrakurzwellen bündeln kann.
Pa|ra|bol|spie|gel (der, -s, -) Hohlspiegel.
Pa|ra|de (die, -, -n) (franz.) Aufmarsch; Abwehr (Sport). Paradebeispiel; Paradekissen; Parademarsch; Paradepferd; Paradeschritt; Paradestück; Paradeuniform; Glanzparade; paradieren.
Pa|ra|dei|ser (der, -s, -) (südd.) Tomate. Paradeissalat; Paradeissuppe.
Pa|ra|dies (das, -es, -e) (pers.) Ort der Glückseligkeit; schöner Ort; Himmel. Paradiesapfel; Paradiesfisch; Paradiesgarten; Paradiesvogel; paradiesisch.
Pa|ra|dig|ma (das, -s, -men/-ma|ta) (griech.) Beispiel; Beispielsreihe. Adjektiv: paradigmatisch.
Pa|ra|dig|men|wech|sel (der, -s, -) (griech.-lat.-dt.) Wechsel der Grundlagen eines Gedankengebäudes .
pa|ra|dox (Adj.) (griech.) widersprüchlich. Paradox; Paradoxon; paradoxerweise.
Pa|ra|do|xie (die, -, -n) (griech.) das Widersinnige, der Widerspruch in sich, dem zu Erwartenden zuwiderlaufend.
Pa|r|af|fin (das, -s, -e) (lat.) Wachs. Paraffinkerze; Paraffinöl; paraffinisch; paraffinieren.
Pa|ra|ge|ne|se (die, -, kein Plural) (griech.-lat.) geologische Bezeichnung für das gesetzmäßige Vorkommen bestimmter Mineralien bei der Bildung von Gesteinen.
pa|ra|ge|ne|tisch (Adj.) (griech.-lat.) die Paragenese betreffend.
Pa|ra|geu|sie (die, -, -n) (griech.-lat.) abnorme Geschmacksempfindung (Med.).
Pa|ra|gli|ding (das, -s, kein Plural) (engl.) das Fliegen mit fallschirmähnlichen Gleitsegeln.
Pa|ra|graf (*auch:* Pa|ra|graph) (der, -en, -en) (griech.) Absatz (Zeichen: §; Plural: §§). Das beweist Paragraf (*auch:* Paragraph) 4 und 5. *Aber:* Das geht aus den Paragrafen (*auch:* Paragraphen) 4 und 5 hervor. § 4; §§ 4-5. Paragrafenreiter (*auch:* Paragraphenreiter); Paragrafenzeichen (*auch:* Paragraphenzeichen); Paragrafierung (*auch:* Paragraphierung); paragrafweise (*auch:* paragraphenweise); paragrafieren (*auch:* paragraphieren).
Pa|ra|gra|fie (*auch:* Pa|ra|gra|phie) (die, -, kein Plural) (griech.) Schreibschwäche.
Pa|ra|gramm (das, -s, -e) (griech.) Buchstabenaustausch (Komik).
Pa|ra|gram|ma|tis|mus (der, -, -men) (griech.-lat.) Sprechstörung, durch die der Satzbau auseinanderbricht.
Pa|ra|gu|ay (ohne Art., -s, kein Plural) Paraguayer; paraguayisch.

Pa|ra|gum|mi (der, -s, -s) Naturkautschuk.
Pa|ral|la|lie (die, -, -n) (griech.-lat.) Sprachstörung durch Lautverwechslungen und Lautveränderungen (Med.).
Pa|ra|le|xie (die, -, -n) (griech.-lat.) Lesestörung durch Verwechslung der gelesenen Wörter (Med.).
Pa|ra|lip|se (die, -, -n) (griech.) die rhetorische Figur, etwas besonders zu betonen, indem man vorgibt, es übergehen zu wollen.
pa|ral|lel (Adj.) (griech.) gleichlaufend; in gleicher Richtung entsprechend. Parallelbetrieb (EDV); Parallele; Parallelerscheinung; Parallelfall; Parallelisierung; Parallelismus; Parallelkreis; Parallellinie; Parallelogramm; Parallelperspektive; Parallelprojektion; Parallelschaltung; Parallelschere; Parallelslalom; Parallelstelle; Parallelstraße; Paralleltonart.
Pa|ra|lo|gie (die, -, -n) (griech.) Vernunftwidrigkeit.
Pa|ra|lo|gis|mus (der, -, -men) (griech.) Fehlschluss.
Pa|ra|lo|gis|tik (die, -, kein Plural) (griech.-lat.) die Verwendung von Trugschlüssen in der Logik.
Pa|ra|lym|pics (die, -, nur Plural) Weltspiele der Behinderten.
Pa|raly|se (die, -, -n) (griech.) Lähmung. Paralytiker; paralytisch; paralysieren.
Pa|ra|ment (das, -s/-es, -e) (lat.) Gegenstand aus Stoff (Tuch, Decke, Vorhang) für gottesdienstliche Zwecke.
Pa|ra|men|tik (die, -, kein Plural) (lat.) 1. wissenschaftliche Paramentenkunde. 2. Kunst der Paramentenfertigung.
Pa|ra|me|ter (der, -s, -) (griech.) Konstante; Größe (Technik).
Pa|ra|mi|mie (die, -, kein Plural) (griech.-lat.) Bezeichnung für das Missverhältnis zwischen einem seelischen Zustand und seiner mimischen oder gestischen Umsetzung (Psychologie).
Pa|ram|ne|sie (die, -, -n) (griech.-lat.) Gedächtnisstörung; Erinnerungstäuschung, wobei sich der Erinnernde an Ereignisse zu erinnern glaubt, die überhaupt nicht stattgefunden haben.
Pa|rang (der, -s, -s) (malai.) malaiische Stichwaffe.
Pa|ra|noia (die, -, kein Plural) (griech.) Geistesgestörtheit. Paranoiker; paranoid; paranoisch.
Pa|ra|no|is|mus (der, -, kein Plural) (griech.-lat.) eine Form des Verfolgungswahns.
pa|ra|nor|mal (Adj.) (griech.) übersinnlich.
Pa|ra|nuss (die, -, -nüs|se) Frucht.
Pa|ra|pha|sie (die, -, -n) (griech.) mit Verwechslung von Wörtern, Silben, Buchstaben verbundene Sprachstörung.

Pa|ra|phe (die, -, -n) (griech.) Namenszeichen; Namensstempel. Paraphierung; paraphieren.
Pa|ra|phra|se (die, -, -n) (griech.) Umschreibung. Adjektiv: paraphrastisch. Verb: paraphrasieren.
Pa|ra|phre|nie (die, -, -n) (griech.-lat.) leichte Schizophrenie mit Wahnvorstellungen.
Pa|ra|phro|sy|ne (die, -, kein Plural) (griech.) Fieberwahnsinn, durch Fieber bedingte Verwirrtheit.
Pa|ra|pla|sie (die, -, -n) (griech.) krankhafte Bildung; Missbildung.
Pa|ra|plas|ma (das, -s, -men) (griech.-lat.) Zellprotoplasma.
Pa|ra|ple|gie (die, -, -n) (griech.) Lähmung symmetrisch gegenüberliegender Gliedmaßen; doppelseitige Lähmung.
Pa|ra|p|luie (der/das, -, -s) (franz.) Regenschirm.
Par|ap|sis (die, -, kein Plural) (griech.-lat.) Störung des Tastsinnes; Unfähigkeit der Erkennung von Dingen durch Ertasten (Medizin).
Pa|ra|psy|cho|lo|gie (die, -, kein Plural) (griech.) Wissenschaft von den übersinnlichen Erscheinungen. Adjektiv: parapsychologisch.
Pa|ra|san|ge (die, -, -n) (pers.-griech.-lat.) Wegemaß im alten Persien.
Pa|ra|sche (die, -, -n) (hebr.) 1. ein Abschnitt der Thora. 2. Gesetzeslesung aus diesem Abschnitt im jüdischen Gottesdienst.
pa|ra|sem (Adj.) (griech.-lat.) in der Sprachwissenschaft semantisch nebengeordnet.
Pa|ra|sem (das, -s, -e) (griech.-lat.) in der Sprachwissenschaft semantisch nebengeordneter Begriff.
Pa|ra|sit (der, -en, -e) (griech.) Schmarotzer. Parasitentum; Parasitismus; Parasitologie; parasitär; parasitisch.
Pa|ra|si|to|lo|gie (die, -, kein Plural) Lehre von den Schmarotzern.
Pa|ra|ski (auch: Pa|ra|schi) (der, -, kein Plural) Sportwettbewerb (Fallschirmspringen und Skilaufen).
Pa|ra|sol (der, -s, -e/-s) (franz.) Schirmpilz. Parasolpilz; Parasolschwamm.
Pa|räs|the|sie (die, -, -n) (griech.) anomale Körperempfindung (z. B. Kribbeln; Eingeschlafensein von Gliedern).
Pa|ra|sym|pa|thi|kus (der, -, kein Plural) (griech.) Teil des Nervensystems. Adjektiv: parasympathisch.
pa|rat (Adj.) (franz.) bereit.
pa|ra|tak|tisch (Adj.) (griech.) nebengeordnet. Parataxe (Nebenordnung von Satzgliedern oder Sätzen).

Pa|ra|ta|xie (die, -, -n) (griech.-lat.) 1. Störung zwischenmenschlicher Beziehungen durch Projektionen subjektiver, aber falscher Vorstellungen auf den Partner. 2. nicht perspektivische Wiedergabe.
Pa|ra|ty|phus (der, -, kein Plural) eine dem Typhus ähnelnde Infektionskrankheit, die jedoch einen leichteren Verlauf nimmt u. auch durch andere Erreger verursacht wird.
pa|ra|ty|pisch (Adj.) nichterblich (Med.).
pa|ra|ve|nös (Adj.) (griech.-lat.) neben einer Vene sich befindend (Med.).
par avi|on (franz.) mit Luftpost.
Pa|ra|zen|te|se (die, -, -n) (griech.) Durchstechen (bes. des Trommelfells).
pa|ra|zen|t|ral (Adj.) (griech.-lat.) neben den Gehirnwindungen sich befindend (Med.).
pa|ra|zen|t|risch (Adj.) (griech.-lat.) um den Mittelpunkt liegend; sich um das Zentrum bewegend.
Par|cours (der, -, -) (franz.) Reitbahn.
par|dauz! (Interj.) hoppla!
par|don (franz.) Verzeihung!
Par|don (der/das, -s, kein Plural) (franz.) Verzeihung; Gnade. Da gibt es kein(en) Pardon.
Pa|ren|chym (das, -s, -e) (griech.) 1. bes. dem Stoffaustausch dienendes, saftiges, dünnwandiges pflanzliches Gewebe; Grundgewebe. 2. Organ-, Drüsengewebe.
pa|ren|tal (Adj.) (lat.) zur Generation der Eltern gehörig; von ihnen stammend.
Pa|ren|tel (die, -, -en) (lat.) Verwandtschaft.
Pa|r|en|the|se (die, -, -n) (griech.) Einschub; Klammer. Adjektiv: parenthetisch.
Pa|re|se (die, -, -n) (griech.) 1. Erschlaffung. 2. leichte Lähmung eines Muskels oder einer Muskelgruppe (Med.).
pa|re|tisch (Adj.) (griech.) geschwächt; teilweise gelähmt.
par ex|cel|lence (franz.) vorzugsweise; schlechthin.
Par|fait (das, -s, -s) (franz.) 1. Fleisch- oder Fischpastete. 2. Halbgefrorenes.
par force (franz.) mit Gewalt; unbedingt.
Par|force|jagd (die, -, -en) Hetzjagd. Parforcereiter; Parforceritt.
Par|füm (auch: Par|fum) (das, -s, -s) (franz.) Duftstoff. Parfümerie; Parfümeur, Parfümeurin; Parfümflasche (auch: Parfumflasche); Parfümherstellung (auch: Parfumherstellung); Parfümzerstäuber (auch: Parfumzerstäuber); parfümieren.
pa|ri (Adv.) (ital.) gleich; zum Nennwert. Parikurs; Pariwert.
Pa|ria (der, -s, -s) Kastenloser (Indien); Ausgestoßener.

pa|rie|ren (V.) abwehren; gehorchen.
Pa|ri|ser (der, -s, -) (ugs.) Kondom.
Pa|ri|si|enne (die, -, kein Plural) (franz.) 1. französisches Freiheitslied in der Revolution von 1830. 2. mit Metallfäden durchwirktes Seidengewebe.
Pa|ri|tät (die, -, -en) (lat.) Gleichwertigkeit; Gleichberechtigung. Adjektiv: paritätisch.
Park (der, -s, -s) (franz.) Gartenanlage; Fuhrpark; Maschinenpark. Parkanlage; Parkbank; Parklandschaft; Parkweg; parkartig.
Par|ka (der, -s, -s) langer Anorak.
Park-and-ride-Sys|tem (das, -s, -e) (engl.) Verkehrsleitsystem (Parken am Stadtrand).
par|ken (V.) (engl.) Auto abstellen. Parkbahn; Parkbucht; Parkdeck; Parker; Parkhaus; Parklicht; Parklücke; Parkometer; Parkplatz; Parkraum; Parkscheibe; Parkstudium; Parksünder; Parkuhr; Parkverbot; Parkzeit.
Par|kett (das, -s/-e) (franz.) 1. Fußboden. 2. Zuschauerraum. Parkettboden; Parkettleger; Parkettsitz; parkettieren.
Par|ket|te (die, -, -n) (österr.) Brettchen des Parkettbodens.
Par|kin|son|krank|heit (auch: par|kin|son|sche Krank|heit/Par|kin|son'sche Krank|heit) (die, -n -, kein Plural) Schüttellähmung.
Par|la|ment (das, -s, -e) (engl.) Volksvertretung; Parlamentsgebäude. Parlamentarier/in; Parlamentarismus; Parlamentsausschuss; Parlamentsbeschluss; Parlamentsferien; Parlamentsmitglied; Parlamentssitzung; Parlamentswahlen; parlamentarisch, aber: der Parlamentarische Rat; parlamentarisch-demokratisch.
Par|la|men|tär (der, -s, -e) (franz.) Unterhändler. Parlamentärflagge.
par|lan|do (Adv.) (ital.) im Sprechgesang; halb sprechend, halb singend.
Par|lan|do (das, -s, -s/-di) (ital.) Sprechgesang.
par|lie|ren (V.) (franz.) sich unterhalten; plaudern.
Par|me|lia (die, -, -l|ien) (griech.-lat.) Schüsselflechte auf Rinden und Steinen.
Par|me|san (der, -s, kein Plural) (ital.) Käsesorte.
par|nas|sisch (Adj.) (griech.-lat.) den Parnass betreffend; zu ihm gehörend.
Par|nass (der, -nas|ses, kein Plural) Berg der Musen in der griechischen Mythologie; Reich der Dichtkunst.
pa|ro|chi|al (Adj.) zur Parochie gehörend.
Pa|ro|chie (die, -, -n) (griech.) Pfarrbezirk.
Pa|ro|die (die, -, -n) (griech.) komische und satirisch verfremdete Nachahmung. Parodienmesse; Parodist; Parodistik; parodistisch; parodieren.

pa|ro|disch (Adj.) (griech.-lat.-franz.) die Parodie betreffend; die Mittel der Parodie anwendend.
Pa|ro|don|ti|tis (die, -, -ti|ti|den) Zahnfleischentzündung mit Ablagerung von Zahnstein.
Pa|ro|don|to|se die, -, -n) (griech.) Zahnbettentzündung; Zahnfleischschwund. Parodontosebildung.
Pa|rö|ke (der, -n, -n) (griech.) Bewohner des byzantinischen Reiches ohne oder mit nur geringem Bürgerrecht.
Pa|ro|le (die, -, -n) (franz.) Kennwort; Wahlspruch. Paroleausgabe.
Pa|ro|li (in der Wendung:) jemandem Paroli bieten (Widerstand leisten).
Pa|rö|mie (die, -, -n) (griech.) altgriechischer Denkspruch; Sprichwort.
Pa|ro|no|ma|sie (die, -, ...ein) Zusammenstellung lautlich gleicher oder ähnlich klingender Wörter von gleicher Herkunft (Rhetorik).
Pa|ro|ny|mie (die, -, kein Plural) (griech.) das Ableiten von einem Stammwort in der Sprachwissenschaft.
Pa|ro|ny|mik (die, -, kein Plural) (griech.-lat.) ein Teilgebiet der Sprachwissenschaft, das die Paronymie betrifft.
pa|ro|ny|misch (Adj.) (griech.-lat.) die Paronymie betreffend, vom gleichen Stamm abgeleitet.
Pa|ro|re|xie (die, -, -n) (griech.-lat.) medizinische Bezeichnung für das krankhafte Verlangen nach ungewöhnlichen oder unverdaulichen Speisen.
Pa|ros|mie (die, -, -n) (griech.-lat.) Störung in der Wahrnehmung von Gerüchen (Med.).
Pa|ro|tis (die, -, -o|ti|den) (griech.) Ohrspeicheldrüse.
Pa|ro|ti|tis (die, -, -o|ti|ti|den) (griech.) Mumps.
pa|ro|xys|mal (auch: par|o|xys|mal) (Adj.) (griech.-lat.) schubweise auftretend; anfallsweise auftretend; sich steigernd (Med.).
Pa|ro|xys|mus (der, -, -men) (griech.) 1. anfallartiges Auftreten oder höchste Steigerung einer Krankheitserscheinung. 2. aufs Höchste gesteigerter tektonischer Vorgang (bes. vulkanischer Ausbruch).
Par|sec (das, -, -) (Kurzw.) Parallaxensekunde (Abk.: pc).
par|sen (V.) (engl.) maschinenlesbare Daten analysieren; segmentieren und kodieren (EDV).
Par|sing (das, -s, kein Plural) (engl.) das Parsen (EDV).
Pars pro To|to (das, - - -, kein Plural) (lat.) Redefigur, bei der ein Teilbegriff statt des Gesamtbegriffs verwendet wird (z. B. »Brot« statt »Nahrung«).

Part (der, -s, -s/-e) (franz.) Anteil; Stimme; Rolle.
Par|tei (die, -, -en) 1. politische Organisation; 2. Mieter; 3. Gruppe. Parteiabzeichen; Parteiamt; Parteianhänger; Parteiapparat; Parteibuch; Parteibüro; Parteichef; Parteichinesisch; Parteienkampf; Parteienstaat; Parteifreund; Parteiführer; Parteifunktionär; Parteigänger; Parteigenosse; Parteiideologe; Parteiinstanz; Parteikongress; Parteileitung; Parteilichkeit; Parteilinie; Parteilose; Parteilosigkeit; Parteimitglied; Parteinahme; Parteiorgan; Parteiorganisation; Parteipolitik; Parteipräsidium; Parteiprogramm; Parteipropaganda; Parteisekretär; Parteitag; Parteiverkehr; Parteivorsitzende. Adjektive: parteiamtlich; parteiintern; parteiisch; unparteiisch; parteilich; parteilos; parteimäßig; parteipolitisch.
par|terre (Adv.) (franz.) im Erdgeschoss. Wir wohnen parterre. *Aber:* im Parterre wohnen. Parterrewohnung; Parterreakrobatik.
Par|the|no|kar|pie (die, -, -n) (griech.) Entstehung von (samenlosen) Früchten ohne Befruchtung; Jungfernfrüchtigkeit.
Par|ti|al|ob|li|ga|ti|on (die, -, -ti|o|nen) (lat.) Teilschuldverschreibung.
Par|tie (die, -, -n) (franz.) 1. Teil. 2. Spiel. 3. Stimme. 4. Ausflug. 5. Heirat. Partiepreis; partienweise; partieweise.
par|ti|ell (*auch:* par|ti|al) (Adj.) (franz.) teilweise. Partialbruch; Partialtöne.
Par|ti|kel 1. (die, -, -n) (lat.) unbeugbares Wort. 2. (das, -s, -/die, -, -n) (lat.) Teilchen. Partikularrecht; partikulär, *auch:* partikular.
Par|ti|ku|la|ris|mus (der, -, kein Plural) (lat.) Kleinstaaterei. Partikularist; partikularisch.
Par|ti|men|to (der, -, -ti) (ital.) Generalbassstimme.
Par|ti|san (der, -s/-en, -en) (franz.) Widerstandskämpfer. Partisanenkampf; Partisanenkrieg.
Par|ti|sa|ne (die, -, -n) (ital.-franz.) spießartige Waffe mit zweischneidiger Klinge.
Par|ti|te (die, -, -n) 1. Rechnungssumme; 2. Warenposten.
Par|ti|ti|on (die, -, -ti|o|nen) (lat.) Einteilung; Begriffszerlegung.
par|ti|tiv (Adj.) (lat.) teilend.
Par|ti|tur (die, -, -en) (ital.) Einzelstimmen (Musikstück).
Par|ti|zip (das, -s, -zi|pi|en) (lat.) Mittelwort. Partizip Präsens (Mittelwort der Gegenwart, z. B. gehend); Partizip Perfekt (Mittelwort der Vergangenheit, z. B. gegangen). Partizipialbildung; Partizipialkonstruktion; Partizipialsatz; partizipial.

par|ti|zi|pie|ren (V.) (lat.) teilnehmen; Anteil haben. Partizipation; Partizipationsgeschäft; Partizipationskonto.
Part|ner (der, -s, -) 1. Teilhaber; 2. Mitspieler; 3. Freund; Ehepartner. Partnerin; Partnerland; Partnerlook; Partnerschaft; Partnerstadt; Partnertausch; Partnerwahl; partnerschaftlich.
par|tout (Adv.) (franz.) unbedingt; durchaus; um jeden Preis.
Par|tus (der, -, -) (lat.) Geburt; Entbindung (Med.).
Par|ty (die, -, -s) (engl.) Fest. Partygirl; Partygrill; Partyservice; Cocktailparty.
Par|ve|nü (*auch:* Par|ve|nu) (der, -s, -s) (franz.) Neureicher.
Par|ze (die, -, -n) (lat.) Schicksalsgöttin in der Mythologie.
Par|zel|le (die, -, -n) (franz.) Grundstück; Bauland. Parzellarvermessung; Parzellenwirtschaft; parzellieren.
Pas (der, -, -) (franz.) Tanzschritt.
Pas|cal 1. (das, -s, -) Druckeinheit (Abk.: Pa). Pascalsekunde (Abk.: Pas). 2. (ohne Artikel) Programmiersprache.
Pasch (der, -s/-es, -e/Pä|sche) (franz.) gleiche Augenzahl (Würfeln). Verb: paschen.
Pa|scha (der, -s, -s) (türk.) Herrschertitel; patriarchalischer Mann.
Pa|scha|lik (das, -s, -e/-s) (türk.) 1. Paschawürde. 2. Amtsbezirk eines Paschas.
pa|schen (V.) (hebr.) schmuggeln. Pascher; Pascherei.
Pasch|tu (das, -/-s, kein Plural) Amtssprache in Afghanistan.
Pas de deux (der, - - -, - - -) (franz.) Balletttanz für zwei.
Pas de trois (der, - - -, - - -) (lat.-franz.) Balletttanz für drei Tänzer.
Pa|seo (der, -s, -s) (lat.-span.) 1. Einzug der Matadore in die Arena beim Stierkampf. 2. Promenade; Spaziergang.
Pa|si|gra|phie (die, -, -n) (griech.-lat.) Allgemeinschrift ohne Laute, die von allen Völkern verstanden wird.
Pa|si|la|lie (die, -, kein Plural) (griech.-lat.) Wissenschaft von den künstlichen Weltsprachen.
Pas|lack (der, -s, -s) (slaw.) jmd., der für andere arbeiten muss.
Pa|so do|b|le (der, - -, - -) (span.) Tanz.
Pas|pel (die, -, -n) (franz.) Ziernaht. Paspelierung; paspelieren; paspeln.
Pas|quill (das, -s, -e) (ital.) Spott-; Schmähschrift.
Pas|quill|ant (der, -en, -en) (ital.) Verfasser oder Verbreiter einer Spott- oder Schmähschrift.

Pass (der, Pas|ses, Päs|se) (lat.) Personalausweis; Bergpass; gezieltes Zuspiel (Fußball). Passamt; Passbild; Passfoto; Passgang; Passgänger; Passhöhe; Passkontrolle; Passstelle/Pass-Stelle; Passstraße/Pass-Straße; Steilpass.
pas|sa|bel (Adj.) (franz.) annehmbar.
Pas|sa|ca|g|lia (die, -, -gli|en) (span.-ital.) 1. spanisch-italienischer Tanz. 2. langsames Instrumentalstück im Dreiertakt mit obstinatem Bass.
Pas|sa|de (die, -, -n) (franz.) kurzer Galopp mit Fußwechsel beim Wenden (in der hohen Schule).
Pas|sa|ge (die, -, -n) (franz.) Durchfahrt; Abschnitt; Überfahrt. Verb: passieren.
Pas|sa|gier (der, -s, -e) (franz.) Fahrgast; Reisender. Passagierdampfer; Passagierflugzeug; Passagiergut; Passagierin; Passagierschiff.
Pas|sah (das, -s, kein Plural) (hebr.) jüdisches Fest. Passahfest; Passahmahl.
Pas|sa|mez|zo (der, -s, -zi) (lat.-ital.) 1. traditioneller italienischer Tanz. 2. Teil einer Suite.
Pas|sant (der, -en, -en) (franz.) Fußgänger.
Pas|sat (der, -s, -e) (niederl.) Tropenwind. Passatwind.
Pas|se (die, -, -n) (franz.) Schulterstück.
pas|see (*auch:* pas|sé) (Adv.) (franz.) (ugs.) vorbei.
pas|sen (V.) (franz.) 1. in der Größe recht sein. 2. gefallen. 3. aus dem Spiel aussteigen (Skat). 4. zuspielen. Passform; Passung; passend, *aber:* wir haben nichts Passendes gefunden.
Passe|par|tout (das, -s, -s) (franz.) Papprahmen.
Passe|pied (der, -s, -s) (franz.) alter französischer Rundtanz in raschem Dreiertakt.
Pas|se|rel|le (die, -, -n) (franz.) Fußgängerbrücke.
pas|sie|ren (V.) (franz.) 1. vorbeifahren. 2. überqueren. 3. geschehen. 4. durch ein Sieb drücken. Passierball; Passiermaschine; Passierschein; Passierschlag (Tennis); Passierstelle.
Pas|si|flo|ra (die, -, -ren) (lat.) eine Kletterpflanze. Passionsblume.
Pas|si|on (die, -, -si|o|nen) (lat.) Leidensgeschichte; Leidenschaft. Passionssonntag; Passionsspiel; Passionsweg; Passionswoche; Passionszeit; passioniert.
Pas|si|ons|blu|me (die, -, -n) Pflanze. Passionsfrucht.
pas|siv (Adj.) (lat.) untätig; zurückhaltend; unbeteiligt. Passiv (Leideform); Passiva (Schulden); Passivbildung; Passivgeschäft; Passivhandel; Passivität; Passivlegitimation; Passivposten; Passivrauchen; Passivzinsen; passivisch; passivieren.

Pas|sus (der, -, -) (lat.) Textabschnitt.
Pass|wort (das, -s, -wör|ter) Kennwort (EDV).
Pas|te (*auch:* Pas|ta) (die, -, -n) (ital.) streichfähige Masse; Salbe.
Pas|ta asciut|ta (*auch:* Pas|ta|sciut|ta) (die, - -, -te -tte) (ital.) Spaghettigericht.
Pas|tell (das, -s, -e) (Kurzw.) Pastellzeichnung. Pastellfarbe; Pastellmalerei; Pastellstift; Pastellton; Pastellzeichnung; pastellfarben; pastellig; pastell; pastellen.
Pas|te|te (die, -, -n) Fleisch, Fisch in Teighülle. Pastetenbäcker.
pas|teu|ri|sie|ren (V.) (lat.) entkeimen. Pasteurisation; Pasteurisierung; pasteurisiert.
Pas|tic|cio (das, -s, -s/-stic|ci) (ital.) 1. in betrügerischer Absicht in der Art eines bekannten Malers gemaltes Bild. 2. aus den Werken verschiedener Komponisten zusammengestellte Oper mit neuem Text; Flickoper.
Pas|tiche (der, -s, -s) (franz.) = Pasticcio.
Pas|til|le (die, -, -n) (lat.) Pille; Kügelchen. Pastillendöschen.
Pas|ti|nak (*auch:* die Pas|ti|na|ke) (der, -s, -e) (lat.) Krautpflanze.
Pas|tor (der, -s, -en) (lat.) Pfarrer. Pastoralbrief; Pastoralien; Pastoraltheologie; Pastorat; pastoral.
Pas|to|ral (die, -, kein Plural) (lat.) die praktische Theologie der katholischen Kirche; die Lehre von der Seelsorge. Pastoraltheologie.
Pas|to|ra|le 1. (das, -s, -s/die, -, -n) (ital.) Hirtenmusik; Schäferspiel. 2. (das, -s, -s) Bischofsstab.
Pas|to|ra|li|en (die) (Plural) Pfarramtsangelegenheiten.
Pas|to|ra|ti|on (die, -, -ti|o|nen) (lat.) die seelsorgerische Betreuung der Pfarrgemeinde oder einer Anstalt, eines Krankenhauses etc.
pas|tos (Adj.) dickflüssig; dick aufgetragen.
pas|tös (Adj.) (ital.) aufgedunsen; aufgeschwemmt.
Pas|to|si|tät (die, -, kein Plural) pastose Beschaffenheit; Dickflüssigkeit.
Patch|work (das, -s, -s) (engl.) Stoff aus vielen kleinen Stoff- oder Lederresten. Patchworkdecke.
Pa|te (der, -n, -n) Tauf-, Firmpate; Täufling; Firmling. Patengeschenk; Patenkind; Patenonkel; Patenschaft; Patensohn; Patin.
Pa|tel|la (die, -, -len) (lat.) Kniescheibe. Patellarreflex.
pa|tent (Adj.) geschickt; brauchbar.
Pa|tent (das, -s, -e) 1. Urkunde für Berufsgrad, 2. Urkunde über das Verwertungsrecht einer Erfindung. Patentamt; Patentanwalt; Patentinhaber; Patentingenieur; Patentlösung; Patentrecht; Patentregister; Patentschutz; Patentverschluss; patentfähig; patentieren.
Pa|tent|re|zept (das, -es, -e) einfache, alle Schwierigkeiten behebende Lösung.
Pa|ter (der, -s, -/Pa|t|res) (lat.) Mönch (Abk.: P; Plural: PP).
Pa|ter|na|lis|mus (der, -, kein Plural) (lat.) väterliche Bevormundung; bevormundende Fürsorge.
pa|ter|na|lis|tisch (Adj.) in der Art des Paternalismus; bevormundend.
pa|ter|ni|tär (Adj.) (lat.) 1. die Vaterschaft betreffend. 2. von einer patriarchalischen Gesellschaftsordnung bestimmt.
Pa|ter|ni|tät (die, -, kein Plural) (lat.) Vaterschaft.
Pa|ter|nos|ter 1. (das, -s, -) (lat.) Vaterunser (christliches Gebet). 2. (der, -s, -) (lat.) Aufzug. Paternosteraufzug.
Pa|ter|pec|ca|vi (das, -, -) (lat.) reuiges Geständnis.
pa|te|ti|co (Adj.) (griech.-lat.-ital.) leidenschaftlich; erhaben; pathetisch (Vortragsanweisung in der Musik).
pa|the|tisch (Adj.) (griech.) feierlich; übertrieben gefühlvoll. Pathetik; Pathos.
pa|tho|gen (Adj.) (griech.) krankheitserregend. Pathogenese; Pathogenität.
pa|tho|ge|ne|tisch (Adj.) (griech.-lat.) die Pathogenese betreffend; ihr angehörend (Med.).
Pa|tho|g|no|mik (die, -, kein Plural) (griech.-lat.) 1. Krankheitserkennung aus charakteristischen Symptomen. 2. Deutung des seelischen Befindens aus Mimik und Gestik (Med.).
pa|tho|g|no|mo|nisch (Adj.) (griech.-lat.) für eine Krankheit charakteristisch.
Pa|tho|g|nos|tik (die, -, kein Plural) (griech.-lat.) Krankheitserkennung aus charakteristischen Symptomen (Med.).
pa|tho|g|nos|tisch (Adj.) (griech.-lat.) für ein Krankheitsbild kennzeichnend; charakteristisch (Med.).
Pa|tho|gra|phie (die, -, -n) (griech.-lat.) die Erforschung und Darstellung von Krankheitseinflüssen auf die Entwicklung und Leistung des Menschen (Med.).
Pa|tho|lo|gie (die, -, kein Plural) (griech.) Lehre der Krankheiten. Pathologe; pathologisch.
Pa|tho|pho|bie (die, -, -n) (griech.-lat.) die krankhafte Angst krank zu sein oder zu werden (Med.).
Pa|tho|phy|si|o|lo|gie (die, -, kein Plural) Lehre von den Krankheitsvorgängen.

Pathopsychologie (die, -, kein Plural) (griech.) Wissenschaft von den Krankheitserscheinungen im Seelenleben.

Pathos (das, -, kein Plural) (griech.) leidenschaftlich bewegter, feierlicher Gefühlsausdruck.

Patience (die, -, -n) (franz.) Kartenspiel. Patiencespiel.

Patient (der, -en, -en) (lat.) Kranker. Kassenpatient; Patientin; Patientenbetreuung; Privatpatient.

Patiententestament (das, -es, -e) Formular, in welchem sich der Unterzeichnete mit passiver Sterbehilfe einverstanden erklärt im Falle eines unheilbaren Leidens; das Leben soll nicht künstlich mit Medikamenten verlängert werden.

Patina (die, -, kein Plural) (ital.) Kupferüberzug. Verb: patinieren.

Patio (der, -s, -s) Innenhof (im südspanischen Haus).

Patisserie (die, -, -n) (franz.) Konditorei. Patissier.

Patnareis (der, -es, kein Plural) langkörnige Reissorte.

Patois (das, -, kein Plural) (franz.) 1. Mundart der französischen Landbevölkerung. 2. provinzielle unkorrekte Sprache.

Patriarch (der, -en, -en) (griech.) 1. Bischofstitel; 2. Stammvater. Patriarchat; Patriarchalkirche; patriarchalisch, patriarchisch.

Patriarchade (die, -, -n) (griech.-lat.) ihre Themen aus den Patriarchengeschichten des Alten Testaments schöpfende epische Dichtung des 18. Jahrhunderts.

patrilineal (Adj.) (griech.-lat.) vaterrechtlich; in der Erblinie der väterlichen Linie nachkommend.

patrimonial (Adj.) zum Patrimonium gehörig; auf ihm beruhend.

Patrimonium (das, -s, -nien) (lat.) 1. väterliches Erbgut (im römischen Recht). 2. Patrimonium Petri: Grundbesitz der römischen Kirche. Kirchenstaat.

Patriot (der, -en, -en) (griech.) Vaterlandsliebender. Patriotismus; patriotisch.

Patristik (die, -, kein Plural) (lat.) Wissenschaft von den Schriften der Kirchenväter; altchristliche Literaturgeschichte.

Patristiker (der, -s, -) (lat.) auf dem Gebiet der Patristik forschender Wissenschaftler.

patristisch (Adj.) zur Patristik gehörig.

Patrize (die, -, -n) (lat.) Stempel.

patrizisch (Adj.) reich; vornehm. Patrizier; Patriziergeschlecht; Patrizierhaus.

Patriziat (das, -s, kein Plural) Gesamtheit der Patrizier.

Patron (der, -s, -e) (lat.) Herr; Schutzheiliger. Patronat; Patronatsfest; Patronatsherr; Patronin.

Patronage (die, -, -n) (franz.) Begünstigung.

Patronanz (die, -, -en) (lat.) 1. Patronage. 2. österr. für Patronat.

Patronat (das, -s, -e) 1. Amt eines Patrons. 2. mit bestimmten Rechten verbundene Stellung eines Patrons. 3. Schirmherrschaft.

Patrone (die, -, -n) (franz.) Munition. Patronengurt; Patronenhülse; Patronentasche; Patronentrommel.

patronisieren (V.) (lat.-frz.) beschützen, begünstigen.

Patronymikon (das, -s, -ka) (griech.) vom Namen des Vaters abgeleiteter Name; z. B. Petersen, Iwanowitsch.

patronymisch (Adj.) (griech.-lat.) das Patronymikon betreffend.

Patrouille (die, -, -n) 1. Kontrollgang; 2. Wachtposten. Patrouillenboot; Patrouillenfahrt; Patrouillenflug; Patrouillengang; patrouillieren.

Patrozinium (das, -s, -nien) (lat.) 1. Vertretung durch einen Patron vor Gericht (im alten Rom). 2. Rechtsschutz des Gutsherrn gegen Stadt und Staat für seine Untergebenen (im MA). 3. Schutzherrschaft (eines Heiligen über eine Kirche). 4. Fest dieses Heiligen.

Patsche (die, -, -n) (ugs.) 1. Schlaggegenstand; 2. Hand. Er sitzt in der Patsche (ist in einer unangenehmen Situation). Fliegenpatsche; Patschhändchen; patschnass (auch: patschenass) (ugs.: sehr nass); patschen (klatschen).

Patschuli (das, -s, -s) Duftstoff. Patschuliöl; Patschulipflanze.

Patt (das, -s, -s) (franz.) Gleichstand; Unentschieden. Pattsituation; patt.

Pattern (das, -s, -s) (engl.) Verhaltensmuster.

pattieren (V.) (franz.) rastern, mit Notenlinien versehen.

Pattinando (das, -s, -s/-di) (ital.) Ausfallschritt beim Fechten.

patzen (V.) (ugs.) klecksen; Fehler machen. Patzer; Patzerei.

patzig (Adj.) 1. (ugs.) frech; 2. (südd.) klebrig. Patzigkeit.

Paukal (der, -s, -e) (lat.) eine kleine Anzahl ausdrückender Numerus.

Paukant (der, -en -en) (dt.-lat.) 1. Fechter; 2. Zweikämpfer (in der veralteten Studentensprache).

Pauke (die, -, -n) Trommel. Nach der Prüfung hauen wir auf die Pauke (feiern wir); mit Pauken und Trompeten. Paukenfell; Paukenschlag; Paukenschlägel; Paukenwirbel.

pau|ken (V.) trommeln; intensiv lernen. Pauker, Paukerei, Paukstunde.
Paume|spiel (das, -es, -e) (lat.-franz.-dt.) traditionelles französisches Ballspiel.
pau|pe|rie|ren (V.) (lat.) sich kümmerlich entwickeln (von Pflanzen, bes. Bastarden).
Pau|pe|ris|mus (der, -, kein Plural) (lat.) Verarmung (große Teile der Bevölkerung), Massenarmut; Verelendung.
Pau|pe|ri|tät (die, -, kein Plural) (lat.) Armut; Dürftigkeit.
paus|ba|ckig (*auch:* -bä|ckig) (Adj.) mit roten, dicken Backen. Pausback; Pausbacken.
pau|schal (Adj.) allgemein; alles zusammen. Pauschalabrechnung; Pauschalbesteuerung; Pausch(al)betrag; Pauschalbewertung; Pauschale; Pauschalität; Pauschalpreis; Pauschalquantum; Pauschalreise; Pauschalsumme; Pauschalurteil; Pauschalversicherung; pauschalieren; pauschalisieren (verallgemeinern).
Pau|sche (die, -, -n) 1. Sattelwulst. 2. Griff (Turnpferd). Pauschenpferd.
Pau|se (die, -, -n) 1. Unterbrechung; 2. Erholung; Kopie. Pausenbrot; Pausenfüller; Pausengymnastik; Pausenzeichen; Pauspapier; Pauszeichnung; pausenlos; pausen (kopieren); pausieren.
Pa|va|ne (die, -, -n) (ital.) langsamer Reigentanz; Schreittanz.
Pa|ve|se (die, -, -n) (ital.) großer Schild zum Schutz der Armbrustschützen im Mittelalter.
Pa|vi|an (der, -s, -e) (niederl.) Affe mit verlängerter Schnauze
Pa|vil|lon (der, -s, -s) (franz.) Rundbau; Gartenhäuschen. Pavillonsystem.
Pa|vo|naz|zo (der, -, kein Plural) (lat.-ital.) dem carrarischen Marmor ähnlicher Marmor.
Pa|vor (der, -s, -s) (lat.) Angst, Schreck als Anfall erlebt (Med.).
Paw|lat|sche (die, -, -n) (tschech.) 1. Balkon. 2. baufälliges Haus. 3. Bretterbühne.
Pax (die, -, kein Plural) (lat.) 1. Friede. 2. Friedensgruß. 3. Friedenskuss in der katholischen Eucharistiefeier.
Pax Ro|ma|na (die, - -, kein Plural) (lat.) 1. Römischer Friede als Bezeichnung für das befriedete römische Kaiserreich. 2. Name einer internationalen katholischen Studentenvereinigung.
Pay|back (*auch:* Pay-back) (das, -s, -s) (engl.) Rückgewinnung (investierten) Kapitals.
Pay-TV (das, -, kein Plural) (engl.) Finanzierungssystem (Kabelfernsehen).
Pa|zi|fik (der, -s, kein Plural) Weltmeer. Pazifikbahn; pazifisch, *aber:* der Pazifische Ozean.
Pa|zi|fi|ka|ti|on (die, -, -ti|o|nen) (lat.) Befriedung; Beruhigung.

pa|zi|fis|tisch (Adj.) (lat.) fried(ens)liebend. Pazifist; Pazifismus; Pazifizierung; pazifistisch; pazifizieren.
Pb (Abk.) Blei (chemisches Zeichen).
pc (Abk.) Parallaxensekunde.
PC (Abk.) Personal Computer.
p.c. (Abk.) Prozent.
PCB (Abk.) Krebs erzeugender Giftstoff.
p.Chr. (Abk.) nach Christi Geburt.
PCM-Tech|nik (Abk.) digitale Impulsübertragung.
Pd (Abk.) Palladium.
PDS (Abk.) Partei des Demokratischen Sozialismus (Nachfolgepartei der SED).
Peak (der, -s, -s) (engl.) 1. Berggipfel; Spitze. 2. spitzes Maximum einer Kurve. 3. Stadtteil und Berg von Hongkong.
Pe-Ce-Fa|ser (die, -, -n) Kunstfaser.
Pech (das, -s, -e) Teer; (ohne Plural:) Unglück. Wir hielten zusammen wie Pech und Schwefel; Pech haben. Pechblende; Pechdraht; Pechfackel; Pechkohle; Pechstein; Pechsträhne; Pechvogel; pechfinster; pechig; pechrabenschwarz; pechschwarz.
Pe|dal (das, -s, -e) Fußhebel. Pedalharfe; Pedalweg.
pe|da|len (V.) (lat.) schweizerisch mundartlich für Rad fahren.
Pe|dal|kla|vi|a|tur (die, -, -en) (lat.) mit den Füßen zu spielende Klaviatur bei Tasteninstrumenten.
Pe|dant (der, -en, -en) (griech.) Kleinkrämer; Genauigkeitsfanatiker. Pedanterie; Pedantismus; pedantisch.
Pe|dell (der, -s, -e) (lat.) Hausmeister (früher an Schulen und Hochschulen).
Ped|dig|rohr (das, -s, -e) Rattan.
Pe|di|g|ree (der, -s, -s) (engl.) 1. Stammbaum (von Tieren, bes. Pferden und Hunden sowie Pflanzen). 2. militärisches Führungszeugnis.
Pe|di|kü|re (die, -, -n) (franz.) Fußpflege. Verb: pediküren.
Pe|di|s|kript (das, -s, -e) (lat.) mit den Füßen geschriebenes Schriftstück.
Pe|dum (das, -s, -da) (lat.) Krummstab des Bischofs.
Pee|ling (das, -s, -s) (engl.) kosmetische Hautschälung.
Peep|show (die, -, -s) (engl.) Guckkasten-Show, bei der sich Frauen nackt auf einer Drehscheibe bewegen.
Peer (der, -s, -s) 1. Angehöriger des englischen hohen Adels. 2. Mitglied des Oberhauses im britischen Parlament.
Pee|rage (die, -, kein Plural) 1. Würde eines Peers. 2. Gesamtheit der Peers.

Pe|ga|sus (der, -, kein Plural) (griech.) 1. geflügeltes Pferd. 2. Sternbild.
Pe|ge (die, -, -n) (griech.) Quelle von weniger als 20 °C Temperatur; kalte Quelle.
Pe|gel (der, -s, -) Wasserstand; Wasserstandsmesser. Pegelhöhe; Pegelstand.
Peg|ma|tit (der, -s, -e) (griech.) Gestein.
Peh|le|wi (das, -s, kein Plural) Mittelpersisch.
Pei|es (die, nur Plural) (hebr.-jidd.) Schläfenlocken (der orthodoxen Juden).
pei|len (V.) 1. Richtung bestimmen. 2. (ugs.) Ausschau halten. Peilantenne; Peiler; Peilfrequenz; Peilgerät; Peillinie; Peilrahmen; Peilstation; Peilung.
pei|ni|gen (V.) quälen. Pein; Peiniger; Peinigung; peinsam; peinvoll.
pein|lich (Adj.) unangenehm; sehr sorgfältig. Peinlichkeit.
Peit|sche (die, -, -n) Schlagriemen. Peitschenhieb; Peitschenknall; Peitschenleuchte; Peitschenschlag; Peitschenstiel; auspeitschen; peitschen.
pe|jo|ra|tiv (Adj.) (lat.) die Bedeutung verschlechternd. Pejoration; Pejorativum.
Pe|ka|ri (das, -s, -s) (franz.) Wildschwein.
Pe|ke|sche (die, -, -n) (poln.) 1. mit Pelz und Litzen verzierter polnischer Überrock. 2. mit Schnüren verzierte, festliche Jacke (der Verbindungsstudenten).
Pe|ki|ne|se (der, -n, -n) Hunderasse.
Pe|koe (der, -s, kein Plural) (engl.) Teesorte. Orange Pekoe.
Pek|tin (das, -s, -e) (griech.) Geliermittel.
pek|to|ral (Adj.) (lat.) die Brust betreffend.
Pek|to|ral|e (das, -s, -s/-li|en) (lat.) Brustkreuz.
pe|ku|ni|är (Adj.) (franz.) geldlich.
pek|zie|ren (V.) (lat.) eine Dummheit machen; etwas Schlimmes anstellen.
Pel|a|de (die, -, -) (lat.-franz.) krankhafter Haarausfall.
Pel|a|gi|al (das, -s, kein Plural) (griech.) 1. Meere und große Binnenseen als Lebensraum. 2. die darin lebenden Organismen.
pe|la|gisch (Adj.) zum Pelagial gehörig; darin lebend; (ständig) auf dem offenen Meer lebend (z. B. Seevögel im Winter).
Pe|lar|go|nie (die, -, -n) (griech.) Geranie.
Pele|mele (das, -, kein Plural) (franz.) Süßspeise; Mischmasch.
Pe|le|ri|ne (die, -, -n) (franz.) ärmelloser Umhang; Regenmantel (veraltet).
Pe|li|kan (der, -s, -e) (griech.) Schwimmvogel. Pelikan-Aal; Pelikanfuß.
Pel|l|a|g|ra (die, -, kein Plural) (ital.-griech.) durch Vitaminmangel (bes. B_2) hervorgerufene Krankheit mit Hautausschlag.

pel|len (V.) schälen. Pelle; Haut. *Beachte:* Lieg mir nicht dauernd auf der Pelle (sei nicht so lästig); sie gingen uns nicht von der Pelle (wir wurden sie nicht los); wie aus dem Ei gepellt (sehr fein). Pellkartoffel; Wurstpelle.
Pel|lets (die, nur Plural) (engl.) kleine Kugeln oder gekrümmte Plättchen aus elastischem Material (für Verpackungszwecke). Kraftfutter.
pel|lu|zid (Adj.) (lat.) lichtdurchlässig; durchscheinend.
Pe|lo|ta (die, -, kein Plural) (span.) Ballspiel.
Pe|lo|ton (das, -s, -e) (lat.-franz.) 1. Schützenzug. 2. Exekutionskommando. 3. Hauptfeld bei Straßenrennen.
Pe|lot|te (die, -, -n) (franz.) kleines Polster (als Schuheinlage u. a.).
Pel|tast (der, -en, -en) (griech.-lat.) leicht bewaffneter Fußsoldat im alten Griechenland.
Pelz (der, -es, -e) 1. Fell. 2. Haar. 3. Pelzmantel; (ugs.) Haut. Ich mag nicht, wenn mir Leute auf den Pelz rücken (zu nahe kommen). Pelzkappe; Pelzkragen; Pelzmantel; Pelzmotte; Pelzmütze; Pelzstiefel; Pelzstola; Pelztier; Pelzwerk; pelzbesetzt; pelzgefüttert; pelzig.
pel|zen (V., refl.) (ugs.) faul sein.
Pem|mi|kan (der, -s, kein Plural) (indian.) 1. getrocknetes, zerstampftes, mit Fett übergossenes Dauerfleisch (der nordamerikanischen Indianer). 2. Konserve aus Fleischpulver und Fett.
Pem|phi|gus (der, -, kein Plural) (griech.-lat.) Erkrankung der Haut und Schleimhaut mit Blasenbildung.
Pe|nal|ty (der, -s, -s) (engl.) Strafschuss (Eishockey).
Pen|chant (der, -s, -s) (lat.-franz.) Hang, Neigung.
PEN-Club (*auch:* P.E.N.-Club) (der, -s, kein Plural) internationale Schriftstellervereinigung.
Pen|dant (das, -s, -s) (franz.) Gegenstück.
pen|deln (V.) 1. hin- und herschwingen. 2. hin- und herfahren. Pendel; Pendelachse; Pendellampe; Pendelschwingung; Pendeltür; Pendeluhr; Pendelverkehr; Pendler.
pen|dent (Adj.) (lat.-ital.) unerledigt; anhängig; noch schwebend.
Pen|den|tif (das, -s, -s) (franz.) Hängekonstruktion (Architektur).
Pen|denz (die, -, -en) (lat.) noch in der Schwebe befindliche Angelegenheit; unerledigte Sache.
Pen|dü|le (die, -, -n) (franz.) Pendeluhr.
pe|ne|t|ra|bel (Adj.) (lat.-franz.) durchdringend; durchdringbar.
pe|ne|t|rant (Adj.) (franz.) aufdringlich. Penetranz; Penetration; penetrieren.

peng! (Interj.) Knalllaut.
Pen|hol|der|griff (der, -s, -e) Schlägerhaltung (Tischtennis).
pe|ni|bel (Adj.) (franz.) übergenau. Penibilität.
Pen|in|su|la (die, -, -suln) (lat.) Halbinsel. Adjektiv: peninsularisch.
Pe|nis (der, -, -se/Pe|nes) (lat.) männliches Glied. Penisneid.
Pe|ni|zil|lin (*auch:* Pe|ni|cil|lin) (das, -s, -e) (lat.) Antibiotikum. Penizillinampulle; Penizillinspritze.
Pen|nä|ler (der, -s, -) (ugs.) Schüler. Adjektiv: pennälerhaft.
Penn|bru|der (der, -s, -brü|der) (ugs.) Landstreicher.
Pen|ne (die, -, -n) (ugs.) Schule; Kneipe.
pen|nen (V.) (ugs.) schlafen. Penner.
Pen|ni (der, -/-s, -/-s) finnische Währungseinheit (Abk.: p).
Pen|ny (der, -s, Plural: für einige Stücke: Pennys, bei Wertangabe: Pence) englische und irische Währungseinheit; englische/irische Münze; Untereinheit des britischen Pfunds. Abk.: p (früher: d).
pen|see (Adj.) (franz.) dunkellila. Penseerock; penseefarbig.
Pen|si|on (die, -, -si|o|nen) (franz.) 1. Ruhestand, Rente. 2. Gästehaus. Pensionär/in; Pensionierung; Pensionist; Pensionsalter; Pensionsanspruch; Pensionsgäste; Pensionskasse; pensioniert; pensionsberechtigt; pensionsreif; pensionieren.
Pen|si|o|nat (das, -s, -e) (franz.) Schülerwohnheim.
Pen|sum (das, -s, -sen/-sa) (lat.) 1. Lehrstoff. 2. Arbeitsleistung.
Pen|ta|chord (das, -s, -e) (griech.) Saiteninstrument mit fünf Saiten.
Pen|ta|de (die, -, -n) (griech.) fünf Tage.
Pen|ta|e|der (das, -s, -) (griech.) Fünfflächner.
Pen|ta|gon (das, -s, -e) (griech.) 1. Fünfeck. 2. Verteidigungsministerium (USA). Adjektiv: pentagonal.
Pen|ta|gon|do|de|ka|eder (der, -s, -) ein von zwölf Fünfecken begrenzter Körper.
Pen|ta|gramm (das, -s, -e) (griech.) fünfzackiger Stern, der mit fünf gleich langen Linien in einem Zug gezeichnet werden kann. Drudenfuß.
Pent|ame|ron (*auch:* Pent|ame|ro|ne) (das, -s, kein Plural) (griech.) Sammlung von neapolitanischen Märchen, die an fünf Tagen erzählt wurden.
Pen|ta|me|ter (der, -s, -) (griech.) Versmaß.
Pen|tan (das, -s, -e) (griech.) Kohlenwasserstoff. Pentansäure.

Pen|ta|pris|ma (das, -s, -men) (griech.) fünfkantiges Prisma (in optischen Systemen).
Pen|ta|sty|los (der, -, en) (griech.) antiker griech. Tempel mit jeweils fünf Säulen an den Schmalseiten.
Pen|ta|teuch (der, -s, kein Plural) (griech.) die fünf Bücher Moses im AT.
Pent|ath|lon (der, -s, kein Plural) (griech.) aus fünf verschiedenen Einzelkämpfen bestehender Wettkampf; Fünfkampf (in der Antike).
Pen|ta|to|nik (die, -, kein Plural) (griech.) Fünftonmusik. Adjektiv: pentatonisch.
Pen|te|kos|te (die, -, kein Plural) (griech.) Pfingsten.
Pent|haus (*auch:* Pent|house) (das, -es, -häuser) (engl.) Luxusdachwohnung.
Pen|ti|men|ti (die, nur Plural) (lat.-ital.) wieder sichtbar gewordene Linien oder Untermalungen auf Gemälden.
Pent|lan|dit (der, -s, kein Plural) (engl.) ein Mineral, Eisennickelkies (nach dem Entdecker J.D. Pentland).
Pen|t|o|de (die, -, -n) Elektronenröhre mit fünf Elektroden.
Pen|t|o|se (die, -, -n) (griech.) aus fünf Kohlenstoffatomen bestehender Zucker.
Pe|nun|ze (die, -, -n) ugs. für Geld.
Pep (der, -s, kein Plural) (engl.) Schwung. Peppmittel; Peppille.
Pe|pe|rin (der, -s, -e) (griech.-lat.-ital.) vulkanisches Tuffgestein.
Pe|pe|ro|ni (die, -, -) (ital.) Paprikafrucht.
Pe|pi|ta (der/das, -s, -s) (span.) Karomuster; Stoff. Pepitahut; Pepitamantel.
Pep|mit|tel (das, -, -s) Aufputschmittel.
Pep|ping (der, -s, -e/-s) (engl.) kleiner Apfel.
Pep|sin (das, -s, -e) (griech.) Magensaftferment. Pepsinwein; Peptisierung; peptisch; peptisieren.
Pep|tid (das, -s, -e) (griech.) beim Abbau von Proteinen entstehender Stoff.
per (Präp., Akk.) mit; durch; bis. *Beachte:* per Eilboten (*falsch:* Eilbote!); per Post; per Bahn; die Rechnung ist per 15. März zu zahlen.
per con|to (ital.) auf Rechnung.
Perch|ten (die, nur Plural) Geister; Dämonen. Perchtenmasken; Perchtentanz.
Per|cus|si|on (die, -, -s) (engl.) Schlaginstrumente.
per de|fi|ni|ti|o|nem (lat.) laut Definition.
per|du (Adj.) (franz.) (ugs.) verloren; weg.
pe|r|emp|to|risch (Adj.) (lat.) aufhebend; vernichtend; ungültig machend.
pe|r|en|nie|rend (Adj.) (lat.) 1. überwinternd; ausdauernd; mehrere Jahre blühend. 2. das ganze Jahr hindurch Wasser führend.

Pe|re|s|t|ro|i|ka (die, -, -) (russ.) Reform; Umgestaltung.
per|fekt (Adj.) (lat.) vollkommen; hervorragend; abgeschlossen. Perfektion; Perfektionismus; Perfektionist; perfektionistisch; perfektionieren.
Per|fekt (das, -s, -e) (lat.) Zeitform des Verbs (2. Vergangenheit; z. B. habe gesehen, bin gewesen). Adjektive: perfektisch; perfektivisch.
per|fek|ti|bel (Adj.) (lat.) vollendungsfähig; zur Vervollkommnung befähigt.
Per|fek|ti|bi|lis|mus (der, -, kein Plural) (lat.) aufklärerische Position, wonach der Sinn jeglicher Geschichte in der fortschreitenden Vervollkommnung der Menschheit liegt.
Per|fek|ti|bi|list (der, -en, -en) (lat.) Anhänger des Perfektibilismus.
Per|fek|ti|bi|li|tät (die, -, kein Plural) (lat.) die Fähigkeit, Befähigung zur Vervollkommnung.
Per|fek|ti|o|nie|rung (die, -, kein Plural) (lat.) das Perfektionieren, das Vervollkommnen.
per|fek|tiv (Adj.) (lat.) eine zeitliche Begrenzung eines Geschehens ausdrücken.
Per|fek|tiv (das, -s, -e) (lat.) Aktionsart des Verbs, die das Ende einer Handlung, eines Geschehens, Zustandes ausdrückt (in slawischen Sprachen).
per|fek|ti|vie|ren (V.) (lat.) ein Verb mithilfe von Partikeln in die perfekte Aktionsart überführen (Sprachwissenschaft).
per|fid (*auch:* per|fi|de) (Adj.) (franz.) treulos; hinterhältig. Perfidie; Perfidität.
Per|fo|ra|ti|on (die, -, -ti|o|nen) (lat.) 1. Reißlinie; 2. Durchlochung. Perforator; Perforiermaschine; perforabel; perforieren.
Per|for|mance (die, -, -s) (engl.) Aufführung.
per|for|ma|tiv (Adj.) (lat.-engl.) eine Handlung sprachlich äußernd und gleichzeitig vollziehend (jmdm. Glück wünschen).
Per|ga|ment (das, -s, -e) (griech.) Tierhaut; Schriftstück. Pergamentband; Pergamentpapier; Pergamin; pergamenten.
per|ga|men|tie|ren (V.) (griech.-lat.) 1. ein Papier fertigen, das dem Pergament ähnlich ist. 2. Baumwollgewebe durch Schwefelsäure pergamentähnlich machen.
Per|ga|min (das, -s, kein Plural) (griech.-lat.) dem Pergament ähnliches Papier.
Per|go|la (die, -, -len) (ital.) Laube.
per|hor|res|zie|ren (V.) (lat.) verabscheuen; mit Nachdruck zurückweisen.
Pe|ri|anth (das, -s, -e) (griech.) 1. Blütenhülle (bei Bedecktsamern). 2. blattartige Hülle um die Fortpflanzungsorgane (bei Moosen).
Pe|ri|ar|th|ri|tis (die -, -ti|den) (griech.) Entzündung der Umgebung von Gelenken.

Pe|ri|chon|d|ri|tis (die, -, -ti|den) (griech.) Knorpelhautentzündung.
Pe|ri|chon|d|ri|um (das, -s, -ri|en) Knorpelhaut.
Pe|ri|derm (das, -s, -e) (griech.) Pflanzengewebe.
Pe|ri|dot (der, -s, -e) (franz.) ein Mineral; Art des Olivins; Schmuckstein.
Pe|ri|gon (das, -s, -e) (griech.) Blütenhülle aus gleichartigen Blättern (Bot.).
Pe|ri|hel (das, -s, -e) (griech.) Punkt der geringsten Entfernung auf der Bahn eines Himmelskörpers von der Sonne; Sonnennähe.
Pe|ri|kard (das, -s, -e) Hülle des Herzens; Herzbeutel.
Pe|ri|kar|di|tis (die, -, -ti|den) (griech.) Herzbeutelentzündung.
Pe|ri|karp (das, -s, -e) (griech.) Fruchtwand (bei Früchten von Samenpflanzen).
Pe|ri|klas (der, -es, -e) (griech.) Mineral.
Pe|ri|ko|pe (die, -, -n) (griech.) Bibelabschnitt.
Pe|ri|me|ter (das, -s, -) (griech.) Gerät zum Bestimmen der Größe des Gesichtsfeldes.
Pe|ri|o|de (die, -, -n) (lat.) 1. Zeitraum; 2. Abfolge; 3. Menstruation. Periodenrechnung; Periodensystem; Periodenzahl; Periodik; Periodisierung; Periodizität; mehrperiodig; periodisch; periodisieren.
Pe|ri|o|di|kum (das, -s, -ka) (griech.-lat.) regelmäßig erscheinende Zeitschrift.
Pe|ri|o|do|lo|gie (die, -, kein Plural) (griech.-lat.) die Lehre vom Bau musikalischer Sätze.
Pe|ri|o|don|ti|tis (die, -, -ti|den) (griech.) Wurzelhautentzündung.
Pe|ri|ö|ke (der, -n, -n) (griech.) freier Einwohner des alten Sparta ohne politische Rechte.
pe|ri|o|ral (Adj.) (griech.-lat.) in der Nähe des Mundes; um den Mund herum sich befindend (Med.).
Pe|ri|ost (das, -s, -e) (griech.) Knochenhaut.
Pe|ri|os|ti|tis (die, -, -ti|den) (griech.) Knochenhautentzündung.
Pe|ri|pe|tie (die, -, -n) (griech.) Wendepunkt; Umschwung.
pe|ri|pher (Adj.) (griech.) am Rande gelegen. Peripherie; Peripheriegerät (EDV); Peripheriewinkel.
Pe|ri|phra|se (die, -, -n) (griech.) Umschreibung. Adjektiv: periphrastisch. Verb: periphrasieren.
Pe|ri|s|kop (das, -s, -e) (griech.) Sehrohr. Adjektiv: periskopisch.
Pe|ri|s|tal|tik (die, -, kein Plural) (griech.) wellenförmige Bewegung (von Hohlorganen; z. B. der Speiseröhre).
pe|ri|s|tal|tisch (Adj.) (griech.) wellenförmig (fortschreitend).

Pe|ri|s|ta|se (die, -, -n) (griech.) Gesamtheit der auf ein Lebewesen vor und nach der Geburt einwirkenden Einflüsse.
Pe|ris|te|ri|um (das, -s, -r|ien) (griech.-lat.) mittelalterlicher Behälter für Hostien in Form einer Taube.
Pe|ri|s|tyl (das, -s, -e) (griech.) Innenhof mit Säulen.
Pe|ri|to|ne|um (das, -s, -ne|en) (griech.-lat.) Bauchfell.
Pe|ri|to|ni|tis (die, -, -ti|den) (griech.) Bauchfellentzündung.
Per|jo|dat (das, -s, -e) Salz der Überjodsäure.
Per|kal (der, -s, -e) (pers.) Baumwollgewebe.
Per|ko|lat (das, -s, -e) durch Perkolation gewonnener Auszug.
Per|ko|la|ti|on (die, -, -ti|o|nen) (lat.) Gewinnung von Auszügen aus klein geschnittenen Pflanzen auf kaltem Wege durch ständig fließendes Lösungsmittel.
per|ko|lie|ren (V.) (lat.) durch Perkolation gewinnen.
Per|kus|si|on (die, -, -si|o|nen) (lat.-engl.) 1. Erschütterung; Stoß. 2. Zündung durch Schlag auf ein Zündhütchen. 3. ärztliche Untersuchung durch Beklopfen. 4. Vorrichtung am Harmonium, die Hämmerchen gegen die Metallzungen schlagen lässt (zum Erzeugen klarerer Töne). 5. (die, -, -s) Schlagzeug in Jazz-/Rockbands.
per|kus|siv (Adj.) (lat.) vom Rhythmus geprägt; bestimmt, durch rhythmische Geräusche erzeugt.
Perl (die, -, kein Plural) Schriftgrad. Perlschrift.
Per|la|tor (der, -s, -en) (nlat.) kleine Vorrichtung für Wasserhähne, die ein weiches Fließen des Wassers ohne Spritzen ermöglicht.
Per|le (die, -, -n) 1. Küglein. 2. Tropfen. 3. Schmuckstück. 4. (ugs.) guter Geist. Perlenfischer; Perlenkette; Perlenkollier; Perlenschnur; Perlenstickerei; Perlentaucher; Perlgarn; Perlhuhn; Perlmuschel; Perlmutt; Perlmutter; Perlmuttknopf; Perlstick; Perlwein; Perlzwiebel. Adjektive: perlen (aus Perlen); perlenbesetzt; perlenbestickt; perlgrau; perlig; perlmutterfarben; perlmuttern; perlweiß. Verb: perlen.
Per|lit (der, -s, -e) (lat.) Gestein. Perlitguss.
Per|lon (das, -s, kein Plural) Kunstfaser. Perlonstrumpf; perlonverstärkt.
Per|lu|s|t|ra|ti|on (die, -, -ti|o|nen) (österr.) das Perlustrieren.
per|lu|s|t|rie|ren (V.) (lat.) (österr.) zur Feststellung der Identität genau untersuchen; z. B. einen Verdächtigen perlustrieren.
Perm (das, -s, kein Plural) Gesteinsschicht, jüngste Formation des Paläozoikums.

Per|ma|frost|bo|den (der, -s, -bö|den) Dauerfrostboden.
per|ma|nent (Adj.) (lat.) ohne Unterbrechung; dauernd. Permanentfarbstoff; Permanentgelb; Permanentweiß; Permanenz; Permanenztheorie.
Per|man|ga|nat (das, -s, -e) Salz der Übermangansäure.
per|me|a|bel (lat.) durchlässig. Permeabilität.
per|mis|siv (Adj.) (lat.) zulassend; tolerant. Permissivität.
per|mu|ta|bel (Adj.) (lat.) vertauschbar. Permutation; permutieren.
Per|ni|o|sis (die, -, -ni|o|sen) (lat.) Frostschaden (der Haut); Frostbeulen.
per|ni|zi|ös (Adj.) (lat.-franz.) bösartig; unheilbar.
per|oral (Adj.) (lat.) durch den Mund.
Per|oxid (auch: Per|oxyd) (das, -s, -e) (lat.) sauerstoffreiche chemische Verbindung.
per pe|des (lat.) (ugs.) zu Fuß.
Per|pen|di|kel (der/das, -s, -) (lat.) 1. Uhrpendel. 2. Senkrechte. Adjektiv: perpendikular (auch: -lär).
Per|pe|tu|um mo|bi|le (das, - -/- -s, - -/-tua -lia) (lat.) fantastische Maschine (arbeitet ohne Energiezufuhr).
per|plex (Adj.) (lat.) überrascht; betroffen. Perplexität.
per pro|cu|ra (lat.) in Vollmacht (Abk.: pp; ppa).
Per|ron (der, -s, -s, österr., schweiz.: der, -s, -e) (franz.) 1. Bahnsteig. 2. Plattform (älterer Straßenbahnen).
per sal|do (ital.) durch Ausgleich.
per se (lat.) von selbst; an sich.
Per|sen|ning (die, -, -s/-en) (niederl.) wasserdichtes Gewebe (für Segel, Zeltbahnen); Schutzüberzug daraus.
Per|ser (der, -s, -) Einwohner Persiens; (Kurzw.) Perserteppich. Perserkatze; Perserkrieg.
Per|se|ve|ranz (die, -, kein Plural) (lat.) Beharrlichkeit.
Per|se|ve|ra|ti|on (die, -, -ti|o|nen) (lat.) beharrliches Wiederauftauchen; Wiederkehren (von Vorstellungen im Bewusstsein).
per|se|ve|rie|ren (V.) (lat.) immer wiederkehren, immer wieder auftauchen (von Vorstellungen im Bewusstsein).
Per|si|a|ner (der, s, -) Fell; Mantel. Persianermantel.
Per|si|fla|ge (die, -, -n) (franz.) Verspottung. Verb: persiflieren.
Per|si|ko (der, -s, -s) (franz.) Likör.
Per|sil|schein (der, -s, -e) (ugs.) Entlastung.
Per|si|pan (das, -s, -e) (lat.) Marzipanersatz.

per'sis'tent (Adj.) (lat.) anhaltend; dauernd. Persistenz.
Per'son (die, -, -en) 1. Mensch; Figur; 2. Verbform (z. B. erste Person Singular: gehe). *Beachte:* Er war die Ruhe in Person; ich für meine Person (was mich betrifft); Persona grata; Persona ingrata.
Personal; Personalabbau; Personalabteilung; Personalakte; Personalausweis; Personalbüro; Personalchef; Personaleinsparung; Personalform (finite Form); Personalien; Personalismus; Personalität; Personalkosten; Personalleiter; Personalplanung; Personalpolitik; Personalpronomen (persönliches Fürwort, z. B. ich, er, wir); Personalrat; Personalreferent; Personalunion; Personalverwaltung; Personchen; Personenaufzug; Personenauto; Personenbeförderungsgesetz; Personenbeschreibung; Personengedächtnis; Personenkennziffer; Personenkraftwagen (Abk.: Pkw, PKW); Personenkreis; Personenkult; Personenname; Personenstand; Personenstandsregister; Personenverkehr; Personenwaage; Personenwagen. Adjektiv: personal; personalintensiv; personell; persönlich.
Per'so'nal Com'pu'ter (der, -s, -) (engl.) Kleincomputer (Abk.: PC).
Per'so'nal'li'ty'show (die, -, -s) (engl.) Fernsehsendung von und mit einem einzelnen Star.
Per'so'nal'kre'dit (der, -s, -e) Kredit, der ohne Sicherheiten gewährt wird, im Vertrauen auf die Person des Antragstellers und dessen Fähigkeit zur Rückzahlung.
Per'so'na'ri'um (das, -s, -ri'en) Gesamtheit der Personen, die bei einem Theaterstück mitwirken.
per'so'ni'fi'zie'ren (V.) (lat.) vermenschlichen. Personifikation; Personifizierung.
Per'sön'lich'keit (die, -, -en) 1. Charakter. 2. Prominenter. Persönlichkeitsentfaltung; Persönlichkeitskult; Persönlichkeitsrecht; Persönlichkeitswahl; Persönlichkeitswert; persönlich; persönlichkeitsbewusst; persönlichkeitsfremd.
Per'spek'tiv (das, -s, -e) (lat.) kleines Fernrohr.
Per'spek'ti've (die, -, -n) (lat.) Aussicht; Fluchtpunkt. Perspektivismus; Perspektivplanung; perspektivisch.
Per'spi'ra'ti'on (die, -, kein Plural) (lat.) Hautatmung. Adjektiv: perspiratorisch.
Per'tus'sis (die, -, kein Plural) (lat.) Keuchhusten.
Pe'ru (ohne Art., -s, kein Plural) Peruaner; peruanisch.
Pe'rü'cke (die, -, -n) (franz.) Haarersatz. Perückenmacher.
per'vers (Adj.) (lat.) abartig; sexuell abweichend. Perversion; Perversität; pervertieren.

Per'zep'ti'on (die, -, -ti'o'nen) (lat.) Wahrnehmung durch die Sinnesorgane. Perzeptibilität; Perzipient; perzeptibel; perzeptiv; perzeptorisch; perzipieren.
pe'sen (V.) (ugs.) rennen; rasen.
Pe'se'ta (die, -, -ten) (span.) spanische Währungseinheit (Abk.: Pta).
Pe'so (der, -s, -s) (span.) Währungseinheit in Mittel- und Südamerika u. a.
Pes'sar (das, -s, -e) (griech.) Verhütungsmittel.
Pes'si'mis'mus (der, -, kein Plural) (lat.) negative Lebenseinstellung. Pessimist; pessimistisch.
Pest (die, -, kein Plural) (lat.) Seuche. Pestbeule; Pesthauch; Pestilenz; Pestkraut; Pestsäule; pestilenzialisch; pestkrank.
Pes'ti'zid (das, -s, -e) (lat.) Schädlingsbekämpfungsmittel.
Pe'tal (das, -s, -en) (lat.) Kronblatt (einer Blüte).
Pe'tar'de (die, -, -n) (franz.) 1. mit Sprengstoff gefülltes Gefäß (früher zum Sprengen von Festungstoren). 2. Feuerwerkskörper.
Pe'te'chi'en (die, nur Plural) (ital.) punktförmige Hautblutungen.
Pe'ter'si'lie (die, -, -n) (griech.) Küchengewürz. Petersilienkartoffeln; Petersilienwurzel.
Pe'ter'wa'gen (der, -s, -) (ugs.) Polizeiauto.
Pe'tit (die, -, kein Plural) (franz.) Schriftgrad. Petitsatz; Petitschrift.
Pe'ti'ti'on (die, -, -ti'o'nen) (lat.) Eingabe; Bittschrift. Petitionsausschuss; Petitionsrecht; petitionieren.
Pe'tit Four (die, nur Plural) (franz.) Gebäck.
Pe'tre'fakt (das, -s, -e/-en) (griech.) Versteinerung. Petrifikation; petrifizieren.
Pe'tri Heil (Interj.) Anglergruß.
Pe'tri'jün'ger (der, -s, -) (scherzhaft) Angler.
Pe'tro'che'mie (die, -, -) (griech.) Erdölverarbeitung. Adjektiv: petrochemisch.
Pe'tro'dol'lar (der, -s, -s) Geldanlagen aus dem Erdölgeschäft.
Pe'tro'ge'ne'se (die, -, -) (griech.) Gesteinsbildung. Adjektiv: petrogenetisch.
Pe'tro'gly'phe (die, -, -n) (griech.) vorgeschichtliche Felszeichnung.
Pe'tro'gra'fie (*auch:* Pe'tro'gra'phie) (die, -, kein Plural) (griech.) Gesteinskunde. Petrograf (*auch:* Petrograph); petrografisch (*auch:* petrographisch).
Pe'trol (das, -s, kein Plural) (Kurzw.) Petroleum. Adjektiv: petrolfarben (*auch:* petrolfarbig).
Pe'trol'äther (der, -s, -) Gasolin.
Pe'trol'che'mie (die, -, -n) Rohstoffgewinnung (Erdöl, -gas).

Petroleum

Pe′tro′le′um (das, -s, kein Plural) (griech.-lat.) Kerosin. Petroleumkocher; Petroleumlampe; Petroleumofen.
Pe′tro′lo′gie (die, -, kein Plural) (griech.) Gesteinskunde.
Pet′schaft (das, -s, -e) (tschech.) Siegelstempel.
pet′schiert (Adj.) (südd.) (ugs.) blamiert; ausgeschmiert.
Pet′ti′coat (der, -s, -s) steifer Unterrock.
Pet′ting (das, -s, kein Plural) (engl.) sexuelles Liebesspiel ohne Koitus.
pet′to (nur in der Wendung:) etwas in petto haben (bereithalten).
Pe′tu′nie (die, -, -n) Pflanze.
Petz (der, -es, -e) (ugs.) Bär.
Pet′ze (die, -, -n) Hündin; jemand, der etwas ausplaudert. Petzer; petzen.
peu à peu (franz.) nach und nach.
pF Pikofarad.
Pf (Abk.) Pfennig.
PF (Abk.) Postfach.
Pfad (der, -s, -e) schmaler Weg. Pfadfinder; pfadlos.
Pfaffe (der, -n, -n) Geistlicher. Pfaffentum; pfäffisch.
Pfaffen′hüt′chen (das, -s, -) Zierstrauch.
Pfahl (der, -s, Pfäh′le) Holzpflock. Pfahlbau; Pfahldorf; Pfahlgraben; Pfahlgründung; Pfahlmuschel; Pfahlrost; Pfählung; Pfahlschuh; Pfahlwerk; Pfahlwurm; Pfahlwurzel; pfählen.
Pfalz (die, -, -en) (lat.) 1. Hofburg. 2. (ohne Plural) Teil Deutschlands. Pfalzgraf; Pfälzer Wein; pfalzgräflich; pfälzisch.
Pfand (das, -s, Pfän′der) Bürgschaft. Pfandbrief; Pfandbruch; Pfänderspiel; Pfandflasche; Pfandgeld; Pfandhaus; Pfandleihe; Pfandleiher; Pfandrecht; Pfandschein; Pfandzettel; pfandweise.
pfän′den (V.) beschlagnahmen. Pfändbarkeit; Pfänder; Pfändung; Pfändungsauftrag; Pfändungsschutz; Pfändungsverfügung; pfändbar.
Pfan′ne (die, -, -n) 1. Bratgerät; 2. Dachziegel. Pfännchen; Pfannenstiel.
Pfann′ku′chen (der, -s, -) Eierkuchen.
Pfar′rer (der, -s, -) Priester. Pfarramt; Pfarrbezirk; Pfarrei; Pfarrerin; Pfarrerskoch; Pfarrfrau; Pfarrhaus; Pfarrhelfer; Pfarrhof; Pfarrkirche; Pfarrstelle; Pfarrvikar; pfarreilich; pfarrlich.
Pfau (der, -s, -en) Vogel. Pfauenfeder; Pfauenrad; Pfauenthron; Pfauhahn; Pfauhenne.
Pfau′en′au′ge (das, -s, -n) Schmetterling.
Pfd. (Abk.) Pfund. *Aber*: £ (*auch*: £Stg) (Abk.) Pfund Sterling.
Pfeffer (der, -s, -) (sanskr.) Pflanze; Gewürz. Pfeffergewächs; Pfeffergurke; Pfefferkorn;

Pflanze

Pfeffermühle; Pfeffersack; Pfeffersteak; Pfefferstrauch; Pfeffer-und-Salz-Muster; pfeff(e)rig; pfeffern.
Pfeffer′fres′ser (der, -s, -) Spechtart.
Pfeffer′ku′chen (der, -s, -) Lebkuchen. Pfefferkuchenhäuschen.
Pfeffer′min′ze (die, -, -n) Heilpflanze. Pfefferminzlikör; Pfefferminzöl; Pfefferminzpastillen; Pfefferminztee.
Pfeffer′nuss (die, -, -nüs′se) Gebäck.
Pfeffe′ro′ni (der, -, -) (ital.) Peperoni.
Pfei′fe (die, -, -n) 1. Rauchinstrument. 2. Blasinstrument. 3. (ugs.) Versager. Pfeifendeckel; Pfeifenkopf; Pfeifenkraut; Pfeifenrauch; Pfeifenreiniger; Pfeifenständer; Pfeifenstopfer; Pfeifentabak; Pfeifer; Pfeiferei; Pfeifkessel; Pfeifkonzert; Pfeifton; pfeifen; auf etwas pfeifen (darauf verzichten).
Pfeil (der, -s, -e) Geschoss. Pfeilgift; Pfeilhecht; Pfeilkraut; Pfeilrichtung; Pfeilschuss; Pfeilwurm; Pfeil und Bogen; pfeilgerade; pfeilgeschwind; pfeilschnell.
Pfei′ler (der, -s, -) Säule; Stütze. Pfeilerbrücke.
Pfen′nig (der, -s, -e) Münze, bis 2002 gültige deutsche Währung, die dann vom Cent abgelöst wurde. 100 Pf. entsprachen 1 DM. Pfennigabsatz; Pfennigbetrag; Pfennigfuchser; Pfennigstück; Pfennigware; pfenniggroß; pfennigstückgroß; pfennigweise.
Pferch (das, -s, -e) Einzäunung. Verb: pferchen.
Pferd (das, -s, -e) 1. Reittier; 2. Turngerät. Pferdeapfel; Pferdebahn; Pferdedecke; Pferdedroschke; Pferdefleisch; Pferdefuß; Pferdekoppel; Pferdekur; um eine Pferdelänge geschlagen; Pferderennen; Pferdeschwanz; Pferdesport; Pferdsprung; Pferdestall; Pferdestärke (Abk.: PS); Pferdewirt; Pferdezucht; ein sechspferdiges Gespann.
Pfet′te (die, -, -n) Dachstuhlbalken. Pfettendach.
Pfiff (der, -s, -e) pfeifender Ton; Trick; Reiz. Verb: pfeifen.
Pfiff′er′ling (der, -s, -e) Pilz.
pfiffig (Adj.) schlau. Pfiffigkeit; Pfiffikus.
Pfings′ten (das, -s, -) (griech.) christlicher Feiertag. *Beachte*: zu Pfingsten; an Pfingsten. Pfingstfeiertage; Pfingstfest; Pfingstmontag; Pfingstochse; Pfingstrose; Pfingstsonntag; Pfingstverkehr; Pfingstwoche; Pfingstwochenende; pfingstlich.
Pfir′sich (der, -s, -e) Frucht. Pfirsichbaum; Pfirsichblüte; Pfirsicheis; Pfirsich Melba.
Pflan′ze (die, -, -n) 1. Gewächs. 2. (ugs.) origineller Mensch. Pflanzenbau; Pflanzendecke; Pflanzenextrakt; Pflanzenfaser; Pflanzenfett;

Pflanzenfresser; Pflanzengift; Pflanzengrün; Pflanzenkost; Pflanzenkunde; Pflanzenreich; Pflanzenschutz; Pflanzenschutzmittel; Pflanzenwelt; Pflanzer; Pflanzgarten; Pflanzgemüse; Pflanzkartoffeln; Pflänzchen; Pflänzling; Pflanzstock; Pflanzung. Adjektive: pflanzenartig; pflanzenhaft; pflanzenreich; pflanzlich. Verb: pflanzen.
Pflas'ter (das, -s, -) 1. Straßenbelag. 2. Wundschutz. Pflästerchen; Pflasterer; Pflastermaler; Pflasterstein; Pflastertreter; Pflasterung; pflastermüde; gepflastert; pflastern.
Pflatsch (*auch:* Pflat'schen) (der, -es, -e) (südd.) (ugs.) Regenschauer. Verb: pflatschen.
Pflau'me (die, -, -n) 1. Frucht. 2. (ugs.) Neckwort. Pflaumenaugust; Pflaumenbaum; Pflaumenbranntwein; Pflaumenernte; Pflaumenkern; Pflaumenkompott; Pflaumenkuchen; Pflaumenmus; Pflaumenschnaps; pflaumenweich; pflaumen (ugs.) (necken).
pfle'gen (V.) 1. betreuen. 2. Schönheitspflege betreiben. 3. gewohnt sein. 4. fördern. Pflege; Pflegeamt; Pflegeeltern; Pflegefall; Pflegegeld; Pflegeheim; Pflegekind; Pflegemutter; Pfleger; Pflegerin; Pflegesatz; Pflegesohn; Pflegestation; Pflegetochter; Pflegevater; Pflegling; Pflegschaft. Adjektive: pflegearm; pflegebedürftig; pflegeleicht; pflegerisch; pfleglich; pflegsam.
Pflicht (die, -, -en) 1. Aufgabe. 2. vorgeschriebene Übung (Sport). Pflichtbesuch; Pflichtbewusstsein; Pflichteinstellung; Pflichteifer; Pflichtfach; Pflichtgefühl; Pflichtjahr; Pflichtlauf; Pflichtleistung; Pflichtlektüre; Pflichtteil; Pflichttreue; Pflichtübung; Pflichtumtausch; Pflichtvergessenheit; Pflichtverletzung; Pflichtversicherung; Pflichtverteidiger; Pflichtvorlesung. Adjektive: pflichtbewusst; pflichteifrig; pflichtgemäß; schulpflichtig; pflichtschuldig; pflichtvergessen; pflichtversichert; pflichtwidrig.
Pflock (der, -s, Pflö'cke) Stock. Pflöckchen; pflöcken.
pflü'cken (V.) abnehmen; ernten. Pflücker/-in; Pflückreife; Pflücksalat.
Pflug (der, -s, Pflü'ge) Ackergerät; Schneepflug (Ski). Pflüger; Pflugmesser; Pflugschar; Pflugsterz; pflügen.
Pfor'te (die, -, -n) Tür; Eingang. Pförtchen; Pförtner/in; Pförtnerloge.
Pfos'ten (der, -s, -) Pfeiler. Pfostenschuss.
Pfo'te (die, -, -n) 1. Tatze. 2. (ugs.) Hand. 3. (ugs.) Handschrift. Pfötchen.
Pfr. (Abk.) Pfarrer.
Pfriem (der, -s, -e) Werkzeug.
pfrie'men (V.) (ugs.) herumzupfen.
Pfriem'kraut (das, -s, -e) Ginster.

Pfril'le (die, -, -n) Fisch.
pfrop'fen (V.) verschließen; verstopfen; veredeln. Die U-Bahn war gepfropft voll. Pfropf; Pfröpfchen; Pfropfen; Pfröpfling; Pfropfmesser; Pfropfreis; Pfropfung.
Pfrün'de (die, -, -n) Kirchenamt; müheloses Einkommen. ~ gut
Pfuhl (der, -s, -e) Tümpel; Sumpf. Sündenpfuhl.
pfui! (Interj.) Ausruf (Ekel; Ablehnung). Die Rede wurde durch lautes Pfui gestört. Pfuiruf, Pfui (*auch:* pfui) rufen.
Pfund (das, -s, -e) (lat.) 1. Gewicht (Abk.: Pfd.). 2. britische, irische Währungseinheit (Abk.: £). 3. Übergewicht. *Beachte:* Ich habe zehn Pfund zu viel. *Aber:* Ich müsste einige Pfunde abnehmen. Bring mir drei Pfund frische/frischer Karotten mit. Pfündchen; Vierpfünder Bauernlaib; Pfundnote; Pfund Sterling (Abk.: £; £Stg); pfundweise.
pfun'dig (Adj.) (ugs.) (südd.) prächtig.
pfu'schen (V.) unsauber, fehlerhaft arbeiten. Pfusch; Pfuscher/in; Pfuscherei.
Pfüt'ze (die, -, -n) Lache. Pfützchen; Pfützeimer; Pfützenwasser.
ph (Abk.) Phot.
PH (Abk.) Pädagogische Hochschule.
Pha'go'zyt (der, -en, -en) (griech.) weißes Blutkörperchen. Phagozytose.
Pha'lanx (die, -, -lan'gen) (griech.) Schlachtreihe; Front.
Phal'lus (der, -, -se/-li/-len) (griech.) männliches Glied. Phalluskult; Phallussymbol; phallisch.
Pha'ne'ro'ga'me (die, -, -n) (griech.) Blütenpflanze.
Phä'no'lo'gie (die, -, kein Plural) (griech.) Lehre über die jahreszeitlichen Entwicklungsformen von Tier und Pflanze.
Phä'no'men (das, -s, -e) (griech.) 1. Naturereignis. 2. Ungewöhnliches; Wunder. Adjektiv: phänomenal.
Phä'no'me'no'lo'gie (die, -, kein Plural) (griech.) 1. philosophische Lehre. 2. objektive Beschreibung des Gegebenen. Adjektiv: phänomenologisch.
Phä'no'typ (*auch:* -ty'pus) (der, -s, -en) (griech.) Erscheinungsbild. Adjektiv: phänotypisch.
Phan'tasie → Fantasie.
Phan'tas'ma (das, -s, -men) Trugbild.
Phan'tas'ma'go'rie (die, -, -n) (griech.) 1. Zauberbild; Trugbild; Wahngebilde. 2. Darstellung von Geistererscheinungen, Trugbildern usw. auf der Bühne.
phan'tas'ma'go'risch (Adj.) in der Art einer Phantasmagorie (1.).

Phan|tom (das, -s, -e) (griech.) Trugbild. Phantombild (Täterbild); Phantomschmerz.
Pha|rao (der, -s, -nen) altägyptischer Herrscher. Pharaonengrab; Pharaonenreich; pharaonisch.
Pha|ri|sä|er (der, -s, -) (griech.) Heuchler. Pharisäertum; pharisäerhaft; pharisäisch.
Phar|ma|in|du|s|trie (die, -, -n) (griech.-lat.) Arzneimittelindustrie.
Phar|ma|keu|le (die, -, -n) übermäßige Verabreichung von Psychopharmaka.
Phar|ma|ko|lo|gie (die, -, kein Plural) (griech.) Arzneimittelkunde. Pharmakologe; pharmakologisch.
Phar|ma|kon (das, -s, -ka) (griech.) Medikament; Gift.
Phar|ma|re|fe|rent (der, -en, -en) Arzneimittelvertreter.
Phar|ma|zeu|tik (die, -, kein Plural) (griech.) Arzneimittelkunde. Pharmazeut; Pharmazeutikum; pharmazeutisch; pharmazeutisch-technischer Assistent (Abk.: PTA).
Phar|ma|zie (die, -, kein Plural) (griech.) Arzneimittelkunde.
Pha|rus (griech.) Insel bei Alexandria, auf der in der Antike ein berühmter Leuchtturm stand.
Pha|ryn|gi|tis (die, -, -ti|den) (griech.) Rachenentzündung.
Pha|ryn|go|lo|gie (die, -, kein Plural) (griech.) Wissenschaft vom Rachen.
Pha|ryn|go|s|kop (das, -s, -e) (griech.) Gerät zur Untersuchung des Rachens; Rachenspiegel.
Pha|ryn|go|s|ko|pie (die, -, -n) Untersuchung des Rachens mit dem Pharyngoskop.
Pha|rynx (der, -, -ryn|gen) (griech.) Rachen.
Pha|se (die, -, -n) (griech.) Abschnitt; Zeit; Zustand (Physik). Phasenbild; Phasengleichheit; Phasenmesser; Phasenspannung; Phasenverschiebung; einphasig; mehrphasig.
Phel|lo|gen (das, -s, -e) (griech.) Kork bildendes Pflanzengewebe.
Phe|na|ce|tin (das, -s, kein Plural) (griech.) Schmerzmittel.
Phe|nol (das, -s, -e) (griech.-franz.) Karbolsäure.
Phe|ro|mon (das, -s, -e) (griech.) Stoff, der von manchen Tieren nach außen abgegeben wird und auf Tiere der gleichen Art bestimmte Wirkung ausübt (z. B. Sexuallockstoff).
Phi (das, -, -s) griechischer Buchstabe (Φ, φ).
phil.../Phil... (griech.) liebend.
Phi|l|an|th|rop (der, -en, -en) (griech.) Menschenfreund. Philanthropie; Philanthropismus; philanthropisch.
Phi|l|a|te|list (der, -en, -lis|ten) (griech.) Briefmarkensammler. Philatelie; philatelistisch.

Phil|har|mo|nie (die, -, -n) (griech.) Orchester; Konzertsaal. Philharmoniker; philharmonisch.
Phil|lip|pi|ka (die, -, -ken) (griech.) leidenschaftliche, kämpferische Rede; heftige Strafrede.
Phil|lip|pi|nen (die, nur Plural) Philippiner; philippinisch.
Phi|lis|ter (der, -s, -) (hebr.) Spießbürger. Philisterei; Philistertum; philisterhaft; philiströs.
Phi|lu|me|nie (die, -, kein Plural) (griech.-lat.) Sammeln von Streichholzschachteln oder Etiketten von Streichholzschachteln.
Phi|lo|den|d|ron (der/das, -s, -ren) (griech.) Pflanze.
Phi|lo|lo|gie (die, -, -n) (griech.) Sprach- und Literaturwissenschaft. Philologe; Philologin; philologisch.
Phi|lo|so|phem (das, -s, -e) (griech.) Ergebnis philosophischer Forschung; philosophischer Ausspruch; Lehrsatz.
Phi|lo|so|phie (die, -, -n) (griech.) Erkenntnislehre über das menschliche Dasein, das Denken, das Universum und die Existenz. Philosoph; Philosophikum; philosophisch; philosophieren.
Phi|mo|se (die, -, -n) (griech.) Verengung der Vorhaut (des Penis).
Phi|o|le (die, -, -n) (griech.) Fläschchen; Vase; kleines Gefäß.
Phle|bi|tis (die, -, -ti|den) (griech.) Venenentzündung.
Phleg|ma (das, -s, kein Plural) (griech.) Trägheit; Gleichgültigkeit. Phlegmatiker; phlegmatisch.
Phleg|mo|ne (die, -, -n) (griech.) Entzündung des Zellgewebes.
Phlox (der, -es, -e) (griech.) Zierpflanze.
Phlo|xin (das, -s, kein Plural) (griech.) roter Farbstoff.
Pho|bie (die, -, -n) (griech.) krankhafte Angst.
Phon (*auch:* Fon) (das, -s, -s) (griech.) Maßeinheit (Lautstärke). Phonzahl (*auch:* Fonzahl); phonstark (*auch:* fonstark).
Pho|nem (*auch:* Fo|nem) (das, -s, -e) (griech.) Laut. Adjektiv: phonemisch (*auch:* fonemisch).
Pho|ne|tik (*auch:* Fo|ne|tik) (die, -, kein Plural) (griech.) Lautlehre. Phonetiker (*auch:* Fonetiker); phonetisch (*auch:* fonetisch).
pho|nisch (*auch:* fo|nisch) (Adj.) (griech.) die Stimme betreffend.
Phö|nix (der, -, -e) (griech.) Vogel als Sinnbild der Unsterblichkeit.
Pho|no|dik|tat (*auch:* Fo|no|dik|tat) (das, -s, -e) (griech.-lat.) Diktat auf Tonband.
Pho|no|gramm (*auch:* Fo|no|gramm) (das, -s, -e) (griech.) Tonaufzeichnung (Schallplatte, Tonband).

pho|no|gra|phisch (*auch:* fo|no|gra|fisch) (Adj.) (griech.) lautgetreu. Phonographie (*auch:* Fo|no|gra|fie).
Pho|no|kof|fer (*auch:* Fo|no|kof|fer) (der, -s, -) tragbarer Plattenspieler.
Pho|no|lith (*auch:* Fo|no|lith) (der, -en, -en) (griech.) ein Ergussgestein, das beim Anschlagen hell klingt; Klingstein.
Pho|no|lo|gie (*auch:* Fo|no|lo|gie) (die, -, kein Plural) (griech.) Lautlehre. Adjektiv: phonologisch (*auch:* fo|no|lo|gisch).
Pho|no|me|ter (*auch:* Fo|no|me|ter) (das, -s, -) (griech.) Lautstärkemessgerät.
Pho|no|thek (*auch:* Fo|no|thek) (die, -, -en) (griech.) Tonbandarchiv.
Pho|no|ty|pis|tin (*auch:* Fo|no|ty|pis|tin) (die, -, -nen) Schreibkraft, die vom Diktiergerät abschreibt.
Phos|phat (das, -s, -e) (griech.) Salz der Phosphorsäure. Adjektiv: phosphathaltig.
Phos|phid (das, -s, -e) Verbindung von Phosphor mit einem Metall.
Phos|phit (das, -s, -e) Salz der phosphorigen Säure.
Phos|phor (der, -s, kein Plural) chemischer Grundstoff (Abk.: P); Leuchtstoff. Phosphoreszenz; Phosphorismus; Phosphorsäure; phosphorhaltig; phosphorig; phosphoreszieren.
Phot (das, -s, -) (griech.) Leuchtstärkeeinheit (Abk.: ph).
pho|to…/Pho|to… → fo|to…/Fo|to…
Phra|se (die, -, -n) (griech.) (abgedroschene) Redewendung; Satzteil; Tonfolge. Phrasendrescher; Phrasendrescherei; Phrasenstrukturgrammatik Phraseologie; (Abk.: PS-Grammatik); Phrasierung; phrasenhaft; phrasenreich.
phre|ne|tisch (Adj.) (griech.) wahnsinnig. (*aber:* frenetisch!) Phrenesie.
phry|gisch (Adj.) 1. zu Phrygien gehörig; daraus abstammend. 2. phrygische Tonart, eine altgriechische Tonart; eine Kirchentonart.
Phtha|le|in (das, -s, -e) (griech.) ein synthetischer Farbstoff.
Phthi|si|ker (der, -s, -) jmd., der an Phthisis erkrankt ist.
Phthi|sis (die, -, Phthi|sen) (griech.) 1. Lungentuberkulose. 2. allgemeiner körperlicher Verfall; Auszehrung; Schwindsucht.
ph-Wert (der, -s, -e) Maßzahl für die Konzentration einer Lösung.
Phyl|lit (der, -s, -e) (griech.) kristallines, schieferiges Gestein.
Phyl|lo|kak|tus (der, -, -te|en) (griech.-lat.) Blattkaktus mit großen Blüten.
Phyl|lo|po|de (der, -n, -n) (griech.) Blattfußkrebs.

Phy|lo|ge|ne|se (die, -, -n) (griech.) Stammesentwicklung. Adjektiv: phylogenetisch.
Phy|si|a|t|rie (die, -, kein Plural) (griech.) Naturheilkunde. Physiater.
Phy|sik (die, -, kein Plural) (griech.) Naturwissenschaft. Physiker; Physikum; physikalisch.
Phy|si|ko|che|mi|ker (der, -s, -) Wissenschaftler der physikalischen Chemie.
Phy|si|kum (das, -s, -ka) (griech.) ärztliches Vorexamen.
Phy|sio|g|no|mie (die, -, -n) (griech.) äußere Erscheinung; Gesichtsausdruck. Physiognom; Physiognomik; Physiognomiker; physiognomisch.
Phy|sio|lo|gie (die, -, kein Plural) (griech.) Lehre von den Lebensvorgängen. Adjektiv: physiologisch.
Phy|sio|the|ra|pie (die, -, -n) (griech.) physikalische Heilbehandlung. Physiotherapeut; physiotherapeutisch.
Phy|sis (die, -, kein Plural) (griech.) körperlicher Zustand. Adjektiv: physisch.
phy|to|gen (Adj.) (griech.) 1. aus Pflanzen entstanden. 2. durch pflanzliche Stoffe verursacht; z. B. phytogene Allergie.
Phy|to|pa|tho|lo|gie (die, -, kein Plural) (griech.) Wissenschaft von den Pflanzenkrankheiten.
Phy|to|pha|ge (der, -n, -n) (griech.) Tier, das sich von Pflanzen ernährt; Pflanzenfresser.
Phy|to|the|ra|pie (die, -, kein Plural) (griech.) Heilpflanzenkunde.
Pi 1. (das, -, -s) griechischer Buchstabe (Π, π). 2. (das, -, kein Plural) mathematische Zahl ($\pi = 3{,}145…$).
Pi|a|ce|re (das, -, kein Plural) (lat.-ital.) Belieben; Willkür (beim musikalischen Vortrag).
pi|a|ce|vo|le (Adj.) (lat.-ital.) lieblich; gefällig (Vortragsanweisung in der Musik).
Pi|af|fe (die, -, -n) (franz.) Trab auf der Stelle (Reitsport). Verb: piaffieren.
Pia ma|ter (die, -, kein Plural) (lat.) weiche Gehirnhaut (Med.).
Pia ma|ter spi|na|lis (die, -, kein Plural) (lat.) weiche Haut des Rückenmarks (Med.).
pi|an|gen|do (Adv.) (lat.-ital.) klagend; weinend (Vortragsanweisung in der Musik).
pi|a|nis|si|mo (Adv.) (ital.) sehr leise (Musik; Abk.: pp). Pianissimo.
Pi|a|nist (der, -en, -nis|ten) Klavierspieler. Pianistin; pianistisch.
pi|a|no (Adv.) leise (Musik; Abk: p). Piano.
Pi|a|no (das, -s, -s) (Kurzw.) Pianoforte.
Pi|a|no|for|te (das, -s, -s) (ital.) Klavier.
Pi|a|no|la (das, -s, -s) (ital.) automatisch spielendes Klavier.

Pi|as|sa|va (die, -, -ven) (indian.-portugies.) Blattfaser verschiedener Palmen, aus der Matten, Bürsten, Taue hergestellt werden.
Pi|as|ter (der, -s, -) (griech.) Währungseinheit in Ägypten, Libanon, Sudan, Syrien.
Pi|at|ti (die, nur Plural) (ital.) Musikinstrument (Schlaginstrument) aus zwei Becken.
Pi|az|za (die, -, -ze) (ital.) Marktplatz.
Pi|az|zet|ta (die, -, -te) (ital.) kleine Piazza.
Pi|ca (die, -, kein Plural) (lat.) genormte Schriftgröße der Schreibmaschinenschrift.
Pi|ca|dor (der, -s, -es) (span.) berittener Stierkämpfer, der den Stier durch Lanzenstiche in den Nacken reizt.
Pi|ca|ro (der, -s, -s) Schelm; Held des Schelmenromans.
Pic|ca|lil|li (die, nur Plural) (engl.) eine Art Mixed Pickles.
Pic|ci|o|li|ni (die, nur Plural) (ital.) eingemachte Oliven.
Pi|chel|stei|ner (das, -s, kein Plural) Eintopf.
Pi|cke (die, -, -n) Spitzhacke.
Pi|ckel (der, -s, -) 1. Spitzhacke. 2. Mitesser. Pickelcreme; Pickelhaube; pickelig; pickeln.
Pi|ckel|flö|te (die, -, -n) (ugs.) Pikkoloflöte (*auch*: Piccoloflöte).
Pi|ckel|he|ring (der, -s, -e) gepökelter Hering.
pi|cken (V.) aufnehmen; stecken; (südd.) kleben.
Pi|cker (der, -s, -) (engl.) Teil des mechanischen Webstuhls, das das Schiffchen durch das Fach schlägt.
Pick|nick (das, -s, -s/-e) (franz.) Essen im Freien. Picknickkorb; picknicken.
Pick-up (der, -s, -s) (engl.) Kleinlastwagen; Tonabnehmer.
pi|co|bel|lo (Adj.) (ital.) tadellos.
Pi|co|fa|rad (*auch*: Pi|ko|fa|rad) (das, -s, -) ein billionstel Farad.
Pi|cot (der, -s, -s) (franz.) 1. Häkchen oder Zäckchen am Rand von Spitzen. 2. Spitzkeil.
Pi|co|ta|ge (die, -, -n) (franz.) Ausbau eines wasserdichten Grubenschachts mit Spitzkeilen.
Pid|gin|eng|lisch (*auch:* Pid|gin-Eng|lisch) (das, -, kein Plural) (engl.) Mischsprache.
pid|gi|ni|sie|ren (V.) (engl.) eine Sprache durch verminderten Gebrauch ihrer Morphologie zum Pidgin machen.
Pie (die, -, -s) (engl.) in den angelsächsischen Ländern beliebte warme Fleisch- oder Obstpastete.
Pie|ce (die, -, -n) (franz.) Tonstück.
Pief|ke (der, -s, -s) (ugs.) 1. Angeber. 2. Norddeutscher.
pie|ken (V.) (nordd.) stechen.
piek|fein (Adj.) (ugs.) sehr fein.
piek|sau|ber (Adj.) (ugs.) sehr sauber.
pi|e|no (Adj.) (ital.) voll; mit voller Stimme (Vortragsanweisung in der Musik).
Piep (der, -s, kein Plural) Piepser; (ugs.) (in der Wendung:) 1. Du hast ja einen Piep (einen Vogel). 2. keinen Piep mehr tun (tot sein).
pie|pe (*auch:* piep|egal) (Adj.) gleichgültig; egal.
pie|pen (V.) piepsen. Bei dem piept's wohl (ugs.: der spinnt ja). Das ist ja zum Piepen (zum Lachen). Piepmatz; Piepvogel.
Pie|pen (die, nur Plural) (ugs.) Geld.
piep|sen (V.) einen hohen Ton von sich geben. Pieps; Piepser; Piepsigkeit; piepsig.
Pier (der, -s, -s/-e) (engl.) Hafendamm.
Pier|ret|te (die, -, -n) weiblicher Pierrot.
Pier|rot (der, -s, -s) (franz.) komisch-melancholische Figur mit weiß geschminktem Gesicht (in der franz. Pantomime).
pie|sa|cken (V.) (ugs.) quälen. Piesackerei.
pie|seln (V.) (ugs.) regnen; urinieren.
Pi|e|tät (die, -, kein Plural) (lat.) 1. Frömmigkeit. 2. Rücksicht. Pietätlosigkeit; pietätlos; pietätvoll.
Pi|e|tis|mus (der, -, kein Plural) (lat.) Pietist; pietistisch.
pi|e|to|so (Adj.) (ital.) andächtig; mitleidsvoll (Vortragsanweisung in der Musik).
Pi|e|tra du|ra (die, -, kein Plural) (ital.) 1. harter Stein. 2. Bezeichnung für ein Florentiner Mosaik.
Pi|e|zo|che|mie (die, -, kein Plural) (griech.-arab.) Erforschung chemischer Wirkungen unter hohem Druck.
Pif|fe|ra|ro (der, -s, -ri) (ital.) Querpfeife; Schalmei.
Pig|ment (das, -s, -e) (lat.) Farbstoff. Pigmentation; Pigmentbakterium; Pigmentdruck; Pigmentfarbe; Pigmentfleck; Pigmentierung; Pigmentmal (Muttermal); Pigmentpapier; pigmentlos; pigmentieren.
Pig|no|le (die, -, -n) (ital.) Samenkern der Pinie.
Pig|no|lie (die, -, -n) → Pignole.
Pi|ja|cke (die, -, -n) (engl.-dt.) blaue Überjacke für den Seemann.
Pi|ji|ki (die, nur Plural) (lapp.) die Felle der Rentierkälber.
Pik 1. (der, -s, -e/-s) (franz.) Berggipfel. 2. (das, -, -) Spielkartenfarbe.
Pi|ka|de (die, -, -n) (lat.-span.) Urwaldpfad; Durchhau.
pi|kant (Adj.) (franz.) schmackhaft; scharf; anzüglich. Pikanterie; pikanterweise.
Pi|ke (die, -, -n) (franz.) Spieß. Etwas von der Pike auf lernen (von der untersten Stufe an).

Pi|kee 1. (der/das, -s, -s) (franz.) Baumwollgewebe. Pikeehemd; Pikeekragen; Pikeeweste; pikeeartig. 2. (*auch:* Pi|qué) (das, -s, -s) Reinheitsgrad (Diamanten).

pi|ken (V.) (ugs.) stechen.

Pi|kett (das, -s, -e) (franz.) 1. (nur Ez.) ein französisches Kartenspiel. 2. einsatzbereite Mannschaft (beim Heer und bei der Feuerwehr; schweiz.).

pi|kie|ren (V.) (franz.) junge Pflanzen einsetzen.

pi|kiert (Adj.) (franz.) beleidigt; gereizt; verstimmt.

Pik|ko|lo (*auch:* Pic|co|lo) 1. (der, -s, -s) (ital.) Kellnerlehrling; kleine Flasche Sekt. Pikkoloflasche (*auch:* Piccoloflasche). 2. (das, -s, -s) (ital.) Pikkoloflöte (*auch:* Piccoloflöte).

Pi|ko... (*auch:* Pic|o) (ital.) ein Billionstel einer Einheit (Abk.: p). Pikofarad (*auch:* Picofarad) (Abk.: pF).

Pi|kör (der, -s, -e) (franz.) Vorreiter (bei der Parforcejagd).

pi|ko|tie|ren (V.) (lat.-franz.) (V.) einen Grubenschacht wasserdicht ausbauen.

pik|sen (V.) (ugs.) stechen.

Pik|to|gra|fie (*auch:* Pik|to|gra|phie) (die, -, -n) (lat.-griech.) Schrift, in der ein Wort oder eine Wortgruppe durch ein Bild wiedergegeben wird. Bilderschrift.

pik|to|gra|fisch (*auch:* pik|to|gra|phisch) (Adj.) (lat.-griech.) die Piktografie betreffend.

Pik|to|gramm (das, -s, -e) (lat., griech.) grafisches Bildsymbol.

Pi|kul (der/das, -s, kein Plural) (malai.) 1. asiatisches Gewichtsmaß. 2. indonesisches Hohlmaß.

Pi|lar (der, -en, -en) (span.) zwei Pfosten, zwischen denen das Pferd während der Dressur angebunden wird.

Pi|las|ter (das, -s, -) (lat.) Wandpfeiler.

Pi|law (der, -s, kein Plural) orientalische Speise aus Hammel- oder Geflügelfleisch mit Reis.

Pi|lea (die, -, -s) (lat.) südamerikanische Kanonierblume.

Pil|ger (der, -s, -) Wallfahrer; Wanderer. Pilgerfahrt; Pilgerin; Pilgerschaft; Pilgerstab; Pilgerung; pilgern.

pi|lie|ren (V.) (franz.) zerstampfen; zerstoßen.

Pil|le (die, -, -n) (lat.) Medikament; (Kurzw.) Antibabypille; Kügelchen. Pillenknick; Pillenschachtel.

Pil|len|dre|her (der, -s, -) Käfer.

Pi|lo|se (die, -, -n) (lat.) außergewöhnlicher Haarwuchs (Med.).

Pi|lot (der, -en, -en) (franz.) Flugzeugführer. Pilotenschein; Pilotierung; pilotieren.

Pi|lot... (engl.) Test; Versuch. Pilotballon; Pilotfilm; Pilotprojekt; Pilotsendung; Pilotstudie; Pilotton.

Pi|lo|te (die, -, -n) Pfahl zum Einrammen.

Pils (das, -, -) Biersorte. Wir hätten gern drei Pils. Pils(e)ner.

Pilz (der, -es, -e) Pflanze; Organismus. Pilzfaden; Pilzkrankheit; Pilzkunde; Pilzvergiftung; pilzig.

Pi|me|lo|se (die, -, kein Plural) (griech.-lat.) Fettleibigkeit (Med.).

Pi|ment (der/das, -s, -e) (lat.) Nelkenpfeffer. Pimentbaum.

Pim|mel (der, -s, -) (ugs.) Penis.

pim|pe|lig (Adj.) (ugs.) weinerlich; wehleidig. Pimpelei; Pimpellisse; pimpeln.

Pim|per|nell (der, -s, -e) (sanskr.) Heilpflanze.

Pimpf (der, -s, -e) (ugs.) kleiner Junge.

Pin (der, -s, -s) (engl.) getroffener Kegel (Bowling).

Pi|na|ko|id (das, -s, -e) (griech.) Kristallform.

Pi|na|ko|thek (die, -, -en) (griech.) Gemäldesammlung.

Pi|nas|se (die, -, -n) (franz.) 1. dreimastiges Segelschiff (früher). 2. Beiboot (heute).

Pin|board (das, -s, -s) (engl.) Wandtafel.

Pin|ce|nez (das, -, -) (franz.) Brille ohne Bügel; Zwicker; Kneifer.

Pi|ne|al|or|gan (das, -s, -e) (griech.-lat.) äußerst lichtempfindliches Sinnesorgan der Reptilien.

Pi|nen (das, -s, -e) (lat.) Hauptbestandteil der Terpentinöle.

pin|ge|lig (Adj.) (ugs.) kleinlich; sehr genau.

Ping|pong (das, -s, kein Plural) (engl.) Tischtennis. Pingpongplatte; Pingpongschläger.

Pin|gu|in (der, -s, -e) arktischer Vogel.

Pi|nie (die, -, -n) Kiefer. Pinienbaum; Pinienhain; Pinienwald; Pinienzapfen.

pink (Adj.) (engl.) rosa. Pink; pinkfarben.

Pin|ke (die, -, kein Plural) (ugs.) Geld. Pinke-Pinke.

Pin|kel (der, -s, -) (ugs.) Vornehmtuer. ein feiner Pinkel.

pin|keln (V.) (ugs.) urinieren. Pinkelpause.

Pin|na (die, -, kein Plural) (lat.) Vogelmuschel des Mittelmeeres.

Pin|ne (die, -, -n) Reißnagel. Pinnwand; pinnen.

Pi|no|le (die, -, -n) (lat.-ital.) Teil einer Spitzendrehbank, in dem die Spitze gelagert ist.

Pin|scher (der, -s, -) Hunderasse. Zwergpinscher; Rehpinscher.

Pin|sel (der, -s, -) 1. Malwerkzeug. 2. (ugs.) Dummkopf. Pinselei; Pinselführung; Pinselstiel; Pinselstrich; pinselartig; pinseln.

Pint (das, -s, -s) englisches und nordamerikanisches Flüssigkeitsmaß; 0,5 l.

Pin|te (die, -, -n) (franz.) Kneipe.
Pin-up-Girl (das, -s, -s) (engl.) leicht bekleidetes Titelblattmädchen.
Pin Yin (das, - -, kein Plural) offizielles chinesisches Transkriptionssystem zur Wiedergabe der chinesischen Aussprache in lateinischer Schrift (z. B. lautet »Peking« in P.Y. »Beijing«).
Pin|zet|te (die, -, -n) (franz.) Federzange.
pin|zie|ren (V.) (franz.) entspitzen, bei Pflanzen die Kopftriebe abschneiden.
Pi|on (der, -s, -s) 1. Fußsoldat. 2. Bauer beim Schach (lat.-franz.). 3. (das, -s, -en) (griech.) Elementarteilchen.
Pi|o|nier (der, -s, -e) (franz.) 1. Soldat. 2. Wegbereiter. Pionierabteilung; Pionierarbeit; Pionierleistung; Pioniertrupp.
Pi|pa (die, -, -s) chinesisches Zupfinstrument mit vier Saiten.
Pi|pa|po (das, -s, kein Plural) (ugs.) Zubehör; Drum und Dran.
Pipe (engl.) 1. (die/das, -/-s, -s) englisches und nordamerikanisches Flüssigkeitsmaß (für Wein und Branntwein), 400-580 l. 2. (die, -, -s) durch vulkanische Ausbrüche entstandenes, röhrenförmiges Gebilde.
Pipe|line (die, -, -s) (engl.) Erdgas-, Erdölleitung.
Pi|pet|te (die, -, -n) (franz.) Saugröhrchen.
Pi|qué (das, -s, -s) → Pikee.
Pi|ran|ha (der, -s, -s) Raubfisch.
Pi|rat (der, -en, -en) (griech.) Seeräuber. Piratenschiff; Piratensender; Piratentum; Piraterie.
Pi|ro|ge (die, -, -n) (franz.) Einbaum.
Pi|rog|ge (die, -, -n) (russ.) Pastete.
Pi|ro|plas|mo|se (die, -, -n) (lat.-griech.) malariaähnliche Rinderkrankheit, die durch Zecken übertragen wird.
Pi|rou|et|te (die, -, -n) (franz.) schnelle Drehung. Verb: pirouettieren.
pir|schen (V.) anschleichen. Pirsch; Pirschgang; Pirschjagd.
Pi|sang|fres|ser (der, -s, -) (malai.-dt.). tropischer Waldvogel; Bananenfresser.
pis|sen (V.) (ugs.) urinieren. Pisse; Pissoir.
Pis|ta|zie (die, -, -n) (pers.) 1. Baum. 2. Samenkern dieses Baumes. Pistazieneis; Pistaziennuss.
Pis|te (die, -, -n) (franz.) Bahn; Skihang.
Pis|till (das, -s, -e) (lat.) 1. Stößel (des Mörsers); Stampfer. 2. Stempel (der Blüte).
Pis|to|le (die, -, -n) Waffe. Pistolengriff; Pistolenknauf; Pistolenlauf; Pistolenschuss; Pistolentasche.
Pis|ton (das, -s, -s) (franz.) Blechinstrument. Pistonbläser.
Pitch|pine (die, -, -s) (engl.) Holz nordamerikanischer Kiefern.

pitsch|nass (*auch:* pit|sche|nass , pit|sche|pat|sche|nass) (Adj.) (ugs.) durchnässt.
Pit|tings (die, nur Plural) (engl.) kleine, durch Korrosion entstandene Vertiefungen auf Maschinenteilen.
pit|to|resk (Adj.) (franz.) malerisch.
Pi|va (die, -, -ven) (lat.-ital.) 1. italienisch für Dudelsack. 2. schneller italienischer Tanz.
Pi|vot (der, -s, -s) (franz.) Zapfen, um den ein Kran oder Geschütz geschwenkt werden kann.
Piz (der, -es, -e) Bergspitze.
Piz|za (die, -, -s/-zen) (ital.) Teiggericht. Pizzabäcker; Pizzeria.
Piz|zi|ca|to (das, -s, -ti) (ital.) Spiel mit gezupften (nicht gestrichenen) Saiten.
Pkt. (Abk.) Punkt.
Pkw (*auch:* PKW) (Abk.) Personenkraftwagen. Wir fahren mit zwei Pkws (PKWs).
pl. (*auch:* Pl.) (Abk.) Plural.
Pla|ce|bo (das, -s, -s) (lat.) Scheinmedikament.
Place|ment (das, -s, -s) (franz.) Kapitalanlage.
pla|cet (lat.) es wird genehmigt; es gefällt.
pla|ci|do (Adj.) (lat.-ital.) gemessen; ruhig (Vortragsanweisung in der Musik).
pla|cken (V., refl.) sich abmühen. Plackerei.
Plä|do|yer (das, -s, -s) (franz.) Schlussrede (Gericht). Verb: plädieren.
pla|fo|nie|ren (V.) (franz.-schweiz.) nach oben hin begrenzen; beschränken.
Pla|ge (die, -, -n) Mühe; schwere Arbeit. Plagegeister; Plagerei; plagen.
Pla|gi|at (das, -s, -e) (lat.) Diebstahl geistigen Eigentums. Plagiator; plagiatorisch; plagiieren.
Pla|gi|o|k|las (der, -es, -e) (griech.) Mineral.
Plaid (das, -s, -s) (engl.) Reisedecke; großes, wollenes Umhangtuch .
Pla|kat (das, -s, -e) (niederl.) Aushang; Werbung. Plakatierung; Plakatkunst; Plakatmalerei; Plakatsäule; Plakatschrift; Plakatwerbung; plakativ; plakatieren.
Pla|ket|te (die, -, -n) (franz.) Aufkleber; Anstecker; Abzeichen. TÜV-Plakette.
plan (Adj.) (lat.) flach; eben. Planfilm; Planheit.
Plan (der, -s, Plä|ne) 1. Vorhaben. 2. Skizze. Planer; Pläneschmied; Pläneschmieden; Planfeststellung; Planfeststellungsverfahren; Plankalkulation; Plankosten; Plankostenrechnung; Planlosigkeit; Planmäßigkeit; Plannummer; Planquadrat; Planspiel; Planstelle; Planung; Planungsabteilung; Planungskommission; Planungszeit; Planwirtschaft; Planzeichnen; Planzeichner; Planzeichnung; Planziel. Adjektive: planerisch; plangemäß; planlos; planmäßig; planvoll. Verben: planen; planzeichnen.
Pla|na|rie (die, -, -n) (lat.) Strudelwurm mit stark abgeplattetem Körper.

Planche (nicht trennbar) (die, -, -n) (franz.) Fechtbahn.
Pla̱ne (die, -, -n) Abdeckung. Planwagen.
Plä̱ner (der, -s, kein Plural) Kalkstein.
Pla̱net (der, -en, -en) (griech.) Himmelskörper. Planetarium; Planetenbahn; Planetenjahr; Planetenkonstellation; Planetensystem; Planetoid; planetar; planetarisch.
Pla̱ne·to·lo·gie (die, -, kein Plural) (griech.-lat.) die Wissenschaft, die sich mit der geologischen Erforschung von Planeten und ihrer Oberfläche beschäftigt.
pla·nie̱·ren (V.) ebnen. Planierbank; Planierraupe; Planierung.
Pla·ni·fi·ka·ti·on (die, -, -tiₒnen) Rahmenplanung (Wirtschaft). Planifikateur.
Pla̱·ni·glob (das, -s, -en) (lat.) Erdkarte.
Pla·ni·me̱·ter (das, -s, -) (lat.-griech.) Flächenmesser. Planimetrie; planimetrisch.
Pla̱nke (die, -, -n) dickes Brett. Plankenzaun.
plä̱nkeln (V.) sich leicht streiten, necken. Plänkelei; Plänkler.
pla̱n·kon·kav (Adj.) auf einer Seite plan, auf der anderen Seite konkav (von Linsen).
pla̱n·kon·vex (Adj.) auf einer Seite plan, auf der anderen Seite konvex (von Linsen).
Plankton (das, -s, kein Plural) (griech.) Organismen im Wasser. Planktonnetz; Planktont; planktonisch.
pla̱no (Adv.) (lat.) glatt; ungefalzt.
Plan·ta̱·ge (die, -, -n) (franz.) Pflanzung. Plantagenbesitzer; Plantagenwirtschaft.
pla̱n·tar (Adj.) (lat.) die Fußsohle betreffend.
plant·schen (*auch:* pla̱nschen) (V.) im Wasser spielen. Plantschbecken (*auch:* Planschbecken); Plantscherei (*auch:* Planscherei).
pla̱p·pern (V.) viel reden. Plapperei; Plapperer; Plapperhaftigkeit; Plappermaul; Plappertasche; plapperhaft.
Plaque (die, -, -s) (franz.) 1. Zahnbelag. 2. Hautmal.
plä̱r·ren (V.) (ugs.) laut schreien. Plärrer.
Plä·sier (das, -s, -e) (franz.) Vergnügen; Spaß.
plä·sier·lich (Adj.) (lat.-franz.) vergnüglich; heiter; angenehm.
Plas·ma (das, -s, -men) (griech.) (Kurzw.) Protoplasma; Blutplasma. Plasmaphysik; Plasmachemie.
Plas·mo·di·um (das, -s, -di·en) (griech.-lat.) 1. Einzeller; Schmarotzer im Blut; Malariaerreger. 2. Protoplasmakörper.
Plas·mon (das, -s, kein Plural) (griech.) Gesamtheit des Erbgutes im Zytoplasma.
Plas·tics (die, nur Plural) (engl.) Kunststoffe.
plas·ti·fi·zie̱·ren (V.) (griech.-lat.) weicher, geschmeidiger machen.
Plas·tik 1. (die, -, -en) Figur (Kunst); plastische Chirurgie. Plastiker; plastisch. 2. (das, -s, kein Plural) Kunststoff. Plastikbeutel; Plastikbombe; Plastikeinband.
Plas·ti·lin (das, -s, kein Plural) Knetmasse.
Plas·ti·zi·tät (die, -, kein Plural) Verformbarkeit; Anschaulichkeit. Adjektiv: plastisch.
Plas·tron (das, -s, -s) (ital.-franz.) 1. Brustpanzer (im MA). 2. Polster für Brust und Arm (bei Fechtübungen). 3. breite Krawatte (zum festlichen Anzug). 4. verzierter Latz (an Frauenkleidern; früher).
Pla·ta̱·ne (die, -, -n) (griech.) Laubbaum. Platanenblatt; Platanenwald.
Pla·teau̱ (das, -s, -s) (franz.) Hochebene. Plateaugletscher; plateauförmig.
pla·te·resk (Adj.) (span.) fein verziert.
Pla·tin (das, -s, kein Plural) (span.) Edelmetall; chemischer Grundstoff (Abk.: Pt). Platindraht; Platinerz; Platinring; platinblond; platinieren.
Pla·ti̱·ne (die, -, -n) (franz.) elektronische Grundplatte.
Pla·ti·nit (das, -s, kein Plural) in der Technik Platin ersetzende Eisen-Nickel-Legierung.
Pla·ti·no·id (das, -es, -e) (span.-griech.) aus Kupfer, Nickel, Zink und Wolfram bestehende Legierung zur Fertigung elektrischer Widerstände.
pla·to̱·nisch (Adj.) ausschließlich geistig-seelisch; die platonische Philosophie betreffend. Platoniker; Platonismus; platonische Liebe.
plat·schen (V.) klatschen. Platsch; platsch! platschnass.
plät·schern (V.) geräuschvoll fließen.
Platt·ti·tü·de (*auch:* Pla·ti·tu·de) (die, -, -n) (franz.) Plattheit.
platt (Adj.) 1. flach; oberflächlich. 2. (ugs.) sprachlos. Plattfisch; Plattform; Plattfuß; Plattheit; Plattbirsch; Plattstich; Plattwurm; plattfüßig; plattnasig.
Platt (das, -s, kein Plural) (Kurzw.) Plattdeutsch. Adjektiv: plattdeutsch.
Platte (die, -, -n) 1. ebene Fläche. 2. Glatze. 3. Scheibe. 4. Schallplatte. 5. Teller. Plattenalbum; Plattenarchiv; Plattenbelag; Plattenleger; Plattenspieler; Plattenteller; Plattensammlung; Plattenwechsler; Plattenweg; Plättchen; plätteln; platten.
plät·ten (V.) (nordd.) bügeln. Plätte; Plätteisen; Plätterei; Plätterin.
plat·tie̱·ren (V.) (franz.) legieren. Plattierung; Plattierverfahren.
Platt·ler (der, -s, -) (südd.) Volkstanz. Schuhplattler.
Platz (der, -es, Plät·ze) Stelle; Fläche; Sitz. *Beachte:* Lasst uns Platz nehmen; Platz haben.

Platzangst; Platzanweiserin; Platzbedarf; Platzdeckchen; Platzhalter; Platzherr; Platzhirsch; Platzkarte; Platzkonzert; Platzmiete; Platzverhältnisse; Platzverweis; Platzvorschrift; Platzwart; Platzwechsel; Platzwette; Platzziffer; Platz sparend (*auch:* platzsparend); platzieren.
Plätz'chen (das, -s, -) Gebäck.
plat'zen (V.) zerspringen; (ugs.) wütend sein. Platzpatrone; Platzregen; Platzwunde.
plät'zen (V.) knallen.
plat'zie'ren (V.) (franz.) 1. aufstellen. 2. einen guten Platz erreichen (Sport). Platzierung; Platzierungsvorschrift; ein platzierter (gezielter) Schuss.
plau'dern (V.) sich unterhalten; erzählen. Plauderei; Plauderer; Plauderstündchen; Plaudertasche; Plauderton.
Plausch (der, -es, -e) angenehmes Gespräch. Verb: plauschen.
plau'si'bel (Adj.) (lat.) einleuchtend; glaubhaft. Plausibilität.
Pla'ya (die, -, -s) (span.) 1. spanisches Wort für Strand. 2. Salztonebene in Trockengebieten.
Play-back (*auch:* Play'back) (das, -, -s) (engl.) vorgetäuschtes Singen, Musizieren. Play-back-Verfahren (*auch:* Playbackverfahren, Playback-Verfahren).
Play'boy (der, -s, -s) (engl.) reicher, vergnügungssüchtiger Mann. Playgirl.
Play-off (*auch:* Play'off) (das, -, -) (engl.) Ausscheidungssystem (Sport). Play-off-Runde (*auch:* Playoffrunde, Playoff-Runde).
Play'mate (das, -s, -s) (engl.) Nacktmodell.
Pla'zen'ta (die, -, -s/-ten) (griech.) Mutterkuchen. Adjektive: plazental; plazentar.
Pla'zen'ta'li'er (der, -s, -) Säugetier, dessen Embryo sich mithilfe einer Plazenta entwickelt.
Pla'zet (das, -s, -s) (lat.) Einwilligung; Zustimmung.
Pla'zi'di'tät (die, -, kein Plural) (lat.) Ruhe; Sanftheit.
Ple'ban (der, -s, -s) (lat.) Seelsorger.
ple'be'jisch (Adj.) (lat.) ungebildet; unfein. Plebejer.
Ple'bis'zit (das, -s, -e) (lat.) Volksentscheid. Adjektiv: plebiszitär.
Plebs (der, -, kein Plural) (lat.) (abwertend) Volksmasse.
Plein'pou'voir (das, -s, -s) (franz.) unbeschränkte Vollmacht.
Pleis'to'zän (das, -s, kein Plural) (griech.) Eiszeitalter. Adjektiv: pleistozän.
plei'te (Adj.) (jidd.) ohne Geld; bankrott. *Beachte:* pleite sein; Pleite machen; pleitegehen. So eine Pleite (Reinfall)! Pleitegeier.

Plek't'ron (*auch:* Plek't'rum) (das, -s, -tren/-tra) (griech.) Plättchen; Zupfplättchen (Musik).
plem'pern (V.) (ugs.) spritzen; Zeit vertrödeln.
plem'plem (Adj.) (ugs.) verrückt.
plen'tern (V.) lichten; aushauen. Plenterbetrieb.
Ple'num (das, -s, -nen) (lat.) Vollversammlung; Parlament. Plenarsaal; Plenarsitzung; Plenarversammlung.
Pleo'chro'is'mus (der, -, kein Plural) (griech.) Eigenschaft mancher Kristalle, bei Bestrahlung mit Licht in verschiedenen Richtungen verschiedene Farben zu zeigen; Mehrfarbigkeit.
ple'o'nas'tisch (Adj.) (griech.) überladen. Pleonasmus.
Ple'sio'sau'ri'er (der, -s, -) (griech.) Saurier der Jura- und Kreidezeit mit flossenähnlichen Gliedmaßen.
Pleu'el (der, -s, -) Maschinenteil. Pleuelstange.
Pleu'ra (die, -, -ren) (griech.) Rippenfell; Brustfell.
pleu'ral (Adj.) zur Pleura gehörig.
Pleu'reu'se (die, -, -n) (franz.) 1. Trauerflor; Trauerrand (veraltet). 2. Straußenfedern (als Hutschmuck).
Pleu'ri'tis (die, -, -ti'den) (griech.) Rippenfellentzündung.
Pleus'ton (das, -s, kein Plural) (griech.) Gesamtheit der an der Wasseroberfläche treibenden Organismen.
ple'xi'form (Adj.) (lat.) geflechtartig (von Nerven, Blut- oder Lymphgefäßen).
Ple'xi'glas (das, -es, kein Plural) Acrylglas. Plexiglasscheibe.
Ple'xus (der, -, -) (lat.) Geflecht aus Nerven; Blut- oder Lymphgefäßen.
Pli (der, -s, kein Plural) (franz.) Benimm; Gewandtheit.
Plicht (die, -, -en) Cockpit.
plie'ren (V.) (nordd.) blinzeln; weinen; schmutzig sein. Adjektiv: plierig.
plietsch (Adj.) (nordd.) schlau; vergnügt.
Plin'se (die, -, -n) Eierkuchen; Kartoffelpuffer. Plinsenteig.
plin'sen (V.) (nordd.) weinen.
Plin'the (die, -, -n) (griech.) Sockel.
Plio'zän (das, -s, kein Plural) (griech.) jüngste Abteilung des Tertiärs.
Plis'see (das, -s, -s) (franz.) Faltenstoff. Plisseerock; plissieren.
PLO (Abk.) Palestine Liberation Organization (Palästinensische Befreiungsorganisation).
Plock'wurst (die, -, -wür'ste) Dauerwurst.
Plom'be (die, -, -n) (franz.) 1. Zahnfüllung. 2. Siegel. Plombierung; plombieren.
plo'siv (Adj.) (lat.) als Plosiv artikuliert.

Plosiv (der, -s, -e) (lat.) Bezeichnung in der Sprachwissenschaft für den Explosivlaut.
Plot (der/das, -s, -s) (engl.) 1. Handlung, Handlungsaufbau; Konflikt (Drama, Roman); 2. Grafik (EDV).
plot'ten (V.) (engl.) mit einem Plotter zeichnen.
Plot'ter (der, -s, -) (engl.) Zeichenmaschine.
Plöt'ze (die, -, -n) Fisch.
plötz'lich (Adj.) unerwartet; sehr schnell. Plötzlichkeit.
plu'dern (V.) sich bauschen. Pluderhose; plud(e)rig.
Plum'bum (das, -s, kein Plural) (lat.) Blei (chemischer Grundstoff, Abk.: Pb).
Plu'meau (das, -s, -s) (franz.) Federbett.
plump (Adj.) massig; schwerfällig; derb. Plumpheit; Plumpsack; plumpvertraulich (*auch:* plump-vertraulich).
plump'sen (V.) (ugs.) fallen. Plumps; Plumpsklo; plumps!
Plum'pud'ding (der, -s, -s) (engl.) Süßspeise.
Plun'der (der, -s, -) (ugs.) 1. alte Sachen. 2. Blätterteiggebäck. Plunderbrezen; Plundergebäck; Plunderhörnchen; Plunderteig.
plün'dern (V.) ausrauben. Plünderei; Plünderer; Plünderung.
Plun'ger (der, -s, -) (engl.) langer Kolben an Arbeitsmaschinen.
Plün'nen (die, nur Plural) (nordd.) alte Kleidung.
Plun'scher (der, -, -) = Plunger.
Plur. (Abk.) Plural.
Plu'ral (der, -s, -e) (lat.) Mehrzahl (Abk.: pl.; Pl.; Plur.) Pluralendung; Pluraletantum (Mehrzahlwort); Pluralismus; Pluralität; Pluralwahlrecht; plural; pluralisch; pluralistisch.
Plu'ra'lis Ma'jes'ta'tis (der, - -, kein Plural) (lat.) die Pluralform »wir« statt »ich« (von Herrschern oder von Autoren im eigenen Werk gebraucht).
Plu'ra'list (der, -en, -en) (lat.) Verfechter des Pluralismus.
plu'ri'form (Adj.) vielgestaltig.
plu'ri'lin'gue (Adj.) (lat.) vielsprachig; in mehreren Sprachen verfasst.
Plu'ri'pa'ra (die, -, -ren) (lat.) mehrfache Mutter (Med.).
plus (Adv.) 1. zuzüglich. 2. über null (Zeichen: +). *Beachte:* zwei plus zwei ist/macht/gibt (*falsch:* sind/machen/geben!) vier; das Thermometer zeigt plus vier Grad (*auch:* vier Grad plus). *Aber:* Unser Plus (Vorteil) ist unsere Qualität. Plusbetrag; Pluspol; Pluspunkt; Pluszeichen.
Plüsch (der, -es, -e) (franz.) weicher Stoff. Plüschsessel; Plüschsofa; Plüschteppich; Plüschtier; plüschen; plüschig.

Plus'quam'per'fekt (das, -s, -e) (lat.) Vorvergangenheit (z. B. hatte gelebt, war gekommen).
plus'tern (V.) 1. Federn aufstellen. 2. sich wichtig machen.
Plu'to (der, -, kein Plural) Planet.
Plu'to'kra'tie (die, -, -n) (griech.) Geldherrschaft. Plutokrat; plutokratisch.
Plu'to'nis'mus (der, -, kein Plural) (griech.) Gesamtheit aller Vorgänge und Erscheinungen, die auf dem Empordringen von Stoffen aus dem Erdinnern beruhen. Vulkanismus.
Plu'to'nit (der, -s, -e) (griech.-lat.) plutonisches Gestein.
Plu'to'ni'um (das, -s, kein Plural) (griech.) chemischer Grundstoff (Abk.: pu); Transuran. Plutoniumwirtschaft.
Plu'vi'al'le (das, -s, -s) (lat.) 1. Umhang der katholischen Geistlichen bei manchen gottesdienstlichen Handlungen. 2. Krönungsmantel (von Königen und Kaisern; früher).
Plu'vi'al'zeit (die, -, -en) Regenzeit und Periode mit kühlerem Klima in den Subtropen.
Plu'vio'graf (auch: Plu'vio'graph) (der, -en, -en) (lat.-griech.) Gerät zur selbsttätigen Aufzeichnung der Menge von Niederschlägen.
Plu'vio'me'ter (das, -s, -) (lat.-griech.) Regenmesser; Gerät zum Messen der Niederschläge. Regenwasser.
p.m. (Abk.) post meridiem; post mortem; pro memoria; pro mille (Zeichen: ‰).
Pneu (der, -s, -s) (griech.) (Kurzw.) Pneumatik; Pneumothorax.
Pneu'ma (das, -s, kein Plural) (griech.) 1. Hauch. 2. Heiliger Geist.
Pneu'ma'tik 1. (die, -, kein Plural) (griech.) Gaslehre. 2. (der, -s, -s) (franz.) Luftreifen. Adjektiv: pneumatisch.
Pneu'ma'ti'sa'ti'on (die, -, -ti'o'nen) (griech.-lat.) Bildung lufthaltiger Zellen in Geweben oder Knochen (Med.).
Pneu'ma'to'chord (das, -s, -e) (griech.) Harfe, deren Saiten durch Wind zum Schwingen gebracht werden. Windharfe; Äolsharfe.
Pneu'mo'graf (*auch:* Pneu'mo'graph) (der, -en, -en) (griech.) Gerät zum Aufzeichnen der Bewegungen des Brustkorbs bei der Atmung.
Pneu'mo'kok'kus (der, -, -kken) Erreger der Lungenentzündung.
Pneu'mo'ko'ni'o'se (die, -, -n) (griech.) Erkrankung der Lunge infolge jahrelangen Einatmens von Staub; Staublunge.
Pneu'mo'ly'se (die, -, -n) (griech.) operative Ablösung eines Lungenflügels von der Brustwand (zum Ruhigstellen).
Pneu'mo'nie (die, -, -n) (griech.) Lungenentzündung.

Pneu|mo'tho|rax (der, -es, -e) (griech.) krankhafte Füllung eines Brustfellraumes mit Luft, auch künstlich zur Ruhigstellung eines Lungenflügels.
Po (Abk.) Polonium (chemisches Zeichen).
Po 1. (der, -/-s, kein Plural) ital. Fluss. 2. (der, -s, -s) (Kurzw.) Popo.
P. O. (Abk.) Professor ordinarius (ordentlicher Professor).
Pö|bel (der, -s, kein Plural) (franz.) Gesindel.
pö|beln (V.) beleidigen; provozieren. Pöbelei; pöbelhaft.
Poc|cet|ta (die, -, -ten) (germ.-ital.) kleine, etwas höher gestimmte Taschengeige der alten Tanzmeister.
Poch (der/das, -s, kein Plural) Glücksspiel. Pochbrett.
po|chen (V.) klopfen; auf etwas berufen, bestehen.
po|chie|ren (V.) (franz.) garen.
Po|cke (die, -, -n) Hautbläschen.
Po|cken (die, -, nur Plural) Infektionskrankheit. Pockenimpfung; Pockennarbe; Pockenschutzimpfung; Pockenvirus; pockennarbig; pockig.
Po|cket|ka|me|ra (die, -, -s) kleiner Fotoapparat.
Po|d|a|g|ra (das, -s, kein Plural) (griech.) Gicht der großen Zehe.
po|d|a|g|risch (Adj.) (griech.-lat.) an Fußgicht leidend (Med.).
Po|d|al|gie (die, -, -n) (griech.-lat.) Fußschmerzen (Med.).
Po|dest (das/der, -s, -e) (griech.) 1. Erhöhung; 2. Treppenabsatz.
Po|dex (der, -, -e) (lat.) (ugs.) Gesäß.
Po|di|um (das, -s, -di|en) (griech.) Plattform. Podiumsdiskussion; Podiumsgespräch.
Po|do|lo|ge (der, -n, -n) Fachkraft für medizinische Fußpflege.
Po|do|me|ter (das, -s, -) (griech.) Schrittzähler.
Po|do|phy|llin (das, -s, kein Plural) (griech.-lat.) starkes Abführmittel.
Pod|sol (der, -s, kein Plural) (russ.) Bleicherde.
Po|em (das, -s, -e) (griech.) Gedicht.
Po|e|sie (die, -, -n) (griech.) 1. Dichtkunst. 2. Stimmung. Poesiealbum; Poesielosigkeit; poesielos.
Po|et (der, -en, -en) (griech.) Dichter. Poetik; Poetologie; poetisch.
po|e|ti|sie|ren (V.) dichterisch ausschmücken.
po|fen (V.) (ugs.) schlafen.
Po|gat|sche (die, -, -n) (ungar.) süßer Eierkuchen mit Grieben.
Po|g|rom (der/das, -s, -e) (russ.) Gewalttätigkeiten gegen Minderheiten. Pogromhetze.

Poi|ki|lo|ther|me (der, -n, -n) (griech.) Tier, dessen Körpertemperatur von der Temperatur seiner Umgebung abhängt; Kaltblütler; Wechselwarmblütler.
Poin|te (die, -, -n) (franz.) Höhepunkt (Witz, Erzählung). Adjektiv: pointiert. Verb: pointieren.
Poin|ter (der, -s, -) Hunderasse.
Poin|til|lis|mus (der, -, kein Plural) (franz.) Impressionismus (Malerei). Pointillist; pointillistisch.
Po|kal (der, -s, -e) 1. Trinkbecher. 2. Preis. Pokalendspiel; Pokalsieger; Pokalspiel.
pö|keln (V.) einsalzen. Pökel; Pökelfleisch; Pökelhering; Pökellache.
Po|ker (das, -s, kein Plural) (engl.) Kartenspiel. Pokerface; Pokergesicht; Pokermiene; Pokerspiel; pokern.
Pol (der, -s, -e) Drehpunkt; Nordpol; Südpol; Stromkontakt. Polareis; Polarexpedition; Polarfauna; Polarforscher; Polarfront; Polarfuchs; Polarhund; Polarkreis; Polarland; Polarlicht; Polarluft; Polarmeer; Polarnacht; Polarstern; Polarzone; Polhöhe; Polwechsler; Polwender; polar; polen.
Po|la|ri|sa|ti|on (die, -, -ti|o|nen) (lat.) Deutlichwerden von Gegensätzen; Lichtschwingungsregelung (Physik). Polarisationsebene; Polarisationsfilter; Polarisationsmikroskop; Polarisationsstrom; Polarisator; Polarisierung; polarisieren.
Po|la|ri|tät (die, -, -en) (lat.) Gegensätzlichkeit.
Po|la|ro|id|ka|me|ra (die, -, -s) Sofortbildkamera.
Pol|der (der, -s, -) (niederl.) Deichland. Polderdeich.
Po|le|mik (die, -, -en) (griech.) scharfe, unsachliche Kritik. Polemiker; polemisch; polemisieren.
Po|le|mo|lo|gie (die, -, kein Plural) (griech.-franz.) Konfliktforschung; Kriegsforschung.
Po|len (ohne Art., -s, kein Plural) Pole; Polin; polnisch; Polnisch (Sprache).
Po|len|ta (die, -, -s/-ten) (ital.) Maisgericht.
Po|len|te (die, -, kein Plural) (jidd.) (ugs.) Polizei.
Pole|po|si|tion (*auch:* Pole-Po|si|tion) (die, -, kein Plural) (engl.) Startposition in der ersten Reihe (Autorennen).
Po|li|ce (die, -, -n) (franz.) Versicherung; Versicherungsschein.
Po|lier (der, -s, -e) (franz.) Vorarbeiter (Baugewerbe).
po|lie|ren (V.) (franz.) putzen; blank machen. Polierer; Poliermittel; Polierstahl; Poliertuch; Polierwachs.

Po|li|kli|nik (die, -, -en) Ambulanz (Krankenhaus). Adjektiv: poliklinisch.

Po|li|ment (das, -es, -e) (lat.-franz.) 1. zum Polieren geeignetes Material. 2. fettige Unterlage für Blattgold.

Po|lio (die, -, kein Plural) (Kurzw.) Poliomyelitis (Kinderlähmung). Polioinfektion; Polioschluckimpfung.

Po|lio|my|e|li|tis (die, -, -ti|den) (griech.) Kinderlähmung.

Pol|lit|bü|ro (das, -s, -s) (Kurzw.) Politisches Büro (Zentralausschuss einer kommunistischen Partei).

Po|li|tes|se (die, -, -n) Hilfspolizistin.

Po|li|tik (die, -, -en) (griech.) staatliches, gesellschaftliches Handeln; zielgerichtetes Verhalten. Politiker/in; Politisierung; Politologe; Politologie; Politökonomie; Politpornografie; Politrevue; politisch; politologisch; politisieren.

Po|li|ti|kas|ter (der, -s, -) jmd., der über Politik redet, ohne etwas davon zu verstehen.

Po|li|ti|kum (das, -s, -ka) Ereignis von politischer Bedeutung.

Po|li|tur (die, -, -en) (lat.) Glanz; Poliermittel. Verb: polieren.

Po|li|zei (die, -, -en) (griech.) Behörde für öffentliche Ordnung und Sicherheit. Polizeiaktion; Polizeiapparat; Polizeiaufgebot; Polizeiaufsicht; Polizeiauto; Polizeibeamte; Polizeibüro; Polizeichef; Polizeidirektion; Polizeifunk; Polizeigewalt; Polizeigriff; Polizeihund; Polizeikommissar; Polizeikontingent; Polizeikontrolle; Polizeiobermeister; Polizeiorgan; Polizeipräsident; Polizeipräsidium; Polizeirevier; Polizeischutz; Polizeisirene; Polizeistaat; Polizeistreife; Polizeistunde; Polizeiverordnung; Polizeiwache; Polizeiwesen; Polizist/in. Adjektiv: polizeilich.

Pol|ka (die, -, -s) (tschech.) böhmischer Rundtanz.

Pol|len (der, -s, -) (lat.) Blütenstaub. Pollenanalyse; Pollenblume; Pollenflug; Pollenkorn; Pollensack; Pollenschlauch.

Pol|lu|ti|on (die, -, -ti|o|nen) (lat.) Samenerguss.

Pol|ni|sche (die, -n, -n) Wurst.

Po|lo 1. (das, -s, kein Plural) (engl.) Reiterspiel. Polospiel; Polospieler. 2. (das, -s, -s) (Kurzw.) Polohemd. Poloshirt.

Po|lo|nä|se (auch: Po|lo|nai|se) (die, -, -n) (franz.) Tanz.

Po|lo|ni|um (das, -s, kein Plural) radioaktiver Stoff (Abk.: Po).

Pols|ter (das, -s, -) Kissen. Polsterer; Polstergarnitur; Polstermöbel; Polstersessel; Polsterstoff; Polstertür; Polsterung; gepolstert; polstern.

pol|tern (V.) 1. krachen; 2. laut schimpfen; 3. heftig klopfen. Polterabend; Poltergeist; polt(e)rig.

po|ly.../Po|ly... (griech.) viel.../Viel...

Po|ly|ac|ryl (das, -s, kein Plural) (griech.) Kunststoff.

Po|ly|amid (das, -s, -e) (griech.) Nylon-, Perlonstoff.

Po|ly|an|d|rie (die, -, kein Plural) (griech.) Vielmännerei.

Po|ly|ar|th|ri|tis (die, -, -tiden) (griech.) Gelenkentzündung.

Po|ly|äthy|len (das, -s, -e) (griech.) thermoplastischer Kunststoff.

Po|ly|chä|te (der, -n, -n) (griech.) Borstenwurm.

po|ly|chrom (Adj.) (griech.) vielfarbig. Polychromie; polychromieren.

Po|ly|eder (das, -s, -) (griech.) Vielflächner. Polyederprojektion; polyedrisch.

Po|ly|es|ter (der, -s, -) (griech.) Kunststoff. Polyesterharz.

Po|ly|ga|mie (die, -, kein Plural) (griech.) Vielehe. Polygamist; polygam.

po|ly|gen (Adj.) (griech.) durch mehrere Erbfaktoren bestimmt; durch mehrere Ursachen ausgelöst.

Po|ly|ge|nie (die, -, kein Plural) (griech.) durch mehrere Erbfaktoren bewirkte Ausbildung eines Merkmals.

po|ly|glott (Adj.) (griech.) mehrsprachig. Polyglotte.

Po|ly|gon (das, -s, -e) (griech.) Vieleck. Adjektiv: polygonal.

Po|ly|graf (auch: Po|ly|graph) (der, -en, -en) (griech.) Gerät zum Aufzeichnen mehrerer körperlicher Vorgänge zugleich, aus denen sich Erregungszustände ablesen lassen (in der Kriminologie als sogenannter »Lügendetektor« verwendet).

Po|ly|gy|nie (die, -, kein Plural) (griech.) Ehegemeinschaft eines Mannes mit mehreren Frauen; Vielweiberei.

Po|ly|his|tor (der, -s, -en) (griech.) Universalgelehrter.

po|ly|hy|b|rid (Adj.) (griech.) sich in mehreren erblichen Merkmalen unterscheidend (von pflanzlichen und tierischen Bastarden).

po|ly|karp (Adj.) (griech.) in einem bestimmten Zeitraum mehrmals Früchte tragend.

po|ly|mer (Adj.) (griech.) großmolekülig. Polymer; Polymerie; Polymerisation; Polymerisierung; polymerisierbar; polymerisieren.

Po|ly|me|ter (das, -s, -) (griech.) Messgerät (Wetterkunde).

Po|ly|me|t|rie (die, -, -n) (griech.) Taktwechsel (Gedicht).

Pollymorlphie (*auch:* Pollylmorlphislmus) (die, -, kein Plural) (griech.) Vielförmigkeit; Verschiedengestaltigkeit. Adjektiv: polymorph.
Pollylnom (das, -s, -e) (griech.) mathematische Größe. Adjektiv: polynomisch.
pollylnulkllelär (Adj.) (griech.) vielkernig.
Pollyp (der, -en, -en) 1. Tintenfisch; 2. Geschwulst; 3. (ugs.) Polizist. Adjektiv: polypenartig.
pollylphag (Adj.) (griech.) sich von verschiedenen Pflanzen und Tieren ernährend.
Pollylphalge (der, -n, -n) Allesfresser.
Pollylphalgie (die, -, kein Plural) (griech.) Ernährung von verschiedenen Pflanzen und Tieren.
pollylphon (*auch:* pollylfon) (Adj.) (griech.) mehrstimmig; vielstimmig. Polyphonie (*auch:* Polyfonie).
pollylplolid (Adj.) (griech.) mehr als zwei Chromosomensätze aufweisend.
Pollylrhythlmik (die, -, -en) (griech.) Musikstück mit gleichzeitig verschiedenen Rhythmen. Adjektiv: polyrhythmisch.
Pollylsaclchalrid (*auch:* Pollylsalchalrid) (das, -s, -e) (griech.) Vielfachzucker.
pollylselmanltisch (Adj.) (griech.) mehrdeutig.
Pollylselmie (die, -, kein Plural) (griech.) Mehrdeutigkeit.
Pollylsperlmie (die, -, -n) (griech.) Verschmelzung mehrerer Samenzellen mit einer Eizelle (bei der Befruchtung).
Pollylstylrol (das, -s, -e) (griech.-lat.) Kunststoff.
pollylsyllalbisch (Adj.) (griech.) vielsilbig. Polysyllabum.
pollylsynldeltisch (Adj.) (griech.) durch Bindewörter (Konjunktionen) verbunden. Polysyndeton.
pollylsynltheltisch (Adj.) (griech.) mehrfach zusammengesetzt. Polysynthetismus.
Pollyltechlnilkum (das, -s, -nilka/-nilken) technische Fachhochschule. Polytechniker; polytechnisch.
Pollyltheilslmus (der, -, -men) (griech.) Vielgötterei. Polytheist; polytheistisch.
pollyltolnal (Adj.) mehrere Tonarten gleichzeitig in verschiedenen Stimmen aufweisend.
Pollyltolnallitlät (die, -, kein Plural) (griech.) Nebeneinander mehrerer Tonarten in den verschiedenen Stimmen (eines Musikstücks); Vieltonart.
pollyltrop (Adj.) (griech.) sehr anpassungsfähig (von Organismen).
pollylvallent (Adj.) (griech.-lat.) in mehrfacher Beziehung wirksam (z. B. von Arzneimitteln).

Pollylvilnyllchlolrid (das, -s, kein Plural) (griech.) Kunststoff (Abk.: PVC).
Polmalde (die, -, -n) (franz.) Haarfett. Adjektiv: pomadig (*auch:* träge). Verb: pomadisieren.
Polmelranlze (die, -, -n) (ital.) Zitrusfrucht. Pomeranzenöl.
Pomlmer (der, -n, -n) Blasinstrument.
Pomlmes (die, nur Plural) (franz.) (Kurzw.) Pommes frites.
Pommes Crolquettes (die, nur Plural) (franz.) Kroketten aus Kartoffelbrei.
Pommes Daulphine (die, nur Plural) (franz.) eine Art Kartoffelkroketten.
Pommes frites (die, nur Plural) (franz.) frittierte Kartoffelstäbchen.
Polmollolgie (die, -, kein Plural) (lat.-griech.) Wissenschaft vom Obstbau.
Pomp (der, -s, kein Plural) (franz.) (übertriebener) Prunk; Pracht. Pomphaftigkeit; pomphaft; pompös.
Pomlpon (der, -s) (franz.) Quaste.
Ponlcho (der, -s, -s) (span.) Umhang.
Ponlderalbillilen (die, nur Plural) (lat.) Wägbarkeiten.
Ponlge (der, -/-s, -s) Seidenstoff.
Ponltilcelllo (der, -s, -s/-li) (ital.) Steg (Streichinstrumente).
Ponltilfex (der, -, -filces, *auch:* filzes) (lat.) Oberpriester (im alten Rom); Pontifex maximus.
ponltilfilkal (Adj.) (lat.) bischöflich. Pontifikalamt; Pontifikale; Pontifikalien.
Ponltilfilkat (das, *auch:* der, -(e)s, -e) Amtsdauer und Würde des Papstes oder eines Bischofs.
ponltisch (Adj.) (griech.) steppenhaft.
Ponlton (der, -s, -s) (franz.) Brückenschiff. Pontonbrücke; Pontonform.
Polny 1. (das, -s, -s) (engl.) kleines Pferd. Ponyhof; Ponyreiten. 2. (der, -s, -s) Fransenfrisur. Ponyfransen; Ponyfrisur; Ponyschnitt.
Pool (der, -s, -s) (engl.) (Kurzw.) Swimmingpool; Gewinnzusammenlegung; (Kurzw.) Poolbillard.
Pop (der, -/-s, kein Plural) (engl.) (Kurzw.) Popmusik. Popfestival; Popgruppe; Popkonzert; Popkunst; Popmode; Popmusik; Popsänger; Popstar; Popszene; poppig.
Polpanz (der, -es, -e) Schreckgestalt; leicht beeinflussbarer Mensch.
Pop-Art (die, -, kein Plural) (engl.) Kunststil.
Poplcorn (das, -s, kein Plural) Puffmais.
Polpe (der, -n, -n) (griech.-russ.) (ugs.) Priester.
Polpel (der, -s, -) 1. (ugs.) (Kurzw.) Nasenpopel; 2. armseliger Kerl. Adjektiv: popelig. Verb: popeln.
Polpellin (*auch:* Polpellilne) (der, -s, -e) (franz.) Leinenstoff. Popelinjacke.

Po|po (der, -s, -s) (ugs.) Gesäß.
Pop|per (der, -s, -) (engl.) sehr modisch gekleideter Jugendlicher.
pop|pig (Adj.) (engl.) modern; bunt.
po|pu|lär (Adj.) (lat.) volkstümlich; beliebt. Popularisierung; Popularität; populärwissenschaftlich; popularisieren.
Po|pu|la|ti|on (die, -, -ti¹o¹nen) (lat.) Bevölkerung.
Po|re (die, -, -n) (griech.) Öffnung; kleines Loch. Porenziegel; Hautpore; porentief; großporig; porig (porös).
Por|no (der, -s, -s) (engl.) (Kurzw.) pornografischer Film, Roman.
Por|no... (griech.) Pornografie. Pornofilm; Pornohändler; Pornoladen; Pornostück; pornophil.
Por|no|gra|fie (*auch:* Por|no|gra|phie) (die, -, kein Plural) (griech.) Darstellung sexueller Handlungen im Detail. Pornograf (*auch:* Pornograph); pornografisch (*auch:* pornographisch).
po|rös (Adj.) (griech.) löchrig; durchlässig. Porosität.
Por|phyr (der, -s, -e) (griech.) feinkörniges Ergussgestein mit Einsprenglingen von Kristallen.
Por|phy|rit (der, -s, -e) (griech.) Gestein.
Por|ree (der, -s, -s) (franz.) Gemüsepflanze.
Por|ridge (der/das, -s, kein Plural) (engl.) Haferbrei.
Porst (der, -s, -e) Heidekraut.
Port (der, -s, -e) (lat.) Hafen.
Por|tab|le (der/das, -s, -s) (engl.) tragbares Gerät.
Por|tal (das, -s, -e) (lat.) Eingangstor.
Por|ta|men|to (das, -s, -ti) (ital.) weiches, gleitendes Verbinden von Tönen (beim Gesang und Spielen von Streichinstrumenten).
Por|ta|tiv (das, -s, -e) (franz.) tragbare Kleinorgel.
Porte|feuille (das, -s, -s) (franz.) 1. Brieftasche. 2. Amtsbereich (eines Ministers). 3. Bestand an Wertpapieren (einer Bank).
Por|te|pee (das, -s, -s) (franz.) Quaste am Degen oder Säbel (des Offiziers).
Por|ter (der, -s, -) (engl.) Biersorte.
Por|ti|er (der, -s, -s) (franz.) Pförtner. Portierloge; Portiersfrau.
Por|ti|e|re (die, -, -n) (franz.) schwerer Türvorhang.
Por|ti|on (die, -, -ti¹o¹nen) (lat.) Anteil; Menge; Ration. eine halbe Portion sein (ugs.: klein und mager sein). Portiönchen; portionenweise; portionsweise; portionieren.
Port|mo|nee (*auch:* Porte|mon|naie) (das, -s, -s) (franz.) Geldbörse; Geldbeutel.

Por|to (das, -s, -s/-ti) (ital.) Beförderungsgebühr. Portobuch; Portokasse; portofrei; portopflichtig.
Por|t|rät (das, -s, -s) (franz.) Bild. Porträtaufnahme; Porträtist; Porträtmaler; Porträtstatue; Porträtstudie; porträtieren.
Por|tu|gal (ohne Art., -s, kein Plural) Portugiese; portugiesisch; Portugiesisch (Sprache).
Por|tu|lak (der, -s, -s/-e) (lat.) eine Zier- und Gemüsepflanze, deren Blätter als Salat gegessen werden.
Port|wein (der, -s, -e) süßer Wein.
Por|zel|lan (das, -s, -e) (ital.) 1. weißer Ton. 2. Essgeschirr. Porzellanblume; Porzellanerde; Porzellanfigur; Porzellankrone; Porzellanladen; Porzellanmalerei; Porzellanmanufaktur; Porzellanschnecke; Porzellanteller; porzellanen (aus Porzellan).
Pos. (Abk.) Position.
Po|sa|ment (das, -s/-es, -en) (franz.) Verzierungsartikel. Posamentierarbeit; Posamentierer; posamentieren.
Po|sau|ne (die, -, -n) Blasinstrument. Posaunenbläser; Posaunenchor; Posaunenengel; Posaunenschall; Posaunist; posaunen.
Po|se (die, -, -n) Körperstellung. Verb: posieren.
Po|si|ti|on (die, -, -ti¹o¹nen) (lat.) 1. Stellung; Lage; Ort. 2. Einstellung. Positionierung; Positionsbestimmung; Positionslampe; Positionslaterne; Positionslichter; Positionswinkel; positionell; positionieren.
po|si|tiv (Adj.) (lat.) bejahend; über null; günstig. Positiv; Positivismus; Positivist; Positivum; positivistisch.
Po|si|t|ron (das, -s, -en) (lat.-griech.) Elementarteilchen.
Po|si|tur (die, -, -en) (lat.) Haltung; Figur. sich in Positur setzen/stellen.
Pos|se (die, -, -n) Lustspiel; (Plural:) Unfug. Possenreißer; possenhaft.
pos|ses|siv (Adj.) (lat.) besitzanzeigend, ganz für sich beanspruchend. Possessivpronomen (besitzanzeigendes Fürwort, z. B. mein, dein, euer); Possessiv; Possessivum.
pos|sier|lich (Adj.) drollig; lustig. Possierlichkeit.
Post (die, -, kein Plural) (ital.) (Kurzw.) Postamt; Postgut. Postabholer; Postanweisung; Postauftrag; Postauto; Postbarscheck; Postbeamte; Postbeamtin; Postbezirk; Postbote; Postbriefkasten; Postbus; Postdienst; Postdirektion; Postfach; Postflugzeug; Postgebühr; Postgeheimnis; Postgiroamt; Postgirokonto; Postgut; Posthorn; Postkarte; Postkartengröße; Postkartengruß; Postkasten; Postkunde; Postkutsche;

Postleitzahl; Postler; Postmeister; Postminister; Postnebenstelle; Postpaket; Postrat; Postsack; Postschaffner; Postscheck; Postscheckamt (Abk.): PSchA); Postscheckkonto; Postscheckverkehr; Postschiff; Postsparbuch; Postsparkasse; Postsparkassenamt; Poststempel; Postverbindung; Postverwaltungsrat; Postvollmacht; Postwertzeichen; Postwesen; Postwurfsendung; Postzustellung. Adjektive: postalisch; postamtlich; postfrisch; postlagernd; postwendend.
Pos'ta'ment (das, -s, -e) (ital.) Sockel; Podium.
post Chris'tum (na'tum) (lat.) nach Christi Geburt (Abk.: p.Chr.).
post'em'b'ry'o'nal (Adj.) (lat.) nach der Geburt.
Pos'ten (der, -s, -) 1. Ware. 2. Stellung. 3. Wache. Postendienst; Postenjäger; Postenkette.
Pos'ter (der/das, -s, -/-s) (engl.) Plakat.
poste re's'tante (franz.) postlagernd.
post'gla'zi'al (Adj.) (lat.) nacheiszeitlich.
pos'tie'ren (V.) (franz.) aufstellen. Postierung.
Pos'til'le (die, -, -n) (lat.) Predigtsammlung; Zeitschrift.
Pos'til'li'on (der, -s, -e) (franz.) Postkutscher.
Post'lu'di'um (das, -s, -di'en) (lat.) Nachspiel (in der Musik).
post me'ri'di'em (lat.) nach Mittag (Abk.: p.m.).
Post'mo'der'ne (die, -, kein Plural) Kunstrichtung. Adjektiv: postmodern.
post'mor'tal (Adj.) (lat.) nach dem Tod.
post mor'tem (lat.) nach dem Tode (Abk.: p.m.).
post'na'tal (Adj.) (lat.) nach der Geburt.
Post'nu'me'ra'ti'on (die, -, -ti'o'nen) (lat.) Nachzahlung.
post'ope'ra'tiv (Adj.) (lat.) nach der Operation.
Post'skript (auch: Post'skrip'tum) (das, -s, -e) (lat.) Nachschrift (Abk.: PS).
Pos'tu'lat (das, -s, -e) (lat.) Forderung. Postulant; Postulierung; postulieren.
pos'tum (auch: post'hum) (lat.) nach dem Tod erscheinend.
Pot (das, -s, kein Plural) (engl.) Marihuana.
Po'tem'kin'sche Dör'fer (auch: po'tem'kin'sche/Po'tem'kin'sche Dör'fer) (die, nur Plural) (russ.) Trugbild.
po'tent (Adj.) (lat.) mächtig; reich; zum Geschlechtsverkehr fähig. Potentat.
Po'tenz 1. (die, -, kein Plural) Leistungsfähigkeit; Fähigkeit zum Geschlechtsverkehr; potenzsteigernd; potenzieren. 2. (die, -, -en) mathematisches Produkt. Potenzexponent; Potenzierung; potenzieren.

Po'ten'zi'al (auch: Po'ten'ti'al) (das, -s, -e) (lat.) 1. Leistungsfähigkeit; 2. Reserve; 3. physikalische Größe. Potenzialdifferenz (auch: Potentialdifferenz); Potenzialgefälle (auch: Potentialgefälle); Potenzialität (auch: Potentialität); potenzial (auch: potential); potenziell (auch: potentiell).
Po'ten'zi'a'lis (auch: Po'ten'ti'a'lis) (der, -, -les) (lat.) Möglichkeitsform (→ Konjunktiv).
Po'ten'zio'me'ter (auch: Po'ten'tio'me'ter) (das, -s, -) Spannungsteiler. Potenziometrie (auch: Potentiometrie).
Po'te'rie (die, -, -s) Töpferei.
Pot'pour'ri (das, -s, -s) (franz.) bunte Mischung; Musikstücke.
Pott (der, -s, Pöt'te) (nordd.) 1. Topf; 2. Schiff.
Pott'asche (die, -, kein Plural) Kaliumkarbonat.
pott'häss'lich (Adj.) sehr hässlich.
Pott'wal (der, -s, -e) Zahnwal.
potz Blitz! (Interj.) Ausruf (Überraschung). *Aber:* potztausend!
Pou'lar'de (die, -, -n) (franz.) Masthuhn.
Pour le Mé'rite (der, - - -, - - -) (franz.) 1740–1918 und seit 1952 hoher deutscher Verdienstorden.
pous'sie'ren (V.) (franz.) (ugs.) flirten.
Pou'voir (das, -s, -s) (österr.) (franz.) Handlungsvollmacht.
Pow'er (die, -, kein Plural) (engl.) (ugs.) Kraft; Stärke.
Pow'er'play (das, -s, kein Plural) (engl.) Angriff aller Feldspieler (Eishockey).
Pow'er'slide (das, -s, kein Plural) (engl.) Kurventechnik (Autorennen).
Po'widl (der, -s, -) (tschech.) Pflaumenmus. Powidltatschkerl.
pp (Abk.) pianissimo.
pp. 1. (auch: ppa.) (Abk.) per prokura. 2. (Abk.) perge, perge (und so weiter); etc.pp.
PP. (Abk.) Patres.
ppb (Abk.) part per billion (pro Milliarde).
ppm (Abk.) part per million (pro Million).
PR (Abk.) Public Relations. PR-Abteilung; PR-Mann.
Prä (das, -s, kein Plural) (in der Wendung:) das Prä haben (den Vorrang haben).
prä... / Prä... (lat.) vor.../Vor...
Prä'am'bel (die, -, -n) (lat.) feierliche Einleitung.
Prä'ben'dar (der, -s, -e) Inhaber einer Präbende; Pfründner.
Prä'ben'de (die, -, -n) (lat.) mit Einkünften verbundenes Kirchenamt; Pfründe.
Pracht (die, -, kein Plural) Prunk; Glanz. Prachtausgabe; Prachtband; Prachtbauten;

Prädestination 399 Präparat

Prachtexemplar; Prächtigkeit; Prachtjunge; Prachtkerl; Prachtmensch; Prachtstraße; Prachtstück; Prachtwerk; prächtig; prachtvoll.
Prä|de|s|ti|na|ti|on (die, -, kein Plural) (lat.) Vorherbestimmung. Prädestinationslehre; Prädestinierung; prädestiniert; prädestinieren.
Prä|di|kant (der, -en, -en) (lat.) Hilfsprediger.
Prä|di|kat (das, -s, -e) (lat.) 1. Titel; Bewertung. 2. Satzaussage. Prädikativ; Prädikativsatz; Prädikatsexamen; Prädikatsnomen; Prädikatswein; prädikativ (aussagend); prädikatisieren (bewerten).
Prä|dik|ti|on (die, -, -ti|o|nen) (lat.) Voraussage.
prä|dis|po|nie|ren (V.) (lat.) vorausplanen. Prädisposition; prädisponiert (anfällig).
prä|do|mi|nie|ren (V.) (lat.) vorherrschen; überwiegen. Prädomination.
prae|cox (Adj.) (lat.) vorzeitig (auftretend; eintretend).
Prä|exis|tenz (die, -, -en) (lat.) Dasein in einem früheren Leben.
prä|fa|b|ri|zie|ren (V.) (lat.) vorfertigen.
Prä|fekt (der, -en, -en) (lat.) Verwaltungsbeamter. Präfektur.
Prä|fe|renz (die, -, -en) (lat.) Vorzug; Vorrang. Präferenzliste; Präferenzspanne; Präferenzstellung; präferenziell (*auch:* präferentiell).
Prä|fi|gu|ra|ti|on (die, -, -ti|o|nen) 1. Vorgestaltung. 2. Urbild.
Prä|fix (das, -es, -e) (lat.) Vorsilbe (z. B. be-, auf-, ver-).
prä|gen (V.) 1. einpressen. 2. gestalten; beeinflussen. Prägbarkeit; Prägebild; Prägedruck; Prägeeisen; Prägeform; Prägemaschine; Prägepresse; Präger; Prägestädte; Prägestempel; Prägestock; Prägung; prägbar.
prä|gla|zi|al (Adj.) (lat.) voreiszeitlich.
prag|ma|tisch (Adj.) (griech.) sachbezogen; praktisch. Pragmatik; Pragmatiker; Pragmatisierung; Pragmatismus; Pragmatist; pragmatisieren.
präg|nant (Adj.) (lat.) treffend; genau. Prägnanz.
prä|his|to|risch (Adj.) (lat.) vorgeschichtlich. Prähistorie; Prähistoriker.
prah|len (V.) sich rühmen; angeben. Prahlerei; Prahlhans; Prahlsucht; prahlerisch; prahlsüchtig.
Prahm (das, -s, -e/Präh|me) (tschech.) Lastkahn.
prä|ju|di|zie|ren (V.) (lat.) vorverurteilen. Präjudiz; präjudiziell.
Prä|kam|b|ri|um (das, -s, kein Plural) Sammelbezeichnung für Archaikum und Algonkium.
prä|klu|siv (Adj.) (lat.) ausschließend; gerichtlich verweigert. Präklusion; Präklusivfrist; präklusivisch; präkludieren.

Prä|ko|g|ni|ti|on (die, -, -ti|o|nen) (lat.) Hellseherei.
prä|ko|lum|bisch (*auch:* prä|ko|lum|bi|a|nisch) (Adj.) vor der Entdeckung durch Kolumbus; das ~e Amerika.
Pra|k|rit (das, -s, kein Plural) mehrere mittelindische Mundarten zwischen 500 v. Chr. und 1000 n. Chr.
prakt. Arzt (Abk.) praktischer Arzt.
prak|tisch 1. (Adj.) (griech.) tatsächlich; zweckmäßig. 2. (Adv.) im Grunde. Praktifizierung; Praktik; Praktiker; Praktikabilität; praktikabel; praktifizieren; praktizieren.
Prak|ti|kum (das, -s, -ka) Praxisübung (Hochschule). Praktikant/in. Praktikumsplatz; Praktikumszeugnis.
Prä|lat (der, -en, -en) (lat.) geistlicher Würdenträger. Prälatur.
Prä|li|mi|na|ri|en (die, nur Plural) Vorverhandlungen (Diplomatie). Präliminarfrieden; präliminieren.
Pra|li|ne (die, -, -n) (franz.) Süßigkeit.
prall (Adj.) voll; eng; dick. Adjektiv: prallvoll.
prall|en (V.) anstoßen; aufschlagen. Prall.
Prä|lu|di|um (das, -s, -di|en) (lat.) Vorspiel. Verb: präludieren.
Prä|ma|tu|ri|tät (die, -, kein Plural) (lat.) Frühreife. Adjektiv: prämatur.
Prä|mie (die, -, -n) (lat.) Belohnung; Geldbetrag. Prämienanleihe; Prämienauslosung; Prämiendepot; Prämiengeschäft; Prämienkurs; Prämienlohn; Prämienlos; Prämienschein; Prämiensparen; Prämiensparer; Prämiensparvertrag; Prämienzahlung; Prämienzuschlag; Prämierung; prämienbegünstigt; prämienfrei; prämiensparen; prämieren; prämiieren.
Prä|mis|se (die, -, -n) (lat.) Voraussetzung; Annahme.
prä|mor|tal (Adj.) (lat.) vor dem Tode (eintretend; eingetreten).
prä|na|tal (Adj.) (lat.) vor der Geburt.
pran|gen (V.) glänzen; auffallen.
Pran|ger (der, -s, -) (in der Wendung:) jemanden an den Pranger stellen (bloßstellen).
Pran|ke (die, -, -n) Tatze; (ugs.) Hand. Prankenhieb.
Prä|no|men (das, -s, -mi|na) (lat.) Vorname.
Prä|no|va (die, -, -vä) (lat.) Fixstern im Übergang zu einer Nova.
prä|nu|me|ran|do (Adv.) (lat.) im Voraus. Pränumeration; pränumerieren.
pran|zen (V.) (nordd.) prahlen. Pranz; Pranzer.
Prä|pa|rat (das, -s, -e) (lat.) Arzneimittel; Demonstrationsstück. Präparatensammlung; Präparationsheft; Präparation; Präparator; präparieren.

Präponderanz 400 Preiselbeere

Prälponldelranz (die, -, kein Plural) (lat.) Vorherrschaft (bes. eines Staates); Übergewicht.
prälponldelrielren (V.) (lat.) vorherrschen, die Vorherrschaft ausüben; das Übergewicht haben; überwiegen.
Prälpolsiltilon (die, -, -tilolnen) (lat.) Verhältniswort (z. B. am, bei, auf). Präpositionalattribut; Präpositionalfall; Präpositionalgefüge; Präpositionalkasus; Präpositionalobjekt; präpositional.
Prälpultilum (das, -s, -tilen) (lat.) Vorhaut.
Prälrie (die, -, -n) (franz.) Grassteppe, Grasland im mittleren Westen der USA. Präriegras; Präriehund; Prärieindianer; Präriewolf.
Prälrolgaltiv (das, -s, -e) (lat.) Vorrecht (bes. des Herrschers).
Prälsens (das, -, Prälsenltia/Prälsenlzien) (lat.) Gegenwart. Präsenspartizip; präsentisch.
Prälsent (das, -s, -e) (franz.) Geschenk. Präsentkorb.
Prälsenltaltilon (die, -, -tilolnen) Vorstellung; Vorlage. Präsentant; Präsentationsrecht; Präsentierbrett; Präsentierteller; Präsentierung; präsentabel; präsentierfähig; präsentieren.
Prälsenz (die, -, kein Plural) (lat.) Anwesenheit; Gegenwart. Präsenzbibliothek; Präsenzliste; Präsenzpflicht; Präsenzstärke; präsent.
Pralseoldym (das, -s, kein Plural) (griech.) chemisches Element; Seltenerdmetall.
prälserlvaltiv (Adj.) (lat.) vorbeugend; verhütend. Präservativ (Kondom).
Prälserlve (die, -, -n) Halbkonserve.
prälservielren (Adj.) (lat.) schützen; haltbar machen. Präservierung.
Prälsildent (der, -en, -en) (franz.) Vorsitzender; Staatsoberhaupt. Präsidentenwahl; Präsidentin; Präsidentschaft; Präsidentschaftskandidatur; Präsidialdemokratie; Präsidialgewalt; Präsidialregierung; Präsidialsystem; präsidial; präsidieren.
Prälsildilum (das, -s, -dilen) Vorsitz; Leitung; Amtsgebäude. Polizeipräsidium; Präsidiumssitzung.
prälskripltiv (Adj.) (lat.) normgerecht.
praslseln (V.) 1. aufprallen. 2. knistern.
praslsen (V.) verschwenderisch sein. Prasser; Prasserei.
Prälsltant (der, -en, -en) (lat.) Orgelpfeife.
prälsulmielren (V.) (lat.) annehmen; vermuten. Präsumption; präsumptiv.
prältenltilös (Adj.) (franz.) anspruchsvoll; anmaßend. Prätendent; Prätention; prätendieren.
Pralter (der, -s, kein Plural) Vergnügungspark (Wien).
Prälteliritum (das, -s, -ta) (lat.) Vergangenheit (Imperfekt, z. B. ging, sah, kam).

Prältor (der, -s, -en) (lat.) höchster Justizbeamter (im alten Rom).
Prältolrilalner (der, -s, -) (lat.) Angehöriger der Leibwache (der Kaiser und Feldherren im alten Rom).
Pratlze (die, -, -n) (ugs.) große Hand; Pranke.
Prau (die, -, -e) (malai.) Segelboot der Malaien mit Auslegern.
prälvenltiv (Adj.) (lat.) vorbeugend. Prävention; Präventivbehandlung; Präventivkrieg; Präventivmaßnahme; Präventivmedizin; Präventivmittel; Präventivverkehr.
Pralxis (die, -, -xen) (griech.) Tätigkeit; Erfahrung; Arbeitsraum (Arzt, Anwalt). Adjektive: praxisbezogen; praxisfern; praxisfremd; praxisnah.
Prälzeldenzlfall (der, -s, -fälle) Musterfall; Beispiel.
Prälzeldenzlstreiltiglkeit (die, -, -en) Rangstreitigkeit.
Prälzeslsilon (die, -, -silolnen) (lat.) abweichende Bewegung der Achse eines rotierenden Körpers unter Einwirkung einer äußeren Kraft.
Prälzilpiltaltilon (die, -, -tilolnen) (lat.) Ausfällung (Chemie). Verb: präzipitieren.
Prälzilpiltin (das, -s, -e) (lat.) Immunstoff.
prälzilse (Adj.) (lat.) genau; eindeutig. Präzisierung; Präzision; Präzisionsarbeit; Präzisionsinstrument; Präzisionsmessung; Präzisionsmotor; Präzisionsuhr; Präzisionswaage; präzisieren.
Prélcis (der, -, -) (franz.) Inhaltsangabe.
Preldellla (die, -, -s/-len) (ital.) Sockel (des Flügelaltars).
Preldigt (die, -, -en) Ansprache; Ermahnung. Prediger; Predigerorden; Predigerseminar; Predigtamt; Predigttext; predigen.
Preis (der, -es, -e) Geldbetrag; Belohnung. Preisabbau; Preisabsprache; Preisanstieg; Preisaufgabe; Preisausschreiben; Preisbewegung; Preisbildung; Preisbindung; Preisbrecher; Preisdruck; Preisempfehlung; Preisentwicklung; Preiserhöhung; Preisermäßigung; Preisfrage; Preisgefälle; Preisgestaltung; Preisgrenze; Preisindex; Preiskalkulation; Preisklasse; Preiskonjunktur; Preiskorrektur; Preislage; Preisliste; Preis-Lohn-Spirale; Preisnachlass; Preispolitik; Preisrätsel; Preisrichter; Preisschlager; Preisschild; Preissenkung; Preisstopp; Preissturz; Preisträger; Preistreiberei; Preisvergleich; Preisverleihung; Preisverzeichnis; Preiswucher. Adjektive: preisbegünstigt; preisbewusst; preisgebunden; preisgekrönt; preisgünstig; preiskritisch; preislich; preisstabil; preiswert.
Preilsellbeelre (die, -, -n) Frucht. Preiselbeermarmelade.

prei|sen (V., pries, hat gepriesen) loben. Preislied; Preiswürdigkeit; preiswürdig; preisenswert.
preis|ge|ben (V., gab preis, hat preisgegeben) ausliefern; verraten. Preisgabe.
pre|kär (Adj.) (franz.) schwierig; unangenehm.
prel|len (V.) betrügen; anstoßen. Prellball; Prellbock; Preller; Prellerei; Prellschuss; Prellstein; Prellung.
Pre|mi|e|re (die, -, -n) (franz.) Erstaufführung. Premierenabend; Premierenbesucher.
Pre|mi|er|mi|nis|ter (der, -s, -) Ministerpräsident.
Pres|by|ter (der, -s, -) (griech.) 1. Gemeindeältester (im Christentum). 2. Angehöriger des Presbyteriums (2.). 3. Priester (in der katholischen Kirche).
Pres|by|te|ri|a|nis|mus (der, -, kein Plural) Kirchenverwaltung durch Presbyter und Geistliche (in der evang.-reformierten Kirche).
Pres|by|te|ri|um (das, -s, -ri|en) (griech.-nlat.) 1. Chorraum (der Kirche). 2. von der Gemeinde gewählter Kirchenvorstand (in der evang.-reformierten Kirche). 3. Priesterschaft (in der katholischen Kirche).
pre|schen (V.) (ugs.) rennen; jagen.
Pre|shave|lo|tion (*auch:* Pre|shave-Lo|tion) (die, -, -s) (engl.) Rasierwasser.
press (Adj.) nah; eng (Sport). Der Stürmer wurde press gedeckt.
pres|sant (Adj.) (franz.) eilig; dringend. Verb: pressieren.
Pres|se (die, -, -n) Druckvorrichtung; (ohne Plural) Zeitungswesen. Presseagentur; Presseamt; Presseausweis; Presseberichterstatter; Pressebüro; Pressedienst; Presseempfang; Presseerklärung; Pressefotograf (*auch:* Pressephotograph); Pressegesetz; Pressekommentar; Pressekonferenz; Pressemeldung; Pressenotiz; Presseorgan; Presserecht; Pressesprecher; Pressevertreter; Pressewesen; Pressezensur.
pres|sen (V.) drücken; drucken. Pressball; Pressform; Pressglas; Presshefe; Pressholz; Presskohle; Pressluft; Pressluftbohrer; Presslufthammer; Presssaft (*auch:* Press-Saft); Pressschlag (*auch:* Press-Schlag); Pressspanplatte (*auch:* Press-Spanplatte); Pressstroh (*auch:* Press-Stroh); Pressung; Presswehe.
Pres|si|on (die, -, -si|o|nen) (lat.) Nötigung; Zwang.
Pres|sure|group (*auch:* Pres|sure-Group) (die, -, -s) (engl.) Interessengruppe.
Pres|ti|ge (das, -s, kein Plural) (franz.) Geltung; Ansehen. Prestigedenken; Prestigegewinn; Prestigegründe; Prestigesache; Prestigeverlust.

pres|tis|si|mo (Adv.) (ital.) sehr schnell (Musik). Prestissimo.
pres|to (Adv.) (ital.) schnell. Presto.
Prêt-à-por|ter (das, -s, -s) (franz.) Konfektionskleidung (von Modeschöpfern entworfen).
Pre|zi|o|sen (*auch:* Pre|ti|o|sen) (die, nur Plural) (lat.) Schmuck; Kostbarkeiten.
pre|zi|ös (*auch:* pre|ti|ös) (Adj.) (franz.) kostbar; geziert.
Pre|view (das, -s, -s) (engl.) Vorauführung.
pri|ckeln (V.) 1. jucken; 2. sprudeln; 3. reizen. Prickel; Prickelei; prick(e)lig; prickelnd.
Priel (der, -s, -e) Wasserrinne.
Priem (der, -s, -e) (niederl.) Kautabak. Priemtabak; priemen.
Pries|ter (der, -s, -) Pfarrer. Priesteramt; Priesterin; Priesterkongregation; Priesterschaft; Priesterseminar; Priestertum; Priesterweihe; priesterhaft; priesterlich.
Prim (die, -, -en) (lat.) 1. Morgengebet (des katholischen Breviers). 2. eine bestimmte Haltung der Klinge (beim Fechten). 3. Prime (1.).
pri|ma (Adj.) (nicht beugbar!) (ital.) erstklassig; ausgezeichnet; großartig. Primaballerina; Primadonna.
Pri|ma (die, -, Pri|men) (lat.) Oberstufe. Primaner/in; primanerhaft.
Pri|ma|ge (die, -, -n) (franz.) Zuschlag zu den Frachtkosten, der dem Kapitän eines Schiffes vom Auftraggeber gewährt werden kann. Primgeld.
pri|mär (Adj.) (franz.) zuerst; ursprünglich; vorrangig. Primärenergie; Primärliteratur; Primärspannung; Primärstrahlung; Primärstrom; Primärwicklung.
Pri|mär|af|fekt (der, -s/-es, -e) erste krankhafte Veränderung im Körper; erstes Anzeichen (einer Infektionskrankheit).
Pri|ma|ri|us (der, -, -ri|en) (lat.) 1. erster Geiger (in der Kammermusik). 2. Primararzt.
Pri|mar|stu|fe (die, -, -n) Grundschule.
Pri|mas (der, -, -mas|se/-ma|ten) (lat.) Erzbischof; Geigensolist.
Pri|mat 1. (der/das, -s, -e) Vorrang. 2. (der, -en, -en) Gruppe der höchst entwickelten Säugetiere.
pri|ma vis|ta (ital.) »auf den ersten Blick«; vom Blatt, ohne geübt zu haben; ein Musikstück prima vista spielen.
pri|ma vol|ta (ital.) beim ersten Mal (in der Musik).
Pri|me (die, -, -n) (lat.) 1. erster Ton der diatonischen Tonleiter; Primton. 2. Angabe des Verfassers und abgekürzten Titels auf der ersten Seite eines Druckbogens.
Pri|mel (die, -, -n) Blume.
Prim|gei|ger (der, -s, -) erster Geiger.

Pri'mi'pa'ra (die, -, -ren) (lat.) Frau, die zum ersten Mal ein Kind bekommt; Erstgebärende.
pri'mi'tiv (Adj.) (lat.) ursprünglich; einfach; naiv. Primitive; Primitivisierung; Primitivität; Primitivkultur; Primitivling; Primitivvolk; primitivisieren.
Pri'mi'ti'vis'mus (der, -, kein Plural) (lat.) Richtung der Kunst, die sich an die Kunst der Naturvölker anlehnt.
Pri'miz (die, -, -en) (lat.) erste Messe eines neu geweihten katholischen Geistlichen.
Pri'mi'zi'ant (der, -en, -en) neu geweihter katholischer Priester.
Pri'mi'zi'en (die, nur Plural) (lat.) die als Opfer den Göttern dargebrachten ersten Früchte oder ersten jungen Tiere des Jahres; Erstlinge (im alten Rom).
pri'mo (ital.) erster; erste; erstes (in der Musik); primo tempo: erstes Tempo; primo violino: erste Geige.
Pri'mo'ge'ni'tur (die, -, -en) (lat.) Erbfolgerecht des Erstgeborenen.
Pri'mus (der, -, -se/-mi) (lat.) Klassenerster.
Pri'mus in'ter Pa'res (der, - - -; Pri'mi - -) (lat.) Erster unter Ranggleichen.
Prim'zahl (die, -, -en) Zahl, die nur durch sich selbst und durch 1 teilbar ist.
Prince of Wales (der, - - -, kein Plural) Prinz von Wales (Titel des englischen Thronfolgers).
Prin'ted in ... (engl.) gedruckt in ...
Prin'ter (der, -s, -) (engl.) Drucker; Kopiergerät.
Print'me'di'en (die, nur Plural) gedruckte Veröffentlichungen.
Prinz (der, -en, -en) (lat.) Adelstitel. Faschingsprinz; Prinzengarde; Prinzenpaar; Prinzessin; Prinzesskleid; Prinzgemahl; Prinzregent; prinzlich.
Prin'zip (das, -s, -pi'en) (lat.) Grundregel; Gesetzmäßigkeit. Im Prinzip (im Grunde) hast du recht (*auch:* Recht). Prinzipienfrage; Prinzipienlosigkeit; Prinzipienreiter; Prinzipienstreit; Prinzipientreue; prinzipiell; prinzipienfest; prinzipienlos; prinzipientreu.
Prin'zi'pal (lat.) 1. (der, -s, -e) Geschäftsinhaber; Lehrherr. 2. (das, -s, -e) ein Orgelregister, die Grundlage des Gesamtklanges bildende Hauptstimme.
Pri'or (der, -s, -en) (lat.) Klostervorsteher. Priorat; Priorin.
Pri'o'ri'tät (die, -, -en) (franz.) Vorrangigkeit. Prioritätsaktien; Prioritätsobligationen; Prioritätsrecht.
Pri'se (die, -, -n) (franz.) 1. kleine Menge (eines Pulvers). 2. beschlagnahmtes Schiff. Prisengericht; Prisengeld; Prischen.

Pris'ma (das, -s, -men) (griech.) Reflexionskörper. Prismatoid; Prismenfernrohr; Prismenform; Prismenglas; Prismensucher; prismatisch; prismenförmig.
Prit'sche (die, -, -n) 1. Liege. 2. Ladefläche. Pritschenwagen.
pri'vat (Adj.) (lat.) persönlich; vertraut. *Beachte:* Das war eine private Angelegenheit; das ist privat; ich will mein Auto an privat verkaufen; von privat (Privatperson) an privat; alles Private; etwas/nichts Privates. Privatangelegenheit; Privataudienz; Privatbahn; Privatbank; Privatbesitz; Privatdetektiv; Privatdozent; Privatdruck; Privateigentum; Privatfernsehen; Privatflugzeug; Privatgebrauch; Privatgespräch; Privathand; Privathaus; Privatier; Privatinitiative; Privatinteresse; Privatisierung; Privatissimum; Privatklage; Privatklinik; Privatleben; Privatlehrer; Privatleute; Privatmann; Privatmittel; Privatpatient; Privatperson; Privatrecht; Privatsache; Privatschule; Privatsekretärin; Privatsphäre; Privatstation; Privatunterricht; Privatvergnügen; Privatversicherung; Privatwirtschaft; Privatwohnung. Adjektive: privatrechtlich; privatwirtschaftlich, privat versichert (*auch:* privatversichert). Adverbien: privatim (unter vier Augen); privatissime (streng vertraulich). Verb: privatisieren.
Pri'vi'leg (das, -s, -e/-gi'en) (lat.) Sonderrecht. Adjektiv: privilegiert. Verb: privilegieren.
pro (Präp., Akk.) für; je. *Beachte:* pro Mann; pro Stück; pro und kontra, *aber:* das Pro und Kontra diskutieren; pro Kopf, *aber:* Pro-Kopf-Verbrauch; proamerikanisch; prosowjetisch.
pro'ba'bel (Adj.) (lat.) glaubhaft; wahrscheinlich. Probabilismus; Probabilität.
Pro'band (der, -en, -en) (lat.) 1. jmd., für den eine Ahnentafel aufgestellt wird. 2. Versuchsperson.
pro'bat (Adj.) (lat.) erprobt; bewährt.
Pro'be (die, -, -n) 1. Test; Prüfung; 2. Untersuchungsmaterial. *Beachte:* zur/auf Probe; die Probe aufs Exempel machen. Probealarm; Probearbeit; Probebohrung; Probedruck; Probeexemplar; Probefahrt; Probeflug; Probejahr; Probelauf; Probelektion; Probenarbeit; Probenentnahme; Probenummer; Probeschuss; Probeseite; Probesendung; Probestück; Probezeit; Pröbchen. Adjektive: probehaltig; erprobt. Adverbien: probehalber; probeweise. Verben: proben; Probe fahren; Probe laufen; Probe schreiben; Probe singen; Probe turnen.
pro'bie'ren (V.) versuchen; kosten. Probierer; Probierglas; Probierstein; Probierstube.
Pro'blem (das, -s, -e) (griech.) Schwierigkeit. Problematik; Problembewusstsein; Problem-

denken; Problemfall; Problemfilm; Problemkind; Problemkreis; Problemstellung. Adjektive: problematisch; problemlos; problemorientiert. Verb: problematisieren.
Pro|ca|in (das, -s, kein Plural) (Kunstw.) Betäubungsmittel.
Pro|ce|de|re (*auch:* Pro|ze|de|re) (das, -, -) (lat.) Vorgehensweise; Ablauf bei der Lösung eines bestimmten (Arbeits-)Problems.
pro cen|tum (lat.) pro hundert (Abk.: p.c.; v.H.; Zeichen: %).
Pro|de|kan (der, -s, -e) (lat.) Vertreter des Dekans (einer Hochschule).
pro do|mo (lat.) in eigener Sache; zum eigenen Nutzen.
Pro|drom (das, -s, -e) (griech.) Vorzeichen einer Krankheit.
Pro|du|cer (der, -s, -) (engl.) Hersteller; Produzent.
Pro|duct|place|ment (*auch:* Pro|duct|-Place|ment) (das, -s, kein Plural) (engl.) Werbung durch Platzieren von Waren oder Firmennamen z. B. in Filmen.
Pro|dukt (das, -s, -e) (lat.) Erzeugnis; Ergebnis; Multiplikationsergebnis. Produktenbörse; Produktenhandel; Produktenmarkt; Produktion; Produktionsanlagen; Produktionsapparat; Produktionsausfall; Produktionserfahrung; Produktionsfaktor; Produktionsgenossenschaft; Produktionsgüter; Produktionskapazität; Produktionskosten; Produktionsleistung; Produktionsmittel; Produktionsplan; Produktionssteigerung; Produktionsverfahren; Produktionsverhältnisse; Produktionsvolumen; Produktionswert; Produktionszweig; Produktivität; Produktivkraft; Produzent. Adjektiv: produktiv. Verb: produzieren.
Prof. (Abk.) Professor.
pro|fan (Adj.) (lat.) alltäglich; weltlich. Profanbauten; Profane; Profanität; Profanierung; profanieren.
Pro|fess (lat.) 1. (der, -fes|sen, -fes|sen) Mitglied eines geistlichen Ordens nach Ablegung der Gelübde. 2. (die, -, -fes|se) Ablegung der Ordensgelübde.
Pro|fes|si|on (die, -, -si|o|nen) (franz.) Beruf; Handwerk. Adjektiv: professionsmäßig.
Pro|fes|si|o|nal (der, -s, -s) (engl.) Berufssportler. Professionalisierung; Professionalismus; professionell; professioniert; professionalisieren.
Pro|fes|sor (der, -s, -en) (lat.) Hochschullehrer (Abk.: Prof.); Ordentlicher Professor (Abk.: o.P.); außerordentlicher Professor (Abk.: ao./a.o. Prof.) Professorenkollegium; Professorenherrschaft; Professorentitel; Professorin;
Professur; professoral; professorenhaft; professorenmäßig.
Pro|fi (der, -s, -s) (engl.) (Kurzw.) Professional. Profiboxer; Profifußball; Profilager; Profisport; profihaft.
Pro|fil (das, -s, -e) (franz.-ital.) Seitenansicht; Querschnitt; Charakter; Kerbung. Profilbild; Profileisen; Profiler; Profilierung; Profilneurose; Profilsohle; Profiltiefe; Profilträger; profiliert; profillos; profilieren.
Pro|fit (der, -s, -e) Gewinn; Nutzen. Profitgier; Profitjäger; Profitmacher; Profitrate; Profitstreben; profitabel; profitbringend (*auch:* Profit bringend), profitieren.
pro for|ma (lat.) der Form wegen; zum Schein. Pro-forma-Anklage.
pro|fund (Adj.) (lat.) gründlich; tief.
Pro|ges|te|ron (das, -s, kein Plural) Schwangerschaftshormon.
Prog|no|se (die, -, -n) (griech.) Vorhersage. Prognostik; Prognostikon; Prognostikum; Prognostizierung; prognostisch; prognostizieren.
Pro|gramm (das, -s, -e) (griech.) Darbietungen; Vorhaben; Konzept; Befehlfolge (EDV). Programmablauf; Programmänderung; Programmanzeiger; Programmdirektor; Programmfolge; Programmgestaltung; Programmheft; Programmhinweis; Programmierer/in; Programmiersprache; Programmierung; Programmpunkt; Programmsteuerung; Programmmusik (*auch:* Programm-Musik); Programmvorschau; Programmzeitschrift. Adjektive: programmfüllend; programmgemäß; programmgesteuert; programmierbar; programmmäßig; Verb: programmieren.
Pro|gram|ma|tik (die, -, kein Plural) (griech.) Zielsetzung. Programmatiker; programmatisch.
Pro|gre|di|enz (die, -, kein Plural) (lat.) fortschreitende Verschlimmerung (einer Krankheit).
Pro|gress (der, -gres|ses, -gres|se) (lat.) Fortschritt; progressiv.
Pro|gres|si|on (die, -, -si|o|nen) (lat.) Steigerung, Fortschreiten, Steuersatzerhöhung. Progressivsteuer.
Pro|gres|sis|mus (der, -, kein Plural) (lat.) Fortschrittsdenken. Progressiat.
Pro|gres|sive Jazz (der, - -, kein Plural) (engl.) moderner Jazzstil.
Pro|hi|bi|ti|on (die, -, -ti|o|nen) (lat.) Verbot; Alkoholverbot. Prohibitionist; Prohibitivmaßregel; Prohibitivsystem; Prohibitivzoll; prohibitiv.
Pro|jekt (das, -s, -e) (lat.) Plan; Vorhaben. Projektant; Projektemacher; Projektgruppe; Projektierung; projektieren.
Pro|jek|til (das, -s, -e) (franz.) Geschoss.

Pro|jek|ti|on (die, -, -ti|o|nen) (lat.) Bildübertragung. Projektionsapparat; Projektionsebene; Projektionsfläche; Projektionslampe; Projektionsschirm; Projektionsverfahren; Projektionswand; Projektor; Projizierung; projizieren.
Pro|kla|ma|ti|on (die, -, -ti|o|nen) (lat.) Bekanntmachung. Proklamierung; proklamieren.
Pro|kon|sul (der, -s, -n) (lat.) Statthalter einer Provinz, der vorher Konsul war (im alten Rom).
Pro|ku|ra (die, -, -ren) (ital.) Handelsvollmacht. Prokuration; Prokurist.
pro|la|bie|ren (V.) (lat.) aus der Öffnung hervortreten; vorfallen (von inneren Organen).
Pro|laps (der, -es, -e) (lat.) Heraustreten aus der Öffnung; Ausstülpung; Vorfall (eines inneren Organs).
Pro|le|ta|ri|at (das, -s, -e) (lat.) Arbeiterklasse. Prolet; Proletarier; Proletarierkind; Proletarierviertel; Proletkult; proletarisch; proletarisieren.
Pro|li|fe|ra|ti|on (die, -, -ti|o|nen) (lat. bzw. lat.-engl.) 1. Wucherung infolge Zellvermehrung. 2. (die, -, kein Plural) Weitergabe von Kernwaffen oder kerntechnischen Verfahren an Länder, die keine Kernwaffen besitzen.
pro|li|fe|ra|tiv (Adj.) (lat.) infolge von Zellvermehrung wuchernd (in der Medizin).
pro|li|fe|rie|ren (V.) (lat.) infolge von Zellvermehrung wuchern.
Pro|lo (der, -s, -s) (ugs.) (Kurzw.) Prolet.
Pro|log (der, -s, -e) (griech.) Vorwort; Einleitung.
Pro|lon|ga|ti|on (die, -, -ti|o|nen) (lat.) Fristverlängerung. Prolongationsgeschäft; Prolongationswechsel; Prolongierung; prolongieren.
pro me|mo|ria (lat.) zum Gedächtnis (Abk.: p.m.).
Pro|me|na|de (die, -, -n) (franz.) Spazierweg; Spaziergang. Promenadendeck; Promenadenmischung; Promenadenweg; promenieren.
Pro|mes|se (die, -, -n) (franz.) Schuldverschreibung; Leistungsversprechen. Promessengeschäft.
pro mil|le (lat.) pro tausend (Abk.: p. m.; v. T.; Zeichen: ‰). Promille; drei Promille; Promillegrenze; Promillesatz.
pro|mi|nent (Adj.) (lat.) bekannt; berühmt. Prominente; Prominenz.
Pro|mis|ku|i|tät (die, -, kein Plural) (lat.) 1. Vermischung. 2. Geschlechtsverkehr mit häufig wechselnden Partnern. Adjektiv: promiskuitiv.
Pro|mo|ter (der, -s, -) (engl.) Veranstalter von Wettkämpfen (Berufssport).
Pro|mo|ti|on 1. (die, -, -ti|o|nen) (lat.) Verleihung des Doktortitels. Promotionsausschuss; Promotionsstipendium; Promotionszeit; Promovend; promoviert; promovieren. 2. (T.: Promo|tion) (die, -, kein Plural) (engl.) verkaufssteigernde Werbung. Promotor (Manager).
prompt (Adj.) (lat.) sofort; schlagfertig; tatsächlich doch. eine prompte Bedienung. Sie war, wie ich gesagt hatte, prompt nicht anwesend. Promptheit.
Pro|no|men (das, -s, -/-mi|na) (lat.) Fürwort. Personalpronomen (z. B. ich, du, wir); Possessivpronomen (z. B. mein, dein, unser); Demonstrativpronomen (z. B. dieser, jenes); Reflexivpronomen (z. B. sich, mich, euch); Relativpronomen (z. B. der, die, das, welcher); Interrogativpronomen (wer? welcher? was?). Pronominaladjektiv; Pronominaladverb; pronominal.
pro|non|cie|ren (V.) (franz.) deutlich sprechen; betonen. Adjektiv: prononciert.
Pro|pa|gan|da (die, -, kein Plural) (lat.) Werbung; Beeinflussung. Propagandaapparat; Propagandachef; Propagandafeldzug; Propagandafilm; Propagandalüge; Propagandamaterial; Propagandaschrift; Propagandasendung; Propagandist/in; Propagator; Propagierung; propagandawirksam; propagandistisch; propagieren (*nicht:* propagandieren!).
Pro|pan (das, -s, kein Plural) (griech.) Heizgas. Propangas.
Pro|pel|ler (der, -s, -) (engl.) Antriebsschraube. Propellerantrieb; Propellerflugzeug; Propellerschlitten; Propellerturbine (Turboprop).
Pro|pen (das, -s, kein Plural) (griech.) ein ungesättigter Kohlenwasserstoff.
pro|per (*auch:* pro|p|re) (Adj.) (lat.) sauber; nett; eigen. Propergeschäft (*auch:* Propregeschäft).
Pro|phet (der, -en, -en) (griech.) Weissager; Verkünder göttlicher Wahrheit. Prophetengabe; Prophetie; Prophetin; Prophezeiung; prophetisch; prophezeien.
pro|phy|lak|tisch (Adj.) (griech.) vorbeugend; verhütend. Prophylaktikum; Prophylaxe.
Pro|por|ti|on (die, -, -ti|o|nen) (lat.) Größenverhältnis. Proportionale; Proportionalität; Proportionalsteuer; Proportionalwahl; Proportioniertheit; Proportionsgleichung; proportional; proportioniert; proportionieren.
Pro|porz (der, -es, -e) (südd.) Ämterverteilung, Sitzverteilung nach dem Stimmenverhältnis, der Parteizugehörigkeit oder der Konfession. (Kurzw.) Proportionalwahl. Proporzdenken; Proporzwahl.
Prop|pen (der, -s, -) (nordd.) Pfropfen. Adjektiv: proppenvoll (überfüllt).
Propst (der, -s, Pröps|te) (lat.) kirchlicher Leiter. Propstei; Pröpstin.
Pro|py|lä|en (die, nur Plural) (griech.) Säulenvorhalle.

Pro|py|len (*auch:* Pro|pen) (das, -s, kein Plural) (griech.) Gas.
Pro|rek|tor (der, -s, -en) (lat.) zweiter Rektor. Prorektorat.
pro|ro|ga|tiv (Adj.) (lat.) aufschiebend. Prorogation; prorogieren.
Pro|sa (die, -, kein Plural) (lat.) Schreiben in Erzählform; Nüchternheit. Prosadichtung; Prosaiker (nüchterner Mensch); Prosaist (Schriftsteller); Prosaschriftsteller; Prosawerk; prosaisch.
Pro|se|ku|ti|on (die, -, -ti|o|nen) (lat.) gerichtliche Verfolgung.
Pro|se|lyt (der, -en, -en) (griech.) jmd., der soeben zu einer anderen Religion übergetreten ist; Proselyten machen: Leute rasch bekehren, ohne sie wirklich überzeugt zu haben.
Pro|se|mi|nar (das, -s, -e) (wöchentl.) Einführungsübungen an einer Hochschule.
Pro|s|en|chym (das, -s, -e) (griech.) Verband aus faserähnlichen Zellen. Grundform des Pflanzengewebes.
pro|sit! (Interj.) (lat.) zum Wohl! *Beachte:* prosit Neujahr! *Aber:* ein Prosit der Gemütlichkeit.
Pro|sk|rip|ti|on (die, -, -ti|o|nen) (lat.) Ächtung. Verb: proskribieren.
Pro|s|o|die (die, -, kein Plural) (griech.) 1. Art der Behandlung der Sprache in Vers und Rhythmus; Abmessung der Länge und Betonung der Silben. 2. Gesamtheit der sprachlichen Erscheinungen bei der gesprochenen Rede; Tonfall; Betonung usw. 3. Verhältnis zwischen Ton und Wort (in der Musik).
pro|s|o|disch (Adj.) zur Prosodie gehörig; hinsichtlich der Prosodie.
Pro|s|pekt (der/das, -s, -e) (lat.) Ansicht; Werbematerial.
pro|s|pek|tiv (Adj.) (lat.) voraussichtlich; vorausschauend.
Pro|s|pe|ri|tät (die, -, kein Plural) (lat.) Wohlstand. Verb: prosperieren.
prost! (Interj.) zum Wohl! *Beachte:* prost Mahlzeit! *Aber:* ein Prost aussprechen.
Pro|s|ta|ta (die, -, -tae) (griech.) Vorsteherdrüse. Prostatakrebs; Prostatitis.
Pro|s|ta|ti|tis (die, -, -ti|tiden) Entzündung der Prostata.
Pro|s|ti|tu|ier|te (die, -n, -n) Dirne. Prostitution; prostituieren.
Pro|s|t|ra|ti|on (die, -, -ti|o|nen) (lat.) 1. Kniefall. 2. starke Erschöpfung.
Pro|sze|ni|um (das, -s, -ni|en) (griech.) Vorbühne. Proszeniumsloge.
prot. (Abk.) protestantisch.
Pro|t|ac|ti|ni|um (das, -, kein Plural) (griech.) radioaktiver Stoff (Abk.: Pa).

Pro|t|a|go|nist (der, -en, -en) (griech.) Hauptdarsteller; Held; Vorkämpfer. Adjektiv: protagonistisch.
Pro|te|gé (der, -s, -s) (franz.) Schützling; Günstling. Verb: protegieren.
Pro|te|in (das, -s, -e) (griech.) Eiweißstoff.
Pro|tek|ti|on (die, -, -ti|o|nen) (lat.) Begünstigung; Schutz. Protektionismus; Protektionist; Protektor; Protektorat; protektionistisch.
pro tem|po|re (lat.) vorläufig (Abk.: p.t.).
pro|tes|tie|ren (V.) (lat.) Einspruch erheben. Protestaktion; Protestbewegung; Protestdemonstration; Protesthaltung; Protestkundgebung; Protestmarsch; Protestnote; Protestresolution; Protestschreiben; Protestsong; Proteststreik; Proteststurm; Protestversammlung; Protestwelle.
pro|tes|tan|tisch (Adj.) (lat.) evangelisch (Abk.: prot.). Protestant/in; Protestantismus.
Pro|the|se (die, -, -n) (griech.) künstliches Körperglied; Zahnersatz. Prothesenträger; Prothetik; prothetisch.
pro|to|gen (Adj.) (griech.) am Fundort enstanden.
Pro|to|koll (das, -s, -e) (griech.) 1. Niederschrift; Bericht. 2. Verkehrsform (Diplomatie). Beschlussprotokoll, Ergebnisprotokoll; Kurzprotokoll; Verlaufsprotokoll. Protokollabteilung; Protokollant; Protokollbeamter; Protokollierung; protokollarisch; protokollieren.
Pro|ton (das, -s, -en) (griech.) positiv geladenes Elementarteilchen. Protonenbeschleuniger.
Pro|to|phy|te (die, -, -n) (griech.) einzellige Pflanze.
Pro|to|plas|ma (das, -s, kein Plural) (griech.) Zellgrundsubstanz. Protoplast.
Pro|to|typ (der, -s, -en) (griech.) 1. Muster. 2. Inbegriff. Adjektiv: prototypisch.
Pro|to|zo|on (das, -s, -zo|en) (griech.) Urtierchen.
pro|tra|hie|ren (V.) (lat.) durch Dosierung die Wirkung einer Behandlung verzögern oder verlängern.
pro|tra|hiert (Adj.) (lat.) verzögert oder verlängert wirkend (Med.).
Pro|trak|ti|on (die, -, -ti|o|nen) (lat.) bewusste Verzögerung einer Behandlung (Med.).
pro|trep|tisch (Adj.) (griech.) ermunternd; ermahnend; die Protreptik betreffend.
Pro|tru|si|on (die, -, -si|o|nen) (lat.) Verlagerung eines Organs nach außen (Med.).
Pro|tu|be|ranz (die, -, -en) (lat.) 1. Eruption von Gasmassen (in der Sonne). 2. Vorsprung (an Knochen, Organen).
pro|ty|pisch (Adj.) (griech.-lat.) vorbildlich; mustergültig.

Pro'ty'pon (das, -s, -pen) (griech.) Vorbild; Muster.
prot'zen (V.) prahlen. Protz; Protzenhaftigkeit; Protzentum; Protzerei; Protzigkeit; protzenhaft; protzig.
Prov. (Abk.) Provinz.
Pro've'ni'enz (die, -, -en) (lat.) Herkunft.
pro'ven'za'lisch (Adj.) zur Provence gehörig.
Pro'ven'za'lisch (das, -, kein Plural) romanische Sprache im Süden Frankreichs.
Pro'verb (das, -s, -en) (lat.) Sprichwort. Adjektiv: proverbial; proverbialisch; proverbiell.
Pro'vi'ant (der, -s, -e) (ital.) Vorrat; Verpflegung. Proviantlieferung; Proviantwagen.
Pro'vinz (die, -, -en) (lat.) Bezirk (Abk.: Prov.); (ugs.) Land. Provinzbewohner; Provinzbühne; Provinzialismus; Provinzler; Provinzluft; Provinznest; Provinzstadt; Provinztheater. Adjektive: provinzial, *aber:* provinziell (rückständig); provinzlerisch. Verb: provinzialisieren.
Pro'vin'zi'ta'list (der, -en, -lis'ten) (lat.) kulturell rückständiger Kleinbürger.
Pro'vi'si'on (die, -, -si'o'nen) (lat.) prozentuale Umsatzbeteiligung. Provisionsbasis; Provisionsreisende.
pro'vi'so'risch (Adj.) → vorläufig; behelfsmäßig. Provisorium.
Pro'vi'ta'min (das, -s, -e) (lat.) Vitaminvorstufe.
Pro'vo'ka'ti'on (die, -, -ti'o'nen) (lat.) Reizung; Herausforderung. Provokateur; Provozierung; provokant; provokativ; provokatorisch; provozieren.
pro'xi'mal (Adj.) (lat.) der Körpermitte zu gelegen; dem zentralen Teil eines Körpergliedes zu gelegen (Med.).
Pro'ze'de're (das, -, -) (lat.) → Procedere.
pro'ze'die'ren (V.) (lat.) verfahren; vorgehen; zu Werke gehen.
Pro'ze'dur (die, -, -en) (lat.) Verfahren; Behandlung.
pro'ze'du'ral (Adj.) (lat.) den äußeren Verlauf einer Sache betreffend; verfahrensmäßig.
Pro'zent (das, -s, -e) (ital.) Hundertstel (Abk.: p.c.; v.H.; Zeichen: %); (Plural:) Gewinnanteil; Rabatt. *Beachte:* Das war ein Prozent zu wenig. 49 Prozent sind zu wenig. Prozentkurs; Prozentpunkt; Prozentrechnung; Prozentsatz; Prozentspanne; Prozentwert; Fünfprozentklausel (5%-Klausel). Adjektive: hundertprozentig (100-prozentig); eine 5%ige Anleihe (*auch:* eine 5%-Anleihe); prozentisch; prozentual; prozentuell; prozentuieren.
Pro'zess (der, -zes'ses, -zes'se) 1. Entwicklungsverlauf; 2. Gerichtsverfahren. Prozessakte; Prozessbericht; Prozessbeteiligte; Prozessbevollmächtigte; Prozessfähigkeit; Prozessführungsklausel; Prozessgegner; Prozesshansel; Prozesskosten; Prozessordnung; Prozesspartei; Prozesstermin; Prozessverfahren; Prozessverschleppung; Prozessvollmacht. Adjektive: prozessbevollmächtigt; prozessfähig; prozessführend; prozessunfähig; prozessual. Verb: prozessieren.

Pro'zes'si'on (die, -, -si'o'nen) (lat.) Umzug; Bittgang. Prozessionskreuz.
Pro'zes'si'ons'spin'ner (der, -s, -) Schmetterling.
Pro'zes'sor (der, -s, -en) (lat.) Steuerungsteil (EDV-Anlage).
Pro'zes'su'a'list (der, -en, -lis'ten) (lat.) auf dem Gebiet des Verfahrensrechts tätiger Wissenschaftler.
prü'de (Adj.) (franz.) sexuell gehemmt; zimperlich. Prüderie.
prü'fen (V.) untersuchen; erproben. Prüfautomat; Prüfbericht; Prüfer; Prüffeld; Prüfgerät; Prüfling; Prüfmethode; Prüfnorm; Prüfstand; Prüfstein; Prüfung; Prüfungsangst; Prüfungsaufgabe; Prüfungsausschuss; Prüfungsbedingungen; Prüfungsbilanz; Prüfungsfrage; Prüfungskandidat; Prüfungskommission; Prüfungsordnung; Prüfungstermin; Prüfungsunterlagen; Prüfungszeugnis; Prüfverfahren; prüfbar.
Prü'gel (der, -s, -) Stock; (Plural:) Schläge.
prü'geln (V.) schlagen. Prügel; Prügelei; Prügelknabe; Prügelstrafe; Prügelszene.
Prü'nel'le (die, -, -n) (franz.) Trockenpflaume.
Prunk (der, -s, kein Plural) Pracht; Luxus. Prunkbau; Prunkbett; Prunkgemach; Prunkgewand; Prunklosigkeit; Prunksaal; Prunksitzung; Prunkstück; Prunksucht; Prunkwagen. Adjektive: prunkhaft; prunklos; prunksüchtig; prunkvoll. Verb: prunken.
Pru'nus (die, -, kein Plural) (griech.-lat.) Gattung der Steinobstgewächse.
pru'ri'gi'nös (Adj.) (lat.) juckend; mit Hautjucken verbunden (Med.).
Pru'ri'tus (der, -, kein Plural) (lat.) Hautjucken; Juckreiz.
prus'ten (V.) schnaufen; niesen; loslachen.
PS (Abk.) 1. Pferdestärke. *Beachte:* ein PS-starkes Auto. 2. Postskriptum.
Psa'li'gra'fie (*auch:* Psa'li'gra'phie) (die, -, kein Plural) (griech.) Kunst des Scherenschnittes. psaligrafisch (*auch:* psaligraphisch).
Psalm (der, -s, -en) (griech.) kirchliches Lied. Psalmendichter; Psalmensänger; Psalmist; Psalmodie; psalmodisch; psalmodieren.
Psal'ter (der, -s, -) (griech.) Liederbuch; Hackbrett; Blättermagen (Zool.).

Psam|mit (der, -s, -e) (griech.-lat.) Sandstein.
Psel|lis|mus (der, -, kein Plural) (griech.-lat.) das Stammeln (Med.).
Pseu|d|e|pi|gra|fen (auch: Pseu|d|e|pi|gra|phen) (nur Plural) Schriften aus der Antike, die einem Autor fälschlich zugeschrieben wurden.
pseu|do…/Pseu|do… (griech.) falsch…/Falsch… pseudowissenschaftlich; Pseudokünstler.
Pseu|do|gy|nym (das, -s, -e) (griech.-lat.) aus einem weiblichen Namen bestehender Deckname eines Mannes.
Pseu|do|krupp (der, -s, kein Plural) Hustenanfall. Atemnot.
Pseu|do|lis|mus (der, -, kein Plural) Neigung, durch gesprochene oder geschriebene Fantasien (sexuelle) Befriedigung zu suchen.
Pseu|do|lo|gie (die, -, -n) (griech.-lat.) krankhafte Sucht zu lügen (Med., Psychol.).
pseu|do|lo|gisch (Adj.) (griech.-lat.) krankhaft lügnerisch; zwanghaft verlogen (Med., Psychol.).
Pseu|do|mor|pho|se (die, -, -n) (Auftreten eines) Mineral(s) in der Kristallform eines anderen Minerals (Mineralogie). pseudomorph.
Pseu|d|o|nym (das, -s, -e) (griech.) Deckname. Adjektiv: pseudonym.
Pseu|do|po|di|um (das, -s, …ein) Scheinfüßchen mancher Einzeller (Biologie).
PS-Gram|ma|tik (Abk.) Phrasenstrukturgrammatik.
Psi (das, -s, -s) griechischer Buchstabe (Ψ, ψ); bestimmendes Element parapsychologischer Vorgänge. Psiphänomen.
Psi|lo|me|lan (das, -s, kein Plural) (griech.) Mineral.
Psit|ta|ko|se (die, -, -n) (griech.) bei Papageien auftretende, auf den Menschen übertragbare Infektionskrankheit; Papageienkrankheit.
Pso|ri|a|sis (die, -, -sen) Schuppenflechte.
pst! (*auch:* pscht!) (Interj.) still!
Psy|ch|a|go|gik (die, -, kein Plural) (griech.) Heilpädagogik.
Psy|che (die, -, -n) (griech.) Seele. Adjektiv: psychisch.
psy|che|de|lisch (Adj.) (griech.) bewusstseinserweiternd.
Psy|ch|i|a|t|rie (die, -, kein Plural) (griech.) Wissenschaft der seelischen Störungen und Geisteskrankheiten. Psychiater; psychiatrisch.
Psy|cho (der, -s, -s) (Kurzw.) Psychokrimi.
Psy|cho|ana|ly|se (die, -, kein Plural) (griech.) Heilmethode (seelische Störungen). Psychoanalytiker; psychoanalytisch; psychoanalysieren.
Psy|cho|dra|ma (das, -s, -men) psychologisches Schauspiel.

psy|cho|gen (Adj.) (griech.) seelisch bedingt. Psychogenese.
Psy|cho|ge|nie (die, -, kein Plural) (griech.-lat.) psychische Ursache einer Erkrankung.
Psy|cho|glos|sie (die, -, -n) (griech.-lat.) seelisch bedingtes Stottern (Med.).
Psy|cho|g|no|sie (die, -, kein Plural) (griech.-lat.) das Erkennen und Deuten von Psychischem.
Psy|cho|g|nos|ti|ker (der, -s, -) (griech.-lat.) auf dem Gebiet der Psychognostik forschender Wissenschaftler.
psy|cho|g|nos|tisch (Adj.) (griech.-lat.) die Psychognostik betreffend; auf ihr basierend.
Psy|cho|gramm (das, -s, -e) (griech.) Persönlichkeitsstudie.
Psy|cho|graf (*auch:* Psy|cho|graph) (der, -en, -en) (griech.-lat.) Anlage; Gerät zum automatischen Aufschreiben aus dem Unterbewusstsein kommender Aussagen.
Psy|cho|gra|fie (*auch:* Psy|cho|graphie) (die, -, -n) (griech.) Untersuchung der seelischen Struktur und Verfassung einer Person aufgrund von schriftlichen und mündlichen Äußerungen ihrer selbst und anderer über sie.
psy|cho|id (Adj.) (griech.-lat.) seelenähnlich; in der Art einer Seele.
Psy|cho|ki|ne|se (die, -, kein Plural) (griech.) parapsychologisches Phänomen, das physikalisch nicht erklärbar ist.
Psy|cho|lin|gu|is|tik (die, -, kein Plural) (griech.) Wissenschaft von den psychischen Mechanismen bei Erlernung und Anwendung der Sprache. Psycholinguist; psycholinguistisch.
Psy|cho|lo|gie (die, -, kein Plural) (griech.) Seelenkunde. Psychologe; Psychologin; Psychologisierung; Psychologismus; psychologisch; psychologisieren.
Psy|cho|path (der, -en, -en) (griech.) geistig-seelisch Gestörter. Psychopathie; Psychopathin; psychopathisch.
Psy|cho|phar|ma|kon (das, -s, -ka) (griech.) auf die Psyche wirkendes Medikament.
Psy|cho|se (die, -, -n) (griech.) Geisteskrankheit. Adjektiv: psychotisch.
Psy|cho|so|ma|tik (die, -, kein Plural) (griech.) Wissenschaft über das Verhältnis von Körper und Seele. Adjektiv: psychosomatisch.
Psy|cho|ter|ror (der, -s, kein Plural) (griech.-lat.) psychische Gewalt.
Psy|cho|test (der, -s, -s) (Kurzw.) psychologischer Test.
Psy|cho|the|ra|pie (die, -, kein Plural) (griech.) psychologische Heilbehandlung. Psychotherapeutik; Psychotherapeut/in; psychotherapeutisch.

Psy|cho|thril|ler (der, -s, -) (griech.-engl.) psychologisierender Kriminalfilm oder Kriminalroman.
Psy|ch|ro|me|ter (das, -s, -) (griech.) Luftfeuchtigkeitsmesser.
Pt (Abk.) Platin (chemisches Zeichen).
Pta (Abk.) Peseta.
PTA (Abk.) pharmazeutisch-technische(r) Assistent(in).
Pte|ri|do|phyt (der, -en, -en) Farnpflanze.
Pte|ro|po|de (der, -n, -n) (griech.) Meeresschnecke mit ruderförmigem Fuß.
Pto|le|mä|er (der, -s, -) Angehöriger eines altägyptischen Herrschergeschlechts.
Pto|ma|in (das, -s, kein Plural) (griech.) Leichengift.
Pu (Abk.) Plutonium (chemisches Zeichen).
Pub (der/das, -s, -s) (engl.) Bierkneipe.
Pu|ber|tät (die, -, kein Plural) (lat.) Beginn der Geschlechtsreife. Pubertätszeit; pubertär; pubertieren.
Pu|bes|zenz (die, -, kein Plural) (lat.) Geschlechtsreifung.
Pu|b|li|ci|ty (die, -, kein Plural) (engl.) Bekanntsein in der Öffentlichkeit; Reklame. Adjektiv: publicityscheu.
Pu|b|lic Re|la|tions (die, nur Plural) (engl.) Öffentlichkeitsarbeit (Abk.: PR).
Pu|b|li|kum (das, -s, kein Plural) (lat.) Öffentlichkeit; Zuschauer; Zuhörer; Leser. Publikumserfolg; Publikumsinteresse; Publikumsliebling; publikumswirksam.
pu|b|li|zie|ren (V.) (lat.) veröffentlichen; bekannt machen. Publikation; Publikationsmittel; Publikationsorgan; Publizist; Publizistik; Publizität; publik; publikationsreif; publizierfreudig; publizistisch.
Puck (der, -s, -s) (engl.) 1. Hartgummischeibe (Eishockey); 2. Kobold (in der germanischen Überlieferung).
pu|ckern (V.) (ugs.) klopfen; pochen.
pud|deln (V.) (engl.) aus Roheisen Schweißstahl gewinnen.
Pud|ding (der, -s, -s/-e) (engl.) Süßspeise. Puddingform; Puddingpulver; Vanillepudding.
pu|del... (ugs.) sehr. Sie war pudelnackt; pudelnärrisch; pudelnass; sich pudelwohl fühlen.
Pu|del (der, -s, -) Hunderasse. Das ist des Pudels Kern (das Wesentliche).
Pu|del|müt|ze (die, -, -n) Wollmütze.
pu|den|dal (Adj.) (lat.) die Schamgegend, die äußeren Genitalien betreffend; zu ihr beziehungsweise ihnen gehörend (Med.).
Pu|der (der/das, -s, -) (franz.) Pulver. Puderdose; Puderquaste; Puderung; Puderzucker; pud(e)rig; pudern.

Pu|du (der, -s, -s) (indian.-span.) südamerikanischer Zwerghirsch.
Pu|e|b|lo (der, -s, -s) (span.) Indianerdorf. Puebloindianer.
pu|e|ril (Adj.) (lat.) knabenhaft; kindlich.
Pu|e|ri|li|tät (die, -, kein Plural) kindliches, kindisches Wesen.
pu|er|pe|ral (Adj.) (lat.) das Wochenbett betreffend; zu ihm gehörend (Med.).
Pu|er|pe|ri|um (das, -s, -ri|en) (lat.) der Zeitraum von etwa 6 bis 8 Wochen nach der Entbindung (Med.).
Pu|er|to Ri|ca|ner (auch: Pu|er|to-Ri|ca|ner) (der, -s, -) (span.) Einwohner von Puerto Rico; puerto-ricanisch.
Puff 1. (der, -s, Püf|fe) (ugs.) Stoß. Verb: puffen; puff! 2. (der, -s, -e) Bausch; Wäschebehälter. Puffärmel; Puffmais; Puffreis; Wäschepuff; puffig; puffen. 3. (der/das, -s, -s) (ugs.) Bordell. Puffmutter.
Puf|fer (der, -s, -) Auffangvorrichtung; (nordd.) Kartoffelpuffer. Pufferbatterie; Pufferbetrieb; Pufferstaaten; Pufferzone.
Puff|ot|ter (die, -, -n) Schlange.
Pul|ci|nel|la (der, -/-s, -le) (ital.) Hanswurst (in der Commedia dell'Arte).
pu|len (V.) (nordd.) bohren.
Pulk (der, -s, -s/-e) (slaw.) Menge; militärischer Verband.
Pul|le (die, -, -n) (ugs.) Flasche.
pul|len (V.) (engl.-nordd.) rudern.
Pul|li (der, -s, -s) (Kurzw.) Pullover.
Pull|man|kap|pe (die, -, -n) (engl.-dt.) österreichische Bezeichnung für Baskenmütze.
Pull|man|wa|gen (auch: Pull|man-Wa|gen) (der, -s, -) (engl.-dt.) ein nach dem amerikanischen Konstrukteur benannter komfortabler Schnellzugwagen.
Pull|o|ver (der, -s, -) (engl.) Kleidungsstück. Pulloverhemd; Pullovermuster.
Pull|un|der (der, -s, -) (engl.) ärmelloser Pullover.
pul|mo|nal (Adj.) (lat.) die Lunge betreffend.
Pulp (der, -s, -en) (engl.) Fruchtfleisch.
Pul|pa (die, -, -pae) (lat.) weiches, gefäß- und nervenreiches Gewebe in der Zahnhöhle. Zahnmark.
Pul|pi|tis (die, -, -ti|den) (lat.-griech.) Entzündung der Pulpa.
Pul|que (der, -s, kein Plural) (span.) alkoholisches Getränk aus Agavensaft.
Puls (der, -es, -e) (lat.) Arterienschlag. Pulsader; Pulsation; Pulsion; Pulsschlag; Pulswärmer; Pulszahl; pulsen; pulsieren.
Pul|sar (der, -s, -e) (lat.) Stern, der regelmäßig Radiostrahlung abgibt.

Pul|sa|ti|on (die, -, -ti|o|nen) (lat.) 1. rhythmische Tätigkeit des Herzens. 2. regelmäßige Veränderung (eines Sterndurchmessers oder einer Größe in einem elektrischen System).
Pul|sa|tor (der, -s, -en) (lat.) Gerät, das eine rhythmische Bewegung, einen Druckwechsel erzeugt (z. B. in der Melkmaschine).
Pult (das, -s, -e) (lat.) Tisch. Schreibpult; Notenpult; Pultdach.
Pul|ver (das, -s, -) (lat.) feinkörniger Stoff; (ugs.) Geld. Pülverchen; Pulverdampf; Pulverfass; Pulverhorn; Pulverisator; Pulverisierung; Pulverkaffee; Pulverkammer; Pulvermagazin; Pulverschnee; Pulverturm; pulverfein; pulv(e)rig; pulvertrocken; pulverisieren; pulvern.
Pu|ma (der, -s, -s) (span.) Raubkatze.
pum|me|lig (*auch:* pumm|lig) (Adj.) dick; rundlich. Pummel; Pummelchen.
pum|pen (V.) 1. ansaugen; absaugen; 2. (ugs.) leihen. Pumpe; Pumpenhaus; Pumpenwerk; Pumphose; Pumpspeicherwerk; Pumpstation; etwas auf Pump (geliehen) haben.
pum|perl|ge|sund (Adj.) (südd.) (ugs.) kerngesund.
pum|pern (V.) (ugs.) klopfen.
Pum|per|ni|ckel (der, -s, -) Schwarzbrot.
Pumps (die, nur Plural) (engl.) hochhackige Damenschuhe.
Punch (der, -s, -s) (engl.) Boxhieb. Puncher; Punchingball.
Punk (der, -s, -s) (engl.) Jugendbewegung; Angehöriger des Punks (wörtl. Abfall, Mist, Dreck); Rockmusik. Punker/in; Punkrock (*auch:* Punk-Rock); punkig.
Punkt (der, -s, -e) (lat.) 1. Tupfen. 2. Bewertungsnote. 3. Sache. 4. Ort. 5. Satzzeichen. *Beachte:* → Der Punkt beendet einen Satz und steht nach → Abkürzungen, die im vollen Wortlaut ausgesprochen werden (wie z. B.); Ausnahmen siehe → Abkürzungen. Außerdem: Der Punkt kennzeichnet Zahlen als Ordnungszahlen. Freitag, den 13. Januar; Ludwig II., König von Bayern. Kein Punkt steht nach Überschriften, Buch- und Zeitungstiteln und nach Unterschriften, die einen Brief beenden! *Beachte:* Du musst um Punkt zwölf Uhr zu Hause sein. Punktauge; Punktball; Pünktchen; Punktekampf; Punktespiel; Punktgleichheit; Punktiernadel; Punktierung; Punktion; Punktlandung; Punktniederlage; Punkttrichter; Punktschrift; Punktschweißung; Punktsieg; Punktspiel; Punktsystem; Punktualität; Punktum! (Schluss damit!); Punktur; Punktwertung; Punktzahl. Adjektive: punktgeschweißt; punktgleich; punktuell. Verben: punkten; punktieren; punktschweißen.

Punkt|tat (das, -s/-es, -e) durch Punktion entnommene Körperflüssigkeit.
Punk|ta|ti|on (die, -, -ti|o|nen) (lat.) 1. Kennzeichnung der Vokale in der hebräischen Schrift durch Punkte unter oder über den Konsonanten. 2. unverbindlicher Vorvertrag, Festlegung der wichtigsten Punkte.
pünkt|lich (Adj.) rechtzeitig; genau. Pünktlichkeit.
punk|to (Präp.) betreffs. mit Gen.: punkto gottloser Reden, *aber:* allein stehende, stark zu beugende Subst. im Sing. bleiben ungebeugt: punkto Geld.
Punsch (der, -s, -e/Pün|sche) (engl.) alkoholisches Getränk. Punschglas; Punschschüssel.
Pun|ze (die, -, -n) Prägestempel. Punzarbeit; Punzhammer; punzen; punzieren.
Pu|pill (der, -en, -en) (lat.) Mündel, Pflegling.
Pu|pil|le (die, -, -n) (lat.) Sehöffnung (Auge). Pupillenerweiterung; Pupillenverengung; pupillar.
pu|pi|ni|sie|ren (V.) eine Pupinspule (*auch:* Pupin-Spule) einbauen.
pu|pi|par (Adj.) (lat.) Larven gebärend, die sich sofort verpuppen.
Pup|pe (die, -, -n) 1. Spielzeug; Handfigur; 2. Schutzhülle (Insekten). Puppendoktor; Puppenfilm; Puppengesicht; Puppenhaus; Puppenklinik; Puppenküche; Puppenmutter; Puppenräuber; Puppenspiel; Puppenstube; Puppentheater; Puppenwagen; puppenhaft; puppig.
pup|pern (V.) (ugs.) zittern; klopfen.
pur (Adj.) rein; unverdünnt. Beachte: pures Glück, *aber:* Brandy pur.
Pü|ree (das, -s, -s) (franz.) Brei. Kartoffelpüree; pürieren.
Pur|ga (die, -, -gi) (russ.) Schneesturm in Sibirien und Nordrussland.
Pur|gans (das, -, -gan|zi|en/-gan|tia) (lat.) Abführmittel. Purgativ; purgativ; purgieren.
Pur|ga|ti|on (die, -, -ti|o|nen) (lat.) 1. Reinigung; Läuterung. 2. gerichtliche Rechtfertigung.
Pur|ga|to|ri|um (das, -s, kein Plural) (lat.) Fegefeuer.
pur|gie|ren (V.) (lat.) die Verdauung anregen; abführen.
pu|ri|fi|zie|ren (V.) (lat.) reinigen; läutern. Purifikation.
Pu|rim (das, -s, kein Plural) (hebr.) jüdisches Fest. Purimfest.
Pu|ris|mus (der, -, kein Plural) (lat.) Bemühung um die Reinigung der Sprache von Fremdwörtern. Purist; puristisch.
pu|ri|ta|nisch (Adj.) streng; sittlich. Puritaner; Puritanismus.

Pur'pur (der, -s, kein Plural) (griech.) tiefroter Farbstoff. Purpuralge; Purpurmantel; Purpurröte; Purpurschnecke; purpurfarben; purpurfarbig; ein purpurner Vorhang, *aber:* die Vorhänge waren in Purpur und Gold gehalten; purpurrot.
Pur'ser (der, -s, -) (engl.) 1. Bezeichnung für den Zahlmeister auf einem Schiff; 2. Chefsteward im Flugzeug.
pu'ru'lent (Adj.) (lat.) eitrig.
Pu'ru'lenz (die, -, -en) (lat.) Eiterung.
Pur'zel (der, -s, -) (ugs.) kleines Kind.
pur'zeln (V.) kugeln; fallen. Purzelbaum.
Pu'schel (*auch:* Pü'schel) (der, -s, -n) (ugs.) Quaste.
pu'schen (V.) (engl.) massiv werben; durchsetzen.
Push (der, -s, -s) (engl.) 1. kräftige Unterstützung durch Werbung; 2. spezieller Schlag beim Golf.
pu'shen (*auch:* pu'schen) (V.) (engl.) (ugs.) mit Rauschgift handeln. Pusher.
pus'se'lig (*auch:* puss'lig) (Adj.) pingelig; umständlich. Pusselkram; pusseln.
Pus'te (die, -, kein Plural) (ugs.) Atem. außer Puste sein; Pustekuchen! pusten.
Pus'te'blu'me (die, -, -n) (ugs.) Löwenzahn.
Pus'tel (die, -, -n) (lat.) Hitze-, Eiterbläschen; Pickel.
Pusz'ta (die, -, -ten) (ungar.) Grassteppe, Weideland in Ungarn.
pu'ta'tiv (Adj.) (lat.) vermeintlich; irrtümlich. Putativehe; Putativnotwehr.
Pu'ter (der, -s, -) Truthahn. Pute; puterrot.
Put're'fak'ti'on (die, -,-ti'o'nen) (lat.) Verwesung; Fäulnis.
Put'res'zenz (die, -, kein Plural) (lat.) Verwesung; Fäulnis.
pu'tres'zie'ren (V.) (lat.) verwesen; faulen.
pu'trid (Adj.) (lat.) faulig; übel riechend; verwesend (Med.).
Putsch (der, -es, -e) Aufstand, Umsturz. Putschist; Putschversuch; putschen.
Putt (der, -s, -s) (engl.) Golfschlag. Putter; putten.
Put'te (die, -, -n) (ital.) Engelsfigur; Figur eines kleinen Knaben mit Flügeln.
put'zen (V.) 1. sauber machen; reinigen. 2. sich schmücken. Putz; Putzer; Putzerei; Putzfrau; Putzkasten; Putzlappen; Putzmittel; Putzsucht; Putztag; Putzteufel; Putztuch; Putzwaren; Putzwolle; Putzzeug; putzsüchtig.
put'zig (Adj.) spaßig; klein.
putz'mun'ter (Adj.) (ugs.) frisch; sehr munter.
Puz'zle (das, -s, -s) (engl.) Geduldspiel. Puzz'ler; Puzzlespiel; puzzeln.

PVC (das, -s, kein Plural) (Kurzw.) Polyvenylchlorid. PVC-Boden.
Py'ämie (die, -, -n) (griech.) Blutvergiftung durch Verschleppung von Eitererregern im Blut.
Py'a'r'th'ro'se (die, -, -n) (griech.) eitrige Gelenkentzündung.
Py'e'li'tis (die, -, -ti'den) (griech.) Nierenbeckenentzündung.
Py'e'lo'gramm (das, -s, -e) (griech.) Röntgenaufnahme der Niere.
Pyg'mäe (der, -n, -n) (griech.) zwergwüchsiger Mensch. Adjektiv: pygmäenhaft; pygmäisch.
pyg'mo'id (Adj.) (griech.-lat.) zu den Pygmoiden gehörend, sie betreffend.
Pyg'mo'i'de (die/der, -n, -n) (griech.-lat.) kleinwüchsiger Mensch mit Merkmalen des Pygmäen.
Py'ja'ma (der, -s, -s) (engl.) Schlafanzug. Pyjamajacke.
Py'k'ni'ker (der, -s, -) (griech.) starker, gedrungener Mensch. Adjektiv: pyknisch.
Py'k'no'me'ter (das, -s, -) (griech.) Dichtemesser.
Py'lo'ro'spas'mus (der, -, -men) (griech.) Krampf des Magenpförtners, Pförtnerkrampf.
Py'lo'rus (der, -, -ren) (griech.) Magenpförtner.
pyo'gen (Adj.) (griech.) Eiterung erregend.
Py'ra'mi'de (die, -, -n) (griech.) geometrischer Körper; Grabmal. Pyramidenbau; Pyramidenflügel; pyramidal; pyramidenförmig.
Pyr'a'no'me'ter (das, -s, -) (griech.) meteorologisches Gerät zum Messen der Sonnen- und Himmelsstrahlung.
Py're'ti'kum (das, -s, -ka) (griech.-nlat.) Fieber erzeugendes Mittel.
py'ro'gen (Adj.) (griech.) 1. Fieber hervorrufend. 2. aus Magma entstanden.
Py'ro'ly'se (die, -, -n) (griech.) Zersetzung von chemischen Verbindungen durch hohe Temperatur.
Py'ro'ma'nie (die, -, kein Plural) (griech.) krankhafte Neigung zum Feuer. Pyromane.
Py'ro'me'ter (das, -s,) (griech.) Hitzemesser.
py'ro'phor (Adj.) (griech.) selbstentzündlich. Pyrophor.
Py'ro'tech'nik (die, -, kein Plural) (griech.) Feuerwerkskunst (Herstellung und Gebrauch). Pyrotechniker; pyrotechnisch.
Pyr'rhus'sieg (der, -s, -e) Scheinsieg; opferreicher Sieg.
py'thisch (Adj.) (griech.) geheimnisvoll; rätselhaft.
Py'thon (der, -s, -s) (griech.) Riesenschlange. Pythonschlange.
Py'xis (die, -, -xi'den/-xi'des) (griech.) Hostienbehälter im Tabernakel.

Q

q (Abk.) Quintal.
q. e. d. (Abk.) quod erat demonstrandum. (lat.) was zu beweisen war.
qua (Präp.) (lat.) gemäß; als. Er begleitete mich qua (in der Eigenschaft als) Rechtsbeistand.
quab|beln (V.) (nordd.) (ugs.) wabbeln; weich sein. Quabbe; quabb(e)lig.
qua|ckeln (V.) (ugs.) schwatzen. Quackelei; Quackler.
Quack|sal|ber (der, -s, -) (ugs.) Kurpfuscher. Quacksalberei; quacksalberisch; quacksalbern.
Quad|del (die, -, -n) Pustel; juckende Schwellung der Haut.
Qua|der (der, -s, -) (lat.) Steinblock; rechteckiger Block; mathematischer Körper. Quaderbau; Quaderstein.
Qua|d|ran|gel (das, -s, -) (lat.) Viereck (Architektur). Adjektiv: quadrangulär.
Qua|d|rant (der, -en, -en) (lat.) Viertelkreis; Messgerät. Quadrantenelektrometer; Quadrantsystem.
Qua|d|rat (das, -s, -e) (lat.) gleichseitiges Viereck; zweite Potenz. Quadratdezimeter (Abk.: dm^2); Quadrathektometer (Abk.: hm^2); Quadratkilometer (Abk.: km^2); Quadratmeter (Abk.: m^2); Quadratmillimeter (Abk.: mm^2); Quadratzentimeter (cm^2). *Beachte:* Die Schreibung »qdm«, »qkm«, »qm«, »qmm«, »qcm« ist nicht mehr üblich! Quadratlatschen; Quadratschädel; Quadratur; Quadraturmalerei; Quadratwurzel; Quadratzahl; Quadratzoll; quadratisch; quadrieren.
Qua|d|ri|ga (die, -, -dri|gen) (lat.) zweirädriger Wagen mit vier nebeneinandergespannten Pferden (in der Antike).
Qua|d|ril|le (die, -, -n) (span.) Tanz.
Qua|d|ril|li|on (die, -, -lio-nen) (franz.) vierte Potenz einer Million (10^{24}).
Qua|d|ri|nom (das, -s, -e) (lat.) viergliedrige mathematische Größe.
Qua|d|ro (das, -s, kein Plural) (lat.) (Kurzw.) Quadrofonie (*auch:* Quadrophonie). Quadrosound; Quadrotechnik; Quadrowiedergabe.
Qua|d|ro|fo|nie (*auch:* Qua|d|ro|pho|nie) (die, -, kein Plural) (lat.) Vierkanal-Raumklang. Adjektive: quadrofon (*auch:* quadrophon); quadrofonisch (*auch:* quadrophonisch).
Qua|d|ru|pe|de (der, -n, -n) Vierfüßer (veraltet).
Qua|d|ru|pel (das, -s, -) (lat.) vier zusammengehörige Zahlen oder mathematische Größen.
Quag|ga (das, -s, -s) zebraartiges Wildpferd (mittlerweile ausgerottet).
Quai (*auch:* Kai) (der/das, -s, -s) (franz.) Uferstraße.
qua|ken (V.) wie ein Frosch rufen; (ugs.) plappern. Quakfrosch; quak!
quä|ken (V.) quengeln; jammern. Quäke.
Quä|ker (der, -s, -) (engl.) Angehöriger einer religiösen Gemeinschaft. Adjektiv: quäkerisch.
quä|len (V.) peinigen; plagen. Qual; Quäler; Quälerei; Quälgeist; quälerisch; qualvoll.
Qua|li|fi|ka|ti|on (die, -, -ti|o|nen) (lat.) Befähigung; Berechtigung. Qualifikationsrennen; Qualifikationsrunde; Qualifikationsspiel; Qualifizierung; qualifiziert; qualifizieren.
Qua|li|tät (die, -, -en) (lat.) Eigenschaft; Güte. Qualitätsarbeit; Qualitätsbezeichnung; Qualitätseinbuße; Qualitätskontrolle; Qualitätsminderung; Qualitätssteigerung; Qualitätsware; Qualitätswein; qualitativ.
Qual|le (die, -, -n) Meerestier, zu den Nesseltieren gehörig. Adjektiv: quallig.
Qualm (der, -es, kein Plural) Rauch. Adjektiv: qualmig. Verb: qualmen.
Quals|ter (der, -s, -) (nordd.) (ugs.) Schleim. Adjektiv: qualt(e)rig. Verb: qualstern.
Quant (das, -s, -en) (lat.) kleinster Energiewert (Physik). Quantelung; Quantenbiologie; Quantenmechanik; Quantenphysik; Quantentheorie; quanteln.
Quänt|chen (das, -s, -) kleine Menge; ein bisschen. ein Quäntchen/Quäntlein Glück. Adjektiv: quäntchenweise.
quan|ti|fi|zie|ren (V.) (lat.) zahlenmäßig beschreibbar, messbar machen. Quantifizierung; quantifizierbar.
Quan|ti|tät (die, -, -en) (lat.) Menge; Anzahl. Quantitätsgleichung; Quantitätstheorie; quantitativ; quantieren.
Quan|ti|té né|g|li|gea|b|le (die, - -, kein Plural) (franz.) belanglose Größe; Belanglosigkeit.
Quan|tum (das, -s, -ten) (lat.) Summe; Menge.
Quap|pe (die, -, -n) Fisch; Kaulquappe.
Qua|ran|tä|ne (die, -, -n) (franz.) Isolation. Quarantänestation.
Quark 1. (der, -s, kein Plural) Weißkäse; (ugs.) Unsinn. Quarkbrot; Quarkkäse; Quarkkuchen; Quarkschnitte; quarkig. 2. (das, -s, -s) (engl.) Elementarteilchen.
quar|ren (V.) (nordd.) nörgeln. Quarre; quarrig.
Quart 1. (die, -, -en) (lat.) Fechthieb. 2. (das, -s, -e) (lat.) Buchformat (Abk.: 4°). Quartband; Quartblatt; Quartformat.

Quar'tal (das, -s, -e) (lat.) Vierteljahr. Quartalkündigung; Quartal(s)abschluss; Quartalsäufer.
Quar'ta'na (die, -, kein Plural) (lat.) Malaria mit Fieberanfällen an jedem vierten Tag.
Quar'tär (das, -s, kein Plural) (lat.) geologische Formation. Quartärformation.
Quar'te (*auch:* Quart) (die, -, -n) (lat.) vierter Ton (Tonleiter); viertöniges Intervall. Quartsextakkord.
Quar'ter'deck (das, -s, -s) (engl.) hinteres Schiffsdeck.
Quar'tett (das, -s, -e) (ital.) vierstimmiges Musikstück; Kartenspiel.
Quar'tier (das, -s, -e) (franz.) Unterkunft; Wohnung. Quartiermacher; Quartiermeister; Quartiersfrau; Quartierswirt; quartieren.
Quar'to'le (die, -, -n) (lat.-ital.) Gruppe von vier Noten im Taktwert von drei oder sechs Noten.
Quarz (der, -es, -e) Mineral. Quarzfaserstoff; Quarzfels; Quarzfilter; Quarzgang; Quarzglas; Quarzgut; Quarzit; Quarzlampe; Quarzstaublunge; Quarzsteuerung; Quarzuhr; quarzhaltig; quarzig.
Qua'sar (der, -s, -e) (lat.) sternähnliches Objekt mit starker Radiostrahlung.
qua'seln (V.) (nordd.) schmausen. Quas.
qua'si (Adv.) (lat.) sozusagen. Quasisouveränität; quasimilitärisch; quasioffiziell; quasioptisch; quasireligiös.
quas'seln (V.) (ugs.) dauernd und schnell reden. Quasselei; Quasselstrippe (ugs.: Telefon). Ich quassele und quassle.
Quas'sie (die, -, -n) südamerikanischer Baum, aus dessen Holz ein Bitterstoff gewonnen wird.
Quast (der, -s, -e) (nordd.) Pinsel; Büschel.
Quas'te (die, -, -n) Troddel. Quastenbehang; Quastenflosser; quastenförmig.
Quäs'ti'on (die, -, -ti'o'nen) (lat.) Streitfrage.
Quäs'tor (der, -s, -to'ren) (lat.) 1. hoher Finanzbeamter (im alten Rom). 2. für die Kasse verantwortlicher Beamter (an Hochschulen). 3. Kassierer (eines Vereins; schweiz.).
Quäs'tur (die, -, -tu'ren) (lat.) 1. Amt des Quästors (im alten Rom). 2. Abrechnungs-, Kassenstelle (an Hochschulen).
Qua'tem'ber (der, -s, -) (lat.) jeder der vier Fastentage zu Beginn einer Jahreszeit (in der kath. Kirche).
qua'ter'när (Adj.) (lat.) aus vier Teilen (Chemie).
Qua'ter'ne (die, -, -n) (ital.) vier Gewinnzahlen auf einmal.
Qua'ter'nio (der, -s, -ni'o'nen) (lat.) aus vier Einheiten bestehendes Ganzes.

Quatsch (der, -es, kein Plural) (ugs.) Unsinn; dummes Gerede. Quatscherei; Quatschkopf; quatschen; quatsch!
quatsch'nass (Adj.) (ugs.) sehr nass.
Quat't'ro'cen'tist (der, -en, tis'ten) Künstler des Quattrocentos.
Quat't'ro'cen'to (das, -/-s, kein Plural) (ital.) künstlerische Stilepoche in Italien von 1400 bis 1500.
Que'b'ra'cho (das, -s, kein Plural) (span.) Holzart; Gerbstoff. Quebrachobaum; Quebrachorinde.
Quel'cke (die, -, -n) Unkraut. queckig.
Queck'sil'ber (das, -s, -) Metall; chemischer Grundstoff (Abk.: Hg). Quecksilberdampf; Quecksilberdampflampe; Quecksilberpräparat; Quecksilbersäule; Quecksilberthermometer; Quecksilbervergiftung; quecksilberhaltig; quecksilb(e)rig.
Queen (die, -, -s) englische Königin (Titel).
Quel'le (die, -, -n) 1. Flussanfang; 2. Herkunft; 3. Textbasis; 4. Informationsgeber. Quellader; Quellenangabe; Quellenforschung; Quellengeber; Quellenkritik; Quellenkunde; Quellenmaterial; Quellennachweis; Quellensammlung; Quellenstudium; Quellensucher; Quellfassung; Quellfluss; Quellgebiet; Quellmoos; Quellnymphe; Quellung; Quellwasser. Adjektive: quellenmäßig; quellenreich; quellfrisch. Verb: quellen.
quel'len 1. (V.) weich werden lassen. 2. (V., quoll, ist gequollen; ich quelle, du quillst, er quillt) hervortreten; sprudeln; anschwellen. Quellbevölkerung; Quellwolke.
Quem'pas (der, -, kein Plural) (lat.) Weihnachtsgesang. Quempaslied.
Quen'del (der, -s, -) Thymian. Quendelöl.
quen'geln (V.) (ugs.) nörgeln. Quengelei; Quengler; queng(e)lig.
quer (Adv.) (lat.) diagonal; der Breite nach; verkehrt. Die Fahrt ging kreuz und quer durch die Stadt. quergehen (ugs.: missglücken). Dein sogenannter Freund hat quergeschossen (ugs.: hintertrieben); die Bank hat mir den Wechsel quergeschrieben (akzeptiert); du solltest mir jetzt nicht querkommen (ugs.: mich behindern, stören); eine quer gestreifte (*auch:* quergestreifte) Markise. Querbahnsteig; Querbalken; Querbau; Querbaum; in die Quere kommen: in die Kreuz und Quere; Querfeldeinlauf; Querfeldeinritt; Querflöte; Querformat; Querfrage; Querhaus; Querholz; Querkopf; Querköpfigkeit; Querlage; Querlatte; Querlinie; Querpass; Querpfeife; Querrinne; Querruder; Quersack; Querschiff; Querschlag; Querschläger; Querschnitt; Querschnittslähmung; Querschuss; Querstraße;

Querstrich; Quersumme; Quertal; Quertreiber; Quertreiberei; Querverbindung; Querverweis; Querwelle. Adjektive: querköpfig; querschnitt(s)gelähmt. Adverbien: querbeet; wir liefen querdurch, *aber:* Der Weg führt quer durch den Wald; querfeldein; querschiffs; querüber ist der Bäcker, *aber:* Wir gehen quer über den Hof.
Que're'le (die, -, -n) (lat.) auf gegensätzlichen Interessen beruhender Streit; Klage.
Que'ru'lant (der, -en, -en) (lat.) Nörgler; Störer. Querulantentum; querulieren.
Que'ru'lanz (die, -, kein Plural) (lat.) querulatorisches Verhalten, wobei das Gefühl des Nörglers, recht zu haben, krankhaft übersteigert ist.
Que'ru'la'ti'on (die, -, -ti'o'nen) (lat.) Beschwerde; Klage.
que'ru'la'to'risch (Adj.) (lat.) streitsüchtig; nörglerisch.
Quer'ze'tin (das, -s, kein Plural) (lat.-franz.) in einigen Pflanzen enthaltener, gelber Farbstoff (heute als Arzneimittel verwendet).
Quer'zit (der, -s, kein Plural) (lat.) in Eicheln enthaltener Zucker.
Quet'sche (die, -, -n) Presse; (ugs.) Ziehharmonika. Quetschfalte; Quetschhahn; Quetschkartoffeln; Quetschkommode; Quetschung; Quetschwerk; Quetschwunde; quetschen.
Quet'zal (der, -/-s, -/-s) (Nahuatl) 1. zu den Trogons gehöriger Vogel Mittelamerikas mit langen, metallisch grünen Schwanzfedern. 2. Währungseinheit in Guatemala, 100 Centavos.
Quiche (das, -s, -s) (franz.) Speckkuchen. Quiche Lorraine.
quick (Adj.) (ugs.) lebhaft; munter. Quickheit; quicklebendig.
Quick'stepp (der, -s, -s) (engl.) Tanz.
Quid'di'tät (die, -, kein Plural) (lat.) das Was-Sein (eines Dinges).
quie'ken (V.) quietschen. Quiekser; quiek! quieksen.
Qui'es'zenz (die, -, kein Plural) (lat.) 1. Ruhe. 2. Ruhestand.
qui'es'zie'ren (V.) (lat.) 1. ruhen. 2. jmd. in den Ruhestand versetzen.
Qui'e'tis'mus (der, -, kein Plural) (lat.) Gemütsruhe; religiöse Lehre. Quietist; quietistisch.
Qui'e'tiv (das, -s, -e) (lat.) Beruhigungsmittel.
qui'e'to (Adv.) (ital.) ruhig (Musik).
quiet'schen (V.) schrill tönen. Quietscher.
quietsch... (ugs.) sehr. quietschfidel; quietschvergnügt.
Quilt (der, -s, -s) (engl.) aus Stoffresten gefertigte, bunt gemusterte Steppdecke.

quil'ten (V.) (engl.) einen Quilt anfertigen.
Quint (die, -, -en) (lat.) Fechthieb.
Quin'ta'ner (der, -s, -) Schüler der Quinta.
Quin'te (*auch:* Quint) (die, -, -n) (lat.) fünfter Ton (Tonleiter); fünftöniges Intervall. Quintenzirkel; Quintsextakkord.
Quint'es'senz (die, -, -en) (lat.) Kernpunkt; Wesentliches.
Quin'tett (das, -s, -e) (lat.) fünfstimmiges Musikstück.
Quin'til'li'on (die, -, -li'o'nen) (lat.) fünfte Potenz einer Million (10^{30}).
Quin'to'le (die, -, -n) (lat.-ital.) Gruppe von fünf Noten im Taktwert von vier (auch drei oder sechs) Noten.
Qui'pu (das, -/-s, -/-s) (Ketschua) als Verständigungsmittel dienende Knotenschnüre verschiedener Farbe und Länge (bei den Inkas).
Qui'ri'nal (der, -s, kein Plural) (lat.) 1. einer der sieben Hügel Roms. 2. Sitz des italienischen Staatspräsidenten.
Qui'ri'te (der, -n, -n) (lat.) Bezeichnung für einen römischen Vollbürger in der Antike.
Quirl (der, -s, -e) Mixer. Adjektiv: quirlig (ugs.: lebhaft). Verb: quirlen.
Quis'ling (der, -s, -e) (ugs.) Verräter.
Quis'qui'li'en (die, nur Plural) (lat.) belanglose Kleinigkeiten; Nichtigkeiten.
quitt (Adj.) (franz.) ausgeglichen; frei; fertig. Wir sind quitt; mit jmdm. quitt sein.
Quit'te (die, -, -n) Frucht. Quittenbrot; Quittengelee; Quittenkäse; Quittenmarmelade; Quittenmus; quitte(n)gelb.
quit'tie'ren (V.) bescheinigen; aufgeben; (ugs.) beantworten. Quittung; Quittungsblock; Quittungsbuch; Quittungsformular.
Qui'vive (franz.) (in der Wendung:) auf dem Quivive sein (auf der Hut sein).
Quiz (das, -, -) (engl.) Frage-und-Antwort-Spiel. Quizfrage; Quizmaster; Quizveranstaltung; quizzen.
quod erat de'mons'tran'dum (lat.) was zu beweisen war (Abk.: q.e.d.).
Quod'li'bet (das, -s, -s) (lat.) was gefällt; Wechselmelodie.
Quo'rum (das, -s, kein Plural) (lat.) beschlussfähige Mehrheit.
Quo'ta'ti'on (die, -, -ti'o'nen) (lat.) Kursnotierung (Börse).
Quo'te (die, -, -n) (lat.) Anteil; Beteiligung. Quotenkartell; Quotenregelung; Quotierung; Quotisierung; quotieren; quotisieren.
Quo'ti'ent (der, -en, -en) (lat.) Zähler und Nenner (Bruch); Divisionsergebnis.
quo va'dis? (lat.) Wohin gehst du? Wohin führt das?

R

r (Abk.) Röntgen; Radius.
R (Abk.) Rand.
r. (Abk.) rechts.
Ra (Abk.) Radium (chemisches Zeichen).
Ra|batt (der, -s, -e) (ital.) Preisnachlass. Rabattierung; Rabattmarke; rabattieren.
Ra|bat|te (die, -, -n) (niederl.) Randbeet.
Ra|batz (der, -es, kein Plural) (ugs.) Lärm; Protest. Rabatz machen.
Ra|bau (der, -s/-n, -en) (dt.-franz.-niederl.) 1. Rabauke. 2. kleines graues Exemplar einer Renette, einer süßen Apfelsorte.
Ra|bau|ke (der, -n, -n) (ugs.) Rüpel.
Rab|bi (der, -, -s/-bi|nen) (hebr.) Titel (jüdischer Geistlicher). Rabbinat; Rabbiner; rabbinisch.
Ra|be (der, -n, -n) Krähe. Rabeneltern; Rabenkrähe; Rabenmutter; Rabenvater; Rabenvogel; rabenschwarz.
ra|bi|at (Adj.) (lat.) wütend; brutal.
Ra|bu|lis|tik (die, -, -en) (lat.) Spitzfindigkeit; Haarspalterei. Rabulist; rabulistisch.
Ra|bu|se (die, -, kein Plural) (tschech.) 1. Plünderung; Raub; Verlust; Wirrwarr. 2. ein Kartenspiel.
Ra|che (die, -, kein Plural) Vergeltung. Racheakt; Rachedurst; Racheengel; Rachefeldzug; Rachegedanke; Rachegelüste; Racheplan; Rächer; Racheschwur; Rachgier; Rachsucht; rachedürstend; rachedurstig; rachgierig; rachsüchtig; rächen.
Ra|chen (der, -s, -) Schlund. Rachenblütler; Rachenentzündung; Rachenkatarr/Rachenkatarrh; Rachenmandel.
Ra|chen|put|zer (der, -s, -) (ugs.) scherzhaft für scharfes alkoholisches Getränk.
Ra|chi|tis (die, -, -ti|den) (griech.) schwere Vitamin-D-Mangelkrankheit mit Knochenverbiegungen.
ra|chi|tisch (Adj.) an Rachitis leidend, durch sie hervorgerufen.
Ra|cke (die, -, -n) Krähenvogel.
ra|ckeln (V.) balzen. Rackelhuhn; Rackelwild.
ra|ckern (V., refl.) sich anstrengen; sich abmühen. Rackerei.
Ra|cket (*auch:* Ra|kett) (das, -s, -s) (engl.) Tennis-, Squashschläger.
Ra|ckett (das, -s, -e) Holzblasinstrument mit doppeltem Rohrblatt und langer Röhre.

Ra|c|lette 1. (der, -s, -s) (franz.) Käse. 2. (die, -, -s/das, -s, -s) (franz.) Käsespeise.
rad (Abk.) Radiant; radiation absorbed dose (Strahlendosiseinheit).
Rad (das, -s, Rä|der) 1. Drehkörper; 2. (Kurzw.) Fahrrad; 3. Turnübung. Radachse; Radaufhängung; Radballspiel; Radbremse; Radbruch; Rädchen; Raddampfer; Räderchen; Rädergetriebe; Räderwerk; das Radfahren; Radfahrer; Radfahrweg; Radfelge; Radkappe; Radkasten; Radler/in; Radmantel; Radrennbahn; Radrennen; Radschlagen; Radsport; Radsturz; Radtour; Radwanderung; Radwechsel; Radweg; zweiräd(e)rig. Verben: Rad fahren; er ist Rad gefahren; Rad und Moped fahren; Rad schlagen (*aber:* beratschlagen!); ich kann Rad schlagen; radeln; rädeln.
Ra|dar (der/das, -s, kein Plural) (engl.) (Kurzw.) radio detecting and ranging (Ortungstechnik). Radarastronomie; Radarfalle; Radargerät; Radarkontrolle; Radarpeilung; Radarschirm; Radarstation; Radarwelle.
Ra|dau (der, -s, kein Plural) (ugs.) Lärm. Radaubruder; Radaumacher.
Rad|dop|pio (der, -s, -s) (lat.-ital.) spezielle Figur beim Fechten.
ra|de|bre|chen (V., radebrechte, hat geradebrecht; du radebrechst!) eine fremde Sprache schlecht sprechen.
Rä|dels|füh|rer (der, -s, -) Drahtzieher; Anführer.
Ra|di (der, -s, -) (lat.) (südd.) Rettich. Wendung: einen Radi kriegen (gerügt werden).
ra|di|al (Adj.) (lat.) strahlenförmig. Radialgeschwindigkeit; Radialreifen; Radialsymmetrie; Radiant; Radiation; radiär.
Ra|di|a|li|tät (die, -, -en) (lat.) strahlenförmige Anordnung.
Ra|di|al|li|nie (die, -, -n) (lat.) österreichische Bezeichnung für eine Straße oder Straßenbahnlinie, die vom Zentrum zum Stadtrand führt.
ra|di|al|sym|me|t|risch (Adj.) lat.) die Radialsymmetrie betreffend, in dieser Art angeordnet.
Ra|di|al|tur|bi|ne (die, -, -n) (lat.) Dampf- oder Wasserturbine.
Ra|di|äs|the|sie (die, -, kein Plural) (lat.-griech.) die in der Wissenschaft nicht unbestrittene Fähigkeit bestimmter Menschen, Erdstrahlungen mithilfe von Wünschelruten oder Pendeln wahrzunehmen und auf diese Weise Wasseradern oder Ähnliches aufzuspüren (Parapsychol.).
ra|di|äs|the|tisch (Adj.) (lat.-griech.) die Radiästhesie betreffend, auf ihr basierend.
Ra|dic|chio (der, -s, kein Plural) (ital.) Salatpflanze.

Ra|di|en (die, nur Plural) (lat.) 1. Plural von Radius. 2. Flossenstrahlen der Fische. 3. Strahlen der Vogelfeder. 4. Achsen oder Strahlen radialsymmetrischer Tiere.
ra|die|ren (V.) auslöschen; ritzen. Radierer; Radiergummi; Radierkunst; Radiermesser; Radiernadel; Radierung.
Ra|dies|chen (das, -s, -) (lat.) Wurzelpflanze.
ra|di|kal (Adj.) (lat.) hart; extrem; kompromisslos. Radikale; Radikalenerlass; Radikalinski; Radikalisierung; Radikalismus; Radikalist; Radikalität; Radikalkur; Radikaloperation; radikalisieren.
Ra|di|kal (das, -s, -e) (lat.-franz.) 1. Bezeichnung in der Psychologie für eine Grundeigenschaft zum Aufbau einer Person, die nicht auf andere Eigenschaften zurückgeht; 2. Grundelement des chinesischen Schriftzeichens; 3. sehr reaktionsfähige Gruppe von Atomen mit begrenzter Lebensdauer.
Ra|di|kand (der, -en, -en) Zahl, aus der die Wurzel gezogen wird.
Ra|di|ku|la (die, -, kein Plural) (lat.) botanische Bezeichnung für die Keimwurzeln von Samenpflanzen.
ra|di|lär (Adj.) (franz.) strahlig; strahlenförmig symmetrisch.
ra|dio.../Ra|dio... (lat.) strahlen.../Strahlen...; Rundfunk....
Ra|dio (das, -s, -s) (Kurzw.) Radiogerät. Radioamateur; Radioapparat; Radioprogramm; Radiorekorder (auch: Radiorecorder); Radioröhre; Radiosender; Radiostation; Radiostern; Radiotechnik; Radiowelle.
Ra|dio|ak|ti|vi|tät (die, -, -en) (lat.) Atomkernzerfall mit Aussendung radioaktiver Strahlung. Adjektiv: radioaktiv.
Ra|dio|as|t|ro|no|mie (die, -, kein Plural) (lat.-griech.) astronomisches Forschungsgebiet, das sich mit der aus bestimmten Himmelsgebieten einfallenden kurzwelligen Strahlung befasst.
Ra|dio|bio|che|mie (die, -, kein Plural) (lat.-griech.) Gebiet der Radiochemie, auf dem hauptsächlich biochemische Vorgänge und Materialien mit radiochemischen Methoden untersucht werden.
Ra|dio|bio|lo|gie (die, -, kein Plural) (griech.) Strahlenbiologie.
Ra|dio|che|mie (die, -, kein Plural) Chemie radioaktiver Elemente und Substanzen.
ra|dio|che|misch (Adj.) (lat.-griech.) die Radiochemie betreffend; auf ihr basierend; mit der Methode der Radiochemie.
Ra|dio|ele|ment (das, -s, -e) (lat.-griech.) chemischer Grundstoff mit natürlicher Radioaktivität.

Ra|dio|fre|quenz|strah|lung (die, -, -en) elektromagnetische Strahlung aus dem Weltraum im Meter- und Dezimeterwellenbereich.
Ra|dio|gen (das, -s, -e) (lat.-griech.) Element, das durch den Zerfall eines radioaktiven Stoffes entsteht.
Ra|dio|go|nio|me|ter (das, -s, -) (lat.-griech.) Winkelmesser bei der Funkpeilung.
Ra|dio|go|nio|me|t|rie (die, -, kein Plural) die Winkelmessung bei der Funkpeilung.
Ra|dio|gra|fie (auch: Ra|dio|gra|phie) (die, -, kein Plural) Untersuchung mit Röntgenstrahlen. radiografisch (auch: radiographisch).
Ra|dio|in|di|ka|tor (der, -s, -en) (lat.-griech.) ein auf künstlichem Wege radioaktiv gemachtes Isotop.
Ra|dio|in|ter|fe|ro|me|ter (das, -s, -) (lat.-griech.) Gerät zur Verbesserung der Auflösung beim Radioteleskop.
Ra|dio|jod|test (der, -es, -s/-e) (lat.-griech.) Test der Schilddrüsenfunktion durch Einnahme von radioaktiv angereichertem Jod und anschließender Messung der Radioaktivität.
Ra|dio|kar|bon|me|tho|de (die, -, kein Plural) (lat.-griech.) Verfahren zur Bestimmung des Alters ehemalig organischer Materialien durch Feststellung ihres Gehalts an radioaktivem Kohlenstoff.
Ra|dio|la|rie (die, -, -n) (lat.) Kleinstlebewesen mit filigranem (Kieselsäure-)Skelett; Strahlentierchen; im Meer vorkommender Wurzelfüßer.
Ra|dio|la|rien|schlamm (der, -es, -e/ -schlämme) (lat.-griech.) Ablagerung von Skeletten abgestorbener Strahlentierchen.
Ra|dio|la|rit (der, -s, kein Plural) rotbraunes hartes Gestein, das aus den Skeletten der Radiolarien entstanden ist.
Ra|dio|lo|gie (die, -, kein Plural) (lat.) Strahlenkunde. Radiologe; radiologisch.
Ra|dio|ly|se (die, -, -n) (lat.-griech.) durch ionisierende Strahlung hervorgerufene Veränderung in einem chemischen System.
Ra|dio|me|ter (das, -s, -) Messgerät. Radiometrie.
Ra|dio|re|kor|der (auch: Ra|dio|re|cor|der) (der, -s, -) (lat.-griech.) aus Radio und Kassettenrekorder kombiniertes Gerät zur Aufnahme und Wiedergabe.
Ra|dio|s|ko|pie (die, -, -n) (lat.-griech.) Durchleuchtung mit Röntgenstrahlen.
Ra|dio|son|de (die, -, -n) (lat.-griech.) die Erdatmosphäre erforschendes, meteorologisches Gerät, das aus Messgeräten und einem Kurzwellensender besteht und an Wetterballons aufgelassen wird.

Ra|dio|te|le|fo|nie (die, -, kein Plural) (lat.-griech.) drahtloses Fernsprechwesen.
Ra|dio|te|le|gra|fie (*auch:* Ra|dio|te|le|gra|phie) (die, -, kein Plural) (lat.-griech.) drahtlose Fernübertragung mithilfe vereinbarter Zeichen.
Ra|dio|te|le|s|kop (das, -s, -e) (lat.-griech.) Parabolspiegelantenne der Radioastronomie.
Ra|dio|the|ra|pie (die, -, -n) (lat.) Strahlenbehandlung.
Ra|di|um (das, -s, kein Plural) (lat.) radioaktiver Stoff; chemisches Element (Abk.: Ra). Radiumbestrahlung; Radiumtherapie; radiumhaltig.
Ra|di|us (der, -, -di|en) (lat.) Halbmesser (Kreis; Abk.: r).
Ra|dix (die, -, -di|ces) (lat.) Wurzel. Verb: radizieren (Mathematik).
Ra|dix|ho|ro|s|kop (das, -s, -e) Geburtstagshoroskop (Astrologie).
Rad|ler|maß (*auch:* Ra|dler|mass) (die, -, -) Mischgetränk aus Bier und Limonade.
Ra|dom (das, -s, -s) (engl.) (Kurzw.) Wetterschutzkuppel (um Radaranlagen).
Ra|don (das, -s, kein Plural) (lat.) radioaktives Edelgas (Abk.: Rn).
Ra|do|ta|ge (die, -, -n) (franz.) leeres, sinnloses Geschwätz.
Ra|do|teur (der, -s, -e) (franz.) Schwätzer, Quassler.
ra|do|tie|ren (V.) (franz.) ungehemmt schwatzen; quasseln.
Ra|d|scha (der, -s, -s) (Hindi) indischer Fürst.
RAF (Abk.) Rote-Armee-Fraktion.
R. A. F. (Abk.) Royal Air Force.
Raf|fel (die, -, -n) 1. Reibeisen. 2. (ugs.) Mund. 3. (ugs.) geschwätzige Frau. Verb: raffeln.
raf|fen (V.) an sich reißen; zusammenfassen. Raffgier; Raffsucht; Raffung; Raffzahn; raffgierig; raffig.
Raff|fi|na|ge (die, -, -n) (lat.-franz.) Veredlung; Verfeinerung.
Raff|fi|neur (der, -s, -e) (lat.-franz.) Gerät zum Feinmahlen von Holzschliff.
raf|fi|nie|ren (V.) (franz.) verfeinern; reinigen. Raffinade; Raffinat; Raffination; Raffinerie; Raffineur; Raffinierofen; Raffinierstahl; Raffinose; raffiniert; raffinieren.
raf|fi|niert (Adj.) (franz.) schlau; durchtrieben; gereinigt. Raffinement; Raffinesse; Raffiniertheit.
Raf|fi|no|se (die, -, kein Plural) (lat.-franz.) in Zuckerrübenmelasse vorkommendes Kohlehydrat.
Raf|ting (das, -s, kein Plural) (engl.) Bezeichnung für das Wildwasserfahren im Schlauchboot in Gruppen.

Rag (der, -s, kein Plural) (engl.) (Kurzw.) Ragtime.
Ra|ga (der, -s, -s) (sanskr.-Hindi) spezielle Art von Melodie in der indischen Musik.
Ra|ge (die, -, kein Plural) (franz.) (ugs.) Wut. Sie brachte mich in Rage.
ra|gen (V.) hervorstehen.
Ra|gio|ne (die, -, -n) (schweiz.) (ital.) ins Handelsregister eingetragene Firma.
Ra|g|lan (der, -s, -s) (engl.) Mantel. Raglanärmel; Raglanschnitt.
Rag|na|rök (die, -, kein Plural) (altnord.) Götterdämmerung; Weltuntergang.
Ra|gout (das, -s, -s) (franz.) Fleischgericht. Ragout fin.
Rag|time (der, -, kein Plural) (engl.) Jazzstil.
Rah (*auch:* Ra|he) (die, -, -en) Segelstange.
Rahm (der, -s, kein Plural) (ugs.) Sahne. Rahmkäse; Rahmsoße (*auch:* Rahmsauce); Rahmspeise; rahmig.
Rah|men (der, -s, -) 1. Einfassung; Chassis. 2. Zusammenhang. Rähmchen; Rahmenantenne; Rahmenbruch; Rahmenerzählung; Rahmengesetze; Rahmennaht; Rahmenplan; Rahmenrichtlinie; Rahmentarif; Rahmenwerk; rahmengenäht; gerahmt; rahmen.
Rah|ne (die, -, -n) (südd.) Rote Be(e)te.
Raid (der, -s, -s) (engl.) Überraschungsangriff (Militär).
Rai|gras (*auch:* Ray|gras) (das, -es, kein Plural) (engl.-dt.) Futterpflanze in Eurasien und Afrika.
Rain (der, -s, -e) Feldgrenze. Rainfarn; Rainweide; rainen.
Ra|is (der, -, -e/Ru|a|sa) (arab.) 1. Titel führender Persönlichkeiten, besonders des Präsidenten. 2. Träger dieses Titels.
Rai|son (die, -, kein Plural) → Räson.
ra|jo|len (V.) (niederl.-franz.-dt.) tief pflügen oder umgraben.
rä|keln (*auch:* re|keln) (V., refl.) sich strecken.
Ra|ke|te (die, -, -n) (ital.) Flugkörper; Feuerwerkskörper. Raketenabschussrampe; Raketenabwehr; Raketenantrieb; Raketenbasis; Raketenflugzeug; Raketensatz; Raketenstart; Raketenstufe; Raketenstützpunkt; Raketentreibstoff; Raketentriebwerk; Raketenwaffe; Raketenwagen; Raketenwerfer; Raketenzeitalter; raketenbestückt.
Ra|ke|ten|ap|pa|rat (der, -es, -e) (germ.-ital.) bei der Rettung von Schiffbrüchigen verwendetes Gerät, mit dem eine Rettungsleine zum gestrandeten Schiff geschossen wird.
Ra|kett (das, -s, -e/-s) → Racket.
Ra|ki (der, -s, -s) (türk.) Branntwein, aus Rosinen und Anis hergestellt.

rallentando — ranzig

ral|len|tan|do (Adv.) (ital.) langsamer werdend (bei Musikstücken).
ral|li|ie|ren (V.) (lat.-franz.) verstreute Truppen sammeln.
Ral|lye (die, -, -s) (engl.-franz.) Wettrennen. Rallyecross (*auch:* Rallye-Cross); Rallyefahrer.
RAM (Abk.) Random Acces Memory (Informationsspeicher mit Direktzugriff).
Ra|ma|dan (der, -/-s, kein Plural) (arab.) mohammedanischer Fastenmonat.
Ra|ma|gé (der, -, -s) (lat.-franz.) Gewebe mit rankenartiger Jacquardmusterung.
Ra|ma|ja|na (das, -s, kein Plural) (sanskr.) religiöses indisches Nationalepos, das von den Taten des göttlichen Helden Rama berichtet.
Ra|ma|san (der, -s, kein Plural) (arab.-türk.-pers.) türkische und persische Bezeichnung für Ramadan.
ra|mas|siert (Adj.) (franz.) dick; gedrungen; untersetzt.
Ra|ma|su|ri (die, -, kein Plural) (rumän.) großer Wirbel; Durcheinander.
Ram|ba|zam|ba (der/das, -s, -s) (ugs.) Aufruhr, Aufregung.
Ram|bo (der, -s, -s) (ugs.) brutaler Kraftprotz (nach dem amerik. Filmhelden).
Ram|bur (der, -s, -e) (franz.) säuerliche Apfelsorte.
Ra|mie (die, -, -n) (malai.) ein südasiatisches Nesselgewächs; Faserpflanze.
ra|mi|fi|zie|ren (V.) (lat.) sich verzweigen (in der Botanik auf Pflanzen bezogen).
ram|men (V.) stoßen; beschädigen. Rammmaschine (*auch:* Ramm-Maschine); Rammbär; Rammbock; Rammburg; Ramme; Rammhammer; Rammklotz; rammen.
ramm|dö|sig (Adj.) (ugs.) benommen.
Ramm|ler (der, -s, -) männliches Kaninchen. Rammelei; rammeln.
Ram|pe (die, -, -n) (franz.) Auffahrt; Brüstung. Rampenlicht.
ram|po|nie|ren (V.) (ital.) (ugs.) beschädigen.
Ramsch (der, -es, -e) Plunder; Spiel (Skat). Ramscher; Ramschladen; Ramschware; ramschweise; ramschen.
Ra|mus (der, -, -mi) (lat.) 1. Zweig eines Nervs, einer Arterie oder einer Vene. 2. ein einem Ast ähnlicher Teil eines Knochens (Med.).
ran (Adv.) (ugs.) heran.
Ranch (die, -, -es) (engl.) Farm; Viehzucht. Rancher (*aber:* der Ranger!).
Ran|che|ria (die, -, -s) (span.-engl.) kleine Siedlung in Südamerika.
Ran|che|ro (der, -s, -s) (span.-engl.) ein auf einem Landgut, einer Ranch Lebender und Arbeitender.

Rand 1. (der, -s/-es, Rän|der) Einfassung; Kante; Grenze; (ugs.) Mund. Die Kinder waren außer Rand und Band (ausgelassen); am Rande (nebenbei) bemerkt; ich werde schon zurande (*auch:* zu Rande) kommen (zurechtkommen). 2. (der, -s, -/-s) (engl.) Währungseinheit (Südafrika; Abk.: R). Randausgleich; Randbeet; Randbemerkung; Randbezirk; Rändchen; Randerscheinung; Randfigur; Randgebiet; Randgebirge; Randgruppe; Randleiste; Randlöser; Randmoräne; Randnotiz; Randsiedlung; Randstaaten; Randstein; Randsteller; Randstreifen; Randverzierung; Randzeichnung; Randzunge. Adjektive: verschiedenränd(e)rig; verschiedenrandig; randlos.
Ran|da|le (die, -, kein Plural) Lärm; Gejohle.
ran|da|lie|ren (V.) lärmen; toben. Randale; Randalierer.
rän|deln (V.) riffeln. Rändelmutter; Rändelrad; Rändelschraube; Rändelung.
ran|do|mi|sie|ren (V.) (engl.) eine Zufallsstichprobe machen.
Rang (der, -s, Rän|ge) (franz.) Geltung; Kategorie; Platz. Rangabzeichen; Rangälteste; Rangerhöhung; Rangfolge; Ranghöchste; Rangliste; Rangordnung; Rangstreit; Rangunterschied; erstrangig; ranggleich; ranghöher; rangmäßig.
ran|ge|hen (V., ging ran, ist rangegangen) (ugs.) herangehen; in Angriff nehmen.
ran|geln (V.) balgen; raufen. Rangelei.
Ran|ger (der, -s, -s) (engl.) Spezialist (Polizei, Armee); Aufseher (Nationalparks).
ran|gie|ren (V.) (franz.) Platz einnehmen; umordnen. Rangierbahnhof; Rangiergleis; Rangierlok; Rangierung.
ran|hal|ten (V., refl., hielt sich ran, hat sich rangehalten) (ugs.) sich beeilen.
rank (Adj.) schlank. In seiner Jugend war er rank und schlank.
Rank (der, -s, Rän|ke) Intrige. Ränke schmieden; Ränkeschmied; Ränkespiel; Ränkesucht; ränkesüchtig; ränkevoll.
Ran|ke (die, -, -n) Pflanzenteil. Rankengewächs; Rankenwerk; rankenartig; rankig; ranken.
ran|klot|zen (V.) (ugs.) viel arbeiten.
Ran|kü|ne (die, -, -n) (franz.) heimliche Feindschaft; Groll.
ran|schmei|ßen (V., refl.) sich aufdrängen.
Ra|nu|la (die, -, -lä) (lat.) Zyste nahe des Zungenbändchens; Froschgeschwulst (Med.).
Ra|nun|kel (die, -, -n) (lat.) Pflanze.
Ran|zen (der, -s, -) 1. (ugs.) Bauch. 2. Schultasche. Ränzel; Ränzlein.
ran|zig (Adj.) (niederl.) alt; verdorben.

Ran|zi|on (die, -, -zi|o|nen) (lat.) Lösegeld zum Freikauf von Kriegsgefangenen oder auch gekaperten Schiffen.
ran|zi|o|nie|ren (V.) (lat.-franz.) Kriegsgefangene oder gekaperte Schiffe freikaufen.
Rap (der, -, -s) (engl.) Sprechgesang. Verb: rappen.
Ra|phia (die, -, -phi|en) (lat.-franz.) afrikanische Nadel- oder Bastpalme.
ra|pi|da|men|te (Adj.) (lat.-ital.) sehr schnell; rasend (Vortragsanweisung in der Musik).
ra|pi|de (*auch:* ra|pid) (Adj.) (lat.) sehr schnell. Rapidität.
ra|pi|do (Adj.) (lat.-ital.) sehr schnell; rasch (Vortragsanweisung in der Musik).
Ra|pier (das, -s, -e) (franz.) eine Fechtwaffe; Florettvorläufer.
Rap|pe (der, -n, -n) schwarzes Pferd.
rap|pe|lig (*auch:* rapp|lig) (Adj.) verrückt; nervös. Rappel; Rappelkopf; rappelköpfisch; rappeln.
Rap|pell (der, -s, -e) (lat.-franz.) 1. Rückberufung eines Gesandten; 2. das Schreiben zur Abberufung.
Rap|pen (der, -s, -) Währung (Schweiz; Abk.: Rp).
Rap|port (der, -s, -e) (franz.) 1. Bericht; dienstliche Meldung; 2. Muster (Textiltechnik). Verb: rapportieren.
Rap|proche|ment (das, -s, -s) (lat.-franz.) Wiederversöhnung; die politische Wiederversöhnung.
Raps (der, -es, -e) Ölpflanze. Rapsacker; Rapsblüte; Rapsfeld; Rapsöl.
Rap|tus (der, -, -tus|se) (lat.) plötzliche Geistesstörung; Koller.
Ra|pun|zel (die, -, -n) Feldsalat.
Ra|pu|se (die, -, kein Plural) (tschech.) 1. Plünderung; Raub; Verlust; Wirrwarr. 2. ein Kartenspiel.
rar (Adj.) selten. Rarität; Raritätenkabinett; Raritätensammlung. Verb: sich rarmachen (ugs. für sich selten sehen lassen).
Ra|ra (die, nur Plural) (lat.) seltene Bücher.
Ra|re|fi|ka|ti|on (die, -, -ti|o|nen) (lat.) Gewebsschwund, speziell der Knochen (Med.).
ra|re|fi|zie|ren (V.) (lat.) 1. auflockern; verdünnen; 2. schwinden (von Gewebe oder Knochen in der Medizin).
Ras (der, -, -) (arab.) 1. abessinischer Titel. 2. Vorgebirge; Berggipfel.
ra|sant (Adj.) (lat.) rasend; dynamisch. Rasanz.
rasch (Adj.) schnell. Raschheit; raschlebig; raschwüchsig; raschestens.
ra|scheln (V.) knistern.

ra|sen (V.) schnell fahren; wütend sein. Raser; Raserei; rasend; ich könnte rasend werden, *aber:* das ist zum Rasendwerden.
Ra|sen (der, -s, -) Grasfläche. Rasenbank; Rasenfläche; Rasenmäher; Rasenpflege; Rasenplatz; Rasenspiel; Rasensport; Rasensprenger; Rasenstreifen; Rasentennis; Rasenteppich; rasenbedeckt; rasenbewachsen; rasig.
Rash (der, -es, -s) (lat.-franz.-engl.) masern- oder scharlachartiger Hautausschlag.
ra|sie|ren (V.) scheren. Rasierapparat; Rasiercreme (*auch:* Rasierkrem/Rasierkreme); Rasierer; Rasierklinge; Rasiermesser; Rasierpinsel; Rasierschaum; Rasierseife; Rasierwasser; Rasierzeug; Rasur.
Ras|kol (der, -s, kein Plural) (russ.) Spaltung; Kirchenspaltung; Schisma.
Ras|kol|nik (der, -s, -i/-en) (russ.) Sektenangehöriger in Russland, speziell der sogenannten Altgläubigen seit dem 17. Jahrhundert.
Rä|son (die, -, kein Plural) (franz.) Vernunft. Ich werde ihn schon zur Räson bringen. Räsonnement; räsonieren (schimpfen).
rä|so|na|bel (Adj.) (lat.-franz.) 1. vernünftig. 2. gehörig.
Ras|pa (die, -, -s) (span.) um 1950 aufgekommener lateinamerikanischer Gesellschaftstanz.
Ras|pel 1. (die, -, -n) grobe Feile. 2. (der, -s, -) Stückchen. Schokoladenraspel; raspeln.
Ras|se (die, -, -n) (franz.) Merkmalsgruppe; Qualität. Rassehund; Rassendiskriminierung; Rassenforschung; Rassenfrage; Rassenhass; Rassenintegration; Rassenkreuzung; Rassenmerkmal; Rassenmischung; Rassenproblem; Rassenunruhen; Rassepferd; Reinrassigkeit; reinrassig; rassig; rassisch.
ras|seln (V.) klappern; lärmen. Rassel; Rasselbande; Rasselei.
Ras|sis|mus (der, -, kein Plural) (franz.) übertriebenes, meist ideologisch geprägtes Rassendenken. Rassist; rassistisch.
Rast (die, -, -en) Ruhepause. Rasthaus; Rasthof; Rastlosigkeit; Rastplatz; Raststätte; Rasttag; rastlos; rasten.
Ras|ta|fa|ri (der, -s, -s) (engl.) 1. Anhänger einer religiösen Bewegung in Jamaika, die den äthiopischen Kaiser als Gott verehrt. 2. Anhänger und Vertreter einer Musikrichtung, die von traditioneller jamaikanischer Musik beeinflusst ist.
Ras|ter (der/das, -s, -) (lat.) Datensystem; Bildzerlegung; Testbild. Rasterätzung; Rasterfahndung; Rasterplatte; Rasterpunkt; Rasterung; rastern.
Ras|t|ral (das, -s, -e) (lat.) fünfzinkiges Gerät zum Ziehen von Notenlinien.

rastrieren 419 raufen

ras|t|rie|ren (V.) (lat.) Notenlinien ziehen.
Rat 1. (der, -s, Rä|te) Versammlung; Amt; Beamtentitel. Räteregierung; Räterepublik; Räterevolution; Räterussland; Rätestaat; Rathaus; Rätin; Ratsbeschluss; Ratsdiener; Ratsherr; Ratskeller; Ratssitzung; Ratsversammlung. 2. (der, -s, Rat|schlä|ge) Empfehlung. Ratgeber; Ratlosigkeit; Ratschlag; der Rat suchende (*auch:* ratsuchende) Bürger; der Ratsuchende (*auch:* Rat Suchende); ratlos; ratsam; beratschlagen.
Rät (das, -s, kein Plural) (nlat.) Abschnitt der Erdgeschichte; Stufe des Keupers.
Ra|ta|fia (der, -s, -s) (franz.-ital.) Frucht*(saft)*likör.
Ra|ta|touille (die, -, kein Plural) französischer Aubergineneintopf.
Ra|te (die, -, -n) (ital.) Teilzahlung. Ratenbetrag; Ratenkauf; Ratenzahlung; Ratenzahlungskredit; ratenweise.
ra|ten (V., riet, hat geraten; ich rate, du rätst, er rät) empfehlen; erraten; vermuten. Rater/in; Ratespiel; Rateteam.
Rä|ter (der, -s, -) Einwohner von Rätien.
ra|ti|fi|zie|ren (V.) (lat.) bestätigen; genehmigen. Ratifikation; Ratifikationsurkunde; Ratifizierung; Ratifizierungsplan.
Ra|ti|né (der, -s, -s) (franz.) Kräuselstoff. Verb: ratinieren.
Ra|ting (das, -s, kein Plural) (engl.) 1. Methode zur Einschätzung und Beurteilung von Personen oder Situationen mithilfe von Ratingskalen (Med.; Psychol.). 2. Einschaltquote beim Fernsehen. 3. Prüfung der Kreditwürdigkeit von Unternehmen.
Ra|tio (die, -, kein Plural) (lat.) Vernunft. Rationalismus; Rationalist; Rationalität; rational; rationalistisch.
Ra|ti|on (die, -, -ti|o|nen) (franz.) Zuteilung; Verpflegung. Rationierung; rationsweise; rationenweise; rationieren.
Ra|ti|o|na|le (das, -, kein Plural) (lat.) als Auszeichnung dienender liturgischer Schulterschmuck einiger katholischer Bischöfe.
ra|ti|o|na|li|sie|ren (V.) (lat.) zweckmäßig, wirtschaftlich organisieren. Rationalisator; Rationalisierung; Rationalisierungsmaßnahmen; rationell; rationalisieren.
rä|tisch (Adj.) zu Rätien gehörig.
Ra|ton|ku|chen (der, -s, -) (franz.; dt.) Napfkuchen.
Rä|to|ro|ma|ne (der, -n, -n) Nachkomme der rätischen Bevölkerung in der Schweiz, in den Dolomiten und Friaul.
rä|to|ro|ma|nisch (Adj.) zu den Rätoromanen gehörig.

rat|schen (V.) (südd.) plaudern; schwatzen; rasseln. Ratsche.
Rät|sel (das, -s, -) Denkspiel; Geheimnis. *Beachte:* Wir wollen Rätsel raten, *aber:* das Rätselraten macht mir keinen Spaß. Rätselfrage; Rätselhaftigkeit; Rätsellösung; Rätselraten; rätselhaft; rätselvoll; rätseln.
Rat|tan (das, -s, -e) Peddigrohr. Rattanmöbel; Rattanstuhl.
Rat|te (die, -, -n) Nagetier. Rattenfalle; Rattenfänger; Rattengift; Rattenkönig; Rattenschwanz; Rättin.
rat|tern (V.) knattern; klappern. Ratterkiste.
Ratz (der, -es, -e) (südd.) Ratte; Hamster; Iltis.
Rat|ze|fum|mel (der, -s, -) (ugs.) Radiergummi.
rat|ze|kahl (Adj.) (ugs.) völlig; radikal.
rat|zen (V.) (ugs.) schlafen.
rau (Adj.) uneben; rissig; grob; kalt. Raubank: Raubein; Raufaser; Raufasertapete; Raufrost; Raufutter; Rauhaardackel; Rauheit; Rauigkeit; Raunächte; Rauputz; Raureif. Adjektive: raubauzig; raubeinig; rauborstig; rauhaarig. Verb: rauen.
rau|ben (V.) stehlen; plündern. Raubbau; Raubdruck; Räuber; Räuberbande; Räuberei; Räubergeschichte; Räuberhauptmann; Räuberhöhle; Räuberpistole; Raubfisch; Raubgier; Raubkatze; Raubmord; Raubmörder; Raubmöwe; Raubtier; Raubtierhaus; Raubüberfall; Raubvogel; Raubzug. Adjektive: räuberisch; raubgierig; raubsüchtig. Verb: räubern.
Rauch (der, -s, kein Plural) Qualm. Rauchabzug; Rauchbombe; Raucher/in; Raucherabteil; Raucherbein; Raucherhusten; Raucherzimmer; Rauchfahne; Rauchfang; Rauchfangkehrer; Rauchfass; Rauchfleisch; Rauchglas; Rauchglocke; Rauchmaske; Rauchmelder; Rauchopfer; Rauchpilz; Rauchsäule; Rauchsignal; Rauchtisch; Rauchverbot; Rauchvergiftung; Rauchwaren; Rauchwarenhandel; Rauchwolke. Adjektive: rauchfarben; rauchfarbig; rauchig; rauchlos. Verb: rauchen.
räu|chern (V.) 1. haltbar machen. 2. Rauch verbreiten. Räucheraal; Räucherfass; Räucherhering; Räucherkammer; Räucherkerze; Räucherlachs; Räuchermittel; Räucherpfanne; Räucherschinken; Räucherspeck; Räucherstäbchen; Räucherung; Räucherware.
Rauch|wa|ren (die, nur Plural) Pelzwaren; Tabakwaren. Rauchwerk.
Räu|de (die, -, -n) Krätze. Räudigkeit; räudig.
rauf (Adv.) (ugs.) herauf.
Rau|fe (die, -, -n) Futterkrippe.
rau|fen (V.) ausreißen; sich balgen. sich die Haare raufen (vor Angst). Raufbold; Rauferei; Raufhandel; rauflustig.

Raum (der, -s/-es, Räu|me) 1. Zimmer. 2. Gebiet; Weite; Weltraum. Raumakustik; Raumangabe; Raumanzug; Raumausstatter; Raumbildverfahren; Raumdeckung; Raumersparnis; Raumfähre; Raumfahrer; Raumfahrt; Raumfahrtbehörde; Raumfahrtprogramm; Raumfahrzeug; Raumflug; Raumgestaltung; Rauminhalt; Raumkapsel; Raumlehre; Räumlichkeit; Raummangel; Raummaß; Raummeter (Abk.: rm); Raumordnungsplan; Raumpflege; Raumplanung; Raumschiff; Raumschifffahrt (auch: Raumschiff-Fahrt); Raumsonde; Raumstation; Raumteiler; Raumwahrnehmung. Adjektive: raumdeckend; raumgreifend; Raum sparend (auch: raumsparend); geräumig; räumlich.
räu|men (V.) leeren; verlassen; aufräumen. Räumer; Räumfahrzeug; Räummaschine; Räumung; Räumungsarbeiten; Räumungsfrist; Räumungsklage; Räumungsverkauf.
rau|nen (V.) murmeln; dumpf sprechen. Ein Raunen ging durch die Menge.
raun|zen (V.) nörgeln, grob daherreden.
Rau|pe (die, -, -n) Schmetterlingslarve; Raumfahrzeug. Raupenbagger; Raupenfahrzeug; Raupenfliege; Raupenfraß; Raupenkette, Raupenleim; Raupenschlepper. Verb: raupen.
raus (Adv.) (ugs.) heraus; hinaus. Verben: rausfliegen; sich raushalten; rauskommen; rauskriegen; rauswerfen.
Rausch (der, -es, -Räu|sche) Trunkenheit; Freudentaumel. Rauschgift; Rauschgiftbekämpfung; Rauschgifthändler; Rauschgiftsüchtige; Räuschlein; Rauschnarkose; rauschend; rauschgiftsüchtig; rauschhaft; rauschig.
rau|schen (V.) brausen; stürmen. Rauschebart; Rauschgold; Rauschgoldengel; rauschend.
Rausch|gelb (das, -s, kein Plural) Mineral.
räus|pern (V., refl.) krächzen; hüsteln. Räusperer.
raus|schmei|ßen (V., schmiss raus, hat rausgeschmissen) entlassen; hinauswerfen. Rausschmeißer; Rausschmiss.
Rau|te (die, -, -n) (lat.) 1. Rhombe. 2. Pflanze. Rautenfläche; Rautengewächs; Rautenkranz; Rautenkrone; rautenförmig; rautiert.
Ra|vi|o|li (die, nur Plural) (ital.) Nudeln mit Fleischfüllung.
rav|vi|van|do (Adj.) (lat.-ital.) schneller werdend; sich belebend (Vortragsanweisung in der Musik).
Ra|yé (der, -s, -s) (franz.) Sammelbezeichnung für Streifengewebe.
Ra|yon (das, -s, -s) (german.-franz.) Abteilung; Dienstbereich.
Ra|yon|chef (der, -s, -s) (lat.-franz.) Abteilungsleiter eines Warenhauses.
ra|yo|nie|ren (V.) (österr.) (lat.-franz.) zuweisen; nach Bezirken einteilen.
ra|ze|mos (Adj.) (lat.) traubenförmig (bezüglich der Verzweigung von Pflanzen).
Raz|nji|ci (das, -s, -s) (serbokroat.) Gericht aus würzigen Fleischstücken.
Raz|zia (die, -, -zi|en) (arab.) polizeiliche Durchsuchung.
Rb (Abk.) Rubidium (chemisches Zeichen).
RB (Abk.) Radio Bremen.
Rbl (Abk.) Rubel.
rd. (Abk.) rund.
Re (Abk.) Rhenium (chemisches Zeichen).
Re (das, -s, -s) (lat.) Kontraerwiderung (Kartenspiel).
Rea|der (der, -s, -) (engl.) Artikelsammlung. Reader's Digest.
Rea|dy|made (auch: Rea|dy-made) (das, -, -s) (engl.) Seriengegenstand zum Kunstobjekt erklärt.
Re|af|fe|renz (die, -, -en) (lat.) die Rückmeldung über eine ausgeführte Bewegung, die über die Nervenbahnen erfolgt.
Re|a|genz (auch: Re|a|gens) (das, -es, -zi|en) (lat.) Reaktionsstoff. Reagenzglas; Reagenzpapier; reagieren.
re|a|gi|bel (Adj.) heftig, sensibel reagierend; stark auf etwas ansprechen.
Re|a|gi|bi|li|tät (die, -, kein Plural) (lat.) die Eigenschaft oder das Vermögen, sehr sensibel zu reagieren.
re|a|gie|ren (V.) (lat.) wirken; sich verhalten. Reaktion; Reaktionär; Reaktionsfähigkeit; Reaktionsgeschwindigkeit; Reaktionsmotor; Reaktionspsychose; Reaktionstriebwerk; Reaktionsturbine; Reaktionswärme; Reaktionszeit; reaktionär; reaktionsfähig; reaktionsschnell; reaktionsträge; reaktiv.
Re|akt (der, -es, -e) (lat.) in der Psychologie jegliche Antworthandlung auf Verhaltensweisen der Mitmenschen, die eine Erwiderung, eine Ablehnung, ein Mitmachen etc. sein kann.
Re|ak|tant (das, -en, -en) (lat.) der Stoff, der mit einem anderen eine Reaktion eingeht.
Re|ak|tanz (die, -, -en) (lat.) 1. ein Blindwiderstand, der durch Kapazitäten und Induktivitäten in Wechselstromkreisen bewirkt wird. 2. Widerstand auf persönliche Einschränkung. Reaktanzrelais (1).
Re|ak|ti|on (die, -, -en) Rück-, Gegenwirkung; chemische Umwandlung; nur Sing.: Gesamtheit aller fortschrittsfeindlichen politischen Kräfte.
Re|ak|ti|o|när (der, -s, -e) jmd., der den fortschrittlichen Entwicklung entgegengestellt ist.
re|ak|ti|o|när (Adj.) (franz.) politisch rückschrittlich.

Re|ak|ti|ons|ge|schwin|dig|keit (die, -, -en) (lat.-dt.) die Zeit, die ein chemischer, physiologischer oder ähnlicher Prozess für seinen Ablauf benötigt.
Re|ak|ti|ons|norm (die, -, -en) (lat.-dt.) die in der Regel angeborene Art und Weise, wie ein Organismus auf Umweltreize reagiert.
Re|ak|tiv (das, -es, -e) (lat.) psychische Verhaltensweisen, die unmittelbar auf Umweltreize zurückzuführen sind.
re|ak|ti|vie|ren (V.) (lat.) wieder wirksam machen. Reaktivierung.
Re|ak|tor (der, -s, -en) (lat.) Energiegewinnungsanlage; Kernreaktor. Reaktorkern; Reaktorphysik; Reaktortechnik; Reaktorunfall.
re|al (Adj.) (lat.) wirklich; gegenständlich. Realakt; Realeinkommen; Realenzyklopädie; Realgymnasium; Realien; Realienbuch; Realinjurie; Realisation; Realisator; Realisierbarkeit; Realisierung; Realismus; Realist; Realistik; Realität; Realitätsanpassung; Realitätsprinzip; Realitätssinn; Realkapital; Realkatalog; Realkonkurrenz; Realkredit; Reallasten; Reallexikon; Reallohn; Realo (ugs.: Realpolitiker der »Grünen«); Realpolitik; Realrecht; Realschule; Realsteuer; Realunion; Realwert; Realwissenschaften; Realwörterbuch. Adjektive: realisierbar; realistisch; realpolitisch. Adverb: realiter. Verb: realisieren.
Re|al|de|fi|ni|ti|on (die, -, -ti|o|nen) (lat.) in der Philosophie eine Sachbestimmung, die sich auf den Wirklichkeitsgehalt der zu definierenden Sache bezieht.
Re|a|len (die, Plural) (lat.) in der Philosophie die letzten wirklichen Bestandteile des Seins.
Re|a|lign|ment (das, -s, -s) (engl.) Neufestsetzung von Wechselkursen nach einer Frist des Floatings.
Re|al|in|dex (der, -es, -e/-in|di|ces) (lat.) Sachverzeichnis; Sachregister.
Re|a|li|sat (das, -s, -e) (lat.) künstlerisches Erzeugnis; Werk.
Re|al|kon|kor|danz (die, -, -en) (lat.) eine ein alphabetisches Verzeichnis von Dingen enthaltende Konkordanz.
Re|al|prä|senz (die, -, kein Plural) (lat.) die wirkliche Gegenwart Christi in Brot und Wein beim heiligen Abendmahl.
re|ama|teu|ri|sie|ren (V.) wieder zum Amateursportler machen.
re|ani|mie|ren (V.) (lat.) wiederbeleben. Reanimation; Reanimationszentrum.
re|ar|mie|ren (V.) (lat.) von Neuem bewaffnen; ein Kriegsschiff von Neuem ausrüsten.
Re|as|se|ku|ranz (die, -, -en) (lat.) Rückversicherung.
re|as|su|mie|ren (V.) (lat.) ein Verfahren wieder aufnehmen (Rechtswissenschaft).
Re|as|sump|ti|on (die, -, -ti|o|nen) (lat.) Wiederaufnahme eines Verfahrens in der Rechtswissenschaft.
Re|bab (der, -s, -s) (pers.-arab.) arabisches Streichinstrument.
Re|be (die, -, -n) Weinranke. Rebenblüte; Rebenhügel; Rebensaft; Rebenveredlung; Reblaus; Rebling; Rebschnitt; Rebschnur; Rebsorte; Rebstock; rebeln.
Re|bec (der, -s, -s) (pers.-arab.-span.-franz.) mittelalterliches Musikinstrument in Form einer gehälftelten Birne mit zwei bis drei Saiten.
Re|bell (der, -en, -en) Aufständischer. Rebellion; rebellisch; rebellieren.
Reb|huhn (das, -s, -hüh|ner) Fasanenvogel.
Re|bound (der, -s, -s) (engl.) vom Korbring oder Brett abprallender Ball (beim Basketball).
Re|bus (der/das, -, -bus|se) (lat.) Bilderrätsel.
Rec. (Abk.) recipe.
Re|call|test (der, -s, -s) (engl.) Prüfungsmethode, mit der untersucht wird, welche Werbeaussagen, -appelle etc. bei der Versuchsperson im Gedächtnis haften geblieben sind.
Ré|ca|mie|re (die, -, -n) (franz.) Sofa ohne Rückenlehne, mit hochgezogenen Armlehnen.
Re|cei|ver (der, -s, -) (engl.) Kombination aus Radiogerät und Verstärker.
Re|cha|bit (der, -en, -en) (hebr.) Angehöriger einer altisraelitischen religiösen Gemeinschaft, die am Nomadentum festhielt.
Re|chen (der, -s, -) (südd.) Harke; Auffanggitter. Rechenstiel; rechen.
Re|chen|schaft (die, -, kein Plural) Rechtfertigung; Verantwortung. jemanden zur Rechenschaft ziehen. *Aber:* von jemandem Rechenschaft fordern. Rechenschaftsbericht; rechenschaftspflichtig.
rech|nen (V.) mit Zahlen arbeiten; schätzen; erwarten. Rechenaufgabe; Rechenautomat; Rechenbuch; Rechenexempel; Rechenfehler; Rechenkünstler; Rechenmaschine; Rechenmeister; Rechenschieber; Rechenstab; Rechenstunde; Rechentafel; Rechenzentrum; Rechnen; Rechner; Rechnerei; Rechnung; Rechnungsbetrag; Rechnungsblock; Rechnungsbuch; Rechnungseinheit; Rechnungsführer; Rechnungshof; Rechnungsjahr; Rechnungskammer; Rechnungsprüfer; Rechnungsrat; Rechnungswesen. Adjektive: rechnergesteuert; rechnerisch.
re|cher|chie|ren (V.) (franz.) nachforschen. Recherche; Rechercheur.
recht 1. (Adj.) richtig; passend. 2. (Adv.) sehr; einigermaßen. so ist es recht; recht (*auch:* Recht) behalten/bekommen/geben/haben; recht

sprechen; jetzt erst recht; ich denke, das geschieht ihm recht; es ist nur recht und billig; ich will es dir recht machen; ich ging recht in der Annahme, dass er heute fährt; rechter Hand; so recht und schlecht; er ist der Rechte; da bist du an den Rechten gekommen; ich will nach dem Rechten sehen; das Rechte (Richtige) wählen; er kann nichts Rechtes finden. Rechteck; Rechtfertigung; Rechtfertigungsversuch; Rechtgläubigkeit; Rechthaberei; Rechtschaffenheit; Rechtschreibebuch; Rechtschreiben; Rechtschreibfehler; Rechtschreibreform; Rechtschreibung; Rechtzeitigkeit. Adjektive: rechtdrehend; rechteckig; rechtgläubig; rechthaberisch; rechtschaffen; rechtschreiblich; rechtwink(e)lig; rechtzeitig. Verben: rechtfertigen; rechtschreiben. *Beachte:* Sie kann gut rechtschreiben. *Aber:* Sie kann nur recht und schlecht schreiben.

Recht (das, -s, -e) Gesetze; Rechtsordnung; Berechtigung. *Beachte:* ein Recht haben; er ist im Recht; mit Fug und Recht; zu Recht; nach Recht und Gewissen; Recht sprechen; von Rechts wegen; es ist nicht rechtens, er wurde rechtens (zu Recht) bestraft. Rechtlichkeit; Rechtlosigkeit; Rechtmäßigkeit; Rechtsangelegenheit; Rechtsanspruch; Rechtsanwalt; Rechtsanwältin; Rechtsanwalt(s)büro; Rechtsauffassung; Rechtsbeistand; Rechtsbelehrung; Rechtsberatung; Rechtsbeugung; Rechtsbrecher; Rechtsempfinden; Rechtsfähigkeit; Rechtsfall; Rechtsgelehrte; Rechtsgeschichte; Rechtsgrund; Rechtsgrundsatz; Rechtsgültigkeit; Rechtshilfeabkommen; Rechtskraft; Rechtslage; Rechtslehre; Rechtsmittel; Rechtsnorm; Rechtsordnung; Rechtspflege; Rechtsprechung; Rechtssache; Rechtssatz; Rechtsschrift; Rechtsschutz; Rechtssicherheit; Rechtsspruch; Rechtsstaatlichkeit; Rechtsstreit; Rechtstitel; Rechtsunsicherheit; Rechtsunterzeichnete; Rechtsverbindlichkeit; Rechtsverfahren; Rechtsverletzung; Rechtsverordnung; Rechtsweg; Rechtswissenschaft. Adjektive: rechtlich; rechtlos; rechtmäßig; rechtserfahren; rechtsfähig; rechtsgelehrt; rechtsgeschäftlich; rechtsgültig; rechtskräftig; rechtskundig; rechtsstaatlich; rechtsuchend; rechtsverbindlich; rechtswidrig. Verb: rechten.

rechts (Adv.) auf der rechten Seite (Abk.: r.); politisch konservativ. zu seiner Rechten; zur Rechten; die Rechte (rechte Hand). rechter Hand; von rechts nach links; rechts der Isar. Rechtehandregel; Rechtsabbieger; Rechtsausleger; Rechtsaußen; Rechtsdrall; Rechtsdrehung; Rechtsextremismus; Rechtsextremist; Rechtsgewinde; Rechtshänder; Rechtshändigkeit; Rechtskurve; Rechtspartei; Rechtsradikale; Rechtsradikalismus; Rechtsverkehr; Rechtswendung. Adjektive: rechtsdrehend; ein rechtsdrehendes Gewinde, *aber:* ein sich nach rechts drehendes Gewinde; rechtsextrem; rechtshändig; rechtslastig; rechtsläufig; rechtsradikal; rechtsrheinisch; rechtsseitig; die politisch rechts stehende (*auch:* rechtsstehende) Partei; rechtsufrig. Adverbien: rechterseits; rechtsum!

re|ci|pe! (lat.) nimm! (Rezept; Abk.: Rec.; Rp.).

Re|ci|tal (das, -s, -s) (franz.-engl.) Solistenkonzert; Konzert mit Werken nur eines Komponisten.

re|ci|tan|do (Adv.) (ital.) sprechend; vortragend (bei Musikstücken).

Reck (das, -s, -s/Re|cke) Turngerät. Reckstange; Reckturnen; Reckübung.

Re|cke (der, -n, -n) Kämpfer; Held. Reckenart; reckenhaft.

re|cken (V.) strecken.

re|com|man|dé (lat.-franz.) französische Bezeichnung für eingeschrieben (Postwesen).

Re|con|quis|ta (die, -, kein Plural) (lat.-span.) der Kampf der christlichen Bevölkerung Spaniens gegen die arabische Herrschaft im Mittelalter.

Re|cy|cling (das, -s, kein Plural) (engl.) Wiederverwertung von Abfall. Recyclingpapier.

Re|dak|teur (der, -s, -e) (franz.) verantwortlicher Journalist; jmd., der im Verlagswesen, im Rundfunk oder Fernsehen das Programm ausarbeitet. Redakteurin; Redaktion; Redaktionsassistenz; Redaktionsgeheimnis; Redaktionsschluss; redaktionell.

Red|di|ti|on (die, -, -ti|o|nen) (lat.) 1. Rückgabe. 2. Vorbringen eines Rechtsgrundes.

Re|demp|to|rist (der, -en, -en) (lat.) Mitglied der katholischen Kongregation vom allerheiligsten Erlöser, die im 18. Jahrhundert gegründet wurde und sich besonders in der Missionsarbeit betätigt.

re|den (V.) sprechen; sich unterhalten. *Beachte:* der Fall macht von sich reden; du hast gut reden! *Aber:* jemanden zur Rede stellen; Rede und Antwort stehen; sie machten nicht viel Redens von dem Vorfall. Rede; Redeblüte; Rededuell; Redefluss; Redefreiheit; Redegewandtheit; Redekunst; Redensart; Redeschwall; Redeverbot; Redeweise; Redewendung; Redner; Rednerbühne; Rednerin; Rednerpult; Rednertribüne; Redseligkeit. Adjektive: redegewandt; redensartlich; rednerisch; redselig.

red|hi|bie|ren (V.) Gekauftes wegen eines Mangels zur Zeit des Kaufs gegen Kaufpreiserstattung zurückgeben.

Red|hi|bi|ti|on (die, -, kein Plural) (lat.) die Rückgabe einer gekauften Sache wegen eines verborgenen Mangels zur Zeit des Kaufes gegen Kaufpreiserstattung.
red|hi|bi|to|risch (Adj.) (lat.) 1. Redhibition betreffend. 2. eine Redhibition zum Ziel habend.
re|di|gie|ren (V.) (franz.) Text bearbeiten.
Re|din|gote (die, -, -n) (engl.-franz.) taillierter Damenmantel mit Reverskragen.
Re|dis|kont (der, -s, -e) (ital.) Weiterverkauf eines diskontierten Wechsels durch die Bank.
re|dis|kon|tie|ren (V.) einen diskontierten Wechsel durch die Bank weiterverkaufen.
Re|dis|tri|bu|ti|on (die, -, -ti|o|nen) (lat.) Korrektur der Einkommensverteilung durch finanzwirtschaftliche Maßnahmen.
red|lich (Adj.) gut; ehrlich; tüchtig; sehr. Er hat sich redlich für die Sache eingesetzt. Redlichkeit.
Re|don|dil|la (die, -, -s) (lat.-span.) span. Strophe in Romanze oder Drama, bestehend aus vier achtsilbigen Versen mit der Reimfolge a b b a.
Re|dopp (der, -s, kein Plural) (lat.-ital.) kürzester Galopp in der hohen Schule des Reitens.
Re|dou|te (die, -, -n) (franz.) 1. großer Maskenball. 2. ein Festungswerk.
Re|d|ox|sys|tem (das, -s, -e) (Kurzw.) Reduktions-Oxidationssystem (Chemie).
Re|dres|se|ment (das, -s, -s) das Redressieren.
re|dres|sie|ren (V.) (franz.) einrenken; orthopädisch korrigieren.
Re|duk|ta|se (die, -, -n) (lat.) reduzierendes Enzym in roher Milch.
Re|duk|ti|on (die, -, -ti|o|nen) (lat.) Verringerung; Rückführung. Reduktionsdiät; Reduktionsmittel; Reduktionsofen; Reduktionsteilung; reduzieren.
re|d|un|dant (Adj.) (lat.) reichlich; nicht notwendig; Redundanz; redundanzfrei.
re|du|pli|zie|ren (V.) (lat.) verdoppeln. Reduplikation.
Re|du|zent (der, -en, -en) (lat.) ein Organismus (wie Bakterien oder Pilze), der organische Stoffe mineralisiert, in anorganische überführt.
re|du|zi|bel (Adj.) reduzierbar.
re|du|zie|ren (V.) (lat.) verringern; herabsetzen. Reduzierung.
Red|wood (das, -s, -e) (engl.) Mammutbaum(holz).
ree! (*auch:* rhe!) (Interj.) Segelkommando.
Ree|de (die, -, -n) Ankerplatz vor dem Hafen.
Ree|der (der, -s, -) Schiffseigner.
Ree|de|rei (die, -, -en) Schifffahrtsgesellschaft. Reeder.

Reel (der, -s, -s) (engl.) schottischer und irischer Tanz kreolischen Ursprungs.
re|ell (Adj.) (franz.) ehrlich; tatsächlich.
Re|el|li|tät (die, -, kein Plural) (lat.-franz.) Ehrlichkeit; Redlichkeit; Anständigkeit im Geschäftsleben.
Re|en|ga|ge|ment (das, -s, -s) (franz.) Wiederverpflichtung.
Reep (das, -s, -e) (nordd.) Seil. Reeperbahn.
ree|sen (V.) (engl.) voller Eifer erzählen; übertreiben; Seemannsgarn spinnen (Seemannssprache).
Re|evo|lu|ti|on (die, -, -ti|o|nen) (lat.) Wiederkehr der geistigen Funktionen nach einem epileptischen Anfall (Med.).
Re|ex|port (der, -es, -e) (lat.) Ausfuhr importierter Waren.
REFA (Abk.) Reichsausschuss für Arbeitsstudien. REFA-Fachmann.
Re|fait (das, -s, -s) (lat.-franz.) Kartenspiel mit unentschiedenem Ausgang.
re|fak|tie|ren (V.) (lat.) Preisnachlass geben. Refaktie.
Re|fe|rat (das, -s, -e) (lat.) Vortrag; Abteilung. Referent/in; referieren.
Re|fe|ree (der, -s, -s) (engl.) Schiedsrichter; Ringrichter.
Re|fe|ren|da|ri|at (das, -s, -e) (lat.) Vorbereitungsdienst. Referendar/in.
Re|fe|ren|dum (das, -s, -den/-da) (lat.) Volksentscheid.
Re|fe|rens (das, -, -ren|tia) (lat.) in einem Satz das erste Glied einer aus zwei Objekten bestehenden Beziehung, das das handelnde Objekt wiedergibt. (Im Beispielsatz »Der Matador tötete den Stier« ist Matador das Referens.) (Sprachwissenschaft).
Re|fe|renz (die, -, -en) (lat.) Empfehlung; Bezug. Referenzenliste.
re|fi|nan|zie|ren (V.) (lat.-franz.) fremde Mittel aufnehmen, um selbst jemand anderem Kredit zu gewähren.
Re|fla|ti|on (die, -, -ti|o|nen) (engl.) Steigerung des Geldverkehrs.
re|fla|ti|o|när (Adj.) zur Reflation gehörig; durch Reflation.
Re|flek|tant (der, -en, -en) (lat.) Bewerber.
Re|flex (der, -es, -e) (franz.) spontane Reaktion; Rückstrahlung. Reflexbewegung; Reflexschaltung; Reflektor; reflektorisch; reflektieren.
Re|fle|xi|on (die, -, -xi|o|nen) (lat.) Rückstrahlung; Überdenken. Reflexionswinkel; reflektiert; unreflektiert; reflektieren.
Re|fle|xiv (das, -s, -e) (Kurzw.) Reflexivpronomen (rückbezügliches Fürwort; z. B. sich, mich, dich, euch). Reflexivum; reflexiv.

Re|flex|zo|nen|the|ra|pie (die, -, -n) (lat.) Therapie, bei der eine bestimmte Stelle am Fuß massiert wird, um eine andere Stelle des Körpers zu beeinflussen.
Re|flux (der, -es, kein Plural) (lat.) medizinischer Fachbegriff für Rückfluss (zum Beispiel beim Erbrechen).
Re|form (die, -, -en) (lat.) Verbesserung; Erneuerung. Reformbestrebung; Reformbewegung; Reformer; Reformierung; Reformismus; Reformist; Reformpolitik; reformbedürftig; reformerisch; reformfreudig; reformistisch; reformieren.
Re|for|ma|ti|on (die, -, -ti|o|nen) (lat.) Glaubenserneuerung. Reformationsfest; Reformationszeit; Reformator; Reformierte; reformatorisch; reformerisch; reformiert (Abk.: reform.); reformieren.
Re|form|haus (das, -es, -häu|ser) Naturkostladen. Reformkleidung; Reformkost; Reformwaren.
Re|for|mis|mus (der, -, kein Plural) Bewegung zur Verbesserung eines Zustandes (sozial und politisch). Reformist.
Re|form|kon|zil (das, -s, -e/-ien) (lat.) Kirchenversammlung des 15. und 16. Jahrhunderts mit dem Ziel, die katholische Kirche des Spätmittelalters umzugestalten.
Re|form|pä|d|a|go|gik (die, -, kein Plural) (lat.) pädagogische Bewegung, die besonders auf die Psychologie des Kindes Rücksicht nimmt und stures Erlernen von Wissen ablehnt.
Re|fos|co (der, -s, -s) (ital.) dunkelroter dalmatinischer Wein.
Re|f|rain (der, -s, -s) (franz.) Kehrreim.
re|frak|tär (Adj.) (lat.) medizinisch unempfindlich.
Re|frak|ti|on (die, -, -ti|o|nen) (lat.) Richtungsänderung eines Lichtstrahls durch Brechung.
Re|frak|to|me|ter (das, -s, -) (lat.-griech.) Brechzahlmesser.
Re|frak|to|me|t|rie (die , -, kein Plural) (lat.-griech.) die physikalische Lehre von der Bestimmung der Brechungsgrößen.
re|frak|to|me|t|risch (Adj.) (lat.-griech.) mithilfe eines Refraktometers durchgeführt.
Re|frak|tor (der, -s, -en) (lat.) astronomisches Fernrohr mit Sammellinse.
Re|frak|tu|rie|rung (die, -, -en) (lat.) erneutes Brechen eines Knochens bei schlecht verheiltem Knochenbruch aus operativen Gründen. (Med.).
Re|f|ri|ge|ran|tia (die, nur Plural) (lat.) kühlende, erfrischende Mittel.
Re|f|ri|ge|ran|zi|en (die, nur Plural) (lat.) = Refrigerantia.
Re|f|ri|ge|ra|ti|on (die, -, -ti|o|nen) (lat.) Erkältung.
Re|f|ri|ge|ra|tor (der, -s, -en) (lat.) Kühlanlage.
Re|fuge (das, -s, -s) (lat.-franz.) Schutzhütte; Notquartier in den Bergen.
Re|fu|gi|al|ge|biet (das, -s, -e) (lat.-dt.) Gebiet, in das sich in ihrem Lebensraum bedrohte Arten zurückziehen mit dem Ziel der Arterhaltung.
Re|fu|gi|um (das, -s, -gi|en) (lat.) Zufluchtsort.
Re|fus (auch: Re|füs) (der, -, kein Plural) (lat.-franz.) Ablehnung; Weigerung; Verweigerung; abschlägige Antwort.
re|fü|sie|ren (V.) (franz.) ablehnen.
Re|fu|si|on (die, -, -si|o|nen) (lat.) Rückerstattung; Rückgabe.
Reg (die, -, -) hamitische Bezeichnung für eine Geröllwüste.
Reg. (Abk.) Regiment.
re|gal (Adj.) (lat.) königlich; fürstlich.
Re|gal 1. (das, -s, -li|en) (lat.) nutzbares, dem König zustehendes Hoheitsrecht. 2. (das, -s, -e) Fächergestell. Regalbrett; Regalteil; Regalwand.
re|ga|lie|ren (V.) (franz.) 1. kostenlos bewirten 2. sich an etwas satt essen, an einer Sache gütlich tun.
Re|ga|li|tät (die, -, -en) Anspruch auf Regalien.
Re|gat|ta (die, -, -gat|ten) (ital.) Bootswettfahrt. Regattastrecke.
Reg.-Bez. (Abk.) Regierungsbezirk.
re|ge (Adj.) lebhaft; eifrig.
Re|gel (die, -, -n) 1. Norm. 2. Richtlinie. 3. Menstruation. Regelanfrage; Regelbarkeit; Regelblutung; Regelfall; Regelkreis; Regellosigkeit; Regelmäßigkeit; Regelsatz; Regelstudienzeit; Regeltechnik; Regelung; Regelungstechnik; Regelwidrigkeit; Regler; regelbar; regellos; regelmäßig (gleichmäßig), aber: regelgemäß (der Norm entsprechend); regelwidrig; regeln.
Re|ge|la|ti|on (die, -, kein Plural) (lat.) das erneute Gefrieren von Wasser zu Eis bei Druckentlastung nach vorheriger Schmelzung bei Druckzunahme.
re|gen (V.) bewegen; sich rühren. Regung; Regsamkeit; Regungslosigkeit; rege; reglos; regsam; regungslos.
Re|gen (der, -s, -) Niederschlag. Regenbogen; Regenbogenfarben; Regenbogenpresse; Regenbogentrikot; Regendach; Regenfall; Regenfass; Regenguss; Regenhaut; Regenjahr; Regenmantel; Regenmesser; Regenpfeifer; Regenrinne; Regenschatten; Regenschauer; Regenschirm; Regentag; Regentonne; Regentropfen; Regenwald; Regenwand; Regenwasser; Regenwetter; Regenwolke; Regenwurm; Regenzeit. Adjektive:

regenarm; regenbogenfarben; regenbogenfarbig; regendicht; regennass; regenreich; regenschwer; regnerisch. Verb: regnen.
Re|gen|bo|gen|haut (die, -, -häu|te) Iris (Auge). Regenbogenhautentzündung.
Ré|gence (die, -, kein Plural) französische Kunstrichtung um 1720.
Re|gen|cy (das, -s, kein Plural) englische Kunstrichtung um 1815.
Re|ge|ne|ra|tor (der, -s, -en) Mauerwerk, das beim Regenerativverfahren der Wärmeaufnahme dient.
re|ge|ne|rie|ren (V.) (lat.) wiederherstellen; erneuern. Regenerat; Regeneration; Regenerationszeit; Regenerativofen; Regenerator; regenerationsfähig; regenerativ; regeneratorisch.
Re|gent (der, -en, -en) (lat.) Herrscher. Prinzregent; Regentin; Regentschaft; Regentschaftsrat; regieren.
Re|gest (das, -s/-es, -ges|ten) (lat.) knappe Zusammenfassung eines Urkundeninhalts.
Reg|gae (der, -, kein Plural) (engl.) Rockmusik aus Jamaika. Reggaekönig.
Re|gie (die, -, kein Plural) (franz.) künstlerische Leitung. Regieanweisung; Regieassistent; Regiefehler; Regiekosten; Regisseur.
Re|gi|en (die, nur Plural) (österr.) (franz.) Verwaltungskosten.
re|gie|ren (V.) (lat.) herrschen; leiten. Regierung; Regierungsbank; Regierungsbeamte; Regierungsbezirk (Abk.: Reg.-Bez.); Regierungsbildung; Regierungschef; Regierungsgewalt; Regierungskoalition; Regierungskrise; Regierungspartei; Regierungspräsident; Regierungsrat (Abk.: Reg.-Rat); Regierungssitz; Regierungssprecher; Regierungssystem; Regierungsvorlage; Regierungswechsel; Regierungszeit. Adjektive: regierungsfähig; regierungsunfähig; regierungstreu.
Re|gime (das, -s, -) (franz.) Machtform. Regimekritiker.
Re|gi|ment (das, -s, -e/-er) (lat.) Truppenverband (Abk.: R.; Reg.; Rgt.); Regimentskommandant; Regimentsstab; regimenterweise.
Re|gi|o|lekt (der, -s, -e) (lat.) Dialekt in geografischer, nicht soziologischer Hinsicht.
Re|gi|on (die, -, -gi|o|nen) (lat.) Gebiet; Gegend. Regionalismus; Regionalist; Regionalliteratur; Regionalpolitik; Regionalplanung; Regionalprogramm; Regionalverband; regional; regionär.
Re|gi|o|nal|li|ga (die, -, -li|gen) (lat.) Spielklasse verschiedener Sportarten auf regionaler Ebene.
Re|gis|ter (das, -s, -) (lat.) Verzeichnis; Speicher (EDV); Pfeifensystem (Orgel). Er hat alle Register seines Könnens gezogen (alle Mittel eingesetzt). Registertonne (Abk.: Reg.-T.; RT); Registerzug; Registratur; Registrierkasse; Registrierung; registriert (Abk.: reg.); registrieren.
Re|g|le|ment (das, -s, -s) (franz.) Vorschrift; Verordnung. Reglementierung; reglementarisch; reglementmäßig; reglementwidrig; reglementieren.
Re|g|let|te (die, -, -n) (franz.) flaches Metallstück, das (beim Handsatz) zwischen die Buchstabenzeilen gelegt wird und im Druck den Zwischenraum bewirkt.
Reg.-Rat (Abk.) Regierungsrat.
Re|gre|di|ent (der, -en, -en) (lat.) einen Regress in Anspruch Nehmender.
re|gre|die|ren (V.) (lat.) 1. auf Früheres zurückgreifen; zurückgehen. 2. in Regress nehmen.
Re|gress (der, -gres|ses, -gresse) (lat.) Ersatz; Entschädigung. Regressanspruch; Regressklage; Regresspflicht; regresspflichtig .
Re|gres|sand (der, -en, -en) (lat.) abhängige veränderliche Größe eines Regressionsvorganges.
Re|gres|sat (der, -en, -en) (lat.) Rückgriffsschuldner, der dem Ersatzschuldner, den der Gläubiger in Anspruch genommen hat, für dessen Haftung einstehen muss.
Re|gres|si|on (die, -, -si|o-nen) (lat.) Rückbildung; Rückgang. Adjektiv: regressiv.
Regt. (Abk.) Regiment.
Reg.-T. (Abk.) Registertonne.
Re|gu|la fal|si (die, -, kein Plural) (lat.) ein mathematisches Näherungsverfahren.
Re|gu|lar (der, -s, -e) (lat.) Mitglied eines katholischen Ordens, das ein feierliches Gelübde ablegt.
re|gu|lär (Adj.) (lat.) gewöhnlich; der Regel entsprechend. Regularität; Regularien.
re|gu|lie|ren (V.) (lat.) regeln; einstellen. Regulation; Regulationsstörung; Regulationssystem; Regulativ; Regulator; Regulierschraube; Regulierung; regulativ; regulierbar.
re|gu|li|nisch (Adj.) (lat.) aus reinem Metall bestehend.
Re|gu|lus (der, -, -li/-se) (lat.) 1. aus Erzen ausgeschmolzener Metallklumpen. 2. Gattung von Singvögeln.
Re|gung (die, -, -en) Bewegung; Gefühlsbewegung. Verb: regen.
Re|gur (der, -s, kein Plural) (Hindi) Schwarzerde in Südindien.
Reh (das, -s, -e) Wild. Rehblatt; Rehbock; Rehbraten; Rehbrunft; Rehgeiß; Rehjunge; Rehkeule; Rehkitz; Rehrücken; rehbraun; rehfarben; rehfarbig; rehledern.

Re|ha|bi|li|ta|ti|on (die, -, -ti¹o¹nen) (lat.) Wiedereingliederung; Ehrenrettung. Rehabilitand; Rehabilitationszentrum; Rehabilitierung; rehabilitieren.
re|ha|bi|li|ta|tiv (Adj.) (lat.) die Rehabilitation betreffend; ihr dienend.
Reh|ling (der, -s, -e) Pfifferling.
Re|haut (der, -s, -s) (vulg.lat.-franz.) Erhebung; Erhöhung; lichte Stelle auf einem Gemälde.
Rei|bach (der, -s, kein Plural) (jidd.) (ugs.) Gewinn.
Rei|be|ku|chen (der, -s, -) Kartoffelpuffer.
rei|ben (V., rieb, hat gerieben) kratzen; putzen. Reibe; Reibeisen; Reibelaut (Frikativ); Reiberei (ugs.: Streit); Reibfläche; Reibung; Reibungsbahn; Reibungselektrizität; Reibungsfläche; Reibungslosigkeit; Reibungsverlust; Reibungswärme; Reibungswiderstand; reibungslos.
reich (Adj.) wohlhabend; reichhaltig. Arm und Reich (jedermann), es gibt Arme und Reiche. Reiche; Reichhaltigkeit; Reichlichkeit; Reichtum (Plural: -tümer); ein reich geschmückter/reich verzierter (*auch:* reichgeschmückter/reichverzierter) Tisch; reichlich.
Reich (das, -s, -e) Herrschaftsgebiet. Reichsacht; Reichsadler; Reichsapfel; Reichsarchiv; Reichsgericht; Reichsgründung; Reichsinsignien; Reichskanzler; Reichsmark; Reichspräsident; Reichsstadt; Reichstag; Reichstagsbrand; Reichswehr; reichsunmittelbar.
rei|chen (V.) sich erstrecken; genügen; geben. Reichweite.
Reif 1. (der, -s, kein Plural) Eistau. Reifglätte; reifen. 2. (der, -s, -e) Ring; Rad. Reifrock; Reifspiel.
Rei|fe (die, -, kein Plural) Vollkommenheit; Geschlechtsreife. Reifegrad; Reifeprüfung; mittlere Reife; Reifezeit; Reifezeugnis; Reifung; Reifungsprozess; reif; reiflich (gründlich).
Rei|fen (der, -s, -) Ring; Gummischlauch. Reifendruck; Reifenpanne; Reifenprofil; Reifenschaden; Reifenspiel; Reifenwechsel.
Rei|fi|ka|ti|on (die, -, -ti¹o¹nen) (lat.-engl.) Konkretisierung; Vergegenständlichung.
rei|fi|zie|ren (V.) (lat.-engl.) konkretisieren; eine Reifikation leisten.
Rei|gen (der, -s, -) Tanz. Reigenführer; Reigentanz.
Rei|he (die, -, -n) Folge; Ordnung. *Beachte:* in Reih und Glied; das gab es außer der Reihe; jetzt bin ich an der Reihe; der Reihe nach. Reihenbildung; Reihendorf; Reihenfabrikation; Reihenfolge; Reihenhaus; Reihenmotor; Reihenschaltung; Reihenuntersuchung; Reihung; zweireihig, reihenweise; reihum.

rei|hen (V.) ordnen; zusammenziehen (nähen). Reihfaden; Reihgarn.
Reim (der, -s, -e) Gleichklang. Ich kann mir keinen Reim darauf machen (kann es mir nicht erklären). Reimart; Reimchronik; Reimdichtung; Reimer; Reimerei; Reimlexikon; Reimpaar; Reimschmied; Reimwort; Reimwörterbuch; reimlos; reimen.
Re|im|plan|ta|ti|on (die, -, -ti¹o¹nen) (lat.) Wiedereinpflanzung. Verb: reimplantieren.
Re|im|port (der, -s, -e) (lat.) Wiedereinfuhr von Exportgütern. Verb: reimportieren.
rein 1. (Adv.) (ugs.) herein; hinein. Reingeschmeckte; reinfallen; reinkommen; reinwollen. 2. (Adv.) (ugs.) gänzlich; ausschließlich. 3. (Adj.) klar; echt; unvermischt; sauber. *Beachte:* mit sich im Reinen sein; etwas ins Reine bringen; hoffentlich kommt das noch ins Reine; ich schreibe den Brief noch schnell ins Reine. ich muss noch etwas Reines anziehen; Reines und Unreines trennen; es war ein großes Rein(e)machen; *aber:* die Zimmer rein machen (*auch:* reinmachen). *Beachte:* ein reinseidenes Tuch. Reineinnahme; Rein(e)machefrau; das Rein(e)machen; Reinerhaltung; Reinerlös; Reingewicht; Reingewinn; Reinhaltung; Reinheit; Reinheitsgebot; Reinkultur; Reinlichkeit; Reinrassigkeit; Reinschrift; Reinvermögen. Adjektive: reinerbig; reingolden; reinleinen; reinlich; reinlichkeitsliebend; reinrassig; reinschriftlich; reinsilbern; reinwollen; reinweiß. Verben: reinigen; die Wäsche rein waschen (*auch:* reinwaschen); *aber:* sich von jeder Schuld reinwaschen.
Rein|fall (der, -s, kein Plural) (ugs.) Misserfolg; Pleite (*aber:* der Rheinfall). Verb: reinfallen.
Re|in|fek|ti|on (die, -, -ti¹o¹nen) (lat.) Wiederansteckung. Verb: reinfizieren.
Re|in|fu|si|on (die, -, -si¹o¹nen) (lat.) intravenöse Wiederzuführung von verlorenem oder vorher entnommenem Blut in den Blutkreislauf (Med.).
rei|ni|gen (V.) säubern; putzen. Reiniger; Reinigung; Reinigungsinstitut; Reinigungsmilch; Reinigungsmittel.
Re|in|kar|na|ti|on (die, -, -ti¹o¹nen) (lat.) Seelenwanderung. Reinkarnationsforschung.
re|in|kar|nie|ren (V.) durch Reinkarnation fortbestehen; sich wiederverkörpern.
rein|le|gen (V., legte rein, hat reingelegt) (ugs.) hineinlegen; betrügen.
re|in|stal|lie|ren (V.) (lat.) in ein Amt und Aufgabenbereich wieder einsetzen.
Re|in|te|g|ra|ti|on (die, -, -ti¹o¹nen) (lat.) Wiedereingliederung; Wiederherstellung.
re|in|te|g|rie|ren (V.) (lat.) wiedereingliedern.

re|in|ves|tie|ren (V.) (lat.) frei gewordene Kapitalerträge erneut anlegen; wieder investieren.
Reis 1. (das, -es, -er) Zweig. Reisbesen; Reiserbesen; Reisig; Reisigbesen; Reisigbündel; Reisigholz. 2. (der, -es, -e) (griech.) Getreide. Reisbau; Reisbranntwein; Reisbrei; Reisfeld; Reiskorn; Reispapier; Reisschnaps; Reisstrohteppich; Reissuppe.
rei|sen (V., ist) umherfahren. Reise; Reiseandenken; Reiseapotheke; Reisebegleiter/in; Reisebericht; Reisebeschreibung; Reisebuch; Reisebüro; Reisefieber; Reiseführer; Reisegepäck; Reisegepäckversicherung; Reisegesellschaft; Reisekosten; Reiseleiter; Reiselust; Reisende; Reisenecessaire (*auch:* Reisenessessär); Reisepass; Reiseproviant; Reiseroute; Reisespesen; Reisetasche; Reiseveranstalter; Reisevorbereitung; Reisewetterbericht; Reisezeit; Reiseziel. Adjektive: reisefertig; reiselustig; reisend.
rei|ßen (V., riss, hat gerissen) zerren; abtrennen. *Beachte:* Reißaus nehmen. Reißbahn; Reißblei; Reißbrett; Reißbrettarbeit; Reißbrettstift; Reißen (ugs.: Rheumatismus); Reißer (ugs.: Erfolgsschlager); Reißfeder; Reißfestigkeit; Reißhaken; Reißleine; Reißlinie; Reißnagel; Reißschiene; Reißstift; Reißverschluss; Reißverschlusssystem (*auch:* Reißverschluss-System); Reißwolf; Reißzahn; Reißzeug; Reißzirkel; Reißzwecke. Adjektive: reißend; reißerisch; reißfest.
rei|ten (V., ritt, ist geritten) auf einem Pferd sitzen. Reiter/in; Reiterangriff; Reiterei; Reiterregiment; Reitersmann; Reitgerte; Reithose; Reitlehrer; Reitpeitsche; Reitpferd; Reitprüfung; Reitsport; Reitstall; Reitstiefel; Reitturnier; Reit- und Springturnier; Reitunterricht; Reitweg; Reitzeug; reitend; reiterlich.
rei|zen (V.) erregen; verlocken; ärgern; herausfordern. Reiz; Reizbarkeit; Reizhusten; Reizklima; Reizlosigkeit; Reizmittel; Reizschwelle; Reiztherapie; Reizüberflutung; Reizung; Reizwäsche; Reizwort; reizbar; reizend; reizlos; reizvoll.
Reiz|ker (der, -s, -) Pilz.
Re|jek|ti|on (die, -, -ti|o|nen) (lat.) 1. Abstoßung transplantierter Organe durch den Organismus des Organempfängers (Med.). 2. in der Rechtswissenschaft die Ablehnung oder Verwerfung eines Vertrages, einer Klage etc.
Ré|jouis|sance (die, -, -n) (lat.-franz.) heiterer Satz einer Suite im 17. und 18. Jahrhundert.
Re|ka|les|zenz (die, -, kein Plural) Wiedererwärmung; Wiedererhitzung (Chemie).
re|ka|pi|tu|lie|ren (V.) (lat.) wiederholen; zusammenfassen. Rekapitulation.
re|keln (V.) → räkeln.

Re|kla|mant (der, -en, -en) (lat.) Beschwerdeführer; jmd., der Einspruch gegen etwas erhebt (Rechtsw.).
Re|kla|man|te (die, -, -n) (lat.) Kennzeichen der einzelnen Lagen einer Handschrift.
Re|kla|ma|ti|on (die, -, -ti|o|nen) (lat.) Beanstandung. Reklamant; reklamieren.
Re|kla|me (die, -, -n) (franz.) Werbung. Reklamefachmann; Reklamefeldzug; Reklamefläche; Reklameplakat; Reklameschild; Reklametrommel.
Re|kli|na|ti|on (die, -, -ti|o|nen) (lat.) das Rückbiegen einer verkrümmten Wirbelsäule mit anschließender Fixierung in dieser Stellung in einem Gipsbett.
Re|ko|die|rung (die, -, -en) (lat.) die Umsetzung in die Zielsprache nach der Analyse der Ausgangssprache (Dekodierung) beispielsweise beim Übersetzen.
Re|kog|ni|ti|on (die, -, -ti|o|nen) (lat.) die gerichtliche oder amtliche Beglaubigung der Echtheit einer Person, Sache oder Urkunde.
re|kog|nos|zie|ren (V.) (lat.) 1. erforschen; erkunden. 2. die Echtheit einer Person, Sache oder Urkunde beglaubigen.
Re|kog|nos|zie|rung (die, -, -en) (lat.) Erkundung; Identifizierung.
Re|kom|bi|na|ti|on (die, -, -ti|o|nen) (lat.) 1. Neuzusammenstellung (z. B. als genetischer Vorgang). 2. Wiedervereinigung der entgegengesetzt elektrisch geladenen Teile eines Moleküls oder eines positiven Ions mit einem Elektron zu einem neutralen Gebilde.
Re|kom|man|da|ti|on (die, -, -ti|o|nen) (lat.) 1. Einschreibsendung (österr.). 2. Empfehlung.
re|kom|man|die|ren (V.) (lat.-franz.) 1. einschärfen; eindringlich empfehlen. 2. österreichische Bezeichnung für einschreiben lassen (Postwesen).
Re|kom|pa|ra|ti|on (die, -, -ti|o|nen) (lat.) Wiedererwerbung.
re|kom|pen|sie|ren (lat.) entschädigen.
Re|kom|po|si|ti|on (die, -, -ti|o|nen) (lat.) in der Sprachwissenschaft die Neubildung eines zusammengesetzten Wortes, wobei auf die ursprüngliche Form eines der Kompositionsglieder zurückgegriffen wird.
Re|kom|po|si|tum (das, -s, -ta) (lat.) in der Sprachwissenschaft ein durch eine Rekomposition entstandenes Wort.
Re|kon|sti|tu|ti|on (die, -, -ti|o|nen) (lat.) Wiederherstellung.
Re|kon|s|t|ruk|ti|on (die, -, -ti|o|nen) (lat.) detailgenaue Wiederherstellung; Nachbildung. Rekonstruierung; Rekonstruktionsversuch; rekonstruieren.

re|kon|s|t|ruk|tu|ra|bel (Adj.) (lat.) nachvollziehbar; darstellbar.
Re|kon|va|les|zenz (die, -, kein Plural) (lat.) Genesung. Rekonvaleszent/in; Rekonvaleszenzzeit; rekonvaleszieren.
Re|kord (der, -s, -e) (engl.) Höchstleistung. Rekordbesuch; Rekordergebnis; Rekordflug; Rekordhalter/in; Rekordhöhe; Rekordleistung; Rekordmarke; Rekordversuch; Rekordweite; Rekordzeit.
Re|kre|a|ti|on (die, -, -en) (lat.) veraltet für Erholung; Erfrischung.
Re|kre|di|tiv (das, -s, -ti|va) (lat.) die schriftliche Bestätigung eines Staatsoberhauptes, dass er ein diplomatisches Abberufungsschreiben erhalten hat.
Re|kru|des|zenz (die, -, kein Plural) (lat.) erneute Verschlimmerung einer Krankheit (Med.).
Re|k|rut (der, -en, -en) (franz.) Soldat. Rekrutenausbildung; Rekrutenzeit; Rekrutierung; rekrutieren.
rek|tal (Adj.) (lat.) durch den Darm.
Rek|ta|pa|pier (das, -s, -e) (lat.) unübertragbares Wertpapier; Namenspapier.
Rek|t|a|s|zen|si|on (die,-, -si|o|nen) (lat.) eine astronomische Koordinate (ähnlich der geografischen Länge).
Rek|ti|fi|ka|ti|on (die, -, -ti|o|nen) (lat.) das Rektifizieren.
rek|ti|fi|zie|ren (V.) 1. berichtigen. 2. reinigen; durch Destillation trennen. 3. Länge eines Kurvenbogens (durch Integrieren) errechnen.
Rek|ti|on (die, -, -ti|o|nen) (lat.) Kasusregierung (z. B. regiert die Präposition »wegen« den Genitiv).
Rek|to (*auch: Rec|to*) (das, -s, -s) (lat.) Vorderseite eines Blattes eines Buches, einer Handschrift, von Papyrus.
Rek|tor (der, -s, -en) (lat.) Schulleiter. Rektorenversammlung; Rektorin.
Rek|to|rat (das, -(e)s, -e) Amt(szimmer), Amtszeit eines Rektors.
Rek|to|s|ko|pie (die, -, -n) (lat.-griech.) Darmspiegelung. Rektoskop.
Rek|tum (das, -s, Rek|ta) (lat.) Mastdarm.
re|kul|ti|vie|ren (V.) (franz.) neu anbaufähig machen.
Re|ku|pe|ra|tor (der, -s, -en) (lat.) Vorwärmer in Feuerungsanlagen.
Re|kur|rens|fie|ber (das, -s, kein Plural) (lat.) Rückfallfieber (Med.).
re|kur|rie|ren (V.) (lat.) sich auf etwas beziehen. Rekurrenz; Rekursivität; rekursiv.
Re|kurs (der, -es, -e) (lat.) 1. Berufung; Beschwerde gegen ein Justizorgan. 2. Bezugnahme; Rückgriff.

Re|ku|sa|ti|on (die, -, -ti|o|nen) (lat.) in der Rechtswissenschaft die Ablehnung eines für befangen erachteten Richters.
Re|lais (das, -, -) (franz.) Schaltkreis. Relaisdiagramm; Relaisröhre; Relaisschaltung; Relaisstation.
Re|lance (die, -, -n) (franz.) (schweiz.) das Wiederaufgreifen einer politischen Idee.
Re|laps (der, -es, -e) (lat.) Rückfall.
Re|la|ti|on (die, -, -ti|o|nen) (lat.) Verhältnis. Relationsbegriff; relational.
Re|la|ti|ons|ad|jek|tiv (das, -s, -e) (lat.) ein Adjektiv, das eine allgemeine Beziehung ausdrückt und in der Regel nicht steigerungsfähig ist.
re|la|tiv (Adj.) (franz.) verhältnismäßig; sich beziehend. Relativadverb; Relativismus; Relativität; Relativitätstheorie; Relativpronomen (bezügliches Fürwort; z. B. der, die, das, welcher, was); Relativsatz; relativistisch; relativieren.
Re|la|tor (der, -s, -en) (lat.) mehrstellige, zur Vorhersage eines Merkmals herangezogene Variable in der Statistik.
Re|la|tum (das, -s, -ta) (lat.) in einem Satz das zweite Glied einer aus zwei Objekten bestehenden Beziehung, das das Objekt wiedergibt, auf das die Handlung gerichtet ist. (Im Beispielsatz »Der Matador tötete den Stier« ist der Stier das Relatum.) (Sprachwissenschaft).
Re|launch (der/das, -es, -es) (engl.) verstärkter Werbeeinsatz für ein Produkt, das schon geraume Zeit auf dem Markt ist.
Re|la|xans (das, -, -xan|tia/ -xan|zi|en) (lat.) Arzneimittel, das (Muskel-)Entspannung, Erschlaffung bewirkt.
Re|la|xa|ti|on (die, -, -ti|o|nen) (lat.) 1. Erschlaffung; Entspannung. 2. verzögerte Reaktion eines Körpers auf Außeneinwirkungen (in der Physik).
re|laxed (Adj.) (engl.) entspannt. Verb: relaxen.
Re|lease (das, -, -s) (engl.) Suchtzentrum.
Re|lea|ser (der, -s, -) (engl.) bei der Behandlung von Rauschgiftsüchtigen mitwirkender Sozialarbeiter oder Psychotherapeut.
re|le|gie|ren (V.) (lat.) von der Schule oder Hochschule ausschließen. Relegation; Relegationsspiel (Spiel um Ab- und Aufstieg).
re|le|vant (Adj.) (lat.) wichtig; bedeutend. Relevanz.
Re|le|va|ti|on (die, -, -ti|o|nen) (lat.) 1. Erleichterung. 2. Befreiung von einer rechtlichen Verbindlichkeit (Rechtswissenschaft).
re|li|a|bel (Adj.) (lat.-franz.-engl.) verlässlich.
Re|li|a|bi|li|tät (die, -, kein Plural) (lat.) Prüf-, Testgenauigkeit (eines psychologischen Verfahrens).

Re|li|ef (das, -s, -s/-e) (franz.) plastisches Bild; Oberfläche. Reliefdruck; Reliefglobus; Reliefkarte; Reliefpfeiler; Reliefstickerei; reliefartig.
re|li|e|fie|ren (V.) (lat.-franz.) mit einem Relief ausstatten; mit einem Relief versehen.
Re|li|e|fie|rung (die, -, -en) (lat.-franz.) das Herausarbeiten eines Reliefs.
Re|li|ef|in|tar|sie (die, -, -n) (lat.-franz.) Kombination von Einlegearbeit und Schnitzerei.
Re|li|ef|kli|schee (das, -s, -s) (lat.-franz.) Rasterätzung mit reliefartiger Prägung auf der Rückseite, wodurch die entsprechenden Stellen auf der Vorderseite besser zur Geltung kommen (im Buchdruck).
Re|li|gi|on (die, -, -gi|o|nen) (lat.) Glaubenslehre. Religionsbekenntnis; Religionsfreiheit; Religionsfriede; Religionsgemeinschaft; Religionsgeschichte; Religionskrieg; Religionslehre; Religionsphilosophie; Religionsstifter; Religionsstreit; Religionsunterricht; Religionswissenschaft; Religiosität. Adjektive: religionslos; religiös.
re|li|gio|so (Adj.) (lat.-ital.) andächtig; feierlich (Vortragsanweisung in der Musik).
Re|likt (das, -s, -e) (lat.) Überbleibsel. Reliktenfauna; Reliktentheorie.
Re|ling (die, -, -s) Schiffsgeländer.
Re|li|quie (die, -, -n) (lat.) Überrest; Gebeine eines Heiligen. Reliquienschrein; Reliquienverehrung.
Re|li|qui|ar (das, -s, -e) Reliquienbehälter.
Re|lish (das, -s, -es) (engl.) Würzsoße.
Rem (das, -, -) (Kurzw.) Roentgen equivalent man (Maßeinheit für Strahlendosis; Zeichen: rem).
Re|make (das, -s, -s) (engl.) Neufassung.
re|ma|nent (Adj.) (lat.) verbleibend; zurückbleibend.
Re|ma|nenz (die, -, -en) (lat.) das Verbleiben; Zurückbleiben; z. B. die ~ im zerebralen Erinnerungsbereich.
Rem|bours (der, -, -) (franz.) Bankgeschäft (Überseehandel). Remboursgeschäft; Rembourskredit.
Re|mi|grant (der, -en, -en) (lat.) Heimkehrer. Remigrantin.
Re|mi|li|ta|ri|sie|rung (die, -, -en) (lat.) Wiederbewaffnung. Verb: remilitarisieren.
Re|mi|nis|zenz (die, -, -en) (lat.) Erinnerung.
re|mis (Adj.) (franz.) unentschieden. Die Schachpartie ging remis aus. *Aber:* Ich erzielte nur ein Remis.
Re|mi|se (die, -, -n) (franz.) 1. Abstellschuppen für Wagen. 2. Feldgehölz als Äsungs- und Deckungsplatz (für Niederwild).

re|mi|sie|ren (V.) ein Remis erzielen (bes. im Schach).
Re|mis|si|on (die, -, -si|o|nen) (lat.) 1. Bücherrücksendung. 2. Besserung (einer Krankheit). remittieren.
Re|mit|ten|de (die, -, -n) (lat.) vom Buchhändler an den Verlag zurückgesandtes (unverkäufliches, beschädigtes) Buch.
Re|mit|tent (der, -en, -en) (lat.) Wechselnehmer.
Rem|mi|dem|mi (das, -s, kein Plural) (ugs.) Trubel.
Re|mon|te (die, -, -n) (franz.) junges Militärpferd; Ausbildungspferd.
Re|mou|la|de (die, -, -n) (franz.) Mayonnaise. Remouladensoße (*auch:* Remouladensauce).
rem|peln (V.) (ugs.) stoßen. Rempelei; Rempler.
REM-Pha|se (Abk.) Rapid Eye Movements (Traumphase).
Re|mu|ne|ra|ti|on (die, -, -ti|o|nen) (österr.) (lat.) Entschädigung; Sondervergütung.
Ren (das, -s, -s/ -e) (norw.) Hirschart. Rentier. Rentierzucht.
Re|nais|sance (die, -, -n) (franz.) Kulturepoche; Wiederaufleben. Renaissancedichter; Renaissancemaler; Renaissancestil; Renaissancezeit.
re|nal (Adj.) (lat.) zu den Nieren gehörig.
Ren|dant (der, -en -en) (lat.) Gemeindekassenführer.
Ren|de|ment (das, -s, -s) (franz.) Rohstoffausbeute, -gehalt.
Ren|dez|vous (das, -, -) (franz.) Verabredung. Weltraum-Koppelmanöver. Rendezvousmanöver; Rendezvoustechnik.
Ren|di|te (die, -, -n) (ital.) Ertrag. Renditeobjekt.
Re|ne|gat (der, -en, -en) (lat.) Abtrünniger. Renegatentum.
Re|ne|k|lo|de (die, -, -n) (franz.) runde, violette oder grüngelbe Pflaumensorte.
Re|net|te (auch: Rei|net|te) (die, -, -n) (franz.) gelber Apfel mit roter Streifung.
Ren|for|cé (der/das, -s, -s) (franz.) Baumwollstoff.
re|ni|tent (Adj.) (lat.) widerspenstig. Renitenz.
Ren|ke (die, -, -n) Fisch.
ren|nen (V., rannte, ist gerannt) schnell laufen; eilen. Rennauto; Rennbahn; Rennbluse; Rennboot; Rennen; Renner; Rennerei; Rennfahrer; Rennfieber; Rennleiter; Rennpferd; Rennplatz; Rennrad; Rennrodeln; Rennschlitten; Rennsport; Rennstall; Rennstrecke; Rennveranstaltung; Rennwagen.

Re|nom|mee (das, -s, -s) (franz.) Ansehen; Ruf. Renommierstück; Renommist; renommiert; renommieren (prahlen).
Re|non|ce (die, -, -n) (franz.) Fehlfarbe (beim Kartenspiel).
Re|no|va|ti|on (die, -, -ti|o|nen) das Renovieren.
re|no|vie|ren (V.) (lat.) erneuern; instand (*auch:* in Stand) setzen. Renovierung; Renovierungskosten; Renovierungsmaßnahmen.
ren|ta|bel (Adj.) (franz.) gewinnbringend (*auch:* Gewinn bringend). Rentabilität; Rentabilitätsgesichtspunkt; rentieren.
Ren|te (die, -, -n) Altersversorgung. Rentenalter; Rentenanleihe; Rentenanspruch; Rentenbemessungsgrundlage; Rentenempfänger; Rentenreform; Rentenschein; Rentenversicherung; Rentenwert; Rentenzahlung; Rentner/in; rentenpflichtig; rentenberechtigt.
Ren|tier (das, -s, -e) → Ren.
ren|tie|ren (V., refl.) sich lohnen.
Re|nu|me|ra|ti|on (die, -, -ti|o|nen) (lat.) Rückzahlung. Verb: renumerieren.
Re|nun|zi|a|ti|on (*auch:* Re|nun|ti|a|ti|on) (die, -, -ti|o|nen) (lat.) Abdankung (eines Monarchen).
re|nun|zie|ren (V.) (lat.) abdanken.
Ren|voi (der, -, kein Plural) (lat.-franz.) Rücksendung (Wirtsch.).
Re|ok|ku|pa|ti|on (die, -, -ti|o|nen) (lat.) Wiederbesetzung. Verb: reokkupieren.
re|or|ga|ni|sie|ren (V.) (lat.) umgestalten; neuordnen. Reorganisation; Reorganisator.
re|pa|rie|ren (V.) (lat.) wiederherstellen. Reparation (Plural: Entschädigung); Reparationsleistung; Reparationszahlung; Reparatur; Reparaturkosten; Reparaturwerkstatt; reparaturanfällig; reparaturbedürftig; reparabel.
re|par|tie|ren (V.) (franz.) aufteilen (von Kosten); zuteilen (von Wertpapieren).
Re|par|ti|ti|on (die, -, -ti|o|nen) das Repartieren.
re|pa|t|ri|ie|ren (V.) (lat.) die frühere Staatsangehörigkeit wieder verleihen; Kriegsgefangene in die Heimat entlassen.
Re|pel|lent (das, -s, -s) (lat.-engl.) chemisches Insekten-Abschreckungsmittel.
Re|per|toire (das, -s, -s) (franz.) einstudiertes Programm. Repertoirestück.
Re|per|to|ri|um (das, -s, -ri|en) (lat.) Nachschlagewerk.
Re|pe|tent (der, -en, -en) (lat.) Schüler, der eine Klasse wiederholt.
re|pe|tie|ren (V.) (lat.) wiederholen; üben. Repetiergewehr; Repetieruhr; Repetition; Repetitor; Repetitorium.
re|po|ni|bel (Adj.) reponierbar.
re|po|nie|ren (V.) (lat.) in die normale Lage zurückbringen (z. B. Gelenke).

Re|port (der, -s, -e) (franz.) 1. Dokumentarbericht; 2. Kursaufschlag (Börse). Reportage; Reporter/in; Reportgeschäft.
Re|po|si|ti|on (die, -, -ti|o|nen) das Reponieren.
Re|prä|sen|ta|ti|on (die, -, -ti|o|nen) (lat.) Vertretung; Darstellung. Repräsentant/in; Repräsentantenhaus; Repräsentanz; Repräsentationsgelder; Repräsentativbefragung; Repräsentativgewalt; Repräsentativität; Repräsentativsystem; repräsentabel; repräsentativ; repräsentieren.
Re|pres|sa|lie (die, -, -n) (lat.) Druckmittel; Vergeltung.
re|pres|siv (lat.) hemmend; unterdrückend. Repression; Repressivzoll; repressionsfrei.
Re|print (der, -s, -s) (engl.) Nachdruck.
Re|pri|se (die, -, -n) (franz.) Wiederholung; Neuauflage.
Re|pri|va|ti|sie|rung (die, -, -en) (franz.) Zurückführung in Privatbesitz. Verb: reprivatisieren.
Re|pro (die/das, -s, -s) (Kurzw.) Reproduktion. Reproaufnahme; Reprokamera.
Re|pro|duk|ti|on (die, -, -ti|o|nen) (lat.) Nachbildung; Vervielfältigung. Reproduktionsfaktor; Reproduktionskamera; Reproduktionstechnik; reproduktiv; reproduzieren.
Rep|til (das, -s, -ti|li|en) (franz.) Kriechtier.
Re|pu|b|lik (die, -, -en) (lat.) Staatsform. Republikaner; republikanisch.
re|pul|siv (Adj.) (lat.) abstoßend; zurückstoßend.
Re|pun|ze (die, -, -n) (lat.) Stempel. Verb: repunzieren.
Re|pu|ta|ti|on (die, -, kein Plural) (lat.) Ansehen.
re|pu|tier|lich (Adj.) (lat.) achtbar.
Re|qui|em (das, -s, -s/qui|en) (lat.) Totenmesse.
re|qui|es|cat in pa|ce (lat.) ruhe in Frieden (Abk.: R.I.P.).
re|qui|rie|ren (V.) (lat.) beschlagnahmen. Requirierung; Requisition.
Re|qui|sit (das, -s, -en) (lat.) Zubehör. Requisite; Requisitenkammer; Requisiteur.
resch (Adj.) (südd.) knusprig; lebhaft.
Re|search (das, -/-s, -s) (engl.) Meinungsforschung.
Re|se|da (die, -, -se|den /-s) (lat.) Pflanze. Adjektiv: resedafarben.
Re|sek|ti|on (die, -, -ti|o|nen) (lat.) chirurgische Entfernung.
Re|ser|vat (das, -s, -e) (lat.) Schutzgebiet; Sonderrecht. Reservation; Reservatrecht.
Re|ser|ve (die, -, -n) (franz.) Vorrat; Rücklage; Soldaten; Zurückbehaltung. Hauptmann der Reserve (Abk.: d.R.); Reservebank; Reserve-

fonds; Reservekanister; Reserveoffizier; Reserverad; Reservereifen; Reservespieler; Reservetank; Reservetruppe; Reserviertheit; Reservierung; Reservist; reserviert; reservieren.
Re|ser|voir (das, -s, -e) (franz.) Sammelbehälter; Speicher.
Re|si|denz (die, -, -en) (lat.) Regierungssitz; Hauptstadt. Residenzstadt; residieren.
Re|si|g|na|ti|on (die, -, -ti|o|nen (lat.) Mutlosigkeit; Verzicht. Adjektive: resignativ; resigniert. Verb: resignieren.
Ré|sis|tance (die, -, kein Plural) (franz.) französische Widerstandsbewegung.
re|sis|tent (Adj.) (lat.) widerstandsfähig; unempfindlich. Resistenz; Resistivität; resistiv; resistieren.
re|so|lut (Adj.) (lat.) entschieden; tatkräftig. Resolutheit.
Re|so|lu|ti|on (die, -, -ti|o|nen) (lat.) Beschluss; Protesterklärung.
Re|so|nanz (die, -, -en) (lat.) 1. Anklang; 2. Tonschwingung. Resonanzboden; Resonanzfrequenz; Resonanzkörper; Resonanzraum; Resonanzsaite; Resonator.
Re|so|pal (das, -s, kein Plural) Kunststoff. Resopalboden.
re|sor|bie|ren (V.) (lat.) aufnehmen. Resorption; Resorptionsfähigkeit; resorbierbar.
re|so|zi|a|li|sie|ren (V.) (lat.) wiedereingliedern. Resozialisierung.
resp. (Abk.) respektive.
Re|s|pekt (der, -s, kein Plural) (franz.) Ehrfurcht; Achtung. Respektierung; Respektlosigkeit; Respektsperson; Respekt einflößend (*auch:* respekteinflößend), *aber nur:* eine äußerst respekteinflößende Person; respektlos; respektvoll; respektieren.
re|s|pek|ta|bel (Adj.) ansehnlich.
re|s|pek|ti|ve (Konj.) beziehungsweise (Abk.: resp.).
Re|s|pi|ra|ti|on (die, -, kein Plural) (lat.) Atmung. Respirator; respiratorisch; respirieren.
Res|sen|ti|ment (das, -s, -s) (franz.) Vorbehalt; Abneigung.
Res|sort (das, -s, -s) (franz.) Zuständigkeit; Abteilung. Ressortchef; Ressortleiter.
Res|sour|ce (die, -, -n) (franz.) Quelle; Bestand.
Rest (der, -s, -e) Übriggebliebenes; Übriges. Restabschnitt; Restalkohol; Restbestand; Restbetrag; Resteverkauf; Resteverwertung; Restkostenrechnung; Restnutzungsdauer; Restposten; Restrisiko; Restsumme; Resturlaub; Restzahlung; restlich; restlos.
Re|s|tant (der, -en, -en) (lat.) 1. Schuldner. 2. Reststück.

Re|s|tau|rant (das, -s, -s) (franz.) Esslokal. Restaurantbesitzer.
re|s|tau|rie|ren (V.) erneuern, instand (*auch:* in Stand) setzen. Restauration; Restaurationsarbeiten; Restaurationsbetrieb; Restaurationskosten; Restaurationspolitik; Restaurator; Restaurierung; restaurativ.
Re|s|ti|tu|ti|on (die, -, -ti|o|nen) (lat.) Rückerstattung; Wiederherstellung. Restitutionsklage; restituieren.
Re|s|t|rik|ti|on (die, -, -ti|o|nen) (lat.) Einschränkung. Restriktionsmaßnahme; restriktiv.
re|s|t|rin|gie|ren (V.) (lat.) be-, einschränken.
Re|sul|tan|te (die, -, -n) (franz.) Summe sich überlagernder physikalischer Kräfte.
Re|sul|tat (das, -s, -e) (lat.) Ergebnis. Resultatsverbesserung; Resultante; Resultierendes; resultativ; resultatlos; resultieren.
Re|sü|mee (das, -s, -s) (franz.) Zusammenfassung; Endergebnis. Verb: resümieren.
Re|su|pi|na|ti|on (die, -, -ti|o|nen) (lat.) Drehung der Blütenglieder während des Wachstums um 180° (Bot.).
Re|sur|rek|ti|on (die, -, -ti|o|nen) (lat.) Auferstehung.
Re|ta|bel (das, -s, -) (franz.) Altaraufsatz.
Re|take (der, -s, -s) (engl.) Neuaufnahme (Film).
re|tar|die|ren (V.) (lat.) verzögern. Retardation.
re|tar|diert (Adj.) (franz.) zurückgeblieben; verzögert.
Re|ten|ti|on (die, -, -ti|o|nen) (lat.) Zurück(be)haltung.
re|ti|ku|lar (*auch:* re|ti|ku|lär) (Adj.) (lat.) netzartig. Adjektiv: retikuliert.
Re|ti|na (die, -, -nae) (lat.) Netzhaut (Auge).
Re|ti|ni|tis (die, -, -ni|ti|den) (lat.-griech.) Netzhautentzündung.
Re|tor|si|on (die, -, -si|o|nen) (franz.) spontane Vergeltung (z. B. im Strafrecht).
Re|tor|te (die, -, -n) (franz.) Reagenzgefäß. aus der Retorte (künstlich); Retortenbaby.
Re|tou|re (die, -, -n) (franz.) Warenrücksendung. Adverb: retour. Verb: retournieren.
Re|tour|kut|sche (die, -, -n) (franz.-dt.) erwiderter Vorwurf; zurückgegebene Beleidigung.
Re|trai|te (die, -, -n) (franz.) 1. Rückzug (veraltet). 2. Zapfenstreich (der Kavallerie).
Re|trak|ti|on (die, -, -ti|o|nen) (lat.) Schrumpfung; Verkürzung (eines Organs).
Re|tri|bu|ti|on (die, -, -ti|o|nen) (lat.) Erstattung; Rückgabe.
Re|t|rie|ver (der, -s, -s) (franz.-engl.) eine kanadische Jagdhundrasse.
re|t|ro|da|tie|ren (V.) (lat.) rückdatieren.

Re|t|ro|flex (der, -es, -e) (lat.) mit zurückgebogener Zungenspitze gebildeter Laut (z. B. das »s« und »t« im Schwedischen).
re|t|ro|grad (Adj.) (lat.) rückläufig; entgegen der Hauptrichtung laufend.
Re|t|ro|s|pek|ti|ve (die, -, -n) (lat.) Rückblick. Adjektiv: retrospektiv.
Re|t|ro|zes|si|on (die, -,-si|o|nen) (lat.) 1. Wiederabtretung. 2. Rückversicherung (des Rückversicherers selbst).
Ret|si|na (der, -s, -s) (griech.) Harzwein.
ret|ten (V.) bergen; bewahren. Retter/in; Rettung; Rettungsaktion; Rettungsanker; Rettungsdienst; Rettungshubschrauber; Rettungsmannschaft; Rettungsring; Rettungsschwimmer; rettungslos.
Ret|tich (der, -s, -e) (lat.) Gemüsepflanze, Rettichsalat.
Re|turn (der, -s, -s) (engl.) Ballrückschlag (Tennis).
re|tu|schie|ren (V.) (franz.) berichtigen; überarbeiten. Retusche; Retuscheur.
Reue (nicht trennbar!) (die, -, kein Plural) Schuldbewusstsein; Bedauern. Reuegefühl; Reuelosigkeit; Reumütigkeit; reuevoll; reuig; reumütig; reuen.
Re|uni|on (die, -, -s) (franz.) gesellige Veranstaltung (in Kurorten; veraltet).
Reu|se (die, -, -n) Fangkorb.
re|üs|sie|ren (V.) (franz.) Erfolg haben.
Rev. (Abk.) Reverend.
Re|va|lie|rung (die, -, -en) (lat.) Schuldbegleichung. Verb: revalieren.
Re|val|va|ti|on (die, -, -ti|o|nen) (lat.) Währungsaufwertung.
Re|van|che (die, -, -n) (franz.) Rache; Rückkampf. Revanchefoul; Revanchekrieg; Revanchepartie; Revanchepolitik; Revanchespiel; Revanchismus; Revanchist; revanchelustig; revanchistisch; revanchieren.
Re|ve|nue (die, -, -n) (franz.) Vermögen(seinkünfte).
Re|ve|rend (der, -s, -s) (lat.) Geistlicher (England, USA; Abk.: Rev.).
Re|ve|renz (die, -, -en) (lat.) Ehrerweisung.
Re|ve|rie (die, -, -n) (franz.) musikalische Träumerei.
Re|vers (das/der, -, -) (franz.) Kragen. Anzugsrevers.
re|ver|si|bel (Adj.) (lat.) umkehrbar. Reversibilität; Reversible; Reversion.
re|vi|die|ren (V.) (lat.) prüfen; ändern. Revident.
Re|vier (das, -s, -e) (niederl.) 1. Gebiet; 2. Polizeidienststelle; 3. Jagdbezirk. Revierförster; Revierbesichtigung; revieren.

Re|view (die, -, -s/der, -s, -s) (engl.) Rundschau; Überblick.
Re|vi|re|ment (das, -s, -s) (franz.) Umbesetzung (im diplomatischen Dienst).
re|vi|si|bel (Adj.) (franz.) juristisch anfechtbar.
Re|vi|si|on (die, -, -si|o|nen) (lat.) 1. Überprüfung; 2. Rechtsmittel. Revisionsfrist; Revisionsgericht; Revisionsverfahren; Revisionsverhandlung; Revisor.
Re|vi|si|o|nis|mus (der, -, kein Plural) Bestreben, starre (marxistische) Denkregeln aufzulösen.
Re|vi|val (das, -s, -s) (engl.) Wiederbelebung; Erneuerung.
Re|vo|ka|ti|on (die, -, -ti|o|nen) (lat.) Widerruf.
Re|vol|te (die, -, -n) (franz.) Aufstand. Verb: revoltieren.
Re|vo|lu|ti|on (die, -, -ti|o|nen) (lat.) Umsturz; Umwälzung. Revolutionär; Revolutionierung; Revolutionsführer; Revolutionsgericht; Revolutionsregierung; Revolutionsstreben; Revolutionswirren; Revoluzzer; revolutionär; revoluzzerisch; revolutionieren.
Re|vol|ver (der, -s, -) (engl.) Schusswaffe. Revolverblatt; Revolverdrehbank; Revolverheld; Revolverkopf; Revolververlauf; Revolverschaltung; Revolvertasche.
re|vo|zie|ren (V.) (lat.) widerrufen.
Re|vue (die, -, -n) (franz.) Zeitschrift; Unterhaltungsbühne. *Beachte:* Wir ließen den Film noch einmal Revue passieren. Revuebühne; Revuefilm; Revuegirl.
Re|y|on (der/das, -, kein Plural) (franz.) Kunstseide. Reyonschal.
Re|zen|si|on (die, -, -si|o|nen) (lat.) Besprechung; Kritik. Rezensent; Rezensionsexemplar; Rezensionsstück; rezensieren.
re|zent (Adj.) gegenwärtig vorhanden; neu.
Re|zept (das, -, -e) (lat.) Anweisung; Verschreibung; Mittel. Rezeptblock; Rezeptgebühr; Rezeptpflicht; Rezeptur; rezeptfrei; rezeptpflichtig; rezeptieren.
Re|zep|ti|on (die, -, -ti|o|nen) (lat.) Empfang; Wahrnehmung. Rezeptionsästhetik; Rezeptivität; rezeptionsästhetisch; rezeptiv.
Re|zep|tor (der, -s, -to|ren) (lat.) Sinneszelle.
Re|zess (der, -zes|ses, -zes|se) (lat.) Streit; Vergleich.
Re|zes|si|on (die, -, -si|o|nen) (lat.) Konjunkturrückgang. Rezessionsphase.
re|zes|siv (Adj.) (lat.) überdeckt; zurücktretend. Rezessivität.
re|zi|div (Adj.) (lat.) rückfällig. Rezidiv.
Re|zi|pi|ent (der, -en, -en) (lat.) Empfänger. Verb: rezipieren.

re|zi|p|rok (Adj.) (lat.) wechselseitig, gegenseitig, aufeinander bezüglich. Reziprozität.
re|zi|tie|ren (V.) (lat.) vortragen. Rezitation; Rezitationston; Rezitator; Rezitativ; rezitativisch.
R-Ge|spräch (das, -s, -e) Ferngespräch (R: Rückfrage).
Rgt. (auch: Reg.; R.) (Abk.) Regiment.
RGW (Abk.) Rat für gegenseitige Wirtschaftshilfe.
rh (Abk.) Rhesusfaktor negativ.
Rh (Abk.) 1. Rhesusfaktor positiv. 2. Rhodium (chemisches Zeichen).
Rha|bar|ber (der, -s, kein Plural) (griech.) Pflanze. Rhabarberkompott; Rhabarberkuchen.
Rha|ga|de (die, -, -n) (griech.) Hautschrunde.
Rham|nus (der, -, kein Plural) Kreuzdorn (als Heilpflanze).
Rhap|so|die (die, -, -n) (griech.) Musikballade. rhapsodisch.
Rhein (der, -s/-es, kein Plural) Fluss. Rheinbund; Rheinfall; Rheinhessen; Rheinland (Abk.: Rhld.); Rheinländer; Rheinland-Pfalz; Rhein-Main-Donau-Kanal; Rheinpfalz; Rheinseitenkanal; Rheinwein; rheinisch, aber: Rheinischer Merkur; rheinländisch; rheinaufwärts; rheinabwärts.
Rhein|land-Pfalz (ohne Art., -, kein Plural) (dt.) Bundesland. rheinland-pfälzisch.
Rhe|ma (das, -s, ma|ta) (griech.) Informationskern; Kommentar.
Rhe|ni|um (das, -s, kein Plural) (griech.) Metall; chemischer Grundstoff (Abk.: Re).
Rheo|lo|gie (die, -, kein Plural) (griech.) Teilgebiet der Physik, der sich mit verformbaren Körpern beschäftigt.
Rhe|o|s|tat (der, -s, -e) (griech.) genau regelbarer elektrischer Widerstand.
Rhe|sus (der, -, -) Affe. Rhesusaffe.
Rhe|sus|fak|tor (der, -s, -en) Blutfaktor (Abk.: Rh-Faktor; Rh: Rhesusfaktor positiv; rh: Rhesusfaktor negativ). Rh-negativ; Rh-positiv.
Rhe|tor (der, -s, -to|ren) (griech.) antiker Redner; Beredsamkeitslehrer; Redekünstler.
Rhe|to|rik (die, -, kein Plural) (griech.) Redekunst. Rhetoriker; Rhetorikkurs; rhetorisch.
Rhe|um (das, -s, kein Plural) (griech.-lat.) Rhabarber (als Heilpflanze).
Rheu|ma (das, -s, kein Plural) (griech.) (Kurzw.) Rheumatismus. Rheumawäsche.
Rheu|ma|tis|mus (der, -, kein Plural) (griech.) Gelenkentzündung. Rheumatiker; Rheumatologe; rheumatisch.
Rhi|ni|tis (die, -, -ti|den) (griech.) Schnupfen.
Rhi|no|lo|gie (die, -, kein Plural) Nasenheilkunde.
Rhi|no|ze|ros (das, -/-ros|ses, -ros|se) (griech.) Nashorn.
Rhi|zom (das, -s, -e) (griech.) unterirdischer Wurzelstock.
Rhld. (Abk.) Rheinland.
Rho (das, -/-s, -s) griechischer Buchstabe (P, ρ).
Rho|d|a|mi|ne (Plural) (griech., lat.) Gruppe lichtechter Farbstoffe (Chemie).
Rho|dan (das, -s, kein Plural) (griech.) eine einwertige Gruppe in chemischen Verbindungen.
Rho|di|um (das, -s, kein Plural) (griech.) Metall: chemischer Grundstoff (Abk.: Rh). Verb: rhodinieren.
Rho|do|den|d|ron (der/das, -s, -dend|ren) (griech.) Zierpflanze. Rhododendronblüte; Rhododendronstrauch.
Rho|do|nit (der, -s, -e) (griech.) rosarotes Mineral mit schwarzer Marmorierung; Mangankiesel.
rhom|bisch (Adj.) (griech.) rautenförmig. Rhomboeder; Rhomboid; Rhombus.
Rhön|rad (das, -s, -rä|der) Turngerät aus zwei Stahlrohrreifen.
Rho|ta|zis|mus (der, -, -zis|men) (griech.-lat.) Entwicklung des Lautes »s« zu »r« (z. B. mittelhochdeutsch »verliesen« wird zu »verlieren«).
Rhyth|mus (der, -, -men) (griech.) Gleichmaß; Betonung; Takt. Rhythmik; Rhythmiker; Rhythmusgefühl; Rhythmusgitarre; rhythmisch; rhythmisieren.
Ria (die, -, -s) (span.) flussartig schmale Meeresbucht (z. B. im Nordwesten Spaniens).
Ri|al (der, -s, -s) (pers.) Währung (iran.).
Ri|bat|tu|ta (die, -, -ten) (lat.-ital.) langsam beginnender, mit fortschreitender Dauer immer schneller werdender Triller in der Musik.
rib|beln (V.) reiben. Adjektiv: ribbelfest.
Ri|bi|sel (die, -, -n) (arab.-ital.) Frucht; österr. für Johannisbeere. Ribiselkuchen; Ribiselsaft.
Ri|bo|fla|vin (das, -s, kein Plural) (Kunstw.) Vitamin B_2.
Ri|bo|nu|k|le|in|säu|re (die, -, -n) Eiweißzellstoff (Abk.: RNS).
Ri|bo|se (die, -, -n) (Kunstw.) Zuckerverbindung.
Ri|bo|som (das, -s, -en) (griech.) Zellkörnchen.
rich|ten (V.) 1. reparieren, einstellen; 2. verurteilen. Richtantenne; Richtbalken; Richtblei; Richtblock; Richtfest; Richtgeschwindigkeit; Richtkranz; Richtlatte; Richtlinien; Richtlinienkompetenz; Richtplatz; Richtschnur; Richtstätte; Richtstrahler; Richtstrecke; Richtwaage; Richtwert; Richtzahl.

Rich'ter (der, -s, -) Gesetzeshüter; Schiedsrichter. Richteramt; Richterin; Richterschaft; Richterspruch; Richterstuhl; richterlich.
Rich'ter'ska'la (*auch:* Rich'ter-Ska'la) (die, -, kein Plural) Skala zur Messung (Erdbeben). Der Wert 6,3 auf der nach oben offenen Richterskala.
rich'tig (Adj.) zutreffend; fehlerfrei; geeignet; wirklich. *Beachte:* das ist genau das Richtige (richtig) für uns; das halte ich für das Richtige (für richtig); das Richtigste (am richtigsten) wäre; da bist du an den Richtigen geraten; sie tat das einzig Richtige; etwas/nichts/viel/wenig Richtiges. den Uhrzeiger richtig stellen (*auch:* richtigstellen), *aber:* eine Sache richtigstellen (berichtigen); mit einer Vermutung richtigliegen (recht haben). Richtigkeit; Richtigstellung; Berichtigung. eine richtig gehende (*auch:* richtiggehende) Uhr, *aber:* es war eine richtiggehende Verschwörung.
Rich'tung (die, -, -en) Ziel; Zielpunkt; Auffassung; Linie. Richtungsanzeiger; Richtungslosigkeit; Richtungspfeil; Richtungswechsel; richtungslos; richtungweisend, *aber:* in südliche Richtung weisend.
Ri'cke (die, -, -n) weibliches Reh.
rie'chen (V., roch, hat gerochen) Geruch haben; Geruch aufnehmen. Riecher; einen guten Riecher haben; Riechfläschchen; Riechnerv; Riechorgan; Riechsalz; Riechstoff; riechbar.
Ried (das, -s, -e) Schilf, Riedgras.
Rie'fe (die, -, -n) Furche, Riefelung; riefig; riefeln; riefen.
Rie'ge (die, -, -n) Turnergruppe. Riegenführer; riegenweise.
Rie'gel (der, -s, -) Verschluss; Balken; Streifen. Riegelbau; Riegelwand; Riegelwerk; Schokoladenriegel; riegeln.
Rie'men (der, -s, -) 1. Band; Gürtel; 2. Ruder. Riemenantrieb; Riemenscheibe; Riemenwerk.
ri'en ne va plus (franz.) nichts geht mehr (Roulette).
Rie'se (der, -n, -n) übergroßer Mensch; (ugs.) Tausendmarkschein. Riesin; riesisch.
rie'seln (V.) rinnen; tröpfeln. Rieselwasser; Rieselfeld.
rie'sen.../Rie'sen... sehr groß; riesig. Riesenanstrengung; Riesenarbeit; Riesenbau; Riesenfelge; Riesenhunger; Riesenkraft; Riesenrad; Riesenschlange; Riesenschritt; Riesenslalom; Riesentorlauf; Riesenwuchs. Adjektive: riesengroß; riesenhaft; riesenstark; riesig.
Ries'ling (der, -s, -e) Weißweinsorte.
Riff 1. (das, -s, -e) Klippe. Riffkoralle. 2. (der, -s, -s) (engl.) Thema (Jazz).
rif'feln (V.) aufrauen; kämmen. Riffel; Riffelkamm; Riffelmaschine; Riffelung.

Ri'fi'fi (das, -s, kein Plural) (franz.) raffiniert ausgeklügeltes Verbrechen.
Rigg (das, -s, -s) (engl.) Takelage. Riggung; riggen.
ri'gi'de (Adj.) (lat.) streng; strikt; starrsinnig. Rigidität.
ri'go'ros (Adj.) (lat.) hart; rücksichtslos. Rigorismus; Rigorist; Rigorosität; rigoristisch.
Ri'go'ro'sum (das, -s, -ro'sa/-ro'sen) (lat.) mündliche Dissertationsprüfung.
Rik'scha (die, -, -s) (jap.) Wagen.
ri'la'scian'do (Adj.) (lat.-ital.) im Takt nachlassend; langsamer werdend (Vortragsanweisung in der Musik).
Ril'le (die, -, -n) Rinne. Rillenprofil; rillig; rillen.
Ri'mes'se (die, -, -n) (ital.) 1. Fechtangriff aus der Ausgangsstellung. 2. in Zahlung gegebener Wechsel.
Rind (das, -s, -er) Nutztier. Rinderbandwurm; Rinderbraten; Rinderhackfleisch; Rinderpest; Rinderrasse; Rinderzucht; Rinderzunge; Rindfleisch; Rindsbraten; Rindsleder; Rindsstück; Rindszunge; Rindvieh, rinderig; rind(s)ledern.
Rin'de (die, -, -n) Borke; Schale. Rindenboot; Rindenhütte; Rindenlaus; Rindenwanze; rindenlos; rindig.
rin'for'zan'do (Adv.) (ital.) verstärkt (bei Musikstücken).
Ring (der, -s, -e) Schmuck; Reif; Kreisform; Vereinigung. Ringarzt; Ringbahn; Ringbuch; Ringfinger; Ringgeschäft; Ringgraben; Ringmauer; Ringrichter; Ringschlüssel; Ringsendung; Ringstraße; Ringtausch; Ringverkehr; Ringwall; ringartig; ringförmig; rings; ringsherum; ringsum.
rin'geln (V.) schlängeln; kräuseln. Ringel; Ringelblume; Ringelchen; Ringelgans; Ringellocke; Ringelnatter; Ringelpiez; Ringelreigen; Ringelschwänzchen; Ringelspiel; Ringeltaube; Ringelwurm; ring(e)lig.
rin'gen (V., rang, hat gerungen) kämpfen; winden; drehen. Ringen; Ringer; Ringergriff; Ringerwettkampf; Ringkampf; Ringkämpfer.
rings'um (Adv.) rundherum. *Beachte:* ringsum stehen viele Bäume, *aber:* viele Schaulustige standen rings um den Verletzten.
rin'nen (V., rann, ist geronnen) fließen. Rinne; Rinnsal; Rinnstein.
ri'pi'e'no (Adj.) (ital.) voll besetzt; mit dem ganzen Orchester.
Ri'pos'te (die, -, -n) (ital.) Gegenangriff (Fechten).
Rip'pe (die, -, -n) 1. Brustknochen; 2. Streifen. Rippchen; Rippenbruch; Rippenfell; Rippen-

fellentzündung; Rippenheizkörper; Rippenknochen; Rippenspeer; Rippenstoß; Rippenstück; Ripplein; gerippt; rippen.
Rips (der, -es, -e) (engl.) Rippenstoff.
ri'pu'a'risch (Adj.) (lat.) zur Mundart im Raum Köln-Aachen gehörig.
Ri'sa'lit (der, -s, -e) (ital.) Gebäudeteil, der in ganzer Höhe der Fassade hervortritt.
Ri'si'ko (das, -s, -s/-si'ken) (ital.) Wagnis; Gefährlichkeit. Risikofaktor; Risikofreudigkeit; Risikolehre; Risikopatient; Risikoprämie; Risikostudie; risikofrei; risikofreudig; risikolos.
Ri'si-Pi'si (*auch:* Ri'si'pi'si) (das, -, -) (ital.) Reisspeise.
ris'kie'ren (V.) (franz.) wagen. Adjektiv: riskant.
ri'so'lu'to (Adj.) (lat.-ital.) entschlossen; kraftvoll (Vortragsanweisung in der Musik).
Ri'sor'gi'men'to (das, -s, kein Plural) (lat.-ital.) 1. Wiedersehen; 2. Einigungsbestrebungen im 19. Jahrhundert in Italien.
Ri'sot'to (der/das, -s, -s) (ital.) Reisgericht.
Ris'pe (die, -, -n) Blütenstand. Rispengras; Rispenhafer; Rispenhirse; Risplein; rispenförmig; rispig.
Riss (der, Ris'ses, Ris'se) Bruch; Ritze; Wunde. Risswerk; Risswunde; rissig; rissfest.
Ris'so'le (die, -, -n) (lat.-franz.) kleine Pastete.
Ris'so'let'te (die, -, -n) (lat.-franz.) geröstetes, mit Hackfleisch belegtes Brötchen.
Rist (der, -es, -e) Fuß-, Handrücken. Ristgriff.
Ri'stor'no (der/das, -s, -s) (ital.) Rückbuchung. Verb: ristornieren.
ri's've'gli'li'an'do (Adj.) (lat.-ital.) wieder munterer; wieder lebhafter werdend (Vortragsanweisung in der Musik).
rit. (Abk.) ritardando.
ri'tar'dan'do (Adv.) (ital.) langsamer werden (Musik; Abk: rit.). Ritardando.
ri'te (Adv.) (lat.) ordnungsgemäß.
ri'te'nu'to (Adv.) (ital.) zögernd (bei Musikstücken).
ri'tor'nan'do al tem'po (Adj.) (ital.) zum Hauptzeitmaß zurückkehrend (Vortragsanweisung in der Musik).
Ri'tor'nell (das, -s, -e) (ital.) 1. Liedform. 2. Strophe in der volkstüml. ital. Dichtung.
Ritt (der, -es, -e) Reiten. Ausritt; Rittmeister; rittig; rittlings; reiten.
Rit'ter (der, -s, -) Kämpfer; Kavalier. Ritterburg; Ritterdienst; Rittergut; Ritterkreuz; Ritterlichkeit; Ritterorden; Ritterroman; Ritterschaft; Ritterschlag; Rittersmann; Ritterzeit; ritterlich; ritterschaftlich.
Rit'ter'ling (der, -s, -e) Pilz.
Rit'ter'sporn (der, -s, -e) Blume.
Ri'tu'al (das, -s, -e/-tu'a'li'en) (lat.) Zeremonie; Kult. Ritualbuch; Ritualmord; Ritualisierung; Ritus; rituell; ritualisieren.
Ri'tu'a'le (der, -, kein Plural) (lat.) das liturgische Buch für die Amtshandlungen des katholischen Priesters.
Ri'tus (der, -, Ri'ten) (lat.) religiöse Zeremonie; festgelegter, symbolträchtiger Handlungsablauf.
Rit'ze (die, -, -n) Spalte. Ritzer; Ritzhärte; Ritzmesser; Ritzung; ritzen; geritzt; die Sache ist geritzt (ugs.: erledigt).
Rit'zel (das, -s, -) Zahnrädchen.
Ri'val'le (der, -n, -n) (franz.) Konkurrent; Gegner. Rivalentum; Rivalin; Rivalität; Rivalitätsverhalten; rivalisieren.
Ri'ver'boat'shuf'fle (*auch:* Ri'ver'boat-Shuffle) (die, -, -s) (engl.) musikalische Bootsfahrt.
ri'ver'so (Adj.) (lat.-ital.) rückwärts zu spielen; in umgekehrter Reihenfolge der Töne zu spielen (Vortragsanweisung in der Musik).
Ri'vi'e'ra (die, -, Ri'vi'e'ren) (ital.) Mittelmeerküste.
Ri'y'al (der, -, -s) (arab.) Währung (Saudi-Arabien; Abk: SRI; RI).
Ri'zi'nus (der, -, -/-nus'se) (lat.) Heilpflanze. Rizinusöl.
r.-k. (Abk.) römisch-katholisch.
R. K. (Abk.) Rotes Kreuz.
RKW (Abk.) Rationalisierungs-Kuratorium der Deutschen Wirtschaft.
Rm (Abk.) Raummeter.
Rn (Abk.) Radon (chemisches Zeichen).
RNS (Abk.) Ribonukleinsäure.
Road'ie (der, -s, -s) (engl.) technischer Helfer einer Rockgruppe. Roadmanager.
Roads'ter (der, -s, -) (engl.) offener Sportwagen.
Roast'beef (das, -s, -s) (engl.) Rinderbraten.
Rob'be (die, -, -n) Meeressäugetier. Robbenbaby; Robbenfang; Robbenfänger; Robbenschlag.
Rob'ber (der, -s, -) (engl.) Doppelpartie im Bridge- oder Whistspiel.
Ro'be (die, -, -n) (franz.) Amtstracht; Abendkleid.
Ro'be'ron'de (die, -, -n) (franz.) Kleid des 18. Jahrhunderts mit runder Schleppe.
Ro'bi'nie (die, -, -n) (franz.-nlat.) ein Schmetterlingsblütler; Park-, Alleebaum.
Ro'bin'so'na'de (die, -, -n) Abenteuer(roman) in der Art der literarischen Figur des Robinson Crusoe; Schiffbrüchigenabenteuer.
Ro'bo'rans (das, -, -ran'tia/-ran'zi'en) (lat.) Stärkungsmittel.

ro|bo|ten (V.) (poln., tschech.) schwer arbeiten.
Ro|bo|ter (der, -s, -) elektronisch gesteuerter Automat. Adjektiv: roboterhaft.
Ro|bu|rit (der, -s, kein Plural) (lat.) Sprengstoff.
ro|bust (Adj.) (lat.) kräftig; widerstandsfähig. Robustheit.
Ro|cail|le (die, -, -s/-n) (franz.) muschelförmiges Ornament (des Rokoko).
Roch (der, -, kein Plural) (pers.-arab.) bes. starker Riesenvogel des arabischen Märchens.
Ro|cha|de (die, -, -n) (franz.) Stellungstausch (Schach). Verb: rochieren.
rö|cheln (V.) stöhnen; nach Luft ringen. Röcheln.
Ro|chen (der, -s, -) Fisch.
Ro|chett (das, -s, -s) (franz.) Chorhemd (eines katholischen Geistlichen).
Rock 1. (der, -s, Rö|cke) Kleidungsstück. Röckchen; Rockkragen; Rocksaum; Rockschoß; Rocktasche; Rockzipfel; 2. (der, -, kein Plural) (engl.) (Kurzw.) Rockmusik. Rockgruppe; Rockkonzert; rocken.
Rock and Roll (auch: Rock 'n' Roll) (der, ---,---) Tanz. Rock-and-Roll-Wettbewerb.
Ro|cker (der, -s, -) (engl.) Mitglied einer Motorradclique. Rockerbande; Rockerbraut; Rockerkönig.
Ro|del (der, -s, -) Schlitten. Rodelbahn; Rodelschlitten; Rodler; rodeln.
ro|den (V.) abholzen. Rodung.
Ro|deo (der/das, -s, -s) (engl.) Cowboyschau. Rodeoreiter.
Ro|gen (der, -s, -) Fischeier.
Rog|gen (der, -s, -) Getreide. Roggenbrot; Roggenbrötchen; Roggenernte; Roggenfeld; Roggenmehl.
roh (Adj.) ungekocht; unbearbeitet; derb; grausam. Beachte: Die Plastik ist im Rohen fertig. Die Plastik wurde aus dem Rohen gearbeitet. ein roh behauener Fels. Roharbeit; Rohbau; Rohbilanz; Roheisen; Rohgewicht; Rohheit; Rohkost; Rohkostmenü; Rohling; Rohmaterial; Rohöl; Rohprodukt; Rohschrift; Rohseide; Rohstahl; Rohstoff; Rohstoffmangel; Rohstoffverarbeitung; Rohzucker; Rohzustand; rohseiden; rohstoffarm; rohstoffreich; roherweise.
Rohr (das, -s, -e) 1. Leitung; 2. Schilf; 3. (südd.) Backofen. Rohrbruch; Röhrchen; Rohrflechter; Rohrflöte; Rohrkolben; Rohrleger; Rohrleitung; Rohrpost; Rohrspatz; Rohrstock; Rohrstuhl; Rohrzange; Rohrzucker; rohrfarben; mehrröhrig; verrohren.
Röh|re (die, -, -n) 1. Rohr; 2. Elektronenröhre; 3. (ugs.) Fernseher. Röhrenbewässerung; Röhrenbrunnen; Röhrenembargo; Röhrenhose; Röhrenknochen; Röhrenpilz; röhrenförmig.

Röh|richt (das, -s, -e) Schilfdickicht.
Röhr|ling (der, -s, -e) Pilz.
röh|ren (V.) brüllen.
Ro|kam|bo|le (die, -, -n) (dt.-franz.) Perlzwiebel; Brutzwiebel verschiedener Laucharten.
Ro|ko|ko (das, -s, -kein Plural) (franz.) Kunstepoche. Rokokomöbel; Rokokostil.
Roll|back (auch: Roll-back) (das, -, -s) (engl.) Rückzug.
Rol|le (die, -, -n) 1. Spule; Kugel; Rad; 2. Turnübung; 3. Figur; 4. Verhalten. Das spielt keine Rolle (macht nichts). Rollbahn; Rollbalken; Rollbraten; Röllchen; Rollenbesetzung; Rollenspiel; Rollentausch; Rollenverteilung; Rollfeld; Rollfilm; Rollgeld; Rollkommando; Rollkragenpullover; Rollkur; Rollmops; Rollschiene; Rollschinken; Rollschrank; Rollschuh; kannst du Rollschuh laufen? Aber: das Rollschuhlaufen ist gefährlich; Rollschuhbahn; Rollsitz; Rollsplitt; Rollstuhl; Rolltreppe; Rollvorhang. Adjektive: rollenförmig; rollspezifisch. Verb: rollen; der Wagen kam ins Rollen.
Rol|ler (der, -s, -) Kinderfahrzeug; (Kurzw.) Motorroller. Verb: rollern.
rol|lie|ren (V.) (lat.) wechseln; einrollen.
Roll|la|den (auch: Roll-Laden) (der, -s, -läden) Jalousie. Rollladenschrank.
Rol|lo (das, -s, -s) Rollladen (auch: Roll-Laden).
Rom (der, -, -a) (sanskr.) 1. Mann; Ehemann; 2. Zigeuner (als Selbstbezeichnung).
ROM (Abk.) Read Only Memory (Festspeicher, EDV).
Ro|ma|dur (der, -/-s, -s) (franz.) Weichkäse.
Ro|man (der, -s, -e) (franz.) Prosatext. Romanautor; Romancier; Romanheld; Romanleser; Romanliteratur; Romanschreiber; Romanschriftsteller; romanartig; romanhaft.
Ro|ma|ne (der, -n, -n) (lat.) Angehöriger eines europäischen Volkes, dessen Sprache sich aus dem Lateinischen entwickelt hat (z. B. Portugiese, Rumäne).
Ro|ma|ni (das, -, kein Plural) Zigeunersprache.
Ro|ma|nia (die, -, kein Plural) der romanische Sprach-, Kulturbereich (in Europa).
Ro|ma|nik (die, -, kein Plural) (lat.) Kunststil. Adjektiv: romanisch. Verb: romanisieren.
ro|ma|nisch (Adj.) 1. zu den Romanen gehörig; 2. zur Romanik gehörig.
ro|ma|ni|sie|ren (V.) romanisch machen; latinisieren.
Ro|ma|nis|mus (der, -, kein Plural) (nlat.) 1. romanische Spracheigentümlichkeit; Sprache; 2. eine Richtung der niederländischen Malerei im 16. Jahrhundert.

Ro|ma|nis|tik (die, -, kein Plural) (lat.) Wissenschaft der romanischen Sprachen und Literaturen. Romanist/in; romanistisch.
Ro|ma|ni|tät (die, -, kein Plural) (lat.) romanisches Kulturbewusstsein.
ro|man|tisch (Adj.) (lat.) schwärmerisch; gefühlsbetont. Romantik; Romantiker; Romanze; Romanzendichter; romantisch; romantisieren.
Ro|man|ti|zis|mus (der, -, -men) (lat.) sich auf die Romantik beziehende Geisteshaltung.
ro|man|ti|zis|tisch (Adj.) (lat.) den Romantizismus betreffend; auf diesem basierend; ihm entsprechend.
Ro|man|ze|ro (der, -s, -s) (span.) Romanzensammlung.
Rö|mer 1. (der, -s, -) (niederl.) Weinglas. 2. (der, -s, -) Einwohner Roms. Römerbrief; Römerreich; Römerstraße; römisch; römische Zahlen, *aber:* das Römische Reich; römisch-katholisch (Abk.: r.-k.; röm.-kath.).
Rom|mee (*auch:* Rom|mé) (das, -s, -s) (franz.) Kartenspiel.
Ron|da|te (die, -, -n) (lat.-ital.) Drehüberschlag auf ebener Erde.
Ron|dell (das, -s, -e) (franz.) Rundbeet; Rundweg.
Ron|do (das, -s, -s) (ital.) Tanz; Tanzlied.
rönt|gen (V.) durchleuchten. Röntgenapparat; Röntgenaufnahme; Röntgenaugen; Röntgenbehandlung; Röntgenbestrahlung; Röntgenbild; Röntgendiagnose; Röntgendurchleuchtung; Röntgenfotografie; Röntgenogramm; Röntgenologe; Röntgenologie; Röntgenoskopie; Röntgenraum; Röntgenreihenuntersuchung; Röntgenröhre; Röntgenschirm; Röntgenspektrum; Röntgenstrahlen; Röntgentechnik; Röntgentherapie; Röntgenuntersuchung. Adjektive: geröntgt; röntgenologisch.
rönt|ge|ni|sie|ren (V.) österreichisch für röntgen.
rönt|ge|no|gra|fisch (*auch:* rönt|ge|no|graphisch) (Adj.) (dt.; griech.) durch Röntgenografie (*auch:* Röntgenographie) erfolgend.
Roo|ming-in (*auch:* Roo|ming|in) (das, -/-s, -s) (engl.) Möglichkeit der gemeinsamen Unterbringung von Mutter und Neugeborenem bzw. Kind im Krankenhaus).
Roque|fort (der, -s, -s) (franz.) Käsesorte. Roquefortkäse.
Ro|ra|te (das, -, -) (lat.) Votivmesse im Advent zu Ehren der Jungfrau Maria.
ro|sa (Adj.) Farbe. *Beachte:* ein Pullover in (der Farbe) Rosa; *aber:* ein rosa Pullover; blassrosa; rosa gefärbte Vorhänge; rosafarben; rosafarbig; rosarot.

Ro|sa|ri|um (das, -s, -ri|en) (lat.) Rosenpflanzung; Rosenkranz (Gebet).
Ro|se (die, -, -n) Blume. Röschen; Rosenblatt; Rosenduft; Rosengarten; Rosenholz; Rosenöl; Rosenpaprika; Rosenstock; Rosenstrauch; Rosenstrauß; Rosenwasser; rosenfarben; rosenfarbig; rosenrot; rosig.
ro|sé (Adj; nicht beugbar) Farbe. eine Bluse in zartem Rosé. *Aber:* eine roséfarbene Bluse. Wir tranken einen Rosé (Roséwein).
Ro|sen|kohl (der, -s, kein Plural) Gemüse.
Ro|sen|kranz (der, -es, -krän|ze) Gebetskette; Gebet.
Ro|sen|mon|tag (der, -s, -e) Faschingsmontag.
Ro|set|te (die, -, -n) (franz.) Ornament; Dekoration.
Ro|si|ne (die, -, -n) (franz.) Weinbeere. Rosinenbrot; Rosinenkuchen; rosinenfarben.
Ros|ma|rin (der, -s, kein Plural) (lat.) Gewürz, v. a. am Mittelmeer zu finden. Rosmarinöl.
Ross (das, Ros|ses, Rös|ser/Ros|se) Pferd. Rossapfel; Rössel; Rösselsprung; Rosshaarmatratze; Rosskastanie; Rosskur; Rösslein.
Ross|brei|ten (die, nur Plural) Klimazone.
Rost 1. (der, -s, -e) Gitter. Rostbraten; Rostbratwurst. 2. (der, -s, kein Plural) Eisenfraß. Rostansatz; Rostfleck; Rostlaube; Rostschutz; Rostschutzmittel; Rostumwandler; rostbeständig; rostbraun; rostfarben; rostfarbig; rostfrei; rostig; rostrot; rosten.
rös|ten (V.) anbräunen; braten. Röstbrot; Röster; Röstkartoffel; Röstung; geröstet.
Ros|t|rum (das, -s, -tren) (lat.) Fortsätze wie Schnäbel oder Ähnliches am vorderen Ende eines Tierkörpers.
rot (Adj.; röter, röteste) Farbe. *Beachte:* die Rote (*auch:* rote) Karte sehen; er ist ein rotes Tuch für mich; in die roten Zahlen geraten; die rote Farbe gefällt mir gut. *Aber:* Rote Be(e)te; Rot ist meine Lieblingsfarbe; die Farbe Rot; die Ampel steht auf Rot; das Rote Kreuz; das Rote Meer; er ist ein Roter (Sozialist, Kommunist). Rotauge; Rotbarsch; Rotbart; Rotbuche; Röte; Rote-Armee-Fraktion (Abk.: RAF); Rote-Be(e)te-Salat, Rote-Kreuz-Schwester, *aber:* Rotkreuzschwester; Rotfilter; Rotforelle; Rotfuchs; Rotgardist; Rotgrünblindheit; Rotguss; Rothaut; Rothirsch; Rotkäppchen; Rotkopf; Rotkraut; Rotlichtlampe; Rotstift; Rottanne; Rötung; Rotwein; Rotwild; Rotwurst. Adjektive: rotbackig; rotbäckig; rotbärtig; rotblond; rotbraun; rotgesichtig; rot glühend (*auch:* rotglühend); das rot-grüne (*auch:* rotgrüne) Bündnis; rotgrünblind; rothaarig; rötlich; rotnasig; rotwangig; *aber:* rötlich gelb. Verben: röten; rotsehen (ugs.: zornig werden).

Ro|ta (die, -, kein Plural) (lat.-ital.) Gerichtshof der katholischen Kirche.
Ro|tang (der, -s, -e) dünnstämmige Palme; Schilfpalme (z. B. als Peddigrohr verarbeitet). Rotangpalme.
Ro|ta|ry Club (der, - -s, kein Plural) Vereinigung. Rotarier; rotarisch.
Ro|ta|ti|on (die, -, ti|o|nen) (lat.) schnelle Drehung. Rotationsachse; Rotationsbewegung; Rotationsdruck; Rotationskörper; Rotationsmaschine; Rotationszeit; rotieren.
Rö|tel (der, -s, -) Farbstoff; Stift. Rötelstift; Rötelzeichnung.
Rö|teln (die, nur Plural) Infektionskrankheit.
Ro|tis|se|rie (die, -, -n) (franz.) Grilllokal (*auch:* Grill-Lokal).
Rot|kehl|chen (das, -s, -) Singvogel.
Ro|tor (der, -s, -en) (lat.) Drehschraube. Rotorschiff; rotieren.
Rot|te (die, -, -n) Gruppe; Bande. Rottenführer; rottenweise; rotten.
Rot|tier (das, -s, -e) Hirschkuh.
Rott|wei|ler (der, -s, -) Hunderasse.
Ro|tu|lus (der, -, -li) (lat.) 1. Rädchen; Rolle; 2. Stapel Urkunden; 3. Aktenverzeichnis; 4. Theaterrolle.
Ro|tun|de (die, -, -n) (lat.) Rundbau.
Rotz (der, -es, kein Plural) (ugs.) Nasenschleim. Rotzbengel; Rotzbube; Rotzfahne; Rotzlöffel; Rotznase; rotzfrech; rotzig; rotznäsig; rotzen.
Rouge (das, -s, -s) (franz.) rote Schminke.
Rouge et noir (das, -, kein Plural) (franz.) ein Kartenspiel (in Spielkasinos).
Rou|la|de (die, -, -n) (franz.) Fleischgericht.
Rou|leau (das, -s, -s) (franz.) Rollladen (*auch:* Roll-Laden).
Rou|lette (*auch:* Rou|lett) (das, -s, -e/-s) Glücksspiel. *Beachte:* russisches Roulett.
Round-Ta|ble-Kon|fe|renz (die, -, -en) (engl.) Diskussion am runden Tisch.
Rou|te (die, -, -n) (franz.) Weg. Routenverzeichnis.
Rou|ti|ne (die, -, kein Plural) (franz.) Erfahrung; Übung. Routineangelegenheit; Routinearbeit; Routineüberprüfung; Routineuntersuchung; Routinier; routinemäßig; routiniert.
Row|dy (der, -s, -s) (engl.) Raufbold. Rowdytum.
ro|y|al (Adj.) (franz.) königlich; königstreu. Royalismus; Royalist; royalistisch; Royal Air Force (Abk.: R.A.F.).
Rp. (Abk.) Rappen.
RP. (*auch:* rec.) (Abk.) recipe.
RP (Abk.) Réponse payée (Antwort bezahlt).
RT (Abk.) Registertonne.

Ru (Abk.) Ruthenium (chemisches Zeichen).
ru|ba|to (Adv.) (ital.) mit Temposchwankungen (bei Musikstücken).
rub|beln (V.) (nordd.) reiben. Adjektiv: rubbelig.
Rub|ber (der, -s, kein Plural) (engl.) Kautschuk, Gummi.
Rü|be (die, -, -n) Gemüse; (ugs.) Kopf. Rübenfeld; gelbe Rübe; Rübensirup; Rübenzucker; rübenartig.
Ru|bel (der, -s, -) (russ.) Währung (Abk.: Rbl).
rü|ber (Adv.) (ugs.) herüber. Verben: rüberfliegen; rüberkommen; rüberschauen; rüberwinken.
Rü|be|zahl (ohne Artikel, -s, kein Plural) Berggeist.
Ru|bi|di|um (das, -s, kein Plural) (lat.) Metall; chemischer Grundstoff (Abk.: Rb).
Ru|bin (der, -s, -e) (lat.) Edelstein. Rubinglas; Rubinring; rubinrot.
Ru|b|rik (die, -, -en) (lat.) Ordnungsspalte. Rubrizierung; rubrizieren.
Ru|b|rum (das, -s, Ru|b|ra/ Ru|b|ren) (lat.) Aktenaufschrift mit Kurzangaben über den Inhalt.
ruch|bar (Adj.) bekannt; öffentlich.
ruch|los (Adj.) skrupellos; gemein. Ruchlosigkeit.
Ruck (der, -s, Ru|cke) Stoß; Ziehen; Bewegung. Linksruck; Rechtsruck; ruckartig, ruckweise; hau ruck! ruck, zuck! rucken.
rück.../Rück... zurück; rückwärts. Rückansicht; Rückantwort; Rückbesinnung; Rückbildung; Rückbleibsel; Rückblende; Rückblick; Rückbuchung; Rückentwicklung; Rückerstattung; Rückfahrkarte; Rückfahrt; Rückfall; Rückflug; Rückfrage; Rückführung; Rückgaberecht; Rückgang; Rückgängigmachung; Rückgewinnung; Rückgriff; Rückhalt; Rückhand; Rückkampf; Rückkaufsrecht; Rückkehr; Rückkopp(e)lung; Rücklage; Rücklauf; Rücklicht; Rückmarsch; Rücknahme; Rückporto; Rückreise; Rückruf; Rückrunde; Rückschau; Rückschein; Rückschlag; Rückschlüsse; Rückschritt; Rückseite; Rücksendung; Rücksitz; Rückspiegel; Rückspiel; in Rückstand kommen/geraten; Rückstau; Rückstrahler; Rücktrittbremse; Rücktrittsrecht; Rückübersetzung; Rückvergütung; Rückversicherung; Rückwand; Rückwärtsgang; Rückwirkung; Rückzahlung; Rückzieher; Rückzug. Adjektive: rückbezüglich; rückbezügliches Fürwort (Reflexivpronomen); rückblickend; rückdrehend; rückfällig; rückgängig; rückgebildet; rückhaltlos; rückläufig; rückseitig; rückstandfrei; rückständig; rückwärtig; rückwärts; rückwirkend. Verben: rückdatieren;

rückfragen; rückkoppeln; rückübersetzen; rückvergüten; rückversichern.
rü|cken (V.) schieben; bewegen.
Rü|cken (der, -s, -) Körperteil; Rückseite; Oberseite. Rückendeckung; Rückenflosse; Rückenlage; Rückenlehne; Rückenmark; Rückenmark(s)punktion; Rückenmuskel; Rückenschmerzen; das Rückenschwimmen, er kann gut rückenschwimmen (*auch:* Rücken schwimmen); Rückenstärkung.
Rück|grat (das, -s, -e) Wirbelsäule.
Ruck|sack (der, -s, -sä|cke) Rückentasche. Rucksackurlauber.
Rück|sicht (die, -, -en) Beachtung; Höflichkeit. ohne Rücksicht auf Verluste; Rücksicht nehmen; mit Rücksicht auf; Rücksichtnahme; Rücksichtslosigkeit; rücksichtslos.
rück|wärts (Adv.) nach hinten. *Beachte:* Zusammenschreibung mit dem folgenden Verb: rückwärtsfahren; rückwärtsgehen: ich kann nicht rückwärtsgehen, mit dem Umsatz ist es rückwärtsgegangen (Betonung auf rückwärts); *aber:* rückwärts einparken (Bestandteile sind gleich betont). Rückwärtsgang; rückwärtig; rückwärtsgewandt.
rü|de (*auch:* rüd) (Adj.) (franz.) roh; derb.
Rü|de (der, -n, -n) Hundemännchen.
Ru|del (das, -s, -) Gruppe. Adverb: rudelweise.
Ru|der (das, -s, -) Paddel; Steuerung. Ruderboot; Ruderer; Ruderhaus; Ruderregatta; Rudersport; Ruderverband; zweirud(e)rig; rudern.
Ru|di|ment (das, -s, -e) (lat.) Überbleibsel. Adjektiv: rudimentär.
Ruf (der, -s, -e) Laut; Ansehen; Aufforderung. Rufmord; Rufname; Rufnummer; Rufsäule; Rufweite; Rufzeichen; rufen.
rüf|feln (V.) (ugs.) tadeln. Rüffel; Rüffler.
Rug|by (das, -, kein Plural) (engl.) Ballspiel.
rü|gen (V.) tadeln. Rüge; rügenswert.
Ru|he (die, -, kein Plural) Stille; Erholung; Gelassenheit. *Beachte:* Immer mit der Ruhe! Das muss man in Ruhe machen; die letzte Ruhe; sich zur Ruhe setzen. Ruhebank; Ruhebett; Ruhegeld; Ruhekissen; Ruhelage; Ruhelosigkeit; Ruhepause; Ruheraum; Ruhesitz; im Ruhestand (Abk.: i.R.); Ruhestätte; Ruhestellung; Ruhestörung; Ruhetag; Ruhezeit; Ruhigstellung. Adjektive: ruhebedürftig; ruhelos; ruhend; ruhestörend. Verben: ruhen; die Toten ruhen lassen, das Verfahren ruhen lassen (*auch:* ruhenlassen); ruhigstellen (durch Medikamente beruhigen), *aber:* ein Gelenk ruhig stellen (*auch:* ruhigstellen).
Ruhm (der, -s, kein Plural) Erfolg; Ansehen. Ruhmbegierde; Ruhmesblatt; Ruhmeshalle; Ruhmestag; Ruhmlosigkeit; Ruhmsucht; ruhmbedeckt; ruhmbegierig; rühmenswert; rühmlich; ruhmlos; ruhmreich; ruhmsüchtig; ruhmvoll; sich rühmen; sich seines Erfolges rühmen, *aber:* nicht viel Rühmens machen.
Ruhr (die, -, -en) Darminfektion. Adjektiv: ruhrkrank.
rüh|ren (V.) vermischen; bewegen; erwähnen. Rührei; Rührigkeit; Rührlöffel; Rührmaschine; Rührmichnichtan (Springkraut); Rührseligkeit; Rührstück; Rührteig; Rührung; rührend; rührig; rührselig.
Ru|in (der, -s, kein Plural) (lat.) Zusammenbruch; Untergang. Ruine; Ruinengrundstück; ruinenartig; ruinenhaft; ruiniert; ruinös; ruinieren.
rülp|sen (V.) laut aufstoßen. Rülpser.
rum (Adv.) (ugs.) herum. Verben: rumhängen; rumkriegen; rummachen.
Rum (der, -s, -s) (engl.) Branntwein. Rumaroma; Rumflasche; Rumkugel; Rumtopf; Rumverschnitt.
Ru|mä|ni|en (ohne Art., -s, kein Plural) Rumäne; rumänisch.
Rum|ba (der/die, -, -s) (span.) Tanz.
Rum|mel (der, -s, kein Plural) (ugs.) Trubel; Lärm. Rummelplatz; rummeln.
ru|mo|ren (V.) (lat.) dumpf lärmen.
rum|peln (V.) poltern. Rumpelkammer; Rumpelstilzchen; rump(e)lig.
Rumpf (der, -s, Rümp|fe) (engl.) Leib; Körper. Rumpfbeuge; Rumpffläche; Rumpfkreisen; Schiffsrumpf.
rümp|fen (V.) zusammenziehen; hochziehen.
Rump|steak (das, -s, -s) (engl.) Rindfleisch.
Run (der, -s, -s) (engl.) Ansturm.
rund (Adj.) kreisförmig; dick; ausgereift. *Beachte:* Das kostet rund (rd.) 1,5 Millionen Mark. Wir fahren rund um die Welt; *aber:* wir sind rundum zufrieden. Rund; Rundbau; Rundblick; Rundbogen; eine Nachricht macht die Runde; in die zweite Runde kommen; Rundenrekord; Runderlass; Rundflug; Rundfrage; Rundgang; Rundheit; Rundholz; Rundkurs; Rundlichkeit; Rundling; Rundreise; Rundruf; Rundschreiben; Rundspruch; Rundstrecke; Rundstricknadel; Rundumschlag; Rundung; Rundwanderweg; Rundweg. Adjektive: runderneuert; rundlich. Adverbien: rundheraus (freimütig); rundherum; rundum; rundumher; etwas rundweg (klar) ablehnen. Verben: runden; rundgehen; nebenan geht es rund.
Rund|funk (der, -s, kein Plural) Hörfunk. Rundfunkanstalt; Rundfunkempfänger; Rundfunkgebühr; Rundfunkgerät; Rundfunkprogramm; Rundfunkstation; Rundfunktechnik; Rundfunkübertragung; Rundfunkwerbung.

Ru|ne (die, -, -n) Schriftzeichen. Runenalphabet; Runenforschung; Runenschrift; Runenstein; Runologe; Runologie; runisch.
Run|kel|rü|be (die, -, -n) Futterrübe.
run|ter (Adv.) (ugs.) herunter; hinunter. Verben: runterfallen; runterfliegen; runterkommen; runterschlucken.
Run|zel (die, -, -n) Falte. Adjektiv: runz(e)lig. Verb: runzeln.
Rü|pel (der, -s, -) grober Mensch. Rüpelei; Rüpelhaftigkeit; rüpelhaft.
rup|fen 1. (Adj.) aus Jute. Rupfen; Rupfenleinwand; Rupfensack. 2. (V.) zupfen.
Ru|pie (die, -, -n) (sanskr.) Währung (Indien, Pakistan, Ceylon).
rup|pig (Adj.) grob; uneben. Ruppigkeit.
Ru|p|recht (der, -s, kein Plural) Knecht Ruprecht.
Rup|tur (die, -, -en) (lat.) 1. Zerreißung (von Gewebe); 2. Gesteinsriss.
ru|ral (Adj.) (lat.) ländlich.
Rü|sche (die, -, -n) Krause. Verb: rüschen.
Rush|hour (die, -, -s) (engl.) Stoßverkehrszeit; Hauptverkehrszeit.
Ruß (der, -es, -e) Kohlenstaub. Rußigkeit; Rußbrand; Rußstaub; rußbeschmutzt; rußfarben; rußfarbig; rußgeschwärzt; rußschwarz; rußig; rußen.
Rus|se (der, -n, -n) Einwohner Russlands. Russenstiefel; Russin; Russischbrot; russischgrün; Russland; russisches Roulett; russisch-orthodox.
rüs|ten (V.) vorbereiten; mit Waffen ausrüsten. Rüstanker; Rüstkammer; Rüstung; Rüstungsabbau; Rüstungsbegrenzung; Rüstungsindustrie; Rüstungskontrolle; Rüstungswettlauf; Rüstzeit; Rüstzeug; gerüstet.
rüs|tig (Adj.) gesund; frisch. Rüstigkeit.
rus|ti|kal (Adj.) (lat.) ländlich; einfach; bäuerlich; robust; grob; derb.
Ru|te (die, -, -n) Stöckchen; Zweig. Rutenbündel; Rutengänger; Angelrute; Wünschelrute; Wünschelrutengänger.
Ru|til (der, -s, -e) ein Mineral; Titandioxid.
Ru|ti|lis|mus (der, -, kein Plural) (nlat.) 1. Rothaarigkeit; 2. übermäßige Neigung zum Erröten.
rut|schen (V.) gleiten; schlittern. einen guten Rutsch ins neue Jahr; Rutschbahn; Rutsche; Rutschgefahr; Rutschpartie; rutschfest; rutschig; rutschsicher.
rüt|teln (V.) schütteln; zerren. Rüttelbeton; Rüttelei; Rüttelsieb; Rüttler.
Rwan|da (engl. Schreibung für Ru|an|da) (ohne Art., -s, kein Plural) afrikanischer Staat. Ruander; ruandisch; rwandisch.

s (Abk.) Sekunde.
S (Abk.) Schilling; Süd(en); Schwefel (chemisches Zeichen).
$ (Abk.) Dollar.
s. (Abk.) siehe!
s. a. (Abk.) sine anno.
Saal (der, -s, Sä|le) großer Raum. Saalbau; Saalordner; Saalreservierung; Saalschlacht.
Saar|land (das., -s, kein Plural) (dt.) Bundesland.
Saat (die, -, -en) Gesätes. Saatbohne; Saatenstand; Saatfeld; Saatgetreide; Saatgut; Saatkartoffel; Saatkorn; Saatkrähe; Saatzwiebel; säen.
Sa|ba|dil|le (die, -, -n) (span.) ein mittelamerikanisches Liliengewächs mit alkaloidhaltigen Samen, »Läusekraut«.
Sa|ba|yon (das, -s, -s) (franz.) Weinschaumcreme.
Sab|bat (der, -s, -e) (hebr.) Samstag, jüdischer Ruhetag. Sabbatjahr; Sabbatstille.
Sab|ba|ta|ri|er (der, -s, -) (hebr.-griech.-lat.) Angehöriger bestimmter christlicher Sekten, bei denen der Sabbat geheiligt wurde.
sab|beln (V.) (ugs.) schwätzen; sabbern. Sabbelfritze.
sab|bern (V.) (ugs.) Speichelausfluss haben; sabbeln. Sabber; Sabberlätzchen.
Sä|bel (der, -s, -) (ungar.) Waffe. Säbelbeine; Säbelduell; Säbelfechten; Säbelgerassel; Säbelhieb; Säbelrasseln; Säbelrassler; säbelbeinig; säbelförmig; säbelrasselnd; säbeln.
Sa|bi|nis|mus (der, -, kein Plural) (lat.) Erkrankung an dem stark abführend wirkenden Sabinaöl des Sadebaumes.
Sa|bot (der, -/-s, -s) (franz.) Damenschuh.
Sa|bo|ta|ge (die, -, -n) (franz.) Zerstörung; Vereitelung. Sabotageakt; Saboteur; sabotieren.
Sa|b|re (der, -s, -s) (hebr.) in Israel geborenes jüdisches Einwandererkind. Sabra (w.).
Sac|cha|ra|se (auch: Sa|cha|ra|se) (die, -, kein Plural) (sanskr.) ein Enzym.
Sac|cha|ri|me|ter (auch: Sa|cha|ri|me|ter) (das, -s, -) (griech.) Senkwaage zur Bestimmung des Zuckergehalts einer Lösung.
Sac|cha|rin (auch: Sa|cha|rin) (das, -s, kein Plural) (griech.) Süßstoff.
Sac|cha|ro|se (auch: Sa|cha|ro|se) (die, -, kein Plural) (griech.) Rohrzucker.

Sa|che (die, -, -n) Ding; Angelegenheit; Besitz. in Sachen Müller; kommen Sie doch zur Sache! Sachanlagevermögen; Sachbearbeiter; Sachbereich; Sachbeschädigung; Sachbezüge; Sachbuch; Sacheinlage; Sächelchen; Sachenrecht; Sachfirma; Sachgebiet; Sachgründung; Sachkatalog; Sachkenner; Sachkenntnis; Sachkunde; Sachkundiger; Sachlage; Sachlegitimation; Sachleistung; Sachlichkeit; Sachregister; Sachschaden; Sachspende; Sachverhalt; Sachverstand; Sachverständige; einige Sachverständige, *aber:* alle Sachverständigen; Sachverzeichnis; Sachwert; Sachwissen; Sachwörterbuch; Sachzusammenhang; Sachzwang; Adjektive: sachbezogen; sachdienliche Hinweise; sachfremd; sachgemäß; sachgerecht; sachkundig; sachlich; sächliches Geschlecht (Neutrum); sachverständig.
Sa|cher|tor|te (die, -, -n) Schokoladentorte.
Sa|chet (das, -s, -s) (franz.) kleines, mit duftenden Kräutern gefülltes Kissen.
sach|lich (Adj.) zur Sache gehörend; objektiv. sachliche Angaben; sachliche Kritik.
Sach|män|gel (die, -, kein Plural) inhaltliche Fehler.
Sach|sen (ohne Art., -s, kein Plural) (dt.) Bundesland. Sachse; sächsisch. *Aber:* Sächsisch (Dialekt).
Sach|sen-An|halt (ohne Art., -s, kein Plural) (dt.) Bundesland.
sacht (*auch:* sach|te) (Adv.) sanft; langsam; vorsichtig.
Sack (der, -s, Sä|cke) Beutel. Ich bestelle fünf Sack Mehl. Er verließ uns mit Sack und Pack. Sackbahnhof; Säckchen; Sackgasse; Sackhüpfen; Sackkleid; Sackleinen; Sackleinwand; Sackpfeife; Sacktuch; säckeweise; sackförmig; sackleinen; sackweise; sacken; sackhüpfen.
sa|cken (V.) in einen Sack verpacken.
Säck|ler (der, -s, -) Lederschneider; Lederhosenmacher. Säcklerei; Säcklermeister.
Sad|du|zä|er (der, -s, -) Angehöriger einer altjüdischen politisch-religiösen Gruppe.
Sa|del|baum (der, -s, -bäu|me) (lat.-dt.) in heißen Regionen wachsender Nadelbaum.
Sa|dis|mus (der, -, -dis|men) (franz.) Lust am Quälen. Sadist; sadistisch.
Sa|do|ma|so (der, -/-s, kein Plural) (Kurzw.) (ugs.) Sadomasochismus.
Sa|do|ma|so|chis|mus (der, -, -chis|men) Lust am Quälen und Gequältwerden. Sadomasochist; sadomasochistisch.
sä|en (V.) Saatgut ausstreuen. Säer; Säerin; Sämann.
Sa|fa|ri (die, -, -s) (arab.) Jagdreise; Fototour. Safarikleidung; Safarilook; Safaripark.
Safe (der/das, -s, -s) (engl.) Geldschrank.
Saf|fi|an (der, -s, kein Plural) (pers.) Ziegenleder. Saffianleder.
Sa|f|lor (der, -s, -e) (arab.-ital.) Färberdistel.
Sa|f|ran (der -s, -e) (pers.) Pflanzenfarbstoff; Gewürz (aus der getr. Frucht der Safranpflanze). Safranin; safrangelb.
Sa|f|rol (das, -s, kein Plural) Parfümöl.
Saft (der, -s, Säf|te) Getränke; Soße. Saftbraten; Säftchen; Saftfasten; Saftigkeit; Saftkur; Saftladen; Saftorange; Saftpresse; Safttag; saftgrün; saftig; saft- und kraftlos; saften.
Sa|ga (die, -, -s) 1. altisländische Erzählform 2. Familiengeschichte, -chronik mit literarischem Charakter.
Sa|ge (die, -, -n) überlieferte Erzählung. Sagenbuch; Sagendichtung; Sagenforschung; Sagenkreis; Sagenwelt; sagenhaft; sagenumwoben.
Sä|ge (die, -, -n) Werkzeug. Sägeblatt; Sägebock; Sägefisch; Sägemehl; Säger; Sägespäne; Sägewerk; Sägezahn; gesägt; sägen.
sa|gen (V.) reden; mitteilen; meinen. *Beachte:* Das dauerte sage und schreibe fünf Stunden. Jasager; Neinsager; sagbar; unsagbar.
sa|git|tal (Adj.) (lat.) parallel zur Mittelachse; von vorn nach hinten verlaufend (Anatomie).
Sa|go (der, -s, kein Plural) Speisestärke. Sagobaum; Sagopalme; Sagosuppe.
Sa|g|ra|da|rin|de (die, -, -n) (span.; dt.) in Nordamerika vorkommende Faulbaumrinde (ein Abführmittel).
Sa|gum (das, -s, Sa|ga) (kelt.-lat.) römischer Soldatenmantel aus dickem Wollstoff.
Sa|ha|ra (die, -, kein Plural) (arab.) Wüste. Saharadurchquerung.
Sa|hib (der, -/-s, -s) (arab.) Herr (als Anrede für einen Europäer in Indien und Pakistan).
Sah|ne (die, -, kein Plural) Rahm. Sahnebaiser; Sahnebonbon; Sahneeis; Sahnekännchen; Sahnesoße (*auch:* Sahnesauce); Sahnetorte; sahnig; sahnen.
Saib|ling (der, -s, -e) Lachsfisch.
Sai|ga (die, -, -s) (russ.) in Asien vorkommende, dem Schaf ähnelnde Antilope.
Sai|son (die, -, -s) (franz.) Jahreszeit; Hauptbetriebszeit. Saisonarbeit; Saisonarbeiter; Saisonausverkauf; Saisonbeschäftigung; Saisonbetrieb; Saisonende; Saisoneröffnung; Saisonschluss; Saisonwanderung; saisonal; saisonbedingt; saisonbereinigt; saisonweise.
Sai|son|be|ginn (der, -s, kein Plural) Anfang einer bestimmten Zeit.
Sai|son|ge|schäft (das, -s, -e) Geschäftsbetrieb in einer bestimmten Zeit des Jahres.
Sai|son|in|dus|t|rie (die, -, -n) Industriezweig, der in bestimmten Zeiten des Jahres aktiv ist.

Sai|son|schwan|kung (die, -, -en) Auf und Ab zu bestimmten Zeiten des Jahres.
Sai|son|zu|schlag (der, -s, -schlä|ge) Aufpreis in der Hochsaison.
Sai|te (die, -, -n) Bespannung (Musikinstrumente; Tennis-, Squashschläger). Saiteninstrument; Saitenspiel; zart besaitet; zwölfsaitig.
Sa|ke (der, -, kein Plural) (jap.) Reiswein.
sak|ka|diert (Adj.) (franz.) medizinischer Ausdruck für ruckartig, stoßartig (z. B. vom Atem).
Sak|ko (der/das, -s, -s) Jackett. Sakkoanzug; Sakkokombination.
sa|k|ral (Adj.) (lat.) heilig; kirchlich. Sakralbau.
Sa|k|ra|ment (das, -s, -e) (lat.) kultische Handlung. Sakramentalien; Sakramentshäuschen; sakramental; sakramentlich.
Sa|k|ri|fi|zi|um (das, -s, -zi|en (lat.) Messopfer.
Sa|k|ri|leg (das, -s, -e) (lat.) Frevel; Vergehen. Sakrilegium; sakrilegisch.
Sa|k|ris|tan (der, -s, -e) (lat.) Küster.
Sa|k|ris|tei (die, -, -stei|en) (lat.) Nebenraum (Kirche).
Sa|k|ro|dy|nie (die, -, -n) (lat.; griech.) medizinischer Begriff für Schmerzen in der Kreuzbeingegend.
sa|k|ro|sankt (Adj.) (lat.) heilig; unverwundbar.
sä|ku|la|ri|sie|ren (V.) (lat.) verweltlichen. Säkularisation; Säkularisierung; Säkularisierungsprozess.
Sä|ku|lar|kle|ri|ker (der, -s, -) Geistlicher, der nicht an ein Kloster gebunden ist; Weltgeistlicher.
Sa|lam! (Interj.) (arab.) Friede! (Gruß). Salam alaikum.
Sa|la|man|der (der, -s, -) (griech.) Molch.
Sa|la|mi (die, -, -/-s) (ital.) Wurst. Salamischeibe; Salamitaktik; Salamiwurst.
Sa|lan|ga|ne (die, -, -n) (malai.) südostasiatischer Vogel, dessen Speichelnester zu »Schwalbennestersuppe« verarbeitet werden.
Sa|lär (das, -s, -e) (franz.) Gehalt; Lohn.
sa|la|rie|ren (V.) (schweiz.) (franz.) besolden; durch Einkommen vergüten.
Sa|lat (der, -s, -e) Gemüse; Zuspeise. Fruchtsalat; Kartoffelsalat; Kopfsalat; Salatbesteck; Salatgurke; Salatkartoffel; Salatöl; Salatpflanze; Salatplatte; Salatschüssel.
Sa|la|ti|e|re (die, -, -n) (altmodisch für) Salatschüssel.
Sa|lat|so|ße (die, -, -n) Dressing.
Sal|ba|der (der, -s, -) Heuchler. Salbaderei; salbadern.
Sal|be (die, -, -n) Creme/Kreme; Paste. Salbentube; Salböl; Salbung; salben.

Sal|bei (der, -s, kein Plural) (lat.) Heilkraut. Salbeitee.
sal|bungs|voll (Ad).) übertrieben; theatralisch.
Sal|chow (der, -/-s, -s) Sprung (Eiskunstlauf).
Sal|do (der, -s, -s/Sal|den/Sal|di) (ital.) Differenz zwischen Soll und Haben. Saldokonto; Saldoübertrag; Saldovortrag; saldieren.
Sa|lep (der, -s, -s) (arab.) aus den Wurzelknollen von Knabenkraut hergestelltes Heilmittel.
Sales|ma|na|ger (der, -s, -) (engl.) Verkaufsleiter. Salesmanagerin.
Sales|pro|mo|tion (die, -, kein Plural) (engl.) Absatzsteigerung. Salespromoter; Salespromoterin.
Sa|lettl (das, -s, -/-n) (österr.) (ital.) Gartenhäuschen.
sa|lisch (Adj.) (lat.) überwiegend aus Kieselsäure und Tonerde bestehend (von Mineralien).
Sa|li|ne (die, -, -n) (lat.) Salzwerk. Salinensalz; salinisch.
Sa|li|zyl|säu|re (auch: Sa|li|cyl|säu|re) (die, -, kein Plural) (lat.-griech.) Konservierungs-, Heilmittel.
Salk|imp|fung (die, -, -en) Impfung gegen Kinderlähmung. Salkvakzine (auch: Salk-Vakzine) (Impfstoff).
Salm (der, -s, -e) (lat.) Lachs; (ugs.) Gerede.
Sal|mi|ak (der, -s, kein Plural) (lat.) Ammoniumverbindung; Düngemittel. Salmiakgeist; Salmiaklösung; Salmiakpastille.
Sal|mo|nel|len (die, nur Plural) Darmbakterien.
Sal|mo|nel|len|ver|gif|tung (die, -, -en) Salmonellose.
Sal|mo|nel|lo|se (die, -, -) durch Salmonellen hervorgerufene Vergiftung.
Sal|mo|ni|de (die, -, -n) (lat.) Lachsfisch.
Sa|lo|mo|nen (die, nur Plural) Inselgruppe im Pazifik; Salomoninseln.
sa|lo|mo|nisch (Adj.) weise.
Sa|lon (der, -s, -s) (franz.) Raum; Geschäft. Salondame; Salonlöwe; Salonmusik; Salonwagen; salonfähig.
Sa|lon|or|ches|ter (das, -s, -) kleines Ensemble aus Streichern und Klavier für Unterhaltungsmusik.
Sa|loon (der, -s, -s) (engl.) Bierlokal.
sa|lopp (Adj.) (franz.) lässig; nachlässig. Saloppheit.
Sal|pe (die, -, -n) (griech.) gallertiges Manteltier.
Sal|pe|ter (der, -s, kein Plural) (lat.) Salz der Salpetersäure. Salpeterdünger; Salpetererde; Salpetersäure; salpeterhaltig; salpet(e)rig.
Sal|pin|gi|tis (die, -, kein Plural) (griech. lat.) medizinischer Begriff für Eileiterentzündungen.

Sal'sa (die, -, kein Plural) (span.) auf südamerikanischer Volksmusik aufbauende Rockmusik.
Sal'se (die, -, -n) (ital.) Schlammkegel; Schlammaufsprudelung (in Sumpfgebieten).
SALT (*auch:* Salt) (Abk.) Strategic Arms Limitation Talks (Gespräche zur Begrenzung strategischer Waffen). SALT-Konferenz (*auch:* Salt-Konferenz).
Sal'ta'rel'lo (der, -s, -rel'li) (ital.) volkstümlicher Tanz.
Sal'ta'to (das, -s, -s) Technik von Streichern, mit hüpfendem Bogen zu spielen, um ein sogenanntes Staccato zu erzeugen.
Sal'tim'boc'ca (das, -s, -s) (ital.) doppeltes Kalbsschnitzel mit Salbei, rohem Schinken und Weißweinsoße.
Sal'to (der, -s, -s/Sal'ti) (ital.) Überschlag; Rolle. Salto mortale.
sa'lü (Adv.) (franz.) Gruß.
sa'lu'ber (Adj.) (lat.) heilsam (körperlich); gesund.
Sa'lu'b'ri'tät (die, -, kein Plural) das Salubersein.
Sa'lu'ki (der, -s, -s) (arab.) persischer Windhund.
Sa'lut (der, -s, -e) (franz.) Ehrensalve. Salutschuss; salutieren.
Sa'lu'ta'ti'on (die, -, -en) (lat.) veraltet für feierliche Begrüßung.
Sa'lu'tist (der, -en, -tis'ten) (lat.) Heilsarmist.
Sal'va'tor (der/das, -s, kein Plural) (lat.) Starkbier. Salvatorbier; Salvatorbräu.
Sal'via (die, -, kein Plural) Salbei (als Heilpflanze).
Sal've (die, -, -n) (lat.) Schüsse. Maschinengewehrsalve; Salvenfeuer.
Salz (das, -es, -e) chemische Verbindung; Würzmittel. Salzader; Salzbad; Salzbergwerk; Salzboden; Salzbrezel; Salzbrunnen; Salzfass; Salzfleisch; Salzgarten; Salzgrube; Salzgurke; Salzhering; Salzkartoffeln; Salzlake; Salzlecke; Salzlette; Salzlösung; Salzmandel; Salzpfanne; Salzpflanze; Salzsäule; Salzsäure; Salzsee; Salzsiederei; Salzsole; Salzstange; Salzsteppe; Salzsteuer; Salzstock; Salzstreuer; Salzwasser; Salzwerk; Salzwüste. Adjektive: salzarm; salzartig; salzhaltig; salzig; salzlos; salzsauer. Verb: salzen; die Suppe ist stark gesalzen, *aber:* das sind gesalzene (sehr hohe) Preise.
Salz'burg (ohne Art., -s, kein Plural) österreichische Stadt und Bundesland.
Sa'ma'ri'ter (der, -s, -) Hilfeleistender; Krankenpfleger. Samariterdienst; Samaritertum.
Sa'ma'ri'um (das, -s, kein Plural) Metall; chemischer Grundstoff (Sm).

Sa'mar'kand (der, -/-s, -s) nach der usbekischen Stadt benannter geknüpfter Teppich mit Medaillonmuster auf gelbem Grund.
Sam'ba (der, -s, -s) Tanz.
Sam'bal (das, -s, -s) (malai.) indonesisches Reisgewürz.
Sam'bia (ohne Art., -s, kein Plural) Sambier; sambisch.
Sam'bu'ca (die, -, -s) (ital.) italienischer Anislikör.
Sa'men (*auch:* Sa'me) (der, -s, -) Keim; Saat; Sperma. Samenabgang; Samenanlage; Samenbank; Samenbau; Samenbläschen; Samenentleerung; Samenerguss; Samenfaden; Samenfaser; Samenfluss; Samenflüssigkeit; Samengang; Samenhandlung; Samenkapsel; Samenkern; Samenkörner; Samenleiter; Samenpflanze; Samenstrang; Samenträger; Samenübertragung; Samenzelle; Samenzwiebel; Samenzucht; vielsamig.
sä'mig (Adj.) dickflüssig. Sämigkeit.
sä'misch (Adj.) mit Öl gegerbt. Sämischgerberei; Sämischgerbung; Sämischleder.
Säm'ling (der, -s, -e) junge Pflanze; aus Samen gezogene Pflanze.
Sam'mel'kar'te (die, -, -n) Karte zum Aufkleben von Sammelpunkten.
sam'meln (V.) anhäufen; zusammentragen; versammeln; sich konzentrieren. Sammelalbum; Sammelanschluss; Sammelauftrag; Sammelband; Sammelbecken; Sammelbegriff; Sammelbestellung; Sammelbezeichnung; Sammelbüchse; Sammeldepot; Sammeleifer; Sammelfahrschein; Sammelgut; Sammelheizung; Sammelkasse; Sammelkonto; Sammelladung; Sammelleidenschaft; Sammellinse; Sammelliste; Sammelmappe; Sammelname; Sammelnummer; Sammelpass; Sammelplatz; Sammelschiene; Sammelstelle; Sammelsurium; Sammeltransport; Sammeltrieb; Sammelüberweisung; Sammelwerk; Sammelwut; Sammlerfleiß; Sammlerfreude; Sammler/in; Sammlung.
Sam'mel'punkt (der, -s, -e) Bonuspunkt.
Sam'mel'sen'dung (die, -, -en) Versandpaket mit mehreren Sendungen.
Sa'mo'je'de (der, -n, -n) 1. Angehöriger eines nordsibirischen Nomadenvolks. 2. eine Schlittenhundrasse.
Sa'mos (der, -, -) griechischer Wein. Samoswein.
Sa'mo'war (der, -s, -e) (russ.) russische Teemaschine.
Sam'pan (der, -s, -s) (chines.) Hausboot.
Sam'ple (das, -s, -s) (engl.) Stichprobe; Muster; Auswahl.

Sam|p|ler (der, -s, -) (engl.) Musikauswahl auf einer LP/CD/MC.
Sams|tag (der, -s, -e) Wochentag (Abk.: Sa.).
samstags.
samt (Präp., Dat.) einschließlich. *Beachte:* die Familie samt dem Großvater; samt und sonders.
Samt (der, -s, -e) Gewebe. Samtblume; Samtband; Samthandschuh; Samthose; Samtpfötchen; Samtrock; samtartig; samten; samtig; samtweich.
sämt|lich (Pron., indef.; Zahlw.) alle; ganz. sie waren sämtlich (vollzählig) erschienen; *Beachte:* Das folgende Adjektiv wird schwach gebeugt: sämtliches vorhandene Eigentum; *aber:* im Plural selten auch starke Beugung: sämtliche vortrefflichen (*seltener:* vortreffliche) Einrichtungen.
Sa|mum (der, -s, -s) (arab.) trockenheißer Wüstenwind; Sandwind (in Arabien, Nordafrika).
Sa|mu|rai (der, -, -s) (jap.) Krieger.
sa|na|bel (Adj.) (lat.) heilbar.
Sa|na|to|ri|um (das, -s, -ri|en) (lat.) Heilkrankenhaus. Sanatoriumsaufenthalt.
Sanc|tus (das, -, -) (lat.) Lobgesang.
Sand (der, -s, -e) feinkörniges Material. Sandbahn; Sandbahnrennen; Sandbank; Sandboden; Sandburg; Sandfelsen; Sandförmchen; Sandgebirge; Sandgräber; Sandgrube; Sandhaufen; Sandkasten; Sandkorn; Sandkuchen; Sandmann; Sandpapier; Sandsack; Sandschiefer; Sandstein; Sandstrahlgebläse; Sandstrand; Sandsturm; Sandtorte; Sanduhr; Sandwüste. Adjektive: sandfarben; sandfarbig; sandig. Verben: sanden; sandstrahlen.
San|dal (das, -s, -s) (pers.-arab.-türk.) schmales, langes, spitz zulaufendes türkisches Boot.
San|da|le (die, -, -n) (griech.) Sommerschuh. Sandalette.
San|da|rak (der, -s, kein Plural) (griech.) Harz.
San|del|holz (das, -es, -höl|zer) Holzart. Sandelholzöl; Sandelbaum; Sandelöl.
San|der (der, -s, -) Sand-, Geröllfläche (in Island).
San|di|nist (der, -en, -nis|ten) Anhänger der nationalen Befreiungsfront in Nicaragua.
Sand|wich (der/das, -/-es, -e/-es) (engl.) belegtes Brötchen. Sandwichbauweise; Sandwichkind.
Sand|wich|tech|nik (die, -, kein Plural) die Verbindung von Platten unterschiedlicher Stärke und Materialien; bei der Herstellung von Flugzeugen bevorzugtes Verfahren.
San|for (ohne Artikel) Kennzeichnung für Baumwollgewebe, die nicht eingehen.

san|fo|ri|sie|ren (V.) Gewebe einlaufsicher machen.
sanft (Adj.) weich; zärtlich; leicht. Sanftheit; Sanftmut; sanftmütig; besänftigen.
Sänf|te (die, -, -n) Tragesitz. Sänftenträger.
Sän|ger (der, -s, -) jemand, der singt; Künstler. Sang; mit Sang und Klang; Sängerbund; Sängerbühne; Sängerbund; Sängerchor; Sängerfest; Sängerschaft; Sängerwettstreit; Sangesbruder; Sangeslust; sangesfreudig; sangesfroh; sangeslustig; sie verschwand sang- und klanglos; sanglich; sangbar; singen.
Sän|ger|krieg (der, -s, -e) sagenhafter Sängerstreit auf der Wartburg.
Sän|ger|streit (der, -s, -e) Sängerwettstreit.
San|g|ria (die, -, -s) (span.) Bowle (Rotwein, Obst).
San|g|ri|ta (die, -, -s) (span.) scharfes Tomatengetränk.
san|gu|i|nisch (Adj.) (lat.) lebhaft; fröhlich. Sanguiniker.
san|gu|i|no|lent (Adj.) medizinischer Ausdruck für blutvermischt (z. B. Urin).
Sa|ni (der, -s, -s) (Kurzw.) (ugs.) Sanitäter.
sa|nie|ren (V.) (lat.) heilen; renovieren; finanziell gesund machen. Sanierung; Sanierungsbilanz; Sanierungsgebiet; Sanierungskosten; Sanierungsmaßnahmen; Sanierungsplan.
sa|ni|tär (Adj.) (franz.) gesundheitlich; hygienisch. Sanitäreinrichtung.
Sa|ni|tät (die, -, kein Plural) (lat.) Militärgesundheitswesen (Schweiz).
Sa|ni|tä|ter (der, -s, -) (lat.) medizinischer Helfer; Pfleger. Sanitätsauto; Sanitätsdienst; Sanitätskasten; Sanitätskolonne; Sanitätskorps; Sanitätsoffizier; Sanitätsrat (Abk.: San.-Rat); Sanitätswache; Sanitätswagen; Sanitätswesen; Sanitätszug.
San|ka (*auch:* San|kra) (der, -s, -s) (Kurzw.) Sanitätskraftwagen.
Sankt (lat.) heilig (Abk.: St.). Sankt Gallen, *aber:* sankt-gallisch.
Sank|ti|on (die, -, -ti|o|nen) (lat.) Strafmaßnahme. Sanktionierung; sanktionieren.
Sankt|tis|si|mum (das, -s, kein Plural) (lat.) Allerheiligstes.
Sankt-Nim|mer|leins-Tag (der, -s, kein Plural) niemals. bis zum Sankt-Nimmerleins-Tag warten; am Sankt-Nimmerleins-Tag.
Sank|tu|a|ri|um (das, -s, -ri|en) (lat.) Raum um den Altar.
San Ma|ri|no (ohne Art., -s, kein Plural) ital. Kleinstaat.
San|se|vi|e|ria (die, -, -ri|en) (ital.-nlat.) tropisches Liliengewächs; Faser-; Zierpflanze.
San.-Rat (Abk.) Sanitätsrat.

Sans|k|rit (das, -s, kein Plural) Sprache. Sanskritforschung; Sanskritist; Sanskritistik; sanskritisch.
Sans|sou|ci (franz.) »ohne Sorge«. Schloss Sanssouci.
San|ya|sin (der, -, -s) (sanskr.) Angehöriger einer auf hinduistischem Gedankengut aufbauenden Sekte.
Sa|phir (der, -s, -e) (griech.) Edelstein. Saphirnadel; Saphirschmuck.
Sa|pi|ne (die, -, -n) (franz.) Werkzeug zum Wegziehen von Baumstämmen.
Sa|po|nin (das, -s, -e) (lat.) Pflanzengift.
sap|per|lot! (*auch:* sap|per|ment!) (Interj.) (franz.) Ausruf (Verärgerung, Verwunderung, Unwillen).
Sa|p|ro|bi|ont (der, -en, -en) (griech.) Lebewesen, das sich von Zersetzungsstoffen ernährt (z. B. Schlammamöben).
sa|p|ro|gen (Adj.) (griech.) Fäulnis erregend.
Sa|p|ro|pel (das, -s, -e) (griech.) Faulschlamm.
Sa|p|ro|pha|gen (die, nur Plural) Pflanzen oder Tiere, die sich von faulenden Stoffen ernähren.
sa|p|ro|phil (Adj.) als Organismus auf/in/von faulenden Stoffen lebend.
Sa|p|ro|phyt (der, -en, -en) (griech.) pflanzlicher Saprobiont (z. B. bestimmte Bakterien).
sa|p|ro|phy|tisch (Adj.) als Pflanze auf/von faulenden Stoffen lebend.
Sa|rab (der, -s, -s) (iran.) schwerer, handgeknüpfter Teppich.
Sa|ra|ban|de (die, -, -n) (franz.) Tanz.
Sa|ra|fan (der, -s, -e) (russ.) Kleidungsstück mit weitem Halsausschnitt, Bestandteil der russ. Frauentracht des 18. und 19. Jh.
Sa|ra|ze|ne (der, -n, -n) (arab.) Araber; Mohammedaner. Adjektiv: sarazenisch.
Sar|de (der, -n, -n) Einwohner Sardiniens.
Sar|del|le (die, -, -n) (ital.) Fisch. Sardellenbutter; Sardellenpaste.
Sar|di|ne (die, -, -n) (ital.) Fisch. Sardinenbüchse.
Sar|di|ni|en (ohne Art., -s, kein Plural) Mittelmeerinsel.
sar|disch (Adj.) zu Sardinien gehörig.
sar|do|nisch (Adj.) (lat.) krampfhaft; verzerrt.
Sar|d|o|nyx (der, -, -e) (griech.) Halbedelstein.
Sarg (der, -s, Sär|ge) Leichenbehälter. Sargdeckel; Sargnagel; Sargträger; Sargtuch.
Sa|ri (der, -/-s, -s) (sanskr.) gewickeltes Gewand indischer Frauen.
sar|kas|tisch (Adj.) (griech.) spöttisch. Sarkasmus.
Sar|kom (das, -s, -e) (griech.) bösartige Bindegewebsgeschwulst. Sarkomatose; sarkomatös.
Sar|ko|phag (der, -s, -e) (griech.) Steinsarg; Prunkschrein.
Sa|rong (der, -/-s, -s) Hüfttuch.
Sar|rass (der, -ras|ses, -ras|se) (poln.) Säbel.
Sar|sa|pa|ril|le (die, -, -n) (span.) tropische Stechwinde; deren saponinhaltige Wurzel (als harntreibendes Mittel).
Sar|se|nett (der, -es, -e) (griech.-lat.-franz.-engl.) Futterstoff aus Baumwolle.
Sas|sa|f|ras (der, -, -) (franz.) Lorbeerbaum. Sassafrasbaum; Sassafrasöl.
Sas|sa|ni|de (der, -n, -n) (pers.) Angehöriger eines 224–651 regierenden persischen Herrschergeschlechts.
sas|sa|ni|disch (Adj.) das Herrschergeschlecht der Sassaniden betreffend.
Sa|tan (der, -s, -e) (hebr.) Teufel. Satansbraten; Satanismus; satanisch.
Sa|tans|pilz (der, -es, -e) Giftpilz.
Sa|tel|lit (der, -en -en) (lat.) Trabant; Flugkörper. Satellitenbahn; Satellitenbild; Satellitenfernsehen; Satellitenflug; Satellitenfoto; Satellitenstaat; Satellitenstadt; Satellitenübertragung.
Sa|tel|li|ten|sta|ti|on (die, -, -ti|o|nen) Raumstation, die um die Erde kreist.
Sa|tin (der, -s, -s) (franz.) Gewebe. Satinbluse; Satinholz; Satinpapier; satinartig.
Sa|ti|na|ge (die, -, -n) das Satinieren.
sa|ti|nie|ren (V.) glätten. Satiniermaschine; Satinierpresse; Satinierwalze.
Sa|ti|re (die, -, -n) (lat.) ironischer Spott. Satiriker; satirisch.
Sa|tis|fak|ti|on (die, -, -ti|o|nen) (lat.) Genugtuung. Adjektiv: satisfaktionsfähig.
Sa|t|rap (der, -en, -en) (griech.) altpersischer Provinzstatthalter.
Sa|t|ra|pie (die, -, -n) Statthalteramt.
Sat|su|ma (die, -, -n) Mandarinensorte.
satt (Adj.) gesättigt; selbstzufrieden; intensiv. *Beachte:* ein sattes Grün, *aber:* sattgrün; ein sattes Lächeln; ich bin/habe es satt; ich kann mich gar nicht sattsehen; sich satt essen. Sattheit; Sättigung; Sättigungsgrad; Sättigungspunkt; gesättigt; sattblau; sattrot; sattsam (genügend); sättigen.
Sat|tel (der, -s, Sät|tel) Sitz; Bergsattel. Satteldach; Satteldecke; Sattelgurt; Sattelknopf; Sattelnase; Sattelpferd; Sattelschlepper; Satteltasche; Satt(e)lung; Sattelzeug; Sattelzug; sattelfest; satteln.
Satt|heit (die, -, kein Plural) das Sattsein; Zufriedenheit; Trägheit. Nimm die alte Sattheit fort!
Satt|ler (der, -s, -) Handwerker. Sattlerarbeit; Sattlerei; Sattlerhandwerk; Sattlerkneif; Sattlermeister.

sa'tu'riert (Adj.) (lat.) gesättigt. Saturation; saturieren.
Sa'turn (der, -s, kein Plural) (lat.) Planet. Saturnrakete (*auch:* Saturn-Rakete); saturnisch.
Sa'tur'nis'mus (der, -, -men) (lat.) medizinischer Begriff für Bleivergiftung.
Sa'tyr (der, -s/-n, -s/-n) (griech.) Naturgeist. Satyrspiel; satyrartig.
Satz (der, -es, Sät'ze) 1. Äußerung; Wahlspruch; 2. Garnitur; 3. Abschnitt; 4. Rest; Sprung. Satzanalyse; Satzaussage (Prädikat); Satzball; Satzband (Kopula); Satzbau; Satzbruch; Sätzchen; Satzergänzung; Satzfehler; Satzgefüge; Satzgegenstand (Subjekt); Satzglied; Satzkonstruktion; Satzlehre (Syntax); Satzmaterial; Satzreihe; Satzspiegel; Satztechnik; Satzteil; Satzverbindung; Satzzeichen; Satzzusammenhang. Adjektive: ein dreisätziges Musikstück; satzwertig; satzweise.
Satz'me'lo'die (die, -, -n) Betonungsschwankungen innerhalb eines gesprochenen Satzes.
Sat'zung (die, -, -en) Ordnung; Vorschrift. Adjektiv: satzungsgemäß.
Sau (die, -, Säue) Hausschwein; Wildschwein (Plural: Sauen); Schimpfwort. Saubohne; Sauerei; Sauhatz; Sauhaufen; Sauhund; Saujagd; Saukerl; Saumagen; Saustall; Sauwetter; Sauwut; säuisch; sauen.
sau... (ugs.) sehr. Adjektive: saublöd; saudumm; saugrob; saugut; saukalt; saumäßig; sauwohl.
Sau'ar'beit (die, -, -en) (ugs.) überaus unangenehme Arbeit.
Sau'ban'de (die, -, kein Plural) (ugs.) unangenehme Gruppe von Leuten.
sau'ber (Adj.) rein; gut; anständig; hübsch. Sauberkeit; Saubermann; Säuberung; Säuberungsaktion; säuberlich; säubern. sauber halten; ich habe sauber gehalten; sauber machen (*auch:* saubermachen); ich habe sauber gemacht (*auch:* saubergemacht).
Sau'ber'keits'fim'mel (der, -s, -) krankhafte Putzwut.
Sau'ce (*auch:* So'ße) (die, -, -n) (franz.) Soße. Sauce hollandaise; saucieren.
Sau'ci'e're (die, -, -n) Soßengefäß.
Sau'di (der, -s, -s) (Kurzw.) Saudi-Araber.
Sau'di-Ara'bi'en (ohne Art., -s, kein Plural) Saudi-Araber; Saudi-Araberin; saudi-arabisch; saudisch.
sau'er (Adj.) 1. nicht süß; 2. wütend; 3. verdorben. Sauerampfer; Sauerbraten; Sauerdorn; Sauerkirsche; Sauerklee; Sauerkohl; Sauerkraut; Säuerlichkeit; Sauermilch; Sauerrahm; Sauerteig; Sauertopf; Säuerung; Sauerwasser; Sauregurkenzeit; säuerlich; süßsauer; säuern.

Sau'er'stoff (der, -s, kein Plural) chemischer Grundstoff (Abk.: O). Sauerstoffapparat; Sauerstoffbad; Sauerstoffflasche (*auch:* Sauerstoff-Flasche); Sauerstoffgerät; Sauerstoffmangel; Sauerstoffmaske; Sauerstoffpatrone; Sauerstoffversorgung; Sauerstoffzelt; Sauerstoffzufuhr; sauerstoffhaltig.
sau'fen (V., soff, hat gesoffen) trinken; alkoholsüchtig sein. Saufaus; Saufbold; Saufbruder; Säufer/in; Sauferei; Säuferleber; Säufernase; Säuferwahnsinn; Saufgelage; Saufkumpan; saufgierig; sauflustig.
Sauf'ge'nos'se (der, -n, -n) Saufkumpan.
Sau'fraß (der, -es, kein Plural) (ugs.) besonders schlechtes Essen.
sau'gen 1. (V., sog, hat gesogen) einziehen; trinken. Saugader; Saugflasche; Sauger; Saugfähigkeit; Saugglocke; Saugkraft; Saugleitung; Saugmassage; Saugnapf; Saugpumpe; Saugrohr; Saugrüssel; Saugwirkung; Saugwurm; saugfähig. 2. (V., saugte, hat gesaugt) staubsaugen; absaugen. Saugbagger.
säu'gen (V.) nähren; stillen. Säuger; Säugetier; Säugling; Säuglingsausstattung; Säuglingsernährung; Säuglingsheim; Säuglingspflege; Säuglingsschwester; Säuglingssterblichkeit; Säuglingswaage.
Sau'käl'te (die, -, kein Plural) (ugs.) besonders eisige Kälte.
Säu'le (die, -, -n) Stützpfeiler. Säulchen; Säulenabschluss (Kapitell); Säulenfuß; Säulengang; Säulenhalle; Säulenkaktus; Säulenordnung; Säulenportal; Säulenschaft; Säulentempel; vielsäulig.
Saum (der, -s, Säu'me) Rand. Saumnaht; Saumpfad; Saumtier; säumen.
säu'men (V.) umranden; zögern. Säumer; Säumigkeit; Säumnis; Säumniszuschlag; säumig.
Saum'se'lig'keit (die, -, -en) Langsamkeit. saumselig
Sau'na (die, -, -s/Sau'nen) (finn.) Heißluftbad. Saunaabend; Saunabad; Saunabenutzung; Saunabetrieb; Saunawart; saunen; saunieren.
Säu're (die, -, -n) chemische Verbindung. Säurefarbstoff; Säuregehalt; Säuremantel; Säuremesser; Säureschutzanzug; Säurevergiftung; säurebeständig; säurefest; säurefrei; säurehaltig; säurig.
Säu're'bad (das, -, -bä'der) Säurelösung (z. B. für die Filmentwicklung).
Sau're-Gur'ken-Zeit (*auch:* Sau're'gur'kenzeit) (die, -, -en) Phase, in der sich nichts ereignet.
Sau'ri'er (der, -s, -) ausgestorbene Riesenechse. Saurierknochen.

Saurolith (der, -en, -en) (griech.) versteinerter Saurier.
Sau|ro|po|de (der, -n, -n) Sammelbegriff für Pflanzen fressende Riesensaurier.
säu|seln (V.) flüstern; wehen. Gesäusel.
sau|sen (V.) brausen; rasen. *Beachte:* Er führte ein Leben in Saus und Braus. Nebenan läuft eine große Sause (Fest). Sausewind; sausen lassen (*auch:* sausenlassen) (ugs.: aufgeben).
Sau|ser (der, -s, -) (südd.) 1. junger Wein; Most. 2. durch dessen Genuss hervorgerufener Rausch.
Sau|ternes (der, -, -) (franz.) schwerer, süßer Weißwein aus der Gegend südlich von Bordeaux.
sau|tie|ren (V.) (franz.) in Fett schwenken. Sautierpfanne.
Sa|van|ne (die, -, -n) (span.) Grassteppe. Savannenlandschaft.
Sa|va|rin (der, -s, -s) Heferingkuchen.
Sa|voir-vi|v|re (das, -, kein Plural) (franz.) Kunst des Lebens.
Sa|vo|y|ar|de (der, -n, -n) Ew. von Savoyen.
Sa|xi|fra|ga (die, -, -gen) (lat.) eine Pflanzengattung; Steinbrech.
Sa|xo|fon (*auch:* Sa|xo|phon) (das, -s, -e) Blasinstrument. Saxofonist (*auch:* Saxophonist); Saxofonspieler (*auch:* Saxophonspieler).
Sb (Abk.) Stibium (Antimon; chemisches Zeichen).
SB (Abk.) Selbstbedienung. SB-Markt; SB-Tankstelle.
S-Bahn (die, -, -en) (Kurzw.) Schnellbahn. S-Bahnhof; S-Bahn-Wagen.
S-Bahn-Bau (der, -s, kein Plural) Errichtung einer S-Bahn-Strecke.
S-Bahn-Fah|rer (der, -s, -) Zugführer einer S-Bahn.
S-Bahn-Fahr|plan (der, -s, -plä|ne) Zugfolge einer S-Bahn-Linie.
S-Bahn-Gleis (das, -es, -e) Schienen einer S-Bahn.
S-Bahn-Hal|te|stel|le (die, -, -n) S-Bahn-Station.
S-Bahn-Li|nie (die, -, -n) regelmäßig verkehrende S-Bahn.
S-Bahn-Sta|ti|on (die, -, -ti|o|nen) Haltestelle einer S-Bahn.
S-Bahn-Stre|cke (die, -, -n) Weg einer S-Bahn-Linie.
S-Bahn-Sur|fer (der, -s, -) (dt.-engl.) jmd., der verbotenerweise auf dem Dach einer S-Bahn mitfährt.
S-Bahn-Sur|fing (das, -s, kein Plural) (dt.-engl.) das Klettern und Mitfahren auf dem Dach einer S-Bahn während der Fahrt.

S-Bahn-Tun|nel (der, -s, -) S-Bahn-Schacht.
S-Bahn-Wer|bung (die, -, kein Plural) Plakatwerbung in S-Bahnen oder S-Bahnhöfen.
SBB (Abk.) Schweizerische Bundesbahn.
s. Br. (*auch:* südl. Br.) (Abk.) südliche(r) Breite.
Sbrinz (der, -, kein Plural) Reibkäse.
Sc (Abk.) Scandium (chemisches Zeichen).
Sca|la (die, -, kein Plural) (ital.) Opernhaus. Mailänder Scala.
Sca|ling (das, -s, kein Plural) (engl.) Größenanpassung von Bildvorlagen vor der Verwendung in Prospekten oder Anzeigen.
Scam|pi (die, nur Plural) (ital.) Krebschen; Shrimps.
Scan|di|um (das, -s, kein Plural) (lat.) Metall; chemischer Grundstoff (Abk.: Sc).
Scan|ner (der, -s, -) (engl.) elektronisches Abtast-, Lesegerät.
Scart (der, -s, -s) (franz.) Steckverbindung zum Anschluss von Videogeräten.
sce|man|do (lat.-ital.) Anweisung im Notentext für abnehmende Lautstärke, schwächer werdend.
Scene (die, -, -s) (engl.) Milieu.
Schab|ber (der, -, -) (hebr.) kleines Brecheisen.
Scha|be (die, -, -n) Insekt; Werkzeug. Schabefleisch; Schabeisen; Schaber; Schaberei; Schabkunst; Schabmesser; schaben.
Scha|ber|nack (der, -s, -na|cke) Streich.
schä|big (Adj.) ärmlich; gemein; heruntergekommen. Schäbigkeit.
Schab|lo|ne (die, -, -n) Muster; Form. Schablonenarbeit; Schablonendruck; schablonenhaft; schablonenmäßig; schablonieren; schablonisieren.
Scha|bot|te (die, -, -n) (franz.) Unterbau für einen Maschinenhammer.
Scha|b|ra|cke (die, -, -n) (türk.) Zierdecke; (ugs.) Abgenutztes.
Schab|zi|ger (*auch:* Schab|zie|ger) (der, -, kein Plural) harter Kräuterkäse.
Schach (das, -s, -s) (pers.) Brettspiel; Königbedrohung. *Beachte:* dem Gegner Schach bieten; den Gegner in Schach halten. Schachbrett; Schachbrettmuster; Schachcomputer; Schachfigur; Schachmeister; Schachmeisterschaft; Schachpartie; Schachspiel; Schachspieler; Schachtisch; Schachturnier; Schachuhr; Schachweltmeisterschaft; Schachzug; schachbrettartig; schachmatt.
scha|chern (V.) (jidd.) (ugs.) handeln; feilschen. Schacher; Schacherei; Schacherer.
Schacht (der, -s, Schäch|te) Höhlung; Grube. Schachtanlage; Schachtmeister; Schachtofen; schachten.

Schachtel 448 schalten

Schach'tel (die, -, -n) 1. Behälter; 2. (ugs.) alte Frau. Schächtelchen; Schachtelgesellschaft; Schachtelhalm; Schachtelsatz; Schachtelteufelchen; schachteln.
schäch'ten (V.) (hebr.) gemäß jüdischem Brauch schlachten. Schächter; Schächtung.
scha'de (Adj.) bedauernswert. schade um die Zeit. Dafür bist du mir zu schade. Es ist jammerschade.
Schä'del (der, -s, -) Kopfknochen. Schädelbasisbruch; Schädelbruch; Schädeldach; Schädeldecke; Schädelform; Schädelhöhle; Schädelkult; Schädelnaht; Schädelstätte; dickschäd(e)lig.
Scha'den (der, -s, Schä'den) Nachteil; Verletzung; Beschädigung. *Beachte:* Schaden nehmen; zu Schaden kommen. Schadenberechnung; Schaden(s)ersatz; Schadenersatzpflicht; Schaden(s)feststellung; Schadenfreude; Schadennachweis; Schadensbericht; Schadensfall; Schadenverhütung; Schadenversicherung; Schadfraß; Schadhaftigkeit; Schädiger; Schädigung; Schadinstinkt; Schädlichkeit; Schädling; Schädlingsbekämpfung; Schadstoffbegrenzung. Adjektive: schaden(s)ersatzpflichtig; schadenfroh; schadhaft; schädigend; schädlich; schadlos; schadstoffarm; schadstofffrei *(auch:* schadstoff-frei); schadstoffreich. Verben: schaden; schädigen.
Scha'den'er'satz'an'spruch (der, -es, -sprüche) Anrecht auf Schadensersatz.
Scha'duf (der, -s, -s) (ägypt.) Schöpfvorrichtung, bei der eine Kelle an einem Hebebaum befestigt ist.
Schaf (das, -s, -e) Nutztier. Schafbock; Schäfchen; Schäfchenwolke; Schäfer; Schäferdichtung; Schäferei; Schäfergedicht; Schäferhund; Schäferhütte; Schäferkarren; Schäferroman; Schäferspiel; Schäferstündchen; Schaf(s)kälte; Schaf(s)käse; Schaf(s)kopf; Schafleder; Schäflein; Schaf(s)milch; Schafpelz; Schafschur; Schafstall; Schafweide; Schafwolle; Schafzucht.
Schäf'chen'wol'ke (die, -, -n) Wolke in der Form eines Schafskörpers.
Schaffell (das, -s, -e) Pelz eines Schafs.
Schaff (das, -s, -e) (südd.) Bottich. Schäffchen.
schaffen (V.) 1. erreichen; hervorbringen; 2. (ugs.) arbeiten; 3. (ugs.) aufreiben. Diese Arbeit schafft mich noch. Das macht mir zu schaffen. Schaffen; Schaffensdrang; Schaffensfreude; Schaffenskraft; Schaffenslust; Schaffer; Schaffung; schaffensfreudig; schaffenskräftig; schaffenslustig.
Schäff'ler (der, -s, -) Fassmacher. Schäfflertanz.

Schaff'ner (der, -s, -) Zugbegleiter. Schaffnerin; schaffnerlos.
Schaf'gar'be (die, -, -n) Pflanze. Schafgarbentee.
Schaf'kopf (der, -s, kein Plural) Kartenspiel.
Scha'fott (das, -s, -e) (niederl.) Hinrichtungsgerüst.
Schaft (der, -s, Schäf'te) Stange; Stiel; Stiefelteil. Schäfter; Schaftleder; Schäftlein; Schaftstiefel; schäften.
Schah (der, -s, -s) (pers.) Herrschertitel.
Scha'kal (der, -s, -e) (sanskr.) Raubtier. Schakalaugen.
Scha'ka'ré (der, -s, -s) (indian.-portugies.) in Südamerika vorkommende, breitmaulige Krokodilart.
Schä'kel (der, -s, -) Ring. Verb: schäkeln.
schä'kern (V.) (jidd.) necken. Schäker; Schäkerei; Schäkerin.
schal (Adj.) fade; witzlos. Schalheit.
Schal (der, -s, -s) Halstuch.
Scha'le (die, -, -n) Schüssel; Hülle. Schalbrett; Schälchen; Schalenbauweise; Schalenguss; Schalenobst; Schalensessel; Schalensitz; Schalenwild; Schalholz; Schalung; Verschalung; dickschalig; schallos.
schä'len (V.) ablösen; enthüllen. Schäleisen; Schälkur; Schälung.
Scha'len'obst (das, -obs'tes, kein Plural) Früchte mit harter Schale.
Schalk (der, -s, -e/Schäl'ke) Schelm; Spaßmacher. Schalkhaftigkeit; Schalkheit; schalkhaft.
schal'len (V.) hallen; laut tönen. Schall; Schallabsorption; Schallarchiv; Schallbecher; Schallboden; Schalldämmung; Schalldämpfer; Schalldeckel; Schalldose; Schalllehre *(auch:* Schall-Lehre); Schallleiter *(auch:* Schall-Leiter); Schallgeschwindigkeit; Schallkörper; Schallmauer; Schallmessung; Schallplatte; Schallplattenalbum; Schallplattenaufnahme; Schallplattenindustrie; Schallrohr; Schalltrichter; Schallwelle; Schallwort. Adjektive: schalldämmend; schalldämpfend; schalldicht; schallgedämpft; schallschluckend; schalltot.
Schal'mei (die, -, -en) Blasinstrument. Schalmeibläser; Schalmeienklang.
Schal'lot'te (die, -, -n) (franz.) Lauchzwiebel.
schal'ten (V.) anknipsen; anschließen; Gangschaltung betätigen; hantieren; (ugs.) verstehen. Schaltanlage; Schaltbild; Schaltelement; Schalter; Schaltgetriebe; Schalthebel; Schaltjahr; Schaltkasten; Schaltknüppel; Schaltkreis; Schaltpause; Schaltplan; Schaltpult; Schaltsatz; Schaltskizze; Schalttafel; Schaltuhr; Schaltung; Schaltweg; Schaltwerk; Schaltzeichen; Schaltzentrale.

Schal|ter (der, -s, -) Informationsannahmestelle; Einschaltknopf. Schalterbeamte; Schalterdienst; Schalterhalle; Schalterraum; Schalterstunden.
Schalt|stel|le (die, -, -n) Zentrale; Schaltraum.
Scha|lup|pe (die, -, -n) (franz.) Beiboot.
Scham (die, -, kein Plural) Verlegenheit; Beschämung; Geschlechtsteilgegend. Schambein; Schamberg; Schamgefühl; Schamgegend; Schamhaare; Schamhaftigkeit; Schamlippen; Schamlosigkeit; Schamröte; Schamteile; schamhaft; schämig; schamlos; schämen; schamrot.
Scha|ma|ne (der, -n, -n) (sanskr.) Zauberer; Priester. Schamanismus.
Scham|bock (der, -s, -e/-s) (niederl.) Nilpferdpeitsche.
Scha|mott (der, -s, kein Plural) (jidd.) (ugs.) Plunder.
Scha|mot|te (die, -, kein Plural) (ital.) feuerfester Ton. Schamottestein; Schamotteziegel; schamottieren.
scham|po|nie|ren (*auch:* scham|pu|nie|ren) (V.) mit Shampoo einschäumen.
Scham|pus (der, -, kein Plural) (ugs.) Champagner; Sekt.
schand|bar (Adj.) schändlich.
Schan|de (die, -, kein Plural) Beschämung; Blamage. Schandbube; Schänder; Schandfleck; Schandgeld; Schändlichkeit; Schandmahl; Schandmaul; Schandpfahl; Schandtat; Schändung; Schandurteil; schandbar; schändlich; geschändet; schänden.
schang|hai|en (V.) (ugs.) gewaltsam heuern.
Schan|gri|la (das, -/-s, kein Plural) (ind.) mystischer Ort.
Schank (der, -s, Schän|ke) Ausschank. Schankbetrieb; Schankbier; Schankerlaubnis; Schankgewerbe; Schankkonzession; Schankstube (*auch:* Schänkstube, Schenkstube); Schanktisch (*auch:* Schänktisch, Schenktisch); Schankwirt (*auch:* Schänkwirt, Schenkwirt); Schankwirtschaft (*auch:* Schänkwirtschaft, Schenkwirtschaft). *Aber:* ausschenken.
Schan|ker (der, -s, -) (franz.) Geschlechtskrankheit. weicher Schanker; harter Schanker.
Schan|tung|sei|de (die, -, -n) nach der chinesischen Provinz Schantung benannte Wildseide; Stoff aus Kunstfaser mit wildseidenähnlicher Oberflächenstruktur.
Schan|ze (die, -, -n) Befestigungswall; Absprungbau. Schanzarbeit; Schanzbau; Schanzdeck; Schanzenrekord; Schanzentisch; Schanzwerk; Schanzzeug; Sprungschanze; schanzen.
Schapf (der, -s, -e) (südd.) Schöpfkelle.

Schap|pe (die, -, -n) (franz.) Stoff aus Abfallseide.
Schar (die, -, -en) Gruppe; Menge; Pflugschar. Scharschmied; scharenweise; scharen.
Scha|ra|de (die, -, -n) (franz.) Worträtsel.
Scha|raff (der, -s, kein Plural) (hebr.) in Israel vorkommender, heißer Wüstenwind.
Schar|bocks|kraut (das, -s, kein Plural) Feigwurz.
Schä|re (die, -, -n) kleine Inseln. Schärenkreuzer; Schärenküste.
scharf (Adj.; schärfer, schärfste) geschliffen; stark gewürzt; eisig; schrill; heftig; bissig. Scharfblick; Schärfe; Scharfeinstellung; Schärfentiefe; Scharfmacher; Scharfrichter; Scharfschießen; Scharfschütze; Scharfsichtigkeit; Scharfsinn; Schärfung; Scharfzüngigkeit. Adjektive: scharfäugig; scharfkantig; scharfsichtig; scharfsinnig; scharfzackig; scharfzahnig; scharfzüngig. Verben: schärfen; scharfmachen (aufhetzen); eine Bombe scharf machen (*auch:* scharfmachen).
Scha|ria (die, -, kein Plural) (arab.) im Koran und Hadith niedergeschriebene Regelungen für das gesamte islamische Leben.
Schar|lach 1. (der, -s, -e) rote Farbe. Scharlachfarbe; scharlachfarben; scharlachfarbig; scharlachen; scharlachrot. 2. (der, -s, kein Plural) Infektionskrankheit. Scharlachausschlag.
Schar|la|tan (der, -s, -e) (franz.) Betrüger. Scharlatanerie.
Scharm (*auch:* Charme) (der, -s, kein Plural) (franz.) Zauber; Liebreiz. Adjektiv: scharmant (*auch:* charmant).
Schar|müt|zel (das, -s, -) kurzer Kampf; kleine gewalttätige Auseinandersetzung. Verb: scharmützeln.
Schar|nier (das, -s, -e) (franz.) Drehgelenk. Scharnierband; Scharniergelenk; Scharnierstift.
Schär|pe (die, -, -n) Schulter-, Hüftband. Brustschärpe.
schar|ren (V.) kratzen; graben. Scharre. Scharreisen; Scharrfuß; Scharrharz.
Schar|te (die, -, -n) Lücke; Narbe; (ugs.) Fehler. Hasenscharte; schartig.
Schar|tel|ke (die, -, -n) altes Buch; (ugs.) alte Frau.
schar|wen|zeln (V.) sich anbiedern.
Schasch|lik (der/das, -s, -s) (russ.) Fleischspieß. Schaschliksoße (*auch:* Schaschliksauce).
schas|sen (V.) (franz.) (ugs.) entlassen; vertreiben.
Schat|ten (der, -s, -) Umriss; dunkler Fleck. Schattenbild; Schattenblume; Schattenboxen; Schattendasein; Schattenkabinett; Schatten-

pflanze; Schattenreich; Schattenriss; Schattenseite; Schattenspiel; Schattierung. Adjektive: schattenhaft; schattenlos; schattenreich; schattenseitig; schattiert; schattig. Verb: schattieren; Schatten spenden; Schatten spendend (*auch:* schattenspendend).
Schat|ten|ge|wächs (das, -es, -e) Pflanzengattung.
Schat|ten|mo|rel|le (die, -, -n) Sauerkirsche.
Scha|tul|le (die, -, -n) Schächtelchen. Schmuckschatulle.
Schatz (der, -es, Schät|ze) Geld; Kostbarkeit; Kosewort. Schätzchen; Schatzgräber; Schatzkammer; Schatzkästlein; Schatzmeister; Schatzsuche.
schät|zen (V.) 1. hochachten; 2. vermuten. Schatzamt; Schatzanweisung; Schätzer; Schätzpreis; Schätzung; Schätzwert; schätzbar; unschätzbar; schätzungsweise; schätzen lernen; wir haben sie alle lieben und schätzen gelernt.
schät|zens|wert (Adj.) bewundernswert.
schau|dern (V.) zittern; Angst haben. *Beachte:* mir/mich schaudert. Schauder; Schaudergeschichten; Schauder erregend (*auch:* schaudererregend); schauderhaft; schaudervoll.
schau|en (V.) sehen; blicken; sich kümmern. Schau; Schaubild; Schaubude; Schaubühne; Schaufenster; Schaufensterbummel; Schaufensterpuppe; Schaugeschäft; Schauinsland; Schaukampf; Schaukasten; Schaulaufen; Schaulustige; Schaupackung; Schauplatz; Schauprogramm; Schauseite; Schauspiel; Schauspieler/in; Schauspielhaus; Schauspielschule; Schausteller; Schaustellung; Schautafel; Schautanz; Schauturnen. Adjektive: schaubar; schaubegierig; schaulustig; schauspielerisch. Verben: schaulaufen; schauspielern; schaustellen, *aber:* etwas zur Schau stellen.
Schau|er (der, -s, -) Regenschauer; das Schaudern. Mir läuft ein Schauer über den Rücken!
Schau|er|mann (der, -s, -män|ner) Hafenarbeiter.
schau|ern (V.) schaudern. Schauer; Schauerbild; Schauergeschichte; Schauerlichkeit; Schauermärchen; Schauerroman; schauerlich; schauervoll.
Schau|fel (die, -, -n) Werkzeug. Schaufelblatt; Schaufellader; Schaufelrad; Schaufelradbagger; Schaufelraddampfer; schaufelförmig; schauf(e)lig; schaufeln.
Schauf|ler (der, -s, -) Dammhirsch.
Schau|kel (die, -, -n) Wippe; Schwingvorrichtung. Schaukelei; Schaukelpferd; Schaukelpolitik; Schaukelreck; Schaukelstuhl; Schaukler; schauk(e)lig; schaukeln.

Schaum (der, -s, Schäu|me) Gischt; Bläschenmasse. Schaumbad; Schaumbeton; Schaumblase; Schaumgebäck; Schaumglas; Schaumgold; Schaumgummi; Schaumkrone; Schaumlöffel; Schaumlöschgerät; Schaumreiniger; Schaumrolle; Schaumschläger; Schaumschlägerei; Schaumstoff; Schaumstoffmatratze; Schaumwein; schaumbedeckt; schaumgebremst; schaumig; schäumen.
Schaum|ge|burt (die, -, -en) sagenhafte Geburt der Göttin Aphrodite aus dem Schaum der Wellen.
schau|rig (Adj.) gruselig. Schaurigkeit; schaurig-schön.
Scheck 1. (*auch:* Check, Cheque) (der, -s, -s) (engl.) Zahlungsmittel. *Beachte:* Eurocheque; Eurochequekarte (*auch:* Eurocheque-Karte)! Scheckbetrug; Scheckbuch; Scheckfälschung; Scheckheft; Scheckkarte; Scheckverkehr. 2. (*auch:* Sche|cke) (der, -en, -en) (franz.) geschecktes Pferd, Rind. Scheckvieh; scheckig; scheckig braun; gescheckt.
Sched|bau (*auch:* Shed|bau) (der, -es, -bau|ten) (engl.) einstöckiges Bauwerk mit Satteldach.
Sched|dach (*auch:* Shed|dach) (das, -s, -dä|cher) (engl.) aus verschieden großen und geneigten Flächen bestehendes Dach; Sattel- oder Sägedach.
scheel (Adj.) schief; missgünstig. Scheelsucht; scheeläugig; scheel blickend (*auch:* scheelblickend); scheelsüchtig.
scheffeln (V.) anhäufen, (geizig) zusammenraffen. Scheffel.
schef|fel|wei|se (Adj.) haufenweise.
Sche|he|ra|za|de (*auch:* Sche|he|re|za|de) (die, -, kein Plural) (pers.) Märchenerzählerin.
Schei|be (die, -, -n) Platte; Stück; Schnitte; Glas. Scheibchen; Scheibenbremse; Scheibengardine; Scheibenhonig; Scheibenkleister; Scheibenschießen; Scheibenwaschanlage; Scheibenwischer; scheibenförmig; scheibig; scheibchenweise.
schei|ben (V.) (südd.) schieben. Kegel scheiben.
Scheich (der, -s, -e/-s) (arab.) Oberhaupt. Scheichtum.
schei|den (V., schied, hat geschieden) trennen; zerteilen; weggehen (ist-Perfekt!). Scheide; Scheidegruß; Scheidemünze; Scheideentzündung; Scheidewand; Scheidepunkt; Scheidewasser; Scheideweg; Scheidung; Scheidungsgrund; Scheidungsklage; Scheidungsprozess; geschieden.
Schei|den|ab|strich (der, -es, -e) Untersuchung der Scheidenflüssigkeit.

Scheidenkrampf — Scherz

Schei|den|krampf (der, -es, -krämp|fe) Vaginismus.
Schei|dungs|ur|kun|de (die, -, -n) Dokument einer Scheidung.
schei|nen (V., schien, hat geschienen) leuchten; den Anschein haben. Schein; Scheinangriff; Scheinblüte; Scheindasein; Scheinehe; Scheinfirma; Scheinfriede; Scheingefecht; Scheingesellschaft; Scheingrund; Scheinkauf; Scheinmanöver; Scheinproblem; Scheintod; Scheinvertrag; Scheinwelt; Scheinwerfer; Scheinwerferlicht; Scheinwiderstand; Adjektive: scheinbar; scheintot.
Schein|hei|lig|keit (die, -, kein Plural) Heuchelei. Scheinheilige; scheinheilig.
Schein|schwan|ger|schaft (die, -, -en) krankhafte Vorstellung schwanger zu sein mit den Symptomen einer Schwangerschaft.
Scheiß (der, -, kein Plural) (ugs.) Unsinn.
Schei|ße (die, -, kein Plural) (ugs.) Kot; (ugs.) Missgeschick. Scheißdreck; Scheißer; Scheißerei; Scheißhaus; Scheißkerl; Scheißwetter; scheißegal; scheißfreundlich; scheißvornehm; scheißen.
Scheit (das, -s, -e) Holzstück. Scheiterhaufen; Scheitholz; scheiten.
Schei|tel (der, -s, -) Haarstrich; Spitze. Scheitelpunkt; Scheitelwert; Scheitelwinkel; scheiteln.
schei|tern (V.) erfolglos sein; missglücken.
Schei|tern (das, -s, kein Plural) Niederlage; Fehlschlag.
Sche|kel (der, -s, -) (hebr.) Währung (Israel).
Schelf (der/das, -s, -e) (engl.) Kontinentalsockel.
Schel|fe (die, -, -n) Hülse; Schale; Schuppe. Adjektiv: schelf(e)rig. Verb: schelfe(r)n.
Schelf|meer (das, -es, -e) den Kontinenten vorgelagertes Meeresgebiet bis 200 Meter Tiefe.
Schel|lack (der, -s, -la|cke) (niederl.) Harz. Schellackplatten.
Schel|le (die, -, -n) Haltebügel; Klingel; (ugs.) Ohrfeige. Schellenbaum; Schellengeläut; Schellenmütze; Schellentrommel; schellen.
Schel|len (das, -s, -) Spielkartenfarbe. Schellen sticht.
Schell|fisch (der, -es, -e) Fischsorte.
Schelm (der, -s, -e) Spaßvogel. Schelmenroman; Schelmenstreich; Schelmenstück; Schelmerei; schelmisch.
Schel|men|ge|sicht (das, -s, -er) verschlagener Gesichtsausdruck.
schel|ten (V., schalt, hat gescholten; ich schelte, du schiltst) tadeln; schimpfen. Schelte; Scheltrede; Scheltwort.

Sche|ma (das, -s, -s/-ma|ta) (griech.) Anleitung; Entwurf. Schemabrief; Schematismus; Schematisierung; schematisch; schematisieren.
Schem|bart (der, -s, -bär|te) Bartmaske. Schembartlaufen; Schembartspiel.
Sche|mel (der, -s, -) Hocker.
sche|men|haft (Adj.) gespenstisch; undeutlich. Schemen.
Schen (das, -s, -s) (chines.) chinesische Mundharmonika.
Schen|ke (auch: Schän|ke) (die, -, -n) Wirtshaus; Ausschank.
Schen|kel (der, -s, -) Teil des Beins; Geräteteil; Winkelseite. Schenkelbruch; Schenkelhals; Schenkelknochen; Schenkelweichen; gleichschenk(e)lig.
schen|ken (V.) 1. geben; 2. schütten. Beachte: Das kannst du dir schenken (das ist nicht wichtig). Schenkung; Schenkungsbrief; Schenkungsurkunde; Schenkungsvertrag.
Schen|kungs|steu|er (die, -, -n) Steuer auf Schenkungen.
Sche|ol (der, -s, kein Plural) (hebr.) das Totenreich im Alten Testament.
schepp (auch: scheps) (Adj.) schief.
schep|pern (V.) (südd.) klappern. Schepperkasten.
Scher (der, -s, -e) (Kurzw.) Schermaus (Maulwurf).
Scher|be (die, -, -n) Zerbrochenes; Trümmer. Beachte: Die Beziehung ging in Scherben (zerbrach). Scherbengericht; Scherbenhaufen.
scher|beln (V.) tanzen.
sche|ren (V., schor, hat geschoren) abschneiden; rasieren; sich kümmern; weglaufen. Beachte: Mich schert das nicht; scher dich zum Teufel! alles über einen Kamm scheren. Schere; Scherenfernrohr; Scherenschleifer; Scherenschnabel; Scherenschnitt; Scherenzaun; Scherer; Scherkopf; Schermaschine; Schermesser; Scherrahmen; Scherung; Scherwolle.
Sche|re|rei|en (die, nur Plural) (ugs.) Schwierigkeiten.
Scherf|lein (das, -s, -) kleine Gabe.
Scher|ge (der, -n, -n) Verräter; Handlanger. Schergendienst.
Sche|rif (der, -en, -e/-en) (arab.) Nachkomme Mohammeds.
Scher|maus (die, -, -mäu|se) (südd.) Maulwurf; Wasserratte.
Scherz (der, -es, -e) Spaß; Witz. Beachte: im/aus Scherz. Scherzartikel; Scherzbold; Scherzfrage; Scherzgedicht; Scherzhaftigkeit; Scherzrätsel; Scherzrede; Scherzwort; scherzhaft; scherzhafterweise; scherzweise; scherzen.

scher'zan'do (Adv.) (ital.) heiter, scherzend (bei Musikstücken).
Scher'zel (das, -s, -) (südd.) Brotanfang, -ende.
Scher'zo (das, -s, -s/Scher'zi) (ital.) scherzando gespieltes Musikstück; schneller Sonatensatz.
scheu (Adj.) schüchtern; furchtsam. Scheu; Scheuklappen; sich scheuen; scheuen.
scheu'chen (V.) verjagen. Scheuche; Vogelscheuche.
scheu'ern (V.) reiben; putzen. Scheuerbesen; Scheuerlappen; Scheuersand; Scheuertuch.
Scheu'ne (die, -, -n) Lagerhaus. Scheunendrescher; Scheunentor.
Scheu'sal (das, -s, -e) Bestie; böser Mensch.
scheuß'lich (Adj.) hässlich; schlimm; böse. *Beachte:* das Scheußlichste (am scheußlichsten) ist, dass ... *Aber:* Das war das Scheußlichste, was ich je sah. Scheußlichkeit.
Schi → Ski.
Schicht (die, -, -en) 1. Lage; 2. Gruppe; 3. Arbeitszeit; Arbeitsgruppe. Schichtarbeit; Schichtarbeiter/in; Schichtenfolge; Schichtenspezifik; Schichtholz; Schichtenkäse; Schichtlohn; Schichtstufe; Schichtung; Schichtunterricht; Schichtwechsel; Schichtwolke. Adjektive: schichtenspezifisch; schicht(en)weise; schichtig; mehrschichtig. Verb: schichten.
Schicht'füh'rer (der, -s, -) Schichtleiter.
Schicht'lei'ter (der, -s, -) Schichtführer.
schick (*auch:* chic) (Adj.) (franz.) modisch; elegant. *Beachte:* in gebeugter Form nur »schick«! ein schickes (*nicht:* chices!) Kleid. Schick (*auch:* Chic); Schickeria; Schickimicki.
schi'cken (V.) senden; passen; (südd.) sich beeilen.
schick'lich (Adj.) passend. Schicklichkeit.
Schick'sal (das, -s, -e) Fügung; Zufall. Schicksalsdrama; Schicksalsglaube; Schicksalsgöttin; Schicksalsschlag; Schicksalstragödie; Schicksalswende; Schickung; schicksalhaft; schicksal(s)ergeben; schicksalsschwanger.
Schick'sals'fra'ge (die, -, -n) die alles entscheidende Frage.
Schick'sals'ge'fähr'te (der, -n, -n) jmds. Freund, der das gleiche Schicksal erträgt.
Schick'sals'ge'mein'schaft (die, -, -en) enge Abhängigkeit voneinander.
Schie'be'büh'ne (die, -, -n) verschiebbare Bühne.
schie'ben (V., schob, hat geschoben) bewegen; drängen; betrügen. Schiebedach; Schiebefenster; Schieber; Schieberei; Schiebermütze; Schiebesitz; Schiebkarre; Schieblade; Schieblehre; Schiebung.
Schie'ber'ge'schäft (das, -s, -e) illegaler Schwarzhandel.
Schie'be'tür (die, -, -en) Tür, die sich beiseiteschieben lässt.
Schie'be'tür'vor'rich'tung (die, -, -en) Mechanik einer Schiebetür.
Schieb'leh're (die, -, -n) Messgerät.
schiech (Adj.) (südd.) hässlich.
Schieds'ge'richt (das, -s, -e) Vermittlung. Schiedsspruch; Schiedsurteil; Schiedsverfahren; schiedsgerichtlich.
Schieds'rich'ter (der, -s, -) Unparteiischer. Schiedsrichterball; Schiedsrichterbeleidigung; Schiedsrichterentscheidung; schiedsrichterlich; schiedsrichtern.
schief (Adj.) schräg; verdreht; falsch; scheel. *Beachte:* schiefe Blicke; auf die schiefe Bahn geraten; *aber:* der Schiefe Turm von Pisa. Schreibung in Verbindung mit Verben: schief gehen/laufen (nicht gerade gehen/laufen), *aber:* schiefgehen/schieflaufen (ugs. für misslingen); den Mund schief ziehen (*auch:* schiefziehen); sie hat den Absatz schief getreten (*auch:* schiefgetreten); er hat den Verband schief gewickelt; ein schief gewickelter (*auch:* schiefgewickelter) Verband. Schiefe; Schiefheit; schiefwinklig.
Schie'fer (der, -s, -) Gestein; Holzsplitter. Schieferbruch; Schieferdach; Schiefergebirge; Schieferöl; Schieferstift; Schiefertafel; Schieferung; schiefergrau; schief(e)rig; schiefern.
Schie'fer'kas'ten (der, -s, -käs'ten) Schatulle für Schreibzeug.
schie'len (V.) schief blicken. Schielauge; schieläugig.
Schie'ne (die, -, -n) Gleis; Lauf; Verstärkung. Schienbein; Schienbeinschützer; Schienenbahn; Schienenbus; Schienenfahrzeug; Schienennetz; Schienenräumer; Schienenstrang; Schienenstraße; Schienenweg; schienen.
schier 1. (Adj.) rein; 2. (Adv.) beinahe; fast.
Schier'ling (der, -s, -e) giftige Pflanze. Schierlingsbecher.
schie'ßen (V., schoss, hat geschossen) 1. feuern; 2. fotografieren; 3. schnell wachsen; 4. (ugs.) rasen. *Beachte:* sein Gesicht war zum Schießen (zum Lachen); der Jäger hat ihm/ihn ins Bein geschossen; *aber:* ein Gedanke ist mir in den Kopf geschossen. Schießausbildung; Schießbefehl; Schießbude; Schießbudenfigur; Schießeisen; Schießen; Schießerei; Schießgewehr; Schießhund; Schießplatz; Schießprügel; Schießpulver; Schießscharte; Schießscheibe; Schießsport; Schießstand; Schießübung; etwas schießen lassen (*auch:* schießenlassen) (ugs.) aufgeben.
Schieß'wut (die, -, kein Plural) unkontrollierte Lust am Schießen.

schieß'wü'tig (Adj.) schnell zum Schießen bereit.
Schiet (der, -s, kein Plural) (nordd.) (ugs.) Unsinn; Scheiße. Schietkram.
Schiff (das, -s, -e) Boot; Kirchenraum. Schiffbarkeit; Schiffbau; Schiffbruch; Schiffbrüchige; Schiffbrücke; Schiffer/in; Schifferknoten; Schiffermütze; Schiffsagent; Schiffsarzt; Schiffsbesatzung; Schiffschaukel; Schiffseigner; Schiffsjunge; Schiffskapitän; Schiffskatastrophe; Schiffskoch; Schiffsladung; Schiffslaterne; Schiffsmakler; Schiffsmannschaft; Schiffsname; Schiffsreise; Schiffsraum; Schiffsrumpf; Schiffsschraube; Schiffstau; Schiffstaufe; Schiffsverkehr; Schiffswerft; Schiffszwieback. Adjektive: schiffbar; schiffbrüchig. Verb: schiffen.
Schiff'bau (der, -s, kein Plural) Anfertigung von Schiffen.
Schiff'chen (das, -s, -) kleines Schiff; Militärmütze.
Schiffer'kla'vier (das, -s, -e) (ugs.) Ziehharmonika.
Schiffer'kno'ten (der, -s, -) Knoten, die auf See gebraucht werden.
Schiffer'müt'ze (die, -, -n) Matrosenmütze.
Schiff'fahrt (*auch:* Schiff-Fahrt) (die, -, kein Plural) Verkehr zu Schiff. Schifffahrtsgesellschaft; Schifffahrtslinie; Schifffahrtspolizei; Schifffahrtsweg.
Schiff'fahrts'recht (das, -s, -e) Rechtsgrundlage der Schiffahrt.
Schiff'fahrts'stra'ße (die, -, -n) Strecke, die von Schiffen befahren werden kann.
Schiffs'koch (der, -s, -kö'che) Koch eines Schiffes.
Schiffs'mak'ler (der, -s, -) Agent für Schiffe.
Schiffs'mo'dell (das, -s, -e) Modell eines Schiffes.
Schiffs'pa'pie're (die, nur Plural) Dokumente und Unterlagen eines Schiffes.
Schi'is'mus (der, -, kein Plural) (arab.) Glaubenslehre (Islam). Schiit; schiitisch.
Schi'ka'ne (die, -, -n) (franz.) Hindernis; Gemeinheit. Adjektiv: schikanös. Verb: schikanieren.
Schild 1. (das, -s, -er) Tafel; Plakette. Schilderhaus; Schildermaler; Beschilderung. 2. (der, -s, -e) Schutzwaffe. Schildbürger; Schildbürgerstreich; Schildfarn; Schildkröte; Schildlaus; Schildwache.
Schild'chen (das, -s, -) kleines Schild.
Schild'drü'se (die, -, -n) Hormondrüse. Schilddrüsenhormon; Schilddrüsenunterfunktion, -überfunktion.

Schild'drü'sen'lei'den (das, -s, -) Beschwerden mit der Schilddrüse.
Schil'der'häus'chen (das, -s, -) kleines Wächterhaus.
Schil'der'ma'ler (der, -s, -) Plakatmaler.
schil'dern (V.) beschreiben. Schilderer; Schilderung.
Schil'der'wald (der, -s, -wäl'der) unübersichtliche Häufung von Schildern. Der Schilderwald auf Deutschlands Straßen.
Schil'der'wand (die, -, -wän'de) Auskunftstafel.
Schild'knap'pe (der, -n, -n) Diener eines Ritters.
Schilf (das, -s, -e) (lat.) Gras. Schilfdach; Schilfgras; Schilfrohr; schilfbedeckt; schilf(e)rig; schilfen (aus Schilf).
Schil'ler'kra'gen (der, -s, -krä'gen) Hemdkragenform.
Schil'ler'lo'cke (die, -, -n) Gebäck; Fisch.
schil'lern (V.) glänzen. Schiller; schillernd.
Schil'ler'wein (der, -s, -e) Weinsorte.
Schil'ling (der, -s, -e) Währung (Österreich; Abk.: S, öS).
Schi'mä're (*auch:* Chi'mä're) (die, -, -n) (griech.) Trugbild. Adjektiv: schimärisch.
Schim'mel 1. (der, -s, kein Plural) Pilz. Schimmelpilz; schimm(e)lig; schimmeln. 2. (der, -s, -) weißes Pferd. Schimmelreiter.
schim'mern (V.) schwach leuchten. Schimmer; schimmernd.
Schim'pan'se (der, -n, -n) Affe. Schimpansenweibchen.
schim'pan'so'id (Adj.) (afrikan.; griech.) den Schimpansen ähnlich.
schimp'fen (V.) schelten; fluchen. mit Schimpf und Schande; Schimpferei; Schimpfkanonade; Schimpfname; Schimpfwort; schimpflich.
Schi'na'kel (das, -s, -n) (österr.) (ungar.) kleines (Ruder-)Boot; schlechtes Boot.
Schin'del (die, -, -n) Dachschindel.
Schin'deln (die, nur Plural) Dachbedeckung. Schindeldach; schindeln.
schin'den (V., schindete, hat geschunden) quälen. Schinder; Schinderei; mit jemandem Schindluder treiben; Schindmähre.
Schin'der'kar'ren (der, -s, -) (ugs.) Schubkarren eines Abdeckers; altes Auto.
Schin'ken (der, -s, -) 1. Fleisch; 2. (ugs.) dickes Buch; großes Bild; langer Film. Schinkenbrötchen; Schinkenspeck; Schinkenwurst.
Schin'ken'röll'chen (das, -s, -) eingerollte Schinkenscheiben mit Füllung.
Schin'ken'wurst (die, -, -würs'te) Wurstsorte.

Schin'to'is'mus (der, -, kein Plural) (jap.) Nationalreligion Japans. Schintoist; schintoistisch.
Schip'pe (die, -, -n) Schaufel. Verb: schippen.
schip'pern (V.) (ugs.) auf einem Schiff fahren.
Schi'ras (der, -, -) ein persischer Teppich.
Schi'ri (der, -s, -s) (Kurzw.) (ugs.) Schiedsrichter (im Sport).
Schirm (der, -s, -e) Schutz; Blende. Regenschirm; Schirmbild; Schirmbildaufnahme; Schirmbildgerät; Schirmdach; Schirmgitter; Schirmherr; Schirmherrschaft; Schirmhülle; Schirmmütze; Schirmpilz; Schirmständer; Sonnenschirm; schirmen; schirmlos.
Schirm'aka'zie (die, -, -n) Akazienart.
Schirm'meis'ter (der, -s, -) Fechtlehrer.
Schi'rok'ko (der, -s, -s) (arab.) Wind.
Schir'ting (der, -s, -s/-e) (engl.) Baumwollstoff.
Schir'wan (der, -s, -s) ein kaukasischer Teppich.
Schis'ma (das, -s, Schis'men/Schis'ma'ta) (griech.) Kirchenspaltung. Schismatiker; schismatisch.
Schiss (der, Schis'ses, kein Plural) (ugs.) (in der Wendung) Schiss (Angst) haben. Schisser.
schi'zo'gen (Adj.) (griech.) durch Spaltung entstanden (in der Botanik).
Schi'zo'go'nie (die, -, -n) (griech.) ungeschlechtliche Vermehrung durch Zellteilung.
schi'zo'id (Adj.) (griech.) seelisch zerrissen.
Schi'zo'my'zet (der, -en, -en; meist Plural) sich ungeschlechtlich durch Zellteilung vermehrende Bakterie, Spaltpilz.
Schi'zo'pha'sie (die, -, -n) Äußerung zusammenhangloser Wörter und Sätze.
Schi'zo'phre'nie (die, -, -n) (griech.) Persönlichkeitsspaltung. Adjektiv: schizophren.
schi'zo'thym (Adj.) an einer latent vorhandenen Schizophrenie leidend.
Schi'zo'thy'mie (die, -, -n) Veranlagung zur Schizophrenie, die nicht virulent wird.
schlab'bern (V.) 1. schlürfen; schmatzen; sabbern; 2. (ugs.) schwatzen; 3. (ugs.) zu groß sein. Schlabberei; Schlabberkleid; Schlabberlook; Schlabbermaul; Schlabberwasser; schlabb(e)rig.
Schlacht (die, -, -en) Kampf. Schlachtenbummler; Schlachtenmaler; Schlachtfeld; Schlachtgesang; Schlachtkreuzer; Schlachtplan; Schlachtross; Schlachtruf; Schlachtschiff.
schlach'ten (V.) töten. Schlachtbank; Schlachter (auch: Schlächter); Schlachterei (auch: Schlächterei); Schlachtfest; Schlachthaus; Schlachthof; Schlachtmesser; Schlachtopfer; Schlachtplatte; Schlachttag; Schlachtung; Schlachtvieh; schlachtbar; schlachtreif.

Schlach'ten'ge'mäl'de (das, -s, -) gemalte Darstellung einer historischen Schlacht.
Schlach'ter'la'den (der, -s, -lä'den) Metzgerei.
Schlacht'ord'nung (die, -, -en) Einteilung der Truppen vor einer Schlacht.
Schla'cke (die, -, -n) Verbrennungsrückstand; Schmiere. Schlackenbahn; Schlackengrube; Schlackenhalde; Schlackenrost; Schlackenwolle; schlackenfrei; schlackenreich; schlackig; schlacken.
schla'ckern (V.) wackeln. mit den Ohren schlackern (sich wundern).
Schlaf'ent'zug (der, -s, kein Plural) das Abhalten vom Schlaf.
schla'fen (V., schlief, hat geschlafen; ich schlafe, du schläfst) ruhen; unaufmerksam sein. Schlaf; Schlafanzug; Schläfchen; Schlafcouch; Schlafengehen, aber: du sollst jetzt endlich schlafen gehen! Schlafenszeit; Schläfer/in; Schlafgelegenheit; Schlafkrankheit; Schlaflied; Schlaflosigkeit; Schlafmittel; Schlafmütze; Schlafstörungen; Schlafsucht; Schlaftablette; Schlaf-wach-Rhythmus; Schlafwagen; Schlafwandler; Schlafzentrum; Schlafzimmer; Schlafzimmerblick. Adjektive: schlaflos; schläfrig; schlafsüchtig; schlaftrunken; schlafwandlerisch; schläfern; schlafwandeln.
Schläfe (die, -, -n) Kopfteil. Schläfenbein; Schläfengegend; Schläfenpyramide.
schlaff (Adj.) locker; matt. Schlaffi; Schlaffheit.
Schlaf'ge'mach (das, -s, -mä'cher) Schlafzimmer.
Schla'fitt'chen (das, -s, kein Plural) (in der Wendung:) jemanden beim/am Schlafittchen (Kragen) packen.
Schlaf'kam'mer (die, -, -n) Schlafzimmer.
Schlaf'mit'tel'ver'gif'tung (die, -, -en) Vergiftung durch eine Überdosis von Schlafmitteln.
Schlaf'müt'zig'keit (die, -, -en) Langsamkeit.
Schlaf'raum (der, -s, -räu'me) Schlafsaal.
Schlaf'rock (der, -s, -rö'cke) Schlafmantel.
Schlaf'saal (der, -, -sä'le) großer Schlafraum. Schlafsaalaufsicht.
Schlaf'stadt (die, -, -städ'te) Satellitenstadt. Schlaf- und Wohnstadt.
Schlaf'stät'te (die, -, -n) Schlafplatz.
Schlaf'stu'be (die, -, -n) Schlafzimmer.
schlaf'wan'deln (V.) wie ein Schlafwandler umhergehen.
schlaf'wand'le'risch (Adj.) in der Art eines Schlafwandlers.
schla'gen (V., schlug, hat geschlagen; ich schlage, du schlägst) prügeln; hauen; besiegen; tönen. Beachte: Sie schlug das Kind/dem Kind mitten ins Gesicht. Aber: Die Kälte schlug mir

Schlager 455 Schleife

ins Gesicht. Ich warte jetzt seit einer geschlagenen (vollen, ganzen) Stunde. Das ist ein schlagendes (treffendes) Argument. Wir kamen Schlag (Punkt) zwölf Uhr an. Schlag; Schlagabtausch; Schlagader; Schlaganfall; Schlagball; Schlagbaum; Schlagbohrmaschine; Schlageisen; Schläger; Schlägerei; Schlägertyp; Schlagfertigkeit; Schlaghand; Schlagholz; Schlagkraft; Schlaglicht; Schlagloch; Schlagrahm; Schlagsahne; Schlagseite; Schlagstock; Schlagwerk; Schlagwetter; Schlagwort, *beachte:* Schlagworte, Schlagwörter (Stichwörter); Schlagzeile; Schlagzeuger. Adjektive: schlagartig; schlagbar; schlagend; schlagfertig; schlagfest; schlagkräftig; schlaglichtartig; schlägern.

Schla'ger (der, -s, -) Lied; Erfolg. Schlagerfestival; Schlagermusik; Schlagersänger/in; Schlagerspiel; Schlagerstar; Schlagertexter.

Schla'ger'pa'ra'de (die, -, -n) Sammlung beliebter Lieder.

schlak'sig (Adj.) hager; lang. Schlaks.

Schla'mas'sel (der/das, -s, kein Plural) (jidd.) (ugs.) Schwierigkeit; Unglück.

Schlamm (der, -s, -e/Schläm'me) Morast; Schmutz. Schlammmasse (*auch:* Schlamm-Masse); Schlammbad; Schlammerde; Schlammfieber; Schlämmkreide; Schlämmputz; Schlammregen; schlammig; schlammen; schlämmen.

schlam'pig (Adj.) (ugs.) unordentlich; ungepflegt. Schlampe; Schlamper; Schlamperei; Schlampermäppchen; Schlampigkeit; schlampen.

Schlan'ge (die, -, -n) Kriechtier; lange Reihe. Schlängelchen; Schlangenbeschwörer; Schlangenbiss; Schlangenbrut; Schlangenei; Schlangenfarm; Schlangengift; Schlangenleder; Schlangenlinie; Schlangenmensch; Schlangentanz; schläng(e)lig; schlangenartig; schlangenhaft; sich schlängeln.

Schlan'gen'haut (die, -, -häu'te) Haut einer Schlange.

Schlan'ge ste'hen (V.) in einer Reihe auf etwas warten.

schlank (Adj.) dünn; schmal. Schlankheit; Schlankheitskur; Schlankmacher.

schlank'weg (Adv.) (ugs.) ohne weiteres; kurzerhand.

Schlap'fen (der, -s, -) Pantoffel.

schlapp (Adj.) müde; schlaff. Schlappheit; Schlapphut; Schlappohr; Schlappschwanz; schlappig; schlappmachen (ugs. für am Ende seiner Kräfte sein, nicht durchhalten).

Schlap'pe (die, -, -n) Niederlage.

Schlap'pen (der, -s, -) (ugs.) Hauspantoffel. Schlappschuh; schlappen.

Schla'raffen'land (das, -s, kein Plural) Land für Faulenzer und Schlemmer. Schlaraffe; Schlaraffenleben; Schlaraffia.

schlau (Adj.) klug; listig. Schlauberger; Schlaufuchs; Schlauheit; Schlaukopf; Schlaumeier; Schläue; schlauerweise.

Schlauch (der, -s, Schläu'che) Gummiröhre; (ugs.) Strapaze. Schlauchboot; Schlauchleitung; Schlauchpilz; Schlauchwurm; schlauchartig; schlauchlos; schlauchen (ugs.: anstrengen).

Schlau'fe (die, -, -n) Schleife.

Schlau'heit (die, -, -en) das Schlausein.

Schlau'ig'keit (die, -, -en) (oft ironisch) Schlauheit.

Schlau'kopf (der, -s, -köp'fe) schlauer Kerl.

Schla'wi'ner (der, -s, -) (ugs.) Strolch; Schwindler.

schlecht (Adj.) minderwertig; übel; verdorben; böse. schlecht und recht; etwas/nichts/viel/wenig Schlechtes; im Schlechten und im Guten; das Schlechteste, was du tun kannst; das Schlechteste (am schlechtesten) wäre ...; Gutes und Schlechtes; es wendet sich zum Schlechten. Schlechtheit; Schlechtigkeit; Schlechtwetter; Schlechtwetterfront; Schlechtwettergeld; Schlechtwetterperiode. ich kann in den Schuhen schlecht gehen, *aber:* es wird ihm sicher schlecht gehen (*auch:* schlechtgehen) (er befindet sich in einer üblen Lage); er hat die Sache schlecht gemacht (schlecht ausgeführt), *aber:* er hat sie schlechtgemacht (herabgesetzt); ein schlecht gelaunter (*auch:* schlechtgelaunter) Gast. schlechthin; schlechterdings.

schle'cken (V.) lecken; naschen. Schlecker; Schleckerei; Schleckermaul; Schleckwerk; schleckig; schleckerhaft.

Schle'gel (der, -s, -) Schlaginstrument; Keule. Verb: schlegeln.

Schleh'dorn (der, -s, kein Plural) Schlehe; Schwarzdorn.

Schle'he (die, -, -n) Frucht. Schlehbusch; Schlehdorn; Schlehenblüte; Schlehenlikör.

schlei'chen (V., schlich, ist geschlichen) sich leise bewegen; huschen; langsam vergehen. Schleiche; Blindschleiche; Schleicher; Schleicherei; Schleichhandel; Schleichkatze; Schleichpfad; Schleichweg; Schleichwerbung.

Schlei'fer (der, -s, -) Scherenschleifer; hart drillender Vorgesetzter.

Schleie (nicht trennbar!) (die, -, -n) Fisch.

Schlei'er (der, -s, -) Dunst; Verhüllung. Brautschleier; Schleiereule; Schleierkraut; Schleierschwanz; Schleierstoff; Schleiertanz; schleierhaft (ugs.: rätselhaft).

Schlei'fe (die, -, -n) Schlinge. Schleifenflug.

schlei|fen 1. (V., schliff, hat geschliffen) schärfen. Schleifapparat; Schleifbank; Schleiferei; Schleifkontakt; Schleiflack; Schleifmaschine; Schleifpapier; Schleifstein; Schleifung. 2. (V., schleifte, hat geschleift) über den Boden/eine Fläche ziehen; zerren. Schleifspur.
Schleim (der, -s, -e) klebrige Flüssigkeit; Brei. Schleimbeutel; Schleimdrüse; Schleimfisch; Schleimhaut; Schleimpilz; Schleimsuppe; schleimig; schleimen.
Schleim|ab|son|de|rung (die, -, -en) Abgabe von Schleim.
Schleim|beu|tel|ent|zün|dung (die, -, -en) Bursitis (Med.).
schlei|men (V.) (ugs.) schmeicheln. Schleimer; Schleimscheißer; schleimig.
schlei|ßig (Adj.) abgenutzt.
Schle|mihl (der, -s, -e) (hebr.) (ugs.) Pechvogel.
schlem|men (V.) üppig und gut essen. Schlemmer; Schlemmerei; Schlemmerlokal; Schlemmermahl; schlemmerhaft; schlemmerisch.
schlen|dern (V.) bummeln; herumspazieren. Schlendrian.
Schlen|ker (der, -s, -) Umweg. einen Schlenker machen.
schlen|kern (V.) wackeln. Adjektiv: schlenk(e)rig.
schlen|zen (V.) schießen (Fußball, Eishockey). Schlenzer.
schlep|pen (V.) ziehen; tragen; mühsam vorankommen. Schleppanker; Schleppantenne; Schleppdampfer; Schleppe; Schleppenträger; Schlepper; Schleppkahn; Schlepplift; Schlepppinsel (*auch:* Schlepp-Pinsel); Schleppschiff; Schleppseil; Schleppstart; ins Schlepptau nehmen; Schleppwinde; schleppend.
Schlepp|kleid (das, -es, -er) Kleid mit Schleppe.
Schlepp|netz (das, -es, -e) Fischernetz.
Schles|wig-Hol|stein (ohne Art., -s, kein Plural) (dt.) Bundesland.
Schleu|der|wä|sche (die, -, -n) Waschgang.
schleu|dern (V.) werfen; aus der Spur kommen. Schleuderball; Schleuderbrett; Schleuderer; Schleuderhonig; Schleuderkurs; Schleudermaschine; Schleuderpreis; Schleudersitz; Schleuderstart; Schleuderware.
schleu|nig (Adj.) schnell; sofortig. Adverb: schleunigst.
schleu|sen (V.) leiten. Schleuse; Schleusenkammer; Schleusenmeister; Schleusentor; Schleusenwärter.
Schleu|sen|geld (das, -s, -er) Schleusengebühr.
Schleu|sen|ge|bühr (die, -, -en) Schleusengeld. Schleusenbenutzungsgebühr.

Schleu|sung (die, -, -en) Vorgang des Schleusens.
Schli|che (die, nur Plural) (in der Wendung:) jemandem auf die Schliche (List, Heimlichkeit) kommen.
schlicht (Adj.; Adv.) einfach. Schlichtheit; schlichtweg.
schlich|ten (V.) glätten; vermitteln. Schlichte; Schlichter; Schlichthobel; Schlichtung; Schlichtungsversuch.
Schlick (der, -s, Schli|cke) Schlamm. Schlickwatt; schlick(e)rig; schlickig.
Schlie|re (die, -, -n) 1. Streifen; 2. Schleim; 3. Fehler. Schliersand; schlierig; schlieren (rutschen).
schlie|ßen (V., schloss, hat geschlossen) zumachen; beenden; verriegeln; folgern. Schließe; Schließfach; Schließfrucht; Schließkorb; Schließmuskel; Schließrahmen; Schließung; Schließzylinder; schließbar.
Schlie|ßer (der, -s, -) 1. Schlüssel; 2. Pförtner.
schließ|lich (Adv.) endlich.
Schliff (der, -s, -e) Schärfe; gute Umgangsform. Schlifffläche (*auch:* Schliff-Fläche); schliffig.
schlimm (Adj.) schlecht; unangenehm. *Beachte:* das Schlimmste (am schlimmsten) wäre, wenn ...; ich war aufs Schlimmste (*auch:* schlimmste) verärgert. Sei auf das Schlimmste gefasst; sich zum Schlimmsten wenden; das Schlimmste, was ich je hörte; etwas/nichts/viel/wenig Schlimmes. Adverb: schlimmstenfalls, *aber:* im schlimmsten Falle.
Schlin|ge (die, -, -n) 1. Schleife; 2. Falle. Schlingensteller; Schlingpflanze; schlingen.
Schlin|gel (der, -s, -) Schlitzohr.
schlin|gen (V., schlang, hat geschlungen) winden; gierig schlucken. Schlingbeschwerden.
Schlips (der, -es, -e) Krawatte. Schlipsnadel.
Schlips|kno|ten (der, -s, -) Krawattenknoten.
Schlit|ten (der, -s, -) Rodel; Maschinenteil; (ugs.) Fahrzeug. Schlittenbahn; das Schlittenfahren ist lustig, *aber:* Schlitten fahren; Schlittenhund.
schlit|tern (V.) (ugs.) rutschen. Schlitterbahn; Schlittschuh; das Schlittschuhlaufen geht gut, *aber:* gestern bin ich Schlittschuh gelaufen.
Schlitz (der, -es, -e) Spalt. Schlitzauge; Schlitzverschluss; schlitzäugig; schlitzen.
schlitz|oh|rig (Adj.) (ugs.) schlau; durchtrieben. Schlitzohrigkeit; Schlitzohr.
schloh|weiß (Adj.) schneeweiß.
Schloss (das, Schlos|ses, Schlös|ser) Verschluss; Bauwerk. Schlossgarten; Schlossherr; Schlosshof; Schlösschen; Schlossruine.

Schloss|be|woh|ner (der, -s, -) Bewohner eines Schlosses.
Schlo|ße (die, -, -n) Hagelkorn. Verb: schloßen.
Schlos|ser (der, -s, -) Handwerker. Schlosserei; Schlosserhandwerk; Schlosserwerkstatt; schlossern.
Schlös|ser|ver|wal|tung (die, -, -en) staatliche Behörde, die für Schlösser und Burgen verantwortlich ist.
Schloss|park (der, -s, -s) Grünanlagen eines Schlosses.
Schloss|ver|wal|ter (der, -s, -) Schlossaufseher.
Schloss|ver|wal|tung (die, -, -en) Verwaltung eines Schlosses.
Schloss|wäch|ter (der, -s, -) Bewacher einer Schlossanlage.
Schlot (der, -s, -e/Schlö|te) Kamin. Schlotfeger.
Schlot|ba|ron (der, -s, -e) Industriemagnat.
schlot|tern (V.) zittern; schlabbern. Adjektiv: schlott(e)rig.
Schlucht (die, -, -en) Einschnitt; Kluft.
schluch|zen (V.) weinen. Schluchzer.
schlu|cken einnehmen; einstecken; aufnehmen. Schluck; Schluckauf; Schluckbeschwerden; Schlückchen; armer Schlucker; Schluckimpfung; Schluckser; Schluckspecht; schluckweise.
schlu|dern (V.) schnell und schlampig arbeiten. Schluderarbeit; Schluderei; schlud(e)rig.
schlum|mern (V.) schlafen; träumen. Schlummerkissen; Schlummerlied; Schlummerrolle; Schlummertrunk.
Schlumpf (der, -s, Schlümp|fe) Zwerg (Comicfigur).
Schlund (der, -s, Schlün|de) Rachen; Abgrund.
schlun|zen (V.) (ugs.) schludern.
schlüp|fen (V.) kriechen; gleiten; anziehen. Schlüpfer; Schlupfloch; Schlupfwespe; Schlupfwinkel; Schlüpfrigkeit; schlüpfrig.
Schlup|pe (die, -, -n) (nordd.) Schleife.
schlur|fen (V.) laut gehen. Schlurfpantoffel.
schlür|fen (V.) laut trinken. Schlürfer.
Schluss (der, Schlus|ses, Schlüs|se) 1. Ende; 2. Folgerung. *Beachte:* Schlüsse aus etwas ziehen; wir können jetzt Schluss machen. Schlussabstimmung; Schlussakt; Schlussbemerkung; Schlussbilanz; Schlussbrief; Schlussdrittel; Schlussfeier; Schlussfolgerung; Schlussformel; Schlusskapitel; Schlusslicht; Schlusspfiff; Schlussphase; Schlussrechnung; Schlusssatz (*auch:* Schluss-Satz); Schlussspurt (*auch:* Schluss-Spurt); Schlussstrich (*auch:* Schluss-Strich); Schlussverkauf; Schlusswort; Schlusszeichen. Adjektiv: schlüssig. Verben: schlussfolgern; schließen.

Schlüs|sel (der, -s, -) 1. Schließe; Werkzeug; 2. Verhältnismuster; Lösung. Schlüsselbart; Schlüsselbein; Schlüsselblume; Schlüsselbrett; Schlüsselbund; Schlüsselerlebnis; Schlüsselfigur; Schlüsselgewalt; Schlüsselkind; Schlüsselloch; Schlüsselposition; Schlüsselreiz; Schlüsselstellung; Schlüsselwort; Schlüsselzahl; schlüsselfertig.
Schlüs|sel|en|zym (das, -s, -e) (Biol.) Schrittmacherenzym.
Schlüs|sel|ro|man (der, -s, -e) Roman, in dem reale Personen und Vorkommnisse verschleiert dargestellt werden.
Schmach (die, -, kein Plural) Schande; Beleidigung. Adjektive: schmachbedeckt; schmachvoll. Verb: schmähen.
schmach|ten (V.) darben; sehnen. Schmachtfetzen; Schmachtlocke.
schmäch|tig (Adj.) dünn; klein; zart.
Schmäch|tig|keit (die, -, kein Plural) das Schmächtigsein.
schmack|haft (Adj.) wohlschmeckend. Schmackhaftigkeit.
schmä|hen (V.) beleidigen; verleumden. Schmählichkeit; Schmährede; Schmähschrift; Schmähung; Schmähwort; schmähsüchtig; schmählich.
schmal (Adj.; schmaler/schmäler, schmalste/schmälste) dünn; eng. Schmälerung; Schmalfilm; Schmalfilmkamera; Schmalhans Küchenmeister; Schmalheit; Schmalseite; Schmalspurakademiker; Schmalspurbahn; schmallippig; schmalspurig; schmälern.
schmal|brüs|tig (Adj.) mit einem flachen Brustkorb versehen; schmächtig.
Schmal|brüs|tig|keit (die, -, kein Plural) Schmächtigkeit.
schmal|ten (V.) emaillieren. Schmalte.
Schmalz 1. (das, -es, -e) tierisches Fett. Schmalzgebackenes; Schmalzbrot; schmalzig; schmalzen. 2. (der, -es, kein Plural) (ugs.) Sentimentalität. Schmalzlied; schmalzig.
Schman|kerl (das, -s, -n) (südd.) Leckerbissen.
schma|rot|zen (V.) auf Kosten anderer leben. Schmarotzer; Schmarotzerpflanze; Schmarotzertier; schmarotzerisch; schmarotzerhaft.
Schmar|ren (*auch:* Schmarrn) (der, -s, -) (südd.) 1. Mehlspeise. 2. (ugs.) Unsinn. Kaiserschmarren.
Schma|sche (die, -, -n) (poln.) Fell neugeborener Lämmer.
schmat|zen (V.) laut essen; laut küssen. Schmatz.

schmau|chen (V.) qualmen; rauchen. Schmauch; Schmauchspuren.
schmau|sen (V.) schlemmen. Schmaus; Schmauserei.
schme|cken probieren; munden; zusagen. Schmecker.
schmei|cheln (V.) loben; liebenswürdig sein. Schmeichler/in; Schmeichelei; Schmeichelkatze; Schmeichelwort; schmeichelhaft; schmeichlerisch.
schmei|ßen (V., schmiss, hat geschmissen) (ugs.) werfen; aufgeben; bewältigen; zahlen. *Beachte:* den Laden schmeißen; eine Runde schmeißen; den Job schmeißen.
Schmeiß|flie|ge (die, -, -n) Aasfliege.
schmel|zen (V., schmolz, hat/ist geschmolzen) flüssig machen; flüssig werden. Schmelz; Schmelzbad; Schmelzbutter; Schmelze; Schmelzfarbe; Schmelzglas; Schmelzhütte; Schmelzkäse; Schmelzofen; Schmelzpunkt; Schmelztiegel; Schmelzung; Schmelzwasser; Schmelzzone; schmelzbar.
Schmer (der/das, -s, kein Plural) 1. Schweinefett; 2. Schmerbauch; Schmerfluss.
Schmer|le (die, -, -n) Karpfenfisch.
schmer|zen (V.) wehtun (*auch:* weh tun); bekümmern. Schmerz; Schmerzempfindlichkeit; Schmerzempfindung; Schmerzensgeld; Schmerzenslaut; Schmerzensmutter; Schmerzensschrei; Schmerzgefühl; Schmerzhaftigkeit; Schmerzklinik; Schmerzlichkeit; Schmerzlosigkeit; Schmerzmittel; Schmerztablette; Schmerzunempfindlichkeit. Adjektive: schmerzempfindlich; schmerzen(s)reich; schmerzfrei; schmerzhaft; schmerzlich; schmerzlindernd; schmerzlos; schmerzstillend; schmerzunempfindlich; schmerzverzerrt; schmerzvoll.
schmet|tern (V.) werfen; laut singen.
Schmet|ter|ling (der, -s, -e) 1. Insekt; 2. Salto; 3. Schwimmstil. Schmetterlingsblüte; Schmetterlingsfisch; Schmetterlingsfleisch; Schmetterlingskasten; Schmetterlingsnetz; Schmetterlingssammlung; Schmetterlingsstil.
Schmied (der, -s, -e) Handwerker. Schmiedbarkeit; Schmiede; Schmiedearbeit; Schmiedeeisen; Schmiedefeuer; Schmiedehammer; Schmiedekunst; Schmiedeofen; schmiedbar; schmiedeeisern; schmieden.
schmie|gen (V., refl.) anlehnen; anpassen. Schmiegsamkeit; schmiegsam.
Schmie|re (die, -, -n) Fett; schlechtes Theater; (in der Wendung) Schmiere (Wache) stehen.
schmie|ren (V.) ölen; bestreichen; (ugs.) bestechen; ohrfeigen; unsauber schreiben. Schmieralie; Schmierdienst; Schmiere; Schmierenkomödiant; Schmiererei; Schmierfett; Schmierfink; Schmiergeld; Schmierheft; Schmierkäse; Schmiermittel; Schmieröl; Schmierpapier; Schmierseife; Schmierung; Schmierzettel; schmierig.
schmin|ken (V.) bemalen; Make-up auftragen. Schminke; Schminkstift; Schminktisch.
schmir|geln (V.) schleifen. Schmirgel; Schmirgelpapier.
Schmiss (der, Schmis|ses, Schmis|se) (ugs.) Narbe; Schwung. Adjektiv: schmissig.
schmö|kern (V.) lesen. Schmöker.
schmol|len (V.) beleidigt sein. Schmollecke; Schmollmund; Schmollwinkel.
Schmon|zes (der, -, kein Plural) (jidd.) Unfug.
schmo|ren (V.) braten; garen; schwitzen. Schmorbraten; Schmorfleisch; Schmorobst; Schmorpfanne; Schmortopf.
Schmu (der, -s, kein Plural) (jidd.) kleine, auf nicht ganz ehrliche Weise zur Seite gebrachte Geldbeträge.
Schmuck (der, -s, kein Plural) Verzierung; Kostbarkeit. Schmuckgegenstand; Schmuckkästchen; Schmuckkoffer; Schmucklosigkeit; Schmuckstein; Schmuckstück; Schmuckwaren; Schmuckwarenmesse; schmuck; schmucklos; schmuckvoll; schmücken.
schmudd|lig (*auch:* schmud|de|lig) (Adj.) (ugs.) unsauber. Schmuddel; Schmuddelei; Schmuddelwetter; schmuddeln.
schmug|geln (V.) dunkle Geschäfte treiben. Schmuggel; Schmuggelei; Schmuggelware; Schmuggler; Schmugglerbande; Schmugglerpfad; Schmugglerring.
schmun|zeln (V.) lächeln.
schmu|sen (V.) liebkosen; küssen. Schmuser; Schmuserei; Schmusekater; Schmusekatze.
schmut|zig (Adj.) dreckig; unanständig. Schmutz; Schmutzfänger; Schmutzfink; Schmutzfleck; Schmutzigkeit; Schmutzliteratur; Schmutzschicht; Schmutzwäsche; Schmutzwasser; Schmutzzulage; Schmutz abweisend; schmutzig grau; schmutzen.
Schmutz|ti|tel (der, -s, -) Innentitel.
Schna|bel (der, -s, Schnä|bel) Fresswerkzeug (Vogel); (ugs.) Mund. Schnäbelchen; Schnäbelei; Schnabelflöte; Schnabelhieb; Schnabelschuh; Schnabeltasse; Schnabeltier; schnabelförmig; kurzschnäb(e)lig; schnäbeln; schnabulieren.
schnä|beln (V.) die Schnäbel aneinander reiben; küssen.
schna|ckeln (V.) klicken; schnalzen.
schna|cken (V.) (nordd.) plaudern. Schnack.
Schna|der|hüp|fe(r)l (das, -s, -) (südd.) Lied.
Schna|ke (die, -, -n) Mücke. Schnakenplage; Schnakenstich.

Schnal|le (die, -, -n) 1. Schließe; 2. (ugs.) Prostituierte. Schnallenschuh; schnallen.
schnal|zen (V.) knallen. Schnalzer; Schnalzlaut.
schnap|pen (V.) beißen; ergreifen; schnellen; einatmen. Schnapper; Schnappmesser; Schnappschloss; Schnappschuss.
Schnapp|fe|der (die, -, -n) Feder mit Schnappmechanismus.
Schnapp|hahn (der, -s, -häh|ne) Gewehrverschluss; Räuber.
Schnaps (der, -es, Schnäp|se) alkoholisches Getränk. Schnapsbrennerei; Schnapsbruder; Schnapsbude; Schnäpschen; Schnapsfahne; Schnapsflasche; Schnapsglas; Schnapsidee; Schnapsleiche; Schnapsnase; Schnapszahl; schnäpseln.
Schnaps|trin|ker (der, -s, -) Schnapsliebhaber.
schnar|chen (V.) geräuschvoll schlafen. Schnarcher.
schnar|ren (V.) knarren. Schnarre; Schnarrheuschrecke; Schnarrwerk.
schnat|tern (V.) gackern; (ugs.) viel und laut reden. Schnatterente; Schnattergans; Schnatterliese; schnatt(e)rig.
schnau|ben (V.) tief atmen; keuchen.
schnau|fen (V.) atmen. Schnaufer; Schnauferl (ugs. *auch:* altes Auto).
Schnauz (der, -es, Schnäu|ze) Schnurrbart. Schnauzbart; schnauzbärtig.
Schnau|ze (die, -, -n) Maul; (ugs.) Mund. Schnäuzchen; schnauzig; großschnäuzig; schnauzen.
schnäu|zen (*auch:* schneu|zen) (V., refl.); sich die Nase putzen.
Schnau|zer (der, -s, -) Hunderasse.
Schne|cke (die, -, -n) 1. Weichtier; 2. Gebäck. *Beachte:* Jemanden zur Schnecke machen (heruntermachen). Schneckenbohrer; Schneckenfrisur; Schneckengehäuse; Schneckenhaus; Schneckenpost; Schneckentempo; Nussschnecke (*auch:* Nuss-Schnecke); Schneckerl; schneckenförmig.
Schnee (der, -s, kein Plural) Niederschlag; (ugs.) Kokain. Schneeball; Schneeballschlacht; Schneeballsystem; Schneeblindheit; Schneebrett; Schneebrille; Schneedecke; Schneeeule (*auch:* Schnee-Eule); Schneefall; Schneeflocke; Schneefräse; Schneegestöber; Schneeglätte; Schneeglöckchen; Schneegrenze; Schneehase; Schneekanone; Schneeketten; sich wie ein Schneekönig freuen; Schneelandschaft; Schneeleopard; Schneemann; Schneematsch; Schneeschuh; Schneesturm; Schneetreiben; Schneeverwehung; Schneewechte; Schneewasser; Schneezaun. Adjektive: schneeblind; schneeerhcllt; schneefrei; schneeig; schneesicher; schneeweiß.
Schnee|be|sen (der, -s, -) Rührgerät.
Schnee|hemd (das, -s, -en) weiße Tarnjacke.
Schnee|witt|chen (das, -s, kein Plural) Märchenfigur.
Schneid (der, -s, kein Plural) (südd.-österr.) Mut. Der hat Schneid!
schnei|den (V., schnitt, hat geschnitten) 1. zerteilen; ritzen; 2. (ugs.) übersehen; 3. scharf sein. Schneidbohrer; Schneidbrenner; Schneide; Schneideisen; Schneidemühle; Schneidetisch; Schneidezahn.
Schnei|der (der, -s, -) Handwerker. Schneiderei; Schneidergeselle; Schneiderkostüm; Schneiderkreide; Schneiderlein; Schneidermeister; Schneiderpuppe; Schneidersitz; Schneiderwerkstatt; schneidern.
schnei|dig (Adj.) mutig. Schneidigkeit.
schnei|en (V.) Schnee fällt (nur unpersönlich gebraucht!); hereinschneien (ugs.: unerwartet auftauchen).
Schnei|se (die, -, -n) baumfreies Gelände; (Kurzw.) Flugschneise.
schnell (Adj.) rasch; flink. *Beachte:* ich mache so schnell wie möglich; auf die Schnelle; wer ist der Schnellste (am schnellsten); schneller Brüter. Schnelllaster (*auch:* Schnell-Laster); Schnellläufer (*auch:* Schnell-Läufer); Schnellbahn (Abk.: S-Bahn); Schnellboot; Schnelldienst; Schnelldrucker; Schnelle (Schnelligkeit, Stromschnelle); Schnellfeuer; Schnellfeuerpistole); Schnellgang; Schnellgericht; Schnellhefter; Schnelligkeit; Schnellimbiss; Schnellstraße; Schnellverfahren; Schnellwäscherei; Schnellzug (Abk.: D-Zug). Adjektive: schnelllebig (*selten:* schnell-lebig); schnellfüßig. Adverbien: schnellstens; schnellstmöglich (falsch: schnellstmöglichst).
schnel|len (V.) federn; schleudern. Stromschnelle; Schnelle.
Schnep|fe (die, -, -n) 1. Vogel; 2. (ugs.) Prostituierte. Schnepfenjagd; Schnepfenstrich; Schnepfenzug.
schnet|zeln (V.) zerkleinern. Geschnetzeltes.
schneu|zen → **schnäu|zen**
Schnick|schnack (der, -s, kein Plural) (nordd.) (ugs.) dummes Gerede; nutzloses Zeug.
schnie|fen (V.) die Nase hochziehen.
schnie|geln (V.) putzen; sich fein machen. Geschniegelt und gebügelt fühlte er sich am wohlsten.
schnie|ke (Adj.) (nordd.) schick; fein.
schnip|pen (V.) mit den Fingern schnalzen. Schnippchen; wir werden ihm ein Schnippchen

schlagen (ugs.: einen Streich spielen); schnipp, schnapp!
schnip'peln (*auch:* schnip'seln) (V.) (ugs.) schneiden. Schnippel; Schnippelei.
schnip'pisch (Adj.) frech; hochmütig.
Schnitt (der, -s, -e) Schneiden; Geschnittenes; Verletzung; Durchschnitt. Schnittblume; Schnittbrot; Schnitte; Schnitter; Schnittfläche; Schnittholz; Schnittkäse; Schnittmenge; Schnittmuster; Schnittpunkt; Schnittstelle; Schnittwunde; schnittfest; schnittweise; schneiden.
schnit'tig (Adj.) schnell; sportlich-elegant.
Schnit'zel 1. (das, -s, -) Fleisch. Schnitzelfleisch; Kalbsschnitzel; Wiener Schnitzel. 2. (der, -s, -) Papierfetzen. Schnitzeljagd; Schnitzelei; schnitzeln.
schnit'zen (V.) Holz schneiden, bearbeiten. Schnitzer; Schnitzerei; Schnitzmesser; Schnitzwerk.
schnodd'rig (*auch:* schnod'de'rig) (Adj.) (ugs.) ungezogen; frech. Schnodd(e)rigkeit.
schnö'de (*auch:* schnöd) (Adj.) erbärmlich; schändlich; beleidigend. Schnödigkeit; Schnödheit.
Schnor'chel (der, -s, -) Luftrohr. Schnorchler; schnorcheln.
Schnor'chel'mas'ke (die, -, -n) Tauchermaske mit Schnorchel.
Schnör'kel (der, -s, -) Ringel; Verzierung. Schnörkelei; Schnörkelkram; Schnörkelschrift; schnörkelhaft; schnörk(e)lig; schnörkeln.
schnor'ren (V.) (ugs.) betteln. Schnorrer.
Schnö'sel (der, -s, -) (ugs.) frecher, hochnäsiger Mann. Adjektiv: schnöselig.
Schnu'cke (die, -, -n) (Kurzw.) Heidschnucke.
schnu'cke'lig (*auch:* schnuck'lig) (Adj.) hübsch; gemütlich. Schnuckelchen; Schnucki; Schnuckiputz.
Schnüf'fe'lei (die, -, -en) das Herumschnüffeln.
schnüf'feln (V.) schnuppern; jmdm. hinterherspionieren.
Schnul'ler (der, -s, -) Sauger. Verb: schnullen.
schnul'zig (Adj.) kitschig; sentimental. Schnulze.
Schnup'fen (der, -s, -) Katarrh (*auch:* Katarr). Schnupftuch; schnupfen.
schnup'fen (V.) Schnupftabak benutzen; schniefen. Schnupfer/in; Schnupftabak; Schnupftabak(s)dose.
schnup'pe (Adj.) (ugs.) gleichgültig. Mir war alles schnuppe.
schnup'pern (V.) riechen.
Schnur (die, -, Schnü're) dünnes Seil; Band. *Beachte:* über die Schnur hauen (ugs: sich austoben). Schnürboden; Schnürchen; die Sache lief wie am Schnürchen; Schnurkeramik; Schnürleib; Schnürlregen; Schnürmieder; Schnürriemen; Schnürrock; Schnürschuh; Schnürsenkel; Schnürstiefel; Schnürung; schnurgerade; schnurstracks; schnüren.
schnü'ren (V.) zusammenbinden. Schnür dir die Schuhe!
Schnurr'bart (der, -s, -bär'te) Oberlippenbart. Adjektiv: schnurrbärtig.
Schnur're (die, -, -n) Geschichte. eine Schnurre spinnen.
schnur'ren (V.) brummen; knurren. Schnurrer.
schnurz (Adj.) gleichgültig. Ihm war jetzt alles schnurz. schnurzegal; schnurzpiepe; schnurzpiepegal.
Schnu'te (die, -, -n) (nordd.) (ugs.) Mund. Schnütchen.
Scho'ber (der, -s, -) Scheune. Heuschober; schobern.
Schock 1. (der, -s, -) 60 Stück; eine Menge. Drei Schock Äpfel ist/sind zu viel. Adverb: schockweise. 2. (der, -s, -s) (franz.) Nervenschock; Kreislaufzusammenbruch. Schockbehandlung; Schocktherapie; schocken.
Scho'cker (der, -s, -) etwas Schockierendes (bes. ein Film); schockierende Person.
scho'ckie'ren (V.) (franz.) entrüsten; erschrecken. Schocker. Schockfarbe; Schockschwerenot! schockfarben; schockiert.
Scho'far (der, -/-s, -fa'roth) (hebr.) Widderhorn, das am jüdischen Neujahrstag geblasen wird.
scho'fel (*auch:* scho'fe'lig/schof'lig) (Adj.) (jidd.) geizig; schäbig. Schofel.
Schöf'fe (die, -n, -n) Beisitzer. Schöffenbank; Schöffengericht; Schöffenstuhl; Schöffin; schöffenbar.
Schof'för (der, -s, -e) → Chauffeur.
Scho'ko (die, -, -s) (ugs.) (Kurzw.) Schokolade. Schokostreusel; Schokoriegel.
Scho'ko'la'de (die, -, -n) (span.) Kakaogetränk; Süßigkeit. Schokolade(n)eis; Schokoladenfabrik; Schokolade(n)guss; Schokoladennikolaus; Schokoladenosterhase; Schokoladenpudding; Schokoladenseite; Schokoladentafel; Schokoladentorte; schokoladen; schokolade(n)braun; schokolade(n)farbig; schokolade(n)farben.
scho'ko'lie'ren (V.) (mex.-span.-niederl.-lat.) etwas mit einem Schokoladenüberzug versehen.
Scho'las'tik (die, -, kein Plural) (lat.) philosophische Lehre; Schulweisheit. Scholastiker; Scholastizismus; scholastisch.
Scho'lie (die, -, -n) (griech.) erklärende Anmerkung (die von einem Gelehrten an schwierigen

Textstellen von Klassikern vorgenommen wurde).
Schol|le (die, -, -n) Erdboden; Eisplatte; Fisch. Schollenbrecher; Schollengebirge; schollig; schollern.
Schol|li (der) (nur in der Wendung) mein lieber Scholli!
schon (Adv.) bereits; bestimmt; allein; wohl. *Beachte:* Und wenn schon! wenn schon, denn schon; *auch:* wennschon – dennschon. Konjunktionen: obschon; wennschon.
schön (Adj.) hübsch; angenehm; (ugs.) beträchtlich; gut. *Beachte:* Das war ganz schön gefährlich. Schön, dann komme ich morgen. die schönen Künste; die schöne Literatur; das schöne Geschlecht; das Stück gelang aufs Schönste (*auch:* schönste); das Schönste (am schönsten) wäre, wenn ... *Aber:* viel/wenig/etwas/nichts Schönes; das Schöne; euer Besuch war das Schönste seit langem; Schönes und Hässliches; sich aufs Schönste freuen; sie war die Schönste unter den Teilnehmerinnen. schönfärben (beschönigen), schönreden (schmeicheln), schöntun (schmeicheln); *aber:* sich für ein Fest schön machen (*auch:* schönmachen). Schöndruck; Schöne; Schönfärber; Schöngeist; Schönheit; Schönheitschirurgie; Schönheitsfarm; Schönheitsfehler; Schönheitsideal; Schönheitskönigin; Schönheitsoperation; Schönheitspflege; Schönheitswettbewerb; Schönling; Schönrednerei; Schönschreibschrift; Schönschrift; Schöntuer; Schöntuerei; Schönwetterlage. Adjektive: schöngeistig; schönrednerisch; schöntuerisch. Adverb: schönstens. Verb: schönen.
scho|nen (V.) gut behandeln; auf sich Rücksicht nehmen. Schonbezug; Schoner; Schonfrist; Schongang; Schonkost; Schonung; Schonungslosigkeit; Schonzeit; schonungsbedürftig; schonungslos.
Scho|ner (der, -s, -) (engl.) mehrmastiges Segelschiff.
Schopf (der, -s, Schöp|fe) Haarbüschel. Haarschopf.
schöp|fen (V.) herausnehmen; schaffen; erfinden. *Beachte:* Ich gehe frische Luft schöpfen. Du kannst nicht immer aus dem Vollen schöpfen. Schöpfbrunnen; Schöpfeimer; Schöpfer; Schöpfergeist; Schöpferkraft; Schöpfgefäß; Schöpfkelle; Schöpflöffel; Schöpfrad; Schöpfung; Schöpfungsakt; Schöpfungsgeschichte; Schöpfwerk; schöpferisch.
Schop|pen (der, -s, -) Flüssigkeitsmaß (ein Viertelliter). zwei Schoppen Wein. *Aber:* Schoppenwein. Schöppchen; schoppenweise.
Schöps (der, -es, Schöp|se) (österr.-tschech.) Hammel.

Schorf (der, -s, Schor|fe) Kruste. Adjektive: schorfartig; schorfig.
Schor|le (die, -, -n) Mischgetränk.
Schorn|stein (der, -s, -stei|ne) Kamin. Schornsteinfeger.
Scho|se (*auch:* Cho|se) (die, -, -n) (franz.) (ugs.) Sache; Angelegenheit.
Schoß 1. (der, -es, Schö|ße) Körperteil; Mutterleib; 2. Kleidungsteil. Schößchen; Frackschoß; Rockschoß; Schoßhund; Schoßkind.
Schoss (der, Schos|ses, Schos|se) Trieb; Spross. Schösssling; schossen.
Scho|te (die, -, -n) Fruchthülse; Segeltau. Schotenfrucht; Paprikaschote; schotenförmig.
Schott 1. (der, -s, -s) (arab.) Schlammlandschaft. Schott el Arab. 2. (das, -s, -e/-en) Trennwand (Schiff). *Beachte:* Mach die Schotten dicht!
Schot|ten (der, -s, -) Gewebe. Schottenrock; Schottenstoff.
Schot|ter (der, -s, -) grober Kies. Schotterdecke; Schotterebene; Schotterstraße; Schotterung; schottern.
schraf|fie|ren (V.) stricheln. Schraffierung; Schraffur.
schräg (Adj.) schief; diagonal; unehrlich. *Beachte:* schräg gegenüber, *aber:* schrägüber; schräg halten/laufen/stehen; schräg stellen (*auch:* schrägstellen); Schräge; Schrägheit; Schräglage; Schrägstrich; schräg laufend (*auch:* schräglaufend); schräghin; schrägen.
Schräg|strich (der, -s, -stri|che) Satzzeichen (/). → Regelkasten.

Schrägstrich

Beachte:
1. in der Bedeutung »je«: das Auto fährt höchstens 120 km/h; 200,– Euro/m².
2. als Bruchstrich: 5 1/4 Liter; 3 %.
3. in der Bedeutung »oder«: an Herrn/Frau/Fräulein; überweisen Sie aus meinem/unserem Guthaben.
4. als Ersatz für einen Bindestrich (zur Vermeidung von Missverständnissen): das Team Becker/Stich; die Bearbeitung von Müller/Stern (*aber:* Frau Müller-Stern); CDU/CSU.
5. zur Kennzeichnung von zwei aufeinander folgenden Zeitangaben: im Wintersemester 1991/92; in den Monaten September/Oktober.
6. umgekehrter Schrägstrich (\). Zeichen in Programmiersprachen für ein geöffnetes Verzeichnis: C:\texte\brief.txt.

Schram|me (die, -, -n) Kratzer; Wunde. Adjektiv: schrammig. Verb: schrammen.
Schram|meln (die, nur Plural) (südd.) Musikgruppe. Schrammelquartett; Schrammelmusik.
Schrank (der, -s, Schrän|ke) Kastenmöbel. Schrankbett; Schränkchen; Schrankfach; Schrankkoffer; Schrankspiegel; Schrankwand; schrankfertig.
Schran|ke (die, -, -n) Absperrung; Grenze. Schrankenlosigkeit; Schrankenwärter; schrankenlos; *aber:* beschränken.
schrän|ken (V.) überkreuzen. die Beine schränken.
Schran|ze (der, -n, -n) Schmeichler. Hofschranze.
Schrap|nell (das, -s, -e/-s) (engl.) Artilleriegeschoss mit Sprengladung, die kurz vor dem Auftreten zerbirst.
schrap|pen (V.) schaben.
Schrat (der, -s, -e) Waldkobold.
Schrau|be (die, -, -n) 1. Metallstift; 2. Propeller; 3. Turnübung. Schräubchen; Schraubenalge; Schraubenbolzen; Schraubendampfer; Schraubenflügel; Schraubengewinde; Schraubenkopf; Schraubenmutter; Schraubenrad; Schraubensalto; Schraubenschlüssel; Schraubenzieher; Schraubenzwinge; Schraubstock; Schraubverschluss; schraubenartig; geschraubt (ugs.: überzogen); schrauben.
Schre|ber|gar|ten (der, -s, -gär|ten) Kleingarten. Schrebergärtner.
Schreck (*auch:* Schre|cken) (der, -s, Schre|cke/Schre|cken) Angst; Entsetzen; Grauen. *Beachte:* der Schreck war groß; mit dem Schrecken davonkommen. Schreckbild; Schreckensbotschaft; Schreckensherrschaft; Schreckensnachricht; Schreckenszeit; Schreckgespenst; Schreckhaftigkeit; Schrecklichkeit; Schrecknis; Schreckschraube; Schreckschuss; Schrecksekunde; Schreckstarre. Adjektive: Schrecken erregend (*auch:* schreckenerregend); schreckensblass; schreckensbleich; schreckerfüllt; schreckhaft; schrecklich. Verben: schrecken (schreckte/schrak, geschreckt); erschrecken (erschreckte/erschrak, erschrocken).
Schred|der (der, -s, -) (engl.) technische Vorrichtung zum Verschrotten von Autowracks; Aktenvernichter.
schrei|ben (V., schrieb, hat geschrieben) Texte verfassen; notieren; mitteilen; korrespondieren. *Beachte:* Sie schreibt auf unliniertem Papier (Dativ!); *aber:* Sie schrieb an die Tafel (Akkusativ!). Sie schrieb mir/an mich. Schreibautomat; Schreibbedarf; Schreibblock; Schreibe (Stil); Schreiben (Schriftstück); Schreiber/in;

Schreiberling; Schreibfaulheit; Schreibfehler; Schreibheft; Schreibkraft; Schreibmaschine; Schreibmaschinenpapier; Schreibpult; Schreibschrift; Schreibtisch; Schreibtischtäter; Schreibübung; Schreibung; Schreibwaren; Schreibweise; Schreibzeug. Adjektiv: schreibfaul.
schrei|en (V., schrie, hat geschrien) brüllen; laut rufen, sprechen. Schreier; Schreierei; Schreihals; Schreikrampf; sie trug ein Kleid in schreiendsten (schrillen) Farben.
Schrein (der, -s, -e) (lat.) Sarg; Kasten; Kästchen.
Schrei|ner (der, -s, -) Tischler. Schreinerei; Schreinermeister; schreinern.
schrei|ten (V., schritt, ist geschritten) gehen; beginnen. Schreiten wir zur Tat! Schreittanz; Schreitvogel; *aber:* Schritt.
Schrift (die, -, Schrif|ten) 1. Zeichensystem; 2. (Kurzw.) Handschrift. lateinische Schrift; *aber:* die Heilige Schrift (Bibel). Schriftart; Schriftauslegung; Schriftdeutsch; Schriftenreihe; Schriftfälscher; Schriftführer; Schriftgrad; Schrifthöhe; Schriftleiter; Schriftlichkeit; Schriftprobe; Schriftrolle; Schriftsatz; Schriftsetzer; Schriftstellerei; Schriftstück; Schrifttum; Schrifttyp; Schriftwechsel; Schriftzeichen. Adjektive: schriftdeutsch; schriftlich; schriftsprachlich. Verben: schreiben; schriftstellern.
Schrift|ge|lehr|te (der, -n, -n) jmd., der die Thora studiert hat.
Schrift|spra|che (die, -, -n) Sprache des geschriebenen Worts; deutliche Aussprache.
schrift|sprach|lich (Adj.) die Schriftsprache betreffend; wie die Schriftsprache; deutlich sprechend.
schrill (Adj.) laut; grell. Verb: schrillen.
Schrimp → Shrimp.
Schrip|pe (die, -, -n) (nordd.) Brötchen.
Schritt (der, -s, -e) Gehen; Maß; Zwickel; Unternehmung. *Beachte:* auf Schritt und Tritt verfolgen; der Fluss ist hier nur zehn Schritt breit, *aber:* das ist nur 50 Schritte von hier; er ging nur drei Schritte weit; Schritt für Schritt, wir mussten Schritt fahren; ich konnte nicht mehr länger Schritt halten; Schritt-für-Schritt-Anleitung. Schrittmacher; Schrittmesser; Schritttanz (*auch:* Schritt-Tanz); Schritttempo (*auch:* Schritt-Tempo); Schrittgeschwindigkeit; Schrittlänge; Schrittweite; Schrittzähler. Adverb: schrittweise.
schroff (Adj.) steil; abweisend. Schroffheit.
schröp|fen (V.) aussaugen; ausbeuten. Schröpfer; Schröpfkopf.
Schrot (der/das, -s, -e) Getreide; Bleikügelchen. Schrotbrot; Schrotflinte; Schrotkorn; Schrotkugel; Schrotmehl; Schrotmühle; Schrot-

schnitt; Schrotwaage; geschrotet; schroten. (*Aber:* Schrothkur!).
Schroth|kur (die, -, -en) Diät.
Schrott (der, -s, -e) Alteisen; (ugs.) Unsinn. Schrottauto; Schrotthändler; Schrottpresse; Schrotttransport (*auch:* Schrott-Transport); Schrottwert; schrottreif; schrotten; verschrotten.
Schrubb|be|sen (*auch:* Schrubb-Be|sen) (der, -s, -) Schrubber.
schrub|ben (V.) putzen; scheuern. Schrubber.
Schrul|le (die, -, -n) Laune; Absonderlichkeit. Schrulligkeit; schrullenhaft; schrullig.
Schrul|len|haf|tig|keit (die, -, -en) Schrulligkeit; Verschrobenheit.
schrum|pe|lig (*auch:* schrum|plig) (Adj.) (nordd.) faltig; runzelig. Schrumpel; schrumpeln.
schrump|fen (V.) kleiner werden. Schrumpfgermane; Schrumpfkopf; Schrumpfleber; Schrumpfniere; Schrumpfung; schrumpfig; schrumpfbeständig.
Schrund (der, -s/-es, Schrün|de) Felsspalte; Spalte.
schrun|dig (Adj.) aufgespalten; zersplittert.
Schub (der, -s, Schü|be) Schieben; Antriebskraft; Ladung. Schubfach; Schubkarren; Schubkasten; Schubkraft; Schublade; Schublehre; Schubleistung; Schubs; Schubser; Schubstange; Schubwirkung; schubweise; schubsen; schieben.
Schu|bi|ack (der, -s, -s) (jidd.) Dieb; Schurke.
Schub|la|den|ge|setz (das, -es, -e) Gesetz, das bis zu einem günstigen Zeitpunkt zurückgehalten wird.
schüch|tern (Adj.) scheu; unsicher. Schüchternheit.
Schuft (der, -s, -e) Schurke. Schuftigkeit; schuftig.
schuf|ten (V.) (ugs.) schwer arbeiten. Schufterei.
Schuh (der, -s, -e) Fußbekleidung; Hülle. Schuhbänder; Schuhbürste; Schühchen; Schuhcreme (*auch:* Schuhkrem(e)); Schuhfabrik; Schuhgröße; Schuhlöffel; Schuhmacher; Schuhnummer; Schuhputzer; Schuhsohle; Schuhspanner.
Schuh|platt|ler (der, -s, -) Volkstanz.
Schu|ko (der, -s, -s) (Kurzw.) Schutzkontakt. Schukostecker.
Schuld (die, -, -en) Versagen; Verfehlung; Verantwortung; Belastung. *Beachte:* er hat Schuld; Schuld geben, *aber:* schuld sein; sich etwas/nichts zu Schulden (*auch:* zuschulden) kommen lassen; ich will ihr nicht die Schuld geben; sich seiner/keiner Schuld bewusst sein. Schuldanerkenntnis; Schuldbekenntnis; Schuldbeweis; Schuldbewusstsein; Schuldenhaftung; Schuldenlast; Schuldfrage; Schuldgefühl; Schuldige; Schuldigkeit; Schuldigsprechung; *aber:* jemanden schuldig sprechen (*auch:* schuldigsprechen); Schuldkomplex; Schuldlosigkeit; Schuldner/in; Schuldschein; Schuldspruch; Schuldübernahme; Schuldwechsel; Schuldzinsen. Adjektive: schuldbeladen; schuldbewusst; schuldenfrei (ohne Schulden), *aber:* schuldfrei (ohne Schuld); schuldenhalber; schuldfähig; schuldhaft; schuldig; eines Vergehens schuldig sein; schuldlos; schuldrechtlich. Verben: schulden; sich verschulden.
Schu|le (die, -, -n) Bildungsanstalt; Schulhaus. *Beachte:* auf die höhere Schule gehen; die Hohe (*auch:* hohe) Schule der Reitkunst. Das Projekt wird noch Schule machen. Schulabgänger; Schulanfänger; Schularzt; Schulaufgabe; Schulbesuch; Schulbuch; Schulbus; Schuldienst; Schüler/in; Schüleraustausch; Schülerlotse; Schülermitverwaltung (Abk.: SMV); Schülerschaft; Schülerzeitung; Schulferien; Schulfreund/in; Schulfunk; Schulgeld; Schulhaus; Schulheft; Schuljahr; Schuljunge; Schulklasse; Schullandheim; Schullehrer/in; Schulleiter; Schulmädchen; Schulmedizin; Schulordnung; Schulpflicht; Schulpolitik; Schulranzen; Schulreife; Schulschiff; Schulschluss; Schulspeisung; Schulsprecher; Schulstunde; Schultasche; Schultüte; Schulung; Schulungskurs; Schulunterricht; Schulverwaltung; Schulweg; Schulzeit; Schulzentrum; Schulzeugnis. Adjektive: schulärztlich; schulentlassen; schülerhaft; schulfrei; schulisch; schulmäßig; schulmeisterlich; schulpflichtig. Verben: schulen; schulmeistern; einschulen.
Schul|ter (die, -, -n) Körperteil. *Beachte:* etwas auf die leichte Schulter nehmen. Schulterblatt; Schultergelenk; Schulterklappe; Schulterpolster; Schulterschluss; Schultersieg; schulterfrei; schmalschult(e)rig; schulterlang; schultern.
schum|meln (V.) (ugs.) schwindeln; betrügen. Schummelei; Schummler.
schumm|rig (*auch:* schum|me|rig) (Adj.) dämmrig; dunkel. Schummer; Schummerstunde; schummern.
Schund (der, -s, kein Plural) Ramsch; Wertloses. Schundheft; Schundliteratur.
schun|keln (V.) schaukeln. Schunkelwalzer.
Schu|po 1. (die, -, kein Plural) (Kurzw.) Schutzpolizei; 2. (der, -s, -s) (Kurzw.) Schutzpolizist.
Schup|pe (die, -, -n) Haut-, Hornplättchen. Schuppenbildung; Schuppenflechte; Schuppenpanzer; Schuppenpilz; Schuppentier; Schuppung; schuppig; schuppen.

Schup'pen (der, -s, -) Abstellraum; Lagerhaus; (ugs.) Lokal. Beatschuppen.
Schur (die, -, -en) Scheren. Schafschur; Schurwolle.
schü'ren (V.) anfachen; nähren. Schüreisen; Schürer; Schürhaken.
schür'fen (V.) graben. Schürfer; Schürfeisen; Schürfgrube; Schürfloch; Schürfrecht; Schürfung; Schürfwunde.
Schur'ke (der, -n, -n) Betrüger; Spitzbube. Schurkenstreich; Schurkerei; Schurkin; schurkisch.
Schurz (der, -es, -e) Kleidungsstück. Lendenschurz; Schürze; Schürzenband; Schürzenjäger; Schurzfell; Schurzleder; schürzen.
Schuss (der, Schus'ses, Schüs'se) Schießen; Knall; Injektion; Maßangabe. *Beachte:* ein Schuss Likör; hundert Schuss Munition; die Wohnung ist gut in Schuss; etwas in Schuss (in Ordnung) haben/halten. Schussfahrt; Schusslinie; Schussschwäche (*auch:* Schuss-Schwäche); Schussstärke (*auch:* Schuss-Stärke); Schussverletzung; Schusswaffe; Schusswechsel; Schusszahl. Adjektive: schussbereit; schussfertig; schussfest; schussgerecht; schussschwach (*auch:* schuss-schwach); schussstark (*auch:* schuss-stark). Verb: schießen.
Schüs'sel (die, -, -n) Gefäß. Schüsselchen; schüsselförmig.
Schus'ser (der, -s, -) Murmel. Verb: schussern (ich schussre/schussere).
schuss'lig (*auch:* schus'se'lig) (Adj.) (ugs.) fahrig; vergesslich. Schussel; Schusslichkeit; schusseln.
Schuss'wun'de (die, -, -n) Schussverletzung.
Schus'ter (der, -s, -) Schuhmacher. Schusterbass; Schusterdraht; Schusterjunge; Schusterpech; Schusterwerkstatt; schustern.
Schus'ter'blu'me (die, -, -n) Anemone.
Schutt (der, -s, kein Plural) Trümmer; Müll. Schuttabladeplatz; Schutthalde; Schuttkegel.
schüt'teln (V.) rütteln; durcheinanderwerfen; mischen; frösteln; ekeln. *Beachte:* etwas aus dem Ärmel schütteln; bei diesem Anblick schüttelt es mich. Schüttelfrost; Schüttellähmung; Schüttelreim.
schüt'ten (V.) leeren; füllen; regnen (unpersönlich: es schüttet). Schüttbeton; Schüttboden; Schüttgut; Schüttofen; Schüttstroh; Schüttung.
schüt'ter (Adj.) spärlich; schwach.
schüt'zen (V.) bewahren; in Schutz nehmen. *Beachte:* jemanden vor Fehlern schützen (bewahren), *aber:* jemanden gegen Feinde schützen (in Schutz nehmen). Schutz; Schutzanstrich; Schutzanzug; Schutzbefohlene;

Schutzbehauptung; Schutzblech; Schutzbrief; Schutzdach; Schutzengel; Schützer; Schutzfarbe; Schutzfrist; Schutzgebühr; Schutzgemeinschaft; Schutzglas; Schutzhaft; Schutzheilige; Schutzherr; Schutzhülle; Schutzimpfung; Schützling; Schutzlosigkeit; Schutzmacht; Schutzmann; Schutzmaske; Schutzpatron; Schutzpolizei (Schupo); Schutzpolizist (Schupo); Schutzraum; Schutztruppe; Schutz- und Trutzbündnis; Schutzvorrichtung; Schutzwall; Schutzzoll. Adjektive: schutzbedürftig; schutzlos. Verb: schutzimpfen.
Schwa (das, -s, -s) (hebr.) Laut, der in unbetonten Silben anstelle des vollen Vokals gesprochen wird.
Schw. (Abk.) Schwester.
schwab'beln (V.) (ugs.) wackeln. Adjektiv: schwabb(e)lig.
schwä'beln (V.) schwäbischen Dialekt sprechen. Schwaben; Schwabenstreich; Schwabe; Schwäbin; schwäbisch, *aber:* die Schwäbische Alb; schwäbisch-hällisch, *aber:* Schwäbisch Hall.
schwach (Adj.; schwächer, schwächste) kraftlos; hilflos; gehaltlos; dünn; dumm. *Beachte:* das schwache Geschlecht; in einer schwachen Stunde; der schwächste der Teilnehmer, *aber:* er war der Schwächste in der Gruppe; das Schwächste (am schwächsten) war, dass ...; die Schwachen und die Starken. Schwäche; Schwächeanfall; Schwächepunkt; Schwachheit; Schwächung. In Verbindung mit adjektivisch gebrauchten Partizipien kann getrennt oder zusammengeschrieben werden! schwach betont (*auch:* schwachbetont); das schwach bewegte (*auch:* schwachbewegte) Meer; schwachatmig; schwachherzig; schwächlich; schwachsichtig; schwachsinnig. Verb: schwächen.
Schwa'den (der, -s, -) Dunst; Nebel. Nebelschwaden; Rauchschwaden.
Schwa'd'ron (die, -, -en) (ital.) Kavallerieeinheit. Schwadronchef; schwadronenweise (*auch:* schwadronsweise); schwadronieren.
schwa'feln (V.) (ugs.) schwatzen, töricht daherreden. Schwafelei.
Schwa'ger (der, -s, Schwä'ger) Bruder-, Schwestermann. Schwägerin; Schwägerschaft; schwägerlich.
Schwai'ger (der, -s, -) (südd.) Senn. Schwaige; Schwaighof; schwaigen.
Schwal'be (die, -, -n) Singvogel; vorgetäuschtes Foul (Fußball). Schwälbchen; Schwalbennest; Schwalbennestsuppe.
Schwal'ben'nes'ter'sup'pe (die, -, -) Gericht.

Schwal|ben|wurz (die, -, -e) (Bot.) Cynanchum.
Schwall (der, -s, -e) Welle; Fluss. Wortschwall.
Schwamm (der, -s, Schwäm|me) 1. Reinigungsgerät; 2. Meerestier; 3. Pilz. Schwämmchen; Schwammigkeit; Schwammtuch; schwammig.
Schwam|merl (das/der, -s, -/-n) (südd.) Pilz. Schwammerlsucher; Schwammerlsuppe.
Schwan (der, -s, Schwä|ne) Wasservogel. Schwanengesang; Schwanenhals; Schwanenteich; schwanenweiß.
schwa|nen (V.; unpersönlich) (ugs.) mir schwant (ich ahne) Schlimmes.
Schwang (der) (in der Wendung:) im Schwange sein (üblich sein).
schwan|ger (Adj.) ein Kind erwartend. Schwangere; Schwangerenfürsorge; Schwangerschaft; Schwangerschaftsabbruch; Schwangerschaftsgymnastik; Schwangerschaftstest; Schwangerschaftsunterbrechung; Schwangerschaftsverhütung; Schwängerung; schwängern.
Schwank (der, -s, Schwän|ke) Posse; Komödie.
schwan|ken (V.) wackeln; unsicher sein. Schwankung.
schwank|haft (Adv.) in der Art eines Schwanks. eine schwankhafte Erzählung.
Schwank|ro|man (der, -s, -e) heiterer Roman.
Schwanz (der, -es, Schwän|ze) 1. Schweif; 2. Ende; 3. Menschenschlange; 4. (ugs.) Penis. *Beachte:* Er wird schnell den Schwanz einziehen (ugs.: nachgeben); es war kein Schwanz (ugs.: niemand) zu sehen. Schwänzchen; Schwanzende; Schwanzflosse; Schwanzspitze; kurzschwänzig; schwanzlastig; schwänzeln.
Schwän|ze|lei (die, -, -en) das Schwänzeln; Liebdienerei.
schwän|zen (V.) (ugs.) dem Unterricht fernbleiben. Schwänzer.
schwap|pen (V.) überfließen.
Schwarm (der, -s, Schwär|me) 1. Menge; 2. Abgott. *Beachte:* Ein Schwarm kleiner Kinder/kleine Kinder verließ/verließen das Haus. Er war der Schwarm eines jeden jungen Mädchens. Schwärmer; Schwärmerei; schwärmerisch; schwärmen.
schwär|men (V.) ausfliegen; sich verteilen; träumen; verehren. Schwärmzeit.
Schwar|te (die, -, -n) Haut; (ugs.) dickes Buch. Schwartenmagen; schwartig.
schwarz (Adj.) Farbe. *Beachte:* schwarzer Tee; auf der schwarzen Liste stehen; ein schwarzer Freitag; das Schwarze Brett (*auch:* das schwarze Brett); der Schwarze Peter (*auch:* der schwarze Peter); das schwarze Schaf; schwarz auf weiß. *Aber:* Schwarze und Weiße; mit/in/auf Schwarz; ins Schwarze treffen. *aber:* das schwarze Meer; der Schwarze Freitag (Börsenzusammenbruch 1929); *Wichtig:* Zusammenschreibung, wenn eine idiomatische Verbindung mit einem Verb vorliegt! schwarzarbeiten (steuerfrei verdienen); schwarzfahren (ohne Fahrkarte); schwarzgehen (heimlich die Grenze überschreiten); schwarzhören (keine Radiogebühr bezahlen); schwarzsehen (keine Fernsehgebür bezahlen); schwarzweiß (*auch:* schwarz-weiß) malen (vereinfachen); etwas schwarz färben (*auch:* schwarzfärben); schwarz werden vor Ärger. Schwarzafrika; Schwarzarbeit; Schwarzbrot; der/das Schwarze; Schwärze; Schwarzerde; Schwarzfahrer; Schwarzhandel; Schwarzhörer; Schwarzmalerei; Schwarzmarkt; Schwarzmeerflotte; Schwarzpulver; Schwarzseher; Schwarzwald; Schwarzwaldklinik; Schwarzweißfilm (*auch:* Schwarz-Weiß-Film); Schwarzweißmalerei (*auch:* Schwarz-Weiß-Malerei); Schwarzwild; Schwarzwurzel. Adjektive: schwarzäugig; schwarzbraun; schwarzbunt; schwarzhaarig. In Verbindung mit adjektivisch gebrauchten Partizipien ist Getrennt- oder Zusammenschreibung möglich! ein schwarz gestreifter (*auch:* schwarzgestreifter) Rock; schwarz gefärbtes (*auch:* schwarzgefärbtes) Haar; schwärzlich; schwärzlich grau; ein schwarz-rot-gold(e)ner (*auch:* schwarzrotgold(e)ner) Wimpel; die Fahne Schwarzrotgold (*auch:* Schwarz-Rot-Gold); schwarzseherisch; schwarzweiß (*auch:* schwarz-weiß). Verb: schwärzen.
schwat|zen (*auch:* schwät|zen) (V.) viel und gerne reden. Schwatz; Schwatzbase; Schwätzchen; Schwätzer/in; Schwatzhaftigkeit. Schwatzliese; schwatzhaft; schwätzerisch.
Schwe|be|baum (der, -s/-es, -bäu|me) Schwebebalken.
schwe|ben (V.) fliegen; hängen; im Gang sein. Das Verfahren ist in der Schwebe. Schwebebahn; Schwebebalken; Schwebefähre; Schwebeteilchen; Schwebezustand; Schwebung; Schwebungsempfang.
Schwe|be|reck (das, -s, -s) Sportgerät.
Schwe|den (ohne Art., -s, kein Plural) Schwede; schwedisch; *aber:* Schwedisch (Sprache).
Schwe|den|früch|te (die, nur Plural) Fruchtsalat mit Alkohol und Rahm.
Schwe|den|klee (der, -s, kein Plural) Bastardklee.
Schwe|den|kra|gen (der, -s, -) breiter Kragen, mit Spitzen verziert.

Schwe|den|plat|te (die, -, -n) schwedische Vorspeise.
Schwe|den|punsch (der, -s/-es, -e/pün|sche) alkoholisches Getränk mit speziellen Gewürzen.
schwe|di|sche Gar|di|nen (ugs.) Gefängnis.
Schwe|fel (der, -s, kein Plural) chemischer Grundstoff (Abk.: S). Schwefeläther; Schwefelbad; Schwefelblüte; Schwefeldampf; Schwefeldioxyd; Schwefelholz; Schwefelhütte; Schwefelkies; Schwefelkohlenstoff; Schwefelkur; Schwefelquelle; Schwefelregen; Schwefelsäure; Schwefelung; Schwefelwasserstoff; schwefelartig; schwefelfarben; schwefelfarbig; schwefelgelb; schwefelhaltig; schwef(e)lig; schwefelsauer; schwefeln.
Schweif (der, -s, -e) Schwanz. Schweifstern; schweifwedelnd; schweifen.
schwei|gen (V., schwieg, hat geschwiegen) nichts reden. Schweigegeld; Schweigemarsch; Schweigeminute; Schweigen; Schweigepflicht; Schweigsamkeit; schweigsam.
Schwein (das, -s, -e) 1. Haustier; 2. (ugs.) Glück; 3. Schimpfwort. Schweinebandwurm; Schweinebauch; Schweinebraten; Schweinefett; Schweinefleisch; Schweinehund; Schweinemast; Schweinepest; Schweinerei; Schweinerne; Schweineschmalz; Schweineschnitzel; Schweinestall; Schweinezucht; Schweinsborste; Schweinsgalopp; Schweinshaxe; Schweinskopf; Schweinswurst; schweinern; schweinisch; schweinsledern.
Schwein|igel (der, -s, -) (ugs.) schmutziger oder unflätiger Mensch.
Schwein|ige|lei (die, -, -en) (ugs.) unflätiges Benehmen.
schwein|igeln (V.) (ugs.) schmutzige Witze erzählen.
Schwein|kram (der, -s, kein Plural) (ugs.) unsittliches Verhalten; pornographisches Material.
Schweiß (der, -es, kein Plural) 1. Hautabsonderung; 2. Anstrengung. Schweißausbruch; Schweißband; Schweißbildung; Schweißdrüse; Schweißfleck; Schweißfluss; Schweißgeruch; Schweißpore; Schweißtropfen; Schweißtuch; schweißbedeckt; schweißgebadet; schweißig; schweißtreibend; schweißtriefend; schweißüberströmt.
Schweiß|ab|son|de|rung (die, -, -en) Ausdünstung des Körpers.
schwei|ßen (V.) verbinden. Schweißapparat; Schweißbrenner; Schweißbrille; Schweißdraht; Schweißer; Schweißnaht; Schweißstahl; Schweißung.
Schweiß|fähr|te (die, -, -n) Spur.
Schweiß|fuß (der, -es, -fü|ße) Fuß mit starker Schweißabsonderung.
Schweiß|hund (der, -s, -e) Bluthund.
Schwei|zer (der, -s, -) Einwohner der Schweiz; Melker. Schweizerdeutsch (Sprache), *aber*: schweizerdeutsch (nicht französisch) sprechen; Schweizerin; Schweizergarde; Schweizerland; schweizerisch.
schwe|len (V.) glimmen. Schwelbrand; Schwelerei; Schwelkohle; Schwelteer; Schwelung.
schwel|gen (V.) genießen. Schwelger; Schwelgerei; schwelgerisch.
Schwel|le (die, -, -n) Türbalken; Grenze; (Kurzw.) Eisenbahnschwelle. Schwellenangst; Schwellenwert.
schwel|len (V., schwoll, hat/ist geschwollen; ich schwelle, du schwillst, er schwillt) größer werden, machen. Schwellkörper; Schwellung; Schwellwerk.
Schwel|len|angst (die, -, -ängs|te) Angst vor dem Umgang mit Höhergestellten oder Institutionen.
Schwel|len|land (das, -es, -länder) Entwicklungsland, das kurz davor ist, eine Industrienation zu werden.
Schwem|me (die, -, -n) 1. Wirtshaus. 2. seichte Stelle eines Gewässers, als Badeplatz oder Stelle zum Tränken für das Vieh geeignet. 3. zeitlich begrenztes, besonders reichliches Warenangebot. 4. (österr.) Kaufhausabteilung mit niedrigen Preisen.
schwem|men (V.) an-, wegspülen; wässern. Schwemmboden; Schwemmkegel; Schwemmland; Schwemmsand; Schwemmstein.
Schwen|gel (der, -s, -) Glockenschwengel.
Schwenk|arm (der, -s/-es, -e) drehbarer Kran.
schwen|ken (V.) bewegen; schwingen. Schwenk; Schwenkbühne; Schwenker; Schwenkglas; Schwenkkran; Schwenkung; schwenkbar.
schwer (Adj.) gewichtig; schwierig; beträchtlich. *Beachte:* Er war ein schwerer Junge (ugs.: Verbrecher); schwere Musik; schweren Herzens; ein schwerer Schlag; das Schwerste (*aber:* am schwersten) wäre, wenn ...; etwas/nichts/ viel/wenig Schweres; das Schwerste, was er zu tragen hat; Schweres. Schwerarbeiter; Schwerathlet; Schwerbehinderte; Schwerbehindertenausweis; Schwerbenzin; Schwerbeschädigte; Schwere; Schwerelosigkeit; Schwerenöter; Schwerfälligkeit; Schwergewicht; Schwergewichtsmeisterschaft; Schwerhörigkeit; Schwerindustrie; Schwerkraft; Schwermetall; Schwermut; Schweröl; Schwerpunkt; Schwerpunktindustrie; Schwerstarbeiter; Schwerstbeschädigte; Schwerverbrecher; Schwerver-

wundete. Bei Verbindungen mit einem einfachen unflektierten Adjektiv als graduierende Bestimmung ist sowohl Getrennt- als auch Zusammenschreibung möglich! Adjektive: sie ist schwerbehindert (*auch:* schwer behindert); schwerelos; ein schwer erziehbares (*auch:* schwererziehbares) Kind; schwerfällig; schwergewichtig; schwerhörig; schwer krank (*auch:* schwerkrank); schwer löslich (*auch:* schwerlöslich); schwermütig; schwerpunktmäßig; eine schwerreiche Familie; schwerwiegend (*auch:* schwer wiegend). Adverb: schwerlich. Verben: die Aufgabe wird dir nicht schwerfallen; einen Vorwurf schwernehmen; mit einer Aufgabe schwertun.
Schwert (das, -s, -er) Waffe. Schwertboot; Schwertergeklirr; Schwertertanz; Schwertfisch; Schwertknauf; Schwertlilie; Schwertschlucker; Schwertstreich; schwertförmig.
Schwes'ter (die, -, -n) weibliches Geschwister (Abk.: Schw.). Schwesterfirma; Schwesterkind; Schwester(n)liebe; Schwesternorden; Schwesternpaar; Schwesternschaft; Schwesternschule; Schwesterntracht; Schwesternwohnheim; Schwesterpartei; Schwesterschiff; schwesterlich.
Schwes'ter'chen (das, -s, -) kleine Schwester.
Schwes'ter'lein (das, -s, -) kleine Schwester.
Schwes'tern'heim (das, -s, -e) Wohnheim für Krankenschwestern.
Schwes'tern'schu'le (die, -, -n) 1. Ausbildungsstätte für Krankenschwestern. 2. Internat, das von Nonnen geführt wird.
Schwie'ger'el'tern (die, nur Plural) Eltern des Ehepartners. Schwiegermutter; Schwiegersohn; Schwiegertochter; Schwiegervater.
Schwie'le (die, -, -n) Wölbung; Wulst. Adjektiv: schwielig.
schwie'rig (Adj.) schwer; kompliziert. Schwierigkeit; Schwierigkeitsgrad.
schwim'men (V., schwamm, hat/ist geschwommen) sich im Wasser bewegen; auf dem Wasser liegen; (ugs.) unter Wasser stehen; (ugs.) unsicher sein. *Beachte:* Ich gehe zum Schwimmen; ich will schwimmen lernen. Schwimmbad; Schwimmbassin; Schwimmbecken; Schwimmbewegung; Schwimmblase; Schwimmboje; Schwimmmeister (*auch:* Schwimm-Meister); Schwimmer/in; Schwimmerventil; Schwimmflosse; Schwimmgürtel; Schwimmhalle; Schwimmhaut; Schwimmkissen; Schwimmlehrer; Schwimmsand; Schwimmsport; Schwimmstadion; Schwimmstil; Schwimmvogel; Schwimmweste.
Schwimm'un'ter'richt (der, -s, kein Plural) Schwimmausbildung.

schwin'deln (V.) lügen; schummeln; taumeln (nur unpersönlich; mich/mir schwindelt). Schwindel; Schwindelanfall; Schwindelei; Schwindelgefühl; Schwindler; Schwindel erregend (*auch:* schwindelerregend); schwindelhaft; schwind(e)lig; schwindlerisch.
schwin'den (V., schwand, ist geschwunden) abnehmen; verschwinden. Schwindmaß; Schwindsucht; Schwindung; Schwund; schwindsüchtig.
schwin'gen (V., schwang, hat geschwungen) hin und her bewegen; schleudern; vibrieren. Schwingachse; Schwingblatt; Schwingbühne; Schwinge; Schwinger; Schwingflügel; Schwingkreis; Schwinglaut; Schwingtür; Schwingung; Schwingungsdauer; Schwingungskreis; Schwingungszahl.
Schwin'gungs'dämp'fer (der, -s, -) Vibrationshemmer.
Schwin'gungs'mes'ser (der, -s, -) Gerät zur Messung von Schwingungen.
Schwipp'schwa'ger (der, -s, -schwä'ger) (ugs.) Mann der Schwägerin. Schwippschwägerin.
Schwips (der, -es, -e) (ugs.) kleiner Rausch.
schwir'ren (V.) fliegen; sausen. Schwirrfliege; Schwirrflug; Schwirrvogel.
schwit'zen (V.) Schweiß absondern. Schwitzbad; Schwitzbläschen; Schwitzkasten; Schwitzkur; Schwitzpackung; schwitzig.
Schwit'ze (die, -, -n) Mehleinbrenne. Mehlschwitze.
schwo'fen (V.) (ugs.) tanzen. Schwof.
schwoi'en (V.) (altnord.-niederl.) durch Strömung oder Wind vor Anker bewegt werden (bei Schiffen).
schwö'ren (V.) versichern; geloben. Schwur.
schwul (Adj.) (ugs.) homosexuell. Schwule; Schwulenkneipe; Schwulentreff; Schwulität.
schwül (Adj.) heiß; dumpf. Schwüle.
schwuls'tig (Adj.) wulstig. Schwulst.
schwüls'tig (Adj.) übertrieben; überladen; Schwülstigkeit.
schwumm'rig (*auch:* schwum'me'rig) (Adj.) (ugs.) schwindlig; ängstlich.
Schwund (der, -s, kein Plural) Abnahme. Schwundausgleich; Schwundstufe; Schwundverlust; schwinden.
Schwung (der -s, Schwün'ge) Bewegung; Elan; Begeisterung. *Beachte:* Ich hoffe, dass ich bald wieder in Schwung komme! Schwungfeder; Schwungkraft; Schwungrad; schwunghaft; schwungvoll; schwingen.
Schwupp (der, -s, -e/-s) (ugs.) Stoß. Das Problem war in einem Schwupp (im Handumdrehen) geklärt. schwupp! schwupps! schwuppdiwupp!

Schwur (der, -s, Schwüre) Eid. Schwurfinger; Schwurgericht; Schwurgerichtsverhandlung.

Sci|ence|fic|tion (*auch:* Sci|ence-Fic|tion) (die, -, kein Plural) fantastische Literatur auf naturwissenschaftlicher Grundlage. Sciencefictionroman (*auch:* Sciencefiction-Roman; Science-Fiction-Roman).

sci|ol|to (Adj.) (lat.-ital.) in Phrasierung und Dynamik frei. Anweisung im Notentext.

Scoop (der, -s, -s) (engl.) Pressesensation.

Score (der, -s, -s) (engl.) Punktestand.

Scotch (der, -s, -s) (engl.) Whisky.

Scotch|ter|ri|er (der, -s, -) Jagdhund.

Scot|land Yard (der, --, kein Plural) (engl.) Polizei (London).

Scout (der, -s, -s) (engl.) Pfadfinder.

Scrab|ble (das, -s, -s) Spiel.

Scraps (die, nur Plural) (altnord.-engl.) aus den bodennahen Blättern der Tabakpflanze hergestellter Tabak.

Scrip (der, -s, -s) (engl.) Zinsgutschein.

Script|girl (das, -s, -s) (engl.) Sekretärin (Film).

Scrub (der, -s, kein Plural) (engl.) trockenes australisches Dornbuschland.

s. d. (Abk.) sieh(e) dort!

SDI (Abk.) Strategic Defense Initiative (Weltraumverteidigung).

SDR (Abk.) Süddeutscher Rundfunk.

Se (Abk.) Selen (chemisches Zeichen).

Seal (der/das, -s, -s) (engl.) Robbenpelz. Sealskin.

Sé|an|ce (die, -, -n) (franz.) spiritistische Sitzung.

Se|bor|rhö (die, -, -n) (lat.-griech.) Hautkrankheit.

sec 1. (Abk.) Sekunde. 2. (Adj.) (franz.) trocken; herb (Wein).

sechs (Zahlw.) *Beachte:* es ist sechs Uhr; wir kommen zu sechst (*auch:* sechsen); sechsmal so groß, sechsmal so viel; um halb sechs; der sechste Sinn; *aber:* jeder Sechste war durchgefallen. *Aber:* eine Sechs (Note) schreiben; eine Sechs (Augen) würfeln; die Zahl Sechs; sie war die Sechste (der Leistung nach) in der Wertung; morgen ist der Sechste (Monatstag). Sechsachser (6-Achser); Sechsachteltakt ($^6/_8$-Takt); Sechseck; einen Sechser im Lotto haben; Sechserpack; in Sechserreihen anstehen; das Sechsfache kosten; Sechsflächner (Hexaeder); Sechskanteisen; Sechslinge; Sechstagerennen; ein Sechstel; Sechsundsechzig (Kartenspiel) spielen; Sechszylindermotor; Sechzehnmeterraum; Sechzigjährige. Adjektive: sechsachsig (6-achsig); sechseckig; sechseinhalb; sechserlei; sechsfach; sechshundert; sechskantig; sechsmal (6-mal); sechsmalig; sechsstellig; sechstausend; sechstens; sechsundfünfzig; sechszylindrig; sechzigjährig.

sec|co (Adj.) (ital.) trocken (Wein).

Sec|co|ma|le|rei (die, -, -en) (lat.-ital.) Wandmalerei auf trockenem Untergrund.

se|con|da vol|ta (lat.-ital.) erste Wiederholung eines Teils in einem Musikstück.

Se|cond|hand|shop (der, -s, -s) (engl.) Geschäft für Gebrauchtkleidung.

Se|cret Ser|vice (der, - -, kein Plural) (engl.) englischer Geheimdienst.

SED (Abk.) Sozialistische Einheitspartei Deutschlands (in der ehemaligen DDR).

se|da|tiv (Adj.) (lat.) beruhigend.

Se|da|ti|vum (das, -s, -ti|va) (lat.) Beruhigungsmittel.

Se|dez (das, -es, -e) (lat.) aus 16-blättrigen Bögen gebundenes Buch.

Se|di|le (das, -s, -li|en) (lat.) 1. Sitz ohne Lehne für die amtierenden Priester beim Hochamt. 2. ausklappbarer Sitz im Chorgestühl.

Se|di|ment (das, -s, -e) (lat.) Ablagerung; Gesteinsschicht. Sedimentärgestein; Sedimentation; Sedimentgestein; sedimentär; sedimentieren.

See 1. (der, -s, -n) Binnengewässer. Seeadler; Seekunde; Seenplatte; Seerose; Seeufer; seenartig. 2. (die, -, -n) Meer (ohne Plural); Seegang. *Beachte:* Seeelefant (*auch:* See-Elefant); Seeerfahrung (*auch:* See-Erfahrung); Seeerze (*auch:* See-Erze). Seeigel; seeerfahren; (*auch:* seeerfahren) Seeamt; Seebad; Seebär; Seebeben; Seefahrer; Seefisch; Seegras; Seegrasmatratze; Seehandel; Seehund; Seehundfell; Seeigel; Seejungfrau; Seekarte; Seekasse; Seeklima; Seekrankheit; Seekrieg; Seekuh; Seeluft; Seemacht; Seemann (Plural: -leute); Seemannsgarn; Seemeile (Abk.: sm); Seenot; Seepferdchen; Seeräuber; Seereise, Seesack; Seeschlacht; Seestern; Seetang; Seeweg; Seezunge. Adjektive: seefahrend; seeklar; seekrank; seemännisch; seetüchtig; seewärts.

See|le (die, -, -n) Psyche; Inneres; (ugs.) Mensch. Er war mit Herz und Seele dabei; sie waren ein Herz und eine Seele; keine Seele (niemand) war da. Seelchen; Seelenamt; Seelenarzt; Seelenfriede(n); Seelenheil; Seelenkunde (Psychologie); Seelenleben; Seelenqual; Seelenruhe; Seelenverwandtschaft; Seelenwanderung; Seelsorge. Adjektive: seelenkundig; seelenkundlich (psychologisch); seelenlos; seelenruhig; seelen(s)gut; seelenvergnügt; seelenvoll; seelisch (*aber:* selig!); seelsorgerisch; seelsorglich.

See|len|ach|se (die, -, -n) Achse.

See|len|adel (der, -s, kein Plur.) innerer Adel.

See|len|dok|tor (der, -s, -en) Psychiater.

See|len|frie|den (der, -s, kein Plural) innerer Frieden.
See|len|for|scher (der, -s, -) Psychologe.
See|len|pein (die, -, kein Plural) Seelenschmerz; Seelenqual.
se|geln (V., hat/ist) mit einem Segelboot fahren; (ugs.) fliegen. Segel; Segelboot; Segelflieger; Segelflugzeug; Segelohren; Segelregatta; Segelschiff; Segeltuch (Plural: -tuche); Segler/in; segelfertig; segellos; segelfliegen.
Seg|ler|müt|ze (die, -, -n) Mütze für Segler.
Seg|ment (das, -s, -e) (lat.) Teil; Abschnitt. Segmentierung; Segmentbogen; segmental; segmentär; segmentieren.
seg|nen (V.) weihen; Segen spenden. Sie segnete früh das Zeitliche (starb früh). Segen; Segensspruch; Segenswunsch; Segnung; Segen bringend; Segen spendend (*auch:* segenspendend); segensreich; segensvoll.
Se|g|no (das, -s, -s) (lat.-ital.) Zeichen im Notentext, ab dem oder bis zu dem ein Teil wiederholt werden soll.
Se|gre|ga|ti|on(die, -, -ti|o|nen) (lat.) räumliche Trennung; Absonderung (von Bevölkerungsgruppen).
se|gre|gie|ren (V.) eine Segregation vornehmen.
Se|gui|dil|la (die, -, kein Plural) (lat.-span.) spanischer Tanz, der mit Gitarre oder von den Tänzern selbst mit Kastagnetten begleitet wird.
se|hen (V., sah, hat gesehen; ich sehe, du siehst) erblicken; schauen; bemerken; beurteilen. *Beachte:* Er kannte sie nur vom Sehen; ihnen wird Hören und Sehen (*auch:* hören und sehen) vergehen; wir haben es alle kommen sehen. Sehachse; Sehenswürdigkeit; Seher/-in; Seherblick; Sehfehler; Sehkraft; Sehlinse; Sehnerv; Sehorgan; Sehprobe; Sehprüfung; Sehrohr; Sehschärfe; Sehschwäche; Seestäbchen; Sehstörung; Sehtest; Sehvermögen; Sehweite; Sehzentrum. Adjektive: sehenswert; seherisch; sehschwach.
se|hens|wür|dig (Adj.) interessant zu sehen.
Seh|ne (die, -, -n) 1. Muskelfaser; 2. Bogenschnur; 3. Gerade (Mathematik). Sehnenriss; Sehnenscheidenentzündung; Sehnenzerrung; sehnig.
seh|nen (V., refl.) Sehnsucht haben. Sehnsucht; sehnlich; sehnsüchtig; sehnsuchtsvoll.
Seh|nen|re|flex (der, -es, -e) Reflex der Sehne.
sehr (Adv.) übermäßig; besonders. Bitte sehr! Danke sehr! so sehr; zu sehr; gar sehr.
Sei|ches (die, nur Plural) (franz.) Schwingungen des Wasserspiegels (in Buchten, Seen).
seicht (Ad).) flach; oberflächlich. Seichtheit; Seichtigkeit.

Sei|de (die, -, -n) Gewebe. Seidenfaden; Seidenglanz; Seidenpapier; Seidenraupe; Seidenspinner; seidenartig; seidenweich; seidig; seiden.
Sei|del (das, -s, -) (südd.) Bierglas.
Sei|del|bast (der, -s, -bas|te) Pflanze.
Sei|fe (die, -, -n) Reinigungsmittel. Seifenblase; Seifenkistenrennen; Seifenlauge; Seifenpulver; Seifenschaum; Seifenwasser; seifenartig; seifig; seifen.
Sei|g|nette|salz (das, -es, kein Plural) (franz.) abführend wirkendes Kaliumnatriumsalz der Weinsäure.
sei|hen (V.) filtern; sieben. Seiher; Seihpapier.
Seil (das, -s, -e) Tau. Seilbahn; Seiler; Seilerei; Seilhüpfen; Seilschaft; Seilspringen; Seiltänzer/-in; Seilwinde; Seilziehen; Seilzug; seilartig; seilhüpfen, *aber:* übers Seil hüpfen; seilspringen, *aber:* über das Seil springen; seiltanzen, *aber:* auf dem Seil tanzen; anseilen.
sei|mig (Adj.) dickflüssig; zäh. Seim.
sein 1. (Pron., possess.) ihm gehörend; ihm zugehörig. *Beachte:* jedem das Seine (*auch:* seine); Seine Exzellenz (Abk.: S. E.); jeder muss das Seine (*auch:* seine) dazutun; er kehrte zurück zu den Seinen (*auch:* seinen). unter seinesgleichen; wir wollen seiner gedenken; alles war sein; einerseits; seinethalben/seinetwegen; seinetwillen; um seinetwillen; seinerzeit (Abk.: s. Z.). 2. (V., war, ist gewesen; bin, bist, ist, sind, seid, sind) existieren; da sein; anwesend sein; sich befinden; stattfinden. *Beachte:* das darf doch nicht wahr sein; das ist (gehört) ihm; du musst nicht traurig sein; Strafe muss sein. *Aber:* das Sein und das Nichtsein.
Seis|mo|graf (*auch:* Seis|mo|graph) (der, -en, -en) (griech.) Stärkemesser, der Richtung und Dauer eines Bebens anzeigt (Erdbeben). Seismologe; Seismologie; Seismik; Seismogramm; Seismometer; seismisch; seismologisch.
seit (Präp., Dat.; Konj.) von ... bis jetzt; seitdem. *Beachte:* seit meinem Unfall; seit heute; seit Kurzem (*auch:* kurzem); seit Langem (*auch:* langem); seitdem; seither. *Wichtig:* Nebensätze, die durch »seit« eingeleitet werden, sind durch Komma abgetrennt! Seit ich dieses Buch habe, mache ich keine Fehler mehr.
Sei|te (die, -, -n) Blatt (Abk.: S.); Fläche; Richtung; Charakterzug. (*Aber:* die Saite!) *Beachte:* auf der linken/rechten Seite; sie stand mir zur Seite; von allen Seiten; auf der Seite der Minderheit; von rechtlicher Seite. aufseiten (*auch:* auf Seiten) der Minderheit; vonseiten (*auch:* von Seiten); seitens des Vaters; väterlicher-, mütterlicherseits; ganz meinerseits; abseits; allerseits. Seitenansicht; Seitenaus-, Seitenein-

gang; Seitenflügel; Seitenhieb; Seitenlinie; Seitenruder; Seitenschneider; Seitensprung; Seitenstechen; Seitenstraße; Seitentür; Seitenwagen; Seitenwechsel; Seitenwind; Seitenzahl; Seitpferd. Adjektive: seitenlang, *aber:* ein hundert Seiten langer Text; seitenverkehrt; dreiseitig; seitlich. Adverbien: seitlings; seitwärts; seitab; beiseite.
Sejm (der, -s, kein Plural) poln. Volksvertretung.
Se|junk|ti|on (die, -, -ti|o|nen) (lat.) fehlende oder eingeschränkte Fähigkeit, Bewusstseinsinhalte zu verbinden.
sek (*auch:* Sek.) (Abk.) Sekunde.
Se|kans (der, -, -/-kan|ten) (lat.) Seitenverhältnis (Dreieck; Abk.: sec). Sekante.
sek|kie|ren (V.) (ital.) (südd.) quälen.
Se|kret (das, -s, -e) Flüssigkeitsabsonderung. Sekretion; sekretorisch.
Se|kre|tär (der, -s, -e) Schreibkraft; Beamter; Schreibtisch. Staatssekretär; Sekretärin; Sekretariat.
Sekt (der, -s, -e) (ital.) Schaumwein. Sektflasche; Sektflöte; Sektfrühstück; Sektglas; Sektsteuer.
Sek|te (die, -, -n) (lat.) religiöse Sondergruppe. Sektenwesen; Sektierer; Sektierertum; sektiererisch.
Sek|ti|on (die, -, -ti|o|nen) (lat.) Abteilung; Leichenöffnung. Sektionsbefund; sektionsweise. Sektionschef.
Sek|ti|ons|chef (der, -s, -s) Abteilungsleiter.
Sek|tor (der, -s, -en) Fach; Teilgebiet; Bezirk; Diskettenabschnitt (EDV); Besatzungsgebiet (Berlin). Sektorengrenze.
Se|kun|da (die, -, -kun|den) (lat.) 1. zehnte und elfte Klasse (an Gymnasien). 2. (österr.) zweite Klasse einer höheren Schule. Sekundaner.
Se|kun|dant (der, -en, -en) (lat.) Beistand; Betreuer; Zeuge. Verb: sekundieren.
se|kun|där (Adj.) (lat.) zweitrangig; nachfolgend; nebensächlich. Sekundärelektron; Sekundäremission; Sekundärereignis; Sekundärliteratur; Sekundärstrom; Sekundärwicklung.
Se|kun|där|in|fek|ti|on (die, -, -ti|o|nen) (lat.) nochmalige Infektion (eines bereits infizierten Kranken).
Se|kun|dar|schu|le (die, -, -n) in der Schweiz: höhere Volksschule.
Se|kun|där|sta|tis|tik (die, -, -en) Auswertung von Informationen, die primär nicht zu statistischen Zwecken gesammelt wurden.
Se|kun|dar|stu|fe (die, -, -n) weiterführende Schule (ab 5. Klasse).
Se|kun|de (die, -, -n) Zeiteinheit (Abk.: Sek.); Augenblick; Gradteil (Zeichen: ″). Sekundenbruchteil; Sekundenherztod; Sekundenmeter; in Sekundenschnelle; Sekundenzeiger; Sekündchen; sekundenlange Stille, *aber:* zehn Sekunden lang; sekündlich (*auch:* sekundlich).
Se|kun|do|ge|ni|tur (die, -, -en) Besitzrecht der Linie der zweitgeborenen Söhne in Fürstenhäusern.
Se|ku|ri|tät (die, -, kein Plural) (lat.) Sicherheit.
sel. (Abk.) selig.
Se|la (das, -s, -s) (hebr.) ein alttestamentliches Psalmenzeichen.
Sel|a|don (das, -s, -s) (franz.) grün glasiertes chinesisches Porzellan.
sel|be (Pron., demonstr.) der-, die-, dasselbe. zur selben Stunde; am selben Tag.
sel|ber (Pron., demonstr.) nicht beugbar (ugs.) selbst. *Beachte:* Ich hab das selber machen. *Aber:* Das Selbermachen fällt mir schwer.
selbst 1. (Pron., demonstr.) persönlich. Ich selbst bin es gewesen; das regelt sich von selbst. 2. (Adv.) sogar. *Beachte:* Ein Satz mit »selbst als/selbst dass/selbst wenn« wird immer mit Komma abgetrennt! Selbst wenn ich Zeit habe, werde ich nicht kommen. Selbstabholer; Selbstachtung; Selbstanschluss; Selbstaufopferung; Selbstauslöser; Selbstbedienung; Selbstbefriedigung; Selbstbeherrschung; Selbstbestimmung; Selbstbestimmungsrecht; Selbstbeteiligung; Selbstbetrug; Selbstbewusstsein; Selbstbildnis; Selbstbiografie (*auch:* Selbstbiographie); Selbstschätzung; Selbsterhaltungstrieb; Selbsterkenntnis; Selbstgefälligkeit; Selbstgespräch; Selbstherrlichkeit; Selbsthilfe; Selbstjustiz; zum Selbstkostenpreis; Selbstlaut (Vokal); Selbstlob; Selbstlosigkeit; Selbstmitleid; Selbstmord; Selbstporträt; Selbstschussanlage; Selbstschutz; Selbstsicherheit; Selbstständigkeit (*auch:* Selbständigkeit); Selbststudium; Selbstsucht; Selbstüberschätzung; Selbstüberwindung; Selbstverachtung; Selbstversorger; Selbstverständlichkeit; Selbstverstümmelung; Selbstverteidigung; Selbstverwirklichung; Selbstzerstörung; Selbstzufriedenheit; Selbstzweck. Adjektive: selbstständig (*auch:* selbständig); selbstbewusst; selbstgefällig; der Kuchen ist selbst gebacken (*auch:* selbstgebacken); selbstgenügsam; selbstgerecht; selbstherrlich; selbstklebend; selbstkritisch; selbstlos; selbstmörderisch; selbstmordgefährdet; selbstquälerisch; selbstredend; selbstsicher; selbstsüchtig; sein erstes selbst verdientes (*auch:* selbstverdientes) Geld; selbstvergessen; selbstverständlich; selbstzerstörisch; selbstzufrieden.
Sel|d|schu|ke (der, -n, -n) Angehöriger eines alten türkischen Herrschergeschlechts in Kleinasien.

Se|lek'ti|on (die, -, -ti|o|nen) (lat.) Auslese. Selektionsfilter; Selektionslehre; Selektionstheorie; Selektionswert; selektiv; selektieren; selektionieren.
Se|lek'ti|vi'tät (die, -, kein Plural) (lat.) Trennschärfe (Radio). Adjektiv: selektiv.
Se|len (das, -s, kein Plural) (griech.) chemisches Element (Abk.: Se). Selenzelle; Selenmangel.
Se|le|nat (das, -es/-s, -e) (griech.) Salz der Selensäure.
Se|le|nit (der, -s, -e) (griech.) Gips.
Se|le|no|lo|ge (der, -n, -n) (griech.-lat.) Mondforscher; Mondgeologe.
Se|le|no|lo|gie (die, -, kein Plural) (griech.-lat.) Wissenschaft von der geologischen Beschaffenheit des Mondes.
se|le|no|lo|gisch (Adj.) (griech.-lat.) die Mondkunde betreffend.
Self... (engl.) Selbst... Selfmademan; Selfservice.
se|lig (Adj.) 1. gestorben (Abk.: sel.); 2. glücklich; Selige; Seligkeit; Seligpreisung; Seligsprechung; seligpreisen; seligsprechen.
Sel|le|rie (der/die, -s/-, -/-s) Gemüsepflanze. Selleriesalat.
sel|ten (Adj.) rar; kaum; (ugs.) ungewöhnlich. Seltenheit; Seltenheitswert.
Sel|ters (das, -, kein Plural) (Kurzw.) Selterswasser.
Sel|ters|was|ser (das, -s, -wäs|ser) Mineralwasser.
selt|sam (Adj.) wunderlich; ungewöhnlich. Seltsamkeit; seltsamerweise.
Sem (das, -s, -e) kleinstes Bedeutungsmerkmal (Sprache).
Se|man'tik (die, -, kein Plural) (griech.) Bedeutungslehre (Sprache). Adj.: semantisch.
Se|ma|phor (das/der, -s, -e) (griech.) Signalmast mit verstellbaren Armen.
Se|ma|si|o|lo|gie (die, -, kein Plural) (griech.) Teilgebiet der Semantik. Adjektiv: semasiologisch.
Se|mé (das, -, -s) (lat.-franz.) 1. mit Ornamenten, Wappen und anderen Motiven verzierter Bucheinband im 16. bis 18. Jahrhundert. 2. gleichmäßige Anordnung verschiedener Motive um ein Wappen.
Se|meio|gra|fie (auch: Se|meio|gra|phie) (die, -, kein Plural) (griech.-lat.) Zeichenschrift; Notenschrift.
Se|mem (das, -s, -e) semantisches Merkmal (z. B. das Merkmal »weiblich« beim Wort »Löwin«).
Se|men (das, -s, Se|mi|na) (lat.) Samen; Sperma.
Se|mes|ter (das, -s, -) (lat.) Studienhalbjahr; (ugs.) Student/in. Semesterferien; Wintersemester; Sommersemester; zehnsemestrig.
se|mi.../Se|mi... (lat.) halb.../Halb... Semifinale; Semivokal; semipermeabel (halbdurchlässig).
Se|mi|ko|lon (das, -s, -s/-ko|la) (lat., griech.) → Strichpunkt → Regelkasten.
se|mi|lu|nar (Adj.) (lat.) halbmondförmig.
Se|mi|nar (das, -s, -e) (lat.) Lehrveranstaltung; Institut. Seminararbeit; Seminarist; Seminarraum; Seminarübung; seminaristisch.
Se|mi|o|tik (die, -, kein Plural) (griech.) Zeichentheorie. Adjektiv: semiotisch.
se|mi|per|me|a|bel (Adj.) (lat.) halbdurchlässig. eine semipermeable Membran.
Se|mit (der, -en, -en) Angehöriger einer asiatisch-afrikanischen Sprachgemeinschaft. Semitin; Semitist; Semitistik; Antisemitismus; semitisch; semitistisch; antisemitisch.
Se|mi|to|ni|um (das, -s, -nia/-ni|en) (lat.) Halbtonschritt in der Musik.
Sem|mel (die, -, -n) (südd.) Brötchen. Semmelauflauf; Semmelbrösel; Semmelbrot; Semmelknödel; Semmelmehl; Semmelteig; semmelblond.
sem|pli|ce (Adj.) (lat.-ital.) Vortragsanweisung im Notentext mit der Bedeutung einfach, schlicht.
sem|p|re (Adv.) (ital.) Anweisung im Notentext mit der Bedeutung immer.
Sen (der, -/-s, -/-s) japanische Währung (Abk.: S).
sen. (Abk.) senior.

Semikolon (Strichpunkt)

Das Semikolon wird dann gesetzt, wenn ein Punkt zu stark, ein Komma aber zu schwach trennt. Die Papierpreise sind gestiegen; dennoch bieten wir Ihnen die Broschüre zu unveränderten Preisen an. Oft steht das Semikolon vor Wörtern wie »denn«, »dennoch«, »doch«, »darum«, »deshalb«. In einem längeren Satzgefüge sorgt das Semikolon für eine übersichtliche Gliederung; in Aufzählungen trennt es zusammengehörende Gruppen voneinander. Der Urlaubsort bot viel Unterhaltung: Schwimmen, Tauchen, Surfen; Kino, Ausstellungen, Sprachunterricht; ferner das Zusammensein mit vielen netten Leuten.

Se|nat (der, -s, -e) (lat.) Teil des Parlaments; Regierungs-, Verwaltungsbehörde. Senator; Senatsbeschluss; Senatspräsident; Senatssprecher; Senatsverwaltung; senatorisch.

sen|den (V., sendete/sandte, hat gesendet/gesandt) übertragen; schicken. Sendbote; Sendeanlage; Sendebereich; Sendefolge; Sendeleiter; Sendepause; Sender; Senderanlage; Senderaum; Sendereihe; Sendersuchlauf; Sendeschluss; Sende- und Empfangsgerät; Sendezeichen; Sendezeit; Sendschreiben; Sendung; Sendungsbewusstsein.

Se|ne|gal 1. (ohne Art., -s, kein Plural) Senegalese; senegalisch. 2. (der, -s, kein Plural) afrikanischer Fluss.

Se|ne|ga|wur|zel (die, -, -n) (indian.-dt.) als Heilmittel verwendete Wurzel einer nordamerikanischen Kreuzblume.

Se|ne|schall (der, -s, -e) (germ.-franz.) für die Hofhaltung zuständiger Beamter während der Merowingerzeit.

Se|nes|zenz (die, -, kein Plural) 1. (lat.) das (biologische) Altern. 2. die durch das Altern bedingten körperlichen Veränderungen. Altersschwäche.

Senf (der, -s, -e) (griech.) Gewürz. Senfgas (Gift-, Kampfstoff); Senfgurke; Senfkorn; Senfmehl; Senföl; Senfsoße; senffarben; senffarbig.

sen|gend (Adj.) glühend. Verb: sengen.

Se|n|hor (der, -s, -s) Herr (als portugiesische Anrede).

Se|n|ho|ra (die, -, -s) Frau (als portugiesische Anrede).

Se|n|ho|ri|ta (die, -, -s) (port.) Fräulein.

se|nil (Adj.) (lat.) vergreist. Senilität.

se|ni|or (Adj.) (lat.) älter; der Ältere (Abk.: sen.; sr.). Senior/in; Seniorchef; Seniorenheim; Seniorenklasse; Seniorenpass; Seniorentreff.

sen|ken (V., sank, ist gesunken) hinablassen; vertiefen. Senkblei; Senke; Senkfuß; Senkgrube; Senklot; Senkrechte; Senkrechtstart; Senkrechtstarter; Senkung; Senkungsgeschwindigkeit; Senkwaage; senkrecht.

Senn (der, -s, -e) (südd.) Almhirt. Senne; Senner/in; Sennerei; Sennhütte; Sennwirtschaft.

Sen|ne (der, -s, -n) feiner Teppich in dezenten Farben (nach der iran. Stadt Sinneh).

Sen|nes|blät|ter (die, nur Plural) (arab.-roman.; dt.) als Abführmittel verwendete, getrocknete Blätter verschiedener indischer und ägyptischer Pflanzen.

Se|ñor (der, -s, -es) (span.) Herr. Señora; Señorita.

Sen|sal (der, -s, -e) (österr.-ital.) Makler.

Sen|sa|lie (die, -, -n) (österr.-ital.) Maklergebühr.

Sen|sa|ti|on (die, -, -ti|o|nen) (franz.) Aufsehen erregendes (auch: aufsehenerregendes) Ereignis; Attraktion. Sensationsbericht; Sensationslust; Sensationsmeldung; Sensationspresse; Sensationssucht; sensationell; sensationslüstern.

Sen|se (die, -, -n) Mähgerät. jetzt ist Sense (ugs.: Schluss); Sensenmann; Sensenstein; Sensenwurf; sensen.

Sen|si|bi|li|tät (die, -, kein Plural) (franz.) Empfindsamkeit; Feinfühligkeit; Lichtempfindlichkeit. Sensibilisierung; Sensibilisator; sensibel; sensibilisieren.

sen|si|tiv (Adj.) (franz.) übernervös; sehr empfindlich. Sensitivität.

Sen|si|to|me|ter (der, -s, -) (lat.-griech.) Lichtempfindlichkeitsmesser.

Sen|si|to|me|t|rie (die, -, kein Plural) Messung der Empfindlichkeit fotografischer Schichten.

sen|so|mo|to|risch (Adj.) (lat.) zum Zusammenwirken der Sinneseindrücke und der Bewegung gehörig; darauf beruhend.

Sen|sor (der, -s, -en) (lat.) elektronisches Fühlgerät. Sensortaste.

Sen|so|ri|en (die, nur Plural) (lat.) die Zellen in der Großhirnrinde, die für die bewusste Wahrnehmung von Sinnesreizen zuständig sind.

sen|so|risch (Adj.) (lat.) die Sinne betreffend.

Sen|su|a|lis|mus (der, -, kein Plural) (lat.) philosophische Lehre. Sensualist; sensualistisch.

Sen|su|a|li|tät (die, -, kein Plural) (lat.) Empfindungsvermögen; Sinnlichkeit.

sen|su|ell (Adj.) (franz.) sinnlich; die Sinne betreffend.

Sen|sus (der, -, -) (lat.) Wahrnehmung.

Sen|tenz (die, -, -en) (lat.) einprägsamer Satz, (Sinn-) Spruch. Adjektive: sentenzartig; sentenzhaft; sentenziös.

Sen|ti|ment (das, -s, -s) (franz.) Empfindung; (negatives) Gefühl.

sen|ti|men|tal (Adj.) (engl.) gefühlvoll; romantisch. Sentimentalität; Sentiment.

sen|za (Adv.) (ital.) ohne. senza pedale: ohne Pedal; senza sordino: ohne Dämpfer (in der Musik).

Se|pa|ran|dum (das, -s, -da, meist Plural) (lat.) Medikament, das besonders sicher verwahrt wird wie Opiate oder Gift.

se|pa|rat (Adj.) (lat.) abgetrennt; einzeln. Separatdruck; Separateingang; Separatfriede(n); Separatismus; Separatist; Separator; Séparée (auch: Separee); separatistisch; separieren.

Se|pa|ra|ta (die, nur Plural) (lat.) Sonderdrucke.

Se|phar|de (der, -n, -dim) (hebr.) von der Iberischen Halbinsel ausgewanderter, spanisch sprechender Jude.

se|phar|disch (Adj.) die Sephardim betreffend.
Se|pia (die, -, -pi|en) 1. Tintenfisch; 2. Farbstoff (kein Plural). Sepiaknochen; Sepiazeichnung; sepia (graubraun).
Se|pio|lith (der, -en, -en) (griech.) Meerschaum.
Sep|sis (die, -, Sep|sen) (griech.) Blutvergiftung. Adjektiv: septisch.
Sept. (Abk.) September.
Sep|tem|ber (der, -/-s, -) (lat.) Monat (Abk.: Sept.). September-Oktober-Ausgabe (*auch:* September/Oktober-Ausgabe); Septembertag.
Sep|tett (das, -s, -e) (ital.) siebenstimmiges Musikstück.
Sep|ti|ma (die, -, -ti|men) (lat.) siebente Gymnasiumsklasse (österr.).
Sep|ti|me (die, -, -n) (lat.) siebente Stufe der diatonischen Tonleiter; über sieben Töne reichendes Intervall.
Sep|to|le (die, -, -n) (lat.) Gruppe von sieben Noten auf den Wert von sechs oder acht Noten.
Sep|tu|a|ge|si|ma (die, -, kein Plural) (lat.) neunter Sonntag vor Ostern.
Sep|tu|a|gin|ta (die, -, kein Plural) (lat.) älteste und wichtigste Übersetzung des Alten Testaments ins Griechische.
Sep|tum (das, -s, -ta) (lat.) Scheidewand; Zwischenwand.
Se|quenz (die, -, -en) (lat.) Aufeinanderfolge; szenische Handlungseinheit (Film); Befehls-, Datenfolge (EDV). Adjektiv: sequenziell (*auch:* sequentiell).
se|ques|t|rie|ren (V.) verwalten; beschlagnahmen. Sequester; Sequestration.
Se|quo|ie (die, -, -n) (indian.-nlat.) Mammutbaum.
Sé|rac (der, -s, -s) (franz.) durch einen stärkeren Gefällsknick ausgelöster Eisbruch oder Gletschersturz.
Se|rail 1. (der, -s, -s) (pers.) Wollschal. 2. (das, -s, -s) Palast.
Se|raph (der, -s, -e/-im) (hebr.) Engel. Seraphinenorden; seraphisch.
Ser|bi|en (ohne Art., -s, kein Plural) Serbe; serbisch.
Se|re|na|de (die, -, -n) (franz.) Musikstück; Konzert.
Se|re|nis|si|mus (der, -, -mi) (lat.) 1. Durchlaucht (als Fürstenanrede). 2. Fürst eines Kleinstaats (ironisierend).
Serge (die/der, -, -n) (franz.) ein Futterstoff (aus Seide u. a.).
Ser|geant (der, -en/-s, -en/-s) (franz.-engl.) Unteroffiziere.

Se|rie (die, -, -n) Folge; Reihung; Anzahl. Serienanfertigung; Serienbild; Serienfabrikation; Serienpreis; Serienproduktion; Serienschaltung; Serientäter; seriell; serienmäßig.
Se|ri|fe (die, -, -n) kleiner Ansatz- oder Abschlussstrich, Querstrich (bei Antiquabuchstaben).
Se|ri|gra|fie (*auch:* Se|ri|gra|phie) (die, -, kein Plural) (griech.) Siebdruck.
se|ri|ös (Adj.) (franz.) ernst; anständig. Seriosität.
Se|rir (die, -, -e) (arab.) Kies- oder Geröllwüste in Libyen.
Ser|mon (der, -s, -e) langes Gerede.
Ser|pen|tin (der, -s, -e) (lat.) Mineral. Serpentingestein.
Ser|pen|ti|ne (die, -, -n) (lat.) kurvenreiche Bergstraße; Kehre. Serpentinenstraße.
Ser|tão (der, -, -s) (portugies.) schwer zu durchquerendes, trockenes Wald- und Buschgebiet in Brasilien.
Se|rum (das, -s, Se|ren/Se|ra) (lat.) Teil des Blutplasmas; Impfstoff. Serologie, Serologe; Serumbehandlung; Serumdiagnostik; Serumkonserve; serologisch; serös.
Ser|val (der, -s, -e/-s) (portugies.) großohrige, hochbeinige Wildkatze afrikanischer Steppen.
Ser|vice 1. (das, -/-s, -) (franz.) Geschirr. 2. (der/das, -, -s) (engl.) Kundendienst; Aufschlag (Tennis). Servicekraft; Serviceman; Servicenetz.
ser|vie|ren (V.) (franz.) auftragen; aufschlagen (Tennis). Serviererin; Serviertischchen; Servierwagen.
Ser|vi|et|te (die, -, -n) (franz.) Mundtuch. Serviettenring; Serviettentasche.
ser|vil (Adj.) (lat.) unterwürfig; kriecherisch. Servilismus; Servilität.
Ser|vo... (lat.) Hilfs... Servobremse; Servolenkung; Servomotor.
Ser|vus (südd.) Hallo! Tschüs!
Se|sam (der, -s, -s) (griech.) Pflanze; Samen. Sesambrot; Sesamöl; Sesampflanze.
Se|sam|bröt|chen (das, -s, -) Sesamsemmel; Brötchen, das mit Sesam bestreut ist.
Se|sel (der, -s, -) (griech.-lat.) Bergfenchel.
Ses|sel (der, -s, -) Polsterstuhl. Sessellehne; Sessellift.
sess|haft (Adj.) ansässig; eingesessen. Sesshaftigkeit.
ses|sil (Adj.) (lat.) festsitzend. ein sessiles Korallentier.
Ses|si|on 1. (die, -, -si|o|nen) (lat.) Sitzung. 2. (die, -, -s) (engl.) Musikertreffen.
Ses|terz (der, -es, -e) (lat.) altrömische Silbermünze.

Ses|ti|ne (die, -, -n) (lat.-ital.) 1. sechszeilige Strophe. 2. aus sechs Strophen mit je sechs Zeilen bestehende Gedichtform mit einer dreizeiligen Schlussstrophe.
Set (das/der, -s, -s) (engl.) Satz; Reihe; Tischdeckchen.
Set|te|cen|to (das -s/-) (ital.) das 18. Jahrhundert in Italien (Stilbezeichnung).
Set|ter (der, -s, -) (engl.) Hunderasse.
set|zen (V., setzte, hat gesetzt) hinsetzen; einpflanzen; aufstellen; Schriftzeichen anordnen; wetten; sinken; überqueren. Setzeisen; Setzer; Setzerei; Setzfehler; Setzkasten; Setzlatte; Setzling; Setzmaschine; Setzung; Setzwaage.
Seu|che (die, -, -n) Infektionskrankheit. Seuchenbekämpfung; Seuchengefahr; Seuchenherd; Seuchenträger; seuchenhaft.
seuf|zen (V.) geräuschvoll atmen; klagen. Seufzer; Seufzerbrücke.
Sè|v|res|por|zel|lan (*auch:* Sè|v|res-Por|zel|lan) (das, -s, kein Plural) besonders kostbares Porzellan.
Sex (der, -/-es, kein Plural) (engl.) (Kurzw.) Sexus; erotische Anziehung; Geschlechtsverkehr. Sex and Crime; Sexappeal (*auch:* Sex-Appeal); Sexbombe; Sexfilm; Sexismus; Sexmuffel; Sexologie; Sexshop; Sexus; sexistisch; sexy.
Se|xa|ge|si|ma (die, -, kein Plural) (lat.) achter Sonntag vor Ostern.
se|xa|ge|si|mal (Adj.) (lat.) sechzigteilig. Sexagesimalsystem.
Sex|ta (die, -, -ten) (lat.) erste Gymnasiumsklasse.
Sext|ak|kord (der, -es, -e) (lat.) in der Harmonielehre die erste Umkehrung des Dreiklangs mit der Terz im Bass.
Sex|tant (der, -en, -en) (lat.) Winkelmessgerät.
Sex|te (die, -e, -n) (lat.) sechster Ton der diatonischen Tonleiter; Tonintervall von der ersten bis zur sechsten Stufe.
Sex|tett (das, -s, -e) sechsstimmiges Musikstück; sechsköpfige Gruppe.
Se|xu|a|li|tät (die, -, kein Plural) (lat.) Geschlechtlichkeit. Sexualerziehung; Sexualethik; Sexualforschung; Sexualhormon; Sexualisierung; Sexualkunde; Sexualobjekt; Sexualpädagogik; Sexualpsychologie; Sexualtrieb; Sexualverbrechen; sexual; sexuell; sexualisieren.
Sey|chel|len (die, -, kein Plural) Inselgruppe vor Ostafrika.
se|zer|nie|ren (V.) (lat.) absondern; z. B. ein Sekret ~.
Se|zes|si|on (die, -, -si|o|nen) (lat.) Trennung; Abfall. Sezessionist; Sezessionskrieg; Sezessionsstil; sezessionistisch.

se|zie|ren (V.) (lat.) eine Leiche untersuchen. Seziermesser; Seziersaal.
s-för|mig (*auch:* S-för|mig) (Adj.) in Form eines S.
sfor|za|to (Adv.) (ital.) stark betont (bei Musikstücken).
sfr. (*auch:* sFr.) (Abk.) Schweizer Franken.
SG (Abk.) Sportgemeinschaft.
Sgraffi|to (das, -s, -s/-ti) (ital.) Fassadenverzierung, bei der die Muster in noch feuchte Putzschichten eingekratzt werden. Kratzputz.
sh (*auch:* s) (Abk.) Shilling.
Shag (der, -s, -s) (engl.) Tabaksorte. Shagpfeife; Shagtabak.
Shake 1. (der, -s, -s) (engl.) Mischgetränk. Milchshake; Shaker. 2. (das, -s, -s) (engl.) Trillerton (Jazz).
Shake|hands (das, -, -) (engl.) Händeschütteln.
Sham|poo (*auch:* Sham|poon) (das, -s, -s) (engl.) Haarwaschmittel. Verb: schamponieren, schampunieren.
Shan|ty (das, -s, -s) (engl.) Seemannslied.
Share (der, -s, -s) (engl.) Aktie.
Share|ware (die, -, kein Plural) (engl.) öffentlich zugängliche Computerprogramme.
Shar-Pei (der, -/-s, -s) chinesischer Faltenhund.
She|riff (der, -s, -s) (engl.) Polizeichef. Sheriffstern.
Sher|pa (der, -s, -s) Lastenträger; Bergführer.
Sher|ry (der, -s, -s) (engl.) Süßwein; Likör. Sherryglas.
Shet|land (der, -/-s, -s) (engl.) Wollstoff. Shetlandinseln (*auch:* Shetland-Inseln); Shetlandpony; Shetlandwolle.
Shi|gel|le (die, -, -n, meist Plural) (nlat.) zu den Salmonellen gehörende Bakterienart.
Shil|ling (der, -s, -s) (engl.) Währung (Großbritannien, Irland; Abk.: s; sh) (*aber:* der Schilling!).
Shim|my (der, -s, -s) (amerik.) Gesellschaftstanz in Amerika während der 20er-Jahre.
Shirt (das, -s, -s) (engl.) Hemd.
Shit (der/das, -s, kein Plural) (ugs.) Haschisch.
sho|cking (Adj.) (engl.) peinlich; unfein.
Shoo|ting|star (der, -s, -s) (engl.) schnell erfolgreicher Sänger oder Schlager.
Shop (der, -s, -s) (engl.) Laden.
Shop|ping (das, -s, -s) (engl.) Einkaufsbummel. Shoppingcenter (*auch:* Shopping-Center).
Shore|här|te (die, -, -n) Härteprüfverfahren
Short|drink (*auch:* Short Drink) (der, -s, -s) (engl.) alkoholisches Getränk.
Shorts (die, nur Plural) (engl.) kurze Hose.

Short|sto|ry (*auch:* Short Sto|ry) (die, -, -s) (engl.) Kurzgeschichte.
Shor|ty (der/das, -s, -s) (engl.) Damenschlafanzug.
Show (die, -, -s) (engl.) Vorführung; Programm; bunte Unterhaltungssendung. Showbusiness; Showgeschäft; Showman; Showmaster.
Show-down (*auch:* Show|down) (der, -s, -s) (engl.) entscheidender Kampf (Western).
Sho|yu (die, -, -s) (jap.) Sojasoße aus Sojabohnen, Weizen und Meersalz.
Shred|der (*auch:* Schred|der) (der, -s, -) (engl.) Schrottpresse.
Shrimp (*auch:* Schrimp) (der, -s, -s) (engl.) Garnele.
Shrimps (*auch:* Schrimps) (die, nur Plural) (engl.) Krabben.
Shunt (der, -s, -s) (engl.) Nebenschlusswiderstand.
Si (Abk.) Silizium (chemisches Zeichen).
SI (Abk.) Système International d'Unités (Internationales Einheitensystem).
Si|al (das, -/-s, kein Plural) oberste Erdkruste.
si|a|me|si|scher Zwil|ling (der, -schen, -gs, -schen, -ge, meist Plural) einer der zusammengewachsenen Zwillinge.
Si|a|mo|sen (die, nur Plural) Sammelbegriff für Schürzenstoffe mit Karo- oder Streifenmuster in Leinenwebart.
Si|bi|lant (der, -en, -en) (lat.) Zischlaut (z. B. »sch«).
si|bi|lie|ren (V.) (lat.) Laute zu Sibilanten machen.
si|bi|risch (Adj.) (ugs.) 1. zu Sibirien gehörig. 2. frostig kalt.
si|byl|li|nisch (Adj.) (griech.) geheimnisvoll; orakelhaft.
sich (Pron., refl.) sich selbst; einander. *Beachte:* an und für sich; etwas an sich haben; etwas auf sich haben; etwas bei sich denken; das ist ein Problem für sich; für sich (allein) sein; etwas hinter sich bringen; der Film hat es in sich; etwas von sich aus beginnen; jemanden zu sich rufen; wieder zu sich kommen (das Bewusstsein wiedererlangen); Sichausweinen, Sichgehenlassen.
Si|chel (die, -, -n) Schneidewerkzeug. Sichelwagen; Mondsichel; sichelförmig; sicheln.
si|cher (Adj.) geschützt; gewiss; zuverlässig; selbstbewusst. *Beachte:* das weiß ich aus sicherer Quelle; da bin ich mir völlig sicher; es ist das Sicherste (am sichersten), im Sicheren sein (geborgen sein). das Sicherste, was man tun kann; ich will auf Nummer sicher gehen; etwas/nichts/viel/wenig Sicheres. *Wichtig:* Zusammenschreibung mit Verben bei neuer übertragener Bedeutung! sichergehen (sich vergewissern), *aber:* trotz des Alters noch sicher gehen können; sicherstellen (sichern, beschlagnahmen). Sicherheit; Sicherheitsabstand; Sicherheitsbehörde; Sicherheitsbindung; Sicherheitsglas; Sicherheitsgurt; Sicherheitskette; Sicherheitslinie; Sicherheitsnadel; Sicherheitsrad; Sicherheitsrisiko; Sicherheitsschloss; Sicherheitsventil; Sicherheitsverschluss; Sicherheitsvorkehrung; Sicherstellung; Sicherung; Sicherungsgeber; Sicherungshypothek; Sicherungskopie; Sicherungsverwahrung. Adjektiv: ein sicher wirkender (*auch:* sicherwirkender) Tee. Adverbien: sicherheitshalber; sicherlich. Verben: sichergehen; sichern; sicherstellen.
Sicht (die, -, kein Plural) Ausblick; Sehfähigkeit. *Beachte:* auf längere Sicht (Zeit); außer/in Sicht kommen/sein. Sichtbarkeit; Sichtbeton; Sichtblende; Sichttag; Sichtung; Sichtverhältnisse; Sichtweite; sichtbar; sichtig; sichtlich. sichten.
Sicht|be|gren|zung (die, -, -en) Sichtbehinderung durch einen Gegenstand oder eine Sehschwäche.
sich|ten (V.) auswählen; überprüfen; sehen. Sichtmaschine; Sichtung; Sichtvermerk; sichtvermerkfrei.
Sicht|wei|se (die, -, -n) Art, etwas zu sehen; Standpunkt. Er hatte eine andere Sichtweise der Dinge.
si|ckern (V.) langsam abfließen. Sickerbrunnen; Sickergrube; Sickerwasser.
Side|board (das, -s, -s) (engl.) Ablage; Anrichte; Büfett.
si|de|risch (Adj.) (lat.) zu den Sternen gehörig; auf sie bezogen.
Si|de|rit (der, -s, -e) (griech.) Eisenerz.
Si|de|ro|nym (das, -s, -e) (lat.; griech.) Deckname, der aus einem astronomischen Ausdruck besteht.
Si|de|ro|pe|nie (die, -, kein Plural) (griech.-lat.) Eisenmangel im Körper.
si|de|ro|phil (Adj.) (griech.-lat.) eine Affinität zu Eisen habend (bei bestimmten Stoffen); sich mit eisenhaltigen Farbstoffen leicht färben lassend (bei chemischen Elementen).
Si|de|ro|s|phä|re (die, -, kein Plural) (griech.) eisen-, nickelhaltiger Erdkern.
sie (Pron., pers.) *Beachte:* sie kommt (Singular); sie kommen (Plural). *Wichtig:* Die Höflichkeitsanrede wird immer großgeschrieben! Warten Sie bitte. Sie redete mit Sie an. Ein Er und eine Sie sind tatverdächtig.
Sieb (das, -s, -e) Küchengerät; Trenngerät. Siebdruck; Siebmehl; Siebschaltung; siebartig; siebförmig; sieben.

sie|ben (Zahlw.) *Beachte:* um sieben Uhr; siebenmal (7-mal); wir waren zu siebt; siebenfach; siebeneinhalb; sieben auf einen Streich; sieben minus sieben macht null; um Punkt sieben ist Schluss; siebenhundert; siebenjährig (7-jährig); ein Siebenjähriger (7-jähriger); ein Buch mit sieben Siegeln; um sieben Ecken gedacht; der Siebte (*auch:* der Siebente); die Siebente (Symphonie). die sieben Schwäne; die sieben Weltwunder; die sieben Weisen; die Zahl Sieben; das Siebenfache; ein Siebtel (*auch:* Siebentel). Siebeneck; Siebengebirge; Siebenmeilenstiefel; Siebenmeter; Siebensachen; Siebenschläfer; Siebenstern; Siebzigerjahre; siebenarmig; siebeneckig; siebenerlei; siebenjährig, *aber:* der Siebenjährige Krieg; siebenköpfig; siebenstellig; siebtens; siebenundsiebzigmal (77-mal); siebzehn; siebzig; siebzigjährig.
Sieb|zehn|und|vier (das, -, kein Plural) Kartenspiel.
sie|chen (V.) krank sein. Siechtum.
sie|den (V., sotten/siedeten, hat gesotten/gesiedet) kochen; dampfen. Siedegrad; Siedehitze; Siedepunkt; Tauchsieder; siedend heißes Wasser.
sie|deln (V.) ansässig werden. Siedler/in; Siedlung; Siedlungsbau; Siedlungsform; Siedlungsgebiet; Siedlungspolitik.
Sie|gel (das, -s, -) Stempelzeichen. Siegellack; Siegelring; Sieg(e)lung; Siegelwachs; siegeln.
sie|gen (V.) bezwingen; gewinnen. Sieg; Sieger/in; Siegerehrung; Siegerkranz; Siegerland; Siegesbotschaft; Siegesfeier; Siegesgöttin; Siegespreis; Siegessäule; Siegeswille; Siegeszug; Siegprämie; Siegtreffer; siegesbewusst; siegesfroh; siegesgewiss; siegessicher; siegestrunken; sieggewohnt; sieghaft; sieglos; siegreich.
Sie|ger|po|se (die, -, -n) Haltung eines Siegers. Er stellte sich in Siegerpose.
sie|he! (Aufforderung) Textverweis (Abk.: s.). *Auch:* siehe dort! (Abk.: s. d.); siehe oben!
si|e|na (Adj.) (ital.) rotbraun. Siena.
Si|er|ra (die, -, -s/-er|ren) (span.) Gebirge. Sierra-Nevada.
Si|es|ta (die, -, -s/-es|ten) (ital.) Mittagspause.
sie|zen (V.) (ugs.) mit Sie anreden.
Sif|flö|te (die, -, -n) (franz.) Orgelstimme.
Si|gel (das, -s, -) (lat.) Kürzel.
Sight|see|ing (das, -, kein Plural) (engl.) Stadtrundfahrt.
Sig|ma (das, -, -s) griechischer Buchstabe (Σ, σ).
Sig|ma|tis|mus (der, -, kein Plural) (griech.-lat.) Lispeln, s-Laute nicht als Zischlaute aussprechen können.
sign. (Abk.) signatum.

Si|g|nal (das, -s, -e) (lat.) Zeichen; Warnton. Signalanlage; Signalfarbe; Signalflagge; Signalglocke; Signalhorn; Signallampe; Signalpfiff; Signalreiz; Signalsystem; Signalverbindung; Signalwirkung; signalfarben; signalfarbig; signalisieren.
Si|g|na|le|ment (das, -s, -s) (franz.) kurze Charakterisierung (einer Person).
Si|g|na|tar (der, -s, -e) (lat.) Unterzeichner (eines internationalen Vertrages).
si|g|na|tum (Adj.) (lat.) unterzeichnet (Abk.: sign.).
Si|g|net (das, -s, -s) (franz.) Namens-, Firmenkürzel.
si|g|nie|ren (V.) (lat.) unterzeichnen; unterschreiben. Signatur.
si|g|ni|fi|kant (Adj.) (lat.) deutlich; wichtig. Signifikanz; signifizieren.
Si|g|ni|fi|kant (der, -en, -en) (lat.) nur der Zeichenkörper ohne Inhalt.
si|g|ni|tiv (Adj.) (lat.) symbolisch.
Si|g|nor (*auch:* Si|g|no|re) (der, -s, -ri) (ital.) Herr. Signora; Signorina; Signorino.
Si|g|num (das, -s, Si|g|na) (lat .) Namenskürzel. Zeichen.
Si|g|rist (der, -en, -ris|ten) (lat.) Küster.
Sikh (der, -s, -s) Anhänger einer indischen Religionsgemeinschaft Sikhismus.
Sik|ka|tiv (das, -s, -e) (lat.) Trockenmittel (Ölfarben).
Si|la|ge (die, -, kein Plural) (franz.) Futtergärung.
Sil|be (die, -, -n) Lauteinheit. Keine Silbe (nichts) davon ist wahr. Silbenrätsel; Silbenschrift; Silbentrennung → Regelkasten; einsilbig; mehrsilbig.
Sil|ber (das, -s, kein Plural) Edelmetall (Abk.: Ag). Silberbarren; Silberbergwerk; Silberchlorid; Silberdistel; Silberdraht; Silberfischchen; Silberfuchs; Silbergeld; Silberglanz; Silberhochzeit; *aber:* silberne Hochzeit; Silbermedaille; Silbermöwe; Silbermünze; Silberpapier; Silberschmied; Silberstreifen; Silbertanne; Silberwährung; Silberzeug; Silberzwiebel; silberfarben; silberfarbig; silberglänzend; silbergrau; silberhaarig; silberhaltig; silberhell; silbervergoldet; silberweiß.
Si|len (der, -s, -e) (griech.-lat.) Fabelwesen der griechischen Sage mit menschlichem Oberkörper und Pferdeleib.
Si|len|ti|um! (lat.) Ruhe!
Sil|hou|et|te (die, -, -n) (franz.) Umriss; Schattenbild. Verb: silhouettieren.
Si|li|ca|gel (das, -s, kein Plural) Kieselgel. Siliciumdioxid (als Trocknungsmittel).
Si|li|ci|um (*auch:* Si|li|zi|um) (das, -s, kein Plural) (lat.) chemischer Grundstoff (Abk.: Si).

Silbentrennung

1. Einfache deutsche Wörter trennt man nach Sprechsilben (Was|ser, Bän|ke . . .). Abgetrennt wird vor einem einzelnen Konsonant oder vor dem letzten von mehreren Konsonanten. ru|fen, Stim|me, Bu|ße.
Auch st wird jetzt getrennt. Fens|ter; hus|ten.
Aber: Buchstabenkombinationen, die einen Laut darstellen, wie ch, sch, th usw. sind untrennbar. Dasselbe gilt jetzt auch für ck. Flü|che; wa|schen; Goe|the; Zu|cker.
2. Ein einzelner Vokal am Wortanfang/ -ende darf nicht abgetrennt werden.
Beachte:
a) Zwei gleiche Vokale oder Diphthonge (eu, ei, ie, au etc.) dürfen nicht getrennt werden. Aa|le; Eu|le; Schlei|er.
b) Treffen i und i zusammen, dann wird getrennt! par|tei|isch, zwei|ei|ig.
c) Eine Silbe aus nur zwei Vokalen kann abgetrennt werden. Ei|er, Aa|le.
3. Lautkombinationen in Fremdwörtern, die aus einem Konsonanten + l, n oder r bestehen, können anders als bisher auch getrennt werden. Zyk|lus oder Zy|klus, Prob|lem oder Pro|blem; Mag|net oder Ma|gnet; Feb|ruar oder Fe|bruar.
4. Zusammengesetzte Wörter, besonders solche mit einem Präfix (Vorsilbe), trennt man nach ihren einzelnen Bestandteilen. Ent|wurf, Ver|lust, Abfahrt; Schwimm|meis|ter, be|rich|ten.
5. Wörter, die zwar eigentlich Zusammensetzungen sind, aber nicht mehr als solche empfunden werden, kann man entweder nach Sprach- oder nach Sprechsilben trennen.
– dar|in oder da|rin; her|um oder he|rum; hin|auf oder hi|nauf
– ein|an|der oder ei|nan|der; voll|en|den oder vol|len|den
– He|li|kop|ter oder Hel|li|kop|ter; in|ter|es|sant oder in|te|res|sant; Päd|a|gogik oder Pä|da|go|gik.
6. Trennungen, die zwar korrekt sind, aber die Lesbarkeit erschweren (z. B. Drucker|zeugnis, Spargel|der), sollte man vermeiden!

---

si|lie|ren (V.) Futterpflanzen als Silage einlagern.
Si|li|fi|ka|ti|on (die, -, kein Plural) (nlat.) Verkieselung.
si|li|fi|zie|ren (V.) (nlat.) verkieseln.
Si|li|kat (*auch:* Si|li|cat) (das, -s, -e) (lat.) Salz der Kieselsäure. Silifikation; silifizieren.
Si|li|kon (*auch:* Si|li|con) (das, -s, -e) Kunststoff.
Si|li|ko|se (die, -, -n) (lat.) Quarzstaublunge.
Si|li|zi|um (das, -s, kein Plural) → Silicium.
Silk (der, -s, -s) (engl.) seidenartiger Stoff.
Si|lo (der/das, -s, -s) (span.) Getreidespeicher; Gärfutterbehälter. Silofutter; Siloturm; Silage; silieren.
Si|lu|min (das, -s, kein Plural) Leichtmetalllegierung.
Si|lur (das, -s, kein Plural) geologische Formation. Adjektiv: silurisch.
Sil|va|ner (der, -s, -) Rebensorte.
Sil|ves|ter (das, -s, -) letzter Tag des Jahres. Silvesterabend; Silvesterball; Silvesterfeuerwerk; Silvesternacht.
Si|man|d|ron (das, -s, -man|d|ren) (griech.) hölzerne Trommel, mit der in orthodoxen Klöstern zu den Gebetsstunden gerufen wird.
Sim|bab|we (ohne Art., -s, kein Plural) (*auch:* Zim|bab|we); Simbabwer; simbabwisch.
si|mi|le (Adv.) (ital.) ebenso.
Si|mi|li (das/der, -, -s) (lat.) Edelsteinnachahmung. Similistein.
Sim|mer|ring (der, -s, -e) Dichtungsring.
Si|mo|nie (die, -, -n) (lat.) Ämterkauf.
si|mo|nisch (Adj.) zur Simonie gehörig; durch Ämterkauf; Amtserschleichung.
sim|pel (Adj.) (franz.) einfach; dumm. Simpel; simpelhaft; Simplifizierung; Simplizität; simpeln; fachsimpeln; simplifizieren.
Sims (der/das, -es, -e) (lat.) Rand; Vorsprung.
sim|sa|la|bim (Interj.) Zauberformel.
Sim|se (die, -, -n) Sumpfgras.
si|mu|lie|ren (V.) (lat.) vortäuschen; nachahmen. Simulant; Simulation; Simulator.
si|mul|tan (Adj.) (lat.) gleichzeitig; gemeinsam. Simultanbühne; Simultandolmetscher; Simultaneität; Simultanschule; Simultanspiel.
sin (Abk.) Sinus.
Si|n|an|th|ro|pus (der, -, -pi) (griech.) Pekingmensch.
si|ne an|no (lat.) ohne Jahresangabe (Abk.: s. a.).
si|ne tem|po|re (lat.) pünktlich (Abk.: s. t.).
Sin|fo|nie (*auch:* Sym|pho|nie) (die, -, -n) (griech.) Musikstück. Sinfonieorchester; Sinfoniker; sinfonisch; sinfonieartig.
Sing. (Abk.) Singular.

Sin|ga|pur (ohne Art., -s, kein Plural) asiatischer Stadtstaat.
sin|gen (V., sang, hat gesungen) ein Lied anstimmen; (ugs.) ausplaudern. Singakademie; Singdrossel; Singerei; Singsang; Singspiel; Singstimme; Singstunde; Singvogel; Singweise; Singzikade; singbar, *aber:* Sänger.
Sin|gle 1. (das, -/-s, -/-s) Einzelspiel. 2. (die, -, -/-s) Schallplatte. 3. (der, -/-s, -s) Alleinlebender.
Sin|gle|da|sein (*auch:* Sing|le|da|sein) (das, -s, kein Plural) (engl.-dt.) Leben als Single. Er führte ein Singledasein.
Sin|gu|lar (der, -s, -e) (lat.) Einzahl (Abk.: Sing.) Singularetantum (Einzahlwort); Singularismus; Singularität; singulär; singularisch.
sin|ken (V., sank, ist gesunken) untergehen; fallen; weniger werden. Sinkkasten; Sinkstoff.
Sinn (der, -s, -e) 1. Wahrnehmung; 2. Gedanke; Bedeutung (kein Plural); Verständnis; 3. Zweck. *Beachte:* bei/von Sinnen sein; etwas im Sinn haben; das hat keinen Sinn; die fünf Sinne; der Gedanke will mir nicht mehr aus dem Sinn; er hat keinen Sinn für Ästhetik; in diesem Sinne; im engeren/weiteren Sinn; dem Sinn(e) nach; Sinnbild; Sinneslust; Sinnenrausch; Sinnenwelt; Sinnergänzung; Sinnesänderung; Sinnesart; Sinneseindruck; Sinnesorgan; Sinnesreiz; Sinnestäuschung; Sinneswahrnehmung; Sinneszelle; Sinnfälligkeit; Sinngebung; Sinngedicht; Sinnigkeit; Sinnlichkeit; Sinnlosigkeit; Sinnspruch; Sinnwidrigkeit; Sinnzusammenhang. Adjektive: sinnbetörend; sinnbildlich; sinnentleert; sinnentstellend; sinnfällig; sinnig; sinnlich; sinnlos; sinnreich; sinnverwandt; sinnvoll; sinnwidrig. Verb: sinnen.
sin|nie|ren (V.) (lat.) grübeln; nachdenken.
Si|no|lo|gie (die, -, kein Plural) (griech.) Wissenschaft über Sprache und Kultur Chinas. Sinologe; sinologisch.
Sin|ter (der, -s, -) Kalkgestein. Sinterglas; Sintermetall; Sinterung; sintern.
Sint|flut (die, -, kein Plural) Überschwemmung. Adjektiv: sintflutartig.
Sin|to (der, -s, Sin|ti) Zigeuner.
si|nu|ös (Adj.) (lat.) faltige, gewundene Oberflächenstruktur von Organen oder Organteilen.
Si|nus (der, -, -/-se) (lat.) Winkelfunktion (Abk.: sin). Sinuskurve; Sinussatz; Sinusschwingung.
Si|oux (der, -, -) (engl.) Indianer.
Si|pho (der, -s, -pho|nen) (lat.) Atmungsröhre (z. B. bei im Watt vergrabenen Muscheln).
Si|phon (der, -s, -s) (griech.) Geruchsverschluss; Druckgefäß. Siphonverschluss.

Sip|pe (die, -, -n) Gruppe; Familie. Sippenforschung; Sippenhaftung; Sippenverband; Sippschaft; sippenkundlich.
Sir (der, -s, -s) (engl.) Herr.
Sire (der, -s, -s) (franz.) Majestät.
Si|re|ne (die, -, -n) (griech.) 1. Alarmton; 2. schöne Frau. Sirenengeheul; Sirenengesang; Sirenenprobe; Sirenenton; sirenenhaft.
Si|ri|us (der, -, kein Plural) (griech.) Stern.
sir|ren (V.) surren; hell klingen. Sirrton.
Sir|ta|ki (der, -, -s) (griech.) Volkstanz.
Si|rup (der, -s, -e) (arab.) dicker Fruchtsaft. Himbeersirup.
Si|sal (der, -s, kein Plural) Hanffaser. Sisalhanf.
sis|tie|ren (V.) (lat.) unterbrechen; festnehmen. Sistierung.
Si|sy|phus|ar|beit (die, -, -en) vergebliche Mühe.
Si|tar (der, -/-s, -/-s) (pers.) Saiteninstrument.
Sit-in (*auch:* Sit|in) (das, -/-s, -s) (engl.) Sitzstreik.
Sit|te (die, -, -n) Gewohnheit; Moral; Manieren; (Kurzw.) Sittenpolizei. Sittenbild; Sittendezernat; Sittengesetz; Sittenkodex; Sittenlosigkeit; Sittenpolizei; Sittenrichter; Sittenstrenge; Sittenstrolch; Sittlichkeit; Sittlichkeitsdelikt; Sittsamkeit; sittenlos; sittenrein; sittenstreng; sittenwidrig; sittlich; sittsam.
Sit|tich (der, -s, -e) (lat.) Papagei. Wellensittich.
Si|tu|a|ti|on (die, -, -ti|o|nen) (lat.) Lage; Umstände. Situationskomik; Situationsplan; situativ.
Si|tu|a|tio|nist (der, -en, -nis|ten) (lat.-franz.) Mensch, der sich, nur auf seinen Vorteil bedacht, jeder Meinung und Gegebenheit anpasst.
si|tu|iert (Adj.) (franz.) (in der Wendung) gut/schlecht situiert sein (reich/arm sein). Verb: situieren.
Si|tu|ie|rung (die, -, -en) das an einen bestimmten Ort, in eine bestimmte Lage gesetzt werden.
Si|tu|la (die, -, -tu|len) (lat.) vorgeschichtliches Bronzegefäß.
Si|tus (der, -, -) (lat.) Lagebezeichnung (von Körperorganen u.a.).
sit|zen (V., saß, hat/ist gesessen) ruhen; sich befinden; passen. *Beachte:* das lasse ich nicht auf mir sitzen; er hat einen sitzen (ugs.: betrunken sein); wir kamen endlich zu sitzen, *aber:* wir kamen kaum zum Sitzen. Sitz; Sitzbad; Sitzecke; Sitzfläche; Sitzfleisch; Sitzgelegenheit; Sitzgruppe; Sitzordnung; Sitzplatz; Sitzstreik; Sitzung; Sitzungssaal; Zweisitzer. Adjektive: sitzend; zweisitzig. Verben: er wird sitzen bleiben (*auch:* sitzenbleiben) (nicht versetzt werden); ich bin auf meinen Waren sitzen geblieben (*auch:* sitzengeblieben) (konnte sie nicht ver-

kaufen); sie hat ihn sitzen lassen (*auch:* sitzenlassen) (ugs.: versetzt).
Six Days (die, -, kein Plural) (engl.) Sechstagerennen.
Si|zi|li|a|ner (der, -s, -) Einwohner Siziliens.
si|zi|li|a|nisch (Adj.) zu Sizilien gehörig.
Ska|bi|es (die, -, kein Plural) (lat.) Krätze.
Ska|bi|o|se (die, -, -n) (lat.) eine Wiesenblume.
Ska|ger|rak (der/das, -s, kein Plural) Meerenge (Skandinavien).
Skai (das, -s/-, kein Plural) Kunstleder.
skål! (Interj.) (schwed.) prost!
Ska|la (die, -, -s/-len) (ital.) Maßeinteilung; Abstufung; Reihe. Skalenhöhe; Skalenzeiger; skalieren.
Ska|lar (der, -s, -e) mathematische Größe. Adjektiv: skalar.
Skalp (der, -s, -e) (engl.) abgezogene Kopfhaut. Skalpjäger; Skalptrophäe; skalpieren.
Skal|pell (das, -s, -e) (lat.) chirurgisches Messer.
Skan|dal (der, -s, -e) (griech.) Aufsehen. Skandalgeschichte; Skandalnudel; skandalös; skandalsüchtig; skandalumwittert.
skan|die|ren (V.) (lat.) im Verstakt lesen, sprechen.
Skan|di|na|vi|er (der, -s, -) Einwohner Skandinaviens.
skan|di|na|visch (Adj.) zu Skandinavien gehörig.
Ska|po|lith (der, -s/-en, -e/-en) (lat.-griech.) Mineral.
Ska|ra|bä|us (der, -, -bä|en) (griech.) Käfer; Schmucksiegel. Skarabäengemme.
Ska|ra|muz (der, -/-es, -e) (lat.-germ.) Charaktertyp des aufschneiderischen Soldaten in der italienischen Stegreifkomödie und des französischen Lustspiels.
Ska|ri|fi|ka|ti|on (die, -, -ti|o|nen) kleiner Schnitt in die Haut zur Blut- oder Flüssigkeitsabnahme.
ska|ri|fi|zie|ren (V.) (griech.-lat.) die Haut leicht ritzen, um Blut zu diagnostischen oder therapeutischen Zwecken zu entnehmen.
Skat (der, -s, -e/-s) Kartenspiel. Skatbruder; Skater; Skatpartie; Skatrunde; Skatspiel; Skatspieler; Skatturnier; skaten.
Skate|board (das, -s, -s) (engl.) Rollbrett. Skateboarder.
Ska|ting (das, -s, kein Plural) (engl.) Tonabnehmerdruck (Plattenspieler); Eiskunstlauf. Antiskatingeinrichtung.
Ska|tol (das, -s, kein Plural) (griech.) ein übel riechendes Zersetzungsprodukt (im Kot).
Ska|to|lo|gie (die, -, kein Plural) 1. Untersuchung des Kots (Med.). 2. Fäkalsprache.

ska|to|lo|gisch (Adj.) 1. die wissenschaftliche Untersuchung von Kot betreffend. 2. eine Vorliebe für eine schmutzige, schlüpfrige Ausdrucksweise habend.
SKE (Abk.) Steinkohleeinheit.
Skeet|schie|ßen (das, -s, kein Plural) Tontaubenschießen.
Skel|e|ton (der, -s, -s) (engl.) Sportrodel.
ske|le|to|to|pisch (Adj.) (griech.-lat.) die auf das Skelett bezogene Angabe der Lage eines Organs bezeichnend.
Ske|lett (das, -s, -e) (griech.) Gerippe; Gerüst. Skelettbau; Skelettform; skelettieren.
Ske|no|gra|fie (*auch:* Ske|no|gra|phie) (die, -, kein Plural) altgriechische Bühnendekorationsmalerei.
Skep|sis (die, -, kein Plural) (griech.) Zweifel; Ungläubigkeit. Skeptiker; Skeptizismus; skeptisch.
Sketsch (*auch:* Sketch) (der, -es/-s, -e) Witzeinlage. Sketchpartner.
Ski (*auch:* Schi) (der, -s, -er) (norw.) Sportgerät. *Beachte:* Ski (*auch:* Schi) fahren/laufen, *aber:* das Skifahren (*auch:* Schifahren) macht Spaß; Ski (*auch:* Schi) und eislaufen. Skifahrer (*auch:* Schifahrer); Skifliegen (*auch:* Schifliegen); Skihaserl (*auch:* Schihaserl); das Skilaufen (*auch:* Schilaufen); Skilift (*auch:* Schilift).
Skia|gra|fie (*auch:* Skia|gra|phie) (die, -, -n) (griech.-lat.) Technik in der Malerei, durch gemalte Schatten eine Raumwirkung zu erzielen.
Skiff (das, -s, -e) (engl.) Ruderboot.
Skiff|le (der/das, -s, kein Plural) Jazzart. Skifflegroup.
Ski|fu|ni (der, -s, -s) (schweiz.) (norweg.-ital.) Schlittenlift.
Skin|head (der, -s, -s) (engl.) rechtsradikaler Jugendlicher.
Skink (der, -s, -e) (griech.) Echse.
Ski|no|id (das, -s, kein Plural) Kunststoff.
Skip|per (der, -s, -) (ugs.) Kapitän.
Skiz|ze (die, -, -n) (ital.) Zeichnung; Entwurf. Skizzenblock; Skizzenbuch; Skizzierer; Skizzierpapier; Skizzierung; skizzenhaft; skizzieren.
Skla|ve (der, -n, -n) (lat.) Abhängiger; Unfreier. Sklavenarbeit; Sklavenhalter; Sklavenhändler; Sklavenmarkt; Sklaventum; Sklaverei; Sklavin; sklavisch.
Skle|ra (die, -, Skle|ren) (griech.) das Weiße im Auge, Augenlederhaut.
Skle|ri|tis (die, -, -ri|ti|den) (griech.) Augenentzündung.
Skle|ro|der|mie (die, -, -n) (griech.) krankhafte Hautverhärtung; »Maskengesicht«.
Skle|rom (das, -s, -e) (griech.) Bindegewebsverhärtung.

Skle|ro|me|ter (das, -s, -) Gerät zum Bestimmen der Härte von Mineralien.
Skle|ro|se (die, -, -n) Verkalkung. Multiple Sklerose; sklerotisch.
Skle|ro|ti|ker (der, -s, -) jmd., der an Sklerose leidet.
Sko|li|o|se (die, -, -n) (griech.) seitliche Rückgratverbiegung.
Sko|lo|pen|der (der, -s, -) (griech.) tropischer Riesentausendfüßer.
Skon|to (der/das, -s, -s/Skon|ti) (ital.) Zahlungsabzug. Verb: skontieren.
Skoo|ter (der, -s, -) (engl.) elektrisch angetriebenes Fahrzeug. Autoskooter.
Sko|po|phi|lie (die, -, -n) (griech.) krankhafte Schaulust; Neugier.
Skor|but (der, -s, kein Plural) (lat.) Vitaminmangelkrankheit. Adjektiv: skorbutisch.
Skor|da|tur (die, -, -en) (ital.) Umstimmung von Saiten (um besondere Klangwirkungen zu erzielen).
Skor|pi|on (der, -s, -pi|o|ne) (griech.) Spinnentier; Sternzeichen. Skorpionsfliege.
Sko|tom (das, -s, -e) (griech.) Sehnervkrankung mit blinden Stellen im Gesichtsfeld.
Sko|to|pho|bie (die, -, -n) (griech.) krankhafte Angst beobachtet zu werden.
Skri|bent (der, -en, -en) (lat.) Schreiberling; Vielschreiber.
skr (Abk.) schwedische Krone.
Skript (das, -s, -s/-en) (engl.) Schriftstück; Drehbuch. Skriptgirl; Skriptum.
Skrip|to|ri|um (das, -s, -r|ien) (lat.) mittelalterliche Klosterschreibstube.
skro|fu|lös (Adj.) zur Skrofulose gehörig; daran erkrankt.
Skro|fu|lo|se (die, -, -n) (lat.-griech.) Verlaufsform der Tuberkulose, Lymphknotenschwellung des Halsraumes.
skro|tal (Adj.) zum Skrotum gehörig.
Skro|tum (das, -s, Skro|ta) (lat.) Hodensack.
Skrub|ber (der, -s, -) (engl.) Gasreinigungsanlage.
Skrubs (die, nur Plural) (engl.) schlechter Tabak.
skru|pel|los (Adj.) bedenkenlos; gewissenlos. Skrupel; Skrupellosigkeit.
Skru|pu|lo|si|tät (die, -, -en) übertriebene Bedenklichkeit.
Sku|ban|ki (die, nur Plural) (tschech.; österr.) Nockerln aus Kartoffelbrei.
Skull (das, -s, -s) (engl.) Ruder. Skullboot; Skuller; skullen.
Skulp|tur (die, -, -en) (lat.) Plastik; Statue. Skulpturensammlung; skulptieren; skulpturieren.

Skunk (der, -s, -s/-e) (engl.) Stinktier.
skur|ril (Adj.) (lat.) sonderbar; spaßig. Skurrilität.
S-Kur|ve (die, -, -n) s-förmige Kurve.
Skye|ter|ri|er (der, -s, -) (engl.) sehr langleibige, kurzbeinige Hunderasse mit bis zu den Füßen reichendem grauen Seidenhaar.
Sky|lab (das, -/-s, kein Plural) Raumstation.
Sky|light (das, -s, -s) (engl.) Oberlicht (auf Schiffen).
Sky|light|fil|ter (der/das, -s, -) Farbfilter (Fotografie).
Sky|line (die, -, -s) (engl.) Stadtsilhouette; Horizont.
Sla|lom (der, -s, -s) (norw.) Torlauf; Zickzackkurs. Slalomkurs; Slalomlauf; Slalomtrainer.
Slang (der, -s, -s) (engl.) Umgangssprache.
Slap|stick (der, -s, -s) (engl.) komische, groteske (Stummfilm-)Szene; Gag.
slar|gan|do (ital.) Anweisung im Notentext; langsamer werden.
Sla|we (der, -n, -n) Angehöriger einer indogermanischen Sprach- und Volksgruppe in Ost- und Südosteuropa.
sla|wisch (Adj.) zu den Slawen gehörig.
sla|wi|sie|ren (V.) slawisch machen.
Sla|wis|mus (der, -, -men) (nlat.) slawische Spracheigentümlichkeit in einer nicht slawischen Sprache (z. B. die Namensendung »-itz« im Deutschen).
Sla|wist (der, -en, -wis|ten) Slawistikwissenschaftler.
Sla|wis|tik (die, -, kein Plural) Wissenschaft von den slawischen Sprachen und Literaturen (sowie Kulturen).
sla|wis|tisch (Adj.) zur Slawistik gehörig.
Sla|wo|phi|le (der, -n, -n) (slaw.-griech.) 1. jmd., der eine besondere Vorliebe für die slawischen Sprachen und Kulturen hat. 2. Anhänger einer politisch-philosophischen Richtung im Russland des 19. Jahrhunderts, die die Besonderheit der Kultur und Geschichte Russlands gegenüber den restlichen europäischen Staaten betonte.
Sli|bo|witz (*auch:* Sli|wo|witz) (der, -/-es, -e) Pflaumenschnaps.
Slice (der, -, -s) (engl.) dünner Schnitt; Golf-, Tennisschlag.
Slick (der, -s, -s) (engl.) profilloser Rennreifen.
Slip (der, -s, -s) (engl.) 1. Unterhose. 2. schiefe Ebene in einer Werft.
Sli|pon (der, -s, -s) (engl.) Herrenmantel.
slip|pen (V.) (engl.) 1. auf einem Slip (2.) entlanggleiten lassen. 2. lösen (z. B. eine Ankerkette). 3. seitwärts nach unten gleiten (von Flugzeugen).

Slip|per (der, -s, -/-s) (engl.) Schuh.
Slo|gan (der, -s, -s) (engl.) Werbespruch; Parole.
Sloop (die, -, -s) (niederl.-engl.) ein Küstensegelschiff.
Slop (der, -s, -s) (engl.) Tanz.
Slou|ghi (der, -s, -s) (arab.) glatthaariger, meist sandfarbener Windhund Nordafrikas.
slow (Adj.) (amerik.) Tempobezeichnung in der Jazzmusik.
Slo|wa|kei (die, -, kein Plural) Slowake; slowakisch.
Slo|we|ni|en (ohne Art., -s, kein Plural) Slowene; slowenisch.
Slow|fox (der, -/-es, -e) (engl.) Tanz.
Slow Mo|tion (die, - -, kein Plural) (engl.) Zeitlupe.
Slum (der, -s, -s) (engl.) Elendsviertel.
Slup (die, -, -s) (engl.) Segelschiff.
Slush (das, -/-s, Slu|shes) (engl.) trinkbare Eiscreme (aus Amerika).
sm (Abk.) Seemeile.
Sm (Abk.) Samarium (chemisches Zeichen).
S. M. (Abk.) Seine Majestät.
Small|talk (*auch:* Small Talk) (der/das, -s, -s) (engl.) oberflächliche Plauderei.
Sma|ragd (der, -s, -e) (griech.) Edelstein. Smaragdeidechse; smaragden; smaragdgrün.
smart (Adj.) (engl.) hübsch; clever.
Smash (der, -/-s, -s) (engl.) Schmetterball, -schlag (beim Tennis).
Smog (der, -/-s, -s) (engl.) Nebelschicht aus Rauch, Schmutz und Abgasen. Smogalarm.
smo|ken (V.) sticken; zusammenziehen. Smokarbeit; gesmokt.
Smo|king (der, -s, -s) feiner Anzug. Smokingjacke; Smokingzwang.
Smör|gås|bord (der, -s, -s) Tisch, auf dem zahlreiche kleine kalte Speisen angerichtet sind (bes. in Schweden).
Smör|re|bröd (das, -s, -s) (dän.) belegtes Brot.
smor|zan|do (Adv.) (ital.) ersterbend; immer schwächer werdend (bei Musikstücken).
Smut|je (der, -s, -s) Schiffskoch.
SMV (Abk.) Schülermitverwaltung.
Smyr|na (der, -s, -s) nach der heute Izmir genannten Stadt benannter, groß gemusterter Teppich aus langen Knüpffäden.
Sn (Abk.) Zinn (chemisches Zeichen).
Snack (der, -s, -s) (engl.) kleine Zwischenmahlzeit. Snackbar.
snif|fen (V.) (engl.) schnüffeln (Drogen).
Snob (der, -s, -s) (engl.) überheblicher Vornehmtuer. Snobismus; snobistisch.
Snow|board (das, -s, -s) (engl.) Gleitbrett zum Schneesurfen.

Snow|mo|bil (das, -s, -e) (engl.) Schneefahrzeug.
so 1. (Adv.) auf diese Art und Weise; dermaßen; überaus; solch; etwa. *Beachte:* Du bist mir so einer! So etwas! So? (Wirklich?) So gut wie/als möglich; die Arbeit ist so gut wie fertig; so gegen zwölf Uhr; sowieso; soso; soundso viel; so wahr mir Gott helfe; so weit, so gut; so, das wäre erledigt; und so weiter (Abk.: usw.); und so weiter, und so fort. 2. (Konj.) also; deshalb; da; dann. Er hatte keine Zeit, so ging ich wieder. (→ sobald, → sodass (*auch:* so dass)), → sofern, → sogenannt (*auch:* so genannt), → sogleich, → solange, → sooft, → sosehr, → so viel, → so weit, → so wenig, → sowie, → sowohl, → sozusagen.
SO (Abk.) Südost(en).
So. (Abk.) Sonntag.
s. o. (Abk.) siehe oben!
so|a|ve (Adj.) (ital.) lieblich; süß (Musik, Wein).
So|a|ve (der, -/-s, -) (ital.) gelblicher Wein aus Venetien.
so|bald (Konj.) in dem Augenblick, da. *Beachte:* Sobald ich kann. *Aber:* So bald (früh) kann ich nicht; das passiert uns so bald (schnell) nicht wieder; sobald als/wie möglich. *Wichtig:* Ein Nebensatz, der mit »sobald« eingeleitet wird, wird immer durch ein Komma abgetrennt. Wir werden fahren, sobald er kommt.
So|bri|e|tät (die, -, kein Plural) (lat.) Mäßigkeit.
Soc|cer (der/das, -s, kein Plural) (engl.) Fußball.
So|ci|e|tas Je|su (die, -, kein Plural) (lat.) der Jesuitenorden.
So|cke (*auch:* der So|cken) (die, -, -n) (griech.) Strumpf. *Beachte:* Mach dich auf die Socken (brich auf)! Ich war ganz von den Socken (ugs.: überrascht). Söckchen; Sockenhalter.
So|ckel (der, -s, -) Unterbau; Mauersims. Sockelgeschoss.
So|da (die/das, -, kein Plural) (span.) Natriumkarbonat; (Kurzw.) Sodawasser.
So|da|le (der, -n, -n) jmd., der einer Sodalität angehört.
So|da|li|tät (die, -, -en) (lat.) katholische Bruderschaft.
So|da|lith (der, -s, -e) Mineral.
so|dass (*auch:* so dass) (Konj.) weshalb; deshalb. *Beachte:* Vor »sodass« steht ein Komma, wenn es einen Nebensatz einleitet (→ dass). Sie ärgerte sich, sodass er schließlich ging. *Aber:* Sie ärgerte sich so (sehr), dass er schließlich ging.
Sod|bren|nen (das, -s, kein Plural) Magensäureüberschuss.

So|do|ku (das, -, kein Plural) (jap.) durch einen Rattenbiss hervorgerufene, entzündliche Krankheit.
So|dom und Go|mor|rha (*auch:* Go|mor|ra) (Symbol für) Lasterhaftigkeit; Sünde.
So|do|mie (die, -, kein Plural) (lat.) Geschlechtsverkehr mit Tieren. Sodomit; sodomitisch.
so|eben (Adv.) gegenwärtig; vor einem Augenblick. *Beachte:* Ich bin soeben fertig. *Aber:* Ich bin so eben (gerade) noch fertig geworden.
So|fa (das, -s, -s) (arab.) Sitzmöbel. Sofaecke; Sofakissen; Sofaüberzug.
so|fern (Konj.) wenn; vorausgesetzt(,) dass. *Beachte:* Der mit »sofern« eingeleitete Satz wird mit Komma abgetrennt! Du kannst mitkommen, sofern du Lust hast. *Aber:* Das ist so fern (weit) von hier.
Sof|fit|te (die, -, -n) (franz.) Bühnendekoration. Soffittenlampe.
so|fort (Adv.) auf der Stelle. *Beachte:* Er war sofort zur Stelle. *Aber:* und so weiter, und so fort. Sofortbildkamera; Soforthilfe; Sofortmaßnahme; Sofortprogramm; Sofortservice; sofortig.
soft (Adj.) (engl.) sanft; weich. Softie; Softdrink (*auch:* Soft Drink); Softeis; Softrock (*auch:* Soft Rock).
Sof|ta (der, -s, -s) (pers.-türk.) Student einer islamischen Hochschule (hist.).
Sof|tie (der, -s, -s) (engl.) weichlicher Mann.
Soft|ware (die, -, -s) (engl.) Programme und Benutzungsanweisungen (EDV).
Sog (der, -s, -e) Saugströmung; Anziehung. Verb: saugen.
sog. (Abk.) sogenannt (*auch:* so genannt).
so|gar (Adv.) auch; obendrein. *Beachte:* Ich bekam sogar Blumen. *Aber:* Sie hat so gar kein Verständnis dafür.
so|ge|nannt (*auch:* so ge|nannt) (Adj.) unter dem Namen. der so genannte grüne Star.
so|gleich (Adv.) sofort. *Beachte:* Man muss sogleich reagieren. *Aber:* Die Geschwister sehen sich alle so gleich.
Soh|le (die, -, -n) (lat.) 1. Schuhteil; Einlage; 2. Boden. Sohlengänger; Sohlenleder; dünnsohlig; sohlen; besohlen.
Sohn (der, -s, Söh|ne) männlicher Nachkomme. Söhnchen; Sohnemann; Sohnesliebe; Sohnespflicht.
sohr (Adj.) (nordd.) dürr. Söhre; söhren.
soi|g|niert (Adj.) (franz.) gepflegt.
Soi|ree (die, -, -n) (franz.) Abendgesellschaft; Abendunterhaltung.
So|ja (die, -, So|jen) (jap.) Nutzpflanze. Sojabohne; Sojamehl; Sojaöl.

Sol 1. (der, -/-s, -/-s) (span.) Währung (Peru). 2. (das, -s, -e) chemische Lösung.
so|lang (*auch:* so|lan|ge) (Konj.) während. *Beachte:* »solange« leitet einen Nebensatz ein; dieser wird durch Komma abgetrennt. Ich mache weiter, solange es geht. *Aber:* Sie musste so lange darauf warten; doppelt so lang(e).
So|la|nin (das, -s, -e) (nlat.) giftiges Alkaloid (in Nachtschattengewächsen).
So|lar... (lat.) Sonne(n)... Solarbatterie; Solarenergie; Solarheizung; Solarisation; Solarium; Solarkollektor; Solarkraftwerk; Solaröl; Solartechnik; Solarturm; Solarzelle; solarisch; solar.
So|lar|ple|xus (der, -, kein Plural) (lat.) Sonnengeflecht (Nervengeflecht).
So|la|wech|sel (der, -s, -) Eigenwechsel.
solch/-er/-e/-es (Pron., demonstr.) von dieser Art; so ein. *Beachte:* solche Beamte/Beamten; solch liebe Leute, *auch:* von solcher Art; solcherlei; solchergestalt; *aber:* von solcher Gestalt; solcherweise, *aber:* in solcher Weise.
Sold (der, -s, -e) (lat.) Lohn. Soldbuch; Söldner; Söldnerheer.
Sol|da|nel|la (die, -, -nel|len) (ital.) ein Primelgewächs. Alpenglöckchen.
Sol|dat (der, -en, -en) (lat.) Militärangehöriger. Soldatenfriedhof; Soldatenleben; Soldatenlied; Soldatensprache; Soldateska; Soldatentum; soldatisch.
So|le (die, -, -n) Salzwasser. Solbad; Solei; Solenleitung; Solquelle; Solsalz.
so|lenn (Adj.) (franz.) feierlich; festlich.
So|len|ni|tät (die, -, kein Plural) Feierlichkeit; Festlichkeit.
Sol|fa|ta|ra (*auch:* Sol|fa|ta|re) (die, -, -ta|ren) Schwefeldampf.
sol|feg|gie|ren (V.) ein Solfeggio singen.
Sol|feg|gio (das, -s, -feg|gien) (ital.) Singübung auf Tonsilben (bes. »do, re, mi, fa, sol«).
So|li|da|ri|tät (die, -, kein Plural) (lat.) Zusammengehörigkeitsgefühl; Einigkeit. Solidarhaftung; Solidarisierung; Solidarismus; Solidaritätserklärung; Solidaritätsgefühl; Solidarschuldner; solidarisch; solidarisieren.
So|li|de (*auch:* so|lid) (Adj.) (lat.) fest; zuverlässig. Solidität.
So|ling (die/der/das, -s, -s/-e) schnelles Segelboot. Solingklasse.
So|lip|sis|mus (der, -, kein Plural) (lat.) philosophische Lehre. Solipsist; solipsistisch.
So|list (der, -en, -lis|ten) (lat.) Einzelspieler. Solistenvorstellung; Solistin; solistisch.
so|li|tär (Adj.) (lat.) einzeln.
So|li|tär (der, -s, -e) (franz.) 1. großer, einzeln gefasster Diamant; 2. ein Stiftesteckspiel für eine Person.

Solitüde 483 Sonne

So|li|tü|de (die, -, -n) (franz.) Einsamkeit.
Soll (das, -/-s, kein Plural) Schulden; normierte Leistung. *Beachte:* Soll und Haben; Sollbestand (*auch:* Soll-Bestand); Sollbetrag (*auch:* Soll-Betrag); Soll-Ist-Vergleich; Sollseite (*auch:* Soll-Seite); Sollzinsen (*auch:* Soll-Zinsen).
sol|len (V.) eine Anweisung haben; verpflichtet sein. *Beachte:* Er hat noch im Bett bleiben sollen (*falsch:* gesollt).
Sol|lux|lam|pe (die, -, -n) Wärmestrahler.
Sol|mi|sa|ti|on (die, -, -ti|o|nen) Tonsilbensystem. Solmisationssilbe; solmisieren.
so|lo (Adj.; nicht beugbar) (ital.) allein; einzeln. *Beachte:* solo sein/tanzen. Solo; Sologesang; Soloinstrument; Solosänger; Solostimme; Solotanz; Solotänzer; Solovortrag.
so|lo|nisch (Adj.) weise.
So|lö|zis|mus (der, -, -zis|men) (griech.-lat.) grober sprachlicher Fehler; Satzbaufehler.
so|lu|bel (Adj.) (lat.) löslich. Verb: solvieren.
So|lu|ti|on (die, -, -ti|o|nen) (lat.) Arzneilösung.
So|lu|tré|en (das, -/-s, kein Plural) (franz.) Kulturstufe der jüngeren Altsteinzeit.
Sol|vens (das, -, -ven|tia/-ven|zi|en) (lat.) schleimlösendes Mittel.
sol|vent (Adj.) (lat.) zahlungsfähig. Solvenz. Verb: solvieren.
So|ma (das, -s, ma|ta) (griech.) Körper. Somatologie; somatisch; somatogen.
So|ma|lia (ohne Art., -s, kein Plural) Somali; somalisch.
Som|b|re|ro (der, -s, -s) (span.) großer breitrandiger Hut aus Stroh.
so|mit (Konj.) daher; folglich. *Beachte:* Der Vertrag ist abgelaufen und somit habe ich keine Verpflichtung mehr. *Aber:* ich nehme dich nicht so mit.
Som|mer (der, -s, -) Jahreszeit. *Beachte:* Sommer wie Winter; sommers wie winters. Sommerabend; Sommeranfang; Sommerfahrplan; Sommerferien; Sommerfrische; Sommergetreide; Sommergrippe; Sommerhitze; Sommerkollektion; Sommermonat; Sommernacht; Sommernachtstraum; Sommerolympiade; Sommerpause; Sommerregen; Sommerreifen; Sommersaat; Sommerschlaf; Sommerschlussverkauf (Abk.: SSV); Sommersemester (Abk.: SS); Sommersprossen; Sommerszeit; Sommerzeit. Adjektive: sommerlich; sommersprossig; Adverbien: sommers; sommersüber, *aber:* den ganzen Sommer über; sommertags.
Som|mer|tag (der, -s, -e) ein Tag im Sommer. an diesem schönen Sommertag.
Som|nam|bu|lis|mus (der, -, kein Plural) (lat.) Mondsüchtigkeit; Schlafwandeln. Somnambule; somnambul.

som|no|lent (Adj.) (lat.) benommen (nach Gehirnschädigung).
Som|no|lenz (die, -, kein Plural) das Somnolentsein.
So|na|gramm (das, -s, -e) (lat.-griech.) Darstellung einer Tonfolge in grafischer Struktur (z. B. um Vogelgesänge optisch zu vergleichen).
So|nant (der, -en, -en) (lat.) Silben bildender Laut.
So|na|te (die -, -n) (ital.) Musikstück. Sonatine.
Son|de (die, -, -n) (franz.) Untersuchungsinstrument; (Kurzw.) Raumsonde; Probebohrung. Sondenhalter; sondieren.
son|der... / **Son|der...** einzel.../Einzel...; besonder... Sonderabzug; Sonderabkommen; Sonderanfertigung; Sonderangebot; Sonderausgabe; Sonderbarkeit; Sonderbeauftragte; Sonderberichterstatter; Sonderbriefmarke; Sonderdruck; Sondereinsatz; Sondererziehungsrecht (Abk.: SZR); Sonderfall; Sondergenehmigung; Sonderheit; Sonderklasse; Sonderkommando; Sonderling; Sondermüll; Sondernummer; Sonderpreis; Sonderrabatt; Sonderreg(e)lung; Sonderschule; Sonderstellung; Sonderung; Sonderurlaub; Sonderwunsch; Sonderzeichen → Regelkasten; Sonderzug. Adjektive: sonderbar; sonderlich, *aber:* uns fiel nichts Sonderliches auf; samt und sonders. Adverbien: sonderbarerweise; sondergleichen. Verb: sondern.
son|dern 1. (Konj.) vielmehr. Nicht nur schlecht, sondern auch teuer. *Beachte:* Sätze und Satzteile, die mit »sondern« eingeleitet werden, werden durch Komma abgetrennt. Er wollte nicht gehen, sondern lieber bleiben. 2. (V.) trennen. Absonderung.
Sonderzeichen → Regelkasten
son|die|ren (V.) (franz.) untersuchen; auskundschaften. Sondierung; Sondierungsgespräch.
Song (der, -s, -s) (engl.) Lied. Songbook.
Sonn|a|bend (der, -s, -e) Samstag. *Beachte:* sonnabends.
Son|ne (die, -, -n) Fixstern. Sonnenanbeter; Sonnenaufgang; Sonnenbad; Sonnenball; Sonnenbank; Sonnenbatterie; Sonnenblende; Sonnenblume; Sonnenblumenkern; Sonnenbrand; Sonnenbräune; Sonnenbrille; Sonnendeck; Sonnenenergie; Sonnenfinsternis; Sonnengeflecht (Solarplexus); Sonnenglut; Sonnenkollektor; Sonnenkönig; Sonnenlicht; Sonnenöl; Sonnenrad; Sonnenschein; Sonnenschirm; Sonnenschutzfaktor; Sonnenseite; Sonnenstich; Sonnenstrahl; Sonnensystem; Sonnenuhr; Sonnenuntergang; Sonn(en)wendfeier; Sonnenzelle. Adjektive: sonnendurchflutet; sonnengebräunt; sonnenhell; sonnenklar; sonnenverbrannt; son-

Sonderzeichen

Der Akut (accent aigu), der Gravis (accent grave) sowie der Zirkumflex stehen häufig in Fremdwörtern, die aus dem Französischen kommen: Café, à la carte, Maître.
Auch das Trema (z. B. in dem Wort »Citroën«), welches bedeutet, dass zwei Vokale deutlich getrennt gesprochen werden sollen und die Cedille (z. B. in dem Wort »garçon«), die bewirkt, dass ein »c« wie »ss« gesprochen wird (statt wie »k«), kommen häufig in französischen Fremdwörtern vor.
Weitere wichtige Sonderzeichen und ihr Gebrauch:
§ Paragraph. § 16 Abs. 1. *Beachte:* Werden mehrere Paragraphen bezeichnet, so schreibt man: §§ 16–20, §§ 16 ff. (folgende).
\# Nummernzeichen: # 2.
& Das Und-Zeichen (Et-Zeichen) wird fast ausschließlich in Firmenbezeichnungen oder in Buchtiteln gebraucht: Saubermann & Co.
% Prozent. *Beachte:* Man sollte diese Zeichen nur in Verbindung mit einer Zahl benutzen! (*also nicht*: hoch%ig!) 14 % MwSt., 2 % Skonto, 100%ig (*besser:* hundertprozentig).
£ Pfund Sterling.
$ Dollar.
~ Dieses Sonderzeichen heißt Tilde. Es wird oft in spanischen Wörtern gebraucht (z. B. Señor), ist aber auf vielen Schreibmaschinentastaturen nicht vorhanden und muss dann von Hand eingefügt werden.
* Asteriskus. Wird verwendet bei Geburtsangaben: * 02.02.16; † 18.04.71.

---

nig; sonnseitig. Verben: sich sonnen; sonnenbaden.
Sonn'tag (der, -s, -e) Wochentag. *Beachte:* am Sonntag; am Sonntagabend; Sonntagmorgen/Sonntagmittag/Sonntagnacht; des Sonntags; eines Sonntags; des Sonntagabends; ich bleibe über Sonntag weg; an Sonn- und Feiertagen. *Aber:* sonn- und feiertags; sonntags; sonntägig; sonntäglich. Sonntagsarbeit; Sonntagsbeilage; Sonntagsfahrer; Sonntagsrede; Sonntagsruhe; Sonntagsstaat.
Son'ny boy (der, -s, -s) (engl.) unbeschwerter junger Mann.
So'no gra'fie (*auch:* So'no gra'phie) (die, -, -n) (lat.-griech.) Ultraschalluntersuchung.
so'nor (Adj.) (lat.) tief; klangvoll. Sonorität.
So'nor (der, -s, -e) (lat.) klanglicher Laut im Gegensatz zu den Geräuschlauten.
sonst (Adj.) andernfalls; außerdem; für gewöhnlich. *Beachte:* alles Sonstige (alles Übrige); Sonstiges; sonst jemand (noch jemand); sonst noch etwas. sonst was; sonst wer; sonst wo; sonst wie; sonst wohin.
so'oft (Konj.) so viel; jedes Mal wenn. *Beachte:* Der mit der Konjunktion »sooft« eingeleitete Nebensatz wird durch Komma abgetrennt! Du kannst kommen, sooft du willst. *Aber:* Ich bin schon so oft bei euch gewesen.
Soor (der, -s, -e) Pilzinfektion. Soorpilz.
So'phis'mus (der, -, -phis'men) (griech.) Trugschluss; Spitzfindigkeit. Sophist; Sophisterei; Sophistik; sophistisch.
So'por (der, -s, kein Plural) (lat.) Schlafsucht.
so'po'rös (Adj.) (lat.) schlafsüchtig; stark benommen.
so'p'ra (Adv.) (ital.) oben; mit übergreifender Hand (auf dem Klavier) zu spielen (Spielanweisung in der Musik).
So'p'ran (der, -s, -e) (ital.) hohe Singstimme. Sopranist/in; Sopranschlüssel; Sopranstimme.
so'ra bis'tisch (Adj.) (lat.) die Sorabistik betreffend.
Sor'bet (*auch:* Sor'bett) (der/das, -s, -s) (franz.) Halbgefrorenes.
Sor'bin säu're (die, -, -n) Konservierungsstoff.
Sor'bit (der, -s, kein Plural) (nlat.) ein süßer, kristalliner Alkohol (der z. B. in Vogelbeeren vorkommt).
Sor'bonne (die, -, kein Plural) Universität (Paris).
Sor'di'ne (die, -, -n) (lat.-ital.) Dämpfer bei Musikinstrumenten, z. B. bei Blechblasinstrumenten.
sor'do (Adj.) (ital.) gedämpft; Anweisung im Notentext.
Sor'dun (der/das, -s, -e) 1. Holzblasinstrument aus dem 16./17. Jahrhundert mit Doppelrohrblatt von dumpfem Klang; 2. dunkel klingendes Orgelregister.
So're (die, -, -n) (hebr.) Diebesgut.
Sor'ge (die, -, -n) Kummer; Pflege. *Beachte:* Ich werde dafür Sorge tragen, dass alles erledigt wird. Hast du Sorge (fürchtest du), dass es nicht klappt? Sorgenkind; Sorgenlast; Sorgepflicht;

Sorgerecht; Sorgfalt; Sorgfältigkeit; Sorglosigkeit; Sorgsamkeit; sorgenfrei; sorgenlos; sorgenschwer; sorgenvoll; sorgfältig; sorglich; sorglos; sorgsam; sorgen.
Sor'ghum (das, -s, -s) (lat.) ein afrikanisches Getreide; Möhrenhirse.
Sorp'ti'on (die, -, -ti'o'nen) (lat.) Aufnahme eines Gases durch einen flüssigen Stoff und eines gelösten Stoffes durch einen festen.
Sor'te (die, -, -n) (lat.) Art; Qualitätsklasse; (Plural:) Devisen. Sortengeschäft; Sortenhandel; Sortenkurs; Sortenmarkt; Sortenverzeichnis; Sortierer/in; Sortiermaschine; Sortierung; Sortiment; Sortimentsbuchhandel; sortiert; sortieren.
Sor'tes (die, nur Plural) beim Orakel verwendete Stäbchen oder Plättchen (Antike).
SOS (Abk.) internationales Seenotzeichen. SOS-Kinderdorf; SOS-Ruf.
so'sehr (Konj.) wie sehr. *Beachte:* Ein mit »sosehr« eingeleiteter Nebensatz ist durch Komma abgetrennt! Ich fand keine Wohnung, sosehr ich auch gesucht habe. *Aber:* Sie ärgerte sich so sehr, dass sie krank wurde.
so'so (Interj.) aha!
So'ße (*auch:* Sau'ce) (die, -, -n) (franz.) Tunke. Soßenbinder; Soßenlöffel; *aber:* die Sauciere.
sos'te'nu'to (Adv.) (ital.) getragen (bei Musikstücken).
Sos'te'nu'to (das, -s, -s/-ti) (lat.-ital.) mäßig langsames Musikstück.
So'te'ri'o'lo'gie (die, -, kein Plural) Heilslehre, die von einem Erlöser ausgeht.
so'te'ri'o'lo'gisch (Adj.) die Soteriologie betreffend.
sot'to (Adv.) (ital.) unten (bei gekreuzten Händen auf der Klaviertastatur).
Sou'b'ret'te (die, -, -n) (franz.) Sängerin.
Souche (die, -, -n) (franz.) zur Überprüfung der Echtheit zurückbehaltener Teil eines Wertpapiers.
Sou'chong (der, -s, -s) (franz.-chines.) Teesorte mittlerer Qualität.
Souff'lé (*auch:* Souff'flee) (das, -s, -s) (franz.) Auflauf.
Souff'leu'se (die, -, -n) (franz.) Einsagerin (Theater). Souffleur; Souffleurkasten; soufflieren.
Sou'f'la'ki (das, -, -) (griech.) Fleischspieß.
Soul (der, -s, kein Plural) (engl.) Musikrichtung. Soulsänger/in.
Sound (der, -s, -s) (engl.) Klang; (ugs.) Musik. Soundcheck; Soundtrack (Filmmusik).
so'und'so (Adv.) ungefähr; *Beachte:* soundso viel/groß/oft. *Aber:* das kann man so und so sehen; Frau Soundso; der soundsovielte Tag des Monats, *aber:* am Soundsovielten des Monats.
Sou'per (das, -s, -s) (franz.) Abendessen. Verb: soupieren.
Sour (der, -/-s, -s) (engl.) saures Mixgetränk auf der Basis von Likör und Mineralwasser.
Source'pro'gramm (das, -s, -e) in einer höheren Programmiersprache oder in Assembler geschriebenes Computerprogramm; Quellprogramm.
Sou'sa'fon (*auch:* Sou'sa'phon) (das, -s, -e) Blechblasinstrument mit gebogenem Rohr.
Sou'tache (die, -, -n) (franz.) schmaler, kordelähnlicher Besatz.
sou'ta'chie'ren (V.) mit einer Soutache verzieren.
Sou'ta'ne (*auch:* Su'ta'ne) (die, -, -n) (ital.-franz.) langes, enges Gewand kath. Geistlicher.
Sou'ta'nel'le (die, -, -n) nur knielange Soutane.
Sou'ter'rain (das, -s, -s) (franz.) Tiefparterre. Souterrainwohnung.
Sou've'nir (das, -s, -s) (franz.) Andenken. Souvenirjäger; Souvenirladen.
sou've'rän (Adj.) (franz.) überlegen; unabhängig. Souverän; Souveränität; Souveränitätsanspruch.
Sove'reign (der, -/-s, -/-s) engl. Goldmünze.
so'viel 1. (Konj.) wie viel; nach dem, was. *Beachte:* Zusammenschreibung bei der Konj.! Ein mit »soviel« eingeleiteter Nebensatz ist durch Komma abgetrennt! Soviel ich weiß, findet die Veranstaltung nicht statt. 2. **so viel** (Adj.) ebenso viel. *Beachte:* Getrenntschreibung bei allen anderen Verbindungen! Sie weiß auch nur so viel wie ich. so viel (genug) für heute; halb/dreifach so viel Zeit; ich nehme mir so viel Zeit, wie ich brauche; ebenso viel Gutes.
so was (ugs.) so etwas.
Sow'cho'se (die, -, -n) (russ.) landwirtschaftliches Staatsgut (in der ehemaligen Sowjetunion).
so'weit 1. (Konj.) soviel. *Beachte:* Zusammenschreibung bei der Konj.! Ein mit »soweit« eingeleiteter Nebensatz wird durch Komma abgetrennt! Soweit ich weiß, sind sie in Urlaub. 2. **so weit** (Adv.) ziemlich, ganz. *Beachte:* Getrenntschreibung bei allen anderen Verbindungen! es ging so weit gut. *Aber:* so weit, so gut.
so'wenig 1. (Konj.) wie wenig auch immer. *Beachte:* Zusammenschreibung nur bei der Konj.! Ein mit »sowenig« eingeleiteter Nebensatz wird durch Komma abgetrennt! Sowenig ich einsehen kann, dass ... 2. **so wenig** (Adv.) ebenso wenig. *Beachte:* Getrenntschreibung bei allen anderen Verbindungen! so wenig wie/als möglich; sie konnte so wenig wie er.

so|wie (Konj.) sobald; wie auch. *Beachte:* Ein mit »sowie« eingeleiteter Nebensatz (in der Bedeutung »sobald«) wird mit Komma abgetrennt! Ich werde duschen, sowie wir zu Hause sind. Ohne Komma (»sowie« in der Bedeutung »und«): Eltern, Lehrer sowie Schüler. *Aber:* So wie sie lacht keine.
so|wie|so (Adv.) auf alle Fälle. *Beachte:* Herr Sowieso.
So|w|jet (der, -s, -s) (russ.) Rat. (Plural:) Sowjetrussen. *Beachte:* Oberster Sowjet. Sowjetarmee; Sowjetbürger; Sowjetrepublik; Sowjetstern; Sowjetunion (Abk.: SU, *auch:* UdSSR); sowjetisch; sowjetrussisch.
so|wohl (Konj.) (nur in der Fügung:) sowohl ... als/wie auch. *Beachte:* Sie kann sowohl Gitarre als/wie auch Geige spielen; sowohl die Tochter wie der Sohn *(falsch:* sowohl ... sowie/und). *Beachte:* »sowohl ... als/wie auch« steht mit Komma, wenn es einen erweiterten Infinitiv mit »zu« einleitet! Er behauptet, sowohl schnell laufen als auch gut schwimmen zu können. Sowohl er als auch seine Schwester sprechen gut Französisch. das Sowohl-als-auch.
Soxh|let-Ap|pa|rat (der, -s/-es, -e) Apparat, benannt nach dem Chemiker F. von Soxhlet; dient zur Extraktion fester Stoffe (Chem.).
So|zi (der, -s, -s) (Kurzw.) Sozialdemokrat, auch abwertend gemeint.
so|zi|a|bel (Adj.) (lat.) umgänglich. Soziabilität.
so|zi|al (Adj.) (lat.) gesellschaftlich; gemeinnützig. *Beachte:* soziale Marktwirtschaft; soziale Sicherheit; sozialer Wohnungsbau; sozial schwach sein; *aber:* die sozial Schwachen. Sozialabgaben; Sozialamt; Sozialarbeiter/in; Sozialdemokrat; Sozialeinkommen; Sozialfall; Sozialhilfe; Sozialisation; Sozialisierung; Sozialismus; Sozialist; Sozialkunde; Soziallasten; Sozialleistungen; Sozialpädagogik; Sozialplan; Sozialpolitik; Sozialprodukt; Sozialreform; Sozialrentner; Sozialstaat; Sozialversicherung; Sozialwissenschaften; Sozialwohnung. Adjektive: sozialdemokratisch, *aber:* die Sozialdemokratische Partei Deutschlands (SPD); sozialistisch; sozialkritisch; sozialliberal; sozialpolitisch. Verben: sozialisieren; resozialisieren.
So|zi|al|ab|bau (der, -es, kein Plural) Zurücknahme von Sozialleistungen.
So|zi|e|tät (die, -, -en) (franz.) 1. Gesellschaft; Verein; 2. Verband von Lebewesen.
So|zio|ge|ne|se (die, -, kein Plural) (lat.-griech.) Entstehung und Entwicklung milieubedingter Umstände (z. B. Krankheiten).

So|zio|gramm (das, -s, -e) (lat.-griech.) grafische Darstellung von Beziehungen zwischen Einzelnen in einer Gruppe.
So|zio|gra|fie (*auch:* So|zio|gra|phie) (die, -, kein Plural) (lat.-griech.) Wissenschaft von den einzelnen Gesellschaftsformen (in verschiedenen Gebieten).
So|zio|lekt (der, -s, -e) gruppenspezifischer Sprachgebrauch.
So|zio|lin|guis|tik (die, -, kein Plural) Wissenschaft über gruppenspezifischen Sprachgebrauch. Adjektiv: soziolinguistisch.
So|zio|lo|gie (die, -, kein Plural) (lat.) (griech.) Gesellschaftslehre. Soziologe; soziologisch.
So|zio|met|rie (die, -, kein Plural) (lat.-griech.) Analyse sozialer Beziehungen in kleinen Gruppen.
so|zio|met|risch (Adj.) die Soziometrie betreffend; in der Art der Soziometrie.
so|zio|morph (Adj.) gesellschaftsgeformt.
So|zio|the|ra|pie (die, -, -n) Behandlung, die darauf zielt, den Patienten/die Patientin wieder in die Gesellschaft einzugliedern.
So|zi|us (der, -, -se) (lat.) Teilhaber; Beifahrer; Rücksitz. Soziussitz.
so|zu|sa|gen (Adv.) gewissermaßen. Das war sozusagen umsonst. *Aber:* Er bemühte sich, es so zu sagen, dass es nicht beleidigend wirkte.
Sp. (Abk.) Spalte.
Space|shut|tle (der, -s, -s) (engl.) Raumtransporter.
Spach|tel (der, -s, -/die, -, -n) Werkzeug; (Kurzw.) Spachtelmasse. Spachtelkitt.
spach|teln (V.) Kitt auftragen; (ugs.) viel essen.
Spa|da (die, -, -s) (span.) ein Degen.
Spa|gat (der/das, -s, -e) (ital.) Turnübung; (südd.) Bindfaden.
Spa|ghet|ti (*auch:* Spa|get|ti) (die, nur Plural) Nudeln. Spaghettisoße (*auch:* Spagettisoße).
Spa|gi|ri|ker (der, -s, -) Goldmacher; Alchimist.
spa|gi|risch (Adj.) alchimistisch; spagirische Kunst: Alchimie.
Spa|g|no|lett (der, -es, -e) (span.-ital.-franz.) 1. angerauter Wollstoff; 2. beidseitig angerauter Baumwollstoff in Leinwandbindung.
spä|hen (V.) Ausschau halten; auskundschaften. Späher; Spähtrupp.
Spa|lett (das, -s, -e) (österr.) Fensterladen.
Spa|lier (das, -s, -e) (ital.) Sprossenwand; Doppelreihe von Menschen. Spalierbaum; Spalierobst; spalierbildend.
Spalt (*auch:* die Spal|te) (der, -es, -e) Öffnung; Schlitz; Riss. *Beachte:* Das Tor war einen Spaltbreit (*auch:* Spalt breit) offen. *Aber:* Der Bericht ist nur eine Spalte breit/lang. Spaltenbreite; spaltbreit; spaltenweise.

spal'ten (V.) zertrennen; teilen. *Beachte:* ein gespaltenes Bewusstsein haben (schizophren sein); mit gespaltener Zunge reden (lügen). Spaltbarkeit; Spaltfuß; Spaltleder; Spaltpilz; Spaltprodukt; Spaltung; spaltbar; gespalten.
Span (der, -s, Spä'ne) Holzstückchen. Spänchen; Spankorb; Spanplatte; Spanschachtel; Holzspäne; spanabhebend; spanen; spänen.
Span'd'ril'le (die, -, -n) (lat.-roman.) Bogenzwickel in der Architektur.
Span'fer'kel (das, -s, -) junges Schwein. Verb: spänen (entwöhnen).
Span'ge (die, -, -n) Klemme; Schmuck; (Kurzw.) Zahnspange. Spängchen; Spangenschuh.
Spa'ni'el (der, -s, -s) (engl.) Hund. Cockerspaniel.
spa'nisch (Adj.) 1. Spanien betreffend; 2. (ugs.) merkwürdig. Das kommt mir spanisch vor. Spanien; Spanier/in; Spanisch (Sprache); spanisches Rohr; spanische Wand; *aber:* die Spanische Reitschule (Wien); die Spanische Fliege.
Spann (der, -s, -e) Rist.
span'nen (V.) straffen; zu eng sein; sich erstrecken; beobachten. Spannbeton; Spanne; Spanner; Spannfähigkeit; Spannkraft; Spannung; Spannungsfeld; Spannungsmesser; Spannungsprüfer; Spannungszustand; Spannvorrichtung; Spannweite; spannenlang; spannungslos; gespannt.
span'nend (Adj.) fesselnd. Spannung.
Spant (das, -s, -en) Rippe (Schiff, Flugzeug). Spantenriss.
spa'ren (V.) Geld zurücklegen; sich einschränken; (ugs.) nicht notwendig sein. Das kannst du dir sparen. Sparbuch; Sparbüchse; Sparer/in; Sparflamme; Spargiroverkehr; Sparguthaben; Sparkasse; Sparkonto; Sparmaßnahme; Sparprämie; Sparprogramm; Sparsamkeit; Sparschwein; Sparstrumpf; Spar- und Darlehenskasse; Sparzins. Adjektiv: sparsam.
Spar'gel (der, -s, -) Gemüse. Spargelbeet; Spargelgemüse; Spargelkraut; Spargelsuppe.
spär'lich (Adj.) dürftig; dünn. Spärlichkeit.
Spar'ren (der, -s, -) 1. Dachbalken; 2. (ugs.) Spleen. Sparrendach.
Spar'ring (das, -s, kein Plural) (engl.) Boxtraining. Sparringskampf; Sparringspartner.
Spar'ta'kist (der, -en, -kis'ten) Angehöriger des radikalsozialistischen Spartakusbundes, des Vorläufers der KPD.
spar'ta'nisch (Adj.) einfach; streng.
Spar'te (die, -, -n) Gebiet; Spalte.
Spar'te'rie (die, -, kein Plural) (griech.-lat.-franz.) aus Span oder Bast hergestelltes Flechtwerk.

spar'tie'ren (V.) (lat.-ital.) ein Musikstück aus einzelnen Stimmen für Orchester arrangieren.
spas'misch (*auch:* spas'tisch) (Adj.) krampfartig. Spasmolytikum; Spastiker/in.
spas'mo'gen (Adj.) (z. B. Wirkung eines Arzneimittels) einen Krampf auslösend.
Spas'mus (der, -, Spas'men) (griech.-lat.) Muskelkrampf.
Spaß (der, -es, Spä'ße) Scherz; Freude. Späßchen; Spaßerei; Spaßhaftigkeit; Spaßigkeit; Spaßmacher; Spaßverderber; Spaßvogel; spaßhaft; spaßig; spaßeshalber; spaßen.
Spas'ti'ker (der, -s, -) jmd., der durch Spasmus gelähmt ist.
Spat (der, -s, -e/Spä'te) Mineral. Feldspat; Flussspat (*auch:* Fluss-Spat); spathaltig.
spät 1. (Adj.) nicht rechtzeitig; vorgerückt. *Beachte:* zu spät kommen; zum spätest möglichen Zeitpunkt; spätabends. *Aber:* eines späten Abends. Spätaufklärung; Spätaussiedler; Spätentwickler; Spätgeburt; Spätherbst; Spätlese; Spätnachmittag; *aber:* eines späten Nachmittags; Spätnachrichten; Spätschaden; Spätschicht; Spätvorstellung; Spätwerk; Spätzünder. Adjektive: späterbstlich; spätnachmittags. Adverb: spätestens. 2. (Adv.) abends. von früh bis spät.
Spa'tel (der, -s, -) Werkzeug. Verb: spateln.
Spa'ten (der, -s, -) Grabwerkzeug. Spatenforschung; Spatenstich.
spä'ter 1. (Adj.) nachfolgend; 2. (Adv.) danach. *Beachte:* Bis später! späterhin; alles Spätere morgen.
Spa'tha (die, -, -then) (griech.-lat.) 1. Blatt von Palmen- und Aronstabgewächsen, das den Blütenstand umschließt; 2. zweischneidiges germanisches Langschwert.
spa'ti'o'nie'ren (V.) mit Spatium setzen.
spa'ti'ös (Adj.) geräumig; weit (vom Druckbild).
Spa'ti'um (das, -s, -ti'en) (lat.) Abstand zwischen Druckbuchstaben.
Spatz (der, -es/-en, -en) 1. Vogel; 2. Kosename. Spätzchen; Spatzenhirn; Spatzennest. Du isst wie ein Spatz.
Spätz'le (die, nur Plural) (südd.) Nudeln. Kässpätzle.
spa'zie'ren (V., ist) wandern; gehen. das Spazierengehen; Spazierfahrt; Spaziergänger; Spazierritt; Spazierstock; spazieren fahren; wir sind spazieren gefahren; spazieren gehen; spazieren reiten; herumspazieren (irgendwo in der Gegend herum), *aber:* im Kreis herum spazieren.
SPD (Abk.) Sozialdemokratische Partei Deutschlands.

Spea|ker (der, -s, -) Sprecher; Sitzungsleiter (z. B. im englischen Unterhaus).
Specht (der, -s, -e) Vogel. Spechtmeise; Buntspecht.
Speck (der, -s, Spe|cke) Fettgewebe; Fleisch. Speckbauch; Speckkuchen; Speckschwarte; Speckseite; Speckstein (Steatit); speckbäuchig; speckig.
Speck|gür|tel (der, -s, -) 1. den Körper umgebende Speckschicht; 2. reiche Gemeinden im Umkreis einer Großstadt.
Spe|di|ti|on (die, -, -ti|o|nen) (ital.) Transportunternehmen. Spediteur; Speditionsfirma; Speditionsgeschäft; spedieren.
Speed 1. (der, -s, -s) (engl.) Geschwindigkeit. Speedwayrennen (*auch:* Speedway-Rennen). 2. (das, -s, -s) (engl.) Rauschgift.
Speer (der, -s, -e) Wurfspieß. Speerlänge; Speerwerfen; Speerwerfer; Speerwurf.
Speer|spit|ze (die, -, -n) vorderes, scharf zugeschnittenes Ende eines Speeres; Hauptstreitmacht. Die Speerspitze des Angriffs bildete die Reiterei.
Spei|che (die, -, -n) 1. Radstrebe; 2. Unterarmknochen. Elle und Speiche; Speichenkranz.
Spei|chel (der, -s, kein Plural) Mundflüssigkeit. Speicheldrüse; Speichelfluss; Speichelleckerei; speicheln.
Spei|cher|er|wei|te|rung (die, -, -en) Vergrößerung eines vorhandenen Speichers. Sein Computer benötigt eine Speichererweiterung um 50 Megabyte.
spei|chern (V.) lagern; ansammeln. Speicher; Speicherkapazität; Speicherkraftwerk; Speichermöglichkeit; Speicherofen; Speicherorgan; Speicherung; Speicherwerk.
Spei|cher|platz (der, -es, -plät|ze) Raum zum Speichern. Sein Computer hat zu wenig Speicherplatz.
spei|cher|re|sis|tent (Adj.) (dt.-lat.) nicht löschbare Daten eines elektronischen Speichers.
Spei|cher|schutz (der, -es, kein Plural) Sicherung von Daten durch einen Schutzmechanismus.
Spei|cher|ver|grö|ße|rung (die, -, -en) Speichererweiterung.
Spei|cher|ver|wal|tung (die, -, -en) Computerprogramm für das Organisieren von Daten und Dateien.
spei|en (V., spie, hat gespien) spucken. Speitäubling (Pilz); speiübel.
Spei|se (die, -, -n) Essen. Speisebrei; Speiseeis; Speisefett; Speisekammer; Speisekarte; Speisenaufzug; Speisenfolge; Speiseöl; Speisepilz; Speiseröhre; Speisesaal; Speisewagen; Speisewürze; Speisezimmer; Speisung; speisen.
Spek|ta|kel 1. (das, -s, -) (ugs.) Lärm. Spektakelmacher. 2. (das, -s, -) Schauspiel. Adjektiv: spektakulär.
Spek|t|rum (das, -s, -ren/ra) (lat.) Farbfolge; Lichtspaltung; Bandbreite. Spektralanalyse; Spektralfarbe; Spektrallinie; Spektraltyp; Spektrometer; Spektroskop; spektral; spektroskopisch.
Spe|ku|la|ti|us (der, -, -) (niederl.) Gebäck.
spe|ku|lie|ren (V.) (ital.) mit etwas rechnen; mutmaßen; an der Börse handeln. Spekulant; Spekulation; Spekulationsgeschäft; Spekulationspapier; Spekulationssteuer; spekulativ.
Spe|lä|o|lo|gie (die, -, kein Plural) (griech.) Höhlenforschung.
spe|lä|o|lo|gisch (Adj.) (griech.-lat.) die Spelåologie betreffend.
Spelt (der, -s, -e) Dinkel.
Spe|lun|ke (die, -, -n) (griech.) verrufenes Lokal.
spen|da|bel (Adj.) (lat.) (ugs.) großzügig.
Spen|de (die, -, -n) Unterstützung; Gabe. Spendenaktion; Spendenkonto; Spender/in; Spendierhosen; Spendung; spenden; spendieren.
Speng|ler (der, -s, -) (südd.) Klempner. Spenglerei.
Spen|zer (*auch:* Spen|ser) (der, -s, -) Jäckchen.
Sper|ber (der, -s, -) Raubvogel. Sperbereule.
Spe|renz|chen (*auch:* Spe|ren|zi|en) (die, nur Plural) (lat.) (ugs.) Umstände; Schwierigkeiten.
Sper|ling (der, -s, -e) Vogel. Sperlingsvogel.
Sper|ma (das, -s, Sper|men/Sper|ma|ta) (griech.) Samen; Samenflüssigkeit. Spermabank; Spermaspender; Spermatogenese; Spermium; Spermizid; spermizid.
Sper|ma|ze|ti (das, -s, kein Plural) (griech.-lat.) Walrat.
sper|ren (V.) blockieren; unterbinden; abhalten; einsperren; sich sträuben. Sperrkette; Sperrklausel; Sperrmauer; Sperrmüll; Sperrrad (*auch:* Sperr-Rad); Sperrriegel (*auch:* Sperr-Riegel); Sperrsitz; Sperrstunde; Sperrung; Sperrzeit; sperrangelweit; sperrig; sperrweit.
Spe|sen (die, nur Plural) (ital.) Unkosten. Spesenrechnung; spesenfrei.
Spe|zi (der, -s, -/-s) (südd.) Freund; Mischgetränk.
Spe|zi|al... (lat.) Sonder...; Fach... Spezialarzt; Spezialausbildung; Spezialdisziplin; Spezialfach; Spezialgeschäft; Spezialisation; Spezialist; Spezialistentum; Spezialität; Spezialitätenlokal; Spezialslalom; Spezialtraining.
spe|zi|a|li|sie|ren (V.) (lat.) sich konzentrieren; vertiefen. Spezialisierung; Spezialisation; speziell.

Spe'zie'rer (der, -s, -) (lat.-ital.) in der Schweiz Gemischtwarenhändler.
Spe'zi'es (die, -, -) (lat.) Art; äußere Erscheinung.
Spe'zi'fik (die, -, kein Plural) das Spezifische einer Sache.
spe'zi'fisch (Adj.) (lat.) typisch; eigen. Spezifikation; Spezifikum; Spezifität; Spezifizierung.
Spe'zi'men (das, -, Spe'zi'mi'na) (lat.) Probearbeit.
spe'zi'ös (Adj.) (lat.-franz.) 1. ansehnlich. 2. scheinbar.
Spha'g'num (das, -s, kein Plural) (griech.-lat.) Gattung der Torf-, Sumpf-, Teichmoose.
Sphä're (die, -, -n) (griech.) 1. Bereich; 2. Himmelskugel. Sphärenharmonie; Sphärenmusik; Sphärik; Sphäroid; Sphärologie; Sphärometer; sphärisch; sphäroidisch.
Sphä'ro'lith (der, -s/-en, -en) strahlenförmig angeordnete Verklitterung von verschiedenen Mineralien.
sphä'ro'li'thisch (Adj.) radialstrahlig zusammengefügt (bei manchen glasigen oder kristallinen Gesteinen).
Sphen (der, -s, -e) (griech.) Mineral.
sphe'no'id (Adj.) (griech.) keilförmig.
sphe'no'li'dal (Adj.) keilförmig.
Sphe'no'ze'pha'lie (die, -, -n) keil- oder eiförmige, von der Norm abweichende Kopfform.
Sphink'ter (der, -s, -te're) (griech.) Schließmuskel.
Sphinx 1. (die, -, -e/der, -, -e/Sphin'gen) Steinfigur; 2. (die, -, kein Plural) rätselhafter Mensch.
Sphra'gis'tik (die, -, kein Plural) (griech.) Siegelkunde.
sphra'gis'tisch (Adj.) siegelkundlich.
Sphyg'mo'gramm (das, -s, -e) durch einen Apparat aufgezeichnete Grafik, die die Pulsfrequenz in Kurven angibt.
Sphyg'mo'graf (*auch:* Sphyg'mo'graph) (der, -en, -en) (griech.) Pulsschreiber.
Sphyg'mo'ma'no'me'ter (das, -s, -) (griech.) Blutdruckmesser.
spic'ca'to (Adv.) (ital.) scharf getrennt; stakkato (von Violintönen).
spi'cken (V.) 1. mit Speck versehen; 2. voll sein von; 3. (ugs.) abschreiben. Spicker; Spickgans; Spicknadel; Spickzettel; gespickt mit Schwierigkeiten.
Spi'der (der, -s, -) (engl.) Sportwagen.
spie'geln (V.) reflektieren; wiedergeben; abbilden; glänzen. Spiegel; Spiegelbild; Spiegelei; Spiegelfläche; Spiegelglas; Spiegelreflexkamera; Spiegelsaal; Spieg(e)lung; Wasserspiegel; spiegelbildlich; spiegelglatt; spiegelverkehrt.

Spiel (das, -s, -e) Zeitvertreib; Unterhaltung; Wettkampf; Spaß. Spielraum; Spielart; Spielautomat; Spielbank; Spieldose; Spieler/in; Spielerei; Spielfeld; Spielfilm; Spielfolge; Spielführer; Spielgefährte; Spielgeld; Spielhölle; Spielkarte; Spielkasino; Spielklasse; Spielleiter; Spielmannszug; Spielmarke; Spielothek; Spielplan; Spielplatz; Spielregel; Spielsachen; Spielschulden; Spielstand; Spielstraße; Spieluhr; Spielverderber; Spielvereinigung (Abk.: Spvg; Spvgg.); Spielwaren; Spielwarenhandlung; Spielweise; Spielwiese; Spielwitz; Spielzeug; Spielzeugeisenbahn. Adjektive: spielerisch; spielend; spielfrei; spielstark. Verb: spielen.
Spie'lo'thek (die, -, -en) Spielhalle.
Spieß (der, -es, -e) Waffe; Bratspieß; (ugs.) Feldwebel. Spießbock; Spießgeselle; Spießrutenlaufen; spießförmig; aufspießen.
Spie'ßer (der, -s, -) (ugs.) Spießbürger. Spießbürgerlichkeit; Spießbürgertum; Spießigkeit; spießbürgerlich; spießerhaft; spießerisch; spießig.
Spike (der, -s, -s) (engl.) Metallspitze (Reifen; Laufschuh). Spike(s)reifen.
Spin (der, -s, -s) (engl.) Drehimpuls; Effet. Topspin.
Spi'na (die, -, Spi'nae) (lat.) Knochenfortsatz (an den Wirbeln).
spi'nal (Adj.) (lat.) die Wirbelsäule betreffend. Spinalanästhesie; Spinalpunktion.
Spi'n'al'gie (die, -, -n) (lat.-griech.) in der Medizin Druckempfindlichkeit der Wirbel.
Spi'na'li'om (das, -s, -e) Stachelzellen-, Hornkrebs (Erkrankung).
Spi'nat (der, -s, -e) Gemüse. Spinatwachtel; spinatgrün.
Spind (der/das, -s, -e) Schrank.
Spin'del (die, -, -n) Achse. Spindelbaum; Spindeltreppe; spindeldürr.
Spi'nell (der, -s, -e) (ital.) ein Mineral; Schmuckstein.
Spi'nett (das, -s, -e) Instrument.
Spin'na'ker (der, -s, -) (engl.) Segel.
Spin'ne (die, -, -n) Insekt. Spinn(en)gewebe; Spinnennetz; Spinnwebe; jemandem spinnefeind sein; spinnen.
spin'nen (V., spann, hat gesponnen) Fäden herstellen; ausdenken; (ugs.) verrückt sein. Spinndrüse; Spinner/in; Spinnerei; Spinnfaser; Spinnmaschine; Spinnrad; Spinnrocken; Spinnstube.
spi'nös (Adj.) (lat.) schwierig.
spin'tig (Adj.) fettig; weich. Spint.
spin'ti'sie'ren (V.) fantasieren; verrückt sein.
Spi'o'na'ge (die, -, kein Plural) (franz.) Auskundschaftung; geheimdienstliche Tätigkeit. Spion; Spionageabwehr; Spionageaffäre; Spionagenetz; Spioniererei; spionieren.

Spi|räe (die, -, -n) (lat.) Spierstrauch.
spi|ral (Adj.) (griech.-lat.-nlat.) schneckenförmig gedreht.
Spi|ra|le (die, -, -n) (griech.) Windung; Schraubenlinie. Spiralbohrer; Spiralfeder; Spirallinie; Spiralnebel; spiralförmig; spiralig.
Spi|rans (*auch:* Spi|rant) (der, -, Spi|ran|ten) (lat.) Reibelaut. Adjektiv: spirantisch.
Spi|ril|le (die, -, -n) (griech.-nlat.) schraubenförmiges Bakterium.
Spi|ri|tis|mus (der, -, kein Plural) (lat.) Geisterglaube. Spiritist; spiritistisch.
Spi|ri|tu|al (das, -s, -s) (engl.) religiöses Lied der Schwarzen.
Spi|ri|tu|a|li|en (die, nur Plural) (lat.) geistliche Sachen und Einrichtungen (in der kath. Kirche).
spi|ri|tu|ell (*auch:* spi|ri|tu|al) (Adj.) (franz.) geistig; geistlich. Spiritualität; spiritualisieren.
Spi|ri|tu|o|sen (die, nur Plural) alkoholische Getränke wie Weinbrand oder Likör. Adjektiv: spirituos (*auch:* spirituös).
spi|ri|tu|o|so (Adj.) (ital.) lebhaft; feurig (bei Musikstücken).
Spi|ri|tus (der, -, kein Plural) (lat.) Weingeist.
Spi|ro|chä|te (die, -, -n) (griech.) schraubenförmiges Bakterium.
Spi|ro|er|go|me|t|rie (die, -, -n) Messung, wie viel Sauerstoff der Organismus im Ruhezustand und nach körperlicher Belastung aufnehmen kann.
Spi|ro|me|ter (das, -s, -) (lat.-griech.) Atemmesser.
Spi|ro|me|t|rie (die, -, kein Plural) Messung und Aufzeichnung der Atmung.
Spi|tal (das, -s, -tä|ler) in bestimmten Regionen: Krankenhaus; Armenhaus; Altenheim.
spitz (Adj.) scharf; dünn, stachelig; boshaft. Spitzbart; Spitzbauch; Spitzbogen; Spitzbube; Spitze; Spitzer; Spitzfindigkeit; Spitzhacke; Spitzkehre; Spitzmaus; Spitzname; Spitzwegerich. Adjektive: spitzbärtig; spitzbogig; spitzbübisch; spitzfindig; spitzig; spitzwinklig; spitzzüngig. Verb: spitzen.
Spitz (der, -es, -e) Hunderasse.
spitz|be|kom|men (*auch:* spitz|krie|gen) (V., bekam spitz, hat spitzbekommen) (ugs.) durchschauen; bemerken.
Spit|ze (die, -, -n) 1. Gipfelpunkt; Ende; 2. Bestes; 3. Besatz; 4. scharfe Bemerkung. *Beachte:* Das war spitze! Spitzenerzeugnis; Spitzenfahrer; Spitzenfilm; Spitzengeschwindigkeit; Spitzengruppe; Spitzenklasse; Spitzenklöpplerin; Spitzenkraft; Spitzenleistung; Spitzenorganisation; Spitzenpolitiker; Spitzenposition; Spitzenspiel; Spitzensportler; Spitzentechnologie; Spitzentuch; Spitzenzeit.

Splanch|no|lo|gie (die, -, kein Plural) Teil der Medizin, die mit den Eingeweiden befasst ist.
Spleen (der, -s, -e/-s) (engl.) Verschrobenheit; Eigenwilligkeit. Adjektiv: spleenig.
splei|ßen (V., spleißte/spliss, hat gespleißt/gesplissen) spalten; verflechten. Spliss; Spleiße; splissen.
splen|did (Adj.) (lat.) großzügig; prächtig; Splendidität.
Splitt (der, -s, -e) Kiesel. Straßensplitt.
Split|ter (der, -s, -) Teilchen; Bruchstück. Splitterbombe; Splittergruppe; Splitterpartei; splitterfasernackt; splitt(e)rig; splittersicher; splittern.
Split|ting (das, -s, -s) (engl.) 1. Besteuerung; 2. Stimmenverteilung; 3. Aktienteilung. Splittingsystem; splitten.
Spo|du|men (der, -s, -) (griech.) ein Mineral; Schmuckstein.
Spoi|ler (der, -s, -) (engl.) Fahrzeugteil zur Verbesserung der Bodenhaftung.
Spon|dy|li|tis (die, -, -ti|den) (griech.) Wirbelentzündung.
spon|gi|ös (Adj.) (griech.-lat.) schwammartig (bes. in der Medizin).
spon|sern (V.) (lat.) finanziell fördern. Sponsor; Sponsorengelder.
spon|tan (Adj.) (lat.) unmittelbar; unwillkürlich. Spontan(e)ität.
Spon|ti (der, -s, -s) undogmatischer Linker. Spontigruppe; Spontisprüche.
Spoon (der, -s, -s) (engl.) ein bestimmter Golfschläger.
Spor (der, -s, -e) Schimmelpilz. Adjektiv: sporig.
spo|ra|disch (Adj.) (griech.) selten; vereinzelt.
Spo|r|an|gi|um (das, -s, -gi|en) (griech.) Sporenbehälter (bei blütenlosen Pflanzen).
Spo|re (die, -, -n) (griech.) Fortpflanzungszelle (Pflanzen); Bakterienform. Sporenbehälter; Sporenblatt; Sporenpflanze; Sporentierchen; Sporen bildend (*auch:* sporenbildend).
Spor|ko (das, -s, kein Plural) (lat.-ital.) Bruttogewicht.
Sporn (der, -s, Spo|ren/Spor|ne) 1. Dorn; Kralle; 2. Ansporn. Spornrädchen; dem Pferd die Sporen geben; sporenklirrend; spornstreichs (eiligst); spornen; anspornen.
spo|ro|gen (Adj.) (griech.-lat.) Sporen erzeugend (*auch:* sporenerzeugend).
Spo|ro|phyt (der, -en, -en) (griech.) Pflanze mit Sporangium (Alge; Farn; Moos; Pilz).
Spo|ro|zo|on (das, -s, -zo|en) (griech.) ein Einzeller; Sporentierchen.
Sport (der, -s, -e) (engl.) Leibesübungen; Hobby. Sportabzeichen; Sportart; Sportarzt;

Sportdress; Sportflugzeug; Sportgemeinschaft (Abk.: SG); Sporthalle; Sporthochschule; Sportjournalist; Sportklub (*auch:* Sportclub) (Abk.: SC); Sportler/in; Sportlichkeit; Sportmedizin; Sportnachrichten; Sportplatz; Sportschuh; Sportsfreund; Sportsgeist; Sportstudent/in; Sportunfall; Sportverband; Sportverein (Abk.: SV); Turn- und Sportverein (Abk.: TuS); Sportverletzung; Sportwagen; Sportzeitung. Adjektive: sportbegeistert; sportiv; sportlich; sport(s)mäßig; Sport treibend (*auch:* sporttreibend).
Spot (der, -s, -s) (engl.) kurzer Werbefilm.
Spot'ge'schäft (das, -s, -e) Börsengeschäft.
Spot'light (das, -s, -s) (engl.) Punktscheinwerfer.
Spot'markt (der, -s, -e) freier Rohölmarkt.
spot'ten (V.) auslachen; verhöhnen. Spott; Spottbild; Spötter; Spottgedicht; Spottgeld; Spottlied; Spottlust; Spottname; Spottpreis; Spottrede; Spottsucht; spottbillig; spöttelnd; spöttisch; spottsüchtig; spötteln.
Spott'fi'gur (die, -, -en) lächerliche Gestalt. jmd. zur Spottfigur machen.
Spra'che (die, -, -n) Sprechen; Verständigung; Lautsystem; Muttersprache. Sprachatlas; Sprachbarriere; Sprachenrecht; Sprachenschule; Sprachentwicklung; Sprachfamilie; Sprachfehler (fehlerhafte Artikulation), *aber:* Sprechfehler (Versprecher); Sprachfertigkeit; Sprachforschung; Sprachgebrauch; Sprachgefühl; Sprachgeschichte; Sprachgewandtheit; Sprachgrenze; Sprachheimat; Sprachkenntnisse; Sprachkunde; Sprachkunst; Sprachlabor; Sprachlähmung; Sprachlehre; Sprachlosigkeit; Sprachpflege; Sprachrohr; Sprachschatz; Sprachsilbe; Sprachstil; Sprachstörung; Sprachtalent; Sprachübung; Sprachwissenschaft; Sprachzentrum. Adjektive: sprachfertig; sprachgestört; sprachgewaltig; sprachgewandt; mehrsprachig; fremdsprachig; sprachkundig; sprachkundlich; sprachlich; sprachlos; sprachwidrig. Verb: sprechen.
Sprach'er'zie'hung (die, -, kein Plural) Sprachlehre und Sprachkunde.
Sprach'in'sel (die, -, -n) kleines Sprachgebiet innerhalb eines Sprachgebiets einer anderen Sprache, das von seinem ursprünglichen Verbreitungsgebiet getrennt ist.
Sprach'sys'tem (das, -s, -e) systematischer Aufbau einer Sprache.
sprach'künst'le'risch (Adj.) wie ein Sprachkünstler.
sprach'wis'sen'schaft'lich (Adj.) die Sprachwissenschaft betreffend.
Spray (der/das, -s, -s) (engl.) Sprüher; Sprühflüssigkeit. Spraydose; sprayen.
spre'chen (V., sprach, hat gesprochen) sich unterhalten; reden; verständigen. Sprechanlage;

Sprechblase; Sprechchor; Sprechen; Sprecher/in; Sprechfunkgerät; Sprechgesang; Sprechkunde; Sprechmuschel; Sprechplatte; Sprechstörung; Sprechstunde; Sprechstundenhilfe; Sprechübung; Sprechweise; Sprechwerkzeuge; Sprechzimmer. Adjektive: sprecherisch; sprechkundlich.
Sprech'er'zie'hung (die, -, kein Plural) Lehre vom richtigen Sprechen.
Sprech'funk (der, -s, kein Plural) das Funkfernsprechen.
Sprech'rol'le (die, -, -n) Theater- oder Filmrolle mit Text.
Sprech'si'tu'a'ti'on (die, -, -ti'o'nen) Umstände und Voraussetzungen einer Kommunikation.
sprei'zen (V.) auseinander strecken; sträuben. Spreize; Spreizfuß; Spreizung; gespreizt; spreizbeinig.
Spren'gel (der, -s, -) (Kurzw.) Kirchensprengel (Amtsbezirk).
spren'gen (V.) 1. explodieren lassen; zerbersten; 2. wegjagen; 3. befeuchten; 4. galoppieren. Sprenggeschoss; Sprengkapsel; Sprengkommando; Sprengkopf; Sprengladung; Sprengmeister; Sprengsatz; Sprengstoff; Sprengstoffanschlag; Sprengung; Sprengwirkung; sprengstoffhaltig.
sprenk'lig (*auch:* spren'ke'lig) (Adj.) gefleckt; getupft. Sprenkel; gesprenkelt; sprenkeln.
Spreu (die, -, kein Plural) Hülsen; Wertloses; Schlechtes. Die Spreu vom Weizen trennen. Adjektiv: spreuig.
Sprich'wort (das, -s, -wör'ter) Sinnspruch. Sprichwörtersammlung; sprichwörtlich.
sprie'ßen (V., spross, ist gesprossen) keimen; wachsen. *Aber:* der Spross.
sprin'gen (V., sprang, ist gesprungen) 1. hüpfen; 2. zerbrechen. *Beachte:* etwas springen lassen (*auch:* springenlassen) (spendieren); sieben Meter weit springen; das Glas sprang in tausend Stücke. Springbrunnen; Springer; Springflut; Springform; Springfrosch; Springhase; Springinsfeld; Springkäfer; Springmaus; Springmesser; Springpferd; Springreiten; Springseil (*auch:* Sprungseil); springlebendig.
Sprink'ler (der, -s, -) (engl.) Berieselungsanlage. Sprinkleranlage.
Sprint (der, -s, -s) (engl.) Kurzstreckenlauf. Sprinter/in; Sprintstrecke; sprintstark; sprinten.
Sprit (der, -s, -e) (Kurzw.) Spiritus; (ugs.) Benzin. Adjektiv: spritig.
sprit'zen (V.) 1. befeuchten; planschen; 2. eine Spritze geben; 3. verdünnen; 4. (ugs.) flitzen. Spritzapparate; Spritzbeton; Spritze; Spritzer;

spritzig 492 **staatl. gepr.**

Spritzguss; Spritzkuchen; Spritzlackierung; Spritzpistole; Spritztour; gespritzt; spritzig.
sprit'zig (Adj.) prickelnd; witzig.
spröd (*auch:* sprö'de) (Adj.) hart; trocken; abweisend. Sprödheit; Sprödigkeit.
Spross (der, Spros'ses, Spros'se) Trieb; Nachkomme. Sprösschen; Sprössling; Sprosspflanze; Sprossung; sprossen.
Spros'se (die, -, -n) Querlatte. Sprossenwand.
Spruch (der, -s, Sprü'che) Leitsatz; Sprichwort; Gedicht; Urteil. Spruchband; Spruchdichtung; Sprücheklopfer; Sprüchlein; spruchreif; sprechen.
Spruch'kam'mer (die, -, -n) Abteilung eines Gerichts.
spru'deln (V.) quellen; hervorkommen; wirbeln. Sprudelquelle; Sprudelstein; Sprudelwasser.
sprü'hen (V.) fein verteilen; spritzen. Sprühdose; Sprühfeuer; Sprühflasche; Sprühregen; sprühend (geistreich, witzig).
Sprung (der, -s, Sprün'ge) 1. Springen; 2. Riss; 3. (ugs.) kurze Entfernung; 4. Zeit; *Beachte:* Ich bin schon auf dem Sprung; ich komme auf einen Sprung vorbei; das ist nur einen Sprung von hier entfernt; jemandem auf die Sprünge helfen. Sprungbein; Sprungbrett; Sprungdeckel; Sprungfeder; Sprungfedermatratze; Sprunggelenk; Sprunggrube; Sprunghaftigkeit; Sprunghöhe; Sprunghügel; Sprunglauf; Sprungschanze; Sprungseil; Sprungtuch; Sprungturm; sprungbereit; sprungfertig; sprunghaft; springen.
spu'cken (V.) speien. Spucke; Spucknapf.
Spuk (der, -s, -e) Gespenstererscheinung; Geisterstunde; (ugs.) Unfug. Spukerei; Spukgeschichte; Spukgestalt; spukhaft.
Spu'le (die, -, -n) Rolle; Wicklung. Spulmaschine; Spulrad; Spulspindel; Spulwurm; spulen.
spü'len (V.) abwaschen; schwemmen. Spüle; Spüler/in; Spülbecken; Spülmaschine; Spülmittel; Spülung; Spülwasser.
Spu'man'te (der, -, -) italienischer Schaumwein.
Spund 1. (der, -s, Spün'de) (ital.) Fassverschluss. Spundapparat; Spundbohrer; Spundloch; Spundung; Spundwand. 2. (der, -s, -e) (ugs.) junger Mann.
Spur (die, -, -en) 1. Bahn; Weg; Furche; Abdruck; 2. Zeichen; Kleinigkeit. *Beachte:* das war um eine Spur zu viel; die Spur führt nach Norden; keine Spur (ugs.: ganz und gar nicht); auf die falsche Spur geraten; jemandem auf der Spur sein (verfolgen); nicht die Spur (nicht das Geringste). Spurbreite; Spurenelemente; Spurensicherung; Spurrille; Spurweite; großspurig; schmalspurig; spurlos; spursicher; spuren.

spü'ren (V.) empfinden; fühlen; eine Spur verfolgen (Hund). Spürer; Spürhund; Spürnase; Spürsinn; spürbar.
Spurt (der, -s, -s) (engl.) schneller Lauf. Endspurt; spurtschnell; spurtstark; spurten.
spu'ten (V., refl.) sich beeilen.
Sput'nik (der, -s, -s) (russ.) erster künstlicher Satellit im Weltraum.
Spu'tum (das, -s, Spu'ta) (lat.) schleimiger Auswurf, der durch Husten aus den Atemwegen entfernt wird.
Spvg. (*auch:* Spvgg.) (Abk.) Spielvereinigung.
Square'dance (der, -, -s) Volkstanz.
Squash (das, -, kein Plural) (engl.) dem Tennis ähnliches Ballspiel; Fruchtsaft mit Fruchtfleisch.
Squat'ter (der, -s, -) (lat.-franz.-engl.) amerik. Siedler, der sich ohne Besitzrecht auf einem Stück unbebauten Landes niedergelassen hat.
Squaw (die, -, -s) Indianerfrau.
Sr (Abk.) Strontium (chemisches Zeichen).
SR (Abk.) Saarländischer Rundfunk.
Sri Lan'ka (ohne Art., -s, kein Plural) früher Ceylon genannte Insel vor Indien; Sri-Lanker (*auch:* Sri Lanker); sri-lankisch.
SSO (Abk.) Südsüdost(en).
SSW (Abk.) Südsüdwest(en).
SS 20 (die, SS 20, SS 20) sowjetische Mittelstreckenrakete. SS-20-Rakete.
st! (Interj.) Ruhe! pst!
St. (Abk.) Sankt; Stück; Stunde.
s. t. (Abk.) sine tempore (= pünktlich).
Staat (der, -s, -en) (lat.) Land; Gemeinschaft; Regierung; (ugs.) Prunk. *Beachte:* von Staats wegen; im Sonntagsstaat; Vater Staat; damit kannst du keinen Staat mehr machen. Staatenlose; Staatenlosigkeit; Staatsaffäre; Staatsakt; Staatsaktion; Staatsangehörigkeit; Staatsanwalt; Staatsapparat; Staatsbankrott; Staatsbeamter; Staatsbegräbnis; Staatsbesuch; Staatsbibliothek; Staatsbürger; Staatsbürgerschaft; Staatsdienst; Staatseigentum; Staatsexamen; Staatsform; Staatsgefangener; Staatsgeheimnis; Staatsgerichtshof; Staatsgewalt; Staatskasse; auf Staatskosten; Staatslotterie; Staatsmann; Staatsminister; Staatsoberhaupt; Staatsorgan; Staatspolitik; Staatspräsident; Staatsprüfung; Staatsräson; Staatsrecht; Staatssekretär/in; Staatssicherheit; Staatsstraße; Staatsstreich; Staatstheater; Staatsverbrecher; Staatsvolk; Staatswesen; Staatswissenschaft; Staatswohl. Adjektive: Staaten bildend (*auch:* staatenbildend); staatenlos; staatlich; staatsbürgerlich; staatseigen; staatserhaltend; staatsfeindlich; staatsgefährdend; staatsmännisch; staatspolitisch.
staatl. gepr. (Abk.) staatlich geprüft.

Stab (der, -s, Stä'be) Stock; Leitung. *Beachte:* Wir sollten nicht den Stab über ihn brechen (verurteilen). Stabantenne; Stäbchen; Stabeisen; Stabführung; Stabhochspringer; Stabhochsprung; Stablampe; Stabreim; Stabsarzt; Stabsichtigkeit (Astigmatismus); Stabsoffizier; Stabtaschenlampe; stabförmig; stabreimend.
Sta'bel'le (die, -, -n) (lat.) Schemel (schweiz.)
sta'bil (Adj.) (lat.) fest; dauerhaft; beständig. Stabilisation; Stabilisator; Stabilisierung; Stabilisierungsfläche; Stabilität; Stabilitätspolitik; stabilisieren.
Stabs'feld'we'bel (der, -s, -) Dienstgrad über dem Hauptfeldwebel.
stac'ca'to (Adv.) (ital.) in Stakkato (*auch:* Staccato) gespielt.
Sta'chel (der, -s, -n) Nadel; Dorn; Spitze. Stachelbeere; Stacheldraht; Stacheldrahtzaun; Stachelhalsband; Stacheligkeit; Stachelschwein; stach(e)lig; stacheln; anstacheln.
Sta'di'on (das, -s, -di'en) (griech.) Sportplatz; Arena. Olympiastadion; Stadionsprecher.
Sta'di'um (das, -s, -di'en) (lat.) Zustand; Entwicklungsstand.
Stadt (die, -, Städ'te) größerer Ort. Stadtverwaltung; Stadtautobahn; Stadtbaurat; Stadtbevölkerung; Stadtbezirk; Stadtbummel; Städtchen; Städtebau; Städtebund; Städtepartnerschaft; Städter/in; Stadtfahrt; Stadtflucht; Stadtgespräch; Stadtkern; Stadtmauer; Stadtmitte; Stadtrand; Stadtrat; Stadtstaat; Stadtstreicher; Stadtteil; Stadttor; Stadtverkehr; Stadtverwaltung; Stadtviertel; Stadtzentrum. Adjektive: stadtbekannt; städtebaulich; städtisch; stadtkundig; Adverbien: stadtauswärts; stadteinwärts.
Stadt'be'zirk (der, -es, -e) Stadtteil.
Stadt'ge'mein'de (die, -, -n) Stadt.
Stadt'ge'biet (das, -s, -e) innerhalb der Stadtgrenzen.
Stadt'gren'ze (die, -, -n) Grenze zwischen Stadt und den sie umgebenden Landkreisen.
Stadt'käm'mer'er (der, -s, -) für die Finanzen verantwortlicher Stadtrat.
Stadt'kom'man'dant (der, -en, -en) Leiter der Verteidigungstruppe einer Stadt.
Stadt'luft (die, -, kein Plural) Luft in der Stadt; Freiheit von der Leibeigenschaft (im Mittelalter). Stadtluft macht frei. Stadtluft schnuppern.
Stadt'mis'si'on (die, -, -si'o'nen) volksmissionarischer und fürsorgerischer Dienst der evangelischen Kirche innerhalb einer Großstadt.
Stadt'par'la'ment (das, -s, -e) Stadtrat.
Stadt'plan (der, -s, -plä'ne) geografische Karte einer Stadt.
Stadt'pla'nung (die, -en) Gestaltung der Stadtentwicklung.

Stadt'rand'sied'lung (die, -, -en) Wohngebiet am Stadtrand.
Stadt'schrei'ber (der, -s, -) Geschichtsschreiber/Protokollant einer Stadt.
Stadt'ver'ord'ne'te (der/die, -n, -n) Stadtrat.
Stadt'ver'ord'ne'ten'ver'samm'lung (die, -, -en) Stadtrat.
Stadt'wap'pen (das, -s, -) Emblem einer Stadt.
Sta'fet'te (die, -, -n) (ital.) Staffellauf. Stafettenlauf.
Staf'fel (die, -, -n) Stufe; Laufmannschaft. *Beachte:* 4 x 100-m-Staffel (*auch:* 4-mal-100-Meter-Staffel). Staffelanleihe; Staffelei; Staffellauf; Staffelmiete; Staffelpreis; Staff(e)lung; staffelförmig; staff(e)lig; gestaffelt.
staf'fie'ren (V.) (franz.) ausrüsten. Staffierung; ausstaffieren.
Stag'fla'ti'on (die, -, -ti'o'nen) Kunstwort aus Stagnation und Inflation, das den Stillstand des Wirtschaftswachstums bei gleichzeitiger Geldentwertung bezeichnet.
Stag'na'ti'on (die, -, -ti'o'nen) (lat.) Stillstand. Stagnierung; stagnieren.
Stahl (der, -s, -e/Stäh'le) legiertes Eisen. Stahlarbeiter; Stahlbau; Stahlbeton; Stahldraht; Stahlerzeugung; Stahlfeder; Stahlhelm; Stahlhütte; Stahlrohr; Stahlross; Stahlwerk; stahlblau; stählern; stahlgrau; stahlhart; stählen.
Stain'less Steel (engl.) rostfrei.
Stakes (die, nur Plural) (engl.) 1. Einsätze beim Pferderennen, durch die die Pferde die Startberechtigung erlangen. 2. Pferderennen, die mit Einsätzen finanziert werden.
Sta'ket (das, -s, -e) (niederl.) Lattenzaun. Staketenzaun.
Stak'ka'to (*auch:* Stac'ca'to) (das, -s, -s/-ti) (germ.-ital.) durch Punkte über den Noten angezeigte Anweisung die Noten nur kurz und abgehackt zu spielen.
stak'sen (V.) (ugs.) steif gehen; stelzen.
Sta'lag'mit (der, -s/-en, -e/-en) (griech.) Tropfstein (von unten). Adjektiv: stalagmitisch.
Sta'lak'tit (der, -s/-en, -e/-en) (griech.) Tropfstein (von oben). Stalaktitengewölbe; stalaktitisch.
Sta'li'nis'mus (der, -, kein Plural) (russ.-nlat.) 1. totalitäre Diktatur Stalins; 2. Versuch den Sozialismus mit Gewaltakten umzusetzen.
Sta'lin'or'gel (die, -, -n) Raketengeschoss.
Stall (der, -s, Stäl'le) Tierbehausung. Stalllaterne (*auch:* Stall-Laterne); Stallbursche; Ställchen; Stalldünger; Stallfliege; Stallhase; Stallknecht; Stallmist; Stallung; stallen.
Stamm (der, -s, Stäm'me) Baumholz; Familie; Stammsilbe; Stammaktie; Stammbuch; Stämmchen; Stammdaten; Stammesbewusstsein;

Stammeskunde; Stammessen; Stammessprache; Stammform; Stammgast; Stammhalter; Stammmannschaft (*auch:* Stamm-Mannschaft); Stammmiete (*auch:* Stamm-Miete); Stammkapital; Stammkneipe; Stammlokal; Stammpersonal; Stammsilbe; Stammspieler; Stammtisch; Stammverwandtschaft; Stammwähler; Stammwort. Adjektive: stammbürtig; stammesgeschichtlich; stammhaft; stammverwandt. Verb: stammen.
Stamm|baum (der, -s, -bäu|me) Darstellung der Abstammungsverhältnisse.
Stamm|be|leg|schaft (die, -, -en) Mannschaftskern; Festangestellte.
Stamm|burg (die, -, -en) Hauptsitz einer Adelsfamilie.
stam|meln (V.) stottern. Stammler.
stäm|mig (Adj.) kräftig; untersetzt.
Sta|mo|kap (der, -s, kein Plural) (Kurzw.) staatsmonopolistischer Kapitalismus.
Stam|perl (das, -s, -n) (südd.) Schnapsglas.
stamp|fen (V.) laut auftreten; zusammendrücken. Stampfbeton; Stampfe; Stampfer; Stampfkartoffeln.
Stand (der, -s, Stän|de) Stehen; Halt; Standort; Lage; Schicht. *Beachte:* der Stand der Dinge; einen schweren Stand haben; der dritte Stand; das Auto ist noch gut im Stande (in gutem Zustand), er ist dazu nicht imstande (*auch:* im Stande); etwas instand (*auch:* in Stand) halten/setzen; wir konnten es nicht zustande (*auch:* zu Stande) bringen; das Zustandekommen; außerstande (*auch:* außer Stande) sein etwas zu tun; dem Druck standhalten. Standbein; Standbild; Ständchen; Ständeordnung; Ständer; Standesamt; Standesbeamte; Standesbürde; Standesdünkel; Standesherr; Ständestaat; Standesunterschied; Standeszugehörigkeit; Ständewesen; Standfestigkeit; Standfoto; Standgas; Standgeld; Standgericht; Standhaftigkeit; Standlicht; Standort; Standortbestimmung; Standpauke; Standpunkt; Standspur; Standuhr. Adjektive: standesamtlich; standesbewusst; standesgemäß; standfest; standhaft; ständisch; standrechtlich; standsicher. Verb: standhalten.
Stan|dard (der, -s, -s) (engl.) Maßstab; Norm. Standardausrüstung; Standardfarbe; Standardisierung (Vereinheitlichung); Standardkosten; Standardsituation; Standardsprache; Standardtanz; Standardwert; standardisieren.
Stan|dar|te (die, -, -n) (franz.) Fahne. Standartenträger.
Stand-by (*auch:* Standby) (engl.) Flug nach Warteliste.
stän|dig (Adj.) dauernd; immer.

Stan|ge (die, -, -n) Stock; Rohr; Mast. Stangenbohne; Stangenspargel; Stangenweißbrot; Bohnenstange; Fahnenstange; Kleiderstange; Vorhangstange.
Stän|gel (der, -s, -) Stiel. Stängelblatt; Stängelchen; langstäng(e)lig; stängellos.
stän|kern (V.) (ugs.) zanken; Unfrieden stiften. Stänkerei; Stänkerer; stänk(e)rig.
Stan|ni|ol (das, -s, -e) Silberfolie; Alufolie. Stanniolblättchen; Stanniolpapier.
Stan|num (das, -s, kein Plural) Zinn (Abk.: Sn).
stan|te pe|de (lat.) (ugs.) sofort.
Stan|ze (die, -, -n) Werkzeug; Strophenform. Stanzblech; Stanzform; Stanzmaschine; stanzen.
sta|peln (V.) aufschichten; lagern. Stapel; Stapelfaser; Stapelholz; Stapellauf; Stapelung; Stapelware; Stapler; Staplerfahrer; Gabelstapler.
Stap|fe (*auch:* der Stap|fen) (die, -, -n) Fußabtritt. Fußstapfen; stapfen.
Sta|phy|lo|kok|ken (die, nur Plural) (griech.) Kugelbakterien.
Star 1. (der, -s, -e) Vogel; Augenkrankheit. *Beachte:* graue/grüne Star. Starbrille; Starenkasten; starblind. 2. (der, -s, -s) (engl.) Berühmtheit; (Kurzw.) Starboot. Starallüren; Starbesetzung; Starbootklasse.
Star|figh|ter (der, -s, -) (engl.) Kampfflugzeug.
stark (Adj.) kräftig; mächtig; zahlreich; (ugs.) hervorragend. *Beachte:* das starke Geschlecht; starke Nerven haben; er ist der Stärkste (am stärksten); das Stärkste (am stärksten) wäre, wenn ...; er will immer der Stärkere sein; das Stärkste, was ...; Eiweißkost soll stark machen (*auch:* starkmachen) (stärken), *aber:* sich für etwas/jemanden starkmachen (einsetzen); stark bewachte (*auch:* starkbewachte) Gefangene. Starkbier; Stärke; Stärkemehl; Stärkezucker; Starkstrom; Starkstromleitung; Starkstromtechniker; Stärkung; Stärkungsmittel. Adjektive: starkknochig; starkleibig; gestärkt. Verb: stärken.
Star|king (der, -s, -s) (engl.) Apfelsorte.
Star|let (das, -s, -s) (engl.) Filmsternchen.
starr (Adj.) fest; steif; streng. Starre; Starrheit; Starrkopf; Starrkrampf; Starrsinn; Starrsucht; starrköpfig; starrsinnig; starrsüchtig; starren.
Stars and Stripes (engl.) US-Nationalfahne.
Start (der, -s, -s) Beginn; Abflug; Anlauf. Startautomatik; Startbahn; Startblock; Starter; Starterlaubnis; Startgeld; Starthilfe; Starthilfekabel; Startläufer/in; Startlinie; Startloch; Startnummer; Startplatz; Startschuss; Start-und-Lande-Bahn; Startverbot; Start-Ziel-Sieg; startbereit; starten.
Star|ter|klap|pe (die, -, -n) Klappe im Vergaser, die durch den Choke betätigt wird.
Start|kom|man|do (das, -s, -s) Startbefehl.

Startmaschine — Steg

Start'ma'schi'ne (die, -, -n) Starter.
Start'ram'pe (die, -, -n) Startvorrichtung.
Sta'se (die, -, -n) (griech.) Blutstauung.
Sta'si (Abk.) Staatssicherheitsdienst der DDR.
State De'part'ment (das, - -, kein Plural) (engl.) amerikanisches Außenministerium.
State'ment (das, -s, -s) (engl.) (offizielle) Erklärung.
Sta'tik (die, -, kein Plural) (griech.) Kräftelehre; Ruhe. Statiker; Statikgurt (Automatikgurt); statisch.
Sta'ti'on (die, -, -ti'o'nen) (lat.) 1. Haltestelle; 2. Abteilung (Krankenhaus); Abschnitt. *Beachte:* kurz Station machen. Stationierung; Stationierungskosten; Stationsarzt; Stationsschwester; Stationsvorsteher; stationär; stationiert; stationieren.
Sta'tist (der, -en, -tis'ten) (lat.) Nebenfigur mit stummer Rolle (Theater). Statisterie.
Sta'tis'ten'rol'le (die, -, -n) Theater- oder Filmrolle ohne Text.
Sta'tis'ten'da'sein (das, -s, kein Plural) Beruf als Statist.
sta'tis'tisch (Adj.) (lat.) zahlenmäßig. Statistik; Statistiker.
Sta'tiv (das, -s, -e) Gestell.
Sta'to'lith (der, -en/-s, -en/-e) (griech.) Gehörsteinchen.
Sta'to's'kop (das, -s, -e) Messgerät für Höhendifferenzen beim Flug.
statt 1. (Präp., Gen.) anstelle von. *Beachte:* statt deiner kommen; statt einer Entschuldigung; statt eines Huts *(falsch:* einem Hut!). 2. (Konj.) anstatt. Er schlief(,) statt dass er uns half. Er schlief statt zu helfen. Er wollte lieber schlafen statt helfen. an Eides statt; jemanden an Kindes statt annehmen; an seiner statt; stattdessen; die Sache wird nur schwer vonstatten gehen/zustatten kommen. Statthalter *(falsch:* Stadthalter!); stattfinden; stattgeben.
Stät'te (die, -, -n) Ort.
statt'haft (Adj.) zulässig; erlaubt. Statthaftigkeit.
statt'lich (Adj.) groß; ansehnlich. Stattlichkeit.
Sta'tue (die, -, -n) (lat.) Standbild.
sta'tu'en'haft (Adj.) wie eine Statue.
Sta'tu'et'te (die, -, -n) (lat.-franz.) kleine Statue.
sta'tu'ie'ren (V.) (lat.) bestimmen; aufstellen. ein Exempel statuieren.
Sta'tur (die, -, -en) (lat.) Gestalt; Körperwuchs.
Sta'tus (der, -, -) (lat.) Situation; Stellung; Rechtszustand; Status quo (gegenwärtige Lage); Statussymbol.
Sta'tut (das, -s, -en) (lat.) Gesetz. Statutenänderung; Statutenaufstellung; statutarisch; statutengemäß; statutenwidrig.

sta'tu'ta'risch (Adj.) durch das Statut abgedeckt; satzungs-, ordnungsgemäß.
Stau (der, -s, -s/-e) Stockung; Ansammlung. Stauanlage; Staubecken; Stauberater; Staudamm; Staumauer; Stauraum; Stausee; Staustufe; Stauung; Stauwehr; Stauwerk; stauen; im Stau stecken.
Staub (der, -s, -e/Stäu'be) Luftpartikelchen; Schmutz. Staubbesen; Staubbeutel; Stäubchen; Staubexplosion; Staubfänger; Staubgefäß; Staubkorn; Staublawine; Staublunge; Staubmantel; Staubsauger; Staubtuch; Staubwedel; Staubwolke; Staubzucker (Puderzucker); staubbedeckt; staubdicht; staubfrei; staubig; stauben; stäuben; staubsaugen *(auch:* Staub saugen); ich staubsauge *(auch:* ich sauge Staub).
stau'chen (V.) quetschen; (ugs.) schimpfen.
Stau'de (die, -, -n) Busch; Salatkopf. Staudengewächs; Staudensalat; staudenartig.
stau'nen (V.) sich wundern; bewundern. Staunen; seine Ausdauer ist Staunen erregend *(auch:* staunenerregend); staunenswert.
Stau'pe (die, -, -n) Hundekrankheit.
Std. *(auch:* St.) (Abk.) Stunde.
Steak (das, -s, -s) (engl.) Fleisch.
Ste'a'rin (das, -s, -e) (griech.) Fettstoff. Stearinkerze; Stearinsäure.
Ste'a'tit (der, -s, -e) (griech.) Speckstein.
Ste'a'to'py'gie (die, -, kein Plural) (griech.) Fettsteiß.
ste'chen (V., stach, hat gestochen; ich steche, du stichst) bohren; spitz sein; gravieren; übertreffen. *Beachte:* Die Biene hat ihr/sie in den Finger gestochen. Ihr Schmuck stach ihm in die Augen (fiel ihm auf). Stechapfel; Stechen; Stechfliege; Stechkarte; Stechmücke; Stechpalme; Stechschritt; Stechuhr; Kupferstecher.
ste'cken 1. (V., steckte/stak, hat gesteckt) festsitzen; festhängen. Das Auto steckte/stak im Schnee fest. 2. (V., steckte, hat gesteckt) befestigen; hineinbringen. Er steckte ihr den Ring an. Steckbrief; Steckdose; Stecker; Steckkontakt; Steckling; Stecknadel; Steckschach; Steckschlüssel; Steckschwamm; Steckzwiebel; stecken bleiben *(bei übertragener Bedeutung auch:* steckenbleiben); sie haben den Schlüssel stecken lassen.
Ste'cken (der, -s, -) Stock.
Ste'cken'pferd (das, -s, -e) Hobby.
Steck'na'del'kis'sen (das, -s, -) Stoffkugel, in die man Stecknadeln stecken kann.
Stee'p'le'chase (die, -, -n) (engl.) Pferderennen. Steepler.
Steg (der, -s, -e) kleine Brücke; Verbindungsstück; Leiste (Musikinstrument); Bund.

Ste|go|don (der, -s, -don|ten) (griech.) ein fossiler Elefant.
Steg|reif (der) (nur in der Wendung:) aus dem Stegreif (unvorbereitet). Stegreifdichter; Stegreifkomödie; Stegreifspiel.
Steh|aus|schank (der, -s, -schän|ke) Wirtshaus, in dem man im Stehen trinkt.
ste|hen (V., stand, hat/ist gestanden) aufgerichtet sein; bestehen; stocken; sich befinden; passen; eine Vorliebe haben für. *Beachte:* etwas zum Stehen bringen; ich werde alles in meiner Macht Stehende tun; im Stehen schlafen; das Stehen macht mir nichts; zum Stehen kommen. *Aber:* das wird dich teuer zu stehen kommen; stehen bleiben (*bei übertragener Bedeutung auch:* stehenbleiben); stehen lassen (*bei übertragener Bedeutung auch:* stehenlassen); den alten Mann stehen lassen (nicht sitzen lassen). Stehaufmännchen; Stehbündchen; Stehempfang; Stehkragen; Stehlampe; Stehplatz; Stehpult; Stehvermögen; stehend; stehenden Fußes.
steh|len (V., stahl, hat gestohlen) heimlich entwenden. *Beachte:* sich aus dem Zimmer stehlen (heimlich weggehen). Stehler; Stehltrieb; Stehlsucht.
Stei|er|mark (ohne Art., -s, kein Plural) Bundesland (österr.).
steif (Adj.) starr; fest; gezwungen; förmlich. *Beachte:* Eiweiß steif schlagen (*auch:* steifschlagen); wenn einem die Finger steif werden, die Ohren steifhalten (ausharren). Steife; Steifheit; Steifleinen; Steifung; Versteifung; steifbeinig; steifleinen.
stei|gen (V., stieg, ist gestiegen) hochgehen; hochklettern. Steig; Steigbügel; Steigeisen; Steiger; Steigerung; Steigfähigkeit; Steigleiter; Steigriemen; Steigübung; Steigwachs.
stei|gern (V.) erhöhen; verbessern; intensivieren; ersteigern; Adjektive in die Steigerungsstufen (Komparativ, Superlativ) setzen. Steigerer; Steigerung; Steigerungsrate; Steigerungsstufe.
steil (Adj.) abschüssig; hoch. Steilabfahrt; Steile; Steilfeuergeschütz; Steilhang; Steilheit; Steilkurve; Steilküste; Steilpass; Steilufer; Steilwand; Steilwandzelt.
Stein (der, -s, -e) Fels; Kiesel; Baustoff; Kern; (Kurzw.) Grabstein, Schmuckstein, Spielstein. *Beachte:* über Stock und Stein. Steinadler; Steinbank; Steinblock; Steinbock; Steinboden; Steinbohrer; Steinbruch; Steineiche; sie weinte zum Steinerweichen; Steinfliese; Steinfrucht; Steingarten; Steingut; Steinhauer; Steinigung; Steinkohle; Steinkohlenförderung; Steinkohlenindustrie; Steinkohlenzeche; Steinmetz; Steinobst; Steinschlag; Steinschleuder; Steinwurf; Steinwüste; Steinzeit; Steinzeitmensch.

Adjektive: steinalt; steinern; steinhart; steinig; steinreich; steinzeitlich. Verb: steinigen.
Steiß (der, -es, -e) Knochen. Steißbein; Steißlage.
Stel|le (die, -, -n) (griech.) Säule.
Stel|la|ge (die, -, -n) Regal; Gestell.
Stel|la|ge|ge|schäft (das, -s, -e) Börsentermingeschäft.
Stel|le (die, -, -n) 1. Ort; 2. Arbeitsplatz. *Beachte:* anstelle, *auch:* an Stelle (beide mit Genitiv!); ich komme anstelle/an Stelle meiner Schwester, *aber:* an die Stelle meiner Schwester bin ich getreten; schnell zur Stelle sein; an erster Stelle sein; Stellung nehmen. Stelldichein; Stellenbesetzung; Stellengesuch; Stellenlosigkeit; Stellenvermittlung; Stellenwert; Stellfläche; Stellplan; Stellprobe; Stellschraube; Stellung; Stellungnahme; Stellungskrieg; Stellungslose; Stellungsspiel; Stellung(s)suchende; Stellvertreter; Stellwand; Stellwerk. Adjektive: stellenlos; dreistellig (3-stellig); stellungslos; stellung(s)suchend; stellvertretend; stellen.
Stel|le|ra|tor (der, -s, -en) (engl.) Versuchsgerät zur Erzeugung von Kernverschmelzungen.
Stel|ze (die, -, -n) Stange. Stelzenläufer; Stelzfuß; stelzig; stelzen.
Stem|ma (das, -s, -ma|ta) (griech.) 1. Stammbaum; 2. grafisches Schema zur Verdeutlichung der Beziehungen innerhalb eines Satzes (in der Linguistik); 3. Verwandtschaft unterschiedlicher literarischer Handschriftenfassungen (in der Textkritik).
stem|ma|lo|gisch (Adj.) (griech.-lat.) Stammbaumuntersuchungen betreffend.
stem|men (V.) drücken; widersetzen. Stemmbogen; Stemmeisen; Stemmmeißel (*auch:* Stemm-Meißel).
Stem|pel|far|be (die, -, -n) Farbe für Stempel.
stem|peln (V.) prägen; Arbeitslosenunterstützung bekommen; kennzeichnen. Stempel; Stempelgeld; Stempelkissen; Stemp(e)lung.
Ste|no 1. (die, -, kein Plural) (Kurzw.) (ugs.) Stenografie (*auch:* Stenographie). 2. (das, -s, -s) (Kurzw.) (ugs.) Stenogramm. Stenoblock; Stenogrammblock; Stenograf/in (*auch:* Stenograph/in); Stenokontoristin; Stenotypist/in; stenografieren (*auch:* stenographieren); stenotypieren.
ste|n|ök (Adj.) (griech.) mit eingeschränkten, ganz speziellen Lebensraumansprüchen.
Ste|no|kar|die (die, -, -n) (griech.) Herzbeklemmung.
ste|no|phag (Adj.) (griech.) auf ganz spezielle Nahrung angewiesen (z. B. der Koalabär).
Ste|no|se (die, -, -n) (griech.) Einengung von Körperkanälen, -strömungsbahnen.

stenotherm (Adj.) (griech.) empfindlich auf Temperaturschwankungen reagierend (z. B. bestimmte Fischarten, Tropenpflanzen).
Ste'no'tho'rax (der, -/-es, -e) enger Brustkorb (Med.).
Sten'tor'stim'me (die, -, -n) laute, gewaltige Stimme.
Stenz (der, -es, -e) Dandy.
Stepp (der, -s, -s) (engl.) Tanz. Stepper/in; Steppschritt; Stepptanz; Stepptänzer/in; steppen.
Stepp'ano'rak (der, -s, -s) gesteppter Anorak.
Step'pe (die, -, -n) (russ.) Grasland. Steppenfuchs; Steppengras.
Stepp'ei'sen (das, -s, -) Stahlbeschläge für Steppschuhe.
step'pen (V.) nähen; Stepp tanzen. Steppdecke; Stepperei; Steppnaht; Steppstich.
Step'pen'wolf (der, -s, -wöl'fe) Präriewolf, Kojote.
Stepp'ja'cke (die, -, -n) gesteppte Jacke.
Stepp'ke (der, -, -s) (ugs.) kleiner Junge.
Ste'ra'di'ant (der, -en, -en) (griech.; lat.) Einheit des Raumwinkels.
Ster'be'al'ter (das, -s, -) Alter zum Zeitpunkt des Sterbens.
Ster'be'buch (das, -s, -bü'cher) Sterberegister.
Ster'be'da'tum (das, -s, -ten) Todesdatum.
Ster'be'geld (das, -s, -er) Versicherungsleistung im Todesfall.
Ster'be'glo'cke (die, -, -n) Kirchenglocke, die im Fall des Todes eines Gemeindemitglieds geläutet wird.
Ster'be'hemd (das, -s, -en) Bekleidung eines Leichnams in der Art eines Nachthemds.
Ster'be'kas'se (die, -, -n) Pensionskasse.
Ster'be'la'ger (das, -s, -) Sterbebett. Er warf sich aufs Sterbelager.
Ster'be'mo'nat (der, -s, -e) Monat, in dem jmd. stirbt.
ster'ben (V., starb, ist gestorben) ableben; verlöschen. *Beachte:* eines natürlichen Todes sterben; im Sterben liegen; das war zum Sterben langweilig; der Sterbende. Sterbebett; Sterbefall; Sterbehilfe; Sterben; Sterbensangst; sag kein Sterbenswörtchen davon; Sterbesakramente; Sterbestunde; Sterbeurkunde; Sterbliche; Sterblichkeitsrate. Adjektive: sterbenselend; sterbenskrank; sterbenslangweilig; sterblich.
ster'bens'matt (Adj.) total erschöpft.
Ster'be'zim'mer (das, -s, -) Raum für Patienten, die im Sterben liegen.
Ste'reo (das, -s, -s) (Kurzw.) Stereophonie (*auch:* Stereofonie). Stereoanlage; Stereoplatte; Stereosendung; Stereoton; stereophon (*auch:* stereofon).
Ste'reo'akus'tik (die, -, kein Plural) Wissenschaft vom räumlichen Hören.
Ste'reo'auf'nah'me (die, -, -n) Aufzeichnung in Stereoton oder Film.
Ste'reo'bild (das, -s, -er) dreidimensionales Bild.
Ste'reo'box (die, -, -en) Lautsprecher.
Ste'reo'film (der, -s, -e) dreidimensionaler Film.
Ste'reo'fo'nie (*auch:* Ste'reo'pho'nie) (die, -, kein Plural) (griech.) Raumklang über zwei Kanäle. Adjektive: stereophon (*auch:* stereofon); stereophonisch (*auch:* stereofonische).
Ste'reo'fo'to'gra'fie (*auch:* -pho'to'gra'phie) (die, -, -n) (griech.) Raumbildfoto.
Ste'reo'ge'rät (das, -s, -e) stereotaugliches Gerät.
Ste'reo'g'no'sie (die, -, -n) Fähigkeit, Gegenstände nur mit dem Tastsinn zu erkennen.
Ste'reo'ka'me'ra (die, -, -s) Kamera für dreidimensionale Bilder.
Ste'reo'me't'rie (die, -, -n) (griech.) Körpermessung (Geometrie). Stereometer; stereometrisch.
Ste'reo's'ko'pie (die, -, kein Plural) (griech.) Raumbildtechnik. Stereoskop; stereoskopisch.
ste'reo'typ (Adj.) (griech.) eintönig; unveränderlich. Stereotyp; Stereotypdruck; Stereotypie; Stereotypplatte; stereotypieren.
ste'ril (Adj.) (lat.) keimfrei; unfruchtbar. Sterilisation; Sterilisierapparat; Sterilisierung; Sterilität.
Ste'ri'li'sa'tor (der, -s, -to'ren) Apparat zum Sterilisieren, Keimfreimachen.
Ste'rin (das, -s, -e) (griech.) eine Zellsubstanz; Kohlenwasserstoff (z. B. Cholesterin).
Ster'ling (der, -s, -e) (engl.) Währung (Großbritannien). Pfund Sterling (Abk.: £; £Stg).
Stern (der, -s, -e) Himmelskörper. Sternbild. Sterndeutung; Sternenbanner; Sternenhimmel; Sternenlicht; Sternenzeit; Sternforschung; Sterngucker; Sternkunde; Sternschnuppe; Sternsingen; Sternstunde; Sternsystem; Sternwarte; Sternzeichen; sternenhell; stern(en)klar; sternenlos; sternförmig; sternhagelblau (*auch:* sternhagelvoll); sternkundig.
ster'nal (Adj.) zum Sternum gehörig.
stern'be'deckt (Adj.) voller Sterne. ein sternbedeckter Himmel.
Stern'chen (das, -s, -) kleiner Stern; Nachwuchskünstlerin.
Stern'deu'ter (der, -s, -) Astrologe.
Ster'nen'fahrt (die, -, -en) Fahrt zu den Sternen.
Ster'nen'ge'wöl'be (das, -s, -) gewölbte Decke, die mit Sternen verziert ist; sternbedeckter Himmel.

Ster|nen|glanz (der, -es, kein Plural) Leuchten der Sterne. Der Himmel erstrahlte im Sternenglanz.
Ster|nen|kon|s|tel|la|ti|on (die, -, -ti|o|nen) Stellung der Sterne in Bezug zueinander.
Ster|nen|kreu|zung (die, -, -en) Straßenkreuzung mit mehreren aufeinandertreffenden Straßen.
Ster|nen|schein (der, -s, kein Plural) Sternenglanz.
Stern|fahrt (die, -, -en) Rennen, bei dem die Teilnehmer von verschiedenen Punkten aus starten.
Stern|form (die, -, -en) sternenförmige Vorlage, Umriss (z. B. als Backvorlage).
Stern|for|scher (der, -s, -) Astronom.
Stern|hau|fen (der, -s, -) Anhäufung von Sternen.
Stern|marsch (der, -es, -e) Demonstrationszug.
Stern|ta|ler (der, -s, -) Geld aus dem Nichts; Goldstücke, die vom Himmel fallen (nach einem Märchen der Gebrüder Grimm).
Ster|num (das, -s, Ster|na) (griech.-lat.) Brustbein.
Stern|zeit (die, -, -en) Zeitangabe.
Ste|ro|id (das, -s, -e) (griech.) eine organische Verbindung; Sterinabkömmling (z. B. viele Hormone).
Ster|tor (der, -s, kein Plural) (lat.) röchelndes Atmen.
Sterz (der, -es, -e) Schwanzende.
stet (Adj.) ständig. Stete; Stetheit; Stetigkeit; stetig; stets.
Ste|tho|s|kop (das, -s, -e) (griech.) Abhorchgerät.
stets (Adv.) immer.
Stet|son (das, -s, -s) (amerik.) bestimmte Hutform; breitkrempiger Filzhut; Cowboyhut.
Steu|er 1. (die, -, -n) Abgabe. Steuerabzug; Steueraufkommen; Steuerbehörde; Steuerberater; Steuerbescheid; Steuerbilanz; Steuererklärung; Steuererleichterung; Steuerfahndung; Steuergelder; Steuergesetz; Steuerhinterziehung; Steuerkarte; Steuerklasse; Steuermessbetrag; Steueroase; Steuerpolitik; Steuerprogression; Steuerprüfer; Steuerreform; Steuersenkung; Steuertabelle; Steuerveranlagung; Steuervergünstigung; Steuervorauszahlung; Steuerzahler. Adjektive: steuerbegünstigt; steuerfrei; steuerpflichtig; steuervergünstigt. 2. (das, -s, -) Lenkung. Steuerbord; Steuergerät; Steuerknüppel; Steuermann; Steuerpult; Steuerrad; Steuerruder; Steuerung; Steuerventil; Steuervorrichtung. Adjektive: steuerbar; steuerbord(s); steuerlos. Verb: steuern.

Steu|er|be|trug (der, -s, kein Plural) Steuervergehen.
Steu|er|be|voll|mäch|tig|te (der, -n, -n) Steuerbeauftragter.
Steu|er|ein|neh|mer (der, -s, -) (früher) Steuereintreiber.
Steu|er|ein|trei|ber (der, -s, -) Beauftragter des Grundherrn, der die Steuern bei den zinspflichtigen Untertanen einsammelt (früher).
Steu|er|er|hö|hung (die, -, -en) Erhöhung des Steuersatzes.
Steu|er|er|lass (der, -las|ses, -las|se) 1. Erhebung einer Steuer. 2. das Erlassen einer Steuer; Steuerbefreiung.
Steu|er|er|stat|tung (die, -, -en) das Erlassen einer Steuer.
Steu|er|flucht (die, -, -en) Umgehung der Steuern durch Auslagerung von Geldern ins Ausland.
Steu|er|frei|heit (die, -, -en) Steuererstattung. Steuerfreiheit genießen.
Steu|er|ho|heit (die, -, -en) alleiniges Recht, Steuern zu erlassen.
Steu|er|jahr (das, -s, -e) Zeitraum, für den Steuern zu entrichten sind.
Steu|er|manns|pa|tent (das, -s, -e) Zertifikat eines ausgebildeten Steuermanns.
Steu|er|mar|ke (die, -, -n) Banderole.
Steu|er|mo|ral (die, -, kein Plural) Bereitschaft, die Steuern zu bezahlen.
Steu|er|pa|ra|dies (das, -es, -e) Staat, der geringe oder keine Steuern verlangt.
Steu|er|pflicht (die, -, -en) Verpflichtung, Steuern zu zahlen.
Steu|er|pflich|ti|ge (der/die, -n, -n) jmd., der steuerpflichtig ist.
steu|er|po|li|tisch (Adj.) die Steuerpolitik betreffend.
Steu|er|prü|fung (die, -, -en) Überprüfung der Steuererklärung.
Steu|er|recht (das, -es, -e) geltendes Recht für das Steuerwesen.
steu|er|recht|lich (Adj.) das Steuerrecht betreffend.
Steu|er|schrau|be (die, -, -n) (in der Wendung) die Steuerschraube anziehen: die Steuern erhöhen.
Steu|er|schuld (die, -, kein Plural) versäumte Steuerzahlung.
Steu|er|über|wäl|zung (die, -, -en) Verschiebung einer Steuerbelastung.
Steu|er|um|ge|hung (die, -, -en) Missbrauch von unbeabsichtigten Steuerlücken.
Steu|er|ver|ge|hen (das, -s, -) Zuwiderhandlung gegen das Steuergesetz.

Steu|er|ver|mei|dung (die, -, -en) Steuerminderung.
Steu|er|vor|teil (der, -s, -e) günstiger Steuersatz.
Steu|er|zei|chen (das, -s, -) 1. Banderole. 2. Steuercode (EDV).
Ste|ven (der, -s, -) Begrenzung des Schiffskörpers.
Ste|war|dess (die, -, -des|sen) (engl.) Flugzeugbegleiterin. Steward.
StGB (Abk.) Strafgesetzbuch.
Sthe|nie (die, -, kein Plural) (griech.) Kraftfülle.
sthe|nisch (Adj.) (griech.) kraftvoll.
sti|bit|zen (V.) (ugs.) stehlen.
Stich (der, -s, -e) Einstechen; Verletzung; Schmerz; Kupferstich. *Beachte:* Du hast wohl einen Stich (ugs.: bist wohl verrückt); jemanden im Stich lassen; seine Argumentation hält Stich (ist stichhaltig). Stichbalken; Stichbogen; Stichel; Stichelhaar; Stichflamme; Stichfrage; Stichhaltigkeit; Stichkampf; Stichprobe; Stichpunkt; Stichsäge; Stichtag; Stichwaffe; Stichwahl; Stichwort (Plural: -wörter, *aber:* Kennwort, -worte); Stichwortverzeichnis; Stichwunde. Adjektive: stichelhaarig; hieb- und stichfest; stichhaltig; stichige (säuerliche) Milch; wurmstichig; stichprobenweise.
sti|cheln (V.) hetzen; boshaft sein. Stichelei; Stichler.
Stich|ling (der, -s, -e) Fisch.
sti|cken (V.) nähen; verzieren. Stickerei; Stickerin; Stickgarn; Stickmuster; Stickrahmen.
Sti|cker (der, -s, -) (engl.) Anstecker.
sti|ckig (Adj.) schwer zum Atmen; dumpf. Stickhusten; Stickluft; Stickoxid (*auch:* Stickoxyd); stickendheiß.
Stick|na|del (die, -, -n) Nadel für das Sticken.
Stick|sei|de (die, -, kein Plural) Seide, die bestickt werden kann.
Stick|stoff (der, -s, kein Plural) chemischer Stoff (Abk.: N). Stickstoffbakterium; Stickstoffdünger; Stickstoffwasserstoffsäure (HN3); stickstofffrei; stickstoffhaltig.
stie|ben (V., stob, hat/ist gestoben) sprühen; sich schnell bewegen.
Stie|fel (der, -s, -) Schuh. Stiefelchen; Stiefelette; Stiefelknecht; Stiefelschaft; stiefeln.
Stie|fel|wich|se (die, -, -n) Schuhcreme.
Stief|kind (das, -s, -er) Kind aus einer anderen Ehe; vernachlässigte Sache. Stiefbruder; Stiefeltern; Stiefgeschwister; Stiefmutter; Stiefschwester; Stiefsohn; Stieftochter; Stiefvater; stiefmütterlich.
Stie|ge (die, -, -n) Treppe. Stiegenhaus.
Stieg|litz (der, -es, -e) Vogel.

Stiel (der, -s, -e) Griff; Stängel. (*Aber:* der Stil!) *Beachte:* etwas mit Stumpf und Stiel (völlig) ausrotten. Stielauge; Stielbesen; Benstiel; langstielig; stiellos (*aber:* stillos!).
Stier (der, -s, -e) Bulle. Stierkampf; Stierkämpfer; Stiernacken; Stiersucht; stiernackig; stieren.
stie|ren (V.) starren. Adjektiv: stier.
Stier|kampf|are|na (die, -, -nen) Stadion, in dem Stierkämpfe ausgetragen werden.
Stier|op|fer (das, -s, -) Opferung eines Stieres (in der Antike).
Stie|sel (der, -s, -) unbeholfener Mensch; Trottel.
stie|se|lig (Adj.) unbeholfen; trottelig.
Stie|se|lig|keit (die, -, -en) Unbeholfenheit; Dummheit.
Stift 1. (der, -s, -e) Schreibgerät; Nagel; (ugs.) Lehrling. Stiftzahn. 2. (das, -s, -e/-er) Kloster; Altersheim. Stiftsdame; Stiftsfräulein; Stiftskirche.
stif|ten ge|hen (V., ging stiften, ist stiften gegangen) (ugs.) weglaufen.
Stif|tung (die, -, -en) Schenkung; Gründung. Stifter; Stiftungsbrief; Stiftungsfest; Stiftungsurkunde; stiften.
Stif|tungs|ball (der, -s, -bäl|le) Stiftungsfest; von einer Stiftung (als Körperschaft) veranstaltetes Fest.
Stif|tungs|ban|kett (das, -s, -e) Stiftungsball.
Stig|ma (das, -s, -ma|ta/-men) (griech.) Wundmal. Stigmatisation; Stigmatisierte; stigmatisieren .
Stil (der, -s, -e) Art und Weise; Geschmack; Kunstrichtung; Schreibweise. *Beachte:* er war ein Mann alten Stils; ein Bild neuen Stils (Abk.: n. St.). Stilart; Stilblüte; Stilbruch; Stilelement; Stilisierung; Stilist; Stilistik; Stilkunde; Stillehre; Stillosigkeit; Stilmöbel; Stilnote. Adjektive: stilgerecht; stilisiert; stilistisch; stillos; stilvoll. Verb: stilisieren.
Sti|lett (das, -s, -e) (ital.) kurzer Dolch; Schnappmesser.
Stil|feh|ler (der, -s, -) Stilbruch (in Kunst oder Sprache).
Stil|ge|fühl (das, -s, kein Plural) Empfinden für Stil (Kunst, Sprache).
stil|ge|treu (Adj.) einem bestimmten Stil entsprechend.
still (Adj.) ruhig. *Beachte:* stille Reserven haben; stiller Teilhaber sein; im Stillen (Heimlichen); in der Stille der Nacht; in aller Stille; das Stille seiner Art; der Stille Ozean; die Stille Nacht. stillhalten (sich nicht bewegen), stilllegen/stillliegen (außer Betrieb setzen/sein); still sitzen (*auch:* stillsitzen) (konzentriert sein);

stillen | 500 | **Stoff**

stillschweigen (nichts verraten); stillstehen (aufhören sich zu bewegen). *Beachte:* In der Bedeutung von »ruhig« schreibt man getrennt! still sein; still sitzen/stehen. Stille; Stillhalteabkommen; Stillhaltung; Stillleben (*auch:* Still-Leben); Stilllegung (*auch:* Still-Legung); Stillschweigen; Stillstand. Adjektive: stillschweigend; stillvergnügt. Ausruf: stillgestanden!
stil|len (V.) nähren. Stillgeld; Stillung.
Stil|mit|tel (das, -s, -) rhetorische Möglichkeiten.
Stil|pro|be (die, -, -n) Beispiel für einen Stil.
Stil|ton (der, -s, -s) nach dem Herstellungsort benannter Schimmelweichkäse.
Stimm|be|rech|tig|te (der, -n, -n) Wahl- oder Abstimmungsberechtigter.
Stimm|bil|dung (die, -, -en) Ausbildung der Stimme zum Singen oder richtigen Sprechen.
Stim|me (die, -, -n) 1. Laut; 2. Stimmlage; Meinung; Entscheidung; Stimmrecht. Stimmabgabe; Stimmbänder; Stimmberechtigung; Stimmbruch; Stimmengewirr; Stimmenmehrheit; Stimmenthaltung; Stimmenverlust; Stimmgabel; Stimmlage; Stimmlosigkeit; Stimmmittel (*auch:* Stimm-Mittel); Stimmrecht; Stimmritze; Stimmschlüssel; Stimmzettel. Adjektive: stimmberechtigt; stimmfähig; stimmgewaltig; stimmhaft; stimmlich; stimmlos; dreistimmig (3-stimmig).
stim|men (V.) passen; richtig sein. Stimmigkeit; stimmig.
Stim|men|gleich|heit (die, -, -en) 1. gleicher Wert aller bei einer Abstimmung oder Wahl abgegebenen Stimmen. 2. gleiche Anzahl von Stimmen.
Stim|men|kauf (der, -s, -käu|fe) Erwerb von Stimmen durch Bestechung.
Stim|men|split|ting (das, -s, -s) (dt.-engl.) Stimmenhäufelung.
Stimm|ga|bel (die, -, -n) Gerät zum Abnehmen des Kammertons.
Stimm|um|fang (der, -s, -fän|ge) Anzahl der Töne, die jmd. singen kann.
Stim|mung (die, -, -en) Laune; Atmosphäre; Begeisterung. Stimmungsbarometer; Stimmungsbild; Stimmungsmache; Stimmungsumschwung; stimmungsvoll.
Stim|mungs|bild (das, -s, -er) Bild, das eine bestimmte Stimmung vermittelt.
Stim|mungs|ka|no|ne (die, -, -n) großer Unterhalter; Partylöwe.
Stim|mungs|mu|sik (die, -, -en) Musik, die eine bestimmte Stimmung ausdrückt.
Stim|mungs|wan|del (der, -s, -) Stimmungsumschwung. ein plötzlicher Stimmungswandel.

Sti|mu|la|ti|on (die, -, -ti|o|nen) (lat.) Anreiz; Anregung. Stimulierung; stimulieren.
stin|ken (V., stank, hat gestunken) schlecht riechen. *Beachte:* Mir stinkt's (Ich habe keine Lust mehr). Stinkbombe; Stinker; Stinkkäfer; Stinklaune; Stinkmorchel; Stinkstiefel; Stinktier; Stinkwut; stinkig; stinkfaul; stinklangweilig; stinkreich; stinksauer; stinkvornehm.
stin|kig (Adj.) stinkend; schlecht gelaunt.
Stink|kä|se (der, -, -) Käse mit unangenehmer Geruchsentwicklung.
Sti|pen|di|um (das, -s, -di|en) (lat.) Stiftung; finanzielle Unterstützung (Studium). Stipendiat/in; Stipendienverwaltung.
Stip|pe (die, -, -n) Tunke. Verb: stippen.
Stipp|vi|si|te (die, -, -n) kurzer Besuch.
Sti|pu|la|ti|on (die, -, -ti|o|nen) wie ein Vertrag geltende mündliche Vereinbarung.
sti|pu|lie|ren (V.) vereinbaren.
Stirn (die, -, -en) Gesichtsteil; Vorderseite. Stirnband; Stirnfalte; Stirnglatze; Stirnhöhle; Stirnhöhlenentzündung; Stirnrunzeln; Stirnseite; hochstirnig; stirnrunzelnd.
stö|bern (V.) (ugs.) durchwühlen; schnüffeln; (südd.) reinigen. Stöberei; Stöberhund.
Sto|chas|tik (die, -, kein Plural) (griech.) statistisches Verfahren. Adjektive: stochastisch.
sto|chern (V.) bohren; herumsuchen. Stocher; Zahnstocher.
Stö|chi|o|me|t|rie (die, -, kein Plural) (griech.) Wissenschaft von der mengenmäßigen Zusammensetzung chemischer Verbindungen; rechnerische Ermittlung ihrer Gewichtsverhältnisse.
stock... (ugs.) sehr; völlig. Adjektive: stockbeleidigt; stockbetrunken; stockblind; stockdumm; stockdunkel; stockfinster; stockheiser; stockkonservativ; stocknüchtern; stocksauer; stocksteif; stocktaub.
Stock 1. (der, -s, Stö|cke) Stab; Baumstumpf; (Kurzw.) Blumenstock. *Beachte:* über Stock und Stein. Stockausschlag; Stöckchen; Stockfehler; Stockrose; Stockschirm; Stockschlagen; Stockschwamm; Stockzahn. 2. (der, -s, -) (Kurzw.) Stockwerk. *Beachte:* das Haus ist fünf Stock hoch, *aber:* ein fünfstöckiges Haus. 3. (der, -s, -s) (engl.) Vorrat; Grundkapital. Grundstock.
Stö|ckel (der, -s, Stö|ckel) (ugs.) hoher Absatz. Stöckelabsatz; Stöckelschuh; stöckeln.
sto|cken (V.) zum Stillstand kommen; unterbrechen; gerinnen. Stockfleck; Stockpunkt; Stockschnupfen; Stockung; stockfleckig.
Stock|en|te (die, -, -n) Entenart.
Stoff (der, -s, -e) 1. Gewebe; Masse; Material; 2. Thema; 3. (ugs.) Rauschgift. Stoffbahn;

Stofffetzen; (*auch:* Stoff-Fetzen); Stoffffülle (*auch:* Stoff-Fülle); Stofflichkeit; Stoffresteverkauf; Stoffwechsel; Stoffwechselstörung; stoffhaltig; stofflich.
Stof'fel (der, -s, -) (ugs.) unhöflicher Mensch. Adjektiv: stoff(e)lig.
stöh'nen (V.) jammern; seufzen. *Beachte:* ein lautes Stöhnen.
sto'isch (Adj.) (griech.) unbewegt; unerschütterlich. Stoiker; Stoizismus.
Sto'la (die, -, -len) (griech.) Umhang.
Stol'len (der, -s, -) 1. Grube; 2. Gebäck; 3. Stift. Stollenbau; Stollengang; Stollenschuh; Weihnachtsstollen.
stol'pern (V.) straucheln. Stolperdraht; Stolperer; stolp(e)rig.
Stolz (der, -es, kein Plural) Selbstbewusstsein; Hochmut. Adjektive: stolz; stolzgeschwellt. Verb: stolzieren.
Sto'ma (das, -s, -ma'ta) (griech.) 1. Mund. 2. Spaltöffnung (bei Pflanzen). 3. künstlicher (Darm-)Ausgang.
sto'ma'chal (Adj.) (griech.) zum Magen gehörig.
Sto'ma'chi'kum (das, -s, -ka) (griech.-lat.) appetitanregendes und verdauungsförderndes Mittel.
Sto'ma'ti'tis (die, -, -ti'ti'den) (griech.) Mundschleimhautentzündung.
Sto'ma'to'lo'gie (die, -, kein Plural) (griech.) Wissenschaft von den Mundhöhlenkrankheiten.
stoned (Adj.) (engl.) im Drogenrausch.
stone'washed (Adj.) (engl.) über Kieselsteinen gewaschen (und deshalb dunkel- und hellblau marmoriert; bei Bluejeans).
stop! (*auch:* stopp) (engl.) halt! Stopp; Stoppball; Stopper; Stopplicht; Stoppschild; Stoppuhr; stoppen.
stop'fen (V.) füllen; ausbessern; verschließen. Stopfbüchse; Stopfer; Stopfgarn; Stopfnadel; Stopfung; Verstopfung.
Stop-over (*auch:* Stopover) (der, -s, -) (engl.) Zwischenaufenthalt.
Stop'pel (die, -, -n) Halm; Bart. Stoppelbart; Stopp(e)ligkeit; stopp(e)lig; stoppeln.
Stöp'sel (der, -s, -) Verschluss; (ugs.) kleiner Junge.
Stör (der, -s, -e) Fisch.
Storch (der, -s, Stör'che) Vogel. Storchenbein; Storchennest; Storch(en)schnabel; Störchin; storchbeinig; storchen.
Store 1. (der, -s, -s) (franz.) Gardine. 2. (der, -s, -s) (engl.) Laden. Storekeeper.
stö'ren (V.) behindern; lästig sein; Anstoß nehmen an (mit Dativ!). sich am Verhalten anderer stören. Störaktion; Störanfälligkeit; Störenfried;

Störer; Störfall; Störmanöver; Störschutz; Störsender; Störung; Störungsstelle; störanfällig; störfrei; störungsfrei.
stor'nie'ren (V.) (ital.) rückgängig, ungültig machen. Storno; Stornobuchung.
Stor'nie'rung (die, -, -en) Storno.
stör'risch (Adj.) widerspenstig. Störrigkeit.
Sto'ry (die, -, -s) (engl.) Geschichte.
sto'ßen (V., stieß, hat gestoßen) anrempeln; sich verletzen; sich stören; puffen. Stoß; Stoßbetrieb; Stoßdämpfer; Stoßgebet; Stoßkraft; Stößel; Stoßseufzer; Stoßstange; Stoßtrupp; Stoßverkehr; Stoßwaffe; Stoßwelle; Stoßzeit; stoßempfindlich; stoßfest; stoßkräftig; stoßweise.
stot'tern (V.) stammeln; stockend reden. *Beachte:* auf Stottern (Ratenzahlung) kaufen. Stotterei; Stotterer; Stotterin; stott(e)rig.
Stot'zen (der, -s, -) Baumstumpf; Bottich.
Stout (der, -s, -) dunkles, bitteres Starkbier (aus England).
Stöv'chen (das, -s, -) Warmhaltevorrichtung. Teestövchen.
StPO (Abk.) Strafprozessordnung.
Str. (Abk.) Straße.
Stra'bis'mus (der, -, kein Plural) das Schielen.
stracks (Adv.) sofort; geradewegs.
Strad'dle (der, -s, -s) (engl.) Hochsprung, bei dem der Körper seitwärts über die Latte wälzt.
Stra'di'va'ri (die, -, -s) Geige.
Strafba'tail'lon (das, -s, -e) militärische Einheit mit besonders gefährlichen Aufgaben für Soldaten, die gegen die Militärgesetze verstoßen haben (im 2. Weltkrieg).
Straf'be'scheid (der, -s, -e) Mitteilung über eine zu zahlende Strafe.
Straf'be'stim'mung (die, -, -en) Festlegung von Strafen.
Stra'fe (die, -, -n) Vergeltung; Ahndung. Strafaktion; Strafanstalt; Strafantrag; Strafanzeige; Strafarbeit; Strafaussetzung; Strafbank; Strafbarkeit; Strafbefehl; Strafecke; Straferlass; Straffälligkeit; Straffreiheit; Strafgefangene; Strafgesetzbuch (Abk.: StGB); Strafkammer; Strafkolonie; Sträflichkeit; Sträfling; Strafmandat; Strafporto; Strafprozessordnung (Abk.: StPO); Strafpunkt; Strafraum; Strafrecht; Strafregister; Strafstoß; Straftäter; Strafverfahren; Strafverteidiger; Strafvollzugsanstalt; Strafzettel. Adjektive: strafbar; straferschwerend; straffällig; straffrei; sträflich; straflos; strafmildernd; strafrechtlich; strafverschärfend; strafwürdig. Adverb: strafweise. Verben: strafen; strafversetzen.
Straf'ent'las'se'ne (der/die, -n, -n) jmd., der gerade eine Haftstrafe verbüßt hat.

straff (Adj.) gespannt; streng; knapp. Straffheit; straffen.
Straf|ge|setz|ge|bung (die, -, -en) Festlegung der Strafvorschriften.
Straf|kom|pa|nie (die, -, -n) Einheit innerhalb eines Strafbataillons.
strah|len (V.) leuchten; glänzen; lachen. Strahl; Strahlemann; Strahlenbehandlung; Strahlenbündel; Strahlenkranz; Strahlenschutz; Strahlkraft; Strahlrohr; Strahltriebwerk; Strahlung; Strahlungsenergie; Strahlungsintensität; Strahlungswärme; strahlend; strahlenförmig; strahlig; zweistrahlig.
Strah|len|heil|kun|de (die, -, kein Plural) Zweig der Medizin, der sich mit Strahlenkrankheiten befasst.
Strah|len|krank|heit (die, -, -en) Krankheit durch Verstrahlungen.
Strah|len|pilz (der, -es, -e) Bakterienart.
Strah|len|quel|le (die, -, -n) Ursprung von Strahlen.
Strah|len|scha|den (der, -s, -schä|den) Umwelt- und Gesundheitsschäden durch Verstrahlung.
Sträh|ne (die, -, -n) 1. Haar; 2. Phase. Pechsträhne; strähnig.
Stra|min (das, -s, -e) (niederl.) Gitterstoff. Stramindecke.
stramm (Adj.) straff; kräftig; streng. *Beachte:* strammer Max; strammen; strammstehen; stramm ziehen (*auch:* strammziehen).
stram|peln (V.) zappeln; (ugs.) Rad fahren. Strampler; Strampelhöschen.
Strand (der, -s, Strän|de) Gewässerrand; Ufersaum. Strandanzug; Strandbad; Strandgut; Strandkorb; Strandkrabbe; Strandläufer; Strandung; gestrandet; stranden.
Strand|bin|se (die, -, -n) Binsenart.
Strand|dis|tel (die, -, -n) Distelart.
Strand|gers|te (die, -, -n) Gerstenart.
Strand|ha|fer (die, -s, -) Haferart.
Strand|hau|bit|ze (die, -, -n) Strandvogel; Betrunkener (in der Wendung: voll wie eine Strandhaubitze).
Strand|ho|tel (das, -s, -s) Hotel in der Nähe eines Strandes.
Strand|kie|fer (die, -, -n) Kiefernart.
Strand|klei|dung (die, -, kein Plural) (veraltet) Badekleidung.
Strand|ni|xe (die, -, -n) Badenixe.
Strand|pro|me|na|de (die, -, -n) Promenade entlang eines Strandes.
Strand|vogt (der, -s, -vög|te) Strandaufseher; Strandverwalter.
Strand|wa|che (die, -, -n) Bademeister; Bademeisterei.
Strand|wäch|ter (der, -s, -) Strandaufseher; Bademeister.
Strand|weg (der, -s, -e) Weg entlang eines Strandes.
Strang (der, -s, Strän|ge) Bündel; Seil. *Beachte:* über die Stränge hauen/schlagen (ugs.: leichtsinnig sein).
stran|gu|lie|ren (V.) erhängen; erdrosseln. Strangulation; Strangulierung.
Stran|gu|rie (die, -, -n) (griech.) Harnzwang.
Stra|pa|ze (die, -, -n) (ital.) Mühe; große Anstrengung; Beschwerlichkeit. Strapazierhose; Strapazierfähigkeit; strapazierfähig; strapaziös; strapazieren.
Straps (der, -es, -e) (engl.) Strumpfhalter.
stra|sci|an|do (Adj.) (lat.-ital.) Anweisung im Notentext für: schleppend, getragen.
Stra|ße (die, -, -n) Fahrweg. Straßenarbeiter; Straßenbahn; Straßenbankett; Straßenbegrenzungsgrün; Straßenbeleuchtung; Straßencafé; Straßenfeger; Straßengraben; Straßenkreuzer; Straßenlage; Straßenname; Straßennetz; Straßensänger; Straßenschild; Straßensperre; Straßenverkehrsordnung (StVO); Straßenverkehrs-Zulassungs-Ordnung (StVZO); Straßenwalze; Straßenzustandsbericht; Straße-Schiene-Verkehr; Sträßchen. Adverbien: straßauf; straßab.
Straßen|bau (der, -s, kein Plural) Straßenarbeiten.
Straßen|ga|be|lung (die, -, -en) Teilung einer Straße.
Straßen|kampf (der, -es, -kämp|fe) Straßenschlacht (im Sinne einer gewalttätigen Demonstration); soziale Unruhen; Häuserkampf (militärisch).
Straßen|kar|te (die, -, -n) Wegekarte.
Straßen|kreu|zer (der, -s, -) großer, teurer Wagen.
Straßen|la|ter|ne (die, -, -n) Straßenbeleuchtung.
Straßen|netz (das, -es, -e) Gesamtheit aller Straßen.
Straßen|rand (der, -s, -rän|der) Begrenzung einer Straßenseite.
Straßen|rei|ni|gung (die, -, -en) Säuberung einer Straße.
Straßen|über|füh|rung (die, -, -en) Brücke für den Straßenverkehr.
Straßen|un|ter|füh|rung (die, -, -en) Unterführung für den Straßenverkehr.
Stra|te|gie (die, -, -n) (griech.) geplantes zielgerichtetes Handeln. Stratege; Strategin; strategisch.
Stra|ti|fi|ka|ti|on (die, -, -ti|o|nen) das Stratifizieren.

stra'ti'fi'zie'ren (V.) (lat.) 1. Schichten bilden (von Gestein). 2. Samen in feuchten Sand betten (als Keimvorbehandlung).
Stra'ti'gra'fie (*auch:* Stra'ti'gra'phie) (die, -, kein Plural) (lat.-griech.) Schichtenkunde (als Teilgebiet der Geologie).
Stra'to'cu'mu'lus (der, -, -mu'li) (lat.) Schichtwolke.
Stra'to's'phä're (die, -, kein Plural) (griech.) Luftschicht. Stratosphärenflug; stratosphärisch.
Stra'to's'phä'ren'flug (der, -s, -flü'ge) Flug innerhalb oder zu der Stratosphäre.
Stra'tus (der, -, -ti) (lat.) niedere Schichtwolke.
sträu'ben (V.) aufrichten; sich wehren.
Strauch (der, -s, Sträu'cher) Busch. Strauchwerk; strauchartig; strauchig.
Strauch'dieb (der, -s, -e) Wegelagerer; Betrüger.
strau'cheln (V.) stolpern; Fehler machen.
Strauch'rit'ter (der, -s, -) Raubritter.
Strauch'werk (das, -s, -e) Gebüsch.
Strauß 1. (der, -es, -e) (griech.) Vogel. Vogel Strauß, *aber:* Vogel-Strauß-Politik; Straußenei; Straußenfarm; Straußenfeder. 2. (der, -es, Sträu'ße) Blumenstrauß.
Strau'ßen'vo'gel (der, -s, -vö'gel) (veraltet) Strauß.
Strauß'vö'gel (die, nur Plural) Gattung flugunfähiger Vögel.
Stre'be (die, -, -n) Stützbalken. Strebebalken; Strebepfeiler; Strebung; Verstrebung.
stre'ben (V.) hinzielen auf; fleißig sein. Streber/in; Strebertum; Strebsamkeit; streberhaft; streberisch; strebsam.
stre'cken (V.) dehnen; vergrößern; sich erstrecken. Streckbett; Strecke; Streckenabschnitt; Streckenflug; Streckenrekord; Streckenwärter; Streckmuskel; Streckung; Streckverband; Streckwinkel; streckbar; streckenweise.
Stre'cken'ar'bei'ter (der, -s, -) Arbeiter bei einem Streckenbau.
Stre'cken'be'ge'hung (die, -, -en) Kontrollgang bei einer Renn- oder Bahnstrecke.
Stre'cken'füh'rung (die, -, -en) Festlegung einer Strecke; Trassenführung.
Stre'cken're'kord (der, -s/-es, -e) Geschwindigkeitsrekord einer bestimmten Rennstrecke.
Street'wor'ker (der, -s, -) (engl.) Sozialarbeiter.
Streich (der, -s, -e) Unfug; Schlag.
strei'cheln (V.) liebkosen. Streicheleinheit.
strei'chen (V., strich, hat/ist gestrichen) 1. bemalen; 2. löschen; 3. gleiten; schleichen. Streicher; Streichfläche; Streichinstrument; Streichkäse; Streichorchester; Streichquartett; Streichung; Streichwurst; streichfähig.

Streich'holz'schach'tel (die, -, -n) Zündholzschachtel.
Streich'mu'sik (die, -, kein Plural) Musik für eine Streichbesetzung.
Streich'quin'tett (das, -s, -e) Besetzung mit fünf Streichern (Musik).
Streich'rie'men (der, -s, -) Fuchtel.
Strei'chungs'be'darf (der, -s, kein Plural) Notwendigkeit zu kürzen.
Streif'band'zei'tung (die, -, -en) Zeitung, die an Abonnenten per Post versendet wird.
Strei'fe (die, -, -n) Kontrolldienst; Kontrollfahrt. Streifendienst; Streifenwagen; streifen.
Strei'fen (der, -s, -) Band; Strich; Linie. Streifband; Streiflicht; ein schwarz gestreiftes (*auch:* schwarzgestreiftes) Kleid; streifenweise; streifen.
strei'fen (V.) berühren; umherziehen; Streifen malen. Streiferei; Streifjagd; Streifschuss.
Streik (der, -s, -s) (engl.) Arbeitsniederlegung. Streikbrecher; Streikende; Streikgeld; Streikposten; Streikrecht; streikbrüchig; streiken.
Streik'kas'se (die, -, -n) Rücklage einer Gewerkschaft für den Streikfall.
Streik'wel'le (die, -, -n) Häufung von Streiks.
Streit (der, -s, -e) Auseinandersetzung; Zank. Streitaxt; Streiterei; Streitfall; Streitfrage; Streitgespräch; Streithansel; Streitigkeiten; Streitkräfte; Streitlust; Streitmacht; Streitpunkt; Streitschrift; Streitsucht; Streitwert; streitbar; streitlustig; streitsüchtig; strittig; streiten.
Streit'bar'keit (die, -, -en) Streitlust.
Streit'ge'gen'stand (der, -s/-es, -stän'de) Streitursache; Streitpunkt.
Streit'hahn (der, -s, -häh'ne) streitlustiger Mensch.
Streit'ham'mel (der, -s, -) streitlustiger Mensch.
streng (Adj.) energisch; ernst; scharf; genau; hart. *Beachte:* das will ich auf das Strengste (*auch:* auf das strengste) zurückweisen; die Sache ist streng geheim, *aber:* ein strenggläubiger Mensch; streng sein, *aber:* etwas streng nehmen (genau nehmen); streng genommen (*auch:* strenggenommen); strengstens; Strenggläubigkeit.
Stren'ge (die, -, kein Plural) Härte.
Strep'to'kok'ken (die, -, -) (griech.) Bakterien.
Stress (der, Stres'ses, Stres'se) (engl.) körperliche und psychische Überbelastung. Stresssituation (*auch:* Stress-Situation); stressig; stressen.
stress'ge'plagt (Adj.) durch Stress belastet.
Stress'krank'heit (die, -, -en) Krankheit, die durch Stress verursacht wird.
Stres'sor (der, -s, -so'ren) Stressursache.
Stretch (der, -es, -es) (engl.) dehnbares Gewebe. Stretchcordhose.
Stret'ta (die, -, -s) (ital.) glanzvoller (im Tempo gesteigerter) Schlussteil eines Musikstücks.

stret'to (Adj.) Anweisung im Notentext für: eilig, gedrängt; bei einer Fuge: in Engführung.
streu'en (V.) verteilen. Streu; Streugebiet; Streugut; Streukolonne; Streusalz; Streusand; Streusel; Streuselkuchen; Streustrahlen; Streuung; Streuungskoeffizient; Streuzucker; Salz- und Pfefferstreuer.
Streu'fahr'zeug (das, -s, -e) Spezialfahrzeug zur Bestreuung von vereisten Straßen.
Streu'ner (der, -s, -) (ugs.) Herumtreiber. Verb: streunen.
Streu'pflicht (die, -, kein Plural) Auflage von Hauseigentümern, bei Schneefall oder Glatteis die Wege vor dem Haus zu streuen.
Strich (der, -s, -e) 1. Linie; 2. Streifen; 3. Straßenprostitution. *Beachte:* einen Strich ziehen (beenden); jemandem einen Strich durch die Rechnung machen; auf dem/den Strich gehen; er hat sich nach Strich und Faden (kräftig) blamiert; unterm Strich kommt nichts dabei heraus; deine Arbeit ist unterm Strich (ugs.: sehr schlecht). Strichcode (*auch:* Strichkode) (EAN-Code); Strichelchen; Stricher; Strichjunge; Strichmädchen; Strichmännchen; Strichregen; Strichzeichnung; strichweise; stricheln.
Strick (der, -s, Stri'cke) Seil. Strickleiter; Strickleiternervensystem.
stri'cken (V.) handarbeiten. Strickbeutel; Stricker/in; Strickerei; Strickgarn; Strickjacke; Strickkleid; Strickmaschine; Strickmuster; Stricknadeln; Strickstoff; Strickstrumpf; Strickzeug.
Strick'wa're (die, -, -n) Strickwolle.
Strick'wes'te (die, -, -n) gestrickte Weste.
Strick'wol'le (die, -, kein Plural) Wolle, die zum Stricken geeignet ist.
Stri'du'la'ti'on (die, -, -ti'o'nen) (lat.) das Stridulieren.
stri'du'lie'ren (V.) zirpen.
Strie'gel (der, -s, -) harte Bürste für die Pferdepflege. Verb: striegeln.
Strie'me (*auch:* der Strie'men) (die, -, -n) Streifen. Adjektiv: striemig.
Strie'zel (der, -s, -) (südd.) Gebäck.
strie'zen (V.) (ugs.) quälen; (nordd.) stehlen.
strikt (Adj.) streng; genau. Adverb: strikte.
Strik'ti'on (die, -, -ti'o'nen) (lat.) Zusammenziehung.
Strik'tur (die, -, -en) (lat.) ausgeprägte Verengung (eines Hohlorgans, Körperkanals).
strin'gen'do (Adv.) (ital.) drängend; eilend (bei Musikstücken).
Strip (der, -s, -s) (engl.) (Kurzw.) Striptease. Stripperin; Stripper; strippen.
Strip'pe (die, -, -n) (Telefon-)Leitung. an der Strippe hängen.

Strip'tease (der/das, -, kein Plural) (engl.) Entkleidungsshow. Stripteaselokal; Stripteasetänzerin.
strit'tig (Adj.) fraglich; umstritten.
Stro'bo's'kop (das, -s, -e) (griech.) optisches Gerät. Adjektiv: stroboskopisch.
Stroh (das, -s, kein Plural) getrocknete Getreidehalme. Strohblume; Strohdach; Strohfeuer; Strohhalm; Strohhut; Strohkopf; Strohmann; Strohsack; Strohwitwe/er; strohblond; strohdumm; strohfarben, strohfarbig; strohern; strohig.
Stroh'la'ger (das, -s, -) Bett; Ruhestätte aus Stroh.
Stroh'pup'pe (die, -, -n) Vogelscheuche; Nachbildung eines Menschen aus Stroh.
Strolch (der, -s, -e) Gauner; Schlawiner. Verb: strolchen.
Strom (der, -s, Strö'me) 1. Fluss; Strömung; 2. Elektrizität (ohne Plural). *Beachte:* es goss in Strömen; mit/gegen den Strom schwimmen. Stromabnehmer; Stromausfall; Stromkabel; Stromkreis; Stromlinienform; Stromnetz; Stromschnelle; Stromstärke; Stromstoß; Strömung; Strömungslehre; Stromverbrauch; Stromversorgung; Stromzähler; Strom führend (*auch:* stromführend); stromlinienförmig; strömungsreich; stromab, stromabwärts; stroman, stromauf; stromaufwärts; stromweise; strömen.
Strom'an'schluss (der, -schlus'ses, -schlüsse) Verbindung an die Stromversorgung.
Stro'mer (der, -s, -) (ugs.) Herumtreiber. Verb: stromern.
Strom'lei'tung (die, -, -en) Stromkabel.
Strom'mes'ser (der, -s, -) Messgerät für elektrische Ströme.
Strom'rich'ter (der, -s, -) Stromumwandler.
Strom'spei'cher (der, -s, -) Stromreservoir.
Stron'ti'um (das, -s, kein Plural) chemischer Grundstoff (Abk.: Sr).
Stro'phan'thin (das, -s, kein Plural) (griech.-nlat.) ein aus den Samen des Hundsgiftgewächses Strophanthus gewonnenes Mittel gegen Herzschwäche.
Stro'phe (die, -, -n) (griech.) Gedicht-, Liedabschnitt. Strophenform; fünfstrophig (5-strophig); strophisch.
strot'zen (V.) voll sein von. Er strotzte vor/von Selbstbewusstsein.
strub'b'lig (*auch:* strub'be'lig) (Adj.) (ugs.) struppig; zerzaust. Strubbelkopf.
Stru'del (der, -s, -) 1. Wirbel; 2. Gebäck. Apfelstrudel; Wasserstrudel; strudeln.
Stru'del'teig (der, -s, -e) Teig für Strudel.
Struk'tur (die, -, -en) (lat.) Bauform; Gliederung. Strukturalismus; Strukturalist; Struktur-

analyse; Strukturformel; Strukturierung; Strukturpolitik; Strukturreform; Strukturwandel; strukturell; strukturalistisch; strukturschwach; strukturbestimmend; strukturell; strukturieren.
Stru|ma (die, -, Stru|men) (lat.) Kropf.
Strumpf (der, -s, Strümp|fe) Fußbekleidung. Strumpfband; Strümpfchen; Strumpfhalter; Strumpfhose; Strumpfmaske.
Strumpf|wa|ren (die, nur Plural) Strümpfesortiment.
Strumpf|wir|ker (der, -s, -) Strumpfhersteller.
Strunk (der, -s, Strün|ke) Wurzelstock; dicker Stiel.
strup|pig (Adj.) zerzaust. Struppigkeit.
struw|we|lig (Adj.) struppig; zerzaust. Struwwelkopf; Struwwelpeter.
Strych|nin (das, -s, kein Plural) (griech.) Gift.
Stub|ben (der, -s, -) Baumstumpf.
Stu|be (die, -, -n) Wohnraum. Stubenarrest; Stubenfliege; Stubenhocker; Stubenmädchen; Stubenwagen; stubenrein.
Stu|ben|äl|tes|te (der, -n, -n) Verantwortlicher eines Schlafraums für mehrere Personen.
Stu|ben|dienst (der, -es, -e) Putzdienst in einer Stube.
Stu|ben|ka|me|rad (der, -en, -en) Mitbewohner einer Stube.
Stu|ben|vo|gel (der, -s, -vö|gel) Vogel, der im Haus gehalten wird.
Stü|berl (das, -s, -) kleine Stube.
Stuck (der, -s, kein Plural) (ital.) Gipsverzierung. der Stuckateur; die Stuckatur; Stuckarbeit; stuckieren;
Stück (das, -s, Stü|cke) Teil (Abk.: St.); Bühnenwerk. *Beachte:* Stück für Stück; das ist ein starkes Stück (Unverschämtheit); aus freien Stücken (freiwillig); etwas im/am Stück kaufen; etwas in Stücke teilen; drei Stück Zucker. Stückarbeit; Stück(e)lung; Stückeschreiber; Stückgut; Stückkohle; Stückliste; Stückwerk; Stückzahl; stückweise.
Stu|cka|teur (der, -s, -e) Handwerker, der Stuckarbeiten macht.
Stu|cka|tur (die, -, -en) Stuckarbeit.
Stu|den|ten|aus|weis (der, -es, -e) Studiennachweis.
Stu|den|ten|bu|de (die, -, -n) Wohnung eines Studenten.
Stu|den|ten|ehe (die, -, -n) Ehe unter Studenten.
Stu|den|ten|le|ben (das, -s, kein Plural) das Studentendasein. das schöne Studentenleben.
Stu|den|ten|pfar|rer (der, -s, -) Hochschulpfarrer.
Stu|den|ten|ra|batt (der, -es, -e) Vergünstigungen für Studenten.

Stu|den|ten|re|vol|te (die, -, -n) Aufstand von Studenten.
Stu|den|ten|spra|che (die, -, -n) Umgangssprache unter Studenten.
Stu|den|ten|ver|bin|dung (die, -, -en) studentische Korporation.
Stu|den|ten|werk (das, -s, kein Plural) Einrichtung zur sozialen Betreuung von Studenten.
Stu|di|en|ab|bre|cher (der, -s, -) jmd., der vorzeitig das Studium beendet.
Stu|di|en|ab|schluss (der, -schlus|ses, -schlüs|se) vorschriftsmäßige Beendigung eines Studiums.
Stu|di|en|be|ra|tung (die, -, -en) Anlaufstelle für Fragen, die ein Studium betreffen.
Stu|di|en|buch (das, -es, -bü|cher) Nachweis während des Studiums besuchter Lehrveranstaltungen.
Stu|di|en|fach (das, -s, -fä|cher) Studiengebiet.
Stu|di|en|fahrt (die, -, -en) Ausflug zu Studienzwecken.
Stu|di|en|för|de|rung (die, -, -en) Beihilfe zum Studium.
Stu|di|en|freund (der, -es, -e) Freund aus der Studienzeit.
Stu|di|en|gang (der, -s, -gän|ge) Studienfach.
Stu|di|en|ge|bühr (die, -, -en) Beitrag pro Semester.
Stu|di|en|in|hal|te (die, nur Plural) Themen eines Studiengangs.
Stu|di|en|jah|re (die, nur Plural) die gesamte Studienzeit.
Stu|di|en|plan (der, -s, -plä|ne) Festlegung der Studieninhalte.
Stu|di|en|re|fe|ren|dar (der, -s, -e) Nachwuchslehrer.
Stu|di|en|re|form (die, -, -en) Neuordnung des Hochschulwesens.
Stu|di|en|zeit|be|gren|zung (die, -, -en) Festlegung der Höchststudienzeit.
Stu|di|en|zweck (der, -s, -zwe|cke) Studienziel. zu Studienzwecken.
stu|die|ren (V.) (lat.) auf eine Hochschule gehen; einüben; eingehend untersuchen. Student/in; Studentenbewegung; Studentenfutter; Studentenheim; Studentenschaft; Studentenunruhen; Studentenwohnheim; Studie; Studienassessor; Studiendirektor; Studienfreund; Studienplatz; Studienrat(-rätin); Studienreise; Studierende; Studierte; Studierzimmer; Studiosus; Studium. Adjektive: studentisch; studienhalber.
Stu|dio (das, -s, -s) (ital.) Atelier. Studiobühne; Studiofilm; Fernsehstudio.
Stu|fe (die, -, -n) 1. Treppenabsatz; 2. Rang. Stufenbarren; Stufengang; Stufenheck; Stufen-

pyramide; Entwicklungsstufe; stufenförmig; stufig; zehnstufig (10-stufig); stufenweise; stufen; einstufen.
stu'fig (Adj.) in Stufen verlaufend.
Stu'fung (die, -, -en) Abstufung.
Stuhl (der, -s, Stüh'le) Sitzmöbel; (Kurzw.) Stuhlgang. *Beachte:* der Heilige Stuhl. Stuhlbein; Stühlchen; Stuhllehne.
Stuhl'drang (der, -s, -drän'ge) Bedürfnis zu koten.
Stuhl'ent'lee'rung (die, -, -en) Stuhlgang.
Stuhl'leh'ne (die, -, -n) Lehne an einem Stuhl.
Stu'ka (der, -s, -s) (Kurzw.) Sturzkampfflugzeug.
Stul'le (die, -, -n) (nordd.) Brotschnitte.
stül'pen (V.) umschlagen; umdrehen. Stulpe; Stulp(en)ärmel; Stulp(en)stiefel.
stumm (Adj.) nicht sprechen könnend; schweigsam. Stumme; Stummfilm; Stummheit.
Stum'mel (der, -s, -) Reststück. Stummelchen; Stummelpfeife; Stummelschwanz; Zigarettenstummel .
Stumm'film'zeit (die, -, kein Plural) Epoche vor der Einführung des Tonfilms.
Stüm'per (der, -s, -) (ugs.) Nichtskönner. Stümperei; stümpermäßig; stümpern.
stumpf (Adj.) nicht spitz; nicht scharf; glanzlos; dumpf. Stumpfheit; Stumpfnase; Stumpfsinn; stumpfnasig; stumpfsinnig; stumpfwink(e)lig; stumpfen.
Stumpf (der, -s/-es, Stümp'fe) Endstück; Reststück. mit Stumpf und Stiel; Stümpfchen.
Stun'de (die, -, -n) Zeiteinheit (Abk.: St., Std., Zeichen: h). *Beachte:* eine viertel Stunde/Viertelstunde; nur ein Viertelstündchen; von Stund an. Stundenbuch; Stundengeschwindigkeit; Stundenkilometer (Abk.: km/h); Stundenlohn; Stundenzeiger; stundenlang, *aber:* drei Stunden lang; stundenweit weg; *aber:* drei Stunden weit weg; mehrstündig; dreistündig (3-stündig); dreistündlich (3-stündlich); das Wetter wechselte stündlich.
stun'den (V.) Frist verlängern. Stundung.
Stun'den'ge'bet (das, -s, -e) Gebetszeit.
Stun'den'glas (das, -es, -glä'ser) Uhr.
Stun'den'ho'tel (das, -s, -s) Absteige.
Stunk (der, -s, kein Plural) (ugs.) Streit. Stunk machen.
Stunt (der, -s, -s) (engl.) Einsatz eines Stuntman.
Stunt'man (der, -s, Stunt'men) Doppelgänger für gefährliche Szenen (Film). Stuntgirl.
stu'pid (*auch:* stu'pi'de) (Adj.) (lat.) stumpfsinnig. Stupidität.
Stu'por (der, -s, kein Plural) (lat.) krankhafte Reglosigkeit.

stup'sen (V.) (ugs.) stoßen. Stups; Stupsnase.
stur (Adj.) hartnäckig; unnachgiebig. Sturheit.
Sturm (der, -s, Stür'me) 1. starker Wind; 2. Angriff; Entrüstung. *Beachte:* Sturm und Drang; Sturm laufen/läuten. Sturmangriff; Sturmbö(e); Stürmer; Sturmflut; Sturmglocke; Sturmreihe; Sturmsignal; Sturmspitze; Sturmtief; in seiner Sturm-und-Drang-Zeit; Sturmwarnung; sturmbereit; sturmfrei; stürmisch; stürmen.
Sturm'ab'tei'lung (die, -, -en) paramilitärische Organisation der NSDAP (Abk.: SA).
Sturm'band (das, -s, -bän'der) Helmband.
Sturm'fah'ne (die, -, -n) Windfahne.
Sturm'hau'be (die, -, -n) historischer Helm.
Sturm'schritt (der, -s, -e) schneller Schritt.
Sturm'vo'gel (der, -s, -vö'gel) Vogelart.
Sturm'war'nung (die, -, -en) Hinweis auf einen drohenden Sturm.
Sturm'wind (der, -s, -e) heftiger Wind.
Sturz'acker (der, -s, -äcker) frisch gepflügtes Feld.
stür'zen (V.) fallen; rennen; absetzen. *Beachte:* sich in Arbeit/Schulden/Unkosten stürzen; Sturz; Sturzbach; Sturzflug; Sturzflut; Sturzhelm; Sturzkampfflugzeug (Abk.: Stuka); Sturzregen; sturzbetrunken.
Sturz'ge'burt (die, -, -en) plötzliche Geburt.
Stuss (der, Stus'ses, kein Plural) (jidd.) (ugs.) Unsinn. Red keinen Stuss!
Stu'te (die, -, -n) weibliches Pferd. Stutenfohlen; Stutenmilch; Stutenzucht; Stuterei; Gestüt.
Stu'ten (der, -s, -) (nordd.) Weißbrot. Stutenbäcker.
Stüt'ze (die, -, -n) Strebe; Unterstützung. Stützbalken; Stützgewebe; Stützmauer; Stützpfeiler; Stützpunkt; Stützung; Stützungskauf; Stützverband; stützen.
stut'zen (V.) innehalten; kürzen. Stutzflügel; stutzig.
Stut'zen (der, -s, -) Gewehr; Rohransatz.
StVO (Abk.) Straßenverkehrsordnung.
StVZO (Abk.) Straßenverkehrs-Zulassungs-Ordnung.
sty'gisch (Adj.) (griech.) schaurig; unheimlich.
Sty'ling (das, -s, -s) (engl.) attraktive äußere Form; Aufmachung. Stylist/in; Haarstyling; stylen.
Sty'lit (der, -en, -en) (griech.) Säulenheiliger.
Sty'rax (der, -/-es, -e) harzig-zimtähnlich riechender Balsam, der von Bäumen warmer Länder gewonnen wird.
Sty'rol (das, -s, kein Plural) (Kunstwort) farblose, zu den Kohlenwasserstoffen gehörige Flüssigkeit, aus der viele Kunststoffe hergestellt werden.

Sty'ro'por (das, -s, kein Plural) (griech.-lat.) Kunststoff. Styroporplatte.
SU (Abk.) Sowjetunion.
s. u. (Abk.) siehe unten!
Su'a'da (die, -, Su'a'den) (lat.) Redefluss, Wortschwall.
Su'a'he'li 1. (der, -/-s, -/-s) Angehöriger eines Mischvolks der ostafrikanischen Küste. 2. (das, -/-s, kein Plural) dessen zur Bantugruppe gehörige Sprache.
Su'a'so'rie (die, -, -ri'en) (lat.) Rede über die Ratsamkeit einer Entschließung (röm. Rhetorik der Antike).
su'a'so'risch (Adj.) zur Überredungskunst gehörig.
sua spon'te (lat.) freiwillig.
sub…/Sub… (lat.) unter…/Unter… subalpin; subarktisch; subatomar; submarin; subtropisch; Subdominante; Subspezies; Subtropen; Subunternehmer.
sub'al'tern (Adj.) (lat.) untergeordnet.
Sub'do'mi'nan'te (die, -, -n) (lat.) vierte Stufe der diatonischen Tonleiter; darauf aufgebauter Dreiklang.
Sub'jekt (das, -s, -e) (lat.) Satzgegenstand; Person. Subjektsatz; Subjektsprädikativ.
Sub'jek'ti'on (die, -, -ti'o'nen) das Stellen einer Frage, auf die keine Antwort erwartet wird.
sub'jek'tiv (Adj.) (lat.) auf die eigene Person bezogen; unsachlich. Subjektivismus; Subjektivität; subjektivistisch.
Sub'kon'ti'nent (der, -s, -e) größerer eigenständiger Teil eines Kontinents.
Sub'kul'tur (die, -, -en) Gegenkunst; Gegenkultur.
sub'ku'tan (Adj.) (lat.) unter der/die Haut (Abk.: sc.).
Sub'li'mie'rung (die, -, -en) (lat.) Verdrängung; Verfeinerung. Sublimat; Sublimation; Sublimität; sublim; sublimieren.
sub'ma'rin (Adj.) (lat.) unterseeisch.
sub'mers (Adj.) (lat.) untergetaucht (lebend). Submersion.
Sub'mis'si'on (die, -, -si'o'nen) (lat.) Projektausschreibung. Submissionskartell; Submissionsweg; Submittend (Bewerber); Submittent (Ausschreiber); submittieren.
Sub'or'di'na'ti'on (die, -, -ti'o'nen) (lat.) 1. sich unterordnender (Dienst-)Gehorsam. 2. Unterordnung eines Satzes oder Satzgliedes.
sub'or'di'nie'ren (V.) (lat.) unterordnen.
Su'b'row'ka (der, -/-s, -s) polnischer Schnaps mit Cumarin aus einem Büffelgrashalm.
sub'si'di'är (auch: sub'si'di'a'risch) (Adj.) (lat.) behelfsmäßig; unterstützend. Subsidiarismus; Subsidiarität; Subsidiaritätsprinzip.

Subs'krip'ti'on (die, -, -ti'o'nen) (lat.) Vorbestellung. Subskriptionseinladung; Subskriptionspreis; Subskribent; subskribieren.
Sub'spe'zi'es (die, -, -) (lat.) Unterart, Rasse.
Sub's'tan'tiv (das, -s, -e) (lat.) Hauptwort; Nomen (z. B. Haus, Baum, Mensch). Substantivierung (das Gute, das Hüpfen); substantivisch; substantiviert; substantivieren.
sub's'tan'zi'ell (auch: sub's'tan'ti'ell) (Adj.) (lat.) wesentlich; stofflich. Substanz; Substanzverlust.
Sub's'ti'tu'ent (der, -en, -en) (lat.) Atom oder Molekül, das eine andere Einheit in chemischen Verbindungen substituiert.
Sub's'ti'tu'ti'on (die, -, -ti'o'nen) (lat.) Ersetzung; Stellvertretung. Substituierung; Substitut/in; Substitutionsgüter; substituieren.
Sub's't'rat (das, -s, -e) (lat.) Basis; Nährboden.
sub'su'mie'ren (V.) (lat.) unterordnen; zusammenfassen. Subsumtion (ohne p!); subsumtiv.
sub'til (Adj.) (lat.) schwierig; feingliedrig. Subtilität.
sub'tra'hie'ren (V.) (lat.) abziehen (Mathematik). Subtrahend; Subtraktion; Subtraktionsverfahren.
Sub'tro'pen (die, -, kein Plural) (lat.-griech.) sich in Richtung der Nord- oder Südpol an die Tropen anschließendes Gebiet. Adjektiv: subtropisch.
Sub'ven'ti'on (die, -, -ti'o'nen) (lat.) staatlicher Zuschuss. Subventionsbegehren; subventionieren.
sub'ver'siv (Adj.) (lat.) zerstörend; umstürzlerisch. Subversion.
Sub'way (die, -, -s) (engl.) U-Bahn.
su'chen (V.) finden wollen; versuchen; erstreben. auf der Suche sein, *aber:* auf die Suche gehen. Suchaktion; Suchbild; Suchdienst; etwas im Sucher haben (Fotografie); Suchhund; Suchmeldung; Suchtrupp.
Sucht (die, -, -en/Süch'te) krankhafte Abhängigkeit; gesteigertes Bedürfnis. Süchtigkeit; Suchtkranke; süchtig; suchtkrank.
Sud (der, -s, -e) gekochte Flüssigkeit.
Süd/Sü'den (der, -s, kein Plural) (Abk.: S) *Beachte:* in Nord und Süd; der Wind kommt aus Süd/Süden; wir ziehen gen Süd/Süden; Autobahnausfahrt Frankfurt Süd (*auch:* Frankfurt-Süd). Südafrika; Südamerika; Südasien; Süddeutschland; Süden; Südfrankreich; Südfrüchte; Südhang; Süditalien; Südländer; Südost (Abk.: SO); Südpol; Südpolarmeer; Südsee; Südseite; Südstaatler; Südsüdost(en) (Abk.: SSO); Südsüdwest(en) (Abk.: SSW); Südtirol; Südwest (Abk.: SW); Südwestdeutschland; Südwind. Adjektive: südafrika-

nisch; südamerikanisch; süddeutsch (Abk.: südd.); südländisch; südlich (mit Genitiv! – südlich der Alpen, südlich von München, südlich Münchens); südlicher Breite (Abk.: s(üdl). Br.); südöstlich; südwestlich; südwärts.
Su'dan (der, -s, kein Plural) Sudaner; Sudanesen; sudanisch; sudanesisch.
Su'da'ti'on (die, -, -ti'o'nen) (lat.) das Schwitzen.
Su'da'to'ri'um (das, -s, -ri'en) Schwitzbad.
su'deln (V.) (ugs.) beschmutzen. Sudelei; Sudelwetter.
süf'feln (V.) (ugs.) trinken. Suff; Süffel; süffig.
süf'fi'sant (Adj.) (franz.) spöttisch. Süffisance; Süffisanz.
suf'fi'gie'ren (V.) ein Wort mit einem Suffix (einer Nachsilbe) versehen.
Suf'fix (das, -es, -e) (lat.) Nachsilbe (z. B. -keit, -ung, -heit).
suf'fi'zi'ent (Adj.) (lat.) genügend; ausreichend. Suffizienz.
suf'fo'ca'to (lat.-ital.) gedämpft (Mus.).
Suf'fra'gan (der, -s, -e) (lat.) einem Erzbischof unterstehender Diözesanbischof.
Suf'fu'si'on (die, -, -si'o'nen) flächiger Bluterguss.
Su'fis'mus (der, -, kein Plural) (arab.-lat.) islamische Mystik. Sufi.
sug'ge'rie'ren (V.) (lat.) beeinflussen; einreden. Suggestion; Suggestibilität; Suggestivfrage; suggestibel; suggestiv.
suh'len (V., refl.) im Schlamm wälzen. Suhle.
Süh'ne (die, -, -n) Vergeltung; Buße. Sühnegeld; Sühnegericht; Sühn(e)opfer; Sühnetermin; Sühnung; sühnen.
sui ge'ne'ris (lat.) eigen; besonders.
Sui'te (die, -, -en) (franz.) 1. Zimmerflucht; 2. Komposition. Hotelsuite.
Su'i'zid (der/das, -s, -e) (lat.) Selbstmord. Suizident; suizidal.
Su'jet (das, -s, -s) (franz.) Thema.
Suk'ka'de (die, -, -n) (franz.) kandierte Fruchtschale (z. B. einer Zitrone).
suk'ku'lent (Adj.) (lat.) mit verdickten, Wasser speichernden Blättern oder mit aufgetriebenem, blattlosem Stamm (z. B. Kakteen).
Suk'ku'len'te (die, -, -n) (lat.) Fettpflanze; sukkulente Pflanze.
Suk'ku'lenz (die, -, kein Plural) das Sukkulentsein.
suk'ze'die'ren (V.) (lat.) nachfolgen.
suk'zes'siv (Adj.) (lat.) nach und nach; allmählich. Sukzession; Sukzessionskrieg; Sukzessionsstaat; sukzessive.
Sul'fat (das, -s, -e) (lat.) Salz der Schwefelsäure.

Sul'fid (das, -s, -e) (nlat.) Salz oder Ester des Schwefelwasserstoffs.
Sul'fit (das, -s, -e) (nlat.) Salz oder Ester der schwefligen Säure.
Sul'fo'n'a'mid (das, -s, -e) (nlat.) die Gruppe SO_2NH_2 enthaltende Verbindung (als Bakterien hemmendes Arzneimittel).
Sul'fur (das, -s, kein Plural) (lat.) Schwefel (Abk.: S).
Sul'ky (das, -s, -s) (engl.) Traberwagen.
Sul'tan (der, -s, -e) (arab.) Herrschertitel. Sultanat; Sultanin.
Sul'ta'ni'ne (die, -, -n) Rosine.
Sül'ze (die, -, -n) Fleisch, Fisch in Aspik. Sülzkotelett; Sülzwurst; sülzen.
Su'mach (der, -s, -e) (arab.) kleiner nordamerikanischer Baum; Ziergehölz (z. B. der Essigbaum).
sum'ma cum lau'de (lat.) mit höchstem Lob (akademische Auszeichnung).
sum'ma sum'ma'rum (lat.) alles in allem.
Sum'me (die, -, -n) (lat.) Gesamtergebnis; Betrag; Ganze. Summenbilanz; Summenformel; Summenversicherung; Sümmchen.
sum'men (V.) leise brummen; Summer; Summerzeichen; Summton.
sum'mie'ren (V.) (lat.) zusammenzählen; sich anhäufen. Summand; Summation; Summierung; summarisch.
Su'mo (das, -s, kein Plural) (jap.) Ringkampf.
Su'mo'to'ri (der, -, -s) Sumoringer.
Sumpf (der, -s, Sümp'fe) Moor; Morast. Sumpfblüte; Sumpfboden; Sumpfdotterblume; Sumpffieber; Sumpfland; Sumpffotter; Sumpfpflanze; sumpfig; sumpfen.
Sumpf'vo'gel (der, -s, -vö'gel) Vogelart.
Sumpf'zy'p'res'se (die, -, -n) Zypresse.
Sün'de (die, -, -n) Vergehen; Schuld. Sündenbabel; Sündenfall; Sündenlast; Sündenpfuhl; Sünder/in; Sündhaftigkeit; Sündlosigkeit; sünd(en)los; sündhaft; sündig; sündteuer; sündigen.
Sün'den're'gis'ter (das, -s, -) Auflistung aller Sünden.
Sün'den'ver'ge'bung (die, -, kein Plural) Absolution; Auslöschung aller vergangenen Vergehen.
Su'o'mi (ohne Artikel, -s, kein Plural) (finn.) Finnland.
su'per (Adj.; nicht beugbar) (ugs.) sehr gut; großartig. Das war ein super Konzert; die Gruppe hat super gespielt.
Su'per (das, -s, kein Plural) (Kurzw.) Superbenzin.
su'per.../Su'per... (lat.) über...; sehr; Über...; Supercup; Superintendent; Supermacht; Super-

superb — 509 — **Symbol**

mann; Superstar; superfein; superklug; superleicht; supermodern; superschnell.
su'perb (*auch:* sü'perb) (Adj.) (franz.) vorzüglich.
su'per'fi'zi'ell (Adj.) (lat.) oberflächlich.
Su'pe'ri'or (der, -s, -ri'o'ren) (lat.) Kloster-, Ordensvorsteher.
Su'pe'ri'o'ri'tät (die, -, kein Plural) (lat.) Überlegenheit.
Su'per'la'tiv (der, -s, -e) (lat.) höchster Wert; zweite Steigerungsstufe (z. B. klügste, beste). Adjektiv: superlativisch.
Su'per'la'ti'vis'mus (der, -, -vis'men) (lat.) dauernde Suche nach, Anwendung von Superlativen; Übertreibung.
Su'per'markt (der, -s, -märk'te) großes Lebensmittelgeschäft
Su'per'no'va (die, -, -vä) (lat.) Stern mit besonderer Helligkeitszunahme.
Su'per'strat (das, -s, -e) (lat.) überlagernde Sprachschicht; Eroberersprache (im Gegensatz zu einem Substrat).
Su'per'vi'si'on (die, -, -si'o'nen) (lat.) Überwachung; Betreuung.
Su'per'vi'sor (der, -s, -s) (lat.-engl.) 1. Aufsichtsperson. 2. Überwachungsgerät.
Sup'pe (die, -, -n) Speise. Süppchen; Suppenfleisch; Suppengrün; Suppenhuhn; Suppenkasper; Suppenlöffel; Suppennudel; Suppenterrine; Suppenwürfel; suppig.
Sup'pen'kel'le (die, -, -n) Schöpflöffel.
Sup'pen'schüs'sel (die, -, -n) Terrine.
Sup'pen'wür'ze (die, -, -n) Suppengewürzmischung.
Sup'ple'ment (das, -s, -e) (lat.) Ergänzung; Beilage. Supplementband.
sup'ple'men'tär (Adj.) (lat.) ergänzend.
Sup'pli'kant (der, -en, -en) (lat.) Bittsteller.
sup'pli'zie'ren (V.) ein Bittgesuch einreichen.
sup'po'nie'ren (V.) (lat.) voraussetzen; unterstellen.
Sup'po'si'ti'on (die, -, -ti'o'nen) Voraussetzung.
Sup'po'si'to'ri'um (das, -s, -ri'en) (lat.) Zäpfchen.
Sup'pres'si'on (die, -, -si'o'nen) (lat.) Unterdrückung; Zurückdrängung.
sup'pres'siv (Adj.) (lat.) unterdrückend; zurückdrängend.
sup'pri'mie'ren (V.) (lat.) unterdrücken; zurückdrängen.
Su'p'ra'lei'ter (der, -s, -) Material, das unterhalb einer bestimmten Temperatur Strom ohne Widerstand leitet.
Su'p're'mat (der/das, -s, -e) (lat.) Oberherrschaft; Oberhoheit.

Su're (die, -, -n) (arab.) Korankapitel.
Surf'brett (das, -s, -er) Segelbrett. Surfer/in; Surfriding; surfen.
Su'ri'nam (ohne Art., -s, kein Plural) südamerikanischer Staat.
Sur'plus (das, -, -) (engl.) Überschuss.
Sur're'a'lis'mus (der, -, kein Plural) (franz.) Kunstrichtung. Surrealist; surrealistisch.
sur'ren (V.) brummen. Surrton.
Sur'ro'gat (das, -s, -e) (lat.) Ersatz.
Sur'ro'ga'ti'on (die, -, -ti'o'nen) (lat.) Ersatz eines nicht mehr vorhandenen Gegenstands, Vermögenswertes (Juristensprache).
su's'pekt (Adj.) (lat.) verdächtig.
sus'pen'die'ren (V.) (lat.) aufheben; entlassen. Suspension; suspensiv.
süß (Adj.) zuckrig; lieblich; reizend. Süße; Süßholz; Süßigkeit; Süßlichkeit; Süßspeise; Süßstoff; Süßwasser; süßsauer; süßlich; honigsüß; zuckersüß; süßfreundlich; süßen.
su'um cu'i'que (lat.) jedem das Seine.
SV (Abk.) Sportverein.
sva. (Abk.) so viel als.
svw. (Abk.) so viel wie.
SW (Abk.) Südwest(en).
Swa'mi (der, -s, -s) (Hindi) hinduistischer Mönch, Gelehrter, Lehrer.
Swap'ge'schäft (das, -s, -e) Devisenaustauschgeschäft.
SWAPO (Abk.) South West African People's Organization (Befreiungsbewegung).
Swea'ter (der, -s, -) (engl.) Pullover. Sweatshirt.
SWF (Abk.) Südwestfunk.
Swim'ming'pool (der, -s, -s) (engl.) Schwimmbecken.
Swing (der, -/-s, kein Plural) Jazzstil; Kreditquote. Swingfox; swingen.
Sy'ba'rit (der, -en, -en) (griech.) Schlemmer.
sy'ba'ri'tisch (Adj.) (griech.) schwelgerisch.
Sy'ko'mo're (die, -, -n) (griech.) Maulbeerfeige.
Sy'ko'phant (der, -en, -en) (griech.) Verleumder.
syl'la'bisch (Adj.) (griech.) silbenweise.
Syl'lo'gis'mus (der, -, -gis'men) (griech.) Vernunftschluss. Adjektiv: syllogistisch.
Syl'ves'ter (das, -s, -) → Silvester.
Sym'bi'ont (der, -en, -en) (griech.) Lebewesen in Symbiose mit einem anderen.
Sym'bi'o'se (die, -, -n) (griech.) Zusammenleben. Adjektiv: symbiotisch.
Sym'bol (das, -s, -e) (griech.) Sinnbild; Zeichen. Symbolcharakter; Symbolik; Symbolisierung; Symbolismus; Symbolkraft; Symbolsprache; symbolhaft; symbolisch; symbolistisch; symbolträchtig; symbolisieren.

Sym|me|t|rie (die, -, -n) (griech.) Spiegelgleichheit. Symmetrieachse; Symmetrieebene; symmetrisch.
Sym|pa|thie (die, -, -n) (griech.) Zuneigung; Gefallen. Sympathiekundgebung; Sympathiestreik; Sympathisant/in; sympathetisch; sympathisch; sympathisieren.
Sym|pa|thi|ko|ly|ti|kum (das, -s, -ka) (gr.-nlat.) Medikament, das die Reizung sympathischer Nerven hemmt (Med.).
Sym|pa|thi|ko|to|nie (die, -, -ni|en) Erregbarkeit des sympath. Nervensystems (Med.).
Sym|pa|thie|trä|ger (der, -s, -) jmd., dem Sympathie entgegengebracht wird.
Sym|pa|thi|kus (der, -, kein Plural) (griech.) Nervenstrang.
Sym|pho|nie (die, -, -n) → Sinfonie.
Sym|po|si|um (*auch:* Sym|po|si|on) (das, -s, -si|en) (griech.) Tagung.
Sym|p|tom (das, -s, -e) (griech.) Anzeichen für eine Krankheit; Krankheitsmerkmal. Adjektiv: symptomatisch.
Sy|n|a|go|ge (die, -, -n) (griech.) jüdisches Gotteshaus. Adjektiv: synagogal.
Sy|n|ap|se (die, -, -n) (griech.) Verbindungsstelle, die der Reizübermittlung im Nervensystem dient.
Sy|n|äs|the|sie (die, -, -n) (griech.) 1. Mitreizung eines anderen Sinnesorgans (z. B. Hörempfindung bei bestimmten Farben). 2. sprachliches Bild, das scheinbar unvereinbare Sinneseindrücke benutzt (z. B. ein knallendes Gelb).
sy|n|äs|the|tisch (Adj.) (griech.) zur Synästhesie gehörig.
syn|chron (Adj.) (griech.) gleichzeitig. Synchrongetriebe; Synchronie; Synchronisation; Synchronisierung; Synchronismus; Synchronmotor; Synchronuhr; synchronisch; synchronistisch; synchronisieren.
Syn|chro|t|ron (das, -s, -e) (Kunstwort) Beschleuniger für geladene Elementarteilchen.
Syn|dak|ty|lie (die, -, -n) (griech.) Verwachsung von Fingern oder Zehen.
syn|de|tisch (Adj.) (griech.) mit Konjunktion (Bindewort) verbunden. Syndeton.
Syn|di|kat (das, -s, -e) (griech.) Kartell; (Kurzw.) Verbrechersyndikat. Syndikalismus; Syndikus.
Syn|drom (das, -s, -e) (griech.) Krankheitsbild.
Sy|n|ek|do|che (die, -, -n) (griech.) Umschreibung eines Begriffs durch einen seiner Teile (z. B. »Paris« für »die französische Regierung«).
sy|n|er|ge|tisch (Adj.) zusammenwirkend.
Sy|n|er|gie (die, -, -n) das Zusammenwirken.
Syn|kli|na|le (die, -, -n) (griech.) Mulde (in der Geologie).

Syn|ko|pe (die, -, -n) (griech.) 1. Vokalausfall. 2. Betonung eines unbetonten Wertes im Takt (Musik). 3. kurze Bewusstlosigkeit (Med.). Adjektiv: synkopisch. Verb: synkopieren.
Syn|kre|tis|mus (der, -, kein Plural) (griech.-nlat.) Vermischung mehrerer Religionsformen, Lehren u. a.
Syn|kre|tist (der, -en, -en) jmd., der den Synkretismus befürwortet.
syn|kre|tis|tisch (Adj.) zum Synkretismus gehörig.
Sy|n|o|de (die, -, -n) (griech.) Kirchenversammlung. Synodalverfassung; synodal; synodisch.
sy|n|o|nym (Adj.) (griech.) mit gleicher, ähnlicher Bedeutung. Synonym; Synonymie; Synonymik; synonymisch.
Sy|n|op|se (*auch:* Sy|n|op|sis) (die, -, -n) (griech.) Zusammenfassung; Übersicht. Synoptik; synoptisch.
syn|tag|ma|tisch (Adj.) (griech.) zusammengehörig. Syntagma.
Syn|tax (die, -, -en) (griech.) Satzbaulehre. Satzlehre. Syntaxanalyse; syntaktisch.
Syn|the|se (die, -, -n) (griech.) Aufbau; Verbindung. Syntheseprodukt; synthetisch; synthetisieren.
Syn|the|si|zer (der, -s, -) (engl.) elektronisches Musikgerät.
Syn|the|tik (das, -s, kein Plural) (griech.) Kunstfaserstoff.
Sy|phi|lis (die, -, kein Plural) (griech.) Geschlechtskrankheit. Syphilitiker; syphiliskrank; syphilitisch.
Sy|ri|en (ohne Art., -s, kein Plural) vorderasiatischer Staat. Syrer (*auch:* Syrier); syrisch.
Sys|tem (das, -s, -e) (griech.) Aufbau; Prinzip; Staatsform. Systemanalytiker; Systematik; Systematisierung; Systemkritiker; Systemzwang; systematisch; systemfeindlich; systemimmanent; systemkonform; systemlos; systematisieren.
s. Z. (Abk.) seinerzeit.
Sze|ne (die, -, -n) (griech.) Bühne; Auftritt; Bereich. Szenarium; Szenenapplaus; Szenenfolge; Szenenwechsel; Szenerie; szenisch.
szi|en|ti|fisch (Adj.) (lat.) wissenschaftlich. Szientismus; Szientist.
Szin|til|la|ti|on (die, -, -ti|o|nen) das Szintillieren.
Szin|til|la|tor (der, -s, -to|ren) Stoff, der beim Auftreffen radioaktiver Strahlung szintilliert (als Nachweismittel).
szin|til|lie|ren (V.) (lat.) aufblitzen; flimmern; funkeln; leuchten (vom Sternenlicht; von Kristallen).
SZR (Abk.) Sondererziehungsrecht.

T

t (Abk.) Tonne.
Ta (Abk.) Tantal (chemisches Zeichen).
Tab (der, -s, -e/-s) 1. oben herausragender Kennzeichnungsteil (einer Karteikarte). 2. Abk. für Tabulator.
Ta|bak (der, -s, -e) (span.) 1. Pflanze; 2. Genussmittel. Tabakbau; Tabakblatt; Tabakpflanze; Tabakplantage; Tabakraucher; Tabaksbeutel; Tabaksdose; Tabakspfeife; Tabakwaren.
Ta|bak|ge|nuss (der, -nus|ses, kein Plural) Tabakgebrauch; Freude am Tabak.
Ta|bak|händ|ler (der, -s, -) Händler.
Ta|bak|la|den (der, -s, -lä|den) Tabakgeschäft.
Ta|bak|mi|schung (die, -, -en) Tabakzusammenstellung.
Ta|ba|ko|se (die, -, -n) (span.-nlat.) Tabakstaublunge.
Ta|bak|ver|gif|tung (die, -, -en) Vergiftung.
Ta|bak|wa|ren (die, nur Plural) Sortiment.
Ta|bas|co (der, -s, kein Plural) (span.) scharfes Gewürz. Tabascosoße (*auch:* Tabascosauce).
Ta|ba|ti|e|re (die, -, -n) (franz.) Schnupftabakdose; Tabaksdose.
Ta|bel|le (die, -, -n) Übersicht; Liste. Tabellarisierung; Tabellenende; Tabellenerster sein; Tabellenführer; Tabellenspitze; Tabellenstand; Tabellierer; tabellarisch; tabellenförmig; tabellarisieren; tabellieren.
Ta|bel|lier|ma|schi|ne (die, -, -n) Büromaschine.
Ta|ber|na|kel (das/der, -s, -) (lat.) Hostienschrein.
Ta|bes (die, -, kein Plural) (lat.) Schwindsucht (des Rückenmarks).
Ta|be|ti|ker (der, -s, -) jmd., der an Rückenmarksschwindsucht leidet. Adjektiv: tabetisch.
Ta|bi|ker (der, -s, -) jmd., der an Tabes leidet.
ta|bisch (Adj.) zur Tabes gehörig; daran leidend.
Ta|b|lar (das, -s, -e) (schweiz.) (franz.) Regalbrett.
Ta|b|leau (das, -s, -s) (franz.) 1. wirkungsvoll angeordnetes Bühnenbild. 2. übersichtliche Darstellung; Tabelle. 3. in der Reproduktionstechnik die Zusammenstellung von Vorlagen für eine Gesamtaufnahme im gleichen Maßstab.
Ta|b|le|top (das, -s, -s) (engl.) Anordnung von Gegenständen für Stilllebenfotografie.
Ta|b|lett (das, -s, -s/-e) (franz.) Servierbrett.
Ta|b|let|te (die, -, -n) (franz.) Pille. Tablettenröhrchen; tablettieren.
Ta|b|let|ten|sucht (die,-, kein Plural) Abhängigkeit von Medikamenten.
ta|b|let|ten|süch|tig (Adj.) tablettenabhängig.
Ta|bor (der, -s, -s) (tschech.) Volksversammlung.
Ta|bo|rit (der, -en, -en) (nlat.) Mitglied einer radikalen Gruppe der Hussiten (nach der tschech. Stadt Tabor).
Ta|bor|licht (das, -s, kein Plural) der Gott eigene, ungeschaffene Lichtschein (Mystik der orthodoxen Kirche).
Tä|b|ris (der, -, -) ein nordwestiranischer Teppich.
Ta|bu (das, -s, -s) Verbot; Unantastbarkeit. Tabuisierung; Tabuierung; das ist tabu; tabuieren; tabuisieren.
Ta|bu|la gra|tu|la|to|ria (die, - -, -lae -ri|ae) (lat.) Liste der Gratulanten.
Ta|bu|la ra|sa (die, -, kein Plural) (lat.) 1. »reiner Tisch«, ermöglichter Neubeginn. 2. unbeeinflusste Seele in der Philosophie. Tabula rasa machen.
Ta|bu|la|tor (der, -s, -en) (engl.) Tabellensteller (Schreibmaschine).
Ta|bu|la|tur (die, -, -en) (lat.) 1. eine alte Notenschrift; Griffschrift. 2. Tafel mit den Regeln des Meistersangs.
Ta|bu|rett (das, -s, -e) (schweiz.-franz.) niedriger Hocker.
Ta|che|les (jidd.) (nur in der Wendung) Tacheles reden (Klartext reden).
Ta|chi|na (die, -, -nen) (griech.-lat.) Gattung der Raupenfliegen.
ta|chi|nie|ren (V.) faulenzen; unbeschäftigt herumstehen.
Ta|chis|mus (der, -, kein Plural) (franz.-nlat.) spontanes Aufbringen von Farbflecken (als Richtung gegenstandsloser Malerei).
Ta|chist (der, -chis|ten, -chis|ten) Tachismusvertreter.
Ta|chis|to|s|kop (das, -s, -e) (griech.-lat.) Gerät zur Vorführung optischer Reize im Rahmen von psychologischen Tests.
Ta|cho (der, -s, -s) (Kurzw.) Tachometer.
Ta|cho|graf (*auch:* Ta|cho|graph) (der, -en, -en) (griech.) Geschwindigkeitsaufzeichner.
Ta|cho|me|ter (der/das, -s, -) (griech.) Geschwindigkeitsmesser.
Ta|chy|gra|fie (*auch:* Ta|chy|gra|phie) (die, -, -n) (griech.-lat.) Kurzschriftsystem aus dem Altertum.
Ta|chy|kar|die (die, -, -n) (griech.) Herzjagen; Pulsbeschleunigung.

Ta|cker (engl.) (der, -s, -) Handgerät zum Anbringen von Heftklammern.
ta|ckern (V.) mit dem Tacker befestigen.
Tack|ling (das, -s, -s) (engl.) Abwehrtechnik (Fußball).
Täcks (*auch:* Täks) (der, -es, -e) (engl.) Nagel (in der Schuhherstellung gebräuchlich).
ta|deln (V.) rügen; kritisieren. Tadel; Tadelsucht; Tadler/in; tadelfrei; tadellos; tadelnswert; tadelsüchtig.
Ta|dels|an|trag (der, -s, -trä|ge) Antrag zur Zurechtweisung eines Parlamentariers.
Ta|d|schi|kis|tan (ohne Art., -s, kein Plural) Tadschike; tadschikisch. *Aber:* Tadschikisch (Sprache).
Tae|k|won|do (das, -, kein Plural) koreanische Kunst der Selbstverteidigung.
Taf. (Abk.) Tafel.
Ta|fel (die, -, -n) 1. Brett; Schild; Tabelle; 2. Tisch. Tafelaufsatz; Tafelberg; Täfelchen; Tafelfreuden; Tafelgeschirr; Tafelobst; Tafelrunde; Tafelservice; Tafelspitz; Täfelung; Tafelwasser; Tafelwein; tafelartig; tafelfertig; tafelförmig; tafeln; täfeln.
Ta|fel|be|steck (das, -s, -ste|cke) Besteck.
Ta|fel|glas (das, -es, -glä|ser) Schaufensterglas.
Ta|fel|lap|pen (der, -s, -) Wischtuch zum Tafelwischen.
Ta|fel|ma|le|rei (die, -, -en) Malstil.
Ta|fel|mu|sik (die, -, kein Plural) gehobene Unterhaltungsmusik.
taff (*auch:* tough) (Adj.) ugs. für energisch.
Taft (der, -s, -e) (pers.) Seidenstoff. Taftkleid; Taftrock; taften.
Tag (der, -s, -e) Zeitraum; Helligkeit; (ugs.; Plural) Menstruation. *Beachte:* am/bei/über Tag; eines Tages; in zwei Tagen; Guten (*auch:* guten) Tag sagen; Tag für Tag; ich komme nächster Tage vorbei; im Laufe des morgigen Tag(e)s; Tag und Nacht; der Jüngste Tag; unter Tage arbeiten (Bergwerk). *Aber:* unter Tags (*auch:* untertags); tags darauf/zuvor; tagsüber; tagtäglich; tagaus, tagein; tags darauf rief er an; heutzutage; *aber:* das wird bald zutage (*auch:* zu Tage) treten; tagelang, *aber:* drei Tage lang. Tagebau; Tagebuch; Tagedieb; Tagelöhner; Tagesablauf; Tagesanbruch; Tagesbedarf; Tagesdecke; Tageseinnahme; Tagesform; Tagesgeschehen; Tagesgespräch; Tageskarte; Tageslicht; Tageslichtprojektor; Tagesmutter; Tagesraum; Tagesschau; Tagesstätte; Tageszeit; Tageszeitung; Tagfalter; Tagtraum; Tagundnachtgleiche (*auch:* Tag-und-Nacht-Gleiche); Tagwerk. Adjektive: tag(es)hell; ganztägig; fünftägig; täglich; dreitäglich (alle drei Tage); tagtäglich; tageweise. Verb: tagelöhnern.

Ta|ga|log (das, -, kein Plural) (malai.) die Staatssprache der Philippinen.
Ta|ges|aus|flug (der, -s, -flü|ge) Vergnügungsreise.
Ta|ges|hälf|te (die, -, -n) Hälfte eines Tages.
Ta|ges|kar|te (die, -, -n) Ticket, das für einen Tag gültig ist.
Ta|ges|kas|se (die, -, -n) Einnahmen eines Tages.
Ta|ges|kli|nik (die, -, -en) Klinik für ambulante Behandlung.
Ta|ges|kurs (der, -es, -e) Börsenkurs eines Börsentages.
Ta|ges|lauf (der, -s, -läu|fe) Tag.
Ta|ges|leis|tung (die, -, -en) erbrachte Leistung an einem Tag.
Ta|ges|lo|sung (die, -, -en) Tagesparole.
Ta|ges|marsch (der, -es, -mär|sche) Strecke, die innerhalb eines Tages zu gehen ist.
Ta|ges|nach|rich|ten (die, nur Plural) Meldungen des Tages.
Ta|ges|ord|nung (die, -, -en) Tagungsplan; Tagesgliederung.
Ta|ges|ord|nungs|punkt (der, -s, -e) Teil einer Tagesordnung.
Ta|ges|pres|se (die, -, kein Plural) Gesamtheit der an einem Tag erschienenen Zeitungen.
Ta|ge|tes (die, -, -) (lat.) Studentenblume.
Ta|g|li|a|tel|le (die, nur Plural) italienische Bandnudeln.
tags|über (Adv.) am Tag.
Tag|träu|mer (der, -s, -) verträumter Mensch.
Ta|gu|an (der, -s, -e) indisches Flughörnchen.
Tag|und|nacht|glei|che (*auch:* Tag-und-Nacht-Gleiche) (die, -, kein Plural) Tag des Jahres, an dem die Länge der Nacht dem Tag entspricht.
Ta|gung (die, -, -en) Symposium; Sitzung. Tagungsort; Tagungsteilnehmer.
Ta|hin (das, -, kein Plural) (arab.) Paste aus fein vermahlenem Sesam.
Tahr (der, -s, -s) indische Halbziege.
Tai-Chi (das, - -, kein Plural) chinesisches Schattenboxen.
Tai|fun (der, -s, -e) (chines.) Wirbelsturm in Südostasien.
Tai|ga (die, -, kein Plural) (russ.) sumpfige Waldlandschaft.
Tail|le (die, -, -n) (franz.) Gürtellinie. Taillenweite; tailliert; kurztaillig; taillieren.
Tail|leur (das, -s, -s) (schweiz.) (franz.) tailliertes Kostüm.
Ta|ka|ma|hak (der, -s, kein Plural) (indian.-span.) Harz eines Tropenbaums.

Take (der/das, -s, -s) (engl.) Filmeinstellung, Filmszene; Aufnahme.

Ta|ke|la|ge (die, -, -n) (franz.) Segelwerk. Takelung; Takelwerk; takeln.

Take-off (*auch:* Takeoff) (das/der, -s, -s) (engl.) Flugzeug-, Raketenstart.

Takt 1. (der, -s, -e) (lat.) Rhythmus; Regelmäßigkeit. Taktfehler; Taktfrequenz; Taktgefühl; Taktmesser; Taktstock; Taktstrich; taktfest; taktmäßig; taktwidrig; fünftaktig; taktieren; takten. 2. (der, -s, kein Plural) (franz.) Fingerspitzengefühl. Taktgefühl; Taktlosigkeit; taktlos; taktvoll.

Tak|tik (die, -, -en) (griech.) berechnendes, überlegtes Vorgehen. Taktiker; taktisch; taktieren.

tak|til (Adj.) (lat.) zum Tastsinn gehörig.

Tal (das, -s, Tä|ler) Senke; Ebene. Talboden; Talenge; Berg- und Talfahrt; Talsenke; Talski (*auch:* Talschi); Talsohle; Talsperre; talaufwärts; talaus; talwärts.

Ta|lar (der, -s, -e) (ital.) Amtstracht.

Ta|lent (das, -s, -e) (griech.) 1. Begabung. Talentprobe; Talentsuche; talentiert; talentlos; talentvoll. 2. altgriechische Geld-, Gewichtseinheit.

Ta|ler (der, -s, -) Münze. Talerstück; talergroß.

Talg (der, -s, -e) Fett. Talgdrüse; talgartig; talgig; talgen.

Ta|li|on (die, -, -li|o|nen) (lat.) Vergeltung von Gleichem mit Gleichem.

Ta|li|pes (der, -, kein Plural) (nlat.) Klumpfuß.

Ta|lis|man (der, -s, -e) (griech.) Glücksbringer.

Tal|je (die, -, -n) (lat.-niederl.) Flaschenzug.

Talk (der, -s, kein Plural) (arab.) Mineral. Talkerde; Talkpuder; Talkstein; Talkum; talkumieren.

Talk|mas|ter (der, -s, -) (engl.) Moderator.

Talk|show (die, -, -s) (engl.) Unterhaltungssendung.

Tal|kum (das, -s, kein Plural) (arab.-lat.) zermahlener Speckstein; Talk. Talkumpuder.

Tal|lith (der, -, -) jüd. Gebetsmantel.

Tal|ly|mann (der, -s, -leu|te) (engl.-dt.) Kontrolleur beim Be- und Entladen von Schiffen.

Tal|mi (das, -s, kein Plural) Legierung; Unechtes. Talmiglanz; Talmigold; Talmiware; talmin.

Tal|mud (der, -s, -e) (hebr.) jüdische Gesetzessammlung. Talmudismus; Talmudist; Talmudkenner; talmudisch.

Ta|lon (der, -s, -s) (franz.) Gutschein.

Ta|ma|rak (das, -s, -s) Holz einer nordamerikanischen Lärche.

Ta|ma|ri (die, -, -s) (jap.) Sojasoße aus Sojabohnen und Meersalz, würziger und dickflüssiger als Shoyu.

Ta|ma|rin|de (die, -, -n) (arab.-lat.) ein tropischer Hülsenfrüchtler; dessen Frucht.

Ta|ma|ris|ke (die, -, -n) (ital.) Wärme liebendes Bäumchen mit immergrünen Schuppenzweigen.

Tam|bour (der, -s, -e) (pers.-franz.) 1. Trommler; Ausbilder der Spielleute. 2. zylindrischer Kuppelunterbau.

Tam|bour|ma|jor (der, -s, -e) Leiter eines Spielmannszuges.

Tam|bur (der, -s, -e) (pers.-franz.) Sticktrommel.

Tam|bu|rin (das, -s, -e) (franz.) Handtrommel.

Tam|bu|riz|za (die, -, -zen) serbokroatische Mandoline.

Ta|mil (das, -s, kein Plural) Sprache der Tamilen.

Ta|mi|le (der, -n, -n) dunkelhäutiger, drawidischer Ew. Südindiens und Sri Lankas.

Tam|pi|ko|fa|ser (die, -, -n) Agavenfaser.

Tam|pon (der, -s, -s) (franz.) Wattebausch. Tamponade; Tamponage; tamponieren.

Tam|tam (das, -s, -s) 1. Instrument; 2. (ugs.) Lärm, Aufregung.

tan (Abk.) Tangens.

Tan|bur (der, -s, -e) arabisches Lauteninstrument.

Tand (der, -s, kein Plural) (lat.) Wertloses. Tandelmarkt; tandeln.

tän|deln (V.) spielen; scherzen. Tändelei; Tändler.

Tan|dem (das, -s, -s) Doppelfahrrad. Tandemachse; Tandemmaschine.

tang (Abk.) Tangens.

Tang (der, -s, -e) Algen.

Tan|ga (der, -s, -s) Bikini; Slip.

Tan|ga|re (die, -, -n) mittel- und südamerikanischer Singvogel.

Tan|gens (der, -, -) (lat.) Winkelfunktion (Abk.: tan). Tangenskurve; Tangenssatz; Tangente; Tangentenfläche; Tangentialebene; tangential.

Tan|gen|te (die, -, -n) Ortsumgehungsstraße.

tan|gie|ren (V.) (lat.) berühren; betreffen; angehen.

Tan|go (der, -s, -s) (span.) Tanz. Tangotänzer.

Tank (der, -s, -s/-e) Behälter; Panzer. Tanker; Tankerflotte; Tankfahrzeug; Tankfüllung; Tanksäule; Tankschiff; Tankuhr; Tankwagen; Tankwart; tanken.

Tank|an|zei|ge (die, -, -n) Angabe der Füllmenge eines Tanks.
Tank|ver|schluss (der, -es, -schlüs|se) Verschluss eines Tanks.
Tan|ne (die, -, -n) Baum. Tännchen; Tannenbaum; Tannenhäher; Tannenharz; Tannennadel; Tannenwald; Tannenzapfen; tannen (aus Tannenholz).
Tan|nin (das, -s, -e) (franz.) Gerbstoff. Tanninbeize; tannieren.
Tan|rek (der, -s, -s) Igelart auf Madagaskar.
Tan|sa|nia (ohne Art., -s, kein Plural) Tansanier; tansanisch.
Tan|sa|nit (das, -s, kein Plural) ein Edelstein.
Tan|tal (das, -s, kein Plural) (griech) Metall; chemischer Grundstoff (Abk.: Ta).
Tan|ta|lus|qua|len (die, nur Plural) Leiden durch die Unerreichbarkeit eines nahe geglaubten Ziels (aus der griech. Mythologie).
Tan|te (die, -, -n) Verwandte. Tantchen; Tante-Emma-Laden; tantenhaft.
Tan|ti|e|me (die, -, -n) (franz.) Gewinnbeteiligung; Vergütung; (ugs.) Geld.
tan|zen (V., ist; V.) sich nach der Musik bewegen; hüpfen. Tanz; Tanzabend; Tanzbär; Tanzbein schwingen; Tanzcafé; Tänzer/in; Tanzfläche; Tanzkapelle; Tanzkurs; Tanzlehrer; Tanzlokal; Tanzpartner/-in; Tanzschritt; Tanzstunde; Tanzturnier; Tanzunterricht; tänzerisch; tanzlustig; tänzeln.
Tanz|grup|pe (die, -, -n) Tanzensemble.
Tanz|kunst (die, -, -küns|te) Tanzvermögen.
Tanz|mu|sik (die, -, kein Plural) Musik zum Tanzen.
Tanz|or|ches|ter (das, -s, -) Tanzkapelle.
Tanz|saal (der, -s, -sä|le) großer Raum für Tanzveranstaltungen.
Tanz|schu|le (die, -, -n) Schule, die Tanzunterricht anbietet.
Tanz|ver|an|stal|tung (die, -, -en) Ball; Tanzfest.
Tanz|ver|gnü|gen (das, -s, -) Freude am Tanzen; Tanzveranstaltung.
Tao (das, -, kein Plural) (chines.) chinesische Philosophie. Taoismus; Taoist; taoistisch.
Tape (das/der, -s, -s) (engl.) Magnetband; Tonband. Tapedeck.
Ta|pet (das, -s, kein Plural) (lat.) Konferenztischdecke. etwas aufs ~ bringen: etwas zur Sprache bringen.
Ta|pe|te (die, -, -n) Wandverkleidung. Tapetenbahn; Tapetenrolle; Tapetentür; Tapetenwechsel; Tapezierer; Tapezierarbeit; Tapeziertisch; Tapezierwerkstatt; tapezieren.

tap|fer (Adj.) mutig; beherzt; beherrscht. Tapferkeit; Tapferkeitsmedaille.
Ta|pi|o|ka (die, -, kein Plural) Stärkemittel. Tapiokastärke.
Ta|pir (der, -s, -e) Tier.
Ta|pis|se|rie (die, -, -n) (franz.) Handarbeitsgeschäft; Wandteppich.
Ta|po|te|ment (das, -s, -s) (franz.) Massage durch Klopfen und Klatschen mit den Händen.
tap|pen (*auch:* tap|sen) (V.) ungeschickt gehen. im Dunkeln/Finstern tappen (im Ungewissen sein); wir tappten im Dunkeln (Dunkelheit) durch den Wald. Adjektive: tappig; täppisch; tapprig; tapsig.
tap|rig (*auch:* ta|pe|rig) (Adj.) zittrig; gebrechlich. Tapergreis; tapern.
Ta|ra (die, -, -ren) (ital.) Verpackungsgewicht; Verpackung.
Ta|ran|tel (die, -, -n) (ital.) Spinne.
Ta|ran|tel|la (die, -, -s/-len) (ital.) Volkstanz.
Tar|busch (der, -s, -e) (pers.-arab.) → Fes.
tar|dan|do (Adv.) (ital.) sich verlangsamend (in der Musik).
tar|do (Adj.) langsam (in der Musik).
Tar|get (das, -s, -s) (engl.) Auffangsubstanz für energiereiche Elementarteilchen.
ta|rie|ren (V.) (ital.) Gewicht feststellen, ausgleichen. Tarierwaage.
Ta|rif (der, -s, -e) (arab.) Preis; Lohn; Gehalt. Tarifautonomie; Tariferhöhung; Tarifgruppe; Tarifierung; Tarifkommission; Tariflohn; Tarifpartner; Tarifrecht; Tarifsatz; Tarifvertrag; tarifarisch; tarifisch; tariflich; tariflos; tarifmäßig; tarifieren.
Tar|la|tan (der, -s, -e) (franz.) Baumwollgewebe.
tar|nen (V.) anpassen; schützen; maskieren. Tarnanstrich; Tarnanzug; Tarnfarbe; Tarnkappe; Tarnnetz; Tarnung.
Ta|ro (der, -s, -s) Wurzelknolle.
Ta|rock (das/der, -s, -s) (ital.) Kartenspiel. Tarockspiel; tarockieren.
Tar|pan (der, -s, -e) (russ.) ponyähnliches europäisches Steppenwildpferd.
Tar|pau|lin (der, -s, kein Plural) (engl.) Jutegewebe.
Tar|pon (der, -s, -s) Knochenfisch, ähnlich dem Hering.
Tar|sus (der, -, Tar|sen) (griech.) 1. Fuß (der Gliederfüßler). 2. Fußwurzel. 3. Lidknorpel.
Tar|tan (der, -s, -s) (engl.) 1. Wollstoff; 2. (ohne Plural) Kunststoffbelag. Tartanbahn.
Tar|tar (der, -en, -en) → Tatar (2.).
Tar|ta|rus (der, -, kein Plural) 1. Schattenreich der griechischen Sage. 2. Weinstein.

Tar|t|rat (das, -s, -e) (griech.-nlat.) Weinsäuresalz.
Tar|tüff (der, -s, -e) Heuchler (nach Molière).
Ta|sche (die, -, -n) Beutel. *Beachte:* jemandem auf der Tasche liegen, *aber:* jemanden in die Tasche stecken. Taschenausgabe; Taschenbuch; Taschendieb; Taschengeld; Taschenkalender; Taschenlampe; Taschenmesser; Taschenrechner; Taschenspiegel; Taschenspieler; Taschentuch; Taschenuhr; Täschchen. Verb: taschenspielern.
Ta|schen|dieb|stahl (der, -s, -stäh|le) Taschenraub.
Ta|schen|fahr|plan (der, -s, -plä|ne) kleiner Fahrplan.
Ta|schen|spie|ler|trick (der, -s, -s) Zauberkunststück.
Ta|schen|wör|ter|buch (das, -s, -bü|cher) kleines Wörterbuch.
TASS (die, -, kein Plural) ehem. russische Nachrichtenagentur; jetzt: ITAR-TASS.
Tas|se (die, -, -n) Trinkgefäß. *Beachte:* eine Tasse Tee *(falsch:* Tees!); eine Tasse schwarzer Tee/schwarzen Tees. Tässchen; Tassenrand.
tas|ten (V.) vorsichtig berühren; suchen; Tasten bedienen. Tastatur; Taste; Tastempfindung; Tastentelefon; Tastorgan; Tastsinn; tastbar.
Tat (die, -, -en) Handlung; Straftat. *Beachte:* in der Tat (tatsächlich)! mit Rat und Tat zur Seite stehen; ein Mann der Tat. Tatbericht; Tatbestand; Tateinheit; Tatendrang; Tatendurst; Tatenlosigkeit; Täter/in; Tatform/Tätigkeitsform (Aktiv); Tathergang; Tätigkeit; Tätigkeitswort (Verb); Tatkraft; Tätlichkeit; Tatmotiv; Tatort; Tatsache; Tatsachenbericht; Tatsächlichkeit; Tatverdacht; Tatwaffe; Tatzeit. Adjektive: tatendurstig; tatenfroh; tatenlos; tatenlustig; tatkräftig; tätlich werden; tatverdächtig; tätig; tatsächlich. Verb: tätigen.
Ta|tar 1. (das, -s, kein Plural) rohes Rindfleisch. 2. *(auch:* Tartar) (der, -en, -en) Angehöriger eines mongolischen Mischvolks.
tä|to|wie|ren (V.) in die Haut einritzen. Tätowierung; Adjektiv: tätowiert.
tät|scheln (V.) liebevoll schlagen.
Tat|ter|sall (der, -s, -s) (engl.) Reitschule mit Pferdeverleih; die dazugehörige Reithalle, -bahn.
Tat|too (das, -/-s, -s) (engl.) 1. Zapfenstreich; 2. Tätowierung.
tatt|rig *(auch:* tat|te|rig) (Adj.) (ugs.) zittrig. Tattergreis; Tatterich; tattern.
ta|tü|ta|ta! (Interj.) Sirenensignal.
Tat|ze (die, -, -n) Pfote; (ugs.) Hand; (südd.) Schlag auf die Hand.

Tat|zel|wurm (der, -s, kein Plural) Lindwurm (Volksglaube).
Tau 1. (der, -s, kein Plural) Niederschlag. Taupunkt; Tautropfen; Tauwetter; Tauwind; taubenetzt; taufrisch; taunass; tauen. 2. (das, -s, -e) Seil. Tauende; Tauwerk; tauen. 3. (das, -/-s, -s) griechischer Buchstabe (T, τ).
taub (Adj.) gehörlos. Taubheit; Taubstumme; Taubstummensprache; Taubstummheit; taubstumm.
Tau|be (die, -, -n) Vogel. Täubchen; Taubenei; Taubenhaus; Taubenpost; Taubenschlag; Taubenzucht; Tauber; Täuber; Tauberich; Täubin; taubenblau; taubengrau.
Tau|ben|haus (das, -es, -häu|ser) Futterhaus für Tauben.
Täub|ling (der, -s, -e) Pilz. Blautäubling.
tau|chen (V.; V., ist) unter Wasser gehen; in eine Flüssigkeit geben. Tauchboot; Tauchen; Taucher; Taucheranzug; Taucherbrille; Taucherglocke; Taucherkrankheit; Taucherkugel; Tauchsieder; Tauchstation; tauchlackieren.
tau|fen (V.) Taufe spenden; Namen geben. Taufbecken; Taufbrunnen; Taufe; Täufer; Taufformel; Taufkleid; Täufling; Taufname; Taufpate; Taufpatin; Taufschale; Taufschein; Taufstein.
taug|lich (Adj.) brauchbar; geeignet. Tauglichkeit; Taugenichts; taugen.
Taug|lich|keits|grad (der, -s, -e) Grad der Verwendungsfähigkeit.
Tau|mel (der, -s, kein Plural) Schwindel; Rausch. Taumler; taum(e)lig; taumeln.
Tau|ro|ma|chie (die, -, -n) (griech.-span.) 1. Stierkampf. 2. (die, -, kein Plural) Stierkampftechnik.
tau|schen (V.) wechseln. Tausch; Tauscherei; Tauschgeschäft; Tauschhandel; Tauschobjekt; Tauschvertrag; Tauschwirtschaft; tauschweise.
täu|schen (V.) betrügen; sich irren. Täuscher; Täuschung; Täuschungsmanöver; Täuschungsversuch.
Tau|schie|rung (die, -, -en) (arab.) Metalleinlegearbeit. Tauschierarbeit; tauschieren.
Täu|schungs|ab|sicht (die, -, -en) Vorsatz, jmd. zu täuschen.
tau|send (Zahlw.) *Beachte:* abertausend *(auch:* Abertausend) Besucher, Abertausende *(auch:* abertausende) waren gekommen; das Tausend (Abk.: Tsd.); zehn von tausend (Abk.: v. T.; p. m.; ‰); das Tausendstel; der tausendste Besucher, *aber:* jeder Tausendste gewinnt; einige/viele/ein paar tausend *(auch:* Tausend) Besucher; das geht in die Tausende; mehrere hunderttausend *(auch:* Hunderttausend); eintausend; tausendfach, *aber:* das Tausendfache;

Tautologie 516 Teflon

tausenderlei; tausendmal; viele tausend (*auch:* Tausend) Mal/Male; sie kamen zu Tausenden (*auch:* tausenden); vom Hundertsten ins Tausendste kommen; der Tausender; einen Tausender gewinnen. Tausendfüßler; Tausendkünstler; Tausendmarkschein; Tausendsassa; Tausendstelsekunde; tausendfältig; tausendjährig, *aber:* das Tausendjährige Reich; tausendmalig; ein tausendseitiges Buch; tausend(und)ein, *aber:* die Märchen aus Tausendundeiner Nacht.
Tau'to'lo'gie (die, -, -n) (griech.) Begriffsverstärkung durch Bedeutungsähnlichkeit (z. B. voll und ganz; bereits schon; man hat uns Hilfe und Unterstützung zugesagt). Adjektiv: tautologisch.
Tau'to'me'rie (die, -, -n) (griech.) Auftreten zweier isomerer Molekülformen, die im chemischen Gleichgewicht stehen, aber verschieden reagieren.
Ta'ver'ne (die, -, -n) (ital.) Gasthaus; Wirtshaus; Schänke.
Ta'xa'me'ter (das/der, -s, -) (lat.-griech.) Zähluhr (Taxi).
Ta'xa'ti'on (die, -, -ti'o'nen) (lat.) Schätzung.
Ta'xe (die, -, -n) 1. Preis; 2. Taxi. Taxamt; Taxpreis; Taxwert; taxfrei.
Ta'xi (das, -s, -s) Beförderungsmittel. Taxichauffeur; Taxifahrer/in; Taxistand; Taxler; Taxiunternehmen; Taxifahren.
Ta'xi'der'mie (die, -, kein Plural) (griech.) das Ausstopfen (von Tieren).
ta'xie'ren (V.) (lat.) schätzen; Wert festlegen. Taxierung.
Ta'xis (die, -, -xen) (griech.) durch Außenreiz erzeugte Richtungsbewegung (z. B. bei Einzellern, Bodenlebewesen; → Tropismus).
Ta'xo'no'mie (die, -, -n) (griech.) 1. die Einordnung der Lebewesen in Gruppen (innerhalb der biologischen Systematik). 2. Segmentierung und Klassifikation (der Einheiten) einer Sprache (im Strukturalismus).
Ta'xus (der, -, -) (lat.) Eibe. Taxushecke.
Tb (Abk.) Terbium (chemisches Zeichen).
Tb (*auch:* Tbc) (Abk.) Tuberkulose. Tb-Kranke/Tbc-Kranke; Tb-krank/Tbc-krank.
T-Bone-Steak (das, -s, -s) (engl.) Rindfleisch.
Tc (Abk.) Technetium (chemisches Zeichen).
Te (Abk.) Tellur (chemisches Zeichen).
Teach-in (*auch:* Teachin) (das, -/-s, -s) (engl.) Diskussionsveranstaltung.
Teak (das, -s, kein Plural) (engl.) (Kurzw.) Teakholz. Teakbaum; teaken.
Team (das, -s, -s) (engl.) Mannschaft; Gruppe. Teamarbeit; Teamchef; Teamgeist; Teamwork.
Teams'ter (der, -s, -) (engl.) Lastwagenfahrer.
Tea'room (der, -s, -s) (engl.) Teestube.
Tea'ser (der, -s, -) (engl.) Werbemittel, das die Aufmerksamkeit des Betrachters auf sich zieht.
Tech'ne'ti'um (das, -s, kein Plural) (griech.) radioaktiver Stoff (Abk.: Tc).
Tech'nik (die, -, -en) Ingenieur-, Maschinenwesen; Verfahren; Fertigkeit. Technifizierung; Techniker/in; Technikum; Technisierung; Technizismus; Technokrat; Technokratie; Technologe; Technologie; Technologieaustausch; Technologietransfer. Adjektive: technisch, *aber:* Technische Hochschule (Abk.: TH); Technische Universität (Abk.: TU); Technisches Hilfswerk (Abk.: THW); Technischer Überwachungsverein (Abk.: TÜV); technikfeindlich; technikgläubig; technokratisch; technologisch; technifizieren; technisieren.
Tech'no'lekt (der, -s, -e) (griech.-nlat.) Fachsprache.
Tech'tel'mech'tel (das, -s, -) (ugs.) Liebelei; Flirt.
TED (der, -s, kein Plural) (Kurzw.) Teledialog (Computerhochrechnungssystem für telefonische Stimmabgaben im Fernsehen).
Ted'dy (der, -s, -s) (engl.) Stoffbär; Plüsch. Teddybär; Teddyfutter; Teddymantel.
Te'de'um (das, -s, -s) (lat.) kath. Lobgesang. Chorwerk.
TEE (Abk.) Trans-Europ-Express.
Tee (der, -s, -s) (chines.) Getränk. Teeabend; Teebeutel; Teebutter; Teeei (*auch:* Tee-Ei); Teeernte (*auch:* Tee-Ernte); Teegebäck; Teehaus; Teekanne; Teekessel; Teelicht; Teelöffel; Teerose; Teesieb; Teestube; Teetasse; Teewagen; Teewurst; teelöffelweise.
Tee'blatt (das, -s, -blät'ter) Blatt.
Tee'glas (das, -es, -glä'ser) Glas für Tee.
Tee'hau'be (die, -, -n) Teewärmer.
Tee'kü'che (die, -, -n) Teestube.
Teen (der, -s, -s) (engl.) (Kurzw.) Teenager. Teenie (*auch:* Teeny).
Teen'ager (der, -s, -) (engl.) Jugendlicher.
Tee'pau'se (die, -, -n) Pause.
Teer (der, -s, -e) Straßenbelag. Teerdachpappe; Teerfarbe; Teerjacke; Teerpappe; Teerstraße; Teerung; teerhaltig; teerig; teeren.
Teff (der, -s, kein Plural) nordafrikanische Getreidepflanze.
Te'fil'lin (die, nur Plural) (hebr.) Lederriemen, die beim jüdischen Gebet über Kopf und Arme gelegt werden.
Tef'lon (das, -s, kein Plural) (Kunstw.) Kunststoffbeschichtung. Teflonpfanne; teflonbeschichtet.

Te|gel (der, -s, kein Plural) kalkiger Ton.
Teich (der, -s, -e) Gewässer. Teichfrosch; Teichhuhn; Teichmolch; Teichrohr; Teichrose; Teichwirtschaft.
Teig (der, -s, -e) Backmasse. Teigfarbe; Teigmasse; Teigwaren; teigig; teigfarben (pastellfarben).
Teil (der/das, -s, -e) Stück; Abschnitt; Seite. *Beachte:* sein(en) Teil tun; ich für meinen Teil (was mich betrifft); ein gut Teil; zum Teil (Abk.: z. T.); sich seinen Teil darüber denken; einesteils; ander(e)nteils; größtenteils; meistenteils; zuteilwerden; teilhaben; teilnehmen. Teilabschnitt; Teilansicht; Teilaspekt; Teilbarkeit; Teilchen; Teilchenbeschleuniger; größter gemeinsamer Teiler (Abk.: g. g. T.; ggT); Teilgebiet; Teilhabe; Teilhaber/in; Teilkaskoversicherung; Teilmenge; Teilnahme; Teilnahmebedingung; Teilnahmslosigkeit; Teilnehmer/in; Teilnehmerzahl; Teilschuld; Teilstrecke; Teilstück; Teilung; Teilungsverhältnis; Teilzahlung; Teilzeitarbeit. Adjektive: teilbar; teilerfremd; teilhaftig; mehrteilig; teilkaskoversichert; teilmöbliert; teilnahmeberechtigt; teilnahmslos; teilnahmsvoll; teilnehmend. Adverb: teilweise. Verben: teilen; am Erfolg teilhaben, *aber:* er hatte keinen Teil am Erfolg; teilnehmen; *aber:* Teilzeit arbeiten.
Teil|pe|rü|cke (die, -, -n) Haarteil; Toupet.
teils (Adv.) teilweise; (ugs.) sowohl ... als auch. *Beachte:* Sie waren teils freundlich, teils zurückhaltend.
Teint (der, -s, -s) (franz.) Gesichtsfarbe; Hauttönung.
tek|tie|ren (V.) (lat.) fehlerhaft Gedrucktes durch Überkleben unkenntlich machen.
Tek|to|nik (die, -, kein Plural) (griech.) Theorie über den Krustenbau der Erde; Baulehre; Baukunst. Adjektiv: tektonisch.
te|le.../Te|le... (griech.) fern.../Fern... Telebrief; Teledialog (Abk.: TED); Teledisk; Telefotografie (*auch:* Telefotographie); Telekamera; Telekolleg; Telekommunikation.
Te|le|fax (das, -, -e/-) (Kunstw.) Fernkopiersystem. Verb: telefaxen.
Te|le|fon (das, -s, -e) (griech.) Fernsprecher. Telefonanruf; Telefonanschluss; Telefonat; Telefonbuch; Telefongespräch; Telefonhäuschen; Telefonist/in; Telefonkabel; Telefonkarte; Telefonnummer; Telefonrechnung; Telefonseelsorge; Telefonverbindung; Telefonzelle; Telefonzentrale; telefonisch; telefonieren.
Te|le|fon|lei|tung (die, -, -en) Telefonverbindung.
Te|le|fon|netz (das, -es, -e) Gesamtheit der Telefonverbindungen.

Te|le|fon|über|wa|chung (die, -, kein Plural) Abhören von Telefonaten im Rahmen polizeilicher Ermittlungen.
te|le|gen (Adj.) (griech.) im Fernsehen gut aussehend (*auch:* gut aussehend).
Te|le|graf (*auch:* Te|le|graph) (der, -en, -en) (franz.) Fernschreiber. Telegrafenmast (*auch:* Telegraphenmast); Telegrafie (*auch:* Telegraphie); telegrafisch (*auch:* telegraphisch); telegrafieren (*auch:* telegraphieren).
Te|le|gramm (das, -s, -e) Nachricht mittels Fernschreiber. Telegrammbote; Telegrammstil.
Te|le|gramm|for|mu|lar (das, -s, -e) Formblatt zur Telegrammaufgabe.
Te|le|ki|ne|se (die, -, kein Plural) (griech.) Bewegung durch übersinnliche Kräfte (Parapsychologie).
Te|le|mark (der, -s, -s) Skischwung. Telemarkschwung.
Te|le|me|t|rie (die, -, kein Plural) (griech.) Entfernungsmessung. Telemeter; telemetrisch.
Tel|len|ze|pha|lon (das, -s, -la) 1. die Großhirnhälften. 2. beim Embryo vorderer Abschnitt des ersten Hirnbläschens.
Te|le|ob|jek|tiv (das, -s, -e) (griech.) Kameraobjektiv mit langer Brennweite.
Te|leo|lo|gie (die, -, kein Plural) (griech.) philosophische Lehre. Adjektiv: teleologisch.
Te|leo|sau|rus (der, -, -ri|er) Riesenechse (ausgestorben).
Te|le|os|t|ier (der, -s, -) Knochenfisch.
Te|le|pa|thie (die, -, kein Plural) (griech.) Gedankenübertragung; Fernfühlen. Telepath; telepathisch.
Te|le|pro|ces|sing (das, -s, kein Plural) (engl.) Datenverarbeitung über Fernleitung.
Te|le|promp|ter (der, -s, -) für den Zuschauer nicht sichtbare Textanzeige der Fernsehsprecher.
Te|le|s|kop (das, -s, -e) (griech.) Fernrohr. Teleskopantenne; Teleskopauge; Teleskopfisch; Teleskopie; Teleskopkran; Teleskopmast; teleskopisch.
Te|le|test (der, -s, -s) Befragung von Fernsehzuschauern über die Beliebtheit von Sendungen.
Te|le|text (der, -s, kein Plural) elektronische Textübermittlung auf (Fernseh-)Bildschirm.
Te|le|vi|si|on (die, -, kein Plural) (griech.) Fernsehen (Abk.: TV).
Te|lex (das, -, -/-e) (engl.) (Kurzw.) TELeprinter EXchange (Fernschreiben); ein Telex schicken. Verb: telexen.
Tel|kie (die, -, -n) Ochsenauge (eine Zierstaude).

Tel|ler (der, -s, -) Essgeschirr. Tellerbrett; Tellerdrehen; Tellereisen; Tellerfleisch; Tellersammlung; Tellerwäscher; tellerförmig; tellern.
Tel|lur (das, -s, kein Plural) (lat.) Halbmetall; chemischer Grundstoff (Abk.: Te). Tellurit; Tellurium; Tellurik; tellurisch.
Tem|peh (das, -, kein Plural) (malai.) hocheiweißhaltiges, fermentiertes Sojaprodukt, das in fingerdicken Scheiben in Öl gebraten wird.
Tem|pel (der, -s, -) (lat.) Kultstätte; Heiligtum. Tempelbau; Tempelherr; Tempeltänzerin.
Tem|pe|ra|far|be (die, -, -n) (lat.) wasserunlösliche Farbe. Temperamalerei.
Tem|pe|ra|ment (das, -s, -e) (lat.) Wesen; Schwung; Leidenschaftlichkeit. Temperamentlosigkeit; Temperamentsausbruch; temperamentlos; temperamentvoll.
Tem|pe|ra|tur (die, -, -en) (lat.) 1. Wärmegrad; 2. (ugs.) Fieber. Temperaturanstieg; Temperaturerhöhung; Temperaturkoeffizient; Temperaturregler; Temperatursturz; Temperaturwechsel; temperieren.
Tem|pe|renz (die, -, kein Plural) (lat.engl.) Mäßigkeit.
Tem|per|guss (der, -gus|ses, -güs|se) Gussstahl. Temperstahl; tempern.
tem|pern (V.) (engl.) erhitzen; wärmebehandeln.
Tem|pest|boot (das, -s, -e) Sportsegler.
tem|pes|to|so (Adj.) (ital.) stürmisch; heftig (in der Musik).
Temp|ler (der, -s, -) Mitglied eines mittelalterlichen Ritterordens.
Tem|po 1. (das, -s, kein Plural) (ital.) Geschwindigkeit; Raschheit. Tempolimit; Temposünder; Tempoverringerung. 2. (das, -s, -s/ -pi) Takt. 3. (das, -s, -s) (Kurzw.) Tempotaschentuch.
tem|po|ral (*auch:* tem|po|rell) (Adj.) (lat.) zeitlich. Temporalsatz.
Tem|po|ra|li|en (die, nur Plural) (lat.) dem Inhaber eines Kirchenamtes zustehende weltliche Güter und Rechte.
tem|po|rär (Adj.) (franz.) zeitweise; vorübergehend.
Tem|pus (das, -, -po|ra) (lat.) Zeitform des Verbs (Präsens, Präteritum, Perfekt, Plusquamperfekt, Futur I/II). Tempusbestimmung.
Te|mu|lenz (die, -, kein Plural) (lat.) Trunkenheit; Taumeln.
Te|na|kel (das, -s, -) (lat.) Manuskripthalter.
Te|na|zi|tät (die, -, kein Plural) (franz.) Zähigkeit (als Materialeigenschaft); Beharrlichkeit.

Ten|denz (die, -, -en) (lat.) Entwicklungsrichtung; Neigung. Tendenzänderung; Tendenzbetrieb; Tendenzdichtung; Tendenzstück; tendenziell; tendenziös; tendieren.
Ten|der (der, -s, -) (engl.) Kohlenwagen.
Ten|di|ni|tis (die, -, -ti|den) (nlat.) Sehnenentzündung.
Ten|do|va|gi|ni|tis (die, -, -ti|den) (nlat.) Sehnenscheidenentzündung.
te|ne|ra|men|te (Adj.) zärtlich (Musikanweisung).
Te|ne|rif|fa (ohne Art., -s, kein Plural) eine der Kanarischen Inseln.
Ten|ne (die, -, -n) Dreschplatz (Scheune). Tennenboden; Tennenraum.
Ten|nis (das, -, kein Plural) (engl.) Ballspiel. *Beachte:* Tennis spielen. Tennisarm; Tennisball; Tennislehrer; Tennisplatz; Tennisprofi; Tennisschläger; Tennisschuh; Tennisspieler/in; Tennisturnier.
Ten|no (der, -s, -s) der japanische Kaiser.
Te|nor 1. (der, -s, kein Plural) (lat.) Haltung; Sinn; Wortlaut. 2. (der, -s, -nö|re) Sänger; hohe Männerstimme. Tenorhorn; Tenorist; Tenorsänger; Tenorschlüssel; Tenorstimme.
Te|nor|buf|fo (der, -s, -s) (ital.) 1. zweiter Tenor an einem Opernhaus. 2. Tenor für heitere Rollen.
Te|no|ra (die, -, -s) Oboe aus Katalonien.
Ten|sid (das, -s, -e) (lat.) Waschmittelsubstanz.
Ten|si|on (die, -, -si|o|nen) (lat.) Spannung; Druck (Gas).
Ten|sor (der, -s, -en) (lat.) 1. ein verknüpfter Vektor. 2. Spannmuskel.
Ten|ta|kel (der/das, -s, -) (lat.) Fangarm; Fanghaar. Tentakeltier.
Ten|ta|men (das, -s, -mi|na) (lat.) Vorprüfung; tentativ.
ten|ta|tiv (Adj.) (lat.) probeweise; versuchsweise. Verb: tentieren.
ten|tie|ren (V.) (franz.) beabsichtigen; versuchen.
Te|nu|is (die, -, -nu|es) (lat.) stimmloser Verschlusslaut (z. B. »p, t, k«).
te|nu|is (Adj.) (lat.) zart; dünn (Med.).
te|nu|to (Adv.) (ital.) ausgehalten; getragen (bei Musikstücken).
Ten|zo|ne (die, -, -n) provenzalischer Streitgesang im MA.
Te|ph|rit (der, -s, -e) (griech.-nlat.) Ergussgestein.
Te|ph|ro|it (der, -s, -e) Mineral.
Te|pi|da|ri|um (das, -s, -ri|en) lauwarmer Raum in römischen Thermen.
Tep|pich (der, -s, -e) Bodenbelag; Wandbehang. *Beachte:* Bleib auf dem Teppich (über-

treibe nicht); sie wollten die Sache unter den Teppich kehren (vertuschen); Teppiche klopfen. Teppichboden; Teppichfliesen; Teppichkehrmaschine; Teppichklopfer; Teppichklopfmaschine; Teppichschaum; Teppichstange.
Te|qui|la (der, -/-s, -/-s) (span.) Branntwein.
Te|ra... (griech.) das Billionenfache einer Einheit (Abk.: T). Terameter (10^{12} Meter); Terawatt (10^{12} Watt, Abk.: TW).
Te|ra|to|lo|gie (die, -, kein Plural) (griech.) Teilgebiet der Medizin für körperliche Missbildungen.
Te|ra|tom (das, -s, -e) (griech.) angeborene Geschwulst, die aus verschiedenen Geweben bestehen kann.
Ter|bi|um (das, -s, kein Plural) (griech.) Metall; chemisches Element (Abk.: Tb).
Te|re|bin|the (die, -, -n) (griech.) Terpentinbaum.
Te|re|b|ra|tel (die, -, -n) (nlat.) Armfüßler (fossil).
Term (der, -s, -e) (lat.) mathematisches Glied; Niveau (Atomphysik); Terminus.
Ter|min (der, -s, -e) (lat.) Zeitpunkt; Frist. Terminabsprache; Termingeschäft; Terminierung; Terminkalender; termingemäß; termingerecht; terminieren.
Ter|mi|nal (der/das, -s, -s) (engl.) Ein-, Ausgabegerät (EDV); Zielbahnhof; Abfertigungshalle (Flughafen).
ter|mi|nal (Adj.) zum Ende gehörend.
Ter|mi|na|ti|on (die, -, -ti|o|nen) (lat.) Beendigung.
Ter|mi|na|tor (der, -s, -en) Grenze zwischen heller und dunkler Seite des Mondes.
Ter|mi|ner (der, -s, -) Verantwortlicher für die genaue Terminplanung eines Produktionsablaufs.
Ter|mi|nis|mus (der, -, kein Plural) (nlat.) philosophische Lehre, nach der alles Denken nur in Begriffen möglich ist.
ter|min|lich (Adj.) auf einen Termin bezogen. terminliche Probleme; gemäß unserer terminlichen Vereinbarung vom 15.3.
ter|min|mä|ßig (Adj.) einen Termin betreffend; zum richtigen Termin.
Ter|mi|no|lo|gie (die, -, -n) (lat.) Fachsprache. Terminologe; terminologisch.
Ter|mi|nus (der, -, -ni) (lat.) Fachausdruck. Terminus technicus.
Ter|mi|te (die, -, -n) Insekt. Termitenhügel; Termitenstaat.
ter|när (Adj.) (franz.) dreifach.
Ter|pen|tin (das, -s, -e) Harz; Lösungsmittel. Terpentinöl.

Ter|ra (die, -, kein Plural) (lat.) Erde; Land.
Ter|rain (das, -s, -s) (franz.) Gebiet; Grund. Terrainbesichtigung.
Ter|ra|kot|ta (die, -, -ten) (ital.) Tonfigur; (ohne Plural) gebrannter Ton.
Ter|ra|ri|um (das, -s, -ri|en) (lat.) Behälter für Kriechtiere. Terrarienkunde.
Ter|ra ros|sa (die, - -, kein Plural) (ital.) roter Tonboden.
Ter|ra si|gil|la|ta (die, - -, kein Plural) (lat.) gesiegelte Erde; Tongeschirr aus der römischen Kaiserzeit.
Ter|ras|se (die, -, -n) (franz.) Veranda; Dachgarten; Geländestufe. Terrassenbauweise; Terrassendach; Terrassengarten; Terrassenwohnung; Terrassierung; terrassenartig; terrassenförmig; terrassieren.
Ter|raz|zo (der, -, -zi) (ital.) Mosaikfußboden.
ter|res|t|risch (Adj.) (lat.) zur Erde gehörig.
Ter|ri|er (der, -s, -) (engl.) Hundeart. Foxterrier.
ter|ri|gen (Adj.) (griech.-lat.) vom Festland stammend.
Ter|ri|ne (die, -, -n) (franz.) Suppenschüssel.
Ter|ri|to|ri|um (das, -s, -ri|en) (lat.) Gebiet; Staatsgebiet. Territorialgewalt; Territorialgewässer; Territorialhoheit; Territorialität; Territorialitätsprinzip; Territorialsystem; Territorialismus; territorial.
Ter|ror (der, -s, kein Plural) (lat.) Schrecken; Gewalttätigkeit. Terrorakt; Terroranschlag; Terrorisierung; Terrorismus; Terrorist/in; Terrorjustiz; Terrormethode; terroristisch; terrorisieren.
Ter|tia (die, -, -ti|en) achte und neunte Klasse (des Gymnasiums).
Ter|ti|a|ner (der, -s, -) Schüler der Tertia.
Ter|ti|är (das, -s, kein Plural) (lat.) Braunkohlenformation. Tertiärformation; tertiär.
Terz (die, -, -en) (lat.) dritter Tonleiterton; Fechthieb.
Ter|zel (der, -s, -) (lat.) Falke.
Ter|ze|rol (das, -s, -e) (ital.) Schusswaffe.
Ter|ze|ro|ne (der, -n, -n) (lat.) ein Mischling; weißer Mulatte.
Ter|zett (das, -s, -e) (ital.) dreistimmiges Musikstück.
Ter|zi|ne (die, -, -n) (ital.) Strophenform aus drei jambischen elfsilbigen Zeilen.
Te|sa|film (der, -s, -e) Klebeband.
Te|sching (das, -s, -s) kleine Handfeuerwaffe.
Tes|la (das, -, -) Einheit (magnetische Induktion; Abk.: T). Teslastrom (*auch:* Tesla-Strom).

tes|sel|lie|ren (V.) ein Mosaik anfertigen.
Test (der, -s, -s/-e) (engl.) Probe; Prüfung; Untersuchung. Testbild; Tester; Testfahrer; Testfall; Testmethode; Testobjekt; Testperson; Testpilot; Testserie; Teststrecke; Testung; Testverfahren; getestet; testen.
Tes|ta|ment (das, -s, -e) (lat.) Regelung des Nachlasses. Testamentseröffnung; Testamentsvollstrecker; Testamentsvollstreckung; Testator; testamentarisch; testieren.
Tes|ta|tor (der, -s, -en) (lat.) 1. Person, die ein Testament verfasst. 2. Person, die ein Testat ausstellt.
Tes|tat (das, -s, -e) (lat.) Bescheinigung; Prüfung. Testierung; testieren.
Tes|ta|zee (die, -, -n) (lat.) Amöbenart.
Tes|ti|kel (der, -s, -) (lat.) Hoden.
Tes|ti|kel|hor|mon (das, -s, -e) männliches Keimdrüsenhormon.
Tes|ti|mo|ni|al (das, -s, -s) (engl.) Empfehlungsschreiben eines Kunden oder Prominenten als Teil einer Anzeige.
Tes|to|s|te|ron (das, -s, kein Plural) (lat.) männliches Geschlechtshormon.
Te|ta|nie (die, -, -n) (griech.) Dauerkrampf bestimmter Muskelgruppen (z. B. im Gesicht).
te|ta|ni|form (Adj.) starrkrampfartig.
te|ta|nisch (Adj.) zur Tetanie, zum Tetanus gehörig.
Te|ta|nus (der, -, kein Plural) (griech.) Wundstarrkrampf. Tetanie; Tetanusimpfung; Tetanusspritze; tetanisch.
Tete-a-Tete (auch: Tête-à-Tête) (das, -, -s) (franz.) vertrautes Zusammensein.
Te|thys|meer (das, -s, kein Plural) Interkontinentales Mittelmeer in der Zeit vom Paläozoikum bis zum Alttertiär.
Te|t|ra (das, -s, kein Plural) (griech.) (Kurzw.) Tetrachlorkohlenstoff.
Te|t|ra|chlor|koh|len|stoff (der, -s, -e) Lösungsmittel.
Te|t|ra|de (die, -, -n) Vierheit; Vierteiler.
Te|t|ra|eder (das, -s, -) (griech.) Vierflächner; dreiseitige Pyramide.
Te|t|ra|gon (das, -s, -e) (griech.) Viereck. Adjektiv: tetragonal.
Te|t|ra|gramm (das, -s, -e) die vier Konsonanten des Gottesnamens aus dem Alten Testament J-H-W-H (sprich: Jahwe).
Te|t|ra|kis|he|xa|eder (das, -s, -) (griech.-nlat.) Pyramidenwürfel mit 24 Flächen.
Te|t|ra|lin (das, -s, kein Plural) (griech.) Lösungsmittel.
Te|t|ra|lo|gie (die, -, -n) (griech.) vierteiliges Literatur-, Musikstück.

Te|t|ra|me|ter (der, -s, -) (griech.) Versmaß aus vier Versfüßen.
Te|t|ra|ple|gie (die, -, kein Plural) Lähmung aller Gliedmaßen.
Te|t|ra|po|de (der, -n, -n) 1. Vierfüßler. 2. vierfüßiges Gebilde als Sperre oder Wellenbrecher.
Te|t|rarch (der, -en, -en) (griech.) über den vierten Teil eines Gebietes herrschender Fürst (in der Antike).
Te|t|ryl (das, -s, kein Plural) hochexplosiver Stoff.
teu|er (Adj.) viel Geld kostend; kostbar; lieb. *Beachte:* Das kommt ihm/ihn teuer zu stehen. Teuerung; Teuerungsrate; Teuerungswelle; Verteuerung.
Teu|fel (der, -s, -) Satan; Böses. *Beachte:* Alles ist beim/zum Teufel; pfui Teufel! er schert sich den Teufel darum; heute Abend ist der Teufel los; auf Teufel komm raus. Teufelei; Teufelsaustreibung; Teufelsbeschwörung; Teufelsbraten; Teufelsbrut; Teufelskerl; Teufelskreis; Teufelswerk; Teufelszeug; teuflisch.
Teu|to|ne (der, -n, -n) Angehöriger eines germanischen Stammes; Deutscher (ironisch). Teutonia.
Teu|to|nen|grill (der, -s, -e) südliche Urlaubsgebiete mit Meeresstrand, die vom deutschen Massentourismus überflutet werden (ironisch).
teu|to|nisch (Adj.) die Teutonen betreffend; deutsch (ironisch).
Tex (auch: tex) (das, -, -) (lat.) Maßeinheit (Textilindustrie; Zeichen: tex).
Te|xo|print|ver|fah|ren (das, -s, kein Plural) Herstellungsverfahren für Schriftvorlagen im Offset- und Tiefdruck.
Text 1. (der, s/-es, -e) (lat.) Wortlaut; Schriftstück. Textausgabe; Textautomat; Textbaustein; Textbuch; Textdichter; Texter; Texterfassung; Textgestaltung; Textkritik; Textlinguistik; Textprogrammierung; Textstelle; Textträger; Textverarbeitung; textgemäß; textlich; texten; textieren. 2. (die, -, kein Plural) (lat.) Schriftgrad.
Tex|ti|li|en (die, nur Plural) Stoffe; Kleidung. Textilarbeiter; Textilchemie; Textilfabrik; Textilfabrikant; Textilgewerbe; Textilgroß- und -einzelhandel; Textilindustrie; Textiltechnik; Textilwaren; textil; textilfrei.
Tex|tur (die, -, -en) (lat.) inneres Gefüge; Aufbau; Anordnung.
tg (Abk.) Tangens.
Tgb.-Nr. (Abk.) Tagebuchnummer.
TGV (der, -s, -s) (franz.) französischer Hochgeschwindigkeitszug.
Tgw. (Abk.) Tagewerk.

Th (Abk.) Thorium (chemisches Zeichen).
TH (Abk.) Technische Hochschule.
Thai|land (ohne Art., -s, kein Plural) Thailänder; thailändisch.
Tha|la|mus (der, -, -mi) (griech.) Gehirnsubstanz. → Hypothalamus.
Thal|las|so|gra|fie (*auch:* Thal|las|so|gra|phie) (die, -, kein Plural) (griech.) Meereskunde. Thalassometer; thalassogen.
Thal|li|um (das, -s, kein Plural) (griech.) Metall; chemischer Grundstoff (Abk.: Tl).
Thal|lo|phyt (der, -en, -en) (griech.) Lagerpflanze.
Thal|lus (der, -, -li) (griech.-lat.) fädig-flächiger Körper der Thallophyten.
Tha|na|tis|mus (der, -, kein Plural) Lehre von der Sterblichkeit der Seele.
Tha|na|to|lo|gie (die, -, kein Plural) (griech.) Wissenschaft vom Sterben und vom Tod.
Thau|ma|to|lo|gie (die, -, kein Plural) (griech.) Lehre von den Wundern.
Thau|ma|turg (der, -en, -en) (griech.) Wundertäter.
The|a|ter (das, -s, -) (griech.) Schauspiel; Schauspielhaus; Oper; (ugs.) Faxen. Theaterabonnement; Theateragent; Theateraufführung; Theaterdekoration; Theaterkarte; Theaterkasse; Theaterkritiker; Theatermacher; Theaterprobe; Theaterprogramm; Theaterregisseur; Theatersaal; Theaterstück; Theatervorstellung; Theaterwissenschaft; Theatralik; Affentheater; theatralisch.
The|in (*auch:* Te|in) (das, -s, kein Plural) Koffein (Tee).
The|is|mus (der, -, kein Plural) (griech.) Gottesglaube. Theist; theistisch.
The|ist (der, -en, -en) (griech.) Anhänger des Theismus.
The|ke (die, -, -n) (griech.) Schank-, Ladentisch. Ladentheke.
The|li|tis (die, -, -ti|den) Brustwarzenentzündung.
The|ma (das, -s, -men/-ma|ta) (griech.) Gegenstand; Aufgabe; Angelegenheit; Motiv, Leitgedanke (Musik). Thematik; Themenbereich; Themendiskussion; Themenkatalog; Themenkreis; Themenstellung; Themenwahl; thematisch; thematisieren.
Theo|bro|ma (das, -s, kein Plural) (griech.-nlat.) Kakaobaum.
Theo|di|zee (die, -, -n) (franz.) christliche Rechtfertigungslehre.
Theo|do|lit (der, -s, -e) (griech.) Winkelmessgerät.
Theo|gno|sie (*auch:* Theo|gno|sis) (die, -, kein Plural) (griech.) Gotteserkenntnis.

Theo|go|nie (die, -, -n) (griech.) Lehre von der Abstammung der Götter.
Theo|kra|tie (die, -, -n) (griech.) Gottesherrschaft. Theokrat; theokratisch.
Theo|lo|gie (die, -, -n) Religionslehre; Gotteslehre. Theologe; Theologiestudium; theologisch; theologisieren.
Theo|pha|nie (die, -, -n) (griech.) Gotteserscheinung.
The|or|be (die, -, -n) (franz.) Laute aus dem Barock mit zwei Hälsen und doppeltem Wirbelkasten.
The|o|rem (das, -s, -e) (griech.) Lehrsatz.
The|o|rie (die, -, -n) (griech.) gedankliche Konstruktion; wissenschaftliche Überlegung; Lehrmeinung. Theoretiker; Theorienstreit; Relativitätstheorie; rein theoretisch.
Theo|so|phie (die, -, -n) (griech.) mystische Gottesanschauung. Theosoph; theosophisch.
The|ra|pie (die, -, -n) (griech.) Heilbehandlung. Therapeut/in; Therapeutik; Therapeutikum; Therapiekosten; therapeutisch.
the|ra|pie|ren (V.) eine Therapie anwenden; heilbehandeln.
The|ri|ak (der, -s, kein Plural) (griech.-lat.) opiumhaltiges Arzneimittel im MA.
the|ri|o|morph (Adj.) (griech.) tiergestaltig.
the|ri|o|phor (Adj.) (griech.) einen Tiernamen tragend.
Ther|me (die, -, -n) (griech.) heiße Quelle. Thermalbad; Thermalquelle; thermal.
Ther|mik (die, -, kein Plural) (griech.) Aufwind. Thermiksegelflug; thermisch.
Ther|mi|on (das, -s, -en) (griech.) aus einer Glühkathode austretendes Ion.
Ther|mis|tor (der, -s, -en) (griech.-engl.) Heißleiter.
Ther|mit (das, -s, -e) Eisen-Aluminium-Gemisch. Thermitschweißen.
Ther|mo|dy|na|mik (die, -, -en) (griech.) Wärmelehre. Adjektiv: thermodynamisch.
Ther|mo|graf (*auch:* Ther|mo|graph) (der, -en, -en) (griech.) Temperaturschreiber.
Ther|mo|ho|se (die, -, -n) Wärmehose.
Ther|mo|kraft (die, -, kein Plural) elektromotorische Kraft, die bei Auftreten von Temperaturschwankungen im Stromleiter elektrischer Strom erzeugt.
ther|mo|la|bil (Adj.) (nlat.) nicht wärmebeständig.
Ther|mo|me|ter (der/das, -s, -) (griech.) Wärmemesser. Fieberthermometer; Thermometrie.
ther|mo|nu|kle|ar (Adj.) die Wärme betreffend, die bei einer Kernreaktion auftritt.
Ther|mo|pane (das, -, kein Plural) (griech.-engl.) Isolierglas. Thermopanefenster.

ther|mo|phil (Adj.) (griech.) Wärme liebend (*auch:* wärmeliebend). Thermophilie.
ther|mo|plas|tisch (Adj.) formbar in erwärmtem Zustand.
Ther|mos|fla|sche (die, -, -n) Warmhalteflasche.
Ther|mo|s|kop (das, -s, -e) Gerät zur Feststellung von Temperaturunterschieden.
ther|mo|sta|bil (Adj.) wärmebeständig.
Ther|mo|s|tat (der, -s/-en, -e/-en) (griech.) Wärmeregler.
Ther|mo|strom (der, -s, kein Plural) Strom, hervorgerufen durch Thermokraft.
Ther|mo|the|ra|pie (die, -, -n) (griech.) Wärmebehandlung.
The|ro|phyt (der, -en, -en) (griech.) einjährige Pflanze.
the|sau|rie|ren (V.) 1. eine Wortsammlung erstellen. 2. Geld oder Edelmetall anhäufen.
The|sau|rus (der, -, -ren/-ri) (griech.) 1. Fachwörterbuch. 2. systematische und/oder alphabethische Ordnung von Wörtern innerhalb eines Fachgebietes.
The|se (die, -, -n) (griech.) Behauptung; Annahme. Thesenpapier; Thetik; Antithese; thetisch; thesenhaft.
Thes|pis|kar|ren (der, -s, -) Wanderbühne.
The|ta (das, -s, -s) (griech.) griechischer Buchstabe (Θ, ϑ).
The|tik (die, -, kein Plural) Wissenschaft von den Thesen.
The|urg (der, -en, -en) (griech.) Zauberer. Theurgie.
Thi|a|min (das, -s, kein Plural) (griech.-nlat.) Vitamin B₁.
Thi|a|mi|na|se (die, -, kein Plural) Enzym, das das Vitamin B₁ spalten kann.
Thing (das, -s, -e) Gerichtsversammlung der Germanen; Thingplatz.
Thi|o|nal|farb|stoff (der, -s, -e) Farbstoff des Schwefels.
Tho|los (die, -, -loi/-len) (altgriech.) Rundbau mit Säulengang.
Tho|mas|kan|tor (der, -s, -en) Leiter des Thomanerchors und Kantor der Leipziger Thomaskirche.
Tho|mis|mus (der, -, kein Plural) Lehre des Thomas von Aquin (1225–1274). Thomist.
Tho|ra (die, -, kein Plural) (hebr.) die fünf Bücher Mose.
Tho|ra|ko|to|mie (die, -, -n) Öffnung der Brusthöhle (Med.).
Tho|rax (der, -/-es, -e) (griech.) Brustkorb.
Tho|ri|um (das, -s, kein Plural) (griech.) Metall; chemischer Grundstoff (Abk.: Th).
Tho|ron (das, -s, kein Plural) ein Radonisotop (Abk.: Tn).
Thril|ler (der, -s, -) (engl.) spannender Roman, Film.
Thrips (der, -, -e) (griech.) ein Insekt; Blasenfüßer.
Throm|b|as|the|nie (die, -, -n) verminderte Funktionstüchtigkeit der Blutplättchen.
Throm|bin (das, -s, kein Plural) (griech.-nlat.) Blutgerinnungsenzym.
Throm|bo|ar|te|ri|itis (die, -, -ti|den) Entzündung einer Arterie.
Throm|bo|gen (das, -s, kein Plural) Faktor der Blutgerinnung.
Throm|bo|pe|nie (die, -, -n) Blutplättchenmangel.
Throm|bo|se (die, -, -n) (griech.) Blutgefäßverstopfung. Thromboseneigung; Thrombus (Blutgerinnsel).
Throm|bo|zyt (der, -en, -en) (griech.) Blutplättchen.
Throm|bo|zy|to|ly|se (die, -, -n) Zerfall der Blutplättchen.
Throm|bo|zy|to|se (die, -, kein Plural) krankhafte Vermehrung der Blutplättchen.
Throm|bus (der, -, Throm|ben) (griech.-lat.) Thrombose bewirkendes Blutklümpchen.
Thron (der, -s, -e) (griech.) Herrschersessel; monarchische Regierung. Thronanwärter; Thronbesteigung; Thronerbe; Thronfolge; Thronfolger; Thronprätendent; Thronrede; Thronsaal.
Thu|ja (*auch:* Thu|je) (die, -, -jen) (griech.) Lebensbaum.
Thu|ja|öl (das, -s, kein Plural) ätherisches Öl des Lebensbaums.
Thu|li|um (das, -s, kein Plural) (griech.) Metall; chemischer Grundstoff (Abk.: Tm).
Thun|fisch (*auch:* Tun|fisch) (der, -es, -e) Speisefisch. Thunfischsalat (*auch:* Tunfischsalat).
Thü|rin|gen (ohne Art., -s, kein Plural) (dt.) Bundesland. Thüringer (Bratwurst); thüringisch.
Thus|nel|da (die, -, kein Plural) (ugs.) Frau; Freundin.
THW (Abk.) Technisches Hilfswerk.
Thy|mi|an (der, -s, -e) (griech.) 1. Pflanze. 2. (ohne Plural) Gewürz.
Thy|mo|lep|ti|kum (das, -s, -ka) (griech.-nlat.) Arzneimittel zur Behandlung von endogenen Depressionen.
Thy|mon (das, -s, -e) Geschwulst, von der Thymusdrüse ausgehend.
Thy|mo|path (der, -en, -en) ein Gemütskranker.
Thy|mo|pa|thie (die, -, -n) Gemütskrankheit.
Thy|mo|se (die, -, -n) Gefühlsschwankungen unterworfener Gemütszustand in der Pubertät.

Thy|mus|drü|se (die, -, -n) Brustdrüse.
Thy|re|o|i|dea (die, -, -ide|en) (griech.) Schilddrüse.
Thy|re|o|i|di|tis (die, -, -ti|den) Schilddrüsenentzündung.
Thy|re|o|to|xi|ko|se (die, -, -n) krankhafte Überfunktion der Schilddrüse.
Thy|ris|tor (der, -s, -en) (griech.-nlat.) ein Halbleiterbauelement.
Thy|ro|xin (*auch:* Thyr|o|xin) (das, -s, kein Plural) (griech.-nlat.) ein Schilddrüsenhormon.
Ti (Abk.) Titan (chemisches Zeichen).
Ti|a|ra (die, -, -ren) (pers.) alte Papstkrone.
Ti|bet (der, -s, -e) Kammgarnstoff aus Tibet- oder Schafwolle.
Tic (der, -s, -s) (franz.) 1. nervöses Muskelzucken. 2. → Tick.
Tick (*auch:* Tic) (der, -s, -s) (franz.) Spleen; Eigenart.
ti|cken (V.) schlagen. *Beachte:* Die tickt nicht richtig (ist nicht ganz richtig im Kopf). Ticker; das Ticktack der Uhr, *aber:* die Uhr macht ticktack!
Ti|cket (das, -s, -s) (engl.) Flug-, Fahr-, Eintrittskarte.
Tick-fe|ver (das, -s, kein Plural) (engl.) Infektionskrankheit; Zeckenfieber.
Ti|de (die, -, -n) (nordd.) Flut. Tide(n)hub.
Tie|break (*auch:* Tie-Break) (der/das, -s, -s) (engl.) Spielentscheidung bei unentschiedenem Stand (Tennis).
tief (Adj.) weit unten; stark; nach hinten; tiefgründig. *Beachte:* Ich war aufs Tiefste (*auch:* tiefste) betroffen; er bedauerte es aufs Tiefste (*auch:* tiefste). Verbindungen von »tief« mit Verben und Partizipien schreibt man getrennt, wenn die Einzelbedeutungen der beiden Begriffe erhalten bleiben! tief atmen; tief sein. ein bewegter (*auch:* tiefbewegter) Zuhörer; die tief erschütterten (*auch:* tieferschütterten) Trauergäste; Tiefe; aus/in der Tiefe; alle Höhen und Tiefen des Lebens. Tiefausläufer; Tiefbau; Tiefbohrung; Tiefdruck; Tiefebene; Tiefengestein; Tiefenpsychologie; Tiefenschärfe; Tiefenstruktur; Tiefenwirkung; Tiefflieger; Tiefflug; Tiefgang; Tiefgarage; Tiefkühlfach; Tiefkühlkost; Tiefkühltruhe; Tieflader; Tiefland; Tiefpunkt; Tiefschlaf; Tiefschlag; Tiefseetaucher; Tiefsinnigkeit; Tiefstand; Tiefstapler; Tiefstpreis; Tiefstwert. Adjektive: tiefblau; tiefernst; tiefgefroren; tief gehend (*auch:* tiefgehend); tiefgekühltes Fleisch; tief greifend (*auch:* tiefgreifend); tiefschwarz; tiefsinnig; tiefstapelnd; tief stehend (*auch:* tiefstehend); tieftraurig; tief verschneit (*auch:* tiefverschneit). Adverb: zutiefst. Verben: tiefbohren; tiefstapeln.

Tie|gel (der, -s, -) Topf.
Tier (der, -s, -e) Lebewesen. Tierart; Tierarzt; Tierasyl; Tierbändiger; Tierbuch; Tierchen; Tierfabel; Tierfreund; Tiergarten; Tiergeschichte; Tierhalter; Tierhandlung; Tierheilkunde; Tierkörperbeseitigungsanstalt; Tierkreiszeichen; Tierkunde (Zoologie); Tierliebe; Tiermedizin (Veterinärmedizin); Tierpark; Tierpflege; Tierquälerei; Tierreich; Tierschützer; Tierschutzverein; Tierversuch; Tierwelt; Tierzucht. Adjektive: tierärztlich; tierhaft; tierisch; tierlieb; tierliebend.
Tiers-État (der, -, kein Plural) dritter Stand der franz. Gesellschaftsordnung nach Adel und Klerus (vor der Franz. Revolution).
Ti|fo|so (der, -s, -si) (ital.) italienischer Fußballfan.
Ti|ger (der, -s, -) Raubtier. Tigerfell; Tigerkatze; getigert; tigern.
Ti|ger|au|ge (das, -s, -n) Mineral.
Ti|gon (der, -s, -s) Kreuzung aus einem Tigermännchen und einem Löwenweibchen (engl. Kunstwort aus tiger und lion).
Ti|kal (der, -, -) thailändische Münzeinheit.
Ti|ki (der, -s,) großes Götterbild in Polynesien und Neuseeland.
Til|bu|ry (der, -s, -s) (engl.) zweirädriger Einspänner mit Klappverdeck.
Til|de (die, -, -n) (span.) Aussprachezeichen; Wiederholungszeichen (Zeichen: ~; z. B. Señor, São Paulo).
til|gen (V.) streichen; löschen. Tilgung; Tilgungsrate; Tilgungssumme; tilgbar.
Ti|lia (die, -, kein Plural) (lat.) Linde (als Heilpflanze; z. B. Tiliae flos: Lindenblüten).
Ti|li|a|ze|en (die, nur Plural) Gruppe der Lindengewächse.
Till|and|sie (die, -, -n) auf Blumen wachsende Luftnelke (Ananasgewächs).
Till|it (der, -s, -e) verfestigte Lehmschicht.
Til|si|ter (der, -s, -) Käsesorte. Tilsiter Käse.
Tim|ba|le (die, -, -n) Pastetenart.
Tim|ba|les (die, nur Plural) (span.) Trommelpaar.
Tim|b|re (das, -s, -s) (franz.) charakteristische Stimmfarbe oder Klangfarbe. Adjektiv: timbriert. Verb: timbrieren.
Time-out (das, -/-s, -s) (engl.) Auszeit (Ballsportarten).
Time|sha|ring (das, -s, -s) (engl.) Verteilung von Rechnerzeit für gleichzeitig laufende EDV-Programme oder mehrere Benutzer eines Großrechners.
Ti|ming (das, -s, -s) (engl.) zeitliche Abstimmung. Verb: timen; der Erfolg war gut getimt.

Ti|mo|kra|tie (die, -, -n) (griech.) Gewährung politischer Rechte, abgestuft nach Vermögen.
Ti|mo|the|us|gras (das, -es, kein Plural) Futterpflanze.
Tim|pa|no (der, -s, -ni) Kesselpauke.
Tin|gel|tan|gel (der/das, -s, -) (ugs.) Varietee (*auch:* Varieté); Musiklokal. Verb: tingeln (herumreisen).
Tink|ti|on (die, -, -ti|o|nen) chemisches Färben.
Tink|tur (die, -, -en) (lat.) Extrakt; Lösung.
Tin|nef (der, -s, kein Plural) (jidd.) (ugs.) Wertloses; Unsinn.
Tin|te (die, -, -n) Farbstoff; Schreibflüssigkeit. *Beachte:* in der Tinte sitzen (Probleme haben). Tintenfass; Tintenfisch; Tintenklecks; Tintenkuli; Tintenstift; Tintentod; tintig.
Ti|pi (das, -s, -s) Indianerzelt; → Wigwam.
Tipp (der, -s, -s) (engl.) Hinweis; Wette. Tipper; Tippgemeinschaft; Tippzettel; tippen.
tip|peln (V.) in kleinen Schritten gehen; (ugs.) wandern. Tippelbruder; Tippelei; tipp, tapp!
tip|pen (V.) Schreibmaschine schreiben; berühren; wetten. Tipp-Ex; Tippfehler; Tippse.
tipp|topp (Adj.) (engl.) (ugs.) tadellos.
Tipp|zet|tel (der, -s, -) Wettschein; Lottoschein.
Tips|ter (der, -s, -) jmd., der berufsmäßig Wetttipps (*auch:* Wett-Tipps) vergibt.
Ti|ra|de (die, -, -n) (franz.) Tonlauf; Wortschwall. Hasstiraden.
Ti|ra|mi|su (das, -s, -s) (ital.) eine Süßspeise; Löffelbiskuits mit Mascarpone und Likör sowie einer Kakaoschicht darüber.
Ti|rass (der, -ras|ses, -ras|se) Deckgarn für den Fang von Felshühnern.
ti|ri|lie|ren (V.) trällern; singen. Tirili; tirili!
Ti|rol (ohne Art., -s, kein Plural) (österr.) Bundesland; Tiroler.
Ti|ro|ler|hut (der, -s, -hü|te) Trachtenhut.
Tisch (der, -s/-es, -e) Möbel. *Beachte:* bei/zu Tisch. Tischbein; Tischchen; Tischdame; Tischdecke; Tischfeuerzeug; Tischfußball; Tischgesellschaft; Tischkante; Tischkopierer; Tischlampe; Tischleindeckdich; Tischnachbar; Tischrede; Tischtennis; Tischtuch; Tischwein; tischfertig; tischen; auftischen.
Tisch|ler (der, -s, -) Schreiner. Tischlerarbeit; Tischlerei; Tischlerplatte; Tischlerwerkstatt; tischlern.
Tisch|ma|nie|ren (die, nur Plural) Benehmen bei Tisch.
Tisch|sit|ten (die, nur Plural) Tischmanieren.
Tisch|zucht (die, -, kein Plural) Regelwerk für Benehmen beim Essen.
Tit. (Abk.) Titel.

Ti|tan 1. (*auch:* Ti|ta|ne) (der, -en, -en) (griech.) Riese. Titanrakete; titanenhaft; titanisch. 2. (das, -s, kein Plural) (griech.) Metall; chemischer Grundstoff (Abk.: Ti). Titaneisen; Titanit; Titanstahl; titanweiß.
Ti|ta|nit (der, -s, -e) (gr.-nlat.) 1. Mineral mit Titangehalt. 2. Hartmetall, bestehend aus den Stoffen Titan und Molybdänkarbid.
Ti|tel (der, -s, -) (lat.) Benennung; Dienst-, Ehrenbezeichnung. *Beachte:* Adjektive, Pronomen werden großgeschrieben, wenn sie Bestandteil des Titels sind! der Regierende Bürgermeister; Erster Staatsanwalt; der Alte Fritz; Euer Hochwürden. *Wichtig:* Titel werden gebeugt, wenn sie a) ohne Namensnennung stehen (z. B. die Frau meines Professors, die Akten gehören dem Herrn Minister) oder wenn sie b) mit Artikel/Pronomen vor einem Namen stehen (z. B. die Frau meines Professors Hoffmann, die Akten des Herrn Ministers Blüm). *Aber:* Fehlt der Artikel oder das Pronomen vor dem Titel, dann wird der Name gebeugt (z. B. Professor Hoffmanns Vorlesung, Minister Blüms Brille). Titelanwärter; Titelbild; Titelblatt; Titelei; Titelheld; Titelrolle; Titelschutz; Titelseite; Titelträger; Titelverteidiger; Titulatur; Titulierung; titellos; titelsüchtig; titeln; betiteln; titulieren.
Ti|ter (der, -s, -) (franz.) Gehalt einer Lösung an aufgelöster Substanz.
Ti|tra|ti|on (die, -, -ti|o|nen) das Titrieren.
ti|t|rie|ren (V.) den Titer ermitteln.
Ti|t|ri|me|t|rie (die, -, kein Plural) (franz.-griech.) chemische Maßanalyse.
Ti|tu|lar (der, -s, -e) (griech.-lat.) 1. Titelträger (veraltet); 2. jmd., der ein Amt nur dem Titel nach ausübt. Titularbischof; Titularbürgermeister.
Ti|vo|li (das, -, -s) 1. Vergnügungspark; 2. Kugelspiel.
Ti|zi|an|rot (das, -s, kein Plural) Farbe. Adjektiv: tizianrot.
Tjä|le (die, -, -) Dauerfrostboden.
Tjost (der, -s, -e) ritterlicher Zweikampf.
tkm (Abk.) Tonnenkilometer.
Tl (Abk.) Thallium (chemisches Zeichen).
TL (Abk.) Türkische Lira.
Tm (Abk.) Thulium (chemisches Zeichen).
TNT (Abk.) Trinitrotoluol.
Toast (der, -s, -s/-e) 1. geröstetes Weißbrot; 2. Trinkspruch. Toastbrot; Toaster; toasten.
To|bak (der, -s, -e) Tabak.
to|ben (V.) wüten; lärmen. Toberei; Tobsucht; Tobsuchtsanfall; tobsüchtig.
To|bog|gan (der, -s, -s) (Algonkin) 1. Schlitten mit hochgebogenem Vorderteil (bei kanad. Indi-

anern). 2. große Rutsche, auf die man über ein Fließband hochgezogen wird (auf Volksfesten).
Toc|ca|ta *(auch:* Tok|ka|ta) (die, -, -ten) *(ital.)* Musikstück.
Toch|ter (die, -, Töch|ter) weiblicher Nachkomme. Töchterchen; Tochterfirma; Tochtergeschwulst (Metastase); Tochtergesellschaft; Töchterheim; Töchterschule; Tochterstadt; Tochterzelle; töchterlich.
Tod (der, -s, -e) Sterben; Ende. *Beachte:* bei einem Autounfall den Tod finden/zu Tode kommen; ich war zu Tode erschrocken. Todesangst; Todesanzeige; Todesart; Todesfall; Todesfolge; Todesfurcht; Todesgefahr; Todeskampf; Todeskandidat; in Todesnöten sein; Todesopfer; Todesqual; Todesschütze; Todesspirale; Todesstoß; Todesstrafe; Todestag; Todesursache; Todesurteil; mit Todesverachtung; Todeszeit; Todfeind; Todsünde. Adjektive: todblass, *aber:* totenblass; todbleich, *aber:* totenbleich; todbringend; todelend; todernst; jemandem todfeind sein; todesmutig; todgeweiht; todkrank; todlangweilig; tödlich; todmüde; todschick; todsicher; todsterbenskrank; todstill, *aber:* totenstill; todtraurig; todunglücklich. *Aber:* sich totlachen/totärgern; jemanden totfahren; tot sein.
Toe|loop *(auch:* Toe-Loop) (der, -s, -s) *(engl.)* Drehsprung im Eiskunstlauf.
Tof|fee (das, -s, -s) *(engl.)* Konfekt.
To|fu (der, -s, kein Plural) *(jap.)* aus geronnener Sojamilch gewonnener Sojabohnenquark.
To|ga (die, -, -gen) *(lat.)* Umhang.
To|go (ohne Art., -s, kein Plural) Togolese; togolesisch.
To|hu|wa|bo|hu (das, -/-s, -s) *(hebr.)* Durcheinander.
To|i|let|te (die, -, -n) *(franz.)* Klosett; Schmink-, Frisiertisch; (ohne Plural) Sichzurechtmachen. Toilettenartikel; Toilettenfrau; Toilettenpapier; Toilettenraum; Toilettenspiegel; Toilettentisch, Toilettenwasser.
To|ka|dil|le (das, -s, kein Plural) *(span.)* Brettspiel.
To|ka|jer *(auch:* To|kai|er) (der, -s, -) *(ungar.)* Süßwein. Tokajertraube *(auch:* Tokaiertraube).
Tok|ka|ta (die, -, -ten) → Toccata.
to|le|rie|ren (V.) *(lat.)* dulden; großzügig sein. Toleranz; Toleranzbereich; Toleranzdosis; Toleranzgrenze; Tolerierung; tolerabel; tolerant.
toll 1. (Adj.) verrückt; (ugs.) sehr gut; großartig. Tollhaus; Tollheit; Tollität; Tollkirsche; Tollkühnheit; Tollwut; tolldreist; tollkühn; tollwütig; tollen. 2. (Adv.) (ugs.) sehr. Es war toll viel los.

Tol|le (die, -, -n) Locke; Haarwelle.
toll|pat|schig (Adj.) (ugs.) ungeschickt. Tollpatsch.
töl|pel|haft (Adj.) dumm; einfältig. Tölpel; Tölpelei; tölpisch; tölpeln.
To|lu|bal|sam (der, -s, kein Plural) Duftstoff.
To|lu|ol (das, -s, kein Plural) Lösungsmittel.
To|ma|hawk (der, -s, -s) Kampfbeil.
To|ma|te (die, -, -n) *(span.)* Frucht. Tomatenketchup *(auch:* -ketchup); Tomatenmark; Tomatensaft; Tomatensalat; Tomatensoße *(auch:* Tomatensauce); tomatenrot.
Tom|bak (der, -s, kein Plural) *(malai.)* weiche Kupfer-Zink-Legierung.
Tom|bo|la (die, -, -s/-len) *(ital.)* Verlosung.
To|mo|gra|fie *(auch:* To|mo|gra|phie) (die, -, kein Plural) *(griech.)* Röntgenverfahren.
Ton 1. (der, -s, -e) Lehm. Tonerde; Tongefäß; Tongeschirr; Tontafel; Tontaube; Tontaubenschießen; Tonvase; Tonwaren; Tonziegel; tonartig; tönern; tonhaltig; tonig. 2. (der, -s, Tö|ne) Laut; Schattierung; Kleinigkeit. *Beachte:* sie war Ton in Ton gekleidet; den Ton angeben. Tonabnehmer; Tonarm; Tonart; Tonaufzeichnung; Tonband; Tonbandgerät; Tonbild; Tonbildschau; Tonblende; Tondichtung; Tonfall; Tonfilm; Tonfolge; Tonfrequenz; Tongebung; Tonhöhe; Toningenieur; Tonkamera; Tonkopf; Tonkünstler; Tonlage; Tonleiter; Tonlosigkeit; Tonmeister; Tonqualität; Tonschneider; Tonspur; Tonstörung; Tonstudio; Tontechniker; Tonträger; Tönung; Tonzeichen. Adjektive: tonangebend; hochtonig; mehrtönig; eintönig; tonlos. Verben: tonen; tönen (färben; klingen).
to|nal (Adj.) *(franz.)* auf eine Grundtonart bezogen; nicht atonal.
To|na|li|tät (die, -, kein Plural) das Tonalsein.
Ton|ga|er (der, -s, -) *(polynes.)* Einwohner des Königreichs Tonga in Ozeanien.
To|nic (das, -/-s, -s) *(engl.)* Mineralwasser. Tonicwater; Gin-Tonic.
To|ni|ka (die, -, -ken) *(griech.)* Grundton (Tonleiter).
To|ni|kum (das, -s, -ka) *(griech.)* Stärkungsmittel. Adjektiv: tonisch.
to|ni|sie|ren (V.) den Tonus erhöhen; z. B. die Rückenmuskulatur.
Ton|na|ge (die, -, -n) *(franz.)* Rauminhalt (Schiff).
Ton|ne (die, -, -n) Maßeinheit (1000 kg; Abk.: t); Behälter. *Beachte:* eine Tonne Sand *(nicht:* Sands!); eine Fracht von 5000 Tonnen amerikanischen Weizen/amerikanischem Weizens. Tonnengehalt; Tonnengewölbe; Tonnenkilometer (Abk.: tkm); Dreitonner (3-Tonner); Tönnchen; tonnenweise.

To|no|gra|fie (*auch:* To|no|gra|phie) (die, -, kein Plural) Messung des Augeninnendrucks.
To|no|me|ter (das, -s, -) (griech.nlat.) 1. Messgerät für den Blut- oder 2. Augeninnendruck.
Ton|phy|sio|lo|gie (die, -, kein Plural) physikalische Betrachtungsweise des Hörens und der Töne.
Ton|sil|le (die, -, -n) (lat.) Gaumen-, Rachenmandel.
Ton|sil|li|tis (die, -, -ti|den) (lat.-griech.) Mandelentzündung.
Ton|sil|lo|tom (das, -s, -e) Instrument zur Entfernung der Mandeln (Med.).
Ton|sur (die, -, -en) (lat.) Haarschur (Mönch). Verb: tonsurieren.
Ton|tau|be (die, -, -n) Zielattrappe.
Ton|tau|ben|schie|ßen (das, -s, kein Plural) Sportschießen auf fliegende Scheiben (Tontauben).
Tö|nung (die, -, -en) Einfärbung.
To|nus (der, -, kein Plural) (griech.) Muskelspannung.
top (Adj.) (engl.) spitzenmäßig. Topform; Topmanager; Topmanagement; Topmodell; Topstar; Top Ten (Hitparade); topfit; topschick; topsecret (streng geheim).
Top (das, -s, -s) (engl.) Oberteil; Dach; Spitze. Hardtop.
TOP (Abk.) Tagesordnungspunkt.
To|pas (der, -es, -e) (griech.) Halbedelstein. Adjektiv: topasfarben; topasfarbig.
Topf (der, -es, Töp|fe) Gefäß. Topfblume; Töpfchen; Topfgucker; Topfkuchen; Topfflappen; Topfpflanze; Topfreiniger; Topfschlagen; topfen; umtopfen.
Top|fen (der, -s, kein Plural) (südd.) Quark. Topfenknödel; Topfenstrudel.
Töp|fer (der, -s, -) Handwerker. Töpferei; Töpfererde; Töpferscheibe; Töpferton; Töpferware; töpfern (tönern); töpfern.
To|pi|nam|bur (der, -s, -s/-e) (indian.) eine nordamerikanische Sonnenblume; deren kartoffelähnliche Knolle (die etwa wie eine Möhre schmeckt).
top|less (Adj.) (engl.) oben ohne. Toplessnachtklub (auch: Toplessnachtclub).
Top|ma|nage|ment (das, -s, -s) (engl.) oberste Unternehmensleitung.
To|po|al|gie (die, -, -n) (griech.-nlat.) Schmerz an einer klar umrissenen Stelle.
To|po|gra|fie (*auch:* To|po|gra|phie) (die, -, -n) (griech.) Ortskunde; Geländebeschreibung. Topograf (*auch:* Topograph); topografisch (*auch:* topographisch).
To|po|lo|gie (die, -, kein Plural) Geometrie der Lage.

To|pos (der, -, -poi) (griech.) Redewendung; feste Formulierung. Topik; topisch.
topp! (Interj.) es gilt! abgemacht!
Topp (der, -s, -s) Mastspitze. Toppflagge; Topplaterne; Toppsegel; toppen.
top|se|c|ret (Adj.) (engl.) streng geheim.
Top|spin (der, -s, -s) (engl.) Schlag mit Aufwärtsdrall (Tennis, Tischtennis).
Tor 1. (das, -s, -e) Tür; Eingang; Treffer. Toraus; Torbogen; Torchance; Tordifferenz; Toreinfahrt; Torhöhe; Torhüter; Torjäger; Torlauf; Riesentorlauf; Torlinie; Torpfosten; Torschlusspanik; Torschützenkönig; Torverhältnis; Torwächter; Torwart; Torweg; torlos. 2. (der, -en, -en) Narr. Torheit; Törin; töricht; törichterweise.
Tord|alk (der, -s, -en) (schwed.) arktischer Seevogel.
To|re|a|dor (der, -s, -en) (span.) Stierkämpfer zu Pferd.
To|re|ro (der, -/-s, -s) (span.) Stierkämpfer ohne Pferd.
To|reu|tik (die, -, kein Plural) (griech.) Kunst der Metallbearbeitung (z. B. das Ziselieren).
Torf (der, -s, -e) Moorboden. Torfboden; Torferde; Torfgewinnung; Torfmoor; Torfmull; Torfstecher; torfig.
törg|ge|len (V.) neuen Wein trinken. *Beachte:* Wir fahren zum Törggelen nach Südtirol.
Tor|men|till (der, -s, kein Plural) (lat.) ein Fingerkraut, das Blutwurz (als Arzneipflanze).
tor|keln (V.) (ugs.) taumeln.
Törn (der, -s, -s) (engl.) Segelfahrt.
Tor|na|do (der, -s, -s) (engl.) Wirbelsturm.
Tor|nis|ter (der, -s, -) Behälter.
To|ro (der, -s, -s) (span.) Stier.
To|ross (der, -, -ros|sen) (russ.) Packeis.
Tor|pe|do (der, -s, -s) (engl.) Unterwassergeschoss. Torpedierung; Torpedoboot; torpedieren.
Tor|ques (der, -, -) (lat.) offener Hals- oder Armring aus Metall.
Tor|ren|te (der, -, -n) (ital.) Bach, der nur nach heftigem Regen Wasser führt.
Tor|se|lett (das, -s, -s) Unterhemd mit Strapsen.
Tor|si|on (die, -, -si|o|nen) (lat.) Verdrehung; Verdrillung. Torsionselastizität; Torsionsfestigkeit; Torsionskraft; Torsionsmodul; Torsionsstab; Torsionswaage.
Tor|so (der, -s, -s/-si) (ital.) Rumpf; Bruchstück.
Tor|te (die, -, -n) (ital.) Kuchen. Törtchen; Tortelett(e); Tortenbäcker; Tortenboden; Tortenform; Tortenguss; Tortenheber; Tortenschaufel.
Tor|til|la (die, -s, -s) (span.) Maisfladen.
Tor|tur (die, -, -en) (lat.) Qual.

To'rus (der, -, -ri) (lat.) Kreiswulst; Säulenwulst.
To'ry (der, -s, -s) (engl.) britischer Konservativer.
to'sen (V.) rauschen; lärmen.
tos'to (Adj.) (ital.) eilig; sofort.
tot (Adj.) gestorben; leblos; (ugs.) erschöpft. *Beachte:* den toten Punkt erreichen; auf dem toten Gleis stehen; eine tote Leitung. *Aber:* etwas/nichts Totes; der/die Tote; das Tote Meer. Totenbahre; Totenbeschwörung; Totenbett; Totenblässe; Totenehrung; Totenglocke; Totengräber; Totenklage; Totenkopf; Totenmaske; Totenschädel; Totenschein; Totensonntag; Totenstarre; Totenstille; Totentanz; Totenwache; Töter; Toterklärte; Totgeburt; Totgeglaubte; Totgesagte; Totpunkt; Totschlag; Totschläger; Tötung; Tötungsversuch. Adjektive: totenähnlich; todblass, *aber:* totenblass; totenbleich, *aber:* todbleich, totenstill, *aber:* todstill; ein tot geborener (*auch:* totgeborener) Säugling. Verben: »tot« wird immer getrennt von »sein« geschrieben: Er soll tot sein. *Aber:* Zusammenschreibung: sich totarbeiten; sich totärgern; totfahren; totkriegen; sich totlachen, *aber:* das ist zum Totlachen; sich totlaufen; totmachen (töten); totsagen; totschießen, totschlagen; totschweigen; sich tot stellen; sich totstürzen, *aber:* sich zu Tode stürzen; tottreten; töten.
to'tal (Adj.) (franz.) völlig; gänzlich; gesamt. Totalansicht; Totalausverkauf; Totale; Totalisator (Kurzw.: Toto); Totalitarismus (Diktatur); Totalität; Totalitätsanspruch; Totalschaden; totalitär; totalisieren.
To'tem (das, -s, -s) Stammeszeichen; Ahnenheiligtum. Totemfigur; Totemglaube; Totemismus; Totempfahl; Totemtier; totemistisch.
To'to (das/der, -s, -s) (Kurzw.) Totalisator (Wetteinrichtung). Totoergebnis; Totogewinn; Totoschein.
Touch (der, -s, -s) (engl.) Anflug; Hauch.
tou'chie'ren (V.) (franz.) berühren.
tough (*auch:* taff) (engl.) durchsetzungsfähig.
Tou'pet (das, -s, -s) (franz.) Haarteil. Toupierung; toupieren.
Tour (die, -en) (franz.) 1. Fahrt; 2. (ugs.) Art und Weise; 3. Umdrehung. *Beachte:* auf Touren kommen; in einer Tour (ugs.: ohne Unterbrechung); auf diese Tour wirst du nichts erreichen; on tour (auf Tournee); Tour de France (Radrundfahrt). Tourenski (*auch:* Tourenschi); Tourenwagen; Tourenzahl; Tourenzähler.
Tour de Force (die, - - -, /- - -) (franz.) Gewaltaktion.
Tour d'Ho'ri'zon (die, - -, -s -) (franz.) Rundblick.

Tou'ris'mus (der, -, kein Plural) (engl.) Fremdenverkehr. Tourist; Touristenklasse; Touristik; touristisch.
Tour'nant (der, -s, -s) Aushilfskraft im Hotelgewerbe.
Tour'ne'dos (das, -, -) (franz.) garniertes Lendensteak auf Toast.
Tour'nee (die, -, -n/-s) (franz.) Gastspielreise.
To'wa'rischtsch (der, -/-s, -s/-i) Genosse (als russ. Anrede).
To'w'er (der, -s, -) (engl.) (Kurzw.) Controltower, Kontrollturm (Flughafen). Towerbrücke.
To'x'ä'mie (die, -, -n) Blutvergiftung.
To'xi'der'mie (die, -, -n) Hautkrankheit als Nebenwirkung eines Medikaments.
To'xi'ko'den'd'ron (der, -s, -dren) (südafrikanisch) Giftbaum.
To'xi'ko'lo'gie (die, -, kein Plural) (griech.) Wissenschaft von den Giften. Toxikologe; Toxikum; Toxin; toxikologisch.
To'xi'ko'ma'nie (die, -, -n) Medikamentensucht.
To'xi'ko'se (*auch:* To'xi'ko'no'se und To'xo'no'se) (die, -, kein Plural) Vergiftung.
To'xi'zi'tät (die, -, -n) Giftigkeit.
To'xo'id (das, -s, -e) entgiftetes Toxin.
To'xon (das, -s, -e) lähmendes Diphtheriegift.
To'xo'pho'bie (die, -, -n) krankhafte Angst sich zu vergiften.
To'xo'plas'mo'se (die, -, -n) Infektionskrankheit, die durch eine bestimmte Parasitenart ausgelöst wird.
TP (Abk.) trigonometrischer Punkt.
tra'ben (V.; V., ist) im Trab laufen. Trab; Traber; Traberbahn; Trabrennbahn; Trabrennen.
Tra'bant (der, -en, -en) Satellit. Trabantenstadt.
Tra'be'kel (die, -, -n) (lat. für »Bälkchen«) Längswulst aus Muskelfasern.
Tra'cer (der, -s, -) (engl.) ein Radioindikator.
tra'che'al (Adj.) (griech.-lat.) zur Luftröhre gehörend.
Tra'chee (die, -, -n) Atmungsorgan. Tracheentier.
Tra'che'li'tis (die, -, -ti'den) (griech.) Luftröhrenentzündung.
Tra'che'o'skop (das, -s, -e) Luftröhrenspiegel (Med.).
Tra'che'o's'ko'pie (die, -, -n) Luftröhrenspiegelung (Med.).
Tra'che'o's'te'no'se (die, -, -n) Luftröhrenverengung (Med.).
Tra'cheo'to'mie (die, -, -n) Luftröhrenschnitt.
Tra'cheo'zel'le (die, -, -n) Luftröhrenbruch.
Tra'chom (das, -s, -e) (griech.) schwere Augenbindehautentzündung, ägyptische Augenentzündung.

Tracht (die, -, -en) 1. volkstümliche Kleidung; 2. Portion. *Beachte:* eine Tracht Prügel bekommen. Trachtenfest; Trachtengruppe; Trachtenjacke; Trachtenkapelle; Trachtler/in; Trachtenverein.
trach'ten (V.) streben.
trächʼtig (Adj.) tragend; schwanger. Trächtigkeit.
Traʼchyt (der, -s, -e) (griech.) Gestein.
Track (der, -s, -s) (engl.) Tonbandspur.
Tradeʼmark (die, -, -s) (engl.) Warenzeichen.
Traʼdesʼkanʼtie (die, -, -n) (engl.-nlat.) amerikanisches Commelinengewächs; Zierpflanze mit hängenden Trieben.
Trade-Uniʼon (*auch:* Tradeʼuniʼon) (die, -, -s) (engl.) Gewerkschaft.
Traʼdiʼtiʼon (die, -, -tiʼoʼnen) (lat.) Althergebrachtes; Brauch. Traditionalismus; Traditionalist; traditionalistisch; traditionell; traditionsbewusst; traditionsgebunden; traditionsgemäß; tradieren.
Traʼdukʼtiʼoʼnym (das, -s, -e) Deckname eines Autors durch Übersetzung des Namens in eine Fremdsprache.
Traʼfik (die, -, -en) franz.) Kiosk.
Traʼfiʼkant (der, -en, -en) Besitzer, Betreiber einer Trafik.
Traʼfo (der, -s, -s) (Kurzw.) Transformator. Trafostation.
Traft (die, -, -en) (poln.) Floß.
Traʼgant (der, -s, -e) (griech.-lat.) 1. Gattung der Schmetterlingsblütler. 2. aus bestimmten Arten hergestellte Schleimsubstanz.
träʼge (*auch:* träg) (Adj.) schwerfällig; unbeweglich. Trägheit; Trägheitsgesetz; Trägheitsmoment.
Traʼgeʼlaph (der, -en, -en) (griech.) Fabeltier; Bockhirsch.
traʼgen (V., trug, hat getragen; ich trage, du trägst) stützen; heben; bekleidet sein; haben. *Beachte:* Das wird noch zum Tragen kommen. Tragbahre; Trage; Träger/in; Trägerkleid; Trägerrakete; Tragetasche; Tragfähigkeit; Tragfestigkeit; Tragfläche; Traghimmel; Tragkorb; Tragkraft; Traglast; Tragriemen; Tragtier; Tragweite; trägerlos; tragfähig; tragfest; tragkräftig.
Träʼgerʼhoʼse (die, -, -n) Hose mit Trägern.
Träʼgerʼlohn (der, -s, -löhʼne) Bezahlung eines Trägers.
Träʼgerʼrock (der, -s, -röʼcke) Rock mit Trägern.
Träʼgerʼschürʼze (die, -, -n) Schürze mit Trägern.
Tragʼfäʼhigʼkeit (die, -, -en) Belastungsfähigkeit.

Tragʼfläʼchenʼboot (das, -s, -e) Tragflügelboot.
Tragʼflüʼgel (der, -s, -) Tragfläche.
Tragʼflüʼgelʼboot (das, -s, -e) Tragflächenboot.
Traʼgik (die, -, kein Plural) (griech.) schicksalhaftes Unglück. Tragödie; Tragiker; Tragikomik; Tragikomödie; tragikomisch; tragisch.
Tragʼkorb (der, -s, -körʼbe) Lastkorb.
Traʼgöʼdie (die, -, -n) (griech.) Trauerspiel; Unglück. Tragöde; Tragödin; Tragödiendarsteller; Tragödiendichter.
Tragʼpfeiʼler (der, -s, -) Stützpfeiler.
Tragʼschicht (die, -, -en) Stützschicht.
Tragʼsesʼsel (der, -s, -) Sänfte.
Traiʼler (der, -s, -) (engl.) Filmvorspann; Anhänger.
Traiʼnee (der, -s, -s) (engl.) Hochschulabsolvent, der in einem Unternehmen umfassend ausgebildet wird.
Traiʼning (das, -s, -s) (engl.) Vorbereitung; Übung. Trainer; Trainerbank; Trainerwechsel; Trainingsanzug; Trainingshose; Trainingslager; Trainingsmethode; Trainingsverbot; trainieren.
Traiʼningsʼjaʼcke (die, -, -n) Jacke eines Trainingsanzugs.
Traiʼningsʼmögʼlichʼkeit (die, -, -en) Gelegenheit zum Training.
Traiʼningsʼrunʼde (die, -, -n) Trainingslauf.
Traiʼningsʼschuh (der, -s, -e) Sportschuh.
Traiʼningsʼzeit (die, -, -en) Testzeit.
Traʼjekt (das/der, -s, -e) (lat.) Eisenbahnfähre.
Traʼkehʼner (der, -s, -) Pferd. Trakehner Hengst.
Trakt (der, -s, -e) (lat.) Gebäudeteil; Strang.
Trakʼtat (der/das, -s, -e) (lat.) Abhandlung.
trakʼtieʼren (V.) (lat.) quälen. Traktierung.
Trakʼtor (der, -s, -en) (engl.) Zugmaschine. Traktorfahrer.
Trakʼtoʼrist (der, -en, -risʼten) Traktorfahrer.
Tralʼje (die, -, -n) Gitterwerk.
tralʼlaʼla! (Interj.) Trällerton. *Beachte:* trallala singen. *Aber:* Ich kann das Trallala nicht mehr hören.
trälʼlern (V.) singen; pfeifen.
Tram (die, -, -s) (Kurzw.) Trambahn.
Tramʼbahn (die, -, -en) (südd.) Straßenbahn. Trambahnschienen.
Traʼmiʼner (der, -s, -) Wein.
Traʼmonʼtaʼna (*auch:* Traʼmonʼtaʼne) (die, -, -nen) (ital.) Nordwind.
Tramp (der, -s, -s) (engl.) mittelloser Weltenbummler.
tramʼpeln (V.) stampfen. Trampel; Trampelpfad; Trampeltier.

tram|pen (V.) per Anhalter fahren.
Tram|per (der, -s, -) Anhalter.
Tram|po|lin (das, -s, -e) (ital.) Sprungvorrichtung. Trampolinspringen.
Tran (der, -s, -e) Fischöl. Lebertran; Tranfunsel (*auch:* → -funzel); Tranlampe; tranig.
Tran|ce (die, -, -n) (franz.) Dämmerzustand. Trancezustand.
Tran|che (die, -, -n) (franz.) 1. fingerdicke Fleischscheibe. 2. Anleihenteilbetrag.
Trä|ne (die, -, -n) Augenflüssigkeit. Tränendrüse; Tränenfluss; Tränengas; Tränensack; tränenerstickt; tränenfeucht; tränenreich; tränen.
Trank (der, -s, Trän|ke) Getränk. Tränkchen; Trankopfer; Tränke; Tränkung; tränken.
Tran|quil|li|zer (der, -s, -) (engl.) Beruhigungsmittel.
Tran|quil|li|tät (die, -, kein Plural) Gelassenheit; Ruhe.
tran|quil|lo (Adj.) (ital.) ruhig (bei Musikstücken).
Tran|quil|lo (das, -s, -quil|li) ruhiges Spiel (Musik).
trans.../Trans... (lat.) hinüber; jenseits. Adjektive: transalpin; transatlantisch; transkontinental; transozeanisch; transsibirisch, *aber:* die Transsibirische Eisenbahn.
Trans|ak|ti|on (die, -, -ti^{l}o^{l}nen) (lat.) Unternehmung; größeres Geschäft.
Trans|ami|na|se (die, -, -n) Enzym.
tran|schie|ren (*auch:* tran|chie|ren) (V.) (franz.) aufschneiden; zerlegen. Transchierbesteck (*auch:* Tranchierbesteck); Transchiermesser (*auch:* Tranchiermesser).
Tran|schier|ga|bel (*auch:* Tran|chier|ga|bel) (die, -, -n) Gabel zum Tranchieren.
Trans|duk|ti|on (die, -, -ti^{l}o^{l}nen) Übertragung (von Erbfaktoren).
Trans|duk|tor (der, -s, -en) (lat.) magnetische Verstärkerschaltung.
Tran|sept (der/das, -s, -e) (franz.) Querschiff (einer Basilika).
Trans-Eu|rop-Ex|press (der, -pres|ses, -presse) Fernschnellzug (Abk.: TEE).
Trans|fer (der, -s, -s) (engl.) Übertragung; Weitergabe. Transferabkommen; Transferierung; Transferliste; Transferstraße; transferieren.
trans|fe|ra|bel (Adj.) (engl.) in andere Währung umwechselbar.
Trans|fi|gu|ra|ti|on (die, -, -ti^{l}o^{l}nen) (lat.) Verklärung Christi.
trans|fi|nit (Adj.) im Unendlichen liegend.
Trans|fo|ka|tor (der, -s, -en) (nlat.) Objektiv mit verstellbarer Brennweite.
Trans|for|ma|ti|on (die, -, -ti^{l}o^{l}nen) (lat.) Umwandlung. Transformationsgrammatik.

Trans|for|ma|tor (der, -s, -en) (lat.) Gerät zur Umwandlung in eine höhere oder niedrigere Wechselspannung.
trans|for|mie|ren (V.) umformen; umwandeln (z. B. mit dem Transformator).
trans|fu|sie|ren (V.) eine Transfusion machen.
Trans|fu|si|on (die, -, -si^{l}o^{l}nen) (lat.) Blutübertragung.
Trans|gen (das, -s, -e) (griech.-lat.) Teil der Erbinformation eines Tieres, der in eine befruchtete Eizelle übertragen wird.
trans|gen (Adj.) fremdes Erbgut besitzend. ein transgenes Tier.
trans|gre|di|ent (Adj.) etwas überschreitend (Philos.).
trans|gre|die|ren (V.) große Teile des Festlandes überfluten.
Trans|gres|si|on (die, -, -si^{l}o^{l}nen) (lat.) langsame Überflutung von Festland (z. B. durch Abschmelzen von Gletschereis).
Trans|hu|manz (die, -, -en) 1. Almwirtschaft. 2. Wanderschäferei. transhumant.
Tran|si|en|te (die, -, -n) 1. plötzliche Spannungs- und Stromstärkeveränderung im lokalen Stromversorgungsnetz. 2. (in Kernkraftanlagen) vorübergehende Abweichung vom Normalbetrieb.
Tran|sis|tor (der, -s, -en) (engl.) Verstärker; Halbleiterelement. Transistorgerät; Transistorradio; transistorieren; transistorisieren.
Tran|sit (der, -s, -e) (ital.) Durchreise; Warentransport. Transithandel; Transitreisende; Transitverbot; Transitverkehr; Transitweg; Transitzoll; transitieren.
tran|si|tiv (Adj.) (lat.) ein Akkusativobjekt nach sich ziehend. *Beachte:* transitives Verb (z. B. ich hole ihn). Transitiv.
tran|si|to|risch (Adj.) (lat.) vorübergehend.
Trans|kris|tal|li|sa|ti|on (die, -, -ti^{l}o^{l}nen) Vorhandensein von Stängelkristallen (Gusstechnik).
trans|ku|tan (Adj.) durch die Haut (Med.).
Trans|la|ti|on (die, -, -ti^{l}o^{l}nen) (lat.) 1. Übersetzung; Übertragung. 2. geradlinige Bewegung (eines Körpers) in der Physik). 3. Reliquienüberführung. 4. Umbau der durch Transkribieren übertragenen genetischen Information in Aminosäuren.
Trans|li|te|ra|ti|on (die, -, -ti^{l}o^{l}nen) (lat.) buchstabengetreue Übertragung in eine andere Schrift; z. B. die ~ des kyrillischen Buchstabens mit dem Lautwert »schtsch«.
trans|li|te|rie|ren (V.) (lat.) durch Transliteration (Umschrift) in ein (der jeweiligen Überset-

zersprache ähnelndes) anderes Schriftsystem bringen.
Trans|lo|ka|ti|on (die, -, -ti|o|nen) (lat.) eine Mutationsform, Umlagerung ganzer Chromosomenabschnitte.
trans|lo|zie|ren (V.) eine Translokation durchmachen.
trans|lu|nar (Adj.) (nlat.) jenseits des Mondes liegend.
trans|lu|zid (Adj.) (lat.) durchscheinend.
Trans|mis|sion (die, -, -si|o|nen) (lat.) Energieübertragung. Transmissionsriemen; transmittieren.
Trans|mit|ter (der, -s, -) (lat.-engl.) Umformer; Überträger.
trans|mon|tan (Adj.) jenseits der Berge liegend.
Trans|mu|ta|ti|on (die, -, -ti|o|nen) (nlat.) Genumwandlung. transmutieren.
trans|na|ti|o|nal (Adj.) übernational. Begriff aus der Wirtschaft. transnationale Monopole.
trans|ob|jek|tiv (Adj.) über den Gegenstand hinausgehend (Philos.).
trans|oze|a|nisch (Adj.) jenseits des Ozeans liegend.
trans|pa|rent (Adj.) (lat.) durchsichtig. Transparent; Transparentpapier; Transparenz.
tran|s|pi|rie|ren (V.) (lat.) schwitzen. Transpiration.
Trans|plan|ta|ti|on (die, -, -ti|o|nen) (lat.) Organ-, Hautverpflanzung. Transplantat; transplantieren.
Trans|pon|der (der, -s, -) (engl.) Anlage zur Aufnahme, Verstärkung und Weitergabe von Funksignalen (Kunstwort aus transmitter und responder).
trans|po|nie|ren (V.) (lat.) in eine andere Tonart umsetzen.
Trans|port (der, -s, -e) (lat.) Beförderung. Transportanlage; Transportband; Transporter; Transporteur; Transportflugzeug; Transportführer; Transportgewerbe; Transportgut; Transportierung; Transportkosten; Transportmittel; Transportunternehmen; transportabel; transportfähig; transportieren.
Trans|port|ar|bei|ter (der, -s, -) Arbeiter im Transportwesen.
Trans|port|be|häl|ter (der, -s, -) Behälter für Transportgüter.
Trans|port|schiff (das, -s, -e) Frachtschiff.
Trans|port|we|sen (das, -s, kein Plural) Transportgeschäft.
Trans|po|si|ti|on (die, -, -ti|o|nen) das Transponieren.
trans|so|nisch (Adj.) (nlat.) oberhalb der Schallgeschwindigkeit.

Trans|sub|s|tan|ti|a|ti|on (die, -, -ti|o|nen) (lat.) Verwandlung von Brot und Wein in Leib und Blut Christi (beim kath. Abendmahl).
Trans|su|da|ti|on (die, -, -ti|o|nen) (lat.) das Sichergießen von seröser Flüssigkeit in Körperhöhlen (z. B. bei Bauchwassersucht).
Trans|uran (das, -s, -e) (lat.-griech.) radioaktiver Stoff. Adjektiv: transuranisch.
Tran|su|se (die, -, -n) (ugs.) Langweiler.
trans|ver|sal (Adj.) (lat.) 1. quer laufend (auch: querlaufend), schräg. 2. senkrecht zur Ausbreitungsrichtung (einer Welle).
Trans|ver|sa|le (die, -, -n) (lat.) Gerade, die ein Drei- oder Vieleck durchschneidet.
Trans|ves|tit (der, -en, -en) (lat.) Mann, der sich als Frau fühlt und kleidet. Transvestismus; Transvestitismus.
trans|zen|dent (Adj.) (lat.) übersinnlich.
trans|zen|den|tal (Adj.) aller Erfahrungserkenntnis zugrunde liegend. transzendentale Logik.
Trans|zen|denz (die, -, kein Plural) das Überschreiten der Grenzen der Erfahrung und des Bewusstseins. transzendieren.
Tran|tü|te (die, -, -n) Langweiler.
Tra|pa (die, -, kein Plural) (nlat.) Wassernuss.
Tra|pez (das, -es, -e) (griech.) parallelseitiges Viereck; Schaukelreck. Trapezakt; Trapezflügel; Trapezkünstler; Trapezmuskel; Trapezoid; trapezförmig.
trap|peln (V.) tappen; poltern.
Trap|per (der, -s, -) (engl.) Fallensteller; Pelztierjäger.
Trap|pist (der, -en, -pis|ten) (franz.) Angehöriger eines Mönchsordens mit äußerst strengen Regeln (z. B. striktem Schweigegebot).
Trap|pis|ten|kä|se (der, -s, kein Plural) Butterkäse.
Traps (der, -/-es, -e) Geruchsverschluss bei einem Ausguss.
Trap|schie|ßen (das, -s, kein Plural) Tontaubenschießen.
Tra|ra (das, -s, kein Plural) (ugs.) Lärm. (Interjektion) trara!
Tra|sci|nan|do (das, -s, -s/-di) schleppendes Spiel (Musik).
Trass (der, Tras|ses, Tras|se) (niederl.) Vulkangestein.
Tras|sant (der, -en, -en) (ital.) Wechselaussteller.
Tras|sat (der, -en, -en) (ital.) Bezogener (eines Wechsels).
Tras|se (die, -, -n) (franz.) Straßenlinie. Trassierung; trassieren.
trä|ta|bel (Adj.) (lat.-franz.) fügsam; umgänglich.
trä|tie|ren (V.) behandeln.

Tratsch (der, -es, kein Plural) Klatsch. Tratscherei; tratschen.
Tratlsche (die, -, -n) jmd., der viel tratscht.
Tratschlmaul (das, -s, -mäuller) Tratsche.
Tratschltanlte (die, -, -n) Tratsche.
Tratlte (die, -, -n) (ital.) gezogener Wechsel.
Tratltolria (die, -, -rilen) (ital.) Gasthaus.
Traulbe (die, -, -n) 1. Frucht; 2. Menge. Traubenholunder; Traubenkur; Traubenlese; Traubensaft; Traubenzucker; Träubchen; traubenförmig; traubig.
traulen (V.) 1. verehelichen; 2. wagen; glauben. *Beachte:* Ich traute meinen Ohren kaum; das traue ich mir nicht zu. Traualtar; Trauring; Trauschein; Trauung; Trauzeuge.
Trauler (die, -, kein Plural) Kummer; Leid. Trauerarbeit; Trauerbrief; Trauerfall, Trauerflor; Trauergemeinde; Trauerkleidung; Trauerkloß; Trauermarsch; Trauerrand; Trauerschleier; Trauerspiel; Trauerweide; Trauerzug; trauern.
Traulerlanlzeilge (die, -, -n) Veröffentlichung eines Trauerfalls (in der Zeitung).
Traulerlbinlde (die -, -n) schwarzes Band, das als Zeichen der Trauer um den Arm gebunden wird.
Traulerlbotlschaft (die, -, -en) Todesnachricht; schlimme Nachricht.
Traulerlfeiler (die, -, -n) Bestattung.
Traulerlgelfollge (das, -s, -) Trauergemeinde; Begleiter eines Trauerzugs.
Traulerlhaus (das, -es, -häulser) Haus, in dem getrauert wird.
Traulerljahr (das, -s, -e) Jahr, das bewusst im Gedenken an einen Verstorbenen gelebt wird; schlechtes Jahr.
Traulerlkarlte (die, -, -n) Erinnerungskarte für einen Verstorbenen; Todesanzeige.
Traulerlmielne (die, -, -n) trauriges Gesicht.
Traulerlnachlricht (die, -, -en) Trauerbotschaft.
Traulerlzeit (die, -, -en) Zeit des Trauerns.
Traulfe (die, -, -n) Regenwasser. (sprichwörtlich) vom Regen in die Traufe kommen.
träulfeln (V.) tröpfeln; einflößen.
Traulforlmel (die, -, -n) vorher wörtlich festgelegtes Eheversprechen.
traullich (Adj.) gemütlich; vertraut. Traulichkeit.
Traum... Wunsch...; Ideal... Traumauto; Traumbedingung; Traumberuf; Traumchance; Traumfilm; Traumfoto; Traumfrau; Traumfrisur; Traumgehalt; Traumgrenze; Traumhaus; Traumhochzeit; Traumhöhe; Traumhotel; Traumjob; Traumkleid; Traumkonditionen; Traumlage; Traummann; Traummöglichkeit; Traumpreis; Traumreise; Traumschiff; Traumschuss; Traumsprung; Traumvernügen; Traumvorstellung; Traumwagen; Traumwetter.

Traulma (das, -s, -men/-malta) (griech.) seelischer Schock. Traumatologie; traumatisch.

Traumldeulter (der, -s, -) jmd., der einen Traum auslegt.

träulmen (V.) einen Traum haben; ersehnen; nicht aufpassen. Traum; Traumbild; Traumbuch; Traumdeutung; Träumer/in; Träumerei; Traumfabrik; Traumgespinst; Traumnote; Traumtänzer; Traumwandler; träumerisch; traumhaft; traumverloren; traumversunken; traumwandlerisch; traumwandeln.

Traumlgelsicht (das, -s, -e) Vision im Halbschlaf.

Traumlwelt (die, -, -en) das Träumen; Wirklichkeitsferne; Utopie. Sie lebt in einer Traumwelt.

Traulrelde (die, -, -n) Predigt anlässlich einer Trauung; Ansprache des Brautvaters.

traulrig (Adj.) betrübt; bedauerlich. Traurigkeit.

traut (Adj.) gemütlich; vertraut. das traute Heim.

Tralvelllerlscheck (der, -s, -s) (engl.) Reisescheck.

tralvers (Adj.) (franz.) quer; quer gestreift (*auch:* quergestreift). Traverse; Traversierung; traversieren.

Tralverltin (der, -s, -e) (ital.) ein Tuffstein, gelblicher Kalksinter.

Tralvesltie (die, -, -n) (engl.) Parodie eines literarischen Stoffs. Travestieshow; travestieren.

Trawller (der, -s, -) (engl.) Fischdampfer. Trawl.

Trelbe (in der Wendung) auf (die) Trebe gehen (sich herumtreiben). Trebegänger/in.

Treck (der, -s, -s) Zug; Auswanderung. Verb: trecken.

Trelcker (der, -s, -) Traktor.

Trelcking (*auch:* Treklking) (das, -s, kein Plural) (engl.) Wanderung.

Trecklschulte (die, -, -n) Schleppkahn.

trefffen (V., traf, hat getroffen) berühren; begegnen; erschüttern. Treff; Treffen; Treffer; Trefferquote; Treffpunkt; Treffsicherheit; treffend; treffsicher.

trefflich (Adj.) vorzüglich; sehr gut. Trefflichkeit.

treilben (V., trieb, hat/ist getrieben) 1. jagen; antreiben; 2. keimen; 3. tun. Treibarbeit; Treibeis; treiben; Treiber; Treibgas; Treibhaus; Treibhausluft; Treibholz; Treibjagd; Treibsand; Treibsatz; Treibschlag; Treibstoff.

Treib|haus|ef|fekt (der, -es, kein Plural) Aufheizung der Atmosphäre durch erhöhten CO_2-Austausch.
Treib|haus|gas (das, -es, -e) Gas, das für den Treibhauseffekt verantwortlich ist.
Treib|mit|tel (das -s, -) Triebmittel; Backmittel.
Treib|netz (das, -es, -e) Fangnetz.
Treib|netz|fi|sche|rei (die, -, kein Plural) Fischerei.
trei|deln (V.) einen Flusskahn vom Ufer aus ziehen. Treidelleine.
trei|fe (Adj.) (hebr.-jidd.) den jüdischen Speisevorschriften nicht entsprechend; unkoscher.
Tre|ma (das, -s, -s/-ma|ta) (griech.) 1. liegender Doppelpunkt über einem von zwei Vokalen (als Zeichen für getrennte Aussprache; z. B. Citroën). 2. Lücke zwischen den mittleren oberen Schneidezähnen.
tre|mo|lan|do (Adv.) zitternd; bebend; mit Tremolo auszuführen (Musik).
Tre|mo|lo (das, -s, -s/-li (ital.) Beben; Zittern (Musik). Tremor; tremolieren.
Trem|se (die, -, -n) (nordd.) Kornblume.
Trench|coat (der, -s, -s) (engl.) Mantel.
Trend (der, -s, -s) (engl.) Entwicklung. Trendsetter.
tren|nen (V.) teilen; zerlegen; auseinandergehen. Trennbarkeit; Trennlinie; Trennmesser; Trennschärfe; Trennung; Trennungslinie; Trennungsschmerz; Trennungsstrich; Trennungszeichen; Trennwand; trennscharf.
Trenn|mes|ser (das, -s, -) scharfes Messer.
Tren|nungs|ent|schä|di|gung (die, -, -en) Trennungsausgleich.
Tren|nungs|geld (das, -s, -er) Trennungsentschädigung.
Tren|se (die, -, -n) (niederl.) Zaum. Trensenring.
Tre|pan (der, -s, -e) Bohrer für Schädeldeckenöffnung (Med.).
Tre|pa|na|ti|on (die, -, -ti|o|nen) Schädelöffnung (Med.).
Tre|pang (der, -s, -e) (malai.-engl.) getrocknete Seegurke.
tre|pa|nie|ren (V.) mit dem Trepan die Schädeldecke öffnen.
Trep|pe (die, -, -n) Stufe; Aufgang. Treppenabsatz; Treppchen; Treppengeländer; Treppenhaus; Treppenschritt; Treppenstufe; Treppenwitz; treppenförmig; treppab; treppauf.
Tre|sen (der, -s, -) (nordd.) Theke; Ladentisch.
Tre|sor (der, -s, -e) (franz.) Geldschrank. Tresorraum; Tresorschlüssel.

Tre|sor|kna|cker (der, -s, -) Panzerknacker.
Tres|se (die, -, -n) (franz.) Borte. Tressenrock; tressieren.
Tres|ter (der, -s, -) Branntwein; Pressrückstände (Keltern).
très vite (Adj.) (franz.) sehr schnell (Vortragsanweisung in der Musik).
tre|ten (V., trat, hat/ ist getreten) gehen; stoßen; drücken. Tretboot; Treter; Treterei; Tretmühle; Tretrad; Tretroller; Tretwerk.
Tret|mi|ne (die, -, -n) Mine, die auf Gewichtsbelastung reagiert.
treu (Adj.) zuverlässig; beständig. *Beachte:* auf Treu und Glauben; meiner Treu; zu treuen Händen; treu sein/bleiben; eine treu ergebene (*auch:* treuergebene) Freundin. Treue; Treueprämie; Treueschwur; Treuhänder; Treuhandgesellschaft; Treuherzigkeit; Treulosigkeit; treubrüchig; treudoof; treu gesinnt (*auch:* treugesinnt); treuherzig; treulos; treu sorgend (*auch:* treusorgend).
treu|deutsch (Adj.) »wahrhaft« deutsch; deutschtümelnd.
Treue|bruch (der, -s, -brü|che) Verrat.
Treue|ge|löb|nis (das, -ses, -se) Treueversprechen.
Treu|eid (der, -s, -e) Treueversprechen.
Treue|ver|spre|chen (das, -s, -) Treueid.
Treu|hand (die, -, kein Plural) Verwalter.
Treu|hand|an|stalt (die, -, -en) Treuhandgesellschaft.
Tre|vi|ra (das, -s, kein Plur.) Kunstfasergewebe.
Tri|a|de (die, -, -n) Dreiergruppe; Dreiheit.
Tri|a|ge (die, -, -n) (franz.) Ausschuss; hoffnungslose Fälle (Katastrophenmedizin).
Tri|al (das, -s, -s) (engl.) Prüfung der Fahrtechnik im Gelände (im Motorradsport).
Tri|al-and-Er|ror-Me|tho|de (die, -, -n) (engl.) wissenschaftliche Lernmethode.
Tri|an|gel (der/das, -s, -) (lat.) Musikinstrument; (ugs.) Dreieck. Triangulation; Triangulierung; triangulär; triangulieren.
Tri|as (die, -, -) (griech.) Dreiheit; geologische Formation. Transformation; triassisch.
Tri|ath|let (der, -en, -en) Dreikämpfer.
Tri|ath|lon (das, -s, -s) (griech.) Mehrkampf.
Tri|ba|de (die, -, -n) (griech.) Lesbierin. Tribadie.
Tri|ba|lis|mus (der, -, kein Plural) (engl.-nlat.) Stammesbewusstsein (in Afrika).
Tri|bo|me|ter (das, -s, -) (griech.-nlat.) Messgerät zur Ermittlung des Reibungswerts.
Tri|bu|la|ti|on (die, -, -ti|o|nen) (lat.) Drangsal; Quälerei.
tri|bu|lie|ren (V.) quälen; durch ständiges Fragen plagen.

Tri|bun (der, -s, -e) Volksanwalt; Volkstribun. Tribunat; tribunizisch.
Tri|bu|nal (das, -s, -e) (lat.) Gericht.
Tri|bü|ne (die, -, -n) (franz.) Zuschauerplätze; Rang. Tribünenplatz.
Tri|but (der, -s, -e) (lat.) 1. Abgabe; 2. Hochachtung. Tributlast; Tributverpflichtung; tributpflichtig.
Tri|chi|ne (die, -, -n) (griech.) Parasit. Trichinenschau; Trichinenschauer; Trichinose; trichinenhaltig; trichinös.
Tri|chlor|äthy|len (das, -s, kein Plural) (griech.-nlat.) unbrennbares Lösungsmittel; Narkosemittel.
Tri|cho|mo|na|den (die, nur Plural) (griech.) Geißeltierchen, die sich in der Scheide ansiedeln und Ausfluss verursachen.
Tri|cho|to|mie (die, -, -n) (griech.) Dreiteilung. Adjektiv: trichotomisch.
Tri|cho|ze|pha|lus (der, -, -li/-len) Peitschenwurm (Biol.).
Trich|ter (der, -s, -) Einfüllgerät; Loch. *Beachte:* der Nürnberger Trichter; auf den Trichter kommen (ugs.: begreifen). Trichtermündung; trichterförmig; trichtern.
Trich|ter|ling (der, -s, -e) Pilz.
Tri|chu|ris (die, -, kein Plural) Gattung der Fadenwürmer (Biol.).
Trick (der, -s, -s/Tri|cke) (engl.) Kniff; Kunstgriff. Trickbetrüger; Trickfilm; Trickkiste; Trickski (*auch:* Trickschi); tricksen.
Trick|be|trug (der, -s, kein Plural) Betrug.
trick|reich (Adj.) geschickt.
Trick|track (das, -s, -s) (franz.) Brettspiel.
Tri|dent (der, -s, -e) (lat.) Dreizack.
Tri|du|um (das, -s, -du|en) (lat.) Zeitraum von drei Tagen.
Trieb (der, -s, -e) Drang; Verlangen; Antrieb. Triebachse; Triebbefriedigung; Triebfeder; Triebhaftigkeit; Triebhandlung; Triebkraft; Triebleben; Triebrad; Triebtäter; Triebwagen; Triebwerk; triebartig; triebhaft; triebmäßig.
trie|fen (V.) nass sein. Triefauge; triefäugig; triefnass.
trie|len (V.) (südd.) sabbern. Trieler.
tri|en|nal (Adj.) (lat.) drei Jahre dauernd; alle drei Jahre.
Tri|en|na|le (die, -, -n) Veranstaltung, die alle drei Jahre stattfindet.
Tri|en|ni|um (das, -s, -ni|en) Zeitraum von drei Jahren.
Tri|e|re (die, -, -n) (griech.) antikes Kriegsschiff mit drei Ruderreihen übereinander.
Tri|eur (der, -s, -e) (lat.-franz.) Maschine zur Getreidereinigung, die nach Körnungsgröße trennt.

trie|zen (V.) (ugs.) ärgern; necken.
Tri|fle (das, -s, -s) englische Süßspeise.
Tri|fo|kal|glas (das, -es, -glä|ser, meist Plural) (nlat.-dt.) Brillenglas für drei Entfernungen.
Tri|fo|li|um (das, -s, -li|en) (lat.) Klee(blatt).
trif|ten (V.) flößen. Trift; triftig.
trif|tig (Adj.) ausschlaggebend; wichtig.
Trif|tig|keit (die, -, -en) Berechtigung.
Tri|ga (die, -, -s/-gen) (lat.) Dreigespann (als Gefährt; für eine Personengruppe).
Tri|ge|mi|nus (der, -, -ni) (lat.) ein Gehirnnerv, der das Gesicht versorgt; Drillingsnerv.
Trig|ger (der, -s, -) (engl.) Auslöser. Triggerpunkt. Verb: triggern.
Tri|gon (das, -s, -e) (griech.) Dreieck.
tri|go|nal (Adj.) (griech.) dreieckig. Trigonalzahl; Trigonometrie; trigonometrisch; trigonometrischer Punkt (Abk.: TP).
tri|klin (Adj.) (griech.) mit drei verschieden langen Achsen, die nicht aufeinander senkrecht stehen als Eigenschaft eines Kristallsystems; **tri|kli|nisch** (Adj.) = triklin.
Tri|kli|ni|um (das, -s, -ni|en) (griech.-lat.) altrömisches Speisebett; Raum mit drei solchen, hufeisenförmig um einen Esstisch angeordneten Liegestätten.
Tri|ko|li|ne (die, -, kein Plural) ripsartiger Oberhemdenstoff (Kunstwort).
Tri|ko|lon (das, -s, -s/-la) (griech.-lat.) aus drei Spracheinheiten zusammengesetztes Satzgefüge.
Tri|ko|lo|re (die, -, -n) (franz.) französische Nationalflagge. Adjektiv: trikolor (dreifarbig).
Tri|kom|po|si|tum (das, -s, -ta) dreigliedrige Zusammensetzung.
Tri|kot 1. (der/das, -s, -s) (franz.) Stoff. Trikotstoff; Trikotage. 2. (das, -s, -s) (franz.) Hemd. Trikotwerbung.
tri|la|te|ral (Adj.) dreiseitig.
Tri|lem|ma (das, -s, -s/-ta) (griech.-nlat.) dreiteilige Annahme in der Logik.
tril|lern (V.) singen; pfeifen; vibrieren. Triller; Trillerpfeife.
Tril|li|ar|de (die, -, -n) (franz.) tausend Trillionen (10^{21}).
Tril|li|on (die, -, -li|o|nen) (lat.) eine Million Billionen (10^{18}).
Tri|lo|bit (der, -en, -en) (griech.) ein Urkrebs des Paläozoikums; Dreilapper.
Tri|lo|gie (die, -, -n) (griech.) dreiteiliges Werk.
Tri|ma|ran (das/der, -s, -e) (lat.-engl.-tamilisch) offenes Segelboot mit drei Rümpfen.
Tri|mes|ter (das, -s, -) (lat.) Zeitraum von drei Monaten.

trim|men (V.) sich sportlich betätigen; einstellen; abrichten. Trimm; Trimmaktion; Trimmdich-Pfad; Trimmer; Trimmpfad; Trimmspirale; Trimmtrab; Trimming; getrimmt.
Trimm|ge|rät (das, -s, -e) Sportgerät; Hometrainer.
tri|morph (Adj.) (griech.) dreigestaltig. Trimorphismus.
Tri|ne (die, -, -n) (ugs.) Frau; Mädchen (Schimpfwort). dumme ~.
Tri|ni|dad (ohne Art., -s, kein Plural) Insel in der Karibik.
Tri|ni|tät (die, -, kein Plural) (lat.) Dreieinigkeit; Dreifaltigkeit.
Tri|ni|ta|tis (das, -, kein Plural) (lat.) Fest der Dreifaltigkeit am Sonntag nach Pfingsten.
Tri|ni|t|ro|phe|nol (das, -s, kein Plural) = Pikrinsäure.
Tri|ni|t|ro|to|lu|ol (das, -s, kein Plural) Sprengstoff (Abk.: TNT).
trin|ken (V., trank, hat getrunken) 1. Flüssigkeit zu sich nehmen; 2. alkoholsüchtig sein. Trinkbarkeit; Trinkbecher; Trinker; Trinkgelage; Trinkgeld; Trinkhalle; Trinkhalm; Trinkkur; Trinklied; Trinkspruch; Trinkstube; Trinkwasser; Trinkwasserverschmutzung; trinkbar; trinkfest.
Trin|ker|heil|an|stalt (die, -, -en) Fachklinik für Alkoholkranke.
Trink|fes|tig|keit (die, -, kein Plural) Vermögen, alkoholische Getränke zu sich zu nehmen.
trink|freu|dig (Adj.) viel trinkend.
Trink|ge|fäß (das, -es, -e) Trinkbehälter.
Trink|milch (die, -, kein Plural) Milch zum Trinken.
Trink|scha|le (die, -, -n) Schale.
Trink|scho|ko|la|de (die, -, kein Plural) Schokoladengetränk.
trink|was|ser|arm (Adj.) wasserarm.
Trink|was|ser|auf|be|rei|tung (die, -, kein Plural) Wasseraufbereitung.
Trink|was|ser|lei|tung (die, -, -en) Wasserleitung.
Trink|was|ser|man|gel (der, -s, -män|gel) Wasserknappheit.
Trink|was|ser|not (die, -, -nö|te) Wassernotstand.
Trink|was|ser|preis (der, -es, -e) Wasserpreis.
trink|was|ser|reich (Adj.) wasserreich.
Trink|was|ser|re|ser|voir (das, -s, -s) Trinkwasserspeicher.
Trink|was|ser|un|ter|su|chung (die, -, -en) Wasseranalyse.
Trink|was|ser|ver|brauch (der, -s, kein Plural) Wasserverbrauch.

Trink|was|ser|ver|sor|gung (die, -, -en) Trinkwasserlieferung.
tri|no|misch (Adj.) (griech.) dreigliedrig. Trinom.
Trio (das, -s, -s) (ital.) dreistimmiges Musikstück; Musikgruppe aus drei Personen.
Tri|o|de (die, -, -n) (griech.-nlat.) Verstärkerröhre mit drei Elektroden.
Trip (der, -s, -s) (engl.) 1. kurze Reise; 2. Rausch (Drogen).
Tri|pal|mi|tin (das, -s, kein Plural) Bestandteil von tierischen und pflanzlichen Fetten.
Tri|pel (das, -s, -) (franz.) Dreiheit.
Tri|pel|al|li|anz (die, -, -en) Bund von drei Staaten.
Tri|pel|fu|ge (die, -, -n) streng schematisiertes Musikstück mit drei selbstständigen Themen (Musik).
Tri|pel|kon|zert (das, -s, -e) Konzert für drei Soloinstrumente und Orchester.
Tri|ph|thong (der, -s, -e) (griech.-nlat.) drei eine Silbe bildende Vokale.
Tri|p|lé (das, -s, -s) (franz.) Zweibandenball (Billard).
tri|p|lie|ren (V.) verdreifachen.
Tri|p|lik (die, -, -en) Antwort des Klägers auf eine Duplik des Beklagten in Gerichtsverfahren.
Tri|p|li|kat (das, -s, -e) dritte Ausfertigung eines Schriftstücks.
Tri|p|lit (der, -s, -e) Eisenpecherz.
Tri|p|li|zi|tät (die, -, kein Plural) dreifaches Vorkommen.
tri|p|lo|id (Adj.) (griech.) mit dreifachem Chromosomensatz.
Tri|p|lum (das, -s, -pla) ein Dreifaches.
Trip|ma|dam (die, -, -en) (franz.) eine gelb blühende Fetthenne; Gewürzpflanze.
trip|peln (V.) mit kleinen Schritten gehen. Trippelschritt.
trip|pen (V.) (nordd.) tropfen.
Trip|per (der, -s, -) Geschlechtskrankheit.
Tri|p|ty|chon (das, -s, -chen/-cha) (griech.) dreiteiliges Altarbild.
Tri|p|tyk (das, -s, -s) (griech.-nlat.-franz.-engl.) dreiteiliger Passierschein für Kraft- und Wasserfahrzeuge.
Tri|sek|ti|on (die, -, kein Plural) Dreiteilung (Math.).
Tri|so|mie (die, -, -n) (griech.) eine Chromosomenanomalie, drei- statt zweifaches Vorhandensein eines Chromosoms in einer Zelle (z. B. Trisomie 21).
trist (Adj.) traurig, trostlos. Tristesse; Tristheit; Tristien.
tri|syl|la|bisch (Adj.) (griech.) dreisilbig. Trisyllabum.

Tritagonist 535 Tropen

Tri|ta|go|nist (der, -nis|ten, -en) dritter Schauspieler im antiken griech. Theater.
Tri|ti|um (das, -s, kein Plural) (griech.) Radiowasserstoff (Abk.: T).
Tritt (der, -s, -e) Schritt; Stoß; (Kurzw.) Trittbrett. Trittbrettfahrer; Trittleiter; trittfest; trittsicher.
Tritt|rol|ler (der, -s, -) Tretroller.
Tri|umph (der, -s, -e) (lat.) Erfolg; Genugtuung. Triumphator; Triumphbogen; Triumphfeier; Triumphgeschrei; Triumphwagen; Triumphzug; triumphal; triumphgekrönt; triumphierend; triumphieren.
Tri|um|vir (der, -s/-n, -n) Triumviratmitglied.
Tri|um|vi|rat (das, -s, -e) (lat.) Dreierherrschaft.
tri|va|lent (Adj.) (lat.) dreiwertig.
tri|vi|al (Adj.) (lat.) gewöhnlich; bedeutungslos. Trivialität; Trivialliteratur.
Tri|zeps (der, -/-es, -e) (lat.) Oberarmmuskel.
Tro|chä|us (der, -, -chä|en) (griech.) Versmaß. Adjektiv: trochäisch.
Tro|cho|ze|pha|lie (die, -, -n) anormale Rundform des Schädels.
tro|cken (Adj.) 1. ohne Feuchtigkeit; ausgedörrt; 2. nüchtern; (ugs.) nicht mehr süchtig (Alkohol, Drogen). *Beachte:* auf dem Trockenen sein/sitzen (festsitzen); auf dem/im Trockenen sitzen (auf dem trockenen Boden, in der Trockenheit); ich habe mein Schäfchen schon im Trockenen; die Wäsche zum Trocknen aufhängen; ein Baby trockenlegen (frische Windeln anziehen); das Grundstück ist trockengelegt (entwässert) worden; das Baby nach dem Bad trockenreiben *(auch:* trocken reiben) (trocknen); die Wäsche trockenschleudern *(auch:* trocken schleudern) (trocknen). *Aber:* trocken sein/liegen/stehen (in trockenem Zustand, an trockenem Ort). wir mussten den ganzen Abend trockensitzen (ohne Getränke); Trockenanlage; Trockenapparat; Trockenbatterie; Trockenbeerenauslese; Trockenblume; Trockendock; Trockeneis; Trockenfleisch; Trockenfutter; Trockengemüse; Trockenhaube; Trockenhefe; Trockenheit; Trockenkammer; Trockenlegung; Trockenmilch; Trockenrasierer; Trockenraum; Trockenschleuder; Trockenwäsche; Trockenzeit; Trockner; Trocknung. Verben: trocken föhnen *(auch:* trockenföhnen); trocken wischen *(auch:* trockenwischen).
Tro|cken|au|to|mat (der, -en,-en) Trockner.
Tro|cken|bo|den (der, -s, -bö|den) Trockenraum im Dachboden.
Tro|cken|ei (das, -s, kein Plural) Eipulver.
Tro|cken|ge|stell (das, -s, -e) Aufhängemöglichkeit.
Tro|cken|kurs (der, -es, -e) theoretischer Kurs.
Tro|cken|maß (das, -es, -e) Maß für Nichtflüssiges.
Tro|cken|platz (der, -es, -plät|ze) Ort zum Trocknen.
Tro|cken|ra|sur (die, -, -en) elektrisches Rasieren.
Tro|cken|sham|poo *(auch:* Tro|cken|schampoon) (das, -s, -s) Shampoo, zu dem man kein Wasser benötigt.
Tro|cken|spi|ri|tus (der, -, kein Plural) Spiritusbriketts.
tro|cken|ste|hen (V.) keine Milch geben (bei Kühen).
Trod|del (der, -, -n) Quaste. Troddelchen.
trö|deln (V.) langsam sein; bummeln; mit Altwaren handeln. Trödel; Trödelei; Trödelfritze; Trödelkram; Trödelladen; Trödler/in.
Trog (der, -s, Trö|ge) Gefäß. Schweinetrog.
Trog|lo|dyt (der, -en, -en) (griech.-lat.) Höhlenmensch.
Tro|gon (der, -s, -s) (griech.) südamerikanischer bunt gefiederter Urwaldvogel.
Troi|ka (die, -, -s/-ken) (russ.) Dreigespann.
tro|ja|nisch (Adj.) die Stadt Troja betreffend. das Trojanische Pferd.
Troll (der, -s, -e) Kobold.
trol|len (V., refl.) verschwinden.
Trol|ley|bus (der, -bus|ses, -bus|se) (schweiz.) (engl.) Oberleitungsbus.
Troll|lin|ger (der, -s, -) Rotwein.
Trom|be (die, -, -n) (ital.) Windhose.
Trom|mel (die, -, -n) Schlaginstrument; Behälter; Maschinenteil. Trommelbremse; Trommelei; Trommelfell; Trommelfeuer; Trommelrevolver; Trommelschlag; Trommelschlegel; Trommelstock; Trommelwaschmaschine; Trommelwirbel; trommeln.
Trom|mel|spra|che (die, -, -n) Sprache der Buschtrommeln.
Trom|pe|te (die, -, -n) (franz.) Blasinstrument. Trompetenbaum; Trompetensignal; Trompetenstoß; Trompeter; Trompetervogel.
Trom|pe|ten|ge|schmet|ter (das, -s, -) lautes Trompetenspiel.
Tro|pae|o|lum (das, -s, kein Plural) (griech.-nlat.) Familie der Kapuzinerkressengewächse.
Tro|pe *(auch:* der Tro|pus) (die, -, -n) (griech.) bildlicher Ausdruck.
Tro|pen (die, nur Plural) Äquatorregion. Tropenanzug; Tropenfieber; Tropenhelm; Tropeninstitut; Tropenklima; Tropenkoller; Tropenkrankheit; Tropenmedizin; Tropenpflanze; tropisch.

Tro|pen|an|zug (der, -s, -zü|ge) Kleidungsstück.
Tro|pen|ex|per|te (der, -n, -n) Tropenkenner.
Tro|pen|for|scher (der, -s, -) Wissenschaftler, der sich mit den Tropen befasst.
Tro|pen|ge|schwür (das, -s, -e) Tropenkrankheit.
Tro|pen|hit|ze (die, -, kein Plural) Temperatur wie in den Tropen; große Hitze.
Tro|pen|ken|ner (der, -s, -) Tropenfachmann.
Tro|pen|neu|r|as|the|nie (die, -, -n) (griech.) leichter Tropenkoller.
Tro|pen|re|gen (der, -s, kein Plural) Regenperiode.
Tro|pen|tag (der, -s/-es, -e) Tag mit einer Temperatur ab 30 °C und darüber.
tro|pen|taug|lich (Adj.) für die Tropen einsetzbar.
Tro|pen|taug|lich|keit (die, -, kein Plural) Einsetzbarkeit.
Tro|pen|vo|gel (der, -s, -vö|gel) Vogel der Tropen.
Tropf 1. (der, -s, Tröp|fe) (ugs.) Dummkopf 2. (der, -s, -e) (ugs.) Tropfinfusion.
trop|fen (V.) in Tropfen fallen; träufeln. Tröpfchen; Tröpfcheninfektion; Tropfen; Tropfenfänger; Tropfenform; Tropfflasche; Tropfinfusion; Tropfröhrchen; Tropfstein; Tropfsteinhöhle; tropfbar; tropfenförmig; tropfnass; tröpfchenweise; tropfenweise; tröpfeln.
Tro|phäe (die, -, -n) (griech.) Siegespreis; Pokal; Beute. Trophäenjäger.
Tro|pho|blast (der, -en, -en) Hülle, die das Embryo ernährt (Med.).
Tro|pho|neu|ro|se (die, -, -n) Form der Neurose, die Schwunderscheinungen an Organen durch mangelhafte Ernährung zur Folge hat (Med.).
tro|phisch (Adj.) (griech.) nährend.
Tro|pho|lo|gie (die, -, kein Plural) (griech.) Ernährungswissenschaft.
Tro|pi|ka (die, -, kein Plural) (griech.) schwere Malaria.
Tro|pis|mus (der, -, -men) (griech.-nlat.) durch Außenreize erzeugte Richtungsbewegung (von Pflanzen; z. B. die Hinwendung zu einer Lichtquelle; → Taxis).
Tro|po|s|phä|re (die, -, kein Plural) (griech.) Luftschicht.
trop|po (Adv.) (ital.) zu sehr; non troppo: nicht zu sehr (bei Musikstücken).
Tro|pus (der, -, Tro|pen) (lat.) liturgischer Gesang; → Trope.
Tross (der, -es, Tros|se) (franz.) Zug; Gefolge.
Tros|se (die, -, -n) Drahtseil.

trös|ten (V.) Trost geben; aufheitern. Trost; Tröster/in; Trostlosigkeit; Trostpflaster; Trostpreis; Trostspruch; Tröstung; Trostworte; trostbedürftig; Trost bringend; tröstlich; trostlos; trostreich; trostvoll.
Trö|te (die, -, -n) (ugs.) Trompete. Verb: tröten.
trot|ten (V.) (ugs.) traben; langsam gehen. Trott; Alltagstrott.
Trot|tel (der, -s, -) (ugs.) Dummkopf; Idiot. Trottelei; Trotteligkeit; trottelhaft; trottelig; trotteln.
Trot|ti|nett (das, -s, -e) Kinderroller (Schweiz).
Trot|toir (das, -s, -e/-s) (franz.) Gehweg.
trotz (Präp., Gen./Dat.) ungeachtet; obwohl. Es war trotz der großen Kälte (Genitiv!) schön. Trotz schlimmem Bauchweh (Dativ!) ging sie ins Büro (*auch:* schlimmen Bauchwehs). *Beachte:* trotz allem; trotz alledem; trotz Regen und Schnee; das machst du mir aus/zum Trotz. Trotz; Trotzalter; Trotzkopf; Trotzreaktion; trotzig; trotzköpfig; trotzen.
trotz|dem 1. (Adv.) dennoch. Es war verboten(,) und wir gingen trotzdem. 2. (Konj.) obwohl. *Beachte:* Er ging mit ins Kino, trotzdem er keine Lust hatte (*nicht:* trotzdem er keine Lust hatte, ging er mit ins Kino).
Trotz|kis|mus (der, -, kein Plural) (russ.-nlat.) ultralinke kommunistische Strömung, benannt nach dem Revolutionär L. D. Trotzki.
Trotz|kist (der, -en, -kis|ten) Anhäger des Trotzkismus.
Trotz|pha|se (die, -, -n) Entwicklungszeitraum, in dem es häufig zu Trotzreaktionen kommt (Psychol.).
Trou|ba|dour (der, -s, -e/-s) (franz.) Sänger.
Trou|ble (der, -s, kein Plural) (engl.) (ugs.) Schwierigkeiten; Ärger.
Trou|b|le|shoo|ter (der, -s, -) (engl.) jmd., der die Aufgabe hat, ein aktuelles Problem zu lösen.
Troy|ge|wicht (das, -s, -e) (engl.-dt.) Gewicht für Edelsteine und -metall in England und den USA.
trüb (*auch:* trü|be) (Adj.) dunstig; unklar; traurig. Wir werden noch lange im Trüben fischen. in der Trübe des Morgens. Trübe; Trübheit; Trübnis; Trübsal; Trübseligkeit; Trübsinn; Trübung; trübselig; trübsinnig; trüben.
Tru|bel (der, -s, kein Plural) Lärm; heiteres Treiben. *Beachte:* Jubel, Trubel, Heiterkeit.
Truck (der, -s, -s) (engl.) Lastwagen.
Tru|cker (der, -s, -) engl. für »Lastwagenfahrer«.
tru|deln (V.) drehend fallen.

Trüffel (die, -, -n/der, -s, -) (franz.) Pilz; Praline. Trüffelleber; Trüffelleberpastete; trüffeln.
trü|gen (V., trog, hat getrogen) täuschen. *Beachte:* alles Lug und Trug. Trugbild; Trugschluss; trügerisch.
Tru|he (die, -, -n) Behälter; Kiste. Truhenschloss.
Trumm (das, -s, -e) großes Stück. ein Trumm Fleisch.
Trüm|mer (die, nur Plural) Steinbrocken; Bruchstücke. Trümmerfeld; Trümmerfrau; Trümmergestein; Trümmerhaufen; Trümmerlagerstätte; zertrümmern.
Trüm|mer|be|sei|ti|gung (die, -, kein Plural) Wegschaffen der Trümmer.
Trumpf (der, -s, Trümp|fe) (lat.) Stichkarte; Vorteil. Trumpfass (*auch:* Trumpf-Ass); Trumpffarbe; Trumpfkarte; trumpfen; auftrumpfen.
Trunk (der, -s, Trün|ke) Getränk. Trünkchen; Trunkenbold; Trunkenheit; Trunksucht; vor Begeisterung trunken; trunksüchtig.
Trunk|süch|ti|ge (der/die, -n, -n) Alkoholiker.
Trupp (der, -s, -s) (franz.) Gruppe; militärische Einheit. *Beachte:* ein Trupp Polizeibeamter/Polizeibeamte stieß (*auch:* stießen) vor. Truppe; Truppenabzug; Truppenarzt; Truppenaufmarsch; Truppenbetreuung; Truppenbewegung; Truppeneinheit; Truppenkommandeur; Truppenkonzentration; Truppenparade; Truppenschau; Truppenteil; Truppenübungsplatz; Truppenverpflegung; truppweise.
Trup|pen|ab|bau (der, -s, kein Plural) Verkleinerung der Armee.
Trup|pen|chef (der, -s, -s) Truppenkommandant.
Trup|pen|füh|rer (der, -s, -) Truppenkommandant.
Trup|pen|gat|tung (die, -, -en) Heer, Luftwaffe, Marine.
Trup|pen|sta|ti|o|nie|rung (die, -, -en) Verlegung eines Truppenteils an einen bestimmten Ort.
Trup|pen|übung (die, -, -en) militärische Übung.
Trup|pen|ver|bands|platz (der, -es, -plät|ze) Feldlazarett.
Trust (der, -s, -s/-e) (engl.) Konzern. Adjektive: trustartig; trustfrei.
Trus|tee (der, -s, -s) (engl.) Treuhänder.
Trut|hahn (der, -s, -häh|ne) Puter. Truthenne.
Trutz (der) (nur in der Wendung) Schutz und Trutz (Abwehr; Gegenwehr). Schutz-und-Trutz-Bündnis; trutzig; trutzen (trotzen).
Try|pa|no|so|ma (das, -s, -men) (griech.) Schraubengeißeltierchen; Krankheitserreger.
Tryp|sin (das, -s, kein Plural) (griech.) Enzym.
Tsa|t|si|ki → Zaziki.

Tschad (der, -s, kein Plural) Tschader; tschadisch; Tschadsee (*auch:* Tschad-See).
Tscha|dor (der, -s, -s) (pers.) Schleier.
Tscha|ja (der, -s, -s) (span.-indianisch) Schopfwehrvogel (Südamerika).
Tscha|ko (der, -s, -s) (ungar.) Helm.
Tschar|dasch (der, -s/-es, -e) Csárdás.
tschau! (Interj.) → ciao!
Tsche|ka (die, -, kein Plural) (russ.) politische Polizei der Sowjetunion (bis 1922).
Tscher|kess|ka (die, -, -s/-ken) (russ.) nach dem Volk der Tscherkessen benannte Nationalkleidung der kaukasischen Völker; ein langer Leibrock mit Gürtel und Patronentaschen.
Tschi|buk (der, -s, -) (türk.) Tabakspfeife.
Tschick (der, -s, -s) (ital.-österr.) Zigarettenstummel.
tschil|pen (V.) zwitschern.
Tschi|nel|len (die, nur Plural) (ital.) Schlaginstrument.
tsching! (Interj.) Klang (Schlaginstrument). tschingbum! tschingtaratata!
Tschi|t|ra|ka (das, -s, -s) (Hindi) aufgemaltes Zeichen auf der Stirn von Hindus.
tschüs! (*auch:* tschüss!) (Interj.) (ugs.) auf Wiedersehen!
Tschusch (der, -en, -en) (slaw.-österr.) (ugs.) Südosteuropäer.
Tsd. (Abk.) Tausend.
Tse|tse|flie|ge (die, -, -n) Stechfliege (Schlafkrankheit).
T-Shirt (das, -s, -s) (engl.) Trikothemd.
Tsjao (der, -/-s, -/-s) chinesische Währung.
Tsu|ga (die, -, -s/-gen) (jap.-nlat.) Schierlingstanne.
Tsu|na|mi (der, -, -s) (jap.) Flutwelle, ausgelöst durch Veränderungen des pazifischen Meeresbodens.
T-Träger (der, -s, -) Stahlträger.
TU (Abk.) Technische Universität.
Tu|a|reg 1. (Plural von Targi) Berber der Westsahara. 2. (das, -s, kein Plural) dessen Sprache.
Tu|ba (die, -, -ben) Blechblasinstrument.
Tu|bar|gra|vi|di|tät (die, -, -en) (lat.) Eileiterschwangerschaft.
Tu|be (die, -, -n) (lat.) Behälter; Eileiter. Tubenkatarrh (*auch:* Tubenkatarr).

tu¦ber¦ku¦lar (Adj.) (lat.) knotig. Tuberkel.
Tu¦ber¦ku¦lin (das, -s, kein Plural) Nachweispräparat aus Tuberkelbakterien.
Tu¦ber¦ku¦lo¦se (die, -, -n) (lat.) Infektionskrankheit; Schwindsucht (Abk.: Tb; Tbc). Tuberkulosefürsorge; Tuberkulosekranke; tuberkulös; tuberkulosekrank (Tb-krank, Tbc-krank).
Tu¦be¦ro¦se (die, -, -n) (lat.) ein Agavengewächs; Parfümpflanze.
Tu¦bi¦fex (der, -, -bi¦fi¦ces) (lat.) ein Ringelwurm (als Futter für Aquarienfische).
Tu¦bus (der, -, -se/-ben) (lat.) Röhre. Adjektive: tubulär; tubulös.
Tuch 1. (das, -s, Tü¦cher) Stoffstück. Kopftuch; Halstuch; Taschentuch. 2. (das, -s, -e) Stoff. Tuchart; Tuchfabrik; auf Tuchfühlung gehen; Tuchhandel; Tuchrock; Tuchwaren; tuchartig; tuchen.
tüch¦tig (Adj.) fleißig; (ugs.) sehr. Tüchtigkeit.
tü¦ckisch hinterhältig; heimtückisch. Tücke; mit List und Tücke; die Tücke des Objekts.
tu¦ckern (V.) knattern.
tü¦del¦lig (Adj.) (nordd.) zerstreut; vergesslich.
Tu¦dor¦bo¦gen (der, -s, -) (engl.-dt.) Spitzbogen aus der engl. Spätgotik.
Tud¦or¦stil (der, -s, kein Plural) (engl.-dt.) Bez. für den Stil der engl. Spätgotik (1485–1558).
Tuff (der, -s, -e) Gestein. Tufffelsen (*auch:* Tuff-Felsen); Tuffstein; tuffig.
tüf¦teln (V.) (ugs.) forschen; basteln. Tüftelarbeit; Tüftelei; Tüftler; tüft(e)lig.
Tuf¦ting (das) (engl.) Art der Teppichherstellung (nur in Zusammensetzungen). Tuftingteppich; Tuftingverfahren; Tuftingware.
Tu¦gend (die, -, -en) Sittlichkeit; Redlichkeit; Vollkommenheit. Tugendbold; Tugendhaftigkeit; Tugendwächter; tugendhaft; tugendlos; tugendsam.
Tu¦g¦rug (der, -, -) Währungseinheit der mongolischen Volksrepublik, 100 Mongos.
Tu¦kan (der, -s, -e) Vogel.
Tu¦lar¦ä¦mie (die, -, -n) (nlat.-griech.) Hasenpest.
Tüll (der, -s, -e) Netzstoff. Tüllgardine; Tüllvorhang.
Tul¦pe (die, -, -n) (pers.) Blume. Tulpenbaum; Tulpenbeet; Tulpenzwiebel.
Tum¦ba (die, -, -ben) Grabmal.
Tu¦mes¦zenz (die, -, -en) Anschwellung (Med.).
tum¦meln (V., refl.) sich beeilen; sich bewegen. Tummelplatz.
Tümm¦ler (der, -s, -) Delphin (*auch:* Delfin); Taube.
Tu¦mor (der, -s, -e/-en) (lat.) Geschwulst. Tumorentfernung; Tumorzelle.

Tüm¦pel (der, -s, -) Teich; Weiher.
Tu¦mult (der, -s, -e) (lat.) Durcheinander; Aufruhr. Tumultant; tumultuarisch; tumultuös.
tu¦mul¦tu¦o¦so (Adj.) (ital.) stürmisch; heftig (als Musikanweisung).
Tu¦mu¦lus (der, -, -li) (lat.) Hügelgrab.
tun (V., tat, hat getan) machen; legen; setzen; stellen; sich geben; (ugs.) ausreichen; sich ereignen. *Beachte:* Tu nicht so, als ob du überrascht wärest; ich denke, das tut es für morgen; es tut sich was; das Tun und Lassen/Tun und Treiben; jemandem etwas antun; das wird dir guttun; jemandem wehtun (*auch:* weh tun) (verletzen); jemandem schöntun/wohltun. Das wird dir noch leidtun; es wird nottun; der Tunichtgut.
Tün¦che (die, -, -n) Wandfarbe. Tüncher; tünchen.
Tun¦d¦ra (die, -, -dren) (russ.) Kältesteppe. Tundrenflora.
tu¦nen (V.) (engl.) Motorleistung erhöhen. Tuning.
Tu¦ner (der, -s, -) (engl.) Rundfunkempfänger (Stereoanlage).
Tu¦ne¦si¦en (ohne Art., -s, kein Plural) Tunesier; tunesisch.
Tun¦gu¦se (die, -n, -n) Angehöriger eines ostsibirischen Volks.
tun¦gu¦sisch (Adj.) zu den Tungusen gehörig.
Tu¦ni¦ka (die, -, -ken) (lat.) langes Kleid.
Tu¦ni¦zel¦la (die, -, -len) (lat.) liturgisches Obergewand der katholischen Subdiakons.
Tun¦ke (die, -, -n) Soße (*auch:* Sauce). Verb: tunken (eintauchen).
tun¦lichst (Adv.) möglichst; unbedingt. Adjektiv: tunlich.
Tun¦nel (*auch:* (südd.) das Tu¦nell) (der, -s, -s) unterirdischer Gang. Tunnelbau; tunnelieren.
Tun¦te (die, -, -n) (ugs.) Homosexueller. Adjektive: tuntig; tuntenhaft.
Tu¦pa¦ma¦ro (der, -s, -s) (indian.) Stadtguerilla (in Uruguay).
Tu¦pe¦lo¦holz (das, -es, kein Plural) (indian.-dt.) Holz des Tupelobaums.
Tüp¦fel¦chen (das, -s, -) Pünktchen. das i-Tüpfelchen. Tüpfel; Tupfen; Tupfer; tüpf(e)lig; tüpfeln; tupfen.
Tu¦pi 1. (der, -s, -s) Angehöriger eines Indianervolkes der tropischen Ostküste Südamerikas. 2. (das, -, kein Plural) dessen Sprache.
Tür (die, -, -en) Eingang. *Beachte:* von Tür zu Tür; ihm stehen alle Türen (Möglichkeiten) offen; jemandem die Tür weisen (hinauswerfen); mit der Tür ins Haus fallen (zu direkt sein). Türangel; Türchen; Türdrücker; Türfüllung; Türgriff;

Türhüter; Türklinke; Türpfosten; Türschwelle; Türspalt; Türsteher; Türstock; viertürig.
Tur|ba (die, -, -bae) (lat.) in die Handlung eingreifender Chor in geistlichen Schauspielen und Oratorien.
Tur|ban (der, -s, -e) (pers.) Kopfbedeckung. Adjektiv: turbanartig.
Tür|be|schlag (der, -s, -schlä|ge) alle an der Tür befestigten, beweglichen Teile.
Tur|bi|ne (die, -, -n) Kraftmaschine. Turbinenantrieb; Turbinenflugzeug; Turbinenhaus; Turbinentriebwerk. Turbogenerator; Turbokompressor; Turbolader; Turbomotor; Turboventilator.
Tur|bo|prop (der, -s, -s) (Kurzw.) Propellerturbine.
Tur|bu|lenz (die, -, -en) Wirbelströmungen; Unruhe. Adjektiv: turbulent.
Turf (der, -s, kein Plural) (engl.) Rennbahn; Pferderennen.
Tur|gor (der, -s, kein Plural) (lat.) Spannungszustand (einer Zelle); Druck des Zellinhalts.
Tür|gu|cker (der, -s, -) Türspion.
Tu|ri|o|ne (die, -, -n) (lat.) Überwinterungsknospe von Wasserpflanzen.
Tür|kei (ohne Art., -, kein Plural) Türke; türkisch; *aber:* Türkisch (Sprache).
tür|ken (V.) (ugs.) fälschen.
Tür|ken|bund (der, -s, -bün|de) Pflanze.
Tur|key (der, -s, -s) (engl.) Entzugserscheinungen (Rauschgift).
Tür|kis 1. (der, -es, -e) Edelstein. 2. (das, -, kein Plural) Farbton. Adjektive: türkis; türkisfarben; türkisfarbig; türkisgrün; der Schal ist türkis, *aber:* ein Kleid in Türkis.
Turk|me|ne (der, -, -n) turkmenischer Teppich, benannt nach dem vorderasiatischen Volk der Turkmenen.
Tur|ko|lo|gie (die, -, kein Plural) (nlat.-griech.) Wissenschaft von den türkischen Sprachen, Literaturen und Kulturen.
Turm (der, -s, Tür|me) hohes Bauwerk; Schachfigur. Turmbau; Türmchen; Turmdrehkran; Turmfalke; Turmspringen; Turmuhr; Turmwächter; turmhoch; viertürmig; türmen; auftürmen.
Tur|ma|lin (der, -s, -e) (singhales.-franz.) ein Mineral; Schmuckstein.
tür|men (V.) (hebr.) (ugs.) weglaufen.
Turm|fens|ter (das, -s, -) Fenster.
Turm|schwal|be (die, -, -n) Schwalbe.
Turn (der, -s, -s) (engl.) Kurve (Kunstflug); (ugs.) Rauschzustand (Drogen). (*Aber:* der Törn). Verb: turnen.
tur|nen (V.) Turnübungen machen. Turnanzug; Turnen; Turner/in; Turnerschaft; Turnfest;

Turngerät; Turnhalle; Turnhose; Turnlehrer; Turnschuh; Turnschuhgeneration; Turnstunde; Turnübung; Turnvater; Turnverein (Abk.: TV); Turn- und Sportverein (Abk.: TuS); turnerisch.
Turn|hemd (das, -s, -en) Sporthemd.
Tur|nier (das, -s, -e) (franz.) Wettkampf. Turnierreiten; Turnierkampf.
Tur|nier|pferd (das, -s, -e) Reitpferd, das auf das Kunstreiten dressiert ist.
Tur|nier|rei|ter (der, -s, -) Kunstreiter.
Tur|nier|tanz (der, -es, -tän|ze) Sporttanz.
Turn|un|ter|richt (der, -s, kein Plural) Sportunterricht.
Tur|nus (der, -, -se) (griech.) Reihenfolge; Wechsel. Adjektiv: turnusmäßig.
Turn|zeug (das, -s, kein Plural) Sportzeug.
Tür|öff|ner (der, -s, -) Pförtner; elektrischer Türöffner.
Tür|rah|men (der, -s, -) Türstock.
Tür|schild (das, -es, -er) Schild.
Tür|schloss (das, -es, -schlös|ser) Schloss.
Tür|spi|on (der, -s, -spi|o|ne) kleines Sichtfenster in einer Tür.
Tür|strah|ler (der, -s, -) Lichtreflektor an einer Autotür.
Tür|sturz (der, -es, -stür|ze) obere Mauerbegrenzung einer Tür.
tur|teln (V.) girren; (ugs.) flirten. Turteltaube.
Tür|vor|le|ger (der, -s, -) Fußabstreifer.
TuS (Abk.) Turn- und Sportverein.
Tusch (der, -es, -e) musikalischer Hochruf.
Tu|sche (die, -e, -n) (franz.) Tinte. Tuschfarbe; Tuschkasten; Tuschmalerei; Tuschzeichnung; tuschen; tuschieren.
tu|scheln (V.) flüstern. Tuschelei.
Tus|sah|sei|de (die, -, kein Plural) (Hindi) Wildseide des Tussahspinners.
Tus|si (die, -, -s) (ugs.) Mädchen; Frau (abwertend).
Tus|si|la|go (die, -, kein Plural) (lat.) Huflattich (als Heilpflanze).
Tus|sis (die, -, kein Plural) Husten (Med.).
Tu|tand (der, -en, -en) (lat.) von einem Tutor betreuter Studienanfänger.
Tü|te (die, -, -n) Beutel; trichterförmiges Behältnis. Tütchen; Plastiktüte; Schultüte.
Tu|tel (die, -, -en) (lat.) Vormundschaft.
tu|ten (V.) blasen; tröten. *Beachte:* von Tuten und Blasen keine Ahnung haben. Tute; Tuthorn; tut, tut!
Tu|tor (der, -s, -en) (lat.) Studentenbetreuer. Tutorium.
tut|ta la for|za (ital.) mit voller Kraft (Vortragsanweisung in der Musik).

tut|ti (Pronomen) (ital.) alle (Musikinstrumente, Stimmen).
Tut|ti|frut|ti (das, -/-s, -/-s) (ital.) Fruchtallerlei; veraltet für Allerlei.
tut|ti quan|ti (ital.) alle zusammen.
Tu|tu (das, -/-s, -s) (franz.) Balletträckchen.
TÜV (Abk.) Technischer Überwachungs-Verein.
Tu|wort (auch: Tun|wort) (das, -s, -wör|ter) Verb.
TV 1. (Abk.) Turnverein. 2. (Abk.) Television.
Tweed (der, -s, -s/-e) (engl.) Stoff. Tweedmantel; Tweedrock; tweedähnlich.
Twen (der, -/-s, -s) (engl.) Mann, Frau zwischen 20 und 30 Jahren.
Twill (der, -s, -s/-e) (engl.) Baumwollstoff.
Twin|set (der/das, -/-s, -s) (engl.) Kombination aus Pullover und Jacke.
Twist 1. (der, -s, -e) (engl.) Baumwollgarn. 2. (der, -s, -s) (engl.) Tanz. Verb: twisten.
Two|stepp (der, -s, -s) (engl.) Tanz.
Ty|che (die, -, kein Plural) (griech.) Schicksal.
Ty|coon (der, -s, -s) (engl.) mächtiger Chef, Vorsitzender.
Tym|pa|non (das, -s, -na) (griech.) Giebelfeld.
Tym|pa|num (das, -s, -na) (griech.) Trommelfell; Pauke.
Typ (der, -s, -en) (griech.) Art; Modell; Charakter; (ugs.) Kerl. Typenlehre; Typenpsychologie; Typik; Typisierung; Typogenese; Typologie; Typung; Typus; typisch; typologisch; typen; typisieren.
Ty|pe (die, -, -n) (griech.) 1. Druckbuchstabe; Letter; 2. (ugs.) komischer Mensch. Typendruck; Typenhebel; Typenrad; Typensetzmaschine; Typograf (auch: Typograph); Typografie (auch: Typographie); Typoskript; typografisch (auch: typographisch).
Ty|ph|li|tis (die, -, -ti|den) (griech.) Blinddarmentzündung.
Ty|ph|lon (das, -s, -e) (griech.) Blinddarm.
Ty|phon (das, -s, -e) (griech.) mit Druckluft betriebene Schiffssirene.
Ty|phus (der, -, kein Plural) (griech.) Infektionskrankheit. Typhusepidemie; typhös; typhuskrank.
Ty|po|me|ter (das, -s, -) (griech.) durchsichtiges Speziallineal zum Messen der Buchstabengrößen, Wortlängen u. a.
Ty|rann (der, -en, -en) (griech.) Gewaltherrscher. Tyrannentum; Tyrannisierung; tyrannisch; tyrannisieren.
Ty|ran|nei (die, -, -en) das Tyrannisieren
Ty|ro|sin (das, -s, kein Plural) (griech.) eine Aminosäure (beim Aufbau von Thyroxin und Adrenalin notwendig).

U (Abk.) Uran (chemisches Zeichen); elektrische Spannung.
u. (Abk.) und. Beachte: bei Firmen auch: &.
u. a. (Abk.) und andere(s); unter anderen; unter anderem.
u. Ä. (Abk.) und Ähnliche(s).
Ua|ka|ri (der, -s, -s) kleine Affenart aus Südamerika. Scharlachgesicht.
u. a. m. (Abk.) und andere(s) mehr.
u. A. w. g. (Abk.) um Antwort wird gebeten.
U-Bahn (die, -, -en) (Kurzw.) Untergrundbahn. U-Bahnhof; U-Bahn-Netz; U-Bahn-Schacht.
U-Bahn-Bau (der, -s, kein Plural) Errichtung einer U-Bahn-Strecke.
U-Bahn-Fah|rer (der, -s, -) Zugführer einer U-Bahn.
U-Bahn-Fahr|plan (der, -s, -plä|ne) Zugfolge einer U-Bahn-Linie.
U-Bahn-Gleis (das, -es, -e) Schienen einer U-Bahn.
U-Bahn-Hal|te|stel|le (die, -, -n) U-Bahn-Station.
U-Bahn-Li|nie (die, -, -n) regelmäßig verkehrende U-Bahn.
U-Bahn-Sta|ti|on (die, -, -ti|o|nen) Haltestelle einer U-Bahn.
U-Bahn-Stre|cke (die, -, -n) Weg einer Bahn-Linie.
U-Bahn-Tun|nel (der, -s, -) U-Bahn-Schacht.
U-Bahn-Wer|bung (die, -, kein Plural) Plakatwerbung in U-Bahnen oder U-Bahnhöfen.
übel (Adj.) schlecht; böse. Beachte: das Übelste (am übelsten) war, dass ...; das Übelste, was ich je gehört habe; man hat mir aufs Übelste (auch: übelste) mitgespielt; ich werde wohl oder übel kommen müssen; etwas/nichts/viel Übles; das ist von Übel. Ich will ihm das nicht übel nehmen (auch: übelnehmen) (ankreiden); jemandem übelwollen (schaden). Übel; Übelkeit; Übellaunigkeit; Übelsein; Übeltäter. Adjektive: ein übel beratener (auch: übelberatener) Minister; übel gesinnt (auch: übelgesinnt); übellaunig; übelnehmerisch; übel riechend (auch: übelriechend).
übel be|leum|det (Adj.) verrufen; anrüchig, berüchtigt.
übel ge|launt (auch: übel|ge|launt) Adj.) missmutig.

Übelstand   541   Überdosis

Übel'stand (der, -es, -stän'de) Übel; Missstand.
Übel'tat (die, -, -en) Schandtat; Verbrechen.
üben (V.) lernen; wiederholen; tun. **Übung**; Übungsaufgabe; Übungsbuch; Übungsplatz; Übungsschießen; übungshalber.
über 1. (Präp., Dat./Akk.) oberhalb; während. *Beachte:* Die Uhr hängt über der Kommode (Dativ!), *aber:* Ich werde die Uhr über die Kommode (Akkusativ!) hängen; über Tag; über Nacht; über kurz oder lang; über die Maßen fleißig sein; über Gebühr freundlich; über Kreuz; über Land fahren. 2. (Adv.) mehr als; während. *Beachte:* über und über (völlig); über tausend Zuschauer; sie brauchte über vier Stunden; die über Achtzigjährigen. 3. (Adj.) (ugs.) übrig; überlegen. *Beachte:* ich habe noch Geld über; er ist mir kräftemäßig über. *Beachte:* »über« in Zusammensetzungen: Überalterung; Überangebot; Überbevölkerung; Überempfindlichkeit; Überernährung; Überfunktion; Übergardinen; Übergewicht; Übergröße; Überhang; Überlandfahrt; Überlandleitung; Überlänge; Übermantel; Übermüdung; Übermut; Überreife; Überrock; Überschuh; Überstrumpf; Übertopf; Überweite; Überwelt. Adjektive: überängstlich; überdurchschnittlich; übereifrig; überempfindlich; überfachlich; überfleißig; übergemeindlich; übergenau; übergenug; übergeordnet; überglücklich; übergroß; überhart; überindividuell; überirdisch; überklug; überkonfessionell; überlang; überlaut; überlebensgroß; übermüdet; übernational; übernatürlich; überörtlich; überparteilich; überregional; überreich; überreif; überschnell; überschwer; überstaatlich; überstark; übertariflich; übervoll; übervorsichtig; überweit; überweltlich; überzüchtet. Adverb: übereck.
über'ak'tiv (Adj.) hyperaktiv.
über'all (Adv.) an jedem Ort; auf jedem Gebiet. *Beachte:* überallher, *aber:* sie kamen von überall her; überallhin.
über'al'tert (Adj.) zu alt; älter, als erlaubt; veraltet. überalterte Führungsspitze.
Über'ängst'lich'keit (die, -, -en) unbegründete Angst.
über'an'stren'gen (V., überanstrengte, hat überanstrengt) überfordern.
Über'an'stren'gung (die, -, -en) Überforderung.
Über'an'stren'gungs'ge'fahr (die, -, -en) Überforderungsgefahr.
über'ant'wor'ten (V., überantwortet, hat überantwortet) übertragen. Überantwortung.

über'ar'bei'ten (V., überarbeitete, hat überarbeitet) durchsehen; korrigieren; überanstrengen. Überarbeitung.
Über'ar'bei'tungs'ge'fahr (die, -, -en) Bedrohung durch Überforderung.
über'aus (Adv.) sehr; äußerst.
über'bau'en (V., überbaute, hat überbaut) über etwas errichten; Baugrenze überschreiten. Überbau; Überbauung.
über'be'an'spru'chen (V., überbeanspruchte, hat überbeansprucht) strapazieren. Überbeanspruchung.
über'be'hal'ten (V., behielt über, hat überbehalten) (ugs.) übrig behalten.
über'be'kom'men (V., bekam über, hat überbekommen) satt bekommen.
über'be'las'ten (V.) zu stark belasten. Überbelastung.
über'be'legt (Adj.) überfüllt; sehr voll. Überbelegung; überbelegen.
über'be'lich'ten (V.) zu stark belichten (Film). Überbelichtung.
über'be'wer'ten (V.) überschätzen. Überbewertung.
über'bie'ten (V., überbot, hat überboten) mehr leisten; besser sein; mehr zahlen. Überbietung; überbietbar.
über'blei'ben (V., blieb über, ist übergeblieben) (ugs.) übrig bleiben. Überbleibsel.
über'blen'den (V.) ineinander übergehen lassen (Film, Dia). Überblendung.
Über'blend'tech'nik (die, -, kein Plural) Verfahren zum Überblenden von Dias.
über'bli'cken (V.) übersehen; überschauen. Überblick; überblicksweise.
über'brin'gen (V., überbrachte, hat überbracht) melden; bringen. Überbringer.
Über'brin'gungs'mög'lich'keit (die, -, -en) Gelegenheit, etwas zuzustellen.
über'brü'cken (V., überbrückte, hat überbrückt) meistern; ausfüllen. Überbrückung; Überbrückungsbeihilfe; Überbrückungskredit.
Über'brü'ckungs'mög'lich'keit (die, -, -en) Gelegenheit auszufüllen.
über'bür'den (V., überbürdete, hat überbürdet) überhäufen; überanstrengen. Überbürdung.
über'da'chen (V., überdachte, hat überdacht) überdecken. Überdach; Überdachung.
über'dau'ern (V., überdauerte, hat überdauert) überstehen; sich behaupten.
über'deh'nen (V., überdehnte, hat überdehnt) zu stark dehnen.
über'di'men'si'o'nal (Adj.) enorm groß; allzu groß. Überdimensionierung; überdimensioniert.
Über'do'sis (die, -, -do'sen) zu hohe Verabreichung. Überdosierung; überdosieren.

Über'druck (der, -s, -drü'cke) 1. hoher Druck. Überdruckatmosphäre; Überdruckkabine; Überdruckturbine; Überdruckventil. 2. (der, -s, -dru'cke) nochmaliger Druck (Druckerei).
über'drüs'sig (Adj., Gen./Akk.) etwas satt haben. *Beachte:* des frühen Aufstehens überdrüssig sein; ich bin ihrer/sie überdrüssig. Überdruss; Überdrussgesellschaft.
Über'eifrig'keit (die, -, -en) übereifrig sein.
über'eig'nen (V., übereignete, hat übereignet) übergeben; vererben. Übereignung.
über'eilt (Adj.) verfrüht; vorzeitig. Übereile; Übereilung; übereilen.
über'ei'n'an'der (Adv.) einer über dem anderen; gegenseitig. *Beachte:* Zusammenschreibung mit dem folgenden Verb, wenn »übereinander« den Hauptakzent trägt! die Beine übereinanderlegen; übereinanderschlagen; es lag alles übereinandergeworfen da; übereinanderliegen, übereinandersitzen; *aber:* übereinander herfallen, übereinander reden.
über'ein'kom'men (V., kam überein, ist übereingekommen) vereinbaren; sich einigen. Übereinkommen, *aber:* das Übereinkommen (überdurchschnittlicher Verdienst); Übereinkunft.
über'ein'stim'men (V., stimmte überein, hat übereingestimmt) einer Meinung sein; entsprechen. Übereinstimmung.
über'es'sen 1. (V., überaß, hat übergegessen) eine Speise über haben. 2. (V., refl., überaß sich, hat sich übergessen) zu viel essen.
über'fah'ren 1. (V., überfuhr, hat überfahren) überrollen; (ugs.) überrumpeln. 2. (V., fuhr über, ist übergefahren) hinüberfahren. Überfahrt; Überfahrtkosten.
über'fal'len (V., überfiel, hat überfallen) anfallen; angreifen. Überfall; Überfallkommando.
über'fäl'lig (Adj.) verspätet; längst fällig.
über'fi'schen (V.) so intensiv Fischfang betreiben, dass der natürliche Bestand gefährdet wird.
Über'fi'schung (die, -, kein Plural) das Überfischen.
über'flie'gen (V., überflog, hat überflogen) über etwas hinwegfliegen; schnell durchlesen. Überflug.
über'flü'geln (V., überflügelte, hat überflügelt) übertreffen. Überflüg(e)lung.
über'flüs'sig (Adj.) unwichtig; unnötig; zu viel. Überfluss; Überflussgesellschaft; überflüssigerweise.
über'flu'ten (V., überflutete, hat überflutet) überschwemmen. Überflutung.
über'for'dern (V., überforderte, hat überfordert) überlasten. Überforderung.

über'fragt (in der Wendung) da bin ich überfragt (das weiß ich nicht).
über'fres'sen (V., refl., überfraß sich, hat sich überfressen) zu viel essen.
über'frie'ren (V., überfror, ist überfroren) vereisen.
über'füh'ren 1. (V., führte über, hat überführt) an einen anderen Ort transportieren. 2. (V., überführte, hat überführt) Schuld nachweisen. Er wurde des Mordes überführt.
Über'füh'rung (die, -, -en) Translation.
Über'fül'le (die, -, kein Plural) Übermaß.
über'füllt (Adj.) übervoll; zu voll. Überfülle; Überfüllung; überfüllen.
Über'gang (der, -s, -gän'ge) Übertritt; Wechsel; Schattierung; Zwischenlösung. Übergangsbahnhof; Übergangserscheinung; Übergangslösung; Übergangsperiode; Übergangsphase; Übergangsstadium; Übergangsstufe; Übergangszeit; übergangslos.
über'ge'ben (V., übergab, hat übergeben) abgeben; sich erbrechen; jemandem eins übergeben (ugs.: jemanden schlagen). Übergabe; Übergabeverhandlungen.
über'ge'hen 1. (V., ging über, ist übergegangen) desertieren; wechseln; überlaufen. Übergang. 2. (V., überging, hat übergangen) nicht beachten. Übergehung.
Über'ge'nau'ig'keit (die, -, -en) übergenau sein.
über'ge'wich'tig (Adj.) zu schwer.
über'gie'ßen 1. (V., goss über, hat übergegossen) verschütten. 2. (V., übergoss, hat übergossen) gießen. Übergießung; Überguss.
über'grei'fen (V., griff über, hat übergegriffen) über etwas greifen; sich ausdehnen.
über'groß (Adj.) zu groß; über das normale Maß groß.
über'ha'ben (V., hatte über, hat übergehabt) (ugs.) satt haben; übrig haben; angezogen sein.
über'hand'neh'men (V., nahm überhand, hat überhand genommen) sich vermehren; zu viel werden. Überhandnahme.
über'hän'gen 1. (V., hing über, ist übergehängt) vorragen. Überhang; Überhangmandat; Überhangsrecht. 2. (V., hing über, hat übergehängt) umhängen. 3. (V., überhing, hat überhängt) bedecken.
über'has'ten (V., überhastete, hat überhastet) übereilen. Überhastung.
über'häu'fen (V., überhäufte, hat überhäuft) überschütten. Überhäufung.
über'haupt (Adv.) außerdem, eigentlich; ganz und gar.
über'heb'lich (Adj.) anmaßend; arrogant. Überheblichkeit.

über'hit'zen (V., überhitzte, hat überhitzt) zu heiß werden lassen. Überhitzung.
Über'hit'zungs'ge'fahr (die, -, -en) Möglichkeit, zu heiß zu werden.
über'ho'len (V., überholte, hat überholt) vorbeifahren; überprüfen. Überholmanöver; Überholspur; Überholung; Überholverbot; Überholvorgang.
über'holt (Adj.) veraltet.
über'hö'ren (V., überhörte, hat überhört) übergehen; nicht hören.
Über'ich (auch: Über-Ich) (das, -s, -s) Gewissen (Psychoanalyse).
über'kan'di'delt (Adj.) (ugs.) überheblich.
über'ko'chen (V., kochte über, hat übergekocht) überlaufen.
über'kom'men 1. (V., überkam, hat überkommen) erfassen. 2. (V., nur in der Wendung) überkommen sein (überliefert sein).
über'kreu'zen (V., überkreuzte, hat überkreuzt) übereinanderschlagen; sich kreuzen. *Aber:* etwas über Kreuz legen.
über'la'den 1. (V., überlud, hat überladen) überfüllen. Überladung. 2. (Adj.) zu stark geschmückt.
über'la'gern (V., überlagerte, hat überlagert) überdecken. Überlagerung; Überlagerungsempfänger.
über'lap'pen (V., überlappte, hat überlappt) überdecken. Überlappung.
über'las'sen 1. (V., ließ über, hat übergelassen) (ugs.) übrig lassen. 2. (V., überließ, hat überlassen) abgeben; anvertrauen. Überlassung.
über'las'ten (V., überlastete, hat überlastet) überbeanspruchen. Überlastung; Überlastungserscheinung; überlastet; überlastig.
über'lau'fen (V., lief über, ist übergelaufen) desertieren; überfließen. Überläufer. 2. (V., überlief, hat überlaufen) überlasten; überkommen.
über'le'ben (V., überlebte, hat überlebt) länger leben; überdauern; lebend überstehen. Überlebende; Überlebenschance; Überlebensgröße; Überlebenstraining; überlebensgroß.
Über'le'bens'aus'rüs'tung (die, -, -en) überlebensnotwendige Utensilien.
Über'le'bens'aus'sicht (die, -, -en) Überlebenschance.
über'le'bens'fä'hig (Adj.) zum Überleben geeignet; ausgerüstet. Überlebensfähigkeit.
Über'le'bens'kampf (der, -es, -kämp'fe) Daseinskampf.
Über'le'bens'mög'lich'keit (die, -, -en) Überlebenschance.
über'le'bens'not'wen'dig (Adj.) zum Überleben unverzichtbar. Überlebensnotwendigkeit.

über'le'gen 1. (V., legte über, hat übergelegt) (ugs.) darüber legen; übers Knie legen. 2. (V., überlegte, hat überlegt) nachdenken. Überlegung; überlegt. 3. (Adj.) besser. Überlegenheit.
über'lei'ten (V.) verbinden. Überleitung.
über'le'sen (V., überlas, hat überlesen) flüchtig lesen; übersehen.
über'lie'fern (V., überlieferte, hat überliefert) übergeben; weitergeben. Überlieferung.
über'lis'ten (V., überlistete, hat überlistet) täuschen.
überm (Präp., Dat.) (ugs.) über dem.
Über'macht (die, -, kein Plural) Überlegenheit. Adjektiv: übermächtig.
über'man'nen (V.) überwältigen; besiegen.
über'mä'ßig (Adj.) maßlos; übertrieben. Übermaß.
Über'mi'k'ro's'kop (das, -s, -e) Elektronenmikroskop.
über'mit'teln (V., übermittelte, hat übermittelt) überbringen; mitteilen. Übermitt(e)lung.
über'mor'gen (Adv.) der Tag nach morgen. *Beachte:* übermorgen früh (*auch:* Früh)/Mittag/Abend/ Nacht; überübermorgen.
übern (Präp., Akk.) (ugs.) über den.
über'nächs'te/-r/-s (Adj.) zeitlich, räumlich dem Nächsten folgend.
über'nach'ten (V.) die Nacht verbringen. Übernachtung; Übernachtungsmöglichkeit; übernächtig.
über'neh'men 1. (V., nahm über, hat übergenommen) sich etwas umhängen. 2. (V., übernahm, hat übernommen) annehmen; aufnehmen; sich überlasten. Übernahme.
über'ner'vös (Adj.) hektisch; extrem nervös.
Über'ner'vo'si'tät (die, -, kein Plural) extreme Nervosität.
über'ord'nen (V., ordnete über, hat übergeordnet) voranstellen. Überordnung.
Über'ord'nung (die, -, -en) das Überordnen.
über'pin'seln (V., überpinselte, hat überpinselt) übermalen.
über'prü'fen (V., überprüfte, hat überprüft) nachprüfen. Überprüfung; Überprüfungsausschuss.
über'quel'len (V., quoll über, ist übergequollen) überfließen.
über'que'ren (V., überquerte, hat überquert) überschreiten; passieren. Überquerung.
über'ra'gen (V., überragte, hat überragt) größer sein; übertreffen. Adjektiv: überragend.
über'ra'schen (V., überraschte, hat überrascht) verblüffen; erwischen; unerwartet geschehen. Überraschung; Überraschungseffekt; Überraschungserfolg; Überraschungsmoment; überraschend; überraschenderweise.

über're|den (V., überredete, hat überredet) überzeugen; verführen. Überredung; Überredungskunst.
über'rei|chen (V., überreichte, hat überreicht) geben. Überreichung.
über'rei|zen (V., überreizte, hat überreizt) zu stark reizen; sehr nervös machen. Überreiztheit; Überreizung.
über're|prä|sen|tiert (Adj.) stark vorhanden; stark vertreten. Überrepräsentation.
über'rol|len (V., überrollte, hat überrollt) überfahren. Überrollbügel.
über'rum|peln (V., überrumpelte, hat überrumpelt) überraschen. Überrump(e)lung.
über'run|den (V., überrundete, hat überrundet) überholen. Überrundung.
übers (Präp., Akk.) (ugs.) über das.
über'sä|en (V., übersäte, hat übersät) dicht bedecken.
über'sät|tigt (Adj.) überladen; überdrüssig. Übersättigung; übersatt; übersättigen.
über'schat|ten (V., überschattete, hat überschattet) bedecken; trüben. Überschattung.
über'schät|zen (V., überschätzte, hat überschätzt) zu hoch einschätzen; überbewerten. Überschätzung.
über'schau|en (V., überschaute, hat überschaut) überblicken. Überschaubarkeit; überschaubar.
über'schäu|men (V., schäumte über, ist übergeschäumt) überfließen.
über'schla|fen (V., überschlief, hat überschlafen) nachdenken.
über'schla|gen 1. (V., schlug über, hat/ist überschlagen) übereinanderschlagen; sich steigern. 2. (V., überschlug, hat überschlagen) grob berechnen; Salto machen; überstürzen. Überschlag; überschlägig/überschläglich (ungefähr). 3. (Adj.) lauwarm.
über'schnap|pen (V., schnappte über, ist übergeschnappt) (ugs.) verrückt werden.
über'schnei|den (V., überschnitt, hat überschnitten) sich kreuzen; überlappen. Überschneidung.
über'schrei|ben (V., überschrieb, hat überschrieben) betiteln; übereignen. Überschreibung; Überschrift.
über'schrei|ten (V., überschritt, hat überschritten) überqueren; übersteigen. Überschreitung.
über'schüs|sig (Adj.) überzählig; überflüssig. Überschuss; Überschussprodukt.
über'schüt|ten 1. (V., schüttete über, hat übergeschüttet) ausschütten. 2. (V., überschüttete, hat überschüttet) überhäufen. Überschüttung.

Über'schwang (der, -s, kein Plural) Übertreibung; Ausgelassenheit. im Überschwang der Freude.
über'schwäng|lich (Adj.) ausgelassen; begeistert. Überschwänglichkeit.
Über'see (ohne Artikel, nicht beugbar) (nur in den Wendungen) aus/für/in/nach/von Übersee (Amerika). Überseebrücke; Überseedampfer; Überseehandel; überseeisch.
über'se|hen 1. (V., übersah, hat übersehen) überblicken; nicht bemerken. Übersicht; übersehbar. 2. (V., sah über, hat übergesehen) satt gesehen haben.
über'sen|den (V., übersendete/übersandte, hat übersendet/übersandt) schicken. Übersendung.
über'set|zen 1. (V., setzte über, hat übergesetzt) hinüberfahren. 2. (V., übersetzte, hat übersetzt) in eine andere Sprache übertragen. Übersetzbarkeit; Übersetzer/in; Übersetzung; Übersetzungsarbeit; Übersetzungsbüro; Übersetzungsfehler; übersetzbar.
Über'sicht (die, -, -en) Überblick. Übersichtskarte; Übersichtstafel; Übersichtlichkeit; übersichtlich.
über'sie|deln (V., übersiedelte/siedelte über, ist übersiedelt/übergesiedelt) umziehen. Übersiedler; Übersied(e)lung.
über'sinn|lich (Adj.) übernatürlich. Übersinnlichkeit.
über'spannt (Adj.) übertrieben; überspitzt; überzogen. Überspanntheit; Überspannung; überspannen.
über'spie|len (V., überspielte, hat überspielt) überdecken; vorbeispielen (Fußball); aufnehmen (Tonband). Überspielung.
über'spitzt (Adj.) übertrieben. Überspitztheit; Überspitzung; überspitzen.
über'sprin|gen 1. (V., sprang über, ist übergesprungen) übergehen. Übersprungshandlung. 2. (V., übersprang, hat übersprungen) auslassen; überwinden. Überspringung.
über'stän|dig (Adj.) übrig geblieben.
über'ste|hen 1. (V., stand über, hat übergestanden) hervorragen. 2. (V., überstand, hat überstanden) überwinden; überleben.
über'stei|gen (V., überstieg, hat überstiegen) überklettern; überschreiten. Übersteigung.
über'stel|len (V., überstellte, hat überstellt) übergeben. Überstellung.
über'stim|men (V., überstimmte, hat überstimmt) überbieten; besiegen. Überstimmung.
über'stra|pa|zie|ren (V., überstrapazierte, hat überstrapaziert) überbeanspruchen.
über'strei|chen (V., überstrich, hat überstrichen) übermalen.

über|strei|fen (V., streifte über, hat übergestreift) anziehen.
Über|stun|de (die, -, -n) Mehrarbeit. Überstundengeld; Überstundenzuschlag.
über|stür|zen (V., überstürzte, hat überstürzt) übereilen. Überstürzung.
über|töl|peln (V., übertölpelte, hat übertölpelt) überlisten. Übertölp(e)lung.
über|tra|gen (V., übertrug, hat übertragen) weitergeben; senden; auftragen. Übertrag; Übertragbarkeit; Übertragung; Übertragungswagen; übertragbar; übertragen (bildlich).
über|tref|fen (V., übertraf, hat übertroffen) überbieten.
über|trei|ben (V., übertrieb, hat übertrieben) aufbauschen; überschreiten. Übertreibung; Übertriebenheit; übertrieben.
über|tre|ten 1. (V., trat über, ist übergetreten) überfluten; wechseln; über die Linie treten (auch hat-Perfekt!). Übertritt. 2. (V., übertrat, hat übertreten) überschreiten; nicht einhalten. Übertretung.
über|trump|fen (V., übertrumpfte, hat übertrumpft) besiegen.
über|völ|kern (V.) überfüllen.
über|völ|kert (V.) überfüllt.
über|vor|tei|len (V., übervorteilte, hat übervorteilt) betrügen; benachteiligen. Übervorteilung.
über|wa|chen (V., überwachte, hat überwacht) beaufsichtigen. Überwachung; Überwachungsdienst; Überwachungssystem.
über|wäl|ti|gen (V., überwältigte, hat überwältigt) besiegen; beeindrucken. Überwältigung; überwältigend.
über|wei|sen (V., überwies, hat überwiesen) übergeben; Geld zuweisen. Überweisung; Überweisungsauftrag; Überweisungsschein.
über|wer|fen 1. (V., warf über, hat übergeworfen) sich umhängen. 2. (V., refl., überwarf sich, hat sich überworfen) streiten.
über|wie|gen (V., überwog, hat überwogen) vorherrschen; überstimmen. Adverb: überwiegend.
über|win|den (V., überwand, hat überwunden) bewältigen; bezwingen. Überwindung; überwindbar.
über|wu|chern (V., überwucherte, hat überwuchert) überwachsen. Überwucherung.
Über|zahl (die, -, kein Plural) Mehrzahl. *Beachte:* Die Frauen waren in der Überzahl. Adjektiv: überzählig.
über|zeu|gen (V., überzeugte, hat überzeugt) bekehren; beweisen; sich vergewissern. Überzeugung; Überzeugungskraft; Überzeugungstäter; überzeugend.

über|zie|hen 1. (V., zog über, hat übergezogen) anziehen. Überzieher. 2. (V., überzog, hat überzogen) bedecken; überschreiten. Überzug; Überziehungskraft.
ubi|qui|tär (Adj.) nahezu überall vorkommend (Tiere und Pflanzen). Ubiquist.
üb|lich (Adj.) gewohnheitsmäßig; herkömmlich. *Beachte:* veranlassen Sie das/alles Übliche. es war das Übliche, dass er so spät nach Hause kam; wir treffen uns, wie üblich, am Freitag; landesüblich; üblicherweise.
U-Boot (das, -s, -e) (Kurzw.) Unterseeboot. U-Boot-Besatzung; U-Boot-Krieg.
üb|rig (Adj.) restlich. im Übrigen; alles Übrige veranlassen wir morgen; ein Übriges tun; alle Übrigen. Es soll noch etwas übrig sein; etwas für jmdn. übrighaben; übrig behalten; übrig bleiben (*bei übertragener Bedeutung auch:* übrigbleiben); übrig lassen (*bei übertragener Bedeutung auch:* übriglassen).
üb|ri|gens (Adv.) nebenbei bemerkt.
Übung (die, -, -en) Üben; Gewandtheit; Lektion. → üben.
u. d. Ä. (Abk.) und dem Ähnliche(s).
u. desgl. (m.) (Abk.) und desgleichen (mehr).
Udi|to|re (der, -/-n, -ri/-n) (ital.) päpstlicher Richter; Auditor.
u. d. M. (Abk.) unter dem Meeresspiegel.
ü. d. M. (Abk.) über dem Meeresspiegel.
Udo|me|ter (das, -s, kein Plural) (lat.-griech.) Regenmesser.
UdSSR (Abk.) Union der Sozialistischen Sowjetrepubliken (1922–91).
u. E. (Abk.) unseres Erachtens.
U-Ei|sen (das, -s, -) u-förmiges (*auch:* U-förmiges) Eisenstück. U-Eisen-förmig.
Ufer (das, -s, -) Küste; Rand. Uferbau; Uferböschung; Uferläufer; Uferpromenade.
ufer|los (Adj.) endlos; maßlos. *Beachte:* Das führt ins Uferlose; das grenzt ans Uferlose.
u. ff. (Abk.) und folgende Seiten.
Uffz. (Abk.) Unteroffizier.
UFO (*auch:* Ufo) (das, -/-s, -s) (Kurzw.) unbekanntes Flugobjekt.
Ugan|da (ohne Art., -s, kein Plural) afrikanischer Staat. Ugander; ugandisch.
U-Haft (die, -, kein Plural) (Kurzw.) Untersuchungshaft.
Uhr (die, -, -en) Zeitmesser; Zeitangabe. *Beachte:* um drei Uhr nachts; Punkt/Schlag zwölf Uhr; der Zug kommt um 21 Uhr; 8.30 Uhr (*auch:* 8^{30} Uhr, 8:30 Uhr); der Fünfuhrzug (5-Uhr-Zug). Ührchen; Uhrmacher; Uhrwerk; Uhrzeiger; im Uhrzeigersinn; Uhrzeit.
Uhu (der, -s, -s) Eule.
ui! (Interj.) Erstaunen. *Beachte:* ui je!

Ukas (der, -ses, -se) (russ.) 1. Befehl, Anordnung. 2. Erlass des Zaren.
Uke'lei (der, -s -s/-e) (slaw.) ein Weißfisch; Laube.
Uk'ra'i'ne (die, -, kein Plural) Ukrainer; ukrainisch.
Uku'le'le (die, -, -n) (polines.-engl.) kleine Hawaiigitarre.
UKW (Abk.) Ultrakurzwelle. UKW-Empfänger; UKW-Sender.
Ulan (der, -en, -en) (türk.) Reiter.
Ule'ma (der, -s, -s) (arab.) islamischer Theologe und Rechtsgelehrter.
Ulk (der, -s, -e) Spaß; Unfug. Ulkerei; ulkig; ulken.
Ul'kus (das, -, -ze'ra) (lat.) Geschwür. Ulzeration; ulzerös; ulzerieren.
Ul'ma'ze'en (die, nur Plural) (lat.-nlat.) Ulmengewächse.
Ul'me (die, -, -n) (lat.) Laubbaum. Ulmenallee.
Uls'ter (der, -s, -) (engl.) weiter Herrenmantel aus dickem, gerautem Wollstoff.
ult. (Abk.) ultimo.
Ul'ti'ma (die, -, -mä/-men) (lat.) letzte Wortsilbe.
Ul'ti'ma Ra'tio (die, - -, kein Plural) (lat.) letztes Mittel.
Ul'ti'ma'tum (das, -s, -ten) (lat.) letzte Frist. Adjektiv: ultimativ.
ul'ti'mo (Adv.) (lat.) am Letzten (des Monats; Abk.: ult.). Ultimogeschäft.
ul't'ra.../Ul't'ra... (lat.) jenseits; über... hinaus. Ultrakurzwelle (Abk.: UKW); Ultrakurzwellensender; Ultramikroskop; Ultraschall; Ultraschalltherapie; Ultraschallwelle; Ultrastrahlung; ultrahart; ultrakurz; ultralang; ultramarin (kornblumenblau); ultrarot (infrarot); ultraviolett (Abk.: UV).
Ul't'ra (der, -s, -s) (lat.) Extremist.
Ul't'ra'fiche (der, -, -s) (lat.-franz.) Mikrofilm mit sehr starker Verkleinerungsmöglichkeit.
Ul'ze'ra'ti'on (die, -, -ti'o'nen) das Ulzerieren.
ul'ze'rie'ren (V.) einen Ulkus, ein Geschwür bilden.
ul'ze'rös (Adj.) (lat.) geschwürig.
um 1. (Präp., Akk./Gen.) um ... herum; für; worum; punkt (Zeitangabe). *Beachte:* um vieles weniger; es verging eine Minute um die andere; wir gehen um den See; um ein Haar (fast); Auge um Auge, Zahn um Zahn; es handelt sich um Folgendes; die Vorstellung beginnt um 21 Uhr; um ein Bedeutendes/Beträchtliches; um ein Mehrfaches; jemanden um Antwort bitten; das mache ich nicht um alles Geld in der Welt; um Gottes willen; um Himmels willen; um deinetwillen; um des lieben Friedens willen. 2. (Adv.) ungefähr. *Beachte:* Das wird mich um die tausend Mark kosten; er will um Mittag (herum) kommen. 3. (Konj.) in der Absicht; desto. Er ging ins Büro, um zu arbeiten. Er nahm sich Urlaub, um uns zu besuchen. Umso mehr ich daran denke, umso weniger freue ich mich darüber. Je mehr ich darüber nachdenke, umso besser gefällt mir der Plan.

um'ar'men (V.) mit den Armen umschließen. Umarmung.
um'bau'en 1. (V., umbaute, hat umbaut) umschließen. 2. (V., baute um, hat umgebaut) baulich verändern. Umbau (Plural: Umbauten); Umbaumaßnahmen.
Um'bel'li'fe're (die, -, -n) Doldengewächs.
um'be'set'zen (V., besetzte um, hat umbesetzt) anders einteilen. Umbesetzung.
um'be'sin'nen (V., refl., besann sich um, hat sich umbesonnen) die Meinung ändern.
um'bil'den (V., bildete um, hat umgebildet) neu gestalten; umformen. Umbildung.
um'bin'den 1. (V., umband, hat umbunden) umwickeln. 2. (V., band um, hat umgebunden) umhängen; anziehen.
um'blät'tern (V., blätterte um, hat umgeblättert) die Seite wenden.
um'bli'cken (V., refl., blickte sich um, hat sich umgeblickt) umschauen.
Um'b'ra (*auch:* der Um'ber) (die/der -, kein Plural) (lat.) brauner Farbstoff. Umbrabraun; Umbraerde.
Um'b'ral'glas (das, -es, -glä'ser) getöntes Glas (Optik).
um'bre'chen 1. (V., brach um, hat umgebrochen) umgraben. 2. (V., umbrach, hat umbrochen) Drucksatz ins Seitenformat bringen. Umbrecher; Umbruch; Umbruchkorrektur; Umbruchrevision.
um'bu'chen (V., buchte um, hat umgebucht) die Buchung verändern. Umbuchung.
um'den'ken (V., dachte um, hat umgedacht) sich eine neue Meinung bilden. Umdenk(ungs)prozess.
um'dis'po'nie'ren (V., disponierte um, hat umdisponiert) (lat.) das Vorhaben ändern.
um'dre'hen (V., drehte um, hat umgedreht) sich umwenden; kehrtmachen; wenden. Umdrehung; Umdrehungszahl.
Um'druck (der, -s, -dru'cke) Druckverfahren. Umdruckverfahren.
um'ei'n'an'der (Adv.) einer um den anderen. sie werden sich schon umeinander sorgen/kümmern. umeinander drehen; umeinander wickeln.
um'fah'ren 1. (V., umfuhr, hat umfahren) um etwas herum fahren. Umfahrung. 2. (V., fuhr um, hat umgefahren) umwerfen; niederfahren.

um'fal'len (V., fiel um, ist umgefallen) stürzen; die Meinung ändern. *Beachte:* ohnmächtig umfallen, *aber:* ich war zum Umfallen müde.
um'fan'gen (V., umfing, hat umfangen) umfassen. Umfang; Umfangsberechnung; umfänglich; umfangreich; umfang(s)mäßig.
um'fas'sen 1. (V., fasste um, hat umgefasst) neu fassen (Schmuck). 2. (V., umfasste, hat umfasst) einschließen; enthalten. Umfassung; Umfassungsmauer; umfassend.
Um'feld (das, -s, -er) Umgebung; Umwelt.
um'flie'gen 1. (V., umflog, hat umflogen) um etwas herumfliegen. 2. (V., flog um, ist umgeflogen) (ugs.) umfallen.
um'for'men (V., formte um, hat umgeformt) verändern. Umformung.
Um'fra'ge (die, -, -n) Befragung. Verb: umfragen.
um'funk'ti'o'nie'ren (V., funktionierte um, hat umfunktioniert) Zweck, Aufgabe ändern. Umfunktionierung.
um'gäng'lich (Adj.) angenehm; gesellig. Umgang; Umgänglichkeit; Umgangsformen; Umgangssprache; umgangssprachlich.
um'ge'ben (V., umgab, hat umgeben) umringen; einschließen. Umgebung.
um'ge'hen 1. (V., umging, hat umgangen) vermeiden; Umweg machen. Umgehung; Umgehungsstraße. 2. (V., ging um, ist umgegangen) sich verbreiten; behandeln. Umgang.
um'ge'hend (Adj.) sofort; unverzüglich.
um'ge'stal'ten (V., gestaltete um, hat umgestaltet) ändern. Umgestaltung.
um'gra'ben (V., grub um, hat umgegraben) den Boden bearbeiten. Umgrabung.
um'grei'fend (Adj.) umfassend. Verb: umgreifen.
um'grup'pie'ren (V., gruppierte um, hat umgruppiert) umstellen. Umgruppierung.
um'gu'cken (V., refl., guckte sich um, hat sich umgeguckt) (ugs.) umschauen.
um'ha'cken (V., hackte um, hat umgehackt) fällen.
um'hal'sen (V., umhalste, hat umhalst) um den Hals fallen. Umhalsung.
Um'hang (der, -s, -hän'ge) Mantel. Umhängetasche; umhängen.
um'hau'en (V., haute/hieb um, hat umgehauen) 1. fällen; 2. (ugs.) erschüttern. Die Nachricht hat mich umgehauen.
um'he'gen (V., umhegte, hat umhegt) pflegen; sorgen. Umhegung.
um'her (Adv.) ringsum. *Beachte:* Zusammenschreibung mit Verben: umherblicken; umhergehen; umherirren; umherlaufen; umherstreifen; umherwandern; umherziehen.

um'hin'kön'nen (V., konnte umhin, hat umhingekonnt) (nur verneint!) Ich konnte nicht umhin (musste), die Sache klarzustellen.
um'hö'ren (V., refl., hörte sich um, hat sich umgehört) sich erkundigen.
Umi'ak (der/das, -s, -s) mehrsitziger Frauenkajak (der Eskimos).
U/min (Abk.) Umdrehungen pro Minute.
um'in'ter'pre'tie'ren (V., interpretierte um, hat uminterpretiert) anders deuten. Uminterpretation.
um'keh'ren (V., kehrte um, hat umgekehrt) wenden. Umkehr; Umkehrfilm; Umkehrung; umkehrbar.
Um'kip'pen (V., kippte um, hat umgekippt) umstürzen; umschlagen; (ugs.) ohnmächtig werden. *Beachte:* Der See ist am Umkippen (am Absterben).
um'klam'mern (V., umklammerte, hat umklammert) festhalten. Umklammerung.
um'klei'den 1. (V., refl., kleidete sich um, hat sich umgekleidet) sich umziehen. Umkleidekabine; Umkleideraum. 2. (V., umkleidete, hat umkleidet) umgeben, umhüllen. Umkleidung.
um'kom'men (V., kam um, ist umgekommen) sterben.
Um'kreis (der, -es, kein Plural) Umgebung. Umkreisung; umkreisen.
um'krem'peln (V., krempelte um, hat umgekrempelt) umschlagen; ändern. Umkremp(e)lung.
Um'la'ge (die, -, -n) Beitrag; Steuer. Verb: umlegen.
um'la'gern 1. (V., lagerte um, hat umgelagert) anderswo lagern. Umlagerung. 2. (V., umlagerte, hat umlagert) umringen. Umlagerung.
Um'lauf (der, -s, -läu'fe) Drehung; Kreislauf; Bekanntgabe. *Beachte:* Es ist Falschgeld in/im Umlauf; *aber:* Die neuen Sondermarken sind erst seit gestern in Umlauf gesetzt worden. Umlaufbahn; Umlaufmittel; Umlauf(s)geschwindigkeit; Umlaufzeit; umlaufen.
Um'laut (der, -s, -e) Vokalveränderung (a → ä, o → ö, u → ü, au → äu). Verb: umlauten.
um'le'gen (V., legte um, hat umgelegt) hinlegen; (ugs.) töten; umschlagen; Umlegekragen; Umlegung.
um'lei'ten (V., leitete um, hat umgeleitet) den Weg ändern. Umleitung; Umleitungsschild.
um'lie'gend (Adj.) in der Umgebung.
um'mo'deln (V., modelte um, hat umgemodelt) verändern. Ummod(e)lung.
um'mün'zen (V., münzte um, hat umgemünzt) übertragen; umprägen. Ummünzung.
um'nach'tet (Adj.) (in der Zusammensetzung) geistig umnachtet (geisteskrank, verwirrt).

umorganisieren — **umständlich**

um|or|ga|ni|sie|ren (V., organisierte um, hat umorganisiert) umordnen. Umorganisation.
um|pflan|zen 1. (V., pflanzte um, hat umgepflanzt) verpflanzen; umtopfen. Umpflanzung. 2. (V., umpflanzte, hat umpflanzt) rundherum bepflanzen. Umpflanzung.
um|po|len (V., polte um, hat umgepolt) die Pole vertauschen; verändern. Umpolung.
um|pro|gram|mie|ren (V., programmierte um, hat umprogrammiert) das Programm ändern.
um|quar|tie|ren (V., quartierte um, hat umquartiert) verlegen. Umquartierung.
um|rah|men 1. (V., umrahmte, hat umrahmt) einrahmen. Umrahmung. 2. (V., rahmte um, hat umgerahmt) neu rahmen. Umrahmung.
um|ran|den (V., umrandete, hat umrandet) einfassen. Umrandung. *Beachte:* Die Hauptpunkte waren rot umrandet, *aber:* Die Augen waren schwarz umrändert.
um|ran|gie|ren (V., rangierte um, hat umrangiert) umstellen; umordnen.
um|rech|nen (V.) einen festen Betrag eines Berechnungssystems in einem anderen ausdrücken.
Um|rech|nung (die, -, -en) das Umrechnen.
Um|rech|nungs|kurs (der, -es, -e) Umrechnungsschlüssel.
Um|rech|nungs|ta|bel|le (die, -, -n) Umrechnungsübersicht.
um|rei|ßen 1. (V., riss um, hat umgerissen) zu Boden reißen; umwerfen. 2. (V., umriss, hat umrissen) skizzieren; andeuten. Umriss; Umrisszeichnung.
um|run|den (V., umrundete, hat umrundet) umfahren; überholen. Umrundung.
um|rüs|ten (V., rüstete um, hat umgerüstet) technisch verändern; einrüsten. Umrüstung; umrüstbar.
ums (ugs.) um das. *Beachte:* ein ums andere Mal; morgen geht es ums Ganze.
um|sat|teln (V., sattelte um, hat umgesattelt) umschulen; Beruf wechseln. Umsatt(e)lung.
Um|satz (der, -es, -sät|ze) Absatz. Umsatzanstieg; Umsatzprovision; Umsatzrückgang; Umsatzsteigerung; Umsatzsteuer.
um|säu|men (V., umsäumte, hat umsäumt) umranden. *Aber:* der Saum.
um|schal|ten (V., schaltete um, hat umgeschaltet) anders einstellen; (ugs.) sich umstellen. Umschalthebel; Umschaltung.
um|schau|en (V., schaute sich um, hat sich umgeschaut) sich umsehen. Umschau; Umschau halten.
um|schich|ten (V., schichtete um, hat umgeschichtet) umverteilen. Umschichtung; Umschichtungsprozess; umschichtig.

Um|schlag (der, -s, -schlä|ge) 1. Umladung; 2. Wickel; 3. Einband; 4. (Kurzw.) Briefumschlag. Umschlagbahnhof; Umschlagentwurf; Umschlaggestaltung; Umschlagplatz.
um|schla|gen (V., schlug um, hat/ist umgeschlagen) falten; wenden; zu Boden schlagen; umblättern; sich schlagartig wenden. Umschlagtuch.
um|schlin|gen (V., umschlang, hat umschlungen) umranken; umfassen.
um|schmei|ßen (V., schmiss um, hat umgeschmissen) (ugs.) umwerfen.
um|schrei|ben 1. (V., schrieb um, hat umgeschrieben) neu schreiben. Umschreibung; Umschrift. 2. (V., umschrieb, hat umschrieben) anders ausdrücken. Umschreibung.
um|schu|len (V., schulte um, hat umgeschult) einen neuen Beruf erlernen; die Schule wechseln. Umschüler; Umschulung.
um|schwär|men (V., umschwärmte, hat umschwärmt) umfliegen; bewundern.
Um|schwei|fe (die, nur Plural) Umstände; Umwege. *Beachte:* ohne Umschweife (offen) sprechen.
Um|schwung (der, -s, -schwün|ge) Wende; Veränderung.
um|se|hen (V., refl., sah sich um, hat sich umgesehen) umschauen; Ausschau halten. *Beachte:* im Umsehen (plötzlich, sofort).
um sein (V., war um, ist um gewesen) (ugs.) vorbei sein.
um|sei|tig (Adj.) auf der Rückseite.
um|set|zen (V., setzte um, hat umgesetzt) woandershin setzen; verwirklichen; umwandeln; verkaufen. Umsetzung; umsetzbar.
um|sich|tig (Adj.) besonnen; vorsichtig. Umsicht; Umsichtigkeit.
um|sie|deln (V., siedelte um, ist umgesiedelt) umziehen. Umsied(e)lung. Umsiedler.
um|sonst (Adv.) vergebens; kostenlos.
um|span|nen 1. (V., spannte um, hat umgespannt) Stromspannung ändern. Umspanner (Transformator); Umspannung; Umspannwerk. 2. (V., umspannte, hat umspannt) umfassen.
Um|stand (der, -s, -stän|de) 1, Sachlage; Tatsache; 2. (Plural:) Mühe. *Beachte:* Mach dir bloß keine Umstände! *aber:* in anderen Umständen (schwanger) sein; unter Umständen (Abk.: u. U.); eines bekannten Umstand(e)s halber, *aber:* umstandshalber/umständehalber. Umstandsangabe; Umstandsbestimmung (Adverbialbestimmung); Umstandsfürwort; Umstandskleid; Umstandskrämer; Umstandswort (Adverb).
um|ständ|lich (Adj.) ungeschickt; langsam; kompliziert. Umständlichkeit.

um|ste|hend (Adj.) herumstehend; auf der Rückseite. Im Umstehenden (umstehend) finden sich weitere Ausführungen; Umstehendes ist zu beachten. Das Umstehende war klein gedruckt; die Umstehenden zeigten keinerlei Reaktion. Verb: umstehen.
um|stei|gen (V., stieg um, ist umgestiegen) das Fahrzeug wechseln; wechseln. Umsteiger; Umsteigebahnhof.
um|stel|len 1. (V., stellte um, hat umgestellt) anders stellen. Umstellbahnhof; Umstellung; umstellbar. 2. (V., umstellte, hat umstellt) umzingeln.
um|stim|men (V., stimmte um, hat umgestimmt) überreden. Umstimmung.
um|strit|ten (Adj.) nicht geklärt; widersprüchlich.
um|struk|tu|rie|ren (V., strukturierte um, hat umstrukturiert) verändern.
um|stül|pen (V., stülpte um, hat umgestülpt) umkehren.
um|stür|zen (V., stürzte um, hat umgestürzt) abreißen; beseitigen; umfallen; umstoßen. Umsturz; Umsturzbewegung; Umstürzler; umstürzlerisch.
um|tau|schen (V., tauschte um, hat umgetauscht) austauschen. Umtausch; Umtauschrecht.
Um|trie|be (die, nur Plural) Machenschaften; Umsturz. Verb: umtreiben.
um|tun (V., refl., tat sich um, hat sich umgetan) (ugs.) sich erkundigen.
U-Mu|sik (die, -, kein Plural) (Kurzwort) Unterhaltungsmusik.
um|wäl|zen (V., wälzte um, hat umgewälzt) drehen; verändern. Umwälzanlage; Umwälzpumpe; Umwälzung; umwälzend.
um|wan|deln (V., wandelte um, hat umgewandelt) verändern. Umwandlung; Umwandlungsprozess.
Um|weg (der, -s, -e) Abweichung; längerer Weg.
Um|welt (die, -, kein Plural) Umgebung. Umweltauto; Umweltbedingungen; Umweltbelastung; Umweltforschung; Umweltkriminalität; Umweltschäden; Umweltschutz; Umweltverschmutzung; umweltbedingt; umweltfreundlich; umweltschädlich.
Um|welt|amt (das, -s, -äm|ter) Umweltbehörde.
Um|welt|haft|pflicht|ver|si|che|rung (die, -, -en) Haftpflichtversicherung.
Um|welt|tech|nik (die, -, -en) Technik.
um|wer|fend (Adj.) äußerst; außergewöhnlich. Beachte: Das war umwerfend witzig. Verb: umwerfen.

um|wi|ckeln (V., umwickelte, hat umwickelt) einwickeln. Umwick(e)lung.
um|wit|tert (Adj.) umgeben; umwoben. Beachte: Der Ort war sagenumwittert. Verb: umwittern.
Um|woh|ner (der, -s, -) Nachbar. Adjektiv: umwohnend, aber: die Umwohnenden.
um|zie|hen (V., zog um, hat sich umgezogen/ist umgezogen) die Kleidung/Wohnung wechseln. Umzug; Umzugsfirma; umzugshalber.
um|zin|geln (V., umzingelte, hat umzingelt) einkreisen; umringen. Umzing(e)lung.
UN (Abk.) United Nations (Vereinte Nationen).
un.../Un... (Vorsilbe) nicht. Unachtsamkeit; Unanständigkeit; Unbedenklichkeit; Unbelehrbarkeit; Unbezahlbarkeit; Unchristlichkeit; Undank; Undankbarkeit; Undeutlichkeit; Undurchschaubarkeit; Unechtheit; Unentschlossenheit; Unerfahrenheit; Unfähigkeit; Unfolgsamkeit; Unfreiheit; Ungenauigkeit; Ungesetzlichkeit; Unhandlichkeit; Unhöflichkeit; Unmoral; Unpünktlichkeit; Unreife; Unsportlichkeit; Unsterblichkeit; Unübertrefflichkeit; Unüberlegtheit; Unverantwortlichkeit; Unverfälschtheit; Unvernunft; Unverwechselbarkeit; Unvollständigkeit; Unvorsichtigkeit; Unwichtigkeit; Unwirksamkeit; Unwirtschaftlichkeit; Unzerbrechlichkeit; Unzufriedenheit; Unzumutbarkeit; Unzuverlässigkeit. Adjektive: unabsichtlich; unachtsam; unangenehm; unanständig; unauffindbar; unausgeschlafen; unbeabsichtigt; unbebaut; unbedenklich; unbefahrbar; unbegründet; unbekleidet; unbelebt; unbelehrbar; unberechtigt; unbespielt; unbestechlich; unbeteiligt; unbewaffnet; unbezahlbar; unbezwingbar; unchristlich; undeutlich; undurchschaubar; unecht; uneingeschränkt; unentschlossen; unerfahren; unerfreulich; unerkannt; unerlaubt; unerwartet; unerwünscht; unfähig; unfolgsam; unfrei; unfreiwillig; ungastlich; ungebildet; ungeeignet; ungefragt; ungehindert; ungeklärt; ungekürzt; ungelöst; ungemütlich; ungenau; ungeregelt; ungesalzen; ungesetzlich; ungestraft; ungesund; ungeübt; ungewaschen; ungewollt; ungezuckert; unhandlich; unhöflich; unkameradschaftlich; unkindlich; unkollegial; unkündbar; unlogisch; unmoralisch; unnormal; unpfändbar; unpolitisch; unpopulär; unproblematisch; unpünktlich; unregelmäßig; unreif; unsachgemäß; unsachlich; unsanft; unschlagbar; unschön; unschwer; unsportlich; unsterblich; unsympathisch; untalentiert; unüberlegt; unübersehbar; unüblich; unumstritten; unverantwortlich; unverbesserlich; unverheiratet; unvermeidbar; unvernünftig; unverschuldet; unverwechselbar; unvollständig; unvorsichtig;

unabänderlich 550 Unbill

unwichtig; unwirksam; unwirtschaftlich; unzerbrechlich; unzertrennbar; unzufrieden; unzumutbar; unzutreffend; unzuverlässig.
un|ab|än|der|lich (Adj.) feststehend; unwiderrufbar. Unabänderlichkeit.
un|ab|ding|bar (Adj.) dringend erforderlich. Unabdingbarkeit; unabdinglich.
un|ab|hän|gig (Adj.) selbstständig. Unabhängigkeit; Unabhängigkeitserklärung.
un|ab|kömm|lich (Adj.) notwendig; unentbehrlich. Unabkömmlichkeit.
un|ab|läs|sig (Adj.) dauernd.
un|ab|seh|bar (Adj.) nicht vorhersehbar. *Beachte:* Die Weltbevölkerung wächst ins Unabsehbare. Unabsehbarkeit.
un|an|ge|bracht (Adj.) taktlos; unpassend; unangemessen.
un|an|ge|foch|ten (Adj.) unbestritten; unbehelligt. Unanfechtbarkeit; unanfechtbar.
un|an|sehn|lich (Adj.) hässlich; unschön. Unansehnlichkeit.
un|an|tast|bar (Adj.) unberührbar; unverletzbar. Unantastbarkeit.
un|ap|pe|tit|lich (Adj.) widerlich; geschmacklos. Unappetitlichkeit.
Un|art (die, -, -en) schlechte Manieren, Angewohnheit. Unartigkeit; unartig.
un|ar|ti|ku|liert (Adj.) undeutlich.
un|äs|the|tisch (Adj.) unschön.
Unau (das, -s, -s) (brasilianisch-franz.) Faultier aus Südamerika.
un|auf|halt|sam (Adj.) stetig; fortwährend. Unaufhaltsamkeit.
un|auf|hör|lich (Adj.) ohne Unterlass; fortwährend.
un|auf|merk|sam (Adj.) zerstreut. Unaufmerksamkeit.
un|auf|rich|tig (Adj.) unehrlich. Unaufrichtigkeit.
un|aus|bleib|lich (Adj.) sicher; unvermeidbar.
un|aus|ge|setzt (Adj.) unaufhörlich.
un|aus|ge|spro|chen (Adj.) stillschweigend.
un|aus|lösch|lich (Adj.) unvergesslich.
un|aus|steh|lich (Adj.) unerträglich. Unausstehlichkeit.
un|aus|weich|lich (Adj.) unabwendbar.
un|bän|dig (Adj.) ungezügelt; stark.
un|be|dacht (Adj.) unbesonnen. Unbedachtheit; Unbedachtsamkeit; unbedachtsam; unbedachterweise.
un|be|darft (Adj.) (ugs.) unerfahren; naiv. Unbedarftheit.
un|be|dingt 1. (Adj.) absolut; bedingungslos. Unbedingtheit. 2. (Adv.) auf jeden Fall.
un|be|fan|gen (Adj.) unparteiisch; ungeniert. Unbefangenheit.

un|be|fleckt (Adj.) fleckenlos; jungfräulich; keusch; rein. *Beachte:* die Unbefleckte Empfängnis.
un|be|fugt (Adj.) nicht berechtigt. Unbefugte.
Un|be|ha|gen (das, -s, kein Plural) schlechtes Gefühl; Verstimmung; Unbehaglichkeit; unbehaglich.
un|be|hel|ligt (Adj.) ungehindert.
un|be|hol|fen (Adj.) ungeschickt. Unbeholfenheit.
un|be|irrt (Adj.) unerschütterlich; unbeeinflussbar. Unbeirrbarkeit; Unbeirrtheit.
un|be|kannt (Adj.) fremd; nicht berühmt. *Beachte:* etwas/nichts/viel/ wenig Unbekanntes; der große Unbekannte. *Aber:* Es wurde Anzeige gegen unbekannt erstattet. unbekannt verzogen! unbekannterweise.
un|be|küm|mert (Adj.) sorglos. Unbekümmertheit.
un|be|mit|telt (Adj.) arm; ohne Geld.
un|be|nom|men (Adj.) (nur in der Wendung) unbenommen bleiben/sein. Es bleibt ihm unbenommen (freigestellt), seine Frau wieder zu sehen.
un|be|ru|fen (Adj.) unaufgefordert.
un|be|rührt (Adj.) unbenutzt; rein; jungfräulich. Unberührtheit.
un|be|scha|det (Präp., Gen.) trotz; ohne Schmälerung. *Beachte:* Unbeschadet seiner Erfahrung, wollen wir doch einen Experten zu Rate ziehen.
un|be|schol|ten (Adj.) anständig; rechtschaffen. Unbescholtenheit.
un|be|schreib|lich (Adj.) beispiellos; riesig. Unbeschreiblichkeit.
un|be|schrie|ben (Adj.) leer. *Beachte:* Er ist ein unbeschriebenes Blatt (unbekannt, unerfahren).
un|be|schwert (Adj.) unbekümmert; sorglos. Unbeschwertheit.
un|be|stän|dig (Adj.) schwankend; instabil. Unbeständigkeit.
un|be|stimmt (Adj.) undeutlich; unklar. unbestimmtes Fürwort (Indefinitpronomen); Unbestimmtheit.
un|be|strit|ten (Adj.) erwiesen; anerkannt. Adjektiv: unbestreitbar.
un|be|trächt|lich (Adj.) geringfügig; unbedeutend; unwichtig.
un|be|weg|lich (Adj.) starr; regungslos. Unbeweglichkeit; unbewegt.
un|be|wusst (Adj.) ungewollt; instinktiv. Unbewusstes; Unbewusstheit.
Un|bill (die, -, kein Plural) Unrecht. Unbilligkeit; unbillig.

un|bot|mä|ßig (Adj.) unartig; frech. Unbotmäßigkeit.
un|bü|ro|kra|tisch (Adj.) schnell; ohne Umstände.
UN-Char|ta (die, -, kein Plural) »Verfassung« der UN.
Un|cle Sam (ohne Artikel) (engl.) Symbolfigur für die amerikanische Regierung.
und (Konj.) sowie; außerdem; dazu; auch (Abk.: u., in Firmennamen *auch:* &). Wir besuchen die Eltern zu Ostern und zu Weihnachten. *Beachte:* Komma vor »und zwar« sowie »und das«! Wir sind bald fertig, und zwar in einer Woche. Sie ließ sich nichts gefallen, und das mit Recht. *Beachte:* und Ähnliches (Abk.: u. Ä.); und anderes (Abk.: u. a.); und anderes mehr (Abk.: u. a. m.); fünf und fünf macht/gibt/ist (falsch: machen/geben/sind) zehn; und desgleichen mehr (Abk.: u. desgl. m.); und so fort (Abk.: usf.); und so weiter (Abk.: usw.); und viele(s) andere mehr (Abk.: u. v. a. m.); und zwar (Abk.: u. zw.).
un|de|fi|nier|bar (Adj.) unklar; unbestimmt.
un|de|kli|nier|bar (Adj.) unbeugbar.
Un|der|dog (der, -s, -s) (engl.) Benachteiligter; Verfolgter.
Un|der|ground (der, -s, kein Plural) (engl.) Untergrundgruppe (Kunst). Undergroundmusik.
Un|der|state|ment (das, -s, kein Plural) (engl.) Untertreibung.
un|diffe|ren|ziert (Adj.) unausgewogen. Undifferenziertheit.
Un|di|ne (die, -, -n) (lat.) Wassernixe.
Un|ding (das, -s, -e) Unmöglichkeit; Unsinn.
un|dis|ku|ta|bel (*auch:* in|dis|ku|ta|bel) (Adj.) nicht infrage kommend.
un|dis|zi|p|li|niert (Adj.) unbeherrscht. Undiszipliniertheit.
un|dog|ma|tisch (Adj.) nicht engstirnig, starr.
Un|du|la|ti|on (die, -, -ti|o|nen) (lat.) wellenförmige Bewegung.
un|du|la|to|risch (Adj.) (lat.) wellenförmig.
un|durch|dring|lich (Adj.) dicht; verschlossen. Undurchdringlichkeit; undurchdringbar.
un|ehe|lich (Adj.) außerehelich; illegitim. Unehelichkeit.
un|ehr|lich (Adj.) falsch; unaufrichtig. Unehrlichkeit.
un|ei|gen|nüt|zig (Adj.) selbstlos. Uneigennützigkeit.
un|ei|gent|lich (Adj.) nicht wirklich; nicht wörtlich.
un|eins (Adv.) uneinig.
un|end|lich (Adj.) unbegrenzt; endlos. *Beachte:* Das geht ja bis ins Unendliche (immer so weiter); der Flug ins Unendliche (in den unendlichen Raum); die Zahlen von eins bis unendlich (Zeichen: ∞); unendliche Mal; unendliche Male; *aber:* unendlichmal. Unendlichkeit.
un|ent|behr|lich (Adj.) dringend erforderlich, notwendig. Unentbehrlichkeit.
un|ent|schie|den (Adj.) ungewiss; gleichauf (Sport). Unentschieden; Unentschiedenheit.
un|ent|wegt (Adj.) unaufhörlich. *Beachte:* ein paar Unentwegte.
un|er|bitt|lich (Adj.) unnachgiebig; hart; erbarmungslos. Unerbittlichkeit.
un|er|find|lich (Adj.) unbegreiflich; unerklärlich.
un|er|heb|lich (Adj.) unwesentlich. Unerheblichkeit.
un|er|hört (Adj.) unbeachtet; außerordentlich; sehr; skandalös.
un|er|läss|lich (Adj.) notwendig.
un|er|mess|lich (Adj.) außerordentlich; unbegrenzt. Unermesslichkeit.
un|er|sätt|lich (Adj.) gierig; unmäßig. Unersättlichkeit.
un|er|schro|cken (Adj.) tapfer; mutig. Unerschrockenheit.
un|er|schwing|lich (Adj.) unbezahlbar; teuer.
un|er|sprieß|lich (Adj.) unzweckmäßig.
un|er|wi|dert (Adj.) unbeantwortet.
UNESCO (die, -, kein Plural) (Kurzw.) United Nations Educational, Scientific and Cultural Organization (Organisation der Vereinten Nationen für Erziehung, Wissenschaft und Kultur).
un|fair (Adj.) unsportlich; unehrlich. Unfairness.
Un|fall (der, -s, -fäl|le) Unglück; Schaden. Unfallarzt; Unfallchirurgie; Unfallflucht; Unfallgeschädigte; Unfallort; Unfallquote; Unfallstation; Unfalltote; Unfallursache; Unfallversicherung; Unfallwagen; Unfallzeuge; unfallfrei; unfallträchtig.
un|fass|bar (Adj.) unbegreiflich.
un|fehl|bar (Adj.) unanfechtbar; unweigerlich. Unfehlbarkeit; Unfehlbarkeitsglaube.
un|flä|tig (Adj.) ungezogen; unanständig. Unflat; Unflätigkeit.
un|flek|tiert (Adj.) ungebeugt.
un|för|mig (Adj.) klobig; missgestaltet. Unförmigkeit.
un|förm|lich (Adj.) ungezwungen.
un|fran|kiert (Adj.) ohne Briefmarke.
un|frucht|bar (Adj.) unergiebig; zeugungsunfähig. Unfruchtbarkeit; Unfruchtbarmachung.
Un|fug (der, -s, kein Plural) Unsinn; Missbrauch.

Un|garn (ohne Art., -s, kein Plural) Ungar; ungarisch. *Aber:* Ungarisch (Sprache).
un|ge|ach|tet (Präp., Gen.) trotz; ohne zu beachten. *Beachte:* ungeachtet der Tatsache, dass ...; dessen ungeachtet; des ungeachtet.
un|ge|ahn|det (Adj.) unbestraft.
un|ge|ahnt (Adj.) unvorhersehbar.
un|ge|bär|dig (Adj.) ungehorsam; unartig. Ungebärdigkeit.
un|ge|be|ten (Adj.) unerwünscht.
un|ge|bühr|lich (Adj.) ungehörig; maßlos. Ungebühr; Ungebührlichkeit; ungebührend.
un|ge|bun|den (Adj.) frei; unabhängig. Ungebundenheit.
un|ge|fähr 1. (Adv.) etwa. 2. (Adj.) ungenau. Ungefähr.
un|ge|fähr|det (Adj.) sicher; nicht in Gefahr.
un|ge|fes|tigt (Adj.) schwach, unreif.
un|ge|fü|ge (Adj.) unförmig.
un|ge|hal|ten (Adj.) ärgerlich. Ungehaltenheit.
un|ge|hei|ßen (Adj.) freiwillig.
un|ge|heu|er (Adj.) riesig; übermäßig. *Beachte:* Das Projekt entwickelt sich ins Ungeheure. Ungeheuer; Ungeheuerlichkeit; ungeheuerlich.
un|ge|ho|belt (Adj.) derb; grob.
un|ge|hö|rig (Adj.) unartig; unanständig. Ungehörigkeit.
un|ge|le|gen (Adj.) unpassend; störend. Ungelegenheit.
un|ge|lenk (*auch:* un|ge|len|kig) (Adj.) steif; unbeweglich.
un|ge|lo|gen (Adv.) (ugs.) wirklich; sage und schreibe.
un|ge|mein (Adj.) außerordentlich; enorm.
un|ge|mes|sen (Adj.) unendlich. *Beachte:* Ihr Mitleid wuchs ins Ungemessene.
un|ge|niert (Adj.) zwanglos; offen. Ungeniertheit.
un|ge|nü|gend (Adj.) mangelhaft; unzureichend. Ungenügend.
un|ge|ra|de (Adj.) nicht gerade (d. h. nicht durch 2 teilbar).
un|ge|ra|ten (Adj.) missraten; unerzogen.
un|ge|rech|net (Adj.; Präp., Gen.) nicht einbezogen. *Beachte:* ungerechnet der Spesen.
un|ge|recht|fer|tigt (Adj.) unberechtigt. Ungerechtigkeit; ungerecht; ungerechterweise; ungerechtfertigterweise.
un|gern (Adv.) unwillig.
un|ge|säumt (Adj.) unverzüglich; ohne Saum.
un|ge|scheut (Adj.) furchtlos; ohne Scheu.
un|ge|schickt (Adj.) unbeholfen; linkisch; umständlich; ungelenk, unklug.
un|ge|schla|gen (Adj.) unbesiegt.
un|ge|schlif|fen (Adj.) nicht geschliffen; derb. Ungeschliffenheit.
un|ge|schmä|lert (Adj.) uneingeschränkt.

un|ge|schminkt (Adj.) 1. ohne Schminke; 2. offen.
un|ge|scho|ren (Adj.) nicht geschoren; verschont.
un|ge|stillt (Adj.) unbefriedigt.
un|ge|stüm (Adj.) wild; heftig. Ungestüm.
Un|ge|tüm (das, -s, -e) Ungeheuer.
un|ge|wiss (Adj.) unsicher; unklar. *Beachte:* jemanden im Ungewissen lassen (unaufgeklärt); das wird eine Reise ins Ungewisse; etwas/nichts/viel Ungewisses. Ungewissheit.
un|ge|wöhn|lich (Adj.) unüblich; außerordentlich; erstaunlich; überdurchschnittlich. Ungewöhnlichkeit.
Un|ge|zie|fer (das, -s, kein Plural) Schädlinge.
un|ge|zo|gen (Adj.) frech; unartig.
un|ge|zwun|gen (Adj.) unförmlich; natürlich. Ungezwungenheit.
un|gläu|big (Adj.) zweifelnd; nicht religiös. Unglaube; Ungläubige.
un|glaub|lich (Adj.) unwahrscheinlich; unbegreiflich; riesig. Unglaubwürdigkeit; unglaubhaft; unglaubwürdig.
un|gleich (Adj.; Adv.) unterschiedlich; viel; wesentlich. *Beachte:* Der Stuhl kostet ungleich mehr, als wir ausgeben wollen. Ungleichgewicht; Ungleichheit; Ungleichmäßigkeit; Ungleichung; ungleichartig; ungleichförmig; ungleichmäßig.
Un|glück (das, -s, -glü(c)ke) Unfall; Schaden. Unglücksbote; Unglücksfahrer; Unglücksfall; Unglücksmensch; Unglücksrabe; Unglücksvogel; unglücklich; unglücklicherweise; unglückselig; unglückseligerweise.
un|gra|zi|ös (Adj.) plump.
Un|gunst (die, -, kein Plural) Nachteil. *Beachte:* Das verlief zu seinen Ungunsten; zu Ungunsten (*auch:* zuungunsten) der Arbeitnehmer. Adjektiv: ungünstig.
un|gut (Adj.) unangenehm; übel. *Beachte:* nichts für ungut.
Un|heil (das, -s, kein Plural) Unglück. Unheilstifter; Unheil bringend (*auch:* unheilbringend), Unheil verkündend (*auch:* unheilverkündend); *aber nur:* unheildrohend; unheilschwanger; unheilvoll.
un|heim|lich (Adj.) gruselig; sehr. Unheimlichkeit.
Un|hold (der, -s, -e) brutaler Mensch; Dämon.
un|hy|gi|e|nisch (Adj.) unsauber.
uni (Adj.) (franz.) einfarbig. Uni; eine Stofflieferung in zahlreichen Unis; unifarben.
Uni (die, -, -s) (Kurzw.) Universität.
UNICEF (die, -, kein Plural) (Kurzw.) United Nations International Children's Emergency Fund (Weltkinderhilfswerk der UNO).

unie|ren (V.) (lat.) vereinigen; z. B. kirchliche Splittergruppen unieren.
Uni|fi|ka|ti|on (die, -, -ti|o|nen) das Unifizieren.
uni|fi|zie|ren (V.) (lat.) vereinheitlichen. Unifizierung.
Uni|form (die, -, -en) Dienstkleidung; Einheitskleidung; Uniformierung; Uniformität; Uniformverbot; uniform; uniformieren.
Uni|kat (das, -s, -e) (lat.) Einzelstück.
Uni|kum (das, -s, -s/-ka) Einmaliges; (ugs.) Original.
uni|la|te|ral (Adj.) einseitig.
un|in|te|r|es|sant (Adj.) langweilig.
Uni|on (die, -, Uni|o|nen) (lat.) Vereinigung. *Beachte:* Christlich-Demokratische Union (Abk.: CDU); Junge Union (Abk.: JU). Unionist; Unionskirche; Unionsparteien; unieren.
Uni|on Jack (der, - -s, - -s) (engl.) britische Nationalflagge.
uni|po|lar (Adj.) einpolig. Unipolarmaschine.
uni|so|no (Adv.) (ital.) im Einklang (zu spielen, singen); einstimmig. etwas unisono fordern.
Uni|ta|ris|mus (der, -, kein Plural) (lat.) 1. die Richtung der Unitarier. 2. Streben nach einem (nichtföderalistischen) Einheitsstaat.
Uni|ta|rist (der, -en, -ris|ten) Anhänger des Unitarismus.
Uni|tät (die, -, -en) (lat.) Einheit; Einigkeit.
Uni|ted Na|tions (die, nur Plural) (engl.) Vereinte Nationen (Abk.: UN; UNO).
Uni|ted Press In|ter|na|tio|nal (die, - - -, kein Plural) (engl.) amerikanische Nachrichtenagentur (Abk.: UPI).
Uni|ted States of Ame|ri|ca (die, nur Plural) Vereinigte Staaten von Amerika (Abk.: USA).
uni|va|lent (Adj.) einwertig (Chemie).
uni|ver|sal (Adj.) (lat.) allgemein; umfassend. Universalerbe; Universalgenie; Universalgeschichte; Universalinstrument; Universalismus; Universalisten; Universalität; Universalmittel; universell.
Uni|ver|sal|emp|fän|ger (der, -s, -) Träger der Blutgruppe AB, dem man Blut mit beliebiger Blutgruppe übertragen kann (Med.).
Uni|ver|sal|epi|s|ko|pat (der/das, -s, -e) oberste päpstliche Gewalt über die katholische Kirche.
Uni|ver|sa|li|en (die, nur Plural) 1. Allgemeinbegriffe (in der Philosophie). 2. allen Sprachen gemeinsame Eigenschaften.
Uni|ver|sal|spen|der (der, -s, -) Träger der Blutgruppe 0, der (mit Einschränkungen) jedem Träger auch anderer Blutgruppen Blut spenden kann (Med.).
Uni|ver|si|tät (die, -, -en) (lat.) Hochschule. Universitätsbibliothek; Universitätsbuchhandlung; Universitätsklinik; Universitätslaufbahn; Universitätsprofessor; universitär.
Uni|ver|sum (das, -s, -sen) (lat.) Weltall.
uni|vok (Adj.) einstimmig; eindeutig.
Un|ke (die, -, -n) Kröte. Unkenruf; Unkenteich; unken (Unglück prophezeien).
un|kennt|lich (Adj.) nicht erkennbar. *Beachte:* Der Fahrer war bis ins Unkenntliche verbrannt.
un|klar (Adj.) undeutlich; ungewiss. *Beachte:* jemanden im Unklaren lassen; im Unklaren sein/bleiben. Unklarheit.
un|kon|ven|ti|o|nell (Adj.) zwanglos; ungewöhnlich.
Un|kos|ten (die, nur Plural) Nebenkosten. *Beachte:* sich in Unkosten stürzen. Unkostenbeitrag.
un|kul|ti|viert (Adj.) nicht bearbeitet; derb. Unkultur.
un|längst (Adv.) kürzlich.
un|lau|ter (Adj.) unehrlich.
un|lieb (Adj.) unwillkommen. Unliebsamkeit; unliebsam.
un|li|mi|tiert (Adj.) unbegrenzt.
Un|lust (die, -, kein Plural) Abneigung; Widerwillen. Unlustgefühl; unlustig.
Un|maß (das, -es, kein Plural) sehr große Menge. Unmäßigkeit; unmäßig.
Un|mas|se (*auch:* Un|men|ge) (die, -, -n) sehr große Menge.
un|mensch|lich (Adj.) grausam. Unmensch; Unmenschlichkeit.
un|miss|ver|ständ|lich (Adj.) deutlich; drastisch.
un|mög|lich (Adj.) nicht durchführbar; ausgeschlossen; (ugs.) unerhört. *Beachte:* das Unmögliche wagen; etwas/nichts Unmögliches. Unmöglichkeit.
un|mo|ti|viert (Adj.) unbegründet.
un|mün|dig (Adj.) minderjährig. Unmündigkeit.
Un|mut (der, -s, kein Plural) Ärger. Adjektive: unmutig; unmutsvoll.
un|nach|sich|tig (Adj.) unerbittlich; unnachgiebig. Unnachsichtigkeit.
un|nütz (Adj.) nutzlos; nichtsnutzig. Adverb: unnützerweise.
UNO (die, -, kein Plural). (Kurzw.) United Nations Organization (Organisation der Vereinten Nationen).
UNO-Frie|dens|trup|pe (die, -, -n) militärische Einheit der UNO.
un|öko|no|misch (Adj.) unwirtschaftlich.
un|or|tho|dox (Adj.) ungewöhnlich.
UNO-Si|cher|heits|rat (der, -s, kein Plural) Gremium der UNO.
un|par|tei|isch (Adj.) neutral. Unparteiische.

unpässlich — Unterbewusstsein

un|päss|lich (Adj.) unwohl. Unpässlichkeit.
un|per|sön|lich (Adj.) reserviert; kühl. Unpersönlichkeit.
un|plat|ziert (Adj.) ungezielt.
un po|co (ital.) ein wenig (bei Musikstücken).
un|prä|zis (*auch:* un|prä|zi|se) (Adj.) ungenau.
un|pro|por|ti|o|niert (Adj.) in einem schlechten Verhältnis stehend. Unproportioniertheit.
un|qua|li|fi|ziert (Adj.) nicht geeignet; unangemessen.
Un|rast (die, -, kein Plural) Ruhelosigkeit.
Un|rat (der, -s, kein Plural) Abfall; Schmutz. Unrat wittern (Schlimmes ahnen).
un|ra|ti|o|nell (Adj.) unwirtschaftlich.
un|re|al (*auch:* un|re|a|lis|tisch) (Adj.) nicht der Wirklichkeit entsprechend.
un|recht (Adj.) falsch; ungünstig; ungerecht. *Beachte:* sie haben unrecht (*auch:* Unrecht) daran getan; er hat unrecht (*auch:* Unrecht). Er wurde zu Unrecht verurteilt; er ist im Unrecht; ihm ist ein Unrecht geschehen; er hat nichts Unrechtes getan. Unrecht; Unrechtmäßigkeit; Unrechtsbewusstsein; unrechtmäßig; unrechtmäßigerweise, *aber:* in unrechtmäßiger Weise.
un|re|flek|tiert (Adj.) ohne Nachdenken.
un|rein (Adj.) schmutzig; sündig. *Beachte:* einen Brief ins Unreine schreiben. Unreinheit; Unreinlichkeit; unreinlich.
un|rich|tig (Adj.) falsch.
un|ren|ta|bel (Adj.) nicht lohnend. Unrentabilität.
Un|ruh (die, -, -en) Schwungrad (Uhr).
Un|ru|he (die, -, -n) Rastlosigkeit; Beunruhigung; Aufruhr. Unruheherd; Unruhestifter; unruhig.
un|schein|bar (Adj.) winzig; unauffällig. Unscheinbarkeit.
un|schlüs|sig (Adj.) schwankend. Unschlüssigkeit.
un|schul|dig (Adj.) schuldlos; unverdorben; jungfräulich. Unschuldige; Unschuldsengel; Unschuldslamm; Unschuldsmiene; unschuldsvoll; unschuldigerweise.
un|selbst|stän|dig (*auch:* un|selb|stän|dig) (Adj.) hilflos; auf Hilfe angewiesen.
un|ser (Pron., pers./possess.) *Beachte:* Erbarme dich unser; erinnern Sie sich unser noch?; unsere Kinder; unseres Wissens (Abk.: u.W.); unsereiner; unsereins; unsererseits; unseresgleichen; unsersteils; uns(e)rige Kinder; unserthalben; unsertwegen; unsertwillen.
un|se|ri|ös (Adj.) nicht ernsthaft; anrüchig.
un|si|cher (Adj.) ungewiss; fragwürdig; gefährlich. *Beachte:* Die Angelegenheit ist noch arg im Unsichern. Unsicherheit; Unsicherheitsfaktor.
Un|sinn (der, -s, kein Plural) Unfug; Sinnlosigkeit; Unsinnigkeit; unsinnig; unsinnigerweise.
Un|sit|te (die, -, -n) schlechte Angewohnheit. Unsittlichkeit; unsittlich.
un|so|lid (*auch:* un|so|li|de) (Adj.) unzuverlässig; liederlich. Unsolidität.
un|so|zi|al (Adj.) eigennützig.
Un|stern (der, -s, kein Plural) Missgeschick; Unglück.
un|stet (Adj.) unruhig; unbeständig. Unstetigkeit.
Un|sum|me (die, -, -n) enorme Summe.
un|sym|me|t|risch (Adj.) ohne Symmetrie.
un|sys|te|ma|tisch (Adj.) planlos; ungeordnet.
Un|tat (die, -, -en) Verbrechen.
un|tä|tig (Adj.) ohne Beschäftigung. Untätigkeit.
un|ten (Adv.) tief; unterhalb. *Beachte:* von unten bis oben; nicht mehr wissen, was oben und unten ist; unten sein/stehen/liegen; unten durch sein; im unten Stehenden (*auch:* Untenstehenden) (weiter unten); das unten erwähnte (*auch:* untenerwähnte) Schreiben; untenan; untendrunter; untenher, *aber:* von unten her; untenherum; untenhin, *aber:* nach unten hin; unten liegend (*auch:* untenliegend).
un|ter 1. (Präp., Dat./Akk.) tiefer; unterhalb; mit; zwischen. *Beachte:* Der Brief liegt unter dem Buch (Dativ!), *aber:* Ich habe den Brief unter das Buch (Akkusativ!) gelegt; das war unter meiner Würde; unter anderem (Abk.: u. a.); unter Umständen (Abk.: u. U.); zuunterst; das Unterste zuoberst, *aber:* die unterste Reihe; unter der Hand (heimlich); unter der Bedingung/Voraussetzung, dass …; unter Rückerbittung (Abk.: u. R.); unter üblichem Vorbehalt (Abk.: u. ü. V.); unter Aufsicht stehen; unter dem Vorwand, dass … 2. (Adv.) weniger als. *Beachte:* Es waren unter fünfzig Teilnehmer; Kinder unter drei Jahren werden in diesem Kindergarten nicht aufgenommen. Unterabteilung; Unterarm; Unterbodenschutz; Unterdruck; Unterernährung; Unterfunktion; Unterhändler; Unterhemd; Unterholz; Unterhose; Unterkörper; Untermiete; Unterrock; Unterschicht; Unterseite; Unterstufe; Untertitel; Unterwäsche. Adjektive: unterentwickelt; unterernährt; untergeordnet; unterirdisch; unterkühlt.
un|ter|be|lich|ten (V.) zu wenig belichten. Unterbelichtung.
un|ter|be|wer|ten (V.) gering schätzen; unterschätzen.
Un|ter|be|wusst|sein (das, -s, kein Plural) Unbewusstes; Seelisches. Adjektiv: unterbewusst.

un|ter|bie|ten (V., unterbot, hat unterboten) den Preis drücken.
un|ter|bin|den (V., unterband, hat unterbunden) beenden; verbieten. Unterbindung.
un|ter|blei|ben (V., unterblieb, ist unterblieben) nicht stattfinden.
un|ter|bre|chen (V., unterbrach, hat unterbrochen) abbrechen; dazwischenreden; Pause machen. Unterbrecher; Unterbrecherkontakt; Unterbrechung.
un|ter|brei|ten 1. (V., breitete unter, hat untergebreitet) darunterlegen. 2. (V., unterbreitete, hat unterbreitet) darlegen; anbieten. Unterbreitung.
un|ter|brin|gen (V., brachte unter, hat untergebracht) verstauen; Platz finden. Unterbringung.
un|ter|but|tern (V., butterte unter, hat untergebuttert) (ugs.) unterdrücken.
un|ter der Hand (Adv.) heimlich. *Beachte:* Er verkauft das Auto unter der Hand. Die Druckerei hat das Buch gerade unter der Hand (in Arbeit).
un|ter|des|sen (Adv.) inzwischen.
un|ter|drü|cken (V., unterdrückte, hat unterdrückt) unterwerfen; niederhalten. Unterdrücker; Unterdrückung; unterdrückerisch.
un|ter|ei|n|an|der (Adv.) eines unter dem anderen; unter sich; gegenseitig. *Beachte:* Wir sollen die Stühle untereinanderstellen; untereinanderstehen. *Aber:* wir haben Platten untereinander getauscht.
Un|ter|fan|gen (das, -s, kein Plural) Wagnis; Unternehmen. Verb: sich unterfangen.
un|ter|fas|sen (V., fasste unter, hat untergefasst) sich einhaken.
Un|ter|füh|rung (die, -, -en) Tunnel. Verb: unterführen.
Un|ter|füh|rungs|zei|chen (das, -s, -) »Gänsefüßchen« → Regelkasten.
Un|ter|gang (der, -s, -gän|ge) Untergehen; Sinken; Zerstörung. Verb: untergehen. *Beachte:* Seine Karriere ist im Untergehen (begriffen).
un|ter|glie|dern (V., untergliederte, hat untergliedert) unterteilen. Untergliederung.
un|ter|gra|ben 1. (V., grub unter, hat untergegraben) daruntermischen. 2. (V., untergrub, hat untergraben) aushöhlen; zerstören. Untergrabung.
Un|ter|grund (der, -s, -grün|de) Boden; (Kurzw.) Untergrundbewegung. Untergrundbahn (U-Bahn); Untergrundorganisation; untergründig.
un|ter|halb (Präp., Gen.) am Fuße; darunter; tiefer. *Beachte:* unterhalb des Gipfels/vom Gipfel.

Unterführungszeichen

Beachte: Unterführungszeichen werden gesetzt, um in Rubriken gleiche, untereinanderstehende Wörter zu ersetzen.

3	Kilo	Butter
3	"	Zucker
7	"	"

Wichtig: Das Unterführungszeichen wird unter dem ersten Buchstaben des oberen Wortes gesetzt. Zahlen sollte man möglichst nicht durch Unterführungszeichen ersetzen.

Un|ter|halt (der, -s, kein Plural) Lebenskosten; Instandhaltung. Unterhaltsbeitrag; Unterhaltskosten; Unterhaltspflicht; Unterhaltszahlung; unterhaltsberechtigt; unterhaltspflichtig; unterhalten.
Un|ter|hal|tung (die, -, -en) Ablenkung; Zeitvertreib; Gespräch. Unterhaltungselektronik; Unterhaltungsliteratur; Unterhaltungsmusik; Unterhaltungssendung; Unterhaltungsteil; unterhalten.
Un|ter|haus (das, -es, kein Plural) Teil des Parlaments (Großbritannien). Unterhausmitglied.
un|ter|jo|chen (V., unterjochte, hat unterjocht) unterdrücken. Unterjochung.
Un|ter|kie|fer (der, -s, -) Knochen. Unterkiefergelenk.
un|ter|kom|men (V., kam unter, ist untergekommen) Unterkunft, Schutz finden; (ugs.) vorkommen.
un|ter|krie|gen (V., kriegte unter, hat untergekriegt) besiegen; bewältigen; bezwingen; überwinden.
Un|ter|kunft (die, -, -künf|te) Wohnung; Quartier.
un|ter|las|sen (V., unterließ, hat unterlassen) bleiben lassen; versäumen. Es regnete ohne Unterlass. Unterlassung; Unterlassungsklage; Unterlassungssünde.
un|ter|lau|fen (V., unterlief, ist unterlaufen) 1. versehentlich vorkommen; 2. (ugs.) vorkommen; umgehen (mit hat-Perfekt). *Beachte:* Ihm sind zu viele Fehler unterlaufen; *aber:* mit blutunterlaufenen Augen.
un|ter|le|gen 1. (V., legte unter, hat untergelegt) darunterlegen. 2. (V., unterlegte, hat unterlegt) mit einer Unterlage/Hintergrund versehen. Unterlegung.

Unterleib   556   unterweisen

Un|ter|leib (der, -s, -er) Unterkörper; weibliche Geschlechtsorgane. Unterleibsentzündung; Unterleibskrankheit; Unterleibsoperation.
un|ter|lie|gen (V., unterlag, hat/ist unterlegen) besiegt werden; betroffen sein.
un|term (Präp. + Art.) (ugs.) unter dem.
un|ter|ma|len (V., untermalte, hat untermalt) grundieren; begleiten (Musik). Untermalung.
un|ter|mau|ern (V., untermauerte, hat untermauert) stützen; festigen. Untermauerung.
un|ter|men|gen (V., mengte unter, hat untergemengt) vermischen.
un|ter|mi|nie|ren (V., unterminierte, hat unterminiert) beseitigen; zerstören. Unterminierung.
un|tern (Präp. + Art.) (ugs.) unter den.
Un|ter|neh|men (das, -s, -) Handlung; Plan; Betrieb. Unternehmensberatung; Unternehmensforschung; Unternehmer; Unternehmergeist; Unternehmertum; Unternehmung; Unternehmungsgeist; Unternehmungslust; unternehmend; unternehmerisch; unternehmungslustig; unternehmen.
Un|ter|of|fi|zier (der, -s, -e) militärischer Dienstgrad (Abk.: Uffz.). Unteroffiziersschule.
un|ter|pri|vi|le|giert (Adj.) benachteiligt. Unterprivilegierte.
un|ter|re|den (V., refl.) besprechen. Unterredung.
un|ter|re|prä|sen|tiert (Adj.) zu schwach vertreten.
Un|ter|richt (der, -s, kein Plural) Belehrung; Unterweisung. Unterrichtsaufgabe; Unterrichtsfach; Unterrichtskunde (Didaktik); Unterrichtsmethode; Unterrichtsstunde; Unterrichtung; unterrichtlich; unterrichtskundlich; schlecht unterrichtet; unterrichten.
un|ters (Präp. + Art.) (ugs.) unter das.
un|ter|sa|gen (V., untersagte, hat untersagt) verbieten.
un|ter|schät|zen (V., unterschätzte, hat unterschätzt) unterbewerten; verkennen; etwas nicht richtig einschätzen.
un|ter|schei|den (V., unterschied, hat unterschieden) trennen; unterschiedlich sein. Unterscheidung; Unterscheidungsmerkmal; Unterscheidungsvermögen; Unterschied; zum Unterschied von; im Unterschied zu; Unterschiedlichkeit; unterscheidbar; unterschieden; unterschiedlich; unterschiedslos.
un|ter|schla|gen 1. (V., schlug unter, hat untergeschlagen) kreuzen; übereinanderlegen. 2. (V., unterschlug, hat unterschlagen) veruntreuen. Unterschlagung.
Un|ter|schlupf (der, -es, -e) Zuflucht; Obdach. Verb: unterschlupfen.

un|ter|schrei|ten (V., unterschritt, hat unterschritten) darunterliegen. Unterschreitung.
Un|ter|schrift (die, -, -en) Namenszeichen; Quittierung. Unterschriftenmappe; Unterschriftensammlung; Unterschriftsprobe; unterschriftsfrei; unterschreiben.
un|ter|schwel|lig (Adj.) unbewusst; verdeckt.
Un|ter|see|boot (das, -s, -e) Tauchboot (Kurzw.: U-Boot). Unterseebootkrieg; U-Boot-Krieg.
un|ter|see|isch (Adj.) unter dem Meer.
un|ter|setzt (Adj.) gedrungen; stämmig; gemischt mit.
un|ter|ste|hen 1. (V., stand unter, hat untergestanden) sich unterstellen. 2. (V., refl., unterstand, hat unterstanden) wagen; unterliegen. Untersteh dich!
un|ter|stel|len 1. (V., unterstellte, hat unterstellt) annehmen; erdichten; unterordnen. Unterstellung. 2. (V., stellte unter, hat untergestellt) unterbringen; unterstehen. Unterstellung.
un|ter|strei|chen (V., unterstrich, hat unterstrichen) kennzeichnen; betonen. Unterstreichung.
un|ter|stüt|zen (V., unterstützte, hat unterstützt) helfen. Unterstützung; Unterstützungsbeihilfe; Unterstützungsempfänger; Unterstützungssatz; unterstützungsbedürftig.
un|ter|su|chen (V., untersuchte, hat untersucht) prüfen. Untersuchung; Untersuchungsausschuss; Untersuchungsbefund; Untersuchungsgefangene; Untersuchungshaft (Abk.: U-Haft); Untersuchungskommission; Untersuchungsrichter.
Un|ter|ta|ge|bau (der, -s, kein Plural) Bergwerk; Abbau. Untertagearbeiter.
un|ter|tä|nig (Adj.) ergeben; gehorsam. Untertan; Untertanengeist; Untertänigkeit.
Un|ter|tas|se (die, -, -n) 1. Untersatz; 2. (ugs.) UFO (fliegende Untertasse).
un|ter|tau|chen (V.) 1. hinuntertauchen; 2. (ugs.) verschwinden.
un|ter|tou|rig (Adj.) mit zu niedriger Drehzahl.
un|ter|ver|mie|ten (V., vermietete unter, hat untervermietet) etwas Gemietetes weitervermieten. Untervermietung.
un|ter|wan|dern (V., unterwanderte, hat unterwandert) zersetzen; schwächen. Unterwanderung.
Un|ter|was|ser (das, -s, kein Plural) Grundwasser; (in Zusammmensetzungen) unter dem Wasser. Unterwasseraufnahme; Unterwasserkamera; Unterwassermassage.
un|ter|wegs (Adv.) auf dem Wege.
un|ter|wei|sen (V., unterwies, hat unterwiesen) unterrichten; einführen. Unterweisung.

unterwerfen 557 **Uraufführung**

un'ter'wer'fen (V., unterwarf, hat unterworfen) besiegen; sich fügen. Unterwerfung; Unterwürfigkeit; unterwürfig.
un'ter'zeich'nen (V., unterzeichnete, hat unterzeichnet) unterschreiben. *Beachte:* der rechts/links Unterzeichnete (*auch:* der Rechts-/Linksunterzeichnete); Unterzeichnung.
un'ter'zie'hen 1. (V., refl., unterzog sich, hat sich unterzogen) auf sich nehmen. 2. (V., zog unter, hat untergezogen) darunter anziehen.
un'tief (Adj.) seicht; flach. Untiefe.
Un'tier (das, -s, -e) Ungeheuer.
un'tilg'bar (Adj.) unauslöschlich; nicht zu beseitigen.
un'um'wunden (Adj.) offen; aufrichtig.
un'ver'äu'ßer'lich (Adj.) unverkäuflich.
un'ver'blümt (Adj.) freiheraus; offen.
un'ver'dros'sen (Adj.) fröhlich; unermüdlich. Unverdrossenheit.
un'ver'fäng'lich (Adj.) unverdächtig; ungefährlich.
un'ver'fro'ren (Adj.) frech; unverschämt. Unverfrorenheit.
un'ver'hofft (Adj.) unerwartet.
un'ver'hoh'len (Adj.) deutlich; offenbar.
Un'ver'mö'gen (das, -s, kein Plural) Unfähigkeit.
un'ver'mö'gend (Adj.) besitzlos; arm. Unvermögendheit.
un'ver'rich'te'ter Din'ge (Adv.) erfolglos.
un'ver'se'hens (Adv.) plötzlich.
un'ver'sehrt (Adj.) unverletzt. Unversehrtheit.
un'ver'stän'dig (Adj.) einsichtslos; dumm. Unverstand; Unverständigkeit; Unverständnis.
un'ver'ständ'lich (Adj.) unerklärlich; schlecht verstehbar. Unverständlichkeit.
un'ver'sucht (Adj.) (in der Wendung) nichts unversucht lassen (alles versuchen).
un'vor'ein'ge'nom'men (Adj.) unparteiisch. Unvoreingenommenheit.
un'wäg'bar (Adj.) ungewiss; nicht absehbar. Unwägbarkeit.
un'weg'sam (Adj.) unzugänglich; schwierig.
un'wei'ger'lich (Adj.) unbedingt; gewiss.
un'weit (Präp., Gen.) nahe. *Beachte:* unweit des Sees.
Un'we'sen (das, -s, kein Plural) Unfug; böses Treiben. *Beachte:* Jugendbanden trieben in der Stadt ihr Unwesen.
un'we'sent'lich (Adj.) unwichtig.
Un'wet'ter (das, -s, -) Gewitter.
un'wi'der'ruf'lich (Adj.) endgültig.
Un'wil'le (*auch:* Un'wil'len) (der, -ns kein Plural) Ärger; Widerwille. Adjektiv: unwillig. Adverb: unwillentlich.

un'will'kür'lich (Adj.) unbewusst; spontan.
un'wirsch (Adj.) barsch; unfreundlich.
un'wirt'lich (Adj.) einsam; ungemütlich, unfreundlich.
Un'wirt'lich'keit (die, -, -en) Einsamkeit; Ungemütlichkeit.
Un'zahl (die, -, kein Plural) sehr große Zahl. Adjektiv: unzählbar.
un'zäh'lig (Adj.) sehr viele. unzählige Mal; unzählige Male.
Un'ze (die, -, -n) (lat.) Gewichtseinheit; rund 30 Gramm.
un'zeit'ge'mäß (Adj.) nicht zur rechten Zeit; unpassend. Unzeit.
Un'zi'a'le (die, -, -n) (lat.) abgerundete, aus römischen Buchstaben entwickelte Schrift (des frühen Mittelalters).
un'zi'vi'li'siert (Adj.) ungebildet; unkultiviert.
un'züch'tig (Adj.) unsittlich; unanständig. *Beachte:* Unzucht treiben. Unzüchtigkeit.
un'zu'läng'lich (Adj.) ungenügend; unzureichend. Unzulänglichkeit.
un'zu'rech'nungs'fä'hig (Adj.) geistig gestört; nicht verantwortlich. Unzurechnungsfähigkeit.
un'zu'rei'chend (Adj.) ungenügend.
un'zwei'deu'tig (Adj.) eindeutig; deutlich.
Up'per'cut (der, -s, -s) (engl.) Aufwärtshaken (beim Boxen).
üp'pig (Adj.) reichlich; drall. Üppigkeit.
up to date (engl.) auf dem neuesten Stand.
u. R. (Abk.) unter Rückerbittung.
Ur (das, -s, -e) Auerochse.
ur.../Ur... Anfangs...; Erst...; Echt...; sehr. Urahn; Urangst; Urbeginn; Urbevölkerung; Ureinwohner; Urenkel/in; Urform; Urgeschichte; Urgestalt; Urgestein; Urgewalt; Urinstinkt; Urknall; Urlandschaft; Urmensch; Urmutter; Urquell; Urstoff; Urtierchen; Urtrieb; Urtümlichkeit; Urtyp; Ururahn; Ururenkel; Urvater; seit Urväterzeiten; Urviech; Urvolk; Urwüchsigkeit; Urzeit; Urzelle; Urzustand. Adjektive: uralt; ureigen; ureigentümlich; urgemütlich; urgeschichtlich; urig; urkomisch; urmenschlich; urplötzlich; urstofflich; urtümlich; urwüchsig; urzeitlich.
Ur'ab'stim'mung (die, -, -en) direktes Abstimmungsverfahren.
Ur'ä'mie (die, -, -n) (griech.) Harnvergiftung. Adjektiv: urämisch.
Uran (das, -s, kein Plural) Metall; chemischer Grundstoff (Abk.: U). Uranbergwerk; Uranerz; Uranmine; Uranpechblende.
Ura'nus (der, -, kein Plural) (griech.) Planet.
Ur'auf'füh'rung (die, -, -en) Erstaufführung. Verb: uraufführen.

Uräus|schlan|ge (die, -, -n) (griech.-nlat.) afrikanische Giftnatter.
ur|ban (Adj.) städtisch; gebildet. Urbanisation; Urbanisierung; Urbanistik; Urbanität; urbanisieren.
Ur|ba|nis|tik (die, -, kein Plural) Wissenschaft der Stadtentwicklung.
ur|bar (Adj.) (in der Wendung) urbar machen (fruchtbar, nutzbar machen). Urbarmachung.
ur|bi et or|bi (lat.) der Stadt Rom und dem Erdkreis (als Formel für den vom Papst allen Katholiken gespendeten Segen).
Ur|du (das, -/-s, kein Plural) Staatssprache Pakistans.
Ure|ter (der, -s, -/-te|ren) (griech.) Harnleiter.
Ure|th|ri|tis (die, -, -ti|den) (griech.) Harnröhrenentzündung.
Ur|genz (die, -, -en) (lat.) Dringlichkeit.
ur|gie|ren (V.) (lat.) (österr.) drängen.
Ur|groß|el|tern (die, nur Plural) Eltern der Großeltern. Urgroßmutter; Urgroßvater; urgroßmütterlich; urgroßväterlich.
Ur|he|ber (der, -s, -) Verfasser; Erzeuger; Veranlasser. Urheberrecht; Urheberschaft; Urheberschutz; urheberrechtlich.
Uri|as|brief (der, -s, -e) Brief, der dem Boten Unglück beschert (nach Uria aus 2. Samuel 11).
Urin (der, -s, -e) (lat.) Harn. Urinprobe; Urinuntersuchung; urinieren.
Uri|nal (das, -s, -e) Harnflasche, -gefäß; Urinierbecken (in Herrentoiletten).
uri|nös (Adj.) urinähnlich; harnstoffhaltig.
Ur|kun|de (die, -, -n) Schriftstück; Zeugnis. Urkundenbeamter; Urkundenfälschung; Urkundensammlung; urkundlich; urkunden.
Ur|laub (der, -s, -e) Ferien. *Beachte:* wir waren in/im Urlaub, *aber:* Wir fahren in/auf Urlaub. Urlauber/-in; Urlaubsgeld; Urlaubsreise; Urlaubsreiseverkehr; Urlaubsvertretung; Urlaubszeit; urlauben; beurlauben.
Ur|ne (die, -, -n) (lat.) Gefäß (Asche); Wahlbehälter. Urnenfriedhof; Urnengrab; Urnenhalle.
uro|ge|ni|tal (Ad).) (griech.) zu den Harn- und Geschlechtsorganen gehörig.
Uro|lith (der, -s/-en, -en) (griech.) Harnstein.
Uro|lo|ge (der, -n, -n) (griech.) Blasen-, Nierenfacharzt. Urologie; urologisch.
Ur|sa|che (die, -, -n) Grund. Ursachenforschung; Ursächlichkeit; ursächlich.
urspr. (Abk.) ursprünglich.
Ur|sprung (der, -s, -sprün|ge) Anfang; Herkunft. Ursprünglichkeit; Ursprungsland; ursprünglich.
ur|tei|len (V.) entscheiden. Urteil; Urteilsbegründung; Urteilsfindung; Urteilskraft; Urteilsverkündung; Urteilsvollstreckung; urteilsfähig; urteilslos.
Uru|bu (der, -s, -s) (indianisch-span.) Rabengeier Südamerikas.
Uru|gu|ay (ohne Art., -s, kein Plural) Uruguayer; uruguayisch.
Ur|wald (der, -s, -wäl|der) Dschungel. Urwaldgebiet.
USA (Abk.) United States of America. *Beachte:* Bilder aus den USA (*falsch:* aus USA, aus der USA); die USA sind (*nicht:* ist) daran interessiert. *Aber:* Made in USA.
Usance (die, -, -n) (franz.) Handelsgewohnheit. Usancenhandel; usancemäßig.
Us|be|kis|tan (ohne Art., -s, kein Plural) Usbeke; usbekisch. *Aber:* Usbekisch (Sprache).
Uschan|ka (die, -, -s) (russ.) mit Ohrenklappen versehene Pelzmütze.
Usch|ki (die, nur Plural) (russ.) russische Pasteten.
User (der, -s, -) (engl.) für »Benutzer«, Anwender (z. B. von Computern).
usf. (Abk.) und so fort.
Uso (der, -s, -s/-) (ital.) Brauch, Gewohnheit. → Usus.
Usur|pa|ti|on (die, -, -ti|o|nen) (lat.) widerrechtliche Aneignung. Usurpator; Usurpationsbestreben; usurpatorisch; usurpieren.
Usus (der, -, kein Plural) (lat.) Sitte; Gewohnheit. *Beachte:* Das ist bei uns so Usus. Adjektiv: usuell.
usw. (Abk.) und so weiter.
Uten|si|li|en (die, nur Plural) (lat.) Geräte; Werkzeuge; Gebrauchsgegenstände.
Ute|rus (der, -, -ri) (lat.) Gebärmutter. Adjektiv: uterin.
uti|li|ta|ris|tisch (Adj.) (lat.) auf Nützlichkeit ausgerichtet. Utilitarismus; Utilitarist; utilitär.
Uto|pie (die, -, -n) (griech.) Ideal; Illusion; Vision; Wunschbild. Utopia; Utopismus; Utopist; utopisch.
u. U. (Abk.) unter Umständen.
u. ü. V. (Abk.) unter üblichem Vorbehalt.
UV (Abk.) ultraviolett. UV-Filter; UV-Lampe; UV-Strahlen; UV-Licht.
u. v. a. (Abk.) und viele(s) andere.
u. v. a. m. (Abk.) und viele(s) andere mehr.
Uvu|la (die, -, Uvu|lae) (lat.) Gaumenzäpfchen.
Uvu|lar (der, -s, -e) (lat.) Gaumenzäpfchenlaut (z. B. das »r« am Wortanfang im Deutschen, das »q« im Arabischen).
u. W. (Abk.) unseres Wissens.
Ü-Wa|gen (der, -s, -) (Kurzw.) Übertragungswagen.
u. Z. (Abk.) unsere(r) Zeitrechnung.
u. zw. (Abk.) und zwar.

V

v (Abk.) Geschwindigkeit (Physik).
V (Abk.) Volt; Volumen; 5 (römisches Zahlzeichen).
v. (Abk.) von; vom; vor.
VA (Abk.) Voltampere.
v. a. (Abk.) vor allem.
Va'banque'spiel (das, -s, kein Plural) Wagnis; Risiko. Er hat Vabanque gespielt/va banque gespielt.
va'cil'lan'do (Adv.) (ital.) schwankend; Vortragsanweisung (Musik).
Va'de'me'cum (das, -s, -s) (lat.) kleiner Ratgeber (in Buchform).
va'dos (Adj.) (lat.) versickert, in der Erdkruste zirkulierend (von Oberflächenwasser).
vae vic'tis! (lat.) wehe den Besiegten!
Va'ga'bund (der, -en, -en) Landstreicher. Vagabundenleben; Vagabundentum; vagabundieren.
Va'gant (der, -en, -en) (lat.) umherziehender Sänger (im Mittelalter); trinkfreudiger Straßenliterat.
va'ge (Adj.) ungenau; zweifelhaft. Vagheit.
Va'gi'na (die, -, -nen) (lat.) weibliche Scheide. Vaginismus; vaginal.
Va'gi'ni'tis (die, -, -ti'den) (lat.-griech.) Scheidenentzündung.
Va'gus (der, -, kein Plural) (lat.) der zehnte Gehirnnerv.
va'kant (Adj.) offen; unbesetzt. Vakanz.
Va'kat (das, -/-s, -s) (lat.) leere Seite (eines Druckbogens).
Va'ku'o'le (die, -, -n) (franz.) Zellplasmabläschen, das mit Flüssigkeit angefüllt ist (z. B. bei Einzellern).
Va'ku'um (das, -s, -ku'en/-kua) (lat.) luftleerer Raum; Leere. Vakuumbremse; Vakuummesser; Vakuumpumpe; vakuumverpackt.
Vak'zi'na'ti'on (die, -, -ti'o'nen) (lat.) Schutzimpfung. Vakzinierung; vakzinieren.
Va'lenz (die, -, -en) (lat.) Wertigkeit. Valenzelektronen.
Va'le'ri'a'na (die, -, -nen) (lat.) Baldrian (als Heilpflanze).
va'lid (Adj.) (franz.) genau; gültig; wirkungsvoll. ein valides Verfahren zur wissenschaftlichen Aussagenbildung.
va'li'die'ren (V.) die Aussagekraft feststellen.
Va'li'di'tät (die, -, kein Plural) das Validsein.
Va'lo'ren (die, nur Plural) (lat.) Wertgegenstände. Valorenversicherung.
Va'lo'ri'sa'ti'on (die, -, -ti'o'nen) (lat.) Aufwertung; Preisanhebung. Valorisierung; valorisieren.
Val'po'li'cel'la (der, -/-s, -s) italienischer Rotwein aus dem Gardaseegebiet.
Va'lu'ta (die, -, -ten) (ital.) fremde Währung. Valutaanlage; Valutaklausel; Valutakredit; Valutamark.
Val'va'ti'on (die, -, -ti'o'nen) (franz.) Wertbestimmung (im Finanzwesen).
Vamp (der, -s, -s) (engl.) kühl berechnende, erotische Frau.
Vam'pir (der, -s, -e) Blutsauger; Fledermausart. Vampirismus.
Va'na'din (auch: Va'na'di'um) (das, -s, kein Plural) (nlat.) ein Element; Hartmetall.
Va'nil'le (die, -, kein Plural) (franz.) Pflanze; Gewürz. Vanilleeis; Vanillekipferl; Vanillepudding; Vanillesoße (auch: Vanillesauce); Vanillin.
Va'po'ri'sa'ti'on (die, -, -ti'o'nen) das Vaporisieren.
va'po'ri'sie'ren (V.) (lat.) 1. verdampfen. 2. den Alkoholgehalt bestimmen.
Va'que'ro (der, -/-s, -s) (span.) nordamerikanischer Rinderhirt; Cowboy.
VAR (Abk.) Vereinigte Arabische Republik.
Va'ria (die, nur Plural) (lat.) Verschiedenes (z. B. Bücher über Wissensgebiete, die sich nicht den Großgruppen zuordnen lassen).
va'ri'a'bel (Adj.) (franz.) veränderlich. Variabilität; Variable.
va'ri'ant (Adj.) (franz.) veränderlich (unter bestimmten Voraussetzungen).
Va'ri'an'te (die, -, -n) (lat.) Abweichung; Abart. Adjektiv: variantenreich.
Va'ri'anz (die, -, -en) (franz.) Merkmalsstreuung.
Va'ri'e'tät (die, -, -en) geringfügiger Merkmalsunterschied; Spielart. die rote und die schwarze Varietät des Eichhörnchens.
Va'ri'e'té (auch: Va'ri'e'tee) (das, -s, -s) (franz.) Unterhaltungstheater. Varieteetheater (auch: Varietétheater).
va'ri'ie'ren (V.) (lat.) unterschiedlich sein; abweichen; abwandeln. Variation; Variationsbreite; Variationsmöglichkeit; Variationsrechnung; Varietät; variationsfähig.
va'ri'kös (Adj.) mit Varizen; krampfaderähnlich.
Va'ri'o'la (die, -, -lä/-len) (lat.) Pocken.
Va'rio'me'ter (das, -s, -) (lat.) Luftdruckmesser.
Va'ri'ty'per (der, -s, -) (engl.) Setzmaschine.

Va|ri|ze (die, -, -n) (lat.) Krampfader.
Va|ri|zel|len (die, nur Plural) (lat.) Windpocken.
va|sal (Adj.) (lat.) zu den Blutgefäßen.
Va|sall (der, -s, -en) (franz.) Unfreier; Gefolgsmann. Vasallenstaat; Vasallentum.
Va|sal|li|tät (die, -, kein Plural) Dienstverhältnis eines Vasallen zum Lehnsherrn im Mittelalter.
Va|se (die, -, -n) (franz.) Gefäß. Väschen; Vasenmalerei; vasenförmig.
Va|s|ek|to|mie (die, -, -n) (lat.-griech.) Sterilisation.
Va|se|lin (auch: die Va|se|li|ne) (das, -s, kein Plural) (Kunstw.) Salbe.
vas|ku|lär (Adj.) (lat.) zu einem (Blut-, Lymph-)Gefäß gehörig.
va|so|mo|to|risch (Adj.) die Gefäßnerven betreffend.
Vas|ta|ti|on (die, -, -ti|o|nen) (lat.) Verwüstung.
Va|ter (der, -s, Vä|ter) Mann, der ein Kind hat. Vaterbild; Väterchen; Vaterfigur; Vaterfreuden; Vaterhaus; Vaterland; Vaterlandsliebe; Vaterlandsverteidiger; Väterlichkeit; Vatermord; Vaterschaft; Vaterschaftsbestimmung; Vaterschaftsklage; Vaterstadt; Vatertag; Vaterunser; Vati. Adjektive: vaterländisch; vaterlandsliebend; väterlich; vaterlos; väterlicherseits.
Va|ti|kan (der, -s, kein Plural) Papstresidenz; päpstliche Regierung. Vatikanstaat; vatikanisch, aber: das Vatikanische Konzil.
Va|ti|ka|num (das, -s, kein Plural) allgemeines Konzil der katholischen Kirche, das im Vatikan stattfindet.
V-Aus|schnitt (der, -s, -e) V-artiger (auch: v-artiger) Ausschnitt (Pullover).
v. Chr. (Abk.) vor Christus.
v. d. (Abk.) vor der.
VDE (Abk.) Verband Deutscher Elektrotechniker. Das Gerät ist VDE-geprüft.
VDI (Abk.) Verein Deutscher Ingenieure.
VdK (Abk.) Verband der Kriegs- und Wehrdienstopfer, Behinderten und Sozialrentner.
VDS (Abk.) Vereinigte Deutsche Studentenschaften.
Ve|du|te (die, -, -n) (ital.) naturgetreues Bild von einer Stadt.
ve|ge|ta|bil (Adj.) = vegetabilisch.
Ve|ge|ta|bi|li|en (die, nur Plural) (lat.) essbare Pflanzen(teile).
ve|ge|ta|bi|lisch (Adj.) zu den Vegetabilien gehörig.
Ve|ge|ta|ri|er (der, -s, -) (lat.) jemand, der nur pflanzliche Nahrung zu sich nimmt. Vegetarismus; vegetarisch.
Ve|ge|ta|ti|on (die, -, -ti|o|nen) (lat.) Flora; Pflanzenwelt; Pflanzenwuchs. Vegetationsgebiet; Vegetationsperiode; Vegetationspunkt; vegetativ.
ve|ge|ta|tiv (Adj.) (lat.) 1. pflanzlich; 2. unbewusst (Nerven). Beachte: vegetatives Nervensystem. Vegetarier.
ve|ge|tie|ren (V.) (lat.) dahinsiechen.
ve|he|ment (Adj.) heftig. Vehemenz.
Ve|hi|kel (das, -s, -) (franz.) altes Fahrzeug.
Veil|chen (das, -s, -) Blume. Veilchenduft; Veilchenstrauß; veilchenblau.
Vek|tor (der, -s, -en) (lat.) mathematische Größe. Vektorrechnung; vektoriell.
Vek|tor|gra|fik (auch: Vek|tor|gra|phik) (die, -, -en) grafische (auch: graphische) Darstellung am PC durch Vektorberechnung.
Vek|tor|zeich|nung (die, -, -en) grafische (auch: graphische) Darstellung eines Vektors.
ve|lar (Adj.) (lat.) am Gaumensegel gebildet.
Ve|lar (der, -s, -e) (lat.) Gaumensegellaut (z. B. das »ch« in Docht).
Ve|lo (das, -s, -s) (franz.) Fahrrad (Schweiz).
ve|lo|ce (Adv.) (ital.) schnell (bei Musikstücken).
Ve|lo|drom (das, -s, -e) (lat.-griech.) Hallenradrennbahn mit höher gebauten Kurvenrändern.
Ve|lours (der/das, -, -) (franz.) samtartiger Stoff. Velourssleder; Veloursteppich.
Ve|lo|zi|ped (das, -s/-es, -e) (franz.) Fahrrad.
Ve|lum (das, -s, -la) (lat.) 1. Schultertuch beim Priester; Tuch zum Bedecken der Abendmahlsgeräte. 2. weicher Gaumen; Gaumensegel. 3. Stiel und Hut bedeckende Hülle (junger Blätterpilze).
Vel|vet (der/das, -s, -s) (engl.) Baumwollsamt.
Ven|det|ta (die, -, -ten) (ital.) sizilianische Blutrache.
Ve|ne (die, -, -n) (lat.) Blutader (zum Herzen führend). Venenentzündung; venerisch; venös.
ve|ne|ra|bel (Adj.) (franz.) ehrwürdig.
Ve|ne|zi|a|ner (der, -s, -) Einwohner von Venedig.
ve|ne|zi|a|nisch (Adj.) zu Venedig gehörig.
Ve|ne|zo|la|ner (der, -s, -) Einwohner Venezuelas; venezolanisch.
Ve|ne|zu|e|la (ohne Art., -s, kein Plural) Venezueler; venezuelisch.
Ven|til (das, -s, -e) (lat.) Verschluss; Luftklappe. Ventilgummi; Ventilkolben; Ventilspiel; Ventilsteuerung.
Ven|ti|la|tor (der, -s, -en) Lüfter. Ventilation; Ventilierung; ventilieren.
ven|t|ral (Adj.) (lat.) den Bauch betreffend.
Ven|t|ri|kel (der, -s, -) Herz-, Hirnkammer.
ven|t|ri|ku|lar (Adj.) (lat.) zum Ventrikel gehörig; kammerförmig.

Ven|t|ri|lo|quist (der, -en,-quis|ten) (lat.) Bauchredner.
Ve|nus (die, -, kein Plural) Planet. Venussonde.
Ve|nus|berg (der, -s, -e) weiblicher Schamhügel.
ver|aa|sen (V.) (ugs.) vergeuden.
ver|ab|re|den (V.) abmachen; vereinbaren. Verabredung; verabredetermaßen.
ver|ab|scheu|en (V.) verachten; sich ekeln. Verabscheuung; verabscheuungswürdig.
ver|ab|schie|den (V.) entlassen; Gesetz beschließen; sich trennen. Verabschiedung.
ver|ab|so|lu|tie|ren (V.) als allgemeingültig ansehen.
ver|ach|ten (V.) gering schätzen; ablehnen. Verachtung; Verächtlichmachung; verachtenswert; verächtlich.
ver|all|ge|mei|nern (V.) auf alles anwenden. Verallgemeinerung.
Ve|ran|da (die, -, -ran|den) (engl.) überdachte Terrasse. Verandadach; verandaartig.
ver|än|dern (V.) umwandeln; umgestalten. Veränderlichkeit; Veränderung; veränderlich; veränderbar.
ver|an|kern (V.) befestigen. Verankerung.
Ver|an|la|gung (die, -, -en) Begabung; Charaktereigenschaft. *Beachte:* künstlerisch veranlagt.
ver|an|las|sen (V.) anordnen; anregen. Veranlasser; Veranlassung.
ver|an|schla|gen (V.) berechnen; abschätzen. Veranschlagung.
ver|an|stal|ten (V.) durchführen; abhalten. Veranstalter; Veranstaltung; Veranstaltungskalender.
ver|ant|wor|ten (V.) haftbar sein; sich rechtfertigen. Verantwortlichkeit; Verantwortung; Verantwortungsbewusstsein; Verantwortungsgefühl; Verantwortungslosigkeit; verantwortlich; verantwortungsbewusst; verantwortungsfreudig; verantwortungslos; verantwortungsvoll.
ver|äp|peln (V.) (ugs.) verspotten.
ver|ar|bei|ten (V.) verwerten; sich geistig mit etwas beschäftigen. Verarbeitbarkeit; Verarbeitung; Verarbeitungsindustrie; verarbeitbar.
ver|arz|ten (V.) (ugs.) behandeln; bedienen. Verarztung.
ver|aus|ga|ben (V.) ausgeben; erschöpfen. Verausgabung.
ver|äu|ßern (V.) verkaufen. Veräußerung; veräußerlich.
Verb (*auch:* Ver|bum) (das, -s, -en) (lat.) Zeitwort (*auch:* Tuwort, Tunwort). Verbalinjurie; Verbalisierung; Verbalismus; Verbalist; Verbalnote; Verbalstil; Verbalsubstantiv; verbal; verbalistisch; verbalisieren.

Ver|bal|ad|jek|tiv (das, -s, -e) von einem Verb abgeleitetes Adjektiv, z. B. zahlbar; Verbform, die als Adjektiv verwendet wird, z. B. leuchtend (Partizip).
ver|ba|li|ter (Adv.) (lat.) wörtlich.
Ver|bal|kon|kor|danz (die, -, -en) Konkordanz mit einem alphabetischen Verzeichnis gleicher oder ähnlicher Wörter oder Textstellen.
Ver|bal|kon|trakt (der, -s, -e) Vertrag in mündlicher Form.
ver|ball|hor|nen (V.) entstellen. Verballhornung.
Ver|bal|no|te (die, -, -n) (lat.) mündlich zu übermittelnde, vertrauliche diplomatische Note.
Ver|bal|phra|se (die, -, -n) Wortgruppe, bestehend aus einem Verb und von ihm abhängigen Satzgliedern, z. B. kam schnell zu ihm (Sprachwissenschaft).
Ver|band (der, -s, -bän|de) 1. Binde; 2. Verbindung; Verein. Verbandskasse; Verband(s)kasten; Verbandsleiter; Verband(s)material; Verband(s)stoff; Verbandsvorsitzende; Verbandsvorstand; Verband(s)watte; Verband(s)zeug.
ver|ban|nen (V.) ausstoßen; ächten. Verbannung.
ver|bar|ri|ka|die|ren (V.) versperren; sich schützen. Verbarrikadierung.
ver|bei|ßen (V., verbiss, hat verbissen) unterdrücken; sich festbeißen; sich verrennen. Verbiss; Verbissenheit; verbissen.
ver|ber|gen (V., verbarg, hat verborgen) ich verberge, du verbirgst) verstecken. Verbergung.
ver|bes|sern (V.) korrigieren; ausbessern; besser werden. Verbesserung (*auch:* Verbessrung); Verbesserungsvorschlag.
ver|beu|gen (V.) sich verneigen. Verbeugung.
ver|bies|tert (Adj.) (ugs.) verärgert.
ver|bie|ten (V., verbot, hat verboten) nicht erlauben. Verbot.
ver|bin|den (V., verband, hat verbunden) verknüpfen; zusammenbringen; sich zusammentun; Verband anlegen. Verbindung; Verbindungslinie; Verbindungsmann (Abk.: V-Mann); Verbindungsstück; Verbindungsstudent; Verbindungstür.
ver|bind|lich (Adj.) liebenswürdig; verpflichtend. Verbindlichkeit; Verbindlichkeitserklärung.
ver|bis|sen (Adj.) hartnäckig; grimmig. Verbissenheit.
ver|bit|ten (V., refl., verbot sich, hat sich verbeten) zurückweisen; untersagen.
ver|blas|sen (V., ist) ausbleichen; nachlassen. Adjektiv: verblasst.

ver|blei|ben (V., verblieb, ist verblieben) bleiben; sich einigen. Verbleib; Verbleiben.
ver|bleit (Adj.) mit Blei; plombiert. Verbleiung.
ver|blüf|fen (V.) überraschen; erstaunen. Verblüfftheit; Verblüffung; verblüffend.
ver|blümt (Adj.) versteckt; angedeutet.
ver|bo|cken (V.) (ugs.) verderben; etwas falsch machen.
ver|bohrt (Adj.) (ugs.) stur; hartnäckig. Verbohrtheit.
ver|bor|gen (Adj.) versteckt. *Beachte:* im Verborgenen (unbemerkt) blühen, ins Verborgene sehen; im Verborgenen leben. Verborgenheit.
Ver|bot (das, -s, -e) Untersagung; Vorschrift. Verbotsschild; Verbotstafel; verbotenerweise; verbotswidrig.
ver|bra|ten (V., verbriet, hat verbraten) (ugs.) verschwenden.
ver|brau|chen (V.) verwenden; ausgeben; benötigen. Verbrauch; Verbraucher; Verbrauchergenossenschaft (Konsumgenossenschaft); Verbraucherverband; Verbrauchsplanung; Verbrauch(s)steuer.
Ver|bre|chen (das, -s, -) Straftat; Vergehen. Verbrechensbekämpfung; Verbrecher/in; Verbrecherkartei; Verbrechertum; verbrecherisch; verbrechen.
ver|brei|ten (V.) sich ausdehnen; verstreuen. Verbreitung; Verbreitungsgebiet.
ver|brie|fen (V.) urkundlich zusichern. *Beachte:* verbrieftes Recht.
ver|brin|gen (V., verbrachte, hat verbracht) verleben.
ver|brü|hen (V.) verbrennen. Verbrühung.
ver|bud|deln (V.) (ugs.) vergraben.
Ver|bum (das, -s, -ba/-ben) → Verb.
ver|bum|meln (V.) (ugs.) vergeuden; vergessen.
Ver|bund (der, -s/-es, -e) Verbindung. Verbundenheit; Verbundglas; Verbundkarte; Verbundnetz; Verbundsystem; Verbundwirtschaft.
ver|bün|den (V., refl.) sich vereinigen. Verbündete.
ver|bür|gen (V., refl.) garantieren; haften. Verbürgung.
ver|chro|men (V.) mit Chrom überziehen. Verchromung.
ver|däch|ti|gen (V.) beschuldigen. Verdacht; Verdächtige; Verdächtigte; Verdächtigung; Verdachtsmoment; verdächtig.
ver|dam|men (V.) verurteilen; verfluchen. Verdammnis; Verdammung; verdammenswert.
ver|damp|fen (V.) zu Dampf werden. Verdampfung.

ver|dat|tert (Adj.) (ugs.) verwirrt.
Ver|dau|ung (die, -, kein Plural) Nahrungsverarbeitung; Stuhlgang. Verdauungsapparat; Verdauungsspaziergang; Verdauungsstörung; Verdauungstrakt; verdaulich. ein leicht verdauliches/schwer verdauliches (*auch:* leicht-/schwerverdauliches) Essen.
ver|de|cken (V.) bedecken; verbergen. Verdeck; verdeckterweise.
ver|den|ken (V.) (wird nicht gebeugt; meist mit »können« verbunden) verübeln. *Beachte:* Das kann ich ihm nicht verdenken.
ver|der|ben (V., verdarb, hat/ist verdorben; ich verderbe, du verdirbst, er verdirbt) schlecht werden, machen; zerstören. *Beachte:* Mit ihm habe ich es mir verdorben. Verderben; Verderblichkeit; Verderbnis; verderblich; Verderben bringend (*auch:* verderbenbringend).
ver|die|nen (V.) Geld bekommen; beanspruchen. Verdiener; (der/das!) Verdienst; Verdienstausfall; Verdienstbescheinigung; Verdienstorden; verdienstvoll; verdient; verdientermaßen; verdienterweise.
Ver|dikt (das, -s/-es, -e) Urteil.
ver|don|nern (V.) (ugs.) verurteilen.
ver|dor|ben (Adj.) faul; unanständig. Vordorbenheit.
ver|drän|gen (V.) wegschieben; unterdrücken. Verdrängung; Verdrängungsprozess; Verdrängungstheorie.
ver|dre|cken (V.) (ugs.) verschmutzen.
ver|dre|hen (V.) überdrehen; falsch darstellen; verwirrt machen. *Beachte:* Sie hat ihm den Kopf verdreht; ein verdrehter Mensch. Verdreher; Verdrehtheit; Verdrehung; verdreht.
ver|dre|schen (V., verdrosch, hat verdroschen) (ugs.) verprügeln.
ver|drie|ßen (V., verdross, hat verdrossen) ärgern; trüben. Verdrießlichkeit; Verdrossenheit; Verdruss; verdrießlich; verdrossen; verdrussreich.
ver|drü|cken (V.) (ugs.) 1. essen. 2. verschwinden.
ver|duf|ten (V.) (ugs.) sich davonmachen; verschwinden.
ver|dun|keln (V.) abdunkeln; verschleiern. Verdunk(e)lung; Verdunk(e)lungsgefahr.
ver|dün|ni|sie|ren (V., refl.) (ugs.) verschwinden.
ver|düs|tern (V., refl.) verdunkeln.
ver|dutzt (Adj.) (ugs.) erstaunt; verwirrt.
ver|eb|ben (V.) abflachen; nachlassen.
ver|edeln (V.) vervollkommnen; verbessern. Vered(e)lung; Vered(e)lungsverfahren.
ver|ehe|li|chen (V., refl.) heiraten. Verehelichung.

ver|eh|ren (V.) bewundern; lieben. Verehrer/in; Verehrung; verehrungswürdig; verehrungsvoll.
Ver|ein (der, -s, -e) Verband. *Beachte:* eingetragener (*auch:* Eingetragener) Verein (Abk.: e.V.; E.V.); im Verein mit (zusammen mit). Vereinself; Vereinshaus; Vereinslokal; Vereinsmeierei; Vereinswechsel; vereint; mit vereinten Kräften, *aber:* die Vereinten Nationen (UN); vereinen.
ver|ein|ba|ren (V.) abmachen. Vereinbarung; vereinbar; vereinbartermaßen; vereinbarungsgemäß.
ver|ein|heit|li|chen (V.) gleichmachen. Vereinheitlichung.
ver|ei|ni|gen (V.) verbinden; sich zusammentun. Vereinigung; vereinigt; vereinigte Gruppen, *aber:* die Vereinigten Staaten (United States); Vereinigte Arabische Emirate (Abk.: VAR).
Ver|ei|ni|gungs|kri|mi|na|li|tät (die, -, kein Plural) Verbrechen im Zusammenhang mit der Vereinigung der beiden deutschen Staaten seit 1989.
ver|ein|nah|men (V.) einnehmen; in Besitz nehmen. Vereinnahmung.
ver|ein|zelt (Adj.) selten; einzeln. Vereinzelung; vereinzeln.
ver|ei|teln (V.) verhindern; zerstören. Vereit(e)lung.
ver|elen|den (V., ist) verarmen. Verelendung; Verelendungstheorie.
ver|en|den (V., ist) sterben (Tiere). Verendung.
ver|er|ben (V.) eine Erbschaft hinterlassen; Erbanlagen weitergeben; (ugs.) schenken. Vererbung; Vererbungslehre (Genetik); vererbbar; vererblich.
ver|fah|ren (V., verfuhr, hat/ist verfahren) verbrauchen; sich verirren; vorgehen. Verfahren; Verfahrensregel; Verfahrenstechnik; verfahrensrechtlich.
ver|fal|len (V., verfiel, ist verfallen) zugrunde gehen, kaputtgehen; schwach werden; abhängig werden; geraten. Verfall; Verfallsdatum; Verfallserscheinung.
ver|fäng|lich (Adj.) gefährlich; peinlich. Verfänglichkeit; verfangen.
ver|fas|sen (V.) schreiben; abfassen. Verfasser; Verfasserschaft.
Ver|fas|sung (die, -, -en) Grundgesetz; Zustand. Verfassungsänderung; Verfassungsbeschwerde; Verfassungsgericht; Verfassungsorgan; Verfassungsschutz; Verfassungsurkunde; verfassungsgebend; verfassungsfeindlich; verfassungsgemäß; verfassungstreu; verfassungswidrig.

ver|fas|sungs|kon|form (Adj.) mit der Verfassung übereinstimmend.
ver|fech|ten (V., verfocht, hat verfochten; ich verfechte, du verfichst) verteidigen. Verfechter; Verfechtung.
ver|feh|len (V.) nicht treffen; verstoßen. Verfehlung; verfehlt (fehl am Platze).
ver|fe|men (V.) ächten. Verfemung.
ver|flie|gen (V., verflog, hat sich/ist verflogen) falsch fliegen; verschwinden.
ver|flixt (Adj.) (ugs.) verdammt; schwierig. *Beachte:* verflixt noch mal (*auch:* nochmal)! verflixt und zugenäht!
ver|fol|gen (V.) nachjagen; nachstellen; beobachten; zu erreichen suchen; bedrängen. Verfolger/in; Verfolgte; Verfolgungsjagd; Verfolgungswahn.
ver|frach|ten (V.) verladen; (ugs.) bringen. Verfrachtung.
ver|fran|zen (V., refl.) sich verirren.
ver|frem|den (V.) verändern; entstellen. Verfremdung; Verfremdungseffekt.
ver|fres|sen (Adj.) (ugs.) gefräßig. Verfressenheit.
ver|früht (Adj.) zu früh. Verfrühung; verfrühen.
ver|fü|gen (V.) veranlassen; besitzen. Verfügbarkeit; Verfügung; *beachte:* Er musste die Unterlagen zur Verfügung und bereithalten, *aber:* die Unterlagen bereit- und zur Verfügung halten; Verfügungsrecht; Verfügungsgewalt; verfügbar.
ver|füh|ren (V.) betören; umgarnen; verleiten. Verführer; Verführung; Verführungskunst; verführerisch.
ver|gack|ei|ern (V.) (ugs.) narren.
ver|gäl|len (V.) verdrießen. Vergällung.
ver|gam|meln (V., ist) (ugs.) schlecht werden; verlottern.
Ver|gan|gen|heit (die, -, -en) Geschehenes; Verbform (Präteritum; Perfekt; Plusquamperfekt). Vergangenheitsbewältigung.
ver|gäng|lich (Adj.) sterblich; hinfällig. Vergänglichkeit.
Ver|ga|ser (der, -s, -) Motorteil. Vergasereinstellung.
ver|ge|ben (V., vergab, hat vergeben) austeilen; verzeihen; auslassen; sich schaden. Vergebung.
ver|geb|lich (Adj.) erfolglos. Vergeblichkeit; vergebens.
ver|ge|gen|wär|ti|gen (V.) sich vorstellen. Vergegenwärtigung.
ver|ge|hen (V., verging, ist vergangen) vorbeigehen; aufhören; verstoßen; vergewaltigen. Vergehen.

ver|gel|ten (V., vergalt, hat vergolten) lohnen; vergüten; sich rächen. *Beachte:* vergelt's Gott! Vergeltung; Vergeltungsmaßnahme; Vergeltungsschlag.
ver|ges|sen (V., vergaß, hat vergessen; ich vergesse, du vergisst) nicht mehr wissen; liegen lassen; (refl.) die Kontrolle über sich verlieren. *Beachte:* Ich hatte über dem Buch die Zeit vergessen. Vergessenheit; Vergesslichkeit; vergesslich.
ver|geu|den (V.) verschwenden. Vergeudung; vergeuderisch.
ver|ge|wal|ti|gen (V.) sexuell missbrauchen. Vergewaltigung.
ver|ge|wis|sern (V., refl.) sich überzeugen. Vergewisserung.
ver|gil|ben (V.) gelb werden.
Ver|giss|mein|nicht (das, -s/-es, -/-e) Blume.
ver|glei|chen (V., verglich, hat verglichen) gegenüberstellen; sich messen; sich einigen. Vergleichbarkeit; Vergleichsmöglichkeit; Vergleichsobjekt; Vergleichsverfahren; Vergleichung; vergleichbar; vergleichsweise; vergleiche! (Abk.: vgl.).
ver|gnü|gen (V., refl.) sich amüsieren. Vergnügen; Vergnügungspark; Vergnügungssteuer; Vergnügungen; Vergnügungssucht; vergnüglich; vergnügt; vergnügungssüchtig; vergnügungshalber.
ver|gön|nen (V.) gönnen; erlauben.
ver|göt|tern (V.) anbeten; verehren. Vergötterung.
ver|grämt (Adj.) kummervoll. Verb: vergrämen (verärgern).
ver|grau|len (V.) (ugs.) verärgern; vertreiben.
ver|grei|fen (V., refl., vergriff sich, hat sich vergriffen) danebengreifen. *Beachte:* sich an jemandem/etwas vergreifen (misshandeln, stehlen).
ver|grif|fen (Adj.) nicht mehr lieferbar.
ver|grö|ßern (V.) größer machen. Vergrößerer; Vergrößerung; Vergrößerungsapparat; Vergrößerungsglas.
ver|gü|ten (V.) bezahlen; entlohnen.
Ver|gü|tung (die, -, -en) das Vergüten.
verh. (Abk.) verheiratet.
ver|haf|ten (V.) festnehmen. Verhaftete; Verhaftung; Verhaftungswelle.
ver|haf|tet (Adj.) festgenommen; verbunden mit.
ver|hal|ten 1. (V., verhielt, hat verhalten) zurückhalten; sich benehmen. Verhalten, Verhaltensforschung; Verhaltensmaßregel; Verhaltensmuster; Verhaltensstörung; verhaltensgestört. 2. (Adj.) unterdrückt. Verhaltenheit.

Ver|hält|nis (das, -ses, -se) Beziehung; (ugs.) Liebesverhältnis; (Plural) Zustände, Umstände. Verhältnisgleichung; Verhältnismäßigkeit; Verhältniswahl; Verhältniswahlrecht; Verhältniswort (Präposition); verhältnismäßig.
ver|han|deln (V.) beraten; feilschen. Verhandlung; Verhandlungsbasis; Verhandlungsbereitschaft; Verhandlungspartner; Verhandlungstisch; verhandlungsbereit; verhandlungsfähig; verhandlungswillig.
ver|han|gen (Adj.) verschleiert; bedeckt.
Ver|häng|nis (das, -ses, -se) Unglück. Adjektiv: verhängnisvoll.
ver|härmt (Adj.) kummervoll.
ver|has|peln (V., refl.) beim Sprechen stecken bleiben. Verhaspelung.
ver|hät|scheln (V.) (ugs.) verwöhnen; verzärteln. Verhätsch(e)lung.
Ver|hau (der, -s, -e) Geflecht; Durcheinander. Drahtverhau.
ver|hau|en (V.) (ugs.) prügeln; sich verirren.
ver|hed|dern (V.) verhaspeln; sich verfangen.
ver|hee|rend (Adj.) furchtbar. Verheerung. verheeren (verwüsten).
ver|heh|len (V.) verbergen. Adjektiv: verhohlen.
ver|hei|ra|tet (Adj.) verehelicht (Abk.: verh.). Verheiratung; Verheiratete.
ver|hei|ßen (V., verhieß, hat verheißen) versprechen; voraussagen. Verheißung; verheißungsvoll.
ver|herr|li|chen (V.) verehren; preisen. Verherrlichung.
ver|heult (Adj.) (ugs.) verweint.
ver|hin|dern (V.) abhalten; vereiteln. *Beachte:* Sie verhinderte, dass er noch mehr vergammelte *(falsch: ..., dass er nicht noch mehr vergammelte)*. Verhinderung; im Verhinderungsfall.
ver|hoh|len (Adj.) versteckt. Verb: verhehlen.
ver|höh|nen (V.) verspotten. Verhöhnung.
ver|hoh|ne|pi|peln (V.) (ugs.) verspotten.
Ver|hör (das, -s, -e) Vernehmung; Befragung. Verb: verhören.
ver|hun|gern (V.) vor Hunger sterben.
ver|hun|zen (V.) (ugs.) verderben. Verhunzung.
ver|hü|ten (V.) abwehren; verhindern; sich vor Schwangerschaft schützen. *Beachte:* Er verhütete noch rechtzeitig, dass ein Fehler gemacht wurde *(falsch: ..., dass kein Fehler gemacht wurde)*. Verhütung; Verhütungsmittel; Verhüterli.
ver|hut|zelt (Adj.) runzelig, runzlig; zusammengeschrumpft.

ve|ri|fi|zie|ren (V.) (lat.) die Richtigkeit nachprüfen. Verifikation; Verifizierung; Verifizierbarkeit; verifizierbar.
ver|ir|ren (V., refl.) fehlgehen; irregehen. Verirrung.
Ve|ris|mus (der, -, kein Plural) (ital.-nlat.) die Wirklichkeit deutlich, schonungslos darstellende Kunstrichtung (in der italienischen Literatur, Malerei, Musik u. a.).
Ve|rist (der, -en, -ris|ten) Verismuskünstler.
ve|ris|tisch (Adj.) zum Verismus gehörig.
ve|ri|ta|bel (Adj.) (franz.) wahrhaft.
ver|jäh|ren (V., ist) ungültig werden. Verjährung; Verjährungsfrist.
ver|ju|beln (V.) verschwenden.
ver|jün|gen (V.) jünger machen; dünner werden. Verjüngung; Verjüngungskur.
ver|ka|beln (V.) an das Kabelnetz anschließen. Verkabelung.
ver|kal|ken (V.) Kalk ansetzen; altersbedingt geistig schwächer werden. Verkalkung; Verkalkungsanzeichen.
ver|kal|ku|lie|ren (V., refl.) sich verrechnen.
ver|kannt (Adj.) ungewürdigt. Verb: verkennen.
ver|kappt (Adj.) geheim; versteckt. Verb: verkappen.
ver|ka|tert (Adj.) (ugs.) sich übel fühlend (nach Alkoholgenuss).
ver|kau|fen (V.) Handel treiben; feilbieten. Verkauf; Verkäufer/in; Verkäuflichkeit; Verkaufsbedingung; Verkaufsleiter; Verkaufspreis; Verkaufsschlager; Verkaufsstand; verkäuflich; verkaufsfördernd; verkaufsoffen.
Ver|kehr (der, -s, -e) 1. Bewegung; Beförderung; Umgang; Korrespondenz; 2. (Kurzw.) Geschlechtsverkehr. *Beachte:* im Verkehr sein mit, *aber:* in Verkehr mit einer anderen Firma treten. Verkehrsampel; Verkehrsaufkommen; Verkehrsberuhigung; Verkehrsbetriebe; Verkehrschaos; Verkehrsdichte; Verkehrserziehung; Verkehrsinsel; Verkehrsknotenpunkt; Verkehrsmeldung; Verkehrsmittel; Verkehrsplanung; Verkehrspolizei; Verkehrsregelung; Verkehrssicherheit; Verkehrsstärke; Verkehrsstau; Verkehrsstockung; Verkehrssünder; Verkehrsteilnehmer; Verkehrstote; Verkehrsunfall; Verkehrsverein; Verkehrszeichen. Adjektive: verkehrsberuhigt; verkehrsfrei; verkehrsreich; verkehrssicher; verkehrswidrig. Verb: verkehren.
ver|kehrs|güns|tig (Adj.) gut erreichbar; zentral. verkehrsgünstig gelegen.
ver|keh|ren (V.) verdrehen; umdrehen; Umgang, Geschlechtsverkehr haben. Verkehrtheit; Verkehrung; verkehrt.

ver|ken|nen (V., verkannte, hat verkannt). falsch einschätzen. Verkennung; verkannt.
ver|kla|gen (V.) anklagen.
ver|klap|pen (V.) ins Meer ablassen. Verklappung; Säureverklappung.
ver|klä|ren (V.) vergöttern; sich erhellen. Verklärung.
ver|klau|su|lie|ren (V.) Bedingungen machen; verzwickt formulieren. Verklausulierung.
ver|klei|den (V.) abdecken; sich maskieren. Verkleidung; Verkleidungskünstler.
ver|klei|nern (V.) kleiner machen, werden; schmälern. Verkleinerung; Verkleinerungsform; Verkleinerungssilbe (z.B. -chen, -lein).
ver|kli|ckern (V.) (ugs.) erklären.
ver|klin|gen (V., verklang, ist verklungen) leiser werden.
ver|klop|pen (V.) (ugs.) verprügeln.
ver|kna|cken (V.) (jidd.) (ugs.) verurteilen.
ver|knal|len (V., refl.) (ugs.) sich verlieben.
ver|knaut|schen (V.) (ugs.) zerknittern.
ver|knei|fen (V., verkniff, hat verkniffen) (ugs.) zurückhalten; verzichten.
ver|knif|fen (Adj.) verbittert. Verkniffenheit.
ver|knüp|fen (V.) verbinden; zusammenknoten. Verknüpfung.
ver|koh|len (V.) (jidd.) (ugs.) narren; belügen.
ver|kom|men (V., verkam, ist verkommen) verlottern; verderben. Verkommenheit.
ver|kop|peln (V.) verbinden; koppeln. Verkopp(e)lung.
ver|kork|sen (V.) (ugs.) verderben.
ver|kör|pern (V.) darstellen; repräsentieren. Verkörperung.
ver|kra|chen (V.) (ugs.) scheitern; sich streiten. Er ist eine verkrachte Existenz.
ver|kraf|ten (V.) ertragen; bewältigen.
ver|kramp|fen (V., refl.) sich zusammenziehen; unsicher, gehemmt werden. Verkrampfung.
ver|krie|chen (V., refl., verkroch sich, hat sich verkrochen) sich verstecken.
ver|krü|meln (V., refl.) (ugs.) verschwinden.
ver|krus|ten (V., ist) hart werden; eine Kruste ansetzen.
ver|küh|len (V., refl.) sich erkälten. Verkühlung.
ver|kün|den (V.) bekannt geben. Verkünder; Verkündung; Verkündigung; verkündigen.
ver|kup|peln (V.) verbinden; verheiraten. Verkupp(e)lung.
ver|la|den (V., verlud, hat verladen) verfrachten. Verladebahnhof; Verladekran; Verladeplatz; Verladerampe.
Ver|lag (der, -s, -e) Unternehmen, das Manuskripte und Werke (Literatur, Kunst, Musik) publiziert. Verlagsanstalt; Verlagsbuchhand-

verlagern   566   vernetzen

lung; Verlagsprogramm; Verlagsrecht; Verlagswesen; Verleger; verlegerisch; verlegen.
ver'la'gern (V.) umverteilen. Verlagerung.
ver'lan'gen (V.) fordern; wünschen. *Beachte:* Wird »verlangen« näher bestimmt, dann steht vor dem erweiterten Infinitiv mit »zu« ein Komma! Er verlangte danach, sich seinen Verteidiger selbst zu suchen. *Aber:* Er verlangte(,) sich seinen Verteidiger selbst zu suchen. Verlangen.
ver'las'sen 1. (V., verließ, hat verlassen) weggehen; hoffen; vertrauen. *Beachte:* Auf sie ist kein Verlass. Verlässlichkeit; verlässlich; zuverlässig. 2. (Adj.) einsam; leer. *Beachte:* Du bist wohl von allen guten Geistern verlassen! Verlassenheit.
Ver'laub (der) (nur in der Wendung) mit Verlaub (wenn es erlaubt ist).
ver'lau'fen (V., verlief, hat sich/ist verlaufen) sich verirren; vergehen; ablaufen; sich entwickeln. *Beachte:* Die Untersuchungen sind im Sande (ergebnislos) verlaufen; im Verlauf des Jahres. Verlaufsform.
ver'laut'ba'ren (V.) bekannt machen. Verlautbarung.
ver'lau'ten (V.) mitteilen; sagen; bekannt werden.
ver'le'ben (V.) verbringen.
ver'lebt (Adj.) verbraucht.
ver'le'gen 1. (V.) veröffentlichen; an einen falschen Platz legen; verschieben. Verlegung; Verleger. 2. (Adj.) beschämt; schüchtern. Verlegenheit; Verlegenheitslösung.
ver'lei'den (V.) verdrießen.
ver'lei'hen (V., verlieh, hat verliehen) ausleihen; vergeben. Verleih; Verleiher; Verleihung.
ver'lei'ten (V.) verführen. Verleitung.
ver'let'zen (V.) verwunden; kränken. Verletzbarkeit; Verletzlichkeit; Verletzte; Verletzung; Verletzungsgefahr; verletzbar; verletzend; verletzlich; verletzt.
ver'leum'den (V.) schmähen; in Verruf bringen. Verleumder; Verleumdung; verleumderisch.
ver'lie'ren (V., verlor, hat verloren) unterlegen sein; abhandenkommen; verschwinden; sich hingeben. Verlierer/-in; Verlorenheit; Verlust; verloren; den Kampf verloren geben (*auch:* verlorengeben); es ist viel Kraft verloren gegangen (*auch:* verlorengegangen).
ver'lot'tern (V.) (ugs.) verwahrlosen.
Ver'lust (der, -s, -lus'te) Verlieren; Schaden. Verlustbetrieb; Verlustgeschäft; Verlustmeldung; verlustreich.
verm. (Abk.) vermählt.
ver'ma'chen (V.) vererben. Vermächtnis.

ver'mäh'len (V.) verheiraten; ehelichen. Vermählte; Vermählung; Vermählungsfeier; vermählt (Abk.: verm.).
ver'ma'le'dei'en (V.) verfluchen. Vermaledeiung.
ver'man'schen (V.) (ugs.) vermischen.
ver'mark'ten (V.) verkaufen; Werbung machen. Vermarktung.
ver'mas'seln (V.) (jidd.) (ugs.) verderben.
ver'meh'ren (V.) vergrößern; sich fortpflanzen. Vermehrung.
ver'mei'den (V., vermied, hat vermieden) umgehen; sich fernhalten. Vermeidung; vermeidbar; vermeidlich.
Ver'meil (das, -s, kein Plural) (franz.) leicht vergoldetes Silber.
ver'meint'lich (Adj.) irrtümlich; fälschlich.
Ver'merk (der, -s, -e) Anmerkung; Notiz. Verb: vermerken.
ver'mes'sen 1. (V., vermaß, hat vermessen) ausmessen; sich anmaßen. Vermessung; Vermessungsingenieur (Abk.: Verm.-Ing.); Vermessungsurkunde. 2. (Adj.) übermütig; verwegen. Vermessenheit.
ver'mie'sen (V.) (jidd.) (ugs.) verleiden.
ver'mie'ten (V.) gegen Geld überlassen. Vermieter/in; Vermietung.
ver'mi'nen (V.) Minen legen. Verminung.
Verm.-Ing. (Abk.) Vermessungsingenieur.
ver'mis'sen (V.) entbehren; ermangeln; fehlen. Vermisste; Vermisstenanzeige.
ver'mit'teln (V.) schlichten; beschaffen. Vermittler; Vermittlerrolle; Vermittlung; Vermittlungsgebühr; Vermittlungsversuch.
ver'mö'gen (V., vermochte, hat vermocht; ich vermag) können; erreichen. Vermögen.
ver'mö'gend (Adj.) reich; wohlhabend. Vermögen; Vermögensberater; Vermögensbildung; Vermögenssteuer; Vermögensversicherung; Vermögenszuwachs; vermögenslos; vermögenswirksam.
ver'mum'men (V.) bedecken; einhüllen. Vermummung; Vermummungsverbot.
ver'murk'sen (V.) (ugs.) verderben.
ver'mu'ten (V.) annehmen; meinen. Vermutung; vermutlich.
ver'nach'läs'si'gen (V.) sich nicht kümmern; missachten. Vernachlässigung; vernachlässigbar; vernachlässigt.
ver'nar'ren (V., rcfl.) sich stark verlieben. Vernarrtheit; vernarrt.
ver'neh'men (V., vernahm, hat vernommen) hören; verhören. Vernehmung; dem Vernehmen nach; vernehmbar; vernehmungsfähig; vernehmlich.
ver'net'zen (V.) untereinander verbinden.

Ver'net'zung (die, -, kein Plural) das Vernetzen.
ver'nich'ten (V.) zerstören. Vernichtung; Vernichtungswut; vernichtend.
ver'nied'li'chen (V.) verkleinern; gering schätzen. Verniedlichung.
Ver'nis'sa'ge (die, -, -n) (franz.) Ausstellungseröffnung.
Ver'nunft (die, -, kein Plural) Verstand; Einsicht; Klugheit. Vernunftehe; Vernunftglaube(n); Vernünftigkeit; Vernunftlösung; Vernunftmensch; vernunftbegabt; vernunftgemäß; vernünftig; vernunftwidrig; vernünftigerweise.
ver'öden (V., ist) leer, einsam werden; beseitigen (Medizin). Verödung.
ver'öf'fent'li'chen (V.) bekannt machen. Veröffentlichung.
ver'ord'nen (V.) anordnen; befehlen. Verordnung.
ver'pach'ten (V.) vermieten. Verpachtung; Verpächter.
ver'pa'cken (V.) einpacken. Verpackung; Verpackungsmaterial.
Ver'pa'ckungs'de'sign (das, -s, -s) Verpackungsgestaltung.
Ver'pa'ckungs'müll (der, -s, kein Plural) Müll.
Ver'pa'ckungs'ord'nung (die, -, -en) Verordnung.
Ver'pa'ckungs'tech'nik (die, -, -en) Verpackungsverfahren.
ver'päp'peln (V.) (ugs.) verweichlichen.
ver'pas'sen (V.) versäumen. *Beachte:* Er hat mir eine verpasst (ugs.: mich geschlagen).
ver'pat'zen (V.) (ugs.) verderben.
ver'pen'nen (V.) (ugs.) verschlafen.
ver'pet'zen (V.) (ugs.) verraten.
ver'pfei'fen (V., verpfiff, hat verpfiffen) (ugs.) verraten.
ver'pfle'gen (V.) versorgen; ernähren. Verpflegung; Verpflegungszusatz.
ver'pflich'ten (V.) in Dienst nehmen; versprechen. Verpflichtung; verpflichtet.
ver'pfu'schen (V.) (ugs.) verderben.
ver'plap'pern (V., refl.) (ugs.) verraten.
ver'plem'pern (V.) (ugs.) vergeuden.
ver'pönt (Adj.) verboten; ungern gesehen.
ver'pras'sen (V.) verschwenden.
ver'prü'geln (V.) schlagen.
ver'puf'fen (V.) explodieren; keine Wirkung zeigen. Verpuffung.
Ver'putz (der, -es, -e) Mauerputz. Verb: verputzen.
ver'quer (Adj.) falsch; schief. *Beachte:* Die Sache ging verquer (misslang).

ver'quir'len (V.) verrühren.
ver'ram'meln (V.) versperren; abriegeln. Verramm(e)lung.
ver'ram'schen (V.) (ugs.) verschleudern; billig verkaufen.
ver'ra'ten (V., verriet, hat verraten) preisgeben. Verrat; Verräter/in; verräterisch.
ver'ratzt (Adj.) (ugs.) verloren.
ver'rech'nen (V.) anrechnen; falsch rechnen; sich irren. Verrechnung; Verrechnungseinheit; Verrechnungsscheck.
ver'rei'sen (V.) auf eine Reise gehen.
ver'ren'ken (V.) verbiegen; verdrehen. Verrenkung.
ver'ren'nen (V., refl.) (ugs.) sich in etwas verrennen; stur an etwas festhalten.
ver'rich'ten (V.) besorgen; erledigen. Verrichtung.
ver'rie'geln (V.) absperren. Verrieg(e)lung.
ver'rin'gern (V.) verkleinern; abnehmen. Verringerung.
ver'ros'ten (V.) Rost ansetzen.
ver'rot'ten (V., ist) verderben. Verrottung.
ver'rucht (Adj.) verdorben; schändlich. Verruchtheit.
ver'rückt (Adj.) geisteskrank; ausgefallen. Das war das Verrückteste, was ich je erlebt habe. das Verrückteste (am verrücktesten) wäre, wenn ...; Verrückte; Verrücktheit; Verrücktwerden.
ver'ru'fen (Adj.) berüchtigt. *Beachte:* jemanden in Verruf bringen.
Vers (der, -es, -e) (lat.) Gedichtzeile, -strophe (Abk.: V.). Versanfang; Versart; Versform; Versfuß; Verskunst; Verslehre; Versmaß; Verswissenschaft (Metrik).
ver'sa'cken (V.) (ugs.) liederlich leben.
ver'sa'gen (V.) nicht erlauben; scheitern. Versager; Versagung.
Ver'sal (der, -s, -li'en) (lat.) Großbuchstabe.
Ver'samm'lung (die, -, -en) Treffen; Beratung; Zusammenkunft. Versammlungsfreiheit; Versammlungslokal; versammeln.
Ver'sand (der, -s/-es, kein Plural) Versendung. Versandabteilung; Versandbuchhandlung; Versandgeschäft; Versandhandel; Versandhaus; Versandhauskatalog; versandbereit; versandfertig; versandt; versenden.
ver'säu'men (V.) verpassen; unterlassen. Versäumnis; Versäumnisurteil.
ver'scha'chern (V.) (ugs.) verkaufen.
ver'schalen (V.) mit Brettern verkleiden. Verschalung.
ver'schan'deln (V.) (ugs.) verunstalten. Verschand(e)lung.

verscharren 568 versichern

ver|schar|ren (V.) vergraben.
ver|schau|keln (V.) (ugs.) betrügen.
ver|scher|beln (V.) (ugs.) verkaufen.
ver|scher|zen (V., refl.) verlieren.
ver|schie|ben (V., verschob, hat verschoben) verstellen; verlegen. Verschiebebahnhof; Verschiebung; verschiebbar.
ver|schie|den (Adj.) 1. gestorben; 2. andersartig; unterschiedlich. Ich habe Verschiedenes noch nicht verstanden. Verschiedenes (Dinge verschiedener Art) und Gleiches; etwas/nichts Verschiedenes. Verschiedenartigkeit; Verschiedenheit; verschiedenartig; verschiedene Mal/ Male; verschiedenfarbig; verschiedenerlei.
ver|schie|dent|lich (Adv.) öfters; mehrmals.
ver|schla|fen 1. (Adj.) schläfrig. Verschlafenheit. 2. (V., verschlief, hat verschlafen) zu lange schlafen.
ver|schla|gen 1. (Adj.) listig; heimtückisch. Verschlagenheit. 2. (V., verschlug, hat verschlagen) mit Brettern abschließen; falsch schlagen (Ball); verprügeln; rauben. *Beachte:* Angesichts dieser Frechheit verschlug es mir die Stimme. Verschlag.
ver|schlei|ern (V.) verbergen. Verschleierung; Verschleierungstaktik.
ver|schlei|ßen (V., verschliss, hat verschlissen) abnutzen; verbrauchen. Verschleiß; Verschleißerscheinung; Verschleißteil.
ver|schlep|pen (V.) rauben; verzögern; weiterverbreiten. Verschleppung; Verschleppungstaktik.
ver|schlie|ßen (V., verschloss, hat verschlossen) absperren; unzugänglich sein. Verschließung; Verschluss; Verschlusskappe; Verschlusslaut; Verschlussschraube (*auch:* Verschluss-Schraube); verschließbar; verschlossen.
ver|schlos|sen (Adj.) abgesperrt; zurückhaltend; wortkarg. Verschlossenheit.
ver|schlüs|seln (V.) chiffrieren. Verschlüsselung.
ver|schmer|zen (V.) verkraften; überwinden.
ver|schmitzt (Adj.) listig; pfiffig. Verschmitztheit.
ver|schnau|fen (V.) Pause machen; Luft holen. Verschnaufpause.
Ver|schnitt (der, -s, -e) Mischung (Alkohol).
ver|schnör|kelt (Adj.) verschlungen. Verschnörk(e)lung.
ver|schol|len (Adj.) vermisst. Verschollenheit.
ver|schos|sen (Adj.) 1. ausgebleicht; 2. (ugs.) verliebt.
ver|schrän|ken (V.) überkreuzen. Verschränkung.

ver|schrei|ben (V., verschrieb, hat verschrieben) 1. rezeptlich verordnen; 2. falsch schreiben. Verschreibung; verschreibungspflichtig.
ver|schrien (Adj.) verrufen. Verb: verschreien.
ver|schro|ben (Adj.) schrullenhaft; seltsam. Verschrobenheit.
ver|schrot|ten (V.) zu Schrott machen. Verschrottung; verschrottet.
ver|schrum|pelt (Adj.) faltig. Verb: verschrumpeln.
ver|schul|den (V.) 1. Schulden machen; 2. schuld sein an. Verschulden; Verschuldung; verschuldet; verschuldetermaßen.
ver|schütt|ge|hen (V., ging verschütt, ist verschüttgegangen) (ugs.) verloren gehen.
ver|schwen|den (V.) vergeuden; verprassen. Verschwender/in; Verschwendung; Verschwendungssucht; verschwenderisch; verschwendungssüchtig.
ver|schwin|den (V., verschwand, ist verschwunden) weggehen; weg sein. Verschwinden.
ver|schwit|zen (V.) nass schwitzen; (ugs.) vergessen.
ver|schwom|men (Adj.) unklar; unscharf. Verschwommenheit.
Ver|schwö|rung (die, -, -en) geheime Aktion; Komplott. Verschwörer; Verschwor(e)ne; verschwörerisch; verschwören.
Ver|se|hen (das, -s, -) Fehler; Irrtum. Adjektiv: versehentlich. Verb: versehen.
Ver|sehrt|heit (die, -, kein Plural) Körperbeschädigung; Verletzung. Versehrte; Versehrtensport.
ver|sen|den (V., versendete/versandte, hat versendet/versandt) verschicken. Versendung; *aber:* Versand.
ver|sen|gen (V.) verbrennen; vertrocknen. Versengung.
ver|sen|ken (V.) versinken lassen; sich vertiefen. Versenkung.
ver|ses|sen (Adj.) (in der Wendung) auf etwas versessen sein (begierig sein). Versessenheit.
ver|set|zen (V.) an eine andere Stelle bringen; in die nächsthöhere Klasse aufnehmen; (ugs.) sitzen lassen; geben; verpfänden. Versetzung.
ver|seu|chen (V.) infizieren. Verseuchung; Verseuchungsgrad.
ver|si|chern (V.) versprechen; sich vergewissern. Versicherte; Versicherung; Versicherungsagent; Versicherungsbetrug; Versicherungskaufmann; Versicherungsnehmer; Versicherungspolice; Versicherungsschutz; Versicherungssumme.

versiegeln 569 vertikal

ver'sie'geln (V.) verschließen; lackieren (Parkettboden). Versieg(e)lung.
ver'sie'gen (V., ist) austrocknen; aufhören. Versiegung.
ver'siert (Adj.) erfahren. Versiertheit.
Ver'si'fi'ka'ti'on (die, -, -ti'o'nen) das Versifizieren.
ver'si'fi'zie'ren (V.) (lat.) in Verse bringen.
ver'sim'peln (V.) (ugs.) 1. vereinfachen; 2. verdummen; Versimpelung.
ver'sinn'bild'li'chen (V.) symbolisieren. Versinnbildlichung.
Ver'si'on (die, -, -si'o'nen) (franz.) Möglichkeit; Fassung.
ver'snobt (Adj.) hochmütig; extravagant. Verb: versnoben.
Ver'so (das, -s, -s) (lat.) Rückseite eines (Buch-, Papier-)Blattes.
ver'sohl'en (V.) (ugs.) verprügeln.
ver'söh'nen (V.) Streit beilegen; einlenken. Versöhnlichkeit; Versöhnung; Versöhnungsfest; versöhnlich.
ver'son'nen (Adj.) nachdenklich. Versonnenheit.
ver'sor'gen (V.) verschaffen; ernähren; sich kümmern. Versorgung; Versorgungsanspruch; Versorgungsberechtigte; Versorgungslage; Versorgungsschwierigkeiten; versorgungsberechtigt.
Ver'sor'gungs'tech'nik (die, -, -en) Versorgungsverfahren.
ver'spre'chen (V., versprach, hat versprochen) 1. versichern; 2. fehlerhaft sprechen; 3. erwarten lassen; sich erhoffen. Versprechen; Versprecher; versprochenermaßen.
ver'staat'li'chen (V.) zu Staatseigentum machen. Verstaatlichung.
Ver'stand (der, -s/-es, kein Plural) Denkfähigkeit; Intelligenz. Verständlichkeit; verständig; verstandesmäßig.
ver'stän'di'gen (V.) benachrichtigen; sich verständlich machen; sich einigen. Verständigung; Verständigungsbereitschaft.
ver'ständ'lich (Adj.) klar; begreifbar. Verständlichkeit.
Ver'ständ'nis (das, -ses, -se) Einfühlungsgabe. Verständnislosigkeit; verständnislos; verständnisvoll.
ver'stär'ken (V.) stärker machen, werden; kräftigen. Verstärker; Verstärkung; in verstärktem Maße.
ver'stau'chen (V., refl.) sich die Gelenkbänder überdehnen oder zerreißen.
ver'stau'en (V.) etwas auf engem Raum unterbringen.

ver'ste'cken (V.) verbergen. Versteck; Versteckspiel, aber: Versteck spielen; Verstecktheit; versteckt.
ver'ste'hen (V., verstand, hat verstanden) begreifen; gut hören; können. Beachte: Das versteht sich von selbst (das ist selbstverständlich); er versteht sich gut auf alte Leute (kann gut umgehen mit ...); keinen Spaß verstehen; sie gab ihm zu verstehen, dass er gehen sollte. Verstehen.
ver'stei'gern (V.) verkaufen. Versteigerung. Versteigerer.
ver'stel'len (V.) 1. umstellen; 2. vortäuschen. Verstellbarkeit; Verstellung; Verstellungskünstler; verstellbar.
ver'stimmt (Adj.) 1. verärgert; 2. falsch gestimmt (Instrument). Verstimmung; Verstimmtheit; verstimmen.
ver'stockt (Adj.) störrisch; eigensinnig. Verstocktheit.
ver'stoh'len (Adj.) heimlich. Adverbien: verstohlenermaßen; verstohlenerweise.
ver'stört (Adj.) ängstlich; verwirrt. Verstörtheit.
ver'sto'ßen (V., verstieß, hat verstoßen) fortjagen; sich vergehen. Verstoß; Verstoßung.
ver'strei'chen (V., verstrich, hat/ist verstrichen) verteilen; vorbeigehen.
ver'stri'cken (V., refl.) verwickeln. Verstrickung.
ver'stüm'meln (V.) verletzen; verunstalten. Verstümm(e)lung.
ver'su'chen (V.) 1. probieren; 2. verlocken. Versuch; Versucher; Versuchsabteilung; Versuchskaninchen; Versuchsperson (Abk.: Vp.; VP) Versuchsstation; Versuchung; versuchsweise.
ver'sus (Präp., Akk.) (lat.) gegen (Abk.: vs.).
ver'ta'gen (V.) verschieben. Vertagung.
ver'tän'deln (V.) verschwenden.
ver'te (ital.) wende (das Notenblatt).
ver'te'b'ral (Adj.) (lat.) die Wirbelsäule betreffend.
Ver'te'b'rat (der, -en, -en) (lat.) Wirbeltier.
ver'tei'di'gen (V.) in Schutz nehmen; rechtfertigen; sich wehren. Verteidiger; Verteidigung; Verteidigungsausgaben; Verteidigungsbeitrag; Verteidigungsdrittel; Verteidigungskrieg; Verteidigungsminister.
ver'tei'len (V.) aufteilen; austeilen. Verteiler; Verteilerdose; Verteilerschlüssel; Verteilung; Verteilungsstelle.
ver'teu'feln (V.) verdammen; verfluchen. Verteuf(e)lung; verteufelt (schwierig; sehr).
ver'ti'kal (Adj.) (lat.) senkrecht. Vertikale; Vertikalebene.

ver'til'gen (V.) vernichten; (ugs.) essen. Vertilgung; Vertilgungsmittel.
ver'trackt (Adj.) schwierig; unangenehm. Vertracktheit.
Ver'trag (der, -s, -trä|ge) Abkommen; Abmachung. Vertragsabschluss; Vertragsbruch; Vertragsbrüchige; Vertragspartner; Vertragsrecht; Vertragsspieler; Vertragswerkstatt; vertragsbrüchig; vertraglich; vertragsgemäß; vertrag(s)los; vertragswidrig.
ver'träg'lich (Adj.) umgänglich; bekömmlich. Verträglichkeit; vertragen.
Ver'trau'en (das, -s, kein Plural) Zuversicht; Zutrauen. Vertrauensarzt; Vertrauensbeweis; Vertrauensbruch; Vertrauensfrage; Vertrauensmann (Abk.: V-Mann); Vertrauensstellung; Vertrauenswürdigkeit; Vertrauen erweckend (auch: vertrauenerweckend); vertrauensselig; vertrauensvoll; vertrauenswürdig; vertrauen.
ver'trau'lich (Adj.) geheim; intim. Vertraulichkeit.
ver'traut (Adj.) befreundet; bekannt. Beachte: Ich bin mit der Sache noch nicht vertraut (kenne sie noch nicht). Vertraute; Vertrautheit.
ver'tret'bar (Adj.) berechtigt.
ver'tre'ten (V., vertrat, hat vertreten) verteidigen; eintreten für; ersetzen. Beachte: sich die Beine vertreten (sich bewegen); der Chef wünscht, dass alle vertreten (anwesend) sind. Vertreter/in; in Vertretung (Abk.: i.V.); Vertretungsstunde; vertretungsweise.
Ver'trieb (der, -s, -e) Verkauf. Vertriebsgesellschaft; Vertriebskosten; Vertriebsleiter; Vertriebsrecht; vertreiben.
ver'trö'deln (V.) (ugs.) vertändeln. Verträd(e)lung.
ver'tun (V., vertat, hat vertan) (ugs.) verschwenden; sich irren.
ver'tu'schen (V.) (ugs.) verheimlichen. Vertuschung.
ver'üben (V.) begehen.
ver'un'glü'cken (V.) misslingen; einen Unfall haben. Verunglückte.
ver'un'rei'ni'gen (V.) verschmutzen. Verunreinigung.
ver'un'stal'ten (V.) entstellen; verschandeln. Verunstaltung.
ver'un'treu'en (V.) unterschlagen. Veruntreuung.
ver'ur'sa'chen (V.) verschulden; erzeugen. Verursacher; Verursacherprinzip; Verursachung.
ver'ur'tei'len (V.) richten; schuldig sprechen. Verurteilung.
Ver've (die, -, kein Plural) (franz.) Begeisterungsfeuer; Schwung.

ver'viel'fa'chen (V.) multiplizieren. Vervielfachung.
ver'viel'fäl'ti'gen (V.) kopieren; vermehren. Vervielfältiger; Vervielfältigung; Vervielfältigungsapparat.
verw. (Abk.) verwitwet.
ver'wah'ren (V.) 1. aufbewahren; 2. protestieren. Beachte: Er verwahrte sich gegen jegliche Vorwürfe; die Wertgegenstände in Verwahr nehmen; etwas in Verwahrsam nehmen/geben; Verwahrung.
ver'wahr'lo'sen (V., ist) verlottern. Verwahrlosung.
ver'waist (Adj.) elternlos. Verb: verwaisen.
ver'wal'ten (V.) betreuen; leiten. Verwalter; Verwaltung; Verwaltungsapparat; Verwaltungsbeamte; Verwaltungsgericht; Verwaltungsreform; verwaltungstechnisch.
Ver'wand'te (der/die, -n, -n) Familienangehöriger. Verwandtschaft; Verwandtschaftsgrad; verwandt; verwandtschaftlich.
ver'war'nen (V.) zurechtweisen. Verwarnung.
ver'wech'seln (V.) vertauschen. Beachte: Sie sind sich zum Verwechseln ähnlich. Verwechs(e)lung; verwechselbar.
ver'we'gen (Adj.) kühn. Verwegenheit.
ver'weh'ren (V.) verweigern. Verwehrung.
ver'wei'gern (V.) verwehren; ablehnen; (ugs.) Kriegsdienst ablehnen. Verweigerer; Verweigerung; im Verweigerungsfall.
ver'wei'len (V.) sich aufhalten; bleiben. Verweildauer.
ver'wei'sen (V., verwies, hat verwiesen) tadeln; hinweisen; wegschicken. Verweis; Verweisung.
ver'wen'den (V., verwendete/verwandte, hat verwendet/verwandt) benutzen; sich einsetzen für. Verwendbarkeit; Verwendung; zur besonderen Verwendung (z. b. V.); verwendungsfähig.
ver'wer'fen (V., verwarf, hat verworfen) ablehnen. Verwerfung.
ver'werf'lich (Adj.) schlecht; schimpflich. Verwerflichkeit.
ver'wer'ten (V.) ausnutzen; gebrauchen. Verwertung; verwertbar.
ver'we'sen (V., ist) verfaulen. Verweslichkeit; Verwesung; Verwesungsgeruch; verweslich.
ver'win'den (V., verwand, hat verwunden) überwinden. Verwindung.
ver'wir'ren (V.) durcheinanderbringen. Verwirrspiel; Verwirrtheit; Verwirrung; verwirrend; verwirrt; verworren.
ver'wit'tert (Adj.) verfallen; verbraucht. Verwitterung; Verwitterungseinfluss; verwittern.

ver|wöh|nen (V.) verzärteln; verziehen. Verwöhntheit; Verwöhnung; verwöhnt.
ver|wor|ren (Adj.) unklar; verwirrt; wirr. Verworrenheit.
ver|wun|den (V.) verletzen. Verwundbarkeit; Verwundete; Verwundetenlager; Verwundung; verwundbar; verwundet.
ver|wun|dern (V.) erstaunen. *Beachte:* es ist nicht zu verwundern (verwunderlich), dass ... Verwunderung.
ver|wun|schen (Adj.) verzaubert.
ver|wün|schen (V.) verfluchen; verzaubern. Verwünschung; verwünscht.
ver|wüs|ten (V.) verheeren. Verwüstung.
ver|zagt (Adj.) mutlos. Verzagtheit; verzagen.
ver|zär|teln (V.) verwöhnen; verweichlichen. Verzärtelung.
ver|zau|bern (V.) verwünschen; betören. Verzauberung.
ver|zeh|ren (V.) essen; sich sehnen. Verzehr; Verzehrer; Verzehrung; Verzehrzwang; Verzehrbon.
ver|zei|hen (V., verzieh, hat verziehen) vergeben; entschuldigen. Verzeihung; verzeihlich.
ver|zer|ren (V.) entstellen; verstauchen. Verzerrung; verzerrungsfrei; verzerrt.
ver|zet|teln (V., refl.) sich verheddern; sich zu lange aufhalten. Verzett(e)lung.
ver|zich|ten (V.) nicht mehr beanspruchen; sich versagen. Verzicht; Verzichterklärung; Verzichtleistung.
ver|zie|ren (V.) schmücken. Verzierung.
ver|zin|sen (V.) Zinsen zahlen, einbringen. Verzinsung; Verzinslichkeit; verzinsbar; verzinslich.
ver|zo|gen (Adj.) verwöhnt. Verb: verziehen.
ver|zö|gern (V.) hemmen; verschleppen; hinausschieben. Verzögerung; Verzögerungstaktik.
ver|zückt (Adj.) begeistert; berauscht. Verzückung; Verzücktheit; verzücken.
Ver|zug (der, -s, kein Plural) Rückstand. *Beachte:* mit der Lieferung in Verzug geraten; *aber:* mit der Lieferung im Verzug sein; ohne Verzug. Verzugszinsen.
ver|zwei|feln (V., ist) verzagen; hoffnungslos sein. Verzweiflung; Verzweiflungstat. verzweifelt.
ver|zwickt (Adj.) (ugs.) schwierig. Verzwicktheit.
Ve|si|kans (das, -, -kan|tia/-kan|zi|en) (lat.) Blasen ziehendes Mittel.
Ves|per (die, -, -n) (lat.) (südd.) Brotzeit. Vesperbrot; vespern.

Ves|ta|lin (die, -, -nen) (lat.) altrömische jungfräuliche Priesterin, Hüterin des heiligen Feuers der Schutzgöttin Vesta.
Ves|ti|bül (das, -s, -e) (franz.) Vorhalle; Kassenhalle (im Theater).
Ve|su|vi|an (der, -s, -e) (nlat.) ein Mineral; Schmuckstein.
Ve|te|ran (der, -en, -en) alter Soldat. Veteranentreffen.
Ve|te|ri|när (der, -s, -e) (lat.) Tierarzt. Veterinärmedizin; veterinär; veterinärärztlich.
Ve|to (das, -s, -s) (lat.) Einspruch. Vetorecht.
Vet|ter (der, -s, -n) Cousin. Vetternwirtschaft; vetterlich.
Ve|xier|bild (das, -s, -er) Zerrbild; Suchbild. Vexierrätsel; Vexierspiegel; vexieren.
vgl. (Abk.) vergleiche.
v., g., u. (Abk.) vorgelesen, genehmigt, unterschrieben.
via (lat.) über. *Beachte:* Wir fliegen via Frankfurt nach New York.
Via|dukt (der/das, -s/-es, -e) Brücke.
Vib|ra|fon (*auch:* Vib|raphon) (das, -s, -e) (lat.-griech.) Musikinstrument. Vibrafonist (*auch:* Vibraphonist).
Vib|ra|ti|on (die, -, -ti|o|nen) (franz.) Erschütterung; Schwingung. Vibrator; vibrieren.
vib|ra|to (Adv.) (ital.) bebend, schwingend (bei Musikstücken).
Vib|ra|to (das, -s, -s/-ti) vibrato gesungenes, gespieltes Stück.
vi|ce ver|sa (lat.) umgekehrt (Abk.: v. v.).
Vi|comte (der, -s, -s) französischer Adelstitel.
Vi|com|tesse (die, -, -n) weiblicher Vicomte.
Vi|deo (das, -s, -s) (engl.) (Kurzw.) Videotechnik, -film. Videoband; Videoclip; Videofilm; Videokamera; Videorekorder (*auch:* -recorder); Videotext; Videothek.
Vi|deo|kon|fe|renz (die, -, -en) Konferenzschaltung mit Videoübertragung.
Viech (das, -s, -er) (ugs.) Tier; Vieh. Viecherei.
Vieh (das, -s, kein Plural) Nutztier; Tier (Plural: Viecher). Viehbestand; Viehfutter; Viehhalter; Viehhaltung; Viehhandel; Viehhändler; Viehherde; Viehweide; Viehzucht; Viehzüchter; viehisch.
viel 1. (Pron., indef.) große Menge; reichlich. 2. (Adv.; mehr, am meisten) oft; weitaus. Die Presse berichtet viel über ihn; du weißt viel mehr als ich. vieles; viel und wenig; ich bin mit vielem (*auch:* Vielem) unzufrieden; das kostet ja um vieles (*auch:* Vieles) mehr; all die vielen Leute; viele (*auch:* Viele) meinen das; das kostet gleich viel, *aber:* gleichviel (egal); soundso viel, *aber:* am soundsovielten August; es waren zu viele Teilnehmer, *aber:* das Essen war viel zu

vielleicht   572   **Viole**

viel/viel zu wenig; viel mehr als, *aber:* vielmehr (eher, beziehungsweise); allzu viel, allzu viele; soviel (soweit) ich weiß, *aber:* es gab so viel wie nie; vielerorts; vielmal/vielmalig; vieltausendmal, *aber:* viele tausend (*auch:* Tausend) Mal/Male; wie viel; vielfach, *aber:* um ein Vielfaches. In Verbindung mit adjektivisch gebrauchten Partizipien Getrennt- oder Zusammenschreibung möglich! viel befahren (*auch:* vielbefahren); viel beschäftigt (*auch:* vielbeschäftigt); vieldeutig; vieleckig; vielerlei; vielfältig; vielflächig; viel gekauft (*auch:* vielgekauft); vielgestaltig; vielglied(e)rig; vielmal; vielmals; vielsagend (*auch:* viel sagend); vielschichtig; vielseitig; vielsprachig; vielversprechend (*auch:* viel versprechend). Vieldeutigkeit; Vieleck; Vielehe; Vielfache; kleinste gemeinsame Vielfache (Abk.: k. g. V., kgV); Vielfalt; Vielfältig-keit; Vielgötterei (Polytheismus); Vielschichtigkeit; Vielseitigkeit; Vielseitigkeitsprüfung; Vielvölkerstaat; Vielweiberei; Vielzahl.
viel|leicht (Adv.) möglicherweise; etwa.
viel|mehr (Konj.; Adv.) eher; richtiger. *Beachte:* Ich habe dich nicht vergessen, vielmehr denke ich oft an dich/ich denke vielmehr oft an dich. *Aber:* Das ist viel mehr Arbeit.
vier (Zahlw.) *Beachte:* die vier Jahreszeiten; setz dich auf deine vier Buchstaben; die Geschwister waren in alle vier Winde zerstreut; in seinen vier Wänden (zu Hause) versauern; das sollten wir unter vier Augen besprechen; alle viere von sich strecken; sie waren zu vieren/zu viert; auf allen vieren kriechen; die vierte Dimension; du bist der Vierte in der Reihe; sie wurde Vierte im Gesamtklassement; das Geld kam erst am Vierten des Monats. eine Vier in Mathe haben; eine Vier würfeln. Vierbeiner; Viereck; Viererbande; Viererbob; in Viererreihen; das Vierfache; Vierfarbendruck; Vierflächner (Tetraeder); Vierfüßler; Vierjahresplan; Vierkanteisen; Vierlinge; Viermächteabkommen; Viermaster; Vierradantrieb; Viersitzer; Vierspänner; Viertaktmotor; Vierung; im Viervierteltakt; Vierzigstundenwoche (40-Stunden-Woche); Vierzimmerwohnung (4-Zimmer-Wohnung); Vierzylindermotor. Adjektive: vierbeinig; vierblätt(e)rig; vierdimensional; viereckig; viereinhalb; viererlei; vierfach; vierhändig; vierhundert; viermal (4-mal); viermal so groß/viel/wenig; viermalig; vierräd(e)rig; viersaitig; vierseitig; viersitzig; vierstellig; vierstimmig; vierstöckig; vierteilig; viertens; vertürig; vierundvierzig; vierwertig; vierzehntägig; vierzehnjährig; vierzylindrig. Verb: vierteilen.

Vier|tel (das, -s, -) vierter Teil; Stadtteil; (Kurzw.; ugs.) Viertelliter, Viertelpfund. *Beachte:* Es ist Viertel vor zwölf; um drei viertel neun; zwei Viertel der Teilnehmer; eine Viertelstunde (*auch:* eine viertel Stunde). Viertelfinale; Vierteljahr; Vierteljahrhundert; Viertelliter; Viertelpfund; Viertelzentner; vierteljährig; vierteljährlich; viertelstündig; viertelstündlich. Verb: vierteln.
Vi|et|nam (ohne Art., -s, kein Plural); Vietnamese, vietnamesisch.
vif (Adj.) (franz.) aufgeweckt; clever.
Vi|gil (die, -, -li|en) (lat.) Tag vor einem hohen kath. Kirchenfest.
vi|gi|lant (Adj.) (lat.) erhöht reaktionsbereit; pfiffig.
Vi|gnet|te (die, -, -n) (franz.) kleine Verzierung auf dem Titelbild o. Ä.; Gebührenmarke für die Autobahnbenutzung in der Schweiz.
vi|go|ro|so (Adv.) (ital.) kraftvoll (bei Musikstücken).
Vi|kar (der, -, -e) (lat.) Geistlicher. Vikarin; Vikariat; vikariieren.
Vik|ti|mo|lo|gie (die, -, kein Plural) (lat.-griech.) Teilgebiet der Kriminologie, das die Beziehungen des Opfers zu Tat und Täter untersucht.
Vik|to|ri|a|nis|mus (der, -s, kein Plural) sachliche Richtung in der englischen Kunst und Literatur Ende des 19. Jahrhunderts, benannt nach Königin Viktoria (1819–1901).
Vik|tu|a|li|en (die, nur Plural) (lat.) Lebensmittel. Viktualienhandel; Viktualienhändler; Viktualienlieferung; Viktualienmarkt; Viktualienstand.
Vi|kun|ja (das, -s, -s) (Ketschua) wild lebende Art der Lamas mit hellrot-braunem Fell.
Vil|la (die, -, -len) vornehmes Haus. Villenviertel; villenartig.
Vi|nai|g|ret|te (die, -, -n) (franz.) Essigsoße (*auch:* Essigsauce).
Vin de Sables (der, - - -, -s - -) französischer Wein, der auf extrem trockenen Standorten wächst; Sandwein.
Vi|no|thek (die, -, -en) (lat.-gr.) 1. Sammlung erlesener Weine. 2. Weinkeller mit Weinausschank und -verkauf.
Vi|nyl (das, -s, kein Plural) die chemische Gruppe $CH_2 = CH$ (als Kunststoffbestandteil).
Vi|o|la (die, -, -len) (ital.) Bratsche. Viola da Gamba.
Vi|o|la|ti|on (die, -, -ti|o|nen) (lat.) gewalttätige Verletzung; Missbrauch; Schändung.
Vi|o|le (die, -, -n) (Plural) Reviermarkierungsdrüse des Fuchses.

vi'o'lent (Adj.) (lat.) heftig; gewaltsam.
vi'o'lett (Adj.) veilchenblau. *Beachte:* ein violettes Kleid, *aber:* ein Kleid in Violett; violettfarben; violettfarbig.
Vi'o'li'ne (die, -, -n) (ital.) Geige. Violinbogen; Violinist; Violinkonzert; Violinschlüssel.
Vi'o'lon'cel'lo (das, -s, -li) (ital.) Streichinstrument (Kurzw.: Cello). Violoncellist (Cellist).
Vi'o'lo'ne (der, -s, -s/-ni) Kontrabass.
VIP (*auch:* V. I. P.) (Abk.) very important person(s) (Persönlichkeit).
Vi'per (die, -, -n) (lat.) Schlange. Viperngift.
Vi're'ment (das, -s, -s) (franz.) unerlaubte Übertragung eines Haushaltsbetrages auf einen anderen, von einem Etatjahr auf das nächste.
Vir'gel (die, -, -n) (lat.) Schrägstrich (/) (→ Regelkasten).
Vir'gi'nia (die, -, -s) (engl.) lange, dünne Zigarre mit einem Mundstück aus Stroh.
Vir'gi'ni'tät (die, -, kein Plural) (lat.) Jungfräulichkeit.
vi'ril (Adj.) (lat.) männlich. Virilismus; Virilität.
vi'rös (Adj.) durch Viren hervorgerufen.
Vi'ro'se (die, -, -n) Viruserkrankung.
vir'tu'ell (Adj.) (lat.) möglich; innewohnend. Virtualität.
vir'tu'os (ital.) perfekt; vollkommen. Virtuose; Virtuosität.
Vi'rus (das/der, -, -ren) (lat.) Krankheitserreger; programmzersetzendes Element (EDV). Virulenz; Virologe; Virusinfektion; viral; virulent.
Vi'sa'ge (die, -, -n) (franz.) (ugs.) Gesicht. Visagist/-in (Kosmetiker).
vis-a-vis (*auch:* vis-à-vis) (Adj.) (franz.) gegenüber. *Beachte:* mein Visavis (Gegenüber).
Vis'con'te (der, -, -ti) italienischer Adelstitel (→ Vicomte).
Vis'count (der, -s, -s) englischer Adelstitel (→ Vicomte).
Vi'sier (das, -s, -e) (franz.) 1. Gesichtsschutz; 2. Ziel. *Beachte:* etwas ins Visier nehmen. Visierfernrohr; visieren.
Vi'si'on (die, -, -si'o'nen) (lat.) Erscheinung. Trugbild. Visionär; visionär.
Vi'si'ta'ti'on (die, -, -ti'o'nen) (lat.) Durchsuchung; Besichtigung. Leibesvisitation; visitieren.
Vi'si'te (die, -, -n) (franz.) Krankenbesuch. Visitenkarte.
vi'si'tie'ren (V.) eine Visitation machen.
vis'kos (Adj.) (lat.) seimig; zähflüssig.
Vis'ko'se (die, -, kein Plural) (lat.) Zellstoff. Viskosefaser.

Vis'ko'si'tät (die, -, kein Plural) das Viskossein.
Vis'ta (die, -, kein Plural) Vorzeigen eines Wechsels.
vi'su'ell (Adj.) (lat.) optisch. Visualisierung; visualisieren.
Vi'sum (das, -s, -sa/-sen) (lat.) Ein-, Ausreiseerlaubnis. Visumantrag; Visumzwang; visumfrei.
Vi'ta (die, -, -tae/-ten) (lat.) Lebensbeschreibung; Lebenslauf.
vi'tal (Adj.) (lat.) munter; lebensfroh. Vitalismus; Vitalität; vitalistisch.
Vi't'a'min (das, -s, -e) (lat.) Wirkstoff. Vitamin A; Vitamin C; Vitamin-B-Mangel; Vitamin-B-Mangel-Krankheit; Vitaminmangel; Vitaminpräparat; Vitaminstoß; vitaminarm; Vitamin-B-haltig; vitaminreich; vitaminieren; vitaminisieren.
Vi't'ri'ne (die, -, -n) (franz.) Auslage; Glasschrank; Schaufenster. Vitrinenschrank.
Vi't'ri'ol (das, -s, -e) (lat.) Salz der Schwefelsäure. Vitriollösung; vitriolhaltig.
Vitz'li'putz'li (der, -s, kein Plural) Kinderschreck; (ugs.) Teufel.
vi'va'ce (Adv.) (ital.) lebhaft (Musik). Vivace.
Vi'va'ri'um (das, -s, -ri'en) (lat.) Aquarium; Terrarium.
Vi'vat (das, -s, -s) (lat.) Hochruf. *Beachte:* vivat!
Vi'vi'a'nit (das, -s, -e) (engl.-nlat.) ein Mineral; Blaueisenerz.
Vi'vi'sek'ti'on (die, -, -ti'o'nen) (lat.) Forschung am lebenden Tier. Verb: vivisezieren.
Vi'ze... (lat.) stellvertretende(r)... Vizekanzler; Vizekönig; Vizekonsul; Vizemeister; Vizepräsident.
Viz'tum (der, -s, -e) (lat.) Vertreter eines (mittelalterlichen) Landesherrn.
v. J. (Abk.) vorigen Jahres.
Vlies (das, -es, -e) (niederl.) Fasergewebe; Rohwolle. Vlieseline.
vm. (*auch:* vorm.) (Abk.) vormittags.
v. M. (Abk.) vorigen Monats.
V-Mann (der, -s, -Män'ner) (Kurzw.) Verbindungs-, Vertrauensmann.
VN (*auch:* UN) (Abk.) Vereinte Nationen.
v. o. (Abk.) von oben.
Vo'gel (der, -s, Vö'gel) 1. Flugtier; 2. (ugs.) verrückter Kerl, Verrücktheit. Vogelbauer; Vogelbeerbaum; Vogelbeere; Vögelchen; Vogelfänger; Vogelfluglinie; Vogelfutter; Vogelhäuschen; Vogelkirschbaum; Vogelkunde (Ornithologie); Vogelnest; Vogelperspektive; Vogelschau; Vogelscheuche; Vogelschutzgebiet; Vogelschwarm; Vogelsteller; Vogelstimme; Vogel-Strauß-Politik; Vogelwarte; Vogelzug. Adjektiv: vogelfrei.

vö|geln (V.) (ugs., derb) Geschlechtsverkehr haben.
Vogue (die, -, kein Plural) (franz.) Ansehen. en vogue.
voi|là! (Interj.) sieh da!
Voile (die, -, -s) (franz.) Schleier. Voileschal.
Vo|ka|bel (die, -, -n) (lat.) Wort. Vokabelheft; Vokabelschatz; Vokabular.
Vo|kal (der, -s, -e) (lat.) Selbstlaut (a, e, i, o, u, ä, ö, ü, y). Vokalisation; Vokalisierung; Vokalismus; vokal; vokalisch; vokalisieren.
Vo|ka|list (der, -en, -lis|ten) (lat.) Sänger. Vokalistin; Vokalkonzert; Vokalmusik; Vokalspiel; Vokalstück.
Vo|ka|ti|on (die, -, -ti|o|nen) (lat.) Berufung in ein Amt.
Vo|ka|tiv (der, -s, -e) (lat.) Anrede-, Anrufungskasus (z. B. polnisch panie »O Herr«, zu pan »Herr«).
vol. (Abk.) Volumen.
Vol.-% (Abk.) Volumprozent.
Vo|lant (der, -s, -s) (franz.) Besatz. Volantrock.
Vo|la|ti|bi|li|tät (die, -, -en) Maß für die Fluktuationsrate von Aktien im Verlauf eines Jahres.
Vo|li|e|re (die, -, -n) (franz.) Vogelhaus.
Volk (das, -s/-es, Völ|ker) Nation; Menschengruppe; Leute. Völkchen; Völkerbund; Völkerkunde; Völkermord; Völkerrecht; Völkerrechtskunde; Völkerverständigung; Völkerwanderung; Volksabstimmung; Volksarmee; Volksbank; Volksbefragung; Volksbegehren; Volksbelustigung; Volksbibliothek; Volksbrauch; Volksbuch; Volksbühne; Volksdemokratie; Volksdichtung; Volkseigentum; Volkseinkommen (Sozialprodukt); Volksentscheid; Volksetymologie; Volksfest; Volksfront; Volksgenosse; Volksglaube(n); Volksheld; Volkshochschule; Volkskundler; Volkskunst; Volkslauf; Volkslied; Volksmärchen; im Volksmund; Volksmusik; Volksredner; Volksrepublik (Abk.: VR); Volksschauspieler; Volksschule; Volksschullehrer; Volksseuche; Volkssouveränität; Volkssport; Volksstamm; Volkstanz; Volkstrauertag; Volkstümlichkeit; Volksversammlung; Volksvertreter; Volkswagen (Abk.: VW); Volksweisheit; Volkswirt; Volkswirtschaftler; Volkswirtschaftslehre (Abk.: VWL); Volkszählung. Adjektive: volksarm; völkerkundlich; völkerrechtlich; völkisch; volkreich; volkseigen; volksfeindlich; volkskundlich; volkssprachlich; volkstümlich; volksverbunden; volkswirtschaftlich.
Völ|ker|ball (der, -s, kein Plural) Ballspiel.
Volks|ver|het|zung (die, -, kein Plural) Aufhetzung, Aufwiegelung des Volkes.

voll (Adj.) gefüllt; erfüllt; füllig; völlig; (ugs.) betrunken. aus dem Vollen schöpfen; in die Vollen gehen; voll Bier/Bieres; voll/voller Erstaunen; eine Kanne voll/voller Saft; im Vollen leben; voll und ganz darauf vertrauen; die Fahnen stehen auf vollmast; eine Hand voll (*auch:* Handvoll) ein Arm voll (*auch:* Armvoll); ein Mund voll (*auch:* Mundvoll). jemanden nicht für voll nehmen (nicht ernst nehmen); jemandem die Hucke vollhauen/volllügen; das Auto vollladen; sich volllaufen lassen; einen Tanz vollführen/vollziehen; sich den Bauch vollschlagen/vollstopfen; das Auto volltanken. Vollbad; Vollbart; im Vollbesitz seiner Kräfte; Vollbremsung; Volldampf; Völlegefühl; mit Vollgas; Vollidiot; Volljurist; Vollkornbrot; Vollmilch; Vollmilchschokolade; Vollmond; Vollnarkose; Vollpension; Vollrausch; Volltreffer; Volltrunkenheit; Vollversammlung; Vollwaise; Vollwaschmittel; Vollwertigkeit; Vollwertkost; Vollzähligkeit. Adjektive: vollautomatisch; vollbeschäftigt; vollbusig; vollelektronisch; voll entwickelt (*auch:* vollentwickelt); vollgepfropft; vollkaskoversichert; voll klimatisiert (*auch:* vollklimatisiert); vollleibig; volltrunken; vollwertig; vollzählig. Verben: vollladen; sich vollessen; vollfüllen; vollgießen; vollpacken; vollschenken; vollschmieren; vollstopfen.
voll|auf (Adv.) völlig.
Voll|blut (das, -s, kein Plural) reinrassiges Pferd. Vollblüter; Vollblütigkeit; Vollblutpferd; vollblütig.
voll|brin|gen (V., vollbrachte, hat vollbracht) erledigen; verwirklichen. Vollbringung.
voll|en|den (V.) beenden; vollbringen. Vollender; Vollendung.
voll|ends (Adv.) ganz; völlig.
Völ|le|rei (die, -, -en) Unmäßigkeit (Essen).
Vol|ley (der, -s, -s) (engl.) Flugball (Tennis). *Beachte:* Er hätte den Ball volley (direkt) nehmen sollen. Volleyball.
voll|füh|ren (V.) zustande bringen; ausführen. Vollführung.
völ|lig (Adj.) vollständig; ganz.
voll|jäh|rig (Adj.) mündig. Volljährigkeit; Volljährigkeitserklärung.
voll|kom|men (Adj.) 1. perfekt; meisterhaft; 2. (ugs.) völlig. Das ist ein vollkommener Blödsinn. Vollkommenheit.
voll|kon|ver|ti|bel (Adj.) absolut tauschbar.
Voll|kon|ver|ti|bi|li|tät (die, -, kein Plural) absolute Tauschbarkeit.
Voll|macht (die, -, -en) Erlaubnis. Vollmachtgeber; Vollmachtschreiben; Vollmachtsurkunde, eine Vollmacht erteilen.

voll|stän|dig (Adj.) gänzlich; komplett. Vollständigkeit.
voll|stre|cken (V.) vollziehen. Vollstreckbarkeit; Vollstrecker; Vollstreckung; Vollstreckungsbeamte; vollstreckbar.
voll|zie|hen (V., vollzog, hat vollzogen) durchführen; ausführen. Vollziehbarkeit; Vollzieher; Vollziehung; Vollziehungsbeamte, *aber:* Vollzug; Vollzugsanstalt; Vollzugsbeamte; vollziehbar.
Vo|lon|tär (der, -s, -e) (franz.) Auszubildender; Anwärter. Volontariat; Volontärin; volontieren.
Volt (das, -/-s, -) Spannungseinheit (Abk.: V). Voltaelement; Voltameter; Voltampere (Abk.: VA); Voltmeter; Voltsekunde (Abk.: Vs).
Vol|te (die, -, -n) (franz.) 1. Abwehr (Fechten); 2. Reitfigur; 3. Kunstgriff (Kartenspiel). Voltenschläger; Volteschlagen; voltieren.
Vol|ti|geur (der, -s, -e) (franz.) Kunstspringer. Voltige; voltigieren.
Vo|lu|men (das, -s, -/-mi|na) (lat.) Rauminhalt (Abk.: V); Band (Abk.: vol.); Umfang; Größe; Volumeneinheit; Volumengewicht; Volum(en)prozent (Abk.: Vol.-%); Volumetrie; voluminös.
Vo|lun|ta|ris|mus (der, -, kein Plural) (lat.) philosophische Lehre. Voluntarist; voluntaristisch.
vo|lup|tu|ös (Adj.) (franz.) begierig; wollüstig.
Vo|lu|te (die, -, -n) (lat.) spiralförmiges Säulenornament.
Vol|vu|lus (der, -, -li) Darmverschlingung (Med.).
vom (Präp.) von dem (Abk.: v.).
Vom|hun|dert|satz (der, -es, -sät|ze) Prozentsatz. Vomtausendsatz (Promillesatz).
vo|mie|ren (V.) (lat.) erbrechen.
Vo|mi|tiv (das, -s, -e) (lat.) Brechmittel.
Vo|mi|to|ri|um (das, -s, -ri|en) (lat.) Raum, in dem man sich nach übermäßigem Essen erbricht (im alten Rom).
von (Präp., Dat.) aus einer Richtung; von einer Person; mit der Eigenschaft; Adelstitel (Am Satzanfang wird »von« bzw. »v.« kleingeschrieben!). *Beachte:* Viktor von Scheffel, *aber:* die Viktor-von-Scheffel-Straße; vonseiten (*auch:* von Seiten) meiner Eltern; vonstattengehen; von Neuem (*auch:* neuem); sie kamen von nah und fern; von oben (Abk.: v. o.)/von unten (Abk.: v. u.); von links/rechts; das kommt doch nicht von ungefähr; das wusste ich von vornherein; von klein auf; von jetzt an (ugs.: ab jetzt); von mir aus; von weit her; von jeher; von wegen! Das war von alters her schon so; vonnöten (nötig) sein. *Aber:* von Haus zu Haus; von Amts wegen; von Rechts wegen (Abk.: v.R.w.); von Grund auf; das kann von Vorteil/Nutzen sein; das Buch ging von Hand zu Hand; wie von Sinnen sein; er war von der Art eines Gentlemans.
von|ei|n|an|der (Adv.) einer vom anderen. *Beachte:* Sie dürfen nichts voneinander wissen; wir wollten mehr voneinander haben; *aber:* voneinandergehen (sich trennen).
Vo|po 1. (der, -s, -s) (Kurzw.) Volkspolizist. 2. (die, -, kein Plural) Volkspolizei.
vor (Präp., Dat./Akk.) auf der Vorderseite; früher; aus; gegenüber. *Beachte:* vor einem Bild stehen, *aber:* sich vor ein Bild stellen; vor allem; vor allem(,) wenn/weil ...; das war vor Zeiten; Gnade vor Recht ergehen lassen; was wird dort vor sich gehen (geschehen); vor sich hin summen; vor Christi Geburt (Abk.: v. Chr.). Vorabdruck; Vorabend; Vorahnung; Voralpen; Vorankündigung; Voranmeldung; Voranschlag; Voranzeige; Vorarbeiter; Vorbau; Vorbedingung; Vorbemerkung; Vorbericht; Vorbesitzer; Vorbesprechung; Vorbestellung; Vorbestrafte; Vorbote; Vordach; Vordenker; Vordruck; Vorfeld; Vorfilm; Vorfinanzierung; Vorfreude; Vorfrühling; Vorgarten; Vorgebirge; Vorgefühl; Vorgeschichte; Vorgeschmack; Vorgespräch; Vorhalle; Vorhand; Vorhaut; Vorhof; Vorhölle; Vorhut; Vorjahr; Vorjahresmeister; Vorkämpfer; Vorkauf; Vorkaufsrecht; Vorkenntnis; Vorkoster; Vorkriegszeit; Vormieter; Vorort; Vorplatz; Vorposten; Vorprogramm; Vorprüfung; Vorraum; Vorrecht; Vorredner; Vorruhestand; Vorruhestandsregelung; Vorrunde; Vorrundenspiel; Vorsaison; Vorschau; Vorschulalter; Vorsilbe; Vorsommer; Vorspeise; Vorspiel; Vorsprung; Vorstadium; Vorstadt; Vorstädter; Vorstadtkino; Vorstufe; am Vortag; Vorturner; Vorübung; Voruntersuchung; Vorverkauf; Vorverstärker; Vorwahl; Vorwählnummer; Vorwarnung; Vorwäsche; Vorwaschgang; Vorweihnachtszeit; Vorwissen; in der Vorwoche; Vorzeichen; Vorzimmer; Vorzimmerdame. Adjektive: vorbelastet; vorbestraft; vorehelich; vorgefasst; vorgefertigt; vorjährig; vorkriegszeitlich; vorprogrammiert; vorschulisch; vorstädtisch; vorweihnachtlich; vorwöchig. Verben: voranmelden; vorarbeiten; vorbestellen; vorfinanzieren; vorfinden; vorfühlen; vorheizen; vorkosten; vorlassen; sich vorlehnen; vorlügen; sich vorneigen; vorprogrammieren; vorrechnen; vorsagen; vorschlagen; vorsingen; vorspielen; vorstreichen; vortreten; vorturnen; vorverlegen; vorwählen; vorwärmen; vorwarnen; vorzeichnen.
vor|ab (Adv.) zuerst; zunächst. Vorabinformation, *aber:* jemanden vorab informieren.

vo|r|an (Adv.) nach vorwärts; vorn. aus Vorangehendem lässt sich erkennen …; das Vorangehende lässt den Schluss zu; wenn man Vorangehendes berücksichtigt; im vorangehenden Abschnitt. Die Vorangehenden mussten auf uns warten. *Wichtig:* Zusammenschreibung mit Verben! vorangehen; vorankommen; voranstellen; vorantreiben.

Vor|arl|berg (ohne Art., -s, kein Plural) österreichisches Bundesland.

vo|r|aus (Adv.) voran; besser; weiter. *Beachte:* vielen Dank im Voraus! Sie war allen voraus. Vorausbedingung; Vorausbezahlung; Vorauskorrektur; Voraussage; Vorausschau; Voraussetzung; aller Voraussicht nach; Vorauszahlung; voraussehbar; voraussichtlich; vorausgesetzt(,) dass ; wir wollen in die Berge, vorausgesetzt(,) (dass) das Wetter hält. *Wichtig:* Zusammenschreibung mit Verben! vorausbedingen; vorausberechnen; vorausbezahlen; vorausfahren; vorausgehen; voraushaben; voraussagen; vorausschauen; vorausschicken; voraussehen; voraussetzen; vorauswissen; vorauszahlen.

Vo|ra|zi|tät (die, -, kein Plural) (lat.) Gefräßigkeit.

Vor|be|halt (der, -s, -e) Bedingung; Einschränkung. *Beachte:* unter üblichem Vorbehalt (u. ü. V.); mit/ohne Vorbehalt; Vorbehaltungsurteil; vorbehaltlich unserer Abmachung; vorbehaltlos; vorbehalten.

vor|bei (Adj.) vorüber. Vorbeimarsch. *Beachte:* Zusammenschreibung mit Verben! vorbeibringen; vorbeifahren; vorbeifliegen; vorbeiführen; vorbeigehen; vorbeikommen; vorbeilassen; vorbeilaufen; vorbeimarschieren; vorbeirennen; vorbeischießen; vorbeitreffen; vorbeiziehen.

Vor|be|las|tung (die, -, -en) Risiko. erblich vorbelastet sein.

vor|be|rei|ten (V., bereitete vor, hat vorbereitet) vorarbeiten; sich einstellen. Vorbereitung; Vorbereitungstraining.

vor|be|ten (V., betete vor, hat vorgebetet) ein Gebet vorsprechen; (ugs.) eindringlich vorsagen. Vorbeter.

vor|beu|gen (V., beugte vor, hat vorgebeugt) sich nach vorne neigen; vorsorgen. Vorbeugehaft; Vorbeugung.

Vor|bild (das, -s, -er) Musterbeispiel. Vorbildlichkeit; vorbildlich.

vor|brin|gen (V., brachte vor, hat vorgebracht) vortragen; sagen.

vor|de|re (Adj.) vorn befindlich. *Beachte:* die vorderen Reihen, *aber:* der Vordere Orient; zuvorderst sitzen; sie war die Vorderste. Vorderachse; Vorderansicht; Vorderasien; Vorderdeck; Vorderfront; Vorderfuß; im Vordergrund; Vorderhand, *aber:* das ist vorderhand (einstweilen) genug; Vorderhaus; Vorderlader; Vordermann; Vorderradantrieb; Vorderschinken; Vorderseite; Vordersitz; Vorderteil; vordergründig.

vor|dring|lich (Adj.) sehr dringlich, wichtig. Vordringlichkeit; vordringen.

vor|ei|lig (Adj.) unüberlegt; vorschnell. Voreiligkeit.

vor|ei|n|an|der (Adv.) einer vor dem anderen. *Beachte:* immer Getrenntschreibung vom Verb! sich voreinander verstecken/hüten/stellen.

vor|ein|ge|nom|men (Adj.) befangen; parteiisch. Voreingenommenheit.

vor|ent|hal|ten (V., enthielt vor, hat vorenthalten) versagen; nicht geben. Vorenthaltung.

vor|erst (Adv.) erst einmal; vorläufig.

vor|ex|er|zie|ren (V.) (ugs.) vormachen.

Vor|fahr (*auch:* Vor|fah|re) (der, -en, -en) Ahn. Vorfahrin.

Vor|fahrt (die, -, kein Plural) Vorfahrtsrecht. Vorfahrt(s)regel; Vorfahrt(s)schild; Vorfahrt(s)straße; Vorfahrt(s)zeichen; vorfahrt(s)berechtigt; vorfahren.

Vor|fall (der, -s, -fäl|le) Ereignis; Geschehen. Verb: vorfallen.

Vor|freu|de (die, -, -en) Freude auf etwas.

Vor|füh|rung (die, -, -en) Vorstellung; Demonstration. Vorführdame; Vorführer; Vorführraum; Vorführwagen; vorführen.

Vor|gang (der, -s, -gän|ge) Ablauf; Akte. Vorgangsbeschreibung; Vorgangspassiv; Vorgangsverb; Vorgangsweise.

Vor|gän|ger (der, -s, -) Vorläufer.

vor|gau|keln (V., gaukelte vor, hat vorgegaukelt) vortäuschen.

vor|geb|lich (Adj.) angeblich; fälschlich. Verb: vorgeben.

Vor|ge|gen|wart (die, -, kein Plural) Perfekt.

vor|ge|hen (V., ging vor, ist vorgegangen) handeln; vorrücken; vorangehen. Vorgehen.

Vor|ge|setz|te (der/die, -n, -n) Chef.

vor|ges|tern (Adv.) am Tag vor gestern. *Beachte:* vorgestern Abend/Morgen/Mittag; vorstrig (*auch:* altmodisch).

vor|grei|fen (V., griff vor, hat vorgegriffen) vorwegnehmen. Vorgriff.

Vor|ha|ben (das, -s, -) Absicht; Plan. Verb: vorhaben.

Vor|hal|tung (die, -, -en) Vorwurf. Verb: vorhalten.

vor|han|den (Adj.) erhältlich; verfügbar. Vorhandensein.

Vor|hang (der, -s, -hän|ge) Gardine. Vorhangstange; Vorhangstoff.

Vor|hän|ge|schloss (das, -schlos|ses, -schlös- ser) Sicherheitsschloss. Verb: vorhängen.
vor|her (Adv.) früher; zuvor; im Voraus. *Beachte:* Getrenntschreibung vom Verb, wenn »vorher« die Bedeutung »früher, zuvor« hat! *Aber:* Zusammenschreibung in der Bedeutung »voraus«! Das hätte ich vorher wissen können; ich will schon vorher (früher) gehen; *aber:* vorherbestimmen; vorhergehen; vorhersagen; vorhersehen. Vorherbestimmung; im Vorhergehenden (weiter oben); das Vorhergehende zeigt es deutlich; vorherig.
Vor|herr|schaft (die, -, kein Plural) Führung; Übergewicht. Verb: vorherrschen.
vor|her|sa|gen (V., sagte vorher, hat vorhergesagt) prophezeien. Vorhersage; das Vorhergesagte, *aber:* das vorher Gesagte; vorhersagbar.
vor|her|se|hen (V., sah vorher, hat vorhergesehen) ahnen; befürchten. Adjektiv: vorhersehbar.
vor|hin (Adv.) eben erst. *Beachte:* im Vorhinein (im Voraus).
vo|rig (Adj.) vorhergehend; vergangen. *Beachte:* im Vorigen (weiter oben im Text); das Vorige (das vorher Geschehene/Angeführte); die Vorigen (die vorhergehenden Teilnehmer) waren besser; vorigen Jahres (Abk.: v. J.); vorigen Monats (Abk.: v. M.).
Vor|keh|rung (die, -, -en) Vorsorge.
vor|knöp|fen (V., refl., knöpfte sich vor, hat sich vorgeknöpft) (ugs.) zurechtweisen.
Vor|kom|men (das, -s, -) Vorhandensein. Vorkommnis; vorkommendenfalls; vorkommen.
Vor|la|dung (die, -, -en) Bestellung zum Gericht. Vorladeschein; vorladen.
Vor|la|ge (die, -, -n) Muster; genauer Pass (Fußball); vorgebeugter Oberkörper.
vor|läu|fig 1. (Adj.) einstweilig. Vorläufigkeit. 2. (Adv.) einstweilen; zunächst.
vor|laut (Adj.) frech.
vor|le|gen (V., legte vor, hat vorgelegt) zeigen; vorweisen; vorhängen. Vorleger; Vorlegeschloss.
Vor|le|sung (die, -, -en) Vortrag. Vorlesepult; Vorleser; Vorlesewettbewerb; Vorlesungsverzeichnis; vorlesen.
vor|letz|te (Adj.) einer vor dem Letzten. der Vorletzte in der Reihe; der Vorletzte im Klassement.
Vor|lie|be (die, -, -n) Neigung.
vor|lieb|neh|men (V., nahm vorlieb, hat vorliebgenommen) sich zufriedengeben.
vor|lie|gen (V., lag vor, hat vorgelegen) vorhanden sein. im Vorliegenden; das Vorliegende.
vorm (Präp.) (ugs.) vor dem.
vorm. (Abk.) vormals; vormittags (*auch:* vm.).

vor|ma|chen (V., machte vor, hat vorgemacht) zeigen; (ugs.) vortäuschen.
Vor|macht (die, -, kein Plural) Vorherrschaft; Vormachtstellung.
vor|ma|lig (Adj.) früher. Adverb: vormals (Abk.: vorm.).
vor|mer|ken (V., merkte vor, hat vorgemerkt) notieren; reservieren. Vormerkung.
Vor|mit|tag (der, -s, -e) von Morgen bis Mittag. *Beachte:* am Vormittag; des Vormittags; jeden Vormittag; am Montagvormittag; montags vormittags; gestern/heute/morgen Vormittag; vormittägig; vormittäglich. Vormittagsstunde; Vormittagsvorstellung.
Vor|mund (der, -s, -e/-mün|der) Fürsorger. Vormundschaft; Vormundschaftsgericht.
vorn 1. (*auch:* vorne) (Adv.) an der Vorderseite; an der Spitze. *Beachte:* Es fehlt vorn(e) und hinten; noch einmal von vorn anfangen; vorneweg; von vornherein; vornüber; vornüberstürzen. 2. (Präp.) (ugs.) vor den.
vor|nehm (Adj.) nobel; elegant. Vornehmheit; Vornehmtuerei.
vor|nehm|lich (Adv.) vor allem.
Vor|rang (der, -s, kein Plural) Vortritt; Hauptgewicht; Priorität. Vorrangstellung; vorrangig; Vorrang haben.
Vor|rat (der, -s, -rä|te) Rücklage; Lager. Vorratshaltung; Vorratskammer; vorrätig.
Vor|ru|he|stand (der, -(e)s, kein Plural) freiwilliger, vorzeitiger Ruhestand.
vors (Präp.) (ugs.) vor das.
Vors. (Abk.) Vorsitzende(r).
vor|sätz|lich (Adj.) absichtlich. Vorsätzlichkeit.
Vor|schein (der) (in den Wendungen) zum Vorschein bringen/kommen (hervorholen, sich zeigen).
vor|schla|gen (V., schlug vor, hat vorgeschlagen) raten; anbieten. Vorschlag; Vorschlagsliste; Vorschlagsrecht.
vor|schnell (Adj.) übereilt.
Vor|schrift (die, -, -en) Regel; Norm. Adjektive: vorschriftsgemäß; vorschriftsmäßig; vorschriftswidrig.
Vor|schub (der) (in der Wendung) Vorschub leisten (begünstigen). Vorschubleistung.
Vor|schuss (der, -schus|ses, -schüs|se) Vorauszahlung. Vorschusslorbeeren; Vorschusszahlung; vorschussweise.
vor|se|hen (V., sah vor, hat vorgesehen) beabsichtigen; achtgeben. Vorsehung.
vor|sich|tig (Adj.) achtsam; besonnen. Vorsichtigkeit; Vorsichtsmaßnahme; Vorsichtsmaßregel. vorsichtshalber.
vor|sint|flut|lich (Adj.) veraltet.

Vor'sitz (der, -es, -e) Leitung. Vorsitzende (Abk.: Vors.); vorsitzen.
Vor'sor'ge (die, -, -n) Vorbereitung. Vorsorgeuntersuchung; vorsorglich; vorsorgen.
Vor'spann (der, -s, -e) Einleitung; Vorinformation (Film). Vorspannmusik.
vor'spie'geln (V., spiegelte vor, hat vorgespiegelt) vortäuschen. Vorspieg(e)lung falscher Tatsachen.
vor'sprin'gen (V., sprang vor, ist vorgesprungen) nach vorne springen; hervorragend. Vorsprung.
Vor'stand (der, -s, -stän'de) Leiter; Leitung. Vorstandsmitglied; Vorstandsvorsitzende; Vorsteher/in; Vorstehhund; Vorstehendes weist darauf hin; im Vorstehenden; das Vorstehende; vorstehen.
Vor'ste'her'drü'se (die, -, -n) Prostata.
Vor'stell'lung (die, -, -en) 1. Gedanke; Bewusstwerdung; 2. Aufführung; 3. Sichvorstellen. Vorstellungsgespräch; Vorstellungskraft; Vorstellungsvermögen; vorstellbar; vorstellig werden; vorstellen.
Vor'stop'per (der, -s, -) Abwehrspieler (Fußball).
vor'stre'cken (V., streckte vor, hat vorgestreckt) nach vorne strecken; leihen.
Vor'teil (das, -s, -e) 1. Gewinn; 2. Überlegenheit. Adjektiv: vorteilhaft.
Vor'trag (der, -s, -trä'ge) Rede; Darbietung. Vortragsabend; Vortragsende; Vortragskunst; Vortragsreihe; vortragen.
vor'treff'lich (Adj.) ausgezeichnet. Vortrefflichkeit.
vo'rü'ber (Adv.) vorbei; vergangen. *Beachte:* Zusammenschreibung mit Verben! vorüberfahren; vorübergehen; vorüberziehen. Adjektiv: vorübergehend, *aber:* im Vorübergehen.
Vor'ur'teil (das, -s, -e) Voreingenommenheit. Vorurteilslosigkeit; vorurteilsfrei; vorurteilslos.
Vor'ver'gan'gen'heit (die, -, kein Plural) Plusquamperfekt.
Vor'wand (der, -s, -wän'de) Ausrede; Ausflucht.
vor'wärts (Adv.) nach vorn. *Beachte:* vor- und rückwärtsgehen. Man schreibt »vorwärts« als Verbzusatz mit dem folgenden Verb zusammen! es muss endlich vorwärtsgehen; sie will im Leben vorwärtskommen. Man schreibt getrennt, wenn »vorwärts« als selbstständiges Adverb gebraucht wird! vorwärts einparken; er ist vorwärts hineingefahren. Vorwärtsgang; Vorwärtskommen; Vorwärtsverteidigung; vorwärtsweisend.
vor'weg'neh'men (V., nahm vorweg, hat vorweggenommen) im Voraus sagen; erledigen. Vorwegnahme.

vor'wei'sen (V., wies vor, hat vorgewiesen) zeigen. Vorweisung.
vor'wer'fen (V., warf vor, hat vorgeworfen) als Vorwurf bringen; beschuldigen. Vorwurf; vorwurfsfrei; vorwurfsvoll.
vor'wie'gend (Adv.) überwiegend; besonders. Verb: vorwiegen.
vor'wit'zig (Adj.) frech; neugierig; vorlaut. Vorwitz.
Vor'wort (das, -s, -e) Einleitung.
vor'zei'tig (Adj.) verfrüht. Vorzeitigkeit.
vor'zie'hen (V., zog vor, hat vorgezogen) hervorziehen; bevorzugen. Vorzug; vorzugsweise.
vor'züg'lich (Adj.) ausgezeichnet. Vorzüglichkeit.
Vo'tant (der, -en, -en) jmd., der ein Votum abgibt.
Vo'ta'ti'on (die, -, -ti'o'nen) das Votieren.
vo'tie'ren (V.) (lat.) abstimmen; stimmen für. Votum.
Vo'tiv'bild (das, -s, -er) Heiligenbild. Votivkirche; Votivmesse; Votivtafel.
Vou'cher (der/das, -s, -/-s) (engl.) Buchungsbestätigung (in der Touristik).
Vox (die, -, Vo'ces) (lat.) Stimme.
Voy'eur (der, -s, -e) (franz.) Spanner. Voyeurismus.
Vp. (*auch:* VP) (Abk.) Versuchsperson.
VR (Abk.) Volksrepublik.
v. R. w. (Abk.) von Rechts wegen.
Vs (Abk.) Voltsekunde.
vs. (Abk.) versus.
V-Stil (der, -s, kein Plural) Technik beim Schanzenspringen, bei der die Skispitzen nach außen gespreizt werden.
v. T. (*auch:* p. m., ‰) (Abk.) vom Tausend (pro mille).
v. u. (Abk.) von unten.
vul'gär (Adj.) (lat.) derb; ordinär. Vulgarität; Vulgärlatein; Vulgärsprache.
Vul'ga'ta (die, -, kein Plural) (lat.) von der kath. Kirche als verbindlich erklärte lateinische Bibelfassung.
vul'go (Adv.) (lat.) gewöhnlich (Abk.: v.).
Vul'kan (der, -s, -e) (lat.) Feuer speiender Berg. Vulkanausbruch; Vulkanismus; vulkanisch.
vul'ka'ni'sie'ren (V.) Gummi herstellen. Vulkanisation; Vulkaniseur.
vul'ne'ra'bel (Adj.) (lat.) verletzlich (Med.).
Vul'va (die, -, -ven) (lat.) äußere Geschlechtsorgane der Frau.
v. v. (Abk.) vice versa.
VW (der, -/-s, -s) (Kurzw.) Volkswagen. VW-Fahrer.
VWD (Abk.) Vereinigte Wirtschaftsdienste.

W

W (Abk.) Watt; West(en); Wolfram (chemisches Zeichen).
Waa'ge (die, -, -n) Messgerät; Sternbild; Gleichgewicht. *Beachte:* Beide Seiten halten sich die Waage (gleichen sich aus). Waagschale.
waag'recht (*auch:* waa'ge'recht) (Adj.) horizontal; eben. Waag(e)rechte.
wab'beln (V.) (ugs.) wackeln. Adjektiv: wabb(e)lig
Wa'be (die, -, -n) Wachszelle. Wabenhonig.
wach (Adj.) 1. nicht schlafen; 2. aufgeweckt. die ganze Nacht wach sein; wach bleiben; morgens schon früh wach werden; *aber:* wenn alte Gefühle wach werden (*auch:* wachwerden) (wieder auftreten); Erinnerungen wachrufen (hervorrufen); wachrütteln (aufrütteln), Man musste ihn lange wach rütteln (*auch:* wachrütteln) (wecken). Wachheit; Wachtraum; Wachzustand.
wa'chen (V.) aufpassen; beschützen. Wachablösung; Wachdienst; das Wachestehen; Wachfeuer; Wachhabende; Wachhund; Wachmann; Wachposten; Wachsamkeit; Wachstube; Wächter; Wächterruf; Wachtmeister; Wach(t)turm. Adjektive: Wache stehend (*auch:* wachestehend); wachhabend; wachsam.
Wa'chol'der (der, -s, -) Pflanze. Wacholderschnaps; Wacholderstrauch.
Wachs (das, -es, -e) elastische Masse; Bienenwachs. Wachsabguss; Wachsbild; Wachsblume; Wachsfigurenkabinett; Wachskerze; Wachsmalerei; Wachspapier; Wachsstock; Wachstuch; Wachszieher; wachsbleich; wächsern; wachsweich; wachsen.
wach'sen 1. (V., wuchs, ist gewachsen) größer werden. Wachstum; Wachstumshormon; Wachstumsrate; Wachstumsstörung; wachstumsfördernd; wachstumshemmend. 2. (V.) mit Wachs einreiben. Bohnerwachs.
Wach'tel (die, -, -n) Hühnervogel. Wachtelruf; Wachtelschlag.
wa'ckeln (V.) schwanken; locker sein. Wackelei; Wackelkontakt; Wackelpeter; Wackelpudding; wack(e)lig.
wa'cker (Adj.) tapfer.
Wad (das, -s, kein Plural) (engl.) Mineral.
Wa'de (die, -, -n) Teil des Unterschenkels. Wadenbein; Wadenkrampf; Wadenstrumpf; Wadenwickel.

Wa'di (das, -s, -s) (arab.) Trockental.
Wa'fer (der, -s, -) (engl.) Siliciumscheibe für einzelne Chips.
Waf'fe (die, -, -n) Kampfgerät; Kampfmittel. Waffenbesitz; Waffenbrüderschaft; Waffengattung; mit Waffengewalt; Waffenlager; Waffenlieferung; Waffenruhe; Waffenschein; Waffenstillstand; Waffenstillstandslinie; Waffensystem; waffenfähig; waffenlos.
wa'gen (V.) riskieren; sich getrauen. Wagemut; Waghalsigkeit; Wagnis; Wagstück; wagemutig; waghalsig.
Wa'gen (der, -s, -) Gefährt; Auto; Maschinenteil. *Beachte:* Kleiner/Großer Wagen (Sternbild). Wagenheber; Wagenkolonne; Wagenladung; Wagenrennen; Wagenschlag; Wagenschmiere; Wagentyp; Wagenwäsche.
wä'gen (V., wägte/wog, hat gewägt/gewogen) abschätzen; überlegen. Wägung; wägbar.
Wag'gon (*auch:* Wa'gon) (der, -s, -s) (engl.) Eisenbahnwagen. Adjektiv: waggonweise (*auch:* wagonweise).
wäh'len (V.) stimmen für; auswählen; Telefonnummer wählen. Wahl; Wahlanzeige; Wahlausschuss; Wählbarkeit; Wahlbenachrichtigung; Wahlberechtigte; Wahlbeteiligung; Wahlbezirk; Wähler/in; Wahlerfolg; Wählerinitiative; Wählerschaft; Wahlfach; Wahlfreiheit; Wahlgeheimnis; Wahlgeschenk; Wahlheimat; Wahlkampf; Wahlkreis; Wahlleiter; Wahllokal; Wahlmänner; Wahlniederlage; Wahlparty; Wahlpflicht; Wahlplakat; Wahlpropaganda; Wahlrede; Wahlsieg; Wahlspruch; Wahlsystem; Wählton; Wahlurne; Wahlversammlung; Wahlverwandtschaft. Adjektive: wählbar; wahlberechtigt; wählerisch; wahllos; wahlverwandt; wahlweise.
Wahn (der, -s, kein Plural) Einbildung; Manie. Wahnbild; Wahnidee; Wahnsinn; Wahnsinnstat; Wahnvorstellung; Wahnwitz; wahnsinnig; wahnwitzig; wähnen.
wahr (Adj.) richtig; wirklich; echt. *Beachte:* etwas/nichts/viel/wenig Wahres; das Wahre daran; ein Bad wäre jetzt das einzig Wahre; *aber:* nicht wahr? es ist eine wahre Schande. *Wichtig:* Zusammenschreibung mit Verben, wenn ein neuer, übertragener Begriff entsteht! etwas nicht wahrhaben wollen (nicht glauben wollen); eine Stimme wahrnehmen (hören); wahrsagen (prophezeien). *Aber:* Ich kann dies nicht für wahr halten; wirst du nun endlich deine Versprechungen wahr machen (*auch:* wahrmachen)? was wahr ist, muss wahr bleiben. Wahrhaftigkeit; Wahrheit; Wahrheitsfindung; Wahrheitsgehalt; Wahrheitsliebe; Wahrheits-

wahren 580 **wandern**

sinn; wahrhaft; wahrhaftig; wahrheitsgemäß; wahrheitsgetreu; wahrheitsliebend; wahrlich.
wah'ren (V.) bewahren. Wahrung.
wäh'ren (V.) dauern. (*Aber:* Wir nahmen an, sie wären schon gefahren.)
wäh'rend 1. (Konj.) zu der Zeit, als; wohingegen. *Beachte:* Nebensätze, die mit »während« eingeleitet werden, trennt man durch Komma! Man stahl ihm seinen Mantel, während er bezahlte. Wir bestellten Kaffee, während sie nichts trinken wollte. Außerdem: währenddem; währendes (*auch:* währenddessen). 2. (Präp., Gen.) im Verlauf von. *Beachte:* während der Schulzeit; während zweier Jahre.
wahr'neh'men (V., nahm wahr, hat wahrgenommen) bemerken; fühlen. Wahrnehmbarkeit; Wahrnehmung; wahrnehmbar.
wahr'sa'gen (V., sagte wahr, hat wahrgesagt) prophezeien. Wahrsagekunst; Wahrsager/-in; Wahrsagung; wahrsagerisch.
wahr'schein'lich (Adj., Adv.) vermutlich. Wahrscheinlichkeit; Wahrscheinlichkeitsgrad; Wahrscheinlichkeitsrechnung; Wahrscheinlichkeitstheorie.
Wäh'rung (die, -, -en) Zahlungsmittel. Währungsausgleich; Währungsausgleichsfonds; Währungsblock; Währungseinheit; Währungskrise; Währungspolitik; Währungsreform; Währungssystem.
Wäh'rungs'fonds (der, -, kein Plural) (kurz für:) Internationaler Währungsfonds. Einrichtung, die den internationalen Handel, Zahlungsverkehr und die Kreditvergabe erleichtern soll.
Wäh'rungs'uni'on (die, -, -en) Währungsvereinigung.
Wahr'zei'chen (das, -s, -) Symbol; Denkmal.
Wah-Wah (das, -s, -s) (engl.) mit einem Fußpedal zu bedienendes Zusatzteil für E-Gitarren, das einen quakenden Sound erzeugt.
Wai'se (die, -, -n) Kind ohne Eltern. Waisengeld; Waisenhaus; Waisenkind; Waisenknabe; Waisenrente; verwaist.
Wal (der, -s, -e) Meeressäugetier. Walfang; Walfänger; Walfangflotte; Walfisch; Walfang treibend (*auch:* walfangtreibend).
Wald (der, -s, Wäl'der) Forst; Baumbestand. Waldameise; Waldarbeiter; Waldbeere; Waldbrand; Wäldchen; Waldeinsamkeit; Walderdbeere; Waldesrand; Waldfarn; Waldgeist; Waldhorn; Waldlauf; Waldlehrpfad; Waldlichtung; Waldsterben; Waldweg; Waldwirtschaft. Adjektive: waldig; waldreich; bewaldet.
Wald'meis'ter (der, -s, kein Plural) Maikraut. Waldmeisterbowle.
wal'ken (V.) kneten; verfilzen. Walke; Walker.

Wal'kie-Tal'kie (das, -/-s, -s) (engl.) tragbares Funksprechgerät.
Walk'man (der, -s, -men) (engl.) kleiner, tragbarer Kassettenrecorder mit Kopfhörern.
Wal'kü're (die, -, -n) altnord. für »Totenwählerin«; göttliche, jungfräuliche Kämpferin aus der nordischen Sage, die die gefallenen Krieger nach Walhall (Odins Halle) führt.
Wall (der, -s, Wäl'le) Erddamm. Wallgraben.
Wal'la'by (das, -s, -s) 1. (meist Plural) kleine Kängurugattung. 2. Fell bestimmter Känguruarten.
wal'len (V.) sprudeln; wogen. Wallung.
Wall'fahrt (die, -, -en) Pilgerreise. Wallfahrer/in; Wallfahrtskirche; Wallfahrtsort; wallfahr(t)en.
Wal'nuss (die, -, -nüs'se) Frucht. Walnussbaum; Walnusseis.
Wal'pur'gis'nacht (die, -, -näch'te) Hexennacht (Nacht vor dem 1. Mai).
Wal'ross (das, -ros'ses, -ros'se) Robbe.
wal'ten (V.) herrschen; arbeiten; wirken. *Beachte:* seines Amtes walten; Vorsicht walten lassen; du kannst schalten und walten, wie du willst.
wal'zen (V.) pressen; glatt machen. Walzblech; Walze; Walzenbruch; Walzenmühle; Walzlager; Walzstahl; Walzwerk; walzenförmig; walzig.
wäl'zen (V.) rollen; intensiv bearbeiten. *Beachte:* Bücher, Probleme wälzen.
Wam'pe (die, -, -n) (ugs.) dicker Bauch.
Wam'pum (der, -s, -e) Indianerschmuck.
Wams (das, -es, Wäm'ser) Jacke.
Wand (die, -, Wän'de) Mauer; Fläche; steiler Fels; Hindernis. Wandbehang; Wandbord; Wandbrett; Wandgemälde; Wandkalender; Wandmalerei; Wandschirm; Wandschrank; Wandteller; Wanduhr; Wandung; Wandverkleidung; dünnwandig.
Wan'da'le (*auch:* Van'da'le) (der, -, -n) 1. Angehöriger des germanischen Stammes der Vandalen. 2. ein wild zerstörender Mensch.
Wan'da'lis'mus (*auch:* Van'da'lis'mus) (der, -, kein Plural) (nlat.) blinde Zerstörungswut.
wan'deln (V.) verändern; spazieren gehen. Wandel; Wandelbarkeit; Wandelgang; Wandelhalle; Wand(e)lung; Wandlungsprozess; wandelbar; wandlungsfähig.
wan'dern (V.) umherziehen; spazieren gehen; bergsteigen. Wanderameise; Wanderausstellung; Wanderbühne; Wanderdüne; Wanderer; Wanderfalke; Wanderin; Wanderjahr; Wanderkarte; Wanderlust; Wandern; Wanderniere; Wanderpokal; Wanderschaft; Wandersmann;

Wanderstab; Wanderung; Wandervogel; Wanderzirkus (*auch:* Wandercircus); wanderlustig.
Wan'ge (die, -, -n) Backe. Wangenknochen; Wangenmuskel.
wan'ken (V.) schwanken; unsicher sein. *Beachte:* Der Berg kam ins Wanken. Wankelmut; Wankelmütigkeit; wankelmütig.
wann (Adv.) zu welcher Zeit?
Wan'ne (die, -, -n) Behälter; (Kurzw.) Badewanne. Wännchen; Wannenbad.
Wanst (der, -es, Wäns'te) dicker Bauch.
Wan'ze (die, -, -n) Insekt; Abhörgerät.
Wa'pi'ti (der, -/-s, -s) Hirschart.
Wap'pen (das, -s, -) Emblem; Kennzeichen. Wappenkunde (Heraldik); Wappenschild; Wappenspruch; Wappentier.
wapp'nen (V., refl.) sich schützen; sich vorbereiten.
Wa'rä'ger (der, -s, -) (schwed.) Wikinger.
Wa'ran (der, -s, -e) (arab.) Echse.
Wa're (die, -, -n) Produkt; Erzeugnis. Warenangebot; Warenausfuhr; Warenaustausch; Warenbestand; Warencharakter; Warenexport; Warenhandel; Warenhaus; Warenkunde; Warenlager; Warenprobe; Warensortiment; Warentest; Warenzeichen.
warm (Adj.) erhitzt; wärmend; herzlich. *Beachte:* etwas/nichts/viel/wenig Warmes; im Warmen sitzen; *aber:* kalt und warm unterscheiden; die Wohnung kostet warm tausend Euro. das Essen warm machen (*auch:* warmmachen); sich jemanden warmhalten (sich jemandes Wohlwollen erhalten); das Essen warm halten; den Motor warm laufen lassen; sich warm laufen. Warmblut; Wärme; Wärmebehandlung; Wärmedämmung; Wärmedehnung; Wärmeeinheit (Kalorie); Wärmeenergie; Wärmegewitter; Wärmegrad; Wärmekapazität; Wärmekraftwerk; Wärmelehre (Kalorik); Wärmeleiter; Wärmeleitzahl; Wärmepol; Wärmepumpe; Wärmequelle; Wärmeregler (Thermostat); Wärmeschutz; Wärmespeicher; Wärmetechnik; Wärmezähler; Wärmflasche; Warmfront; Warmhaus (Gewächshaus); Warmherzigkeit; Warmlaufen; das Warm-laufen-Lassen (*auch:* Warmlaufenlassen); Warmluft; Warmluftheizung; Warmwasserheizung; Warmwasserspeicher. Adjektive: warmblütig; wärmehaltig; wärmeisolierend; wärmeleitend; warmherzig. Verb: wärmen.
war'nen (V.) auf eine Gefahr hinweisen; ermahnen; drohen. Warnanlage; Warnblinkanlage; Warndreieck; Warner; Warnkreuz; Warnleuchte; Warnlicht; Warnruf; Warnschild; Warnschuss; Warnsignal; Warnstreik; Warnung; Warnzeichen.

War'rant (der, -s, -s) (engl.) Lagerschein.
War'te (die, -, -n) Wachturm; Ausguck. *Beachte:* etwas von der hohen Warte (von einem überlegenen Standpunkt) aus betrachten. Wartturm.
war'ten (V.) zögern; erwarten; pflegen. *Beachte:* Du hast lange auf dich warten lassen; *aber:* Das Warten hat endlich ein Ende. Wartefrau; Wartehalle; Warteliste; Wärter/in; Warteraum; Warterei; Wartesaal; Wartezeit; Wartezimmer; Wartung; wartungsfrei.
wa'r'um (Adv.) weshalb? *Beachte:* warum nicht? *aber:* nicht nach dem Warum fragen.
War'ze (die, -, -n) Hautauswuchs. Warzenhof; Warzenschwein; warzenförmig; warzig.
was 1. (Pron., interrog.) welche Sache? wie viel? *Beachte:* was ist los? was kostet das? was für ein Lärm! für was das alles? um was wetten wir? zu was ist das gut? durch was konnte das passieren? 2. (Pron., relat.) das, was; (ugs.) so sehr; so viel. *Beachte:* das Schlimmste, was ich je gehört habe; nichts/vieles/manches, was; was mich betrifft; renn, was du kannst! komme, was da wolle. 3. (Pron., indef.) etwas. *Beachte:* Das ist was Neues; jemand für wer weiß was halten; ich kann was. 4. (Adj.) (ugs.) warum. *Beachte:* Was bist du so traurig? Was hast du nur?
wasch'ak'tiv (Adj.) reinigend wirkend.
Wasch'an'la'ge (die, -, -n) Reinigungsanlage; großer Waschautomat.
Wasch'an'lei'tung (die, -, -en) Waschanweisung für eine Waschmaschine oder ein Kleidungsstück.
Wasch'an'stalt (die, -, -en) (veraltet) Wäscherei.
Wasch'an'wei'sung (die, -, -en) Waschanleitung.
Wasch'au'to'mat (der, -en, -en) Waschmaschine.
wasch'bar (Adj.) abwaschbar.
Wasch'bär (der, -s, -en) Kleinbär.
Wasch'be'cken (das, -s, -) Lavoir.
Wasch'ben'zin (das, -s, kein Plural) Reinigungsbenzin.
Wasch'beu'tel (der, -s, -) Kulturbeutel.
Wasch'brett (das, -s, -er) Waschgerät.
Wasch'brun'nen (der, -s, -) kreisförmige Brunnen mit mehreren Wasserhähnen in Gemeinschaftswaschräumen.
Wasch'büt'te (die, -, -n) Waschzuber.
Wä'sche (die, -, kein Plural) Reinigung; Schmutzwäsche. Bettwäsche; Katzenwäsche; Unterwäsche.
Wä'sche'beu'tel (der, -s, -) Sack für schmutzige Kleidungsstücke.

wasch׀echt (Adj.) beim Waschen nicht abfärbend.
Wä׀sche׀ge׀schäft (das, -s, -e) Bekleidungsgeschäft.
Wä׀sche׀klam׀mer (die, -, -n) Spange zum Befestigen von Wäschestücken an einer Wäscheleine.
Wä׀sche׀korb (der, -s, -kör׀be) Korb für Wäsche.
Wä׀sche׀lei׀ne (die, -, -n) Schnur zum Aufhängen von zu trocknender Wäsche.
Wä׀sche׀man׀gel 1. (der, -s, -män׀gel) Knappheit von Wäsche. 2. (die, -, -n) Heißmangel; Bügelmaschine.
wa׀schen (V., wusch, hat gewaschen) reinigen; (ugs.) Wäsche waschen; jemandem den Kopf waschen (die Meinung sagen).
Wä׀sche׀rei (die, -, -en) Reinigung.
Wä׀sche׀rol׀le (die, -, -n) Mangel.
Wä׀sche׀sack (der, -s, -sä׀cke) Wäschebeutel.
Wä׀sche׀schleu׀der (die, -, -n) Schleuder.
Wä׀sche׀schmutz (der, -es, kein Plural) Tiefenschmutz, der Wäschestücke grau werden lässt.
Wä׀sche׀schrank (der, -s, -schrän׀ke) Schrank.
Wä׀sche׀spin׀ne (die, -, -n) Wäschegestell.
Wä׀sche׀stän׀der (der, -s, -) Wäschetrockner.
Wä׀sche׀stär׀ke (die, -, -n) Stärkungsmittel.
Wä׀sche׀trock׀ner (der, -s, -) Tumbler; Wäschegestell.
Wä׀sche׀trom׀mel (die, -, -n) runder Wäschebehälter in einer Waschmaschine.
Wä׀sche׀wrin׀ger (der, -s, -) Wringmaschine zum Ausquetschen nasser Wäsche.
Wä׀sche׀zei׀chen (das, -s, -) Etikett mit der Angabe der Stoffbestandteile.
Wasch׀fass (das, -fas׀ses, -fäs׀ser) Waschtonne.
Wasch׀fla׀sche (die, -, -n) Glasgefäß zur Behandlung von Gasen (Chemie).
Wasch׀frau (die, -, -en) Wäscherin.
Wasch׀gang (der, -s, -gän׀ge) Teil eines Waschprogramms.
Wasch׀ge׀le׀gen׀heit (die, -, -en) Waschbecken; Zeit zum Waschen.
Wasch׀hand׀schuh (der, -s, -e) Waschlappen.
Wasch׀haus (das, -es, -häu׀ser) Ort, an dem man Wäsche waschen kann.
Wasch׀haus׀schlüs׀sel (der, -s, -) Schlüssel zum Waschhaus.
Wasch׀ka׀len׀der (der, -s, -) Waschplan eines Waschhauses mit mehreren Benutzern.

Wasch׀kes׀sel (der, -s, -) Waschzuber.
Wasch׀korb (der, -es, -kör׀be) Waschkorb.
Wasch׀kü׀che (die, -, -n) 1. Waschhaus. 2. dichter Nebel.
Wasch׀lap׀pen (der, -s, -) 1. Waschtuch. 2. ugs. für Schwächling.
Wasch׀lau׀ge (die, -, -n) Waschlösung.
Wasch׀lis׀te (die, -, -n) Waschkalender.
Wasch׀ma׀schi׀ne (die, -, -n) elektrisches Waschgerät.
wasch׀ma׀schi׀nen׀fest (Adj.) waschmaschinentauglich; mit einer Waschmaschine waschbar.
Wasch׀mit׀tel (das, -s, -) Mischung aus waschwirksamen Stoffen.
Wasch׀mit׀tel׀ge׀setz (das, -es, kein Plural) Vorgabe, dass Waschmittel zu mindestens 80 % im Abwasser abbaubar sein müssen.
Wasch׀mit׀tel׀her׀stel׀ler (der, -s, -) Waschmittelproduzent.
Wasch׀mit׀tel׀kon׀zen׀t׀rat (das, -s, -e) verdichtetes Waschmittel.
Wasch׀mit׀tel׀pro׀duk׀ti׀on (die, -, -ti׀o׀nen) Waschmittelherstellung.
Wasch׀mit׀tel׀pro׀du׀zent (der, -en, -en) Waschmittelhersteller.
Wasch׀mit׀tel׀sor׀te (die, -, -n) Waschmittel für eine spezielle Wäscheart (Universal-, Fein-, Bunt-, Koch-, Spezialwaschmittel).
Wasch׀mit׀tel׀test (der, -s, -) Prüfung eines Waschmittels auf seine Wirksamkeit.
Wasch׀mit׀tel׀ver׀kauf (der, -s, -käu׀fe) Verkauf von Waschmitteln.
Wasch׀mit׀tel׀wer׀bung (die, -, kein Plural) Werbung.
Wasch׀mit׀tel׀zu׀satz (der, -es, -sät׀ze) Beigaben zum Waschmittel.
Wasch׀mün׀ze (die, -, -n) Chip für eine Münzwaschmaschine.
Wasch׀phos׀phat (das, -s, -e) Salz gegen Wäscheschmutz und Wasserhärte.
Wasch׀pul׀ver (das, -s, -) Waschmittel in Pulverform.
Wasch׀raum (der, -s, -räu׀me) Gemeinschaftswaschanlage.
Wasch׀rin׀ne (die, -, -n) Waschgelegenheit mit mehreren Waschplätzen.
Wasch׀sa׀lon (der, -s, -s) Wäscherei mit Münzwaschautomaten.
Wasch׀schleu׀der׀ma׀schi׀ne (die, -, -n) große Trommelwaschmaschine.
Wasch׀schüs׀sel (die, -, -n) Lavoir.
Wasch׀sei׀de (die, -, kein Plural) waschbarer Seidenstoff.
Wasch׀stra׀ße (die, -, -n) automatische Waschanlage.

Wasch|stück (das, -s, -stü|cke) Seifenstück mit neutralem pH-Wert.
Wasch|tag (der, -s, -e) Waschtermin.
Wasch|tisch (der, -es, -e) Tisch mit Waschgelegenheit.
Wasch|ton|ne (die, -, -n) Waschzuber.
Wasch|trog (der, -s, -trö|ge) Waschtonne.
Wa|schung (die, -, -en) (religiöse) Reinigung.
Wasch|voll|au|to|mat (der, -en, -en) Waschmaschine mit Schleudergang, der das Auswringen der Wäsche erspart.
Wasch|wan|ne (die, -, -n) Badewanne; Waschzuber.
Wasch|was|ser (das, -s, kein Plural) Wasser.
Wasch|weib (das, -s, -er) 1. Waschfrau; 2. Jammerlappen.
Wasch|zeit (die, -, -en) Dauer oder Termin des Waschens.
Wasch|zet|tel (der, -s, -) 1. Beigabe zur Wäsche, die an eine Wäscherei gegeben wird. 2. Informationsblatt, das einem Buch beigefügt wird; Notizzettel.
Wasch|zeug (das, -s, kein Plural) Waschutensilien.
Wasch|zu|ber (der, -s, -) Waschkessel.
Wasch|zwang (der, -s, kein Plural) Zwangsneurose.
wash and wear (engl.) Bezeichnung für bügelfreie Kleidung.
Was|ser (das, -s, -/Wäs|ser) Gewässer; Flüssigkeit. *Beachte:* zu Wasser und zu Lande. Wasseraufbereitung; Wasserbad; Wasserball; Wasserbett; Wasserbombe; Wasserbüffel; Wasserdampf; Wasserfahrzeug; Wasserfall; Wasserfarbe; Wasserfläche; Wasserflasche; Wasserfloh; Wasserflugzeug; Wasserfrosch; Wasserglas; Wasserglätte (Aquaplaning); Wassergraben; Wasserhahn; Wasserhaushalt; Wasserjungfrau; Wässrigkeit (*auch:* Wässerigkeit); Wasserkessel; Wasserklosett (Abk.: WC); Wasserkopf; Wasserkraft; Wasserkreislauf; Wasserkühlung; Wasserkur; Wasserlache; Wasserleiche; Wasserleitung; Wassermann; Wassermelone; Wassermühle; Wassernixe; Wassernot; Wassernymphe; Wasserpfeife; Wasserpflanze; Wasserpistole; Wasserpumpe; Wasserrad; Wasserratte; Wasserreservoir; Wasserrohr; Wasserscheide; Wasserski (*auch:* Wasserschi); Wasserschlange; Wasserschlauch; Wasserschutzgebiet; Wasserspiegel; Wassersport; Wasserspülung; Wasserstandsanzeige; Wasserstoff (Abk.: H); Wasserstoffbombe (Abk.: H-Bombe); Wasserstoffflamme (*auch:* Wasserstoff-Flamme); Wasserstoffperoxid (*auch:* Wasserstoffperoxyd) (Abk.: H_2O_2); Wasserstrahl; Wasserstraße; Wassersucht; Wassertemperatur; Wassertropfen; Wässerung; Wasserwirtschaft; Wasserzähler; Wasserzeichen. Adjektive: Wasser abstoßend (*auch:* wasserabstoßend); Wasser abweisend (*auch:* wasserabweisend); wasserarm; wasserdicht; wasserfest; wassergekühlt; wässrig (*auch:* wässerig); wasserlöslich; wasserscheu; wasserstoffblond; wassersüchtig. Verben: wassern; wässern.
Was|ser|spaß (der, -es, -spä|ße) Vergnügen beim Baden.
wa|ten (V.) einsinken.
Wa|ter|kant (die, -, kein Plural) (nordd.) Nordseeküste.
wa|ter|proof (Adj.) (engl.) wasserdicht.
Wat|sche (die, -, -n) (südd.) Ohrfeige. Watschenbaum; Watschenmann; watschen.
wat|scheln (V.) (ugs.) wackelnd gehen. Watschelente; watsch(e)lig.
Watt 1. (das, -s, -) Leistungseinheit (Physik; Abk.: W). Wattmeter; Wattsekunde (Abk.: Ws); Wattstunde (Abk.: Wh). 2. (das, -s, -en) Küstenstreifen. Wattenmeer; Wattwanderung.
Wat|te (die, -, -n) Baumwollfaser. Wattebausch; Wattefutter; Wattierung; wattig; wattieren.
Wat|ten (das, -s, kein Plural) (südd.) Kartenspiel.
Wau|wau (der, -s, -s) (ugs.) Hund. *Beachte:* Der Hund macht wau, wau.
WC (das, -/-s, -/-s) (Kurzw.: water closet) Wasserklosett.
WDR (Abk.) Westdeutscher Rundfunk.
we|ben (V., webte/wob, hat gewebt/gewoben) spinnen; flechten. Weber; Weberei; Weberknoten; Weberschiffchen; Webfehler; Webgarn; Webpelz; Webstuhl.
We|ber|knecht (der, -s, -e) Spinne.
wech|seln (V.) ändern; tauschen. Wechsel; Wechselbad; Wechselbanken; Wechselbeziehung; Wechselgeld; Wechselgesang; Wechseljahre; Wechselkasse; Wechselkurs; Wechselrahmen; Wechselrede; Wechselschritt; Wechselseitigkeit; Wechselstrom; Wechslung (*auch:* Wechselung); Wechselverkehr; Wechselwähler; Wechselwirkung; Wechsler. Adjektive: wechselbezüglich; wechselhaft; wechselseitig; wechselweise.
Wech|sel|neh|mer (der, -s, -) jmd., der einen Wechsel entgegennimmt.
Wech|sel|recht (das, -s, -e) rechtliche Grundlage für Wechsel.
Wech|sel|schal|ter (der, -s, -) 1. Schalter für den Geldwechsel bei einer Bank oder Wechselstube. 2. elektrischer Umschalter.

Wech|sel|schuld|ner (der, -s, -) jmd., der einen Wechsel begleichen muss.
Wech|sel|spiel (das, -s, -e) Zusammenspiel.
Wech|sel|stu|be (die, -, -n) Geldwechselinstitut.
Wech|sel|tier|chen (das, -s, -) Amöbe.
wech|sel|voll (Adj.) schwankend; abwechslungsreich. eine wechselvolle Lebensgeschichte.
Wech|te (die, -, -n) Schneewehe. Wechtenbildung.
We|ck|a|min (das, -s, -e) Aufputschmittel.
we|cken (V.) wach machen; erregen. *Beachte:* Wer übernimmt das Wecken? Weckdienst; Wecker; Weckruf.
Weck|glas (das, -es, -glä|ser) Einmachglas; Einweckglas.
Weck|ring (der, -s, -e) Gummiring für Weckgläser.
We|da (*auch:* Ve|da) (der, -/-s, -den) (Sanskrit) altindische religiöse Schrift.
we|deln (V.) hin und her bewegen; hin und her schwingen (Skifahren). Wedel; Staubwedel; Wedelkurs.
we|der (Konj.) (nur in der Wendung) weder ... noch (nicht ... und auch nicht). *Beachte:* Verbindet »weder ... noch« ganze Sätze, so steht ein Komma! Werden nur Satzteile verbunden, steht kein Komma! Wir sind weder weggefahren, noch haben wir uns erholt. *Aber:* Weder du noch ich sprechen Russisch. Weder er selbst noch der andere wusste/wussten Bescheid.
we|disch (*auch:* ve|disch) (Adj.) zu den Weden (→ Weda) gehörig.
Week|end (das, -/-s, -s) (engl.) Wochenende; Weekend-Tarif.
weg (Adv.) fort; entfernt. *Beachte:* Sie ist weit weg von hier; weg da! ich bin ganz weg (ugs.: begeistert); frei von der Leber weg (ugs.: offen); über etwas weg (hinweg) sein. *Wichtig:* Zusammenschreibung mit Verben! wegarbeiten; wegbekommen; wegblasen; wegbleiben; wegbringen; wegdiskutieren; wegessen; wegfahren; wegfallen; wegfegen; wegfliegen; weggeben; weggehen; weggucken; einen weghaben (ugs.: betrunken sein, spinnen); wegholen; weghören; wegjagen; wegkommen; wegkriegen; weglassen; weglaufen; weglegen; wegmachen; wegmüssen; wegnehmen; wegpacken; wegradieren; wegrationalisieren; wegräumen; wegrennen; wegschaffen; sich wegscheren; wegschicken; wegschließen; wegschnappen; wegschütten; wegstecken; sich wegstehlen; wegstoßen; wegstreichen; wegtun; wegwerfen; wegwischen;

wegziehen. Wegfall; Weggang; Wegnahme; Wegwerfflasche; Wegwerfgesellschaft; Wegzug.
Weg (der, -s, -e) Pfad; Straße; Strecke; Methode; Bahn; Gang. *Beachte:* Mittel und Wege finden; jemanden ein Stück Weg/Weg(e)s begleiten; seiner Wege gehen; ein Bauer kam des Weg(e)s daher; da führt kein Weg daran vorbei; auf dem besten Wege sein; seine eigenen Wege gehen; auf dem schnellsten Wege gehen; jemandem im Weg(e) stehen/sein; woher des Weg(e)s? halbwegs; geradewegs; keineswegs; unterwegs; etwas zuwege (*auch:* zu Wege) bringen. Wegbereiter; Wegbiegung; Wegbau; Wegelagerer; Wegerecht; Weggabelung; Wegkreuz; Wegmarke; Wegrand; Wegstrecke; Wegweiser; Wegzehrung; Wegzeichen. Adjektive: wegkundig; wegweisend. Verb: wegelagern.
Wel|ga (die, -, kein Plural) (arab.) Stern.
we|gen (Präp., Gen.) auf Grund von; um ... willen (Abk.: wg.). *Beachte:* wegen Mangels an Wissen; der Eltern wegen; *aber:* wegen Umbau geschlossen; wegen Diebstahl verurteilt; von Amts/Rechts/Staats wegen; deswegen; meinet-/deinet-/seinet-/ihret-/unsert-/euretwegen; von wegen! (auf keinen Fall).
We|ge|rich (der, -s, -e) Pflanze.
weh 1. (Adj.; Adv.) wund; schmerzend. *Beachte:* Ich habe einen wehen Zeh; es ist mir weh ums Herz; o weh! Ach und Weh schreien; mit Ach und Weh; weh dem, der lügt! Wehgeschrei; Wehklage; Wehleidigkeit; Wehmut; Wehmütigkeit; Wehweh; Wehwehchen; wehklagend; wehleidig; wehmütig; wehmutsvoll; wehklagen; wehtun (*auch:* weh tun).
We|he (die, -, -n) Geburtsschmerz; Schneewehe.
we|hen (V.) blasen; flattern.
Weh|ne (die, -, -n) (nordd.) Beule; Geschwulst.
Wehr (das, -s, -e) Stauwerk.
weh|ren (V., refl.) sich verteidigen. *Beachte:* sich mit Händen und Füßen wehren; sich zur Wehr setzen. Wehrbeauftragte; Wehrbereich; Wehrdienst; Wehrdienstverweigerer; Wehrfähigkeit; Wehrgerechtigkeit; Wehrhaftigkeit; Wehrlosigkeit; Wehrmacht; Wehrmachtsangehörige; Wehrpass; Wehrpflicht; Wehrübung. Adjektive: wehrbar; wehrfähig; wehrhaft; wehrlos; wehrpflichtig.
Weib (das, -s, -er) (ugs.) Frau; Ehefrau. Weibchen; Männlein und Weiblein; Weiberfas(t)nacht; Weiberfeind; Weibergeschichten; Weiberheld; Weiblichkeit; Weibsbild; Weibsperson; Weibsstück. Adjektive: weibisch; weiblich.

weich (Adj.) nachgiebig; breiig; formbar; weichherzig; gutmütig; zart; geschmeidig. Bei Verbindungen, in denen »weich« das Ergebnis des Verbalvorgangs bezeichnet, ist sowohl Zusammen- als auch Getrenntschreibung möglich! die Schnitzel weich klopfen (*auch:* weichklopfen); die Eier weich kochen (*auch:* weichkochen). Ergibt die Verbindung eine neue Gesamtbedeutung, die sich nicht mehr aus der Bedeutung der einzelnen Bestandteile ableiten lässt, ist nur Zusammenschreibung zulässig! jmdn. weichmachen (ugs. zermürben) *aber:* das Leder weich machen (*auch:* weichmachen). Weichheit; Weichherzigkeit; Weichspülmittel; Adjektive: weichlich; weichmütig.
Wei|che (die, -, -n) Gabelung; Stellwerk im Schienenverkehr. Weichensteller.
wei|chen 1. (V., wich, ist gewichen) nachgeben; zurückgehen. 2. (V.) weich machen; weich werden.
Wei|de (die, -, -n) 1. Baum; 2. Wiese. Weideland; Weidenbaum; Weidenbusch; Weidenkätzchen; Weidenröschen; Weideplatz; Weidewirtschaft; weiden.
wei|den (V.) grasen; sich erfreuen.
Weid|mann (*auch:* Waid|mann) (der, -s, -männer) Jäger. Weidmannsdank (*auch:* Waidmannsdank); Weidmannsheil! (*auch:* Waidmannsheil!); Weidmesser (*auch:* Waidmesser); Weidwerk (*auch:* Waidwerk); weidgerecht (*auch:* waidgerecht); weidlich (*auch:* waidlich); weidmännisch (*auch:* waidmännisch); weidwund (*auch:* waidwund).
wei|gern (V., refl.) ablehnen; nicht tun wollen. Weigerung; im Weigerungsfall.
wei|hen (V.) segnen; widmen. Weihbischof; Weihe; Weiheakt; Weihestunde; Weihgabe; Weihkessel; Weihrauch; Weihung; Weihwasser; Weihwasserkessel; Weihwedel; weihevoll; weihräuchern.
Wei|her (der, -s, -) Teich.
Weih|nach|ten (das, -en, -en) Weihnachtsfest. Weihnacht; Weihnachtsabend; Weihnachtsbaum; Weihnachtsfeier; Weihnachtsferien; Weihnachtsgeld; Weihnachtsgeschenk; Weihnachtsgratifikation; Weihnachtskrippe; Weihnachtslied; Weihnachtsmann; Weihnachtsmarkt; Weihnachtsspiel; Weihnachtsstollen; Weihnachtsteller; Weihnachtszeit; weihnachtlich; weihnachten.
weil (Konj.) da. *Beachte:* Leitet »weil« einen Nebensatz ein, so steht ein Komma! Ich mag ihn nicht, weil er so hochnäsig ist.
Wei|le (die, -, kein Plural) kurze Zeit. *Beachte:* Das ist schon eine ganze Weile her; das dauert eine gute Weile; ein Weilchen; Langeweile; Kurzweil; bisweilen; zuweilen; einstweilen; mittlerweile.
wei|len (V.) bleiben; sich aufhalten.
Wei|ler (der, -s, -) Dorf.
Wein (der, -s, -e) Weinrebe; Alkohol. Weinbau; Weinbauer; Weinbeere; Weinberg; Weinbergschnecke; Weinbrand (*aber:* Branntwein); Weinessig; Weinfass; Weinflasche; Weingeist; Weinglas; Weingut; Weinkeller; Weinkenner; Weinkönigin; Weinlese; Weinlokal; Weinpanscher; Weinprobe; Weinrebe; Weinschaumcreme (*auch:* Weinschaumkrem(e)); Weinstein; Weinstock; Weinstube; Weintraube; Adjektive: weinig; weinhaltig; weinrot; weinselig.
wei|nen (V.) Tränen vergießen. *Beachte:* Das ist ja zum Weinen! Mir war zum Weinen zumute; in bitterliches Weinen ausbrechen. Weinkrampf; weinerlich.
wei|se (Adj.) klug. Weise; Weisheit; Weisheitszahn.
Wei|se 1. (der/die, -n, -n) kluger Mensch. *Beachte:* die Sieben Weisen. 2. (die, -, -n) Art; Lied. *Beachte:* Auf diese Weise wird es nicht gelingen.
Wei|sel (der, -s, -) Bezeichnung für die Bienenkönigin.
wei|sen (V., wies, hat gewiesen) führen; zeigen; unterrichten; deuten. *Beachte:* jemandem die Tür weisen (hinauswerfen); etwas von sich weisen. Weisung; Weisungsbefugnis; Weisungsrecht; weisungsgebunden.
weis|ma|chen (V., machte weis, hat weisgemacht) (ugs.) vortäuschen; belügen.
weiß (Adj.) Farbe. *Beachte:* das steht schwarz auf weiß; die weiße Fahne; ein weißer Fleck; der weiße (*auch:* Weiße) Sport (Tennis); weiße Mäuse sehen; weiße Maus; eine weiße Weste haben. *Aber:* ein Kleid in Weiß; auf/in/mit Weiß; Schwarzweißmalerei (*auch:* Schwarz-Weiß-Malerei); die Weißen und die Schwarzen; eine (Berliner) Weiße; das Weiße in den Augen; das Weiße Meer; das Weiße Haus; die Weiße Rose. *Wichtig:* Zusammenschreibung mit Verben, wenn ein neuer, übertragener Begriff entsteht! sich weißwaschen (von Schuld reinwaschen), *aber:* die Wäsche weiß waschen (*auch:* weißwaschen); die Wand weiß machen (*auch:* weißmachen), *aber:* jemandem etwas weismachen (!); das Kleid weiß färben (*auch:* weißfärben). Weißbier; Weißblech; Weißbrot; Weißbuch; Weißdorn; Weiße-Kragen-Kriminalität; Weißglut; Weißkäse; Weißkohl; Weißkraut; Weißsucht (Albinismus); Weißtanne; Weißwein; Weißwurst. Adjektive: weißblond; weiß gekleidete (*auch:* weißgekleidete) Frauen; weißglühend; weißgrau; die Flagge ist blauweiß;

weissagen   **Welt**

weißhaarig; weißlich. Verben: weißeln; weißen (tünchen).
weis|sa|gen (V., sagte weis, hat weisgesagt) prophezeien; voraussagen. Weissager; Weissagerin; Weissagung.
weit (Adj.) ausgedehnt; groß; lang; entfernt. *Beachte:* bei Weitem (*auch:* weitem); von Weitem (*auch:* weitem); bis auf Weiteres (*auch:* weiteres); ohne Weiteres (*auch:* weiteres); so weit, so gut; ich komme von weit her; des Weiteren (weiterhin); meilenweit; weither; insoweit; inwieweit; so weit hast du recht (*auch:* Recht); weitaus mehr. *Aber:* alles Weitere veranlassen; als Weiteres haben wir vor ...; das Weite suchen. *Wichtig:* in Verbindung mit Verben fast immer Getrenntschreibung! weit fahren/reisen; es weit bringen; weit springen (*aber:* weitspringen – nur im Infinitiv zusammengeschrieben!). Weitblick; Weite; Weitherzigkeit; Weitläufigkeit; Weitsichtigkeit; Weitsprung. Adjektive: weitblickend (*auch:* weit blickend); weitgehend (*auch:* weit gehend); ein weit gereister (*auch:* weitgereister) Mensch; weitgreifend (*auch:* weit greifend); weitherzig; weitläufig; weitmaschig; weiträumig; weitschichtig; weitschweifig; weitsichtig. Adverbien: weitab; weitaus; weither, *aber:* von weit her; mit deinen Kenntnissen ist es nicht weit her; weithin; weithinaus; weitum. Verb: weiten.
wei|ter (Adj.) zusätzlich; hinzukommend. *Beachte:* bis auf Weiteres (*auch:* weiteres); ohne Weiteres (*auch:* weiteres); des Weiteren; und so weiter (Abk.: usw.). *Aber:* alles Weitere morgen. *Wichtig:* Wird die Fortdauer eines Geschehens ausgedrückt, schreibt man im Allgemeinen zusammen, wenn »weiter« die Hauptbetonung trägt, und getrennt, wenn das Verb gleich stark betont wird! lass uns doch morgen weitermachen; *aber:* ich kann weiter springen als du; Zusammenschreibung mit Verben, wenn »weiter« die Bedeutung »vorwärts« hat! weiterbefördern; weiterbringen; weiterempfehlen; weiterentwickeln; weitererzählen; weiterfahren; weiterfliegen; weitergeben; weiterhelfen; weiterkönnen; weiterlaufen; weiterleben; weiterleiten; weitermachen; weiterreisen; weitersagen; weiterspielen; weiterzahlen; weiterziehen. Weiterarbeit; Weiterbeförderung; Weiterentwicklung; Weiterfahrt; Weiterflug; Weitergabe; Weiterleitung; Weiterreise; Weiterverkauf.
wei|ter be|ste|hen (*auch:* wei|ter|be|ste|hen) (V., bestand weiter, hat weiter bestanden) andauern; fortbestehen; von Dauer sein.
Wei|ter|bil|dung (die, -, -en) Fortbildung. Verb: weiterbilden.

Wei|ter|gang (der, -s, kein Plural) Entwicklung; Fortgang. Adjektiv: weitergehend. Verb: weitergehen.
wei|ter|hin (Adv.) künftig; außerdem; überdies.
wei|ter|ver|brei|ten (V., verbreitete weiter, hat weiterverbreitet) ausbreiten. *Beachte:* Die Grippe hat sich schnell weiterverbreitet; *aber:* Diese Ansicht ist heute weiter verbreitet als früher.
Wei|zen (der, -s, -) Getreide. Weizenbier; Weizenfeld; Weizenkorn; Weizenmehl.
wel|che/-r/-s 1. (Pron., interrog.) was für ein. *Beachte:* welch großer Schauspieler, *aber:* welcher große Schauspieler; welch guter Mensch, *aber:* welcher gute Mensch. 2. (Pron., relat.) der, die, das. *Beachte:* das Mädchen, welches eine rote Haarschleife trägt. 3. (Pron., indef.) einige; etwas. *Beachte:* Es gibt welche, die durchaus dafür sind; ich habe kein Geld mehr, hast du noch welches? Zusammensetzungen: wir wissen nicht, welcherart Ziel er hat, *aber:* wir wissen nicht, welcher Art die Entlassungsgründe waren; welchergestalt; welcherlei.
welk (Adj.) verblüht; verdorrt; schlaff. Verb: welken.
Wel|le (die, -, -n) Woge; schwingende Bewegung; Hügel; Wallung. Wellblech; Wellenbad; Wellenbrecher; Wellengang; Wellenkamm; Wellenlinie; Wellenreiten; Wellental; Wellfleisch; Welligkeit; Wellpappe; Wellung; wellenartig; wellenförmig; wellig; gewellt; wellen.
Wel|len|sit|tich (der, -s, -e) Vogel.
Wel|pe (der, -n, -n) Junges (z. B. Hund, Wolf).
Wels (der, -es, -e) weltweit verbreiteter Süßwasserfisch.
Welt (die, -, -en) 1. Erde; Menschheit; 2. Bereich. *Beachte:* Alle Welt spricht davon; die ganze Welt; die große, weite Welt; *aber:* die Alte Welt (Europa); die Neue Welt (Amerika); ein Mann von Welt. Weltall; Weltanschauung; Weltatlas; Weltausstellung; Weltbeste; Weltbestleistung; Weltbild; Weltenbummler; Weltbund; Weltchronik; Weltcup; Welterfolg; Weltflucht; Weltfremdheit; Weltgericht; Weltgeschehen; Weltgeschichte; Weltgesundheitsorganisation (Abk.: WHO); Weltgewerkschaftsbund (Abk.: WGB); Weltherrschaft; Weltjahresbestleistung; Weltkarte; Weltklasse; Weltkrieg; Weltliteratur; Weltmacht; Weltmeer; Weltmeisterschaft (Abk.: WM); Weltöffentlichkeit; Weltpresse; Weltraum; Weltraumforschung; Weltreich; Weltreise; Weltrekord; Weltrevolution; Weltruhm; Weltsicherheitsrat; Weltsprache; Weltstadt; Weltuntergang; Weltverbesserer; Weltwäh-

rungskonferenz; Weltwirtschaft; Weltwunder. Adjektive: welterschütternd; weltfern; weltfremd; weltgeschichtlich; weltgewandt; weltklug; weltlich; weltmännisch; weltoffen; weltpolitisch; weltumspannend; weltweit.

Wel'ter'ge'wicht (das, -s, kein Plural) Schwerathletik. Weltergewichtler.

wem (Pron., interrog., relat., Dat.) welcher Person? *Beachte:* Wem gehört das? Ich weiß nicht mehr, wem das gehört. Wemfall (Dativ).

wen (Pron., interrog., relat., Akk.) welche Person? *Beachte:* Wen kannst du sehen? Sage mir, wen du sehen kannst. Wenfall (Akkusativ).

wen'den 1. (V., wendete, hat gewendet) herumdrehen; umkehren. 2. (V., wendete/wandte, hat gewendet/gewandt) drehen; abwenden; angehen; bitten. Wende; Wendekreis; Wendeplatz; Wendepunkt; Wendigkeit; Wendung; wendig.

Wen'del (die, -, -n) Spirale. Wendelbohrer; Wendeltreppe.

we'nig 1. (Pron., indef.; Zahlw.) nicht viele(s). 2. (Adj.; Adv.) kaum; selten; nicht sehr. *Beachte:* ein wenig; das wenige (*auch:* Wenige) genügt mir schon; umso weniger musst du tun; das ist das wenigste, was man tun kann; einige wenige gehören dazu; zu wenig; mit wenig(em) leben können; zum wenigsten (wenigstens); drei weniger drei ist/macht/gibt (falsch: sind/machen/geben) null; nichtsdestoweniger; wie wenig du weißt! *Wichtig:* Adjektive und Partizipien hinter »wenig« werden immer großgeschrieben! wenig Schönes/Gutes/Neues. *Aber:* meine Wenigkeit; das Wenig und das Viel; ein Zuwenig an Verständnis. Adverb: wenigstens.

wenn (Konj.) falls; sobald; obwohl. *Beachte:* Leitet »wenn« einen Nebensatz ein, wird dieser mit Komma abgetrennt! Wir können fahren, wenn du willst. Er wird(,) wenn nötig/möglich(,) zur Stelle sein; wenngleich (obgleich); wennschon – dennschon, *aber:* wenn schon die Sonne schiene! *Wichtig:* Das Wenn und Aber ist noch nicht geklärt; es gibt noch viele Wenn und Aber.

Wen'zel (der, -s, -) 1. Bube; 2. Unter (Kartenspiel).

wer 1. (Pron., interrog.) welcher? was für einer? *Beachte:* Wer ist dieser Mann? Wer weiß? Wer anders als die kann angerufen haben? Wer da? 2. (Pron., indef.) jeder, der; jemand. *Beachte:* Wer lacht, muss raus; dort bin ich wer; ist schon wer da? irgendwer; irgendwelcher. 3. (Pron., relat.) derjenige, welcher. *Beachte:* Ich weiß nicht, wer er ist; du kannst mir wer weiß was (alles mögliche) erzählen; er ist wieder wer weiß wo (irgendwo). Werdaruf; Werfall (Nominativ).

wer'ben (V., warb, hat geworben; ich werbe, du wirbst) Reklame machen; umwerben. Werbeabteilung; Werbeagentur; Werbebüro; Werbechef; Werbefachmann; Werbefernsehen; Werbefilm; Werbefunk; Werbegeschenk; Werbegrafiker (*auch:* Werbegraphiker); Werbekampagne; Werbekosten; Werbemittel; Werber; Werbeschrift; Werbeslogan; Werbespot; Werbespruch; Werbetexter; Werbeträger; Werbetrommel; Werbewirksamkeit; Werbung; Werbungskosten. Adjektive: werbekräftig; werbewirksam; werblich.

wer'den (V., wurde, ist geworden) entstehen; geschehen; sich entwickeln. *Beachte:* Das Projekt ist noch im Werden; *aber:* eine werdende Mutter. Werdegang.

wer'fen (V., warf, hat geworfen) 1. schleudern; 2. sich krümmen; 3. gebären (Tier). Werfer.

Werft (die, -, -en) (niederl.) Bau- und Reparaturanlage für Schiffe. Werftarbeiter; Werftenkrise.

Werk (das, -s, -e) 1. Arbeit; Erzeugnis; Tat; 2. Fabrik; 3. Mechanismus. *Beachte:* ans Werk gehen; zu Werke gehen; etwas ins Werk setzen (beginnen). Werk(s)angehörige; Werk(s)anlage; Werkarbeiter; Werkbank; Werk(s)fahrer; Werk(s)garantie; Werkschutz; Werkspionage; Werkstatt; Werkstoff; Werkstoffforschung (*auch:* Werkstoff-Forschung); Werkstück; Werkstudent; Werktag, des Werktags, *aber:* werktags; Werktagsarbeit; Werktätige; Werkunterricht; Werkverzeichnis; Werkswohnung; Werkzeugkasten; Werkzeugmacher. Adjektive: werkeigen; werkgetreu; werkstoffgerecht; werktäglich; werktätig. Verben: werken, werkeln.

Wer'mut (der, -s/-es, -s) Pflanze; Wermutwein; Bitternis. Wermutbruder; Wermutstropfen.

Werst (die, -, -/Wers'ten) altes russisches Längenmaß (etwas mehr als ein Kilometer).

wert (Adj.) geschätzt; würdig; kostend. *Beachte:* mit Genitiv in der Bedeutung »würdig«! das ist nicht der Erwähnung/Rede wert; das ist diesen Preis wert; dein Freund ist keinen Schuss Pulver wert. *Wichtig:* Zusammenschreibung mit Verben, wenn eine neue, übertragene Bedeutung entsteht; etwas werthalten (schätzen), *aber:* sie sollten ihn für wert halten, das Projekt zu übernehmen; das kann nichts wert sein. Wert; Wertachtung; Wertarbeit; Wertbrief; Wertermittlung; Wertigkeit; Wertlosigkeit; Wertmarke; Wertmesser; Wertminderung; Wertpapier; Wertsache; Wertschätzung; Wertsendung; Wertsteigerung; Wertung; Wertungslauf; Werturteil; Wertvorstellung; Wertzeichen; Wertzuwachssteuer.

Adjektive: wertbeständig; wertfrei; hochwertig; wertlos; wertmäßig; wertvoll. Verben: werten; werthalten.
Wer'wolf (der, -s, -wöl'fe) Wolfsmensch.
We'sen (das, -s, -) Charakter; Art; (ugs.) Mensch. Wesenheit; Wesenlosigkeit; Wesensart; Wesensverwandtschaft; Wesenszug; wesend; wesenlos; wesenhaft; wesenseigen; wesensfremd; wesensgleich; wesensverwandt.
we'sent'lich (Adj.) wichtig; merklich. das Wesentlichste (am wesentlichsten) ist, dass ...; im Wesentlichen stimmen wir überein. alles Wesentliche; etwas/nichts Wesentliches.
Wes'fall (der, -s, -fäl'le) Genitiv.
wes'halb (Adv.) warum; weswegen.
We'sir (der, -s, -e) (arab.) Minister islamischer Staaten (früher).
Wes'pe (die, -, -n) Insekt. Wespennest; Wespenstich; Wespentaille.
wes'sen (Pron., interrog.) von wem. *Beachte:* Wessen Hut ist das?
Wes'te (die, -, -n) (franz.) Jacke. Westenfutter; Westentasche; Westentaschenformat.
West/Wes'ten (der, -s, kein Plural) Himmelsrichtung (Abk.: W). *Beachte:* in Ost und West; der Wind kommt aus West; Autobahnausfahrt München West (*auch:* München-West); wir ziehen gen Westen; im Wilden Westen. Westafrika; Westberlin, der Westberliner; Westdeutschland; Westeuropa; Westfalen; Westgeld; Westküste; Westler; Westmächte; Westmark; Westnordwest(en) (Abk.: WNW); West-Ost-Verkehr; Westsüdwest(en) (Abk.: WSW); Westwind. Adjektive: westdeutsch; westeuropäisch; westeuropäische Zeit (Abk.: WEZ), *aber:* die Westeuropäische Union (Abk.: WEU); westfälisch, *aber:* die Westfälische Pforte; westlerisch; westlich (mit Genitiv!); westlich der Mauer/von der Mauer; westlich Münchens; westlicher Länge (Abk.: w. L.); westöstlich, *aber:* Westöstlicher Diwan; westwärts.
Wes'tern (der, -/-s, -) (engl.) Wildwestfilm. Westerner.
West'o'ver (der, -s, -) (engl.) Pullunder mit spitzem Ausschnitt.
wes'we'gen (Adv.) weshalb.
Wett'be'werb (der, -s, -e) Konkurrenz; Leistungskampf. Wettbewerber; Wettbewerbsbedingung; Wettbewerbsbeschränkung; Wettbewerbsfähigkeit; Wettbewerbsteilnehmer; Wettbewerbswirtschaft; wettbewerblich; wettbewerbsfähig.
Wet'te (die, -, -n) Abmachung; Spekulation; Glücksspiel. Wettannahme; Wettbüro; Wetteifer; Wetteiferer; Wetter; Wettfahrt; Wettkampf; Wettkämpfer; Wettläufer; Wettrennen; Wettrüsten; Wettspiel; Wettstreit; Wettteufel (*auch:* Wett-Teufel); Wettturnen (*auch:* Wett-Turnen); wett (quitt); *Beachte:* wett sein, *aber:* wetteifern (konkurrieren); wettlaufen (nur im Infinitiv!); wettmachen (ausgleichen); wettrennen (nur im Infinitiv), wettstreiten (nur im Infinitiv); wettturnen (nur im Infinitiv); wetten.
Wet'ter 1. (der, -s, -) jemand, der wettet. 2. (das, -s, kein Plural) Witterung; Gewitter. Wetteramt; Wetteransage; Wetteraussichten; Wetterbericht; Wetterbesserung; Wetterdienst; Wetterfrosch; Wetterfühligkeit; Wetterhahn; Wetterkarte; Wetterkunde (Meteorologie); Wetterlage; Wetterleuchten; Wetterprognose; Wettersatellit; Wetterscheide; Wetterseite; Wettersturz; Wetterumschlag; Wettervorhersage; Wetterwarte. Adjektive: wetterbeständig; wetterbestimmend; wetterfest; wetterfühlig; wetterkundig; wetterkundlich (meteorologisch); wetterwendisch. Verben: wetterleuchten; wettern. 3. (die, nur Plural) Gasgemisch (Grubenbau). *Beachte:* schlagende Wetter.
wet'zen (V.) schleifen; reiben; (ugs.) rennen. Wetzstahl; Wetzstein.
WEU (Abk.) Westeuropäische Union.
Wey'mouths'kie'fer (*auch:* Wei'muts'kie'fer) (die, -, -n) nordamerikanische Kiefer.
WEZ (Abk.) westeuropäische Zeit.
WG (Abk.) (ugs.) Wohngemeinschaft.
wg. (Abk.) wegen.
WGB (Abk.) Weltgewerkschaftsbund.
Wh (Abk.) Wattstunde.
Whip'cord (der, -s, -s) (engl.) Anzugstoff mit Schrägrippen.
Whirl'pool (der, -s, -s) (engl.) Sprudelbad.
Whis'ky (*auch:* Whis'key) (der, -s, -s) Branntwein aus Getreide oder Mais. *Beachte:* Ich trinke Whisky pur.
Whist (das, -s, kein Plural) (engl.) Kartenspiel. Whistspiel.
White'coat (der, -s, -s) (engl.) Pelz junger Sattelrobben, die noch nicht im Wasser waren.
WHO (Abk.) World Health Organization (Weltgesundheitsorganisation).
Wich'se (die, -, -n) (ugs.) Schuhcreme. Schuhwichse; *Beachte:* Wichse (Prügel) bekommen; Wichser; wichsen.
Wicht (der, -s, -e) Zwerg. Wichtel; Wichtelmännchen.
wich'tig (Adj.) bedeutend; beachtenswert; wesentlich; erheblich. *Beachte:* das Wichtigste (am wichtigsten) ist, dass ...; alles/das Wichtige; etwas/nichts/viel/wenig Wichtiges; Wichti-

ges von Unwichtigem unterschieden; es gibt Wichtigeres im Leben. sich wichtigmachen; sich wichtig nehmen; sich wichtigtun. Wichtigkeit; Wichtigmacher; Wichtigtuer; Wichtigtuerei; wichtig tuend; wichtigtuerisch.
Wi'cke (die, -, -n) Pflanze. Wickenblüte; Wickenduft.
wi'ckeln (V.) 1. umwinden; rollen; 2. Windeln anziehen. schiefgewickelt sein (ugs.: sich irren). Wickel; Wickelkind; Wickelkommode; Wickelrock; Wickeltisch; Wickler; Wick(e)lung.
Wid'der (der, -s, -) Schafbock; Sternbild.
wi'der (Präp., Akk.) gegen (Aber: wieder). Beachte: wider Erwarten; wider Willen; wider Wunsch; wider alle Gepflogenheiten; das Für und Wider abwägen. Widerdruck; Widerhaken; Widerklage; Widerklang; Widernatürlichkeit; Widerrechtlichkleit; Widerrede; Widersacher (Gegner); Widerschein; Widerspiel; Widerstrahl; Widerstreit. Adjektive: widernatürlich; widerrechtlich. Verben: widerklingen; widerreden; widerstrahlen; widerstreiten.
wi'der'bors'tig (Adj.) (ugs.) widerspenstig. Widerborstigkeit.
wi'der'ei'n'an'der (Adv.) gegeneinander. widereinander kämpfen; widereinander prallen.
wi'der'fah'ren (V., widerfuhr, ist widerfahren) zustoßen. Beachte: Ihm ist Schreckliches widerfahren.
wi'der'hal'len (V., hallte wider/widerhallte, hat widergehallt) tönen. Widerhall.
Wi'der'kla'ge (die, -, -n) Klage des Beklagten gegen den Kläger (Zivilprozess).
wi'der'le'gen (V.) das Gegenteil beweisen. Widerlegung; widerlegbar.
wi'der'lich (Adj.) ekelhaft; unangenehm. Widerlichkeit; Widerling; anwidern.
wi'der'na'tür'lich (Adj.) unnatürlich.
Wi'der'part (der, -s, -e) Gegner; Widerstand.
wi'der'ra'ten (V., widerriet, hat widerraten) abraten.
wi'der'ru'fen (V., widerrief, hat widerrufen) zurücknehmen. Widerruf; Widerruflichkeit; widerruflich.
wi'der'schei'nen (V., schien wider, hat widergeschienen) reflektieren; zurückstrahlen. Widerschein.
wi'der'set'zen (V., refl.) auflehnen; trotzen. Widersetzlichkeit; widersetzlich.
wi'der'sin'nig (Adj.) unsinnig; unlogisch. Widersinn; Widersinnigkeit.
wi'der'spens'tig (Adj.) ungefällig; trotzig. Widerspenstigkeit.
wi'der'spie'geln (V., spiegelte wider, hat widergespiegelt) abbilden. Widerspieg(e)lung.

Wi'der'spruch (der, -s, -sprü'che) Einwand; Einspruch. Widersprüchlichkeit; Widerspruchsklage; widersprüchlich; widersprechen.
Wi'der'stand (der, -s, -stän'de) Gegenwehr; Stromflusshemmung. Widerstandskämpfer; Widerstandskraft; Widerstandslosigkeit; Widerstandsrecht; widerstandsfähig; widerstandskräftig; widerstandslos; widerstehen.
wi'der'stre'ben (V.) sich widersetzen; anwidern. Widerstreben; widerstrebend.
wi'der'wär'tig (Adj.) ekelhaft. Widerwärtigkeit.
wi'der'wil'lig (Adj.) unwillig; störrisch. Widerwille(n); Widerwilligkeit.
wid'men (V.) zuneigen; sich beschäftigen mit. Widmung; Widmungsgedicht.
wid'rig (Adj.) hindernd; hemmend. Widrigkeit; widrigenfalls.
wie 1. (Adv.) auf welche Art? durch welche Weise; welche Eigenschaft. Beachte: Wie gefällt es dir? wie alt? Wie spät ist es? wie blöd! und wie! 2. (Konj.) gleich; genauso. Beachte: Im einfachen Vergleich steht »wie« ohne Komma! er ist so groß wie sein Freund; sie ist so schön wie klug. Das Komma steht aber, wenn »wie« Sätze verbindet! Sie lief so schnell, wie sie eben konnte; er konnte nicht so schnell kommen, wie er ursprünglich vorgehabt hatte. Wendungen wie »wie gesagt«, »wie gehabt«, »wie gewöhnlich« müssen nicht durch Komma abgetrennt werden! Wir haben (,) wie gesagt (,) den Termin verlegt. Beachte außerdem: wie auch immer; wie sehr/oft/lange/wenig; inwieweit; inwiefern; wieso; wiewohl; wie oben (Abk.: w. o.). Aber: Das Wie und Warum geht dich nichts an.
Wie'de'hopf (der, -s, -e) Vogel mit aufrichtbarer Kopfhaube.
wie'der (Adv.) nochmals. Beachte: hin und wieder; für nichts und wieder nichts; wiederum; wiederholt. Wichtig: Hat »wieder« die Bedeutung von »zurück«, so wird es mit dem folgenden Verb zusammengeschrieben! etwas wiedererlangen (zurückbekommen). etwas wiedergutmachen (in Ordnung bringen); sich wiedersehen; die Ermittlungen werden wieder aufgenommen (auch: wiederaufgenommen); seine Gesundheit war wiederhergestellt; aber: dieses Modell wird heute wieder hergestellt (erneut gebaut). Wiederanpfiff; Wiederanstoß; Wiederaufführung; Wiederbeginn; Wiedereinsetzung; Wiedereintritt; Wiederentdeckung; Wiedereroberung; Wiedereröffnung; Wiedergeburt; Wiederinbesitznahme; Wiederinstandsetzung; Wiederkaufsrecht; Wiederkehr; Wiederkunft; Wiedertaufe; Wiedertäufer; Wiedervereinigung;

wiederaufbauen 590 **wild**

Wiederverheiratung; Wiederverkäufer; Wiederwahl. Adjektiv: wiedergeboren. Verben: wieder aufführen (*auch:* wiederaufführen); wiederauftauchen; wiederbringen; wieder einfallen; wiedererhalten; wiedererkennen; wiedererlangen; wiedererobern; wieder eröffnen (*auch:* wiedereröffnen); wiedererwecken; wiederfinden; wiedergewinnen; wiederkäuen; wiederkehren; wiederkommen; wiedervereinigen; wiederverwenden.

wie|der|auf|bau|en (*auch:* wie|der auf|bau|en) V., baute wieder auf, hat wiederaufgebaut) neu aufbauen; wiederherstellen. Wiederaufbau.

wie|der|auf|be|rei|ten (V., bereitete wieder auf, hat wiederaufbereitet) wieder nutzbar machen. Wiederaufbereitung; Wiederaufbereitungsanlage (Abk.: WAA).

wie|der auf|he|ben (V., hob wieder auf, hat wieder aufgehoben) rückgängig machen. *Beachte:* ein Gesetz wieder aufheben; den Bleistift wieder aufheben.

wie|der|auf|neh|men (*auch:* wie|der auf|neh|men) (V., nahm wieder auf, hat wiederaufgenommen, *auch:* wieder aufgenommen) neu beginnen. Wiederaufnahme.

wie|der auf|rich|ten (*auch:* wie|der|auf|rich|ten) (V., richtete wieder auf, hat wieder aufgerichtet, *auch:* wiederaufgerichtet) trösten. *Beachte:* Sie hat mich wieder aufgerichtet (*auch:* wiederaufgerichtet).

wie|der|be|le|ben (V., belebte wieder, hat wiederbelebt) zu neuem Leben erwecken. Wiederbelebung; Wiederbelebungsversuch.

Wie|der|ein|glie|de|rung (die, -, -en) Reintegration; Rückführung. Wiedereingliederung in die Gesellschaft.

wie|der|er|stat|ten (V., erstattete wieder, hat wiedererstattet) zurückgeben. Wiedererstattung.

wie|der er|zäh|len (V., erzählte wieder, hat wieder erzählt) wiedergeben; weitererzählen.

wie|der|ge|ben (V., gab wieder, hat wiedergegeben) schildern; nachbilden; zurückgeben. *Beachte:* Die Kassette hat das Stück nur schlecht wiedergegeben, *aber:* Kannst du mir das Auto wieder (erneut) geben? Wiedergabe.

wie|der|gut|ma|chen (V., machte wieder gut, hat wiedergutgemacht) einen Schaden in Ordnung bringen; ersetzen; entschädigen. Wiedergutmachung.

wie|der|her|stel|len (V., stellte wieder her, hat wiederhergestellt) restaurieren; gesund machen (*auch:* gesundmachen). *Beachte:* Seine Gesundheit war wiederhergestellt, *aber:* Das Auto wird jetzt wieder hergestellt. Wiederherstellung; Wiederherstellungskosten.

wie|der|ho|len (V., wiederholte, hat wiederholt) erneut sagen, tun; zurückholen. *Beachte:* eine Klasse wiederholen (sitzen bleiben); eine Sendung wiederholen, *aber:* den Elektriker wieder holen. Wiederholung; im Wiederholungsfall; Wiederholungszeichen; wiederholt; wiederholbar.

Wie|der|hö|ren (das) (in der Wendung) auf Wiederhören! (Gruß).

Wie|der|se|hen (das, -s, -) erneutes Treffen. *Beachte:* jmdm. auf (*auch:* Auf) Wiedersehen sagen; Wiedersehensfreude; wiedersehen.

wie|de|r|um (Adv.) erneut; andererseits.

Wie|der|ver|ei|ni|gung (die, -, -en) Vereinigung nach Trennung.

Wie|der|ver|wer|tung (die, -, -en) Recycling.

wie|gen 1. (V.) schaukeln; zerkleinern. Wiege; Wiegemesser; Wiegenfest; Wiegenlied. 2. (V., wog, hat gewogen) Gewicht messen; schwer sein. *Aber:* die Waage.

wie|hern (V.) wie ein Pferd schreien; (ugs.) lachen.

Wie|ner (die, -, -) (Kurzw.) Wiener Würstchen.

wie|nern (V.) (ugs.) putzen; polieren.

Wie|se (die, -, -n) Grasfläche. Wiesenblume; Wiesenchampignon; Wiesengrund; Wiesenklee; Wieslein.

Wie|sel (das, -s, -) Marder. Adjektiv: wieselflink. Verb: wieseln.

wie|so (Adv.) warum?

wie viel (Adv.) wie sehr; wie viele. wie viele Besucher; wie vieles Nachdenken kostet das; wie viel Zeit. der wievielte Besucher; der Wievielte ist heute?; um wie viel mehr kostet das; du ahnst nicht, wie viel Arbeit ich habe; zum wievielten Male, *aber:* wie viele (*auch:* wie viel) Male; wievielerlei.

wie|weit (Konj.) inwieweit. *Beachte:* Ich zweifle, wieweit die Sache klappt, *aber:* wie weit ist es noch?

wie|wohl (Konj.) obwohl. *Beachte:* Er kam nicht, wiewohl er davon wusste, *aber:* o wie wohl ist mir!

Wig|wam (der, -s, -s) Indianerzelt.

Wi|kin|ger (der, -s, -) Normanne. Wikingersage; Wikingerschiff; wikingisch.

wild (Adj.) naturbelassen; unzivilisiert; ungestüm; leidenschaftlich. *Beachte:* in wilder Ehe leben; ein wilder Streik brach aus; wilder Wein; halb so wild. *Aber:* der Wilde Westen; der Wilde Kaiser (Gebirge). *Wichtig:* Getrenntschreibung von den Verben »leben, sein, werden, wachsen«! Der Garten soll ja wild wachsen. Wild; Wildbach; in freier Wildbahn; Wildbret; Wilddieb; Wildente; Wilderei; Wilderer; Wildfang; Wildgans; Wildheit; Wildhüter; Wildkatze; Wildleder;

Wildling; Wildnis; Wildpark; Wildpferd; Wildsau; Wildschaden; Wildschütz. Adjektive: wildfremd; wildreich; wildromantisch; wildwüchsig. In Verbindung mit einem adjektivisch gebrauchten Partizip kann getrennt- oder zusammengeschrieben werden! wild lebend (*auch:* wildlebend); wild wachsend (*auch:* wildwachsend). Verb: wildern.
Wil'le (der, -ns, -n) Wollen; Wunsch. *Beachte:* der letzte Wille; guten Willens sein; jemandem zu Willen sein; wider Willen. Willenlosigkeit; Willensakt; Willensäußerung; Willenserklärung; Willensfreiheit; Willenskraft; Willensschwäche; Willensstärke. Adjektive: willenlos; willensschwach; willensstark; willentlich. Verb: willens sein (beabsichtigen).
wil'len (Präp., Gen.) wegen jemand, etwas. *Beachte:* um meiner selbst willen, *aber:* um meinet-/deinet-/seinet-/unsert-/ihret-/euretwillen; um Gottes willen.
will'fäh'rig (Adj.) willig; gefügig; Willfährigkeit; willfahren.
wil'lig (Adj.) bereitwillig.
will'kom'men (Adj.) angenehm; beliebt. Willkommen; Willkommensgruß; Willkommenstrunk; ich möchte Sie herzlich willkommen heißen!
Will'kür (die, -, kein Plural) Eigenmächtigkeit; Belieben. Willkürherrschaft; willkürlich; unwillkürlich.
wim'meln (V.) massenhaft durcheinanderlaufen; voll sein von.
Wim'merl (das, -s, -n) (südd.) Pickel; Gurttasche.
wim'mern (V.) winseln; jammern.
Wim'pel (der, -s, -) Fähnchen; schmale Flagge.
Wim'per (die, -, -n) Lidhaar. Wimperntusche; Wimpertierchen.
Wind (der, -s, -e) Sturm; Böe; Luftzug; (ugs.) Blähung. *Beachte:* Er hat schnell von der Sache Wind bekommen (ugs.: erfahren). Windbö(e); in Windeseile; Windfang; Windhauch; Windhose; Windhund; Windjacke; Windjammer; Windkanal; Windkraftwerk; Windlicht; Windmaschine; Windmühle; Windrad; Windrichtung; Windrose; Windsbraut; Windschatten; Windschutzscheibe; Windspiel; Windstärke; Windstille; Windsurfer. Adjektive: windabweisend (*auch:* Wind abweisend); windgeschützt; windig; windschief (ugs.: krumm); windschlüpf(r)ig; windschnittig; windstill. Verb: windsurfen.
Wind'beu'tel (der, -s, -) Gebäck; (ugs.) Luftikus.
Win'del (die, -, -n) Babybinde. Adjektiv: windelweich. Verb: windeln.
win'den 1. (V., wand, hat gewunden) drehen; umwickeln; flechten; sich schlängeln. Winde; Windung. 2. (V., windete, hat gewindet) (nur unpersönlich) es windet (der Wind weht).
Wind'po'cken (die, nur Plural) Kinderkrankheit.
Win'kel (der, -s, -) Ecke; geometrische Figur; entlegener Ort. Winkeladvokat; Winkeleisen; Winkelfunktion; Winkelmaß; Winkelzug; wink(e)lig; winkeln.
win'ken (V., winkte, hat gewinkt) schwenken; gestikulieren. Wink; Winker; Winkerflagge; winke, winke machen.
win'seln (V.) heulen; jammern. Winselei; Winsler.
Win'ter (der, -s, -) Jahreszeit. *Beachte:* Sommer wie Winter, *aber:* sommers wie winters. Winteranfang; Winterapfel; Wintercamping; Wintereinbruch; Winterfahrplan; Wintergarten; Wintergetreide; Winterhilfswerk; Winterkartoffel; Winterkollektion; Winterlandschaft; Wintermantel; Wintermonat; Winternacht; Winterolympiade; Winterpause; Winterquartier; Winterreifen; Winterreise; Winterruhe; Wintersaat; Wintersachen; Wintersaison; Winterschlaf; Winterschlussverkauf (Abk.: WSV); Wintersemester (Abk.: WS); Wintersonnenwende; Winterspiele; Wintersport; Winter(s)zeit; Wintertag. Adjektive: winterfest; winterhart; winterlich; wintertauglich. Adverbien: winters, *aber:* des Winters; wintersüber, *aber:* den Winter über.
Win'zer (der, -s, -) Weinbauer. Winzergenossenschaft.
win'zig (Adj.) sehr klein; sehr wenig. Winzigkeit; Winzling.
Wip'fel (der, -s, -) Baumkrone; Baumgipfel. Adjektiv: wipf(e)lig.
Wip'pe (die, -, -n) Schaukel. Verb: wippen.
wir (Pron., pers.) *Beachte:* wir Deutschen (*auch:* Deutsche); wir Franzosen; wir und ihr haben uns lange nicht gesehen (falsch: haben sich).
Wir'bel (der, -s, -) Kreisbewegung; Strudel; Knochen; Trommelschlag; (ugs.) Aufregung. Wirbelknochen; Wirbelsäule; Wirbelsturm; Wirbeltier; Wirbelwind; wirb(e)lig; wirbellos; wirbeln.
Wir'kung (die, -, -en) Effekt. Wirkkraft; Wirkleistung; Wirksamkeit; Wirkstoff; Wirkungsbereich; Wirkungsfeld; Wirkungsgrad; Wirkungskreis; Wirkungslosigkeit; Wirkungsweise; wirksam; wirkungslos; wirkungsvoll; wirken.
wir'ken (V.) arbeiten; wirksam sein; weben. Wirker; Wirkerei; Wirkerin; Wirkwaren.
wirk'lich 1. (Adj.) tatsächlich; wahr; echt. Wirklichkeit; Wirklichkeitsform (Indikativ); Wirklichkeitssinn; wirklichkeitsfern; wirklich-

keitsfremd; wirklichkeitsgetreu; wirklichkeitsnah. 2. (Adv.) in der Tat.

wirr (Adj.) durcheinander; verstört; konfus. Wirren; Wirrheit; Wirrkopf; Wirrnis; Irrungen und Wirrungen; Wirrwarr.

Wir'sing (der, -s, kein Plural) (ital.) Kohl. Wirsinggemüse; Wirsingkohl.

Wirt (der, -s, -e) 1. Gastwirt; Hauswirt; 2. Parasitenträger. Wirtin; Wirtlichkeit; Wirtshaus; Wirtsleute; Wirtsorganismus; Wirtspflanze; Wirtsstube; Wirtstier; wirtlich; bewirten.

Wirt'schaft (die, -, -en) Gasthaus; Haushalt; Volkswirtschaft. Wirtschafterin; Wirtschaftlichkeit; Wirtschaftsaufschwung; Wirtschaftsberater; Wirtschaftsflüchtling; Wirtschaftsgeld; Europäische Wirtschaftsgemeinschaft (Abk.: EWG); Wirtschaftsgeographie (*auch:* Wirtschaftsgeografie); Wirtschaftshilfe; Wirtschaftskrise; Wirtschaftslage; Wirtschaftsordnung; Wirtschaftspolitik; Wirtschaftsprüfer; Wirtschaftsreform; Wirtschaftssystem; Wirtschaftsteil; Wirtschaftswachstum; Wirtschaftswissenschaft; Wirtschaftswunder; Wirtschaftszweig. Adjektive: wirtschaftlich; wirtschaftspolitisch. Verb: wirtschaften.

wirt'schafts'geo'gra'fisch (*auch:* wirtschafts'geo'gra'phisch) (Adj.) die Wirtschaftsgeographie (*auch:* Wirtschaftsgeografie) betreffend; sich auf sie beziehend.

Wirt'schafts'sank'ti'on (die, -, -ti'o'nen) Wirtschaftsboykott.

Wirt'schafts'uni'on (die, -, -uni'o'nen) Wirtschaftsvereinigung.

Wisch (der, -es, -e) (ugs.) Schriftstück; Schreiben; Papier.

wi'schen (V.) putzen; reiben. Wischer; Wischerblatt; Wischiwaschi; Wischlappen; Wischtuch; wischfest.

Wi'sent (der, -s, -e) Wildrind.

Wis'mut (das, -s, kein Plural) Metall; chemischer Grundstoff (Abk.: Bi). Adjektiv: wismuten.

wis'pern (V.) flüstern.

wis'sen (V., wusste, hat gewusst) Kenntnis haben; erfahren sein. Sie wusste von den Problemen/um die Probleme; meines Wissens (Abk.: m.W.); wider besseres Wissen; wider/ohne Wissen. Wissbegierde; Wissen; Wissende; Wissensdrang; Wissensdurst; Wissensgebiet; Wissensschatz; wissensdurstig; wissenswert; wissentlich.

Wis'sen'schaft (die, -, -en) Forschung; Lehre. Wissenschaftler/in; Wissenschaftlichkeit; Wissenschaftsbegriff; Wissenschaftsglaube; Wissenschaftstheorie; wissenschaftlich; wissenschaftsgläubig.

wit'tern (V.) riechen; ahnen. Witterung.

Wit'te'rung (die, -, kein Plural) Wetter; Geruchssinn. Witterungseinfluss; Witterungsumschlag; Witterungsverhältnisse.

Wit'we (die, -, -n) hinterbliebene Ehefrau (Abk.: Wwe.). Witwengeld; Witwenrente; Witwenschaft; Witwer (Abk.: Wwr.); Witwerschaft.

Witz (der, -es, -e) Scherz; lustige Geschichte; Pfiffigkeit. Witzblatt; Witzbold; Witzelei; Witzfigur; Witzigkeit; Witzwort; witzig; witzlos; witzeln.

WK (Abk.) Wiederholungskurs.

w. L. (Abk.) westlicher Länge.

WM (Abk.) Weltmeisterschaft.

WNW (Abk.) Westnordwest(en).

wo 1. (Adv.) an welchem Ort; zu welcher Zeit; irgendwo. *Beachte:* Wo bist du? wobei; wodurch; wofern; wofür; woher; geh, woher du gekommen bist, *aber:* sie zieht wieder hin, wo sie hergekommen ist; von wo(her) kommst du? woandershin; wo immer du bist; die Straße, wo (in der) ich ihn zum ersten Mal sah; wohinunter; womöglich (vielleicht), *aber:* wo (irgend) möglich; wohinaus; woselbst; wovon; wovor; wozu; wozwischen; worauf; woraus; worin; worüber; worum; worunter; das Wo werden wir noch besprechen. 2. (Konj.) da; während; wenn.

w. o. (Abk.) wie oben.

Wobb'ler (der, -s, -) (engl.) Gerät, dessen Frequenz (zu Messzwecken) regelmäßig verändert werden kann.

Wo'che (die, -, -n) Zeitraum. *Beachte:* Woche für Woche; wochenlang, *aber:* drei Wochen lang; wochentags, *aber:* an einem Wochentag/an Wochentagen; wöchentlich; einwöchentlich (1-wöchentlich); zweiwöchig (2-wöchig). Wochenbett; Wochenblatt; Wochenende; Wochenendhaus; Wochenkarte; Wochenlohn; Wochenschau; Wochenspielplan; Wochenzeitung; Wöchnerin; wochenweise.

Wod'ka (der, -s, -s) (russ.) Branntwein.

Wo'ge (die, -, -n) Welle. Verb: wogen.

wohl (Adv.) gesund; gut; ungefähr; vermutlich; zwar. *Beachte:* wohl oder übel; leben Sie wohl; wohl bekomm's (*auch:* bekomms); wohlan! wohlgemerkt! gleichwohl; obwohl; sowohl; wiewohl. *Wichtig:* Getrenntschreibung vom Verb, wenn »wohl« in der Bedeutung »wahrscheinlich« verwendet wird. ich werde es wohl tun; *aber:* das wird dir wohltun (angenehm sein). sich wohlfühlen (*auch:* wohl fühlen); lass es dir wohlergehen (*auch:* wohl ergehen). Wohl; zum Wohl; Wohlbefinden; Wohlbehagen; Wohlergehen; Wohlerzogenheit; Wohlgefühl; Wohl-

geruch; Wohlverhalten. Adjektive: wohlbedacht (*auch:* wohl bedacht); wohlbehalten; wohlbehütet (*auch:* wohl behütet); wohlbekannt (*auch:* wohl bekannt); wohlerzogen (*auch:* wohl erzogen); wohlfeil; wohlgefällig; wohlgeformt (*auch:* wohl geformt); wohlgemut; wohlgenährt (*auch:* wohl genährt); wohlgesinnt; wohlig; wohlschmeckend (*auch:* wohl schmeckend); wohlverdient; wohlweislich. Verben: wohlauf sein; wohl sein.
Wohl|fahrt (die, -, kein Plural) Fürsorge. Wohlfahrtspflege; Wohlfahrtsstaat.
wohl|feil (Adj.) billig.
Wohl|ge|fal|len (das, -s, kein Plural) Zufriedenheit; Gefallen. Adjektiv: wohlgefällig.
wohl|ha|bend (Adj.) reich. Wohlhabenheit.
Wohl|stand (der, -s, kein Plural) Reichtum; hoher Lebensstandard. Wohlstandsbürger; Wohlstandsgesellschaft; Wohlstandsmüll.
wohl|tä|tig (Adj.) mildtätig; karitativ. Wohltat; Wohltäter/in; Wohltätigkeit; Wohltätigkeitsbasar; Wohltätigkeitsveranstaltung.
wohl|tu|end (Adj.) angenehm. Verb: wohltun.
wohl|wol|lend (Adj.) freundlich; entgegenkommend. Wohlwollen; wohlwollen.
woh|nen (V.) leben; ansässig sein. Wohnanhänger; Wohnblock; Wohndiele; Wohnfläche; Wohngeld; Wohngemeinschaft (Abk.: WG); Wohnhaus; Wohnkultur; Wohnlichkeit; Wohnsitz; Wohnung; Wohnungsbaugenossenschaft; Wohnungseinrichtung; Wohnungsnot; Wohnung(s)suchende; Wohnungswechsel; Wohnviertel; Wohnwagen; Wohnzimmer. Adjektive: wohnlich; wohnungslos; wohnung(s)suchend.
Wohn|gift (das, -s, -e) Gift in Baustoffen oder Möbeln.
Woh|nungs|markt (der, -s/-es, -märk|te) Angebot und Nachfrage an Wohnungen.
Woh|nungs|um|wand|lung (die, -, -en) Umwandlung einer Mietwohnung in eine Eigentumswohnung.
Woi|wo|de (der, -n, -n) hoher polnischer Provinzbeamter (bis 1945).
Woi|wod|schaft (die, -, -en) polnischer Verwaltungsbezirk.
Wok (der, -, -s) (chines.) Kochtopf.
wöl|ben (V., refl.) sich krümmen. Wölbung.
Wolf (der, -s, Wöl|fe) Raubtier. Wölfin; Wolfshund; Wolfshunger; Wolfsspitz; wölfisch.
Wolf|ram (das, -s, kein Plural) Metall; chemischer Grundstoff (Abk.: W).
Wol|ke (die, -, -n) Wasserdampf; Rauch. Wolkenbruch; Wolkendecken; Wolkenkratzer; Wolkenkuckucksheim; Wolkenwand; wolkenlos; wolkig; bewölkt; wölken.
Wol|le (die, -, -n) Strickgarn; Pelzhaar. Wolllappen (*auch:* Woll-Lappen); Wolldecke; Wollfaden; Wollgarn; Wollkleid; Wollknäuel; Wollsiegel; Wollstoff; Wollwaren; wollig; wollen.
wol|len (V., wollte, hat gewollt) den Wunsch, Willen haben. *Beachte:* Ich hätte gerne noch kommen wollen (falsch: gewollt).
Wol|lust (die, -, -lüs|te) Lüsternheit; Begierde. Wollüstling; wollüstig.
Wol|per|tin|ger (der, -s, -) bayerisches Fabeltier.
Wom|bat (der, -s, -s) australischer Plumpbeutler.
Won|ne (die, -, -n) Freude; Wohlbehagen. Wonnegefühl; Wonnemonat; Wonneproppen; wonnetrunken; wonnevoll; wonnig.
Worces|ter|so|ße (*auch:* Worces|ter|sau|ce) (die, -, -n) Würzsoße.
Wor|k|a|ho|lic (der, -s, -s) (engl.) Arbeitssüchtiger.
Work|shop (der, -s, -s) (engl.) Seminar; Kurs.
World|cup (der, -s, -s) (engl.) Weltmeisterschaft.
World Wild|life Fund (der, - - -s, kein Plural) Internationale Naturschutzorganisation, gegr. 1961. (Abk.: WWF).
Wort (das, -s, -e/Wör|ter) sprachliche Einheit; Ausdruck. *Beachte:* Der Plural »Worte« steht für »Äußerungen/Begriffe«, dagegen bezieht sich »Wörter« auf das einzelne Wort! Das Lexikon hat 40 000 Stichwörter; mit anderen Worten (Abk.: m. a. W.); es waren ihre letzten Worte; mit wenigen Worten; das glaube ich dir aufs Wort; Wort für Wort; ich werde dich beim Wort nehmen; man konnte kaum zu Wort kommen; ich hoffe, er wird Wort halten. Wortart; Wortbedeutung; Wortbedeutungslehre (Semasiologie); Wortbildung; Wörtchen; Wörterbuch; Wörterverzeichnis; Wortfamilie; Wortfetzen; Wortführer; Wortgefecht; Wortklauberei; Wortlehre; Wortmeldung; Wortregister; Wortschatz; Wortschöpfung; Wortschwall; Wortstreit; Wortwechsel. Adjektive: wortarm; wortbrüchig; wortgetreu; wortgewaltig; wortgewandt; wortkarg; wörtlich; wortlos; wortreich.
wow! (Interj.) (engl.) toll! (Ausruf der Begeisterung).
Wrack (das, -s, -s) zerstörtes Schiff; körperlich und seelisch kraftloser Mensch. Adjektiv: wrack.
wrin|gen (V., wrang, hat gewrungen) auswinden.

Ws (Abk.) Wattsekunde.
WSW (Abk.) Westsüdwest(en).
wu'chern (V.) stark wachsen; den Preis hochtreiben. Wucher; Wucherei; Wucherer; Wucherpreis; Wucherung; Wucherzinsen; wucherisch.
Wuchs (der, -es, kein Plural) Wachstum; Figur. Wuchsstoff; kleinwüchsig.
Wucht (die, -, kein Plural) Gewicht; Druck; Stärke. *Beachte:* Das Fest war eine Wucht (ugs.: großartig). Wuchtigkeit; wuchtig; wuchten.
wüh'len (V.) graben; suchen. Wühler; Wühlerei; Wühlmaus; Wühltisch.
Wulst (der, -es, Wüls'te) Wölbung; Verdickung. Adjektiv: wulstig.
Wun'de (die, -, -n) Verletzung. Wundbrand; Wundfieber; Wundinfektion; Wundmal; Wundsalbe; Wundschmerz; Wundstarrkrampf; Wundverband; wund; wund sein/werden; sich wund laufen (*auch:* wundlaufen); sich wund liegen (*auch:* wundliegen).
Wun'der (das, -s, -) Unglaubliches; Außerordentliches; Unding. *Beachte:* sein blaues Wunder erleben; kein Wunder, dass ...; was Wunder, wenn ...; Wunder tun/wirken. Sie meint, Wunder was sie ist; die Frau kam ihm Wunder wie hübsch (sehr hübsch) vor. Wunderblume; Wunderdoktor; Wunderglaube; Wunderkerze; Wunderkind; Wunderlampe; Wunderlichkeit; Wundertat; Wundertüte; Wunderwerk. Adjektive: wunderbar; wundergläubig; wunderhübsch; wunderlich; wundersam; wunderschön; wundervoll. Adverb: wunderbarerweise.
Wunsch... Traum...; Ersehntes. Wunschauto; Wunschbedingung; Wunschberuf; Wunschfoto; Wunschgehalt; Wunschjob; Wunschkonditionen; Wunschmöglichkeit; Wunschpreis; Wunschreise; Wunschvorstellung; Wunschwetter; Wunschwohnung; Wunschziel.
wün'schen (V.) erhoffen; wollen; verlangen. Wunsch; Wunschbild; Wunschdenken; Wunschgegner; Wunschzettel; wünschenswert; wunschgemäß; wunschlos glücklich.
Wün'schel'ru'te (die, -, -n) Wassersuchgerät. Wünschelrutengänger.
Wunsch'film (der, -s, -e) Film, den sich das Publikum selbst auswählen kann.
Wür'de (die, -, -n) Achtung; Erhabenheit; Haltung. Würdelosigkeit; Würdenträger; Würdigkeit; Würdigung; würdelos; würdevoll; würdig; würdigen.
Wurf (der, -s/-es, Wür'fe) Werfen; Erfolg; Jungtiere. Wurfgeschoss; Wurfkreis; Wurfpfeil; Wurfsendung; werfen.

Wür'fel (der, -s, -) Spielstein; geometrischer Körper; Stückchen. Würfelbecher; Würfelspiel; Würfelzucker; würf(e)lig; würfelförmig; würfeln.
wür'gen (V.) die Kehle zudrücken; schlucken. Würgegriff; Würgemal; Würger.
Wurm 1. (der, -s, Wür'mer) Kriechtier. Wurmkrankheit; Wurmmittel; wurmig; wurmstichig. 2. (das, -s, Wür'mer) hilfloses Geschöpf.
wur'men (V.) (ugs.) ärgern.
Wurm'fort'satz (der, -es, -sät'ze) Teil des Blinddarms.
Wurst (die, -, Würs'te) Fleischspeise. *Beachte:* Das ist mir wurst (*auch:* wurscht) (ugs.: egal); heute geht es um die Wurst. Wurstbrot; Würstchen; Würstchenbude; Wurster; Wurstfinger; Wurstküche; Wurstsalat; Wurstwaren; Wurstzipfel.
wurs'teln (V.) (ugs.) schlampig arbeiten.
wurs'tig (Adj.) (ugs.) gleichgültig. Wurstigkeit.
Wurt (die, -, -en) (nordd.) künstliche Erdhügel, auf denen Häuser zum Schutz vor Sturmfluten errichtet wurden.
Wur'zel (die, -, -n) 1. Pflanzenteil; 2. (Kurzw.) Zahnwurzel; 3. Ursache; 4. mathematische Funktion (Zeichen: √). Wurzelbehandlung; Wurzelbürste; Wurzelknolle; Wurzelfaser; Wurzelstock; Wurzelwerk; Wurzelzeichen; Wurzelziehen; wurz(e)lig; wurzellos; wurzeln.
wür'zen (V.) Gewürze beifügen. Würze; Würzfleisch; Würzmischung; Würzung; würzig.
wu'sche'lig (*auch:* wusch'lig) (Adj.) lockig; zerzaust. Wuschelkopf.
Wust (der, -es, kein Plural) (ugs.) Durcheinander; Unordnung.
wüst (Adj.) unfruchtbar; wild; derb; furchtbar. Wüstling; wüsten.
Wüs'te (die, -, -n) Trockengebiet. Wüstenfuchs; Wüstensand; Wüstenschiff; wüst; wüstenartig.
wüs'ten (V.) leichtsinnig oder verschwenderisch mit etwas umgehen (Geld, Gesundheit). Wüstling.
Wut (die, -, kein Plural) Zornesausbruch; Groll. Wutanfall; Wutausbruch; Wüter; Wüterich; wütend; wutentbrannt; wutschäumend; wutschnaubend.
Wutz (der/die, -, -en) (ugs.) Schwein. Wutzchen.
Wwe. (Abk.) Witwe.
WWF (Abk.) World Wildlife Fund.
Wwr. (Abk.) Witwer.
Wy'an'dot'te (die, -, -n) (engl.) großes Fleisch- und Legehuhn; (weiße) Haushuhnrasse.

x unbekannte Größe (Mathematik); (ugs.) unendlich viele. *Beachte:* Es gibt x Möglichkeiten, das Problem zu lösen; x-Achse; x-beliebig; x-fach, *aber:* um ein X-faches; x-mal; x-te; zum x-ten Mal(e). *Dagegen:* Herr X und Frau Y; der Tag/die Stunde X. Du kannst mir kein X für ein U vormachen (ugs.: nicht täuschen).
X (Abk.) 10 (römisches Zahlzeichen).
Xan'thip'pe (die, -, -n) (ugs.) streitsüchtige Frau.
Xan'tho'phyll (das, -s, -e) (griech.) ein gelbbrauner Naturfarbstoff.
X-Bei'ne (die, nur Plural) Beine mit nach innen gerichteten Knien; x-beinig (*auch:* X-beinig).
X-Chro'mo'som (das, -s, -en) geschlechtsbestimmendes Chromosom.
X-Ein'heit (die, -, -en) Längeneinheit (Röntgenstrahlen).
Xe (Abk.) Xenon (chemisches Zeichen).
Xe'nie (die, -, -en) (griech.) kurzes Sinngedicht.
Xe'no'ga'mie (die, -, -n) (griech.) Kreuzbestäubung.
Xe'no'glos'sie (die, -, -n) unbewusstes Reden in einer unbekannten Sprache.
Xe'no'kra'tie (die, -, -n) Fremdherrschaft.
Xe'non (das, -s, kein Plural) (griech.) Edelgas.
Xe'no'phi'lie (die, -, kein Plural) Vorliebe für Fremdes. Adjektiv: xenophil.
Xe'no'pho'bie (die, -, kein Plural) Angst vor Fremden. Adjektiv: xenophob.
Xe'ro'der'mie (die, -, -n) Hauttrockenheit.
Xe'ro'gra'fie (*auch:* Xe'ro'gra'phie) (die, -, -n) (griech.) Druck-, Vervielfältigungsverfahren. Xerokopie; xerografisch (*auch:* xerographisch).
xe'ro'phil (Adj.) (griech.) trockenheitsliebend (von Pflanzen); trockenheitsbedingt (von der Pflanzendecke).
Xi (das, -/-s, -s) griechischer Buchstabe (Ξ, ξ).
X-Strah'len (die, nur Plural) Röntgenstrahlen.
Xy'lo'fon (*auch:* Xy'lo'phon) (das, -s, -e) Musikinstrument. Xylophonspieler (*auch:* Xylofonspieler).
Xy'lo'gra'fie (*auch:* Xy'lo'gra'phie) (die, -, -n) (griech.) Holzschneidekunst; Holzschnitt. Xylograf (*auch:* Xylograph); xylografisch (*auch:* xylographisch).

y (Abk.) variable, unbekannte Größe (Mathematik). *Beachte:* y-Achse, *aber:* ich telefonierte mit Frau Y.
Y (Abk.) Yttrium (chemisches Zeichen).
y. (*auch:* yd.) (Abk.) Yard.
Yacht (die, -, -en) → Jacht.
Yak (*auch:* Jak) (der, -s, -s) Hochlandrind.
Yang (das, -/-s, kein Plural) (chin.) helles, männliches Prinzip (chinesische Philosophie).
Yan'kee (der, -s, -s) (engl.) (ugs.) Nordamerikaner. Yankee Doodle; Yankeetum.
Yard (das, -s, -s) (engl.) Längenmaß (Abk.: y./yd.; Plural: yds.).
Yawl (die, -, -s/-e) (engl.) Sportjacht mit einem großen Hauptmast und einem Treibsegelmast.
Y-Chro'mo'som (das, -s, -en) geschlechtsbestimmendes Chromosom.
Yen (der, -/-s, -/-s) (jap.) Währungseinheit (Japan).
Ye'ti (der, -s, -s) Schneetier, -mensch.
Yin (das, -/-s, kein Plural) (chin.) dunkles, weibliches Prinzip (chinesische Philosophie).
Yin und Yang (das, -, kein Plural) (chines.) Weltprinzipien (chinesische Philosophie).
Ylang-Ylang (*auch:* Ilang-Ilang) (das, -, kein Plural) (malai.) ein Parfümrohstoff aus südostasiat. Blüten.
YMCA (Abk.) Young Men's Christian Association (Christlicher Verein junger Männer).
Yo'ga (*auch:* Jo'ga) (der/das, -/-s, kein Plural) (sanskr.) Meditationsübungen.
Yo'gi (*auch:* Jo'gi) (der, -s, -s) indischer Asket. Anhänger des Yoga.
Youngs'ter (der, -s, -/-s) (engl.) junger Sportler; Nachwuchssportler.
Yo-Yo (das, -s, -s) (engl.) → Jo-Jo.
Yp'si'lon (das, -s, -s) griechischer Buchstabe (Y, υ).
Ysop (der, -s, kein Plural) (griech.) ein Lippenblütler; Würzkraut.
Yt'ter'bi'um (das, -s, kein Plural) chemisches Element (Abk.: Yb).
Ytt'ri'um (das, -s, kein Plural) chemischer Grundstoff (Abk.: Y).
Yu'an (der, -s, -s) (chines.) Währungseinheit (Volksrepublik China).
Yuc'ca (die, -, -s) (span.) Zierpflanze.
Yup'pie (der, -s, -s) (engl.) junger, dynamischer Aufsteigertyp.
YWCA (Abk.) Young Women's Christian Association (Christlicher Verein Junger Mädchen).

Z

Z. (Abk.) Zahl; Zeile.
Za|ba|io|ne (*auch:* Za|ba|g|li|o|ne) (die, -, -s) (ital.) Weinschaumcreme.
Zack (in der Wendung:) auf Zack sein (ugs.: flink, pfiffig sein). Zackigkeit; zackig; zack, zack!
Za|cke (*auch:* der Za|cken) (die, -, -n) Spitze; Ecke. Zackenbarsch; Zackenkrone; Zackenlitze; zackig; zacken.
za|ckig (Adj.) schneidig (ugs.).
Zad|dik (der, -s, -im) (hebr.) für »der Gerechte«; Lehrer des Chassidismus.
zag|haft (Adj.) vorsichtig; zögernd. Zaghaftigkeit.
zäh (Adj.) dickflüssig; unnachgiebig; widerstandsfähig. Zähflüssigkeit; Zähheit; Zähigkeit; zähflüssig.
Zahl (die, -, -en) Menge; Anzahl; Größe (Abk.: Z.) *Beachte:* eine kleine Zahl Betroffene/Betroffener fand (*auch:* fanden) sich zusammen. Zahladjektiv; Zahlapparat; Zahlenangabe; Zahlenbilanz; Zahlenfolge; Zahlenlotto; Zahlenmaterial; Zahlenschloss; Zähler; Zählmaß; Zählung; Zählwerk; Zahlwort; Zahlzeichen. Adjektive: zahlenmäßig; zahllos; zahlreich. Verb: zählen.
→ Regelkasten.
zah|len (V.) bezahlen; finanzieren. Zahler; Zahlkarte; Zahlmeister; Zahlstelle; Zahltag; Zahlung; Zahlungsanweisung; Zahlungsaufforderung; Zahlungsbefehl; Zahlungsbilanz; Zahlungsfähigkeit; Zahlungsverkehr; zahlungsfähig; zahlungsunfähig.
Zah|len|ak|ro|ba|tik (die, -, kein Plural) Jonglieren mit Zahlen aus einer Statistik o. Ä.
Zah|len|ver|hält|nis (das, -nis|ses, -nis|se) Relation. ein ungleiches Zahlenverhältnis von 1 zu 2. *Aber:* das Zahlenverhältnis 1:2.
Zah|len|wert (der, -s, -e) Zahlengröße; Betrag.
Zah|lungs|ab|kom|men (das, -s, -) Vertrag über die Zahlungsbedingungen.
Zah|lungs|art (die, -, -en) Form der Zahlung (bar/unbar).
Zah|lungs|auf|schub (der, -s, -schü|be) Verlängerung der Zahlungsfrist.
Zah|lungs|be|din|gung (die, -, -en, meist Plural) Festlegung der Zahlungsmodalitäten.
Zah|lungs|emp|fän|ger (der, -s, -) Empfänger einer Zahlung (bei Überweisungen).
Zah|lungs|frist (die, -, -fris|ten) Zeitspanne, in der eine Zahlung zu leisten ist.
zah|lungs|kräf|tig (Adj.) zahlungsfähig; liquide. ein zahlungsfähiger Kunde.
Zah|lungs|schwie|rig|keit (die, -, -en, meist Plural) Zahlungsprobleme; Versäumnis der Zahlungsfrist.
Zah|lungs|ter|min (der, -s, -e) Zeitpunkt des Zahlens.
zah|lungs|un|wil|lig (Adj.) nicht bereit zu zahlen.
Zah|lungs|ver|pflich|tung (die, -, -en) Verpflichtung zu zahlen.
Zah|lungs|wei|se (die, -, -n) Zahlungsart; Zahlungsverhalten.
zah|lungs|wil|lig (Adj.) bereit zu zahlen.
zahm (Adj.) brav; dressiert; zutraulich; mild. Zahmheit.
zäh|men (V.) dressieren; bezwingen. Zähmbarkeit; Zähmung; zähmbar.
Zahn (der, -s, Zäh|ne) Gebissteil; Zacke. *Beachte:* einen Zahn draufhaben (ugs.: sehr schnell fahren); einen Zahn zulegen (ugs.: schneller machen). Zahnarzt; Zahnbelag; Zahnbürste; Zahncreme (*auch:* Zahnkrem(e)); Zähneklappern; Zahnersatz; Zahnfäule; Zahnfleischbluten; Zahnfüllung; Zahnlosigkeit; Zahnlücke; Zahnpasta; Zahnpflege; Zahnrad; Zahnschmerzen; Zahnspange; Zahnstocher; Zahntechniker; Zahnwal; Zahnwurzel. Adjektive: zahnärztlich; zähnefletschend; zähneklappernd; zähneknirschend; spitzzahnig; zahnkrank; zahnlos; zahnlückig. Verben: zahnen; zähnen.
Zahn|im|plan|tat (das, -s, -e) Implantation einer künstlichen Zahnwurzel.
Za|i|re (ohne Art., -s, kein Plural) Zairer; zairisch.
Zam|pa|no (der, -s, -s) Angeber; Großsprecher.
Zan|der (der, -s, -) Fisch.
Za|nel|la (der, -s, -s) ein Gewebe.
Zan|ge (die, -, -n) Werkzeug. Zangengeburt; Zänglein; zangenförmig.
zan|ken (V., refl.) sich streiten. Zank; Zankapfel, Zanksucht; zänkisch; zanksüchtig.
Zap|fen (der, -s, -) Verbindung; Verschluss. Tannenzapfen; Eiszapfen. Zäpfchen; Zapfenstreich; Zapfhahn; Zapfsäule; Zapfstelle; zapfenförmig; zapfen.
zap|peln (V.) sich hin und her bewegen. Zappelphilipp; zapp(e)lig.
zap|pen (V.) (engl.) mit der Fernbedienung schnell von einem zum anderen Fernsehprogramm wechseln.
zap|pen|dus|ter (Adj.) (ugs.) völlig dunkel; hoffnungslos.

Zahlen und Ziffern

1. Groß- und Kleinschreibung (→ Groß- und Kleinschreibung)
   a) Grundzahlen unter einer Million schreibt man klein. Der Tisch ist für vier Personen gedeckt. Wir drei verstehen uns gut. Mein Onkel ist schon über fünfzig.
   b) Zahlwörter, die als Substantive verwendet werden, schreibt man dagegen groß: Er hat eine Sechs in Latein. Die Dreizehn ist meine Glückszahl. Ich war die Erste, die an die Reihe kam. Er wurde Zweiter beim 100-m-Lauf.
   Beachte: Beziehen sie sich jedoch auf ein vorangehendes oder nachstehendes Substantiv, so schreibt man sie klein: Fünf Kinder spielten im Garten: drei mit dem Ball und zwei auf dem Klettergerüst. Zwei Frauen kamen in das Geschäft; die erste wollte eine Bluse kaufen und die zweite einen Rock.
   c) Zahlen wie »hundert«, »tausend« oder »dutzend« können eine unbestimmte Menge ausdrücken. In solchen Fällen kann man sie entweder klein- oder großschreiben: Man konnte hunderte/Hunderte Lachse den Fluss hinaufziehen sehen. Es kamen tausende/Tausende von Zuschauern. Mehrere dutzend/Dutzend Menschen kamen bei der Katastrophe ums Leben.
2. Zusammen- oder Getrenntschreibung
   a) Zahlen unter einer Million schreibt man zusammen: zweihundert, viertausend, neunhundertneunzigtausend.
   Aber: zwei Millionen dreihundert(und)sechzig.
   b) Ziffern werden mit Bindestrich an das folgende Wort angeschlossen: 5-Tonner (Fünftonner); 12-karätig (zwölfkarätig); 8-fach (*auch:* 8fach) (achtfach); 38-jährig. Aber: Ist an die Zahl ein Suffix angehängt, dann schreibt man das Wort ohne Bindestrich: der 68er; ein 20stel.
   c) Werden mehrere Wörter aneinandergekoppelt, so steht ein Bindestrich: 5-Prozent-Klausel; 4-Zimmer-Wohnung; 5 1/2-jährig; 1,5-Liter-Packung; 1-kg-Beutel; 1000-m-Lauf; 10-m-Brett; 55-Cent-Briefmarke; 110-PS-Motor; 20-Euro-Schein; 3:1-Sieg.
   Beachte: Zusammenschreibung, wenn die Ziffern durch Buchstaben ersetzt werden! Fünfprozentklausel; Fünfundfünfzigcentbriefmarke; Zehnmeterbrett; Zwanzigeuroschein.
3. Zahlen als Ziffern
   a) Zahlen bis zwölf werden meist als Wörter geschrieben, über zwölf in Ziffern.
   b) Mehrstellige Zahlen werden durch Gliederungspunkte oder auch durch Zwischenräume leichter lesbar!
   5 640 930 €, 25.038 €.
   Auch bei Telefonnummern ist eine Gliederung durch Zwischenräume sinnvoll. Hierbei fasst man von hinten nach vorne jeweils zwei Ziffern zusammen; dasselbe gilt für Vorwahlnummern:
   (041 83) 714 10 24.
   c) Das Komma trennt Dezimalzahlen und Centbeträge ab. Ein Wurf von 53,34 m. Das Fleisch kostet 5,69 €.
   d) Minutenangaben werden entweder durch Punkt abgetrennt oder hochgestellt. 9.30 Uhr; 9^{30} Uhr. Man kann die Minutenangabe aber auch hinter das »Uhr« setzen: 9 Uhr 30.
   e) Zahlen- bzw. Zeitbereiche können mit einem Gedankenstrich (für »bis«) oder mit dem Wort »bis« verbunden werden. In den Jahren 1965–1970 (1965 bis 1970); Sprechstunde von 13–15 Uhr (13 bis 15 Uhr).
   Beachte: Bei aufeinander folgenden Jahreszahlen kann auch der Schrägstrich verwendet werden. Im Wintersemester 1986/87.

Zar (der, -en, -en) (russ.) Herrschertitel. Zarenfamilie; Zarenreich; Zarewitsch; Zarin; Zarismus; zaristisch; Zarewna; Zariza.
zart (Adj.) fein; weich; empfindlich. Zartgefühl; Zartheit; zart besaitet (*auch:* zartbesaitet); zartbitter; zart fühlend (*auch:* zartfühlend); zartrosa.
zärt'lich (Adj.) liebevoll. Zärtlichkeit; zärteln.

Zas'ter (der, -s, kein Plural) (ugs.) Geld.
Zä'sur (die, -, -en) (lat.) Einschnitt; Ruhepunkt.
Zau'ber (der, -s, -) Magie; Reiz. Zauberer; Zauberflöte; Zauberkraft; Zauberkünstler; Zauberlehrling; Zauberstab; Zaubertrank; zauberhaft; zauberisch; bezaubernd; zaubern.
zau'dern (V.) zögern. Zauderer.

Zaum (der, -s, Zäu|me) Zaumzeug. *Beachte:* die Zunge im Zaum halten (sich beherrschen). Zäumung; zäumen.
Zaun (der, -s, Zäu|ne) Einfassung; Gitter. Zauneidechse; Zaungast; Zaunlatte; das war ein Wink mit dem Zaunpfahl (ugs.: deutlicher Hinweis); zaundürr; zäunen.
Zaun|kö|nig (der, -s, -e) Vogel.
Za|zi|ki (*auch:* Ts|at|si|ki) (der, -, kein Plural) (neugriech.) fetter Joghurt mit ausgedrückter, zerriebener Salatgurke und Knoblauch.
z. B. (Abk.) zum Beispiel.
z. b. V. (Abk.) zur besonderen Verwendung.
z. D. (Abk.) zur Disposition.
z. d. A. (Abk.) zu den Akten.
ZDF (Abk.) Zweites Deutsches Fernsehen.
Ze|ba|ot (*auch:* Ze|ba|oth) (ohne Art., -, kein Plural) (hebr.) als Beiname Gottes im Alten Testament; der Herr.
Ze|b|ra (das, -s, -s) Wildpferd. Zebrastreifen.
Ze|b|ra|no (das, -s, kein Plural) (portugies.) ein gestreiftes afrikanisches Holz.
Ze|bu (der/das, -s, -s) (tibet.) Buckelrind.
Ze|che (die, -, -n) Bergwerk; Rechnung. Zechbruder; Zechensterben; Zechenstillegung; Zechgelage; Zechpreller; Zechprellerei; Zechtour; zechen.
Ze|chi|ne (die, -, -n) (arab.-ital.) alte Goldmünze; venezianischer oder levantinischer Dukaten.
Ze|cke (die, -, -n) Insekt.
Ze|der (die, -, -n) (griech.) Nadelbaum; Zedernholz; zedern (aus Zedernholz).
Ze|he (*auch:* der Zeh) (die, -, -n) Fußglied. *Beachte:* der kleine/große Zeh. Zehennagel; Zehenspitze; fünfzehig (5-zehig).
zehn (Zahlw.) *Beachte:* wir fuhren zu zehnen/zehnt; jeder zehnte Teilnehmer, *aber:* jeder Zehnte; ein zehntel Gramm, *aber:* das Zehntel; am Zehnten (des Monats); die Zehn Gebote; die Zahl Zehn. Zehnender; Zehnerkarte; Zehnerpackung; Zehnfache; Zehnfingersystem; Zehnjahresfeier; Zehnjahresplan (*auch:* 10-Jahres-Plan); Zehnkampf; Zehneuroschein (*auch:* 10-Euro-Schein); Zehnmeterbrett; Zehncentstück; Zehntelgramm; Zehntelsekunde; Zehntonner (*auch:* 10-Tonner). Adjektive: zehnerlei; zehnfach, *aber:* das Zehnfache; zehnjährig; zehnmal, *aber:* an die zehn Male; zehntausend; zehntens.
zeh|ren (V.) aufbrauchen; zerstören; abmagern. Zehrgeld; Zehrung.
Zei|chen (das, -s, -) Merkmal; Symbol; Wink; Schild. Zeichenschutz; Zeichensetzung (Interpunktion); Zeichensprache; Zeichentheorie; zeichenhaft.

zeich|nen (V.) malen; markieren; unterschreiben. Zeichenblock; Zeichenfeder; Zeichenlehrer; Zeichenstift; Zeichentrickfilm; Zeichenunterricht; Zeichnen; Zeichner/in; Zeichnung; Zeichnungsberechtigte; zeichnerisch; zeichnungsberechtigt.
zei|gen (V.) erkennen lassen; darstellen; erscheinen. Zeigefinger; Zeiger; Zeigestock.
Zei|le (die, -, -n) Linie (Abk.: Z.); Reihe. Zeilenabstand; Zeilenhonorar; Zeilenlänge; Zeilensprung; Vierzeiler (4-Zeiler); vierzeilig (4-zeilig); zeilenweise.
Zei|sig (der, -s, -e) Vogel. Zeisigfutter.
zeit (Präp., Gen.) während. *Beachte:* zeit seines Lebens.
Zeit (die, -, -en) Zeitraum; Zeitpunkt. *Beachte:* Er ist an der Zeit; von Zeit zu Zeit; Zeit haben/finden/verlieren/sparen; zurzeit; *aber:* zur Zeit/zu Zeiten (Abk.: z. Z.; z. Zt.) Karls d. Gr.; eine Stelle zur Zeit (Abk.: a. Z.); eine Zeit lang (*auch:* Zeitlang); *aber nur:* eine kurze Zeit lang; du kannst zu jeder Zeit (*auch:* jederzeit) kommen; derzeit; seinerzeit (Abk.: s. Z.), *aber:* zu seiner Zeit; zu aller Zeit, *aber:* allezeit; zeitlebens; beizeiten; das Zeitliche segnen; zu nachtschlafender Zeit. Zeitalter; Zeitansage; Zeitarbeit; Zeitbombe; in Zeitdruck sein; Zeitenfolge; Zeitersparnis; Zeitform (Tempus); Zeitgeist; Zeitgenosse; Zeitgeschehen; Zeitgeschichte; Zeitkarte; Zeitlauf; Zeitlichkeit; Zeitlupe; Zeitlupentempo; Zeitmangel; in Zeitnot geraten; Zeitpunkt; Zeitraffer; Zeitraum; Zeitschrift; Zeitverschwendung; Zeitvertreib; Zeitwort (Verb); Zeitzünder. Adjektive: zeitfremd; zeitgebunden; zeitgemäß; zeitgenössisch; zeitgerecht; zeitgleich; zeitig; zeitlos; zeitraubend (*auch:* Zeit raubend); zeitschnell; zeitversetzt; zeitweilig; zeitweise. Verb: zeitigen.
Zei|tung (die, -, -en) Nachrichtenblatt; Magazin. Zeitunglesen; Zeitungsabonnement; Zeitungsannonce; Zeitungsartikel; Zeitungsente; Zeitungsinserat; Zeitungskorrespondent; Zeitungsleser; Zeitungsnotiz; Zeitungspapier; Zeitungsverlag; Zeitungswissenschaft.
zele|b|rie|ren (V.) (lat.) feiern; Messe lesen. Zelebration.
Zel|le (die, -, -n) Raum; Kern; organische Einheit. Zellatmung; Zellenbildung; Zellgewebe; Zellkern; Zelllehre (*auch:* Zell-Lehre); Zellmembran; Zellophan; Zellstoff; Zellteilung; Zellulitis (*auch:* Cellulitis); Zellulose; Zellwolle; zellenförmig; zellig; zellular.
Zel|lu|loid (*auch:* Ce|llu|loid) (das, -s/-es, nur Plural) (nlat.-griech.) ein durchsichtiger, elastischer Zellulosekunststoff; Zellhorn.

Zelt (das, -s, -e) Unterkunft; Gebäude; Gewölbe. Zeltbahn; Zeltlager; Zeltleinwand; Zeltmast; Zeltplane; Zeltwand; zelten.
Zel|ten (der, -s, -) (südd.) Lebkuchen.
Ze|ment (der/das, -s, -e) (lat.) 1. Baustoff; 2. Zahnfüllung. Zementation; Zementboden; Zementierung; Zementsack; zementieren.
Ze|nit (der, -s, kein Plural) (arab.) Scheitelpunkt; Höhepunkt.
Ze|no|taph (auch: Ke|no|taph) (der, -s, -en) (griech.) leeres Grab (als Erinnerungsmal für einen woanders Verstorbenen).
zen|sie|ren (V.) (lat.) benoten; prüfen. Zensierung; Zensur.
Zen|sor (der, -s, -en) altrömischer Sittenrichter; jmd., der die Zensur ausübt; Bewerter.
Zen|sus (der, -, -) (lat.) Volkszählung.
Zen|taur (der, -en, -en) (griech.) Fabelwesen (halb Pferd, halb Mensch).
zen|te|si|mal (Adj.) hundertteilig. Zentesimalwaage.
Zen|ti... (lat.) ein Hundertstel (Abk.: c). Zentigrad; Zentigramm (Abk.: cg); Zentiliter (Abk.: cl); Zentimeter (Abk.: cm); beachte: zehn Zentimeter lang, aber: eine Länge von zehn Zentimeter/Zentimetern; Zentimetermaß.
Zent|ner (der, -s, -) Gewichtseinheit (50 kg; Abk.: Ztr.). Beachte: zehn Zentner wird/werden geliefert; fünf Zentner Mehl kostet/kosten nicht die Welt. Zentnergewicht; Zentnerlast; zentnerschwer; zentnerweise.
zen|t|ral (Adj.) (lat.) im Mittelpunkt. Zentralafrika; Zentralamerika; Zentralbank; Zentrale; Zentralfigur; Zentralheizung; Zentralisation; Zentralisierung; Zentralismus; Zentralität; Zentralkomitee (Abk.: ZK); Zentralnervensystem; Zentralproblem; Zentralverband; Zentrierung; Zentrum; zentralafrikanisch; zentralistisch; zentrisch; zentralisieren; zentrieren.
Zen|t|ri|fu|ge (die, -, -n) Schleuder. Zentrifugalkraft; Zentrifugalpumpe; zentrifugal; zentrifugieren.
Zen|tu|rie (die, -, -n) (lat.) altrömische Hundertschaft.
Zen|tu|rio (der, -s, -s/-ri|o|nen) Führer einer Zenturie.
Ze|phir (auch: Ze|phyr) (der, -s, -e) (griech.) 1. (nur Ez.) lauer Wind (veraltet). 2. ein feinfädiges Baumwollgewebe.
Zep|pe|lin (der, -s, -e) Luftschiff.
Zep|ter (das, -s, -) (griech.) 1. Würdenstab; 2. Herrschaft.
zer|bers|ten (V., zerbarst, ist zerborsten) zerbrechen.
Zer|be|rus (auch: Cer|be|rus) (der, -, -rus|se) (griech.) Wächter; Wachhund.

zer|brech|lich (Adj.) morsch; brüchig; zart. Zerbrechlichkeit; zerbrechen.
zer|brö|ckeln (V., ist) zerfallen; zerkleinern.
Ze|re|b|ral (der, -s, -e) Laut, der mit der Zungenspitze am Gaumendach gebildet wird (Sprachwissenschaft).
Ze|re|mo|nie (die, -, -n) (lat.) Ritus; Feierlichkeit. Zeremoniell; Zeremonienmeister; zeremoniell; zeremoniös.
zer|fah|ren (Adj.) verwirrt; zerstreut. Zerfahrenheit.
zer|fal|len (V., zerfiel, ist zerfallen) zusammenbrechen; sich auflösen. Beachte: Er ist mit Gott und der Welt zerfallen (verfeindet); Zerfall; Zerfallserscheinung; Zerfallsprodukt.
zer|fled|dern (V.) abnutzen; zerreißen.
zer|furcht (Adj.) faltig; mit Rillen.
zer|ge|hen (V., zerging, ist zergangen) schmelzen.
zer|klüf|tet (Adj.) rissig; spaltig.
zer|knal|len (V.) zerplatzen; zerspringen.
zer|knirscht (Adj.) bedrückt; reuevoll. Zerknirschtheit; Zerknirschung.
zer|knit|tern (V.) zusammendrücken.
zer|las|sen (V., zerließ, hat zerlassen) schmelzen lassen.
zer|lau|fen (V., zerlief, ist zerlaufen) auseinanderfließen; schmelzen.
zer|le|gen (V.) teilen; trennen. Zerlegspiel; Zerlegung; zerlegbar.
zer|mal|men (V.) zerdrücken; zerstören. Zermalmung.
zer|man|schen (V.) (ugs.) zerquetschen.
zer|mar|tern (V.) (ugs.) (in der Wendung) sich den Kopf/das Hirn zermartern (intensiv nachdenken).
zer|mür|ben (V.) aufreiben. Zermürbung; Zermürbungstaktik; zermürbt.
Ze|ro (die/das, -/-s, -s) (arab.) Null; Nichts (Roulett).
zer|pflü|cken (V.) zertrennen; kritisch untersuchen.
zer|quet|schen (V.) zerdrücken.
zer|rei|ßen (V., zerriss, hat zerrissen) trennen; auseinanderreißen; löchrig werden. Zerreißprobe; Zerreißung; Zerrissenheit; zerreißfest; zerrissen.
zer|ren (V.) ziehen; überdehnen. Zerrbild; Zerrerei; Zerrspiegel; Zerrung.
zer|rüt|ten (V.) aufreiben; zerstören. Zerrüttung; zerrüttet.
zer|schel|len (V.) auseinanderbrechen. Zerschellung; zerschellt.
zer|schla|gen 1. (V., zerschlug, hat zerschlagen) auseinanderschlagen; (refl.) scheitern. Zerschlagung.

Zerschlagung. 2. (Adj.) erschöpft; müde. Zerschlagenheit.
zer'schmet'tern (V.) zertrümmern; zerstören. Zerschmetterung; zerschmettert.
zer'set'zen (V.) auflösen; untergraben. Zersetzung; Zersetzungserscheinung; Zersetzungsprozess.
zer'split'tern (V.; V. ist) zertrümmern; zerfallen. Zersplitterung.
zer'stäu'ben (V.) versprühen. Zerstäuber; Zerstäubung.
zer'stö'ren (V.) vernichten. Zerstörer; Zerstörung; Zerstörungswut; zerstörbar; zerstörerisch.
zer'streut (Adj.) abgelenkt; unaufmerksam. Zerstreutheit; Zerstreuung; zerstreuen.
Zer'ti'fi'kat (das, -s, -e) (lat.) amtliche Beglaubigung. Verb: zertifizieren.
Zer've'lat'wurst (*auch:* Ser've'lat'wurst) (die, -, -würs'te) Hartwurst.
zer'wer'fen (V., zerwarf, hat zerworfen) zerschlagen; sich verfeinden. Zerwürfnis.
zer'zaust (Adj.) wirr; unordentlich
Ze'ta (das, -/-s, -s) sechster Buchstabe des griechischen Alphabets (Z, ζ).
Ze'ta'ze'en (die, nur Plural) (griech.-lat.-nlat.) die Wale in ihrer Gesamtheit.
Ze'ta'zis'mus (der, -, -men) 1. fehlerhafte Aussprache des Z-Lautes. 2. Lautentwicklung von k zu z vor hellem Vokal (Sprachwissenschaft).
ze'tern (V.) (ugs.) klagen; schreien. *Beachte:* Zeter und Mordio schreien. Zetergeschrei.
Zet'tel (der, -s, -) Notizblatt. Zettelkartei; Zettelkasten; verzetteln.
Zeug (das, -s, -e) Kram; Unsinn. *Beachte:* Du kannst mir nichts am Zeug flicken; sich kräftig ins Zeug legen. Zeughaus.
Zeu'ge (der, -n, -n) Beobachter; Bürge. Zeugenaussage; Zeugenbank; Zeugenstand; Zeugenvernehmung; Zeugin; zeugen.
zeu'gen (V.) hervorbringen (Kind); bekräftigen; zeigen. Zeugung; Zeugungsakt; Zeugungsfähigkeit; zeugungsfähig; zeugungsunfähig.
Zeug'haus (das, -es, -häu'ser) Arsenal.
Zeug'nis (das, -nis'ses, -nis'se) Beglaubigung; Urkunde; Zeugenaussage; Zeugnis; Zeugnisausgabe; Zeugnisverweigerung; Zeugnisverweigerungsrecht.
Zeug'nis'ab'schrift (die, -, -en) Zeugniskopie.
zeug'nis'haft (Adj.) wie ein Zeugnis.
z. H. (*auch:* z. Hd.) (Abk.) zu Händen.
Zi'be'be (die, -, -n) (arab.) (südd.) Rosine.
Zi'bet (das, -s, kein Plural) (arab.-ital.) das Drüsensekret der Zibetkatze; Parfümgrundstoff.
Zi'cho'rie (die, -, -n) (griech.) Pflanze; Kaffeeersatz.

Zi'cken (die, nur Plural) (in der Wendung) Zicken machen (Dummheiten, Umstände machen). Adjektiv: zickig.
Zick'lein (das, -s, -) Ziegenjunges. Zicke; Zickel; zickeln.
Zick'zack (der, -s, -za'cke) Zickzacklinie; Hin und Her. Zickzackkurs; im Zickzack laufen.
Zi'der (auch: Ci'd're) (der, -s, -) (franz.) Apfel-, Obstwein.
Zie'ge (die, -, -n) Haustier. Ziegenbart; Ziegenbock; Ziegenkäse; Ziegenleder; Ziegenmilch.
Zie'gel (der, -s, -) Backstein. Ziegelbrennerei; Ziegelei; Ziegelstein; ziegelrot.
Zie'gen'fell (das, -s, -e) Fell einer Ziege.
Zie'gen'her'de (die, -, -n) Herde von Ziegen.
Zie'gen'hirt (der, -en, -en) Hüter einer Ziegenherde.
Zie'gen'pe'ter (der, -s, -) Mumps.
zie'hen (V., zog, hat gezogen) schleppen; dehnen; zeichnen; umherziehen; aufziehen; umziehen. Ziehbrunnen; Zieheltern; Ziehharmonika; Ziehmutter; Ziehung.
Ziel (das, -s, -e) Bestimmungsort; Absicht; Endpunkt. Zielband; Zielfahrt; Zielfernrohr; Zielgerade; Zielgruppe; Ziellinie; Zielrichter; Zielscheibe; Zielsicherheit; Zielstrebigkeit. Adjektive: zielbewusst; zielend auf; zielgerichtet; ziellos; zielsicher; zielstrebig. Verb: zielen.
Ziel'was'ser (das, -s, -) Schnaps.
Ziel'wurf (der, -s, -wür'fe) Wurf auf ein Ziel.
zie'men (V., refl.) (nur unpersönlich) sich gehören.
ziem'lich 1. (Adv.) fast; reichlich. 2. (Adj.) beträchtlich.
zie'ren (V.) 1. schmücken; 2. (refl.) zimperlich sein. Zier; Zierrat; Zierde; Ziererei; Zierfisch; Zierkürbis; Zierpflanze; Zierstrauch.
zier'lich (Adj.) klein; zart. Zierlichkeit.
Ziffer (die, -, -n) Zahlzeichen (Abk.: Ziff.). Zifferblatt; Ziffernrechner; Ziffernschrift; dreiziff(e)rig.
zig (Zahlw.) sehr oft; sehr viele. *Beachte:* ich habe zigmal gerufen, *aber:* zig Male; das kostet mich zig Euro; zigfach; Zighundert (*auch:* zighundert); Zigtausend (*auch:* zigtausend); ein Zigfaches davon; Zigtausende (*auch:* zigtausende) von Vögeln.
Zi'ga'ret'te (die, -, -n) Tabakware. Zigarettenautomat; Zigarettenetui; Zigarettenkippe; Zigarettenpause; Zigarettenrauch; Zigarettenspitze.
Zi'ga'ril'lo (der/das, -s, -s) (span.) Zigarre.
Zi'gar're (die, -, -n) Tabakware. Zigarrenkiste; Zigarrenspitze; zigarrenförmig.
Zi'geu'ner (der, -s, -) Angehöriger der Sinti und Roma. Zigeunerin; Zigeunerkapelle; Zigeuner-

Zikade — Zitze

leben; Zigeunermusik; Zigeunerschnitzel; zigeunerhaft; zigeunerisch; zigeunern.
Zi'ka'de (die, -, -n) (lat.) Insekt. Zikadengesang.
Zik'ku'rat (die, -, -s) assyrischer, babylonischer Stufenturm.
zi'li'ar (Adj.) (lat.) zu den Wimpern gehörig.
Zi'li'ar'kör'per (der, -s, -) vorderster Teil der Augengefäßhaut.
Zi'lie (die, -, -n) (lat.) Wimperfortsatz (zur Fortbewegung von Einzellern).
Zim'bab'we → Simbabwe.
Zi'me'lie (die, -, -n) (griech.-lat.) bibliophiles oder kirchliches Kleinod.
Zim'mer (das, -s, -) Raum. Zimmerantenne; Zimmerdecke; Zimmerflucht; Zimmerherr; Zimmerlautstärke; Zimmermädchen; Zimmernummer; Zimmerpflanze; Zimmertemperatur; vierzimm(e)rig (4-zimm(e)rig).
Zim'mer'lin'de (die, -, -n) afrikanische Linde.
Zi'mo'lit (der, -s, kein Plural) hellgrauer Ton.
zim'per'lich (Adj.) empfindlich; wehleidig. Zimperlichkeit; Zimperliese.
Zimt (der, -s, -e) Gewürz. Zimtbaum; Zimtöl; Zimtstange; Zimtstern; zimtfarben; zimtfarbig.
Zi'ne'ra'rie (die, -, -n) (nlat.) leuchtend gefärbtes Kreuzkraut; Zierblume.
Zink (das, -s, kein Plural) Metall; chemischer Grundstoff (Abk.: Zn). Zinkblech; Zinkblende; Zinkleimverband; Zinkoxid (auch: Zinkoxyd); Zinkwanne.
Zin'ken (der, -s, -) Zacken; Zeichen; (ugs.) Nase. Zinker; zinken.
Zin'ko'gra'fie (auch: Zin'ko'gra'phie) (die, -, -n) Zinkätzung.
Zinn (das, -s, kein Plural) Metall; chemischer Grundstoff (Abk.: Sn). Zinnbecher; Zinnfigur; Zinngießer; Zinnsoldat; Zinnteller; zinnern.
Zin'ne (die, -, -n) Mauerzacke.
Zin'nie (die, -, -n) (nlat.) Korbblütler; Zierblume.
Zin'no'ber (der, -s, -) (pers.) roter Farbstoff; (ugs.) Blödsinn. *Beachte:* Mach keinen Zinnober! ein Pullover in Zinnoberrot, *aber:* der Pullover war zinnoberrot.
Zins (der, -es, -en) (lat.) Zahlung; Ertrag. Zinsendienst; Zinserhöhung; Zinseszins; Zinspolitik; Zinssatz; Zinssenkung; Zinswucher; Zinszahl (Abk.: Zz.); zinsbar; zinsgünstig; zinslos.
Zi'o'nis'mus (der, -, kein Plural) jüdische Interessenpolitik. Zionist; zionistisch.
Zip'fel (der, -s, -) Spitze; Ende. Zipfelmütze; zipf(e)lig; zipfeln.
Zir'bel (die, -, -n) Kiefer. Zirbelkiefer; Zirbelnuss.
zir'ka (auch: cir'ca) (Adv.) ungefähr; etwa (Abk.: ca.).

Zir'kel (der, -s, -) 1. Zeichengerät; 2. Personenkreis. Zirkelkasten; Zirkelschluss; zirkeln.
zir'ku'lär (auch: zir'ku'lar) (Adj.) (griech.) kreisförmig. Zirkulation; zirkulieren.
Zir'kum'flex (der, -es, -e) (lat.) Dehnungszeichen (Zeichen: ^, z. B. â, ê, î).
Zir'kus (auch: Cir'cus) (der, -, -kus'se) Zirkusvorstellung (auch: Circusvorstellung); Manege; Zelt; (ugs.) Lärm. Zirkusclown (auch: Circusclown).
Zir'pe (die, -, -n) Grille. Verb: zirpen.
Zir'rho'se (die, -, -n) (griech.) Bindegewebsverhärtung, -schrumpfung. Leberzirrhose.
zir'zen'sisch (Adj.) zum Zirkus (auch: Circus) gehörig.
zis'al'pin (Adj.) (lat.) diesseits der Alpen (von Rom aus betrachtet).
zi'schen (V.) scharf tönen; schwirren. Zischelei; Zischlaut; zischeln.
Zi'se'lie'rung (die, -, -en) Metallstechen.
Zis'ter'ne (die, -, -n) (griech.) Regenwasserspeicher.
Zis'ter'zi'en'ser (der, -s, -) Ordensbruder. Zisterzienserorden.
Zist'ro'se (die, -, -n) (griech.-lat.) Strauch des Mittelmeerraumes mit rosenähnlichen Blüten.
Zi'ta'del'le (die, -, -n) (franz.) Festung.
Zi'tat (das, -s, -e) (lat.) Textbeleg; Ausspruch. Zitatenlexikon; Zitatenschatz; Zitatensammlung; Zitierung; zitieren.
Zi'ther (die, -, -n) (griech.) Saiteninstrument. Zitherspieler.
Zit'ro'nat (das, -s, -e) (franz.) kandierte Zitrusschale.
Zit'ro'ne (die, -, -n) Frucht. Zitronenbaum; Zitronenfalter; Zitronensaft; Zitronensäure; Zitronenschale; zitronenfarbig; zitronengelb.
zit'ro'nen'för'mig (Adj.) in der Form einer Zitrone.
Zit'ro'nen'holz (das, -es, -höl'zer) Holz des Zitronenbaums; Sandelholz.
Zit'ro'nen'me'lis'se (die, -, -n) Melissenart.
Zit'ro'nen'öl (das, -s, -e) Öl aus gepressten Zitronenschalen.
Zit'ro'nen'pres'se (die, -, -n) Presse.
Zit'ro'nen'säu're'zy'klus (der, -, kein Plural) Zitratzyklus.
Zit'rus'frucht (die, -, -früch'te) Fruchtsorte (z. B. Orange, Zitrone).
Zit'ter'greis (der, -es, -e) alter Mann.
zit'tern (V.) beben; sich fürchten. Das Zittern haben (ugs.) Zitteraal; Zittergras; Zitterpappel; Zitterpartie; zitt(e)rig.
Zit'ter'ro'chen (der, -s, -) Rochen.
Zit'ze (die, -, -n) Säugorgan.

zi'vil (Adj.) (lat.) 1. bürgerlich; 2. nichtmilitärisch; 3. anständig. *Beachte:* in Zivil sein. Zivilbevölkerung; Zivilcourage; Zivildienst; Zivilfahndung; Zivilist; Zivilkammer; Zivilklage; Zivilperson; Zivilprozess; Zivilprozessordnung (Abk.: ZPO); Zivilrecht; Zivilschutz; zivilistisch; zivilrechtlich.
ZK (Abk.) Zentralkomitee.
Zlo'ty (der, -s, -s) (poln.) Währung (Polen; Abk.: Zl).
Zn (Abk.) Zink (chemisches Zeichen).
Zo'bel (der, -s, -) Marder; Pelz. Zobelmantel.
Zo'fe (die, -, -n) Dienerin.
Zoff (der, -s, kein Plural) (ugs.) Ärger; Streit.
zö'gern (V.) zaudern. *Beachte:* ohne Zögern, *aber:* ohne zu zögern.
Zö'li'bat (das/der, -s, kein Plural) (lat.) Ehelosigkeit. Zölibatszwang; zölibatär.
Zoll 1. (der, -s, Zöl'le) (griech.) Abgabe. Zollabfertigung; Zollamt; Zollbeamte; Zollerklärung; Zollfahnder; Zollgrenze; Zolllinie (*auch:* Zoll-Linie); Zöllner; Zollschranke; Zolltarif; Zollvertrag; zollamtlich; zollbar; zollfrei; zollpflichtig; zollen. 2. (der,-s, -) Längenmaß (Zeichen: "). *Beachte:* keinen Zollbreit (*auch:* Zoll breit) weichen. Zollstock; zolllang, *aber:* zwei Zoll lang; zollbreit, *aber:* zwei Zoll breit; zollhoch, *aber:* zwei Zoll hoch; zweizollig (2-zollig).
zoll'dick (Adj.) etwa ein Zoll dick.
Zoll'fahn'dung (die, -, -en) Ermittlung wegen Zollbetrugs.
Zom'bie (der, -/-s, -s) lebender Toter.
Zo'ne (die, -, -n) Bereich; Gebiet. Zonengrenze; Zonentarif; Zonenzeit; zonal.
Zoo (der, -s, -s) (griech.) (Kurzw.) zoologischer Garten. Zoohandlung; Zoologe; Zoologie; Zooorchester (*auch:* Zoo-Orchester); zoologisch.
Zoom (das, -s, -s) (engl.) Kameraobjektiv. Verb: zoomen.
Zo'o'plank'ton (das, -s, kein Plural) (griech.) tierisches Plankton (z. B. Muschellarven, Krebsohren).
Zopf (der, -s, Zöp'fe) 1. geflochtenes Haar; 2. Gebäck; 3. Überholtes. Zöpfchen; Zopfmuster; zopfig.
zop'po (Adj.) (ital.) schleppend (Vortragsanweisung in der Musik).
Zorn (der, -s, kein Plural) Wut. Zorn(es)ausbruch; Zorn(es)röte; zornentbrannt; zornig.
Zo'te (die, -, -n) Obszönität. Adjektiv: zotig. Verb: zoten.
zot'te'lig (*auch:* zott'lig) (Adj.) büschelig; wirr. Zottel; Zottelbär; Zottelhaar; zottig.
ZPO (Abk.) Zivilprozessordnung.
Zr (Abk.) Zirkonium (chemisches Zeichen).
z. T. (Abk.) zum Teil.

Ztr. (Abk.) Zentner.
zu 1. (Präp., Dat.) in; an; gegenüber; für. *Beachte:* Ich fahre zu den Eltern; zu Bett gehen; du bist nett zu mir; ein Kilo Erdbeeren zu drei Euro. 2. (Adv.) überaus; geschlossen; hin. *Beachte:* nur zu! mach doch das Fenster zu! du bist zu nervös. 3. (Konj.) *Beachte:* Ich habe Lust zu baden; die zu überprüfenden Akten. zu viel Ärger; zu viele Menschen; zu wenig Geld; zuletzt, *aber:* zu guter Letzt; zu spät; zu weit; zu oft; zu dreien; zu dritt. *Aber:* zuallererst; zufolge; zugleich; zuoberst; zutiefst; zuunterst; zu Hause (*auch:* zuhause) sein; zu Hilfe kommen; zurate (*auch:* zu Rate) ziehen; zu Ohren kommen; zu Werke gehen; jemandem zu Willen sein; ich bin dir zu großem Dank verpflichtet; zu Händen (*auch:* zuhanden) der Frau/von Frau Pfeifer (Abk.: z. H./z. Hd.); ich mache mich zurecht, *aber:* zu Recht darauf bestehen; zuzeiten (bisweilen), *aber:* zu Zeiten der Revolution; zugunsten (*auch:* zu Gunsten); zuungunsten (*auch:* zu Ungunsten); jemandem etwas zugute halten; zugrunde (*auch:* zu Grunde) liegen; er wird dir nichts zuleide (*auch:* zu Leide) tun; das mache ich nur dir zuliebe; all die Mühe zuschanden (*auch:* zu Schanden) machen; nichts zustande (*auch:* zu Stande) bringen; alles zunichte machen; sich etwas zunutze (*auch:* zu Nutze) machen; sich nichts zuschulden (*auch:* zu Schulden) kommen lassen; deutlich zutage (*auch:* zu Tage) treten; Schlimmes zuteil werden; zugegen sein; zuhauf vorhanden sein; Großes zuwege (*auch:* zu Wege) bringen; einer Person zuwider sein; das wird uns zuteil werden?; sich etwas zugute machen. Zubereitung; Zubettgehen; Zubringer; Zubrot; Zudecke; Zufahrt; Zufuhr; Zufußgehen; Zugabe; Zulage; Zuschnitt; Zusendung; Zusicherung; Zuwanderer; Zuweisung.
zu'bal'lern (V., ballerte zu, hat zugeballert) (ugs.) zuwerfen.
Zu'be'hör (der/das, -s, -e) Zusatz; Ergänzung. Zubehörteil.
Zu'ber (der, -s, -) Bottich.
zu'bil'li'gen (V., billigte zu, hat zugebilligt) zugestehen; erlauben. Zubilligung.
Zuc'chi'ni (die, nur Plural) (ital.) Gurkengemüse. Zucchiniauflauf.
Zucht (die, -, -en) Disziplin; Züchtung. Zuchtbulle; Züchter; Zuchthaus; Zuchtlosigkeit; Zuchtperle; Zuchtstier; Züchtung; Zuchtwahl; züchterisch; zuchtlos; züchten.
züch'tig (Adj.) keusch; anständig. Züchtigkeit.
züch'ti'gen (V.) bestrafen. Züchtigung.
zu'ckeln (V.) (ugs.) langsam gehen, fahren. Zuckeltrab.

zucken — zulänglich

zu|cken (V.) flackern; sich ruckartig bewegen. *Beachte:* die Achseln zucken; ruck, zuck! Zuckung.
zü|cken (V.) nehmen; hervorziehen.
Zu|cker (der, -s, -) Süßstoff; Nahrungsmittel. *Beachte:* das Leben ist kein Zuckerlecken.
Zuckerbäcker; Zuckerbäckerstil; Zuckerbrot; Zuckerdose; Zuckerguss; Zuckerhut; Zuckerraffinerie; Zuckerrohr; Zuckerrübe; Zuckerwatte; zuckerhaltig; zuck(e)rig; zuckerkrank; zuckersüß; zuckern.
zu|dem (Adv.) überdies; außerdem.
zu|dre|hen (V., drehte zu, hat zugedreht) schließen.
zu|dring|lich (Adj.) lästig; aufdringlich. Zudringlichkeit.
zu|eig|nen (V., eignete zu, hat zugeeignet) schenken; widmen. *Beachte:* das Kunstwerk der Stadt zueignen, *aber:* sich Fertigkeiten zueigen machen (aneignen). Zueignung.
zu|ei|n|an|der (Adv.) der eine zum andern. zueinander passen (*auch:* zueinanderpassen); zueinander finden (*auch:* zueinanderfinden).
zu|er|ken|nen (V., erkannte zu, hat zuerkannt) zusprechen. Zuerkennung.
zu|erst (Adv.) an erster Stelle; anfänglich. *Beachte:* du gehst zuerst; zuerst einmal machen wir Pause.
Zu|fall (der, -s, -fäl|le) Fügung; Glückssache. Zufälligkeit; Zufallsbekanntschaft; Zufallstreffer; zufällig; zufälligerweise.
Zu|flucht (die, -, kein Plural) Schutz; Unterkunft; Ausweg. Zufluchtnahme; Zufluchtsort.
zu|fol|ge (Präp., Dat./Gen.) als Folge; gemäß. *Beachte:* zufolge der großen Niederschläge; dem Bericht zufolge; *aber:* das hat zur Folge, dass ...; demzufolge.
zu|frie|den (Adj.) befriedigt; genügsam. sich zufriedengeben (begnügen); den Mann zufriedenlassen (in Ruhe lassen); den Chef zufrieden stellen (*auch:* zufriedenstellen); die Eltern zufrieden machen; zufrieden sein/werden. Zufriedenheit; Zufriedenstellung.
zu|frie|ren (V., fror zu, ist zugefroren) vereisen.
zu|fü|gen (V., fügte zu, hat zugefügt) hinzufügen; antun. Zufügung.
Zug (der, -s, Zü|ge) 1. Schienenfahrzeug; 2. Ziehen; 3. Gruppe; 4. Linie; 5. Art; 6. Schluck. *Beachte:* im Zuge der Renovierung; Sechsuhrzug (6-Uhr-Zug); Zug um Zug; am Zug sein; zum Zug(e) kommen. Zugabteil; Zugbegleiter; Zugbrücke; Zugfolge; Zugführer; Zugkontrolle; Zugkraft; Zugluft; Zugpferd; Zugsalbe; Zugtier; Zugum-Zug-Leistung; Zugverkehr; Zugvogel; Zugwind; Zugzwang. Adjektive: zugig (windig); zügig (rasch); zugkräftig; zugweise.

zu|gäng|lich (Adj.) offen; aufgeschlossen. Zugänglichkeit; Zugang.
Zug|be|gleit|per|so|nal (das, -s, kein Plural) Zugbegleiter.
zu|ge|ben (V., gab zu, hat zugegeben) hinzufügen; gestehen. Zugabe; zugegebenermaßen.
zu|ge|gen (Adv.) anwesend.
Zu|geh|frau (die, -, -en) Putzfrau; Zugeherin.
zu|ge|hö|rig (Adj.) dazugehören. Zugehörigkeit; Zugehörigkeitsgefühl.
Zü|gel (der, -s, -) Riemen; Lenkung. Zügelhilfe; Zügellosigkeit; Züg(e)lung; zügellos; zügeln.
zu|ge|ste|hen (V., gestand zu, hat zugestanden) erlauben; zubilligen. Zugeständnis; zugestanden; zugestandenermaßen.
zu|gleich (Adv.) gleichzeitig; zusammen.
Zug|num|mer (die, -, -n) 1. Nummer eines Zuges. 2. Attraktion; Anziehungspunkt.
zu|grun|de (*auch:* zu Grun|de) (Adv.) (in den Wendungen) zugrunde (*auch:* zu Grunde) richten (vernichten); zugrunde (*auch:* zu Grunde) gehen (untergehen); zugrunde (*auch:* zu Grunde) liegen (die Grundlage sein); zugrunde (*auch:* zu Grunde) legen (als Grundlage benutzen). Zugrundegehen; Zugrundelegung; zugrunde liegend (*auch:* zu Grunde liegend, zugrundeliegend).
zu|gu|cken (V., guckte zu, hat zugeguckt) (ugs.) zuschauen.
zu|guns|ten (*auch:* zu Guns|ten) (Präp., Gen.) für. zugunsten (*auch:* zu Gunsten) des Kinderhilfswerks; zugunsten (*auch:* zu Gunsten) meiner (*auch:* zugunsten/zu Gunsten von mir); zuungunsten (*auch:* zu Ungunsten).
zu|gu|te (Adv.) (in den Wendungen) zugutehalten (stolz sein, anrechnen).
zu|hauf (Adv.) in großen Mengen.
Zu|hau|se (das, -s, -) Daheim; Heim. *Beachte:* Ich bin nicht zu Hause (*auch:* zuhause); mein Zuhause liegt weit weg. Zuhausegebliebene (*auch:* zu Hause Gebliebene).
zu|knei|fen (V., kniff zu, hat zugekniffen) verschließen.
zu|kom|men (V., kam zu, ist zugekommen) passend sein; näher kommen; bevorstehen; geben.
Zu|kunft (die, -, -künf|te) kommende Zeit. *Beachte:* in Zukunft; das gilt für alle Zukunft; in nächster Zukunft. Zukünftige; Zukunftsaussichten; Zukunftsperspektive; Zukunftspläne; Zukunftsroman; zukünftig; zukunftsreich; zukunftsträchtig; zukunft(s)weisend.
zu Lan|de (Adv.) daheim. *Beachte:* bei uns zu Lande; hier zu Lande (*auch:* hierzulande); zu Wasser und zu Lande.
zu|läng|lich (Adj.) hinreichend; genügend. Zulänglichkeit.

zu|läs|sig (Adj.) erlaubt. Zulässigkeit; Zulassung; Zulassungsprüfung; Zulassungsstelle; zulassen.
zu|lei|de (*auch:* zu Lei|de) (Adv.) (in der Wendung) jemandem etwas zuleide (*auch:* zu Leide) tun (schaden, verletzen).
zu|letzt (Adv.) an letzter Stelle; schließlich. *Beachte:* Er wohnte zuletzt in München, *aber:* Zu guter Letzt war alles in Ordnung.
zu|lie|be (Adv.) wegen. *Beachte:* mir zuliebe; dir zuliebe.
Zu|lu (der, -/-s, -/-s) Angehöriger eines Bantuvolkes in Südafrika.
zum (Präp.) zu dem. *Beachte:* das ist zum Heulen/Lachen/Essen; das ist nur zum Besten; etwas zum Besten geben; jemanden zum Besten halten (täuschen); es steht nicht zum Besten (nicht gut); zum Mindesten/Höchsten/Wenigsten; zum Ersten; zum Ersten (des Monats); zum ersten Mal; die ersten Male; zum Teil (Abk.: z. T.); zum Beispiel (Abk.: z. B.); zum Exempel (Abk.: z. E.).
zu|mal (Konj.) vor allem.
zu|min|dest (Adv.) wenigstens; mindestens. *Beachte:* Zum Mindesten hättest du anrufen können.
zu Mu|te (*auch:* zu|mu|te) (Adv.) sich fühlend. *Beachte:* Mir ist elend zu Mute (*auch:* zumute).
zu|mu|ten (V., mutete zu, hat zugemutet) verlangen. Zumutung.
zün|den (V.) 1. Feuer fangen; 2. begeistern. *Beachte:* Hat es endlich bei dir gezündet (ugs.: Hast du es endlich verstanden)? Zündblättchen; Zünder; Zündflamme; Zündholz; Zündkabel; Zündkerze; Zündplättchen; Zündschloss; Zündschlüssel; Zündschnur; Zündstoff; Zündung; Zündzeitpunkt; zündend; zündbar; zündeln.
zu|neh|men (V., nahm zu, hat zugenommen) wachsen; dicker werden. Zunahme.
Zunft (die, -, Zünf|te) Handwerkervereinigung. Zunftgenosse; Zunftmeister; Zunftzwang.
zünf|tig (Adj.) (ugs.) großartig; prima.
Zun|ge (die, -, -n) 1. Mundorgan; 2. Schuhteil. Zungenbrecher; Zungenfertigkeit; Zungenkuss; Zungenschlag; Zungenspitze; Zünglein; zungenfertig; züngeln.
zu|nich|te (Adv.) (in der Wendung) zunichtemachen (zerstören).
zu Nut|ze (*auch:* zu|nut|ze) (Adv.) (in der Wendung) sich etwas zu Nutze (*auch:* zunutze) machen (ausnutzen).
zup|fen (V.) ziehen; rupfen; reißen. Zupfinstrument.
zur (Präp.) zu der. *Beachte:* seine Kraft zur Schau stellen; sich zur Ruhe setzen/begeben;

das hat zur Folge, dass ...; zur Zeit (Abk.: z. Z.; z. Zt.); zur Disposition (Abk.: z. D.).
zu|rech|nungs|fä|hig (Adj.) geistig normal; verantwortbar. Zurechenbarkeit; Zurechnung; Zurechnungsfähigkeit; zurechnen.
zu|recht... (Adv.) richtig; ordentlich; passend (nur in Verbindung mit Verben). zurechtbiegen; sich zurechtfinden; zurechtkommen; zurechtmachen; zurechtrücken; zurechtstutzen; zurechtweisen. *Aber:* die Vorwürfe zu Recht von sich weisen.
zu|rück (Adv.) zum Ausgangspunkt; hinten nach; rückgängig. *Beachte:* Es gibt kein Zurück mehr; hin und zurück; zurück sein. Aber: zurückbeugen; zurückbleiben; zurückblicken; zurückdrehen; zurückerhalten; zurückerstatten; zurückfahren; zurückfordern; zurückführen; zurückgeben; zurückholen; zurückkehren; zurückklassen; zurücklehnen; zurücknehmen; zurückrufen; zurückschauen; zurückschicken; zurückschrecken; zurücksenden; zurückspielen; zurückstellen; zurückstrahlen; zurückstufen; zurücktreten; zurückverlangen; zurückweisen; zurückzahlen; zurückziehen.
zu|rück|ge|zo|gen (Adj.) einsam; abgeschieden. Zurückgezogenheit; zurückziehen.
zu|rück|hal|tend (Adj.) verhalten; reserviert. Zurückhaltung; zurückhalten.
zu|rück|set|zen (V., setzte zurück, hat zurückgesetzt) benachteiligen. Zurücksetzung.
zu|rück|ste|hen (V., stand zurück, ist zurückgestanden) benachteiligt werden.
Zu|sa|ge (die, -, -n) Versprechen; positive Antwort. Verb: zusagen.
zu|sam|men (Adv.) gemeinsam; miteinander. *Beachte:* »zusammen« wird immer dann von Verb getrennt geschrieben, wenn es die Bedeutung »gemeinsam, miteinander« hat! Zusammenschreibung dagegen, wenn eine neue, übertragene Bedeutung entsteht! Wollen wir zusammen spielen (miteinander spielen)? *Aber:* zusammenspielen (aufeinander abgestimmt sein). → Regelkasten.
zu|schau|en (V.) betrachten; beobachten. Zuschauer/in; Zuschauerkulisse; Zuschauertribüne; Zuschauerzahl.
zu|schie|ßen (V., schoss zu, hat zugeschossen) (ugs.) beisteuern; herbeirasen. Zuschuss; Zuschussbetrieb.
Zu|schlag (der, -s, -schlä|ge) zusätzliche Zahlung; Gebühr. Zuschlagkalkulation; Zuschlagkarte; zuschlagfrei; zuschlagpflichtig.
zu|schrei|ben (V., schrieb zu, hat zugeschrieben) verantwortlich machen.
zu Schul|den (*auch:* zu|schul|den) (Adv.) (in der Wendung) sich etwas zu Schulden (*auch:*

Zusammen- und Getrenntschreibung

1. Verben:
a) Untrennbar sind solche Verben, die auch in den gebeugten Formen zusammengeschrieben werden. maßregeln (sie maßregelt; er hat gemaßregelt; zu maßregeln).
b) Es gibt Verben, die je nach Form zusammen- oder getrennt geschrieben werden. bereithalten; ich werde mich bereithalten; ich habe mich bereitgehalten; *aber:* ich halte mich bereit.
c) Partikel werden in Verbindung mit Verben grundsätzlich zusammengeschrieben, wenn der erste Teil nicht als freies Wort vorkommt. abhandenkommen; zunichtegemacht. Für bestimmte Verbindungen aus Adverb und Verb gilt wieder die Zusammenschreibung, wenn sie in dieser Verbindung den Hauptakzent tragen. aneinanderfügen. durcheinanderbringen. Werden beide Wörter aber gleichermaßen betont, wird das erste Wort als Adverb, nicht als Partikel gebraucht, da es das nachfolgende Verb näher bestimmt. In diesem Fall ist nach wie vor die Getrenntschreibung anzuwenden. rückwärts einparken.
d) Adjektiv und Verb werden ausnahmslos zusammengeschrieben, wenn sich aus der Verbindung der beiden Bestandteile eine neue Gesamtbedeutung ergibt, die sich nicht mehr aus der Bedeutung der einzelnen Teile ableiten lässt. jmd. fertigmachen; jmd. freisprechen.
e) Adjektiv und Verb werden allerdings nicht zusammengeschrieben, wenn die Einzelbedeutungen der beiden Begriffe erhalten bleiben. Oma ist schwer gefallen.
f) Bei Verbindungen, in denen ein einfaches Adjektiv das Ergebnis des Verbalvorgangs in Form einer Eigenschaft bezeichnet, ist grundsätzlich Zusammen- als auch Getrenntschreibung möglich. kleinschneiden/klein schneiden.
g) Wenn der erste Bestandteil einer Zusammensetzung die Eigenschaften eines selbstständigen Substantivs weitgehend verloren hat, werden künftig beide Teile zusammengeschrieben. eislaufen; kopfstehen; leidtun; standhalten.
h) Künftig ist in den folgenden vier Grenzfällen sowohl Getrennt- als auch Zusammenschreibung erlaubt: achtgeben/Acht geben; achthaben/Acht haben; haltmachen/ Halt machen; maßhalten/Maß halten.
i) In allen anderen Fällen gilt wie bisher die Regel, dass in Verbindungen aus Substantiv und Verb das Substantiv groß- und vom Verb getrennt geschrieben wird. Auto fahren; Walzer tanzen.
j) Es existieren allerdings einige Sonderfälle aus dem Bereich des Sports. Sie können ebenfalls wahlweise als Zusammensetzung oder als Wortgruppe geschrieben werden. marathonlaufen/ Marathon laufen.
k) Wortverbindungen, die sich aus Verb (Infinitiv) + Verb zusammensetzen, werden grundsätzlich getrennt geschrieben. baden gehen; laufen lernen.
l) Wird eine Verbindung wie in k) im übertragenen Sinne verwendet und ihr zweiter Bestandteil ist *bleiben* oder *lassen*, ist neben der Getrennt- auch die Zusammenschreibung erlaubt. sich gehen lassen/ gehenlassen. Dies gilt auch für die Verbindung kennen lernen/kennenlernen.
m) Verbindungen mit dem Verb »sein« werden immer getrennt geschrieben. da sein; *aber:* das Dasein.

2. Adjektive und Partizipien
a) Verbindungen mit Adjektiven oder Partizipien werden zusammengeschrieben, wenn im Vergleich mit einer entsprechenden Wortgruppe ein Artikel oder eine Präposition weggelassen wurde. angsterfüllt (von Angst erfüllt).
b) Ist die entsprechende Wortgruppe jedoch nicht um einen Artikel oder eine Präposition erweitert (gegenüber der Zusammenschreibung), dann ist sowohl Getrennt- als auch Zusammenschreibung möglich. Furcht erregend/furchterregend.
c) Verbindungen aus einem adjektivischen Partizip mit einem Adjektiv werden getrennt geschrieben. kochend heiß.
d) Bei Verbindungen mit einem einfachen unflektierten Adjektiv als graduierende Bestimmung ist künftig sowohl Getrennt- als auch Zusammenschreibung möglich. (auch bei Verbindungen aus adjektivisch gebrauchten Substantiven, Adverbien oder Pronomen mit Partizipien) dünn besiedelt/dünnbesiedelt; Hilfe suchend/ hilfesuchend. Ist der erste Bestandteil aber erweitert oder gesteigert, darf nur getrennt geschrieben werden. schwerer wiegend.

zuschulden) kommen lassen (sich schuldig machen).
zu¦se¦hends (Adv.) rasch; sichtlich. zusehen.
zu sein (V., war zu, ist zu gewesen) geschlossen sein; (ugs.) betrunken sein. Das Geschäft wird zu sein. Ich wusste nicht, dass das Geschäft zu war.
zu¦set¦zen (V., setzte zu, hat zugesetzt) hinzutun; bedrängen. Zusatz.
zu¦spit¦zen (V., spitzte zu, hat zugespitzt) spitz machen; sich verschärfen. Zuspitzung.
Zu¦spruch (der, -s, kein Plural) Trost; Beliebtheit; Zulauf. Zusprechung; zusprechen.
Zu¦stand (der, -s, -stän¦de) Lage; Verfassung. Zustandsänderung; Zustandsgleichung; Zustandspassiv; Zustandsverb; zuständlich.
zu¦stan¦de (auch: zu Stan¦de) (Adv.) (in den Wendungen) etwas zustande (auch: zu Stande) bringen (schaffen); zustande (auch: zu Stande) kommen (verwirklicht werden). Zustandebringen (auch: Zu-Stande-Bringen); Zustandekommen (auch: Zu-Stande-Kommen).
zu¦stän¦dig (Adj.) berechtigt; kompetent. Zuständigkeit; zuständigenorts; zuständigkeitshalber.
zu¦stat¦ten (Adv.) (in der Wendung) zustattenkommen (nützen).
Zu¦stel¦ler (der, -s, -) Postbote. Zustellgebühr; Zustellung; zustellen.
zu¦sto¦ßen (V., stieß zu, ist zugestoßen) stoßen; stechen; passieren.
zu Ta¦ge (auch: zu¦ta¦ge) (Adv.) (in den Wendungen) zu Tage (auch: zutage) bringen/fördern/treten (bekannt machen/werden).
zu¦teil (Adv.) (in den Wendungen) zuteilwerden (gewährt werden); zuteilwerden lassen (gewähren). Zuteilung; zuteilen.
zu¦tra¦gen (V.) geschehen; mitteilen. Zuträger.
zu¦träg¦lich (Adj.) nützlich; günstig. Zuträglichkeit.
zu¦trau¦lich (Adj.) vertrauensvoll; zahm. Zutraulichkeit; Zutrauen; zutrauen.
zu¦tref¦fen (V., traf zu, hat zugetroffen) stimmen; richtig sein. Beachte: Nichtzutreffendes bitte streichen. zutreffend; zutreffendenfalls.
Zu¦tun (das) (in der Wendung) ohne mein/dein etc. Zutun (ohne Unterstützung).
zu Un¦guns¦ten (auch: zu¦un¦guns¦ten (Präp., Dat./Gen.) zum Nachteil. Beachte: dem Ansehen meines Bruders zu Ungunsten (auch: zuungunsten); zu Ungunsten (auch: zuungunsten) des Ansehens meines Bruders.
zu¦un¦terst (Adv.) ganz unten. Beachte: das Oberste zuunterst kehren.
zu¦ver¦läs¦sig (Adj.) verlässlich; genau. Zuverlässigkeit.

zu¦ver¦sicht¦lich (Adj.) hoffnungsvoll. Zuversicht; Zuversichtlichkeit.
zu viel (Pron., indef.) mehr als nötig. Beachte: Das war zu viel des Guten; lieber zu viel als zu wenig; er schaut zu viel Fernsehen; ich glaube, du schaust zu viel Fernsehen; zu viele Fehler; das Zuviel.
zu¦vor (Adv.) vorher. Beachte: Zusammenschreibung mit Verben, wenn ein neuer, übertragener Begriff entsteht! zuvorkommen (schneller sein); aber: Ich werde lieber zuvor (als danach) kommen.
zu¦vor¦derst (Adv.) ganz vorn.
zu¦vor¦kom¦mend (Adj.) liebenswürdig; höflich. Zuvorkommenheit.
Zu¦wachs (der, -es, -wäch¦se) Vermehrung; (ugs.) Baby. Zuwachsrate.
zu¦we¦ge (auch: zu We¦ge) (Adv.) fertig; zustande. Beachte: Heute werde ich nichts zuwege (auch: zu Wege) bringen.
zu¦wei¦len (Adv.) manchmal.
zu¦wen¦den (V., refl., wendete/wandte sich zu, hat sich zugewendet/zugewandt) sich umdrehen; widmen. Zuwendung.
zu we¦nig (Pron., indef.) weniger als nötig. Beachte: Du weißt zu wenig Bescheid; ich weiß auch zu wenig davon. das Zuwenig.
zu¦wi¦der 1. (Adv.) unangenehm. Die Person ist mir zuwider. 2. (Präp., Dat.) entgegen. Dem Versprechen zuwider kam er doch. Zuwiderhandlung; zuwiderhandeln.
zu¦zei¦ten (Adv.) manchmal. Beachte: zu Zeiten der Beatles.
zu¦züg¦lich (Präp., Gen.) mitsamt. Beachte: zuzüglich der Spesen.
Zwang (der, -es, Zwän¦ge) Gewalt; Drang. Zwanglosigkeit; Zwangsarbeit; Zwangseinweisung; Zwangsernährung; Zwangsjacke; Zwangsläufigkeit; Zwangsmaßnahme; Zwangsverfahren; Zwangsversteigerung; zwanglos; zwangsläufig; zwangsmäßig; zwangsweise. Verben: zwängen; zwangsernähren; zwangsumsiedeln; zwangsversteigern; zwingen.
zwan¦zig (Zahlw.) Beachte: in den Zwanzigerjahren (auch: zwanziger Jahren), die Goldenen Zwanziger; Zwanzigmarkschein (20-Mark-Schein); Zwanziguhrnachrichten; Zwanziguhrvorstellung; zwanzigjährig, der zwanzigste April, aber: am Zwanzigsten (des Monats).
zwar (Adv.) genauer gesagt; dennoch; wohl. Beachte: Es ist zwar spät, aber ich komme noch vorbei. Der Läufer wurde Letzter, und zwar deutlich.
Zweck (der, -s, Zwe¦cke) Ziel; Absicht. Zweckdienlichkeit; Zweckentfremdung; Zwecklosigkeit; Zweckmäßigkeit; Zweckoptimismus;

Zweckpropaganda; Zwecksatz (Finalsatz); Zweckverband. Adjektive: zweckdienlich; zweckentsprechend; zweckfrei; zweckgebunden; zweckgemäß; zwecklos; zweckmäßig; zweckvoll; zweckwidrig. Adverb: zweckmäßigerweise. Verb: zweckentfremden.
Zwel̦cke (die, -, -n) Reißnagel.
zwecks (Präp., Gen.) zu; für. *Beachte:* zwecks Vernehmung der Person.
zwei (Zahlw.) *Beachte:* um zwei Uhr; zweimal (2-mal); ein- bis zweimal (1- bis 2-mal); zweimal so groß; zweimal so viel; zweifach, *aber:* um das Zweifache; um halb zwei schließen die Geschäfte; wir treffen uns um Punkt zwei; wir zwei mögen uns; viele Grüße von uns zweien; wir fuhren zu zweien/zu zweit. *Aber:* die Zahl/Note Zwei. Zweiachser; Zweibettzimmer (2-Bett-Zimmer); Zweideutigkeit; Zweidrittelmehrheit; Zweier; Zweierbeziehung; in Zweierreihen; Zweifamilienhaus; Zweiheit (Dualismus); Zweikampf; Zweimannboot (2-Mann-Boot); Zweieurostück (2-Euro-Stück); Zweiparteiensystem; Zweiphasenstrom; Zweirad; Zweireiher; Zweisamkeit; Zweisitzer; Zweisprachigkeit; Zweistufenregler; Zweitakter; Zweitausender; Zweiteilung; Zweizeiler; Zweizylindermotor. Adjektive: zweiachsig; zweiarmig; zweibeinig; zweideutig; zweieiig; zwei(und)einhalb; zweierlei; zweifarbig; zweigleisig; zweiglied(e)rig; zweihändig; zweimotorig; zweiräd(e)rig; zweireihig; zweischneidig; zweiseitig; zweisprachig; zweispurig; zweistellig; zweistimmig; zweistöckig; zweistufig; zweistündig (zwei Stunden lang); zweistündlich (alle zwei Stunden).
zweil̦feln (V.) unsicher sein. Zweifel; im Zweifelsfall; Zweifelsfrage; Zweifler; zweifelhaft; zweifellos; zweifelsfrei; zweifelsohne.
Zweig (der, -s, -e) Ast; Gebiet; Unterabteilung. Zweigniederlassung; Zweigstelle.
zweil̦te (Zahlw.) *Beachte:* Er spielte wie kein Zweiter; zum Zweiten; er ist zweiter Geschäftsführer; das Auto ist aus zweiter Hand; er ist der zweitbeste Schüler. *Aber:* der Zweitbeste im Klassement; der Zweite Weltkrieg; als Zweites sei noch erwähnt; Zweites Deutsches Fernsehen (Abk.: ZDF).
Zwerchl̦fell (das, -s, kein Plural) Scheidewand. Zwerchfellentzündung; zwerchfellerschütternd.
Zwerg (der, -s, -e) Wicht; Kleinwüchsiger. Zwergenkönig; Zwerghaftigkeit; Zwerghuhn; Zwergkiefer; Zwergpudel; Zwergstaat; Zwergwuchs; zwergartig; zwergenhaft; zwergwüchsig.
Zwetl̦sche (*auch:* Zwetschl̦ge, Zwetschl̦ke) (die, -, -n) Pflaume. Zwetschenmus; Zwetschenschnaps; Zwetschgenknödel; Zwetschgenwasser.

Zwil̦ckel (der, -s, -) keilförmiger Einsatz bei Kleidungsstücken.
zwil̦cken (ugs.) kneifen. Zwicker; Zwickmühle.
zwie.../Zwie... zwei.../Zwei... Zwiegesang; Zwiegespräch; Zwielicht; Zwiespältigkeit; Zwiesprache; zwiefach.
Zwiel̦back (der, -s, -bal̦cke/-bäl̦cke) Röstgebäck.
Zwiel̦bel (die, -, -n) Gemüsepflanze. Zwiebelchen; Zwiebelkuchen; Zwiebelmuster; Zwiebelring; Zwiebelschale; Zwiebelsuppe.
zwiel̦lichl̦tig (Adj.) undurchschaubar; zweifelhaft. Zwielicht.
Zwil̦ling (der, -s, -e) eines von zwei kurz hintereinander geborenen Geschwistern; Gewehr; Sternbild. Zwillingsbruder; Zwillingsforschung; Zwillingsgeburt; Zwillingspaar; Zwillingsreifen.
zwinl̦gen (V., zwang, hat gezwungen) unterwerfen; nötigen; sich überwinden. Zwinge; Zwinger; Zwingherrschaft; zwingen.
zwinl̦kern (V.) blinzeln.
zwirl̦beln (V.) drehen.
Zwirn (der, -s, -e) starker Faden; festes Garn. Zwirnsfaden.
zwil̦schen (Präp., Dat./Akk.) inmitten; unter; etwa. *Beachte:* zwischen den Staaten vermitteln; sich zwischen zwei Stühle setzen; inzwischen. Zwischenakt; Zwischenbemerkung; Zwischenbilanz; Zwischenergebnis; Zwischenfrage; Zwischengröße; Zwischenhandel; Zwischenhoch; Zwischenlagerung; Zwischenlandung; Zwischenmahlzeit; Zwischenprüfung; Zwischenraum; Zwischenspurt; Zwischenstation; in der Zwischenzeit; Zwischenzeugnis. Adjektive: zwischenmenschlich; zwischenstaatlich; zwischenzeitlich. Adverbien: zwischendrein; zwischendrin; zwischendurch; zwischenhinein. Verben: zwischenblenden; zwischenlagern; zwischenlanden.
Zwist (der, -s, Zwisl̦te) Streit. Zwistigkeit.
zwitl̦schern (V.) pfeifen; trällern.
Zwitl̦ter (der, -s, -) Hermaphrodit. Zwitterbildung; Zwitterstellung; Zwitterwesen; Zwittrigkeit; zwitterhaft; zwitt(e)rig.
zwölf (Zahlw.) *Beachte:* um zwölf Uhr; sie sind zu zwölfen/zu zwölft; es ist fünf vor zwölf; zwölffach, *aber:* um das Zwölffache; zwölfmal, *aber:* ganze zwölf Male; zwölftens; die zwölf Apostel. *Aber:* die Zahl Zwölf. Zwölfender; Zwölffingerdarm; Zwölfkämpfer; Zwölftafelgesetze; Zwölftonner (12-Tonner).
zyl̦nisch (Adj.) (griech.) boshaft; sarkastisch. Zyniker; Zynismus.
zz. (*auch:* zzt.) (Abk.) zurzeit.